KB041782

제 20 판

상법강의요론

정 찬 형 저

박영사

Synopsis of Lecture on Commercial Law

(Vol. I & Vol. II)

Twentieth Edition

By

Dr. Chan-Hyung Chung

Professor Emeritus of School of Law,
Korea University

Seoul

Parkyoung Publishing & Company

제20판 서 문

　제19판 출간(2023년 1월 10일) 이후에 새로 나온 대법원판례(판례공보를 기준으로 2022년 8월 1일부터 2024년 5월 15일까지 공표된 판례)를 반영하고, 또한 내용에서 미흡한 부분을 수정·보완하여, 이번에 제20판을 출간하였다.

　이와 같은 수정과 보완으로 제20판은 그 내용이 매우 up−to−date하고 훨씬 충실하여졌다고 본다. 앞으로도 많은 애독자들의 변함없는 사랑과 성원을 바라며, 미흡한 부분과 새로운 내용은 계속 수정하고 보완할 것을 다짐한다.

　제20판의 출간을 위하여 도와주신 박영사 안종만·안상준 대표이사님, 조성호 이사 및 편집부 이승현 팀장에게 깊은 감사를 드린다.

2024년 7월

정 찬 형 씀

제19판 서 문

제18판 출간(2021년 3월 15일) 이후에 새로 나온 대법원판례(판례공보를 기준으로 2021년 1월 1일부터 2022년 7월 15일까지 공표된 판례)를 반영하고, 또한 내용에서 미흡한 부분을 수정·보완하여, 이번에 제19판을 출간하였다.

이와 같은 수정과 보완으로 제19판은 그 내용이 매우 up-to-date하고 훨씬 충실하여졌다고 본다. 앞으로도 많은 애독자들의 변함없는 사랑과 성원을 바라며, 미흡한 부분과 새로운 내용은 계속 수정하고 보완할 것을 다짐한다.

제19판의 출간을 위하여 도와주신 박영사 안종만·안상준 대표이사님, 조성호 이사 및 편집부 이승현 차장에게 깊은 감사를 드린다.

2022년 12월

정 찬 형 씀

제18판 서 문

제18판에서는 제17판 출간(2019년 3월 15일) 이후에 새로 공포되고 시행된 개정상법 및 개정 상법시행령을 반영하였다. 즉, 2020년 6월 9일 법률 제17362호로 공포된 개정상법(시행: 2020. 9. 10)(제22조의 2 제 1 항)과 2020년 12월 29일 법률 제17764호로 공포된 개정상법(시행: 2020. 12. 29)(제350조 제 3 항 등 삭제, 제406조의 2 신설, 제409조 제 3 항 신설, 제542조의 6 제10항 신설, 제542조의 12 제 2 항 단서 신설, 제542조의 12 제 8 항 신설 등)을 반영하였고, 2020년 1월 29일 대통령령 30363호로 공포된 개정 상법시행령 및 2020년 4월 14일 대통령령 30613호로 공포된 개정 상법시행령을 반영하였다.

또한 제18판에서는 「주식·사채 등의 전자등록에 관한 법률 시행령」(제정: 2019년 6월 25일, 대통령령 29892호)(시행: 2019년 9월 16일)을 반영하고, 제17판 이후에 새로 나온 대법원판례(판례공보를 기준으로 2019년 1월 1일부터 2020년 12월 15일까지 공표된 판례)를 반영하였으며, 또한 내용에서 미흡한 부분을 수정·보완하였다.

이와 같은 수정과 보완으로 제18판의 내용이 매우 up-to-date하고 훨씬 충실하여졌다고 본다. 앞으로도 많은 애독자들의 변함없는 사랑과 성원을 바라며, 미흡한 부분과 새로운 내용은 계속 수정하고 보완할 것을 다짐한다.

제18판의 출간을 위하여 도와주신 박영사 안종만·안상준 대표이사님, 조성호 이사 및 편집부 이승현 과장에게 깊은 감사를 드린다.

2021년 2월

정 찬 형 씀

제17판 서 문

　　제16판 출간(2018년 1월 2일) 이후에 새로 나온 대법원판례(판례공보를 기준으로 2017년 8월 1일부터 2018년 12월 15일까지 공표된 판례)를 반영하고, 또한 내용에서 미흡한 부분을 수정·보완하여, 이번에 제17판을 출간하였다.

　　이와 같은 수정과 보완으로 이 책의 내용이 매우 up-to-date하고 훨씬 충실하여졌다고 본다. 앞으로도 많은 애독자들의 변함없는 사랑과 성원을 바라며, 미흡한 부분과 새로운 내용은 계속 수정하고 보완할 것을 다짐한다.

　　제17판의 출간을 위하여 도와주신 박영사 안종만 회장님, 조성호 이사 및 편집부 이승현 과장에게 깊은 감사를 드린다.

2019년 2월

정 찬 형 씀

제16판 서 문

　　제15판 출간(2016년 3월 15일) 이후에 새로 제정된 상법의 특별법인 「주식·사채 등의 전자등록에 관한 법률」(제정: 2016년 3월 22일, 법률 제14096호, 시행: 공포 후 4년을 넘지 아니하는 범위에서 대통령령으로 정하는 날) 및 「보험사기방지 특별법」(제정: 2016년 3월 29일, 법률 제14123호, 시행: 2016년 9월 30일)을 반영하고, 또한 제15판 이후에 새로 나온 대법원판례(판례공보를 기준으로 2016년 1월 1일부터 2017년 7월 15일까지 공포된 판례)를 반영하였으며, 또한 내용에서 미흡한 부분(집행임원의 의의, 감사의 선임, 감사위원회의 의의에 관한 부분 등)을 수정·보완하여, 이번에 제16판을 출간하였다.

　　이와 같은 수정과 보완으로 이 책의 내용이 매우 up-to-date하고 훨씬 충실하여졌다고 본다. 앞으로도 많은 애독자들의 변함없는 사랑과 성원을 바라며, 미흡한 부분과 새로운 내용은 계속 수정하고 보완할 것을 다짐한다.

　　제16판의 출간을 위하여 도와주신 박영사 안종만 회장님·조성호 이사 및 편집부 이승현 대리에게 깊은 감사를 드린다.

2017년 12월

정 찬 형 씀

제15판 서 문

제14판 출간(2015년 2월 5일) 이후에 새로 공포된 회사법에 관한 개정상법(2015년 12월 1일, 법률 제13523호)(시행: 2016년 3월 2일)을 반영하고, 제14판 이후에 새로 나온 대법원판례(판례공보를 기준으로 2014년 11월 1일부터 2015년 12월 15일까지 공표된 판례)를 반영하였으며, 또한 내용에서 미흡한 부분(자기주식의 취득 및 소각, 자동차보험계약, 생명보험계약에서 자살면책에 관한 부분 등)을 수정·보완하여, 이번에 제15판을 출간하였다.

이와 같은 수정과 보완으로 이 책의 내용이 매우 up−to−date하고 훨씬 충실하여졌다고 본다. 앞으로도 많은 애독자들의 변함없는 사랑과 성원을 바라며, 미흡한 부분과 새로운 내용은 계속 수정하고 보완할 것을 다짐한다.

제15판의 출간을 위하여 도와주신 박영사 안종만 회장님·조성호 이사 및 편집부 한현민 씨에게 깊은 감사를 드린다.

2016년 2월

정 찬 형 씀

제14판 서 문

　　제13판 출간(2014년 1월 25일) 이후에 새로 공포된 보험법에 관한 개정상법 (2014년 3월 11일, 법률 제12397호)(2015년 3월 12일부터 시행)과 회사법 및 항공운송법 에 관한 개정상법(2014년 5월 20일, 법률 제12591호)(2014년 5월 20일부터 시행)을 반영 하고, 또한 제13판 이후에 새로 나온 대법원 판례(판례공보를 기준으로 2013년 11월 1 일부터 2014년 10월 15일까지 공포된 판례)를 반영하였으며, 또한 내용에서 미흡한 부 분을 수정·보완하여 이번에 제14판을 출간하였다.

　　저자는 고려대학교 법학전문대학원 교수를 정년퇴임한 후 이 책에 대하여 종 전보다 더욱 열과 성을 다하여 개정·보완하고 있으므로, 그 내용이 훨씬 충실하여 졌을 것으로 본다. 애독자들의 변함없는 사랑과 애용을 바란다.

　　제14판의 출간을 위하여 도와주신 박영사의 안종만 회장님·조성호 이사 및 편 집부의 김선민 부장과 한현민님에게 깊은 감사를 드린다.

2015년 1월

정 찬 형 씀

제13판 서 문

 제12판 출간(2013년 2월 25일) 이후에 새로 나온 대법원판례(판례공보를 기준으로 2013년 1월 1일부터 2013년 10월 15일까지 공표된 판례)를 반영하고 내용에서 미흡한 부분을 수정·보완하여 이번에 제13판을 출간하였다.

 저자는 2013년 8월 말로 고려대학교 법학전문대학원 교수를 정년퇴임하고 동년 9월 1일부터 동교 명예교수로 있는데, 이 책에 관하여는 변함없이 열과 성을 다하여 개정·보완하고자 하니 애독자들의 변함없는 사랑과 애용을 바란다.

 제13판의 출간을 위하여 도와주신 박영사의 안종만 회장님·조성호 부장 및 편집부 엄주양 대리에게 깊은 감사를 드린다.

2014년 1월
정 찬 형 씀

제12판 서 문

　　제11판 출간(2012년 2월 29일) 이후에 새로 공포된 상법시행령(2012년 4월 10일, 대통령령 제23720호)(시행: 2012년 4월 15일)을 반영하고, 또한 제11판 이후에 새로 나온 대법원판례(판례공보를 기준으로 2012년 1월 1일부터 2012년 12월 15일까지 공표된 판례)를 반영하여 이번에 제12판을 출간하였다.

　　제12판을 출간하면서 내용에서 미흡한 부분을 많이 수정·보완하였다. 이러한 새로운 내용이 애독자들에게 많은 도움을 줄 수 있기를 바라고, 미흡한 부분에 대하여는 좋은 지적을 바란다.

　　제12판의 출간을 위하여 도와준 고려대학교 대학원(법학과) 박사과정에 있으면서 본인의 연구실 조교로 있는 이진효 군과 박영사 안종만 회장님·조성호 부장 및 편집부 엄주양 대리에게 깊은 감사를 드린다.

2013년 2월

정 찬 형 씀

제11판 서 문

제10판 출간(2011년 1월 30일) 이후에 새로 공포되고 광범위하게 개정된 회사법에 관한 개정상법(2011년 4월 14일, 법률 제10600호)(2012년 4월 15일부터 시행)과 항공운송편을 신설하는 개정상법(2011년 5월 23일, 법률 제10969호)(2011년 11월 24일부터 시행)을 반영하고, 또한 제10판 이후에 새로 나온 대법원판례(판례공보를 기준으로 2010년 11월 1일부터 2011년 12월 15일까지 공표된 판례)를 반영하여 이번에 제11판을 출간하였다.

제11판을 출간하면서 2011년 1월 1일부터 시행되고 있는「한국채택국제회계기준(K-IFRS)」및「일반기업회계기준」을 반영하고, 또한 내용에서 미흡한 부분을 많이 수정·보완하였다. 이러한 새로운 내용이 애독자들에게 많은 도움을 줄 수 있기를 바라고, 미흡한 부분에 대하여는 좋은 지적을 바란다.

제11판의 출간을 위하여 도와준 고려대학교 대학원(법학과) 박사과정에 있으면서 본인의 연구실 조교로 있는 우인경 양과 박영사 안종만 회장님·편집부 노현 부장 및 엄주양 씨에게 깊은 감사를 드린다.

2012년 2월

정 찬 형 씀

제10판 서 문

　　제 9 판 출간(2010년 1월 25일) 이후에 공포된 (상법총칙과 상행위에 관한) 개정상법(2010년 5월 14일 법률 제10281호)과 (표현 등을 수정한) 개정어음법(2010년 3월 31일 법률 제10198호)·개정수표법(2010년 3월 31일 법률 제10197호)을 반영하고, 또한 제9판 출간 이후에 새로 나온 대법원판례(판례공보를 기준으로 2009년 12월 1일부터 2010년 10월 15일까지 공표된 판례)를 반영하여 이번에 제10판을 출간하였다.

　　제10판을 출간하면서 전면 한글화를 하였고, 판례인용 등에서 잘못된 부분 및 내용에서 미흡한 부분도 수정·보완하였다. 위와 같은 수정과 보완으로 제10판의 내용이 훨씬 이해하기 쉽고 충실하여졌으며, 또한 up-to-date하여졌다고 본다. 앞으로도 애독자들의 변함 없는 사랑과 성원을 바란다.

　　제10판의 출간을 위하여 도와주신 박영사 안종만 회장님·노현 부장 및 엄주양씨에게 깊은 감사를 드린다.

2011년 1월
정 찬 형 씀

제 9 판 서 문

　　제 8 판 출간(2009년 2월 28일) 이후에 공포된 개정상법(2009년 5월 28일 법률 제 9746호)과 대법원판례(판례공보를 기준으로 2009년 1월 1일부터 2009년 11월 15일까지 공표된 판례)를 반영하여 이번에 제 9 판을 출간하였다.

　　2009년 5월 28일에 공포된 개정상법에서는 소규모 주식회사의 범위를 종래에 자본금 총액 5억원 미만인 회사에서 자본금 총액 10억원 미만인 회사로 확대함과 동시에, 주주총회 소집절차를 간소화하고, 이사를 1명 또는 2명 둘 수 있는데 이러한 회사는 이사회를 두지 못하도록 하였으며(즉, 이사회를 임의기관으로 하였으며), 감사(監事)를 임의기관으로 하는 등 지배구조를 전면 개정하였다. 또한 이러한 소규모 주식회사를 발기설립하는 경우에는 원시정관에 대한 공증인의 인증을 면제하고, 주금납입금보관증명서를 잔고증명서로 대체할 수 있도록 하는 등 창업절차를 간소화하였다. 이와 함께 주식회사의 최저자본을 폐지하였다. 또한 전자주주명부·전자투표 등에 관하여 규정함으로써 회사경영의 정보기술(IT)화를 일부 실현하였다.

　　제 9 판을 출간하면서 내용에서 미흡한 부분도 부분적으로 보완·수정하였다. 위와 같은 수정과 보완으로 이번에 출간된 제 9 판의 내용이 훨씬 충실하고 up－to－ date하여졌다고 본다. 앞으로도 애독자들의 변함 없는 사랑과 성원을 바란다.

　　제 9 판의 출간을 위하여 도와주신, 본인의 지도로 고려대학교 대학원(법학과) 석사과정에 있는 우인경 양과 박영사 안종만 회장님·노현 부장에게 깊은 감사를 드린다.

2010년 1월

정 찬 형 씀

제8판 서 문

　　제7판 출간(2008년 2월 10일) 이후에 새로 나온 대법원판례(판례공보를 기준으로 2008년 1월 1일부터 2008년 12월 15일까지 공표된 판례)를 반영하고, 새로 나온 상업등기법(제정: 2007. 8. 3, 법 8582호)·상업등기규칙(제정: 2007. 12. 25, 대법원규칙 2129호)·물류정책기본법(제정: 2007. 8. 3, 법 8617호) 등을 반영하여 본문 및 인용을 수정하여 이번에 제8판을 출간하였다. 종래에 증권거래법에 규정되어 있던 상장회사에 관한 특례규정이 2009. 1. 30, 법 9362호로 공포된 개정 「상법」과 2009. 2. 3, 법 9407호로 공포된 개정 「자본시장과 금융투자업에 관한 법률」에 나뉘어 규정됨으로써, 이번에 출간되는 제8판에서 이의 내용도 반영하였다. 또한 제8판을 출간하면서 특히 애독자들의 의견을 반영하여 설명이 미흡한 부분에 대하여는 그 내용을 보완하였다.

　　제8판을 출간하면서 2008년～2009년에 정부가 국회에 제출한 상법(총칙·상행위편, 회사편, 보험편) 개정안을 참고자료로 색인 앞에 수록하여 논의되고 있는 상법의 개정내용에 대하여 애독자들이 참고할 수 있도록 하였다.

　　위와 같은 수정과 보완으로 이번에 출간된 제8판의 내용이 훨씬 충실하고 up－to－date하여졌다고 본다. 앞으로도 애독자들의 변함 없는 사랑과 성원을 바란다.

　　제8판의 출간을 위하여 도와주신 본인의 지도로 고려대학교 대학원(법학과) 박사과정에 있는 차영훈 군과 문준우 군, 박영사 안종만 회장님·노현 부장 및 조성호 부장에게 깊은 감사를 드린다.

2009년 1월

정 찬 형 씀

제 7 판 서 문

제 6 판 이후에 새로 나온 2006년도 및 2007년도의 대법원판례(판례공보를 기준으로 2006년 1월 1일부터 2007년 12월 15일까지 공표된 판례)를 반영하고, 2007년 8월 3일 법률 제8581호로 공포된(시행: 2008. 8. 4) 상법중 해상편의 개정내용에 따라 이 책 제 6 편 해상의 내용을 전면 수정하였으며, 어음(수표)교환업무의 전자화를 위한 어음법 일부 개정법률(2007. 5. 17. 공포 법률 제8441호, 시행: 2007. 11. 18) 및 수표법 일부 개정법률(2007. 5. 17. 공포 법률 제8440호, 시행: 2007. 11. 18)을 반영하여 이번에 제 7 판을 출간하였다. 이와 함께 제 6 판의 내용에서 미흡한 부분(상사계약의 성립시기, 주식회사 이사의 회사에 대한 책임 등) 또는 잘못된 부분을 제 7 판에서 보완·수정하였으며, 또한 저자의 인용문헌[상법강의(상)·상법강의(하) 및 상법 사례연습]을 최신판에 의하여 인용면수를 수정하였다.

또한 제 7 판을 출간하면서 2007년 9월 20일 정부가 국회에 제출한 상법(회사편) 개정안 및 2007년 8월 10일에 입법예고된 상법(보험편) 개정안을 색인 앞에 수록하여 논의되고 있는 상법의 개정내용에 대하여 애독자들이 참고할 수 있도록 하였다.

위와 같은 수정과 보완으로 이번에 출간된 제 7 판의 내용이 훨씬 충실하고 up-to-date하여졌다고 본다. 앞으로도 애독자들의 변함 없는 사랑과 성원을 바란다.

제 7 판의 출간을 위하여 도와주신 본인의 지도로 고려대학교 대학원(법학과) 박사과정에 있는 차영훈 군과 박영사 안종만 회장님·노현 부장·조성호 차장에게 깊은 감사를 드린다.

2008년 1월

정 찬 형 씀

제 6 판 서 문

제 5 판 이후에 새로 나온 2005년도의 중요한 대법원판례(판례공보를 기준으로 2005년 1월 1일부터 2005년 12월 15일까지 공표된 판례)를 반영하고, 또한 오자 및 잘못된 법조문의 인용을 바로 잡고 내용에 있어서 미흡한 부분을 수정하거나 보완하여, 이번에 제 6 판을 출간하였다.

위와 같은 보완과 수정으로 이 책이 훨씬 더 애독자들에게 가까이 갈 것으로 보고, 애독자들의 변함 없는 사랑과 성원을 바란다.

제 6 판의 출간을 위하여 도와주신 박영사 안종만 회장님, 노현 부장 및 조성호 차장에게 깊은 감사를 드린다.

2006년 8월
정 찬 형 씀

제 5 판 서 문

　　제 4 판 이후에 나온 새로운 법령(채무자 회생 및 파산에 관한 법률 등) 및 중요한 대법원판례(판례공보를 기준으로 2004년 12월 15일까지 공표된 판례)를 반영하고, 또한 체제 및 내용을 수정하였으며(실질주주·화환어음의 할인에 관한 부분의 삭제, 정기용선자·개품운송에 관한 부분의 수정 등), 본문의 내용을 전부 한글화하고 보다 쉽게 서술하여 이번에 제 5 판을 출간하였다.

　　위와 같은 보완과 수정으로 이 책이 훨씬 더 애독자들에게 가까이 갈 것으로 보고, 애독자들의 변함 없는 사랑과 성원을 바란다.

　　제 5 판의 출간을 위하여 도와주신 본인의 지도로 고려대학교 대학원(법학과) 박사과정에 있는 김홍식 군과 박영사 안종만 회장님, 노현 차장 및 조성호 차장에게 깊은 감사를 드린다.

2005년 8월

정 찬 형 씀

제 4 판 서 문

제 3 판 이후에 개정 또는 제정된 법령(예컨대, 보험업법·간접투자자산운용업법 등)을 반영하고, 제 3 판 이후에 나온 중요한 대법원판례(판례공보를 기준으로 2004년 8월 1일까지 공표된 판례)를 반영하였으며, 또한 체제 및 내용상 미흡한 부분을 개정하고 보완하여(예컨대, 육상운송인의 면책약관·실권주의 처리문제·선하증권 등) 이번에 제 4 판을 출간하였다.

위와 같은 보완과 수정으로 이번에 출간된 제 4 판의 내용이 훨씬 충실하고 up-to-date하여졌다고 본다. 앞으로도 애독자들의 변함 없는 사랑과 성원을 바란다.

제 4 판의 출간을 위하여 도와주신 본인의 지도로 고려대학교 대학원(법학과) 박사과정에 있는 김홍식 군과 박영사 안종만 회장님·기획과 조성호 차장 및 편집부 노현 차장에게 깊은 감사를 드린다.

2004년 8월

정 찬 형 씀

제3판 서 문

제2판 이후에 개정된 법령(예컨대, 민사소송법 등)을 반영하고, 제2판 이후에 나온 중요한 대법원판례(판례공보를 기준으로 2002년 12월 15일까지 공표된 판례)를 반영하였으며, 또한 체제 및 내용상 미흡한 부분을 개정하고 보완하여(예컨대, 주식매수청구권 등), 이번에 제3판을 출간하였다.

위와 같은 수정과 보완으로 이번에 출간된 제3판의 내용이 훨씬 참신하고 up-to-date하여졌다고 본다. 앞으로도 애독자들의 변함 없는 사랑과 성원을 바란다.

제3판의 출간을 위하여 도와주신 금융감독원에 조사역으로 재직하면서 본인의 지도로 고려대학교 대학원(법학과) 석사과정에 있는 최인호 군과 박영사 안종만 회장님·기획과 조성호 과장 및 편집부 노현 차장에게 깊은 감사를 드린다.

2003년 1월

정 찬 형 씀

＊　　　＊

제3판 2쇄를 발행하면서 오자 및 잘못된 법조문의 인용을 바로 잡고, 내용에 있어서 미흡한 부분을 수정하거나 보완하였다.

2003년 6월

정 찬 형 씀

제2판 서 문

    2001년 7월 24일 법률 제6488호로 개정된 상법의 내용을 지난해에 별쇄본으로 하여 애독자들에게 배포하였는데, 이번에 이를 반영하고 또한 초판에서의 미흡한 부분을 보충하였으며 최근 개정된 법령 등의 인용 및 내용을 보완하여 제2판을 출간하게 되었다.

    제2판의 출간을 위하여 도와 주신, 본인의 지도로 석사과정에 있으며 제43회 사법시험에 합격하여 금년 3월부터 사법연수원에서 공부하게 될 장준호군과, 박영사 안종만 회장님·편집과 제작을 위하여 애써주신 편집부의 노현 과장 및 기획과의 조성호 과장과 영업부의 박노일 과장에게 진심으로 감사를 드린다.

2002년 1월

정 찬 형 씀

서 문

많은 독자들과 출판사의 요청에 의하여 본인이 집필한 「상법강의(상)」과 「상법강의(하)」의 내용을 요약하여 이번에 「상법강의요론」을 출간하게 되었다.

이 책의 특징은 다음과 같다.

첫째는 「상법강의(상)」의 내용과 「상법강의(하)」의 내용을 한 권으로 요약함에 있어 상법의 내용 중 중요한 부분에서는 최대한 원문의 내용을 살리고, 그 이외의 부분 및 우리 상법 자체의 내용과 관련 없는 부분 등에서는 과감하게 그 내용을 요약하거나 또는 생략하였다. 따라서 이 책과 「상법강의(상)(하)」와 연결될 수 있도록 하기 위하여 같은 체제로 서술하고, 이 책에서 상세하게 다루지 못한 부분은 「상법강의(상)(하)」를 쉽게 참고할 수 있도록 표시하였다.

둘째는 참고문헌의 인용은 전부 생략하여 이에 관하여는 「상법강의(상)(하)」를 참고하도록 하였으며, 판례(특히 대법원판례)는 최대한도로 반영하여 본문에 이를 인용하거나 중요판례는 본문에 그 판결요지를 소개하였다.

셋째는 상법의 내용 중 중요부분에 대한 이해를 돕기 위하여 그 부분의 말미에 사례연습으로 졸저인 「상법 사례연습」에서 발췌한 일부 사례와 간단한 해답을 제시하였다.

아무쪼록 이 책이 「상법강의(상)(하)」로 충실하게 공부한 분들에게는 상법 전반을 정리할 수 있는 지침서가 되고, 상법 전반의 내용을 단시간 내에 이해하고자 하는 분들에게는 좋은 안내서가 되기를 바란다.

이 책에서 미흡한 부분이나 빠진 부분에 대하여는 많은 독자들의 변함 없는 좋은 충고와 조언에 따라 개정하거나 보완할 것을 다짐한다.

주주총회의 결의에 의한 주식소각과 주식교환·주식이전 등을 중심으로 한 정부의 상법개정안이 2000년 12월 말에 국회에 제출되어 국회에서 1월중에 의결이 되었으면 이를 이 책의 회사편에서 반영하여 출간하고자 하였으나, 언제 의결이 될지 알 수 없는 상태에서 동 개정안의 의결시까지 이 책의 출간을 한 없이 미룰 수 없는 형편이므로 부득이 이번에 동 개정안을 반영하지 못하고 이 책을 출간하면서 애독자들의 참고자료로서 동 개정안을 이 책의 색인 다음에 첨부하였다. 동 개정안

이 국회에서 의결되어 공포되면 즉시 이에 따른 이 책의 개정내용을 (필요하면 추록
으로 작성하여 배포하고) 제 2 판에서 반영할 것을 애독자들에게 약속한다.

그 동안 이 책의 출간을 위하여 헌신적으로 자료정리를 하여 준 본인의 지도
로 고려대학교 대학원(법학과) 석사과정에 있으며 또한 현재 사법연수원(제31기)에
재학중인 양진호 군과 책임감을 갖고 교정을 위하여 수고하여 준 본인의 지도로 고
려대학교 대학원(법학과)에서 2001년 2월에 법학박사학위를 받게 되며 또한 현재
금융감독원에 조사역으로 재직하고 있는 이재용 군에게 깊이 감사한다. 또한 이 책
의 출간을 맡아주신 박영사 안종만 회장님, 편집 및 제작을 위하여 애써주신 박영
사 편집부의 송일근 주간님과 노현 과장 및 기획과의 조성호 과장과 이재균 씨에게
진심으로 감사를 드린다.

2001년 2월

고려대학교 법학대학 연구실에서

정 찬 형 씀

목 차

제1편 총 칙

제1장 서 론

제 2 장   상인(기업의 주체)

제 5 장　상업장부

제 6 장　영 업 소

제 7 장　상업등기(기업의 공시)

제 3 장 각   칙

제 3 편 회   사

제 1 장 총   설

제 2 장   회사법통칙

제 3 장　합명회사

제 4 장　합자회사

제 5 장   유한책임회사

제 6 장　주식회사

제 7 장　 유한회사

제 1 절　 유한회사의 의의와 특색 626

제 2 절　 설　　립 628

제 3 절　 사원의 지위 631

제 8 장 외국회사

제 9 장 벌   칙

제 4 편 어음법 · 수표법

제 1 장 유가증권법

제 2 장　어음법·수표법 서론

제 3 장 어음법·수표법 총론

제 4 장　어음법·수표법 각론

제 1 절　어음상의 권리의 의의 756

제 2 절　어음상의 권리의 발생 758

제 3 절　어음상의 권리의 이전(배서) 796

제 5 편 보   험

제 1 장 서   론

제 2 장   보험계약

제 3 장　손해보험

제 4 장　인 보 험

제 6 편   해   상

제 1 장   서   론

제 2 장   해상기업조직

제3장　해상기업활동(해상운송)

제 5 장   해상기업금융

제7편 항공운송

제1장 총 설

제2장 통 칙

제3장 운 송

제 4 장　지상 제 3 자의 손해에 대한 책임

색　인

법령 및 판결(결정)약어

Ⅰ. 법령약어(가나다순)

〔간투〕 ························· 간접투자자산운용업법(개정: 2008.3.14, 법 8910호) 〔이 법은 「자본시장과 금융투자업에 관한 법률」(2007.8.3, 법 8635호, 시행일자: 2009.2.4) 부칙 제2조에 의하여 시행일자에 폐지됨〕

〔거령〕 ························· 거절증서령(개정: 2011.8.19, 대통령령 23077호)

〔공사등〕 ····················· 공사채등록법(제정: 1970.1.1, 법 2164호, 개정: 2014.10.15, 법 12834호)〔이 법은 「주식·사채 등의 전자등록에 관한 법률」(2016.3.22, 법 14096호, 시행일자: 2019.9.16) 부칙 제2조에 의하여 시행일자에 폐지됨〕

〔공증〕 ························· 공증인법(개정: 2017.12.12, 법 15150호)

〔관세〕 ························· 관세법(개정: 2023.12.31, 법 19924호)

〔구민〕 ························· 구(舊) 민법

〔구상〕 ························· 구(舊) 상법

〔국공〕 ························· 국가공무원법(개정: 2023.4.11, 법 19341호)

〔국사(國私)〕 ················ 국제사법(國際私法)(전부개정: 2022.1.4, 법 18670호)

〔기준〕 ························· 일반기업회계기준(제정: 2009.11.27)(2010년까지는 기업회계기준이 적용되었으나, 2011년 1월 1일부터는 일반기업회계기준이 비상장회사에 대하여 적용되고 있다. 일반기업회계기준은 종래의 기업회계기준을 수정·보완하여 제정된 것이다)

〔농협〕 ························· 농업협동조합법(개정: 2024.1.23, 법 20082호)

〔담보사〕 ····················· 담보부사채신탁법(개정: 2021.4.20, 법 18120호)

〔도선〕 ························· 도선법(개정: 2023.12.29, 법 19867호)

〔독규〕 ························· 독점규제 및 공정거래에 관한 법률(개정: 2024.2.6, 법 20239호)

〔獨保〕 ························· 독일 보험법

〔獨商(HGB)〕 ·············· 독일 상법(Handelsgesetzbuch)

〔獨株(AktG)〕 ·············· 독일 주식법(Aktiengesetz)

〔물류〕 ························· 물류정책기본법(제정: 2007.8.3, 법 8617호, 개정: 2023.4.18, 법 19382호)

〔민〕·························· 민법(개정: 2023.5.16, 법 19409호)

〔민소〕······················· 민사소송법(개정: 2024.1.16, 법 20003호)

〔민집〕······················· 민사집행법(개정: 2022.1.4, 법 18671호)

〔법인〕······················· 법인세법(개정: 2022.12.31, 법 19193호)

〔법조〕······················· 법원조직법(개정: 2021.1.26, 법 17907호)

〔변호사〕····················· 변호사법(개정: 2021.1.5, 법 17828호)

〔보업〕······················· 보험업법(개정: 2024.2.6, 법 20242호)

〔보업시〕····················· 보험업법 시행령(개정: 2024.4.23, 대통령령 34431호)

〔보업시규〕··················· 보험업법 시행규칙(개정: 2023.6.30, 총리령 1890호)

〔부등〕······················· 부동산등기법(개정: 2020.2.4, 법 16912호)

〔부수단〕····················· 부정수표 단속법(개정: 2010.3.24, 법 10185호)

〔부정경〕····················· 부정경쟁방지 및 영업비밀보호에 관한 법률(개정: 2024.2.20,
　　　　　　　　　　　　　　　　법 20321호)

〔佛保〕······················· 프랑스 보험법

〔佛商〕······················· 프랑스 상법

〔佛會〕······················· 프랑스 상사회사법(이 법은 2001년에 폐지되고, 그 내용은 프랑스상
　　　　　　　　　　　　　　　　법에서 규정됨)

〔비송〕······················· 비송사건절차법(개정: 2020.2.4, 법 16912호)

〔산은〕······················· 한국산업은행법(개정: 2022.1.4, 법 18682호)

〔산재보〕····················· 산업재해보상보험법(개정: 2023.8.8, 법 19612호)

〔상〕·························· 상법(개정: 2020.12.29, 법 17764호)

〔상등〕······················· 상업등기법(제정: 2007.8.3, 법 8582호, 개정: 2020.6.9, 법 17362호)

〔상등규〕····················· 상업등기규칙(제정: 2007.12.24, 대법원규칙 2129호, 개정: 2021.11.
　　　　　　　　　　　　　　　　29, 대법원규칙 3007호)

〔상부〕······················· 상법부칙

〔상시〕······················· 상법시행령(개정: 2023.12.19, 대통령령 33968호)(「상법의 일부규정
　　　　　　　　　　　　　　　　의 시행에 관한 규정」은 2009년 2월 4일부터 상법시행령으로 그 명
　　　　　　　　　　　　　　　　칭이 변경되고, 2009년 개정상법 시행령 등이 추가 규정됨)

〔상시법〕····················· 상법시행법(제정: 1962.12.12, 법 1213호, 개정: 2010.7.23,
　　　　　　　　　　　　　　　　법 10372호)

〔상저〕······················· 상호저축은행법(개정: 2023.7.18, 법 19564호)

〔상표〕······················· 상표법(개정: 2024.2.6, 법 20200호)

〔선등〕······················· 선박등기법(개정: 2020.2.4, 법 16912호)

〔선박〕······················· 선박법(개정: 2022.6.10, 법 18957호)

〔선박시〕····················· 선박법 시행령(개정: 2019.10.8, 대통령령 30106호)

〔선안〕······················· 선박안전법(개정: 2022.12.27, 법 19134호)

〔선안시〕 ···················· 선박안전법 시행령(개정: 2023.6.20, 대통령령 33557호)

〔선원〕 ······················ 선원법(개정: 2024.1.23, 법 20127호)

〔선원시〕 ···················· 선원법 시행령(개정: 2023.1.16, 대통령령 34152호)

〔선직〕 ······················ 선박직원법(개정: 2023.7.25, 법 19573호)

〔소기〕 ······················ 소비자기본법(개정: 2024.2.13, 법 20301호)

〔소득〕 ······················ 소득세법(개정: 2023.7.18, 법 19563호)

〔수〕 ························ 수표법(개정: 2010.3.31, 법 10197호)

〔수구〕 ······················ 수상에서의 수색·구조 등에 관한 법률(개정: 2022.6.10, 법 18958호)

〔瑞(스위스)保〕 ·········· 스위스(瑞西) 보험법

〔瑞(스위스)債〕 ·········· 스위스(瑞西) 채무법

〔신탁〕 ······················ 신탁법(개정: 2017.10.31, 법 15022호)

〔신탁업〕 ···················· 신탁업법(개정: 2008.3.14, 법 8908호)[이 법은 「자본시장과 금융투
                            자업에 관한 법률」(2007.8.3, 법 8635호, 시행일자: 2009.2.4) 부칙
                            제2조에 의하여 시행일자에 폐지됨]

〔약규〕 ······················ 약관의 규제에 관한 법률(개정: 2024.2.6, 법 20239호)

〔어〕 ························ 어음법(개정: 2010.3.31, 법 10198호)

〔여금〕 ······················ 여신전문금융업법(개정: 2023.3.21, 법 19260호)

〔英海保〕 ···················· 영국 해상보험법

〔英會(CA)〕 ················ 영국 회사법(Companies Act, 2006)

〔외감〕 ······················ 주식회사 등의 외부감사에 관한 법률(개정: 2024.1.16, 법 20055호)

〔우편〕 ······················ 우편법(개정: 2024.1.23, 법 20063호)

〔원자배〕 ···················· 원자력 손해배상법(개정: 2021.4.20, 법 18143호)

〔은행〕 ······················ 은행법(개정: 2023.3.21, 법 19261호)

〔日商〕 ······················ 일본 상법(개정: 2002, 법 44호)

〔日會〕 ······················ 일본 회사법(2005)

〔자금〕 ······················ 자본시장과 금융투자업에 관한 법률(제정: 2007.8.3, 법 8635호, 개
                            정: 2024.2.13, 법 20305호)

〔자금시〕 ···················· 자본시장과 금융투자업에 관한 법률 시행령(제정: 2008.7.29, 대통령
                            령 20947호, 개정: 2024.3.5, 법 34296호)

〔자배〕 ······················ 자동차손해배상 보장법(개정: 2024.2.20, 법 20340호)

〔자재〕 ······················ 자산재평가법(개정: 2019.8.27, 법 16568호)(이 법은 2000년 말부터
                            적용되지 않고 있으나 폐지된 것도 아니기 때문에 타법에 의한 개정
                            만 이루어지고 있음)

〔전단〕 ······················ 전자단기사채 등의 발행 및 유통에 관한 법률(제정: 2011.7.14, 법
                            10855호, 시행: 2013.1.15)[이 법은 「주식·사채 등의 전자등록에 관한
                            법률」(2016.3.22, 법 14096호, 시행일자: 2019.9.16) 부칙 제 2 조 제

2항에 의하여 시행일자에 폐지됨]

〔전등〕 ························· 주식·사채 등의 전자등록에 관한 법률(개정: 2023.9.14, 법 19700호)

〔전등시〕 ····················· 주식·사채 등의 전자등록에 관한 법률 시행령(개정: 2023.6.27, 대통령령 33604호)

〔전어〕 ························· 전자어음의 발행 및 유통에 관한 법률(개정: 2020.6.9, 법 17354호)

〔전금〕 ························· 전자금융거래법(제정: 2006.4.28, 법 7929호, 개정: 2020.6.9, 법 17354호)

〔제한절차〕 ················· 선박소유자 등의 책임제한절차에 관한 법률(개정: 2009.12.29, 법 9833호)

〔종회〕 ························· 종합금융회사에 관한 법률(개정: 2008.3.14, 법 8909호)[이 법은 「자본시장과 금융투자업에 관한 법률」(2007.8.3, 법 8635호, 시행일자: 2009.2.4) 부칙 제2조에 의하여 시행일자에 폐지됨]

〔中會〕 ························· 중국 회사법(개정: 2005.10.27)

〔증기〕 ························· 증권거래법(개정: 2008.3.21, 법 8985호) [이 법은 「자본시장과 금융투자업에 관한 법률」(2007.8.3, 법 8635호, 시행일자: 2009.2.4) 부칙 제2조에 의하여 시행일자에 폐지됨]

〔지공〕 ························· 지방공무원법(개정: 2024.3.19, 법 20377호)

〔지배〕 ························· 금융회사의 지배구조에 관한 법률(제정: 2015.7.31, 법 13453호, 시행: 2016.8.1, 개정: 2024.1.2, 법 19913호)

〔지배시〕 ····················· 금융회사의 지배구조에 관한 법률 시행령(제정: 2016.7.28, 대통령령 27414호, 시행: 2016.8.1, 개정: 2024.4.23, 대통령령 34449호)

〔지자〕 ························· 지방자치법(개정: 2024.1.9, 법 19951호)

〔철도〕 ························· 철도사업법(제정: 2004.12.31, 법 7303호, 개정: 2023.4.18, 법 19391호)

〔특허〕 ························· 특허법(개정: 2024.2.20, 법 20322호)

〔파〕 ··························· 채무자 회생 및 파산에 관한 법률(개정: 2024.2.13, 법 20264호)

〔한전〕 ························· 한국전력공사법(개정: 2022.12.31, 법 19207호)

〔항공〕 ························· 항공안전법(제정: 2016.3.29, 법 14116호, 개정: 2024.3.19, 법 20396호)

〔해관〕 ························· 해양환경관리법(제정: 2007.1.19, 법 8260호, 개정: 2017.3.21, 법 14747호)(종래의 「해양오염방지법」은 이 법 부칙 제2조에 의하여 폐지됨)

〔해운〕 ························· 해운법(개정: 2023.10.31, 법 19807호)

〔헌〕 ··························· 헌법(개정: 1987.10.29)

〔협약〕 ························· United Nations Convention on International Bills of Exchange and International Promissory Notes(국제환어음 및 국제약속어음에

관한 UN협약, 1988.12.9 제정)

〔형〕 ················· 형법(개정: 2023.8.8, 법 19582호)

〔화재보험〕 ············· 화재로 인한 재해보상과 보험가입에 관한 법률(개정: 2023.3.21, 법 19265호)

〔ALI원칙〕 ············· American Law Institute(ALI)가 1992.3.31에 Proposed Final Draft 로 발표하고 1992년 5월의 정기총회에서 승인되었으며, 1992년 정기총회에서 논의되었던 사항이 반영되어 1993년 4월에 위원회에 의하여 최종의결되어 승인된 Principles of Corporate Governance: Analysis and Recommendations(회사지배구조의 원칙)

〔A.V.B〕 ············· Allgemeine Versicherungsbedingungen(독일 보통보험약관)

〔B.E.A〕 ············· Bills of Exchange Act(영국 환어음법, 1882년 제정)

〔K-IFRS(기업회계기준서)〕 ··· 한국채택국제회계기준(제정: 2007.11.23, 개정: 2021.10.15 〈의결〉)

〔RMBCA〕 ············· 미국의 개정모범사업회사법(Revised Model Business Corporation Act, 2016)

〔U.C.C〕 ············· Uniform Commercial Code(미국 통일상법전, 1990년 개정)

II. 판결(결정)약어

〔대판〕 ················· 대법원판결

〔대판(전)〕 ················· 대법원 전원합의체 판결

〔대결〕 ················· 대법원결정

〔○○고판〕 ················· ○○고등법원판결

〔○○(민)지판〕 ················· ○○(민사)지방법원판결

〔朝高判〕 ················· 조선고등법원판결

〔대판 1978. 11. 6, 78 다 216〕 ········· 선고연월일, 사건번호

총　칙

제 1 장 서 론

제 1 절 상법의 의의

상법이란 어떤 법인가. 상법은 일반적으로는 상법전이 그 핵심을 이루고 있으므로 이것을 상법이라고 이해하기가 쉽다. 그러나 학문상의 개념인 실질적 의의의 상법은 상법이라는 이름으로 제정된 성문법전인 상법전(형식적 의의의 상법)과는 구별된다.

실질적 의의의 상법이란 상법이 규율하는 생활관계의 실질 또는 내용에 의하여 파악된 통일적이며 체계적인 개념이고, 형식적 의의의 상법이란 「상법」이라는 이름으로 제정된 성문법전을 의미하는 개념인데, 이하에서는 이에 관하여 좀더 상세히 살펴보겠다.

제 1 실질적 의의의 상법

실질적 의의의 상법이 무엇인가를 이해하기 위하여는 먼저 실질적 의의의 상법을 이룩하게 하는 바탕이 되는 「생활관계」가 무엇인가를 법률적으로 검토할 필요가 있고(법률상의 상의 개념), 이러한 법률상의 상에 공통적인 점이 있는지 여부(상법의 대상론)를 검토하여야 할 것이다. 오늘날 이러한 법률상의 상은 고유상(경제상의 상)뿐만 아니라 보조상·유형상·공업·원시생산업 등으로 확대되어 있는데, 이러한 법률상의 상의 중심개념은 생활관계의 실질에서 파악하여 경영·경제학상의 용어인 '기업'을 법률상의 상의 개념에 도입하여 「기업적 생활관계」라고 보고 있다(기업법설)(상의 개념과 상법의 대상론에 관한 상세는 정찬형, 「상법강의(상)(제27판)」, 4~7면 참조). 따라서 이러한 기업법설에 의하면 실질적 의의의 상법은 한 마디로 「기업에 관한 특별사법」이라고 볼 수 있는데, 이를 분설하면 다음과 같다.

1. 상법은 「기업」에 관한 법이다

실질적 의의의 상법의 대상이 되고 있는 기업은 상기업만을 의미하는데, 우리나라에서 상법의 대상으로서의 기업(상기업)이란 「상인적 설비와 방법에 의하여 영리의 목적으로 경영활동을 하는 경제적 생활체」라고 말할 수 있다(상기업에 관한 상세는 정찬형, 「상법강의(상)(제27판)」, 8~9면 참조).

이 때 「상인적 설비」란 기업조직을 의미하는데, 이러한 기업조직에는 인적 설비(상인 및 상업사용인)와 물적 설비(자본·영업소·상호 등)가 있다. 「상인적 방법에 의하여 영리의 목적으로 경영활동을 한다」는 것은 기업활동을 의미하는데, 이는 기업의 주관적인 면이다. (상)기업은 경제적·사회적으로 존재하여 활동하는 「경제적 생활체」인데, 이러한 의미의 기업은 법률상으로 아직 권리주체화되지 못하고 있다.

2. 상법은 기업에 관한 「사법(상사법)」이다

상법은 기업에 관한 법규의 전체라고 하는 견해가 다수설이나, 상법이 비록 사법적 규정 이외에 공법적 규정을 포함하고 있다고 하더라도 상법의 본질적인 내용이 사법적 규정이라는 점 등에서 볼 때 상법은 사법(商私法)이라고 볼 수 있다.

3. 상법은 기업에 관한 「특별」사법이다

경제생활 일반을 규율하는 일반사법이 민법임에 대하여, 상법은 기업을 중심으로 한 생활관계를 규율하는 특별사법이다. 따라서 상법의 규정에는 기업에 특유한 독자적인 규정·민법상의 일반제도를 기업에 맞게 특수화한 규정·민법상의 규정을 단순히 보충하거나 변경한 규정 등이 있다(상법과 민법·노동법·경제법 및 어음·수표법 등과의 관계에 대하여는 정찬형, 「상법강의(상)(제27판)」, 12~22면 참조).

4. 상법은 기업에 「관한」 특별사법이다

상법은 기업적 생활관계를 그 규율대상으로 하고 있으나, 기업의 주체(기업주)만을 규율하는 것이 아니라 기업주 아닌 일반인도 기업과 거래를 하는 한 상법의 적용을 받게 된다($\frac{\text{상}}{3\text{조}}$). 또한 상법은 명시적으로 상인성을 인정한 기업(당연상인)

($^{상}_{4조}^{46조.}$)뿐만 아니라, 기업의 형식과 방법에 의하여 상인성을 인정하는 기업(의제상
인)($^{상}_{5조}$)도 그 적용대상이 된다. 이에 더 나아가 상법은 그가 상인성을 인정한 기업
이외에 원시생산업이나 또는 변호사($^{반대: 대결 2007. 7.}_{26, 2006 마 334}$)·의사 등과 같은 자유업도 그것
이 기업의사를 객관적으로 인식할 수 있게 하는 기업적인 설비와 방법(기업적 특질)
에 의하여 운영되는 한 그 적용대상으로 보아야 할 것이다.

제 2 형식적 의의의 상법

성문법인 상법전($^{1962. 1. 20 제정.}_{법률 1000호}$)을 형식적 의의의 상법이라고 한다. 상법전의 규
정은 주로 사법규정이기는 하지만, 그 외에도 형법법규·소송법규·국제사법적 규정
등 많은 공법적 규정이 포함되어 있다. 상법전은 제 1 편 총칙, 제 2 편 상행위, 제
3 편 회사, 제 4 편 보험, 제 5 편 해상, 제 6 편 항공운송으로 구성되어 있다. 상법
전을 기업법으로 보고 기업법을 기업조직법과 기업활동법으로 나누면, 상법 제 1 편
과 제 3 편은 대체로 기업조직법에 속하고, 상법 제 2 편·제 4 편·제 5 편 및 제 6 편
은 대체로 기업활동법에 속한다고 볼 수 있다.

제 3 양자의 관계

(1) 실질적 의의의 상법은 학문적 입장에서 법을 본 것으로 통일성·체계성을
중요시하는데 대하여, 형식적 의의의 상법은 입법정책적 입장에서 실제성·편의성
을 위주로 하여 제정된 것이므로, 양자는 반드시 그 범위가 일치하는 것이 아니다.

(2) 형식적 의의의 상법의 발달과 변천이 실질적 의의의 상법의 연구를 자극하
고, 실질적 의의의 상법의 연구가 형식적 의의의 상법의 개정 또는 해석에 유력한
지침을 줄 수 있는 등, 양자는 매우 밀접한 관련을 갖고 있다.

제 2 절 상법의 이념과 특성

제 1 상법의 이념

상법은 기업을 중심으로 하는 생활관계를 규율하는 법이므로 상법의 이념은

이러한 기업을 유지강화하고 기업활동(영리활동)을 왕성하게 하여 자본재생산사회를 발전시키고, 나아가서 이것이 국민경제에 이바지하도록 하는 데 있다.

그런데 이러한 상법의 이념은 지나치게 기업만을 두둔하는 것이라 하여 기업의 사회적 책임론과 관련하여 수정되어야 한다는 견해도 있다.

1. 기업의 유지강화

오늘날 기업은 국민의 막대한 재산을 흡수·저축하며 노동의 기회를 제공함으로써 대부분의 국민의 소득의 원천이 되어 있으므로, 기업은 이미 어느 개인의 이윤추구의 수단에 그치는 것이 아니라 그 자체가 하나의 사회적 존재로 되어 있다. 그러므로 이와 같이 사회적 존재가 된 기업이 소멸되면 그 개인경제상뿐만 아니라 국민경제상에 미치는 손실은 막대하게 된다. 따라서 상법은 기업의 이와 같은 개인경제상 및 국민경제상 차지하는 중요한 기능과 지위로 인하여 그 기업의 형성을 쉽게 하고, 또 이것을 유지강화하는 것을 이념으로 하고 있는데, 상법에서 이를 구체화한 것으로는 다음과 같은 것들이 있다.

⑴ 영리성의 보장

영리성은 기업에 내재하는 필연적 속성이며 기업성립의 전제가 된다. 따라서 이러한 영리성을 보장하기 위한 상법의 규정으로는 법정이율의 인상($^{상}_{민}\,^{54조}_{379조}$), 소비대차 및 체당금의 이자청구권($^{상}_{55조}$), 상인의 보수청구권($^{상}_{61조}$) 등이 있다.

⑵ 자본집중의 촉진

기업의 조직(성립)에 있어 자본집중을 촉진하기 위한 상법의 규정으로는 익명조합제도($^{상}_{이하}\,^{78조}$), 합자조합제도($^{상}_{2\,이하}\,^{86조의}$), 각종 회사의 합병제도($^{상}_{175조}\,^{174조}$), 유한책임회사($^{상}_{2\,이하}\,^{287조의}$)·주식회사($^{상}_{이하}\,^{288조}$) 및 유한회사제도($^{상}_{이하}\,^{543조}$), 선박공유($^{상}_{이하}\,^{756조}$) 등이 있다. 특히 주식회사에 있어서 자본집중을 촉진하기 위한 상법상의 규정으로는 자본금이 비례적 단위인 주식으로 분할되어($^{상}_{3항,\,451조}\,^{329조\,2항}$) 유통성을 가진 주권으로 표창되어 있는 점($^{상}_{355조}$), 주주의 책임이 유한으로 되어 있는 점($^{상}_{331조}$) 등이 있다.

⑶ 자금조달의 원활화

기업의 활동중에 자금조달의 원활을 기하기 위한 상법의 규정으로는 자기자본의 조달을 용이하게 하기 위한 규정으로 수권자본제도($^{상}_{3호,\,416조}\,^{289조\,1항}$), 타인자본의 조달을 용이하게 하기 위한 규정으로 사채제도($^{상}_{이하}\,^{469조}$), 주식과 사채의 장점을 결합한 규정으로는 상환주식($^{상}_{345조}$)·전환주식($^{상}_{이하}\,^{346조}$)·전환사채($^{상}_{이하}\,^{513조}$)·신주인수권부사채제도($상 516조의 \atop 2 이하$) 등이 있다.

(4) 인력의 보충

기업의 인력의 보충을 위한 상법상의 규정으로는 상업사용인($상 10조 \atop 이하$)·대리상($상 87조 \atop 이하$)·중개인($상 93조 \atop 이하$)·위탁매매인($상 101조 \atop 이하$)·합명회사($상 178조 \atop 이하$) 등의 규정이 있다.

(5) 위험부담의 완화

기업활동에 따르는 위험부담을 완화하는 제도로는 기업위험을 처음부터 분산하는 제도와 기업담당자의 책임을 제한하는 방법이 있는데, 이에 관한 상법상의 규정으로는 다음과 같은 것들이 있다.

1) 기업위험을 분산하기 위한 상법상의 규정으로는 각종의 회사제도(특히 주식회사)·보험제도($상 638조 \atop 이하$)·공동해손제도($상 865조 \atop 이하$) 등이 있다.

2) 기업담당자의 책임을 제한하는 상법상의 규정으로는 물건운송인의 책임제한($상 137조, \atop 797조, 915조$), 합자회사의 유한책임사원($상 \atop 279조$), 유한책임회사의 사원($상 287조 \atop 의 7$)·주식회사의 주주($상 \atop 331조$) 및 유한회사의 사원의 유한책임($상 \atop 553조$), 선박소유자의 책임제한($상 \atop 769조$), 적하의 이해관계인의 책임제한($상 752조 \atop 2항$), 공동해손분담의무자의 책임제한($상 \atop 868조$), 해양사고구조료지급의무자의 책임제한($상 \atop 884조$), 항공운송인 및 항공기운항자의 책임감면($상 \atop 898조$) 등이 있다.

(6) 기업의 독립성의 확보

기업은 이를 구성하는 인적 요소를 떠나서 독립적인 존재를 가지고 활동할 수 있어야 하는데, 이러한 요청에 부응하기 위한 가장 대표적인 상법상의 규정은 회사기업을 전부 법인으로 한 것이다($상 \atop 169조$). 상법은 이 외에도 기업의 독립성을 확보하기 위한 규정을 두고 있는데, 이에 해당하는 것으로는 개인기업에 대하여도 상호제도를 둔 점($상 18조 \atop 이하$), 개인기업에 대하여도 상업장부를 영업재산본위로 기재하도록 한 점($상 29조 \atop 이하$), 대리권이 본인의 사망으로 소멸하지 않도록 한 점($상 \atop 50조$) 등이 있다.

(7) 소유와 경영의 분리

기업의 소유와 경영을 분리하여 적임자가 그 기업을 관리·경영할 수 있도록 하는 대표적인 상법상의 규정은 주식회사에 관한 규정에 있다. 즉 기업이익의 귀속자인 주주는 기업소유자로서의 지위를 가질 뿐 기업경영의 의무를 부담하지 않으며($상 \atop 382조$), 반대로 기업경영자인 이사 또는 집행임원은 기업소유자(주주)임을 요하지 않는다($상 \atop 387조$).

상법은 이 밖에도 기업소유와 경영을 분리하여 적임자가 그 기업을 경영할 수 있도록 뒷받침하는 규정으로 지배인제도($\substack{상\ 10조 \\ 이하}$), 익명조합($\substack{상\ 78조 \\ 이하}$), 인적 회사에서의 업무집행사원의 권한상실선고제도($\substack{상\ 205조, \\ 269조.}$), 주식회사에서의 집행임원제도($\substack{상\ 408조의 \\ 2\ 이하}$) 등을 두고 있다.

(8) 기업소멸의 회피

기업의 소멸을 회피하여 기업유지의 이념에 부응하기 위한 상법상의 규정으로 는 각종 회사의 계속제도($\substack{상\ 229조,\ 269조,\ 287조 \\ 의\ 40,\ 519조,\ 610조}$), 물적회사에서 「1인회사」를 인정한 것 ($\substack{상\ 287조의\ 38,\ 517조\ 1호. \\ 609조\ 1항\ 1호}$) 등이 있다.

이 외에도 회사의 합병제도($\substack{상 \\ 174조}$), 주식회사의 분할제도($\substack{상\ 530조의 \\ 2\ 이하}$), 회사의 조직 변경제도($\substack{상\ 242조,\ 269조, \\ 604조,\ 607조}$), 회사설립무효·취소의 소의 제소기간의 제한($\substack{상\ 184조,\ 269조. \\ 328조,\ 552조}$) 등 도 간접적으로 기업의 소멸을 회피하여 기업의 유지이념에 기여하는 규정이라고 볼 수 있다.

2. 기업활동의 왕성과 거래의 안전

기업은 국민의 방대한 재산을 관리하고 또한 대다수의 국민에게 노동의 기회 를 제공하는 사회적 존재이기 때문에, 상법은 이러한 기업의 유지강화뿐만 아니라 기업활동의 왕성을 위하여 많은 규정을 두고 있다. 기업은 그 활동의 원활·왕성을 통하여(즉, 출자한 자본금을 신속히 순환시킴으로써) 출자한 자본을 증식하고 있는데, 이 것이 기업의 목적인 것이다. 이러한 기업활동의 왕성을 위하여 기업거래는 간이·신 속함과 정형화를 요구하고 있으며, 거래객체는 그 유통성의 확보를 위한 조치를 요 구하고 있다.

한편 기업과 거래하는 제3자를 보호하기 위하여 기업활동의 왕성을 위한 조 치와 함께 거래의 안전을 위한 조치도 필요하다. 거래의 안전을 위하여는 기업에 공시의무·외관존중 및 책임가중 등을 부여하고 있다.

이하에서는 이러한 요구에 부응하는 상법의 규정들을 살펴보겠다.

(1) 기업활동의 왕성

1) 거래의 간이·신속　　기업활동의 간이·신속을 위한 상법의 규정으로는 상 행위의 대리($\substack{상 \\ 48조}$), 상사계약의 청약의 효력($\substack{상 \\ 51조}$), 계약의 청약에 대한 상인의 승낙 여부의 통지의무($\substack{상 \\ 53조}$), 상사매매에 있어서 매도인의 공탁권과 자조(自助)매각권 ($\substack{상 \\ 67조}$), 확정기매매에 있어서 해제권($\substack{상 \\ 68조}$), 매수인의 목적물검사와 하자통지의무($\substack{상 \\ 69조}$), 일반상사채무의 단기소멸시효($\substack{상 \\ 64조}$), 특수상사채무의 단기시효($\substack{상\ 121조,\ 122조,\ 147조,\ 166조, \\ 662조,\ 814조,\ 875조,\ 895조}$),

유가증권상실의 경우의 구제수단의 신속화($^{\text{상 65조}}_{\text{민 521조}}$) 등이 있다.

2) **거래방식의 정형화**   기업거래는 일반적으로 보통거래약관에 의하여 그 내용 및 효과가 획일화되는 경우가 많다. 이러한 보통거래약관은 상품매매·운송· 임치·은행·신탁·보험 등의 거래에 관하여 대량거래의 필요상 발달한 것인데, 거래의 정형화 내지 자주적 요식주의란 이 현상을 뜻하는 것이다. 이 보통거래약관에 의한 계약조항의 정형화도 기업활동의 왕성·합리화에 기여하는 동시에, 기업경영을 확실하게 함으로써 기업을 유지·강화하는 데 도움이 된다. 그러나 이것이 두드러지게 소비자 내지 이용자의 이익을 부당하게 압박하여 계약자유의 이름하에 기업자측이 경제적 지위를 남용하는 경우에는(부합계약의 경우) 민법 제 2 조의 신의성실 또는 권리남용의 법리에 의하여 보통거래약관의 유효성을 부인할 수도 있는데, 약관규제법 제 6 조는 그 뜻을 명문화하였다.

3) **거래객체의 유통성의 확보**

(개) 거래를 원활하고 왕성하게 하기 위하여 상법은 거래객체인 상품에 대하여 유통기능에 적응하도록 하는 규정을 두고 있다. 원래 자본주의의 상품교환에 있어서는 모든 재산은 상품화되고, 이 상품은 상표제도나 규격제도(KS 표시 등)에 의하여 그 등질성과 특이성이 확보됨으로써 대량거래의 신속·확실한 실현을 가능하게 한다. 그러나 이 점에 관하여는 상법이 직접 규정하지 않고, 상표법·산업표준화법 등이 규정하고 있다.

(내) 한편 재산의 상품화의 경향과 관련하여 권리의 증권화현상이 나타난다. 자본주의 경제의 발달에 따라 모든 재산이 채권화되고, 이것이 우월적 지위를 차지하게 되는 동시에 또한 이것이 유가증권화됨으로써 유통의 객체로서의 상품적격성을 갖게 된다. 실로 현대의 특색은 모든 자본이나 화폐가 유가증권화되고 있는 점에 있다. 상법 안에 규정된 유가증권으로는 화물상환증($^{\text{상}}_{\text{128조}}$)·창고증권($^{\text{상 156조}}_{\text{이하}}$)·주권 ($^{\text{상 335조}}_{\text{이하}}$)·신주인수권증서($^{\text{상 420조}}_{\text{의 2}}$)·채권(債券)($^{\text{상 478조}}_{\text{이하}}$)·신주인수권증권($^{\text{상 516조}}_{\text{의 5}}$)·선하증권($^{\text{상}}_{\text{852조}}$) 등이 있고, 어음이나 수표는 최고도의 유가증권으로서 어음법·수표법에서 따로 규정되고 있다.

(2) **거래의 안전**

1) **공시주의**   기업의 조직·자산상태·경영기구·경영담당자 등과 같이 기업의 기초가 되는 중요사항은 그 내용을 널리 일반공중에게 알리는 것이 기업자로서나 거래의 상대방으로서나 필요한 것이므로, 상법은 그것의 진실한 공시를 요구하고 있는데, 이는 다음과 같다.

(개) 공시주의가 구체화된 것으로서 가장 중요한 것은 상업등기제도인데, 이에는 미성년자·법정대리인의 영업(상 6조 1항), 지배인의 선임·해임(상 13조), 상호의 선정·변경·폐지(상 22조 2항, 27조, 25조), 상호의 가등기(상 22조의 2), 각종 회사의 설립·해산, 물적회사의 자본금의 증감 등이다. 또 법률상 요구되는 등기사항은 등기하지 않으면 그 등기사항을 선의의 제3자에게 대항하지 못하게 되어 있다(상 37조).

(내) 이 밖에 유한책임회사 및 물적회사에 있어서 재무제표의 열람제도(상 287조의 34, 448조 2항, 579조의 3)나 주식회사에 있어서 대차대조표의 공고의무(상 449조 3항) 등도 중요한 공시제도의 표현이다.

2) 외관주의(禁反言의 법리)   공시된 사실이 진실과 일치하지 않는 경우, 공시된 사실을 믿고 어떤 행위를 하거나 하지 않은 자를 보호할 필요가 있게 된다. 이 때 외관을 만들어 낸 자에게 귀책사유가 있음을 이유로 외관을 신뢰한 자를 보호하게 되는데, 이를 외관주의라고 한다. 독일법에서의 '외관이론'과 영미법에서의 '표시에 의한 금반언'은 이러한 외관주의를 표현한 것이다. 상법에 나타난 이러한 외관주의의 규정을 상법의 편별에 따라 살펴보면 다음과 같다.

(개) 총 칙 편   지배인의 대리권제한의 효력(상 11조 3항), 표현지배인(상 14조), 물건판매점포의 사용인(상 16조), 명의대여자의 책임(상 24조), 고의 또는 과실에 의한 부실등기의 공신력(상 39조), 상호를 속용하는 영업양수인의 책임 및 양도인의 채무자의 보호(상 42조, 43조), 영업양도시의 영업채무인수의 광고를 한 양수인의 책임(상 44조) 등이다.

(내) 상행위편   자기의 성명을 영업자의 상호 중에 사용할 것을 허락한 익명조합원의 책임(상 81조), 고가물의 명시를 하지 아니하고 운송주선을 위탁하거나, 운송을 위탁하거나 또는 임치를 위탁한 자의 손해배상청구권의 제한(상 124조, 153조 136)에 관한 규정 등이다.

(대) 회 사 편   사실상의 회사제도(상 190조, 269조, 287조의 6, 328조, 552조), 합명회사에서의 자칭사원의 책임(상 215조)·퇴사원의 책임(상 225조), 합자회사에서의 자칭무한책임사원의 책임(상 281조), 주식회사에서의 납입금보관은행의 책임(상 318조 2항)·유사발기인의 책임(상 327조)·표현대표이사(상 395조)·이사직무대행자의 행위에 의한 회사의 책임(상 408조 2항) 등이 있다.

(래) 보 험 편   당사자가 보험가액을 정한 경우의 보험자의 보상액감소청구의 제한(상 670조), 해상보험자의 위부(委付)승인의 효력(상 716조) 등이 있다.

(매) 해 상 편   선박관리인 또는 선장의 대리권제한의 효력(상 765조 2항, 751조), 적하가격의 부실기재가 공동해손의 손해액 및 분담액의 결정에 주는 영향(상 873조), 선하증권

기재의 효력($\frac{\text{상}}{854\text{조}}$) 등이 있다.

　(바) **항공운송편**　　항공운송증서 기재의 효력($\frac{\text{상}}{929\text{조}}$) 등이 있다.

　3) 엄격책임주의

　　(가) 기업과 일반인의 거래에서는 기업자측이 우월하므로 이러한 기업자측의 의무와 책임을 엄격히 하는 것이 거래안전상 필요하다. 이를 반영한 상법의 규정으로는 다수채무자의 연대채무($\frac{\text{상 57조}}{1\text{항}}$), 상사보증채무의 연대성($\frac{\text{상 57조}}{2\text{항}}$), 상인의 물건보관의무($\frac{\text{상}}{60\text{조}}$), 상인간의 매매에서의 목적물의 검사와 하자의 통지의무($\frac{\text{상}}{69\text{조}}$), 상사매매계약의 해제시 매수인의 목적물보관의무($\frac{\text{상 70조}}{71\text{조}}$), 순차운송인의 손해배상책임의 연대($\frac{\text{상 138}}{\text{조 3 항}}$), 운송주선인·운송인·공중접객업자·창고업자·해상운송인의 손해배상책임($\frac{\text{상 115조, 135조, 148조, 152}}{\text{조, 160조, 795조, 826조}}$) 등이 있다. 이 밖에 중개인·위탁매매인·운송주선인·운송인·공중접객업자·창고업자 등에 대하여 각각 그 업무와 관련하여 구체적인 의무가 규정된 것도 이와 같은 취지이다.

　　(나) 이와 같이 기업자측에 의무 내지 책임을 가중하는 규정은 앞에서 본 기업자측의 책임을 완화하는 규정과 모순되는 것 같다. 그러나 기업(자)측의 책임이 완화되는 면은 기업의 유지이념(기업조직면)과 관련하여 파악된 것이고, 기업(자)측의 책임이 가중되는 면은 기업활동(기업활동면)에서 거래의 안전과 관련하여 파악된 것이다. 따라서 이러한 양자는 모순되는 것이라기보다는 기업에 내재하는 특수성으로 인하여 기업에서의 합리주의의 구체적인 표현이라고 볼 수 있다.

제 2　상법의 특성(경향)

　　상법은 기업에 관한 특별사법으로서 경제법칙에 따르는 성격을 많이 갖고 있다. 따라서 상법의 법역은 다른 법역(특히 민법)에 비하여 현저한 특성을 갖고 있다. 이러한 상법의 특성은 시간적인 면에서 볼 때는 유동적·진보적 경향으로 나타나고, 공간적으로 볼 때는 세계적·통일적 경향으로 나타나고 있다(이에 관한 상세는 정찬형, 「상법강의(상)(제27판)」, 35~36면 참조).

제 3 절 상법의 법원(法源)과 효력

제 1 상법의 법원

상법의 법원(法源)이라 함은 기업에 특유한 생활관계를 규율하는 법규범으로서의 상법(실질적 의의의 상법)의 존재형식이다. 그런데 상법 제 1 조는 「상사에 관하여 적용될 법규」로서 민법을 보충적으로 열거하고 있다. 따라서 민법이 상법의 법원인가 하는 의문이 있을 수 있으나, 위에서 본 상법의 법원의 뜻에서 볼 때 민법은 상법의 법원이 될 수 없다. 즉 민법은 기업에 특유한 생활관계를 규율하는 법규범의 존재형식은 아닌 것이다. 이하에서는 이러한 상법의 법원의 종류와 상사에 관하여 적용될 법규의 적용순서에 대하여 간단히 설명하겠다.

1. 상법의 법원의 종류

⑴ 상사제정법

1) 상 법 전   우리나라의 상법전($\frac{법}{1000호}$)은 1962년 1월 20일 공포되고 1963년 1월 1일부터 시행되고 있는데, 이것이 가장 기본적인 상법의 법원이다. 제정상법은 전문 5편(총칙·상행위·회사·보험·해상) 874조, 부칙(제정 당시) 12조로 되어 있었다. 이 상법은 그 후 경제사정 및 기업조직의 여건 등에서 많은 변동이 있어 시대에 맞지 않는 부분이 많게 되었다. 상법 중 총칙편·상행위편 및 회사편은 1984년($\frac{법 3724호, 1984. 4. 10}{공포, 1984. 9. 1 시행}$)·1995년($\frac{법 5053호, 1995. 12. 29}{공포, 1996. 10. 1 시행}$)에 대폭 개정되었다. 총칙편·상행위편은 2010년($\frac{법 10281호, 2010. 5. 14 공포, 공포}{후 6개월이 경과한 날부터 시행}$)에 다시 개정되었다. 회사편은 1998년($\frac{법 5591호, 1998. 12. 28 공포}{공포한 날로부터 시행}$)·1999년($\frac{법 6086호, 1999. 12. 31 공포,}{공포한 날로부터 시행}$)·2001년($\frac{법 6488호, 2001. 7. 24 공포,}{공포한 날로부터 시행}$)·2009년($\frac{법 9362호, 2009. 1. 30 공포, 2009. 2. 4 시행; 법 9746호, 2009. 5. 28 공포, 소규모 주식회사에 관한}{규정은 공포한 날부터 시행하고 정보기술화에 관한 규정은 공포 후 1년이 경과한 날부터 시행}$)·2011년($\frac{법 10600호, 2011. 4. 14}{공포, 2012. 4. 15 시행}$)·2014년($\frac{법 12591호, 2014. 5. 20 공포,}{공포한 날부터 시행}$)·2015년($\frac{법 13523호, 2015. 12. 1}{공포, 2016. 3. 2. 시행}$) 및 2020년($\frac{법 17764호, 2020. 12. 29}{공포, 공포한 날부터 시행}$)에 다시 개정되었다. 보험편과 해상편은 1991년($\frac{법 4770호, 1991. 12. 31}{공포, 1993. 1. 1 시행}$)에 대폭 개정되었고, 보험법은 2014년($\frac{법 12397호, 2014. 3. 11}{공포, 2015. 3. 12 시행}$) 및 2017년($\frac{법 14969호, 2017. 10. 31 공포, 공포 후}{1년이 경과한 날(2018. 11. 1.)부터 시행}$)에 다시 개정되었으며, 해상법은 2007년($\frac{법 8581호, 2007. 8. 3}{공포, 2008. 8. 3 시행}$)에 다시 개정되었다. 또한 상법 제 6 편 항공운송을 신설하는 내용의 상법이 2011년에 개정되었고($\frac{법 10696호, 2011. 5. 23}{공포, 2011. 11. 24 시행}$), 항공운송법은 2014년($\frac{법 12591호, 2014. 5. 20}{공포, 공포한 날부터 시행}$)에 다시 개정되었다.

2) 상사특별법령   상사특별법령은 크게 상법전에 부속된 상사특별법령과

상법전과 독립한 상사특별법령이 있다. 상법전에 부속된 상사특별법령은 상법시행법(제정: 1962. 12. 12, 법 1213호,／개정: 2010. 7. 23, 법 10372호)・상법시행령(전문개정: 2012. 4. 10, 대통령령 23720호,／개정: 2023. 12. 19, 대통령령 33968호)・선박소유자 등의 책임제한절차에 관한 법률(제정: 1991. 12. 31, 법 4771호,／개정: 2009. 12. 29, 법 9833호)・상업등기법(제정: 2007. 8. 3, 법 8582호,／개정: 2020. 6. 9, 법 17362호)・상업등기규칙(제정: 2007. 12. 24, 대법원규칙 2129호,／개정: 2021. 11. 29, 대법원규칙 3007호) 등이 있고, 상법전과 독립한 상사특별법령으로는 자본시장과 금융투자업에 관한 법률(제정: 2007. 8. 3, 법 8635호,／개정: 2024. 2. 13, 법 20305호)・보험업법(전문개정: 2003. 5. 29, 법 6891호,／개정: 2024. 2. 6, 법 20242호)・독점규제 및 공정거래에 관한 법률(전문개정: 1990. 1. 13, 법 4198호,／개정: 2024. 2. 6, 법 20239호)・주식회사 등의 외부감사에 관한 법률(제정: 1980. 12. 31, 법 3297호,／개정: 2024. 1. 16, 법 20055호)・약관의 규제에 관한 법률(제정: 1986. 12. 31, 법 3922호,／개정: 2024. 2. 6, 법 20239호)・소비자기본법(전문개정: 2006. 9. 27, 법 7988호,／개정: 2024. 2. 13, 법 20301호)・여신전문금융업법(제정: 1997. 8. 28, 법 5374호,／개정: 2023. 3. 21, 법 19260호) 등이 있다.

3) **상사관계 조약 및 국제법규**   조약은 국가간의 계약인 동시에 국내법으로서의 성격도 가진다. 이에 관하여 헌법 제 6 조 1 항은 「헌법에 의하여 체결공포된 조약과 일반적으로 승인된 국제법규는 국내법과 같은 효력을 가진다」고 규정하고 있다. 따라서 조약 중 상사에 관한 것과 일반적으로 승인된 국제법규 중 상사에 관한 것은 상법의 법원이 되는 것이다.

(2) **상관습법**

상관습법이 무엇이냐에 대하여는 사실인 상관습과 관련하여 양자를 구별하는 견해와, 구별하지 않는 견해로 나뉘어 있다. 양자를 구별하는 견해에서는 법적 확신의 유무에 따라 양자를 구별하므로, 이 견해에서는 상관습법을 「사실인 상관습이 사회의 법적 확신 또는 법적 의식에 의하여 지지를 받게 된 법규범」이라고 정의한다. 그러나 양자를 구별하는 견해에 의하면 법규범성이 강한 상관습법은 상법의 임의법규에 반하여 성립할 수 없는데(상 ／1조) 법규범성이 약한 사실인 상관습은 상법의 임의법규에 반하여도 성립할 수 있는(민 ／106조) 모순이 발생하고 또한 법적 확신의 유무라는 주관적 요소에 의하여 양자를 구별하는 것은 법적 안정성을 해칠 염려가 있다는 점 등에서 볼 때, 양자를 구별하지 않는 견해가 타당하다고 본다(상관습법과 사실인 상관습과의 관계에 대한 상세는 정찬형, 「상법강의(상)」(제27판), 42~44면 참조).

상관습법으로 인정된 것 중 중요한 것으로는 백지어음의 유효성(어 ／10조) 등이 있었으나 성문화되었고, 현재로는 국제무역과 관련된 상업신용장에 관한 관습, 해상화물운송에 있어서의 보증도(保證渡)의 관습 등이 있다고 볼 수 있다. 이러한 상관습법은 합리적・진보적・기술적이며, 기업거래의 편의를 위하여 의식적으로 형성되는 특성이 있다.

[상관습법을 인정한 판례와 부정한 판례]

상관습법으로 인정된 판례로는, 백지어음의 발행에 관하여는 상관습법으로 인정되어 있다고 한 것(대결 1956. 10. 27, 4289 민재항 31·32), 상법 제820조의 선하증권의 상환증권성에 관한 규정은 보증도에는 적용될 여지가 없다고 한 것(대판 1974. 12. 10, 74 다 376), 상인간의 계속적인 물품공급거래에 있어서 인수증이 발행·교부되는 것은 거래의 상례라고 한 것(대판 1983. 2. 8, 82 다카 1275), 연불조건으로 선박을 매매함에 있어 그 중개료는 선박대금액을 기준으로 산정하는 것이 일반거래의 관행이라고 한 것(대판 1985. 10. 8, 85 누 542) 등이 있다.

상관습법으로 부정된 판례로는, 수표의 분실계가 제출되면 지급은행이 수표금을 지급하지 아니하는 것(대판 1959. 12. 8, 4293 민상 22), 통장 없이 예금지급청구서만으로 지급하는 것(대판 1962. 1. 11, 4294 민상 195), 지급보증서를 유가증권으로 유통시키는 것(대판 1967. 5. 16, 67 다 311) 등이 있다.

(3) 상사자치법

회사 기타의 단체가 그의 조직 및 구성원에 관하여 자주적으로 제정하는 자치법규도 상법의 법원이 된다. 이러한 자치법규의 예로는 회사의 정관이나 증권선물거래소의 업무규정 등이 있다.

(4) 보통거래약관

보통거래약관이란 「그 명칭이나 형태 또는 범위를 불문하고 계약의 일방 당사자가 다수의 상대방과 계약을 체결하기 위하여 일정한 형식에 의하여 미리 마련한 계약의 내용」을 말한다(약규 2 조 1항)(이에 관한 상세는 정찬형, 「상법강의(상)(제27판)」, 45~53면 참조).

이러한 보통거래약관에 의한 계약(부합계약)에서는 그 약관의 적용에 관하여 당사자가 구체적이고 명시적으로 개별적 합의를 하지 않았다 하더라도 그 약관은 당사자를 구속하는 것이 일반적인데, 그 근거가 무엇이냐가 문제된다. 즉 그러한 약관이 상법의 법원(法源)이기 때문에 당사자를 구속하는지 여부가 문제된다. 이에 대하여는 크게 약관의 법원성을 긍정하는 견해(자치법설, 제도설)와 부정하는 견해(상관습법설, 법률행위설)로 나누어진다.

생각건대 약관은 그 자체가 결코 법규범이 될 수 없고, 기업이 약관에 의한다는 점을 밝히고 또 고객이 볼 수 있게 약관을 제시한 경우에 한해서 개별계약의 내용을 구성하는 것이며 이렇게 약관이 계약의 내용이 되기 때문에 당사자를 구속하는 것이다(법률행위설·의사설 또는 계약설).

우리나라의 약관규제법은 사업자에게 약관의 명시 및 설명의 의무를 부과하고 있고, 이를 이행하지 않는 약관은 계약의 내용으로 주장하지 못하게 하고 있는 점으로 보아($^{약규}_{3조}$), 이는 법률행위설에 근거하고 있다고 볼 수 있다.

[보험약관의 법원성을 부정한(법률행위설) 판례]

"약관이 당사자를 구속하는 것은 약관 그 자체가 법규범 또는 법규범적 성질을 갖는 것이기 때문이 아니라, 보험계약 당사자 사이에서 계약내용에 포함시키기로 합의하였기 때문이다($^{대판 1985. 11. 26.}_{84 다카 2543 외}$)."

(5) 상사판례법

성문법 또는 관습법이 존재하는 경우에도 이에 대하여 판결이 수정적·창조적 작용을 하면 이에 대하여 법원성을 인정할 수 있을 것이다.

2. 상사에 관하여 적용될 법규의 적용순서

(1) 상법전과 상관습법

상법 제 1 조에 의하면 상사에 관하여 상법전에 규정이 없으면 상관습법을 적용한다고 하였는데, 이의 해석에 관하여 관습법의 보충적 효력설에서는 민법 제 1 조와 입법정신을 같이하는 것으로 성문법제 1 주의를 표방한 것이라고 설명한다. 그러나 관습법의 대등적 효력설(개폐적 효력설)에서는 상법 제 1 조는 입법의 한계를 자인한 것이라고 설명한다.

(2) 상관습법과 민법전

상사에 관하여 상법전에 규정이 없는 경우에는 즉시 민법전을 적용하지 않고, 이에 관한 상관습법을 우선적으로 적용하여야 한다($^{상}_{1조}$). 이의 해석에 관하여 (상)관습법의 보충적 효력설에서는 성문법우선주의의 예외를 인정한 것이라고 설명한다. 그러나 (상)관습법의 대등적 효력설에서는 특별법과 일반법과의 관계에서 생기는 당연한 원칙을 규정한 것이라고 한다.

(3) 상법전과 민법전

상법 제 1 조는 상사에 관하여 상법전 및 상관습법에 규정이 없는 경우에는 민법을 적용한다고 되어 있는데, 이것이 민법을 상법의 법원으로 열거한 것이 아님은 앞에서 본 바와 같다.

이상의 상법의 각종 법원 및 상사적용법규를 그 적용순위에 따라 일괄하여 표시하면 다음과 같다(관습법의 위치는 보충적 효력설에 따른 것이며, 괄호는 대등적 효력설에 의한 것임).

상사자치법 → 상사특별법령
상 사 조 약 → 상 법 전
(상관습법) → (상관습법) → 상사판례법 →

민사자치법 → 민사특별법령
민 사 조 약 → 민 법 전
(민사관습법) → (민사관습법) → 민사판례법

제2 상법의 효력(적용범위)

상법의 효력은 때(시)·곳(장소)·사람(인) 및 사항의 네 가지로부터 제한을 받는다.

1. 때(時)에 관한 효력

시간적으로 선후관계에 있는 두 개 이상의 법규 상호간의 효력문제에 관하여는 다음과 같은 원칙이 인정된다. 즉 동 순위에 있는 수 개의 법규에 관하여는 「신법은 구법을 변경한다」는 원칙이 있고, 보통법과 특별법의 관계에 있는 수 개의 법규에 관하여는 「일반적 신법은 특별적 구법을 변경하지 않는다」라는 원칙이 있다.

2. 곳(場所)에 관한 효력

상법은 국내법으로서 원칙적으로 전 한국영토에 적용된다. 이에 대한 예외로서 특정한 경우에는 우리 상법이 한국영토 외에서 적용되는 일도 있고, 이와 반대로 외국상법이 한국영토에서 적용되는 일도 있는데, 이와 같은 사항을 규정하고 있는 법이 국제사법이다.

3. 사람(人)에 관한 효력

국내법인 상법은 원칙적으로 전 한국인에게 적용된다. 그러나 이에 대하여는 두 가지의 예외가 있다. (i) 국제사법상의 문제로서 특정한 경우에는 우리 상법이 외국인에 대하여 적용되는 경우가 있고, 반면에 외국상법이 우리 국민에 적용되는 경우가 있다. (ii) 상법의 국제사법적 적용범위의 문제와는 별도로 상법 중의 어떤 규정은 특

수한 상인에게 적용되지 않는 경우가 있다. 즉 소상인의 경우가 그것이다($\frac{상}{9조}$).

4. 사항에 관한 효력

상법의 효력이 어떠한 사항에 미치는가의 문제는 위에서 본 때(시)·곳(장소)·사람(인)에 관한 적용범위에 의하여 한정되는데, 다시 그 범위 내에서는 상사에 관한 사항에 한정된다. 상사에 관하여는 원칙적으로 그 관계자가 상인이든 비상인이든 관계 없이 모두에게 상법이 적용되는데($\frac{상}{3조}$), 예외적으로 상법 중 상인간의 상행위에 한하여 상법이 적용되는 경우도 있다($\frac{상\ 58조}{67조\ 등}$).

제2장 상인(기업의 주체)

제1절 상인의 의의

제1 총 설

1. 서 설

(1) 기업은 물적 요소(기업목적을 위하여 투하된 재산)와 인적 요소(기업경영의 담당자와 그 보조자)로 구성된 경제적 단위인바, 이러한 기업 그 자체에 대하여는 실정사법상 법인격이 인정되지 않으므로, 이 기업과 관련된 생활관계에서 생기는 모든 권리의무를 처리하기 위한 법적 주체가 필요하게 된다. 이러한 법률기술상의 요청에 의하여 나타난 것이 상인이다. 이러한 상인은 기업의 법적 통일을 위하여 불가결한 존재인 동시에, 기업은 또 그 법적 주체인 상인을 떠나서는 존재할 수 없는 관계에 있다.

(2) 상인은 형식적으로 보면 「기업생활관계에서 발생하는 권리의무의 귀속자(명의인)」이고, 실질적으로 보면 「기업에 내재하여 기업활동을 영위하는 자」라고 할 것이다. 이러한 상인은 일반적으로 형식적으로 파악된 개념으로서, 개인기업의 경우에는 「영업주」가 상인이지만, 회사기업의 경우에는 「회사」 그 자체가 상인이다 (상 169조 참조).

2. 상인에 관한 입법주의

기업의 주체인 상인의 개념을 정하는 데에는 다음과 같은 세 가지의 입법주의가 있다.

(1) 실질주의(상행위법주의·객관주의·상사법주의)

이는 실질적으로 특정한 행위를 상행위로 정하고, 이러한 상행위를 (영업으로) 하는 자를 상인으로 하는 입법주의이다(스페인 상법).

(2) 형식주의(상인법주의·주관주의·상업법주의)

행위의 종류와 내용에는 관계 없이 형식적으로 상인적 방법에 의하여 영업을 하는 자를 상인으로 하는 입법주의이다(스위스 채무법, 독일 상법).

(3) 절충주의

이는 실질주의와 형식주의를 절충하여 상인을 정하는 입법주의이다(일본 상법).

3. 우리 상법의 입법주의

우리 상법은 제 4 조에서 기본적 상행위(영업적 상행위)를 전제로 하여 당연상인을 규정하고 있고, 제 5 조에서 상행위를 전제로 하지 않은 의제상인을 규정하고 있는데, 이러한 상법의 입법태도는 위의 어느 입법주의에 해당하는지가 문제된다.

상법 제 5 조의 의제상인은 상행위를 전제로 하지 않고 상인개념을 정하고 있으므로 이는 형식주의의 입법이라는 점에 이설(異說)이 없다. 문제는 상법 제 4 조의 당연상인인데, 이 당연상인은 상행위(비록 영업을 전제로 한 상행위일지라도)를 전제로 하여 상인개념을 정하고 있는 점에서는 실질주의의 입법인 면이 있다. 그러나 이 당연상인의 개념의 전제가 되는 상행위는 상인과 무관한 상행위가 아니라 상인과 관련하여서만 파악될 수 있는 영업적 상행위라는 점에서, 상법 제 4 조의 당연상인은 순수한 실질주의의 입법이라고는 볼 수 없다. 따라서 우리 상법의 상인에 관한 입법주의는 전체적으로 볼 때 「형식주의에 가까운 절충주의」(주관주의적 절충주의)라고 볼 수 있다(이에 관한 상세는 정찬형, 「상법강의(상)(제27판)」, 60~62면 참조).

제 2 당연상인

1. 의 의

당연상인이란 「자기명의로 상행위를 하는 자」를 말하는데($\frac{상}{4조}$), 이를 분설하면 다음과 같다.

(1) 「자기명의」로 상행위를 하여야 한다

여기에서 말하는 「자기명의」라는 뜻은 '자기가 그 (상)행위에서 생기는 권리의

무의 귀속의 주체가 된다'는 뜻이다. 따라서 이러한 자기명의는 '자기의 계산으로', '영업행위의 담당자', '기업의 소유자나 기업위험을 부담하는 자', 또는 '행정관청에 대한 신고명의인이나 납세명의인'과 구별된다(이에 관한 상세는 정찬형, 「상법강의(상)(제27판)」, 62~63면 참조).

⑵ 「상행위」를 하여야 한다

여기에서 말하는 「상행위」란 상법 제46조에 열거된 기본적 상행위(영업적 상행위)와 특별법($\frac{\text{담보사}}{23조 2항}$)에서 상행위로 인정한 것을 말한다. 즉 이 때의 상행위는 한정적으로 열거되어 있는 것을 말한다(한정성). 특별법(담보부사채신탁법)에서 상행위로 인정한 것은 영업으로 할 것 등의 추가요건이 없으나($\frac{\text{담보사 23조}}{2항 참조}$)(그러나 그 행위의 주체가 상인이 되기 위하여는 영업으로 할 것을 요함), 상법 제46조의 기본적 상행위가 되기 위하여는 아래와 같이 「영업성」($\frac{\text{상 46조}}{\text{본문}}$)과 「기업성」($\frac{\text{상 46조}}{\text{단서}}$)이 있어야 하는 추가요건이 필요하다.

1) 「영업성」이 있어야 한다($\frac{\text{상 46조}}{\text{본문}}$). 이 때의 「영업성」이란 '영리의 목적으로 동종행위를 반복하는 것'을 의미한다.

[영업성에 관한 판례]

"어느 행위가 상법 제46조 소정의 기본적 상행위에 해당하기 위하여는 영업으로 같은 조 각 호 소정의 행위를 하는 경우이어야 하고, 여기에서 '영업으로 한다'고 함은 영리를 목적으로 동종의 행위를 계속·반복적으로 하는 것을 의미하는바, 구 대한광업진흥공사법(1986. 5. 12, 법률 3834호로 전문 개정되기 전의 것)의 제반규정에 비추어 볼 때 대한광업진흥공사가 광업자금을 광산업자에게 융자하여 주고 소정의 금리에 따른 이자 및 연체이자를 지급받는다고 하더라도 이와 같은 대금행위는 같은 법 제 1 조 소정의 목적인 민영광산의 육성 및 합리적인 개발을 지원하기 위하여 하는 사업이지 이를 '영리의 목적'으로 하는 행위라고 보기는 어렵기 때문에 이는 상법 제46조의 기본적 상행위에 해당하지 않는다($\frac{\text{대판 1994. 4. 29,}}{93 \text{ 다 } 54842}$)."

이러한 영업성은 영리성, 계속성 및 영업의사를 그 요건으로 한다.

㈎ 영업이 되기 위하여는 「영리성」이 있어야 하므로, 영리성이 없는 구내매점 등의 판매행위는 영업이라고 볼 수 없다. 그러나 이러한 영리성은 실제에 있어서의 이익의 발생 유무, 이익의 사용목적 등을 불문한다.

㈏ 영업이 되기 위하여는 동종행위를 반복하는 「계속성」이 있어야 하므로, 한

번에 국한된 행위나 기회가 있을 때마다 반복하는 투기행위 등은 영업이 될 수 없다. 그러나 영업기간은 반드시 장기간을 요하지 않고, 단기간의 영업이라도 무방하다(박람회나 해수욕장에서의 매점).

(대) 영업이 되기 위하여는 「영업의사」가 있어야 한다. 이러한 영업의사는 반드시 일반공중에게 표시되어야 하는 것은 아니고, 외부에서 영업의사를 인식할 수 있으면 된다(예컨대, 점포의 임차·상업사용인의 고용 등을 통하여 개업준비행위를 일반인이 인식할 수 있으면 된다). 따라서 대외적으로 영업의사를 비밀로 하면서 영리활동을 하는 자는 영업을 한다고 볼 수 없다.

2) 「기업성」이 있어야 한다($\frac{상 46조}{답서}$). 상법 제46조 각 호의 행위를 아무리 영업으로 하더라도, 오로지 임금을 받을 목적으로 물건을 제조하거나(예컨대, 삯바느질) 노무에 종사하는 자(예컨대, 지게꾼)의 행위는 기업성이 없으므로 상행위에서 제외된다.

2. 당연상인의 개념의 기초가 되는 상행위

당연상인의 개념의 기초가 되는 상행위라 함은 위에서 본 바와 같이 상법 제46조에 규정된 기본적 상행위(영업적 상행위)와 특별법에서 상행위로 본 것을 말하는데, 이를 좀더 상세히 살펴보면 다음과 같다.

(1) 기본적 상행위(영업적 상행위)

1) 매매행위($\frac{상 46조}{1호}$)

(가) 매매의 「목적물」은 동산·부동산·유가증권 기타의 재산이다. 동산·부동산의 의의는 민법에 의하여 정하여지며($\frac{민}{99조}$), 유가증권의 의의는 유가증권법에서 학문상 정하여지는 바에 의하고, 기타의 재산이라 함은 상호권·상표권·특허권·저작권 등의 무체재산권과 광업권·어업권 등과 같이 법률에 의하여 일종의 물권으로 인정되는 것을 말한다. 동산·부동산 등의 매매는 가장 오래되고 전형적인 상행위이나, 기타의 재산(무체재산권이나 특별한 물권)은 일시적인 매매의 대상은 될 수 있어도 이를 영업으로 계속·반복하는 매매업은 거의 없을 것으로 본다.

(나) 여기에서의 「매매」의 의미에 대하여는 (i) 「매수(유상승계취득)와 매도」로 보는 견해와, (ii) 「매수(유상승계취득) 또는 매도」로 보는 견해로 나뉘어 있는데, 매수(유상승계취득)와 매도는 이익을 얻고자 하는 의사에 의하여 내면적 연관성만 있으면 되는 것이지 매수행위와 매도행위를 합쳐서 하나의 상행위로 보고자 하는 것이 아니므로 후자의 견해가 타당하다고 본다. 따라서 '팔기 위하여 사는 행위(유상으로 취득하는 행위)' 또는 '산(유상으로 취득한) 물건을 파는 행위'도 여기에서의 매매에 해당

하는 것이다.

이 때의 「사는 행위」란 매수행위뿐만 아니라, 유상의 승계취득을 포함한다(유상을 요건으로 하는 명문규정은 없으나, 영업으로 하여야 한다는 점에서 그렇게 해석된다). 따라서 증여·유증 등과 같은 무상취득이나 선점·가공·원시생산 등과 같은 원시취득의 경우는 여기에 해당하지 않으나, 유상의 승계취득인 한 매매에 의한 취득뿐만 아니라 교환·소비대차·소비임치·대물변제 등의 경우도 여기에 포함된다. 또한 이 때의 「사는 행위」는 소유권의 취득을 의미하므로, 임대차·사용대차 등에 의한 취득은 이에 포함되지 않는다.

여기에서의 「파는 행위」란 위에서 본 바와 같이 '산' 물건이거나 '유상으로 승계취득한' 물건을 파는 행위로서 매수(유상의 승계취득)와 내면적 연관성이 있어야 하므로, 원시생산업자가 스스로 생산한 물건을 파는 행위(예컨대, 해수로써 소금을 제조하여 판매하는 행위 또는 자기 우물물로써 얼음을 제조하여 파는 행위 등)는 여기에서의 매매에 해당하지 않는다(원시생산업자의 판매행위가 기본적 상행위가 되는 경우는 상법 제46조 18호밖에 없다). 따라서 원시생산업자가 스스로 생산한 물건을 계속적·반복적으로 파는 경우에 그가 의제상인의 요건을 갖춘 경우에는 의제상인이 될 수는 있으나, 당연상인이 될 수는 없다.

㈐ 매수(유상의 승계취득)한 물건에 제조 또는 가공을 하여 매도하는 경우, 상법 제46조 1호의 「매매」에 해당하는 것이냐 또는 동조 3호의 「제조·가공에 관한 행위」이냐에 관하여 의문이 있다. 이에 대하여 (i) 이러한 행위도 상법 제46조 1호의 「매매」에 포함된다고 보는 견해가 있으나, (ii) 상법 제46조 3호의 「제조·가공에 관한 행위」로 보아야 할 것이다. 왜냐하면 자기의 계산으로 물건(원료)을 사들여 물건을 제조·가공하여 판매하는 것은 제조업이지 판매업이라고 볼 수 없으며, 또한 이를 매매에 포함시키는 견해와 같이 해석하면 상법 제46조 4호(전기·전파·가스 또는 물의 공급에 관한 행위)나 동조 18호(광물 또는 토석의 채취에 관한 행위)에 의한 행위도 동조 1호의 매매에 포함된다고 보아야 하는데, 이렇게 되면 각각 별호로 둔 의미가 없어지기 때문이다.

2) 임대차행위($\frac{동조}{2호}$)

㈎ 임대차의 「목적물」에 관하여는 제1호와 같다. 다만 제1호는 이러한 목적물의 소유권의 이전에 관한 것이라면, 본 호는 이러한 목적물의 이용권을 영업의 대상으로 하는 점에서 차이가 있다. 임대차의 목적물에 유가증권을 포함시키는 것은 입법상 의문이 있다.

(내) 여기에서의 「임대차」의 의미에 대하여는 (i) 「임차와 임대가 내적으로 관련한 것」으로 보는 견해(소수설)와, (ii) 「임대할 의사를 가지고 임차하거나(유상으로 취득하거나) 또는 이것을 임대하는 행위」라고 보는 견해(다수설)가 있는데, 후자(다수설)의 견해가 타당하다고 본다. 왜냐하면 전자의 견해는 임대업을 너무 좁게 해석하여 본 호의 의미를 실질적으로 상실시킬 뿐만 아니라, 거래의 실정에도 맞지 않기 때문이다. 임대의사는 행위 당시에 존재하여야 하고, 또 객관적으로 인식될 수 있어야 한다.

3) 제조·가공 또는 수선에 관한 행위($\frac{동조}{3호}$)

(개) 「제조」라 함은 재료에 노동력을 가하여 전연 다른 물건을 만드는 것이고(製紙·製絲·방직·양조·의약 등), 「가공」이라 함은 재료의 동일성을 변하지 아니하면서 형상·색채·재료 등의 형식적인 변화를 가하는 것이며(염색·세탁·정미 등), 「수선」이라 함은 물건의 용도에 따른 기능의 불완전을 보완하는 것인데, 이것은 가공의 개념에 포함될 수도 있다. 이러한 행위는 사실행위이므로, 이의 인수행위가 본 호에 해당한다.

(내) 이러한 제조 등의 행위에 대하여 (i) 「타인으로부터 재료의 교부를 받거나 또는 타인의 계산으로 이것을 매입하여 제조하는 것 등을 의미한다」고 보는 견해가 있는데, (ii) 앞에서 본 바와 같이 「타인의 계산으로 제조 등을 할 것을 인수하는 행위뿐만 아니라, 자기의 계산으로 원료를 구입하여 물건을 제조하여 판매하는 행위를 포함한다」고 보아야 할 것이다.

4) 전기·전파·가스 또는 물의 공급에 관한 행위($\frac{동조}{4호}$)　이러한 물건들의 계속적인 공급을 인수하는 행위가 본 호에 해당된다. 전파에 관하여는 수신자뿐 아니라 송신자와의 사이에도 법률관계가 생긴다(라디오·텔레비전 등). 물의 공급이라 함은 수돗물·기타의 음료의 공급뿐만 아니라, 광천수(온천장에 대한 온천수의 공급 등)의 공급도 포함된다. 공급을 인수할 때에 설비의 설치 및 임대를 하는 경우가 흔히 있으므로, 이들의 법률적 성질은 매매계약·도급계약 또는 임대차계약 등과 결합한 혼합계약인 경우가 많을 것이다.

5) 작업 또는 노무의 도급의 인수($\frac{동조}{5호}$)　「작업의 도급」의 인수라 함은 건물·교량·도로 등과 같은 부동산 또는 선박에 관한 공사의 도급을 인수하는 계약을 말한다. 「노무의 도급」의 인수라 함은 노무자의 공급을 약정하는 계약(즉 일정수의 노무자로 하여금 상대방을 위하여 노무에 종사하도록 할 것을 약정하는 계약)을 말하는데(하역업·인부청부업 등), 이는 시장·군수·구청장(국내직업소개사업의 경우) 또는 노동부장

관(국외직업소개사업의 경우)에게 신고하거나(무료직업소개사업의 경우) 등록하여야(유료 직업소개사업의 경우) 할 수 있다($\frac{직업안정법}{18조~19조}$).

6) 출판·인쇄·촬영에 관한 행위($\frac{동조}{6호}$) 「출판」에 관한 행위라 함은 인쇄한 문서·도서를 판매하는 것을 말하는데, 서적·신문·잡지 등의 출판업자의 행위가 그 것이다. 출판은 보통 출판업자와 저작자간의 출판계약, 출판업자와 인쇄업자간의 인쇄계약 및 출판업자와 판매업자간의 판매계약으로 이루어지고 있다. 그러나 자비 출판인 경우도 있다. 「인쇄」에 관한 행위라 함은 인쇄기계 등에 의하여 문서·도서 를 제작할 것을 인수하는 것을 말한다. 「촬영」에 관한 행위라 함은 사진촬영 등을 인수하는 행위를 말한다. 이러한 인수행위가 상행위가 된다.

7) 광고·통신 또는 정보에 관한 행위($\frac{동조}{7호}$) 「광고」라 함은 일반공중에게 상품 등을 널리 선전 또는 홍보하는 것을 말하고(광고업·광고대행업 등), 「통신」은 서신 또는 각종 기사를 송달 또는 제공하는 것을 말하며(통신사 등), 「정보」는 타인 의 상거래·자산·금융상의 신용상태 등 타인의 기밀을 탐지하여 통보하는 것을 말 하는데(흥신소 등), 이러한 행위의 인수행위가 상행위가 된다.

8) 수신·여신·환 기타의 금융거래($\frac{동조}{8호}$) 「수신」이란 예금의 수입·유가증 권 기타 채무증서의 발행에 의하여 불특정다수인으로부터 채무를 부담함으로써 자 금을 획득하는 것을 말하고($\frac{은행 2조 1호}{전단 참조}$), 「여신」은 이와 같이 획득한 자금으로써 대 출하는 것을 말하며($\frac{은행 2조 1호}{후단 참조}$), 「환」이라 함은 격지자간의 채권·채무 기타의 대차 관계를 결제하는 업무를 말한다. 「금융거래」라 함은 수신·여신의 양 업무를 통하 여 금전 또는 유가증권의 전환을 매개하는 은행거래를 의미한다(넓은 의미로는 보 험·신탁·상호부금 등도 포함되지만, 상법은 이를 별호로 규정하고 있으므로 이렇게 좁게 보 아야 할 것이다).

9) 공중이 이용하는 시설에 의한 거래($\frac{동조}{9호}$) 이는 공중의 집래(集來)에 적 합한 물적·인적 설비를 갖추고 이것을 이용시키는 행위이다. 호텔·여관·음식점· 이발소·미장원·목욕탕·극장·각종의 오락실·동물원·유원지 등 상법 제151조의 공중접객업자의 업무행위가 이에 해당한다. 병원·도서관·독서실 등의 시설을 이용 시키는 행위도 이를 영업으로 하면 이에 포함된다.

10) 상행위의 대리의 인수($\frac{동조}{10호}$) 이는 위탁자에게 상행위가 되는 행위의 대리를 인수하는 것을 말하는데, 위탁자에게 상행위가 되는 행위이면 영업적 상행 위(기본적 상행위 및 준상행위)이든 보조적 상행위이든 불문한다. 체약대리상($\frac{상 87조}{전단}$)의 행위가 그 대표적인 예이다. 대리의 목적인 행위가 위탁자(본인)에게 상행위인 경우

에 한하고 상행위 이외의 행위의 대리(예컨대, 위탁자의 주거용 건물의 매매의 대리)의 인수를 포함하지 않는 점이 중개 또는 주선의 경우와 다른데, 이 점은 입법론상 의문이다.

11) **중개에 관한 행위**($\substack{\text{동조} \\ \text{11호}}$) 이는 타인간의 법률행위의 중개를 인수하는 행위를 말하는데, 「중개대리상」($\substack{\text{상 87조} \\ \text{후단}}$)·「상사중개인」($\substack{\text{상} \\ \text{93조}}$) 및 「민사중개인」의 중개의 인수행위가 이에 해당한다. 중개인이 중개하는 법률행위는 상행위뿐만 아니라(중개대리상·상사중개인), 민사상의 행위(부동산매매·금전대차·혼인중매·직업알선 등의 행위)를 포함한다(민사중개인).

12) **위탁매매 기타의 주선에 관한 행위**($\substack{\text{동조} \\ \text{12호}}$) 「주선에 관한 행위」라함은 '자기명의로써 타인의 계산으로 법률행위를 할 것을 인수하는 행위(간접대리의 인수행위)'를 말하는데, 위탁매매인($\substack{\text{상 101조} \\ \text{이하}}$)·운송주선인($\substack{\text{상 114조} \\ \text{이하}}$)·준위탁매매인($\substack{\text{상} \\ \text{113조}}$)의 인수행위가 그것이다. 따라서 주선인이 법률상 그 행위의 권리의무의 주체(명의인)가 되나, 경제상의 효과(손익)는 타인(위탁자)에게 귀속된다. 주선의 목적이 되는 행위는 위탁자에게 상행위가 됨을 요하지 않는다(이 점은 민사중개인과 동일하고, 중개대리상 및 상사중개인과 다르다).

13) **운송의 인수**($\substack{\text{동조} \\ \text{13호}}$) 물건 또는 사람의 운송을 인수하는 행위를 말하며, 운송행위 자체(사실행위)를 의미하는 것이 아니다. 「운송」이란 물건 또는 사람의 장소적 이동을 의미하는데, 운송목적에 따라 물건운송과 여객운송으로 나누어지고, 운송장소에 따라 육상운송·해상운송·항공(공중)운송으로 나누어지나, 모두 본 호에 해당한다. 예선(曳船)계약은 운송의 본 뜻에 포함되지 않으므로 본 호의 상행위라고 볼 수 없고, 일반적으로는 상법 제46조 5 호의 「작업의 도급의 인수행위」라고 보아야 할 것이다.

14) **임치의 인수**($\substack{\text{동조} \\ \text{14호}}$) 타인을 위하여 물건 또는 유가증권을 보관할 것을 인수하는 행위이다($\substack{\text{민 693조} \\ \text{참조}}$). 창고업자의 업무행위($\substack{\text{상 155조} \\ \text{이하}}$)가 본 호의 대표적인 예인데, 주차장이나 일시물건보관소(예컨대, coin locker 등)의 업무행위도 이에 해당한다고 볼 수 있다. 여기에서의 임치는 일반적으로 소비임치($\substack{\text{민} \\ \text{702조}}$)를 포함하지만, 금전 또는 유가증권의 소비임치는 금융거래의 일종으로서 상법 제46조 8 호에 해당하고 본 호의 임치의 인수에는 포함되지 않는다고 본다.

15) **신탁의 인수**($\substack{\text{동조} \\ \text{15호}}$) 「신탁」이란 '위탁자와 수탁자와의 신임관계에 기하여 위탁자가 수탁자에게 특정의 재산을 이전하거나 담보권의 설정 또는 그 밖의 처분을 하고, 수탁자로 하여금 수익자의 이익 또는 특정의 목적을 위하여 그 재산의

관리·처분·운용·개발 그 밖에 신탁 목적의 달성을 위하여 필요한 행위를 하게 하는 법률관계'를 말하는데($\frac{신탁}{2조}$), 「신탁의 인수」라 함은 '이러한 재산을 관리·처분 등을 할 것을 인수하는 행위'를 말한다. 신탁업을 영위하고자 하는 자는 일정한 요건을 가진 회사로서 금융위원회의 인가를 받아야 한다($\frac{자금}{12조}$).

16) 상호부금 기타 이와 유사한 행위($\frac{동조}{16호}$)　　본 호에서의 상호부금업무를 취급하는 대표적인 기관은 상호저축은행인데, 상호저축은행은 현행 은행법상 금융기관이 아니고($\frac{은행}{6조}$) 또한 상호부금업무는 금융거래와는 다른 특색이 있으므로 제 8 호와는 달리 본 호에서 규정한 것이다. 상호저축은행이 취급하는 상호부금업무에는 신용계업무와 신용부금업무가 있는데($\frac{상저 11조 1}{항 1호·2호}$), 「신용계업무」란 '일정한 계좌수와 기간 및 금액을 정하고 정기적으로 계금을 납입하게 하여 계좌마다 추첨·입찰 등의 방법에 의하여 계원에게 금전의 급부를 약정하여 행하는 계금의 수입과 납부금의 지급업무'이고($\frac{상저 2조}{2호}$), 「신용부금업무」란 '일정한 기간을 정하고 부금을 납입하게 하여 기간의 중도 또는 만료시에 부금자에게 일정한 금전을 급부함을 약정하여 행하는 부금의 수입과 급부금의 지급업무'를 말한다($\frac{상저 2조}{3호}$).

17) 보험($\frac{동조}{17호}$)　　「보험」이란 '당사자의 일방(보험계약자)이 약정한 보험료를 지급하고 상대방(보험자)이 피보험자의 재산 또는 생명이나 신체에 관하여 불확정한 사고(보험사고)가 생길 경우에 일정한 보험금액 기타의 급여를 지급하는 제도'이다($\frac{상}{638조}$). 본 호에서의 보험이란 영리보험의 인수만을 말하며, 상호보험($\frac{보험}{34조~73조}$)·국민건강보험(국민건강보험법) 또는 기타 사회보험은 본 호에 포함되지 않는다.

보험자가 보험계약을 체결함에는 상법 제 4 편에 의하여 규율되고, 행정감독에 관해서는 보험업법에 의해서 규율된다. 보험업을 영위하고자 하는 자는 일정액 이상의 자본금을 가진 주식회사로서 금융위원회의 허가를 받아야 한다($\frac{보험 4조~}{7조, 9조}$).

18) 광물 또는 토석의 채취에 관한 행위($\frac{동조}{18호}$)　　광업·채석업·채토업의 업무행위를 말한다. 광물 또는 토석의 채취행위는 사실행위이므로 그것이 기본적 상행위가 되는 것이 아니고, 채취한 광물 또는 토석을 판매하는 행위가 본호에 해당하는 것이다. 이는 원래 원시생산업자의 행위로서 상행위가 될 수 없고, 다만 일정한 요건을 갖춘 경우에 의제상인의 행위로서 준상행위가 될 것이지만, 상법 제정시부터 기업성을 인정하여(마치 3 호가 공업자의 행위에 기업성을 인정하는 것과 같은 취지에서) 본 호를 두게 된 것이다.

19) 기계·시설·그 밖의 재산의 금융리스에 관한 행위($\frac{동조}{19호}$)　　이는 금융리스업자의 업무행위를 말하는데, 「금융리스」란 '금융리스이용자(lessee)가 선정한 기계·

시설·그 밖의 재산(금융리스물건)을 금융리스업자(lessor)가 제 3 자(공급자)로부터 취득하거나 대여받아 그 금융리스물건에 대한 직접적인 유지·관리책임을 지지 아니하면서 금융리스이용자에게 일정기간 이상 사용하게 하고, 그 기간에 걸쳐 일정한 대가(금융리스료)를 (정기적으로 분할하여) 지급받는 금융'을 말한다($^{\sangrel\ 168조의}_{2~168조의\ 3}$). 이러한 의미의 금융리스는 임대차적인 성격보다도 금융적인 성격이 강한 것으로서 제 2 호 및 제 8 호와도 구별되므로 본 호에서 별도로 금융리스에 관한 행위로서 규정하게 된 것이다.

  20) 상호·상표 등의 사용허락에 의한 영업에 관한 행위($^{동조}_{20호}$)   이는 가맹업자의 업무행위를 말하는데, 「가맹업(프랜차이즈)」이란 '가맹업자가 가맹상에 대하여 자기의 상호·상표 등을 사용하여 영업할 것을 허락함과 동시에 자기가 지정하는 품질기준이나 영업방식에 따라 영업할 것을 약정하고, 이에 대하여 가맹상은 가맹업자에 대하여 일정한 사용료를 지급하기로 하는 계속적인 채권계약관계'를 말한다($^{상\ 168조}_{의\ 6}$). 이러한 가맹상의 영업행위는 타인의 상호로써 물건을 판매 또는 제조하는 점에서는 자기의 상호로써 하는 제 1 호 및 제 3 호와 구별되고, 자기의 명의로써 거래하는 점에서는 본인의 명의로써 하는 제10호와 구별되며, 자기의 계산으로 영업하는 점에서는 타인의 계산으로 하는 제12호와 구별되므로, 본 호에서 별도로 규정하게 된 것이다.

  21) 영업상 채권의 매입·회수 등에 관한 행위($^{동조}_{21호}$)   이는 채권매입업자의 업무행위를 말하는데, 「채권매입업(팩토링)」이란 '거래기업이 물건·유가증권의 판매, 용액의 제공 등에 의하여 취득하였거나 취득할 영업상의 채권(영업채권)을 채권매입업자가 매입하여 회수할 것을 인수하는 것'을 말한다($^{상\ 168조}_{의\ 11}$). 이러한 채권매입업자의 영업행위는 거래기업에 대하여 금융(또는 보증)을 공여하는 업무도 하나 이와 동시에 각종의 서비스를 제공하는 업무도 겸하고 있으므로, 제 8 호와는 구별되는 점 등에서 본 호에서 별도로 규정하게 된 것이다.

  22) 신용카드·전자화폐 등을 이용한 지급결제업무의 인수($^{동조}_{22호}$)   「지급결제(payment and settlement)」란 '경제주체들이 지급수단(그 소지인 또는 사용자가 자금을 이체하거나 인출하기 위하여 사용할 수 있는 현금 외의 모든 장표 또는 전자적 방법에 따른 지급수단인 신용카드·전자화폐·선불전자지급수단·직불카드·전자채권 등을 말함─$^{전금\ 2조}_{11호\ 참조}$)을 이용하여 거래당사자간 채권·채무관계를 화폐적 가치의 이전을 통하여 청산하는 행위'를 말한다.

  이러한 지급결제업무는 대표적인 환거래행위이고, 또한 전자금융거래의 일종으로서 금융기관 또는 전자금융업자가 수행하고 전자금융거래법 등이 적용된다. 지급결제업무는 환거래로서 원래 금융기관(은행)의 고유업무이었으나, IT기술과 전자상거래의 발달로 비금융기관(전자금융업자)도 이 업무를 취급하게 되었는데 다만 한국은행으로부터 일정한 감독을 받는다($^{한국은행}_{법\,81조}$).

(2) 특별법상 상행위

담보부사채신탁법에 의한 사채총액의 인수($^{동법\,23조}_{2항}$)가 이에 해당한다.

제 3 의제상인(형식에 의한 상인)

당연상인의 개념의 전제가 되는 상행위는 앞에서 본 바와 같이 상법상 제한적으로 열거되어 있기 때문에, 앞으로 당연상인과 유사한 설비와 방식으로 영업행위를 하는 자가 발생하는 경우에도 그러한 자의 행위는 상법이 열거한 상행위에 형식상 해당되지 않는다는 이유로 상행위성을 부정하고, 따라서 그러한 자는 상인이 아니라고 하여 상법의 적용을 배제하면, 상법은 발전하는 기업적 생활관계에 순응하지 못하게 되어 기업법으로서의 그 임무를 다하지 못하게 된다. 따라서 상법에 한정적으로 열거된 상행위(영업의 내용)와는 관계없이 그 상인적 설비와 상인적 방법(영업의 방식)만에 의하여 상인을 정할 필요가 있는데, 이러한 필요에서 입법한 것이 제5조의 의제상인의 제도이다. 이러한 의제상인에는 「설비상인」($^{상\,5조}_{1항}$)과 「민사회사」($^{상\,5조}_{2항}$)가 있다.

1. 설비상인

설비상인이란 「점포 기타 유사한 설비에 의하여 상인적 방법으로 상행위 이외의 영업을 하는 자」를 말한다($^{상\,5조}_{1항}$). 이러한 설비상인은 (i) 상인적 설비(점포 기타 유사한 설비)와, (ii) 상인적 방법의 두 가지 요건을 요한다. 우리 대법원은 "의사($^{대판\,2022.\,5.\,26,}_{2022\,다\,200249}$), 변호사($^{대결\,2007.\,7.\,26,}_{2006\,마\,334}$), 법무사($^{대결\,2008.\,6.\,26,}_{2007\,마\,996}$) 또는 세무사($^{대판\,2022.\,8.\,25,}_{2021\,다\,311111}$)는 상인적 방법에 의하여 영업을 하는 자라고 볼 수 없으므로, 이러한 자는 상법 제5조 제1항의 의제상인이 아니다"고 판시하고, "학원을 설립하여 운영하는 자는 상법 제5조 제1항의 설비상인(의제상인)이다"고 판시하고 있다($^{대판\,2012.\,4.\,13,}_{2011\,다\,104246}$).

2. 민사회사

민사회사란 「상행위 이외의 행위를 영리의 목적으로 하는 회사」를 말한다

$\binom{\text{상 5조}}{\text{2항}}$. 회사$\binom{\text{상}}{\text{169조}}$에는 상사회사와 민사회사가 있는데, 상행위$\binom{\text{상}}{\text{46조}}$를 영리의 목적으로(즉, 영업으로) 하는 회사가 「상사회사」(당연상인)이고, 상행위 이외의 행위를 영리의 목적으로 하는 회사가 「민사회사」(의제상인)인 점에서 양자는 차이가 있다. 그런데 민사회사도 상사회사의 설립의 조건에 좇아 설립되고$\binom{\text{민}}{\text{1항}}^{\text{39조}}$, 또한 민사회사에도 모두 상사회사에 관한 규정이 준용되므로$\binom{\text{민}}{\text{2항}}^{\text{39조}}$, 양자는 모두 상법의 적용면에서는 같으므로 구별할 실익이 없다. 이러한 민사회사의 대표적인 예는 농업·축산업·수산업 등 원시산업을 목적으로 하는 회사를 들 수 있다.

≫ 사례연습 ≪

[사 례]

Y가 해수로써 소금을 제조하여 자기명의로 판매하는 경우에 Y는 상인이 되는가?

* 이 사례는 정찬형, 「상법사례연습(제 4 판)」, 사례 2에 기초한 것이므로, 이에 관한 상세는 同書를 참고하기 바람.

[해 답]

(1) 위의 사례에 대하여는 먼저 Y가 당연상인인지 여부를 검토한 후, 다음으로 당연상인이 아닌 경우에는 의제상인인지 여부를 검토하여야 한다. Y가 당연상인인지 여부를 검토함에 있어서는 Y가 상법 제46조 1 호의 「동산의 매매」를 하는 자로서 당연상인이 될 수 있는지 여부가 먼저 검토되어야 할 것이다. 상법 제46조 1 호의 「매매」의 해석에 대하여는 (i) 「매수(유상승계취득)와 매도」로 보는 견해와, (ii) 「매수(유상승계취득) 또는 매도」로 보는 견해로 나뉘어 있다. 위의 사례에서 Y의 소금의 취득행위는 매수한 것도 아니고 또 유상의 승계취득을 한 것도 아니기 때문에 (i)의 견해에 의하면 Y의 행위(소금의 판매행위)는 상법 제46조 1 호에 해당할 여지가 없다. (ii)의 견해에 의하면 Y의 소금의 판매행위는 상법 제46조 1 호의 「매매」에 해당되는 것으로 생각될 수 있겠으나, 이 때의 「매수(유상승계취득) 또는 매도」란 '팔기 위하여 사는 행위(유상으로 취득하는 행위)' 또는 '산(유상으로 취득한) 물건을 파는 행위'와 같이 매매에 있어서 내면적 연관성을 요하므로, 이러한 견해에서도 Y의 소금의 판매행위는 상법 제46조 1 호의 「동산의 매매」에 해당될 수 없다. 따라서 Y는 어떤 경우에도 당연상인이 될 수 없다.

(2) Y가 당연상인이 아닌 경우, Y가 상인적 설비와 방법에 의하여 제조한 소금을 판매하는 경우에는 의제상인이 될 수 있고$\binom{\text{상 5조}}{\text{1항}}$, 이 때의 Y의 판매행위는 준상행위

$\left(\begin{smallmatrix}\dot{o}\\66\boxtimes\end{smallmatrix}\right)$가 될 것이다. 그러나 Y가 제조한 소금을 행상하는 경우에는 의제상인의 요건인 장소적 설비가 없기 때문에 의제상인에도 해당되지 않을 것이다.

제4 소상인(간이기업)

「소상인」이란 '자본금액이 1,000만원에 미치지 못하는 상인으로서 회사가 아닌 자'를 말한다$\left(\begin{smallmatrix}\dot{o}\dot{o}\\2\boxtimes\end{smallmatrix}\right)$. 이 때의 「자본금액」은 회사법상의 자본금과 같이 특별한 의미를 갖는 것은 아니고, 단순히 '영업재산의 현재가격'으로 볼 수밖에 없을 것이다. 「회사」는 소상인이 아니다.

이러한 소상인에 대하여는 지배인$\left(\begin{smallmatrix}\text{상법 제1편}\\\text{제3장}\end{smallmatrix}\right)$, 상호$\left(\begin{smallmatrix}\text{상법 제1편}\\\text{제4장}\end{smallmatrix}\right)$, 상업장부$\left(\begin{smallmatrix}\text{상법 제1편}\\\text{제5장}\end{smallmatrix}\right)$ 및 상업등기$\left(\begin{smallmatrix}\text{상법 제1편}\\\text{제6장}\end{smallmatrix}\right)$에 관한 규정이 적용되지 않는다$\left(\begin{smallmatrix}\dot{o}\\9\boxtimes\end{smallmatrix}\right)$. 소상인에게 이와 같은 상법의 규정이 적용되지 않는다는 뜻은 소상인이 이러한 제도를 이용하여야 할 상법상의 의무가 없다거나 또는 소상인이 그러한 제도를 이용하더라도 상법상 보호받지 못한다는 의미이지, 소상인이 이러한 제도를 이용할 수 없다는 의미는 아니다.

제2절 상인자격의 취득과 상실

제1 총 설

1. 상인능력

상인자격을 취득할 수 있는 법률상의 지위를 「상인능력」이라고 하는바, 이러한 상인능력은 법이 권리능력자에 대하여 일반적으로 인정하고 있다. 따라서 민법상 권리능력자는 상법상으로는 모두 상인능력자라고 볼 수 있다.

2. 상인자격(상인적격성)

상인능력(권리능력)이 있는 자는 상법 제4조와 제5조의 요건을 구비함으로써 「상인자격」을 취득한다. 상인능력자(권리능력자) 중 자연인은 개별적인 의사에 기하여(상법 제4조 또는 제5조의 요건을 구비하여) 상인자격을 취득하기도 하고 상실하기

도 하나, 법인(특히 회사)의 경우는 일반적으로 그 존재의 목적(즉, 영리성의 유무)이
권리능력(법인격)의 부여의 기초가 되고 있으므로 상인자격은 권리능력(법인격)의 시
기 및 종기와 일치한다(따라서 회사는 설립등기에 의하여 법인격 및 상인자격을 동시에 취
득하며, 청산종결에 의하여 법인격 및 상인자격을 동시에 상실하는데, 이를 '태생적 상인'이라
한다).

　　상인자격의 유무는 상법의 적용여부와 직결되므로 매우 중요하다고 본다.

3. 영업능력

　　상인자격을 취득한 자가 스스로 유효한 영업활동을 할 수 있는 능력을 「영업
능력」이라고 한다. 즉 민법에서의 행위능력은 상법에서는 영업능력에 해당한다고
본다. 따라서 민법상 제한능력자는 상인자격을 취득하여도 영업능력은 취득하지 못
하게 된다.

제 2   자연인의 상인자격

1. 상인자격의 취득

　　자연인은 생존한 동안 권리능력(상인능력)이 있으므로, 생존한 동안 원칙적으로
아무런 제한 없이(연령·성별·행위능력 유무 등) 자기의 의사에 기하여 상법 제 4 조
또는 제 5 조의 요건을 구비하여 상인자격을 취득하게 되는데, 언제 상법 제 4 조 또
는 제 5 조의 요건을 구비하였다고 볼 것인가가 문제된다.

　　이에 대하여 우리나라의 판례 및 다수설은 자연인의 경우 영업의 준비행위를
통하여 「영업의사가 객관적으로 나타났을 때」(즉, 거래상대방에게 영업의 준비행위라는
것이 인식되었을 때)에 상인자격을 취득하며, 이 때 영업의 준비행위는 보조적 상행위
($\frac{상}{47조}$)가 된다고 한다.

[상인자격의 취득시기에 관한 판례]

　　"영업의 목적인 기본적 상행위를 개시하기 전에 영업을 위한 준비행위를 하
는 자는 영업으로 상행위를 할 의사를 실현하는 것이므로 그 준비행위를 한 때
상인자격을 취득함과 아울러 이 개업준비행위는 영업을 위한 행위로서 그의 최
초의 보조적 상행위가 되는 것이고, 이와 같은 개업준비행위는 반드시 상호등
기·개업광고·간판부착 등에 의하여 영업의사를 일반적·대외적으로 표시할 필

요는 없으나 점포구입·영업양수·상업사용인의 고용 등 그 준비행위의 성질로 보아 영업의사를 상대방이 객관적으로 인식할 수 있으면 당해 준비행위는 보조적 상행위로서 여기에 상행위에 관한 상법의 규정이 적용된다(대판 1999. 1. 29, 98 다 1584).〞 동지: 대판 2012. 4. 13, 2011 다 104246; 동 2016. 5. 12, 2014 다 37552.

그러나 다수설 및 판례와 같이 상인자격의 취득시기를 정하면 그 취득시기가 매우 불명확할 뿐만 아니라 너무 확대된 면이 있다(특히 법인인 상인과 비교하여 볼 때 그러하다). 따라서 상인은 기업의 주체이고 기업의 존재는 객관적인 경제현상이란 점에서 볼 때, 상인자격은 그 상인이 영위하는 기업이 「객관적으로 기업으로서 인식될 수 있는 조직이 갖추어졌을 때」에 취득되는 것이라고 보아야 할 것이다. 이렇게 해석하는 것이 법인(회사)인 상인이 객관적으로 기업으로서 조직을 갖추었을 때에 등기함으로써 상인자격을 취득하는 것과 균형을 이룬다고 볼 수 있다(대판 2012. 7. 26, 2011 다 43594 참조). 그러므로 자연인의 경우에도 영업을 위한 준비행위에 대하여는 설립중의 회사의 행위와 동일하게 취급하여 보조적 상행위로 인정하여 상법을 적용할지라도, 결코 상인성을 그 준비행위시까지 확장할 수는 없다고 본다.

2. 상인자격의 상실

자연인의 상인자격은 「영업의 종료」(영업의 폐지)로써 소멸한다. 영업의 종료의 「원인」은 상인의 의사에 의하는 경우(폐업)와 상인의 의사 이외의 원인(법률에 의하여 그 영업이 금지되는 경우 등)에 의하는 경우가 있다. 자연인인 상인이 사망하면 그의 영업은 원칙적으로 상속인에게 상속되어 상속인이 상인자격을 취득하는 것이지, 사망 자체에 의하여 영업이 종료되어 상인자격을 상실한다고 볼 수는 없다.

제3 법인의 상인자격

1. 상인자격의 취득

(1) 사 법 인

1) 영리법인은 일반적으로 「회사」이다(상 169조). 회사에는 상행위를 목적으로 하는 상사회사와 상행위 이외의 영리를 목적으로 하는 민사회사가 있는데, 상사회사는 당연상인이고(상 4조) 민사회사는 의제상인이다(상 5조 2항). 따라서 양자는 모두 상인인 점에서 같고 또한 모두 회사로서 성립한 때에 상인자격을 취득한다. 즉, 회사는 태

생적 상인이며, 상인자격의 취득시기와 법인격의 취득시기가 동일하다.

2) 비영리법인 중에서 학술·종교·자선 등과 같은 공익사업을 목적으로 하는 사단법인 또는 재단법인($\frac{민}{32조}$)이 부수적인 영리사업과 관련하여 상인자격을 취득할 수 있는지 여부에 대하여 의문이 있을 수 있다. 공익법인이 그의 목적인 공익사업을 수행하는데 필요 또는 유익한 수단으로서의 영업은 할 수 있는데, 이러한 범위에서 공익법인은 부수적으로 상인자격을 취득할 수 있다고 해석하여야 할 것이다(통설).

그러나 민·상법 이외의 특별법(농업협동조합법·수산업협동조합법·보험업법 등)에 의하여 설립되는 각종의 특수법인(각종의 협동조합·상호회사 등)은 법인격 부여의 목적이 각각의 특별법에 의하여 비영리적인 특정사업에 한정되어 있고 그 이외의 사업(영업)은 할 수 없으므로, 이러한 특수법인은 처음부터 상인능력이 없고, 따라서 상인자격을 취득할 여지가 없다고 본다(통설).

(2) 공 법 인

1) 국가나 지방자치단체와 같은 일반공법인은 그 목적이나 활동에 제한이 없으므로 상인능력이 있고, 따라서 상인자격을 취득할 수 있다(철도·지하철·수도사업 등). 상법 제 2 조는 공법인의 상행위에 대하여 규정하고 있는데, 이는 공법인이 상인자격을 취득할 수 있음을 전제로 하고 있다고 볼 수 있다.

2) 그러나 특별법(농어촌정비법 등)에 의하여 설립되는 특수공법인(농업기반공사 등)은 각각의 법률에 의하여 법인격 부여의 목적이 비영리적인 특정사업에 한정되어 있고 그 이외의 사업(영업)은 할 수 없으므로, 이러한 특수공법인은 사법인 중의 특수법인과 같이 처음부터 상인능력이 없고, 따라서 상인자격을 취득할 여지가 없다(통설).

2. 상인자격의 상실

(1) 사법인 중 영리법인(회사)인 경우에는 「청산을 사실상 종결한 때」에 법인격의 소멸과 함께 상인자격을 상실한다.

(2) 사법인 중 공익법인 및 일반공법인이 부수적으로 영업을 함으로써 상인자격을 취득하는 경우, 그 상인자격의 상실시기는 자연인인 상인의 경우와 같다.

제3절 영업능력

자연인 또는 법인이 위에서 본 바와 같이 상인자격을 취득하였다고 하여 당연히 그가 스스로 유효하게 영업행위를 할 수 있는 능력(영업능력)을 갖는 것은 아니다. 영업능력에 관한 문제는 법인인 상인에서는 거의 문제가 되지 않고(왜냐하면 법인은 그 기관을 통하여 활동하므로) 자연인인 상인에서 특히 문제된다. 민법상 제한능력자는 상법상 영업 제한능력자로서 그의 영업행위에는 일정한 제한을 받는다. 다만 상법은 영업행위의 특수성(집단성·반복성·거래안전 등)으로 인하여 약간의 특별규정을 두고 있다. 이하에서는 영업 제한능력자인 미성년자, (동의유보의) 피한정후견인 및 피성년후견인에 대하여 차례로 간단히 살펴본다(사법상 및 공법상 영업의 제한에 관하여는 정찬형, 「상법강의(상)(제27판)」, 86~88면 참조).

제1 미성년자

1. 미성년자가 스스로 영업을 하는 경우

미성년자는 상인자격을 취득하여도 원칙적으로 스스로 유효한 영업을 할 수 없고, 법정대리인의 허락을 얻은 경우에만 유효하게 영업행위를 할 수 있는데, 이때 허락을 얻은 특정한 영업에 관하여는 미성년자는 성년자와 동일한 영업능력을 갖는다($\frac{민}{1항}^{8조}$). 미성년자가 이와 같이 법정대리인의 허락을 얻어 스스로 영업을 하는 경우에는 거래의 안전을 위하여 이를 상업등기부에 「등기」하여야 한다($\frac{상}{6조}$). 이는 민법의 경우와 구별되는 점이다.

법정대리인은 이 허락을 취소 또는 제한할 수 있는데, 다만 선의의 제3자에게 대항하지 못한다($\frac{민}{2항}^{8조}$). 법정대리인이 영업의 허락을 취소 또는 제한한 때에도 거래의 안전을 위하여 지체 없이 이를 「등기」하여야 한다($\frac{상\ 40조;}{47조\ 2항}^{상동}$). 이 점도 민법의 경우와 구별되는 점이다.

2. 법정대리인이 영업을 대리하는 경우

법정대리인은 미성년자를 대리하여 영업을 할 수 있는데($\frac{민\ 920조,\ 938조,\ 946조,}{949조\ 등\ 참조}$), 이 경우에는 미성년자가 상인이 되는 것이지 법정대리인이 상인이 되는 것이 아니다. 법정대리인이 미성년자를 대리하여 영업을 하는 경우에도 거래의 안전을 위하여 이를 상업등기부에 「등기」하여야 한다($\substack{상\ 8조 \\ 1항}$). 이 점도 민법의 경우와 구별되는 점이다.

법정대리인의 대리권에 대한 제한은 선의의 제 3 자에게 대항하지 못한다($\substack{상\ 8조 \\ 2항}$). 법정대리인의 대리권의 소멸($\substack{민\ 924조 \\ 937조\ 등}$, ^{925조})은 등기사항의 소멸이므로 「변경등기」를 요한다($\substack{상\ 40조;\ 상등 \\ 49조\ 2항-4항}$).

3. 미성년자가 인적회사의 무한책임사원인 경우

미성년자가 법정대리인의 허락을 얻어 인적회사의 무한책임사원이 된 때에는 그 사원자격으로 인한 행위에는 능력자로 본다($\substack{상 \\ 7조}$). 이 때 미성년자의 「사원자격으로 인한 행위」란 회사에 대한 관계에서는 출자이행의무 등을 부담하는 것을 의미하고, 회사의 채권자에 대한 관계에서는 무한책임을 부담하는 것을 의미한다. 미성년자가 회사를 대표하는 등($\substack{상\ 207조; \\ 269조}$) 기관자격으로서 하는 행위에는 능력의 제한을 받지 않으므로($\substack{민 \\ 참조\ 117조}$), 사원자격으로 인한 행위에 해당하지 않는다.

미성년자가 법정대리인의 허락을 얻어 인적회사의 무한책임사원으로서 활동하는 경우에도, 상인은 (인적)회사가 되는 것이지 사원(미성년자)이 되는 것이 아니므로 상법 제 7 조는 상인자격과는 전혀 무관하다. 다만 이러한 인적회사의 무한책임사원은 원칙적으로 회사의 기관으로서 영업활동을 하고($\substack{상\ 200조, \\ 조,\ 269조\ 207}$), 이러한 회사의 기관의 영업활동은 영업능력에 관한 문제이므로, 상법 제 7 조는 인적회사의 영업능력과 관련되는 규정이라고 볼 수 있다.

제 2 피한정후견인

피한정후견인은 원칙적으로 영업능력이 있는데, 다만 가정법원이 한정후견인의 동의를 받아야 하는 행위(영업)의 범위를 정한 경우에는(즉, 동의유보의 경우에는) 한정후견인의 동의를 받아 영업을 할 수 있고 피한정후견인이 한정후견인의 동의 없이 영업을 한 때에는 그 영업행위(법률행위)를 취소할 수 있다($\substack{민\ 13조\ 1항·\ \\ 4항\ 본문}$).

법정대리인이 피한정후견인을 위하여 영업을 하는 때에는 등기를 하여야 한다($\substack{상\ 8조 \\ 1항}$). 이 경우 법정대리인의 대리권에 대한 제한은 선의의 제 3 자에게 대항하지 못한다($\substack{상\ 8조 \\ 2항}$).

제3 피성년후견인

피성년후견인은 원칙적으로 영업능력이 없으므로($^{민}_{1항}$10조), 피성년후견인 자신이 후견인의 동의를 받아 유효한 영업행위를 하지 못한다. 그러므로 피성년후견인의 경우에는 후견인이 피성년후견인을 대리하여 영업을 할 수밖에 없는데, 이 경우에도 미성년자 또는 피한정후견인의 경우와 같이 후견인이 이를 「등기」하여야 한다($^{상}_{1항}$8조). 이 경우에 후견인의 대리권에 대한 제한은 선의의 제3자에게 대항하지 못한다($^{상}_{2항}$8조). 이 점도 민법의 경우와 구별되는 점이다.

제3장 상업사용인(기업의 경영보조자)

제1 총 설

1. 상업사용인제도의 목적

(1) 기업은 인적 설비와 물적 설비를 갖추어야 하는데, 인적 설비에는 기업의 경영자와 기업의 보조자가 있다. 기업의 경영자는 개인기업의 경우에는 일반적으로 기업의 주체(상인)이며, 법인기업의 경우에는 기업의 주체(법인인 상인)와 구별되는 기관이다. 기업의 보조자에는 특정한 상인에 종속하여 기업의 내부에서 기업을 보조하는 자와, 기업의 외부에서 독립한 상인으로서 기업을 보조하는 자가 있다. 전자에 해당하는 자는 이 장에서 다룰 상업사용인이고, 후자에 해당하는 자는 대리상·중개인·위탁매매인·운송주선인·운송인·창고업자이다. 후자에 해당하는 자 중 대리상은 특정한 상인을 보조하는 자이나(이 점에서는 상업사용인과 같음), 중개인 이하의 자는 불특정 상인(또는 일반인)을 보조하는 자이다.

(2) 기업의 내부에서 기업을 보조하는 자에는 다시 두 종류가 있는데, 경영(영업)보조자와 기술보조자가 그것이다. 전자는 유통과정에 참가하여 대외적으로 활동하는 보조자인데 상업사용인이 그것이며, 후자는 생산과정에 참가하여 대내적으로 활동하는 보조자인데 기사·노동자가 그것이다. 상법은 상품유통에 관한 조직법 내지 거래법이므로 기업의 기술보조자에 대하여는 규정하지 않고, 기업의 경영보조자인 상업사용인에 대하여만 규정하고 있다. 상업사용인과 상인과의 법률관계도 내부관계(주로 고용관계)와 외부관계(주로 대리관계)가 있는데, 내부관계에 대하여는 민법 또는 노동법이 규정하고 있으나 외부관계는 상법이 규정하고 있다. 또한 내부관계

의 법률관계는 원칙적으로 당사자가 자율적으로 정할 수 있으나, 외부관계의 법률 관계는 거래의 안전을 위하여 강제적으로 규율된다.

2. 상업사용인의 의의와 종류

(1) 상업사용인의 의의

상업사용인이란 「특정한 상인에 종속하여 경영상의 노무(대외적인 영업상의 업무)에 종사하는 자」이다. 이를 분설하면 아래와 같다.

1) 상업사용인은 「특정한 상인에 종속되어 있는 자」이다. 이러한 상인을 상법 은 「영업주」라고 표현하고 있는데($^{\text{상}}_{1\text{항}}$$^{11조}_{\text{참조}}$), 이에는 자연인과 법인이 있다. 이러한 상인이 상업사용인을 선임하는 것이다. 상업사용인이 특정한 상인을 위하여 활동하 는 점에서는 대리상과 같으나, 상업사용인은 기업의 내부에서 특정한 상인에 종속 되어 있으나 대리상은 기업의 외부에서 독립된 상인인 점에서 양자는 구별된다.

또한 상업사용인은 특정한 상인에 종속된 경영보조자이지 경영담당자는 아니 므로, 법인인 상인의 경영담당자인 기관과 구별된다.

2) 상업사용인은 「경영상의 노무」(대외적인 영업상의 업무)에 종사하는 자이다. 따라서 기업의 내부에서 생산과정에 참여하는 기술적 보조자(예컨대, 기사·직공 등) 는 상업사용인이 아니다. 또한 그 노무의 내용이 비경영적·비기술적인 잡무에 종사 하는 배달원·청소부·수위·사환 등도 상업사용인이 아니다.

(2) 상업사용인의 종류

상법은 상업사용인에 대하여 대리권의 유무·광협에 따라 (i) 지배인, (ii) 부분 적 포괄대리권을 가진 상업사용인, (iii) 물건판매점포사용인(의제상업사용인)이라는 세 가지의 상업사용인을 인정하고 있다.

제 2 지 배 인

1. 지배인의 의의

지배인은 「영업주에 갈음하여 그 영업에 관한 재판상 또는 재판외의 모든 행 위를 할 수 있는 대리권을 가진 상업사용인」이다($^{\text{상}}_{1\text{항}}$^{11조}). 이러한 지배인의 대리권을 지배권이라 하는데, 지배권은 개인법상의 대리관계로서 그 범위는 특정영업(소)의 영업활동에 한정되는 점에서 단체법상의 대표관계로서 그 범위가 회사의 영업 전반에 미치는 대표권과 구별된다.

2. 지배인의 선임·종임

(1) 선 임

1) **선임권자** 지배인을 선임할 수 있는 자는 「상인 또는 그 대리인」이다($\frac{상}{10조}$). 이 때 상인의 대리인은 법정대리인·임의대리인의 양자를 포함한다. 지배인은 상인의 대리인이기는 하지만, 자기와 동등한 지위에 있는 다른 지배인을 선임할 수 없다($\frac{상 11조 2항의}{반대해석}$).

회사의 경우에는 지배인의 선임에 내부절차상 일정한 제한을 받는다. 즉 합명회사의 경우에는 정관에 다른 정함이 없으면 「총사원의 과반수」의 결의가 있어야 하고($\frac{상}{203조}$), 합자회사의 경우에는 「무한책임사원의 과반수」의 결의가 있어야 하며($\frac{상}{274조}$), 유한책임회사의 경우에는 (정관에 다른 규정이 없으면) 「총사원의 과반수」의 결의가 있어야 하고($\frac{상 287조의}{18, 203조}$), 주식회사의 경우에는 「이사회」의 결의가 있어야 하며($\frac{상 393조}{1항}$), 유한회사의 경우에는 이사가 수 인이고 정관에 다른 정함이 없으면 「이사 과반수」의 결의가 있어야 한다($\frac{상 564조}{1항}$).

2) **자 격** 지배인은 의사능력을 가진 자연인이어야 하지만, 반드시 행위능력자가 아니라도 좋다($\frac{민}{117조}$). 또 직무의 성질상 감사와의 겸임은 허용되지 않지만($\frac{상 411조,}{570조}$), 업무집행사원이나 이사는 지배인을 겸할 수 있다.

[상무이사는 지배인을 겸할 수 있다고 본 판례]

"주식회사의 기관인 상무이사는 같은 회사의 사용인을 겸할 수 있다($\frac{대판 1968. 7.}{23, 68 다 442}$)."

(2) 종 임

지배인의 지위는 그 선임계약의 내용에 따라 그 계약의 종료 또는 대리권의 소멸에 의하여 종료된다($\frac{민 127조, 128조, 659조,}{661조, 663조, 689조, 690조}$).

(3) 등 기

지배인의 선임과 종임은 등기사항이다($\frac{상 13조; 상등}{50조~51조}$). 이러한 지배인의 등기는 대항요건에 불과하므로, 지배인은 선임의 사실만으로 즉시 상법에 규정된 지배권을 취득한다.

3. 지배인의 권한(지배권)

(1) 지배권의 내용

1) 포괄성·정형성   지배인의 대리권(지배권)은 수권행위에 의하여 부여된다는 의미에서는 임의대리에 해당하지만, 그 범위는 「그 영업에 관한 모든 재판상·재판 외의 행위」에 미친다는 점($^{상}_{1항}$^{11조})에서는 포괄성과 정형성을 갖는다. 즉, 민법상의 대리권의 범위는 개별적으로 정하여지나 지배권의 범위는 그 영업에 관한 영업 전반에 걸치며(포괄성), 민법상의 대리권의 범위는 본인의 의사에 의하여 정하여지나 지배권의 범위는 상법의 규정에 의하여 정하여지는 법정의 효력이다(정형성). 그러나 이와 같은 지배권은 수권행위에서 절대로 그 범위를 제한하지 못한다는 것이 아니라, 후술하는 바와 같이 그 제한을 선의의 제3자에게 대항하지 못할 뿐이다($^{상}_{3항}$^{11조}).

이러한 지배권의 포괄성과 정형성인 「그 영업에 관한 모든 재판상·재판외의 행위」를 분설하면 다음과 같다.

㈎ 지배권은 영업주의 「영업에 관한 행위」이어야 하므로 영업주의 신분상의 행위(혼인·입양 등) 등은 그 성질상 영업에 관한 행위가 아니므로 지배권에 포함되지 않는다($^{대판 1984. 7. 10, 84}_{다카 424·425}$). 또한 영업에 관한 행위란 영업의 존재를 전제로 하여 그 범위 내에서의 활동을 뜻하므로, 영업 자체의 양도나 폐지를 할 권한은 지배권에 포함되지 않는다. 영업에 관한 행위라도 이에 관한 모든 행위가 지배권에 해당되는 것은 아니고, 그 성질상 대리가 허용될 수 없는 행위이거나(선서·서명 등) 법률에 의하여 제한되는 행위(지배인의 선임)($^{상 11조 2항의}_{반대해석}$) 등은 지배권에 포함되지 않는다.

「영업에 관한 행위」인가 아닌가는 그 행위의 객관적 성질에 따라 추상적으로 판단하여야 한다($^{대판 1987. 3. 24, 86 다카 2073; 동}_{1997. 8. 26, 96 다 36753 외}$). 따라서 지배인이 자기 개인의 이익을 위하여 지배인명의를 사용한 경우에도 행위의 객관적·추상적 성질상 영업에 관한 행위로 인정되면 그 행위는 영업주(상인)의 행위로 인정된다. 이로 인하여 지배인의 대내적 직무위반의 문제와 경영활동의 대외적 효력의 문제는 구별되는 것이다. 실제로 지배인의 자격에서 한 상행위는 반증이 없는 한 영업주의 영업에 관한 행위로 인정되어야 할 경우가 많을 것이므로, 사실상 지배인이 자기의 이익을 위하여 한 경우에도 상대방이 선의인 이상 그 행위는 영업주에 대하여 효력이 있다고 보아야 한다($^{대판 1987. 3. 24,}_{86 다카 2073 외}$). 그러나 지배인의 행위가 영업에 관한 것으로서 대리권한 범위 내의 행위라 하더라도 영업주 본인의 이익이나 의사에 반하여 자기 또는 제 3 자의 이익을 도모할 목적으로 그 권한을 행사한 경우에 그 상대방이 이를 알았거나 알 수 있었을 때에는 영업주에 대하여 효력이 없다($\binom{민\ 107조\ 1항}{단서\ 유추적용}$)

(동지: 대판 1999. 3. 9, 97 다 7721·7738; 동 2008. 7. 10, 2006 다 43767⟨부분적⟩
(포괄대리권을 가진 상업사용인에 대하여도 지배인과 동지로 판시함⟩).

㈏ 영업에 관한 행위로서 「재판상의 행위」란 소송행위를 말한다. 따라서 지배인은 변호사가 아닌 경우에도 영업주를 위하여 소송대리인이 될 수 있는데($\binom{민소}{87조}$), 이에는 지배인이 소송대리인을 선임하거나 소송서류의 송달을 받는 권한도 포함된다.

㈐ 영업에 관한 행위로서 「재판외의 행위」란 사법상의 모든 적법행위를 말한다. 따라서 이에는 영업주가 영업으로 하는 행위이든(기본적 상행위·준상행위) 영업을 위하여 하는 행위이든(보조적 상행위), 또 유상이든 무상이든 불문한다.

2) 불가제한성(획일성)

㈎ 지배인의 대리권은 이와 같이 그 범위가 객관적으로 법률에 의하여 정형화되어 있으므로 거래의 안전을 위하여 그 획일성이 요구된다. 즉 영업주가 그 대리권에 대하여 거래의 금액·종류·시기·장소 등에 관하여 개별적으로 제한하더라도, 그 위반은 대내적으로 해임 또는 손해배상청구의 사유가 되는 데 그치고, 대외적으로 선의의 제 3 자에게 대항할 수 없다($\binom{상\ 11조}{3항}$). 즉 지배인의 대리권은 제한될 수 없는 것이 아니라, 그 제한을 선의의 제 3 자에게 대항하지 못한다는 의미에서 불가제한성(획일성)이 있는 것이다.

영업주가 비록 지배인의 대리권을 제한하는 경우에도 이를 등기하여 공시하는 방법도 없기 때문에, 영업주는 언제나 선의의 제 3 자에게 이를 대항할 수 없게 되는 것이다.

㈏ 영업주가 지배인의 대리권의 제한을 대항할 수 없는 「선의」의 제 3 자란 과실 있는 제 3 자를 포함하지만 중과실 있는 제 3 자를 포함하지 않는다($\binom{대판\ 1997.\ 8.\ 26,}{96\ 다\ 36753}$). 이 때 제 3 자의 악의 또는 중과실에 대한 증명책임은 영업주가 부담한다($\binom{대판\ 1997.\ 8.\ 26,}{96\ 다\ 36753}$). 또한 제 3 자는 어음행위의 경우 직접 어음을 취득한 상대방뿐만 아니라, 그로부터 어음을 다시 배서양도받은 제 3 취득자도 포함된다($\binom{대판\ 1997.\ 8.\ 26,}{96\ 다\ 36753}$).

㈐ 영업주가 상법에서 규정한 지배권의 범위를 초월하여 지배인에게 대리권을 부여하는 경우에는, 지배권의 정형성과 관련하여 볼 때 지배권의 확장이라고 볼 수는 없고, 단지 지배권 이외에 특별수권이 있는 것이라고 보아야 할 것이다.

(2) 지배권의 범위(영역)

지배권은 영업주의 영업에 관한 것이나, 이 때의 영업은 영업주의 영업전반에 관한 것이 아니고 상호 또는 영업(소)에 의하여 개별화된 「특정한 영업」을 의미한다(이 점에서 지배권과 대표권은 구별된다). 이 점에서 상법은 지배권의 범위에 대하여 영업전반이 아니라 「그 영업에 관한 …」으로 규정하고 있다($\frac{\text{상}}{209\text{조 1항의 비교}}$). 따라서 영업주가 수 개의 상호로 수 종의 영업을 할 때에는 지배인이 대리할 영업과 그 사용할 상호를 등기하여야 하며($\frac{\text{상등}}{1\text{항}}$ 50조 3호), 한 개의 영업(상호)에 대하여 수 개의 영업소를 가지는 경우에는 지배인을 둔 각 영업소를 등기하여야 한다($\frac{\text{상등}}{1\text{항}}$ 50조 4호). 한 개의 영업소(예컨대, 본점)에 수 개의 영업이 있는 경우에는 각 영업마다 지배권이 성립한다. 그러나 1인의 지배인이 수 개의 영업(소)의 지배인을 겸하는 것은 무방하다.

4. 공동지배인

(1) 의   의

영업주는 수 인의 지배인이 공동으로만 지배권을 행사하게 할 수 있는데 ($\frac{\text{상 12조}}{1\text{항}}$), 이것이 공동지배이고, 이 경우의 지배인을 공동지배인이라 한다. 이러한 공동지배인제도를 두는 목적은 지배권의 남용 또는 오용을 방지하기 위해서이다.

이러한 공동지배인은 「수 인의 지배인」과 구별된다. 공동지배인은 수 인의 지배인이 공동으로만 지배권을 행사할 수 있는데, 수 인의 지배인은 각자 단독으로 지배권을 행사할 수 있다.

(2) 능동대리(적극대리)

공동지배인이 능동대리를 하는 경우에는 공동으로 하여야만 그 법률효과가 발생한다($\frac{\text{상 12조}}{1\text{항}}$).

공동지배인의 능동대리에 있어서 문제가 되는 것은 공동지배인 중의 일부가 타인에게 지배권을 위임할 수 있는지 여부이다. 지배권의 포괄적 위임은 명백히 공동지배인제도의 입법취지에 반하므로 인정될 수 없으나, 특정한 사항에 관한 지배권의 개별적 위임은 공동지배인제도의 입법취지에 반한다고 볼 수 없으므로 이를 긍정하는 것이 타당하다고 본다. 그러나 지배권의 개별적 위임을 긍정한다고 하더라도 「어음·수표행위」나 「재판상의 행위」는 그 성질상 반드시 공동으로 하여야 한다고 본다.

(3) 수동대리(소극대리)

공동지배인이 수동대리를 하는 경우에는 그 중 1인만이 하여도 그 법률효과가 발생한다. 즉 공동지배인과 거래하는 상대방은 그 중 1인에 대하여만 의사표시를 하여도 영업주에 대하여 그 효력이 발생한다($\frac{\text{상 12조}}{2\text{항}}$). 이와 같이 규정한 이유는 거래의 원활과 신속을 기하기 위해서이다.

(4) 등 기

공동지배인제도는 그와 거래하는 상대방에게 이해관계가 크므로 공시할 필요가 있다. 따라서 영업주가 공동지배인을 둔 경우에는 이에 관한 사항과 그 변경 또는 소멸에 관하여 등기하여야 한다(상 13조 2문; 상동 50조 1항 5호·2항).

5. 표현지배인

(1) 의 의

1) 「본점 또는 지점의 본부장, 지점장, 그 밖에 지배인으로 인정될 만한 명칭을 사용하는 자」는 지배인이 아닌 경우에도 상대방이 선의인 경우에 지배인으로 의제하고 있는데(상 14조), 이것이 표현지배인이다.

2) 지배인인지 여부는 그 명칭에 관계 없이 지배권(상 11조 1항)의 유무에 의하여 정하여지나, 영업주가 지배권을 부여하지 않으면서 외관상 마치 지배권이 있는 것과 같은 명칭(본부장·지점장 등)의 사용을 허락하고 그러한 명칭에 의하여 거래의 상대방은 지배권이 있는 것으로(즉 지배인으로) 믿었다면, 이러한 거래의 상대방을 보호하여 거래의 안전을 도모할 필요가 있다. 따라서 표현지배인제도는 거래의 안전을 위하여 영미법상의 표시에 의한 금반언의 법리 또는 독일법상의 외관법리와 같은 정신으로 인정된 것이며, 민법상의 표현대리(민 125조, 126조, 129조) 및 상법상의 명의대여자의 책임(상 24조)·표현대표이사(상 396조) 등과 같은 정신으로 인정된 것이다.

3) 표현지배인제도는 거래의 안전(선의의 제 3 자의 보호)을 위하여 지배인으로 「의제」한 것에 불과하고, 표현지배인이 지배인으로 되는 것은 결코 아니다.

(2) 요 건

표현지배인이 성립하기 위하여는 다음의 세 가지 요건이 필요하다.

1) 첫째로 영업주는 표현지배인에게 지배인으로 믿을 만한 명칭사용을 허락해야 한다(명칭부여).

영업주는 이와 같은 명칭사용을 명시적 또는 묵시적으로 「허락」해야 하는데, 이 점에서 영업주에게는 표현지배인의 행위에 대하여 그 상대방에게 책임을 부담해야 하는 귀책사유가 있게 된다.

표현지배인으로 믿을 만한 「명칭」에 대하여 상법은 '본점 또는 지점의 본부장·지점장'이라고 예시하고 있는데, 지배인·지점장·영업부장 등이 일반거래의 관념상 대표적인 예라고 할 수 있다. 그러나 지점차장·지점장대리·영업소주임 등은 그 명칭 자체에 의하여 표현지배인이 될 수 없다(그러나 이러한 명칭은 상법 제15조의 부분적 포괄대리권을 가진 상업사용인을 나타내는 명칭임은 물론이다).

[표현지배인을 긍정한 판례]

"Y생명보험주식회사 중앙지점 지점장 A명의로 어음을 발행한 경우 A가 지배인이 아니더라도 표현지배인이라고 볼 수 있으므로 Y회사는 변제책임이 있다($\frac{대판\ 1960.\ 6.\ 5.}{4293\ 민상\ 53}$)."

[표현지배인을 부정한 판례]

"지점차장이라는 명칭은 그 명칭 자체로써 상위직의 사용인의 존재를 추측할 수 있게 하는 것이므로 상법 제14조 1 항 소정의 영업주임 기타 이에 유사한 명칭을 가진 사용인을 표시하는 것이라고 할 수 없고, 따라서 표현지배인이 아니다($\frac{대판\ 1993.\ 12.}{10,\ 93\ 다\ 36974}$)."

표현지배인은 「상업사용인」뿐만 아니라 「상업사용인이 아닌 단순한 피용자」도 될 수 있다.

2) 둘째는 표현지배인은 그러한 명칭을 사용하여 영업에 관한 행위를 하여야 한다(명칭사용).

표현지배인이 그러한 명칭을 사용하는 영업은 「지배인의 권한 내의 행위」이며 또한 「거래행위」이어야 한다. 따라서 거래행위라고 볼 수 없는 「재판상의 행위」는 제외된다($\frac{상\ 14조}{1항\ 단서}$).

표현지배인이 그러한 명칭을 사용하는 영업은 「영업소로서의 실질」을 갖추고 있어야 하느냐의 문제가 있다. 이에 대하여 거래의 안전을 위하여 영업소(본점 또 지점)로서의 외관(표시)만 있으면 충분하고 그 실질을 갖출 것을 요하지 않는다는 형식설(외관설)도 있으나(소수설), 본점 또는 지점의 실체를 가지고 어느 정도 독립적으로 영업활동을 할 수 있는 영업소로서의 실질을 갖추고 있어야 한다는 실질설이 타당하다고 본다(다수설). 우리나라의 대법원판례도 다음에서 보는 바와 같이 실질설의 입장에서 판시하고 있다.

[실질설의 입장에서 판시한 판례]

"상법 제14조 1 항 소정의 지배인으로서 동 조를 적용하려면 당해 사용인의 근무장소가 상법상의 영업소인 본점 또는 지점의 실체를 가지고 어느 정도 독립적으로 영업활동을 할 수 있음을 요하므로, 본·지점의 지휘감독 아래 기계적으로 제한된 보조적 사무만을 처리하는 영업소는 상법상의 영업소라고 할 수 없고, 따라서 동 영업소의 소장을 동 조 소정의 표현지배인이라고 할 수 없다 (대판 1978. 12. 13, 78 다 1567. 동지: 대판 1998.) " (8. 21, 97 다 6704; 동 1998. 10. 13, 97 다 43819).

3) 셋째는 표현지배인과 거래하는 상대방은 선의이어야 한다(상대방의 선의) ($\frac{\text{상 14조}}{\text{2항}}$).

이 때 선의의 대상은 당해 법률행위에 있어서 대리권이 없음을 모른 것으로 볼 것이 아니라, 표현「지배인」이므로 지배인이 아니라는 점을 모른 것으로 보아야 할 것이다(통설).

과실 있는 선의인 경우, 경과실이면 선의로 볼 것이나 중과실이면 악의로 보아야 할 것이다(통설). 선의의 유무의 판단시기는 법률행위시이나, 어음·수표 등과 같은 유가증권의 경우에는 그 증권의 취득시이다.

(3) 효 과

1) 이에 대하여 상법은 「… 본점 또는 지점의 지배인과 동일할 권한이 있는 것으로 본다」고 규정하고 있다($\frac{\text{상 14조}}{\text{1문 후단}}$). 즉 지배권이 없는 자의 행위(무권대리행위)를 지배권이 있는 자(진정한 지배인)의 행위(유권대리행위)로 의제하고 있다. 이로 인하여 영업주(상인)는 상대방에 대하여 책임을 부담하는 것이다.

2) 표현지배인의 행위에 대하여 영업주가 그 책임을 지는 것은 지배인이 아닌 자의 행위에 대하여 책임을 지는 것으로, 지배권이 제한된 진정한 지배인이 그 제한에 위반하여 한 행위에 대하여 영업주가 책임을 지는 경우($\frac{\text{상 11조}}{\text{3항}}$)와는 구별된다.

≫ 사례연습 ≪

[사 례]

Y주식회사의 대전지점장 A는 1,000만원 범위 내에서 자금을 차입할 권한이 있었다. 이 때 A가 Y회사명의로 X로부터 다음과 같이 자금을 차입하여 사용한 경우에, Y회사의 변제책임은 어떠한가?

(1) A가 1,000만원을 차용하여 사용(私用)으로 착복한 경우

(2) A가 1,500만원을 차용하여 1,000만원은 Y회사를 위하여 쓰고 500만원은 사용(私用)으로 착복한 경우

(3) 만일 A에게 자금차입권한이 전혀 없는 경우에도 불구하고 A가 1,000만원을 차입하여 사용(私用)으로 착복한 경우

* 이 사례는 정찬형, 「상법사례연습(제4판)」, 사례 4에 기초한 것이므로, 이에 관한 상세는 同書를 참고하기 바람.

[해 답]

(1) A가 사용(私用)으로 착복할 목적으로 Y회사 대전지점장 명의로 자금을 차입하는 행위가 상법 제11조 1항의 「영업에 관한 행위」인지의 여부가 이 문제의 핵심이 되겠다. 상법 제11조 1항의 「영업에 관한 행위」는 행위의 객관적 성질에 의하여 판단되는 것이지, 행위자의 주관적 의도를 판단의 기초로 하여서는 아니 된다. 따라서 본문에서 A의 행위는 객관적으로 Y회사의 자금차입행위에 해당되어 Y회사는 A가 차입한 1,000만원에 대하여 변제책임을 부담한다고 보겠다.

다만 X가 이를 알았거나 알 수 있었을 때에는 Y회사는 비진의의사표시의 법리($\frac{민 107조}{1항 단서}$)($\frac{대판 1999. 3. 9,}{97 다 7721 \cdot 7738}$) 또는 권리남용의 법리($\frac{민 2조}{2항}$)에 의하여 변제를 거절할 수 있다.

(2) 지배인의 대리권은 법적으로 정형화되어 있어 「획일성」이 요구되고 있으므로, 영업주가 그 대리권에 대하여 금액 등에 대하여 개별적인 제한을 가하더라도 그 위반을 선의의 제3자에게 대항할 수 없다($\frac{상 11조}{3항}$). 따라서 이 문제에서 Y회사는 A가 1,000만원 범위 내에서만 차입할 수 있는 권한이 있음을 선의의 제3자에게 대항할 수 없다. 또한 A가 500만원은 사용(私用)으로 착복할 목적으로 차입한 것이라 하더라도 이것은 위 본문 (1)에서 본 바와 같이 「영업에 관한 행위」로서 Y회사의 책임을 인정해야 할 것이다. 그러므로 Y회사는 X에 대하여 차입금 전액인 1,500만원의 변제책임을 부담하며, 다만 A의 대리권범위의 위반은 대내적으로 해임 또는 손해배상청구의 사유가 되는 데 그친다.

(3) Y회사가 A에게 대전지점장이라는 명칭의 사용을 허락하면서 대리권을 부여하지 않은 것은 표현지배인의 외관을 부여한 것이고, 또 A가 대전지점장이라는 명칭을 사용하여 금전을 차입한 것은 표현지배인이라는 외관을 사용하여 거래한 것이므로, X가 선의이면 Y회사는 A가 차입한 1,000만원에 대하여 변제책임을 부담한다. 이 때 X가 선의라는 의미는 X가 거래 당시에 A를 지배인으로 믿은 경우뿐만 아니라, 그러한 차금행위가 A자신을 위한 것임을 모른 경우를 의미한다. 또한 Y회사가 표현지배인의 영업주로서의 책임을 부담하는 것은 표현지배인의 행위가 「영업에 관한 행위」이어야 하는데, 이 문제에서 A의 자금차입행위가 「영업에 관한 행위」가 된다는 것은 사례 (1)에서 본 바와 같다. 끝으로 Y회사가 표현지배인의 영업주로서 책임을 지기 위하여는 통설·판례에 따라 A의 근무장소가 상법상 영업소인 본점 또는 지점의 실체를 갖추어야 한다.

제 3 부분적 포괄대리권을 가진 상업사용인

(1) 부분적 포괄대리권을 가진 상업사용인이란 「영업주의 영업의 특정한 종류 또는 특정한 사항에 관하여 재판외의 모든 행위를 할 수 있는 대리권을 가진 상업사용인」을 말한다. 보통 회사의 팀장·차장·과장·계장·대리 등의 명칭을 가진 상업사용인이 이에 해당한다($^{동지:\ 대판\ 2009.\ 5.\ 28,}_{2007\ 다\ 20440·20457}$).

(2) 부분적 포괄대리권을 가진 상업사용인을 지배인과 비교하여 보면 다음과 같다.

1) 같은 점으로는 대리권이 (i) 포괄성과 정형성을 갖는 점($^{상}_{1항}$15조), (ii) 불가제한성을 갖는 점이다($^{상}_{2항}$15조).

2) 다른 점으로는 부분적 포괄대리권을 가진 상업사용인은 (i) 그 대리권이 「특정사항」에 관하여만 포괄성과 정형성을 갖는 점($^{상\ 15조}_{1항\ 전단}$), (ii) 그 대리권이 「재판상의 행위」에는 미치지 않는 점($^{상\ 15조}_{1항\ 후단}$), (iii) 「지배인」이 선임할 수 있는 점($^{상}_{2항}$11조), (iv) 「등기사항」이 아닌 점($^{상}_{참조}$13조) 등이다.

(3) 부분적 포괄대리권을 가진 상업사용인의 경우에는 지배인과는 달리 수 인이 공동으로만 대리권을 행사하게 하는 상법의 규정이 없다. 지배인 및 공동지배인에 관한 사항은 등기사항으로서($^{상}_{13조}$) 공시되므로 거래의 상대방의 보호에 큰 문제가 없으나, 부분적 포괄대리권을 가진 상업사용인에 관한 사항은 등기사항이 아니므로 설사 이러한 수 인의 상업사용인이 공동으로만 대리권을 행사하게 하여도 이를 등기(공시)할 수 없어 거래의 상대방의 보호에 큰 문제가 있게 된다. 따라서 부분적 포괄대리권을 가진 상업사용인에게는 공동으로 대리권을 행사하게 할 수는 없다고 본다.

(4) 부분적 포괄대리권을 가진 상업사용인의 경우에는 지배인과는 달리 표현과장 등에 대하여 상법은 규정하고 있지 않다. 따라서 영업주가 차장·과장·대리 등과 같이 부분적 포괄대리권을 가진 상업사용인과 같은 명칭사용을 허락하면서 실제로는 이에 해당하는 대리권을 부여하지 않은 경우, 그러한 표현과장 등이 제 3 자와 거래하였을 때에 제 3 자를 어떻게 보호할 것인가가 문제된다. 이에 대하여 제 3 자는 민법상 표현대리에 관한 규정($^{민\ 125조}_{또는\ 126조}$)에 의하여 구제받을 수밖에 없다는 견해도 있으나($^{대판\ 2007.\ 8.\ 23,}_{2007\ 다\ 23425}$), 표현지배인에 관한 상법 제14조를 유추적용하여 제 3 자를 보호할 수도 있다고 본다. 왜냐하면 영업주가 과장 등의 명칭사용을 허락하였다고 하여 이것이 민법 제125조의 「제 3 자에 대하여 대리권을 수여한 것」으로 보기 어

렵고, 또한 제3자가 그러한 명칭을 가진 자를 과장 등으로 오신하였다고 하여 당연히 제3자에게 민법상의 「선의·무과실」 또는 민법 제126조의 「권한이 있다고 믿을 만한 정당한 이유」가 있다고 볼 수 없으므로, 민법의 규정만으로는 제3자의 보호가 충분하다고 볼 수 없기 때문이다.

제4 물건판매점포사용인(의제상업사용인)

물건을 판매하는 점포의 사용인은 그 판매에 관한 모든 권한이 있는 것으로 의제되는데($\frac{상}{1항}$16조), 이로 인하여 물건판매점포사용인을 의제상업사용인이라고도 한다. 이러한 물건판매점포사용인은 물건을 판매하는 「점포」의 사용인에 대하여만 적용되고(장소적 제한)($\frac{동지: 대판 1971. 3. 30, 71 다}{65; 동 1976. 7. 13, 76 다 860}$), 또한 물건의 「판매」에 관해서만 그 권한이 있는 것으로 의제하고 있다(업무적 제한).

물건판매점포사용인의 대리권의 의제는 악의의 제3자에게는 적용되지 않는다 ($\frac{상}{2항}$16조).

제5 상업사용인의 의무(부작위의무, 광의의 경업피지의무)

1. 인정이유

상업사용인은 위에서 본 바와 같이 영업주를 대리하여 각종의 영업활동에 종사하므로 영업주의 영업비밀 및 고객관계를 잘 알게 되는데, 상업사용인이 이를 이용하여 스스로 영업주와 경쟁관계에 있는 거래(영업)를 하여 자기 자신의 이익을 꾀하거나 또는 다른 영업주를 도와 그의 이익을 위하여 활동한다면, 상업사용인은 그를 선임한 영업주의 신뢰를 크게 위반함은 물론 그 영업주의 이익을 크게 희생하게 된다. 따라서 상법은 영업주와 상업사용인 사이의 신뢰관계를 유지하고 영업주의 이익을 보호하기 위하여 특별히 상업사용인의 부작위의무(광의의 경업피지의무)를 규정하고 있다($\frac{상}{1항}$17조).

상업사용인의 이러한 의무는 「법률상의 의무」인데, 이와 같은 정신으로 상법이 규정하고 있는 것으로는 영업양도인($\frac{상}{41조}$)·대리상($\frac{상}{89조}$)·합명회사의 사원($\frac{상}{198조}$)·합자회사의 무한책임사원($\frac{상}{269조}$)·유한책임사원의 업무집행자($\frac{상의 287조}{10}$)·주식회사의 이사·집행임원($\frac{상 397조}{408조의 9}$)·유한회사의 이사($\frac{상}{567조}$) 등의 부작위의무가 있다.

2. 내 용

상법은 상업사용인의 부작위의무에 대하여 두 가지를 규정하고 있는데, 하나
는 경업금지의무(협의의 경업피지의무, 경업회피의무, 거래금지의무)이고, 다른 하나는
겸직금지의무(겸직회피의무, 특정지위취임금지의무)이다. 이하에서 나누어서 살펴보겠다.

(1) 경업금지의무(협의의 경업피지의무, 경업회피의무, 거래금지의무)

상업사용인은 「영업주의 허락 없이 자기 또는 제 3 자의 계산으로 영업주의 영
업부류에 속한 거래」를 하지 못하는데($^{\text{상}}_{1\text{항}} \, ^{17조}_{\text{전단}}$), 이것이 상업사용인의 경업금지의무
이다.

이 때 「영업주의 영업부류에 속한 거래」란 '영업주가 영업(목적)으로 하는 거
래'(기본적 상행위 또는 준상행위)를 의미하는 것이지, 영업주가 '영업을 위하여 하는
거래'(보조적 상행위)(예컨대, 예금·어음행위 등)를 의미하는 것이 아니다. 그런데 영업
주가 영업(목적)으로 하는 모든 거래가 이에 해당하는 것은 아니고, 영리성이 없는
거래는 이에 해당되지 않는다(예컨대, 부동산매매업을 영위하는 상인의 지배인이 자기의
주택으로 구입하는 경우, 은행의 지점장이 그의 은행에 예금을 하거나 그의 생활자금으로 대
출을 받는 경우 등).

(2) 겸직금지의무(겸직회피의무, 특정지위취임금지의무)

상업사용인은 「영업주의 허락 없이 (다른) 회사의 무한책임사원, 이사 또는 다
른 상인의 사용인」이 되지 못하는데($^{\text{상}}_{1\text{항}} \, ^{17조}_{\text{후단}}$), 이것이 상업사용인의 겸직금지의무
이다.

이 때 「다른」 회사의 의미에 대하여는 대리상($^{\text{상}}_{89조}$)·무한책임사원($^{\text{상}}_{269조} \, ^{198조,}$)·업
무집행자($^{\text{상}}_{\text{의}\,10} \, ^{287조}$)·이사($^{\text{상}}_{537조} \, ^{397조,}$) 등의 겸직금지의무와 비교하여 볼 때, 「동종영업을
목적으로 하는 다른 회사」를 의미하는 것이라고 보는 견해도 있으나(제한설)(소수
설), 영업의 내용에 불문하고 「다른 모든 회사」를 의미한다고 본다(무제한설)(다수
설). 또한 상업사용인은 대리상($^{\text{상}}_{89조}$)·무한책임사원($^{\text{상}}_{269조} \, ^{198조,}$)·업무집행자($^{\text{상}}_{\text{의}\,10} \, ^{287조}$)·이
사($^{\text{상}}_{567조} \, ^{397조,}$) 등의 겸직금지의무와는 달리, 「다른 모든 상인」의 상업사용인도 겸하지
못한다.

3. 의무위반의 효과

(1) 경업금지의무위반의 효과

상업사용인이 경업금지의무를 위반하여 제 3 자와 거래를 한 경우, 그 거래 자

체는 제3자의 선의·악의에 불문하고 유효하다. 다만 영업주를 보호하기 위하여 상법은 영업주에게 계약의 해지권($^{상}_{항}{}^{17조}_{전단}{}^3$)·손해배상청구권($^{상}_{항}{}^{17조}_{후단}{}^3$) 및 개입권(탈취권)($^{상}_{2항·4항}{}^{17조}$)을 인정하고 있다.

　　개입권이란 「상업사용인이 경업금지의무에 위반하여 제3자와 거래를 한 경우에, 그 거래가 상업사용인의 계산으로 한 것인 때에는 영업주는 이를 영업주의 계산으로 한 것으로 볼 수 있고, 제3자의 계산으로 한 것인 때에는 영업주는 그 사용인에 대하여 이로 인한 이득의 양도를 청구할 수 있는 권리」를 말하는데($^{상}_{2항}{}^{17조}$), 상법 제17조 2항에서 「전항」의 의미는 경업금지의무만을 의미하는 것이지 겸직금지의무까지 포함하는 것이 아니다. 이러한 개입권의 법적 성질은 형성권으로서, 영업주는 상업사용인에 대하여 일방적인 의사표시만을 하여 그 권리를 행사할 수 있다.

　　영업주가 이러한 개입권을 행사하면 영업주가 상업사용인의 거래의 상대방에 대하여 직접 당사자가 되는 것이 아니고, 상업사용인은 다만 거래의 경제적 효과를 영업주에게 귀속시킬 의무를 부담할 뿐인데, 이러한 개입권을 「내부적(실질적) 개입권」이라 한다. 이에 반하여 위탁매매인 등의 개입권은 위탁매매인 등이 이를 행사하면 직접 당사자가 되는 점에서($^{상}_{116조,\,113조}{}^{107조,}$) 이를 「외부적(전면적) 개입권」이라 하고, 이는 위의 영업주의 개입권과 구별된다.

　　개입권은 영업주가 그 거래를 안 날로부터 2주간을 경과하거나, 그 거래가 있은 날로부터 1년을 경과하면 소멸한다($^{상}_{4항}{}^{17조}$). 영업주가 이러한 개입권을 행사하였다 하여도, 아직 별도의 손해가 있으면 영업주는 다시 상업사용인에게 손해의 배상을 청구할 수 있다($^{상}_{항}{}^{17조}_{후단}{}^3$)(개입권에 관한 상세는 정찬형, 「상법강의(상)(제27판)」, 112~113면 참조).

(2) 겸직금지의무위반의 효과

　　상업사용인이 겸직금지의무를 위반하여 다른 회사의 무한책임사원·이사가 되거나 또는 다른 상인의 상업사용인이 된 경우, 그러한 지위에 취임한 행위 그 자체는 유효하다. 다만 영업주는 그 상업사용인에 대하여 계약을 해지하거나 또는 손해배상을 청구할 수 있다($^{상}_{항}{}^{17조}_{유추}{}^3$). 상업사용인이 겸직금지의무에 위반하여 그러한 지위에 취임하는 행위는 「거래」가 아니므로 영업주는 개입권을 행사할 수는 없다(통설).

제 **4** 장 상호(기업의 명칭)

제1 상호의 의의

상호의 정의에 대하여는 상법에 명문규정은 없으나, 「상인이 기업(영업)활동상 사용하는 기업(영업)의 명칭」이라고 정의할 수 있다. 상호는 명칭이므로 문자로 표시되고 발음할 수 있는 것이어야 한다. 따라서 기호·도안 같은 것은 상호가 될 수 없다(이에 관한 상세는 정찬형, 상법강의(상)(제27판)」, 116~117면 참조).

제2 상호의 선정

1. 입법주의

상호를 어느 정도로 기업의 진실과 합치시킬 것인지에 대하여는 상호자유 주의(영미)·상호진실주의(프랑스·라틴국가) 및 절충주의가 있는데, 절충주의에는 다시 진실주의적 절충주의(독일)와 자유주의적 절충주의(한국·일본)가 있다.

2. 상법상의 상호선정

(1) 원칙(상호자유주의)

상법 제18조는 「상인은 그 성명 기타의 명칭으로 상호를 정할 수 있다」고 규정하여, 원칙적으로 상호자유주의를 채용하고 있다. 따라서 상인(기업)은 인명·지명·업종명 등을 자유로이 사용하여 상호를 정할 수 있는데, 이들이 진실과 일치할 필요가 없다.

(2) 예외(상호자유주의의 제한)

상호자유주의는 일반공중의 오인의 위험이 있고 그 결과 거래의 안전을 해하게 되므로, 상법은 필요한 최소한의 범위 내에서 예외적으로 상호자유주의를 제한하고 있다($^{상\ 19조,\ 20조,}_{23조\ 1항,\ 24조}$).

3. 상호의 수(상호단일의 원칙)와 등기

(1) 개인기업(상인)의 경우

동일한 영업에는 단일상호를 사용하여야 하는데($^{상\ 21조}_{1항}$), 이를 「상호단일의 원칙」이라 한다. 동일영업에 관하여 수 개의 영업소가 있는 경우에도 모든 영업소에 동일한 상호를 사용하여야 한다. 다만 이 경우에 지점의 상호에는 본점과의 종속관계를 표시하여야 한다($^{상\ 21조}_{2항}$). 그러나 하나의 상호를 수 개의 영업에 공통적으로 사용할 수는 있다.

개인기업의 경우 상호의 등기는 상대적 등기사항이나 등기를 하고자 하면 상호등기부에 하고($^{상등\ 11조}_{1항\ 1호}$), 일단 등기하면 그 변경과 소멸의 등기는 절대적 등기사항이다($^{상}_{40조}$).

(2) 회사기업(상인)의 경우

회사의 상호는 회사의 전 인격을 표시하는 유일한 명칭으로서 한 개만이 있으므로, 회사가 수 개의 영업을 하더라도 한 개의 상호만을 사용할 수 있다. 그러나 회사가 수 개의 영업소를 가지는 경우에는 본점과의 종속관계를 표시하여야 한다($^{상\ 21조}_{2항}$).

회사기업의 경우 상호의 등기는 절대적 등기사항이고, 회사의 상호는 회사등기부에 한다($^{상등\ 11조\ 1항}_{6호~11호}$).

제3 상호의 보호

1. 상호권의 의의

상호권은 적법하게 선정한 상호를 타인의 방해를 받지 않고 사용할 수 있는 「상호사용권」(적극적 권리, 사용권능)과, 타인이 부정한 목적으로 자기가 사용하는 상호와 동일 또는 유사한 상호를 사용하는 경우에 이를 배척할 수 있는 「상호전용권」(소극적 권리, 배타권능)을 말한다.

상호권 중 상호전용권은 등기에 의하여 발생한다는 견해도 있으나(소수설), 상호전용권은 등기의 유무와 상관 없이 상호의 선정·사용만으로 생기는 권리이고 상호의 등기는 다만 상호전용권을 강화할 뿐이다(다수설).

2. 상호권의 법적 성질

상호권은 기업(영업)의 명칭이라는 점에서는 인격권적 성질을 갖고, 한편 이것은 기업(영업)에 고착·전속된 것이 아니라 양도성이 인정되는 점에서 재산권적 성질(무체재산권)을 가지므로, 「인격권적 성질을 가진 재산권」이라고 볼 수 있다(다수설).

3. 상호권의 내용

(1) 상호사용권

앞에서 본 바와 같이 상인은 자기가 적법하게 선정한 상호를 타인의 방해를 받지 않고 사용할 수 있는 권리인 상호사용권을 갖는다. 이러한 상호사용권은 상호의 등기유무와는 무관하게 상호권의 내용이 된다.

(2) 상호전용권

앞에서 본 바와 같이 상호전용권은 상호의 등기유무와는 무관하게 생기는 권리인데, 다만 등기에 의하여 상호전용권인 배타성이 더욱 강화될 뿐이다. 따라서 이곳에서도 등기 전의 상호전용권과 등기 후의 상호전용권으로 나누어 설명하고, 등기 후의 상호전용권은 등기 전의 상호전용권에 비하여 어떠한 점에서 그 배타성이 더욱 강화되는지를 살펴보겠다.

1) 등기 전의 상호전용권

㈎ 사용폐지청구권

① 의 의 누구든지 부정한 목적으로 타인의 영업으로 오인할 수 있는 상호를 사용하지 못하고($\frac{상}{1항}^{23조}$), 이에 위반하여 상호를 사용하는 자가 있는 경우에는 이로 인하여 손해를 받을 염려가 있는 자는 그 사용폐지를 청구할 수 있는데($\frac{상}{2항}^{23조}$), 이것이 미등기상호권자의 상호전용권의 내용으로서 「사용폐지청구권」이다.

② 요 건 (i) 가해자(상호권을 침해한 자)측의 입장에서는 「부정목적으로 상호권자의 영업으로 오인할 수 있는 상호를 사용」하여야 한다.

「부정목적」이란 자기의 영업을 타인의 영업으로 오인시켜 그 타인이 가지는 사회적 신용을 자기의 영업에 이용하려는 목적을 말한다[동지: 대판 2004. 3. 26, 2001 다 72081(부정한 목적이란 '어느 명칭을 자기의 상호로 사용함으로써 일반인으로 하여금 자기의 영업을 그 명칭에 의하여 표시된 타인의 영업으로 오인시키려고 하는 의도를 말한다'고 한다)]. 이 때의 부정목적은 부정경쟁의 목적($\frac{부정경}{조 참조}$ 2)보다는 넓은 개념이므로, 부정경쟁의 목적이 없더라도 부정목적이 있을 수 있다. 이 때 가해자의 부정목적에 대한 입증책임은 피해자인 상호권자가 부담한다. 이러한 부정목적의 유무에 대하여는 판례를 통하여 알 수 있는데, 이는 다음과 같다.

[부정목적을 긍정한 판례]

"「허바허바칼라」라는 상호로 사진촬영업을 하던 자가 이 상호를 양도한 후 「새 허바허바칼라」라는 상호로 다시 영업을 개시한 경우에는 「허바허바칼라」로 오인시키기 위한 부정목적이 있다"고 판시하였으며($\frac{서울고판 1977. 5.}{26, 76 다 3276}$), "「뉴서울 사장」이라는 상호 옆에 혹은 아래에 작은 글씨로 「전 허바허바 개칭」이라고 기재한 것은 「허바허바」 사장으로 오인시키기 위한 부정목적이 있다"고 판시하였다($\frac{대판 1964. 4. 28,}{63 다 811}$).

동지: 대판 2016. 1. 28, 2013 다 76635; 동 2021. 7. 15, 2016 다 25393.

[부정목적을 부정한 판례]

"을 상인이 마산에 「고려당」이라는 상호로 영업을 하는 경우 갑 상인이 마산에서 같은 영업을 하면서 그의 간판에 「SINCE 1945 신용의 양과 고려당 마산분점」이라고 표시한 것은 상법 제23조 1 항의 부정한 목적이 없다($\frac{대판 1993. 7. 13,}{92 다 49492}$)."

「상호권자의 영업으로 오인할 수 있는 상호의 사용」이란 상호권자의 상호와 동일 또는 유사한 상호를 법률상(예컨대, 계약서 등) 및 사실상(예컨대, 간판·광고 등) 사용하는 것을 말한다.

[상호권자의 영업으로 오인할 수 있는 상호의 사용이라고 본 판례]

"원고가 등기한 상호인 「주식회사 유니텍」과 그 후에 피고가 등기한 상호인 「주식회사 유니텍전자」는 등기된 지역이 모두 서울특별시이고 그 주요부분이 '유니텍'으로서 일반인이 확연히 구별할 수 없을 정도로 동일하다"고 판시하였다($\frac{대판 2004. 3. 26,}{2001 다 72081}$).

[상호권자의 영업으로 오인할 수 있는 상호의 사용이 아니라고 본 판례]

"「천일한약주식회사」와 「주식회사 천일약국」은 유사상호라고 볼 수 있느냐 하는 점은 별 문제로 하되 동일상호라고는 할 수 없다"고 판시하였고($\frac{대판\ 1970.\ 9.\ 17,}{70\ 다\ 1225 \cdot 1226}$), "수원에 개설된 「수원 보령약국」이 서울에 있는 「보령제약주식회사」의 영업으로 혼돈·오인하게 된다는 점은 좀처럼 있을 수 없다"고 판시하였으며($\frac{대판\ 1976.\ 2.\ 24,}{73\ 다\ 1238}$), "한국전력공사가 전기통신회선설비 임대사업 등을 목적으로 2000. 1. 26에 서울에 설립한 「주식회사 파워콤」은 전자부품·전자제품·반도체 부품의 도소매업 등을 목적으로 1995. 6. 20에 서울에 설립한 「파워콤 주식회사」의 영업으로 오인할 수 있는 상호를 사용하고 있는 것으로 볼 수 없다"고 판시하였다($\frac{대판\ 2002.\ 2.\ 26,}{2001\ 다\ 73879}$).

(ii) 피해자(상호권자)측의 입장에서는 그로 인하여 「손해를 받을 염려」가 있어야 한다($\frac{상\ 23조^2}{항\ 전단}$).

「손해」는 상호권자의 재산 또는 인격에 관하여 발생하는 불이익을 말하며, 이러한 손해는 「받을 염려」가 있어야 하기 때문에 현재에 손해가 발생한 경우뿐만 아니라 장래에 불이익을 받을 염려가 있는 경우까지 포함한다. 이러한 손해를 받을 염려가 있음은 피해자가 입증하여야 한다.

「피해자」는 상인에 한하지 않고, 또한 자기의 명칭사용을 허락하지 않았어야 한다. 피해자가 상인이 아닌 대표적인 예로는 K대학교 약학대학 근처에서 「K대학약방」이라는 상호로 약국을 경영하면 K대학교(엄격히는 이 대학교 소속의 재단법인)는 상법 제23조에 의하여 그 사용폐지청구권(및 손해배상청구권)을 행사할 수 있을 것이다. 피해자가 명칭사용을 허락하면 피해자는 상법 제24조의 명의대여자가 되어 당사자간에 상호전용권의 문제는 발생할 여지가 없고, 제 3 자에 대한 책임문제만 발생한다.

③ **효 과**　위의 요건이 구비되고 또 이를 상호권자(피해자)가 입증하면, 상호권자는 가해자에 대하여 상호사용폐지청구권을 갖는다. 이 때의 사용폐지청구는 앞으로의 사용금지의 청구뿐만 아니라, 현재의 사용금지의 청구를 포함한다(예컨대, 간판의 철거청구·등기말소청구 등). 이로 인하여 미등기상호권자도 사용폐지청구권의 일환으로 가해자에 대하여 등기말소청구권을 행사할 수 있는 것이다.

상호권자의 이러한 사용폐지청구권은 손해발생을 방지하기 위한 사전의 구제책이다. 그러나 다음에서 보는 상호권자의 손해배상청구권은 손해가 발생한 후에 인정되는 권리로서 사후의 구제책이다.

⑷ **손해배상청구권**　상호의 부정사용으로 인하여 상호권자에게 매출액이 감소하거나 영업상의 신용이 훼손되는 등 손해가 발생한 경우에는, 상호권자는 상호

의 사용폐지청구권을 행사하는 것과는 별도로 가해자에 대하여 손해배상청구권을 행사할 수 있다($\substack{\text{상} 23조 \\ 3항}$).

이는 민법상의 불법행위에 기한 손해배상청구권을 특수화하여 규정한 것이므로, 상호권자는 불법행위의 요건을 전부 입증할 필요는 없고 상호의 부정사용으로 인하여 실제로 손해가 발생하였음을 입증하면 된다.

(대) **과태료의 제재**   상법 제23조 1 항에 위반하여 타인의 상호를 부정사용한 자는 상법에 의하여 200만원 이하의 과태료의 처벌을 받는다($\substack{\text{상} \\ 28조}$).

2) **등기 후의 상호전용권**   상호는 등기에 의하여 상호전용권인 배타성이 더욱 강화되는데, 이 때 배타성이 강화된다는 의미는 상호전용권의 내용(행사의 효과)에 실질적인 차이가 있다는 의미가 아니라, 배타성의 주장(행사요건)이 쉬워진다는 의미이다. 그러면 등기상호의 경우에 미등기상호의 경우보다 어떤 점에서 그 행사요건이 완화되어 있는지를 이하에서 살펴보겠다.

(가) 피해자(상호권자)는 일정한 경우에 가해자의 부정목적을 입증할 필요가 없다. 즉 동일한 특별시·광역시·시·군에서 동종영업으로 타인이 등기한 상호를 사용하는 자는 부정한 목적으로 사용하는 것으로 추정되기 때문에($\substack{\text{상} 23조 \\ 4항}$), 이 경우에는 가해자가 부정목적이 아니라는 점을 입증해야 한다. 즉 등기상호의 경우에는 업종적·지역적 제한하에 부정목적의 입증책임이 전환되기 때문에 상호권자는 쉽게 상호전용권을 행사할 수 있는 것이다.

(나) 피해자가 등기상호권자인 경우에는 상호의 부정사용으로 인하여 「손해를 받을 염려가 있음」을 증명하지 않아도 당연히 상호전용권(사용폐지청구권)을 행사할 수 있다($\substack{\text{상} 23조 \\ 항 후단 2}$).

4. 등기상호권자의 사전등기배척권

(1) **원 칙**

등기상호권자는 상호전용권을 이와 같이 쉽게 행사할 수 있는 이점(상권에서의 이점) 외에, 타인에 대한 사전등기배척권을 갖는다. 즉 타인이 등기한 상호는 동일한 특별시·광역시·시·군에서 동종영업의 상호로 등기하지 못한다($\substack{\text{상} \\ 22조}$). 이와 같은 등기상호권자의 사전등기배척권을 등기상호권자의 상호전용권의 내용으로 설명하는 견해(다수설)가 있으나, 이는 상호권의 침해에 따른 배타적 권리가 아니므로 등기상호권자의 상호전용권과는 다른 것으로 등기법상의 효력만이 있는 것으로 보는 견해(소수설)가 타당하다고 본다.

이에 대하여 우리 대법원판례는 "상법 제22조는 타인이 등기한 상호 또는 확연히 구별할 수 없는 상호의 등기를 금지하는 효력과 함께 그와 같은 상호가 등기된 경우에는 이의 말소를 소로써 청구할 수 있는 효력도 인정한 규정이다"고 판시하고 있다(대판 2004. 3. 26,).

유한책임회사·주식회사 또는 유한회사의 설립시, 회사의 상호나 목적(또는 상호와 목적)의 변경시, 또는 회사의 본점의 이전시에는 본점의 소재지를 관할하는 등기소(본점의 이전시에는 이전할 곳을 관할하는 등기소)에 상호의 가등기를 할 수 있는데, 이와 같이 상호의 가등기를 한 경우에도 타인에 대한 사전등기배척권을 갖는다(상의 22조).

(2) 예   외

위와 같은 사전등기배척에 대하여는 다음과 같은 두 가지의 예외가 인정된다.

1) 행정구역의 변경에 의한 경우에는 동일상호가 같은 지역 내에 경합하여 존재하게 되는 경우에도 등기가 인정된다.

2) 지점소재지에서의 상호의 등기는 본점소재지에 있어서의 상호등기가 적법한 이상 동일상호의 경우에도 등기가 인정된다. 다만 이 경우에는 지점의 표시를 부기하여 등기하여야 한다(상업 35조).

제 4 상호의 이전과 폐지(변경)

1. 상호의 이전

(1) 상호의 양도

1) 원   칙   상호는 원칙적으로 영업과 함께 하는 경우에 한하여 이를 양도할 수 있다(상 25조 1). 이는 상호의 인격권적 성질을 반영한 것이다.

2) 예   외   상호는 예외적으로 영업이 폐지된 경우에는 상호만을 양도할 수 있다(상 25조 1). 이는 상호의 재산권적 성질을 반영한 것이다.

3) 양도방법   상호는 당사자간의 의사표시만으로 그 양도의 효력이 발생하고, 특별한 방식을 요하지 않는다. 다만 등기상호의 경우에는 제 3 자에 대한 대항요건으로서 변경등기를 요한다(상 25조 2항). 이러한 상호양도의 변경등기의 대항력은 제 3 자의 선의·악의를 불문하고 발생하는 것으로서 상호등기의 일반적 효력으로서의 대항력(상 37조)과는 그 취지를 달리하고, 구 민법상의 부동산등기의 대항력과 유사하다(이에 관한 상세는 정찬형, 「상법강의(상)(제27판)」, 133면 참조).

(2) 상호의 상속

상호는 재산권적 성질을 가지므로 양도와 함께 상속도 가능하다. 상호의 상속에 관하여는 상법에는 규정이 없으나, 상업등기법에는 (등기상호에 관하여) 규정이 있다(상등 33조¹), 35조). 이러한 상호상속의 등기는 상호양도의 등기와는 달리 상호이전의 대항요건이 아니다(통설).

2. 상호의 폐지(변경)

상호를 등기한 자는 그 상호를 폐지 또는 변경하였을 때에는 이를 등기하여야한다(강제적 등기사항)(상 40조 상등 32조). 이 경우에 상호를 등기한 자가 상호를 폐지 또는 변경하였음에도 불구하고 2주간 내에 이의 폐지 또는 변경등기를 신청하지 않은 경우에는, 「이해관계인」이 그 등기의 말소를 청구할 수 있다(상 27조). 상호의 폐지 여부는 실제로 사실관계에 의하여 판단되므로, 상호를 등기한 자가 정당한 사유 없이 2년간 상호를 사용하지 아니하는 경우에는 이를 폐지한 것으로 간주하고 있다(상 26조).

≫ 사례연습 ≪

[사 례]

A는 「신라당」이라는 상호를 가지고 영업하던 중 1985. 3. 21. 금 18억여원의 부도를 내고 구속되는 바람에 사실상 그 영업이 폐지되기에 이르렀다. 이 때 A의 채권자 Y는 한때 제과업계에서 수 억원을 호가하던 위 「신라당」 상호를 자기의 채권 회수책으로 양수하고 동일한 영업장소에서 일부 종업원을 계속 고용하여 영업을 하였다. Y는 이의 영업을 위하여 제과설비 등 유체동산을 제 3 자로부터 새로이 매수하고, 공장건물에 대한 임대차계약을 별도로 체결하였으며, 영업 조직체로 가장 중요한 판매망 역시 기존의 대리점 등을 그대로 인수한 것이 아니고 새로이 각 대리점계약을 체결하였다. 이 경우에 A의 다른 채권자 X는 Y에 대하여 Y는 상호를 속용하는 영업양수인으로서 X의 채권에 대하여 변제할 책임이 있든가(상 42조 1항), 또는 A의 영업은 영업의 폐지에 필요한 절차를 밟지 않고 사실상 폐업한 경우이므로 Y는 상호만을 양수할 수 없다고 주장하였다(상 25조 1항 전단). 이러한 X의 주장은 정당한가?

* 이 사례는 정찬형, 「상법사례연습(제 4 판)」, 사례 9에 기초한 것이므로, 이에 관한 상세는 同書를 참고하기 바람.

[해 답]

이 문제에 대하여는 우리 대법원판례가 있으므로(대판 1988. 1. 19,), 이를 소개함으로
써 본문에 대한 해답으로 하겠다. 사견으로도 이러한 대법원판결의 판지에 찬성한다.

본문에서 X(원고)의 주장은 다음과 같이 두 가지인데, 이에 대하여 우리나라의 대
법원은 다음과 같이 판시하여 모두 X의 주장을 배척하였다.

1. Y(피고)가 상호를 속용하는 영업양수인인지 여부에 대하여

이에 대하여 대법원은 「Y는 A의 위 제과영업을 유기적 일체로서 동일성을 유지하
며 이른바 영업양도의 방식에 의하여 양수한 것으로 볼 수는 없고 그 영업이 폐지된
후 재산적 가치가 기대되는 상호만을 양수한 것으로 봄이 상당하다 하겠으므로, Y가
위 A로부터 그가 경영하던 제과영업을 영업양도에 의하여 양수하였음을 전제로 한 X
의 이 사건 청구는 이유 없다」고 판시하였다.

2. Y(피고)가 사실상 영업이 폐지된 경우에 상호만을 양수할 수 있는가에 대하여

이에 대하여 대법원은 「상법 제25조 1항은 상호는 영업을 폐지하거나 영업과 함
께 하는 경우에 한하여 이를 양도할 수 있다고 규정하고 있어 영업과 분리하여 상호
만을 양도할 수 있는 것은 영업의 폐지의 경우에 한하여 인정되는데, 이는 양도인의
영업과 양수인의 영업과의 혼동을 일으키지 않고 또 폐업하는 상인이 상호를 재산적
가치물로서 처분할 수 있도록 하기 위한 것인 점에 비추어 위 법조항에 규정된 영업
의 폐지란 정식으로 영업폐지에 필요한 행정절차를 밟아 폐업하는 경우에 한하지 아
니하고 사실상 폐업한 경우도 이에 해당한다고 풀이할 것이므로 A가 경영하던 '신라
당'제과업이 사실상 폐업한 상태에서 Y가 그 상호만을 양수하였다고 판단함이 정당
하다」고 판시하였다.

제 5 명의대여자의 책임

1. 의 의

상법 제24조는 「타인에게 자기의 성명 또는 상호를 사용하여 영업을 할 것을
허락한 자는 자기를 영업주로 오인하여 거래한 제 3 자에 대하여 그 타인과 연대하
여 변제할 책임이 있다」고 규정하여, 명의대여자의 책임에 대하여 규정하고 있다.
이와 같이 명의대여자의 책임을 인정한 것은 외관을 믿고 거래한 제 3 자를 보호하
기 위한 것으로, 그 이론적 근거는 독일법상의 외관이론 및 영미법상의 표시에 의
한 금반언의 법리에 있다. 이는 또한 간접적으로 상호진실주의의 요청에 부응하기

위한 규정이라고 볼 수 있다.

2. 요 건

(1) 명의대여

명의대여자의 책임이 발생하기 위하여는 첫째로 명의대여자는 타인(명의차용자)에게 「자기의 성명 또는 상호를 사용하여 영업할 것을 허락」하여야 하는데, 이 점에 명의대여자의 귀책사유가 있게 된다.

1) 대여하는 「명의」에 관하여 상법 제24조는 '성명 또는 상호'로 예시하고 있으나, 이에 한정되는 것은 아니고 명의대여자를 영업주로 오인시키는 외관이면 모두 인정된다(예컨대, 상호에 지점·영업소·출장소 등의 명칭사용을 허락하는 경우 등).

[명의대여를 긍정한 판례]

"대한여행사가 타인에게 '대한여행사 외국부국제항공권판매처'라는 간판하에 항공권판매행위를 대행 또는 대리하게 한 경우에는 명의대여자로서 책임이 있다($\binom{대판\ 1957.\ 6.\ 27,}{4290\ 민상\ 178}$)."

"공사를 하도급준 경우 도급인은 수급인에 대하여 명의대여자의 책임이 있다($\binom{대판\ 1973.\ 11.}{27,\ 73\ 다\ 642}$)."

"대한통운주식회사가 출장소장으로 임명하여 자기의 상호를 사용하여 영업할 것을 허락한 경우에는 명의대여자로서 책임이 있다($\binom{대판\ 1976.\ 9.}{28,\ 76\ 다\ 955}$)."

"자동차정비사업을 하는 회사가 같은 영업장소와 사무소에서 같은 사업을 하도록 허락한 경우에는 명의대여자로서 책임이 있다($\binom{대판\ 1977.\ 7.}{26,\ 77\ 다\ 797}$)."

"공사의 수급인이 그 공사를 타인에게 하도급을 주고 그 하수급인을 수급인의 현장소장인 양 행동하게 하였다면 수급인은 명의대여자로서의 책임을 면할 수 없다($\binom{대판\ 1985.\ 2.\ 26,}{83\ 다카\ 1018}$)."

"수급인이 공사를 하도급을 준 경우 수급인은 명의대여자의 책임이 있다($\binom{대판\ 1991.\ 11.\ 12,}{91\ 다\ 18309}$)."

[명의대여를 부정한 판례]

"자기의 상호 아래 대리점이란 명칭을 붙여 사용하는 것을 허락하거나 묵인하였더라도 명의대여자로서의 책임을 물을 수는 없다($\binom{대판\ 1989.\ 10.\ 10,}{88\ 다카\ 8354}$)."

2) 명의 「대여」의 유형에는 (i) 위법한 명의대여(관허사업에 있어서 영업자는 일정한 자격을 갖추어 행정관청의 면허 등을 얻어야 하는데, 이러한 면허 등을 얻지 아니한 자가

그 영업을 영위하기 위하여 면허 등이 있는 자로부터 그 명의를 빌리는 경우), (ii) 적법한 명의대여(상호권자가 자기의 영업을 하면서 타인으로 하여금 자기의 상호로 영업을 하도록 허락하는 경우), (iii) 상호의 임대차(원칙적으로 영업과 함께 하는 상호의 임대차를 말하는데, 예외적으로 영업이 폐지된 경우에는 상호만의 임대차도 이에 포함된다. 따라서 상법 제25조는 이러한 상호의 임대차에 유추적용되어야 할 것이다) 또는 영업의 임대차(이는 영업과 함께 상호를 임대차하는 것을 말하는데, 상호를 제외한 영업만의 임대차는 명의대여와는 무관하다)가 있다. 위법한 명의대여는 보통 특별법에 의하여 금지되는데, 이에 위반하여 명의대여를 한 경우에는 명의대여자가 당해 특별법에 의하여 처벌받는 것은 물론, 동 대여행위가 당사자 사이에서는 위법행위로서 무효이나, 선의의 거래상대방에 대한 관계에서는 명의대여자의 책임이 인정되는 것이다.

3) 「영업」할 것을 허락하여야 한다. 이 점에서 단순한 명의사용과 구별된다. 따라서 명의대여자가 단순히 자기의 상호 등을 1회에 한하여 사용하도록 허락한 경우에는 상법 제24조의 명의대여는 되지 않고, 민법상 표현대리(대행)의 문제가 될 것이다.

명의차용자는 명의대여자의 명의를 사용하여 실질적으로 영업을 하므로 명의대여자가 상인이 아니라 「명의차용자」가 상인이 되는 것이며, 또한 명의차용자는 명의대여자의 표현대리인 또는 표현지배인이 되는 것도 아니다.

명의대여자는 자기의 명의를 사용하여 「영업」할 것을 허락하여야 한다고 해서 명의대여자가 상인임을 요하는 것은 아니다. 따라서 공법인도 명의대여자의 책임을 부담할 수 있다.

[공법인에 대하여도 명의대여자의 책임을 긍정한 판례]

"인천직할시가 사단법인 한국병원관리연구소에게 인천직할시립병원이라는 이름을 사용하여 병원업을 경영할 것을 승낙한 경우, 인천직할시는 상법 제24조의 명의대여자의 책임을 진다(대판 1987. 3. 24, 85 다카 2219)."

4) 명의대여자는 명의사용을 「허락」하여야 하는데, 이 허락에 의하여 명의대여자의 귀책사유가 있게 된다. 이 허락은 구두 또는 서면에 의한 명시의 허락뿐만 아니라, 묵시의 허락도 포함된다.

[묵시의 허락을 긍정한 판례]

"명칭사용을 알면서 이를 방지하지 않은 자는 그와 거래한 제 3 자에 대하여 책임을 져야 한다(대판 1966. 3. 22, 65 다 2362). "

[묵시의 허락을 부정한 판례]

"영업주가 타인에게 자기의 상점·전화·창고 등을 사용하게 한 사실은 있으나, 그 타인의 거래에 있어서 영업주의 상호를 사용하게 한 사실이 없는 경우에는 영업주가 그 타인에게 자기의 상호의 사용을 묵시적으로 허락하였다고 볼 수 없다(대판 1982. 12. 28, 82 다카 887). "

이 때 단순한 「부작위」가 묵시의 허락이 될 수 있는지 여부가 문제되는데, 단순한 부작위만으로는 부족하고 이에 「부가적 사정」(예컨대, 자기 사무실의 사용허락, 수입의 일부를 받는 것 등)이 추가되어야 한다. 왜냐하면 상호권자는 타인이 자기의 상호를 허락 없이 사용하는 경우에 상호전용권으로서 그 사용폐지청구권을 행사할 수는 있으나(상23조) 사용폐지를 시켜야 할 의무까지 지는 것은 아니며, 영미법상 표시에 의한 금반언의 법리가 적용되는 경우에도 부작위의 경우에는 그 부작위가 일정한 의무위반(법률상 의무에 한하지 않고 널리 사회생활상의 의무위반을 포함함)을 구성해야 하기 때문이다.

(2) 외관존재

명의대여자의 책임이 발생하기 위하여는 둘째로 명의차용자의 영업이 「명의대여자의 영업인 듯한 외관」이 존재하여야 한다. 이 때 명의차용자는 명의대여자로부터 직접 명의대여를 받은 자뿐만 아니라, 직접 명의대여를 받은 자로부터 명의대여자의 명의로 영업할 것을 허락받은 자도 포함한다(대판 2008. 10. 23, 2008 다 46555).

1) 명의대여자가 전혀 영업을 하지 않는 경우에는 「명의의 동일성」만 인정되면 충분하다.

2) 명의대여자가 영업을 하는 경우에는 「영업외관의 동일성」까지 인정되어야 한다. 그런데 이러한 영업외관의 의미는 엄격하게 해석될 것은 아니고 완화하여 해석되어야 할 것이다.

[영업외관의 동일성을 인정한 판례]

"명의대여자의 영업이 「호텔경영」이고 명의차용자의 영업이 「나이트클럽경영」인 경우에도 영업외관의 동일성이 있다(대판 1978. 6. 13, 78 다 236)."

"명의대여자의 영업이 「보험을 인수하는 업무」이고 명의차용자의 영업이 「보험가입자와 보험회사간의 보험계약의 체결을 알선하는 업무」인 경우에도 영업외관의 동일성이 인정되어 명의대여자는 상법 제24조에 의한 책임을 진다(대판 1969. 3. 31, 68 다 2270)."

(3) 상대방의 선의

명의대여자의 책임이 발생하기 위하여는 셋째로 명의차용자의 거래의 상대방은 「명의대여자를 영업주로 오인하여」 거래하였어야 한다.

이 때 「오인」의 의미가 무엇이냐에 대하여 다음과 같이 학설이 나뉘어 있다. 즉 (i) 상대방의 과실유무를 불문하고 명의대여자는 책임을 지나 다만 악의인 경우에는 면책된다는 「오인설」, (ii) 상대방의 오인에 경과실이 있어도 명의대여자는 면책된다는 「경과실면책설」, (iii) 상대방의 오인에 (악의 또는) 중과실이 있는 경우에만 명의대여자는 면책된다는 「중과실면책설」(우리나라의 통설)이 있다. 우리나라의 판례는 간접적으로 「중과실면책설」의 입장을 밝힌 판례(대판 1991. 11. 12, 91 다 18309 외)와, 「오인설」의 입장에서 상대방의 악의를 인정하여 명의대여자의 면책을 인정한 판례(대판 1977. 9. 13, 77 다 113; 동 2002. 6. 28, 2002 다 22380 외)로 나뉘어 있다.

생각건대 명의대여자와 거래의 상대방간의 이익균형을 위해서나, 또 상법에 있어서 다른 규정(상 14조 2 항, 2항, 43조 등 16조)의 해석에 있어서도 악의와 동일시하는 것은 중과실만인 점 등에서 볼 때, 중과실면책설이 가장 타당하다고 본다.

이 때 상대방의 악의 또는 중과실의 입증책임은 명의대여자가 부담한다(동지: 대판 2001. 4. 13, 2000 다 10512).

3. 효 과

(1) 책임의 성질

상법 제24조의 법문은 「… 그 타인과 연대하여 변제할 책임이 있다」고 규정하고 있는데, 여기에서의 「연대」의 의미는 명의차용자의 채무를 보증한다거나 대신하여 변제한다는 의미가 아니고 부진정연대채무를 부담한다는 의미이다. 이와 같은 부진정연대채무에서는 채무자 1인에 대한 이행청구 또는 채무자 1인이 한 채무의 승인 등 소멸시효의 중단사유나 시효이익의 포기는 다른 채무자에게 효력을 미치지 아니한다(대판 2011. 4. 14, 2010 다 91886).

그런데 거래상대방은 명의대여자와 명의차용자 중 그가 선택하는 누구에 대하여도 변제를 청구할 수 있다. 이 때 명의대여자가 변제한 경우에는 명의차용자에게 구상할 수 있다.

(2) **책임의 범위**

1) 상법 제24조에 의하여 명의대여자가 책임을 지는 범위는 「명의차용자의 영업상의 거래와 관련하여 생긴 채무」에 한한다. 이 때의 명의차용자의 의미에 대하여 우리 대법원은 '명의의 사용을 허락받은 자의 행위에 한하고 명의차용자의 피용자의 행위에 대해서까지 미칠 수 없다'고 판시하거나($^{대판\ 1989.\ 9.\ 12,}_{88\ 다카\ 26390}$), 또는 '명의차용자의 승인을 받은 자가 명의대여자의 명의로 금전을 차용한 행위에 대해서까지 명의대여자의 책임이 있다고 할 수 없다'고 판시하는데($^{대판\ 1987.\ 11.\ 24,}_{87\ 다카\ 1379}$), 제 3 자의 보호면에서 의문이다.

따라서 명의차용자의 불법행위 등으로 인한 채무($^{대판\ 1998.\ 3.}_{24,\ 97\ 다\ 55621}$)나, 단순한 개인적인 채무와 같이 거래관계 이외의 원인으로 인하여 생긴 채무에 대하여는 그 책임을 지지 않는다. 그러나 직접적으로 거래로 인한 채무가 아니라도 그 거래의 효과로서 발생한 채무(예컨대, 채무불이행으로 인한 손해배상채무, 계약해제로 인한 원상회복의무 등) 등은 당연히 포함된다.

명의차용자의 거래로 인한 채무라 하더라도 명의대여자가 허락한 「영업범위내」의 채무이어야 한다.

[명의대여자가 허락한 영업범위 내의 채무가 아니어서
명의대여자의 책임을 부정한 판례]

"「수산물매매의 중개영업행위」를 하도록 명의대여를 한 경우 명의차용자가 「냉동명태를 거래한 행위」에 대하여는 명의대여자의 책임이 없다($^{대판\ 1977.\ 7.}_{26,\ 76\ 다\ 2289}$)."

"「정미소의 경영에 관한 영업행위」를 하도록 명의대여를 한 경우 명의차용자가 정미소의 점유 부분에 대하여 「임대차계약을 체결한 행위」에 대하여는 명의대여자의 책임이 없다($^{대판\ 1983.\ 3.\ 22,}_{82\ 다카\ 1852}$)."

그러나 이러한 「영업범위 내」인지 여부는 완화하여 해석하여야 하고, 또 제반사정을 참작하여 객관적으로 해석하여야 한다. 따라서 영업범위에 제한을 가하거나 또는 기한을 정한 경우 이에 위반한 경우에도, 영업외관이 존재하고 또 상대방이 선의인 경우에는 명의대여자의 책임을 인정하여야 할 것이다.

2) 어음행위에 대하여도 명의대여자의 책임이 발생한다. 즉 (i) 명의대여자가 영업에 관하여 명의대여를 하고 명의차용자가 이 영업과 관련한 어음행위를 함에 있어서 명의대여자의 명의를 사용한 경우에는, 명의대여자는 당연히 상법 제24조에 의한 책임을 진다. (ii) 명의대여자가 어음행위에 관해서만 명의대여를 한 경우에는, 명의대여자가 「영업」할 것을 허락한 것이 아니므로 상법 제24조가 직접적으로 적용될 수는 없고 상법 제24조를 유추적용하여 명의대여자와 명의차용자의 책임을 인정하여야 할 것으로 본다(유추적용긍정설).

3) 명의대여자와 명의차용자 사이에 적어도 사실상 사용관계(사실상 지휘 감독의 존재)가 존재하면 명의대여자는 사용자배상책임($\frac{민}{756조}$)도 부담하나(이러한 사실상 사용관계가 있는 경우에도 상대방인 피해자에게 일반적으로 요구되는 주의의무를 현저히 위반한 중과실이 있으면 명의대여자는 사용자배상책임을 부담하지 않는다— $\frac{대판 2005. 2. 25,}{2003 다 36133}$), 이러한 사용관계가 없으면 명의대여자는 사용자배상책임을 부담하지 않는다.

[명의대여자에게 사용자배상책임을 긍정한 판례]

"객관적으로 보아 명의대여자가 명의차용자를 지휘·감독할 지위에 있었으면, 명의대여자는 명의차용자의 불법행위에 대하여 민법 제756조의 사용자배상책임을 진다($\frac{대판 1996. 5. 10, 95 다 50462; 동 2001. 6. 1,}{2001 다 18476; 동 2001. 8. 21, 2001 다 3658}$)."

[명의대여자에게 사용자배상책임을 부정한 판례]

"숙박업허가 명의대여자에게는 명의차용자에 대한 사실상의 지휘·감독의무가 존재한다고 볼 수 없으므로 사용자배상책임을 인정할 수 없다($\frac{대판 1993. 3. 26,}{92 다 10081}$)."

≫ 사례연습 ≪

[사 례]

Y회사는 자기의 명의를 사용하여 공사를 하도록 A에게 허락하였는데, A는 그 공사를 위하여 B를 현장소장으로 채용하고 또한 C를 공사부장으로 채용하였다. 그런데 B는 Y회사의 공사사업부소장으로 행세하면서 A의 승인하에 X로부터 공사에 필요한 자금을 차용하였는데, X는 당시 Y회사를 위 공사의 시행자로 오인하고 금원을 대여하였다. 이 때 X는 Y에 대하여 차용금의 변제를 청구할 수 있는가?

* 이 사례는 정찬형, 「상법사례연습(제4판)」, 사례 10에 기초한 것이므로, 이에 관한 상세는 同書를 참고하기 바람.

[해 답]

(1) 본문에서 Y가 상인 A에게 자기의 명의사용을 허락하였다면 A의 상업사용인이 A를 위하여 하는 영업상의 행위에 Y의 명의사용을 허락하였다고 볼 수 있거나(Y의 명시적인 다른 의사표시가 없는 한) 또는 일반적으로 (A와 거래하는 제3자의 입장에서 객관적으로 볼 때) 그렇게 인정될 수 있는 점(Y의 명시적인 다른 의사표시가 없는 한), 또한 B 또는 C가 그 공사를 위하여 X로부터 금전을 차용하는 행위는 Y가 허락한 영업범위 내의 행위로 볼 수 있는 점 등으로 볼 때, Y는 X에 대하여 상법 제24조에 의한 명의대여자로서의 책임을 진다고 본다.

명의대여자의 책임을 인정함에는 상법 제24조의 문리해석이나 주관적 요건에 지나치게 얽매이지 말고 외관존중에 의하여 거래상대방을 보호하고자 하는 상법 제24조의 규정의 취지를 살려 가능한 한 거래의 안전에 중점을 두어야 할 것으로 본다.

본문에서 이와 같이 Y에게 상법 제24조에 의한 명의대여자의 책임이 인정되어 Y가 X에게 B 또는 C가 A를 위하여 차용한 금원을 변제한다면 Y는 당연히 그 금액에 대하여 A에게 구상할 수 있다.

(2) 그러나 이에 대하여 우리 대법원판례는 이와 반대로 「X의 B 및 C와의 금전대차는 Y회사로부터 위 공사를 위해 Y명의를 사용할 것을 허락받은 A와 사이에 이루어진 것이 아니고 이는 Y회사의 사용인으로 행세하는 B 및 C와 사이에 이루어진 것으로서 당시 X는 위 공사는 Y회사가 시행하고 B 및 C는 Y회사를 위해 공사자금의 차용권한이 있는 것으로 오인하고 위 금원을 대여한 것에 불과하다 할 것이므로 이러한 경우에는 Y회사가 B 및 C에게 이와 같은 사용인의 명칭의 사용을 허락하였고 또 일반적으로 위와 같은 공사현장에서 위 명칭을 가진 사용인이 공사의 자금조달을 위해 금원을 차용할 권한이 있다는 점 등이 인정되지 아니하는 한 Y회사가 A에게 위 공사를 시행함에 있어 Y명의를 사용하도록 허락하였다는 사실만으로 Y회사가 명의대여자로서 X에게 위 차용금을 변제할 책임이 있다고는 할 수 없다」고 판시하고 있다($\frac{\text{대판 1987. 11. 24,}}{\text{87 다카 1379}}$).

(3) 만일 본문에서 위에서 본 대법원판례에서와 같이 Y에게 상법 제24조에 의한 책임을 물을 수 없다면 X는 Y에게 무엇에 근거하여 그 책임을 물을 수 있을 것인가? 즉 X를 보호하기 위한 다른 방안은 없는지 여부를 검토하여 볼 수 있다.

위에서 본 바와 같이 A의 상업사용인인 B 또는 C가 Y의 공사사업부소장 또는 같은 부 부장으로 행세하면서 영업하는 것을 Y가 알면서 이를 저지하지도 않았고 또 이의를 제기하지도 않는 등의 사정이 있었다면 Y는 A와는 상관없이 B 또는 C 자체의 행위에 대하여 묵시적인 명의대여자의 책임($\frac{\text{상}}{\text{24조}}$)을 부담할 여지가 있다.

이 외에 Y의 책임을 묻기 위하여 B 또는 C가 Y의 표현지배인($\frac{\text{상}}{\text{14조}}$)·부분적 포괄대리권을 가진 표현상업사용인($\frac{\text{상 14조의}}{\text{유추적용}}$)·표현대리인($\frac{\text{민 125조,}}{\text{126조, 129조}}$) 등이 될 수 있는지 여부도 검토될 수 있으나, 이러한 규정에 의하여 Y의 책임을 묻기는 힘들 것으로 본다. 또한 B 또는 C를 Y의 사실상의 피용자로 보아 Y에 대하여 사용자배상책임($\frac{\text{민}}{\text{756조}}$)을 물을 수 있을 것인가도 검토할 수 있을 것으로 보나($\frac{\text{대판 1987. 12. 8,}}{\text{87 다카 459 참조}}$), 이것도 무리라고 본다.

제5장 상업장부

제1 상업장부의 의의

상업장부는 「상인이 영업상의 재산 및 손익의 상황을 명백하게 하기 위하여 상법상의 의무로서 작성하는 장부」이다.

이러한 상업장부는 「재무제표」와 동일하지 않다. 즉, 대차대조표는 상업장부이기도 하고 또한 재무제표이기도 하지만, 회계장부는 상업장부이지만 재무제표는 아니다.

제2 상업장부의 종류

상법상 영업장부의 종류에는 「회계장부」와 「대차대조표」가 있다($\frac{상}{1항}\frac{29조}{,30조}$).

1. 회계장부

회계장부란 「상인의 영업상의 거래 기타 기업재산의 일상의 동적 상태를 기록하기 위한 장부」이다($\frac{상}{1항}30조$). 회계장부인지 여부는 그 명칭이나 형식을 불문하고, 그 실질에 따라 판단되어야 한다. 즉 매일 매일의 거래를 기재하는 전표(입금전표·출금전표 및 대체전표), 이를 거래의 발생 순서 또는 거래의 유형 등에 따라 작성하는 분개장(이는 크게 일반분개장과 특수분개장이 있다), 또 이를 다시 종합하여 기재하는 (총계정)원장 등은 모두 회계장부에 해당한다. 또한 마이크로 필름 기타의 전산정보 처리조직에 의하여 전산화된 자료도 회계장부가 될 수 있다($\frac{상}{3항}33조$).

2. 대차대조표

대차대조표라 함은 「일정시기에 있어서의 기업의 총재산을 자산·부채·자본의 과목으로 나누어 기업의 재무상태를 일목요연하게 나타내는 개괄표」이다($\frac{기준. 문단}{2. 17 참조.}$ 일반기업회계기준에서는 '대차대조표'라는 용어 대신에 '재무상태표'라는 용어를 사용하고 있음). 앞에서 본 회계장부는 영업의 「동적 상태」를 나타내는 장부이나, 대차대조표는 일정한 시점에 있어서의 영업의 「정적 상태」를 나타내는 장부이다.

회사는 「성립한 때」, 기타의 상인은 「영업을 개시한 때」에 개업(개시)대차대조표를 작성하여야 한다($\frac{상. 30조}{2항}$). 또한 회사는 「매 결산기」에, 기타의 상인은 「매년 1회 이상 일정시기」에 결산(연도)대차대조표를 작성하여야 한다($\frac{상. 30조}{2항}$).

제 3 상업장부에 관한 의무

1. 작 성

모든 상인은 소상인을 제외하고 상업장부를 작성할 의무를 부담한다($\frac{상. 29조}{1항}$). 이러한 상업장부의 작성은 상법에 규정한 것을 제외하고 '일반적으로 공정타당한 회계관행'에 의한다($\frac{상. 29조}{2항}$).

2. 보 존

모든 상인은 10년간 상업장부와 영업에 관한 중요서류를 보존하여야 한다($\frac{상. 33조}{1항 본문}$). 다만 전표 또는 이와 유사한 서류는 5년간 이를 보존하여야 한다($\frac{상. 33조}{1항 단서}$). 이 기간의 기산점은 상업장부에 있어서는 「장부폐쇄의 날」(결산마감일)이다($\frac{상. 33조}{2항}$).

회사인 상인의 경우에는 청산종결의 등기 후 10년 또는 5년간의 보존의무에 관한 특칙을 규정하고 있으나($\frac{상. 266조, 269조, 287조의}{45, 541조, 613조}$), 회사가 존속하는 동안에는 상법 제33조에 의하여 상업장부의 보존의무를 부담한다.

상업장부와 영업에 관한 중요서류는 마이크로필름 기타의 전산정보처리 조직에 의하여도 이를 보존할 수 있는데, 이의 경우 그 보존방법 기타의 사항은 대통령령으로 정한다($\frac{상. 33조 3항·}{4항, 상시 3조}$).

3. 제 출

법원은 신청에 의하거나 직권으로 소송당사자에게 상업장부 또는 그 일부분의 제출을 명할 수 있다($\frac{상}{32조}$). 이러한 상업장부의 제출의무는 민사소송법상의 일반적인 문서제출의무에 있어서와 같은 요건($\frac{민소}{344조}$)이 필요하지 않으며, 또 당사자의 신청유무와 관계 없이 인정된다는 점에 의미가 있다.

4. 제 재

상업장부의 작성·보존의 해태 또는 부실한 기재가 있을 때의 일반적 제재는 개인기업에는 없다. 즉, 상법의 이 규정은 불완전법규에 속한다. 다만 파산의 경우에는 제재를 받는다($\frac{파\ 650조\ 3\ 호}{651조\ 3\ 호}$). 그러나 회사기업에 있어서는 부정작성 또는 부실기재에 대하여 업무집행사원·업무집행자·이사·집행임원·감사·감사위원회의 위원·검사인·청산인·지배인 등이 500만원 이하의 과태료의 제재를 받게 된다($\frac{상\ 635조}{1항\ 9호}$).

제6장 영업소

제1 영업소의 의의

영업소라 함은 「기업의 존재와 활동을 공간적으로 통일하는 일정한 장소」를 말한다.

이러한 영업소는 (i) 기업활동에 관한 기본적 사항을 결정하고 경영활동에 관한 지휘명령을 하는 중심지이어야 하고(기업활동의 장소적 중심지), (ii) 어느 정도 시간적으로 계속성을 가지는 장소이어야 하며(계속성), (iii) 인적 조직과 물적 조직에 의한 하나의 단위로서 기업활동의 결과가 보고·통일되는 중심지이어야 하는데(단위성), (iv) 이러한 영업소인지 여부는 객관적인 사실문제로서 당사자의 의사의 문제가 아니다(객관성).

제2 영업소의 종류

상법상의 영업소의 종류는 「본점」과 「지점」뿐이다. 본점은 기업활동 전체의 지휘명령의 중심점으로서의 지위를 가진 영업소이고, 지점은 본점의 지휘를 받으면서도 부분적으로는 독립된 기능을 하는 영업소를 말한다. 회사기업에 있어서는 회사의 주소지인 본점소재지($\frac{상}{171조}$)가 본점의 영업소와 일치한다.

제3 영업소에 관한 법률상의 효과

(1) 일반적 효과

영업소는 자연인에 있어서의 주소에 해당하는 법률상의 효과를 가지고 있다. 즉 (i) 상행위로 인한 채무이행의 장소가 되고($\frac{상 56조; 민}{467조 2항}$), (ii) 증권채무의 이행장소가 되며($\frac{어 2조, 4조, 21조 이하, 48조, 52조,}{60조, 76조, 77조; 민 516조, 524조 등}$), (iii) 등기소 및 법원의 관할결정의 표준이 되고($\frac{상 34조; 민소 5조, 12}{조; 파 3조; 상등 4조}$), (iv) 민사소송법상의 서류송달의 장소가 된다($\frac{민소 183}{조 1항}$).

(2) 지점의 법률상의 효과

지점은 독립한 영업소로서 (i) 지점영업만을 위하여 지배인을 선임할 수 있고 ($\frac{상 10조}{13조}$), (ii) 표현지배인의 여부를 결정하는 표준이 되며($\frac{상}{14조}$), (iii) 상업등기의 대항력을 결정하기 위한 독립적 단위가 되고 지점에 있어서의 등기가 없는 이상 본점에 있어서의 등기를 지점거래에 원용할 수 없으며($\frac{상 35조·}{38조}$), (iv) 지점에서의 거래로 인한 채무이행의 장소가 되고($\frac{상}{56조}$), (v) 지점만을 독립적으로 영업양도의 대상으로 할 수 있다($\frac{상 374조 1항 1호·}{3호, 576조 1항}$).

제 1   상업등기의 필요성

상업등기제도는 기업의 공시제도 중에서 가장 대표적인 것인데, 기업에 관한 각종 공시제도는 상업등기제도 이외에도 회사의 공고에 관한 강제($^{상\ 289조\ 3항,}_{449조\ 3항\ 등}$), 재무제표 등의 열람제도 또는 등본·초본교부청구제도($^{상\ 448}_{조\ 2항}$) 등이 있다.

상법이 이와 같이 기업으로 하여금 일정한 사항을 공시하도록 요구하고 있는 것은, 그 공시의 결과로써 기업 및 기업과 거래하는 제 3 자에게 유익하기 때문이다. 즉 (i) 기업측에서 보면 그 기업의 기초·책임관계 등을 공시함으로써 기업의 사회적 신용을 증대시키고, 또한 기업경영의 건전화 내지 합리화를 촉진시키는 기회를 갖게 되며, 또한 공시에 의하여 제 3 자에게 대항할 수 있는 수단을 얻게 되는 등의 이점이 있다. (ii) 한편 기업과 거래하는 제 3 자 측에서 보면 기업과의 거래관계에서 생기는 법률적 및 경제적 효과를 예측할 수 있는 유력한 수단을 얻게 되는 등의 이점이 있다.

제 2   상업등기의 의의

상업등기라 함은 「일정한 사항을 공시할 목적으로 상법의 규정에 의하여 등기할 사항을 법원의 상업등기부에 하는 등기」를 말한다($^{상}_{34조}$). 상업등기는 「상법의 규정에 의하여 등기할 사항」을 등기하는 제도이므로 민법에 의한 부동산등기나 법인등기·보험업법에 의한 상호회사의 등기·특별법에 의하여 설립되는 법인의 등기 등은 상업등기가 아니다.

상법이 상업등기에 관하여 규정하는 것은 상업등기의 실체적 법률관계 및 중요한 절차사항뿐이며, 절차관계의 상세한 것은 상업등기법 및 상업등기규칙에서 규정되고 있다. 상업등기부에는 상호·미성년자·법정대리인·지배인·합명회사·합자회사·유한책임회사·주식회사·유한회사·외국회사에 관한 11종이 있다($\frac{상등}{조} \frac{11}{1항}$).

제3 등기사항

등기사항이란 「상법의 규정에 의하여 상업등기부에 등기하도록 정하여진 사항」을 말한다. 어떠한 사항을 등기사항으로 할 것인가는 입법정책상의 문제이다. 따라서 등기사항은 기업의 신용유지와 제3자의 보호에 관한 사항으로 상법에 일일이 개별적으로 규정되어 있다(상법이 규정하고 있는 등기사항을 각종의 표준에 따라 분류한 것으로는 정찬형, 「상법강의(상)(제27판)」, 156~158면 참조).

상법이 규정하고 있는 이러한 등기사항 중 상법총칙은 지점소재지에서의 등기사항에 관하여 특별히 규정하고 있다. 즉 본점소재지에서의 등기사항은 다른 규정이 없으면 지점소재지에서도 등기하여야 하며($\frac{상}{35조}$), 만일 이를 지점소재지에서 등기하지 않으면 그 지점의 거래에 관하여 선의의 제3자에게 대항하지 못한다($\frac{상}{38조}$). 이 때 「다른 규정」이란 지배인의 선임과 그 대리권의 소멸에 관한 등기를 말한다(따라서 지배인은 선임된 본점 또는 지점에서만 등기하면 된다)($\frac{상}{13조}$).

등기사항에 변경이 있거나 그 사항이 소멸한 때에는 당사자는 지체 없이 이의 변경 또는 소멸의 등기를 하여야 한다($\frac{상}{40조}$).

제4 상업등기의 절차

(1) 신청주의

상업등기는 원칙적으로 당사자의 신청에 의한다($\frac{상}{상등} \frac{34조,}{22조} \frac{40조}{1항}$). 이것을 「신청주의의 원칙」이라 한다. 이러한 신청주의에 대하여 일정한 경우에는 예외적으로 법원이 등기소에 등기를 촉탁하거나 또는 직권으로써 등기한다(촉탁 및 직권등기)(이에 관한 상세는 정찬형, 「상법강의(상)(제27판)」, 158~159면 참조).

(2) 등기소의 심사권

등기관은 신청사항이 등기할 사항이 아닌 경우 등에는 이유를 적은 결정으로써 신청을 각하하여야 하는데($\frac{상등}{26조}$), 이 때 등기관은 등기신청사항의 적법성에 관하여 어느 정도 심사권을 갖는가. 이에 대하여 학설은 (i) 등기관은 신청사항이 상법의 규정에 의한 등기사항인가 등에 관한 형식적 적법성만을 심사할 수 있을 뿐이고 실체적 진실성(내용적 합법성)까지 심사할 권한이 없다는 형식적 심사주의 (ii) 등기관은 등기의 신청사항에 대하여 형식적 적법성뿐만 아니라 실체적 진실성까지도 심사할 권한이 있다는 실질적 심사주의 및 (iii) 양자를 절충하여 등기관은 신청된 등기사항의 진실성에 대하여 의문이 있는 경우에는 이를 심사할 권한이 있으나 그렇지 않은 경우에는 이를 적극적으로 심사할 권한이 없다는 절충주의로 나뉘어 있는데, 절충주의가 가장 타당하다고 본다. 즉 상업등기제도는 진실한 객관적 사실의 공시를 목적으로 하는 것이므로 실질적 심사주의에 의하여야 할 것이나, 등기관은 법관이 아니라 기록관에 불과하므로 그 심사능력에는 자연 한계가 있으므로 등기관은 신청사항에 대하여 현저한 의문이 있는 경우에만 그 실체적 진실성을 심사할 권한과 의무가 있다고 보아야 할 것이다. 따라서 등기관이 신청사항에 대하여 현저한 의문이 있음에도 불구하고 그 실체적 진실성을 심사하지 않는 것은 직무위반이 될 것이요, 현저한 의문이 없음에도 불구하고 실체적 진실성의 심사를 이유로 등기절차를 지연시키는 것은 직권남용이 된다고 볼 것이다. 그러므로 이를 달리 표현하면 「수정실질심사주의」라고 부를 수 있을 것이다(이에 관한 상세는 정찬형, 「상법강의(상)(제27판)」, 160~161면 참조).

제 5 상업등기의 효력

상업등기의 효력에는 모든 상업등기에 공통된 효력인 「일반적 효력」, 일정한 등기사항에 관하여 등기 자체에 따르는 효력인 「특수적 효력」 및 공신력이 인정되는 「부실등기의 효력」이 있다. 이하에서 차례로 설명한다.

1. 일반적 효력(확보적 효력)($\frac{상}{37조}$)

(1) 등기 전의 효력

등기사항은 등기 전에는 이로써 선의의 제 3 자에게 대항하지 못하는데($\frac{상}{1항}^{37조}$), 이것을 등기의 「소극적 공시의 원칙」이라고 한다. 이로 인하여 법정등기사항의 등기가 촉진되는 효과가 있을 뿐만 아니라, 제 3 자가 보호된다. 악의의 제 3 자에 대하여는 언제나 등기사항의 객관적 내용을 주장할 수 있다. 이를 분설하면 다음과 같다.

1) 「등기사항」은 절대적 등기사항뿐만 아니라 상대적 등기사항을 포함한다. 또한 등기사항이 변경되었거나 소멸하였음에도 불구하고 이에 대한 변경등기나 소멸등기($\frac{상}{40조}$)를 하지 않은 경우에 상법 제39조의 문제만으로 보는 견해 또는 상법 제37조의 문제만으로 보는 견해가 있으나, 이에는 부실등기의 효력($\frac{상}{39조}$)과 일반적 효력($\frac{상}{37조}$)이 공동으로 적용된다고 본다.

2) 등기의 불비에 대한 「귀책사유」가 등기의무자에게 있든 또는 등기소에 있든 불문한다.

3) 「선의의 제3자」란 '등기사항의 존재를 알지 못한 제3자'를 말한다.

「선의」에서 제3자에게 알지 못한 데 대하여 경과실이 있으면 선의이지만, 중과실이 있으면 악의로 보아야 할 것이다. 선의의 유무의 판단시기는 거래시이며, 이의 입증책임은 제3자의 악의를 주장하는 자가 부담한다.

「제3자」라 함은 거래의 상대방에 국한하지 않고 '등기사항에 관하여 법률상 정당한 이해관계를 갖는 모든 자'를 의미하는데, '등기사항을 대외적으로 주장할 수 있는 자'(대항력의 제한을 받는 자)는 제외된다. 따라서 합명회사의 사원이 퇴사한 경우에 이의 변경등기를 하지 않은 경우에 그 퇴사한 사원은 등기사항을 제3자에게 주장할 수 있는 자이므로 제3자가 아니다. 또한 이 때의 「제3자」라 함은 대등한 지위에서 하는 보통의 거래의 상대방을 말하므로, 조세의 부과처분을 하는 경우의 국가는 여기에 규정된 제3자가 아니다($\frac{동지: 대판 1990. 9.}{28, 90 누 4235 외}$).

4) 「대항하지 못한다」는 의미는 '선의의 제3자가 등기사항인 사실의 존재를 부인할 수 있다는 뜻'이다. 이에는 등기할 사항을 등기하지 않은 경우와 등기한 사항을 변경 또는 소멸등기하지 않은 경우가 있다. 전자는 예컨대 Y합자회사의 총사원이 B를 무한책임사원으로 가입시키기로 합의하였으나 그에 관한 변경등기가 이루어지기 전에 무한책임사원으로 등기되어 있는 A가 B를 제외한 등기부상의 총사원의 동의를 얻어 X에게 자신의 지분 및 회사를 양도하고 사원 및 지분의 변경등기를 마친 경우, B는 선의의 제3자인 X에게 자기가 무한책임사원임을 주장할 수 없으므로 Y회사나 B는 그 지분양도에 B의 동의가 없었음을 주장하여(합자회사에서 무한책임사원이 그의 지분을 양도하기 위하여는 전 사원의 동의를 얻어야 함— $\frac{상 269조}{197조}$) 그 지분양도가 효력이 없다고 주장할 수 없다는 의미이다($\frac{대판 1996. 10.}{29, 96 다 19321}$). 또한 Y회사의 공동지배인이 A와 B인데 공동지배인에 관한 사항을 등기하지 않은 경우에($\frac{상 12조 1항;}{13조 2 문}$) A만이 Y회사를 대리하여 Y회사의 부동산을 X에게 매도한 경우에, X가 선의이면 Y

회사는 X에 대하여 그 부동산의 매매가 무효임을 주장할 수 없는 경우도 전자의 예이다. 공동대표의 경우에도 같다(대판 2014. 5. 29, 2013 다 212295). 후자는 앞에서 본 바와 같이 부실등기의 효력(상39조)의 문제이기도 하지만 또한 일반적 효력(상37조)의 문제이기도 하다. 예컨대 Y주식회사가 대표이사 A를 B로 교체하면서 변경등기를 하지 않고 있는 동안에 A가 Y회사의 부동산을 이러한 사실을 모른 X에게 매도한 경우에 Y는 X에 대하여 그 부동산의 매매가 무효임을 주장할 수 없다. 그런데 이 때 그 근거를 X는 B가 대표이사라는 사실의 존재를 부인할 수 있는 점에서 보면 일반적 효력(상37조)의 문제가 되고, 부실등기된 A를 대표이사라고 신뢰한 점에서 보면 부실등기의 효력(상39조)의 문제가 된다.

그러나 제 3 자측에서 이 사실을 인정하여 당사자에게 주장하는 것은 무방하다. 또한 이것은 등기의무자측과 제 3 자와의 관계이므로, 당사자간과 제 3 자간에 있어서는 등기와 관계 없이 객관적 사실의 실질관계에 따라 해결된다.

(2) 등기 후의 효력

등기사항에 관하여 등기가 있으면 제 3 자에게 대항할 수 있게 된다(상 37조 1 항의 반대 해석). 즉 선의의 제 3 자에게도 대항할 수 있다. 이것을 등기의 「적극적 공시의 원칙」이라고 한다. 이러한 등기의 적극적 공시의 원칙은 제 3 자의 악의를 의제하여 법률관계의 획일명확화 및 무익한 쟁송을 방지하고자 하는 것이다. 따라서 이로 인하여 등기의무자가 보호된다.

그러나 제 3 자가 「정당한 사유」로 이를 알지 못하였을 때에는 그에게 대항하지 못한다(상37조 2항). 이 때 「정당한 사유」는 되도록 엄격하게 해석하여 주관적 사유(예컨대, 장기여행 또는 질병 등)는 포함하지 않고 객관적 사유(예컨대, 등기소의 화재 등으로 인한 등기부의 소실 등)에 한하는 것으로 보아야 할 것이다(통설).

(3) 일반적 효력이 미치는 범위

1) 비거래관계   비법률행위(예컨대, 불법행위·부당이득·사무관리)에 의한 법률관계에도 상업등기의 일반적 효력이 미치는가. 이에 대하여 학설은 부정설(다수설), 수정부정설(원칙적으로 부정설을 취하면서, 다만 예외적으로 불법행위 등이 거래관계와 불가분의 관계가 있는 경우에는 상법 제37조가 적용된다고 보는 견해)(소수설) 및 긍정설(소수설)로 나뉘어 있다.

생각건대 불법행위 등과 같은 비거래관계에서는 상대방의 신뢰란 있을 수 없고, 또한 이러한 경우에는 상대방(즉 피해자)을 보호해야 하므로 등기유무에 불문하고 실질관계에 따라서 판단하여야 한다. 따라서 부정설(다수설)에 찬성한다.

2) 상호양도   상호양도의 등기에 관하여는 상법 제25조 2항이 「상호의 양도는 등기하지 아니하면 제3자에게 대항하지 못한다」라고 규정하고 있는데, 이러한 상호양도의 변경등기의 대항력은 제3자의 선의·악의를 불문하고 발생한다. 따라서 상법 제25조 2항과 제37조와의 관계에 대하여, 상법 제25조 2항은 상법 제37조의 상업등기의 일반적 효력에 대한 예외규정으로 보는 설(다수설)과, 상법 제25조 2항과 제37조는 각각 적용되는 경우가 다를 뿐이지 예외규정으로 볼 수 없다는 설(소수설)로 나뉘어 있다.

생각건대 상법 제37조와 제25조 2항은 그 규정의 정신이 틀리는 것으로서, 이를 원칙과 예외의 관계로 볼 수는 없다고 본다. 즉 제37조는 대 공중적 책임관계의 공시를 목적으로 하는 규정으로, 「대항하지 못한다」라는 것은 그 법률사실의 주장을 허용하지 않는다는 뜻으로서 책임관계의 존부에 문제의 중점이 있다. 이에 반하여 제25조 2항은 등기상호권의 배타성의 존부를 결정하는 일반물권적 관계의 규정으로, 「대항하지 못한다」라는 것은 물권의 배타적 효력을 인정하지 않는다는 뜻으로서 물권의 득실변경에 문제의 중점이 있다. 그런데 상호는 성질상 물권적 관계와 기업표창의 책임관계라는 양면을 가지고 있으므로, 그 양도는 물권법적 공시와 상사법적 공시의 양 원칙의 적용을 받게 되는 것이다.

3) 지점거래   상업등기의 일반적 효력은 등기한 영업소를 표준으로하여 지역적 제한을 받게 된다. 따라서 영업소가 본점·지점 등 수 개 있을 때에는 본점소재지에서 등기할 사항은 (다른 규정 〈상 13조〉이 없으면) 지점소재지에서도 등기하여야 하며($상\atop35조$), 지점소재지에서 등기하지 않으면 본점소재지에서의 등기사항은 그 지점의 거래에 관하여는 일반적 효력이 미치지 않는다($상\atop38조$). 즉 이 경우 본점소재지에서의 거래에서는 적극적 공시의 원칙이 지배하나, 그 지점의 거래에서는 소극적 공시의 원칙이 지배한다.

4) 소송행위   상업등기의 일반적 효력은 소송행위에도 적용된다고 본다. 따라서 지배인의 대리권의 소멸에 관한 등기 전에 그 지배인이 한 각종의 소송행위(소제기와 같은 적극적 소송행위이든 소장의 수령과 같은 소극적 소송행위이든 이를 불문한다)는 유효하다.

5) 표현책임   지배인($상\atop13조$)·대표이사 또는 대표집행임원($상\,317조\atop2항\,9호$) 등은 등기사항이므로 이를 등기하면 상업등기의 일반적 효력이 발생하여 선의의 제3자에게도 대항할 수 있을 것 같으나, 상법은 이에 대한 예외규정으로 표현지배인($상\atop14조$)·표

현대표이사($\frac{상}{395조}$) 등에 대하여 규정하고 있다. 따라서 이러한 표현지배인·표현대표이사 등에 대하여는 상업등기의 일반적 효력이 미치지 않는다. 그러므로 이 경우 선의의 제3자는 악의로 의제되지 않고 보호받는다.

6) 공법관계   상업등기의 일반적 효력은 대등한 지위에서 하는 거래관계에 적용되는 것이므로, 국가 등과의 관계에서와 같이 공법관계에서는 상업등기의 일반적 효력이 적용될 여지가 없다.

2. 특수적 효력

상업등기 중 일정한 사항은 제3자의 선의·악의의 유무를 불문하고 등기 그 자체만으로써 효력이 발생하는 경우가 있는데, 이를 상업등기의 「특수적 효력」이라고 한다. 상업등기 중 특수적 효력을 가진 사항으로는 다음과 같은 것들이 있다.

(1) 창설적(설정적) 효력

등기에 의하여 비로소 법률관계가 형성 또는 설정되는 것을 말한다. 즉, 설립등기에 의하여 회사가 법인격을 취득하고($\frac{상}{172조}$), 합병등기에 의하여 회사의 합병이 그 효력을 발생하며($\frac{상}{234조}$), 상호가 등기에 의하여 배타성이 완성되는 것($\frac{상}{23조}^{22조}$) 등이 이에 속한다.

(2) 보완적 효력

등기의 전제인 법률사실에 존재하는 하자가 등기에 의하여 치유되는 듯한 외관을 나타나게 하는 것을 말하는데, 등기가 있음으로써 이 하자를 주장할 수 없게 되는 경우 등이 이에 해당한다. 즉 설립등기 또는 신주발행으로 인한 변경등기 후에, 주식인수의 무효나 취소를 주장할 수 없게 되는 것($\frac{상}{427조}^{320조}$) 등이 이에 속한다.

(3) 해제적(부수적) 효력

등기에 의하여 일정한 책임 또는 제한이 해제되는 것을 말한다. 즉 인적회사에 있어서 사원의 퇴사등기($\frac{상}{269조}^{225조}$) 또는 해산등기($\frac{상}{269조}^{267조}$)에 의한 사원의 책임해제, 주식회사의 설립등기에 의하여 주권발행·권리주양도의 제한이 해제되는 것($\frac{상 355조 2}{항, 319조}$) 등이 이에 속한다.

3. 부실등기의 효력(공신력)

(1) 의 의

1) 상업등기의 확보적(선언적) 효력   상업등기제도는 객관적 진실을 공시하여 그 효력을 확보하는 데에 목적이 있으므로, 상업등기에는 원칙적으로 확보적(선

언적) 효력이 있을 뿐 공신력은 인정되지 않는다. 즉 객관적 진실과 틀리는 사항을 등기하더라도 원칙적으로 아무런 효력이 생기지 않는다.

2) **상업등기의 사실상의 추정력** 상업등기에 객관적 진실과 다른 사항이 등기되면 그 사항은 일단 진실하다는 사실상의 추정을 받게 된다(통설·판례). 그러나 이러한 추정력은 입증책임을 전환시키는 법률상 추정력을 생기게 하는 것은 아니다. 그 이유는 등기소의 심사권이 철저하지 못하여 법률상 추정력을 인정하기 어렵기 때문이다.

3) **제한적 공신력** 이와 같이 상업등기는 사실상 추정력밖에 없는데, 이를 관철하면 기업과 거래하는 자는 등기를 신뢰하지 못하고 거래시마다 등기사항의 진실을 확인하여야 한다. 그러나 이것은 거래의 안전과 신속을 위하여 매우 바람직스럽지 못할 뿐만 아니라, 상업등기제도의 효용을 크게 감소시키는 것이다. 따라서 상법은 등기의무자측에 귀책사유가 있는 부실등기에 대하여는 공신력을 제한적(상대적)으로 인정하고 있다. 즉 상법 제39조는 「고의 또는 과실로 인하여 사실과 상위한 사항을 등기한 자는 그 상위를 선의의 제3자에게 대항하지 못한다」라고 규정하여, 상업등기의 공신력을 제한적(상대적)으로만 인정하고 있다. 이것은 등기소가 실질적 심사권을 갖지 않는 현 제도 아래에서는 무조건으로 상업등기의 공신력을 인정할 수 없다는 점, 등기공무원의 착오 또는 제3자의 허위신청에 의한 부실등기에 대하여서까지 공신력을 인정하여 당사자에게 책임을 지우는 것은 가혹하다는 점, 또 지나치게 공신력을 인정하는 것은 오히려 기업의 기초를 위태롭게 한다는 점 등을 고려하여 상법이 중간의 방법을 택한 것이다. 이렇게 상법이 상업등기의 공신력을 제한적으로 인정하고 있는 것은 또한 외관법리 또는 표시에 의한 금반언칙을 반영하여 선의의 제3자를 보호하고자 하는 것이다.

(2) **요 건**

1) 등기한 자의 고의 또는 과실로 인하여 사실과 상위한 사항을 등기하여야 한다(상39조전단).

「등기한 자」란 일반적으로 등기의무자(등기신청인)를 의미하는데, 그 대리인(예컨대, 지배인)·부실등기에 (동의 또는 묵인 등에 의하여) 협력한 자(예컨대, 지배인이 아닌 자가 영업주에 대하여 자신을 지배인으로 등기하는 데 동의한 경우) 등을 포함한다. 그러나 등기소의 과실로 인한 부실등기는 이에 해당하지 않는다. 일반적으로 개인기업의 경우는 '상인'이 이에 해당되고, 회사기업의 경우는 '대표사원(대표이사)'이 이에 해당한다(동지: 대판 2004. 2.
27, 2002 다 19797). 제 3 자가 문서위조 등의 방법으로 등기신청인 몰래 부실등기를 한 경우라도 그 부실등기의 신청 및 존속에 관하여 (부실등기임을 모른 점에 대하여) 등기신청인에게 중과실이 있는 경우는 상법 제39조를 (유추)적용하여야 할 것으로 본다. 이에 대하여 우리나라의 대법원판례는 이를 부정하나(대판 1975. 5. 27, 74 다 1366; 동 2008. 7. 24,
2006 다 24100; 동 2011. 7. 28, 2010 다 70018), (부실등기임을 모른 점에 대하여) 등기신청인에게 중과실이 있는 경우에는 이를 긍정하여 등기신청인측의 책임을 인정하는 것이 거래의 안전을 위해서나 상법 제39조의 입법취지에서 볼 때 타당하다고 생각한다. 따라서 등기신청인의 고의·과실 없이 경료된 부실등기라도 등기신청인이 이러한 부실등기를 안 후에는 이의 말소 또는 경정의 등기절차를 밟아야 하고, 만일 등기신청인이 이러한 절차를 밟지 않은 경우에는 상법 제39조에 의한 책임을 부담해야 할 것으로 본다.

「고의」란 사실이 아님을 알면서 부실등기를 하는 경우를 말하고, 「과실」이란 부주의로 사실이 아님을 모르고 부실등기한 경우를 말하는데, 이 과실에는 경과실을 포함한다.

「사실과 상위한 사항의 등기」란 상업등기부에 기재되는 사항이면 어떠한 사항도 본조의 적용대상이 된다고 본다. 따라서 등기할 당시뿐만 아니라 사후의 사정으로 사실과 다르게 등기된 경우(예컨대, 지배인이 변경되었으나 변경등기를 하지 않은 경우 등)를 포함한다. 이러한 점에서 이사 선임의 주주총회결의에 대한 취소판결이 확정된 경우, 그 이사가 대표이사로 선임되어 이사 선임 등기를 한 것은 상법 제39조의 부실등기에 해당하여 회사는 선의의 제 3 자에게 대항하지 못한다(대판 2004. 2. 27,
2002 다 19797).

2) 제 3 자는 선의이어야 한다(상 39조
후단).

「제 3 자」는 등기신청인의 직접상대방만을 의미하는 것이 아니라, 그 등기에 관한 이해관계인을 포함한다.

「선의」란 등기내용이 사실과 다름을 알지 못하는 것을 말하는데, 경과실은 선의로 인정되나 중과실은 선의에서 제외된다. 선의인지 여부는 거래시를 기준으로 하고, 입증책임은 등기신청인측이 부담한다.

(3) 효 과

위의 요건이 충족되면 부실등기를 한 자는 그 등기가 사실과 다름을 선의의 제 3 자에게 대항하지 못한다. 이 때 「대항하지 못한다」는 의미는 '제 3 자가 등기내용대로 주장하는 경우에 등기한 자가 그 등기가 사실과 다름을 주장하지 못한다'라는 뜻이다. 따라서 제 3 자측에서 등기와는 달리 사실에 맞는 주장을 하는 것은 무방하다.

「대항할 수 없는 자」의 범위는 앞에서 본 「등기한 자」의 범위와 같다.

[「대항하지 못한다」의 의미에 관한 판례]

"회사의 대표이사로 등기되어 있는 자가 체결한 보수계약은 유효하다($\substack{대판 1968. 7. \\ 31, 68 다 1050}$)."

"Y회사의 대표이사 A는 Y회사를 양도한 후임에도 불구하고 대표이사 사임 등기를 마칠 때까지 대표이사직에 있음을 기화로 수표의 이면에 Y회사 명의의 배서를 한 경우에는 이를 수표소지인인 X에게 대항할 수 없다. 그러나 Y회사는 그 대표이사 A 개인의 어음거래행위에 대하여 A가 Y회사의 대표이사임을 전제로 하여 담보조로 배서한 것이므로 신의칙상 A가 Y회사의 대표이사로 있는 기간 동안에 X와의 거래에서 발생한 채무에 한하여 책임이 있다($\substack{대판 1993. 4. 9. \\ 92 다 46172}$)."

≫ 사례연습 ≪

[사 례]

Y주식회사의 주주총회에서 이사로 선임된 A는 그 후 이사회에서 대표이사로 선임되어 등기되었다. A는 Y주식회사의 대표이사의 자격으로 Y회사 소유의 부동산을 X에게 매도하고 소유권이전등기를 하여 주었다. 그런데 그 후 Y회사는 일부 주주가 A를 이사로 선임한 주주총회의 결의는 소집절차상의 하자가중대하다는 이유를 들어 주주총회결의부존재확인의 소를 제기하여 승소의 확정판결을 받았다.

(1) 이 때 X는 위 부동산에 대한 소유권을 정당하게 취득하는가?

(2) 만일 Y회사의 감사이었던 자가 대표이사의 직인을 도용하여 Y회사의 주주총회에서 A를 이사로 선임하고, 곧 이은 이사회에서 A를 대표이사로 선임한 것처럼 각 의사록을 꾸며 A를 대표이사로 등기한 경우에도 동일한가?

* 이 사례는 정찬형, 「상법사례연습(제 4 판)」, 사례 12에 기초한 것이므로, 이에 관한 상세는 同書를 참고하기 바람.

[해 답]

(1) 주식회사의 이사는 주주총회에서 선임되고($\substack{상 382조 \\ 1항}$), 대표이사는 정관에 다른 규정이 없으면 이사회에서 선임되며($\substack{상 389조 \\ 1항}$) 등기사항이다($\substack{상 317조 \\ 2항 9 호}$). 또한 대표이사를 새로이 선임한 때에는 대표이사의 신청에 의하여 변경등기를 하여야 한다($\substack{상 \\ 40조}$).

그런데 본문에서와 같이 Y주식회사에서 A를 이사로 선임하고 또 이사회에서 A를 대표이사로 선임하여 등기까지 하였으나, A를 이사로 선임한 Y주식회사의 주주총회의 결의는 그 소집절차에 중대한 하자가 있어 주주총회가 부존재하였으므로 A는 원래 적법한 이사 및 대표이사가 될 수 없는 자가 되고, 이러한 자가 대표이사로 등기되어 제 3 자와 거래한 경우에 있어서 그 효력을 어떻게 볼 것인가에 대하여는 거래의 안전과 관련하여 문제가 되고 있다.

A를 이사로 선임한 주주총회의 결의는 부존재확인의 소가 확정되었고 또한 이러한 결의부존재확인의 소의 판결의 효력은 현행 상법상 소급하므로($\frac{\text{상}\ 380조,}{190조\ 본문}$) A가 Y회사의 명의로 X에게 부동산을 매도한 것은 대표권이 없는 자가 Y회사를 대표하여 Y회사의 부동산을 매도한 것이 되어 그 효력이 없을 것으로 생각된다(진실존중의 요구). 그러나 이렇게 되면 그 당시에는 외관상 A의 대표권에 전혀 이상이 없는데 이를 믿고 거래한 X에게 너무 가혹하게 된다. 따라서 이 경우에는 Y회사가 A를 대표이사로 등기한 것에 대하여 귀책사유가 있으므로(즉 Y회사는 A를 대표이사로 등기한 점에 대하여 고의·과실로 인한 부실등기의 책임을 짐) X가 선의이면 Y회사는 X에 대하여 A에게 대표권이 없음을 주장할 수 없다고 본다($\frac{\text{동지: 대판 2004. 2.}}{27, 2002\ 다\ 19797}$).

따라서 X는 선의이면 위 부동산에 대하여 정당하게 소유권을 취득하고($\frac{\text{상}}{39조}$), 악의이면 소유권을 취득할 수 없다.

(2) Y회사의 감사가 대표이사의 직인을 도용하여 허위의 등기를 한 경우에 Y회사의 고의·과실에 의한 부실등기가 되겠는가.

이에 대하여 우리나라의 대법원은 다음과 같이 판시하여 이를 부인하고 있다. 따라서 이 사례에서도 이러한 대법원판례에 따르면 Y회사 스스로의 고의·과실 있는 부실등기로 볼 수 없어 그러한 등기에 공신력이 발생하지 않게 된다. 그러므로 Y회사는 선의의 제 3 자인 X에게 대항할 수 있게 되고, X는 A로부터 취득한 Y의 부동산을 적법하게 취득할 수 없게 된다.

"상법 제39조는 고의나 과실로 스스로 사실과 상위한 내용의 등기신청을 함으로써 부실의 사실을 등기하게 한 자는 그 부실등기임을 내세워 선의의 제 3 자에게 대항할 수 없다는 취지로서 등기신청권자 아닌 제 3 자가 문서위조 등의 방법으로 등기신청권자의 명의를 모용하여 부실등기를 경료한 것과 같은 경우에는 비록 그 제 3 자가 명의를 모용하여 등기신청을 함에 있어 등기신청권자 자신이 고의나 과실로 사실과 상위한 등기를 신청한 것과 동일시할 수는 없는 것이고, 또 이미 경료되어 있는 부실등기 상태가 존속된 경우에는 비록 등기신청권자에게 부실등기 상태를 발견하여 이를 시정하지 못한 점에 있어서 과실이 있다 하여도 역시 이로써 곧 스스로 사실과 상이한 등기를 신청한 것과 동일시할 수 없는 법리라 할 것이므로 등기신청권자 아닌 제 3 자의 문서위조 등의 방법으로 이루어진 부실등기에 있어서는 등기신청권자에게 그 부실등기의 경료 및 존속에 있어서 그 정도가 어떠하건 과실이 있다는 사유만 가지고는 상법 제39조를 적용하여 선의의 제3자에게 대항할 수 없다고 볼 수는 없다 할 것인바, 원판결이 이와 반대의 견해로 Y회사의 감사이었던 자가 Y회사 명의를 모용하여 A를 대표이사로 등기한 부실등기의 경료 및 그 존속에 있어 Y회사에게 중대한 과실이 있다는 사유를 들어 Y회사는 등기의 상위로써 선의의 제3자인 X에게 대항할 수 없다고 판단한 것은 상법상의 부실등기의 효력에 관한 법리를 오해한 위법이 있다 (대판 1975. 5. 27, 74 다 1366)."

그러나 상법 제39조의 「고의·과실에 의한 부실등기를 한 자」라 함은 앞에서 본 바와 같이 스스로 허위의 사실을 등기한 자는 물론 자기의 과실로 인하여 타인으로 하여금 허위의 사실을 등기하게 한 자, 이미 한 등기가 허위임을 알면서 고의 또는 중대한 과실로써 이를 방치한 자도 귀책사유가 있으므로 이에 포함된다고 해석하는 것이 거래의 안전을 위해서나 또는 상법 제39조의 입법취지에서 볼 때 타당하다고 생각한다. 즉 등기신청권자에게 귀책사유가 있으면 공신력을 넓게 인정하여 거래의 안전을 위하는 것이 상업등기에서 공신력을 상대적으로나마 인정한 본지에 합당할 것으로 생각된다. 이렇게 해석하면 위 사례에서 상법 제39조를 적용하여 Y회사는 고의·과실에 의한 부실등기를 한 자로서 선의의 제3자인 X에게 대항할 수 없고, 따라서 X는 적법하게 Y의 부동산을 취득한다고 보아야 할 것이다.

위의 대법원판결의 원심인 서울고등법원에서는 이와 같은 취지로 다음과 같이 판시하였다.

"상법 제39조의 고의·과실에 의한 부실등기는 적법한 대표이사의 등기신청에 기한 등기가 아니라 하더라도 「이와 비견되는 정도의 회사 책임에 기한 신청으로 등기된 경우이거나 또는 이미 이루어진 부실등기의 존속에 관하여 회사에서 이를 알고도 묵인한 경우에 비견되는 중대한 과실이 있는 경우도 이에 포함되는 것으로 해석해야 할 것인데」, 본건 부실등기는 Y회사의 주주와 대표이사 및 이사들이 6년여에 걸쳐 회사를 방치하여 부실등기를 하도록 한 점, 또 Y회사의 대표이사가 대표이사의 인장보관상태를 한번도 점검하지 아니하고 방치한 점 등의 Y회사의 잘못이 본건 부실등기의 원인이 되었다 할 것이고, 부실등기가 경료된 후에도 X가 본건 부동산을 매수한 1969. 12. 27까지 무려 6년간 그 상태가 계속되어 오는 동안 회사등기부상 두 차례의 이사 및 대표이사의 중임등기 등 회사변경등기가 있었음에도 불구하고 … 이를 발견하지 못하고 있었던 점은 그 과실의 정도가 극히 크다고 하지 않을 수 없고, 이와 같은 부실등기 및 그 등기상태의 존속에 있어서의 Y회사의 과실은 그 자신이 부실등기를 하고 또 부실등기를 묵인한 경우에 비견할 수 있는 정도의 중대한 과실이라 볼 것이므로 Y회사는 상법 제39조에 의하여 등기의 상위로서 선의의 제 3 자인 X에게 대항할 수 없다."

제 8 장 영업양도(기업의 이전)

제1 총 설

1. 영업양도의 의의

영업양도란 「영업의 동일성을 유지하면서 객관적 의의의 영업(영업용 재산과 재산적 가치 있는 사실관계가 합하여 이루어진 조직적·기능적 재산으로서의 영업재산의 일체)의 이전을 목적으로 하는 채권계약」으로 볼 수 있다(영업의 의의 및 영업양도의 법적 성질에 관한 상세는 정찬형, 「상법강의(상)(제27판)」, 174~178면 참조).

따라서 영업양도는 「개개의 영업용 재산 또는 단순한 영업용 재산의 전부의 양도」와 구별되고, 영업의 소유관계에 변동을 가져오지 않고 경영관계에서만 변동을 가져오는 「영업의 임대차나 경영위임」과도 구별된다. 또한 영업양도는 양도인과 양수인의 2당사자가 체결하는 (채권)계약(개인법상의 법현상)에 의하여 그 법률상의 효력이 발생하는 점에서, 상법의 규정에 의하여 그 법률상의 효력이 발생하는 「회사의 합병」(단체법상의 법현상)과도 구별된다(영업양도와 회사합병과의 차이점에 관한 상세는 정찬형, 「상법강의(상)(제27판)」, 180~181면 참조).

2. 회사법상의 영업양도($^{상\,374조\,1항}_{1호}$)와의 관계

(1) 상법총칙에서의 영업양도의 의의는 회사법에서의 영업양도의 의의와 어떠한 관계에 있는가의 문제가 있다.

이에 대하여는 상법 제374조 1항 1호에서의 영업양도의 의의를 상법총칙에서의 영업양도의 의의와 동일하게 해석하여 법해석의 통일성·안정성을 꾀하자는 형식설(영업용 재산 또는 중요재산만의 양도에는 주주총회의 특별결의를 요하지 않는다는 점에서 '불요설'이라고도 함), 양자는 입법의 목적이 다르므로 동일하게 해석할 필요가 없다고 보는 실질설(영업용 재산 또는 중요재산만의 양도에도 ─ 이것이 영업양도에 해당되지 않을지라도 ─ 주주총회의 특별결의를 요한다고 보는 점에서 '필요설'이라고도 함) 및 거래의 안전을 우위에 두어 원칙적으로 형식설(불요설)을 취하면서 형식설의 단점인 주주 등의 이익보호를 위하여 상법 제374조의 적용범위에 「사실상의 영업양도」를 포함시키자는 절충설로 나뉘어 있다.

이에 관한 우리나라의 대법원판례를 종합하여 보면 「상법 제374조 1 항 1 호 소정의 영업의 양도란 동법 제 1 편 제 7 장의 영업양도를 가리키는 것이므로 영업용 재산의 양도에 있어서는 그 재산이 주식회사의 유일한 재산이거나 중요한 재산이라 하여 그 재산의 양도를 곧 영업의 양도라 할 수는 없지만, 주식회사 존속의 기초가 되는 중요한 재산의 양도는 영업의 폐지 또는 중단을 초래하는 행위로서 이는 영업의 전부 또는 일부의 양도와 다를 바 없으므로 이러한 경우에는 상법 제374조 1 항 1 호의 규정을 유추적용하여 주주총회의 특별결의를 거쳐야 한다」고 판시하고 있다(대판 1988. 4. 12.
87 다카 1662). 이러한 대법원판례의 입장은 (비록 그 영업양도의 결과로 양도회사가 경업피지의무를 부담하는 것까지를 판시하고 있지는 않더라도) 기본적으로는 상법 제41조 이하의 영업양도와 상법 제374조 1 항 1 호의 영업양도를 동일하게 보고 있는 것으로 생각된다(형식설). 그러나 대법원판례는 순수한 형식설의 입장은 아니고, 「단순한 영업용 재산의 양도라 하더라도 그 양도의 결과 '회사영업의 전부 또는 일부를 양도하거나 폐지하는 것과 같은 결과를 가져오는 경우'에는 상법 제374조 1 항 1 호를 (유추)적용하여 주주총회의 특별결의를 요한다」고 판시한 점으로 보아 절충설의 입장인 것으로 생각된다. 다시 말하면 상법 제374조 1 항 1 호의 영업양도의 개념에 해당하지 않는 영업용 재산의 양도에도 ─ 그것이 회사영업의 전부 또는 일부를 양도하거나 폐지하는 것과 같은 결과를 가져오는 경우에는 ─ 상법 제374조 1 항 1 호를 (적용 또는) 유추적용하여 주주 등을 보호하는 입장이므로, 앞에서 본 우리나라 학설에서의 절충설과는 다른 또 하나의 절충설의 입장으로 볼 수 있다.

생각건대 형식설은 주주 등의 보호에 문제가 있을뿐더러 상법 제374조 1 항 1 호 후단의 「영업의 일부의 양도」를 사문화(死文化)시킬 우려가 있거나 또는 이와 조화하지 못하는 문제가 있어 찬성할 수 없고, 실질설은 같은 상법상의 영업양도의 개념을 다르게 해석한다는 점에서 법해석의 통일을 기하지 못한다는 점에서 뿐만 아니라 또한 상법 제374조 1 항 1 호의 적용범위를 너무 확대하여 거래의 안전을 해할 우려가 있다는 점에서 찬성할 수 없다. 따라서 거래의 안전을 기할 수도 있고 또한 주주 등의 이익보호도 기할 수 있으며, 아울러 기본적으로 법해석의 통일을 기할 수 있는 절충설에 찬성한다. 절충설 중에서도 우리나라의 학설에서의 절충설은 「사실상의 영업양도」의 개념이 주관적이며 또한 애매하여 취할 수 없고, 보다 기준이 객관적이고 명백한 「영업을 양도하거나 폐지한 것과 같은 결과를 가져오는 영업용 재산의 양도」를 영업양도에 포함하는 대법원판례에서의 절충설의 입장이 가장 타당하다고 생각한다.

(2) 상법 제374조 1항 1호와 관련하여 상법총칙에서도 영업의 일부양도가 인정될 수 있는지 여부의 문제가 있다.

우리나라의 학설 중에서 상법 제374조 1항 1호가 영업의 일부양도를 규정하고 있는 점에서 보아 영업의 일부가 나머지 부분과는 구분되어 독립적으로 영업이 수행될 수 있는 조직과 설비를 갖추고 있는 경우라면(예컨대, 지점), 그러한 영업의 일부양도는 상법총칙에서도 인정된다고 보는 견해도 있다. 그러나 상법총칙에서의 영업양도는 영업이 전부 양도된 것을 전제로 하여 양도인에게 경업피지의무($\frac{상}{41조}$)를 부담시키고 또 양도인의 채권자 및 채무자를 보호하기 위한 규정($\frac{상}{45조}\frac{42조\sim}{}$)을 두고 있다. 설사 개념상 상법총칙에서 영업의 일부양도를 인정한다고 하더라도 그러한 영업의 일부양도에는 양도인에게 경업피지의무($\frac{상}{41조}$)를 부과하거나 또는 양도인의 채권자 및 채무자를 보호하기 위한 규정($\frac{상}{45조}\frac{42조\sim}{}$)을 적용할 수 없다. 그러므로 영업의 일부양도의 개념은 상법 제374조 1항 1호의 적용에서만 인정되고, 상법 제41조 이하를 적용하는 데에는 인정되지 않는다고 보아야 할 것이다.

(3) 영업양도는 채권자취소권 행사의 대상이 된다($\frac{동지:\ 대판\ 2015.\ 12.}{10,\ 2013\ 다\ 84162}$).

제2 영업양도의 절차

1. 양도계약의 당사자

영업의 양도인은 영업(기업)을 소유하고 있는 「상인」이다. 이 때 상인은 개인인 경우도 있고, 회사인 경우도 있다.

영업의 양수인은 상인인 경우도 있으나, 상인이 아닌 경우도 있다. 상인이 아닌 자가 영업을 양수하는 행위는 보조적 상행위가 될 것이다.

2. 양도계약의 체결

영업양도의 당사자가 개인인 경우에는 아무런 문제가 없으나, 회사인 경우에는 영업의 소유인 출자자단체의 일정한 의사결정절차를 밟아야 한다. 즉, 인적회사 및 유한책임회사가 회사의 존속중에 영업양도를 하는 경우에는 「총사원의 동의」를 요하고($\frac{상}{287조의}\frac{204조,}{16}\frac{269조,}{}$) 해산 후(청산중)에 영업양도를 하는 경우에는 「총사원의 과반수의 결의」를 요하나($\frac{상}{287조의}\frac{257조,}{45}\frac{269조,}{}$), 물적회사가 (회사의 해산 전후를 불문하고) 영업양도를 하는 경우에는 「주주총회(사원총회)의 특별결의」를 요한다($\frac{상}{호,}\frac{374조 1항 1,}{576조 1항}$). 물적회사가 그 회사의 영업에 중대한 영향을 미치는 다른 회사의 영업의 전부 또는 일부를 양수하는 경우에도 주주총회(사원총회)의 특별결의를 요한다($\frac{상}{호,}\frac{374조 1항 3}{576조 1항}$).

양도계약의 당사자가 개인인 경우에는 그 당사자간에 양도계약을 체결하면 되지만, 회사인 경우에는 보통 위의 의사결정절차를 밟아 대표기관이 양도계약을 체결한다. 그러나 회사의 경우 대표기관이 먼저 양도계약을 체결하고 그 후 의사결정절차를 밟아도 무방하다고 본다.

3. 양도계약의 효과

당사자간에 영업양도계약이 체결된 경우에는 민법상 매매계약이 체결된 경우와 같이 양도인은 양수인에게 영업을 이전할 의무를 부담하고, 양수인은 양도인에게 양수대금을 지급할 의무를 부담한다($\frac{민}{참조}\frac{563조}{}$). 이 때 양도인은 영업양도계약의 이행으로서 양수인에게 영업재산을 이전하여야 할 의무를 부담하는데, 영업재산의 전부를 포괄적으로 이전하는 물권행위는 있을 수 없으므로 영업재산을 이루는 개개의 구성부분에 대하여 물권행위가 이루어져야 한다(이에 관한 상세는 정찬형, 「상법강의(상)(제27판)」, 186~187면 참조).

양도인의 의무에 경영자 지위의 이전의무에 관한 설명은 불요하다고 본다. 즉 경영자 지위란 객관적 의의의 영업의 귀속 주체가 당연히 누리는 지위이므로 객관적 의의의 영업이 양도되면 그 영업의 양수인은 당연히 경영자 지위를 취득하고, 또 경영자 지위는 채권계약의 대상이 될 수 없으므로 영업양도계약의 효과로서 별도로 설명할 필요는 없다고 본다(영업재산양도설).

제3 영업양도의 효과

상법은 영업양도가 있은 후에(즉 영업양도계약의 이행이 있은 후에) 양수인을 보호하기 위하여 양도인에게 경업피지의무를 부과하고($^{상}_{41조}$), 또 영업으로 인한 양도인의 채권자 및 채무자를 보호하기 위하여 양수인에게 일정한 책임을 부과하고 있다($^{상\ 42조\sim}_{45조}$).

이하에서는 이를 대내관계(당사자간의 관계)와 대외관계(제3자에 대한 관계)로 나누어서 살펴보겠다.

1. 대내관계(양도인의 경업피지의무)

상법은 영업양도의 실효성을 꾀하고 양수인을 보호하기 위하여 영업의 지역적·시간적 제한하에 양도인에게 부작위의무(소극적 의무)를 부과하고 있는데, 이를 당사자간에 약정이 없는 경우와 약정이 있는 경우로 나누어서 규정하고 있다.

⑴ 당사자간에 약정이 없는 경우

영업을 양도한 경우에 당사자간에 다른 약정이 없으면 양도인은 10년간 동일한 특별시·광역시·시·군과 인접한 특별시·광역시·시·군에서 동종영업을 하지 못한다($^{상\ 41조}_{1항}$).

1) 이 규정에 의한 양도인의 경업피지의무는 「법률에 의하여 정책적으로 인정된 의무」라고 볼 수 있다. 또한 이 의무는 「일신전속적 의무」이므로 특정승계나 포괄승계(상속·합병 등)에 의하여 이전될 수 없다고 본다. 그러나 이 규정에 의한 양도인의 경업피지의무는 최초의 영업양수인뿐만 아니라 전전 영업양수인들에게도 미친다($^{대판\ 2022.\ 11.\ 30,}_{2021\ 다\ 227629}$).

2) 「동종영업」이란 동일영업보다는 넓은 개념으로 양도한 영업과의 경쟁관계 또는 대체관계에 있는 영업을 뜻하며, 영업소의 설치 여부를 불문한다. 「인접한 특별시 …」를 규정한 것은 지역의 경계선에서 경업하는 것을 금지하기 위한 것이다. 이러한 경영금지지역은 양도된 물적 설비가 있던 지역을 기준으로 정하는 것이 아니라, 영업양도인의 통상적인 영업활동이 이루어지던 지역을 기준으로 한다($^{대판\ 2015.\ 9.\ 10,}_{2014\ 다\ 80440}$).

3) 이 의무의 발생시기는 「영업양도계약의 이행을 마친 시점」에서 발생한다. 즉 영업양도계약이 체결된 때가 아니고 양수인이 영업을 할 수 있는 때이다.

4) 이 의무를 부담하는 자는 양도인이 「상인」인 경우에 한한다.

[양도인이 상인이 아니어서 상법 제41조의 적용을 부정한 판례]

"상법상 영업양도에 관한 규정은 양도인이 상인이 아닌 경우에는 적용할 수 없는바, 농업협동조합은 영리나 투기사업을 하지 못하게 되어 있으므로 동 조합은 상인이라 할 수 없고, 따라서 동 조합이 도정공장을 양도하였다 하더라도 동 조합은 양수인에 대하여 상법 제41조에 의한 경업피지의무를 부담하지 않는다$\left(\substack{대판 1969. 3. 25, \\ 68 다 1560}\right)$."

(2) 당사자간에 약정이 있는 경우

양도인이 동종영업을 하지 아니할 것을 약정한 때에는 동일한 특별시·광역시·시·군과 인접한 특별시·광역시·시·군에 한하여 20년을 초과하지 아니한 범위 내에서 그 효력이 있다$\left(\substack{상 41조 \\ 2항}\right)$.

1) 이 규정에 의한 양도인의 경업피지의무는 「당사자의 의사표시에 의한 의무」이다.

2) 이 규정에 의하여 당사자간의 약정으로 10년을 초과하여 양도인의 경업피지의무를 정할 수 있다. 그러나 너무 장기간 양도인의 영업의 자유를 제한할 수 없으므로, 이 기간은 20년을 초과하지 않는 범위 내에서만 효력이 있는 것으로 하였다. 그러나 당사자간의 약정으로 양도인의 경업피지의무를 면제하거나, 지역(예컨대, 동일한 서울특별시 등으로 한정함) 또는 기간(예컨대, 5년간 등으로)을 단축할 수 있다.

(3) 의무위반의 효과

양도인이 위의 법정 또는 약정의 경업피지의무를 위반한 경우에는 양수인은 양도인의 비용으로써 그 위반한 것을 제거하고 장래에 대한 적당한 처분을 법원에 청구할 수 있고$\left(\substack{민 389조 \\ 3항}\right)$, 이로 인하여 양수인이 손해를 입은 경우에는 양수인은 양도인에 대하여 손해배상청구를 할 수 있다$\left(\substack{민 389조 4항, \\ 390조, 393조}\right)$.

[상법 제41조의 경업피지의무의 내용에 관한 판례]

"상법 제41조의 양도인의 경업피지의무의 내용은 양도인 본인의 영업금지 외에 제3자에 대한 영업의 임대·양도 기타의 처분을 금지하는 것도 가능한데, 이러한 가처분명령에 의하여 그 행위의 사법상 효력이 부인되는 것은 아니고 양도인이 그 의무 위반에 대한 제재를 받는 것에 불과하다$\left(\substack{대판 1996. 12. 23, \\ 96 다 37985}\right)$."

2. 대외관계(영업상의 채권자 및 채무자의 보호)

(1) 영업상의 채권자의 보호

양도인이 영업을 양수인에게 양도하는 경우에는 당연히 양도인의 제3자(채권자)에 대한 채무도 이전되어야 한다. 그런데 실제로 채무이전을 하지 않았으면서 채무이전을 한 것과 같은 외관을 야기한 경우에는(양수인이 상호를 계속 사용하거나, 채무를 인수한 것처럼 광고한 경우 등) 외관법리에 의하여 채권자를 보호할 필요가 있다. 이러한 경우에 민법의 일반원칙에 의하면($\substack{민 \\ 454조}$) 양도인만이 채무를 부담하게 되어 채권자를 해할 염려가 크므로 상법은 이에 대하여 특칙을 두고 있는 것이다. 상법은 양수인이 상호를 속용하는 경우($\substack{상 \\ 42조}$)와 속용하지 않는 경우($\substack{상 \\ 44조}$)로 구별하여 규정하고 있고, 또 양도인의 책임의 존속기간에 대하여 규정하고 있으므로, 이하에서는 이에 따라 설명한다.

상법에는 규정이 없으나, 판례에서는 영업양도에 채권자취소권을 인정하고 있다($\substack{대판 2015. 12. 10, \\ 2013 다 84162}$).

1) 양수인이 양도인의 상호를 속용하는 경우

㈎ **원 칙** 양도인의 영업으로 인한 제 3 자의 채권에 대하여 양수인도 변제할 책임이 있다($\substack{상 42조 \\ 1항}$). 영업양도가 있었음에도 불구하고 채무인수가 없었고 또 양수인이 양도인의 상호(상호 자체가 아닌 옥호〈屋號〉 또는 영업표지인 때에도 동일함— $\substack{대판 2010. 9. 30, 2010 다 35138; \\ 동 2022. 4. 28, 2021 다 305659}$)를 계속 사용하는 경우에는, 채권자의 입장에서는 영업양도의 사실을 알지 못하여 양도인이 자력이 있는 동안에 채권을 회수할 기회를 잃게 될 수가 있다. 한편 이 경우에 양수인은 채무인수를 하지 않았으면서 상호를 계속 사용함으로 인하여 마치 채무인수를 한 것과 같은 외관을 야기시키고 있다. 따라서 상법은 이 경우에 양수인은 중첩적 채무인수를 한 것으로 의제하고 있다. 그러므로 양수인이 채무를 인수하지 않았음을 증명하여도 양수인은 변제책임을 면하지 못한다. 이 경우에 양수인의 책임을 인정하면서도 양도인의 책임을 면책시키지 않은 것은 채권자의 의사를 존중하고 또한 채권자를 보호하기 위한 것이다. 따라서 이 경우에 양도인과 양수인은 채권자에 대하여 부진정연대채무를 부담한다(통설).

그러나 양도인과 양수인간에 면책적 채무인수를 정식으로 한 경우에는, 상법 제42조는 적용될 여지가 없고 당사자간의 약정에 의하여 양도인은 면책되고 양수인만이 책임을 부담한다.

이 때 「양도인의 영업으로 인한 제 3 자의 채권」이란 양도인의 영업상의 활동과 관련하여 발생한 모든 채무를 의미하므로, 거래에서 발생한 채무뿐만 아니라 불법행위로 인한 손해배상채무나 부당이득으로 인한 상환채무 등도 포함된다($\substack{동지: 대판 1989. 3. \\ 28, 88 다카 12100}$). 그러나 양도인의 영업자금과 관련한 피보증인의 지위, 영업양도 당시에 발생하지 않은 채권 등은 포함되지 않는다(동지: 대판 2020. 2. 6, 2019 다 270217). 또한 「양수인이 양도인의 상호를 계속 사용한다」는 의미는 사실판단의 문제로서(상호속용의 원인관계가 무엇인지를 불문하므로, 상호를 무단 사용하는 경우를 포함함— 동지: 대판 2009. 1. 15, 2007 다 17123·17130), 사회통념상 객관적으로 보아 영업의 동일성이 있다고 믿을 만한 외관이 양도인 및 양수인에 의하여 표시되어 있는 것을 의미한다. 따라서 이것은 양수인이 양도인의 상호와 동일한 상호를 사용하는 경우뿐만 아니라, 종전의 상호의 전후에 어떠한 문자를 부가한 경우에도 거래의 사회통념상 종전의 상호를 계승한 것이라고 판단되는 경우에는 이에 포함된다(동지: 대판 1989. 3. 28, 88 다카 12100). 또한 영업을 출자하여 주식회사를 설립하고 그 상호를 계속 사용하는 경우에는, 영업의 양도는 아니지만 출자의 목적이 된 영업의 개념이 동일하고 법률행위에 의한 영업의 이전이란 점에서 영업의 양도와 유사하므로, 새로 설립된 회사는 상법 제42조의 유추적용에 의하여 출자자의 채무를 변제할 책임이 있다(동지: 대판 1995. 8. 22, 95 다 12231; 동 1996. 7. 9, 96 다 13767).

「제 3 자」란 양도인과 직접 거래한 채권자뿐만 아니라 그러한 채권자로부터 채권을 양수한 자를 포함하며, 채무인수의 사실 등이 없다는 것을 알고 있는 자가 아닌 한 비록 영업의 양도가 이루어진 것을 알고 있었다 하여도 보호받는 제 3 자에 포함된다(동지: 대판 2009. 1. 15, 2007 다 17123·17130). 또한 채권자(제 3 자)가 영업양도 무렵 채무인수 사실이 없음을 알지 못하였다면, 그 후 이를 알았다고 하여도 이미 발생한 영업양수인의 변제책임은 소멸하지 않는다(대판 2022. 4. 28, 2021 다 305659).

「양수인」은 양도인이 채권자에 대하여 항변할 수 있는 모든 사유로써 항변할 수 있음은 당연하다(민 458조 참조). 그러나 채권자가 영업양도가 이루어진 뒤 영업양도인을 상대로 소를 제기하여 확정판결을 받은 경우, 소멸시효 중단이나 소멸시효 연장의 효과가 상호를 속용하는 영업양수인에게는 미치지 않으므로, 양수인은 이를 채권자에게 주장할 수 없다(대판 2023. 12. 7, 2020 다 225138). 이 때 「양수인」도 변제할 책임이 있다고 하여 채권자가 양도인에 대한 채무명의로써 양수인의 재산에 대하여 강제집행할 수는 없다(동지: 대판 1967. 10. 31, 67 다 1102; 동 1979. 3. 13, 78 다 2330).

(ⱔ) 예 외 그러나 양수인은 다음과 같은 경우에는 귀책사유가 없으므로 변제할 책임이 없다.

① 양수인이 영업양도를 받은 후 지체 없이 양도인의 채무에 대하여 책임이 없음을 등기한 경우에는 양수인은 변제의 책임을 지지 아니한다(상 42조 2항 1문).

② 양수인이 이러한 등기를 하지 않더라도 양도인과 양수인의 양자가 영업양도 후 지체 없이 양수인이 책임을 지지 않는다는 뜻을 채권자(제 3 자)에게 통지한

경우에는, 그 통지를 받은 채권자에 대하여는 양수인은 변제의 책임을 지지 아니한다($\frac{\text{상}\ 42조}{2항\ 2문}$). 그러나 이러한 경우에 양수인만이 채권자에게 책임을 지지 않는다는 뜻을 통지하는 것만으로는 양수인은 변제책임을 면할 수 없다.

2) 양수인이 양도인의 상호를 속용하지 않는 경우

㈎ **원 칙**   이 경우에는 영업이전의 외관이 뚜렷하므로 이에 대비하지 못한 채권자를 보호할 필요가 없다. 따라서 양수인이 채권자의 승낙을 받아 채무를 인수한 경우가 아닌 한, 양수인은 원칙적으로 양도인의 영업으로 인한 채무를 변제할 책임이 없다($\frac{\text{민}\ 454조}{참조}$).

㈏ **예 외**   양수인이 양도인의 채무를 인수하지 않았으면서 마치 양수인이 양도인의 채무를 인수한 것처럼 광고하거나 또는 양수인이 양도인의 채권자에 대하여 개별적으로 통지한 경우($\frac{\text{대판}\ 2010.\ 11.\ 11,}{2010\ 다\ 26769}$)에는(양도인이 채권자에 대하여 변제책임을 부담하는 것은 당연하고), 양수인은 채무인수의 외관을 야기했으므로 이로 인하여 양수인도 변제할 책임을 부담한다($\frac{\text{상}}{44조}$).

이 때 양수인의 「채무인수의 광고」라 함은 사회통념상 영업으로 인하여 생긴 채무를 인수한 것으로 채권자가 일반적으로 믿을 수 있는 외관을 야기한 경우를 의미한다. 따라서 양수인이 하는 광고 중에 반드시 채무인수라는 글자가 안 들어갔다 하더라도 양수인이 채무인수를 한 것으로 채권자가 일반적으로 믿을 수 있는 문면이 기재되면 양수인은 변제의 책임이 있다. 또한 양수인이 광고의 방법에 의하지 않고 개별적으로 채무인수의 의사를 표시한 경우에도 그러한 의사표시를 받은 채권자에 대하여 양수인은 변제의 책임이 있고($\frac{\text{동지: 대판}\ 2008.\ 4.}{11,\ 2007\ 다\ 89722}$), 양수인이 양도인의 채권자에게 상호를 변경한다는 취지의 개별통지를 한 경우에도 양수인은 변제의 책임이 있다($\frac{\text{대판}\ 2010.\ 1.\ 14,}{2009\ 다\ 77327}$).

이 경우 채권자의 영업양수인에 대한 채권이 영업양도인에 대한 채권의 처분에 당연히 종속되는 것은 아니므로, 채권자는 그 채권양도의 대항요건을 채무자별로 갖추어야 한다($\frac{\text{동지: 대판}\ 2009.\ 7.}{9,\ 2009\ 다\ 23696}$).

3) 양도인의 책임의 존속기간

위 1) 및 2)의 경우에 양수인이 채권자에 대하여 변제책임을 부담하는 경우에는(상호를 속용하는 경우에는 양수인은 원칙적으로 변제책임을 부담하며, 상호를 속용하지 않는 경우에는 예외적으로 변제책임을 부담함), 양도인의 채무는 영업양도 또는 광고 후 2년이 경과하면 소멸한다(영업을 출자하여 주식회사를 설립하고 그 상호를 계속 사용하는 경우에 앞에서 본 바와 같이 상법 제42조 제 1 항이 유추적용되고, 또한 이 때 상법 제45조도 당연히 유추적용된다— 대판 2009. 9. 10,)($\frac{상}{45조}$).

상법이 이와 같이 양도인의 책임을 소멸시키는 것은 실제상의 편의를 고려하면서 법률관계를 양수인에게 집약시켜 단순화하려는 법의 정책적 배려에 의거한 것임은 물론, 이론적으로도 영업상의 채무는 실질적으로 양도인 개인의 채무라기보다는 오히려 영업 그 자체의 채무라고 볼 수 있기 때문이다.

위의 2년의 기간은 제척기간이므로 중단이나 정지는 있을 수 없다. 제척기간은 권리행사기간으로 볼 수 있으므로 채권자가 2년 내에 양도인에 대하여 권리를 행사한 경우에는 양도인의 채무는 소멸하지 않는다고 본다. 만일 2년의 기간 내에 양도인의 채무의 소멸시효가 완성하면 양도인의 채무는 당연히 그 때에 소멸한다.

위와 같이 양도인의 책임이 2년의 제척기간에 의하여 소멸되는 것은 양도인과 양수인간에 중첩적 채무인수가 있는 경우에도 유추적용되는 것일까. 이를 긍정하는 견해에서는 양수인이 실제로 채무인수를 하지 않았으면서 외관책임을 지는 경우에도 양도인은 2년의 경과로 책임을 면하게 되는데, 하물며 양수인이 정식으로 (중첩적) 채무인수를 한 경우에는 이와 균형상 상법 제45조를 유추적용하여 양도인을 조기 면책시켜야 한다는 것이다. 그러나 양도인과 양수인간에 정식으로 중첩적 채무인수가 있는 경우에는 당사자의 의사를 존중하여야 한다는 점, 이를 믿고 동 채무인수를 승낙한 채권자를 보호해야 한다는 점, 상법 제45조의 법문의 해석에서 볼 때 이 경우까지 유추적용하는 것은 무리라는 점 등에서 볼 때, 이 때에는 양도인의 채무가 2년의 경과로 인하여 소멸되지 않는다고 해석하는 것이 타당하다고 본다.

(2) 영업상의 채무자의 보호

양도인이 영업을 양수인에게 양도하는 경우에는 당연히 양도인의 제 3 자(채무자)에 대한 채권도 이전되어야 한다. 그런데 실제로 채권양도를 하지 않았으면서 채권양도를 한 것과 같은 외관을 야기한 경우에는, 채무인수의 경우와 같이 외관법리에 의하여 채무자를 보호할 필요가 있다. 이하에서도 양수인이 상호를 속용하는 경우와($\frac{상}{43조}$) 속용하지 않는 경우(상법에는 규정 없음)로 나누어서 설명한다.

1) 양수인이 양도인의 상호를 속용하는 경우

㈎ 원 칙 채무자가 선의이며 중대한 과실 없이 양수인에게 변제한 때에는 그 효력이 있다($\frac{상}{43조}$). 영업양도가 있었음에도 불구하고 채권양도가 없었고 또 양수인이 양도인의 상호를 계속 사용하는 경우에는, 양도인은 채권양도의 외관을 야기했다고 볼 수 있으므로 외관법리에 의하여 이를 모르고 양수인에게 변제한 채무자를 면책하게 한 것이다. 여기에서 채무자의 주관적 요건은 「영업양도」의 사실에 대한

선의·무중과실을 의미한다(상법 제42조에 의하여 양수인이 양도인의 채무에 대하여 변제책임을 지는 것은 앞에서 본 바와 같이 양도인의 채권자가 영업양도가 아니라 채무인수가 없었다는 점에 대하여 선의이어야 하는 점과 대비됨). 영업양도의 사실에 대하여는 알고 있었지만 채권양도가 없었다는 사실에 대하여는 모른 경우(즉 채권양도가 있었다고 믿은 경우)에는 채권의 준점유자에 대한 변제의 법리($\frac{민}{470조}$)에 의하여 채무자는 보호될 것이다.

만일 채권양도가 있었고 또 이에 대한 대항요건($\frac{민}{450조}$)까지 갖추었다면 상법 제43조를 거론할 필요없이 채무자가 양수인에게 변제하는 것은 당연하고(대항요건을 갖추지 않았으나 채무자가 그 후 이를 승낙한 경우에도 동일함), 채권양도가 있었으나 이에 대한 대항요건을 갖추지 않은 경우에는 채무자는 양도인 또는 양수인의 누구에 대하여 변제하여도 면책될 것이다.

(바) **예 외**   상법 제43조의 규정은 증권채권에 대하여는 동 채권의 제시증권성 또는 상환증권성 등으로 인하여 적용되지 않는다고 본다. 따라서 양수인이 양도인의 상호를 계속 사용하면서 양수인이 증권채권을 양수하지 않은 경우에는(따라서 양수인이 증권을 소지하고 있지 않은 경우에는) 그 증권상의 채무자가 양수인에게 변제하여도 그 효력이 없다.

2) 양수인이 양도인의 상호를 속용하지 않는 경우

(가) **원 칙**   양수인이 양도인의 상호를 계속 사용하지 않는 경우에는 채무자의 외관신뢰의 관계가 없으므로 채권양도의 일반원칙에 의한다. 따라서 영업양도가 있은 경우에도 채권양도가 없는 한, 어떠한 경우에도 채무자는 양수인에게 변제하여 면책될 수는 없다.

(나) **예 외**   상법에는 규정이 없으나 양수인이 채권양도를 받지 않았으면서도 마치 이를 양수받은 것처럼 양도인의 동의(묵인)하에 광고하거나 또는 양도인과 함께 채무자에게 통지한 경우에는 양도인에게 귀책사유가 있고 또 선의의 채무자를 보호하여야 할 필요가 있으므로, 상법 제44조를 유추적용하여 선의이며 중대한 과실 없이 양수인에게 변제한 채무자는 면책될 수 있다고 본다.

≫ 사례연습 ≪

[사 례]

　Y는 종전의 영업자인 A로부터 「명동수지코너」라는 상호 아래 영업을 할 것과

재고품 및 점포시설물만을 매수하고 영업감찰 승계절차를 취한 경우에, A의 채권자인 X는 Y에 대하여 변제를 청구할 수 있는가?

[해 답]

Y가 A로부터 양수한 것이 영업양수에 해당하면 Y는 상법 제42조 1 항에 의하여 X에게 변제할 책임이 있으므로 이것이 영업양도에 해당하는지 여부가 핵심적인 문제점이 되겠는데, 영업의 동일성을 유지하면서 객관적 의의의 영업이 A에서 Y로 이전되지 않는 한 X는 원칙적으로 Y에 대하여 A에 대한 채권의 변제를 청구할 수 없다고 본다.

이에 대하여 우리 대법원판례도 "점포에 있는 재고품 전부와 재봉틀을 매수하고 점포를 명도받아 같은 상호로 잠시 동안 같은 종류의 영업을 한 사실만으로는 영업양수라고 인정할 수 없다"고 판시하였다(대판 1968. 4. 2, 68 다 185).

상 행 위

제**1**장 서 론

제1 상행위법의 의의

상법을 실질적 의의의 상법과 형식적 의의의 상법으로 나누어서 설명하는 것과 같이, 상행위법도 실질적 의의의 상행위법과 형식적 의의의 상행위법으로 나누어서 설명할 수 있는데, 이를 간단히 살펴보면 다음과 같다(상행위법의 특성에 관한 상세는 정찬형, 「상법강의(상)(제27판)」, 211~212면 참조).

(1) 실질적 의의의 상행위법

실질적 의의의 상법을 「기업에 관한 특별사법」으로 본다면, 실질적 의의의 상행위법은 「기업의 활동(거래)에 관한 특별사법」으로 볼 수 있다. 상법을 기업에 관한 법으로 보는 경우에 이는 「기업의 조직에 관한 법」과 「기업의 활동(거래)에 관한 법」으로 분류될 수 있겠는데, 상행위법은 「기업의 활동(거래)에 관한 법」인 것이다. 이러한 상행위법은 민법에 대하여 유상성·신속성·정형성의 특성이 있고, 또한 기업조직법에 대하여 임의법규성·국제성의 특성이 있다.

(2) 형식적 의의의 상행위법

형식적 의의의 상행위법은 상행위라는 명칭을 가진 성문법을 의미하는데, 우리 상법전 제2편이 이에 해당한다.

제2 상행위의 의의와 종류

1. 상행위의 의의

(1) 상행위에 관한 입법주의

상행위를 어떻게 정할 것인가의 문제에 대하여 입법주의에는 행위의 객관적 성질에 의하여 상행위를 정하는 객관주의, 상인의 개념을 정하고 그 상인의 영업상의 행위를 상행위로 정하는 주관주의(독일 상법·스위스 채무법) 및 양 입법주의를 병용하는 절충주의(프랑스 상법·일본 상법)가 있다.

우리 상법의 상행위에 관한 입법이 위의 어느 입법주의에 의한 것이냐에 대하여 주관주의적 절충주의(또는 주관주의적 성격을 띤 절충주의)로 보는 견해도 있으나, 우리 상법상 상행위는 영업성을 전제로 하므로 주관주의의 입법이라고 보아야 할 것이다.

(2) 상행위의 의의

상행위의 의의는 실질적 의의의 상행위와 형식적 의의의 상행위가 있다.

실질적 의의의 상행위는 행위의 내용이나 성질을 실질적으로 파악하여 상행위를 정하는 것인데, 상법을 실질적으로 기업에 관한 법으로 파악한다면 실질적 의의의 상행위란 일반적으로 「기업이 유통활동으로서 하는 영리행위」라고 말할 수 있다.

형식적 의의의 상행위란 「상법 및 특별법에서 상행위로 규정되어 있는 상행위」를 말하는데, 이는 상법의 적용범위를 명확하게 하기 위한 편의상·기술상의 이유에서 규정된다.

2. 상행위의 종류

(1) 영업적 상행위와 보조적 상행위

1) **영업적 상행위**   영업적 상행위는 「상인(당연상인 및 의제상인)이 '영업으로' 하는 상행위」를 말하는데, 이에는 당연상인이 영업으로 하는 상행위인 기본적 상행위($\frac{상}{46조}$)와 의제상인이 영업으로 하는 상행위인 준상행위($\frac{상}{66조}$)가 있다.

2) **보조적 상행위**   보조적 상행위란 「상인(당연상인 및 의제상인)이 '영업을 위하여' 하는 상행위」를 말한다($\frac{상}{1항}$47조). 보조적 상행위는 '영업을 위하여' 하는 점에서 '영업으로' 하는 영업적 상행위(기본적 상행위 및 준상행위)와 구별되고, 「부속적 상행위」 또는 「부수적 상행위」라고도 한다.

개인기업의 경우에는 어느 행위가 '영업을 위하여' 하는 행위인지 또는 '개인의 이익을 위하여' 하는 행위인지 불분명한 경우가 많다. 따라서 상법은 어느 행위가 '영업을 위하여' 하는 행위인지 여부가 불분명한 경우를 대비하고 거래의 안전을 위하여, 「상인의 행위는 '영업을 위하여' 하는 것으로 추정한다」고 규정하고 있다($\frac{상 47조}{2항}$).

이 때 「영업을 위하여 하는 행위」란 '영업과 관련된 모든 재산법상의 행위'(특히 채권법상의 행위)를 의미하는데, 예컨대 영업자금의 차입($\frac{대판 1993. 10. 26, 92 다 55008;}{동 2016. 5. 12, 2014 다 37552}$)·영업자금의 대여($\frac{대판 2008. 12. 11,}{2006 다 54378}$)·상업사용인의 고용·사무소의 구입 또는 임차 등이 이에 해당한다. 보조적 상행위는 「법률행위」뿐만 아니라, 「준법률행위」(예컨대, 통지·최고·이행의 청구 등) 및 「사실행위」(예컨대, 영업소의 설정·상호의 선정·상품의 생산·가공·인도·수령 등)에도 성립될 수 있다. 또한 보조적 상행위는 영업과 관련하여 발생한 「사무관리」·「부당이득」 및 「불법행위」에도 성립될 수 있으며, 이로 인하여 발생한 채권은 상사채권이 된다. 이러한 보조적 상행위는 시간적으로 상인자격을 취득하기 이전에 한 행위이든(예컨대, 개업준비행위), 상인자격을 상실한 후에 한 행위이든(예컨대, 기업의 완전폐지를 목적으로 하는 행위) 무방하다.

(2) 일방적 상행위와 쌍방적 상행위

1) 일방적 상행위　일방적 상행위란 「당사자의 일방에게만 상행위가 되는 행위」이다. 예컨대, 상인 갑이 비상인 을로부터 영업자금을 차용하는 경우에 이 소비대차는 갑에 대하여는 상행위(보조적 상행위)가 되지만, 을에 대하여는 상행위가 되지 않는다. 이러한 일방적 상행위인 경우에도 전원에게 상법이 적용된다($\frac{상}{3조}$).

2) 쌍방적 상행위　쌍방적 상행위란 「당사자의 쌍방에게 상행위가 되는 행위」이다. 예컨대, 도매상(상인)과 소매상(상인)과의 거래가 이에 속한다. 이 경우에 상법이 적용됨은 말할 나위가 없으나, 상법의 일부규정은 쌍방적 상행위에만 적용된다($\frac{상 55조, 58조,}{67조 등}$).

(3) 사법인의 상행위와 공법인의 상행위

사법인인 상인의 가장 대표적인 형태는 회사이고, 공법인인 상인은 국가나 지방자치단체와 같은 일반공법인을 의미한다. 사법인인 상인의 상행위에 상법이 적용됨은 당연하므로 특별한 의미가 없으나, 공법인인 상인의 상행위에도 상법이 적용될 수 있을 것인지에 대하여 의문이 있다. 따라서 상법은 「공법인의 상행위에 대하여도 법령에 다른 규정이 없는 경우에는 상법을 적용한다」고 규정하고 있다($\frac{상}{2조}$).

이상 설명한 상행위의 종류를 표로 나타내면 아래와 같다.

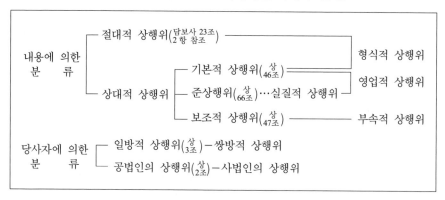

제 1 절 민법 총칙편에 대한 특칙

제 1 상행위의 대리와 위임

1. 대리의 방식(본인의 표시가 없는 경우)

상행위의 대리인(본인에 대하여 상행위가 되는 행위의 대리인)이 본인(영업주)을 위하여 상행위를 하는 경우에는 본인을 표시하지 않더라도 그 행위는 원칙적으로 본인에 대하여 효력이 생기고($^{상48조}_{본문}$)(즉 이 경우에는 본인만이 그 행위에 대하여 책임을 진다— $^{동지: 대판 2009. 1.}_{30, 2008 다 79340}$), 다만 예외적으로 상대방이 본인을 위하여 하는 것임을 알지 못한 경우에는(알지 못한 데 대한 과실의 유무는 불문하므로, '알 수 있었을 경우'를 포함함) 본인 또는 대리인의 어느 편에도 이행청구를 하더라도 무방하다(상대방이 채권자인 경우에는 본인과 대리인이 부진정연대채무를 부담하나, 상대방이 채무자인 경우에는 본인만이 채권자가 된다)($^{상48조}_{단서}$). 이는 민법에 있어서의 대리가 현명주의를 채용하고 있는 점($^{민115조}_{본문}$)에 대한 예외규정인데, 그 이유는 상거래의 신속·안전을 기하기 위하여 규정한 것이다.

그러나 이 규정은 대리권의 존재를 전제로 한 것이므로 대리권의 존재가 불분명한 경우이거나, 문언성의 특색이 있는 어음(수표)행위의 대리에는 적용되지 않는다.

2. 본인의 사망과 대리권의 존속

상인이 그 영업에 관하여 수여한 대리권은(상인의 이러한 수권행위는 보통 보조적 상행위가 될 것임) 본인의 사망으로 인하여 소멸하지 않고($\substack{상\\50조}$) 그 상속인과 대리인 사이에 여전히 대리관계가 존속한다. 이것은 경제적 생활체로서의 기업이 기업으로서 존속하는 한 대리인에 의한 기업활동의 효력을 확보하는 동시에, 기업을 상대로 하여 거래하는 제3자를 보호하기 위하여 설정된 규정이다.

3. 상행위의 수임인의 권한

상행위의 수임인은 「위임의 본지에 반하지 않는 범위 내에서 위임을 받지 않은 행위」도 할 수 있다($\substack{상\\49조}$).

상법 제49조가 대리권의 범위에 관한 특칙인지 여부에 대하여, 상법 제49조는 그 전후의 조문과의 관계에서 보아 상행위에 관하여 부여된 대외적인 「대리권의 범위에 관한 특칙」이라고 해석하는 견해도 있으나, 상법 제49조의 「상행위의 위임을 받은 자」를 '상행위의 위임에 수반하여 대외적인 대리권도 수여받은 자'로 한정하여 해석할 필요는 없는 점에서 수임인의 권한을 규정한 것으로 본다.

상법 제49조가 수임인의 권한을 민법 제681조보다 실제로 확대한 것인지 여부에 대하여, 이는 그 표현에서 보아 정도의 차이를 인정하는 견해도 있으나(예외규정설)(소수설), 민법의 경우에도 사정변경의 경우에 임기응변의 조치를 취할 수 있으므로 상법의 규정은 민법의 원칙규정을 다만 주의적으로 규정한 것으로 볼 수 있다(주의규정설)(다수설).

제2 소멸시효기간

상행위로 인한 채권(상사채권)의 소멸시효기간은 원칙적으로 「5년」이다($\substack{상\\64조}$). 이렇게 상사채권(상사채무)의 소멸시효기간을 민사채권(민사채무)($\substack{민\\1항}^{162조}$)의 그것(10년)보다 단기로 규정한 것은, 상거래의 신속한 해결을 위한 것이다. 이 때 「상행위로 인한 채권(상사채권)」이란 쌍방적 상행위로 인한 채권이든 일방적 상행위로 인한 채권이든 불문하고, 일방적 상행위로 인한 채권은 채권자를 위한 상행위이든 채무자를 위한 상행위이든 불문한다.

상사채권에 관한 5년의 소멸시효기간에 관하여는 예외적으로 「상법」에 소멸시효기간에 관하여 다른 규정이 있는 경우에는 그에 의하고($\substack{상 64조\\본문 참조}$)($\substack{상 154조 1항, 121조\\1항, 122조, 147조,\\166조 1항, 167조, 662조 전단,\\662조 후단, 814조, 875조 등}$), 상법 이외의 「다른 법령」(민법·어음법·수표법 등)에 일반상사채권의 소멸시효기간(5년)보다 단기의 소멸시효기간이 규정된 때에는 그 규정에 의한다$\left(\begin{smallmatrix}상\ 64조\\단서\end{smallmatrix}\right)\left(\begin{smallmatrix}민\ 164조,\ 163조;\ 어\ 70조;\\수\ 51조,\ 58조\ 등\end{smallmatrix}\right)$.

[상사채권의 소멸시효기간을 적용한 판례]

"동업탈퇴로 인한 정산금채권을 상인을 위한 소비대차의 목적으로 약정한 경우, 새로 발생한 채권은 상사시효의 적용을 받는다$\left(\begin{smallmatrix}대판\ 1989.\ 6.\ 27,\\89\ 다카\ 2957\end{smallmatrix}\right)$."

"채권자를 위한 상행위이고 보조적 상행위인 경우에 그 채권은 5년의 단기소멸시효에 걸리는 상사채권이다$\left(\begin{smallmatrix}대판\ 1994.\ 3.\ 22,\ 93\ 다\ 31740;\\동\ 2005.\ 5.\ 27,\ 2005\ 다\ 7863\end{smallmatrix}\right)$."

"위탁자의 위탁상품공급으로 인한 위탁매매인에 대한 이득상환청구권이나 이행담보책임의 이행청구권의 소멸시효기간에는 민법 제163조 제 6 호가 적용되지 않고 상법 제64조가 적용되어 5년이다$\left(\begin{smallmatrix}대판\ 1996.\ 1.\ 23,\\95\ 다\ 39854\end{smallmatrix}\right)$."

"대한석탄공사에 대한 퇴직금채권에 관하여는 상사채권의 소멸시효기간이 인정된다$\left(\begin{smallmatrix}대판\ 1977.\ 4.\\12,\ 76\ 다\ 497\end{smallmatrix}\right)$."

"신용장의 매매계약으로 인한 손해배상청구권도 5년의 상사채권의 소멸시효기간의 만료로 소멸한다$\left(\begin{smallmatrix}대판\ 1978.\ 11.\\12,\ 78\ 다\ 388\end{smallmatrix}\right)$."

"상행위인 계약의 해제로 인한 원상회복청구권도 상법 제64조의 상사시효의 대상이 된다$\left(\begin{smallmatrix}대판\ 1993.\ 9.\ 14,\\93\ 다\ 21569\end{smallmatrix}\right)$."

"상인이 제 3 자를 위한 계약의 수익자로서 수익의 의사표시를 하여 발생한 특허권의 전용실시권 설정등록절차 이행청구권은 상법 제64조 소정의 상사채권으로 5년의 소멸시효기간이 적용된다$\left(\begin{smallmatrix}대판\ 2002.\ 9.\ 24,\\2002\ 다\ 6760\cdot6777\end{smallmatrix}\right)$."

"근로계약이나 단체협약은 보조적 상행위에 해당하므로 단체협약에 기한 근로자의 유족들의 회사에 대한 위로금채권에는 5년의 상사소멸시효기간이 적용된다$\left(\begin{smallmatrix}대판\ 2006.\ 4.\ 27,\\2006\ 다\ 1381\end{smallmatrix}\right)$."

"상행위에 해당하는 보증보험계약이 무효임에 따라 발생한 부당이득반환청구권에 대하여는 5년의 상사소멸시효가 적용된다$\left(\begin{smallmatrix}대판\ 2007.\ 5.\ 31,\ 2006\ 다\ 63150.\ 동지:\\대판\ 2018.\ 6.\ 15,\ 2017\ 다\ 248803\cdot248810\end{smallmatrix}\right)$."

"상행위로 인한 보증채무는 주채무가 민사채무라도 주채무와는 별개의 채무인 점에서 5년의 상사시효에 걸린다$\left(\begin{smallmatrix}대판\ 2014.\ 6.\ 12,\ 2011\ 다\ 76105;\\동\ 2016.\ 5.\ 12,\ 2014\ 다\ 37552\end{smallmatrix}\right)$."

"보험계약자가 다수의 계약을 통하여 보험금을 부정 취득할 목적으로 체결한 보험계약이 민법 제103조에 따라 무효인 경우, 보험금에 대한 부당이득반환청구권에 상법 제64조를 유추적용하여 5년의 상사 소멸시효기간이 적용된다(종래에 이러한 부당이득반환청구권에 대한 소멸시효기간이 10년이라는 대법원판례를 변경함)$\left(\begin{smallmatrix}대판(전)\ 2021.\ 7.\ 22,\\2019\ 다\ 277812\end{smallmatrix}\right)$."

동지: 대판 2021. 8. 19, 2018 다 258074.

"회사의 (비상인과의) 금전소비대차계약에 기한 정산금 채권에는 5년의 상사소멸시효기간이 적용된다$\left(\begin{smallmatrix}대판\ 2024.\ 3.\ 12,\\2021\ 다\ 309927\end{smallmatrix}\right)$."

제 2 절 민법 물권편에 대한 특칙

제 1 상사유치권(일반상사유치권)

일반상사유치권(상인간의 유치권)이란 「상인간의 상행위(영업적 상행위 및 보조적 상행위)로 인한 채권이 변제기에 있는 경우에 채권자가 변제를 받을 때까지 그 채무자에 대한 상행위로 인하여 그가 점유하고 있는 채무자 소유의 물건 또는 유가증권을 유치할 수 있는 권리」이다. 이것은 기업활동에 있어서의 신용보호라는 특수 수요에 따라 상사채권의 물적담보를 강화하기 위하여 유치권의 성립요건을 완화하여 규정한 점에 특색이 있을 뿐이지, 민법상의 유치권($\frac{민}{이하}$320조)과 다른 특수한 효력을 가진 유치권을 인정한 것은 아니다.

일반상사유치권이 그 성립요건에서 민사유치권($\frac{민}{320조}$)과 다른 점은 (i) 당사자의 「쌍방이 상인」이어야 하고, (ii) 피담보채권이 「당사자 쌍방을 위하여 상행위」가 되는 행위(쌍방적 상행위)에 의하여 발생하여야 하며, (iii) 유치목적물의 경우, 점유취득원인은 「채무자에 대한 상행위」로 인한 것이고, 목적물은 「채무자의 소유」이어야 하며, 목적물의 범위는 「물건 또는 유가증권」에 한하고, (iv) 유치목적물과 피담보채권과는 개별적인 관련성을 요하지 않고 「영업을 통하여 관련」되어 있으면 되는 점이다(이에 관한 상세는 정찬형, 「상법강의(상)(제27판)」, 227~230면 참조).

일반상사유치권은 법정담보물권의 일종이지만, 당사자간의 특약으로써 그 성립을 배제할 수 있다($\frac{상}{단서}$58조)($\frac{상사유치권 배제의 특약의 존재를 부정한}{판례는 대판 2012. 9. 27, 2012 다 37176}$). 그러나 민사유치권의 경우에도 명문의 규정은 없으나 이와 동일하게 해석되므로, 이 점은 민법의 경우와 다른 점이라고 볼 수 없다.

일반상사유치권자는 선행저당권자 또는 이에 기한 임의경매절차에서의 그 부동산의 매수인 및 선행 체납처분 압류권자에 대항할 수 없으나($\frac{대판 2013. 2. 28,}{2010 다 57350}$), 민법상의 유치권자는 경매개시결정 등기 이전이면 선행저당권자 및 이에 기한 임의경매절차에서의 그 부동산의 매수인 및 체납처분 압류권자에 대항할 수 있다($\frac{대판 2005. 8. 19, 2005 다 22688;}{동 (전) 2014. 3. 20, 2009 다 60336}$). 따라서 민사유치권자가 일반 상사유치권자보다 더 넓게 보호받는다.

≫ 사례연습 ≪

[사 례]

　X(도매상)가 Y(소매상)에 대하여 점포확장을 위한 자금을 대여하였는데, Y가 변제기일에 이를 이행하지 못하는 경우, X는 Y로부터 현금할인을 위하여 받아 점유하고 있는 A발행의 약속어음에 대하여 유치권을 행사할 수 있는가?

　* 이 사례는 정찬형, 「상법사례연습(제 4 판)」, 사례 18에 기초한 것이므로, 이에 관한 상세는 同書를 참고하기 바람.

[해 답]

　(1) 이 문제에서 X와 Y는 모두 상인이고, 또 피담보채권은 X 및 Y 쌍방을 위하여 상행위가 되는 행위라고 본다. 상법 제58조(일반상사유치권)에서 「당사자 쌍방을 위하여 상행위가 되는 행위」란 영업적 상행위만을 의미하는 것이 아니라 보조적 상행위를 포함한다고 본다. 이와 같이 보면 도매상인 X가 소매상인 Y에 대하여 점포확장을 위한 자금을 대여한 행위는 X의 영업과 관련된 재산법상의 행위로서 보조적 상행위로 볼 수 있고, 또한 Y가 X로부터 점포확장을 위한 자금을 차입하는 행위도 Y의 영업을 위한 행위로서 보조적 상행위가 된다($\frac{\text{상}}{47\text{조}}$). 또한 이 피담보채권은 변제기가 도래하였는데 Y가 이를 이행하지 못하였다. 유치목적물은 유가증권이고 이러한 유가증권의 소유자(권리자)는 채무자인 Y이고, 그 점유취득원인은 채무자(Y)에 대한 상행위(보조적 상행위)로 인하여 취득한 것이다. 유치목적물인 이 유가증권과 피담보채권과는 개별적인 관련성은 없으나, 영업을 통하여 관련되어 있다. 또한 당사자간에는 유치권배제의 특약이 없다. 따라서 본문에서는 상법 제58조의 일반상사유치권의 성립요건을 모두 충족하여 X는 Y에 대하여 위 약속어음에 대하여 유치권을 행사할 수 있다고 본다.

　이 때 X가 이러한 일반상사유치권을 행사하는 것(유치권의 효력)은 민사유치권과 같다($\frac{\text{민 } 320\text{조, } 322\text{조~}}{325\text{조}}$).

　(2) 만일 본문에서 Y와 X가 모두 비상인이고 Y가 X로부터 주택확장을 위한 자금을 차용한 경우에는 피담보채권과 채권자(X)가 점유하는 목적물(약속어음)간에 개별적인 관련성이 없으므로 X는 Y에 대하여 민사유치권($\frac{\text{상 } 320\text{조}}{1\text{항}}$)을 행사할 수 없다. 또한 X가 대리상(위탁매매인·준위탁매매인)이고 Y가 본인(위탁자)인 경우에는 피담보채권의 범위가 X의 영업부류에 속하는 상행위(영업적 상행위)로 인하여 발생된 채권으로 제한되어 있기 때문에 본문과 같은 경우에 X는 Y의 약속어음에 대하여 특별상사유치권을 갖지 못한다($\frac{\text{상 } 91\text{조,}}{111\text{조, } 113\text{조}}$). 또한 X가 운송주선인(육상운송인·해상운송인)

이고 Y가 위탁자(송하인)인 경우에도 피담보채권은 운송물에 관한 채권으로 확정 내지 제한되어 있기 때문에 본문과 같은 경우에 X는 Y의 약속어음에 대하여 특별상사유치권을 갖지 못한다(상 120조, 147조, 807조 2항).

제2 상사질권(유질계약의 허용)

민법상 질권설정자는 채무변제기 전의 계약으로 질권자에게 변제에 갈음하여 질물의 소유권을 취득하게 하거나 법률에 정한 방법에 의하지 아니하고 질물을 처분할 것을 약정하지 못하나(유질계약〈流質契約〉의 금지)(민 339조), 상법은 명문규정을 두어 상행위로 인하여 생긴 채권(대판 2017. 7. 18, 2017 다 207499)을 담보하기 위하여 설정한 질권에는 유질계약을 허용하고 있다(상 59조).

이와 같이 상사질권에서 유질계약을 허용한 이유는 (i) 채권자의 질권실행을 용이하게 하여 상인이 쉽게 금융의 편의를 얻게 하고, (ii) 상거래의 당사자는 서로 평등한 경제적 지위에 있거나 상인은 경제적인 자위능력을 가진 자이므로 법이 채무자를 보호하기 위한 후견적인 역할을 할 필요가 없기 때문이다.

상행위로 인한 채권을 담보하기 위하여 유질약정이 포함된 질권설정계약이 체결된 경우, 질권의 실행 방법이나 절차는 상법에 규정이 없으므로 질권설정계약에서 정한 바에 따른다(대판 2021. 11. 25, 2018 다 304007).

제3절 민법 채권편에 대한 특칙

제1 채권총칙에 대한 특칙

1. 법정이율

이자 있는 민사채권의 이율은 다른 법률의 규정이나 당사자의 약정이 없으면 「연 5 퍼센트」이나, 상행위로 인한 채무의 법정이율은 「연 6 퍼센트」이다(상 54조). 이와 같이 상사법정이율을 민사법정이율보다 높인 이유는 기업거래에서는 보통 자금의 수요가 클 뿐만 아니라, 이러한 자금의 이용에 의하여 발생하는 이익이 크기 때문이다.

이러한 상사채무의 법정이율은 아래와 같이 상행위로 인한 채무나 이와 동일성을 가진 채무에 관하여 적용되는 것이고, 상행위가 아닌 불법행위로 인한 손해배상채무에는 적용되지 아니한다(대판 $\frac{2004.\ 3.\ 26,}{2003\ 다\ 34045}$).

[상사법정이율을 적용한 판례]

"대한석탄공사가 석탄채취에 관하여 체결한 근로계약은 보조적 상행위이므로 임금채무에 관하여는 연 6 퍼센트의 비율에 의한 지연손해금을 지급하여야 한다(대판 $\frac{1977.\ 4.}{12,\ 76\ 다\ 497}$)."

"갑 주식회사가 미역을 수집·가공하여 수출하는 상인인 을의 수출대행을 하는 과정에서 을에게 그 전도자금 등으로 금원을 선급한 경우에 이에 대하여 을은 상사법정이율에 의한 이자를 지급하여야 한다(대판 $\frac{1986.\ 9.\ 9,\ 84\ 다}{464,\ 84\ 다카\ 1951}$)."

"상법 제54조는 상행위로 인하여 직접 생긴 채무뿐만 아니라 그와 동일성이 있는 채무 또는 그 변형으로 인정되는 채무도 포함하므로, 운송계약상의 채무불이행을 원인으로 한 손해배상청구권을 대위행사하는 경우에 연 6%의 상사법정이율이 적용된다(대판 $\frac{2014.\ 11.\ 27,}{2012\ 다\ 14562}$)."

동지: 대판 2016. 6. 10, 2014 다 200763·200770

[상사법정이율을 적용하지 않은 판례]

"상법 제54조의 상사법정이율은 상행위로 인한 채무나 이와 동일성을 가진 채무에 관하여 적용되는 것이고, 상행위가 아닌 불법행위로 인한 손해배상채무에는 적용되지 아니한다(대판 $\frac{2004.\ 3.\ 26,}{2003\ 다\ 34045}$)."

동지: 대판 2018. 2. 28, 2013 다 26425

2. 연대채무

민법에서는 채무자가 수 인인 경우에는 특별한 의사표시가 없으면 각 채무자는 균등한 비율로 채무를 부담하나(분할채무)($\frac{민}{408조}$), 상법에서는 수 인이 그 1인 또는 전원에게 상행위가 되는 행위로 인하여 채무를 부담한 때에는 연대하여 변제할 책임이 있다(연대채무)($\frac{상}{1항}57조$). 상법이 이와 같이 규정한 이유는 상거래상의 채무의 이행을 확실하게 하여 거래의 안전을 기하기 위해서이다.

[연대채무를 인정한 판례]

"상업을 공동으로 경영하는 수 인이 부담하는 영업상의 채무는 연대채무이다

$\left(\begin{smallmatrix}대판 & 1956. & 9. & 20,\\ 4289 & 민상 & 347\end{smallmatrix}\right)$."

"양말제조업을 공동으로 경영하는 수 인이 부담하는 원사구입의 외상대금채무는 연대채무이다$\left(\begin{smallmatrix}대판 & 1966. & 11.\\ 29, & 66 & 다 & 1741\end{smallmatrix}\right)$."

"동업자로서 영업을 하는 자가 부담하는 물품대금채무는 연대채무이다 $\left(\begin{smallmatrix}대판 & 1976. & 1.\\ 27, & 75 & 다 & 1606\end{smallmatrix}\right)$."

"차량정비와 주유업을 공동으로 경영하는 수 인이 부담하는 유류대금의 지급채무는 연대채무이다$\left(\begin{smallmatrix}대판 & 1976. & 12.\\ 14, & 76 & 다 & 2212\end{smallmatrix}\right)$."

"상가건물의 일부에서 숙박업을 하는 공유자들이 건물의 관리를 담당한 단체와 체결한 숙박사업장의 관리에 관한 계약은 상법 제57조 제1항에서 규정하는 상행위이므로, 위 공유자들은 연대하여 관리비 전액의 지급의무를 부담한다 $\left(\begin{smallmatrix}대판 & 2009. & 11. & 12,\\ 2009 & 다 & 54034\cdot54041\end{smallmatrix}\right)$."

"공동수급체의 구성원들이 상인인 경우 탈퇴한 조합원에 대하여 잔존조합원들은 탈퇴조합원의 지분을 연대하여 환급할 의무를 부담한다$\left(\begin{smallmatrix}대판 & 2016. & 7. & 14,\\ 2015 & 다 & 233098\end{smallmatrix}\right)$."

3. 연대보증

민법에서는 보증인이 있는 경우에 그가 주채무자와 연대하여 보증한다는 특약이 없는 한 일반보증이 되어 보증인은 최고 및 검색의 항변권을 가지나($\begin{smallmatrix}민\\437조\end{smallmatrix}$), 상법에서는 보증인이 있는 경우에 그 보증이 상행위이거나(은행이 지급보증을 하는 경우 등) 주채무가 상행위로 인한 것일 때(상인이 영업자금을 차용하는 경우 등)에는 보증인이 연대보증을 한다는 의사표시를 하지 않은 경우에도 그 보증은 연대보증이 된다($\begin{smallmatrix}상57조\\2항\end{smallmatrix}$). 상법이 이와 같이 규정한 이유는 연대채무에서와 같이 상거래상 발생한 채무에 대하여는 그 이행을 확실하게 하여 거래의 안전을 기하기 위해서이다.

보증인이 수 인인 경우에(공동보증) 민법에서는 각자 균등한 비율로 보증채무를 부담하나(분별의 이익)($\begin{smallmatrix}민\\439조\end{smallmatrix}$), 상법에서는 보증인 상호간에 연대관계(보증연대)가 성립하는가의 문제가 있다. 이에 대하여 상법에는 규정이 없으나 보증인 또는 주채무자 측에서 상행위가 되어 주채무자와 연대관계(연대보증)가 성립하는 한, 보증인 상호간에도 연대관계(보증연대)를 인정하여야 할 것이다($\begin{smallmatrix}상 & 52조 & 2항 & 유추적용;\\ 민 & 439조 & 참조\end{smallmatrix}$) (통설)($\begin{smallmatrix}동지: & 대판 & 2012. & 5.\\ 24, & 2001 & 다 & 109586\end{smallmatrix}$).

[연대보증을 인정한 판례]

"회사가 금원을 차용함에 있어 동 회사의 상무가 차용증에 갈음하는 회사명의의 수표에 배서한 경우에는 상무는 원인채무인 차용금에 대하여 보증을 하였다 할 것이고, 이 보증채무는 주채무가 상행위로 인한 것인 만큼 연대보증채무이다$\left(\begin{smallmatrix}대판 1975. 3.\\11, 75 다 123\end{smallmatrix}\right).$ ”

"보증이 상행위가 되는 경우라 함은 보증이 보증인에 있어서 상행위인 경우 뿐만 아니라 채권자에 있어서 상행위인 경우를 포함하므로, 상인이 직원을 채 용함에 있어 비상인인 제 3 자가 그 직원을 위하여 신원보증을 하는 경우에도 이에 해당한다$\left(\begin{smallmatrix}대판 1959. 8. 27,\\4291 민상 407\end{smallmatrix}\right).$ ”(상법 제57조의 입법취지는 원래 상인의 신용을 강화 하여 거래의 안전을 기하자는 것이므로 상법 제57조 1 항의 적용에서 채무자측의 상행위성만을 문제로 삼는 것과 같이 상법 제57조 2 항의 적용에 있어서도 보증인 또는 주채무자측의 상행위성을 문제로 삼아야 할 것으로 본다. 따라서 이 판지에 반대한다— 저자 주).

4. 상사채무의 이행

(1) 채무이행의 장소

상법은 상사채무의 이행장소에 대하여 특별히 규정하고 있지 않고, 다만 채권 자의 지점거래에 있어서의 채무이행장소에 대하여만 원칙적으로 채권자의 지점으로 규정하고 있다$(\begin{smallmatrix}상\\56조\end{smallmatrix})$. 따라서 상사채무의 이행장소는 민법의 일반원칙$(\begin{smallmatrix}민 467조,\\516조\end{smallmatrix})$에 의하 고, 다만 채권자의 지점거래에 있어서의 채무이행장소에 대하여만 상법의 특칙이 적용된다.

(2) 채무이행(청구)의 시기

이행기에 있어서의 이행시기 또는 이행청구기간에 관하여, 민법에서는 규정이 없고 거래관행 및 신의칙에 따라 정하여지나, 상법에서는 「법령 또는 관습에 의하 여 영업시간이 정하여져 있는 때에는 채무의 이행 또는 이행의 청구는 그 시간 내 에 하여야 한다」고 규정하고 있다$(\begin{smallmatrix}상\\63조\end{smallmatrix})$. 민법의 해석에서 채무의 이행 또는 이행청 구의 시간은 거래관행 및 신의칙에 따라 정하여진다는 의미는 결국 상법 제63조의 의미이므로, 상법 제63조는 민법과는 다른 특칙으로서의 의미는 없고 당연한 사항 을 명문화한 것으로서 다만 주의규정에 불과하다(통설).

제 2 채권각칙에 대한 특칙

1. 상사계약의 성립시기

(1) 대화자간의 계약의 성립시기

민법에는 대화자간의 계약의 성립시기에 관하여 특별한 규정을 두고 있지 않으나, 상법은 대화자간의 계약의 성립시기에 대하여 특별히 규정하고 있다. 즉 상법은 「대화자간의 계약의 청약은 상대방이 즉시 승낙하지 아니한 때에는 그 효력을 잃는다」고 하여, 청약과 동시에 하는 승낙에 의하여 계약이 성립함을 규정하고 있다($_{51조}^{상}$). 이는 상거래의 민활한 결제를 위하여 규정한 것이다. 그러나 상법 제51조는 강행규정이라고 볼 수 없으므로 당사자가 민법 제528조 1 항과 같은 내용의 특약을 한 경우에는 양법에 차이가 없게 된다.

(2) **격지자간의 계약의 성립시기**

2010년 개정 전 상법은 격지자간의 계약의 성립시기에 관하여 「격지자간의 계약의 청약은 승낙기간이 없으면 상대방이 상당한 기간 내에 승낙의 통지를 발송하지 아니한 때에는 그 효력을 잃는다」고 규정하면서($_{상 52조 1항}^{2010년 개정 전}$), 이 때 「연착된 승낙은 청약자가 이를 새 청약으로 볼 수 있다」는 민법의 규정($_{530조}^{민}$)을 상법에 준용하였다($_{상 52조 2 항}^{2010년 개정 전}$).

그런데 이는 「승낙기간을 정하지 않은 경우」에만 인정되는 것으로서 민법($_{529조}^{민 531조,}$)에 대한 특칙이므로 「승낙기간을 정한 경우」($_{528조 1항}^{민 531조,}$)와 불균형을 이루고 있는 문제점 등이 있어, 2010년 개정 상법은 상법 제52조를 삭제하였다. 따라서 격지자간의 계약의 성립시기는 민법의 일반원칙($_{528조, 529조}^{민 531조,}$)과 같다.

2. 계약의 청약을 받은 상인의 의무

민법상 계약의 청약은 청약자를 구속할 뿐(계약의 청약은 이를 철회하지 못함—$_{527조}^{민}$) 청약을 받은 상대방에게 이에 대하여 낙부통지의무를 발생시키지 않으나, 상법에서는 상거래의 신속과 당사자의 편의(청약자는 상대방의 지연된 승낙거절로 인하여 발생하는 손해를 방지하고, 상대방은 거래시마다 승낙의 통지를 할 필요 없이 계약을 체결시킬 수 있음)를 위하여 (일정한 경우에는) 청약을 받은 상인에 대하여 낙부통지의무($_{53조}^{상}$)와 물건보관의무($_{60조}^{상}$)를 부과하고 있다.

[물건보관비용에 관한 판례]

"상법 제60조는 상거래에 있어 청약을 받은 상인에게 청약과 함께 송부받은 물건의 현상이나 가치를 반송할 때까지 계속 유지·보존하는 데 드는 보관비용의 상환에 관한 규정일 뿐, 청약자가 그 물건이 보관된 장소의 사용이익 상당의 손해배상을 청구할 수 있는 규정은 아니다($_{다 41161·41178}^{대판 1996. 7. 12, 95}$)."

3. 상사매매

상법에 규정된 상사매매에 관한 특칙은 매도인의 목적물의 공탁·경매권($\frac{상}{67조}$), 확정기매매의 해제($\frac{상}{68조}$), 매수인의 목적물 검사·하자통지의무($\frac{상}{69조}$) 및 매수인의 목적물 보관·공탁의무($\frac{상}{71조}\frac{70조}{}$)의 네 가지인데, 이 중 확정기매매의 해제($\frac{상}{68조}$)를 제외하고는 모두 매도인의 이익을 보호하기 위한 규정들이다. 상법이 이와 같은 특칙을 두게 된 이유는 상사매매에 따른 법률관계를 신속히 종결시켜 거래의 신속을 기하고, 당사자간의 분쟁을 사전에 예방하여 기업의 신용을 유지시키고자 하는 데 있다.

상사매매에 관한 이러한 상법의 특칙이 적용되기 위하여는 (i) 당사자 쌍방이 모두 상인이어야 하고($\frac{동지: 대판 1993. 6. 11,}{93 다 7174·7181}$), (ii) 당사자 쌍방에게 모두 상행위가 되는 매매이어야 한다.

(1) 매도인의 공탁권 및 경매권

1) 공 탁 권　　상사매매에서는 매도인이 과실 없이 매수인을 알 수 없는 경우란 예상할 수 없으므로, 이의 요건이 상법 제67조 1 항에 없다 하더라도 상법상 공탁요건은 민법상 그것($\frac{민}{487조}$)과 동일하다고 볼 수 있다.

또한 상법상 목적물을 공탁한 경우에는 지체 없이 매수인에 대하여 이에 관한 통지를 발송하여야 하는데($\frac{상}{항}\frac{67조}{2}\frac{1}{문}$), 민법상 공탁에서도 공탁자(매도인)는 지체 없이 채권자(매수인)에게 공탁통지를 하여야 하므로($\frac{민}{3항}\frac{488조}{}$), 이 점에서도 상법은 민법과 다를 것이 없다.

2) 경매권(自助賣却權)　　상사매매에 있어서 매도인의 목적물에 대한 경매요건은 민법상 채무자(매도인)의 경매요건($\frac{민}{490조}$)을 일체 필요로 하지 않고, 다만 공탁 요건만 성립하면 충분하다. 따라서 목적물이 공탁에 적합한 경우 등에도 법원의 허가 없이 경매할 수 있다. 다시 말하면 매도인은 공탁권과 경매권의 어느 하나를 선택하여 행사할 수 있으며(민법상 경매권은 원칙적으로 목적물이 공탁에 부적당한 경우에 한하여 발생하므로 공탁할 수 있는 목적물을 경매할 수는 없음), 이미 어느 일방의 권리를 행사하였더라도 이를 변경하여 다른 권리를 행사할 수도 있다. 다만 매도인이 경매 권을 행사하기 위하여는 매수인에게 상당한 기간을 정하여 「수령을 최고」하여야 하는데($\frac{상}{1문 후단}\frac{67조}{}\frac{1항}{}$), 이러한 수령최고도 매수인에 대하여 최고할 수 없거나(매수인의 주소 불명 등) 목적물이 멸실 또는 훼손될 염려가 있는 때에는 할 필요가 없다($\frac{상}{2항}\frac{67조}{}$).

또한 상법상 매도인이 목적물을 경매한 경우에는 공탁의 경우와 같이 지체 없이 매수인에 대하여 이에 관한 통지를 발송하여야 한다($상_{항} {67조 \atop 2문}$ 1). 매도인이 이와 같이 목적물을 경매한 경우에는 그 대금에서 경매비용을 공제한 잔액을 공탁하여야 하나, 그 대금의 전부나 일부를 매매대금에 충당할 수도 있다(변제충당권)($상_{3항} 67조$). 매도인이 이와 같이 경매대금을 공탁하지 않고 직접 매매대금에 충당할 수 있도록 한 점은 민법상의 경매권과는 중요한 차이점이다.

(2) 확정기매매의 해제

상법은 확정기매매에 대하여 「상인간의 매매에 있어서 매매의 성질 또는 당사자의 의사표시에 의하여 일정한 일시 또는 일정한 기간 내에 이행하지 아니하면 계약의 목적을 달성할 수 없는 경우에, 당사자의 일방이 이행시기를 경과한 때에는 상대방은 즉시 그 이행을 청구하지 아니하면 계약을 해제한 것으로 본다」고 규정하여($상_{68조}$), 이행시기에 확정기매매계약이 해제된 것으로 의제하고 있다. 상법이 이와 같이 규정한 점은 민법상 정기행위의 해제와 구별되고 있다. 즉 이행기 경과의 경우 민법상의 정기행위는 해제권만이 발생하나(따라서 해제의 의사표시를 요함)($민_{545조}$), 상법상 확정기매매는 해제의 효력이 발생한다(따라서 해제의 의사표시를 요하지 않고 당연히 해제의 효력이 발생함). 상법이 이와 같이 규정한 이유는 확정기매매관계를 빨리 종결지우기 위해서이다.

[확정기매매에 해당한다고 본 판례]

"국제해상매매계약에서 C. I. F. 약관이 있는 경우에 가격변동이 심한 원자재인 알루미늄에 대하여 운송계약을 체결하고 선적기일 내에 선적하기로 한 매매계약은 그 성질 또는 당사자의 의사표시에 의하여 약정된 선적기일 내에 선적되지 아니하면 계약의 목적을 달성할 수 없는 상법 제68조 소정의 확정기매매에 해당한다($대판 {1995. 5. 26, \atop 93 \ 다 \ 61543}$)."

반대: 대판 2009. 7. 9, 2009 다 15565.

(3) 매수인의 검사·통지의무

민법상 매수인이 매도인에게 매도인의 담보책임을 묻기 위하여는 매수인이 목적물에 대한 하자 또는 수량부족을 적극적으로 발견하여 통지할 의무는 없고 매수인은 언제든지 이를 발견하면 매도인에 대하여 담보책임을 물을 수 있는데, 다만 매수인이 매도인에 대하여 이러한 담보책임을 물을 수 있는 기간은 매수인이 이를 안 날로부터 6월 내(물건의 하자) 또는 1년 내(수량부족)로 제한되어 있을 뿐이다

($\frac{\text{민}}{\text{조}\sim582\text{조}}$ $\frac{574,\ 580}{}$). 그러나 상법은 「상인간의 매매에 있어서 매수인이 목적물을 수령한 때에는 지체 없이 이를 검사하여야 하며, 하자 또는 수량의 부족을 발견한 경우에는 즉시 매도인에게 그 통지를 발송하지 아니하면 이로 인한 계약해제·대금감액 또는 손해배상을 청구하지 못한다」고 규정하여($\frac{\text{상}}{\text{항}}$ $\frac{69\text{조}}{1\text{문}}$), 매수인의 검사·통지의무를 규정하고 있다. 상법이 이와 같이 민법과는 달리 매수인에게 검사·통지의무를 부과한 이유는 매수인이 매도인의 손실부담으로 투기적인 담보책임을 주장하는 것을 방지하고(예컨대, 목적물의 가격변동을 보아 유리한 시기에 매수인이 담보책임을 주장하는 것 등을 방지), 상사매매에 따른 법률관계를 신속히 종결시켜 매도인을 보호(예컨대, 전매기회 보장 등)하기 위해서이다.

(4) 매수인의 보관·공탁의무

민법상 매매의 목적물의 하자 또는 수량부족으로 인하여 매수인이 매도인의 담보책임을 물어 매매계약을 해제한 경우에는, 각 당사자는 원상회복의 의무가 있으므로($\frac{\text{민}}{1\text{항}}$ $\frac{548\text{조}}{\text{본문}}$) 매수인은 매도인에게 (매도인의 비용으로) 목적물을 반환하면 된다. 그러나 상법상 매매의 목적물의 하자 또는 수량부족으로 인하여 매수인이 매도인의 담보책임을 물어 매매계약을 해제하거나 또는 매수인이 매도인으로부터 인도받은 물건이 매매의 목적물과 다르거나 수량을 초과한 경우에는, 매수인은 (매도인의 비용으로) 인도받은 물건(또는 수량을 초과한 물건)을 「보관」 또는 「공탁」하여야 할 의무를 부담한다($\frac{\text{상}}{\text{본문},\ 71\text{조}}$ $\frac{70\text{조 1항}}{}$). 상법이 위와 같이 매수인에게 인도받은 물건(또는 수량을 초과한 물건)에 대하여 보관 또는 공탁의무를 지우는 것은, 매도인에게 반송의 비용 및 위험을 경감시킬 뿐만 아니라 전매의 기회를 부여하여 매도인의 이익을 보호하기 위함이다. 그러나 매매목적물의 인도장소가 매도인의 영업소 또는 주소와 동일한 특별시·광역시·시·군에 있는 때에는 매수인은 이러한 의무를 부담하지 않는다($\frac{\text{상}}{\text{항},\ 71\text{조}}$ $\frac{70\text{조 3}}{}$).

만일 목적물이 멸실 또는 훼손될 염려가 있는 경우에는 매수인은 법원의 허가를 얻어 그 목적물을 경매하여 그 대가를 보관 또는 공탁하여야 한다($\frac{\text{상}}{\text{단서},\ 71\text{조}}$ $\frac{70\text{조 1항}}{}$). 이러한 경매를 「긴급매각」이라고 하는데, 앞에서 본 바와 같이 이는 제 2 차적인 수단으로만 인정된다. 매수인이 이와 같은 긴급매각을 한 때에는 지체 없이 매도인에게 그 통지를 발송하여야 한다(발신주의)($\frac{\text{상}}{\text{항},\ 71\text{조}}$ $\frac{70\text{조 2}}{}$).

≫ 사례연습 ≪

[사 례]

X는 율무·들깨·코코아·맛우유 등 국산차를 제조하여 자동포장지에 포장하여 시중에 판매하는 회사인데, Y는 X가 제시한 도안과 규격에 따라 자동포장지를 제작하여 공급할 것을 X와 계약하였다. 그 후 Y는 자동포장지를 제작하여 X에게 공급하였던바, X는 그 포장지를 인도받고 즉시 그 하자유무에 관하여 검사하지 아니한 채 보관하다가 2개월 가까이 경과하고서야 위 자동포장지에 하자가 있음을 발견하였다. 이 때 X는 위 하자를 이유로 자동포장지의 공급계약을 해제할 수 있는가?

* 이 사례는 정찬형, 「상법사례연습(제 4 판)」, 사례 22에 기초한 것이므로, 이에 관한 상세는 同書를 참고하기 바람.

[해 답]

(1) 위 사례는 대법원판례에 나타난 사건인데($\substack{대판 1987. 7. 21,\\86 다카 2446}$), 이 사건에서 원심인 서울민사지방법원은 Y와 X간의 포장지공급계약의 법적 성격을 「상인간의 매매계약」으로 보고, X는 Y로부터 포장지를 수령하고도 지체 없이 이를 검사하지 아니하고 약 2 개월 후에야 비로소 하자가 있음을 발견하고 그 무렵 Y에게 한 통지는 시기에 늦은 통지로서 X는 상법 제69조 1 항의 규정에 따라 위 하자를 이유로 매매계약해제권을 더 이상 행사할 수 없게 되었다고 판시하였다($\substack{서울민사지판 1986.\\10. 14, 85 나 887}$).

이에 X는 대법원에 상고하였는바, 대법원에서는 X와 Y간의 포장지공급계약은 상인간의 「매매계약」이 아니라 「도급계약」으로서 이에는 상사매매계약에 적용되는 상법 제69조 1 항이 적용될 수 없다고 하여 원심을 파기환송하였는데, 그 이유는 아래와 같다($\substack{대판 1987. 7. 21,\\86 다카 2446}$).

"당사자의 일방이 상대방의 주문에 따라서 자기의 소유에 속하는 재료를 사용하여 만든 물건을 공급할 것을 약정하고, 이에 대하여 상대방이 대가를 지급하기로 약정하는 이른바 제작물공급계약은 그 제작의 측면에서는 도급의 성질이 있고 공급의 측면에서는 매매의 성질이 있다. 이러한 계약은 대체로 매매와 도급의 성질을 함께 가지고 있는 것으로서 이를 어떤 법에 따라 규율할 것인가에 관하여는 민법 등에 특별한 규정이 없는바, 계약에 의하여 제작공급하여야 할 물건이 대체물인 경우에는 매매로 보아서 매매에 관한 규정이 적용된다고 하여도 무방할 것이나, 이와는 달리 그 물건이 특정의 주문자의 수요를 만족시키기 위한 불대체물인 경우에는 당해 물건의 공급과 함께 그 제작이 계약의 주목적이 되어 도급의 성질을 강하게 띠고 있다 할 것이므로 이 경우에도 매매에 관한 규정이 당연히 적용된다고 할 수는 없을 것이다.

기록에 의하면 이 사건 포장지는 X의 주문에 따른 일정한 무늬와 규격으로 인쇄되어 있고, 더구나 그 포장지에는 X회사 이름까지 인쇄되어 있어 X만이 이를 사용할 수 있고 Y나 X로서는 이를 타에 매각처분하기가 곤란하거나 불가능한 사실이 엿보이는바, 이러한 사정하에서라면 Y가 공급한 이 사건 포장지는 불대체물에 해당할 것이고, 이러한 경우 상법 제69조 1 항에 따라 그 거래관계를 보다 신속하게 결말지을 필요가 절실히 요구된다고 할 수도 없을 것이다.

결국 원심이 위와 같은 사정에 관하여 좀더 심리하지 아니한 채 위 상법규정이 적용된다고 단정하였음은 그 심리를 아니하거나 상법 제69조 1 항에 관한 법리를 오해한 위법이 있다.”

(2) 생각건대 위 대법원의 판지에 찬성한다. 따라서 X와 Y간의 자동포장지 공급계약(제작물공급계약)은 위에서 본 바와 같이 상인간의 「매매계약」이 아니라 「도급계약」으로서 동 계약에는 상법 제69조가 적용되지 않는다. 따라서 X는 그 포장지를 인도받고 즉시 그 하자 유무에 관하여 검사하고 이를 Y에게 통지하지 않았어도 나중에 인도받은 포장지에 하자를 발견한 경우에는 위 공급계약을 해제할 수 있다고 본다.

위 사례에서 참고로 Y가 위 계약에 따른 포장지 제작공급행위를 영업으로 하면 상법 제46조 1 호의 「동산을 매매하는 행위」를 하는 자가 아니라 상법 제46조 3 호의 「제조, 가공 또는 수선에 관한 행위」를 하는 자로서 당연상인이 될 것이다($\frac{상}{4조}$).

4. 소비대차의 이자

민법상 소비대차는 당사자간에 특약이 없는 한 무이자가 원칙이나($\frac{민}{및} \frac{598조, 600조}{601조}$), 상법은 「상인이 그 영업에 관하여 금전을 대여한 경우에는 법정이자를 청구할 수 있다」고 규정하여($\frac{상}{1항}$ 55조) 당사자간에 이자약정의 유무에 불구하고 상인인 대주(貸主)에게 법정이자의 청구권을 인정하고 있다($\frac{동지: 대판 2007. 3.}{15, 2006 다 73072}$). 상법이 이와 같이 규정한 이유는 상인의 영리성을 보장하여 주기 위한 것이다.

5. 보수청구권

민법상 위임계약에서 수임인은 특별한 약정이 없으면 위임인에 대하여 보수를 청구하지 못하는데($\frac{민}{1항}$ 686조), 이러한 점은 임치계약에서 수치인의 경우에도 같다

($^{민}_{701조}$). 그러나 상법은 「상인이 그 영업범위 내에서 타인을 위하여 행위를 한 때에는 이에 대하여 상당한 보수를 청구할 수 있다」고 규정하여($^{상}_{61조}$), 특약이 없는 경우에도 상인의 보수청구권을 인정하고 있다. 이와 같이 상인에 대하여 당연히 보수청구권을 인정한 이유는, 상인의 영리성을 보장하고 이에 관한 분쟁을 사전에 방지하기 위해서이다. 그러나 거래의 중개행위인 경우에는 그 거래(매매 등)가 중개인의 손을 거쳐 성립됨을 조건으로 중개료청구권이 발생하므로, 그 거래가 성립되지 않은 이상 중개인이 중개의 노력을 하였더라도 그 노력의 비율에 상당한 보수를 청구할 수 없다($^{대판\ 1956.\ 4.\ 12,}_{4289\ 민상\ 81}$).

[상당한 보수인지 여부에 관한 판례]

"부동산 소개업자가 부동산교환거래를 중개한 경우에 그 소개료 산정의 기준이 될 거래액은, 양 부동산의 차액이 아니고 그 부동산의 가액이라고 봄이 상당하다($^{대판\ 1964.\ 6.}_{30,\ 64\ 다\ 268}$)."

"부동산소개료액을 정함에 있어서는 반드시 감정에 의할 것이 아니고, 법원이 당시의 제반사정을 참작하여 정할 수 있다($^{대판\ 1976.\ 6.}_{8,\ 76\ 다\ 766}$)."

6. 체당금의 이자

민법상 수임인($^{민}_{1항}$688조)과 수치인($^{민}_{701조}$)에 대하여는 체당금에 대한 법정이자청구권을 인정하고 있으나, 사무관리의 경우에는 「관리자가 본인을 위하여 필요비 또는 유익비를 지출한 때에는 본인에 대하여 그 상환을 청구할 수 있다」고만 규정하여($^{민}_{1항}$739조) 관리자에게 체당금에 대한 법정이자청구권을 인정하고 있지 않다. 그러나 상법은 「상인이 그 영업범위 내에서 타인을 위하여 금전을 체당하였을 때에는 체당한 날 이후의 법정이자를 청구할 수 있다」고 규정하여($^{상}_{2항}$55조), 상인에게는 (그가 영업범위 내에서 금전을 체당한 이상) 모든 경우에 체당금에 대한 법정이자청구권을 인정하고 있다. 상법이 이와 같이 규정한 이유는 상인간의 금전소비대차에서 대주(貸主)에게 법정이자청구권을 인정하고 있는 것과 같이 상인의 영리성을 보장하여 주기 위한 것이다.

7. 상사임치

민법은 무상수치인의 주의의무에 대하여 「보수 없이 임치를 받은 자는 임치물을 자기의 재산과 동일한 주의로 보관하여야 한다」고 규정하고 있으나($^{상}_{695조}$), 상법은 일반상인의 무상임치책임에 대하여 「상인이 그 영업범위 내에서 물건의 임치를 받은 경우에는 보수를 받지 아니하는 때에도 선량한 관리자의 주의를 하여야 한다」고 규정하여($\binom{상}{62조}$), 민법상 무상수치인의 주의의무보다 그 주의의무를 가중하고 있다(즉 민법상 유상수치인의 주의의무와 동일하게 규정하고 있다). 상인의 무상임치에 대하여 이와 같이 그 주의의무를 가중한 이유는 상인은 상거래의 안전을 위하여 누구나 평균인 이상의 주의의무를 갖고 있는 것으로 가정하고, 또한 상인의 신용을 높이기 위해서이다.

[상법상 무상임치책임에 관한 판례]

"임치물의 보관에 대하여 상법상의 주의의무와 민법상의 주의의무가 서로 다르므로 응당 원고의 청구가 어느 것에 속하는 것인가를 규명하고, 그에 대하여 피고가 책임을 져야 하는 주의의무위반여부를 판단하여야 한다($\binom{대판 1964. 7.}{14, 64 다 470}$)."

"갑이 을과의 임치계약에 의하여 건고추를 창고업자인 병 소유의 냉동창고 중 을이 임차한 부분에 운반적치하고, 그 입고시에 병은 갑이 제시한 서류만을 근거로 하여 그 서류에 기재된 입고량에 따른 인수증을 갑에게 발행하였다면, 병은 갑에 대한 관계에서는 적어도 위 건고추에 대한 무상임치인의 지위에서 선량한 관리자로서의 주의의무를 진다($\binom{대판 1994. 4. 26, 93}{다 62539 \cdot 62546}$)."

≫ 사례연습 ≪

[사 례]

고추상인인 Y는 X를 위하여 건고추 2,900근을 매수하여 무상으로 보관하여 주던 중 보관방법이 적절하지 못하여 1981. 9경 위 고추가 벌레먹어 상품으로서의 가치가 전혀 없게 되었다. 그런데 Y는 위 건고추의 보관중 X에게 수차 매각을 권유하기도 하고, 1981. 5경에는 보관물의 처분 및 인수를 요청하였으나 X는 이를 거절하였다. 이 때 Y는 X에 대하여 손해배상책임이 있는가?

* 이 사례는 정찬형, 「상법사례연습(제 4 판)」, 사례 20에 기초한 것이므로, 이에 관한 상세는 同書를 참고하기 바람.

[해 답]

(1) 본문의 경우 일반상인인 Y가 상법 제62조에서 규정하고 있는 일반상인의 임치책임을 부담하는지 여부가 먼저 문제되는데, Y는 상인이고 또 그 영업범위 내에서 물건(고추)의 임치를 받은 것이므로 일반상인의 임치책임을 진다고 본다.

우리 대법원판례도 Y는 상인으로서 상법 제62조에 의한 일반상인의 임치책임을 부담한다고 보고 있다($^{대판\ 1994.\ 4.\ 26,}_{93\ 다\ 62539\cdot62546}$).

(2) 다음으로 Y가 일반상인의 임치책임을 부담하는 경우에 상법 제62조에 의한 「선량한 관리자의 주의의무」를 다했느냐 하는 점이 있는데, Y의 보관방법이 적절하지 못하였으므로 Y는 선관주의의무를 다했다고 볼 수 없다. 이러한 점에서 보면 Y는 임치책임을 면할 수 없을 것 같다.

(3) 그런데 위 사례의 경우 수치인인 Y와 임치인인 X간에 임치계약이 존속하고 있는지 여부가 문제된다. 위 사례의 경우는 당사자간에 임치기간의 약정이 없는 임치계약이라고 볼 수 있고, 이러한 임치계약은 당사자가 언제든지 임치계약을 해지할 수 있다($^{민}_{699조}$). 위 사례에서 수치인인 Y는 위 건고추의 보관중 X에게 수차 매각을 권유하기도 하고 또 위 고추의 처분 및 인수를 요청하였는데 임치인은 이를 거절하였다. 이러한 수치인의 의사표시는 임치계약의 해지의 의사표시로 볼 수 있다고 본다. 따라서 Y가 그 동안 이러한 의사표시를 하지 않았다면 Y는 X에 대하여 상법 제62조에 의한 주의의무의 해태로 인하여 손해배상책임을 부담하여야 할 것이나, 임치계약의 해지로 이러한 책임을 부담하지 않는다고 본다.

우리 대법원도 이와 같은 취지로 「Y와 X 사이의 건고추 보관약정은 기간의 약정이 없는 임치라고 할 것이므로 수치인인 Y는 언제든지 그 계약을 해지할 수 있다고 할 것인바, 위 건고추가 변질되고 벌레먹기 전인 1981. 5경 Y가 X에게 보관물의 처분과 인수를 요구하였다면 이는 임치계약을 해지하고 임치물의 회수를 최고한 의사표시라고 볼 여지가 있고, 그와 같이 본다면 X가 그 회수를 거절한 이상 이 때부터 수령지체에 빠진 것이라 하겠으므로 그 후 Y가 보관중인 위 건고추가 변질되고 벌레가 먹음으로써 상품가치가 상실되었다고 하여도 그것이 Y의 고의 또는 중대한 과실로 인한 것이 아닌 한 Y에게 그 배상책임을 물을 수 없는 것이다」고 판시하고 있다($^{대판\ 1983.\ 11.\ 8,}_{83\ 다카\ 1476}$).

제 4 절 유가증권에 관한 규정

상법은 제2편 상행위편에서 1개의 포괄규정을 두어 유가증권 중에서 「금전의 지급청구권·물건 또는 유가증권의 인도청구권이나 사원의 지위를 표시하는 유가증권」에 대하여는 민법의 증권채권에 관한 규정($^{민\ 508조\sim}_{525조}$) 및 어음법의 규정의 일부($^{어\ 12조\ 1항}_{및\ 2항}$)를 준용하고 있다($^{상}_{65조}$). 동 규정상 「금전의 지급청구권을 표시하는 유가증권」이란 어음·수표·채권(債券) 등을 의미하는데, 이 때 어음·수표에는 별도의 어음법·수표법이 먼저 적용되므로 동 규정이 적용될 여지가 거의 없고, 채권(債券)에 대하여는 상법이 규정하고 있는 사항($\frac{상}{480조}478조\sim$) 이외의 사항에 대하여 동 규정이 적용될 여지가 있다. 또한 동 규정상「물건의 인도청구권을 표시하는 유가증권」이란 화물상환증·창고증권·선하증권·상품권 등을 의미하는데, 이 때 화물상환증·창고증권·선하증권에 대하여는 상법이 규정하고 있는 사항($\frac{상}{157조,}128조\sim133조, 156조\sim$ $852조\sim861조$) 이외의 사항에 대하여 동 규정이 적용될 여지가 있고, 상품권에 대하여는 동 규정이 적용될 여지가 있다. 또한 동 규정상「유가증권의 인도청구권을 표시하는 유가증권」이란 승차권·승선권 등의 인도를 청구할 수 있는 유가증권으로서 여행권과 같은 것을 의미하는데, 이러한 증권에 대하여는 (비록 그 예가 적지만) 동 규정이 적용될 여지가 있다.「사원의 지위를 표시하는 유가증권」이란 주권(株券) 등을 말한다.

위와 같은 유가증권으로서 그 권리의 발생·변경·소멸을 전자등록하는 데에 적합한 유가증권은 전자등록기관의 전자등록부에 등록하여 발행할 수 있는데, 이 경우에는 주식의 전자등록과 같다($\frac{상}{부칙}65조 2항, 전동$ $10조 1항 1문$).

제 5 절   상호계산

제 1   상호계산제도의 목적

기업활동은 원래 반복적으로 또 집단적으로 하게 되는 까닭에, 같은 유형에 속하는 거래가 반복하여 집단적으로 생기는 계속적 거래관계에 있게 된다. 이 때 각 당사자가 그 거래에서 생기는 무수한 채권·채무를 각 변제기마다 개별적으로 변제(결제)를 하게 되면, 법률관계가 매우 번거롭기 때문에 거래의 신속이라는 기업활동의 이념에 반할 뿐만 아니라 격지자간의 결제에 있어서는 송금에 따른 비용과 위험도 발생한다.

이 때 만일 일정기간 내에 있어서의 채권·채무의 총액을 일괄하여 상계하고 그 잔액을 지급할 수 있게 한다면, 기업활동의 결제를 간편하게 하기 위해서나 또는 경영활동을 신속·원활하게 하기 위해서나 크게 도움이 될 것이다. 따라서 이러한 목적에서 발생된 것이 상호계산제도이다.

제2 상호계산의 의의

상호계산이란 「상인간 또는 상인과 비상인간에 상시 거래관계가 있는 경우에 일정한 기간의 거래로 인한 채권·채무의 총액에 관하여 상계하고 그 잔액을 지급할 것을 약정하는 것」을 말한다($\frac{\text{상}}{72\text{조}}$).

따라서 상호계산계약은 적어도 당사자의 일방이 「상인」이어야 하며, 양 당사자 간에는 「항상 계속하여 서로 채권·채무를 생기게 하는 거래관계(거래의 계속성)」가 있어야 한다. 또한 총액상계의 대상이 되는 것은 「일정기간 내의 거래에서 생기는 채권·채무」이어야 한다. 이 일정기간을 「상호계산기간」이라고 하는데, 다른 약정이 없는 한 6월로 한다($\frac{\text{상}}{74\text{조}}$). 이 상호계산기간은 상호계산계약의 존속기간과 다르다.

「상호계산에 의하여 결제되는 채권·채무」(상호계산능력)에는 일정한 제한이 있다. 즉 상호계산능력이 있는 채권·채무는 원칙적으로 '거래에서 생긴 채권·채무로서 금전채권'에 한한다. 따라서 (i) 거래에 의하지 않은 채권·채무(예컨대, 불법행위·사무관리 등에 의하여 발생한 채권·채무)는 상호계산능력이 없고(통설), (ii) 거래에서 생긴 채권·채무라도 금전채권·채무 이외의 채권·채무는 총액계산에 부적당하므로 상호계산능력이 없다. (iii) 또한 금전채권이라도 어음 기타의 유가증권상의 채권·채무는 상호계산능력이 없다. 왜냐하면 이러한 유가증권상의 채권은 제시증권성·상환증권성 등으로 인한 특수한 행사방법을 요하기 때문이다. 그러나 이러한 어음 기타의 유가증권수수의 대가관계상의 채권·채무는 상호계산능력이 있다($\frac{\text{상}}{73\text{조}}$)(예컨대, 상호계산의 일방당사자인 갑이 그 상대방인 을에게 A가 발행한 100만원의 약속어음을 배서양도하고 그 대가인 98만원을 받기로 하였다면 을이 부담하는 98만원 채무가 유가증권수수의 대가채무로서 상호계산능력이 있다).

상호계산은 채권·채무가 대등액의 범위에서 소멸하는 점에서는 민법상의 상계($\frac{\text{민}}{\text{이하}}$ 492조)와 유사하나, 민법상의 상계는 개별적인 채무를 소멸시키는 단독행위이나 상법상의 상호계산은 포괄적인 채무를 소멸시키는 계약이라는 점에서 양자는 구별된다. 또한 상호계산은 금전채권·채무의 결제의 방법으로 이용하는 수단적인 것이므로 보조적 상행위(부속적 상행위)이다.

제 3 상호계산의 효력

1. 상호계산기간중의 효력(소극적 효력, 상호계산불가분의 원칙)

(1) 당사자간의 효력

원칙적으로 당사자간은 상호계산에 계입된 채권·채무를 임의로 제거할 수 없고, 상호계산에 계입된 채권·채무를 개별적으로 이행청구할 수 없으며(따라서 이러한 이행청구에 응하지 아니하였다고 하여도 이행지체가 되지 않는다), 또 상호계산 외의 다른 채권·채무와 상계할 수도 없고, 상호계산에 계입된 채권·채무는 개별적으로 시효가 진행되지 않는다(상호계산불가분의 원칙).

그러나 어음 기타의 상업증권이 수수된 대가가 상호계산에 계입된 경우에는, 그 증권채무자가 변제하지 아니한 경우에 한하여 예외적으로 당사자는 그 대가에 관한 항목을 상호계산으로부터 제거할 수 있다(상 73조 후단).

(2) 제 3 자에 대한 효력

제 3 자는 상호계산에 계입된 채권·채무를 개별적으로 양수·입질·압류할 수 있는가. 이는 다시 말하면 상호계산불가분의 원칙이 제 3 자에게도 미치는가의 문제이다. 이에 대하여 학설은 상호계산의 효력은 제 3 자에게도 미친다는 견해(절대적 효력설)·상호계산의 효력은 제 3 자에게 미치지 않는다는 견해(상대적 효력설) 및 상호계산의 효력은 압류의 경우에만 제 3 자에게 미친다는 견해(절충설)로 나뉘어 있는데, 상거래의 간이결제를 위하여 상호계산제도를 채택할 것인가의 여부는 거래당사자의 임의의 의사에 속하는 것인데 당사자가 우연히 이 제도를 채택하였다고 하여 선의의 제 3 자를 해할 수 없고 또한 당사자간의 약정에 의하여 국가의 강제집행권을 제한하는 재산권을 만들 수도 없으므로 상호계산불가분의 원칙은 제 3 자에게는 미치지 않는다는 견해가 타당하다고 본다(상대적 효력설)(동지: 대판 2002. 8. 27, 2001 다 71699)(이에 관한 상세는 정찬형, 「상법강의(상)(제27판)」, 268~269면 참조).

2. 상호계산기간 만료 후의 효력(적극적 효력)

(1) 잔액채권의 성립

상호계산기간이 만료하면 상호계산에 계입되었던 채권·채무의 총액을 일괄 상계하고 그 잔액이 「성립」하는데, 이러한 잔액의 「확정」은 잔액을 산출한 계산서를 각 당사자가 승인함으로써 하게 된다(상 75조 본문). 이것을 「상호계산기간 만료 후의 효력」 또는 「적극적 효력」이라고 한다.

상호계산기간 만료 후 상호계산에 계입된 채권·채무의 총액을 일괄 상계한 후 잔액에 대하여는 채권자는 계산폐쇄일 이후의 상사법정이자를 청구할 수 있다 ($\frac{상76조}{1항}$). 이 때 각 항목채권에 당사자간의 특약으로써 이자를 붙인 경우에도 채권자 는 계산폐쇄일 이후의 상사법정이자를 청구할 수 있다($\frac{상76조}{2항}$). 따라서 이 때에는 채 무자는 이중으로 이자를 지급하게 된다.

(2) 잔액채권의 확정

잔액채권은 상호계산의 각 당사자가 「승인」함으로써 확정되는데, 이 승인은 구채권·채무를 소멸시키고 신채권·채무를 발생시키는 경개적(更改的) 효력을 갖는 다($\frac{민500조}{참조}$). 따라서 잔액채권·채무는 구채권·채무와는 별개의 채권·채무로서, 이 러한 승인시부터 각 항목채권·채무와는 별도로 소멸시효에 걸린다.

상호계산의 각 당사자가 잔액을 산출한 계산서를 승인하면 각 당사자는 각 항 목채권·채무에 존재하던 하자를 이유로 하여 「이의를 제기하지 못하는데」($\frac{상75조}{본문}$), 이는 각 항목채권·채무의 수액을 다투지 못함은 물론 그 원인행위의 무효 등을 다 투지 못한다는 의미이다. 그러나 계산서의 각 항목채권·채무에 존재하는 하자 중에 서 「착오 또는 탈루(빠진 것)가 있는 경우」에는 예외적으로 각 당사자는 이의를 제 기할 수 있다($\frac{상75조}{단서}$). 이 때 「이의를 제기할 수 있다」는 의미가 무엇이냐에 대하여 학설은 승인행위 그 자체가 무효라는 승인행위무효설(소수설)과 승인행위 자체의 효 력에는 영향이 없고 다만 부당이득을 이유로 하여 이득상환청구를 할 수 있다고 하 는 부당이득설(다수설)로 나뉘어 있는데, 승인행위무효설(소수설)에 의한 해석이 법 문에 충실한 해석이며 간명한 것으로 생각한다(이에 관한 상세는 정찬형, 「상법강의 (상)(제27판)」, 270~271면 참조).

≫ 사례연습 ≪

[사 례]

Y(상인)와 X(상인)는 상시 거래관계가 있어 3개월마다 거래로 인한 채권·채무 의 총액에 관하여 상계하고 그 잔액을 지급하기로 하는 상호계산계약을 체결하 였다. 이 때 Y는 A로부터 받은 1,000만원의 약속어음을 X에게 배서양도하고 그 대가로 X로부터 980만원을 받기로 하는 채권을 가진 경우, Y의 이 채권(X의 이

채무)은 상호계산에 의하여 결제될 수 있는가(상호계산능력이 있는지 유무)? 만일 이를 긍정하는 경우에 A가 이 약속어음의 지급거절을 하면 X는 Y에 대하여 어떠한 주장을 할 수 있는가?

* 이 사례는 정찬형, 「상법사례연습(제 4 판)」, 사례 23에 기초한 것이므로, 이에 관한 상세는 同書를 참고하기 바람.

[해 답]

1. Y의 어음양도에 따른 대가채권의 상호계산능력의 유무

이 문제에서 Y가 A로부터 받은 1,000만원의 약속어음을 X에게 배서양도하고 그 대가로 X로부터 980만원을 받기로 한 채권(X의 입장에서 보면 Y에게 980만원을 주기로 한 채무)은 어음상의 채권·채무가 아니라, 어음 수수의 대가관계상의 채권·채무이므로 상호계산능력이 있다. 이 어음상의 권리는 어음소지인인 X가 갖고 있고, 어음채무는 제 1 차적으로 A가 주채무를 부담하고 제 2 차적으로 Y가 배서인으로서 소구의무를 부담하는 것이다. 이 경우 X가 갖고 있는 어음채권과 Y가 부담하고 있는 소구의무인 어음채무는 상호계산능력이 없는 것이다. 왜냐하면 Y의 어음채무는 X가 적법한 지급제시기간 내에 A에게 지급제시를 하고 A가 지급거절을 하는 등 일정한 소구요건이 충족되는 경우에만 발생하는 조건부채무이며 또한 X가 Y에게 이 소구권을 행사하기 위하여는 소구요건을 구비하였음을 입증하여야 하고 또 어음을 제시하는 등 일정한 어음상의 권리행사방법에 의하여야 하므로 간이결제의 기술로서 인정된 총액상계의 방법인 상호계산에는 포함될 수 없는 성질이 있기 때문이다.

따라서 상법 제73조 전단의 「어음 기타의 상업증권으로 인한 채권·채무」는 어음 기타의 상업증권상의 채권·채무가 아니라, 그러한 증권의 수수에 따른 대가관계상의 채권·채무를 의미하는 것이다.

2. A의 어음채무의 지급거절시 X의 Y에 대한 조치

위 1.에서 본 바와 같이 Y의 X에 대한 어음 수수의 대가관계상의 채권(980만원)은 상호계산능력이 있어 상호계산기간 만료시에 총액상계되는데(이는 X의 입장에서는 Y에 대한 980만원의 채무를 상호계산기간 만료시에 이행하는 것이 된다), X는 A의 지급거절로 인하여 어음금 1,000만원을 지급받지 못하고 Y에게 소구권을 행사하기 위하여는 별도의 소구요건을 구비하여 어음상의 권리로서 행사하여야 한다. 그런데 X는 원래 A로부터 어음금 1,000만원을 지급기일(만기)에 지급받을 것을 전제로 하여 Y에게 980만원을 지급하기로 한 것인데, A로부터 1,000만원을 지급받지 못하면서 Y에게 980만원을 지급하는 것이 되어 X에게 매우 불리하게 된다. 이 때 X는 Y에 대한 상환청구권을 새로 상호계산의 항목에 포함시킬 수도 있으나 Y가 파산한 경우에는

다른 채권자와 경합하여 평등한 변제를 받는데 불과하므로 X는 충분한 변제를 받지
못하는데 X의 대가채무는 상호계산에 포함되어 그 전액이 상계되므로 이 경우 X는
매우 불리하게 된다. 따라서 이러한 경우 X를 보호하기 위하여 상법 제73조 후단은
「… 그 증권채무자가 변제하지 아니한 때에는 당사자는 그 채무의 항목을 상호계산
에서 제거할 수 있다」고 규정하여, 상호계산불가분의 원칙에 대한 예외를 인정하고
있다. 이로 인하여 A가 이 어음금의 지급을 거절하는 경우에 X는 Y에 대하여 상호계
산항목 중에서 980만원의 X의 채무의 항목을 상호계산에서 제거할 것을 주장할 수
있다. X가 이와 같이 주장하면 상호계산항목에서 X의 대가채무 980만원을 지급하지
않은 것과 동일한 결과가 되고, X는 Y에게 어음을 반환하여야 할 것이다. 이러한 것
은 상호계산에 포함된 채권·채무를 당사자가 임의로 제거할 수 없다는 상호계산기간
중의 효력인 상호계산불가분의 원칙의 중대한 예외가 되고 있다.

그런데 이 경우 상법 제73조 후단에 따라 대가채무항목을 상호계산항목에서 제거
하지 않고, 반대채권항목을 상호계산항목에 새로 포함시켜 동일한 결과를 얻을 수 있다.

만일 상호계산기간 만료 후에 A가 어음금의 지급을 거절한 경우에는 Y와 X는 이
미 상호계산기간의 각 채권·채무의 항목을 기재한 계산서를 승인하여 이의를 제기하
지 못하므로(상호계산기간 만료 후의 효력)($상_{문}^{75조}$) X는 특별한 사정이 없는 한 이를
이유로 승인행위의 무효 등을 주장할 수는 없다고 본다. 따라서 이 경우에는 X는 Y
에 대하여 소구권을 행사하거나, 다음의 상호계산기간에 반대채권항목을 상호계산항
목에 포함시켜 어음을 반환하는 방법에 의할 수밖에 없다고 본다.

제 4   상호계산의 종료

상호계산계약은 (계속적 관계의 설정을 목적으로 하는) 계약이므로 존속기간의 만
료 등 (계속적) 계약의 일반적 종료원인에 의하여 종료한다.

상법이 규정하고 있는 상호계산계약의 특별종료원인으로는 해지가 있다. 즉
상호계산계약의 각 당사자는 상대방의 신용에 변동이 있거나 기타 특별한 사정이
있는 경우에는 언제든지 상호계산계약을 해지할 수 있다($상_{1문}^{77조}$). 상호계산계약이
당사자의 해지에 의하여 종료된 때에는 당사자는 즉시 계산을 폐쇄하고 그 잔액의
지급을 청구할 수 있다($상_{2문}^{77조}$).

제 6 절　익명조합

제 1　익명조합의 목적

　　공동기업형태의 원형이며 소수인간의 간이한 기업형태는 민법상의 조합($\frac{민}{이하}$ 703조)
이다. 그러나 민법상의 조합은 조합원 전원이 업무를 집행하며($\frac{민}{706조}$) 또 조합재산은
조합원의 합유이므로($\frac{민}{704조}$), 이로 인하여 복잡한 법률문제가 발생하여 신속·원활을
위주로 하는 상기업의 형태로는 적합하지 않다. 따라서 민법상의 조합을 상기업에
맞게 가공을 하여 기업활동의 수요에 적응시킨 것이 익명조합인데, 이는 공동기업
형태의 다른 하나의 형태이다(익명조합과 소비대차·민법상의 조합·합자회사 및 합자조합
과의 비교에 관한 상세는 정찬형, 「상법강의(상)(제27판)」, 273~274면 참조).

제 2　익명조합의 의의(설립)

　　익명조합이라 함은 「당사자의 일방이 상대방의 영업을 위하여 출자를 하고,
상대방은 그 영업으로 인한 이익을 분배할 것을 약정하는 계약」인데($\frac{상}{78조}$), 익명조합
은 당사자간의 이러한 계약으로써 성립한다.
　　익명조합계약의 당사자는 「영업자」와 「익명조합원」이고, 익명조합원은 영업자
의 영업을 위하여 「출자」하고, 영업자는 영업에서 생기는 「이익을 분배」할 것을 약
정하여야 한다.

[익명조합계약을 긍정한 판례]

　　"대외관계에 있어서는 어느 주식회사의 지방출장소장으로 되어 있으나 대내
적으로는 그 회사의 영업을 위하여 출자를 하고 그 영업에서 생기는 이익의 분
배를 받을 것을 약정한 사실이 인정될 수 있는 경우에는, 특별한 사정이 없는
한 출자를 한 자와 회사와의 관계를 상법상의 익명조합관계에 있다고 할 것이
다($\frac{대판\ 1957.\ 11.\ 18,}{4290\ 민상\ 616}$)."

[익명조합계약을 부정한 판례]

　　"그 영업에서 이익이 난 여부를 따지지 않고 상대방이 정기적으로 일정한 금
액을 지급하기로 약정한 경우에는 가령 이익이라는 명칭을 사용하였다 하더라

도 그것은 상법상의 익명조합계약이라고 할 수 없다($\frac{대판 1962. 12.}{27, 62 다 660}$)."

"매일 매상금 중 일정비율의 금액을 지급할 것을 약정한 것은 상법상의 익명조합계약이 아니다($\frac{대판 1983. 5.}{10, 81 다 650}$)."

제3 익명조합의 효력

1. 대내적 효력

(1) 출 자

익명조합에서 출자의무를 부담하는 자는 「익명조합원」뿐이다($\frac{상 78조}{전단}$). 익명조합원의 출자목적물은 「재산」(금전 또는 현물)에 한정되며, 신용이나 노무는 출자목적물이 될 수 없다($\frac{상 86조}{272조}$). 익명조합원이 출자한 재산은 법률상 영업자의 재산으로 본다($\frac{상}{79조}$).

[익명조합원의 출자재산에 관한 판례]

"익명조합원의 출자는 영업자의 재산으로 되므로 영업자가 영업의 이익금을 함부로 자기 용도에 소비한 경우에도 횡령죄가 되지 않는다($\frac{대판 1971. 12.}{28, 71 도 2032}$)."

"익명조합에서 영업자가 건축한 건물에 대하여 익명조합원은 합유권을 주장할 수 없다($\frac{대판 1972. 8.}{29, 72 다 1097}$)."

"익명조합원이 영업을 위하여 출자한 금전 기타의 재산은 영업자의 재산이므로, 그 영업자는 타인의 재물을 보관하는 자의 입장에 서지 아니한다($\frac{대판 1973. 1.}{30, 72 도 2704}$)."

(2) 영업의 수행

익명조합에서 영업수행의무를 부담하는 자는 「영업자」뿐이다($\frac{상 78조}{후단}$). 익명조합원은 합자회사의 유한책임사원과 같이 영업을 수행할 권리가 없다($\frac{상 86조}{278조}$). 익명조합원은 영업을 수행할 권리가 없는 반면에, 합자회사의 유한책임사원과 같이 영업을 감시할 권리가 있다($\frac{상 86조}{277조}$).

영업자의 영업수행의무와 관련하여 영업자가 경업피지의무를 부담하는지 여부에 대하여 상법은 명문규정을 두고 있지 않으나, 해석상 이를 긍정하여야 할 것으로 본다(적극설에 찬성함)(이에 관한 상세는 정찬형, 「상법강의(상)(제27판)」, 278~279면 참조).

(3) 손익의 분배

영업자는 익명조합원에게 영업으로 인한 이익을 분배할 의무를 부담하는데 ($\frac{상}{후단}$78조), 익명조합원은 영업자에게 영업으로 인한 손실을 분담할 의무를 지는 것은 아니다. 즉 「이익분배」는 익명조합계약의 본질적인 요소이나, 「손실분담」은 익명조합계약의 본질적인 요소가 아니다. 그러나 당사자간에 손실분담에 관하여 특약할 수는 있고, 당사자간에 손실을 분담하지 않기로 하는 특약($\frac{상}{3항}$82조)이 없으면 공동기업의 일반원칙에 의하여 익명조합원은 손실분담의 묵시적인 특약이 있는 것으로 해석하여야 할 것이다(통설).

(4) 당사자 지위의 이전

익명조합계약은 당사자간의 인적 신뢰를 전제로 하는 것이므로, 각 당사자는 특약이 없는 한 그 지위를 타인에게 이전할 수 없다고 본다. 이러한 당사자의 지위는 의사에 기하여 양도될 수 없을 뿐만 아니라, 상속·합병 등에 의해서도 이전될 수 없다고 본다.

2. 대외적 효력

(1) 영업자의 지위

익명조합은 실질적(경제적)으로는 익명조합원과 영업자의 공동영업이지만 형식적(법률적)으로는 영업자의 단독영업이므로, 대외적으로는 영업자만이 제 3 자와 법률관계를 갖게 된다. 즉 익명조합원이 출자한 재산은 영업자에게 귀속되고($\frac{상}{79조}$) 영업자는 자기 명의로 영업하므로, 영업자는 제 3 자에 대하여 모든 권리의무의 귀속의 주체가 되고 또한 익명조합의 채무에 대하여는 무한책임을 진다.

(2) 익명조합원의 지위

익명조합원은 위에서 본 바와 같이 영업을 수행할 권리가 없으므로($\frac{상}{278조}$86조) 원칙적으로 제 3 자와 법률관계를 갖게 될 여지도 없고 또한 제 3 자에 대하여 책임을 부담하지도 않는다($\frac{상}{80조}$). 그러나 이에 대한 하나의 예외로서 상법은 익명조합원에게 명의대여자로서의 책임을 규정하고 있다($\frac{상}{81조}$). 그런데 이러한 상법 제81조는 동 제 24조에 대한 주의규정에 불과하다고 볼 수 있다.

제 4 익명조합의 종료

1. 종료의 원인

(1) 약정종료원인

익명조합계약에서 조합의 존속기간을 정한 경우에는 익명조합은 이 「존속기간의 만료」로써 당연히 종료된다. 그러나 존속기간을 정하지 아니한 경우 또는 어느 당사자의 종신까지 존속기간을 정한 경우에는 각 당사자는 해지에 의하여 계약을 종료시킬 수 있다($\frac{\text{상}}{83\text{조}}$). 다만 조합의 계속적 성질에 비추어 해지의 시기는 영업연도 말이며, 또 6월 전에 예고를 하여야 한다($\frac{\text{상}}{1\text{항}}$83조). 그러나 부득이한 사유(예컨대, 익명조합원의 출자의무불이행, 영업자의 이익분배 불이행 등)가 있으면 조합의 존속기간의 정함이 있는지 여부를 불문하고 언제든지 해지할 수 있다($\frac{\text{상}}{2\text{항}}$83조).

(2) 법정종료원인

익명조합계약은 (i) 영업의 폐지 또는 양도, (ii) 익명조합원의 파산 및 (iii) 영업자의 사망·파산 또는 성년후견개시시에 의하여 종료한다($\frac{\text{상}}{84\text{조}}$).

2. 종료의 효과

익명조합원이 손실을 분담하지 않는다는 특약이 있는 경우에는 영업자는 익명조합원에게 그 「출자의 가액」을 반환하여야 한다($\frac{\text{상}}{\text{본문}}$85조). 익명조합원이 손실을 분담하는 경우에는 납입된 출자가 손실에 의하여 감소된 때에는 영업자는 그 「잔액」을 반환하면 되나($\frac{\text{상}}{\text{단서}}$85조), 손실분담액이 출자한 가액을 초과하는 경우에는 영업자는 익명조합원에게 아직 「출자하지 못한 부분」을 이행청구하여야 한다.

제 7 절 합자조합

제 1 합자조합의 목적

(1) 최근 인적 자산의 중요성이 높아감에 따라 인적 자산을 적절히 수용할 수 있는 공동기업형태에 대한 수요가 늘게 되었다. 즉, 기업의 설립·운영 및 해산과 관련하여 사적 자치를 폭넓게 인정하면서도 유한책임이 인정되는 기업형태가 필요

하게 되었는데, 현행법상 민법상의 조합은 모든 조합원이 조합채무에 대하여 무한 책임을 지는 문제점이 있고 또한 합자회사는 법인성이 있으면서 유한책임사원이 회 사의 경영에 참여할 수 없는 문제점이 있어, 이러한 문제점을 해결할 수 있는 기업 형태로 2011년 4월 개정상법은 미국식 합자조합(Limited Partnership: LP)제도를 도 입하게 된 것이다.

(2) 합자조합은 조합의 업무집행자로서 조합의 채무에 대하여 무한책임을 지는 「무한책임조합원(업무집행조합원)」과 출자가액을 한도로 하여 조합의 채무에 대하여 유한책임을 지는 「유한책임조합원」으로 구성되는데($\frac{상}{의}\frac{86조}{2}$), 합자회사에 비하여 법 인격이 없고($\frac{상}{169조}$) 또한 사적 자치를 많이 인정하고 있다($\frac{상}{및}\frac{86조의 8}{4항 참조}$ ^{3항}). 이러한 합자 조합은 특히 사모투자펀드(Private Equity Fund: PEF) 등에 적합한 기업형태로 기능 할 것으로 본다(합자조합과 합자회사 및 민법상 조합과의 비교에 관한 상세는 정찬형, 「상법 강의(상)(제27판)」, 285~286면 참조).

제 2 합자조합의 의의(설립)

1. 합자조합계약서의 작성

(1) 합자조합의 의의

합자조합은 「조합의 업무집행자로서 조합의 채무에 대하여 무한책임을 지는 무한책임조합원과 출자가액을 한도로 하여 유한책임을 지는 유한책임조합원이 상호 출자하여 공동사업을 경영할 것을 약정하는 계약」이다($\frac{상}{의}\frac{86조}{2}$). 합자조합은 당사자 간의 이러한 계약만에 의하여 설립할 수 있는 점에서, 민법상의 조합 및 상법상의 익명조합과 같고, 합자회사의 설립절차(정관작성 및 설립등기)와 구별된다. 그런데 합 자조합의 조합계약서에는 법정기재사항이 있는데, 이 점은 합자회사와 유사하고, 민법상의 조합 및 상법상의 익명조합과 구별된다. 이 점에서 합자조합계약은 「유 상·요식계약」이고(유상계약인 점은 익명조합과 같으나, 요식계약인 점은 익명조합과 구별 됨), 기업조직에 관한 특수한 계약이므로 민법상 어떤 전형계약에 속하는 것이 아니 고 「상법상 특수한 계약」으로서 그 내용은 「기업조직에 관한 장기적 계약」이라고 볼 수 있다(이 점은 익명조합과 같음).

(2) 합자조합계약서의 법정기재사항

합자조합의 설립을 위한 조합계약에는 다음 사항을 적고, 총조합원이 기명날인하거나 서명하여야 한다($\substack{상 86조 \\ 의 3}$).

1) 목 적　　　이는 합자회사의 정관의 절대적 기재사항과 같다($\substack{상 270조, \\ 179조 1 호}$).

2) 명 칭　　　이는 합자회사의 정관의 절대적 기재사항과 같다($\substack{상 270조, \\ 179조 2 호}$).

3) 업무집행조합원의 성명 또는 상호 및 주소, 주민등록번호　　　이는 합자회사의 정관의 절대적 기재사항과 같다($\substack{상 270조, \\ 179조 3 호}$). 업무집행조합원의 상호도 기재사항으로 있는 점으로 보아, 이는 회사도 업무집행조합원(무한책임조합원)이 될 수 있음을 간접적으로 의미한다고 볼 수 있다. 합자회사의 경우 회사는 무한책임사원이 될 수 없다($\substack{상 \\ 173조}$).

4) 유한책임조합원의 성명 또는 상호 및 주소, 주민등록번호　　　이는 합자회사의 정관의 절대적 기재사항과 같다($\substack{상 270조, \\ 179조 3 호}$). 유한책임조합원의 상호도 기재사항으로 있는 점으로 보아, 이는 회사도 유한책임조합원이 될 수 있음을 간접적으로 의미한다고 볼 수 있다. 합자회사의 경우에도 회사는 유한책임사원이 될 수 있다.

5) 주된 영업소의 소재지　　　이는 합자회사의 정관의 절대적 기재사항과 같다($\substack{상 270조, \\ 179조 5 호}$).

6) 조합원의 출자에 관한 사항　　　합자조합의 업무집행조합원(무한책임조합원)의 출자목적은 합자회사의 무한책임사원과 같이 조합계약에 다른 규정이 없으면 「재산·노무 또는 신용」을 출자의 목적으로 할 수 있다고 본다. 합자조합의 유한책임조합원은 원칙적으로 신용 또는 노무를 출자의 목적으로 하지 못하나($\substack{상 86조의 8 \\ 3항, 272조}$), 다만 조합계약에 의하여 신용 또는 노무를 출자의 목적으로 할 수 있다. 이 점에서 합자조합은 합자회사와 구별되고, 자율성을 확대하였다고 볼 수 있다.

7) 조합원에 대한 손익분배에 관한 사항　　　합자조합의 경우 이 점에 관하여 조합계약에 반드시 기재하여야 한다(이 점은 합자회사의 경우와 다른 점). 따라서 합자조합에서는 조합계약에서 정하는 바에 따라 출자가액에 비례하지 않는 손익분배도 가능하고($\substack{상 86조의 8 4항; \\ 민 711조 대비}$), 이익이 없음에도 이익배당이 가능한데 다만 이 경우 유한책임조합원이 이익배당을 받으면 변제책임을 정할 때에 그 금액만큼 변제책임의 한도액에 더한다($\substack{상 86조 \\ 의 6 2항}$).

8) 유한책임조합원의 지분(持分)의 양도에 관한 사항　　　합자조합의 경우 조합계약에서 정하는 바에 따라 유한책임사원의 지분을 양도할 수 있도록 함으로써 자율성을 더 보장하고 있다.

9) 둘 이상의 업무집행조합원이 공동으로 합자조합의 업무를 집행하거나 대리할 것을 정한 경우에는 그 규정　　　합자조합의 경우 이러한 사항을 모두 조합계약

에서 정하도록 하고 있다. 이 점은 합자회사와 합자조합이 유사하다고 볼 수 있다.

10) 업무집행조합원 중 일부 업무집행조합원만 합자조합의 업무를 집행하거나 대리할 것을 정한 경우에는 그 규정　　합자조합의 경우 이러한 사항을 조합계약에 규정하도록 하고 있는데, 이는 합자회사의 경우와 유사하다고 볼 수 있다.

11) 조합의 해산시 잔여재산 분배에 관한 사항　　합자조합에서의 잔여재산의 분배에 대하여는 법상 아무런 제한이 없고, 전적으로 조합계약에서 자율로 정하도록 하고 있다.

12) 조합의 존속기간이나 그 밖의 해산사유에 관한 사항　　합자조합의 경우 해산사유에 대하여 상법에서는 특별히 규정하고 있지 않고, 전적으로 조합계약에 규정하도록 하고 있다. 따라서 조합계약에서 규정하지 않은 경우의 합자조합의 해산에 대하여는 민법상 조합에 관한 규정과 해석이 적용된다고 본다($^{상\ 86조의\ 8}_{4항\ 본문}$).

13) 조합의 효력발생일　　조합계약은 이 효력발생일에 성립하는데, 이 효력발생일은 조합계약의 작성일 또는 그 이후이어야 한다고 본다. 이는 민법상의 조합과 유사하고, 설립등기시에 성립하는($^{상\ 172조}_{169조}$) 합자회사와 구별된다.

2. 합자조합 설립의 등기

합자조합이 설립된 경우 합자조합의 업무집행조합원은 설립 후(조합의 효력발생일 후) 2주 내에 조합의 주된 영업소의 소재지에서 (i) 목적, (ii) 명칭, (iii) 업무집행조합원의 성명 또는 상호 및 주소·주민등록번호, (iv) 업무를 집행하는 유한책임조합원의 성명 또는 상호 및 주소·주민등록번호, (v) 주된 영업소의 소재지, (vi) 둘 이상의 업무집행조합원이 공동으로 합자조합의 업무를 집행하거나 대리할 것을 정한 경우에는 그 규정, (vii) 업무집행조합원 중 일부 업무집행조합원만 합자조합의 업무를 집행하거나 대리할 것을 정한 경우에는 그 규정, (viii) 조합의 존속기간이나 그 밖의 해산사유에 관한 사항, (ix) 조합의 효력발생일, (x) 조합원의 출자의 목적·재산출자의 경우에는 그 가액과 이행한 부분을 등기하여야 한다($^{상\ 86조의}_{4\ 1항}$). 위의 사항이 변경된 경우에는 2주 내에 변경등기를 하여야 한다($^{상\ 86조의}_{4\ 2항}$).

합자조합의 경우 설립시 위와 같이 일정한 사항을 등기하도록 하고($^{상\ 86조}_{의\ 4조}$) 또한 주된 영업소의 이전에 대하여 등기하도록 한 점($^{상\ 86조의\ 8,}_{269조·182조\ 1항}$)은 합자회사의 경우($^{상}_{271조}$)와 유사하고, 민법상의 조합 및 상법상의 익명조합과 구별된다.

제3 기 구

1. 내부관계

(1) 출 자

1) 합자조합의 모든 조합원은 반드시 출자를 하여야 하는데, 구체적으로는 조합계약에서 정하는 바에 따라 출자를 하여야 한다($^{상}_3\,{}^{86조의}_{6호}$).

업무집행조합원은 「재산·노무 또는 신용」을 출자의 목적으로 할 수 있고 유한책임조합원은 원칙적으로 「신용 또는 노무」를 출자의 목적으로 할 수 없는데 ($^{상}_3\,{}^{86조의\,8}_{항,\,272조}$), 다만 조합계약에 의하여 이와 달리 자유롭게 정할 수 있다($^{상}_3\,{}^{86조의}_{6호}$). 조합원은 조합의 설립시에 출자의 목적을 전부 이행할 필요는 없다($^{상}_1\,{}^{86조의\,4}_{항\,2호\,참조}$).

조합원의 출자의 목적·재산출자의 경우에는 그 가액과 이행한 부분이 등기사항으로서 공시된다($^{상}_1\,{}^{86조의\,4}_{항\,2호}$).

2) 합자조합의 조합원이 출자의무를 이행하지 않으면 채무불이행의 일반적인 효과만이 발생한다($^{민}_{이하}\,{}^{387조}$).

(2) 업무집행

1) 합자조합의 경우 업무집행은 조합계약에 다른 규정이 없으면(원칙적으로) 각 업무집행조합원(무한책임조합원)이 한다($^{상}_5\,{}^{86조의}_{1항}$). 유한책임조합원은 조합계약에 다른 규정이 없으면(원칙적으로) 조합의 업무집행을 하지 못한다($^{상}_3\,{}^{86조의\,8}_{항,\,278조}$). 그러나 합자조합의 경우 조합계약에 의하여 유한책임조합원에게 조합의 업무집행권을 부여할 수 있는데($^{상}_8\,{}^{86조의}_{3항}$), 이 점은 합자회사의 경우($^{상}_{278조}$)와 구별된다.

2) 합자조합의 조합계약에 의하여 공동업무집행조합원을 둘 수도 있고($^{상}_3\,{}^{86조의}_{9호}$) 업무집행조합원 중 일부 업무집행조합원만 조합의 업무를 집행하게 할 수 있는데 ($^{상}_3\,{}^{86조의}_{10호}$), 이 점은 합자회사의 경우($^{상\,269조,\,202조·208조\,1항,}_{201조\,1항·207조\,2문}$)와 유사하다.

3) 합자조합에서 둘 이상의 업무집행조합원이 있는 경우에 조합계약에 다른 정함이 없으면 그 각 업무집행조합원의 업무집행에 관한 행위에 대하여 다른 업무집행조합원의 이의가 있는 경우에는 그 행위를 중지하고 업무집행조합원의 과반수의 결의에 따라야 한다($^{상}_5\,{}^{86조의}_{3항}$). 이는 합자회사의 경우($^{상\,269조,}_{201조\,2항}$)와 같다.

4) 업무집행조합원의 업무집행을 정지하거나 직무대행자를 선임하는 가처분을 하거나 또는 그 가처분을 변경·취소할 수 있는데, 이 때에는 주된 영업소 및 지점이 있는 곳의 등기소에서 이를 등기하여야 한다($^{상}_8\,{}^{86조의}_{2항}$). 이 때 직무대행자는 가처

분명령에 다른 정함이 있거나 법원의 허가를 얻은 경우 외에는 조합의 통상업무에 속하지 아니한 행위를 하지 못하는데, 이에 위반한 행위를 한 경우에도 조합은 선의의 제 3 자에 대하여 책임을 진다($\frac{상}{2항,}\,\frac{86조의\,8}{200조의\,2}$).

5) 업무집행권이 없는 유한책임조합원은 조합계약에 다른 규정이 없으면(원칙적으로) 합자회사의 유한책임사원과 같이 업무감시권이 있다($\frac{상}{4항\cdot277조,}\,\frac{86조의\,8\,3항\sim}{민\,710조}$). 그러나 유한책임조합원의 이러한 감시권은 조합계약에 의하여 배제하는 등 달리 규정할 수 있는데($\frac{상}{8}\,\frac{86조의}{3항}$), 이는 합자회사의 경우와 다른 점이다.

(3) 조합원의 의무

1) 선관주의의무   합자조합의 업무집행조합원은 선량한 관리자의 주의로써 조합의 업무를 집행하고 대리하여야 한다($\frac{상}{5}\,\frac{86조의}{2항}$).

2) 경업피지의무   합자조합의 업무집행조합원은 조합계약에 다른 규정이 없으면(원칙적으로) 합자회사의 무한책임사원과 같이 다른 모든 조합원의 동의가 없으면 경업피지의무(경업금지의무 및 겸직금지의무)를 부담한다($\frac{상}{2항,}\,\frac{86조의\,8}{198조\,본문}$). 그런데 업무집행조합원의 이러한 경업피지의무는 조합계약에 의하여 배제하는 등 달리 규정할 수 있는데($\frac{상}{2항\,단서}\,\frac{86조의\,8}{}$), 이는 합자회사의 경우와 구별되는 점이다.

합자조합의 유한책임조합원은 조합계약에 다른 규정이 없으면(원칙적으로) 다른 조합원의 동의 없이 자기 또는 제 3 자의 계산으로 조합의 영업부류에 속하는 거래를 할 수 있고(경업거래의 허용) 동종영업을 목적으로 하는 다른 회사의 무한책임사원·이사 또는 집행임원이 될 수 있다(겸직허용)($\frac{상}{3항,}\,\frac{86조의\,8}{275조}$). 그러나 조합계약에 의하여 합자조합의 유한책임조합원에게 경업피지의무를 부과하는 등 이와 달리 규정할 수 있다($\frac{상}{8}\,\frac{86조의}{3항}$).

3) 자기거래금지의무   합자조합의 업무집행조합원은 조합계약에 다른 규정이 없으면(원칙적으로) 합자회사의 무한책임사원과 같이 다른 조합원의 과반수의 결의가 없으면 자기 또는 제 3 자의 계산으로 조합과 거래를 할 수 없다($\frac{상}{2항\,본문}\,\frac{86조의\,8}{}$). 이때의 업무집행사원에는 조합계약에 의하여 업무집행권이 부여된 유한책임조합원($\frac{상}{278조\,참조}\,\frac{86조의\,8\,3항}{}$)을 포함한다고 본다. 그런데 업무집행조합원의 이러한 자기거래금지의무는 조합계약에 의하여 배제하는 등 달리 규정할 수 있는데($\frac{상}{2항\,단서}\,\frac{86조의\,8}{}$), 이는 합자회사의 경우와 구별되는 점이다.

합자조합의 유한책임조합원은 조합계약에 다른 규정이 없으면(원칙적으로) 자기거래금지의무를 부담한다($\frac{상}{8}\,\frac{86조의}{3항}$). 그런데 유한책임조합원의 이러한 자기거래금지의무는 조합계약에 의하여 배제하는 등 달리 규정할 수 있다($_8^{상}\,_{3항}^{86조의}$).

(4) 손익의 분배

합자조합에서 조합원에 대한 손익분배에 관한 사항은 조합계약에서 정하는 바에 의한다($_3^{상}\,_{7호}^{86조의}$). 다만 유한책임조합원이 합자회사에 이익이 없음에도 불구하고 배당을 받은 때에는, 이와 같이 배당을 받은 금액을 변제책임의 한도액에 더한다($_6^{상}\,_{2항}^{86조의}$).

(5) 지 분

1) 지분의 양도   업무집행조합원은 다른 조합원 전원의 동의를 받아야 그 지분의 전부 또는 일부를 타인에게 양도할 수 있다($_7^{상}\,_{1항}^{86조의}$).

유한책임조합원의 지분은 조합계약에서 정하는 바에 따라 양도할 수 있는데 ($_7^{상}\,_{2항}^{86조의}$), 이 때 유한책임조합원의 지분을 양수한 자는 양도인의 조합에 대한 권리·의무를 승계한다($_7^{상}\,_{3항}^{86조의}$). 이 점은 합자회사의 유한책임사원의 지분은 무한책임사원 전원의 동의에 의하여 양도할 수 있는 점($_{276조}^{상}$)과 구별된다.

2) 지분의 입질·압류   이에 관하여는 상법에 규정이 없으나, 해석상 업무집행조합원의 지분이든 유한책임조합원의 지분이든 입질 및 압류가 가능하다고 본다. 조합원의 지분에 대한 압류는 그 조합원의 장래의 이익배당 및 지분의 반환을 받을 권리에 대하여 효력이 있다($_{4항,\,민\,714조}^{상\,86조의\,8}$).

2. 외부관계

(1) 대 리

1) 합자조합의 대외적 행위에 대하여 조합을 대리할 권한은 조합계약에 다른 규정이 없으면(원칙적으로) 각 업무집행조합원이 갖는다($_5^{상}\,_{1항}^{86조의}$). 합자조합의 유한책임조합원은 조합계약에 다른 규정이 없으면(원칙적으로) 합자조합의 대외적 행위에 대하여 합자조합을 대리할 권한이 없다($_{3항,\,278조}^{상\,86조의\,8}$). 그러나 합자조합의 경우 조합계약에 의하여 유한책임조합원에게 조합의 대리권을 부여할 수 있는데($_8^{상}\,_{3항}^{86조의}$), 이 점은 합자회사의 경우($_{278조}^{상}$)와 구별된다.

합자조합을 대리하는 업무집행조합원은 조합의 경영에 관하여 재판상 또는 재판 외의 모든 행위를 할 권한이 있고(대리권의 포괄·정형성)($_{209조\,1항}^{상\,86조의\,8\,\,2항,}$), 이러한 대리권에 대한 제한은 선의의 제 3 자에게 대항하지 못한다(불가제한성)($_{209조\,2항}^{상\,86조의\,8\,\,2항,}$).

2) 합자조합의 조합계약으로 업무집행조합원 중 일부 업무집행조합원만 합자

조합을 대리할 것을 정할 수도 있고(대표조합원을 정함을 포함함)($^{상\ 86조의}_{3\ 10호}$), 둘 이상의 업무집행조합원이 공동으로 합자조합을 대리할 것을 정할 수도 있다($^{상\ 86조의}_{3\ 9호}$).

(2) **책 임**

1) **업무집행조합원**(무한책임조합원)   합자조합의 업무집행조합원(무한책임조합원)은 합자조합의 채권자에 대하여 인적·연대·무한·직접의 책임을 부담한다($^{상\ 86조의\ 2,\ 86조}_{의\ 8\ 2항·212조}$). 이 점은 합자회사의 무한책임사원의 책임($^{상\ 269조,}_{212조}$)과 유사하다고 볼 수 있다.

2) **유한책임조합원**   합자조합의 유한책임조합원은 합자조합의 채권자에 대하여 출자가액을 한도로 하는 인적·연대·유한·직접의 책임을 부담한다($^{상\ 86조의\ 2,\ 86조의}_{8\ 2항·212조}$). 즉, 합자조합의 유한책임조합원은 조합계약에서 정한 출자가액에서 이미 이행한 부분을 뺀 가액을 한도로 하여 조합채무를 변제할 책임이 있는데($^{상\ 86조의}_{6\ 1항}$), 이 경우 합자조합에 이익이 없음에도 불구하고 배당을 받은 금액은 변제책임을 정할 때에 변제책임의 한도액에 더한다($^{상\ 86조의}_{6\ 2항}$). 이 점은 합자회사의 유한책임사원의 책임($^{상}_{279조}$)과 유사하다고 볼 수 있다.

제 4 조합원의 변경(가입·탈퇴)

1. 가 입

(1) 합자조합에서 조합원의 가입이나 탈퇴가 있어 조합원에 변경이 있는 경우, 조합을 단순히 당사자 사이의 계약관계로만 보면 당사자의 변경으로 조합은 동일성을 잃게 되어 해산하게 될 것으로 생각될 수도 있으나, 합자조합은 어느 정도 단체성을 갖고 있으므로 조합원의 변동으로 합자조합이 그 동일성을 잃지 않는 것으로 보아야 할 것이다.

(2) 조합원의 가입에 관하여 상법 및 민법에 규정은 없으나, 당연히 인정된다고 본다. 조합원의 가입은 새로 조합원으로 가입하려는 자와 합자조합의 조합원 전원과의 가입계약에 의하는데, 조합계약의 변경($^{상\ 86조의\ 3}_{3호·4호}$)과 변경등기($^{상\ 86조의}_{4\ 2항}$)를 요한다.

(3) 새로 가입한 조합원은 계약에서 정한 출자의무를 부담한다($^{상\ 86조의\ 3}_{6호\ 참조}$).

새로 가입한 조합원이 그의 가입 후에 발생한 조합의 채무에 대하여 책임을 지는 것은 당연한데, 가입 전에 발생한 조합의 채무에 대하여도 책임을 진다고 본다($^{상\ 269조,}_{213조\ 참조}$).

2. 탈 퇴

(1) 법적 근거

합자조합의 조합원의 탈퇴에 관하여 상법에는 특별한 규정을 두고 있지 않으므로 조합계약에 다른 규정이 없으면 민법의 조합에 관한 규정이 준용된다($_{8}^{상}{}_{4항}^{86조의}$). 따라서 합자조합의 조합원의 탈퇴에는 조합원의 의사에 의한 「임의탈퇴」와 조합원의 의사에 의하지 않는 「비임의탈퇴」가 있다.

(2) 임의탈퇴

합자조합의 조합계약으로 존속기간을 정하지 아니하거나 조합원의 종신까지 존속할 것을 정한 때에는 각 조합원은 언제든지 탈퇴할 수 있는데, 부득이한 사유 없이 조합에 불리한 시기에 탈퇴하지 못한다($_{민\ 716조\ 1항}^{상\ 86조의\ 8\ \ 4항;}$). 합자조합의 존속기간을 정한 때에도 조합원은 부득이한 사유가 있으면 탈퇴할 수 있다($_{민\ 716조\ 2항}^{상\ 86조의\ 8\ \ 4항;}$).

합자조합 조합원의 임의탈퇴의 요건을 조합계약에 의하여 이보다 무겁게 정하는 것은 무방하나, 어떠한 경우에도 조합원의 탈퇴를 금지하는 조합계약은 무효라고 본다.

(3) 비임의탈퇴

합자조합 조합원의 비임의탈퇴의 사유에는 사망·파산·성년후견 및 제명이 있다($_{민\ 717조}^{상\ 86조의\ 8\ \ 4항}$).

(4) 탈퇴의 효과

합자조합의 조합원이 탈퇴한 경우 (조합계약에 다른 규정이 없으면) 탈퇴한 조합원과 다른 조합원간의 계산은 탈퇴 당시의 조합재산상태에 의한다($_{민\ 719조\ 1항}^{상\ 86조의\ 8\ \ 4항;}$). 탈퇴 당시의 합자조합의 재산을 결산한 결과 적자가 아니면 탈퇴조합원은 합자조합에 대하여 그의 지분에 해당하는 것을 환급청구할 수 있으나, 적자이면 탈퇴조합원은 그의 손실비율에 따라 합자조합에 대하여 손실된 지분만큼 지급하여야 한다.

제 5 해산과 청산

1. 해 산

(1) 합자조합의 해산사유는 조합계약에서 정하여지는데($_{3}^{상\ 86조의}{}_{12호}$), 조합계약에 없는 경우에도 업무집행조합원(무한책임조합원) 또는 유한책임조합원의 전원이 퇴사한

때에는 해산사유가 된다($\frac{상\ 86조의\ 8\ \ 1항,}{285조\ 1항}$). 이 경우 잔존한 업무집행조합원(무한책임조합원) 또는 유한책임조합원은 전원의 동의로 새로 유한책임조합원 또는 업무집행조합원(무한책임조합원)을 가입시켜서 회사를 계속할 수 있는데, 이 때 이미 조합의 해산등기를 하였을 때에는 주된 영업소의 소재지에서 2주간내에 또한 지점소재지에서는 3주간내에 조합의 계속등기를 하여야 한다($\frac{상\ 86조의\ 8\ \ 1항,}{285조\ 3항\cdot229조\ 3항}$). 업무집행조합원(무한책임조합원)을 가입시켜 합자조합을 계속하는 경우 새로 가입한 업무집행조합원(무한책임조합원)은 그 가입 전에 생긴 합자조합의 채무에 대하여 다른 업무집행조합원(무한책임조합원)과 동일한 책임을 진다($\frac{상\ 86조의\ 8\ \ 1항,}{285조\ 3항\cdot213조}$).

(2) 합자조합이 해산된 때에는 파산의 경우 외에는 그 해산사유가 있은 날로부터 주된 영업소의 소재지에서는 2주간내에 또한 지점소재지에서는 3주간내에 해산등기를 하여야 한다($\frac{상\ 86조의\ 8}{1항,\ 228조}$).

2. 청 산

(1) 합자조합에 해산사유가 발생하면 파산의 경우 외에는 청산절차가 개시되는데, 청산절차는 청산인이 진행한다. 합자조합의 청산인은 합자회사의 청산인과 같이 원칙적으로 업무집행조합원(무한책임조합원) 과반수의 결의로 선임되는데, 이를 선임하지 아니한 때에는 업무집행조합원이 청산인이 된다($\frac{상\ 86조의\ 8}{2항,\ 287조}$).

(2) 청산인이 선임된 때에는 그 선임된 날로부터, 업무집행조합원이 청산인이 된 때에는 해산된 날로부터 주된 영업소의 소재지에서는 2주간내에 또한 지점소재지에서는 3주간내에 청산인의 성명 등 일정한 사항을 등기하여야 한다($\frac{상\ 86조의\ 8\ \ 1항,}{253조\ 1항}$). 이러한 등기사항이 변경된 때에도 위의 등기기간내에 변경등기를 하여야 한다($\frac{상\ 86조의\ 8\ \ 1항,}{253조\ 2항}$).

(3) 합자조합의 청산이 종결된 때에는 청산인은 총조합원의 청산종결의 승인이 있은 날로부터 주된 영업소의 소재지에서는 2주간내에 또한 지점소재지에서는 3주간내에 청산종결의 등기를 하여야 한다($\frac{상\ 86조의\ 8}{1항,\ 264조}$).

제 **3** 장 각 칙

제 1 절 대 리 상

제 1 대리상의 의의

대리상이라 함은 「일정한 상인을 위하여 상업사용인이 아니면서 상시 그 영업부류에 속하는 거래의 대리 또는 중개를 하는 자」이다($\frac{상}{87조}$)($\frac{선박대리점이\ 상법\ 제87조의}{대리상이라고\ 한\ 판례로는\ 대결}$
2012. 7. 16, 2009 마 461 참조. 대리상을 부정한 판례로는
대판 1962. 7. 5, 62 다 244; 동 1999. 2. 5, 97 다 26593 참조).

(1) 대리상은 「일정한 상인」을 위하여 거래의 대리 또는 중개를 하여야 하므로, 불특정다수인을 보조하는 중개인 또는 위탁매매인과 다르다.

(2) 대리상은 「상시」 거래의 대리 또는 중개를 함으로써 본인인 상인과 계속적 거래관계에 있어야 하므로, 단순한 수임인과는 다르다.

(3) 대리상은 일정한 상인의 「영업부류에 속하는 거래의 대리 또는 중개」를 하여야 하므로, 본인의 영업부류에 속하지 않는 거래를 하는 자는 본인을 위하여 계속적으로 이를 대리하거나 중개하더라도 대리상이 아니다.

(4) 대리상은 「독립한 상인」이므로 상업사용인과 구별된다. 이러한 대리상은 상행위의 대리의 인수(체약대리상)($\frac{상\ 46조}{10호}$) 또는 중개에 관한 행위의 인수(중개대리상)($\frac{상\ 46조}{11호}$)를 영업으로 함으로써(기본적 상행위) 당연상인의 자격을 취득한다($\frac{상}{4조}$).

제 2 대리상의 권리·의무

1. 대리상과 본인과의 관계

대리상의 본질은 본인인 상인의 영업부류에 속하는 거래의 대리 또는 중개를 하는 데 있으므로, 대리상과 본인과의 계약(대리상계약)은 법률행위(상행위의 대리) 또는 법률행위가 아닌 사무(중개에 관한 행위)에 관한 위임계약이 중심이 된다. 따라서 대리상계약에는 민법의 위임계약에 관한 규정($\frac{민}{681조}$)이 적용되고, 또한 본인(공급업자)과 대리점이 대등한 지위에서 거래를 할 수 있도록 하기 위하여 「대리점 거래의 공정화에 관한 법률」($\frac{제정: 2015. 12. 22, 법 13614호.}{시행: 2016. 12. 23.}$)이 적용된다. 대리상계약은 위임계약인 점에서 대리상은 본인을 위하여 선량한 관리자의 주의로써 그 영업부류에 속하는 거래의 대리나 중개를 하여야 하는 의무를 지게 됨은 물론이지만($\frac{대판 2003. 4. 22,}{2000 다 55775}$), 상법은 이 외에도 대리상의 의무와 권리에 대하여 다음과 같은 특칙을 두고 있다.

(1) 대리상의 의무

1) **통지의무**($\frac{상}{88조}$)   대리상은 「거래의 대리 또는 중개를 하였을 때」에는 지체 없이 본인에 대하여 그 통지를 발송하여야 한다(발신주의)($\frac{상}{88조}$). 이는 본인을 보호하기 위하여 민법 제683조에 대한 특칙을 규정한 것이다.

2) **경업피지의무**($\frac{상}{89조}$)   대리상은 본인의 허락이 없으면 자기 또는 제 3 자의 계산으로 본인의 영업부류에 속하는 거래를 하거나, 동종영업을 목적으로 하는 회사의 무한책임사원 또는 이사가 될 수 없다($\frac{상 89조}{1항}$). 이것은 대리상과 본인의 이해충돌을 방지하기 위한 것으로서 상업사용인($\frac{상}{17조}$)·인적 회사의 무한책임사원($\frac{상 198조,}{269조}$)·유한책임사원의 업무집행자($\frac{상 287조}{의 10}$)·물적 회사의 이사($\frac{상 397조,}{567조}$)의 경업피지의무와 같은 정신으로 규정된 것이다.

3) **영업비밀준수의무**($\frac{상 92조}{의 3}$)   대리상은 대리상계약이 (존속중에는 물론) 종료된 후에도 대리상계약과 관련하여 알게 된 본인의 영업상의 비밀을 준수하여야 할 의무를 부담하는데($\frac{상 92조}{의 3}$), 이는 본인의 이익을 보호하기 위하여 인정된 것이다. 대리상계약이 종료된 후에 대리상이 갖는 이러한 의무는 법정의무이다.

(2) 대리상의 권리

1) **보수청구권**($\frac{상}{61조}$)   대리상은 상인이므로 본인을 위하여 한 행위에 관하여 당사자간에 보수의 약정을 하지 않은 경우에도 당연히 상당한 보수청구권이 있으나($\frac{상}{61조}$), 그 보수액에 관하여는 대리상계약에서 정하는 것이 보통이다.

2) 유치권($^{상}_{91조}$)   대리상은 본인과의 다른 약정이 없는 한 거래의 대리 또는 중개로 인한 채권(예컨대, 수수료청구권·체당금청구권)이 변제기에 있을 때에는 그 변제를 받을 때까지 본인을 위하여 점유하는 물건 또는 유가증권을 유치할 수 있다($^{상}_{본문91조}$). 이와 같이 상법은 대리상을 위하여 별도로 유치권을 규정하고 있는데, 이는 특별상사유치권의 일종이다(대리상의 유치권과 민사유치권($^{민}_{320조}$) 및 일반상사유치권($^{상}_{58조}$)과의 異同에 관한 상세는 정찬형, 「상법강의(상)(제27판)」, 306~307면 참조).

3) 보상청구권($^{상}_{의 2}^{92조}$)   대리상의 노력으로 본인이 영업상의 이익을 현저하게 얻고 또 대리상계약이 종료된 후에도 본인이 이러한 이익을 계속 받는 경우에는 대리상과 본인의 이익의 형평을 기하기 위하여 대리상에게 본인에 대한 보상청구권을 인정하고 있다($^{상}_{1항 본문}^{92조의 2}$). 대리상의 이러한 보상청구권은 불법행위로 인한 손해배상청구권도 아니고 또한 부당이득반환청구권도 아닌 권리로서, 대리상계약이 종료된 후에 상법에 의하여 발생하는 법정권리이다. 대리상의 이러한 보상청구금액은 대리상계약의 종료 전 5년간의 평균연보수액을 초과할 수 없고, 대리상계약의 존속기간이 5년 미만인 경우에는 그 기간의 평균연보수액을 기준으로 한다($^{상}_{2 2항}^{92조의}$). 대리상의 이러한 보상청구권의 행사기간(제척기간)은 6월이다($^{상}_{2 3항}^{92조의}$). 그러나 대리상계약이 대리상의 책임 있는 사유로 인하여 종료된 때에는 대리상은 이러한 보상청구권을 행사하지 못한다($^{상}_{1항 단서}^{92조의 2}$)(이에 관한 상세는 정찬형, 「상법강의(상)(제27판)」, 307~309면 참조).

2. 대리상과 제 3 자와의 관계

(1) 대리상의 의무·책임

체약대리상이 한 법률행위에 대하여는 대리의 법리에 의하여 당연히 본인이 의무와 책임을 지고, 중개대리상이 한 행위에 대하여는 중개대리상은 전혀 당사자로서 처음부터 관여하지 않았으므로 본인이 제 3 자에 대하여 의무와 책임을 부담하는 것은 당연하다.

(2) 대리상의 권리

대리상이 제 3 자에 대하여 어떠한 범위 내에서 본인을 위하여 행위를 할 수 있는가는 본래 대리상계약의 내용에 의한다. 즉 체약대리상은 대리상계약에서 인정하는 범위 내에서 계약체결에 관한 대리권을 갖고, 중개대리상은 계약을 체결할 권한을 갖지 않지만 중개와 관련한 행위를 대리상계약에서 인정하는 범위 내에서 할 수 있는 권한을 갖는다. 그런데 대리상계약에서 정함이 없는 경우에 대리상은 제 3

자로부터의 통지수령권을 갖는지 여부가 문제된다. 따라서 상법은 매매의 경우 매수인인 제 3 자의 이익을 위하고 매매관계를 신속히 종결시키기 위하여 대리상에게 통지수령권을 인정하고 있다($\frac{상}{90조}$). 이러한 대리상의 통지수령권은 법정권리로서 체약대리상뿐만 아니라 중개대리상에게도 인정된다.

제 3 대리상계약의 종료

1. 일반종료원인($\frac{민}{690조}$)

대리상계약은 위임의 일반종료원인(위임인의 사망·파산, 수임인의 사망·파산·성년후견)($\frac{민}{690조}$)에 의하여 종료된다. 다만 본인의 사망에 의하여서는 종료되지 않는다($\frac{상\ 50조}{참조}$).

2. 법정종료원인($\frac{상}{92조}$)

상법은 대리상관계가 계속적인 성질을 갖고 있음에 비추어 민법 제689조의 위임의 즉시해지자유의 원칙에 대하여 특칙을 두고 있다. 즉 (i) 당사자가 계약의 기간을 정하지 않았을 때에는 각 당사자는 「2월 전에 예고」를 하여 그 계약을 해지할 수 있다($\frac{상\ 92조}{1항}$). (ii) 그러나 부득이한 사정이 있을 때에는 각 당사자는 「언제든지」 그 계약을 해지할 수 있다($\frac{상\ 92조}{2항}$).

제 2 절 중 개 업

제 1 중개인의 의의

중개인이라 함은 「타인간의 상행위의 중개를 영업으로 하는 자」이다($\frac{상}{93조}$).

(1) 중개인은 널리 「타인간」(불특정다수인)의 상행위의 중개를 하는 점에서 특정한 상인을 위하여 계속적으로 상행위의 중개를 하는 「중개대리상」($\frac{상\ 87조}{후단}$)과 다르고, 또 「상행위」의 중개를 하여야 하는 점에서(상사중개인) 당사자의 어느 일방에게도 상행위가 되지 않는 행위의 중개를 하는 「민사중개인」(예컨대, 혼인중매인·직업소개인·비상인간의 토지나 가옥의 매매 등을 중개하는 부동산중개인 등)과 구별된다.

(2) 중개인은 「중개」(사실행위)를 하는 점에서 위탁매매인($\frac{상}{101조}$) 또는 체약대리상($\frac{상}{87조}$)이 하는 행위와 구별된다. 오픈마켓(G마켓, 옥션, 11번가 등) 운영자는 상품중개업을 영위하는 자라고 볼 수 있다($\frac{전자상거래 등에서의 소비자보호에}{관한 법률 2조 4호 참조}$) ($\frac{대판 2013. 6. 28,}{2012 두 22607}$). 그러나 이러한 자에 대하여는 인터넷의 특성으로 인하여 일반 상사중개인에 관한 상법의 규정이 그대로 적용될 수는 없다.

(3) 중개인이 「중개를 영업으로 한다」는 의미는 중개행위(사실행위)를 영업으로 한다는 의미가 아니고, 중개의 인수(법률행위)를 영업으로 한다는 뜻이다($\frac{상 46조}{11호 참조}$). 따라서 (상사)중개인은 당연상인이다($\frac{상}{4조}$).

(4) 중개인과 중개를 의뢰한 당사자간에 체결되는 중개계약(쌍방적 중개계약)은 보통 비법률행위적 사무인 중개의 위탁과 이의 인수로써 성립하는 「위임계약」이다($\frac{민}{680조}$).

제 2 중개인의 의무

중개계약은 위에서 본 바와 같이 보통 위임계약이므로 중개인은 수임인으로서의 일반적 의무인 선량한 관리자의 주의로써 위임사무(중개행위)를 처리할 의무를 부담한다($\frac{민}{681조}$) ($\frac{동지: 대판 2015. 1.}{29, 2012 다 74342}$). 중개인은 위와 같은 일반적 의무를 부담하는 이외에, 상법에 의하여 다음과 같은 특수한 의무를 부담한다. 중개인은 이러한 특수한 의무를 중개인의 지위(중간자적 지위)의 특수성에서 중개를 의뢰한 당사자쌍방에 대하여만 부담한다. 중개인은 제 3 자에 대하여 당사자로 나타나지도 않고 또 본인을 대리하여 계약을 체결하는 것도 아니므로, 중개인과 제 3 자간에는 원칙적으로 아무런 법률관계가 발생하지 않는다. 따라서 중개인은 제 3 자에 대하여는 아무런 의무를 부담하지 않는데, 이 점은 중개인이 위탁매매인 등과 구별되는 점이다.

1. 견품 보관의무($\frac{상}{95조}$)

중개인은 그 중개한 행위에 관하여 견품(見品)을 수령한 때에는 그 행위가 완료할 때까지 그것을 보관하여야 한다($\frac{상}{95조}$). 중개인의 견품수령은 견품매매(견품에 의하여 목적물을 정하고, 그 품질을 담보하는 매매)에서 발생하는데, 이러한 견품을 중개인에 보관시키는 것은 당사자간의 분쟁을 방지 또는 신속히 해결하기 위함이다.

2. 결약서 교부의무($\frac{상}{96조}$)

중개가 성공하여 당사자간에 계약이 성립한 때에는 중개인은 지체 없이 각 당사자의 성명 또는 상호·계약의 연월일 및 그 요령(계약의 중요내용)을 기재한 서면을 작성하여 기명날인 또는 서명한 후 이를 각 당사자에게 교부하여야 하는데($\frac{상 96조}{1항}$), 이 서면을 결약서라고 한다. 이와 같이 중개인에게 결약서교부의무를 부담시키는 것은 중개인이 중개한 사항에 대하여 계약이 성립한 사실 및 그 내용을 명확히 하여 당사자간의 분쟁을 예방하고자 하는 취지에서이다(이 점은 견품 보관의무를 부담시키는 것과 같은 취지이다).

이 결약서의 성질은 그것이 당사자간의 계약이 성립한 후에 중개인이 작성하는 것이며($\frac{상 96조 1항}{전단 참조}$) 또한 계약을 즉시 이행하는 경우에는 당사자의 기명날인 또는 서명을 요하는 것도 아니므로($\frac{상 96조 2항}{전단 참조}$), 계약의 성립요건도 아니요 계약서도 아니며 단순한 증거증권에 불과하다.

중개인은 당사자간에 성립한 계약이 (i) 즉시 이행할 것인 때에는「지체없이」결약서를 작성하여 이것을 각 당사자에게 교부하여야 하고($\frac{상 96조}{1항}$), (ii) 당사자가 즉시 이행함을 요하지 않는 경우에는(기한부 또는 정지조건부의 계약 등) 결약서를 작성하여 이에「각 당사자로 하여금 기명날인 또는 서명시킨 후」이것을 상대방에게 교부하여야 한다($\frac{상 96조}{2항}$). 어느 경우에나 만일 당사자의 일방이 결약서를 수령하지 않거나 이것에 기명날인 또는 서명을 하지 않을 때에는, 상대방에 대하여 지체 없이 그 통지를 발송하여야 한다($\frac{상 96조}{3항}$).

3. 장부작성 및 등본교부의무($\frac{상}{97조}$)

중개인은 장부를 비치하고 이에 결약서의 기재사항(당사자의 성명 또는 상호, 계약의 연월일 및 그 요령)을 기재하여야 한다($\frac{상 97조}{1항}$). 또 당사자는 언제든지 중개인이 자기를 위하여 중개한 행위에 관하여 그 장부의 등본의 교부를 청구할 수 있다($\frac{상 97조}{2항}$).

4. 성명·상호묵비의무($\frac{상}{98조}$)

당사자가 그 성명 또는 상호를 상대방에게 표시하지 않도록 요구한 경우에는 중개인은 결약서 및 장부의 등본에 그 성명 또는 상호를 기재하지 못한다($\frac{상}{98조}$). 당사자로서는 자기의 성명 또는 상호를 상대방에게 알리지 않는 것이(특히 경쟁관계에 있는 경우) 거래에 유리한 경우가 흔히 있으며, 또한 상거래는 개성이 중시되지 않기 때문이다.

5. 개입의무(이행담보책임)($\frac{상}{99조}$)

중개인이 임의로 또는 당사자의 요구에 의하여 당사자의 일방의 성명 또는 상호를 그 상대방에게 알리지 않은 경우에는, 중개인은 그 상대방에게 스스로 이행할 책임을 진다($\frac{상}{99조}$) ($\frac{동지: 대판 1972. 8.}{22, 72 다 1071 \cdot 1072}$). 원래 중개인은 중개행위를 하는 데 그치고 스스로 그 계약의 당사자가 되는 것은 아니지만, 이 경우에는 그 상대방의 신뢰를 보호할 필요가 있으므로 위탁자의 성명을 숨기고 중개한 결과에 대하여 개입의무를 인정한 것이다. 중개인의 이러한 개입의무는 상대방의 신뢰를 보호하기 위하여 법률상 인정된 특별한 「담보책임」이라고 볼 수 있다.

중개인의 이러한 개입의무는 계약의 당사자가 되는 것이 아니라는 점에서 직접 계약의 당사자가 되는 위탁매매인의 개입권($\frac{상}{107조}$)과 다르다. 또한 중개인이 개입의무를 행사한 경우에도 묵비된 당사자는 상대방에 대하여 법률상 계약당사자로서의 채무를 부담하나, 위탁매매인이 개입의무(이행담보책임)($\frac{상}{105조}$)를 지는 경우에는 위탁매매인의 상대방은 위탁자에 대하여 법률상 아무런 채무를 부담하지 않는 점에서 중개인의 개입의무는 위탁매매인의 개입의무와 구별된다.

제 3 중개인의 권리

1. 보수청구권($\frac{상 61조,}{100조}$)

중개인은 상인이므로 특약이 없는 경우에도 중개에 의한 보수, 즉 중개료(구전)를 청구할 수 있다($\frac{상}{61조}$). 중개인의 이러한 보수청구권이 발생하기 위하여는 (i) 중개에 의하여 당사자간에 계약이 성립하여야 하고, (ii) 중개행위와 계약성립간에는 상당인과관계가 있어야 하며, (iii) 결약서의 작성교부절차가 완료되어야 한다($\frac{상 100조}{1항}$).

이러한 요건이 갖추어진 경우에는 중개인은 특약 또는 관습이 없는 한 보수(중개료)를 균분하여 당사자 쌍방에게 그 지급을 청구할 수 있다($\frac{상 100조}{2항}$).

[중개인의 보수청구권의 발생에 관한 판례]

"매매중개료청구권은 매매가 중개인의 손을 거쳐 성립되었음을 조건으로 하여 발생하므로 매매가 성립되지 아니한 이상 중개인이 중개의 노력을 하였더라도 그 노력의 비율에 상당한 보수를 청구하지 못한다($^{대판 1956. 4. 12,}_{4289 \text{ 민상 } 81}$)."

2. 비용상환청구권의 부존재

중개인은 중개를 함에 있어 아무리 비용(예컨대, 신문광고료·교통비 등)을 많이 지출하더라도 특약 또는 관습이 없는 한 그 상환을 청구할 수 없다. 왜냐하면 비용은 보통 보수 중에 포함되기 때문이다.

3. 급여수령권의 부존재($^{상}_{94조}$)

중개인은 중개만을 할 뿐 스스로 행위의 당사자가 되는 것이 아니고 또 당사자의 대리인도 아니므로, 다른 의사표시나 관습이 있는 경우를 제외하고 당사자를 위하여 지급 기타의 이행을 받을 권한이 없다($^{상}_{94조}$).

제 3 절   위탁매매업

제 1   위탁매매인의 의의

위탁매매인이라 함은 「자기의 명의로 타인의 계산으로 물건 또는 유가증권의 매매를 영업으로 하는 자」이다($^{상}_{101조}$).

(1) 위탁매매인은 「자기명의」(법률적 형식)로 하는 점에서 전혀 계약의 당사자로 나타나지 않는 중개인 또는 중개대리상과 구별되고, 본인명의로 제 3 자와 거래하는 체약대리상 또는 기타의 본인의 대리인과도 구별된다.

(2) 위탁매매인은 「타인의 계산」(경제적 효과)으로 하는 점에서 그 실질은 대리와 유사하나(간접대리 또는 경제상의 대리), 이는 법률상의 대리가 아니다. 또한 위탁매매인의 경우 위탁자(타인)는 「상인임을 요하지 않는 점」에서 대리상 또는 (상사)중개인과 구별된다.

(3) 위탁매매인은 「물건 또는 유가증권의 매매」(주선행위의 목적)를 하는 점에서 다른 주선인과 구별된다. 즉 운송주선인의 주선행위의 목적은 「물건운송」이고($^{상}_{114조}$), 준위탁매매인의 주선행위의 목적은 「매매 아닌 행위」이다($^{상}_{113조}$).

(4) 상법은 위탁매매인을 「물건 또는 유가증권의 매매를 영업으로 하는자」라고

표현하고 있으나, 위탁매매인이 상인자격을 취득하는 것은 「주선행위의 인수」를 영업으로 하기 때문이다($\substack{상\\12호}$46조). 따라서 위탁매매인이 하는 매매행위는 위탁업무의 이행행위로서 위탁매매인이 「영업을 위하여」 하는 행위(보조적 상행위)이지, 「영업으로」 하는 행위(영업적 상행위)가 아니다(통설).

위탁매매인과 위탁자와의 관계, 즉 주선계약은 「위임」이다. 따라서 이 양자간에는 위임에 관한 규정이 적용된다($\substack{상\\112조}$).

[증권매매거래의 위임계약(주선계약)의 성립시기에 관한 판례]

"위탁금이나 위탁증권을 받을 직무상 권한이 있는 직원이 증권매매거래를 위탁한다는 의사로 이를 위탁하는 고객으로부터 금원이나 주식을 수령하면 곧바로 위탁계약이 성립한다고 할 것이고, 그 이후에 그 직원의 금원수납에 관한 처리는 위계약의 성립에 영향이 없다($\substack{대판\ 1994.\ 4.\ 29,\ 94\ 다\ 2688;\\동\ 1997.\ 2.\ 14,\ 95\ 다\ 19140}$) "(그러나 위임계약은 낙성계약이므로 증권회사가 금원이나 증권을 수령하지 않아도 당사자간에 이에 관한 의사의 합치만 있으면 위임계약이 성립한다고 본다— 저자 주).

제 2 위탁매매계약의 법률관계

1. 외부관계

⑴ 위탁매매인과 제 3 자(상대방)와의 관계($\substack{상\\102조}$)

위탁매매인은 타인(위탁자)의 계산으로 한 매매로 인하여 상대방에 대하여 직접 권리를 취득하고 의무를 부담한다($\substack{상\\102조}$). 이것은 위탁매매인이 자기의 명의로 매매를 하는 당연한 결과인데, 상법이 다시 명문으로 규정한 것이다.

⑵ 위탁자와 제 3 자(상대방)와의 관계

위탁자와 제 3 자와의 사이에는 아무런 직접적인 법률관계가 생기지 않는다. 따라서 위탁자는 제 3 자에 대하여 위탁매매계약에 따른 채무의 이행청구나 손해배상청구를 할 수 없다. 제 3 자의 채무불이행 등이 있는 경우에 위탁자는 채권자대위권($\substack{민\\404조}$)을 행사하거나, 위탁매매인에 대하여 이행담보책임($\substack{상\\105조}$)을 물을 수 있다.

⑶ 위탁자와 위탁매매인의 채권자와의 관계(위탁물의 귀속관계)($\substack{상\\103조}$)

위탁자와 위탁매매인의 채권자와의 사이에는 원칙적으로 아무런 법률관계가 없는데, 상법은 위탁물의 귀속에 관하여 하나의 예외규정을 두고 있다. 즉 상법 제

103조는「위탁매매인이 위탁자로부터 받은 물건 또는 유가증권이나 위탁매매로 인하여 취득한 물건·유가증권 또는 채권은, 위탁자와 위탁매매인의 채권자간의 관계에서는 이를 위탁자의 소유 또는 채권으로 본다」고 규정하고 있다. 상법이 이와 같은 규정을 두게 된 이유는 실질적(경제적)으로 위탁자에게 귀속하면서 형식적(법률적)으로는 위탁매매인에게 귀속하는 소유권 또는 채권을 위탁매매인의 채권자와의 관계에서는 실질관계를 중시하여 위탁자에게 귀속하는 것으로 의제하여 위탁자를 보호하고자 하기 위함이다.

[위탁매매인이 위탁매매로 취득한 채권을 자신의 채권자에게
양도한 경우 위탁자에게 효력이 없다고 본 판례]

"위탁매매인이 그가 제3자에 대하여 부담하는 채무를 담보하기 위하여 그 채권자에게 위탁매매로 취득한 채권을 양도한 경우에, 위탁매매인은 위탁자에 대한 관계에서는 위탁자에 속하는 채권을 무권리자로서 양도한 것으로서 위탁자에 대하여 효력이 없다($^{대판\ 2011.\ 7.\ 14,}_{2011\ 다\ 31645}$)."

[위탁물의 소유권이 위탁자에게 속한다고 본 판례(형사)]

"위탁매매에 있어서 위탁물의 소유권은 위탁자에게 속하고 그 판매대금은 특별한 사정이 없는 한 이를 수령함과 동시에 위탁자에게 귀속되므로 위탁매매인이 이를 사용 또는 소비한 때에는 횡령죄가 성립한다($^{대판\ 1982.\ 2.\ 23,}_{81\ 도\ 2619}$)."

2. 내부관계(위탁매매인과 위탁자와의 관계)

(1) 위탁매매인의 의무

위탁매매인과 위탁자와의 주선계약은 위임계약이므로 위탁매매인은 수임인으로서 위탁자를 위하여 선량한 관리자의 주의로써 그 위임사무를 처리하여야 할 일반적인 의무를 부담한다($^{민}_{681조}$). 상법은 위탁매매인에게 이러한 일반적 의무 이외에 다음과 같은 특별한 의무를 부과하고 있다.

[위탁매매인에게 선관주의의무위반을 인정한 판례]

"증권회사가 위탁받은 주식에 관한 이익배당금의 수령이나 무상증자에 의한 주식의 인수를 이행하지 아니하였다면, 증권회사는 위탁자에게 채무불이행으로 인한 손해배상책임을 부담한다($^{대판\ 1991.\ 5.\ 24,}_{90\ 다\ 14416}$)."

1) **통지의무·계산서제출의무**($\frac{상}{104조}$)   위탁매매인이 위탁자를 위하여 물건의 매도 또는 매수를 한 경우에는 지체 없이 위탁자에 대하여 계약의 요령(중요내용)과 상대방의 주소·성명의 통지를 발송하여야 하며 또 계산서를 제출하여야 한다 ($\frac{상}{104조}$). 상법의 이러한 특칙은 민법 제683조에 대한 예외가 된다.

2) **지정가액준수의무**($\frac{상}{106조}$)   위탁자는 매매가액을 위탁매매인에게 일임하는 경우도 있으나, 최고가액 또는 최저가액을 지정하는 경우가 많다. 이와 같이 위탁자가 매도 또는 매수의 가액을 지정한 경우에는 위탁매매인은 이것을 준수할 의무가 있다.

그러나 위탁매매인이 스스로 그 차액을 부담하여 염가로 매도하거나 고가로 매수한 경우에는 그 매도 또는 매수는 위탁자에 대하여 효력이 있고($\frac{상}{1항}^{106조}$), 이와 반대로 위탁매매인이 고가로 매도하거나 또는 염가로 매수한 경우에는 당사자간에 반대의 특약이 없는 한 그 매매의 효력은 위탁자에게 귀속되고 그 차액은 위탁자의 이익으로 한다($\frac{상}{2항}^{106조}$).

3) **이행담보책임(개입의무)**($\frac{상}{105조}$)   위탁매매인은 다른 약정이나 관습이 없으면 위탁자를 위한 매매에 관하여 상대방이 채무를 이행하지 아니하는 경우에는 위탁자에 대하여 이를 이행할 책임이 있다($\frac{상}{105조}$). 이 책임은 위탁자를 보호하고 위탁매매제도의 신용을 유지하기 위하여 상법이 특히 인정한 「법정책임」이며, 또한 「무과실책임」이다. 위탁매매인의 이러한 이행담보책임은 당사자간의 다른 약정이나 관습에 의하여 이를 배제할 수 있다($\frac{상}{단서}^{105조}$)(위탁매매인의 이행담보책임(개입의무)에 관한 상세는 정찬형, 「상법강의(상)(제27판)」, 327~329면 참조).

위탁매매인의 이러한 이행담보책임(개입의무)은 앞에서 본 바와 같이 위탁매매인의 상대방이 위탁자에 대하여 법률상 아무런 채무를 부담하지 않는 점에서 중개인의 이행담보책임(개입의무)과 구별된다.

4) **위탁물의 훼손·하자 등의 통지·처분의무**($\frac{상}{108조}$)   위탁매매인이 위탁매매의 목적물을 인도받은 후 그 물건의 훼손 또는 하자를 발견하거나, 그 물건이 부패할 염려가 있을 때, 또는 가액저락의 상황을 안 때에는 지체 없이 위탁자에게 그 통지를 발송하여야 한다($\frac{상}{1항}^{108조}$). 이 경우에 위탁자의 지시를 받을 수 없거나, 그 지시가 지연된 때에는 위탁매매인은 위탁자의 이익을 위하여 적당한 처분을 할 수 있다 ($\frac{상}{2항}^{108조}$). 이것은 「가격저락의 상황을 안 때」를 제외하고는 일반적인 수임인의 주의의무를 구체화한 규정이다.

(2) 위탁매매인의 권리

1) 보수청구권($\frac{상}{61조}$)   위탁매매인은 상인이므로 위탁자를 위하여 한 매매에 관하여 특약이 없더라도 상당한 보수를 청구할 수 있다($\frac{상}{61조}$).

2) 비용상환청구권($\frac{민\ 687조,}{688조}$)   위탁매매인이 위탁자를 위하여 매도 또는 매수를 하는 데 비용이 필요한 경우에는 특약 또는 관습이 없는 한 이를 체당할 의무가 없고 위탁자에 대하여 선급을 요구할 수 있다($\frac{민}{687조}$).

3) 유치권($\frac{상}{111조}$)   위탁매매인은 위탁자를 위하여 물건의 매도 또는 매수를 함으로 말미암아 위탁자에 대하여 생긴 채권에 관하여 위탁자를 위하여 점유하는 물건 또는 유가증권을 유치할 수 있다. 그러나 다른 약정이 있을 때에는 그러하지 아니하다($\frac{상}{91조}^{111조}$). 이것은 위탁자가 비상인일 수도 있어 상인간의 유치권인 일반상사유치권($\frac{상}{58조}$)만으로 부족한 까닭에 둔 특별상사유치권으로, 대리상의 특별상사유치권과 같다.

4) 매수물의 공탁 및 경매권(매수위탁의 경우)($\frac{상}{109조}$)   매수위탁자가 위탁매매인이 매수한 물건의 수령을 거절하거나 또는 수령할 수 없는 때에는 위탁매매인은 (상인간의 매매에 있어서의 매도인과 같이) 그 물건을 공탁하거나 또는 상당한 기간을 정하여 최고한 후 이것을 경매할 수 있는 권리를 갖는다($\frac{상}{67조}^{109조}$).

5) 개입권($\frac{상}{107조}$)   위탁매매인은 위탁을 받아 제 3 자와 매매하는 것이 원칙이지만, 위탁자로서는 그 매매가 공정하게 되는 이상 상대방이 누구이든 무관할 것이다. 따라서 상법은 위탁매매인이 거래소의 시세가 있는 물건 또는 유가증권의 매매를 위탁받은 때에는 스스로 매수인 또는 매도인이 될 수 있도록 규정하고 있다($\frac{상}{1항}^{107조}$). 이 경우에는 위탁자와 위탁매매인 사이에 이해충돌이 없으면 오히려 처리가 간편한 까닭이다. 위탁매매인이 갖는 이 권리를 개입권이라고 한다(위탁매매인의 개입권에 관한 상세는 정찬형, 「상법강의(상)(제27판)」, 331~333면 참조).

위탁매매인의 개입권($\frac{상}{107조}$)은 운송주선인($\frac{상}{116조}$) 및 준위탁매매인($\frac{상}{113조}$)의 개입권과 같이 직접 거래상대방이 되는 점에서(외부적 개입권 또는 전면적 개입권), 상업사용인 등이 협의의 경업피지의무(경업금지의무)에 위반하여 거래한 경우에 그가 받은 경제적 이익만을 박탈하는 영업주의 개입권(내부적 개입권 또는 실질적 개입권)($\frac{상\ 17조,\ 89조,\ 198조,\ 269조,}{287조의\ 10,\ 397조,\ 567조}$)과 구별된다.

(3) 매수위탁자가 상인인 경우의 특칙

위탁자가 상인이며 또한 그 영업에 관하여 물건의 매수를 위탁한 경우에는 상인간의 매매에 관한 일부 규정을 준용하고 있다($_{68조~71조}^{상 110조,}$).

제 3 준위탁매매인

준위탁매매인이란 「자기명의로써 타인의 계산으로 매매 아닌 행위를 영업으로
하는 자 중 운송주선인이 아닌 자」를 말한다($_{114조}^{상 113조,}$). 준위탁매매인의 주선의 목적
인 「매매 아닌 행위」의 예로는 출판·광고의 주선, 임대차의 주선, 임치계약의 주
선, 여객운송(여행)의 주선, 다른 주선인과의 주선계약을 주선하는 이른바 간접주선
등이 있다(여행영화의 국내배급대행계약은 준위탁매매계약이다— $_{2011 \text{ 다 } 31645}^{대판 2011. 7. 14,}$). 준위탁매
매인에 대하여는 위탁매매인에 관한 규정이 준용되고 있다($_{113조}^{상}$).

제 4 절 운송주선업

제 1 운송주선인의 의의

운송주선인이라 함은 「자기의 명의로 물건운송의 주선을 영업으로 하는 자」이
다($_{114조}^{상}$).

(1) 운송주선인은 「(타인의 계산으로) 자기의 명의로」 운송계약을 체결하는 점에
서, 운송계약의 개별적인 대리인 또는 운송대리인(체약대리상)과 다르고, 또한 당
사자로서 전혀 나타나지 않으면서 운송계약의 중개만을 하는 중개인 또는 중개대
리상과도 구별된다. 그러나 운송인(또는 위탁자)의 대리인의 이름으로(즉, 운송인 또
는 위탁자의 명의로) 운송계약을 체결한 경우에도 운송주선인이 되는 경우가 있다
($_{5058; \text{ 동 } 2007. 4. 27, 2007 \text{ 다 } 4943}^{동지: 대판 2007. 4. 26, 2005 \text{ 다}}$).

(2) 운송주선인은 주선의 목적이 「물건운송」이라는 점에서 다른 주선인과 구별
된다. 즉 위탁매매인의 주선의 목적은 「물건 또는 유가증권의 매매」이고($_{101조}^{상}$), 준
위탁매매인의 주선의 목적은 「매매 아닌 행위」이다($_{113조}^{상}$). 그러나 운송주선인은 주
선의 목적이 물건운송이라는 점을 제외하고는 위탁매매인과 같다. 그러므로 상법은
운송주선인에 대하여 다른 정함이 있는 경우를 제외하고는 위탁매매인에 관한 규정
을 준용하고 있다($_{123조}^{상}$).

(3) 운송주선인은 물건운송의 주선의 인수를 영업으로 함으로써 상인이 된다

$\binom{\text{상 4조, } 46}{\text{조 12호}}$. 위탁자(송하인)와 운송주선인과의 관계, 즉 주선인수계약의 성질은 위임이다$\binom{\text{동지: 대판 1987. 10.}}{\text{13, 85 다카 1080}}$.

제 2 운송주선인의 의무·책임

1. 운송주선인의 의무

(1) 일반적 의무(주의의무)$\binom{\text{상 123조, 112}}{\text{조; 민 681조}}$

운송주선계약은 위임계약이므로 운송주선인은 선량한 관리자의 주의로써 운송의 주선계약을 이행하여야 한다$\binom{\text{상 123조, 112}}{\text{조; 민 681조}}$.

(2) 개별적 의무$\binom{\text{상 123조, 104조,}}{\text{106조, 108조}}$

앞에서 본 바와 같이 운송주선인은 위탁매매인과 같이 상법상 통지·계산서 제출의무($\frac{\text{상}}{\text{104조}}$), 지정가액준수의무($\frac{\text{상}}{\text{106조}}$), 운송물의 훼손·하자 등에 대한 통지·처분의무($\frac{\text{상}}{\text{108조}}$)와 같은 개별적 의무를 부담한다.

2. 운송주선인의 손해배상책임($\frac{\text{상}}{\text{115조}}$)

운송주선인은 자기 또는 그 사용인(이행보조자를 의미하고, 고용관계의 존재를 전제로 하지 않음 — $\frac{\text{대판 2018. 12. 13.}}{\text{2015 다 246186}}$)이 운송물의 수령·인도·보관·운송인이나 다른 운송주선인(중계지 또는 도착지의 운송주선인)의 선택·기타 운송에 관한 주의(운송주선인의 주선행위의 이행에 관련된 주의에 한하고, 운송인의 행위에 대한 주의를 포함하지 않음)를 게을리하지 않았음을 증명하지 않으면($\frac{\text{동지: 대판 2007. 4.}}{\text{27, 2007 다 4943}}$), 운송물의 멸실(물리적 소멸뿐만 아니라 법률적으로 운송물의 점유를 회복할 수 없는 경우를 포함)·훼손(가액을 감소시키는 상태의 발생) 또는 연착(약정일시 또는 보통 도착하여야 할 일시에 미도착)으로 인한 손해배상책임을 면하지 못한다($\frac{\text{상}}{\text{115조}}$). 이러한 운송주선인의 손해배상책임은 채무불이행책임의 일종이므로, 불법행위책임과 그 경합이 인정된다고 본다(청구권경합설)(운송주선인의 이러한 손해배상책임의 성질 및 불법행위책임과의 관계에 관한 상세는 정찬형, 「상법강의(상)(제27판)」, 339~341면 참조).

운송주선인의 손해배상액에 대하여는 상법에 특별규정이 없으므로 민법의 일반원칙에 의한다($\frac{\text{민}}{\text{393조}}$). 상법 제115조는 임의규정이므로 운송주선인의 고의를 제외하고($\frac{\text{민 2조, 103조,}}{\text{104조 참조}}$), 당사자간의 특약에 의하여 그 책임을 면제 또는 제한하는 것은 무방하다고 본다.

화폐·유가증권·기타의 고가물에 대하여는 위탁자가 운송의 주선을 위탁함에 있어 그 종류와 가액을 명시하지 않으면 운송주선인은 손해배상책임을 지지 않는다 ($\frac{\text{상}\ 124조,}{136조}$).

운송주선인의 이러한 책임은 수하인이 운송물을 수령한 날로부터 1년을 경과한 때에 소멸시효가 완성한다($\frac{\text{상}\ 121조}{1항}$). 이러한 1년의 단기소멸시효기간이 적용되기 위하여는 (i) 운송주선인의 책임발생원인이 「운송물의 멸실·훼손 및 연착」으로 인한 경우에 한하고, (ii) 또 운송주선인이나 그 사용인이 「악의」가 아니어야 한다 ($\frac{\text{상}\ 121조}{3항}$). 이와 같이 1년의 단기소멸시효기간이 적용되지 않는 경우에는 일반상사시효와 같이 5년의 소멸시효에 걸린다($\frac{\text{상}}{64조}$).

제3 운송주선인의 권리

1. 보수청구권($\frac{\text{상}}{119조}$)

운송주선인은 상인이므로 당사자간에 보수에 관한 특약이 없더라도 위탁자에 대하여 상당한 보수를 청구할 수 있다($\frac{\text{상}}{61조}$).

운송주선인은 이러한 보수청구권을 운송주선인이 운송물을 운송인에게 인도한 때에 즉시 청구할 수 있다($\frac{\text{상}\ 119조}{1항}$).

운송주선인은 운송주선계약에서 운임의 액을 정하는 경우에는 특약이 없는 한 따로 보수를 청구하지 못한다(확정운임운송주선계약)($\frac{\text{상}\ 119조}{2항}$)(이에 관한 상세는 정찬형, 「상법강의(상)(제27판)」, 344~345면 참조). 대법원판례는 이러한 확정운임운송주선계약으로 볼 수 있는 요건으로서 (i) 운송주선인에게 운송수행을 위한 재산적 바탕(선박 등의 소유 기타 상업신용)이 있어야 하고, (ii) 정해진 운임의 액이 운임뿐만 아니라 운송물이 위탁자로부터 수하인에게 도달될 때까지의 액수이어야 한다고 한다 ($\frac{\text{대판 1987. 10. 13,}}{85\ \text{다카}\ 1080}$).

2. 비용상환청구권($\frac{\text{상}}{123조}$)

운송주선인이 주선계약을 이행함에 있어서 운송인에게 운임 기타 운송을 위한 비용을 지급한 때에는 위탁자에 대하여 이의 상환을 청구할 수 있다($\frac{\text{상}\ 123조,\ 112}{조;\ 민\ 688조}$).

3. 유치권($\frac{상}{120조}$)

운송주선인은 운송물에 관하여 수령할 보수·운임·기타 위탁자를 위한 체당금이나 선대금(先貸金)에 관하여서만 그 운송물을 유치할 수 있는 특별상사유치권을 갖는다($\frac{상}{120조}$). 이와 같이 운송주선인은 이 유치권을 위에 적은 채권에 관하여서만 행사할 수 있다. 상인간의 유치권인 일반상사유치권에 비하여 운송주선인의 특별상사유치권의 피담보채권의 범위를 이와 같이 제한한 것은, 위탁자와 운송주선인간에는 원칙적으로 계속적 거래관계가 없고 또 수하인의 이익을 보호할 필요가 있기 때문이다.

4. 개입권($\frac{상}{116조}$)

운송주선인은 다른 약정이 없으면 직접 운송할 수 있는데($\frac{상}{1항}\frac{116조}{1문}$), 이를 운송주선인의 개입권이라 한다. 운송주선인이 이러한 개입권을 행사함에는 개입금지의 특약만 없으면 족하지, 위탁매매인의 개입권과 같이 운임에 관하여 시세가 있음을 요하지 않는다. 운임이나 운송방법이 보통 일정하여 개입에 의한 폐단이 없기 때문이다(운송주선인의 개입권에 관한 상세는 정찬형, 「상법강의(상)(제27판)」, 346~348면 참조).

운송주선인이 개입을 한 경우에는 운송인과 동일한 권리의무를 갖는다($\frac{상}{1항}\frac{116조}{2문}$). 운송주선인이 위탁자의 청구에 의하여 화물상환증을 작성한 때에는 직접 운송하는 것으로 의제하고 있다($\frac{상}{2항}\frac{116조}{}$). 상법이 이와 같이 개입을 의제하는 규정을 둔 취지는 운송주선인이 자기명의로 화물상환증을 발행하는 경우에는 개입을 한다는 묵시적인 의사표시가 있는 것으로 볼 수 있고 또 그러한 운송증권의 유효성과 신용을 확보해 주기 위해서이다. 이 때 운송주선인이 발행하는 화물상환증은 「자기명의」로 발행한 경우에 한하며, 타인의 대리인으로 발행한 경우에는 개입이 의제되지 않는다($\substack{동지: 대판 1987. 10. 13, 85 다카 \\ 1080; 동 2007. 4. 26, 2005 다 5058}$).

5. 운송주선인의 채권의 소멸시효($\frac{상}{122조}$)

운송주선인이 위탁자 또는 수하인에 대하여 가지는 채권은 1년간 행사하지 않으면 소멸시효가 완성한다($\frac{상}{122조}$).

제 4 수하인의 지위

수하인, 즉 운송주선계약에 있어서 운송물의 수령인으로 지정된 자(운송계약상의 수하인과 반드시 동일인인 것이 아님)는 운송주선계약의 당사자는 아니지만, 운송물의 지리적 이동과 의사실현의 정도에 따라 마치 운송계약에 있어서의 운송인과 수하인과의 관계와 같이 직접 운송주선인과의 사이에 법률관계가 생긴다. 즉 (i) 운송물이 목적지에 도달한 후에는 수하인은 운송주선계약에 의하여 생긴 「위탁자의 권리」를 취득하고($\frac{상 124조,}{140조 1 항}$), (ii) 운송물이 도착지에 도착한 후 수하인이 그 인도를 청구한 때에는 수하인의 권리가 위탁자의 권리에 우선하며($\frac{상 124조,}{140조 2 항}$), (iii) 수하인이 운송물을 수령하였을 때에는 운송주선인에 대하여 「보수 기타의 비용과 체당금을 지급할 의무」를 부담한다($\frac{상 124조,}{141조}$).

제 5 순차운송주선에 관한 특칙

동일운송물의 운송에 수 인의 운송주선인이 관계하는 형태에는 부분운송주선(수 인의 운송주선인이 각 구간별로 독립하여 위탁자로부터 운송주선을 인수하는 경우)·하수운송주선(한 운송주선인이 전 구간의 운송주선을 위탁자로부터 인수하고, 이의 전부 또는 일부를 자기의 명의와 자기의 계산으로 다른 운송주선인에게 다시 위탁하는 경우)·중간(중계)운송주선(중계운송을 요하는 운송물에 관하여 제 1의 운송주선인이 위탁자로부터 최초의 구간의 운송주선을 인수하고, 자기의 구간 이외의 구간에 대하여는 자기의 명의와 위탁자의 계산으로 제 2의 운송주선인 등과 운송주선을 할 것을 인수하는 경우)이 있는데, 이를 「광의의 순차운송주선」이라 한다(이에 관한 상세는 정찬형, 「상법강의(상)(제27판)」, 349~352면 참조). 이 중 중간(중계)운송주선을 「협의의 순차운송주선」이라고 한다(상법 제117조 1 항의 '수 인이 순차로 운송주선을 하는 경우'는 이를 의미함).

대법원판례는 중간운송주선인에 대하여, 이러한 운송주선인이 운송주선인이라고 불려지고 있어도 이러한 자는 화주(송하인)의 위탁이 아니고 발송지운송주선인의 위탁을 받고 하는 도착지운송주선인이나 중간운송주선인이므로 이러한 자는 특별한 사정이 없는 한 '상법상의 운송주선인'이 아니라고 하는데($\frac{대판 1987. 10. 13,}{85 다카 1080}$), 이러한 운송주선은 하수운송주선이고, 중간(중계)운송주선이 아니라고 본 것 같다.

이러한 협의의 순차운송주선의 경우에는 운송주선인 상호간에 새로운 법률문제가 발생하므로 상법은 제117조와 제118조에서 특별히 규정하고 있다. 즉 후자(중간운송주선인)는 전자(발송지운송주선인 또는 자기의 이전의 중간운송주선인 등과 같이 자기의 직접적인 전자)에 갈음하여 그 권리(보수·비용 등의 청구권, 유치권)를 행사할 의무를 부담하고(일종의 법정대리)($\substack{상 \\ 1항}^{117조}$), 후자가 전자(자기의 직접 전자임을 요하지 않음)에 변제를 하였을 때에는 전자의 권리를 취득한다(민법 제481조의 변제자대위에 대한 특칙)($\substack{상 \\ 2항}^{117조}$). 또 운송주선인이 운송인(자기가 운송계약을 체결한 운송인에게 변제하는 것은 당연하므로, 자기의 이전 구간의 운송인을 의미함)에게 변제를 한 때에는 운송인의 권리(운임 기타의 채권)를 취득한다(민법 제481조의 변제자대위에 대한 특칙)($\substack{상 \\ 118조}$).

제 5 절 운 송 업

제 1 관 총   설

제 1 운송인의 의의

운송인이란「육상 또는 호천·항만에서 물건 또는 여객의 운송을 영업으로 하는 자」이다($\substack{상 \\ 상시}^{125조}_{4조}$). 상법 제125조에서 말하는 운송인은 육상운송인만을 의미하고, 상법 제 2 편 제 9 장의 운송업은 육상운송업만을 의미한다.

(1) 육상운송인은「육상 또는 호천·항만」(운송지역)에서 운송을 하는 점에서 해상운송인 및 공중운송인과 구별된다.

(2) 육상운송인의 운송의 객체는「물건 또는 여객」이다.

(3) 육상운송인은「운송」(운송행위)을 해야 하는데,「운송」이라 함은 물건 또는 여객을 공간적으로 이동시키는 것을 말한다.

(4) 상법은「운송을 영업으로 하는 자」라고 규정하고 있으나, 운송행위 자체는 사실행위이므로 그로부터 운송인의 상인성이 발생할 수는 없고, 운송인은 법률행위인「운송의 인수(법률행위)를 영업으로」함으로써 (당연)상인이 된다($\substack{상 \\ 조}^{4조}_{13호}{}^{46}$).

제 2 운송계약의 체결

1. 운송계약의 성질

운송계약은 운송이라는 일의 완성을 목적으로 하는 것이므로 「도급계약」이다 ($\frac{민}{664조}$) ($\frac{동지: 대판 1983.}{4.\ 26,\ 82\ 누\ 92}$). 또한 운송계약은 「낙성계약」이며(이 점에서 운송계약의 성립에 '운송물의 인도'를 요하지 않는다), 원칙적으로 「유상·쌍무계약」이다(이 점에서 성질이 허용하는 한 민법의 매매에 관한 규정이 적용된다). 또한 운송계약은 「불요식계약」이므로 화물명세서나 화물상환증 등 기타 어떠한 서면의 작성을 요하지 않는다.

[운송계약을 인정한 판례]

"일정한 시간 또는 일정한 장소 사이를 일정한 화주의 물품을 운송하기 위하여 자동차가 제공되고, 그에 대한 보수가 개개의 물품에 대하여는 정하여지지 않고 일정한 장소 사이의 운행을 기준으로 하여 정하는 전세계약도 운송계약이다($\frac{대판\ 1963.\ 4.\ 18.}{63\ 다\ 126}$)."

2. 운송계약의 당사자

운송계약의 당사자는 운송을 위탁하는 자인 「송하인 또는 여객」과 이를 인수하는 「운송인」이다. 물건운송에 있어서 수하인은 운송계약의 당사자가 아니다.

[수출대행자가 운송계약의 당사자라고 본 판례]

"수출대행자가 대행의뢰자와의 수출대행계약에 따라 운송인과의 사이에 체결한 운송계약은 수출대행자가 대행의뢰자를 대리하여 체결한 것이라고는 볼 수 없고, 오히려 수출대행자가 운송계약의 직접당사자이다($\frac{대판\ 1995.\ 7.\ 25.}{94\ 다\ 50878}$)."

3. 운송계약의 체결

운송계약은 불요식·낙성계약이므로 이의 체결에는 아무런 양식을 필요로 하지 않으며, 구두 또는 묵시의 방법으로도 체결될 수 있다.

상법이 물건운송에 관하여 송하인에게 화물명세서의 교부의무를 규정하고 ($\frac{상\ 126조}{1항}$), 또 운송인에게 화물상환증의 교부의무를 규정하고 있지만($\frac{상\ 128조}{1항}$), 이것은 모두 계약성립 후에 작성되는 것이므로 이것은 계약의 성립요건도 아니요 또 계약서도 아니다(화물상환증은 유가증권이지만, 화물명세서는 유가증권이 아니고 증거증권에 지나지 않는다).

제 2 관 물건운송

제 1 운송인의 의무·책임

1. 화물상환증교부의무($\frac{상}{1항}^{128조}$)

운송인은 송하인의 청구에 의하여 화물상환증을 교부하여야 한다($\frac{상}{1항}^{128조}$).

2. 운송물의 보관 및 처분의무($\frac{상 135조,}{139조}$)

운송인은 운송을 인수하는 것이므로 운송물을 「수령한 때부터 그것을 인도할 때까지」 선량한 관리자의 주의로써 그 운송물을 보관할 의무를 부담하고($\frac{상}{135조}$), 송하인 또는 화물상환증소지인이 운송의 중지·운송물의 반환·기타의 처분을 명한 경우에는 그 지시(송하인 등의 운송물처분권)에 따라야 하는 의무(처분의무)를 부담한다($\frac{상 139조}{1항 1문}$). 운송물이 도착지에 도착한 후에는 수하인은 송하인과 동일한 권리를 취득하고($\frac{상}{1항}^{140조}$), 수하인이 운송물의 「인도를 청구한 때」에는 수하인의 권리가 송하인의 이러한 권리에 우선한다($\frac{상}{2항}^{140조}$).

운송인이 송하인 등의 지시에 따라 운송물을 처분한 경우에는 이미 한 운송의 비율에 따라 운임·체당금·비용의 지급을 청구할 수 있다($\frac{상 139조}{1항 2문}$).

3. 운송물인도의무($\frac{상}{135조}$)

운송인은 운송물이 도착지에 도착하면 수하인 또는 화물상환증소지인에게 운송물을 인도할 의무를 부담하게 되는데, 운송인은 이러한 의무를 이행함으로써 운송계약은 종료한다.

(1) 화물상환증이 발행된 경우에는 운송물의 인도청구권은 이 증권에 표창되고 이 증권의 소지인이 송하인 및 수하인의 지위를 갖게 되므로, 운송인은 이 증권의 「소지인」에게 화물상환증과 상환하여서만 운송물을 인도하여야 하는데($\frac{상환증권성-}{상 129조}$), 실무에서는 운송인이 수하인(운송물인도청구인) 등을 신뢰하여 그에게 화물상환증과 상환하지 않고 운송물을 인도하거나(假渡 또는 空渡) 또는 은행 기타 제 3 자의 보증서를 받고 화물상환증과 상환하지 않고 운송물을 인도하는(保證渡) 상관습이 있다

(동지: 대판 1974. 12. 10, 74 다 376). 그러나 이와 같은 운송인의 보증도 또는 가도(假渡)의 상관습이 있다 하여, 이것이 화물상환증의 정당한 소지인에 대한 운송인의 책임을 면제하는 것은 결코 아니다(동지: 대판 1992. 2. 25, 91 다 30026 외).

(2) 화물상환증이 발행되지 않은 경우에는 운송물이 도착지에 도착하였을 때 수하인이 운송계약에 의하여 생긴 송하인의 권리를 취득하고(상 140조 1항), 수하인이 그 운송물의 인도를 청구한 때에는 수하인의 권리가 송하인의 권리보다 우선하므로 (상 140조 2항) 운송인은 「수하인」의 청구에 따라 운송물을 인도하여야 한다. 원래 운송인 의 의무는 운송계약의 상대방인 송하인에 대하여 부담하는 것인데, 운송의 특수성 에 비추어 법이 특히 이를 인정한 것이다(특별규정설).

수하인은 (i) 운송물이 도착지에 「도착하기 전」에는 운송계약상 아무런 권리·의무를 갖지 못하나(상 139조 1항 참조), (ii) 운송물이 도착지에 「도착한 후」에는 운송계약상의 송하인의 권리(인도청구권·손해배상청구권)를 취득하고(상 140조 1항), (iii) 운송물이 도착지에 도착한 후 수하인이 그 「인도를 청구하였을 때」에는 수하인의 권리가 송하인의 권리에 우선하고(상 140조 2항), (iv) 수하인이 운송물을 「수령하였을 때」에는 이것과 상환하여 수하인은 운임 기타 운송에 관한 비용과 체당금을 지급할 의무를 부담한다 (상 141조).

4. 운송인의 손해배상책임

(1) 책임발생원인(상 135조)

상법 제135조는 과실책임주의에 따라서 물건운송인의 채무불이행으로 인한 손해배상책임에 대하여 「운송인은 자기 또는 운송주선인이나 사용인 그 밖에 운송을 위하여 사용한 자가 운송물의 수령·인도·보관과 운송에 관한 주의를 게을리하지 아니하였음을 증명하지 아니하면 운송물의 멸실·훼손 또는 연착으로 인한 손해를 배상할 책임이 있다」고 규정하고 있다.

['인도'에 관한 과실이 있다고 본 판례]

"운송인이 수하인 이외의 제 3 자에게 물건을 인도하여 수하인이 물건을 인도받을 수 없게 되었다면 그 제 3 자가 수하인과의 계약으로 물건의 소유권을 취득한 자라 하더라도 운송인의 수하인과의 관계에 있어서 물건의 인도에 관하여 주의를 해태하지 아니하였다고 할 수 없다(대판 1965. 10. 19, 65 다 697. 동지: 대판 1966. 7. 26, 65 다 2308)."

"화물상환증이 발행된 경우에는 운송인이 정당한 화물상환증의 소지인에게

운송물을 인도하지 않고 제 3 자에게 인도한 경우에는(假渡 또는 보증도 등에
의하여) 운송인은 화물상환증소지인에 대하여 운송물의 인도에 따른 과실로 인
하여 손해배상책임을 부담한다(대판 1992. 2. 25, 외ʼ).ˮ

[‘운송’에 관한 과실이 있다고 본 판례]

“철도편으로 탁송한 화물이 훼손된 경우에는 철도운송인에게 화물운송에 관
하여 과실이 있다고 일응 추정되는 것이며, … 본건에서 설사 한탄강의 범람을
예측할 수 없다 할지라도 침수에 대한 아무런 조치를 취한 흔적이나 또는 조치
를 취할 수 없었던 사정을 엿볼 자료가 없는 이 사건에 있어서는 운송인의 운송
에 관한 주의를 해태하지 아니하였다고 인정되지 아니하므로 원심판결이 불가항
력이란 운송인의 주장을 배척한 조치는 정당하다(대판 1975. 10. 7, 75 다 71. 동지:).ˮ
                                              (대판 1965. 12. 28, 65 다 2125

(2) 손해배상액($\frac{상}{137조}$)

1) 육상물건운송인의 손해배상액에 대하여 상법 제137조는 정액배상주의의 특
칙을 두고 있다. 즉 운송물의 전부멸실 또는 연착된 경우의 손해배상액은 「인도할
날」의 도착지의 가격에 의하고($\frac{상}{1항}$137조), 운송물의 일부멸실 또는 훼손된 경우의 손
해배상액은 「인도한 날」의 도착지의 가격에 의한다($\frac{상}{2항}$137조). 이와 같이 운송인의 손
해배상액을 정액배상주의에 의하여 규정함으로써 손해배상액을 제한한 것은, 상법
제135조에서 운송인의 책임발생원인을 과실책임으로 규정한 것과 함께 운송인을
보호하고자 하는 정책적 이유에 기인하는 것이다. 즉 운송인은 다수의 송하인으로
부터 다량의 물건의 운송을 위탁받는데 운송인의 손해배상액이 송하인별로 다르게
된다면 그에 따라 개별적으로 손해를 입증해야 될 뿐만 아니라, 송하인과의 분쟁에
말려들어 운송인은 원만한 업무수행을 할 수 없기 때문이다.

2) 운송인의 손해배상액을 규정한 상법 제137조는 그 규정형식에서 보나 또한
이를 제한하는 정책적 이유에서 볼 때, 민법상 채무자의 손해배상액을 규정한 민법
제393조에 대한 예외규정이라고 볼 수 있다. 따라서 상법 제137조가 적용되기 위하
여는 운송물에 발생된 손해의 유형이 반드시 「운송물의 멸실·훼손 또는 연착」인
경우에 한하고, 그 이외의 손해의 유형에 대하여는 민법의 일반원칙($\frac{민}{393조}$)에 의하여
운송인의 손해배상액이 결정된다.

또한 운송물에 발생된 손해의 유형이 「운송물의 멸실·훼손 또는 연착」인 경우
에도 그러한 손해가 운송인의 경과실로 인하여 발생된 경우에만 운송인의 책임이
제한되는 것이고(즉, 정액배상주의가 적용되는 것이고), 그러한 손해가 운송인의 고의나

중과실로 인하여 발생된 경우에는 운송인의 책임이 제한되지 않는다($\frac{상}{3항}^{137조}$). 즉 운송인의 고의 또는 중과실로 인하여 운송물의 멸실·훼손 또는 연착이 발생한 경우에는, 운송인은 원칙적으로 채무불이행과 상당인과관계에 있는 모든 손해를 배상하여야 하고($\frac{민}{1항}^{393조}$), 예외적으로 특별손해에 대하여는 운송인은 그 사정을 알았거나 알 수 있었을 경우에 한하여 배상책임을 부담한다($\frac{민}{2항}^{393조}$).

3) 상법 제137조 1 항은 운송물이 연착된 경우를 운송물이 전부멸실된 경우와 같이 보고, 이 때에 운송인이 배상하여야 할 손해액은 운송물의 「인도할 날」의 도착지의 가격에 의하도록 규정하고 있다. 이는 연착의 경우에 「인도한 날」의 가격이 「인도할 날」의 가격보다 하락한 것을 전제로 하여 이의 차액을 손해배상액으로 규정한 것이다. 그러나 실제로 위의 전제와 반대로 「인도한 날」의 가격이 「인도할 날」의 가격보다 높거나 또는 가격에 변동이 없는 경우에는 운송인은 아무런 책임을 부담하지 않게 되어 부당한 결과가 발생한다. 따라서 이에 대하여 해석론상 운송인은 채무불이행의 일반원칙에 의하여 손해배상책임을 부담해야 한다고 보는 견해도 있으나, 이 경우에 민법의 일반원칙에 의한 해석은 상법 제137조 1 항의 명문규정에 너무나 벗어난 해석으로 생각되므로 해석론상은 상법 제137조 1 항에 따라 해석할 수밖에 없고 입법론상 연착의 경우를 상법 제137조에서 제외하든가 또는 별도로 규정해야 할 것으로 본다.

운송물이 일부멸실 또는 훼손되어 연착된 경우에는 상법 137조 1 항에 의하여 「인도할 날」의 도착지의 가격에 의할 것인가, 또는 동법 제137조 2 항에 의하여 「인도한 날」의 도착지의 가격에 의할 것인가가 문제된다. 이 때에는 상법 제137조 1 항에 의하여 「인도할 날」의 도착지의 가격에 의한다고 본다.

4) 운송인이 정액배상주의에 의하여 손해배상액을 부담하는 경우에도 운송물의 멸실 또는 훼손으로 인하여 (송하인 등이) 지급을 요하지 아니하는 운임 기타 비용(예컨대, 관세 등)은 손해배상액에서 공제된다($\frac{상}{4항}^{137조}$). 또한 이 때에 손해배상청구권자의 과실이 있는 경우에는 당연히 과실상계가 인정된다($_{396조}^{민}$). 그런데 운송인이 상법 제137조에 의한 손해배상액을 청구권자에게 지급한 경우에는, 민법의 일반원칙($_{399조}^{민}$)에 의하여 운송인은 운송물에 대하여 청구권자의 권리를 대위할 수 있는지 여부가 문제된다. 이에 대하여는 민법과 상법의 일반원칙에 의하여 대위를 인정하여야 한다는 견해도 있으나(긍정설), 상법 제137조에 의한 배상은 민법 제393조에 의한 배상과는 달리 완전배상이 아니므로 대위를 부정하는 것이 타당하다고 본다(부정설).

(3) 고가물에 대한 특칙($\frac{상}{136조}$)

1) 상법 제135조의 운송인의 손해배상책임에 관한 일반원칙의 예외로서 고가물에 대하여는 특칙규정이 있다. 즉 상법 제136조는 「화폐·유가증권 기타의 고가물에 대하여는 송하인이 운송을 위탁할 때에 그 종류와 가액을 명시한 경우에 한하여 운송인이 손해를 배상할 책임이 있다」고 규정하고 있다. 이러한 상법의 규정은 직접적으로는 운송인을 보호하고, 간접적으로는 송하인에 대하여 고가물에 대한 사전의 명시를 유도하여 손해를 미연에 방지시키고자 하는 것이다.

2) 상법 제136조의 특칙에 의하여 송하인이 고가물에 대하여 그 종류와 가액을 명시하지 않은 경우에는, 그 고가물이 멸실·훼손되더라도 운송인은 아무런 책임을 부담하지 않는다고 본다. 이 때에 운송인은 명시하지 않은 고가물에 대하여 「보통물로서의 주의의무」를 부담하는가. 이에 대하여, 운송인은 보통물로서의 주의의무를 부담한다고 보고 운송인이 보통물로서의 주의를 다하지 못한 경우에는 운송인은 보통물로서의 손해배상책임을 부담해야 한다고 보는 견해가 있다. 그러나 고가물을 보통물로서 그 가액을 환산한다는 것도 사실상 어려운 일이고, 또한 송하인이 고가물을 명시한 경우에 한하여 운송인에게 그 책임을 부담시켜 송하인에게 고가물의 명시를 촉구하고자 하는 것이 상법 제136조의 입법취지인 점에서 볼 때 종류와 가액을 명시하여 신고하지 않은 고가물에 대하여는 운송인은 보통물로서의 주의의무도 없다고 본다. 이렇게 보면 운송인은 신고하지 않은 고가물에 대하여 보통물로서의 주의를 해태(게을리)하여 그 고가물이 멸실·훼손된 경우 등에도 손해배상책임을 부담하지 않게 된다.

그러나 운송인이 고가물임을 모른 경우에도 고의(또는 악의)로 그 고가물을 멸실·훼손시킨 경우에는, 운송인은 원칙적으로 고가물로서의 손해배상책임을 부담하고, 다만 송하인의 과실상계($\frac{민}{396조}$)가 인정될 수 있다고 본다.

3) 송하인이 고가물을 신고하지 않았으나 운송인이 우연히 「고가물임을 안 경우」에는 운송인은 어느 정도의 주의의무를 부담하는가. 이 경우에 운송인이 면책되기 위하여는 필요한 주의의무를 다해야 하는데, 어느 정도의 주의의무가 있는지에 대하여 우리나라의 학설은 다음과 같이 크게 세 가지로 나뉘어 있다.

(i) 첫째는 운송인은 보통물로서의 주의의무가 있고, 이를 해태(게을리)한 경우에는 고가물로서의 책임을 진다는 견해이다(다수설).

(ii) 둘째는 운송인은 고가물로서의 주의의무가 있고, 이를 해태(게을리)한 경우에는 고가물로서의 책임을 진다는 견해이다(소수설).

(iii) 셋째는 대량의 물건을 다루는 운송인에게 우연히 알게 된 주관적 사정을 고려하는 것은 부당하고 또 고가물의 명시를 촉진하고자 하는 의미에서 운송인은 면책된다고 보는 견해이다(소수설).

생각건대 둘째의 견해에 의하면 운송인이 우연히 고가물임을 안 경우를 송하인이 고가물을 신고한 경우와 동일시하여 운송인에게 보다 높은 주의의무를 부담시키는 것이 되어 타당하지 않다고 생각하고, 셋째의 견해는 신의칙에 반하여 타당하지 않다고 본다. 따라서 첫째의 견해(다수설)에 찬성한다.

4) 송하인이 고가물을 신고하지 않았으나 운송인이 「중대한 과실」로 인하여 고가물임을 알지 못한 경우에는, 위 3)의 경우와 같이 운송인이 알고 있는 경우와 동일하게 볼 것인가 또는 운송인이 모른 경우로 볼 것인가가 문제된다. 이에 대하여 상법 제137조 3 항 등을 참조하여 운송인이 알고 있는 경우(악의)와 동일하게 해석할 수도 있으나, 운송인을 보호하고 송하인 등에게 고가물의 신고를 촉구하고자 하는 것이 상법 제136조의 입법취지인 점에서 볼 때 운송인이 중대한 과실로 인하여 고가물임을 알지 못한 경우를 운송인이 알고 있는 경우와 동일시할 수는 없다고 본다.

5) 송하인이 고가물임을 신고하지 않은 경우에는 비록 그 고가물이 멸실·훼손된 경우 등에도 운송인은 손해배상책임을 부담하지 않는데, 이 때 운송인은 후술하는 바와 같이 고의가 없는 한 송하인에 대하여 불법행위에 기한 손해배상책임도 부담하지 않는다고 본다.

[운송인은 불고지 고가물에 대하여 불법행위책임을 진다고 본 판례]
  "상법 제136조와 관련되는 고가물불고지로 인한 면책규정은 운송계약상의 채무불이행으로 인한 청구에만 적용되고 불법행위로 인한 손해배상청구권에는 그 적용이 없으므로, 운송인의 이행보조자의 고의 또는 과실로 송하인에게 손해를 가한 경우에는 송하인은 운송인에게 민법 제756조에 의한 사용자배상책임을 물을 수 있다($^{대판 1991. 8. 23.}_{91~다~15409~외}$)"(그러나 이와 같은 대법원판례에 의하면 상법 제136조의 취지는 거의 무시된다고 본다— 저자 주).

(4) 불법행위책임과의 관계
1) 운송인의 상법 제135조에 의한 손해배상책임은 채무불이행책임의 일종이므로 이 청구권과 불법행위책임과의 관계에 대하여 두 청구권의 경합을 인정하는 청

구권경합설(통설·판례)과 경합을 인정하지 않는 법조경합설(소수설)이 있는데, 운송주선인에서 설명한 바와 같이 청구권경합설이 타당하다고 본다.

2) 채무불이행책임과 불법행위책임과의 관계에서 청구권경합설을 취하느냐 또는 법조경합설을 취하느냐에 따라, 상법 제136조(고가물에 대한 특칙)와 불법행위책임과의 관계도 다음과 같이 달리 설명된다. 왜냐하면 상법 제136조에 의하여 운송인이 면책되는 것은 운송계약상의 채무불이행책임이지, 불법행위에 기한 손해배상책임을 포함하는 것으로 볼 수는 없기 때문이다.

청구권경합설에 의하면 송하인이 고가물을 운송인에게 신고하지 않아 운송인이 그 고가물의 멸실·훼손 등에 대하여 상법 제136조에 의하여 면책되는 경우에도, 운송인은 불법행위의 요건을 충족하는 경우에는 불법행위책임을 면할 수 없다. 그러나 이렇게 되면 운송인에게 과실이 있는 경우에 운송인은 고가물을 신고하지 않은 송하인에게 책임(불법행위책임)을 부담하게 되어, 상법 제136조의 입법취지는 거의 무시된다고 볼 수 있다. 따라서 이 때에 운송인에게 불법행위에 기한 손해배상책임을 지우기 위해서는 민법 제750조를 그대로 적용할 수는 없고 상법 제136조와의 관계상 수정적용하여야 할 것이다. 따라서 청구권경합설의 입장에서도 이 경우에 운송인에게 불법행위에 기한 손해배상책임을 지우기 위하여는 운송인에게 고의(악의)가 있는 경우에 한한다고 설명한다.

법조경합설에 의하면 송하인이 고가물을 신고하지 않아 운송인이 상법 제136조에 의하여 면책되는 경우에는 운송인은 당연히 불법행위에 기한 손해배상책임도 면한다. 그런데 법조경합설의 입장에서도 운송인에게 고의(악의)가 있는 경우에는 운송인에게 불법행위에 기한 손해배상청구권을 행사할 수 있다고 설명한다.

사견으로 청구권경합설에 찬성하므로 위의 청구권경합설에 의한 설명이 타당하다고 본다. 그런데 어느 견해에 의하든 운송인에게 고의(악의)가 있는 경우에는 운송인은 불법행위에 기한 손해배상책임을 부담하므로 그 결과에 있어서는 같다고 본다. 그런데 운송인에게 고의가 있는 경우에는 이미 위에서 본 바와 같이 운송인은 상법 제136조에 의한 채무불이행책임도 부담한다. 따라서 운송인에게 고의가 있는 경우에는 어느 견해에 의하든 운송인은 상법 제136조에 의한 채무불이행책임과 민법 제750조에 의한 불법행위책임을 부담하게 된다.

(5) 면책약관

1) 운송인의 운송계약상의 손해배상책임에 대하여 화물상환증 등에 면책약관이 있으면 이에 의하여 운송인의 책임은 감경 또는 면제될 수 있는가. 운송인의 책

임에 관한 상법의 규정은 강행법규가 아니고 임의법규라고 볼 수 있으므로, 당사자
간의 특약으로 운송인의 책임을 감면할 수 있다고 본다. 따라서 그러한 면책약관이
신의칙에도 반하지 않고 또한 「약관의 규제에 관한 법률」에도 저촉되지 않는 한,
운송인의 운송계약상의 채무불이행책임이 감경 또는 면제된다(그러나 해상물건운송인
의 경우에는 원칙적으로 상법의 규정에 반하는 당사자간의 면책약관은 무효이다— $\frac{상}{790조}$).

2) 그런데 이러한 면책약관에 의하여 운송인의 불법행위책임도 감경 또는 면
제되는가. 운송인의 채무불이행책임과 불법행위책임과의 관계에 대하여 청구권경합
설을 취하면 운송인은 원칙적으로 불법행위책임이 감경 또는 면제될 수 없으나, 법
조경합설을 취하면 운송인은 당연히 불법행위책임이 감경 또는 면제될 수 있다.

(6) 손해배상책임의 소멸

운송인의 운송계약상의 손해배상책임에 대하여는 상법이 특별소멸사유와 단기
소멸시효에 대하여 규정하고 있다. 이러한 규정은 운송인을 보호하기 위한 것인데,
대량의 운송을 반복하는 운송인에게 장기간의 증거보전의무를 부담시키는 것은 가
혹하기 때문이다. 이외에도 운송인은 면책약관 등에 의하여 그 책임을 면할 수 있다.

1) **특별소멸사유**($\frac{상}{146조}$)   운송인의 책임은 수하인 또는 화물상환증소지인이
유보 없이 운송물을 수령하고 운임 기타의 비용을 지급한 때에는 소멸한다($\frac{상\ 146조}{1항\ 본문}$).
즉 운송인은 운송물을 정당한 권리자에게 인도한 때에 그 책임이 소멸한다. 그러나
운송물에 즉시 발견할 수 없는 훼손 또는 일부멸실이 있는 경우에는 수하인 또는
화물상환증소지인이 운송물을 수령한 날로부터 2주간 내에 운송인에게 그 통지를
발송한 때에는 운송인의 책임은 소멸하지 아니한다($\frac{상\ 146조}{1항\ 단서}$).

운송인 또는 그 사용인이 운송물의 멸실·훼손된 사실을 알고(악의) 운송물을
인도한 경우에는 수하인 등이 유보 없이 수령한 경우에도 운송인은 그 책임을 면하
지 못한다($\frac{상\ 146조}{2항}$). 그러나 운송인이 자기 또는 그 사용인의 (중)과실로 인하여 운송
물의 멸실·훼손된 사실을 모른 경우에는 수하인 등이 유보 없이 운송물을 수령하
면 운송인은 운송물의 인도시에 면책된다고 본다.

2) **단기소멸시효**($\frac{상\ 147조,}{121조}$)   운송인이 운송물의 인도 후에 손해배상책임을 부
담하는 경우에도, 이 책임은 수하인 등이 운송물을 수령한 날(전부멸실의 경우에는 그
운송물을 인도할 날)로부터 1년을 경과하면 소멸시효가 완성한다($\frac{상\ 147조,\ 121}{조\ 1항·2항}$).

[운송인의 손해배상책임의 시효기간 기산일에 관한 판례]

"43개의 전주(電柱)의 운송에서 한 개는 완전파손되고 42개만 인도된 경우에

그 한 개는 멸실된 것이므로, 인도할 날로부터 운송인의 책임의 시효가 진행된다($\frac{대판 1976. 9. 14,}{74 다 1215}$)."

이러한 운송인의 책임의 단기소멸시효도 운송인이나 그 사용인이 악의인 경우에는 적용되지 않는다($\frac{상 147조,}{121조 3항}$). 이 때에는 일반상사시효와 같이 5년이다($\frac{상 64조}{본문}$).

≫ 사례연습 ≪

[사 례]

예측할 수 없는 한탄강의 범람으로 철도편으로 X가 탁송한 화물이 훼손된 경우에 운송인인 Y는 X에게 채무불이행에 기한 손해배상책임이 있는가? 이 때 만일 Y가 X에게 채무불이행에 기한 손해배상책임을 부담한다면 동 책임은 민법상 불법행위에 기한 손해배상책임과 경합할 수 있는가?

* 이 사례는 정찬형, 「상법사례연습(제4판)」, 사례 28에 기초한 것이므로, 이에 관한 상세는 同書를 참고하기 바람.

[해 답]

(1) 본문에서 X가 Y에게 철도편으로 탁송한 화물이 「예측할 수 없는 한탄강의 범람으로 인하여」 훼손된 것이 불가항력으로 인한 것이냐(Y의 주장) 또는 Y(Y의 사용인 등을 포함)의 상법 제135조에 의한 주의의무위반으로 인한 것이냐(X의 주장)가 문제가 된다. 그런데 강우에 따른 한탄강의 범람으로 인한 손해는 불가항력으로 인한 손해라고는 볼 수 없다고 본다. 그렇다면 Y는 상법 제135조에 의한 주의의무를 다했느냐의 문제가 되는데, Y가 화물의 침수에 대비하여 필요한 조치를 다 취했음을 입증하지 못하는 한 Y는 상법 제135조에 의한 손해배상책임을 X에게 부담한다고 본다.

우리나라의 대법원판례도 이와 같은 취지로 판시하고 있다($\frac{대판 1975. 10. 7, 75 다 71;}{동 1965. 12. 28, 65 다 2125}$).

(2) Y가 X에 대하여 채무불이행으로 인한 손해배상책임을 지는 경우에 그것이 동시에 민법상 불법행위책임의 요건을 구비하면 위에서 본 바와 같이 양자의 책임은 경합한다고 본다(청구권경합설).

우리 대법원판례도 위와 같은 취지로 판시하고 있다($\frac{대판 1962. 6.}{21, 62 다 102}$).

제 2 운송인의 권리

1. 운송물 인도청구권

운송계약은 낙성계약이므로 운송인은 송하인에게 운송물을 인도하도록 청구할 수 있는 권리를 갖는다.

2. 화물명세서 교부청구권($^{\text{상 }126조}_{1항}$)

운송인은 송하인에 대하여 화물명세서의 교부를 청구할 수 있는 권리를 갖는다($^{\text{상 }126조}_{1항}$). 이러한 화물명세서는 운송계약성립 후에 운송인의 청구에 의하여 송하인이 작성하여 교부하는 서류이므로 「계약서」도 아니고, 또 어떠한 재산권이 표창된 것도 아니므로 「유가증권」도 아니며, 단순히 운송계약의 성립과 내용을 증명하기 위한 「증거증권」이다.

송하인이 화물명세서에 부실한 기재를 하여 이로 말미암아 운송인에게 손해를 준 경우에는 송하인은 그것을 배상할 책임을 져야 한다($^{\text{상 }127조}_{1항}$). 그러나 운송인이 악의인 경우에는 그러하지 아니하다($^{\text{상 }127조}_{2항}$).

3. 운임 및 기타 비용청구권($^{\text{상 }61조,}_{134조}$)

(1) 운송계약에서 운임이 정하여지지 않은 경우에도 운송인은 상인으로서($^{\text{상 }4조,}_{46조 13호}$) 당연히 상당한 운임(보수)청구권을 갖는다($^{\text{상}}_{61조}$). 운송물의 전부 또는 일부가 멸실된 경우에 운송인은 운임청구권을 갖는가에 대하여 상법 제134조는 특칙을 두고 있다. 즉 운송물의 전부 또는 일부가 「송하인의 책임 없는 사유」로 인하여 멸실하였을 때에는 운송인은 그 운임을 청구하지 못한다. 만일 운송인이 이미 운임의 전부 또는 일부를 받았으면 이를 반환하여야 한다($^{\text{상 }134조}_{1항}$). 운송물의 전부 또는 일부가 그 「성질이나 하자 또는 송하인의 과실」로 인하여 멸실한 때에는 운송인은 운임의 전액을 청구할 수 있다($^{\text{상 }134조}_{2항}$). 운송물의 「성질(과일 또는 생선의 부패 등)이나 하자(포장의 흠결로 인한 운송물의 파손 등)」가 추가되어 있는 점이 민법 제538조 1 항(채권자 귀책사유로 인한 이행불능)에 대한 보충적 의미를 갖는다.

(2) 운송인은 운임 외에 운송에 관련한 비용과 체당금의 상환청구권을 갖는다($^{\text{상 }141}_{조 참조}$). 이 때 「운송에 관한 비용」이란 운임으로 보상되지 않는 운송에 관한 비용(예컨대, 통관비용·창고보관료·보험료 등)을 말하며, 「체당금」이란 송하인 등을 위하여

운송인이 채무의 변제로서 금전을 지출하는 것을 말한다($\frac{상}{2항}^{55조}$).

4. 유치권($\frac{상}{120조}^{147조,}$)

운송인에게는 민사유치권($\frac{민}{320조}$) 및 일반상사유치권($\frac{상}{58조}$) 이외에 운송주선인의 그것과 동일한 특별상사유치권이 인정된다($\frac{상}{120조}^{147조,}$). 즉, 운송인은 운임 기타 송하인을 위하여 한 체당금 또는 선대금(先貸金)에 관한 채권에 관해서만 그 운송물을 유치할 수 있다.

5. 운송물의 공탁·경매권($\frac{상}{145조}^{142조\sim}$)

(1) 운송인은 수하인을 알 수 없는 경우($\frac{상}{1항}^{142조}$), 또는 수하인을 알 수는 있으나 수하인이 운송물의 수령을 거부하거나 수령할 수 없는 경우($\frac{상}{1항\ 전단}^{143조}$)에 운송물을 공탁할 수 있다. 운송인이 운송물을 공탁한 경우에는 지체 없이 송하인(수하인을 알 수 없는 경우), 수하인 또는 화물상환증소지인(수하인 또는 화물상환증소지인이 수령을 거부하거나 수령할 수 없는 경우)에게 그 통지를 발송하여야 한다(발신주의)($\frac{상\ 142조\ 3\ 항,}{143조\ 1\ 항}$).

(2) 운송인은 수하인을 알 수 없는 경우에는 송하인에 대하여 상당한 기간을 정하여 운송물의 처분에 대한 지시를 최고하였음에도 불구하고 송하인이 그 기간 내에 지시를 하지 않은 경우($\frac{상}{2항}^{142조}$), 수하인을 알 수 있는데 그가 운송물의 수령을 거부하거나 수령할 수 없는 경우에는 운송인이 먼저 수하인(또는 화물상환증소지인)에 대하여 상당한 기간을 정하여 운송물의 수령을 최고하고 그 후 다시 송하인에게 상당한 기간을 정하여 운송물의 처분에 대한 지시를 최고하였음에도 불구하고 그 기간 내에 지시를 하지 않은 경우($\frac{상}{2항}^{143조}$), 송하인·화물상환증소지인 및 수하인을 모두 알 수 없는 경우에는 운송인이 6월 이상의 기간을 정하여 공시최고를 하였음에도 불구하고 그 기간 내에 권리를 주장하는 자가 없는 경우($\frac{상}{1항·3항}^{144조}$)에, 운송물을 경매할 수 있다. 이 때 운송인이 운송물을 경매한 경우에도 지체 없이 공탁의 경우와 같이 송하인 또는 수하인(또는 화물상환증소지인)에게 그 통지를 발송하여야 한다($\frac{상\ 142조\ 3\ 항,}{143조\ 1\ 항}$). 위의 공시최고는 관보나 일간신문에 하여야 하는데, 2회 이상 하여야 한다($\frac{상}{2항}^{144조}$).

운송인이 운송물을 경매한 경우에는 원칙적으로 그 대금에서 경매비용을 공제한 잔액을 공탁하여야 하는데, 예외적으로 그 대금의 전부나 일부를 운임·체당금·기타 비용에 충당할 수 있다(自助賣却權)($\frac{상\ 145조,}{67조\ 3\ 항}$).

6. 운송인의 권리의 소멸

운송인의 송하인 또는 수하인에 대한 채권은 1년간 행사하지 아니하면 소멸시효가 완성한다($^{상\ 147조.}_{122조}$).

제 3 화물상환증

1. 의 의

화물상환증이라 함은 「운송인이 운송물의 수령을 증명하고 목적지에서 이를 증권소지인에게 인도할 의무(소지인측에서 보면 운송물반환청구권)를 표창하는 유가증권」이다. 화물상환증은 유가증권으로서 요식증권성($^{상\ 128조}_{2항}$)·요인증권성($^{상\ 128조}_{1항}$)·상환증권성($^{상}_{129조}$)·제시증권성($^{상}_{129조}$)·지시증권성($^{상}_{130조}$)·문언증권성($^{상}_{131조}$)·처분증권성($^{상}_{132조}$)·인도증권성($^{상}_{133조}$)이 있다.

2. 발 행($^{상}_{128조}$)

화물상환증의 발행자는 「운송인」이고, 청구권자는 「송하인」이다($^{상\ 128조}_{1항}$). 화물상환증의 형식은 상법 제128조 2항이 규정하고 있다. 화물상환증이 법정기재사항을 흠결한 경우에는 어음·수표의 경우보다 한층 완화하여 해석하여야 할 것이다(완화된 요식증권성).

3. 양 도($^{상}_{130조}$)

화물상환증은 기명식으로 작성된 것이라도 특히 배서금지의 표시가 없는 한 배서에 의하여 양도할 수 있다(법률상 당연한 지시증권성)($^{상}_{130조}$). 화물상환증의 배서에는 권리이전적 효력과 자격수여적 효력이 있다($^{상\ 65조;\ 민}_{508조,\ 513조}$). 그러나 어음이나 수표의 배서와는 달리 담보적 효력은 없다.

4. 효 력

(1) 채권적 효력(문언증권성)($^{상\ 131조}_{1항}$)

1) 채권적 효력의 의의

㈎ **요인증권성**　운송인과 운송계약을 체결한 자는 송하인이므로 운송에 관한

채권관계는 원칙적으로 운송계약에 의하여 정하여진다. 따라서 운송인이 화물상환
증을 발행한 경우에는 운송인과 송하인 사이에 화물상환증에 적힌 대로 운송계약이
체결되고 운송물을 수령한 것으로 추정한다($^{상}_{1항}$131조)(요인증권성). 즉, 운송계약의 내
용과 화물상환증의 기재가 다른 경우에는 당사자는 (운송계약의 내용을 증명함으로써)
그 운송계약의 내용에 따라 권리를 주장하고 의무를 부담한다. 그러나 당사자간의
이러한 화물상환증의 요인증권성은 거의 문제가 되지 않고, 다음에서 보는 문언증
권성이 화물상환증의 채권적 효력으로서 특히 문제된다.

 (내) **문언증권성**   화물상환증은 원래 운송계약상의 당사자(송하인) 이외의 수하
인 또는 제 3 자에게 교부될 것(즉, 유통되어질 것)을 목적으로 발행된다. 이 경우 제
3 자는 원칙적으로 운송계약에 관한 모든 사항에 관하여 증권에 기재된 내용 이상
을 알지 못하므로 (만일 이 증권의 유통을 조장하고자 한다면) 운송에 관한 사항은 선의
의 증권소지인에 대한 관계에서는 이 증권의 기재를 기초로 하여 결정될 필요가 있
게 된다. 따라서 상법은 「화물상환증을 선의로 취득한 소지인에 대하여 운송인은
화물상환증에 적힌 대로 운송물을 수령한 것으로 보고 화물상환증에 적힌 바에 따
라 운송인으로서 책임을 진다」고 규정하였다($^{상}_{2항}$131조). 이와 같이 운송인과 화물상환
증의 (선의의) 소지인간의 운송에 관한 사항은 증권에 기재된 바에 의한다는 화물상
환증의 효력(문언증권성)을 특히 화물상환증의 채권적 효력이라 한다. 그러므로 일단
화물상환증이 유통되면 송하인과 운송인간의 운송계약관계 외에 증권소지인과 운송
인간의 운송계약관계가 생기게 되는데, 후자는 원칙적으로 전자로부터 완전히 절단
된다.

 2) **공권(空券)과 채권적 효력**   화물상환증의 채권적 효력에서 가장 문제가
되는 것은 운송인이 운송물을 수령하지 않고 화물상환증을 발행한 경우(이른바 空券
의 경우) 및 운송인이 실제로 수령한 운송물과 그 증권에 기재된 운송물이 다른 경
우이다. 이러한 화물상환증에 대하여 채권적 효력(문언증권성)이 발생하는지 여부에
대하여, 2010년 개정상법 이전에는 상법 제131조의 「운송에 관한 사항」에 운송물
이 포함되는지 여부와 관련하여 화물상환증의 요인증권성을 중시하느냐 또는 문언
증권성을 중시하느냐에 따라 해석이 나뉘었다. 그러나 2010년 개정상법 제131조 2
항은 위에서 본 바와 같이 이 점을 명확히 규정하였다. 따라서 운송인은 화물상환
증을 선의로 취득한 소지인에 대하여는 화물상환증에 적힌 대로 운송물을 인도할
책임을 진다.

3) 채권적 효력(문언증권성)이 미치는 범위

(가) 화물상환증의 채권적 효력(문언증권성)은 증권의 기재를 신뢰한 선의의 제3자를 보호하여 증권의 유통성을 촉진하기 위하여 인정된 것이므로, 악의취득자(空券인 줄 안 양수인)에 대하여는 이 효력이 미치지 않는다.

(나) 화물상환증의 채권적 효력(문언증권성)은 운송인과 송하인간에는 적용되지 않으므로, 증권의 소지인이 형식적으로는 송하인과 관계 없는 제3자이지만 실질적으로는 송하인과 동일인인 경우에는(예컨대, 본점과 지점) 당연히 채권적 효력이 발생할 여지가 없다.

(다) 운송인이 증권소지인에 대하여 주장할 수 있는 항변권의 범위 내에서는 채권적 효력(문언증권성)이 제한을 받는다. 즉 증권작성행위에 관한 하자(예컨대, 사기·착오·강박 등), 증권의 성질에서 생기는 사유(예컨대, 불가항력에 의한 운송물의 멸실·훼손) 및 운송인이 증권소지인에게 직접 대항할 수 있는 사유 등으로 인하여 항변을 주장할 수 있는 범위 내에서는 채권적 효력(문언증권성)이 제한된다.

(라) 채권적 효력(문언증권성)은 선의의 증권소지인을 보호하는 데 있으므로, 운송인이 이것을 자기의 이익을 위하여 원용할 수는 없다(예컨대, 비단을 받고 면포라고 기재하였거나, 그 수량을 적게 기재한 경우).

(2) 물권적 효력(인도증권성)($\frac{상}{133조}$)

1) 물권적 효력의 의의   화물상환증에 의하여 운송물을 받을 수 있는 자에게 화물상환증을 교부한 때에는 운송물 위에 행사하는 권리의 취득에 관하여 운송물을 인도한 것과 동일한 효력이 있는데(인도증권성)($\frac{상}{133조}$), 이를 화물상환증의 물권적 효력이라 한다. 이로 인하여 권리의 취득(소유권) 또는 설정(질권) 등에 점유를 요하는 경우에는 그 물건에 대신하여 화물상환증을 교부받으면 된다. 이로 인하여 화물상환증을 「물권적 유가증권」(물권을 표창하는 것이 아니라, 채권인 인도청구권을 표창하는 유가증권) 또는 「인도증권」이라고 한다.

2) 발생요건   화물상환증의 물권적 효력이 발생하기 위하여는 다음의 요건이 필요하다.

(가) **운송인이 「운송물을 인도」받았을 것**   화물상환증의 물권적 효력은 운송인이 운송물을 수령하고 그 반환(인도)채무를 부담하기 때문에, 그 반환(인도)청구권의 양도에 관하여 법이 인정한 효력이다. 그러므로 운송인이 송하인으로부터 운송물을 수령하지 않고 발행한 공권(空券)의 경우에는 물권적 효력이 생길 여지가 없다. 그러나 운송인이 언제나 운송물의 직접점유를 취득하여 증권소지인에게 인도할 수 있

는 지위에 있는 이상(예컨대, 운송인이 일시 점유를 잃더라도 민법 제204조에 의한 점유회수의 소가 인정되는 경우) 반드시 운송물을 현실적으로 직접점유할 필요는 없다.

(나)「운송물이 존재」할 것   물권적 효력이 생기기 위하여는 운송물이 존재하여야 한다. 따라서 운송물이 멸실된 경우에는 운송인은 운송물을 점유하지도 않고 또 운송물을 인도할 수도 없으므로 물권적 효력이 생길 여지가 없다. 이 때 운송물이 운송인의 귀책사유에 의하여 멸실된 경우에는 화물상환증소지인은 운송인에게 물권적 효력을 주장할 수는 없으나, 채권적 효력으로서 채무불이행에 의한 손해배상을 청구할 수 있다.

그런데 운송물이 제 3 자에 의하여 선의취득($^{민\ 249조\sim}_{251조}$)된 경우는 어떠한가. 이 경우에는 운송물이 멸실된 경우와 같이 물권적 효력이 생길 여지가 없다고 보는 것이 다수설이나, 물권적 효력의 대상인 운송물은 존재하므로 물권적 효력은 인정하나 (따라서 화물상환증소지인은 운송물의 점유를 취득한 것과 같으나) 운송물의 선의취득자가 화물상환증소지인보다 우선하므로 물권적 효력을 인정할 실익이 없다고 보아야 할 것이다.

(다) 화물상환증에 의하여「운송물을 받을 수 있는 자」에게 이 증권이 교부되었을 것   화물상환증에 의하여「운송물을 받을 수 있는 자」라 함은 화물상환증의 정당한 소지인을 의미한다. 화물상환증의 정당한 소지인이라 함은 원칙적으로 증권상 형식적 자격도 갖고(지시식인 경우에는 연속된 배서의 최후의 피배서인, 무기명식인 경우는 단순한 소지인), 실질적 권리도 가진 자를 의미한다. 그런데 예외적으로 상속·합병 등과 같이 법률상 당연히 권리가 실질적으로 이전되는 경우에는, 형식적 자격이 없다고 하여도 이에 포함시켜야 한다고 본다.

따라서 화물상환증을 절취한 절취범 등에게는 물권적 효력이 발생하지 않으나, 화물상환증의 선의취득자($^{상\ 65조}_{민\ 514조}$)에게는 물권적 효력이 발생한다. 다만 이 경우에는 운송물에 관한 물권의 선의취득의 요건으로서의 운송물의 점유를 취득한 것과 같은 효력이 있을 뿐 그 소유권을 선의취득하였다고는 할 수 없으므로, 그 운송물의 선의취득자가 있는 경우에는($^{민\ 249조}_{이하}$) 운송물의 선의취득자가 우선한다.

3) 이론구성   「화물상환증의 인도가 운송물의 인도와 동일한 효력이 있다」라는 것이 어떠한 의미인가. 즉 증권인도가 물권적 효력을 갖는 것에 대한 이론구성에 관하여는 다음과 같이 견해가 나뉘어 있다.

(가) 절 대 설   이 설은 상법 제133조에 의한 증권의 인도는 민법상 동산의 양

도에서 목적물반환청구권의 양도에 의한 점유의 이전($_{190조}^{민}$)과는 다른 「상법상 특별히 인정된 점유취득원인」이라고 한다. 이 설에서는 운송인이 운송물을 점유하고 있는지 여부를 불문하고(그러나 운송물의 존재를 전제로 함), 증권의 교부에 의하여 증권소지인은 절대적으로 운송물의 점유를 취득한다고 한다.

즉, 이 설은 상법 제133조에 의한 증권의 교부가 민법 제190조와는 무관하게 운송물에 대한 물권변동을 일으키는 것이라고 보며, 이러한 증권의 교부에 민법 제450조에 의한 대항요건은 필요 없다고 본다.

(내) 상 대 설   이 설은 상법 제133조를 민법 제190조와 관련시켜 설명하는데, 이는 다시 엄정상대설과 대표설로 나누어진다.

① 엄정상대설   이 설은 상법 제133조에 의한 증권의 교부를 점유권취득의 특수한 원인으로 생각하지 않고, 민법 제190조의 목적물반환청구권의 양도에 의한 간접점유를 이전하는 한 방법의 예시에 지나지 않는다고 한다. 그러므로 이 설에서는 상법 제133조에 의한 증권의 교부에는 (민법 제190조에서와 동일하게) 운송인이 운송물을 직접점유하고 있어야 하고, 민법 제450조에 의한 대항요건을 갖출 것을 요한다.

즉 이 설에 의하면 상법 제133조의 규정은 민법 제190조와 다른 특별규정이 아니고 그것의 한 방법을 예시한 규정에 불과하게 되어, 결과적으로 화물상환증의 물권적 효력을 인정하지 않는 것과 동일하게 된다.

② 대 표 설   이 설은 상법 제133조를 민법 제190조에 기초를 두면서 민법 제190조에 대한 특칙으로서의 의미를 인정하고 있다. 즉 이 설은 운송인이 운송물을 직접점유하고 있는 것을 전제로 하지만, 증권은 운송물을 대표(증권의 소지는 운송물의 간접점유를 대표)하므로 증권의 교부는 (민법 제450조에 의한 대항요건이 필요 없이) 바로 이 운송물의 간접점유를 이전하는 것이 된다고 한다. 다만 이 설에서는 운송인이 운송물을 직접점유하고 있을 것을 원칙으로 하지만, 예외적으로 운송인이 일시 직접점유를 상실한 경우에도 운송인이 점유회수소권($_{204조}^{민}$)을 가지고 있는 동안에는 운송인이 운송물을 직접점유하고 있는 것으로 보고 있다.

따라서 이 설은 운송인이 운송물을 직접점유하고 있어야 하는 점과 상법 제133조에 의한 점유취득원인은 민법 제190조가 그 근거를 제공해 준다는 점에서는 엄정상대설과 같으나, 화물상환증은 운송물을 대표(즉 증권의 소지는 운송물의 간접점유를 대표)하는 것이므로 증권의 교부에 민법 제450조의 대항요건을 갖출 필요가 없다는 점에서는 엄정상대설과 다르다. 또한 이 설은 증권의 교부에 민법 제450조의 대항요건을 갖출 필요가 없다는 점에서는 절대설과 같으나, 상법 제133조를 민법

제190조와 관련하여 파악하는 점과 운송인이 운송물을 (원칙적으로) 직접점유하고 있어야 한다는 점에서는 절대설과 구별되고 있다. 즉 대표설은 절대설과 엄정상대설을 절충한 견해라고 볼 수 있다(통설).

(라) **유가증권적 효력설**(절충설)   이 설은 상법 제133조는 민법 제190조의 단순한 목적물반환청구권의 양도는 아니고, 그와는 다른 증권에 표창된 운송물반환청구권을 유가증권법적으로 양도하는 특별한 방식(따라서 민법 제450조에 의한 대항요건을 요하지 않음)을 규정한 것이라고 한다. 이 설이 상법 제133조의 독자적인 의미를 인정하고 있는 점에서는 절대설 및 대표설과 같으나(엄정상대설과는 구별되는 점), 운송인이 운송물을 직접점유하고 있어야 한다는 점에서는 절대설과 구별되고(엄정상대설 및 대표설과 같은 점), 또 운송인이 운송물을 직접점유하고 있는 이상 자주점유이든 타주점유이든 불문한다는 점에서는 대표설과 구별된다(대표설 및 엄정상대설에서는 운송인의 직접점유가 타주점유임을 요함). 요컨대 이 설이 대표설과 다른 점은 운송인이 운송물을 횡령한 경우(자주점유의 경우)에도 물권적 효력을 인정하여 거래의 안전을 더 보호하고자 하는 것이다.

(마) **부 정 설**   상법 제133조는 당연한 원리를 선언하는 데 지나지 않고 동 조에서 규정하는 화물상환증의 교부는 화물상환증의 양도를 말한다고 하여, 화물상환증의 물권적 효력을 부정하는 견해가 있다.

(바) **사 견**   결론적으로 말하여 대표설이 가장 타당하다고 보는데, 그 이유는 다음과 같다.

① 절대설은 증권의 효력을 확실하게 하고 증권소지인의 지위를 강화한다고는 하지만, 운송인에 의한 운송물의 점유를 요구하지 않을 뿐 운송물의 존재를 전제로 하므로, 화물상환증이 공권(空券)이거나 운송물이 멸실 또는 제 3 자에 의하여 선의취득된 경우에는 물권적 효력이 생기지 않는다고 한다. 그렇다면 운송인이 일시 운송물의 점유를 잃은 경우에만 이 설의 장점이 인정될 뿐인데, 이 점에 관하여는 대표설도 운송인이 직접점유를 하고 있지 않더라도 그가 점유회수소권을 가지고 있는 동안은 증권의 소지가 운송물의 간접점유를 대표한다고 하여 증권의 교부에 물권적 효력을 인정하므로 결과적으로는 같아진다. 그러므로 양설은 이론구성상의 차이에 불과한데, 화물상환증이 요인증권이라는 점에서 보면 운송인의 운송물의 점유를 전제로 하여 이론구성하여야 할 것이다. 따라서 이 점에서 보면 운송인의 운송물의 점유와 무관하게 이론구성하는 절대설보다는 대표설이 더 타당하다고 본다.

② 엄정상대설은 물건과 증권이 따로 따로 이동하는 데도 불구하고 물권의 설

정·이전에 관한 민법의 일반원칙으로 성급하게 통일하고자 상법 제133조의 규정을 사문화하는 점에서, 해석의 한계를 넘어선 결점이 있다고 하겠다. 우리나라 민법이 소유권의 이전에 관하여 형식주의를 채용하고 있기 때문에($\frac{민}{1항}$188조) 운송중의 물건에 대한 소유권이전을 위하여는 현실의 인도 이외에 증권의 교부에 의하여 점유의 이전을 의제할 필요가 있는데, 이러한 의제의 근거를 민법 제190조가 제공해 주는 것이다. 그렇다고 상법 제133조가 불필요한 것은 아니며, 상법 제133조는 민법 제190조에 의한 목적물반환청구권의 양도에 필요로 하는 대항요건($\frac{민}{450조}$)을 갖추지 않고도 증권의 교부만으로 당연히 운송물의 간접점유가 이전된다는 것을 명문화한 것으로서, 민법 제190조에 대한 특별규정으로서의 의미를 갖는다. 그러므로 민법 제190조를 상법 제133조의 근거규정으로 파악하면서 상법 제133조에 민법 제190조에 대한 특칙으로서의 의미를 인정하는 대표설이 엄정상대설보다 더 타당하다고 본다.

③ 유가증권적 효력설과 부정설은 물권변동에 관하여 형식주의를 취하고 있는 우리나라에서는 문제가 있다고 본다.

4) 물권적 효력의 내용

(개) 화물상환증의 물권적 효력은 「운송물 위에 행사하는 권리의 취득」에 관하여만 인정된다. 이 때 「운송물 위에 행사하는 권리」란 가장 중요한 것이 소유권이나 이외에도 질권·유치권 및 위탁매매인의 처분권 등도 포함되는데, 구체적으로 어느 권리인가는 화물상환증을 수수하는 당사자간의 계약의 내용에 의하여 정하여진다.

그리고 이러한 권리의 「취득」에 관해서만 물권적 효력이 인정되는 것이므로, 그 이외의 경우에는 물권적 효력이 발생하지 않는다. 예컨대 운송물의 상인간의 매매에 있어서 매도인이 매수인에게 화물상환증을 교부하여도 매수인은 상법 제69조에 의한 목적물의 검사와 하자통지의무를 부담하지 않는다. 그런데 위의 권리의 취득에 관해서는 화물상환증의 교부가 물권취득의 효력발생요건으로서 운송물을 인도한 것과 동일한 효력이 발생하는 것이다($\frac{상}{후단}$133조).

(내) 화물상환증의 물권적 효력은 「운송물이 존재하는 경우」에만 발생한다. 따라서 앞에서 본 바와 같이 운송인이 운송물을 수령하지 않고 화물상환증을 발행한 경우(空券의 경우), 또는 운송인이 운송물을 수령하고 화물상환증을 발행하였으나 운송물이 멸실된 경우에는 물권적 효력이 발생하지 않는다.

운송물이 제 3 자에 의하여 선의취득된 경우에는, 앞에서 본 바와 같이 일단 물권적 효력을 인정하고 운송물의 선의취득자의 권리가 증권소지인의 권리보다 우선하는 점에서 물권적 효력을 인정할 실익이 없다고 해석하는 것이 순리라고 본다.

㈐ 화물상환증의 물권적 효력이 인정되는 결과 화물상환증이 작성된 경우에는 「운송물에 관한 처분」은 화물상환증으로써 하여야 한다(처분증권성)($\frac{상}{132조}$). 그런데 이러한 화물상환증의 처분증권성에 관한 상법의 규정이 있다고 하여 운송물 자체의 선의취득을 전면적으로 부정할 수는 없다. 다만 화물상환증의 처분증권성은 증권에 의하지 않는 운송물의 처분을 간접적으로 제한하고, 한편 운송물 자체의 양수인이 증권이 발행된 사실을 알고 있는 경우에는 운송물 자체의 선의취득이 되지 않음을 간접적으로 인정한 것뿐이다.

≫ 사례연습 ≪

[사 례]

A는 육상물건운송인인 Y주식회사로부터 화물상환증을 발행받아 B에게 양도하였는바, B는 이를 소지하고 있던 중 분실하였고 C는 이를 습득하여 이러한 사정을 모르는 X에게 양도하였다. 이 때 다음과 같은 경우 Y회사는 X에게 어떠한 책임을 지는가?

⑴ Y회사가 A로부터 운송물을 인도받지 않은 경우

⑵ Y회사가 A로부터 운송물을 인도받았으나 이를 S로부터 절취당하고 T가 이를 선의취득한 경우

* 이 사례는 정찬형, 「상법사례연습(제 4 판)」, 사례 30에 기초한 것이므로, 이에 관한 상세는 同書를 참고하기 바람.

[해 답]

⑴ Y회사가 A로부터 운송물을 인도받지 않고 화물상환증을 발행한 경우(즉 空券의 경우)에는 운송인에게 운송물이 존재하지 않으므로 화물상환증의 물권적 효력은 생길 여지가 없고, 채권적 효력만이 문제된다. 화물상환증의 채권적 효력에는 당사자(본문의 경우 Y회사와 A)간에는 운송계약에 원인을 두고 있으므로 운송계약 이상의 구속력이 없다는 효력(요인증권성)과 운송인과 송하인 이외의 (선의의) 제 3 자(본문의 경우 Y회사와 B 또는 X)간에는 운송에 관한 사항이 화물상환증에 기재된 바에 의한다는 효력($\frac{상}{131조}$)(문언증권성)이 있다. 본문의 경우 A는 운송물을 Y회사에 인도하지 않았으므로 화물상환증의 요인증권성에 의하여 A의 Y회사에 대한 운송물인도청구권은 발생할 여지가 없다. 그러나 운송인 Y회사와 A 이외의 제 3 자인 X간에는

화물상환증의 문언증권성에 의하여 「운송에 관한 사항」이 화물상환증에 기재된 바에 의하는데, 이 때 「운송에 관한 사항」을 어떻게 해석할 것인가에 따라 운송인 Y회사의 X에 대한 책임의 내용이 달라진다. 즉 「운송에 관한 사항」의 의미를 운송물의 인도 등에는 적용하지 않고 운임의 기재 등과 같은 비교적 경미한 것에 한한다고 해석하면(요인성을 중요시하는 견해) 본문과 같은 공권(空券)은 무효가 되어 Y회사는 운송물인도채무를 부담하지 않고 공권(空券)을 발행한 데 대하여 고의 또는 과실이 있으면 불법행위상의 손해배상책임($_{민750조}$)만을 부담한다. 그러나 「운송에 관한 사항」의 의미를 운송물의 인도 등을 포함하는 것으로 해석하면(문언성을 중요시하는 견해) 본문과 같은 공권(空券)의 경우에도 운송인 Y회사와 (선의의) 증권소지인인 X간의 관계에서는 유효한 운송계약이 존재하는 것으로 인정되어 Y회사는 X에 대하여 운송물인도채무를 부담하는데 인도할 운송물이 없으므로 운송물의 멸실에 준하여 채무불이행으로 인한 손해배상책임($_{민390조}$)을 부담한다. 생각건대 운송물을 인도받지 않고 화물상환증을 발행한 운송인에게는 귀책사유가 있고 또 이를 모르고 취득한 동 증권의 소지인은 보호되어야 하므로 권리외관법리를 반영한 문언성을 중요시하는 견해가 타당하다고 본다. 따라서 본문의 경우 Y회사는 X에 대하여 채무불이행으로 인한 손해배상책임을 부담해야 한다고 본다($_{민\ 390조}^{상\ 131조;}$).

(2) Y회사가 A로부터 운송물을 인도받아 운송물이 존재하는 경우에는 화물상환증의 물권적 효력이 발생한다. 따라서 이 때에 화물상환증을 교부받은 자는 운송물 위에 행사하는 권리(소유권·질권·유치권 및 위탁매매인의 처분권 등)의 취득에 관하여 운송물을 인도받은 것과 동일한 효력을 갖는다($_{상133조}$). 이와 같은 화물상환증의 물권적 효력에 대한 이론구성에 관하여는 절대설·엄정상대설·대표설·유가증권적 효력설(절충설) 및 부정설 등이 있는데, 상법 제133조를 민법 제190조(목적물반환청구권의 양도)에 기초를 두면서 상법 제133조의 특칙으로서의 의미를 인정하는(따라서 증권의 교부만으로 운송물의 간접점유가 이전되는 것이지, 이에 민법 제450조에 의한 대항요건을 불요함) 대표설이 가장 타당하다고 본다(통설).

그런데 본문과 같이 X는 화물상환증을 선의취득하고, 한편 T는 운송물을 선의취득한 경우에 X의 화물상환증의 취득에 물권적 효력이 인정되는지, 만일 인정된다면 X는 Y 및 T에게 어떠한 권리를 행사할 수 있을 것인지가 문제된다. 화물상환증의 물권적 효력이 발생하기 위하여는 (i) 운송인이 「운송물을 인도」받았을 것, (ii) 「운송물이 존재」할 것 및 (iii) 화물상환증이 「운송물을 받을 수 있는 자」에게 교부되었을 것의 요건이 필요하다. 이 중에서 본문의 경우 (i)의 요건을 충족하고 있음은 명백하다. (ii)의 요건을 충족하고 있는지 여부에 대하여는 견해가 나뉘어 있다. 즉 본문과 같이 운송물이 T에 의하여 선의취득($_{민251조\sim}^{민\ 249조}$)된 경우는 운송물이 멸실된 경우와 같이 운송물이 존재하지 않으므로 물권적 효력이 인정되지 않는다고 보는 견해(다수설)도 있으나, 이 경우는 운송물 자체는 존재하여 멸실의 경우와 동일하게 볼 수 없으므로 물권적 효력을 인정하여야 할 것으로 본다(소수설). 그런데 이 때 X의 화물상환증의 취득에 물권적 효력을 인정한다고 하여 T와의 관계에서 볼 때 운송물의 소유권을 취득한다고 볼 수는 없다. 즉 X는 화물상환증의 물권적 효력에 의하여 운송물의 점유를 취득한 것과 같으나 T는 운송물 자체의 소유권을 선의취득하게 되는 것이다. 따라서 이 때에는 운송물의 선의취득자인 T가 화물상환증의 선의취득자인 X에 우선하므로 화물상환증의 물권적 효력을 인정하는 실익은 없게 된다. (iii)의 요건에서는 화물상환증의 선의취득자도 운송물을 받을 수 있는 자에 해당하므로 동 증권의 선의취득자($^{상\ 65조;}_{민\ 514조}$)에게는 물권적 효력이 발생한다고 본다. 이와 같이 볼 때 본문의 경우 화물상환증의 물권적 효력의 발생요건을 충족하므로 X는 운송물의 점유를 취득한 것이 된다. 그러나 X는 Y회사로부터 운송물을 반환받을 수 없고 또 T에 대하여도 운송물 반환청구를 할 수 없으므로 물권적 효력을 인정하는 실익이 없다. 이 때 X는 Y회사에 대하여 채무불이행으로 인한 손해배상청구만을 할 수 있다(화물상환증의 채권적 효력).

제 4 순차운송

1. 순차운송의 의의

동일운송물에 관하여 수 인의 운송인이 순차로 운송을 하는 것을 순차운송이라 하는데, 이러한 순차운송에는 광의의 순차운송과 협의의 순차운송이 있다. 광의의 순차운송이란 (i) 부분운송(수 인의 운송인이 각자 독립하여 각 특정구간의 운송을 인수하는 것), (ii) 하수운송(제1의 운송인이 전구간의 운송을 인수하고 그 일부 또는 전부를 2의 운송인에게 운송시키는 것인데, 이 때 제2의 운송인과의 운송계약은 제1의 운송인의 명의와 그의 계산으로 체결된다), (iii) 동일운송(수 인의 운송인이 공동하여 전 구간의 운송을 인수하는 계약을 송하인과 체결하고, 내부관계로서 담당구간을 정하는 것) 및 (iv) 공동운송(연대운송)(수 인의 운송인이 서로 운송상의 연결관계를 가지고 있을 때 송하인은 최초의 운송인에게 운송을 위탁함으로써 다른 운송인을 동시에 이용할 수 있는 것인데, 이 때 제1의 운송인은 송하인과 전 구간에 관한 운송계약을 체결하지만 자기의 운송구간만의 운송을 실행하고 나머지 구간에 대하여는 제2의 운송인 등과 자기명의로 송하인의 계산으로 운송계약을 체결한다)을 포괄하는 개념이고, 이 중 공동운송만을 협의의 순차운송이라고 한다(이에 관한 상세는 정찬형, 「상법강의(상)(제27판)」, 388~390면 참조).

2. 순차운송인의 법률관계

(1) 순차운송인의 연대책임($\frac{상}{138조}$)

상법 제138조는 「수 인이 순차로 운송을 하는 경우에는 각 운송인은 운송물의 멸실·훼손·연착으로 인한 손해를 연대하여 배상할 책임이 있다」라고 규정하고 있다. 상법이 이와 같은 규정을 둔 이유는 송하인 및 수하인의 보호를 강화하고, 손해 발생장소에 관한 곤란한 입증책임을 면하기 위해서이다. 이 조문이 의미하는 순차 운송인은 공동운송(협의의 순차운송)에 있어서의 운송인을 말한다(통설).

연대책임을 지는 순차운송인은 내부관계로서 부담부분이 있다. 즉 손해발생장소가 명백하면 「그 구간의 담당자」가 전액을 부담하고, 명백하지 않은 경우에는 특약이 없는 한 전 운송인이 「운임액에 비례하여」 손해를 부담하여야 하며, 손해배상을 한 운송인은 그 손해를 발생시킨 운송인에게 이러한 부담부분에 관하여 구상권을 행사할 수 있다($\frac{상}{2항} \frac{138조}{·3항}$).

(2) 순차운송인의 대위($\frac{상}{117조} \frac{147조,}{}$)

수 인이 순차로 운송을 하는 경우에 뒤의 운송인은 앞의 운송인에 갈음하여 그 권리를 행사할 의무가 있고, 만일 뒤의 운송인이 앞의 운송인에게 변제한 때에는 앞의 운송인의 권리를 취득한다($\frac{상}{117조} \frac{147조,}{}$). 이러한 순차운송인의 대위가 인정되는 순차운송인의 범위에 대하여도 공동운송(협의의 순차운송)에 대하여만 인정된다고 본다.

순차운송인의 대위에 관하여는 순차운송주선인에 관한 설명과 같다.

제3관   여객운송

제1   여객운송계약의 특징

1. 물건운송계약과 다른 점

여객운송계약은 「자연인」을 운송의 목적으로 하는 계약이며(이 점에서 물건운송의 경우보다 고도의 주의가 요구되고, 운송중의 손해는 대부분 여객의 생명 또는 신체에 관한 손상을 의미하며, 이러한 손해액의 산정방법도 물건운송의 경우와 다르다), 계약의 성질상 여객은 물건의 경우와 달라 운송인의 「보관」에 들어갈 수도 없다(또한 여객운송인은 물건운송인과 같이 운송물의 수령·보관·인도에 따른 책임이 있을 수 없다).

2. 승차권의 법적 성질

여객운송계약도 불요식의 낙성계약이므로, 승차권의 발행이 계약의 성립요건은 아니다. 또한 여객운송계약도 도급계약이므로 원칙적으로 운송을 종료한 후에 운임을 지급하여야 하겠으나($\frac{민}{665조}$), 실제로는 운송인이 운송을 개시하기 전에 운임을 미리 받고 여객에게 승차권을 발행하여 준다. 이러한 승차권은 「운임의 선급(지급)을 증명하고 운송채권(운송청구권)을 표창하는 증권」이라고 볼 수 있는데, 획일적이고 신속하게 수행되어야 할 현대의 운송거래에서 필수불가결한 제도라는 점에서 볼 때 유가증권성을 인정하여야 할 것이다(통설)(이에 관한 상세는 정찬형, 「상법강의(상)(제27판)」, 392~393면 참조).

제 2 여객운송인의 손해배상책임

1. 여객이 입은 손해에 대한 책임($\frac{상}{148조}$)

상법 제148조 1 항은 「운송인은 자기 또는 사용인이 운송에 관한 주의를 게을리하지 아니하였음을 증명하지 아니하면 여객이 운송으로 인하여 받은 손해를 배상할 책임을 면하지 못한다」고 규정하여, 물건운송인의 경우와 같이 과실책임주의의 입장에서 규정하고 있다. 이 때 「여객이 운송으로 인하여 받은 손해」란 보통 '여객의 사상(死傷)으로 인한 손해'를 의미한다. 「여객의 사상(死傷)으로 인한 손해」는 재산적 손해뿐만 아니라, 정신적 손해(위자료)를 포함한다. 여객의 재산적 손해는 여객의 사상(死傷)으로 인한 치료비·장례비와 같은 적극적인 손해뿐만 아니라, 장래의 일실이익과 같은 소극적인 손해를 포함한다(여객운송인의 손해배상책임에 관한 대법원 판례를 정리한 것으로는 정찬형, 「상법강의(상)(제27판)」, 395~398면 참조).

여객의 사상(死傷)으로 인한 손해배상액을 정함에는 법원은 피해자와 그 가족의 정상을 참작하여야 한다($\frac{상 148조}{2항}$). 이는 여객이 입은 특별손해에 대하여 당사자의 예견유무를 묻지 않고 법원이 당연히 이를 참작하여야 한다는 것으로, 민법 제393조 2 항에 대한 예외가 된다. 또한 여객운송인의 여객의 사상(死傷)으로 인한 손해배상책임은 개별적이고 또 특별손해에 대하여도 그 배상책임을 부담하는 점에서, 물건운송인의 책임이 획일적이고 또 정액배상책임($\frac{상}{137조}$)인 점과 구별되고 있다. 즉 여객운송인의 책임은 물건운송인의 책임에 비하여 많이 확장되어 있다.

2. 여객의 수하물에 대한 책임($\frac{상\ 149조,}{150조}$)

여객의 탁송수하물에 대한 여객운송인의 책임은 물건운송인의 그것과 동일하다. 즉 여객운송인 측에서 무과실의 입증책임을 부담하고, 손해배상액은 정액배상주의에 의한다($\frac{상\ 149조}{1항}$). 여객의 휴대수하물에 대한 여객운송인의 책임은 여객 측에서 운송인 또는 그의 사용인의 과실을 입증한 경우에 한하여 발생한다($\frac{상}{150조}$). 이 때 여객운송인의 손해배상액에 대하여는 명문규정이 없다. 그러나 상법 제137조를 유추적용하여 탁송수하물과 같이 그 배상액을 정하는 것이 타당하다고 본다.

3. 순차여객운송인의 책임

순차여객운송인의 책임에 대하여 상법은 규정하지 않고 있다. 따라서 각 운송인은 각별로 손해배상책임을 지는 것이 원칙이나, 순차여객운송인의 경우에도 손해를 발생시킨 운송인이나 운송구간이 입증되지 않거나 각 운송인의 과실이 경합하는 경우에는 예외적으로 물건의 순차운송에 관한 규정($\frac{상}{138조}$)을 유추적용할 수 있다고 본다.

4. 손해배상책임의 소멸

여객운송인의 여객 자신에 관한 손해배상책임은 일반상사시효와 같이 그 시효기간이 5년이다($\frac{상}{64조}$). 물건운송인과는 달리 (운송인보다는) 여객을 보호하기 위한 것이다. 그러나 여객운송인의 수하물에 관한 손해배상책임에 대하여는 물건운송인의 책임과 동일하게 보아야 할 것이다.

제 3 여객운송인의 권리

여객운송인의 권리에 관하여는 상법에 규정이 없으나, 운임청구권($\frac{상}{61조}$). 유치권($\frac{상\ 147조,\ 120조}{유추적용}$) 등이 인정된다고 본다.

제 6 절 공중접객업

제 1 공중접객업자의 의의

공중접객업자라 함은 「공중이 이용하는 물적·인적 시설을 갖추어 이 시설에 의한 거래를 영업으로 하는 자」를 말한다($\substack{상\\151조}$). 상법은 극장·여관·음식점 등을 예시하고 있으나, 이 외에도 목욕탕·이발관·미장원·당구장·골프장·유기장 등 그 수가 무수히 많다. 이러한 공중접객업자는 그 시설의 소유자가 아니라, 그러한 영업을 경영하는 기업의 주체(상인)이므로 당연상인이다($\substack{상\ 4조\\46조 9호}$).

제 2 공중접객업자의 책임

1. 임치받은 물건에 대한 책임($\substack{상\ 152조\\1항}$)

공중접객업자는 자기 또는 그 사용인이 고객으로부터 임치받은 물건의 보관에 관하여 주의를 게을리하지 아니하였음을 증명하지 아니하면 그 물건의 멸실 또는 훼손으로 인한 손해를 배상할 책임이 있다($\substack{상\ 152조\\1항}$). 이러한 공중접객업자의 책임에 대하여 2010년 개정상법 이전에는 로마법상의 레셉툼(수령)책임(물건수령의 사실만 가지고 그 손해에 대하여 법률상 당연히 결과책임을 지우는 것)을 계승하여 공중접객업자가 불가항력을 증명하지 아니하면 손해배상책임을 부담하는 것으로 하였으나, 2010년 개정상법은 공중접객업자의 책임을 완화하여 운송인 등의 책임과 같이 과실책임으로 하였다.

이에 관한 우리나라의 판례는 다수 있는데, 모두 민법상 불법행위와 관련하여 공중접객업자의 과실유무만을 판단하여 그의 책임유무를 판시하고 있다.

[공중접객업자의 임치받은 물건에 대한 책임에 관한 판례]

"호텔 유숙객의 일반휴대물을 평소에 보관하는 숙직실 창고에 보관하였던 수정원석(水晶原石)을 도적이 호텔의 비상문을 부수고 침입하여 절취한 경우, 호텔은 일반사회의 평상인으로서 지켜야 할 주의의무를 다하였으므로 불법행위로 인한 손해배상책임이 없다($\substack{대판 1965. 2. 23.\\64 다 1724}$)."

"여인숙주인은 그의 피용인에게 숙객이 맡긴 물건을 그 피용인이 소홀히 다루어 도난당한 경우에는, 그 피용인의 선임감독에 과실이 없음을 증명하지 못하는 한 그 손해를 배상할 책임이 있다($^{대판\ 1954.\ 8.\ 31,}_{4287\ 민상\ 68}$)."

상법 제152조 1 항이 적용되기 위하여는 고객으로부터 「임치받은 물건」이어야 하므로(이 점에서 상법 제152조 2 항이 적용되는 경우와 구별됨), 공중접객업자는 그 물건(휴대품)에 관하여 고객과의 사이에 명시 또는 묵시의 임치계약을 체결하여야 한다($^{이러한\ 임치계약이\ 없는\ 것으로\ 본\ 판례}_{로는\ 대판\ 1992.\ 2.\ 11,\ 91\ 다\ 21800}$).

상법 제152조 1 항은 강행규정이 아니므로 당사자간의 명시 또는 묵시의 개별적인 특약에 의하여 공중접객업자의 이 책임은 원칙적으로 감경 또는 면제될 수 있다(통설). 그러나 공중접객업자가 고객의 휴대물에 대하여 책임이 없음을 게시한 것만으로는 공중접객업자는 그 책임을 면하지 못한다($^{상\ 152조}_{3항}$).

2. 임치받지 아니한 물건에 대한 책임($^{상\ 152조}_{2항}$)

공중접객업자가 고객으로부터 임치를 받지 아니한 물건이라도 그 물건이 공중접객업자 또는 그 사용인의 과실로 인하여 그 시설 내에서 멸실 또는 훼손되었을 때에는 공중접객업자는 그 손해를 배상할 책임을 진다($^{상\ 152조}_{2항}$). 이러한 공중접객업자의 책임은 휴대수하물에 대한 여객운송인의 책임($^{상}_{150조}$)과 같이 과실책임이지만, 공중접객업자측의 과실에 대한 증명책임을 「고객」이 부담한다. 공중접객업자의 이러한 책임은 임치계약상의 책임도 아니고, 불법행위상의 책임도 아닌 것으로, 공중접객업자와 고객 사이의 시설이용관계를 근거로 하여 「상법이 인정한 특별책임」이다(통설).

3. 고가물에 대한 책임($^{상}_{153조}$)

화폐·유가증권 그 밖의 고가물에 대하여는 고객이 그 종류 및 가액을 명시하여 이것을 공중접객업자에게 임치한 경우를 제외하고는, 공중접객업자는 그 물건의 멸실 또는 훼손에 의하여 생긴 손해를 배상할 책임을 지지 않는다($^{상}_{153조}$).

[고가물에 관한 판례]

"결혼식장에서 사물(私物)로 교환된 물건이라도 고가물로서의 고지의무가 없다고 할 수 없고, 시계·다이아반지·다이아목걸이 등은 상법 제153조의 고가물에 속한다($^{대판\ 1977.\ 2.}_{8,\ 75\ 다\ 172}$)."

4. 책임의 소멸시효($\frac{상}{154조}$)

고객의 휴대물에 대한 공중접객업자의 책임은 (i) 임치를 받은 물건에 관하여는 이것을 고객에게 반환한 때부터, (ii) 임치를 받지 아니한 물건에 관하여는 고객이 휴대물을 가져간 후, 「6개월」을 경과하면 소멸시효가 완성한다($\frac{상}{1항}^{154조}$). 그리고 이 기간은 그 물건이 전부멸실된 경우에는 고객이 그 시설에서 퇴거한 날로부터 기산한다($\frac{상}{2항}^{154조}$). 그러나 이 단기시효는 공중접객업자에게 「악의」가 있으면 적용되지 않는다($\frac{상}{3항}^{154조}$).

≫ 사례연습 ≪

[사 례]

A는 Y가 경영하는 여관에 투숙하면서 그 여관의 종업원에게 주차 사실을 고지하지 않고 여관 건물 정면길(노폭 6미터) 건너편에 있는 주차장에 자기 소유의 소나타 승용차를 주차시켜 놓았다가 도난당하였다. 그런데 위 주차장은 Y가 위 여관의 부대시설의 하나로 설치한 것으로서 그 출입구가 위 여관의 계산대에서 마주볼 수 있는 위치에 있기는 하나, 시정장치가 부착된 출입문을 설치하거나 도난방지를 위한 특별한 시설을 하지 아니한 채 그 입구에 Y의 여관 주차장이라는 간판을 세우고 그 외곽은 천으로 된 망을 쳐놓고 차를 세울 부분에 비와 눈에 대비한 지붕을 설치하여 만든 것에 불과한 것이고, 위 주차장에 주차된 차량을 경비하는 일을 하는 종업원이 따로 있지도 아니하였다. A는 자기의 보험회사인 X로부터 도난차량에 대한 보험금을 지급받은 경우, X는 보험자대위권인 A의 Y에 대한 권리의 행사로서 Y에 대하여 상법 제152조 1항에 의한 공중접객업자의 책임을 물을 수 있는가?

* 이 사례는 정찬형, 「상법사례연습(제 4 판)」, 사례 32에 기초한 것이므로, 이에 관한 상세는 同書를 참고하기 바람.

[해 답]

(1) 본문에서 A와 Y 사이에는 자동차의 임치가 성립하고 있다고 볼 수 없으므로 Y는 상법 제152조 1항에 의한 책임을 부담하지 않는다. 그러나 A의 자동차는 Y의 시설 내에서 도난된 것이고 Y는 그 자동차의 도난방지에 관하여 주의의무를 다한 것으

로 볼 수 없으므로 A 또는 X는 Y에 대하여 그의 과실을 입증하여 상법 제152조 2
항에 의한 책임을 물을 수 있다. 만일 당사자간의 면책특약 등에 의하여 Y가 그 책임
을 면한다면 A는 Y에 대하여 민법 제750조에 의한 불법행위에 기한 손해배상을 청
구할 수도 있을 것이다[동지: 朝高判 1941. 3. 25(목욕탕업자에 대하여 채무불이행
에 의한 청구권과 불법행위에 의한 청구권의 경합을 인정함)].

(2) 위 사례는 우리 대법원판례에 나타난 사안인데, 이에 대하여 우리 대법원판례
에서도 A와 Y 사이에는 자동차의 임치가 성립하지 않는다고 하여 Y에 대하여 상법
제152조 1항에 의한 책임을 물을 수 없다는 취지로 판시하고 있다(대판 1992. 2. 11., 91 다 21800).

제 7 절 창 고 업

제 1 창고업자의 의의

창고업자라 함은 「타인을 위하여 물건을 창고에 보관함을 영업으로 하는 자」
이다($\frac{상}{155조}$).

(1) 창고임치의 목적물은 「타인의 물건」이어야 하므로 자기물건(상품)이나 부동
산은 이것에서 제외된다.

(2) 보관행위는 「창고」에 보관하여야 한다. 「창고」라는 것은 물건보관에 이용·
제공되는 설비를 말한다.

(3) 상법은 단순히 「보관함을 영업으로 하는 자」라고 규정하고 있으나, 창고업
자는 타인을 위하여 물건을 창고에 보관할 것(임치)를 인수하고 이것을 영업으로 함
으로써 상인이 된다($\frac{상 4조, 46조}{14호}$).

제 2 창고업자의 의무·책임

1. 보관의무($\frac{상 163조,}{164조}$)

창고업자는 선량한 관리자의 주의로써 임치물을 보관하여야 한다($\frac{상}{62조}$). 보관기
간의 약정이 없는 경우에는, 창고업자는 민법의 수치인과는 달리 언제든지 임치물
을 반환할 수 있는 것이 아니고($\frac{상}{699조}$), 임치물의 입고일부터 6월을 경과한 후 2주간

전에 예고를 한 경우에 한하여 그 반환을 할 수 있다($^{상}_{163조}$). 다만 부득이한 사유가 있는 경우에 한하여 예외적으로 언제든지 반환을 할 수 있다($^{상}_{164조}$).

2. 창고증권 교부의무($^{상\ 156조}_{1항}$)

창고업자는 임치인의 청구가 있을 때에는 창고증권을 교부할 의무가 있다($^{상\ 156조}_{1항}$).

3. 임치물의 검사·견품적취·보존처분에 따를 의무($^{상}_{161조}$)

창고업자는 임치인 또는 창고증권소지인이 임치물의 검사 또는 견품의 적취를 요구하거나 또는 그 보존에 필요한 처분을 하겠다고 요청하였을 때에는, 이에 따를 의무가 있다($^{상}_{161조}$).

4. 임치물 반환의무($^{상\ 163조,}_{164조}$)

창고업자는 임치인의 청구가 있을 때에는 보관기간의 약정의 유무를 불문하고 임치물을 반환할 의무를 부담한다($^{상\ 163조,\ 164조;}_{민\ 698조,\ 699조}$). 창고증권이 발행된 경우에는 그 소지인의 청구에 대하여서만 임치물을 반환할 의무를 부담한다.

5. 임치물의 훼손·하자 등의 통지의무($^{상\ 168조,}_{108조}$)

창고업자가 임치물을 받은 후 그 물건의 훼손 또는 하자를 발견하거나 그 물건이 부패할 염려가 있는 때에는 지체 없이 임치인에게 그 통지를 발송하여야 하고, 만일 이 경우에 임치인의 지시를 받을 수 없거나 그 지시가 지연되는 때에는 창고업자는 임치인의 이익을 위하여 적당한 처분을 할 수 있다($^{상\ 168조}_{108조}$). 이것은 위탁매매인의 위탁자에 대한 통지의무($^{상}_{108조}$)와 같으나, 다만 임치인은 임치물의 매매를 목적으로 한 자에 한정되는 것이 아니므로 창고업자가 임치물의 가격저락의 상황을 안 때에도 임치인에게 통지할 의무가 없다고 본다.

6. 손해배상책임($^{상}_{160조}$)

(1) 책임원인

창고업자는 자기 또는 그 사용인이 임치물의 보관에 관하여 주의를 해태(게을리)하지 않았음을 증명하지 않으면 임치물의 멸실 또는 훼손에 대하여 손해배상책임을 면하지 못한다($^{상}_{160조}$). 이러한 창고업자의 손해배상책임은 운송주선인($^{상}_{115조}$) 및 운송인($\frac{상}{135조}$)의 그것과 같다. 따라서 창고업자는 자기 또는 그의 사용인에게 과실(주의의무해태)이 있어야 손해배상책임을 부담한다.

창고업자에게는 손해배상액에 관한 특칙($\frac{상}{137조}$), 고가물에 관한 특칙($\frac{상\ 124조,}{136조,\ 153조}$)의 규정이 없다. 따라서 이러한 경우에는 임치계약 및 일반원칙에 의하여야 한다.

(2) 책임의 소멸

1) 특별소멸원인 창고업자의 책임은 임치인 또는 창고증권소지인이 유보하지 않고 임치물을 수령하고 또 보관료 기타의 비용을 지급하였을 때에 소멸한다. 그러나 (i) 임치물에 즉시 발견할 수 없는 훼손 또는 일부멸실이 있는 경우로서 임치인 또는 증권소지인이 수령한 날로부터 2주간 내에 창고업자에게 그 통지를 발송한 때, 또는 (ii) 창고업자 또는 그 사용인이 악의인 때에는 소멸하지 않는다($\frac{상\ 168조,}{146조}$).

2) 단기소멸시효 임치물의 멸실 또는 훼손으로 인하여 생긴 창고업자의 책임은 그 물건의 출고일로부터 1년을 경과한 때에는 소멸시효가 완성한다($\frac{상\ 166조}{1항}$). 이러한 창고업자의 책임에 관한 단기소멸시효기간은 창고업자의 계약상대방인 임치인의 청구에만 적용되고, 임치물이 타인 소유의 물건인 경우에 소유권자인 타인의 청구에는 적용되지 않는다($\frac{대판\ 2004.\ 2.\ 13,}{2001\ 다\ 75318}$).

이 기간은 임치물의 전부멸실의 경우에는 창고업자가 임치인과 알고 있는 창고증권소지인에게 그 멸실의 통지를 발송한 날로부터 기산한다($\frac{상\ 166조}{2항}$).

이러한 단기소멸시효는 창고업자 또는 그 사용인이 악의인 경우에는 적용되지 않는다($\frac{상\ 166조}{3항}$). 이 때에는 일반상사시효인 5년에 의하여 소멸한다($\frac{상}{64조}$).

≫ 사례연습 ≪

[사 례]

　Y주식회사는 X로부터 천일염을 임치받아 서울 용산역 구내 Y회사 적치장에 보관하였다. 그 후 1972년 8월 17일 밤부터 19일에 걸친 집중호우가 내렸고 19일 14:00경 한강수위가 늘어나 한강물이 수문을 통하여 서울시내에 흘러들어올 위험이 있어 당국이 한강수문을 폐쇄하자, 위 적치장이 침수하기 시작하였다. Y는 18일과 19일에 각각 천일염 517가마와 500가마를 건졌다. Y회사는 1972년 8월 21일에야 비로소 X에게 천일염의 침수사실을 통지하였다. 이에 X는 Y가

이 사건 천일염이 완전침수된 후에야 이 사실을 자기에게 통지한 것은 보관자로서 주의의무를 명백히 해태하였다는 이유로 Y에게 상법 제160조에 의한 손해배상을 청구한 경우, Y는 손해배상의 책임을 지는가?

* 이 사례는 정찬형, 「상법사례연습(제 4 판)」, 사례 34에 기초한 것이므로, 이에 관한 상세는 同書를 참고하기 바람.

[해 답]

이 문제에서 창고업자인 Y회사는 집중호우로 인하여 그의 적치장이 침수하기 시작하자 그의 적치장에 보관하고 있는 X의 천일염을 일부 건지고 이 사실을 이틀 후에 X에게 통지하였는데, 이와 같이 Y회사가 미리 X에게 통지하지 않고 X의 천일염이 완전히 침수된 후에야 이 사실을 X에게 통지한 것이 창고업자로서 상법 제160조의 주의의무를 게을리한 것인지 여부가 문제되었다.

이 문제는 대법원판례에 나타난 사안인데, 이에 대하여 원심은 Y회사가 천일염 보관에 관하여 그 주의를 다하지 아니하여 이를 유실케 하였다고 보고 Y회사에 대하여 손해배상책임을 인정하였다. 이에 Y회사는 불가항력과 보관자로서의 주의의무를 해태하지 않았다고 하여 상고하였는데, 대법원에서는 원심을 파기환송하고 Y회사에게는 과실이 없다고 판시하였다(대판 1975. 4. 8, 74 다 1213).

생각건대 위의 대법원판결의 이유에 나타난 바와 같이 본건 장마로 인한 침수가 65년 전 이래의 최대강우로서 일상적인 장마로 인한 침수가 아니고 또한 이러한 침수사실이 방송과 신문에 보도되어 Y회사가 X에게 이를 통지하지 않았어도 X가 이 사실을 알고 있었을 것으로 예상되는 경우에는, Y회사가 이 침수사실을 X에게 늦게 통지하였다는 사실만 가지고 Y회사가 창고업자로서 주의의무를 게을리하였다고 보기는 어렵다고 본다. 따라서 Y회사는 주의의무를 다하여 과실이 없다고 본 대법원판결에 찬성한다.

제 3 창고업자의 권리

1. 임치물 인도청구권

창고임치계약은 낙성계약이므로(통설) 물건운송계약의 경우와 같이 계약이 성립하면 창고업자는 임치인에 대하여 임치물의 인도를 청구할 수 있는 권리를 갖는다.

2. 보관료 및 비용상환청구권($\frac{상}{162조}$)

(1) 창고업자는 특약에 의하여 무상임치의 인수를 한 경우를 제외하고, 약정한 보수(보수의 약정이 있는 경우) 또는 상당한 보수(보수의 약정이 없는 경우)를 청구할 권리를 갖는다($\frac{상}{61조}$). 이 청구권을 행사할 수 있는 시기는 지급시기에 관한 특약 또는 관습이 없는 한, 임치물을 「출고할 때」이다($\frac{상}{1항}\frac{162조}{본문}$). 그러나 보관기간이 경과한 후에는 그 출고 전이라도 보관료를 청구할 수 있다($\frac{상}{1항}\frac{162조}{단서}$). 일부출고의 경우에는 그 비율에 따라 보관료의 지급을 청구할 수 있다($\frac{상}{2항}\frac{162조}{}$).

(2) 창고업자가 임치물에 관하여 지출한 체당금 또는 비용의 상환청구의 시기는 보관료청구권의 경우와 같다($\frac{상}{162조}$).

3. 유 치 권

창고업자에게는 대리상($\frac{상}{91조}$), 위탁매매인($\frac{상}{111조}$), 준위탁매매인($\frac{상}{113조}$), 운송주선인($\frac{상}{120조}$), 물건운송인($\frac{상}{147조}$)의 경우와 같은 특별상사유치권이 인정되지 않는다. 따라서 창고업자는 보관료 등에 관하여 임치물에 대하여 민사유치권($\frac{민}{320조}$)과 임치인이 상인인 경우에는 일반상사유치권($\frac{상}{58조}$)을 행사할 수 있을 뿐이다. 창고업자의 이러한 일반상사유치권을 상당한 이유 없이 배제하는 약관 조항은 무효이다($\frac{대판\ 2009.\ 12.\ 10,}{2009\ 다\ 61803\cdot61810}$).

4. 공탁 및 경매권($\frac{상\ 165조,}{67조}$)

창고업자는 임치인 또는 창고증권소지인이 임치물의 수령을 거절하거나 또는 이것을 수령할 수 없을 때에는 임치물의 공탁 및 경매를 할 권리를 가진다($\frac{상\ 165조,}{67조}$).

5. 손해배상청구권($\frac{민}{697조}$)

창고업자는 임치물의 성질 또는 하자로 인하여 입은 손해의 배상을 임치인에게 청구할 수 있는데, 창고업자가 이를 안 때에는 청구할 수 없다($\frac{민}{697조}$).

6. 채권의 단기시효($\frac{상}{167조}$)

창고업자의 임치인 또는 창고증권소지인에 대한 채권은 그 물건을 출고한 날로부터 1년간 행사하지 아니하면 소멸시효가 완성한다($\frac{상}{167조}$).

제4 창고증권

1. 의 의

창고증권이란 「창고업자가 임치물을 수령하였음을 증명하고 임치물반환청구권 (임치물반환채무)을 표창하는 유가증권」이다(창고증권과 하도지시서의 구별에 관한 상세는 정찬형, 「상법강의(상)(제27판)」, 414~416면 참조). 이러한 창고증권은 상법상 임치인의 청구에 의하여 창고업자가 발행한다($상_{1항}^{156조}$). 창고증권은 화물상환증 및 선하증권과 함께 물건의 인도청구권을 표창하는 유가증권(채권증권)으로 그 성질이 화물상환증과 아주 유사하므로, 창고증권에 관하여는 화물상환증에 관한 많은 규정을 준용하고 있다($상_{157조}$).

2. 입법주의

창고증권으로서 어떠한 증권을 인정할 것인가에 관하여는 복권주의(창고업자로 하여금 예증권과 입질증권을 한 짝으로 하여 발행시킴으로써, 전자에 의하여는 소유권이전을 하고 후자에 의하여는 질권설정을 할 수 있게 하는 입법주의)·단권주의(한 장의 창고증권에 의하여 임치물의 입질 또는 양도 등의 처분을 할 수 있게 하는 입법주의) 및 병용주의(단권과 복권의 양자를 모두 인정하는 입법주의)가 있는데, 우리나라는 단권주의에 의하고 있다.

3. 성 질

창고증권은 화물상환증과 동일한 효력이 있다. 즉 요인증권성·상환증권성($상_{129조}^{157조}$)·법률상 당연한 지시증권성($상_{130조}^{157조}$)·문언증권성($상_{131조}^{157조}$)·처분증권성($상_{132조}^{157조}$)·인도증권성($상_{133조}^{157조}$)이 있다.

4. 발 행

창고증권은 임치인의 청구에 의하여 창고업자가 발행한다($상_{1항}^{156조}$). 창고증권소지인이 대량의 임치물을 분할하여 양도하거나 입질하고자 하는 경우에는, 창고업자에게 그 증권을 반환하고 임치물을 분할하여 각 부분에 대한 창고증권의 교부를 청구할 수 있다($상_{1항}^{158조}$). 이 경우에 임치물의 분할과 증권교부의 비용은 증권소지인이 부담한다($상_{2항}^{158조}$).

창고증권은 일정한 법정사항을 기재하여야 하므로($^{상}_{2항}$^{156조}) 요식증권이나, 엄격한 요식증권은 아니고 화물상환증과 같이 완화된 요식증권이다.

5. 양 도($^{상\ 157조,}_{130조}$)

창고증권은 화물상환증의 경우와 같이 법률상 당연한 지시증권이므로 기명식인 경우에도 배서금지의 기재가 없는 한 배서에 의하여 양도될 수 있다($^{상}_{130조}$^{157조}). 또한 이러한 배서에 권리이전적 효력 및 자격수여적 효력은 있으나, 담보적 효력은 없다.

6. 효 력

(1) 화물상환증의 경우와 같다($^{상\ 157조,\ 131}_{조,\ 133조}$). 다만 채권적 효력과 관련하여 창고증권소지인은 보관료·기타 보관에 관한 비용과 체당금을 지급할 의무를 부담한다(통설)(운송인의 경우에는 수하인에 관하여 상법 제141조의 명문규정이 있다).

(2) 창고증권소지인이 임치물을 입질하는 데에는 화물상환증의 경우와 같이 채권자와 질권설정계약을 체결하고, 또 증권을 채권자에게 교부하여야 한다. 따라서 임치인은 채무변제 전에 임치물의 반환을 청구할 수 없게 될 것이지만, 상법은 임치인의 편의를 위하여 질권자의 승낙이 있으면 임치물의 일부출고를 할 수 있는 것으로 하였다($^{상}_{1문}$^{159조}). 이 경우 창고업자는 반환한 임치물의 종류·품질과 수량을 창고증권에 기재하여야 한다($^{상}_{2문}$^{159조}).

[창고증권에 관한 판례]

"임치계약상 임치인은 그 임치물의 소유권자임을 요하지 않으므로, 임치인의 청구에 의하여 창고증권이 발행되었다고 하더라도 임치물의 소유권이 임치인에게 있다고 할 수 없다($^{대판\ 1955.\ 3.\ 10,}_{4287\ 민상\ 128}$)."

"창고증권이 발행되면 그 발행일자 이후에는 그 창고증권의 명의인이 그 물건에 대한 소유권을 취득하며, 창고증권의 발행으로 입고된 물건의 소유권이 타인에게 이전된 경우에는, 특단의 사정이 없는 한 그 소유권이전 이후의 창고료·화재보험료 및 감량대금 등은 전소유자가 부담할 성질이 아니다($^{대판\ 1963.\ 5.}_{30,\ 63\ 다\ 188}$)."

제 8 절 금융리스업

제 1 금융리스업자의 의의

금융리스업자(lessor)란 「금융리스이용자가 선정한 기계·시설·그 밖의 재산(금융리스물건)을 제 3 자(공급자)로부터 취득하거나 대여받아 금융리스이용자에게 이용하게 하는 것을 영업으로 하는 자」를 말한다($\frac{상}{2} \frac{168조의}{1항}$).

이러한 금융리스업자는 여신전문금융업법($\frac{1997.\ 8.\ 28.}{법\ 5374호}$)상 시설대여업자($\frac{여금}{28조}$)로서, 이러한 시설대여업을 영위하거나 영위하고자 하는 자는 금융위원회에 등록하여야 한다($\frac{여금}{2항} ^{3조}$). 이와 같이 시설대여업을 영위하기 위하여 금융위원회에 등록을 할 수 있는 자는 여신전문금융회사이거나 여신전문금융회사가 되고자 하는 자에 한하는데, 은행법에 의하여 인가를 받은 금융기관·한국산업은행·중소기업은행·수출입은행 등과 영위하고 있는 사업의 성격상 신용카드업을 겸영하는 것이 바람직하다고 인정되는 자로서 대통령령이 정하는 자는 겸영여신업자로서 시설대여업을 영위하기 위하여 금융위원회에 등록할 수 있다($\frac{여금시}{여금시} \frac{3조 3항;}{3조}$). 이러한 시설대여업자에 대하여는 여신전문금융업법상 특칙이 적용된다($\frac{여금}{37조} ^{28조\sim}$).

제 2 금융리스거래의 법률관계

2010년 개정상법은 금융리스거래의 법률관계에 대하여 금융리스업자와 금융리스이용자의 의무·공급자의 의무 및 금융리스계약의 해지에 대하여 규정하고 있으므로, 이에 관하여 살펴보겠다. 즉 금융리스거래의 법률관계에서는 금융리스계약의 당사자인 금융리스업자와 금융리스이용자의 의무에 대하여 설명하고, 금융리스계약의 직접당사자는 아니지만 금융리스계약의 당사자에게 큰 영향을 미치는 공급자의 의무를 설명한 후, 금융리스계약의 해지에 관하여 금융리스업자의 해지와 금융리스이용자의 해지에 대하여 설명하겠다.

1. 금융리스업자의 의무

(1) 금융리스이용자가 금융리스물건을 수령할 수 있도록 할 의무($\frac{상}{3} \frac{168조의}{1항}$)

금융리스업자는 금융리스이용자가 금융리스계약에서 정한 시기에 금융리스계약에 적합한 금융리스물건을 수령할 수 있도록 하여야 할 의무를 부담한다($^{\text{상 168조의}}_{3\ 1항}$).
금융리스계약의 특성상 금융리스물건을 금융리스이용자에게 인도할 의무를 부담하
는 자는 형식적으로는 공급자이지만 실질적으로는 금융리스업자이므로 금융리스업
자에게 이러한 의무를 부여하였으며(이러한 점에서 법문의 표현도 '인도하여야 한다' 대
신에 '금융리스이용자가 금융리스물건을 수령할 수 있도록 하여야 한다'로 규정함), 또한 금
융리스업자에게 「금융리스계약에 적합한 금융리스물건」을 금융리스이용자가 수령
할 수 있도록 의무를 지운 것은 금융리스업자에게 금융리스물건에 대한 담보책임을
부여한 것으로 볼 수 있다.

(2) **금융리스이용자의 공급자에 대한 손해배상청구권의 행사에 협력할 의무**
($^{\text{상 168조의}}_{4\ 3항}$)

금융리스물건이 공급계약에서 정한 시기와 내용에 따라 공급되지 아니한 경우
금융리스이용자는 공급자에게 직접 손해배상을 청구하거나 공급계약의 내용에 적합
한 금융리스물건의 인도를 청구할 수 있는데($^{\text{상 168조의}}_{4\ 2항}$), 금융리스업자는 금융리스이
용자가 이러한 권리를 행사하는 데 필요한 협력을 하여야 한다($^{\text{상 168조의}}_{4\ 3항}$).

2. 금융리스이용자의 의무

(1) 금융리스물건수령증 발급의무($^{\text{상 168조의}}_{3\ 3항}$)

금융리스이용자는 금융리스계약에서 정한 시기에 금융리스계약에 적합한 금융
리스물건을 수령한 때에는 금융리스업자에게 금융리스물건수령증을 발급하여야 하
는데, 금융리스이용자가 금융리스업자에게 이와 같이 금융리스물건수령증을 발급한
경우에는 금융리스계약 당사자 사이에 적합한 금융리스물건이 수령된 것으로 추정
한다($^{\text{상 168조의}}_{3\ 3항}$). 이러한 추정규정으로 인하여 금융리스이용자가 금융리스물건의 「수
령」을 추정하는 법적 효력을 발생시키는 것과 동시에 「금융리스계약에 적합한 내용
의 물건」을 수령한 것으로 추정하는 효과를 발생시키므로, 이에 반하는 증명책임은
금융리스이용자에게 전환된다.

또한 금융리스이용자는 리스물건의 「수령」의 추정으로 인하여 금융리스물건의
수령과 동시에 금융리스료를 지급하여야 하는 의무를 부담하고($^{\text{상 168조의}}_{3\ 2항}$), 「금융리
스계약에 적합한 내용의 물건」을 수령한 것으로 추정되는 효과로 인하여 금융리스
이용자의 반증이 없는 한 금융리스업자는 금융리스물건에 대한 담보책임을 면한다.
따라서 대부분의 리스약관이나 리스계약서에도 (금융)리스이용자가 (금융)리스물건
수령증을 발급한 이후에는, (금융)리스이용자가 (금융)리스물건의 사용·보관·유지책

임을 지고 그의 멸실이나 훼손에 대한 위험부담을 지는 것으로 규정되어 있다.

(2) 금융리스료 지급의무($^{상}_{3}$ $^{168조의}_{2항}$)

금융리스이용자는 금융리스계약에서 정한 시기에 금융리스계약에 적합한 금융리스물건을 수령함과 동시에 금융리스료를 금융리스업자에게 지급하여야 한다($^{상}_{3}$ $^{168조의}_{2항}$). 이러한 금융리스료 지급채무의 소멸시효기간은 3년이다($^{민}_{1호}$ ^{163조})($^{대판}_{2013}$ $^{2013.\,7.\,12,}_{다\,20571}$).

금융리스이용자가 금융리스물건수령증을 발급한 경우에는 금융리스계약에 적합한 금융리스물건을 수령한 것으로 추정되므로($^{상}_{3}$ $^{168조의}_{3항}$), 금융리스이용자의 다른 반증이 없는 한 금융리스이용자는 금융리스물건수령증을 발급한 때부터 금융리스료를 지급할 의무를 부담한다. 그런데 이러한 규정은 강행규정으로 볼 수 없으므로 금융리스계약의 당사자는 금융리스물건의 수령 전에도 금융리스료를 지급할 것을 약정할 수 있고(예컨대, 항공기나 선박 리스의 경우 등), 금융리스업자는 금융리스물건 수령증의 발급 전에도 금융리스물건이 공급된 경우에는 금융리스료의 지급을 청구할 수 있다.

(3) 금융리스물건의 유지 및 관리의무($^{상}_{3}$ $^{168조의}_{4항}$)

금융리스이용자는 금융리스물건을 수령한 이후에는 선량한 관리자의 주의로 금융리스물건을 유지 및 관리하여야 한다($^{상}_{3}$ $^{168조의}_{4항}$). 이 점은 금융리스계약의 특색을 반영한 것으로, 임대인이 임대차계약의 존속중 목적물의 사용·수익에 필요한 상태를 유지하게 할 의무를 부담하는($^{민}_{623조}$) 임대차계약과는 구별된다. 금융리스이용자의 이러한 의무로 인하여 금융리스료에는 금융리스물건의 유지·수선에 관한 비용이 포함되지 않고, 또한 금융리스업자는 투하자본의 회수를 위하여 금융리스물건의 담보가치를 유지·확보할 수 있는 것이다.

금융리스이용자가 금융리스물건을 제 3 자에게 매도하고 금융리스계약관계를 승계하도록 하면서 매매대금과 장래 리스료채무의 차액 상당을 매수인으로부터 지급받은 경우, 그 금융리스이용자는 금융리스업자와의 금융리스계약관계에서는 탈퇴하지만 매수인에 대한 소유권이전의무 및 매도인으로서의 담보책임은 여전히 부담한다($^{대판}_{2012}$ $^{2013.\,6.\,13,}_{다\,100890}$).

3. 공급자의 의무

(1) 금융리스물건의 인도의무($^{상}_{4}$ $^{168조의}_{1항}$)

금융리스물건의 공급자는 공급계약에서 정한 시기에 금융리스물건을 금융리스이용자에게 인도하여야 한다($^{상\ 168조의}_{4\ \ 1항}$). 공급자의 금융리스물건의 인도의무에서는 「공급계약에서 정한 시기」에 대하여만 규정하고 있는데, 금융리스이용자의 직접청구권이 발생하기 위한 공급자의 인도(공급)의무 불이행의 유형에 대하여는 「공급계약에서 정한 시기와 내용」에 대하여 규정하고 있어($^{상\ 168조의}_{4\ \ 2항}$), 균형이 맞지 않는 점이 있다.

공급자는 금융리스이용자와는 공급계약상의 당사자가 아니나, 공급자의 금융리스이용자에 대한 이러한 의무는 공급계약에 이러한 내용이 규정되어 있으면 「공급계약」에 따른 제 3 자(금융리스이용자)를 위한 의무($^{민}_{539조}$)이고 또한 「법정 의무」라고 볼 수 있다.

(2) 공급자의 인도의무 불이행시 금융리스이용자의 직접청구권($^{상\ 168조의}_{4\ \ 2항}$)

금융리스물건이 공급계약에서 정한 시기와 내용에 따라 공급(인도)되지 아니한 경우, 금융리스이용자는 공급자에게 직접 손해배상을 청구하거나 공급계약의 내용에 적합한 금융리스물건의 인도를 청구할 수 있다($^{상\ 168조의}_{4\ \ 2항}$). 이는 금융리스이용자를 보호하기 위하여 금융리스이용자에게 인정된 「법정 권리」라고 볼 수 있다.

공급자의 인도의무 불이행시 금융리스이용자는 공급계약의 당사자가 아니므로 공급자에 대하여 원래 이러한 권리를 행사할 수 없고, 금융리스업자로부터 이러한 권리를 양도받거나 또는 공급계약에 금융리스이용자(제 3 자)를 위하여 이러한 내용이 규정된 경우($^{민}_{539조}$) 등에만 이러한 권리를 행사할 수 있을 것인데, 이러한 사정이 없다고 하더라도 금융리스이용자는 위 규정에 의하여 공급자에 대하여 직접 이러한 권리를 행사할 수 있는 것이다.

금융리스업자는 위에서 본 바와 같이 금융리스이용자가 이러한 권리를 행사하는 데 필요한 협력을 하여야 할 의무가 있다($^{상\ 168조의}_{4\ \ 3항}$).

4. 금융리스계약의 해지

(1) 금융리스업자의 해지($^{상\ 168조의\ 5}_{1항·2항}$)

금융리스업자가 금융리스이용자의 책임 있는 사유로 금융리스계약을 해지하는 경우, 금융리스업자는 잔존 금융리스료 상당액의 일시 지급 또는 금융리스물건의 반환을 청구할 수 있는데($^{상\ 168조의}_{5\ \ 1항}$), 이는 금융리스이용자에 대한 손해배상청구에 영향을 미치지 아니한다($^{상\ 168조의}_{5\ \ 2항}$). 이 경우 금융리스업자가 금융리스물건의 공급자와 체결한 재매입약정은 유효하다($^{대판\ 2012.\ 3.\ 29,}_{2010\ 다\ 16199}$). 그런데 금융리스업자가 상당기간 경과 후 재매입을 청구하면 신의칙상 재매입대금이 제한된다(대판 2013. 2. 14,/2010 다 59622).

이 때 금융리스이용자의 「책임 있는 사유」란 금융리스이용자가 금융리스료를 지급하지 않는 등 채무불이행이 있는 경우 등이다. 금융리스업자가 금융리스계약의 해지시 「잔존 금융리스료 상당액의 일시 지급」을 청구할 수 있도록 한 것은, 금융리스료가 금융리스물건에 대한 사용·수익의 대가(민 618조/참조)가 아니라 금융리스이용자에게 제공한 여신의 분할변제에 해당한다는 특색을 반영한 것이다.

(2) **금융리스이용자의 해지**(상 168조의/5 3항)

금융리스이용자는 중대한 사정변경으로 인하여 금융리스물건을 계속 사용할 수 없는 경우에는 3 개월 전에 예고하고 금융리스계약을 해지할 수 있는데, 이 경우 금융리스이용자는 계약의 해지로 인하여 금융리스업자에게 발생한 손해를 배상하여야 한다(상 168조의/5 3항). 종래의 금융리스약관이나 금융리스계약에서는 금융리스이용자의 계약해지권이 금지되었는데, 이 규정에 의하여 금융리스이용자는 엄격한 요건(중대한 사정변경, 3 개월 전 예고, 손해배상의무)하에 금융리스계약을 해지할 수 있게 되었다. 따라서 이 규정은 강행규정으로 해석하는 것이 타당하다고 본다.

금융리스이용자가 금융리스로 이용하는 자동차를 제 3 자에게 매도하고 금융리스계약관계를 승계하도록 하면서 매매대금과 장래 금융리스료 채무의 차액 상당을 매수인으로부터 지급받았다면, 금융리스이용자는 금융리스회사와의 금융리스계약관계에서는 탈퇴하지만 매수인에 대하여 소유권이전의무와 매도인으로서의 담보책임을 부담한다(대판 2013. 6. 13,/2012 다 100890).

제 9 절 가 맹 업

제 1 가맹업자 및 가맹상의 의의

1. 가맹업자의 의의

가맹업자(franchisor)란 「자신의 상호·상표 등(상호 등)을 제공하는 것을 영업으로 하는 자」를 말한다(상 168조의/6 전단). 이 때의 가맹업자는 단순히 상호 등을 가맹상에게 사용허락하는 것뿐만 아니라, 가맹상에 대하여 품질기준이나 영업방식에 관하여 통제를 한다(이 점에서 franchisor는 licensor와 구별됨).

참고로 가맹사업거래의 공정화에 관한 법률($^{2002. 5. 13.}_{법 6704호}$)에 의하면 '가맹업자'를 '가맹본부'라 하고, 이는 「가맹사업과 관련하여 가맹점사업자(franchisee)에게 가맹점운영권을 부여하는 자」라고 정의하고 있다($^{동법 2 조}_{2 호}$). 동법상 가맹본부(가맹업자)는 가맹사업의 성공을 위한 사업구상, 상품이나 용역의 품질관리와 판매기법의 개발을 위한 계속적인 노력 등 일정한 준수사항을 준수하여야 한다($^{동법}_{5 조}$).

2. 가맹상의 의의

가맹상(franchisee)이란 「가맹업자로부터 그의 상호 등을 사용할 것을 허락받아 가맹업자가 지정하는 품질기준이나 영업방식에 따라 영업을 하는 자」를 말한다($^{상 168조의}_{6 후단}$).

참고로 위에서 본 가맹사업거래의 공정화에 관한 법률에 의하면 '가맹상'을 '가맹점사업자'라 하고, 이는 「가맹사업과 관련하여 가맹본부로부터 가맹점운영권을 부여받은 사업자」라고 정의하고 있다($^{동법 2 조}_{3 호}$). 동법상 가맹점사업자(가맹상)는 가맹사업의 통일성 및 가맹본부의 명성을 유지하기 위한 노력 등 일정한 준수사항을 준수하여야 한다($^{동법}_{6 조}$).

제 2   가맹거래의 법률관계

가맹거래의 법률관계는 가맹업자와 가맹상과의 관계(내부관계), 가맹업자와 제 3 자와의 관계(외부관계) 및 가맹상과 제 3 자와의 관계가 있다. 그런데 가맹상과 제 3 자와의 관계는 일반상인과 고객과의 문제로 가맹거래에 고유한 관계가 아니므로, 이하에서는 내부관계와 외부관계에 관하여만 살펴본다.

1. 내부관계

가맹업자와 가맹상간의 내부관계는 구체적으로 가맹계약에 의하여 정하여지는데, 가맹계약은 보통 가맹업자가 작성한 약관에 의하여 체결된다. 2010년 개정상법은 가맹업자와 가맹상간의 내부관계에 대하여 가맹업자의 의무·가맹상의 의무·가맹상의 영업양도(가맹업자의 동의) 및 가맹계약의 해지에 대하여 규정하고 있으므로, 이에 관하여 살펴본다.

(1) 가맹업자의 의무

1) 지원의무($\frac{상}{7}\frac{168조의}{1항}$)   가맹업자는 가맹상의 영업을 위하여 필요한 지원을 하여야 할 의무가 있다($\frac{상}{7}\frac{168조의}{1항}$). 이 때 「필요한 지원」이 무엇이냐에 대하여는, 위에서 본 가맹사업거래의 공정화에 관한 법률상 가맹업자(가맹본부)의 준수사항이 참고가 될 수 있을 것으로 본다($\frac{동법}{5조}$). 즉 가맹업자(가맹본부)는 (i) 가맹사업의 성공을 위한 사업구상을 하고, (ii) 상품이나 용역의 품질관리와 판매기법의 개발을 위한 계속적인 노력을 하며, (iv) 가맹상(가맹점사업자)에 대하여 합리적 가격과 비용에 의한 점포설비의 설치·상품 또는 용역 등을 공급하고, (v) 가맹상(가맹점사업자)과 그 직원에 대하여 교육·훈련을 실시하며, (vi) 가맹상(가맹점사업자)의 경영·영업활동에 대한 지속적인 조언과 지원 등을 하여야 한다.

2) 경업피지의무($\frac{상}{7}\frac{168조의}{2항}$)   가맹업자는 다른 약정이 없으면 가맹상의 영업지역 내에서 동일 또는 유사한 업종의 영업을 하거나, 동일 또는 유사한 업종의 가맹계약을 체결할 수 없다($\frac{상}{7}\frac{168조의}{2항}$). 위에서 본 가맹사업거래의 공정화에 관한 법률에서도 가맹업자(가맹본부)의 준수사항으로 「가맹업자(가맹본부)는 가맹계약기간중 가맹상(가맹점사업자)의 영업지역 안에서 자기의 직영점을 설치하거나 가맹상(가맹점사업자)과 유사한 업종의 가맹점을 설치하는 행위를 하여서는 아니 된다」고 규정하고 있다($\frac{동법}{6호}$5조). 상법에서는 당사자간의 약정이 있으면 가맹업자가 가맹상의 영업지역 내에 자기의 직영점을 설치할 수 있는 것으로 규정하고 있는데, 입법론상 이를 할 수 없는 것으로 규정하여야 하고, 해석론상도 가맹상을 보호하기 위하여 가맹사업거래의 공정화에 관한 법률 제 5 조 제 6 호를 유추적용하여 가맹업자는 (당사자간의 약정이 있는 경우에도) 가맹상의 영업지역 내에 자기의 직영점을 설치하는 것이 금지된다고 본다($\frac{동지: 대판 2000. 6. 9, 98}{다 45553·45560·45577}$).

가맹업자가 이러한 의무를 불이행한 경우, 가맹상은 손해배상청구권을 행사할 수 있으나($\frac{민}{393조}$390조), 개입권을 행사할 수 없는 점은 상업사용인·대리상 등의 경우와 구별된다고 볼 수 있다($\frac{상}{4항,}\frac{17조 2항·}{89조 2항}$).

(2) 가맹상의 의무

1) 가맹업자의 영업에 관한 권리를 침해하지 않을 의무($\frac{상}{8}\frac{168조의}{1항}$)   가맹상은 가맹업자의 영업에 관한 권리가 침해되지 아니하도록 하여야 할 의무가 있다($\frac{상}{8}\frac{168조의}{1항}$). 이 때 「가맹업자의 영업에 관한 권리를 침해하지 않는 것」이 무엇이냐에 대하여는, 위에서 본 가맹사업거래의 공정화에 관한 법률상 가맹상(가맹점사업자)의 준수사항

이 참고가 될 수 있을 것으로 본다($\frac{통별}{6조}$). 즉 가맹상은 (i) 가맹업의 통일성 및 가맹업자의 명성을 유지하기 위하여 노력하여야 하고, (ii) 가맹업자의 공급계획과 소비자의 수요충족에 필요한 적정한 재고유지 및 상품진열을 하여야 하며, (iii) 가맹업자가 상품 또는 용역에 대하여 제시하는 적절한 품질기준을 준수하여야 하고, (iv) 위 (iii)에 의한 품질기준의 상품 또는 용역을 구입하지 못하는 경우 가맹업자가 제공하는 상품 또는 용역을 사용하여야 하며($\frac{동지: 대판 2005. 6.}{9, 2003 누 7484}$), (v) 가맹업자가 사업장의 설비와 외관·운송수단에 대하여 제시하는 적절한 기준을 준수하여야 하고, (vi) 취급하는 상품·용역이나 영업활동을 변경하는 경우 가맹업자와 사전 협의하여야 하며, (vii) 상품 및 용역의 구입과 판매에 관한 회계장부 등 가맹업자의 통일적 사업경영 및 판매전략의 수립에 필요한 자료를 유지 및 제공하여야 하고, (viii) 가맹상의 업무현황 및 (vii)에 의한 자료의 확인과 기록을 위한 가맹업자의 임직원 그 밖의 대리인의 사업장 출입을 허용하며, (ix) 가맹업자의 동의를 얻지 아니한 경우 사업장의 위치변경 또는 가맹점 운영권을 양도하지 못하고, (x) 가맹계약기간중 가맹업자와 동일한 업종을 영위하는 행위를 하지 못하며, (xi) 가맹업자의 영업기술이나 영업비밀을 누설하여서는 아니 되고, (xii) 영업표지에 대한 제 3 자의 침해사실을 인식하는 경우 가맹업자에 대하여 영업표지의 침해사실을 통보하고 이에 대한 금지조치에 적절히 협력하여야 한다.

2) 가맹업자의 영업상의 비밀을 준수할 의무($\frac{상 168조의}{8 2항}$)   가맹상은 가맹계약이 종료한 후에도 가맹계약과 관련하여 알게 된 가맹업자의 영업상의 비밀을 준수하여야 할 의무가 있다($\frac{상 168조의}{8 2항}$). 이는 가맹업자의 이익을 보호하기 위하여 인정된 것으로, 대리상의 영업비밀준수의무($\frac{상 92조}{의 3}$)와 유사하다고 볼 수 있다. 이 때에「가맹계약이 종료한 후」란 가맹계약기간의 만료뿐만 아니라 가맹계약기간중이라도 중도해지 등으로 계약관계가 소멸되는 경우를 포함한다.「영업상의 비밀」이란 영업과 관련된 사항으로서 소수인만이 알고 있고 가맹업자가 공표되기는 바라지 않는 것 등을 의미한다.

가맹상이 이 의무를 위반하면 가맹업자에 대하여 손해배상책임을 진다($\frac{민 390조.}{393조}$).

(3) **가맹상의 영업양도(가맹업자의 동의)**($\frac{상 168조}{의 9}$)

가맹상은 가맹업자의 동의를 받아 그 영업을 양도할 수 있는데($\frac{상 168조의}{9 1항}$), 가맹업자는 특별한 사유가 없으면 가맹상의 영업양도에 동의하여야 한다($\frac{상 168조의}{10 2항}$). 가맹업자와 가맹상간의 가맹계약관계는 고도의 신뢰를 기초로 하는 계속적 계약관계이고 또한 가맹상은 가맹업자의 영업을 독자적으로 수행할 수 있는 능력이 있어야 하므로 가맹상이 그 영업을 양도하기 위하여는 가맹업자의 동의를 받도록 한 것이고,

가맹상의 투자금의 회수가 부당하게 제한되는 것을 방지하기 위하여 가맹업자는 특별한 사유(예컨대, 가맹상의 영업을 양수하려는 자가 가맹업자의 영업을 독자적으로 수행할 수 있는 능력이 없는 경우, 가맹업자의 영업에 관한 권리를 침해할 우려가 있는 경우 등)가 없는 한 가맹상의 영업양도에 동의하도록 한 것이다.

가맹상이 그 영업을 임대하는 경우에도 양도하는 경우와 동일하게 보아야 할 것이다($\frac{상\ 168조의}{9\ 유추적용}$).

가맹상이 그 영업을 양도하면 상법상 영업양도에 관한 규정($\frac{상\ 41조~}{45조}$)이 그대로 적용될 수 있는지 여부의 문제가 있다. 특별히 이를 배제하는 규정이 없는 한 가맹상의 영업양도에도 상법상 영업양도에 관한 규정이 적용된다고 본다.

(4) **가맹계약의 해지**($\frac{상\ 168조}{의\ 10}$)

가맹계약상 존속기간에 대한 약정의 유무와 관계 없이 부득이한 사정이 있으면, 각 당사자는 상당한 기간을 정하여 예고한 후 가맹계약을 해지할 수 있다($\frac{상\ 168조}{의\ 10}$). 존속기간에 대한 약정의 유무와 관계 없이 부득이한 사정이 있는 때에 각 당사자가 계약을 해지할 수 있도록 한 점은 익명조합계약 및 대리상계약과 같다($\frac{상\ 83조\ 2항;}{92조\ 2항}$). 그러나 부득이한 사정이 있는 때 익명조합계약 및 대리상계약에서는 즉시 계약을 해지할 수 있는데, 가맹계약에서는 상당한 기간을 정하여 예고하도록 한 점은 익명조합계약 및 대리상계약과 구별되는 점이다. 가맹계약은 두 당사자의 신뢰를 기초로 한 계약이므로 이러한 신뢰에 반하는 부득이한 사정이 있는 경우 각 당사자는 가맹계약을 해지할 수 있도록 한 것이고, 또한 계속적인 성질을 갖는 계약이기 때문에 상당한 기간을 정하여 예고한 후 가맹계약을 해지할 수 있도록 한 것이다.

이 때 「부득이한 사정」이란 가맹업자의 경우에는 가맹상이 가맹업자가 지정하는 품질기준이나 영업방식에 따르지 않는 경우 등이고($\frac{상\ 168조의\ 6\ 후단;}{168조의\ 8\ 1항}$), 가맹상의 경우에는 가맹업자가 다른 약정이 없음에도 가맹상의 영업지역 내에서 동일·유사한 업종의 영업을 직접 하거나 또는 다른 자와 동일·유사한 업종의 가맹계약을 다시 체결하는 경우 등이다($\frac{상\ 168조의}{7\ 2항}$). 예고를 하여야 하는 「상당한 기간」이란 구체적으로 가맹계약에서 정하여지겠으나, 상법에서 익명조합계약의 경우에는 「6월 전」에 예고하도록 하고($\frac{상\ 83조}{1항}$) 대리상계약의 경우에는 「2월 전」에 예고하도록 하고 있다($\frac{상\ 92조}{1항}$).

2. 외부관계

(1) 원   칙

가맹업자와 제 3 자와의 외부관계에서 가맹업자는 제 3 자에 대하여 책임을 부담하는가. 가맹상은 가맹업자와는 독립된 상인이므로, 가맹상이 제 3 자와 거래를 하거나 또는 제 3 자에 대하여 불법행위를 한 경우에 가맹업자는 이에 대하여 책임을 지지 않는 것이 원칙이다.

(2) 예 외

그러나 가맹업자는 제 3 자에 대하여 가맹상에 대하여 동일한 기업인 것과 같은 외관을 부여하였고, 이로 인하여 제 3 자가 가맹상의 기업을 가맹업자의 기업으로 신뢰하였으며, 또한 가맹업자는 가맹상이 그가 지정하는 품질기준이나 영업방식에 따라 영업을 하도록 통제하여야 하는데 가맹업자가 가맹상에 대하여 이러한 통제를 게을리한 경우에는 제 3 자를 보호할 필요가 있다. 따라서 다음과 같은 경우에는 예외적으로 가맹업자의 제 3 자에 대한 책임을 인정하게 된다. 이는 또한 가맹거래의 내부관계에서의 가맹상의 독립성과 외부관계에서의 가맹업자의 통일성을 조화시키는 문제라고 보겠다.

1) 가맹상이 가맹업자의 사실상 대리인(표현대리인을 포함), 피용자 또는 명의차용자인 지위를 갖는 경우에는, 각각 해당 법리(민 114조, 125조, 126조, 129조,
756조; 상 24조, 87조 등)에 의하여 가맹업자는 제 3 자에 대하여 책임을 진다(미국에서는 이를 '대위책임'〈vicarious liability〉이라 함).

2) 가맹업자가 상품의 제조자인 경우에는 제조물책임의 법리에 의하여 가맹업자는 제 3 자에 대하여 책임을 진다(미국에서는 이를 '직접책임'〈direct liability〉이라 함).

제10절 채권매입업

제 1 채권매입업자의 의의

채권매입업자란 「타인(거래기업)이 물건·유가증권의 판매, 용역의 제공 등에 의하여 취득하였거나 취득할 영업상의 채권(영업채권)을 매입하여 회수하는 것을 영업으로 하는 자」를 말한다(상 168조
의 11).

채권매입업자에 대하여는 상법 및 특별법상 특별한 제한이 없다. 은행이 부수업무의 하나로 채권매입업을 영위하고(은행 27조 2 항,
은행시 18조의 2), 또한 여신전문금융회사가 그의 업무 중의 하나로 채권매입업을 영위한다고 하여(여금 46조
1 항 2 호) 이러한 은행 등을 채권매입업자라고 볼 수는 없다. 그러나 채권매입업이 다른 특별법상의 업무에 해당하게 되면 동법의 적용을 받게 된다(예컨대, 자산유동화법 22조 2 항,
유동화전문회사 회계처리기준 7-1조 등).

채권매입업자에게 영업채권을 매도(양도)하는 자(거래기업)에 대하여도 제한이 없다. 그러나 「물건·유가증권의 판매, 용역의 제공 등에 의하여 취득하였거나 취득할 영업상의 채권」이라는 점에서 보면 영업채권의 매도인(양도인)은 상인이어야 할 것으로 본다. 매도(양도)대상 영업채권의 범위에 대하여 특별한 제한이 없으므로 어음채권 등 지시채권을 포함한다고 본다(여급 46조 1 항 2 호는).

채권매입거래(팩토링)에는 채권매입업자가 매입한 영업채권을 영업채권의 채무자(이하 '채무자'로 약칭함)로부터 회수하지 못하는 경우에 거래기업(채권매입계약의 채무자)으로부터 상환청구할 수 있는지 여부에 대하여 「상환청구권이 있는 채권매입거래」와 「상환청구권이 없는 채권매입거래」가 있는데, 2010년 개정상법에서는 채권매입계약에서 다르게 정한 경우가 아니면 「상환청구권이 있는 채권매입거래」의 입법을 채택하고 있다(상 168조).

제 2 채권매입거래의 법률관계

채권매입거래의 법률관계는 채권매입업자와 거래기업간의 법률관계, 거래기업과 채무자간의 법률관계 및 채권매입업자와 채무자간의 법률관계가 있다. 이 중 거래기업과 채무자간의 법률관계는 일반적인 상품매매계약 또는 서비스공급계약이므로 특별히 문제될 것이 없다. 채권매입업자와 거래기업간에는 채권의 양도와 관련된 법률문제가 있고, 채권매입업자와 채무자간에는 채무자의 항변과 관련된 법률문제가 있으므로, 이하에서는 이 두 가지 점에 대하여만 간단히 살펴본다.

1. 채권매입업자와 거래기업간의 법률문제(채권양도와 관련된 법률문제)

(1) 거래기업이 채권매입업자에게 영업채권을 양도하는 방법에는 포괄적(선행적) 일괄양도의 방법과 개별적 양도의 방법이 있다. 전자는 채권매입계약(기본계약)의 이행행위로서 하는 방법으로 별개의 양도행위를 요하지 않으나, 후자는 구체적인 영업채권이 발생할 때마다 개별적인 양도행위를 요한다. 이 두 가지 방법 중 어느 것에 의할 것인가는 당사자간의 의사해석에 의할 것이나, 당사자의 의사가 명백하지 아니한 경우에는 포괄적(선행적) 일괄양도로 해석한다.

(2) 위에서 본 개별적 채권양도의 방법에 의하는 경우에는 아무런 법률상 문제가 없으나, 포괄적(선행적) 일괄양도의 방법에 의하는 경우에는 장래채권이 양도성을 갖는지 여부와 관련하여 의문이 있다. 그런데 일반적으로 장래채권이라도 확정

(특정)가능성이 있는 경우에는 그의 양도성을 인정하므로, 위와 같은 채권의 포괄적 (선행적) 일괄양도는 유효하다고 본다.

위의 어떠한 방법에 의한 채권양도이든 영업채권은 양도할 수 있는 채권이어야 하므로, 채권이 그 성질·당사자간의 의사 및 법률 등에 의하여 양도할 수 없는 경우에는 당연히 채권매입거래에서도 양도대상이 되지 않는다(민 449조 참조).

2. 채권매입업자와 채무자간의 법률문제(채무자의 항변과 관련된 법률문제)

(1) 거래기업이 채권매입업자에게 영업채권을 매도하는 것도 민법상의 채권양도이므로 민법상 채권양도의 대항요건을 갖추지 않으면 채무자는 채권매입업자에 대항할 수 있다(민 450조 1항). 실제 채권매입거래에서는 채권매입업자가 거래기업으로부터 채무자가 당해 채권양도를 이의 없이 승낙하였다는 내용의 확정일자 있는 서면을 징구하므로 채권매입업자가 채무자로부터 이러한 항변을 받을 염려는 없다.

(2) 이 때 채무자는 양도통지를 받은 때까지 거래기업에 대하여 생긴 사유로써 채권매입업자에 대항할 수 있다(민 451조 2항). 그러나 위에서 본 바와 같이 채무자가 이의 없이 채권양도를 승낙한 경우에는 거래기업에 대항할 수 있는 사유로써 채권매입업자에 대항하지 못한다(민 451조 1항 본문).

(3) 채무자는 거래기업에 대하여 가지고 있는 채권(자동채권)으로써 채권매입업자의 채권추심에 대하여 상계하여 대항할 수 있는가. 위에서 본 바와 같이 우리나라에서는 채권이 포괄적(선행적) 일괄양도의 방법에 의하고 또 채권매입업자는 채무자의 이의 없는 승낙서를 받는 실정에서 볼 때 다음과 같이 생각할 수 있다.

1) 채무자의 거래기업에 대한 채권(자동채권)이 영업채권(수동채권)의 포괄적 일괄양도 이전에 성립한 경우에는 채무자는 영업채권의 양도에 관하여 이의를 보류하여 승낙하거나 또는 채권양도금지의 특약을 하였어야 하는데, 이의를 보류하지 아니하고 채권양도를 승낙하였다면 채무자는 채권매입업자에 대하여 상계로써 대항할 수 없다(민 451조 본문).

2) 채무자의 거래기업에 대한 채권(자동채권)이 영업채권(수동채권)의 포괄적 일괄양도 이후에 성립한 경우에는 채무자는 채권매입업자에 대하여 상계로써 대항할 수 없다(민 451조 2항 반대해석 참조).

3) 거래기업은 채권매입업자에 대하여 영업채권을 양도함에 있어서 동 채권이 유효하게 성립하였다는 점과 또 그 채권의 위험을 담보한다. 따라서 채권매입업자는 채무자로부터 이러한 점에 관한 항변의 대항을 받지 않는다.

회　　사

제**1**장 총 설

제1 회사제도의 경제적 기능

기업의 형태에는 크게 개인기업과 공동기업이 있는데, 우리나라의 실정법상 공동기업형태에는 민법상의 조합($_{724조}^{민\,703조\sim}$), 상법상의 익명조합($_{86조}^{상\,78조\sim}$)과 합자조합($_{2-86조의\,9}^{상\,86조의}$), 회사($_{637조의\,2}^{상\,169조\sim}$) 및 해상기업에 특유한 것으로 선박공유($_{768조}^{상\,756조\sim}$)가 있다. 개인기업은 그 수에 있어서는 월등히 많으나 그 경제적 기능은 공동기업에 비하여 훨씬 취약하다. 공동기업형태 중에도 민법상의 조합·상법상의 익명조합·합자조합 및 선박공유는 개인기업의 단점을 부분적으로 보충하나 일정한 한계가 있으며, 또 법인격도 없기 때문에 거대한 기업형태로는 적절하지 못하다. 따라서 오늘날 공동기업형태의 전형은 회사이며, 이는 법인격이 부여되어 있어($_{169조}^{상}$) 자연인과 같이 독립적으로 활동한다.

우리 상법상 회사에는 인적회사로서 합명회사와 합자회사가 있고 물적 회사로서 주식회사와 유한회사가 있으며 합명회사에 주식회사의 요소를 부분적으로 반영한 유한책임회사가 있는데, 이 중에서 주식회사가 가장 대표적인 공동기업형태이다. 따라서 오늘날 대기업은 어느 국가에서나 주식회사의 형태를 취하고 있다.

제2 회사법의 개념

1. 실질적 의의의 회사법

실질적 의의의 회사법은 「회사기업에 고유한 사법(私法)」을 말한다. 회사법이란 말은 회사공법이나 회사국제법을 포함하여 사용되는 경우도 있는데, 회사법학의 대상이 되는 것은 회사사법이다.

2. 형식적 의의의 회사법

형식적 의의의 회사법은 「회사기업에 관한 성문법규」를 말한다. 그 규정의 내용이 회사기업에 고유한 것인가 아닌가를 불문하고, 단지 그 규정의 형식에 착안하여 회사(법)이라는 명칭을 사용한 법률 또는 편·장을 말한다. 상법 제3편은 우리나라에 있어서의 형식적 의의의 회사법이다.

제3 회사법의 특색

1. 단체법적 성질과 거래법적 성질

(1) 회사법은 자본형성 또는 인력(人力)을 제공한 단체 등에 관한 단체법이므로 회사법의 거의 전부는 단체법에 속한다(기업조직법적인 면). 따라서 회사법은 개인법에서와는 다른 특수한 원리(기관관계·다수결원리·법률관계의 획일확정·사원평등의 원칙 등)에 의하여 지배된다.

(2) 회사법 중에는 회사와 회사채권자·사원과 회사채권자와의 관계와 같은 대외관계(기업행위법적인 면)를 규율하는 규정도 있고, 또 사원권의 이전 등을 목적으로 하는 규정도 있다. 회사법 중의 이러한 규정은 거래의 안전보호라는 원리에 의하여 지배된다.

2. 이익단체법적(영리적) 성질과 공동단체법적(사회적) 성질

(1) 회사는 사회학적 의미에서 이익단체이지 공동단체는 아니다. 회사는 사원인 개인이 그 영리목적을 실현하기 위하여 편의상 설립된 것이며, 이윤추구목적의 수단으로서의 실체를 가지고 있다.

(2) 이러한 영리단체인 회사는 한편 그 회사의 사원으로서 관계하고 있는 자와 회사를 상대로 하는 제3자의 수가 대단히 많고, 또 회사의 활동범위도 대단히 넓어져서 오늘날 생산과 분배의 대부분이 회사를 통하여 실현됨으로써, 회사는 사회일반에 막대한 이해관계를 미치고 있다. 이 점에서 회사는 공동단체적 성격을 갖게 된다. 회사 특히 주식회사에 관하여 「기업 자체」 또는 「기업의 사회적 책임」이라는

말은 회사기업의 공동단체적 성질을 반영하는 말이다.

3. 강행법적 성질과 임의법적 성질

(1) 회사법은 위와 같이 대부분이 단체법적 성질을 가지고 있기 때문에, 대부분이 강행법적 성질을 가지고 있다. 또한 거래법적 성질을 가진 규정이라도 회사채권자의 이익보호나 거래의 안전을 위한 규정은 역시 강행법적 성질을 갖고 있다.

(2) 회사법 중에서 거래법적 성질을 가진 규정으로 당사자간의 의사를 특히 존중할 필요가 있는 사항에 대하여는, 임의법적인 성질을 가진 것도 있다.

제 2 장   회사법통칙

제 1 절   회사의 개념

제 1   회사의 의의

상법상 회사라 함은 「상행위나 그 밖의 영리를 목적으로 하여 설립한 법인」을 말한다($\frac{상}{169조}$). 즉, 회사라고 하기 위하여는 다음과 같은 요소가 있어야 한다.

1. 영 리 성

(1) 회사는 「상행위 기타 영리」를 목적으로 하여야 한다. 우리나라에서 회사의 영리성은 회사라는 단체가 만들어진 동기이며 또 그 존재와 활동을 성격지우는 요소이다. 회사가 영리를 목적으로 하는 것 중에서 「상행위」를 영업으로 하면 상사회사가 되고, 「상행위 이외의 영리」를 목적으로 하면 민사회사가 된다. 상사회사는 당연상인($\frac{상}{46조}$)이고 민사회사는 의제상인($\frac{상}{민}\frac{5조\,2항;}{39조}$)으로서 양자는 개념상 구별되나, 양자는 모두 상인으로 상법이 적용되므로 상법상 이를 구별할 실익은 없다.

(2) 영리를 목적으로 한다는 뜻에 대하여는 회사가 영리사업을 경영하여 이익귀속의 주체가 된다는 뜻으로 보는 설(영리사업설)도 있으나, 회사가 영리사업을 경영하여 이익귀속의 주체가 되는 것만으로는 부족하고 다시 그 이익을 사원에게 분배하여야 한다는 뜻으로 해석하여야 한다(이익분배설). 따라서 구성원이 없는 재단법인은 영리법인(회사)으로 인정될 수 없으며, 공법인이 수단으로서 영리사업을 하는 경우에도 그 구성원에게 이익을 분배하지 않으므로 영리법인(회사)으로 인정되지 않는다.

또한 회사가 그 구성원에게 이익을 분배한다는 뜻은 회사가 대외적 활동에 의하여 이익을 얻고 이 이익을 이익배당 등의 방식으로 그 구성원에게 분배하는 것을 의미하므로, 단체의 내부적 활동에 의하여(즉, 사원 상호간의 계산에 의하여) 그 구성원에게 직접 이익을 주는 협동조합이나 상호회사($\frac{보험}{이하}\frac{34조}{참조}$) 등은 상법상의 회사가 아니다.

회사의 영리성은 이와 같이 그 구성원에게 이익을 분배하여야 한다는 점에서, 회사의 영리성은 대외적 활동에서 영리를 추구하고자 하는 의사만 있으면 되는 상인의 영리성($\frac{상}{5조}\frac{4조}{}$)과는 구별된다. 이러한 점에서 보면 공법인이 수단으로서 영리사업을 하는 경우에, 그 범위에서 공법인은 상인은 될 수 있으나 회사는 될 수 없다.

(3) 회사의 정관상 목적사업이 영리사업인 이상 영리사업에 부수하여 비영리사업을 겸하거나 각종의 기부행위를 하는 것은 상관이 없다(영리성의 형식화 경향). 그런데 정관상 목적사업은 영리사업이나 실질적으로는 비영리사업을 경영하는 경우에, 이를 회사로 인정할 수 있을 것인가에 대하여는 의문이 있다. 이 경우에도 이를 회사라고 보는 견해가 있으나, 타당하지 않다고 본다. 왜냐하면 비영리사업인 학원이나 병원을 경영한다 할지라도 그것을 실질적으로 영리로 경영하는 한 영리사업으로 보아 상법을 적용하여야 하는 것과 같은 이치로, 비영리사업을 실질적으로 할 목적으로 설립된 법인을 정관상 목적사업에 영리사업이 기재되었다는 이유만으로 회사로 단정할 수는 없기 때문이다. 따라서 회사는 「부수적인」 한에 있어서만 비영리사업의 겸영이 허용된다고 보아야 할 것이다.

2. 사 단 성

(1) 사단성의 폐지

1) 2011년 4월 개정상법 이전에 우리 상법 제169조는 「본법에서 회사라 함은 … 사단을 이른다」고 규정하여 「사단성」을 회사의 요소로 하고 있었다. 그런데 우리 상법상 인정된 다섯 종류의 회사 중에서 인적회사(합명회사·합자회사) 및 유한책임회사는 단체의 실질이 조합인데 어떻게 사단으로 설명될 수 있으며, 물적회사(특히 주식회사)는 단체의 실질이 사람의 결합이기보다는 재산의 결합으로서 재단성이 있으며 또한 1인설립 및 1인회사로서의 존속이 가능한데(1인설립 및 1인회사로서의 존속이 가능한 점은 유한책임회사의 경우에도 해당됨— $\frac{상}{287조의}\frac{287조의}{38}\frac{2,}{2호}$) 어떻게 사단으로 설명될 수 있을 것인가가 항상 문제점이 되었다. 따라서 2011년 4월 개정상법에서는 회사의

의의에서 '사단'을 삭제하였다($\frac{상}{169조}$).

2) 이와 같이 우리 상법상 어떤 회사의 실체도 민법상 사단과 동일하지 않음에도 불구하고 2011년 4월 개정사업 이전에 상법 제169조에서 모든 회사의 요소를 「사단」이라고 규정한 것은, 그 자체가 모순이고 또한 실익도 없었다(단체의 법률관계를 획일명확하게 처리하기 위한 입법기술은 법인성이고, 이러한 법인성은 사단성과 아무런 논리필연적인 관계도 없다). 또한 외국의 입법례에서도 모든 회사를 일률적으로 사단으로 정의하고 있는 입법례는 없었다. 따라서 2011년 4월 개정상법에서는 상법 제169조에서 「사단」을 삭제하였다. 그런데 2011년 4월 개정상법상 회사의 의의에서 「사단」을 삭제하였다고 하여 회사는 사단과 무관할 수는 없다. 즉, 회사는 민법상의 사단과 같지는 않으나, 회사에 따라 정도의 차이는 있을지라도 부분적으로 사단의 성질을 갖고 있음을 부인할 수 없다.

(2) 1인회사

1) 우리 상법상 1인회사는 합명회사·합자회사에서는 인정되지 않으나, 주식회사·유한회사·유한책임회사에서 인정되고 있다. 왜냐하면 합명회사·합자회사에서는 「2인 이상의 사원」을 회사의 성립요건($\frac{상\ 178조}{268조}$)으로 뿐만 아니라 존속요건($\frac{상\ 227조\ 3}{호,\ 269조}$)으로 규정하고 있어 1인회사가 존재할 여지가 없으나, 주식회사·유한회사·유한책임회사에서는 1인설립이 가능하고($\frac{상\ 288조,\ 543조}{287조의\ 2}$) 또한 존속요건으로는 2인 이상의 주주 또는 사원을 요구하고 있지 않기 때문이다($\frac{상\ 517조\ 1\ 호,\ 609조\ 1\ 항}{1호,\ 287조의\ 38\ 2\ 호}$). 따라서 우리 상법상 물적회사 및 유한책임회사의 경우 1인회사가 인정될 수 있을 것인가에 관한 논의는 처음부터 문제가 되지 않는다.

2) 우리 상법상 물적회사 및 유한책임회사의 경우 1인회사는 명문으로 인정되고 있으므로($\frac{상\ 517조\ 1\ 호,\ 609조\ 1\ 항}{1호,\ 287조의\ 38\ 2\ 호}$) 1인회사에 관한 법률관계가 문제되는데, 주식회사의 경우 학설·판례를 중심으로 살펴보면 다음과 같다.

㈎ **주주총회(내부관계)**   1인주식회사에서는 주주가 1인이므로 복수의 주주를 전제로 하여 주주의 이익을 보호하기 위한 상법상의 규정은 완화하여 적용된다. 즉, 주주총회의 소집절차나 결의방법이 상법의 규정에 위배된다고 하여도, 그것이 1인주주의 의사에 합치하는 한 유효라고 볼 수 있다(통설·판례).

[1인주식회사의 경우 주주총회소집절차 등이 불필요하다고 본 판례]

"1인주식회사의 경우 그 주주가 유일한 주주로서 출석하면 전원총회로서 성립할 수 있을 것이며 따로 총회소집절차는 필요없다($\frac{대판\ 1964.\ 9.\ 22.}{63\ 다\ 792}$)."

"임시주주총회가 소집권한 없는 자의 소집에 의하여 소집되었고 또 임시주주
총회를 소집키로 한 이사회의 정족수와 결의절차에 흠결이 있어 이 주주총회
소집절차가 위법한 것이라 하더라도, 피고회사가 1인주주로 그 주주가 참석하
여 총회개최에 동의하고 아무 이의 없이 결의한 것이라면, 이 결의 자체를 위법
한 것이라고 볼 아무런 이유가 없다(대판 1966. 9. 20,
66 다 1187·1188)."

"1인주식회사의 경우에는 그 주주가 유일한 주주로서 주주총회에 출석하면
전원총회로서 성립하고 그 주주의 의사대로 결의가 될 것임이 명백하므로 따로
이 총회소집절차가 필요없다 할 것이고, 실제로 총회를 개최한 사실이 없다 하더
라도 그 1인주주에 의하여 의결이 있었던 것으로 주주총회의사록이 작성되었다면
특별한 사정이 없는 한 그 내용의 결의가 있었던 것으로 볼 수 있어 형식적인 사
유만에 의하여 결의가 없었던 것으로 다툴 수도 없다(대판 1976. 4. 13, 74 다 1755;)
동 2004. 12. 10, 2004 다 25123)."

"1인주식회사의 경우에는 그 주주가 유일한 주주로서 주주총회에 출석하면
전원총회로서 성립하여 그 주주의 의사대로 결의가 될 것이므로 그 주주가 주
식회사의 대표이사로서 회사를 대표하여 회사의 중요한 영업재산을 양도하는
경우에도 따로 주주총회의 특별결의를 거칠 필요는 없다(대판 1964. 9.
22, 63 다 743)."

"실질상 1인회사의 소유재산을 그 회사의 대표이사이자 1인주주가 처분하였
다면 그러한 처분의사 결정은 곧 주주총회의 특별결의에 대치되는 것이라 할
것이므로 그 재산이 회사의 유일한 영업재산이라 하더라도 동 처분은 유효하다
고 할 것이다(대판 1976. 5.
11, 73 다 52)."

(바) **1인주주와 회사와의 거래(내부관계)**   1인주식회사에서 1인주주(그가 이사인지
여부를 불문함— 상 398조 1 호
후단 참조)가 회사와 거래하는 경우에는 상법 제398조에 의하여 이
사회의 승인을 받아야 한다.

(사) **법인격부인론과의 관계(외부관계)**   1인주식회사도 회사와 1인주주는 별개의
인격이므로 1인주주는 복수주주가 있는 주식회사의 경우와 같이 유한책임을 부담하
고, 또 회사재산과 주주재산은 구별되는 것이 원칙이다. 즉 이 때의 1인주주는 회사
채권자에 대하여 무한책임을 부담하지 않는 것이 원칙이다.

그러나 1인주주가 자기 개인이 부담하는 채무를 면탈하기 위하여 1인주식회사
를 설립하고, 1인주식회사는 이에 필요한 충분한 자본금을 갖지 못하며, 또 1인주
주 개인의 재산과 회사의 재산이 상호 혼융되어 있는 등의 사유가 있어 1인주주와
1인주식회사가 도저히 별개의 법인격이라고 볼 수 없는 사정이 있다면, 동 회사의
법인격은 부인되어 회사와 1인주주는 채권자에 대하여 무한책임을 부담하여야 할
것이다. 따라서 1인주식회사의 경우에는 복수주주의 주식회사에 비하여 법인격부인

론이 적용될 여지가 크다고 볼 수 있다.

3. 법 인 성

(1) 법인의 의의와 주소

1) 우리 상법은 모든 회사를 법인으로 규정하고 있다($\frac{상}{169조}$). 법인이란 단체의 법률관계를 간명하게 처리하기 위한 입법기술로서 권리의무의 주체가 될 수 있는 지위(자격)이다. 앞에서 본 사단성은 단체의 내부관계에서 구성원의 결합관계를 의미하는데, 법인격은 단체의 외부관계에서 인격자로 나타나는 문제이다.

2) 회사는 법인이므로 자연인과 같이 반드시 그 주소가 있어야 하는데, 이는 본점소재지에 있는 것으로 한다($\frac{상}{171조}$).

(2) 법인의 속성

1) 법인의 속성으로는 (i) 법인명의로 권리의무의 주체가 되고, (ii) 법인 자체의 명의로 소송당사자가 되며, (iii) 법인의 재산에 대하여는 법인 자체에 대한 채무명의에 의해서만 강제집행할 수 있고, (iv) 법인의 재산은 법인 구성원(사원) 개인의 채권자에 의하여 강제집행의 대상이 되지 않고, (v) 법인의 채권자에 대하여는 법인 자체의 재산만이 책임재산이 되고 법인의 구성원(사원)의 재산은 책임재산이 되지 않는다는 것 등이 있다.

2) 이러한 법인의 속성은 조합적 성질이 있는 합명회사·합자회사에서는 희박하고, 주식회사에서 가장 뚜렷하다. 즉 합명회사와 합자회사의 경우에는 사원의 채권자가 사원의 지분을 압류하여 그 사원을 퇴사시킬 수 있는데($\frac{상}{조,}\frac{223조,}{269조}$ 224), 이 경우에는 퇴사에 의한 지분반환청구권에 지분압류의 효력이 미치므로 (iv)의 속성이 없으며, 또 합명회사·합자회사의 사원은 회사채권자에 대하여 직접책임을 지므로 ($\frac{상\ 212조,}{269조}$) (v)의 속성도 없다.

이 다섯 가지의 속성을 모두 전형적으로 갖고 있는 회사가 주식회사인데, 이 주식회사형태의 남용을 방지하기 위한 목적에서 발전한 이론이 다음에서 보는 법인격부인론이다.

(3) 회사와 법인성

회사를 법인으로 할 것인지 여부는 입법정책의 문제로서, 이는 입법례에 따라 약간의 차이가 있다. 즉 프랑스법·일본법은 우리나라와 같이 모든 회사를 법인으로 규정하고 있지만, 독일법이나 영미법에서는 회사에 따라 법인성이 인정되는 것과 인정되지 않는 것이 있다. 즉 독일법에서는 주식회사와 주식합자회사 및 유한회사는 법인이지만 합명회사와 합자회사는 법인이 아니고 단순한 조합에 지나지 않으며, 영미법에서는 물적회사인 company(영국)와 corporation(미국)은 법인이지만 인적회사의 성질이 있는 partnership과 limited partnership은 법인이 아니다.

(4) 법인격부인론

1) 의 의 법인격부인론은 법인격 자체를 박탈하지 않고 그 법인격이 남용된 특정한 경우에 한하여 그 회사의 독립적인 법인격을 제한함으로써 회사형태의 남용에서 생기는 폐단을 교정하고자 하는 이론으로, 특정한 경우에 회사와 사원간의 분리원칙의 적용을 배제함으로써 회사와 사원을 동일시하여 구체적으로 타당한 해결을 하려는 이론이다.

회사의 법인격을 남용하는 경우에 이를 규제하는 방법으로는 (i) 회사의 최저자본금을 법정하는 예방적인 방법, (ii) 회사의 설립목적이 불법인 경우 등에 법원의 명령에 의하여 해산시키는 방법, (iii) 법인격부인에 의한 방법이 있다. 그런데 (i)의 경우는 우리 상법에도 입법이 되어 있으나($\frac{\text{상}}{1\text{항}}$546조) 이는 사전의 예방적인 방법으로서 스스로 일정한 한계가 있고, (ii)의 경우는 우리 상법에도 입법이 되어 있으나($\frac{\text{상}}{176\text{조}}$) 이는 법인격을 영원히 박탈하는 것으로서 기업유지이념에 반한다. 따라서 법인격이 남용된 경우에 사후적 조치로서 그 경우에만 법인격을 부분적·일시적으로 부인하는 조치로는 법인격부인론을 원용하여 구체적 타당성을 얻는 것이 가장 적합하다.

법인격부인론은 모든 법인에 관하여 발전된 이론이 아니라 사원유한책임제도가 확립되고 소유와 경영이 분리된 물적회사, 특히 주식회사에 관하여 발전된 이론이다. 우리 상법상 인적회사 및 유한회사에서는 사해행위취소에 해당하는 설립취소의 제도가 있고($\frac{\text{상 184조,}}{269\text{조, }552\text{조}}$), 또 인적회사의 경우에는 무한책임사원이 있어 회사의 법인격의 남용행위에 의한 폐단이 적지만, 주식회사의 경우에는 이러한 제도가 없어 ($\frac{\text{상 328조,}}{331\text{조 참조}}$) 특히 주식회사의 경우에 법인격부인론의 효용이 크다.

2) 요 건 법인격부인론에서 가장 중요하고 어려운 문제는 요건인데, 이에 대하여는 뚜렷한 정설이 없고 잡다한 사건 속에 흐르는 몇 가지의 공통점을 찾아내는 것뿐이다. 따라서 이에 관하여는 각각 달리 그 요건을 설명하고 있는데, 다음과 같이 간명하게 그 요건을 정리할 수 있다(대판 2001. 1. 19, 97 다 21604; 동 2004. 11. 12, 2002 다 66892; 동 2010. 1. 14, 2009 다 77327; 동 2011. 5. 13, 2010 다 94472; 동 2021. 4. 15, 2019 다 293449; 동 2023. 2. 2, 2022 다 276703; 동 2024. 3. 28, 2023 다 265700은 이러한 요건에 해당한다고 보아 법인격을 부인하였고, 대판 2008. 8. 21, 2006 다 24438; 동 2008. 9. 11, 2007 다 90982는 이러한 요건에 해당되지 않는다고 보아 원심이 채택한 법인격부인론을 파기함).

(가) 지배(형태)요건 회사의 독립된 법인격이 사원 개인과 분리하여 존재하지 않는다는 이해 및 소유의 일치가 있거나, 사원에 의한 회사의 지배가 있어야 한다

는 요건이다. 이러한 지배(형태)요건은 종종 「1인주주의 분신으로서의 회사」, 「회사
와 주주간의 완전한 이해의 일치」, 「주주의 단순한 도구가 된 회사」 등등의 다른
이름으로 불려진다.

(바) **자본불충분(공정)요건**   그 행위가 회사의 행위로 인정되면 형평에 어긋나는
결과가 발생하여야 하는 요건으로, 이러한 공정요건의 평가에서 다루어지는 핵심적
인 사항은 자본불충분이다.

3) 적용범위

(가) **계약에서의 적용**   법인격부인론이 계약사례에서 적용되는 것은 가장 전형
적인 예이다. 그런데 이 때에 법원이 위의 두 요건 중 자본불충분(공정)요건을 적용
함에 있어서는 상대방의 「인식 또는 상대적 인식」을 고려하고, 그에게 엄격한 입증
책임을 부담시켜야 한다고 한다. 즉 회사가 자본불충분이고 이러한 사실을 상대방
(원고)이 합리적으로 조사했더라면 발견했을 경우(따라서 그 회사의 대주주에게 개인적
인 보증을 요구했을 경우)에는 법인격을 부인할 정당성이 거의 없다고 한다.

(나) **불법행위에서의 적용**   법인격부인론은 거래행위에서 상대방의 선의만을 보
호하는 것이 아니라 법인격이 남용된 경우에 형평의 관념에서 구체적으로 타당한
결론을 얻고자 하는 것이므로, 불법행위책임에 있어서도 법인격부인론이 적용될 수
있다고 본다.

(다) **사법이론에서 규율될 수 있는 경우**   이에 대하여 우리나라의 학설은 법인격
부인론의 문제는 일반사법이론에 의하여 해결될 수 있는 문제라고 하여 법인격부인
론 그 자체를 부인하거나, 또는 법인격부인론을 인정하는 경우에도 이 이론은 종래
의 사법이론에 의하여 적절히 해결될 수 없는 경우에 한하여 보충적으로만 적용되
어야 할 것이라고 설명한다.

생각건대 법인격부인론을 전통적인 사법이론(특히 포괄규정인 민법 제 2 조의 경
우)과 무관한 경우에만 적용한다는 것은 그러한 경우가 성문법주의국가에서 있을
수 없거나 또는 법인격부인론 그 자체를 부정하는 것과 동일하게 되므로, 법인격부
인론은 다른 사법이론과 명백히 상충되지 않는 한 인정되어야 할 것으로 본다
(동지: 대판 2001. 1.)
(19, 97 다 21604).

4) **근 거**   법인격부인론을 인정하는 경우에 우리나라의 대부분의 학설은
그 근거를 민법 제 2 조 1 항의 신의성실의 원칙위반 또는 민법 제 2 조 2 항의 권리
남용금지에서 구하고 있다.

생각건대 법인격부인의 실정법적 근거는 법인격의 개념에 내재하는 한계

($^{상 171조}_{1항}$)에서 찾는 것이 가장 타당하다고 본다(미국의 다수의 판례와 학설).

　5) 효 과　　회사의 법인격이 부인되면 그 회사의 독립된 존재가 부인되고, 회사와 사원은 동일한 실체로 취급된다. 따라서 회사의 행위로 인한 책임은 사원에게 귀속된다.

　그러나 회사에 대한 판결의 기판력 및 집행력이 사원에게까지 확장되는 것은 아니다. 따라서 사원에 대하여 강제집행을 하고자 하면 사원에 대하여 다시 집행권원(채무명의)을 얻어야 한다($^{대판 1995. 5. 12,}_{93 다 44531}$).

4. 기　타

　상법상 회사의 정의규정($^{상}_{169조}$)에 나타난 회사의 요소는 위의 두 가지이나, 그 밖에 상법의 일반규정의 적용에 있어서 회사는 태생적인 「상인성」과 설립에 있어서 「준칙성」이 있다. 이 점에서도 회사는 자연인이나 다른 법인(비영리법인)과 구별된다.

　(1) 상 인 성

　회사의 영리성($^{상}_{169조}$)에 의하여 회사는 당연히 상인성을 갖는다($^{상 4조}_{5조 2항}$). 따라서 회사는 태생적 상인이다. 그러므로 회사는 자연인 또는 비영리법인과는 달리 성립시($^{상}_{172조}$)부터 상인으로서 반드시 상호를 선정하여야 하는데, 그 상호에는 회사의 종류에 따라 합명회사·합자회사·유한책임회사·주식회사·유한회사의 문자를 사용하여야 한다($^{상}_{19조}$).

　(2) 준 칙 성

　회사는 상법 회사편의 규정에 따라서만 설립되는 것이지, 주무관청 등의 허가나 면허를 요하지 않는다(준칙성). 회사는 그 실체인 자본과 인력(人力)의 결합방법의 준칙성으로 인하여 그 설립에 주무관청의 허가를 요하는 비영리법인($^{민}_{32조}$) 등과 구별된다. 회사의 준칙성에 대하여 민사회사의 경우에는 명문으로 규정하고 있다($^{민 39조}_{1항}$). 상사회사의 경우에는 이에 관한 명문규정은 없으나, 민사회사의 경우와 같다. 영리법인이라 할지라도 이 요건을 갖추지 않으면 회사가 아니다.

≫ 사례연습 ≪

[사 례]

　　오피스텔을 분양하는 A주식회사의 주식의 대부분을 소유하고 있는 Y는 A회사의 대표이사로서 X에게 오피스텔을 분양하면서 계약금과 1 차 및 2 차 중도금을 지급받았으나 건축공사가 중단되어 X는 A회사의 채무불이행을 이유로 분양계약 해제의 의사표시를 하고 위 계약금 및 중도금의 반환청구를 A회사에 하면서 동시에 A회사는 변제능력이 없고 A회사를 사실상 지배하면서 변제능력이 있는 Y를 상대로 하여 회사의 법인격을 부인하여 계약금 및 중도금의 반환을 청구하였다. Y는 X에 대하여 이를 반환할 책임이 있는가?

　＊ 이 사례는 정찬형, 「상법사례연습(제 4 판)」, 사례 38에 기초한 것이므로, 이에 관한 상세는
　　 同書를 참고하기 바람.

[해 답]

　　1. A회사의 법인격을 부인하기 위하여는 앞에서 본 바와 같이 지배(형태)요건과 자본불충분(공정)요건이 필요한데 A회사와 Y와의 관계에서 볼 때 A회사는 이 두 요건을 모두 충족하고 있다고 볼 수 있고, 또한 이러한 법인격의 부인은 계약에서 적용되는 것인데 상대방인 X가 계약시에 A회사의 자본불충분을 인식하고 있거나 인식할 수 있었다고 볼 수 있는 사정이 없으므로 X는 A회사의 법인격을 부인하여 A회사를 사실상 지배하고 있는 Y에 대하여 계약금 및 중도금의 반환을 청구할 수 있다고 본다.

　　2. 우리 대법원도 이와 같은 취지로 다음과 같이 판시하고 있다.

　　"회사는 그 구성원인 사원과는 별개의 법인격을 가지는 것이고, 이는 이른바 1인 회사라 하여도 마찬가지이다. 그러나 회사가 외형상으로는 법인의 형식을 갖추고 있으나 이는 법인의 형태를 빌리고 있는 것에 지나지 아니하고 그 실질에 있어서는 완전히 그 법인격의 배후에 있는 타인의 개인기업에 불과하거나 그것이 배후자에 대한 법률적용을 회피하기 위한 수단으로 함부로 쓰여지는 경우에는 비록 외견상으로는 회사의 행위라 할지라도 회사와 그 배후자가 별개의 인격체임을 내세워 회사에게만 그로 인한 법적 효과가 귀속됨을 주장하면서 배후자의 책임을 부정하는 것은 신의성실의 원칙에 위반되는 법인격의 남용으로서 심히 정의와 형평에 반하여 허용될 수 없다 할 것이고, 따라서 회사는 물론 그 배후자인 타인에 대하여도 회사의 행위에 관한 책임을 물을 수 있다고 보아야 할 것이다.

　　기록에 의하면, Y는 종전부터 U유통주식회사, J산업주식회사 등 여러 회사를 사실상 지배하면서 이들 회사를 내세워 그 회사 명의로 또는 자신의 개인 명의로 빌딩 또

는 오피스텔 등의 분양사업을 하여 왔고, 이러한 사업의 일환으로 이 사건 건물의 분양 및 관리를 위하여 1991. 5. 3. A회사 전 대표이사인 C로부터 A회사의 주식을 양수한 다음 자신이 A회사의 대표이사로 취임하였고, A회사 주식은 모두 5,000주인데 현재 외형상 Y 등 4인 명의로 분산되어 있으나 실질적으로는 Y가 위 주식의 대부분을 소유하고 있고, 주주총회나 이사회의 결의 역시 외관상 회사로서의 명목을 갖추기 위한 것일 뿐 실질적으로는 이러한 법적 절차가 지켜지지 아니한 채 Y 개인의 의사대로 회사 운영에 관한 일체의 결정이 이루어져 온 사실, A회사 사무실은 현재 폐쇄되어 그 곳에 근무하는 직원은 없고, A회사가 수분양자들로부터 지급받은 분양대금 약 78억 원 중 30억 원 가량은 Y가 임의로 자신의 명의로 위 C로부터 이 사건 건물의 부지인 이 사건 대지를 매입하는 자금으로 사용하였고 회사채권자들에 의한 강제집행에 대비하여 위 대지에 관하여 제3자 명의로 가등기를 경료하였다가 이를 말소하는 등 A회사의 재산과 Y 개인 재산이 제대로 구분되어 있지도 아니한 사실, A회사가 시행하는 이 사건 공사는 공사 발주금액만도 166억 원 가량에 이르는 대규모 공사이고 이 사건 건물의 분양대금도 수백억 원에 이르는 데에 반하여 A회사의 자본금은 5,000만 원에 불과할 뿐만 아니라 이마저도 명목상의 것에 불과하고 위 분양대금으로 매수한 이 사건 대지는 Y 개인 명의로 소유권이전등기가 경료되어 있고 나머지 분양대금 역시 그 용도가 명확히 밝혀지지 아니한 채 모두 사용되어 버려 A회사의 실제 자산은 사실상 전혀 없다시피 한 사실을 인정할 수 있다.

이와 같은 Y의 A회사 주식양수의 경위, Y의 A회사에 대한 지배의 형태와 정도, Y와 A회사의 업무와 재산에 있어서의 혼용 정도, A회사의 업무실태와 지급받은 분양대금의 용도, A회사의 오피스텔 신축 및 분양사업의 규모와 그 자산 및 지급능력에 관한 상황 등 제반 사정에 비추어 보면 A회사는 형식상은 주식회사의 형태를 갖추고 있으나 이는 회사의 형식을 빌리고 있는 것에 지나지 아니하고 그 실질은 배후에 있는 Y의 개인기업이라 할 것이고 따라서 A회사가 분양사업자로 내세워져 수분양자들에게 이 사건 건물을 분양하는 형식을 취하였다 할지라도 이는 외형에 불과할 뿐이고 실질적으로는 위 분양사업이 완전히 Y의 개인사업과도 마찬가지라고 할 것이다.

그런데 Y는 아무런 자력이 없는 A회사가 자기와는 별개의 독립한 법인격을 가지고 있음을 내세워 이 사건 분양사업과 관련한 모든 책임을 A회사에게만 돌리고 비교적 자력이 있는 자신의 책임을 부정하고 있음이 기록상 명백한바, 이는 신의성실의 원칙에 위반되는 법인격의 남용으로서 심히 정의와 형평에 반하여 허용될 수 없다고 할 것이고, 따라서 A회사로부터 이 사건 오피스텔을 분양받은 X로서는 A회사는 물론 A회사의 실질적 지배자로서 그 배후에 있는 Y에 대하여도 위 분양계약의 해제로 인한 매매대금의 반환을 구할 수 있다 할 것이다.

같은 취지의 원심의 사실인정과 판단은 위에서 본 법리에 따른 것으로서 옳다할 것이고, 거기에 상고이유에서 지적하는 바와 같이 채증법칙에 위배하여 사실을 잘못 인정하였거나 법리를 오해한 위법이 없다($\frac{대판\ 2001.\ 1.\ 19,}{97\ 다\ 21604}$)."

동지: 대판 2004. 11. 12, 2002 다 66892(기존회사의 채무면탈을 목적으로 기업의 형태와 내용이 실질적으로 동일하게 설립된 신설회사가 기존회사와 별개의 법인격임을 내세워 그 책임을 부정하는 것은 신의성실에 반하거나 법인격을 남용하는 것으로서 허용될 수 없다).

3. 위의 대법원판결은 법인격부인의 요건 및 이론을 설시하면서 법인격부인론을 명백히 채택한 최초의 판결이라 볼 수 있는데, 다음과 같은 점에서 중요한 의미를 갖는다고 본다(이에 관한 상세는 정찬형, "법인격부인론,"「고려법학」, 제37호(2001), 293~311면; 동, "회사의 법인격부인론,"「고시계」, 2001. 7, 60~62면 참조).

1) A회사의 법인격을 부인하기 위하여는 앞에서 본 바와 같이 지배(형태)요건과 자본불충분(공정)요건이 필요한데, 이 판결에서 대법원은 「A회사의 주식은 모두 5,000주인데 현재 외형상 Y 등 4인 명의로 분산되어 있으나 실질적으로는 Y가 위 주식의 대부분을 소유하고 있고, 주주총회나 이사회의 결의 역시 외관상 회사로서의 명목을 갖추기 위한 것일 뿐 실질적으로는 이러한 법적 절차가 지켜지지 아니한 채 Y 개인의 의사대로 회사운영에 관한 일체의 결정이 이루어져 온 사실 …」 등을 지적한 점은 지배(형태)요건을 충족하고 있음을 밝히고, 또한 「A회사가 시행하는 이 사건 공사는 발주금액만도 166억 원 가량에 이르는 대규모 공사이고 이 사건 건물의 분양대금도 수백억 원에 이르는 데에 반하여 A회사의 자본금은 5,000만 원에 불과할 뿐만 아니라 이마저도 명목상의 것에 불과하고 …」 등을 지적한 점은 자본불충분(공정)요건을 충족하고 있음을 밝히고 있다. 따라서 위의 대법원판결이 법인격부인론의 적용요건을 개별적으로 나누어서 이를 충족하고 있음을 밝히지는 않았으나 그 내용에서는 위의 두 요건을 충족하고 있음을 상세하게 설명하고 있는데, 이는 매우 적절하고 또한 타당하다고 본다. 위의 대법원판결은 법인격부인론을 명백하게 채용하고 있는 점을 이론적으로 밝힌 점에서 의미가 있을 뿐만 아니라, 그 적용요건을 지배요건과 자본불충분요건으로 보고 있는 점에서도 그 의미가 크다고 볼 수 있다.

2) 또한 위의 대법원판결은 Y가 X에 대하여 A회사만이 책임이 있다고 주장하는 것은 「… 이는 신의성실의 원칙에 위반되는 법인격의 남용으로서 심히 정의와 형평에 반하여 허용될 수 없다」고 판시하고 있는데, 이 점은 본건 사안이 법인격부인의 요건에 해당하는 경우에는 다른 사법규정($\frac{민}{2조}$)이 적용되는 경우에도 법인격부인론을 채택한 것으로 볼 수 있다. 다시 말하면 법인격부인론은 전통적인 사법이론(구체적 규정 및 포괄규정을 포함하여)이 전혀 적용될 수 없는 경우에만 보충적으로 적용되는 것이

아니라, 그러한 규정과 병존하여 적용되는 점을 밝힌 점에서도 의미가 있다고 본다.

3) 위의 대법원판결이 법인격부인론을 채택하는 경우 이의 실정법적 근거에 대하여는 명백히 밝히고 있지 않으나, 판결문상 「신의성실의 원칙에 위반하는 법인격의 남용으로서 …」라고 판시한 점에서만 보면 민법 제 2 조에서 구하는 것이 아닌가 추측할 수 있으나, 또한 이 판결에 대한 참조 조문을 민법 제 2 조뿐만 아니라 상법 제 171조 1 항(2011년 4월 개정상법 이후에는 제169조)도 인용하고 있는 점에서 보면 상법 제171조 1 항(2011년 4월 개정상법 이후에는 제169조)에도 근거하고 있는 것으로 볼 수 있을 것으로 생각한다.

4) 위의 대법원판결은 법인격부인론의 효과에 대하여도 「X로서는 A회사는 물론 A 회사의 실질적 지배자로서 그 배후에 있는 Y에 대하여도 위 분양계약의 해제로 인한 매매대금의 반환을 구할 수 있다」고 판시하고 있는데, 이 점은 법인격이 부인된 한도에서 A회사와 사원인 Y는 동일한 실체인 것으로 취급되어 Y는 A회사의 채권자에 대하여 개인적으로 변제할 책임을 인정한 것으로 당연하다고 본다.

5) 위의 대법원판결이 법인격부인론을 적용한 것은 계약에서 적용한 것인데, 이 때에는 자본불충분요건을 적용함에 있어서 회사와 계약을 체결하는 상대방의 인식 또는 상대적 인식을 고려하여야 한다는 점에 대하여는 앞에서 본 바와 같다. 이 점에 대하여 위의 대법원판결이 일체의 언급이 없는 점은 아쉽게 생각하나, 본건 사건에서 오피스텔을 분양받는 일반인인 X는 특별한 사정이 없는 한 A회사의 자본불충분에 대하여 인식하고 있거나 인식할 수 있었다고는 볼 수 없을 것이다. 따라서 이 때에 A회사의 법인격이 X에 대하여 부인되는 점은 동일하다고 본다.

6) 만일 위의 대법원판결이 1977년의 대법원판결과는 달리 법인격부인론을 명백히 채택한 최초의 판결이라면 1977년 대법원판결과의 관계를 명백히 하기 위하여 대법원 전원합의체의 판결에 의하여 종전의 의견을 변경하였어야 하지 않을까 생각한다($\binom{\text{법조 7 조 1 항}}{\text{3 호 참조}}$).

제 2 회사의 종류

1. 상법상의 종류

이 구별은 상법에 의한 것이며($\frac{\text{상}}{170조}$), 그 구별의 표준은 사원이 어떠한 책임을 지는가에 있다.

(1) 합명회사는 회사채권자에 대하여 직접·연대·무한의 책임을 지는($\frac{\text{상}}{212조}$) 무한책임사원만으로 일원적으로 구성된 회사이다. 합명회사의 사원은 원칙적으로 회

사의 업무집행권과 대표권을 갖고($\frac{\text{상 200조,}}{207\text{조}}$), 그 지위를 양도하고자 하는 경우에는 다른 사원 전원의 동의를 받아야 한다($\frac{\text{상 197조,}}{218\text{조 2 호}}$).

합명회사의 사원이 회사채권자에 대하여 이와 같이 「직접·연대·무한책임」을 부담하는 점에서는 주식회사의 주주 및 유한회사의 사원의 책임과 구별되고, 「무한책임」을 부담하는 점에서는 합자회사의 유한책임사원의 책임과 구별된다.

(2) 합자회사는 합명회사의 사원과 동일한 책임을 지는 무한책임사원과 회사채권자에 대하여 직접·연대책임을 지지만 출자액을 한도로 하여 유한책임을 지는($\frac{\text{상 279조}}{1\text{항}}$) 유한책임사원으로 이원적으로 구성된 회사이다. 합자회사의 업무집행과 대표는 무한책임사원이 하고($\frac{\text{상 273조,}}{278\text{조}}$), 유한책임사원은 감시권($\frac{\text{상}}{277\text{조}}$)이 있을 뿐이다. 합자회사에서 무한책임사원이 그의 지분을 양도함에는 총사원의 동의를 요하지만($\frac{\text{상 269조,}}{197\text{조}}$), 유한책임사원이 그의 지분을 양도함에는 무한책임사원 전원의 동의만 있으면 된다($\frac{\text{상}}{276\text{조}}$). 상법은 합자회사를 합명회사의 변형으로 보고, 합자회사에 관하여 별도의 규정이 없는 한 합명회사에 관한 규정을 준용하고 있다($\frac{\text{상}}{269\text{조}}$).

합자회사의 유한책임사원이 회사채권자에 대하여 「직접·연대책임」을 부담하는 점에서는, 주식회사의 주주 및 유한회사의 사원이 회사채권자에 대하여 단순히 간접책임을 부담하는 점과 구별된다.

(3) 유한책임회사(Limited Liability Company: LLC)는 사원이 출자한 자본금을 갖고, 원칙적으로 그 출자금액을 한도로 하여(유한책임) 회사에 대해서만 책임을 지는(간접책임) 사원만으로 구성된 회사이다($\frac{\text{상 287조의 3}}{\text{의 4}}\frac{\text{3 호, 287조,}}{2\text{항, 287조의 7}}$). 이 점에서 유한책임회사는 주식회사와 아주 유사하다. 다만 유한책임회사의 자본금은 주식과 같이 일정한 단위로 분할되지 않는 점이 다르다. 유한책임회사에서 업무집행권은 정관에서 사원 또는 사원이 아닌 자를 업무집행자로 정한 자에게 있고($\frac{\text{상 287조의}}{12\text{ 1항}}$), 대표권은 업무집행자에게 있는데($\frac{\text{상 287조의}}{19\text{ 1항}}$) 업무집행자가 둘 이상인 경우에는 정관 또는 총사원의 동의로 유한책임회사를 대표할 업무집행자를 정할 수 있다($\frac{\text{상 287조의}}{19\text{ 2항}}$). 따라서 유한책임회사에서의 사원은 정관에서 업무집행자로 정하여지면 유한책임회사의 업무집행권과 대표권을 갖는다. 유한책임회사에서는 사원자격에서 당연히 회사의 업무집행권과 대표권을 갖는 것이 아니고 정관에서 업무집행자로 정하여져야 이러한 권리를 갖는 점에서, 이는 합명회사의 경우와는 다르고 오히려 주식회사의 경우($\frac{\text{상}}{387\text{조}}$)와 유사한 면이 있다. 유한책임회사의 사원은 원칙적으로 다른 사원의 동의를 받지 아니하면 그 지분의 전부 또는 일부를 타인에게 양도하지 못한다($\frac{\text{상 287조의}}{8\text{ 1항}}$). 이 점은 합명회사의 경우와 유사하다.

(4) 주식회사는 (사원인 주주의 출자에 의한 자본단체로서 주주의 지위는 자본금의 단위인 주식의 수로 표시되고) 그의 사원인 주주는 그가 인수한 주식금액을 한도로 하여 (유한책임) 회사에 대해서만 책임을 지고 회사채권자에 대하여는 아무런 책임을 지지 않는(간접책임) 사원만으로 구성된 회사이다($\frac{\text{상}}{331\text{조}}$). 주식회사에서 집행임원 비설치회사의 경우 업무집행권은 원칙적으로 이사회와 대표이사에게 있고 대표권은 원칙적으로 대표이사에게 있으며 집행임원 설치회사의 경우 업무진행권은 집행임원에게 있고 대표권은 대표집행임원에게 있으므로, 주주(사원)는 (원칙적으로) 그의 지위에서는 회사의 업무집행 및 대표에 참여할 수 없다($\frac{\text{상}}{387\text{조}}$)(소유와 경영의 분리). 주주의 지위는 주식의 형식으로 나타나는데, 이러한 주식의 자유양도는 정관에 다른 규정이 없는 한 보장되고 있다($\frac{\text{상 }335\text{조}}{1\text{항}}$).

(5) 유한회사는 기본적으로 주식회사의 주주와 같이 회사채권자에 대하여는 직접 아무런 책임을 지지 않고 회사에 대하여만 일정한 범위의 출자의무만을 부담하는(간접·유한책임)($\frac{\text{상}}{553\text{조}}$) 사원만으로 구성된 회사이다. 따라서 유한회사의 사원의 책임은 기본적으로 주식회사의 주주의 책임과 같지만, 일정한 경우에 사원이 자본금의 전보책임을 지는 점($\frac{\text{상 }550\text{조,}}{593\text{조}}$)과 회사의 조직이 합명회사와 비슷한 간이성을 띠고 있는 점이 주식회사와 다르다. 유한회사의 업무집행권 및 대표권은 이사에게 있으므로($\frac{\text{상 }562\text{조,}}{564\text{조}}$), 사원은 그 지위에서 회사의 업무집행 및 대표에 참여할 수 없다(주식회사와 같은 점). 유한회사의 사원의 지위(지분)의 양도는 주식회사의 주식과 같이 원칙적으로 자유롭다($\frac{\text{상}}{556\text{조}}$).

2. 설립근거법상의 종류(내국회사·외국회사)

내국회사·외국회사를 구별하는 기준에 대하여는 여러 가지 설이 있으나, 설립준거법설(통설)에 의하면 한국법에 준거하여 설립된 회사가 「내국회사」이고, 외국법에 준거하여 설립된 회사가 「외국회사」이다.

3. 법원(法源)상의 종류(일반법상의 회사·특별법상의 회사)

회사는 그 설립·존속 등에 관한 준거법규를 기준으로 「일반법상의 회사」와 「특별법상의 회사」로 구별된다. 「일반법상의 회사」는 상법만이 적용되는 회사인데, 일반회사 또는 상법상의 회사를 말하며 대부분의 회사가 이에 속한다. 「특별법상의 회사」는 다시 일반특별법상의 회사(은행법의 적용을 받는 각종 은행 등)와 특정특별법상의 회사(한국가스공사법에 의하여 설립된 한국가스공사 등)로 분류된다.

4. 학문상의 종류

(1) 인적회사·물적회사(사회학적 형태에 의한 종류)

회사의 내부관계에서 사원의 개성이 농후하고 대외관계에서 사원이 누구냐 하는 회사의 인적 요소에 중점을 두는 회사를 「인적회사」라고 하고, 대내관계에서 사원의 개성이 희박하고 대외관계에서 회사재산이라는 회사의 물적 요소에 중점을 두는 회사를 「물적회사」라고 한다.

(2) 개인주의적 회사·단체주의적 회사(법률적 형태에 의한 종류)

사원자격과 업무집행기관의 자격이 동일한 자기기관을 가진 회사가 「개인주의적 회사」이고, 사원자격과 업무집행기관의 자격이 분리된 제3자기관을 가진 회사가 「단체주의적 회사」이다.

5. 경제상의 종류

(1) 지배회사·종속회사(지배·종속관계에 의한 종류)

일반적으로 어떤 회사가 다른 회사를 자본참가·임원의 파견·계약 등에 의하여 지배하는 경우에 전자를 「지배회사」, 후자를 「종속회사」라고 한다. 상법상 모자회사는 지배·종속회사의 하나의 형태인데, 주식취득제한의 기준을 명확히 마련하기 위하여 상법에서 정의한 것이다($_{2}^{상}\,_{1항}^{342조의}$).

(2) 내자회사·외자회사·합작회사·초국적회사(다국적회사)(자본의 내외에 의한 종류)

회사의 자본이 내국자본인 회사를 「내자회사」라고 하고, 외국자본인 회사를 「외자회사」라고 하며, 내국자본과 외국자본이 합쳐진 회사를 「합작회사」라고 한다. 우리나라에서의 외자회사 또는 합작회사는 외국인투자촉진법에 의하여 규율되고 있다. 초국적회사 또는 다국적회사란 동일자본이 다수의 국가에서 동종영업을 위하여 출자되고, 이 자본으로 다수의 회사가 설립되어 그 회사들이 서로 모자회사 등으로 연결되어 있는 회사를 말한다.

(3) 상장회사·비상장회사(상장 여부에 의한 종류)

「상장회사(법인)」라 함은 '증권시장에 상장된 증권(상장증권)의 발행회사(법인)'를 말하고($_{15항}^{자금}\,_{1호}^{9조}$), 상장회사(법인)를 제외한 회사(법인)를 「비상장회사(법인)」라고 한다($_{15항}^{자금}\,_{2호}^{9조}$). 증권시장에 상장된 주권을 발행한 회사(법인) 또는 주권과 관련된 증권예탁증권이 증권시장에 상장된 경우에는 그 주권을 발행한 회사(법인)를 「주권상장회사(법인)」라고 하고($^{자금\ 9조}_{15항\ 3호}$), 주권상장회사(법인)를 제외한 회사(법인)를 「주권비상장회사(법인)」라고 한다($^{자금\ 9조}_{15항\ 4호}$).

2009년 개정상법($^{2009.\ 1.\ 30.}_{법\ 9362호}$)은 상장회사의 지배구조에 관한 특례규정을 신설하여 규정하고 있다($^{상\ 제3편\ 제}_{4장\ 제13절}$). 이러한 특례규정이 적용되는 상장회사는 자본시장과 금융투자업에 관한 법률('자금'으로 약칭함) 제8조의 2 제4항 제1호에 따른 증권시장(증권의 매매를 위하여 거래소가 개설하는 시장을 말함)에 상장된 주권을 발행한 주식회사를 말한다($^{상\ 542조의\ 2\ 1항}_{본문,\ 상시\ 8조\ 1항}$). 그러나 집합투자(2인 이상에게 투자권유를 하여 모은 금전, 그 밖의 재산적 가치가 있는 재산을 취득·처분, 그 밖의 방법으로 운용하고 그 결과를 투자자에게 배분하여 귀속시키는 것을 말함)를 수행하기 위한 기구(Mutual Fund)로서 상법상의 주식회사는 제외한다($^{상\ 542조의\ 2\ 1항}_{단서,\ 상시\ 8조\ 2항}$).

제 3 회사의 능력

1. 회사의 권리능력

우리 상법상 모든 회사는 법인이므로($^{상}_{169조}$) 권리의무의 주체가 될 수 있는 자격, 즉 권리능력을 가지고 있다. 이러한 권리능력을 일반적 권리능력이라고 한다. 그러나 법인은 자연인과는 다른 특성이 있기 때문에 법인의 개별적(구체적) 권리능력은 다음과 같이 여러 가지 제한을 받는다. 이러한 문제는 회사와 거래관계를 갖는 제3자에게 매우 이해관계가 크다.

(1) 성질에 의한 제한

회사는 법인이므로 자연인에게 특유한 권리의무(예컨대, 신체·생명에 관한 권리, 친권, 상속권, 부양의무 등과 같은 신분상의 권리의무)를 가질 수 없다(그러나 유증은 받을 수 있다). 그러나 회사는 그 밖의 권리는 모두 가질 수 있다. 따라서 회사는 재산권뿐만 아니라, 명예권·상호권 등과 같은 권리를 가질 수 있다.

회사는 그 성질상 인적 개성이 중시되는 지배인 등과 같은 상업사용인은 되지 못하지만, 유한책임사원(합자회사의 유한책임사원, 유한책임회사의 사원, 주식회사의 주주 및 유한회사의 사원)이나(통설) 유한책임회사의 업무집행자는 될 수 있다($^{상\ 287조의\ 3\ 4호}_{287조의\ 15}$). 회사가 다른 회사의 이사·집행임원이나 감사가 될 수 있는가에 대하여는 긍정설도 있으나, 부정설이 타당하다고 본다.

(2) 법률에 의한 제한

회사는 법률에 의하여 법인격(권리능력)을 부여받으므로, 법률에 의하여 권리능력이 제한될 수 있음은 당연하다. 상법에 의하면 회사는 다른 회사의 무한책임사원이 되지 못하고($\binom{상}{173조}$), 청산중의 회사는 청산의 목적범위 내로 권리능력이 제한된다$\binom{상\ 245조,\ 269조,\ 287조의}{45,\ 542조\ 1항,\ 613조\ 1항}$.

특정회사는 각종의 특별법령에 의하여 겸업 또는 특정행위가 제한되는 경우가 있는데($\binom{은행\ 38조;}{보험\ 10조\ 등}$), 이러한 특별법령의 규정이 효력규정으로 해석될 때에는 특별법에 의한 권리능력의 제한으로 보아야 할 것이다.

[법률에 의한 회사의 권리능력의 제한에 관한 판례]

"상호신용금고법 제17조(채무부담제한에 관한 규정)는 효력규정으로 이에 위반한 채무보증은 무효이다($\binom{대판\ 1985.\ 11.}{26,\ 85\ 다카\ 122}$)"고 보면서,

"상호신용금고법 제12조(동일인에 대한 일정액을 넘는 대출 등을 금지하는 행위)는 단속규정으로 이에 위반한 대출은 유효이다($\binom{대판\ 1987.\ 12.}{12,\ 87\ 다카\ 1458}$)"고 판시하고 있다.

(3) 목적에 의한 제한

법인이 정관의 목적의 범위 내에서 권리와 의무의 주체가 된다는 민법의 비영리법인에 관한 규정($\binom{민}{34조}$)은 회사에 대해서도 적용 또는 유추적용되는 것일까. 정관의 목적에 의하여 회사의 권리능력이 제한되는지 여부에 대하여 우리나라에서의 학설은 크게 제한설(제한긍정설)과 무제한설(제한부정설)로 나뉘어 있다(각 설의 이유에 관한 상세는 정찬형, 「상법강의(상)(제27판)」, 493~495면 참조).

생각건대 민법 제34조는 그 성질상 비영리법인에게만 적용되고, 정관의 목적이 등기된다고 하여 회사의 모든 거래상대방에 대하여 악의를 의제하는 것은 거래의 안전을 심히 해하게 되며, 사원의 이익보다는 거래상대방인 제3자의 이익을 보다 중시하는 것이 상법의 근본이념에 합치하므로, 무제한설이 타당하다고 본다.

비교법적으로 볼 때도 독일 주식법($\binom{82조}{1항}$) 등은 명문으로 무제한설의 입장에서 규정하고 있고, 제한설의 모법이라고 할 수 있는 영국까지도 EU법의 영향으로 회사법을 개정하여 무제한설의 입장에서 규정하고 있으며($\binom{Companies\ Act}{1985,\ 35조\ 1항}$), 미국에서도 많은 주가 무제한설의 입장에서 규정하고 있다($\binom{RMBCA\ §3.04;\ Cal.}{Bus.Corp.\ Act\ §208\ 등}$). 또한 제한설이 그 목적범위를 아주 확대하고(그 목적수행에 직접·간접으로 필요한 행위 등으로) 또 그 판단

기준도 객관적·추상적으로 결정하여야 하는 것으로 보면, 실질적으로 무제한설과 아주 유사하게 된다. 그러나 상법상 뚜렷한 근거도 없으면서 제한설에 입각하여 이렇게 해석하는 것보다는, 처음부터 무제한설에 입각한 이론이 더 확실하고 간명한 것으로 본다.

무제한설에 의하면 회사의 정관상 목적은 회사기관(업무집행 및 대표기관)의 권한을 다만 내부적으로만 제한하는 기능을 하는 것으로 해석할 수 있다. 따라서 이사 등이 그러한 정관상 목적에 위반하여 행위를 한 경우에 주주 또는 회사는 그러한 행위자에 대하여 손해배상책임을 추궁할 수 있으며($\frac{상\ 195조,\ 269조,\ 287조의\ 18,\ 399조,}{408조의\ 8,\ 402조,\ 403조,\ 567조}$), 상대방이 악의인 경우에는 「대표권의 제한은 선의의 제 3 자에게 대항하지 못한다」 ($\frac{상\ 209조\ 2\ 항,\ 269조,\ 287조의}{19\ \ 5항,\ 389조\ 3항,\ 567조}$)는 규정의 반대해석 또는 권리남용의 법리나 신의칙($\frac{민}{2조}$)에 의하여 대항할 수 있다고 본다.

이에 관한 우리나라의 판례는 제한설의 입장에서 일관하여 판시하고 있는데, 다만 목적범위를 넓게 해석하여(목적수행에 직접·간접으로 필요한 행위를 모두 포함하고, 목적수행에 필요한지 여부도 행위의 객관적 성질에 따라 추상적으로 판단함) 거래의 안전을 도모하고 있다. 따라서 판례의 입장은 결과적으로는 무제한설과 거의 동일하다.

[정관의 목적에 의한 회사의 권리능력의 제한에 관한 판례]

"유기질비료·사료·어지(魚脂)·해산물의 생산, 수집 기타 부대가공업 및 판매업을 목적으로 하는 회사가 일정한 경우에 타인을 위하여 한 「주식매입자금의 보전행위」는 위 회사의 「목적달성에 필요한 범위 내에 속한 행위」로서 동 회사의 목적범위 내에 속하는 행위이다($\frac{대판\ 1946.\ 2.\ 8,}{4278\ 민상\ 179}$)."

"가마니 매매업 및 이에 관련된 부대사업 일체를 목적으로 하는 회사가 타인을 위하여 한 「짚 등으로 만든 수공품(藁工品)보관계약」은 위 회사의 「목적에 배치되지 않는 행위」로서 동 회사의 목적범위 내에 속하는 행위이다 ($\frac{대판\ 1955.\ 3.\ 10,}{4287\ 민상\ 128}$)."

"벽지제조업·국내외수출업 등과 이에 부대하는 사업을 목적으로 하는 회사가 타인을 위하여 한 「채무인수행위」는 위 회사의 「목적사업을 수행함에 필요한 행위」로서 동 회사의 목적범위 내에 속하는 행위이다(원심에서는 목적범위 외의 행위로서 무효라고 판시하였음)($\frac{대판\ 1968.\ 5.}{21,\ 68\ 다\ 46}$)."

"피고회사(이 회사의 사업목적은 판결문에 나타나 있지 않음)가 타인을 위하여 한 「손해배상의무(원고로부터 극장위탁경영으로 인하여 발생하는 손해배상의무임)를 연대보증한 행위」는 「피고회사의 사업목적범위에 속하지 아니하는 행위」로서 피고회사를 위하여 효력이 있는 적법한 보증이 되지 아니한다(원심을 지지한 판결임)($^{대판\ 1975.\ 12.}_{23,\ 75\ 다\ 1479}$)."

"피고회사(단기금융업을 영위하는 회사)가 타인을 위하여 한 「어음보증행위」는 위 회사의 목적을 수행하는 데 있어서 「직접·간접으로 필요한 행위」로서 피고회사의 목적범위 내에 속하는 행위이다($^{대판\ 1987.\ 12.\ 8,\ 86\ 다카\ 1230.}_{동지:\ 대판\ 1988.\ 1.\ 19,\ 86\ 다카\ 1384}$)."

"피고회사(단기금융업을 영위하는 회사)가 타인을 위하여 한 「어음배서행위」는 행위의 객관적 성질상 위 회사의 「목적수행에 직접·간접으로 필요한 행위」로서 동 회사의 목적범위 내의 행위이다($^{대판\ 1987.\ 9.\ 8,}_{86\ 다카\ 1349}$)."

"시장건물을 관리하는 회사가(합자회사)가 「그 건물이 있는 토지를 매도하는 행위」는 그 회사의 목적범위 내의 행위이다($^{대판\ 2009.\ 12.\ 10,}_{2009\ 다\ 63236}$)."

2. 의사능력·행위능력

회사는 법인으로서 권리능력이 있으나, 그 의사능력이나 행위능력은 법인의 조직의 일부를 구성하는 기관을 통해서 갖게 되며, 그 기관이 하는 행위가 곧 회사의 행위가 된다(법인실재설). 사원은 회사의 권리능력의 기초가 되며, 기관은 행위능력 내지 의사능력의 기초가 된다.

3. 불법행위능력

회사의 행위능력이 인정되는 한 이의 당연한 귀결로서 회사의 불법행위능력도 인정된다. 회사의 불법행위능력에 관하여는 상법상 특별규정이 있다. 즉, 회사를 대표하는 자가 그 업무집행으로 인하여 타인에게 손해를 가한 때에는 회사는 그 자와 연대하여 배상할 책임이 있는 것으로 하여, 피해자의 구제에 만전을 기하고 있다($^{상\ 210조,\ 269조,\ 287조의}_{20,\ 389조\ 3\ 항,\ 567조}$).

[회사의 불법행위능력에 관한 판례]

"회사의 대표이사가 그 업무집행 중 불법행위로 인하여 제 3 자에게 손해를 가한 때에는 대표이사는 회사와 연대하여 배상할 책임이 있고, 그 불법행위는 고의는 물론 과실이 있는 때에도 같다($^{대판\ 1980.\ 1.\ 15,\ 79\ 다\ 1230;}_{동\ 2007.\ 5.\ 31,\ 2005\ 다\ 55473}$)."

4. 공법상의 능력

회사는 그 성질에 반하지 않는 한 공법상의 권리능력이 있다(예컨대, 행정소송제기권·납세의무 등). 또 회사는 소송법상의 당사자능력과 소송능력을 가진다($^{민소\ 64조;}_{형소\ 27조}$).

회사는 일반적으로 형법상 범죄능력은 없으나($\substack{대판 1984. 10. \\ 10, 82 도 2595}$), 특별법상 범죄능력은 있다($\substack{보험 208조}{등}$).

≫ **사례연습** ≪

[사 례]

　A주식회사가 X로부터 금원을 차용함에 있어서 그 담보로 약속어음을 발행하고 Y주식회사가 위 차용금을 보증하기 위하여 동 약속어음에 Y명의로 배서하여 X에게 교부하였다. 이에 X는 배서인인 Y에 대하여 소구권에 기하여 어음금을 청구하고 또한 X가 A에게 금원을 대여할 때 Y가 보증하였음을 원인으로 하여 보증금을 청구하였다. 이에 Y는 과거의 단기금융업법(이 법은 1998. 1. 13, 법 05503호로 폐지되고, 단기금융회사의 업무는 종합금융회사의 업무로 흡수됨)에 의하여 설립된 회사로서 동법 제 2 조와 제 7 조에 규정된 어음의 발행·매매·인수·보증 및 어음매매의 중개만을 할 수 있고(이는 그 후 종합금융회사의 업무의 하나로 자본시장과 금융투자업에 관한 법률 제336조 제 1 항 제 1 호의 내용임), 또 Y의 정관상 목적도 위 업무로 제한되고 있는 점에서 단기금융업을 영위하는 Y가 타인의 차용금채무에 대하여 보증을 하거나 그 목적으로 어음배서를 하여 채무를 부담하는 행위는 Y회사의 권리능력 밖의 법률행위로서 그 효력이 없다고 주장하였다. 이러한 Y의 주장은 정당한가?

　　* 이 사례는 정찬형, 「상법사례연습(제 4 판)」, 사례 40에 기초한 것이므로, 이에 관한 상세는
　　　同書를 참고하기 바람.

[해 답]

　(1) Y회사가 보증목적으로 한 어음배서행위가 단기금융업법 제 7 조의 업무범위내인가 또 Y회사의 정관상 목적범위 내인가는 양자를 분리하여 검토하여야 할 것이다(비록 동일내용이 단기금융업법 및 정관에 규정되어 있다 하더라도). 이렇게 볼 때 단기금융업법 제 7 조의 업무행위에 관한 규정의 성질을 어떻게 볼 것인가가 문제되는데, 동법의 입법취지에서 볼 때 효력규정으로 보아야 할 것이다. 단기금융업법 제 7 조를 효력규정으로 본다고 하더라도 Y의 보증목적의 어음배서행위는 실질적으로 볼 때 동법 동조 제 1 항 3 호의 「어음의 보증」에 포함될 수 있어 Y의 어음배서행위는 단기금융업법 제 7 조에 위반되지 않는다고 본다. 또한 Y의 어음배서행위가 정관상 목적범위 외의 행위로서 무효가 되는지 여부는 무제한설의 입장에서 이는 목적범

위 내의 행위로서 언제나 대외적으로 유효하다고 본다. 또한 Y는 어음배서행위로 인하여 민법상 보증책임까지 부담한다는 X의 주장은 채택될 수 없다고 본다. 따라서 Y 회사는 X에 대하여 어음배서인으로서 소구의무만을 부담한다.

(2) 본문과 같은 경우에 판례는 "회사의 권리능력은 회사의 설립근거가 된 법률과 회사의 정관상의 목적에 의하여 제한되나 그 목적범위 내의 행위라 함은 정관에 명시된 목적 자체에 국한되는 것이 아니고 그 목적을 수행하는 데 있어 직접 또는 간접으로 필요한 행위는 모두 포함되며, 목적수행에 필요한지 여부도 행위의 객관적 성질에 따라 추상적으로 판단할 것이지 행위자의 주관적·구체적 의사에 따라 판단할 것은 아니므로, 본문에서 Y가 단기금융업을 영위하는 회사로서 회사의 목적인 어음의 발행·할인·매매·인수·보증·어음매매의 중개를 함에 있어서 어음의 배서는 행위의 객관적 성질상 위 목적수행에 직접·간접으로 필요한 행위라고 하여야 할 것이다. 따라서 원심이 Y의 본문 어음의 배서에 대하여 Y의 권리능력 밖의 법률행위라고 판단한 것은 회사의 권리능력에 관한 법리를 오해한 것이라 아니할 수 없다"고 판시하였다 (대판 1987. 9. 8, 86 다카 1349. 동지: 대판 1987. 12. 8, 86 다카 1230; 동 1988. 1. 19, 86 다카 1384).

제 2 절 회사의 설립

제 1 회사 설립에 관한 입법주의

회사설립에 관한 입법주의에는 자유설립주의·특허주의·면허주의(허가주의) 및 준칙주의(단순준칙주의·엄격준칙주의)가 있는데, 우리 상법은 준칙주의(엄격준칙주의)의 입법을 취하고 있다(회사설립의 입법주의에 관한 상세는 정찬형, 「상법강의(상)(제27판)」, 500~501면 참조). 그런데 일정한 영업에 관하여는 영업면허제도(은행 8조)를 채용하고 있으므로, 실질적으로는 엄격준칙주의와 설립면허주의의 중도를 가고 있다고 볼 수 있다(설립면허는 회사의 법인격취득에 면허를 요하는 것이지만, 영업면허는 회사가 수행하고자 하는 영업에 면허를 요하는 것이고 그 법인격취득에는 아무런 면허를 요하지 않는다).

제 2 회사의 설립절차

회사의 설립절차는 크게 「실체형성절차」와 「설립등기」로 분류된다(회사설립행위의 의의 및 법적 성질에 관하여는 정찬형, 「상법강의(상)(제27판)」, 501~502면 참조).

1. 회사의 실체형성절차

회사의 실체형성절차는 여러 가지의 행위로 진행되는데, 이 중 가장 중요한 설립행위는 「정관작성」 및 「사원확정절차」이다. 이 외에 물적회사는 「출자이행절차」 및 「기관구성절차」가 별도로 있다.

(1) 정관작성

회사의 실체는 자본과 인력(人力)이 결합됨으로써 이루어지는데, 실제로는 정관의 작성에 의하여 그것이 결합된다. 정관의 방식은 일정한 사항을 기재하고 사원(발기인)이 기명날인 또는 서명하면 되는 것이지만, 물적회사의 경우에는 원칙적으로 다시 공증인의 인증절차를 필요로 한다($\frac{\text{상 }292조\text{ 본문,}}{543조 3항}$).

정관의 작성에 의하여 인적회사의 경우에는 법률상 충분한 회사의 실체가 이루어진 것으로 인정되지만, 물적회사의 경우에는 다시 주식의 인수(주식회사에만 해당) 및 납입 등에 의하여 자본을 결합시키고 기관구성(이사·감사 등의 선임)을 하여야 하고 유한책임회사의 경우에는 납입절차를 이행하여야 한다($\frac{\text{상 }287조의}{4\ 2항}$).

(2) 사원확정절차

인적회사·유한책임회사 및 유한회사의 경우에는 사원의 성명·주민등록번호 및 주소가 정관의 절대적 기재사항이므로($\frac{\text{상 }179조 3 호, 270조, 287조의}{3\ 1항, 543조 2항 1호}$), 정관의 작성에 의하여 사원이 확정되기 때문에 특별히 사원확정절차가 있을 수 없다.

그러나 주식회사의 경우에는 사원(주주)은 정관의 기재사항이 아니고 주식인수절차에 의하여 확정되므로, 사원을 확정하기 위하여 별도의 주식인수절차를 거쳐야 한다($\frac{\text{상 }293조,}{301조\sim304조}$).

(3) 출자이행절차

인적회사의 사원의 출자목적물은 정관의 절대적 기재사항이므로($\frac{\text{상 }179조 4}{\text{호, }270조}$) 정관에 의하여 확정되지만, 그 출자이행시기에 관하여는 상법에 규정이 없으므로 정관 또는 업무집행방법에 따라 자유로이 정할 수 있다.

그러나 물적회사의 경우에는 자본적 실체형성이 회사의 법인격취득의 기초가 되고 있으므로, 출자이행절차가 실체형성절차의 필수불가결한 요소가 된다. 따라서 상법은 주식회사 및 유한회사에 대하여 회사의 성립 전의 출자이행절차를 특별히 규정하고 있다($\frac{\text{상 }295조, 303조\sim}{307조, 548조}$).

유한책임회사의 경우 사원의 출자목적 및 가액이 정관의 절대적 기재사항이면서($^{\text{상 287조의}}_{3\ 2\text{호}}$), 사원은 정관의 작성 후 설립등기를 하는 때까지 이러한 출자의 전부를 이행하도록 하고 있다($^{\text{상 287조의}}_{4\ 2\text{항}}$).

(4) 기관구성절차

인적회사는 무한책임사원이 원칙적으로 회사의 기관이 되고($^{\text{상 200조 1항,}}_{207조,\ 273조}$) 이러한 무한책임사원은 정관의 절대적 기재사항이므로, 정관의 작성에 의하여 기관이 구성된 결과가 되기 때문에 새로이 기관구성절차가 없다. 유한책임회사의 경우에도 기관인 업무집행자가 정관의 절대적 기재사항이다($^{\text{상 287조의}}_{3\ 4\text{호}}$).

그러나 물적회사는 원칙적으로 소유(사원)와 경영(기관)이 분리되므로 별도의 기관구성절차가 있고, 이에 대하여 상법은 특별히 규정하고 있다($^{\text{상 296조,}}_{312조,\ 547조}$).

2. 설립등기

회사가 법정된 요건을 갖추어 실체형성절차를 완료한 경우에는 본점소재지에서 설립등기라는 형식을 갖춤으로써 비로소 회사가 성립하게 된다. 이것은 거래안전을 위하여 필요한 제도이며, 설립등기는 회사성립의 최종 요건이다($^{\text{상}}_{172조}$).

제3 회사 설립의 하자(무효·취소)

1. 의 의

(1) 회사설립의 하자란 회사가 설립등기를 하여 외관상 유효하게 성립하고 있으나 그 설립절차(설립행위)에 중대한 하자가 있는 경우를 말하는데, 이것은 회사설립의 무효·취소의 소의 원인이 된다. 회사는 그와 관계하는 이해관계인이 다수이므로 회사설립의 하자는 민법상 법률행위(의사표시)의 하자와는 다른 특색이 있다. 즉, 회사설립에 있어서 일정한 하자는 설립등기에 의하여 치유되며($^{\text{상}}_{320조}$), 그 이외의 하자의 경우에도 사소한 하자는 설립무효·취소의 사유가 되지 못하고 「중대한 하자」만이 설립무효·취소의 사유가 된다. 우리 상법은 설립절차에 중대한 하자가 있는 경우에도 반드시 「소」의 방법에 의해서만 설립무효·취소를 주장할 수 있도록 하고, 이러한 소는 「일정한 기간 내」에서만 주장할 수 있도록 하며($^{\text{상 184조}}_{1\text{항 등}}$), 또 판결이 확정되어도 그 효력은 「장래에 대해서만」 그 효력이 발생하는 것으로 하였다($^{\text{상 190}}_{\text{조 등}}$).

따라서 설립등기시부터 무효·취소의 확정판결시까지 존재하는 회사가 발생하는데, 이러한 회사를 「사실상의 회사」(표현회사)라고 한다. 상법이 이렇게 회사설립의 하자에 대하여 규정하고 또 사실상의 회사를 인정하는 이유는 기존상태를 가능한 한 보호하고 거래의 안전을 도모하기 위한 것이다.

(2) 회사설립의 하자는 하자 있는 설립절차와 회사의 성립(설립등기)을 전제로하므로, 설립절차가 있으나 설립등기가 없는 회사의 「불성립」과 구별되고, 또한 설립절차가 전혀 없이 설립등기만이 있는 회사의 「부존재」와도 구별된다.

2. 합명회사의 설립하자

(1) 소의 원인

1) 합명회사의 설립하자 중 「객관적 하자」(예컨대, 정관의 미작성, 절대적 기재사항의 흠결 또는 위법기재, 설립등기의 무효 등)와, 사원의 의사무능력 등과 같은 「주관적 하자」가 있는 경우에도 설립무효의 소의 원인이 된다.

2) 그러나 제한능력자(미성년자·피한정후견인)가 법정대리인의 동의 없이 합명회사의 설립행위를 하거나(피성년후견인의 경우는 법정대리인의 동의가 있는 경우에도 동일함)($\frac{민 5 조 1 항,}{10조, 13조,}$), 사원이 착오·사기 또는 강박으로 인하여 설립행위를 하거나($\frac{민 109조,}{110조}$), 사원이 그 채권자를 해할 것을 알고 회사를 설립하는 경우($\frac{상}{185조}$) 등과 같은 「주관적 하자」가 있는 경우에는 설립취소의 소의 원인이 된다.

(2) 주장방법·소의 당사자·제소기간

1) **주장방법**　　합명회사의 설립절차에 하자가 있는 경우에 이는 사원뿐만 아니라 제 3 자의 이해관계에도 밀접한 관계가 있으므로, 법률관계를 획일적으로 처리하기 위하여 이는 반드시 「소」로써만 주장할 수 있게 하였다(일반적인 하자의 주장은 소 이외의 방법으로도 주장할 수 있는 점과 구별됨).

2) **소의 당사자**　　설립무효의 소의 제소권자(원고)는 「사원」에 한정되고(일반적인 무효의 소의 제소권자는 제한이 없는 점과 구별됨)($\frac{상 184조}{1 항 전단}$), 피고는 「회사」이다.

설립취소의 소의 제소권자(원고)는 「제한능력자, 착오에 의한 의사표시를 한 자, 하자(사기 또는 강박) 있는 의사표시를 한 자와 그 대리인 또는 승계인」이고($\frac{상 184조; 민 5 조 2 항, 10조,}{13조, 109조, 110조, 140조}$), 사원이 그 채권자를 해할 것을 알고 회사를 설립한 때에는 그 「채권자」이다($\frac{상}{185조}$).

설립취소의 소의 피고는 원칙으로 「회사」이나, 사해행위에 의한 취소의 경우에는 「회사와 그 사원」이 공동피고가 된다($\frac{상}{185조}$).

3) **제소기간**　　설립무효·취소의 소의 제소기간은 회사성립의 날로부터 「2

년 내」이다(일반적인 무효의 소는 제소기간이 없는 점과 구별됨)($\frac{\text{상}\ 184조}{1\text{항 후단}}$).

(3) 소의 절차

설립무효·취소의 소의 「관할법원」은 회사의 본점소재지의 지방법원에 전속하고($\frac{\text{상}}{186조}$), 회사는 설립무효·취소의 소가 제기된 때에는 지체 없이 「공고」하여야 한다($\frac{\text{상}}{187조}$).

법원은 수 개의 설립무효·취소의 소가 제기된 때에는 이를 「병합심리」하여야 하고($\frac{\text{상}}{188조}$), 소의 심리중에 원인이 된 하자가 보완되고 회사의 현황과 제반사정을 참작하여 설립을 무효로 하는 것이 부적당하다고 인정한 때에는 그 청구를 「기각」할 수 있다($\frac{\text{상}}{189조}$).

(4) 판결의 효과

1) 원고승소의 경우　원고가 승소하면 설립무효·취소의 판결의 효력은 당사자 이외의 제3자에게도 미치고(대세적 효력), 판결의 효력이 소급하지 않으므로 그 판결확정 전에 생긴 회사와 사원 및 제3자간의 권리의무에 영향을 미치지 않는다(불소급효)(민사소송법상의 소에 있어서 판결의 효력과 구별됨)($\frac{\text{상}}{190조}$). 설립무효의 판결 또는 설립취소의 판결이 확정된 때에는 본점과 지점의 소재지에서 등기하여야 한다($\frac{\text{상}}{192조}$). 설립무효의 판결 또는 설립취소의 판결이 확정된 경우에도 그 무효나 취소의 원인이 특정한 사원에게 있는 경우에는 다른 사원 전원의 동의로써 회사를 계속할 수 있는데($\frac{\text{상}\ 194조}{1\text{항}}$), 이 때에 그 사원은 퇴사한 것으로 간주되고($\frac{\text{상}\ 194조}{2\text{항}}$) 회사계속의 등기를 요한다($\frac{\text{상}\ 194조\ 3\text{항},}{229조\ 3\text{항}}$). 또한 이로 인하여 사원이 1인이 된 때에는 새로 사원을 가입시켜서 회사를 계속할 수도 있다($\frac{\text{상}\ 194조\ 3\text{항},}{229조\ 2\text{항}}$).

2) 원고패소의 경우　원고가 패소하면 판결의 효력에는 상법이 적용되지 않고 민사소송법의 일반원칙이 적용된다. 따라서 그 패소의 효력은 당사자간에만 미치므로, 다른 제소권자는 다시 소를 제기할 수 있다. 이 때에 패소한 원고에게 악의 또는 중과실이 있는 경우에는 원고는 회사에 대하여 연대하여 손해를 배상할 책임이 있다($\frac{\text{상}}{191조}$).

3. 합자회사의 설립하자

합자회사의 설립하자의 경우에 있어서 설립무효·설립취소의 소에 관해서는 합명회사의 그것과 동일하다($\frac{\text{상}\ 269조,}{184조\sim194조}$).

4. 유한책임회사의 설립하자

유한책임회사의 설립하자의 경우에 있어서 설립무효·설립취소의 소에 관해서는 합명회사의 그것과 동일하다($^{상}_{6}$ $^{287조의}_{1문}$). 다만 설립무효의 소의 제소권자는 합명회사의 경우는 「사원」이나($^{상}_{184조}$), 유한책임회사의 경우는 「사원 및 업무집행자」인데 ($^{상}_{6}$ $^{287조의}_{2문}$) 이 점은 물적회사의 경우($^{상}_{552조 1항}$ $^{328조 1항,}$)와 유사하다.

5. 주식회사의 설립하자

(1) 소의 원인

주식회사의 설립하자에 대해서는 설립취소의 소는 없고, 「설립무효의 소」만이 있다(합명회사, 합자회사, 유한책임회사 및 유한회사와 구별되는 점). 그 이유는 주식회사에서는 합명회사·합자회사·유한책임회사 및 유한회사와는 달리 사원(주주)의 개성이 중요시되지 않고, 또 주식인수·납입에 하자가 있는 경우에도 발기인의 자본금충실의 책임($^{상}_{321조}$)이 인정되어 있어 회사설립 자체에 영향을 주지 않기 때문이다. 주식회사의 설립무효의 소의 원인이 되는 하자에도 주관적 하자는 없고, 「객관적 하자」만이 있다(합명회사·합자회사·유한책임회사 및 유한회사와 구별되는 점). 그 이유는 위에서 본 설립취소의 소가 인정되지 않는 것과 같다.

(2) 주장방법·소의 당사자·제소기간

「소」만으로 주장할 수 있고, 또 제소기간이 회사성립의 날로부터 「2년내」인 점은($^{상}_{1항}$ ^{328조}) 합명회사의 경우와 같다. 그러나 제소권자는 사원(주주)에 한하지 않고 「이사·감사」가 추가되어 있는 점은, 합명회사의 경우와 다르다($^{상}_{1항}$ ^{328조}). 피고가 「회사」인 점은 합명회사의 경우와 같다.

(3) 소의 절차

합명회사의 경우와 동일하다($^{상}_{186조~189조}$ ^{328조,}).

(4) 판결의 효과

합명회사의 경우와 대체로 동일하다($^{상}_{190조~193조}$ $^{328조 2항,}$). 다만 합명회사와 다른 점은 주식회사에서는 주관적 하자로 인한 설립무효는 인정되지 않으므로, 특정한 사원에게 무효원인이 있어 설립무효가 된 경우의 회사계속의 제도는 없다($^{상}_{를 준용하지 않음}$ $^{328조 2항에서 194조}$).

6. 유한회사의 설립하자

합명회사의 경우와 대체로 같으나, 두 가지의 점에서만 다르다. 즉 (i) 제소권자는 사원에 한하지 않고 「이사·감사」가 추가되어 있는 점(이 점은 주식회사의 경우와 같음), (ii) 설립무효나 설립취소의 원인이 특정한 사원에 한한 경우에 그 사원을 배제하고 다른 사원 전원의 동의로써 회사를 계속할 수 없는 점(상 552조 2항에서 194조를 준용하지 않음)이 합명회사의 경우와 다르다.

7. 사실상의 회사

(1) 의 의

위에서 본 바와 같이 회사의 설립절차에 하자가 있어 회사설립의 무효·취소의 소가 제기되고 또 동 소의 확정판결이 내려진 경우라도 동 판결의 효력은 장래에 향해서만 발생하고 소급하지 않으므로, 회사의 성립시부터 그 회사의 설립무효·취소의 판결이 확정될 때까지 존속하는 회사의 법률문제가 발생한다. 이와 같이 회사의 성립시(설립등기시)부터 설립무효·취소의 판결이 확정될 때까지 존속하는 회사를 「사실상의 회사」(표현회사)라고 하여 회사가 유효하게 성립한 경우와 동일하게 취급하고 있다.

이와 같이 사실상의 회사를 인정하는 이유는 앞에서 본 바와 같이 외관주의와 기존상태존중주의에 의하여 법률관계의 안정과 거래의 안전을 기하기 위해서이다.

사실상의 회사는 회사의 설립하자로 인하여 설립무효·취소의 소가 제기된 경우에만 인정되고, 그 이외(예컨대, 회사합병무효·신주발행무효·주주총회 또는 사원총회의 결의하자의 경우 등)의 경우에는 인정되지 않는다.

사실상의 회사는 회사가 일단 성립하였다가 설립무효·취소의 판결이 확정된 경우에 발생하는 것이므로, 앞에서 본 바와 같이 회사의 설립절차에 착수하였으나 설립등기를 하지 못한 회사의 「불성립」이나, 설립절차가 전혀 없이 설립등기만이 있는 회사의 「부존재」의 경우에는 사실상의 회사가 발생할 여지가 없다.

(2) 사실상의 회사의 법률관계

1) 설립무효·취소판결 이전   회사의 성립 후부터 설립무효·취소판결 이전에 존속하는 사실상의 회사는 완전한 권리능력이 있는 회사이므로, 그 회사가 한 모든 행위는 완전한 회사의 경우와 같이 유효하다. 따라서 주식회사의 경우 발기인의 회사설립에 관한 책임은 회사불성립의 경우의 책임($\frac{상}{326조}$)이 아니라, 회사성립의 경우의 책임($\frac{상\ 321조}{322조}$)을 부담한다.

2) 설립무효·취소판결 이후   설립무효·취소판결이 확정되면 사실상의 회사는 동 판결의 확정에 의하여 해산된 것으로 보게 되어, 해산에 준하여 청산을 하

여야 한다($^{상\ 193조\ 1항,\ 269조,\ 287조의}_{6,\ 328조\ 2항,\ 552조\ 2항}$). 이 경우의 청산절차는 완전한 회사의 해산시의 청산절차와 동일하나, 상법은 다음과 같은 두 가지의 특칙을 두고 있다.

㈎ 업무집행사원·업무집행자 또는 이사만이 청산인이 되지 않고($^{상\ 251조,}_{252조\ 참조}$), 법원은 사원 기타의 이해관계인의 청구에 의하여 청산인을 선임할 수 있다($^{상\ 193조\ 2항,\ 269조,\ 287조의}_{6,\ 328조\ 2항,\ 552조\ 2항}$).

㈏ 인적회사 및 유한책임회사의 경우에는 회사설립무효·취소의 원인이 특정한 사원에 한한 것인 때에는 다른 사원 전원의 동의로써 회사를 계속할 수 있는데, 이 때에 그 사원은 퇴사한 것으로 간주한다($^{상\ 194조\ 1항·2항,}_{269조,\ 287조의\ 6}$). 또한 이 때 사원이 1인으로 된 때에는 다른 사원을 가입시켜 회사를 계속할 수도 있다($^{상\ 194조\ 3항,\ 229조\ 2항,}_{269조,\ 287조의\ 6}$). 회사를 계속하는 경우에는 회사계속의 등기를 하여야 한다($^{상\ 194조\ 3항,\ 229조\ 3항,}_{269조,\ 287조의\ 6}$).

제 3 절 회사의 기구변경(구조조정)

제 1 회사의 합병

1. 의 의

(1) 회사의 합병이란 「2개 이상의 회사가 상법의 특별규정에 의하여 청산절차를 거치지 않고 합쳐져 그 중 한 회사가 다른 회사를 흡수하거나(흡수합병) 신회사를 설립함으로써(신설합병), 1개 이상의 회사의 소멸과 권리의무(및 사원)의 포괄적 이전을 생기게 하는 회사법상의 법률요건」을 말한다($^{동지:\ 대판\ 2003.\ 2.}_{11,\ 2001\ 다\ 14351}$). 상법은 합병에 관하여 회사편 통칙($^{174조\sim}_{175조}$), 합명회사($^{230조\sim}_{240조}$), 합자회사($^{269}_{조}$), 유한책임회사($^{상\ 287조}_{의\ 41}$), 주식회사($^{522조\sim}_{530조}$) 및 유한회사($^{598조\sim}_{603조}$)에서 각각 규정하고 있다. 상법의 특별규정에 의하여 합병의 절차를 밟으면 청산절차를 거치지 않고 1개 이상의 회사의 소멸의 효과가 생기고(회사의 다른 해산사유와 구별되는 점), 또 권리의무가 개별적으로 이전행위를 할 필요 없이 포괄적으로 이전되는 점(영업양도와 구별되는 점)에 합병의 본질이 있다($^{상\ 235조,\ 269조,\ 287조의}_{41,\ 530조\ 2항,\ 603조}$).

(2) 합병에는 1회사가 존속하고 다른 회사가 소멸하는 「흡수합병」과, 당사회사 전부가 소멸하고 신회사를 설립하는 「신설합병」이 있다. 흡수합병에서 존속하는 회사를 존속회사, 신설합병에서 설립되는 회사를 신설회사, 이 두 경우에 해산하여 즉

시 법인격이 없어지는 회사를 소멸회사라고 한다.

주식회사의 합병에는 보통 합병 당사회사의 주주총회 특별결의에 의한 승인을 요하는데($\frac{상}{1항} \cdot 3항}$ 522조), 합병절차를 간소화하기 위하여 어느 일방 당사회사의 주주총회 승인결의를 요하지 아니하고 이사회결의만으로 하는 합병이 있다. 즉, 주식회사의 흡수합병에서 소멸회사의 주주총회 승인결의를 요하지 않는 합병을 「간이합병(약식합병)」이라고 하고($\frac{상}{의2}$ 527조), 존속회사의 주주총회 승인결의를 요하지 않는 합병을 「소규모합병」이라고 한다($\frac{상}{의3}$ 527조).

(3) 합병의 성질(본질)에 대하여는 두 개 이상의 회사라는 법인격 자체가 하나의 법인격이 된다고 보는 「인격합일설」과 소멸하는 회사의 영업 전부를 존속회사 또는 신설회사에 현물출자함으로써 이루어지는 자본금의 증가 또는 회사설립이라고 하는 「현물출자설」로 나뉘어 있는데, 현물출자설은 우리 상법이 회사를 법인이라고 하고 있는 점을 간과한 해석이라고 생각되므로 인격합일설이 타당하다고 본다(합병의 성질 및 합병계약의 성질에 관한 상세는 정찬형, 「상법강의(상)(제27판)」, 520~522면 참조).

2. 합병의 자유와 제한

상법상 회사는 어떤 종류의 회사와도 자유로이 합병할 수 있는 것이 원칙이나($\frac{상}{1항}$ 174조), 다음과 같은 제한이 있다. 즉, (i) 합병을 하는 회사의 일방 또는 쌍방이 주식회사·유한회사 또는 유한책임회사인 경우에는 존속회사 또는 신설회사는 주식회사·유한회사 또는 유한책임회사이어야 한다($\frac{상}{2항}$ 174조). 이는 존속회사 또는 신설회사가 합명회사 또는 합자회사인 경우에는 사원의 책임이 가중되기 때문이다. (ii) 주식회사와 유한회사가 합병하는 경우에 존속회사 또는 신설회사가 주식회사인 경우에는 법원의 인가를 받아야 하고($\frac{상}{1항}$ 600조), 존속회사 또는 신설회사가 유한회사인 경우에는 주식회사의 사채의 상환이 완료되어야 한다($\frac{상}{2항}$ 600조). 이것은 주식회사의 엄격한 설립절차를 탈법하는 것을 막고, 유한회사는 사채의 발행이 인정되지 않기 때문이다. 주식회사와 유한책임회사와의 합병의 경우 이에 관한 명문의 규정은 없으나, 위의 주식회사와 유한회사와의 합병의 경우와 동일하게 보아야 할 것이다($\frac{상\ 287조의\ 44,\ 604조\ 1항}{단서,\ 607조\ 3항\ 유추적용}$). (iii) 해산 후의 회사가 존립중의 회사와 합병하는 경우에는 존립중의 회사를 존속회사로 하는 경우에 한하여 합병할 수 있다($\frac{상}{3항}$ 174조).

3. 합병의 절차

(1) 합병계약

합병계약을 체결하는 권한은 당사회사의 대표기관에게 있다. 합병계약서의 기재사항에 대하여 존속회사 또는 신설회사가 인적회사인 경우에는 아무런 제한이 없으나, 물적회사인 경우에는 기재하여야 할 일정한 법정사항이 있다($\frac{\text{상}}{\text{조}} \frac{523조,}{603조} 525$).

(2) 합병결의(대내적 절차)

인적회사 및 유한책임회사에서는 총사원의 동의에 의한 승인이 있어야 하고 ($\frac{\text{상 230조, 269조,}}{287조의 41}$), 물적회사에서는 주주(사원)총회의 특별결의($\frac{\text{상 522조 1 항,}}{3 항, 598조}$)에 의한 승인이 있어야 한다. 존속회사 또는 신설회사가 주식회사인 경우에 합병할 회사의 일방 또는 쌍방이 합명회사 또는 합자회사인 때에는 총사원의 동의를 얻어 합병계약서를 작성하여야 한다($\frac{\text{상 525조}}{1 항}$). 다만 주식회사에서 흡수합병의 경우 합병절차를 간단히 하기 위하여 일정한 요건하에 소멸회사의 주주총회의 승인을 이사회의 승인으로 갈음하는 간이합병제도($\frac{\text{상 527조}}{\text{의 2}}$)와, 존속회사의 주주총회의 승인을 이사회의 승인으로 갈음하는 소규모합병제도($\frac{\text{상 527조}}{\text{의 3}}$)가 인정되고 있다. 그러나 자본금 총액이 10억원 미만으로서 이사를 1명 또는 2명을 둔 소규모 주식회사($\frac{\text{상 383조}}{1 항 단서}$)는 이사회가 없으므로, 간이합병 및 소규모합병에 관한 이러한 규정이 적용되지 않는다($\frac{\text{상 383조}}{5 항}$).

주식회사의 경우 합병에 관한 주주총회의 결의에 반대하는 주주는 회사에 대하여 주식매수청구권을 행사할 수 있다($\frac{\text{상 522조}}{\text{의 3}}$). 다만 위에서 말한 소규모합병의 경우에는 합병반대주주의 주식매수청구권이 인정되지 않는다($\frac{\text{상 527조의}}{3 5 항}$).

합병의 결과 주주의 책임이 무거워지는 경우에는 총주주의 결의를 얻어야 하고($\frac{\text{상 530조의 3}}{6 항 유추적용}$), 합병으로 인하여 어느 종류주식의 주주에게 손해를 미치게 되는 경우에는 그 종류주식의 종류주주총회의 결의를 얻어야 한다($\frac{\text{상}}{436조}$)(합병결의의 그 밖의 사항에 관한 상세는 정찬형, 「상법강의(상)(제27판)」, 524~527면 참조).

(3) 회사채권자의 보호(대외적 절차)

1) **합병결의 전의 절차**(물적회사의 합병계약서 등의 공시)　　합병당사회사가 물적회사인 경우에는 회사(이사)는 합병결의를 위한 주주(사원)총회 회일의 2주 전부터 합병을 한 날 이후 6월이 경과하는 날까지 (i) 합병계약서, (ii) 합병으로 인하여 소멸하는 회사의 주주에게 발행하는 주식의 배정에 관하여 그 이유를 기재한 서면 및 (iii) 각 회사의 최종의 대차대조표와 손익계산서를 본점에 비치하고, 주주 및 회사채권자가 이를 열람하거나 등·초본의 교부청구를 할 수 있도록 하여야 한다

($\substack{상 \ 522조의 \\ 2, \ 603조}$).

2) **합병결의 후의 절차**(회사채권자의 이의를 위한 조치)   이는 합병당사회사가 어느 회사인 경우에도 적용되는데, 회사는 합병결의(간이합병 및 소규모합병의 경우에는 이사회의 승인결의가 있은 날인데, 자본금 총액이 10억원 미만으로서 이사를 1명 또는 2명을 둔 소규모 주식회사의 경우에는 이사회가 없으므로 이러한 규정이 적용되지 아니함—$\substack{상 383조 \\ 5항}$)가 있은 날부터 2주 내에 회사채권자에 대하여 합병에 이의가 있으면 일정한 기간(이 기간은 1월 이상) 내에 이의를 제출할 것을 공고하고, 또 알고 있는 채권자에 대하여는 따로 따로 이를 최고하여야 한다. 만일 이 기간 내에 이의를 제출하지 않은 채권자는 합병을 승인한 것으로 보고, 이의를 한 채권자에게는 변제를 하거나 또는 상당한 담보를 제공하거나 이를 목적으로 하여 신탁회사에 상당한 재산을 신탁하여야 한다($\substack{상 232조, 269조, 287조의 \\ 41, 527조의 5, 603조}$).

(4) **그 밖의 절차**

1) 신설합병의 경우에는 각 회사에서 선임한 설립위원(이의 선임에는 인적회사 및 유한책임회사의 경우에는 총사원의 동의를 요하고, 물적회사의 경우에는 주주총회 또는 사원총회의 특별결의를 요한다)($\substack{상 175조 2항, 230조, 269조, \\ 287조의 41, 434조, 585조}$)이 공동으로 정관작성, 기타 설립에 관한 행위를 공동으로 한다($\substack{상 \\ 175조}$). 설립위원은 벌칙의 적용상 발기인과 같은 책임을 진다($\substack{상 \\ 635조}$).

2) 합병계약서에 정하여진 합병기일에 소멸회사는 존속회사 또는 신설회사에 재산·관계서류 일체를 인도하고, 소멸회사의 주주(사원)는 그 날 원칙적으로 존속회사 또는 신설회사의 주식(지분)을 배정받게 되어 합병은 실행된다.

그런데 2011년 4월 개정상법에 의하여 주식회사의 흡수합병의 경우에는 소멸회사의 주주에게 그 대가의 전부 또는 일부로서 금전이나 그 밖의 재산을 제공할 수 있도록 하여($\substack{상 523조 \\ 4호}$) 교부금합병(소멸회사의 주주에게 그 대가의 전부로서 금전이나 그 밖의 재산을 교부하는 경우) 또는 삼각합병(소멸회사의 주주에게 그 대가의 전부로서 모회사의 주식을 교부하는 경우)($\substack{상 523조 \\ 의 2}$)을 인정하였으므로, 이 경우에는 예외적으로 소멸회사의 주주는 존속회사의 주식을 배정받지 않게 된다.

3) 합병으로 인한 존속회사 또는 신설회사가 물적회사인 경우에는 형식적 절차로서, 흡수합병의 경우에는 이사가 보고총회를 소집하여 합병에 관한 사항을 보고하여야 하고($\substack{상 526조 1항~ \\ 2항, 603조}$), 신설합병의 경우에는 설립위원이 창립총회를 소집하여 필요한 사항(정관변경을 포함하나, 합병계약의 취지에 반하는 사항은 제외)을 결의한다($\substack{상 527조 1항~ \\ 3항, 603조}$). 다만 주식회사의 경우 이러한 주주총회에 대한 보고를 이사회의 결의

에 의한 공고로써 갈음할 수 있다(상 526조 3 항, 527조 4 항).

4) 주식회사 상호간에 합병하고 소멸회사의 주식 1주에 대하여 존속회사 또는 신설회사의 주식 1주를 배정할 수 없는 경우에는, 소멸회사의 주식에 대하여 주식병합(분할)절차를 밟아야 한다(상 530조 3 항, 440조~444조).

5) 주식회사의 경우 존속회사(흡수합병의 경우) 또는 신설회사(신설합병의 경우)의 이사 및 감사로서 합병 전에 취임한 자는 합병계약서에 다른 정함이 있는 경우를 제외하고는 합병 후 최초로 도래하는 결산기의 정기총회가 종료하는 때에 퇴임한다(상 527조 의 4).

(5) 합병등기

회사가 합병을 한 경우 본점소재지에서는 2주 내, 지점소재지에서는 3주 내에 존속회사는 변경등기, 소멸회사는 해산등기, 신설회사는 설립등기를 하여야 한다(상 233조, 269조, 287조의 41, 528조, 602조). 이 등기기간의 기산일은 인적회사는 합병기일(사실상 합병실행을 한 날)로 보아야 할 것이고, 물적회사는 보고총회 또는 창립총회가 종결한 날이다(상 528조 1 항, 602조).

이 등기는 단순한 대항요건이 아니라, 합병의 효력발생요건이다(상 234조, 269조, 287조의 41, 530조 2 항, 603조).

(6) 합병공시

상법은 물적회사의 경우 합병이 공정하고 투명하게 진행되도록 하기 위하여 합병주주총회 회일의 2주 전부터 합병계약서 등을 공시하도록 하는 사전공시의무(상 522조의 2, 1 항, 603조)와, 합병을 한 날 이후 6월이 경과하는 날까지 채권자보호절차의 경과 등을 공시하도록 하는 사후공시의무(상 527조의 6 1 항)를 인정하고 있다.

4. 합병의 효과

합병의 효과로서 당사회사의 하나 이상의 소멸과 회사의 설립 또는 변경이 생기고(상 227조 4 호, 269조, 287조의 38, 1 호, 517조 1 호, 609조 1 항 1 호), 소멸회사의 권리의무가 신설회사 또는 존속회사에 포괄적으로 이전된다(상 235조, 269조, 287조의 41, 530조 2 항, 603조). 또한 합병의 성질상 소멸회사의 사원은 존속회사 또는 신설회사의 사원이 되는 것이 원칙이다(상 523조 3 항, 524조 2 호, 603조 참조)(동지: 대판 2003. 2. 11, 2001 다 14351)(이에 관한 상세는 정찬형, 「상법강의(상)(제27판)」, 530~532면 참조).

5. 합병의 무효

(1) 무효의 원인

합병무효의 원인에 대하여는 상법에 규정이 없으나, 해석상 합병무효 원인으로 인정되는 것은 합병을 제한하는 각종 법규정의 위반($^{상\ 174조\ 2항,}_{3항,\ 600조\ 등}$) · 합병계약의 하자($^{상\ 523조,}_{524조}$) · 채권자보호절차의 불이행($^{상\ 232조,\ 269조,\ 287조의\ 41,}_{522조의\ 2,\ 527조의\ 5,\ 603조}$) · 합병결의의 하자 · 합병비율의 불공정($^{대판\ 2008.\ 1.\ 10,\ 2007\ 다\ 64136;\ 동\ 2009.\ 4.\ 23,\ 2005}_{다\ 22701 · 22718;\ 인천지판\ 1986.\ 2.\ 9,\ 85\ 가합\ 1526}$) 등을 들고 있다.

(2) 합병무효의 소

합병무효의 주장은 「소」만으로 할 수 있으며, 제소권자는 인적회사 및 유한책임회사에서는 「사원 · 청산인 · 파산관재인 또는 합병을 승인하지 아니한 채권자」에 한하고($^{상\ 236조\ 1항,\ 269조,}_{287조의\ 41}$), 물적회사에서는 「주주(사원) · 이사 · 감사 · 청산인 · 파산관재인 또는 합병을 승인하지 아니한 채권자」에 한정하고 있다($^{상\ 529조}_{1항,\ 603조}$). 또 무효의 소를 제기한 원고가 패소한 경우, 그 원고에게 악의 또는 중과실이 있는 때에는 그 원고는 회사에 대하여 연대하여 손해배상책임을 지도록 하여($^{상\ 240조,\ 191조,\ 269조,}_{287조의\ 41,\ 530조\ 2항,\ 603조}$) 남소(濫訴)를 방지하고 있다.

합병무효의 소의 제소기간은 합병등기가 있는 날부터 「6월 내」이다($^{상\ 236조\ 2}_{항,\ 269조,}$ $^{287조의\ 41,\ 529조}_{2항,\ 603조}$).

상법은 소의 전속관할, 소제기의 공고, 소의 병합심리, 하자의 보완과 청구의 기각 등에 관하여 설립무효의 소의 규정을 준용하고 있다($^{상\ 240조,\ 186조~190조,\ 269조,}_{287조의\ 41,\ 530조\ 2항,\ 603조}$).

(3) 합병무효판결의 효과

합병무효판결이 확정된 때에는 본 · 지점의 소재지에서, 존속회사는 변경등기, 신설회사는 해산등기, 소멸회사는 회복등기를 하여야 한다($^{상\ 238조,\ 269조,\ 287조의}_{41,\ 530조\ 2항,\ 603조}$).

합병무효의 판결의 효력은 대세적 효력이 있고 또한 소급하지 않으므로(불소급효) 존속회사 또는 신설회사와 그 사원 및 제3자 사이에 생긴 권리의무에 영향을 미치지 아니한다($^{상\ 240조,\ 190조,\ 269조,\ 287조}_{의\ 41,\ 530조\ 2항,\ 603조}$).

합병무효의 판결이 확정된 경우 무효판결확정 전의 채무 및 재산의 처리에 관하여 상법은 부담채무에 관해서는 합병당사회사의 연대채무로 하고, 취득재산에 관하여는 그 공유로 하고 있다($^{상\ 239조\ 1항 · 2항,\ 269조,}_{287조의\ 41,\ 530조\ 2항,\ 603조}$). 이 경우 각 회사의 부담부분 또는 지분은 협의로 정하는데, 만일 협의가 되지 않을 때에는 그 청구에 의하여 법원이 합병 당시의 각 회사의 재산상태 기타의 사정을 참작하여 이를 정한다

$\left(\begin{smallmatrix} 상\ 239조\ 3\ 항,\ 269조,\ 287조의 \\ 41,\ 530조\ 2\ 항,\ 603조 \end{smallmatrix}\right)$.

제 2 회사의 분할

1. 의 의

(1) 회사의 분할이란 「1 개의 회사가 2 개 이상의 회사로 나누어져, 분할전 회사(분할회사)의 권리의무가 분할후 회사에 포괄승계되고 (분할전 회사가 소멸하는 경우에는 청산절차 없이 소멸되며) 원칙적으로 분할전 회사의 사원이 분할후 회사의 사원이 되는 회사법상의 법률요건」을 말한다. 상법은 주식회사의 분할에 대하여만 규정하고 있는데, 이에 의하면 회사의 분할은 「회사는 분할에 의하여 1 개 또는 수 개의 회사를 설립하거나(단순분할)($_2^상 \frac{530조의}{1항}$), 또는 1 개 또는 수 개의 존립중의 회사와 합병하는 것(분할합병)($_2^상 \frac{530조의}{2항}$)」이라고 규정하고 있다. 또한 상법은 회사가 단순분할과 분할합병을 겸할 수도 있음을 규정하고 있다($_2^상 \frac{530조의}{3항}$). 회사분할은 회사합병의 반대현상이라고 볼 수 있다.

회사의 기구변경의 하나인 회사분할은 영업을 전제로 하므로 단순한 영업용재산의 분할은 (그 재산으로써 회사를 설립하여 영업하지 않는 한) 회사분할이라고 볼 수 없다($_{2008 다 74963 참조}^{대판 2010. 2. 25,}$).

회사의 분할은 복합적인 사업을 경영하는 대기업에 있어서 특정사업부문의 기능별 전문화, 부진사업이나 적자사업의 분리에 의한 경영의 효율화, 이익분산에 의한 절세, 주주들간의 이해조정, 기타 국민경제적 목적 등 다양한 목적에 의하여 이루어지고 있다.

(2) 회사분할의 종류에는 분류기준에 따라 다음과 같은 것들이 있다.

1) 회사분할이 합병과 관련을 갖는지 여부에 따라 합병과 관련을 갖지 않은 회사분할을 「단순분할」이라고 하고, 합병과 결합된 회사분할을 「분할합병」이라고 한다. 상법은 단순분할(이에 대하여는 '분할'이라고만 규정함)과 분할합병의 모두를 인정함과 동시에, 회사는 이를 선택적으로 행사할 수도 있고 또 이를 결합하여 행사할 수도 있음을 규정하고 있다($_2^상 \frac{530조의}{1항~3항}$).

단순분할에는 분할전 회사(분할회사)가 소멸되는 「완전분할(소멸분할, 전부분할)」과 분할전 회사(분할회사)가 존속하는 「불완전분할(존속분할, 일부분할)」이 있고, 분할합병에는 분할된 부분이 다른 회사(분할승계회사)에 흡수되는 「흡수분할합병」과 분할된 부분이 다른 기존회사 또는 다른 회사의 분할된 부분과 합쳐져 회사(분할합병 신설회사)가 신설되는 「신설분할합병」이 있다. 우리 상법상 단순분할의 경우 분할전 회사의 존속 유무를 불문하므로($^{\text{상 530조의}}_{2\ \text{1항}}$) 완전분할과 불완전분할이 모두 인정되고 ($^{\text{상 530조의 5}}_{\text{1항·2항 참조}}$), 분할합병의 경우에도 흡수분할합병($^{\text{상 530조의}}_{6\ \text{1항 참조}}$)과 신설분할합병($^{\text{상 530조의}}_{6\ \text{2항 참조}}$) 의 모두를 인정하고 있다(단순분할과 분할합병에 관한 상세는 정찬형, 「상법강의(상)(제27 판)」, 538~540면 참조).

2) 분할전 회사의 사원(주주)이 분할후 회사의 사원(주주)이 되는지 여부에 따라, 분할부분에 해당하는 지분(신주)을 분할전 회사의 사원(주주)에게 배당하는 형태의 회사분할을 「인적 분할」이라고 하고, 분할부분에 해당하는 지분(신주)을 분할전 회사의 사원(주주)에게 배당하지 않고 분할전 회사가 취득하는 형태의 회사분할(자회사의 설립)을 「물적(재산) 분할」이라고 한다($^{\text{상 530조}}_{\text{의 12}}$). 회사분할은 인적 분할이 원칙이고 물적(재산) 분할은 예외인데, 상법은 양자를 모두 인정하고 있다($^{\text{상 530조의 2,}}_{\text{530조의 12}}$).

3) 분할당사회사의 주주총회 특별결의에 의한 승인을 요하는 회사분할을 「보통분할」이라고 하고, 흡수분할합병에서 분할회사의 주주총회의 특별결의를 이사회결의로 갈음하는 회사분할을 「간이분할」이라고 하며($^{\text{상 530조의 11}}_{\text{2항, 527조의 2}}$), 분할승계회사의 주주총회의 특별결의를 이사회결의로 갈음하는 회사분할을 「소규모분할」이라고 한다($^{\text{상 530조의 11}}_{\text{2항, 527조의 3}}$).

(3) 회사분할의 법적 성질을 어떻게 설명할 수 있을 것인가에 대하여, 회사의 분할은 합병의 반대현상인 점, 원칙적으로 분할전 회사의 사원이 분할후 회사의 사원이 되고(인적 분할) 물적 분할은 예외적인 현상인 점, 우리 상법은 회사의 분할을 재산출자의 측면에서만 규정하고 있지 않은 점($^{\text{상 530조}}_{\text{의 2}}$) 등에서 볼 때, 회사의 합병을 인격의 합일로 본 것과 같이 회사의 분할을 인격의 분할로 보는 것이 타당하다고 본다.

2. 분할의 자유와 제한

상법상 주식회사는 원칙적으로 자유롭게 분할할 수 있다($^{\text{상 530조의 2 1항}}_{\text{3항, 530조의 12}}$). 다만 해산 후의 회사는 분할전 회사가 존속할 수 없는 점에서 존립중의 회사를 존속회사로 하거나 새로 회사를 설립하는 경우에 한하여 분할할 수 있다($^{\text{상 530조}}_{\text{의 2 4항}}$).

3. 분할의 절차

(1) 분할계획서 또는 분할합병계약서의 작성

1) 분할절차는 분할계획서(단순분할의 경우) 또는 분할합병계약서(분할합병의 경우)의 작성을 기초로 하여 진행된다($\frac{상}{1항}\frac{530조의 3}{전단}$). 분할에 따른 법률관계(예컨대, 출자재산의 범위, 단순분할신설회사의 내용, 분할회사의 주주에게 주어지는 단순분할신설회사의 주식에 관한 사항, 분할교부금 또는 분할교부물 등)를 명확하게 하기 위하여 이러한 분할계획서 또는 분할합병계약서의 기재사항에 대하여는 상법에서 상세하게 규정하고 있다($\frac{상}{530조의 6}\frac{530조의 5,}{}$).

2) 2015년 개정상법은 분할계획서의 기재사항 중 '분할되는 회사의 주주에게 지급할 금액을 정한 때에는 그 규정(분할교부금)'을 '분할회사의 주주에게 제4호에도 불구하고 금전이나 그 밖의 재산을 제공하는 경우에는 그 내용 및 배정에 관한 사항'으로 개정하여($\frac{상}{1항}\frac{530조의 5}{5호}$) 합병($\frac{상}{4호}\frac{523조}{}$)·주식교환($\frac{상}{3항}\frac{360조의}{4호}$) 등의 경우와 같이 분할회사의 주주에게 제공하는 대가를 유연화하여 기업구조조정을 보다 원활히 할 수 있도록 하였고, 또한 '분할을 할 날(분할기일)'을 기재사항에 추가하여($\frac{상}{1항}\frac{530조의 5}{8의 2}$) 합병계약서($\frac{상}{6호}\frac{523조}{}$)의 기재사항과 균형을 이루도록 하였다.

또한 2015년 개정상법은 분할합병계약서의 기재사항도 개정하여 분할회사의 주주에 제공하는 대가에 신주뿐만 아니라 자기주식의 이전을 명문화하여 유연화하고 또한 삼각분할합병도 가능하도록 하여 기업구조조정을 보다 원활히 할 수 있도록 하였다. 즉, 흡수분할합병계약서의 기재사항 중 '분할합병의 상대방회사가 분할합병을 함에 있어서 발행하는 신주의 총수, 종류 및 종류별 주식의 수'를 '분할승계회사가 분할합병을 하면서 신주를 발행하거나 자기주식을 이전하는 경우에는 그 발행하는 신주 또는 이전하는 자기주식의 총수, 종류 및 종류별 주식의 수'로 개정하였고($\frac{상}{6}\frac{530조의}{1항 2호}$), '분할되는 회사의 주주에 대한 분할합병의 상대방회사의 주식의 배정에 관한 사항 및 배정에 따른 주식의 병합 또는 분할을 하는 경우에는 그에 관한 사항'을 '분할승계회사가 분할합병을 하면서 신주를 발행하거나 자기주식을 이전하는 경우에는 분할회사의 주주에 대한 분할승계회사의 신주의 배정 또는 자기주식의 이전에 관한 사항 및 주식의 병합 또는 분할을 하는 경우에는 그에 관한 사항'으로 개정하였으며($\frac{상}{6}\frac{530조의}{1항 3호}$), '분할되는 회사의 주주에 대하여 분할합병의 상대방회사가 지급할 금액을 정한 때에는 그 규정'을 '분할승계회사가 분할회사의 주주에게 제3호에도 불구하고 그 대가의 전부 또는 일부로서 금전이나 그 밖의 재산을 제공하는 경우에는 그 내용 및 배정에 관한 사항'으로 개정하였다($\frac{상}{6}\frac{530조의}{1항 4호}$). 이로 인하여 분할승계회사의 자본금 또는 준비금이 증가하지 않는 경우도 있으므로 '분할합병의 상대방회사의 증가할 자본의 총액과 준비금에 관한 사항'을 '분할승계회사의 자본금 또는 준비금이 증가하는 경우에는 증가할 자본금 또는 준비금에 관한 사항'으로 개정하였다($\frac{상}{6}\frac{530조의}{1항 5호}$). 상법 제530조의 6 제 1 항 제 4 호의 개정으로 인하여 삼각분할합병이 가능함에 따라 '상법 제342조의 2 제 1 항에도 불구하고 상법 제530조의 6 제 1 항 제 4 호에 따라 분할회사의 주주에게 제공하는 재산이 분할승계회사의 모회사 주식을 포함하는 경우에는 분할승계회사는 그 지급을 위하여 모회사 주식을 취득할 수 있다'는 규정($\frac{상}{6}\frac{530조의}{4항}$)과, '분할승계회사는 상법 제530조의 6 제 4 항에 따라 취득한 모회사의 주식을 분할합병 후에도 계속 보유하고 있는 경우 분할합병의 효력이 발생하는 날부터 6 개월 이내에 그 주식을 처분하여야 한다'는 규정($\frac{상}{6}\frac{530조의}{5항}$)을 신설하여, 삼각합병($\frac{상}{의}\frac{523조}{2}$) 및 삼각주식교환($\frac{상}{3}\frac{360조의}{6항·7항}$)과 균형을 이루도록 하였다.

(2) 분할결의(대내적 절차)

분할계획서 또는 분할합병계약서는 주주총회의 특별결의에 의한 승인을 얻어야 한다($\frac{상}{1항 후단, 2항}\frac{530조의 3}$). 이러한 주주총회의 소집의 통지에는 분할계획 또는 분할합병계약의 요령(중요내용)을 기재하여야 한다($\frac{상}{3}\frac{530조의}{4항}$). 이러한 주주총회의 승인결의에는 의결권이 없는 종류주식이나 의결권이 제한되는 종류주식($\frac{상}{3}\frac{344조의}{1항}$)을 가진 주주도 의결권이 있다($\frac{상}{3}\frac{530조의}{3항}$). 분할합병의 경우에는 분할결의에 관한 주주총회의 특별결의에 반대하는 주주에게 합병의 경우와 같이 주식매수청구권이 인정되어 있으나 ($\frac{상}{2항, 522조의 3}\frac{530조의 11}{}$), 단순분할의 경우에는 원칙적으로 이러한 주식매수청구권이 인정되어 있지 않다.

회사가 종류주식을 발행한 경우에는 주식의 분할로 인하여 어느 종류의 주주에게 손해를 미치게 될 때에는 위의 주주총회의 결의 외에 그 종류의 종류주주총회의 결의가 다시 있어야 한다($\frac{상}{436조}$). 또한 회사의 분할로 인하여 분할에 관련되는 각 회사의 주주의 부담이 가중되는 경우에는 위의 주주총회결의 및 종류주주총회의 결의 외에 그 주주 전원의 동의가 다시 있어야 한다($\frac{상}{3}\frac{530조의}{6항}$).

흡수분할합병의 경우에 일정한 경우 분할회사의 주주총회의 승인을 이사회의 승인으로 갈음하는 간이분할과($\frac{상}{527조의 2}\frac{530조의 11\ 2항·}{2\ 1항}$), 분할승계회사의 주주총회의 승인을 이사회의 승인으로 갈음하는 소규모분할($\frac{상}{527조의 3}\frac{530조의 11\ 2항·}{3\ 1항}$)이 있다. 소규모분할의 경우에는 분할합병에 대한 반대주주의 주식매수청구권은 인정되지 아니한다($\substack{상\ 530조의\ 11\ 2항,\\527조의\ 3\ 5항}$) (분할결의의 그 밖의 사항에 관한 상세는 정찬형, 「상법강의(상)(제27판)」, 545~547면 참조).

(3) 회사채권자의 보호(대외적 절차)

1) **분할결의 전의 절차**(분할대차대조표 등의 작성·비치·공시) 분할전 회사의 이사는 분할을 승인하기 위한 주주총회의 회일의 2주 전부터 분할의 등기를 한 날 또는 분할합병을 한 날 이후 6월간 (i) 분할계획서 또는 분할합병계약서, (ii) 분할되는 부분의 대차대조표, (iii) 분할합병의 경우에는 분할합병의 상대방회사(분할후 회사)의 대차대조표, (iv) 분할전 회사의 주주에게 발행할 주식의 배정에 관하여 그 이유를 기재한 서면을 본점에 비치하여야 한다($\substack{상\ 530조의\\7\ 1항}$). 또한 흡수분할합병의 경우 분할합병의 상대방회사(분할후 회사)의 이사는 위 (i)·(ii) 및 (iv)의 서류를 본점에 비치하여야 한다($\substack{상\ 530조의\\7\ 2항}$).

주주 및 회사채권자는 영업시간 내에는 언제든지 위의 서류의 열람을 청구하거나, 회사가 정한 비용을 지급하고 그 등본 또는 초본의 교부를 청구할 수 있다($\substack{상\ 530조의\ 7\ 3항,\\522조의\ 2\ 2항}$).

2) **분할결의 후의 절차**(회사채권자의 이의를 위한 조치) 분할합병의 경우 당사자인 회사는 주주총회의 분할승인결의가 있은 날부터 2주 내에 채권자에 대하여 분할에 이의가 있으면 1월 이상의 기간 내에 이의를 제출할 것을 공고하고 또 알고 있는 채권자에 대하여는 각별로 이를 최고하여야 한다($\substack{상\ 530조의\ 11\ 2\\항,\ 527조의\ 5\ 1항}$). 채권자가 위의 기간 내에 이의를 제출하지 아니한 때에는 분할을 승인한 것으로 보고($\substack{상\ 530조의\ 11\ 2항,\ 527조\\의\ 5\ 3항,\ 232조\ 3항}$), 이의를 제출한 때에는 회사는 그 채권자에 대하여 변제 또는 상당한 담보를 제공하거나 이를 목적으로 하여 상당한 재산을 신탁회사에 신탁하여야 한다($\substack{상\ 530조의\ 11\ 2항,\ 527조\\의\ 5\ 3항,\ 232조\ 3항}$). 이 때 사채권자가 이의를 함에는 사채권자집회의 결의가 있어야 하는데, 이 경우 법원은 이해관계인의 청구에 의하여 사채권자를 위하여 이의의 기간을 연장할 수 있다($\substack{상\ 530조의\ 11\ 2항,\\439조\ 3항}$). 이러한 절차에 위반하면 분할무효의 소의 원인이 된다($\substack{상\ 530조의\ 11,\\1항,\ 529조}$).

단순분할의 경우에는 분할후 회사가 분할전 회사의 채무 중에서 출자한 재산에 관한 채무만을 부담하는 경우에 한하여 이러한 채권자이의제출권이 인정된다($\substack{상\ 530조의\\9\ 4항}$).

(4) 그 밖의 절차

1) 회사분할에 따른 회사의 설립에 관하여는 주식회사의 설립에 관한 규정을

준용한다($^{상\ 530조의}_{4\ 본문}$). 이 때 분할에 의하여 설립되는 회사(분할후 회사로서 신설회사인데, '단순분할신설회사'라 칭함)는 분할전 회사('분할회사'라 칭함)의 출자(현물출자)만으로도 설립될 수 있는데($^{상\ 530조의}_{4\ 단서}$), 이 경우 주식회사의 변태설립사항과 (발기설립의 경우) 현물출자의 이행에 대하여 적용되는 법원이 선임한 검사인에 의한 조사·보고의 규정($^{상}_{299조}$)이 적용되지 않는데($^{상\ 530조의}_{4\ 단서}$), 이는 설립절차를 간소화하기 위한 것이다.

2) 회사분할에 따라 주식분할($^{상\ 329조}_{의\ 2}$), 주식병합($^{상\ 440조\sim}_{442조\sim}$), 단주처리($^{상\ 443조\sim}_{444조\sim}$)의 필요가 있는 경우에는 상법의 해당규정을 준용한다($^{상\ 530조의}_{11\ 1항}$).

(5) 분할등기

회사가 분할을 한 경우 본점소재지에서는 2주 내, 지점소재지에서는 3주 내에 분할후 존속하는 회사에 있어서는 변경등기, 분할로 인하여 소멸하는 회사에 있어서는 해산등기, 분할로 인하여 설립되는 회사에 있어서는 설립등기를 하여야 한다($^{상\ 530조의\ 11}_{1항,\ 528조}$). 이 때 이러한 등기기간의 기산일은 합병의 경우와 같다. 즉 분할합병의 경우에는 보고총회가 종결한 날(이러한 보고총회에 갈음하여 이사회가 공고하는 경우에는 공고일)이고, 단순분할의 경우에는 창립총회가 종결한 날(이러한 창립총회에 갈음하여 이사회가 공고하는 경우에는 공고일)이다($^{상\ 530조의\ 11}_{1항,\ 234조}$).

(6) 분할공시

1) 사전공시   회사분할이 공정하고 투명하게 진행되도록 하기 위하여 앞에서 본 바와 같이 분할계획서 또는 분할합병계약서 등의 공시(분할을 승인하기 위한 주주총회의 회일의 2주 전부터 분할의 등기를 한 날 또는 분할합병을 한 날 후 6월간 공시하는 것)에 대하여 규정하고 있다($^{상\ 530조의\ 7}_{1항·2항}$). 이 공시된 서류에 대하여 주주 및 회사채권자는 영업시간 내에는 언제든지 이러한 서류의 열람을 청구하거나, 회사가 정한 비용을 지급하고 그 등본 또는 초본의 교부를 청구할 수 있다($^{상\ 530조의\ 7\ 3항,}_{522조의\ 2\ 2항}$).

2) 사후공시   합병의 경우($^{상\ 527조}_{의\ 6}$)와 같다($^{상\ 530조의\ 11}_{1항,\ 527조의\ 6}$).

4. 분할의 효과

(1) 권리·의무의 이전과 사원의 이전

단순분할신설회사·분할승계회사 또는 분할합병신설회사는 분할회사의 권리와 의무를 분할계획서 또는 분할합병계약서에서 정하는 바에 따라 (포괄적으로) 승계한다(그러나 공사계약에 관한 계약상대자의 지위는 포괄승계의 대상이 되지 않는다—$^{대판\ 2011.\ 8.\ 25,}_{2010\ 다\ 44002}$)($^{상\ 530조}_{의\ 10}$). 이 점에서 회사의 분할은 영업양도와 근본적으로 구별된다.

단순분할신설회사·분할승계회사 또는 분할합병신설회사가 분할회사의 주주에게 주식을 배정하거나 (분할승계회사가) 자기주식을 이전하는 경우에는(인적 분할) $\binom{상\ 530조의\ 5\ \ 1항\ 4호,\ 530조의\ 6}{1항\ 2호\ 및\ 3호\cdot2항\ 3호\ 참조}$ 사원(주주)의 이전이 있으나(원칙), 분할회사가 분할 또는 분할합병으로 인하여 설립되는 회사(단순분할신설회사 또는 분할합병신설회사)의 주식의 총수(분할합병신설회사의 경우는 각 분할회사가 그에 이전한 재산에 대한 주식의 총수)를 취득하는 경우에는(물적 분할) $\binom{상\ 530조의}{12\ 참조}$ 사원(주주)의 이전이 없다(예외).

(2) 분할회사의 채무에 대한 책임

1) 원 칙   분할회사·단순분할신설회사·분할승계회사 또는 분할합병신설회사는 분할 또는 분할합병 전의 분할회사의 모든 채무를 원칙적으로 연대하여 변제할 책임이 있다 $\binom{상\ 530조의}{9\ \ 1항}$. 이러한 연대책임은 (부진정 연대책임이고) 법정책임이므로 채권자에 대한 개별 최고의 유무·채권자의 이의 제출 유무·채권자의 분할에 대한 동의 유무와 무관하게 발생한다 $\binom{대판\ 2010.\ 8.\ 26,}{2009\ 다\ 95769}$. 또한 부진정연대채무에서는 채무자 1인에 대한 이행청구 또는 채무자 1인이 행한 채무의 승인 등 소멸시효의 중단사유나 시효이익의 포기가 다른 채무자에게 효력을 미치지 않으므로 $\binom{대판\ 2011.\ 4.\ 14,}{2010\ 다\ 91886}$, 채권자가 분할 또는 분할합병이 이루어진 후에 분할회사를 상대로 분할 또는 분할합병 전의 분할회사 채무에 관한 소를 제기하여 분할회사에 대한 관계에서 시효가 중단되거나 확정판결을 받아 소멸시효기간이 연장된다고 하더라도 그와 같은 소멸시효 중단이나 연장의 효과는 다른 채무자인 분할 후 회사에 효력이 미치지 않는다 $\binom{대판\ 2017.\ 5.\ 30,}{2016\ 다\ 34687}$.

이러한 채무에는 분할 또는 분할합병 당시에 그 변제기가 도래하였는지 여부를 불문한다 $\binom{동지:\ 대판\ 2008.\ 2.}{14,\ 2007\ 다\ 73321}$.

2) 예 외   예외적으로 분할승인에 관한 주주총회의 결의로 단순분할신설회사는 분할회사의 채무 중에서 분할계획서에 승계하기로 정한 채무에 대한 책임만을 부담하는 것으로 정할 수 있고 $\binom{상\ 530조의\ 9}{2항\ 1문}$, 분할합병승인에 관한 주주총회의 결의로 분할승계회사 또는 분할합병신설회사가 분할회사의 채무 중에서 분할합병계약서에 승계하기로 정한 채무에 대한 책임만을 부담하는 것으로 정할 수 있다 $\binom{상\ 530조의\ 9}{3항\ 1문}$. 이 경우 분할회사는(존속하는 경우에 한함) 단순분할신설회사·분할승계회사 또는 분할합병신설회사가 부담하지 아니하는 채무만을 부담한다 $\binom{상\ 530조의\ 9\ \ 2항}{2문,\ 3항\ 2문}$. 이에 관한 증명책임은 분할채무관계에 있음을 주장하는 측에게 있다 $\binom{대판\ 2010.\ 8.\ 26,}{2009\ 다\ 95769}$. 단순분할신설회사가 예외적으로 분할계획서에 승계하기로 정한 채무에 대한 책임(2015년 개정상법 이전에는 '분할로 인하여 출자받은 재산에 관한 채무')만을 부담하는 경우에는(즉, 연대책임을 지지 않는 경우에는) 분할회사의 채권자를 보호하기 위하여 단

순분할의 경우에도 채권자이의제출권($\frac{\text{상 527조의 5,}}{\text{439조 3 항}}$)을 인정하고 있다($\frac{\text{상 530조의}}{\text{9 4 항}}$). 따라서
이 때 분할회사가 이러한 채권자보호절차를 취하지 않으면 그 채권자에 대하여 단
순분할신설회사와 함께 연대책임을 지는데($\frac{\text{대판 2004. 8. 30, 2003 다 25973;}}{\text{동 2011. 9. 29, 2011 다 38516}}$)(그러나 회사분할을
알고 있으며 이의제기를 포기하였다고 볼 만한 사정이 있는 채권자에 대하여는 연대책임을 지지
않음— $\frac{\text{대판 2010. 2. 25,}}{\text{2008 다 74963}}$), 채권자는 분할무효의 소를 제기할 수 있다고 본다($\frac{\text{상 530조의 11}}{\text{1 항, 529조}}$).
그러나 이러한 채권자이의제출권은 분할합병의 경우에는 분할합병 결의후 채권자보
호절차로서 (분할회사 및 분할승계회사 또는 분할합병신설회사에게) 위와 같은 제한이 없
이(즉, 연대책임을 지는 경우이든, 지지 않는 경우이든 불문하고) 인정된다($\frac{\text{상 530조의}}{\text{11 2 항}}$).

5. 분할의 무효

분할절차에 하자가 있는 경우에 그 효력이 문제되는데, 상법은 단체법상의 법
률관계를 획일적으로 확정하기 위하여 합병무효의 소에 관한 규정을 준용하여 분할
무효의 소를 별도로 규정하고 있다($\frac{\text{상 530조의 11}}{\text{1 항, 529조}}$) (주주가 제기한 분할합병무효의 소에서 주
주총회의 결의에 중대한 하자가 있다는 점에 관해서는 주주가 증명책임을 부담하고, 소를 제
기한 소수주주가 그 주식을 제 3 자에게 매도하는 등의 경우에는 분할합병무효청구를 기각할
수 있다— $\frac{\text{대판 2010. 7. 22,}}{\text{2008 다 37193}}$).

제3 회사의 조직변경

1. 의   의

(1) 회사의 조직변경이란 「회사가 그 법인격의 동일성을 유지하면서 (그 성질이
유사한) 다른 종류의 회사로 그 법률상의 조직을 변경하는 것」을 말한다. 조직변경
은 변경 전의 회사가 소멸하고 변경 후 새로운 별개의 회사가 생기는 것이 아니라,
법인격의 동일성이 그대로 유지되는 점에서 합병과 구별되고 있다.

[회사의 조직변경인지 여부에 관한 판례]

"기존합자회사와 그 목적·주소·대표자 등이 동일한 주식회사를 설립한 다음
기존합자회사를 흡수합병하는 형식으로 사실상 합자회사를 주식회사로 변경하
였다 하더라도, 이것은 회사의 조직변경이 아니다. 따라서 법인세 면세소득의 범
위를 정함에 있어 기존합자회사와 신설주식회사는 동일성이 없다($\frac{\text{대판 1985. 11.}}{\text{12, 85 누 69}}$)."

(2) 조직변경은 (원칙적으로) 그 기구가 비교적 비슷한 회사간에서만 허용된다. 즉, 조직변경은 (원칙적으로) 인적회사(합명회사와 합자회사)·물적회사(주식회사와 유한회사)의 상호간에 인정된다($\binom{상\ 242조,\ 286조\ 1항,}{604조,\ 607조}$). 다만 이에 대한 예외로 인적회사(합명회사)의 성격이 강한 유한책임회사와 주식회사의 상호간 조직변경을 인정하고 있다 ($\binom{상\ 287조의\ 43\sim}{287조의\ 44}$).

2. 절 차

(1) 합명회사에서 합자회사로의 조직변경

1) 대내적 절차   합명회사는 「총사원의 동의」로 일부 사원을 유한책임사원으로 하거나 새로이 유한책임사원을 가입시켜, 합자회사로 조직변경할 수 있다 ($\binom{상\ 242조}{1항}$). 합명회사의 사원이 1인으로 되어 해산사유가 된 경우에 새로 사원을 가입시켜 회사를 계속하는 경우에도 합자회사로 조직변경할 수 있다($\binom{상\ 242조}{2항}$).

2) 대외적 절차   무한책임사원에서 유한책임사원이 된 자는 본점소재지에서 조직변경의 등기를 하기 전에 생긴 회사채무에 대하여, 등기 후 2년 내에는 무한책임사원의 책임을 면하지 못한다($\binom{상}{244조}$).

3) 등 기   합명회사를 합자회사로 조직변경을 한 경우 본점소재지에서는 2주간 내, 지점소재지에서는 3주간 내에 합명회사에 있어서는 해산등기, 합자회사에 있어서는 설립등기를 하여야 한다($\binom{상}{243조}$).

(2) 합자회사에서 합명회사로의 조직변경

1) 대내적 절차   합자회사는 「총사원의 동의」로 유한책임사원을 무한책임사원으로 변경하여($\binom{상\ 286조}{1항}$), 또는 유한책임사원 전원이 퇴사한 경우에는 무한책임사원 전원의 동의로 합명회사로 조직변경할 수 있다($\binom{상\ 286조}{2항}$).

2) 대외적 절차   유한책임사원이 무한책임사원으로 된 경우에는 회사채권자에게 유리하므로 회사채권자를 보호하는 절차는 별도로 없다.

3) 등 기   합자회사를 합명회사로 조직변경을 한 경우 본점소재지에서는 2주간 내, 지점소재지에서는 3주간 내에 합자회사에서는 해산등기를, 합명회사에 있어서는 설립등기를 하여야 한다($\binom{상\ 286조}{3항}$).

(3) 주식회사에서 유한회사 또는 유한책임회사로의 조직변경

1) 대내적 절차   주식회사는 「총주주의 일치(동의)에 의한 총회의 결의」로 유한회사 또는 유한책임회사로 조직변경을 할 수 있다($\binom{상\ 604조\ 1항\ 본문,}{287조의\ 43\ 1항}$). 이 결의에서

는 정관 기타 조직변경에 필요한 사항을 정하여야 한다($\substack{상\ 604조\ 3항,\\ 287조의\ 44}$).

  2) 대외적 절차   유한회사 또는 유한책임회사는 사채발행이 허용되지 않으므로 주식회사가 유한회사 또는 유한책임회사로 조직변경을 하는 경우 주식회사의 사채의 상환이 완료되지 않은 경우에는 먼저 이의 상환을 완료하여야 한다($\substack{상\ 604조\ 1항\ 단서,\\ 287조의\ 44}$).

  주식회사를 유한회사 또는 유한책임회사로 조직변경을 하는 경우 유한회사 또는 유한책임회사의 자본금은 주식회사에 현존하는 순재산액보다 많을 수 없다($\substack{상\ 604조\ 2항,\\ 287조의\ 44}$). 만일 유한회사 또는 유한책임회사의 자본금을 이보다 많은 금액으로 하는 경우에는, 조직변경의 결의 당시의 이사와 주주는 회사에 대하여 연대하여 그 부족액을 지급할 책임이 있다($\substack{상\ 605조\ 1항,\\ 287조의\ 44}$). 이 때 이사의 책임은 총사원의 동의로 면제할 수 있으나, 주주의 책임은 면제하지 못한다($\substack{상\ 605조\ 2항,\ 550조\ 2항,\\ 551조\ 2항\cdot3항,\ 287조의\ 44}$).

  주식회사를 유한회사 또는 유한책임회사로 조직변경을 함에는 합병에서와 같은 채권자보호절차를 밟아야 한다($\substack{상\ 608조,\ 232조,\\ 287조의\ 44}$).

  주식회사를 유한회사 또는 유한책임회사로 조직변경을 하는 경우 종전의 주식에 대하여 설정된 질권은 물상대위가 인정된다($\substack{상\ 604조\ 4항,\ 601조,\\ 287조의\ 44}$).

  3) 등 기   주식회사를 유한회사 또는 유한책임회사로 조직변경을 한 경우에는 본점소재지에서는 2주간 내에, 지점소재지에서는 3주간 내에 주식회사에 있어서는 해산등기, 유한회사 또는 유한책임회사에 있어서는 설립등기를 하여야 한다($\substack{상\ 606조,\\ 287조의\ 44}$).

  (4) 유한회사 또는 유한책임회사에서 주식회사로의 조직변경

  1) 대내적 절차   유한회사 또는 유한책임회사는 (원칙적으로)「총사원의 일치에 의한 총회의 결의(유한회사) 또는 총사원의 동의(유한책임회사)」로 주식회사로 조직변경을 할 수 있다($\substack{상\ 607조\ 1항\ 본문,\\ 287조의\ 44}$). 다만, 유한회사 또는 유한책임회사는 그 결의를 정관에서 정하는 바에 따라 정관변경의 특별결의로 할 수 있다($\substack{상\ 607조\ 1항\ 단서,\\ 287조의\ 44}$). 이 결의에서는 정관 기타 조직변경에 필요한 사항을 정하여야 한다($\substack{상\ 607조\ 5항,\ 604조,\\ 3항,\ 287조의\ 44}$).

  2) 대외적 절차   이 조직변경은 법원의 인가를 받아야 그 효력이 있다($\substack{상\ 607조\ 3항,\\ 287조의\ 44}$). 이는 엄격한 주식회사의 설립절차를 탈법하는 것을 방지하기 위한 것이다.

  이 조직변경을 하는 경우 유한회사 또는 유한책임회사에 현존하는 순재산액의 범위 내에서 조직변경시에 발행하는 주식의 발행가액총액이 정하여져야 하는데, 이에 위반하여 발행가액총액을 정한 경우에는 조직변경의 결의 당시의 이사(유한책임회사에서는 업무집행자)·감사와 사원은 회사에 대하여 연대하여 그 부족액을 지급할 책임이

있다($\substack{상\,607조\,4항\,본문 \\ 287조의\,44}$). 이 때 이사(유한책임회사에서는 업무집행자)·감사의 책임은 총사원의 동의로 면제할 수 있으나, 사원의 책임은 면제할 수 없다($\substack{상\,607조\,4항\,단서,\,550조\,2항 \\ 551조\,2항·3항,\,287조의\,44}$).

유한회사 또는 유한책임회사를 주식회사로 조직변경을 함에는 합병에서와 같은 채권자보호절차를 밟아야 한다($\substack{상\,608조,\,232조 \\ 287조의\,44}$).

종전의 유한회사 또는 유한책임회사의 지분에 대한 등록질권자는 회사에 대하여 주권교부청구권이 있고($\substack{상\,607조\,5항,\,340조 \\ 3항,\,287조의\,44}$). 종전의 지분에 대하여 설정된 질권은 물상대위가 인정된다($\substack{상\,607조\,5항,\,601조 \\ 1항,\,287조의\,44}$).

3) 등 기   유한회사 또는 유한책임회사를 주식회사로 조직변경을 한 경우의 등기에 대하여는 주식회사를 유한회사 또는 유한책임회사로 조직변경을 하는 경우와 같이 주식회사의 설립등기와 유한회사 또는 유한책임회사의 해산등기를 하여야 한다($\substack{상\,607조\,5항,\,606조 \\ 287조의\,44}$).

제4 기업(회사)결합

1. 의 의

기업(회사)결합이란 협의로는 2개 이상의 기업(회사)이 경제적 공동목적을 위하여 결합하는 현상으로 각 기업(회사)이 그 법적 독립성(법인격)을 유지하는 것을 말하나, 광의로는 각 기업(회사)이 그 법인격을 상실하는 합병을 포함한다. 합병에 관하여는 앞에서 상세히 설명하였으므로 이곳에서는 협의의 기업(회사)결합에 대하여만 우리 상법의 규정을 중심으로 간단히 정리하여 보고자 한다.

이러한 기업결합은 자본주의 경제의 발전에 따라 경영합리화·경쟁제한을 통한 이익의 극대화 등의 목적으로 필연적으로 발생하는 것으로 기업집중의 현상을 가져오고 있다. 그런데 기업집중으로 인한 폐해에 대하여 다른 이해관계인의 이익을 보호하고 또한 건전한 국민경제의 발전을 위하여 우리나라는 상법·독점규제 및 공정거래에 관한 법률 등에서 부분적으로 그 부작용을 방지하기 위한 규정을 두고 있다.

2. 종류 및 법적 규제

기업(회사)결합은 그 목적·방법 등에 따라 여러 가지로 구별되고, 이에 대한 법적 규제도 다양한데, 우리 상법을 중심으로 이에 관한 규정을 정리하여 보면 다음과 같다.

(1) 계약에 의한 기업(회사)결합

상법상 당사자간의 계약에 의한 기업(회사)결합의 형태에는 영업의 양도(양수)·임대차·경영위임, 이익공통계약 등이 있다. 이러한 기업(회사)결합의 방식은 대등적 (평등적) 결합방식이라고 볼 수 있다. 이 중 모든 기업의 영업의 (전부)양도의 경우에는 양수인 및 양도인의 채권자와 채무자의 이익을 보호하기 위한 규정을 두고 있다($^{상\,41조\sim}_{45조}$). 물적 회사의 경우에는 주주(사원)의 이익을 보호하기 위하여 영업의 전부 또는 중요한 일부의 양도, 영업 전부의 임대 또는 경영위임·이익공통계약 기타 이에 준할 계약의 체결·변경 또는 해약, 다른 회사의 영업 전부를 양수할 때 및 회사의 영업에 중대한 영향을 미치는 다른 회사의 영업일부의 양수시에 주주(사원)총회의 특별결의를 받도록 하였다($^{상\,374조}_{1항,\,576조}$). 이 때 주식회사의 경우에는 이러한 결의사항에 반대하는 주주에 대하여 주식매수청구권을 인정하고 있다($^{상\,374조}_{의\,2}$). 이에 관한 상세는 상법총칙 및 회사법의 해당되는 부분의 설명을 참고하기 바란다.

(2) 자본참가에 의한 기업결합

상법상 자본참가에 의한 기업(회사)결합의 형태에는 주식회사에서 주식의 상호보유가 있다. 이에는 모자회사간 주식의 상호보유와 비모자회사간 주식의 상호보유가 있는데, 모자회사간에는 자회사가 모회사의 주식을 취득할 수 없도록 하고 ($^{상\,342조}_{의\,2}$) 비모자회사간에는 의결권만이 없는 것으로 하였다($^{상\,369조}_{3항}$). 이에 관한 상세는 회사법의 해당되는 부분의 설명을 참고하기 바란다.

제 4 절 회사의 해산·청산·해산명령(판결)·계속

제 1 해 산

1. 해산의 의의

회사의 해산이라 함은 「회사의 법인격(회사의 권리능력)을 소멸시키는 원인이 되는 법률요건」을 말한다. 해산은 법인격소멸의 원인이 되지만, 법인격소멸 자체를 가져오는 것은 아니다.

2. 해산사유

(1) 합명회사의 해산사유($\frac{\text{상}}{227\text{조}}$)

(i) 존립기간의 만료 기타 정관소정사유의 발생, (ii) 총사원의 동의, (iii) 사원이 1인으로 된 때, (iv) 회사의 합병, (v) 회사의 파산, (vi) 법원의 해산명령 및 해산판결이 해산사유가 된다.

(2) 합자회사의 해산사유($\frac{\text{상 }269\text{조},}{285\text{조 }1\text{항}}$)

합명회사의 해산사유와 대체로 같으나($\frac{\text{상 }269\text{조},}{227\text{조}}$), 다른 점은 무한책임사원 또는 유한책임사원의 전원이 퇴사한 때에도 해산사유가 된다는 점($\frac{\text{상 }285\text{조}}{1\text{항}}$)이다.

(3) 유한책임회사의 해산사유($\frac{\text{상 }287\text{조}}{\text{의 }38}$)

합명회사의 해산사유와 대체로 같으나($\frac{\text{상 }287\text{조}}{\text{의 }38}$), 다른 점은 '사원의 1인으로 된 때'가 해산사유가 아니다($\frac{\text{상 }287\text{조의}}{38\ \ 2\text{호}}$).

(4) 주식회사의 해산사유($\frac{\text{상 }517\text{조},}{520\text{조의 }2}$)

합명회사의 해산사유와 대체로 같으나($\frac{\text{상 }517\text{조}}{1\text{호}}$), 다른 점은 (i) 주주가 1인으로 되어도 해산사유가 되지 아니하고($\frac{\text{상 }517\text{조}}{1\text{호}}$), (ii) 주주총회의 특별결의에 의하여 해산할 수 있으며($\frac{\text{상 }517\text{조}}{2\text{호, }518\text{조}}$), (iii) 회사의 분할 또는 분할합병이 해산사유이고, (iv) 휴면회사의 해산의제가 있는 점($\frac{\text{상 }520\text{조}}{\text{의 }2}$)이다.

(5) 유한회사의 해산사유($\frac{\text{상}}{609\text{조}}$)

유한회사의 해산사유는 합명회사의 그것과 대체로 같으나($\frac{\text{상 }609\text{조}}{1\text{항 }1\text{호}}$), 다른 점은 (i) 사원이 1인으로 되어도 해산사유가 아니고($\frac{\text{상 }609\text{조}}{1\text{항 }1\text{호}}$), (ii) 사원총회의 특별결의만 있으면 해산할 수 있는 점($\frac{\text{상 }609\text{조 }1\text{항}}{2\text{호·}2\text{항}}$)이 다르다.

3. 해산의 효과

(1) 회사가 해산하면 청산절차가 개시되는 것이 원칙이지만, 합병(주식회사의 경우는 분할 및 분할합병을 포함함)은 회사재산의 포괄승계를 생기게 하고 또 파산은 파산절차로 옮기는 까닭에 합병과 파산이 해산사유인 경우에는 청산절차가 개시되지 않는다.

(2) 합병(주식회사의 경우는 분할 및 분할합병을 포함함)이나 파산의 경우의 등기에 관하여는 따로 규정이 있으나($\frac{\text{상 }233\text{조, }269\text{조, }287\text{조의 }41, 528\text{조,}}{530\text{조의 }11\ \ 1\text{항, }602\text{조; 파 }23\text{조}}$), 그 외의 사유로 인한 해산의 경우에는 본점소재지에서는 2주간 내, 지점소재지에서는 3주간 내에 해산등기를 하

여야 한다$\binom{상\ 228조,\ 269조,\ 287조의}{39,\ 521조의\ 2,\ 613조\ 1\ 항}$.

이러한 해산등기는 설립등기와는 달리 상법 제37조의 대항요건에 불과하다$\binom{동지:\ 대결\ 1964.\ 5.\ 5,\ 63\ 마\ 29;}{대판\ 1981.\ 9.\ 8,\ 80\ 다\ 2511}$.

제 2 청   산

1. 청산의 의의

청산이라 함은「회사가 해산 후 그 재산적 권리의무를 정리한 후 회사의 법인 격을 소멸시키는 절차」를 말한다. 합병(주식회사의 경우는 분할 및 분할합병을 포함함) 또는 파산에 의한 해산의 경우에는 청산을 필요로 하지 않는다. 청산회사는 해산 전의 회사와 동일회사이므로 상인성·상호·사원의 출자의무·제 3 자에 대한 책임 등에 관해서는 영업중의 회사(해산 전의 회사)와 동일하다. 그러나 청산회사는 영업 을 하지 않으므로 영업을 전제로 한 지배인 등 상업사용인을 둘 수는 없다.

2. 청 산 인

(1) 원   칙

청산인은 제 1 차적으로 자치적으로 선임되는데, 이렇게 자치적으로 선임되지 않으면 제 2 차적으로 해산 전의 회사의 업무집행기관(인적회사의 경우는 업무집행사 원, 유한책임회사의 경우는 업무집행자, 물적회사의 경우는 이사 또는 집행임원)이 된다$\binom{상\ 251조,\ 287조,\ 287조의}{45,\ 531조,\ 613조\ 1\ 항}$.

청산인은 총사원의 과반수(인적회사 및 유한책임회사) 또는 주주(사원)총회(물적회사) 의 결의로 해임되는데, 일정한 경우에는 법원에 의하여 해임된다$\binom{상\ 261조\ 262조,\ 269조,\ 287조}{의\ 45,\ 539조,\ 613조\ 2\ 항}$.

[청산인에 관한 판례]

"상법 제520조의 2의 규정에 의하여 주식회사가 해산되고 그 청산이 종결된 것으로 보게 되는 회사라도 어떤 권리관계가 남아 있어 현실적으로 정리할 필 요가 있으면 그 범위 내에서는 아직 완전히 소멸하지 아니하고, 이러한 경우 그 회사의 해산 당시의 이사는 정관에 다른 규정이 있거나 주주총회에서 따로 청 산인을 선임하지 아니한 경우에 당연히 청산인이 되고, 그러한 청산인이 없는 때에는 이해관계인의 청구에 의하여 법원이 선임한 자가 청산인이 되므로, 이 러한 청산인만이 청산중인 회사의 청산사무를 집행하고 대표하는 기관이 된다

(대판 1994. 5. 27, 94 다 7607. 동지:) "
(대결 2000. 10. 12, 2000 마 287).

(2) 예 외

사원이 1인이 되어 해산한 경우(인적회사)와 해산을 명하는 재판(해산명령 및 해산판결)에 의하여 해산한 경우에는 위와 같은 회사의 자치는 인정되지 않고, 법원이 이해관계인이나 검사의 청구에 의하여 또는 직권으로 청산인을 선임한다(상 252조, 269조, 287조의 45, 542조 1 항, 613조 1 항). 물적회사의 경우에는 이 외에도 위의 원칙에 의하여 청산인이 되는 자가 없는 경우에는, 이해관계인의 청구에 의하여 법원이 청산인을 선임한다(상 531조 2 항, 613조 1 항).

이와 같이 법원에 의하여 선임된 청산인은 법원에 의하여 해임된다.

3. 청산의 절차

(1) 청산사무

청산인이 하는 청산사무의 내용은 (i) 현존사무의 종결(필요한 사무원의 신규채용, 퇴직금의 지급, 공로자에 대한 위로금의 증여 등을 포함한다), (ii) 채권의 추심과 채무의 변제, (iii) 재산의 환가처분(환가방법으로 영업양도도 가능함), (iv) 잔여재산의 분배이다(상 254조, 269조, 287조의 45, 542조 1 항, 613조 1 항).

(2) 청산절차의 방법

1) 인적회사가 해산한 경우에는(사원이 1인이 된 경우 또는 해산을 명하는 재판에 의하여 해산한 경우를 제외) 원칙적으로 임의청산(정관 또는 총사원의 동의로 회사재산의 처분방법을 임의로 정하는 청산방법)에 의한다. 임의청산의 경우에도 채권자보호절차를 취하여야 한다(상 248조, 249조, 269조).

2) 법정청산은 물적회사 및 유한책임회사가 해산한 경우 또는 인적회사에서도 임의청산의 방법을 쓰지 않는 경우에 쓰는 청산방법인데, 그 절차에 관하여는 상법이 상세하게 규정하고 있다. 법정청산에 있어서는 회사채권자와 사원을 보호하기 위하여 일반적으로 엄격주의를 취하고 있다(상 250조 이하, 269조, 287조의 45, 531조 이하, 613조 1 항).

4. 청산의 종결과 종결의제

(1) 법정청산의 경우에는 잔여재산의 분배를 포함한 모든 청산사무를 종결하였을 때에, 청산인은 총사원(인적회사 및 유한책임회사의 경우) 또는 주주(사원)총회(물적회사의 경우)의 승인을 얻은 후 청산종결의 등기를 하여야 한다(상 264조, 269조, 287조의 45, 542조 1 항, 613조 1 항).

(2) 청산이 사실상 종결되지 아니한 한, 청산종결의 등기를 하였더라도 그 등기에는 공신력이 없으므로 회사의 법인격은 소멸되지 않는다.

[청산종결에 관한 판례]

"청산종결의 등기를 하였더라도 채권이 있는 이상 청산은 종료되지 않으므로 그 한도에서 청산법인은 당사자능력이 있다(대판 1968. 6. 18, 67 다 2528. 동지: 대판 1969. 2. 4, 68 다 2284; 동 1982. 3. 23, 81 도 1450; 대결 1991. 4. 30, 90 마 672; 대판 1994. 5. 27, 94 다 7607; 대판(전) 2019. 10. 23, 2012 다 46170)."

(3) 상법 제520조의 2 1항의 규정에 의하여 해산이 의제된 주식회사가 3년 내에 회사계속의 결의를 하지 아니하면, 그 3년이 경과한 때에 청산이 종결된 것으로 본다(상 520조의 2 4항).

제3 회사의 해산명령 및 해산판결

1. 회사의 해산명령

(1) 회사의 해산명령의 의의

회사의 해산명령이란 「공익상 회사의 존속이 허용될 수 없는 경우에 법원이 직권 또는 신청에 의하여 회사의 해산을 명하는 재판」이다(상 176조 1항). 이러한 회사의 해산명령제도는 회사의 설립준칙주의의 폐단을 사후에 규제하기 위한 제도로서, 민법상 법인의 설립허가취소제도(민 38조)나 회사의 설립면허주의에 있어서의 면허취소에 해당된다고 볼 수 있다.

(2) 회사의 해산명령의 사유

1) 회사의 「설립목적이 불법」인 때이다. 정관에 기재된 회사의 목적이 형식적으로 불법인 경우는 물론, 실질적으로 불법인 경우를 포함한다(예컨대, 정관상 목적은 무역업이나 실질적으로 밀수를 하는 경우 등).

2) 회사가 「정당한 사유 없이 설립한 후 1년 내에 영업을 개시하지 아니하거나 1년 이상 영업을 휴지하는 때」이다. 영업의 성질상 불가피하게 개업준비하는 데 1년 이상 소요된 경우(예컨대, 유전개발을 목적으로 하는 회사가 시추작업을 하는 데 1년 이상 소요한 경우)에는 「정당한 사유」가 있다고 볼 수 있으나, 사업자금의 부족·영업실적의 부진 등과 같은 회사의 내부적인 사정으로 인한 경우에는 「정당한 사유」가 있다고 볼 수 없다.

[정당한 사유의 유무에 관한 판례]

"회사가 소유권분쟁 때문에 정상적인 업무수행을 하지 못하다가 승소하여 영업을 개시한 경우에는 그 결정확정 전까지 영업을 개시하지 못한 점에 대하여 「정당한 사유」가 있으므로 상법 제176조 1 항 2 호의 해산명령사유에 해당하지 않는다($\frac{대결 1978. 7.}{26, 78 마 106}$)."

"회사가 소유권분쟁에 관한 소송에서 패소한 경우에는 회사가 소송으로 인하여 수년간 정상적인 업무를 수행하지 못한 점은 상법 제176조 1 항 2 호의 「해산명령사유」에 해당되어 회사는 해산될 수 있다($\frac{대결 1979. 1.}{31, 78 마 56}$)."

3) 「이사 또는 회사의 업무를 집행하는 사원이 법령 또는 정관에 위반하여 회사의 존속을 허용할 수 없는 행위를 한 때」이다.

[대표이사의 법령위반행위로 인하여 해산명령을 인정한 판례]

"회사의 대표이사가 주금납입을 가장하고 약정한 투자도 하지 않을 뿐만 아니라 회사 건축물공사에 따른 공사보증금까지 횡령하는 등의 행위를 하고, 또 자본을 끌어들이는 과정에서 사기행위를 하여 형사처벌을 받는 등의 행위를 한 경우에는 상법 제176조 1 항 3 호에 해당한다($\frac{대결 1987. 3.}{6, 87 마 1}$)."

(3) 회사의 해산명령의 절차

1) 법원은 이해관계인이나 검사의 청구에 의하여 또는 직권으로 회사의 해산명령을 할 수 있다($\frac{상 176조}{1항}$). 이 때 회사는 이해관계인의 악의를 소명하여($\frac{상 176조}{4항}$) 이해관계인에게 상당한 담보를 제공할 것을 법원에 청구할 수 있고, 법원은 이에 의하여 상당한 담보를 제공할 것을 명할 수 있다($\frac{상 176조 3 항;}{비송 97조}$).

2) 회사의 해산명령청구사건은 비송사건으로서, 이에 관한 재판절차는 비송사건절차법($\frac{동법 90조}{이하}$)에 의한다.

3) 회사의 해산명령의 청구가 있는 때에는 법원은 회사의 해산을 명하기 전이라도, 이해관계인이나 검사의 청구에 의하여 또는 직권으로 관리인의 선임 기타 회사재산의 보전에 필요한 처분을 할 수 있다($\frac{상 176조 2 항;}{비송 94조}$).

(4) 회사의 해산명령의 효과

법원의 해산명령의 재판은 이유를 부기한 결정으로써 하는데($\frac{비송 90조 1항,}{75조 1 항}$), 이러한 해산명령재판의 확정에 의하여 회사는 해산한다($\frac{상 227조 6호, 269조, 517조}{1항, 609조 1 항 1 호}$). 해산명령에 대하여 회사·이해관계인과 검사는 즉시항고를 할 수 있다($\frac{비송}{91조}$).

2. 회사의 해산판결

(1) 회사의 해산판결의 의의

회사의 해산판결이란 「사원의 이익을 보호하기 위하여 회사의 존속이 사원의 이익을 해하는 경우에, 사원의 청구에 의하여 법원이 판결로써 회사의 해산을 명하는(법인격을 박탈하는) 재판」이다(상 241조, 269조, 287조의 42, 520조, 613조 1 항).

(2) 회사의 해산판결의 사유

1) **인적회사 및 유한책임회사**   「부득이한 사유」가 있는 때이어야 한다(상 241조 1 항, 269조, 287조의 42). 이 때 「부득이한 사유」란 사원간의 불화가 극심하여 그 상태로는 회사의 존속이 곤란한 경우로서, 사원의 제명·퇴사·지분양도(소극적 방법)나 총사원의 동의에 의한 해산(적극적 방법)이 곤란한 경우를 의미한다.

2) **물적회사**   「회사의 업무가 현저한 정돈상태(예컨대, 이사간의 분쟁으로 업무가 정지되고 있는 상태)를 계속하여 회복할 수 없는 손해가 생기거나 생길 염려가 있을 때」(대판 2015. 10. 29, 2013 다 53175) 또는 「회사재산의 관리 또는 처분의 현저한 실당(失當)(회사재산의 부당한 유용이나 처분)으로 인하여 회사의 존립을 위태롭게 한 때」로서, 또한 동시에 「부득이한 사유」(다른 방법으로는 잘못된 경영이나 비행을 시정하기 어려울 때)가 있어야 한다(상 520조 1 항, 613조 1 항).

(3) 회사의 해산판결의 절차

1) 청구권자는 인적회사 및 유한책임회사의 경우는 「각 사원」이고(상 241조 1 항, 269조, 287조의 42), 물적회사의 경우는 「발행주식총수(자본금)의 100분의 10 이상에 해당하는 주식(출자좌수)을 가진 주주(사원)」이다(상 520조 1 항, 613조 1 항).

2) 회사의 해산판결청구사건은 「소송사건」으로 그 소는 형성의 소에 해당하고, 재판은 「판결」에 의한다.

3) 이 소는 본점소재지를 관할하는 지방법원의 전속관할에 속한다(상 241조 2 항, 186조, 269조, 287조의 42, 520조 2 항, 613조 1 항).

(4) 회사의 해산판결의 효과

1) 원고가 승소하여 해산판결이 확정되면 회사는 해산하여 청산절차를 밟아야 한다.

2) 원고가 패소한 경우, 원고에게 악의 또는 중과실이 있으면 원고는 회사에 대하여 연대하여 손해배상할 책임을 부담한다(상 241조 2 항, 191조, 269조, 287조의 42, 520조 2 항, 613조 1 항).

제 4 회사의 계속

1. 회사의 계속의 의의

회사의 계속이란 「일정한 해산사유로 인하여 해산된 회사가 상법의 규정과 사원의 의사에 의하여 다시 해산 전의 회사로 복귀하여 존속하는 것」을 말한다. 이러한 제도는 상법이 기업유지의 이념에서 인정한 제도이다. 상법은 각종 회사의 해산에 관한 규정에서 회사의 계속제도를 규정하고 있다($^{상\ 229조,\ 269조,\ 287조의\ 40,\ 285조}_{2항,\ 519조,\ 520조의\ 2\ 3항,\ 610조}$).

2. 회사의 계속의 사유 및 절차

(1) 각종 회사의 계속의 사유 및 절차

1) 합명회사가 「존립기간의 만료 기타 정관으로 정한 사유의 발생」으로 인하여 해산되거나 또는 「총사원의 동의」에 의하여 해산되는 경우에는, 사원의 전부 또는 일부(이 때에 회사의 계속에 동의하지 않는 사원은 퇴사한 것으로 간주됨)의 동의로 회사를 계속할 수 있다. 또한 「사원이 1인」이 되어 해산한 경우에는, 새로 사원을 가입시켜서 회사를 계속할 수 있다($^{상\ 229조}_{1항·2항}$).

2) 합자회사가 회사를 계속할 수 있는 사유는 합명회사의 경우와 같은데 ($^{상\ 269조,}_{229조\ 1항}$)($^{합자회사가\ '정관으로\ 정한\ 존립기간의\ 만료'로\ 해산한\ 경우에도\ 사원의\ 일부의\ 동의로\ 회사를\ 계속할\ 수\ 있는데,\ 이}_{경우\ 존립기간에\ 관한\ 정관의\ 변경은\ 그\ 일부\ 사원들의\ 동의만으로\ 가능하다—대판\ 2017.\ 8.\ 23,\ 2015\ 다\ 70341}$), 합자회사에 특유한 것으로는 합자회사가 「무한책임사원 또는 유한책임사원의 전원이 퇴사」하여 해산사유가 된 경우에 잔존 무한책임사원 또는 유한책임사원의 전원의 동의로 새로 유한책임사원 또는 무한책임사원을 가입시켜서 회사를 계속할 수 있는 점이다($^{상\ 285조}_{2항}$).

3) 유한책임회사가 「존립기간의 만료 기타 정관으로 정한 사유의 발생」으로 해산되거나 「총사원의 동의」에 의하여 해산되는 경우에는, 사원의 전부 또는 일부 (이 때 회사의 계속에 동의하지 않는 사원은 퇴사한 것으로 간주됨)의 동의로 회사를 계속할 수 있는데($^{상\ 287조}_{의\ 40}$), 이 점은 합명회사의 경우와 같다.

4) 주식회사가 「존립기간의 만료 기타 정관으로 정한 사유의 발생」 또는 「주주총회의 특별결의」에 의하여 해산되는 경우에는 주주총회의 특별결의에 의하여 회사를 계속할 수 있고($^{상}_{519조}$), 「해산한 것으로 의제된 휴면회사」라도 일정한 기간 내에는 주주총회의 특별결의에 의하여 회사를 계속할 수 있다($^{상\ 520조}_{2\ 3항}$).

5) 유한회사가 회사를 계속할 수 있는 사유는 주식회사의 그것과 같다($^{상\ 610조}_{1항}$).

(2) 조직변경에 의한 회사의 계속

회사의 계속은 원칙적으로 회사의 종류에는 변경이 없고 동일회사로 존속하므로 당사회사 내에서만 가능하다. 그러나 이에 대한 예외로서, 합명회사의 「사원이 1인」이 되어(해산원인) 새로 사원을 가입시켜 회사를 계속하는 경우에는 이와 함께 합자회사로 조직변경을 할 수 있고($^{상\ 242조\ 2항,}_{229조\ 2항}$), 또한 합자회사의 「유한책임사원 전원이 퇴사」하여 해산사유가 된 경우에도($^{상\ 285조}_{1항}$) 무한책임사원 전원의 동의로써 합명회사로 조직변경하여 회사를 계속할 수 있다($^{상\ 286조}_{2항}$). 이러한 경우는 회사의 계속과 조직변경이 함께 성립하는 경우이다.

(3) 회사의 계속등기

회사의 계속의 경우에 이미 회사의 해산등기를 하였을 때에는 본점소재지에서는 2주간 내, 지점소재지에서는 3주간 내에 회사의 계속등기를 하여야 한다($^{상\ 229조\ 3\ 항,\ 269조,\ 285조\ 1\ 항,}_{287조의\ 40,\ 521조의\ 2,\ 611조}$).

3. 회사의 계속의 효과

회사의 계속에 의하여 해산한 회사는 장래에 향하여 해산 전의 회사로 복귀한다. 해산한 회사와 부활 후의 회사는 동일성을 가지므로, 해산에 의하여 청산의 목적범위 내로 줄어들었던 권리능력은 다시 완전한 권리능력을 회복하게 된다.

제3장 합명회사

제1절 의 의

합명회사는 2인 이상의 무한책임사원만으로 구성되는 회사이며, 자본의 결합보다는 노동력의 결합에 중점이 있다. 합명회사는 사원이 회사의 채권자에 대하여 직접·연대·무한책임을 부담하고, 직접 업무집행을 담당하는 점(자기기관)에 특색이 있다.

제2절 설 립

합명회사의 설립절차는 「정관의 작성」과 「설립등기」만으로 구성되는데(물적 회사와는 달리 출자이행절차는 회사의 성립요건이 아님), 이러한 절차에 관하여는 이미 앞에서 설명하였다. 또한 합명회사의 설립하자에 관하여도 이미 앞에서 설명하였다.

제 3 절 기 구

제 1 관 총 설

제 1 합명회사의 법률관계의 구조

합명회사의 법률관계는 크게 내부관계와 외부관계로 분류되는데, 내부관계는 (i) 회사와 사원간의 관계(사단성)와 (ii) 사원과 사원간의 관계(조합성)이고, 외부관계는 (iii) 회사와 제3자와의 관계(법인성)와 (iv) 사원과 제3자와의 관계(조합성)이다. 이와 같이 합명회사의 법률관계에는 조합성이 많이 반영되어 있다(상 195조).

합명회사의 법률관계를 그림으로 표시하면 다음과 같다.

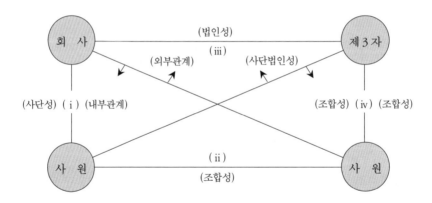

제 2 합명회사에 관한 법규의 성격 및 적용순서

(1) 합명회사의 법률관계를 규율하는 규정 중 내부관계를 규율하는 규정은 당사자간의 사적자치의 원칙이 존중되어야 하므로, 원칙적으로 임의법규이다. 따라서 합명회사의 내부관계에 관한 한 원칙적으로 정관, 상법의 규정(임의규정), 민법의 조합규정의 순으로 적용된다(상 195조).

(2) 합명회사의 법률관계를 규율하는 규정 중 외부관계를 규율하는 규정은 거래의 안전이 존중되어야 하므로, 대부분 강행법규이다. 따라서 합명회사의 외부관

계에 관한 한 원칙적으로 상법의 규정(강행법규), 정관, 민법의 조합규정의 순으로 적용된다.

제 2 관 내부관계

제 1 출 자

1. 출자의 의의 및 종류

(1) 합명회사의 사원은 반드시 회사에 대하여 출자를 하여야 하는 데($^{상\,179조\,4호,}_{195조;\,민\,703조}$), 이렇게 사원이 회사에 대하여 사원의 자격에서 하는 급여를 출자라 한다. 이러한 출자의무 및 그 범위는 정관에 의하여 확정되므로, 출자의무는 무한은 아니다. 이것은 사원이 대외적으로 무한책임을 지는 것($^{상}_{212조}$) 또는 손실분담의무($^{상\,195조;}_{민\,711조}$)를 부담하는 것과 다르다.

(2) 합명회사 사원의 출자의 목적은 재산, 노무 또는 신용의 어느 것이라도 무방하다($^{상\,195조,\,222조;}_{민\,703조\,2항}$). 출자의 목적에 노무와 신용이 인정되는 점이 하나의 큰 특징인데, 이는 정관에 그 뜻과 평가의 표준을 정한 경우에 비로소 할 수 있다($^{상\,179조}_{4호}$). 사원에게 노무와 신용의 출자가 인정되는 것은 사원이 무한책임을 지기 때문이다($^{상\,272조}_{참조}$).

재산출자는 금전출자가 원칙이지만, 현물출자도 무방하다. 노무출자는 사원이 회사를 위하여 노무를 제공함으로써 하는 출자인데, 이 노무는 정신적이든 육체적이든 불문하고, 임시적이든 계속적이든 불문한다. 신용출자는 사원이 회사로 하여금 자기의 신용을 이용하게 하는 출자인데, 예컨대 성명을 상호로 사용하게 하거나, 회사를 위하여 보증인이 되는 것 등을 말한다.

2. 출자의무의 발생과 소멸

(1) 출자의무는 회사설립의 경우에는 정관의 작성에 의하여, 회사의 성립 후 입사하는 경우에는 정관의 변경에 의하여 발생한다.

(2) 출자의무는 이를 이행하든가, 사원의 자격을 상실하면 소멸한다.

3. 출자의 이행

(1) 출자이행의 시기와 방법은 정관이 정하는 바에 의하고, 이러한 정관의 규정이 없는 경우에는 보통의 업무집행의 방법으로 자유로이 정할 수 있다.

(2) 합명회사의 사원이 출자의무를 이행하지 않으면 민법상 채무불이행의 일반적인 효과가 발생하는 외에($^{민\ 387조}_{이하}$), 상법상 사원의 제명($^{상\ 220조}_{1항\ 1호}$)·업무집행권($^{상\ 205조}_{1항}$) 또는 대표권($^{상}_{216조}$)의 상실원인이 된다.

제2 업무집행

1. 업무집행의 의의

업무집행이란 회사가 그 목적사업을 수행하기 위하여 하는 대내적·대외적인 행위를 말하는데, 이러한 행위에는 법률행위뿐만 아니라 사실행위를 포함한다. 업무집행이란 영업의 존재를 전제로 하므로, 정관변경·영업양도·해산 등과 같이 회사의 기본에 관한 사항은 포함되지 않는다.

2. 업무집행기관

(1) 업무집행권의 취득

합명회사의 업무집행기관은 원칙적으로 각 사원이다(자기기관의 원칙)($^{상\ 200조}_{1항}$). 그러나 예외적으로 정관의 규정에 의하여 특정한 사원(1인 또는 수 인)만을 업무집행사원으로 할 수도 있고($^{상\ 201조}_{1항}$), 수인의 사원을 공동업무집행사원으로 할 수도 있다($^{상\ 202조}_{본문\ 전단}$).

(2) 업무집행권의 상실(정지)

업무집행사원은 정당한 사유 없이 「사임」할 수 없으며, 다른 사원의 일치가 아니면 「해임」할 수 없다($^{상\ 195조;}_{민\ 708조}$). 업무집행사원이 업무를 집행함에 현저하게 부적임하거나 중대한 업무에 위반한 행위가 있는 때에는 법원은 사원($^{합자회사의\ 경우\ 유한책임}_{사원을\ 포함함—대판\ 2012.}$ $^{12.\ 13,\ 2010}_{다\ 82189}$)의 청구에 의하여 업무집행권한의 상실을 선고할 수 있다($^{상\ 205조}_{1항}$)(이는 임의규정임— 대판 2015. 5. 29, 2014 다 51541; 동 2021. 7. 8, 2018 다 225289).

업무집행사원에 대하여 그 업무집행의 정지 및 직무대행자를 선임하는 가처분이 있으면, 그러한 사원은 가처분의 취소가 없는 한 업무를 집행할 수 없다($^{상\ 183조의\ 2,}_{200조의\ 2\ 참조}$).

3. 업무집행의 방법

(1) 사원의 의사결정

업무집행에 관하여 먼저 사원의 의사결정이 있어야 하는 경우($^{예컨대, 상 203조·}_{204조 등}$)에는 먼저 상법 또는 정관에 의한 결의를 요하고, 상법 또는 정관에 다른 규정이 없으면 「총사원의 과반수」로써 결정하여야 한다($^{상 195조; 민}_{706조 2 항 1 문}$). 이 경우에 의결권은 원칙적으로 사원의 두수(頭數)에 의한다(1인 1의결권주의, 두수주의). 합명회사(인적회사)에는 물적회사의 경우와는 달리 상법상 사원총회가 없다.

(2) 업무집행의 실행

업무집행사원은 원칙적으로(정관에 다른 규정이 없는 때에는) 각자 독립하여 회사의 업무를 집행할 수 있다(단독업무집행의 원칙)($^{상 200조 1 항;}_{201조 1 항}$). 그러나 다른 사원의 이의가 있는 때에는 곧 그 행위를 중지하고 「총사원의 과반수」의 결의에 의하여야 하고($^{상 200조}_{2 항}$), 다른 업무집행사원의 이의가 있는 때에는 곧 그 행위를 중지하고 「총업무집행사원의 과반수」의 결의에 의하여야 한다($^{상 201조}_{2 항}$).

그러나 지배인의 선임과 해임은 정관에 다른 정함이 없으면 「총사원(업무집행사원이 아님)의 과반수」의 결의에 의하여야 하고($^{상}_{203조}$), 정관으로 공동업무집행사원이 정하여진 경우에는 그 사원의 「공동으로만」 업무집행을 할 수 있다($^{상 202조}_{본문 후단}$).

4. 업무감시권

업무집행권이 없는 사원에게는 회사의 업무와 재산상태를 검사할 수 있는 권리가 인정된다($^{상 195조;}_{민 710조}$). 이러한 업무감시권은 정관의 규정으로써도 박탈할 수 없다(통설).

제3 경업피지의무와 자기거래의 제한

1. 경업피지의무

(1) 합명회사의 사원(대표권 또는 업무집행권의 유무와는 무관함)은 상업사용인과 같이 경업금지의무(협의의 경업피지의무)와 겸직금지의무를 부담한다. 즉 사원은 자기를 제외한 다른 모든 사원의 동의가 없으면 자기 또는 제 3 자의 계산으로 회사의 영업부류에 속하는 거래를 하지 못하며(경업금지의무), 동종영업을 목적으로 하는 다

른 회사의 무한책임사원 또는 이사가 되지 못한다(겸직금지의무)($\frac{상}{1항}^{198조}$).

(2) 합명회사의 사원이 경업금지의무에 위반한 경우에는 회사는 「개입권」($\frac{상}{2항·4항}^{198조}$)과 「손해배상청구권」($\frac{상}{3항}^{198조}$)을 행사할 수 있고, 또한 다른 모든 사원의 과반수의 결의에 의하여 그 사원의 「제명」을 법원에 청구할 수 있다($\frac{상}{1항 2호}^{220조}$).

합명회사의 사원이 겸직금지의무에 위반한 경우에는, 회사는 개입권을 행사할 수 없고 「손해배상청구권」을 행사할 수 있으며($\frac{상}{707조·681조}^{195조, 민}$), 또한 다른 모든 사원의 과반수의 결의에 의하여 그 사원의 「제명」을 법원에 청구할 수 있을 뿐이다($\frac{상}{1항 2호}^{220조}$).

사원의 경업피지의무 위반이 있는 경우에 회사의 위와 같은 조치와는 별도로, 다른 사원은 해당 사원에 대하여 「업무집행권 또는 대표권의 상실의 선고」를 법원에 청구할 수 있다($\frac{상}{216조}^{205조 1항,}$).

2. 자기거래제한

(1) 합명회사의 각 사원은 다른 모든 사원의 과반수의 결의가 있는 때에 한하여 자기 또는 제3자의 계산으로 회사와 거래를 할 수 있다($\frac{상}{199조}$).

(2) 합명회사의 사원이 이에 위반한 경우에는 그 사원은 회사에 대하여 「손해배상의 책임」을 지는($\frac{상}{707조·681조}^{195조, 민}$) 외에, 다른 사원의 청구에 의하여 법원으로부터 「업무집행권 또는 대표권의 상실」을 선고받을 수 있다($\frac{상}{216조}^{205조}$). 그러나 경업피지의무위반의 경우와는 달리 사원의 자기거래제한위반의 경우에는 사원의 제명사유가 되지 못한다($\frac{상}{1항 참조}^{220조}$).

제4 손익의 분배

1. 손익의 의의

대차대조표상의 순재산액이 회사의 자본(사원의 재산출자총액)을 초과하는 경우 그 초과액이 이익이며, 반대의 경우 부족액이 손실이다. 노무출자와 신용출자는 대차대조표상의 순재산액이나 자본의 계산에 산입되지 않는다.

2. 손익분배의 표준

손익분배의 표준에 대하여 상법에는 규정이 없으므로, 정관 또는 총사원의 동의로 자유로이 정할 수 있다. 정관 또는 총사원에 의하여 정하여진 바가 없으면, 민법의 조합에 관한 규정에 의하여 정하여진다($\frac{상}{민} \frac{195조;}{711조}$).

3. 손익분배의 시기

손익분배의 시기에 대하여 정관에 특별히 규정된 바가 있으면 이에 의하고, 정관에 규정된 바가 없으면 매 결산기에 지급된다(통설)($\frac{상}{참조} \frac{30조 2항}{}$).

4. 손익분배의 방법

이익의 분배는 원칙적으로 금전배당을 현실적으로 하여야 하나, 정관의 규정 또는 총사원의 동의에 의하여 이익의 전부 또는 일부를 회사에 적립할 수도 있다(지분의 평가액이 증가).

손실의 분배는 계산상 지분의 평가액이 감소하는 데 그치고, 추가출자를 요구하는 것이 아니다. 그러나 퇴사 또는 청산의 경우에는 사원은 분담손실액을 납입하여야 한다. 사원의 출자가 유한임에 반하여, 이러한 손실분담은 무한이다.

제5 지   분

1. 지분의 의의

지분이란 법률상 용어는 회사의 사원의 지분($\frac{상}{276조,} \frac{197조,}{556조}$) 이외에도, 공유자의 지분(공유지분)($\frac{민}{270조} \frac{262조~}{}$), 합유자의 지분(합유지분)($\frac{민}{714조,} \frac{271조~274조,}{719조}$), 선박공유자의 지분($\frac{상}{763조} \frac{756조~}{}$) 등이 있다.

그런데 상법에서 사용하는 합명회사의 사원의 지분에는 두 가지의 뜻이 있는데, 첫째는 사원권을 뜻하며($\frac{지분의}{상 197조} \frac{양도—}{}$), 둘째는 회사해산 또는 퇴사의 경우에 사원이 사원자격에 기하여 회사로부터 지급받거나(적극지분) 또는 회사에게 지급할(소극지분) 계산상(재산상)의 수액을 뜻한다($\frac{퇴사한 사원의 지분의}{환급—상 222조}$).

2. 지분의 양도

지분의 양도에서 지분의 뜻은 위의 첫째의 의미의 지분의 뜻(사원권)이다. 지분의 양도는 당사자간의 계약(의사의 합치)에 의하여 성립하지만, 그 계약이 효력을 발생하기 위하여는 다른 모든 사원의 동의를 요한다(효력발생요건)($\frac{상}{197조}$).

지분의 양도를 제 3 자에게 대항하기 위하여는 지분양도에 따른 정관변경의

「등기」를 요한다($^{상\ 180조\ 1\ 호,\ 179조}_{3호,\ 183조,\ 37조}$). 또한 회사채권자를 보호하기 의하여 양도인은 이러한 등기 후 2년 내에는 등기 전에 생긴 회사의 채무에 대하여 다른 사원과 동일한 책임을 진다($^{상\ 225조}_{2항}$).

3. 지분의 상속

합명회사의 사원이 사망한 경우에 그 사원의 지분은 원칙적으로 상속되지 않고, 상속인은 다만 지분의 환급을 받게 된다(퇴사원인)($^{상\ 218조}_{3항}$). 이 때 사원의 사망 후 퇴사등기 전에 발생한 회사채무에 대하여도 상속인은 책임을 진다고 보아야 한다($^{상\ 225조}_{참조}$). 그러나 예외적으로 정관에 의하여 상속인이 사망한 사원의 지분을 상속하도록 규정하는 것은 무방하며, 이 때에 상속인은 상속의 개시를 안 날로부터 3월 내에 회사에 대하여 승계 또는 포기의 통지를 발송하여야 한다($^{상\ 219조}_{1항}$). 상속인이 이러한 통지 없이 3월을 경과한 때에는 사원이 될 권리를 포기한 것으로 본다($^{상\ 219조}_{2항}$).

4. 지분의 입질·압류

(1) 지분의 입질에 관하여는 상법상 명문규정은 없으나, 통설과 판례가 이를 인정하고 있다(입질의 요건에 관한 견해의 대립에 관하여는 정찬형, 「상법강의(상)(제27판)」, 589~590면 참조).

(2) 지분의 압류에 관하여는 사원의 채권자를 보호하고자 하는 입법정책적 배려에서 상법은 이를 규정하고 있다($^{상\ 223조,\ 224조,}_{247조\ 4\ 항,\ 249조}$). 즉 사원의 지분을 압류한 채권자는 6월 전의 예고로써 영업연도 말에 그 사원을 퇴사시킬 수 있는데($^{상\ 224조}_{1항}$), 다만 사원이 변제를 하거나 상당한 담보를 제공한 때에는 퇴사시킬 필요가 없으므로 예고는 그 효력을 잃는다($^{상\ 224조}_{2항}$).

[지분의 압류에 관한 판례]

"무한책임사원의 지분은 채권자에 의하여 압류될 수 있다($^{대판\ 1971.\ 10.\ )}_{25,\ 71\ 다\ 1931}$)."

"지분압류채권자의 퇴사의 예고가 효력을 잃는 사원이 「담보를 제공한 때」라 함은 담보물권을 설정하거나 보증계약을 체결한 때를 말하는 것이므로, 중첩적 채무인수계약이 압류채권자와의 사이에서 체결되거나 또는 압류채권자가 그 채무인수를 승낙한 때에는 이에 해당한다($^{대판\ 1989.\ 5.\ 23,}_{88\ 다카\ 13516}$)."

"사원의 채권자의 퇴사청구권은 형성권으로 채권자가 예고기간을 정하여 예고를 한 이상 (사원이 변제를 하거나 상당한 담보를 제공하지 않는 한) 다른 의

사표시 없이도 영업연도말에 당연히 퇴사의 효력이 발생하므로, 그 후 사원 또
는 채권자가 일방적으로 위 퇴사의 의사표시를 철회할 수 없다($^{대판\ 2014.\ 5.\ 29.}_{2013\ 다\ 212295}$).”

지분압류의 효력은 구체적 배당금지급청구권과 지분환급청구권에도 미친다
($^{상}_{223조}$).

제 3 관   외부관계

제 1   회사대표

1. 회사대표의 의의

회사의 대표란 회사의 기관을 담당하는 자가 제 3 자에게 회사의 의사표시를
하거나 또는 회사에 대한 의사표시를 받는 것으로서 그 기관의 행위가 바로 회사
자신의 행위가 되는 관계를 말한다. 이러한 회사의 대표는 회사의 업무집행의 대외
적인 면이다.

2. 대표기관

(1) 대표권의 취득

합명회사의 대표기관은 원칙적으로 각 사원이다(자기기관의 원칙)($^{상\ 207조}_{1문}$). 그러
나 예외적으로 (i) 정관의 규정에 의하여 수 인의 업무집행사원을 정한 경우에는 각
업무집행사원을 대표기관으로 할 수 있으며($^{상\ 207조}_{2문}$), (ii) 위 (i)의 경우에 정관 또는
총사원의 동의로 업무집행사원 중에서 특히 회사를 대표할 자(대표사원)를 정할 수
도 있다($^{상\ 207조}_{3문}$). (iii) 회사는 정관 또는 총사원의 동의로 수 인의 사원이 공동으로만
회사를 대표할 것을 정할 수 있는데(공동대표)($^{상\ 208조}_{1항}$), 이 때에는 그러한 공동대표사
원이 공동으로만 대표권을 행사할 수 있다.

(2) 대표권의 제한 및 상실

1) 회사가 사원에 대하여 또는 사원이 회사에 대하여 소를 제기하는 경우에 회
사를 대표할 사원이 없는 때에는, 다른 사원 과반수의 결의로 회사를 대표할 자를
선정하여야 한다($^{상}_{211조}$). 이 외에는 대표권에 대한 제한은 선의의 제 3 자에게 대항하
지 못한다($^{상\ 209조}_{2항}$).

2) 대표사원도 업무집행사원과 같이 정당한 사유 없이 「사임」할 수 없으며, 다

른 사원의 일치가 아니면 「해임」할 수 없다($_{민}^{상}$ $_{708조}^{195조}$). 대표권이 있는 사원이 업무를 집행함에 현저하게 부적임하거나 중대한 업무에 위반한 행위가 있는 때에는, 업무집행사원의 경우와 같이 사원의 청구에 의하여 법원은 대표권의 상실을 선고할 수 있다($_{205조 1항}^{상 216조,}$).

3. 대표의 방법

대표사원은 원칙적으로(정관 또는 총사원의 동의로 공동대표를 정하지 않는 경우) 각자 단독으로 회사를 대표하는데($_{207조}^{상}$), 회사는 정관 또는 총사원의 동의로 수 인의 사원이 공동으로 회사를 대표할 것을 정할 수 있다($_{1항}^{상 208조}$). 이 경우에는 「능동대표」(회사가 제 3 자에 대하여 의사표시를 하는 경우)는 반드시 공동으로 하여야 하나($_{202조 본문 참조}^{상 208조 1항,}$), 「수동대표」(회사가 제 3 자로부터 의사표시를 받는 경우)는 각자가 단독으로 할 수 있다($_{2항}^{상 208조}$).

4. 대표기관의 권한

합명회사를 대표하는 사원은 「회사의 영업에 관하여 재판상 또는 재판외의 모든 행위」를 할 권한이 있다($_{1항}^{상 209조}$). 이러한 대표기관의 권한은 정관 또는 총사원의 동의로써 제한할 수 있으나, 그러한 제한을 가지고 선의의 제 3 자에게 대항하지 못한다($_{2항}^{상 209조}$).

제 2 사원의 책임

1. 사원의 책임의 성질

합명회사의 사원은 회사채권자에 대하여 인적·연대·무한·직접책임을 부담한다(이에 관한 상세는 정찬형, 「상법강의(상)(제27판)」, 594~595면 참조). 즉 합명회사의 사원은 자기의 전 재산으로써 회사의 채무를 이행하여야 하는 인적 책임을 부담하고(민법상 보증인의 책임과 유사하나, 법정담보책임이라는 점에서 구별됨), 사원 상호간의 연대책임을 지며(연대보증인의 책임과 구별되고, 보증연대가 있는 보증인의 책임과 유사함)($_{214조}^{상 212조,}$), 회사의 채무에 대하여 무한책임을 지고(물상보증인의 책임과 구별됨), 또한 회사채권자에 대하여 직접 책임을 진다(물적 회사의 사원의 책임과 구별됨).

이러한 사원의 책임은 합명회사의 기본적 특색으로 사원이 대내적으로 회사에 대하여 부담하는 출자의무나 손실분담의무와도 구별되고, 정관 또는 사원간의 합의로 면제할 수 없으며(강행규정), 업무집행권이나 대표권의 유무에 의하여 책임의 구별이 생기지 않는 것으로서, 회사의 담보기능을 수행한다.

2. 사원의 책임의 존속기간

회사성립 후에 입사한 합명회사의 사원은 그가 입사하기 이전에 생긴 회사의 채무에 대하여도 다른 사원과 동일한 책임을 진다($\frac{상}{213조}$). 또한 합명회사의 사원이 퇴사하거나 지분을 양도한 경우에도 퇴사 또는 지분양도에 따른 사원의 변경등기를 한 후 2년 내에는 (그러한 등기를 하기 전에 생긴 회사채무에 대하여) 다른 사원과 동일한 책임을 부담하고($\frac{상}{1항}\frac{225조}{·2항}$), 합명회사가 해산한 경우에는 사원의 책임이 본점소재지에서 해산등기 후 5년까지 연장된다($\frac{상}{1항}\frac{267조}{}$).

[퇴사한 무한책임사원의 책임의 존속기간에 관한 판례]

"합자회사의 무한책임사원이 퇴사한 경우, 이러한 무한책임사원은 퇴사등기를 하기 전에 생긴 회사의 채무에 대하여 등기 후 2년까지 책임을 진다($\frac{대판\ 1975.\ 2.}{10,\ 74\ 다\ 1727}$)."

3. 사원의 책임의 내용

합명회사의 사원이 부담하는 책임의 내용은 「회사의 채무」인데, 이러한 회사의 채무는 공법상의 것이든 사법상의 것이든 모두 포함된다. 또한 회사의 채무는 거래에서 생긴 채무만이 아니고, 불법행위($\frac{대판\ 1975.\ 2.}{10,\ 74\ 다\ 1727}$)나 부당이득에 의하여 생긴 채무도 포함된다(사원의 이러한 책임이행의 조건 및 회사채무의 내용과 사원책임의 내용과의 관계에 대하여는 정찬형, 「상법강의(상)(제27판)」, 596~598면 참조). 사원이 회사에 대하여 가지는 채권(즉, 회사가 사원에 대하여 부담하는 채무)에 대하여는 상법 제212조가 적용되지 않는다고 본다(이에 관한 상세는 정찬형, 「상법강의(상)(제27판)」, 598~599면 참조).

4. 사원의 책임이행의 효과

합명회사의 사원이 회사채권자에 대하여 회사채무를 이행하면 회사채무는 소멸하고, 회사채무를 이행한 사원은 변제자의 법정대위($\frac{민}{481조}$)에 관한 법리에 의하여 회사에 대하여 구상권을 취득한다.

5. 자칭사원의 책임

사원이 아닌 자가 타인에게 자기를 사원이라고 오인시키는 행위를 하였을 때에는, 그 오인으로 인하여 회사와 거래한 자에 대하여 사원과 동일한 책임을 진다 ($\frac{상}{215조}$). 이는 금반언의 법리에 기한 사원의 책임이다.

제 4 절   기구변경

제 1 관   정관변경

합명회사는 총사원의 동의에 의하여 정관(실질적 의의의 정관)을 변경할 수 있다($\frac{상}{204조}$). 그런데 상법 제204조는 회사의 내부관계에 관한 규정으로 임의법규(합명회사의 조합적 성질의 반영)이므로, 정관의 규정에 의하여 그 요건을 완화할 수 있다(통설).

제 2 관   사원변경(입사·퇴사)

제 1 입   사

입사란 「회사성립 후에 사원자격을 원시적으로 취득하는 것」을 말하는 데, 회사와의 사이에 입사계약을 요한다. 입사로 인한 사원의 증가의 경우에는 정관변경을 요하므로, 입사에는 총사원의 동의를 요한다($\frac{상}{204조}$).

제 2 퇴   사

1. 의   의

퇴사란 「회사의 존속중에 특정사원의 사원자격이 절대적으로 소멸되는 것」을 말한다. 이러한 퇴사제도가 인정되는 것은 인적회사의 하나의 특색이다.

2. 퇴사원인

(1) 임의퇴사

정관으로 회사의 존립기간을 정하지 아니하거나 어느 사원의 종신까지 존속할 것으로 정한 경우에는, 사원은 일방적 의사표시에 의하여 퇴사할 수 있다(퇴사권). 이 때에 사원은 원칙적으로 6월 전의 예고에 의하여 영업연도 말에 한하여 퇴사할 수 있다($\frac{\text{상}}{\text{1항}}^{217조}$). 그러나 예외적으로 사원이 부득이한 사유가 있는 때에는 언제든지 퇴사할 수 있다($\frac{\text{상}}{\text{2항}}^{217조}$).

(2) 강제퇴사

이는 지분압류채권자에 의한 사원의 강제퇴사인데, 이 때에도 압류채권자는 회사와 채무자인 사원에게 6월 전에 예고하고 영업연도 말에 한하여 그 사원을 퇴사시킬 수 있다($\frac{\text{상}}{\text{1항}}^{224조}$). 압류채권자의 이러한 퇴사청구권은 형성권으로 영업연도말에 퇴사의 효력이 발생하였다면, 그 후 사원 또는 채권자가 일방적으로 위 퇴사의 의사표시를 철회할 수 없다($\frac{\text{대판 } 2014. 5. 29.}{2013 \text{ 다 } 212295}$). 그러나 채무자인 사원이 변제를 하거나 상당한 담보를 제공한 경우에는 퇴사예고가 그 효력을 잃게 되어 그 사원을 강제퇴사시킬 수 없다($\frac{\text{상}}{\text{2항}}^{224조}$).

(3) 당연퇴사

사원에게 다음의 사유가 있는 경우에는 그 사원은 당연히 퇴사한다($_{218조}^{\text{상}}$). 즉 (i) 사원에게 정관에 정한 사유가 발생한 때(정년 등), (ii) 총사원의 동의가 있을 때 (사원의 임의퇴사사유에 해당하지 않는 경우로서 자기의 의사에 기하여 퇴사신고를 한 경우), (iii) 사원이 사망하였을 때(정관으로 상속을 규정하지 않은 경우에만 해당하며, 정관으로 상속을 규정한 경우에는 예외적으로 상속인이 피상속인의 사원자격을 상속한다― $_{219조}^{\text{상}}$), (iv) 사원이 성년후견개시의 심판을 받았을 때(이는 사원과 회사간에 신뢰관계가 상실되었기 때문이다), (v) 사원이 파산선고를 받았을 때(이는 사원과 회사간의 신뢰관계가 상실되었기 때문이며, 이 때 사원의 파산은 회사의 해산 전의 파산에 한한다), (vi) 사원이 제명되었을 때이다(사원의 제명에 관한 상세는 정찬형, 「상법강의(상)(제27판)」, 603~605면 참조).

3. 퇴사절차

입사의 경우와는 달리 퇴사원인이 있으면 퇴사가 되는 것이고, 이를 위하여 정관변경을 요하는 것은 아니다.

사원의 퇴사의 경우에는 등기사항($상^{180조}_{1호}$)의 변경이 있으므로 변경등기($상_{183조}$)를 하여야 한다. 사원은 이 퇴사등기 후 2년이 경과하여야 회사의 채무에 대하여 책임을 면하므로($상^{225조}_{1항}$), 이 등기는 사원의 면책과 관련하여 매우 중요하다.

4. 퇴사의 효과

퇴사의 효과로서 퇴사원은 사원자격을 상실한다. 그러나 상법은 한편으로는 회사채권자를 보호하고 다른 한편으로는 사원과 회사간의 관계를 끝맺기 위하여 다음과 같은 규정을 두고 있다.

(1) 퇴사한 사원은 본점소재지에서 퇴사등기를 하기 전에 생긴 회사채무에 대하여 등기 후 2년 내에는 다른 사원과 동일한 책임이 있다($상^{225조}_{1항}$).

(2) 퇴사한 사원은 상호변경청구권($상_{226조}$)과 지분환급청구권($상_{222조}$) 또는 손실분담금납입의무를 갖는다(이에 관한 상세는 정찬형, 「상법강의(상)(제27판)」, 605~607면 참조).

제 4 장 합자회사

제 1 절 의   의

합자회사는 무한책임사원과 유한책임사원으로 조직되는 회사로서($\frac{상}{268조}$), 이종(異種)의 사원으로 구성되는 점에서 다른 종류의 회사와는 다른 특색이 있다. 합자회사는 유한책임사원을 갖고 있다는 점에서는 합명회사와 구별되나, 무한책임사원을 갖고 있다는 점에서는 합명회사와 같다. 따라서 합자회사에 관하여 특별히 규정하고 있는 사항을 제외하고는, 합자회사에는 합명회사에 관한 규정을 준용하고 있다($\frac{상}{269조}$).

합자회사는 이원적인 구성원으로 조직되었다는 점에서 상법상의 익명조합($\frac{상}{78조}$) 및 합자조합($\frac{상}{의 2}^{86조}$)과 그 경제적 기능에서는 유사하나, 합자회사는 법인($\frac{상}{169조}$)이고 익명조합 및 합자조합은 법인격이 없는 조합이라는 점에서 양자는 근본적으로 구별되고 있다.

제 2 절 설   립

합자회사의 설립절차도 합명회사와 같이 「정관의 작성」과 「설립등기」로 구성된다. 다만 합자회사의 정관작성에서 합명회사의 그것과 구별되는 점은 정관의 작성에 1인 이상의 무한책임사원 외에 1인 이상의 유한책임사원이 있어야 하고($\frac{상 268조,}{269조, 178조}$), 정관의 절대적 기재사항에는 반드시 각 사원의 무한책임 또는 유한책임을 기재하여야 하며($상_{270조}$), 정관의 절대적 기재사항 중 상호($상_{179조 2호}^{270조}$)에는 반드시 합자회사의 문자를 사용하여야 하는 점($상_{19조}$)이다.

합자회사의 설립등기에서 합명회사의 그것과 구별되는 점은 등기사항에서 각 사원의 무한책임 또는 유한책임이 등기되어야 한다($후단_{271조 1항}^{상}$).

제 3 절 기   구

제 1 관 내부관계

제 1 출   자

합자회사에서 무한책임사원의 출자의 목적은 합명회사 사원의 그것과 같다. 그러나 합자회사의 유한책임사원은 「재산출자」만이 가능하고, 노무출자 및 신용출자는 불가능하다($상_{272조}$).

제 2 업무집행

1. 업무집행기관

합자회사에서의 업무집행기관은 「무한책임사원」만이 될 수 있고($상_{273조}$), 유한책임사원은 될 수 없다($상_{278조}$). 그러나 정관 또는 내부규정에 의하여 유한책임사원에게 업무집행권을 부여할 수 있다고 본다.

2. 업무감시권

유한책임사원은 업무집행권이 배제되므로 언제나 업무감시권을 갖고 있다. 즉 유한책임사원은 원칙적으로 영업연도 말에 있어서 영업시간 내에 한하여 회사의 회계장부·대차대조표 및 기타의 서류를 열람할 수 있고, 회사의 업무와 재산상태를 검사할 수 있다($상_{1항}^{277조}$). 그러나 중요한 사유가 있는 때에는 예외적으로 유한책임사원은 언제든지 법원의 허가를 얻어 위의 감시권을 행사할 수 있다($상_{2항}^{277조}$).

제 3 경업피지의무와 자기거래의 제한

1. 경업피지의무

합자회사의 무한책임사원은 다른 모든 사원의 동의가 없으면 경업피지의무를 부담하지만($\frac{상}{198조}$269조;), 유한책임사원(업무집행권이 있는 유한책임사원은 제외됨)은 동 의무를 부담하지 않는다($\frac{상}{275조}$).

2. 자기거래제한

합자회사의 무한책임사원은 원칙적으로 업무집행권이 있으므로, 이와 같이 업무집행권이 있는 무한책임사원은 다른 사원의 과반수의 결의가 없으면 회사와 자기거래를 할 수 없다($\frac{상}{199조}$269조;). 그러나 업무집행권이 없는 유한책임사원(업무집행권이 없는 무한책임사원도 이에 포함된다고 본다)은 자기거래가 허용된다고 본다.

제 4 손익의 분배

정관 또는 총사원의 결의에 의하여 달리 정하여진 바가 없으면 유한책임사원에게도 각 사원의 출자가액에 비례하여 손익이 분배된다($\frac{상}{민}$269조, 195조;711조).

제 5 지   분

1. 지분의 양도

무한책임사원의 지분(전부 또는 일부)의 양도에는 유한책임사원을 포함한「모든 사원」의 동의를 요하지만($\frac{상}{197조}$269조;), 유한책임사원의 지분(전부 또는 일부)의 양도에는 「무한책임사원 전원」의 동의만 있으면 충분하고 다른 유한책임사원의 동의를 요하지 않는다($\frac{상}{276조}$).

2. 지분의 입질·압류

유한책임사원의 지분의 입질도 해석상 가능하다고 보며, 압류도 가능하다고 본다($\frac{상}{223조, 224조}$269조;).

제 2 관 외부관계

제 1 회사대표

합자회사의 대표기관은, (i) 원칙적으로 각 무한책임사원이다($\frac{상\ 269조,}{207조\ 1문}$), (ii) 그러나 예외적으로 정관의 규정에 의하여 「업무집행을 담당하는 각 무한책임사원」이 회사를 대표할 수가 있는데($\frac{상\ 269조,}{207조\ 2문}$), 이 때에는 정관 또는 총사원의 동의로 업무집행을 담당하는 무한책임사원 중에서 「특히 회사를 대표할 자」(대표사원)을 정할 수도 있다($\frac{상\ 269조,}{207조\ 3문}$). 유한책임사원은 어떠한 경우에도 합자회사의 대표기관이 될 수 없다($\frac{상\ 278조}{후단}$).

> [유한책임사원은 합자회사의 대표기관이 될 수 없다고 본 판례]
>
> "유한책임사원을 대표사원으로 등기하였다고 하여도 그 후 유한책임사원을 무한책임사원으로 변경등기하였다면, 그는 변경등기를 한 때에 대표사원의 자격을 갖는다($\frac{대판\ 1972.\ 5.}{9,\ 72\ 다\ 48}$)."

제 2 사원책임

합자회사의 무한책임사원은 합명회사의 사원과 같이 회사채권자에 대하여 인적·연대·무한·직접의 책임을 부담한다($\frac{상\ 269조}{212조}$). 그러나 합자회사의 유한책임사원은 회사채권자에 대하여 인적·연대·유한·직접의 책임을 부담한다. 유한책임사원의 책임은 출자가액을 한도로 하므로 유한책임사원이 회사채권자에 대하여 직접 변제책임을 지는 한도는, 출자가액에서 이미 회사에 이행한 부분을 공제한 가액이다($\frac{상\ 279조}{1항}$). 이 때 유한책임사원이 회사에 이익이 없음에도 불구하고 배당을 받은 경우에는, 그 배당받은 금액은 변제책임을 정함에 있어서 이를 가산한다($\frac{상\ 279조}{2항}$).

유한책임사원의 출자가액의 감소는 다른 한편 그 사원의 책임의 감소를 수반하는데, 다만 회사채권자를 보호하기 위하여 그러한 사원은 출자가액의 감소에 따른 변경등기 전에 생긴 회사채무에 대하여는 변경등기 후 2년 내에는 종전의 책임을 진다($\frac{상}{280조}$).

유한책임사원이 타인에게 자기를 무한책임사원이라고 오인시키는 행위를 한때에는, 그 오인으로 인하여 회사와 거래한 자에 대하여 무한책임사원과 동일한 책임을 진다($^{상\ 281조}_{1항}$). 유한책임사원이 그 책임의 한도를 오인시키는 행위를 한 때에도 오인시킨 한도에서 책임을 진다($^{상\ 281조}_{2항}$).

제4절 기구변경

제1관 정관변경

합자회사는 총사원(무한책임사원 및 유한책임사원)의 동의에 의하여 정관(실질적 의의의 정관)을 변경할 수 있다($^{상\ 269조}_{204조}$). 그러나 이 규정은 임의규정이므로 정관의 규정에 의하여 그 요건을 완화할 수 있다(통설).

[합자회사의 정관변경절차에 관한 판례]

"합자회사는 정관에 특별한 규정이 없는 한 소집절차라든지 결의방법에 특별한 방식이 있을 수 없고, 따라서 사원의 구두 또는 서면에 의한 개별적인 의사표시를 수집하여 본 결과 총사원의 동의나 사원 3분의 2 또는 과반수의 동의 등 법률이나 정관 및 민법의 조합에 관한 규정이 요구하고 있는 결의요건을 갖춘 것으로 판명되면 유효한 결의가 있다고 보아야 할 것이다($^{대판\ 1995.\ 7.\ 11,}_{95\ 다\ 5820}$)."

[합자회사의 정관변경의 효력발생시기에 관한 판례]

"합자회사의 성립 후에 신입사원이 입사하여 사원으로서의 지위를 취득하기 위하여는 정관변경을 요하고 따라서 총사원의 동의를 얻어야 하지만, 정관변경은 회사의 내부관계에서는 총사원의 동의만으로 그 효력이 발생하는 것이므로 신입사원은 총사원의 동의가 있으면 정관인 서면의 경정이나 등기부에의 기재를 기다리지 않고 그 동의가 있는 시점에 곧바로 사원으로서의 지위를 취득한다($^{대판\ 1996.\ 10.}_{29,\ 96\ 다\ 19321}$)."

[합자회사의 사원의 책임변경에 관한 정관변경에는
총사원의 동의를 요한다는 판례]

"상법 제270조는 합자회사 정관에는 각 사원이 무한책임사원인지 또는 유한책임사원인지를 기재하도록 규정하고 있으므로, 정관에 기재된 합자회사 사원의 책임 변경은 정관변경의 절차에 의하여야 하고, 이를 위해서는 정관에 그 의

결정족수 내지 동의정족수 등에 관하여 별도로 정하고 있다는 등의 특별한 사
정이 없는 한 상법 제269조에 의하여 준용되는 상법 제204조에 따라 총 사원
의 동의가 필요하다($\substack{대판\ 2010.\ 9.\ 30,\\ 2010\ 다\ 21337}$)."

제 2 관 사원변경(입사·퇴사)

합자회사의 사원의 입사와 퇴사는 거의 합명회사의 사원의 그것과 같다($\substack{상\\269조}$).
다만 합명회사의 사원(합자회사의 무한책임사원)의 사망(정관의 규정으로 상속을 정하지
않은 경우) 및 성년후견개시는 (당연)퇴사원인이 되나($\substack{상\ 269조,\ 218조\\3호·4호,\ 219조}$), 합자회사의 유한
책임사원의 「사망」 및 「성년후견개시」는 (당연)퇴사원인이 되지 않는 점($\substack{상\ 283조\\1항,\ 284조}$)
만이 다르다.

[합자회사의 입사규약이라고 본 판례]

"합자회사의 무한책임사원인 대표사원과 제 3 자 사이의 동업계약은 제 3 자
가 합자회사와 사이에 합자회사에 출자금을 출자하고 새로 유한책임사원의 지
위를 원시취득하기로 하는 입사계약이라고 볼 수 있다($\substack{대판\ 2002.\ 4.\ 9,\\2001\ 다\ 77567}$)."

제 1 절 총   설

제 1 의   의

(1) 유한책임회사는 대내관계에서는 조합의 요소(폭넓은 사적 자치)를 갖고 대외관계에서는 주식회사(물적회사)의 요소(사원의 유한책임)를 갖는 혼합형 회사형태라고 볼 수 있다. 즉, 유한책임회사는 원칙적으로 합명회사의 성격을 갖는데, 이에 예외적으로 주식회사(물적회사)의 성격을 반영한 회사형태라고 볼 수 있다. 유한책임회사에 주식회사(물적회사)의 성격을 반영한 대표적인 것으로는, 자본금이 있고($\frac{상}{3}\frac{287조의}{3호}$) 또한 이를 등기하도록 한 점($\frac{상}{1항}\frac{287조의}{3호}$)·사원의 책임은 상법에 다른 규정이 없는 한 그 출자금액을 한도로 하는 점($\frac{상}{의7}\frac{287조}{}$)·(정관의 규정에 의하여) 사원이 아닌 자를 업무집행자로 정할 수 있도록 한 점($\frac{상}{12}\frac{287조의}{1항}$)·대표소송에 관한 규정이 있는 점($\frac{상}{의22}\frac{287조}{}$)·회계에 관한 별도의 규정이 있는 점($\frac{상}{287조의37}\frac{287조의}{32~}$)·1인회사의 설립 및 존속을 인정하는 점($\frac{상}{287조의38}\frac{287조의}{2, 2호}$)·유한책임회사를 주식회사로 조직변경하거나 주식회사를 유한책임회사로 조직변경할 수 있도록 한 점($\frac{상}{의43}\frac{287조}{}$)·임의청산을 배제한 점($\frac{상}{의45}\frac{287조}{}$) 등이다 (유한책임회사와 합명회사 및 유한회사와의 차이점에 관하여는 정찬형, 「상법강의(상)(제27판)」, 628~632면 참조).

(2) 유한책임회사는 위에서 본 바와 같이 주식회사의 요소를 반영한 부분도 있으나 전체적으로 볼 때 합명회사의 요소를 더 많이 갖고 있으므로, 상법은 인적회사인 합명회사와 합자회사 다음에 규정하고 있다(즉, 상법은 '유한책임회사'를 합자회사와 주식회사 사이에 규정하고 있다).

제2 경제적 기능

유한책임회사는 최근의 경제체제가 인적 자산을 중시하는 지식기반형 산업중심구조로 변화되고 있음에 따라, 사적 자치를 존중하고 인적 능력을 적절하게 평가·보상할 수 있는 기업의 형태에 부응하기 위한 회사로서, 조합과 주식회사의 장점을 살린 회사형태이다.

이러한 유한책임회사는 기업형태의 선택 기회를 다양화하고 또한 지식기반사회에 적합한 기업형태로서 인적 요소가 중시되는 소규모 폐쇄기업·벤처기업 및 투자기업 등 기술이나 지식을 기반으로 하는 기업 등에서 이용될 것으로 예상하는데, 앞으로 그 경제적 기능이 얼마나 활성화될지는 의문이다.

제2절 설 립

제1 설립절차

유한책임회사의 설립절차는 「정관의 작성」·「출자의 이행」 및 「설립등기」로 진행된다. 「출자의 이행절차」가 있는 점에서 인적회사의 설립절차에 물적회사의 설립절차의 요소를 가미하고 있다.

1. 정관의 작성

유한책임회사의 정관은 1인 이상의 사원이 작성하는데($^{상}_{의}2^{287조}$), 이 정관에는 아래의 사항을 적고 각 사원이 기명날인하거나 서명하여야 한다($^{상}_{의}3^{287조}$).

(1) 절대적 기재사항

유한책임회사의 정관에 기재하여야 하는 절대적 기재사항은 다음과 같다.

1) 목 적   유한책임회사가 수행하는 영업의 내용을 표시하여야 하는데, 이는 회사의 권리능력의 기초가 된다.

2) 상 호   상호에 '유한책임회사'의 문자를 사용하여야 한다($^{상}_{19조}$).

3) 사원의 성명·주민등록번호 및 주소   유한책임회사의 조합적 성질을 반영하여 사원을 정관의 절대적 기재사항으로 한 것이다. 따라서 사원의 변경은 정관변경사항이다.

4) 사원의 출자의 목적 및 가액   사원은 신용이나 노무를 출자의 목적으로 하지 못하고($\frac{상}{4}\frac{287조의}{1항}$) 금전이나 그 밖의 재산(현물)만을 출자의 목적으로 할 수 있으므로($\frac{상287조의}{2항 참조}$4), 이 때의 「출자의 목적」은 금전 또는 현물(구체적 내용을 표시함) 중 어느 것인지 여부를 말한다. 또한 「출자의 가격」이란 현물출자의 경우 금전으로 평가한 가격을 의미한다.

5) 자본금의 액   이 때의 「자본금의 액」은 '사원이 출자한 금전이나 그 밖의 재산의 가액'을 의미한다($\frac{상}{의}\frac{287조}{35}$).

6) 업무집행자의 성명(법인인 경우에는 명칭) 및 주소   유한책임회사는 정관에서 사원 또는 사원이 아닌 자를 업무집행자로 정하여야 한다($\frac{상}{12}\frac{287조의}{1항}$). 법인이 업무집행자인 경우에는 그 법인은 해당 업무집행자의 직무를 행할 자(업무수행자)를 선임하여야 하는데, 이러한 업무수행자는 업무집행자와 동일하게 회사의 업무를 집행한다($\frac{상}{의}\frac{287조}{15}$).

7) 본점의 소재지   유한책임회사는 본점의 소재지에서 설립등기를 함으로써 성립한다($\frac{상}{172조}$).

8) 정관의 작성연월일

(2) 상대적 등기사항

정관의 상대적 등기사항은 (i) 사원의 지분양도요건의 완화($\frac{상}{8}\frac{287조의}{3항}$), (ii) 정관의 변경요건의 완화($\frac{상}{의}\frac{287조}{16}$), (iii) 업무집행자가 둘 이상인 경우 대표업무집행자의 결정($\frac{상}{19}\frac{287조의}{2항}$), (iv) 공동대표의 결정($\frac{상}{19}\frac{287조의}{3항}$), (v) 사원의 임의퇴사요건의 결정($\frac{상}{의}\frac{287조}{24}$), (vi) 사원의 당연퇴사사유의 결정($\frac{상287조의 25,}{218조 1호}$), (vii) 사원의 제명요건의 결정($\frac{상}{27}\frac{287조의}{단서}$), (viii) 퇴사사원에 대한 지분의 환급에 관한 사항($\frac{상}{28}\frac{287조의}{3항}$), (ix) 사원에 대한 잉여금의 분배방법의 결정($\frac{상}{37}\frac{287조의}{4항·5항}$), (x) 사원의 퇴사사유 및 회사의 해산사유의 결정($\frac{상 287조의 24·217조 1항,}{287조의 38·227조 1호}$) 등이다.

(3) 임의적 등기사항

정관에는 유한책임회사의 본질, 강행법규, 사회질서에 반하지 않는 한 어떠한 사항도 기재할 수 있다.

2. 출자의 이행

(1) 유한책임회사에 주식회사의 요소를 반영한 것으로 회사의 설립시에 출자를 전부 이행하도록 하고 있다. 즉, 사원은 정관의 작성 후 설립등기를 하는 때까지 금

전이나 그 밖의 재산의 출자를 전부 이행하여야 한다($^{상\ 287조의}_{4\ 2항}$). 현물출자를 하는 사원은 납입기일에 지체 없이 유한책임회사에 출자의 목적인 재산을 인도하고, 등기·등록·그 밖의 권리의 설정 또는 이전이 필요한 경우에는 이에 관한 서류를 모두 갖추어 교부하여야 한다($^{상\ 287조의}_{4\ 3항}$). 이는 주식회사의 경우($^{상\ 295조\ 1\ 항}_{1문·2항}$)와 유사한데, 다만 납입장소에 관하여는 규정하고 있지 않다. 주식회사의 경우는 납입장소가 '은행 기타 금융기관 등'으로 지정되어야 하는데($^{상\ 295조}_{1항\ 2\ 문}$), 유한책임회사에서는 납입장소가 지정되지 않으므로 사원은 업무집행자에게 출자를 이행하면 된다고 본다.

(2) 유한책임회사의 사원이 출자를 이행하지 않는 경우에는 채무불이행의 일반원칙에 따라 그 이행을 강제하든가($^{민\ 389조}_{390조}$), 정관을 변경하여 사원을 변경함으로써 출자를 이행하든가($^{상\ 287조}_{의\ 16}$), 또는 회사불성립의 결과가 된다.

3. 설립등기

정관의 작성과 사원의 출자의 이행으로 실체가 완성된 유한책임사원은 본점의 소재지에서 설립등기를 함으로써 성립한다($^{상\ 172조,\ 287조}_{의\ 5\ 1항}$). 이러한 설립등기에 의하여 유한책임회사의 설립절차는 종료된다.

설립등기에서의 등기사항 및 첨부서류는 다음과 같다($^{상\ 287조의}_{5\ 1항\ 각호}$).

(1) 등기사항

1) 설립등기사항은 (i) 목적, (ii) 상호, (iii) 본점의 소재지와 지점을 둔 때에는 그 소재지, (iv) 존립기간 기타 해산사유를 정한 때에는 그 기간 또는 사유, (v) 자본금의 액, (vi) 업무집행자의 성명·주소 및 주민등록번호(법인인 경우에는 명칭·주소 및 법인등록번호)(다만 유한책임회사를 대표할 업무집행자를 정한 경우에는 그 외의 업무집행자의 주소는 제외한다), (vii) 유한책임회사를 대표할 자를 정한 경우에는 그 성명·주소 및 주민등록번호(법인인 경우에는 명칭·주소 및 법인등록번호), (viii) 정관에서 공고방법을 정한 경우에는 그 공고방법, (ix) 둘 이상의 업무집행자가 공동으로 회사를 대표할 것을 정한 경우에는 그 규정 등이다($^{상\ 287조의}_{5\ 1항}$).

2) 설립등기사항의 변경($^{상\ 287조의}_{5\ 4항}$), 지점의 설치($^{상\ 287조의\ 5}_{2항,\ 181조}$), 본점이나 지점의 이전($^{상\ 287조의\ 5}_{3항,\ 182조}$)의 경우에도 일정기간 내에 등기하여야 한다.

또한 유한책임회사의 업무집행자의 업무집행을 정지하거나 직무대행자를 선임하는 가처분을 하거나 그 가처분을 변경 또는 취소하는 경우에 본점 및 지점이 있는 곳의 등기소에서 등기하여야 한다($^{상\ 287조의}_{5\ 5항}$).

(2) 첨부서류

설립등기의 신청에는 첨부서류로서 (i) 정관, (ii) 출자이행을 한 것을 증명하는 서류 등을 첨부하여야 한다.

제 2 설립하자(무효·취소)

유한책임회사의 설립의 무효와 취소에 관하여는 합명회사 설립의 무효와 취소에 관한 규정($^{상}_{}{194조까지}^{184조부터}$)이 준용된다($^{상}_{6}{287조의}_{1문}$). 다만 유한책임회사의 설립 무효의 소의 제소권자가 '사원' 외에 '업무집행자'가 추가되어 있다($^{상}_{6}{287조의}_{2문}$).

제 3 절 기   구

제 1 관 총   설

(1) 유한책임회사의 법률관계는 크게 내부관계와 외부관계로 분류된다. 내부관계는 크게 출자 및 지분·업무집행·경업피지의무와 자기거래제한 등으로 분류할 수 있고, 외부관계는 회사의 대표·사원의 제 3 자에 대한 책임·대표소송 등으로 분류할 수 있는데, 이하에서는 이에 관하여 차례대로 살펴보기로 한다.

(2) 유한책임회사의 내부관계에 관한 상법의 규정은 당사자간의 사적 자치의 원칙이 존중되어야 하므로 원칙적으로 임의법규라고 볼 수 있고, 정관이나 상법에 다른 규정이 없으면 합명회사에 관한 규정이 준용된다($^{상}_{의}{287조}_{18}$).

유한책임회사의 외부관계에 관한 상법의 규정은 거래의 안전이 존중되어야 하므로 대부분 강행법규라고 볼 수 있다.

<h1 style="text-align:center">제 2 관 내부관계</h1>

제 1 출자 및 지분

1. 출 자

(1) 유한책임회사의 사원은 반드시 회사에 대하여 출자를 하여야 하는데($^{\text{상 }287조의 3}_{2호 참조}$), 사원은 신용이나 노무를 출자의 목적으로 하지 못하고($^{\text{상 }287조의}_{4\ 1항}$) 금전이나 그 밖의 재산(현물)으로써만 출자할 수 있다($^{\text{상 }287조의 4}_{2항·3항 참조}$). 이 점은 합명회사의 사원의 출자목적과 구별되고, 주식회사의 주주의 출자목적과 유사하다.

(2) 사원은 정관 작성 후 설립등기를 하는 때까지 재산출자(금전 또는 현물출자)를 전부 이행하여야 하는데($^{\text{상 }287조의}_{4\ 2항}$), 현물출자인 경우 납입기일에 지체 없이 출자목적인 재산을 인도하고 등기·등록 그 밖의 권리의 설정 또는 이전이 필요한 경우에는 이에 관한 서류를 모두 갖추어 교부하여야 한다. 이 점은 합명회사의 경우와 구별되고, 주식회사의 경우($^{\text{상}}_{295조}$)와 유사하다.

유한책임회사의 사원이 회사 성립시(설립등기시)까지 출자를 전부 이행하지 않으면 회사가 성립되지 않거나 사원으로 존속할 수 없으므로, 사원의 출자불이행시 합명회사의 경우와 같은 사원의 제명($^{\text{상 }220조}_{1항 1호}$)·업무집행권($^{\text{상 }205조}_{1항}$) 또는 대표권($^{\text{상}}_{216조}$)의 상실제도는 불필요하게 된다.

2. 지 분

(1) 지분의 의의

유한책임회사에서 사원의 지분은 사원권을 의미하는데(지분사원권설), 유한책임회사의 사원의 지분은 각 사원에게 1개만이 있고(지분단일주의) 다만 그 분량이 출자액에 비례하여 상이할 뿐이다($^{\text{상 }287조의 18,}_{195조;\ 민\ 711조}$). 이 점은 합명회사의 경우와 유사하고, 주식회사의 경우와는 구별된다.

(2) 지분의 양도

1) 유한책임회사의 사원은 정관에 다른 정함이 없으면 다른 사원의 동의를 받지 아니하면 그 지분의 전부 또는 일부를 타인에게 양도하지 못한다($^{\text{상 }287조의 8}_{1항·3항}$). 이 점은 합명회사의 경우($^{\text{상}}_{197조}$)와 유사하고, 주식회사의 경우($^{\text{상 }335조}_{1항}$)와 구별된다.

2) 유한책임회사의 업무를 집행하지 아니하는 사원은 정관에 다른 규정이 없

으면 업무를 집행하는 사원 전원의 동의가 있으면 그 지분의 전부 또는 일부를 타인에게 양도할 수 있는데(다만, 업무를 집행하는 사원이 없는 경우에는 사원 전원의 동의를 받아야 한다)($^{상\ 287조의\ 8}_{2항\cdot 3항}$), 이 점은 합자회사에서 유한책임사원의 지분양도의 경우($^{상}_{276조}$)와 유사하다.

(3) 자기지분의 양수금지

유한책임회사는 그 지분의 전부 또는 일부를 양수할 수 없고($^{상\ 287조의}_{9\ \ 1항}$), 유한책임회사가 자기지분을 취득하는 경우에 그 지분은 취득한 때에 소멸한다($^{상\ 287조의}_{9\ \ 2항}$). 합명회사의 경우에 이 점에 관한 명문규정은 없으나, 합명회사가 사원으로부터 그의 지분을 취득하는 것은 그 사원의 퇴사로 인한 일부청산과 유사하므로 그 지분은 합명회사가 취득한 때에 소멸한다고 볼 수 있다. 따라서 이 점은 합명회사의 경우와 유사하고, 주식회사의 경우($^{상\ 341조,}_{341조의\ 2}$)와 구별된다고 본다. 이 점에서 유한책임회사는 물적회사는 아니고, 인적회사에 가깝다고 볼 수 있다.

(4) 지분의 상속

유한책임회사의 사원이 사망한 경우에는 합명회사의 경우와 같이 원칙적으로 상속되지 않고, 상속인은 지분의 환급을 받게 된다(퇴사원인)($^{상\ 287조의\ 25,}_{218조\ 3호}$). 다만, 유한책임회사의 사원이 사망한 경우에는 정관으로 그 상속인이 회사에 대한 피상속인의 권리의무를 승계하여 사원이 될 수 있음을 정한 경우에만 상속되는데, 이 때 상속인은 상속의 개시를 안 날로부터 3월 내에 회사에 대하여 승계 또는 포기의 통지를 발송하여야 한다($^{상\ 287조의\ 26,}_{219조\ 1항}$). 상속인이 이러한 통지 없이 3월을 경과한 때에는 사원이 될 권리를 포기한 것으로 본다($^{상\ 287조의\ 26,}_{219조\ 2항}$). 그러나 청산중의 회사의 사원이 사망한 경우에는, 이러한 정관의 규정이 없더라도 당연히 상속인이 피상속인의 지분을 상속한다($^{상\ 287조의}_{45,\ 246조}$). 유한책임회사의 이러한 점은 합명회사의 경우와 동일하다.

(5) 지분의 입질·압류

유한책임회사의 사원의 지분도 재산적 가치를 가지는 것이므로, 그 입질(권리질)과 압류가 가능하다고 본다.

1) 유한책임회사의 사원의 지분의 입질에 관하여는 상법상 명문규정은 없으나, 지분의 양도와 동일한 방법($^{상\ 287조}_{의\ 8}$)으로 질권을 설정할 수 있다고 본다. 그러나 이 경우 지분의 질권자는 지분에 대한 경매권은 없고, 사원의 장차 구체화될 이익배당청구권과 지분환급청구권 및 잔여재산분배청구권에 그 질권의 효력을 갖는다고 본다($^{민}_{342조}$).

2) 유한책임회사의 사원의 지분을 압류한 채권자는 회사와 그 사원에 대하여

6월 전에 예고를 함으로써(이러한 예고는 그 사원이 변제를 하거나 상당한 담보를 제공한 때에는 그 효력을 잃음) 영업연도말에 그 사원을 퇴사시킬 수 있다($\frac{상}{29,}\frac{287조의}{224조}$). 이 때 사원의 지분의 압류채권자는 그 퇴사 사원의 지분환급청구권($\frac{상}{의}\frac{287조}{28}$)을 전부(轉付)함으로써 채권의 만족을 얻을 수 있다. 이 경우 그 퇴사 사원에 대한 지분환급금액이 그 유한책임회사의 순자산액으로부터 자본금의 액을 뺀 액(잉여금)을 초과하면 그 유한책임회사의 채권자는 회사에 이의를 제기할 수 있는데($\frac{상}{30}\frac{287조의}{1항}$), 이러한 이의제기가 있으면 회사는 그 채권자에 대하여 변제 또는 상당한 담보를 제공하거나 이를 목적으로 하여 상당한 재산을 신탁회사에 신탁하여야 한다($\frac{상}{본문,}\frac{287조의 30}{232조 3 항}\frac{2 항}{}$). 다만 회사가 잉여금을 초과한 지분을 환급하더라도 회사의 채권자에게 손해를 끼칠 우려가 없는 경우에는 회사는 그 채권자에게 변제 등을 하지 않아도 된다($\frac{상}{2항 단서}\frac{287조의 30}{}$).

유한책임회사의 사원의 지분을 압류한 채권자는 합명회사 사원의 지분의 압류채권자와 같이 그 사원이 장래 유한책임회사로부터 받을 잉여금분배청구권($\frac{상}{37}\frac{287조의}{6 항}$)과 임의퇴사나 당연퇴사에 의한 지분환급청구권($\frac{상}{의}\frac{287조}{28}$)에도 압류의 효력이 미친다고 본다. 이 경우 압류채권자는 이러한 청구권들을 행사할 수 있는 시기에 달할 때마다 이를 추심하거나 전부(轉付)할 수 있다.

제 2 업무집행

1. 업무집행기관

⑴ 업무집행권의 취득

1) 유한책임회사의 업무집행기관은 정관에 (절대적 기재사항으로) 업무집행자로 정하여지는 자인데($\frac{상}{3}\frac{287조의}{4 호}$), 이러한 업무집행자는 사원뿐만 아니라 사원이 아닌 자도 될 수 있다($\frac{상}{12}\frac{287조의}{1 항}$)(이 점은 합명회사의 경우와 구별됨).

2) 업무집행자는 자연인뿐만 아니라 법인도 될 수 있는데($\frac{상 287조의 3 4 호 및}{287조의 5 4 호 참조}$)(이러한 법인은 사원인 경우도 있고 사원이 아닌 경우도 있음— $\frac{상}{12}\frac{287조의}{1 항}$), 법인이 업무집행자인 경우에는 그 법인은 해당 업무집행자의 직무를 행할 자(직무수행자)를 선임하고, 그 자의 성명과 주소를 다른 사원에게 통지하여야 한다($\frac{상}{15}\frac{287조의}{1 항}$). 법인이 업무집행자인 경우 위와 같이 선임된 업무수행자에 대하여는 업무집행자에 관한 일부의 규정이 준용된다($\frac{상}{15}\frac{287조의}{2 항}$). 즉, 업무수행자가 그의 유한책임회사와 (자기 또는 제 3 자의 계산으로) 거래를 하는 경우에는 그 회사의 다른 사원 과반수의 결의를 받아야 하고

($\substack{\text{상 287조의 15 2항;} \\ \text{287조의 11}}$), 1명 또는 둘 이상의 업무수행자를 정한 경우에는 업무수행자 각자가 회사의 업무를 집행할 권리와 의무가 있는데 다른 업무수행자의 이의가 있는 때에는 곧 그 행위를 중지하고 업무수행자 과반수의 결의에 의하여야 하며 ($\substack{\text{상 287조의 15 2항;} \\ \text{287조의 12 2항}}$), 둘 이상을 공동업무수행자로 정한 경우에는 그 전원의 동의가 없으면 업무집행에 관한 행위를 하지 못한다($\substack{\text{상 287조의 15 2항;} \\ \text{287조의 12 3항}}$).

유한책임회사에서 법인을 업무집행자로 정할 수 있도록 한 것은, 합명회사의 경우와 구별되는 점이다.

3) 유한책임회사는 정관의 규정에 의하여 둘 이상의 업무집행자를 공동업무집행자로 정할 수 있다($\substack{\text{상 287조의} \\ \text{12 3항}}$). 이 점은 합명회사의 경우($\substack{\text{상} \\ \text{202조}}$)와 같다.

4) 유한책임회사의 업무집행자의 업무집행을 정지하고 직무대행자를 선임하는 가처분이 있으면 직무대행자가 업무를 집행한다($\substack{\text{상 287조의 13,} \\ \text{287조의 5 5항}}$).

(2) 업무집행권의 상실(정지)

1) 사임·해임　업무집행자는 정당한 사유 없이 「사임」할 수 없고($\substack{\text{상 287조의 18·195} \\ \text{조; 민 708조 전단}}$), 정관에 다른 규정이 없는 경우 총사원의 동의가 없으면 「해임」할 수 없다($\substack{\text{상 287조의 3} \\ \text{4호, 287조의 16}}$). 이 점은 합명회사의 경우($\substack{\text{상 195조} \\ \text{민 708조}}$)와 유사하다.

2) 권한상실선고　업무집행자가 업무를 집행함에 현저하게 부적임하거나 중대한 업무에 위반한 행위가 있는 때에는 법원은 사원의 청구에 의하여 업무집행 권한의 상실을 선고할 수 있는데($\substack{\text{상 287조의 17} \\ \text{1항, 205조 1항}}$), 이 소(訴)는 본점소재지의 지방법원의 관할에 전속한다($\substack{\text{상 287조의} \\ \text{17 2항}}$). 업무집행자가 1인인 경우에는 업무집행 권한상실선고를 할 수 없다고 보며, 상법 제205조는 임의규정이므로 정관에 의하여 달리 규정할 수 있다고 본다.

업무집행자의 권한상실의 판결이 확정된 때에는 본점과 지점의 소재지에서 등기하여야 한다($\substack{\text{상 287조의 17} \\ \text{1항, 205조 2항}}$). 이 점은 합명회사의 경우($\substack{\text{상} \\ \text{205조}}$)와 같다.

3) 업무집행정지가처분　업무집행자에 대하여 그 업무집행의 정지 및 직무대행자를 선임하는 가처분이 있으면, 그러한 업무집행자는 가처분의 취소가 없는 한 업무를 집행할 수 없다($\substack{\text{상 287조의 5 5항;} \\ \text{287조의 13 참조}}$). 이 점은 합명회사의 경우($\substack{\text{상 183조의 2,} \\ \text{200조의 2 참조}}$)와 같다.

(3) 업무집행자와 회사와의 관계

업무집행자와 회사와의 관계는 「위임관계」로서, 업무집행자는 선량한 관리자의 주의로써 업무를 집행하여야 한다($\substack{\text{상 287조의 18·195조;} \\ \text{민 707조·681조~688조}}$).

2. 업무집행의 방법

(1) 사원의 의사결정

1) 업무집행에 관하여 먼저 '사원의 의사결정이 있어야 하는 경우'($^{예컨대,\ 상\ 287조의}_{11,\ 287조의\ 16\ 등}$)에는 먼저 상법 또는 정관에 의한 결의를 요하고, 상법 또는 정관에 다른 규정이 없으면 「총사원의 과반수」로써 결정하여야 한다($^{상\ 287조의\ 18·195조;}_{민\ 706조\ 2항\ 1문}$). 이 경우에 의결권은 원칙적으로 사원의 두수(頭數)에 의한다(1인 1의결권주의·두수주의).

2) 유한책임회사에는 인적회사에서와 같이 사원총회가 없으므로, 사원의 의사결정을 요하는 경우에는 회의를 소집할 필요가 없고 적당한 방법으로 사원의 의사를 파악하면 된다고 본다. 그러나 정관의 규정에 의하여 사원총회를 둘 수는 있다고 본다.

3) 유한책임회사에서 사원의 의사결정을 요구하는 경우에는 사원의 개성이 중요하므로, 물적회사의 경우와는 달리 의결권의 대리행사는 인정되지 않는다고 본다.

(2) 업무집행의 실행

1) 원칙(단독업무집행)　　유한책임회사가 1명 또는 둘 이상의 업무집행자를 정한 경우에는 (원칙적으로) 각자가 회사의 업무를 집행할 권리와 의무가 있다(단독업무집행의 원칙)($^{상\ 287조의}_{12\ \ 2항\ 1문}$).

2) 예　외　　(i) 둘 이상의 업무집행자를 정한 경우 각 업무집행자의 업무집행에 관한 행위에 대하여 다른 업무집행자의 이의(異議)가 있는 때에는, 곧 그 행위를 중지하고 총업무집행자의 「과반수」의 결의에 의하여야 한다($^{상\ 287조의\ 12\ 2항}_{2문,\ 201조\ 2항}$). (ii) 정관에서 둘 이상의 업무집행자를 공동업무집행자로 정한 경우에는 그 전원의 동의가 없으면 업무집행에 관한 행위를 하지 못한다($^{상\ 287조의}_{12\ \ 3항}$). 이 경우 합명회사의 경우는 지체할 염려가 있는 때에는 단독으로 할 수 있는데($^{상\ 202조}_{단서}$), 유한책임회사의 경우는 이러한 특칙이 없는 점에서 합명회사의 경우와 구별되고 있다. (iii) 업무집행자의 업무집행의 정지 및 직무대행자를 선임하는 가처분이 있으면 그 직무대행자가 업무를 집행하는데($^{상\ 287조의\ 5}_{5항\ 참조}$), 이 때 그러한 직무대행자는 가처분명령에 다른 정함이 있거나 또는 법원의 허가를 얻은 경우를 제외하고는 회사의 통상업무에 속하는 행위만을 할 수 있다($^{상\ 287조의\ 13,}_{200조의\ 2\ \ 1항}$).

3. 업무감시권

유한책임회사에서 업무집행자가 아닌 사원은 합자회사의 유한책임사원과 같이 업무집행자에 대한 업무감시권을 갖는다($\frac{상\ 287조의}{14,\ 277조}$).

제 3 경업피지의무와 자기거래제한

1. 경업피지의무

(1) 의 의

1) 유한책임회사의 업무집행자는 사원 전원의 동의를 받지 아니하고는 자기 또는 제 3 자의 계산으로 회사의 영업부류에 속한 거래를 하지 못하며(경업금지의무), 같은 종류의 영업을 목적으로 하는 다른 회사의 업무집행자·이사 또는 집행임원이 되지 못한다(겸직금지의무)($\frac{상\ 287조의}{10\ 1항}$). 이는 합명회사의 경우($\frac{상}{1항}^{198조}$)와 동일하다.

2) 이 규정은 회사의 내부관계에 관한 규정으로서 임의법규라고 볼 수 있으므로, 정관의 규정으로 업무집행자의 이 의무의 범위를 증가·단축하거나 면제할 수 있다고 본다.

(2) 의무위반의 효과

1) 유한책임회사의 업무집행자의 경업금지의무에 위반한 경우에는 회사는 「개입권」($\frac{상\ 287조의\ 10\ \ 2항}{198조\ 2항·4항}$)과 「손해배상청구권」($\frac{상\ 287조의\ 10}{2항,\ 198조\ 3항}$)을 행사할 수 있다. 회사가 개입권을 행사하는 경우 이러한 개입권은 사원(업무집행자가 사원인 경우에는 다른 사원)의 과반수의 결의에 의하여 행사하고, 일정한 제척기간 내(사원 또는 다른 사원의 1인이 그 거래를 안 날로부터 2주간 내, 그 거래가 있은 날로부터 1년 내)에 행사하여야 한다($\frac{상\ 287조의\ 10}{2항,\ 198조\ 4항}$).

2) 유한책임회사의 업무집행자가 겸직금지의무에 위반한 경우에는, 회사는 개입권을 행사할 수는 없고 「손해배상청구권」만을 행사할 수 있다($\frac{상\ 287조의\ 10\ \ 2항,}{198조\ 3항\ 유추}$).

3) 유한책임회사의 업무집행자가 경업피지의무(경업금지의무 및 겸직금지의무)에 위반하는 경우, 사원은 업무집행자의 업무집행권한의 상실을 법원에 청구할 수 있다고 본다($\frac{상\ 287조의}{17,\ 205조}$).

2. 자기거래제한

(1) 의 의

유한책임회사의 업무집행자는 다른 사원 과반수의 결의가 있는 경우에만 자기 또는 제 3 자의 계산으로 회사와 거래를 할 수 있고, 이 경우에는 민법 제124조가 적용되지 않는다($^{상\ 287조}_{의\ 11}$).

(2) 의무위반의 효과

유한책임회사의 업무집행자가 자기거래제한에 위반한 경우에는 회사에 대하여 「손해배상책임」을 지는($^{상\ 287조의\ 18\cdot195조;}_{민\ 707조\cdot681조}$) 외에, 다른 사원의 청구에 의하여 법원으로부터 「업무집행권의 상실」을 선고받을 수 있다고 본다($^{상\ 287조의}_{17,\ 205조}$).

제 3 관   외부관계

제 1 회사대표

1. 대표기관

(1) 대표권의 취득

1) 유한책임회사의 업무집행자는 유한책임회사를 대표한다($^{상\ 287조의}_{19\ \ 1항}$). 따라서 업무집행자가 아닌 자는 유한책임회사를 대표할 수 없고, 업무집행자는 (원칙적으로) 유한책임회사의 사원이든 아니든($^{상\ 287조의\ 12}_{1항\ 참조}$) 자연인이든 법인이든($^{상\ 287조의\ 3\ 4호;}_{287조의\ 15\ 참조}$) 무방하다. 둘 이상의 업무집행자가 있는 경우에도 (원칙적으로) 각자가 유한책임회사를 대표한다($^{상\ 287조의\ 12}_{2항\ 참조}$).

2) 업무집행자가 둘 이상인 경우 정관 또는 총사원의 동의로 유한책임회사를 대표할 업무집행자를 정할 수 있다(대표업무집행자)($^{상\ 287조의}_{19\ \ 2항}$). 이는 합명회사의 경우($^{상\ 207조}_{3\ 문}$)와 같다. 그러나 모든 업무집행자에 대하여 유한책임회사의 대표권을 박탈하는 것은 정관의 규정 또는 총사원의 동의로도 할 수 없다.

3) 유한책임회사는 정관 또는 총사원의 동의로 둘 이상의 업무집행자가 공동으로 회사를 대표할 것을 정할 수 있다(공동대표업무집행자)($^{상\ 287조의}_{19\ \ 3항}$). 이 점은 합명회사의 경우($^{상\ 208조}_{1항}$)와 같다.

4) 유한책임회사의 대표권 상실에 대하여는 상법에 규정이 없으나, 대표권은 업무집행권을 전제로 하므로($^{상\ 287조의}_{19\ \ 1항}$) 업무집행권이 상실되면 자동적으로 대표권도 상실된다고 본다. 그러나 입법적으로는 대표권 상실에 대하여 규정을 두어야 할 것으로 본다. 이를 입법하는 경우에는 업무집행권은 존속시키면서 대표권만을 상실시킬 수 있다($^{상\ 216조}_{참조}$).

5) 유한책임회사에서 업무집행자의 업무집행을 정지하고 직무대행자를 선임하

는 가처분이 있으면 직무대행자가 회사를 대표한다$\binom{\text{상 287조의 13·287조의 5}}{\text{5 항, 287조의 19 1 항}}$.

(2) 대표권의 제한 및 상실

1) 대표권의 제한　유한책임회사가 사원(사원이 아닌 업무집행자를 포함한다. 이하 이 조에서 같다)에 대하여 또는 사원이 유한책임회사에 대하여 소를 제기하는 경우에 유한책임회사를 대표할 사원이 없을 때에는 다른 사원 과반수의 결의로 대표할 사원을 선정하여야 한다$\binom{\text{상 287조}}{\text{의 21}}$. 이 경우에는 업무집행권을 전제로 하지 않는 대표사원을 정할 수 있다고 본다. 이 이외에는 대표권에 대한 제한은 선의의 제 3 자에게 대항하지 못한다$\binom{\text{상 287조의 19 5 항,}}{\text{209조 2 항}}$.

2) 대표권의 상실

㈎ 사임·해임　대표업무집행자도 업무집행자와 같이 정당한 사유 없이 「사임」할 수 없고$\binom{\text{상 287조의 19 1 항·287조의}}{\text{18·195조; 민 708조 전단}}$, 정관에 다른 규정이 없는 경우 총사원의 동의가 없으면 「해임」할 수 없다$\binom{\text{상 287조의 19 1 항, 287조}}{\text{의 3 4 호, 287조의 16}}$.

㈏ 대표행위 정지가처분　유한책임회사를 대표하는 업무집행자에 대하여 그 대표행위의 정지 및 그 직무대행자를 선임하는 가처분이 있으면, 그러한 업무집행자는 가처분의 취소가 없는 한 회사를 대표하지 못한다$\binom{\text{상 287조의 5 5 항, 287조의}}{\text{13, 287조의 19 1 항 참조}}$.

2. 대표의 방법

(1) 원칙(단독대표)

유한책임회사에서 업무집행자는 원칙적으로(정관 또는 총사원의 동의로 둘 이상의 업무집행자가 공동으로 회사를 대표할 것을 정하지 않는 한) 각자 단독으로 회사를 대표한다$\binom{\text{상 287조의 19 1 항,}}{\text{287조의 12 2 항}}$.

(2) 예외(공동대표)

유한책임회사는 정관 또는 총사원의 동의로 둘 이상의 업무집행자가 공동으로 회사를 대표할 것을 정할 수 있는데$\binom{\text{상 287조의}}{\text{19 3 항}}$, 이 경우에는 능동대표(회사가 제 3 자에 대하여 의사표시를 하는 경우)는 반드시 공동으로 하여야 하나$\binom{\text{상 287조의}}{\text{19 3 항}}$, 수동대표(제 3 자가 유한책임회사에 대하여 의사표시를 하는 경우)는 각자가 단독으로 할 수 있다$\binom{\text{상 287조의}}{\text{19 4 항}}$.

3. 대표기관의 권한

(1) 유한책임회사의 대표기관의 권한은 합명회사의 대표사원의 권한$\binom{\text{상}}{\text{209조}}$과 같

다($\frac{상}{19}\frac{287조의}{5항}$). 즉, 유한책임회사를 대표하는 업무집행자는 회사의 영업에 관하여 재판상 또는 재판외의 모든 행위를 할 권한이 있고, 이러한 권한에 대한 제한은 선의의 제3자에게 대항하지 못한다($\frac{상}{5항,}\frac{287조의}{209조}\frac{19}{}$).

(2) 유한책임회사를 대표하는 업무집행자에 대하여 그 대표행위의 정지 및 그 직무대행자를 선임하는 가처분이 있으면 그러한 직무대행자가 회사를 대표하는데($\frac{상}{13,}\frac{287조의 5}{287조의 19}\frac{5항, 287조의}{1항 참조}$), 이 때 그러한 직무대행자는 가처분명령에 다른 정함이 있거나 또는 법원의 허가를 얻은 경우를 제외하고는 회사의 통상업무에 속하는 행위에 대하여만 회사를 대표할 수 있다($\frac{상}{19}\frac{287조의 13, 287조의}{1항, 200조의2 1항}$). 그러나 직무대행자가 이에 위반하여 회사를 대표한 경우에도 회사는 선의의 제3자에 대하여 책임을 진다($\frac{상}{19}\frac{287조의 13, 287조의}{1항, 200조의2 2항}$).

(3) 유한책임회사를 대표하는 업무집행자가 그 업무집행으로 타인에게 손해를 입힌 경우에는 회사는 그 업무집행자와 연대하여 배상할 책임이 있다($\frac{상}{의}\frac{287조}{20}$). 이는 유한책임회사에게 불법행위능력을 인정한 것으로, 합명회사($\frac{상}{210조}$) 등 회사의 불법행위능력과 같다.

4. 등 기

(1) 유한책임회사를 대표할 자를 정한 경우에는 그 성명·주소 및 주민등록번호(법인인 경우에는 명칭·주소 및 법인등록번호)를 등기하여야 하는데($\frac{상}{1항}\frac{287조의 5}{5호}$), 이와 같이 유한책임회사를 대표할 업무집행자를 정한 경우에는 그 외의 업무집행자에 대하여는 성명 및 주민등록번호만 등기하고 주소는 등기하지 아니한다($\frac{상}{1항}\frac{287조의 5}{4호 단서}$).

(2) 둘 이상의 업무집행자가 공동으로 회사를 대표할 것을 정한 경우에는 그 규정도 등기하여야 한다($\frac{상}{1항}\frac{287조의 5}{7호}$).

(3) 유한책임사원의 대표권이 있는 업무집행자의 업무집행을 정지하거나 직무대행자를 선임하는 가처분을 하거나 그 가처분을 변경 또는 취소하는 경우에는 본점 및 지점이 있는 곳의 등기소에서 등기하여야 한다($\frac{상}{5}\frac{287조의}{5항}$).

제2 사원의 제3자에 대한 책임

유한책임회사의 사원의 책임은 (상법에 다른 규정이 있는 경우 외에는) 그 「출자금액」을 한도로 한다($\frac{상}{의}\frac{287조}{7}$). 이러한 유한책임회사의 사원의 책임은 합명회사의 사원의 책임($\frac{상}{212조}$)과 크게 다르고, 주식회사의 주주의 책임($\frac{상}{331조}$) 및 유한회사의 사원의 책임($\frac{상}{553조}$)과 유사하다고 볼 수 있다. 이 점은 유한책임회사가 주식회사(물적회사)의 요소를 반영한 것이다. 유한회사의 사원은 회사 성립 후에 현물출자 등의 부족재산가액($\frac{상 550조}{1항}$) 및 출자불이행($\frac{상 551조}{1항}$)에 따른 출자미필액에 대하여 전보책임을 지므로 「유한회사 사원의 책임은 '상법에 다른 규정이 있는 경우' 외에는 그 출자금액을 한도로 한다」고 규정하고 있는데($\frac{상}{553조}$), 유한책임회사의 경우에는 상법에 위와 같은 사원의 전보책임에 대하여 아무런 규정을 두고 있지 않으므로, 상법 제287조의 7에서 '상법에 다른 규정이 있는 경우'란 거의 그 의미가 없다. 유한책임회사를 주식회사로 조직변경할 때에 발행하는 주식의 발행가액의 총액에 순재산액이 부족한 경우 그 부족한 순재산액에 대한 전보책임이 (업무집행자 및) 사원에게 있으므로($\frac{상 287조의 44,}{607조 4 항}$) 이 점이 상법 제287조의 7의 '상법에 다른 규정이 있는 경우'라고 볼 수 있는 여지도 있으나, 이 점은 주식회사의 주주에 대하여도 동일하게 규정하고 있다($\frac{상}{605조}$). 따라서 유한책임회사의 사원의 책임은 유한회사의 사원의 책임보다 주식회사의 주주의 책임에 더 가깝다고 볼 수 있다.

유한책임회사의 사원은 회사 성립 전에 그 출자를 전부 이행하여야 하므로($\frac{상 287조의}{4 2항}$) 회사 채권자에 대하여 변제할 책임이 없는 점에서(간접 유한책임), 회사 채권자에 대하여 직접 변제할 책임을 지는 합자회사에서의 유한책임사원의 책임(직접 유한책임)($\frac{상 279조}{1항}$)과 구별된다.

제 3 대표소송

유한책임회사의 사원은 회사에 대하여 업무집행자의 책임을 추궁하는 소의 제기를 청구할 수 있다($\frac{상 287조}{의 22}$). 이 점은 유한책임회사가 주식회사(물적회사)의 요소를 반영한 것이다. 이는 주식회사($\frac{상 403조～}{406조}$) 및 유한회사($\frac{상}{565조}$)의 경우와 유사한데, 다만 유한책임회사는 1인의 사원도 대표소송을 제기할 수 있으나 주식회사 및 유한회사는 이를 소수주주권으로 규정하고 있다($\frac{상 403조 1 항, 542조의}{6 6항, 565조 1 항}$).

이 대표소송에 관한 구체적인 내용에 대하여는 주식회사의 주주의 대표소송에 관한 규정이 준용된다($\frac{상 287조의}{22 2항}$).

제 4 절 기구변경

기구변경에는 정관변경·사원변경(가입 및 탈퇴)·합병 및 조직변경이 있는데, 이하에서는 이에 대하여 살펴본다.

제 1 관 정관변경

정관변경이란 실질적 의의의 정관을 변경하는 것을 의미하는데, 그 내용은 사회질서와 강행법규에 반하지 않는 한 어느 것도 자유로이 변경할 수 있다.

유한책임회사는 정관에 다른 규정이 없으면 총사원의 동의에 의하여 정관을 변경할 수 있다($^{상}_{의}{}^{287조}_{16}$). 따라서 정관상 다른 규정에 의하여 총사원의 동의의 요건을 완화할 수 있다. 이러한 사원의 동의에는 개별적인 구두에 의한 동의도 무방하다고 본다.

사원의 지분양도에 다른 사원의 동의를 받은 경우($^{상}_{8}{}^{287조의}_{1항}$) 등 이미 총사원의 동의를 받은 경우에는 이러한 사원의 변경에 따른 정관변경을 위하여 다시 총사원의 동의를 받을 필요는 없다고 본다.

제 2 관 사원변경(가입〈입사〉 및 탈퇴〈퇴사〉)

사원변경은 사원자격의 취득과 상실을 의미하는데, 사원자격의 취득에는 원시적 취득(설립행위·가입)과 승계적 취득(지분의 양수·상속)이 있고, 사원자격의 상실에는 절대적 상실(해산·퇴사)과 상대적 상실(지분 전부의 양도·사망)이 있다. 이곳에서는 사원자격의 원시적 취득인 가입(입사)과 사원자격의 절대적 상실인 탈퇴(퇴사)에 대하여만 살펴보겠다.

제 1 가입(입사)

(1) 유한책임회사는 사원이 정관의 절대적 기재사항이므로($^{상}_{3}{}^{287조의}_{1호}$) 정관을 변경함으로써 새로운 사원을 가입시킬 수 있다($^{상}_{23}{}^{287조의}_{1항}$). 정관을 변경하기 위하여는

원칙적으로(정관에 다른 규정이 없는 경우) 총사원의 동의가 있어야 하므로($\frac{상}{의}\frac{287조}{16}$), 새로운 사원을 가입시키기 위하여는 원칙적으로 총사원의 동의가 있어야 한다. 이와 같이 새로운 사원의 가입에 총사원의 동의를 받은 경우에는 정관의 변경에 다시 총사원의 동의를 받을 필요가 없다.

(2) 새로 가입하는 사원은 출자의 전부를 이행하여야 하므로($\frac{상}{4}\frac{287조의}{2항 참조}$), 새로 가입하는 사원이 정관을 변경하기 전에 출자의 전부를 이행하면 '정관을 변경한 때'에 사원 가입의 효력이 발생하고($\frac{상}{23}\frac{287조의}{2항 본문}$), 정관을 변경한 때에 새로 가입하는 사원이 출자에 관한 납입 또는 재산의 전부 또는 일부의 출자를 이행하지 아니한 경우에는 '그 납입 또는 이행을 마친 때'에 사원 가입의 효력이 발생한다($\frac{상}{23}\frac{287조의}{2항 단서}$). 사원 가입시 현물출자를 하는 사원은 납입기일에 지체 없이 유한책임회사에 출자의 목적인 재산을 인도하고, 등기·등록·그 밖의 권리의 설정 또는 이전이 필요한 경우에는 이에 관한 서류를 모두 갖추어 교부하면 된다($\frac{상}{287조의}\frac{287조의 23}{4}\frac{3항,}{3항}$).

(3) 유한책임회사에서 사원의 성명 등은 등기사항이 아니므로, 유한책임회사에서 사원의 가입은 변경등기를 요하지 않는다. 이것은 합명회사($\frac{상}{183조}\frac{180조}{}$) 및 합자회사($\frac{상}{271조}$)의 경우와 구별되는 점이다.

제2 탈퇴(퇴사)

1. 의 의

유한책임사원에서 사원의 탈퇴(퇴사)란 「회사의 존속중에 특정사원의 사원자격이 절대적으로 소멸되는 것」을 말한다. 유한책임회사에서 사원의 탈퇴(퇴사)를 인정한 것은 합명회사(인적회사)의 요소를 반영한 것이다.

2. 탈퇴원인

유한책임회사의 사원의 탈퇴(퇴사)에는 합명회사의 경우와 같이($\frac{상}{224조}\frac{217조~}{}$) 탈퇴(퇴사)원인에 따라 임의퇴사·강제퇴사 및 당연퇴사가 있다. 사원의 퇴사는 일부청산이라고 볼 수 있으므로, 퇴사원인은 해산 전에 발생한 경우에만 인정된다.

(1) 임의퇴사

유한책임회사에서 사원의 임의퇴사는 정관에 이에 관하여 달리 정하지 않는 경우에는 합명회사 사원의 임의퇴사의 경우와 같다. 즉, 정관으로 회사의 존립기간을 정하지 아니하거나 어느 사원의 종신까지 존속할 것을 정한 때에는 사원은 6월 전의 일방적 예고에 의하여 영업연도 말에 한하여 퇴사할 수 있다($\frac{상}{217조}\frac{287조의}{1항}^{24,}$). 그러나 부득이한 사유가 있을 때에는 언제든지 퇴사할 수 있다($\frac{상}{217조}\frac{287조의}{2항}^{24,}$). 유한책임회사의 경우 정관에서 임의퇴사사유를 규정하지 않은 경우에는 합명회사의 경우와 같다. 이러한 임의퇴사에 의하여 사원은 출자금을 회수할 수 있다. 사원의 임의퇴사에 의하여 사원이 1인이 된 경우에도 임의퇴사가 가능하다고 보는데(제명의 경우와 차이), 이는 합명회사의 경우($\frac{상}{3호}$227조)와는 달리 유한책임회사의 해산원인도 아니다($\frac{상}{2호}$ 287조의 38 참조).

(2) 강제퇴사

유한책임회사에서 사원의 지분을 압류한 채권자는 회사와 그 사원에 대하여 6월 전에 예고를 함으로써 영업연도 말에 그 사원을 퇴사시킬 수 있다($\frac{상}{224조}\frac{287조의}{1항}^{29,}$). 그러나 채무자인 사원이 변제를 하거나 상당한 담보를 제공한 때에는, 퇴사예고는 그 효력을 잃게 되어 그 사원을 강제퇴사시킬 수 없다($\frac{상}{224조}\frac{287조의}{2항}^{29,}$). 이는 합명회사의 경우와 같다. 또한 이는 압류채권자를 보호하기 위한 것으로 강행규정으로 보아야 할 것이므로, 정관으로 이를 배제하거나 또는 이와 달리 규정할 수 없다고 본다.

(3) 당연퇴사

유한책임회사의 사원에게 다음의 사유가 있는 경우에는, 그 사원은 당연히 퇴사한다($\frac{상}{218조}\frac{287조의}{}^{25,}$). 이는 합명회사의 경우와 같다.

1) **정관에서 정한 사유가 발생한 때**   정관에서 사원의 퇴사사유(정년 등)를 정한 경우이다.

2) **총사원의 동의가 있는 때**   사원이 임의퇴사사유에 해당하지 않는 경우로서 자기의 의사에 기하여 퇴사신고를 한 경우 등이다.

3) **사원이 사망한 때**   정관으로 상속을 규정하지 않은 경우에만 해당하고, 정관으로 상속을 규정한 경우에는 그에 따라 상속된다($\frac{상}{26, 219조}\frac{287조의}{}$). 이는 합명회사의 사원($\frac{상}{3호}$218조) 및 합자회사의 무한책임사원($\frac{상}{218조 3호}$269조,)의 경우와 같고, 합자회사의 유한책임사원($\frac{상}{1항}$283조)과는 구별된다.

4) **사원이 성년후견개시의 심판을 받은 때**   이는 사원과 회사간의 신뢰관계가 상실되었기 때문에 당연퇴사원인으로 한 것이다.

5) **사원이 파산선고를 받은 때**   이는 사원과 회사간의 신뢰관계가 상실되었기 때문에 당연퇴사원인으로 한 것이다.

6) **사원이 제명된 때**   사원의 제명사유는 (i) 경업피지의무에 위반한 때(이는 사원이 업무집행자인 경우에 한한다), (ii) 회사의 업무집행 또는 대표에 관하여 부정한 행위가 있는 때(이는 사원이 업무집행자인 경우에 한한다) 또는 권한 없이 업무를 집

행하거나 회사를 대표한 때, (iii) 기타 중요한 사유가 있는 때이다($\frac{상 287조의 27}{본문, 220조 각호}$). 합명회사의 경우는 '사원이 출자의무를 이행하지 아니한 때'가 사원의 제명사유에 해당하나($\frac{상 220조}{1항 1호}$), 유한책임회사의 경우에는 사원이 출자를 전부 이행하지 않으면 사원이 될 수 없으므로($\frac{상 287조의 4 \ 2항·3항,}{287조의 23 \ 2항·3항}$) 출자의무를 이행하지 아니함으로 인한 제명사유는 있을 수 없다.

사원에게 위와 같은 제명사유가 있는 때에는 회사는 다른 사원 과반수의 결의에 의하여 그 사원의 제명을 본점소재지의 지방법원에 청구할 수 있고($\frac{상 287조의 27 본문, 220조}{1항 본문·2항, 206조}$), 법원의 제명선고로 사원은 제명되는데, 이 경우 판결이 확정된 때에는 본점과 지점의 소재지에서 등기하여야 한다($\frac{상 287조의 27 본문,}{220조 2항, 205조 2항}$). 유한책임회사에서는 사원의 제명청구에서 「다른 사원 과반수의 결의」가 아닌 다른 결의요건을 정관에서 규정할 수 있는데($\frac{상 287조의}{27 \ 단서}$), 이는 합명회사의 경우($\frac{상 220조}{1항 본문}$)와 구별되는 점이다.

3. 퇴사절차

퇴사의 경우에는 사원의 변경이 생기고 사원은 정관의 절대적 기재사항이므로($\frac{상 287조의}{3 \ 1호}$), 정관변경이 있어야 한다($\frac{상 287조}{의 16}$). 그런데 정관변경에는 정관에 다른 규정이 없는 경우 총사원의 동의가 있어야 하므로 이 경우에도 총사원의 동의에 의한 정관변경절차를 밟아야 하는지에 대하여 의문이 있으나, 사원의 가입(입사)의 경우와는 달리 퇴사의 경우에는 퇴사원인이 있으면 퇴사가 되는 것이므로 이를 위하여 별도로 정관변경의 절차를 밟을 필요는 없다고 본다.

유한책임회사에서 사원의 성명 등은 등기사항이 아니므로($\frac{상 287조의}{5 \ 1항 참조}$) 퇴사의 경우에 변경등기를 할 필요가 없다. 이는 합명회사($\frac{상 180조}{183조}$) 및 합자회사($\frac{상}{271조}$)의 경우와 구별되는 점이다.

4. 퇴사의 효과

(1) 지분환급청구권

1) 유한책임회사의 사원이 위의 퇴사원인에 의하여 퇴사하는 경우, 퇴사 사원은 그 지분의 환급을 금전으로 받을 수 있다($\frac{상 287조의}{28 \ 1항}$). 즉, 퇴사 사원이 금전 이외의 재산출자를 한 경우에도 퇴사 사원은 원칙적으로 금전으로 그 지분의 환급을 받을 수 있다. 그러나 정관으로 퇴사 사원의 지분 환급에 대하여 달리 정할 수 있다($\frac{상 287조의}{28 \ 3항}$). 즉, 정관으로 금전 이외의 재산 출자의 경우 재산 자체를 반환할 것을 정할 수 있다. 퇴사 사원에 대한 회사의 환급금액은 퇴사시의 회사의 재정 상황에 따라 정한

다($\substack{상 \ 287조의 \\ 28 \ 2항}$).

2) 유한책임회사의 채권자는 퇴사하는 사원에게 환급하는 금액이 잉여금($\substack{상 \ 287조의 \\ 37}$)을 초과하는 경우에는 그 환급에 대하여 이의를 제기할 수 있는데($\substack{상 \ 287조의 \\ 30 \ 1항}$), 이에 대하여는 합병시의 채권자 이의에 관한 규정이 준용된다($\substack{상 \ 287조의 \ 30 \\ 2항 \ 본문, \ 232조}$). 다만 퇴사하는 사원에게 지분을 환급하더라도 채권자에게 손해를 끼칠 우려가 없는 경우에는 회사는 그 채권자에 대하여 변제 등을 할 필요가 없다($\substack{상 \ 287조의 \ 30 \\ 2항 \ 단서}$).

3) 유한책임회사의 사원은 (상법에 다른 규정이 있는 경우 외에는) 그 출자금액을 한도로 하여 책임을 지므로($\substack{상 \ 287조 \\ 의 \ 7}$), (상법에 다른 규정이 있는 경우 외에는) 회사에 대하여 추가출자의무를 부담하거나 손실분담금 납입의무는 없다. 이는 물적회사의 사원의 책임과 유사하고, 인적회사의 무한책임사원의 책임과는 근본적으로 구별되는 점이다.

(2) 상호변경청구권

퇴사한 사원의 성명이 유한책임회사의 상호 중에 사용된 경우에는 그 사원은 유한책임회사에 대하여 그 사용의 폐지를 청구할 수 있다($\substack{상 \ 287조 \\ 의 \ 31}$). 이는 합명회사 퇴사원의 경우와 같다($\substack{상 \\ 226조}$). 이 경우 유한책임회사에서 퇴사한 사원이 그 사용의 폐지를 청구하지 않으면 그 퇴사한 사원은 명의대여자로서 책임을 질 위험이 있다($\substack{상 \\ 24조}$).

제3관 합 병

유한책임회사는 어느 회사와도 합병하여 기구를 변경할 수 있는데, 이에 관하여는 합명회사의 합병에 관한 규정이 준용된다($\substack{상 \ 174조~175조, \ 287조의 \\ 41 \cdot 230조~240조}$).

제4관 조직변경

1) 주식회사는 주주총회에서 총주주의 동의로 결의한 경우에는 그 조직을 변경하여 유한책임회사로 할 수 있고($\substack{상 \ 287조의 \\ 43 \ 1항}$), 유한책임회사는 총사원의 동의에 의하여 주식회사로 조직변경할 수 있다($\substack{상 \ 287조의 \\ 43 \ 2항}$).

조직변경은 원래 그 성질이 비슷한 회사간에만 허용되어 인적회사(합명회사와 합자회사) · 물적회사(주식회사와 유한회사)의 상호간에만 인정되는데($\substack{상 \ 242조, \ 286조 \\ 604조, \ 607조}$), 이에 대한 예외로 인적회사(합명회사)의 성질을 많이 가진 유한책임회사가 물적회사(주식회사)로 조직변경을 할 수 있도록 한 것으로 볼 수 있다. 이는 사원의 유한책임 및 자본금 등과 함께 유한책임회사에 물적회사(주식회사)의 요소를 반영한 대표적인 사항의 하나라고 볼 수 있다(유한책임회사가 주식회사로 조직변경을 할 수 있다는 점만으로 유한책임회사를 유한회사와 동일하게 보아 물적회사라고 볼 수는 없다고 본다).

2) 유한책임회사와 주식회사와의 상호 조직변경에는 합병시의 채권자보호절차 및 유한회사와 주식회사와의 상호 조직변경에 관한 절차에 의한다($^{\text{상 287조의 44, 232조~}}_{\text{604조부터 607조까지}}$).

유한책임회사를 주식회사로 조직변경하는 경우에 회사에 현존하는 순재산액이 조직변경시에 발행하는 주식의 발행가액총액에 부족한 때에는 조직변경 결의 당시의 유한책임회사의 사원은 업무집행자(사원이 아닌 경우)와 연대하여 회사에 대하여 그 부족액을 지급할 책임이 있고 또한 사원의 이러한 책임은 면제될 수 없는데($^{\text{상 287조의 44,}}_{\text{607조 4 항}}$), 이러한 유한책임사원의 책임은 유한책임의 예외가 된다($^{\text{상 287조의}}_{\text{7 참조}}$).

제 5 절 회사의 회계

1. 총 설

유한책임회사에 대하여는 물적회사의 요소를 반영하여 회계에 관한 규정을 두고 있다. 따라서 유한책임회사의 회계에 관하여는 회계에 관한 특칙($^{\text{상 287조의}}_{\text{32~287조의 37}}$)이 먼저 적용되고, 이러한 특칙에 없는 사항에 대하여는 상법총칙의 상업장부에 관한 규정($^{\text{상 29조~}}_{\text{33조}}$)이 적용되며, 상법과 상법시행령으로 규정한 것 외에는 「일반적으로 공정하고 타당한 회계관행」에 따른다($^{\text{상 287조}}_{\text{의 32}}$). 이 때 「일반적으로 공정하고 타당한 회계관행」이란 한국채택국제회계기준(Korean International Financial Reporting Standards: K-IFRS)($^{\text{외갈 13조}}_{\text{1항}}$), 일반기업회계기준, 기타 일반적인 회계관행이라고 볼 수 있다.

2. 재무제표

(1) 작 성

유한책임회사의 업무집행자는 결산기마다 대차대조표·손익계산서·그 밖에 유한책임회사의 재무상태와 경영성과를 표시하는 것으로서 대통령령으로 정하는 서류를 작성하여야 한다(재무제표)($^{\text{상 287조의}}_{\text{33, 상시 5조}}$). 유한책임회사의 재무제표는 주식회사의 경우($^{\text{상 447조}}_{\text{1항}}$) 및 유한회사의 경우($^{\text{상 579조}}_{\text{1항}}$)와 같은데, 유한책임회사의 업무집행자는 재무제표 부속명세서를 작성할 필요가 없는 점에서 주식회사($^{\text{상 447조}}_{\text{1항 본문}}$) 및 유한회사의 경우($^{\text{상 579조}}_{\text{1항 본문}}$)와 구별되고, 또한 연결재무제표를 작성할 필요가 없는 점에서 주식회사의 경우($\frac{상}{2항}^{447조}$)와 구별된다.

(2) 비치·공시

유한책임회사의 업무집행자는 위의 재무제표를 본점에 5년간 갖추어 두어야
하고, 그 등본을 지점에 3년간 갖추어 두어야 한다($\frac{상}{34}\frac{287조의}{1항}$). 사원과 유한책임회사
의 채권자는 회사의 영업시간 내에는 언제든지 위의 재무제표의 열람과 등사를 청
구할 수 있다($\frac{상}{34}\frac{287조의}{2항}$). 이 점은 주식회사($\frac{상}{448조}$) 및 유한회사의 경우($\frac{상}{의 3}^{579조}$)와 같다.

3. 자본금의 증가와 감소

(1) 자본금의 의의

유한책임회사의 자본금이란 「사원이 출자한 금전이나 그 밖의 재산의 가액」이
다($\frac{상}{의 35}^{287조}$). 이는 유한책임회사가 물적회사의 요소를 반영한 점이다. 그런데 주식회
사에서의 자본금은 액면주식을 발행한 경우에는 「(상법에 달리 규정한 것 외에는) 발
행주식의 액면총액」이고($\frac{상}{1항}^{451조}$), 무액면주식을 발행한 경우에는 「주식 발행가액의
2분의 1 이상의 금액으로서 이사회(제416조 단서에서 정한 주식발행의 경우에는 주주총
회)에서 자본금으로 계상하기로 한 금액의 총액」인 점($\frac{상}{2항 1문}^{451조}$)에서, 유한책임회사에
서의 자본금은 주식회사에서의 자본금과는 구별된다. 또한 유한회사의 자본금은 액
면주식을 발행한 주식회사의 자본금과 같이 「출자 1좌의 금액 × 발행한 출자좌수」
인 점($\frac{상}{546조}$)에서 유한책임회사의 자본금과 구별된다. 즉, 유한책임회사에서의 자본
금은 주식회사에서의 주식(유한회사에서는 출자좌수)과 같은 구성단위의 개념이 없는
점에서 주식회사 및 유한회사의 자본금과 근본적으로 구별된다. 이러한 점에서 유
한책임회사에서는 주식회사에서의 주식(유한회사에서는 출자좌수)의 증가와 감소에 따
른 자본금의 증가와 감소의 개념은 있을 수 없다. 그러나 유한책임회사와 유한회사
에서 「자본금의 액」이 정관의 절대적 기재사항인 점($\frac{상 287조의 3}{543조 2항 2호}$)은 두 회사에서
같다. 따라서 유한책임회사와 유한회사에서는 자본금의 증가와 감소가 모두 정관변
경사항이다.

(2) 자본금의 증가

유한책임회사에서는 위에서 본 바와 같이 자본금의 구성단위가 없으므로, 이러한
구성단위의 수의 증가 또는 구성단위 금액의 증가의 방법 등에 의한 자본금의 증가는
있을 수 없다. 따라서 유한책임회사에서의 자본금의 증가는 「새로운 사원의 가입에
따른 출자한 금전이나 그 밖의 재산의 가액의 증가」라고 볼 수 있다($\frac{상 287조의 23}{287조의 35}$). 이
경우 정관의 절대적 기재사항인 「사원의 성명 등」과 「자본금의 액」의 변경을 가져오

므로($^{상\ 287조의\ 3}_{1호\cdot3호}$), (정관에 다른 규정이 없는 경우) 총사원의 동의에 의한 정관변경절차를 밟아야 한다($^{상\ 287조}_{의\ 16}$).

(3) 자본금의 감소

1) 유한책임회사의 자본금의 감소에는 사원의 퇴사($^{상\ 287조}_{의\ 28}$) 등으로 인하여 「출자한 금전이나 그 밖의 재산의 가액이 감소하는 경우」(실질상의 자본금 감소)와, 출자한 재산의 실질가치의 하락 등으로 인하여 「출자한 재산의 가액을 감소하는 경우」(명의상의 자본금 감소)가 있다. 어느 경우나 자본금이 감소하면 그만큼 회사가 유보하여야 할 현실재산이 감소하게 되어 대외적으로 회사 채권자에게 불리하게 되므로, 자본금의 감소에는 채권자보호절차를 밟아야 한다($^{상\ 287조의\ 36}_{2항\ 본문,\ 232조}$). 그러나 자본금 감소 후의 자본금의 액이 순자산액 이상인 경우에는 채권자보호절차를 밟지 않아도 되는 것으로 완화하고 있다($^{상\ 287조의\ 36}_{2항\ 단서}$).

2) 자본금이 감소되면 정관의 절대적 기재사항($^{상\ 287조의}_{3\ 3호}$)의 변경을 가져오므로, 정관 변경의 방법으로 자본금을 감소할 수 있는 점은 당연하다고 보겠다($^{상\ 287조의}_{36\ 1항}$).

4. 잉여금의 분배

(1) 잉여금 분배의 요건

유한책임회사에서는 대차대조표상의 순자산액으로부터 자본금의 액을 뺀 액(잉여금)을 한도로 하여 잉여금을 분배할 수 있다($^{상\ 287조의}_{37\ 1항}$). 상법이 이와 같이 유한책임회사의 잉여금 분배의 요건을 규정한 것은 회사채권자를 보호하기 위한 것이다. 따라서 유한책임회사가 이 요건에 위반하여 잉여금을 분배한 경우에는 유한책임회사의 채권자는 그 잉여금을 분배받은 자에 대하여 회사에 반환할 것을 청구할 수 있는데($^{상\ 287조의}_{37\ 2항}$), 이러한 청구에 관한 소는 본점소재지의 지방법원의 관할에 전속한다($^{상\ 287조의}_{37\ 3항}$).

(2) 잉여금 분배의 기준

유한책임회사에서 잉여금 분배의 기준은 정관에 다른 규정이 없으면 각 사원이 출자한 가액에 비례한다($^{상\ 287조의}_{37\ 4항}$).

(3) 잉여금 분배의 청구 등

유한책임회사에서 잉여금의 분배를 청구하는 방법이나 그 밖에 잉여금의 분배에 관한 사항은 정관에서 정할 수 있다($^{상\ 287조의}_{37\ 5항}$). 유한책임회사에서는 잉여금 분배의 지급시기 등 잉여금 분배에 관한 많은 사항을 정관에서 자율적으로 정할 수 있도록 하고 있는 점에서, 물적회사에서의 경우와 구별되고 있다.

유한책임회사에서 사원의 지분의 압류는 잉여금배당청구권에 대하여 그 효력이 있으므로($\frac{상}{37}\frac{287조의}{6항}$), 사원의 지분에 대하여 압류가 있으면 회사는 그 압류채권자에게 잉여금을 분배하여야 한다.

제 6 절   해산과 청산

제1관 해   산

1. 해산사유

유한책임회사의 해산사유는 (i) 존립기간의 만료 기타 정관으로 정한 사유의 발생, (ii) 총사원의 동의, (iii) 사원이 없게 된 경우, (iv) 합병, (v) 파산, (vi) 법원의 해산명령($\frac{상}{176조}$) 또는 해산판결($\frac{상}{42, 241조}\frac{287조의}{}$)이다($\frac{상}{의 38}\frac{287조}{}$). 합명회사의 해산사유($\frac{상}{227조}$)와 거의 같은데, 다만 합명회사는 '사원이 1인으로 된 때'가 해산사유이나($\frac{상}{3호}227조$) 유한책임회사는 '사원이 없게 된 경우'가 해산사유이다($\frac{상}{38}\frac{287조의}{2호}$). 유한책임회사가 1인회사로서 존속이 가능한 점은 주식회사($\frac{상}{1호}517조$) 및 유한회사($\frac{상}{1호}609조$)와 같다.

2. 해산등기

유한책임회사가 해산된 경우에는 합병과 파산의 경우 외에는 그 해산사유가 있었던 날부터 본점소재지에서는 2주 내에 해산등기를 하고, 지점소재지에서는 3주 내에 해산등기를 하여야 한다($\frac{상}{의 39}287조$). 합병의 경우에는 합병등기를 하고($\frac{상}{외}233조$) 파산의 경우에는 파산등기를 하여야 한다($\frac{파}{23조}$). 이는 다른 회사의 경우($\frac{상}{521조의 2, 613조 1항}228조, 269조,$)와 같다.

3. 해산의 효과

(1) 청산절차의 개시

유한책임회사는 해산에 의하여 청산절차가 개시되는데, 다만 합병과 파산의 경우는 제외된다. 합병의 경우는 청산절차를 거치지 않고 상법상의 특별규정에 의하여 1개 이상의 회사가 바로 소멸되는 것이고, 파산의 경우에는 청산절차가 아니라 파산절차가 개시된다.

유한책임회사는 청산절차가 개시되면 청산의 목적범위 내로 그 권리능력이 제한된다($\frac{상\ 287조의}{45,\ 245조}$). 따라서 청산회사에 대하여는 회사의 영업을 전제로 하는 다수의 규정이 적용되지 않으나, 회사의 상인자격·상호 등에 관한 규정은 해산에 의하여 영향을 받지 않고 적용된다.

(2) 회사의 계속

1) **계속사유**　　유한책임회사가 (i) 「존립기간의 만료 기타 정관으로 정한 사유의 발생」($\frac{상\ 287조의\ 40,}{227조\ 1호}$), (ii) 「총사원의 동의」($\frac{상\ 287조의\ 40,}{227조\ 2호}$)에 의하여 해산한 경우에는, 사원의 전부 또는 일부의 동의로 회사를 계속할 수 있다($\frac{상\ 287조의\ 40,}{229조\ 1항\ 본문}$). 이 때 동의를 하지 않은 사원은 퇴사한 것으로 본다($\frac{상\ 287조의\ 40,}{229조\ 1항\ 단서}$).

2) **계속등기**　　회사의 해산등기 후에 위와 같이 회사를 계속하는 경우에는 본점소재지에서는 2주 내에, 지점소재지에서는 3주 내에 회사의 계속등기를 하여야 한다($\frac{상\ 287조의\ 40,}{229조\ 3항}$).

제 2 관　청　　산

유한책임회사의 청산절차는 합명회사의 경우와 거의 같다($\frac{상\ 287조}{의\ 45}$). 다만 유한책임회사의 청산절차에서 합명회사의 경우와 다른 점은, 유한책임회사에서는 임의청산($\frac{상\ 247조~}{249조}$)이 인정되지 않고(이 점은 물적회사의 경우와 유사함), 유한책임사원은 (상법에 다른 규정이 없으면) 그 출자금액을 한도로 유한책임을 지며($\frac{상\ 287조}{의\ 7}$) 또한 금전이나 그 밖의 재산의 출자를 회사 성립시 등에 전부 이행하여야 하므로($\frac{상\ 287조의\ 4\ 2항,}{287조의\ 23\ 2항}$) 청산시에 회사의 현존재산이 그 채무를 변제함에 부족한 때에도 청산인은 (합명회사의 경우와 같이) 각 사원에 대하여 출자를 청구하는 것($\frac{상}{258조}$)이 있을 수 없다.

제 6 장 주식회사

제 1 절 주식회사의 의의

주식회사는 「사원(주주)의 출자에 의한 자본금을 가지고, 자본금은 그의 구성 단위인 주식에 의하여 분할되며, 사원(주주)은 그가 인수한 주식의 인수가액을 한도로 회사에 대해서만 책임을 지는(유한책임) 회사」이다. 따라서 주식회사의 세 가지 요소는 자본금·주식·주주의 유한책임이라고 볼 수 있다.

1. 자 본 금

(1) 자본금의 의의

주식회사의 자본금은 상법의 규정에 의하여 정의되고 있는데, 이에 의하면 자본금은 액면주식을 발행하는 경우에는 원칙적으로 「발행주식의 액면총액」이고 ($\frac{상}{1항}$451조), 무액면주식을 발행하는 경우에는 「주식의 발행가액에서 자본금으로 계상하기로 한 금액의 총액」이다($\frac{상}{2항}$451조).

주식회사가 액면주식을 발행하는 경우 위의 자본금의 정의에 대한 예외로는 상환주식의 상환($\frac{상}{345조}$)·배당가능이익으로써 취득한 자기주식의 소각($\frac{상}{1항 단서}$343조)이 있다. 이 때에는 자본금 감소절차에 따른 주식의 소각이 아니기 때문에 자본금의 감소가 생기지 않는데, 이로 인하여 소각되는 주식수만큼 자본금의 계산의 기초가 되는 주식수와 현재의 주식수간에 불일치가 생기게 된다. 그러나 액면주식의 경우 신주발행시에 할인발행을 하는 경우($\frac{상}{417조}$)에는 자본금이 「발행주식의 액면총액」($\frac{상}{1항}$451조)이라는 개념에는 일치하나, 다만 신주발행에 의하여 회사가 취득하는 재산이 자본금에 미달하게 되는 점이 있을 뿐이다.

자본금은 「회사가 보유하여야 할 순재산액의 기준」으로 추상적·불변적인 계산상의 수액(數額)을 의미하는 점에서, 「회사가 현재 보유하고 있는 순재산액」이며 회사의 경영상태에 따라서 또는 물가의 변동에 따라서 항상 변동하는 구체적·가변적인 재산과 구별된다. 또한 자본금은 회사가 액면주식을 발행하는 경우 「회사가 발행한 주식의 (액면)총액」($^{상\ 451조}_{1항}$)을 의미하는 것으로, 「회사가 발행할 주식의 (액면)총액」($^{상\ 289조}_{1항\ 3호}$)을 의미하는 수권자본금과도 구별된다.

(2) 자본금의 규모

자본금은 금액으로 표시되는데, 정관의 (절대적) 기재사항은 아니고 등기사항에 불과하다($^{상\ 317조}_{2항\ 2호}$). 주식회사의 최저자본금 및 최고자본금에 대하여는 제한이 없다.

(3) 자본금에 관한 입법례

주식회사의 자본금에 관한 입법례는 회사의 설립시에 자본금 총액에 해당하는 주식의 인수를 요하는가의 여부에 따라 총액인수제도(확정자본주의)와 수권자본제도(창립주의)가 있다. 우리 상법은 원칙적으로 수권자본제도에 따른 입법을 하고 있으나($^{상\ 289조\ 1항,}_{416조}$), 순수한 수권자본제도에 따른 입법은 아니고 총액인수제도(확정자본주의)를 가미하고 있다($^{상\ 295조,}_{305조}$)(통설)(이에 관한 상세는 정찬형, 「상법강의(상)(제27판)」, 659~660면 참조).

(4) 자본금에 관한 원칙

물적회사인 주식회사에서 자본금은 회사채권자 등에게 유일한 담보가 되는 기능을 하므로, 주식회사의 자본금에 관하여는 다음과 같은 원칙이 있다(자본금에 관한 원칙에 대하여 아래와 다른 견해에 관한 상세는 정찬형, 「상법강의(상)(제27판)」, 660~661면 참조).

1) 자본금 확정의 원칙　　이 원칙의 원래의 의미는 회사의 자본금이 정관에 의하여 확정되고, 또 그 자본금에 대한 주식인수도 확정되어야 한다는 뜻이다. 따라서 이 원칙은 총액인수제도에 따른 입법에서는 정확하게 일치한다. 그러나 현행 우리 상법의 규정에서도 (i) 「회사의 설립시에 발행하는 주식의 총수」는 정관의 (절대적) 기재사항인 점($^{상\ 289조}_{1항\ 5호}$), (ii) 회사의 설립시 발행된 주식에 대하여는 전부 인수와 납입이 되어야 하는 점($^{상\ 295조,}_{305조}$)에서 볼 때, 회사의 설립시에는 이 범위 내에서 자본금이 확정되어야 한다고 볼 수 있다. 따라서 우리 상법에서도 이 한도에서 자본금 확정의 원칙이 유지되어 있다고 볼 수 있다.

2) 자본금 유지(충실)의 원칙　　이 원칙은 회사는 자본금에 상당하는 현실적인 재산을 항상 유지해야 한다는 원칙으로, 이는 회사채권자를 보호하기 위한 것이

다. 이 원칙은 현행 상법에서도 총액인수제도에 따른 입법에서와 같은 의미로 유지되고 있다. 상법상 이 원칙을 반영한 규정은 매우 많은데, 대표적인 예는 다음과 같다. 즉, 납입기일에 있어서의 전액납입 또는 현물출자의 전부이행($^{상\ 295조,\ 305조,}_{421조,\ 425조}$), 현물출자 기타 변태설립사항의 엄격한 규제($^{상\ 299조,\ 310조,}_{313조,\ 314조,\ 422조}$), 발기인과 이사의 인수 및 납입담보책임($^{상\ 321조}_{428조}$), 주식의 할인발행의 제한($^{상\ 330조}_{417조}$), 자기주식의 질취(質取)의 제한($^{상}_{의\ 3}\,341조$), 법정준비금의 적립($^{상\ 458조}_{459조}$), 이익배당의 제한($^{상}_{462조}$) 등이다.

　　3) 자본금 불변의 원칙　　　이 원칙은 자본금을 임의로 변경시키지 못하고, 자본금의 변경을 위하여는 엄격한 법적 절차를 요한다는 원칙이다. 따라서 이 원칙은 자본금의 증가와 감소에 모두 적용되는 원칙이다. 그런데 우리 상법은 수권자본제도를 채택하여 자본금의 증가는 이사회의 결의만으로 가능하도록 하여($^{상}_{416조}$) 엄격한 법적 절차를 요하지 않고 자본금의 감소에만 엄격한 법적 절차를 요하고 있으므로($^{상\ 438조~}_{446조}$), 자본금 불변의 원칙은 자본금의 감소에만 해당한다. 따라서 자본금 불변의 원칙은 우리 상법의 해석으로서는 「자본금감소제한의 원칙」으로 수정된다.

2. 주 식

　　주식회사의 자본금은 주식으로 분할되므로($^{상\ 451조}_{1항·2항}$), 자본금과 주식과의 관계에서 주식은 자본금의 구성단위가 된다. 액면주식의 금액은 균일하여야 하고($^{상\ 329조}_{2항}$), 액면주식 1주의 금액은 100원 이상으로 하여야 한다($^{상\ 329조}_{3항}$).

　　주식회사가 액면주식을 발행하는 경우 자본금은 원칙적으로 「발행주식의 액면총액(1주의 액면가액 × 발행주식수)」인데($^{상\ 451조}_{1항}$), 이에 대한 예외로 자본금과 주식과의 관계에서 위의 등식이 성립하지 않는 경우는 상환주식의 상환에 따른 주식의 소각($^{상}_{345조}$) 및 배당가능이익으로써 취득한 자기주식의 소각($^{상\ 343조}_{1항\ 단서}$)의 경우이다. 이 때에는 (액면주식의 경우) 소각된 만큼 주식수와 그 주식의 액면총액이 감소하지만, 이는 자본금 감소절차($^{상\ 438조~}_{446조}$)에 따른 것이 아니기 때문에 자본금의 감소가 생기지 않게 되어 자본금과 주식 사이에 불일치가 생긴다(통설). 이와 같은 예외적인 현상은 상법에 따로 규정이 있는 경우에만 가능한데, 이 때에는 (액면주식의 경우) 주식이 자본금 형성의 구성단위라는 본래의 뜻은 잃게 되지만 주식이 자본금 형성의 기초가 된다는 의의마저 없어지는 것은 아니다.

3. 주주의 유한책임

　　주주는 회사에 대하여만 그가 가진 주식의 「인수가액」을 한도로 책임을 지고

(출자의무)($\frac{상}{331조}$), 그 밖의 회사채권자 등에는 아무런 책임을 지지 않는다. 주주의 이러한 책임은 「회사」에 대해서만 지는 책임이라는 점에서 간접유한책임이므로, 합자회사의 유한책임사원이 「회사채권자」에 대하여도 책임을 지는 직접유한책임($\frac{상}{279조}$)과 구별된다.

주주의 이러한 유한책임은 주식회사의 본질에 관한 것이므로 정관 또는 주주총회의 결의로 이와 달리 정할 수 없다. 그러나 주주의 이러한 유한책임은 주주가 사후에 개별적으로 포기하는 것은 무방하다. 따라서 이 경우에는 주주 개개인의 동의로 주주에게 회사채무를 부담시키거나($\frac{동지: 대판 1983. 12. 13, 82 도}{735; 동 1989. 9. 12, 89 다카 890}$), 인수가액 이상의 추가출자를 시키는 것도 가능하다. 주주의 개별적인 동의나 포기 없이 주주의 유한책임을 부인하는 이론으로는 법인격부인론만이 있다.

제 2 절 주식회사의 설립

제 1 관 총 설

제 1 주식회사 설립의 특색

모든 회사의 설립절차는 실체형성절차와 설립등기로 구성되고, 실체형성절차에서 각종 회사의 설립절차의 특색이 나타나는데, 주식회사 설립의 특색은 다음과 같다.

(1) 주식회사의 설립사무를 담당하는 자는 모든 사원(주주)이 아니라, 특수한 지위를 가진 발기인이다($\frac{상 288조}{289조}$).

(2) 주식회사의 사원(주주)은 정관의 작성에 의해서가 아니라, 정관의 작성과는 별도의 절차인 주식인수절차에 의하여 확정된다($\frac{상 293조}{302조}$).

(3) 주식회사의 자본금은 회사채권자에 대하여 유일한 담보기능을 하므로, 이를 회사성립 전에 확보하기 위하여 주식인수의 출자이행절차가 있다($\frac{상 295조}{303조~307조}$).

(4) 주식회사는 원칙적으로 사원(주주)이 아닌 제 3 자기관에 의하여 운영되므로, 회사성립 전에 기관구성절차를 밟아야 한다($\frac{상 296조}{312조}$).

(5) 주식회사의 설립남용을 방지하기 위하여 설립경과에 대하여는 엄격한 조사

를 받도록 하고($\frac{상\ 298조\sim300조,}{313조,\ 314조}$), 발기인 등 설립관여자에게는 엄격한 책임을 지우고 있
다($\frac{상\ 321조\sim}{327조}$). 또한 이러한 점과 관련하여 주식회사의 설립절차에 관한 규정은 모두
엄격한 강행규정으로 되어 있다(통설).

제 2 주식회사 설립의 방법

(1) 주식회사 설립의 방법에는 회사의 설립시에 발행하는 주식의 인수방법에
따라 「발기설립」(단순설립, 동시설립)과 「모집설립」(복잡설립, 점차설립)이 있다. 「발기
설립」이란 설립시에 발행하는 주식의 전부를 발기인만이 인수하여 회사를 설립하는
방법을 말하고($\frac{상\ 295조}{이하}$), 「모집설립」이란 설립시에 발행하는 주식 중 그 일부는 발기
인이 인수하고 나머지 주식은 주주를 모집하여 인수시켜 회사를 설립하는 방법을
말한다($\frac{상\ 301조}{이하}$).

(2) 발기설립과 모집설립은 설립시에 발행하는 주식의 인수방법 이외에도 다음
과 같은 설립절차상(납입해태효과·기관구성방법) 및 설립경과 조사상에서 많은 차이
가 있다($\frac{상\ 296조\sim}{316조}$).

1) 발기설립의 경우 납입의 해태는(납입을 게을리한 때에는) 채무불이행의 일반
원칙($\frac{민\ 389조,}{390조,\ 544조}$)에 의하여 처리되며, 이사·감사의 선임은 발기인의 의결권의 과반수
로써 한다($\frac{상}{296조}$). 이에 반하여 모집설립의 경우 납입의 해태에 관하여는 실권(失權)
절차가 인정되고($\frac{상}{307조}$), 이사·감사의 선임은 창립총회에서 하게 된다($\frac{상}{312조}$).

2) 설립경과에 대하여 원칙적으로 이사·감사가 조사하고($\frac{상\ 298조\ 1항,}{313조\ 1항}$), 예외적으
로 변태설립사항은 법원이 선임한 검사인이 하는 점($\frac{상\ 298조\ 4항,}{310조\ 1항}$)은 발기설립과 모집
설립이 같다.

그러나 발기설립의 경우에는 이사·감사의 조사보고는 발기인에게 하고($\frac{상\ 298조}{1항}$)
변태설립사항을 조사하기 위하여 하는 법원에 대한 검사인의 선임청구는 이사가
하며($\frac{상\ 298조}{4항}$) 변태설립사항이 부당한 때의 변경은 법원이 하는데($\frac{상}{300조}$), 이에 반하여
모집설립의 경우에는 이사·감사의 조사보고는 창립총회에 하고($\frac{상\ 313조}{1항}$) 변태설립사
항을 조사하기 위하여 하는 법원에 대한 검사인의 선임청구는 발기인이 하며
($\frac{상\ 310조}{1항}$) 변태설립사항이 부당한 때의 변경은 창립총회가 한다($\frac{상}{314조}$).

제 3 발기인·발기인조합·설립중의 회사

1. 발 기 인

(1) 의 의

발기인은 실질적으로 보면 「회사의 설립사무에 종사한 자」를 의미하나, 형식적으로 보면 「정관에 발기인으로 기명날인 또는 서명을 한 자」($\frac{상}{1항}^{289조}$)를 의미한다 (통설). 발기인은 법률상으로는 형식적인 면에서 파악되어 그의 권한과 책임이 부여된다. 따라서 실제로 설립사무에 종사하였더라도 정관에 발기인으로 기명날인 또는 서명을 하지 않은 자는 발기인이 아니고, 반대로 실제 설립사무에 종사하지 아니하였더라도 정관에 발기인으로 기명날인 또는 서명을 한 자는 발기인이다 (통설).

이러한 발기인은 대외적으로 설립중의 회사의 기관으로서 활동하고, 대내적으로는 발기인조합의 구성원으로서 회사의 설립사무에 종사한다.

(2) 자격 및 수

1) 자 격   발기인의 자격에 대하여 통설은 제한이 없다고 보므로 법인도 발기인이 될 수 있고, 또 제한능력자도 발기인이 될 수 있다고 본다.

생각건대 발기인은 실제로 회사의 설립사무에 종사하는 자이므로 법인이나 제한능력자는 사실상 발기인으로 활동하는 데 여러 가지 문제점이 있다고 본다. 따라서 발기인은 완전한 행위능력이 있는 자연인에 한한다고 본다.

2) 수   발기인은 1인 이상이어야 한다($\frac{상}{288조}$).

(3) 권 한

발기인의 권한에 대하여 우리나라에서는 아래와 같이 세 개의 학설로 나뉘어 있다.

1) 제 1 설   발기인은 회사의 설립 그 자체를 직접적 목적으로 하는 행위만을 할 수 있으므로, 개업준비행위는 당연히 제외된다는 학설이 있다. 이 설에서는 법정의 요건을 갖춘 재산인수($\frac{상}{3호}^{290조}$)는 예외적으로만 인정된다고 설명한다.

2) 제 2 설   발기인은 회사의 설립을 위하여 법률상·경제상 필요로 하는 모든 행위를 할 수 있으나, 개업준비행위는 제외된다는 학설이 있다. 이 설에서도 법정의 요건을 갖춘 재산인수($\frac{상}{3호}^{290조}$)는 예외적으로만 인정된다고 보므로, 법정의 요건을 갖추지 않는 재산인수는 원칙적으로 회사에 대하여 효력이 생기지 않는다고 본다.

3) 제 3 설   발기인은 회사설립에 필요로 하는 법률상·경제상의 모든 행위를 할 수 있으므로, 이에는 회사성립 후의 개업을 위한 개업준비행위도 포함된다는 학설이 있다. 이 설에 의하면 발기인의 재산인수($\frac{\m 290조}{3호}$)는 개업준비행위로서 원래 발기인의 권한에 속하는 행위라고 볼 수 있으나, 이는 특히 위험성이 많으므로 이의 남용을 방지하기 위하여 상법이 이를 제한하고 있다고 한다.

생각건대 발기인의 회사설립에 관한 행위가 「회사의 설립에 필요한 행위」와 「개업준비행위」로 명백하게 분리되지 않는 점, 발기인은 회사설립에 관하여 엄격한 책임을 부담하므로($\frac{상\ 321조}{322조}$) 발기인에게 회사설립에 관하여 그 권한을 넓게 인정하여도 무방하다는 점 등에서 볼 때, 발기인의 권한에 개업준비행위를 포함하는 위 제 3 설이 타당하다고 본다. 이 때 성립 후의 회사의 보호문제는 우리 상법이 발기인에게 회사의 설립과 관련하여 엄격한 책임을 부담하는 규정을 두고 있어($\frac{상\ 321조}{322조}$) 어느 정도 해결되고 있다고 본다.

[발기인의 권한에 관한 판례]

"발기인대표가 성립 후의 회사를 위하여 자동차조립계약을 체결한 것은 (발기인대표 개인명의로 되어 있다 하더라도) 발기인대표로서 회사설립사무의 집행인으로서 위 계약을 체결한 것으로 회사에 책임이 있고, 이는 상법 제290조 (변태설립사항)의 각 호에 해당되지 않는다(발기인의 권한에 개업준비행위를 포함시키고 있다)($\frac{대판\ 1970.\ 8.}{31,\ 70\ 다\ 1357}$)."

(4) 의무·책임

발기인은 설립사무와 관련하여 여러 가지의 의무와 책임을 부담하는데, 의무로는 주식인수의무($\frac{상}{293조}$)·의사록작성의무($\frac{상}{297조}$) 등이 있고, 책임으로는 주식의 인수 및 납입담보책임($\frac{상}{321조}$)·임무해태로(임무를 게을리함으로) 인한 손해배상책임($\frac{상}{322조}$) 등이 있다.

2. 발기인조합

(1) 의 의

주식회사의 설립에서 발기인이 2인 이상인 경우에는 이러한 발기인 상호간에는 정관작성에 앞서 회사의 설립을 목적으로 하는 어떤 계약이 존재하는 것이 일반적이다. 이러한 계약의 형태는 조합계약이고, 그러한 계약에 의하여 성립하는 조합이 발기인조합이다. 이러한 발기인조합의 성질은 민법상의 조합이므로, 발기인조합에는 조합에 관한 민법의 규정이 적용된다(통설). 이와 같이 민법상 발기인조합을 인정하는 이유는 그의 업무집행방법과 대외적인 책임을 규율할 필요가 있기 때문이다.

(2) 권 한

주식회사의 설립절차는 이러한 발기인조합의 업무집행으로 진행된다. 따라서 발기인조합은 정관작성 등 회사의 설립사무를 담당하는 권한을 갖는다.

(3) 발기인 및 설립중의 회사와의 관계

1) 발기인과의 관계   발기인은 발기인조합의 구성원이고 설립중의 회사의 기관이므로, 발기인이 하는 회사의 설립행위는 발기인조합계약의 이행행위이며 또한 설립중의 회사의 기관의 활동이 된다.

2) 설립중의 회사와의 관계   「발기인조합」은 그 후에 성립하는 「설립중의 회사」와 구별되는데, 보통 회사의 성립시(설립등기시)까지 양자는 병존한다. 발기인조합은 발기인 상호간의 내부적인 계약관계로서 개인법상의 존재이나, 설립중의 회사는 사단법상의 존재로서 회사법적 효력을 갖는 점에서 양자는 근본적으로 구별된다. 따라서 설립중의 회사는 성립 후의 회사와 직접 관련을 갖지만, 발기인조합은 그 자체로서 설립중의 회사 및 성립 후의 회사와 직접적인 법적 관계를 갖지 못한다.

3. 설립중의 회사

(1) 의 의

설립중의 회사란 「회사의 성립(설립등기) 이전에 어느 정도 회사로서의 실체가 형성된 미완성의 회사」를 말한다. 설립중의 회사라는 개념은 대륙법계의 회사법에서 입법상 또는 강학상 인정되는 개념인데, 이는 설립과정에서 생긴 발기인 내지 설립중의 회사의 기관이 취득한 권리의무가 성립 후의 회사에 이전되는 관계를 설명하기 위하여 인정된 것이다.

[설립중의 회사의 의의에 관한 판례]

"소위 설립중의 회사라 함은 주식회사 설립과정에 있어서 발기인이 회사의
설립을 위하여 필요한 행위로 인하여 취득·부담하였던 권리의무가 회사의 설
립과 동시에 그 설립된 회사에 귀속되는 관계를 설명하기 위한 강학상의 개념

이다$\left(\substack{\text{대판 1970. 8.}\\\text{31, 70 다 1357}}\right)$."

(2) 법적 성질

설립중의 회사의 법적 성질에 대하여 우리 나라에서는 「조합도 아니고 권리능력이 없는 사단도 아니며 법인도 아닌 특수한 성질의 단체」라고 보는 소수설도 있으나, 통설·판례$\left(\substack{\text{대판 1970. 8.}\\\text{31, 70 다 1357}}\right)$는 「권리능력이 없는 사단」으로 보고 있다.

생각건대 설립중의 회사를 인정하는 취지에서 이의 법적 성질을 명확히 할 필요가 있는 점에서 볼 때, 통설·판례에 찬성한다.

(3) 성립시기

설립중의 회사의 성립시기에 대하여 우리나라에서는 (i) 정관이 작성된 때라고 보는 설, (ii) 정관이 작성되고 발기인이 1주 이상의 주식을 인수한 때라고 보는 설(통설·판례)$\left(\substack{\text{대판 1994. 1. 28,}\\\text{93 다 50215 외}}\right)$, (iii) 발행주식총수가 인수된 때라고 보는 설이 있다.

생각건대 설립중의 회사가 성립하기 위하여는 사원의 일부가 확정되어야 하는데 발기인의 주식인수가 예정되어 있다 하더라도 그의 주식인수 전에는 사원의 자격으로 볼 수 없는 점에서 (i)의 설은 문제가 있고, 또 설립중의 회사는 성립 후의 회사와는 달라서 최저자본금에 해당하는 주식의 전부가 인수될 필요가 없다는 점에서 (iii)의 설도 문제가 있다고 본다. 따라서 일부의 주식인수에 의하여 사원의 일부가 확정된 때를 설립중의 회사의 성립시기로 보는 (ii)의 설(통설·판례)이 가장 타당하다고 본다.

(4) 법률관계

1) 내부관계

(가) **창립총회**　이는 모집설립의 경우에만 있는 기관으로, 이에는 소집절차 등에 관하여 주주총회에 관한 많은 규정을 준용하고 있다$\left(\substack{\text{상 308조}\\\text{2항}}\right)$. 그러나 그 결의방법에 관하여는 「출석한 주식인수인의 의결권의 3분의 2 이상이며 인수된 주식총수의 과반수」로 특별히 규정하고 있다$\left(\substack{\text{상}\\\text{309조}}\right)$. 이와 같이 모집설립의 경우에는 의결기관으로 창립총회가 있으므로, 이러한 창립총회는 회사의 설립에 관한 모든 사항을 결의할 수 있다$\left(\substack{\text{상 308조 2항은 361조를}\\\text{준용하지 않음}}\right)$.

(나) **업무집행기관**　설립중의 회사의 업무집행기관은 「발기인」이다. 발기인$\left(\substack{\text{발기설립의}\\\text{경우─상 296조}}\right)$ 또는 창립총회$\left(\substack{\text{모집설립의}\\\text{경우─상 312조}}\right)$가 선임한 이사·감사는 설립중의 회사의 감사기관이지 업무집행기관이 아니다$\left(\substack{\text{상 313조}\\\text{참조}}\right)$.

설립중의 회사의 업무집행기관인 발기인은 그의 권한범위(이에 관하여는 발기인의 권한에서 이미 설명함) 내에서 회사의 설립에 필요한 모든 행위(예컨대, 정관작성·주식인수절차·출자이행절차·기관구성절차 등 모든 실체형성절차)를 할 권리의무를 갖는다.

발기인의 업무집행은 원칙적으로 발기인 전원의 과반수로써 결정하여야 하나($^{민\ 706조}_{2항}$), 중요한 업무($^{상}_{291조}$) 또는 기본구조의 변경(예컨대, 정관변경·발기인의 변경 등)에 관한 사항은 발기인 전원의 동의에 의하여 결정하여야 한다.

(대) **감사기관**   설립중의 회사의 감사기관은 앞에서 본 바와 같이 이사·감사인데, 그의 권한은 설립에 관한 사항을 조사하여 발기인($^{발기설립의\ 경우}_{一상\ 298조\ 1항}$) 또는 창립총회($^{모집설립의\ 경우}_{一상\ 313조\ 1항}$)에 보고하는 일이다.

2) **외부관계**

(가) **능 력**   설립중의 회사의 법적 성질을 권리능력이 없는 사단으로 보면 설립중의 회사에는 권리능력이 없다. 그러나 우리 법상 권리능력이 없는 사단에도 민사소송법상 당사자능력이 인정되고($^{민소}_{52조}$) 또 부동산등기법상 등기능력이 인정되고 있으므로($^{부동}_{26조}$), 설립중의 회사에도 당연히 이러한 능력이 인정된다. 그러나 설립중의 회사는 다른 권리능력이 없는 사단과는 달리 그 목적이 뚜렷하고 또 존속기간이 일시적이므로, 위의 특별법상의 능력 외에도 그 목적인 설립활동에 필수불가결한 범위 내에서는 위와 같은 특별법의 규정을 유추하여 그의 능력을 인정할 수 있다고 본다. 따라서 설립중의 회사는 은행과의 예금거래능력·어음능력 등을 갖는다고 본다.

(나) **대 표**   설립중의 회사를 제 3 자에게 대표하는 기관은 「발기인」이다. 따라서 발기인은 대내적으로는 설립중의 회사의 업무를 집행하고, 대외적으로는 설립중의 회사를 대표한다. 모든 발기인은 각자 이와 같은 대표권을 갖는데, 발기인조합계약 등에 의하여 특정한 발기인을 대표발기인으로 선임할 수는 있다고 본다. 이러한 대표발기인은 보통 설립중의 회사를 대표할 권한과 발기인조합을 대리할 권한을 갖는데, 이러한 대표권(대리권)의 제한은 선의의 제 3 자에게 대항할 수 없다고 본다($^{상\ 209조\ 2항}_{유추적용}$).

(다) **책 임**   설립중의 회사가 제 3 자에 대하여 부담하는 채무에 대하여 누가 책임을 질 것인가가 문제된다. 설립중의 회사는 법인격이 없으므로 이러한 채무를 설립중의 회사 자체가 부담한다고 볼 수는 없다. 따라서 주식인수인(설립중의 회사의 구성원) 및 발기인이 부담할 수밖에 없다.

① 주식인수인은 설립중의 회사가 부담하는 채무를 준총유($^{상}_{278조}$)의 형식으로 공동부담하고 그 채무에 대하여는 설립중의 회사의 재산만으로 책임을 지므로 주식인수인은 자기의 주식의 인수가액의 범위 내에서만 책임을 진다고 본다. 따라서 주

식인수인이 출자의무를 이행하면 그 이상 아무런 책임을 지지 않는다. 회사가 성립하고 회사의 채무가 적극재산을 초과하는 경우, 회사채권자를 보호하기 위하여 주주(사원)의 책임을 인정할 수 있을 것인가의 논의는 후술한다.

② 발기인은 설립중의 회사의 채무에 대하여 개인적으로 연대하여 무한책임을 지는 것으로 보아야 한다. 우리 상법은 회사불성립이 확정된 경우에만 설립에 관한 행위에 대하여 발기인의 연대책임을 규정하고 있으나($_{326조}^{상}$), 이 규정을 유추하여 회사불성립이 확정되기 이전에도 발기인에게 동일한 책임(연대·무한책임)을 인정할 수 있다고 본다. 회사가 성립한 경우의 발기인의 책임에 대하여는 상법이 회사에 대한 책임($_{322조 1항}^{상 321조}$)과 제3자에 대한 책임($_{2항}^{상 322조}$)으로 나누어 별도로 규정하고 있다.

(5) 권리의무의 이전

1) 설립중의 회사의 법적 성질을 권리능력이 없는 사단이라고 보면, 설립중의 회사의 명의로 취득한 권리의무는 설립중의 회사에 총유(또는 준총유)의 형식으로 귀속하였다가($_{278조}^{민 275조}$) 성립 후의 회사에 별도의 이전행위 없이 귀속하게 된다(통설). 이는 대륙법계에서 설립중의 회사와 성립 후의 회사를 실질적으로 동일하게 보는 동일성설의 입장에 따른 설명이다.

영미법계에서는 설립중의 회사의 개념을 인정하지 않으므로 회사 성립 전에는 발기인의 행위만이 있을 뿐인데, 이러한 발기인의 행위의 효력은 원칙적으로 성립 후의 회사에 미치지 않는다. 그러나 영국에서는 성립 후의 회사는 발기인의 계약에 대하여 직접 동의하거나 1999년의 계약(제3자의 권리)법에 의하여 그 계약을 채택할 수 있다. 또한 미국에서도 성립 후의 회사가 발기인의 계약을 추인하거나 채택하는 것을 인정한다.

2) 그런데 설립중의 회사의 기관은 발기인이므로 발기인의 행위의 효과가 성립 후의 회사에 귀속하는 결과가 되어, 이 때 발기인의 권한남용에 따른 성립 후의 회사의 보호의 문제가 있다. 따라서 이러한 발기인의 행위의 효력이 성립 후의 회사로 이전되기 위하여는 다음의 요건이 구비되어야 한다.

(가) 첫째로 형식적인 면에서 발기인은 설립중의 회사의 명의로 행위를 하여야 그 행위의 효력이 성립 후의 회사에 귀속된다. 만일 발기인이 자기 개인명의로 행위를 하거나 발기인조합명의로 행위를 한 경우에는, 그 행위의 효력은 별도의 이전행위가 없이는 성립 후의 회사에 귀속하지 않는다(통설·판례)($_{93 다 50215 외}^{대판 1994. 1. 28,}$).

(나) 둘째로 실질적인 면에서 발기인은 설립중의 회사의 기관으로서 그의 권한 범위 내에서 행위를 하여야 그 행위의 효력이 성립 후의 회사에 귀속한다. 그런데

이 때에 발기인의 권한이 어디까지 미치느냐에 대하여는 이미 발기인의 권한에서
설명하였다.

　　3) 발기인이 한 행위의 효력이 성립 후의 회사에 이전하는 점과 관련하여 다음
과 같은 두 가지 문제점이 있다.

　　⑺ 첫째는 발기인이 설립중의 회사의 명의로 발기인의 권한범위 내에서 행위
를 하여 설립중의 회사가 취득하거나 부담한 권리의무를 모두 성립 후의 회사가 포
괄승계한 결과, 회사의 성립시(설립등기시)에 회사의 자본금과 실제의 재산보다 회사
의 채무가 큰 경우에 회사의 채권자를 보호하기 위하여 어떠한 조치가 필요한가의
문제가 있다. 이에 대하여 이와 같은 경우에는 회사의 구성원이 그 차액에 대하여
지분의 비율에 따라 책임을 져야 한다는 독일의 차액책임이론을 소개하고, 우리나
라에서도 주식회사에 관하여 이 이론을 적용할 수 있다는 견해가 있다. 그러나 이
이론은 유한회사에서는 그 적용가능성이 있다고 볼 수 있으나, 주식회사에 이 이론
을 적용하는 것은 실정법상 명문규정이 없는 점에서 보나 또 주식회사의 본질면(주
주의 유한책임)에서 보아 무리라고 생각된다.

　　⑻ 둘째는 발기인의 권한범위 외의 행위(또는 정관에 기재하지 않고 한 재산인수)
를 한 경우에 성립 후의 회사가 추인할 수 있으며, 추인할 수 있다고 보면 어떠한
방법으로 추인할 수 있는가의 문제가 있다.

　　① 발기인의 권한범위 외의 행위(또는 정관에 기재하지 않고 한 재산인수)를 성립
후의 회사가 추인할 수 있는지 여부에 대하여는 부정설(다수설)과 긍정설(소수설)로
나뉘어 있다.

　　(i) 부정설(다수설)에서는 발기인의 권한범위 외의 행위(또는 정관에 기재하지 않
고 한 재산인수)는 무효로서 성립 후의 회사가 이를 추인하지 못하고, 이 무효는 회
사뿐만 아니라 양도인도 주장할 수 있다고 한다. 이러한 부정설에서는 긍정설을 실
정법상의 근거가 없을 뿐만 아니라, 변태설립사항을 규정한 상법 제290조의 탈법행
위를 인정하는 결과가 된다는 등의 이유를 들어 비판하고 있다.

　　(ii) 긍정설(소수설)에서는 발기인의 권한범위 외의 행위(또는 정관에 기재하지 않
고 한 재산인수)는 발기인이 설립중의 회사의 명의로 성립 후의 회사의 계산으로 한
것은 비록 그것이 발기인의 권한범위 외의 행위라 할지라도 무권대리행위로서 민법
제130조 이하의 규정에 의하여 추인할 수 있다고 보고, 이렇게 성립 후의 회사가
추인하는 경우에는 상대방이 추인 전에 무효를 주장하지 않는 이상 그 효과가 회사
에 귀속된다고 한다.

생각건대 긍정설이 타당하다고 본다. 왜냐하면 발기인의 권한범위 외의 행위
(또는 정관에 기재하지 않고 한 재산인수)가 회사에 폐해가 없다면(더 나아가서 회사가 하
고자 했던 것이라면) 그 추인을 부정할 이유가 없으며, 또 부정설도 성립 후의 회사가
상대방의 승인을 얻어 발기인의 계약상의 지위를 승계하는 것 등을 부정할 수가 없
는데 이 때에 부정설은 발기인의 무권한을 알고 있는 상대방에게까지 자유로운 선
택권을 인정하는 결과가 되어 부당하기 때문이다. 그러나 재산인수의 경우에는 검
사인의 조사를 받지 않게 되어 문제가 있으므로, 이 점에 대하여는 입법적으로 해
결하여야 할 것으로 본다.

② 발기인의 권한범위 외의 행위(또는 정관에 기재하지 않고 한 재산인수)를 성립
후의 회사가 추인할 수 있다고 보는 경우에 성립 후의 회사는 사후설립에 관한 규
정($\frac{상}{375조}$)을 유추적용하여 주주총회의 특별결의로써 이를 추인할 수 있다고 보아야
할 것이다.

≫ 사례연습 ≪

[사 례]

　Y주식회사의 발기인대표 A는 성립 후의 Y회사를 위하여 사무실의 임차계약을
X와 체결하였다. Y회사는 회사성립 후 그 사무실을 사용하면서 임차료를 X에게
지급하지 아니하였다. 이 때 X는 Y회사에게 임차료를 지급청구할 수 있는가? 또
위의 임대차계약을 창립총회 또는 회사성립 후의 주주총회에서 승인한 경우에는
어떠한가?

> ＊ 이 사례는 정찬형, 「상법사례연습(제4판)」, 사례 51에 기초한 것이므로, 이에 관한 상세는
> 同書를 참고하기 바람.

[해 답]

　(1) Y회사의 발기인대표 A가 성립 후의 Y회사를 위하여 X와 체결한 사무실의 임
차계약은 Y회사의 개업준비행위이다. 위에서 본 바와 같이 개업준비행위가 발기인의
권한에 속하는 행위라고 본다면, A가 X와 체결한 사무실의 임차계약은 A의 「권한범
위 내」의 행위가 된다. 따라서 A가 「설립중의 회사의 명의」로 (성립 후의 회사의 계
산으로) 본건 임차계약을 체결하였다면 그 계약의 효력은 그대로 성립 후의 회사에
귀속되므로(동일성설), 이 때 X는 Y회사에게 임차료의 지급청구를 할 수 있다고 보

아야 할 것이다.

그런데 본문에서 만일 A가 체결한 계약이 A의 권한범위 내의 행위이기는 하나 상법상 변태설립사항($_{290조}^{상}$)에 속하는 경우라면, 이 때에는 상법이 정한 엄격한 법정요건을 충족하여야 그 효력이 Y회사에게 발생하게 될 것이다.

(2) 발기인 A의 권한에 개업준비행위를 포함시키지 않는다고 보는 학설에 의하는 경우라도(또는 A의 행위가 상법 제290조의 변태설립사항에 속하는 행위라면 그 행위가 상법이 요구하는 법정요건을 구비하지 않은 때에는) A의 행위는 언제나 무효라고 볼 수 없고(추인긍정설) A의 행위는 성립 후의 Y회사의 무권대리행위로서 성립 후의 Y회사의 추인에 의하여 Y회사에게 귀속되는데($_{130조}^{민}$), 이 때에 추인의 방법은 성립 후의 Y회사의 주주총회의 특별결의에 의한다고 본다($_{유추적용}^{상\ 375조}$). 그러나 이 경우 Y회사의 창립총회에서는 이를 추인할 수 없다고 본다. 따라서 이 경우에도 성립 후의 Y회사의 주주총회의 특별결의가 있으면 이 때부터 X는 Y회사에게 임차료를 지급청구할 수 있다고 보아야 할 것이다. 이 때에 본문에서와 같이 「Y회사가 회사성립 후 그 사무실을 사용하는 것」은 Y회사의 (주주총회의 특별결의에 기한) 묵시적 승인으로 볼 수 없을 것이므로, X는 Y회사의 추인에 관한 주주총회의 특별결의가 있기까지에는 Y회사에 대하여 임차료상당의 부당이득반환청구권을 행사할 수 있고, Y회사의 추인에 관한 주주총회의 특별결의가 있은 후에는 X는 Y회사에 대하여 임차료지급청구권을 행사할 수 있다고 보아야 할 것이다.

(3) 만일 X가 Y회사에게 임차료지급청구권을 행사할 수 없는 경우에도 A는 발기인 대표로서 본건 계약을 체결하였고, 이는 다른 한편 발기인조합의 업무집행이므로, A뿐만 아니라 Y회사의 발기인 전원은 연대하여 X에게 임차료 상당의 손해배상책임을 부담할 수 있다($_{2항}^{상\ 322조}$).

제 2 관   실체형성절차

주식회사의 실체형성절차는 크게 「정관의 작성」과 「그 밖의 실체형성절차」로 분류될 수 있는데, 이하에서 차례로 설명한다.

제 1 정관의 작성

1. 정관의 의의

정관이란 실질적으로는「회사의 조직과 활동에 관하여 규정한 근본규칙」을 말하고, 형식적으로는「이러한 근본규칙을 기재한 서면」을 말한다. 주식회사의 정관은 1인 이상의 발기인이 작성하여야 하고($\frac{상}{288조}$), 발기인 전원이 이에 기명날인 또는 서명하여야 한다($\frac{상}{289조}$). 또한 원시정관은 회사의 설립관계를 명확히 하기 위하여 원칙적으로 공증인의 인증을 효력발생요건으로 하고 있다($\frac{상}{본문}$292조). 그러나 자본금 총액이 10억원 미만인 소규모 주식회사를 발기설립하는 경우에는 설립절차를 간소화하기 위하여 예외적으로 정관에 대한 공증인의 인증의무를 면제하고 각 발기인이 정관에 기명날인 또는 서명함으로써 정관의 효력이 생기는 것으로 하고 있다($\frac{상}{단서}$292조).

2. 정관의 기재사항

(1) 절대적 기재사항

정관의 절대적 기재사항은 다음과 같다($\frac{상}{1항}$289조).

1) **목 적**　　업종을 확인할 수 있을 정도로 구체적으로 기재하여야 하는데, 이는 회사의 권리능력의 기준이 되거나(제한설의 경우), 회사기관의 권한남용 여부의 기준이 된다(무제한설의 경우).

2) **상 호**　　회사의 명칭이며, 반드시 주식회사라는 문자를 사용하여야 한다($\frac{상}{19조}$).

3) **회사가 발행할 주식의 총수**　　이는 수권주식총수(발행예정주식총수)이다.

4) **액면주식을 발행하는 경우 1주의 금액**　　액면주식을 발행하는 경우 1주의 금액은 100원 이상이어야 하고($\frac{상}{3항}$329조), 균일하여야 한다($\frac{상}{2항}$329조).

5) **회사의 설립시에 발행하는 주식의 총수**　　이는 회사의 설립시의 자본금의 기초가 된다($\frac{상}{451조}$).

6) **본점의 소재지**　　이는 회사의 주소와 관련되는데($\frac{상}{171조}$), 최소독립행정구역으로 표시하면 된다. 지점의 설치·이전 또는 폐지는 이사회의 결의사항이다($\frac{상}{1항}$393조).

7) **회사가 공고를 하는 방법**　　원칙적으로 관보 또는 일간신문 중에서 특정하여 기재하는데($\frac{상}{3항 본문}$289조), 회사의 모든 공고($\frac{상 354조 4항, 431조}{2항, 449조 2항 등}$)는 이를 통하여 하게 된

다. 이는 주주 또는 회사의 이해관계인으로 하여금 용이하게 공고내용을 알 수 있게 하기 위해서이다. 그러나 예외적으로 회사의 정관에서 정하는 바에 따라 전자적 방법으로 공고(전자공고)할 수 있도록 하고 있다($\frac{\text{상 289조 3 항 단서,}}{\text{4항~6항, 상시 6조}}$).

8) 발기인의 성명·주민등록번호 및 주소　발기인이 누구이냐 하는 것은 회사의 이해관계인에 중요하므로 이를 정관의 절대적 기재사항으로 한 것이다.

(2) 상대적 기재사항

정관의 상대적 기재사항은 상법의 여러 곳에 규정되어 있다($\frac{\text{상 290조, 344조 2 항, 344조의}}{\text{2~346조, 357조, 361조, 383조}}$ $\frac{\text{3항, 387조, 416조, 418조,}}{\text{463조, 517조 1 호 등}}$). 이와 같이 상법에 규정되어 있는 다수의 상대적 기재사항 중 특히 문제가 되는 것은, 회사의 설립시에 자본금 충실을 기하기 위하여 반드시 정관에 기재하여야만 그 효력이 있는 것으로 규정하고 있는 사항인 변태설립사항(위험한 약속)이다($\frac{\text{상}}{\text{290조}}$). 이러한 변태설립사항은 그것이 남용된 경우 회사의 재산적 기초를 약화시키므로 반드시 정관에 기재하여야 그 효력이 발생하도록 함은 물론, 주식청약서에도 기재하도록 하고($\frac{\text{상 302조}}{\text{2항 2 호}}$), 또 원칙적으로 법원이 선임한 검사인에 의하여 엄격한 조사를 받도록 하고 있다($\frac{\text{상 299조}}{\text{1항, 310조}}$). 이러한 변태설립사항을 정관에 기재하지 않고 하였거나 또는 정관에는 기재하였으나 검사인 등에 의한 검사를 받지 않고 한 경우에는 원칙적으로 무효라고 본다. 이러한 변태설립사항에는 다음과 같은 것이 있다.

1) 특별이익($\frac{\text{상 290조}}{\text{1호}}$)　발기인이 받을 특별이익과 이를 받을 자의 성명은 변태설립사항으로 이를 정관에 기재하여야 그 효력이 발생한다. 발기인이 받을 「특별이익」이란 발기인의 회사설립에 대한 공로로서 발기인에게 부여되는 이익을 말하는데(예컨대, 이익배당·잔여재산분배·신주인수에 대한 우선권, 회사설비이용에 대한 특혜, 회사제품의 총판매권 부여, 발기인으로부터 원료의 총구입권의 약속 등), 자본충실의 원칙에 반하는 이익(예컨대, 무상주의 교부)·주주평등의 원칙에 반하는 이익(예컨대, 의결권에 대한 특혜) 또는 단체법의 원칙에 반하는 이익(예컨대, 이사의 지위 약속) 등은 이에 포함되지 않는다.

발기인에게 부여된 이러한 특별이익은 일단 부여된 뒤에는 이익의 성질과 정관의 규정에 반하지 않는 한 양도 또는 상속의 대상이 될 수 있다.

2) 현물출자($\frac{\text{상 290조}}{\text{2호}}$)　현물출자를 하는 자가 있는 경우에는 그 자의 성명과 현물출자의 목적인 재산의 종류·수량·가격과 이에 대하여 부여할 주식의 종류와 수를 정관에 기재하여야 그 효력이 발생한다.

[정관에 기재하지 아니한 현물출자의 효력에 관한 판례]

"화물자동차를 현물출자하였다고 하더라도, 이에 관하여 정관의 규정이 없는 이상 현물출자라고 볼 수 없다($^{대판\ 1967.\ 6.}_{13,\ 67\ 다\ 302}$)."

주식회사에서는 금전출자가 원칙이나, 예외적으로 현물출자가 가능하다. 현물출자에 관한 사항을 상법이 변태설립사항으로 규정한 것은 현물출자되는 재산이 과대평가되어 회사설립시부터 자본에 결함이 생겨 회사채권자를 해하는 것을 방지하고, 또 현물출자자에게 부당하게 많은 주수(株數)를 배당함으로 인하여 금전출자한 주주를 해하는 것을 방지하려는 데 그 목적이 있다.

현물출자의 이행은 납입기일에 출자의 목적인 재산을 인도하고, 등기·등록 기타 권리의 설정 또는 이전을 요하는 경우에는 이에 관한 서류를 완비하여 교부하여야 한다($^{상\ 295조\ 2 항;}_{305조\ 3 항}$). 현물출자의 불이행이 있는 경우에는 민법상 채무불이행의 일반원칙에 의하여 강제집행을 할 수 있으나($^{민}_{389조}$), 이행불능의 경우에는 민법상 일반원칙에 의하여 그에게 손해배상을 청구할 수 있음은 물론($^{민\ 390조}_{544조}$) 정관을 변경하여 설립절차를 속행할 수 있다.

3) 재산인수($^{상\ 290조}_{3 호}$)   발기인은 회사의 성립을 조건으로 하여 회사를 위하여 특정인으로부터 일정한 재산을 양수하기로 약정하는 경우가 있는데(재산인수), 이 때에는 그 재산의 종류·수량·가격과 그 양도인의 성명을 정관에 기재하여야 그 효력이 발생한다. 이 때 「회사성립 후에 양수할 것을 약정한다」 함은 '발기인이 설립될 회사를 위하여 회사의 성립을 조건으로 하여 발기인이나 주식인수인 또는 제 3 자로부터 일정한 재산을 매매의 형식으로 양수할 것을 약정하는 계약'을 의미한다.

[재산인수에 해당한다고 본 판례]

"현물출자를 하기로 한 발기인이 현물출자에 따른 번잡함을 피하기 위하여 회사의 성립 후 회사와 현물출자자 사이의 매매계약에 의한 방법에 의하여 위 현물출자를 완성하기로 약정하였다면, 그 약정은 그대로 상법 제290조 3호의 재산인수에 해당하여 이를 정관에 기재하지 않고 한 경우는 무효이다 ($^{대판\ 1994.\ 5.\ 13,\ 94\ 다\ 323.\ 동지:}_{대판\ 2015.\ 3.\ 20,\ 2013\ 다\ 88829}$)."

「재산인수」($^{상\ 290조}_{3 호}$)는 현물출자($^{상\ 290조}_{2 호}$)가 탈법행위로 악용되는 것을 방지하기 위하여 상법이 변태설립사항으로 규정한 것이고, 또 재산인수가 탈법행위로 악용되는 것을 방지하기 위하여 상법은 다시 「사후설립」(회사의 성립 후 2년 내에 그 성립 전부터 존재하던 고정재산을 자본의 20분의 1 이상에 해당하는 대가로써 취득하는 계약을 하는 경우에는 주주총회의 특별결의를 요한다($^{상}_{375조}$)을 규정하고 있는 것이다. 따라서 「현물출자」, 「재산인수」 및 「사후설립」은 서로 유사하면서도 매우 다르다. 즉 「현물출자」는 단체법상의 출자행위이나 「재산인수」는 개인법상의 거래행위란 점에서 양자는 근본적으로 구별되고, 한편 「재산인수」는 회사성립 전의 계약이나 「사후설립」은 회사성립 후의 계약이라는 점에서 양자는 근본적으로 구별되고 있다.

재산인수는 변태설립사항으로 반드시 정관에 기재하여야 그 효력이 발생하는데, 정관에 기재하지 아니한 재산인수의 효력은 어떠한지가 문제된다. 이는 원칙적으로 무효가 된다는 점에 대하여는 앞에서 본 바와 같이 이론이 없으나, 성립 후의 회사가 예외적으로 추인할 수 있는지 여부에 대하여는 발기인이 그의 권한범위 외의 행위를 한 경우에 성립 후의 회사가 이를 추인할 수 있는지 여부의 경우와 같이 견해가 나뉘어 있다. 즉 이에 대하여 (i) 다수설은 정관에 규정이 없는 재산인수의 추인을 인정하면 이는 상법 제290조 3호의 취지를 무의미하게 하여 결과적으로 재산인수의 탈법행위를 인정하는 것이 되고, 또 자본충실에 관한 절차상의 규정은 다수결의 원리로 그 적용을 배제할 성질이 아니라는 이유로, 정관에 규정이 없는 재산인수는 주주총회의 특별결의가 있는 경우에도 절대적으로 무효라고 한다. (ii) 그러나 발기인이 권한범위 외의 행위를 한 경우와 같이 성립 후의 회사는 주식총회의 특별결의로써($^{상\ 374조}_{유추적용}$) 이를 추인할 수 있다고 본다(소수설). 앞에서 본 바와 같이 재산인수는 계약으로 단체법상 출자인 현물출자와는 구별되고 오히려 사후설립과 유사한 점이 많으므로, 이에 사후설립에 관한 규정이 유추적용될 수 있다고 본다. 그런데 재산인수에는 사후설립과 달리 자본금에 대한 일정비율 이상의 제한이 없으므로 재산인수의 대가가 자본금의 100분의 5 미만인 경우에도 주주총회의 특별결의가 있어야 추인할 수 있다고 본다.

[재산인수에 대하여 주주총회의 특별결의에 의한 추인을 인정한 판례]

"갑과 을이 각각 금전출자 및 현물출자를 하여 A주식회사를 설립하기로 합의하고 설립의 편의상 갑이 전액 금전출자하여 회사를 설립한 후 을이 그 반액을 현물로 출자하고 갑이 이에 해당하는 출자금을 되찾아간 경우, 이는 재산인수에 해당하여 정관에 기재가 없는 한 무효이나, 이는 동시에 상법 제375조의 사후설립에도 해당되어 이에 대하여 주주총회의 특별결의에 의한 사후의 추인이 있었다면 A회사는 유효하게 을의 현물출자로 인한 부동산의 소유권을 취득한다($^{대판\ 1992.\ 9.\ 14,}_{91\ 다\ 33087}$)."

4) **설립비용 등**($\overset{상}{4호}$ 290조)　　　회사가 부담할 설립비용과 발기인이 받을 보수액도 변태설립사항으로, 이를 정관에 기재하여야 그 효력이 발생한다. 이 때 「설립비용」이란 발기인이 회사의 설립을 위하여 지출한 비용을 말하는데, 정관·주식청약서 등의 인쇄비, 주주모집을 위한 광고비, 설립사무소의 임차료 등이 이에 해당한다. 그러나 회사의 개업준비를 위하여 지출한 공장·건물·집기·원료 등의 구입비인 개업준비비용은 이에 포함되지 않는다(통설). 개업준비를 위한 금전차입은 비용이 아니므로 이에 포함될 수 없음은 당연하다($\overset{동지:\ 대판\ 1965.\ 4.}{13,\ 64\ 다\ 1940}$). 상법이 이와 같이 설립비용을 변태설립사항으로 규정한 것은 발기인의 권한남용에 의한 과다한 비용지출을 방지하고자 함에 있다. 「발기인이 받을 보수」란 발기인이 회사의 설립사무에 종사한 노동의 대가를 말하는 것으로서 이는 일시적으로 지급되는 급료이므로, 「발기인이 받을 특별이익」($\overset{상}{1호}$ 290조)과 구별되고, 또한 「설립비용」에도 포함되지 않는다.

정관에 기재하지 않거나 기재액을 초과하여 지출한 설립비용은 발기인 자신이 부담하여야 한다. 이는 (성립 후의) 회사와 발기인간의 내부관계에 속하는 사항이나, 발기인은 이를 회사에 대하여 부당이득 또는 사무관리의 법리에 의하여 구상할 수 없다(통설).

(성립 후의) 회사와 발기인간의 외부관계에 속하는 사항으로 설립비용이 지급되지 않은 경우에 이를 누가 부담할 것인가의 문제가 있다. 이에 대하여 회사전액부담설·발기인전액부담설 및 회사·발기인중첩책임설 등이 있는데, 발기인의 적법한 행위로 설립중의 회사가 부담하는 채무는 동일성설에 의하여 성립 후의 회사의 채무가 된다는 점과 제3자의 보호면에서 볼 때 회사전액부담설이 가장 타당하다고 본다. 회사전액부담설에 의하는 경우 정관에 규정된 설립비용은 당연히 회사의 부담이나, 정관에 규정되지 않은 설립비용은 회사가 먼저 제3자에게 지급하고 내부관계에서 회사가 이를 추인하지 않는 한 발기인에게 구상할 수 있다고 본다.

(3) **임의적 기재사항**

상법에 규정이 없더라도 강행법규 또는 주식회사의 본질에 반하지 않는 한 정관에 기재할 수 있고 이로써 그 효력이 발생하는 사항이 있는데, 이를 임의적 기재사항이라고 한다. 임의적 기재사항의 예로는 주권의 종류, 주식명의개서절차, 이사·감사의 수, 영업연도 등이 있다.

3. 정관의 효력발생

정관은 원칙적으로 공증인의 인증을 받음으로써 효력이 생긴다($\overset{상}{본문}$ 292조). 그러나 자본금 총액이 10억원 미만인 회사로서 발기설립을 하는 경우에는 예외적으로 발기인이 정관에 기명날인 또는 서명함으로써 효력이 생긴다($^{상\,292조}_{단서}$).

제 2   그 밖의 실체형성절차

그 밖의 실체형성절차에는 주식발행사항의 결정절차·주식인수절차·출자이행절차·기관구성절차 및 설립경과조사절차가 있는데, 주식발행사항의 결정절차를 제외한 나머지는 회사의 설립방법이 발기설립이냐 모집설립이냐에 따라 차이가 있다.

1. 주식발행사항의 결정절차(공통절차)

「회사의 설립시에 발행하는 주식의 총수」($^{상\,289조}_{1항\,5호}$)와 「액면주식을 발행하는 경우 1주의 금액」($^{상\,289조}_{1항\,4호}$)은 반드시 정관에 의하여 정하여지지만, 그 이외의 구체적인 주식발행사항은 정관에 특별히 규정된 바가 없으면 발기인에 의하여 정하여질 수밖에 없다. 이 중에서 (i) 어떤 종류의 주식(보통주식·이익배당 또는 잔여재산분배에 관한 종류주식, 상환주식, 전환주식, 의결권이 없는 종류주식이나 의결권이 제한되는 종류주식 등)을 몇 주 발행할 것인가의 문제, (ii) 액면주식의 경우에 액면가액 이상의 주식을 발행할 때에는 그 주식의 발행가액을 얼마로 하고 또 이러한 발행가액의 주식을 몇 주 발행할 것인가의 문제 및 (iii) 무액면주식을 발행하는 경우에는 주식의 발행가액과 주식의 발행가액 중 자본금으로 계상하는 금액을 얼마로 할 것인가의 문제는, 정관에 별도로 정한 바가 없으면 발기인 전원의 동의로써 정한다($^{상}_{291조}$).

위의 사항을 제외한 나머지 사항(예컨대, 주식의 청약기간, 납입기일, 납입취급은행 등)은 발기인의 과반수의 다수결로써 정한다(통설).

2. 주식인수절차

(1) 발기설립의 경우

발기설립의 경우에는 회사의 설립시에 발행하는 주식의 총수를 발기인이 인수하는 것인데, 이 때에 발기인은 반드시 서면에 의하여 주식을 인수하여야 한다($^{상}_{293조}$). 이러한 발기인의 주식인수의 법적 성질은 합동행위(통설)이다.

(2) 모집설립의 경우

모집설립의 경우에는 회사의 설립시에 발행하는 주식의 일부는 발기인이 인수하고(즉 발기인은 반드시 1주 이상의 주식을 주주의 모집 전에 인수하여야 한다)($^{상\,301조}_{전단,\,293조}$),

나머지는 주주를 모집하여 인수시킨다($\frac{\text{상}}{\text{후단}}^{301조}$). 이 때에는 주주의 모집과 관련하여 발기인의 주식인수와는 다른 점이 많은데, 이는 다음과 같다.

1) **주주의 모집방법**(주식청약서주의)　모집설립의 경우에 발기인은 회사의 개요와 청약의 조건을 기재한 주식청약서를 반드시 작성하여야 하고($\frac{\text{상}}{\text{2항}}^{302조}$), 주식인수의 청약을 하고자 하는 자는 반드시 이에 의하여 청약하여야 한다($\frac{\text{상}}{\text{1항}}^{302조}$).

2) **주식의 인수**　모집설립에 있어서 주식의 인수는 주식을 인수하고자 하는 자의 청약과 발기인의 배정에 의하여 성립한다. 모집설립의 경우 이러한 주식인수의 법적 성질은 (설립중의 회사의) 입사계약이다.

주식인수의 청약은 가설인명의 또는 타인의 승낙을 얻지 않고 타인명의로 하는 경우도 있는데, 이 때에는 실제로 청약을 한 자가 주식배정 후 주식인수인이 되어 그가 주식인수인으로서의 책임(예컨대, 납입책임 등)을 부담한다($\frac{\text{상}}{\text{1항}}^{332조}$)($\frac{\text{동지: 대판 2017. 12.}}{\text{5, 2016 다 265351}}$). 그런데 타인의 승낙을 얻어 타인명의로 주식을 청약하고 그 후 그 타인에게 주식이 배정된 경우에는 누가 주식인수인이 되는가에 대하여, 학설은 명의대여자가 주식인수인이라고 보는 형식설(소수설)과, 명의차용자가 주식인수인이라고 보는 실질설(통설)로 나뉘어 있다. 우리나라의 판례는 종래에는 실질설이었는데($\frac{\text{대판 1998. 4. 10, 97 다 50619; 동 2004. 3. 26,}}{\text{2002 다 29138; 동 2011. 5. 26, 2010 다 22552 외}}$), 그 후 형식설로 변경하였다($\frac{\text{대판〈전〉 2017. 3. 23, 2015 다 248342; 대판 2017. 12. 5, 2016 다 265351; 동 2019.}}{\text{5. 16, 2016 다 240338〈주주명부상의 주주가 아닌 제 3 자를 실질상의 주주로 보기}}$ 위하여는 단순히 제 3 자가 주식인수대금을 납입하였다는 사정만으로는 부족하고, 제 3 자와 주주명부상 주주 사이의 내부관계, 주식인수와 주주명부 등재에 관한 경위 및 목적, 주주명부 등재 후 주주로서의 권리행사 내용 등을 종합하여 판단하여야 함〉). 생각건대, 법률행위의 일반이론에 비추어 보나 실질적 투자자를 보호할 필요가 있는 점에서 볼 때 실질설이 타당하다고 본다. 이러한 점에서 실질주주의 채권자는 실질주주를 대위하여 명의신탁계약을 해지하고 명의주주를 상대로 주주권 확인을 구할 수 있다($\frac{\text{대판 2013. 2. 14,}}{\text{2011 다 109708}}$). 그런데 이 때에 어느 설을 따르더라도 상법의 규정에 의하여 명의대여자와 명의차용자는 연대하여 주금액을 납입할 책임을 부담한다($\frac{\text{상}}{\text{2항}}^{332조}$).

주식인수의 청약은 단체법상의 행위로서 개인법상의 행위와는 다르기 때문에, 의사표시자의 보호에만 치중할 수 없고 주식인수의 청약의 효력을 가능한 한 확보할 필요가 있다. 따라서 상법은 이에 관한 몇 가지의 특칙을 두고 있는데, 이러한 특칙으로는 (i) 주식인수의 청약자가 비진의표시를 하고 상대방(발기인)이 이를 알았거나 또는 알 수 있었을 경우에도 그 청약은 무효가 되지 않는 것으로 규정한 점($\frac{\text{상}}{\text{3항}}^{302조}$), (ii) 회사성립 후 또는 창립총회에 출석하여 권리를 행사한 후에는 주식청약서의 요건의 흠결을 이유로 하여 주식인수의 무효를 주장하거나, 착오($\frac{\text{민}}{\text{109조}}$) 또는 사기·강박($\frac{\text{민}}{\text{110조}}$)을 이유로 하여 주식인수를 취소할 수 없도록 규정한 점($\frac{\text{상}}{\text{320조}}$)이다.

주식인수의 청약에 대하여 발기인은 배정방법을 미리 공고하지 않은 이상 자유로이 배정할 수 있다(배정자유의 원칙). 주식인수의 청약에 대하여 배정이 있으면 주식의 인수가 성립하는데, 이 때에 청약자는 인수인이 되어 배정받은 주식의 수에 따라서 인수가액을 납입할 의무를 부담한다($\frac{상}{303조}$).

≫ 사례연습 ≪

[사 례]

X가 Y명의로 주식을 인수한 경우에 주주는 누구인가?

* 이 사례는 정찬형, 「상법사례연습(제 4 판)」, 사례 56에 기초한 것이므로, 이에 관한 상세는 同書를 참고하기 바람.

[해 답]

(1) Y의 명의가 가설인이거나 Y가 그 명의의 사용을 X에게 승낙하지 않은 경우에는 X가 주주가 된다($\frac{상\ 332조}{1항}$).

(2) Y가 그의 명의사용을 X에게 승낙한 경우로서 X가 「Y를 위하여」(Y의 계산으로) Y의 명의로 주식을 인수한 경우에는 Y가 주주가 된다.

(3) Y가 그의 명의사용을 X에게 승낙한 경우로서 X가 「X를 위하여」(X의 계산으로) Y의 명의로 주식을 인수한 경우에는 누가 주주인가에 대하여 앞에서 본 바와 같이 실질설과 형식설에 따라 그 결론을 달리한다. 즉, 다수설인 실질설에 의하면 X가 주주가 되고, 소수설인 형식설에 의하면 Y가 주주가 된다. 앞에서 본 바와 같이 실질설이 타당하다고 보기 때문에 이 경우에는 X가 주주라고 본다. 우리 대법원판례는 종래에는 실질설이었으나, 대판(전원합의체판결) 2017. 3. 23, 2015 다 248342에 의하여 형식설로 변경되었다. 이 때에 주금납입의무는 X와 Y가 연대하여 부담한다($\frac{상\ 332조}{2항}$).

---

3. 출자이행절차

(1) 발기설립의 경우

발기인이 설립시에 발행하는 주식총수를 인수하고(발기설립) 금전출자를 하는 경우에는 그 발기인은 지체 없이 각 주식에 대하여 그 인수가액의 전액을 납입하여야 한다(전액납입주의)($\frac{상\ 295조}{1항\ 1문}$). 이 때 발기인의 인수가액의 납입은 은행 기타 금융기관과 납입장소에 하여야 한다($\frac{상\ 295조}{1항\ 2문}$). 한편 이러한 납입금의 보관은행 등은 법원의 허가가 있는 경우에만 변경될 수 있다($\frac{상}{306조}$). 또한 이러한 납입금의 보관은행 등은 발기인 또는 이사의 청구가 있는 때에는 그 보관금액에 관하여 증명서(주금납입금보

관증명서)를 교부할 의무가 있고(자본금 총액이 10억원 미만인 주식회사를 발기설립하는
경우에는 주금납입금보관증명서를 잔고증명서로 대체할 수 있음― $\frac{상}{3항}$318조), 이와 같이 증명
한 보관금액에 대하여는 납입의 부실 또는 그 금액의 반환에 관한 제한이 있음을
이유로 하여 회사에 대항하지 못한다($\frac{상}{1항\cdot2항}$318조). 상법의 이와 같은 규정은 납입금의
소재를 분명히 하고 납입에 따른 부정행위(가장납입행위 등)를 방지하여 자본충실을
기하기 위해서이다.

　　발기인이 현물출자를 하는 경우에는 그 발기인은 납입기일에 지체 없이 출자
의 목적인 재산을 인도하고, 등기·등록 기타 권리의 설정 또는 이전을 요할 경우에
는 이에 관한 서류를 완비하여 교부하여야 한다($\frac{상}{2항}$295조). 즉 등기·등록에 필요한 협
력의무를 완전히 이행하여야 한다.

　　발기인이 출자의 이행을 하지 않는 경우에는 채무불이행의 일반원칙에 따라
그 이행을 강제하든가($\frac{민}{390조}$389조) 또는 회사불성립의 결과가 된다.

　(2) 모집설립의 경우

　　모집설립의 경우 발기인은 금전출자를 하는 발기인 이외의 주식인수인에 대하
여 납입기일에 각 주식에 대한 인수가액의 전액을 납입시켜야 한다(전액납입주의)
($\frac{상}{1항}$305조). 또한 주식인수인의 금전출자는 반드시 주식청약서에 기재된 납입장소에서
만 납입할 수 있는데, 이러한 납입장소는 「은행 또는 기타 금융기관」에 한하고
($\frac{상\ 305조\ 2항}{302조\ 2항\ 9호}$), 이러한 납입금의 보관은행 등은 법원의 허가가 있는 경우에만 변경될
수 있으며($\frac{상}{306조}$), 납입금의 보관은행 등은 발기인 또는 이사의 청구가 있는 때에는
그 보관금액에 관하여 증명서를 교부할 의무가 있고 이와 같이 증명한 보관금액에
대하여는 납입의 부실 또는 그 금액의 반환에 관한 제한이 있음을 이유로 하여 회
사에 대항하지 못하는 점($\frac{상}{1항\cdot2항}$318조)은 발기설립의 경우와 같다.

　　주금의 납입은 현실적으로 하여야 하는데, 실제로는 납입이 가장되는 일이 많
다. 이렇게 납입이 가장되는 가장납입행위($\frac{상}{참조}$628조)에는 (i) 납입은행과 결탁하여 하
는 「통모가장납입」, (ii) 납입은행과의 결탁 없이 일시 타인으로부터 자금을 차용하
여 납입하고 회사성립 후 즉시 인출하여 변제하는 「위장납입」 및 (iii) 양자의 「절충
형태」가 있다.

　　이 중에서 통모가장납입이란 발기인이 납입을 맡을 은행으로부터 금전을 차입
하여 주식의 납입에 충당하고 이것을 설립중의 회사의 예금으로 이체하지만 그 차
입금을 변제할 때까지는 그 예금을 인출하지 않을 것을 약정하는 것인데, 이는 위

에서 본 상법의 규정($\substack{상302조 2항 \\ 9호, 318조}$)에 의하여 방지되고 있다. 또한 양자의 절충형태란 발기인대표가 개인자격으로 납입을 맡을 은행으로부터 납입금에 해당하는 금액을 대출받아 주금납입을 하고, 회사성립 후 회사가 그 은행으로부터 납입금을 반환받아 발기인대표이었던 자에게 빌려주어 그가 은행차입금을 변제하게 하는 것인데, 이것은 실질적으로 통모가장납입의 변형으로 통모가장납입행위를 방지하기 위한 상법의 규정을 탈법하는 행위이므로 납입으로서의 효력을 부정하여야 할 것이다.

그런데 발기인이 납입금의 보관은행 등과 통모함이 없이 그 이외의 제3자로부터 금전을 차입하여 납입하고 회사성립 후(설립등기를 마친 후) 납입은행으로부터 즉시 인출하여 차입금을 변제하는 위장납입은, 자금의 이동이 현실적으로 있었다는 점 및 회사는 주주에 대하여 납입금의 상환을 청구할 수 있으며 또한 발기인은 회사에 대하여 연대하여 손해배상책임을 지는 점($\substack{상 \\ 322조}$) 등에서 회사는 어느 정도 자본충실을 기할 수 있다는 점 등에서 볼 때 유효라고 보아야 할 것이다. 그러나 이 경우 발기인 등은 납입가장죄의 처벌을 받는다($\substack{대판 1986. 9. 9, \\ 85 도 2297 외}$).

[위장납입을 유효로 본 판례]

"위장납입은 실제 금원의 이동에 따른 현실의 납입이 있는 것이고, 발기인 등의 주관적인 의도는 주금납입의 효력을 좌우할 수 없으므로, 이는 유효하다 ($\substack{대결 1994. 3. 28, 93 마 1916; \\ 대판 2004. 3. 26, 2002 다 29138}$)."

모집설립의 경우 현물출자는 발기인뿐만 아니라 일반 주식인수인도 할 수 있는데($\substack{상294조 \\ 삭제}$), 이러한 현물출자자의 현물출자의 방법은 발기설립의 경우 발기인의 현물출자의 방법($\substack{상 295조 \\ 2항}$)과 같다($\substack{상 305조 \\ 3항}$).

모집설립의 경우에는 주식인수인이 금전출자이행을 하지 않은 경우에 주식인수인으로부터의 주금추심을 용이하게 하여 회사설립의 신속을 기하기 위하여 특별히 실권절차가 규정되어 있다. 즉 주식인수인이 금전출자이행을 하지 않은 때에는 발기인은 일정한 기일을 정하여 그 기일 내에 이행을 하지 않으면 실권한다는 통지를 그 기일의 2주간 전에 주식인수인에게 하여야 하는데($\substack{상307조 \\ 1항}$), 이 때 주식인수인이 그 기일 내에 이행을 하지 않으면 그는 주식인수인으로서의 권리를 잃고 발기인은 다시 그 주식에 대한 주주를 모집할 수 있다($\substack{상307조 \\ 2항}$). 이 때 설립중의 회사에게 손해가 있으면 발기인은 실권한 주식인수인에 대하여 손해배상도 청구할 수 있다($\substack{상307조 \\ 3항}$). 모집설립의 경우 이러한 실권절차에 의하지 아니하면 금전출자이행이 없더라도 주식인수인의 권리는 상실되지 않는다. 그러나 주식인수인이 현물출자를 이행하지 않은 경우에는 현물출자는 개성이 강한 것이므로 실권절차에 의할 수는 없고, 민법의 일반원칙에 따라 그 이행을 강제하든가($\frac{민}{390조} \frac{389조}{}$) 또는 회사불성립의 결과가 된다.

4. 기관구성절차(이사·감사의 선임)

(1) 발기설립의 경우

발기설립의 경우에는 출자이행절차가 완료된 때에 발기인에 의하여 이사와 감사(자본금 총액이 10억원 미만인 소규모 주식회사의 경우에는 감사를 선임하지 아니할 수 있음— $\frac{상}{4항} \frac{409조}{}$)가 선임되는데, 이 때에는 발기인의 의결권의 「과반수로써」 선임된다($\frac{상}{1항} \frac{296조}{}$). 발기인의 의결권은 그 인수주식의 1주에 대하여 1개로 한다($\frac{상}{2항} \frac{296조}{}$).

(2) 모집설립의 경우

모집설립의 경우에는 출자이행절차가 완료된 때에 주식인수인으로 구성되는 창립총회에서 이사와 감사(자본금 총액이 10억원 미만인 소규모 주식회사의 경우에는 감사를 선임하지 아니할 수 있음— $\frac{상}{4항} \frac{409조}{}$)가 선임되는데($\frac{상}{312조} \frac{}{}$), 이러한 창립총회는 「발기인」이 소집하고($\frac{상}{1항} \frac{308조}{}$) 「출석한 주식인수인의 의결권의 3분의 2 이상이며 인수된 주식총수의 과반수에 해당하는 다수로써」 결의한다($\frac{상}{309조} \frac{}{}$).

5. 설립경과 조사절차

(1) 발기설립의 경우

발기설립의 경우 설립경과조사는 원칙적으로 「이사·감사(자본금 총액이 10억원 미만인 소규모 주식회사의 경우에는 감사를 선임하지 아니할 수 있음— $\frac{상}{4항} \frac{409조}{}$)」가 한다($\frac{상}{1항} \frac{298조}{}$). 이사와 감사(자본금 총액이 10억원 미만인 소규모 주식회사의 경우에는 감사를 선임하지 아니할 수 있음— $\frac{상}{4항} \frac{409조}{}$) 중 발기인이었던 자·현물출자자 또는 회사성립 후 양수할 재산의 계약당사자인 자는 설립경과조사에 참가하지 못하는데($\frac{상}{2항} \frac{298조}{}$), 이사와 감사(자본금 총액이 10억원 미만인 소규모 주식회사의 경우에는 감사를 선임하지 아니할 수 있음— $\frac{상}{4항} \frac{409조}{}$)의 전원이 이에 해당하는 때에는 공증인으로 하여금 이러한 조사를 하도록 하여야 한다($\frac{상}{3항} \frac{298조}{}$). 다만 예외적으로 변태설립사항은 이사의 청구에 의하여 법원이 선임한 「검사인」이 조사하는데($\frac{상}{4항 본문} \frac{298조}{}$), 이 경우에도 공증인의 조사와 감정인의 감정으로 이에 갈음할 수 있다($\frac{상}{단서, 299조의 2} \frac{298조 4항}{}$). 이 경우 현물출자 및 재산인수의 총액이 자본금의 5분의 1을 초과하지 아니하고 대통령령으로 정한 금액을 초과하지 아니하는 경우 등에는 검사인 등에 의한 조사를 받지 아니한다($\frac{\text{상}}{\text{상시}}\frac{299\text{조}}{7\text{조}}\frac{2\text{항}}{}$)(이에 관한 상세는 정찬형, 「상법강의(상)(제27판)」, 701~703면 참조).

(2) **모집설립의 경우**

모집설립의 경우 설립경과조사도 원칙적으로 「이사·감사(자본금 총액이 10억원 미만인 소규모 주식회사의 경우에는 감사를 선임하지 아니할 수 있음—$\frac{\text{상}}{4\text{항}}\frac{409\text{조}}{}$)」가 하고($\frac{\text{상}}{313\text{조}}$), 예외적으로 변태설립사항은 법원이 선임한 「검사인」이 하는데($\frac{\text{상}}{310\text{조}}$), 이 점은 발기설립의 경우와 같다(이에 관한 상세는 정찬형, 「상법강의(상)(제27판)」, 703~705면 참조). 다만 부분적으로 발기설립의 경우와 구별되는 점은 이미 앞에서 본 바와 같다.

제 3 관 설립등기

제 1 등기시기

주식회사의 설립등기는 발기설립의 경우에는 검사인(공증인·감정인)의 변태설립사항 조사·보고 후 또는 법원의 변태설립사항 변경처분 후 2주간 내에, 모집설립의 경우에는 창립총회 종결 후 또는 창립총회에 의한 변태설립사항 변경 후 2주간 내에 하여야 한다($\frac{\text{상}}{1\text{항}}\frac{317\text{조}}{}$).

제 2 등기절차

(1) 설립등기는 대표이사가 신청하는데, 신청서에는 일정한 정보를 제공하여야 한다($\frac{\text{상등규}}{129\text{조}}$).

(2) 설립등기를 게을리하면 과태료의 제재를 받으며($\frac{\text{상}}{1\text{항}}\frac{635\text{조}}{1\text{호}}$), 설립등기를 위하여 주식의 납입이나 현물출자의 이행 기타 변태설립사항에 관하여 법원 또는 창립총회에 부실보고를 하거나 사실을 은폐하면 형벌의 처벌을 받는다($\frac{\text{상}}{1\text{호}}\frac{625\text{조}}{}$).

(3) 설립등기에는 지방세인 등록세가 과세된다.

제 3 등기사항

(1) 등기사항은 회사의 내용을 공시하는 목적에서 입법정책적으로 정하여지는 것이므로 정관의 절대적 기재사항과 동일하지 않다. 등기사항이 정관의 절대적 기

재사항과 다른 점은, (i) 회사의 설립시에 발행하는 주식에 관하여는 그 총수 외에 그 종류와 각종 주식의 내용과 수, (ii) 자본금의 액, (iii) 주식의 양도에 관하여 이사회(자본금 총액이 10억원 미만으로서 이사를 1명 또는 2명을 둔 소규모 주식회사〈상 383조 1 항〉의 단서〉는 이사회가 없으므로, 이러한 이사회의 권한을 주주총회가 행사한다〈상 383조 4 항〉)의 승인을 얻도록 정한 때에는 그 규정, (iv) 주식매수선택권을 부여하도록 정한 때에는 그 규정, (v) 지점의 소재지, (vi) 존립기간이나 해산사유, (vii) 이익소각에 관한 사항, (viii) 전환주식에 관한 사항, (ix) 사내이사, 사외이사, 그 밖에 상무에 종사하지 아니하는 이사, 감사(자본금 총액이 10억원 미만인 소규모 주식회사의 경우에는 감사를 선임하지 아니할 수 있음— 상 409조 4 항) 및 집행임원의 성명과 주민등록번호, (x) 대표이사 또는 대표집행임원의 성명·주민등록번호 및 주소, (xi) 공동대표에 관한 사항, (xii) 명의개서대리인을 둔 때에는 그 상호 및 본점소재지, (xiii) 감사위원회를 설치한 때에는 감사위원회 위원의 성명 및 주민등록번호 등이다(상 317조 2 항). 이와 같은 사항은 주주 및 회사의 이해관계인 등에게 중요한 사항이므로 입법정책적으로 등기에 의하여 공시하도록 한 것이다.

(2) 주식회사의 지점설치의 등기·이전등기 및 변경등기에 관한 사항은 대체로 합명회사의 경우와 같으나(상 317조 4 항, 181조~183조), 다만 지점설치 및 이전시의 지점소재지 또는 신지점소재지에서 하는 등기사항은 본점에서의 등기사항 중 일부 중요한 사항만으로 제한하였다(상 317조 3 항).

제 4 등기효력

(1) 본질적 효력

주식회사는 설립등기에 의하여 회사가 성립하여 법인격을 취득한다(상 172조). 이것은 설립등기 본래의 효력으로서, 제 3 자의 선의·악의를 불문하고 등기만으로 대항력이 발생하는 점에서 상업등기의 일반적 효력(상 37조)과 구별된다(상업등기의 특수적 효력 중 창설적 효력). 이러한 설립등기의 효력에 의하여 설립중의 회사(및 발기인조합)는 소멸하고, 주식인수인은 주주가 된다.

(2) 부수적 효력

설립등기가 있으면 이외에도 여러 가지의 부수적인 효력이 발생하는데, 이는 다음과 같다.

1) 주식인수인이 주식청약서의 요건의 흠결을 이유로 하여 그 인수의 무효를 주

장하거나, 착오 또는 사기·강박을 이유로 하여 그 인수를 취소하지 못한다($^{상\,320조}_{1항}$)(상업등기의 보완적 효력).

　2) 주권발행이 허용되고($^{상\,355조}_{1항·2항}$), 권리주양도의 제한($^{상}_{319조}$)이 해제된다(상업등기의 해제적 효력).

　3) 그 밖에 설립등기의 효력과 관련하여 발기인은 자본금 충실의 책임을 부담하고($^{상\,321조}_{1항}$), 또 상호권($^{상\,23조,\,289조\,1항}_{2호,\,상등규\,129조\,1호}$)이 발생한다.

제 4 관　설립하자(무효)

　주식회사의 설립절차에 있어서 하자가 있는 경우에는 설립무효의 소($^{상}_{328조}$)가 인정된다. 주식회사에서는 합명회사·합자회사·유한책임회사 및 유한회사에서와는 달리 설립취소의 소는 인정되지 않고 있다($^{상\,184조,\,269조,\,287조}_{의\,6,\,552조\,참조}$). 이에 관하여는 회사의 설립하자 일반에 관한 설명에서 이미 상세히 설명하였는데, 중요한 내용을 다시 반복하여 설명하면 다음과 같다.

　(1) 설립무효의 원인

　주식회사의 설립무효의 원인에 대하여 상법에는 규정이 없으나, 통설은 주식회사가 자본단체라는 특질에서 주주(사원)의 주관적 원인(의사무능력·비진의표시 등)은 무효원인이 아니고 객관적 원인만을 무효원인으로 보고 있다. 따라서 주식회사의 설립이 강행법규나 주식회사의 본질에 반하는 경우, 예컨대 정관의 절대적 기재사항에 흠결이 있는 경우 등이 설립무효의 원인이 된다.

　(2) 설립무효의 주장

　주식회사의 설립무효의 원인이 있는 경우에는 이의 무효주장은 민법상 무효주장의 일반원칙과는 달리 반드시 「소」만으로 주장할 수 있고(무효주장방법의 제한), 주주·이사 또는 감사에 한하여 무효를 주장할 수 있으며(제소권자의 제한), 또 회사성립의 날(설립등기의 날)로부터 「2년 내」에만(제소기간의 제한) 무효를 주장할 수 있도록 하였다($^{상\,328조}_{1항}$). 이와 같이 무효의 주장을 제한한 것은 회사의 설립과정에서는 이해관계인이 많으므로 법률관계를 획일적으로 처리하고 기존상태를 보호하기 위한 것인데, 이를 위하여 상법은 특별히 규정하고 있는 것이다($^{상}_{328조}$).

　(3) 그 밖의 사항

　주식회사의 설립무효의 소에 관한 그 밖의 절차 및 판결의 효력에 관해서는 합명회사의 설립무효의 소에 관한 규정이 준용된다($\frac{상}{2항}$328조).

제 5 관 설립에 관한 책임

제 1 발기인의 책임

1. 회사가 성립한 경우

(1) 회사에 대한 책임

1) 자본금 충실의 책임

㉮ 의 의   발기인은 회사에 대한 자본금 충실의 책임으로 회사의 설립시에 발행하는 주식에 대하여 아래와 같은 인수담보책임과 납입담보책임을 진다. 상법은 회사의 설립시의 자본금 충실을 기하기 위하여 설립시에는 발행하는 주식총수에 대하여 전부 인수되고 또 납입되도록 하였는데($\frac{상}{305조}$295조), 이를 확보하기 위하여 다시 발기인의 자본금 충실의 책임을 규정한 것이다.

① 인수담보책임   발기인은 회사설립시에 발행하는 주식으로서 회사성립 후에 아직 인수되지 아니한 주식이 있거나, 주식인수의 청약이 취소된 때에는 이를 공동으로(발기인이 수인인 경우) 인수한 것으로 본다($\frac{상}{1항}$321조). 이 때 「인수되지 아니한 주식이 있는 경우」란 발기인의 사무상의 과실로 인하여 인수가 없는 주식이 생긴 경우를 의미하는데, 그 밖에 주식인수인의 의사무능력·허위표시 또는 무권대리 등에 의하여 주식인수가 무효로 된 경우를 포함한다. 그러나 상법의 특칙에 의하여 주식인수인은 비진의표시($\frac{상}{3항}$302조) 또는 주식청약서의 요건흠결($\frac{상}{1항}$320조)을 이유로 주식인수의 무효를 주장할 수 없으므로, 이 경우에는 발기인의 인수담보책임이 발생할 여지가 없다. 또한 「주식인수의 청약이 취소된 경우」란 주식인수인의 제한능력이나 사해행위를 이유로 주식인수인(제한능력의 경우) 또는 그의 채권자(사해행위의 경우)가 주식인수를 취소한 경우를 의미한다. 그러나 상법의 특칙에 의하여 주식인수인은 착오·사기·강박을 이유로 하여 주식인수를 취소할 수 없으므로($\frac{상}{1항}$320조), 이 경우에는 발기인의 인수담보책임이 발생할 여지가 없다.

발기인은 이 때에 인수가 의제된 주식에 대하여 납입담보책임도 부담하므로($\frac{상}{1항}$333조), 이를 엄격히 말하면 「인수 및 납입담보책임」이라고 말할 수 있다.

② 납입담보책임   발기인은 회사성립 후에 이미 인수된 주식에 대하여 인수가액의 전액이 납입되지 않은 주식이 있는 때에는 이를 연대하여(발기인이 수인인 경우)

납입할 의무를 부담한다($^{상321조}_{2항}$). 상법은 주식의 납입을 확실하게 하기 위하여 상법상 여러 가지의 특칙을 두고 있는데($^{상295조 1항 2 문, 302조}_{2항 9 호, 306조, 318조}$), 상법은 다시 발기인의 납입담보책임을 규정하고 있는 것이다.

(내) **기 능**   설립시에 발행하는 주식 중에서 인수 또는 납입이 없는 주식이 있으면 이는 자본금 확정 및 자본금 충실의 원칙에 어긋나게 되므로 원칙적으로 설립무효의 원인이 된다고 하겠으나, 인수나 납입이 없는 주식의 수가 근소한 경우까지 설립무효의 원인으로 한다면 이는 국민경제상의 손실이 크다고 볼 수 있다. 따라서 이러한 경우에는 발기인에게 자본금 충실의 책임을 부과하여 회사의 자본금 충실도 기하고 또한 지금까지 진행된 설립절차의 효력도 유지시키고자 한 것이다. 이러한 점에서 볼 때 발기인의 자본금 충실의 책임은 보충적이고 부수적인 것이라고 보아야 한다. 따라서 인수 또는 납입이 없는 주식의 수가 큰 경우에는, 이는 회사설립의 무효원인이 되는 것이고 발기인의 자본금 충실의 책임에 해당되지 않는다고 본다(통설).

(다) **성 질**   발기인의 이러한 자본금 충실의 책임은 회사의 자본금 충실과 기업유지의 이념을 위하여 「상법이 인정하는 특수한 책임」(법정책임)으로 「무과실책임」이다(異說 없음). 따라서 이 책임은 총주주의 동의로도 면제되지 못한다.

(라) **내 용**

① 발기인이 인수담보책임을 부담하는 경우(발기인이 수인인 경우)는 「발기인이 이를 공동으로 인수한 것으로 본다」고 규정하고 있으므로($^{상321조}_{1항 후단}$), 발기인 전원을 공동인수인으로 의제하고 있다. 따라서 발기인 전원은 인수된 주식에 대하여 공유관계가 성립하고($^{민262조}_{이하}$), 연대하여 주금액을 납입할 책임을 부담한다($^{상333조}_{1항}$). 이 때에는 발기인 전원이 주주로서 그 주식을 공유하므로 공유자(발기인 전원)는 발기인 중의 1인을 주주의 권리를 행사할 자로 정하여야 하는데($^{상333조}_{2항}$), 이와 같이 주주의 권리를 행사할 자를 정하지 않은 경우에는 공유자에 대한 통지나 최고는 발기인 중 1인에 대하여 하면 된다($^{상333조}_{3항}$). 이러한 발기인의 인수담보책임의 발생시기는 원칙적으로 회사의 성립시이나, 예외적으로 회사성립 후 주식인수를 취소한 경우는 그 취소시이다.

② 발기인이 납입담보책임을 부담하는 경우(발기인이 수인인 경우)는 「발기인은 연대하여 그 납입을 하여야 한다」고 규정하고 있으므로($^{상321조}_{2항 후단}$), 발기인에게 연대납입의무를 부여하고 있다. 이 때에는 발기인의 인수담보책임과는 달리 발기인이 주주가 되는 것이 아니고, 그 주식에 대한 주식인수인이 주주가 된다. 이 때에 주식인수인도 납입담보책임을 부담하므로 발기인과 주식인수인은 납입에 관하여 부진정연

대채무를 부담하고, 발기인이 납입을 하면 주식인수인에 대하여 구상권을 행사할수 있음은 물론($\frac{민}{481조}$), 다른 발기인에 대하여도 그의 부담부분에 대하여 구상권을행사할 수 있다($\frac{민}{425조}$). 납입담보책임의 발생시기도 인수담보책임의 그것과 같다.

㈐ **현물출자의 경우**   현물출자의 불이행이 있는 경우에도 발기인의 자본충실의 책임이 인정될 수 있는가. 이에 대하여 대체가능한 현물출자 또는 회사의 사업수행에 불가결한 것이 아닌 현물출자의 경우에는 (금전으로 환산하여) 발기인에게 자본금 충실의 책임을 긍정하는 견해도 있다. 그러나 현물출자는 개성이 강한 것으로일반적으로 타인이 대체이행을 하는 것이 곤란하고 또 상법은 발기인의 납입담보책임에서 금전출자의 납입만을 규정하여 현물출자의 이행과는 달리 표현하고 있으므로($\frac{상 295조 1항,}{305조 1항}$), 현물출자에는 발기인의 자본금 충실의 책임을 부정하는 것이 타당하다고 본다(통설).

㈑ **이행청구**   발기인의 자본금 충실의 책임은 (대표)이사 또는 (대표)집행임원이그 이행을 청구할 수 있다. 그러나 소수주주도 회사를 위하여 대표소송을 제기할 수있다($\frac{상 324조, 403}{조-406조}$). (대표)이사나 (대표)집행임원 또는 소수주주의 발기인에 대한 자본금충실의 책임의 이행청구는 그에 대한 손해배상청구에 영향을 미치지 않는다($\frac{상 321조}{3항}$).

2) 손해배상책임

㈎ **의 의**   발기인이 회사의 설립에 관하여 그 임무를 해태한(게을리한) 때에는 그 발기인은 회사에 대하여 연대하여 손해를 배상할 책임이 있다($\frac{상 322조}{1항}$). 발기인의 이러한 회사에 대한 손해배상책임은 발기인은 설립중의 회사의 기관으로서 선량한 관리자의 주의로써 사무를 집행할 의무를 가지고 있기 때문이다. 예컨대 발기인이 주식인수대금을 가장납입하고 회사의 성립과 동시에 이를 인출한 경우, 주식을공모하면 액면초과액을 얻을 수 있었음에도 불구하고 액면가액으로 가족에게 배정한 경우, 발기인 중의 일부가 스스로 설립사무를 이행하지 않고 발기인대표에게 그업무를 일임하고 그 발기인대표가 임무를 해태한(게을리한) 경우 등이 이에 해당한다.

[발기인의 회사에 대한 손해배상책임을 인정한 판례]

"발기인이 주식인수대금을 가장납입하고 회사의 성립과 동시에 이를 인출하였다면, 회사에 대하여 그 손해를 연대하여 배상할 책임을 진다($\frac{대판 1989. 9.}{12, 89 누 916}$)."

발기인의 회사에 대한 이러한 손해배상책임은 앞에서 본 바와 같이 발기인이회사에 대하여 자본금 충실의 책임을 진다고 하여 면제되는 것은 아니다($\frac{상 321조}{3항}$). 따라서 발기인의 임무해태로(임무를 게을리함으로) 인하여 주식의 인수나 납입에 흠결이 생긴 경우에는, 발기인은 회사에 대하여 자본금 충실의 책임($\frac{상}{321조}$)을 지는 외에 손해배상책임($\frac{상}{1항}$322조)도 연대하여 부담한다. 이사와 감사(자본금 총액이 10억원 미만인 소규모 주식회사의 경우에는 감사를 선임하지 아니할 수 있음— $\frac{상}{4항}$409조)가 설립경과에 관한 사항($\frac{상}{313조}$298조 1항,)의 조사를 해태하여(게을리하여) 회사에 대하여 손해배상책임을 부담하고 발기인도 임무해태를(임무를 게을리) 하여 회사에 대하여 손해배상책임을 부담하는 경우에는, 발기인과 이사 및 감사(자본금 총액이 10억원 미만인 소규모 주식회사의 경우에는 감사를 선임하지 아니할 수 있음— $\frac{상}{4항}$409조)는 연대하여 회사에 대하여 손해를 배상할 책임이 있다($\frac{상}{323조}$).

발기인의 이러한 손해배상책임은 회사가 성립한 경우에만 발생하고, 회사가 불성립한 경우에는 발생하지 않는다. 그러나 회사가 성립한 후 설립무효가 확정된 경우에도 일단 발생한 발기인의 책임은 소멸하지 않는다($\frac{상}{190조}$328조 2항,).

(내) **성 질**   발기인의 임무해태로(임무를 게을리함으로) 인한 손해배상책임은 발기인과 회사 사이에는 어떤 계약관계가 없으므로 계약상의 책임(채무불이행책임)도 아니요 또 발기인에게 위법성을 요건으로 하지 않으므로 불법행위책임도 아닌 「상법이 인정하는 특수한 손해배상책임」(법정책임)이다. 또한 이 책임은 「과실책임」이다. 따라서 발기인의 이 책임은 총주주의 동의에 의하여 면제될 수 있다($\frac{상}{400조}$324조,). 발기인의 이 책임도 연대책임인데 이 책임은 과실책임이라는 점에서, 발기인의 자본금 충실의 책임(인수 및 납입담보책임)이 무과실책임으로서 연대책임인 점과 구별된다. 즉 발기인이 회사에 대하여 부담하는 자본금 충실의 책임(인수 및 납입담보책임)은 발기인의 과실유무에 불문하고 발기인 전원이 연대하여 부담하는 책임임에 반하여($\frac{상}{2항}$321조), 발기인이 회사에 대하여 부담하는 손해배상책임은 과실 있는 발기인만이 연대하여 부담하는 책임이다($\frac{상}{1항}$322조).

(대) **이행청구**   발기인의 이러한 손해배상책임도 자본금 충실의 책임과 같이 (대표)이사나 (대표)집행임원에 의하여 추궁되거나 또는 소수주주에 의한 대표소송 또는 다중대표소송에 의하여 추궁될 수 있다($\frac{상 324조,}{406조의 2}$403조~406조,).

(래) **책임감면**   발기인의 회사에 대한 책임의 면제 또는 감경은 성립 후 회사의 이사의 경우와 같다($\frac{상}{400조}$324조,).

(2) **제 3 자에 대한 책임**

1) **의 의**

① 발기인이 악의 또는 중대한 과실로 인하여 그 임무를 해태(게을리)한 때에는

그 발기인은 제3자에 대하여도 직접 연대하여 손해를 배상할 책임을 진다($\frac{상}{2항}$322조). 예컨대 발기인이 정관의 기재 없이 재산인수계약을 체결하였는데 그 계약이 무효가 되어 제3자가 손해를 입은 경우, 주식의 일부에 대하여 납입이 없음에도 불구하고 설립등기를 하여 그러한 회사와 거래한 제3자가 손해를 입은 경우 등이다.

② 발기인의 제3자에 대한 책임은 발기인에게 불법행위가 없음에도 불구하고 제3자를 보호하기 위하여 인정된 책임인데, 이에 경과실까지 포함시키는 것은 발기인의 기관적 지위와 설립사무의 복잡성과 관련하여 발기인에게 너무 가혹하므로 발기인을 보호하기 위하여 경과실을 배제한 것이다.

③ 발기인의 제3자에 대한 이러한 책임도 발기인의 회사에 대한 책임과 같이, 이사와 감사(감사위원회 위원)가 설립경과에 관한 사항($\frac{상}{1항}$313조)의 조사를 게을리하여 제3자에 대한 손해배상책임을 부담하는 경우에는 발기인은 이사·감사와 연대하여 책임을 진다($\frac{상}{323조}$).

2) 성　질　발기인이 직접적인 법률관계를 갖지 않는 제3자에 대하여 부담하는 이러한 손해배상책임의 법적 성질이 무엇이냐에 대하여 견해가 나뉘어 있다. 즉 이를 불법행위책임의 일종이라고 보는「불법행위책임설」(소수설)도 있으나, 상법이 인정하는 특수한 손해배상책임이라고 보는「법정책임설」(통설)이 타당하다고 본다. 따라서 이러한 법정책임설에 의하면 발기인의 행위가 동시에 불법행위의 요건을 충족하면 당연히 청구권의 경합이 생긴다.

3) 제3자의 범위　발기인이 책임을 부담하는「제3자」의 범위에 대하여 학설은 나뉘어 있다. 즉 이에 대하여 (i) 주주를 포함하지 않는 견해(소수설)(회사가 손해를 배상받음으로써 주주도 간접적으로 배상을 받게 되는 경우)도 있으나, (ii) 제3자를 널리 보호하는 것이 상법 제322조 2항의 입법취지라는 점에서 볼 때 주주 또는 주식인수인을 포함하여 널리 회사 이외의 모든 자를 의미하는 것이라고 보아야 한다(통설).

2. 회사가 불성립한 경우

1) 의　의　발기인은 회사가 성립하지 못한 경우에도 그 설립에 관한 행위에 대하여 연대책임을 지고($\frac{상}{1항}$326조), 회사의 설립에 관하여 지급한 비용을 부담한다($\frac{상}{2항}$326조).

회사가 성립하지 못한 경우에도 발기인에게 위와 같은 책임을 지우는 이유는, 주식인수인 및 설립중의 회사와 거래관계를 가진 채권자를 보호할 필요가 있는데 발기인 이외에는 다른 책임귀속의 주체가 없기 때문이다.

[회사가 불성립한 경우 발기인의 책임에 관한 판례]

"설립중의 회사가 취득한 권리의무는 실질적으로 회사불성립을 정지조건으로 하여 발기인에게 귀속됨과 동시에, 같은 사실을 해제조건으로 하여 설립중의 회사에 귀속되는 것이다($\frac{대판\ 1970.\ 8.\ 31,}{70\ 다\ 1357}$)."

2) 내 용   발기인은 회사불성립의 경우에(회사가 법률상은 물론 사실상으로도 성립하지 못한 경우를 의미하므로, 회사가 일단 성립하였다가 무효판결이 확정된 경우에는 발기인은 상법 제326조가 아니라 상법 제322조에 의한 책임을 진다), (i) 주식인수인에 대하여는 청약증거금 또는 주식납입금을 반환하여 줄 의무가 있고, (ii) 제 3 자(회사채권자)에 대하여는 회사의 설립에 필요한 거래행위에서 발생한 채무를 이행할 의무가 있다(설립에 관한 행위가 무엇이냐에 대하여는 발기인의 권한범위와 관련하여 그 범위가 결정된다).

3) 성 질   발기인은 원래 설립중의 회사의 기관으로서 활동하여 온 자이므로, 회사불성립의 경우에 개인적으로 책임을 져야 할 이유는 없다. 그럼에도 불구하고 상법은 발기인에 의한 경솔한 회사설립을 막기 위하여 이러한 책임을 정책적으로 인정하고 있으므로, 발기인의 이러한 책임의 법적 성질은 「상법이 인정하는 특수한 책임」(법정책임)이라고 할 수 있다. 또한 발기인의 이러한 책임은 발기인의 과실유무를 불문하고 인정되는 책임으로 「무과실책임」이며(통설), 발기인 전원의 「연대책임」이다($\frac{상\ 326조}{1항\ 후단}$).

제 2   이사·감사($\frac{자본금\ 총액이\ 10억원\ 미만인\ 소규모\ 주식회사의\ 경우}{에는\ 감사를\ 선임하지\ 아니할\ 수\ 있음-상\ 409조\ 4항}$)·공증인·감정인의 책임

이사와 감사(자본금 총액이 10억원 미만인 소규모 주식회사의 경우에는 감사를 선임하지 아니할 수 있음—$\frac{상\ 409조}{4항}$)는 설립중의 회사의 감사기관으로 설립경과를 조사하여 발기인 또는 창립총회에 보고하여야 할 임무를 부담하고 있는데($\frac{상\ 298조\ 1항,}{313조\ 1항}$), 이사와 감사(자본금 총액이 10억원 미만인 소규모 주식회사의 경우에는 감사를 선임하지 아니할 수 있음—$\frac{상\ 409조}{4항}$)가 이러한 임무를 게을리하여 회사 또는 제 3 자에게 손해를 입힌 때에는 이를 연대하여 배상할 책임을 진다($\frac{상}{323조}$). 이 경우에 발기인도 회사 또는 제 3 자에 대하여 손해배상책임을 지는 때에는 발기인·이사·감사(자본금 총액이 10억원 미만인 소규모 주식회사의 경우에는 감사를 선임하지 아니할 수 있음—$\frac{상\ 409조}{4항}$)는 3 자에 대하여 연대채무를 부담한다($\frac{상}{323조}$). 이사와 감사(자본금 총액이 10억원 미만인 소규모 주식회사의 경우에는 감사를 선임하지 아니할 수 있음—$\frac{상\ 409조}{4항}$)의 제 3 자에 대한 책임의 발생요건에 대하여 상법에는 명문규정이 없으나, 발기인의 제 3 자에 대한 책임과의 균형상 「악의 또는 중대한 과실」이 있는 경우에 한한다고 해석한다($\frac{상}{2항}\frac{322조}{유추}$).

상법에는 규정이 없으나 법원이 선임한 검사인에 갈음하여 변태설립사항을 조사·평가하는 공증인이나 감정인의 책임은 이들이 회사에 의하여 선임되는 점에서 이사·감사(자본금 총액이 10억원 미만인 소규모 주식회사의 경우에는 감사를 선임하지 아니할 수 있음— $\frac{상}{4항}\frac{409조}{}$)의 경우와 동일하게 해석하여야 할 것이다($\frac{상}{유추적용}\frac{323조}{}$).

제 3 검사인의 책임

법원이 선임한 검사인은 원칙적으로 변태설립사항과 현물출자의 이행(발기설립의 경우)에 관한 사항을 조사할 임무를 가지는데($\frac{상}{310조}\frac{299조}{}$), 이러한 검사인이 악의 또는 중대한 과실로 인하여 그 임무를 해태한(게을리한) 때에는 회사 또는 제 3 자에 대하여 손해를 배상할 책임이 있다($\frac{상}{325조}$). 법원이 선임한 검사인의 이러한 손해배상책임은 회사에 대한 책임의 경우에도 「악의 또는 중과실」이 있는 경우에만 발생하는 점에서, 발기인·이사·감사(자본금 총액이 10억원 미만인 소규모 주식회사의 경우에는 감사를 선임하지 아니할 수 있음— $\frac{상}{4항}\frac{409조}{}$)의 회사에 대한 책임의 발생원인과 구별된다.

제 4 유사발기인의 책임

주식청약서 기타 주식모집에 관한 서면에 성명과 회사의 설립에 찬조하는 뜻을 기재할 것을 승낙한 자(유사발기인)는 발기인과 동일한 책임이 있다($\frac{상}{327조}$). 유사발기인은 발기인과 같이 회사설립에 관한 임무를 수행하지 않으므로 이를 전제로 한 발기인의 책임($\frac{상}{322조}$)은 해석상 제한된다. 따라서 유사발기인은 회사가 성립한 경우에는 회사에 대한 자본금 충실의 책임($\frac{상}{321조}$)과 회사가 불성립한 경우에는 그에 따른 책임($\frac{상}{326조}$)만을 부담한다(통설).

≫ 사례연습 ≪

[사 례]

Y주식회사를 설립하는 발기인대표 X가 다음과 같은 자에게 설립시에 발행하는 주식을 배정한 경우, Y회사의 조치 및 회사성립 후 X의 Y회사에 대한 책임은

어떠한가?

(1) X는 설립시에 발행하는 주식총수 중 50%를 금전출자를 하고자 하는 법정 대리인의 동의를 받지 않은 미성년자 A에게 배정하였는데 A가 회사설립시까지 주금액을 납입하지 못하다가 회사성립 후에 자기의 주식인수를 취소한 경우

(2) 금전출자를 하고자 하는 B는 X와 통정한 허위표시에 의하여 설립시에 발행하는 주식총수 중 20%인 주식을 인수 및 납입하고 회사성립 후에 그의 주식인수의 무효를 주장한 경우

(3) X는 현물출자를 하고자 하는 C에게 설립시에 발행하는 주식총수 중 30%를 배정하였는데, C가 회사성립시까지 그 출자를 이행하지 못한 경우

* 이 사례는 정찬형, 「상법사례연습(제 4 판)」, 사례 53에 기초한 것이므로, 이에 관한 상세는 同書를 참고하기 바람.

[해 답]

1. 주식인수의 무효·취소가 있거나 출자불이행이 있는 경우 Y회사의 조치

(1) 상법상 회사설립의 경우 주식인수의 취소의 주장이 제한되는 경우는 주식청약인의 의사표시가 그의 중과실이 없이 착오가 있거나 주식청약인의 의사표시가 사기·강박에 의한 경우뿐이므로($\frac{상}{후단}$320조), 본문 (1)과 같이 주식인수인이 법정대리인의 동의를 받지 않은 미성년자로서 제한능력을 이유로 자기의 주식인수를 취소하는 것은($\frac{민}{2항}$5조) 제한 없이 인정된다. 따라서 본문 (1)에서 A가 Y회사의 성립 후에 자기의 주식인수를 취소하는 행위는 유효하다.

그런데 A는 금전출자를 회사설립시까지 이행하지 않았으므로 회사성립 전에는 설립중의 회사(발기인)는 A의 출자불이행에 대하여 어떠한 조치를 취할 수 있는데, 발기설립의 경우에는 채무불이행의 일반원칙에 의하고($\frac{민}{390조}$389조), 모집설립의 경우에는 실권절차에 의한다($\frac{상}{307조}$). 회사성립 후에는 A의 주식인수 취소에 대하여 발기인의 자본금 충실책임($\frac{상}{321조}$)으로 볼 수도 있으나, A가 취소한 주식인수가 발행주식총수의 50%에 해당하는 점에서 볼 때 이는 설립절차에 하자가 너무 큰 경우로서 회사설립 무효의 소의 원인이 된다고 본다($\frac{상}{328조}$).

(2) 상법상 회사설립의 경우 주식인수의 무효의 주장이 제한되는 경우는 주식청약서의 요건흠결($\frac{상}{1항 전단}$320조)이 있는 경우와, 주식인수인의 청약이 비진의의사표시이고 또 발기인이 이를 알았거나 알 수 있었을 경우($\frac{상}{3항}$302조)뿐이다. 따라서 본문 (2)와 같이 주식인수인이 발기인과 통정한 허위표시($\frac{민}{1항}$108조)에 의하여 주식청약을 한 경우 회사의 성립 후에 그러한 주식인수인이 이의 무효를 주장할 수 있는지 여부의 문제가 있다.

이에 대하여는 상대방이 이를 알고 있는 비진의의사표시와 같이 그 청약이 무효가 되지 않는 것으로서 주식인수인은 이의 무효를 주장할 수 없는 것으로도 해석할 수 있으나($상^{302조\ 3항}_{유추적용}$), 상법에 이에 관한 규정이 없는 점 등에서 이의 무효가 제한되지 않는 것으로 보아야 할 것이다. 이와 같이 해석하면 B가 회사성립 후에 그의 주식인수의 무효를 주장하는 것은 정당하고 Y회사는 이 주금액을 B에게 반환하여야 할 것이다.

(3) 현물출자자인 C가 현물출자를 이행하지 않는 경우 설립중의 회사(발기인)는 (발기설립이든 모집설립이든) 민법의 일반원칙($민^{389조}_{390조}$)에 의하여 C에 대하여 강제이행을 법원에 청구할 수 있다. 그런데 이러한 강제이행이 실효를 거두지 못하고 그 현물출자가 Y회사의 설립에 필수불가결한 경우에는 Y회사의 불성립의 결과가 될 것이다.

Y회사가 성립한 경우는 발기인의 회사에 대한 자본금 충실의 책임에 현물출자자가 포함되는지 여부에 관한 것인데, 이에 대하여는 다음 항에서 살펴본다.

2. X의 Y회사에 대한 책임

(1) 본문과 같은 경우 A는 발행주식총수 중 50%를 인수하였는데 출자이행을 하지 아니하였고, 발행주식총수 중 30%를 인수한 C는 현물출자를 이행하지 않았으며, 발행주식총수 중 20%를 인수한 B만이 출자이행을 하였다. 따라서 설립중의 회사(발기인)는 A에 대하여는 민법의 일반원칙($민^{389조}_{390조}$)에 의하여 강제이행을 청구하든가(발기설립의 경우) 또는 실권절차($상_{307조}$)에 의하여(모집설립의 경우) 다시 그 주식에 대한 주주를 모집하였어야 하는데 이를 이행하지 않았고 또한 C에 대하여도 민법의 일반원칙($민^{389조}_{390조}$)에 의하여 강제이행을 청구하였어야 하는데 이를 이행하지 않은 상태에서 회사의 설립등기가 되어 회사가 성립하였는데, 이 경우에는 발기인의 회사에 대한 책임문제와 회사설립무효의 소의 문제가 된다.

(2) 본문과 같이 A와 C는 출자이행을 하지 않았고 B의 주식인수가 무효가 되는 경우에는 Y회사의 자본에 관한 결함이 너무 커서 Y회사는 성립될 수 없거나 또는 Y회사가 성립된 경우에는 설립무효의 소의 원인($상_{328조}$)이 된다고 본다. 이 때 Y회사가 성립되지 않은 경우에는 발기인인 X가 그 설립에 관한 행위에 대하여 다른 발기인과 연대하여 책임을 지고($상^{326조}_{1항}$) 그 설립에 관하여 지급한 비용을 부담한다($상^{326조}_{2항}$). 따라서 이 때에 X는 다른 발기인과 연대하여 B에 대하여 그가 납입한 주금액을 반환해야 한다.

위와 같은 사정이 있는 경우에도 설립등기가 된 경우에는 Y회사의 주주·이사 또는 감사가 소만으로 회사성립의 날(설립등기의 날)로부터 2년 내에 회사설립무효의 소를 제기하여 Y회사의 설립을 무효로 할 수 있다($상^{328조}_{1항}$). 그런데 이 문제에서 주주가 이 무효의 소를 제기하는 경우, A는 주식인수의 취소를 하기 전에는 주주의 지위를 갖는다고 볼 수 있으나 미성년자로서 제한능력자이므로 능력자인 주주와 동일한 지위에서 이 소를 제기할 수는 없고, B는 그의 주식인수가 무효인 경우 이의 주장 전이라고 하더라도 주주로서의 지위를 갖는다고 볼 수 없어 이 소를 제기할 수 없으며, C만이 (그가 비록 현물출자를 이행하지 않은 경우에도) 이 소를 제기할 수 있는 주주의 지위를 갖는다고 볼 것이다. 또한 설립무효의 소의 원인은 A가 미성년자이기 때문이거나 또는 B의 주식인수가 무효이거나 또는 C의 현물출자의 이행이 없었다는 것 자체가 아니라, 전체적으로 객관적인 원인인 자본의 결함이 크다는 것이다.

(3) 본문과 같은 경우 발기인의 회사에 대한 자본충실의 책임에 의하여 회사를 경영할 수 있는 자본이 있게 되고 또 누구도 회사의 설립무효의 소를 제기하지 않은 경우에는 회사성립 후 발기인의 회사에 대한 책임문제만이 남게 된다. 따라서 이 경우 X 및 X 이외의 모든 발기인은 A가 주식인수를 취소한 것에 대하여는 「회사성립 후에 주식인수의 청약이 취소된 경우」로서($^{상\ 321조}_{1항\ 후단}$), B가 주식인수의 무효를 주장한 것에 대하여는 「회사성립 후에 아직 인수되지 아니한 주식이 있는 경우」로서($^{상\ 321조}_{1항\ 전단}$) 이를 공동으로 인수한 것이 된다. 따라서 이러한 주식에 대하여는 무과실책임으로 모든 발기인이 인수 및 납입담보책임을 진다($^{상\ 321조\ 1항,}_{333조\ 1항}$).

그런데 X는 미성년자인 A에게 주식을 배정하고 또 B와 통정한 허위표시에 의하여 주식을 인수시켰으므로 과실이 있다. 따라서 X는 Y회사에 대하여 위와 같은 자본충실의 책임을 부담함은 물론 손해배상책임도 부담한다($^{상\ 321조\ 3항,}_{322조\ 1항}$). X의 Y회사에 대한 이러한 손해배상책임은 과실책임이므로 X 이외의 다른 발기인에게 과실이 없으면 X만이 이 책임을 지고, 다른 발기인에게도 과실이 있으면 과실이 있는 발기인과 연대책임을 진다($^{상\ 322조}_{1항}$).

발기인은 위와 같은 인수담보책임을 질 뿐만 아니라 주식인수인이 회사성립시까지 납입을 이행하지 않은 경우에는 회사성립 후에 납입담보책임을 진다($^{상\ 321조}_{2항}$). 그런데 주식인수인이 현물출자를 하는 경우에도 발기인이 이러한 납입담보책임을 부담하는지 여부는 문제이다. 본문의 경우에도 C가 현물출자를 이행하지 않은 경우 X 및 X 이외의 다른 발기인이 연대하여 이를 이행할 책임이 있는지가 문제되고 있다. 이에 대하여 C의 현물출자가 대체가능한 것이거나 또는 Y회사의 사업수행에 있어서 불가결한 것이 아닌 경우에는 (금전으로 환산하여) X 등 발기인은 연대하여 이를 이행할 책임이 있다는 견해도 있으나, 상법 제321조 2항은 금전출자만을 예상하여 규정하고 있는 점 및 현물출자는 보통 개성이 강하여 대체이행이 곤란하다는 점 등에서 볼 때 현물출자에 대하여는 발기인의 이행담보책임이 없다고 보는 것이 타당하다고 생각한다. 이렇게 보면 본문에서 X 등 발기인은 C의 현물출자 불이행에 대하여 자본금 충실의 책임이 없다고 본다. 이와 같은 경우 Y회사는 C에 대하여 민법의 일반원칙에 따라 강제이행을 청구하든가 또는 정관을 변경하여 다른 방법으로 그에 해당하는 자본을 조달할 수밖에 없다고 본다.

제 3 절 주식과 주주

제 1 관 주   식

제 1 주식의 의의

주식이라는 말에는 법률상 두 가지의 뜻이 있는데, 하나는 「자본금의 구성단위」라는 뜻이고($\frac{상}{451조}$ $\frac{329조\ 2항,}{1항·2항\ 등}$), 다른 하나는 「주주의 (회사에 대한) 지위(주주권)」를 뜻한다($\frac{상}{등}$ ^{335조}). 주식이라는 개념은 주식회사의 두 개의 실질적 요소인 자본금(물적 요소)과 사원(인적 요소)을 결부시키는 개념이다.

1. 자본금의 구성단위로서의 주식

자본금은 주식으로 분할되는데($\frac{상\ 451조}{1항·2항}$), 액면주식의 경우 자본금은 100원 이상인 균일한 비례적 단위인 주식으로 분할되고($\frac{상\ 329조}{2항·3항}$) 또한 자본금은 원칙적으로 「발행주식의 액면총액」이므로($\frac{상\ 451조}{1항}$) 주식은 자본금의 구성단위가 되며, 무액면주식의 경우 자본금은 「주식의 발행가액 중 회사가 자본금으로 계상하기로 한 금액의 총액」이므로($\frac{상\ 451조}{2항}$) 주식은 자본금의 (균등한 비례적 단위는 아니지만) 구성단위가 된다.

이와 같이 주식은 주식회사에 있어서의 지분의 단위를 이루고 있으므로 주식을 (임의로) 단위 미만으로 다시 세분하거나 또는 그 주식이 표창하는 권리를 분해하여 이를 별도로 타인에게 양도할 수 없다(주식불가분의 원칙). 주식은 불가분의 것이기는 하나, 이것과는 달리 단위주식 그 자체를 수 인이 공유하는 것은 상관이 없다($\frac{상}{333조}$). 또한 주식을 단위 미만으로 세분화하는 것이 아니고 단위 그 자체를 종래보다 작은 단위로 인하하는 주식의 분할도 인정되는데($\frac{상}{의\ 2조}$), 이것도 주식불가분의 원칙과 상충되는 것이 아니다(주식의 분할에 관한 상세는 정찬형, 「상법강의(상)(제27판)」, 720~722면 참조). 또한 주식의 분할과는 반대로 종래의 2주를 1주로 하는 경우와 같이 수 개의 주식을 합하여 종래의 주식수를 감소시키는 주식의 병합도 있는데($\frac{상}{440조}$), 이것도 주식불가분의 원칙과 상충되지 않는다.

2. 주주의 지위(주주의 권리·의무)로서의 주식

주식은 사단법인인 주식회사와 사원인 주주와의 사이의 법률관계를 뜻하므로,

주식의 내용에는 이러한 양자간의 여러 가지의 권리·의무가 포함된다. 주주의 회사에 대한 권리·의무는 그가 가지는 주식의 수에 따라 수학적으로 산출된다.

(1) 주식이 나타내는 권리(주주권)

1) 주식의 법적 성질   주식의 법적 성질에 대하여 주식회사를 (사단)법인으로 보고 주식은 이 (사단)법인에 대한 사원(주주)의 지위를 뜻하는 「사원권(주주권)」으로 보는 사원권(주주권)설이 타당하다고 보며, 그 사원권(주주권)의 내용은 주주의 회사에 대한 권리의무를 근거지우는 법률관계라고 본다(법률관계설)(이에 관한 상세는 정찬형, 「상법강의(상)(제27판)」, 722~723면 참조).

2) 지분복수주의   주주가 회사에 대하여 갖는 권리의무는 그가 갖고 있는 주식수만큼 집적되는데, 이를 지분복수주의라고 한다. 이것은 합명회사의 경우 각 사원이 회사에 대하여 갖는 사원의 지위는 항상 하나이고 출자액에 비례하여 대소가 있는 지분단일주의와 구별되고 있다. 주식회사의 경우에도 합명회사의 경우와 같이 지분단일주의를 주장하는 견해가 있으나, 타당하지 않다고 본다.

3) 주주권의 내용   주주권의 내용은 주주가 회사로부터 경제적 이익을 받는 권리(자익권)와 이를 확보하기 위한 권리(공익권)의 두 가지로 크게 분류될 수 있는데, 이는 다음과 같다.

㈎ 자 익 권   자익권은 다시 출자금에 대한 수익을 위한 권리와 출자금의 회수를 위한 권리로 분류된다.

① 출자금에 대한 수익을 위한 권리 중 대표적인 것으로는 이익배당청구권이 있고, 이것을 보완하는 권리로서 중간배당청구권($\frac{상}{의3}462조$) 및 신주인수권($\frac{상}{418조}$) 등이 있다.

② 출자금의 회수를 위한 권리로서 대표적인 것으로는 잔여재산분배청구권($\frac{상}{538조}$)이 있는데, 이 외에 정관에 의한 주식양도의 제한이 있는 경우 회사가 양도승인을 거부하거나($\frac{상}{의6}335조$) 주식의 포괄적 교환이나 이전·영업양도·합병 등의 경우에 ($\frac{상 360조의 5, 360조의 22, 374조의}{2, 522조의 3, 530조의 11 ~2항}$) 인정되는 주식매수청구권도 출자금회수를 위한 권리이다. 주식회사의 존속중에 출자금의 회수를 보장하기 위하여 주식양도자유의 원칙($\frac{상 335조}{1항 본문}$)이 있고, 이것을 뒷받침하는 권리로서 주권교부청구권($\frac{상}{355조}$)과 명의개서청구권($\frac{상}{2항}337조$)이 있다.

㈏ 공 익 권   공익권은 다시 경영참여를 위한 권리와 경영감독을 위한 권리의 두 가지로 분류되는데, 이는 다음과 같다.

① 경영참여를 위한 권리에는 (i) 대표적인 것으로 주주총회에서의 의결권(단독

주주권)($\frac{상}{368조}$ $\frac{369조'}{}$)이 있고, 이 외에 (ii) 주주제안권(소수주주권)($\frac{상}{542조의 6}$ $\frac{363조의 2,}{2항}$) 및 (iii) 집중투표청구권(소수주주권)($\frac{상}{542조의 7}$ $\frac{382조의 2,}{}$)이 있다. 주주의 주주총회에서의 의결권은 단독주주권이나, 상법 또는 정관에 정해진 사항에 한하여 이를 행사할 수 있는 제한이 있다($\frac{상}{361조}$).

② 경영감독을 위한 권리는 다시 단독주주권과 소수주주권으로 분류된다. (i) 단독주주권으로는 설립무효소권($\frac{상}{328조}$), 주식교환무효소권($\frac{상 360조}{의 14}$), 주식이전무효소권($\frac{상 360조}{의 23}$), 총회결의취소의 소권($\frac{상}{376조}$), 총회결의무효·부존재확인소권($\frac{상}{380조}$), 신주발행유지청구권($\frac{상}{424조}$), 신주발행무효소권($\frac{상}{429조}$), 감자무효소권($\frac{상}{445조}$), 합병무효소권($\frac{상}{529조}$), 분할무효소권($\frac{상 530조의}{11 1항}$) 등이 있다. (ii) 소수주주권으로는 회사의 해산판결청구권($\frac{상 520조}{1항}$), 주주총회소집청구권($\frac{상 366조}{542조의 6 1항}$), 이사·감사·청산인의 해임청구권($\frac{상 385조 2항, 415조,}{539조 2항, 542조의 6 3항}$), 회계장부열람청구권($\frac{상 466조,}{542조의 6 4항}$), 회사의 업무와 재산상태를 조사하기 위한 검사인선임청구권($\frac{상 467조,}{542조의 6 1항}$), 이사·집행임원·청산인의 위법행위유지청구권($\frac{상 402조, 408조의 9, 542조}{2항, 546조의 6 5항}$), 이사·집행임원·감사에 대한 손해배상청구 및 이익공여금지위반의 경우 이익반환에 관한 대표소송권($\frac{상 403조, 408조의 9, 415조,}{467조의 2 4항, 546조의 6 6항}$)이 있다.

(2) 주식이 나타내는 의무

주식이 나타내는 의무는 재산출자의무뿐이다. 이 의무의 내용은 주식의 인수가액을 한도로 하는 유한책임이다($\frac{상}{331조}$).

(3) 주식의 평등성

1) 의 의　　주식의 귀속자인 주주에 관하여「주주평등의 원칙」이라는 것이 있는데, 주주의 평등은 두수(頭數)에 따른 평등이 아니라 각 주주가 가지는 주식에 따른 평등을 의미하므로 주주평등의 원칙은 오히려 주식평등의 원칙이라고 하여야 할 것이다.

2) 주주평등원칙의 내용　　이 주식평등의 원칙은 결국 자본금의 단위인 주식의 균등성(액면주식의 경우)과 종류성을 근거로 하는「자본적 평등」을 뜻하고, 그 평등의 내용은 권리의 행사·의무의 이행 등에 관하여 기회가 균등하게 주어져야 한다는「기회의 평등」, 주주는 지주수(持株數)에 따라 주주권을 갖는다는「비례적 평등」및 주식의 종류에 따른「종류적 평등」을 의미한다. 이러한 점에서 회사가 직원들을 유상증자에 참여시키면서 퇴직시 출자손실금을 전액 보상하여 주기로 약정하는 것은 주주평등의 원칙에 위반되어 무효이다($\frac{대판 2007. 6. 28, 2006}{다 38161·38178}$). 또한 회사가 특정한 주주에게 일정한 금액을 지급하기로 약정하는 것도 주주평등의 원칙에 위반되어 무효이다($\frac{대판 2018. 9. 13, 2018 다 9920·9937;}{동 2020. 8. 13, 2018 다 236241}$). 그러나 회사가 일부 주주에게 우월한 권리나 이익을 부여하는 경우에도 그 차등적 취급을 정당화할 수 있는 특별한 사정이

있는 경우에는 이를 허용할 수 있다($\substack{대판 2023. 7. 13,\\2021 다 293213}$). 또한 주주평등의 원칙은 주주와 회사간에 적용되는 것이지, 주주와 회사의 다른 주주 내지 이사 개인의 법률관계에는 적용되지 않는다($\substack{대판 2023. 7. 13,\\2022 다 224986}$).

3) 주주평등원칙의 예외   (i) 정관의 규정에 의하여 종류주식이 발행된 경우($\substack{상 344조 1\\항·2항}$) 그 종류주식 상호간, (ii) 종류주식이 발행된 경우에는 정관에 다른 정함이 없는 경우에도 주식의 종류에 따라 신주의 인수, 주식의 병합·분할·소각 또는 회사의 합병·분할로 인한 주식의 배정에 관하여 특수한 정함을 할 수 있는데($\substack{상 344조\\3항}$) 이렇게 한 경우, (iii) 단주(端株)처리의 경우($\substack{상\\443조}$), (iv) 감사선임의 경우($\substack{상 409조\\2항}$), (v) 주주권이 소수주주권으로만 인정되는 경우($\substack{상 363조의 2, 366조 1항, 382조의 2, 385조 2항, 402조,\\403조, 408조의 9, 415조, 466조, 467조, 467조의 2, 520조,\\542조의 6, 542조\\의 7 2항 등}$)에는 주식평등의 원칙이 적용되지 않는다.

4) 평등원칙의 위반의 효과   주주평등의 원칙은 회사와 주주간의 법률관계에서 주주에 대하여 적용되는 법칙으로서 이는 주식을 평등대우하도록 회사를 구속하는 것이므로, 이에 위반한 정관의 규정·주주총회의 결의·이사회의 결의 또는 회사의 업무집행은 회사의 선의·악의를 불문하고 원칙적으로 모두 무효가 된다. 그러나 이러한 위반행위에 의하여 손해를 받은 주주가 이것을 승인하면 예외적으로 유효가 된다($\substack{동지: 대판 1980.\\8. 26, 80 다 1263}$).

제 2 주식의 분류

1. 액면주식·무액면주식

액면주식이란 1주의 금액이 정관($\substack{상 289조\\1항 4호}$)과 주권($\substack{상 356조\\4호}$)에 표시되는 주식을 말한다.

무액면주식이란 1주의 금액이 정관 및 주권에 표시되지 않고 단지 자본금에 대한 비율만이 표시되는 주식을 말하는데(이러한 주식은 주권에 주식수만이 기재된다), 우리나라에서는 2011년 4월 개정상법에서 (정관으로 정한 경우에 발행할 수 있는) 무액면주식제도를 최초로 도입하였다($\substack{상 329조 1항·4항·5항;\\451조 2항·3항}$).

2. 기명주식·무기명주식

기명주식이란 주주의 성명이 주권과 주주명부에 표시되는 주식을 말하는데, 우리 상법은 2014년 5월 개정($\substack{2014. 5. 20. 법 12591호,\\시행 2014. 5. 20}$)으로 기명주식만을 발행하도록 규정하고 있다($\substack{상 357조 및\\358조 삭제}$).

무기명주식이란 주주의 성명이 주권과 주주명부에 표시되지 않는 주식을 말하는데, 우리 상법은 2014년 5월 개정상법 이전에는 예외적으로 정관에 규정이 있는 경우에 한하여 무기명주식의 발행을 인정하고 있었다($^{개정 전 상}_{357조, 358조}$). 그런데 2014년 5월 개정상법에 의하여 무기명주식제도를 폐지하였다.

3. 종류주식

(1) 의   의

상법은 종류주식에 대하여 그 의의를 규정하고 있는데, 이에 의하면 「이익의 배당, 잔여재산의 분배, 주주총회에서의 의결권의 행사, 상환 및 전환 등에 관하여 내용이 다른 주식」을 의미한다($^{상 344조}_{1항}$)(종류주식의 개념 및 인정이유에 관한 상세는 정찬형, 「상법강의(상)(제27판)」, 732~734면 참조).

(2) 발   행

회사가 종류주식을 발행하는 경우에는 반드시 정관에서 각 종류주식의 내용과 수를 정하여야 한다($^{상 344조}_{2항}$). 종류주식을 발행하는 경우에는 주식청약서($^{상 302조}_{2항 4호}$)·신주인수권증서($^{상 420조의}_{2 2항 3 호}$)·주주명부($^{상 352조}_{1항 2호}$)·주권($^{상 356조}_{6호}$) 등에 기재하고, 또 이를 상업등기부에 등기하여($^{상 317조}_{2항 3호}$) 공시하여야 한다.

(3) 종류주식에 관한 특칙

회사가 종류주식을 발행하는 때에는 정관에 다른 정함이 없는 경우에도 주식의 종류에 따라 신주의 인수, 주식의 병합·분할·소각 또는 회사의 합병·분할로 인한 주식의 배정에 관하여 특수하게 정할 수 있다($^{상 344조}_{3항}$).

또한 정관을 변경함으로써 어느 종류주식의 주주에게 손해를 미치게 될 때 등에는($^{상 435조 1항}_{436조}$), 그에 관한 이사회 또는 주주총회의 결의 외에 종류주주총회의 결의가 있어야 한다(이에 관한 상세는 정찬형, 「상법강의(상)(제27판)」, 734~736면 참조).

(4) 종류주식의 분류

1) 이익배당 또는 잔여재산분배에 관한 종류주식($^{상 344조}_{의 2}$)

㈎ 우 선 주   우선주는 「이익의 배당 또는 잔여재산의 분배에 관하여 우선적 지위가 부여된 주식」이다. 우선주는 배당순위 또는 분배순위에 있어서 다른 주식보다 우선적 지위를 주는 것이지, 다른 주식보다 언제나 고율의 배당을 받는다는 의미는 아니다. 이익배당에 관한 우선주에는 보통주의 배당액과의 차액에 대하여 참가할 수 있는 「참가적 우선주」와 참가할 수 없는 「비참가적 우선주」가 있고, 부족한 배당금을 차기에 이월시켜 차기의 배당금과 함께 합산하여 받을 수 있게 하는

「누적적 우선주」와 차기에 이월시키지 않는 「비누적적 우선주」가 있다.

⑷ **보 통 주**   보통주란 「우선주와 후배주의 표준이 되는 주식」을 말한다.

⑸ **후 배 주**   후배주란 「이익의 배당 또는 잔여재산의 분배에 관하여 열후적 지위가 부여된 주식」을 말한다.

⑹ **혼 합 주**   혼합주란 예컨대, 이익배당에 있어서는 보통주에 우선하고 잔여 재산분배에 있어서는 열후한 것과 같이, 「어떤 권리에 있어서는 우선적 지위가 부여되고 다른 권리에 있어서는 열후적 지위가 부여된 주식」을 말한다.

2) **의결권의 배제**(무의결권주) **또는 제한에 관한 종류주식**($^{상}_{의}$ 344조$_3$)   회사가 의결권이 없는 종류주식이나 의결권이 제한되는 종류주식을 발행하는 경우에는 정 관에 의결권을 행사할 수 없는 사항과, 의결권 행사 또는 부활의 조건을 정한 경우에는 그 조건 등을 정하여야 한다($^{상}_3$ $^{344조의}_{1항}$). 이러한 종류주식의 총수는 발행주식총 수의 4분의 1을 초과하지 못하고, 이를 초과하여 발행된 경우에는 회사는 지체 없이 그 제한을 초과하지 아니하도록 하기 위하여 필요한 조치를 하여야 한다 ($^{상}_3$ $^{344조의}_{2항}$). 이러한 의결권이 없거나(모든 결의사항에서) 제한되는(제한되는 결의 사항에서) 종류주식은 발행주식총수에 산입되지 않는다($^{상}_{1항}$ 371조).

그러나 복수의결권이나 차등의결권을 부여하는 종류주식은 인정되지 않는다.

3) **주식의 상환에 관한 종류주식**(상환주식)($^{상}_{345조}$)   회사는 정관에서 정하는 바에 따라 회사의 이익으로써 소각할 수 있는 종류주식(수의〈임의〉상환주식 또는 회사상 환주식) 또는 주주가 회사에 대하여 상환을 청구할 수 있는 종류주식(의무〈강제〉상환 주식 또는 주주상환주식)을 발행할 수 있는데, 이러한 종류주식을 상환주식이라고 한 다($^{상}_{1문·3항}$ $^{345조 1항}_{1문}$). 회사는 이러한 상환주식을 종류주식(상환과 전환에 관한 것은 제외한다)에 한정하여 발행할 수 있다($^{상}_{5항}$ 345조).

회사상환주식을 발행하기 위하여는 회사는 정관에 상환가액(액면가·발행가·시 가 등)·상환기간(발행 후 일정기간 경과 후 몇 년 내의 배당금 지급시 등)·상환방법과 상 환할 주식의 수를 정하여야 한다($^{상}_{1항}$ $^{345조}_{2문}$). 주주상환주식을 발행하기 위하여는 회사 는 정관에 주주가 회사에 대하여 상환을 청구할 수 있다는 뜻, 상환가액, 상환청구 기간, 상환방법을 정하여야 한다($^{상}_{3항}$ $^{345조}_{2문}$). 주주상환주식의 경우 주주가 회사에 대하 여 상환권을 행사한 이후에도 상환금을 지급받을 때까지는 원칙적으로 여전히 주주 의 지위를 갖는다($^{대판 2020. 4. 9,}_{2017 다 251564}$).

상환주식을 발행하는 경우 그 내용을 주식청약서($^{상 302조 2 항 7 호,}_{420조 2 호}$)·주권($^{상}_{6 호}$ 356조)

등에 기재하고 또한 회사의 등기부에 이를 등기하여($\frac{\text{상}\,317조}{2항\,6호}$) 공시하여야 한다.

상환주식은 배당가능이익으로써 상환되는 것이므로 상환기한이 도래되었다 하더라도 배당가능이익이 없으면 상환하지 못한다. 회사는 상환주식의 취득의 대가로 현금 외에 유가증권(다른 종류주식은 제외한다)이나 그 밖의 자산을 교부할 수 있는데, 이 경우에는 그 자산의 장부가격이 배당가능이익을 초과하여서는 아니 된다($\frac{\text{상}\,345조}{4항}$).

상환주식의 상환이 자본금에 미치는 영향은 상환주식의 상환으로 상환주식만큼 주식수는 줄어드나 자본금은 감소되지 않는다.

상환주식의 상환이 수권주식총수에 미치는 영향은 상환주식의 발행으로 인하여 이미 주식의 발행권한이 행사된 것이므로 동 상환주식이 상환되었다고 하여도 수권주식총수는 감소되지 않는다고 본다. 그런데 상환된 주식수만큼 주식을 재발행할 수 있는지 여부의 문제는, 상환주식으로의 재발행은 정관의 규정 유무에 불문하고 무한수권의 폐단이 있어 인정될 수 없고, 보통주식으로의 재발행은 정관에 규정이 있으면 상환주식과 같이 정관에 의하여 발행권한을 부여받는 것이고 또 무한수권의 폐단도 없으므로 가능하나 정관에 규정이 없으면 불가능하다고 본다.

≫ 사례연습 ≪

[사 례]

상환주식을 발행한 Y주식회사는 정관을 변경하여 「상환주를 전부 상환한 때에는 이와 동수의 보통주를 발행할 수 있다」고 규정한 경우, 동 정관의 규정은 유효한가? 또 이러한 정관의 규정이 유효하다면 상환주를 전부 상환하고 보통주를 발행하면 Y회사의 자본은 증가하는가?

* 이 사례는 정찬형, 「상법사례연습(제4판)」, 사례 54에 기초한 것이므로, 이에 관한 상세는 同書를 참고하기 바람.

[해 답]

(1) 상환주식을 발행한 Y주식회사가 정관을 변경하여 「상환주를 전부 상환한 때에는 이와 동수의 보통주를 발행할 수 있다」고 규정한 것은 유효하다고 본다. 왜냐하면 그러한 정관의 규정은 상환주의 재발행을 허용하는 경우와 같은 무한수권의 폐단도 없고, 또 상환주의 발행과 같이 정관의 규정에 의한 주식(보통주)의 발행이기 때문이다($\frac{\text{상}\,344조}{2항\,참조}$). 그러나 정관에 위와 같은 규정이 없으면 Y회사는 상환주식을 상환한 후

에 그만큼의 보통주식을 발행할 수 없다고 본다.

(2) 상환주식의 상환에 의하여 Y회사의 발행주식총수는 감소하나 자본은 감소하지 않으므로, Y회사가 상환주식이 상환된 만큼 정관의 규정에 의하여 보통주를 발행하면 그만큼(보통주 1주의 액면가액 × 발행주식수) Y회사의 자본은 증가하고 Y회사의 자본과 발행주식수와의 관련은 여전히 끊어지게 된다고 본다.

4) 주식의 전환에 관한 종류주식(전환주식)($\frac{상}{346조}$)　　회사는 종류주식을 발행하는 경우에 정관에서 정하는 바에 따라 주주의 청구에 의하여(주주전환주식) 또는 정관에서 정한 일정한 사유가 발생할 때 회사가(회사전환주식) 주주의 인수주식을 다른 종류주식으로 전환할 수 있는데, 이러한 종류주식을 전환주식이라 한다($\frac{상 346조}{1항·2항}$). 이러한 전환주식은 전환권이 주주에게 인정되는 경우도 있고(주주전환주식), 회사에게 인정되는 경우(회사전환주식)도 있다.

주주전환주식을 발행하기 위하여는 정관에 전환의 조건(전환주식 몇 주에 대하여 신주 몇 주를 주는가의 비율), 전환의 청구기간(예컨대, 전환주식을 발행한 때로부터 몇 년 경과 후 몇 년 내 등), 전환으로 인하여 발행할 주식의 수와 내용(예컨대, 보통주식 몇 주 등)을 정하여야 한다($\frac{상 346조}{1항 2문}$). 회사전환주식을 발행하기 위하여는 정관에 전환의 사유, 전환의 조건, 전환의 기간, 전환으로 인하여 발행할 주식의 수와 내용을 정하여야 한다($\frac{상 346조}{2항 2문}$).

전환주식이 발행된 경우 회사는 전환으로 인하여 새로 발행할 주식의 수를 전환청구기간 또는 전환의 기간 내에 종류주식($\frac{상 344조}{2항}$)의 수 중에 유보(留保)하여야 한다($\frac{상 346조}{4항}$).

전환주식을 발행하는 경우 그 내용을 주식청약서 또는 신주인수권증서($\frac{상}{347조}$) · 주권($\frac{상 356조}{6호}$) 등에 기재하고, 또 설립등기시에 이를 등기하여($\frac{상 317조}{2항 7호}$) 공시하여야 한다.

주주전환주식을 전환하고자 하는 자는 전환하고자 하는 주식의 종류 · 수와 청구연월일을 기재하고 기명날인 또는 서명한 청구서 2통에, 주권을 첨부하여 회사에 제출하여야 한다($\frac{상 349조}{1항·2항}$). 회사전환주식을 가진 자는 회사의 통지 또는 공고에 따라 전환주식의 주권제출기간 내에 그 주권을 회사에 제출하여야 한다($\frac{상 346조}{3항}$).

주주전환주식의 경우 주주가 갖고 있는 이러한 전환권은 형성권이므로 전환을 청구한 때에 그 효력이 발생하고, 회사전환주식의 경우 전환의 효력은 회사의 통지 또는 공고에 따른 전환주식의 주권제출기간이 끝난 때에 그 효력이 발생한다($\frac{상 350조}{1항}$).

주주명부 폐쇄기간중에 전환된 주식의 주주는 그 기간중의 총회의 결의에 관하여는 의결권을 행사할 수 없다($\frac{\text{상}}{2\text{항}}$ 350조).

전환주식의 전환이 자본금에 어떠한 영향을 미치는가의 문제는 상법 제348조의 전환으로 인하여 발행하는 주식의 발행가액의 제한과 관련된다. 즉, 동 조에 의하여 전환주식의 발행가액총액과 신주식의 발행가액총액이 일치하여야 한다. 따라서 액면주식의 경우 우월적 조건을 가진 주식(예컨대, 고가인 우선주)을 열후적 조건을 가진 주식(예컨대, 저가인 보통주)으로 전환하는 경우(하향전환)에는 발행가액의 비율에 반비례하여 주식수가 증가하므로 증가된 주식의 액면총액만큼 자본금의 증가를 가져오게 되는데(이는 준비금이 자본금에 전입된 것과 동일한 결과가 됨), 이것은 정관의 규정에 의한 결과이므로 적법하다. 그러나 액면주식에서 이와 반대되는 경우(상향전환)(저가인 보통주를 고가인 우선주로 전환하는 경우)에는 신주식수가 감소되어 감소된 주식의 액면총액만큼 자본금이 감소하게 되는데, 이것은 결과적으로 상법상 엄한 자본금 감소절차를 탈법하는 것이 되므로(즉, 채권자보호절차 등과 같은 자본금 감소절차를 밟고 있지 않으므로), 우리 상법의 해석상 무효가 된다.

전환주식의 전환이 수권주식총수에 어떠한 영향을 미치는가의 문제는 상환주식의 경우와는 달리 수권주식총수의 범위 내에서의 종류주식 상호간의 교체에 불과하므로 (정관의 규정 유무에 불구하고) 전환으로 인하여 소멸된 주식만큼 그 종류의 미발행주식(전환주식)으로 부활하여 재발행이 가능하다고 본다.

≫ 사례연습 ≪

[사 례]

　Y주식회사는 액면주식을 발행하였고 전환주식(1주당 액면가액은 5,000원, 발행가액은 7,500원) 20,000주를 발행하였는데 이러한 전환주식을 소유한 X가 전환권을 행사한 경우, 이를 1주당 발행가액이 5,000원인 보통주로 전환할 수 있는가? 또 이를 전환한 경우 Y회사는 다시 그에 해당하는 전환주식을 발행할 수 있는가?

　* 이 사례는 정찬형, 「상법사례연습(제 4 판)」, 사례 55에 기초한 것이므로, 이에 관한 상세는 同書를 참고하기 바람.

[해 답]

1. 전환가능 여부

X가 전환권을 행사하여 Y회사가 전환주식을 신주식으로 전환하는 경우, 상법 제 348조에 의하여 전환주식의 발행가액총액과 신주식의 발행가액총액은 일치하여야 하 므로 1주당 발행가액이 7,500원인 전환주식의 발행가액총액은 150,000,000원(@ ₩7,500×20,000주＝₩150,000,000)이다. 따라서 신주식의 1주당 발행가액이 5,000원으로 정하여지면 자동적으로 발행할 신주식의 수는 30,000주가 된다 (₩150,000,000÷@₩5,000＝30,000주). 따라서 발행주식총수는 10,000주가 증가되 고, 1주의 액면가액은 5,000원이므로 50,000,000원의 증자가 있게 된다(전환주식에 의한 자본금은 @₩5,000×20,000주＝₩100,000,000인데, 전환에 의하여 신주식〈보 통주식〉의 발행에 의한 자본금은 @₩5,000×30,000주＝₩150,000,000이다). 이와 같이 자본금이 증가하는 전환을 「하향전환」이라고 하는데, 이것은 정관의 규정에 의 한 증자이므로 적법하다. 따라서 본문의 경우 발행가액이 5,000원인 보통주로 전환할 수 있고, 이 경우 50,000,000원의 증자가 있게 된다.

2. 전환주식의 재발행가능여부

Y주식회사가 X의 전환권의 행사에 의하여 위에서 본 바와 같이 전환주식 20,000 주를 보통주 30,000주로 전환한 경우에 다시 전환주식 20,000주를 발행할 수가 있는 가가 문제된다. 전환주식을 발행하기 위하여는 전환으로 인하여 발행할 주식의 수가 전환기간 내에 유보되어야 하므로($\frac{상346조}{4항}$) 상환주식의 경우와 같이 이의 재발행을 인 정하여도 무한수권의 폐단은 없으므로 이의 재발행을 인정하여도 무방하다고 본다. 또한 이러한 것은 정관에 규정이 있는지 없는지를 불문하고 인정된다고 본다. 다만 이 때 정관의 규정이 없이 전환권이 없는 주식이나 보통주로의 재발행을 인정하면 전 환권도 종류주식의 하나의 속성으로 보는 경우 정관에서 정한 종류주식의 발행수권 을 침해하는 것이 되므로 이러한 주식의 재발행은 인정되지 않는다고 본다.

본문의 경우 만일 정관에서 정한 미발행 보통주가 유보되어 있으면 그에 해당하는 전환주식을 재발행할 수 있으나, 미발행 보통주가 유보되어 있지 않으면 사실상 Y회 사는 전환주식을 재발행할 수 없게 된다.

제 2 관 주주(주식의 소유자)

제 1 주주의 의의

주주란 주식회사의 사원(구성원)으로서 주주권을 의미하는 주식의 귀속의 주체이다. 주주가 될 수 있는 자격에는 원칙적으로 제한이 없다. 주주의 수는 제한이 없으므로 1인 주주도 인정된다($\binom{상 517조 1 호에서 227조}{3호를 준용하지 않음}$).

제 2 주주의 종류

주주의 종류는 보통 주식의 종류에 따라 분류되는데, 이 외에도 주식소유의 수량에 따라 대주주·소주주(소액주주), 자연인이야 법인이냐에 따라 개인주주·법인주주 등으로 분류된다.

제 3 주주의 권리·의무

1. 주주의 권리

주주의 권리·의무는 주식이 나타내는 권리·의무를 그것이 귀속되는 주체자의 면에서 본 것이므로, 이는 위에서 본 주식이 나타내는 권리·의무와 같다. 다만 이에 관하여는 다음과 같은 점을 특히 유의할 필요가 있다.

(1) 의 의

주주의 권리란 주주가 회사에 대하여 가지는 권리로서 주식의 개념의 하나인 주주권을 의미한다. 이러한 주주의 권리는 「포괄적이고 추상적인 권리」로서 주식의 취득에 의하여 취득되고, 주식과 분리하여 그 자체로서 양도 또는 담보의 목적이 될 수 없으며, 또 시효에도 걸리지 않는다. 그런데 이러한 주주의 권리 중 자익권인 이익배당청구권 등은 주주총회의 이익배당에 관한 승인에 의하여($\binom{상 449조 1 항,}{464조의 2 1 항}$), 구체화되고 독립된 이익배당청구권 등과 같은 주주의 「채권자적 권리」로 변한다. 주주의 이러한 권리는 주주권에서 유출되기는 하나, 이와는 분리되어 일반채권과 같이 양도 또는 압류의 대상이 된다.

(2) 종 류

1) **자익권**(재산권)·**공익권**(관리권) 이는 주주의 권리행사의 목적에 의한 구별인데, 이에 관하여는 주식이 나타내는 권리의 설명에서 이미 상세히 설명하였다.

2) **단독주주권**·**소주주주권** 이는 주주의 권리행사의 방법에 의한 구별이다.

단독주주권은 각 주주가 지주수(持株數)에 관계 없이 단독으로 행사할 수 있는 권리로서, 자익권은 전부 단독주주권에 속하고 공익권도 대부분 단독주주권에 속한다.

소수주주권은 발행주식총수의 일정비율의 주식을 가진 주주만이 행사할 수 있는 권리로서, 공익권의 일부에 대하여 인정되고 있다.

3) **고유권**·**비고유권** 이는 주주의 의사에 반하여 박탈할 수 있는지 여부에 의한 구별이다.

고유권은 정관의 규정 또는 주주총회의 결의에 의하여 회사가 일방적으로 박탈할 수 없는 권리로서, 주주의 의결권($\frac{상}{369조}$)·이익배당청구권($\frac{상}{464조}$) 등은 이의 대표적인 예라고 볼 수 있다.

비고유권은 정관의 규정 또는 주주총회의 결의에 의하여 회사가 일방적으로 박탈할 수 있는 권리이다. 그런데 현행 상법상 주주의 권리에 관한 규정은 모두 강행법규로 규정되어 있기 때문에, 고유권·비고유권을 문제로 할 것도 없이 입법에 의하여 해결되고 있다. 따라서 고유권·비고유권에 관한 논의는 실익이 없다.

2. 주주의 의무

주주의 의무는 주식회사의 개념(주주의 유한책임)과 주식의 의의(주식이 나타내는 의무)에서 이미 설명한 바 있는데, 이를 다시 정리하여 보면 다음과 같다.

(1) 출자의무

주주는 회사채권자와는 직접 아무런 관계가 없고, 회사에 대하여 그가 가진 주식의 인수가액을 한도로 하는 출자의무만을 부담한다($\frac{상}{331조}$)(법인격부인론이 인정되는 경우는 이에 대한 예외가 됨). 그런데 주주는 회사에 대하여 인수가액의 전액을 납입하여야 하고(전액납입주의), 이러한 납입은 회사성립 전 또는 신주발행의 효력발생 전에 전부 이행되어야 하므로($\frac{상 295조, 305조,}{421조, 423조}$), 엄격히 말하면 이러한 출자의무는 「주주」가 아니라 「주식인수인」으로서의 의무에 해당된다고 본다(그러나 회사성립 후에도 주식인수인이 납입하지 않은 경우나, 이사와 통모하여 현저하게 불공정한 발행가액으로 주식을 인수한 자는 극히 예외적으로 주주의 자격으로 출자의무 또는 추가출자의무가 있다).

주주의 이러한 출자의무의 이행으로서의 출자목적은 「재산출자」에 한정되고

(노무출자 또는 신용출자는 인정되지 않음), 재산출자는 금전출자가 원칙이고 현물출자는 예외적으로만 인정된다. 금전출자의 이행은 원칙적으로 현실적으로 납입하여야 한다. 그러나 실질적으로 자본금 충실을 해하지 않는 한 회사의 동의에 의한 상계 (예컨대, 대출채권을 출자로 전환하는 경우 등)는 허용된다($\frac{상}{2항}$421조).

[주주의 출자의무의 이행에 관한 판례]

"주금납입에 있어 현금수수의 수고를 생략하는 의미의 대물변제나 상계는 회사 측에서 이를 합의한 이상 이를 절대로 무효로 할 이유는 없다($\frac{대판\ 1960.\ 11.\ 24,}{4292\ 민상\ 874\cdot875}$)."

"주금납입의무는 현실적 이행이 있어야 하므로 당좌수표로써 납입한 때에는 그 수표가 현실적으로 결제된 때에 납입이 있었다고 할 수 있다($\frac{대판\ 1977.\ 4.}{12,\ 76\ 다\ 943}$)."

(2) 유한책임

주주는 이와 같이 회사에 대하여만 일정한 출자의무만을 부담하므로, 주주는 인수가액의 범위 내에서 간접유한책임을 진다. 이것을 주주유한책임의 원칙이라고 하는데, 이는 주식회사의 본질적인 요소이므로 정관 또는 주주총회의 결의로 이와 달리 정할 수 없다. 따라서 회사는 이를 가중할 수도 없지만, 주주에 대한 납입청구권을 포기하거나 감경할 수도 없다. 그러나 주주는 유한책임의 원칙을 포기하고 회사채무를 부담하거나 추가출자를 할 수도 있다. 이러한 주주의 의사에 반하는 주주유한책임의 원칙에 대한 예외에는 법인격부인론 등이 있다.

제 3 관 주권과 주주명부

제 1 주 권

1. 의의와 성질

주권이란 「주주의 회사에 대한 지위(주주권)를 의미하는 주식을 표창하는 유가증권」이다. 따라서 주권은 사원권적 유가증권이다. 주권은 주식회사라는 사단관계를 기초로 하여 발행되는 유가증권이므로, 유가증권의 법리뿐만 아니라 사단의 법리에 의해서도 지배된다. 따라서 주권은 비설권증권성, 요인증권성, 완화된 요식증권성, 비문언증권성, 비상환증권성의 성질을 갖는다.

2. 분 류

주식을 주권을 기준으로 보면 기명주권과 무기명주권이 있는데, 2014년 5월 우리 개정상법은 앞에서 본 바와 같이 무기명주식제도를 폐지하였으므로, 우리 상법상 인정된 주권에는 기명주권뿐이다($\frac{상\ 357조\cdot}{358조\ 삭제}$).

주권은 그것이 표창하는 주식수에 따라 단일주권(1주권에 1주식을 표창)과 병합주권(1주권에 수 개의 주식을 표창)으로 나누어진다.

3. 발 행

(1) 주권의 발행시기

1) 회사는 성립(설립등기) 후 또는 신주의 납입기일 후 지체 없이 주권을 발행하여야 한다($\frac{상\ 355조}{1항}$). 이 때의 「지체 없이」란 상법 제335조 3항 단서와 관련하여 볼 때 6개월 이내라고 볼 수 있다.

주식의 양도에는 주권의 교부를 요하고($\frac{상\ 336조}{1항}$) 또 주식의 자유양도성은 상법상 원칙적으로 보장되므로($\frac{상\ 335조}{1항\ 본문}$), 회사의 성립 후 또는 신주의 납입기일 후에 회사가 지체 없이 주권을 발행하여야 한다는 상법 제355조 1항의 규정은 강행규정으로 정관에 의해서도 이와 달리 정할 수 없다고 본다. 이러한 회사의 주권발행의무는 회사성립시의 주식발행이나 회사성립 후의 신주발행($\frac{상}{416조}$)뿐만 아니라, 주식배당·준비금의 자본금 전입 등을 원인으로 하는 모든 신주발행의 경우($\frac{상\ 350조,\ 442조,\ 461조,}{462조의\ 2,\ 515조,\ 523조\ 3\ 호}$)에 적용된다.

한편 회사의 주권발행의무와 대응하여 주주는 회사에 대하여 주권발행청구권 및 주권교부청구권을 갖는다. 또한 주주의 이러한 권리는 일신전속권이라고 볼 수 없으므로 주주의 채권자가 대위행사($\frac{민\ 404조}{1항}$)할 수 있다. 이 때 회사가 주권을 발행하지 않는 경우에는 이사는 회사($\frac{상}{399조}$) 및 주주($\frac{상}{401조}$)에 대하여 손해배상책임을 지는 외에, 과태료($\frac{상\ 635조\ 1항}{19호}$)의 제재도 받는다.

2) 한편 회사는 회사의 성립 후 또는 신주의 납입기일 후가 아니면 주권을 발행하지 못한다($\frac{상\ 355조}{2항}$). 이것은 권리주양도제한($\frac{상}{319조}$)에 대응하여 권리주의 유가증권화 및 이를 통한 투기를 방지하기 위한 것이다. 만일 회사가 이에 위반하여 회사의 성립 전 또는 신주의 납입기일 전에 주권을 발행하면 그 주권은 무효가 되고($\frac{상\ 355조}{3항\ 본문}$), 이를 발행한 발기인·이사 등은 그 주권이 무효가 됨으로 인하여 손해를 입은 자에

대하여 손해배상책임을 부담함은 물론($\frac{상 355조}{3항 단서}$) 또 과태료의 제재도 받는다($\frac{상 635조}{1항 19호}$). 한편 이렇게 무효가 된 주권은 회사의 성립 또는 신주의 납입기일의 경과로 치유되지 않으며, 또 회사는 이렇게 발행된 주권의 효력 및 이에 의한 권리주의 양도의 효력을 인정할 수도 없다고 본다.

(2) 주권의 효력발생시기

주권의 효력발생시기를 언제로 볼 것인가는 어음행위의 성립시기를 언제로 볼 것인가(어음이론 또는 어음학설)와 유사한 문제인데, 우리나라에서는 이에 대하여 다음과 같은 세 가지의 견해가 있다.

1) **작성시설**   회사가 주권을 작성한 때에 주권으로서의 효력이 발생한다고 보는 견해로, 이는 어음이론에서 창조설(엄격히는 순정창조설)에 대응하는 견해라고 볼 수 있다. 이 견해에서는 (기명주권의 경우에는)「주주의 성명이 주권에 기재된 때」에 주권으로서의 효력이 발생한다고 한다. 따라서 이 견해에 의하면 주권의 작성 후 주주에게 교부하기 전이라도 선의취득·압류·제권판결 등이 가능하다고 한다. 그러나 이 견해에 의하는 경우라도 상법상 주권발행시기($\frac{회사의 성립시 또는 납입}{기일—상 355조 1항}$) 이전에 발행된 주권은 무효가 된다($\frac{상 355조}{2항·3항}$).

이 견해에 의하면 거래의 안전은 보호되나, 주주의 보호에 문제가 있다. 또한 이 견해는 특히 무기명주권의 경우에 주주의 확정시기가 불투명하다는 비판도 있다.

2) **발행시설**   회사가 주권을 작성하여 (주주에게 교부한다는 의사로써) 누구에게든(주주 이외의 자에게) 교부한다면 주권으로서의 효력이 발생한다고 보는 견해로, 이는 어음이론에서 발행설(엄격히는 수정발행설)에 대응하는 견해라고 볼 수 있다. 이 견해는 회사가 주권을 교부하여야 그 효력이 발생한다고 보는 점에서 앞에서 본 작성시설과 다르고, 주주가 아니더라도 누구에게든 교부하기만 하면 그 효력이 발생한다는 점에서 다음에서 보는 교부시설과 다르다.

이 견해에 의하면 주권의 작성 후 회사의 의사에 기한 주권의 점유이전행위(임치 등)가 있게 되면 (주주가 주권을 취득하기 전이라도) 선의취득·압류·제권판결 등이 가능하나(작성시설과 동일), 주권의 작성 후 회사의 의사에 기하지 않은 주권의 점유이탈행위(도난 등)가 있게 되면 (주주가 주권을 취득하기 전에) 선의취득·압류·제권판결 등이 불가능하다(작성시설과 차이). 이 견해는 작성시설과 교부시설을 절충한 입장이나, 주주가 자기의 과실 없이 주주권을 잃을 수 있다는 점 및 주주는 주권을 점유했던 일조차 없는데 「주권의 점유를 잃은 자」($\frac{상 359조;}{수 21조}$)에 해당하여 제3자의 선의취득을 허용하게 되는바, 이는 선의취득제도의 본래의 취지에도 어긋나는 문제도 있다.

[발행시설에 의한 판례]

"주권발행이라 함은 회사의 권한 있는 기관이 주주권의 일정단위를 표시한 증권을 작성하여 이것을 주주에게 교부함을 말하고, 그와 같은 문서가 작성되었다 하여도 주주에게 교부하기 전에는 아직 주권으로서의 효력은 발생할 수 없는 것이나, 회사가 적법히 주권을 작성하여 주주에게 교부할 의사로써 교부하였고 그 교부에 있어 교부를 받을 자에 대한 착오가 있다 하여도 이미 그 주권이 유통되어 제3자가 악의 또는 중대한 과실 없이 선의취득을 한 경우에는 본래의 주주의 주주권은 상실되었다 아니할 수 없고, 따라서 그 주권발행은 유효라고 해석하여야 할 것이다(대판 1965. 8.)."
$\binom{\text{대판 1965. 8.}}{24,\ 65\ 다\ 968}$

3) 교부시설　　회사가 주권을 작성하여 주주에게 교부한 때에 주권으로서의 효력이 발생한다고 보는 견해로, 이는 어음이론에서 교부계약설(엄격히는 수정교부계약설 또는 순정발행설)에 대응하는 견해라고 볼 수 있다. 이 견해에 의하면 주권의 작성 후 주주에게 교부하기 전에는 주권으로서의 효력이 발생하지 않으므로 선의취득·압류·제권판결 등이 불가능하다.

이 견해에 의하면 주주는 보호되나, 거래의 안전에 문제가 있다. 우리나라의 통설은 주권은 어음·수표와는 달리 사단법적 법리가 지배하는 특수성이 있어 거래의 안전보다는 진정한 주주의 보호가 더 요청된다는 이유로 교부시설을 취하고 있다.

[교부시설에 의한 판례]

"상법 제355조 규정의 주권발행은 동법 제356조 소정의 형식을 구비한 문서를 작성하여 이를 주주에게 교부하는 것을 말하고 위 문서가 주주에게 교부된 때에 비로소 주권으로서의 효력이 발생한다고 해석되므로, 피고회사가 구(舊) 주권을 표창하는 문서를 작성하여 이를 주주가 아닌 제3자에게 교부하여 주었다 하더라도 위 문서는 아직 피고회사의 주권으로서의 효력을 갖지 못한다고 보아야 할 것이다(대판 1977. 4. 12,)."
$\binom{\text{대판 1977. 4. 12,}}{76\ 다\ 2766}$

생각건대 주권은 원칙적으로 주주에게 교부한 때에 그 효력이 발생한다고 본다(교부시설). 따라서 회사가 주주 아닌 타인에게 (주주에게 교부할 의사로써) 주권을 교부하여도 그 주권은 효력을 발생하지 않으며, 그 주권을 교부받은 타인은 회사에 대하여 주주권을 행사할 수 없다고 본다. 그러나 회사가 주주 아닌 타인에게 주권을 교부하고 그 타인이 다시 제3자에게 주권을 양도한 경우에는 제3자가 그 타인이 적법한 주주라고 믿고 또 믿은 데 대하여 중대한 과실이 없으면 그러한 제3자는 보호되어야 할 것으로 본다. 따라서 이 때에는 예외적으로 주권의 효력이 발생하고, 제3자는 주권을 선의취득하여 회사에 대하여 주주권을 행사할 수 있다고 본다(발행시설). 이렇게 보면 위의 발행시설에 의한 1965. 8. 24자 대법원판례와 교부시설에 의한 1977. 4. 12자 대법원판례는 서로 모순되거나 또는 판례를 변경할 것으로 볼 수 없다고 본다.

≫ 사례연습 ≪

[사 례]

Y주식회사는 주주권을 표창하는 증권을 작성하여 이를 주주 아닌 B(주주는 A임)에게 교부하여 준 경우에, 동 증권은 Y회사의 주권으로서 유효한가? 이 때 B가 이 증권을 이러한 사정을 모르는 X에게 양도하였다면, X는 주주권을 선의취득할 수 있는가?

* 이 사례는 정찬형, 「상법사례연습(제4판)」, 사례 57에 기초한 것이므로, 이에 관한 상세는 同書를 참고하기 바람.

[해 답]

본문의 경우 주권의 효력발생시기를 언제로 보느냐에 따라 그 결론이 달라지겠다. 즉 작성시설 및 발행시설에 의하면 본문의 주권발행은 효력이 발생하고, 따라서 X는 주주권을 선의취득하게 된다($\frac{상}{359조}$). 그러나 교부시설에 의하면 본문의 주권발행은 효력이 발생하지 않고, 따라서 X는 주주권을 선의취득할 수 없게 된다.

사견으로는 앞에서 본 바와 같이 본문의 주권을 B가 소지하고 있는 동안은 주권의 효력이 발생하지 않으나(교부시설)($\frac{대판 1977. 4. 12,}{76 다 2766 참조}$), 동 주권이 B로부터 다시 X에게 양도되고 X가 선의이면 그러한 X는 주주권을 선의취득하는데 이의 결과 Y회사의 이 주권발행은 예외적으로 그 효력이 발생한다고 본다(발행시설)($\frac{대판 1965. 8. 24,}{65 다 968 참조}$).

(3) 주권의 기재사항

주권은 요식증권으로서 상법이 규정하고 있는 일정한 사항과 번호를 기재하고, 대표이사 또는 대표집행임원이 기명날인 또는 서명하여야 한다($\frac{상 356조, 408조}{의 5 \quad 2항}$).

[요식증권성과 관련한 주권의 효력에 관한 판례]

"대표이사가 주권을 발행하지 않는다고 하여 전무이사가 그 명의로 발행한 주권은 무효이다($\frac{\text{대판 } 1970. 3. 10,}{69 \text{ 다 } 1812}$)."

"대표이사가 주권발행에 관한 주주총회나 이사회의 결의 없이 주주명의와 발행연월일을 누락한 채 단독으로 주권을 발행한 경우, 특별한 사정이 없는 한 주권의 발행은 대표이사의 권한이라고 할 것이므로 그 주권의 무효사유가 된다고 할 수 없다. 또한 이러한 점은 대표이사가 정관에 규정된 병합주권의 종류와 다른 주권을 발행하였다고 하더라도 같다($\frac{\text{대판 } 1996. 1. 26,}{94 \text{ 다 } 24039}$)."

이러한 주권의 요식성은 어음·수표와 같이 엄격하지 않으므로, 본질적인 사항이 아닌 사항(예컨대, 회사의 성립연월일 등)은 그 기재를 흠결하여도 주권의 효력에 영향이 없다. 그러나 주권에 법정기재사항을 기재하지 아니하거나 부실한 기재를 한 경우에는 이사·집행임원은 회사($\frac{\text{상}}{\text{의 } 8} \frac{399조}{1항}, 408조$) 및 제3자($\frac{\text{상}}{\text{의 } 8} \frac{401조}{2항}, 408조$)에 대하여 손해배상책임을 지는 외에, 과태료의 제재($\frac{\text{상 } 635조}{1항 6호}$)도 받는다.

4. 주식의 전자등록

2011년 4월 개정상법은 주식의 전자등록제도를 도입하였는데, 이는 증권무권화제도의 최종단계라고 볼 수 있다. 자본시장법상 증권의 전자등록에 관하여는 2016년 3월 22일에 「주식·사채 등의 전자등록에 관한 법률」($\frac{\text{법}}{14096호}$)이 제정되었고, 동 법률의 시행령($\frac{\text{대통령령}}{29892호}$)이 2019년 6월 25일 제정되어, 동법은 2019년 9월 16일부터 시행되고 있다. 따라서 자본시장법상 상장주식 등은 동법에 의하여 의무적으로 전자등록기관에 전자등록되어야 한다($\frac{\text{전등 } 25조 1항 단서, 부칙}{3조 1항, 전등시 18조 1항}$).

(1) 주식의 발행에 관한 전자등록

회사는 주권을 발행하는 대신 정관에서 정하는 바에 따라 전자등록기관(유가증권 등의 전자등록업무를 취급하는 기관을 말함)의 전자등록부에 주식을 등록할 수 있다($\frac{\text{상 } 356조의 2 1항, 전등}{\text{부칙 } 10조 1항 2문}$). 이는 전자어음의 발행과 유사하다고 볼 수 있다($\frac{\text{전어 } 5조}{1항}$). 주식의 발행에 관한 전자등록은 주식 자체의 발행에 관한 것이 아니고 주권의 발행에 갈음하는 것이므로 이러한 전자등록을 하기 전에 이미 주식을 발행하였어야 한다.

회사가 정관에서 주권을 발행하는 대신 전자등록기관의 전자등록부에 주식을 등록할 수 있도록 정한 경우에, 일부의 주주가 회사에 대하여 주권의 발행을 요청한 경우에 회사는 이에 응하여야 하는가. 이에 대하여 회사의 편의를 위하여는 부정하여야 할 것으로 볼 수 있으나(의무적 전자증권제도)($^{전등}_{36조}$), 투자자를 보호할 필요가 있는 점과 또한 상법 규정의 해석에서 볼 때($^{상\ 355조의\ 1항,}_{356조의\ 2\ 1항}$) 이를 긍정하여야 할 것으로 본다(임의적 전자증권제도)($^{은행\ 33조의\ 5\ 3항\ 본문\ 및}_{전등\ 부칙\ 10조\ 2항\ 참조}$).

이러한 전자등록의 절차·방법 및 효과, 전자등록기관에 대한 감독, 그 밖에 주식의 전자등록 등 필요한 사항은 따로 법률로 정한다($^{상\ 356조의\ 2\ 4항,\ 전등}_{부칙\ 10조\ 1항\ 2문}$). 이 때 전자등록기관은 전자어음에서 전자어음관리기관과 유사한데, 이러한 전자등록기관은 주식의 발행·이전 등과 관련된 전자등록에서 매우 중요한 역할을 하므로 중립성·공공성·안정성 및 신뢰성이 요구되고 또한 정부의 감독을 받아야 할 것으로 본다($^{전등\ 부칙}_{8조\ 1항\ 참조}$).

회사가 주주 전원의 동의에 의한 결의로 정한 정관에 의하여 주권을 발행하는 대신 전자등록기관의 전자등록부에 주식을 등록하는 경우(즉, 주권의 발행을 요청하는 주주가 없는 경우), 회사가 전자등록기관의 전자등록부를 이전받아 전자주주명부로 이용한다면($^{상}_{의\ 2}$^{352조}) 상법상 주식의 명의개서($^{상}_{1항}$^{337조})·약식질($^{상}_{338조}$)·명의개서대리인($^{상}_{2항}$^{337조})·주주명부의 폐쇄($^{상}_{354조}$) 등의 규정은 적용될 여지가 없고 또한 실질주주와 명의주주는 언제나 일치하게 되어 실질주주와 명의주주의 불일치에서 발생하는 문제는 없게 될 것이다.

(2) 주식의 이전 등에 관한 전자등록

전자등록부에 등록된 주식의 양도나 입질(入質)은 전자등록부에 등록하여야 효력이 발생한다($^{상\ 356조의\ 2\ 2항,}_{전등\ 35조\ 2항·3항}$). 주식의 발행에 관한 전자등록은 정관에서 정하는 바에 따라 할 수 있으므로 회사가 임의로 선택할 수 있으나, 회사가 이를 선택하여 전자등록부에 등록된 주식은 이의 양도나 입질을 위하여는 반드시 전자등록부에 등록하여야 양도나 입질의 효력이 발생한다.

(3) 전자등록의 권리추정적 효력 및 선의취득

전자등록부에 주식을 등록한 자는 그 등록된 주식에 대한 권리를 적법하게 보유한 것으로 추정하며, 이러한 전자등록부를 선의로 그리고 중대한 과실 없이 신뢰하고 양도나 입질(入質)에 관한 전자등록에 따라 권리를 취득한 자는 그 권리를 적법하게 취득한다($^{상\ 356조의\ 2\ 3항,}_{전등\ 35조\ 1항·5항}$).

주식의 전자등록제도에서 전자등록부의 기재의 내용을 전자주주명부의 기재의 내용으로 이용하는 경우($^{상}_{의\ 2}$^{352조}) 이러한 전자등록부의 기재는 주권(유가증권)의 기능과 주주명부의 기능을 동시에 갖고 있다고 볼 수 있다. 따라서 전자등록부에의 기재에 대한 권리추정적 효력은 주권이 발행된 경우 주권의 점유자에 대한 권리추정적 효력(주식의 소유관계에서 갖는 적법소지인으로서 추정적 효력)($\frac{상}{2항}^{336조}$)과 주주명부의 명의개서에 따른 추정력(회사에 대한 권리의 행사에서 갖는 추정적 효력)을 동시에 갖게 된다. 또한 전자등록부에 의한 주식의 선의취득도 주권이 발행된 경우 주권의 선의 취득($\frac{상}{359조}$)과 주주명부의 명의개서에 따른 대항력($\frac{상}{1항}^{337조}$)을 동시에 갖게 된다. 따라서 이 점은 전자등록부에 의한 등록과 주권이 발행되는 경우와 구별되는 점이다.

5. 주권의 불소지제도

주주는 정관에 다른 정함이 없는 한 회사에 대하여 주권의 불소지신고를 할 수 있다($\frac{상}{의 2 1항}^{358조}$). 이는 주식을 장기간 양도할 의사 없이 보유하는 고정주주 등의 이익을 위하여 인정된 것이다.

주주의 주권의 불소지신고가 있으면 회사는 지체 없이 주권을 발행하지 아니한다는 뜻을 주주명부와 그 복본에 기재하고 그 사실을 주주에게 통지하여야 하는데, 이 경우 회사는 그 주권을 발행할 수 없다($\frac{상}{의 2 2항}^{358조}$). 주권불소지신고가 있는 경우 주주는 이미 발행된 주권이 있는 때에는 이를 회사에 제출하여야 하며, 회사는 제출된 주권을 무효로 하거나 명의개서대리인에게 임치하여야 한다($\frac{상}{의 2 3항}^{358조}$).

주주가 주권의 불소지신고를 한 경우에도, 주식을 양도하거나 입질(入質)하기 위하여 주권이 필요한 경우에는 언제든지 회사에 대하여 주권의 발행 또는 반환을 청구할 수 있다($\frac{상}{의 2 4항}^{358조}$)(주권의 불소지제도에 관한 상세는 정찬형, 「상법강의(상)(제27판)」, 767~769면 참조).

6. 주권의 상실과 선의취득

주주가 주권을 상실하면 권리의 양도를 할 수 없다. 한편 상실된 주권은 선의의 제3자에 의하여 선의취득될 수가 있다($\frac{상}{359조}$). 따라서 상법은 주권의 상실자를 위하여 공시최고절차와 제권판결에 의하여 상실된 주권을 무효로 할 수 있게 하고($\frac{상 360조 1항;}{민소 475조 이하}$), 또 주권의 재발행을 청구할 수 있게 하였다($\frac{상}{2항}^{360조}$). 그러나 상실된 주권에 대한 제권판결을 취소하는 판결이 선고·확정되면, 재발행된 주권은 소급하여 무효가 되므로 이를 선의취득할 수 없다($\frac{대판 2013. 12. 12, 2011}{다 112247·112254}$).

주권의 제3자에 의한 선의취득과 공시최고에 의한 제권판결은 어음·수표의 그것과 같으므로, 어음·수표의 해당부분에 관한 설명을 참고하기 바란다.

제 2 주주명부

1. 의 의

주주명부란 「주주 및 주권에 관한 사항을 명백히 하기 위하여 상법의 규정에 의하여 작성되는 장부」를 말한다.

2. 기재사항

상법은 주주명부의 기재사항에 대하여 규정하고 있는데, (기명)주식을 발행한 경우($^{상}_{1항}^{352조}$)와 전환주식을 발행한 경우($^{상}_{2항}^{352조}$)로 각각 분류하여 규정하고 있다.

3. 비치·공시

(대표)이사는 주주명부를 작성하여 회사의 본점에 비치하여야 하는데, (정관이 정하는 바에 의하여) 명의개서대리인을 둔 경우에는 주주명부 또는 그 복본을 명의개서대리인의 영업소에 비치할 수 있다($^{상}_{1항}^{396조}$).

주주와 회사채권자는 회사(명의개서대리인이 아님)에 대하여($^{대결\ 2023.\ 5.\ 23,}_{2022\ 마\ 6500}$) 영업시간 내에는 언제든지 주주명부 또는 그 복본의 열람 또는 등사를 청구할 수 있는데($^{상}_{2항}^{396조}$), 이 경우 열람 또는 등사청구가 허용되는 범위는 '주주명부의 기재사항'($^{상}_{352조}$)에 한정되므로 전자우편주소는 이에 포함되지 않고($^{대판\ 2017.\ 11.\ 9,}_{2015\ 다\ 235841}$), 회사는 그 청구에 정당한 목적이 없는 등의 특별한 사정이 없는 한 이를 거절할 수 없고 정당한 목적이 없다는 점에 관한 증명책임은 회사가 부담한다($^{대판\ 2010.\ 7.\ 22,\ 2008\ 다\ 37193;}_{동\ 2017.\ 11.\ 9,\ 2015\ 다\ 235841}$).

4. 효 력

(1) 대 항 력

주식의 양도는 주권의 교부에 의하여 가능하므로($^{상}_{1항}^{336조}$) 그러한 주식의 양수인은 주권의 교부만 받으면 주주가 되지만(효력요건), 그가 주주임을 회사에 대항하기 위하여는 주주명부에 그의 성명과 주소를 기재하여야 한다(대항요건)($^{상}_{1항}^{337조}$). 따라서 주식의 양수인은 주주명부에 명의개서를 할 때까지는 회사에 대하여 자기가 주주라는 것을 주장할 수 없다($^{동지:\ 대판\ 2002.\ 12.}_{24,\ 2000\ 다\ 69927}$). 이것이 주주명부의 명의개서의 대항력이다. 주권을 신탁회사에 신탁하는 경우에는 (주권에 신탁재산인 사실을 표시하고) 주주명부에 신탁재산인 사실을 기재함으로써 제 3 자에게 대항할 수 있다($^{신탁}_{1항}^{4조}$). 그러나 회사가 명의개서를 하지 않은 주식양수인을 주주로 인정하는 것은 무방하다(통설). 우리나라의 종래의 판례는 이와 같이 판시하였으나, 그 후 대법원은 전원합의체 판결로써 이를 변경하여 주주명부의 명의개서에 권리창설적 효력이 있는 것과 동일하게 판시하고 또한 회사는 주주명부에의 기재에 구속되어 주주명부에 기재되지 아니한 자의 주주권 행사를 (원칙적으로) 인정할 수 없다고 판시하고 있다.

[주주명부의 기재의 대항력에 관한 종래의 판례]

"주주명부에 기재된 명의상의 주주는 실질적 권리를 증명하지 않아도 주주의 권리를 행사할 수 있게 한 자격수여적 효력만을 인정한 것뿐이지 주주명부의 기재에 창설적 효력을 인정하는 것은 아니다(대판 1989. 7. 11, 89 다카 5345;)."
동 2006. 9. 14, 2005 다 45537)."

"상법 제337조의 규정은 주주권 이전의 효력요건을 정한 것이 아니고 회사에 대한 관계에서 누가 주주로 인정되느냐 하는 주주의 자격을 정한 것으로서, 기명주식의 취득자가 주주명부상의 주주명의를 개서하지 아니하면 스스로 회사에 대하여 주주권을 주장할 수 없다는 의미이고, 명의개서를 하지 아니한 실질상의 주주를 회사측에서 주주로 인정하는 것은 무방하다고 해석할 것이다(대판 1989. 10. 24,)."
(89 다카 14714)."

[주주명부의 기재의 대항력에 관한 변경된 대법원 전원합의체 판결과 그 이후의 판례]

"주식양도의 경우에는 주식발행의 경우와는 달리 회사 스스로가 아니라 취득자의 청구에 따라 주주명부의 기재를 변경하는 것이기도 하나, 회사가 주식발행시 작성하여 비치한 주주명부에의 기재가 회사에 대한 구속력이 있음을 전제로 하여 주주명부에의 명의개서에 대항력을 인정함으로써 주식양도에 있어서도 일관되게 회사에 대한 구속력을 인정하려는 것이므로, 상법 제337조 제 1 항에서 말하는 대항력은 그 문언에 불구하고 회사도 주주명부에의 기재에 구속되어, 주주명부에 기재된 자의 주주권 행사를 부인하거나 주주명부에 기재되지 아니한 자의 주주권 행사를 인정할 수 없다는 의미를 포함하는 것으로 해석함이 타당하다(대판〈전〉 2017. 3. 23,)."
(2015 다 248342)."

"상법은 주주명부의 기재를 회사에 대한 대항요건으로 정하고 있을 뿐 주식이전의 효력발생요건으로 정하고 있지 않으므로 명의개서가 이루어졌다고 하여 무권리자가 주주가 되는 것은 아니고, 명의개서가 이루어지지 않았다고 해서 주주가 그 권리를 상실하는 것도 아니다. 이와 같이 주식의 소유권 귀속에 관한 권리관계와 주주의 회사에 대한 주주권 행사국면은 구분되는 것이고, 회사와 주주 사이에서 주식의 소유권, 즉 주주권의 귀속이 다투어지는 경우 역시 주식의 소유권 귀속에 관한 권리관계로서 마찬가지이다($\frac{대판 2020. 6. 11, 2017}{다 278385 \cdot 278392}$)."

(2) 추정력(자격수여적 효력)

주식의 양수인이 주주명부에 명의개서를 하면 이후 주주로 추정되어 자기가 실질적 권리자(주주)라는 것을 증명하지 않고도 적법한 주주로서의 권리를 행사할 수 있다(또한 주주명부에 등록질권자로 기재된 자는 적법한 질권자로 추정되어 질권을 행사할 수 있다)($\frac{동지: 대판 2010. 3.}{11, 2007 다 51505}$). 이것이 주주명부의 명의개서(기재)에 대한 추정력이다. 따라서 주주명부상의 명의주주는 회사의 반증이 없는 한 회사에 대하여 주권을 제시하지 않고도 그의 권리를 행사할 수 있다. 이러한 주주명부의 명의개서에 대한 추정력은 앞에서 본 대항력의 다른 면으로 볼 수 있다.

한편 주권의 점유에 의해서도 적법한 소지인으로 추정되는데($\frac{상336조}{2항}$), 이것은 주식의 양도와 관련하여 주권의 소지에 대하여 (소유자로서) 적법추정을 하여 주주권의 선의취득($\frac{상}{359조}$)과 관련되는 것이므로, 그러한 주권의 소지인이 회사에 대하여 주주권을 행사할 수는 없는 것이다. 그러므로 이는 주주권의 행사와 관련한 주주명부의 명의개서에 대한 추정력과는 구별된다.

(3) 면 책 력

주식의 이전(질권설정)에 명의개서(질권자의 성명과 주소를 주주명부에 부기)를 하면 회사는 그러한 명의주주(질권자)를 적법한 주주(질권자)로 인정하여 주주명부에 기재한 주소 또는 그 자로부터 회사에 통지한 주소로 그에게 각종의 통지·최고를 하면 면책이 된다($\frac{상353조}{1항}$). 이러한 통지·최고는 보통 그 도달할 시기에 도달한 것으로 본다($\frac{상353조}{2항}$). 이것이 주주명부의 명의개서(기재)에 대한 면책력이다. 이러한 면책력은 앞의 대항력 및 추정력과는 달리 회사측이 주주명부의 기재에 의하여 받는 이익이다.

(4) 그 밖의 효력

1) 등록질의 효력   주식의 등록질의 경우에 질권자를 주주명부에 부기함으로써, 그러한 질권자는 회사로부터 이익의 배당·잔여재산의 분배 등에 의한 금전의 지급을 받아 다른 채권자에 우선하여 자기채권의 변제에 충당할 수 있는 등의 이익을 가지므로, 등록질은 약식질과는 다른 특별한 이익을 받는 효력이 있다($\frac{상}{340조}$).

2) 주권불소지기재의 효력   주권불소지의 신고시 회사는 그러한 주권을 발행하지 않는다는 뜻을 주주명부에 기재함으로써 회사는 그러한 주권을 발행할 수 없고, 또 이미 발행되어 제출받은 주권을 무효로 하거나 명의개서대리인에게 임치하여야 하는 효력이 있다($\frac{상358조}{의 2}$).

5. 전자주주명부

회사는 정관으로 정하는 바에 따라 전자문서로 주주명부(전자주주명부)를 작성할 수 있는데($\frac{상}{의\,2}\frac{352조}{1항}$), 이러한 전자주주명부에는 주주명부의 기재사항($\frac{상}{}\frac{352조}{}$) 외에 전자우편주소를 적어야 한다($\frac{상}{의\,2}\frac{352조}{2항}$). 전자주주명부의 비치·공시 및 열람의 방법에 관하여 필요한 사항은 대통령령으로 정한다($\frac{상}{3항,\,상시\,11조}\frac{352조의\,2}{}$).

주식의 전자등록($\frac{상}{의\,2}\frac{356조}{}$)과 함께 전자주주명부를 이용하면 상법상 주식의 명의 개서($\frac{상}{1항}\frac{337조}{}$)·약식질($\frac{상}{338조}$)·명의개서대리인($\frac{상}{2항}\frac{337조}{}$)·주주명부의 폐쇄($\frac{상}{354조}$) 등의 규정은 적용될 여지가 없고, 실질주주와 명의주주는 언제나 일치하게 되어 실질주주와 명의주주의 불일치에서 발생하는 문제는 없게 될 것이다.

6. 주주명부의 폐쇄와 기준일

(1) 주주명부의 폐쇄

회사는 의결권을 행사하거나 이익의 배당을 받을 자 기타 주주 또는 질권자로서 권리를 행사할 자를 정하기 위하여 「일정기간」 주주명부의 기재를 폐쇄(정지)할 수 있는데, 이를 주주명부의 폐쇄라고 하고($\frac{상}{1항}\frac{354조}{전단}$), 이 기간은 3월을 초과할 수 없다($\frac{상}{2항}\frac{354조}{}$).

상법은 주주명부의 폐쇄에 대하여 예고절차를 두어 폐쇄기간의 2주간 전에 이를 공고하도록 규정하고 있다($\frac{상}{본문}\frac{354조\,4항}{}$). 주주명부의 폐쇄에 의하여 폐쇄 직전에 주주명부에 기재된 자가 주주권을 행사할 자로 확정되고, 회사는 폐쇄기간중에는 그 주식에 관하여 주주 또는 질권자의 권리를 변동시키는 일체의 기재(명의개서, 질권의 등록, 신탁재산표시 등)를 할 수 없다(이에 관한 상세는 정찬형, 「상법강의(상)(제27판)」, 776~778면 참조).

(2) 기 준 일

회사는 의결권을 행사하거나 이익의 배당을 받을 자 기타 주주 또는 질권자로서 권리를 행사할 자를 정하기 위하여 「일정한 날」에 주주명부에 기재된 주주 또는 질권자를 그 권리를 행사할 주주 또는 질권자로 볼 수 있는데, 이 때의 이러한 「일정한 날」이 기준일이다($\frac{상}{1항}\frac{354조}{후단}$). 이러한 기준일은 주주 또는 질권자로서 권리를 행사할 날에 앞선 3월 내의 날로 정하여야 한다($\frac{상}{3항}\frac{354조}{}$).

주주명부의 폐쇄의 경우와 같이 이러한 기준일이 정관으로 정하여지지 않은 경우에는 기준일의 2주간 전에 이를 공고하여야 한다($\frac{상}{4항}\frac{354조}{}$). 기준일의 공고에는 반드시 그 목적을 기재하여야 하는데, 기준일은 이와 같이 공고된 목적 이외에는 이용될 수 없다. 이 점은 주주명부의 폐쇄의 경우와 다른 점이다.

제 4 관   주식의 양도

제 1   주식양도의 의의

주식양도란 「법률행위에 의하여 주식을 이전하는 것」을 말하는데, 주식양도에 의하여 주주가 회사에 대하여 갖고 있는 일체의 권리의무가 포괄적으로 양수인에게 이전된다(사원권설). 주식양도의 법적 성질은 직접 주식이전의 효과를 생기게 하는 것이므로 「준물권행위」이다(통설). 주식양도는 보통 주권을 통하여 이루어지므로 주식양도의 문제는 주권양도의 문제가 된다.

경영권의 이전은 지배주식의 양도에 따르는 부수적인 효과이다(대판 2014. 10. 27, 2013 다 29424; 동 2021. 7. 29, 2017 다 3222·3239).

제 2   주식양도자유의 원칙

주식은 법률(상법 또는 특별법)이나 정관에 다른 규정이 없으면 원칙적으로 자유롭게 양도될 수 있다(상 335조 1 항)(회사와 경쟁관계에 있거나 분쟁 중에 있는 자에게도 주식을 양도할 수 있다— 대판 2010. 7. 22, 2008 다 37193). 주식회사는 인적 회사와는 달리 퇴사제도가 없으므로(동지: 대판 2007. 5. 10, 2005 다 60147) 사원(주주)의 투하자본회수를 보장하여 줄 필요가 있는데, 이를 위하여 상법은 원칙적으로 주식양도의 자유를 인정하고 있고 또한 주식매수청구권을 인정하고 있다.

제 3   주식양도의 제한

주식양도는 다음과 같이 법률(상법 또는 특별법) 또는 정관에 의해서 제한되는데, 법률에 의한 제한은 상법에 의한 제한만을 보기로 한다.

주주들 사이에서 주식의 양도를 일부 제한하는 약정은 당사자 사이에서는 원칙적으로 유효하다(대판 2022. 3. 31, 2019 다 274639).

1. 법률(상법)에 의한 제한

(1) 권리주 양도의 제한

(가) **의의 및 입법목적** 권리주란 「주식의 인수로 인한 권리」(주식인수인의 지위)로서 회사의 성립시 또는 신주의 납입기일까지 존재하는데, 이러한 권리주의 양도는 회사에 대하여 효력이 없다($\frac{상}{319조}$). 이와 같이 권리주의 양도를 제한하는 이유는 권리주는 그 양도방법이 없을 뿐만 아니라, 이의 양도의 인정으로 인하여 회사설립절차나 신주발행절차가 복잡해지고 투기행위가 발생하는 것을 방지하기 위해서이다. 만일 발기인 또는 이사가 권리주를 양도한 때에는 과태료의 제재를 받는다($\frac{상 635조}{2항}$).

(나) **회사의 승인의 효력** 상법 제319조의 「… 회사에 대하여 효력이 없다」라는 의미가 무엇이냐에 대하여, 우리나라의 학설은 대립하고 있다. 즉 이에 대하여 (i) 우리나라의 통설·판례($\frac{대판 1965. 12.}{7, 65 다 2069}$)는 회사가 권리주의 양도를 승인하더라도 효력이 없다고 해석하는데, (ii) 소수설은 회사가 권리주의 양도를 인정하는 것은 무방하며 또 이것이 거래의 실정에도 맞다고 해석한다.

생각건대 권리주는 그 양도방법이 없을 뿐만 아니라 또 그 존속기간이 단기간이므로 이의 양도를 인정할 실제상의 필요성도 없으므로, 통설·판례와 같이 그 양도의 효력을 부정하는 것이 타당하다고 본다.

(2) 주권발행 전의 주식양도의 제한

(가) **의의 및 입법목적** 회사가 성립하거나 신주의 납입기일이 경과하여 권리주의 상태가 소멸된 경우에도 주권이 발행되기 전에 한 주식의 양도는 회사에 대하여 효력이 없다($\frac{상 335조 3항}{본문}$). 이와 같이 주권발행 전의 주식양도를 제한하는 이유는, 주식의 양도는 주권의 교부에 의하여야 하는데($\frac{상 336조}{1항}$) 주권발행 전에는 적법한 주식의 양도방법이 없고 또 적절한 공시방법(주식의 경우 주주명부에의 명의개서 등)도 없어 주식거래의 안전을 기할 수 없을 뿐만 아니라, 또 주권발행사무의 혼잡을 방지하여 주권발행을 촉진시키려는 기술적 이유에서이다.

(나) **회사의 성립(신주의 납입기일)후 6월이 경과한 경우 주권발행 전의 주식양도의 허용과 문제점** 주권발행 전에 한 주식양도의 효력에 대하여 1984년 개정상법시까지의 우리나라의 대법원판례는 이를 아주 엄격히 해석하여, 「주권발행 전이란 말은 주권을 발행할 수 있는 합리적 시기 이전을 의미한다고 볼 수 없고 또 주권발행 전의 주식양도는 회사가 이를 승인하여 명의개서까지 한 경우라 하더라도 역시 무효이다」라고 판시하였다. 그러나 이러한 대법원판례는 다수의 학설에 의하여 비판을

받아 왔고, 또 주권발행 전의 간약한 주식양도인에 의하여 회사를 도로 찾으려는 목적으로 자주 악용되었다. 따라서 1984년 개정상법에서는 「회사성립 후 또는 신주의 납입기일 후 6월이 경과한 때에는 주권발행 전의 주식양도는 유효하다」는 규정을 신설하여($\frac{상}{3항}\frac{335조}{단서}$), 주권발행을 고의로 늦추어 자유로운 주식양도($\frac{상}{본문}\frac{335조 1항}{참조}$)를 방해하는 회사로부터 주주를 보호하고 있다.

그러나 위의 규정($\frac{상}{3항}\frac{335조}{단서}$)의 신설에 의하여 회사는 주권발행을 게을리할 우려가 있고, 또한 주권 없는 주식양도가 합법화되어 주식의 양도는 주권의 교부에 의하여야 한다는 규정($\frac{상}{1항}\frac{336조}{}$)을 사문화시킬 우려도 있다.

⒟ 주권발행 전의 주식양도의 효력

① 회사의 성립 후 또는 신주의 납입기일 후 6월 이내에 주권 없이 주식을 양도한 경우 회사의 성립 후 또는 신주의 납입기일 후 6월 이내에 주권 없이 주식을 양도한 경우에는 그러한 주식의 양도는 회사에 대하여 효력이 없다($\frac{상}{3항}\frac{335조}{본문}$). 이러한 주식양도의 효력은 1984년 개정상법 이전의 경우와 같다. 따라서 이러한 주식양도를 회사측에서 승인을 하고 또 주주명부에 명의개서를 하였다고 하더라도, 회사에 대한 관계에서는 아무런 효력이 생기지 않는다고 본다($\frac{동지: 대판 1987. 5. 26,}{86 다카 982·983 외}$).

위의 주권발행 전의 주식양도가 회사에 대하여 효력이 없다 하여도, 당사자간에는 양도의 효력(채권적 효력)이 있음을 부정할 수 없다($\frac{동지: 대판 1983.}{2. 22, 82 다 15}$).

회사의 성립 후 또는 신주의 납입기일 후 6월 이내에 주권이 발행되기 전에 주식이 양도되고 그 후 6월 이내에 주권이 발행되었다면 동 주식양도는 회사에 대하여 효력이 없으나, 6월이 경과한 후에 주권이 발행되었다면 동 주식양도는 하자가 치유되어 유효라고 본다($\frac{동지: 대판 2002. 3. 15, 2000 두 1850〈주식양도가 회사 성립후 또는 신주의 납입기일 후 6월이}{경과하기 전에 이루어졌다고 하더라도, 그 이후 6월이 경과하고 그때까지 회사가 주권을 발행하지 않았다면, 그 하자는 치유되어 회사에 대하여도 유효한 주식양도가 된다〉}$). 왜냐하면 이를 무효라고 하면 양도인과 양수인이 6월 경과 후 주권발행 전에 다시 양도의 의사표시를 하여 동 양도를 유효하게 할 수 있는데($\frac{상}{3항}\frac{335조}{단서}$), 이렇게 되면 공연히 절차만 번거롭게 되기 때문이다.

② 회사의 성립 후 또는 신주의 납입기일 후 6월 이후에 주권 없이 주식을 양도한 경우 회사의 성립 후 또는 신주의 납입기일 후 6월 이후에 주권 없이 주식을 양도한 경우에는 당사자간에는 물론이고, 회사에 대하여도 유효한 주식양도가 된다($\frac{상}{3항}\frac{335조}{단서}$). 따라서 이 때의 주식양수인은 그가 적법하게 주식을 양수하였다는 사실을 증명하여 회사에 대하여 명의개서와 주권발행·교부를 청구할 수 있다($\frac{동지: 대판 1992. 10.}{27, 92 다 16386}$). 또한 이 경우 주식양도인(채무자)의 채권자는 주식 자체를 가압류할 수 있다.

1984년 개정상법은 이 때의 주식양도의 효력을 인정하면서 그 양도방법에 관하여는 아무런 규정을 두고 있지 않다. 따라서 이 때의 주식양도는 민법상 지명채권의 양도방법과 같이 당사자 사이의 의사표시에 의하여 이루어지고, 회사 기타 제3자에게 대항력(주식의 소유관계에서 적법한 주주임을 주장하기 위한 대항력)을 갖추기 위하여는 회사에 대한 통지 또는 회사의 승낙을 요한다($\frac{민}{1항}$450조)(통설·판례). 그러나 회사에 대하여 주주권을 행사하기 위한 대항요건(즉 양수인이 앞으로 계속적으로 주주권을 행사하기 위한 대항요건)으로는 명의개서를 요하고($\frac{상}{1항}$337조), 제3자에 대한 배타적인 대항요건(양도인이 이중으로 주식을 양도한 경우에 제1의 양수인이 제2의 양수인에 대하여 주주임을 주장하기 위한 대항요건)으로는 확정일자 있는 증서에 의한 양도통지 또는 회사의 승낙을 요한다($\frac{민}{2항}$450조).

[주권발행 전의 주식양도의 대항요건에 관한 판례]

"주권발행 전의 주식양도의 제3자에 대한 대항요건은 확정일자 있는 증서에 의한 양도통지 또는 회사의 승낙이고, 주주명부의 명의개서는 주식양수인들 상호간의 대항요건이 아니라 적법한 양수인이 회사에 대한 관계에서 주주의 권리를 행사하기 위한 대항요건에 지나지 않는다($\frac{대판\ 1995.\ 5.\ 23,\ \ 94\ 다\ 36421;}{동\ 2002.\ 9.\ 10,\ 2002\ 다\ 29411\ 외}$)."

이 때에 주권발행 전의 주식양도가 인정된다고 하더라도 주권이 없기 때문에 주권의 교부에 의하여 주식을 양수한 자가 누리는 적법성의 추정($\frac{상}{2항}$336조)은 인정되지 않는다. 따라서 주권발행 전에 주식양도가 있었다는 사실은 일반원칙에 따라 그것을 주장하는 측(양수인)에서 증명하여야 한다.

≫ 사례연습 ≪

[사 례]

Y주식회사의 주식을 소유하고 있는 B는 동 주식을 1995. 3. 25에 X에게 양도하였는데, 이 때 Y회사의 대표이사인 A는 이를 승인하였고 또 이에 대하여는 동년 3. 26에 공증인의 확정일자까지 받았으나 주주명부상의 명의개서는 하지 않았다. 그런데 B는 동 주식을 동년 3. 27에 C에게 다시 양도하였고, 이에 C는 동년 3. 29에 Y회사의 주주명부에 자기를 주주로 명의개서를 하였다. 이 때 Y회사는 성립 후 6월이 경과하였음에도 불구하고 아직 주권을 발행하지 않았다. 이 경우 X는 Y회사에 대하여 주주임을 주장할 수 있는가?

* 이 사례는 정찬형, 「상법사례연습(제4판)」, 사례 61에 기초한 것이므로, 이에 관한 상세는 同書를 참고하기 바람.

[해 답]

(1) 본문에서 X가 B로부터 주권발행 전의 주식을 양수하고 또 이 주식을 발행한 Y회사의 대표이사인 A가 이를 승낙하였다면, X는 주권발행 전의 주식양도의 효력요건(당사자간의 의사표시) 및 대항요건(Y회사의 승낙)을 모두 갖추어 Y회사에 대하여 주주임을(즉 주주권을 취득함을) 주장할 수 있다. 또 Y회사는 이러한 주식양도의 승낙을 확정일자 있는 증서에 의하여 하였으므로 X의 주식양수는 제3자에 대한 대항요건도 갖춘 것이 되어 X는 C에 대하여도 자기가 주주임을 주장할 수 있다. 따라서 X는 Y회사 및 C에 대하여 주주임을 주장할 수 있다(동지: 대판 1996. 8. 20, 94 다 39598).

(2) 본문에서 C가 Y회사의 주주명부에 먼저 명의개서를 하였다고 하더라도 주주명부상의 기재에는 자격수여적 효력만이 있을 뿐이지 창설적 효력이 있는 것이 아니므로, C가 먼저 주주권을 취득하는 것은 아니다. 따라서 X가 실질적인 주주임을 입증하면 C의 권리추정적 효력은 깨지게 된다. 따라서 본문의 경우 주주명부에는 C가 아니라 X가 주주로 기재되었어야 할 것이다. 그런데 Y회사 대표이사 A가 X에 대하여 주식양도·양수를 승낙하였으면서 (주권도 소지하지 않은) C에 대하여 다시 명의개서를 하여 준 것에 대하여는 Y회사에게 책임이 없다고 볼 수 없다. 따라서 필요한 경우에는 X는 Y회사에 대하여 이에 대한 책임을 물을 수도 있다고 본다.

(3) 참고로 본문에서 X는 주권발행 전의 주식양수인으로서 Y회사 및 C에 대하여 주주임을(즉 주주권을 취득함을) 주장할 수 있다고 하더라도, X는 주권을 소지하고 있지 않으므로 C 이외의 제3자에 대하여 주권의 점유자가 누리는 권리추정적 효력(상 336조 2항)은 없다(이 점에서 주권발행 후의 주식양수인이 주권을 점유함으로써 권리추정적 효력의 이익을 갖는 점과 구별된다). 따라서 X가 Y회사에 명의개서를 신청하기 위하여는 그가 적법하게 주식을 양수하였다는 점을 입증하여야 한다(동지: 대판 1992. 10. 27, 92 다 16386). 또한 주권발행 전 주식양수인에게는 권리추정적 효력이 인정되지 않는 결과, 주권발행 전 주식양도의 경우에는 주식의 선의취득(상 359조)이란 있을 수 없다. 주권발행 전 주식양수인인 X가 주주권의 취득을 Y회사에 대항하기 위하여는 Y회사의 승낙으로써 족하지만, 그 후에 Y회사에 대하여 계속하여 주주권을 행사하기 위한 대항요건으로는 주주명부에 명의개서를 하여야 할 것이다. 그렇지 않으면 X는 매번 Y회사에 대하여 자기가 주주임을 입증하여 권리를 행사하여야 하는 불편이 있을 뿐만 아니라, Y회사도 주주명부의 면책력에 의하여 주주명부상의 주주에게 통지 등을 하면 면책되기 때문이다(상 353조 1항).

(3) 자기주식 취득의 제한

(개) 입법방향 2011년 4월 개정상법은 회사의 자기주식의 취득은 회사의 재산을 주주에게 환급한다는 점에서 본질적으로 주주에 대한 이익배당과 유사하게 볼 수 있는 점, 자기주식을 모든 주주로부터 지분비율에 따라 취득하면 주주평등의 원칙에 위반하는 문제가 발생하지 않을 수 있는 점, 비상장회사에 대하여도 배당가능이익으로 재원을 한정하여 자기주식을 취득하도록 하면 회사채권자의 이익을 해하지 않는다는 점 등의 이유로, 자본시장법의 입법태도와 같이 배당가능이익으로써 자기주식을 취득하는 것을 원칙적으로 허용하고 있다.

이러한 자기주식의 취득을 규제하는(배당가능이익으로써 원칙적으로 자기주식을 취득하는 경우에도 그 폐해를 방지하기 위하여 예외적으로 규제하는) 방법으로는 목적규제·재원규제·수량규제·보유규제·공시규제 및 거래규제 등이 있는데, 우리 상법은 배당가능이익으로써(손익거래로써) 자기주식을 취득하는 경우에는 기본적으로 재원규제를 하고($\frac{상}{341조}$) 배당가능이익이 아닌 자금으로써(자본거래로써) 자기주식을 취득하는 경우에는 기본적으로 목적규제를 하고 있다($\frac{상}{의 2}^{341조}$). 이하에서는 이에 관하여 차례로 살펴본다.

(내) 재원규제 회사가 배당가능이익으로써 자기주식을 취득하는 경우에는 다음과 같은 재원상 제한과 방법상 제한이 있다.

① **재원상 제한** 회사가 자기주식을 취득하기 위하여는 다음과 같이 직전 결산기의 대차대조표상 이익이 현존하여야 하고 또한 당해 결산기에 이익이 예상되어야 하는데, 이 점은 중간배당의 요건($\frac{상}{2항·3항·4항}^{462조의 3}$)과 아주 유사하다.

(a) 직전 결산기의 대차대조표상 이익이 현존하여야 한다($\frac{상}{1항 단서}^{341조}$) 회사가 자기주식을 취득하는 경우 그 취득가액의 총액은 직전 결산기의 대차대조표상의 순자산액에서 (i) 자본금의 액, (ii) 그 결산기까지 적립된 자본준비금과 이익준비금의 합계액, (iii) 그 결산기에 적립하여야 할 이익준비금의 액 및 (iv) 대통령령으로 정하는 미실현이익을 뺀 금액(배당가능이익)을 초과하지 못한다($\frac{상}{1항 단서}^{341조}$).

(b) 해당 영업연도의 결산기에 이익이 예상되어야 한다($\frac{상}{3항}^{341조}$) 회사는 해당 영업연도의 결산기에 대차대조표상의 순자산액이 (i) 자본금의 액, (ii) 그 결산기까지 적립된 자본준비금과 이익준비금의 합계액, (iii) 그 결산기에 적립하여야 할 이익준비금의 액 및 (iv) 대통령령으로 정하는 미실현이익의 합계액에 미치지 못할 우려가 있는 경우(즉, 배당가능이익이 예상되지 않는 경우)에는 자기주식을 취득하여서는

아니 된다($\frac{\text{상}341조}{3항}$). 만일 해당 영업연도의 결산기에 배당가능이익이 예상되지 않는 경우에도 회사가 자기주식을 취득하면, 이사는 그가 해당 영업연도의 결산기에 이익이 발생할 것으로 판단함에 있어 주의를 게을리하지 아니하였음을 증명하지 못하는 한 회사에 대하여 연대하여 그 미치지 못한 금액을 배상할 책임이 있다($\frac{\text{상}341조}{4항}$).

② 방법상 제한

(a) 주주총회의 결의   회사가 배당가능이익으로써 자기주식을 취득하고자 하는 경우에는 미리 주주총회의 결의로 (i) 취득할 수 있는 주식의 종류 및 수, (ii) 취득가액의 총액의 한도 및 (iii) 1년을 초과하지 아니하는 범위에서 자기주식을 취득할 수 있는 기간을 결정하여야 한다($\frac{\text{상}341조}{2항 본문}$). 그러나 이사회의 결의로 이익배당을 할 수 있다고 정관에서 정하고 있는 경우에는 위의 사항에 대하여 주주총회의 결의에 갈음하여 이사회의 결의로써 한다($\frac{\text{상}341조}{2항 단서}$). 자본금 총액이 10억원 미만인 회사로서 이사를 1명 또는 2명 둔 경우에는 이사회가 없으므로 언제나 주주총회의 결의에 의하여야 한다($\frac{\text{상}383조 5항,}{341조 2항 단서}$).

배당가능이익이 없음에도 불구하고 주주총회 또는 이사회가 자기주식을 취득할 것을 결의하면, 이러한 결의는 무효가 된다고 본다. 그러나 주주총회 또는 이사회가 절차상의 하자로 인하여 사후에 취소된 경우 등에 회사가 취득한 자기주식의 사법상 효력은 위법한(전단적) 대표행위의 효력의 문제가 될 것이다.

(b) 취득방법의 제한   회사가 배당가능이익으로써 자기주식을 취득하는 경우, 그 취득방법은 (i) 거래소에서 시세(時勢)가 있는 주식의 경우에는 거래소에서 취득하는 방법과 (ii) 상환주식의 경우 외에 각 주주가 가진 주식수에 따라 균등한 조건으로 취득하는 것으로서 대통령령으로 정하는 방법으로 한정된다($\frac{\text{상}341조 1항,}{\text{상시}9조·10조}$). 회사가 이와 같이 자기주식의 취득방법을 제한하는 것은 주주에게 기회의 평등과 대가의 공정을 제공하여 주주평등의 원칙에 반하지 않도록 하기 위해서이다.

회사가 위와 같은 자기주식의 취득방법에 위반하여 자기주식을 취득한 경우, 그 취득행위의 사법상 효력은 어떠한가. 이에 대하여 원칙적으로 무효이나 상대방(주주)이 선의인 경우에는 유효라고 보는 견해가 있으나, 이는 상법 제341조(강행법규)에 위반한 거래이고 또한 주주평등의 원칙에 반하는 회사의 행위이므로 상대방(주주)의 선의·악의를 불문하고 언제나 무효라고 본다($\frac{\text{동지: 대판 2021. 10.}}{28, 2020 다 208058}$).

(c) 회사의 명의와 회사의 계산으로 취득   회사가 배당가능이익으로써 자기주식을 취득하는 경우에는 「자기의 명의와 자기의 계산」으로 취득하여야 한다(상 341조 1항 본문). 이와 같이 「자기의 명의」로 취득하는 경우에만 자기주식을 취득할

수 있도록 한 것은 취득주체에 대한 공시의 진정성을 확보하기 위해서이다. 따라서 회사가 배당가능이익으로써 「타인의 명의」와 「회사의 계산」으로 자기주식을 취득하는 것은 허용되지 않는다고 본다.

(다) **목적규제** ① 회사는 배당가능이익이 없는 경우 원칙적으로 (자기의 계산으로) 자기주식을 취득할 수 없고, 예외적으로 다음과 같은 특정목적이 있는 경우에는 위에서 본 재원상 제한이나 방법상 제한을 받지 않고 (자기의 계산으로) 자기주식을 취득할 수 있다. 즉, (i) 회사의 합병 또는 다른 회사의 영업전부의 양수로 인한 경우, (ii) 회사의 권리를 실행함에 있어 그 목적을 달성하기 위하여 필요한 경우, (iii) 단주(端株)의 처리를 위하여 필요한 경우 및 (iv) 주주가 주식매수청구권을 행사한 경우이다($\frac{상}{1호-4호}$ 341조의 2).

회사는 상법상 허용되는 이러한 경우 이외에 정관이나 내부규정에 의하여 자기주식을 취득할 수 없다.

회사가 자본금 감소의 방법으로 자기주식을 취득하여 소각하는 경우에는 상법 제341조에 의한 자기주식의 취득에 해당하지 않으므로 상법 제341조의 2에서 (2011년 4월 개정전 상법 341조 1 호와 같이) 「(자본금 감소를 위하여) 주식을 소각하기 위한 경우」를 반드시 추가하여야 할 것으로 본다. 이는 입법상 미비라고 본다. 또한 상법 제341조의 2 2호는 입법론상 쉬운 표현으로 「회사의 채무자에게 자기주식 이외에는 다른 재산이 없는 경우」로 개정되어야 할 것으로 본다.

② 상법 제341조의 2에 의하여 자기주식의 취득이 원칙적으로 금지되는 대표적인 이유는 회사의 자본금 충실을 기하고 회사의 채권자를 보호하기 위한 것이므로, 자기주식의 취득이 금지되는 것은 취득자의 명의는 불문하고 「회사의 계산」으로 취득하는 자기주식의 취득만이 금지된다고 본다(개정전 상 341조 본문 참조). 이 때 회사가 자기가 발행하는 주식을 인수하려는 자 또는 이미 발행한 주식을 취득하려는 자에게 금전대여 또는 보증을 하여 자기주식을 취득시키는 것은 상법 제341조의 2의 탈법행위의 일종으로 보아 「회사의 계산」으로 자기주식을 취득하는 것으로 보아 금지된다고 본다. 이 점에 대하여 명문으로 금지하는 입법례도 있다. 그러나 회사의 계산으로 자기주식을 취득하는 경우가 아닌 경우, 예컨대 신탁회사 또는 위탁매매인이 고객의 계산으로 자기주식을 취득하거나 자기주식을 무상으로 취득하는 경우 등에는 자기주식의 취득이 당연히 인정된다고 본다.

③ 상법 제341조의 2에서의 「자기주식」에는 신주인수권증서($\frac{상}{의} \frac{420조}{2}$)나 신주인

수권증권($^{상}_{의}$5^{16조})이 포함된다고 본다. 그러나 이 경우 신주인수권부사채나 전환사채는 포함되지 않으므로 회사는 이를 취득할 수 있으나, 신주인수권이나 전환권을 행사할 수는 없다고 본다.

이 때 자기주식의 취득에는 유상의 승계취득에 한하지 않고, 설립시 또는 신주발행시의 주식인수(원시취득)를 포함한다고 본다.

④ 회사가 상법 제342조의 2에 위반하여 각 호의 어디에도 해당하지 아니함에도 불구하고 (또한 배당가능이익이 없음에도 불구하고) 자기주식을 취득한 경우, 다음과 같이 그 취득행위의 사법상 효력과 이사 등의 책임이 문제된다.

(a) 취득행위의 사법상 효력   회사가 상법 제341조의 2에 위반하여 자기주식을 취득한 경우 그 취득행위의 사법상 효력이 어떠한가에 대하여 다음과 같이 세 가지의 학설이 대립하고 있다.

(i) (절대적) 무효설   이 설에서는 (원칙적인) 자기주식 취득금지에 위반하여 자기주식을 취득하는 것은 출자금을 환급하는 것과 같은 결과를 가져오는데, 이것은 주식회사의 본질적인 요청인 자본금 충실의 원칙을 침해하는 결과가 되고, 또 이를 규정한 상법 제341조의 2는 강행규정이기 때문에, 이에 위반한 취득행위는 무효가 된다고 한다($^{동지: 대판 2003. 5. 16, 2001 다 44109; 동 2018. 10. 25, 2016 다}_{42800·42817·42824·42831; 동 2021. 10. 28, 2020 다 208058 외}$).

(ii) 상대적 무효설(부분적 무효설)   이 설에서는 (원칙적인) 자기주식 취득금지에 위반한 취득행위는 원칙적으로 무효이나, 다만 선의의 제3자에게 대항하지 못한다고 한다.

(iii) 유 효 설   이 설에서는 상법 제341조의 2를 단속규정으로 보고, 이에 위반한 자기주식의 취득행위의 사법상의 효력은 유효하다고 한다.

생각건대 회사의 자본금 충실의 원칙은 주식회사의 본질적 요소이고 또 이러한 자본금 충실을 기하고자 하는 것이 상법 제341조의 2의 입법목적인 점에서 볼 때 동 규정을 강행규정으로 보아야 할 것이므로, 이에 위반한 자기주식의 취득행위의 사법상 효력은 양도인의 선의·악의를 불문하고 언제나 무효라고 본다(무효설).

(b) 이사 등의 책임   (i) 이사 등이 상법 제341조의 2에 위반하여 회사의 계산으로 자기주식을 취득한 경우에는 회사($^{상}_{의}$8$^{399조}_{1항}$) 또는 제3자($^{상}_{의}$8$^{401조}_{2항}$^{408조})에 대하여 손해배상책임을 지고, (ii) 또 그러한 이사 등은 형벌의 제재를 받는다($^{상}_{2호}$^{625조}).

㈃ 자기주식의 지위   회사가 자기주식을 취득하는 경우에 회사는 그 주식에 기하여 주주권을 행사할 수 있는가.

(i) 자기주식에 대한 공익권 중 「의결권」에 대하여는 상법이 명문으로 규정하

여 이를 배제하고 있으므로($\frac{상}{2항}^{369조}$) 아무런 문제가 없다. 이러한 자기주식은 발행주식총수에 산입되지 않는다($\frac{상}{1항}^{371조}$).

그러나 의결권 이외의 공익권과 자익권에 대하여는 상법에 규정이 없으므로 해석에 의하여 해결될 수밖에 없다. 회사의 자기주식에 대한 「의결권 이외의 공익권」(예컨대, 소수주주권, 각종의 소제기권 등)은 그 성질상 회사에 인정될 수 없다는 데 대하여 학설은 일치하고 있다.

(ii) 「자익권」에 대하여는 견해가 나뉘어 있다. 즉, 회사의 자기주식에 대하여는 i) 자익권 중 이익배당청구권 및 잔여재산분배청구권이 인정된다고 하거나, 또는 이익배당이나 주식배당이 인정된다고 하거나, 또는 신주발행이나 준비금의 자본금 전입시에 신주인수권이 인정된다고 하는 것 등과 같이 자익권의 일부를 인정하고 나머지를 인정하지 않는 부분적 휴지(休止)설(소수설)과, ii) 일체의 자익권을 인정하지 않는 전면적 휴지설(통설)로 나뉘어 있다.

생각건대 회사가 자기주식을 취득하는 것이 인정되는 경우에도 이는 보통 주식을 실효하거나 타에 처분하기 위한 일시적인 현상인 점($\frac{상}{1항}^{342조,}$ 343조 단서 참조), 주주권은 본래 회사 이외의 자를 위하여 인정되는 권리로서 회사가 동시에 그 구성원이 되는 자기주식의 취득의 경우에는 그 성질상 인정될 수 없는 권리라는 점 등에서 볼 때, 통설인 전면적 휴지설에 찬성한다.

(iii) 자기주식에 대하여 이렇게 주주권이 휴지(休止)되는 것은 주식 자체의 속성은 아니므로, 그 주식이 제3자에게 이전되면 모든 주주권이 부활되는 것은 당연하다.

(바) 자기주식의 처분 및 소각

① 자기주식의 처분

(a) 2011년 4월 개정상법($\frac{상}{342조}$)은 회사가 보유하는 자기주식을 처분하는 경우, (i) 처분할 주식의 종류와 수·(ii) 처분할 주식의 처분가액과 대가의 지급일 및 (iii) 주식을 처분할 상대방 및 처분방법에 관하여 정관에 규정이 없으면 이사회의 결의에 의하도록 하고 있다.

(b) 상법 제342조에서 「회사가 보유하는 자기주식」은 배당가능이익으로써 취득한(손익거래에 의하여 취득한) 자기주식($\frac{상}{341조}$)을 의미하느냐 또는 특정목적에 의하여 취득한(자본거래에 의하여 취득한) 자기주식($\frac{상}{의2}^{341조}$)을 포함하느냐의 문제가 있고, 회사가 보유하는 자기주식을 (정관에 규정이 없는 경우) 이사회가 주식을 처분할 상대방 및 처분방법 등을 임의로 결정하도록 한 경우 기존주주의 이익을 침해할 우려가 있는 문제점이 있다. 이하에서 이 두 가지 점에 대하여 살펴보기로 한다.

(i) 상법 제342조의 규정형식은 위에서 본 바와 같이 자본시장법($\frac{자금\ 165조의}{3\ \ 4항}$)의 규정형식과 유사하다. 이러한 점에서 보면 상법 제342조에서 「회사가 보유하는 자기주식」은 회사가 배당가능이익으로써 취득한(손익거래에 의하여 취득한) 자기주식 ($\frac{상}{341조}$)만을 의미한다고 볼 수도 있다. 이와 같이 해석하면 특정목적에 의하여 취득한(자본거래에 의하여 취득한) 자기주식($\frac{상}{의 2}\,^{341조}$)의 처분에 대하여는 규정이 없게 된다. 따라서 입법론으로는 특정목적에 의하여 취득한(자본거래에 의하여 취득한) 자기주식 ($\frac{상}{의 2}\,^{341조}$)의 처분의무를 (2011년 4월 개정전 상법 342조와 같이) 별도로 규정하여야 할 것이다. 그러나 이러한 별도의 입법이 없는 한 해석론상으로는 상법 제342조의 「회사가 보유하는 자기주식」에 회사가 특정목적에 의하여 취득한(자본거래에 의하여 취득한) 자기주식($\frac{상}{의 2}\,^{341조}$)을 포함시켜 해석할 수밖에 없다.

(ii) 특히 회사가 배당가능이익으로써 취득한 자기주식($\frac{상}{341조}$)을 이사회 결의만으로 다른 주주에게 매수의 기회를 부여하지 않고 특정주주 또는 제3자에게 처분하면 주주평등의 원칙에 반함은 물론 기존주주의 의결권에서 지분율을 희석시키므로 기존주주의 이익을 해하게 된다. 또한 회사의 경영권에 관하여 분쟁이 있는 경우 이사회가 임의로 회사가 보유하는 자기주식을 그의 우호적인 주주 또는 제3자에게 처분하게 되면 이는 이사회가 신주를 발행하여 임의로 배정하는 것과 동일하게 되어 기존주주의 신주인수권을 침해하는 결과와 동일하게 된다. 회사가 배당가능이익 등으로써 취득하여 보유하는 회사의 자기주식은 회사 이외의 주주가 보유하는 회사의 주식과는 전혀 그 성격을 달리하므로, 회사가 자기주식을 처분하는 것을 회사 이외의 주주가 그의 주식을 처분하는 것과 동일하게 보아 이를 개인법적 거래로 보는 것은 매우 타당하지 않고, 또한 결과적으로 기존주주의 이익을 크게 해함에도 불구하고 이는 손익거래로서 개인법적 거래이므로 이에는 단체법적 거래에 적용되는 주주평등의 원칙이 적용되지 않는다고 하는 것은 주주평등의 원칙은 이에 대한 예외가 법률에 규정되지 않는 한 정관의 규정·주주총회의 결의·이사회의 결의 및 회사의 모든 업무집행에 적용되는 원칙이라는 점을 망각하고 기존주주의 이익을 해하면서 하는 회사의 자기주식의 처분을 합리화하기 위한 무리한 논리라고 본다. 또한 회사가 자기주식을 취득하는 것에 대하여는 모든 주주에게 동일한 기회를 부여하도록 하여 주주평등의 원칙에 합치하도록 하면서($\frac{상\ 341조\ 1항\ 1호·2호,}{상시\ 9조\ 1항\ 참조}$) 이의 처분은 개인법적 거래이므로 주주평등의 원칙이 적용되지 않는다고 자의로 해석하는 것은 균형이 맞지 않을 뿐만 아니라, 주주평등의 원칙은 회사와 주주간의 모든 법률관계에 적용되는 원칙이라는 점에서도 타당하지 않다.

따라서 회사가 보유하는 자기주식을 처분하는 것과 신주를 발행하여 배정하는 것은 결과적으로 동일 또는 유사하게 볼 수 있으므로, 입법론상 상법 제342조에서는 기존주주의 이익을 보호하기 위하여 2006년 법무부가 입법예고한 상법개정안과 같이 상법 제418조 등 신주발행에 관한 규정을 준용하는 규정을 두어야 할 것이고, 해석론상 주주평등의 원칙에 반하거나 신주인수권 등 기존주주의 이익을 해하는 회사의 자기주식의 처분은 무효의 원인이 된다고 보아야 할 것이다. 특히 경영권분쟁과 같은 이해관계가 첨예하게 대립된 상황에서 회사가 그의 돈(배당가능이익 등)으로 취득하여 보유하고 있는 자기주식을 지배주주의 지배권(경영권)을 방어하기 위하여 지배주주 또는 지배주주와 우호적인 제 3 자에게 처분하는 것은 이를 회사의 손익거래라고 볼 수 없는 점, 기존주주의 신주인수권 등을 위시한 이익을 침해하는 점, 주주평등의 원칙에 반하는 점 등에서 볼 때, 무효의 원인이라고 본다.

② 자기주식의 소각

(a) 2011년 4월 개정상법 제343조 1 항은 주식의 소각에 관하여 규정하고 있는데, 「주식은 자본금 감소에 관한 규정에 따라서만 소각할 수 있다. 다만, 이사회의 결의에 의하여 회사가 보유하는 자기주식을 소각하는 경우에는 그러하지 아니하다」고 규정하고 있다.

이 때 상법 제343조 1 항 단서에서 「회사가 보유하는 자기주식」에는 배당가능이익으로써 취득한(손익거래에 의하여 취득한) 자기주식($_{341조}^{상}$)만을 의미하느냐 또는 특정목적에 의하여 취득한(자본거래에 의하여 취득한) 자기주식($_{의 2}^{상 341조}$)을 포함하느냐의 문제가 있다. 만일 상법 제343조 1 항 단서의 「회사가 보유하는 자기주식」에 특정목적에 의하여 취득한(자본거래에 의하여 취득한) 자기주식($_{의 2}^{상 341조}$)을 포함시키면, 회사가 자본금으로 취득한 자기주식을 이사회의 결의만으로 소각하게 되어(즉, 실질적으로 자본금의 감소의 결과를 가져오는 주식의 소각을 이사회의 결의만으로 하는 것이 되어) 자본금 감소절차를 결과적으로 탈법하는 것이 된다. 따라서 특정목적에 의하여 취득한(자본금 거래에 의하여 취득한) 자기주식($_{의 2}^{상 341조}$)에 대하여는, 입법론상 2011년 4월 개정상법 이전과 같이 그 처분의무를 별도로 규정할 필요가 있고, 해석론상 (상법 제342조에 의하여 처분하든가 또는) 제343조 1 항 본문에 의하여 자본금 감소에 관한 규정에 따라서만 소각할 수 있다고 보아야 할 것이다.

(b) 2011년 4월 개정상법 이전에는 상법 제343조 제 1 항 단서에서 이익소각에 관하여 규정하고 있었는데, 이는 주주총회의 결의에 의한 주식소각(매입소각)

(개정전 상)과의 관계상 강제소각만이 인정되었다. 이러한 강제소각은 회사가 주주의
343조의 2
의사와 관계 없이 특정한 주식을 취득하여(예컨대, 추첨·안분비례 등에 의하여) 소각시
키는 방법이다. 이 때에는 1월 이상의 일정한 기간을 정하여 주식을 소각한다는 뜻
과 그 기간 내에 주권을 회사에 제출할 것을 공고하고, 주주명부에 기재된 주주와
질권자에 대하여는 각별로 통지를 하여야 하는데(개정전 상 343조), 주식소각의 효력은
2항, 440조
위 기간이 만료한 때에 생긴다(상 343조 2항).
441조

   2011년 4월 개정상법은 위와 같은 이익소각에 대하여는 규정하지 않고, (개정
전 상법 343조의 2에서 규정한 주주총회의 결의에 의하여 자기주식을 매수하여 소각하는 경
우와 같이) 배당가능이익으로써 자기주식을 취득하는 점(상)과 이러한 자기주식을
341조
소각하는 점(상 343조) 및 자기주식의 취득과 소각에 대한 동시성을 배제하는 점을 규
1항 단서
정하고 있다. 따라서 2011년 4월 개정상법에 의하면 개정전의 이익소각제도(강제소
각제도)를 폐지하고 (배당가능이익으로써의) 매입소각제도만을 인정하고 있다고 볼 수
있다. 이 경우에 소각된 주식수만큼 주식수는 줄어드나 자본금 감소절차를 밟지 않
았기 때문에 자본금의 감소는 없다.

   2011년 4월 개정상법이 이익소각제도를 폐지하고 자기주식의 취득과 소각에
대한 동시성을 배제함으로 인하여, 회사가 자기주식을 취득할 때에는 그 취득가액
의 총액이 배당가능이익의 범위 내이었으나 회사가 보유하고 있는 이러한 자기주식
을 소각할 때에는 그 소각되는 자기주식의 시가총액이 배당가능이익을 초과하고 있
는 경우에도 이사회의 결의만으로 이러한 자기주식을 소각할 수 있는가의 문제가
있다. 2011년 4월 개정상법 이전의 상법상 이익소각(강제소각)의 경우에는 자기주식
의 취득시점과 소각시점에 시간적 차이가 거의 없기 때문에 문제가 발생하지 않았
으나, 2011년 4월 개정상법 제343조 제 1 항 단서에 의한 회사가 보유하는 자기주
식의 소각에는 취득시점과 소각시점에 시간적 차이가 클 수 있기 때문에 이러한 문
제가 발생한다. 이 경우 이익소각과 관련하여 볼 때는 회사의 자본금 충실상 주식
소각을 인정할 수 없을 것으로 생각된다. 따라서 자기주식의 소각시점에서 소각되
는 주식의 시가총액이 배당가능이익을 초과하지 않는 범위 내에서만 회사가 보유하
고 있는 자기주식의 소각이 가능하다고 본다.

   (4) 자회사에 의한 모회사 주식취득의 제한

   ㈎ 원 칙

   ① 의의 및 입법목적   갑회사가 을회사의 주식을 보유하고 반대로 을회사가 갑
회사의 주식을 보유하는 형태를 「주식의 직접상호보유」(단순상호보유)라고 하고, 갑

회사가 을회사의 주식을 보유하고 을회사는 병회사의 주식을 보유하고 병회사는 다시 갑회사의 주식을 보유하는 형태를 「주식의 간접상호보유」(고리형 또는 환상형〈環狀型〉 상호보유)라고 한다. 이 밖에 갑회사는 을·병회사의 주식을 보유하고 을회사는 갑·병회사의 주식을 보유하고 병회사는 갑·을회사의 주식을 보유하는 형태를 「주식의 행렬형(行列型) 상호보유」라고 한다.

　　주식의 직접상호보유에 대한 규제로는 우리 상법상 다음의 두 가지 경우가 있다. 첫째는 갑회사(모회사)가 을회사(자회사)의 발행주식총수의 100분의 50을 초과하는 주식을 소유하는 경우(모자회사간)에는, 을회사로 하여금 갑회사의 주식을 원칙적으로 취득할 수 없도록 규제하였다($\frac{\text{상}}{\text{의}2}\text{342조}_{1항}$). 둘째는 갑회사가 을회사의 발행주식총수의 10분의 1을 초과하는 주식을 소유하는 경우(비모자회사간)에는, 을회사는 갑회사의 주식을 취득할 수는 있으나 그 주식에 대하여는 의결권이 없는 것으로 규제하였다($\frac{\text{상}}{3항}\text{369조}$). 이와 같이 갑회사와 을회사가 주식을 상호보유하는 경우로서 위 첫째의 경우에는 을회사는 갑회사의 주식을 취득할 수 없고 위 둘째의 경우에는 을회사는 갑회사의 주식을 취득할 수는 있으나 의결권이 없으므로, 을회사는 갑회사가 자기의 주식을 어느 정도 취득하고 있는지를 알고 있는 것은 을회사의 이해관계에 매우 중요하다. 따라서 상법은 갑회사가 을회사의 발행주식총수의 10분의 1을 초과하여 취득한 때에는 을회사에 대하여 지체 없이 이를 통지하도록 하여 갑회사에게 을회사의 주식취득의 통지의무를 부담시키고 있다($\frac{\text{상}}{\text{의}3}\text{342조}$)(그러나 갑회사가 을회사의 주식에 대하여 의결권을 위임받아 의결권을 대리행사하는 경우에는 갑회사가 을회사의 발행주식총수의 10분의 1을 초과하여 의결권을 대리행사할 권한을 취득하였다고 하여도 상법 제342조의 3이 유추적용되지 않는다— $\frac{\text{대판 2001. 5. 15,}}{\text{2001 다 12973}}$). 이는 갑회사가 을회사의 주식을 을회사가 모르게 대량으로 은밀하게 취득하는 것을 방지하기 위하여 신의칙상 명문으로 인정한 것이다. 위 첫째의 모자회사간에서 자회사에 의한 모회사의 주식취득의 금지는 주식양도의 자유에 대한 제한이므로 이 곳에서 설명하고, 위 둘째의 비모자회사간에서 의결권의 제한은 주주총회의 의결권에 관한 부분에서 설명한다.

　　이러한 주식의 상호보유는 실질적으로 자기주식의 취득의 경우와 같이 출자의 환급이 되어 자본의 공동화(空洞化)를 가져오고, 법인주주가 주축이 되어 회사의 사단성이 파괴되며, 회사지배가 왜곡되는 등 많은 폐해를 가져온다. 그러므로 우리 상법에서는 다른 외국의 입법례와 같이 주식의 상호보유를 원칙적으로 규제하고 있는데, 규제의 기술적인 어려움 때문에 주식의 직접상호보유에 대해서만 규제하고 있고, 간접상호보유 및 행렬형상호보유에 대해서는 규제하지 못하고 있다.

② **상호보유규제의 내용**   상법은 위의 예에서 갑회사가 을회사의 발행주식총수의 100분의 50을 초과하는 주식을 소유하는 경우에, 갑회사를 「모회사」로 을회사를 「자회사」로 정의하고, 자회사에 의한 모회사의 주식취득을 원칙적으로 금지하고 있다(직접지배형)($\frac{상}{의2}\frac{342조}{1항}$). 또한 상법은 병회사의 발행주식총수의 100분의 50을 초과하는 주식을 갑회사(모회사) 및 을회사(자회사)가 소유하거나(합동지배형) 또는 을회사(자회사)가 소유하는 경우에도(간접지배형), 병회사(손회사)를 갑회사(조모회사)의 자회사로 의제하여, 병회 의한 갑회사의 주식취득도 원칙적으로 금지하고 있다($\frac{상}{의3}\frac{342조}{}$)(이 때 병회사의 발행주식총수의 100분의 50을 초과하는 주식을 갑회사 및 을회사가 소유하는 경우에는 병회사는 을회사의 주식을 취득할 수 있으나, 을회사가 소유하는 경우에는 상법 제342조의 2 1항에 의하여 병회사는 을회사의 주식을 취득할 수 없다).

증손회사(및 그 이후에 계속되는 손회사)도 증조모회사(및 그 이후에 계속되는 조모회사)의 자회사로 보아, 증손회사는 증조모회사의 주식취득이 금지되는가. 이에 관하여는 상법에 규정이 없고, 학설은 이를 긍정하는 견해(다수설)와 부정하는 견해(소수설)로 나뉘어 있다. 생각건대 상법 제342조의 2 3항을 엄격하게 해석하여야 한다고 보며, 또 위와 같이 확대해석하여 자회사에 의한 모회사의 주식취득을 금하는 것은 거래의 실정에도 맞지 않을 뿐만 아니라 그 실효를 거두는 것도 거의 불가능하므로 부정하는 견해에 찬성한다.

③ **금지위반의 효과**   자회사가 모회사의 주식취득금지에 위반하여 모회사의 주식을 취득한 경우 그 취득행위의 사법상 효력에 대하여, (i) (절대적) 무효설, (ii) 상대적 무효설(부분적 무효설) 및 (iii) 유효설이 있다. 생각건대 이 경우에도 특정목적 이외의 자기주식취득금지($\frac{상}{의2}\frac{341조}{}$)에 위반하여 취득한 경우와 같이 절대적으로 무효라고 본다(무효설).

자회사의 이사 등이 상법 제342조의 2 에 위반하여 모회사의 주식을 취득한 경우에는 그러한 이사 등은 회사($\frac{상}{399조}$) 또는 제 3 자($\frac{상}{401조}$)에 대하여 손해배상책임을 부담하는 외에, 2,000만원 이하의 벌금형의 제재를 받는다($\frac{상}{의2}\frac{625조}{}$).

⑷ **예   외**   모자회사간에서 자회사는 원칙적으로 모회사의 주식을 취득할 수 없는데, 예외적으로 자회사가 모회사의 주식을 취득할 수 있는 경우가 있다. 즉 (i) 주식의 포괄적 교환·이전 또는 자회사가 모회사의 주식을 갖고 있는 다른 회사와 흡수합병하거나 영업전부를 양수하는 경우와, (ii) 회사의 권리를 실행함에 있어 그 목적을 달성하기 위하여 필요한 경우에는, 자회사는 모회사의 주식을 예외적으로

취득할 수 있다($\frac{상\ 342조의\ 2}{1항\ 1호~2호}$).

위의 경우에 자회사는 모회사의 주식을 취득한 날로부터 6월 이내에 처분하여야 하는데($\frac{상\ 342조}{의\ 2\ 2항}$), 자회사의 이사 등이 이러한 처분을 하지 않으면 회사($\frac{상}{399조}$) 및 제 3 자($\frac{상}{401조}$)에 대하여 손해배상책임을 부담하는 외에, 2,000만원 이하의 벌금형의 제재를 받는다($\frac{상\ 625조}{의\ 2}$).

자회사가 예외적으로 모회사의 주식을 취득하는 경우에 자회사는 그 주식에 대하여 어떠한 권리를 행사할 수 있는가. 이에 대하여 자회사는 그 주식에 관하여 공익권 중 의결권이 없음은 상법의 규정상 명백하다($\frac{상\ 369조}{3항\ 참조}$). 그 이외의 권리(의결권 이외의 공익권 및 자익권)에 대하여는 상법에 규정이 없으므로 의문이나, 자회사가 자기주식을 취득한 경우와 같이 일체의 주주권이 휴지(休止)된다고 본다(통설).

≫ 사례연습 ≪

[사 례]

　Y주식회사의 발행주식총수 중 33%는 X주식회사가 소유하고 있고, 18%는 A주식회사가 소유하고 있으며, X주식회사는 A주식회사의 발행주식총수 중 51%를 소유하고 있다.

　(1) Y회사는 X회사의 주식을 취득할 수 있는가. 취득할 수 없다면 그 위반의 효과는 어떠한가?

　(2) Y회사는 A회사의 주식을 취득할 수 있는가. 취득할 수 있다면 그 주식에 기하여 의결권을 행사할 수 있는가?

　(3) Y회사는 X 또는 A회사의 주식을 질권의 목적으로 취득할 수 있는가?

* 이 사례는 정찬형, 「상법사례연습(제 4 판)」, 사례 62에 기초한 것이므로, 이에 관한 상세는 同書를 참고하기 바람.

[해 답]

　(1) X회사는 A회사의 발행주식총수 중 51%를 소유하고 있으므로 X회사는 모회사, A회사는 자회사의 관계가 된다. 그런데 X회사(모회사)와 A회사(자회사)가 소유하고 있는 Y회사의 주식의 합계는 Y회사의 발행주식총수 중 51%(33%＋18%)이므로 이는 상법 제342조의 2 제 3 항에 해당되어 Y회사는 X회사의 주식을 원칙적으로 취득할 수 없다.

Y회사가 상법 제342조의 2 제 3 항에 위반하여 X회사의 주식을 취득하더라도 그 취득행위의 사법상 효력은 무효라고 본다(통설).

(2) Y회사는 A회사의 주식을 취득할 수 있다. 이는 상법 제342조의 2의 어느 금지규정에도 해당되지 않기 때문이다. 그런데 본문에서 만일 A회사가 Y회사의 발행주식총수 중 51%를 소유한다면, Y회사는 상법 제342조의 2 제 3 항에 의하여 X회사의 주식을 원칙적으로 취득할 수 없고, 다시 Y회사는 상법 제342조의 2 제 1 항에 의하여 A회사의 주식을 원칙적으로 취득할 수 없게 되는 것이다.

본문에서 Y회사가 A회사의 주식을 취득할 수 있어 이를 취득하였다고 하여도 Y회사가 취득한 A회사의 주식은 의결권이 없다. 왜냐하면 A회사는 Y회사의 주식을 Y회사의 발행주식총수 중 10분의 1을 초과하여(18%) 소유하고 있기 때문이다($\frac{\text{상}\,369조}{3항}$).

(3) Y회사는 X회사의 주식을 소유의 목적으로 취득할 수는 없으나, 질권의 목적으로 취득할 수는 있다(다수설). 또한 Y회사는 A회사의 주식을 소유의 목적으로도 취득할 수 있으므로, 질권의 목적으로 취득할 수 있음은 말할 나위가 없다.

2. 정관에 의한 제한

(1) 주식의 양도는 정관이 정하는 바에 따라 이사회의 승인을 얻도록 할 수 있다($\frac{\text{상}\,335조}{1항\;단서}$). 그런데 자본금 총액이 10억원 미만으로서 이사를 1명 또는 2명을 둔 소규모 주식회사($\frac{\text{상}\,383조}{1항\;단서}$)는 이사회가 없으므로, 이러한 이사회의 권한을 주주총회가 행사한다($\frac{\text{상}\,383조}{4항}$)(따라서 이하 정관에 의한 주식양도의 제한에서 이러한 소규모 주식회사의 경우, 이사회는 주주총회를 의미한다). 정관의 규정으로 주식양도를 제한하는 경우에도 주식양도를 전면적으로 금지하는 규정을 둘 수는 없다($\frac{\text{동지: 대판 2000. 9.}}{26,\;99\;다\;48429}$).

정관의 규정에 의하여 주식양도를 제한할 수 있는 회사는 인적 관계를 중시하는 가족회사 또는 폐쇄회사이고, 상장회사는 그 성질상 허용될 수 없다고 본다. 정관의 규정에 의하여 주식양도에 이사회의 승인을 얻도록 되어 있는 경우, 이러한 이사회의 승인 없이 한 주식의 양도는 회사에 대하여 효력이 없다($\frac{\text{상}\,335조}{2항}$).

(2) 주식의 양도에 관하여 정관의 규정에 의하여 이사회의 승인을 얻어야 하는 경우에, 주식을 양도하고자 하는 주주는 회사에 대하여 양도의 상대방 및 양도하고자 하는 주식의 종류와 수를 기재한 서면으로 양도의 승인을 청구할 수 있는데($\frac{\text{상}\,335조}{\text{의}\,2\,1항}$), 회사는 이러한 청구가 있는 날부터 1월 내에 주주에게 그 승인여부를 서면으로 통지하여야 하고($\frac{\text{상}\,335조}{\text{의}\,2\,2항}$), 회사가 이 기간 내에 승인거부의 통지를 하지 아

니한 때에는 주식의 양도에 관하여 이사회의 승인이 있는 것으로 본다($\frac{상}{의2}\frac{335조}{3항}$).

(3) 주식양도에 관하여 주주가 상대방 등을 지정하여 승인청구를 하였으나 회사로부터 승인거부의 통지를 받은 경우에, 주주는 그 통지를 받은 날로부터 20일 내에 다음과 같이 회사에 대하여 양도의 상대방을 지정하여 줄 것을 청구하거나 또는 회사가 그 주식을 매수하여 줄 것을 청구할 수 있다($\frac{상}{의2}\frac{335조}{4항}$).

① 주주가 회사에 대하여 양도의 상대방을 지정하여 줄 것을 청구한 경우에 회사의 이사회는 그 상대방을 지정하여 청구가 있는 날로부터 2주간 내에 주주 및 지정된 상대방에게 서면으로 이를 통지하여야 하는데($\frac{상}{의3}\frac{335조}{1항}$), 회사가 이 기간 내에 주주에게 상대방지정의 통지를 하지 아니한 때에는 주식의 양도에 관하여 이사회의 승인이 있는 것으로 본다($\frac{상}{의3}\frac{335조}{2항}$).

회사의 지정에 의하여 양도의 상대방이 된 자는 지정통지를 받은 날로부터 10일 이내에 지정청구를 한 주주에 대하여 서면으로 그 주식을 자기에게 매도할 것을 청구할 수 있는데($\frac{상}{의4}\frac{335조}{1항}$), 양도의 상대방으로 지정된 자가 이 기간 내에 매도의 청구를 하지 아니한 때에는 주식의 양도에 관하여 이사회의 승인이 있는 것으로 본다($\frac{상}{의4}\frac{335조}{2항}$).

회사가 지정한 상대방과의 주식매매가격은 (i) 제 1 차적으로 주주와 매수청구인(피지정자)간의 협의로 정하여지고($\frac{상}{의5}\frac{335조}{1항}$), (ii) 주주가 매수청구인(피지정자)으로부터 자기주식의 매도를 청구받은 날로부터 30일 이내에 당사자간에 주식의 매도가액에 대하여 협의가 이루어지지 아니한 때에는 제 2 차적으로 주주 또는 매수청구인(피지정자)의 청구에 의하여 법원이 제반사정을 참작하여 공정한 가액으로 이를 정한다($\frac{상\ 335조의\ 5\ \ 2항,}{374조의2\ 4항·5항}$).

② 주주가 회사에 대하여 주식매수청구권을 행사한 경우에 회사는 그 매수청구기간(양도승인거부의 통지를 받은 날부터 20일)이 종료하는 날부터 2월 이내에 그 주식을 매수하여야 한다($\frac{상\ 335조의\ 6,}{374조의2\ 2항}$). 이 때 회사와의 주식매매가격은 (i) 제 1 차적으로 주주와 회사간의 협의로 정하여지고($\frac{상\ 335조의\ 6,}{374조의2\ 3항}$), (ii) 회사가 주주로부터 주식매수청구를 받은 날부터 30일 이내에 당사자간에 주식의 매수가액에 대하여 협의가 이루어지지 아니한 때에는 제 2 차적으로 회사 또는 주식매수를 청구한 주주의 청구에 의하여 법원이 제반사정을 참작하여 공정한 가액으로 이를 정한다($\frac{상\ 335조의\ 6,\ 374조의}{2\ \ 4항·5항}$).

(4) 주식의 양도에 관하여 이사회의 승인을 얻어야 하는 경우에 주식을 취득한 자도 회사에 대하여 그 주식의 종류와 수를 기재한 서면으로 그 취득의 승인을 청구할 수 있는데($\frac{상}{의7}\frac{335조}{1항}$)(회사가 승인하지 않으면 주식매수청구권을 행사할 수 있음—

대판 2014. 12. 24, 2014), 특히 주식을 경매 등의 방법에 의하여 취득하는 경우에는 사전승
다 221258·221265
인이 불가능하거나 부적당하므로 양수인에 의한 사후승인이 큰 의미를 갖는다. 이
때에도 양도인의 경우와 동일한 절차에 의한다(상 335조)(정관에 의한 주식양도제한의 그
의 7 2항
밖의 사항에 관한 상세는 정찬형, 「상법강의(상)(제27판)」, 809~817면 참조).

제 4 주식양도의 방법

1. 주권발행 전의 양도방법

1984년의 개정상법에서는 제335조 3 항에 단서를 신설하여 「회사의 성립 후
또는 신주의 납입기일 후 6월이 경과하면 주권 없이도 유효하게 주식을 양도할 수
있다」고 규정하였으나, 주권발행 전의 주식의 양도방법에 대하여는 특별히 규정하
지 않고 있다. 따라서 주권발행 전의 주식의 양도방법은 앞에서(주권발행 전의 주식양
도의 제한) 본 바와 같이 민법의 일반원칙에 의할 수밖에 없다. 즉 주권발행 전의 주
식의 양도는 지명채권양도의 일반원칙에 의하여 당사자 사이의 의사표시의 합치만
으로 그 양도의 효력이 발생하나, 이를 회사에 대항하기 위하여는 양도에 관하여
양도인이 회사에 통지하거나(양도인이 회사에 양도계약서를 제출하거나 양도인과 양수인
이 함께 회사에 주식의 양도사실을 신고하는 것 등) 회사의 승낙(회사의 대표이사가 주식양
도를 승낙한 경우 등)을 받아야 한다(민 450조). 주권발행 전의 주식양도를 회사(및 제 3
1항
자)에 대항하기 위한 양도인의 회사에 대한 통지나 회사의 승낙(민 450조)은 앞에서(주
1항
권발행 전의 주식양도의 제한) 본 바와 같이 주식의 소유관계에서 적법한 주주임을 주
장하기 위한 대항요건에 불과하고, (기명주식의 경우) 회사에 대하여 주주권을 행사
하기 위한 대항요건(즉 양수인이 앞으로 계속적으로 주주권을 행사하기 위한 대항요건)은
명의개서이고(상 337조), 제 3 자에 대한 배타적인 대항요건은 확정일자 있는 증서에
1항
의한 양도통지 또는 회사의 승낙이다(민 450조)(동지: 대판 2006. 9. 14, 2005 다 45537;). 따라서 당
2항 동 2018. 10. 12, 2017 다 221501
사자가 민법 제450조에 의한 대항요건을 갖추면 회사는 명의개서를 하여야 하고,
당사자가 민법 제450조에 의한 대항요건을 갖추지 않았다고 하더라도 양수인이 양
도사실에 관한 서류(예컨대, 양도계약서 등) 등을 회사에 제출하고 상법 제335조 3 항
단서의 규정에 따른 양도사실을 입증하여 명의개서를 청구하면 회사는 이를 거절할
수 없다고 본다.

[주권발행 전 주식양수인의 명의개서청구에 관한 판례]

"주권발행 전의 주식의 양수인은 특별한 사정이 없는 한 양도인의 협력을 받을 필요 없이 단독으로 자신이 주식을 양수한 사실을 증명함으로써 회사에 대하여 그 명의개서를 청구할 수 있다($\frac{대판\ 1992.\ 10.}{27,\ 92\ 다\ 16386}$)."

"주권발행 전 주식에 관하여 주주명의를 신탁한 자가 수탁자에 대하여 명의신탁계약을 해지하면 그 주식에 대한 주주의 권리는 해지의 의사표시만으로 명의신탁자에게 복귀한다($\frac{대판\ 2013.\ 2.\ 14,}{2011\ 다\ 109708}$)."

"주권발행 전 주식양도인이 그 주식을 다시 제 3 자에게 이중으로 양도하고, 제 2 양수인이 주주명부상 명의개서를 받는 등으로 제 1 양수인이 회사에 대한 관계에서 주주로서의 권리를 제대로 행사할 수 없게 되었다면, (양도인은 회사에 대한 양도통지 또는 승낙을 받을 의무를 양수인에게 부담하고, 이를 제 3 자에 대항하기 위하여는 확정일자 있는 증서에 의하여야 하는데, 양도인은 이러한 원인계약상의 의무를 위반한 것이므로) 제 1 양수인에 대하여 그로 인한 불법행위책임을 진다($\frac{대판\ 2012.\ 11.\ 29,}{2012\ 다\ 38780}$)."

2. 주권발행 후의 양도방법

주권발행 후의 주식의 양도는 (주식양도의 합의와)「주권의 교부」(이는 주권의 현실의 교부 외에 간이인도 및 반환청구권의 양도를 포함함―$\frac{대판\ 2010.\ 2.\ 25,\ 2008}{다\ 96963 \cdot 96970}$)에 의하여 한다($\frac{상\ 336조}{1항}$). 이 때의 주권의 교부는 주식양도의 효력발생요건이지 대항요건이 아니다($\frac{민\ 523조}{참조}$). 따라서 (기명)주식의 양도를 회사에 대항하기 위하여는 별도로 주주명부에의 명의개서를 하여야 한다($\frac{상}{조\ 337}$).

주식의 양도는 주권의 교부에 의하여 그 효력이 발생하므로, 그 주권의 점유자는 (점유취득원인을 불문하고) 점유 자체만으로 권리자로서의 외관을 갖게 되어 적법한 소지인으로 추정된다($\frac{상\ 336조}{2항}$)(주권의 점유자에 대한 자격수여적 효력). 따라서 (기명)주식의 양도의 제 3 자에 대한 대항요건은「주권의 소지」이다.

3. 명의개서(〈기명〉주식 양도의 회사에 대한 대항요건)

(1) 의 의

주식의 양도의 경우 이를 회사에 대항하기 위하여 주식양수인(주권취득자)의 성명과 주소를 주주명부에 기재하여야 하는데($\frac{상}{337조}$), 이것을 명의개서라 한다. 이 명의개서에 의하여 주권소지인과 회사는 사단법적으로 연결된다.

(2) 명의개서의 절차

명의개서청구권자는 주식의 양수인이고 양도인이 아니며($^{대판\ 2010.\ 10.\ 14,\ 2009\ 다\ 89665;}_{동\ 2016.\ 3.\ 24,\ 2015\ 다\ 71795;}$ $^{동\ 2019.\ 4.\ 25,\ 2017\ 다\ 21176;}_{동\ 2019.\ 5.\ 16,\ 2016\ 다\ 240338;}$), 명의개서청구의 상대방은 회사이지 양도인이 아니다. 주권의 점유자는 적법한 소지인으로 추정되므로($^{상\ 336조}_{2항}$), 이러한 주권소지인이 주권을 제시하고 명의개서를 청구하면 회사는 그가 무권리자임을 증명하지 못하는 한 명의개서를 하여야 한다($^{대판\ 2019.\ 8.\ 14,}_{2017\ 다\ 231980}$). 주주가 적법하게 명의개서를 청구하고 회사가 이를 수리하면, 회사가 이를 수리한 때에 명의개서의 효력이 발생한다고 본다.

(3) 명의개서의 효력

명의개서의 효력은 주주명부의 효력에서 설명한 바와 같다. 즉 대항력($^{상\ 337조}_{1항}$), 추정력 및 면책력($^{상\ 353조}_{1항}$)이 발생한다.

(4) 명의개서미필주주(광의의 실기주주)의 지위

1) 명의개서가 부당하게 거절된 경우   주식의 양수인이 주권을 제시하여 적법하게 명의개서를 청구하였음에도 불구하고 회사가 정당한 이유 없이 명의개서를 거절하거나 지체한 경우에는, 회사는 명의개서를 청구한 자(양수인)에게 손해배상책임을 지고 또 회사의 이사 등은 일정한 과태료의 제재를 받는다($^{상\ 635조}_{1항\ 7호}$). 이 때 주식양수인은 회사에 대하여 명의개서청구의 소를 제기할 수 있고, 필요한 경우에는 임시주주의 지위를 정하는 가처분을 청구할 수도 있다($^{민집\ 300조}_{2항}$). 그러나 회사가 부당하게 명의개서를 거절하거나 지체하였을 때에는 주식양수인은 명의개서를 하지 않고도 회사에 대하여 주주의 권리를 행사할 수 있다고 보아야 한다. 그러나 이러한 문제는 명의개서대리인제도에 의하여 거의 발생하지 않을 것으로 본다.

[명의개서가 없어도 주식양수인이 주주권자임을 주장할 수 있다고 본 판례]

"주식을 양도받은 주식양수인들이 명의개서를 청구하였는데도 위 주식양도에 입회하여 그 양도를 승낙하였고 더구나 그 후 주식양수인들에 대하여 주주로서의 지위를 인정한 바 있는 회사의 대표이사가 정당한 사유 없이 그 명의개서를 거절한 것이라면, 회사는 그 명의개서가 없음을 이유로 그 양도의 효력과 주식양수인의 주주로서의 지위를 부인할 수 없다($^{대판\ 1993.\ 7.\ 13,\ 92\ 다\ 40952.\ 동지:}_{대판\ 2019.\ 2.\ 14,\ 2015\ 다\ 255258}$)."

"주권발행 전 주식을 양수한 사람은 특별한 사정이 없는 한 양도인의 협력을 받을 필요 없이 단독으로 자신이 주식을 양수한 사실을 증명함으로써 회사에 대하여 그 명의개서를 청구할 수 있으므로, 주주명부상의 명의개서가 없어도 회사에 대하여 자신이 적법하게 주식을 양수한 자로서 주주권자임을 주장할 수 있다($^{대판\ 1995.\ 5.\ 23,}_{94\ 다\ 36421}$)."

2) 회사측에서 권리행사를 허용하는 경우   회사가 명의개서를 하지 않은 주식양수인(명의개서미필주주)(광의의 실기주주)을 주주로 인정하여 그 자에게 권리행사를 허용할 수 있는가. 이에 대하여 (i) 다수인의 이해관계가 교차하는 회사의 법률관계를 획일적으로 처리하기 위한 것이 명의개서의 취지이며, 회사가 주주인정의 문제에 관하여 선택권을 갖는 것은 단체법상의 법률관계의 획일성을 저해하고 불안정을 초래하며 주주평등의 원칙에도 반한다고 하여 이를 부정하는 견해가 있다(소수설). (ii) 그러나 상법이 명의개서를 하지 않으면 「회사에 대항하지 못한다」고 규정하고 있는 것은 단순한 대항요건에 불과하므로, 회사가 그 이전이 있음을 인정하여 주식양수인을 주주로 취급하는 것은 그 법의에 어긋나는 것이 아니므로 이를 긍정하는 것이 타당하다고 본다(통설).

우리나라의 대법원판례는 다음에서 보는 바와 같이 종래에는 명의개서를 하지 않은 주식양수인을 회사측에서 주주로 인정할 수 있다고 하였는데, 그 후 이러한 판례를 변경하여 회사는 특별한 사정이 없는 한 주주명부에 기재되지 아니한 자를 주주로 인정할 수 없다고 하였다.

[종래의 판례: 명의개서를 하지 아니한 주식양수인에 대하여
회사측에서 주주로 인정할 수 있다고 본 판례]

"기명주식의 취득자가 명의개서를 하지 않으면 스스로 회사에 대하여 주주권을 주장할 수 없을 뿐이고, 회사측에서 명의개서를 하지 아니한 실질상의 주주를 주주로 인정하는 것은 무방하다(대판 1989. 10. 24, 89 다카 14714. / 동지: 대판 2001. 5. 15, 2001 다 12973)."

[변경된 판례: 주주명부에 기재되지 아니한 자를
특별한 사정이 없는 한 주주로 인정할 수 없다는 판례]

"특별한 사정이 없는 한, 주주명부에 적법하게 주주로 기재되어 있는 자는 회사에 대한 관계에서 그 주식에 관한 의결권 등 주주권을 행사할 수 있고, 회사 역시 주주명부상 주주 외에 실제 주식을 인수하거나 양수하고자 하였던 자가 따로 존재한다는 사실을 알았든 몰랐든 간에 주주명부상 주주의 주주권 행사를 부인할 수 없으며, 주주명부에 기재를 마치지 아니한 자의 주주권 행사를 인정할 수도 없다. 주주명부에 기재를 마치지 않고도 회사에 대한 관계에서 주주권을 행사할 수 있는 경우는 주주명부에의 기재 또는 명의개서청구가 부당하게 지연되거나 거절되었다는 등의 극히 예외적인 사정이 인정되는 경우에 한한다(대판〈전〉 2017. 3. / 23, 2015 다 248342)."

3) 실기주(失期株) 명의개서미필과 관련하여 실기주가 있다. 실기주란 「광의」로는 이익배당금·합병교부금 등의 지급과 관련하여 일정한 기일까지 명의개서를 하지 않은 주식을 말하고, 「협의」로는 신주발행의 경우 구주(舊株)의 양수인이 배정일까지 명의개서를 하지 않음으로 인하여 주주명부상의 주주인 구주(舊株)의 양도인에게 배정된 신주를 말한다.

이 때 주주명부에 명의개서가 되지 않음으로 인하여 회사는 구주(舊株)의 양도인을 주주로 취급하여 그에게 이익을 배당(합병의 경우는 합병교부금을 지급)하거나 신주발행의 경우에는 신주(협의의 실기주)를 배정할 것인데, 이러한 이익(또는 합병교부금)은 민법상 부당이득의 법리에 의하여 반환청구할 수 있는데, 신주(협의의 실기주)는 어떠한 법리에 근거하여 주식양도인에게 반환청구를 할 수 있는가에 대하여는 다음과 같이 세 가지의 견해가 있다. 즉 (i) 양수인은 민법상 「부당이득의 법리」에 의하여 양도인에게 이의 반환을 청구할 수 있다고 보는 견해, (ii) 양수인은 민법상 「사무관리의 법리」에 의하여 양도인에게 이의 반환을 청구할 수 있다고 보는 견해 및 (iii) 양수인은 「준사무관리의 법리」에 의하여 양도인에게 이의 반환을 청구할 수 있다고 보는 견해가 있다. 생각건대 준사무관리의 개념은 민법학자들간에도 그 인정여부에 대하여 학설이 대립되어 있어 아직 정립된 개념이 아니므로 이에 근거할 수는 없고, 또 양도인이 회사로부터 받은 이익을 그 자체로 양수인에게 반환하기 위하여는 민법상 부당이득의 법리로는 미흡하므로, 민법상 사무관리의 법리가 가장 타당하다고 본다.

(5) 명의개서대리인

명의개서대리인이란 「회사를 위하여 명의개서사무를 대행하는 자」이다. 회사는 정관이 정하는 바에 의하여 명의개서대리인을 둘 수 있는데($^{상\ 337조\ 2항}_{1문,\ 상시\ 8조}$), 이 경우에는 명의개서대리인이 주식양수인의 성명과 주소를 주주명부의 복본에 기재한 때에 주주명부의 명의개서가 있는 것으로 본다($^{상\ 337조}_{2항\ 2문}$). 명의개서대리인의 자격은 자본시장과 금융투자업에 관한 법률에 의하여 한국예탁결제원 또는 전국적인 점포망을 갖춘 은행이어야 하는 등 금융위원회에 등록하여야 한다($^{상시\ 8조,}_{자금\ 365조}$). 회사가 명의개서대리인을 둔 경우에는 그의 상호 및 본점소재지를 등기하여야 하고($^{상\ 317조\ 2항}_{11호}$), 또 주식청약서·신주인수권증서·사채청약서 등에 기재하여야 한다($^{상\ 302조\ 2항\ 10호,\ 420조\ 2항,}_{420조의\ 2\ 2항\ 2호,\ 474조\ 2항\ 15호}$).

회사가 명의개서대리인을 둔 경우에는 주주명부나 사채원부 또는 그 복본을 명의개서대리인의 영업소에 비치할 수 있다($^{상\ 396조}_{1항\ 2문}$). 명의개서대리인이 주주명부의 복본에 명의개서를 한 때에는 그의 원본에 한 것과 동일한 효력이 있다($^{상\ 337조}_{2항\ 2문}$)(명의개서대리인의 그 밖의 사항에 관한 상세는 정찬형, 「상법강의(상)(제27판)」, 828~829면 참조).

≫ 사례연습 ≪

[사 례]

　Y주식회사의 기명주주인 A는 그가 소유하고 있는 주식을 X에게 양도하고 X는 Y회사에게 주주명부상의 명의개서를 청구하였는데, Y회사는 정당한 사유 없이 이를 지체하였다. 그 동안 Y회사는 주주명부상의 주주인 A에게 주주총회 소집통지를 발송하고 A가 그 주주총회에 출석하여 결의에 참가하였으며, 또한 A에게 이익배당 및 신주배정도 하였다.

　이 때 X는 Y회사 및 A에게 어떠한 권리를 행사할 수 있는가?

* 이 사례는 정찬형, 「상법사례연습(제 4 판)」, 사례 59에 기초한 것이므로, 이에 관한 상세는 同書를 참고하기 바람.

[해 답]

　(1) X는 Y회사에 대하여 명의개서청구의 소를 제기할 수도 있고(필요한 경우에는 임시주주 지위를 정하는 가처분을 청구할 수도 있음), 또 이러한 소를 제기하지 않고도 주주권자임을 주장할 수 있다. X가 이로 인하여 손해를 입은 경우에는 Y회사에 대하여(때로는 명의개서를 담당하는 자에 대하여도) 손해배상을 청구할 수 있다.

　X는 Y회사가 A에게 주주총회 소집통지를 하고 A가 그 총회에 출석하여 한 결의에 대하여 Y회사를 상대로 총회결의취소의 소 또는 부존재확인의 소를 제기할 수 있고, A에게 한 이익배당에 대하여는 자기가 주주임을 주장하여 자기에게 이익배당을 하여 줄 것을 청구할 수 있으며, A에게 배정한 신주발행에 대하여는 신주발행무효의 소를 제기할 수 있다(때로는 신주발행유지청구권을 행사할 수도 있다).

　(2) X는 A에 대하여 배당받은 이득에 대하여는 부당이득의 법리에 의하여 그 반환을 청구할 수 있고(만일 X가 Y회사에 대하여 이익배당청구권을 행사하여 이를 받으면 A에 대하여는 이러한 권리를 행사할 수 없으므로, 양자의 권리는 선택적 관계에 있다고 본다), 배정받은 신주에 대하여는 사무관리의 법리에 의하여 그 신주 자체의 양도를 청구할 수 있다고 본다(만일 X가 Y회사에 대하여 신주발행무효의 소를 제기하여 승소판결을 받으면 A에 대한 이러한 권리는 아무런 의미가 없다고 본다).

제 5　주식매수선택권

1. 의의 및 성질

　주식매수선택권이란 「회사의 일정한 자(이사·집행임원·감사 또는 피용자 등)가 일정한 기간(행사기간) 내에 미리 정하여진 일정한 유리한 가격(행사가격)으로 일정 수량의 자기회사의 주식을 취득(매수·신주인수 등에 의하여)할 수 있는 권리」를 말한다. 이에 대하여 우리 상법은 「회사의 설립·경영과 기술혁신 등에 기여하거나 기여할 수 있는 회사의 이사·집행임원·감사 또는 피용자에게 미리 정한 가액(이하 '주식매수선택권의 행사가격'이라 한다)으로 신주를 인수하거나 자기의 주식을 매수할 수 있는 권리」라고 규정하고 있다($\frac{상}{의}$ 2 $\frac{340조}{1항}$).

주식매수선택권제도는 종래에 주권상장법인·코스닥상장법인 및 벤처기업에서 회사의 경영혁신과 기술개발 등에 기여하는 유용한 수단으로 활용되고 있는 점에서, 비상장 중소기업형태인 주식회사도 이 제도를 이용할 수 있도록 하기 위하여 1999년 개정상법에서 이 제도를 도입하였다($\frac{상}{2-340조의}$ $\frac{340조의}{5}$). 따라서 앞으로 상법상의 모든 주식회사는 이 제도를 이용하여 최소의 비용으로 임직원에 유능한 인재를 확보하여 기업의 경쟁력을 높일 수 있게 되었다.

이러한 주식매수선택권은 회사와 주식매수선택권자와의 계약에 의하여 부여되는데, 주식매수선택권자가 이 권리를 행사하면 회사의 승낙을 요하지 않고 그 효력이 발생하므로 이 권리의 성질은 형성권이다. 이와 같이 주식매수선택권자는 형성권인 주식매수선택권을 행사할 수 있는 권리를 갖는데, 그 권리의 내용은 신주인수권(주식매수선택권자가 신주인수권을 행사하여 회사가 신주를 발행하는 때에 기존주주가 함께 참여하는 것이 아님)뿐만 아니라 주식매수권 등을 포함하며 이것도 특히 유리한 가격으로 취득할 수 있도록 하는 점에서, 제 3 자 신주인수권·제 3 자에게 신주인수권부사채를 발행하는 경우 등과 구별된다.

또한 2009년 개정상법에서는 상장회사에 대하여 이에 관한 특칙규정을 두고 있다($\frac{상}{의}$ 3 ^{542조}).

2. 부여의 주체와 대상자

상법상 주식매수선택권을 부여할 수 있는 회사는 「모든 주식회사」이다($\frac{상}{2}$ $\frac{340조의}{1항}$).

상법상 주식매수선택권을 부여받을 수 있는 자는 비상장회사의 경우 원칙적으로 「회사의 설립·경영과 기술혁신 등에 기여하거나 기여할 수 있는 회사의 이사·집행임원·감사 또는 피용자」이다($\frac{상}{2}$ $\frac{340조의}{1항}$). 그러나 예외적으로 대주주 등에 의한 이 제도의 남용을 방지하기 위하여 위에 해당하는 이사·집행임원·감사 또는 피용자라고 하더라도 그가 (i) 의결권이 없는 주식을 제외한 발행주식총수의 100분의 10 이상의 주식을 가진 주주이거나, (ii) 이사·집행임원·감사의 선임과 해임 등 회

사의 주요경영사항에 대하여 사실상 영향력을 행사하는 자이거나, (iii) 위 (i)과 (ii)
의 자의 배우자와 직계·존비속이면, 주식매수선택권을 부여할 수 없다($상_{2\ 2항}^{340조의}$).

상장회사의 경우 주식매수선택권을 부여받을 수 있는 자는 위의 자 이외에도 대
통령령으로 정하는 관계회사의 이사·집행임원·감사 또는 피용자이다($상_{본문,\ 상시\ 9조\ 1항}^{542조의\ 3\ \ 1항}$).
그러나 최대주주 등 대통령령으로 정하는 자에게는 주식매수선택권을 부여할 수 없
다($상_{단서,\ 상시\ 9조\ 2항}^{542조의\ 3\ \ 1항}$).

3. 부여방법

우리 상법($상_{2\ 1항}^{340조의}$)이 인정하고 있는 주식매수선택권의 부여방법에는 신주인
수권방식(신주발행교부방식), 자기주식교부방식 및 주가차액교부방식(주가차익수익권방
식, 주가상승보상권방식)의 세 가지가 있다. 따라서 회사는 이 세 가지 방법 중 하나에
의하여만 부여하여야 하고, 이 이외의 방법을 정하거나 또는 이 세 가지 방법 중 두
가지를 결합하는 것은 허용되지 않는다.

(1) 신주인수권방식($상_{1항\ 본문}^{340조의\ 2}$)

신주인수권방식이란 주식매수선택권자가 주식매수선택권을 행사하여 행사가격
을 회사에 납입한 경우에 회사는 그에게 신주를 발행하여 교부하는 방법을 말한다
($상_{1항\ 본문}^{340조의\ 2}$). 신주인수권방식에 의한 주식매수선택권을 부여하는 경우에는 제 3 자에
게 신주인수권을 부여하는 경우와 같이 주주의 신주인수권은 그 한도에서 배제된
다. 그러나 신주인수권방식에 의한 주식매수선택권의 부여는 특히 유리한 가격으로
신주를 인수할 수 있게 하는 점에서 제 3 자에게 신주인수권을 부여하는 경우와 구
별된다. 기존주주에게 신주를 발행하는 기회에 함께 하는 것이 아니라는 점에서는
신주발행의 경우 제 3 자의 신주인수권과 구별되나, 신주인수권부사채의 경우 신주
인수권과 유사하다.

(2) 자기주식교부방식($상_{1항\ 본문}^{340조의\ 2}$)

자기주식교부방식이란 주식매수선택권자가 주식매수선택권을 행사하여 행사가
격을 회사에 납입한 경우에 회사는 이미 보유하고 있는 자기주식을 교부하는 방법
을 말한다($상_{1항\ 본문}^{340조의\ 2}$).

회사가 이와 같이 자기주식교부방식을 택하게 되면 기존주주의 주식의 소유권
이 희석되는 효과가 적으므로, 경영권보호에 우려가 큰 기업은 이 방법을 택하게
될 것이다.

(3) 주가차액교부방식($^{상\ 340조의\ 2}_{1항\ 단서}$)

주가차액교부방식이란 주식매수선택권자가 주식매수선택권을 행사한 때에 주식매수선택권의 행사가격이 주식의 실질가격보다 낮은 경우에 회사는 그 차액을 금전으로 지급하거나 그 차액에 상당하는 자기주식을 교부하는 방법을 말한다($^{상\ 340조의\ 2}_{1항\ 단서}$). 이 방법에 의하는 경우에는 주식매수선택권자가 행사가격을 별도로 납입할 필요가 없는 점에 특색이 있다. 이 방법은 자기주식교부방식의 경우보다 경영권 보호에 더 유리한 점이 있다.

4. 부여한도

상법은 주식매수선택권 부여의 남용을 방지하기 위하여 일정한 제한을 두고 있다. 비상장회사의 경우 주식매수선택권 부여를 위하여 발행할 신주 또는 양도할 자기주식은 회사의 발행주식총수의 100분의 10을 초과할 수 없다($^{상\ 340조의}_{2\ 3항}$). 그러나 상법은 주식매수선택권자 각각에 대하여 부여할 수 있는 주식매수선택권의 한도에 대해서는 특별한 제한을 두지 않고 회사의 자율에 맡기고 있다.

그러나 상장회사의 경우에는 발행주식총수의 100분의 20 범위에서 대통령령으로 정하는 한도까지 주식매수선택권을 부여할 수 있다($^{상\ 542조의\ 3\ 2항,}_{상시\ 30조\ 3항}$).

5. 행사가격

상법상 주식매수선택권의 행사가격은 (i) 신주를 발행하는 경우에는 주식매수선택권의 부여일을 기준으로 한 주식의 실질가액과 주식의 권면액(무액면주식을 발행한 경우에는 자본으로 계상되는 금액 중 1주에 해당하는 금액을 권면액으로 본다) 중 높은 금액 이상이어야 하고($^{상\ 340조의\ 2}_{4항\ 1호}$), (ii) 자기주식을 양도하는 경우에는 주식매수선택권의 부여일을 기준으로 한 주식의 실질가액 이상이어야 한다($^{상\ 340조의\ 2}_{4항\ 2호}$). (iii) 주가차액교부방식에 의한 주식매수선택권의 행사가격에 대하여는 상법상 제한이 없으므로 이는 계약당사자가 자유로이 결정할 수 있다고 본다($^{상\ 340조의\ 2\ 1항}_{1문\ 단서\ 참조}$).

6. 부여요건

회사가 주식매수선택권을 부여하기 위하여는 다음의 요건이 필요하다.

(1) 정관의 규정

상법상 주식회사가 주식매수선택권을 부여하기 위하여는 반드시 정관에 이에 관한 사항이 규정되어야 한다($^{상\ 340조의}_{2\ 1항}$). 이 경우 정관에는 (i) 일정한 경우 주식매수선택권을 부여할 수 있다는 뜻, (ii) 주식매수선택권의 행사로 발행하거나 양도할 주식의 종류와 수(예컨대, 보통주 500,000주), (iii) 주식매수선택권을 부여받을 자의 자격요건(예컨대, 대표이사·집행임원·전무이사·상무이사 등), (iv) 주식매수선택권의 행사기간(예컨대, 주식매수선택권을 행사할 수 있는 날로부터 3년) 및 (v) 일정한 경우 이사회 결의로 주식매수선택권의 부여를 취소할 수 있다는 뜻이 기재되어야 한다($\binom{상}{3}\frac{340조의}{1항}$). 이 때 주식매수선택권의 부여는 '정관의 규정'과 '주주총회의 특별결의'에 의하도록 하면서($\binom{상}{2}\frac{340조의}{1항}$) 그 부여의 취소는 '이사회의 결의'만으로 할 수 있도록 하고 있는 점은 불균형이 있는 면도 있으나, 주식매수선택권을 악용하는 경우 주주총회를 소집하여 이를 취소한다는 것은 사실상 곤란한 점이 있으므로 취소는 정관의 규정에 의하여 이사회의 결의만으로 할 수 있도록 하였다.

(2) 주주총회의 특별결의

상법상 주식회사가 일정한 자에게 주식매수선택권을 부여하기 위하여는 주주총회의 특별결의가 있어야 한다($\binom{상}{2}\frac{340조의}{1항}$). 이 경우 주주총회의 특별결의사항은 (i) 주식매수선택권을 부여받을 자의 성명, (ii) 주식매수선택권의 부여방법, (iii) 주식매수선택권의 행사가격과 그 조정에 관한 사항, (iv) 주식매수선택권의 행사기간 및 (v) 주식매수선택권을 부여받을 자 각각에 대하여 주식매수선택권의 행사로 발행하거나 양도할 주식의 종류와 수이다($\binom{상}{3}\frac{340조의}{2항}$).

그러나 상장회사의 경우에는 정관에서 정하는 바에 따라 발행주식총수의 100분의 10의 범위에서 대통령령으로 정하는 한도까지 주주총회의 결의사항을 이사회가 결의함으로써 해당 회사의 집행임원·감사 또는 피용자 및 관계회사의 이사·집행임원·감사 또는 피용자에게 주식매수선택권을 부여할 수 있는데, 이 경우에는 주식매수선택권을 부여한 후 처음으로 소집되는 주주총회의 승인을 받아야 한다($\binom{상 542조의 3\ 3항;}{상시 30조\ 4항}$).

(3) 부여계약

상법상 주식회사가 주주총회의 특별결의에 의하여 일정한 자에게 주식매수선택권을 부여하는 경우에는 그와 부여계약을 체결하고, 상당한 기간 내에 그에 관한 계약서를 작성하여야 한다($\binom{상}{3}\frac{340조의}{3항}$). 상법상 주식매수선택권에 관한 부여계약서의 기재사항에 대하여는 별도의 규정이 없으므로 당사자가 자율적으로 그 내용을 기재할 수 있다고 본다.

(4) 등기 및 공시

1) 등 기   상법상 주식회사가 주식매수선택권을 부여할 것을 정한 때에는

그 회사의 등기부에 이에 관한 사항을 등기하여야 한다($\frac{상}{3의}\frac{317조}{3호,}\frac{2항}{4항}$).

    2) 공 시   상법상 주식회사가 주식매수선택권을 부여한 경우 회사는 주식매수선택권자와 체결한 주식매수선택권의 계약서를 주식매수선택권의 행사기간이 종료할 때까지 본점에 비치하고 주주로 하여금 영업시간 내에 이를 열람할 수 있도록 하여야 한다($\frac{상}{3}\frac{340조의}{4항}$).

7. 행   사

(1) 행사요건

    1) 행사기간   상법상 주식매수선택권은 비상장회사의 경우 주식매수선택권자가 주식매수선택권에 관한 주주총회 결의일로부터 2년 이상 재임하거나 또는 재직하여야 이를 행사할 수 있다(본인의 귀책사유가 아닌 사유로 퇴임·퇴직한 경우에도 동일함— $\frac{대판 2011. 3. 24,}{2010 다 85027}$)($\frac{상}{4}\frac{340조의}{1항}$). 이와 같이 상법이 주식매수선택권자가 일정기간 회사에 재임 또는 재직하여야 주식매수선택권을 행사할 수 있게 한 것은 주식매수선택권을 인정한 취지가 회사에 일정기간 근무하면서 회사에 공헌한 자에게 인정되는 권리라는 점을 고려한 것이며, 이 기간을 2년으로 한 것은 이사의 임기가 3년인 점을 고려한 것이다.

    상장회사의 경우는 2년 이상의 재임(재직)의무기간에 대한 예외를 대통령령으로 정할 수 있고($\frac{상}{상시}\frac{542조의3}{30조}\frac{4항,}{5항}$), 주식매수청구권의 행사기한을 해당 이사·집행임원·감사 또는 피용자의 퇴임 또는 퇴직일로 정한 경우 이들이 본인의 귀책사유가 아닌 사유로 퇴임 또는 퇴직한 때에는 그 날부터 3월 이상의 행사기간을 추가로 부여하여야 한다($\frac{상}{상시}\frac{542조의3}{30조}\frac{5항,}{7항}$). 또한 회사와 주식매수선택권자 간의 약정에 의하여 2년의 재임기간 경과 후 행사기간을 정할 수 있다($\frac{대판 2018. 7. 26,}{2016 다 237714}$).

    2) 행사방법   주식매수선택권은 주식매수선택권자의 일방적 의사표시에 의하여 행사한다(형성권). 이러한 주식매수선택권은 주주명부폐쇄기간중에도 행사할 수 있는데, 이 경우 그 폐쇄기간중의 주주총회결의에 관하여는 의결권을 행사할 수 없다($\frac{상}{350조}\frac{340조의5,}{2항}$).

    신주인수권방식에 의하여 주식매수선택권을 부여하는 경우에는 주식매수선택권자는 청구서 2통을 회사에 제출하고($\frac{상}{516조의9}\frac{340조의5,}{1항}$), 은행 기타 금융기관의 납입장소에 행사가격을 납입하여야 한다($\frac{상}{516조의9}\frac{340조의5,}{3항}$). 위의 청구서 및 납입을 맡을 은행 기타 금융기관에 관하여는 모집설립의 경우와 같다($\frac{상}{516조의9}\frac{340조의5,}{4항}$). 이 경우에는 자본이 증가하므로 이에 따른 변경등기를 하여야 하는데, 이는 주식매수선택권을 행사한 날이 속하는 달의 말일부터 2주 내에 본점소재지에서 하여야 한다($^{상\ 340조의}_{5,\ 351조}$).

(2) 행사효과

1) 주식매수선택권 부여회사의 의무   주식매수선택권자가 주식매수선택권을 행사기간 내에 적법하게 행사하면 주식매수선택권이 형성권이라는 성질에서 부여회사는 그에 따른 의무를 부담하게 되는데, 부여회사의 의무는 주식매수선택권의 부여방법에 따라 다르다. 즉 주식매수선택권자가 주식매수선택권을 행사기간 내에 적법하게 행사하면 부여회사는 (i) 신주인수권방식의 경우에는 신주를 발행하여 주식매수선택권자에게 교부하여야 할 의무를 부담하고, (ii) 자기주식교부방식의 경우에는 자기주식을 교부하여야 할 의무를 부담하며, (iii) 주가차액교부방식의 경우에는 주식매수선택권을 행사한 때의 주식의 실질가격과 주식매수선택권의 행사가격의 차액을 금전으로 지급하거나 그 차액에 상당하는 자기주식을 교부할 의무를 부담한다.

2) 주주가 되는 시기   주식매수선택권자가 주주가 되는 시기도 주식매수선택권의 부여방법에 따라 다르다. 즉 (i) 신주인수권방식의 경우에는 주식매수선택권자가 주식매수선택권을 행사하고 행사가액을 납입한 때에 주주가 되고($^{상\ 340조의\ 5,}_{516조의\ 10\ 전단}$), (ii) 자기주식교부방식의 경우에는 상법에 이에 관한 규정은 없으나 주식양도의 경우와 같이 주식매수선택권자가 주식매수선택권을 행사하고 회사에 행사가액을 납입한 때에 주주가 되며, (iii) 주가차액교부방식의 경우에는 회사가 그 차액을 현금으로 교부한 때에는 문제가 되지 않고 자기주식을 교부하는 때에는 주식매수선택권자가 주식매수선택권을 행사한 때에 주주가 된다고 본다.

8. 양도제한

상법상 주식매수선택권은 이를 양도할 수 없고, 다만 주식매수선택권자가 사망한 경우에는 그 상속인이 이를 행사할 수 있다($^{상\ 340조의}_{4\ 2항}$).

9. 취 소

비상장회사의 경우 주식매수선택권의 취소는 전부 회사의 자율에 맡기고 있다. 즉 정관의 규정에 의하여 일정한 경우 이사회결의에 의하여 주식매수선택권의 부여를 취소할 수 있다($^{상\ 340조의\ 3}_{1항\ 5호}$). 자본금 총액이 10억원 미만으로서 이사를 1명 또는 2명을 둔 소규모 주식회사($^{상\ 383조}_{1항\ 단서}$)는 이사회가 없으므로, 이러한 이사회의 권한을 주주총회가 행사한다($^{상\ 383조}_{4항}$). 비상장회사의 경우 주식매수선택권을 취소할 수 있는 사유는 정관이 정하는 바에 의한다.

상장회사의 경우는 주식매수청구권의 취소사유를 대통령령으로 정할 수 있도록 하고 있다($\frac{상}{상시}\frac{542조의 3}{30조}\frac{5항,}{6항}$).

제 5 관 주식의 담보

제 1 의 의

주식은 재산적 가치를 가지며 또 양도가 가능하므로 담보의 대상이 될 수 있다. 주식의 담보는 주권에 의하여 설정되는데, 이의 담보방법에는 상법상 규정된 질권과 관습법상으로 인정된 양도담보의 방법이 있다.

제 2 주식담보의 자유와 제한

1. 주식담보의 자유

주식양도가 원칙적으로 자유인 것과 같이($\frac{상}{1항}335조$), 주식담보도 원칙적으로 자유라고 본다.

2. 주식담보의 제한

(1) 권리주와 주권발행 전의 주식(회사의 성립 후 또는 신주의 납입기일 후 6월의 경과 전)의 담보에 대하여는 상법상 규정이 없으나, 그 양도가 제한되는 점에서 ($\frac{상 319조,}{335조 3 항}$) 이러한 주식에 대한 담보설정(질권이든 양도담보이든)도 회사에 대하여는 효력이 없다고 본다. 그러나 자회사가 모회사의 주식을 담보(질권 또는 양도담보)의 목적으로 취득하는 것은 상법에 특별히 제한규정이 없으므로 아무런 제한 없이 인정된다고 본다.

(2) 자기주식을 질권의 목적으로 취득하는 것은 원칙적으로 자유이나, 다만 예외적으로 상법의 규정에 의하여 그 수량이 제한되어 있다. 즉, 회사는 발행주식총수의 20분의 1을 초과하여 자기주식을 질권의 목적으로 취득하지 못한다($\frac{상 341조의}{1 본문}$).

회사가 상법의 이러한 제한규정에 위반하여 자기주식을 질권의 목적으로 취득한 경우, 그 질권의 효력에 대하여는 특정목적 이외의 자기주식취득금지($\frac{상}{의 2}341조$)의 위반의 경우와 같이 (절대적) 무효설·상대적 무효설·유효설로 나뉘어 있는데, 회사

는 자기주식이라도 담보로 잡아 두는 것이 담보가 없는 경우보다 더 유리하다는 점
등에서 볼 때 유효설이 타당하다고 본다.

　　회사는 예외적으로 「회사의 합병 또는 다른 회사의 영업전부의 양수로 인한
때」 또는 「회사의 권리를 실행함에 있어 그 목적을 달성하기 위하여 필요한 때」에
는 자기주식을 위의 한도를 초과하여 질권의 목적으로 취득할 수 있다($^{상\ 341조의}_{3\ 단서}$). 질
취(質取)한 자기주식에 대하여 회사는 자익권을 가지나, 의결권 등 공익권은 질권설
정자인 주주가 갖는다.

제 3 주식의 입질

1. 성 질

　　주식의 입질의 성질이 무엇이냐에 대하여 넓게는 권리질($^{민\ 345조\sim}_{346조\ 참조}$)로 볼 수 있
으나, 좁게는 주권이 발행된 경우에는 유가증권의 입질($^{민\ 351조;\ 상}_{338조,\ 340조}$)로 보고 주권이 발
행되지 않은 경우($^{상\ 335조\ 3\ 항}_{단서\ 참조}$)에는 채권질($^{민}_{349조}$)로 보아야 할 것이다.

　　(기명)주식에 대하여 질권이 설정되었다고 하더라도 질권설정계약 등에 따라
질권자가 담보제공자인 주주로부터 의결권을 위임받아 직접 의결권을 행사하기로
약정하는 등의 특별한 약정이 있는 경우를 제외하고, 질권설정자인 주주는 여전히
주주로서의 지위를 가지고 의결권을 행사할 수 있다($^{대판\ 2017.\ 8.\ 18,}_{2015\ 다\ 5569}$).

2. 주식의 입질방법

　　우리 상법은 2014년 5월 개정상법에 의하여 무기명주식제도를 폐지하고 기명
주식만을 인정하고 있으므로, 이하에서는 기명주식의 입질에 대하여만 설명한다.

　　(기명)주식의 입질방법에는 「약식질」과 「등록질」이 있는데, 각각에 대하여 그
설정방법뿐만 아니라 효력에 차이가 있다.

(1) 약 식 질

1) 설정방법

　　(개) **효력요건**　　주식의 약식질은 당사자간의 질권설정의 「합의」와 질권자에 대
한 「주권의 교부」에 의하여 그 효력이 발생한다($^{상\ 338조}_{1항}$).

　　(내) **대항요건**　　약식질을 (회사 및) 제 3 자에게 대항하기 위하여는 질권자에 의
한 「주권의 계속점유」를 요한다($^{상\ 338조}_{2항}$).

2) 효 력

(카) **일반적 효력**　주식의 약식질권자는 권리질권자와 같이 유치권($^{민\ 355조}_{335조}$)·우선변제권($^{민\ 355조}_{329조}$)·전질권(轉質權)($^{민\ 355조}_{336조}$) 및 물상대위권($^{민\ 355조}_{342조}$)을 갖는다. 다만 상법은 주식의 질권에 대한 물상대위권에 관하여는 특칙을 두고 있다. 즉, 상법은 이러한 물상대위권에 관하여「주식의 소각·병합·분할 또는 전환이 있는 때에는 이로 인하여 종전의 주주가 받을 금전이나 주식에 대하여도 종전의 주식을 목적으로 한 질권을 행사할 수 있다」고 특별히 규정하여($^{상}_{339조}$), 질권자의 물상대위의 목적물의 범위를 확대하고 있다. 물상대위의 목적물은 이 외에도 해석상 주주가 회사에 대하여 주식매수청구권을 행사한 경우에 받는 주식의 매수대금($^{상\ 335조의\ 2\ 4항,\ 335조의}_{6,\ 374조의\ 2,\ 522조의\ 3}$), 회사의 회생절차에서 주주가 권리의 변경에 의하여 받는 금전($^{파\ 252조}_{2항}$), 신주발행무효에 의하여 주주가 반환받는 주식납입금($^{상\ 432조}_{3항}$) 등에도 미친다. 다만 이 때에도 권리질의 물상대위에 관한 일반원칙에 따라 약식질권자는 금전의 지급 또는 주권의 교부 전에 이를 압류하여야 한다(통설).

(내) **이익배당청구권**　약식질권자는 회사에 대하여 질취(質取)한 주식의 이익배당청구권이 있는가. 이에 대하여 우리나라의 학설은 (i) 이익배당을 과실에 준하는 것으로 보아 이를 긍정하는 긍정설과, (ii) 약식질은 회사와 무관하게 설정되고 또 주식 자체의 재산적 가치만이 담보의 목적이라는 점에서 이를 부정하는 부정설로 나뉘어 있다. 생각건대 회사에게 공시되지 않는 약식질권자에게 이러한 권리를 인정하는 것은 무리이며 또 거래의 실정에도 맞지 않으므로, 부정설에 찬성한다.

(대) **잔여재산분배청구권**　약식질권자에게도 잔여재산분배청구권이 있는가. 이에 대하여 상법상 명문규정은 없으나 해석상 인정된다(異說 없음). 왜냐하면 잔여재산이 분배된 이후의 주식의 재산적 가치는 없는 것이며, 잔여재산분배청구권은 해산시의 주식의 변형물에 불과하기 때문이다.

(래) **신주인수권**　약식질권자에게도 신주인수권이 있는가. 이에 대하여 (i) 신주가 발행된 경우에는 입질된 주식의 담보가치가 하락한다는 이유로 이를 긍정하는 긍정설도 있으나, (ii) 신주인수권은 입질된 주식의 변형물이라고 볼 수 없을 뿐만 아니라 또한 그의 행사에는 별도의 납입(또는 현물출자)을 요하는데 신주인수권을 질권자에게 인정하고 이의 납입을 질권자가 하는 경우에는 질권자에게 납입의무를 지우는 결과가 되어 부당하고, 질권설정자가 하는 경우에는 추가담보를 강요하는 것이 되어 부당하므로 이를 부정하는 부정설이 타당하다고 본다. 이를 긍정한다 하여도 질권자가 이 권리를 행사하고자 하면 이를 압류하여야 하는데, 피담보채권의 변

제기가 도래하지 않는 한 질권자는 신주인수권을 압류하여 행사하지 못하므로, 이
것을 인정할 실익도 거의 없다고 본다.

(2) 등 록 질

1) 설정방법

⑦ **효력요건**　(기명)주식의 등록질은 당사자간의 질권설정의 「합의」와 질권자
에 대한 「주권의 교부」외에, 질권설정자의 청구에 의하여(질권자는 이러한 청구권이
없고, 질권설정자는 특약이 있는 경우에만 등록청구의 의무를 부담한다) 「질권자의 성명과
주소가 주주명부에 기재됨으로써」 그 효력이 발생한다($\frac{상}{1항}\frac{340조}{전단}$). 회사가 명의개서대
리인을 둔 경우에는 그 영업소에 비치된 주주명부 또는 그 복본에 질권자의 성명과
주소를 기재하면 등록질의 효력이 있다($\frac{상}{2항}337조$).

⑭ **대항요건**　등록질의 회사에 대한 (효력요건 및) 대항요건은 주주명부에의
기재이므로, 등록질권자가 회사에 대하여 권리를 행사하기 위하여는 주권의 제시나
기타 자기의 권리를 증명할 필요 없이 질권자로서의 권리를 행사할 수 있다. 등록
질권자가 그의 권리를 제 3 자에게 대항하기 위하여는 「질권자의 성명의 주권상 기
재」라고 볼 수 있다($\frac{상}{1항}340조$).

2) 효 력　등록질권자는 위의 약식질권자의 모든 권리를 갖는 외에, 다음
과 같은 권리를 추가로 갖는다.

⑦ 등록질권자는 약식질권자와는 달리 물상대위권($\frac{상}{339조}$)의 행사에 있어서 물상
대위의 목적물을 그 지급 또는 인도 전에 압류할 필요가 없이($\frac{민}{단서}\frac{342조}{참조}$), 직접 회사로
부터 그 목적물을 지급받을 수 있다($\frac{상}{1항}340조$).

⑭ 등록질권자는 약식질권자보다 물상대위의 목적물의 범위가 넓다. 즉, 입질
된 주식에 대한 이익의 배당, 주식배당 또는 잔여재산의 분배에 대하여도 물상대위
하여 이를 직접(압류할 필요 없이) 회사에 대하여 청구할 수 있다($\frac{상}{1항}\frac{340조}{후단}$).

⑮ 등록질권자는 약식질권자와는 달리 물상대위의 목적물이 금전이고 그 목적
물의 변제기가 질권자의 채권의 변제기보다 먼저 도래한 때에는 회사에 대하여 그
금전의 공탁을 청구할 수 있는데, 이 때에는 그 공탁금에 질권의 효력이 미친다
($\frac{상}{민}\frac{340조\ 2항;}{353조\ 3항}$).

⑯ 등록질권자는 약식질권자와는 달리 물상대위의 목적물이 주식인 경우에는
그 주식에 대한 주권의 교부를 회사에 대하여 직접 청구할 수 있다($\frac{상}{3항}340조$).

제4 주식의 양도담보

(1) 주식의 양도담보는 상법에는 아무런 규정이 없고 관습법상 인정되고 있는 제도인데, 채권확보가 질권보다 더 유리하고 또 그 집행이 간편하기 때문에 실제로는 질권보다 더 많이 이용되고 있다. (기명)주식의 경우는 공시되지 않는 약식양도담보가 등록양도담보보다 더 많이 이용되고 있다.

(2) (기명)주식의 양도담보는 (기명)주식의 입질의 경우와 같이 약식양도담보와 등록양도담보가 있다. 약식양도담보의 설정방법은 약식질과 같이 당사자간의 양도담보의 「합의」와 「주권의 교부」에 의하여 그 효력이 발생하고($^{상}_{1항}$336조), 양도담보권자에 의한 「주권의 계속점유」가 회사 및 제3자에 대한 대항요건이다($^{상}_{2항}$$^{338조}_{유추}$). 이때 양도담보권자는 대외적으로 주주이므로 그가 담보된 주식을 제3자에게 양도한 경우에는, 제3자는 (그가 선의이면) 정당하게 주주권을 취득하고 양도담보설정자는 주주권을 상실한다.

[양도담보권자가 제3자에 대하여 담보주식을 양도한 경우에 관한 판례]
"회사의 성립 후 6개월이 경과한 후에 채권담보의 목적으로 이루어진 주식 양도의 약정은 바로 주식의 양도담보로서의 효력을 갖는다. 따라서 이 경우 양도담보권자가 대외적으로 주식의 소유자라 할 것이므로 양도담보설정자는 그 후 양도담보권자로부터 담보주식을 매수한 자에 대하여는 특별한 사정이 없는 한 그 소유권을 주장할 수 없다($^{대판}_{93}$ $^{1995.\ 7.\ 28,}_{다\ 61338}$)."

(기명)주식의 약식질의 설정과 약식양도담보의 설정이 그 외관상 동일하여 당사자의 의사에 따라 구별할 수밖에 없다. 이 때 당사자의 의사가 명확하지 않은 경우에는 (i) 채무자의 보호를 위하여 약식질로 해석하는 견해와, (ii) 담보권자에게 유리하게 약식양도담보로 추정하는 견해로 나뉘어 있다. 생각건대 당사자의 의사가 명확하지 않은 경우에는 채권자(담보권자)를 위하는 것으로 해석해야 할 것이므로, 약식양도담보로 추정해야 할 것으로 본다.

(3) 주식의 약식양도담보권자는 회사에 대하여 주주권을 행사할 수 없으나, 등록양도담보권자는 (채권이 소멸한 경우에도) 회사에 대하여 주주권을 행사할 수 있다.

[주식의 양도담보권자가 공익권을 행사할 수 있는지 여부에 관한 판례]

　　"보증인이 보증채무이행에 따른 구상권을 담보하기 위하여 채무자의 보유주식을 취득하는 경우에는 보증채무를 변제하기까지는 보증인은 그 주식에 대하여 의결권을 비롯한 공익권을 행사할 수 없다($\substack{대판\ 1992.\ 5. \\ 12,\ 90\ 다\ 8862}$)."

　　"채권담보의 목적으로 주식이 양도되어 그 양수인이 양도담보권자에 불과하다고 하더라도 회사에 대한 관계에서는 양도담보권자가 주주의 자격을 갖는다($\substack{대판\ 1993.\ 12. \\ 28,\ 93\ 다\ 8719}$)."

　　"채무자가 채무담보 목적으로 주식을 채권자에게 양도하여 채권자가 주주명부상 주주로 기재된 경우, 주주로서 주주권을 행사할 수 있는 사람은 양수인(등록양도담보권자)이고 이 경우 (피담보채권이 소멸한 경우에도) 회사는 양수인의 주주권 행사를 부인할 수 없다($\substack{대결\ 2020.\ 6.\ 11, \\ 2020\ 마\ 5263}$)."

제6관　주식의 소각

제1 의　　의

　　주식의 소각이란 「회사의 존속중에 특정한 주식을 절대적으로 소멸시키는 회사의 행위」이다. 주식의 소각은 「회사의 존속중에 특정한 주식」을 소멸시키는 점에서 회사의 해산시에 전 주식을 소멸시키는 것과 구별되고, 「주식 자체」를 소멸시키는 점에서 주식을 소멸시키지 않고 주권만을 소멸시키는 주권의 제권판결($\substack{상 \\ 360조}$) 및 주식인수인의 자격만을 실효시키는 실권절차($\substack{상 \\ 307조}$)와도 구별된다.

제2 종　　류

　　주식의 소각에는 크게 「자본금 감소」의 방법으로 소각하는 경우($\substack{상\ 343조\ 1항 \\ 본문}$)와, 주주에게 배당할 「이익」으로써 (자기주식을 취득하여) 소각하는 경우($\substack{상\ 341조·343조\ 1항 \\ 단서,\ 345조\ 1항}$)의 두 가지가 있다. 전자의 경우에는 소각되는 주식만큼 자본금이 감소하므로 반드시 채권자보호절차를 밟아야 하나($\substack{상\ 439조 \\ 2항\ 본문}$), 후자의 경우에는 이익이 소각의 재원이 되어 자본금이 감소하지 않으므로 채권자보호절차를 밟을 필요가 없다. 주주에게 배당할 이익으로써 (자기주식을 취득하여) 주식을 소각하는 경우는 다시 처음부터 특정주식을 대상으로 하는 상환주식의 상환($\substack{상 \\ 345조}$)과, 배당가능이익으로써 취득한 자기주식의 소각($\substack{상\ 341조,\ 343조 \\ 1항\ 단서}$)이 있다.

자본금 감소의 방법으로 주식을 소각하는 경우에 대하여는 자본금 감소에 관한 부분에서 후술할 것이고, 상환주식의 상환에 대하여는 이미 설명하였으므로, 이 곳에서는 배당가능이익으로써 취득한 자기주식의 소각에 대해서만 설명한다.

제 3 배당가능이익으로써 취득한 자기주식의 소각

1. 자기주식 소각의 목적

회사는 주가관리 등 재무관리의 편의를 위하여 배당가능이익으로써 자기주식을 취득할 수 있는데($\substack{상 \\ 341조}$), 회사는 이와 같이 보유한 자기주식을 소각할 수 있다($\substack{상 343조 \\ 1항 단서}$).

2. 자기주식 취득의 요건

(1) 재원상 제한

1) 회사가 자기주식을 취득하기 위하여는 직전 결산기의 대차대조표상 이익이 현존하여야 한다($\substack{상 341조 \\ 1항 단서}$).

2) 자기주식을 취득하는 해당 영업연도의 결산기에 이익이 예상되어야 한다($\substack{상 341조 \\ 3항}$).

(2) 방법상 제한

1) 취득할 수 있는 주식의 종류 및 수 등에 관하여 미리 주주총회(이사회의 결의로 이익배당을 할 수 있다고 정관에서 정하고 있는 경우에는 이사회)의 결의가 있어야 한다($\substack{상 341조 \\ 2항}$).

2) 취득방법은 거래소에서 시세가 있는 주식의 경우에는 거래소에서 취득하는 등 주주평등의 원칙에 반하지 않는 방법으로 취득하여야 한다($\substack{상 341조 1항 \\ 1호·2호}$).

3) 회사는 자기의 명의와 자기의 계산으로 자기주식을 취득하여야 한다($\substack{상 341조 \\ 1항 본문}$).

3. 자기주식 소각의 방법

위와 같이 회사가 배당가능이익으로써 취득하여 보유하는 자기주식은 이사회의 결의에 의하여 소각할 수 있다($\substack{상 343조 \\ 1항 단서}$).

따라서 이러한 주식의 소각의 효력은 주식실효절차의 종료시에 발생한다($\substack{동지: 대판 2008. 7. \\ 10, 2005 다 24981}$).

4. 자기주식 소각의 효과

(1) 자본금에 미치는 영향

회사가 배당가능이익으로써 취득한 자기주식을 소각하는 경우, 그만큼 발행주식수가 감소하지만, 이는 자본금 감소절차에 의한 주식소각이 아니므로 자본금에는 영향이 없다. 따라서 이 때에는 자본금이 감소하지 않고, 액면주식의 경우 자본금과 주식과의 관계($\frac{상}{1항}$451조)는 예외적으로 끊어지게 된다.

(2) 수권주식수에 미치는 영향

회사가 배당가능이익으로써 취득한 자기주식을 소각하는 경우, 주식소각에 의하여 발행주식수가 감소한다고 하더라도 일단 주식이 발행된 것이므로 수권주식수가 감소하는 것도 아니고, 또 미발행주식수가 그만큼 증가하는 것도 아니다. 따라서 상환주식의 상환의 경우와 같이 이 경우에도 소각된 주식수만큼 신주를 재발행할 수 없다.

제 7 관 주식의 포괄적 교환 및 이전

제 1 서   언

2001년 개정상법은 지주회사 설립 등을 통한 회사의 구조조정을 원활히 할 수 있도록 하기 위하여 주식의 포괄적 교환 및 이전제도를 신설하였다.

제 2 주식의 포괄적 교환

1. 의 의

주식의 포괄적 교환이란 「회사(완전모회사가 되는 회사)가 다른 회사(완전자회사가 되는 회사)의 발행주식총수와 자기회사의 주식을 교환함으로써, 완전자회사가 되는 회사의 주주가 가지는 그 회사의 주식은 주식을 교환하는 날에 주식교환에 의하여 완전모회사가 되는 회사에 이전하고 그 완전자회사가 되는 회사의 주주는 그 완전모회사가 되는 회사가 주식교환을 위하여 발행하는 신주 또는 동 회사가 소유하는 자기주식의 배정을 받는 것」을 말한다($\frac{상}{의 2}$360조).

이러한 주식의 포괄적 교환은 우호적인 기업매수(M & A)의 하나의 수단이 되고 있는데, 현금이 없이도 다른 기업을 매수할 수 있다는 점에서 이점이 있다. 또한 주식의 포괄적 교환은 자회사를 완전자회사로 만들기 위하여도 이용된다.

이러한 주식의 포괄적 교환제도는 지주회사(완전모회사)를 설립하는 방법이라는 점에서는 다음에서 보는 주식의 포괄적 이전제도와 동일하나, 주식의 포괄적 교환제도는 기존의 회사 사이에서 지주회사(완전모회사)를 신설하는 제도이나 주식의 포괄적 이전제도는 어느 회사가 스스로 자회사가 되어 지주회사를 새로이 설립하는 제도라는 점에서 양자는 구별된다.

2. 절 차

(1) 주식교환계약서의 작성

1) 회사가 주식교환을 하고자 하면 먼저 기존의 쌍방의 회사가 주식교환계약서를 작성하여야 한다($\frac{상}{1항}\frac{360조의 3}{전단}$). 이러한 주식교환계약서에는 상법이 규정하고 있는 일정한 사항을 기재하여야 한다($\frac{상}{3}\frac{360조의}{3항}$).

2) 2015년 개정상법은 2011년 4월 개정상법에 의하여 도입된 삼각합병제도($\frac{상}{523조의2}\frac{523조 4호}{}$)와 함께 기업구조조정을 유연하게 할 수 있도록 하기 위하여 삼각주식교환제도($\frac{상}{4호,}\frac{360조의 3 3항}{6항·7항}$) 및 삼각분할합병제도($\frac{상}{4호,}\frac{530조의6 1항}{4항·5항}$)를 도입하였다.

삼각주식교환에 의하여 모회사(A회사)의 자회사(B회사)가 다른 회사(C회사)와 주식의 포괄적 교환을 하면서 다른 회사(C회사)의 주주에게 자기회사(B회사)의 주식이 아닌 그의 모회사(A회사)의 주식을 교부하면($\frac{상}{3항}\frac{360조의 3}{4호, 6항}$) A → B → C 로 순차적인 모자회사관계가 성립한다(이 경우 제 1 차적인 주식의 포괄적 교환에 의하여 B 는 C 의 완전모회사가 된다). 이 경우 제 2 차적으로 C회사가 B회사를 흡수합병하는 절차를 거치면(A회사는 B회사가 가지고 있는 C회사의 주식을 갖고, A회사가 가지고 있는 B회사의 주식을 소각함), 역삼각합병(모회사가 자회사를 통하여 대상회사와 합병하면서 자회사가 대상회사를 흡수하는 형태가 삼각합병이고, 이와 반대로 대상회사가 자회사를 흡수하는 형태가 역삼각합병임)이 가능하게 되어, A회사는 C회사가 보유한 독점적 사업권(인·허가권 등)·장기리스권·상표권·제 3 자의 동의가 없으면 양도할 수 없는 계약상의 권리 등을 그대로 보유할 수 있게 된다.

삼각주식교환에 의하여 다른 회사(C회사)의 주주는 그 대가로 보다 가치있는 모회사(A회사)의 주식을 교부받을 수 있고, 모회사(A회사)는 다른 회사(C회사)를 그대로 존치시키면서 그의 독점적 사업권 등을 그대로 활용할 수 있다.

삼각주식교환의 경우 자회사(B회사)는 상법 제342조의 2 제 1 항에도 불구하고 그의 모회사(A회사)의 주식을 취득할 수 있는데($\frac{상\ 360조의}{3\ 6항}$), 자회사(B회사)가 이와 같이 취득한 그의 모회사(A회사)주식을 주식교환 후에도 계속 보유하게 되면 주식교환의 효력이 발생하는 날부터 6개월 이내에 그 주식을 처분하여야 한다($\frac{상\ 360조의}{3\ 7항}$).

완전자회사가 되는 회사의 주주에게 제공되는 대가인 「그 밖의 재산(현물)」이 완전모회사가 되는 회사의 모회사 주식이면 삼각주식교환이 되고, 주식에 갈음하여 현물을 제공하게 되면 완전자회사가 되는 회사의 주주를 축출하는 효과를 갖게 된다(이는 현금주식교환의 경우에도 동일함).

(2) 주주총회의 승인결의

1) 승인결의방법

(가) **원 칙** 주식교환을 하는 쌍방의 회사는 위의 주식교환계약서에 대하여 주주총회의 특별결의에 의한 승인을 받아야 한다($\frac{상\ 360조의\ 3}{1항\ 후단·2항}$). 이는 완전모회사가 되는 회사의 기존주주에게는 합병이나 현물출자와 같은 영향이 있고 또한 완전자회사가 되는 회사의 주주(완전모회사가 되는 회사의 신주주)에게는 완전모회사의 주주가 되어 그 지위에 변동을 초래하는 등으로 모두에게 중대한 영향을 미치기 때문에 주주총회의 특별결의에 의한 승인을 얻도록 한 것이다. 그러나 이 경우 완전모회사가 되는 회사는 자본금에 변동이 없거나(완전모회사가 자기주식을 교부하는 경우) 또는 자본금이 증가하고(완전모회사가 신주발행하여 배정하는 경우) 완전자회사가 되는 회사는 주주만의 변동이 있어 회사채권자를 해할 염려가 없기 때문에 채권자보호절차는 필요 없다고 본다.

이 때 회사는 이러한 주주총회의 소집통지에 (i) 주식교환계약서의 주요내용, (ii) 주주총회의 결의에 반대하는 주주가 행사할 주식매수청구권의 내용 및 행사방법과 (iii) 일방회사의 정관에 주식의 양도에 관하여 이사회의 승인을 요한다는 뜻의 규정이 있고 다른 회사의 정관에 그 규정이 없는 경우 그 뜻을 기재하여야 한다($\frac{상\ 360조의}{3\ 4항}$).

(나) **예 외**

① 간이주식교환 완전자회사가 되는 회사의 총주주의 동의가 있거나 그 회사의 발행주식총수의 100분의 90 이상을 완전모회사가 되는 회사가 소유하고 있는 때에는 완전자회사가 되는 회사의 주주총회의 승인은 이사회의 승인으로 갈음할 수 있다($\frac{상\ 360조의}{9\ 1항}$). 이는 주식교환절차를 간소화하기 위하여 합병의 경우($\frac{상\ 527조}{의\ 2}$)와 같이 인정한 것이다. 이 때 완전자회사가 되는 회사는 총주주의 동의가 있는 경우가 아니면 주식교환계약서를 작성한 날부터 2주 내에 주주총회의 승인을 얻지 아니하고 주식교환을 한다는 뜻을 공고하거나 주주에게 통지하여야 한다($\frac{상\ 360조의}{9\ 2항}$).

② 소규모 주식교환　완전모회사가 되는 회사가 주식교환을 위하여 발행하는 신주 및 이전하는 자기주식의 총수가 그 회사의 발행주식 총수의 100분의 10을 초과하지 아니하고(이는 완전모회사가 되는 회사의 기존 주주의 보유주식비율이 크게 저하되지 않는 범위 내에서 주주총회의 승인결의를 생략할 수 있기 때문임) 또한 완전자회사가 되는 회사의 주주에게 제공할 금전이나 그 밖의 재산을 정한 경우에 그 금액 및 그 밖의 재산의 가액이 최종 대차대조표에 의하여 완전모회사가 되는 회사에 현존하는 순자산액의 100분의 5를 초과하지 않는 경우에는(이는 완전자회사가 되는 회사의 주주에게 제공할 금전이나 그 밖의 재산이 많은 경우 주식교환에 의하여 발행하는 신주나 이전하는 자기주식의 수를 적게 하는 탈법적인 수단이 되기 때문임) 완전모회사가 되는 회사의 주주총회의 승인은 이사회의 승인으로 갈음할 수 있다($\frac{\text{상}}{10}\frac{360조의}{1항}$).

이 때에 완전모회사가 되는 회사는 주식교환계약서에 주주총회의 승인을 얻지 아니하고 주식교환을 할 수 있다는 뜻을 기재하여야 하나, 변경된 정관의 내용은 기재하지 못한다($\frac{\text{상}}{10}\frac{360조의}{3항}$).

또한 이 경우에 완전모회사가 되는 회사는 주식교환계약서를 작성한 날부터 2주 내에 완전자회사가 되는 회사의 상호와 본점, 주식교환을 할 날 및 주주총회의 승인을 얻지 아니하고 주식교환을 한다는 뜻을 공고하거나 주주에게 통지하여야 한다($\frac{\text{상}}{10}\frac{360조의}{4항}$). 이러한 통지 또는 공고에 의하여 완전모회사가 되는 회사의 발행주식 총수의 100분의 20 이상에 해당하는 주식을 가지는 주주가 소규모 주식교환에 반대하는 의사를 통지한 때에는 주주총회의 승인을 얻어야 한다($\frac{\text{상}}{10}\frac{360조의}{5항}$).

소규모 주식교환의 경우 주식교환계약서 등의 사전공고의 기산일은 '주주총회의 회일'이 아니라 '소규모 주식교환의 공고일 또는 통지일'이며($\frac{\text{상}}{10}\frac{360조의}{6항}$), 반대주주의 주식매수청구권은 인정되지 않는다($\frac{\text{상}}{10}\frac{360조의}{7항}$).

③ 종류주주총회의 결의·총주주의 결의　주식의 포괄적 교환에 의하여 (완전모회사가 되는 회사 또는 완전자회사가 되는 회사의) 어느 종류의 주주에게 손해를 미치게 될 경우에는 그 회사의 주주총회의 특별결의 외에 종류주주총회의 결의를 얻어야 하고($\frac{\text{상}}{436조}$), 각 회사의 주주의 부담이 가중되는 경우에는 주주 전원의 동의가 있어야 한다($\frac{\text{상}}{3}\frac{360조의}{5항}$).

2) 승인반대주주의 주식매수청구권　주식의 포괄적 교환에 관한 주주총회의 결의사항에 관하여 이사회의 결의가 있는 때에 그 결의에 반대하는 주주(의결권이 없거나 제한되는 주주를 포함함)는 주주총회 전에 회사에 대하여 서면으로 그 결의에 반대하는 의사를 통지하고 주주총회의 결의일부터 20일 이내에 주식의 종류와

수를 기재한 서면으로 회사에 대하여 자기가 소유하고 있는 주식의 매수를 청구할 수 있다($\frac{\text{상}}{5}\frac{360조의}{1항}$). 간이주식교환의 경우에는 완전자회사가 되는 회사는 주식교환계약서를 작성한 날부터 2주 내에 주주총회의 승인을 얻지 아니하고 주식교환을 한다는 뜻을 공고하거나 주주에게 통지하여야 하는데($\frac{\text{상}}{2항}\frac{360조의}{본문}9$), 이 경우 완전자회사가 되는 회사의 주주는 이러한 공고 또는 통지를 한 날부터 2주 내에 회사에 대하여 서면으로 주식교환에 반대하는 의사를 통지하고 그 기간이 경과한 날부터 20일 이내에 주식의 종류와 수를 기재한 서면으로 회사에 대하여 자기가 소유하고 있는 주식의 매수를 청구할 수 있다($\frac{\text{상}}{5}\frac{360조의}{2항}$).

주식매수청구권을 행사하는 주주는 완전모회사가 되는 회사의 주주 및 완전자회사가 되는 회사의 주주를 의미하고, 반대하는 경우는 주식교환의 조건이나 상대방 회사의 재산상황 등에 의하여 불이익을 받을 가능성이 있기 때문에 주식교환 자체를 반대하는 경우나 주식교환비율에 반대하는 경우 등이다.

이러한 주식매수청구에 대하여 회사는 그 매수청구기간이 종료하는 날부터 2월 이내에 그 주식을 매수하여야 하는데($\frac{\text{상}}{374조의}\frac{360조의}{2}\frac{5}{2항}\frac{3항}{}$), 매수가액은 원칙적으로 주주와 회사간의 협의에 의하여 정하여지고 예외적으로 이러한 협의가 매수청구기간이 종료하는 날부터 30일 이내에 이루어지지 아니한 경우에는 회사 또는 주식매수를 청구한 주주는 법원에 대하여 매수가액의 결정을 청구할 수 있다($\frac{\text{상}}{374조의}\frac{360조의}{2}\frac{5}{3항}\frac{2항}{5항}$).

완전자회사가 되는 회사의 주주가 주식매수청구권을 행사한 경우에 그 회사는 특정목적에 의한 자기주식 취득의 경우의 하나로 자기주식을 취득하는데($\frac{\text{상}}{2}\frac{341조의}{4호}$), 이 주식에 대하여는 앞에서 본 바와 같이 완전모회사가 되는 회사의 주식이 배당된다.

(3) 그 밖의 절차

1) 주식교환계약서 등의 사전공시　　주식의 포괄적 교환의 경우 각 당사회사의 이사는 이를 승인하는 주주총회의 회일의 2 주 전(소규모 주식교환의 경우에는 완전모회사가 되는 회사가 주주총회의 승인을 얻지 아니하고 주식교환을 한다는 뜻을 공고하거나 주주에게 통지한 날— $\frac{\text{상}}{10}\frac{360조의}{6항}$)부터 (주식교환의 날 이후 6월이 경과하는 날까지) (ⅰ) 주식교환계약서, (ⅱ) 완전모회사가 되는 회사가 주식교환을 위하여 신주를 발행하거나 자기주식을 이전하는 경우에는 완전자회사가 되는 회사의 주주에 대한 신주의 배정 또는 자기주식의 이전에 관하여 그 이유를 기재한 서면 및 (ⅲ) 주식교환을 승인하는 주주총회의 회일(간이주식교환의 경우에는 완전자회사가 되는 회사가 주주총회의 승인을 얻지 아니하고 주식교환을 한다는 뜻을 공고하거나 또는 주주에게 통지한 날)(소규모 주식교환의 경우에는 완전모회사가 되는 회사가 주주총회의 승인을 얻지 아니하고 주식교환을

한다는 뜻을 공고하거나 주주에게 통지한 날— $\frac{\text{상}}{10}\frac{360조의}{6항}$) 전 6월 내의 날에 작성한 각 회사의 최종 대차대조표 및 손익계산서를 본점에 비치하여야 한다($\frac{\text{상}}{4}\frac{360조의}{1항}$). 이는 주주가 주식교환조건의 적정성 여부·주식교환의 승인여부·주식매수청구권의 행사여부 등을 판단할 수 있도록 하고, 주식교환의 효력이 발생한 후에는 주식교환무효의 소를 제기할지 여부를 결정하기 위한 정보의 공시를 목적으로 한다.

주주는 영업시간 내에 이러 서류를 열람 또는 등사를 청구할 수 있다($\frac{\text{상}360조의4}{391조의3}\frac{2항}{3항}$·). 이 경우 완전모회사가 되는 회사는 자본이 증가하므로 회사채권자를 해할 염려가 없고 또한 완전자회사가 되는 회사는 주주만이 변동되는 것이므로 회사채권자를 해할 염려가 없기 때문에 회사채권자에게는 이러한 서류의 열람권이 없다.

2) 주권의 실효절차　　　　주식교환에 의하여 완전자회사가 되는 회사는 이에 관한 주주총회의 승인결의가 있는 때에는 (i) 주식교환계약서에 대하여 주주총회가 승인결의를 한 뜻·(ii) 주식교환의 날의 전날까지 주권을 회사에 제출하여야 한다는 뜻과 (iii) 주식교환의 날에 주권이 무효가 된다는 뜻을 주식교환의 날 1월 전에 공고하고 주주명부에 기재된 주주와 질권자에 대하여는 따로 따로 그 통지를 하여야 한다($\frac{\text{상}}{8}\frac{360조의}{1항}$).

이 때에 주권을 회사에 제출할 수 없는 자가 있는 때에는 회사는 그 자의 청구에 의하여 3월 이상의 기간을 정하고 이해관계인에 대하여 그 주권에 대한 이의가 있으면 그 기간 내에 제출할 뜻을 공고하고 그 기간이 경과한 후에 신주권을 청구자에게 교부할 수 있는데, 이러한 공고의 비용은 청구자의 부담으로 한다($\frac{\text{상}360조의8}{2항, 442조}$).

3) 단주처리 등의 절차　　　　주식의 포괄적 교환으로 인하여 완전자회사가 되는 회사의 주식 1주에 대하여 완전모회사가 되는 회사의 주식 1주를 교환할 수 없는 경우에는 단주처리의 절차를 밟아야 한다($\frac{\text{상}360조의11}{1항, 443조}$). 주식교환의 경우에는 단주는 발생하여도 주식이 병합되는 등의 문제는 발생하지 않는다고 본다.

이 경우에 완전자회사가 되는 회사의 주식을 목적으로 하는 질권에는 물상대위와 회사에 대한 주권교부청구권이 인정된다($\frac{\text{상}360조의11}{339조, 340조}\frac{2항,}{3항}$).

4) 완전모회사의 이사·감사의 임기　　　　주식의 포괄적 교환에 의하여 완전모회사가 되는 회사의 이사 및 감사로서 주식교환 전에 취임한 자는 주식교환계약서에 다른 정함이 있는 경우를 제외하고는 주식교환 후 최초로 도래하는 결산기에 관한 정기주주총회가 종료하는 때에 퇴임한다($\frac{\text{상}360조}{의13}$).

(4) 변경등기

주식의 포괄적 교환이 있는 경우에는 소정의 서류를 첨부하여 주식교환으로 인한 변경등기를 신청하여야 한다($\substack{상등규 \\ 146조}$).

(5) 공 시

주식의 포괄적 교환을 함에 있어서는 주식교환계약서 등을 사전공시하여야 함은 물론, 일정한 사항을 기재한 서면을 사후공시하여야 한다.

1) 사전공시   이에 대하여는 이미 앞에서 본 바와 같다. 즉 주식교환을 하는 각 당사회사의 이사는 앞에서 본 바와 같이 주식교환을 승인하는 주주총회의 회일(소규모 주식교환의 경우에는 완전모회사가 되는 회사가 주주총회의 승인을 얻지 아니하고 주식교환을 한다는 뜻을 공고하거나 주주에게 통지한 날— $\substack{상 \\ 10}$ $\substack{360조의 \\ 6항}$)의 2주 전부터 (주식교환의 날 이후 6월이 경과하는 날까지) (i) 주식교환계약서·(ii) 완전자회사가 되는 회사의 주주에 대한 주식의 배정에 관하여 그 이유를 기재한 서면 및 (iii) 주식교환을 승인하는 주주총회의 회일(소규모 주식교환의 경우에는 완전모회사가 되는 회사가 주주총회의 승인을 얻지 아니하고 주식교환을 한다는 뜻을 공고하거나 주주에게 통지한 날— $\substack{상 \\ 10}$ $\substack{360조의 \\ 6항}$) 전 6월 내의 날에 작성한 각 회사의 최종 대차대조표 및 손익계산서를 본점에 비치하고($\substack{상 \\ 4}$ $\substack{360조의 \\ 1항}$), 주주의 영업시간 내의 열람 또는 등사청구에 제공하여야 한다($\substack{상 360조의 4 \ 2항, \\ 391조의 3 \ 3항,}$).

2) 사후공시   주식교환을 하는 각 당사회사의 이사는 주식교환의 날부터 6월간 (i) 주식교환의 날·(ii) 주식교환의 날에 완전자회사가 되는 회사에 현존하는 순자산액·(iii) 주식교환으로 인하여 완전모회사에 이전한 완전자회사의 주식의 수 및 (iv) 그 밖의 주식교환에 관한 사항을 기재한 서면을 본점에 비치하고($\substack{상 \\ 12}$ $\substack{360조의 \\ 1항}$), 주주의 영업시간 내의 열람 및 등사청구에 제공하여야 한다($\substack{상 360조의 12 \ 2항, \\ 391조의 3 \ 3항,}$). 이러한 사후공시는 주식교환절차가 적법하게 이행되었음을 간접적으로 담보하고 또한 주주에게 주식교환무효의 소를 제기하기 위한 판단자료를 제공하기 위하여 인정된 것이다.

3. 효 과

(1) 완전모회사가 되는 회사의 자본금의 증가

완전모회사가 되는 회사는 완전자회사가 되는 회사의 주주에게 신주를 발행하여 (교환비율에 따라) 교부하여야 하므로 완전모회사가 되는 회사의 자본금은 증가한다.

이 때 완전모회사가 되는 회사의 자본금 증가의 한도액은 주식교환의 날에 완전자회사가 되는 회사에 현존하는 순자산액에서 (i) 완전자회사가 되는 회사의 주주에게 제공할 금전이나 그 밖의 재산의 가액(주식교환교부금 또는 주식교환물의 가액) 및 (ii) 완전모회사가 신주발행에 갈음하여 자기주식을 이전하는 경우 완전자회사가 되

는 회사의 주주에게 이전하는 자기주식의 장부가액의 합계액을 공제한 금액이다
($\frac{상}{7}\frac{360조의}{1항}$)[완전모회사가 되는 회사의 자본금 증가액≦완전자회사가 되는 회사의 현
존 순자산액-(주식교환교부금 또는 주식교환물의 가액+자기주식을 이전하는 경
우 이전하는 자기주식의 장부가액의 합계액)].

완전모회사가 되는 회사가 주식교환 이전에 완전자회사가 되는 회사의 주식을
이미 소유하고 있는 경우에는 완전모회사가 되는 회사의 자본금 증가의 한도액은
주식교환의 날에 완전자회사가 되는 회사에 현존하는 순자산액에 그 회사의 발행주
식총수에 대한 주식교환으로 인하여 완전모회사가 되는 회사에 이전하는 주식의 수
의 비율을 곱한 금액에서 (i) 완전자회사가 되는 회사의 주주에게 제공할 금전이나
그 밖의 재산의 가액(주식교환교부금 또는 주식교환물의 가액) 및 (ii) 신주발행에 갈음
하여 자기주식을 이전하는 경우 완전자회사가 되는 회사의 주주에게 이전하는 자기
주식의 장부가액의 합계액을 공제한 금액이다($\frac{상}{7}\frac{360조의}{2항}$)[완전모회사가 되는 회사의
자본금 증가액≦완전자회사가 되는 회사의 현존 순자산액×주식교환에 의하여 완
전모회사에 이전하는 주식의 수/완전자회사가 되는 회사의 발행주식총수-(주식교
환교부금 또는 주식교환물의 가액+자기주식을 이전하는 경우 이전하는 자기주식
의 장부가액의 합계액)].

위와 같은 완전모회사가 되는 회사의 자본금 증가의 한도액이 그 회사의 실제
의 증가한 자본금을 초과한 경우에는 그 초과액을 자본준비금으로 적립하여야 한다
($\frac{상}{1}\frac{459조 1항}{의 2}$).

(2) 완전자회사가 되는 회사의 설립 및 그 회사의 구(舊)주권의 실효

어느 회사(완전자회사가 되는 회사)의 발행주식총수는 기존의 주주에 갈음하여
위와 같이 설립된 완전모회사가 소유하게 되므로($\frac{상}{의}\frac{360조}{2}$), 완전자회사가 설립되어
완전모자회사관계가 새로이 발생한다.

완전자회사가 되는 회사의 기존 주권은 실효되는데, 이에 관하여는 이미 앞에
서 설명하였다($\frac{상}{의}\frac{360조}{8}$).

4. 주식교환무효의 소

(1) 주식교환무효의 소의 절차

주식교환절차에 하자(예컨대, 주식교환계약 자체에 무효원인이 있는 경우, 주식교환계
약서의 기재사항에 흠결이 있는 경우, 주식교환계약서 등의 비치의무를 게을리한 경우, 주식
교환계약서에 대한 주주총회의 승인결의가 없는 경우 등)가 있는 경우에 상법은 법률관계

를 획일적으로 확정하기 위하여 소만으로 주식교환무효를 주장할 수 있도록 하였다. 즉 주식교환의 무효는 각 회사의 주주·이사·감사나 감사위원회의 위원 또는 청산인(이러한 청산인을 제소권자로 한 이유는 청산인은 청산중의 회사의 대표권을 갖는데 주식교환계약서의 승인결의를 한 주주총회결의 취소의 소가 계속중에 주식교환일이 도래한 경우, 청산인이 주식교환무효의 소의 제소권자가 아니면 주주총회결의 취소의 소가 각하되어야 하는 부당한 경우가 생기기 때문임)에 한하여 주식교환의 날로부터 6월 내에 소만으로 이를 주장할 수 있다($\frac{상}{14} \frac{360조의}{1항}$). 주식교환의 경우 합병과는 달리 채권자의 권리에 영향이 없으므로 채권자와 파산관재인은 제소권자가 아니다.

주식배정비율이 현저하게 불공정한 경우에는 이는 주주에게는 손해가 되나 회사의 손해는 아니므로 주주나 감사는 이사의 위법행위유지청구권($_{402조}^{상}$)을 행사할 수는 없고, 다만 주식교환무효의 소를 제기할 수 있을 뿐이다.

주식교환무효의 소는 완전모회사가 되는 회사의 본점 소재지의 지방법원의 관할에 전속한다($\frac{상}{14} \frac{360조의}{2항}$). 주식교환무효의 소가 제기된 때에는 회사는 지체 없이 공고하여야 하고($\frac{상}{4항, 187조}^{360조의 14}$), 수 개의 주식교환무효의 소가 제기된 때에는 법원은 이를 병합심리하여야 한다($\frac{상}{4항, 188조}^{360조의 14}$). 법원은 주식교환무효의 소의 심리중에 원인이 된 하자가 보완되고 회사의 현황과 제반사정을 참작하여 이를 무효로 하는 것이 부적당하다고 인정한 때에는 무효의 청구를 기각할 수 있다($\frac{상}{4항, 189조}^{360조의 14}$). 주주가 주식교환무효의 소를 제기한 때에는 법원은 회사의 청구에 의하여 상당한 담보를 제공할 것을 명할 수 있는데, 그 주주가 이사 또는 감사나 감사위원회의 위원이면 그러하지 아니하다($\frac{상}{4항, 377조}^{360조의 14}$).

(2) 주식교환무효판결의 효과

1) 원고승소의 효과

⑦ **주식교환무효의 등기**   주식교환무효판결이 확정된 때에는 본점과 지점의 소재지에서 등기하여야 한다($\frac{상 360조의 14 4항}{192조; 비송 107조 9호}$).

⑭ **대세적 효력 및 불소급효**   주식교환무효의 판결은 원·피고뿐만 아니라 제3자에게도 그 효력이 미치고(대세적 효력)($\frac{상}{4항, 190조 본문}^{360조의 14}$), 장래에 대하여만 그 효력이 있다(불소급효)($\frac{상}{4항, 431조 1항}^{360조의 14}$). 이 때 완전모회사가 되는 회사는 지체 없이 그 뜻과 3월 이상의 기간 내에 교환된 완전모회사가 되는 회사의 신주권을 그 회사에 제출할 것을 공고하고 주주명부에 기재된 주주와 질권자에 대하여는 각별로 통지하여야 한다($\frac{상 360조의 14 4항;}{431조 2항}$).

⑭ **무효판결확정 전의 주식의 처리**   주식교환을 무효로 하는 판결이 확정된 때

에는 완전모회사가 된 회사는 주식교환을 위하여 발행한 신주 또는 이전한 자기주식의 주주(이 때 주주는 주식교환무효의 판결이 확정될 때까지 주식교환을 위하여 발행한 신주 등의 양도가 유효하므로 주식교환의 무효판결이 확정된 시점의 주주임)에 대하여 그가 소유하였던 완전자회사가 된 회사의 주식(완전모회사가 완전자회사의 주식을 제 3 자에게 양도한 경우에는 금전으로 처리하여야 함)을 이전하여야 한다($\frac{\text{상}\ 360조의}{14\ \ \ 3항}$). 이 때 신주 등에 대한 질권에 대하여는 물상대위 및 주권교부청구권이 인정된다($\frac{\text{상}\ 360조의\ 14,\ 4항,}{339조,\ 340조\ 3항}$).

　　2) 원고패소의 효과　　　주식교환무효의 소를 제기한 자가 패소한 경우에 악의 또는 중대한 과실이 있는 때에는 회사에 대하여 연대하여 배상할 책임이 있다($\frac{\text{상}\ 360조의\ 14,}{4항,\ 191조}$).

제 3 주식의 포괄적 이전

1. 의   의

　　주식의 포괄적 이전이란 「회사(둘 이상의 회사도 무방함—$\frac{\text{상}\ 360조의\ 16}{1항\ 8호\ 참조}$)가 스스로 완전자회사가 되는 회사가 되어 완전모회사(지주회사)를 설립하는 하나의 방법으로, 완전자회사가 되는 회사의 주주가 소유하는 그 회사의 주식은 주식이전에 의하여 설립하는 완전모회사에 이전하고 그 완전자회사가 되는 회사의 주주는 그 완전모회사가 주식이전을 위하여 발행하는 주식의 배정을 받음으로써 그 완전모회사의 주주가 되는 것」을 말한다($\frac{\text{상}\ 360조}{의\ 15}$).

　　이러한 주식의 포괄적 이전은 기존의 기업그룹을 재편성하고자 하거나, 합병의 대체로서 공동지주회사의 설립을 위하여 이용된다.

　　이러한 주식의 포괄적 이전제도는 이미 앞에서 본 바와 같이 어느 회사가 스스로 자회사가 되어 지주회사(완전모회사)를 새로이 설립하는 제도라는 점에서, 기존의 회사 사이에서 완전모자회사관계를 신설하는 주식의 포괄적 교환제도와는 구별된다.

2. 절   차

(1) 주식이전계획서의 작성

　　회사(완전자회사가 되는 회사)가 주식이전을 하고자 하면 먼저 주식이전계획서를 작성하여야 한다($\frac{\text{상}\ 360조의\ 16}{1항\ 전단}$). 이러한 주식이전계획서에는 상법이 규정하는 일정한 사항을 기재하여야 한다($\frac{\text{상}\ 360조의\ 16}{1항\ 전단}$).

(2) 주주총회의 승인결의

1) 승인결의방법

⑺ **원 칙** 완전자회사가 되는 회사는 위와 같이 주식이전계획서를 작성하여 주주총회의 특별결의에 의한 승인을 받아야 한다($\frac{상}{1항 후단·2항}\frac{360조의 16}$). 이는 완전자회사가 되는 회사의 기존주주(완전모회사가 되는 회사의 주주)의 지위에 중대한 영향을 미치기 때문에 주주총회의 특별결의에 의한 승인을 얻도록 한 것이다. 그러나 이는 완전자회사가 되는 회사의 주주만의 변동을 가져오는 점에서 회사채권자를 해하는 것이 아니므로 채권자보호절차는 필요 없다.

이 때 완전자회사가 되는 회사는 주주총회의 소집통지에 (i) 주식이전계획서의 주요내용, (ii) 주주총회의 결의에 반대하는 주주가 행사할 주식매수청구권의 내용 및 행사방법과 (iii) 완전자회사가 되는 회사와 설립되는 완전모회사의 어느 일방의 정관에 주식의 양도에 관하여 이사회의 승인을 요한다는 뜻의 규정이 있고 다른 일방의 정관에 그 규정이 없는 경우에는 그 뜻을 기재하여야 한다($\frac{상 360조의 16 3항,}{360조의 3 4항}$).

⑻ **예 외** 주식의 포괄적 이전에 의하여 (완전자회사가 되는 회사의) 어느 종류의 주주에게 손해를 미치게 될 경우에는 그 회사의 주주총회의 특별결의 외에 종류주주총회의 결의를 받아야 하고($\frac{상}{436조}$), 주주의 부담이 가중되는 경우에는 주주 전원의 동의가 있어야 한다($\frac{상 360조의}{16 4항}$).

2) 승인반대주주의 주식매수청구권

주식의 포괄적 이전에 관한 주주총회의 결의사항에 관하여 이사회의 결의가 있는 때에 그 결의에 반대하는 주주는 회사에 대하여 주식매수청구권을 행사할 수 있는데($\frac{상 360조의 22,}{360조의 5}$), 이에 관하여는 주식의 포괄적 교환에 관하여 설명한 바와 같다. 주식이전의 경우에도 완전자회사가 되는 회사의 주주에게는 그의 지위에 중대한 변경을 가져오기 때문에 이에 반대하는 주주에게 주식매수청구권을 인정한 것이다.

(3) 그 밖의 절차

1) 주식이전계획서 등의 사전공시

주식의 포괄적 이전의 경우 (완전자회사가 되는 회사의) 이사는 이를 승인하는 주주총회의 회일의 2주 전부터(주식이전의 날 이후 6월을 경과하는 날까지) (i) 주식이전계획서, (ii) 완전자회사가 되는 회사의 주주에 대한 주식의 배정에 관하여 그 이유를 기재한 서면 및 (iii) 주식이전을 승인하는 주주총회의 회일 전 6월 내의 날에 작성한 완전자회사가 되는 회사의 최종 대차대조표 및 손익계산서를 본점에 비치하여야 한다($\frac{상 360조의}{17 1항}$). 이는 완전자회사가 되는 회사의 주주에게 주식이전조건의 적정성여부·주주총회에서 주식이전의 승인여부

및 주식이전무효의 소를 제기할 것인지 여부를 판단하기 위한 정보의 공시를 목적
으로 한다.

주주는 영업시간 내에 이러한 서류의 열람 또는 등사를 청구할 수 있다($\frac{상}{17}\frac{360조의}{2항}$,
$\frac{391조의}{3}$ $\frac{}{3항}$). 주식이전은 완전자회사가 되는 회사의 주주에 변동을 가져오는 것뿐이고 회
사재산에 변동을 가져오는 것이 아니어서 회사채권자를 해하는 것이 아니므로 회사
채권자에게는 이러한 서류의 열람권 등이 인정되지 않는다.

2) 주권의 실효절차   주식이전에 의하여 완전자회사가 되는 회사는 이에
관한 주주총회의 승인결의가 있는 때에는 (i) 주식이전계획서에 대하여 주주총회가
승인결의를 한 뜻·(ii) 1월을 초과하여 정한 기간 내에 주권을 회사에 제출하여야
한다는 뜻 및 (iii) 주식이전의 날에 주권이 무효가 된다는 뜻을 공고하고, 주주명부
에 기재된 주주와 질권자에 대하여 따로 따로 그 통지를 하여야 한다($\frac{상}{19}\frac{360조의}{1항}$).

이 때에 주권을 회사에 제출할 수 없는 자가 있는 때에는 회사는 그 자의 청구
에 의하여 3월 이상의 기간을 정하고 이해관계인에 대하여 그 주권에 대한 이의가
있으면 그 기간 내에 제출할 뜻을 공고하고 그 기간이 경과한 후에 신주권을 청구자에
게 교부할 수 있는데, 이러한 공고의 비용은 청구자의 부담으로 한다($\frac{상}{2항}\frac{360조의}{442조}\frac{19}{}$).

3) 단주처리 등의 절차   주식의 포괄적 이전으로 인하여 완전자회사가 되
는 회사의 주식 1주에 대하여 완전모회사가 되는 회사의 주식 1주를 교환할 수 없
는 경우에는 단주처리의 절차를 밟아야 하는데($\frac{상}{의 11}\frac{360조의 22, 360조}{1항, 443조}$), 이 경우 완전자회사
가 되는 회사의 주식을 목적으로 하는 질권에는 물상대위와 회사에 대한 주권교부
청구권이 인정된다($\frac{상}{2항,}\frac{360조의 22, 360조의 11}{339조, 340조 3항}$).

(4) 설립등기

주식의 포괄적 이전이 있는 경우에는 소정의 서류를 첨부하여 주식이전에 의
한 회사의 설립등기를 신청하여야 한다($\frac{상등규}{147조}$).

(5) 공 시

주식의 포괄적 이전의 경우에는 앞에서 본 바와 같은 사전공시제도($\frac{상}{의 17}\frac{360조}{}$)와
주식의 포괄적 교환에서와 같은 사후공시제도($\frac{상}{360조의 12}\frac{360조의 22,}{}$)가 있다.

3. 효 과

(1) 완전모회사의 설립

완전자회사가 되는 회사의 주주는 자기의 주식을 완전모회사가 되는 회사에
이전하여 완전모회사를 설립하고 그 완전모회사가 주식이전을 위하여 발행하는 주

식의 배정을 받음으로써 그 완전모회사의 주주가 되므로($\frac{상}{의}\frac{360조}{15}$), 완전모회사가 설립된다.

이 때 주식이전을 하여 설립한 완전모회사는 (주식이전계획서상 '주식이전을 할 시기'부터) 본점의 소재지에서는 2주 내에 또한 지점의 소재지에서는 3주 내에 설립등기사항을 등기하여야 하는데($\frac{상}{상등규}\frac{360조의 20;}{147조}$), 주식이전은 완전모회사가 본점소재지에서 이러한 등기를 함으로써 그 효력이 발생하므로($\frac{상}{의}\frac{360조}{21}$) 완전모회사는 이 때에 성립한다. 완전자회사의 경우에는 주주가 변경될 뿐 등기사항에 변경이 생기는 것이 아니므로 원칙적으로 변경등기를 요하지 않는다. 또한 주식교환의 경우에는 기존의 회사 사이에 완전모자회사관계만이 창설되는 것이므로 주식이전에서와 같은 회사의 설립등기절차가 없다.

주식이전에 의하여 설립되는 완전모회사의 자본금은 주식이전의 날에 완전자회사가 되는 회사에 현존하는 순자산액에서 그 회사의 주주에게 제공할 금전 및 그 밖의 재산의 가액(주식이전교부금 또는 주식이전교부물의 가액)을 정한 때에는 그 금액($\frac{상}{1항 4호}\frac{360조의 16}{}$)을 공제한 액을 한도로 하여야 하는데($\frac{상}{의}\frac{360조}{18}$), 이는 완전모회사의 자본금 충실을 기하기 위한 것이다. 이 때 설립되는 완전모회사의 자본금의 한도액이 실제로 정한 완전모회사의 자본금을 초과하면 그 초과액(주식이전차금)은 자본준비금으로 적립하여야 한다($\frac{상}{1항}459조$).

(2) 완전자회사가 되는 회사의 설립 및 그 회사의 구(舊)주권의 실효

어느 회사(완전자회사가 되는 회사)의 발행주식총수는 기존의 주주에 갈음하여 위와 같이 설립된 완전모회사가 소유하게 되므로($\frac{상}{의}\frac{360조}{15}$), 완전자회사가 설립되어 완전모자회사관계가 새로이 발생한다.

완전자회사가 되는 회사의 기존 주권은 실효되는데, 이에 관하여는 이미 앞에서 설명하였다($\frac{상}{의}\frac{360조}{19}$).

4. 주식이전무효의 소

주식이전절차에 하자가 있는 경우에 각 회사의 주주·이사·감사나 감사위원회의 위원 또는 청산인은 주식이전의 날로부터 6월 내에 소만으로 이를 주장할 수 있는데($\frac{상}{23}\frac{360조의}{1항}$), 이 소는 완전모회사가 되는 회사의 본점소재지의 지방법원의 관할에 전속한다($\frac{상}{23}\frac{360조의}{2항}$).

주식이전을 무효로 하는 판결이 확정된 때에는 본점과 지점의 소재지에서 이

를 등기하여야 하고($\frac{상}{192조;}$ $\frac{360조의\ 23\ \ 4항,}{비송\ 107조\ 9호}$) , 완전모회사가 된 회사는 주식이전을 위하여 발행한 주식의 주주에 대하여 그가 소유하였던 완전자회사가 된 회사의 주식을 이전하여야 한다($\frac{상}{23}\frac{360조의}{3항}$). 이 때 완전모회사는 해산에 준하여 청산하여야 하고, 청산인은 주주 기타 이해관계인의 청구에 의하여 법원이 선임할 수 있다($\frac{상}{4항,}\frac{360조의\ 23}{193조}$).

그 이외의 사항은 주식교환무효의 소의 경우와 같다($\frac{상}{23}\frac{360조의}{4항}$).

제 8 관 지배주주에 의한 소수주식의 강제매수

제 1 서 언

특정주주가 주식의 대부분을 보유하는 경우 회사로서는 주주총회의 운영 등과 관련하여 소수주주의 관리비용이 들고 소수주주로서는 정상적인 출자회수의 길이 막히기 때문에 대주주가 소수주주의 주식을 매입함으로써 그 동업관계를 해소할 필요가 있는데, 소수주주가 그의 주식의 매도를 원하지 않는 경우에는 그 관계의 해소가 어렵게 된다. 따라서 2011년 4월 개정상법은 회사의 발행주식총수의 100분의 95 이상을 자기의 계산으로 보유하고 있는 지배주주는 소수주주를 관리하기 위한 비용을 절약하고 또한 회사의 신속한 의사결정을 통하여 효율적인 경영의 향상을 위하여 소수주주의 주식을 강제로 매입할 수 있도록 하였다. 이와 함께 소수주주에게도 그의 출자를 회수할 수 있도록 하기 위하여 지배주주에 대한 주식매수청구권을 인정하였다.

2011년 4월 개정상법은 위와 같은 지배주주에 의한 소수주식의 강제매수제도 외에, 주식회사의 (흡수)합병시에 존속회사가 소멸회사의 주주에게 합병의 대가의 전부를 금전으로 제공할 수 있도록 하는 현금지급합병제도(cash-out merger)를 도입하여($\frac{상}{4호}^{523조}$) 이러한 제도에 의해서도 소수주주를 배제할 수 있도록 하였다(squeeze-out or freze-out).

우리 상법상 지배주주에 의한 소수주식의 강제매수제도는 크게 지배주주의 매도청구권과 소수주주의 매수청구권으로 나누어 규정되고 있으므로, 이하에서도 이두 가지에 대하여 차례로 설명하겠다.

제 2 지배주주의 주식매도청구권

1. 의 의

회사의 발행주식총수의 100분의 95 이상을 자기의 계산으로 보유하고 있는 주주(지배주주)는 회사의 경영상 목적을 달성하기 위하여 필요한 경우에는 회사의 다른 주주(소수주주)에게 그 보유하는 주식 전부의 매도를 청구할 수 있는데($_{24}^{상}$ $_{1항}^{360조의}$) ($_{11, 2018 다 224699}^{동지: 대판 2020. 6.}$), 이것이 지배주주에 의한 소수주주의 주식의 강제매수제도이다. 지배주주에 의한 소수주식의 강제매수에 의하여 지배주주는 100% 주주가 되어 불편한 동업관계를 해소할 수 있다.

이 제도는 위에서 본 바와 같이 소수주주가 그의 주식의 매도를 원하지 않으면서 회사의 경영의 효율성을 저하시키는 경우에, 소수주주의 관리비용을 절약하면서 회사의 신속한 의사결정 등에 의하여 효율적인 경영의 향상을 위하여 인정된 것이다.

2. 주식매도청구권의 법적 성질

이와 같이 지배주주가 소수주주에게 주식의 매도를 청구하면($_{24}^{상}$ $_{1항}^{360조의}$) 이러한 매도청구를 받은 소수주주는 (매도청구를 받은 날부터 2개월 내에) 지배주주에게 그 주식을 매도하여야 하는 의무를 부담하므로($_{24}^{상}$ $_{6항}^{360조의}$), 지배주주의 이러한 주식매도청구권의 법적 성질은 형성권의 일종이라고 볼 수 있다.

3. 주식매도청구권의 당사자

(1) 주식매도청구권자(지배주주)

회사의 발행주식총수의 100분의 95 이상을 자기의 계산으로 보유하고 있는 주주(지배주주)이다. 「대상회사」는 공개매수나 합병을 전제로 하고 있지 않으며, 또한 상장여부를 불문하고 모든 주식회사이다. 회사의 발행주식총수의 100분의 95 이상을 보유하는 지배주주의 산정에는 자기의 명의는 불문하고 「자기의 계산」으로 보유하고 있는 모든 주식을 포함하고($_{24}^{상}$ $_{1항}^{360조의}$), 또한 모회사와 자회사가 보유한 주식은 합산한다(이 경우 회사가 아닌 주주가 어느 회사의 발행주식총수의 100분의 50을 초과하는 주식을 가진 경우, 그 회사가 보유하는 주식도 그 주주가 보유하는 주식과 합산한다) ($_{24}^{상}$ $_{2항}^{360조의}$).

(2) 주식매도청구의 상대방(소수주주)

주식매도청구의 상대방은 회사의 발행주식총수의 100분의 5 미만의 주식을 보유하고 있는 주주(소수주주)이다($^{상}_{24}$ $^{360조의}_{1항}$).

4. 주식매도청구의 행사요건

(1) 경영상 목적을 달성하기 위하여 필요

지배주주가 소수주주에 대하여 주식매도청구권을 행사하기 위하여는 회사의 「경영상 목적을 달성하기 위하여 필요한 경우」이어야 한다($^{상}_{24}$ $^{360조의}_{1항}$). 지배주주가 이러한 주식매도청구권을 행사하기 위하여는 후술하는 바와 같이 미리 주주총회의 승인을 받아야 하는데($^{상}_{24}$ $^{360조의}_{3항}$), 「주식매도청구의 목적」에 대하여는 이러한 주주총회의 소집통지서에 적고 또한 주주총회에서 그 내용을 설명하여야 한다($^{상}_{4항 2호}$ $^{360조의 24}$).

(2) 사전 주주총회의 승인

지배주주가 소수주주에 대하여 주식매도청구권을 행사하기 위하여는 미리 주주총회의 승인을 받아야 한다($^{상}_{24}$ $^{360조의}_{3항}$).

이러한 주주총회의 소집을 통지할 때에는 (i) 지배주주의 회사 주식의 보유현황·(ii) 매도청구의 목적·(iii) 매매가액의 산정 근거와 적정성에 관한 공인된 감정인의 평가 및 (iv) 매매가액의 지급보증에 관한 사항을 통지서에 적어야 하고, 매도를 청구하는 지배주주는 주주총회에서 그 내용을 설명하여야 한다($^{상}_{24}$ $^{360조의}_{4항}$).

(3) 소수주주에 대한 사전 공고·통지

지배주주는 주식매도청구의 날 1개월 전까지 (i) 소수주주는 매매가액의 수령과 동시에 주권을 지배주주에게 교부하여야 한다는 뜻과 (ii) 주권을 교부하지 아니할 경우 매매가액을 수령하거나 지배주주가 매매가액을 공탁한 날에 주권은 무효가 된다는 뜻을 공고하고, 주주명부에 적힌 주주와 질권자에게 따로 그 통지를 하여야 한다($^{상}_{24}$ $^{360조의}_{5항}$).

5. 주식매도청구의 행사효과

(1) 소수주주의 주식매도의무

지배주주가 소수주주에게 위의 요건을 갖추어 주식매도청구를 하면, 주식매도청구를 받은 소수주주는 매도청구를 받은 날부터 2개월 내에 지배주주에게 그 주식을 매도하여야 한다($^{상}_{24}$ $^{360조의}_{6항}$). 이 때 소수주주가 「매도청구를 받은 날부터 2개월 내에 지배주주에게 매도하여야 한다」는 의미는, 소수주주는 지배주주와 2개월 내에 매매가격을 합의결정하여 매매계약을 체결하여야 한다는 뜻으로 해석하여야 할 것으로 본다.

(2) 주식매도가액의 결정

소수주주의 지배주주에 대한 주식의 매도가액의 결정은, (i) 협의가액, (ii) 법원에 의한 결정가액의 2단계를 거치게 된다. 즉, (iii) 매도가액은 매도청구를 받은 소수주주와 매도를 청구한 지배주주간의 협의로 결정하고($\frac{상}{24}\frac{360조의}{7항}$), (iv) 소수주주가 지배주주로부터 매도청구를 받은 날부터 30일 내에 매매가액에 대한 협의가 이루어지지 아니한 경우에는 주식매도청구를 받은 소수주주 또는 주식매도청구를 한 지배주주는 법원에 매매가액의 결정을 청구할 수 있는데($\frac{상}{24}\frac{360조의}{8항}$), 법원이 이러한 주식의 매매가액을 결정하는 경우에는 회사의 재산상태와 그 밖의 사정을 고려하여 공정한 가액으로 산정하여야 한다($\frac{상}{24}\frac{360조의}{9항}$). 이는 비상장회사의 영업양도 등에 관한 주주총회의 특별결의시에 그 결의에 반대하는 소수주주 등에게 인정되는 주식매수청구권에서 그 주식매수가액의 결정방법과 같다($\frac{상 335조의 6, 360조의 5\ 3항, 360조의 22, 374조의}{2\ 3항·4항·5항, 530조 2항, 530조의 11\ 2항}$).

(3) 주식의 이전시기

지배주주가 소수주주에 대하여 주식매도청구권을 행사한 경우, 주식을 취득하는 지배주주가 「매매가액($\frac{상 360조의 24\ 7항~9항}{에 의하여 정하여진 가액}$)($\frac{대판 2020. 6. 11.}{2018 다 224699}$)을 소수주주에게 지급한 때」에 주식이 이전된 것으로 본다($\frac{상}{26}\frac{360조의}{1항}$). 그런데 지배주주가 매매가액을 지급할 소수주주를 알 수 없거나 소수주주가 수령을 거부할 경우에는 지배주주는 그 가액을 공탁할 수 있는데, 이 경우 주식은 「공탁한 날」에 지배주주에게 이전된 것으로 본다($\frac{상}{26}\frac{360조의}{2항}$). 이는 주식의 양도에 있어서는 주권을 교부하여야 한다는 원칙($\frac{상 336조}{1항}$)에 대한 예외라고 볼 수 있다.

제3 소수주주의 주식매수청구권

1. 의 의

회사의 발행주식총수의 100분의 95 이상을 자기의 계산으로 보유하고 있는 주주(지배주주)가 있는 회사의 다른 주주(소수주주)는 언제든지 지배주주에게 그 보유주식의 매수를 청구할 수 있는데($\frac{상}{25}\frac{360조의}{1항}$), 이것이 소수주주의 (지배주주에 대한) 주식매수청구권이다. 자회사의 소수주주가 모회사에 주식매수청구를 한 경우($\frac{상}{25}\frac{360조의}{1항}$), 모회사가 지배주주에 해당하는지는 자회사가 보유한 자기주식을 발행주식총수 및 모회사의 보유주식($^{상\,360조의\,24}_{2항\,1\,문}$)에 각각 합산하여 판단한다($^{대결\,2017.\,7.}_{14,\,2016\,마\,230}$).

2011년 4월 개정상법은 지배주주에게 소수주주에 대한 주식매도청구권을 인정하고 있는 점에 대응하여, 소수주주에 대하여도 그의 출자를 회수하여 동업관계를 해소할 수 있도록 하기 위하여 소수주주의 (지배주주에 대한) 주식매수청구권을 인정하였다.

2. 주식매수청구권의 법적 성질

소수주주가 지배주주에게 주식매수청구권을 행사하면 지배주주는 (매수를 청구한 날을 기준으로 2개월 내에) 매수를 청구한 소수주주로부터 그 주식을 매수하여야 하는 의무를 부담하므로($^{상\,360조의}_{25\ \ 2항}$), 소수주주의 지배주주에 대한 이러한 주식매수청구권의 법적 성질은 형성권의 일종이라고 볼 수 있다. 이 점은 지배주주의 소수주주에 대한 주식매도청구권($^{상\,360조의}_{24\ \ 1항·6항}$) 및 회사에 대한 주식매수청구권($^{상\,360조의\,5,\,360조의\,22,\,374조의}_{2,\,522조의\,3,\,530조의\,11\ \ 2항}$)의 그것과 같다.

3. 주식매수청구권의 당사자

(1) 주식매수청구권자(소수주주)

주식매수청구권자는 회사의 발행주식총수의 100분의 95 이상을 자기의 계산으로 보유하고 있는 주주(지배주주)가 있는 회사의 다른 주주(소수주주)이다($^{상\,360조의\,24\ \ 1항,}_{360조의\,25\ \ 1항}$). 즉, 이러한 소수주주는 회사의 발행주식총수의 100분의 5 미만을 보유한 주주이다. 그러나 회사에 대한 주식매수청구권에서는 그 주식매수청구권자에 대하여 회사의 발행주식총수의 일정한 비율 이하(미만)의 주식을 보유하는 자로 제한하고 있지 않다. 따라서 이 점에서는 지배주주에 대한 주식매수청구권과 회사에 대한 주식매수청구권이 구별되는 점이라고 볼 수 있다.

(2) 주식매수청구의 상대방(지배주주)

주식매수청구의 상대방은 지배주주이다($^{상\,360조의\,24\ \ 1항,}_{360조의\,25\ \ 1항}$). 따라서 이 점에서 지배주주에 대한 주식매수청구와 회사에 대한 주식매수청구는 근본적으로 구별되고 있다.

4. 주식매수청구의 행사요건

소수주주는 「언제든지」 지배주주에게 그 보유주식의 매수를 청구할 수 있으므로($^{상\,360조의}_{25\ \ 1항}$), 이러한 주식매수청구에는 어떠한 전제요건이 없다고 볼 수 있다. 따라서 이 점은 지배주주가 소수주주에 대하여 주식매도청구권을 행사하기 위하여 일정한 요건을 요하는 점(경영상 목적을 달성하기 위하여 필요하고, 사전에 주주총회의 승인을 받아야 하며, 소수주주에 대하여 사전에 공고·통지를 하여야 하는 점)과 구별되고, 또한 회사에 대한 주식매수청구권을 행사하기 위하여도 일정한 요건을 요하는 점(주주총회 전에 회사에 대하여 서면으로 그 결의에 반대하는 의사를 통지하고, 주주총회의 결의일부터 20일 이내에 회사에 대하여 주식매수를 청구하여야 하는 점)과 구별되고 있다.

5. 주식매수청구의 행사효과

(1) 지배주주의 주식매수의무

소수주주가 지배주주에게 주식매수를 청구하면, 이러한 주식매수청구를 받은 지배주주는 주식매수를 청구한 날을 기준으로 2개월 내에 매수를 청구한 주주로부터 그 주식을 매수하여야 한다($\frac{\text{상}\ 360조의}{25\ \ 2항}$). 이 때 지배주주가 「매수를 청구한 날을 기준으로 2개월 내에 매수를 청구한 소수주주로부터 그 주식을 매수하여야 한다」는 의미는, 지배주주는 소수주주와 2개월 내에 매매가격을 합의결정하여 매매계약을 체결하여야 한다는 뜻으로 해석하여야 할 것으로 본다.

(2) 주식매수가액의 결정

지배주주의 소수주주에 대한 주식의 매수가액의 결정은, (i) 협의가액, (ii) 법원에 의한 결정가액의 2 단계를 거치게 된다. 즉, (iii) 매수가액은 매수를 청구한 소수주주와 매수청구를 받은 지배주주간의 협의로 결정하고($\frac{\text{상}\ 360조의}{25\ \ 3항}$), (iv) 매수청구를 받은 날부터 30일 내에 매수가액에 대한 협의가 이루어지지 아니한 경우에는 매수청구를 받은 지배주주 또는 매수청구를 한 소수주주는 법원에 대하여 매수가액의 결정을 청구할 수 있는데($\frac{\text{상}\ 360조의}{25\ \ 4항}$), 이 때 법원은 회사의 재산상태와 그 밖의 사정을 고려하여 공정한 가액으로 산정하여야 한다($\frac{\text{상}\ 360조의}{25\ \ 5항}$). 이는 지배주주가 주식매도청구권을 행사한 경우($\frac{\text{상}\ 360조의\ 24}{7항·8항·9항}$) 및 회사에 대하여 주식매수청구권을 행사한 경우 ($\frac{\text{상 335조의 6, 360조의 5 3 항, 360조의 22, 374조의4}}{2\ \ 3항·4항·5항, 530조 2 항, 530조의 11\ \ 2항}$)와 같다.

(3) 주식의 이전시기

소수주주가 지배주주에 대하여 주식매수청구권을 행사한 경우, 주식을 취득하는 지배주주가 「매매가액을 소수주주에게 지급한 때」에 주식이 이전된 것으로 보고 ($\frac{\text{상}\ 360조의}{26\ \ 1항}$), 소수주주가 매매가액의 수령을 거부할 경우에는 (소수주주가 지배주주에 대하여 주식매수청구권을 행사한 경우에는 '소수주주를 알 수 없는 경우'란 있을 수 없음) 지배주주가 매매가액을 「공탁한 날」에 주식이 지배주주에게 이전된 것으로 본다

($\substack{상 360조의 \\ 26\ 2항}$). 이는 주식의 양도에 있어서는 주권을 교부하여야 한다는 원칙($\substack{상 336조 \\ 1항}$)에 대한 예외인데, 소수주주가 지배주주에게 주식매수청구권을 행사한 경우에도 이러한 예외를 인정해야 하는지는 의문이다. 회사에 대한 주식매수청구권에는 이러한 규정이 없다.

제4절 기 관

제1관 총 설

우리나라의 현행 상법상 주식회사의 기관은 크게 필요기관과 임시기관으로 분류될 수 있다. 필요기관에는 회사의 기본적 사항에 관한 의사결정기관으로서 「주주총회」가 있고, 업무집행기관으로서 집행임원 비설치회사의 경우는 (원칙적으로) 「이사회와 대표이사」(자본금 총액이 10억원 미만인 소규모 주식회사로서 이사가 1명 또는 2명인 경우에는 이사회가 없고 대표이사는 임의기관이므로 업무집행기관은 각 이사(또는 대표이사)임— $\substack{상 383조 1항 \\ 단서, 6항}$)가 있고 집행임원 설치회사의 경우는 「집행임원」이 있으며, 이사 또는 집행임원의 업무 및 회계에 관한 감사기관으로서 「감사(자본금 총액이 10억원 미만인 소규모 주식회사의 경우에는 감사가 임의기관임— $\substack{상 409조 \\ 4항}$) 또는 감사위원회」가 있다. 임시기관에는 주식회사의 설립절차 또는 업무나 재산상태 등을 조사하기 위하여 법원 또는 주주총회에 의하여 선임되는 「검사인」이 있다. 이 외에 특별법인 주식회사 등의 외부감사에 관한 법률($\substack{1980. 12. 31 \\ 법 3297호}$)에 의하여 일정규모 이상의 주식회사에 대한 회계감사기관으로서 「(외부)감사인」이 있다(주식회사 기관의 연혁적 고찰 및 비교법적 고찰에 관한 상세는 정찬형, 「상법강의(상)(제27판)」, 876~894면 참조).

제2관 주주총회(기본사항의 의결기관)

제1 의 의

주주총회는 「주주로 구성되며 회사의 기본적 사항에 관하여 회사의 의사를 결정하는 필요상설의 기관」이다. 주주총회는 상법 또는 정관이 정하는 사항에 한해서만 의결할 수 있게 하였으므로($\substack{상 \\ 361조}$) 그 권한에서 만능기관은 아니나, 최고기관이라고 볼 수는 있다.

제 2 권한(결의사항)

우리 상법상 주주총회는 만능의 권한을 갖는 것이 아니라 상법 또는 정관이 정하는 사항에 한하여만 결의할 수 있는 권한을 가질 뿐이다($\frac{상}{361조}$).

주주총회의 상법상의 권한을 분류하여 열거하면 (i) 기관구성과 관련한 권한 ($\frac{상\,366조\,3항,\,367조,\,382조,}{385조,\,409조,\,415조,\,531조,\,539조}$), (ii) 회계와 관련한 권한($\frac{상\,449조\,1항,\,462조의\,2\,1항\,본문,}{464조의\,2\,\,1항\,단서,\,540조\,1항}$), (iii) 업무감독과 관련한 권한($\frac{상\,388조,\,415조,\,542조\,2항,\,375조,\,324조,\,400조,\,415조}{542조,\,450조,\,542조\,2항,\,513조\,3항,\,516조의\,2\,\,4항}$) 및 (iv) 기본기구의 변경과 관련한 권한($\frac{상\,374조,\,433조\,1항,\,438조,\,522조,\,530조의}{2\sim530조의\,12,\,519조,\,604조\,1항,\,518조}$)이 있다.

주주총회의 권한은 상법(및 특별법)에 규정된 사항 이외에도 정관에 의하여 확대될 수 있는데, 상법에서 주주총회 이외의 기관(예컨대, 이사회 등)의 권한으로 규정하고 있는 사항을 정관에서 주주총회의 권한으로 규정할 수 있는가의 문제가 있다. 이에 대하여 우리나라의 통설은 주식회사의 본질이나 강행규정에 위반되지 않는 한 상법상 규정된 이사회 등의 권한도 정관에 의하여 주주총회의 권한으로 규정할 수 있다고 보는데, 주식회사의 각 기관의 권한에 관한 상법의 규정은 입법정책의 문제로서 전부 강행규정으로 보아야 하므로 상법상의 유보조항이 없이 상법이 타기관의 권한으로 규정하고 있는 사항을 정관의 규정만으로 주주총회의 권한으로 할 수는 없다고 본다(이에 관한 상세는 정찬형, 「상법강의(상)(제27판)」, 896면 참조).

제 3 소 집

1. 소집권자

주주총회의 소집은 원칙적으로 「이사회」가 결정하는데($\frac{상}{362조}$), 예외적으로 「소수주주」($\frac{상\,366조\,2항,}{542조의\,6\,1항}$) · 「감사」($\frac{상\,412조}{의\,3}$) 또는 「감사위원회」($\frac{상\,415조의}{2\,\,7항}$) · 「법원의 명령」($\frac{상\,467조}{3항}$)에 의하여 소집된다(이에 관한 상세는 정찬형, 「상법강의(상)(제27판)」, 898~902면 참조).

자본금 총액이 10억원 미만으로서 이사를 1명 또는 2명을 둔 소규모 주식회사($\frac{상\,383조}{1항\,단서}$)는 이사회가 없으므로, 이러한 이사회의 기능을 각 이사(정관에 따라 대표이사를 정한 경우에는 그 대표이사)가 수행한다($\frac{상\,383조}{6항}$).

2. 소집시기

주주총회는 그의 소집시기를 기준으로 하여 「정기총회」와 「임시총회」로 나뉜다. 정기총회는 원칙적으로 매년 1회 일정한 시기(매결산기)에 소집되는데($\frac{\text{상}}{1\text{항}}365\text{조}$), 예외적으로 연 2회 이상의 결산기를 정한 회사는 매결산기에 정기총회를 소집하여야 한다($\frac{\text{상}}{2\text{항}}365\text{조}$).

임시총회는 회사의 필요에 의하여 임의로 소집되는 경우가 일반적이나, 때에 따라서는 그 소집이 강제되는 경우도 있다($\frac{\text{상 467조, 526조, 533조}}{1\text{항, 540조 1항 등}}$).

3. 소집지와 소집장소

주주총회의 소집지는 정관에 다른 정함이 없으면 「본점소재지 또는 이에 인접한 지(地)」이어야 한다($\frac{\text{상}}{364\text{조}}$).

소집장소에 대하여는 상법에 규정이 없으나 「소집지 내의 특정한 장소」로 해석하며, 보통 총회소집의 통지 또는 공고에 함께 기재된다.

4. 소집절차

(1) 소집절차

(기명)주주에 대한 소집통지는 회일(會日)의 2주간 전(발신의 익일부터 회일의 전일까지 14일을 둔다는 뜻)(2009년 5월 28일 개정상법에 의하여 자본금 총액이 10억원 미만인 소규모 주식회사의 경우에는 그 운영을 간소화하기 위하여 「10일 전」으로 단축함— $\frac{\text{상}}{3\text{항 전단}}363\text{조}$)에 서면(따라서 구두·전화 등에 의한 통지, 회람, 안내방송 등은 허용되지 않는다) 또는 각 주주의 동의를 받아 전자문서로 통지를 발송하여야 하고(발신주의)($\frac{\text{상}}{1\text{항 본문}}363\text{조}$), 그 통지서에는 회의의 목적사항을 기재하여야 한다($\frac{\text{상}}{2\text{항}}363\text{조}$). 다만 주주총회의 소집통지가 주주명부상의 주주의 주소에 계속 3년간 도달하지 아니한 때에는 회사는 해당 주주에게 소집통지를 아니할 수 있다($\frac{\text{상}}{1\text{항 단서}}363\text{조}$).

주주총회의 연기나 속행은 일단 주주총회가 성립한 후에 그 주주총회의 결의에 의하여 하는데($\frac{\text{상}}{1\text{항}}372\text{조}$), 이러한 결의에 의하여 후일 성립하는 연기회나 계속회는 당초의 총회와 동일성을 유지하므로 다시 소집절차를 밟을 필요가 없다($\frac{\text{상}}{2\text{항}}372\text{조}$).

2009년 개정상법에 의하면 상장회사의 주주총회 소집에 있어서는 대통령령이 정하는 수 이하의 주식을 소유하는 주주에게는 둘 이상의 일간신문 또는 대통령령이 정하는 바에 따라 전자적 방법으로 이 내용을 공고함으로써 위의 소집통지에 갈음할 수 있다($^{상\ 542조의\ 4\ \ 1항}_{상시\ 31조\ 1항\cdot 2항}$). 또한 상장회사가 이사·감사의 선임에 관한 주주총회
의 소집통지에는 이사·감사후보자의 인적사항을 통지하여야 하는데($^{상\ 542조의\ 4\ \ 2항}_{상시\ 31조\ 3항}$),
이사·감사는 이와 같이 통지된 후보자 중에서 선임되어야 한다($^{상\ 542조}_{의\ 5}$). 상장회사가
주주총회 소집의 통지를 하는 때에는 사외이사의 활동내역·보수 등도 통지하여야
한다($^{상\ 542조의\ 4\ \ 3항}_{상시\ 31조\ 4항\cdot 5항}$).

(2) 소집절차를 흠결한 총회

소집절차를 흠결한 주주총회의 결의의 효력은 취소($^{상}_{376조}$) 또는 부존재($^{상}_{380조}$)의
원인이 되고 또 그러한 절차를 흠결한 (대표)이사 또는 (대표)집행임원은 과태료의
제재($^{상\ 635조}_{1항\ 2호}$)를 받으나, 다음과 같은 주주총회는 특수한 경우로서 그 소집절차에 흠
결이 있다 하더라도 그 유효여부가 특히 문제된다.

1) **전원출석총회**   법정된 소집절차를 이행하지 않았으나 총주주가 주주총
회의 개최에 동의하여 출석하면 그 총회에서의 결의는 유효한가. 이것을 전원출석
총회라고 하는데, 유효라고 본다(통설). 법이 소집절차를 규정한 것은 모든 주주에
게 출석의 기회를 주기 위한 것이므로, 모든 주주가 그 이익을 포기하고 총회의 개
최에 동의한다면 이를 유효한 총회로 인정하여도 어느 주주의 이익을 해하는 것이
아니기 때문이다.

[전원출석총회를 유효로 본 판례]

"1인회사의 경우는 그 주주가 유일한 주주로서 총회에 출석하면 전원총회로
서 성립하고, 그 주주의 의사대로 결의가 성립될 것이므로 총회소집절차를 따
로 필요로 하지 않으며, 총회를 개최한 사실이 없더라도 1인주주에 의하여 의
결이 있었던 것으로 의사록에 작성되어 있다면 그 사유만으로 결의부존재를 다
툴 수 없다($^{대판\ 1976.\ 4.\ 13,}_{74\ 다\ 1755}$)."

"임시주주총회가 법령 및 정관상 요구되는 이사회 결의 없이 또한 그 소집절
차를 생략하고 이루어졌다고 하더라도, 주주의 의결권을 적법하게 위임받은 수
임인과 다른 주주 전원이 참석하여 총회를 개최하는 데 동의하고 아무런 이의
없이 만장일치로 결의가 이루어졌다면, 이는 다른 특별한 사정이 없는 한 유효
한 것이다($^{대판\ 1993.\ 2.\ 26,\ 92\ 다\ 48727.\ 동지:\ 대판\ 2002.\ 7.)}_{23,\ 2002\ 다\ 15733;\ 동\ 2002.\ 12.\ 24,\ 2000\ 다\ 69927}$)."

---

2) **총주주의 동의에 의한 소집절차의 생략**   유한회사의 사원총회는 총사원
의 동의가 있으면 소집절차 없이 총회를 열 수 있다($^{상}_{573조}$). 이것은 총사원이 소집절
차 없이 총회를 개최하는 데 동의하면 결석자가 있더라도(전원출석총회와 구별) 유효

한 총회로 인정하는 것이다. 이러한 규정이 없는 주주총회에 대하여도 유한회사에 관한 상법 제573조를 유추적용하여, 총주주가 동의하면 소집절차를 생략할 수 있는 가. 생각건대 주주총회의 소집절차에 관한 규정은 주주에게 출석의 기회와 준비의 시간을 주기 위한 것인데 주주가 소집절차의 생략에 관하여 동의하면(그러나 이 동의는 매 총회마다 하여야 유효하고, 모든 주주총회에 대하여 포괄적으로 동의하는 것은 신의칙상 인정되지 않는다고 본다) 주주가 이러한 이익을 포기한 것으로 볼 수 있는 점, 위에서 본 바와 같이 우리 대법원이 전원출석총회를 인정하는 점, 1999년 개정상법이 정관에 규정이 있으면 서면에 의한 의결권의 행사를 인정하고 있는데($\frac{상}{의}3^{368조}$) 이러한 입법취지에서 볼 때 주주총회의 소집절차 및 의결권의 행사의 요건을 완화하는 경향이 있는 점 등을 고려하여 볼 때, 총주주의 동의가 있으면 그 회의 주주총회에 한하여 소집절차를 생략할 수 있다고 본다.

자본금 총액이 10억원 미만인 소규모 주식회사의 경우에는 상법의 규정에 의하여 주주 전원의 동의가 있으면 당연히 소집절차 없이 주주총회를 개최할 수 있다$\left(\begin{smallmatrix}상\ 363조\ 4항\\1문\ 전단\end{smallmatrix}\right)$.

제 4 주주제안권

1. 의 의

주주제안권이란 「주주가 일정한 사항을 주주총회의 목적사항으로 할 것을 제안할 수 있는 권리」를 말한다. 이러한 주주제안권은 다음에서 보는 주주의 의결권과 함께 주주권 중 공익권에 해당한다.

2. 당 사 자

(1) 제안권자

상법상 주주제안권은 개개의 주주에 대하여 인정하지 않고 비상장회사의 경우 「의결권이 없는 주식을 제외한 발행주식총수의 100분의 3 이상에 해당하는 주식을 가진 주주(소수주주)」에 대하여 인정하고 있다($\frac{상}{2}\frac{363조의}{1항}$). 상장회사의 경우에는 「의결권이 없는 주식을 제외한 발행주식총수의 100분의 3 이상에 해당하는 주식을 가진 주주(소수주주)」($\frac{상}{6}\frac{542조의}{10항}$) 또는 「6개월 전부터 계속하여 상장회사의 의결권 없는 주식을 제외한 발행주식총수의 1,000분의 10(대통령령으로 정하는 상장회사의 경우에는 1,000분의 5) 이상에 해당하는 주식을 보유한 주주(소수주주)」에 대하여 인정하고 있다($\substack{상\ 542조의\ 6\ 2항,\\상시\ 32조}$).

(2) 상 대 방

상법상 주주제안권의 상대방은 「이사」이다($\substack{상\ 363조의\\2\ 1항}$).

3. 행사방법

(1) 상법상 주주제안을 할 수 있는 소수주주는 이사에게 주주총회일(정기주주총회의 경우 직전 연도의 정기주주총회일에 해당하는 그 해의 해당일)의 6주 전에 서면 또는 전자문서로 일정한 사항을 주주총회의 목적사항(예컨대, '정관의 일부변경의 건' 등)으로 할 것을 제안할 수 있다(의제제안)($\substack{상\ 363조의\\2\ 1항}$).

(2) 상법상 주주제안을 할 수 있는 소수주주는 이사에게 주주총회일의 6주 전에 서면 또는 전자문서로 회의의 목적으로 할 사항에 추가하여 당해 주주가 제출하는 의안의 요령(예컨대, '정관 제 몇 조를 어떻게 개정할 것인가의 요지')을 주주총회소집의 통지에 기재할 것을 청구할 수 있다(의안제안)($\substack{상\ 363조의\\2\ 2항}$).

4. 효 과

상법상 주주제안을 받은 이사는 이를 이사회에 보고하고, 이사회는 주주 제안의 내용이 법령 또는 정관을 위반하는 경우와 그 밖에 대통령령으로 정하는 경우를 제외하고는 이를 주주총회의 목적사항으로 하여야 하며, 주주제안을 한 자의 청구가 있으면 그에게 주주총회에서 당해 의안을 설명할 기회를 주어야 한다($\substack{상\ 363조의\ 2\ 3항,\\상시\ 12조}$). 그런데 자본금 총액이 10억원 미만으로서 이사를 1명 또는 2명을 둔 소규모 주식회사($\substack{상\ 383조\\1항\ 단서}$)는 이사회가 없으므로, 이러한 이사회의 기능을 각 이사(정관에 따라 대표이사를 정한 경우에는 그 대표이사)가 수행한다($\substack{상\ 383조\\6항}$).

회사가 주주의 의제제안을 무시하고 한 총회결의는 주주가 제안한 의제에 관한 어떠한 결의가 있었던 것이 아니므로 다른 결의는 유효하고 다만 이사는 그러한 주주에 대하여 손해배상책임을 지고 또한 과태료의 제재를 받으나($\substack{상\ 635조\\1항\ 21호}$), 주주의 의안제안을 무시하고 한 총회결의는 결의취소의 소($\substack{상\\376조}$)의 원인이 된다고 본다.

제 5 의 결 권

1. 의의 및 성질

의결권이란 「주주가 주주총회에 출석하여 결의에 참가할 수 있는 권리」를 말한다. 주주는 이러한 의결권에 의하여 경영에 참여하게 된다. 주주의 의결권은 고유권에 속하는 것으로서 정관에 의해서도 이를 박탈하거나 제한할 수 없고, 주주도 이를 (미리) 포기하지 못한다(동지: 대판 2002. 12. 24, 2002 다 54691).

2. 의결권의 수

(1) 원 칙

의결권은 1주식마다 1개만이 부여되는 것이 원칙이다(1주 1의결권의 원칙)(상 369조). 우리 상법상 특정한 주식에 대하여 수 개의 의결권을 인정하는 복수의결권 제도는 인정되지 않는다.

이사의 선임시 모든 주식에 대하여 1주마다 선임할 이사의 수와 동일한 수의 의결권을 인정하는 집중투표제도(상 382조의 2)는 2인 이상의 이사의 선임을 일괄하여 1개의 결의사항으로 하는 것으로서 의결권의 행사방법이 보통의 경우와 다른 것뿐이고, 1주 1의결권의 예외가 아니다.

(2) 예 외

1주 1의결권의 원칙은 강행규정이므로 정관 또는 당사자간의 계약 등에 의하여는 제한될 수 없으나(동지: 대판 2009. 11. 26, 2009 다 51820), 법률(상법)에 의하여는 다음과 같이 제한될 수 있다.

1) 의결권이 없거나(무의결권주식) 제한되는 종류주식   회사가 정관에 의하여 의결권이 없는 종류주식을 발행한 경우에는 (원칙적으로) 주주총회의 모든 결의사항에 대하여 의결권이 없고, 의결권이 제한되는 종류주식을 발행한 경우에는 의결권이 제한되는 결의사항에 대하여 의결권이 없다(상 344조의 3 1항).

이러한 의결권이 없는 종류주식이나 의결권이 제한되는 종류주식은 그 주식 자체에 의결권이 없거나 제한되는 경우로서 그 주식을 누가 소유하든 의결권이 없거나 제한된다. 이러한 의결권이 없거나(모든 결의사항에서) 제한되는(제한되는 결의사항에서) 종류주식은 발행주식총수에 산입되지 않는다(상 371조 1항). 따라서 이는 상법 제 368조 제 1 항을 적용함에 있어 「의결권」과 「발행주식총수」에서 모두 산입되지 않는다.

2) **자기주식**   회사가 보유하는 자기주식($_2^{상\ 341조,\ 342조의}_{1호-4호}$)에는 의결권이 없다 ($_{2항}^{상\ 369조}$).

이러한 자기주식은 그 주식 자체에는 의결권이 있으나 이를 회사가 소유하고 있는 점에서 의결권이 휴지(休止)되는 것이므로, 이러한 주식을 회사 이외의 자가 소유하는 경우에는 의결권을 갖게 된다(의결권이 없는 종류주식이나 의결권이 제한되는 종류주식과 구별되는 점). 이러한 자기주식도 발행주식총수에 산입되지 않으므로 ($_{1항}^{상\ 371조}$), 모든 의안에 대하여 의결권을 행사할 수 없음은 말할 나위가 없다(의결권이 없는 종류주식과 동일한 점). 따라서 이는 상법 제368조 제 1 항을 적용함에 있어 「의결권」과 「발행주식총수」에서 모두 산입되지 않는다.

3) **상호보유주식**   모자회사간에는 자회사에 의한 모회사의 주식취득이 금지되나($_{의\ 2}^{상\ 342조}$), 비모자회사간에는 주식의 상호보유 자체를 인정하면서 일정한 비율 이상의 주식을 상호보유하는 경우에는 그 주식의 의결권을 제한하고 있다. 즉 갑회사가 을회사의 발행주식총수의 10분의 1을 초과하는 주식을 가지고 있는 경우, 을회사가 가지고 있는 갑회사의 주식에는 의결권이 없다($_{3항}^{상\ 369조}$). 이 때 갑회사가 을회사의 발행주식총수의 10분의 1을 초과하는 주식을 가지는 시점은 기준일이 아니라 의결권이 행사되는 주주총회일이고, 갑회사가 가지는 주식은 주주명부상의 명의개서를 불문하고 실제로 소유하고 있는 주식수를 기준으로 판단한다($_{2006\ 다\ 31269}^{대판\ 2009.\ 1.\ 30,}$). 또한 모회사인 갑회사와 자회사인 A회사가 합하여 또는 자회사인 A회사만이 을회사의 발행주식총수의 10분의 1을 초과하는 주식을 가지고 있는 경우에도, 을회사가 가지고 있는 갑회사의 주식에는 의결권이 없다($_{3항}^{상\ 369조}$).

이 때 갑회사가 을회사의 발행주식총수의 10분의 1을 초과하여 취득한 때에는 갑회사에게 을회사에 대하여 지체 없이 이를 통지하여야 할 의무를 부담시키고 있다($_{의\ 3}^{상\ 342조}$). 그러나 갑회사가 을회사의 발행주식총수의 10분의 1을 초과하여 의결권을 대리행사할 권한을 취득한 경우에는 이러한 통지의무를 부담하지 않는다 ($_{15,\ 2001\ 다\ 12973}^{동지:\ 대판\ 2001.\ 5.}$).

이러한 상호보유주식(위의 예에서 을회사가 소유하는 갑회사의 주식)은 자기주식의 경우와 같이 그 주식 자체에는 의결권이 있으나 주식을 상호보유하고 있는 갑·을 회사간에서 그 의결권이 휴지(休止)되는 것이므로, 만일 제 3 자가 그 주식을 소유하거나 또는 을회사가 그 주식을 소유하고 있더라도 갑회사가 소유하는 을회사의 주식의 소유비율이 10% 이하로 낮아지면 그 주식은 당연히 의결권을 갖는다. 이러한 상호보유주식도 자기주식의 경우와 같이 의결권이 없으므로($^{상\ 369조}_{3항}$) 발행주식총수에 산입되지 않고($^{상\ 371조}_{1항}$), 모든 의안에 대하여 의결권을 행사할 수 없음은 말할 나위가 없다. 따라서 이는 상법 제368조 제 1 항을 적용함에 있어 「의결권」과 「발행주식총수」에서 모두 산입되지 않는다.

회사가 소유하는 자기주식에 관하여는 상법상 의결권이 없는 점에 대하여만 규정하고 있으나($^{상\ 369조}_{2항}$), 해석상 의결권 이외의 모든 공익권 및 자익권이 없는 점에 대하여는 이미 설명하였다(전면적 휴지〈休止〉설). 그런데 비모자회사간에서 주식을 상호보유하는 경우에도(위의 예에서 을회사가 소유하고 있는 갑회사의 주식의 경우에도) 이와 동일하게 해석할 수 있는가. 이에 대하여도 상법은 의결권이 없는 점만을 규정하고 있다($^{상\ 369조}_{3항}$). 이러한 주식에 대하여 자익권은 당연히 인정되어야 할 것이다. 문제는 의결권을 제외한 공익권에 관한 것인데, 이에 대하여 학설은 (i) 의결권을 제외한 다른 공익권을 모두 긍정하는 견해와 (ii) 모두 부정하는 견해로 나뉘어 있는데, 의결권 및 의결권을 전제로 하는 공익권만을 부정하는 것이 타당하다고 본다.

4) 특별이해관계인의 소유주식　　　주주총회의 결의에 관하여 특별한 이해관계가 있는 자는 그가 가진 주식에 대하여 의결권을 행사하지 못한다($^{상\ 368조}_{3항}$). 이 때에 「특별한 이해관계를 가지는 자」가 무엇을 의미하느냐에 대하여 학설은 (i) 그 결의에 의하여 권리의무의 득실(得失)이 생기는 등 법률상 특별한 이해관계를 갖는 경우라고 보거나(법률상 이해관계설) 또는 모든 주주의 이해에 관련되지 않고 특정주주의 이해에만 관련되는 경우라고 보는(특별이해관계설) 소수설도 있으나, (ii) 「특정한 주주가 주주의 입장을 떠나서 개인적으로 가지는 이해관계」라고 보아(개인법설) 이를 가능한 한 좁게 해석하는 것이 타당하다고 본다(통설)($^{동지:\ 부산고판\ 2004.}_{1.\ 16,\ 2003\ 나\ 12328}$). 따라서 이사 등의 면책결의에 있어서 해당 이사 등인 주주($^{상\ 400조,\ 415조}_{324조}$), 영업양도 등의 결의에 있어서 상대방인 주주($^{상}_{374조}$), 이사 등의 보수결정에 있어서 해당 이사 등인 주주($^{상\ 388조}_{415조}$) 등은 「특별한 이해관계를 가지는 자」로서 의결권이 없다. 그러나 주주가 주주의 입장(사단관계)에서 이해관계를 갖는 경우, 예컨대 이사·감사의 선임 또는 해임결의에 있어서 당사자인 주주, 재무제표의 승인결의에 있어서 이사나 감사인 주주 등은 「특별한 이해관계를 가지는 자」가 아니다.

특별한 이해관계가 있는 주주의 의결권은 주주 자신은 물론, 그의 대리인도 행사할 수 없다고 본다.

이러한 특별이해관계인이 소유하는 주식은 그 주식 자체에 의결권이 있음은 물론 그 주식을 특별이해관계인이 소유하고 있는 동안에도 원칙적으로 의결권이 있는데, 다만 그 의안이 회사와 특별이해관계인 사이에서 위에서 본 특별이해관계가 있는 경우에만 휴지(休止)될 뿐이다. 다시 말하면 특별이해관계인이 소유하는 주식에는 모든 의안에 대하여 의결권이 휴지(休止)되는 것이 아니라, 특별이해관계가 있는 특정한 의안에 대하여만 의결권이 휴지(休止)된다.

특별이해관계가 있는 특정한 의안에서도 발행주식총수에는 산입되고, 다만 의결권의 수(의결정족수)에만 산입되지 아니한다($\frac{상}{2항}$371조). 따라서 상법 제368조 제1항을 적용함에 있어 「발행주식총수의 4분의 1 이상」에는 산입되고, 「의결권」에서만 산입되지 않는다.

5) 감사 선임 등의 경우의 주식   비상장회사의 경우 감사(자본금 총액이 10억원 미만인 소규모 주식회사로서 감사를 선임〈해임〉하지 아니한 회사에 대하여는 적용되지 않음— $\frac{상}{4항}$409조)를 선임하는 주주총회의 결의에서 의결권 없는 주식을 제외한 발행주식총수의 100분의 3($\frac{정관에서 더 낮은 주식 보유비율을 정할 수 있으며, 정관에}{서 더 낮은 주식 보유비율을 정한 경우에는 그 비율로 한다}$)을 초과하는 수의 주식을 가진 주주는 그 초과하는 주식에 관하여 의결권을 행사하지 못한다($\frac{모든 주주에 대하여 단}{순 3\% rule을 적용함}$)($\frac{상}{조 2항}$ 409). 상장회사가 감사(監事)를 선임하거나 해임할 때에는, 최대주주인 경우에는 그의 특수관계인 등이 소유하는 주식을 합산하여 의결권의 행사를 제한하고($\frac{최대주주에 대하여는}{합산 3\% rule이 적용됨}$), 그 이외의 주주에 대하여는 단순 3% rule이 적용된다($\frac{상 542조의}{12\ 7항}$). 상장회사가 감사위원회를 두어야 하는 경우, 사외이사가 아닌(상근) 감사위원회 위원을 선임·해임하는 경우에는 상장회사의 감사를 선임·해임하는 경우와 같이 의결권이 제한되고($\frac{최대주주에 대하여는 합산 3\% rule이 적용되고, 그}{이외의 주주에 대하여는 단순 3\% rule이 적용됨}$), 사외이사인 감사위원회 위원을 선임·해임하는 경우에는 모든 주주에 대하여 단순 3% rule이 적용된다($\frac{상 542조의}{12\ 4항}$).

상법이 이렇게 감사의 선임에 있어서 그 의결권을 제한하는 이유는, 대주주의 영향을 감소시켜 중립적인 인물을 감사로 선출하려는 취지이다.

감사(감사위원회 위원) 선임(해임)의 경우 (대)주주가 갖는 주식에 대하여 의결권의 행사가 제한되는 효력도 특별이해관계인이 소유하는 주식에 대하여 의결권의 행사가 제한되는 효력과 같다. 즉, (대)주주는 감사(감사위원회 위원) 선임(해임)이라는 특정한 의안에 대하여만 의결권의 행사가 제한되는 것이지, 그 이외의 의안에 대하여는 제한되지 않는다. 또한 이 경우에도 (대)주주가 소유하는 주식은 발행주식총수에는 산입되고, 다만 의결정족수에만 산입되지 않는다($\frac{상}{2항}$371조).

3. 의결권의 행사방법

주주는 주주명부상의 명의개서만으로 주권의 제시 없이 의결권을 행사할 수 있다($\frac{상\ 337조\ 1항}{반대해석}$). 이하에서는 상법이 명문으로 규정하고 있는 의결권의 대리행사, 불통일행사, 서면에 의한 의결권의 행사 및 전자적 방법에 의한 의결권의 행사에 대하여 설명한다.

(1) 의결권의 대리행사

주주는 대리인으로 하여금 그 의결권을 대리행사시킬 수가 있는데($\frac{상\ 368조}{2항\ 1문}$), 이때에 그 대리인은 대리권을 증명하는 서면(위임장의 원본)을 총회에 제출하여야 한다($\frac{상\ 368조}{2항\ 2문}$).

[의결권의 대리행사에 관한 판례]

"대리권을 증명하는 서면은 위조나 변조여부를 쉽게 식별할 수 있는 원본이어야 하고, 특별한 사정이 없는 한 사본이나 팩스는 그 서면에 해당하지 아니한다($\frac{대판\ 1995.\ 2.\ 28,\ 94\ 다\ 34579;}{동\ 2004.\ 4.\ 27,\ 2003\ 다\ 29616}$)."

"다른 주주들의 인장이 대표이사에게 보관되어 일상적인 회사운영에 관한 업무가 대표이사에게 위임되어 있는 경우, 업체분리를 위한 형식상의 광산매각에 관한 주주총회 결의에 관하여 다른 주주들의 위임 내지 추정적 승낙이 있다고 볼 것이다($\frac{대판\ 1979.\ 9.\ 25,}{79\ 도\ 1300}$)."

"주주의 의결권 행사를 위한 대리인의 선임이 무제한으로 허용되는 것은 아니고 주주총회 개최가 부당하게 저해되거나 회사의 이익이 부당하게 침해될 염려가 있는 등의 특별한 사정이 있는 경우에는 회사는 이를 거절할 수 있다($\frac{대판\ 2001.\ 9.\ 7,\ 2001\ 도\ 2917;\ 동}{2009.\ 4.\ 23,\ 2005\ 다\ 22701 \cdot 22718}$)."

의결권의 대리행사의 경우에 그 대리인의 자격을 정관에 의하여 제한(예컨대, 주주 등)할 수 있다고 본다($\frac{동지:\ 대판\ 2009.\ 4.\ 23,}{2005\ 다\ 22701 \cdot 22718}$)(이에 관한 상세는 정찬형, 「상법강의(상)(제27판)」, 918~922면 참조). 의결권의 대리행사의 경우에 대리인은 회사에 일정한 기간에 걸친 포괄적인 위임장(대리권을 증명하는 서면)의 제출도 가능하다고 본다($\frac{동지:\ 대판\ 1969.}{7.\ 8,\ 69\ 다\ 688}$). 또한 이러한 대리인은 주주의 명시적 또는 묵시적 승낙이 있으면 복대리인을 선임할 수 있다고 본다($\frac{동지:\ 대판\ 2009.\ 4.\ 23,}{2005\ 다\ 22701 \cdot 22718}$). 또한 대리인은 본인인 주주에 불리하게 의결권을 행사할 수 있다고 본다($\frac{동지:\ 대판\ 2014.\ 1.}{23,\ 2013\ 다\ 56839}$).

(2) 의결권의 불통일행사

의결권의 불통일행사란 두 개 이상의 의결권을 가진 주주가 이를 통일하지 않고 행사하는 것이다. 주주가 의결권을 불통일행사하기 위해서는 주주총회일의 3일 전에 회사에 대하여 서면 또는 전자문서로 그 뜻과 이유를 통지하여야 하는데

($\frac{상 368조의 2}{1항 2문}$), 이러한 통지는 3일 전까지 회사에 도달하여야 한다(통설). 그러나 이러한 통지가 주주총회일의 3일 전이라는 시한보다 늦게 도착하였다고 하더라도 회사가 이를 받아들이는 것은 무방하다($\frac{동지: 대판 2009. 4. 23,}{2005 다 22701·22718}$).

주주로부터 의결권의 불통일행사에 관한 통지를 받은 회사는 주주의 의결권의 불통일행사를 결의 전에 거부할 수 있다($\frac{동지: 대판 2001. 9. 7,}{2001 도 2917}$). 그러나 주주가 「주식의 신탁을 인수하였거나」(예컨대, 주식신탁의 경우·증권투자신탁의 경우 등), 기타 「타인을 위하여 주식을 가지고 있는 경우」(예컨대, 위탁매매인·한국예탁결제원·주식공유자·명의개서미필주식의 양도인 등의 경우)에는 회사는 의결권의 불통일행사를 거부할 수 없다($\frac{상 368조의}{2 2항}$).

(3) 서면에 의한 의결권의 행사

1) 서면에 의한 의결권의 행사(서면투표제도)란 주주(주주의 대리인을 포함함)가 주주총회에 출석할 수 없는 경우에 투표용지에 필요한 사항을 기재하여 회사에 제출하여 의결권을 행사하는 방법이다.

이러한 서면에 의한 의결권의 행사방법(서면투표제도)을 인정한 것은 소수주주의 회사경영의 참여를 유도하고, 주주총회의 원활한 진행을 위하며, 회사는 주주수에 크게 구애받지 않고 주주총회의 장소를 구할 수 있도록 하고, 또한 외국인주주가 의결권을 행사함에 있어 편의를 제공하고자 하는 것 등이다.

그러나 서면에 의한 의결권의 행사방법은 의사진행과정(예컨대, 수정동의 등)에 적절하게 대처하지 못하고 또한 주주총회에 출석한 주주들의 토의결과를 반영하지 못하는 등의 문제점이 있다. 또한 전 주주나 대부분의 주주가 이러한 서면에 의한 의결권의 행사방법에 의하는 경우 주주총회가 형해화(形骸化)하게 되는 등의 문제점도 있다.

2) 서면에 의한 의결권의 행사요건은 다음과 같다.

(가) 정관에 이에 관한 규정이 있어야 한다($\frac{상 368조의}{3 1항}$). 유한회사의 경우에는 총사원의 동의가 있으면 서면에 의한 결의를 할 수 있으며 또한 결의의 목적사항에 관하여 총사원이 서면으로 동의하면 서면에 의한 결의가 있은 것으로 본다고 규정하여($\frac{상}{577조}$) 서면에 의한 의결권의 행사에 관한 사항을 상법에서 직접 규정하고 있으나, 주식회사의 경우에는 원칙적으로 이를 회사가 자율적으로 정할 수 있도록 하기 위하여 정관에 규정이 있는 경우에만 서면에 의한 의결권의 행사제도를 이용할 수 있게 하였다. 그러나 자본금 총액이 10억원 미만인 소규모 주식회사의 경우에는 그 운영을 간소화하기 위하여 예외적으로 유한회사와 같이 정관의 규정 유무에 불문하

고 상법에 의하여 서면결의를 할 수 있다($^{상\ 363조\ 4항}_{1문\ 후단,\ 2문}$).

(나) 회사가 정관의 규정에 의하여 서면에 의한 의결권의 행사제도를 채택하면 회사는 주주총회의 소집통지서에 (서면에) 의한 의결권을 행사하는 데 필요한 서면(예컨대, 투표용지 등)과 참고자료(예컨대, 이사선임에 관한 의결권의 행사인 경우에는 모든 후보이사에 대한 인적 사항에 관한 서류 등)를 첨부하여야 한다($^{상\ 368조의}_{3\ \ 2항}$). 이 때 주주가 많은 대회사인 경우 회사가 모든 주주에게 이러한 참고자료를 송부하기 위하여는 많은 비용과 시간이 소요되어 이 제도의 이용을 오히려 기피할 우려가 있다. 따라서 이 제도의 활성화를 위하여는 입법론상 서면에 의하여 의결권을 행사할 의사를 표명한 주주에게만 필요한 참고자료를 송부하도록 할 필요가 있다.

(다) 주주가 의결권을 행사한 서면(투표용지)이 언제까지 회사에 도착하여야 하는가의 문제가 있다. 이에 대하여 정관에 특별히 정함이 없으면 주주총회의 회일의 전일까지 회사에 도착하여야 한다고 본다.

3) 주주가 서면에 의하여 의결권을 행사한 경우에는 직접 주주총회에 출석하여 행사한 경우와 동일하게 보아야 할 것이다($^{상\ 363조}_{5항\ 참조}$). 따라서 그러한 주주는 출석정족수의 산정에 있어서 발행주식총수에 산입됨은 물론($^{상\ 371조}_{1항\ 참조}$), 의결정족수의 산정에 있어서 출석한 주주의 의결권의 수에 산입된다($^{상\ 371조}_{2항\ 참조}$). 또한 서면에 의하여 의결권을 행사하는 경우에도 의결권의 대리행사($^{상\ 368조}_{2항}$)와 불통일행사($^{상\ 368조}_{의\ 2}$)가 가능하다고 본다.

(4) 전자적 방법에 의한 의결권의 행사(전자투표)

회사는 이사회의 결의로(자본금 총액이 10억원 미만인 소규모 주식회사로서 이사가 1명 또는 2명인 경우에는 이사회가 없으므로, 각 이사〈정관에 따라 대표이사를 정한 경우에는 그 대표이사〉가) 주주가 주주총회에 출석하지 않고 전자적 방법으로 의결권을 행사할 수 있음(전자투표)을 정할 수 있다($^{상\ 368조의}_{4\ \ 1항}$). 이 경우 회사는 주주에게 이러한 내용을 통지하여야 하고($^{상\ 368조의}_{4\ \ 2항}$), 의결권행사에 필요한 양식과 참고자료를 전자적 방법으로 제공하여야 한다($^{상\ 368조의\ 4}_{3항\ 2문}$). 주주는 동일한 주식에 관하여 서면투표 또는 전자투표를 하는 경우 양자 중 어느 하나의 방법을 선택하여야 한다($^{상\ 368조의}_{4\ \ 4항}$). 회사는 전자투표에 관한 전자기록을 총회가 끝난 날부터 3개월간 본점에 갖추어 두어 열람하게 하고 총회가 끝난 날부터 5년간 보존하여야 한다($^{상\ 368조의}_{4\ \ 5항}$).

이러한 전자투표에 의하여 감사 또는 감사위원회 위원을 선임하는 경우에는 '발행주식총수의 4분의 1 이상'의 의결정족수 요건이 배제된다($^{상\ 409조\ 3항,}_{542조의\ 12\ \ 8항}$). 이는 2020년 개정상법에 의하여 신설되었다.

제 6 의사와 결의

1. 의 사

(1) 주주총회의 의사방법에 관하여는 상법에 명문의 규정이 없는 사항은 정관 또는 총회결의에 의하고, 이것이 없으면 관습에 의하며, 관습도 없으면 회의의 일반 원칙에 의한다.

(2) 주주총회는 회의체의 기관이므로 그의 의사진행을 맡을 의장이 반드시 필 요하다($\frac{상}{2항}$ $\frac{373조}{참조}$). 의장은 보통 정관의 규정에 의하여 대표이사 대표집행임원이 될 수 있으나, 그러한 정관의 규정이 없으면 주주총회에서 선출된다($\frac{상}{2}$ $\frac{366조의}{1항}$). 의장은 주 주임을 요하지 않으며, 주주총회의 결의에 관하여 특별한 이해관계를 갖는 경우에 도 의사진행을 할 수 있다고 본다.

주주총회의 의장은 총회의 질서를 유지하고 의사를 정리하는데($\frac{상}{2}$ $\frac{366조의}{2항}$), 의장 은 그 총회장에서 고의로 의사진행을 방해하기 위한 발언을 하거나 행동을 하는 등 현저히 질서를 문란하게 하는 자에 대하여 그 발언의 정지 또는 퇴장을 명할 수 있 다($\frac{상}{2}$ $\frac{366조의}{3항}$). 이 경우 퇴장당한 주주가 있는 경우에는 출석한 주주의 의결권의 수에 산입하지 아니한다고 본다($\frac{상}{유추적용}$ $\frac{371조 2항}{}$). 상법은 소위 「총회꾼」 등의 작폐를 방지하기 위하여 의장에게 이러한 권한을 부여하였는데, 총회의 의장은 회의의 질서유지를 위하여 이 권한을 적정하게 행사하여야 하고, 주주의 발언권을 제약하는 등 이 권 한을 남용하여서는 안 된다고 본다. 이와 아울러 상법에서는 주주의 권리행사에 관 하여 회사는 주주에게 이익을 공여하는 것을 금하는 규정을 두고 있다($\frac{상}{의 2}$ $\frac{467조}{}$). 또한 총회에서의 발언 또는 의결권의 행사에 관한 증수뢰(增收賂)에 대하여는 형벌을 과 하고 있다($\frac{상}{1호}$ $\frac{631조}{}$).

(3) 주주총회의 의사에 관하여는 의사록을 작성하여야 하는데($\frac{상}{1항}$ $\frac{373조}{}$), 이 의사 록에는 의사의 경과요령과 그 결과를 기재하고 의장과 출석한 이사가 기명날인 또 는 서명하여야 한다($\frac{상}{2항}$ $\frac{373조}{}$). (대표)이사 또는 (대표)집행임원은 이러한 의사록을 회사 의 본·지점에 비치하여 주주 및 회사채권자의 열람에 제공하여야 한다($\frac{상}{408조의 9}$ $\frac{396조 1항·2항}{}$).

2. 결 의

(1) 결의의 의의 및 법적 성질

주주총회의 결의는 「다수결의 원리에 의하여 형성된 주주총회의 의사표시」로서, 결의의 성립이 선언된 때로부터 각 주주의 의사와는 관계 없이 관계자 전원(주주 전원 및 회사의 각 기관 등)을 법적으로 구속한다.

주주총회의 결의의 법적 성질은 「의결권의 내용에 나타나는 의사표시를 요소로 하는 법률행위이며, 의안에 대한 복수의 의사표시가 결의요건을 충족시킴으로써 성립하는 사단법상의 합동행위」라고 본다. 따라서 이에 대하여는 민법의 의사표시 및 법률행위에 관한 일반원칙이 원칙적으로 적용된다(이에 관한 상세는 정찬형, 「상법강의(상)(제27판)」, 930~931면 참조).

(2) 결의요건

1) 보통결의　　보통결의는 원칙적으로(상법 또는 정관에 다른 정함이 없는 한) 출석한 주주의 의결권의 「과반수」(의결정족수)와 발행주식총수의 「4분의 1 이상」의 수로써('발행주식총수의 4분의 1 이상'의 요건은, 2020년 개정상법에 의하여, 전자투표를 실시하는 회사에 대하여는 감사 또는 감사위원회 위원의 선임시 배제된다〈상 409조 3항, 542조의 12 8항〉) 하는 결의이다($^{상\,368조}_{1항}$).

그런데 보통결의요건은 예외적으로 정관의 규정에 의하여 출석정족수를 두거나($^{대판\,2017.\,1.\,12,}_{2016\,다\,217741}$) 의결정족수를 가중(다만 특별결의요건을 한도로 함)할 수 있다($^{상\,368조}_{1항}$). 결의시에 가부동수(可否同數)인 경우에는 그 의안은 부결된 것으로 본다(통설).

보통결의사항은 상법이나 정관에서 특별결의사항이나 특수결의사항으로 정한 이외의 모든 사항이다($^{상\,368조}_{1항}$).

2) 특별결의　　특별결의는 출석한 주주의 의결권의 「3분의 2 이상」이고(의결정족수) 발행주식총수의 「3분의 1 이상」인 수로써 하는 결의이다($^{상}_{434조}$).

특별결의의 요건(의결정족수)을 정관의 규정에 의하여 감경할 수는 없으나(결의의 중대성과 이에 관한 상법 제434조의 규정에 근거하여 이와 같이 해석하는데, 이에 대하여는 이설〈異說〉이 없음), 가중할 수는 있다고 본다.

상법상 규정된 특별결의사항으로는 주식의 분할($^{상\,329조의}_{2\;\;1항}$), 주식의 포괄적 교환($^{상\,360조}_{의\,3}$), 주식의 포괄적 이전($^{상\,360조}_{의\,16}$), 정관의 변경($^{상}_{434조}$), 자본의 감소($^{상}_{438조}$), 회사의 해산($^{상}_{518조}$), 회사의 합병($^{상}_{522조}$), 회사의 분할($^{상\,530조의}_{3\;\;2항}$), 회사의 계속($^{상}_{519조}$), 회사의 영업의 전부 또는 중요한 일부의 양도($^{상\,374조}_{1항\,1호}$), 영업전부의 임대 또는 경영위임·타인과 영업의 손익전부를 같이 하는 계약 기타 이에 준할 계약의 체결이나 변경 또는 해약($^{상\,374조}_{1항\,2호}$), 회사의 영업에 중대한 영향을 미치는 다른 회사의 영업 전부 또는 일부의 양수($^{상\,374조}_{1항\,3호}$), 사후설립($^{상}_{375조}$), 이사·감사의 해임($^{상\,385조\,1항}_{415조}$), 주주 이외의 자에 대한 전환사채·신주인수권부사채의 발행($\substack{상\ 513조\ 3항,\\516조의2\ 4항}$), 주식의 할인발행($\substack{상\ 417조\\1항}$) 등이다. 주주총회의 특별결의사항 중 일정한 경우에는 그 결의에 반대하는 주주에게 주식매수청구권이 인정되어 있다($\substack{상\ 374조의\ 2,\ 522조의\\3,\ 530조의\ 11\ \ 2항}$).

위의 주주총회의 특별결의사항 중 영업의 양도 등($\substack{상\ 374조\\1항}$)의 의미와 간이영업양도 등에 대하여 살펴보면 다음과 같다(그 이외의 특별결의사항에 대하여는 해당되는 곳에서 설명한다).

(가) 영업의 양도 등의 의미

① 영업의 전부 또는 중요한 일부의 양도($\substack{상\ 374조\\1항\ 1호}$) 이 때의 영업양도의 의의와 상법총칙($\substack{상\ 41조~\\45조}$)에서의 영업양도의 의의와의 관계에 대하여는 앞에서 이미 설명한 바와 같이 양자를 동일하게 해석하는 형식설(불요설), 양자를 달리 해석하는 실질설(필요설) 및 상법 제374조에 사실상의 영업양도를 포함시키는 절충설로 나뉘어 있다(본서 제 1 편 제 8 장에 관한 설명 참조). 우리나라의 대법원판례는 기본적으로 양자의 영업양도의 의미를 동일하게 보는 형식설의 입장이면서($\substack{대판\ 2002.\ 4.\ 12,\\2001\ 다\ 38807}$), 주주의 이익을 보호하기 위하여 「영업용 재산」의 양도에도 그것이 회사영업의 전부 또는 일부를 양도하거나 폐지하는 것과 같은 결과를 가져오는 경우에는(그것이 비록 영업의 전부 또는 일부의 양도에 해당하는 경우가 아닐지라도) 상법 제374조 1 항 1 호를 유추적용하여 주주총회의 특별결의를 요하는 것으로 판시하고 있는데($\substack{대판\ 1988.\ 4.\ 12,\ 87\ 다카\ 1662;\\동\ 2014.\ 10.\ 15,\ 2013\ 다\ 38633\ 외}$)(위의 절충설과는 다른 의미의 절충설), 사견으로 이러한 대법원판례의 입장에 찬성한다.

주식회사의 영업양도와 지배주식의 양도는 구별된다($\substack{동지:\ 대판\ 1996.\ 11.\ 15,\ 96\ 다\ 31246;\\동\ 1999.\ 4.\ 23,\ 98\ 다\ 45546}$). 상법총칙에서는 규정하고 있지 않으나 상법 제374조 1 항 1 호 후단에서 규정하고 있는 「영업의 중요한 일부의 양도」의 의미가 무엇인지가 문제된다. 이는 회사가 제품별 또는 지역별로 사업부제를 채택하고 사업을 운영하다가 그 중 한 부분(영업)의 사업을 양도하는 경우가 영업의 일부의 양도에 해당하는 대표적인 예가 될 것이다. 그런데 중요한 일부의 양도인지 여부는 양도하고자 하는 부문의 사업(영업)이 전체 매출액 및 수익에서 차지하는 양적 요소와 그 영업양도가 장차 회사의 사업성격 및 주주에게 미치는 영향과 같은 질적 요소를 종합하여 판단하여야 할 것으로 본다(이에 관한 상법 제374조 1 항 1 호에 관한 판례의 요지의 소개로는 정찬형, 「상법강의(상)(제27판)」, 935~939면 참조).

이는 강행규정으로 주주총회의 특별결의가 없는 영업의 전부 또는 중요한 일부의 양도 약정은 무효이다($\substack{대판\ 2018.\ 4.\ 26,\\2017\ 다\ 288757}$).

② 영업 전부의 임대 또는 경영위임, 타인과 영업의 손익전부를 같이하는 계약, 기타

이에 준할 계약의 체결·변경 또는 해약($^{상\,374조}_{1항\,2호}$) 「영업전부의 임대」란 객관적 의의의 영업(영업용 재산과 재산적 가치 있는 사실관계가 합하여 이루어진 조직적·기능적 재산으로서의 영업)의 소유의 법적 관계에는 영향을 주지 않고 경영의 법적 관계가 전면적으로 임차인에게 이전하는 법현상으로, 이에 의하여 임차인은 경영권행사의 주체·영업활동에 의한 권리의무의 귀속자 및 영업이윤의 제1차적 귀속자로서의 지위를 승계하고, 임대인은 약정된 임대료만을 취득한다(물권의 채권화 경향).

　「영업전부의 경영위임」이란 객관적 의의의 영업의 전부에 대한 경영을 타인에게 위임하는 것을 말하는데, 이에는 수임인이 경영권행사의 주체로서의 지위만을 갖는 경영관리계약과 수임인이 경영권행사의 주체 및 기업이윤의 제1차적 귀속자로서의 지위를 갖는 경영위임계약이 있다. 영업의 임대차와 다른 점은 영업활동에 의한 권리의무의 귀속자(상인)로서 지위를 위임인이 갖고 수임인이 갖지 못하는 점이다.

　「타인과 영업의 손익전부를 같이하는 계약」(손익공동계약)이란 수 개의 기업간에 그 법적 동일성을 유지하면서 일정기간의 영업상의 손익에 관하여 공동관계를 설정하는 계약을 말한다. 이를 위하여는 보통 주식의 상호보유가 따르며, 관계회사는 모두 경제적 통일체를 이룬다. 「기타 이에 준하는 계약」이란 손익공동계약에 준하는 계약을 말하는데, 판매카르텔 등과 같이 회사가 타인의 계산으로 자기의 영업을 하는 계약 등을 말한다. 이러한 손익공동계약 및 기타 이에 준하는 계약의 체결·변경·해약의 경우에는 관계회사가 모두 주식회사이면 각 당사회사에서 각각 주주총회의 특별결의를 받아야 한다.

　③ 회사의 영업에 중대한 영향을 미치는 다른 회사의 영업 전부 또는 일부의 양수($^{상\,374조}_{1항\,3호}$) 영업의 양도인 경우에는 영업 전부를 양도하거나 또는 영업의 중요한 일부의 양도에 주주총회의 특별결의를 요하는데, 영업양수의 경우에는 회사의 영업에 중대한 영향을 미치는 다른 회사의 영업 전부 또는 일부의 양수의 경우에 주주총회의 특별결의를 요한다. 이 때 영업 전부인가 아닌가는 경제적 관점에서 판단되어야 할 것이고, 회사의 영업에 중대한 영향을 미치는 다른 회사의 영업의 양수인지는 앞에서 본 영업의 중요한 일부의 양도에 관한 설명이 참고가 될 수 있을 것이다.

　(바) 간이영업양도 등 2015년 개정상법은 간이영업양도 등의 제도를 새로 도입하여 기업구조조정에 유연성을 부여함으로써 상황에 따라 다양한 방식의 M & A가 가능하도록 하였다. 즉, 상법 제374조 제1항 각호(영업의 전부 또는 중요한 일부의 양도 등)의 어느 하나에 해당하는 행위를 하는 회사(인수대상회사)의 총주주의 동의가

있거나 그 회사의 발행주식총수의 100분의 90 이상을 해당 행위의 상대방(인수주체)이 소유하고 있는 경우에는 그 회사(인수대상회사)의 주주총회의 승인은 이를 이사회의 승인으로 갈음할 수 있다($\frac{상}{3}\frac{374조의}{1항}$). 이 때 회사(인수대상회사)는 영업양도·양수·임대 등의 계약서 작성일부터 2주 이내에 주주총회의 승인을 얻지 아니하고 영업양도·양수·임대 등을 한다는 뜻을 공고하거나 주주에게 통지하여야 하는데, 총주주의 동의가 있는 경우에는 그러하지 아니하다($\frac{상}{3}\frac{374조의}{2항}$).

이 경우 영업양도 등에 반대하는 주주가 주식매수청구권을 행사하기 위하여는, 그러한 주주가 위의 공고 또는 통지를 한 날부터 2주 이내에 회사에 대하여 서면으로 영업양도·양수·임대 등에 반대하는 의사를 통지하여야 하고(간이영업양도 등이 아닌 경우에는 '이사회결의 후 주주총회 전'에 반대의 통지를 하여야 함 — $\frac{상}{2}\frac{374조의}{1항}$), 이러한 통지를 한 주주는 그 2주의 기간이 경과한 날(간이영업양도 등이 아닌 경우에는 주주총회의 결의일 — $\frac{상}{2}\frac{374조의}{1항}$)부터 20일 이내에 주식의 종류와 수를 기재한 서면으로 회사에 대하여 자기가 소유하고 있는 주식의 매수를 청구할 수 있다($\frac{상}{3}\frac{374조의}{3항 1문}$). 그 이외의 사항은 간이영업양도 등이 아닌 경우의 주식매수청구권의 경우와 같다 ($\frac{상}{3}\frac{374조의}{3항 2문}$).

3) **특수결의** 특수결의요건은 특별결의요건보다 더 가중되어 있는데, 이에는 「총주주의 동의 또는 총주주의 일치(동의)에 의한 총회의 결의」와 「출석한 주식인수인의 3분의 2 이상의 찬성과 인수된 주식총수의 과반수에 의한 결의」의 두 가지의 경우가 있다. (i) 「총주주의 동의」를 요하는 사항에는 발기인·이사·감사·청산인의 회사에 대한 책임면제($\frac{상}{415조,}\frac{324조, 400조,}{542조 2항}$)에 관한 사항이 있고, 「총주주의 일치(동의)에 의한 총회의 결의」를 요하는 사항에는 주식회사의 유한회사로의 조직변경($\frac{상}{1항}\frac{604조}{}$) 및 주식회사의 유한책임회사로의 조직변경($\frac{상}{43}\frac{287조의}{1항}$)에 관한 사항이 있다. (ii) 「출석한 주식인수인의 3분의 2 이상이며 인수된 주식총수의 과반수에 의한 결의」를 요하는 사항에는 모집설립·신설합병·분할 또는 분할합병시의 창립총회의 결의사항이다($\frac{상}{530조의 11}\frac{309조, 527조 3항,}{1항}$).

≫ 사례연습 ≪

[사 례]

Y주식회사가 X에 대하여 다음의 행위를 하는 경우, 다음 사항은 주주총회의

특별결의사항인가?

(1) 총자본액을 초과하는 채무부담행위

(2) 회사의 중요재산에 근저당권을 설정하는 행위

(3) 회사의 유일무이한 재산에 매도담보계약을 체결하는 행위

* 이 사례는 정찬형, 「상법사례연습(제 4 판)」, 사례 67에 기초한 것이므로, 이에 관한 상세는 同書를 참고하기 바람.

[해 답]

(1) 회사의 총자본액을 초과하는 채무를 부담하는 행위는 상법상 어디에도 특별결의사항으로 규정되어 있지 않으므로, 정관에 주주총회의 특별결의사항으로 규정되어 있지 않는 한 주주총회의 특별결의를 요하지 않는다고 본다(동지: 대판 1978. 2. 28, 77 다 868).

(2) 이 문제는 상법 제374조 1 항 1 호의 「영업의 중요한 일부의 양도」에 관한 규정의 해석과 관련한 문제이다. 이에 대하여는 크게 세 가지의 해석이 있다. (i) 첫째는 상법 제374조 1 항 1 호의 「영업의 중요한 일부의 양도」를 상법 제41조의 영업양도와 같은 의미로 보아 이는 영업재산의 이전뿐만 아니라 거래처 등의 사실관계 및 영업활동의 승계가 따르고, 나아가서는 양도회사가 경업피지의무를 부담하는 경우로 한정하여 해석한다. 따라서 단순한 영업재산의 중요한 일부의 양도는 그것이 회사의 존립에 영향이 있다 하더라도 주주총회의 특별결의를 요하지 않는다고 한다(형식설, 영업한정설, 결의불요설). 이 설은 법해석의 통일을 기할 수 있고 거래의 안전을 보호할 수 있는 장점이 있으나, 대표이사가 마음대로 회사의 중요재산을 처분할 수 있는 결과가 되어 주주의 이익보호에 문제가 있는 단점이 있다. (ii) 둘째는 상법 제374조 1 항 1 호의 「영업의 중요한 일부의 양도」를 상법 제41조와 반드시 동일하게 해석하여야 할 필요성은 없고, 또 주주의 이익보호를 위하여 단순한 영업재산의 중요한 일부의 양도에도 주주총회의 특별결의를 요한다고 한다(실질설, 영업용재산포함설, 결의필요설). 이 설에서는 주주의 이익은 보호되나, 무엇이 회사에 대하여 중요한 재산이냐를 양수인은 알 수 없는 것이므로 거래의 안전을 해치기 쉽다. (iii) 셋째는 원칙적으로 형식설을 취하여 거래의 안전을 기하면서 동 설의 단점인 주주 등의 이익보호를 위하여 상법 제374조 1 항 1 호의 적용범위에 「사실상의 영업양도」를 포함시키는 것이다(절충설).

우리나라의 대법원판례는 양도의 목적물이 회사의 「영업용 재산」이고 또 「그것을 양도하면 회사영업의 (전부 또는) 일부를 양도하거나 폐지하는 것과 같은 결과를 가져오는 경우」에는 상법 제374조 1 항 1 호에 의하여 주주총회의 특별결의를 요한다는 취지로 판시하고 있다(대판 1987. 6. 9, 86 다카 2478 외 다수). 이러한 대법원판례의 입장은 기본적으로 형

식설의 입장이면서 주주의 이익을 보호하기 위하여 실질설을 약간 가미한(상 374조 1항 1호의 영업양도의 개념을 약간 완화하여 해석하고 있는 점에서) 절충설이라고 볼 수 있다.

생각건대 형식설은 주주 등의 보호에 문제가 있을뿐더러 상법 제374조 1항 1호 후단의 「영업의 일부의 양도」를 사문화(死文化)시킬 우려가 있거나 또는 이와 조화하지 못하는 문제가 있어 찬성할 수 없고, 실질설은 같은 상법상의 영업양도의 개념을 다르게 해석하여 법해석의 통일을 기하지 못한다는 점에서뿐만 아니라 또한 상법 제374조 1항 1호의 적용범위를 너무 확대하여 거래의 안전을 해할 우려가 있다는 점에서 찬성할 수 없다. 따라서 거래의 안전을 기할 수도 있고 또한 주주 등의 이익 보호도 기할 수 있으며, 아울러 기본적으로 법해석의 통일을 기할 수 있는 절충설에 찬성하는데, 이러한 절충설 중에서도 그 기준이 보다 객관적이고 명백한 판례에서의 절충설이 가장 타당하다고 본다. 이렇게 보면 이 문제에서 회사의 영업용 중요재산에 근저당권을 설정하는 경우는 그 자체만으로 「회사 영업의 전부 또는 일부를 양도하거나 폐지하는 것과 같은 결과를 가져오는 경우」는 아니므로 주주총회의 특별결의를 요하지 않는다고 본다(동지: 대판 1971. 4. 30, 71 다 392).

(3) 회사의 유일무이한 재산이라 하여 언제나 그 재산의 양도가 상법 제374조 1항 1호의 「영업의 전부 또는 일부의 양도」에 해당되는 것은 아니고, 그 재산이 영업용 재산으로서 그 재산의 양도가 영업의 전부 또는 일부를 양도하거나 폐지하는 것과 같은 결과를 가져오는 경우에 한하여 상법 제374조 1항 1호에 해당하여 주주총회의 특별결의를 요한다고 본다. 따라서 이 문제의 경우에도 구체적인 사실판단의 문제이기는 하나, 이러한 회사의 유일무이한 재산의 양도로 인하여 Y회사의 영업의 전부 또는 일부를 양도하거나 폐지하는 것과 같은 결과를 가져오는 경우에는 Y회사의 주주 총회의 특별결의를 요한다고 본다.

이 문제에 대하여 우리나라의 대법원은 상법 제374조 1항 1호에 해당된다고 판시하였다(대판 1962. 10. 25, 62 다 538). 그러나 대법원은 회사의 유일무이한 재산인 부동산을 주주총회의 특별결의 없이 환매특약부매매한 사안에서는 상법 제374조 1항 1호에 해당되지 않는다고 판시하였다(대판 1964. 7. 23, 63 다 820).

제 7 주주총회결의 반대주주의 주식매수청구권

1. 의의 및 법적 성질

(1) 의 의

위에서 본 바와 같이 정관에 의하여 주식양도가 제한된 경우 주주가 회사에 대하여 양도승인을 청구하였으나 회사가 이를 거부한 경우에 그러한 주주에게 주식매수청구권이 인정되는 경우($^{\text{상 335조의 2}}_{\text{4항, 335조의 6}}$) 외에, 주식의 포괄적 교환($^{\text{상 360조}}_{\text{의 3}}$)・주식의 포괄적 이전($^{\text{상 360조}}_{\text{의 16}}$)・회사의 영업의 양도 등($^{\text{상 374조}}_{\text{1항}}$)・회사의 합병($^{\text{상}}_{\text{522조}}$) 또는 분할합병($^{\text{상 530조}}_{\text{의 3}}$)의 경우에는 주주의 이해관계에 중대한 영향을 미치므로 주주총회의 특별결의를 요하는데, 이 때 그 결의에 반대하는 소수주주에게는 그가 출자금을 회수하고 회사를 떠날 수 있도록 하기 위하여 회사에 대하여 자기가 갖고 있는 주식의 매수청구권을 인정하고 있다($^{\text{상 360조의 5, 360조의 22, 374조의}}_{\text{2, 522조의 3, 530조의 11 2항}}$). 이것이 결의반대주주의 주식매수청구권인데, 이는 실질적으로 주금을 환급하는 것과 다름이 없으므로 주금의 환급금지라는 대원칙에 반하는 것이기는 하나 다수결원칙 때문에 자칫 희생되기 쉬운 소수주주를 보호하기 위하여 둔 규정이다.

(2) 법적 성질

주식매수청구권은 위와 같이 일정한 경우 상법에 의하여 주주에게 인정되는 권리인데, 주주가 그 권리를 일방적으로 행사하면 회사는 그 주식을 매수할 의무가 생기는 것이므로 형성권의 일종이라고 볼 수 있다.

2. 주식매수청구권의 당사자

(1) 주식매수청구권자

주식매수청구권자는 회사에 대하여 주주의 권리를 행사할 수 있는 주주로서, 사전에 당해 회사에 대하여 서면으로 반대의 통지를 한 주주이다($^{\text{상 360조의 5 1항 전단,}}_{\substack{\text{360조의 22, 374조의 2 1항}\\\text{전단, 522조의 3 1항}\\\text{전단, 530조의 11 2항}}}$). 이 때 「회사에 대하여 주주의 권리를 행사할 수 있는 주주」란 영업의 전부양도의 경우에는 양도회사($^{\text{상 374조}}_{\text{1항 1호}}$) 및 양수회사($^{\text{상 374조}}_{\text{1항 3호}}$)의 주주이고, 영업의 일부양도의 경우에는 그것이 양도회사의 중요한 영업의 일부가 되면 양도회사의 주주이고($^{\text{상 374조}}_{\text{1항 1호}}$) 또한 그것이 양수회사의 영업에 중대한 영향을 미치면 양수회사의 주주이며($^{\text{상 374조}}_{\text{1항 4호}}$), 회사합병의 경우에는 소멸회사 및 존속회사($^{\text{상 522조}}_{\text{1항}}$)의 주주이고, 회사의 분할합병의 경우에는 분할 전 회사 및 분할 후 회사($^{\text{상 530조의 3}}_{\text{1항~3항}}$)의 주주를 의미한다. 또한 주식매수청구권을 행사하는 주주는 주식의 포괄적 교환의 경우에는 완전모회사가 되는 회사의 주주 및 완전자회사가 되는 회사의 주주를 의미하고($^{\text{상 360조의 3}}_{\text{1항・2항}}$), 주식의 포괄적 이전의 경우에는 완전자회사가 되는 회사의 주주를 의미한다($^{\text{상 360조의 16}}_{\text{1항・2항}}$).

또한 주식매수청구권을 행사할 수 있는 주주는 원칙적으로 주주명부에 명의개서된 명의주주이다($\frac{\text{상}\ 337조}{1항}$). 그러나 주주명부에 명의개서되지 않은 일정한 실질주주(예컨대, 상속이나 합병에 의한 포괄승계인, 회사가 알고 있는 명의개서 미필의 주식양수인, 타인명의 주식인수인, 증권예탁결제제도에서의 실질주주 등)는 예외적으로 주식매수청구권을 행사할 수 있다고 본다.

의결권이 없거나 제한되는 종류주식의 주주에 대하여도 주식매수청구권이 인정된다($\frac{\text{상}\ 374조의}{2\ 1항}$). 따라서 회사는 이러한 주주에게도 주주총회의 소집통지를 하여야 한다($\frac{\text{상}\ 363조}{7항\ 단서}$).

(2) 주식매수청구의 상대방

주식매수청구의 상대방은 주식매수청구권자가 속하는 회사이다. 그러나 회사가 흡수합병되어 소멸된 경우에는 주식매수청구권이 있는 주주는 존속회사에 대하여 주식매수대금의 지급을 청구할 수 있다고 본다.

3. 주식매수청구권의 행사절차

(1) 사전반대통지

주식매수청구권을 행사하려는 주주는 이에 관한 「이사회의 결의가 있는 때(자본금 총액이 10억원 미만인 소규모 주식회사로서 이사를 1명 또는 2명 둔 경우에는 이사회가 없으므로, 이 때 '이사회의 결의가 있는 때'는 '상법 제363조 제 1 항에 따른 주주총회의 소집통지가 있는 때'로 본다— $\frac{\text{상}\ 383조}{4항\ 후단}$)에 주주총회 전에 회사에 대하여 서면으로 그 결의에 반대하는 의사를 통지하여야 한다($\frac{\text{상}\ 360조의\ 5\ \ 1항\ 전단,\ 360조의\ 22,\ 374조의\ 2}{1항\ 전단,\ 522조의\ 3\ 1항\ 전단,\ 530조의\ 11\ \ 2항}$).

간이합병(합병할 회사의 일방이 합병 후 존속하는 경우에 합병으로 인하여 소멸하는 회사의 총주주의 동의가 있거나 또는 그 회사의 발행주식총수의 100분의 90 이상을 합병 후 존속하는 회사가 소유하고 있는 때에는 합병으로 인하여 소멸하는 회사의 주주총회의 승인은 이사회의 승인으로 갈음될 수 있는 합병— $\frac{\text{상}\ 527조의}{2\ 1항}$)의 경우에는 소멸회사가 총주주의 동의가 있는 경우를 제외하고 합병계약서를 작성한 날부터 2주 내에 주주총회의 승인을 얻지 아니하고 합병한다는 뜻을 공고하거나 주주에게 통지하여야 하는데($\frac{\text{상}\ 527조}{의\ 2\ 2항}$), 주식매수청구권을 행사하고자 하는 주주는 이러한 공고 또는 통지를 한 날로부터 2주 내에 회사에 대하여 서면으로 합병에 반대하는 의사를 통지하여야 한다($\frac{\text{상}\ 522조의}{3\ \ 2항\ 전단}$). 간이주식교환($\frac{\text{상}\ 360조의\ 9,\ 360조}{의\ 5\ \ 2항\ 전단}$)·간이영업양도 등($\frac{\text{상}\ 374조의}{3\ 3항}$) 및 간이분할합병($\frac{\text{상}\ 530조의\ 11\ \ 2항,\ 527조의}{2,\ 522조의\ 3\ \ 2항\ 전단}$)의 경우에도 간이합병의 경우와 같다.

주식매수청구권을 행사하려는 주주에 대하여 이와 같은 통지를 하게 하는 이유는 매수청구의 예고를 함으로써 회사에 대하여 그러한 의안제출여부를 재고 하도록 하고, 또 그 결의성립을 위한 대책을 강구할 수 있도록 하기 위해서이다.

이러한 사전반대통지는 주주권의 행사이므로 통지 당시에 주주권을 행사할 수 있는 주주만이 할 수 있으며, 이는 주주총회일 이전에 회사에 도달하여야 하고, 이러한 사실은 주주가 입증하여야 한다.

(2) 사후매수청구

주식매수청구권자인 주주총회결의 반대주주는 총회의 결의일부터(간이합병의 경우에는 소멸회사가 주주총회의 승인을 얻지 아니하고 합병한다는 뜻을 공고하거나 주주에게 통지한 날부터 2주간이 경과한 날부터— $\binom{상\ 522조의\ 3}{2항\ 후단}$)$\binom{간이주식교환\langle상\ 360조의\ 5\ 2항\rangle \cdot 간이영업양도\ 등\langle상}{374조의\ 3\ 3항\rangle\ 및\ 간이분할합병\langle상\ 530조의\ 11,\ 522조의}$ $\binom{3\ 2항\rangle의\ 경우도\ 간이}{합병의\ 경우와\ 같다}$) 20일 이내에 주식의 종류와 수를 기재한 서면으로 회사에 대하여 자기가 소유하고 있는 주식의 매수를 청구할 수 있는데($\binom{상\ 360조의\ 5\ 1항,\ 360조의\ 22,\ 374조의\ 2\ 1항}{후단,\ 522조의\ 3\ 1항\ 후단,\ 530조의\ 11\ 2항}$), 이러한 사전반대통지와 사후매수청구의 2단계의 의사표시는 동일인에 의하여 이루어져야 한다. 따라서 매수청구권자가 사전반대통지 후 그 소유주식을 양도한 경우에는 그 양수인은 매수청구권까지 양도받은 것이 아니라고 해석되므로 매수청구를 할 수 없다고 본다. 그러나 주주는 그가 소유하는 주식 중 일부만을 매수청구하여도 무방하다고 본다.

회사에 대하여 사전에 주주총회결의 반대의 통지를 한 주주라도 주식매수청구를 하기 전 또는 주식매수청구와 함께 주주총회결의 하자의 소($\binom{상\ 376조,}{380조}$)를 제기할 수 있다고 본다. 이 때 주주가 주주총회의 결의를 유효한 것으로 전제하여 주식매수청구권을 행사하면서 다시 이의 취소 또는 무효의 소를 제기하는 것은 모순되는 것으로 생각될 수 있으나, 주주는 주주총회 결의일로부터 20일이 경과하면 주식매수청구를 할 수 없으므로 양자를 동시에 청구하는 것은 무방하다고 본다.

4. 주식매수청구권의 행사효과

(1) 회사의 주식매수의무

주주가 주식매수청구권을 행사하면 회사는 매수청구기간이 종료하는 날부터 2월 이내에 그 주식을 매수하여야 한다($\binom{상\ 360조의\ 5\ 3항,\ 360조의\ 22,\ 374조}{의\ 2\ 2항,\ 530조\ 2항,\ 530조의\ 11\ 2항}$). 이 때 회사가 「2월 이내에 그 주식을 매수하여야 한다」는 의미에 대하여 주식매수청구권은 형성권이고 또한 매매가격을 유보한 매매계약도 가능하다는 점에서 주주가 주식매수청구권을 행사하면 주주와 회사 사이에는 주식매매계약이 체결되고 회사는 매수청구기간이 종료하는 날부터 2월 이내에 그 계약에 따른 주식대금을 지급하여야 한다고 해석하는 견해도 있으나($\frac{대판\ 2011.\ 4.\ 28.}{2010\ 다\ 94953}$), 매수가격이 합의되지 않은 상태에서 주식매수청구권자의 일방적인 의사표시만으로 매매계약이 체결되었다고 보는 것도 무리이고 또한 매수청구기간이 종료하는 날부터 2월 이내에 그 주식을 매수하여야 한다는 의미를 매매계약의 이행의 완료로 보는 것도 무리인 점에서 매수청구기간이 종료하는 날부터 2월 이내에 매매가격을 합의결정하여 매매계약을 체결하여야 한다는 뜻으로 해석하여야 할 것으로 본다. 이 때 회사는 특정목적에 의한 자기주식의 취득사유의 하나로 자기주식을 취득할 수 있다($\frac{상\ 341조의}{2\ 4호}$).

(2) 주식매수가액의 결정

1) 매수가액의 결정은 (i) 협의가액, (ii) 법원에 의한 결정가액의 2 단계를 거치게 된다. 즉 (iii) 매수가액은 원칙적으로 주주와 회사간의 협의에 의하여 결정하고($\frac{상\ 374조의\ 2\ 3항,\ 360조의\ 5,}{3항,\ 360조의\ 22,\ 530조\ 2항}$), (iv) 매수청구기간이 종료하는 날부터 30일 이내에 이러한 협의가 이루어지지 아니한 경우에는 회사 또는 주식매수를 청구한 주주는 법원에 대하여 매수가액의 결정을 청구할 수 있는데, 이 때 법원은 회사의 재산상태 그 밖의 사정을 참작하여 공정한 가액으로 이를 산정하여야 한다($\frac{상\ 374조의\ 2\ 4항·5항,\ 360조의}{5\ 3항,\ 360조의\ 22,\ 530조\ 2항}$)
(비상장주식의 매수가격의 산정방법에 관하여는 대결 2006. 11. 23, 2005 마 959·960·961·962·963·964·965· 966; 동 2006. 11. 24, 2004 마 1022; 동 2018. 12. 17, 2016 마 272; 동 2022. 4. 14, 2016 마 5394·5395·5396 참조).

2) 협의가액에 대하여 주식매수청구권자가 수 인이면 그 각 주주마다 매수가액이 달라도 무방하다고 보며, 이것이 주주평등의 원칙에도 반하지 않는다고 본다. 우리 상법상 협의가액을 정하기 위한 기준일을 정하지 않고 또한 주식매수청구권자가 주식매수를 청구한 시기 및 소유하고 있는 주식수가 다름에 따라 각 주식매수청구권자마다 협의가액이 다른 점은 부득이하다고 본다.

3) 법원에 의한 결정가액도 법원에 따라 또는 주식매수청구권자에 따라 다를 수 있다고 보며, 또한 법원에 의한 결정가액이 협의가액보다 높거나 낮을 수 있다고 본다. 이 때 협의가액에 만족하여 대금을 지급받은 주식매수청구권자에게는 법원에 의한 결정가액의 대세적 효력이 미치지 않는다고 본다.

5. 주식매수청구권의 실효

회사가 주식매수청구의 원인이 된 영업양도 등을 중지한 때(즉 그러한 결의를 철회한 때)에는 주식매수청구의 원인이 소멸되었으므로 주주의 주식매수청구는 그 효력을 잃는다($\frac{日商\ 245조의}{4\ 전단\ 참조}$).

또한 주주가 영업양도 등의 주주총회의 결의일로부터 20일 내에 회사에 대하여 주식매수청구를 하지 않으면($^{상\ 374조의\ 2}_{1항\ 등\ 참조}$) 주주는 주식매수청구권을 행사할 수 없다($^{日商\ 245조의}_{4\ 후단\ 참조}$).

제 8 종류주주총회

1. 의의 및 효력

회사가 종류주식을 발행한 경우($^{상\ 344조}_{1항·2항}$)에 주주총회(또는 이사회)의 결의에 의하여 어느 특정한 종류주식의 주주에게 손해를 미치게 될 때에는, 상법은 주주총회(또는 이사회)의 결의 외에 추가로 그 종류주식을 가진 주주들만의 결의를 요하도록 규정하고 있는데, 이것이 종류주주총회이다.

주주총회의 결의 외에 종류주주총회를 요하는 경우에 종류주주총회의 결의가 없거나 또는 그 결의가 무효 또는 취소가 된 경우에는 주주총회의 결의가 효력을 발생하지 않는다(浮動的 無效說 또는 결의불발효설)($^{동지: 대판\ 2006.\ 1.\ 27,}_{2004\ 다\ 44575·44582}$). 이 경우에는 주주총회결의 하자에 관한 상법상의 규정이 유추적용되지 아니하고, 민사소송법의 규정에 따라 주주총회 불발효확인의 소를 제기할 수 있다($^{반대:\ 대판\ 2006.\ 1.\ 27,\ 2004\ 다\ 44575·}_{44582\ 〈정관변경에\ 관한\ 종류주주총회에서}$ 종류주주총회의 불발효 확인의 소를 제기할 필요 없이 바로 정관변경의 무효라는 확인을 구하면 족하다고 한다〉).

2. 종류주주총회의 결의를 요하는 경우

상법상 종류주주총회의 결의를 요하는 경우는 다음과 같은 세 경우가 있다. 즉, (i) 회사가 정관을 변경함으로써 어느 종류주식의 주주에게 손해를 미치게 될 때(예컨대, 우선주의 배당률을 낮추는 경우 등)($^{상\ 435조}_{1항}$)($^{동지:\ 대판\ 2006.\ 1.\ 27,}_{2004\ 다\ 44575·44582}$), (ii) 주식의 종류에 따라 신주의 인수, 주식의 병합·분할·소각 또는 회사의 합병·분할로 인한 주식의 배정에 관하여 특수한 정함을 하는 경우에 어느 종류주식을 가진 주주에게 손해를 미치게 될 때(예컨대, 우선주에 대하여 보통주보다 신주배정의 비율을 낮게 하는 경우 등)($^{상\ 436조\ 전단,}_{344조\ 3항}$), 또는 (iii) 회사의 분할 또는 분할합병, 주식교환, 주식이전 및 회사의 합병으로 인하여 어느 종류주식을 가진 주주에게 손해를 미치게 될 때에는(예컨대, 소멸회사의 우선주에 대하여 보통주보다 존속회사의 주식을 적게 배정하는 경우 등)($^{상\ 436조}_{후단}$) 종류주주총회의 결의를 요한다(종류주주총회와 주주총회와의 異同에 관하여는 정찬형, 「상법강의(상)(제27판)」, 953~954면 참조).

제 9 주주총회결의의 하자

1. 총 설

(1) 주주총회의 결의는 사단적 법률행위로서 그 성립과정 및 성립 후에 있어서 다수의 이해관계인이 있게 된다. 그러므로 이러한 주주총회의 결의에 하자가 있는 경우에 법률행위의 하자에 관한 일반원칙에 의하여 해결할 수는 없다. 따라서 상법은 회사에 관한 법률관계의 획일적 처리 및 법적 안정성을 고려하여 회사설립무효의 경우와 같이 주주총회결의의 하자에 관한 소를 특별히 규정하고 있다.

(2) 상법상 규정되어 있는 주주총회결의의 하자에 대한 소에는 결의취소의 소($\frac{상 376조\sim}{379조}$), 결의무효확인의 소($\frac{상 380조}{전단}$), 결의부존재확인의 소($\frac{상 380조}{후단}$) 및 부당결의취소·변경의 소($\frac{상}{381조}$)가 있다. 이하에서는 이 네 가지의 소에 대하여 차례로 설명하겠다.

2. 결의취소의 소

(1) 소의 원인

결의의 「절차상(형식적) 또는 내용상(실질적) 경미한 하자」가 소의 원인이 된다. 즉 상법 제376조 1 항은 「총회의 소집절차 또는 결의방법이 법령 또는 정관에 위반하거나 현저하게 불공정한 때 또는 그 결의의 내용이 정관에 위반한 때」라고 규정하고 있다.

판례에서 주주총회결의의 취소를 인정한 것으로는 다음과 같은 것들이 있다. 「주식회사의 대표이사가 정당한 사유 없이 주주총회를 소집하지 않는다 하여 전무이사가 주주총회를 소집한 경우」($\frac{대판 1962. 1. 11.}{4294 민상 490}$), 「이사회의 결의 없이 소집권자가 주주총회를 소집한 경우」($\frac{대판 1980. 10.}{27, 79 다 1264}$), 「일부주주에게 소집통지를 하지 않았거나 법정기간을 준수한 서면통지를 하지 않은 경우」($\frac{대판 1981. 7. 28, 80 다 2745·2746;}{동 2010. 7. 22, 2008 다 37193}$), 「주주총회의 개회시각을 사실상 부정확하게 한 경우」($\frac{대판 2003. 7. 11.}{2001 다 45584}$) 등은 소집절차가 법령 또는 정관에 위반하거나 현저하게 불공정한 경우이다.

「의결권이 없는 자가 의결권을 행사한 경우」($\frac{대판 1983. 3.}{23, 83 도 748}$), 「주주명부상의 주주가 실질주주가 아님을 회사가 알고 있으면서 이러한 형식주주가 의결권을 행사하게 한 경우」($\frac{대판 1998. 9. 8.}{96 다 45818}$), 「총회소집통지서에 기재되지 않은 사항(목적사항)에 관하여 결의한 경우」($\frac{대판 1969. 2. 4.}{68 다 2284}$), 「정관상 의장이 될 사람이 아닌 자가 의장이 되어 의사에 관여한 경우」($\frac{대판 1977. 9. 28.}{76 다 2386}$), 「사실상 주주 2명으로 구성된 주식회사의 일방 주주측이 다른 주주의 회의장 입장을 부당하게 방해하였고 그 의사진행방식 및 결의방식이 신의칙에 반하는 경우」($\frac{대판\ 1996.\ 12.\ 20,}{96\ 다\ 39998}$), 「정족수에 미달한 결의」($\frac{대판\ 1996.\ 12.\ 23,\ 96\ 다\ 32768\cdot32775\cdot}{32782;\ 동\ 2001.\ 12.\ 28,\ 2001\ 다\ 49111}$) 등은 결의방법이 법령 또는 정관에 위반하거나 현저하게 불공정한 경우이다.

(2) 소의 당사자

1) 원 고   상법 제376조 1 항은 주주총회결의 취소의 소의 원고는 「주주·이사·감사」에 한하는 것으로 규정하고 있다. 청산중의 회사에서는 이사에 갈음하여 청산인이 원고가 된다($\frac{상\ 542조\ 2\ 항,}{376조}$).

[주주총회결의 취소의 소의 원고에 관한 판례]

"… 이사해임 및 보선의안의 결의는 재적주주 전원의 동의가 없어 부적법하다 할 것이니, 설사 원고가 이사보선시의 주주총회에 참석하여 그 결의에 가담했다 해도 그로써 곧 그 결의의 취소를 구함이 신의성실의 원칙에 위배되거나 금반언의 원칙에 반한다고 볼 수 없다($\frac{대판\ 1979.\ 3.}{27,\ 79\ 다\ 19}$)."

"이사가 그 지위에 기하여 주주총회결의 취소의 소를 제기하였다가 소송 계속중에 사망하였거나 사실심 변론종결 후에 사망하였다면, 그 소송은 이사의 사망으로 중단되지 않고 그대로 종료된다. 왜냐하면 이사의 지위는 일신전속적인 것이어서 상속의 대상이 되지 않기 때문이다($\frac{대판\ 2019.\ 2.\ 14,}{2015\ 다\ 255258}$)."

2) 피 고   주주총회결의 취소의 소의 피고에 대하여는 상법에 명문의 규정이 없으나, 「회사」만이 피고가 될 수 있다(통설).

[주주총회결의 취소의 소의 피고에 관한 판례]

"주주총회결의 취소의 판결은 대세적 효력이 있으므로 그와 같은 소송의 피고가 될 수 있는 자는 그 성질상 회사로 한정된다($\frac{대판\ 1982.\ 9.\ 14,}{80\ 다\ 2425}$)."

(3) 제소기간

상법 제376조 1 항은 주주총회결의 취소의 소의 제소기간을 「결의의 날로부터 2월 내」로 규정하고 있다.

[주주총회결의 취소의 소의 제소기간의 기산일에 관한 판례]

"… 주주총회의 결의내용이 등기할 사항이라든가 주주나 이사가 위 결의 있음을 몰랐다고 하는 경우라고 하여서 결의취소의 소의 제소기간의 기산일을 늦

취야 할 법적 근거는 없다(대판 1966. 10. 4,/66 다 2269)."

"주주총회에서 여러 개의 안건이 상정되어 각기 결의가 행하여진 경우, 위 제소기간의 준수 여부는 각 안건에 대한 결의마다 별도로 판단되어야 한다(대판 2010. 3. 11,/2007 다 51505)."

(4) 소의 절차

1) 주주총회결의 취소의 소의 절차에 대하여 상법은 합명회사의 설립무효·취소의 소의 절차에 관한 규정을 많이 준용하고 있다(상 376조/2항). 즉 결의취소의 소는 회사의 본점소재지의 지방법원의 전속관할에 속하고(상 376조 2항/186조), 소가 제기된 때에는 회사는 지체 없이 공고하여야 하며(상 376조 2항/187조), 수 개의 취소의 소가 제기된 때에는 법원은 이를 병합심리하여야 한다(상 376조 2항/188조).

2) 상법은 남소(濫訴)를 방지하기 위하여 이사·감사가 아닌 주주가 결의취소의 소를 제기한 때에는, 회사의 청구에 의하여 법원은 그러한 주주에게 상당한 담보를 제공할 것을 명할 수 있음을 규정하고 있다(상 377조/1항). 다만 회사가 이러한 청구를 함에는 주주의 청구가 악의임을 소명하여야 한다(상 377조 2항/176조 4항).

[제소주주가 제공할 '담보액의 기준'에 관한 판례]

"주주가 결의취소의 소를 제기한 경우에 제공하는 담보는 그 소송제기로 인하여 회사가 받고 또 장차 받게 될 모든 손해를 담보하는 것이 목적이므로, 그 담보액은 회사가 받게 될 모든 불이익을 표준으로 하여 법원이 자유재량에 의하여 정할 수 있다(대결 1963. 2./28, 63 마 2)."

3) 상법은 경미한 하자에 대한 남소(濫訴)를 방지하여 회사를 보호하기 위하여 법원의 재량에 의하여 결의취소의 소의 청구를 기각할 수 있음을 규정하고 있다. 즉 법원은 결의취소의 소가 제기된 경우에 결의의 내용·회사의 현황과 제반사정을 참작하여 그 취소가 부당하다고 인정한 때에는 그 청구를 기각할 수 있다(상 379조). 이때 법원의 재량에 의한 청구기각의 전제로는 먼저 주주총회결의 자체가 법률상 존재하여야 한다.

[주주총회결의 취소의 소의 기각에 관한 판례]

"이사회의 결정 없이 소집된 본건 주주총회는 주주총회 자체의 성립을 인정하기 어렵고 주주총회 자체를 부인하는 이상 그 결의 자체도 법률상 존재한다고 할 수 없다(대판 1973. 6. 29.,/72 다 2611 참조). 그런데 상법 제379조의 재량기각을 함에 있어서는 첫째로 주주총회결의 자체가 법률상 존재함이 전제가 되어야 할 것이고, 만약에 주주총회결의 자체가 법률상 존재하지 않는 경우는 결의취소의 소는 부적법한 소에 돌아가고 따라서 상법 제376조를 적용할 여지도 없다 할 것이다. 따라서 이 사건 소를 소송판결로써 각하하여야 함에도 불구하고 원심이 실체판결로써 원고의 청구를 기각하였음을 위법이라 아니할 수 없다(대판 1978. 9. 26.,/78 다 1219)."

"피고는 상호신용금고회사로서 전국상호신용금고연합회의 결의 및 재무부의 승인에 의하여 다른 상호신용금고들과 함께 결산기를 변경시행하여 오던 중 일부 주주가 참석하지 못한(위임장의 접수거절로 인함) 가운데 주주총회에서 이러한 결산기의 변경에 관한 정관변경을 결의하였다. 이에 대하여 원심은 위의 정관변경결의는 결의방법이 현저하게 불공정하여 취소사유에 해당되나, 제반사정을 참작하여 위 주주총회의 결의를 취소함은 부적당하다 하여 원고들의 주주총회결의 취소청구를 기각하였다. 주주총회결의취소의 소에 있어 법원의 재량에 의하여 청구를 기각할 수 있음을 밝힌 상법 제379조는 결의의 절차에 하자가 있는 경우에 결의를 취소하여도 회사 또는 주주에게 이익이 되지 않든가, 이미 결의가 집행되었기 때문에 이를 취소하여도 아무런 효과가 없든가 하는 때에 결의를 취소함으로써 오히려 회사에게 손해를 끼치거나 일반거래의 안전을 해치는 것을 막고 또 소의 제기로써 회사의 질서를 문란케 하는 것을 방지하려는 취지이므로 원심이 그 인정의 결의내용, 피고의 현황, 다른 금융기관의 실태, 원고들의 제소목적 등 제반사정을 참작하여 원고들의 청구를 기각하였음은 정당하다(대판 1987. 9. 8, 86 다카 2971./동지: 대판 2003. 7. 11, 2001 다 45584)."

4) 주주총회결의취소의 소는 단체의 법률관계를 대상으로 하는 소로서 제소권자나 회사가 임의로 처분할 수 있는 이익이 아니므로 당사자간의 화해나 인낙(대판 1993. 5. 27.,/92 누 14908) 등은 허용되지 않는다고 본다.

(5) 판결의 효력

1) 원고가 승소한 경우   원고가 승소한 경우에는 주주총회결의 취소의 판결의 효력은 민사소송법상의 취소판결의 효력과 같이 소급효는 있으나(상 376조 2항, 190조/단서 준용배제)(따라서 이사 선임의 주주총회결의에 대한 취소판결이 확정된 경우, 그 결의에 의하여 이사로 선임된 이사들에 의하여 구성된 이사회에서 선정된 대표이사는 소급하여 그 자격을 상실하고, 그 대표이사가 취소판결 확정 전에 한 행위는 대표권이 없는 자가 한 행위로서 무효가 된다—대판 2004. 2. 27.,/2002 다 19797), 민사소송법상의 취소판결의 효력과는 달리 대세적 효력이 있다(상 376조 2항,/190조 본문). 이러한 대세적 효력으로 인하여 주주총회결의 하자를 다투는 소에서

청구의 인낙이나 화해·조정은 할 수 없고, 설사 이러한 청구의 인낙 등이 이루어졌다 하더라도 그러한 인낙조서 등은 효력이 없다($^{대판\ 2004.\ 9.\ 24,}_{2004\ 다\ 28047}$).

이 때에 주주총회의 결의사항이 등기된 경우에는 결의취소의 판결이 확정된 때에 본점과 지점의 소재지에서 등기하여야 한다($^{상}_{378조}$).

2) 원고가 패소한 경우   원고가 패소한 경우에는 그 판결의 효력은 민사소송법의 일반원칙에 따라 당사자 사이에만 미친다($^{민소\ 218조}_{1항}$). 이 때 원고에게 악의 또는 중과실이 있으면 원고는 연대하여 회사에 대하여 손해를 배상할 책임이 있다($^{상\ 376조\ 2항,}_{191조}$).

(6) 소의 성질

결의취소의 소의 성질이 「형성의 소」라는 점에서는 이설(異說)이 없다($^{동지:\ 대판\ 1987.\ 4.}_{28,\ 86\ 다카\ 553\ 외}$). 따라서 주주총회의 소집절차가 법령이나 정관에 위배된 경우 등에도 상법 제376조에 의하여 취소되지 않는 한 유효하다.

3. 결의무효확인의 소

(1) 소의 원인

결의의 「내용상(실질적) 중대한 하자」가 소의 원인이 된다. 상법 제380조는 「총회의 결의의 내용이 법령에 위반한 때」라고 규정하고 있다.

결의무효확인의 소의 원인에 관한 판례는 거의 없고(대부분이 결의부존재확인에 관한 판례임), 학설은 주주평등의 원칙에 반하는 결의·주주유한책임의 원칙에 반하는 결의·주주총회의 권한에 속하지 아니하는 사항에 대한 결의·선량한 풍속 기타 사회질서에 반하는 결의·강행법규에 반하는 결의 등을 결의무효확인의 소의 원인으로 들고 있다.

(2) 소의 당사자

1) 원 고   주주총회결의 무효확인의 소의 원고에 대하여는 취소의 소의 경우와는 달리 상법상 제한이 없다. 따라서 이론상은 누구나 무효확인의 소를 제기할 수 있으나, 판례는 「그 무효확인에 관하여 정당한 법률상의 이익이 있는 자」이어야 한다고 판시하고 있다($^{대판\ 1959.\ 12.\ 3,}_{4290\ 민상\ 669}$). 그런데 무효확인에 관하여 정당한 법률상의 이익이 있는 자가 구체적으로 누구이냐에 대하여 판례는 다음과 같이 판시하고 있다. 「무효인 주주총회의 결의로 대표이사직을 해임당한 자는 그가 주주이거나 아니거나를 막론하고 주주총회결의의 무효확인을 청구할 수 있다」고 하고($^{대판\ 1962.\ 1.\ 25,\ 4294\ 민상}_{525;\ 동\ 1966.\ 9.\ 27,}$

66 다 980; 동 1975.^{4. 22, 74 다 1464}), 이와 유사하게 「무효인 주주총회의 결의에 의하여 이사직을 해임당한 자도 그가 주주인지 여부를 막론하고 주주총회결의의 무효확인을 청구할 수 있다」고 한다(대판 1982. 4. 27,_{81 다 358}). 그런데 「사임한 이사는 주주총회결의의 무효확인을 구할 법률상 이익이 없다」고 하나(대판 1982. 9. 14, 80 다 2425;_{동 1992. 8. 14, 91 다 45141}), 「사임으로 인하여 법정 또는 정관소정의 이사의 원수(員數)를 결한 경우에는 무효확인을 구할 법률상 이익이 있다」고 한다(대판 1985. 12._{10, 84 다카 319}). 또한 「임기만료로 퇴임하는 이사는 후임이사의 취임시까지는 이사로서의 권리의무가 있으므로 후임이사를 선임하는 주주총회결의에 대하여 그 무효확인을 구할 법률상 이익이 있다」고 한다(대판 1982. 12. 14,_{82 다카 957}). 한편 「회사에 대하여 효력이 없는 주권발행 전의 주식양수인은 주식양도인에 대하여 채권자에 불과하므로 주주총회결의의 무효확인을 구할 법률상 이익이 없다」고 하고(대판 1962. 5. 17,_{4294 민상 1114}), 또한 「기명주식의 양수인이 명의개서를 하지 않은 경우나 주식을 제권판결 이전에 선의취득한 자라도 그 제권판결이 취소되지 않는 한 회사에 대하여 적법한 주주로서의 권한을 행사할 수 없으므로 주주총회결의의 무효확인을 소구(訴求)할 이익이 없다」고 한다(대판 1991. 5. 28,_{90 다 6774}). 또한 「주주총회의 결의에 찬동·추인한 주주도 다시 그 결의의 무효(부존재)확인을 주장할 수 있다」고 하고(대판 1977. 4. 26,_{76 다 1440·1441}), 「주주총회의 소집통지를 받지 못한 주주도 무효확인을 구할 법률상의 이익이 있다」고 한다(대판 1995. 7. 28,_{93 다 61338}). 그러나 「법원의 해산판결에 의하여 회사가 해산되고 법원이 적법하게 청산인을 선임한 경우에는 주주총회의 이사해임결의가 무효라 하더라도 그 이사로서는 청산인의 지위에 이를 수 없으므로 주주총회결의의 무효확인을 구할 법률상 이익이 없다」고 하고(대판 1991. 11._{22, 91 다 22131}), 「이사가 임원개임의 주주총회결의에 의하여 임기만료 전에 이사직에서 해임당하고 그 후임이사의 선임이 있었다 하더라도 그 후에 적법한 절차에 의하여 후임이사가 선임되었을 경우에는, 당초의 이사개임결의의 부존재 또는 무효확인을 구할 이익이 없다」고 한다(대판 1993. 10. 12, 92 다 21692._{동지: 대판 1995. 2. 24, 94 다 50427}). 그러나 「후임이사를 선임한 주주총회의 결의가 무권리자에 의하여 소집된 총회라는 하자 이외의 다른 절차상·내용상의 하자로 인하여 부존재임이 인정되는 경우에는, 그 임원을 선임한 당초 결의의 무효여부는 현재의 임원을 확정함에 있어서 직접적인 이해관계가 있는 것이므로 이 경우 당초의 선임결의의 무효확인을 구할 법률상의 이익이 있고, 여기서 말하는 '후임이사를 선임한 결의'는 특별한 사정이 없는 한 당초에 이사직에서 해임된 바로 그 자를 후임이사로 선임한 결의도 포함된다고 보아야 한다」고 판시하고 있다(대판 1995. 7. 28,_{93 다 61338}).

　　2) 피 고　　주주총회결의 무효확인의 소의 피고에 대하여도 상법에는 규정

이 없으나, 「회사」로 한정된다는 것이 통설·판례($\binom{\text{대판 1982. 9. 14, 80 다 2425〈부존재〉}}{\text{확인의 소에 관한 판결}}$)이다.

주식회사의 이사·감사를 선임하거나 해임하는 주주총회결의의 무효확인을 구하는 소송에 있어서, 동 결의에 의하여 선임되거나 해임된 이사·감사는 회사를 대표할 수 있는가. 이에 대하여 과거의 판례는 이를 부정하였으나($\binom{\text{대판 1963. 4. 25,}}{\text{62 다 836}}$), 그 후의 판례는 전원합의체판결에 의하여 과거의 판례를 변경하여 이를 긍정하고 있다 ($\binom{\text{대판 1983. 3. 22,}}{\text{82 다카 1810}}$).

(3) 제소기간

결의취소의 소와는 달리 상법상 제소기간의 제한이 없으므로, 원고는 언제든지 결의무효확인의 소를 제기할 수 있다.

(4) 소의 절차

결의취소의 소의 절차에 관한 상법상의 대부분의 규정은 결의무효의 확인의 소에 준용되므로, 이 점에서는 양자에 큰 차이가 없다($\binom{\text{상 380조, 186조~}}{\text{188조, 377조}}$). 다만 법원의 재량에 의한 청구기각에 관한 규정($\binom{\text{상}}{379조}$)만이 무효확인의 소에 준용되지 않는다. 왜냐하면 법원의 재량에 의한 청구기각의 규정($\binom{\text{상}}{379조}$)은 주주총회결의 자체가 법률상 존재함을 전제로 하므로 주주총회결의 자체가 무효이거나 부존재한 경우에는 동 규정이 적용될 여지가 없기 때문이다($\binom{\text{동지: 대판 1978. 9.}}{\text{26, 78 다 1219}}$).

(5) 판결의 효력

결의무효확인의 소의 판결의 효력도 결의취소의 소의 판결의 효력과 같다. 즉 대세적 효력이 있으며($\binom{\text{동지: 대판〈전〉 2021. 7. 22, 2020 다 284977(수 인이 소송을 제기한}}{\text{경우 민사소송법 제67조가 적용되는 필수적 공동소송에 해당함)}}$), 또한 소급효가 있다($\binom{\text{상 380조,}}{\text{190조 본문}}$).

(6) 소의 성질

결의무효확인의 소의 성질이 무엇이냐에 대하여 학설은 「확인소송설」과 「형성소송설」로 나뉘어 있다.

결의무효확인의 소의 법적 성질을 확인의 소라고 보는 확인소송설의 근거는 상법이 결의무효확인의 소에 대하여는 결의취소의 소와는 달리 「제소권자」와 「제소기간」에 대하여 제한을 두고 있지 않은 점에 근거하고, 형성의 소라고 보는 형성소송설의 근거는 상법이 결의무효확인의 소의 「판결의 효력」을 결의취소의 소의 판결의 효력(대세적 효력·소급효)과 동일하게 규정한 점에 근거한다.

어느 설을 취하느냐에 따라 발생하는 실제적인 차이는 소로써만 무효를 주장할 수 있느냐(형성소송설), 또는 소 이외의 방법으로도 무효를 주장할 수 있느냐(확인소송설)에 있다. 생각건대 결의의 내용이 강행법규 또는 주식회사의 본질에 반하는 결의까지 일단 효력이 발행하고 소로써만 무효로 할 수 있다는 것은 부당하므로 확인소송설에 찬성한다.

[결의무효확인의 소를 확인소송으로 본 판례]

"주주총회결의의 내용이 법령(또는 정관 1995년 개정상법 이전이기 때문에 정관위반이 포함된 것임⟨저자 주⟩)에 위반되는 경우에는 그 결의는 당연히 무효인 것이므로, 일반원칙에 의하여 누구나 언제든지 여하한 방법으로라도 그 무효를 주장할 수 있는 것이고, 그 무효의 주장은 소의 방법에 한한다고 해석할 수 없다($\frac{대판 1992. 9. 22,}{91 \text{ 다 } 5365 \text{ 외}}$)."

4. 결의부존재확인의 소

(1) 소의 원인

결의의 「절차상(형식적) 중대한 하자」가 소의 원인이다. 즉 「총회의 소집절차 또는 결의방법에 총회결의가 존재한다고 볼 수 없을 정도의 중대한 하자가 있는 경우」가 결의부존재확인의 소의 원인이 된다($\frac{상 380조}{후단}$).

판례에서 주주총회결의의 부존재를 인정한 것으로는 다음과 같은 것들이 있다. 「소집통지한 지정된 일시에 주주총회가 유회(流會)된 후 소집권자의 적법한 새로운 소집절차 없이 동일장소, 동일자, 다른 시간에 개최된 주주총회에서의 결의」($\frac{대판 1964. 5. 26, 63 \text{ 다 } 670;}{동 1993. 10. 12, 92 \text{ 다 } 28235 \cdot 28242}$), 「권한이 없는 자가 소집한 주주총회의 결의」($\frac{대판 1959. 11. 19, 4292 \text{ 민상 } 604;}{동 2022. 11. 10, 2021 \text{ 다 } 271282 \text{ 외}}$), 「이사회의 결의 없이 무권한자가 일부주주에게만 구두통지하여 소집한 주주총회의 결의」($\frac{대판 1973. 6. 29, 72 \text{ 다 } 2611;}{동 2010. 6. 24, 2010 \text{ 다 } 13541}$), 「주주의 전부 또는 대부분의 주주에게 소집통지를 발송하지 아니하고 개최된 주주총회의 결의」($\frac{대판 1978. 11.}{14, 78 \text{ 다 } 1269}$), 「발행주식총수 20,000주식 중 12,000주식에 기한 의결권을 행사할 수 있는 자에게 소집통지를 하지 아니하고 한 주주총회의 결의」($\frac{대판 1980. 12.}{9, 80 \text{ 다 } 128}$), 「주식수탁자에 의한 결의」($\frac{대판 1975. 7. 8,}{74 \text{ 다 } 1969}$), 「주권발행 전의 주식양수인들이 한 주주총회의 결의」($\frac{대판 1977. 6.}{7, 77 \text{ 다 } 54}$), 「기명주식의 양도방법(명의개서— 저자 주)에 의하지 아니한 기명주식의 양도의 경우 주식양수인들에 의한 주주총회의 결의」($\frac{대판 1980. 1.}{15, 79 \text{ 다 } 71}$), 「제 1주주총회의 결의가 부존재인 경우 이에 기하여 선임된 대표이사가 소집한 제 2주주총회의 결의」($\frac{대판 1993. 10. 12,}{92 \text{ 다 } 28235 \cdot 28242}$), 「실제의 소집절차와 회의절차를 거치지 아니한 채 주주총회 의사록을 허위로 작성한 경우」($\frac{대판 2004. 8. 16, 2003 \text{ 다 } 9636;}{동 2007. 2. 22, 2005 \text{ 다 } 73020}$) 등에 주주총회결의의 부존재를 인정하고 있다.

(2) 소의 당사자

1) 원 고   결의무효확인의 소의 경우와 동일한데, 특히 결의부존재확인의

소의 원고에 관한 판례로는 다음과 같은 것들이 있다. 주식회사의 「금전상의 채권자」는 그 회사의 주주총회결의의 부존재확인을 구할 법률상의 이익이 있으며 (대판 1970. 2. 24, 69 다 2018), 회사의 단순한 채권자는 「그 회사의 주주총회의 결의로 인하여 권리 또는 법적 지위에 현실적으로 직접 어떠한 구체적인 영향을 받게 되는 경우」에 한하여 주주총회결의의 부존재확인을 구할 수 있다(대판 1992. 8. 14, 91 다 45141 외). 「이사가 임원개임의 주주총회결의에 의하여 임기만료 전에 이사직에서 해임당한 경우 그 이사」는 후임 이사 선임결의가 부존재하거나 무효 등의 사유가 있고 구 이사가 상법 제386조 1 항에 의하여 계속 천거의무를 가지게 되는 경우에는 해임당한 이사는 당초의 해임 결의의 부존재확인을 구할 법률상 이익이 있다(대판 1992. 2. 28, 91 다 8715 외).

그러나 「명의대여자」는 주주로 볼 수 없으므로 결의부존재확인을 구할 정당한 지위에 있지 않다(대판 1980. 12. 9, 79 다 1989). 또한 「회사의 소유 및 경영을 양도한 지배주주」 (대판 1992. 8. 14, 91 다 45141 외), 「주권의 교부의무를 이행하지 않은 주식양도인」(대판 1992. 2. 28, 91 다 8715 외) 등이 부존재확인청구를 하는 것도 신의성실의 원칙에 반하는 소권의 행사로서 인정될 수 없다.

2) 피 고   결의취소의 소 및 결의무효확인의 소의 경우와 같이, 결의부존재확인의 소송에 있어서 피고가 될 수 있는 자는 「회사」로 한정된다(동지: 대판 1982. 9. 14, 80 다 2425).

(3) 제소기간

결의무효확인의 소의 경우와 같이 상법상 제소기간의 제한이 없다.

(4) 소의 절차

결의무효확인의 소의 경우와 동일하다.

(5) 판결의 효력

결의취소의 소 및 결의무효확인의 소의 경우와 동일하다(상 380조, 190조 본문). 즉 대세적 효력이 있으며 또한 소급효가 있다.

(6) 소의 성질

주주총회결의 부존재확인의 소가 「형성의 소」이냐 또는 「확인의 소」이냐에 대하여 학설은 결의무효확인의 소의 경우와 동일하게 견해가 나뉘어 있는데, 이에 관한 사견도 결의무효확인의 소의 경우와 같다.

[결의부존재확인의 소를 확인소송으로 본 판례]

"상법 제380조에 규정된 주주총회결의 부존재확인의 소는 그 법적 성질이 확인의 소에 속하는 것인데, 이에 상법 제190조의 규정을 준용하는 것은 이 소를 회사법상의 소로 취급하여 그 판결에 대세적 효력을 부여하고 또 소급효를 제한하여(이 점은 1995년 개정상법에 의하여 소급효가 있는 것으로 변경되었다— 저자 주) 이미 형성된 법률관계를 유효한 것으로 취급함으로써 회사에 관한 법률관계에 법적 안정성을 보장하여 주려는 법정책적인 판단의 결과이다 $\left(\begin{smallmatrix} \text{대판: 1992. 8. 18, 91 다 39924. 동지:} \\ \text{대판 2011. 6. 24, 2009 다 35033} \end{smallmatrix}\right)$."

5. 부당결의취소·변경의 소

(1) 소의 원인

주주총회의 결의에 관하여 특별한 이해관계가 있는 자는 의결권을 행사하지 못하는데($\frac{\text{상}}{3\text{항}}$368조), 이러한 자가 의결권을 행사하지 못함으로 말미암아 주주총회의 결의가 현저하게 부당하고 그 주주가 의결권을 행사하였더라면 이를 저지할 수 있었을 경우이다($\frac{\text{상}}{1\text{항}}$381조). 이에 관한 우리나라의 판례는 아직 없다.

(2) 소의 당사자

1) 원 고　　「주주총회결의에 관하여 특별한 이해관계가 있어 의결권을 행사할 수 없었던 자」이다($\frac{\text{상}}{1\text{항}}$381조).

2) 피 고　　「회사」이다.

(3) 제소기간

「결의의 날로부터 2월 내」이다($\frac{\text{상}}{1\text{항}}$381조).

(4) 소의 절차

결의취소의 소의 경우와 동일한데, 다만 법원의 재량에 의한 청구기각에 관한 규정($\frac{\text{상}}{379\text{조}}$)은 준용되지 않는다($\frac{\text{상}}{2\text{항}}$381조).

(5) 판결의 효력

결의취소의 소의 판결의 효력과 같이, 대세적 효력이 있으며 또한 소급효가 있다($\begin{smallmatrix} \text{상 381조 2 항,} \\ \text{190조 본문} \end{smallmatrix}$).

(6) 소의 성질

결의취소의 소의 경우와 같이 「형성의 소」라는 점에 대하여 이설(異說)이 없다.

≫ 사례연습 ≪

[사 례]

　Y주식회사의 다음의 주주총회결의는 유효한가?

(1) 이사회의 결의 없이 대표이사 A가 주주총회를 소집하여 결의한 경우

(2) 정관의 규정에 위반하여 결손보전적립금을 적립하지 않고 정기주주총회가 이익배당을 결의한 경우

(3) Y회사의 임시주주총회를 소집한다는 소집통지서상의 목적사항은 「이사의 선임」인데, 그 주주총회에서 감사를 선임결의한 경우

(4) 발행주식총수가 20,000주인데 이 중 12,000주식을 가진 주주에게 소집통지를 하지 않고 소집된 임시주주총회에서 이사를 선임한 경우

(5) Y회사가 임시주주총회를 소집하여 X에 대하여 부담하고 있는 회사의 채무를 주주가 갖고 있는 주식의 비율로 모든 주주가 분담한다는 결의를 한 경우

(6) Y회사의 대주주인 B가 Y회사에 대하여 공장용 부지를 매도함에 있어 회사의 정관상 주주총회의 결의를 받도록 되어 있는데, B가 특별이해관계인으로서 의결권을 행사하지 못하는 것을 이용하여 다른 주주들이 시중가격보다 훨씬 염가로 이 부지를 매수할 것을 결의한 경우

* 이 사례는 정찬형, 「상법사례연습(제 4 판)」, 사례 68에 기초한 것이므로, 이에 관한 상세는 同書를 참고하기 바람.

[해 답]

(1) 주주총회의 소집은 상법에 다른 규정이 있는 경우 외에는 「이사회」가 이를 결정하는데($\frac{상}{362조}$), 본문의 경우와 같이 이사회의 결의 없이 대표이사가 주주총회를 소집하여 결의한 경우에는 주주총회의 「소집절차」가 법령에 위반한 경우로서 이는 결의취소의 소의 원인이 된다($\frac{상376조}{1항}$). 우리 대법원판례도 이와 동지(同旨)로 판시하고 있다($\frac{대판 1980. 10. 27, 79 다 1264;}{동 1989. 5. 23, 88 다카 16690}$).

(2) 본문의 경우는 주주총회결의의 내용이 정관에 위반한 경우로서 이는 결의취소의 원인이 된다($\frac{상376조}{1항}$).

주주총회결의의 내용이 정관에 위반한 것은 주주총회결의의 내용상 경미한 하자에 속하는 것인데, 이에 대하여 1995년 개정상법 이전에는 결의무효확인의 소의 원인($\frac{상}{380조}$)으로 규정하였으나, 1995년 개정상법은 이를 결의취소의 소의 원인($\frac{상376조}{1항}$)으로 규정하였다.

(3) 주주총회의 소집통지서에는 회의의 목적사항을 기재하여야 하고($\frac{상363조}{2항}$) 주주총회는 이 목적사항에 한하여 결의할 수 있는데, 주주총회 소집통지서에 기재되지 않은 사항에 관하여 주주총회가 결의하는 것은 주주총회의 「결의방법」이 법령에 위반한 경우로서 이는 결의취소의 소의 원인이 된다($\frac{상376조}{1항}$). 우리 대법원판례도 이와 동지

(同旨)로 판시하고 있다(대판 1962. 1. 31, 4294 민상 452; 동 1969. 2. 4, 68 다 2284; 동 1979. 3. 27, 79 다 19).

(4) 주주총회를 소집함에는 회일을 정하여 그 회일의 2주간 전에 서면으로 통지를 발송하거나 각 주주의 동의를 받아 전자문서로 통지를 발송하여야 한다(상 363조 1항 본문). 다만 그 통지가 주주명부상의 주주의 주소에 계속 3년간 도달하지 아니한 때에는 회사는 당해 주주에게 총회의 소집을 통지하지 아니할 수 있다(상 363조 1항 단서).

본문의 경우 발행주식총수 중 과반수의 주식을 소유하고 있는 주주에게 소집통지를 하지 않은 것은 주주총회의「소집절차」가 법령에 위반한 경우로서 그 하자가 중대하여 주주총회의 결의가 존재한다고 볼 수 없을 정도이므로 이는 결의취소의 소의 원인 (상 376조 1항)이 아니라 결의부존재확인의 소의 원인(상 380조)이 된다고 본다(동지: 대판 1980. 12. 9, 80 다 128).

본문의 경우 만일 발행주식총수 중 과반수의 주식을 소유하고 있는 자라도 회사에 그의 주소변경을 하지 않아 회사가 주주명부상의 그 주주의 주소에 주주총회 등의 소집통지를 하였는데 계속 3년간 도달하지 않았다면 그러한 주주에게 서면통지를 하지 않은 것이 주주총회의 소집절차가 법령에 위반한 것으로 볼 수는 없겠으나, 이러한 지배주주인 경우에는 주주명부상에 주소변경을 하지 않은 것을 예상하기 어렵다. 또한 본문의 경우는 이러한 지배주주가 기명주주임을 전제로 하고 있는데, 만일 무기명주주인 경우로서 회사가 소정의 공고를 한 경우에는 소집절차상의 하자가 있을 수 없다.

(5) 주식회사에서 주주는「그가 가진 주식의 인수가액」을 한도로 하여 회사에 대해서만 책임을 진다(간접유한책임)(상 331조). 이러한 주주의 유한책임의 원칙은 주식회사의 본질에 속하는 것으로서 이에 반하는 주주총회의 결의는 무효확인의 소의 원인이 된다.

본문의 경우 Y회사가 X에 대하여 부담하고 있는 채무를 주주에게 부담시키는 결의를 하는 것은 결의의 내용이 법령에 위반함은 물론 주식회사의 본질에 속하는 주주유한책임의 원칙에 반하는 결의로서 이는 결의무효확인의 소의 원인이 된다고 본다(상 380조).

본문의 경우 주의할 점은 주주유한책임의 원칙은 주주가 사후에 개별적으로 포기하는 것은 무방하다는 점이다. 따라서 이 경우에는 주주 개개인의 동의로 주주에게 회사채무를 부담시킬 수 있다(동지: 대판 1983. 12. 13, 82 도 735; 동 1989. 9. 12, 89 다카 890). 따라서 주식회사의 본질인 주주유한책임의 원칙은 주주의 개별적인 동의나 포기 없이 주주에게 회사채무를 부담시키거나 인수가액 이상의 추가출자를 시킬 수 없다는 의미이다. 따라서 본문의 경우 주주 전원의 일치에 의한 결의로 X에 대한 채무를 부담하기로 결의하였다면 이는 주주의 개별적인 채무부담의 동의로 보아 그 결의내용대로 채무를 부담시킬 수 있을 것이다. 또 주주 전원의 일치에 의한 결의가 아니고 과반수 등에 의한 결의라고 하여도 그 결의에 찬성한 주주는 개별적인 채무부담의 동의를 한 것으로 보아 그 결의내용대로 X에 대한 Y회사의 채무를 부담시킬 수 있을 것이다. 그러나 이 때 그 결의에 찬성하지 않은 주주에 대하여는 어떠한 경우에도 그 의사에 반하여 X에 대한 Y회사의 채무를 부담시킬 수 없다. 따라서 주식회사의 본질인 주주유한책임의 원칙은 주주의 의사에 반하여 주주에게 회사채무를 부담시키거나 인수가액 이상의 추가출자를 시킬 수 없다는 의미라고 보아야 할 것이다. 주주의 의사에 반하여 주주에게 회사의 채무를 부담시키는 것은 「법인격부인론」에 의하여 그 회사의 법인격이 부인되는 경우이다.

(6) Y회사의 대주주인 B가 Y회사에 대하여 공장용 부지를 매도하는 것은 B가 사단관계(주주의 입장)에서 갖는 이해관계가 아니라 개인적으로 갖는 이해관계이므로 (개인법설) 주주총회의 결의에 관하여 특별한 이해관계를 갖는 자로서 상법상 그 주주총회에서 의결권을 행사하지 못한다($\frac{상}{4항}$368조). 이와 같이 B가 상법상 주주총회결의에 관하여 특별이해관계인으로서 의결권을 행사하지 못하는 것을 이용하여 나머지 주주들이 시중가격보다 훨씬 염가로 그 부지를 매수할 것을 결의하는 것은 그 결의가 현저하게 부당하고 또 이 때 B가 그의 의결권을 행사하였더라면 이를 저지할 수 있었을 경우에 해당한다. 따라서 이는 「부당결의취소·변경의 소」의 원인으로 B는 그 결의의 날로부터 2월 내에 Y회사를 상대로 그 결의의 취소의 소 또는 변경의 소를 Y회사의 본점 소재지의 지방법원에 제기할 수 있다($\frac{상}{186조}$381조.).

제 3 관 이사회·대표이사 또는 집행임원(업무집행기관)

제 1 총   설

(1) 1962년 우리 상법 제정 이후 2011년 4월 개정상법 이전까지 주식회사의 업무집행기관은 원칙적으로 이사회(의사결정기관)와 대표이사(대내적으로 회사의 업무를 집행하고 대외적으로 회사를 대표하는 기관)만이 있었는데, 이 경우 이사회는 한편으로는 회사의 업무집행에 관한 의사를 결정할 권한을 갖고($\frac{상}{1항}$393조) 다른 한편으로는 (대표)이사의 직무집행을 감독할 권한을 갖는다($\frac{상}{2항}$393조)(이러한 회사를 이사회의 면에서 보면 '참여형 이사회'라 하고, 집행임원의 면에서 보면 '집행임원 비설치회사'라 함). 이에 반하여 2011년 4월 개정상법은 집행임원제도를 도입하여, 회사는 (선택에 의하여) 대표이사에 갈음하여 집행임원을 둘 수 있도록 하였다(이러한 회사를 이사회의 면에서 보면 '감독형 이사회'라 하고, 집행임원의 면에서 보면 '집행임원 설치회사'라 함)($\frac{상}{2}\frac{408조의}{1항}$). 이러한 집행임원 설치회사는 회사의 업무집행기관(집행임원)과 업무감독기관(이사회)을 분리하여, 이사회는 회사의 업무를 잘 알고 또한 경영의 전문가인 집행임원을 업무

집행기관으로 선임·해임하여 회사의 업무집행(경영)을 맡기고, 이사회는 이에 대한 감독만을 하면서 (필요한 경우) 회사의 중요한 사항에 대하여 의사를 결정하는 회사를 말한다.

참여형 이사회제도에서는 이사회가 주로 업무집행기능에만 전념하여 이사회의 업무감독기능은 유명무실하게 되었다. 특히 우리나라에서는 1998년 IMF 경제체제 이후 이사회의 감독기능을 강화하기 위하여 상장회사의 경우 이사회에 사외이사를 의무적으로 두도록 하였다($\frac{\text{상 542조의}}{8 \text{ 1항}}$).

위와 같이 상장회사 등에게 사외이사를 두는 것을 강제함으로써 상장회사 등은 사외이사를 두는 것을 최소화할 목적으로 이사의 수를 대폭 축소하고 회사의 정관 또는 내규에 의하여 또는 대표이사에 의하여 선임된 (사실상의) 집행임원을 두게 되었다. 또한 이러한 집행임원은 등기되지 않으므로 비등기임원이라고도 불리운다. 이러한 집행임원은 실제로 (사외이사를 강제하기 전에) 등기이사가 수행하던 직무를 담당하고 이로 인하여 보수 등에서도 등기이사와 거의 동등한 대우를 받고 있으면서도, 상법 등 법률상 근거가 없는 새로운 제도로서 발생하게 되었다. 이러한 비등기임원에 대하여, 우리 대법원판결에서는 근로기준법상의 근로자에 해당한다고 판시하기도 하고($\frac{\text{대판 2003. 9. 26,}}{2002 \text{ 다 64681}}$), 근로기준법상 근로자에 해당하지 않는다고 판시하기도 한다($\frac{\text{대판 2017. 11. 9,}}{2012 \text{ 다 10959}}$).

위에서 본 바와 같이 우리나라의 (대규모) 상장회사에서 실무상 두고 있는 (사실상) 집행임원에 대하여 법적 근거를 마련하고, 대내적으로 경영의 안정성과 효율성을 확보하고 대외적으로 거래의 안전을 기할 수 있도록 하기 위하여, 2011년 4월 개정상법은 이사회와는 별도의 집행임원을 둘 수 있도록 하여 업무집행기관(집행임원)과 업무감독기관(이사회)을 분리한 지배구조(집행임원 설치회사, 감독형 이사회제도)를 가질 수 있도록 하였다.

따라서 이하에서는 주식회사의 업무집행기관에 대하여 종래와 같은 이사회·대표이사의 경우(집행임원 비설치회사, 참여형 이사회제도)와 2011년 4월 개정상법이 도입한 집행임원이 있는 경우(집행임원 설치회사, 감독형 이사회제도)로 나누어 설명하겠다.

(2) 집행임원 비설치회사의 경우 주식회사의 업무집행기관이 원칙적으로 이사회와 대표이사로 분화되는 경우에 이사의 기관성 여부에 대하여는 (i) 긍정설(소수설)과 (ii) 부정설(다수설)이 있으나, 부정설이 타당하다고 본다. 이렇게 볼 때 집행임원 비설치회사의 경우 상법상 업무집행기관은 원칙적으로 이사 전원으로 구성되고 업무집행에 관한 의사결정을 하는 「이사회」와, 원칙적으로 이사회에서 선임되고 업

무집행 자체를 수행하며 제 3 자에 대하여 회사를 대표하는 「대표이사」로 구성된다. 그러므로 부정설에서 보면 이사는 직접 회사의 기관이 되는 것이 아니고 「이사회」와 「대표이사」만이 기관이며, 이사는 다만 이사회의 구성원과 대표이사의 전제자격에 불과하다.

그러나 자본금이 10억원 미만인 소규모 주식회사의 경우에는 1명 또는 2명의 이사를 둘 수 있는데($\stackrel{상}{1항}\stackrel{383조}{단서}$), 이로 인하여 그러한 회사가 1명 또는 2명의 이사를 둔 경우에는 이사회가 없고($\stackrel{상}{5항}^{383조}$) 또한 (이사가 2명인 경우에도) 대표이사가 임의기관이므로($\stackrel{상}{6항}^{383조}$) 이러한 소규모 주식회사의 업무집행기관은 이사회와 대표이사로 이원화되지 않고 예외적으로 각 이사(정관에 따라 대표이사를 정한 경우에는 그 대표이사)로 일원화된다($\stackrel{상}{6항}^{383조}$).

(3) 집행임원 설치회사의 경우 주식회사의 업무집행기관은 집행임원이라고 볼 수 있다($\stackrel{상}{의 4}^{408조}$). 이 때 이사회는 집행임원의 업무집행을 감독하는 것을 주업무로 한다($\stackrel{상}{3항\,2호}^{408조의\,2}$).

(4) 이하에서는 집행임원 비설치회사의 경우 주식회사의 업무집행기관인 이사회의 구성원이고 대표이사의 전제자격이며 집행임원 설치회사의 경우 집행임원의 업무집행을 감독하는 것을 주업무로 하는 이사회의 구성원인 이사를 먼저 설명하고, 다음으로 이사회(이사회에서는 집행임원 설치회사에서의 특수한 점을 함께 설명함)와 대표이사에 대하여 차례로 설명하겠다. 또한 집행임원 설치회사의 경우 주식회사의 업무집행기관은 대표이사에 갈음하여 집행임원인 점에서 대표이사 다음에 집행임원을 설명하겠다. 마지막으로 이사·집행임원의 의무와 책임에 대하여 설명하겠다.

제 2 이   사

1. 의   의

이사는 원칙적으로 기관이 아니라 기관인 이사회의 구성원으로서, 이사회의 회사의 업무집행에 관한 의사결정과 (대표)이사의 업무집행을 감독하는 데 참여할 권한을 갖는 자이다.

그러나 이사가 1명 또는 2명인 소규모 주식회사의 경우에는 앞에서 본 바와 같이 예외적으로 (대표)이사가 업무집행기관 및 대표기관으로서의 지위를 갖는다($\stackrel{상}{6항}^{383조}$).

이사와 회사와의 관계는 위임이므로, 민법상 위임에 관한 규정이 이에 준용된다($\frac{상\ 382조}{2항}$).

2. 선임·종임

(1) 선 임

이사는 「주주총회」에서 선임된다(주주총회의 전속권한사항)($\frac{상\ 382조}{1항}$). 이사 선임을 하기 위한 주주총회의 결의요건은 보통결의이다. 상법상 이사는 위와 같이 주주총회의 선임결의와 피선임자의 승낙만 있으면, 피선임자는 대표이사와 별도의 임용계약을 체결하였는지와 관계 없이 이사의 지위를 취득한다($\frac{대판(\ 전\ )2017.\ 3.}{23,\ 2016\ 다\ 251215}$). 이사(사내이사, 사외이사, 그 밖에 상무에 종사하지 아니하는 이사)는 등기사항이다($\frac{상\ 317조}{2항\ 8호}$).

참고로 상장회사 등은 사외이사를 두는 것을 최소화할 목적으로 이사의 수를 대폭 축소하고 회사의 정관·내규에 의하여 또는 대표이사에 의하여 선임된 (사실상) 집행임원을 두고 이러한 (사실상) 집행임원에게 (사내)이사의 권한을 부여하고 있는데, 이러한 (사실상) 집행임원은 상법상 집행위원($\frac{상\ 408조의\ 2\sim}{408조의\ 9}$)으로 대체되어야 할 것으로 본다.

이사의 선임방법에 대하여 우리 상법은 미국의 누적투표제도에 유사한 집중투표제도를 채택하여 회사의 정관에서 달리 정하는 경우를 제외하고 2명 이상의 이사를 선임하는 경우 발행주식총수의 100분의 3 이상에 해당하는 주식을 가진 소수주주(최근 사업연도말 현재의 자산총액이 2조 이상인 상장회사는 의결권 없는 주식을 제외한 발행주식총수의 100분의 1 이상에 해당하는 주식을 보유한 소수주주— $\frac{상\ 542조의\ 7\ 2항,}{상시\ 33조}$)의 서면 또는 전자문서에 의한 청구에 의하여 이사의 선임결의에 관하여 각 주주는 1주마다 선임할 이사의 수와 동일한 수의 의결권을 갖고 그 의결권은 이사후보자 1인 또는 수 인에게 집중하여 투표하는 방법으로 행사할 수 있도록 하여($\frac{상\ 382조}{의\ 2}$), 소수주주를 대표하는 이사가 선임될 수 있도록 하였다(이에 관한 상세는 정찬형, 「상법강의(상)(제27판)」, 977~982면 참조). 상장회사의 경우 집중투표청구기한, 자산총액 2조 이상인 상장회사가 집중투표를 배제하고자 하는 경우 의결권 제한 등에 관한 특칙을 두고 있다($\frac{상\ 542조의\ 7\ 1항·}{3항·4항,\ 상시\ 33조}$).

이사가 될 수 있는 자격에는 원칙적으로 제한이 없으므로, 주주가 아니라도 상관이 없다. 사외이사는 해당 회사의 상무에 종사하지 아니하는 이사로서 상법에 규정된 결격사유에 해당하지 아니하여야 하고, 사외이사가 이러한 결격사유에 해당하면 그 직을 상실한다($\frac{\text{상 382조}}{\text{3항}}$). 정관으로 이사의 자격, 즉 이사는 주주이어야 한다는 것 등을 정할 수 있는데(자격주), 이 때에 이사는 그 수의 주권을 감사 또는 감사위원회(대표위원)에게 공탁하여야 한다($\frac{\text{상 387조,}}{\text{415조의2 6항}}$). 법인은 이사가 될 수 없다고 본다. 이사는 자연인인 이상 행위능력의 유무를 묻지 아니하나($\frac{\text{민 117조}}{\text{유추}}$), 파산자 또는 피성년후견인은 이사가 되지 못한다고 보아야 할 것이다. 그러나 상장회사의 경우 미성년자·피성년후견인·피한정후견인 및 파산자는 사외이사가 될 수 없음을 명문으로 규정하고 있다($\frac{\text{상 542조의8 2항}}{\text{1호·2호}}$). 또 감사는 그 회사 및 자회사의 이사가 되지 못한다($\frac{\text{상}}{\text{411조}}$).

2009년 개정상법은 상장회사의 사외이사에 관한 특칙을 규정하고 있다. 즉, 상장회사는 대통령령으로 정하는 일정한 경우를 제외하고 사외이사를 이사총수의 4분의 1 이상을 선임하여야 하고, 최근 사업연도말 현재의 자산총액이 2조원 이상인 상장회사는 사외이사를 3명 이상 및 이사총수의 과반수가 되도록 선임하여야 한다($\frac{\text{상 542조의8 1항,}}{\text{상시 34조 1항·2항}}$). 자산총액 2조원 이상인 상장회사는 사외이사후보추천위원회를 설치하여야 하고, 사외이사는 이 추천위원회의 추천을 받은 자 중에서 선임하여야 한다($\frac{\text{상 542조의8 4항·5항,}}{\text{상시 34조 2항}}$). 또한 상장회사의 사외이사에 대하여는 상법 제382조 3항의 결격사유 이외에 추가적인 결격사유가 있다($\frac{\text{상 542조의}}{\text{8 2항}}$).

이사는 원칙적으로 3명 이상인데($\frac{\text{상 383조}}{\text{1항 본문}}$), 다만 예외적으로 자본금이 10억원 미만인 회사의 이사는 1명 또는 2명일 수 있다($\frac{\text{상 383조}}{\text{1항 단서}}$). 그러나 상장회사의 경우 사외이사의 수에 대하여 앞에서 본 바와 같이 최저수의 제한이 있다($\frac{\text{상 542조의}}{\text{8 1항}}$).

이사의 임기는 3년을 초과하지 못한다($\frac{\text{상 383조}}{\text{2항}}$). 이사의 임기는 정관 또는 주주총회의 결의로 정하여지는데, 회사의 정관에 상법 제383조 2항과 동일한 내용이 규정된 경우 이를 이사의 임기를 3년으로 정한 취지라고 볼 수는 없다($\frac{\text{대판 2001. 6. 15,}}{\text{2001 다 23928}}$). 그러나 임기중의 최종의 결산기에 관한 정기주주총회가 종결하기 전에 임기가 만료할 때에는(이는 이사의 임기가 최종 결산기의 말일과 당해 결산기에 관한 정기주주총회 사이에 만료되는 때를 의미함— $\frac{\text{대판 2010. 6. 24,}}{\text{2010 다 13541}}$) 정관의 규정에 의하여 정기주주총회의 종결에 이르기까지 임기를 연장할 수 있다($\frac{\text{상 383조}}{\text{3항}}$).

(2) 선임결의의 하자와 가처분

이사의 선임결의의 무효나 취소의 소(또는 이사해임의 소)가 제기된 경우, 본안의 관할법원은 당사자의 신청에 의하여 가처분으로써 이사의 직무집행을 정지하고 직무대행자를 선임할 수 있는데(이사의 직무집행정지와 직무대행자선임의 가처분제도),

급박한 사정이 있는 때에는 본안소송의 제기 전이라도 그 처분을 할 수 있다($\frac{상}{1항}$407조).
법원은 당사자의 신청에 의하여 위의 가처분을 변경 또는 취소할 수 있다($\frac{상}{2항}$407조).

[가처분의 필요성에 관한 판례]

"회사주식의 60%를 소유하고 있는 주주의 의사에 의하여 대표이사 등 임원이 선임된 경우, 선임절차상의 잘못이 있어 무효로 돌아간다 하더라도 그 직무집행을 정지시키고 그 대행자를 선임하여야 할 필요성이 있다고 볼 수는 없다($\frac{대결 1991. 3. 5,}{90 마 818}$)."

"갑주식회사가 이사회를 개최하여 정기주주총회에서 실시할 임원선임결의에 관한 사전투표 시기를 정관에서 정한 날보다 연장하고 사전투표에 참여하거나 주주총회에서 직접 의결권을 행사하는 주주들에게 골프장 예약권 등을 제공하기로 결의하여 이에 따라 이루어진 주주총회에서 종전 대표이사 을 등이 임원으로 선임되자, 주주 병 등이 주주총회결의 부존재 또는 취소사유가 존재한다고 주장하면서 을 등에 대한 직무집행정지가처분을 구한 사안에서, 피보전권리가 소명되지 않았다고 보아 가처분신청을 기각한 원심결정에 법리오해의 위법이 있다($\frac{대결 2014. 7. 11,}{2013 마 2397}$)."

[가처분의 피신청인에 관한 판례]

"임시의 지위를 정하는 가처분인 청산인 직무집행정지 및 직무대행자선임 가처분신청에 있어서는, 신청인 주장 자체에 의하여 신청인과 저촉되는 지위에 있는 청산인을 피신청인으로 하여야 하고, 회사는 피신청인의 적격이 없다($\frac{대판 1982. 2. 9, 80 다 2424;}{동:1972. 1. 31, 71 다 2351}$)."

[가처분의 직무대행자에 관한 판례]

"가처분에 의하여 직무집행이 정지된 종전의 이사 등은 직무대행자로 선임될 수 없다($\frac{대결 1990. 10.}{31, 90 그 44}$)."

"청산인의 직무대행자는 회사계속의 결의와 아울러 새로운 이사 및 감사선임의 결의가 있었다고 하여 그의 권한이 당연히 소멸되는 것이 아니고, 이 때에는 가처분에 의하여 직무집행이 정지되었던 피신청인이 그 사정변경을 이유로 가처분 이의의 소를 제기하여 위 가처분의 취소를 구할 수 있다($\frac{대판 1997. 9. 9,}{97 다 12167}$)."

"가처분결정이 취소되지 않는 한 직무대행자의 권한은 유효하게 존속하는 반면, 새로이 선임된 대표이사는 그 선임결의 적법여부에 관계 없이 대표이사로서의 권한을 갖지 못하는데, 그 대표이사와 거래한 제3자가 선의인 경우에도 그 행위의 유효를 주장할 수 없다($\frac{대판 1992. 5. 12, 92 다 5638.}{동지: 대판 2014. 3. 27, 2013 다 39551}$)."

직무대행자의 선임은 일시적인 필요에 의한 것이므로 이러한 직무대행자는 회사의 상무에 속하는 행위(예컨대, 보통 정도의 원료의 구입·제품의 판매·재무제표의 승인·임원개선을 위한 정기총회의 소집 등은 회사의 상무에 속하나, 회사의 경영 및 지배에 영향을 미칠 수 있는 안건에 관한 임시총회의 소집 등은 회사의 상무에 속하지 않는다)만을 할 수 있는 것이 원칙이다($\frac{동지: 대판 2007. 6.}{28, 2006 다 62362}$). 그러나 가처분명령에 다른 정함이 있거나 ($\frac{대판 1982. 4.}{27, 81 다 358}$) 또는 법원의 허가가 있으면($\frac{대결 2008. 4. 14,}{2008 마 277}$) 그러하지 아니하다($\frac{상 408조}{1항}$). 직무대행자가 이러한 권한을 초과한 행위를 한 경우에도, 거래의 안전을 위하여 회사는 선의의 제 3 자에 대하여는 책임을 져야 한다($\frac{상 408조}{2항}$). 이 때 제 3 자의 선의에 대한 주장과 입증책임은 상대방에게 있다($\frac{동지: 대판 1965. 10.}{26, 65 다 1677}$).

회사의 상무에 속하는지 여부에 관한 판례로는, 회사가 종업원이었던 자에게 지급할 출장비 대신에 회사의 부동산을 대물변제하기로 약정하고 그 이행을 구하는 소송에서 직무대행자가 변론기일에 출석하지 아니하여 의제자백으로 인정된 행위는 회사의 상무에 해당하는 행위라고 하고($\frac{대판 1991. 12.}{24, 91 다 4355}$), 변호사에게 소송대리를 위임하고 그 보수계약을 체결하는 행위는 회사의 상무에 속한다고 하였다($\frac{대판 1970. 4. 14, 69 다 1613;}{동 1989. 9. 12, 87 다카 2691}$).

그러나 회사를 대표하여 소송상의 인낙을 하는 것은 회사의 상무에 속하는 것이 아니므로 특별수권이 있어야 한다고 하고($\frac{대판 1975. 5.}{27, 75 다 120}$), 제 1 심 판결에 대한 항소취하는 회사의 상무가 아니라고 하며($\frac{대판 1982. 4.}{27, 81 다 358}$), 대표이사 직무대행자가 그 권한의 전부를 가처분을 신청한 사람측에게 위임하는 것은 회사의 상무라고 할 수 없다고 하고($\frac{대판 1984. 2. 14, 83}{다카 875·876·877}$), 대표이사 직무대행자가 회사에 관한 소송에서 상대방 당사자의 변호사의 보수 지급에 관하여 약정하는 것은 회사의 상무에 속한다고 볼 수 없다고 하였다($\frac{대판 1989. 9. 12,}{87 다카 2691}$).

(3) 종 임

1) 종임사유　이사와 회사간에는 위임관계가 있기 때문에 위임의 종료사유($\frac{민 689조,}{690조}$)에 의하여 이사는 종임된다. (대표)이사의 사망의 경우에는 민법 제692조(위임종료는 상대방에 통지하여야 상대방에게 대항력이 발생함)에 의한 통지를 요하지 않고 대항력이 발생한다($\frac{동지: 대판 1963.}{9. 5, 63 다 233}$). 이 밖에 이사는 임기의 만료, 정관소정 자격의 상실 등에 의하여도 종임된다. 이사가 종임한 때에는 그 등기를 하여야 한다($\frac{상 317조 2 항}{8 호, 183조}$).

이사의 종임사유 중 특히 문제가 되는 것은 해임인데, 해임에는 주주총회의 결의에 의하는 것과 법원의 판결에 의하는 것이 있다. 즉 주주총회는 이사의 선임권이 있으므로 해임권도 있는 것이지만, 이사(임기만료 후 이사로서의 권리의무를 행사하고 있는 퇴임이사는 포함되지 않음— 대판 2021. 8. 19, 2020 다 285406,)에 대하여 해임권을 행사함에는 특별결의의 방법에 의하여야 하고, 만일 정당한 이유(이의 존부에 대한 증명책임은 이사에게 있음— 대판 2006. 11. 23, 2004 다 49570,) 없이 그 임기 도중에 해임한 때에는 회사는 그 이사에 대하여 손해배상책임을 진다(상 385조 1항). 이사가 직무에 관하여 부정행위 또는 법령이나 정관에 위반한 중대한 사실이 있음에도 불구하고 주주총회에서 그 해임을 부결한 때에는, 비상장회사의 경우 발행주식총수의 100분의 3 이상에 해당하는 주식을 가진 주주는 그 결의가 있은 날로부터 1월 내에 본점소재지의 지방법원에 그 이사의 해임을 청구할 수 있다(상 385조 2항·3항). 그러나 상장회사의 경우는 발행주식총수의 100분의 3 이상에 해당하는 주식을 가진 주주(상 542조의 6 10항) 또는 6개월 전부터 계속하여 상장회사 발생주식총수의 10,000분의 50(대통령령으로 정하는 상장회사의 경우에는 10,000분의 25) 이상에 해당하는 주식을 보유한 자가 그 이사의 해임청구의 소를 제기할 수 있다(상 542조의 6 3항, 상시 32조,). 이 경우에 당해 이사의 직무집행을 정지하고 직무대행자를 선임하는 가처분을 신청할 수 있는 점(상 407조~ 408조)은 이사선임결의의 하자의 경우와 같다.

[이사의 해임판결에 관한 판례]

"A가 갑회사의 대표이사로서 주주총회의 승인 없이 갑회사와 동종영업을 목적으로 하는 을회사를 설립하고 을회사의 이사 겸 대표이사가 되어 영업준비작업을 하여 오다가 영업활동을 개시하기 전에 을회사의 이사 및 대표이사직을 사임하였다고 하더라도, 이는 상법 제397조 1 항 소정의 경업금지의무를 위반한 행위로서 특별한 다른 사정이 없는 한 이사의 해임에 관한 상법 제385조 2 항 소정의 '법령에 위반한 중대한 사실'이 있는 경우에 해당한다(대판 1993. 4. 9, 92 다 53583. 동지:) 대판 2023. 8. 31, 2023 다 220639)."

"상법 제385조 2 항에 의한 소수주주의 이사해임의 소를 피보전권리로 하는 이사 직무집행정지신청은 반드시 본안소송의 제기를 전제로 하지 않으며, 상법 제385조 2 항에 의한 소수주주에 의한 이사해임의 소의 제기절차 및 이사 직무집행정지신청의 요건은 특별히 급박한 사정이 없는 한 해임의 소를 제기할 수 있을 정도의 절차요건을 거친 흔적이 소명되어야 피보전권리의 존재가 소명되는 것이고 그 가처분의 보전의 필요성도 인정될 수 있다(대결 1997. 1., 10, 95 마 837)."

"상법 제385조 1 항에 규정된 '정당한 이유'란 주주와 이사 사이에 불화 등 단순히 주관적인 신뢰관계가 상실된 것만으로는 부족하고, 이사가 법령이나 정관에 위배된 행위를 하였거나 정신적·육체적으로 경영자로서의 직무를 감당하기 현저하게 곤란한 경우, 회사의 중요한 사업계획 수립이나 그 추진에 실패함으로써 경영능력에 대한 근본적인 신뢰관계가 상실된 경우 등과 같이 당해 이사가 경영자로서 업무를 집행하는 데 장해가 될 객관적 상황이 발생한 경우에 비로소 임기 전에 해임할 수 있는 정당한 이유가 있다고 할 것이다(대판 2004. 10. 15, 2004 다 25611. 동지: 대판 2013. 9. 26, 2011 다 42348 〈감사에 관한 판결임〉; 동 2013. 11. 28, 2011 다 41741)."

2) **결원의 경우의 조치**   이사의 종임과 관련하여 법률 또는 정관에 정한 이사의 원수(員數)를 결한 경우에는 신 이사가 취임할 때까지 「임기의 만료」 또는 「사임」으로 인하여 퇴임한 이사는 이사의 권리의무를 계속 가지는데(상 386조 1항)(동지: 대판 1991. 12. 27, 91 다 4409·4416; 동 1971. 3. 9, 71 다 251. 그러나 퇴임이사가 유죄판결을 받는 등 이사로서의 권리의무를 상실한 경우에는 이사의 권리의무를 갖지 못한다〈대판 2022. 11. 10, 2021 다 271282〉)(이러한 퇴임이사를 상대로 하는 직무집행정지 가처분신청은 할 수 없으나, 퇴임할 당시 법률 또는 정관에 정한 이사의 員數가 충족되어 있음에도 불구하고 퇴임이사가 여전히 이사로서의 권리의무를 실제로 행사한다면 집무집행정지 가처분신청을 할 수 있다— 대결 2009. 10. 29, 2009 마 1311), 필요하다고 인정한 때에는 법원은 이사·감사·기타의 이해관계인의 청구에 의하여 일시 이사의 직무를 행할 자(직무대행자, 임시이사 또는 가이사)를 선임할 수 있다(상 386조 2항 1문)(동지: 대결 2001. 12. 6, 2001 그 113). 이러한 직무대행자(임시이사)는 이사의 직무집행정지의 가처분(상 407조)과 함께 선임되는 직무대행자와 구별되고, 그 권한은 법원에 의하여 특히 제한되지 않는 한 본래의 이사와 같다.

[결원의 경우 직무대행자에 관한 판례]

"결원의 경우 직무대행자(임시이사)의 선임에는 임기의 만료 또는 사임으로 인하여 이사의 원수(員數)를 결하게 된 경우에 한하지 않고 법률 또는 정관에 정한 이사의 원수(員數)를 결한 일체의 경우를 말하는 것이다(대판 1964. 4. 28, 63 다 518)."

"직무대행자 선임신청인이 추천한 사람이 선임되지 아니하고 다른 사람이 선임되었다고 하여 선임신청을 불법한 결정이라고 볼 수 없으므로 이에 대한 불복을 할 수 없다(대결 1985. 5. 28, 85 그 50)."

"이러한 직무대행자의 자격에는 아무런 제한이 없으므로 회사와 이해관계가 있는 자에 한하는 것은 아니다(대판 1981. 9. 8, 80 다 2511)."

"이러한 경우 퇴임이사의 퇴임등기를 하여야 할 기간(상 317조 4항, 183조)은 후임이사의 취임일부터 기산한다(대결 2005. 3. 8, 2004 마 800)."

3. 권   한

회사의 업무집행기관이 원칙적으로 이사회와 대표이사로 분화되는 경우에는 이사는 이사회의 구성원으로서 회사의 업무집행에 관한 의사결정과 (다른) 이사의 직무집행의 감독에 참여할 권한이 있고 대표이사가 될 수 있는 전제자격을 가지나, 대표이사가 아닌 이사는 원칙적으로 회사의 업무집행권 및 대표권이 없다.

예외적으로 자본금이 10억원 미만인 소규모 주식회사로서 이사가 1명 또는 2명인 경우에는 각 이사(정관에 따라 대표이사를 정한 경우에는 그 대표이사)는 회사의 업무집행권과 대외적으로 회사를 대표할 권한을 갖는다(상 383조 1 항, 6 항).

4. 이사의 보수

이사와 회사간의 관계는 위임이지만, 보통의 수임인이 무상인 것과 달리 이사는 선임된 사실만으로 명시 또는 묵시의 보수지급의 특약을 한 것이라고 보아야 할 것이다. 이사의 보수액은 정관에 그 액을 정하지 아니한 때에는 주주총회의 결의로 이를 정하도록 되어 있는데(상 388조), 정관으로 이를 정하는 일은 거의 없고 주주총회의 결의로 정하는 것이 보통이다. 이 때 퇴직위로금도 보수에 포함된다.

[이사의 보수에 관한 판례]

"이사의 보수는 위임사무처리에 대한 대가이므로 근로기준법 소정의 임금이라 할 수 없고, 또 이사의 퇴직금도 근로기준법 소정의 퇴직금이 아니라 재직중 직무집행에 대한 대가로 지급되는 보수의 일종이므로, 이에는 임금채권의 시효에 관한 규정이 적용되지 아니하고 일반채권의 시효에 관한 규정이 적용되어야 한다(대판 1988. 6. 14, 87 다카 2268. 동지: 대판 2003. 9. 26, 2002 다 64681;\ 동 2006. 5. 25, 2003 다 16092·16108; 동 2018. 5. 30, 2015 다 51968)."

"정관이나 주주총회의 결의 또는 주무부장관의 승인에 의한 보수액의 결정이 없었다고 하더라도, 주주총회의 결의에 의하여 상무이사로 선임되고 그 임무를 수행한 자에 대하여는 명시적이든 묵시적이든 보수금 지급의 특약이 있었다고 볼 것이다(대판 1964. 3. 31, 63 다 715;\ 동 1969. 2. 4, 68 다 2220)."

"주주총회에서 정한 사칙(社則)에 비록 대표이사에 대한 보수규정이 있다 하더라도, 대표이사 본인이 그 보수를 원하지 아니한다고 회사에 의사표시를 하면 그 의사표시는 회사에 대하여 효력이 있다(대판 1973. 5.\ 8, 73 다 213)."

"정관 및 관계규정상 이사의 보수에 관하여는 사원총회의 결의가 있어야 한다고 규정되어 있는 경우, 그와 같은 절차가 이행되지 않는 한 이사의 보수청구는 이유 없다(대판 1983. 3. 22, 81 다 343; 동 2020. 4. 9, 2018 다\ 290436; 동 2020. 6. 4, 2016 다 241515·241522)."

"3,000주 중 2,000주를 가지고 있는 대표이사가 한 이사에 대한 보수·퇴직금 등에 관한 약정은 무효이다(대판 1979. 11.\ 27, 79 다 1599)."

"주주총회에서 이사의 퇴직위로금의 지급여부 및 그 금액의 결정을 이사회에 위임할 수 있다(대판 1979. 2. 27, 78 다 1852·1853;\ 동 2006. 5. 25, 2003 다 16092·16108)."

"회사주식의 80%를 소유한 대표이사가 주주총회결의를 거치지 않고 이사에게 공로상여금을 지급하겠다는 약속은 유효하다(대판 1978. 1.\ 10, 77 다 1788)."

"퇴직금이 사실상 1인회사의 실질적 1인주주의 결재·승인을 거쳐 관행적으로 지급되었다면 임원퇴직금지급규정에 관하여 주주총회의 결의가 있었던 것으로 볼 수 있다($\frac{대판\ 2004.\ 12.\ 10,}{2004\ 다\ 25123}$)."

"이사의 해직보상금에 관하여 정관에서 그 액을 정하지 않는 한 주주총회의 결의가 있어야만 회사에 대하여 이를 청구할 수 있다($\frac{대판\ 2006.\ 11.\ 23,}{2004\ 다\ 49570}$)."

"정관의 규정에 따라 공동대표이사 갑과 을이 해외 유명상표 사용에 관한 라이센스계약의 체결·유지 및 창업에 관한 공로의 대가로 지급받기로 한 실적급은, 갑과 을이 대표이사로 재직하면서 그 직무집행의 대가로 받는 보수의 성격을 가진 것이다($\frac{대판\ 2010.\ 12.\ 9,}{2009\ 다\ 59237}$)."

"명목상 이사·감사도 법적으로는 이사·감사의 지위를 가지므로 상법 제388조에 따라 정관의 규정 또는 주주총회의 결의에 의하여 결정된 보수청구권을 갖는다($\frac{대판\ 2015.\ 7.\ 23,\ 2014\ 다\ 236311;}{동\ 2015.\ 9.\ 10,\ 2015\ 다\ 213308}$)."

"유한회사에서 정관 또는 사원총회의 결의로 특정이사의 보수액을 구체적으로 정하였다면, 보수액은 임용계약의 내용이 되어 당사자인 회사와 이사 쌍방을 구속하므로, 이사의 동의가 없는 한 회사가 이사의 보수를 일방적으로 감액하거나 박탈할 수 없고 이러한 사원총회의 결의는 결의 자체의 효력과 관계 없이 이사의 보수청구권에 아무런 영향을 미치지 못한다($\frac{대판\ 2017.\ 3.\ 30,}{2016\ 다\ 21643}$)."

"정관 등에서 이사의 퇴직금에 관하여 주주총회의 결의로 정한다고 규정하면서 퇴직금의 액수에 관하여만 정하고 있는 경우, 이사가 퇴직금 중간정산금 청구권을 행사하기 위하여는 퇴직금 중간정산에 관한 주주총회의 결의가 있어야 한다($\frac{대판\ 2019.\ 7.\ 4,}{2017\ 다\ 17436}$)."

제3 이 사 회

1. 의 의

이사회는 집행임원 비설치회사의 경우는 「회사의 업무집행에 관한 의사결정 및 이사의 직무집행을 감독할 권한을 갖는 이사 전원으로 구성되는 주식회사의 기관」이나($\frac{상\ 393조}{1항·2항}$), 집행임원 설치회사의 경우는 「(대표)집행임원의 선임·해임과 집행임원의 업무집행을 감독하는 것을 주업무로 하는 이사 전원으로 구성되는 주식회사의 기관」이다($\frac{상\ 408조의}{2\ 3항}$).

앞에서 본 바와 같이 자본금이 10억원 미만인 소규모 주식회사로서 이사가 1명 또는 2명인 경우에는 이사회가 존재하지 아니하므로, 그러한 회사에 대하여는 이사회에 관한 규정이 적용되지 않는다($\frac{상\ 383조\ 1항}{단서·5항}$).

2. 소 집

(1) 소집권자

이사회의 소집권은 원칙적으로 「각 이사」에게 있으나, 예외적으로 이사회에서 (이사회규칙 등으로) 특정한 이사(대표이사 또는 이사회의장)에게 소집권을 위임할 수도 있다(상390조). 이 때 소집권자로 지정되지 않은 다른 이사는 소집권자인 이사에게 이사회 소집을 요구할 수 있는데, 소집권자인 이사가 정당한 이유 없이 이사회 소집을 거절하는 경우에는 다른 이사가 이사회를 소집할 수 있다(상390조).

[이사회의 소집권자에 관한 판례]

"상법 제390조 1 항의 취지는 이사 각자가 본래적으로 할 수 있는 이사회 소집에 관한 행위를 대표이사로 하여금 하게 하는 데 불과하므로, 대표이사가 다른 이사의 정당한 이사회 소집요구가 있는 때에는 정당한 사유 없이 거절할 수 없으며, 만일 대표이사가 정당한 사유 없이 거절한 경우에는 그 이사회의 소집을 요구한 이사가 이사회를 소집할 수 있다(대결 1975. 2.13, 74 마 595)."

집행임원은 필요하면 이사(소집권자가 있는 경우에는 소집권자)에게 이사회 소집을 청구할 수 있는데, 이 때 이사가 지체 없이 이사회 소집절차를 밟지 아니하면 집행임원은 법원의 허가를 받아 이사회를 소집할 수 있다(상의7 408조). 또한 감사도 필요하면 이사(소집권자가 있는 경우에는 소집권자)에게 이사회 소집을 청구할 수 있는데, 이 때 이사가 지체 없이 이사회를 소집하지 아니하면 그 청구한 감사가 이사회를 소집할 수 있다(상의4 412조). 이는 모두 2011년 4월 개정상법에 의하여 신설된 것이다.

(2) 소집절차

이사회를 소집하기 위하여는 출석의 기회와 준비를 위하여 회일(會日)로부터 1주간 전에 각 이사 및 감사에게 통지를 발송하여야 한다(발신주의)(상390조 본문). 이 통지기간은 정관에 의하여 단축될 수 있는데(상390조 단서), 이에 더 나아가 이사 및 감사 전원의 동의가 있으면 위의 절차를 밟지 않고 언제든지 회의를 할 수 있다(상390조).

[이사회의 소집절차에 관한 판례]

"이사 3인 중 2인에 대하여 직접 소집통지서를 발송한 경우에는 다른 1인에 대하여도 소집통지가 있는 것으로 추정함이 정당하고, 통지의 흠결의 입증책임은 이를 주장하는 측에 있다($\substack{\text{대판 1963. 6.} \\ \text{20, 62 다 685}}$)."

"이사 3인 중 회사의 경영에 전혀 참여하지 않고 경영에 관한 모든 사항을 다른 이사들에게 위임하여 놓고 그들의 결정에 따르며 필요시 이사회 회의록 등에 날인만 하여 주고 있는 이사에 대한 소집통지 없이 열린 이사회에서 한 결의는 유효하다($\substack{\text{대판 1992. 4. 14.} \\ \text{90 다카 22698}}$)."

"정관에 이사회의 의장은 회장이 되고 회장유고시 사장이 의장이 된다고 규정하고 있는 경우, 회장이 적법한 소집통지를 받고도 이사회에 출석하지 않은 이상 이는 회장유고시에 해당하여 사장이 이사회의 의장이 된다($\substack{\text{대판 1984. 2.} \\ \text{28, 83 다 651}}$)."

"이사회 소집통지를 할 때에는, 정관에 규정이 있거나 특별한 사정이 없는 한 회의의 목적사항을 함께 통지할 필요는 없다($\substack{\text{대판 2011. 6. 24.} \\ \text{2009 다 35033}}$)."

3. 권 한

(1) 집행임원 비설치회사에서의 이사회의 권한

집행임원 비설치회사에서의 이사회는 첫째로 법령 또는 정관에 의하여 주주총회의 권한으로 되어 있는 사항을 제외하고는 회사의 모든 업무집행에 관하여 의사결정을 할 권한($\substack{\text{상 393조} \\ \text{1항 전단}}$)을 갖는다($\substack{\text{동지: 대판 2019. 8. 14, 2019 다 204463;} \\ \text{대결 2021. 8. 26, 2020 마 5520}}$). 상법이 이사회의 결의사항으로 규정한 것으로는 주주총회의 소집(이사가 1명 또는 2명인 소규모 주식회사의 경우에는 각 이사〈정관에 따라 대표이사를 정한 경우에는 그 대표이사〉가 주주총회를 소집함 — $\substack{\text{상 383조} \\ \text{6항}}$)($\substack{\text{상} \\ \text{362조}}$), 대표이사의 선임과 공동대표의 결정($\substack{\text{상 389조} \\ \text{1항 본문}}$), 이사회소집권자의 특정($\substack{\text{상 390조} \\ \text{1항 단서}}$), 중요한 자산의 처분 및 양도($\substack{\text{대판 2005. 7. 28.} \\ \text{2005 다 3649}}$) · 대규모자산의 차입 · 지배인의 선임 · 해임과 지점의 설치 · 이전 또는 폐지(이사가 1명 또는 2명인 소규모 주식회사의 경우에는 각 이사〈정관에 따라 대표이사를 정한 경우에는 그 대표이사〉가 이 업무를 수행함 — $\substack{\text{상 383조} \\ \text{6항}}$)($\substack{\text{상 393조} \\ \text{1항}}$), 이사(집행임원 설치회사의 경우는 '집행임원'을 포함함)의 경업거래와 겸직의 승인 및 경업의 경우의 개입권의 행사(이사가 1명 또는 2명인 소규모 주식회사의 경우에는 주주총회가 이 업무를 수행함 — $\substack{\text{상 383조} \\ \text{4항}}$)($\substack{\text{상 397조} \\ \text{408조의 9}}$), 이사(집행임원 설치회사의 경우는 '집행임원'을 포함함)의 회사 사업기회 이용의 승인($\substack{\text{상 397조의 2,} \\ \text{408조의 9}}$), 이사(집행임원 설치회사의 경우는 '집행임원'을 포함함)의 자기거래의 승인(이사가 1명 또는 2명인 소규모 주식회사의 경우에는 주주총회가 이 업무를 수행함 — $\substack{\text{상 383조} \\ \text{4항}}$)($\substack{\text{상 398조} \\ \text{408조의 9}}$), 신주발행사항의 결정(이사가 1명 또는 2명인 소규모 주식회사의 경우에는 주주총회가 이 업무를 수행함 — $\substack{\text{상 383조} \\ \text{4항}}$)($\substack{\text{상} \\ \text{416조}}$), 정관에서 정하고 일정한 요건을 갖춘 경우 재무제표 등의 승인($\substack{\text{상 449조의} \\ \text{2 1항 단서}}$), 준비금의 자본금 전입(이사가 1명 또는 2명인 소규모 주식회사의 경우에는 주주총회가 이 업무를 수행함 — $\substack{\text{상 383조} \\ \text{4항}}$)($\substack{\text{상} \\ \text{461조}}$), 중간배당의 결정(이사가 1명 또는 2명인 소규모 주식회사의 경우에는 주주총회가 이 업무를 수행함— $\frac{상}{4}\frac{383조}{항}$) ($\frac{상}{3}\frac{462조의}{1항}$), 사채의 모집(이사가 1명 또는 2명인 소규모 주식회사의 경우에는 주주총회가 이 업무를 수행함— $\frac{상}{4}\frac{383조}{항}$) ($\frac{상}{469조}$), 전환사채 및 신주인수권부사채의 발행(이사가 1명 또는 2명인 소규모 주식회사의 경우에는 주주총회가 이 업무를 수행함— $\frac{상}{4}\frac{383조}{항}$) ($\frac{상}{516조의2}\frac{513조}{}$) 등이 있다. 상법은 이사회가 업무집행에 관한 권한의 행사를 원활하게 수행하도록 하기 위하여 이사에게 회사의 업무에 관한 정보접근권을 강화하였다. 즉 이사는 대표이사로 하여금 다른 이사 또는 피용자의 업무에 관하여 이사회에 보고할 것을 요구할 수 있고($\frac{상}{3}\frac{393조}{항}$), 이사는 3월에 1회 이상 업무의 집행상황을 이사회에 보고하여야 한다($\frac{상}{4}\frac{393조}{항}$).

이사회는 둘째로 이사(대표이사 및 기타의 이사)의 직무집행을 감독할 권한을 갖는다(이사가 1명 또는 2명인 소규모 주식회사의 경우에는 이 권한이 주주총회에 있다고 해석함)($\frac{상}{2}\frac{393조}{항}$). 이사회는 대표이사의 선임·해임권을 가지므로($\frac{상}{1}\frac{389조}{항 본문}$), 이러한 점에서도 이사회는 대표이사에 대한 실질적인 감독권을 갖는다.

(2) 집행임원 설치회사에서의 이사회의 권한

1) 집행임원 설치회사(감독형 이사회제도)에서의 이사회는 업무집행기관(집행임원)에 대한 업무감독권한을 갖는다. 즉, 이사회는 (i) 집행임원과 대표집행임원의 선임·해임권, (ii) 집행임원의 업무집행 감독권, (iii) 집행임원과 집행임원 설치회사의 소송에서 집행임원 설치회사를 대표할 자의 선임권, (iv) 집행임원에게 업무집행에 관한 의사결정의 위임권(상법에서 이사회 권한사항으로 정한 경우는 제외함), (v) 집행임원이 여러 명인 경우 집행임원의 직무 분담 및 지휘·명령관계, 그 밖에 집행임원의 상호관계에 관한 사항의 결정권, (vi) 정관에 규정이 없거나 주주총회의 승인이 없는 경우 집행임원의 보수결정권을 갖는다($\frac{상}{2}\frac{408조의}{3항}$).

상법 제393조는 원래 집행임원 비설치회사(참여형 이사회제도)를 전제로 한 규정이므로, 이는 집행임원 설치회사(감독형 이사회제도)에 대하여는 적용되지 않는다고 본다.

2) 집행임원 비설치회사(참여형 이사회제도)에서는 회사의 업무집행에 관한 의사결정을 원칙적으로 이사회의 결의로 하는데($\frac{상}{1}\frac{393조}{항}$), 집행임원 설치회사에서는 업무집행(의사결정 및 집행)을 원칙적으로 집행임원이 한다($\frac{상}{4}\frac{408조의}{1호}$). 또한 집행임원 설치회사는 (상법에 의하여 이사회 권한사항으로 정한 경우를 제외하고) 회사의 업무에 관한 이사회 결의사항에 대하여 정관이나 이사회 결의에 의하여 집행임원에 (그 업무집행에 관한) 의사결정을 위임할 수 있는데($\frac{상}{2}\frac{408조의}{3항 4호}$), 이 때 집행임원은 위임받은 업무집

행에 관하여는 의사를 결정하여 집행한다($\frac{상}{4}\frac{408조의}{2호}$). 따라서 집행임원 설치회사에서의 이사회는 (상법에서 이사회 권한사항으로 규정한 것을 포함한) 회사의 중요한 사항에 대하여만 결의하고, 나머지는 집행임원에 그 의사결정을 위임할 것으로 본다(집행임원 비설치회사에서의 대표이사와 집행임원 설치회사에서의 집행임원과의 비교에 대하여는 정찬형, 「상법강의(상)(제27판)」, 1011~1013면 참조).

3) 집행임원 설치회사는 업무집행기관(집행임원)과 업무감독기관(이사회)의 분리가 명확하고 또한 경영전문가에게 업무집행기능을 맡길 수 있어, 업무집행기능과 업무감독기능의 효율성을 보다 더 높일 수 있다. 특히 이사회에 사외이사가 과반수인 대회사의 경우에는 사외이사가 개별적인 업무집행(의사결정)에 참여하지 않게 되어 업무집행의 효율성을 높일 수 있고, 사외이사는 업무집행기관(집행임원)의 선임·해임 등과 중요한 회사의 (정책적인) 의사결정에만 참여하여 감독권을 효율적으로 행사할 수 있는 것이다. 사외이사는 또한 이사회 구성원으로서 업무집행기관과 이해관계가 없으므로 이사회의 업무집행기관(집행임원)에 대한 업무감독에 참여하여 업무감독의 효율성을 높일 뿐만 아니라, 이사회 내 위원회의 하나인 감사위원회에도 참여하여 업무집행기관(집행임원)의 직무집행에 대하여 효율적인 감사를 할 수 있게 된다.

4) 상법상 이사회의 권한으로 규정하고 있는 사항(앞에서 본 바와 같이 상 393조는 제외)은 집행임원 설치회사에서도 집행임원 비설치회사의 경우와 같다($\frac{상}{3항}\frac{408조의 2}{4호 참조}$).

4. 결 의

이사회의 결의요건은 원칙적으로 이사 과반수의 출석(출석정족수)과 출석이사의 과반수(의결정족수)이다($\frac{상}{1항}\frac{391조}{본문}$). 이러한 결의요건을 충족하는지 여부는 이사회 결의 당시를 기준으로 판단한다($\frac{대판}{2000}\frac{2003. 1. 24,}{다 20670}$). 이사회의 결의는 1인 1의결권에 의한 다수결로 한다(주주총회의 결의가 1주 1의결권인 점과 구별됨). 이사회의 결의에 특별한 이해관계를 가진 이사는 의결권을 행사하지 못한다($\frac{상}{371조}\frac{391조 2항,}{2항}$).

[이사회의 결의요건에 관한 판례]

"특별이해관계가 있는 이사는 이사회에서 의결권을 행사할 수는 없으나 의사정족수 산정의 기초가 되는 이사의 수에는 포함되고 다만 결의 성립에 필요한 출석이사에는 산입되지 아니하는 것이므로, 회사의 3명의 이사 중 대표이사·특별이해관계가 있는 이사 등 2명이 출석하여 의결을 하였다면 이사 3명 중 2명이 출석하여 과반수 출석의 요건을 구비하였고, 특별이해관계 있는 이사가 행사한 의결권을 제외하더라도 결의에 참여할 수 있는 유일한 출석이사인 대표이사의 찬성으로 과반수의 찬성이 있는 것으로 되어 그 결의는 적법하다($\frac{대판\ 1992.\ 4.\ 14,}{90\ 다카\ 22698}$). "

"재적 6명의 이사 중 3인이 참석하여 참석이사의 전원의 찬성으로 연대보증을 의결하였다면, 위 이사회의 결의는 과반수에 미달하는 이사가 출석하여 상법 제391조 1항 본문 소정의 의사정족수가 충족되지 아니한 이사회에서 이루어진 것으로 무효라고 할 것이다($\frac{대판\ 1995.\ 4.\ 11,}{94\ 다\ 33903}$). "

상법에서 이사·집행임원의 회사기회이용 또는 회사와의 자기거래를 승인하는 경우에는 예외적으로 재적이사 3분의 2 이상의 찬성을 받도록 이사회의 결의요건을 가중하고 있다($\frac{상\ 397조의\ 2\ \ 1항\ 2문,}{398조\ 2문,\ 408조의\ 9}$). 또한 정관으로 이사회의 상법상 결의요건을 가중할 수는 있으나, 완화할 수는 없다($\frac{상\ 391조}{1항\ 단서}$). 가부동수(可否同數)인 경우에 특정인(대표이사 또는 이사회 의장 등)에게 결정권을 주도록 정한 정관의 규정은 이를 긍정하는 견해도 있으나, 이것은 법적 근거 없이 특정인에게 복수의결권을 주는 것이 되므로 이를 부정하는 것이 타당하다고 본다.

이사는 그의 직책상 스스로 회의에 출석하여 토의하고 결의하여야 하므로 의결권의 대리행사는 허용되지 않는다(통설). 다만 정관에서 달리 정하는 경우를 제외하고 이사회는 이사의 전부 또는 일부가 직접 회의에 출석하지 아니하고 모든 이사가 음성을 동시에 송·수신하는 원격통신수단에 의하여 결의에 참가하는 것이 허용되는데, 이 경우 당해 이사는 이사회에 직접 출석한 것으로 본다($\frac{상\ 391조}{2항}$).

[의결권의 대리행사를 부정한 판례]

"주식회사 이사회는 주주총회의 경우와는 달리, 원칙적으로 소집권 있는 이사가 다른 이사 전원에 대하여 이사회의 소집통지를 하여야 하고, 이사 자신이 이사회에 출석하여 결의에 참가하여야 하며, 대리인에 의한 출석은 인정되지 않고 따라서 이사 개인이 타인에게 출석과 의결권을 위임할 수도 없는 것이니, 이에 위배된 이사회의 결의는 무효이다($\frac{대판\ 1982.\ 7.}{13,\ 80\ 다\ 2441}$). "

감사는 이사회에 출석하여 의견을 진술할 수 있고($\frac{상\ 391조의}{2\ \ 1항}$), 이사가 법령 또는 정관에 위반한 행위를 하거나 그 행위를 할 염려가 있다고 인정한 때에는 이사회에 이를 보고하여야 한다($\frac{상\ 391조의}{2\ \ 2항}$). 이사회는 회의의 연기나 속행의 결의를 할 수 있는데, 이 때에는 주주총회의 경우와 같이 다시 소집절차를 밟을 필요가 없다($\frac{상}{372조}\frac{392조}{}$).

이사회의 결의에 절차상 또는 내용상의 하자가 있는 경우에, 그 결의의 효력에 관하여 상법상 아무런 규정이 없다. 따라서 이사회의 결의에 하자가 있는 경우에는 민법의 일반원칙에 의하여 처리하여야 한다(통설). 그러므로 이사회의 결의에 하자가 있는 경우에는 그것이 어떠한 절차상의 하자이든 내용상의 하자이든 불문하고, 원칙적으로 법률상 당연히 무효가 된다고 보아야 할 것이다.

[이사회결의의 하자에 관한 판례]

"이사회결의에 하자가 있는 경우에는 이해관계인은 언제든지 또 어떤 방법에 의하든지 그 무효를 주장할 수 있다고 할 것이지만, 이와 같은 무효주장의 방법으로 무효확인의 소송이 제기되어 승소확정판결을 받은 경우 그 판결의 효력에는 상법 제190조가 준용될 근거가 없으므로 대세적 효력은 없다($\frac{대판 1982. 7. 13, 80 다 2441;}{동 1988. 4. 25, 87 누 399}$)."

"이사 선임의 주주총회결의에 대한 취소판결이 확정된 경우 그 결의에 의하여 이사로 선임된 이사들에 의하여 구성된 이사회에서 선정된 대표이사는 소급하여 그 자격을 상실하고, 그 대표이사가 이사 선임의 주주총회결의에 대한 취소판결이 확정되기 전에 한 행위는 대표권이 없는 자가 한 행위로서 무효가 된다($\frac{대판 2004. 2. 27;}{2002 다 19797}$)."

5. 의 사 록

이사회의 의사에 관하여는 상법상 의사록을 작성하여야 하는데(작성의무자는 대표이사 또는 대표집행임원)($\frac{상}{3}\frac{391조의}{1항}$), 이 의사록에는 의사의 안건·경과요령·그 결과·반대하는 자와 그 반대이유를 기재하고 출석한 이사와 감사가 기명날인 또는 서명하여야 한다($\frac{상}{3}\frac{391조의}{2항}$). 주주는 영업시간 내에 이사회의사록의 열람 또는 등사를 청구할 수 있는데($\frac{상}{3}\frac{391조의}{3항}$), 회사는 이러한 청구에 대하여 이유를 붙여 이를 거절할 수 있고($\frac{동지: 대결 2004. 12. 24, 2003 마 1575;}{동 2014. 7. 21, 2013 마 657}$) 이 경우 주주는 법원의 허가를 얻어 이사회의사록을 열람 또는 등사할 수 있다($\frac{상}{3}\frac{391조의}{4항}$).

6. 이사회 내 위원회

(1) 의 의

상법은 이사회는 정관이 정한 바에 따라 이사회 내에 위원회를 설치할 수 있도록 하고 있는데($\frac{상}{2}\frac{393조의}{1항}$), 이러한 위원회는 이사회로부터 위임받은 업무에 대하여 이사회의 권한을 행사하는 이사회의 하부조직이다.

이러한 이사회 내 위원회제도는 이사회의 효율적 운영(예컨대, 이사의 수가 많고 각 이사의 사정으로 인하여 이사회를 빈번하게 개최하기가 곤란한 경우)과 또한 의사결정의 객관성과 전문성을 확보하기 위하여(예컨대, 경영진의 인사·보수 등과 같은 사항에 대하여 사외이사로 구성된 위원회에 위임하는 경우) 미국의 제도를 도입하여 1999년 개정상법이 신설한 것이다. 상법이 인정하는 이러한 위원회는 모든 주식회사가 강제적으로 두어야 하는 것은 아니고, 자율적으로 정관의 규정에 의하여 설치할 수 있다($\frac{상}{2}\frac{393조의}{1항}$). 또한 이러한 위원회는 2명 이상의 이사로 구성되므로($\frac{상}{2}\frac{393조의}{3항}$), 이사가 1명 또는 2명인 자본금 총액이 10억원 미만인 소규모 주식회사($\frac{상}{1항}\frac{383조}{단서}$)는 성질상 이 위원회를 설치할 수 없다고 본다.

(2) **구 성**

이사회 내 각 위원회는 원칙적으로 2명 이상의 이사로 구성되는데($\frac{상}{2}\frac{393조의}{3항}$), 다만 감사위원회는 3명 이상의 이사로 구성된다($\frac{상}{2항}\frac{415조의}{본문}$2). 이러한 위원회의 구성원인 이사가 법률 또는 정관에 정한 이사의 원수(員數)를 결한 경우에는 임기만료 또는 사임으로 인하여 퇴임한 이사는 새로 선임된 이사가 취임할 때까지 이사의 권리·의무가 있다($\frac{상}{386조}\frac{393조의}{1항}$2 5항,).

이사회 내 위원회의 위원은 이사의 자격이 있어야 함은 상법상 명백한데($\frac{상}{2}\frac{393조의}{3항}$), 어느 이사를 어느 위원회에 배정할 것인가 등에 관한 위원의 선임·해임 기관은 상법상 명문의 규정은 없으나 이사회라고 보아야 할 것이다.

이사회 내 위원회의 위원의 임기에 대하여는 상법에 규정이 없다. 따라서 이러한 위원의 임기는 정관에 규정이 있으면 그에 의하고, 정관에 규정이 없으면 이사회가 이를 정할 수 있다고 보는데, 이사회도 이를 정하지 아니하면 이사의 지위의 종료와 함께 위원의 임기도 종료된다고 본다.

이사회 내 위원회로서 어떠한 위원회를 둘 것인가는 회사의 자율에 맡겨져 있어, 정관이 정하는 바에 의한다. 다만 일정규모 이상의 상장회사(최근 사업연도말 현재의 자산총액이 2조원 이상인 상장회사)는 이사회 내 위원회에 반드시 사외이사후보를 추천하기 위한 「사외이사후보추천위원회」를 두어야 하고(이 위원회는 사외이사가 총 위원의 과반수가 되도록 구성하여야 함)($\frac{상}{상시}\frac{542조의}{34조}\frac{8}{2항}\frac{4항}{}$), 또한 「감사위원회」를 설치하여야 한다(이 위원회는 총 위원의 3분의 2 이상을 사외이사로 구성하여야 함)($\frac{상}{2항}\frac{542조의}{단서,}\frac{11}{상시}\frac{1항,}{37조}\frac{415조의}{}2$).

(3) **소 집**

1) 이사회 내 위원회는 원칙적으로 각 위원이 소집하는데, 예외적으로 위원회

의 결의로 소집할 위원을 정한 때에는 그러하지 아니하다($\frac{상\ 393조의\ 2}{390조\ 1항}$ 5항).

2) 위원회를 소집함에는 회일(會日)을 정하고 그 1주일(이 기간은 정관으로 단축할 수 있음) 전에 각 위원에 대하여 통지를 발송하여야 하는데($\frac{상\ 393조의\ 2}{390조\ 3항}$ 5항), 위원회는 위원 전원의 동의가 있으면 이러한 절차 없이 언제든지 회의를 할 수 있다($\frac{상\ 393조의\ 2}{390조\ 4항}$ 5항,).

(4) 권 한

이사회 내 위원회는 이사회의 하부조직으로서의 지위를 가지므로, 원칙적으로 이사회로부터 위임받은 업무에 대하여만 이를 결의할 권한을 갖는다.

그러나 이사회는 그의 권한을 모두 위원회에 위임할 수 있는 것은 아니고, 위임할 수 없는 권한이 있다. 즉 이사회는 (i) 주주총회의 승인을 요하는 사항의 제안, (ii) 대표이사(집행임원 설치회사의 경우는 집행임원과 대표집행임원— $\frac{상\ 408조의\ 2}{3항\ 1호}$)의 선임과 해임, (iii) 위원회의 설치와 그 위원의 선임 및 해임, (iv) 정관이 정하는 사항에 대하여는 그 권한을 위원회에 위임할 수 없다($\frac{상\ 393조의}{2\ 2항}$).

(5) 결 의

1) 이사회 내 위원회의 결의요건도 이사회의 그것과 같이 정관에 달리 정한 바가 없으면 위원 과반수의 출석(출석정족수)과 출석위원의 과반수(의결정족수)이다($\frac{상\ 393조의\ 2}{391조\ 1항}$ 5항). 위원회의 결의에 관한 그 밖의 사항은 이사회에 관한 규정이 준용된다($\frac{393조의\ 2\ 5항,\ 386조\ 1항,\ 391조}{2항,\ 368조\ 4항,\ 371조\ 2항}$).

2) 위원회의 결의방법에 대하여 상법에 특별한 규정은 없다. 따라서 이에 관하여 정관에 별도의 정함이 없으면 어떠한 방법(예컨대, 거수·기립·투표 등)에 의하여도 무방하다고 보나, 다만 투표에 의하는 경우에는 위원은 그 결과에 대하여 책임을 져야 하므로 무기명투표는 허용되지 않는다고 본다.

3) 이사회 내 위원회의 결의의 효력은 이사회로부터 위임받은 범위 내에서는 이사회의 결의와 동일한 효력을 갖는다($\frac{상\ 393의\ 2}{2항\ 참조}$).

4) 위원회는 결의된 사항을 각 이사에게 통지하여야 하는데, 이 경우 이를 통지받은 각 이사는 이사회의 소집을 요구할 수 있으며, 이사회는 위원회가 결의한 사항에 대하여 다시 결의할 수 있다($\frac{상\ 393조의}{2\ 4항}$). 다만 감사위원회가 결의한 사항에 대하여는 이사회가 다시 결의할 수 없다($\frac{상\ 415조의}{2\ 6항}$).

5) 위원회는 회의의 연기나 속행의 결의를 할 수 있는데, 이 때에는 다시 소집절차를 밟을 필요가 없다($\frac{상\ 393조의\ 2}{392조,\ 372조,\ 363조}$ 5항,).

6) 위원회의 결의에 절차상 또는 내용상 하자가 있는 경우에 그 결의의 효력에

관하여 상법상 아무런 규정이 없으나, 이사회의 결의에 하자가 있는 경우와 같이 민법의 일반원칙에 의하여 처리하여야 한다고 본다.

⑹ 의 사 록

위원회의 의사에 관하여는 의사록을 작성하여야 하는데($^{상\ 393조의\ 2\ 5항,}_{391조의\ 3\ 1항}$), 이 의사록에는 의사의 안건·경과요령·그 결과·반대하는 자와 그 반대이유를 기재하고 출석한 위원이 기명날인 또는 서명하여야 한다($^{상\ 393조의\ 2\ 5항,}_{391조의\ 3\ 2항}$).

주주는 영업시간 내에 위원회 의사록의 열람 또는 등사를 청구할 수 있고($^{상\ 393조의\ 2\ 5항,}_{391조의\ 3\ 3항}$), 회사는 주주의 이러한 청구에 대하여 이유를 붙여 이를 거절할 수 있는데 이 경우 주주는 법원의 허가를 얻어 위원회 의사록을 열람 또는 등사할 수 있다($^{상\ 393조의\ 2\ 5항,}_{391조의\ 3\ 4항}$).

제4 대표이사

1. 의 의

집행임원 비설치회사의 경우 주식회사의 업무집행기관이 원칙적으로 이사회와 대표이사로 분화되는데, 대표이사는 「대내적으로는 회사의 업무집행을 하고 대외적으로는 회사를 대표하는 두 권한을 가진 주식회사의 기관」이다. 이하에서는 집행임원 비설치회사의 경우 대표이사에 관하여 먼저 설명한 후, 집행임원 설치회사에서의 업무집행기관인 집행임원에 관하여는 대표이사 다음에 설명하겠다.

대표이사와 이사회와의 관계에서 대표이사의 지위에 대하여는 (i) 파생기관설(소수설)과 (ii) 독립기관설(다수설)로 나뉘어 있는데, 대표이사가 주주총회에서 선임되는 경우 파생기관설에서는 이사회가 언제·어떻게 그 고유의 권한을 대표이사에게 위임하였는가를 설명하기가 곤란한 점 등에서 볼 때 독립기관설이 타당하다고 본다.

자본금이 10억원 미만으로서 이사가 1명 또는 2명인 소규모 주식회사의 경우에는 각 이사(정관에 따라 대표이사를 정한 경우에는 그 대표이사)가 회사의 업무집행에 관하여 의사결정 및 집행을 하고 또한 대외적으로 회사를 대표하므로($^{상\ 383조}_{6항}$), 이러한 이사에 대하여는 아래의 대표이사의 선임·종임에 관한 규정은 적용될 여지가 없고, 대표이사의 권한에 관한 규정은 대체로 적용된다고 본다.

2. 선임·종임

(1) 선 임

대표이사는 이사회의 결의로 선임되는 것이 원칙이나, 정관으로 주주총회에서 선임하도록 정할 수 있다($^{상\,389조}_{1항}$). 대표이사의 자격은 이사이면 되고, 그 밖의 특별한 자격제한은 없다.

[대표이사는 주주임을 요하지 않는다고 본 판례]

"대표이사는 회사의 주주인지 여부에 관계가 없으므로 그 소유주식 전부를 매도하였다 하여 회사를 대표할 권한을 상실하는 것은 아니다($^{대판\,1963.\,8.}_{31,\,63\,다\,254}$)."

대표이사의 원수(員數)에 관하여는 아무런 제한이 없으므로 1인 또는 수 인을 대표이사로 선임할 수 있다. 대표이사의 성명 등은 등기사항이다($^{상\,317조}_{2항\,9호}$).

(2) 종 임

대표이사는 이사의 자격이 전제가 되므로 이사의 자격을 잃으면 당연히 대표이사의 자격을 잃게 된다. 회사는 정당한 사유가 있거나 없거나 언제든지 이사회의 결의로 대표이사를 해임할 수 있다. 정관으로 주주총회에서 대표이사를 선임하도록 한 경우에는 주주총회의 결의로 대표이사를 해임할 수 있다. 대표이사의 임기를 정한 경우에 회사가 정당한 사유 없이 그 임기만료 전에 대표이사를 해임한 때에는, 그 대표이사는 회사에 대하여 해임으로 인하여 생긴 손해의 배상을 청구할 수 있다고 본다($^{상\,385조\,1항}_{단서의\,유추적용}$) ($^{반대:\,대판\,2004.\,12.}_{10,\,2004\,다\,25123}$). 대표이사는 언제든지 그 직을 사임할 수 있다. 다만 부득이한 사유 없이 회사에 불리한 시기에 사임하여 회사에 손해가 발생한 때에는 이를 배상하여야 한다($^{민\,689조}_{2항}$). 사임의 효과는 그 의사표시가 회사에 도달한 때에 생긴다. 대표이사가 종임한 때에는 회사는 이를 등기하여야 한다($^{상\,317조\,2항}_{9호·4항,\,183조}$).

[대표이사의 사임의 효력에 관한 판례]

"주식회사의 대표이사직에서 사임한 자는 사임등기가 경료되지 아니하여도 그 사임 이후의 회사의 대표이사의 자격으로 한 법률행위의 효력이 회사에 대하여 미칠 수는 없다. 그러나 상법 제39조나 동 제395조가 적용되는 경우에는 별도의 문제이다($^{대판\,1995.\,2.\,14,}_{94\,다\,42174}$)."

법률 또는 정관에서 정한 대표이사의 원수(員數)를 결한 경우에는 임기의 만료 또는 사임으로 인하여 퇴임한 대표이사는 새로 선임된 대표이사가 취임할 때까지 대표이사의 권리의무가 있다($\frac{상 389조 3 항,}{386조 1 항}$). 또 필요한 때에는 일시 대표이사의 직무를 행할 자(임시대표이사 또는 직무대행자)의 선임을 법원에 청구할 수 있다($\frac{상 389조 3 항}{386조 2 항}$').

3. 권 한

대표이사는 대내적으로는 회사의 업무집행권을 갖고, 대외적으로는 회사의 대표권을 갖는다. 그런데 대표이사는 일정한 경우에는 업무집행 그 자체에 관한 행위 뿐만 아니라, 이에 관한 의사결정권까지 갖는다(대표이사가 갖는 권한의 근거〈파생기관설 및 독립기관설〉에 관한 상세는 정찬형, 「상법강의(상)(제27판)」, 1027면 참조).

(1) 업무집행권

1) 업무집행권의 범위   대표이사는 이사회가 결정한 사항을 집행하고, 이사회가 구체적으로 위임한 사항과 일상업무에 관한 사항을 결정·집행할 권한을 갖는다. 대표이사는 엄격히 보면 「집행과 대표이사」이나, 상법이 대표이사의 대표권에 관해서만 규정하는 것은($\frac{상 389조 3 항,}{209조}$) 대표이사가 원칙적으로 회사의 모든 업무에 관한 집행권(의사결정권이 아님)을 가진다는 것을 전제로 하여 그 업무집행이 대외관계를 수반하는 경우의 회사대표권에 관하여 규정한 것으로 해석된다. 이와 같이 대표이사의 업무집행권 그 자체는 회사의 모든 업무에 미친다.

그러나 대표이사의 업무집행에 관한 의사결정권은 앞에서 본 바와 같이 이사회로부터 구체적으로 위임받은 사항 및 일상업무에 한한다고 본다.

상법이 이사의 직무권한으로 규정하고 있는 대부분의 사항은 대표이사의 권한에 속하는 사항이다. 예컨대 주주총회 또는 이사회의 의사록·정관·주주명부·사채원부의 비치($\frac{상}{396조}$), 재무제표의 작성·비치·공고·제출($\frac{상 447조, 447조의 3,}{448조, 449조}$), 주식·사채청약서의 작성($\frac{상 420조,}{474조 2 항}$), 신주인수권증서·신주인수권증권의 기명날인 또는 서명($\frac{상 420조의 2 2 항,}{516조의 5 2 항}$) 등이 그것이다.

2) 업무집행방법   대표이사가 수 인 있는 경우에도 업무집행방법은 원칙적으로 각자 단독으로 집행하나, 예외적으로 공동대표인 경우에는 공동으로 집행하여야 한다($\frac{상 389조}{2 항}$).

3) 업무담당이사   우리 상법상 대표이사만이 업무집행기관이지만 회사는 보통 (정관 등의 규정에 의하여) 대표이사 이외의 이사에게도 대내적으로 업무집행권을 부여하는데(업무담당이사), 이러한 이사를 사내이사 또는 상근이사라고도 한다. 이러한 사내이사는 부장·지점장 등 상업사용인의 직무를 겸하는 경우도 있다(겸직

이사). 이러한 사내이사는 그의 담당업무의 내용과 승진단계에 따라 전무이사·상무이사 등으로 불리고 있다. 이에 반하여 회사의 내부에서 업무를 담당하지 않는 이사를 사외이사 또는 비상근이사라고 한다. 상법이 대표이사에 대하여서만 규정하고 있는 것은 필요한 최소한도를 규정한 것뿐이고, 이 외에 업무담당이사나 겸직이사를 두는 것을 금하는 것은 아니며, 또한 인적 회사에서는 업무집행자와 대표자를 분리하여 상법이 명백하게 규정하고 있으나($_{답서}^{상\,207조}$) 상법상 이러한 규정이 없는 물적 회사의 경우에도 동일하게 해석하여야 한다고 본다.

대표권이 없는 이러한 업무담당이사가 대외적인 행위를 한 경우에는 회사는 선의의 제 3 자에 대하여 표현대표이사의 책임을 지게 된다($_{395조}^{상}$). 업무담당이사는 대표권은 없으나, 회사는 그 자가 직무를 수행함에 있어 타인에게 가한 손해를 배상할 책임이 있다고 해석하여야 할 것이다.

(2) 대 표 권

1) 대표권의 범위　　　대표이사는 회사의 영업에 관한 재판상·재판외의 모든 행위에 대하여 회사를 대표할 수 있는 권한을 가지며(포괄·정형성), 이 권한에 대한 내부적 제한은 선의(선의·무중과실)의 제 3 자에게 대항하지 못한다(불가제한성 또는 획일성)($_{209조}^{상\,389조\,3항}$)($_{2.\,18,\,2015\,다\,45451}^{동지:\,대판〈전〉\,2021.}$).

주식회사의 대표이사의 대표권의 성질과 내용은 합명회사의 대표사원의 그것과 같으나, 지배인의 대리권($_{11조}^{상}$)과는 구별된다. 또 대표권제한은 등기를 할 수도 없으며 이를 등기하였다고 하더라도 선의의 제 3 자에게 대항할 수 없는 점에서, 비영리법인의 이사의 그것과 다르다($_{참조}^{민\,60조}$). 대표이사가 대표권의 범위에서 한 적법한 대표행위는 그 자체가 바로 회사의 행위가 되는 것이지 그 행위의 효과가 회사에 귀속하는 것이 아니라는 점에서는 대표가 대리와 근본적으로 구별되는 것이지만, 대표에 관하여도 그 성질이 허용하는 한 대리에 관한 규정이 준용된다($_{2항}^{민\,59조}$).

2) 대표권의 행사방법

㈎ 대표이사가 수 인 있는 경우에도 수 인의 대표이사는 원칙적으로 각자 독립하여 회사를 대표한다(각자대표).

㈏ 회사는 대표권의 남용 또는 오용을 방지하기 위하여 이사회(또는 주주총회)의 결의로써 예외적으로 수 인의 대표이사가 공동으로 회사를 대표하도록 정할 수 있다(공동대표)($_{2항}^{상\,389조}$). 이와 같이 이사회의 결의로써 공동대표이사를 정한 경우에는 이를 폐지하는 것도 이사회의 결의로써 할 수 있다($_{26,\,92\,다\,11008}^{동지:\,대판\,1993.\,1.}$).

공동대표이사는 상대방에 대한 의사표시(능동대표)는 공동으로 하여야 하고, 또

요식행위에는 공동대표이사 전원의 기명날인 또는 서명이 있어야 한다. 이 때 공동
대표이사의 일부가 그의 대표권을 다른 공동대표이사에게 위임할 수 있는가에 대하
여는 공동지배인에서 이미 설명한 바와 같이 견해가 나뉘어 있는데, 특정한 사항에
관하여 공동대표이사 전원의 합의가 있는 때에는 의사표시만을 일부의 자에게 개별
적으로 위임할 수는 있다고 볼 것이나, 포괄적으로 위임할 수는 없다고 본다
$\binom{\text{동지: 대판 1989. 5.}}{23,\ 89\ \text{다카}\ 3677}$.

[공동대표의 사후추인을 인정한 판례]

"사전위임과는 다른 형태인 사후추인에 관하여, 다른 공동대표이사는 공동대
표이사 중의 1명이 단독으로 제 3 자와 한 법률행위에 대하여 사후추인을 할 수
있고, 이 때 추인의 상대방은 단독으로 행위한 공동대표이사나 상대방이다
$\binom{\text{대판 1992. 10. 27,}}{92\ \text{다}\ 19033}$."

공동대표이사가 상대방으로부터 의사표시를 수령하는(수동대표) 경우에는 공동
대표이사 중의 1명이 하면 그 효력이 생긴다($\frac{\text{상 389조 3 항,}}{208\text{조 2 항}}$).

3) 대표권의 제한   대표이사의 대표권은 법률·정관·이사회규칙 등에 의하
여 제한을 받는다.

대표이사의 대표권이 법률(상법)에 의하여 제한을 받는 경우는 한 가지 뿐인데,
(대표)이사와 회사간의 소송행위에 관한 경우이다. 즉 회사와 (대표)이사와의 소송에
관하여는 어느 쪽이 원고이고 피고인가를 불문하고 대표이사는 대표권이 없고 감사
또는 감사위원회가 회사를 대표한다($\frac{\text{상 394조 1 항 1문,}}{415\text{조의 2 7 항}}$). 회사가 주주의 대표소송이나 다
중대표소송의 청구를 받은 경우에도 같다($\frac{\text{상 394조}}{1\text{항 2문}}$). 그런데 자본금 총액이 10억원 미
만인 소규모 주식회사인 경우에는 감사가 임의기관이므로($\frac{\text{상 409조}}{4\text{항}}$) 이러한 소규모 주
식회사가 감사를 선임하지 아니한 때에는, 이 경우 회사·이사 또는 이해관계인이
법원에 회사를 대표할 자를 선임하여 줄 것을 신청하여야 한다($\frac{\text{상 409조}}{5\text{항}}$).

[이사와 회사간의 소송행위에서 대표권의 제한에 관한 판례]

"이사가 회사에 대하여 소를 제기함에 있어서는 상법 제394조에 의하여 감
사가 회사를 대표하여야 하는데, 이 점을 간과하고 대표이사가 피고회사를 대
표하여 한 소송행위나 피고회사의 대표이사에 대하여 한 소송행위는 모두 무효
이다. 그러나 이 경우 원고인 이사가 스스로 또는 법원의 보정명령에 따라 소장
에 표시된 대표이사를 감사로 정정함으로써 그 흠결을 보정할 수 있고, 이 경우

에는 감사가 무효인 종전의 소송행위를 추인하는지 여부와 관계없이 법원과 원고 및 피고의 3자간의 소송법률행위가 유효하게 성립한다(대판 1990. 5. 11,/89 다카 15199)."

"이사가 이미 이사의 자리를 떠난 경우에 회사가 그 사람을 상대로 제소하는 경우에는 특별한 사정이 없는 한 상법 제394조 1항이 적용되지 않고, 대표이사가 회사를 대표한다(대판 2002. 3. 15, 2000 다 9086. /동지: 대결 2013. 9. 9, 2013 마 1273)."

대표이사의 대표권이 정관·이사회규칙·이사회의 결의 등에 의하여 제한을 받는 경우에는 대표이사는 이에 따라야 할 것이나, 대표이사가 이에 위반한 경우에도 회사는 이러한 제한으로써 선의(선의·무중과실)의 제3자에게 대항하지 못한다(불가제한성 또는 획일성)(상 389조 3항,/209조 2항).

[대표권의 불가제한성(획일성)에 관한 종래의 판례]

"대표이사의 대표권한의 범위를 벗어난 행위는 그것이 회사의 권리능력의 범위 내에 속한 행위라면(대표이사가 회사명의로 한 채무부담행위는 회사의 목적 범위 내의 행위에 속함) 대표권의 제한을 알지 못하는 제3자의 신뢰는 보호되어야 한다(대판 1997. 8. 29,/97 다 18059)."

[대표권의 불가제한성(획일성)에 관한 변경된 판례]

"회사 정관이나 이사회 규정 등에서 이사회 결의를 거치도록 대표이사의 대표권을 제한한 경우(내부적 제한)에도 선의의 제3자는 상법 제209조 제2항에 따라 보호된다. 거래행위의 상대방인 제3자가 상법 제209조 제2항에 따라 보호받기 위하여 선의 이외에 무과실까지 필요하지는 않지만, 중대한 과실이 있는 경우에는 제3자의 신뢰를 보호할 만한 가치가 없다고 보아 거래행위가 무효라고 해석함이 타당하다(대판〈전〉 2021. 2./18, 2015 다 45451).

4) **부적법한 대표행위의 효력**   부적법한 대표행위에는 대표이사의 불법행위·위법한 대표행위(專斷的인 대표행위) 및 대표권의 남용행위가 있는데, 이하에서 차례로 고찰한다.

㈎ **대표이사의 불법행위**   대표이사가 그 업무집행으로 인하여 타인에게 손해를 가한 때에는 회사와 그 대표이사는 연대하여(부진정연대채무) 그 손해를 배상할 책임이 있다(상 389조 3항,/210조). 이 때 회사가 타인에게 배상한 경우에는 대표이사에게 구상할 수 있음은 물론이다. 이에 관하여는 회사의 불법행위능력에서 이미 설명하였다.

[대표이사의 불법행위를 인정한 판례]

"Y주식회사의 대표이사인 A가 집달리의 강제집행을 방해하여 Y회사의 채권
자인 X에게 손해를 입힌 경우에는 Y회사와 A는 연대하여 X에게 그 손해를 배
상할 책임이 있다(대판 1959. 8. 27, 4291 민상 395. 동지: 대판 1980. 1. 15, 79 다 1230; 동 2009. 3.
26, 2006 다 47677; 동 2013. 6. 27, 2011 다 50165; 동 2017. 9. 26, 2014 다 27425)."

(내) **위법한(專斷的) 대표행위의 효력**   주주총회나 이사회의 결의를 얻어야 하는
경우에 이것을 얻지 않고(또는 그 결의가 무효 또는 취소된 경우에) 한 대표이사의 행
위, 또는 결의가 있는 경우에도 그 결의에 위반하여 한 대표이사의 행위의 효력은
어떠한가. 이 경우 행위 자체는 위법이라고 하지 않을 수 없으므로 그 행위가 대내
적인 행위(예컨대, 주주총회의 결의 없는 정관변경, 이사회의 결의 없는 준비금의 자본금 전
입 등)인 경우에는, 언제나 무효이다(통설)(동지: 대결 1961. 12.
3, 61 민재항 500).

그러나 그 행위가 대외적인 행위인 경우에는 거래의 안전과 관련하여 특히 그
효력이 문제된다. 이에 대하여 학설 중에는 주주총회 또는 이사회의 결의를 얻어야
하는 경우에 이것을 얻지 않고 한 대표이사의 대외적 행위의 효력은 외관주의와 거
래안전의 필요상 이것을 유효로 보아야 한다고 하여 이를 일률적으로 유효로 보는
견해가 많다. 예컨대 보통의 영업거래(상대방이 악의인 경우에는 악의의 항변권이 있음),
신주의 발행($\frac{상}{416조}$), 사채의 모집($\frac{상}{469조}$) 등이 그것이다.

생각건대 주주총회 또는 이사회의 결의를 요하는 경우에 대표이사가 이러한
결의 없이 한 대외적 행위를 일률적으로 유효라고 볼 수는 없고, 다음과 같이 그러
한 결의가 없는 것이 법률에 위반한 것이냐 또는 정관 등 단순한 회사의 내부규칙
에 위반한 것이냐, 또한 주주총회결의사항이냐 또는 이사회결의사항이냐에 따라 그
효력을 달리 보아야 할 것이다.

(i) 법률(상법 또는 특별법)에 의하여 주주총회의 결의($\frac{상 374조,}{375조 등}$)를 요하는 경우에,
그러한 결의 없이(즉, 그러한 법률에 위반하여) 대표행위를 한 경우에는 그것이 대외적
행위인 경우에도 무효라고 보아야 한다. 왜냐하면 그러한 법률의 규정은 강행법규
라고 보아야 하고 또한 제 3 자도 이를 미리 예견하고 있다고 볼 수 있으며, 법률에
의하여 주주총회의 결의사항으로 규정된 사항은 회사(또는 주주)의 이익을 위하여
아주 중요한 사항이므로 제 3 자보다는 회사(또는 주주)를 보호하는 것이 이익교량의
면에서 타당하기 때문이다(동지: 대판 2012. 5. 24, 2012 다 5810;
동 2018. 4. 26, 2017 다 288757).

[주주총회 결의 없이 대표이사가 한 회사의 부동산 양도의 효력에 관한 판례]

"부동산이 매각될 당시 갑, 을은 그들이 법정대리인이 된 미성년 자녀들 주식을 포함하여 회사의 발행주식 중 72% 남짓한 주식을 보유하고 있어 주주총회의 특별결의에 필요한 의결권을 갖고 있으면서 주주총회를 개최하지 않고 부동산매도의 임시주주총회 의사록만을 작성한 경우, 주주총회 결의의 존재를 인정할 수 없다 하더라도 외부적 거래는 상대방이 선의이면 유효하다($\frac{대판\ 1994.\ 9.\ 14,}{91\ 다\ 33926}$) (이 판결은 주주총회의 결의 없는 부동산의 매각을 상대방이 선의이면 유효하다고 판시한 것이나, 이는 다수주주의 의사와 합치하는 것으로, 다수주주의 의사에 반하여 대표이사가 독단적으로 한 외부적 거래가 유효한가의 문제와는 어느 정도 구별된다고 본다)."

반대: 대판 2018. 4. 26, 2017 다 288757(주주 전원의 동의가 없으면 주주총회의 특별결의 없는 영업양도의 약정은 무효라고 함).

(ii) 법률(상법 또는 특별법)에 의하여 이사회의 결의를 요하거나($\frac{상\ 393조,\ 398조,}{416조,\ 469조\ 등}$) 또는 정관 등 회사의 내부규칙에 의하여 주주총회 또는 이사회의 결의를 요하는 경우에, 이러한 결의 없이 대표이사가 한 대외적 행위의 효력은 제 3 자(상대방)가 선의인 한(악의 및 중과실이 없는 한) 유효라고 본다. 왜냐하면 법률에 의하여 이사회의 결의사항으로 되어 있는 것은 법률에 의하여 주주총회의 결의사항으로 되어 있는 것보다 회사(또는 주주)의 이익을 위하여 아주 중요한 사항이 아니며, 또 정관 등 회사의 내부규칙에 의하여 주주총회 또는 이사회의 결의를 요하는 사항으로 되어 있는 것은 제 3 자에게 회사의 정관 등 내부규칙을 예견하고 있다고 기대할 수 없으므로, 이 경우에는 회사(또는 주주)보다는 제 3 자를 보호하는 것이 이익교량의 면에서 타당하기 때문이다.

[이사회 결의 없이 대표이사가 제 3 자와 한 거래의 효력에 관한 종래의 판례]

"회사의 정관과 사규(社規)에 회사업무집행에 관한 중요사항과 중요한 회사재산의 처분에 관한 사항은 이사회의 결의를 거치도록 되어 있는 경우에, 이사회의 결의를 거치지 않고 한 대외적 거래행위는 상대방이 그와 같은 이사회 결의가 없음을 알았거나 알 수 있었을 경우가 아니라면 유효하다($\frac{대판\ 1978.\ 6.}{27\ 78\ 다\ 389}$)."

"주식회사의 대표이사가 이사회의 결의를 거쳐야 할 거래행위에 관하여 이를 거치지 않고 한 거래행위는 거래상대방이 이를 알았거나 알 수 있었을 경우가 아니면 그 거래행위는 유효하다($\frac{대판\ 1993.\ 6.\ 25,}{93\ 다\ 13391}$)."

"주식회사의 대표이사가 이사회의 결의를 거쳐야 할 대외적 거래행위에 관하여 이를 거치지 아니한 경우라도 그 거래상대방이 그와 같은 이사회 결의가 없었음을 알았거나 알 수 있었을 경우가 아니라면 그 거래행위는 유효하다 할 것이고, 이 경우 거래상대방의 이러한 사정은 회사측이 주장·입증하여야 한다(대판 1996. 1. 26, 94 다 42754. 동지: 대판 2003. 1. 24, 2000 다 20670;)." (동 2005. 7. 28, 2005 다 3649; 동 2009. 3. 26, 2006 다 47677

[이사회 결의 없이 대표이사가 제3자와 한 거래의 효력에 관한 변경된 판례]

"[다수의견] ㈎ 주식회사의 대표이사는 대외적으로는 회사를 대표하고 대내적으로는 회사의 업무를 집행할 권한을 가진다. 대표이사는 회사의 행위를 대신하는 것이 아니라 회사의 행위 자체를 하는 회사의 기관이다. 회사는 주주총회나 이사회 등 의사결정기관을 통해 결정한 의사를 대표이사를 통해 실현하며, 대표이사의 행위는 곧 회사의 행위가 된다. 상법은 대표이사의 대표권 제한에 대하여 선의의 제3자에게 대항하지 못한다고 정하고 있다(상법 제389조 제3항, 제209조 제2항).

대표권이 제한된 경우에 대표이사는 그 범위에서만 대표권을 갖는다. 그러나 그러한 제한을 위반한 행위라고 하더라도 그것이 회사의 권리능력을 벗어난 것이 아니라면 대표권의 제한을 알지 못하는 제3자는 그 행위를 회사의 대표행위라고 믿는 것이 당연하고 이러한 신뢰는 보호되어야 한다. 일정한 대외적 거래행위에 관하여 이사회 결의를 거치도록 대표이사의 권한을 제한한 경우에도 이사회 결의는 회사의 내부적 의사결정절차에 불과하고, 특별한 사정이 없는 한 거래 상대방으로서는 회사의 대표자가 거래에 필요한 회사의 내부절차를 마쳤을 것으로 신뢰하였다고 보는 것이 경험칙에 부합한다. 따라서 회사 정관이나 이사회 규정 등에서 이사회 결의를 거치도록 대표이사의 대표권을 제한한 경우(이하 '내부적 제한'이라 한다)에도 선의의 제3자는 상법 제209조 제2항에 따라 보호된다.

거래행위의 상대방인 제3자가 상법 제209조 제2항에 따라 보호받기 위하여 선의 이외에 무과실까지 필요하지는 않지만, 중대한 과실이 있는 경우에는 제3자의 신뢰를 보호할 만한 가치가 없다고 보아 거래행위가 무효라고 해석함이 타당하다. 중과실이란 제3자가 조금만 주의를 기울였다라면 이사회 결의가 없음을 알 수 있었는데도 만연히 이사회 결의가 있었다고 믿음으로써 거래통념상 요구되는 주의의무를 현저히 위반하는 것으로, 거의 고의에 가까운 정도로 주의를 게을리하여 공평의 관점에서 제3자를 구태여 보호할 필요가 없다고 볼 수 있는 상태를 말한다. 제3자에게 중과실이 있는지는 이사회 결의가 없다는 점에 대한 제3자의 인식가능성, 회사와 거래한 제3자의 경험과 지위, 회사와 제3자의 종래 거래관계, 대표이사가 한 거래행위가 경험칙상 이례에 속하는 것인지 등 여러 가지 사정을 종합적으로 고려하여 판단하여야 한다. 그러나 제3자가 회사 대표이사와 거래행위를 하면서 회사의 이사회 결의가 없었다고 의심할 만한 특별한 사정이 없다면, 일반적으로 이사회 결의가 있었는지를 확인하는 등의 조치를 취할 의무까지 있다고 볼 수는 없다.

(나) 대표이사의 대표권을 제한하는 상법 제393조 제 1 항은 그 규정의 존재를 모르거나 제대로 이해하지 못한 사람에게도 일률적으로 적용된다. 법률의 부지나 법적 평가에 관한 착오를 이유로 그 적용을 피할 수는 없으므로, 이 조항에 따른 제한은 내부적 제한과 달리 볼 수도 있다. 그러나 주식회사의 대표이사가 이 조항에 정한 '중요한 자산의 처분 및 양도, 대규모 재산의 차입 등의 행위'에 관하여 이사회의 결의를 거치지 않고 거래행위를 한 경우에도 거래행위의 효력에 관해서는 위에서 본 내부적 제한의 경우와 마찬가지로 보아야 한다(대판〈전〉 2021. 2. 18, 2015 다 45451)."

(iii) 이사회 결의 없는 대표이사의 행위라도 신주발행이나 사채발행과 같은 집단적 행위에는 제 3 자의 선의·악의에 의하여 개별적으로 그 효력이 달라지는 것으로 할 수는 없고 획일적으로 보아야 하기 때문에, 언제나 유효라고 본다. 그러나 이사회 결의 없이(상362조) 대표이사가 소집한 주주총회결의의 효력은 주주의 선의·악의에 불문하고 언제나 결의취소의 소의 원인(상376조)이 된다(통설·판례).

(라) **대표권 남용행위의 효력**   대표이사가 객관적으로는 그 대표권의 범위에 속하는 행위를 하였으나 주관적으로 자기 또는 제 3 자의 이익을 위하여 대표행위를 하는 경우(예컨대, 대표이사가 자기의 권한범위 내에서 약속어음을 발행하여 자기 개인의 채무를 변제한 경우 등)가 대표권의 남용행위인데, 이 때 그 대표이사가 회사에 대하여 대내적으로 손해배상책임을 지는 것은 당연한데 대외적으로 그 행위의 효력이 문제된다. 이러한 행위가 객관적으로 대표권의 범위 내의 행위인 이상 그 대외적 효력은 거래의 안전을 위하여 원칙적으로 당연히 유효로 보아야 할 것이다.

다만 제 3 자(상대방)가 대표권의 남용을 알고 있거나 알 수 있었을 경우에는 회사는 그 무효를 주장할 수 있는데, 그 근거에 대하여는 다음과 같이 견해가 나뉘어 있다.

① 비진의표시설   대표권의 남용행위는 원칙적으로 유효한데, 다만 제 3 자(상대방)가 대표권의 남용(대표이사의 진의)을 알았거나 알 수 있었을 때에는 민법 제107조 단서의 규정을 유추적용하여 무효라고 한다.

[비진의표시설에 의한 판례]

"대표권의 남용행위는 일단 회사의 행위로서 유효한데, 다만 그 행위의 상대방이 대표이사의 진의를 알았거나 알 수 있었을 때에는 회사에 대하여 무효가 되는 것이다($\binom{대판\ 1997.\ 8.\ 29,\ \ 97\ 다\ 18059;}{동\ 2005.\ 7.\ 28,\ 2005\ 다\ 3649}$)."

② **권리남용설**   대표권의 남용행위는 원칙적으로 유효한데, 제3자(상대방)가 대표권남용의 사실을 알고 있거나 또는 중과실로 모른 경우에 회사에 대하여 권리를 주장하는 것은 신의칙위반 또는 권리남용($\binom{민}{2조}$)에 해당하여 허용될 수 없다고 한다.

[권리남용설에 의한 판례]

"주식회사의 대표이사가 회사의 영리목적과 관계 없이 자기의 개인적인 채무변제를 위하여 회사 대표이사 명의로 약속어음을 발행·교부한 경우에는 그 권한을 남용한 것에 불과할 뿐 어음발행의 원인관계가 없는 것이라고는 할 수 없고, 다만 이 경우 상대방이 대표이사의 진의를 알았거나 알 수 있었을 때에는 그로 인하여 취득한 권리를 회사에 대하여 주장하는 것은 신의칙에 반하는 것이므로 회사는 상대방의 악의를 입증하여 그 행위의 효력을 부인할 수 있다($\binom{대판\ 1990.\ 3.\ 13,\ 89\ 다카\ 24360;\ 동\ 2004.\ 3.\ 26,}{2003\ 다\ 34045;\ 동\ 2016.\ 8.\ 24,\ 2016\ 다\ 222453}$)."

③ **이익교량설**(상대적 무효설)   대표권의 남용행위는 대표이사의 개인적 이익을 위하여 행사한 경우로서 선관주의의무에 위반하여 원칙적으로 무효이지만, 다만 선의의 제3자(상대방)에 대하여는 유효하다고 한다. 그러나 제3자에게 악의 또는 중과실이 있는 경우에는 다시 원칙으로 돌아가서 무효라고 한다.

④ **대표권제한설**(내부적 제한설)   대표권의 남용행위를 대표권의 내부적 제한위반의 경우와 동일하게 보아($\binom{상\ 389조\ 3항,}{209조\ 2항\ 참조}$), 선의의 제3자(상대방)에 대하여는 유효하나, 그가 악의이면 무효를 주장할 수 있다고 한다.

생각건대 대표권은 포괄·정형성의 성질을 갖고 있고 이 정형성은 주관적으로 판단되는 것이 아니라 객관적으로 판단되는 것이므로, 대표행위가 객관적으로 대표권의 범위 내의 행위라면 당연히 대표행위로서 유효하여 회사는 이에 대하여 책임을 진다. 다만 제3자(상대방)가 이를 알고 있거나 또는 중과실로 모른 경우에 권리를 주장하는 것은 신의칙위반 또는 권리남용에 해당하여($\binom{민}{2조}$) 회사는 그 이행을 거절할 수 있다고 본다(권리남용설에 찬성). 이 때에 제3자의 악의 또는 중과실의 입증책임은 회사가 부담하고, 제3자에게 선의 또는 경과실이 있는 경우에는 회사는 신의칙위반을 주장할 수 없다고 본다.

> ≫ 사례연습 ≪

[사 례]

Y주식회사의 대표이사 A가 다음과 같은 행위를 한 경우, 그 행위의 효력은 어떠한가?

(1) 주주총회의 결의 없이 이를 모르는 X에게 영업의 중요한 일부를 양도한 경우

(2) 이사회 결의 없이 자기의 부동산을 Y회사에게 매도한 경우

(3) 이사회 결의 없이 신주를 발행하여 기존 주주들에게 배정한 경우

(4) 주주총회의 결의 없이 기존 주주들에게 이익배당을 한 경우

(5) 이사회 결의 없이 주주총회를 소집한 경우

(6) 이사회 결의 없이 사채를 발행한 경우

* 이 사례는 정찬형, 「상법사례연습(제4판)」, 사례 71에 기초한 것이므로, 이에 관한 상세는 同書를 참고하기 바람.

[해 답]

(1) 본문과 같이 상법에 의하여 주주총회의 특별결의를 받아 대표이사가 집행하도록 되어 있는 사항을 대표이사가 이러한 결의를 받지 않고 제3자와 거래한 경우(위법한 대표행위의 경우), 그 행위의 효력이 어떠한지의 문제는 주주의 이익과 제3자의 이익을 어떻게 조화시킬 것인가의 문제로 귀착된다. 이러한 대표이사의 행위에 대하여 우리나라의 통설은 그 행위 자체는 위법이라고 하지 않을 수 없으므로 그 행위가 대내적인 행위인 경우에는 언제나 무효이나, 본문의 경우와 같이 대외적인 행위인 경우에는 거래의 안전을 위하여 상대방(본문의 경우 X)이 선의인 경우에는 유효라고 본다. 그러나 법률(상법 또는 특별법)에 의하여 주주총회의 결의를 요하는 사항(상 374조, 375조 등)은(그것도 본문의 경우와 같이 주주의 이익을 보호하기 위하여 주주총회의 특별결의를 받도록 규정되어 있는 사항은) 그러한 법률의 규정이 강행규정이며 또한 제3자도 미리 이를 예견하고 있다고 볼 수 있는 점, 또 법률의 규정에 의하여 주주총회의 결의사항(그것도 특별결의사항)으로 되어 있는 것은 특히 회사(또는 주주)의 이익을 보호하기 위한 것이므로 이익교량의 면에서 이로 인하여 제3자의 이익(즉 거래의 안전)이 희생되는 것은 부득이한 일이라는 점 등에서 볼 때, (선의의) 상대방(제3자)에 대하여도 무효라고 본다. 이렇게 보면 본문의 경우 A가 주주총회의 (특별)결의 없이 (이를 모르는) X에게 영업의 중요한 일부를 양도한 행위는 무효가 된다.

(2) 본문의 경우와 같이 이사와 회사간에 이해충돌을 생기게 할 염려가 있는 재산상의 행위에는 회사의 이익을 위하여 반드시 이사회의 승인을 받도록 되어 있는데

($\frac{\text{상}}{\text{398조}}$) (대표)이사가 이러한 이사회의 승인 없이 회사와 한 행위의 효력에 대해서는 회사의 이익과 제 3 자의 이익을 어떻게 조화시킬 것인가의 문제와 관련하여 견해가 나뉘어 있다. 즉 이에 대하여는 회사의 이익에 중점을 두는 무효설, 제 3 자의 이익에 중점을 두는 유효설도 있으나, 통설·판례는 대내적 행위는 무효이고 대외적 행위는 유효로 보고 있다(상대적 무효설). 이러한 통설·판례가 타당하다고 본다. 이렇게 보면 본문의 경우 Y회사의 대표이사인 A와 Y회사간의 거래는 대내적 행위와 동일하게 볼 수 있어 A의 Y회사에 대한 부동산의 매도행위는 무효가 된다고 본다.

이 문제는 Y회사의 입장에서 보면 Y회사의 대표이사 A가 회사를 대표하여 이사회의 승인 없이 A 개인으로부터 부동산을 매입한 행위의 효력에 관한 것인데, 주주총회의 결의를 요하는 사항이 아니라 이사회의 결의를 요하는 사항이며 순수한 대외적 행위가 아니라 대내적 행위와 동일하게 볼 수 있는 점 등에서 본문 (1)과 구별된다.

(3) 정관에 다른 규정이 없으면 신주발행사항은 이사회의 결의를 받아야 하는데 ($\frac{\text{상}}{\text{416조}}$) 이러한 이사회의 결의 없이 대표이사가 신주를 발행하여 기존 주주들에게 배정한 경우 그 행위의 효력은 집단적 행위라는 특성과 또한 신주발행무효의 소와의 관계에서 문제된다.

본문의 경우와 같이 이사회의 결의 없이 대표이사가 발행한 신주발행의 효력에 대하여는 이는 수권자본제도의 한계를 넘는 것이라고 하여 무효로 보는 견해도 있으나, 상법은 이를 회사의 업무집행에 준하는 것으로 취급하고 있으므로 거래의 안전을 중시하여 유효로 보아야 할 것으로 생각한다.

이와 같이 이를 유효로 보는 경우에는 선의의 주주에 대하여만 유효가 되고 악의의 주주에 대하여는 무효가 된다고 볼 수는 없다. 따라서 신주발행과 같은 집단적 행위에는 주주(또는 제 3 자)의 선의·악의에 의하여 개별적으로 그 효력이 달라지는 것으로 볼 수는 없고 획일적으로 보아야 하기 때문에, 언제나 유효라고 본다. 그러나 이 때 이를 안 주주는 사전에 그 대표이사에 대하여 신주발행유지청구권을 행사할 수 있고($\frac{\text{상}}{\text{424조}}$), 또 그 대표이사는 사후에 회사 또는 제 3 자에 대하여 손해배상책임을 진다($\frac{\text{상 399조,}}{\text{401조}}$).

또한 본문의 경우 신주발행무효의 소의 원인이 될 수 있는 것으로 생각할 수도 있으나($\frac{\text{상 429조~}}{\text{432조}}$), 신주발행무효의 소의 원인을 비교적 가벼운 위법행위는 제외하고 주식회사의 본질에 반하는 중대한 위법행위(예컨대, 수권자본제·자본충실의 원칙에 반하는 경우 등)만으로 제한하여 해석하면 본문의 경우는 신주발행무효의 소의 원인이 된다고 볼 수는 없다.

이렇게 보면 본문의 경우 A가 발행한 신주발행은 유효하고, 다만 A는 Y회사 또는 제 3 자에게 손해배상책임을 부담한다.

(4) 이익배당의 결정(이익잉여금처분계산서의 승인)은 주주총회의 전권사항인데 (상 449조 1항) 대표이사가 이러한 주주총회의 승인을 받지 않고 이익배당을 한 것은 위법한 대표행위로서 대내적 행위이므로 (당연)무효라고 본다. 따라서 기존 주주들은 배당받은 이익을 부당이득의 법리에 의하여 회사에 반환하여야 할 것이다(민 741조, 748조).

이 문제는 상법의 규정에 의하여 주주총회의 승인을 받아야 하는 점에서는 본문 (1)과 유사한데, 본문 (1)은 위법한 대표행위로서 대외적 행위인데 이 문제는 위법한 대표행위로서 대내적 행위인 점에서 구별된다고 볼 수 있다. 또한 이 문제는 위법배당과도 구별된다. 왜냐하면 위법배당(제꼬리배당)이란「배당가능이익(상 462조 1항 참조)이 없음에도 불구하고 이익배당을 하거나, 배당가능이익을 초과하여 이익배당을 하는 것」을 말하기 때문이다. 그러나 이 문제는 위법배당의 경우와 결합될 수 있는데, 이 때에는 위법배당의 문제로 처리하면 될 것이다(그러나 그 결과에 있어서는 당연무효로 동일하다). 이 문제가 위법배당의 경우와 결합하지 않는 경우에도 회사채권자는 주주에게 그가 배당받은 이익을 회사에 반환할 것을 청구할 수 있다고 본다(상 462조 3항 유추적용).

(5) 본문과 같이 이사회의 결의 없이 대표이사가 주주총회를 소집하여 주주총회의 소집절차상에 하자가 있는 경우에 대하여는 상법에 별도의 규정이 있으므로(상 376조), 이는 위법한 대표행위의 효력으로 다룰 문제가 아니다. 따라서 이는 주주의 개별적인 선의·악의에 관계 없이 언제나 주주총회결의 취소의 소의 원인이 된다(상 376조 1항). 따라서 이 경우 주주·이사 또는 감사가 그 결의의 날로부터 2월 내에 결의취소의 소를 제기하지 않거나 또는 결의취소의 소를 제기하여 패소판결을 받게 되면 그러한 주주총회의 결의는 유효하게 된다. 또한 결의취소의 소가 제기된 경우에도 법원은 결의의 내용·회사의 현황과 제반사정을 참작하여 그 취소가 부적당하다고 인정하면 취소의 청구를 기각할 수 있는데(상 379조), 이 경우에도 주주의 선의·악의에 상관 없이 주주총회결의의 효력은 유효하게 된다.

(6) 이 문제는 집단적 행위라는 특성에서 본문 (3)과 유사한데, 사채발행의 경우에는 사채발행무효의 소 및 사채발행유지청구권 등의 제도가 없는 점에서 신주발행의 경우와 구별된다.

회사는 이사회의 결의에 의하여 사채를 모집할 수 있는데(상 469조), 다만 사채의 총액 등에 의한 제한이 있다(상 470조, 471조). 그런데 Y회사의 대표이사 A가 이사회의 결의 없이 사채를 발행한 경우에는 이사회의 결의 없이 신주를 발행한 경우와 같이 집단적 행위라는 특성이 있고 또한 상법은 이를 회사의 업무집행에 준하는 것으로 취급하고 있으므로 거래의 안전을 중시하여 유효로 보아야 할 것으로 생각한다. 이와 같이 이를 유효로 보는 경우에는 선의의 사채권자에 대하여만 유효가 되고 악의의 사채권자에 대하여는 무효가 된다고 볼 수는 없고, 신주발행의 경우와 같이 집단적 행위이므로 사채권자의 선의·악의에 따라서 개별적으로 그 효력을 달리 볼 수는 없고 획일적으로 보아야 하기 때문에 언제나 유효라고 본다.

그런데 신주발행의 경우와는 달리 이러한 사채발행에 대하여 사전에 유지청구할 수도 없고 또한 사후에 무효의 소를 제기할 수 있는 제도가 상법에 없다. 따라서 이 경우에 대표이사 A는 사후에 법령위반을 원인으로 회사에 대하여 손해배상책임을 부담하고($^{상}_{1항}399조$), 악의 또는 중대한 과실로 인한 임무해태가 있으면 제 3 자에 대하여 손해배상책임을 진다($^{상}_{1항}401조$).

따라서 결론적으로 본문의 경우 A가 발행한 사채발행은 유효하고, 다만 A는 Y회사 또는 제 3 자에 대하여 손해배상책임을 진다.

4. 표현대표이사

(1) 의의 및 인정이유

회사에서는 대표이사가 아닌 이사에게 사장·부사장·전무이사·상무이사 등과 같이 대표권이 있다고 믿을 만한 명칭의 사용을 허락하는 경우가 많고, 이와 같은 명칭을 사용한 자와 거래한 제 3 자는 그가 대표권이 없음에도 불구하고 그 명칭으로 보아서 회사를 대표할 수 있는 권한이 있다고 믿고 거래한 경우가 많으므로, 이와 같은 선의의 제 3 자를 보호할 필요가 있다. 따라서 상법 제395조는 「그러한 명칭을 사용한 이사의 행위에 대하여는 그 이사가 회사를 대표할 권한이 없는 경우에도 회사는 선의의 제 3 자에 대하여 그 책임을 진다」고 규정하고 있다.

그러나 자본금이 10억원 미만으로서 이사가 1명 또는 2명인 소규모 주식회사가 정관상 대표이사를 정하지 않은 경우에는 각 이사에게 회사의 대표권이 있으므로($^{상}_{6항}383조$), 이러한 이사에 대하여는 표현대표이사에 관한 규정($^{상}_{395조}$)이 적용될 여지가 없다. 그런데 이러한 소규모 주식회사라도 이사가 2명이면서 정관상 대표이사를 정한 경우에는 그 대표이사만이 회사의 대표권이 있으므로($^{상}_{6항}383조$), 대표권이 없는 다른 이사에 대하여는 표현대표이사에 관한 규정($^{상}_{395조}$)이 적용될 수 있다.

(2) 타제도와의 관계

1) **민법상 표현대리($^{민}_{126조, 129조}125조$)와의 관계**   상법 제395조가 표현대표이사에 관하여 민법의 표현대리에 관한 제규정($^{민}_{126조, 129조}125조$)의 특칙으로 규정되어 있다고 하여, 표현대표이사에 관한 상법 제395조가 민법의 표현대리에 관한 제규정의 적용을 배척한다고 볼 수는 없다. 따라서 이 때에 민법의 표현대리에 관한 제규정의 적용요건을

충족한 경우에는 회사는 그러한 민법의 규정에 의하여도 책임을 부담할 수 있다.

　　2) **표현지배인(^상₁₄조)과의 관계**　　회사의 사용인 등이 지배권이 없으면서 「본점 또는 지점의 본부장·지점장·그 밖에 지배인으로 인정될 만한 명칭」을 사용하고 그러한 명칭사용에 회사의 귀책사유가 있으면 회사는 상법 제14조에 의하여 그 책임을 지고, 회사의 사용인 등이 대표권이 없으면서 「사장·부사장·전무·상무 기타 회사를 대표할 권한이 있는 것으로 인정될 만한 명칭」을 사용하고 그러한 명칭사용에 회사의 귀책사유가 있으면 회사는 상법 제395조에 의하여 그 책임을 지는 것이다(통설).

[이사가 아닌 자에 대하여도 표현대표이사를 인정한 판례]

　　"회사는 이사의 자격이 없는 자에게 표현대표이사의 명칭을 사용하게 한 경우는 물론, 이사의 자격도 없는 사람이 임의로 표현대표이사의 명칭을 사용하는 것을 소극적으로 묵인한 경우에도 상법 제395조가 유추적용된다(대판 1992. 7. 28, 91 다 35816)."

　　3) **상업등기의 일반적 효력(^상₃₇조)과의 관계**　　대표이사의 성명 등은 등기사항이고(상 317조 2항 9호), 이러한 등기사항을 등기하면 회사는 선의의 제 3 자에게도 (그가 정당한 사유로 인하여 이를 모른 경우를 제외하고) 대항할 수 있다(상업등기의 적극적 공시의 원칙)(상 37조 1항 반대해석 및 2항). 그런데 상법 제395조는 제 3 자에게 정당한 사유가 있건 없건 불문하고 제 3 자가 현실로 선의이기만 하면 회사에게 그 책임을 인정한 것으로서, 이러한 상법 제395조는 상법 제37조와는 모순된다. 이러한 모순을 해결하기 위하여 우리나라의 학설은 (i) 상법 제395조는 상법 제37조와는 차원(법익)을 달리한다고 설명하는 견해(異次元說)와, (ii) 상법 제395조는 상법 제37조의 예외규정이라고 설명하는 견해(예외규정설)가 있다. 생각건대 회사의 대표이사와 거래하는 제 3 자가 거래시마다 일일이 등기부를 열람하여 대표권유무를 확인하는 것은 제 3 자에게 너무 가혹하고 또 집단적·계속적·반복적·대량적인 회사기업의 거래실정에도 맞지 않는 점을 고려하면, 상법 제395조는 상법 제37조의 예외규정이라고 보아야 할 것이다.

[이차원설(異次元說)에 의한 판례]

　　"상법 제395조와 상업등기(상 37조─ 저자 주)와의 관계를 헤아려 보면 본조는 상업등기와는 다른 차원에서 회사의 표현책임을 인정한 규정이라고 해야 옳겠으니, 이 책임을 물음에 상업등기가 있는 여부는 고려의 대상에 넣어서는 아니 된다고 하겠다. 따라서 원판결이 피고의 상호변경에 대하여 원고의 악의를 간주한 판단은 당원이 인정치 않는 법리 위에 선 것이라 하겠다($_{77}^{대판}$ $_{다 2436}^{1979. 2. 13,}$)."

   4) **부실등기의 공신력($_{39조}^{상}$)과의 관계**   대표이사를 선임하지 않고도 선임한 것으로 하여 등기하였거나 또는 대표이사가 퇴임하였는데도 퇴임등기를 하지 않은 동안에 그러한 자가 회사를 대표하여 제 3 자와 거래행위를 한 경우에, 회사는 선의의 제 3 자에 대하여 상법 제39조에 의하여 책임을 지는가 또는 상법 제395조에 의하여 책임을 지는가. (i) 이 때 제 3 자는 그러한 자가 대표이사임을 위의 부실등기에 의하여 신뢰하고 또 그러한 부실등기에 대하여 등기신청권자(적법한 대표이사)에게 고의·과실이 있다면, 회사는 그러한 선의의 제 3 자에 대하여 부실등기의 공신력에 관한 상법 제39조에 의하여 책임을 진다($_{27, 2002 다 19797}^{동지: 대판 2004. 2.}$). (ii) 그런데 이 경우에 회사는 그러한 자가 회사의 대표명의를 사용하여 제 3 자와 거래하는 것을 적극적 또는 묵시적으로 허용하였다고 할 수 있는 사정이 있고 또 이러한 사정을 제 3 자가 입증할 수 있다면, 회사는 상법 제395조에 의해서도 그 책임을 부담할 수 있다($_{5. 10, 76 다 878}^{동지: 대판 1977.}$).

   5) **주주총회결의하자의 소($_{380조, 381조,}^{상 376조,}$)와의 관계**   1995년 개정상법 이전에는 주주총회결의하자의 소의 판결의 효력이 소급하지 않았으므로($_{항은 모두 상 190조를 준용함}^{상 376조 2 항, 380조, 381조 2}$), 원고가 그러한 소에서 승소의 확정판결을 받더라도 확정판결 전에 한 사실상의 대표이사의 거래행위는 당연히 유효하므로, 이에 상법 제395조가 유추적용될 여지는 없었다. 그러나 1995년 개정상법에 의하여 주주총회결의하자의 소의 판결의 효력에는 소급효가 인정되므로($_{에서 190조 단서의 준용배제}^{상 376조 2항, 380조, 381조 2항}$), 이러한 사실상의 대표이사의 거래행위에 대하여는 상법 제395조가 유추적용될 수 있다고 본다. 그런데 이러한 (대표)이사는 등기사항이므로 변경등기 전에 한 (대표)이사의 행위에 대하여 회사는 상법 제39조에 의한 부실등기의 책임을 질 수도 있다($_{2002 다 19797}^{대판 2004. 2. 27,}$).

   6) **공동대표이사($_{2항}^{상 389조}$)와의 관계**   회사는 공동대표이사가 제 3 자와 거래하는 경우에는 반드시 「공동대표이사」라는 명칭을 사용하도록 하여야 하는데, 회사가 공동대표이사에게 단순히 「대표이사」라는 명칭사용을 허락하거나 또는 이를 묵인한 경우에는 회사에게 귀책사유가 있다고 보아야 할 것이다. 따라서 이러한 경우에도 표현대표이사에 관한 상법 제395조가 적용된다고 본다(통설). 그러므로 이로 인하여 회사를 보호하고자 하는 공동대표이사제도의 입법취지가 무시되는 것은 부득이한 일이라고 본다.

[공동대표이사에게 표현대표이사를 인정한 판례]

　"회사가 공동으로만 회사를 대표할 수 있는 공동대표이사에게 단순한 대표이사라는 명칭의 사용을 용인 내지 방임한 경우에는, 회사는 상법 제395조에 의한 표현책임을 진다($\binom{\text{대판 1991. 11. 12,}}{\text{91 다 19111}}$)."

　7) **무권대행과의 관계**　　표현대표이사가 자기명의(상무·전무 등)로 대표권이 없으면서 대표권에 속하는 행위를 제 3 자와 한 경우에는 상법 제395조가 바로 적용되는 경우이나, 표현대표이사가 대표이사(타인)명의로 대표권이 없으면서 대표권에 속하는 행위를 제 3 자와 한 경우에도 상법 제395조가 적용(엄격히는 유추적용)될 수 있는가의 문제가 있다. 이것은 무권대행으로서 위조가 되는데, 이 때 피위조자(회사)에게 귀책사유가 있고 상대방이 선의이면 표현책임의 법리에 의하여 피위조자(회사)가 책임을 지는 점에 대하여는 거의 이견(異見)이 없으나, 다만 책임을 지는 근거규정에 대하여 우리나라의 학설·판례는 상법 제395조의 적용을 부정하는 견해(따라서 민법상 표현대리에 관한 규정이 적용 또는 유추적용되어야 한다는 견해)($\binom{\text{대판 1969. 9. 30,}}{\text{69 다 964 외}}$)와 상법 제395조의 적용을 긍정하는 견해($\binom{\text{대판 1998. 3. 27, 97 다 34709; 동 2003. 7. 22,}}{\text{2002 다 40432; 동 2011. 3. 10, 2010 다 100339}}$)로 나뉘어 있다. 생각건대 표현대표이사가 「자기명의」로 행위를 한 경우와 「대표이사명의」로 행위를 한 경우는 구별되어야 할 것으로 보므로, 이 때에는 민법상 표현대리에 관한 규정을 유추적용하여 회사의 책임을 인정하는 것이 타당하다고 본다(이에 관한 상세는 정찬형, 「상법강의(상)(제27판)」, 1050~1087면 참조).

　(3) **요　건**

　1) **외관의 부여**　　회사가 표현대표이사의 명칭사용을 허락한 경우에 한하여 본조가 적용되며, 당해 행위자가 임의로 그와 같은 명칭을 사용(참칭)한 경우에는 본조가 적용되지 않는다(상법 제14조의 표현지배인과 같은 법리). 즉 회사에 귀책사유가 있어야 상법 제395조가 적용된다. 이 때 회사의 허락은 적극적인 승낙뿐만 아니라, 소극적인 묵인을 포함한다.

[회사에 귀책사유가 없는 경우에 표현대표이사의 책임을 부정한 판례]

　"상법 제395조에 의하여 회사가 책임을 지는 것은 회사가 표현대표자의 명칭사용을 명시적으로나 묵시적으로 승인한 경우에 한하는 것이고, 회사의 명칭사용 승인 없이 임의로 명칭을 참칭한 자의 행위에 대하여는 비록 그 명칭사용을 알지 못하고 제지하지 못한 점에 있어 회사에게 과실이 있다 할지라도 그 회사의 책임으로 돌려 선의의 제3자에 대하여 책임을 지게 할 수 없다($\binom{\text{대판 1995. 11. 21,}}{\text{94 다 50908 외}}$)."

회사의 허락(승낙 또는 묵인)의 판단기준은 정관 등 회사의 내규에 특별히 규정이 없으면 「업무집행기관(특히 대표이사)」인데, 대표이사 전원 또는 이사 전원의 허락이 있는 경우는 물론, 이사 과반수 또는 수 인의 대표이사 중의 1인이 알고 있는 경우에도, 허락(묵인)이 있다고 보아야 한다.

[회사의 허락의 판단기준에 관한 판례]

"회사가 표현대표를 허용하였다고 하기 위하여는 진정한 대표이사가 이를 허용하거나, 이사 전원이 아닐지라도 적어도 이사회의 결의의 성립을 위하여 회사의 정관에서 정한 이사의 수, 그와 같은 정관의 규정이 없다면 최소한 이사정원의 과반수의 이사가 적극적 또는 묵시적으로 표현대표를 허용한 경우이어야 한다($\binom{\text{대판 1992. 9. 22, 91 다 5365. 동지:}}{\text{대판 2011. 7. 28, 2010 다 70018}}$)."

2) 외관의 존재(사용) 거래의 통념상 회사대표권의 존재를 표시하는 것으로 인정될 만한 명칭을 사용하여야 한다. 상법 제395조는 사장·부사장·전무·상무를 예시하고 있으나, 이에 한하지 않고 총재·은행장·이사장 등과 같이 일반관행에 비추어 대표권이 있는 것으로 사용되는 모든 명칭을 포함한다. 그러나 '경리담당이사'는 표현대표이사에 해당하는 명칭이 아니다($\binom{\text{대판 2003. 2. 11,}}{\text{2002 다 62029}}$).

3) 외관의 신뢰 제3자는 행위자가 대표권이 없음을 알지 못하여야 한다. 이 때 「제3자」는 어음행위의 경우 표현대표이사로부터 직접 어음을 취득한 상대방뿐만 아니라 그로부터 어음을 다시 배서양도받은 제3취득자도 포함된다($\binom{\text{대판 2003. 9. 26,}}{\text{2002 다 65073}}$). 또한 이러한 제3자의 「선의」에는 무과실을 요한다고 보는 견해도 있으나, 무과실을 필요로 하지 않는다고 본다. 다만 대표권이 있는지 여부에 대하여 중대한 과실이 있는 경우(예컨대, 의심할 만한 중대한 사유가 있음에도 불구하고 등기열람을 하지 않은 경우 등)에는 악의로 보아야 할 것이다.

[제3자의 선의에 관한 판례]

"상법 제395조에 무과실을 요한다는 규정이 없고 또 거래의 신속과 안전 등을 위하여야 한다는 점에서 제3자에게 무과실까지 요하는 것은 아니다

$\left(\substack{대판 1973. 2. 28,\\ 72 다 1907}\right)$. "

"Y회사의 전무이사 겸 주택사업본부장인 B가 동 회사의 대표이사인 A명의로 C발행의 어음에 담보목적으로 배서한 경우에 X렌탈 주식회사의 과장이 B를 Y회사의 표현대표이사라고 믿은 것에는 중대한 과실이 있어 Y회사는 X회사에 대하여 책임이 없다$\left(\substack{대판 1999. 11. 12, 99 다 19797. 동지: 대판\\ 2003. 7. 22, 2002 다 40432 〈중과실을 부정함〉}\right)$. "

"상표의 전용사용권자인 갑주식회사로부터 상표의 사용허락을 받은 통상사용권자인 을주식회사의 이사 병이 갑회사의 동의 없이 정에게 위 상표의 사용권을 부여하는 내용의 업무협약을 체결한 경우, 정은 상법 제395조의 제 3 자로서 선의·무중과실이므로 갑회사는 책임이 있다$\left(\substack{대판 2013. 2. 14,\\ 2010 다 91985}\right)$. "

"상법 제395조의 표현대표이사의 행위로 인하여 주식회사의 책임을 인정하기 위하여는 거래의 상대방인 제 3 자에게 대표권한이 있다고 믿은 데에 중대한 과실이 없어야 한다$\left(\substack{대판 2013. 2. 14,\\ 2010 다 91985}\right)$. "

제 3 자의 선의여부에 대한 증명책임은 「회사」에 있다$\left(\substack{동지: 대판 1971.\\ 6. 29, 71 다 946}\right)$.

(4) 효 과

상법 제395조가 적용되는 경우에는 표현대표이사의 행위에 대하여 회사는 마치 대표권이 있는 대표이사의 행위와 같이, 제 3 자에 대하여 권리를 취득하고 의무를 부담한다. 다만 표현대표이사가 어음행위를 한 경우에는 어음법의 특칙에 의하여 표현대표이사도 어음상의 권리자에 대하여 어음채무를 부담한다$\left(\substack{어 8조\\ 1문}\right)$.

(5) 적용범위

상법 제395조는 거래의 안전을 보호하기 위한 것이므로 법률행위에 대해서만 적용된다. 따라서 표현대표이사의 불법행위에는 본조가 적용되지 않고, 민법 제35조 또는 제756조에 의하여 회사는 그 책임을 부담하게 될 것이다(통설). 또한 표현대표이사가 한 법률행위는 대표이사의 권한에 속하는 행위이어야 한다. 따라서 대표이사로서도 주주총회의 특별결의 없이는 할 수 없는 행위에 대하여는 상법 제395조가 적용될 여지가 없다$\left(\substack{동지: 대판 1964.\\ 5. 19, 63 다 293}\right)$. 또한 상법 제395조는 소송행위에도 적용되지 않는다$\left(\substack{상 14조 1항\\ 단서의 유추적용}\right)$(통설). 그러나 판례는 전무이사의 항소취하에 대하여 상법 제395조를 적용하고 있다$\left(\substack{대판 1970. 6.\\ 30, 70 후 7}\right)$.

≫ 사례연습 ≪

[사 례]

　Y회사의 상무이사인 C가 그 회사의 대표이사인 A명의로 그 대표이사의 권한 범위에 속하는 자금차입행위를 X와 한 경우, Y회사는 이를 변제할 책임을 지는가?

　* 이 사례는 정찬형, 「상법사례연습(제 4 판)」, 사례 72에 기초한 것이므로, 이에 관한 상세는 同書를 참고하기 바람.

[해 답]

　(1) Y회사의 상무이사 C가 대표이사의 권한에 속하는 행위를 대표이사의 결재 없이 "Y주식회사 대표이사 A"의 형식으로 하고 거래의 상대방인 X는 C를 대표이사 A로 믿었거나 또는 C가 대표이사 A의 결재를 받아 적법하게 A를 대행한 것으로 믿은 경우에, 이 행위의 효력이 Y회사에게 귀속되는지 여부가 본문의 문제이다. 이것은 무권대행의 문제로서 이에 Y회사의 책임을 인정하는 것에 대하여는 거의 의문이 없으나, 이에 상법 제395조를 적용(유추적용)할 것인지에 대하여는 견해가 나뉘어 있다. 즉 이에 대하여는 민법상 표현대리에 관한 규정을 적용(또는 유추적용)하여 Y회사의 책임을 인정하자는 견해(대판 1968. 7. 30, 68 다 127)와 상법 제395조의 규정을 적용(또는 유추적용)하여 Y회사의 책임을 인정하자는 견해(대판 1979. 2. 13, 77 다 2436)로 나뉘어 있다. 생각건대 표현대표이사가 자기명의로 한 경우와 대표이사명의로 한 경우는 구별되어야 하고, 대표이사 명의로 한 경우에는 「대행권한의 유무」만이 문제되고 행위자의 명칭에 의하여 대표권이 있는 것으로 신뢰하는 일은 없으므로 이에 상법 제395조를 적용(또는 유추적용)하는 것은 적절하지 않다고 본다.

　따라서 본문의 경우 상무이사 C가 대표이사 A 명의로 자금차입한 것에 대하여 X가 선의이면 Y회사는 민법의 표현대리에 관한 규정의 유추적용에 의하여 X에게 변제할 책임을 진다고 본다. 이 때에 C는 상무이사로서 기본적인 대리권이 있는데 대표이사의 권한에 속하는 행위를 하였으므로 이에는 민법 제126조가 유추적용되어야 할 것으로 본다.

　(2) 본문의 경우 만일 Y회사의 상무이사 C가 대표이사의 권한에 속하는 행위를 대표이사의 결재 없이 "Y주식회사 상무이사 C"의 형식으로 X와 거래를 하였다면, 이에는 상법 제395조가 적용되어 Y회사는 X에게 차입금을 변제할 책임을 진다(이는 상법 제395조가 적용되는 가장 전형적인 경우이다).

　(3) 본문의 경우 만일 Y회사의 상무이사 C가 대표이사의 권한에 속하는 행위를 대표이사의 결재를 받아 하였다면 이를 자기명의로 하든 대표이사 A의 명의로 하든 Y

회사가 X에게 변제할 책임을 지는 것은 너무나 당연하다. C가 이를 자기명의로 한 경우에는 Y회사로부터 대표이사의 권한에 속하는 행위를 할 수 있는 특별수권을 받은 것으로 볼 수 있고, C가 이를 대표이사 A명의로 하면 이는 유권대행으로서 대표이사 A가 한 행위와 동일하게 볼 수 있을 것이다.

제 5 집행임원

1. 의 의

(1) 2011년 4월 개정상법은 주식회사(특히 대규모 주식회사)의 경영의 투명성과 효율성을 높이기 위하여 주식회사는 (선택에 의하여) 대표이사에 갈음하여 집행임원을 둘 수 있도록 하였는데($^{상\ 408조의}_{2\ 1항}$), 이와 같이 집행임원을 둔 회사를 '집행임원 설치회사'라 한다. 이러한 집행임원 설치회사는 회사의 업무집행기관(집행임원)과 업무감독기관(이사회)을 분리하여(감독형 이사회), 이사회는 회사의 업무를 잘 알고 또한 경영의 전문가인 집행임원을 업무집행기관으로서 선임(해임)하여 회사의 업무집행(경영)을 맡기고, 이사회는 이에 대한 감독만을 하면서 (필요한 경우) 회사의 중요한 사항에 대하여 의사를 결정하는 회사를 말한다. 따라서 집행임원 설치회사에서의 집행임원은 (집행임원 비설치회사에서의 대표이사에 갈음하여) 「대내적으로 회사의 업무를 집행하고 대표집행임원은 대외적으로 회사를 대표하는 기관」이라고 볼 수 있다. 집행임원 설치회사에서 집행임원이 수인인 경우에 각 집행임원은 회사의 업무를 집행할 뿐만 아니라($^{상\ 408조의}_{4\ 1호}$) 정관이나 이사회의 결의에 의하여 위임받은 업무집행에 관한 의사결정을 대표권 유무에 관계 없이 각 집행임원이 하므로($^{상\ 408조의}_{4\ 2호}$)(즉, 집행임원회는 상법상 없음) 업무집행의 효율성을 기할 수 있는 점, 또한 집행임원은 언제나 이사회에 의하여 선임·해임될 뿐만 아니라 (정관에 규정이 없거나 주주총회의 승인이 없는 경우) 그의 보수도 이사회에 의하여 결정되므로 이사회에 의한 실효성 있는 감독을 받는다는 점($^{상\ 408조의 2}_{3항\ 1호·6호}$) 등으로 인하여, 집행임원 비설치회사에서의 대표이사와는 구별되고 업무집행기관(집행임원)과 업무감독기관(이사회)의 구별이 좀 더 명확하게 되어 업무집행의 효율성과 업무감독의 실효성을 거둘 수 있는 것이다.

(2) 최근 사업연도말 현재의 자산총액 2조원 이상인 주식회사의 경우 의무적으로 이사회를 사외이사가 이사총수의 과반수가 되도록 구성하고($^{상\ 542조의 8\ 1항\ 단서,}_{동\ 시행령\ 34조\ 2항}$)

또한 이사회 내 위원회의 하나이고 사외이사가 위원의 3분의 2 이상인 감사위원회를 의무적으로 두어야 하는 규정($^{상\ 542조의\ 11\ 1항;}_{동\ 시행령\ 37조\ 1항}$)의 취지에서 볼 때, 이러한 이사회는 업무감독기능에 중점이 있으므로, 이러한 주식회사에서는 이사회(업무감독기관)와는 분리된 집행임원(업무집행기관)을 반드시 두어야 할 것으로 본다(즉, 이러한 회사는 집행임원 설치회사를 선택하여야 하는데, 선택하지 않는 경우 발생하는 문제점을 해결하기 위하여 입법론상 상법 제542조의 8 제1항 단서의 "상장회사의"를 "상장회사로서 집행임원 설치회사의"로 수정하여야 할 것이다).

그러나 그 이외의 주식회사는 임의로 집행임원 설치회사를 선택할 수 있는데, 사외이사가 이사총수의 과반수인 주식회사는 위에서 본 대회사의 경우와 같은 취지에서 볼 때 집행임원 설치회사이어야 한다고 본다. 다시 말하면 집행임원 설치회사는 사외이사가 이사총수의 과반수이어야 한다. 이러한 점에서 볼 때 입법론상 상법 제408조의 2에 이러한 내용의 규정을 두어야 할 것으로 본다. 또한 집행임원 설치회사에 한하여 감사위원회를 두도록 하는 것이 자기감사를 피하고 또한 감사의 실효성의 면에서 타당하다고 본다($^{이를\ 위하여\ 상\ 415조의\ 2\ 1항\ 1문은\ "집행임원\ 설치회사는\ 제393조의\ 2의}_{규정에\ 의한\ 위원회로서\ 감사위원회를\ 설치하여야\ 한다"로\ 개정되어야\ 할}$ 것으로 본다. 이와 함께 동법 제542조의 11 및 제542조의 12〈감사에 관한 규정 제외〉는 삭제되어야 할 것이다.).

(3) 자본금 총액이 10억원 미만으로서 이사를 1명 또는 2명 둔 경우에는 이사회가 없으므로 집행임원 설치회사가 있을 수 없다고 본다.

(4) 집행임원 설치회사에서는 대표이사가 없으므로 대외적으로 회사를 대표하는 자는 (대표)집행임원(CEO)이지 대표이사가 아니고, 이사회의 회의를 주관하기 위하여는 (정관에 규정이 없으면 이사회의 결의로) 이사회 의장을 두어야 한다($^{상\ 408조의}_{2\ \ 4항}$). (대표)집행임원과 이사회 의장은 분리되는 것이 집행임원 설치회사의 원래의 취지(집행과 감독의 분리)에 맞으나, 우리 상법상 이를 금지하는 규정을 두고 있지 않으므로 이 양자의 지위를 겸할 수 있다고 본다(이 경우 법률상 명칭은 종래의 대표이사에 갈음하여 '대표집행임원 및 이사회 의장'이다). 또한 집행임원과 이사와의 관계에서도 원래는 분리되어야 집행임원 설치회사의 취지에 맞으나, 우리 상법상 이 양자의 지위를 금지하는 규정을 두고 있지 않으므로 이 양자의 지위도 겸할 수 있다고 본다(이 경우 법률상 사내이사는 '집행임원 및 이사'이고, 사외이사 및 그 밖에 상무에 종사하지 않는 이사는 '집행임원이 아닌 이사'를 의미한다).

2. 지 위

집행임원 설치회사와 집행임원의 관계는 민법 중 위임에 관한 규정이 준용된다($\frac{상}{2}\frac{408조의}{2항}$). 이는 이사와 회사와의 관계와 같고($\frac{상}{2항}\frac{382조}{}$), 상업사용인과 회사와의 관계가 보통 고용관계인 점과 구별된다.

3. 선임·해임

(1) 집행임원 설치회사에서는 집행임원과 대표집행임원의 선임 및 해임권이 이사회에 있다($\frac{상}{2}\frac{408조의}{3항 1호}$).

집행임원은 이와 같이 이사회에서 선임·해임되어야 하므로 (이사회에서 선임·해임되지 않는) 회장(또는 지배주주겸 대표이사) 등과 이들이 선임·해임하는 (사실상) 집행임원은 상법상 집행임원은 아니나, 상법상 집행임원과 동일하게 보아 그의 책임을 물을 수 있다고 본다($\frac{상}{401조의2}\frac{408조의 9,}{}$).

(2) 집행임원의 수에는 (최저이든 최고이든) 제한이 없다. 또한 집행임원이 다수인 경우에도 (이사회와 같이) 회의체를 구성하는 것도 아니다.

(3) 집행임원의 자격에는 제한이 없다. 그러나 해석상 집행임원은 당해 회사 및 자회사의 감사(監事)를 겸직할 수 없다고 본다($\frac{상}{참조}\frac{411조}{}$). 따라서 이사회는 유능한 경영인을 집행임원으로 선임하여 업무집행의 효율성을 극대화할 수 있고, 언제든지 그 결과에 대하여 책임을 물을 수 있다.

(4) 집행임원의 임기는 정관에 다른 규정이 없으면 2년을 초과하지 못한다($\frac{상}{3}\frac{408조의}{1항}$). 정관의 규정에 의하여 이와 달리 임기를 정할 수 있다. 집행임원의 임기에 관하여는 이사의 임기와 그 기간만이 다르지, 임기의 산정에 관하여는 이사의 임기에 관한 해석과 같다.

집행임원이 임기만료 후에 재선이 가능한 점은 이사의 경우와 같다.

그런데 이러한 집행임원의 임기는 정관에 그 임기중의 최종 결산기에 관한 정기주주총회가 종결한 후 가장 먼저 소집하는 이사회의 종결시까지로 정할 수 있다($\frac{상}{3}\frac{408조의}{2항}$)(예컨대, 12월 31일을 결산기로 하는 회사의 집행임원의 임기가 다음 해 1월 10일에 만료하고 정기주주총회일이 다음 해 3월 20일이며 이후 가장 먼저 소집하는 이사회가 다음 해 3월 30일이면, 정관의 규정으로 집행임원의 임기를 3월 30일에 만료되는 것으로 할 수 있다).

현재 대기업에서 시행하고 있는 사실상 집행임원(비등기임원)에 대하여는 상법상 규정이 없으므로 임기에 대한 보장이 있을 수 없으나, 그러한 대기업이 상법상 집행임원 설치회사의 지배구조를 채택하면 집행임원은 (이사회에 의하여 선임·해임되는 점과 함께) 상법상 2년까지 임기를 어느 정도 보장받게 되어 안정된 상태에서 업무집행기능을 수행할 수 있게 될 것으로 본다.

(5) 집행임원의 성명과 주민등록번호는 이사와 같이 등기사항이고($^{상\ 317조}_{2항\ 8호}$), 또한 회사를 대표할 집행임원(대표집행임원)의 성명·주민등록번호 및 주소도 등기사항이며($^{상\ 317조}_{2항\ 9호}$), 둘 이상의 대표집행임원이 공동으로 회사를 대표할 것을 정한 경우에는 그 규정(공동대표집행임원)도 등기사항이다($^{상\ 317조}_{2항\ 10호}$).

회사가 집행임원을 선임하여 회사의 업무집행권한을 부여하면서 (대표)집행임원에 관한 등기를 하지 않으면, 그러한 집행임원은 집행임원으로서의 권한을 갖고 회사는 다만 선의의 제3자에게 대항하지 못하는 (상업등기의 일반적 효력상) 불이익을 받게 된다($^{상\ 37조}_{1항}$). 이는 (대표)이사 및 지배인의 경우에도 동일하다.

(6) 집행임원 선임결의의 무효나 취소 또는 집행임원 해임의 소가 제기된 경우에, 법원은 당사자의 신청에 의하여 가처분으로써 집행임원의 직무집행을 정지할 수 있고 직무대행자를 선임할 수 있는 점은 이사의 경우와 같다($^{상\ 408조의\ 9,}_{407조\sim408조}$).

4. 권   한

(1) 업무집행권

집행임원은 (i) 집행임원 설치회사의 업무를 집행하고, (ii) 정관이나 이사회의 결의에 의하여 위임받은 업무집행에 관한 의사결정을 한다($^{상\ 408조}_{의\ 4}$). 즉, 집행임원은 종래의 대표이사와 같이 회사 내부적으로 업무를 집행한다.

집행임원은 필요하면 회의의 목적사항과 소집이유를 적은 서면을 이사(소집권자가 있는 경우에는 소집권자)에게 제출하여 이사회를 소집청구할 수 있다($^{상\ 408조의}_{7\ 1항}$). 집행임원이 이러한 청구를 한 후 이사(소집권자가 있는 경우에는 소집권자)가 지체 없이 이사회 소집의 절차를 밟지 아니하면 소집을 청구한 집행임원이 법원의 허가를 받아 이사회를 소집할 수 있는데, 이 경우 이사회 의장은 법원이 이해관계자의 청구에 의하여 또는 직권으로 선임할 수 있다($^{상\ 408조의}_{7\ 2항}$). 이사회 소집을 하지 않고자 하는 이사회 의장(이는 보통 이사회의 소집권자임)이 집행임원이 법원의 허가를 받아 소집한 이사회에서 이사회의 의장을 맡는다는 것은 원만한 이사회의 운영을 위하여 적절하지 않으므로, 이 경우에는 법원이 이해관계자의 청구 또는 직권으로 이사회 의장을 선임하도록 한 것이다.

(2) 대 표 권

집행임원 설치회사에서는 대표집행임원이 회사를 대표한다. 2명 이상의 집행임원이 선임된 경우는 이사회 결의로 대표집행임원을 선임하여야 하는데, 집행임원이 1명인 경우에는 그 집행임원이 대표집행임원이 된다($_{1호, \, 408조의 \, 5 \, \, 1항}^{상 \, 408조의 \, 2 \, \, 3항}$).

대표집행임원에 관하여 상법에 다른 규정이 없으면 주식회사의 대표이사에 관한 규정을 준용하고($_{5 \, \, 2항}^{상 \, 408조의}$), 표현대표이사에 관한 규정($_{395조}^{상}$)도 준용한다($_{5 \, \, 3항}^{상 \, 408조의}$).

제 6 이사·집행임원의 의무(이사·집행임원과 회사간의 이익조정)

1. 총 설

이사(집행임원 설치회사에서는 '집행임원'을 포함한다. 이하 같다)는 회사에 대한 일반적 의무로서 선관의무($_{2 \, \, 2항; \, 민 \, 681조}^{상 \, 382조 \, 2항, \, 408조의}$)를 부담하는데, 상법은 이와 별도로 충실의무($_{408조의 \, 9}^{상 \, 382조의 \, 3,}$)에 대하여 규정하고 있다. 또한 상법은 이사와 회사간의 이익조정을 위하여 이사에게 경업피지의무($_{408조의 \, 9}^{상 \, 397조,}$)·회사기회유용금지의무($_{408조의 \, 9}^{상 \, 397조의 \, 2,}$)·자기거래금지의무($_{408조의 \, 9}^{상 \, 398조,}$) 및 비밀유지의무($_{408조의 \, 9}^{상 \, 382조의 \, 4,}$)를 규정하고, 감사 또는 감사위원회에 의한 감사의 실효성을 확보하며 회사의 손해를 사전에 방지하기 위하여 이사의 감사 또는 감사위원회에 대한 보고의무($_{7항, \, 408조의 \, 9}^{상 \, 412조의 \, 2, \, 415조의 \, 2}$)를 규정하고 있다. 상법에 규정된 것은 아니나 판례에 의하여 이사는 이 외에 다른 이사의 업무집행에 대한 감시의무를 부담한다.

2. 충실의무

상법은 「이사(집행임원 설치회사에서는 '집행임원'을 포함한다. 이하 같다)는 법령과 정관의 규정에 따라 회사를 위하여 그 직무를 충실하게 수행하여야 한다」고 규정하여($_{408조의 \, 9}^{상 \, 382조의 \, 3,}$), 이사의 충실의무에 대하여 규정하고 있다. 이사는 일반적 의무로서 회사에 대하여 선관의무($_{2항; \, 민 \, 681조}^{상 \, 382조 \, 2항, \, 408조의 \, 2}$)를 부담하는데, 상법은 이러한 이사의 회사에 대한 선관의무를 구체화하기 위하여 또는 이사의 주의의무를 다시 강조하기 위하여 선언적 규정으로 충실의무에 대하여 규정하고 있다고 볼 수 있다(이에 관한 상세는 정찬형, 「상법강의(상)(제27판)」, 1060~1063면 참조).

3. 경업피지의무

상법은 앞에서 본 바와 같이 이사의 이러한 선관의무를 구체화하여 회사의 이익을 보호하기 위하여 이사(집행임원 설치회사에서는 '집행임원'을 포함한다. 이하 같다)의 (광의의) 경업피지의무에 대하여 규정하고 있다($_{408조의 \, 9}^{상 \, 397조,}$). 이사의 이러한 (광의의)

경업피지의무는 상업사용인의 그것과 마찬가지로 법정의 부작위의무인데, 이에는 경업금지의무(협의의 경업피지의무)와 겸직금지의무가 있다. 각각의 내용 및 그 위반 효과는 상업사용인의 그것과 거의 같으므로, 이곳에서는 차이점만을 간단히 보기로 한다.

(1) 경업금지의무(협의의 경업피지의무)

이사는 이사회(이사가 1명 또는 2명인 소규모 주식회사의 경우에는 이사회가 없으므로 주주총회— 상383조 4항)의 승인이 없으면 자기 또는 제 3 자의 계산으로 회사의 영업부류에 속한 거래를 하지 못한다(상397조의 9 1항 전단,408조의 9). 이사가 회사의 영업부류에 속한 거래를 자기 또는 제 3 자의 계산으로 하기 위하여는 상업사용인의 경우에는 「영업주」의 허락이 있어야 하는데, 주식회사의 경우에는 「이사회(이사가 1명 또는 2명인 소규모 주식회사의 경우에는 이사회가 없으므로 주주총회— 상383조 4항)의 승인」이 있어야 한다.

이사가 경업금지의무에 위반한 경우에 위반한 거래 자체는 유효하나, 회사는 그 이사를 해임할 수 있고(상385조 3항 1호, 408조의 2) 또 그 이사에 대하여 손해배상을 청구할 수 있음은 물론(상399조 1항·3항, 408조의 8) 개입권을 행사할 수 있음은(상397조 2항, 408조의 9), 상업사용인의 경우와 같다. 다만 회사가 개입권을 행사하고자 하면 「이사회(이사가 1명 또는 2명인 소규모 주식회사의 경우에는 이사회가 없으므로 주주총회— 상383조 4항)의 결의」를 얻어야 하고(상397조의 9 2항 전단,408조의 9), 개입권의 행사기간이 「거래가 있은 날로부터 1년」인 점(상397조의 9 3항,408조의 9)은 상업사용인의 경우와 구별되고 있다.

이사의 회사에 대한 손해배상책임은 상법 제397조를 강행규정으로 보면 주주 전원의 동의로 면제될 수 없다고 보며(상400조 1항, 408조의 9 적용배제), 정관에서 정하는 바에 따라 감경될 수도 없다(상400조 2항 단서, 408조의 9).

(2) 겸직금지의무

이사는 이사회(이사가 1명 또는 2명인 소규모 주식회사의 경우에는 이사회가 없으므로 주주총회— 상383조 4항)의 승인이 없으면 동종영업을 목적으로 하는 다른 회사의 무한책임사원·이사 또는 집행임원이 되지 못한다(상397조 1항 후단, 408조의 9). 모자회사 사이에는 서로 이익충돌의 여지가 없으나, (동종영업을 목적으로 하는 다른 회사의) 「무한책임사원이나 이사」에는 '그 회사의 지배주주가 되어 그 회사의 의사결정과 업무집행에 관여할 수 있게 되는 경우'를 포함한다(대판 2013. 9. 12, 2011 다 57869).

이사의 겸직금지의무가 상업사용인의 그것과 다른 점은, 상업사용인의 경우는 「다른 모든 회사의 무한책임사원·이사·집행임원 또는 다른 상인의 사용인」이나, 주식회사의 이사의 경우는 「동종영업을 목적으로 하는 다른 회사의 무한책임사원·

이사·집행임원」에 한한다는 점이다.

　이사가 겸직금지의무에 위반한 경우에 회사는 그 이사를 해임할 수 있고($\substack{상\ 385조,\ 408조 \\ 의\ 2\ 3항\ 1호}$) 또 손해가 있는 경우에는 손해배상청구를 할 수 있는 점은($\substack{상\ 399조,\ 408조 \\ 의\ 8\ 1항·3항}$), 상업사용인의 경우와 같다. 이사의 회사에 대한 손해배상책임의 면제 또는 감경에 대하여는 경업금지의무의 위반의 경우와 같다($\substack{상\ 400조\ 1항·2항 \\ 단서,\ 408조의\ 9}$).

> ≫ 사례연습 ≪

[사 례]

　X주식회사의 대표이사인 Y는 X회사와 동종영업을 목적으로 하는 A회사를 설립하고 A회사의 이사 겸 대표이사가 되어 영업준비작업을 하여 오다가 영업활동을 개시하기 전에 A회사의 이사 및 대표이사직을 사임한 경우, X회사는 Y에 대하여 어떠한 조치를 취할 수 있는가?

* 이 사례는 정찬형, 「상법사례연습(제 4 판)」, 사례 73에 기초한 것이므로, 이에 관한 상세는 同書를 참고하기 바람.

[해 답]

　(1) 본문의 경우 X주식회사의 대표이사인 Y가 동종영업을 목적으로 하는 A회사의 이사 겸 대표이사가 되었으므로 상법상 겸직금지의무($\substack{상\ 397조\ 1항 \\ 후단}$)에 위반한 것으로 생각될 수 있다. 그런데 A회사는 아직 영업활동을 개시하기 전이므로 이러한 회사의 이사에 취임하는 것이 상법상 겸직금지위반이 될 수 있는가가 문제된다. 이사의 겸직금지의무(또는 경업피지의무)를 규정한 상법의 입법취지는 이사가 회사의 업무집행의 과정에서 알게 된 영업비밀이나 고객관계 등을 이용하여 그와 경쟁관계에 있는 다른 회사의 이익을 도모하지 못하도록 하여 회사의 이익을 도모하고자 하는 것이므로, 이사가 그러한 행위를 한 이상 그 회사가 영업활동을 개시하였는지 여부는 불문한다고 본다. 따라서 이러한 점에서 볼 때 본문의 경우 X회사의 대표이사인 Y가 X회사의 이사회의 승인을 받지 않고 X회사와 동종영업을 목적으로 하는 A회사를 설립하고 A회사의 이사 겸 대표이사에 취임한 행위는 상법상 이사의 겸직금지의무에 위반한 것으로 본다. 우리 대법원판례도 이와 동지(同旨)로 판시하고 있다($\substack{대판\ 1993.\ 4.\ 9, \\ 92\ 다\ 53583}$).

　(2) 위에서 본 바와 같이 X회사의 대표이사인 Y가 상법 제397조 1항의 겸직금지의무를 위반하였다면, X회사는 Y를 해임하고($\substack{상 \\ 385조}$) 또한 Y에 대하여 손해배상을 청구할 수 있다($\substack{상 \\ 399조}$).

이 때 X회사는 주주총회의 특별결의에 의하여 (대표)이사인 Y를 언제든지 해임할 수 있는데($_{본문}^{상 385조 1 항}$) 이는 정당한 사유에 의하여 해임하는 것이므로 Y의 임기만료 전에 해임하는 경우에도 Y는 X회사에 대하여 그 해임으로 인한 손해배상을 청구할 수 없다($_{단서 참조}^{상 385 1 항}$). Y가 위와 같이 그 직무에 관하여 법령에 위반한 중대한 과실이 있음에도 불구하고 X회사의 주주총회에서 그 해임을 부결한 경우에는 발행주식총수의 100분의 3 이상에 해당하는 주식을 가진 소수주주는 그러한 주주총회의결의가 있은 날로부터 1월 내에 Y의 해임을 본점소재지의 지방법원에 청구할 수 있다($_{2항·3항}^{상 385조}$). 또한 Y는 법령에 위반한 행위를 하여 X회사에 손해를 주었으므로 X회사는 Y에 대하여 이러한 손해배상을 청구할 수 있는데($_{1항}^{상 399조}$), Y의 X회사에 대한 이러한 손해배상책임은 X회사의 총주주의 동의로 면제할 수 있다($_{400조}^{상}$).

Y가 겸직금지의무에 위반한 경우에는 경업금지의무(협의의 경업피지의무)에 위반한 경우와는 달리 거래가 아니므로 X회사가 개입권을 행사할 여지는 없다.

4. 회사기회유용금지의무

(1) 의 의

1) 2011년 4월 개정상법은 이사(집행임원 설치회사에서는 '집행임원'을 포함한다. 이하 같다)의 회사기회유용금지의무를 신설하여, 이사가 직무상 알게 된 회사의 정보를 이용하여 회사의 이익이 될 수 있는 사업기회를 이사회의 승인 없이 자기 또는 제3자의 이익을 위하여 이용하지 못하도록 하였다($_{408조의 9}^{상 397조의 2 1 항·}$).

2) 이사의 경업피지의무($_{408조의 9}^{상 397조·}$)는 '현재'의 회사의 이익을 보호하기 위한 것인데, 이사의 회사기회유용금지의무($_{408조의 9}^{상 397조의 2·}$)는 '장래'의 회사의 이익을 보호하기 위한 것이라는 점에서 양자는 구별되나, 본질적으로는 양자가 유사한 점이 많다는 점에서 이사의 회사기회유용금지의무에 관한 규정을 이사의 경업피지의무에 관한 규정 다음에 규정하게 된 것이다.

3) 이사의 회사기회유용을 원칙적으로 금지하는 상법 제397조의 2의 법적 성질은 앞에서 본 바와 같이 이사에게 일반적으로 요구되는 (충실의무를 포함한) 선관의무($_{2항·408조의 9; 민 681조 참조}^{상 382조의 3·382조 2 항, 408조의 2}$)를 구체화한 것이라고 본다.

(2) 회사의 사업기회

1) 이사가 이사회의 승인 없이 자기 또는 제3자의 이익을 위하여 이용할 수 없는 회사의 사업기회는 「현재 또는 장래에 회사에 이익이 될 수 있는 사업기회」로서($_{본문, 408조의 9}^{상 397조의 2 1 항}$), 「직무를 수행하는 과정에서 알게 되거나 회사의 정보를 이용한 사

업기회」(주관적 사유에 따른 사업기회)($^{\text{상 397조의 2}}_{\text{1호, 408조의 9}}$$^{\text{1항}}$) 또는 「회사가 수행하고 있거나 수행할 사업과 밀접한 관계가 있는 사업기회」(객관적 사유에 따른 사업기회)($^{\text{상 397조의 2}}_{\text{2호, 408조의 9}}$$^{\text{1항}}$) 이어야 한다. 「회사의 현재 또는 장래의 사업기회」라는 개념이 매우 포괄적이고 추상적인 내용이라 이를 좀 더 구체화하기 위하여 상법 제397조의 2 1항 1호 및 2호에서 주관적 사유에 따른 사업기회 및 객관적 사유에 따른 사업기회를 규정하게 된 것인데, 이와 같은 규정에도 불구하고 회사의 사업기회의 개념은 매우 광범위하고 비정형적인 면이 있어 구체적인 경우에 회사의 사업기회에 해당하는지 여부는 법원의 판단에 맡길 수밖에 없다.

구체적으로 '자동차 제조회사'의 경우 '그의 생산된 자동차와 부품 등의 운송 및 물류업'은 자동차회사의 객관적 사유에 따른 사업기회가 될 수 있을 것이다.

2) 주관적 사유에 따른 사업기회는 이사가 회사에 대하여 (충실의무를 포함한) 선관의무($^{\text{상 382조의 3·382조 2항, 408조의 2}}_{\text{2항·408조의 9; 민 681조}}$)를 부담하기 때문에 회사의 기관으로서 알게 된 사업기회는 회사에 우선적으로 귀속시켜야 하는 점, 객관적 사유에 따른 사업기회는 회사와 이사간의 이익상충의 우려가 크고 또한 사회경제적으로도 회사에 그 기회를 부여하는 것이 효율적일 가능성이 높기 때문에 그 사업기회는 회사에 우선적으로 귀속시켜야 하는 점에서, 이사의 회사사업기회유용금지의 당위성을 인정할 수 있을 것으로 본다($^{\text{동지: 대판 2018. 10.}}_{\text{25, 2016 다 16191}}$).

(3) 회사의 사업기회유용금지의 대상

상법은 이사의 자기거래가 금지되는 대상에 대하여는 이사뿐만 아니라 주요주주·이사의 배우자와 직계존비속 등(이사의 주변인물)이 포함되는 것으로 규정하였으나($^{\text{상 398조,}}_{\text{408조의 9}}$), 이사의 회사의 사업기회유용금지의 대상에 대하여는 이사의 경업피지의무($^{\text{상 397조,}}_{\text{408조의 9}}$)와 같이 「이사」에 대하여만 규정하고 있다. 그 이유는 이사의 자기거래는 이사의 주변인물들이 회사와 직접적인 거래를 하여 회사와 실질적인 연관성을 가지나, 경업금지와 회사의 사업기회유용은 이사의 주변인물들이 회사와 직접적인 연관을 갖는 것이 아니라는 점에서 차이가 있는 점 또한 이를 이사의 주변인물들에게까지 확대하면 그들의 영업의 자유를 침해할 우려가 있다는 점 등을 고려하였기 때문이다.

그러나 업무집행지시자 등($^{\text{상 401조의 9}}_{\text{408조의 9}}$$^{\text{2.}}$)은 이사와 동일한 책임을 지므로 이사와 같이 회사의 사업기회유용금지의 대상이 된다고 본다. 이를 명확히 하기 위하여 입법론상 상법 제401조의 2 1항 본문에 '제397조의 2'를 추가하여야 할 것으로 본다.

집행임원은 상법상 명문으로 회사의 사업기회유용금지의 대상이 되고 있다

$\binom{\text{상 408조의 9,}}{\text{397조의 2}}$.

(4) 이사회의 승인

1) 이사의 회사의 사업기회유용금지의 대상이 되는 사업이라도, 이사는 이사회의 승인이 있는 때에는 유효하게 그러한 사업을 수행할 수 있고, 이사회는 그 의사결정과정에 현저한 불합리가 없는 한 그와 같이 결의한 이사들의 경영판단은 존중되어야 한다($\frac{\text{대판 2013. 9. 12,}}{\text{2011 다 57869}}$). 이사회가 승인하는 것은 회사가 그 사업이 중소기업의 고유업종이거나, 협력업체와의 관계개선 등을 위해서나, 또는 퇴직자의 복지차원 등에서 그 사업을 포기하는 것이다.

2) 승인기관은 「이사회」에 한하고, 정관의 규정에 의해서도 주주총회의 결의사항으로 할 수 없다고 보고, 또한 이는 주주만의 이익을 위한 것이 아니고 회사의 이익을 위한 것이므로 총주주의 동의에 의해서도 이사회의 승인을 갈음할 수 없다고 본다.

그러나 자본금 총액이 10억원 미만인 회사로서 이사가 1명 또는 2명인 경우에는 이사회가 없으므로, 이사회에 갈음하여 주주총회의 승인이 있어야 한다($\binom{\text{상 383조 4 항, 397조의 2,}}{\text{1 항, 408조의 9}}$).

3) 승인시기는 「사전」에 하여야 하고, 사후승인(추인)은 인정되지 않는다고 본다. 입법론상 상법 제398조와 같이 '미리'의 문구를 넣어 명확하게 하여야 할 것으로 본다.

4) 승인방법은 이사회가 개별 사업기회를 검토하여 승인여부를 결정하여야 할 것이므로 사전승인이나 포괄승인 등은 원칙적으로 인정되지 않으나, 예외적으로 예측가능하고 정형화된 거래에 대하여는 일정한 기간별로 포괄승인이 가능하다고 본다.

이사회의 승인결의에 있어서 당해 이사는 특별이해관계가 있는 자이므로 의결권을 행사하지 못한다($\frac{\text{상 391조 3 항,}}{\text{368조 4 항}}$).

상법에 명문규정은 없으나 이사의 자기거래의 경우($\frac{\text{상 398조,}}{\text{408조의 9}}$)와 같이 당해 이사는 회사의 이사회의 승인을 받기 전에 이사회에 그 사업기회에 대하여 알리고 그에 관한 정보를 제공하여야 한다(사전정보개시의무)고 본다. 이를 명확히 하기 위하여 입법론으로는 상법 제398조의 경우와 같이 「이사회에서 해당 사업기회에 관한 중요사실을 밝히고」를 추가하여야 할 것으로 본다.

5) 회사가 그 사업기회를 이용할 것인지 여부에 관한 이사회의 승인요건에 대하여 상법은 이사의 자기거래의 경우($\frac{\text{상 398조,}}{\text{408조의 9}}$)와 같이 「이사 3분의 2 이상의 수로써

하여야 한다」고 규정하고 있다($^{상\ 397조의\ 2}_{2문,\ 408조의\ 9}$ ^{1항}). 이 때 「이사」란 이사회 결의에 관하여 특별한 이해관계가 있어 의결권을 행사하지 못하는 이사($^{상\ 391조\ 3항}_{368조\ 4항}$)를 포함한 재적이사를 의미한다고 본다. 이와 같이 회사가 그 사업기회를 이용할 것인지 여부에 관한 이사회의 승인요건을 강화한 것은 기업경영의 투명성을 강화하기 위한 것으로 이해할 수도 있는데, 이와 같이 이사회의 결의요건을 강화하면 이사회의 신속한 결의를 저해하며 또한 이를 사실상 이사회 내 위원회에게도 위임할 수 없게 되어 이사회의 기동성을 매우 하향시키는 점 등에서 볼 때 이러한 특별결의요건은 삭제되어야 할 것으로 본다.

  6) 이사회의 승인은 그 이사가 회사의 사업기회를 이용할 수 있는 「유효요건」(엄격하게 말하면, 이는 회사에 대한 책임과 관련하여 그 이사는 이사회의 승인이 있으면 원칙적으로 회사에 대하여 책임을 지지 않는다는 의미임)에 불과하고($^{상\ 397조의\ 2}_{반대해석,\ 408조의\ 9}$ $^{1항\ 1문}$), 다른 이사의 책임을 면제하는 것은 아니다. 따라서 이사회의 승인에서 이사가 선관주의의무와 충실의무에 위반하였다면 당해 이사 및 승인결의에 찬성한 이사는 연대하여 회사에 대하여 손해배상을 할 책임을 부담한다($^{상\ 397조의\ 2\ 2항·408조의\ 9,}_{399조·408조의\ 8\ 1항\ 및\ 3항}$).

  (5) 상법 제397조의 2 위반의 효과

  1) 회사의 사업기회이용행위의 효력   이사의 자기거래의 경우($^{상\ 398조,}_{408조의\ 9}$)는 이사가 이사회의 승인 없이 한 회사와의 거래행위의 사법상 효력이 문제될 수 있으나, 이사가 회사의 사업기회를 이사회의 승인 없이 이용하여 한 여러 가지의 법률행위 및 사실행위(예컨대, 회사설립·주식인수·계약체결·인력채용·물건공급·물건인수 등)는 당연히 유효하다. 즉, 이사가 회사의 사업기회를 이용하여 한 그 사업에 관한 모든 행위는 그에 관한 이사회의 승인여부와는 무관하게 유효하다고 보아야 할 것이다.

  2) 이사의 책임   상법 제397조의 2 1항을 위반하여 회사에 손해를 발생시킨 이사 및 승인한 이사는 연대하여 회사에 대하여 손해를 배상할 책임이 있는데, 이 때 이로 인하여 이사 또는 제 3 자가 얻은 이익은 손해로 추정한다($^{상\ 397조의\ 2\ 2항,}_{408조의\ 9}$).

  이사가 이사회의 승인을 받지 않고 회사의 사업기회를 이용함으로써 회사에 손해를 발생시킨 경우에는, 상법 제397조의 2를 강행규정으로 보면 주주 전원의 동의로 면제될 수 없다고 보며($^{상\ 400조\ 1항,\ 408조}_{의\ 9\ 적용배제}$), 정관에서 정하는 바에 따라 감경될 수도 없다($^{상\ 400조\ 2항}_{단서,\ 408조의\ 9}$). 그러나 당해 이사가 아니라 이사회에서 승인한 다른 이사의 선관주의의무와 충실의무에 위반한 책임은 주주 전원의 동의로 면제될 수 있고($^{상\ 400조\ 1항,}_{408조의\ 9}$), '고의 또는 중과실'이 없는 한 정관에 의하여 감경될 수도 있다($^{상\ 400조\ 2항}_{단서,\ 408조의\ 9}$).

5. 자기거래금지의무

(1) 의 의

이사(집행임원 설치회사에서는 '집행임원'을 포함한다. 이하 같다) 등은 회사의 업무집행에 관여하여 그 내용을 잘 아는 자이므로 이사 등이 회사와 거래한다면 이사 등 또는 제 3 자의 이익을 위하여 회사의 이익을 희생하기 쉽다. 따라서 상법은 이사 등이 자기 또는 제 3 자의 계산으로 회사와 거래를 하는 것을 원칙적으로 금지하고, 다만 예외적으로 이를 하는 경우에는 이사회(이사가 1명 또는 2명인 소규모 주식회사의 경우에는 이사회가 없으므로 주주총회— $^{상}_{4항}^{383조}$)의 승인을 받아야 하는 것으로 규정하고 있다($^{상}_{408조의\,9}^{389조\,본문}$). 이 때의 이사 등과 회사간의 거래는 누구의 명의로 하느냐는 문제되지 않고, 경제상의 이익의 주체가 「이사 등 또는 제 3 자」이면 된다. 또한 이 때에 「이사 등」이란 '(i) 이사 또는 주요 주주(회사의 의결권 있는 발행주식총수의 100분의 10 이상을 소유하거나 이사·감사의 선임과 해임 등 회사의 주요 경영사항에 대하여 사실상의 영향력을 행사하는 주주), (ii) 위 (i)의 자의 배우자 및 직계존비속, (iii) 위 (i)의 자의 배우자의 직계존비속, (iv) 위 (i)부터 (iii)까지의 자가 단독 또는 공동으로 의결권 있는 발행주식총수의 100분의 50 이상을 가진 회사 및 그 자회사, (v) 위 (i)부터 (iii)까지의 자가 (iv)의 회사와 합하여 의결권 있는 발행주식총수의 100분의 50 이상을 가진 회사'를 말한다($^{상}_{1호~5호}^{398조}$). 이 경우 「이사」라 함은 '거래 당시 이사와 이에 준하는 자(직무대행자·청산인 등)'에 한하고, 거래 당시 이사의 직위를 떠난 자($^{동지:\,대판\,1988.\,9.}_{13,\,88\,다카\,9098}$)나 사실상의 이사($^{동지:\,대판\,1966.\,1.\,18,\,65\,다\,888;}_{881;\,동\,1981.\,4.\,14,\,80\,다\,2950}$) 등은 이에 포함되지 않는다. 또한 모회사의 이사와 자회사와의 거래는 상법 제398조가 규율하는 거래에 해당하지 않는다($^{대판\,2013.\,9.\,12,}_{2011\,다\,57869}$).

(2) 적용범위

1) 상법 제398조(집행임원에 대하여는 상 408조의 9에서 이를 준용함)의 법문에서 보면 「이사 등이 (자기 또는 제 3 자의 계산으로) 회사와 하는 모든 거래」가 이에 해당하는 것같이 생각되나, 형식상 이사 등과 회사간의 모든 거래가 이에 해당하는 것이 아니라 그 실질에 의하여 「이사 등과 회사간의 이해충돌을 생기게 할 염려가 있는 모든 재산상의 법률행위」가 이에 해당한다(통설). 따라서 형식상은 이사 등과 회사간의 거래라도 실질상 이해충돌을 생기게 할 염려가 없는 거래(예컨대, 회사에 대한 부담 없는 증여, 회사에 대한 무이자·무담보의 금전대여, 상계, 채무의 이행, 보통거래약관에 의한 거래 등)는 상법 제398조(집행임원에 대하여는 상 408조의 9에서 이를 준용함)의 이

사 등의 자기거래에 포함되지 않는다.

[이사와 회사간의 자기거래를 부정한 판례]

"Y주식회사의 대표이사인 A가 자기회사의 채무를 담보하기 위하여 자기 앞으로 Y회사의 약속어음을 발행한 것은 회사와 이해관계가 반대되는 경우가 아님이 분명하여 (상 398조에 의한 이사회의 승인이 없는 경우에도— 저자 주) 적법하다($^{대판\ 1962.\ 3.}_{13,\ 62\ 라\ 1}$) ."

동지: 대판 2010. 3. 11, 2007 다 71271; 동 2010. 1. 14, 2009 다 55808.

2) 실질적으로 이사 등과 회사간에 이해충돌을 생기게 할 염려가 있는 거래이면, 형식상 이사 등과 회사간의 거래이든(직접거래) 회사와 제 3 자간의 거래이든(간접거래) 불문한다(통설). 이러한 직접거래와 간접거래에는 각각 「자기계약의 형태」와 「쌍방대리의 형태」가 있는데, 이는 다음과 같다.

㉮ 직접거래

① 자기계약의 형태   예컨대 Y회사의 대표이사 A가 Y회사로부터 동 회사 소유의 재산을 양수하는 경우는, 이는 회사(Y)와 이사(A)간의 자기계약 형태의 직접거래로서 상법 제398조(집행임원에 대하여는 상 408조의 9에서 이를 준용함)에 해당하는 전형적인 경우이다. 또한 이 때의 「Y·A간의 거래」는 그 실질에 있어서 「이사와 회사간의 이해충돌을 생기게 할 염려가 있는 재산상의 행위」이므로, A가 이러한 행위를 하기 위하여는 상법 제398조(집행임원에 대하여는 상 408조의 9에서 이를 준용함)에 의하여 Y회사의 이사회(이사가 1명 또는 2명인 소규모 주식회사의 경우에는 이사회가 없으므로 주주총회— $^{상\ 383조}_{4항}$)($^{대판\ 2020.\ 7.\ 9,}_{2019\ 다\ 205398}$)의 승인을 받아야 한다.

② 쌍방대리(대표)의 형태   예컨대 Y회사와 X회사의 대표이사가 동일인인 A가 「Y·X간의 계약」으로 Y회사에게는 불리하고 X회사에게는 유리한 계약을 체결하는 경우는, 이는 쌍방대리(대표)의 형태의 직접거래로서 상법 제398조(집행임원에 대하여는 상 408조의 9에서 이를 준용함)에 해당하여 이러한 행위를 하기 위하여는 그 행위의 결과에서 불리한 Y회사의 이사회(이사가 1명 또는 2명인 소규모 주식회사의 경우에는 이사회가 없으므로 주주총회— $^{상\ 383조}_{4항}$)의 승인을 요한다($^{동지:\ 대판\ 1996.\ 5.\ 28,}_{95\ 다\ 12101·12118}$).

㉯ 간접거래

① 자기계약의 형태   예컨대 Y회사가 동 회사의 대표이사 A가 개인적으로 X(제 3 자)에 대하여 부담하고 있는 채무를 「Y·X간의 계약」으로 인수한 경우는, 형식

적으로 보면 회사(Y)와 제3자(X)간의 거래이나 실질적으로 보면 이사(A)에게는 유리하고 회사(Y)에게는 불리하다. 따라서 이러한 거래는 간접거래로서 상법 제398조(집행임원에 대하여는 상 408조의 9에서 이를 준용함)에 해당된다. 그런데 이러한 거래는 실질적으로 이사와 회사간의 관계이므로 자기계약 형태에 속하는 간접거래이다 $\binom{동지: 대판 1965. 1.}{22, 65 다 734 외}$.

② 쌍방대리(대표)의 형태   예컨대 Y회사와 X회사의 대표이사가 동일인인 A가 X회사의 B(제3자)에 대한 채무를 위하여 Y회사가 「Y·B간의 계약」으로 보증을 하는 경우에는, 형식적으로 보면 Y회사와 제3자간의 거래이나 실질적으로 보면 X회사에게는 유리하고 Y회사에게는 불리한 거래이므로 이는 쌍방대리(대표) 형태의 간접거래로서 상법 제398조(집행임원에 대하여는 상 408조의 9에서 이를 준용함)에 포함된다 $\binom{동지: 대판 1984. 12.}{11, 84 다카 1591}$.

3) 상법 제398조(집행임원에 대하여는 상 408조의 9에서 이를 준용함)의 거래에는 어음행위를 포함하는가. 이에 대하여 학설은 (i) 어음행위는 거래의 수단에 지나지 않는 행위로서 그 자체 이해충돌을 일으키는 행위가 아니라는 이유로 상법 제398조(집행임원에 대하여는 상 408조의 9에서 이를 준용함)에 포함되지 않는다고 보는 부정설(소수설)도 있으나, (ii) 어음행위자는 어음행위에 의하여 오히려 원인관계와는 무관하고 더 엄격한 어음채무를 부담하고 또 이러한 어음채무와 관련하여 당사자간에는 이해충돌이 생기게 될 염려가 있으므로 어음행위는 상법 제398조(집행임원에 대하여는 상 408조의 9에서 이를 준용함)에 포함된다고 보는 긍정설(통설)이 타당하다고 본다.

[어음행위도 상법 제398조에 포함된다고 본 판례]

"본건 약속어음의 발행에 관하여는 상법 제398조에 의하여 Y회사의 이사회의 승인이 있어야 할 터이므로 원심은 이 점을 심사판단하였어야 할 것임에도 불구하고…, (이를 하지 않고) 본건 약속어음의 발행행위는 유효한 것으로 판단한 것은 잘못이다 $\binom{대판 1966. 9. 6,}{66 다 1146 외}$."

(3) 이사회의 승인

이사 등과 회사간의 행위가 이해충돌을 생기게 할 염려가 있는 재산상의 행위이더라도, 이사 등은 (이사회가 있는 경우) 이사회의 승인이 있는 때에는 유효하게 그러한 행위를 할 수 있다 $\binom{상 398조,}{408조의 9}$.

1) (이사회가 있는 경우) 승인기관은 「이사회」에 한하고, 정관의 규정에 의해서

도 주주총회의 결의사항으로 할 수 없다($^{반대:\ 대판\ 2007.\ 5.}_{10,\ 2005\ 다\ 4284}$). 다만 자본금이 10억원 미만으로서 이사가 1명 또는 2명인 소규모 주식회사의 경우에는 이사회가 없으므로 주주총회의 승인이 있어야 한다($^{상\ 383조}_{4항}$).

또한 이는 주주만의 이익을 위한 것이 아니고 회사의 이익을 위한 것이므로, 총주주의 동의에 의해서도 이사회의 승인을 갈음할 수 없다고 본다($^{반대:\ 대판\ 1992.\ 3.\ 31,\ 91}_{다\ 16310;\ 동\ 2002.\ 7.\ 12,}$ $^{2002\ 다\ 20544;\ 동\ 2007.\ 5.\ 10,\ 2005}_{다\ 4284;\ 동\ 2017.\ 8.\ 18,\ 2015\ 다\ 5569}$). 이러한 점에서 볼 때 1인주주(그가 이사인지 여부를 불문함)인 회사의 경우 1인주주와 회사간에도 이사회의 승인을 요한다($^{상\ 398조\ 1\ 호}_{후단,\ 408조의\ 9}$)고 본다.

2) 승인시기는 「사전」에 하여야 하고, 사후승인(추인)은 인정되지 않는다 ($^{상\ 398조\ 1\ 문,}_{408조의\ 9}$) ($^{반대:\ 대판\ 2007.\ 5.\ 10,\ 2005\ 다\ 4284,}_{찬성:\ 대판\ 2023.\ 6.\ 29,\ 2021\ 다\ 291712}$).

3) 승인방법은 원칙적으로 개개의 거래에 관하여 「개별적」으로 하여야 한다고 본다(통설). 다만 반복하여 이루어지고 있는 동종거래에서는 종류·기간·금액의 한도 등을 정하여 합리적인 범위 내에서의 포괄적인 승인이 예외적으로 가능하다고 본다. 또한 승인방법은 이사회(이사가 1명 또는 2명인 소규모 주식회사의 경우에는 이사회가 없으므로 주주총회— $^{상\ 383조}_{4항}$)의 회의의 방법에 의하여야 하는데, 우리 대법원은 이사회의 회의방법에 의하지 않더라도 당해 이사 이외의 나머지 이사(이사가 1명 또는 2명인 소규모 주식회사의 경우에는 주주)들의 「합의」가 있으면 무방하다고 판시한 것이 있다($^{대판\ 1967.\ 3.\ 21,}_{66\ 다\ 2436}$).

이사회(이사가 1명 또는 2명인 소규모 주식회사의 경우에는 이사회가 없으므로 주주총회— $^{상\ 383조}_{4항}$)의 승인결의에 있어서 거래당사자인 이사(이사가 1명 또는 2명인 소규모 주식회사의 경우에는 주주)는 특별이해관계가 있는 자이므로 의결권을 행사하지 못한다 ($^{상\ 391조\ 2\ 항,}_{368조\ 3\ 항}$). 또한 거래당사자인 이사(이사가 1명 또는 2명인 소규모 주식회사의 경우에는 거래당사자인 이사가 동시에 주주인 경우)는 이사회(이사가 1명 또는 2명인 소규모 주식회사의 경우에는 이사회가 없으므로 주주총회— $^{상\ 383조}_{4항}$)의 승인결의 이전에 그 거래가 「자기 또는 제 3 자의 이해관계와 관계된다는 사실 등 해당 거래에 관한 중요사실」을 밝혀야 한다(이사의 사전정보 개시의무)($^{상\ 398조\ 1\ 문,}_{408조의\ 9}$) ($^{동지:\ 대판\ 2007.\ 5.\ 10,\ 2005\ 다\ 4284;}_{동\ 2023.\ 6.\ 29,\ 2021\ 다\ 291712}$).

4) 승인결의는 이사 3분의 2 이상의 수로써 하여야 하고, 그 거래의 내용과 절차는 공정하여야 한다($^{상\ 398조\ 2\ 문}_{408조의\ 9}$).

5) 이사회(이사가 1명 또는 2명인 소규모 주식회사의 경우에는 이사회가 없으므로 주주총회— $^{상\ 383조}_{4항}$)의 승인은 해당 이사 등의 자기거래의 「유효요건」에 불과하며, 그 이사의 책임을 면제하는 것이 아니다. 따라서 이사회(이사가 1명 또는 2명인 소규모 주

식회사의 경우에는 이사회가 없으므로 주주총회— $\binom{상\ 383조}{4항}$)의 승인이 있는 해당 이사 등의 자기거래로 인하여 회사에 손해가 발생하였다면, 그 이사 및 승인결의에 찬성한 이사(이사가 1명 또는 2명인 소규모 주식회사에서 주주총회의 승인이 있는 경우에 이에 찬성한 주주는 해당되지 않음)는 연대하여 회사에 대하여 손해배상을 할 책임을 부담한다$\binom{상\ 399조\ 1항·2항,}{408조의\ 8\ \ 1항·3항}$.

[이사회의 승인을 받고 회사와 자기거래를 한 이사도 회사에 대하여 손해배상책임을 부담한다고 본 판례]

   "주식회사의 대표이사가 그의 개인적인 용도에 사용할 목적으로 회사명의의 수표를 발행하거나 타인이 발행한 약속어음에 회사명의의 배서를 해 주어 회사가 그 지급책임을 부담하고 이를 이행하여 손해를 입은 경우에는, 당해 주식회사는 대표이사의 위와 같은 행위가 상법 제398조 소정의 이사와 회사간의 이해상반하는 거래행위에 해당한다 하여 이사회의 승인여부에 불구하고 같은 법 제399조 소정의 손해배상청구권을 행사할 수 있음은 물론이고 대표권의 남용에 따른 불법행위를 이유로 한 손해배상청구권도 행사할 수 있는 것이다$\binom{대판\ 1989.\ 1.}{31,\ 87\ 누\ 760}$."

[이사회의 승인을 받고 회사와 이사가 자기거래를 한 경우 그 이사 및 이사회의 승인 결의에 참여한 이사들은 책임이 없다고 본 판례]

   "이사는 회사에 대하여 선량한 관리자의 주의의무를 지므로, 법령과 정관에 따라 회사를 위하여 그 의무를 충실히 수행한 때에야 이사로서의 임무를 다한 것이 된다. 이사는 이익이 될 여지가 있는 사업기회가 있으면 이를 회사에 제공하여 회사로 하여금 이를 이용할 수 있도록 하여야 하고, 회사의 승인 없이 이를 자기 또는 제3자의 이익을 위하여 이용하여서는 아니 된다. 그러나 회사의 이사회가 그에 관하여 충분한 정보를 수집·분석하고 정당한 절차를 거쳐 의사를 결정함으로써 그러한 사업기회를 포기하거나 어느 이사가 그것을 이용할 수 있도록 승인하였다면 그 의사결정과정에 현저한 불합리가 없는 한 그와 같이 결의한 이사들의 경영판단은 존중되어야 할 것이므로, 이 경우에는 어느 이사가 그러한 사업기회를 이용하게 되었더라도 그 이사나 이사회의 승인 결의에 참여한 이사들이 이사로서 선량한 관리자의 주의의무 또는 충실의무를 위반하였다고 할 수 없다$\binom{대법원\ 2013.\ 9.\ 12.\ 선고}{2011\ 다\ 57869\ 판결\ 등\ 참조}\binom{대판\ 2017.\ 9.\ 12.}{2015\ 다\ 70044}$."

(4) 상법 제398조 위반의 효과

1) 거래행위의 사법상의 효력   상법 제398조(집행임원에 대하여는 상 408조의

9에서 이를 준용함)에 위반한 행위의 효력에 대하여는 회사의 이익보호와 거래안전을 어떻게 조화할 것인가가 문제인데, 이에 대하여는 다음과 같이 크게 세 가지의 견해가 있다. 즉 (i) 상법 제398조(집행임원에 대하여는 상 408조의 9에서 이를 준용함)를 강행규정으로 보고 이에 위반하는 행위를 무효로 보면서, 선의의 제 3 자는 선의취득규정에 의하여 보호된다고 하는 무효설, (ii) 상법 제398조(집행임원에 대하여는 상 408조의 9에서 이를 준용함)를 명령규정으로 보고 이에 위반하는 행위를 유효로 보면서 회사의 이익은 이사의 손해배상책임과 악의의 항변의 원용에 의하여 보호된다고 하는 유효설 및 (iii) 상법 제398조(집행임원에 대하여는 상 408조의 9에서 이를 준용함)의 위반의 효력을 대내적으로는 무효이고 대외적으로는 상대방인 제 3 자의 악의를 회사가 증명하지 못하는 한 유효라고 하여 거래의 안전과 회사의 이익보호라는 두 요청을 함께 만족시키고자 하는 상대적 무효설(통설)이 있다(이에 관한 상세는 정찬형, 「상법강의(상)(제27판)」, 1083~1085면 참조).

생각건대 무효설은 거래의 안전을 지나치게 희생하는 결과가 되어 타당하지 않고, 또 유효설은 상법 제398조(집행임원에 대하여는 상 408조의 9에서 이를 준용함)의 존재의의를 거의 반감시키므로 타당하지 않다고 본다. 따라서 거래의 안전과 회사의 이익을 두루 보호할 수 있는 상대적 무효설에 찬성한다. 이 때 거래의 무효를 주장할 수 있는 자는 회사이지 이사나 제 3 자가 아니다. 또한 상대적 무효설은 이사 등이 거래의 당사자인 경우에는 이사 등이 선의로 인정받을 수 없으므로 의미가 없고, 이사 등이 거래의 당사자로서 참여하지 않고 회사와 제 3 자간에 한 간접거래 또는 이사 등이 회사와의 거래로서 취득한 물건을 제 3 자에게 양도한 거래 등에서 그 의미가 크다.

[상대적 무효설에 의한 판례]

"당해 이사에 대하여 이사회의 승인을 못 얻은 것을 내세워 그 행위의 무효를 주장할 수 있음은 그 규정으로 당연하지만, 회사 이외의 제 3 자와 이사가 회사를 대표하여 자기를 위하여 한 거래에 대하여는 거래의 안전의 견지에서 선의의 제 3 자를 보호할 필요가 크므로, 회사는 그 거래에 대하여 이사회의 승인을 안 받은 것 외에 상대방인 제 3 자가 악의(이사회의 승인 없음에 대하여 알고 있음)라는 사실을 주장·입증하여야 비로소 그 무효를 그 상대방인 제 3 자에게 주장할 수 있다고 해석해야 옳을 것이다(대판 1973. 10. 31, 73 다 954)."

동지: 대판 2004. 3. 25, 2003 다 64688(제 3 자가 이사회의 승인이 없음을 알았거나 이를 알지 못한 데 대하여 중대한 과실이 있다고 함).

2) **이사의 책임**   이사회(이사가 1명 또는 2명인 소규모 주식회사의 경우에는 이사회가 없으므로 주주총회—$\frac{상}{4}\frac{383조}{항}$)의 승인을 받지 않고 이사 등이 회사와의 자기거래를 한 경우에는, 그 이사는 법령위반의 행위를 한 것이므로 회사에 대하여 손해배상의 책임을 진다($\frac{상}{의8}\frac{399조,}{1항·3항}\frac{408조}{}$). 이 책임은 상법 제398조를 강행규정으로 보면 주주 전원의 동의로 면제될 수 없다고 보며($\frac{상}{의9}\frac{400조 1항,}{적용배제}\frac{408조}{}$) 정관에서 정하는 바에 따라 감경될 수도 없다($\frac{상}{단서,}\frac{400조 2항}{408조의 9}$).

⑸ **상장회사에 대한 특칙**

상법은 상장회사와 이사 등과의 거래에 대하여는 회사의 이익을 보호하기 위하여 금지행위 및 제한행위(일정규모 이상의 상장회사가 일정규모 이상의 거래를 하는 경우 이사회의 승인을 받아야 하는 행위)에 대하여 특별히 규정하고 있다.

1) **금지행위**   상장회사는 이사(업무집행지시자 등을 포함함)·집행임원·감사 또는 주요주주 및 그의 특수관계인을 상대방으로 하거나 또는 그를 위하여 신용공여를 하여서는 아니 된다($\frac{상}{상시}\frac{542조의 9}{35조}\frac{1항}{1항}$). 그러나 이에 대하여 복리후생을 위한 금전대여 등 일정한 예외는 있다($\frac{상}{상시}\frac{542조의 9}{35조}\frac{2항}{2항·3항}$).

상장회사가 이러한 금지행위에 위반한 경우, 이 규정은 효력규정이라고 볼 수 있으므로 그 행위의 사법상 효력은 무효라고 본다($\frac{동지: 대판 2021. 4.}{29, 2017 다 261943}$). 또한 위반행위를 한 자는 형사처벌을 받는다($\frac{상}{의2}\frac{624조}{}$).

2) **제한행위**   자산규모 등을 고려하여 대통령령으로 정하는 상장회사(최근 사업연도말 현재의 자산총액이 2조원 이상인 상장회사)가 최대주주·그의 특수관계인 및 그 상장회사의 특수관계인으로서 대통령령으로 정하는 자를 상대방으로 하거나 그를 위하여 (위 금지행위를 제외하고) 일정규모 이상의 거래를 하려는 경우에는 이사회의 승인을 받아야 한다($\frac{상}{상시}\frac{542조의 9}{35조}\frac{3항}{4항~7항}$). 그러나 이에 대하여 약관에 의한 정형화된 거래로서 대통령령으로 정하는 거래 등 일정한 예외는 있다($\frac{상}{상시}\frac{542조의 9}{35조}\frac{5항}{9항}$).

회사와 이사 등의 거래가 상법 제542조의 9 제 3 항과 제398조에 중복하여 해당하는 경우에는 상법 제398조의 이사회의 승인요건이 더 엄격한 점에서 볼 때 상법 제398조에 의한 이사회의 승인을 받아야 할 것으로 본다($\frac{상}{2항}\frac{542조의 2}{적용배제}$). 입법론으로는 상법 제542조의 9 제 3 항 내지 제 5 항을 폐지하든가 또는 제398조와 조화할 수 있도록 수정하여 규정하여야 할 것으로 본다.

이러한 제한행위에 위반한 경우, 그 사법상 효력은 상법 제398조 위반의 효력과 같다고 본다. 또한 위반행위를 한 자는 과태료의 처벌을 받는다($\frac{상}{3항}\frac{635조}{4호}$).

≫ 사례연습 ≪

[사 례]

Y회사는 동 회사의 대표이사 A가 X(제 3 자)에 대하여 개인적으로 부담하고 있는 채무를 「Y·X간의 계약」으로 인수하고 이를 위하여 A가 Y의 명의로 X에게 약속어음을 발행하는 경우, 동 회사의 이사회의 승인을 요하는가?

＊ 이 사례는 정찬형, 「상법사례연습(제 4 판)」, 사례 74에 기초한 것이므로, 이에 관한 상세는 同書를 참고하기 바람.

[해 답]

(1) Y회사는 동 회사의 대표이사 A가 X(제 3 자)에 대하여 부담하고 있는 채무를 「Y·X간의 계약」으로 인수한 경우는 형식적으로 보면 회사(Y)와 제 3 자간의 거래이나, 실질적으로 보면 이사(A)에게는 유리하고 회사(Y)에게는 불리한 것으로서 A가 자기의 계산으로 Y회사와 거래한 것과 동일하다. 따라서 이러한 거래는 간접거래로서 상법 제398조에 해당된다. 또 이러한 거래는 실질적으로 이사와 회사간의 관계이므로 자기계약의 형태에 속하는 거래이다. 결국 본문은 「자기계약 형태의 간접거래」가 상법 제398조에 해당하는 경우로서 Y회사의 이사회의 승인을 받아야 한다. 본문과 같은 사안에서 우리나라의 대법원도 이와 동지(同旨)로 판시하고 있다(대판 1965. 1. 22, 65 다 734).

(2) 본문은 Y회사가 X에게 약속어음을 발행한 경우이므로 어음행위가 상법 제398조에 포함되는지 여부가 문제되는데, 이에 대하여는 긍정설과 부정설이 대립하고 있다. 어음행위가 상법 제398조에 포함된다고 보는 긍정설(통설·판례)에 의하면 Y·X간의 계약으로 Y회사가 A의 X에 대한 채무를 인수하는 행위 및 A가 Y회사명의로 X에게 약속어음을 발행하는 행위에는 이사회의 승인을 받아야할 것이다. 그러므로 A가 이러한 행위를 함에는 원칙적으로 원인행위인 채무인수행위와 어음발행행위에 대하여 이사회의 승인을 받아야 하겠으나, A가 원인행위인 채무인수행위에 대하여 이사회의 승인을 받으면 이는 어음발행행위에 대한 승인을 포함하는 것으로 해석할 수도 있을 것이다.

6. 보고의무

(1) 의의 및 인정이유

이사의 보고의무는 이사회에 대한 보고의무와 감사 또는 감사위원회에 대한 보고의무의 두 경우가 있다.

1) 이사(집행임원 설치회사에서는 '집행임원'을 의미한다. 이하 같다)는 3개월에 1회 이상 업무의 집행상황을 이사회에 보고하여야 할 의무를 부담한다($\frac{상\ 393조\ 4항,}{408조의 6\ 1항}$). 이는 이사회의 활성화를 위한 방안의 하나로 인정된 것이다.

자본금 총액이 10억원 미만으로서 이사를 1명 또는 2명을 둔 소규모 주식회사($\frac{상\ 383조}{1항\ 단서}$)는 이사회가 없으므로, 이러한 규정이 적용되지 않는다($\frac{상\ 383조}{5항}$).

집행임원 비설치회사의 경우 이사는 대표이사로 하여금 다른 이사 또는 피용자의 업무에 관하여 이사회에 보고할 것을 요구할 수 있는데($\frac{상\ 393조}{3항}$), 대표이사는 이에 따를 의무가 있다. 집행임원 설치회사의 경우 집행임원은 이사회에 3개월에 1회 이상 하는 정기보고 외에도 이사회의 요구가 있으면 언제든지 이사회에 출석하여 요구한 사항을 보고할 의무가 있고($\frac{상\ 408조의}{6\ 2항}$), 이사는 대표집행임원으로 하여금 다른 집행임원 또는 피용자의 업무에 관하여 이사회에 보고할 것을 요구할 수 있는데($\frac{상\ 408조의}{6\ 3항}$) 대표집행임원은 이에 따를 의무가 있다.

2) 이사는 회사에 현저하게 손해를 미칠 염려가 있는 사실을 발견한 때에는 즉시 감사 또는 감사위원회에게 이를 보고하여야 할 의무를 부담한다($\frac{상\ 412조의 2,\ 415조의 2}{7항,\ 408조의 9}$). 이는 감사 또는 감사위원회에 의한 감사의 실시를 용이하게 하고 또한 회사의 손해를 사전에 방지할 수 있도록 하기 위하여 인정된 것이다. 이로 인하여 이사는 감사 또는 감사위원회의 요구가 있는 때에만 하는 소극적인 보고의무($\frac{상\ 412조\ 2항,\ 415조의 2}{7항,\ 408조의 9}$)에서, 감사 또는 감사위원회의 요구가 없더라도 스스로 하여야 하는 적극적인 보고의무를 부담하게 되었다.

(2) 내 용

1) 이사가 이사회에 대한 보고의무를 부담하는 경우는 자기의 모든 업무집행과정에서 하는 것이고, 보고방법에는 제한이 없으므로 구두 또는 서면으로 보고할 수 있다.

2) 이사가 감사 또는 감사위원회에 대한 보고의무를 부담하는 경우는 모든 업무집행과정에서 하는 것은 아니고「회사에 현저하게 손해를 미칠 염려가 있는 사실을 발견한 때」(예컨대, 회사의 중요한 거래처의 도산, 공장 등의 화재로 인한 소실, 회사재산에 대한 횡령이 있는 경우 등)에 한하고, 이사의 위법행위를 원인으로 하여 발생하였는지 여부를 불문한다. 이 때 이사의 보고방법에는 제한이 없으므로 구두 또는 서면으로 보고할 수 있고, 감사가 수 인이면 그 중 1명에게 보고하고 감사위원회에 보고하는 경우에는 위원 중의 1명에게 보고하면 충분하다.

자본금 총액이 10억원 미만으로서 감사를 선임하지 아니한 소규모 주식회사

($\substack{상 \ 409조 \\ 4항}$)는 이러한 감사의 업무를 주주총회가 수행한다($\substack{상 \ 409조 \\ 6항}$).

(3) 위반효과

이사가 이러한 보고의무에 위반하고 이로써 회사에 손해가 발생하면 이사는 회사에 대하여 법령위반을 한 것으로써 손해배상책임을 진다($\substack{상 \ 399조 \ 1항, \\ 408조의 8 \ 1항·4항}$). 이사가 감사 또는 감사위원회에 대한 보고의무를 위반하면 감사 또는 감사위원회는 이를 감사보고서에 기재하여야 한다($\substack{상 \ 447조의 \ 4 \\ 2항 \ 10호}$).

7. 비밀유지의무

이사(집행임원 설치회사에서는 '집행임원'을 포함한다. 이하 같다)는 재임중뿐만 아니라 퇴임 후에도 직무상 알게 된 회사의 영업상 비밀을 누설하여서는 아니되는 의무를 부담한다($\substack{상 \ 382조의 \ 4, \\ 408조의 9}$). 이사의 이러한 의무는 회사의 이익을 보호하기 위하여 정책적으로 인정한 법정의무라고 볼 수 있는데, 이사가 퇴임 후에도 이러한 의무를 부담하도록 한 점에서 법정의무로서의 의미가 크다고 볼 수 있다.

8. 감시의무

(1) 인정여부

1) 대표이사(집행임원 설치회사의 경우는 '대표집행임원'을 말한다)가 다른 이사(집행임원 설치회사의 경우는 '집행임원'을 말한다)의 직무집행을 감시할 의무가 있는 점은 그의 직무의 성질에서 당연하고, 공동대표이사(집행임원 설치회사의 경우는 '공동대표집행임원'을 말한다)의 경우 각 대표이사(집행임원 설치회사의 경우는 '대표집행임원'을 말한다)는 다른 대표이사(집행임원 설치회사의 경우는 '대표집행임원'을 말한다)의 직무집행을 상호 감시할 의무가 있다($\substack{동지: 대판 2008. 9. 11, 2006 다 68636; 동 2021. 11. 11, 2017 다 222368; \\ 동 2022. 7. 28, 2019 다 202146; 동 2023. 3. 30, 2019 다 280481}$). 집행임원 비설치회사의 경우 대표권이 없는 업무담당이사의 다른 이사(대표이사를 포함)의 직무집행에 대한 감시권도 그의 직무에서 대표이사와 동일하게 볼 수 있다.

2) 집행임원 비설치회사의 경우 대표권도 없고 업무도 담당하지 않는 평이사(사외이사 또는 비상근이사)는 다른 이사에 대한 감시의무를 부담하는가. 이러한 평이사가 이사회를 통하여 다른 이사의 직무집행을 감시(감독)하는 점(소극적 감시의무)은 상법의 규정상 명백하다($\substack{상 \ 393조 \\ 2항}$). 그런데 이러한 평이사가 이사회를 통하지 않고 개별적으로 회사의 업무 전반에 관하여 다른 이사에 대하여 감시의무(적극적 감시의무)를 부담하는가에 대하여는 의문이 있다. 이에 대하여 (i) 이사의 직무집행에 대한

감독($\frac{\text{상}393조}{2항}$) 및 이사의 의무위반에 대한 책임($\frac{\text{상}399조}{2항}$)에 관한 상법의 규정을 엄격하게 해석하여 평이사에게 그러한 감시의무가 없다는 부정설도 있으나, (ii) 이사는 회사에 대하여 개인적으로 선관의무 및 충실의무를 부담하고 이사의 직무집행에 대한 이사회의 감독기능의 효율성을 높인다는 점 등에서 볼 때 이를 인정하는 긍정설이 타당하다고 본다.

그런데 집행임원 설치회사의 경우 사외이사는 이사회를 통하여 집행임원에 대한 감독권을 행사하는 것($\frac{\text{상}408조의\ 2}{3항\ 2호}$)뿐만 아니라, 이사회를 통하지 않고 개별적으로 집행임원에 대하여 이러한 감시의무(적극적 감시의무)를 부담한다고 본다.

[평이사의 감시의무를 인정한 판례]

"주식회사의 업무집행을 담당하지 않는 평이사는 대표이사를 비롯한 업무담당이사의 전반적인 업무집행을 감시할 수 있는 것이므로, 업무담당이사의 업무집행이 위법하다고 의심할 만한 사유가 있었음에도 불구하고 평이사가 감시의무를 위반하여 이를 방치할 때에는, 이로 말미암아 회사가 입은 손해에 대하여 배상책임을 면할 수 없다($\genfrac{}{}{0pt}{}{\text{대판 1985. 6. 25, 84 다카 1954. 동지: 대판 2002. 5. 24, 2002 다 8131; 동 2004. 12. 10,}}{\text{2002 다 60467·60474; 동 2007. 9. 20, 2007 다 25865; 동 2007. 12. 13, 2007 다 60080;}}$ 동 2022. 5. 12, 2021 다 279347)."

3) 자본금 총액이 10억원 미만으로서 이사가 1명 또는 2명인 소규모 주식회사의 경우에는 각 이사가(정관상 대표이사를 정한 경우에는 그 대표이사가) 회사를 대표하고 업무를 집행하므로($\frac{\text{상}383조\,1항}{단서·6항}$), 이사가 1명인 경우에는 문제가 되지 않고, 이사가 2명인 경우에는 각 이사는(정관상 대표이사를 정한 경우에는 대표이사가 아닌 이사)는 다른 이사(정관상 대표이사를 정한 경우에는 대표이사)의 업무집행에 대한 감시의무가 있다고 본다.

(2) 인정범위

집행임원 비설치회사의 경우 위와 같이 평이사에게 감시의무를 인정한다고 하더라도, 업무집행을 담당하지 않는 평이사가 회사의 모든 업무집행에 관하여 적극적으로 상황을 파악하여 위법 또는 부당한지 여부에 대한 감시를 한다는 것은 불가능하거나 또는 실현성이 없다. 따라서 평이사는 다른 이사의 업무집행이 위법함을 「알았거나 또는 알 수 있었을 경우」에만 감시의무를 부담한다고 본다.

집행임원 설치회사의 경우 사외이사의 감시의무에 대하여도 이 점은 같다고 본다.

(3) 위반효과

평이사(집행임원 설치회사의 경우는 '사외이사'를 말한다)가 위와 같은 감시의무에 위반하면 선관의무 및 충실의무에 위반하여 임무를 게을리한 것이 되므로, 그 이사는 회사에 대하여 손해배상책임을 지고($_{의 8}^{상}$ $_{1항·3항}^{399조, 408조}$), 고의 또는 중과실이 있으면 제 3 자에 대하여도 손해배상책임을 진다($_{의 8}^{상}$ $_{2항·3항}^{401조, 408조}$).

제 7 이사·집행임원의 책임

이사(집행임원 설치회사의 경우 '집행임원'을 포함한다. 이하 같다)의 책임은 발기인의 그것과 같이 크게 「회사에 대한 책임」과 「제 3 자에 대한 책임」으로 분류되고, 회사에 대한 책임은 다시 업무집행과 관련한 「손해배상책임」($_{의 8}^{상}$ $_{1항·3항}^{399조, 408조}$)과 「자본금 충실의 책임」(집행임원은 이러한 책임이 없음)($_{428조}^{상}$)으로 분류된다. 이사의 제 3 자에 대한 책임은 언제나 업무집행과 관련한 손해배상책임이다($_{의 8}^{상}$ $_{2항·3항}^{401조, 408조}$). 이사의 이러한 책임은 민사책임으로 이사가 무자력인 경우에는 실효가 없다(따라서 이에 대하여 이사의 책임보험제도를 도입할 필요가 있다는 견해도 있다). 이사는 이 외에도 벌칙의 제재를 받는다($_{참조}^{상 3 편 7 장}$).

1. 회사에 대한 책임

(1) 손해배상책임

이사는 회사에 대하여 수임인으로서 선관의무를 부담하고($_{의 2}^{상}$ $_{2항; 민 681조}^{382조 2 항, 408조}$) 또한 충실의무를 부담하므로($_{408조의 9}^{상 382조의 3,}$) 채무불이행으로 인한 손해배상책임($_{390조}^{민}$)을 지고, 또 불법행위의 요건을 갖춘 때에는 불법행위로 인한 손해배상책임($_{750조}^{민}$)을 지는 것은 말할 나위가 없다. 그러나 광범위한 권한을 갖고 있는 이사의 지위에서 상법은 이사에게 이러한 민법상의 일반책임에 대한 특칙으로 이사의 책임을 규정하고 있다. 즉, 상법은 이사의 회사에 대한 책임에 관하여 「이사가 고의 또는 과실로 법령이나 정관을 위반한 행위를 하거나 그 임무를 게을리한 경우에는, 그 이사는 회사에 대하여 연대하여 손해를 배상할 책임이 있다」($_{1항}^{상 399조}$)고 규정하고, 집행임원의 회사에 대한 책임에 관하여 「집행임원이 고의 또는 과실로 법령이나 정관을 위반한 행위를 하거나 그 임무를 게을리한 경우에는 그 집행임원은 집행임원 설치회사에 손해를 배상할 책임이 있다」($_{의 8 1항}^{상 408조}$)고 규정하고 있다. 이사의 책임은 연대책임이나 집행임원의 책임은 연대책임이 아닌 점에서 집행임원의 책임에 대하여 별도로 규정하고 있다.

1) **책임의 원인 및 성질**　　이사가 책임을 지는 원인은 「이사가 고의 또는 과실로 법령이나 정관을 위반한 행위를 하거나」 또는 「임무를 게을리한 경우」이다.

　　이사가 「고의 또는 과실로 법령(이 때의 '법령'은 법률과 그 밖의 법규명령으로서 대통령령·총리령·부령 등을 의미함— $^{대판\ 2006.\ 11.\ 9,\ 2004}_{다\ 41651·41668}$)이나 정관을 위반한 행위를 한 경우」란, 예컨대 상법에 위반하여 자기주식을 취득하거나($^{상\ 341조,}_{341조의\ 2}$), 손실전보나 법정준비금을 적립하지 아니하고 이익배당안을 주주총회에 제출하거나($^{상\ 462조,}_{참조}$), 이사회(이사가 1명 또는 2명인 소규모 주식회사의 경우에는 이사회가 없으므로 주주총회— $^{상\ 383조}_{4항}$)의 승인 없이 경업피지의무 또는 회사기회유용금지의무를 위반한 행위를 하거나($^{상\ 397조,\ 397조의\ 2,}_{408조의\ 9}$), 이사회(이사가 1명 또는 2명인 소규모 주식회사의 경우에는 이사회가 없으므로 주주총회— $^{상\ 383조}_{4항}$)의 승인 없이 자기거래를 하거나($^{상\ 398조,}_{408조의\ 9}$), 또는 인수인과 통모하여 현저하게 불공정한 발행가액으로 주식을 인수시킨 경우($^{상\ 424조}_{의\ 2\ 3항}$), 상호신용금고의 대표이사가 상호신용금고법에 위반하여 동일인에 대한 대출한도를 초과하는 자금을 대출하면서 충분한 담보를 확보하지 아니한 경우($^{대판\ 2002.\ 2.\ 26,}_{2001\ 다\ 76854}$), 이사가 자본금 감소를 위한 주식소각 과정에서 법령을 위반하여 회사에 손해를 끼친 경우($^{대판\ 2021.\ 7.\ 15,}_{2018\ 다\ 298744}$) 등이다. 이와 같이 이사가 법령에 위반한 행위를 한 때에는 경영판단의 원칙이 적용될 여지가 없다($^{동지:\ 대판\ 2007.\ 7.}_{26,\ 2006\ 다\ 33609}$).

　　이러한 이사의 법령이나 정관을 위반한 행위에 대한 책임은 과실책임이다
($^{상\ 399조\ 1항,}_{408조의\ 8\ 1항}$)($^{동지:\ 대판\ 2007.\ 9.\ 20,\ 2007\ 다\ 25865\ ⟨이사의\ 법령위반}_{행위는\ 그\ 행위\ 자체가\ 회사에\ 대하여\ 채무불이행에\ 해당함⟩}$).

　　이사가 「고의 또는 과실로 임무를 게을리한 경우」란, 예컨대 이사의 감독불충분으로 지배인이 회사재산을 낭비한 경우, 이사의 조사불충분으로 대차대조표를 잘못 작성하여 부당하게 이익배당을 한 경우, 이사회가 채권을 회수할 수 있는 조치를 취함이 없이 만연히 채권을 포기하고 이를 위한 저당권설정등기까지 말소한다는 결의를 한 경우($^{대판\ 1965.\ 1.\ 26,\ 64\ 다\ 1324;\ 동\ 2012.\ 7.\ 12,\ 2012\ 다\ 20475\ ⟨주식회사의\ 대표이사가\ 이사회결의\ 등}_{적법한\ 절차를\ 거치지\ 않은\ 채\ 회사에\ 대한\ 채무를\ 면제해\ 주고\ 그\ 자리에\ 감사도\ 함께\ 있었다면}$ 대표이사와 감사는 공동불법행위의 책임을 지고, 이 때 이 책임의 시효기간은 다른 임원 또는 사원이나 직원 등이 대표이사의 불법행위를 안 때부터 기산한다⟩), 평이사가 대표이사 등 업무담당이사의 업무집행이 위법하다고 의심할 만한 사유가 있음에도 감시의무를 위반하여 방치한 경우($^{대판\ 1985.\ 6.\ 25,}_{84\ 다카\ 1954}$), 주식회사의 이사 내지 대표이사가 개인적으로 지급의무를 부담하여야 할 사저(私邸) 근무자들의 급여를 회사의 자금으로 지급하도록 한 경우($^{대판\ 2007.\ 10.\ 11,}_{2007\ 다\ 34746}$) 등이다($^{대판\ 2010.\ 7.\ 29,\ \ 2008\ 다\ 7895;\ 동\ 2019.\ 11.\ 28,}_{2017\ 다\ 244115;\ 동\ 2019.\ 5.\ 16,\ 2016\ 다\ 260455}$). 그러나 이사가 단순히 경영상의 판단을 잘못한 것은 임무를 게을리한 것(선관의무위반)으로 볼 수 없다($^{동지:\ 대판\ 2007.\ 10.\ 11,}_{2006\ 다\ 33333\ ⟨그러나}$ 본 건에서는 이사의 경영판단의 재량범위 내가 아니라고 하여 이사의 책임을 인정함⟩; 동 2008. 7. 10, 2006 다 39935⟨그러나 본 건에서의 이사의 행위는 허용되는 경영판단의 재량범위 내에 있는 것이 아니라 하여 이사의 책임을 인정함⟩; 동 2021. 5. 7, 2018 다 275888⟨그러나 본 건에서는 이사의 행위에 경영판단의 재량범위를 부정함⟩; 동 2023. 3. 30, 2019 다 280481⟨본 건에서는 이사의 행위에 경영판단의 재량범위를 인정함⟩). 또한 흡수합병에서

소멸회사가 동의한 합병비율이 객관적으로 불합리하지 아니할 정도로 상당성이 있으면, 선관주의의무를 다한 것이다($\frac{대판\ 2015.\ 7.\ 23,}{2013\ 다\ 62278}$).

이러한 이사가 임무를 게을리함으로 인한 손해배상책임은 위임계약의 불이행에 의한 손해배상책임으로서 과실책임이라고 하는 데 이론(異論)이 없다($\frac{동지:\ 대판\ 1985.\ 6.}{25,\ 84\ 다카\ 1954}$). 따라서 이사의 회사에 대한 임무해태로 인한 손해배상책임에 따른 손해배상채권에는 일반 불법행위책임의 단기소멸시효에 관한 규정($\frac{민}{1항}766조$)이 적용되지 않는다($\frac{대판\ 2023.\ 10.\ 26,}{2020\ 다\ 236848}$). 다만 이 책임이 과실 있는 이사들의 연대책임인 점($\frac{상\ 399조,}{408조의\ 8\ 3항}$)에서 민법의 일반원칙에 대한 예외를 이루고 있다. 임무를 게을리함으로 인한 손해배상청구의 경우에는 일반원칙에 따라 이를 주장하는 자(회사 또는 제 3 자)가 증명책임을 부담한다.

이사의 법령·정관에 위반한 행위 또는 임무를 게을리한 행위와 회사의 손해와의 사이에는 상당인과관계가 있어야 한다($\frac{동지:\ 대판\ 2007.\ 8.\ 23,\ 2007\ 다\ 23425;\ 동\ 2007.\ 7.}{26,\ 2006\ 다\ 33609;\ 동\ 2018.\ 10.\ 25,\ 2016\ 다\ 16191}$).

2) **책임의 부담자**　　행위자인 이사가 이 책임을 지는 것은 당연하다. 그런데 이사가 이사회의 승인을 받아 거래를 한 경우(예컨대, 이사가 이사회의 승인을 받아 자기거래를 하였는데 그 대가가 부당하여 회사에 손해가 발생한 경우 등)에는 그 결의에 찬성한 이사도 임무를 게을리한 것이라고 할 수 있으므로 그 결의에 찬성한 이사도 같은 책임을 지고(이사가 1명 또는 2명인 소규모 주식회사의 경우에는 이사회가 없으므로 이 규정이 적용될 여지가 없다— $\frac{상}{5항}383조$), 그 결의에 참가한 이사로서 의사록에 이의(기권을 포함— $\frac{대판\ 2019.\ 5.\ 16,}{2016\ 다\ 260455}$)를 하지 않은 자는 그 결의에 찬성한 것으로 추정되어 반증을 들지 못하는 한 책임을 지게 된다($\frac{상\ 399조}{2항·3항}$). 책임을 지는 이사가 다수인 때에는 그 책임은 연대책임이다($\frac{상\ 399조}{1항}$). 집행임원은 원칙적으로 각자 책임을 지는데(연대책임이 아님), 다만 책임이 있는 집행임원·이사 또는 감사와 연대책임을 진다($\frac{상\ 408조의}{8\ 3항}$).

1998년 개정상법은 업무집행지시자 등의 책임에 관한 규정을 신설하여($\frac{상\ 401조의}{2,\ 408조의\ 9}$) 회사에 대한 영향력을 이용하여 이사·집행임원에게 업무집행을 지시하거나 경영권을 사실상 행사하는 지배주주 등을 이사·집행임원으로 보아 이러한 자는 회사에 대하여 이사·집행임원과 동일한 책임을 지도록 하고, 이사·집행임원도 책임을 지는 경우 이러한 자는 이사·집행임원과 연대책임을 부담하도록 하였다. 즉, (i) 회사에 대한 자신의 영향력을 이용하여 이사·집행임원에게 업무집행을 지시한 자(업무집행지시자), (ii) 이사·집행임원의 이름으로 직접 업무를 집행한 자(무권대행자), (iii) 이사·집행임원이 아니면서 명예회장·회장·사장·부사장·전무·상무·이사·기타 회사의 업무를 집행할 권한이 있는 것으로 인정될 만한 명칭을 사용하여 회사의 업무를 집행한 자(표현이사·표현집행임원)(이하 '업무집행지시자 등'으로 약칭함)는 그 지시하거나 집행한 업무에 관하여 회사에 대하여 손해배상책임을 지는데($\substack{상\ 401조의\ 2\ 1\ 항, \\ 408조의\ 9}$), 이 때 회사에 대하여 손해를 배상할 책임이 있는 이사·집행임원은 이러한 자와 연대하여 그 책임을 진다($\substack{상\ 401조의\ 9\ 2\ 2\ 항, \\ 408조의\ 9}$)(이에 관한 상세는 정찬형, 상법강의(상)(제27판), 1102~1106면 참조). 업무집행지시자와 무권대행자는 회사에 대하여 영향력을 가진 자를 전제로 하고 있으나, 표현이사·표현집행임원은 직명 자체에 업무집행권이 표상되어 있으므로 그에 더하여 회사에 대하여 영향력을 가진 자이어야 하는 요건까지 요구하는 것은 아니다($\substack{대판\ 2009.\ 11.\ 26, \\ 2009\ 다\ 39240}$). 업무집행지시자 등의 이러한 책임은 법정책임이므로(불법행위책임이 아니므로) 일반불법행위책임의 단기소멸시효에 관한 규정($\substack{민\ 766조 \\ 1항}$)이 적용되지 않는다($\substack{대판\ 2023.\ 10.\ 26, \\ 2020\ 다\ 236848}$).

　　3) 책임의 감경　　이사의 회사에 대한 손해배상책임은 정관에서 정하는 바에 따라 일정한 범위까지 감경될 수 있는데, 다만 이사가 고의 또는 중과실로 손해를 발생시킨 경우 등 일정한 경우에는 감경될 수 없다($\substack{상\ 400조\ 2\ 항, \\ 408조의\ 9}$). 이러한 이사의 회사에 대한 손해배상책임에 대하여 감경할 수 있는 점은 2011년 4월 개정상법이 신설한 것인데, 2011년 4월 개정상법 이전에도 법원은 제반사정을 참작하여 이사의 손해배상책임을 감경하였다($\substack{대판\ 2004.\ 12.\ 10,\ 2002\ 다\ 60467·60474;\ 동\ 2007.\ 7.\ 26,\ 2006\ 다\ 33609. \\ 동지:\ 대판\ 2019.\ 5.\ 16,\ 2016\ 다\ 260455;\ 동\ 2023.\ 3.\ 30,\ 2019\ 다\ 280481}$).

　　4) 책임의 면제　　이사의 회사에 대한 손해배상책임은 다음과 같이 주주 전원의 동의에 의한 적극적 책임면제와, 일정한 경우에 책임이 면제된 것으로 의제되는 소극적 책임면제가 있다.

　　이사의 회사에 대한 손해배상책임의 적극적 책임면제란 회사가 적극적으로 이사의 책임을 면제하는 방법인데, 이사의 이 책임은 주주 전원의 동의로 면제될 수 있다($\substack{상\ 400조\ 1\ 항, \\ 408조의\ 9}$). 주주 전원의 동의는 개별적인 동의도 무방하고, 또한 묵시적인 의사표시의 방법으로도 할 수 있다($\substack{대판\ 2002.\ 6.\ 14, \\ 2002\ 다\ 11441}$). 이 때의 주주에는 의결권이 없는 종류주식이나 의결권이 제한되는 종류주식을 가진 주주도 포함된다(통설). 이 때 주주 전원의 동의로 면제되는 이사의 책임은 상법 제399조($\substack{집행임원의\ 경우에는 \\ 상\ 408조의\ 8\ \ 1\ 항}$) 소정의 이사의 책임에 국한되는 것이지, 이사의 불법행위로 인한 손해배상책임까지 면제되는 것이 아니다($\substack{동지:\ 대판\ 1989.\ 1. \\ 31,\ 87\ 누\ 760}$).

　　이사의 회사에 대한 손해배상책임의 소극적 책임면제란 회사가 소극적으로 이사의 책임을 면제하는 방법인데, 재무제표($\substack{상 \\ 447조}$)를 정기주주총회($\substack{상\ 449조 \\ 1항}$) 또는 이사회($\substack{상\ 449조 \\ 의\ 2}$)에서 승인한 후 2년 내에 다른 결의가 없으면 이사의 부정행위를 제외하고 회사는 (재무제표 등에 기재되어 정기주주총회 또는 이사회에서 승인을 얻은 사항에 대하여— $\substack{대판\ 2002.\ 2.\ 26,\ 2001\ 다\ 76854; \\ 동\ 2007.\ 12.\ 13,\ 2007\ 다\ 60080}$) 그 이사의 책임을 해제한 것으로 의제하고 있다($\substack{상 \\ 450조}$).

이 때에 「2년 내에 다른 결의」란 '반드시 주주총회결의만이 아니라 이사회결의나 회사의 제소행위 등'을 의미하고, 「부정행위」란 '반드시 악의의 가해행위뿐만 아니라 불법행위 이외에 이사의 권한 내의 행위라 할지라도 당해 사정하에서 이를 행함이 정당시될 수 없는 모든 경우'를 의미한다(동지: 서울고판 1977. 1.
28, 75 나 2885).

5) **책임의 시효**   이사의 회사에 대한 손해배상책임의 시효기간은 채권의 일반시효기간(민162조
1항)과 같이 10년이다(통설)(동지: 대판 1985. 6.
25, 84 다카 1954). 또한 상법 제399조(집행임원의 경우에는
상 408조의 8 1항)에 기한 손해배상청구의 소를 제기한 것이 일반 불법행위로 인한 손해배상청구권에 대한 소멸시효 중단의 효력은 없다(대판 2002. 6. 14,
2002 다 11441).

(2) **자본금 충실의 책임**

1) 신주발행의 경우 이사는 회사설립의 경우의 발기인과 같이 자본금 충실의 책임을 진다. 즉, 신주발행의 경우 이로 인한 변경등기가 있은 후에 아직 인수하지 않은 주식이 있거나 주식인수의 청약이 취소된 때에는 이사가 이를 공동으로 인수한 것으로 보며(상 428조
1항), 이렇게 인수가 의제된 주식에 대하여는 이사는 납입책임을 부담한다(상 333조
1항 참조). 2011년 4월 개정상법상 집행임원에 대하여는 자본금 충실의 책임을 규정하고 있지 않다.

2) 위와 같이 이사가 자본금 충실의 책임을 지는 경우가 발생하는 경우에는 동시에 이사에게 임무를 게을리한 점이 있다고 볼 수 있기 때문에(상 399조
1항 참조), 그로 인하여 회사에게 손해가 발생한 때에는 이사는 회사에 대하여 자본금 충실의 책임을 부담하는 것과는 별도로 손해배상책임도 부담한다(상 428조
2항).

3) 이사의 자본금 충실의 책임은 회사채권자에 대한 담보의 기능을 가지기 때문에 무과실책임이고, 총주주의 동의에 의해서도 면제될 수 없다.

2. 제 3 자에 대한 책임

(1) **의의 및 인정이유**

이사와 회사간의 관계는 위임관계(상 382조 2항,
408조의 2 2항)이므로 이사는 회사에 대하여 수임인으로서 선량한 관리자의 주의로써 그 직무를 수행할 의무를 부담한다(민조
681). 따라서 이사가 그 임무를 게을리하여 회사에 손해를 입혔을 경우에는, 그 이사는 회사에 대하여 채무불이행으로 인한 손해배상책임을 부담한다(상 399조 1 항,
408조의 8 1항). 그러나 이사가 임무를 게을리함으로 인하여 제 3 자에게 손해를 입혔을 경우에는 (회사가 이사의 행위로 인하여 책임을 지는 것은 몰라도) 이사가 개인적으로 직접 제 3 자에 대하여 책임을 지는 경우는 (민법상 불법행위의 책임을 지는 경우를 제외하고는) 없다. 따라서 상법은 제 3 자를 보호하고 또 이사의 직무집행을 신중하게 하기 위하여 이사가 고의 또는 중대한 과실로 그 임무를 게을리한 경우에는 그 이사(개인)는 제 3 자에 대하여 직접 손해배상을 하도록 규정하고 있는데, 이사의 책임은 연대책임으로 규정하고 집행임원의 책임은 연대책임이 아닌 것으로 규정하고 있다(상 401조 1 항,408조의 8 2 항). 따라서 이사가 그 임무를 게을리하여 제 3 자에게 직접 또는 간접으로 손해를 입힌 경우에는, 비록 불법행위의 요건을 갖추지 않아도 그 이사는 제 3 자에 대하여 상법 제401조(상 408조의 8 2 항)에 의하여 손해배상책임을 부담하는 것이다(동지: 대판 2002. 3.29, 2000 다 47316)(대표이사·대표집행임원의 제 3 자에 대한 책임과의 관계에 대하여는 정찬형, 「상법강의(상)(제27판)」, 1111~1112면 참조).

이 때 이사의 이러한 행위로 인하여 회사도 제 3 자에 대하여 책임을 지는 경우 양자는 부진정연대의 관계에 있다. 그러나 양자는 법률적으로 발생원인을 달리하는 별개의 책임이므로 채권자가 회사에 대한 채권을 타인에게 양도하였다고 하여 이사에 대한 이러한 채권이 당연히 수반되어 양도되는 것은 아니다(동지: 대판 2008. 1.18, 2005 다 65579).

이러한 이사의 제 3 자에 대한 책임을 규정한 상법 제401조(집행임원의 경우는상 408조의 8 2 항)는 주주가 동시에 이사인 소규모 주식회사에서는 법인격부인론의 대체적 기능을 하고 있다고 볼 수 있다.

(2) 책임의 성질

상법 제401조(집행임원의 경우는상 408조의 8 2 항)에 의한 이사의 제 3 자에 대한 책임의 법적 성질에 대하여, 학설은 크게 법정책임설(다수설)과 불법행위책임설(소수설)로 나뉘어 있다. 즉, 법정책임설에서는 이사는 제 3 자에 대하여 원래 직접 아무런 법률관계를 가지는 것이 아니므로 이사는 당연히 타인자격으로 제 3 자에 대하여 책임을 지는 것이 아니나 이사의 직무의 성질상 제 3 자에게 손해를 입히는 것을 고려하여 제 3 자를 보호하기 위하여 상법이 인정한 특수한 책임이 상법 제401조(집행임원의 경우는상 408조의 8 2 항)의 이사의 제 3 자에 대한 책임이라는 것이고, 불법행위책임설에서는 상법 제401조(집행임원의 경우는상 408조의 8 2 항)의 이사의 제 3 자에 대한 책임은 민법상 불법행위책임의 성질을 가지는 것이나 「경과실」이 제외되고 「위법행위」를 요건으로 하지 않는 점에서 특수한 불법행위책임이라고 한다(이에 대한 상세는 정찬형, 「상법강의(상)(제27판)」, 1115~1116면 참조).

생각건대 상법 제401조(집행임원의 경우는상 408조의 8 2 항)의 입법취지가 이사의 책임을 강화하고 제 3 자를 보호하고자 하는 데에 있는 점에서 볼 때, 법정책임설이 타당하다고 본다. 그러나 어느 설에 의하더라도 그 결과에 있어서 실질적인 차이가 있는 것은 아니고, 다만 책임의 본질에 관한 설명이 다를 뿐이다. 따라서 이러한 법정책임설에 의하면 상법 제401조($^{집행임원의\ 경우는}_{상\ 408조의\ 8\ 2항}$)에 의한 이사의 책임의 소멸시효기간은 10년이 다($^{동지:\ 대판\ 2006.\ 12.\ 12,\ 2004\ 다\ 63354;\ 동\ 2008.\ 1.}_{18,\ 2005\ 다\ 65579;\ 동\ 2008.\ 2.\ 14,\ 2006\ 다\ 82601}$).

(3) 책임의 원인

이사가 주식청약서·사채청약서·재무제표 등에 허위로 기재를 하거나 허위의 등기나 공고를 하여 제3자에게 손해를 입힌 경우에는, 「고의 또는 중대한 과실로 인한 임무를 게을리한 행위」라고 볼 수 있어 본조의 책임을 진다. 또한 회사 재산 을 횡령한 이사가 악의 또는 중대한 과실로 부실공시를 한 경우, 주주(제3자)에 대 하여 본조의 책임을 진다($^{대판\ 2012.\ 12.\ 13,}_{2010\ 다\ 77743}$). 또한 이사가 회사의 자산·경영상태 등에 비추어 만기에 지급가능성이 없는 어음을 발행한 경우에도 그 어음의 소지인(제3 자)에 대하여 본조의 책임을 지고, 대표이사가 회사의 경영을 지나치게 방만하게 경영한 결과 회사의 채무를 지급할 수 없게 된 경우에는 회사채권자에 대하여 본 조의 책임을 진다. 또한 대표이사가 대표이사로서의 업무 일체를 다른 이사 등에 게 위임하고 대표이사로서의 직무를 전혀 집행하지 않은 경우에도 본조의 책임을 진 다($^{대판\ 2003.\ 4.\ 11,\ 2002\ 다\ 70044;}_{동\ 2006.\ 9.\ 8,\ 2006\ 다\ 21880}$). 또한 이사가 그 회사의 대규모 분식회계에 가담하거나 ($^{대판\ 2008.\ 1.\ 18,}_{2005\ 다\ 65579}$), (대표)이사가 다른 이사의 업무집행이 위법하다고 의심할 만한 사유가 있음에도 이를 방치한 경우($^{2008.\ 9.\ 11,}_{2006\ 다\ 68636}$)에도 제3자에 대하여 본조의 책임을 진다.

그러나 이사가 통상의 거래행위로 인하여 부담하는 회사의 채무를 이행할 능 력이 있었음에도 단순히 그 이행을 지체하고 있는 사실로 인하여 상대방에게 손해 를 끼친 사실만으로 본조의 책임을 지지 않는다($^{대판\ 1985.\ 11.\ 12,\ 84\ 다카\ 2490;}_{동\ 2006.\ 8.\ 25,\ 2004\ 다\ 26119}$). 또한 이사 등의 경영상의 판단에 과오가 있고 이로 인하여 제3자에게 손해를 끼친 경우에도 이사는 본조에 의한 책임을 지지 않는다.

(4) 제3자의 범위

1) 제3자의 범위에 주주(또는 주식인수인)도 포함되는가. 이에 대하여 우리나 라의 학설 중에는 (i) 주주가 직접손해를 입은 경우(예컨대, 이사의 임무해태로 주가가 하락하여 주주가 손해를 입은 경우)에는 제3자의 범위에 주주가 포함되나, 회사가 손 해를 입음으로써 주주가 간접손해를 입은 경우에는 회사가 손해의 배상을 받음으로 써 주주의 손해는 간접적으로 보상되는 것이므로(만일 이 때 제3자의 범주에 주주를 포함시키면 주주가 회사채권자에 우선하여 변제를 받는 결과가 되므로) 제3자의 범위에 주주가 포함되지 않는다고 보는 견해(소수설)도 있으나, (ii) 주주는 언제나 제3자의 범위에 포함된다고 본다(통설).

[주주가 간접손해를 입은 경우에 제3자의 범위에 주주를 포함시키지 않는 판례]

　　"대표이사가 회사재산을 횡령하여 회사재산이 감소함으로써 회사가 손해를 입고 결과적으로 주주의 경제적 이익이 침해되는 손해와 같은 간접손해는 상법 제401조 1항에서 말하는 손해의 개념에 포함되지 아니하므로 주주는 상법 제401조에 의한 손해배상을 청구할 수 없다(대판 1993. 1. 26, 91 다 36093. 동지: 대판 2003. 10. 24, 2003 다 29661)."

　　"이사가 회사의 재산을 횡령하여 회사의 재산이 감소함으로써 회사가 손해를 입고 결과적으로 주주의 경제적 이익이 침해되는 손해와 같은 간접손해는 상법 제401조 제1항에서 말하는 손해의 개념에 포함되지 않으나, 그러한 이사가 악의 또는 중과실로 부실공시를 하여 그 후 이러한 사실이 알려져 주가가 하락함으로써 주주가 직접 손해를 입은 경우에는, 상법 제401조 제1항에 의하여 손해배상을 청구할 수 있다(대판 2012. 12. 13, 2010 다 77743)."

　　이와 같이 주주가 언제나 제3자의 범위에 포함된다고 보더라도 주주의 이사에 대한 손해배상청구방법에는 차이가 있다. 즉 (i) 주주는 그가 입은 「직접손해」(예컨대, 이사의 허위정보를 믿고 주식을 인수·매수하거나 또는 매도할 기회를 잃은 주주의 손해)에 대하여는 상법 제401조(집행임원의 경우는 상 408조의 8 2항)에 의하여 해당 이사에 대하여 직접 손해배상청구권을 행사할 수 있다. (ii) 그러나 주주가 입은 「간접손해」(예컨대, 이사가 회사재산에 대하여 손해를 가하였기 때문에 이익배당을 받지 못한 주주가 입은 손해)에 대하여는, 주주는 그 이사에 대하여 자기에게 직접 손해배상을 할 것을 청구할 수는 없고 회사에게 손해배상을 할 것을 청구할 수 있을 뿐이다(그러나 회사채권자인 제3자는 이러한 간접손해에 대하여도 상법 제401조〈집행임원의 경우는 상 408조의 8 2항〉에 의한 손해배상청구권이 있다). 그런데 이 때에 주주는 대표소송(상 403조)을 제기할 수 있으므로 주주는 이에 의하여 그의 간접손해가 전보될 수도 있다. 이렇게 보면 이 경우에는 주주를 제3자의 범위에 포함시키는 실익이 없는 것으로 생각될 수도 있다. 그러나 이 때 주주를 제3자의 범위에 포함시키지 않으면 주주는 대표소송(상 403조 이하)의 요건이 구비된 경우에 한하여 이러한 권리를 주장할 수 있고 또 일정한 경우에는 담보를 제공하여야 하나(상 403조 5항, 176조 3항), 주주를 제3자의 범위에 포함시키면 이러한 요건이나 제한 없이 이사에 대하여 회사에게 손해배상을 할 것을 청구할 수 있다는 점에서 차이가 있으므로, 이 때에도 주주에게 상법 제401조(집행임원의 경우는 상 408조의 8 2항)에 의한 권리를 인정할 실익이 있게 된다.

　　2) 제3자의 범위에 공법관계인 국가와 지방자치단체는 포함되지 않는다.

[공법관계에는 상법 제401조가 적용되지 않는다는 판례]

"상법 제401조는 공법관계에 속하는 수도사업의 이용대가인 급수사용료의 부과처분에 대한 근거규정이 될 수 없다($^{대판\ 1982.\ 12.}_{14,\ 82\ 누\ 374}$)."

(5) 책임의 부담자

상법 제401조($^{집행임원의\ 경우는}_{상\ 408조의\ 8\ 2항}$)에 의하여 제 3 자에 대하여 책임을 부담하는 자는 「고의 또는 중과실로 임무를 게을리한 이사 자신」이고, 그가 수 인인 때에는 연대하여 책임을 진다($^{상\ 401조\ 1항,}_{408조의\ 8\ 3항}$). 또한 이사(이 경우 이사에 집행임원은 포함되지 않음)의 그러한 임무를 게을리한 행위가 이사회의 결의에 의한 경우는 결의에 찬성한 이사도 연대책임을 지고(이사가 1명 또는 2명인 소규모 주식회사의 경우에는 이사회가 없으므로 이 규정이 적용될 여지가 없다— $^{상\ 383조}_{5항}$)($^{상\ 401조\ 2항,}_{399조\ 2항}$), 그 결의에 참가한 이사로서 의사록에 이의를 제기한 기재가 없는 경우에는 그 결의에 찬성한 것으로 추정한다($^{상\ 401조\ 2항,}_{399조\ 3항}$).

앞에서 본 바와 같이 이사 아닌 업무집행지시자 등은 회사에 대하여 손해배상책임을 부담하는 것과 같이 제 3 자에 대하여도 손해배상책임을 지고, 이사도 책임을 지는 경우 이러한 자는 이사와 연대하여 그 책임을 진다($^{상\ 401조의\ 2,}_{408조의\ 9}$).

제 8 이사·집행임원의 업무집행에 대한 주주의 직접감독

1. 총 설

회사의 업무집행권이 집행임원 비설치회사의 경우 이사회와 대표이사(이사가 1명 또는 2명인 소규모 주식회사의 경우에는 각 이사〈정관에 따라 대표이사를 정한 경우에는 그 대표이사〉— $^{상\ 383조}_{6항}$)에게 있고($^{상\ 393조\ 1항,}_{389조}$), 집행임원 설치회사의 경우 집행임원에게 있지만($^{상\ 408조}_{의\ 4}$), 주주는 회사의 구성원으로서 이해관계가 크므로 이를 감독할 권한을 갖는다. 주주는 이러한 감독권을 주주총회에서 이사의 선임·해임과 재무제표의 승인 등을 통하여(집행임원 설치회사의 경우는 이사회를 통하여) 간접적으로 행사하는 것이 원칙이지만, 일정한 경우에는 예외적으로 소수주주권을 통하여 직접적으로 행사할 수 있다. 주주의 이러한 직접감독권은 사전의 조치로서 위법행위유지청구권이 있고, 사후의 조치로서 대표소송권이 있다. 주주는 이와 같이 이사(집행임원 설치회사의 경우 '집행임원'을 포함한다. 이하 같다)의 위법행위에 대하여 사전에 유지청구권을 행사하든가 사후에 대표소송을 제기할 수 있을 뿐이고, 회사(이사)와 거래한 제 3 자에 대하여 직접 그 거래가 무효임을 주장할 수는 없다(대결 2001. 2. 28,　2000 마 7839; 대판 2022. 6. 9, 2018 다 228462·228479).

2. 위법행위유지청구권

(1) 의　의

주주의 위법행위유지청구권이란 「이사가 법령 또는 정관에 위반한 행위를 하여 이로 인하여 회사에 회복할 수 없는 손해가 생길 염려가 있는 경우에, 회사를 위하여 그 이사에 대하여 그 행위를 유지할 것을 청구할 수 있는 권리」이다(상 402조의 9).

주주의 유지청구권(상 402조·408조의 9, 424조)은 사전조치이나, 대표소송권(상 403조, 408조의 9)은 사후조치라는 점에서 양자는 근본적으로 구별되고 있다. 또한 주주의 위법행위유지청구권(상 402조, 408조의 9)은 회사에 회복할 수 없는 손해가 생길 염려가 있는 경우에 「회사의 손해방지」를 직접의 목적으로 하나(따라서 주주가 회사에 갈음하여 행사하는 것이므로 이것은 주주의 공익권에 속함), 신주발행유지청구권(상 424조)은 주주 자신이 불이익을 받을 염려가 있는 경우에 「주주의 개인적인 손해방지」를 직접의 목적으로 하는 점(따라서 이는 주주의 자익권에 속함)에서 양자는 근본적으로 구별된다(이에 관한 상세는 정찬형,「상법강의(상)(제27판)」, 1120~1121면 참조).

(2) 요　건

(i) 이사가 「법령 또는 정관에 위반한 행위」를 하여야 하고(상 402조, 408조의 9), (ii) 이러한 이사의 행위로 인하여 「회사에 회복할 수 없는 손해가 생길 염려」가 있어야 한다(상 402조, 408조의 9).

(3) 당 사 자

청구권자는 「감사」나 「감사위원회」 또는 「소수주주(비상장회사의 경우는 발행주식총수의 100분의 1 이상에 해당하는 주식을 가진 소수주주이고, 상장회사의 경우는 발행주식총수의 100분의 1 이상에 해당하는 주식을 가진 소수주주 또는 6개월 전부터 계속하여 상장회사 발행주식총수의 100,000분의 50〈대통령령으로 정하는 상장회사의 경우에는 100,000분의 25〉 이상에 해당하는 주식을 보유한 소수주주)」이고, 피청구자인 위법행위유지청구의 상대방은 법령 또는 정관에 위반한 행위를 한 「이사 또는 집행임원」이다(상 402조, 408조의 9, 415조의 2 7항, 542조의 6 5항·10항, 상시 32조).

(4) 행사방법

위법행위유지청구는 이사가 그 행위를 하기 전에 행사하여야 하지만, 소에 의해서 할 수도 있고 소 이외의 방법(의사표시)에 의하여 할 수도 있다. 소에 의하여 하는 경우에는 이 소를 본안으로 하여 가처분으로 그 행위를 유지시킬 수 있다(민집 300조).

(5) 효　과

감사나 감사위원회 또는 소수주주가 위의 요건이 구비된 경우에 위법행위유지청구를 하면, 그 이사는 그 행위를 중지하여야 한다. 만일 이사가 유지청구에도 불구하고 그 행위를 하였다면, 유지청구가 그 행위의 사법상의 효력에는 영향이 없고, 이사는 법령 또는 정관에 위반한 행위를 하였음이 나중에 확정된 경우에 한하여 책임을 진다($\frac{상 399조의 1항}{408조의 8 1항}$). 이사의 이러한 책임은 주주 등이 유지청구권을 행사하였는지 여부에 불문하고 생기는 것이므로, 이러한 책임이 유지청구권의 효과라고도 볼 수 없다. 다만 이사의 그러한 행위가 그 후에 법령 또는 정관에 위반한 행위로 확정되면, 그러한 이사는 중과실이 의제되어(따라서 이 때 그러한 이사의 무과실의 반증은 인정되지 않음) 언제나 상법 제399조($\frac{집행임원의 경우는}{상 408조의 8 1항·3항}$)에 의한 책임을 부담한다고 본다.

3. 대표소송

(1) 의 의

주주의 대표소송이란 「소수주주가 회사를 위하여 이사(집행임원 설치회사의 경우 '집행임원'을 포함한다. 이하 같다) 등의 책임을 추궁하기 위하여 제기하는 소송」을 말한다. 집행임원 비설치회사의 경우 이사와 회사간의 소송에 관하여는 감사나 감사위원회가 회사를 대표하여 회사가 스스로 소를 제기하여야 하는데($\frac{상 394조,}{415조의2 7항}$) 감사나 감사위원회와 이사간의 정실관계로 그 실현을 기대하기가 어렵다. 또한 집행임원 설치회사의 경우 집행임원과 집행임원 설치회사간의 소송에 관하여는 이사회가 회사를 대표할 자를 선임하는데($\frac{상 408조의}{2 3항 3호}$) 이러한 자도 집행임원과의 정실관계가 있으면 쉽게 소송을 제기하지 않을 것이다. 이로 인하여 회사와 주주의 이익을 해하게 되기 때문에 상법은 소수주주로 하여금 이사 등의 책임을 소에 의하여 추궁할 수 있도록 한 것이 대표소송이다($\frac{상 403조~}{406조}$).

이러한 대표소송은 소수주주가 회사의 이익을 위하여 회사의 대표기관적 자격에서 소송을 수행하는 것이므로 「제 3 자의 소송담당」에 해당한다.

(2) 인정범위

대표소송의 대상이 되는 이사의 책임범위에 대하여 이사가 상법 제399조 ($\frac{집행임원의 경우는}{상 408조의 8 1항·3항}$) 및 제428조에 의하여 회사에 대하여 부담하는 채무만을 의미한다고 보는 견해도 있으나(소수설), 이러한 채무 이외에 이사가 회사에 대하여 부담하는 모든 채무(예컨대, 이사와 회사간의 거래에서 이사가 회사에 대하여 부담하는 모든 거래상의 채무 및 손해배상책임, 이사로 취임하기 전에 회사에 대하여 부담한 채무, 상속 또는 채무인수에 의하여 승계취득한 채무 등)도 포함한다고 본다(다수설).

회사가 파산절차중에는 주주가 이사나 감사의 책임을 추궁하는 이러한 대표소송을 제기하지 못한다($^{대판\ 2002.\ 7.\ 12,}_{2001\ 다\ 2617}$).

(3) 당 사 자

원고는 소 제기시에 비상장회사의 경우는 발행주식총수(의결권이 없는 종류주식 또는 의결권이 제한되는 종류주식을 포함)의 100분의 1 이상에 해당하는 주식을 가진 주주이고($^{상\ 403조\ 1항}_{전단,\ 408조의\ 9}$), 상장회사의 경우는 발행주식총수의 100분의 1 이상에 해당하는 주식을 가진 주주($^{상\ 542조의}_{6\ 10항}$) 또는 6개월 전부터 계속하여 상장회사 발생주식총수(의결권이 없는 종류주식 또는 의결권이 제한되는 종류주식을 포함)의 10,000분의 1 이상에 해당하는 주식을 보유한 주주이다($^{상\ 542조의}_{6\ 6항}$). 대표소송을 제기하는 소수주주가 보유하여야 할 이러한 주식의 비율은 「소 제기시」에만 유지하면 되고, 그의 보유주식의 비율이 제소 후 감소한 경우(발행주식을 보유하지 아니하게 된 경우를 제외한다—$^{동지:\ 대판\ 2013.\ 9.\ 12,\ 2011\ 다\ 57869;}_{동\ 2018.\ 11.\ 29,\ 2017\ 다\ 35717}$)에도 제소의 효력에는 영향이 없다($^{상\ 403조\ 5항,}_{408조의\ 9}$).

주주대표소송의 이러한 주주가 확정판결을 받으면 이를 집행권원으로 하여 채무자(이사 등)를 상대로 채권압류 및 전부명령신청을 할 수 있는 집행채권자가 될 수 있다($^{대결\ 2014.\ 2.\ 19,}_{2013\ 마\ 2316}$).

피고는 일반적으로 이사·집행임원인데($^{상\ 403조\ 1항,}_{408조의\ 9}$), 발기인($^{상}_{324조}$), 업무집행지시자 등($^{상\ 401}_{조의\ 2}$), 감사($^{상}_{415조}$), 청산인($^{상\ 542조}_{2항}$) 등도 피고가 될 수 있다.

(4) 요 건

대표소송은 (i) 먼저 소수주주가 회사(이사의 위법행위의 경우는 감사 또는 감사위원회이고〈상 394조 1항 2문, 415조의 2 7항〉, 집행임원의 위법행위의 경우는 이사회에 의하여 선임된 회사를 대표할 자〈상 408조의 2 3항 3호〉)에 대하여 이유를 기재한 서면(이 서면에는 책임추궁 대상 이사의 성명과 책임발생 원인사실에 관한 내용이 기재되어야 함 — $^{대판\ 2021.\ 5.\ 13,\ 2019\ 다\ 291399;}_{동\ 2021.\ 7.\ 15,\ 2018\ 다\ 298744}$)으로 이사의 책임을 추궁하는 소의 제기를 청구하여야 하고($^{상\ 403조\ 1항·2항,}_{408조의\ 9}$), (ii) 다음으로 회사가 이러한 청구를 받은 날로부터 30일 내에 소를 제기하지 않을 때에는(이 기간의 경과로 인하여 회사에 회복할 수 없는 손해가 생길 염려가 있는 경우에는 이 기간에 불구하고), 위의 소수주주는 즉시 회사를 위하여 직접 소를 제기할 수 있다($^{상\ 403조\ 3항·}_{4항,\ 408조의\ 9}$).

(5) 절 차

이사의 책임을 추궁하는 소는 본점소재지의 지방법원의 전속관할에 속한다($^{상\ 403조\ 7항,}_{408조의\ 9,\ 186조}$). 소수주주가 악의(원고인 주주가 피고인 이사를 해한다는 것을 아는 것)로 대표소송을 제기하는 경우, 피고인 이사는 원고인 주주의 악의를 소명하여 주주에게 상당한 담보를 제공하게 할 것을 법원에 청구할 수 있다($^{상\ 403조\ 7항,\ 408조의\ 9,}_{176조\ 3항·4항}$).

소수주주가 제소한 경우에 회사는 소송참가를 할 수 있는데($\frac{\text{상}\ 404조\ 1\,항,}{408조의\ 9}$), 이 때 소송참가의 기회를 주기 위하여 지체 없이 회사에 대하여 소송의 고지를 하여야 한다($\frac{\text{상}\ 404조\ 2\,항,}{408조의\ 9}$). 회사의 이러한 소송참가의 법적 성격은 공동소송참가를 의미한다($\frac{\text{대판}\ 2002.\ 3.\ 15,}{2000\ 다\ 9086}$).

소수주주가 제소한 경우 당사자는 법원의 허가를 얻은 경우에 한하여 소의 취하, 청구의 포기·인낙, 화해를 할 수 있다($\frac{\text{상}\ 403조\ 6\,항,}{408조의\ 9}$).

이사의 책임을 추궁하는 소가 제기된 경우에 원고와 피고의 공모로 인하여 소송의 목적인 회사의 권리를 사해할 목적으로 판결을 하게 한 때에는, 회사(소수주주가 원고인 경우) 또는 주주(회사가 원고인 경우이며, 여기에서의 주주는 소수주주에 한하지 않는다)는 확정된 종국판결에 대하여 재심의 소를 제기할 수 있다($\frac{\text{상}\ 406조\ 1\,항,}{408조의\ 9}$).

(6) 효 과

대표소송은 앞에서 본 바와 같이 「제 3 자의 소송담당」의 한 경우이므로, 원고인 주주가 받는 판결의 효력(승소이든 패소이든)은 당연히 회사에 미치게 된다($\frac{\text{민소}}{218조\ 3\,항}$).

원고인 소수주주가 승소하면 그 주주는 회사에 대하여 소송비용(소송을 대리한 변호사 비용은 대법원규칙이 정하는 금액의 범위 안에서 소송비용으로 인정됨⟨민소 109조 1항⟩) 및 그 밖에 소송으로 인하여 지출한 비용 중 상당한 금액의 지급을 청구할 수 있다($\frac{\text{상}\ 405조\ 1\,항\ 1\,문,}{408조의\ 9}$). 이 경우 소송비용을 지급한 회사는 패소한 이사 또는 감사에 대하여 구상권이 있다($\frac{\text{상}\ 405조\ 1\,항\ 2\,문,}{408조의\ 9}$). 반대로 주주가 패소한 경우에는 악의가 없는 한 비록 과실이 있다 하더라도 회사에 대하여 손해배상의 책임을 지지 아니한다($\frac{\text{상}\ 405조\ 2\,항,}{408조의\ 9}$).

4. 다중대표소송

(1) 의 의

모회사의 주주가 자회사를 위하여 자회사의 이사(집행임원 설치회사의 경우 '집행임원'을 포함함)의 책임을 추궁하는 소송을 대위하여 행사하는 것과 같은 경우를 이중대표소송(관련회사가 2개인 경우) 또는 다중대표소송(관련회사가 3개 이상인 경우)이라고 하는데, 이에 관한 상법의 규정이 없었던 경우에는 이를 긍정하는 견해도 있었으나 우리 대법원판례는 이를 부정하였다($\frac{\text{대판}\ 2004.\ 9.\ 23,}{2003\ 다\ 49221}$). 그런데 2020년 개정상법은 다중대표소송에 관한 규정을 상법에 신설하였다($\frac{\text{상}\ 406}{\text{조의}\ 2}$).

상법상 인정되고 있는 다중대표소송(이중대표소송)은 「모회사 발행주식총수의 100분의 1 이상에 해당하는 주식을 가진 주주(상장회사의 경우는 이 경우뿐만 아니라, 6개월 전부터 계속하여 모회사 발행주식총수의 10,000분의 50 이상에 해당하는 주식을 보유한 주주)

가 자회사($\stackrel{상\ 342조의\ 2\ \ 3항에\ 의}{한\ 의제자회사를\ 포함함}$)의 이사의 책임을 추궁하는 소송」을 말한다($\stackrel{상\ 406조의\ 2\ \ 1항,}{542조의\ 6\ \ 7항}$).

이러한 다중대표소송은 모회사 소수주주가 자회사의 이익을 위하여 자회사의 대표기관적 자격에서 소송을 수행하는 것이므로 「제3자의 소송담당」에 해당한다.

(2) 인정범위

다중대표소송의 대상이 되는 자회사 이사의 책임범위는 (대표소송의 경우와 같이) 자회사 이사가 그의 회사에 대하여 부담하는 모든 채무라고 본다.

(3) 당 사 자

원고는 소(訴) 제기시에, 비상장회사의 경우에는 모회사 발행주식총수의 100분의 1 이상에 해당하는 주식을 가진 소수주주이고($\stackrel{상\ 406조의\ 2}{1항,\ 408조의\ 9}$), 상장회사의 경우에는 모회사인 상장회사 발행주식총수의 100분의 1 이상에 해당하는 주식을 가진 소수주주($\stackrel{상\ 542조의}{6\ \ 10항}$) 또는 6개월 전부터 계속하여 모회사인 상장회사 발행주식총수의 10,000분의 50 이상에 해당하는 주식을 보유한 소수주주이다($\stackrel{상\ 542조의}{6\ \ 7항}$).

다중대표소송을 제기하는 소수주주가 보유하여야 할 이러한 주식의 비율은 「소(訴) 제기시」에만 유지하면 되고 그의 보유주식이 제소 후 이러한 주식의 보유비율 미만으로 감소한 경우(발행주식을 보유하지 아니하게 된 경우를 제외한다)에도 제소의 효력에는 영향이 없다($\stackrel{상\ 406조의\ 2\ \ 3항.}{403조\ 5항,\ 408조의\ 9}$). 이는 대표소송의 경우와 같다.

다중대표소송의 경우에는 모회사의 소수주주가 자회사 이사의 책임을 추궁하는 소이기 때문에 소 제기 이후 모자회사관계의 변동이 이 소에 어떠한 영향을 미치는지가 문제된다. 이에 관하여 상법은 특별히 규정하고 있다. 즉, 모회사의 소수주주가 자회사에 대하여 자회사 이사의 책임을 추궁할 '소의 제기를 청구한 후' 모회사가 보유한 자회사의 주식이 자회사 발행주식총수의 100분의 50 이하로 감소한 경우(발행주식을 보유하지 아니하게 된 경우를 제외한다)에도 자회사에 대하여 자회사 이사의 책임을 추궁할 소의 제기의 청구($\stackrel{상\ 406조}{의\ 2\ \ 1항}$)와 자회사를 위한 제소($\stackrel{상\ 406조}{의\ 2\ \ 2항}$)의 효력에는 영향이 없다($\stackrel{상\ 406조}{의\ 2\ \ 4항}$).

피고는 자회사의 이사·집행임원 등이다. 즉, 자회사의 이사($\stackrel{상\ 406조}{의\ 2\ \ 1항}$)·집행임원($\stackrel{상\ 408}{조의\ 9}$)뿐만 아니라, 자회사의 발기인($\stackrel{상\ 324}{조}$), 업무집행지시자 등($\stackrel{상\ 401}{조의\ 2}$), 감사($\stackrel{상\ 415}{조}$), 청산인($\stackrel{상\ 542}{조\ 2항}$)도 피고가 될 수 있다. 또한 자회사에는 의제자회사(손회사)를 포함하므로($\stackrel{상\ 342조}{의\ 2\ \ 3항}$), 이러한 의제자회사(손회사)의 이사·집행임원 등도 피고가 될 수 있다.

(4) 요 건

다중대표소송은 다음과 같은 요건이 구비된 경우에 인정된다.

(ⅰ) 모회사의 소수주주는 먼저 자회사에 대하여 그 이유를 기재한 서면으로 자

회사 이사의 책임을 추궁할 소의 제기를 청구하여야 한다($\frac{상\ 406조의\ 2\ 1항\cdot3항,}{403조\ 2항,\ 408조의\ 9\ '}$).

(ii) 자회사가 이러한 청구를 받은 날부터 30일 내에 소를 제기하지 아니한 때에는(이 기간의 경과로 인하여 회사에 회복할 수 없는 손해가 생길 염려가 있는 경우에는 이 기간에 불구하고), 모회사의 소수주주는 즉시 자회사를 위하여 직접 소를 제기할 수 있다($\frac{상\ 406조의\ 2\ 2항\cdot3항,}{403조\ 4항,\ 408조의\ 9\ '}$).

(iii) 해석상 자회사의 주주가 대표소송($\frac{상\ 403조,}{408조의\ 9}$)을 제기하지 않는 경우에 모회사의 주주(소수주주)가 다중대표소송($\frac{상\ 406조의\ 2,}{408조의\ 9\ '}$)을 제기할 수 있다고 본다.

(5) 절 차

자회사의 이사의 책임을 추궁하는 다중대표소송은 자회사의 본점소재지의 지방법원의 전속관할이다($\frac{상\ 406조}{의\ 2\ 5항}$). 모회사의 소수주주가 악의로 다중대표소송을 제기하는 경우, 피고인 자회사의 이사는 원고인 주주의 악의를 소명하여 주주에게 상당한 담보를 제공하게 할 것을 법원에 청구할 수 있다($\frac{상\ 406조의\ 2\ 3항,}{3항\cdot4항,\ 408조의\ 9\ '\ 176조}$). 모회사의 소수주주가 다중대표소송을 제기한 경우에는 그러한 소수주주는 자회사에게 소송참가의 기회를 주기 위하여 지체 없이 자회사에 대하여 그 소송의 고지를 하여야 하고($\frac{상\ 406조의\ 2\ 3항,}{404조\ 2항,\ 408조의\ 9}$), 자회사는 모회사의 소수주주가 제기한 다중대표소송에 참가할 수 있다($\frac{상\ 406조의\ 2\ 3항,}{404조\ 1항,\ 408조의\ 9}$). 모회사의 소수주주의 청구에 의하여 자회사가 그의 이사의 책임을 추궁하는 소를 제기하거나 또는 모회사의 소수주주가 직접 자회사의 이사의 책임을 추궁하는 다중대표소송을 제기한 경우, 당사자는 법원의 허가를 얻지 아니하고는 소의 취하·청구의 포기·인낙·화해를 할 수 없다($\frac{상\ 406조의\ 2\ 3항,}{403조\ 6항,\ 408조의\ 9}$). 자회사 이사의 책임을 추궁하는 소가 제기된 경우에 원고와 피고의 공모로 인하여 소송의 목적인 자회사의 권리를 사해할 목적으로써 판결을 하게 한 때에는 자회사 또는 모회사의 소수주주는 확정한 종국판결에 대하여 재심의 소를 제기할 수 있다($\frac{상\ 406조의\ 2\ 3항,}{406조,\ 408조의\ 9\ '}$).

(6) 효 과

다중대표소송도 「제 3 자의 소송담당」의 한 경우이므로, 원고인 모회사의 소수주주가 받는 판결의 효력(승소이든 패소이든)은 당연히 자회사에 미치게 된다($\frac{민소\ 218}{조\ 3항}$). 또 원고인 모회사의 소수주주가 받는 판결의 효력에 대하여 (모회사 및 자회사의) 다른 주주도 동일한 주장을 하지 못하고, 피고인 자회사의 이사도 원고인 모회사의 소수주주에게 반소를 제기할 수 없다고 본다.

다중대표소송에서 원고인 모회사의 소수주주가 승소하면 그 주주는 자회사에 대하여 소송비용($\frac{소송을\ 대리한\ 변호사비용은\ 대법원규칙이\ 정하는\ 금액}{의\ 범위\ 안에서\ 소송비용으로\ 인정됨(민소\ 109조\ 1항)}$) 및 그 밖에 소송으로 인하여 지출한 비용 중 상당한 금액의 지급을 청구할 수 있는데, 이 경우 소송비용을 지급한 자회사는 그의 패소한 이사 또는 감사에 대하여 구상권이 있다(상 406조의 2 3항,
405조 1항, 408조의 9).

다중대표소송에서 원고인 모회사의 소수주주가 패소한 때에는 그에게 악의가 있는 경우 외에는 과실이 있다 하더라도 자회사에 대하여 손해를 배상할 책임이 없다(상 406조의 2 3항,
405조 2항, 408조의 9).

제 4 관   감사(監事)·감사위원회·검사인·준법지원인(감사기관)

제 1 감   사

1. 감사의 의의

감사는 「이사(집행임원 설치회사의 경우에는 '집행임원'을 포함한다. 이하 같다)의 업무집행을 감사하고 또 (업무집행의 계수적 결과인) 회계를 감사할 권한을 가진 주식회사의 기관」이다. 주식회사의 감사는 원칙적으로 필요기관인 점에서 유한회사의 감사가 언제나 임의기관인 점(상 568조)과 다르고, 원칙적으로 상설기관인 점에서 언제나 임시기관인 검사인과 다르다.

자본금 총액이 10억원 미만인 소규모 주식회사의 경우에는 감사가 예외적으로 임의기관이다(상 409조 4항). 따라서 이하의 감사에 관한 설명은 자본금 총액이 10억원 미만인 소규모 주식회사로서 감사를 두지 않은 주식회사에는 해당하지 아니한다.

2. 감사의 선임·종임

(1) 선   임

감사는 주주총회에서 선임된다(주주총회의 전속권한사항). 감사는 주주총회의 선임결의와 피선임자의 승낙만 있으면, 감사의 지위를 취득한다(대판〈전〉 2017. 3. 23,
2016 다 251215).

그 선임방법은 보통결의(다만 회사가 상법 제368조의 4 제1항에 따라 전자적 방법으로 의결권을 행사할 수 있도록 한 경우에는 동 제368조 제1항에도 불구하고 출석한 주주의 의결권의 과반수로써만 감사의 선임을 결의할 수 있다(즉, '발행주식총수의 4분의 1 이상'은 의결정족수에서 배제함)〈상 409조 3항〉)의 방법에 의하되, 비상장회사의 경우에는 의결권 없는 주식을 제외한 발행주식총수의 100분의 3(정관에서 더 낮은 주식 보유비율을 정할 수 있으며, 정관에서 더 낮은 주식 보유비율을 정한 경우에는 그 비율로 한다)을 초과하는 수의 주식을 가진 주주는 그 초과하는 주식에 관하여는 의결권을 행사하지 못한다(모든 주주에 대하여 단순 3% rule을 적용함)(상 409조 2항). 이는 상법 제368조 제1항을 적용함에 있어 「의결권의 과반수」(의결정족수)에서 의결권에 해당하는 것이지(상 371조 2항) 「발행주식총수의 4분의 1 이상」에서의 발행주식총수(상 371조 1항)와는 무관하다. 예컨대, 갑주식회사의 발행주식총수가 1,000주인데, 갑회사가 갖고 있는 자기주식은 200주, A주주가 400주, B주주가 300주, C주주가 100주를 갖고 있다고 가정할 경우, 보통결의요건은 다음과 같다. 이 때 「발행주식총수의 4분의 1 이상」이란 200 주 이상을 말하고[(1,000주－회사의 자기주식 200주)×1/4], A·B·C가 각각 감사를 선임할 때 행사할 수 있는 의결권의 수는 24주(800주×0.03)이므로 「의결권의 과반수」는 37주이다(24주×3×1/2 초과). 따라서 A주주만 출석하여 찬성하면 「발행주식총수의 4분의 1 이상」의 요건은 충족하나(400주), 「의결권의 과반수」의 요건은 충족하지 못한다(24주). 그러나 A와 C가 찬성하면 「발행주식총수의 4분의 1 이상」의 요건도 충족하고(400주＋100주), 「의결권의 과반수」의 요건도 충족한다(24주＋24주). 따라서 이 경우 의결권이 제한되지 않는 일반적인 경우와는 달리 「출석한 주주의결권」의 「과반수와 발행주식총수의 4분의 1 이상」은 의결권의 계산에서는 단절된다. 그런데 우리 대법원은 상법 제371조가 3% 초과 주식이 발행주식총수에 산입되는 것으로 규정하고 있다고 하여 상법 제371조에도 불구하고 동 제 368조 제 1 항에서 말하는 '발행주식총수'에 산입되지 않는다고 판시하고 있는데(대판 2016. 8. 17,/2016 다 222996,), 앞에서 본 바와 같이 해석하면 상법 제371조 및 제368조에 맞는 해석이 된다고 본다.

　　상장회사의 경우에는 최대주주인 경우 그와 그의 특수관계인, 그 밖에 대통령령으로 정하는 자가 소유하는 주식의 합계가 그 회사의 의결권 없는 주식을 제외한 발행주식총수의 100분의 3(정관에서 이보다 낮은 주식보유비율을 정할 수 있음)을 초과하는 경우에 그 최대주주는 그 초과하는 주식에 관하여 감사(또는 감사위원회를 의무적으로 두어야 하는 경우 사외이사가 아닌〈상근〉감사위원회 위원)를 선임하거나 해임할 때에 의결권을 행사하지 못한다(최대주주에 대하여 합/산 3% rule을 적용함)(상 542조의 12 4항·/7항, 상시 38조 1 항). 상장회사의 경우 최대주주 이외의 주주에 대하여는 감사(또는 감사위원회를 의무적으로 두어야 하는 경우 감사위원회 위원)를 선임하거나 해임할 때에는 비상장회사에서 감사를 선임할 때와 같은 의결권이 제한된다(단순 3% rule/이 적용됨)(상 542조의 12/4항·7항).

　　감사의 성명과 주민등록번호는 등기사항이다(상 317조/2항 8호).

　　감사는 그의 지위의 독립성과 감사의 공정성을 기하기 위하여 그의 회사 및 자회사의 이사·집행임원이나 지배인 기타의 사용인의 직무를 겸하지 못한다(상 411조. 상 411조에서 '집행임원'을 규정하지 않은 것은 입법의 미비임). 따라서 회사의 이사 등이 감사로 선임되면 종전의 이사 등의 직을 사임하는 의사를 표시한 것으로 해석한다(대판 2007. 12. 13,/2007 다 60080). 상법은 상장회사의 경우 상근감사의 결격사유에 대하여 별도로 규정하고 있다(상 542조의/10 2항).

　　상장회사로서 최근 사업연도말 현재 자산총액이 1,000억원 이상인 상장회사는

(상법의 상장회사에 대한 특례규정 또는 다른 법률에 따라 감사위원회를 설치한 경우가 아니면) 반드시 1명 이상의 상근감사(회사에 상근하면서 감사업무를 수행하는 감사)를 두어야 한다($\frac{상}{상시}\frac{542조의 10}{36조 1항}$ $\frac{1항,}{}$).

감사의 임기는 이사의 경우와 아주 유사하게 취임 후 3년 내의 최종의 결산주주총회의 종결시까지이다(결산기가 취임 후 3년 내에 도달하면 되고, 정기총회가 3년 내에 도달할 필요는 없다)($\frac{상}{410조}$).

(2) 종 임

감사의 종임사유도 대체로 이사의 그것과 같다($\frac{상}{2항,}\frac{415조, 382조}{385조}$). 감사에게 감사정보비·업무추진비·출장비 일부의 부적절한 집행 등 잘못이 있는 경우만으로는 정당한 해임사유가 아니고($\frac{상}{385조}\frac{415조,}{1항}$), 그 감사가 다른 직장에 종사하여 얻은 이익은 손해배상액에서 공제되어야 한다($\frac{대판}{2011}\frac{2013. 9. 26,}{다 42348}$). 감사를 주주총회에서 해임하는 경우 그 감사는 주주총회에서 해임에 관하여 의견을 진술할 수 있는 점($\frac{상}{의 2}\frac{409조}{}$)은 이사의 경우와 구별된다. 상장회사의 경우 감사의 해임에 (최대)주주의 의결권이 제한되는 점은 앞에서 본 바와 같다($\frac{상}{상시}\frac{542조의 12}{38조 1항}$ $\frac{7항,}{}$). 또한 회사의 해산은 업무집행기관을 필요 없게 할 뿐이고 청산회사의 감사는 여전히 필요하므로 해산에 의하여 당연히 감사의 종임이 생기지 않는 점도 이사의 경우와 구별된다.

3. 감사의 권한

(1) 업무 및 회계감사권

감사는 이사의 업무집행 전반을 감사할 권한과 직무를 갖는다($\frac{상}{1항}\frac{412조}{}$). 이것은 회계감사를 포함하는 업무감사를 의미한다. 감사의 업무감사권의 범위는 원칙적으로 위법성감사에 한하는데, 상법에 명문의 규정($\frac{상}{2항}\frac{413조, 447조의 4}{5 호·8호}$)이 있는 경우에 한하여 타당성감사에도 미친다고 본다(다수설)(이에 관한 상세는 정찬형, 「상법강의(상)(제27판)」, 1144면 참조).

자본금 총액이 10억원 미만으로서 감사를 선임하지 아니한 소규모 주식회사($\frac{상}{4항}\frac{409조}{}$)는 이러한 감사의 업무를 주주총회가 수행한다($\frac{상}{6항}\frac{409조}{}$).

(2) 그 밖의 권한

위와 같은 업무감사권의 내용을 명확히 하고 또 이를 보충하기 위하여 상법은 감사에게 회사 및 자회사에 대한 보고요구·조사권($\frac{상}{412조의 5}\frac{412조 2항,}{}$), 주주총회 및 이사회의 소집청구권($\frac{상}{412조의 4}\frac{412조의 3,}{}$), 이사회출석·의견진술·기명날인 또는 서명권($\frac{상}{의 2}\frac{391조}{}$), 이사·집행임원의 위법행위유지청구권($^{상\ 402조}_{408조의\ 9}$), 이사와 회사간의 소에 관한 회사대표권($^{상}_{394조}$), 전문가의 도움청구권($^{상\ 412조}_{의\ 3\ 항}$) 및 각종의 소권($^{상\ 328조,\ 376조\ 1\ 항,\ 429조,}_{445조,\ 529조\ 1\ 항,\ 530조의\ 11}$) 등을 인정하고 있다(이에 관한 상세는 정찬형, 「상법강의(상)(제27판)」, 1144~1147면 참조).

자본금 총액이 10억원 미만으로서 감사를 선임하지 아니한 소규모 주식회사($^{상\ 409조}_{4\ 항}$)는 감사의 회사 및 자회사에 대한 보고요구·조사권($^{상\ 412조\ 2\ 항,}_{412조의\ 5\ 1\ 항·2\ 항}$) 및 이사가 회사에 현저하게 손해를 미칠 염려가 있는 사실을 발견한 경우 이사로부터 보고받을 권한($^{상\ 412조}_{의\ 2}$)을 주주총회가 수행한다($^{상\ 409조}_{6\ 항}$).

4. 감사의 의무

(1) 선관의무

감사와 회사간의 관계는 위임관계이므로($^{상\ 415조,}_{382조\ 2\ 항}$), 감사는 수임인으로서 회사에 대하여 선량한 관리자의 주의로써 위임사무를 처리할 의무를 부담한다. 그러나 감사는 이사와는 달리 업무집행권이 없으므로, 이와 관련된 의무인 충실의무($^{상\ 382조}_{의\ 3}$)·경업피지의무($^{상}_{397조}$)·회사기회유용금지의무($^{상\ 397조}_{의\ 2}$) 및 자기거래금지의무($^{상}_{398조}$)는 없다.

(2) 그 밖의 의무

감사는 위와 같은 선관의무 외에도, 상법상 이사회에 대한 보고의무($^{상\ 391조의}_{2\ 2\ 항}$), 비밀유지의무($^{상\ 415조,}_{382조의\ 4}$), 주주총회에 대한 의견진술의무($^{상}_{413조}$), 감사록의 작성의무($^{상\ 413조}_{의\ 2}$) 및 감사보고서의 작성·제출의무($^{상\ 447조}_{의\ 4}$)를 부담한다.

5. 감사의 책임

감사와 회사간의 관계는 위임관계이므로($^{상\ 415조,}_{382조\ 2\ 항}$), 감사가 수임인으로서 그 임무를 게을리하였을 때에는 그 감사는 연대하여 회사에 대하여 손해배상의 책임을 진다($^{상\ 414조}_{1\ 항}$)($^{동지:\ 대판\ 2019.\ 11.}_{28,\ 2017\ 다\ 244115}$). 감사의 회사에 대한 이러한 책임은 채무불이행책임이므로 그에 따른 손해배상채권에는 일반불법행위책임의 단기소멸시효에 관한 규정($^{민}_{1\ 항}766조$)이 적용되지 않는다($^{대판\ 2023.\ 10.\ 26,}_{2020\ 다\ 236848}$). 또 감사가 고의 또는 중대한 과실로 인하여 그 임무를 게을리하고 그로 말미암아 제 3 자에게 손해를 입힌 경우에는, 그 감사는 제 3 자에 대하여 직접 연대하여 손해를 배상할 책임을 진다($^{상\ 414조}_{2\ 항}$). 이러한 감사의 책임은 상근감사이든 비상근감사이든 동일하다($^{동지:\ 대판\ 2007.\ 12.}_{13,\ 2007\ 다\ 60080}$). 이상 두 경우에 이사·집행임원도 책임을 져야 할 때에는, 그 감사와 이사·집행임원은 연대하여 배상할 책임이 있다($^{상\ 414조\ 3\ 항,}_{408조의\ 8\ 3\ 항}$).

[감사의 제 3 자에 대한 책임을 인정한 판례]

"감사가 어음용지의 수량과 발행매수를 조사하거나 은행의 어음결재량을 확인하는 정도의 조사만이라도 했다면 경리업무담당자의 부정행위를 쉽게 발견할 수 있었을 것인데도 아무런 조사도 하지 아니하였다면, 이는 감사로서 중대한 과실로 인한 임무해태를 한 것이 되므로 경리업무담당자의 부정행위로 발행된 어음의 취득자의 손해를 배상할 책임을 진다(대판 1988. 10. 25, 87 다카 1370. 동지: 대판 2008. 2.) ."(14, 2006 다 82601; 동 2008. 9. 11, 2006 다 68636)."

[감사의 제 3 자에 대한 책임을 부정한 판례]

"상호신용금고의 출자자 등에 대한 대출 또는 동일인에 대한 여신한도 초과대출이 대표이사 등에 의하여 조직적으로 이루어지고 또한 타인의 명의를 빌림으로써 적어도 서류상으로는 그 대출행위가 위법함을 알아내기 어려운 경우, 사후에 그 대출의 적법여부를 감사하는 것에 그치는 감사로서는 불법대출의 의심이 든다는 점만으로는 바로 관계서류의 제출요구·관계자의 출석 및 답변요구·회사관계 거래처의 조사자료 징구·위법부당행위의 시정과 관계직원의 징계요구 및 감독기관에 보고 등의 조치를 취할 것을 기대하기는 어렵기 때문에 감사의 회사에 대한 임무해태로 인한 손해배상책임을 인정할 수 없다(대판 2003. 10. 9,) ."(2001 다 66727)."

제 2   감사위원회

1. 의   의

1999년 개정상법은 주식회사는 이사회 내 위원회의 하나로서 감사위원회제도를 감사에 갈음하여 채택할 수 있음을 규정하고 있다($^{상}_{2}$ $^{415조의}_{1항}$). 따라서 이러한 감사위원회란 「감사(監事)에 갈음하여 업무집행기관의 업무집행과 회계를 감사할 권한을 가진 이사회 내 위원회의 하나인 필요상설기관」이라고 볼 수 있다. 이러한 감사위원회는 합의체의 의결기관인 점에서 위의 감사가 수 인이 있는 경우와 구별된다.

그러나 우리 상법이 이러한 감사위원회제도를 성급하게 도입한 것에 대하여는 많은 문제점이 있다고 본다. 즉, (i) 첫째는 감사위원회제도는 원래 감독형 이사회제도(즉, 업무집행기관과 업무감독기관을 분리한 지배구조)에서 감사(監査)의 실효성을 기할 수 있는 제도인데, 우리 상법은 이사회와 분리된 업무집행기관(집행임원)이 별도로 없는 참여형 이사회제도에서 감사위원회를 두도록 하거나($^{상}_{11}$ $^{542조의}_{1항}$) 둘 수 있는 것으로($^{상}_{2}$ $^{415조의}_{1항}$) 함으로써 업무집행에 관한 의사결정에 참여하는 이사가 다시 감사위원회 위원으로서 업무집행을 담당한 이사의 직무를 감사한다는 것은 모순이며 또한 이는 종래의 감사(監事)보다도 그 지위의 독립성과 감사의 실효성에 문제가 더 있는 점(이러한 문제점의 해결방안으로는 앞에서 본 바와 같이 상법 제415조의 2 제 1 항 제 1 문을 "집행임원 설치회사는 제393조의 2의 규정에 의한 위원회로서 감사위원회를 설치하여야 한다"로 개정하면 된다), (ii) 둘째는 의무적 감사위원회에서 감사위원회 위원은 주주총회에 의하여 선임되고($^{상\ 542조의}_{12\ 1항}$) 임의적 감사위원회에서 감사위원회 위원은 이사회에서 선임되도록 한 것은($^{상\ 415조의\ 2\ 1항}_{393조의\ 2}$) 통일성이 없는 점(이러한 문제점의 해결방안으로는 집행임원 설치회사에서만 감사위원회를 두는 것을 전제로 하여 감사위원회 위원의 선임·해임을 이사회에서 하도록 통일하기 위하여 상법 제542조의 11 및 제542조의 12 제 1 항~제 4 항〈감사에 관한 규정 제외〉을 삭제하면 된다), (iii) 셋째는 감사위원회의 지위와 기능이 감사(監事)의 그것과 동일하지 않음에도 불구하고 감사에 갈음하여 감사위원회를 두는 것으로 규정한 점($^{상\ 415조의}_{2\ 1항\ 참조}$), (iv) 넷째는 주식회사 등의 외부감사에 관한 법률의 적용을 받는 주식회사의 경우에는 종래의 (내부)감사에 의한 감사 외에도 (외부)감사인에 의한 회계 감사를 받는데 이러한 주식회사가 감사위원회를 도입하면 (결과적으로) 같은 미국제도를 상법과 특별법에서 이중으로 도입하여 유사한 내용에 관하여 유사한 두 기관으로부터 독립적으로 이중으로 감사를 받게 한 점(이러한 문제점의 해결방안으로는 앞으로 주식회사 등의 외부감사에 관한 법률은 필요한 사항은 상법에서 규정하고 폐지되어야 할 것으로 본다) 등을 들 수 있다.

2. 설 치

상법상 감사위원회의 설치는 임의사항이다. 즉, 회사는 정관이 정한 바에 따라 감사에 갈음하여 감사위원회를 설치할 수 있는데, 감사위원회를 설치한 경우에는 감사를 둘 수 없다($^{상\ 415조의}_{2\ 1항}$).

그러나 최근 사업연도말 현재 자산총액이 2조원 이상인 상장회사는 일정한 경우를 제외하고는 의무적으로 감사위원회를 설치하여야 한다($^{상\ 542조의\ 11\ 1항,}_{상시\ 37조\ 1항}$).

최근 사업연도말 현재의 자산총액이 1천억원 이상 2조원 미만인 상장회사는 감사위원회를 설치할 의무가 없고 1인 이상의 상근감사를 두어야 하는데($^{상\ 542조의\ 10}_{1항\ 본문}$), 이러한 회사가 상근감사에 갈음하여 감사위원회를 설치하는 경우에는 자산총액 2조원 이상의 상장회사와 같은 감사위원회를 설치하여야 한다($^{상\ 542조의\ 10}_{1항\ 단서}$).

3. 구 성

(1) 위원의 수

감사위원회는 이사회 내 위원회의 일종이기는 하나, 이사회 내 위원회가 2인 이상의 이사로 구성되는 데 반하여($^{상}_{2항}\,^{393조의}_{3항}$), 이에 불구하고 반드시 3인 이상의 이사로 구성된다($^{상}_{2항\,본문}\,^{415조의\,2}$).

(2) 위원의 자격·선임·종임

1) 상법상 감사위원회의 위원은 3분의 2 이상이 사외이사이어야 한다($^{상}_{2항\,단서}\,^{415조의\,2}$). 감사위원회를 의무적으로 설치하여야 하는 상장회사($^{상}_{11}\,^{542조의}_{1항}$)의 경우는 위의 요건 이외에도, 감사위원회 위원 중 1명 이상은 대통령령으로 정하는 회계 또는 재무전문가이어야 하고 또한 감사위원회 대표는 사외이사이어야 하는 요건이 추가된다($^{상\,542조의\,11\,\,2항;}_{상시\,37조\,2항}$).

2) 감사위원회 위원은 이사 중에서 이사회의 결의로 선임된다($^{상\,415조의\,2\,\,1항\,1문;}_{391조\,1항\,참조}$). 그러나 감사위원회를 의무적으로 설치하여야 하는 상장회사($^{상}_{11}\,^{542조의}_{1항}$) 및 상근감사에 갈음하여 감사위원회를 설치하는 상장회사($^{상\,542조의}_{1항\,단서}\,^{10}$)의 경우에는 주주총회가 감사위원회 위원을 선임하거나 해임한 권한을 갖는데($^{상}_{12}\,^{542조의}_{1항}$), 이러한 상장회사의 주주총회는 이사를 선임한 후 선임된 이사 중에서 감사위원회 위원을 선임하여야 한다(일괄선출방식)($^{상\,542조의\,12}_{2항\,본문}$). 그러나 감사위원회 위원 중 1명(정관에서 2명 이상으로 정할 수 있으며, 정관으로 정한 경우에는 그에 따른 인원으로 한다)은 주주총회 결의로 다른 이사들과 분리하여 감사위원회 위원이 되는 이사로 선임하여야 한다(분리선출방식)($^{상\,542조의}_{12\,2항\,단서}$). 이는 감사위원회 위원의 선임시 소수주주의 의견을 반영하기 위하여 2020년 개정상법에서 신설된 것이다.

이러한 상장회사가 사외이사인 감사위원회 위원을 선임 또는 해임하는 경우에는 그 상장회사의 의결권 없는 주식을 제외한 발행주식총수의 100분의 3(정관에서 이보다 낮은 주식보유비율을 정할 수 있음)을 초과하는 수의 주식을 가진 주주는 그 초과하는 주식에 관하여 의결권을 행사하지 못한다($^{모든\,주주에\,대하여}_{단순\,3\%\,rule을\,적용함}$)($^{상\,542조의}_{12\,\,4항}$). 그러나 이러한 상장회사가 사외이사가 아닌(상근) 감사위원회 위원을 선임 또는 해임할 때에는 상장회사에서 감사를 선임 또는 해임할 때와 동일하게 최대주주의 의결권이 제한된다($^{최대주주에\,대하여\,합산\,3\%\,rule을\,적용하고,\,그}_{외의\,주주에\,대하여는\,단순\,3\%\,rule을\,적용함}$)($^{상\,542조의}_{12\,\,4항}$).

3) 이사회에서 선임된 감사위원회 위원은 이사총수의 3분의 2 이상의 결의로

하는 이사회결의로 해임된다($^{\text{상}}_{2}$$^{415조의}_{3항}$). 감사위원회를 의무적으로 설치하여야 하는 상장회사($^{\text{상}}_{11}$$^{542조의}_{1항}$)가 주주총회에서 선임됨 감사위원회 위원을 해임하는 경우에는 주주총회의 특별결의를 요한다($^{\text{상}}_{12}$$^{542조의}_{3항 1문}$). 이 경우 분리선출방식에 의하여 선임된 감사위원회 위원은 해임에 의하여 이사와 감사위원회 위원의 지위를 모두 상실한다 ($^{\text{상}}_{12}$$^{542조의}_{3항 2문}$). 이는 감사위원회 위원의 독립성을 보장하기 위하여 선임과는 달리 해임의 요건을 엄격하게 한 것이다.

(3) 위원의 임기

감사위원회 위원의 임기에 대하여는 상법에 규정이 없다. 따라서 이에 관하여 정관의 규정이 있으면 그에 의하고, 정관의 규정이 없으면 이사회(감사위원회 위원을 주주총회에서 선임하는 경우에는 주주총회)가 이를 정할 수 있는데, 이사회(감사위원회 위원을 주주총회에서 선임하는 경우에는 주주총회)도 이를 정하지 아니하면 이사의 지위의 종료와 함께 감사위원회 위원의 임기도 종료된다고 본다.

회사의 합병의 경우 합병 전에 취임한 감사위원회 위원은 합병계약서에 다른 정함이 있는 경우를 제외하고는 합병 후 최초로 도래하는 결산기의 정기총회가 종료하는 때에 퇴임한다($^{\text{상}}_{527조의 4}$$^{415조의 2}_{6항.}$).

4. 운 영

(1) 대표 · 공동대표

감사위원회는 그 결의로 위원회를 대표할 자(대표위원)를 선정하여야 한다 ($^{\text{상}}_{4항 1문}$$^{415조의 2}$). 이 때 감사위원회는 수 인의 위원이 공동으로 감사위원회를 대표할 것을 정할 수 있다(공동대표위원)($^{\text{상}}_{4항 2문}$$^{415조의 2}$).

(2) 소집 · 결의 등

감사위원회는 이사회 내 위원회 중의 하나이므로 위원회의 소집($^{\text{상}}_{5항, 390조}$$^{393조의 2}$), 결의($^{\text{상}}_{5항, 391조}$$^{393조의 2}$), 결의의 통지($^{\text{상}}_{2}$$^{393조의}_{4항}$), 회의의 연기 또는 속행($^{\text{상}}_{392조, 372조}$$^{393조의 2}_{5항.}$)에 관한 규정과 결의의 하자에 관한 사항 등은 당연히 감사위원회에도 적용된다고 본다.

(3) 전문가의 조력

감사위원회는 회사의 비용으로 전문가의 조력을 구할 수 있다($^{\text{상}}_{2}$$^{\text{상}}_{5항}$^{415조의}). 변호사 또는 공인회계사 등의 전문가의 조력을 회사의 비용으로 구하는 경우가 대표적인 예가 될 것이다.

5. 권 한

(1) 업무 및 회계감사권

감사위원회는 감사에 갈음하여 이사의 직무집행을 감사할 권한을 갖는다($\frac{\text{상}\,415조의\,2}{412조\,1항}$ 7항). 이는 감사(監事)의 경우와 같이 감사위원회가 회계감사를 포함하여 업무집행 전반을 감사할 권한을 갖는다는 것을 의미하고, 업무감사의 범위는 원칙적으로 상법에 명문규정이 있는 경우를 제외하고는 위법성감사만을 할 수 있다고 본다.

모회사의 감사위원회는 자회사에 대한 조사권도 갖는다($\frac{\text{상}\,415조의\,2}{412조의\,4}$ 7항).

(2) 그 밖의 권한

감사위원회는 감사(監事)와 같이 업무감사권의 내용을 명확히 하고 또 이를 보충하기 위하여 다음과 같은 많은 권한을 갖는다. 즉, 감사위원회는 언제든지 이사에 대하여 영업에 관한 보고를 요구하거나 회사의 업무와 재산상태를 조사할 권한을 갖고($\frac{\text{상}\,415조의\,2}{412조\,2항}$ 7항), 이사는 회사에 현저하게 손해를 미칠 염려가 있는 사실을 발견한 때에는 즉시 감사위원회에게 이를 보고하여야 한다($\frac{\text{상}\,415조의\,2}{412조의\,2}$ 7항). 또한 감사위원회는 임시주주총회의 소집청구권이 있고($\frac{\text{상}\,415조의\,2}{412조의\,3}$ 7항), 이사의 위법행위에 대한 유지청구권이 있으며($\frac{\text{상}\,415조의\,2}{7항,\,402조}$), 이사와 회사간의 소에 관한 회사대표권($\frac{\text{상}\,415조의\,2}{7항,\,394조}$) 등이 있다.

6. 의 무

(1) 선관의무

감사위원회 위원(이사)과 회사와의 관계는 위임관계이므로($\frac{\text{상}\,382조}{2항}$) 감사위원회는 수임인으로서 회사에 대하여 선량한 관리자의 주의로써 위임사무를 처리할 의무를 부담한다.

(2) 그 밖의 의무

감사위원회는 이사·집행임원이 법령 또는 정관에 위반한 행위를 하거나 그 행위를 할 염려가 있다고 인정한 때에는 이사회에 이를 보고할 의무를 부담하고($\frac{\text{상}\,415조의\,2}{391조의\,2\,2항}$ 7항), 이사·집행임원이 주주총회에 제출할 의안 및 서류를 조사하여 법령 또는 정관에 위반하거나 현저하게 부당한 사항이 있는지 여부에 관하여 주주총회에 그 의견을 진술할 의무를 부담하며($\frac{\text{상}\,415조의\,2}{7항,\,413조}$), 감사록($\frac{\text{상}\,415조의\,2}{413조의\,2}$ 7항)과 감사보고서($^{상\ 415조의\ 2}_{447조의\ 4}$ ^{7항,})를 작성할 의무를 부담한다.

7. 책 임

감사위원회 위원(이사)과 회사와의 관계는 위임관계이므로($^{상}_{2항}$ ^{382조}) 감사위원회 위원이 수임인으로서 그 임무를 게을리한 때에는 그 위원은 연대하여 회사에 대하여 손해배상의 책임이 있다($^{상\ 415조의\ 2}_{414조\ 1항}$ ^{7항,})($^{동지:\ 대판\ 2017.\ 11.}_{23,\ 2017\ 다\ 251694}$). 이 때 감사위원회 위원이 악의 또는 중과실로 인하여 그 임무를 게을리한 때에는 그 위원은 제 3 자에 대하여 연대하여 손해를 배상할 책임이 있다($^{상\ 415조의\ 2}_{414조\ 2항}$ ^{7항,}). 또한 감사위원회 위원이 회사 또는 제 3 자에 대하여 손해를 배상할 책임이 있는 경우에 이사·집행임원도 그 책임이 있는 때에는 그 감사위원회 위원과 이사·집행임원은 연대하여 배상할 책임을 진다($^{상\ 415조의\ 2}_{3항,\ 408조의\ 8}$ $^{7항,\ 414조}_{3항}$). 이러한 감사위원회 위원의 회사에 대한 책임면제·감경의 요건과 책임추궁을 위한 소수주주의 대표소송에 관하여는 이사의 경우와 같다($^{상\ 415조의\ 2}_{400조,\ 403조~406조}$ ^{7항,}).

제 3 검 사 인

1. 의 의

검사인은 「주식회사의 설립절차, 회사의 업무나 재산상태 또는 주주총회의 소집절차나 결의방법의 적법성 등을 조사할 임무가 있는 임시적 감사기관」이다.

2. 선임기관 및 직무권한

검사인은 법원 또는 주주총회에 의하여 선임된다.

(1) 법원이 선임하는 경우

법원이 검사인을 선임하는 경우로는 (i) 설립시 변태설립사항을 조사하기 위한 경우($^{상\ 298조\ 4항\ 본문,}_{310조\ 1항}$), (ii) 주주총회의 소집절차나 결의방법의 적법성을 조사하기 위한 경우($^{상}_{2항}$ ^{367조}), (iii) 할인발행의 인가 여부를 결정하기 위한 경우($^{상}_{3항}$ ^{417조}), (iv) 신주발행시 현물출자를 검사하기 위한 경우($^{상}_{1항}$ ^{422조}), (v) 업무집행에 관하여 부정행위 또는 법령이나 정관에 위반한 중대한 사실이 있음을 의심할 사유가 있는 때에 소수주주의 청구에 의하여 회사의 업무와 재산상태를 조사하기 위한 경우($^{상}_{467조}$) 등이다.

(2) 주주총회가 선임하는 경우

주주총회가 검사인을 선임하는 경우로는 (i) 소수주주에 의하여 소집된 임시주주총회가 회사의 업무와 재산상태를 조사하게 하기 위한 경우($상_{3항}^{366조}$), (ii) 이사나 청산인의 제출서류와 감사 또는 감사위원회의 보고서를 조사하게 하기 위한 경우 ($상_{415조의 2}^{367조, 542조 2항,}$ $_{7항}$) 등이다.

3. 책 임

법원이 설립경과를 조사하게 하기 위하여 선임한 검사인은 상법상 고의 또는 중대한 과실로 인하여 회사설립에 관한 임무를 게을리한 때에는 회사 또는 제3자에 대하여 손해를 배상할 책임이 있다($상_{325조}$).

주주총회가 선임한 검사인은 회사와의 관계에서 위임관계라고 볼 수 있으므로 회사에 대하여는 수임인으로서 채무불이행의 책임을 지고($민_{390조}$), 제3자에 대하여는 불법행위의 책임($민_{750조}$)만을 부담할 뿐이다.

제4 준법지원인

1. 준법지원인의 의의

2011년 4월 개정상법은 대통령령으로 정하는 일정규모 이상의 상장회사에 대하여 준법통제기준과 준법지원인을 두도록 하는 규정을 신설하였다. 즉, 자산 규모 등을 고려하여 대통령령으로 정하는 상장회사(최근 사업연도 말 현재의 자산총액이 5,000억원 이상인 회사)는 법령을 준수하고 회사경영을 적정하게 하기 위하여 임직원이 그 직무를 수행할 때 따라야 할 준법통제에 관한 기준 및 절차(이하 "준법통제기준"이라 한다)를 마련하여야 하고($상시_{39조·40조}^{452조의 13 1항,}$), 동시에 준법통지기준의 준수에 관한 업무를 담당하는 사람(이하 "준법지원인"이라 한다)을 1인 이상 두어야 한다($상_{39조·40조·41조}^{542조의 13 2항,}$). 따라서 준법지원인이란 「준법통제기준의 준수에 관한 업무를 담당하는 사람」이라고 볼 수 있다.

준법통제기준과 준법지원인에 관하여 필요한 사항은 대통령령으로 정한다 ($상_{13 12항}^{542조의}$).

2. 지 위

(1) 준법지원인은 「임직원이 준법통제기준을 준수하고 있는지 여부를 점검하고 그 결과를 이사회에 보고하는 자」라고 볼 수 있는데($상_{2항·3항}^{542조의 13}$), 이러한 준법지원인

은 (이사회가 제정한) 준법통제기준에 의하여 회사의 내부에서 임직원이 업무를 수행하기 이전에 관련법규를 위반하는지 여부 등을 점검하는데, 감사위원회 또는 감사(監事)는 주주를 대리하여 업무집행기관 이외의 제 3 자로서 업무집행기관이 수행한 업무 및 회계 등의 적법성 여부를 (일반적으로) 사후에 감사한다고 볼 수 있다.

(2) 이러한 준법지원인은 이사회에 의하여 선임·해임되고($^{상}_{13}\,^{542조의}_{4항}$) 그의 업무 수행의 결과를 이사회에 보고하며($^{상}_{13}\,^{542조의}_{3항}$) 또한 (회사와의 관계에서 위임관계를 전제로 하여) 준법지원인은 회사에 대하여 선관주의의무를 부담하는 점($^{상}_{13}\,^{542조의}_{7항}$) 등에서 볼 때, 집행임원에 준하는 지위에 있다고 볼 수 있으므로, 집행임원을 감독하는 이사회 및 업무집행기관을 감사하는 감사위원회와는 구별된다고 본다.

(3) 이러한 점에서 준법지원인에 대하여도 집행임원에 준하여 등기하도록 하고, 또한 집행임원에 준하는 의무를 부담하도록 하며, 집행임원에 준하여 그의 회사 및 제 3 자에 대한 책임을 규정하여야 할 것으로 본다. 또한 회사에 이미 있는 법무담당 임직원이 준법지원인을 겸할 수 있도록 하면 회사는 비용을 절약할 수 있을 것으로 본다.

3. 선임·해임

(1) 준법지원인은 이사회의 결의로 선임·해임된다($^{상}_{13}\,^{542조의}_{4항}$).

(2) 준법지원인은 (i) 변호사의 자격이 있는 사람, (ii) 고등교육법 제 2조에 따른 학교의 법률학 조교수 이상의 직에 5년 이상 근무한 사람, (iii) 그 밖에 법률적 지식과 경험이 풍부한 사람으로서 대통령령으로 정하는 사람이다($^{상}_{5항,\,상시\,41조}^{542조의\,13}$).

(3) 준법지원인의 임기는 3년으로 하고, 준법지원인은 상근으로 한다($^{상}_{13}\,^{542조의}_{6항}$). 준법지원인의 임기에 관하여 다른 법률의 규정이 3년보다 단기로 정하고 있는 경우에는 3년으로 하고 있다($^{상}_{11항\,단서}^{542조의\,13}$).

4. 의 무

상법상 준법지원인은 다음의 의무를 부담한다.

(1) **선관주의의무**   준법지원인은 선량한 관리자의 주의로 그 직무를 수행하여야 한다($^{상}_{13}\,^{542조의}_{7항}$).

(2) **보고의무**   준법지원인은 준법통제기준의 준수여부를 점검하고 그 결과를 이사회에 보고하여야 한다($^{상}_{13}\,^{542조의}_{3항}$).

(3) **영업비밀준수의무**   준법지원인은 재임중뿐만 아니라 퇴임 후에도 직무

상 알게 된 회사의 영업상 비밀을 누설하여서는 아니 된다($\frac{\text{상}}{13}\,\frac{542조의}{8항}$).

(4) **경업금지의무**   준법지원인은 자신의 업무수행에 영향을 줄 수 있는 영업 관련 업무를 담당하여서는 아니 된다($\frac{\text{상}}{42조}$).

5. 책 임

2011년 4월 개정상법은 준법지원인의 책임에 대하여는 전혀 규정하고 있지 않다. 그런데 준법지원인의 지위를 집행임원에 준하여 보는 경우, 준법지원인의 회사 및 제 3 자에 대한 책임에 관하여 규정하여야 할 것으로 본다. 이에 대하여는 위의 의무와 같이 상법 개정전이라도 상법 제542조의 13 12항에 의한 위임에 의하여 우선 상법시행령에 규정하여야 할 것으로 본다.

6. 준법지원인과 관련한 회사의 의무

(1) 준법지원인을 둔 상장회사는 준법지원인이 그 직무를 독립적으로 수행할 수 있도록 하여야 하고, 준법지원인을 둔 상장회사의 임직원은 준법지원인이 그 직무를 수행할 때 자료나 정보의 제출을 요구하는 경우 이에 성실하게 응하여야 한다($\frac{\text{상}}{13}\,\frac{542조의}{9항}$).

준법지원인을 둔 상장회사는 준법지원인이었던 사람에 대하여 그 직무수행과 관련된 사유로 부당한 인사상의 불이익을 주어서는 아니 된다($\frac{\text{상}}{13}\,\frac{542조의}{10항}$).

(2) 2011년 4월 개정상법이 위와 같은 규정을 둔 것은 준법지원인의 독립성과 업무의 효율성을 위한 것으로 볼 수 있는데, 이의 위반에 따른 제재규정이 없어 그 실효성이 의문이다.

제 5 절   자본금의 증감(변동)

제 1 관 총   설

(1) 우리 상법상 자본금은 액면주식의 경우 (원칙적으로) 「발행주식의 액면총액」 이므로($\frac{\text{상}}{1항}\,\frac{451조}{}$) 자본금을 증가하기 위하여는 액면가액을 높이든가 또는 발행주식수를 늘리는 방법이 있을 수 있고, 자본금을 감소하기 위하여는 이와 반대로 액면가액을 낮추든가 또는 발행주식수를 줄이는 방법이 있을 수 있다. 무액면주식의 경우

는 자본금을 증가하기 위하여는 발행주식수를 늘리는 방법밖에 없고, 자본금을 감소하기 위하여는 자본금의 액을 임의로 낮추는 방법(이는 액면주식의 경우 액면가액을 낮추는 방법에 해당함)과 발행주식수를 줄이는 방법이 있다.

(2) 액면주식의 경우 증자의 방법으로서 액면가액을 높이는 것은 모든 주주에게 추가납입의무를 발생시키고 이는 주주유한책임의 원칙에 반하므로 실제상 불가능하다. 따라서 증자의 방법으로는 발행주식수를 늘리는 방법인 신주발행의 방법밖에 없다. 따라서 자본금 증가는 신주발행과 거의 동일한 말이 되어 있다.

자본금 증가를 가져오는 신주발행(광의의 신주발행)에는 두 가지가 있는데, 하나는 회사가 자금조달을 직접적인 목적으로 하여 신주를 발행하는 경우로서 반드시 회사의 재산이 증가하는 「보통의(통상의) 신주발행」과, 다른 하나는 회사가 경리정책상 하는 신주발행으로 회사의 재산에는 원칙적으로 변동이 없는 「특수한 신주발행」이 있다.

보통의 신주발행의 경우에는 회사의 재산이 증가하므로 이를 「실질상 자본증가」 또는 「유상증자」라 한다. 그런데 이 때 증가되는 재산액은 증가되는 자본액과 반드시 일치하는 것은 아니다. 즉, 액면주식의 경우 회사가 신주의 발행가액을 액면가액과 동일하게 하면 양자는 일치하지만, 발행가액을 액면가액보다 높게 정하면(액면초과발행) 발행주식수의 액면초과액의 합계액만큼 증자액보다 증가하는 재산이 많게 되고(이 금액은 자본준비금으로 적립됨—상459조1항), 발행가액을 액면가액보다 낮게 정하면(할인발행) 발행주식수의 액면미달금액의 합계액만큼 증자액보다 증가하는 재산이 적게 된다.

특수한 신주발행의 경우에는 (자본금은 증가하지만) 회사의 재산은 원칙적으로 변동이 없으므로 이를 「명의상 자본금 증가」 또는 「무상증자」라 한다. 이러한 특수한 신주발행으로서 상법이 인정하고 있는 것으로는 준비금의 자본금 전입에 의한 신주발행(상461조), 주식배당에 의한 신주발행(상462조의2 1항), 전환주식(상346조이하) 또는 전환사채(상513조이하)의 전환에 의한 신주발행, 신주인수권부사채의 신주인수권의 행사에 의한 신주발행(대용납입이 인정되는 경우)(상516조의2 2항5호, 516조의8), 주식의 병합 또는 분할에 의한 신주발행(상440조~444조, 329조의2), 회사의 흡수합병 또는 분할합병으로 인한 신주발행(상523조 3호, 530조의6 1항 2호) 등이 있다.

(3) 감자(減資)의 방법으로서 액면주식의 경우 액면가액을 낮추거나 또는 발행주식수를 줄이는 것은 주주유한책임과 충돌하는 것이 아니므로 어느 방법도 가능하다. 무액면주식의 경우는 감자의 방법으로 자본금 자체의 감소(이는 액면주식의 경우 주금액의 감소에 해당) 또는 (자본금 자체의 감소와) 발행주식 수를 줄이는 방법이 있다. 무액면주식의 경우 '발행주식수를 줄이는 방법'이란 발행주식수를 줄이면서(예컨대, 주식의 병합이나 소각) 자본금을 감소하는 방법을 말하는 것이지, 발행주식수를 줄이

는 것만으로는 자본금이 감소하지 않는다.

이러한 감자에도 증자의 경우와 같이 실제로 회사의 재산이 감소하는 「실질상 자본금 감소」와, (원칙적으로) 회사의 재산에 변동이 없는 「명의상 자본금 감소」가 있다. 어떠한 방법에 의한 감자이든 감자의 경우에는 회사채권자를 위한 담보력을 감소시키는 것이므로(실질상 감자는 현실적으로 담보력을 감소시키고, 명의상 감자는 회사가 확보하고 있어야 할 기준이 되는 자본금을 감소시키는 것이므로 장래의 담보력을 감소시킴), 증자의 경우와는 달리 반드시 채권자보호절차를 밟아야 한다.

(4) 자본금은 정관의 절대적 기재사항이 아니고 등기사항에 불과하므로($^{상\ 317조}_{2항\ 2호}$), 자본금의 변동(증자)은 정관변경과는 무관하고 등기사항만을 변경하면 된다.

제 2 관 자본금의 증가(신주발행)

제 1 보통의 신주발행

1. 의 의

보통의 신주발행이란 「회사성립 후 회사의 자본금 조달을 직접적인 목적으로 수권주식총수의 범위 내에서 미발행주식을 발행하는 것」을 말한다.

수권자본제를 채용한 상법 하에서는 증자에 의한 자금의 조달은 수권주식총수의 범위 내에서 신주발행의 형식에 의하여 원칙적으로 이사회에서(예외적으로 정관의 규정에 의하여 주주총회에서) 자유로이 할 수 있다. 이것에 의하여 증자절차는 간단하고 회사의 자금조달은 기동성을 갖게 되었다. 그러나 이사회에 이러한 강력한 권한을 주는 반면에, 그 권한의 남용을 방지하고 주주의 정당한 이익을 보호하는 방안으로 상법은 (i) 수권주식총수의 범위 내에서만 신주를 발행할 수 있도록 제한하여 이사회에 의한 신주의 남발을 억제하고, (ii) 주주에게 원칙적으로 신주인수권을 인정하며($^{상\ 418조}_{1항}$), (iii) 불공정한 신주발행을 예방하기 위하여 각 주주에게 신주발행유지청구권을 인정하고 있다($^{상}_{424조}$).

보통의 신주발행방법은 누구에게 신주를 인수시킬 것인가(즉, 주식의 인수방법)에 따라 주주배정·제 3 자배정 및 모집의 세 가지가 있다. 주주배정의 방법은 주주에게 신주인수권이 인정된 경우이고, 제 3 자 배정의 방법은 제 3 자에게 신주인수권이 인정된 경우이며, 모집의 방법은 누구에게도 신주인수권이 인정되지 않은 경우이다. 따라서 이하에서는 신주인수권을 먼저 설명한 후, 신주발행의 절차 등에 대하여 설명하겠다.

2. 신주인수권

(1) 의 의

신주인수권이라 함은 「회사의 성립 후 신주를 발행하는 경우에 다른 사람에 우선하여 신주를 인수할 수 있는 권리」를 말하는데, 이것에는 주주의 신주인수권과 제 3 자의 신주인수권이 있다. 상법은 주주의 신주인수권을 원칙적으로 법적인 권리로 규정하는 동시에($\frac{상}{1항}$418조), 한편 예외적으로 일정한 경우에 한하여 정관으로 주주의 신주인수권을 제한하거나 제 3 자에게 신주인수권을 부여할 수 있음을 규정하고 있다($\frac{상}{2항}$418조).

(2) 주주의 신주인수권

1) 의의·성질　　주주의 신주인수권이라 함은 「주주가 종래 가지고 있던 주식의 수에 비례하여 우선적으로 신주를 배정받을 수 있는 권리」이다(예컨대, 30,000주를 발행한 회사가 20,000주의 신주발행을 한다면 주주는 구주 3주에 대하여 신주 2주를 인수할 권리가 있다). 주주의 이러한 신주인수권은 정관이나 이사회의 결의에 의해서 비로소 생기는 것이 아니라, 법률의 규정에 의하여 주주에게 당연히 생기는 권리이다($\frac{상}{1항}$418조). 이러한 주주의 신주인수권은 주주권의 한 내용을 이루고 있는 「추상적 신주인수권」과, 이것을 기본권으로 하여 이사회의 신주발행의 결의에 의하여 구체화된 지분권인 「구체적 신주인수권」으로 구별된다(이것은 마치 주주의 이익배당청구권도 추상적 이익배당청구권과 주주총회의 이익배당의 결의에 의하여 구체적으로 발생하는 구체적 이익배당청구권으로 구별되는 것과 같다).

2) 신주인수권의 대상이 되는 주식　　주주는 법률상 당연히 신주인수권을 가지고 있으므로, 원칙적으로 「장래 발행될 모든 신주」가 신주인수권의 대상이 된다.

그러나 예외적으로 준비금의 자본금 전입에 의한 신주발행($\frac{상}{461조}$)·주식배당에 의한 신주발행($\frac{상}{의\ 2}$462조)·주식병합에 의한 신주발행($\frac{상}{이하}$440조) 등의 경우에는 신주인수인이 모든 주주로 미리 정하여져 청약과 배정이 없기 때문에 주주의 신주인수권이 문제되지 않는 경우이고, 현물출자자에게 배정하기 위한 신주발행($\frac{상}{4호}$416조)·전환주식 또는 전환사채의 전환에 의한 신주발행($\frac{상}{513조\ 이하}$346조 이하)·신주인수권부사채권자의 신주인수권의 행사에 의한 신주발행($\frac{상}{의\ 8}$516조)·흡수합병으로 인하여 존속회사가 소멸회사

의 주주에게 배정하기 위한 신주발행($^{상\ 523조}_{3호}$)·분할합병으로 인하여 분할합병의 상
대방회사(분할후 회사)가 분할되는 회사(분할전 회사)의 주주에게 배정하기 위한 신주
발행($^{상\ 530조의\ 6}_{1항\ 3호}$) 및 주식의 포괄적 교환으로 인하여 완전자회사의 주주에게 배정하
기 위한 신주발행($^{상\ 360조의}_{2\ 2항}$) 등의 경우에는 신주인수인으로 될 자가 미리 특정되어
있어 일반주주의 신주인수권의 대상이 되지 않는 경우이다.

[주주의 신주인수권의 대상이 아니라고 본 판례]

"현물출자자에 대하여 발행하는 신주에 대하여는 일반주주의 신주인수권이
미치지 않는다($^{대판\ 1989.\ 3.}_{24,\ 88\ 누\ 889}$)."

"경제의 안정과 성장에 관한 긴급명령에 의하여 조정사채액을 출자로 전환한
경우에는 기존주주의 신주인수권이 미치지 않는다($^{대판\ 1977.\ 8.}_{23,\ 77\ 누\ 109}$)."

3) 신주인수권의 제한   주주의 신주인수권은 법률($^{자금\ 165조의\ 7\ 1항;}_{파\ 265조\ 2항,\ 266조\ 3항}$) 또는
정관($^{상\ 418조\ 2항,}_{420조\ 5호}$)에 의하여 제한될 수 있다. 해석상 주주의 신주인수권이 제한되는
경우는 회사가 취득하고 있는 자기주식($^{상\ 341조,}_{341조의\ 2}$), 자회사가 취득하고 있는 모회사의
주식($^{상\ 342조의\ 2\ 1}_{항\ 1호~2호}$) 및 실권주·단주이다.

4) 실기주(失期株)·실권주(失權株) 및 단주(端株)의 처리문제

㈎ 실기주의 처리문제   광의의 실기주(이사회의 신주발행 결의 전에 이미 주식을
취득하였으나 아직 명의개서를 하지 않은 주식)의 경우에는 주식양수인(실기주주)은 주식
양도인이 회사로부터 지급받은 이익배당금·합병교부금 등을 부당이득의 법리에 의
하여 반환청구할 수 있고(異說 없음), 협의의 실기주(주식양수인이 명의개서를 하지 않
음으로써 주주명부상의 주주인 주식양도인이 배정받은 신주)의 경우에는 회사와의 관계에
서는 주식양도인이 구체적 신주인수권을 가지고 있으나, 당사자간의 관계에서는 주
식양수인이 구체적 신주인수권을 가지므로($^{동지:\ 대판\ 2010.\ 2.\ 25,}_{2008\ 다\ 96963·96970}$) 주식양도인이 배정받은
신주(협의의 실기주)를 주식양수인이 사무관리의 법리에 의하여 주식양도인에 대하여
반환청구할 수 있다고 본다(이에 관한 상세는 정찬형, 「상법강의(상)(제27판)」, 1181~1182면
참조).

㈏ 실권주·단주의 처리문제   신주인수권을 갖는 주주(또는 신주인수권증서를 취
득한 자)가 청약기일까지 주식인수의 청약을 하지 않으면 신주인수권을 잃게 되고
($^{상\ 419조}_{3항}$) 또 청약기일까지 주식인수의 청약을 하였더라도 납입기일에 납입을 하지
않으면 주식인수인으로서의 지위를 잃게 되어($^{상\ 423조}_{2항}$) 실권주가 발생한다. 또한 신

주인수권자에게 신주를 배정하는 과정에서 발생하는 1주 미만의 주식을 단주라 한다.

신주인수권의 대상인 주식에 실권주 또는 단주가 생긴 경우에 이에 관한 처리 방법이 상법에는 없다. 따라서 회사는 이것을 방치할 수 있는데, 이 경우에는 수권 주식 중 미발행주식으로 남게 된다. 그러나 실제에 있어서는 실권주와 단주의 합계 수에 해당하는 주식에 관하여 「이사회」의 결의로 주주를 모집하는 경우가 많다. 이 경우에 실권주나 단주의 처리를 「이사회」에서 임의로 할 수 있음을 미리 공고하고 이에 따라 회사는 이를 자유로이 제 3 자에게 처분하는데, 우리 대법원 판례는 정관 에 이에 관한 근거규정이 없는 경우에도 이를 유효로 보고 있다(대판 2012. 11. 15,/2010 다 49380). 이 때 실권주나 단주를 (경우에 따라서는 이의 발생을 유도하여) 특정인에게 배정함으로써 회사지배권에 변동을 초래하는 것은 허용되지 않으며, 주식의 시가가 당초의 발행 가액을 상회하는 경우 그 발행가액은 시세를 감안한 공정한 가액이어야 한다. 그러 나 주권상장법인의 경우에는 자본시장과 금융투자업에 관한 법률상 실권주의 처리 에 관한 특칙규정이 적용된다(자금 165조의 6 2항,/자금시 176조의 8 1항~3항).

5) 신주인수권의 양도   주주의 신주인수권은 정관 또는 이사회결의(정관상 주주총회의 결의로 신주발행을 할 수 있도록 규정된 경우에는 주주총회결의)로 이를 양도할 수 있음을 정한 경우에만, 회사에 대한 관계에서 유효하게 양도할 수 있다(상 416조/5호). 이에 위반한 신주인수권의 양도는 회사에 대하여는 효력이 없다고 보아야 할 것이 다(다수설).

[정관 또는 이사회 결의가 없는 경우에도 신주인수권을 양도할 수 있다고 본 판례]

"상법 제416조 5 호에 의하면, 회사의 정관 또는 이사회의 결의로 주주가 가 지는 신주인수권을 양도할 수 있는 것에 관한 사항을 결정하도록 되어 있는바, 신주인수권의 양도성을 제한할 필요성은 주로 회사측의 신주발행사무의 편의를 위한 것에서 비롯된 것으로 볼 수 있고, 또 상법이 주권발행 전 주식의 양도는 회사에 대하여 효력이 없다고 엄격하게 규정한 것과는 달리 신주인수권의 양도 에 대하여는 정관이나 이사회의 결의를 통하여 자유롭게 결정할 수 있도록 한 점에 비추어 보면, 회사가 정관이나 이사회의 결의로 신주인수권의 양도에 관 한 사항을 결정하지 아니하였다 하여 신주인수권의 양도가 전혀 허용되지 아니 하는 것은 아니고, 회사가 그와 같은 양도를 승낙한 경우에는 회사에 대하여도 그 효력이 있다(대판 1995. 5. 23,/94 다 36421)."

6) 신주인수권증서　　　신주인수권증서는 「주주의 신주인수권을 표창하는 유가증권」이다. 이러한 신주인수권증서는 주주에게 발행되는 것으로서, 신주인수권부사채권자에게 발행되는 신주인수권증권($\frac{\text{상}}{\text{의}5}$516조)과 구별된다.

정관 또는 이사회결의(또는 주주총회결의)로 「주주의 청구」가 있는 때에만 신주인수권증서를 발행한다는 것과 그 「청구기간」을 정한 경우($\frac{\text{상}}{6\text{호}}$416조)에는, 회사는 그 청구기간 내에 신주인수권증서의 발행을 청구한 주주에 한하여 신주인수권증서를 발행하여야 한다($\frac{\text{상}}{1\text{항 전단}}$420조의 2). 이와 같은 청구기간 등의 정함이 없는 경우에는 「신주의 청약기일($\frac{\text{상}}{1\text{항}}$419조)의 2주간 전」에 모든 주주에게 신주인수권증서를 발행하여야 한다($\frac{\text{상}}{1\text{항 후단}}$420조의 2).

회사는 이러한 신주인수권증서를 발행하는 대신 정관에서 정하는 바에 따라 전자등록기관의 전자등록부에 신주인수권을 등록하여 발행할 수 있는데, 이의 내용은 주식의 전자등록과 같다($\frac{\text{상}}{\text{의}4}$420조).

신주인수권은 반드시 「신주인수권증서의 교부」에 의해서만 양도된다($\frac{\text{상}}{3\ 1\text{항}}$420조의). 또 신주인수권증서의 유통성을 강화하기 위하여 이에는 권리추정력과 선의취득이 인정된다($\frac{\text{상}}{3\ 2\text{항}}$420조의).

신주인수권증서를 발행한 경우에는 「신주인수권증서」에 의하여 주식인수의 청약을 한다($\frac{\text{상}}{1\text{항 전단}}$420조의 5). 신주인수권증서를 상실한 자는 회사로부터 「주식청약서」를 교부받아 그것에 의하여 주식의 청약을 할 수 있다($\frac{\text{상}}{2\text{항 본문}}$420조의 5). 그러나 이 경우 상실된 신주인수권증서에 의한 주식인수의 청약이 있으면, 신주인수권증서에 의한 청약이 우선하고 주식청약서에 의한 청약은 그 효력을 잃는다($\frac{\text{상}}{2\text{항 단서}}$420조의 5).

7) 위반의 효과　　　회사가 주주의 신주인수권을 무시하고 신주를 발행한 경우에는 후술하는 바와 같이 주주는 사전에 「신주발행유지청구권」($\frac{\text{상}}{424\text{조}}$)을 행사할 수 있고, 또 사후에 「신주발행무효의 소」($\frac{\text{상}}{\text{이하}}$429조)를 제기할 수 있다. 또 주주는 회사에 대하여 불법행위를 원인으로 손해배상을 청구할 수 있으며($\frac{\text{상}}{210\text{조}}$389조,), 이사·집행임원에 대하여는 고의 또는 중과실로 그 임무를 게을리한 것으로서 손해배상을 청구할 수 있다($\frac{\text{상}\ 401\text{조},}{408\text{조의}8\ 2\text{항}}$).

(3) 제3자의 신주인수권

제3자의 신주인수권이라 함은 「주주 이외의 제3자가 우선적으로 신주를 배정받을 수 있는 권리」를 말한다. 제3자의 신주인수권은 앞에서 본 바와 같이 법률($\frac{\text{상 516조의 2}\ 4\text{항};}{\text{자금 165조의 7}\ 1\text{항}}$) 또는 정관($\frac{\text{상}}{2\text{항}}$418조)의 규정에 의하여 부여된다(따라서 회사가 채권자와 금전소비대차계약을 체결하면서 채권자에게 부여한 채권을 주식으로 전환할 수 있다는 전환권

부여조항은 무효이다— 대판 2007. 2. 22, 2005 다 73020). 제 3 자의 신주인수권이 정관에 의하여 부여되는 경우는 신기술의 도입·재무구조의 개선 등 회사의 경영상 목적을 달성하기 위하여 필요한 경우에 한하는데, 이 때에도 이러한 제 3 자는 이러한 정관의 규정만으로는 신주인수권을 취득하지 않고 「회사와 제 3 자간의 계약」이 있어야만 비로소 신주인수권을 취득한다고 본다(통설).

정관의 규정에 의하여 제 3 자에게 신주인수권을 부여하는 경우 회사는 이러한 내용에 대하여 그 납입기일의 2주 전까지 주주에게 통지하여야 한다(상 418조 4항).

법률에 의하여 제 3 자에게 신주인수권이 인정된 경우로서 우리사주조합원에게 인정된 신주인수권은 이에 관한 입법취지상 우리사주조합원 상호간에는 양도할 수 있으나 조합원 이외의 제 3 자에게는 양도할 수 없다고 보며, 신주인수권부 사채권자에게 인정된 신주인수권은 채권(비분리형인 경우) 또는 신주인수권증권(분리형인 경우— 상 516조의 6 1항)의 양도방법에 의하여 양도할 수 있다. 정관에 의하여 제 3 자에게 신주인수권이 인정된 경우에도(발기인에게 인정된 경우이든, 그 이외의 제 3 자에게 인정된 경우이든) 제 3 자의 이익을 보호하기 위해서나 또는 회사의 자금조달의 편의를 위해서나, 정관에 반하지 않는 한 신주인수권의 양도를 인정하여야 할 것으로 본다.

회사가 제 3 자의 신주인수권(법률에 의하여 부여된 경우이든, 정관에 의하여 부여된 경우이든)을 무시하고 신주발행을 한 경우에는, 회사는 채무불이행을 한 것이므로 회사는 제 3 자에 대하여 손해를 배상할 책임을 진다(통설)(민 390조). 이 때 (대표)이사 또는 (대표)집행임원이 고의 또는 중과실로 그 임무를 게을리한 경우에는 그는 제 3 자에 대하여 연대하여 손해를 배상할 책임을 진다(상 401조, 408조의 8 2항). 그러나 이 경우에는 회사가 주주의 신주인수권을 무시하고 신주발행을 한 경우에 주주에게 인정되는 신주발행유지청구권(상 424조)·신주발행무효의 소(상 429조 이하) 등은 제 3 자에게 인정되지 않는다.

3. 신주발행의 절차

(1) 신주발행사항의 결정

실질상 증자를 위한 보통의 신주발행사항은 정관에 의하여 주주총회에서 정하기로 정한 경우를 제외하고는 수권주식의 범위 내에서 이사회가 결정하는데, 상법 제416조 각 호의 사항 중에서 정관에 규정이 없는 사항을 결정한다(상 416조)(이에 관한 상세는 정찬형, 「상법강의(상)(제27판)」, 1190~1193면 참조). 이 중 상법 제416조 1 호 내지 4 호의 사항은 주주배정·제 3 자배정 및 모집에 공통하는 사항이나, 제416조

5 호 내지 6 호와 신주배정일($\frac{상}{2항}$418조)의 사항은 주주배정의 경우에만 해당되는 사항이다.

자본금 총액이 10억원 미만으로서 이사를 1명 또는 2명을 둔 소규모 주식회사($\frac{상}{1항}$383조)는 이사회가 없으므로, 이러한 이사회의 권한을 주주총회가 행사한다($\frac{상}{4항}$383조).

(2) 신주배정기준일 공고 및 청약최고(신주인수권자가 있는 경우)

1) 신주배정기준일 공고   신주배정기준일은 그 날의 2주간 전에 공고하여야 하고($\frac{상}{3항 본문}$418조), 그 날이 주주명부의 폐쇄기간중인 때에는 그 폐쇄기간의 초일의 2주간 전에 공고하여야 한다($\frac{상}{3항 단서}$418조). 이와 같은 공고에도 불구하고 신주배정기준일까지 명의개서를 하지 않은 주식은 광의의 실기주가 된다.

2) 신주인수권자에 대한 청약최고   신주인수권은 권리이지 의무는 아니므로, 회사로서는 신주인수권자가 신주인수권을 행사할 것인가의 여부를 알 필요가 있다. 따라서 실권예고부청약최고의 제도가 있다. 즉 신주인수권을 가진 자(주주 또는 제 3 자)가 있는 때에는 회사는 그 자가 일정한 기일(청약기일)까지 주식의 청약을 하지 않으면 그 권리를 잃는다는 뜻을 그 기일의 2주간 전에 신주인수권자에게 통지를 하여야 한다($\frac{상}{1항~2항}$419조). 만일 신주인수권자가 그 기일까지 신주인수의 청약을 하지 아니하면 당연히 실권하게 되는데($\frac{상}{3항}$419조), 이러한 주식이 실권주이다.

(3) 모집절차(신주인수권자가 없는 경우)

신주인수권자가 없는 경우(주주배정 또는 제 3 자배정의 어느 경우에도 해당하지 않는 경우)의 신주발행, 즉 누구에게도 신주인수권을 부여하지 아니하고 하는 신주발행을 모집에 의한 신주발행이라고 한다. 모집방법에는 모집의 범위를 회사임원·종업원·거래처 등과 같이 연고자로 한정하는 「연고모집」(정관에 미리 이들에게 신주인수권을 준다는 것을 정한 경우에는 제 3 자배정의 신주발행이 된다)과, 이와 같이 모집의 범위를 한정하지 않고 널리 일반으로부터 주주를 모집하는 「공모」(일반모집)가 있다. 또 모집의 절차를 발행회사 자신이 직접 하는 「직접모집」(자기모집)과, 발행회사로부터 위탁을 받은 증권회사가 하는 「간접모집」(위탁모집)이 있는데, 우리나라의 상장회사는 거의 대부분 간접모집을 한다(이에 관한 상세는 정찬형, 「상법강의(상)(제27판)」, 1193~1194면 참조).

(4) 인수(청약과 배정)

신주발행의 인수절차는 많은 점에서 모집설립의 경우와 비슷하다($\frac{상}{이하}$420조).

1) 청 약   신주인수권자(주주·제 3 자)이든 모집발행의 경우의 일반인이든 주식인수의 청약을 하고자 하는 경우에는 누구든지(현물출자의 경우를 제외함) (대표)

이사 또는 (대표)집행임원이 작성한 주식청약서 2통에 인수할 주식의 수·주소·기타의 법정사항을 기재하고($\frac{상}{420조}$) 기명날인 또는 서명하여야 한다($\frac{상\ 425조,}{302조\ 1항}$)(주식청약서주의). 그러나 신주인수권증서가 발행된 경우에는 앞에서 본 바와 같이 원칙적으로 신주인수권증서에 의하여 청약을 한다($\frac{상\ 420조의}{4\ 1항}$). 이러한 신주인수의 청약에 대하여는 비진의표시가 무효인 경우에 관한 민법의 규정($\frac{민\ 107조}{1항\ 단서}$)이 적용되지 않는다($\frac{상\ 425조,}{302조\ 3항}$).

2) 배 정 주식인수의 청약에 대하여 회사는 배정을 하는데, 이로써 주식인수가 성립한다. 배정자유의 원칙은 신주인수권이 없는 자에게는 적용되지만, 신주인수권자에게는 적용되지 않는다. 주식인수의 법적 성질은 설립의 경우와 같이 입사계약이다(통설).

(5) 납입 및 현물출자의 이행

신주의 인수인은 납입기일에 그 인수가액의 전액을 납입하고($\frac{상}{421조}$), 현물출자를 하는 자는 납입기일에 지체 없이 출자의 목적인 재산을 인도하고 권리의 설정 또는 이전에 등기나 등록을 요하는 것은 그 서류를 완비하여 교부하여야 한다($\frac{상\ 425조,\ 305조}{3항,\ 295조\ 2항}$). 납입은 원칙적으로 현실적으로 하여야 하고, 회사의 동의 없이 상계로써 회사에 대항하지 못한다($\frac{상}{2항}421조$). 현물출자에 관한 사항은 원칙적으로 법원이 선임한 검사인에 의하여 조사를 받아야 하는데($\frac{상}{1항\ 1문}422조$), 예외적으로 공인된 감정인의 감정으로 검사인의 조사에 갈음할 수 있다($\frac{상}{1항\ 2문}422조$). 그러나 현물출자의 목적인 재산의 가액이 소액이거나 객관적으로 평가된 경우 등 일정한 경우에는 검사인 등에 의한 조사를 받지 아니한다($\frac{상}{2항}422조$).

[회사가 합의하면 상계로써 주금납입을 할 수 있다고 본 판례]

"주금납입에 있어 단순한 현금수수의 수고를 생략하는 의미의 대물변제나 상계는 회사측이 이에 합의한 이상 이를 절대로 무효로 할 이유는 없다($\frac{대판\ 1960.\ 11.\ 24,}{4292\ 민상\ 874\cdot875}$). "

(6) 신주발행의 효력발생

이사회에서 결정한 신주의 납입기일에 인수인이 납입 또는 현물출자의 이행을 하면, 그 한도에서 신주발행의 효력이 생겨 납입 또는 현물출자의 이행을 한 인수인은 「납입기일의 다음 날」로부터 주주가 된다($\frac{상}{1항\ 1문}423조$).

신주의 인수인이 납입기일까지 납입 또는 현물출자의 이행을 하지 않으면 그 인수인에게 배정된 신주는 법률상 당연히 실권되고(실권주)($\frac{상}{2항}423조$), 그 주식의 인수인은 회사에 대하여 손해배상책임을 진다($^{\c상\ 423조}_{3항}$).

(7) 등 기

신주발행의 효력이 생기면 발행주식총수·주식의 종류와 수에 변경이 생기게
되고, 자본의 액도 당연히 증가하므로 소정의 기일 내(본점소재지에서는 납입기일로부
터 2주간 내, 지점소재지에서는 납입기일로부터 3주간 내)에 변경등기를 하여야 한다
($^{상\ 317조\ 4항,}_{183조}$). 후술하는 할인발행을 한 경우에는 변경등기에 미상각액도 아울러 등기
하여야 한다($^{상}_{426조}$).

4. 이사의 책임

(1) 자본금 충실책임

신주의 발행은 인수·납입된 주식을 한도로 하여 효력이 발생하지만, 일단 변
경등기를 한 이상 그 외관에 따른 자본금 충실을 기하여 법률관계의 안정을 도모할
필요가 있다. 상법은 이러한 점에서 변경등기(공시)에 부합하는 자본금 충실을 기하
기 위하여 이사의 인수담보책임을 규정하고 있다. 즉, 신주발행으로 인한 변경등기
가 있은 후에 아직 인수하지 아니한 주식이 있거나 주식인수의 청약이 취소된 때에
는 이사(2011년 4월 개정상법은 '집행임원'에 대하여는 자본금 충실책임을 인정하지 않고 있
다)가 이를 공동으로 인수한 것으로 본다($^{상\ 428조}_{1항}$). 이사는 인수가 의제된 주식에 관
하여는 당연히 연대하여 납입할 책임을 진다($^{상\ 333조}_{1항}$). 이사의 자본금 충실책임은 설
립의 경우의 발기인의 책임과 같이 무과실책임이고, 총주주의 동의로도 면제할 수
없다.

(2) 손해배상책임

이사는 자본금 충실책임(인수담보책임)과는 별도로 이로 인하여 회사에 손해가
발생한 경우에는 회사에 대하여 손해배상책임을 진다($^{상\ 428조\ 2항,}_{399조}$).

5. 신주의 할인발행(액면미달발행)

회사설립의 경우에는 자본금 충실의 원칙상 주식의 액면미달발행이 금지되어
있으나($^{상}_{330조}$), 이 원칙을 고수하면 회사성립 후의 자금조달이 곤란할 경우가 있을
것이므로 상법은 신주발행시에는 엄격한 제한하에 주식의 할인발행(액면미달발행)을
할 수 있음을 규정하고 있다($^{상}_{417조}$). 즉, 회사가 신주발행의 경우에 할인발행을 하기
위하여는 (i) 회사가 성립한 후 2년을 경과하였어야 하고($^{상\ 417조}_{1항}$), (ii) 할인발행의 여
부와 최저발행가액의 결정은 이사회의 결의가 아니라 주주총회의 특별결의에 의하

여야 하며($\frac{\text{상}417\text{조}}{1\text{항}}$), (iii) 법원의 인가를 얻어야 하고($\frac{\text{상}417\text{조}\,1\text{항;}}{\text{비송}\,86\text{조}}$)(그러나 주권상장법인의 경우에는 할인발행한 주식의 상각을 완료하였으면 법원의 인가를 얻지 아니하고도 주주총회의 특별결의만으로 신주의 할인발행을 할 수 있다— $\frac{\text{자금}165\text{조의}}{8\,1\text{항}}$), (iv) 회사는 법원의 인가를 얻은 날(위의 주권상장법인의 경우에는 주주총회의 결의일— $\frac{\text{자금}165\text{조의}}{8\,3\text{항}}$)로부터 1월 내(법원은 이 기간을 연장하여 인가할 수 있음)에 신주발행을 하여야 한다($\frac{\text{상}417\text{조}}{4\text{항}}$).

신주를 할인발행하는 경우 회사채권자를 보호하기 위하여 할인발행의 조건과 미상각액은 주식청약서와 신주인수권증서에 기재하여야 하고($\frac{\text{상}\,420\text{조}\,4\,\text{호,}}{420\text{조의}\,2\,\,2\text{항}\,2\,\text{호}}$), 미상각액은 등기하여야 한다($\frac{\text{상}}{426\text{조}}$).

6. 신주의 위법 · 불공정발행에 대한 조치

(1) 총 설

수권자본제도하에서의 신주발행은 원칙적으로 이사회의 권한에 속하므로 자금조달에 기동성을 기할 수는 있으나, 그 반면에 이사회의 위법 · 불공정한 신주발행에 의하여 회사 · 주주 또는 회사채권자의 이익을 해할 우려가 있다. 따라서 상법은 이에 대하여 세 가지의 구제방법을 규정하고 있는데, (i) 그러한 불공정한 신주발행으로 인하여 불이익을 받을 염려가 있는 각 주주는 회사에 대하여 신주발행유지청구권을 행사할 수 있도록 한 점(회사에 대한 사전의 예방조치)($\frac{\text{상}}{424\text{조}}$), (ii) 이사(집행임원 설치회사의 경우에는 '집행임원'을 의미한다. 이하 같다)와 통모하여 현저하게 불공정한 발행가액으로 주식을 인수한 자에 대하여 회사에게 공정한 발행가액과의 차액에 상당한 금액을 지급하도록 주주는 대표소송을 제기할 수 있도록 한 점(제 3 자에 대한 사후의 구제조치)($\frac{\text{상}\,424\text{조의}}{2\,\,2\text{항}}$), (iii) 주주는 신주를 발행한 날로부터 6월 내에 회사를 상대로 하여 신주발행무효의 소를 제기할 수 있도록 한 점(회사에 대한 사후의 구제조치)($\frac{\text{상}\,429\text{조}\sim}{432\text{조}}$)이 그것이다.

(2) 주주의 신주발행유지청구권

회사의 신주발행이 법령 · 정관에 위반하거나(예컨대, 수권주식수를 초과하는 발행, 이사회의 결의에 의하지 않은 발행, 정관에 의하지 아니한 신주인수권의 무시 등) 또는 현저하게 불공정한 방법에 의하여(예컨대, 회사임원에 대하여 부당하게 많은 주식배정을 하거나, 현물출자의 과대평가를 하는 것 등) 하게 되어, 이로 인하여 주주가 불이익을 받을 염려가 있는 경우에는, 그 주주는 회사에 대하여 신주발행을 유지할 것을 청구할 수 있다($\frac{\text{상}}{424\text{조}}$).

회사가 주주의 신주발행유지청구를 무시하고 신주발행절차를 속행한 경우에 그 효력은 어떤가. 신주발행유지의 소가 제기되어 이에 기한 유지의 판결이나 가처분이 있음에도 불구하고 이에 위반하여 한 신주발행은 무효가 된다고 본다(통설). 그러나 신주발행유지청구를 소 이외의 방법(의사표시)으로 한 경우에 이를 무시하고 한 신주발행은 무효원인이 되지 않고, 다만 이사의 책임($\frac{상}{401조}$)이 생길 뿐이다(통설).

(3) 통모인수인의 책임

신주의 발행가액이 현저하게 불공정하고 또 이사와 주식인수인이 그 점에 관하여 통모(通謀)를 한 경우에는, 회사의 자본충실을 기하고 또한 기존주주의 이익을 보호하기 위하여 주식인수인에게 공정한 가액과 발행가액과의 차액을 직접 회사에 지급할 의무를 부담시키고 있다($\frac{상}{의 2}$424조). 통모인수인의 책임은 이사와의 통모를 요건으로 하므로 법률적으로는 회사에 대한 일종의 불법행위에 기한 손해배상책임이라고 할 수 있으나, 책임의 내용은 불공정한 발행가액과 공정한 발행가액과의 차액을 지급하는 것이므로 실질적으로는 회사의 자본금 충실을 위한 추가출자의무로서의 성질을 갖고 있으며 주주유한책임의 원칙($\frac{상}{331조}$)의 예외가 된다고 볼 수 있다.

통모인수인이 지급한 금액은 실질적으로 추가출자로서 이는 자본거래에서 발생한 잉여금으로 볼 수 있으므로 자본준비금으로 적립되어야 할 것으로 본다($\frac{상 459조}{1항}$). 통모인수인의 이러한 책임은 원래 「회사」가 추궁하여야 할 것이나, 이사와 통모한 자에 대하여 회사가 그 책임을 추궁하는 것은 사실상 기대할 수 없으므로 「주주의 대표소송」이 인정된다($\frac{상 424조의 2 2항.}{542조의 6 6항·10항}$). 통모인수인이 이러한 책임을 지는 경우에도, 이사는 회사($\frac{상 399조.}{408조의 8 1항}$) 및 주주($\frac{상 401조.}{408조의 8 2항}$)에 대한 책임을 면하지 못한다($\frac{상 424조의}{2 3항}$)(통모인수인의 책임에 관한 상세는 정찬형, 「상법강의(상)(제27판)」, 1203~1207면 참조).

(4) 신주발행의 무효

1) 신주발행무효의 의의
신주발행의 무효란 「신주발행이 법령이나 정관에 위반한 하자가 있는 경우에 새로이 발행되는 주식의 전부를 무효로 하는 것」으로서, 개개의 주식인수의 무효와 구별된다.

2) 신주발행의 무효원인
신주발행유지청구의 대상으로 할 수 있거나($\frac{상}{424조}$) 또는 이사의 손해배상책임($\frac{상 399조.}{408조의 8}$ 401조.) 등에 의하여 해결될 수 있는 비교적 가벼운 위법행위는 이를 모두 무효로 할 필요가 없고, 주식회사의 본질에 반하는 중대한 위법행위만을 신주발행의 무효원인으로 보아야 할 것이다($\frac{동지: 대판 2009. 1. 30.}{2008 다 50776}$). 예컨대, 수권주식총수를 초과하는 신주발행, 정관이 인정하지 않는 종류의 신주발행, 법정의 절차를 밟지 않고 한 액면미달의 신주발행, 주주의 신주인수권을 무시한 신주발행 등이 이에 속한다고 볼 수 있다.

[신주발행무효의 원인이 될 수 없다고 본 판례]

"현물출자에 관하여 법원이 선임한 검사인에 의한 검사절차를 거치지 않았더라도 신주발행이나 이로 인한 변경등기가 무효가 되는 것은 아니다(대판 1980. 2. 12, 79 다 509)."

"발행예정주식총수를 증가시키는 정관변경의 주주총회결의 이전에 주주와 회사의 대표이사 사이에 경영권에 관하여 분쟁이 있었고, 그 주주가 자기소유 주식을 그 대표이사에게 양도하고 회사의 경영에서 탈퇴하려고 하였지만 그 양도대금에 관한 합의가 이루어지지 않은 상태에서 발행주식총수를 현저하게 증가시키는 신주발행이 이루어진 경우, 이는 그 신주발행이 현저하게 불공정한 방법에 의한 것으로서 무효라고 볼 수 없다(대판 1995. 2. 28, 94 다 34579)."

[신주발행무효의 원인이 될 수 있다고 본 판례]

"신주발행이 범죄행위를 수단으로 하여 행하여져 선량한 풍속 기타 사회질서에 반하여 현저히 불공정한 방법으로 이루어진 경우에는 무효이다(대판 2003. 2. 26, 2000 다 42876)."

"정관이 정한 사유가 없는데도 회사의 경영권 분쟁이 현실화된 상황에서 경영진의 경영권이나 지배권 방어라는 목적을 달성하기 위하여 제 3 자에게 신주를 발행하여 배정하는 것은, 상법 제418조 제 2 항을 위반하여 주주의 신주인수권을 침해하는 것이므로 신주발행을 무효라고 보지 않을 수 없다(대판 2009. 1. 30, 2008 다 50776; 동 2015. 12. 10, 2015 다 202919)."

"신주발행을 결의한 갑 회사의 이사회에 참여한 이사들이 하자 있는 주주총회에서 선임된 이사들이어서, 그 후 이사 선임에 관한 주주총회결의가 확정판결로 취소되었고, 위와 같은 하자를 지적한 신주발행금지가처분이 발령되었음에도 위 이사들을 동원하여 위 이사회를 진행한 측만이 신주를 인수한 사안에서, 위 신주발행이 신주의 발행사항을 이사회결의에 의하도록 한 법령과 정관을 위반하였을 뿐만 아니라 현저하게 불공정하고, 그로 인하여 기존 주주들의 이익과 회사의 경영권 내지 지배권에 중대한 영향을 미쳤으므로 이러한 신주발행은 무효이다(대판 2010. 4. 29, 2008 다 65860)."

신주발행을 위한 이사회 결의 또는 주주총회 결의에 하자가 있는 경우 신주발행이 효력을 발생하기 전에는 이러한 결의의 하자에 관한 소를 제기할 수 있으나, 신주발행이 효력을 발생한 후에는 이러한 결의의 하자는 신주발행의 무효원인에 흡수되어 이러한 결의의 하자에 관한 소를 별도로 제기할 수 없다고 본다.

3) 신주발행무효의 소의 절차   신주발행무효는 「주주·이사 또는 감사」(원

고)에 한하여, 신주를 발행한 날로부터 「6월 내」(제소기간)에(동지: 대판 2012. 11.), 「회사」 (피고)를 상대로 하는, 「소」만으로(형성의 소) 주장할 수 있다($\frac{상}{429조}$). 그 밖의 소의 절차에 관하여는 회사의 설립무효의 소에 관한 규정이 준용된다($\frac{상 \ 430조, \ 186조~189조,}{190조 본문, 191조, 192조}$). 또한 제소주주의 담보제공의무($\frac{상}{377조}$)는 주주총회결의취소의 소에 관한 규정이 준용된다($\frac{상}{430조}$).

4) **신주발행무효판결의 효력**   신주발행무효판결이 확정된 때에는 법률관계의 획일적 처리를 위하여 대세적 효력이 인정되고($\frac{상 \ 430조, \ 190조}{본문}$), 또한 거래의 안전을 기하기 위하여 그 신주발행은 판결이 확정된 때부터 장래에 대하여만 그 효력이 없게 된다(불소급효)($\frac{상 \ 431조}{1항}$).

5) **신주발행무효판결 후의 처리**   신주발행무효의 판결이 확정되면 회사는 지체 없이 그 신주무효의 뜻과 3월 이상의 일정기간 내에 주권을 회사에 제출할 것을 공고하고, 주주명부에 기재된 주주와 질권자에 대하여는 각별로 그 통지를 하여야 한다($\frac{상 \ 431조}{2항}$).

이와 동시에 회사는 신주의 주주에 대하여 납입금액을 환급하여야 한다($\frac{상 \ 432조}{1항}$). 그러나 납입금액과 무효판결확정시의 회사의 재산상태를 비교하여 환급할 금액이 현저하게 부당한 때에는 회사는 환급금액의 감액을, 신주주는 그 증액을 법원에 청구할 수 있으며, 법원은 사정에 따라 그 증감을 명할 수 있다($\frac{상 \ 432조}{2항}$). 또 신주주가 환급을 받는 경우 신주의 질권자의 권리는 그 환급금액 위에 물상대위한다($\frac{상 \ 432조 \ 3항, \ 339조,}{340조 \ 1항·2항}$).

6) **신주발행의 부존재**   신주발행의 실체가 전혀 없고 다만 신주발행의 변경등기만 있는 경우에는 신주발행의 부존재가 있게 된다. 이 경우에는 누구나 언제든지 또 어떠한 방법으로도 그 무효를 주장할 수 있는데, 필요한 경우에는 신주발행 부존재확인의 소도 제기할 수 있다.

[신주발행 부존재확인의 소를 인정한 판례]

"주주 아닌 자들이 모여서 개최한 임시주주총회에서 발행예정주식총수에 관한 정관변경결의와 이사선임결의를 하고 이와 같이 선임된 이사들이 모인 이사회에서 신주발행결의를 하였다면, 그러한 신주발행은 절차적 및 실체적 하자가 극히 중대하여 신주발행이 존재하지 않는다고 볼 수밖에 없으므로 신주발행무효의 소에 의하지 않고 부존재확인의 소가 제기될 수 있다($\frac{대판 \ 1989. \ 7. \ 25,}{87 \ 다카 \ 2316}$)."

≫ 사례연습 ≪

[사 례]

　Y주식회사가 자금을 조달하기 위하여 다음과 같이 신주를 발행하여 배정한 경우에, 동 회사의 주주인 X는 Y회사에 대하여 어떠한 권리를 주장할 수 있는가?

　(1) 주주가 아니지만 자력이 있는 A에게 발행한 신주를 전부 배정한 경우

　(2) 발행한 신주를 주주인 X에게 그가 가진 주식의 수에 따라서 액면가액으로 배정을 하였으나, X가 청약기일에 청약하지 않음으로 인하여 X에게 배정한 신주를 시가가 액면가액보다 훨씬 상승하였음에도 액면가액으로 이사인 B에게 배정한 경우

＊ 이 사례는 정찬형, 「상법사례연습(제 4 판)」, 사례 77에 기초한 것이므로, 이에 관한 상세는 同書를 참고하기 바람.

[해 답]

　(1) 만일 Y회사의 정관에 주주 아닌 A(제 3 자)에게 신주를 배정할 수 있음이 규정되어 있다면($\frac{상}{1항}$418조), 이는 A(제 3 자)의 신주인수권에 따라 신주를 배정한 것이므로 적법하다. 따라서 Y회사의 주주인 X는 Y회사에 대하여 아무런 권리를 주장할 수 없다. 참고로 이 경우 X가 가진 주식이 Y회사의 발행주식총수의 100분의 1 이상이고 A와 Y회사의 이사가 통모하여 A가 현저하게 불공정한 발행가액으로 주식을 인수하였다면 X가 이러한 사실을 입증하여 대표소송에 의하여 A에게 공정한 발행가액과의 차액을 회사에 대하여 지급하도록 청구할 수 있다($\frac{상}{의2}$424조).

　그러나 Y회사의 정관에 주주 아닌 A(제 3 자)에게 신주를 배정할 수 있는 규정이 없음에도 불구하고 A에게 신주를 전부 배정하였다면, 이는 주주의 신주인수권을 무시한 신주발행이 되어($\frac{상}{1항}$418조) Y회사는 법령에 위반하여 신주를 발행한 것이 된다. 따라서 이 경우 Y회사의 주주인 X는 Y회사에 대하여 신주의 납입기일까지는 신주발행유지청구권을 행사할 수 있고($\frac{상}{424조}$), 납입기일 이후에는 6월 내에 신주발행무효의 소를 제기하여 그러한 신주발행의 효력을 전부 무효로 할 수 있다($\frac{상}{432조}$429조~). 참고로 이 경우 X는 Y회사의 이사에 대하여 손해배상을 청구할 수 있는데($\frac{상}{1항}$401조), 신주발행은 원칙적으로 이사회의 결의에 의하므로($\frac{상}{조}$416) 이러한 이사회의 결의에 찬성한 이사는 X에 대하여 연대하여 손해배상할 책임을 진다($\frac{상}{2항}$401조).

　(2) Y회사는 X가 청약기일에 청약하지 않음으로 인하여 발생한 실권주를 그대로 방치할 수도 있는데, 이를 불공정하게(즉 시가가 액면가액보다 훨씬 상승하였음에도

불구하고 이러한 시가를 감안한 공정한 발행가액으로 배정하지 않고 액면가액으로 배정한 것은 불공정하게 한 것임) 액면가액으로 Y회사의 이사인 B에게 배정한 것은 위법하다. 이 경우 시가를 감안한 공정한 발행가액과 당초의 발행가액(액면가액)과의 차액을 B가 이득하여야 할 이유는 없고 또한 이를 Y회사가 소유하여야 할 이유도 없다. 따라서 이 차액은 구체적 신주인수권을 상실한 주주인 X가 가져야 할 것으로 본다. 이와 같이 보면 X는 Y회사에 대하여 시가를 감안한 발행가액과 당초의 발행가액(액면가액)과의 차액의 반환을 청구할 수 있다고 본다. 이 때 Y회사는 B에게 액면가액으로 배정할 것을 결정한 이사(이사회의 결의에 의한 경우에는 이러한 결의에 찬성한 모든 이사)에 대하여 그 임무해태를 이유로 차액에 상당하는 손해배상을 직접 청구할 수도 있다고 본다($\frac{상}{399조}$). 이 경우 Y회사의 주주인 X는 B에게 액면가액으로 배정할 것을 결정한 이사(이사회의 결의에 의한 경우에는 이러한 결의에 찬성한 모든 이사)에 대하여 그 임무해태를 이유로 차액에 상당하는 손해배상을 직접 청구할 수도 있다고 본다($\frac{상}{401조}$).

본문의 경우 X가 배정된 신주에 대하여 납입할 자금이 없는 경우 등에는 신주인수권을 양도함으로써 신주의 시가와 발행가액과의 차액에 대한 손실을 어느 정도 회복할 수 있다. 이 경우 X가 신주인수권을 양도하기 위하여는 먼저 Y회사는 정관 또는 이사회결의로(정관상 주주총회의 결의로 신주발행을 할 수 있도록 규정된 경우에는 주주총회의 결의로) 신주인수권을 양도할 수 있음을 정하여야 하고($\frac{상\ 416조}{5호}$) 또한 신주인수권증서를 발행하여야 하는데($\frac{상\ 420조}{의\ 2}$), X는 이러한 신주인수권증서의 교부에 의하여($\frac{상\ 420조}{의\ 3}$) 신주인수권을 제 3 자에게 양도할 수 있다.

제 2 특수한 신주발행

1. 준비금의 자본금 전입에 의한 신주발행

준비금의 자본금 전입이란 「회사의 계산상 법정준비금계정으로 되어 있는 금액의 전부 또는 일부를 자본금계정으로 이체하는 것」을 말한다. 상법은 법정준비금을 원칙적으로 자본금의 결손 보전에 충당하는 경우 외에는 사용하지 못하는 것으로 하고 있지만($\frac{상}{460조}$), 예외적으로 이를 자본금 전입에 사용할 수 있게 하고 있다($\frac{상\ 461조}{1항}$). 상법상 준비금의 자본금 전입과 같은 취지의 규정으로 자산재평가법에 의한 재평가적립금의 자본금 전입이 있다($\frac{동법\ 28조}{2항\ 2호}$).

준비금의 자본금 전입은 주주에게 특히 불이익을 주지 않기 때문에 원칙적으로 이사회의 결의사항으로 하였으나($\frac{상\ 461조}{1항\ 본문}$), 예외적으로 정관의 규정에 의하여 준비금의 자본금 전입을 「주주총회」의 결의사항으로 할 수 있다($^{상}_{1항}{}^{461조}_{단서}$). 이사가 1명 또는 2명인 소규모 주식회사의 경우에는 이사회가 없으므로 준비금의 자본금 전입 은 (정관의 규정 유무에 불문하고) 언제나 「주주총회」의 결의사항이다($^{상}_{4항}{}^{383조}$).

준비금의 자본금 전입의 효력은 이사회의 결의에 의한 경우에는 「신주배정기 준일」에 발생하고($^{상}_{3항}{}^{461조}$), 주주총회의 결의에 의한 경우에는 「주주총회의 결의시」 에 발생하나($^{상}_{4항}{}^{461조}$) 그 결의에 조건이나 기한을 붙인 경우에는 그 조건이나 기한 이 합리적인 경우이면 그에 따라 효력이 발생한다. 자본금 전입의 효력이 발생한 때에는 소정의 금액만큼 준비금이 감소하는 동시에, 자본금이 증가한다. 회사는 준비금의 자본금 전입에 따라 증가하는 자본금에 관하여 주주가 가지는 주식의 수 에 따라 신주를 발행하여($^{상}_{2항}{}^{461조}_{전단}$), 주주에게 그 배정비율에 따라 무상으로 교부하 여야 한다.

2. 주식배당에 의한 신주발행

주식배당은 「배당가능이익을 자본금에 전입함으로써 신주를 발행하는 것」인데 ($^{상}_{2}{}^{462조의}_{1항}$), 회사는 주식배당에 의한 신주발행의 경우에도 준비금의 자본금 전입에 의 한 신주발행의 경우와 같이 무상신주를 기존주주에 대하여 그가 가진 주식수에 비례 하여 교부한다. 주식배당은 이익배당총액의 2분의 1을 초과할 수 없다($^{상}_{1항}{}^{462조의 2}_{단서}$). 그 러나 주권상장법인의 경우에는 주식의 시가가 액면액 이상이면 이익배당총액을 주 식배당으로 할 수 있다($^{자금}_{13}{}^{165의}_{1항}$).

주식배당에 의한 신주발행의 효력발행시기는 「주식배당을 결의한 주주총회의 종결시」이다($^{상}_{2}{}^{462조의}_{4항}$).

3. 전환주식 또는 전환사채의 전환에 의한 신주발행

회사가 종류주식을 발행한 경우에 정관의 규정으로 주주에게 다른 종류주식으 로 전환할 것을 청구하는 권리(전환권)가 인정되거나(주주전환주식) 정관에서 정한 일 정한 사유가 발생할 때 회사가 전환권을 행사하는 주식(회사전환주식)($^{상}_{이하}{}^{346조}$)과 사채 권자에게 사채발행회사의 주식으로 전환할 것을 청구하는 권리(전환권)가 인정된 사 채(전환사채)($^{상}_{이하}{}^{513조}$)의 경우에, 전환권자가 전환기간중에 전환을 청구하면 회사는 신 주를 발행하여 주주 또는 사채권자에게 교부하여야 한다(회사전환주식의 경우에는 '정 관에서 정한 일정한 사유가 발생할 때' 회사는 전환권을 행사할 수 있다).

주주전환주식과 전환사채의 전환권은 형성권이므로 전환의 효력은 전환권자가 전환을 청구한 때(회사전환주식의 경우는 '주권제출기간이 끝난 때')에 생긴다($\substack{상\ 350조\ 1\ 항;\\ 516조\ 2\ 항}$).

4. 신주인수권부사채의 신주인수권의 행사에 의한 신주발행

신주인수권부사채란 「사채권자에게 신주인수권이 부여된 사채」인데, 사채권자는 이러한 신주인수권에 의하여 소정의 가액으로 신주의 발행을 기채회사에 청구할 수 있다.

이와 같이 사채권자의 신주인수권의 행사에 의하여 발행된 신주의 효력발생시기는 원칙적으로 대용납입이 인정되지 않으므로, 신주의 「발행가액의 전액을 납입한 때」이다($\substack{상\ 516조의\\ 10\ 1문}$). 이러한 신주발행의 경우에는 회사의 자본금이 증가함은 물론 재산도 증가한다.

그러나 신주인수권부사채의 발행시에 예외적으로 대용납입(신주인수권부사채의 상환에 갈음하여 신주인수권의 행사에 의하여 발행되는 신주의 발행가액의 납입으로 하는 것)이 인정되는 경우에는($\substack{상\ 516조의\ 2\\ 2항\ 5\ 호}$) 「신주인수권의 행사시」에 신주발행의 효력이 발생하는 것으로 보아야 할 것이다($\substack{상\ 350조\ 1\ 항\\ 유추적용}$). 이러한 신주발행의 경우에는 자본금은 증가하나 재산은 증가하지 않는다.

5. 회사의 흡수합병 또는 분할합병으로 인한 신주발행

회사의 흡수합병 또는 분할합병의 경우 존속회사(분할합병의 경우는 분할합병의 상대방회사〈분할후 회사〉)는 소멸회사(분할합병의 경우는 분할되는 회사〈분할전 회사〉)의 순재산을 승계하고, 이것에 해당하는 신주를 발행하여 소멸회사(분할합병의 경우는 분할되는 회사〈분할전 회사〉)의 주주에게 교부하게 되는데, 이 때에 발행되는 신주는 「합병 또는 분할합병의 효력이 발생하는 때」에 그 효력이 발생한다고 보아야 할 것이다. 그런데 (흡수)합병 또는 분할합병의 효력은 존속회사(분할합병의 경우는 분할합병의 상대방회사〈분할후 회사〉)가 본점소재지에서 합병으로 인한 「변경등기시」에 발생한다($\substack{상\ 234조,\ 530조\\ 2항,\ 530조의\ 11}$).

흡수합병 또는 분할합병으로 인한 신주발행은 회사의 재산 및 자본금이 동시에 증가하는 점에서는 보통의 신주발행의 경우와 유사하나, 흡수합병 또는 분할합병으로 인한 신주발행은 주식의 인수와 배정이 없고 소멸회사(분할합병의 경우는 분할되는 회사〈분할전 회사〉)의 주주에게 그의 지주수에 비례하여 존속회사(분할합병의 경우는 상대방 회사〈분할후 회사〉)의 신주식이 교부되고 또 소멸회사(분할합병의 경우는 분할되는 회사〈분할전 회사〉)의 재산이 존속회사(분할합병의 경우는 분할합병의 상대방회사

〈분할후 회사〉)에 포괄적으로 이전되는 점에서 양자는 구별된다.

6. 주식의 포괄적 교환으로 인한 신주발행

주식의 포괄적 교환에 의하여 완전자회사가 되는 회사의 주주가 가지는 그 회사의 주식은 완전모회사가 되는 회사에 이전하고 그 완전모회사가 되는 회사는 완전자회사가 되는 회사의 주주에게 배정하기 위하여 신주를 발행하는데($^{상\ 360조의}_{2\ 2항}$), 이러한 신주발행의 효력은 「주식교환을 할 날(주식교환일)」에 발생한다($^{상\ 360조의\ 3\ 3항\ 6호,}_{360조의\ 2\ 2항}$).

참고로 주식의 포괄적 이전에 의하여 완전자회사가 되는 회사의 주주가 소유하는 그 회사의 주식은 주식이전에 의하여 설립하는 완전모회사에 이전하고 그 완전모회사가 되는 회사는 완전자회사가 되는 회사의 주주에게 배정하기 위하여 주식을 발행하는데($^{상\ 360조의}_{15\ 2항}$), 이는 회사설립시의 주식발행에 해당하고 성립 후의 회사의 신주발행과는 구별된다.

주식의 포괄적 교환에 의하여 신주를 발행하는 완전모회사의 자본금은 일정한 한도 내에서 증가하게 된다($^{상\ 360조}_{의\ 7}$). 또한 완전모회사가 되는 회사는 완전자회사의 주식을 취득하는 만큼의 재산이 증가한다고 볼 수 있다. 따라서 주식의 포괄적 교환에 의한 신주발행은 현물출자 또는 흡수합병과 유사한 자본금 및 재산의 증가를 가져온다고 볼 수 있다.

7. 주식의 병합 또는 분할에 의한 신주발행

(1) 주식의 병합은 수 개의 주식을 합하여 종래보다 소수의 주식으로 함으로써 발행주식총수를 감소시키는 것인데, 자본금의 감소($^{상\ 440조\sim}_{442조}$) · 합병($^{상\ 530조}_{3항}$) 또는 분할이나 분할합병($^{상\ 530조의}_{11\ 1항}$)의 절차로 한다. 주식을 병합하는 경우에 회사는 1월 이상의 기간을 정하여 그 뜻과 그 기간 내에 주권을 회사에 제출할 것을 공고하고 주주명부에 기재된 주주와 질권자에 대하여는 각별로 그 통지를 하여야 하는데($^{상}_{440조}$), 병합은 이 기간이 만료한 때에 그 효력이 생긴다($^{상\ 441조}_{본문}$). 그러나 채권자보호절차($^{상}_{232조}$)가 종료하지 아니한 때에는 그 절차가 종료한 때에 효력이 생긴다($^{상\ 441조}_{단서}$).

자본금 감소의 절차로 주식을 병합하여 신주를 발행하는 경우에는(즉, 명의상 감자인 경우에는), 회사의 재산에는 아무런 변동이 없으나 자본금은 감소한다. 회사의 합병 · 분할이나 분할합병의 절차로 주식을 병합하여 신주를 발행하는 경우에는, 흡수합병의 존속회사나 분할합병의 상대방회사(분할후 회사)의 경우를 보면 합병 전보다 합병 후에 회사의 재산 및 자본금이 증가하는 것이 일반적이다.

(2) 주식의 분할은 기존의 주식을 세분화하여 발행주식총수를 증가하는 것인데, 이에 대하여 상법은 명문으로 규정하고 있다($\frac{상}{의}\,^{329조}_{2}$). 즉, 회사는 주주총회의 특별결의로 주식을 분할할 수 있는데($\frac{상}{2}\,^{329조의}_{1항}$), 이 때 액면주식의 경우 분할 후의 1주의 금액은 1주의 최저금액인 100원 미만으로 할 수 없다($\frac{상}{2}\,^{329조의}_{2항}$). 이러한 주식분할의 경우에도 주식병합에 관한 규정이 준용되므로($\frac{상}{2}\,^{329조의}_{3항}$), 주식분할의 효력도 주식병합의 경우와 같이 「주권제출기간의 만료시」에 발생한다고 본다($^{상\,329조의\,2}_{3항,\,441조}$).

주식분할에 의한 신주발행에는 회사의 재산 및 자본금에 변동을 가져오지 않는다.

제 3 관 자본금의 감소(감자〈減資〉)

제 1 의 의

자본금의 감소란 「회사의 자본금을 감소하는 것」을 말한다. 자본금이 감소하면 그만큼 회사가 유보하여야 할 현실재산이 감소하게 되므로 대외적으로는 회사채권자에게 불리하게 되고, 대내적으로도 주주의 권리의 존재와 범위에 영향을 주게 된다. 이러한 점으로 인하여 상법은 감자가 정관변경사항은 아니지만, 이에 관하여 엄격한 요건(채권자보호절차 등)을 규정하고 있다(자본금 감소제한의 원칙).

제 2 감자의 방법

자본금을 감소하는 방법에는 액면주식의 경우 주금액의 감소·주식수의 감소 또는 양자의 병행이 있고, 무액면주식의 경우 자본금의 액의 감소(이는 액면주식의 경우 주금액의 감소에 해당함) 또는 주식수의 감소와 자본금 자체의 감소의 병행이 있다. 어떤 경우이든 주주평등의 원칙에 의하여야 한다.

1. 주금액의 감소(액면주식의 경우) 또는 자본금의 액의 감소(무액면주식의 경우)

(1) 주금액의 감소(액면주식의 경우)

액면주식에서 주금액의 감소의 방법에는 절기(切棄)(주주가 납입주금액의 일부를 포기하여 주주의 손실에서 주금액을 감소시키는 것으로서, 명의상의 자본금감소에 이용됨)와 환급(회사가 주금액의 일부를 주주에게 반환하고 남은 주금액으로만 주금액을 감소하여 새로

이 정하는 것으로서, 실질상의 자본금감소에 이용됨)의 두 방법이 있다. 어느 방법이든 새로운 주금액은 100원을 밑돌 수 없고($상_{4항} 329조$) 또 균일하여야 한다($상_{3항} 329조$). 또 1주의 금액은 정관의 절대적 기재사항($상_{1항4호} 289조$)이므로 주금액을 감소하기 위하여는 주주총회의 특별결의에 의한 정관변경절차($상_{434조} 433조$)를 거쳐야 한다.

(2) 자본금의 액의 감소(무액면주식의 경우)

무액면주식의 경우 단순히 자본금의 액을 임의로 낮추는 방법이 있는데, 이 경우 자본금을 발행주식수로 나누면 주당 자본금이 감소하므로 이는 액면주식의 경우 주금액을 감소시키는 것과 유사하게 된다.

2. 주식수의 감소

(1) 액면주식에서 주식수의 감소

주식수의 감소에는 주식의 병합과 주식의 소각의 두 가지 방법이 있다.

1) 주식의 병합이란 다수의 주식을 합쳐서 소수의 주식으로 하는 회사의 행위이다. 예컨대, 2주를 1주로 하거나, 9주를 7주로 하는 것 등이다. 상법은 감자방법으로 주식의 병합에 대하여 규정하고 있는데($상_{443조~} 440조~$), 주식의 병합시에 단주(端株)가 발생하는 경우에는 단주의 처리방법도 규정하고 있다($상_{443조}$).

2) 주식의 소각이란 회사의 존속중에 특정한 주식을 절대적으로 소멸시키는 회사의 행위이다. 주식의 소각에는 그 주식의 주주의 승낙을 요건으로 하는지 여부에 따라 임의소각과 강제소각, 대가를 주는지 여부에 따라 유상소각과 무상소각으로 분류된다. 임의·유상소각(매입소각)이 보통이다.

(2) 무액면주식에서 주식수의 감소

회사는 발행주식수를 감소시키면서(예컨대, 주식의 병합이나 소각) 자본금의 액을 감소할 수도 있다. 이 경우 주당 자본금의 액이 변하지 않을 수 있다.

제3 감자의 절차

1. 주주총회의 특별결의

감자 그 자체는 정관변경을 요하는 사항이 아니지만, 주주에게 중대한 이해관계가 있으므로(즉, 주주의 권리를 감소 또는 소멸시키는 것이므로) 정관변경의 경우와 같이 주주총회의 특별결의를 받아야 한다($상_{1항} 438조$). 그러나 결손의 보전을 위한 자본금의 감소는 주주총회의 보통결의($\frac{\text{상}\ 368조}{1항}$)에 의한다($\frac{\text{상}\ 438조}{2항}$). 자본금감소를 결의하기 위한 주주총회의 소집통지에는 의안의 요령을 적어야 하고($\frac{\text{상}\ 438조}{3항}$), 또 이러한 주주총회의 결의에서는 감자의 방법도 정하여야 한다($\frac{\text{상}\ 439조}{1항}$).

감자의 방법으로 액면주식의 경우 주금액을 감소하는 방법을 선택한 때에는 감자의 결의 외에 다시 주금액을 변경하는 정관변경을 위한 주주총회의 특별결의는 필요하지 않고, 또한 주식수를 감소하는 경우 수권주식총수는 감소되지 않는다.

2. 채권자보호절차

실질상의 감자는 회사의 순재산을 감소시키고 또 명의상의 감자도 회사의 순재산의 공제금액을 감소시켜 이익배당의 가능성을 생기게 하므로, 어느 경우에나 감자는 직접·간접으로 사내유보재산의 액을 감소하게 되어 채권자의 일반적 담보력을 감소시킨다. 따라서 상법은 이에 대한 보호책으로서 회사는 감자결의일로부터 2주간 내에 일정한 기간(1월 이상)을 정하여 그 기간 내에 채권자는 이의(異議)를 제출하도록 하는 일반적 공고를 하고, 알고 있는 채권자에 대하여는 개별적으로 최고하도록 하고 있다($\frac{\text{상}\ 439조\ 2항,}{232조\ 1항}$). 사채권자가 이의를 하자면 사채권자집회의 결의가 있어야 하는데, 이 경우에 법원은 이해관계인의 청구에 의하여 사채권자를 위하여 이의의 기간을 연장할 수 있다($\frac{\text{상}\ 439조}{3항}$). 회사의 채권자가 이의를 제출한 때에는 회사는 그 채권자에게 변제하거나, 상당한 담보를 제공하거나, 또는 이를 목적으로 하여 신탁회사에 상당한 재산을 신탁하여야 한다($\frac{\text{상}\ 439조\ 2항,}{232조\ 3항}$). 그러나 회사의 채권자가 이의제기기간 내에 이의를 제출하지 아니한 때에는 감자를 승인한 것으로 본다($\frac{\text{상}\ 439조\ 2항,}{232조\ 2항}$).

그러나 결손의 보전을 위한 자본금 감소의 경우에는 이러한 채권자보호절차가 필요 없다($\frac{\text{상}\ 439조}{2항\ 단서}$).

3. 주식에 대한 조치

주식에 대한 조치는 감자방법에 따라 다르다. 상법이 규정하고 있는 감자방법에는 주식의 병합($\frac{\text{상}\ 440조\sim}{444조}$) ($\frac{\text{대판}\ 2005.\ 6.\ 23,}{2004\ 다\ 51887}$)과 강제소각($\frac{\text{상}\ 343조}{2항}$)만이 있으므로 이 경우의 주식에 대한 조치는 상법에 규정되어 있으나, 그 이외의 경우에는 상법에 규정이 없으므로 해석에 의할 수밖에 없다. 따라서 액면주식의 경우 주금액의 감소의 방법에 의할 때에는 회사가 주주에게 그 뜻을 통지·공고하고 주주로부터 주권을 제출받아 권면액을 정정하면 되고, 임의소각의 경우에는 회사가 자기주식을 취득하여 이를 소멸시키면 된다.

4. 등 기

자본금의 액, 발행주식총수가 모두 감소하므로 감자의 효력이 생기면 소정기간 내에 변경등기를 하여야 한다($\frac{\text{상}\ 317조\ 2항\ 2호\cdot 3호,}{\text{동조}\ 4항,\ 183조}$). 그러나 이 등기는 자본금 감소의 효력발생요건이 아니다.

제 4 감자의 효력

1. 감자의 효력발생시기

액면주식의 경우 감자의 효력은 원칙적으로 감자의 모든 절차, 즉 주주총회의 결의·채권자보호절차·주식에 대한 조치가 모두 완료한 때에 생긴다. 그러나 강제소각 및 주식병합의 경우에는 예외적으로 주권제출기간의 만료시(만일 채권자보호절차가 아직 종료하지 아니한 때에는 그 종료시)에 그 효력이 생기며($\frac{\text{상}\ 343조\ 2항,}{440조,\ 441조}$), 그 후의 절차는 자본금 감소의 효력발생과는 관계가 없다(그러나 1인 주주인 경우에는 주식병합에 관한 주주총회의 결의에 따라 그 변경등기의 경료시에 주식병합의 효력이 발생한다—대판 2005. 12. 9,   2004 다 40306   ).

무액면주식의 경우 감자의 효력발생시기는 주주총회에서 정한 자본금 감소의 효력발생일(이 때 채권자보호절차가 종료되지 않으면 채권자보호절차 종료시— $\frac{\text{상}\ 441조\ 단서}{\text{유추적용}}$)이다.

2. 감자차익금의 처리

자본금 감소에 의하여 감소된 자본금이 주식의 소각 또는 주금의 반환에 요한 금액과 결손의 전보에 충당한 금액을 초과하는 경우의 그 초과액(감자차익금)은 대통령령으로 정하는 바에 따라 자본준비금으로 적립하여야 한다($\frac{\text{상}\ 459조\ 1항,}{\text{상시}\ 18조}$).

제 5 감자의 무효(감자무효의 소)

1. 무효원인

감자의 절차 또는 그 내용에 하자가 있는 경우에 감자는 무효원인이 된다.

2. 소의 요건

감자의 무효원인이 있는 경우에도 회사의 법률관계를 획일적으로 처리하고 기존상태를 보호하기 위하여, 상법은 일정한 자만이 제소기간 내에 소만으로(형성의 소— $^{대판\ 2009.\ 12.\ 24,}_{2008\ 다\ 15520}$) 감자무효를 주장할 수 있도록 하여 감자무효의 주장을 가능한 한 억제하고 있다($^{상}_{445조}$).

감자무효의 소의 제소권자(원고)는 「주주·이사·감사·청산인·파산관재인 또는 자본감소를 승인하지 않은 채권자」이고($^{상}_{445조}$), 제소기간은 「6월내」이다($^{상}_{445조}$)(이는 제척기간임— $^{대판\ 2010.\ 4.\ 29,}_{2007\ 다\ 12012}$).

3. 감자무효의 소와 총회결의취소의 소 등과의 관계

감자결의의 취소를 구하는 소가 결과적으로 감자의 무효를 생기게 하는 경우에, 자본금 감소의 효력발생 전에는 자본금감소무효의 소를 제기할 수 없으므로 감자결의의 하자의 주장은 총회결의취소의 소 등에 의하지만(이 소를 본안으로 하여 자본금감소실행금지의 가처분을 얻을 수 있다), 자본금감소의 효력발생 후에는 자본금 감소의 절차의 일부에 지나지 않는 자본금감소의 결의의 효력만을 다투는 총회결의취소의 소 등은 자본금감소무효의 소에 의하여 흡수된다고 본다(흡수설)($^{동지:\ 대판\ 2010.\ 2.}_{11,\ 2009\ 다\ 83599}$).

4. 소의 절차

이에 관하여는 대체로 회사설립무효의 소의 경우와 같다($^{상\ 446조,\ 377조,\ 176조}_{4항,\ 186조\sim189조,\ 192조}$).

5. 판결의 효력

감자무효의 소에서 원고가 승소하면 그 판결의 효력은 회사설립무효의 소의 경우와 같이 대세적 효력은 있으나($^{상\ 446조,}_{190조\ 본문}$), 회사설립무효의 소의 경우와는 달리 소급효가 있다($^{상\ 446조,\ 190조}_{단서\ 준용배제}$).

그런데 감자무효의 소에서 원고가 패소하면 원고에게 고의 또는 중과실이 있는 때에는 원고는 회사에 대하여 연대하여 손해배상할 책임을 진다($^{상\ 446조,}_{191조}$).

제 6 절 정관의 변경

제 1 정관변경의 의의

정관변경이라 함은 「회사의 조직과 활동에 관한 근본규칙인 정관(실질적 의의의 정관)을 변경하는 것」을 말하고, 정관을 기재한 서면(형식적 이의의 정관)을 변경하는 것을 의미하지 않는다.

제 2 정관변경의 절차

1. 주주총회의 특별결의

정관을 변경하자면 반드시 주주총회의 특별결의가 있어야 하고($\frac{\text{상}}{434\text{조}}\,\frac{433\text{조}\,1\,\text{항,}}{}$), 총회소집의 통지에는 의안의 요령(정관의 변경내용의 요점)을 기재하여야 한다($\frac{\text{상}}{2\text{항}}\frac{433\text{조}}{}$). 정관변경에 관하여 통지된 '목적사항'에 반하는 결의는 결의취소의 소($\frac{\text{상}}{376\text{조}}$)의 원인이 되나($\frac{\text{대판}\,1979.\,3.\,27,\,79\,\text{다}\,19;}{\text{동}\,1969.\,2.\,4,\,68\,\text{다}\,2284}$), '의안의 요령'에 반하는 결의는 결의취소의 소의 원인이 아니라고 본다(왜냐하면 '의안의 요령'은 이사회의 하나의 안이므로 주주총회에서는 그와 달리 결의할 수 있기 때문이다).

결의의 방법은 출석한 주주의 의결권의 3분의 2 이상의 수와 발행주식총수의 3분의 1 이상의 수로써 하여야 한다($\frac{\text{상}}{434\text{조}}$).

2. 종류주주총회의 결의

정관의 변경이 어느 종류주식의 주주에게 손해를 입히게 될 때에는 다시 그 종류주식의 주주총회의 결의가 있어야 한다($\frac{\text{상}}{1\text{항}}\frac{435\text{조}}{}$). 이 종류주주총회의 결의는 출석한 주주의 의결권의 3분의 2 이상의 수와 그 종류주식의 발행주식총수의 3분의 1 이상의 수로써 하여야 하고($\frac{\text{상}}{2\text{항}}\frac{435\text{조}}{}$), 그 밖의 사항은 주주총회의 규정이 준용된다($\frac{\text{상}}{3\text{항}}\frac{435\text{조}}{}$). 그러나 의결권이 없는 종류주식 또는 의결권이 제한되는 종류주식을 가진 주주도 종류주주총회에서는 의결권을 행사할 수 있다($\frac{\text{상}}{3\text{항}}\frac{435\text{조}}{}$).

3. 등 기

정관변경 그 자체는 등기를 요하지 아니하나, 정관변경이 등기사항의 변경을 생기게 하는 경우에는 그 변경등기를 하여야 한다($^{상\ 317조\ 4항,}_{183조}$).

제3 정관변경의 효력

정관변경은 원칙적으로 「주주총회의 결의시」에 즉시 그 효력이 생긴다. 이에 관한 변경등기가 정관변경의 효력발생요건이 아니고, 또한 회사설립시의 원시정관($^{상}_{292조}$)과는 달리 공증인의 인증도 필요 없다($^{동지: 대판 1978. 12. 26, 78 누 167;}_{동 2007. 6. 28, 2006 다 62362}$).

제4 정관변경에서의 특수한 문제

1. 수권주식총수의 증감

회사의 수권주식총수(즉 회사가 발행할 주식의 총수)는 정관의 절대적 기재사항이므로($^{상 289조}_{1항 3호}$), 그것을 증가하거나 감소하는 경우에는 정관을 변경하여야 한다. 따라서 이를 변경하고자 하는 경우에는 위의 정관변경절차를 밟아야 한다.

2. 액면주식에서 주금액의 변경

(1) 액면주식에서 주금액의 인상

액면주식의 경우 주금액을 인상하자면 정관을 변경하는 동시에 주주에게 추가납입시키거나 주식을 병합하는 방법이 있다. 그러나 추가납입은 주주유한책임의 원칙에 반하며, 주식병합의 경우에는 단주(端株)가 생기면 주주평등의 원칙에 반하게 된다. 그러므로 어느 방법에 의하든 이를 위하여는 「총주주의 동의」가 있어야 한다(통설).

(2) 액면주식에서 주금액의 인하

액면주식의 경우 1주의 금액은 정관의 절대적 기재사항이므로($^{상 289조}_{1항 4호}$), 정관에 기재된 1주의 금액을 인하하기 위하여는 주주총회의 특별결의가 있어야 한다. 그러나 주금액의 인하로 자본금의 감소가 생기는 경우에는 「자본금 감소의 절차」를 별도로 밟아야 한다. 어떤 경우이든 새로운 주금액이 법정된 최저한(100원) 미만이어서는 아니 된다($^{상 329조 3항}_{참조}$).

제 7 절 회사의 회계

제 1 회계규정의 필요성

주식회사는 영리를 추구하는 경제적 생활체이므로 이러한 이익을 계획적으로 추구하기 위하여 회계를 기본으로 활동하고 있으며, 이러한 회계제도는 기술적으로 발달하여 조직적으로 제도화되어 있다. 주식회사에서 이러한 회계제도를 진실·적정·명료하게 운영하는 것은 회사 자체(및 주주)를 위하여 필요할 뿐만 아니라, 기업의 채권자를 보호하고, 더 나아가서는 국민경제의 건전한 발전을 위해서도 매우 필요한 것이다.

회사법은 이러한 요구에 따라 물적회사 및 유한책임회사에 대하여는 회사의 회계라는 일절을 두어 결산절차를 상세히 규정하고 있는데, 이러한 회계규정을 분류하여 보면 다음과 같다. (i) 재무제표의 작성·공시·승인에 관한 규정(결산절차에 관한 규정)을 두어, 주주와 회사채권자로 하여금 회사의 재산상태에 관한 명확한 지식을 갖게 하였다($\frac{상}{450조}$ 447조~). (ii) 대차대조표에 기재할 자본금과 준비금에 관한 규정을 두었다(재무제표의 기재사항에 관한 규정)($\frac{상}{461조의 2}$ 451조, 458조~). (iii) 이익배당·주식배당·현물배당 및 중간배당에 관한 규정을 두어 회사 자본금의 건실성을 촉구하고 있다(이익배당에 관한 규정)($\frac{상}{464조의 2}$ 462조~). (iv) 회사의 업무와 재산상태의 검사에 관한 규정을 두어 경리의 부정을 시정하는 대책을 세우고 있다(주주의 경리검사에 관한 규정)($\frac{상}{467조}$ 466조~). (v) 회사의 회계와 직접 관련은 없으나 주주의 권리행사와 관련하여 이익공여를 금지하여 회사재산의 부당유용을 방지하고, 회사와 사용인간의 고용관계에 기하여 생긴 채권에 대하여 우선변제권을 인정함으로써 회사의 재산과 간접적으로 관련을 갖는 규정을 두고 있다(기타의 규정)($\frac{상}{2, 468조}$ 467조의).

제 2 회계절차

1. 재무제표 등의 작성

주식회사의 이사(집행임원 설치회사의 경우는 '집행임원'을 말한다. 이하 같다)는 매 결산기에 대차대조표·손익계산서·그 밖에 회사의 재무상태와 경영성과를 표시하는 것으로서 대통령령으로 정하는 서류(① 자본변동표 ② 이익잉여금처분계산서 또는 결손금처리계산서 중의 하나를 말하는데, 외부감사 대상회사의 경우에는 ① 및 ②의 서류·현금흐름표 및 주석〈註釋〉을 말한다)와 그 부속명세서를 작성하여야 하는데($^{상\ 447조\ 1항,}_{상시\ 16조\ 1항}$), 부속명세서를 제외한 이 세 가지를 재무제표라고 한다. 영업보고서($^{상\ 447조}_{의\ 2}$)는 전(前)영업연도의 영업의 경과나 상황의 설명서로서 재무제표가 아니다.

2. 재무제표 등의 감사와 비치·공시

(대표)이사 또는 (대표)집행임원은 재무제표(대통령령으로 정하는 회사〈상시 16조 2항〉는 이와 함께 연결재무제표를 포함한다. 이하 같다)와 그 부속명세서($^{상}_{447조}$) 및 영업보고서($^{상\ 447조}_{의\ 2}$)를 작성하여 이사회의 승인을 받은 후($^{상\ 447조,}_{447조의\ 2}$), 감사 또는 감사위원회의 감사를 받기 위하여 정기총회의 회일의 6주간 전에 감사 또는 감사위원회에게 제출하여야 한다($^{상\ 447조의\ 3,}_{415조의\ 2\ 7항}$). 비상장회사의 감사 또는 감사위원회는 위의 서류를 받은 날로부터 4주간 내에(주주총회일의 2주 이상 전까지) 감사를 하여 감사보고서를 (대표)이사 또는 (대표)집행임원에게 제출하여야 한다($^{상\ 447조의\ 4\ 1항,}_{415조의\ 2\ 7항}$). 그러나 상장회사의 감사 또는 감사위원회는 주주총회일의 1주 전까지 감사보고서를 제출할 수 있다($^{상\ 542조의}_{12\ \ 6항}$).

이러한 감사보고서에는 법정사항을 기재하여야 한다($^{상\ 447조의\ 4\ 2항,}_{415조의\ 2\ 7항}$).

(대표)이사 또는 (대표)집행임원은 재무제표·그 부속명세서·영업보고서 및 감사보고서를 정기총회 회일의 1주간 전부터 본점에 비치하여 주주와 회사채권자에게 공시하여야 한다($^{상\ 448조}_{1항}$). 재무제표·부속명세서·영업보고서와 감사보고서는 본점에 5년간, 등본을 지점에 3년간 비치하여야 한다($^{상\ 448조}_{1항}$). 주주와 회사채권자는 영업시간 내에 언제든지 위 비치서류를 열람할 수 있으며, 회사가 정한 비용을 지급하고 그 서류의 등본이나 초본의 교부를 청구할 수 있다($^{상\ 348조}_{2항}$).

3. 재무제표 등의 승인·공고

(1) 정기총회에서의 승인

(대표)이사 또는 (대표)집행임원은 재무제표를 정기총회에 제출하여 그 승인을 요구하여야 한다($^{상\ 449조}_{1항}$). 영업보고서는 정기총회에 제출하되 그 내용을 보고만 하면 되고($^{상\ 449조}_{2항}$), 감사보고서는 총회에 제출할 필요가 없다. 주주총회는 (대표)이사 또는 (대표)집행임원이 제출한 재무제표와 감사 또는 감사위원회가 제출한 보고서의 조사를 위하여 필요하다고 인정하는 경우에는 검사인을 선임할 수 있다($^{상\ 367조}_{1항}$). 또한 회사 또는 발행주식총수의 100분의 1 이상에 해당하는 주식을 가진 주주는 총회

의 소집절차나 결의방법의 적법성을 조사하기 위하여 총회 전에 법원에 검사인의 선임을 청구할 수 있다($^{상\ 367조}_{2항}$).

재무제표의 승인은 주주총회의 보통결의에 의하는데, 주주총회는 그 승인을 가결 또는 부결할 수 있을 뿐만 아니라 그 내용을 수정하여 결의할 수도 있다.

그러나 회사는 정관에서 정하는 바에 따라 일정한 조건 하에 재무제표를 이사회 승인사항으로 할 수 있다($^{상\ 449조}_{의\ 2}$).

(2) 재무제표의 승인의 효과

1) 재무제표의 확정　　주주총회 또는 이사회가 재무제표를 승인하면 직접효과로서 그 재무제표는 확정되고, 이에 따라 이익 또는 손실의 처분안도 확정된다.

2) 이사·집행임원·감사 또는 감사위원회의 책임해제　　정기총회 또는 이사회가 재무제표를 승인하면(2011년 4월 개정상법에서 제449조의 2를 신설하면서 제450조를 개정하지 않은 것은 입법의 미비라고 본다), 그 후 2년 내에 다른 결의(예컨대, 임원의 책임추궁의 결의, 승인결의를 철회하는 결의 등)가 없으면 이사·집행임원·감사 또는 감사위원회의 책임은 부정행위가 있는 경우를 제외하고 해제된 것으로 본다(2011년 4월 개정상법이 제450조에 '집행임원'을 포함시키지 않은 것은 입법의 미비라고 본다)($^{상\ 450조,\ 415조}_{의\ 2\ 7항}$).

이러한 책임해제의 법적 성질에 대하여, (i) 재무제표의 승인결의의 부수적인 법정효과(승인결의효과설)라고 보는 견해도 있으나(일본의 다수설), (ii) 결의시를 기산점으로 하여 2년의 제척기간이 경과한 효과(제척기간설)라고 본다(우리나라의 다수설).

책임해제의 효력이 미치는 범위는 재무제표에 기재되었거나 또는 그 기재로부터 알 수 있는 사항에 한한다. 부정행위가 있는 경우의 의미는 회사에 대하여 고의 또는 중과실로 가해행위를 한 경우뿐만 아니라, 이사의 권한 내의 행위일지라도 당해 사정하에서 정당시될 수 없는 모든 행위를 의미한다($^{동지:\ 서울고판\ 1977.}_{1.\ 28,\ 75\ 나\ 2885}$). 또한 이러한 부정행위에는 원인행위가 부정한 경우(예컨대, 밀수를 위한 금전의 차입행위 등)와, 승인요구 자체와 관련하여 부정행위를 한 경우(예컨대, 사기 또는 강박에 의하여 승인결의를 시킨 경우 등)가 있다.

책임해제에 관한 증명책임은 이사·집행임원·감사 또는 감사위원회에게 있다. 따라서 이사·집행임원·감사 또는 감사위원회는 그가 책임질 사항이 재무제표에 기재되었고 이러한 재무제표를 주주총회 또는 이사회가 승인하였다는 사실을 증명하여야 한다($^{동지:\ 대판\ 1969.}_{1.\ 28,\ 68\ 다\ 305}$).

(3) 대차대조표의 공고

(대표)이사 또는 (대표)집행임원은 재무제표에 대한 주주총회 또는 이사회의 승
인을 얻은 때에는 지체 없이 대차대조표를 정관상 공고방법($\frac{\text{상}}{\text{7호·3항~6항}}\frac{289조\ 1항}$)에 따라 공고
하여야 한다($\frac{\text{상}}{\text{3항}}\frac{449조}$).

제 3 재무제표의 기재사항

1. 총   설

(1) 2011년 4월 개정상법 이전에는 자본금에 관하여 액면주식만을 인정하였기
때문에 「회사의 자본은 상법에 다른 규정이 있는 경우 외에는 발행주식의 액면총액
으로 한다」고 간단히 규정하였으나, 2011년 4월 개정상법은 무액면주식제도를 도
입하였기 때문에 주식회사의 자본금은 액면주식을 발행한 경우와 무액면주식을 발
행한 경우로 나누어서 정의되고 있다.

(2) 재무제표의 기재사항에 대하여 2011년 4월 개정상법 이전에는 자산의 평가
방법($\frac{\text{개정전}}{\text{상}\ 452조}$)과 이연자산($\frac{\text{개정전 상}\ 453조~}{457조의\ 2}$)에 대하여 상세한 규정을 두었으나, 2011년 4
월 개정상법에서는 이러한 사항은 대통령령으로 규정하거나 또는 일반적으로 공정
하고 타당한 회계관행에 따라서 하도록 하고($\frac{\text{상}}{\text{의}\ 2}\frac{446조}$) 상법에서는 전부 삭제하였다.
주식회사에서의 자산의 평가방법에 관한 특칙과 함께 총칙에서 회계장부에 기재될
자산의 평가방법도 2010년 5월 개정상법에서 삭제하였다.

(3) 2011년 4월 개정상법 이전에는 법정준비금의 재원에 대하여 개별적으로 규
정하였으나($\frac{\text{개정전 상}}{\text{1호-4호}}\frac{459조}$), 2011년 4월 개정상법에서는 이를 개별적으로 규정하지 않
고 대통령령에 위임하였다($\frac{\text{상}}{\text{상시}\ 18조}\frac{459조\ 1항}$). 또한 2011년 4월 개정상법에서는 법정준비
금의 총액이 자본금의 1.5배를 초과하는 경우 주주총회의 결의만으로 감액할 수 있
는 규정을 신설하였다($\frac{\text{상}}{\text{의}\ 2}\frac{461조}$).

2. 자 본 금

(1) 회사가 액면주식을 발행하는 경우 자본금은 「상법에 달리 규정한 경우 외
에는 발행주식의 액면총액」으로 한다($\frac{\text{상}}{\text{1항}}\frac{451조}$). 액면주식의 금액은 균일하여야 하고
($\frac{\text{상}}{\text{2항}}\frac{329조}$), 액면주식 1주의 금액은 100원 이상으로 하여야 한다($\frac{\text{상}}{\text{3항}}\frac{329조}$). 또한 액면주
식을 발행하는 경우 1주의 금액은 정관의 절대적 기재사항이고($\frac{\text{상}}{\text{1항}\ 4호}\frac{289조}$), 등기사항이

다$\left(\begin{smallmatrix}\text{상}\ 317조\\ 2항\ 1호\end{smallmatrix}\right)$.

(2) 회사가 무액면주식을 발행하는 경우 회사의 자본금은 「주식 발행가액의 2분의 1 이상의 금액으로서 이사회(정관에 의하여 신주발행사항을 주주총회에서 결정하기로 정한 경우에는 주주총회)에서 자본금으로 계상하기로 한 금액의 총액」을 말한다$\left(\begin{smallmatrix}\text{상}\ 451조\\ 2항\ 1문\end{smallmatrix}\right)$. 이 경우 주식의 발행가액 중 자본금으로 계상하지 아니하는 금액은 자본준비금으로 계상하여야 한다$\left(\begin{smallmatrix}\text{상}\ 451조\\ 2항\ 2문\end{smallmatrix}\right)$. 회사는 정관에서 정한 경우에는 주식의 전부를 무액면주식으로 발행할 수 있는데, 무액면주식을 발행하는 경우에는 액면주식을 발행할 수 없다$\left(\begin{smallmatrix}\text{상}\ 329조\\ 1항\end{smallmatrix}\right)$.

(3) 회사는 정관에서 정하는 바에 따라 발행된 액면주식을 무액면주식으로 전환하거나, 무액면주식을 액면주식으로 전환할 수 있다$\left(\begin{smallmatrix}\text{상}\ 329조\\ 4항\end{smallmatrix}\right)$. 이 경우에는 주식병합에 관한 규정$\left(\begin{smallmatrix}\text{상}\ 440조,\ 441조\\ \text{본문},\ 442조\end{smallmatrix}\right)$을 준용한다$\left(\begin{smallmatrix}\text{상}\ 329조\\ 5항\end{smallmatrix}\right)$. 회사의 자본금은 액면주식을 무액면주식으로 전환하거나, 무액면주식을 액면주식으로 전환함으로써 변경할 수 없다$\left(\begin{smallmatrix}\text{상}\ 451조\\ 3항\end{smallmatrix}\right)$.

3. 준 비 금

(1) 의   의

준비금이란 「회사가 순재산액으로부터 자본금을 공제한 금액(잉여금) 중 일부를 장래 생길지도 모르는 필요에 대비하기 위하여 회사에 적립해 두는 금액」을 말하는데, 적립금이라고도 한다. 이러한 준비금에는 상법의 규정에 의하여 적립하는 법정준비금과 정관 또는 주주총회의 결의에 의하여 적립하는 임의준비금이 있다. 법정준비금에는 자본준비금$\left(\begin{smallmatrix}\text{상}\\ 459조\end{smallmatrix}\right)$과 이익준비금$\left(\begin{smallmatrix}\text{상}\\ 458조\end{smallmatrix}\right)$이 있는데, 상법이 단순히 준비금이라고 규정하는 경우에는$\left(\begin{smallmatrix}\text{상}\\ \text{등}\ 460조\end{smallmatrix}\right)$ 이러한 법정준비금을 의미한다.

(2) 법정준비금

1) 법정준비금의 내용   법정준비금이란 「자본금의 결손 보전에 충당하기 위하여 법률(상법)의 규정에 의해서 그 적립이 강제되어 있는 준비금」인데, 적립의 재원에 따라 이익준비금과 자본준비금으로 나누어진다. 다만 합병이나 회사의 분할 또는 분할합병의 경우 소멸 또는 분할되는 회사의 이익준비금이나 그 밖의 법정준비금은 합병·분할·분할합병 후 존속되거나 새로 설립되는 회사가 승계할 수 있다$\left(\begin{smallmatrix}\text{상}\ 459조\\ 2항\end{smallmatrix}\right)$.

(가) **이익준비금**   이익준비금이란 이익(이익잉여금)을 적립재원으로 하는 법정준비금을 말한다. 이익준비금의 적립액과 적립한도에 대하여 상법은 「매 결산기의 금전 및 현물에 의한 이익배당액의 10분의 1 이상을 자본금의 2분의 1이 될 때까지 이익준비금으로 적립하여야 한다(다만, 주식배당의 경우에는 그러하지 아니하다)」고 규

정하고 있다($\frac{상}{458조}$).

(내 **자본준비금** 자본준비금이란 영업이익 이외의 자본거래에서 발생한 자본잉여금을 재원으로 하여 적립된 법정준비금을 말한다. 상법은 자본준비금으로 적립하여야 할 재원에 대하여 대통령령에 위임하고 있다($\frac{상}{상시}\frac{459조 1항}{18조}$).

2) **법정준비금의 사용** 법정준비금은 원칙적으로 자본금의 결손 보전에만 충당하여야 하는데($\frac{상}{460조}$), 예외적으로 이를 자본금에 전입할 수 있다($\frac{상}{461조}$).

3) **법정준비금의 감액** 회사의 법정준비금의 총액이 자본금의 1.5배를 초과하는 경우에는 주주총회의 결의에 따라 그 초과한 금액 범위에서 자본준비금과 이익준비금을 감액할 수 있다($\frac{상}{의 2}\frac{461조}{}$).

(3) **임의준비금**

임의준비금(임의적립금)이란 「(법률에 의하여 그 적립이 강제되지 않고) 정관의 규정 또는 주주총회의 결의에 의하여 적립되는 준비금」을 말하는데(기준 문단 2.40 참조), 그 적립률이나 한도에는 제한이 없다.

제 4 이익배당

1. 총 설

주식회사에는 퇴사제도가 없고 또 기업의 영속적 성질 때문에 잔여재산의 분배도 기대할 수 없으므로, 이익배당이 주식회사의 본질에 해당한다. 이의 결과 이익배당은 주식회사의 생리적 현상이지만, 한편 주식회사의 병리적 현상이기도 하다. 즉, 회사의 업무집행기관이 주주에 영합하여 재산을 부당평가하여 이익이 없는 데도 배당을 하여 회사채권자를 해하는 경우가 있는가 하면, 한편 이미 총회에서 결의된 배당금 지급을 고의로 지연시켜 주주를 해하는 경우도 있다. 따라서 상법은 회사채권자의 이익보호를 위하여 이익배당의 요건을 엄격하게 규정하는 동시에 ($\frac{상}{464조}\frac{462조,}{}$), 주주의 이익을 보호하기 위하여 배당금지급시기를 규정하고 있다($\frac{상}{의 2}\frac{464조}{}$).

이익배당과 관련하여 주주의 이익을 해하는 경우로 회사에 많은 이익이 발생하였음에도 불구하고 회사의 임원은 이를 주주에게 배당하는 의안을 주주총회에 제출하지 않고 사내에 유보하는 경우가 있다. 이러한 폐해를 규제하기 위하여는 상법에 규정이 없고, 학설 중에는 주주에게 배당강제소송(이익배당청구소송)을 인정하여야 한다는 견해도 있으나, 우리나라의 대법원판례는 이를 인정하지 않는다(대판 1983. 3. 22, 81 다 343).

이익배당의 방법에는 현금배당(금전배당)·현물(재산)배당 및 주식배당의 세 가지가 있는데, 우리 상법은 이 세 가지를 모두 인정하고 있다($\text{상 462조, 462조의 2,}\atop\text{462조의 4}$). 따라서 우리 상법상 광의의 이익배당이란 현금배당·현물배당 및 주식배당을 의미하지만, 협의의 이익배당이란 현금배당만을 의미한다. 한편 상법은 연 1회의 결산기를 정한 회사가 정관의 규정에 의하여 영업연도 중 1회에 한하여 이익배당을 할 수 있는 중간배당을 인정하고 있다($\text{상 462조}\atop\text{의 3}$). 그러므로 이하에서는 협의의 이익배당(현금배당)·현물배당·주식배당 및 중간배당에 대하여 차례로 살펴보겠다.

2. 이익배당(협의의 이익배당 또는 현금배당)

(1) 의 의

광의의 이익배당이란 「회사의 이익을 주주에게 분배하는 것」을 말하는데, 협의의 이익배당이란 앞에서 본 바와 같이 「회사의 이익을 주주에게 현금(금전)으로 분배하는 것」을 말한다.

(2) 이익배당의 요건

회사는 대차대조표상의 순재산액으로부터 자본금의 액과 그 결산기까지 적립된 법정준비금 및 그 결산기에 적립하여야 할 이익준비금 및 대통령령으로 정하는 미실현이익($\text{상}\atop\text{19조}$)을 공제한 액(배당가능이익)을 한도로 하여 이익배당을 할 수 있다($\text{상 462조}\atop\text{1항}$). 상법이 이와 같이 이익배당의 요건으로서 배당가능이익의 산출방법을 엄격히 규정한 것은 회사채권자를 보호하기 위한 것으로서 자본금 유지(충실)의 원칙의 하나가 되고 있다.

(3) 이익배당의 확정

이익배당의 결정은 원칙적으로 주주총회의 전권사항이다($\text{상}\atop\text{449조}$). 주주총회가 대차대조표와 손익계산서를 승인하면 이익이 확정된다. 또한 주주총회가 이익배당안을 결의하면($\text{상 462조 2항}\atop\text{본문}$) 배당액이 확정되는 것이지만, 실제에 있어서는 재무제표와 이익배당안을 일괄하여 결의하는 것이 보통이다.

앞에서 본 바와 같이 정관에서 정하는 바에 따라 일정한 경우 재무제표를 이사회가 승인하도록 할 수 있는데($\text{상 449조의}\atop\text{2 1항}$), 이 경우에는 이익배당안도 이사회의 결의로 확정된다($\text{상 462조}\atop\text{2항 단서}$).

그러나 정관에 의해서도 주주의 구체적인 이익배당청구권이 발생할 수 있다($\text{대판 2022. 8. 19,}\atop\text{2020 다 263574}$).

(4) 이익배당의 기준

1) 주주평등의 원칙　　이익배당은 원칙적으로 주주평등의 원칙에 의하여 각

주주가 가진 주식의 수에 따라 지급되어야 한다($^{\mbox{상}464조}_{\mbox{본문}}$). 그러나 상법상의 예외로 회사가 정관의 규정에 따라 내용이 다른 종류주식을 발행한 경우에는($^{\mbox{상}344조}_{\mbox{1항}}$), 이러한 정관의 규정에 따라 회사는 종류주식 사이에 차등배당을 할 수 있다($^{\mbox{상}464조}_{\mbox{단서}}$).

2) 일할배당·동액배당   영업연도의 중간에 신주의 발행이 있는 경우에는 그 연도의 결산기에 배당을 함에 있어 신주에 대하여 구주와 동액의 배당을 하지 않고, 신주의 효력발생일로부터 결산일까지의 일수를 따져 계산한 액을 배당하는 것이 보통이다. 이것을 「일할(날짜)배당」이라고 하는데, 이는 주주의 실질적 평등에 합치하는 조치이므로 위법이 아니다. 따라서 실질적 평등에 따라 일할배당으로 할 것인가, 형식적 평등에 따라 동액배당으로 할 것인가는 회사의 임의라고 본다.

(5) 이익배당금의 지급

1) 이익배당청구권(배당금지급청구권)   주주의 이익배당청구권에는 추상적 이익배당청구권과 구체적 이익배당청구권의 두 가지가 있다. 추상적 이익배당청구권은 주주의 지위와 불가분의 관계에 있고, 개별적으로 처분하지 못하며(주식불가분의 원칙), 또 시효에 걸리는 일도 없다(주주의 고유권). 그러나 주주총회($^{\mbox{상}449조\,1항,}_{\mbox{462조}\,2항\,본문}$) 또한 이사회($^{\mbox{상}449조의\,2\,1항,}_{\mbox{462조}\,2항\,단서}$)가 이익배당안을 결의하면 주주는 회사에 대하여 순전히 채권적 성질을 가진 구체적 이익배당청구권(배당금지급청구권)을 취득하는데(금전채권), 이것은 독립하여 양도·압류·전부명령 등의 목적이 될 수 있고 또 시효에도 걸리게 된다. 이러한 구체적 이익배당청구권의 시효기간은 5년이다($^{\mbox{상}464조의}_{\mbox{2}\,2항}$).

[구체적 이익배당청구권이 발생하기 전에 주주의
배당금지급청구권을 부정한 판례]

"주주총회의 재무제표 승인에 의한 배당금의 확정과 배당에 관한 결의가 없는 경우에는 주주의 이익배당금청구는 이유 없다($^{\mbox{대판 1983. 3. 22,}}_{\mbox{81 다 343}}$)."

2) 배당금지급시기   주주총회 또는 이사회에서 배당결의를 하고도 배당금 지급을 고의로 지연시키는 일이 흔히 있어 투자자인 주주가 손해를 보는 일이 있으므로, 회사는 주주총회 또는 이사회에 의한 이익배당의 결의($^{\mbox{상}462조}_{\mbox{2항}}$)가 있은 날부터 1개월 내에 배당금을 지급하여야 하는 것으로 상법은 규정하고 있다($^{\mbox{상}464조의}_{\mbox{2}\,1항\,본문}$). 그러나 주주총회 또는 이사회에서 배당금의 지급시기를 따로 정한 경우에는 그에 의한다($^{\mbox{상}464조의\,2}_{\mbox{1항\,단서}}$).

(6) 위법배당의 효과

1) 위법배당의 의의   위법배당(제꼬리배당)이란 「배당가능이익이 없음에도

불구하고 이익배당을 하거나, 배당가능이익을 초과하여 이익배당을 하는 것」을 말하는데, 이러한 위법배당은 당연무효가 된다.

2) **위법배당액의 반환청구**   위법배당은 위에서 본 바와 같이 당연무효이므로 위법배당을 받은 주주는 배당받은 이익을 부당이득으로 회사에 반환할 의무를 부담한다($\frac{민 741조}{748조}$). 이 때 주주가 반환하지 않거나 회사에서 반환청구를 하지 않는 경우에는, 「회사채권자」가 직접 주주에 대하여 위법배당액을 회사에 반환할 것을 청구할 수 있다($\frac{상 462조}{3항}$). 회사채권자의 이러한 반환청구는 소의 방법으로도 가능하고 소 이외의 방법(의사표시)으로도 가능한데, 소의 방법으로 하는 경우에는 본점소재지의 지방법원에 제기하여야 한다($\frac{상 462조 4항}{186조}$). 위법배당에 따른 부당이득반환청구권의 소멸시효기간은 10년($\frac{민 162조}{1항}$)이다($\frac{대판 2021. 6. 24.}{2020 다 208621}$).

3) **이사·집행임원·감사 등의 책임**   위법배당안을 이사회에서 찬성하고 ($\frac{상}{447조}$) 이를 정기주주총회에 제출한 이사·집행임원 등은 회사에 대하여 연대하여 손해배상책임을 부담하고($\frac{상 399조, 408조의}{8 1항·3항}$), 또한 이러한 이사·집행임원 등에 고의 또는 중과실이 있는 경우에는 그는 회사채권자 및 주주 등에 대하여도 손해배상책임을 부담한다($\frac{상 401조, 408조의}{8 2항·3항}$). 감사 또는 감사위원회도 재무제표를 감사하여 감사보고서를 제출하고($\frac{상 447조의 4,}{415조의2 7항}$) 또 주주총회 또는 이사회에 그 의견을 보고할 의무가 있으므로($\frac{상 413조, 415조의 2}{7항, 391조의2 2항}$), 재무제표에 부정이나 허위가 있음에도 불구하고 이를 정당한 것으로 보고한 때에는 그 임무를 게을리한 것으로 볼 수 있으므로 회사 또는 제 3 자에 대하여 연대하여 손해배상책임을 부담한다($\frac{상 414조,}{415조의2 7항}$).

≫ 사례연습 ≪

[사 례]

　Y주식회사의 이익배당에 관하여 다음과 같이 처리한 경우에 Y회사 또는 동 회사의 대표이사 A는 주주인 X에 대하여 어떠한 책임을 부담하는가?

　⑴ A는 Y회사에 이익이 있음에도 불구하고 주주에게 이익배당을 하지 않고 차기연도의 이익금으로 이월적립한 경우에, Y회사 또는 A는 동 회사의 주주인 X에 대하여 책임을 부담하는가?

　⑵ Y회사는 주주총회의 결의에 의하여 당해 연도의 순이익금을 10,000주 이상을 소유하고 있는 대주주를 제외한 소수주주에게만 배당하기로 하였다.

> 이 때 10,000주 이상을 소유하고 있는 대주주인 X가 Y회사를 상대로 상법
> 상 채무불이행이나 불법행위에 기하여 배당예정액 상당액을 청구한 경우에,
> Y회사는 이에 대한 책임을 부담하는가?
>
> * 이 사례는 정찬형, 「상법사례연습(제4판)」, 사례 81에 기초한 것이므로, 이에 관한 상세는
>   同書를 참고하기 바람.

[해 답]

(1) Y회사의 대표이사 A가 Y회사에 이익이 있음에도 불구하고 이를 주주에게 배당하지 않고 차기연도의 이익금으로 이월적립한 것은(따라서 이익배당안을 이사회의 승인을 거쳐 주주총회에 제출하지 않은 것은) Y회사 또는 그 대표이사인 A의 경영판단에 속하는 사항으로, A는 특단의 사유가 없는 한(즉 악의 또는 중과실로 임무를 해태한 경우가 아니면— 상401조 참조) Y회사의 주주인 X에 대하여 책임을 지지 않는다고 본다. 한편 Y회사의 주주총회에서는 이익배당을 결의하지 않았으므로 Y회사의 주주인 X는 추상적 이익배당청구권만을 갖고 있고 구체적 이익배당청구권을 갖지 못하여, Y회사도 동 회사의 주주인 X에 대하여 이익배당금을 지급할 책임을 부담하지 않는다고 본다(동지: 대판 1983. 3. 22, 81 다 343).

(2) 이익배당금에 관한 주주총회의 결의에서 10,000주 이상을 소유하는 대주주인 X에게는 배당하지 않고 이러한 대주주를 제외한 소수주주에게만 배당하기로 결의한 것은 대주주인 X가 스스로 그 배당받을 권리를 포기한 것으로서 주식평등의 원칙에 반하지 않으므로 유효한 결의이다(통설). 따라서 대주주인 X는 그러한 주주총회결의의 효력을 다투어서 채무불이행 또는 불법행위에 기하여 배당예정액 상당액을 Y회사에 대하여 청구할 수 없다(동지: 서울고판 1976. 6. 11, 75 나 1555).

참고로 Y회사(피고)의 주주총회가 동 회사의 발행주식총수 중 1% 이상을 가진 대주주에게는 30%를 배당하고, 1% 미만을 가진 소수주주에게는 33%의 이익배당을 하기로 결의한 사안에서, 우리나라의 대법원은 이를 유효한 것으로 판시하고 있다(대판 1980. 8. 26, 80 다 1263).

3. 현물배당

(1) 현물배당의 의의·효용

1) 2011년 4월 개정상법 이전에는 금전배당과 주식배당만을 인정하였으나, 2011년 4월 개정상법에서는 이 외에 현물배당도 인정하고 있다(상 462조의 4). 즉, 현물배당이란 「주식회사가 정관에 의하여 그 영업에 의하여 얻은 이익을 주주에게 금전 외의

재산으로 분배하는 것」이라고 볼 수 있다($\frac{\text{상}}{4}\frac{462조의}{1항}$). 다만 주주의 이익을 보호하기 위하여 주주는 회사에 대하여 금전배당을 청구할 수 있도록 하고 있다($\frac{\text{상}}{2항}\frac{462조의}{1호}$ 4).

2) 2011년 4월 개정상법이 이익배당에서 배당재원을 현물로까지 확대함으로써 실무상 다양한 수요에 대응할 수 있게 되었다. 회사는 현물배당을 이용함으로써 금전배당에 따른 자금조달의 어려움을 덜 수 있고, 또한 주식배당에 따른 복잡한 절차(신주발행 등)를 피할 수 있을 것으로 본다. 그러나 현물배당의 경우 현물의 평가에 따른 어려움은 있을 것으로 본다.

(2) 현물배당의 요건

1) 배당가능이익의 존재   현물배당을 하기 위하여 상법 제462조 1 항에 의한 배당가능이익이 있어야 하는 점은, 금전배당 및 주식배당의 경우와 같다.

2) 정관의 규정   현물배당을 하기 위하여는 정관에 이에 관한 규정이 있어야 한다. 이는 주주들이 정관에 의하여 수권한 경우에 한하여 현물배당을 할 수 있도록 한 것으로서, 현물배당을 할 것인지 여부를 이사회에서 결정하도록 한 것이 아니라 주주총회의 특별결의로 결정하도록 한 것이라고 볼 수 있다. 이러한 점은 금전배당 및 주식배당의 경우와 구별되는 점이다.

3) 현물의 범위   현물배당에서 현물의 범위에 대하여 상법은 특별히 제한하고 있지 않고, 「금전 외의 재산」으로만 규정하고 있다($\frac{\text{상}}{4}\frac{462조의}{1항}$). 이에 대하여 「대차대조표상의 자산의 부에 기재할 수 있는 종류물」로 제한하여야 한다는 견해도 있으나, 현물에 대한 평가가 공정하고 또한 어느 주주의 이익도 해하지 않는다면(즉, 주주평등의 원칙에 합치하는 한) 이와 같이 임의로 현물의 범위를 제한하는 것도 현물배당을 인정한 취지에 반한다고 본다. 그러나 회사의 자기주식은 현물배당에서 현물의 범위에 포함되지 않는다고 본다.

4) 현물배당의 제한   상법은 회사가 정관의 규정에 의하여 현물배당을 하는 경우에도 주주에게 현물배당액에 상당한 금전의 지급을 청구할 수 있는 선택권을 부여함과 동시에, 일정 수 미만의 주식을 보유한 주주에 대하여는 회사가 금전배당을 할 수 있도록 하였다. 즉, 회사가 현물배당을 하는 경우에도 주주는 회사에 대하여 현물배당 대신 금전배당을 청구할 수 있는데, 이 경우 회사는 그 금액 및 청구할 수 있는 기간을 정하여야 한다($\frac{\text{상}}{2항}\frac{462조의}{1호}$ 4). 또한 회사는 현물배당을 하는 경우에도 일정 수 미만의 주식을 보유한 주주에게 현물배당 대신 금전배당을 할 수 있는데, 이 경우 회사는 그 일정 수 및 금액을 정하여야 한다($\frac{\text{상}}{2항}\frac{462조의}{2호}$ 4).

4. 주식배당

(1) 주식배당의 의의·효용

우리 상법상 주식배당이란 「주식회사가 주주에게 배당할 수 있는 이익의 일부를 (이익배당총액의 2분의 1까지) 새로이 발행하는 주식으로써 주주에게 그 지분비율에 따라 무상으로 배당하는 것」을 말한다.

이러한 주식배당제도는 배당가능이익을 사내에 유보할 수 있도록 하여 회사의 자금조달을 원활히 한다는 가장 큰 장점이 있으나, 한편으로는 주주의 이익배당청구권을 침해할 우려가 있는 등(특히 주식의 시가가 액면가에 미달하는 경우)의 단점이 있다. 따라서 상법은 이러한 주식배당제도의 단점을 보완하기 위하여 주식배당의 한도를 (원칙적으로) 배당가능이익의 2분의 1로 제한하고 있다($^{상\ 462조의\ 2}_{1항\ 단서}$). 그러나 주권상장법인은 주식의 시가가 액면액 이상이면 이익배당총액을 주식배당으로 할 수 있다($^{자금\ 165조의}_{13\ 1항}$).

(2) 주식배당의 본질

주식배당의 본질에 관하여 우리나라의 학설은 이익배당설(다수설)과 주식분할설(또는 자본전입설)(소수설)로 나뉘어 있다. (i) 이익배당설은 그 이유로 주식배당에 관한 규정형식이 이익배당의 한 경우로 규정되어 있고 또 주식배당은 이익배당과 같이 배당가능이익의 존재를 전제로 하는 점, 주식배당은 주식배당 전후의 회사자산과 비교하면 회사자산에 변동이 없으나 (배당 후의 자산을 기준으로 현금배당과 비교하여 보면) 회사자산의 증가(소극적 의미에서의 증가)가 있게 되어 주식분할과 구별되는 점(그러나 이 때에 1주당 자산가치는 주식배당의 경우나 현금배당의 경우나 거의 동일하다), 주식배당은 사외유출될 뻔한 자산이 유출되지 않았다는 점에서도 소극적인 의미에서의 회사자산이 증가하고 있으나 (법정)준비금의 자본금 전입의 경우에는 회사자산에 전혀 변동이 없는 점에서 양자는 구별된다는 점 등을 들고 있다. (ii) 주식분할설(또는 자본전입설)은 그 이유를 주식배당의 실질은 기업이윤의 사내유보에 의하여 회사의 자본적 수요를 충족시키는 것이므로 배당가능이익의 자본금 전입으로 파악해야 한다고 설명하거나, 주식배당은 실질적으로 주식배당의 전후를 통하여 회사의 자산에 증감이 없고 단순히 이익항목으로부터 자본항목으로의 대체가 있을 따름이므로 준비금의 자본금 전입에 의한 신주의 무상교부와 같이 주식분할이라고 보는 것이 타당하다고 설명한다.

생각건대 주식배당을 주식분할과 유사하다고 보는 견해는 배당 전후에 있어서 회사의 자산에는 변동이 없음에 근거하나 현금배당의 경우와 비교하면 현금배당에 필요한 자산만큼 자산이 증가한 것이므로 회사자산에 전혀 변동이 없다고 볼 수 없는 점, 우리 상법상 주식배당을 이익배당에서 규정하고 있고($_{의\,2}^{상\,462조}$) (법정)준비금은 주주에게 이익으로 배당하지 못하고 원칙적으로 자본금의 결손전보에만 충당할 수 있도록 규정하고 있는 점($_{460조}^{상}$) 등에서 볼 때, 우리나라에서의 주식배당은 주식분할이나 준비금의 자본금 전입으로 볼 수는 없고 이익배당의 일종으로 보아야 할 것이다. 따라서 이익배당설에 찬성한다. 상법이 「회사가 수 종의 주식을 발행한 때에는 각각 그와 같은 종류의 주식으로 주식배당을 할 수 있다」고 규정하고 있는데 ($_{2항\,후단}^{상\,462조의\,2}$), 이 규정에서 수 종의 주식으로 주식배당할 수 있는 점에서만 보면 우리 상법이 주식분할설의 입장을 취한 것 같으나, 이 규정이 임의규정인 점에서 보면 결과적으로 이익배당설을 취한 것으로 볼 수 있다(주식배당의 본질 및 어느 설을 취하느냐에 따라 구체적으로 달라지는 점에 대한 상세는 정찬형, 「상법강의(상)(제27판)」, 1261~1265면 참조).

(3) 주식배당의 요건

1) **배당가능이익의 존재**   배당가능이익이란 상법 제462조 1 항에 의하여 산출된 이익을 말하며, 당기이익에 한하지 않고 이월이익을 포함한다. 주식배당은 배당가능이익만을 재원으로 하는 점에서 준비금의 자본금 전입($_{460조}^{상}$)과 구별된다.

2) **배당가능이익의 제한**   배당가능이익을 주식배당한다고 하더라도 그 전부를 할 수는 없고, 「2분의 1까지」만 가능하다는 상법상의 제한이 있다($_{1항\,단서}^{상\,462조의\,2}$). 이와 같이 주식배당을 할 수 있는 배당가능이익을 제한하는 이유는 주주들에게 현금배당을 받을 수 있는 권리를 보장하여 주주의 이익배당청구권을 보호하기 위한 것이다.

3) **미발행수권주식의 존재**   주식배당의 경우에도 신주가 발행되므로 이렇게 발행될 신주는 미발행수권주식의 범위 내이어야 한다. 만일 미발행수권주식수가 주식배당에 의하여 발행하여야 할 주식수에 부족한 경우에는 먼저 정관변경을 하여 수권주식총수(발행예정주식총수)를 증가시켜야 한다.

(4) 주식배당의 절차

1) **주식배당의 결정**   주식배당을 하기 위해서는 먼저 이익잉여금처분계산서에 그 내용을 기재하여 이사회의 승인을 받고, 주주총회의 결의가 있어야 한다 ($_{1항\,본문}^{상\,462조의\,2}$). 이 때의 주주총회의 결의는 보통결의로 해석하며(통설), 정기주주총회에서 하는 것이 일반적이겠으나 임시주주총회에서 하는 것도 무방하다.

주주총회의 결의내용은 배당가능이익의 일부를 주식으로써 배당할 수 있다는 것과, 배당가능이익의 총액 중 2분의 1을 초과하지 않는 범위 내에서 실제로 얼마를 주식배당액으로 할 것이며, 또 어느 종류의 주식을 몇 주 발행할 것인가를 결의한다($\stackrel{상}{1항}$ 462조).

주주총회가 위의 내용을 결의함에 있어서는 주주평등의 원칙에 따라서 하여야 한다. 따라서 일부 주식에는 현금배당을 하고 다른 주식에는 주식배당을 하거나, 지주수에 따라 차별을 하거나, 또는 주식의 종류에 따라 현금배당과 주식배당의 비율에 차이를 두는 경우 등은 모두 위법이다.

2) 주식배당의 통지·공고   주식배당이 주주총회에서 결의된 때에는 이사는 지체 없이 배당을 받을 주주와 주주명부에 기재된 질권자에게 그 주주가 받을 주식의 종류와 수를 통지하고, 무기명식의 주권이 발행된 때에는 주식배당에 관한 주주총회의 결의내용을 공고하여야 한다($\stackrel{상}{2} \stackrel{462조의}{5항}$).

3) 신주의 발행

(가) 주주총회의 주식배당결의가 있는 경우에는 회사는 그 결의에 따라 배당가능이익을 자본금 전입하고, 그에 해당하는 신주를 발행하여야 한다.

(나) 이 때의 신주의 발행가액은 「권면액」으로 하고, 회사가 종류주식을 발행한 때에는 각각 그와 같은 종류의 주식으로 할 수 있다($\stackrel{상}{2} \stackrel{462조의}{2항}$). 따라서 액면미달 또는 액면초과의 발행가액을 정할 수 없고, 회사가 종류주식을 발행한 경우 회사는 주주총회의 결의에 따라 각각 그 종류의 주식으로 발행할 수도 있고 또는 한 종류의 주식으로 발행할 수도 있다.

(다) 이 때에 배당받은 신주에 대하여 주주가 되는 시기는 「주주총회의 종결시」이다($\stackrel{상}{2} \stackrel{462조의}{4항}$). 이것은 보통의 신주발행의 경우에는 「납입기일의 다음 날」부터 주주가 되고($\stackrel{상}{1항1문}$ 423조), 준비금의 자본금 전입의 경우에는 「이사회에서 정한 신주배정기준일」(주주총회의 결의에 의하여 자본금 전입을 하는 경우에는 주주총회의 결의시)부터 주주가 되는 것과 다른 점이다($\stackrel{상}{3항·4항}$ 461조).

(라) 주식배당에 의한 신주발행의 경우에 단주가 생기는 경우에는 그 부분에 대하여 단주처리에 관한 상법 제443조 1 항에 의한다($\stackrel{상}{2} \stackrel{462조의}{3항}$). 따라서 회사는 이러한 단주를 경매하여 각 주수에 따라 그 대금을 종전의 주주에게 지급하여야 하는데, 거래소의 시세 있는 주식은 거래소를 통하여 매각하고 거래소의 시세 없는 주식은 법원의 허가를 받아 경매 외의 방법으로 매각할 수 있다($\stackrel{상}{1항}$ 443조).

4) 등 기   주식배당에 의하여 신주를 발행하게 되면 자본금의 총액($^{상}_{2항}{}^{317조}_{2호}$)
이 증가하게 됨은 물론, 회사의 발행주식총수·그 종류와 각종 주식의 내용과 수
($^{상}_{2항}{}^{317조}_{3호}$)에 변경이 있게 된다. 따라서 회사는 주주총회 종결일(신주발행의 효력이 발생
하는 때)로부터 본점소재지에서는 2주 내, 지점소재지에서는 3주 내에 이에 관한 변
경등기를 하여야 한다($^{상}_{183조}{}^{317조}$ ^{4항}).

(5) 주식배당의 효과

1) 자본금 및 주식수의 증가   주식배당을 하면 배당가능이익이 그만큼 자본
화되므로 자본금이 증가하게 되고, 또 이에 따라 신주가 발행되므로 발행주식수가
증가하게 된다. 그러나 주식배당의 전후에 있어 주주의 회사자산에 대한 지분은 원
칙적으로 변동이 없으나, 단주가 발생하여 이를 단주(端株)처리방법($^{상}_{1항}{}^{443조}$)에 따라
배당한 경우($^{상}_{2}{}^{462조의}_{3항}$)와 종류주식을 발행한 경우에 이에 비례하여 같은 종류의 주
식을 발행하여 배당하지 않는 경우(상 462조의 2 2항 후단은 임의규정이므로 주주총회
의 결의에 의하여 한 종류의 주식으로 배당한 경우)에는 예외적으로 주주의 회사자산에
대한 지분이 달라지게 된다.

2) 질권의 효력   주식배당의 경우에 등록질권자의 권리는 주식배당에 의하
여 신주가 발행되어 채무자인 주주가 받을 신주에 미친다($^{상}_{6항}{}^{462조의}_{1문}{}^{2}$). 이 때에 질권
자는 회사에 대하여 질권의 효력이 미치는 신주에 대한 주권의 교부를 청구할 수
있다($^{상}_{2문,}{}^{462조의}_{340조}{}^{2}_{3항}{}^{6항}$).

약식질의 효력은 주식배당에 의하여 발행되는 신주에 미치지 않는다고 본다.

(6) 위법한 주식배당

회사가 상법에서 정한 주식배당의 요건 및 절차를 위반하여 주식배당을 한 경
우(위법한 주식배당)를 「이익배당의 요건」($^{상}_{462조}$)을 위반한 경우와, 그 이외의 「주식발
행의 요건」을 위반한 경우로 나누어서 아래에서 살펴보겠다.

1) 이익배당의 요건을 위반한 경우   주식배당을 하기 위하여는 현금배당의
경우와 같이 상법 제462조 1항에 의하여 계산한 배당가능이익이 존재하여야 하는
데, 배당가능이익이 존재하지 않음에도 불구하고 주식배당을 한 경우에 대하여 아
래와 같이 나누어서 살펴보겠다.

⑺ 배당가능이익이 없음에도 불구하고 주식배당을 하여 이에 따라 신주를 발
행한 경우에 그 신주발행의 효력에 대하여 우리나라의 학설은 액면미달의 신주발행
이 될 것이기 때문에 이러한 신주발행은 신주발행무효의 소의 원인이 된다고 하는
무효설과, 배당가능이익이 없음에도 불구하고 주식배당을 하고 이에 따른 신주발행

을 한 경우에 이를 무효로 하더라도 무효의 소를 제기할 수 있는 자는 주주·이사 또는 감사이기 때문에 채권자를 보호하는 데 도움이 되지 못하고 또 이러한 경우에 신주발행을 유효라고 하더라도 자본금이 증가하였을 뿐 구체적인 회사재산이 유출·감소된 것이 아니므로 채권자에게 불리할 것도 없기 때문에 유효라고 하는 유효설로 나뉘어 있다.

생각건대 배당가능이익이 없음에도 불구하고 주식배당에 의하여 증자하고 신주를 발행하는 것은 결과적으로 납입이 없는 신주발행과 같게 되어 자본금 충실의 원칙에 반하므로 무효(정확하게 말하면 무효의 소의 원인)라고 본다. 따라서 무효설에 찬성한다.

(나) 배당가능이익이 없음에도 불구하고 현금배당을 한 경우에는 회사채권자는 그 이익을 회사에 반환할 것을 주주에 대하여 청구할 수 있는데($\frac{상}{2항}$ 462조), 이러한 회사채권자의 반환청구권은 주식배당의 경우에도 동일하게 인정될 수 있는가. 이에 대하여 우리나라의 학설은 주식배당도 일종의 (이익)배당이므로 위법배당의 경우에 회사채권자는 직접 주주에 대하여 위법배당한 주식을 회사에 반환할 것을 청구할 수 있다고 하는($\frac{상}{유추적용}$ 462조 2항) 긍정설과, 주식배당에 의하여 신주를 배당받은 주주는 신주를 스스로 인수한 것도 아니고 또 납입을 한 것도 아닌데 회사채권자의 주주에 대한 반환청구권을 인정하면(따라서 배당된 주식수의 액면총액에 해당하는 현금의 지급의무를 부과하는 것은) 주주에 대하여 강제배당된 신주의 출자의무를 강요하는 것이 되어 결과적으로 주주유한책임의 원칙에 반하므로 회사채권자의 반환청구는 인정될 수 없다고 하는 부정설로 나뉘어 있다.

생각건대 배당가능이익이 없음에도 불구하고 주식배당에 의한 주식발행을 한 것이 자본금 충실의 원칙에 반하여 무효(정확하게 말하면 무효의 소의 원인)라고 본다면, 이의 결과 회사채권자는 신주발행무효의 판결이 확정되기 전에는 자기의 이익을 보호하기 위하여 주주에 대하여 배당된 신주를 회사에 반환할 것을 청구할 수 있는 권리를 갖는다고 보아야 할 것이고, 신주발행무효의 판결이 확정된 후에는 무효인 주식(주권)이 이후 유통되는 것을 방지하기 위하여 주주에 대하여 배당된 신주를 회사에 반환할 것을 청구할 수 있는 권리를 갖는다고 보아야 할 것이다($\frac{상}{유추적용}$ 462조 2항). 따라서 긍정설에 찬성한다.

(다) 배당가능이익이 없음에도 불구하고 주식배당을 한 경우에 이사·감사등은 회사 또는 제 3 자에 대하여 어떠한 책임을 부담하는가. 이에 대하여 우리나라의 학설은 이사는 법령위반행위를 한 것이므로 상법 제399조에 의하여 회사에 대하여 그

로 인한 손해배상책임을 부담하고 신주발행의 등기 후에는 자본금 충실의 책임 ($\frac{상}{428조}$)을 지며 감사는 임무해태로 인하여 회사에 대하여 이사와 연대하여 손해배상 책임을 진다($\frac{상}{414조}$)고 하는 긍정설과, 이사가 위법한 주식배당을 하였다고 하더라도 회사에 손해가 발생하였다고 볼 수 없으므로 이사의 회사에 대한 손해배상책임 ($\frac{상}{399조}$)을 인정할 수가 없고 또한 주식배당의 경우에는 주식의 인수와 납입이 있었던 것도 아니므로 이사에 대하여 자본금 충실책임($\frac{상}{428조}$)을 물을 수도 없다고 하는 부정 설로 나뉘어 있다.

생각건대 이 때에 이사는 분명히 법령위반행위를 한 것이고($\frac{상\ 462조\ 1항,\ 462조의}{2\ 1항에\ 위반}$) 감사는 그 임무를 게을리한 것이며, 또 이로 인하여 회사에 손해가 발생하지 않았 다고 단정할 수도 없는 것이므로, 그러한 이사·감사 등은 회사에 대하여 연대하여 손해를 배상할 책임이 있다고 본다($\frac{상\ 399조,\ 414조}{1항·3항}$). 또한 이 때에 제 3 자가 회사의 증 자를 믿고 거래하고 또 이로 인하여 제 3 자에게 손해가 발생한 경우에는, 이사·감 사 등은 그러한 제 3 자에 대하여 악의 또는 중과실로 인하여 그 임무를 게을리한 것이므로 손해배상책임을 부담한다고 본다($\frac{상\ 401조,\ 414조}{2항·3항}$). 그러나 그러한 이사라도 회 사에 대한 자본금 충실의 책임($\frac{상}{428조}$)은 부담하지 않는다고 본다. 그 이유는 신주를 배당받은 주주도 인수 및 납입의무를 부담하지 않는데, 이를 이사에게 부담시킬 수 는 없다고 보기 때문이다.

그러한 이사·감사 등은 위와 같은 손해배상책임(민사책임)을 부담하는 외에 형 사책임도 부담한다($\frac{상\ 625조}{3호}$).

2) 신주발행의 요건을 위반한 경우　　주식배당에 관한 주식총회결의에 하자 가 있는 경우, 정관소정의 수권주식총수의 한도를 넘어 신주를 발행한 경우, 정관에 서 정하지 않은 종류의 주식을 발행한 경우 등이 이에 속한다. 이 때에는 「신주발 행무효의 소에 관한 규정」($\frac{상\ 429조}{이하}$)을 유추적용하여 주주·이사 또는 감사는 신주를 발행한 날로부터 6월 내에 소로써만 이러한 신주발행의 무효를 주장할 수 있다고 본다. 그런데 이 때에 주주 등이 신주발행무효의 소를 제기하여 승소의 확정판결을 받은 경우에도, 주주는 원래부터 주금액을 납입했던 것이 아니므로 회사는 신주의 주주에 대하여 납입했던 금액을 반환하여야 하는 규정이 적용될 여지는 없다 ($\frac{상\ 432조의}{유추적용\ 배제}$).

또한 이 때 신주발행을 하기 전이면 「신주발행유지청구권에 관한 규정」($\frac{상}{424조}$) 을 유추적용할 수 있다고 본다.

5. 중간배당

(1) 중간배당의 의의 및 성질

중간배당이란 「연 1회의 결산기를 정한 회사가 정관의 규정에 의하여 영업연도중 1회에 한하여 이사회의 결의(이사가 1명 또는 2명인 소규모 주식회사의 경우에는 이사회가 없으므로 주주총회의 결의〈이하 같다〉— 상 383조 1항 단서·4항)로 일정한 날을 정하여 그 날의 주주에 대하여 이익을 배당하는 것」을 말한다(상 462조의 3 1항). 이익배당이란 앞에서 본 바와 같이 결산기에 발생한 이익을 주주에게 분배하는 것을 말하므로 결산기가 도래하지 않으면 주주에게 이익배당을 할 수 없다. 그러나 연 1회의 결산기를 정한 회사는 영업연도중에 중간배당을 할 경제적 필요성이 발생한다. 따라서 상법은 이러한 회사에 한하여 회사의 선택에 의하여(정관의 규정이 있는 경우에 한하여) 영업연도 말의 이익배당 외에 영업연도중 1회에 한하여 중간배당을 할 수 있게 하였다.

이러한 중간배당은 결의기관이 언제나 「이사회」이고 「배당재원」이 당해 연도의 이익이 아니라는 점에서 (광의의) 이익배당과 구별된다. 따라서 중간배당의 법적 성질은 이익배당이 아니고 「영업연도중의 금전의 분배」라고 볼 수 있다. 왜냐하면 이익배당이란 법률적으로는 영업연도 말(결산기)의 이익을 주주총회의 결의를 받아 주주에게 분배하는 것을 말하는데, 중간배당은 영업연도의 도중에 언제나 이사회의 결의만으로 주주에게 이익을 분배하는 것으로서 이익배당의 요건을 갖추지 않았기 때문이다. 그러나 경제적으로는 이익배당의 성격을 갖고 있으므로, 일반적으로 이를 중간배당이라고 부르고, 또한 이익배당에 관한 많은 규정을 중간배당에 준용하고 있다(상 462조의 3 5항·6항).

중간배당의 성질을 그의 재원과 관련하여 (i) 전기에 발생한 이익의 후급으로 보는 전기이익후급설(상 462조의 3 2항 참조)과 (ii) 당기에 발생한 이익의 선급(가지급)으로 보는 당기이익선급설(상 462조의 3 3항 참조)이 있는데, 중간배당의 재원을 상법 제462조의 3 2항에서 규정하고 있는 점에서 볼 때, 전기이익후급설이 타당하다고 본다.

(2) 중간배당의 요건

1) **형식적 요건**　　중간배당을 할 수 있는 회사는 (i) 연 1회의 결산기를 정하여야 하고(상 462조의 3 1항), (ii) 이에 관하여 정관에 규정이 있어야 하며(상 462조의 3 1항), (iii) 이러한 정관의 범위 내에서 연 1회에 한하여 이사회의 결의가 있어야 한다(상 462조의 3 1항) (동지: 대판 2022. 9. 7, 2022 다 223778). 이사회는 중간배당으로 현물배당을 결의할 수 있다고 본다. 자본금 총액이 10억원 미만인 회사로서 이사를 1명 또는 2명 둔 경우에는 이사회가 없으므로,

이를 각 이사(정관에 따라 대표이사를 정한 경우에는 그 대표이사)가 결정한다($^{상 383조의 6 항,}_{462조의3 1 항}$).

2) 실질적 요건(중간배당의 한도)   중간배당을 하기 위하여는 (i) 직전 결산기의 대차대조표상 이익이 현존하여야 한다. 즉, 중간배당은 직전 결산기의 대차대조표상의 순재산액에서 ⓐ 직전 결산기의 자본금의 액, ⓑ 직전 결산기까지 적립된 자본준비금과 이익준비금의 합계액, ⓒ 직전 결산기의 정기총회에서 이익으로 배당하거나 또는 지급하기로 정한 금액 및 ⓓ 중간배당에 따라 당해 결산기에 적립하여야 할 이익준비금을 공제한 액을 한도로 한다($^{상 462조의}_{3 2 항}$). 이 때 중간배당에 따라 당해 결산기에 적립하여야 할 이익준비금은 중간배당액의 10분의 1 이상의 금액이다($^{상 462조의 3)}_{5 항, 458조}$).

또한 (ii) 당해 결산기에 이익이 예상되어야 한다. 즉, 회사는 당해 결산기의 대차대조표상의 순재산액이 ⓐ 당해 결산기의 자본금의 액, ⓑ 당해 결산기까지 적립된 자본준비금과 이익준비금의 합계액 및 ⓒ 당해 결산기에 적립하여야 할 이익준비금의 합계액에 미치지 못할 우려가 있는 때에는 중간배당을 하여서는 아니된다($^{상 462조의}_{3 3 항}$). 만일 이사·집행임원이 이에 위반하여 중간배당을 한 경우에는 그가 당해 결산기에 이익이 발생할 것으로 판단함에 있어 주의를 게을리하지 아니하였음을 증명하지 못하는 한 그 이사·집행임원은 회사에 대하여 연대하여 그 차액(배당액이 그 차액보다 적을 경우에는 배당액)을 배상할 책임을 진다($^{상 462조의}_{3 4 항}$).

(3) 중간배당의 확정

위와 같이 중간배당의 결정은 「이사회」의 결의사항이므로($^{상 462조의}_{3 1 항}$), 이사회가 정관의 규정에 의하여 중간배당을 결정하면 이사회의 결의로 정한 배당기준일(일정한 날)의 주주는 회사에 대하여 구체적인 중간배당청구권을 취득한다.

(4) 중간배당의 기준

1) 주주평등의 원칙   중간배당도 이익배당과 같이 원칙적으로 주주평등의 원칙에 의하여 각 주주가 가진 주식의 수에 따라 지급하여야 한다($^{상 462조의3 5 항,}_{464조 본문}$). 그러나 상법상의 예외로 회사가 정관의 규정에 따라 내용이 다른 종류주식을 발행한 경우에는($^{상 344조}_{1 항}$), 이러한 정관의 규정에 따라 회사는 종류주식 사이에 차등배당을 할 수 있다($^{상 462조의3 5 항,}_{464조 단서}$).

2) 일할배당·동액배당   영업연도의 중간에 신주가 발행된 경우에는 납입기일의 다음 날로부터 주주의 권리의무가 있으므로($^{상 423조}_{1 항}$) 이러한 신주발행의 효력일이 중간배당 기준일 이전이면 동액배당 또는 일할배당을 할 수 있다고 본다. 또한 전환주식이 전환된 경우, 전환사채가 전환된 경우, 신주인수권부사채에서 신주

인수권의 행사가 있은 경우에도 전환 또는 신주발행의 효력일($^{상\ 350조\ 1항,\ 516조}_{2항,\ 516조의\ 10}$)이 중간배당 기준일 이전이면 신주에 대하여 동액배당 또는 일할배당을 할 수 있다고 본다.

(5) 중간배당금의 지급

이사회에서 중간배당을 결의하면 이사회의 결의로 정한 배당기준일(일정한 날)의 주주는 회사에 대하여 구체적인 중간배당청구권을 취득하는데(금전채권), 이는 독립하여 양도·압류·전부명령 등의 목적이 될 수 있고 또 시효에도 걸린다. 이러한 중간배당청구권의 시효기간은 5년이다($^{상\ 464조의}_{2\ 2항}$). 기명주식의 등록질권자도 중간배당청구권을 갖는다($^{상\ 462조의\ 3\ 5항,}_{340조\ 1항}$). 회사는 중간배당을 받을 주주 또는 등록질권자를 확정하기 위하여 배당기준일을 정하여야 하는데($^{상\ 462조의}_{3\ 1항}$), 이에 관하여는 상법의 기준일에 관한 규정이 적용된다($^{상\ 462조의\ 3\ 5항,}_{354조\ 1항}$).

중간배당의 지연에 따른 주주의 손해를 방지하기 위하여 상법은 중간배당에 관한 이사회의 결의(자본금 총액이 10억원 미만으로서 이사를 1명 또는 2명을 둔 소규모 주식회사〈상 383조 1항 단서〉는 이사회가 없으므로, 주주총회의 결의〈상 383조 4항〉)가 있은 날부터 1개월 내에 중간배당을 하여야 할 것으로 규정하고 있다($^{상\ 462조의\ 3\ 5항,\ 464조,}_{464조의\ 2\ 1항\ 본문}$). 그러나 이사회의 결의로 중간배당의 지급시기를 따로 정한 경우에는 그러하지 아니하다($^{상\ 462조의\ 3\ 5항,\ 464조,}_{464조의\ 2\ 1항\ 단서}$). 회사가 중간배당의 지급을 지연한 경우 회사의 주주에 대한 책임은 이익배당의 지연의 경우와 같다.

(6) 위법중간배당의 효과

1) 위법중간배당이란 「중간배당의 요건에 위반하여 이익을 배당하는 것」을 말한다. 다시 말하면 직전 결산기의 대차대조표상 이익이 없거나(또는 없고) 당해 결산기에 이익이 예상되지 않음에도 불구하고 중간배당을 하는 것을 말한다. 이러한 위법중간배당도 위법이익배당과 같이 당연무효가 된다고 본다.

2) 위법중간배당은 당연무효이므로 위법중간배당을 받은 주주는 배당받은 이익을 부당이득으로 회사에 반환할 의무를 부담한다($^{민\ 741조,}_{748조}$). 이 때 주주가 스스로 반환하지 않거나 회사에서 반환청구를 하지 않는 경우에는, 「회사채권자」가 직접 주주에 대하여 위법배당한 이익을 회사에 반환할 것을 청구할 수 있다($^{상\ 462조의\ 3\ 6항,}_{462조\ 3항}$). 이에 관한 그 밖의 사항은 위법한 이익배당의 경우와 같다($^{상\ 462조의\ 3\ 6항,}_{462조\ 4항}$).

3) 중간배당과 관련하여 상법은 이사·집행임원에게 앞에서 본 바와 같이 당해 결산기에 이익이 예상되지 않는 경우에는 중간배당을 하여서는 아니 될 의무를 부

담시키고($^{상}_{3}$ $^{462조의}_{3항}$), 이 의무에 위반한 이사·집행임원에 대하여 특별한 차액배상책임을 부담시키고 있다($^{상}_{3}$ $^{462조의}_{4항}$), 즉, 이사·집행임원은 당해 결산기에 이익이 예상되지 않으면 중간배당을 하여서는 아니되는데($^{상}_{3}$ $^{462조의}_{3항}$), 만일 이사·집행임원이 이에 위반하여 중간배당을 한 경우에는 그 이사·집행임원은 회사에 대하여 연대하여 그 차액(배당액이 그 차액보다 적을 경우에는 배당액)을 배상할 책임을 진다($^{상}_{4항 본문}$ $^{462조의\ 3}$). 다만 이사·집행임원이 당해 결산기에 이익이 발생할 것으로 판단함에 있어 주의를 게을리하지 아니하였음을 증명한 때에는 이사·집행임원은 이러한 책임을 면한다($^{상}_{4항\ 단서}$ $^{462조의\ 3}$). 중간배당에 관한 이사회의 결의에 찬성한 이사는 모두 연대하여 이러한 책임을 지는데($^{상}_{399조\ 2항}$ $^{462조의\ 3\ 6항,}$), 이러한 이사회의 결의에 참가한 이사로서 이의를 한 기재가 의사록에 없는 자는 그 결의에 찬성한 것으로 추정한다($^{상}_{399조\ 3항}$ $^{462조의\ 3\ 6항,}$). 이사·집행임원의 이러한 책임은 주주 전원의 동의로 면제할 수 있고 정관에서 정하는 바에 따라 감경할 수 있다($^{상}_{400조,\ 408조\ 9}$ $^{462조의\ 3\ 6항,}$).

이사·집행임원·감사 등의 그 밖의 회사 및 제 3 자(주주포함)에 대한 책임($^{상\ 399조,\ 401조,}_{408조의\ 8\ 2항·3항}$)과 위법중간배당을 한 이사·집행임원 등의 형벌($^{상}_{625조\ 3호}$ $^{462조의\ 3\ 5항,}$)은 위법한 이익배당의 경우와 같다.

제5 주주의 경리감독

1. 재무제표와 그 부속명세서·영업보고서 및 감사보고서의 열람권 (단독주주권)

이사(집행임원 설치회사의 경우는 '집행임원'을 의미한다. 이하 같다)는 정기총회 회일의 1주간 전부터 재무제표와 그 부속명세서·영업보고서 및 감사보고서를 본점에서는 5년간 비치하고 지점에서는 3년간 비치하여야 하는데($^{상}_{1항}$ ^{448조}), (단독)주주(및 회사채권자)는 영업시간 내에 언제든지 이를 열람하고, 그 등본이나 초본의 교부를 청구할 수 있다($^{상}_{2항}$ ^{448조}).

2. 회계장부열람권(소수주주권)

1) 주주가 재무제표와 그 부속명세서·영업보고서 및 감사보고서를 가지고도 충분히 진상을 알 수 없을 때에는, 주주는 다시 그 기재가 진실하고 정확한 기재인가를 알기 위하여 그 원시기록인 회계의 장부와 서류의 열람·등사를 청구할 수 있

는 권리를 갖는다. 또한 이 때의 회계의 장부와 서류에는 자회사의 회계장부도 포함된다(대판 2001. 10. 26, 99 다 58051).

2) 주주의 이 권리는 남용될 위험성이 많기 때문에 소수주주권으로만 행사할 수 있다. 즉, 비상장회사의 경우는 발행주식총수의 100분의 3 이상에 해당하는 주식을 가진 소수주주의 권리로서만 행사할 수 있고(상 466조 1항), 상장회사의 경우는 발행주식총수의 100분의 3 이상에 해당하는 주식을 가진 소수주주(상 542조의 6 10항) 또는 6개월 전부터 계속하여 상장회사 발행주식총수의 10,000분의 10(대통령령으로 정하는 상장회사의 경우에는 10,000분의 5) 이상에 해당하는 주식을 보유한 소수주주의 권리로만 행사할 수 있다(상 542조의 6 4항, 상시 32조). 열람과 등사에 시간이 소요되는 경우에는 열람·등사를 청구한 주주는 전 기간을 통하여 이 권리를 행사할 수 있는 소수주주의 요건을 충족하여야 한다(대판 2017. 11. 9, 2015 다 252037).

주주가 이 청구를 함에는 이유를 붙인 서면으로 하여야 한다(상 466조 1항)('이유를 붙인 서면'에 관하여는 대판 2022. 5. 13, 2019 다 270163 참조). 소수주주의 회계장부열람청구가 있을 때에는 회사는 주주의 청구가 부당함을 증명하지 않으면 이를 거부하지 못한다(상 466조 2항)(소수주주의 청구가 부당한 경우로 인정한 판례로는— 대결 2004. 12. 24, 2003 마 1575; 동 2014. 7. 21, 2013 마 657).

주식매수청구권을 행사한 주주도 회사로부터 주식의 매매대금을 지급받지 아니하고 있는 동안에는 주주로서의 지위를 여전히 가지고 있으므로, 이러한 소수주주가 주식의 매수가액을 결정하기 위한 경우뿐만 아니라 회사의 이사에 대한 대표소송·유지청구·해임청구 등을 하기 위하여 회계장부열람청구를 행사하는 것은 정당한 목적을 가진 권리의 행사이다(대판 2018. 2. 28, 2017 다 270916).

3. 검사인을 통한 회사의 업무·재산상태조사권(소수주주권)

1) 주주가 위와 같이 회계관계서류의 열람 등을 통하여 업무집행기관의 불법·부정의 사실을 명백히 인정할 수 있는 경우에는, 주주는 이사(집행임원 설치회사의 경우는 '집행임원'을 의미한다. 이하 같다)의 위법행위유지청구권이나 대표소송권에 의하여 불법·부정의 행위를 사전에 방지하거나 사후에 그 책임을 추궁하는 방법을 쓸 수도 있고, 또 임시총회를 소집하여 집단적 방법으로 경영에 대한 감독을 할 기회를 가질 수도 있다. 그러나 주주의 위와 같은 검사권은 그 대상이 회계에 관한 서류·장부에 한정되며 또 그 방법도 열람 등에 그치므로, 회사의 업무집행에 관하여 불법·부정이 있음을 의심할 만한 사유가 있는 경우가 더 많다. 이를 위하여 상법은 주주에게 법원이 선임한 검사인을 통하여 회사의 업무와 재산상태를 조사할 수 있

는 권리를 인정하고 있다($\substack{상 \\ 467조}$).

2) 위와 같은 목적을 위하여 법원에 검사인의 선임을 청구할 수 있는 주주는 그 남용을 방지하기 위하여 소수주주권으로 하였다. 이 권리를 행사할 수 있는 소수주주는 비상장회사의 경우는 발행주식총수의 100분의 3 이상에 해당하는 주식을 가진 주주이고($\substack{상 \\ 1항}^{467조}$), 상장회사의 경우는 발행주식총수의 100분의 3 이상에 해당하는 주식을 가진 주주($\substack{상 542조의 \\ 6 10항}$) 또는 6개월 전부터 계속하여 상장회사 발행주식총수의 1,000분의 15 이상에 해당하는 주식을 보유한 주주이다($\substack{상 542조의 \\ 6 1항}$).

검사인의 선임을 청구할 수 있는 경우는 회사의 업무집행에 관하여 부정행위 또는 법령이나 정관에 위반한 중대한 사실이 있음을 의심할 사유가 있는 때에 한하여 인정된다($\substack{상 \\ 1항}^{467조}$).

3) 소수주주의 청구에 의하여 법원이 검사인을 선임하면, 그 검사인은 단순히 회계의 장부와 서류뿐만 아니라 널리 회사의 업무와 재산상태를 조사하여 그 결과를 법원에 보고하여야 한다($\substack{상 \\ 1항·2항}^{467조}$). 법원은 그 조사보고에 의하여 필요하다고 인정한 때에는 (대표)이사 또는 (대표)집행임원에게 주주총회의 소집을 명할 수 있고 ($\substack{상 467조 \\ 3항 1문}$), 주주총회가 소집되는 경우 검사인은 그 조사보고서를 주주총회에도 제출하여야 한다($\substack{상 467조 3항 2문· \\ 310조 2항}$). 이 때 이사·집행임원과 감사는 검사인의 조사보고서의 정확여부를 조사하여 주주총회에 보고하여야 한다($\substack{상 \\ 4항}^{467조}$).

제 6 회사의 회계에 관한 기타 규정

1. 회사의 이익공여금지

1) 상법 제467조의 2는 주주총회의 원활한 운영을 기하고 또한 회사의 이익을 보호하기 위하여 주주의 권리행사와 관련한 회사의 이익공여를 금지하고 있다.

2) 상법상 이익공여가 되기 위하여는 (i) 이익공여의 당사자로서 이익의 「공여자」는 회사이고($\substack{상 467조의 2 \\ 1항·2항·3항}$) 이익공여의 「상대방」에 대한 자격제한은 없으며, (ii) 「주주의 권리행사에 관한」 이익공여이어야 하고(회사에 대한 계약상의 특수한 권리는 이에 포함되지 아니함— $\substack{대판 2017. 1. 12, 2015 \\ 다 68355·68362}$), (iii) 이익은 「재산상의 이익」이어야 하며, (iv) 「회사의 계산」으로 한 것이어야 한다.

3) 회사가 상법 제467조의 2 1항에 위반하여 재산상의 이익을 공여한 때에는 그 이익을 공여받은 자는 그것을 회사에 반환하여야 한다($\substack{상 467조의 2 \\ 3항 1문}$). 상법은 부당이

득에 관한 특칙으로서 이를 규정하여, 회사의 이익반환청구권을 인정하고 있는 것이다(통설).

회사의 이러한 이익반환청구는 보통 (대표)이사 또는 (대표)집행임원이 하나, 소수주주도 회사의 이익을 위하여 이익반환청구에 관한 대표소송을 제기할 수 있다(상 467조의 2 4항, 403조~ 406조, 542조의 6 6항·10항). 주주의 의결권행사와 관련하여 주주가 회사로부터 이익공여를 받았다고 하더라도(대결 2014. 7. 11, 2013 마 2397 참조), 주주의 의결권행사 그 자체의 효력에는 아무런 영향이 없다.

2. 회사사용인의 우선변제권

주식회사와 고용관계가 있는 사용인은 고용관계로 인하여 회사에 대하여 여러가지 채권(예컨대, 신원보증금반환채권·직장예금반환채권·급료채권·퇴직금채권 등)을 갖는 경우가 많은데, 사용인의 이러한 채권은 회사의 재산상태가 악화된 경우에 대(大)채권자에 의하여 희생될 염려가 있다. 따라서 상법은 이러한 고용관계로 인한 채권을 가진 사용인에게 회사의 총재산으로부터 우선변제를 받을 수 있는 권리를 인정하였다(상 468조 본문). 이 우선변제권은 상법이 사회정책적인 입장에서 특별히 인정한 「법정담보물권」이다. 다만 상업사용인의 이러한 우선변제권은 질권·저당권이나 「동산·채권 등의 담보에 관한 법률」에 따른 담보권에는 우선하지 못한다(상 468조 단서).

제 8 절 사   채

제 1 관   일반사채

제 1 사채(社債)의 개념

1. 사채의 의의

사채란 「주식회사가 일반공중인 투자자로부터 비교적 장기의 자금을 집단적·대량적으로 조달하기 위하여 채권(債券)발행의 형식에 의하여 부담하는 채무」이다.

주식회사에 있어서의 장기자본조달형식으로서는 신주를 발행하는 것과 사채를 발행하는 것의 두 방법이 있다. 그런데 신주발행이 적당하지 않거나(조만간 회수될 자금을 조달하는 경우), 신주발행이 곤란하거나(구 주주에 대한 이익배당에 영향이 있는 경

우), 신주발행이 불리한 경우에는(금융시장의 상황에서) 사채에 의하여 자금을 조달할
수밖에 없다.

2. 사채와 주식의 이동(異同)

사채는 회사의 채무라는 점에서 주식과 근본적으로 구별되는데, 주식과의 이
동(異同)은 다음과 같다.

(1) 양자의 공통점

(i) 주식이나 사채는 모두 장기자금조달의 목적으로 발행된다. (ii) 주식이나 사
채는 모두 분할되고, 또 유가증권화하여(주권이나 채권으로 하여) 유통성을 높이고 있
다. (iii) 주식이나 사채는 모두 그 발행을 원칙적으로 이사회가 결정한다($\frac{상\ 416조,}{469조}$).
(iv) 주식이나 사채는 모두 인수에 일정한 형식을 갖춘 청약서에 의하도록 하고 있
다($\frac{상\ 420조,}{474조}$). (v) 주식이나 사채는 기명식으로 발행한 경우에는 그의 이전에 소정의
대항요건을 갖추어야 한다($\frac{상\ 337조,}{479조}$). (vi) 주식이나 사채는 모두 공모를 하는 경우로
서 모집액이 일정한 금액을 초과하는 경우에는 자본시장과 금융투자업에 관한 법률
상 일정한 제한을 받는다($\frac{자금\ 119조,}{120조,\ 123조}$).

(2) 양자의 차이점

(i) 주식발행에 의하여 조달된 금액은 회사의 자기자본(자본금)을 형성하여 회
사는 이를 반환할 채무를 부담하지 않으나, 사채발행에 의하여 조달된 금액은 회사
의 타인자본(부채)이 되어 회사는 이를 반환할 채무를 부담한다. (ii) 주식의 발행에
는 수권주식총수($\frac{상\ 289조}{1항\ 3호}$)와 액면주식의 경우 액면가액($\frac{상}{330조}$)에 의한 제한이 있으나,
사채의 발행에는 특별한 제한이 없다. (iii) 주식에는 현물출자가 인정되나, 사채에
는 금전납입만이 인정된다($\frac{상\ 476조}{참조}$). (iv) 주식에 대한 주금액의 납입에 있어서는 회사
의 동의 없이 상계(相計)로써 회사에 대항하지 못하나($\frac{상\ 421조}{2항}$), 사채의 납입에 있어
서는 이러한 제한이 없다. (v) 주식의 납입에는 전액납입이 요구되나($\frac{상\ 295조,}{305조,\ 421조}$), 사
채의 납입에는 분할납입이 인정된다($\frac{상\ 476조}{1항}$). (vi) 주식에 대하여는 주주권을 표창하
는 주권(株券)이 발행되나, 사채에 대하여는 순수한 채권(債權)을 표창하는 채권(債
券)이 발행된다. (vii) 주식에 대하여는 이익이 있는 경우에만 존재하는 이익배당이
있으나, 사채에 대하여는 이익의 유무에 불구하고 존재하는 확정이자가 있다. 따라
서 이를 표창하는 유가증권의 측면에서 보면 주식은 투기증권이라고 볼 수 있는 데
대하여, 사채는 투자증권(이자증권)이라고 볼 수 있다. (viii) 주주는 회사의 사원으로
서 회사의 관리·운영에 참여하지만(예컨대, 주주총회에 있어서의 의결권·각종의 제소권

등을 통하여), 사채권자는 회사의 채권자에 불과하므로 회사의 관리·운영에 참여하지 못한다. (ix) 주식은 원칙적으로 회사의 존속중에 상환(출자의 환급)되지 않으나 (예외적으로 상환주식은 상환됨), 사채는 상환기에 상환된다. 또한 회사해산의 경우에 사채가 주식에 우선하므로 회사는 사채권자에게 변제한 후에 주주에게 잔여재산을 분배할 수 있다($\frac{상\ 542조\ 2항,}{260조}$). (x) 주식에 있어서는 자기주식의 취득에 일정한 제한이 있으나($\frac{상\ 341조,}{341조의\ 2}$), 사채에 있어서는 자기사채의 취득에 특별한 제한이 없다. (xi) 주식의 입질(入質)에 관하여는 특별규정이 있으나($\frac{상\ 338조,}{340조}$), 사채의 입질에 관하여는 특별규정이 없다. (xii) 주식은 기명식으로만 발행할 수 있는데($\frac{상\ 357조\ 및}{358조\ 삭제}$), 사채는 원칙적으로 기명식과 무기명식으로 발행할 수 있다($\frac{상\ 480조}{참조}$).

(3) 양자의 접근

주식과 사채는 위와 같은 법률상 차이가 있으나, 경제적으로는 매우 유사하다. 또한 회사의 자금조달의 편의를 위하여 법률상으로도 주식의 사채화와 사채의 주식화 현상이 발생하여, 양자의 중간적 성질을 가지는 증권이 많이 생기고 있다. 이러한 예로 주식의 사채화 현상으로 발생한 주식에는 의결권이 없거나 제한되는 종류주식·상환주식 등이 있고, 사채의 주식화 현상으로 발생한 사채에는 전환사채·신주인수권부사채·이익참가부사채·교환사채 등이 있다.

3. 사채의 종류

사채는 여러 가지 표준에 의하여 분류되는데, (i) 사채권자에게 부여된 권리의 내용에 따라 일반(보통)사채·특수사채로 분류되고, (ii) 사채권에 사채권자의 성명이 기재되는지 여부에 따라 기명사채·무기명사채로 분류되며, (iii) 사채를 위하여 물상담보가 설정되어 있는지 여부에 따라 무담보사채·담보부사채로 분류되고, (iv) 사채의 등록여부에 따라 현물사채·등록사채로 분류되고 있다.

4. 사채계약의 법적 성질

사채의 성립의 원인이 되는 사채계약의 법적 성질에 관하여는 (i) 소비대차설·(ii) 소비대차에 유사한 무명계약설·(iii) 채권(債券)매매설·(iv) 매출발행의 경우는 채권매매이고 그 밖의 경우에는 소비대차에 유사한 무명계약이라고 하는 절충설(또는 구분설) 등이 있는데, 채권(債券)매매설이 가장 타당하다고 본다.

제 2 사채의 모집

1. 총 설

2011년 4월 개정상법 이전에는 사채총액을 제한하였고($\substack{개정전 \\ 상470조}$), 전에 모집한 사채총액의 납입이 완료된 후에만 다시 사채를 모집할 수 있도록 하는 사채의 재모집을 제한하였으며($\substack{개정전 \\ 상471조}$), 사채금액을 1만원 이상으로 제한하였고($\substack{개정전 \\ 상472조}$), 할증상환의 경우 권면액 초과액은 동률이어야 한다는 제한을 하였다($\substack{개정전 \\ 상473조}$).

이러한 사채발행의 제한에 관한 규정은 2011년 4월 개정상법에서 모두 폐지되었다. 사채총액의 제한은 사채발행시의 제한에 불과하고 회사가 그 후에 자본금 등을 감소하는 경우에 이러한 제한이 유지될 수 없고 또한 회사가 그 후에 개별적으로 차입하여 많은 부채를 부담하면 이러한 제한이 사채권자의 보호에 의미가 없어 사채총액을 제한하는 규정의 실효가 없다는 이유로 학설은 종래부터 이 규정을 폐지할 것을 입법론상 주장하였는데, 2011년 4월 개정상법에서 사채총액의 제한에 관한 규정을 폐지한 것이다. 사채의 재모집에 관한 제한은 사채발행의 남용을 방지하기 위한 것인데, 이러한 제한은 회사의 자금조달의 기동성을 저해하고 또한 실제로 실효성이 없다는 이유로 2011년 4월 개정상법에서 이를 폐지하였다. 사채의 금액을 제한한 것은 사채권자집회에서 의결권 산정을 용이하기 위한 것인데, 의결권의 산정은 사채권자가 가지고 있는 미상환사채의 합계액을 기준으로 하는 것이 합리적인 점에서 사채의 금액에 대한 제한은 불필요하다는 이유로 2011년 4월 개정상법에서 이를 폐지하였다. 할증상환의 경우 권면액 초과액은 동률이어야 한다는 제한은 할증상환이 도박으로 악용되는 것을 방지하기 위한 것인데, 사행심에 대한 규제는 상법의 규율대상이 아니고 형벌규정 등으로 할 수 있는 것이므로 상법에서 이를 규제하는 것이 불필요하다는 이유로 2011년 4월 개정상법에서 이를 폐지하였다.

2. 사채모집의 방법

사채모집의 경우에는 신주발행시의 신주인수권에 해당하는 것이 없으므로 주주배정이나 제3자배정의 방법은 있을 수 없고, 언제나 모집에 의한 방법에 의한다. 그런데 이러한 모집에 의한 방법에는 총액인수($\substack{상 \\ 475조}$)와 공모($\substack{상 \\ 474조}$)가 있다. 총액인수는 기채회사와 특정인간의 계약으로 특정인(인수인)에게 사채총액을 일괄하여 인수시키는 방법이다($\substack{상475조 \\ 1문}$). 공모는 기채회사가 일반공중으로부터 사채를 공모하는 방법인데, 이에는 다시 직접모집·위탁모집(간접모집)($\frac{상}{2항}$476조)·도급모집 또는 위탁인수모집(간접모집)($\frac{상}{14호}$474조 2항) 및 매출발행이 있다.

3. 사채모집의 절차

(1) 이사회의 결의

사채를 모집하자면 이사회의 결의가 있어야 한다($\frac{상}{1항}$469조). 이것은 신주발행의 경우와 같이 회사의 자금조달의 신속을 위하여 이사회의 결의사항으로 한 것이다. 그런데 이사회는 정관에서 정하는 바에 따라 대표이사 또는 대표집행임원에게 사채의 금액 및 종류를 정하여 1년을 초과하지 아니하는 기간 내에 사채를 발행한 것을 위임할 수 있다($\frac{상\ 469조\ 4항,}{408조의\ 5\ \ 2항}$).

자본금 총액이 10억원 미만으로서 이사를 1명 또는 2명을 둔 소규모 주식회사($\frac{상}{1항}$383조 단서)는 이사회가 없으므로, 이러한 이사회의 권한을 주주총회가 행사한다($\frac{상\ 383조}{4항}$).

(2) 사채계약의 성립(인수)

사채계약은 청약과 배정에 의하여 성립한다. 즉 이 때 사채의 인수가 있게 된다.

1) 청 약 사채의 청약방법은 사채의 모집방법에 따라 다르다. 즉, 직접모집과 위탁모집의 방법에 의하는 경우에는 일반공중을 보호하기 위하여 사채청약서주의에 의하고 있다($\frac{상\ 474조,}{476조\ 2항}$). 그러나 총액인수($\frac{상}{1문}$475조)·도급인수($\frac{상}{2문}$475조) 및 매출발행의 경우에는 사채청약서에 의한 청약을 요하지 않는다.

2) 배 정 청약에 대하여 기채회사 또는 수탁회사가 배정을 하면 사채계약이 성립하고, 사채의 인수가 있게 된다. 이 때 응모총액이 사채총액에 미달한 경우에는 응모총액에 대하여만 사채발행의 효력이 생긴다고 본다.

(3) 납 입

사채모집이 완료되면 기채회사의 이사·집행임원 또는 수탁회사는 지체 없이 사채인수인에 대하여 사채의 전액 또는 제1회의 납입을 시켜야 한다($\frac{상}{1항}$476조). 납입지체에 대하여는 회사설립에 있어서의 주식모집과 같은 실권절차는 인정되지 않는다. 또한 주금납입의 경우와는 달리 회사의 동의가 없는 경우 상계금지의 제한($\frac{상}{2항}$421조)도 없고, 납입장소의 제한($\frac{상\ 295조\ 2문,}{302조\ 2항\ 9호}$)도 없다.

(4) 등 기

전환사채·신주인수권부사채 등과 같은 특수사채를 제외하고는, 일반사채의 경우는 등기를 요하지 않는다.

제3 채권(債券)과 사채원부·사채등록부

1. 채 권

채권 또는 사채권이란 「사채를 표창하는 유가증권」으로서, 사채총액에 대한 분할채무증서이다. 이러한 채권(債券)의 유가증권으로서의 특성은 채권(債權)증권·상환증권·요식증권($_{2항}^{상478조}$)·문언증권 및 무인증권(사채계약의 법적 성질에 대하여 채권 매매설을 취하는 입장)의 성질이 있다.

채권의 종류에는 앞에서 본 사채의 종류와 같이 기명채권과 무기명채권이 있다. 사채권자는 원칙적으로 언제든지 양자간의 상호 전환을 회사에 대하여 청구할 수 있다($_{본문}^{상480조}$). 그러나 채권을 기명식 또는 무기명식에 한하여 발행할 것을 발행조건으로 정한 때에는 그러하지 아니하다($_{단서}^{상480조}$). 채권(債券)은 사채 전액의 납입이 완료한 후가 아니면 이를 발행하지 못한다($_{1항}^{상478조}$).

회사는 이러한 채권(債券)을 발행하는 대신 정관에서 정하는 바에 따라 전자등록기관의 전자등록부에 채권(債權)을 등록하여 발행할 수 있는데, 이 경우에는 주식의 전자등록과 같다($_{3항}^{상478조}$).

2. 사채원부

사채원부란 「사채·채권(債券) 및 사채권자에 관한 사항을 명백하게 하기 위하여 작성되는 장부」이다. 이러한 사채원부는 (대표)이사 또는 (대표)집행임원이 작성·보존의 의무를 부담하고, 본점 또는 명의개서대리인의 영업소에 비치하여 주주와 회사채권자의 열람에 제공하여야 한다($_{396조}^{상}$). 사채원부의 기재사항은 상법에 규정되어 있는데($_{488조}^{상}$), 이 사채원부의 기능은 주주명부의 그것과 같다($_{1항}^{상489조}$). 즉, 기명사채 이전의 대항요건이고($_{479조}^{상}$), 사채권자에 대한 통지·최고의 근거가 된다($_{1항}^{상489조}$).

3. 사채등록부

사채등록부란 공사채등록법에 의한 사채의 등록을 위하여 등록기관이 비치하여야 할 장부인데($_{9조}^{동법}$), 등록기관은 등록사채권자 기타 이해관계인의 열람·등초본의 교부의 청구에 응하여야 한다($_{12조}^{동법}$). 사채등록부는 등록채(무기명식이든, 기명식이든)의 이전·입질·신탁의 대항요건을 갖추는 데 그 의미가 있다($_{6조}^{동법}$).

제4 사채의 양도와 입질

1. 무기명사채의 양도와 입질

이것에 관하여는 상법에 아무런 규정이 없으므로 민법의 규정에 따라서 한다. 즉 무기명사채의 양도는 양수인에게 채권(債券)을 교부함으로써 그 효력이 있고 ($\frac{민}{523조}$), 무기명사채의 입질은 질권자에게 채권(債券)을 교부함으로써 그 효력이 생긴다($\frac{민}{351조}$).

상법에 의하여 전자등록기관의 전자등록부에 등록된 무기명사채의 양도나 입질은 전자등록부에 등록하여야 그 효력이 발생한다($\frac{상\ 478조\ 3항,}{356조의\ 2\ 2항}$).

2. 기명사채의 양도와 입질

(1) 기명사채의 양도

기명사채의 양도방법에 대하여는 상법에 특별한 규정이 없다(〈기명〉주식의 양도방법에 관하여는 상 336조에 규정이 있음). 따라서 기명사채(記名社債)의 양도는 지명채권의 양도방법에 의한다. 즉, 기명채권(記名債券)의 양도는 양도의 의사표시에 의하여 그 효력이 발생하는데, 기명채권(記名債券)은 기명증권(記名證券)으로서 권리가 증권에 화체된 유가증권이므로 이외에 증권의 교부가 있어야 양도의 효력이 발생한다고 본다(효력요건)(이 점에서 민법상 지명채권의 양도방법과 구별된다). 또한 기명사채(記名社債)의 양도는 그 효력을 회사나 제3자에게 대항하기 위하여는, 취득자의 성명과 주소를 사채원부에 기재하고 그 성명을 채권(債券)에 기재하여야 한다(대항요건)(이 점에서 민법상 지명채권의 양도의 대항요건과 구별된다)($\frac{상}{1항}$479조). 명의개서대리인이 있으면 명의개서대리인으로 하여금 이 절차를 밟게 할 수 있다($\frac{상}{2항}$479조). 기명채권(記名債券)은 법률상 당연한 지시증권이 아니므로 배서에 의하여 양도할 수는 없다(통설).

상법에 의하여 전자등록기관의 전자등록부에 등록된 기명사채의 양도나 입질은 전자등록부에 등록하여야 그 효력이 발생한다($\frac{상\ 478조\ 3항,}{356조의\ 2\ 2항}$).

(2) 기명사채의 입질(入質)

기명사채의 입질방법에 대하여도 상법에 특별한 규정이 없다. 따라서 기명사채의 입질방법은 (〈기명〉주식의 약식질에 관한 상법 제338조가 이것에 준용되어야 할 것으로 생각될 수도 있지만) 민법의 권리질의 입질방법($\frac{민\ 346조\sim}{347조}$)에 의하여야 한다고 본다.

그러므로 기명사채의 입질은 질권설정의 의사표시와 채권(債券)을 질권자에게 교부함으로써 질권설정의 효력이 발생한다(효력요건)(통설). 또한 기명사채의 입질의 대항요건도 민법의 권리질의 대항요건($\frac{민}{349조}$)에 의하여야 한다고 본다. 따라서 질권설정자가 입질을 제 3 채무자인 기채회사에 대하여 통지하거나 또는 기채회사의 승낙이 있어야 기채회사 또는 기타 제 3 자에게 대항할 수 있다(대항요건)(다수설).

상법에 의하여 등록된 기명사채의 입질에 대하여는 기명사채의 양도에서 이미 본 바와 같다.

3. 선의취득

무기명채권(無記名債券)은 금전의 지급을 목적으로 하는 유가증권이므로 당연히 선의취득이 인정된다($\frac{상\ 65조;\ 민}{524조,\ 514조}$). 그러나 기명채권(記名債券)은 기명증권(記名證券)으로서 그 점유에 자격수여력이 없으므로($\frac{상\ 336조}{2항과\ 비교}$) 선의취득이 인정되지 않는다.

상법에 의하여 전자등록부에 등록된 사채에 대하여는 선의취득이 인정된다($\frac{상\ 478조\ 3항,}{356조의 2\ 3항}$).

제 5 사채의 이자지급과 상환

1. 사채의 이자지급

사채의 이자지급은 기명채권(記名債券)의 경우는 사채원부에 기재된 사채권자에게 지급되고, 무기명채권(無記名債券)의 경우는 이권(利券)의 소지인에게 이 이권(利券)과 상환으로 지급된다.

이권(利券)은 「각 이자지급기에 있어서의 이자지급청구권을 표창하는 유가증권」인데, 지급기가 도래하지 않은 이권(利券)이 흠결된 경우에는 흠결된 이권(利券)의 권면액에 상당한 금액을 사채상환액에서 공제하여 사채의 지급을 하고($\frac{상\ 486조}{1항}$), 그 후 이권(利券)소지인은 언제든지 이권(利券)과 상환하여 이 공제금액의 지급을 청구할 수 있다($\frac{상\ 486조}{2항}$).

사채의 이자지급청구권(흠결 이권(利券)소지인의 공제금액 지급청구권)의 소멸시효기간은 5년이다($\frac{상\ 487조}{3항}$). 사채의 이자에 대한 지연손해금의 소멸시효기간도 5년이다($\frac{대판\ 2010.\ 9.\ 9,}{2010\ 다\ 28031}$).

2. 사채의 상환

기채회사가 사채권자에 대하여 부담하는 채무를 변제하는 것을 사채의 상환이라고 하는데, 이 방법과 기한은 사채발행조건에서 정하여지고, 또 사채청약서·채권 및 사채원부에 기재된다($\frac{상\ 474조\ 2\ 항\ 8\ 호,}{478조\ 2\ 항,\ 488조\ 3\ 호}$).

사채의 상환기한에 관하여는 사채발행 후 일정한 거치기간을 정하고, 그 후 일정한 기일까지 수시로 상환하든가, 또는 정기적으로 일정액을 상환하거나(정기분할상환) 또는 그 이상의 금액을 추첨에 의하여 상환하여 일정한 기일까지 전부의 상환을 할 것을 정할 수 있다. 이 거치기간중에는 사채권자의 의사에 반하여 상환할 수 없지만($\frac{민}{2항}$153조), 이 거치기간 경과 후에는 기채회사는 상환조건에 따라 상환의무를 진다.

사채권자의 기채회사에 대한 상환청구권과 사채관리회사에 대한 사채의 상환청구권은 10년간 행사하지 않으면 소멸시효가 완성한다($\frac{상\ 487조}{1항·2항}$). 사채의 상환청구권에 대한 지연손해금의 소멸시효기간도 10년이다($\frac{대판\ 2010.\ 9.\ 9,}{2010\ 다\ 28031}$).

제 6 사채권자의 공동단체성

사채권자는 공동의 이해관계를 갖고 있으므로 공동단체성을 갖는다. 따라서 상법은 사채권자의 공동의 이익을 위하여 사채관리회사와 사채권자집회를 인정하고 있다.

1. 사채관리회사

(1) 사채관리회사의 의의

1) 2011년 4월 개정상법 이전에는 기채회사(起債會社)(사채발행회사)로부터 사채모집의 위탁을 받은 수탁회사(受託會社)는 한편으로는 기채회사와 위임계약을 체결하고 기채회사의 「임의대리인」의 자격에서 사채모집의 업무를 수행하였고, 다른 한편으로는 사채권자와 특별한 계약관계에 있지 않으면서 사채권자의 「법정대리인」의 자격에서 사채권자를 위하여 사채의 상환을 받는 등의 업무를 수행하였다.

2) 그런데 수탁회사가 이해가 상반하는 기채회사와 사채권자의 대리인이 동시에 되는 것은 문제가 있다 하여, 2011년 4월 개정상법은 이 양자의 지위를 분리하여 기채회사로부터 사채모집의 위탁을 받아 사채모집의 업무를 수행하는 수탁회사

는 그대로 두고, 사채권자의 대리인으로서 사채권자를 위하여 사채의 상환을 받는 등의 업무를 수행하는 자에 대하여는 수탁회사와는 별도로 사채관리회사를 둘 수 있도록 하였다($\frac{상}{2}\frac{480조의}{이하}$).

3) 따라서 사채관리회사란 「회사가 사채를 발행하는 경우에 회사의 위탁에 의하여 사채권자를 위하여 변제의 수령·채권의 보전·그 밖의 사채의 관리를 하는 회사」라고 말할 수 있다($\frac{상}{의}\frac{480조}{2}$).

이러한 사채관리회사도 기채회사와 위임계약에 의하여 선임되고($\frac{상}{의}\frac{480조}{2}$) 사채권자와는 특별한 계약관계에 있지 않으므로, 사채권자와의 관계에서는 「법정대리인」으로서의 지위를 갖는다고 볼 수 있다.

(2) **사채관리회사의 자격**

사채관리회사는 은행·신탁회사·그 밖에 대통령령으로 정하는 자만이 될 수 있다($\frac{상 480조의 3\ 1항,}{상시\ 26조}$).

그러나 (i) 사채의 인수인 및 (ii) 기채회사와 특수한 이해관계가 있는 자로서 대통령령으로 정하는 자는 사채관리회사가 될 수 없다($\frac{상\ 480조의 3\ 2항,}{3항,\ 상시\ 27조}$).

(3) **사채관리회사의 선임·해임**

사채관리회사는 앞에서 본 바와 같이 기채회사(起債會社)와의 위임계약에 의하여 선임되고, 동 위임계약의 종료에 의하여 해임된다($\frac{상}{의}\frac{480조}{2}$).

그런데 사채관리회사는 다른 한편 모든 사채권자를 보호할 임무를 갖는 법정대리인의 지위에 있으므로, 상법은 사채관리회사의 해임 및 사임에 일정한 제한을 두고 있다(민법상 위임계약은 각 당사자가 언제든지 해지할 수 있음— $\frac{민\ 689조}{1항}$). 즉, 기채회사(위탁회사)는 언제든지 사채관리회사를 해임할 수 있는 것이 아니라, 사채관리회사가 그 사무를 처리하기에 적임이 아니거나 그 밖에 정당한 사유가 있는 때에 한하여 기채회사 또는 사채권자집회의 청구에 의하여 법원만이 이를 해임할 수 있다($\frac{상}{482조}$). 또한 사채관리회사는 언제든지 사임할 수 있는 것이 아니라, 기채회사와 사채권자집회의 동의를 받아 사임할 수 있고 부득이한 사유가 있는 경우에는 법원의 허가를 받은 경우에만 사임할 수 있다($\frac{상}{481조}$).

(4) **사채관리회사 등의 보수·비용**

사채관리회사, 그 대표자 또는 집행자에 대하여 줄 보수와 사무처리비용에 관하여는 사채관리회사 등을 보호하기 위하여 상법이 특별히 규정하고 있다($\frac{상}{507조}$).

(5) **사채관리회사의 권한**

사채관리회사는 다음의 권한을 갖는다.

1) 사채에 관한 채권의 변제수령권 등   사채관리회사는 사채권자를 위하여 사채에 관한 채권을 변제받거나 채권의 실현을 보전하기 위하여 필요한 재판상 또는 재판 외의 모든 행위를 할 수 있다($\frac{상}{1항}$484조). 사채관리회사가 사채에 관한 채권의 변제를 받으면 지체 없이 그 뜻을 공고하고, 알고 있는 사채권자에게 통지하여야 한다($\frac{상}{2항}$484조). 이러한 통지 등을 받은 사채권자는 사채관리회사에 사채 상환액 및 이자 지급을 청구할 수 있는데, 이 경우 사채권(社債券)이 발행된 때에는 사채권과 상환하여 상환액을 지급청구하고 이자는 이권(利券)과 상환하여 지급청구하여야 한다($\frac{상}{3항}$484조).

그런데 사채관리회사는 사채에 관한 채권을 변제받거나 채권의 실현을 보전하기 위한 행위를 제외하고 (i) 해당 사채 전부에 대한 지급의 유예, 그 채무의 불이행으로 발생한 책임의 면제 또는 화해, (ii) 해당 사채 전부에 관한 소송행위 또는 채무자회생 및 파산에 관한 절차에 속하는 행위를 하는 경우에는 사채권자집회의 결의에 의하여야 한다($\frac{상}{4항}$484조 본문). 다만, 기채회사는 위 (ii)의 행위를 사채관리회사가 사채권자집회결의에 의하지 아니하고 할 수 있음을 정할 수 있는데($\frac{상}{4항}$484조 단서), 사채관리회사가 사채권자집회결의에 의하지 아니하고 위 (ii)의 행위를 한 때에는 지체 없이 그 뜻을 공고하고, 알고 있는 사채권자에게는 따로 통지하여야 한다($\frac{상}{5항}$484조). 이러한 공고는 기채회사가 하는 공고와 같은 방법으로 하여야 한다($\frac{상}{6항}$484조).

2) 사채권자집회의 소집권 등   사채관리회사는 사채권자집회를 소집할 수 있고($\frac{상}{1항}$491조), 사채관리회사의 대표자를 사채권자집회에 출석하게 하거나 서면으로 의견을 제출할 수 있으며($\frac{상}{1항}$493조), 사채권자집회의 결의를 집행한다($\frac{상}{전단}$501조).

3) 기채회사의 현저한 불공정행위에 대한 취소의 소의 제기권   기채회사가 어느 사채권자에게 한 변제·화해·그 밖의 행위가 현저하게 불공정한 때에는 사채관리회사는 소(訴)만으로 그 행위의 취소를 청구할 수 있다($\frac{상}{1항}$511조). 사채관리회사는 이 소를 취소의 원인을 안 때부터 6개월, 행위가 있은 때부터 1년 내에 제기하여야 한다($\frac{상}{2항}$511조).

(6) 사채관리회사의 의무·책임

1) 앞에서 본 바와 같이 사채관리회사는 사채권자에 대하여 법정대리인으로서의 지위에 있으므로, 사채관리회사는 사채권자를 위하여 공평하고 성실하게 사채를 관리하여야 할 의무($\frac{상}{2}\frac{484조의}{1항}$)와 사채권자에 대하여 선량한 관리자의 주의로써 사채를 관리하여야 할 의무를 부담한다($\frac{상}{2}\frac{484조의}{2항}$).

2) 사채관리회사가 상법이나 사채권자집회의 결의를 위반한 행위를 한 때에는 사

채권자에 대하여 연대하여 이로 인하여 발생한 손해를 배상할 책임이 있다($\frac{상}{2}\frac{484조의}{3항}$).

(7) 둘 이상의 사채관리회사의 권한·의무

1) 사채관리회사가 둘 이상 있을 때에는 그 권한에 속하는 행위는 공동으로 하여야 한다($\frac{상}{1항}\frac{485조}{}$).

2) 사채관리회사가 둘 이상 있을 때에는 사채관리회사가 사채에 관한 채권의 변제를 받은 때에는 사채관리회사는 사채권자에 대하여 연대하여 변제액을 지급할 의무가 있다($\frac{상}{2항}\frac{485조}{}$).

2. 사채권자집회

(1) 의 의

사채권자집회는 「같은 종류의 사채권자에 의하여 구성되고, 사채권자에게 중대한 이해관계가 있는 사항에 관해서만 의결하는 회사 밖에 존재하는 임시기관」이다. 사채권자집회는 사채권자의 이익을 보호하기 위하여 인정된 제도이나, 기채회사를 위하여도 단일의 상대방이 있게 되어 매우 편리한 제도이다.

(2) 소 집

사채권자집회의 소집권자는 기채회사·사채관리회사 및 소수사채권자(사채의 종류별로 해당 종류의 사채총액〈상환받은 액을 제외함〉의 10분의 1 이상에 해당하는 사채권자)이다($\frac{상}{1항·2항}\frac{491조}{}$). 소수사채권자는 먼저 기채회사 또는 사채관리회사에 소집을 청구할 수 있고($\frac{상}{2항}\frac{491조}{}$), 이러한 청구를 받은 회사가 지체 없이 소집절차를 밟지 않는 경우에는 법원의 허가를 얻어 직접 사채권자집회를 소집할 수 있다($\frac{상}{3항}\frac{491조}{}$). 이 때 무기명채권을 가진 사채권자는 그 채권을 공탁하여야 이러한 권리를 행사할 수 있다($\frac{상}{4항}\frac{491조}{}$).

소집절차는 기명사채의 경우에는 주주총회에 준한다($\frac{상}{363조 1항·2항}\frac{491조의 2}{1항}$). 그러나 무기명사채인 경우에는 회사가 사채권자집회일의 3주(자본금총액이 10억원 미만인 회사는 2주) 전에 사채권자집회를 소집하는 뜻과 회의의 목적사항을 공고하여야 한다($\frac{상}{2}\frac{491조의}{2항}$).

(3) 결 의

사채권자집회의 결의사항(권한)은 크게, (i) 상법이 특히 규정한 것($\frac{상 439조 4항,}{481조, 482조,}$ $\frac{483조 1항, 484조 4항, 494조,}{500조 1항, 501조 단서, 504조,}$)과, (ii) 사채권자의 이해관계가 있는 사항($\frac{상}{490조}$)에 한정된다.

각 사채권자는 그가 갖는 해당 종류의 사채금액의 합계액(상환받은 액을 제외한다)에 따라 의결권을 갖는다($\frac{\text{상}}{1\text{항}}$492조). 무기명채권을 가진 자는 회일로부터 1주간 전에 그 채권을 공탁하여야 의결권을 행사할 수 있다($\frac{\text{상}}{2\text{항}}$492조). 사채권자집회에서도 서면결의 또는 전자투표가 인정된다($\frac{\text{상}}{3\text{항}\sim6\text{항}}$495조).

사채권자집회의 결의의 방법은 원칙적으로 주주총회의 특별결의의 방법에 의하는데($\frac{\text{상}}{434\text{조}}$495조 1항), 예외적으로 경미한 사항은 출석한 사채권자의 의결권의 과반수로써 할 수 있다($\frac{\text{상}}{483\text{조, }494\text{조}}$495조 2항, 481조~).

사채권자집회의 결의는 결의 그 자체만으로는 효력이 없고, 원칙적으로 법원의 인가에 의하여 그 효력이 생긴다($\frac{\text{상}}{1\text{항 본문}}$498조). 이러한 법원의 인가가 있으면 사채권자집회의 결의는 총사채권자에 대하여 그 효력이 있다($\frac{\text{상}}{2\text{항}}$498조). 사채권자집회의 소집자는 결의한 날로부터 1주간 내에 결의의 인가를 법원에 청구하여야 한다($\frac{\text{상}}{496\text{조}}$). 이와 같이 사채권자집회의 결의에 법원의 인가를 얻도록 한 것은 결의의 하자의 문제를 법원의 인가절차에 흡수시키고, 사채권자를 보호하기 위한 것이다. 따라서 사채권자집회결의의 하자의 소는 없다.

사채권자집회의 결의를 집행할 필요가 있는 경우에는 집회의 결의로써 따로 집행자를 정하였을 때에는 그 집행자, 이를 정하지 않았을 때에는 사채관리회사, 사채관리회사도 없는 때에는 사채권자집회의 대표자($\frac{\text{상}}{500\text{조}}$)가 이것을 집행한다($\frac{\text{상}}{501\text{조}}$).

(4) 사채권자집회의 대표자

사채권자집회는 해당 종류의 사채총액(상환받은 금액을 제외함)의 500분의 1 이상을 가진 사채권자 중에서 1명 또는 여러 명의 대표자를 선임하여 사채권자집회가 결의할 사항의 결정을 그 대표자에게 위임할 수 있다($\frac{\text{상}}{1\text{항}}$500조).

(5) 비용의 부담

사채권자집회에 관한 비용은 원칙적으로 기채회사가 부담한다($\frac{\text{상}}{1\text{항}}$508조). 법원에 대한 사채권자집회결의 인가청구의 비용도 원칙적으로 기채회사가 부담하여야 하는데, 예외적으로 법원은 이해관계인의 신청 또는 직권으로 이러한 비용의 부담자를 따로 정할 수 있다($\frac{\text{상}}{2\text{항}}$508조).

제 2 관   특수사채

특수사채는 크게 상법이 인정하고 있는 특수사채와 특별법이 인정하고 있는 특수사채로 분류된다. 상법이 인정하고 있는 특수사채로는 전환사채·신주인수권부사채·이익참가부사채·교환사채·상환사채 등이 있고, 특별법이 인정하고 있는 특수사채로는 담보부사채($^{담보사}_{17조}$) 등이 있다. 이하에서는 상법이 인정하는 특수사채 중 전환사채 및 신주인수권부사채에 대하여만 간단히 설명한다.

제 1 전환사채

(1) 의 의

전환사채란 「기채회사의 주식으로 전환할 수 있는 권리(전환권)가 인정된 사채」이다. 전환사채는 사채의 안전성과 주식의 투기성을 함께 갖고 있으므로(잠재적 주식), 보통의 사채보다 유리한 모집조건으로 사채의 모집을 할 수 있게 된다.

(2) 발 행

전환사채의 발행방법에는 주주배정·제 3 자배정 및 모집의 세 가지 방법이 있는데, 제 3 자배정 및 모집에 의한 전환사채의 발행을 상법은 「주주 외의 자에 대하여 전환사채를 발행하는 경우」로 규정하고 있다($^{상\,513조}_{3항\cdot4항}$). 따라서 전환사채의 발행은 「주주배정에 의한 전환사채의 발행의 경우」와 「주주 외의 자에 대하여 전환사채를 발행하는 경우」로 나누어진다.

주주배정에 의한 전환사채를 발행하는 경우에는 정관으로 주주총회에서 결정하기로 정한 경우를 제외하고, 이사회에서 (i) 전환사채의 총액($^{상\,513조}_{2항\,1호}$)·(ii) 전환의 조건($^{상\,513조}_{2항\,2호}$)·(iii) 전환으로 인하여 발행할 주식의 내용($^{상\,513조}_{2항\,3호}$)·(iv) 전환을 청구할 수 있는 기간($^{상\,513조}_{2항\,4호}$) 및 (v) 주주에게 전환사채의 인수권을 준다는 뜻과 인수권의 목적인 전환사채의 액($^{상\,513조}_{2항\,5호}$)을 결정하여야 한다($^{상\,513조}_{2항}$). 그러나 자본금 총액이 10억원 미만으로서 이사를 1명 또는 2명을 둔 소규모 주식회사($^{상\,383조}_{1항\,단서}$)는 이사회가 없으므로, 이러한 이사회의 권한을 주주총회가 행사한다($^{상\,383조}_{4항}$).

주주 외의 자에 대하여 전환사채를 발행하는 경우에는 위 (i) 내지 (iv)의 사항 및 (v) 주주 외의 자에게 전환사채를 발행하는 것과 이에 대하여 발행할 전환사채의 액에 대하여, (정관에 다른 규정이 없으면) 「이사회의 결의」($^{상\,513조}_{2항}$) 외에 다시 「주주총회의 특별결의」가 있어야 한다($^{상\,513조}_{3항\,1문}$). 그런데 이 경우에는 신기술의 도입, 재무관리의 개선 등 회사의 경영상 목적을 달성하기 위하여 필요한 경우에 한한다($^{상\,513조}_{3항\,2문}$). 이 때에는 주주 외의 자에게 전환사채를 발행한다는 내용의 의안의 요령을 주주총회의 소집에 관한 통지에 기재하여야 한다($^{상\,513조}_{4항}$). 회사가 이러한 주주총회의 특별결의 없이 주주 외의 자에 대하여 발행한 전환사채는 법률에 의하여 주주총회의 (특별)결의를 요하는 경우에 그러한 결의 없이 한 대표이사의 대표행위(위법한 대표행위)에 해당하므로 무효라고 본다.

　전환사채의 발행절차는 일반사채의 발행절차($\frac{상}{이하}$469조)와 크게 다를 바 없으나, 이와 다른 점은 사채청약서·채권(債券)과 사채원부에 이에 관한 사항을 기재하여 공시하여야 하고($\frac{상}{514조}$), 또 전환사채의 등기를 하여야 하는 점이다($\frac{상}{의}$514조). 주주배정에 의한 전환사채의 발행의 경우에 전환사채의 인수권을 가진 주주는 그가 가진 주식의 수에 따라 전환사채를 배정받을 권리가 있는 점($\frac{상}{의}$2 513조), 실권예고부청약최고를 하여야 하는 점($\frac{상}{의}$3 513조) 등은 주주배정에 의한 신주발행을 하는 경우와 유사하다. 주주 외의 자에게 전환사채를 발행하는 경우는 주주 외의 제 3 자에게 전환사채인수권을 주는 제 3 자배정의 경우와 모집에 의하여 전환사채를 발행하는 경우가 있는데, 제 3 자배정의 경우에는 제 3 자에게 소정의 전환사채를 배정하고 모집의 경우에는 일반사채와 동일한 방법으로 배정한다.

　회사가 법령 또는 정관에 위반하거나 현저하게 불공정한 방법에 의하여 전환사채를 발행함으로써 주주가 불이익을 받을 염려가 있는 경우에는, 주주는 전환사채의 효력이 생기기 전(즉, 전환사채의 납입기일까지)에 회사에 대하여 그 발행을 유지할 것을 청구할 수 있고($\frac{상\ 516조\ 1\ 항,}{424조}$)($\frac{동지: 대판\ 2004.\ 8.}{16,\ 2003\ 다\ 9636}$), 이사와 통모하여 현저하게 불공정한 가액으로 전환사채를 인수한 자는 회사에 대하여 공정한 발행가액과의 차액에 상당한 금액을 지급할 의무가 있다($\frac{상\ 516조\ 1\ 항,}{424조의2\ 1\ 항}$). 통모인수의 경우에는 주주의 대표소송이 인정되고($\frac{상\ 516조\ 1\ 항,}{424조의2\ 2\ 항}$), 이사는 회사 또는 주주에 대하여 손해배상책임을 진다($\frac{상\ 516조\ 1\ 항,}{424조의2\ 3\ 항}$). 그런데 상법상 신주발행무효의 소에 대응하는 전환사채발행무효의 소의 제도는 인정되지 않는다. 그러나 우리 대법원판례는 이에 대하여 아래와 같이 신주발행무효의 소에 관한 상법 제429조를 유추적용하고 있다.

[전환사채의 발행에 신주발행무효의 소의 규정을 유추적용한 판례]

　"상법은 제516조 1 항에서 신주발행의 유지청구권에 관한 제424조 및 불공정한 가액으로 주식을 인수한 자의 책임에 관한 제424조의 2 등을 전환사채의 발행의 경우에 준용한다고 규정하면서도 신주발행무효의 소에 관한 제429조의 준용여부에 대해서는 아무런 규정을 두고 있지 않으나, 전환사채는 전환권의 행사에 의하여 장차 주식으로 전환될 수 있는 권리가 부여된 사채로서, 이러한 전환사채의 발행은 주식회사의 물적 기초와 기존 주주들의 이해관계에 영향을 미친다는 점에서 사실상 신주를 발행하는 것과 유사하므로, 전환사채의 발행의 경우에도 신주발행무효의 소에 관한 상법 제429조가 유추적용된다고 봄이 상당하고, 이 경우 당사자가 주장하는 개개의 공격방법으로서의 구체적인 무효원인

은 각각 어느 정도 개별성을 가지고 판단할 수밖에 없는 것이기는 하지만, 전환
사채의 발행에 무효원인이 있다는 것이 전체로서 하나의 청구원인이 된다는 점
을 감안할 때 전환사채의 발행을 무효라고 볼 것인지 여부를 판단함에 있어서
는 구체적인 무효원인에 개재된 여러 위법 요소가 종합적으로 고려되어야 한다
$\left(\begin{smallmatrix}대판\ 2004.\ 6.\ 25,\\ 2000\ 다\ 37326\end{smallmatrix}\right)$. "

동지: 대판 2004. 8. 16, 2003 다 9636; 서울고결 1997. 5. 13, 97 라 36(전
환사채의 발행에 무효사유가 있는 경우 그 무효를 인정하여야 하고, 그 방법은
신주발행무효의 소에 관한 상법 제429조를 유추적용할 수 있다. 전환사채의 발
행이 경영권 분쟁 상황하에서 열세에 처한 구 지배세력이 지분비율을 역전시켜
경영권을 방어하기 위하여 이사회를 장악하고 있음을 기화로 기존 주주를 완전
히 배제한 채 제 3 자인 우호세력에게 집중적으로 '신주'를 배정하기 위한 하나
의 방편으로 채택된 것이라면, 이는 전환사채제도를 남용하여 전환사채라는 형
식으로 사실상 신주를 발행한 것으로 보아야 하며, 그렇다면 그러한 전환사채
의 발행은 주주의 신주인수권을 실질적으로 침해한 위법이 있어 신주발행을 그
와 같은 방식으로 행한 경우와 마찬가지로 무효로 보아야 하고, 뿐만 아니라 그
전환사채 발행의 주된 목적이 경영권 분쟁 상황하에서 우호적인 제 3 자에게 신
주를 배정하여 경영권을 방어하기 위한 것인 점, 경영권을 다투는 상대방인 감사
에게는 이사회 참석 기회도 주지 않는 등 철저히 비밀리에 발행함으로써 발행유
지가처분 등 사전 구제수단을 사용할 수 없도록 한 점, 발행된 전환사채의 물량
은 지배구조를 역전시키기에 충분한 것이었고, 전환기간에도 제한을 두지 않아
발행 즉시 주식으로 전환될 수 있도록 하였으며, 결과적으로 인수인들의 지분이
경영권 방어에 결정적인 역할을 한 점 등에 비추어, 그 전환사채의 발행은 현저
하게 불공정한 방법에 의한 발행으로서 이 점에서도 무효라고 보아야 한다).

(3) 전환의 절차

전환사채권자가 전환을 청구하는 경우에는 전환기간중 소정의 청구서 2통에
채권(債券)(전환사채를 전자등록기관의 전자등록부에 등록하여 발행한 경우에는 그 채권을
증명할 수 있는 자료—$\binom{상\ 515조}{1항\ 단서}$)을 첨부하여 이것을 회사에 제출하여야 한다($\binom{상\ 515조}{1항}$). 이
청구서에는 전환하고자 하는 사채와 청구의 연월일을 기재하고 기명날인 또는 서명
을 하여야 한다($\binom{상\ 515조}{2항}$). 전환의 청구는 주주명부의 폐쇄기간중에도 할 수 있는데,
다만 이 경우에 전환된 주식의 주주는 주주명부폐쇄기간중의 총회의 결의에 관하여
는 의결권을 행사할 수 없다($\binom{상\ 516조\ 2항,}{350조\ 2항}$).

전환사채의 발행가액총액은 전환에 의하여 발행하는 주식의 발행가액총액과

동액이어야 하므로($\frac{상\ 516조\ 2항,}{384조}$), 전환청구가 있으면 회사는 사채의 발행가액총액과 동액의 주식을 발행하여(즉 발행하는 주식의 발행가액총액과 일치시켜) 전환가액(시가전환방식 또는 액면전환방식 등)으로 나눈 수의 주식을 전환사채권자에게 주어야 한다.

(4) 전환의 효력

전환청구권은 일종의 형성권이므로, 전환은 전환사채권자가 「전환을 청구한 때」에 효력이 생긴다. 즉, 이 때 전환사채는 소멸하므로 전환사채권자는 사채권자로서의 지위를 잃고 새로이 발행된 주식의 주주가 된다. 또 전환사채를 목적으로 하는 질권에는 전환으로 인하여 발행된 신주에 물상대위가 인정된다($\frac{상\ 516조\ 2항,}{339조}$).

전환사채의 전환에 의하여 신주가 발행되므로 회사는 전환기간중 전환에 의하여 발행될 주식의 수(종류주식이 발행된 경우에는 정관에서 정한 종류의 주식의 수)를 미발행주식수 중에 유보하여($\frac{상\ 516조\ 1항,}{346조\ 4항}$), 전환이 있으면 유보되었던 미발행주식수 중에서 신주를 발행하여야 한다. 전환사채의 전환에 의하여 회사의 경우에는 전환청구를 받은 전환사채의 금액만큼 사채가 감소하고, 이에 상당하는 자본금이 증가한다. 전환사채의 전환이 있으면 등기사항($\frac{상\ 514조의\ 2\ 2항\ 1호,}{317조\ 2항\ 2호·3호\ 등}$)이 변경되므로 이에 관한 변경등기를 하여야 한다($\frac{상\ 516조\ 2항,}{351조}$).

제2 신주인수권부사채

(1) 의 의

신주인수권부사채란 「사채권자(또는 신주인수권증권의 정당한 소지인)에게 기채회사에 대한 신주인수권이 부여된 사채」를 말한다. 여기에서의 「신주인수권」이란 '발행된 신주에 대하여 다른 사람보다 우선적으로 배정받을 수 있는 권리'($\frac{상\ 418조}{1항}$)를 의미하는 것이 아니라, '기채회사에 대하여 신주발행을 청구하고 이에 따라 기채회사가 신주를 발행하면 그 신주에 대하여 당연히 주주가 되는 권리'를 의미한다. 따라서 신주인수권부사채는 「신주발행청구권부사채」라고도 볼 수 있다. 신주인수권부사채에서 사채권자(또는 신주인수권증권의 정당한 소지인)가 신주인수권을 행사하면 기채회사는 당연히 신주를 발행하여야 할 의무를 부담하므로, 이러한 신주인수권은 전환사채에서의 전환권과 같이 형성권이다.

이러한 신주인수권부사채에는 사채권을 표창하는 유가증권인 채권(債券)과 신주인수권을 표창하는 유가증권인 신주인수권증권을 별도로 발행하는 분리형 신주인수권부사채와(회사는 신주인수권증권을 발행하는 대신 정관에서 정하는 바에 따라 전자등록기관의 전자등록부에 신주인수권을 등록할 수 있는데, 이 경우에는 주식의 전자등록과 같다—상516조의7), 사채권과 신주인수권을 동일한 유가증권인 채권(債券)에 표창하여 발행하는 비분리형 신주인수권부사채(원칙)가 있다. 주권상장법인은 분리형 신주인수권부사채를 발행할 수 없다(자금165조의10 2항). 이러한 신주인수권부사채는 앞에서 본 전환사채와 유사한 점도 있으나, 많은 점에서 차이가 있다(이에 관한 상세는 정찬형, 「상법강의(상)(제27판)」, 1324~1327면 참조).

(2) 발 행

1) 주주배정에 의하여 신주인수권부사채를 발행하는 경우에는 주주의 이익을 해하지 않으므로, 회사는 원칙적으로 주주총회의 결의를 받을 필요 없이 이사회의 결의만으로 발행할 수 있다(상516조의2 2항). 그러나 자본금 총액이 10억원 미만으로서 이사를 1명 또는 2명을 둔 소규모 주식회사(상383조1항 단서)는 이사회가 없으므로, 이러한 이사회의 권한을 주주총회가 행사한다(상383조4항). 이 때 신주인수권부사채도 사채이므로 원칙적으로 일반사채의 발행절차에 의하나, 예외적으로 일반사채의 발행절차와는 다른 특칙이 규정되어 있는데 이는 전환사채의 경우와 같다(상 516조의 4,516조의 8). 그 밖의 사항은 주주배정에 의한 신주발행 또는 전환사채를 발행하는 경우와 같다(상 516조의 3, 516조의 11, 513조의 2).

2) 주주 외의 자에 대하여 신주인수권부사채를 발행하는 경우(제3자배정 및 모집)에는 주주의 이익을 보호하기 위하여 위의 절차(주주배정의 경우의 절차) 외에 일정한 사항에 관하여 주주총회의 특별결의로써 이를 정하여야 한다(상516조의2 4항 1문). 그런데 이 경우에는 신기술의 도입, 재무구조의 개선 등 회사의 경영상 목적을 달성하기 위하여 필요한 경우에 한한다(상516조의2 4항 2문). 이 때에 주주총회소집의 통지와 공고에는 신주인수권부사채의 발행에 관한 의안의 요령을 기재하여야 한다(상516조의2 5항, 513조 4항, 363조'). 회사가 이러한 주주총회의 특별결의 없이 주주 외의 자에 대하여 발행한 신주인수권부사채는 법률에 의하여 주주총회의 (특별)결의를 요하는 경우에 그러한 결의 없이 한 대표이사 또는 대표집행임원의 대표행위(위법한 대표행위)에 해당하므로 무효라고 본다.

이 경우 발행절차에 대하여 상법은 특별히 규정하고 있지 않으므로, 일반사채의 발행에 관한 규정과 주주 외의 자에 대한 전환사채의 발행에 관한 규정을 유추적용하여 발행할 수 있다고 본다. 주주 외의 자에 대하여 신주인수권부사채를 발행하는 경우에는 제3자배정에 의한 경우와 모집에 의한 경우가 있는데, 제3자배정의 경우에는 주주배정에 의한 발행절차와 유사하나 모집(모집에는 그 범위에 따라 연고모집과 공모가 있다)의 경우에는 일반사채의 모집에 의한 발행절차에 의한다.

3) 불공정한 신주인수권부사채의 발행에 대하여 주주는 회사에 대하여 그 발행을 유지(留止)할 것을 청구할 수 있다($\frac{상\ 516조의\ 11,}{516조\ 1항,\ 424조}$). 또한 이사·집행임원과 통모하여 현저하게 불공정한 발행가액으로 신주인수권부사채를 인수한 자가 있는 경우에는 그는 회사에 대하여 공정한 발행가액과의 차액에 상당한 금액을 지급할 의무를 부담하는데($\frac{상\ 516조의\ 11,\ 516조}{1항,\ 424조의\ 2\ 1항}$), 주주는 이에 관하여 대표소송을 제기할 수 있는 점($\frac{상\ 516조의\ 11,\ 516조}{1항,\ 424조의\ 2\ 2항}$)은 신주발행 및 전환사채의 경우와 같다. 그러나 신주발행의 경우와는 달리 발행무효의 소의 제도는 인정되지 않는다. 그런데 우리 대법원판례는 이에 신주발행무효의 소에 관한 상법 제429조를 유추적용하고 있다($\frac{대판\ 2015.\ 12.\ 10,\ 2015\ 다\ 202919;}{동\ 2022.\ 10.\ 27,\ 2021\ 다\ 201054}$).

(3) 양   도

1) 비분리형 신주인수권부사채의 경우에는 채권(債券)이 사채권 및 신주인수권을 표창하고 있으므로, 채권(債券)의 양도에 의하여 두 권리가 동시에 양수인에게 이전한다. 채권(債券)의 양도방법은 기명채권과 무기명채권에 따라 상이한데, 이에 관하여는 이미 앞에서 설명하였다.

2) 분리형 신주인수권부사채의 경우에는 채권(債券) 외에 신주인수권을 표창하는 신주인수권증권이 별도로 발행되므로, 두 증권을 분리하여 양도할 수 있다. 즉, 사채권을 표창하는 채권(債券)의 양도방법은 앞에서 본 바와 같고, 신주인수권을 표창하는 신주인수권증권의 양도방법은 양도인의 의사표시와 동 증권의 교부이다($\frac{상\ 516조의}{6\ 1항}$)(보통의 신주발행시에 발행되는 신주인수권증서와 분리형 신주인수권부사채에서 발행되는 신주인수권증권의 공통점과 차이점에 관하여는 정찬형, 「상법강의(상)(제27판)」, 1332~1333면 참조).

(4) 행   사

신주인수권부사채에서 신주인수권을 행사하려는 자는 청구서 2통을 회사에 제출하여야 하는데($\frac{상\ 516조의\ 9}{1항\ 전단}$), 이 청구서에는 인수할 주식의 종류 및 수와 주소를 기재하고 기명날인 또는 서명하여야 한다($\frac{상\ 516조의\ 9\ 4항,}{302조\ 1항}$). 이 경우 신주인수권부사채가 분리형인 경우(즉, 신주인수권증권이 발행된 경우)에는 신주인수권증권을 첨부하고, 비분리형인 경우에는 채권(債券)을 제시하여야 한다($\frac{상\ 516조의}{9\ 2항}$). 이 때 채권(債券)이나 신주인수권증권을 전자등록한 경우에는 그 채권(債券)이나 신주인수권증권을 증명할 수 있는 자료를 첨부하여 회사에 제출함으로써 신주인수권을 행사한다($\frac{상\ 516조의\ 9}{2항\ 단서}$). 신주인수권의 행사는 그 행사기간중에 하여야 한다. 그 행사기간중에 주주명부폐쇄기간이 포함된 경우에는 이 폐쇄기간중에도 신주인수권을 행사할 수 있는데, 다만 신주인수권을 행사한 주주는 그 기간중의 주주총회의 결의에 관하여는 의결권을 행사할 수 없다($\frac{상\ 516조의\ 10,}{350조\ 2항}$).

회사는 신주인수권의 행사기간 동안은 신주인수권의 행사로 인하여 발행될 주식수만큼 수권주식총수 중 미발행주식수에 유보하여야 한다($\frac{상\ 516조의\ 11,\ 516조,}{1항,\ 346조\ 2항}$). 신주인수권의 행사로 인하여 발행할 주식의 발행가액총액은 신주인수권부사채의 금액(발행가액총액)을 초과할 수 없다($\frac{상\ 516조의}{2\ 3항}$).

신주인수권을 행사한 자는 원칙적으로 신주의 발행가액의 전액을 납입하여야 한다(대용납입이 인정되지 않음)($\frac{상\ 516조의\ 9}{1항\ 후단}$). 이 때의 납입은 채권(債券) 또는 신주인수권증권에 기재된 납입장소인 은행 기타 금융기관에 하여야 하고($\frac{상\ 516조의}{9\ 3항}$), 이러한 납입금보관은행의 변경 및 증명과 책임에 관하여는 회사설립(모집설립)의 경우와 같다($\frac{상\ 516조의\ 9\ 4항,}{306조,\ 318조}$). 그러나 예외적으로 신주인수권을 행사하려는 자의 청구가 있는 때에는 신주인수권부사채의 상환에 갈음하여 그 발행가액으로 신주인수권의 행사에 의한 신주의 발행가액의 납입이 있는 것으로 본다(대용납입이 인정됨)($\frac{상\ 516조의\ 2}{2항\ 5호}$). 이러한 대용납입은 주식인수인의 회사의 동의 없는 납입상계금지원칙($\frac{상\ 421조}{2항}$)에 대한 중대한 예외라고 볼 수 있다.

신주인수권의 행사로 인하여 발행되는 신주의 효력발생시기는 원칙적으로 대용납입이 인정되지 않으므로, 신주인수권을 행사한 자가「신주의 발행가액의 전액을 납입한 때」이다($\frac{상\ 516조의}{10\ 1문}$). 다만 주주명부폐쇄기간중에 신주인수권을 행사한 경우에는 그 행사에 의하여 발행된 주식의 주주는 그 폐쇄기간중의 주주총회의 결의에 관하여는 의결권을 행사할 수 없다($\frac{상\ 516조의\ 10}{2문,\ 350조\ 2항}$). 그러나 예외적으로 대용납입이 인정되는 경우에는, 현실적인 주금납입이 없으므로 신주인수권을 행사하는 자가 회사에 (신주인수권증권이나 채권〈債券〉을 첨부하여)「신주발행의 청구서를 제출한 때」에 신주발행의 효력이 발생한다고 본다.

신주인수권을 행사하면 등기사항인 신주인수권부사채의 총액($\frac{상\ 516조의\ 8\ 1항\ 5호,}{516조의\ 2\ 2항\ 1호}$)이 감소하는 경우가 있고(대용납입이 있는 경우), 또한 발행주식총수와 자본금($\frac{상\ 317조\ 2항}{2호·3호}$)이 증가하므로, 이에 관한 변경등기를 하여야 한다($\frac{상\ 516조의\ 11,}{351조}$).

≫ 사례연습 ≪

[사 례]

Y주식회사가 신주인수권부사채를 발행하면서 신주인수권부사채의 액, 신주인

수권의 내용과 신주인수권을 행사할 수 있는 기간 등에 관하여 정관에 규정이 없어 이사회결의만으로 결정하여 발행한 경우, 이러한 신주인수권부사채는 유효한가?

* 이 사례는 정찬형, 「상법사례연습(제4판)」, 사례 87에 기초한 것이므로, 이에 관한 상세는 同書를 참고하기 바람.

[해 답]

1. 주주배정의 경우

Y주식회사가 신주인수권부사채(분리형이든, 비분리형이든)를 발행하여 주주에게 배정하는 경우에는 주주의 이익을 해하는 것이 아니므로 주주총회의 결의를 요하지 않고 이사회의 결의만으로 적법하게 동 사채를 발행할 수 있다. 따라서 주주배정에 의한 신주인수권부사채의 발행은 이사회의 결의만으로 유효하다.

입법례에 따라서는 분리형 신주인수권부사채를 발행하는 것이 기존 주주의 이익을 침해할 우려가 있다는 이유에서 무조건 주주총회의 특별결의를 요건으로 하는 입법례도 있으나($^{日商\ 341조의}_{8\ 4항}$), 우리 상법은 주주 외의 자에 대하여 신주인수권부사채(분리형이든 비분리형이든)를 발행하는 경우에만 정관에 규정이 없으면 주주총회의 특별결의를 받도록 하였다($^{상\ 516조의}_{2\ 4항}$). 다만 주주배정의 경우 분리형 신주인수권부사채를 발행하는 경우에는 발행사항의 결정에 있어서 이를 따로 정하는 동시에($^{상\ 516조의\ 2}_{2항\ 4호}$), 실권예고부 청약최고시에 주주에게 그 뜻을 통지하도록 규정하고 있다($^{상\ 516조의\ 3}_{1항\ 2문}$).

2. 주주 외의 자에 대하여 배정하는 경우

(1) 주주의 발행유지청구와 신주인수권부사채 발행의 효력

주주 외의 자에 대하여 신주인수권부사채를 발행하는 경우에는 기존 주주의 이익을 보호하기 위하여 이에 관하여 이사회에서 별도로 결정하는 외에($^{상\ 516조의\ 2}_{2항\ 8호}$) 일정한 사항에 관하여 (정관에 규정이 없으면) 주주총회의 특별결의를 받아야 한다($^{상\ 516조의}_{2\ 4항}$). 그런데 이에 관하여 정관에도 규정이 없고 또 주주총회의 특별결의도 없이 회사가 이사회의 결의만으로 신주인수권부사채를 발행한 경우에는 회사는 상법 제516조의2 4항의 법령위반행위를 한 것이 된다. 따라서 주주가 이로 인하여 불이익을 받을 염려가 있는 경우에는 주주는 회사에 대하여 동 사채발행의 유지(留止)를 청구할 수 있다($^{상\ 516조의\ 11,}_{516조\ 1항,\ 424조}$). 이 때 주주는 주주 이외의 자가 신주인수권부사채를 인수하기 이전에만 동 사채의 발행유지를 청구할 수 있다고 본다. 또한 이 때에 주주의 불이익이란 주주에 대한 신주인수권부사채의 배정이 무시됨으로써 주주가 신주인수권부사채에 대한 투자기회를 놓친 경우뿐만 아니라, 주주 이외의 자에게 대량으로 또는 부당하게 유리한 내용의 신주인수권을 부여함으로써 주주의 의결권이 감소되거나 배당률이 저하되는 경우 등을 포함한다.

그러나 주주의 이러한 유지청구는 회사가 이에 불구하고 사채의 발행절차를 계속하여 발행된 사채의 효력에는 어떠한 영향을 미치는 것이 아니다. 오히려 보통의 신주발행이나 전환사채의 경우와 같이 신주인수권부사채의 경우에도 일단 사채가 발행된 경우에는 주주의 이익보다는 거래의 안전이 중요시된다고 본다(신주발행에 관하여 회사내부절차에서 하자가 있는 경우에도 거래의 안전을 중시하여 유효로 보는 판례로는 ― 대판 1980. 2. 12, 79 다 509 참조). 설사 주주가 동 사채발행유지청구를 소송에 의하여 하고 이에 기하여 가처분을 받았다고 하더라도, 동 가처분은 대세적 효력을 갖지 못하고 회사는 가처분신청을 한 주주에 대하여만 부작위의무를 부담하는 데 불과하다. 또한 신주인수권부사채의 경우에는 신주발행의 경우와는 달리 발행무효의 소도 인정되지 않는다(신주발행무효의 소에 관한 상 429조~432조는 전환사채 및 신주인수권부사채에서는 준용되고 있지 않음). 따라서 신주발행에서와 같이 유지청구를 무시하고 신주인수권부사채가 발행된 경우에도 무효의 소의 원인이 될 것인가에 대한 문제도 없다. 따라서 상법 제516조의 2 4항에 위반하여 주주총회의 결의 없이 이사회 결의만으로 주주 외의 자에게 발행한 신주인수권부사채의 효력은 주주의 발행유지청구가 있는지 여부에 불구하고 유효하다고 본다.

(2) 이사의 책임

이와 같은 업무를 집행한 이사는 법령위반행위를 하였으므로 그러한 이사는 회사에 대하여 연대하여 손해를 배상할 책임이 있고($상_{399조}$), 그러한 이사에게 악의 또는 중과실이 있으면 주주(제 3 자)에 대하여도 손해를 배상할 책임이 있다($상_{401조}$).

제 1 절　유한회사의 의의와 특색

제 1　유한회사의 의의

　　유한회사란「사원의 출자에 의한 자본금을 가지고, 이 자본금은 균일한 비례적 단위인 출자에 의하여 분할되며, 사원은 원칙적으로 출자금액을 한도로 하여 회사에 대하여만 책임을 지는 회사」를 말한다.

　　유한회사의 의의는 주식회사의 그것과 같이「자본금」,「출자」및「사원의 유한책임」으로 구성된다. 유한회사의 자본금은 주식회사의 경우와 같이 최저자본금이 없고, 액면주식을 발행하는 주식회사의 경우와 같이 자본금의 균등한 비례적 단위인 출자 1좌의 금액은 100원 이상이어야 한다($^{\text{상}}_{546조}$). 유한회사의 사원은 원칙적으로 회사에 대하여만 출자금액을 한도로 하는 간접·유한책임을 부담하는데, 일정한 경우에는 이에 대한 예외로서 자본금의 전보책임을 부담한다($^{\text{상 550조, 551조,}}_{593조 \ 등}$).

　　유한회사는 주식회사와 같이 물적회사이기는 하나, 주식회사가 대기업에 적합한 회사형태임에 반하여 유한회사는 중소기업에 적합한 회사형태라는 점에서 양자는 구별된다. 또한 유한회사는 합자회사와 같이 유한책임사원을 갖고 있으나, 합자회사의 유한책임사원은 직접·유한책임을 부담함에 반하여 유한회사의 유한책임사원은 간접·유한책임을 부담하는 점에서 양자는 구별된다. 유한회사와 유한책임회사의 사원의 책임은 상법에 다른 규정이 없으면 출자금액을 한도로 하는 점에서는 같으나($^{\text{상 553조,}}_{287조의 7}$), 유한회사의 사원은 현물출자 등의 부족재산가격 및 출자불이행에 대하여 전보책임을 지나($상\frac{550조\,1항}{551조\,1항}$) 유한책임회사의 사원은 이러한 전보책임을 부담하지 않는 점에서 양자는 구별된다.

제 2 유한회사의 특색

유한회사의 특색으로서는 크게 자본단체성(주식회사의 장점)과 소규모폐쇄성(인적 회사의 장점)의 두 가지를 들 수 있다.

1. 자본단체성

유한회사는 사원의 출자에 의하여 형성되는 자본 중심의 단체이다. 자본금은 정관의 절대적 기재사항이므로($상\frac{543조}{2호}$)(자본금 확정의 원칙), 그 증감은 정관변경의 절차에 의한다($상\frac{584조}{이하}$)(자본금 불변의 원칙). 또한 유한회사의 자본금은 회사채권자에 대하여 유일한 재산이므로 자본금에 해당하는 재산이 현실적으로 유지되어야 한다($상\frac{544조,\,548조,\,550조,}{551조,\,583조\,등}$)(자본금 유지〈충실〉의 원칙). 이와 같이 유한회사에서는 자본금에 관한 원칙이 수권자본제를 취하는 주식회사보다 철저하다.

주식회사는 대기업에 적합한 회사형태이나, 유한회사는 중소기업에 적합한 회사형태이다.

2. 소규모폐쇄성

유한회사는 일종의 자본단체이기는 하지만, 주식회사와 같은 거대한 자본금을 모집하는 회사형태가 아니고 자본금과 그 출자자와의 관련을 중시하는 소규모·폐쇄적인 회사이다. 따라서 상법은 이에 관하여 다음과 같은 여러 규정을 두고 있다.

(1) 설 립

유한회사의 설립에서 사원의 공모는 인정되지 않고(따라서 주식회사의 경우 모집설립에 해당하는 방법은 인정되지 않음), 증자의 경우 원칙적으로 현재사원의 출자인수권만이 인정된다($상_{588조}$). 유한회사의 이러한 폐쇄성 때문에 사채발행도 인정되지 않는다($상\frac{600조}{2항}$).

(2) 사 원

유한회사는 그 소규모폐쇄성으로 인하여 사원의 개성이 강하고 또 사원 상호간의 유대관계가 높다. 따라서 설립 당시의 사원이나 증자결의에 동의한 사원은 연대하여 자본금의 결함을 전보할 책임을 진다($\frac{상}{593조}$ 550조, 551조). 또한 사원의 지분에 관하여 증권화를 금지하고 있다($\frac{상}{555조}$).

(3) 기 관

유한회사의 소규모폐쇄성은 그 기관구성에도 반영되어 있다. 즉, (i) 총사원의 동의가 있으면 사원총회의 소집절차를 생략할 수 있고($\frac{상}{573조}$), 서면에 의한 결의도 가능하다($\frac{상}{577조}$). (ii) 업무집행기관은 이사인데, 이사의 원수(員數)에도 제한이 없으므로 1인 이상이면 된다($\frac{상}{561조}$). (iii) 감사가 임의기관이고($\frac{상}{568조}$), 감사위원회제도도 없다($\frac{상 415조의}{2 \ \text{참조}}$).

(4) 기 타

유한회사는 확정자본제도를 채택하고 있다. 또한 주식회사에 있어서와 같은 공시주의는 완화되고(대차대조표의 공고불요, 공고방법의 정관기재불요), 법원의 감독범위도 매우 좁다(설립절차와 증자절차에 있어서의 검사인에 의한 조사제도의 부존재, 인가사항이 적은 것 등).

제 2 절 설 립

제 1 설립의 특색

유한회사의 설립절차는 주식회사의 발기설립과 비슷하다. 그러나 유한회사의 설립에는 발기인이 없는 점, 법원이 선임한 검사인에 의한 조사제도가 없는 점, 사원이 정관에 의하여 확정되고 기관도 정관에서 정할 수 있는 점, 사원과 이사에게 무거운 자본의 전보책임이 있는 점, 사원의 개성이 중시되므로 설립취소의 소가 인정되는 점 등은 주식회사의 설립절차와는 다른 특색이다. 한 마디로 유한회사의 설립의 특색은 주식회사의 그것보다 훨씬 간소화되어 있다.

제 2 설립절차

1. 정관의 작성

유한회사의 설립은 먼저 사원이 되고자 하는 자 1인 이상이 정관을 작성하고

($\substack{상 543조 \\ 1항}$), 각 사원이 기명날인 또는 서명하여야 한다($\substack{상 543조 \\ 2항}$). 이 정관은 주식회사의 경우와 같이 공증인의 인증을 받음으로써 그 효력이 생긴다($\substack{상 543조 3 항 \\ 292조}$).

정관의 절대적 기재사항은, (i) 목적, (ii) 상호, (iii) 사원의 성명·주민등록번호 및 주소(주식회사와는 달리 정관에 의하여 사원이 확정된다), (iv) 자본금의 총액(자본금의 총액은 주식회사와는 달리 정관에 의하여 확정된다), (v) 출자 1좌의 금액(주식회사가 액면 주식을 발행하는 경우와 같이 출자 1좌의 금액은 100원 이상으로 균일하여야 한다— $\substack{상 \\ 546조}$), (vi) 각 사원의 출자좌수(유한회사는 주식회사와는 달리 출자의 인수절차가 없으므로 각 사원이 인수할 출자좌수는 정관에 의하여 확정되고, 각 사원의 출자목적은 주식회사와 같이 재산출자에 한정된다), (vii) 본점의 소재지이다($\substack{상 543조 \\ 2항}$).

2. 출자의 이행

이사는 사원으로 하여금 출자 전액의 납입 또는 현물출자의 목적인 재산 전부의 급여를 시켜야 한다($\substack{상 548조 \\ 1항}$). 이 경우에 현물출자의 목적인 재산이 등기·등록 등을 요하는 경우에는 이에 관한 서류를 갖추어 교부하여야 한다($\substack{상 548조 2 항 \\ 295조 2 항}$). 다만 주식회사의 경우와 같이 법원이 선임한 검사인의 조사나 법원의 처분제도는 없다.

3. 이사·감사의 선임

유한회사의 설립에 있어서는 주식회사에서와 같은 발기인이 없으므로 이사(초대이사)를 정관에서 직접 정할 수도 있으나, 정관에서 이를 정하지 아니한 때에는 회사성립 전에 사원총회를 열어 선임하여야 한다($\substack{상 547조 \\ 1항}$). 이 사원총회는 각 사원이 소집할 수 있다($\substack{상 547조 \\ 2항}$).

정관에서 감사(監事)를 두기로 정한 경우에는, 이러한 감사의 선임의 경우에도 같다($\substack{상 568조 \\ 2항}$).

4. 설립등기

유한회사의 설립등기는 출자의 납입 또는 현물출자의 이행이 있은 날로부터 2주간 내에 본점소재지에서 하여야 한다($\substack{상 549조 1 항 \\ 상등규 156조}$). 설립등기사항은 법정되어 있다($\substack{상 549조 \\ 2항}$). 유한회사도 다른 회사와 같이 설립등기에 의하여 성립한다($\substack{상 \\ 172조}$).

제3 설립의 하자(무효와 취소)

유한회사의 설립하자에는 설립무효의 소와 설립취소의 소가 있는데, 설립무효의 소에 관하여는 주식회사의 그것과 같고($\stackrel{상}{1항}$552조), 설립취소의 소에 관하여는 합명회사·합자회사 및 유한책임회사의 그것과 같다($\stackrel{상}{2항}$552조 1항·2항, 184조, 185조, 287조의 6). 그런데 이에 관하여는 이미 앞에서 상세히 설명하였다.

제4 설립관여자의 책임

유한회사의 설립경과에 대하여는 자치적인 조사이든 법원이 선임한 검사인에 의한 공권적 조사이든 일체의 조사절차가 없는 대신에($\stackrel{주식회사의 경우에는 298조~}{300조, 310조~314조 참조}$), 자본금 충실을 기하기 위하여 현물출자·재산인수 및 출자미필에 대하여 사원과 이사 및 감사에 대하여 자본금 전보책임을 인정함으로써 자본단체로서 자본금 충실을 기하고 있다. 사원이 이러한 자본금 전보책임을 지는 경우에는 사원의 유한책임의 원칙에 대한 중대한 예외가 된다.

1. 사원의 현물출자 등의 부족재산가격 전보책임(변태설립사항)

현물출자 또는 재산인수의 목적인 재산의 회사성립 당시의 실가가 정관에 정한 가격에 현저하게 부족한 때에는, 회사성립 당시의 사원은 회사에 대하여 연대하여 그 부족액을 지급할 책임이 있다($\stackrel{상}{1항}$550조). 유한회사의 변태설립사항은 주식회사에서와 같이 법원이 선임한 검사인에 의하여 조사를 받거나($\stackrel{상 298조 4항 본문, 299조,}{310조 1항·2항}$) 공인된 감정인에 의한 감정을 받는 제도($\stackrel{상 298조 4항 단서,}{299조의 2, 310조 3항}$)가 없는 대신, 이와 같이 사원의 책임으로 이에 갈음하고 있다.

사원의 이러한 책임은 무과실책임으로 어떠한 경우에도 면제되지 못한다($\stackrel{상}{2항}$550조). 사원의 연대책임으로 인한 구상관계는 출자의 좌수에 비례한다.

2. 사원과 이사·감사의 출자미필액 전보책임(출자불이행)

회사성립 후에 금전출자의 납입 또는 현물출자의 이행이 완료되지 아니하였음이 발견되었을 때에는, 회사성립 당시의 사원과 이사 및 감사는 회사에 대하여 그 납입되지 아니한 금액 또는 이행되지 아니한 현물의 가액을 연대하여 지급할 책임이 있다($^{상}_{1항}$551조). 이 책임은 주식회사의 경우 발기인의 자본금 충실의 책임($^{상}_{321조}$)에 해당하는 것이다. 따라서 유한회사의 사원 등의 이 책임은 무과실책임이다. 다만 유한회사의 사원 등은 인수담보책임을 부담하지 않고 또 현물출자에 대하여도 책임을 부담하는 점에서, 주식회사의 발기인의 자본금 충실의 책임과 구별된다.

사원의 이 책임은 사원의 부족재산가격전보책임($^{상}_{550조}$)과 같은 취지이다. 이사는 소정의 납입 또는 이행을 청구할 의무가 있기 때문에 이 책임을 지고($^{상}_{548조}$), 감사는 업무감사권이 있기 때문에 이 책임을 진다($^{상}_{569조}$). 그러나 이사·감사는 유한회사의 수임인이므로 총사원의 동의가 있으면 면제된다($^{상}_{3항}$551조). 그러나 사원의 책임은 어떠한 경우에도 면제되지 아니한다($^{상}_{2항}$551조). 이것은 주식회사의 경우 발기인의 자본충실의 책임이 어떠한 경우에도 면제되지 않는 점과 유사하다고 볼 수 있다.

제 3 절 사원의 지위

제 1 사원의 자격과 원수(員數)

1. 사원의 자격

유한회사의 사원의 자격에는 별다른 제한이 없으므로, 자연인 및 회사 기타의 법인이 사원이 될 수 있다.

2. 사원의 원수

사원의 원수(員數)는 제한이 없다($^{상\ 545조}_{삭제됨}$).

제 2 사원의 권리·의무

1. 사원의 권리

유한회사의 사원의 자익권으로서는 이익배당청구권($^{상\ 583조\ 1항}_{462조}$), 잔여재산분배청구권($^{상}_{612조}$), 출자인수권($^{상\ 588조}_{본문}$) 등이 있다.

유한회사의 사원의 공익권으로서는 의결권($^{상}_{575조}$), 총회소집청구권($^{상}_{572조}$), 총회결의에 대한 소권(訴權)($^{상\ 578조}_{376조~381조}$), 회사의 설립무효 또는 취소·증자무효·감자무효·

합병무효의 소권($\frac{\text{상}\,552\text{조, }595\text{조, }597\text{조, }445\text{조}\sim}{446\text{조, }603\text{조, }529\text{조}}$), 이사의 책임을 추궁하는 사원의 대표소송제
기권($\frac{\text{상}}{565\text{조}}$), 이사의 위법행위유지청구권($\frac{\text{상}\,564\text{조}}{\text{의 }2}$), 회사의 업무·재산상태에 대한 경영
감독권($\frac{\text{상}\,581\text{조,}}{582\text{조, }566\text{조}}$) 등이 있다.

2. 사원의 의무

유한회사의 사원의 의무는 재산출자의 의무뿐이고, 사원의 책임은 원칙적으로
출자금액을 한도로 한다($\frac{\text{상}}{553\text{조}}$). 다만 이것에 대한 예외로서 회사성립 당시의 사원,
증자에 동의한 사원, 조직변경결의 당시의 사원은 앞에서 본 바와 같이 일정한 자
본금 전보(塡補)의 책임을 진다($\frac{\text{상}\,550\text{조, }551\text{조,}}{593\text{조, }605\text{조}}$). 즉, 회사성립 당시의 사원은 변태설립
사항의 부족재산을 전보할 책임($\frac{\text{상}}{550\text{조}}$)과 출자불이행분을 전보할 책임($\frac{\text{상}}{551\text{조}}$)이 있고,
증자에 동의한 사원은 변태설립사항의 부족재산을 전보할 책임($\frac{\text{상}}{593\text{조}}$)이 있으며, 조
직변경결의 당시의 사원은 현존하는 순재산액이 자본금의 총액에 부족한 때에는 이
를 전보할 책임($\frac{\text{상}}{605\text{조}}$)이 있다.

제3 사원의 지분

1. 지분의 의의

유한회사의 출자자인 사원의 법률상의 지위(즉, 사원이 회사에 대하여 갖는 권리의
무의 총체)를 지분이라고 한다(합명회사의 경우와 같음). 주식회사에서의 주식은 자본
의 구성단위로서의 주식과 주주의 회사에 대한 권리의무(주주권)로서의 주식이라는
두 가지 개념이 있으나, 유한회사에서는 전자에 해당하는 개념으로 「출자(좌수)」라
는 용어를 사용하고 후자에 해당하는 개념으로 「지분」이라는 용어를 사용하고 있다
($\frac{\text{상}\,554\text{조}}{\text{참조}}$).

각 사원은 출자좌수에 따라 지분을 갖고($\frac{\text{상}}{554\text{조}}$)(지분복수주의), 유한회사는 사원
의 지분에 관하여 지시식 또는 무기명식의 유가증권을 발행하지 못한다($\frac{\text{상}}{555\text{조}}$). 유한
회사의 사원은 지분을 공유할 수 있다($\frac{\text{상}\,558\text{조,}}{333\text{조}}$).

2. 지분의 양도

유한회사는 지분의 양도의 자유를 주식회사의 주식의 양도의 경우와 같이 인
정하고 있다. 즉, 유한회사의 사원은 그 지분의 전부 또는 일부를 양도하거나 상속

할 수 있는데, 다만 정관에서 지분의 양도를 제한할 수 있다($\substack{상 \\ 556조}$).

지분양도의 방법은 당사자간의 의사표시만으로 그 효력이 발생하는데, 양수인의 성명·주소와 그 목적이 되는 출자좌수를 사원명부에 기재하지 않으면 양수를 회사와 제 3 자에게 대항하지 못한다($\substack{상 \\ 557조}$).

3. 지분의 입질

유한회사의 지분은 재산적 가치가 있는 것이므로 질권의 목적이 될 수 있다($\substack{상 559조 \\ 1항}$). 지분입질의 요건 및 방법은 지분양도의 경우와 같다($\substack{상 559조 \\ 2항}$).

4. 자기지분의 취득 및 질취의 제한

유한회사는 배당가능이익으로써 자기지분을 취득할 수 없는 점은 주식회사의 경우와 구별되고, 특정목적에 의한 자기지분의 취득 및 질취의 제한은 주식회사의 경우와 같다($\substack{상 560조, 341조의 \\ 2, 341조의 3}$).

제 4 절 회사의 관리

제 1 총   설

유한회사의 기관에는 의사기관으로 사원총회와 업무집행기관으로 이사가 있다. 유한회사의 감사기관으로 감사(監事)가 있는데, 이는 임의기관이다. 유한회사의 기관이 주식회사의 경우와 근본적으로 다른 점은 업무집행기관이 이사회와 대표이사로 이원화되거나 집행임원이 있지 않고 이사로 일원화되어 있으며, 감사기관인 감사(監事)가 임의기관으로 되어 있는 점이다(그러나 이 점은 자본금 총액이 10억원 미만인 주식회사의 경우와 같다— $\substack{상 383조 1항 단서·4항~ \\ 6항, 409조 4항}$).

유한회사에서도 임시기관으로 검사인이 선임되는 경우가 있다.

제2 사원총회

1. 의 의

사원총회란「사원에 의하여 구성되고 회사에 관한 모든 사항에 대하여 결의할 수 있는 최고·만능의 필요상설기관」이다. 유한회사의 사원총회는 법령이나 유한회사의 본질에 위반하지 않는 한 회사의 업무집행을 포함한 모든 사항에 관하여 의사결정을 할 수 있는 회사의 만능의 기관이고, 유한회사는 소규모·폐쇄적인 단체이기 때문에 사원총회에 관한 절차는 매우 간소화되어 있는 점이 주식회사의 주주총회와 다르다.

2. 소 집

(1) 소집권자

사원총회(정기총회와 임시총회를 불문함)는 원칙적으로 이사가 소집한다. 이사가 수 인인 경우에도 단독으로 결정하여 집행할 수 있다고 본다(즉, 상법 제571조 1항 본문은 제564조에 대한 특칙으로 보아야 할 것이다). 이 원칙에 대한 예외로 소수사원(자본금 총액의 100분의 3 이상에 해당하는 출자좌수를 가진 사원)의 소집청구권이 인정되고($\frac{상 572조}{1항·3항}$), 또한 감사의 임시총회소집권이 인정된다($\frac{상 571조 1항}{단서}$).

(2) 소집절차

사원총회의 소집절차는 회일로부터 1주간 전에 각 사원에게 서면으로 통지서를 발송하여야 하거나 각 사원의 동의를 받아 전자문서로 통지서를 발송하여야 한다($\frac{상 571조}{2항}$). 그러나 총사원의 동의가 있을 때에는 소집절차 없이 총회를 열 수 있다 (전원출석총회)($\frac{상}{573조}$).

(3) 소집시기

사원총회에는 매년 정기적으로 소집되는 정기총회($\frac{상 578조}{365조 1항}$)와 필요한 경우에 임시로 소집되는 임시총회($\frac{상 578조}{365조 3항}$)가 있는데, 이 점은 주식회사의 경우와 같다.

3. 의 결 권

각 사원은 출자 1좌에 대하여 1개의 의결권을 갖는 것이 원칙이지만(1출좌 1의결권)($\frac{상 575조}{본문}$), 정관으로 의결권의 수에 관하여 다른 정함을 할 수 있는데($\frac{상 575조}{단서}$) 이는 주식회사의 경우와 다르다. 그러나 유한회사의 경우에도 의결권의 대리행사, 특별이해관계인의 의결권행사의 제한 및 출석한 주주의 의결권의 수에 산입하지 아니하는 점 등에 관하여는 주식회사의 경우와 같다($\frac{상\ 578조,\ 368조\ 2항·3항,}{369조\ 2항,\ 371조\ 2항\ 등}$). 그러나 사원제안권($\frac{상\ 363조}{의\ 2}$)을 인정하고 있지 않은 점, 집중투표제도($\frac{상\ 382조}{의\ 2}$)를 인정하고 있지 않은 점, 사원의 지분매수청구권을 인정하지 않은 점($\frac{상\ 374조의}{2\ 참조}$) 및 지분의 상호보유의 경우에 의결권이 제한되지 않는 점($\frac{상\ 369조\ 3}{항\ 참조}$) 등은 주식회사의 경우와 다르다.

4. 의사·결의

(1) 의 사

의사의 진행과 의사록의 작성에 관하여는 주주총회의 경우와 같다($\frac{상\ 578조,}{373조}$).

(2) 결의요건

결의에는 보통결의·특별결의 및 총사원의 일치에 의한 결의가 있다.

1) 보통결의는 총사원의 의결권의 과반수를 가지는 사원이 출석하고 그 의결권의 과반수로써 하되, 정관으로 다른 정함을 할 수 있다($\frac{상}{574조}$).

2) 특별결의는 총사원(의결권의 행사가 인정되지 않는 사원은 산입하지 아니함)의 반수 이상이고, 총사원의 의결권(행사가 인정되지 않는 의결권은 산입하지 아니함)의 4분의 3 이상을 가지는 자의 동의로 한다($\frac{상}{585조}$).

특별결의를 요하는 사항으로는 영업양도 등의 승인($\frac{상\ 576조\ 1항,}{374조}$), 정관변경($\frac{상\ 585조}{1항}$), 증자의 경우 현물출자·재산인수·(사원 이외의 자에 대한) 출자인수권의 부여($\frac{상\ 586조,}{587조}$), 자본금 감소($\frac{상\ 597조,}{584조}$), 사원의 출자인수권의 제한($\frac{상}{588조}$), 사후설립($\frac{상\ 576조,}{2항}$), 사후증자($\frac{상}{596조}$), 합병 및 (신설합병의 경우) 설립위원의 선임($\frac{상\ 598조,}{599조}$), 정관에서 정하는 경우 유한회사의 주식회사로의 조직변경($\frac{상\ 607조}{1항\ 단서}$), 회사의 해산($\frac{상\ 609조\ 1항}{2호·2항}$), 회사의 계속($\frac{상\ 610조}{1항}$) 등이다.

3) 총사원의 일치에 의한 총회의 결의를 요하는 사항은 정관에 다른 정함이 없는 경우 유한회사의 주식회사로의 조직변경이다($\frac{상\ 607조}{1항\ 본문}$). 이 밖에 총사원의 동의를 요하는 사항으로는 이사와 감사의 책임면제($\frac{상\ 551조\ 3항,}{607조\ 4항}$)가 있다.

(3) 서면결의

유한회사의 사원총회에서 서면결의가 인정되는 것은 두 경우인데, (i) 첫째는 서면에 의한 결의의 본래의 방법으로서 총회의 결의를 하여야 할 경우에 총회를 열지 않고 서면의 결의로 할 것에 총사원이 동의한 경우이고($\frac{상\ 577조}{1항}$), (ii) 둘째는 결의의 목적사항에 관하여 총사원이 서면으로 동의한 경우이다($\frac{상\ 577조}{2항}$).

5. 결의의 하자

사원총회의 결의의 하자에 관하여는 주주총회에 관한 규정이 그대로 준용된다($_{376조~381조.}^{상 578조,}$).

제 3 이 사

1. 의 의

유한회사의 이사는 「회사의 업무를 집행하고 또 회사를 대표하는 필요상설의 기관」이다. 앞에서 본 바와 같이 유한회사의 업무집행기관은 언제나 이사로 일원화되어 있고, 주식회사의 경우와 같이 이사회와 대표이사로 이원화되거나 집행임원이 있는 경우가 없다.

2. 선임·해임

(1) 선 임

이사의 선임은 회사설립의 경우에 정관으로 정한 경우($_{1항}^{상 547조.}$)를 제외하고, 사원총회에서 한다($_{382조 1항}^{상 567조,}$).

이사의 자격·임기 및 원수(員數)에는 제한이 없다.

(2) 해 임

사원총회가 이사의 해임권을 갖고 또 일정한 경우에는 소수사원에 의한 해임의 소가 인정되는데, 이 점은 주식회사의 경우와 같다($_{385조}^{상 567조,}$). 이사의 결원의 경우 등에 취하는 조치도 주식회사의 경우와 같다($_{407조, 408조.}^{상 567조, 386조,}$).

3. 권 한

(1) 업무집행권

이사는 회사의 업무집행권이 있는데, 이사가 수 인이 있는 경우에는 회사의 업무집행의사는 통일되어야 하므로 정관에 다른 규정이 없는 한 그 과반수로써 업무집행의 의사를 결정하여야 한다($_{1항}^{상 564조.}$). 지배인의 선임·해임과 지점의 설치·이전 또는 폐지의 경우에도 같다($_{1항}^{상 564조.}$). 이사의 업무집행에 관한 권한은 회사의 영업에 관한 모든 행위이다($_{209조}^{상 567조,}$).

(2) 대 표 권

이사는 회사의 대표권이 있다($_{1항}^{상\ 562조}$). 대표권의 범위($_{209조}^{상}$) 및 (대표)이사의 손해배상책임($_{210조}^{상}$) 등은 합명회사의 대표사원(주식회사의 대표이사 또는 대표집행임원)의 그것과 같다($_{567조}^{상}$).

이사의 회사대표는 각자대표가 원칙이나, 이사가 수 인 있는 경우에는 정관에 다른 정함이 없으면 사원총회에서 회사를 대표할 이사를 선정하여야 한다($_{2항}^{상\ 562조}$). 또한 이사는 단독대표가 원칙이나, 정관 또는 사원총회의 결의로 수 인의 이사가 공동으로 회사를 대표할 것을 정할 수 있다(공동대표)($_{3항}^{상\ 562조}$). 공동대표의 경우 제 3 자와의 대표행위에 관하여는 주식회사의 경우와 같다($_{208조\ 2항}^{상\ 562조\ 4항,}$).

회사가 이사에 대하여 또는 이사가 회사에 대하여 소를 제기하는 경우에는 이사가 대표권이 없으며, 사원총회에서 그 소에 관하여 회사를 대표할 자를 선정하여야 한다($_{563조}^{상}$).

표현대표이사에 관하여는 주식회사의 그것과 같다($_{395조}^{상\ 567조,}$).

4. 의 무

이사와 회사와의 관계는 위임관계이므로($_{382조\ 2항}^{상\ 570조,}$), 이사는 회사에 대하여 일반적인 선관주의의무($_{681조}^{민}$)를 부담한다. 그러나 주식회사의 경우($_{3}^{상\ 382조}$)와는 달리 충실의무에 대하여는 규정하고 있지 않다. 또한 유한회사의 이사에게는 주식회사의 경우($_{2}^{상\ 397조}$)와는 달리 회사기회유용금지의무가 없고, 자기거래금지의무에서도 주식회사의 경우($_{398조}^{상}$)와는 달리 이사의 주변인물과 회사와의 거래에 대하여는 제한을 하지 않고 있다.

이사는 이 외에도 주식회사의 경우와 같이 경업피지의무($_{397조}^{상\ 567조,}$), 자기거래금지의무($_{3항}^{상\ 564조}$) 등을 부담한다. 그러나 경업이나 자기거래에 대한 승인권자는 주식회사의 경우와 다르다($_{398조와\ 564조\ 3항의\ 비교}^{상\ 397조와\ 567조\ 2문의\ 비교,}$). 이사는 이 밖에도 그 권한과 관련하여, 정관 등의 비치의무($_{1항}^{상\ 566조,}$), 재무제표의 작성·제출의무($_{449조\ 1항}^{상\ 579조,\ 583조,}$) 등을 부담한다.

5. 책 임

(1) 손해배상책임

유한회사의 이사는 주식회사의 이사와 같이 회사 및 제 3 자에 대하여 법령위반 또는 임무를 게을리함으로 인한 손해배상책임을 진다$\binom{상\ 567조,}{399조\sim401조}$.

(2) 자본금 전보책임(자본금 충실책임)

이사(및 감사)는 회사성립 후에 출자(금전 및 현물) 불이행이 있는 것에 대하여 이를 연대하여 전보(塡補)할 책임이 있고$\binom{상\ 551조}{1항}$, 증자시에 출자의 인수 및 납입(현물출자의 목적인 재산에 대하여는 급여미필재산액)담보책임이 있으며$\binom{상}{594조}$, 또한 조직변경시에 현존하는 순재산액이 조직변경시에 발행하는 주식의 발행가액총액에 부족한 경우에는 이를 연대하여 전보할 책임이 있다$\binom{상\ 607조}{4항}$.

이사(및 감사)의 이러한 책임은 총사원의 동의에 의하여 면제될 수 있다 $\binom{상\ 551조\ 3항,\ 594조}{3항,\ 607조\ 4항}$.

6. 사원의 이사에 대한 위법행위유지청구권과 대표소송권

이에 관하여는 대체로 주식회사의 주주의 이사에 대한 경우와 같다$\binom{상\ 564조의}{2,\ 565조}$. 다만 대표소송을 제기할 수 있는 소수사원권의 비율이 자본금의 총액의 100분의 3 이상에 해당하는 출자좌수를 가진 사원이라는 점에서 주식회사의 경우와 다르다 $\binom{상\ 565조\ 1항과}{403조\ 1항의\ 비교}$.

제4 감사(監事)와 검사인

1. 감 사

유한회사는 소규모·폐쇄적 성격이 있으므로 감사는 임의기관인데, 이 점은 주식회사의 경우와 크게 구별되는 점이다. 즉, 유한회사는 정관에 의하여 1인 또는 수인의 감사를 둘 수 있다$\binom{상\ 568조}{1항}$. 정관에서 감사를 두기로 한 경우에 (초대)감사의 선임은 (초대)이사의 선임방법과 같다$\binom{상\ 568조\ 2}{항,\ 547조}$.

유한회사의 감사의 경우 소수사원에 의한 해임의 소가 인정되지 않는 점 $\binom{상\ 570조에서는\ 385조}{2항을\ 준용하지\ 않음}$, 임기의 제한이 없는 점$\binom{상\ 415조}{참조}$, 자본금 전보책임이 있는 점 $\binom{상\ 551조,\ 594조}{607조\ 4항}$ 등은 주식회사의 경우와 다르다. 그러나 유한회사의 감사가 언제든지 회사의 업무와 재산상태를 조사할 수 있고 이사에 대하여 영업에 관한 보고를 요구할 수 있다는 점$\binom{상}{569조}$, 임시총회소집권이 있는 점$\binom{상\ 571조}{1항\ 단서}$ 및 설립무효의 소의 제기권이 있는 점$\binom{상}{552조}$ 등은 주식회사의 경우와 같다.

감사의 의무와 책임은 이사 및 주식회사의 감사의 경우와 유사하다$\binom{상\ 570조,\ 414조,}{565조,\ 551조,}$

$\binom{594조,}{607조 등}$.

2. 검 사 인

유한회사의 임시의 감사기관으로 검사인이 있다. 이러한 검사인은 사원총회나 법원에 의하여 선임될 수 있는데, 이 점은 주식회사의 경우와 같다($\binom{상\ 578조,}{367조,\ 582조}$).

그러나 회사의 변태설립사항을 조사하기 위하여 검사인이 선임되지 않는 점은 주식회사의 경우와 근본적으로 다르다.

제 5   회사의 회계

1. 총   설

유한회사도 자본단체이므로 회사채권자를 보호하기 위하여 회사재산을 확보하는 것이 무엇보다도 중요하다. 따라서 유한회사의 회계에 관하여는 주식회사의 회계에 관한 규정을 많이 준용하고 있다($\binom{상}{583조}$). 다만 유한회사는 소규모·폐쇄적 성격 때문에 대차대조표의 공고강제가 없는 점($\binom{상\ 449조}{3항\ 참조}$) 등은 주식회사의 경우와 다르다.

2. 재무제표

(1) 작성·제출

재무제표의 작성($\binom{상}{579조}$), 영업보고서의 작성($\binom{상\ 579조}{의\ 2}$), 이들의 사원총회에의 제출·승인($\binom{상\ 583조\ 1항,\ 449조}{1항·2항,\ 450조}$), 재무제표부속명세서의 작성 등은 대체로 주식회사의 경우와 비슷하다.

(2) 내   용

유한회사는 법정준비금(이익준비금 및 자본준비금)을 적립하여야 하고 이는 자본금의 결손 보전에만 충당할 수 있는 점($\binom{상\ 583조\ 1항,}{458조~460조}$) 등은 주식회사의 경우와 같다.

그러나 준비금의 자본금 전입이 인정되지 않는 점은 주식회사의 경우와 구별되는 점이다($\binom{상\ 461조}{참조}$).

(3) 비치·공시

재무제표·영업보고서 및 감사보고서는 정기총회 회일의 1주간 전부터 5년간 회사의 본점에 비치하여야 한다($\binom{상\ 579조의}{3\ 1항}$). 사원과 회사채권자는 영업시간 내에 언제든지 위 서류의 열람을 청구할 수 있으며, 회사가 정한 소정의 비용을 지급하고 그 등본이나 초본의 교부를 청구할 수 있다($\frac{상\ 579조의\ 3}{448조\ 2항}$ ^{2항,}). 이 점은 주식회사의 경우와 대체로 같다($\frac{상\ 448조}{참조}$).

그러나 앞에서 본 바와 같이 대차대조표의 공고강제가 없는 점은 주식회사의 경우와 다르다($\frac{상\ 449조}{3항\ 참조}$).

3. 이익의 배당

(1) 이익배당의 요건은 주식회사의 경우와 같다($\frac{상\ 583조}{1항,\ 462조}$).

(2) 이익배당의 기준이 원칙적으로 각 사원의 출자좌수에 따라야 하는 점은 주식회사의 경우와 같지만, 정관으로 그 예외를 규정할 수 있는 점은 주식회사의 경우와 다르다($\frac{상}{580조}$).

(3) 유한회사의 경우에도 중간배당을 인정하고 있는 점($\frac{상\ 383조}{462조의\ 3}$ ^{1항,})은 주식회사의 경우와 같다.

4. 기타의 경리문제

(1) 소수사원이 회계의 장부와 서류의 열람 또는 등사를 청구할 수 있는 권리를 갖는 점($\frac{상\ 581조}{1항}$)은 주식회사의 경우와 같다($\frac{상}{466조}$). 그러나 유한회사의 경우는 이러한 사원의 회계장부열람권을 정관의 규정에 의하여 단독사원권으로 할 수 있는데 이 경우에 회사는 재무제표부속명세서를 작성하지 아니하는 점($\frac{상\ 581조}{2항}$)은, 주식회사의 경우와 다르다($\frac{상\ 466조}{참조}$).

(2) 소수사원의 검사인선임청구권($\frac{상}{582조}$)은 주식회사의 경우($\frac{상}{467조}$)와 유사하다.

(3) 유한회사가 사원의 권리행사와 관련한 이익공여금지의 규정을 두고 있지 않은 점은 주식회사의 경우($\frac{상}{의\ 2}$ ^{467조})와 구별되나, 회사 피용자의 우선변제권을 인정한 점은 주식회사의 경우와 같다($\frac{상\ 583조}{468조}$ ^{2항,}).

제 5 절 정관의 변경(자본금의 증감)

제 1 총 설

유한회사에 있어서의 정관의 변경은 사원총회의 특별결의에 의한다($\frac{상\ 584조}{585조}$).
유한회사에서는 자본금의 총액이 정관의 절대적 기재사항이므로($\frac{상\ 543조}{2항\ 2호}$), 자본금의 증감은 정관의 변경에 관한 사항이다. 따라서 이하에서는 정관변경사항 중 가장 중요한 것으로 볼 수 있는 자본금 증가와 자본금 감소에 대하여만 설명한다.

제 2 자본금 증가

1. 의 의

자본금 증가(증자)란 「정관에서 규정하고 있는 자본금의 총액을 증가하는 것」을 말한다. 증자의 방법에는 (i) 출자 1좌의 금액의 증가(사원의 유한책임의 원칙상 총사원의 동의가 있는 경우에 한하여 가능), (ii) 출자좌수의 증가 및 (iii) 양자의 병용이라는 세 가지 방법이 있다.

2. 증자의 절차

(1) 사원총회의 특별결의

증자절차는 사원총회의 특별결의에 의한 정관변경($^{상\,584조}_{585조}$)에 의하여 시작된다. 이 결의에서는 정관에 다른 정함이 없더라도 현물출자, 재산인수 및 증자부분의 출자인수권의 부여에 관하여 정할 수 있다($^{상}_{586조}$). 또 유한회사가 특정한 제 3 자에 대하여 장래의 증자의 경우에 출자인수권을 부여할 것을 약속하는 경우에는 사원총회의 특별결의가 있어야 한다($^{상}_{587조}$).

(2) 출자의 인수

사원은 원칙적으로 증가할 자본금에 대하여 그 지분에 따라 출자를 인수할 출자인수권을 갖는다(법정출자인수권)($^{상\,588조}_{본문}$). 그러나 예외적으로 사원총회에서 출자인수권를 부여할 자를 정한 경우($^{상\,586조}_{3호}$) 또는 특정한 제 3 자에 대하여 출자인수권을 부여할 것을 약속한 경우($^{상}_{587조}$)에는, 이 범위에서 사원은 출자인수권을 갖지 못한다($^{상\,588조}_{단서}$). 이 점은 주식회사의 경우와 구별된다($^{상\,418조\,2항,}_{420조\,5호\,참조}$).

출자인수의 방법은 출자인수인이 출자인수를 증명하는 서면에 그 인수할 출자좌수와 주소를 기재하고 기명날인 또는 서명하여야 한다(서면에 의한 요식행위)($^{상\,589조}_{1항}$). 그러나 사원 또는 출자인수권이 부여된 제 3 자가 출자인수를 하지 않는 경우에는(출자인수권은 사원의 권리이지 의무가 아님) 회사는 다른 출자인수인을 구할 수는 있으나, 광고 기타의 방법에 의하여 출자인수인을 공모하지는 못한다($^{상\,589조}_{2항}$). 유한회사의 증자의 경우에는 정관상 자본금의 총액이 이미 변경되어 있으므로, 증자액에 해당하는 출자 전좌(全座)의 인수가 있어야 한다.

(3) 출자의 이행

증자액에 해당하는 출자 전좌(全座)의 인수가 있으면 이사는 설립의 경우와 같이 출자인수인으로 하여금 납입 또는 현물출자의 이행을 시켜야 하는데, 이 경우 출자인수인은 회사의 동의 없이 회사에 대하여 상계를 주장하지 못한다($\frac{\text{상 596조, 548조,}}{421조 2항}$). 만일 이 때 증자액에 해당하는 출자 전좌(全座)의 이행이 없으면 증자는 그 효력을 발생하지 않는다.

(4) 증자의 등기

출자의 이행이 끝나면 회사는 소정기간 내에 증자에 대한 변경등기를 하여야 하는데($\frac{\text{상}}{591조}$), 증자는 본점소재지에서의 이 등기에 의하여 효력이 생긴다($\frac{\text{상}}{592조}$). 따라서 출자인수인은 이 때부터 정식으로 사원이 되는데, 다만 이익배당에 관하여는 납입 또는 현물출자의 이행의 기일로부터 사원과 동일한 권리를 갖는다($\frac{\text{상}}{590조}$).

3. 증자에 관한 책임

증자의 경우에 자본금 충실의 원칙상 상법은 사원에게 변태설립사항(현물출자·재산인수)에 관한 부족재산가격전보책임($\frac{\text{상}}{593조}$)과 이사·감사에게 자본금 충실책임(인수 및 이행담보책임)($\frac{\text{상}}{594조}$)을 인정하고 있다. 또한 사후증자의 경우에도 사원 및 이사·감사에게 동일한 책임을 인정하고 있다($\frac{\text{상 596조,}}{576조 2항}$).

제3 자본금 감소

유한회사의 자본금 감소의 방법 및 절차는 주식회사에서 액면주식을 발행한 경우 자본금 감소와 대체로 같다($\frac{\text{상}}{597조}$). 즉, (정관변경에 관한) 사원총회의 특별결의, 채권자보호절차, 출자에 대한 조치(출자 1좌의 금액감소의 경우에는 환급 또는 절기〈切棄〉, 출자좌수의 감소의 경우에는 지분의 소각이나 병합) 및 감자의 변경등기를 하여야 한다. 다만 이 경우의 감자등기는 증자등기와 달라 감자의 효력발생요건이 아니고 단순한 대항요건인데, 감자는 등기 전의 여러 절차의 종료로써 효력이 생긴다(증자등기와 구별되는 점).

제 4 증자·감자의 무효

증자·감자의 무효에 대하여는 모두 주식회사의 경우와 대체로 같다($_{597조}^{상\ 595조\ 2항\cdot}$). 다만 증자무효의 소의 제소기간은 주식회사에서는 「신주를 발행한 날로부터 6월 내」 인데 대하여($_{429조}^{상}$), 유한회사에서는 「증자발효일(본점소재지에서 증자등기를 한 날)로 부터 6월 내」이다($_{1항}^{상\ 595조}$).

제 **8** 장　외국회사

제 1　외국회사의 의의

상법은 외국회사에 관한 규정(제 6 장)을 두고 있으나, 외국회사의 의의에 관하여는 아무런 규정을 두고 있지 않다. 그러나 외국회사와 내국회사를 구별하는 것은 외국회사에 관한 규정을 적용하기 위하여 필요하므로, 이를 구별하여야 할 실제적인 필요성이 있다.

외국회사와 내국회사의 구별표준에 관하여 학설은 나뉘어 있는데, 통설인 설립준거법주의에 의하면 내국회사는 한국 상법에 준거하여 설립된 회사이고 외국회사는 외국법에 준거하여 설립된 회사를 의미한다(설립준거법이 등기사항으로 되어 있는 것으로도 알 수 있다 — 상법^{614조}_{3항}). 상법 제617조는 「외국에서 설립된 회사」라고 표현하고 있는데, 이는 우리 상법이 설립준거법이 외국법인 회사를 외국회사로 취급하고 있다는 의미이다. 따라서 동조의 취지는 외국회사라 할지라도 한국 내에 본점을 설치하거나 또는 한국을 주된 영업활동구역으로 하는 한 「한국에서 설립된 회사」(내국회사)와 동일한 국가적 감독을 받는다는 것을 강조한 것이다.

제 2　외국회사의 권리능력

외국회사의 일반적 권리능력의 유무(법인격존재의 유무)는 그 설립준거법(속인법)에 의하여 결정될 문제이다. 그러나 그 설립준거법에 의하여 일반적 권리능력이 인정된 외국회사가 우리나라에서 어떠한 범위 내의 개별적 권리능력을 가질 수 있는가는 우리나라의 법이 결정할 문제이다. 그런데 민법은 외국법인에 관해서는 규정

을 두고 있지 않으며, 상법은 이에 관하여 「외국회사는 다른 법률의 적용에 있어서
는 법률에 다른 규정이 있는 경우 외에는 대한민국에서 성립된 동종 또는 가장 유
사한 회사로 본다」($\frac{\text{상}}{621조}$)라고 규정하고 있다. 이것은 자연인에 관하여 평등주의를
취하고 있는 것과 같이, 외국회사에 대하여도 내국회사와 동일한 권리능력을 인정
한 것이다.

제 3 외국회사에 대한 감독규정

이하의 규정들은 외국회사가 한국에서 영업을 하는 경우 이를 감독하기 위한
것이며, 그 회사가 외국법상 법인인가 아닌가를 불문한다.

1. 등 기

(1) 외국회사가 대한민국에서 영업을 하고자 하는 때에는 대한민국에서의 「대표
자」를 정하고 대한민국 내에 「영업소」를 설치하거나 대표자 중 1명 이상이 대한민국
에 그 「주소」를 두어야 한다($\frac{\text{상}614조}{1항}$). 이 때 외국회사는 그 영업소에 관하여 한국 내
에서의 가장 유사한 회사의 지점과 동일한 등기를 하여야 한다($\frac{\text{상}\ 614조\ 2항;}{\text{상등규}\ 163조~166조}$).

[외국회사의 지점의 등기에 관한 판례]

"외국회사의 사장·부사장 등 이사 전원이 한국 내에 주소를 두고 사무소를
설치한 때에는 그 사무소의 명칭 여하에 상관 없이 국내에 지점을 설치한 것이
라 할 것인즉, 지점설치의 등기를 하여야 하고 이를 하지 아니한 때에는 제 3
자는 외국회사의 성립을 부인할 수 있다($\frac{\text{대판}\ 1959.\ 7.\ 30.}{4291\ 민상\ 331}$)."

(2) 외국회사의 영업소의 등기에서는 회사설립의 준거법과 한국 내에서의
대표자의 성명과 그 주소 및 대한민국에서의 공고방법 등을 등기하여야 한다
($\frac{\text{상}\ 614조\ 3항;}{\text{상등규}\ 163조}$). 입법론상 외국회사가 영업소를 등기하지 않고 대표자 중 1명 이상이
대한민국에 그 주소를 둔 경우($\frac{\text{상}\ 614}{조\ 1항}$)에도 등기사항을 규정할 필요가 있다고 본다.

이러한 등기사항이 외국에서 생긴 때에는 그 등기기간의 기산점은 그 통지가
도달한 날이다($\frac{\text{상}}{615조}$).

(3) 외국회사의 한국에서의 대표자는 주식회사의 대표이사 또는 대표집행임원
(합명회사의 대표사원)과 동일한 권한과 불법행위능력을 갖는다($\frac{\text{상}\ 614조\ 4항;}{209조,\ 210조}$).

2. 등기 전의 계속거래의 금지

위의 등기 전이라도 외국회사가 우발적으로 거래하는 것에 대하여는 별다른 제한이 없으나, 계속적 거래는 그 영업소의 소재지에서 위의 등기를 하기 전에는 금지된다($\substack{상 616조 \\ 1항}$). 이 규정에 위반하여 거래를 한 자는 그 거래에 대하여 회사와 연대하여 책임을 진다($\substack{상 616조 \\ 2항}$). 또 과태료의 제재도 있다($\substack{상 636조 \\ 2항}$). 이는 국내거래의 안전을 기하기 위한 것이다.

3. 대차대조표 등의 공고의무

외국회사로서 상법에 따라 등기를 한 외국회사(대한민국에서의 같은 종류의 회사 또는 가장 비슷한 회사가 주식회사인 것만 해당한다)는 재무제표에 따른 승인과 같은 종류의 절차 또는 이와 비슷한 절차가 종결된 후 지체 없이 대차대조표 또는 이에 상당하는 것으로서 대통령령으로 정하는 것을 대한민국에서 공고하여야 한다($\substack{상 616조의 2 1항 \\ 상시 43조}$). 이의 공고방법은 우리 상법상 주식회사의 공고방법과 같다($\substack{상 616조의 2 2항 \\ 289조 3항~6항}$).

4. 외국회사의 주권(株券) 또는 채권(債券)의 발행과 유통

한국 내에서의 외국회사의 주권의 발행·주식이전과 입질(入質)·채권(債券)의 발행과 사채의 이전 등에 관하여는, 그 유통시장이 한국인만큼 관계자의 이익을 보호하기 위하여 상법의 해당 규정이 많이 준용되고 있다($\substack{상 \\ 618조}$).

5. 영업소의 폐쇄와 청산

(1) 외국회사는 외국법에 의하여 그 법인격이 인정되기 때문에, 우리 상법에 의한 해산명령을 하여 법인격을 부인하지는 못한다. 따라서 법원의 해산명령에 갈음하여 영업소폐쇄명령의 제도를 두고 있는데($\substack{상 \\ 619조}$), 그 요건은 대체로 해산명령의 그것과($\substack{상 \\ 176조}$) 비슷하다. 다만 그 요건에서 「정당한 사유 없는 지급정지」($\substack{상 619조 1항 \\ 2호 후단}$) 및 대표자 등의 행위가 「선량한 풍속 기타 사회질서에 위반한 행위」도 포함되어 있는 점($\substack{상 619조 \\ 1항 3호}$)에서 해산명령보다 가중되어 있으나, 「정관 위반의 경우」가 제외된 점($\substack{상 619조 \\ 1항 3호}$)에서는 해산명령보다 완화되어 있다.

(2) 위와 같은 폐쇄명령에 의하여 또는 외국회사가 스스로 그 영업소를 폐쇄하는 경우에는, 한국에 있어서의 이해관계인의 이익을 보호하기 위하여 적어도 한국 내에 있는 외국회사의 재산에 관하여 법원의 감독하에 청산절차를 밟을 필요가 있

다. 즉 이 경우에 청산의 개시는 이해관계인의 신청이나 직권으로 법원이 명하고, 또 청산인도 법원이 선임한다. 그 청산절차는 주식회사의 청산에 관한 규정이 성질상 허용하는 범위 내에서 준용된다($\frac{상}{620조}$).

제9장 벌 칙

　　회사제도를 남용하는 위반행위에 대하여 민사책임 외에도 형벌이나 행정벌의 제재가 있다. 특히 중요한 것은 형벌을 받게 되는 위반행위인데, 이를 회사범죄라고 한다.

　　범죄와 형벌에 관하여는 이미 일반법으로서 형법전이 있다. 그러나 회사범죄를 처벌하기 위해서는 형법전만으로는 충분치 못하다. 왜냐하면 형법전은 일반법인 까닭에 그 범죄구성요건으로서 규정된 것이 극히 전형적인 것에 그칠 뿐 아니라, 자연인 중심으로 규정되어 있기 때문이다. 또 재산범은 그것의 사회적 위험성 때문에 벌하는 것이기는 하지만, 형법은 이에 대하여 직접 침해를 받는 개인적 법익을 예상하여 규정하고 있다. 그러나 회사범죄는 그것이 주로 재산범이라 하더라도 집단적·대공중적 및 국민경제적인 사회적 법익의 침해를 가져올 위험성이 있는 것이다. 따라서 상법은 회사범죄와 형벌에 관해서 상세하게 규정하고 있다($\frac{상}{637조}$ 622조~).

어음법·수표법

제 1 장 유가증권법

제 1 절 유가증권의 의의

제 1 유가증권의 개념

유가증권법에서 말하는 유가증권의 개념은 다음과 같이 크게 두 가지의 요소로 구성된다.

1. 사권(재산권)의 표창

첫째의 요소는 유가증권은 「사권(재산권)을 표창하는 증권」이라는 점인데, 이에 대하여는 아무런 이견(異見)이 없다.

유가증권에 표창되는 권리는 공권(公權)이 아니라 사권(私權)이며(따라서 공권을 표창하는 국적증서·여권 등은 유가증권이 아님), 유가증권은 사권 중에서도 신분권을 제외한 재산권이다. 재산권인 이상 채권이든(채권증권) 물권이든(물권증권) 또는 사원권이든(사원권증권) 불문이다. 또한 유가증권은 권리를 증권에 표창한 증권이므로, 권리를 증권에 표창하지 않고 단순히 권리의 존부 또는 그 내용을 증명하는 데 불과한 증거증권(증거증서) 또는 면책증권(자격증권)과 구별되고, 권리를 증권에 표창한 것이 아니라 증권 그 자체가 법률상 특별한 재산적 가치를 가지는 금권(金券)(금액권)과도 구별된다.

2. 증권의 소지

둘째의 요소는 유가증권은 그 권리의 행사 등에 「증권의 소지」를 요하는데,

이러한 증권의 소지가 어느 정도로 요구되는가에 대하여 다음과 같이 대표적인 네 개의 학설이 있다. 즉 (i) 제 1 설은 「권리의 발생·이전·행사의 전부 또는 일부」에 증권의 소지를 요하는 것이라고 하고, (ii) 제 2 설은 「권리의 이전(처분)과 행사」에 증권의 소지를 요하는 것이라고 하며, (iii) 제 3 설은 「권리의 이전(처분)」에 증권의 소지를 요하는 것이라고 하고, (iv) 제 4 설은 「권리의 행사(주장)」에 증권의 소지를 요하는 것이라고 한다(이에 관한 상세는 정찬형, 「상법강의(하)(제24판)」, 5~7면 참조).

생각건대 제 2 설, 제 3 설 및 제 4 설은 모든 유가증권에 공통되는 최소한도의 증권의 소지의 정도를 추출하여 유가증권의 개념을 정의하고자 하는 것인데, 어느 설도 모든 유가증권을 빠짐 없이 통일적으로 설명하고 있지 못하다. 따라서 그럴 바에는 제 1 설에 따라서 유가증권의 개념을 정의하는 것이 보다 적절한 것으로 생각된다. 이와 같이 제 1 설에 따라 유가증권의 개념을 정의하면 「유가증권이란 사권(재산권)을 표창하는 증권으로서, 그 권리의 발생·이전·행사의 전부 또는 일부에 증권의 소지를 요하는 것」이라고 할 수 있다. 이 때 일부라는 의미는 권리의 발생에만 증권의 소지를 요하는 것은 없고, 권리의 이전 및 행사에 증권의 소지를 요하거나(예컨대, 화물상환증·선하증권·창고증권·무기명주권 등), 권리의 이전에만 증권의 소지를 요하거나(예컨대, 기명주권 등) 또는 권리의 행사에만 증권의 소지를 요하는 것(예컨대, 기명증권)을 말한다.

제 2 유가증권인지 여부가 문제되는 증권

위와 같은 유가증권의 개념에 의하여 다음의 증권이 유가증권인지 여부가 문제된다.

1. 기명증권

기명채권(記名債券)($\frac{상}{479조}$) 또는 법률상 당연한 지시증권으로서 배서가 금지된 어음($\frac{어}{2항}11조$) · 수표($\frac{수}{2항}14조$) · 화물상환증($\frac{상}{단서}130조$) · 창고증권($\frac{상}{157조}$) · 선하증권($\frac{상}{861조}$)과 같은 기명증권 등은 지명채권의 양도에 관한 방식과 그 효력으로써만 양도할 수 있고 ($\frac{민}{450조}$) 유가증권에 고유한 간편한 양도방법(배서 또는 교부)에 따라 양도할 수 없는 점에서 유가증권이 아니라고 보는 견해도 있으나, 광의의 유가증권으로 볼 수 있다.

2. 승차권(승선권)

승차권이 유가증권인지 여부에 대하여 그의 유가증권성을 부정하는 견해도 있으나, 승차권은 운송채권(운송청구권)을 표창하는 유가증권으로서 그의 유가증권성을 긍정하여야 한다고 본다(통설).

3. 항공운송증권

국제항공운송을 규제하고 있는 몬트리올협약(1999년) 및 2011년 5월 개정상법(항공운송편)에 의하면 항공운송증권은 (i) 여객운송에 대한 여객항공권, (ii) 수하물표 및 (iii) 물건운송에 관한 항공화물운송장의 세 가지 종류의 증권으로 규정되어 있다(동 협약 3조, 4조, 5조, 7조; 상 921조, 922조, 923조). 이 중 여객항공권은 보통 기명식으로 발행되고 이렇게 기명식으로 발행된 항공권은 양도할 수 없는 것으로 특약되어 있으므로 (대한항공의 국제여객운송약관 3조 6항 및 국내여객운송약관 10조 3항) 이러한 기명식 여객항공권은 유가증권이 아니고 증거증권 또는 면책증권으로서의 성질만 갖는다고 본다(상 927조 참조). 또한 수하물표나 항공화물운송장도 유가증권이 아니다.

4. 보험증권

인보험증권은 그 성질상 유통과 관련하여 지시식 또는 무기명식의 보험증권으로 발행될 수도 없고, 설사 그러한 형식으로 발행되었다 하더라도 유가증권성을 인정할 수 없다. 그러나 지시식 또는 무기명식으로 발행된 물건보험증권은 화물상환증·선하증권·창고증권에 부수하여 유통성이 인정되는 경우에는 그의 유가증권성을 인정할 수 있다고 본다(이에 관한 상세는 정찬형, 「상법강의(하)(제24판)」, 9~10면 참조).

5. 상 품 권

상품권은 상품권 발행자 또는 그와 가맹계약을 맺은 가맹점에서 물품 또는 용역을 제공받을 수 있는 권리가 표창되고, 이러한 권리의 발생·이전 및 행사에 증권의 소지를 요하는 완전유가증권이라고 볼 수 있다(이에 관한 상세는 정찬형, 「상법강의(하)(제24판)」, 10면 참조).

6. 양도성예금증서(C.D.)

보통의 예금증서(또는 예금통장)는 기명식으로 되어 있고 또 증서상에 기재된 약관에 의하여 양도를 금하고 있어 유가증권으로 볼 수 없고 면책증권으로 보고 있으나, 양도성예금증서는 예금채권(및 이자)을 표창하고 동 권리의 이전 및 행사에 증서의 소지를 요하는 불완전유가증권으로 볼 수 있다(동지: 대판 2002. 5. 28, 2001 다 10021 〈따라서 양도성예금증서는 단순한 교부만으로써 양도되고 또한 질권이 설정된다〉).

7. 선불카드·직불카드

선불카드(prepaid card)란 「신용카드업자가 대금을 미리 받고 이에 상당하는 금액을 기록(전자 또는 자기적 방법에 의한 기록을 말한다)하여 발행한 증표로서 선불카드 소지자의 제시에 따라 신용카드가맹점이 그 기록된 금액의 범위 내에서 물품 또는 용역을 제공할 수 있게 한 증표」를 말하는데(여금2 조8호), 공중전화카드가 대표적인 예에 속한다고 볼 수 있다. 이러한 선불카드가 유가증권이냐에 대하여 의문이 있으나, 상품권의 경우와 같이 물품을 구입하거나 용역을 제공받을 수 있는 권리가 표창되고 이러한 권리의 발생·이전 및 행사에 증권(카드)의 소지를 요하는 완전유가증권이라고 볼 수 있다. 상품권도 크게 보면 이 범주에 들어간다고 볼 수 있으나, 증권의 형식·이를 규제하는 법규(약관)·이용범위 등에서 구별된다고 본다.

직불카드(debit card)란 「직불카드회원과 신용카드가맹점간에 전자 또는 자기적 방법에 의하여 금융거래계좌에 이체하는 등의 방법으로 물품 또는 용역의 제공과 그 대가의 지급을 동시에 이행할 수 있도록 신용카드업자가 발행한 증표」를 말한다(여금2 조6호). 이러한 직불카드는 보통 기능이 확장된 현금카드로서 카드소지인의 요구불예금구좌에서 현금자동인출기를 통한 예금인출이나, 직불카드가맹점에서 물품 또는 용역을 제공받고 그의 예금구좌에서 가맹점구좌로 대금이 자동이체되는 기능을 겸비하고 있다. 직불카드가 유가증권인지 여부는 다음에서 설명하는 신용카드의 경우와 유사한데, 신용카드가 증거증권인 것과 같이 직불카드도 유가증권은 아니고 회원자격을 증명하는 증거증권에 불과하다고 본다.

8. 신용카드

신용카드(credit card)란 「이를 제시함으로써 반복하여 신용카드가맹점에서 물품의 구입 또는 용역의 제공을 받을 수 있는 증표로서 신용카드업자가 발행한 것」을 말하는데(여금2 조3호), 이는 물품의 구입이나 용역을 먼저 제공받고 후에 대금을 지급하는 점에서 앞에서 본 선불카드나 직불카드와 구별된다고 볼 수 있다. 이러한 신용카드는 권리 또는 재산권을 표창하는 증권은 아니고, 다만 회원자격을 증명하는 증거증권에 불과하다(통설). 따라서 신용카드는 원인관계인 회원계약과 독립하여 존재하는 무인증권도 아니고, 또 회원의 권리가 신용카드의 발행에 의하여 비로소 창설되는 설권증권도 아니며, 또 원칙적으로 타인에게 양도될 수 없는 일신전속성을 갖는 증권이다. 그러나 신용카드는 카드회원이 그의 권리를 행사하기 위하여는 반드시 카드가맹점에 신용카드를 제시하여야 하므로 제시증권성을 가지며, 카드가맹점은 외관상 유효한 카드소지인과 거래한 이상 그가 진정한 카드회원이 아닌 경우에도 이로 인한 책임을 부담하지 않으므로 면책증권성을 갖는다.

9. 수표카드(가계수표보증카드)

수표카드란 「가계수표의 피지급성을 증대하기 위하여 수표법 외의 민사법적 차원에서 수표발행인의 청구에 의하여 수표지급인(은행)이 발행한 카드」를 말하는데, 이러한 수표카드는 유가증권이 아니고 증거증권이라는 점에 대하여는 이견(異見)이 없다.

제 2 절   유가증권의 종류

1. 증권의 소지가 요구되는 정도에 의한 분류

(1) 완전유가증권(절대적 유가증권)
권리와 증권의 결합정도가 가장 강력하여 권리의 발생·이전·행사의 전부에 증권의 소지를 요하는 유가증권이다. 이의 대표적인 예는 어음과 수표이다.

(2) 불완전유가증권(상대적 유가증권)
권리와 증권의 결합정도가 덜 밀접하여 권리의 발생·이전·행사의 일부에 증권의 소지를 요하는 유가증권이다. 권리의 이전 및 행사에 증권의 소지를 요하는 것으로는 화물상환증·창고증권·선하증권·무기명주권 등이 있고, 권리의 이전에만 증권의 소지를 요하는 것으로는 기명주권 등이 있으며, 권리의 행사에만 증권의 소지(제시)를 요하는 것으로는 기명채권(記名債券)·배서금지어음 등과 같은 기명증권(記名證券)이 있다.

2. 증권에 화체(化體)된 권리에 의한 분류

(1) 채권증권

채권증권은 채권을 표창하는 유가증권인데, 이에는 약속어음·채권(債券) 등과 같이 금전채권을 표창하는 유가증권(금전증권)과, 화물상환증·창고증권·선하증권· 상품권 등과 같이 물품의 인도청구권을 표창하는 유가증권(물품증권 또는 물건증권)이 있다.

(2) 물권증권

물권증권은 물권을 표창하는 유가증권으로, 독일의 저당증권·토지채무증권· 정기토지채무증권 등이 이에 속한다.

(3) 사원권증권

사원권증권은 사원권(사단에 있어서의 사원인 지위)을 표창하는 유가증권으로, 주권이 그 대표적인 예이다.

3. 증권상의 권리자를 지정하는 방법에 의한 분류

(1) 기명증권

기명증권이란 증권상에 특정인을 권리자로 기재한 유가증권으로서 지시증권이 아닌 것을 말한다. 유가증권 중에는 증권상에 특정인이 권리자로 기재된 경우에도 (예컨대, 기명식 어음·수표·화물상환증·창고증권·선하증권 등) 법률의 규정에 의하여 당연히 그가 타인을 권리자로 지정할 수 있는 유가증권(법률상 당연한 지시증권)이 있는데($\frac{어 11조 1항; 수 14조 1항;}{상 130조 본문, 157조, 861조}$), 이러한 유가증권은 기명증권이 아니라 다음에서 보는 지시증권에 속한다. 기명증권에 속하는 유가증권으로는 기명채권($\frac{상}{479조}$), 배서(지시)금지 어음·수표·화물상환증·창고증권·선하증권($\frac{어 11조 2항; 수 14조 2항;}{상 130조 단서, 157조, 861조}$) 등이 있다.

(2) 지시증권

지시증권이란 증권상에 특정인을 권리자로 지정하지만, 한편 그가 지시하는 자도 권리자로 인정하는 유가증권이다. 지시증권에는 당사자의 증권면상의 지시문구에 의하여 지시증권이 되는 「선택적 지시증권」(예컨대, 민법상 지시채권증권 등)과, 증권면상의 지시문구의 기재유무에 불구하고 (배서금지의 기재가 없으면) 법률의 규정상 당연히 지시증권이 되는 「법률상 당연한 지시증권」(태생적 지시증권)(예컨대, 어음·수표·화물상환증·창고증권·선하증권 등)이 있다.

(3) 무기명증권

무기명증권이란 증권상에 권리자를 지정하지 않고 증권의 정당소지인을 권리자로 인정하는 유가증권이다. 무기명증권을 소지인출급식증권이라고도 한다. 무기명증권의 대표적인 예는 무기명수표($\frac{수}{3 \bar{c}}$5조 1 항)·무기명채권(債券)($\frac{상}{480 \bar{c}}$) 등인데, 이외에 화물상환증·창고증권·선하증권 등도 무기명식의 발행이 해석상 인정되고 있다. 주권의 경우에는 무기명주권이 무기명증권인 것은 말할 나위가 없으나, 기명주권도 단순한 교부만에 의하여 양도되므로(또 기명주권의 단순한 점유자도 권리자로 추정되므로)($\frac{상}{336 \bar{c}}$) 무기명증권에 속한다고 볼 수 있다.

(4) 선택무기명증권

선택무기명증권(지명소지인출급증권)이란 증권상에 특정인을 권리자로 지정하고 있지만, 동시에 증권의 (정당한) 소지인도 권리자가 될 수 있는 뜻을 기재한 유가증권이다. 선택무기명증권은 민법상 증권채권 및 수표에서는 명문으로 인정되고 있는데($\frac{민}{수}$5 조 2 항), 이러한 명문의 규정이 없는 화물상환증·창고증권·선하증권 등에도 인정된다고 본다($\frac{상}{민}$65조; 525조). 선택무기명증권은 무기명증권과 동일한 효력이 있기 때문에($\frac{민}{수}$5 조 2 항), 이를 무기명증권과 구별하는 것은 그 형식에 있어서는 의미가 있을지 모르나 실질에 있어서는 실익이 없다.

4. 권리의 발생에 증권의 소지(작성)를 요하는지 여부에 따른 분류

(1) 설권증권

증권의 작성에 의하여 비로소 권리가 창설되는 증권을 설권(設權)증권이라고 하는데, 어음·수표 등과 같은 완전유가증권이 이에 속한다.

(2) 비설권증권

이미 존재하는 권리를 단순히 증권에 표창한 증권을 비설권증권(선언증권)이라고 하는데, 화물상환증·창고증권·선하증권·주권 등과 같은 불완전유가증권이 이에 속한다.

5. 증권상의 권리와 원인관계와의 관련 여부에 의한 분류

(1) 유인증권

증권상의 권리의 발생이 증권의 발행행위 자체 외에 그 원인관계와 관계를 갖고 있는 증권을 유인증권(有因證券)(요인증권)이라고 하는데, 어음·수표 이외의 대부분의 유가증권(화물상환증·주권 등과 같은 불완전유가증권 또는 비설권증권)이 이에 해당한다. 유인증권의 경우에는 원인관계의 부존재·무효·취소 등이 증권상의 행위(특히 발행행위)에 영향을 미친다.

(2) 무인증권

증권상의 권리의 발생이 그 원인관계와 관계가 없는 증권을 무인증권(無因證券)(불요인증권, 추상증권)이라고 하는데, 어음·수표와 같은 유가증권(완전유가증권, 설권증권)이 이에 해당한다. 무인증권의 경우에는 원인관계의 부존재·무효·취소 등이 증권상의 행위(특히 발행행위)에 원칙적으로 영향을 미치지 않는다.

6. 증권상의 권리의 효력에 의한 분류

(1) 형식권적 유가증권

증권상의 권리의 내용(범위)이 증권에 기재된 문언만에 의하여 정하여지고, 이의 결과 동 증권을 선의로 취득한 자는 동 증권에 기재된 바에 의하여 권리를 취득하는(또한 채무자는 동 증권에 기재된 바에 의하여 의무를 이행하여야 하는) 증권을 형식권적 유가증권(문언증권)이라고 하는데(이러한 점에서 공신의 유가증권임), 앞에서 본 모든 무인증권(어음·수표 등)과 일부의 유인증권(화물상환증·창고증권·선하증권 등)이 이에 속한다.

(2) 실질권적 유가증권

증권상의 권리의 내용(범위)이 실질관계에 의하여 정하여지고 이의 결과 동 증권을 선의로 취득한 자도 동 증권에 기재된 문언에 의하여만 권리를 취득할 수 없는(또한 채무자는 동 증권에 기재되지 않는 사항에 의해서도 항변을 주장할 수 있는) 증권을 실질권적 유가증권(비문언증권)이라고 하는데, 일부의 유인증권(주권)과 기명증권이 이에 속한다.

제 3 절   유가증권의 속성

1. 유가증권상의 권리의 성립과 유가증권의 속성(요식증권성)

유가증권이 법률이 정한 방식(기재사항)과 조건에 따라서 작성되어야 그 효력을 발생하게 되는 것을 유가증권의 요식증권성이라 하는데, 이러한 요식증권성에는 두 가지가 있다. 하나는 어음·수표와 같이 법정의 기재사항이 흠결되면 법이 특히 그의 구제를 규정한 경우를 제외하고는 증권 자체를 무효로 하는 「엄격한(절대적) 요식증권성」이고(어2조, 수2조), 다른 하나는 화물상환증·선하증권·주권 등과 같이 법정의 기재사항이 흠결되더라도 그것이 본질적인 것이 아닌 한 증권을 무효로 하지 않는 「완화된(상대적) 요식증권성」이다(상 128조 2 항, 156조 2 항, 853조, 356조 등 참조).

2. 유가증권상의 권리의 양도와 유가증권의 속성(지시증권성·자격 수여적 효력·선의취득자의 보호·문언증권성)

(1) 지시증권성

유가증권상의 권리는 보통 유가증권에 고유한 양도방법인 「배서」에 의하여 양도되는데, 이를 유가증권의 「지시증권성」이라 한다. 유가증권의 지시증권성은 협의의 유가증권 중에서 지시증권에만 해당하는 속성이라고 볼 수 있다.

(2) 자격수여적 효력

유가증권상의 권리의 양도와 관련하여 뒤에서 보는 증권상의 선의취득자를 보호하기 위해서나 또는 증권상의 채무자를 면책하기 위한 전제로서 증권상 형식적 자격을 가진 자를 실질적 권리자로 추정하는데, 이를 자격수여적 효력이라 한다. 이러한 자격수여적 효력은 기명증권에는 인정되지 않고 지시증권 또는 무기명증권에만(즉 협의의 유가증권에만) 인정되는데, 지시증권의 경우에는 배서의 연속에 의하여 또 무기명증권의 경우에는 단순한 소지만에 의하여 형식적 자격을 갖게 되고 이의 결과 자격수여적 효력을 갖는다(민 513조; 상 336조 2 항; 어 16조, 1항, 77조 1 항 1 호; 수 19조).

(3) 선의취득자의 보호

위의 자격수여적 효력과 관련하여 특히 유통성이 많은 (협의의) 유가증권에 대하여는 거래의 안전을 위하여, 민법의 동산거래에 있어서의 선의취득제도(민249조)를 더욱 강화하여 선의취득자를 보호하고 있다(민 514조, 524조; 상 65조, 359조; 어 16조 2 항, 77조 1 항 1 호; 수 21조).

(4) 문언증권성

위의 선의취득자의 보호와 관련하여 동 증권의 선의취득자는 원칙적으로 동 증권에 기재된 바에 의하여 증권상의 권리를 취득하는데, 이를 유가증권의 문언증권성의 속성이라고 한다(형식권적 유가증권). 선의취득이 인정되는 모든 유가증권이 문언증권성의 속성을 갖는 것은 아니다. 예외적으로 주권의 경우에는 선의취득이 인정되지만 문언증권성의 속성은 없다(실질권적 유가증권).

3. 유가증권상의 권리의 행사와 유가증권의 속성(제시증권성·상환 증권성·면책증권성·인적 항변의 절단·추심채무)

(1) 제시증권성

(협의의) 유가증권은 변제기한이 있는 경우에도 그 기한이 도래한 후에 소지인이 증권을 제시하여 이행을 청구한 때로부터 채무자는 지체책임을 지는데($_{상\ 65조;\ 어\ 38조;}^{민\ 517조,\ 524조;}$ $_{수\ 29조}^{77조\ 1항\ 3호;}$), 이를 제시증권성이라 한다(어음의 경우 이러한 제시증권성·상환증권성 등으로 인하여 어음을 소지하지 않으면 어음채권을 회생채권으로 신고할 수 없다—$_{2016\ 다\ 235091}^{대판\ 2016.\ 10.\ 27;}$). 이러한 제시증권성은 지시증권 및 무기명증권뿐만 아니라 기명증권도 갖는다. 그러나 무기명증권에 속하는 기명주권의 경우에는 주주명부에 명의개서만 하면 주권을 제시하지 않더라도 주주권을 행사할 수 있으므로 제시증권성이 없다.

(2) 상환증권성

제시증권성과 관련하여 유가증권상의 권리자가 그의 권리를 행사하려면 증권을 채무자의 변제와 상환하여야 하는데($_{어\ 39조\ 1항,\ 77조\ 1항\ 3호;\ 수\ 34조\ 1항}^{민\ 519조,\ 524조;\ 상\ 129조,\ 157조,\ 861조;}$), 이를 상환증권성이라 한다. 대부분의 유가증권은 이러한 상환증권성이 있다. 그러나 주권의 경우에는 (기명주권이든 무기명주권이든) 이러한 상환증권성이 없다. 한편 화물상환증·창고증권·선하증권 등에 대하여 상법은 명문으로 상환증권성을 규정하고 있으나, 상관습에 의하여 보증도 또는 가도(假渡)가 인정되고 있으므로 상법상 이러한 증권의 상환증권성은 사실상 그 효용이 많이 감소되고 있다고 볼 수 있다.

(3) 면책증권성

증권상의 채무자가 앞에서 본 형식적 자격을 가진 자에게(즉, 자격수여적효력이 있는 증권의 소지인에게) 변제를 하면 비록 그가 무권리자라 하더라도 이에 대하여 채무자가 악의(사기) 또는 중대한 과실이 없는 한 채무자는 면책되는데($_{40조\ 3항;\ 수\ 35조\ 등}^{민\ 518조;\ 상\ 65조;\ 어}$), 이를 면책증권성이라 한다. 대부분의 유가증권은 면책증권성을 가지나, 일부의 유가증권(예컨대, 배서금지 화물상환증 등 기명증권)은 면책증권성을 갖지 않는다. 또한 면책증권성은 있으나, 유가증권이 아닌 것도 많다(예컨대, 예금통장·신발표·휴대품보관증 등).

(4) 인적 항변의 절단

유가증권법은 증권상의 채무자는 증권소지인이 선의이면 양도인에 대한 인적 항변사유로써 증권소지인(양수인)에게 대항할 수 없도록 하여, 유가증권의 유통성과 피지급성을 보호하고 있다($^{민\ 515조;\ 상\ 65조;\ 어\ 17조,}_{77조\ 1항\ 1호;\ 수\ 22조}$). 이러한 인적 항변의 절단의 성질은
거의 모든 지시증권 및 무기명증권에 존재하나, 기명증권과 기명주권에는 존재하지
않는다.

(5) 추심채무

유가증권상의 채무의 이행장소는 원칙적으로 채무자의 현영업소 또는 현주소
이다(추심채무)($^{민\ 516조;}_{상\ 65조}$). 이것은 유가증권이 전전유통되는 성질과 또한 채무자가 증
권의 현소지인을 알 수 없는 성질에 기인한다. 따라서 유가증권이 추심채무라는 성
질도 원칙적으로 지시증권 및 무기명증권에만 적용되고, 기명증권에는 적용되지 않
는다. 주권의 경우에는 위와 같은 이유보다는 사단법적 법리의 적용에 의하여 회사
의 영업소에서 채무가 이행되는 경우가 많을 것이다.

제 4 절   유가증권법

1. 유가증권법의 의의

(1) 실질적 의의의 유가증권법

실질적 의의의 유가증권법이란 형식적 의의의 유가증권법의 존재유무 또는 그
의 내용의 차이에도 불구하고 존재하는 이론상 통일적인 유가증권에 관한 법인데,
이에는 광의의 유가증권법과 협의의 유가증권법이 있다.

「광의의 유가증권법」이란 유가증권의 실체적 법률관계를 규율하는 사법적 규
정(민법·상법상 유가증권에 관한 규정, 어음법 및 수표법 등)뿐만 아니라, 유가증권에 관
한 형벌규정($^{형\ 214조}_{이하}$)·공시최고에 의한 제권판결에 관한 규정($^{민소\ 475조}_{이하}$)·어음에 관한
강제집행규정($^{민집\ 233조}_{이하}$) 및 부정수표단속법 등과 같은 공법적 규정을 포함한다.

그러나 「협의의 유가증권법」이란 유가증권의 실체적 법률관계를 규율하는 사
법적 규정만을 의미하는데, 일반적으로 유가증권법이라고 말할 때에는 협의의 유가
증권법을 의미한다.

(2) 형식적 의의의 유가증권법

형식적 의의의 유가증권법이란 실정 성문법인 유가증권법을 의미하는데, 우리
나라에는 스위스의 채무법($^{945조}_{이하}$)이나 미국의 통일상법전과 같은 유가증권 전반에 관
해서 규율하는 통일적인 법인 형식적 의의의 유가증권법은 없고, 유가증권을 규율

하는 법은 여기 저기에 흩어져 있다. 즉, 유가증권 중에서 가장 전형적인 유가증권이고 기업뿐만 아니라 일반인도 널리 이용하는 어음·수표를 규율하는 법으로는 단행법인 「어음법」과 「수표법」이 있고, 유가증권 중에서 상인만이 발행할 수 있는 화물상환증($\frac{\text{상}\ 128조\sim}{133조}$)·창고증권($\frac{\text{상}\ 156조\sim}{157조}$)·선하증권($\frac{\text{상}\ 852조\sim}{864조}$)·주권($\frac{\text{상}\ 355조\sim}{360조}$) 및 채권($\frac{\text{상}\ 478조\sim}{480조}$) 등에 관하여는 「상법전」에서 규정하고 있으며, 유가증권 중에서 금전의 지급청구권·물건 또는 유가증권의 인도청구권이나 사원의 지위를 표시하는 유가증권에 대하여는 「상법 제65조」가 규정하고 있으며, 유가증권 중에서 상법 제65조의 유가증권이 아닌 것으로 어음·수표가 아닌 채권증권인 유가증권을 규율하는 규정으로는 「민법」의 증권채권(지시채권·무기명채권 및 선택무기명채권)에 관한 규정($\frac{\text{민}\ 508조\sim}{525조}$)이 있다.

2. 유가증권법정주의

유가증권은 그의 유통성 및 피지급성의 확보를 위하여 법의 특별한 보호를 받고 있다. 이러한 유가증권법은 강행법적 성질을 갖고 있다. 따라서 유가증권의 종류와 내용 등을 법에 의하여 제한하여 그의 남용을 방지하는데, 이것을 유가증권법정주의라고 한다. 유가증권법정주의의 구체적인 예로는, 유가증권에 화체되는 권리는 재산권(채권·물권·사원권)에 한하고 신분권·명예권 등은 유가증권화될 수 없는 점, 유가증권상의 권리의 내용은 증권의 문언만에 의하여 정하여지는 점(단, 주권은 예외임), 유가증권에 고유한 양도방법(지시증권인 경우에는 배서, 무기명증권인 경우에는 교부)이 규정되어 유가증권은 이러한 양도방법에 의하여 양도되는 점 등을 들 수 있다. 이러한 유가증권법정주의는 협의의 유가증권(지시증권 및 무기명증권)에만 해당되고, 기명증권에는 해당되지 않는다고 본다.

3. 유가증권법의 특성

유가증권법의 기본적 이념은 '유통성의 조장'과 '피지급성의 확보'인데, 이 이념을 실현하기 위하여 유가증권법은 (i) 강행법적 성질, (ii) 기술적 성질, (iii) 형식적 성질 및 (iv) 통일적 성질의 특성을 갖고 있다.

제 **2** 장 어음법·수표법 서론

제 1 절 어음·수표의 의의

제 1 어음·수표의 개념

1. 환어음의 개념

환어음이란 「어음의 발행인이 제 3 자(지급인)에게 일정금액(어음금액)을 일정일 (만기)에 어음상의 권리자(수취인 또는 피배서인)에게 지급할 것을 무조건으로(무인증 권성) 위탁하는(지급위탁증권) 유가증권」이다.

이러한 환어음의 당사자는 기본당사자와 그 밖의 당사자가 있는데, 기본당사 자는 발행인·수취인·지급인(지급인이 인수한 경우에는 인수인)이고, 그 밖의 당사자는 (i) 배서인·피배서인, (ii) 어음보증인·피보증인, (iii) 참가인수인·참가지급인·예비 지급인, (iv) 지급담당자 등이다(환어음의 당사자에 관한 상세는 정찬형, 「상법강의(하)(제 24판)」, 33~35면 참조).

2. 약속어음의 개념

약속어음이란 「어음의 발행인 자신이 일정일(만기)에 일정금액(어음금액)을 어 음상의 권리자(수취인 또는 피배서인)에게 지급할 것을 무조건으로(무인증권성) 약속하 는(지급약속증권) 유가증권」이다.

약속어음의 기본당사자는 발행인과 수취인이다. 약속어음이 환어음과 근본적 으로 다른 점은, 지급인이 따로 없고 발행인 자신이 환어음의 지급인(엄격히는 인수인)을 겸하고, 발행인은 언제나 주채무자가 되는 점이다. 또 약속어음에는 환어음과는 달리 인수제도가 없다. 약속어음을 환어음을 기준으로 보면 「인수된 자기앞환어음」에 해당한다고 볼 수 있다. 약속어음의 그 밖의 당사자는 환어음의 경우와 같다.

3. 수표의 개념

수표란 「수표의 발행인이 지급인(은행)에게 일정금액(수표금액)을 수표상의 권리자(지시식의 경우에는 수취인 또는 피배서인, 무기명식인 경우에는 정당한 소지인)에게 지급할 것을 무조건으로(무인증권성) 위탁하는(지급위탁증권) 유가증권」이다.

수표는 환어음과 그 법률적 구조가 유사하여, 지급위탁증권이고 기본당사자는 발행인·수취인·지급인이다. 그러나 수표는 (i) 지급인이 은행에 한정되어 있는 점($\frac{수}{59조}^{3조}$), (ii) 만기가 없고 항상 일람출급인 점($\frac{수}{28조}$), (iii) 수취인의 기재가 임의적 기재사항인 점($\frac{수}{5조}$) 등에서 환어음과 근본적으로 구별되고 있다. 수표를 환어음을 기준으로 보면 「은행 앞으로 발행된 일람출급의 환어음」에 해당한다고 볼 수 있다.

제2 어음·수표의 법적 성질

어음·수표는 일정한 금액의 지급을 목적으로 하는 유가증권으로서, 그 권리의 발생·이전·행사가 모두 증권에 의하여 이루어지는 가장 완전한 유가증권이다. 어음·수표는 유가증권이므로 유가증권의 속성인 지시증권성·제시증권성·상환증권성·문언증권성·면책증권성을 갖는 것은 물론이지만, 그 밖에 금전채권증권성·설권증권성·무인증권성 및 절대적 요식증권성의 특수한 성질을 갖고 있다.

제3 어음·수표의 경제적 기능

환어음의 경제적 기능으로는 신용기능·송금기능·추심기능 및 지급기능이 있고, 약속어음의 경제적 기능으로는 신용기능·추심기능 및 지급기능이 있으며, 수표의 경제적 기능으로는 지급기능(본질적 기능)과 송금기능(부수적 기능)이 있다(이에 관한 상세는 정찬형, 「상법강의(하)(제24판)」, 37~43면 참조). 수표는 어음과는 달리 언제나 일람출급이고 만기가 없으므로 신용기능 및 추심기능이 없다. 특히 수표가 신용기능을 갖지 않는 점은 어음과 근본적으로 구별되는 점이고, 이러한 점에서 수표는 「현금의 대용물」이라고 불린다. 그러므로 「어음을 교부하고 매각하는 자는 금전을 필요로 하는 사람이나, 수표를 교부하는 자는 금전을 가지고 있는 사람」이라고 말할 수 있다.

제 4   환어음·약속어음·수표의 이동(異同)

1. 공 통 점

환어음·약속어음·수표는 모두 앞에서 본 바와 같이 유가증권으로서의 법적 성질에서 공통점을 갖고 있으며, 또한 지급기능을 수행하는 경제적 기능에서 공통점을 갖고 있다.

2. 차 이 점

(1) 환어음과 약속어음의 차이

1) 경제적 기능면에서의 차이   환어음의 경제적 기능에는 신용기능·송금기능·추심기능 및 지급기능이 있으나, 약속어음의 경제적 기능에는 신용기능·추심기능 및 지급기능만이 있고 송금기능이 없는 점이 환어음과 다르다.

2) 법적 면에서의 차이   환어음은 지급위탁증권이고 약속어음은 지급약속증권이라는 근본적인 차이 외에 다음과 같은 구체적인 차이가 있다.

㈎ 기본당사자   환어음의 기본당사자는 발행인·수취인 및 지급인이나, 약속어음의 기본당사자는 발행인 및 수취인이고 지급인이 없는 점이 환어음과 다르다.

㈏ 주채무자   환어음은 지급인이 인수한 경우에만 주채무자가 되나, 약속어음의 발행인은 언제나 주채무자가 된다.

㈐ 상환(소구)의무자   환어음의 상환(소구)의무자는 발행인 및 배서인이나, 약속어음의 상환(소구)의무자는 배서인뿐이다. 즉 약속어음의 발행인은 주채무자이지 상환(소구)의무자가 아닌 점에서 환어음과 다르다.

㈑ 자금관계   환어음에는 발행인과 지급인 사이에 자금관계가 있으나, 약속어음에는 지급인이 따로 없고 발행인이 지급인을 겸하고 있으므로 자금관계가 없다.

㈒ 인수제도   환어음에는 지급인이 따로 있으므로 지급인의 인수제도가 있고, 지급인이 인수를 거절한 경우에는 만기 전의 상환청구(소구) 및 참가인수가 인정된다. 그러나 약속어음에는 지급인이 따로 없으므로 지급인에 의한 인수제도는 있을 수 없고, 따라서 지급인의 인수거절로 인한 만기 전의 상환청구(소구) 및 참가인수

도 없다. 그러나 약속어음의 경우에도 발행인의 자력불확실로 인한 만기 전의 상환 청구(소구) 및 이를 저지하기 위한 참가제도는 인정된다(통설·판례).

㈒ **복본제도**　환어음의 경우에는 어음상실의 경우를 대비하여 주로 해외로 환어음을 송부하기 위하여 또는 인수를 위하여 환어음을 타지에 송부할 필요가 있기 때문에 하나의 환어음상의 권리에 대하여 수 통의 어음증권을 발행하는 복본제도가 인정되고 있으나, 약속어음의 경우에는 발행인과 지급인이 동일한 점에서 이러한 필요가 없기 때문에 복본제도가 인정되지 않는다.

(2) 환어음과 수표의 차이

1) 경제적 기능면에서의 차이　환어음의 경제적 기능에는 신용기능·송금기능·추심기능 및 지급기능이 있으나, 수표의 경제적 기능에는 지급기능 및 송금기능만이 있고 신용기능 및 추심기능이 없는 점이 환어음과 다르다. 어음과 수표의 근본적인 차이는 어음의 제1차적인 경제적 기능은 신용기능임에 반하여, 수표의 제1차적인 경제적 기능은 지급기능인 점이다.

2) 법적 면에서의 차이　환어음과 수표는 모두 지급위탁증권이라는 점에서는 같으나, 위에서 본 바와 같이 그 경제적 기능면에서 근본적으로 구별되므로 이는 법적 면에서도 반영되어 다음과 같은 구체적인 차이가 있다.

㈎ **기본당사자**　환어음과 수표의 기본당사자는 다 같이 발행인·수취인·지급인이다. 그러나 환어음의 발행인은 자금을 필요로 하는 자이나 수표의 발행인은 자금을 가지고 있는 자이고, 환어음의 수취인은 절대적 기재사항이나($_{6호}^{어1조}$) 수표의 수취인은 임의적 기재사항이며($_{5조}^{수}$), 환어음의 지급인에는 제한이 없으나 수표의 지급인은 은행에 한정되는 점($_{3조}^{수}$)은 양자가 구별되는 점이다.

㈏ **주채무자**　환어음은 지급인이 인수한 경우에는 주채무자가 되나, 수표는 인수가 금지되므로($_{4조}^{수}$) 항상 주채무자가 없다. 수표의 지급인이 지급보증을 한 경우에 그러한 지급보증인의 지위는 최종상환(소구)의무자의 지위와 같고 환어음의 인수인의 지위와는 다르므로 주채무자가 아니다($_{수 55조의}^{어 28조와}$ 비교).

㈐ **상환(소구)의무자**　환어음과 수표의 상환(소구)의무자는 다 같이 발행인과 배서인이다. 그러나 환어음의 지급인이 인수한 경우에 지급인은 인수인으로서 주채무자이므로 그러한 환어음의 지급인은 상환(소구)의무자가 될 수 없으나($_{28조}^{어}$), 수표의 지급인이 지급보증을 한 경우에 지급보증인은 위에서 본 바와 같이 주채무자가 아니라 최종의 상환(소구)의무자와 같은 지위에 있게 되는 점($_{55조 참조}^{수 39조}$)은 양자가 구별되는 점이다. 또 환어음의 경우에는 수취인이 절대적 기재사항이므로 상환(소구)의

무자로서의 배서인이 언제나 있게 되나, 수표의 경우에는 무기명식(소지인출급식) 수표의 발행이 인정되므로($\frac{수}{2항·3항}^{5조 1항 3 호}$) 그러한 수표에서는 상환(소구)의무자로서의 배서인이 없게 되는 점도 양자가 구별되는 점이라고 볼 수 있겠다.

　　㈐ **자금관계**　　수표도 환어음과 같이 자금관계가 있으나, 환어음에서와는 달리 수표의 자금관계는 법에서 엄격히 제한하여 수표의 피지급성을 높이고 있다. 즉 수표의 지급인은 은행에 한정되고, 발행인은 지급인과 당좌예금계약(때로는 이와 함께 당좌차월계약) 및 수표계약을 체결해야 한다($\frac{수}{3조}$). 수표의 발행인이 이에 위반하여 수표를 발행한 경우에는 수표법에 의하여 과태료의 처분을 받을 뿐만 아니라($\frac{수}{67조}$), 부정수표단속법에 의하여 형사처벌까지 받는다($\frac{동법}{3조}^{2 조}$).

　　㈑ **인수제도**　　환어음에는 인수제도가 있으나, 수표에는 인수제도가 없고($\frac{수}{4조}$) 그 대신에 지급의 불확실성의 결함을 보완하기 위하여 지급보증제도가 인정되고 있음은 앞에서 설명한 바와 같다.

　　㈒ **상환청구(소구)방법**　　환어음의 경우에는 만기전 상환청구(소구)제도($\frac{어}{답서}^{43조}$)와 역(逆)어음에 의한 상환청구(소구)방법($\frac{어}{52조}$)이 있으나, 수표의 경우에는 만기가 없으므로 만기전 상환청구(소구)제도는 있을 수 없고 또 상환청구(소구)방법의 복잡화를 피하기 위하여 역(逆)수표에 의한 상환청구(소구)제도를 인정하지 않고 있다. 또 환어음의 경우에는 상환청구(소구)의 형식적 요건으로서 (인수 또는) 지급거절의 증명방법은 공정증서에 의해서만 하여야 하는데($\frac{어}{1항}^{44조}$), 수표의 지급거절의 증명방법으로는 공정증서뿐만 아니라 「지급인의 선언」 및 「어음교환소의 선언」과 같은 간편한 증명방법이 인정되고 있다($\frac{수}{39조}$).

　　㈓ **지급위탁의 취소**　　환어음의 경우에는 발행인은 지급제시기간의 전후에 불문하고 지급인에 대하여 지급위탁을 취소할 수 있으나, 수표의 경우에는 수표의 피지급성을 높이기 위하여 지급제시기간 경과 후에만 지급위탁의 취소의 효력이 발생하는 것으로 규정하고 있다($\frac{수}{1항}^{32조}$). 이와 관련하여 환어음의 지급인은 지급제시기간 경과 후에는 발행인의 계산으로 지급할 수 없으나, 수표의 지급인은 지급제시기간 경과 후에도 (지급위탁의 취소가 없는 한) 발행인의 계산으로 지급할 수 있다($\frac{수}{2항}^{32조}$).

　　㈔ **횡선제도**　　환어음의 경우에는 어음의 도난·분실 등에 대비하여 횡선제도가 인정되지 않으나, 수표의 경우에는 횡선제도가 인정되고 있다($\frac{수}{38조}^{37조~}$).

　　㈕ **시효기간**　　환어음의 경우에는 주채무자(인수인)에 대한 어음상 권리의 시효기간은 3년, 상환(소구)의무자에 대한 어음상 권리의 시효기간은 1년, 재상환청구

(재소구)권의 시효기간은 6개월이다($_{70조}^{어}$). 그러나 수표의 경우에는 지급보증인에 대한 수표상 권리의 시효기간은 1년($_{58조}^{수}$), 상환(소구)의무자에 대한 수표상 권리의 시효기간은 6개월($_{1항}^{수51조}$), 재상환청구(재소구)권의 시효기간은 6개월이다($_{2항}^{수51조}$). 따라서 수표상 권리의 시효기간이 환어음상 권리의 시효기간보다 단축되어 있다.

   (㉱) **참가제도**　　환어음에는 참가제도(참가인수·참가지급)가 인정되나($_{63조~}^{어55조~}$), 수표는 간이·신속하게 지급되어야 하므로 참가제도가 인정되지 않는다.

   (㉲) **등본제도**　　어음에는 주로 어음의 유통을 조장하기 위하여 등본제도가 인정되나($_{68조}^{어67조~}$), 수표에는 등본제도가 인정되지 않고 있다. 또 이와 관련하여 수표에도 환어음에서와 같이 복본제도가 인정되나, 수표의 복본발행은 환어음의 경우보다 제한되어 있다(즉, 국제간 또는 원격지에 송부되는 경우에 한하여 인정된다)($_{48조}^{수}$).

제 2 절　어음·수표의 경제적 분류

제 1　어음의 경제적 분류

1. 원인관계의 유무에 따른 분류

　　상거래가 원인이 되어 발행되는 어음을 「상업어음」(진정어음·진성어음·실어음·상품어음)이라고 하고, 어음발행의 원인에 현실적인 상거래가 없이 오직 자금융통의 목적을 위하여 발행된 어음을 「융통어음」(빈어음·대어음·차어음·재정어음·신용어음)이라고 한다.

　　광의의 융통어음이란 타인의 자금융통의 목적으로 인수·배서·보증 등의 부속적 어음행위를 한 경우를 포함하나, 협의의 융통어음이란 타인의 자금융통의 목적으로 어음을 발행(기본적 어음행위)한 경우만을 의미한다고 본다. 타인의 자금융통의 목적으로 어음에 인수·배서·보증 등을 한 경우는 어음 자체는 융통의 목적으로 발행된 것이 아니므로 이를 융통어음으로 부르는 것은 적절하지 않고, 다만 융통목적으로 한 인수·배서·보증 등으로 부르면 족하다고 본다. 또한 융통어음이란 타인에게 신용을 줄 목적으로(즉, 피융통자로 하여금 자금을 융통할 수 있도록 하기 위하여) 발행하는 어음이므로, 자기가 자금을 융통하기 위하여 대가관계 없이 발행 또는 양도하는 어음과도 구별된다($_{14,\ 96\ 다\ 3449}^{동지:\ 대판\ 1996.\ 5.}$). 따라서 후술하는 바와 같이 기업이 대가관계 없이 약속어음을 발행하고 단자회사 등으로부터 자금을 융통하는 「기업어음」이나 타인이 발행한 어음을 양도하고 할인받는 「할인어음」은 융통어음이 아니라고 본다.

상업어음·융통어음은 보통 국내에서 이용되는데, 법률적으로는 모두 약속어음이다. 기업이 상업어음을 취득한 경우에는 보통 자기의 거래은행으로부터 할인을 받아 자금화하는데(이 때 동 어음의 발행인 등의 신용에 따라 할인율이 상이한 것이 보통임), 이 때 거래은행은 중앙은행으로부터 다시 재할인을 받는다. 기업은 일반적으로 융통어음으로써 거래은행으로부터 할인을 받을 수 없고, 동 어음은 주로 타인에게 금융을 받게 하거나 또는 채무를 담보하기 위하여 제공된다(따라서 이 때 채권자 등은 융통어음의 발행인의 신용을 이용한다).

융통어음에서 채권자 등이 채무자로부터 변제를 받고 동 어음을 채무자(피융통자)에게 반환하고 채무자가 다시 동 어음을 융통어음의 발행인에게 교부하면 아무런 문제가 없으나, 채권자 등이 채무자로부터 변제를 받지 못하여 동 어음에 기하여 융통어음의 발행인에게 어음상의 권리를 행사하거나 또는 채권자가 제 3 자에게 동 어음을 양도한 경우에는 융통어음의 발행인이 이러한 제 3 자에게 어음상의 채무를 이행하여야 하는지가 문제되는데, 융통어음의 발행인은 어음상의 책임을 부담한다고 본다.

[융통어음의 발행인은 피융통자 이외의 제 3 자에게 어음상의 책임을 진다고 본 판례]

"융통어음의 발행인은 피융통자 이외의 제 3 자가 선의이건 또는 악의(융통어음임을 알고 취득한 경우— 저자 주)이건 간에, 그 취득이 기한후배서에 의한 것이었다 하더라도 대가관계 없이 발행된 융통어음이었다는 항변으로 대항할 수 없다(대판 1979. 10. 30, 79 다 479)."

2. 은행거래상의 분류

금전소비대차에 있어 그 지급을 확보하고 또 차용증서로 대용하기 위하여 차주가 대주에게 교부하는 어음인 「대부어음」, 어음소지인이 만기가 도래하지 않은 어음을 은행에 양도하여 만기까지의 할인료를 어음금액에서 공제하고 자금화하는 어음인 「할인어음」, 장래 발생할지도 모르는 채무의 이행을 담보하기 위하여 발행되는 어음인 「담보어음」이 있다.

또한 어음상의 권리가 운송중의 화물(운송증권)을 담보로 하여 발행된 어음인 「화환어음」, 신용장 등을 받은 수출상(매도인)이 소요자금을 조달할 목적으로 수출상 품을 선적하기 전에 수출대금(신용장상의 금액)의 범위 내에서 인수기관(종합금융회사 또는 외국환은행 등의 금융기관)을 지급인으로 하여 발행한 자기지시환어음인 「무역어 음」, 할인기관에 의하여 선정된 적격업체가 자금융통의 목적으로 발행한 어음을 할 인기관이 매입하여 다시 일반투자가에게 매출하는 어음인 「C.P.어음」(기업어음), 각 금융기관이 할인·보유하고 있는 상업어음 또는 무역어음을 분할 또는 통합하여 새로 이 할인식으로 발행한 (약속)어음인 「표지어음」(^{동지: 대판 2014. 6. 26, 2014 다 13167. 이의 매출은
어음의 매매임: 대판 2015. 9. 10, 2015 다 27545}), 이미 발행된 어음(대부어음)의 만기가 도래하였을 때에 당사자가 합의하여 그 어음 의 만기를 연기하기 위하여 발행하는 어음인 「개서어음」(연기어음) 등이 있다(은행거 래상의 어음의 분류에 관한 상세는 정찬형, 「상법강의(하)(제24판)」, 46~52면 참조).

[C.P.어음(기업어음)의 매도인의 책임에 관한 판례]

"단자회사가 할인매수한 어음을 다시 일반 제 3 자에게 어음할인의 방식으로 매출한 것은 그 성질이 어음의 매매라고 볼 것이므로 그 매매의 이행으로 어음 을 배서양도함에 있어 배서란에 「지급을 책임지지 않음」이라는 문언을 기재한 것은 특단의 사정이 없는 한 어음상 배서인으로서의 담보책임뿐만 아니라 매매 계약상의 채무불이행책임이나 하자담보책임까지 배제하기로 한 취지라고 보아 야 한다. C.P.어음의 할인매수 및 매출을 담보하는 단자회사가 개별적으로 시 행하여야 할 C.P.적격업체의 심사선정업무를 일원화하여 어음중개실운영위원회 로 하여금 전담케 한 것은 단자회사가 개별적으로 시행하는 것보다 더 객관적 이고 공정한 방법으로 대상기업의 신용상태와 자산의 건전성 등을 조사케 함으 로써 C.P.어음의 공신력을 높이고자 한 것이라고 해석되므로 단자회사가 별도 로 C.P.어음 발행회사의 신용상태 등을 조사함이 없이 위원회가 조사, 선정한 바에 따라 C.P.적격업체로 인정하였다고 하여도 특단의 사정이 없는 한 단기금 융업법 제12조 소정의 확인의무를 다한 것으로서 이를 소홀히 한 과실이 있다 할 수 없다(^{대판 1984. 11. 15,
84 다카 1227})."

3. 어음교환소에서 호칭되는 분류

제시은행이 어음교환을 통하여 어음을 지급제시하였으나 어음교환소규약이 규 정하고 있는 부도반환사유에 의하여 지급은행이 지급에 응하지 못한 어음인 「부도 어음」 등이 있다.

4. 회계부기상의 분류

대차대조표의 자산의 부에 자산으로서 기재되는 어음인 「받을 어음」과, 대차대조표의 부채의 부에 부채로서 기재되는 어음인 「지급어음」이 있다.

5. 기타의 분류

어음상의 채무자의 수가 하나인 「단명어음」과 어음상의 채무자의 수가 2인 이상인 「복명어음」이 있다. 또한 위조·변조 등과 같은 범죄와 관련된 어음 또는 분실·도난 등에 의하여 사고신고가 되어 있는 어음인 「사고어음」이 있다.

제 2 수표의 경제적 분류

1. 당좌수표

사업을 하는 자가 은행과 당좌거래계약을 체결하고 은행에 있는 수표자금의 범위 내에서 발행하는 수표이다. 이러한 당좌수표는 기본당사자인 발행인·수취인 및 지급인이 모두 존재하여, 수표법에서 규정하는 전형적인 형식의 수표이다.

2. 가계수표

개인이 은행과 가계당좌거래계약을 체결하고 은행에 있는 수표자금의 범위 내에서 발행하는 수표이다. 가계수표는 (i) 사업자(기업)가 아닌 개인이 발행하고, (ii) 수표금액에 제한이 있는 점 등이 당좌수표와 구별되기는 하나, 그 법률적 성질은 당좌수표와 동일하다.

3. 보증수표(자기앞수표)

보증수표는 원래 지급인(은행)이 지급보증한 수표인데, 우리나라에서는 은행의 자기앞수표($\frac{6}{3}\frac{2}{9}$)를 속칭 「보증수표」 또는 「보수」라고 부르고 있다. 현재 우리나라에서는 당좌수표의 소지인이 지급은행에 대하여 지급보증을 청구한 때에 지급은행은 지급보증을 하는 대신에 수표 발행인의 당좌계정으로부터 그 금액을 공제하고 지급은행의 자기앞수표를 발행하고 있다. 이것은 1956. 3. 27 대한금융단협정에 의하여 「수표의 지급보증은 반드시 지급은행의 자기앞수표에 한한다」고 하여, 당좌수표의 지급보증을 금지한 이후 지금까지 각 은행에서 시행하고 있기 때문이다. 그러므로 우리나라에서는 수표법상의 지급보증제도는 사실상 사문화되었다고 볼 수 있다.

4. 송금수표

은행이 그의 본·지점 또는 그 거래은행을 지급인으로 하여 송금의 목적으로 발행하는 수표이다. 보증수표(자기앞수표)와 송금수표는 모두 「은행발행수표」이나, 보증수표는 발행인과 지급인이 완전히 동일하나 송금수표는 발행인과 지급인이 상이한 점에 차이가 있다.

5. 우편대체수표(우편수표)

우편대체가입자가 지급을 하기 위하여 우체국을 지급인으로 하여 발행한 수표이다. 우체국은 「수표법의 적용에 있어서 은행과 동시되는 사람 또는 시설의 지정에 관한 규정」($^{1970.\ 4.\ 15,}_{대통령령\ 4290호}$)에 의하여 수표의 지급인이 될 수 있다.

6. 여행자수표(T/C)

여행자수표란 해외여행자가 현금의 휴대로 인한 분실·도난 등의 위험을 피하기 위하여 고안된 수표로서, 여행자로 하여금 여행지에서 이 수표와 상환하여 여행지의 화폐로 현금화할 수 있게 하는 자기앞수표와 유사한 유가증권이다. 여행자수표는 (i) 지급위탁문구가 아니라 지급약속문구로 되어 있는 점(이 점에서는 약속어음과 유사함), (ii) 지급지 및 발행일의 기재를 요하지 않는 점, (iii) 발행인이 스스로 한 기명날인 또는 서명이 없고 복사서명으로 되어 있는 점, (iv) 자금관계가 없고 매매약관에 근거하여 발행되는 점(이 점에서는 자기앞수표와 유사함) 등에서 우리 수표법상의 수표에는 해당하지 않는다($^{수\ 1조,\ 3조}_{참조}$). 그렇다고 우리 어음법상 환어음이나 약속어음에 해당한다고 볼 수도 없다. 따라서 여행자수표는 어음(수표)요건과 관련하여 볼 때 어음법상의 환어음이나 약속어음으로 볼 수도 없고 또 수표법상의 수표라고도 볼 수 없으며, 이것은 우리나라뿐만 아니라 세계 각국에서 이용되는 제도로서 관습법화한 것이므로 「관습법에 의한 자기앞수표에 유사한 특별한 유가증권」으로 볼 수밖에 없을 것 같다.

제 3 절 어음법·수표법

제 1 어음법·수표법의 의의

1. 실질적 의의의 어음법·수표법

실질적 의의의 어음법·수표법은 이론상(학문상) 통일적인 의미의 어음법·수표법인데, 이에는 다시 광의와 협의의 의의가 있다.

광의의(넓은 의미의) 실질적 의의의 어음법·수표법이란 「어음·수표에 관한 법의 전체」를 말한다. 즉 어음·수표에 관한 사법(私法)뿐만 아니라, 어음·수표에 관한 공법(公法)도 포함한다. 이 때의 어음·수표에 관한 사법(私法)에는 어음·수표관계에 고유한 사법만을 의미하는 것이 아니라, 어음·수표관계에 적용될 민법 또는 상법의 규정(즉 민사어음법·수표법)을 포함한다.

협의의(좁은 의미의) 실질적 의의의 어음법·수표법이란 광의의 실질적 의의의 어음법·수표법에서 어음·수표에 관한 공법(公法) 및 민사어음법·수표법을 제외한 「어음·수표관계에 고유한 사법」(고유한 어음법·수표법)만을 의미한다. 일반적으로 실질적 의의의 어음법·수표법이라고 말할 때는 협의의 의의를 말한다.

2. 형식적 의의의 어음법·수표법

형식적 의의의 어음법·수표법은 실정 성문법인 어음법·수표법을 의미한다. 즉 우리나라에서의 형식적 의의의 어음법·수표법은 1961. 1. 20. 법률 제1001호(개정 1995. 12. 6, 법 5009호; 2007. 5. 17, 법 8441호; 2010. 3. 31, 법 10198호;)로 공포된 어음법과, 동 일자에 법률 제1002호(개정 1995. 12. 6, 법 5010호; 2007. 5. 17, 법 8440호; 2010. 3. 31, 법 10197호;)로 공포된 수표법을 의미한다.

제 2 어음법·수표법의 지위

1. 어음법·수표법과 상법과의 관계

어음법과 수표법은 처음 관습법으로서 성립한 것이나, 어음·수표거래의 안전을 위하여 뒤에 성문화되었고, 성문화의 형식에 있어서도 각국은 단행법으로 제정하거나(영국·미국·독일 등) 또는 상법전의 일부로 하고 있다(일본구법 등). 우리 어음법과 수표법은 상법전에서 분리하여 단행법으로 제정하고 있다. 따라서 어음법·수표법은 형식적으로 뿐만 아니라, 실질적으로도 상법으로부터 독립한 지위를 갖고 있다.

2. 어음법·수표법과 민법과의 관계

어음법과 수표법은 민법에 대한 특별법이다. 어음·수표는 그 내용인 권리의 면에서는 채권법적 원리에 의하여야 할 것이나, 어음·수표채권이 그 형식인 어음·수표증권에 화체되어 증권의 이전에 따라 어음·수표채권이 이전하는 관계는 물권법적 원리에 의하여야 할 것이다. 즉 채권법적 규정인 배서에 관한 어음법 제14조$\binom{수}{17조}$의 규정은 지명채권양도에 관한 일반규정인 민법 제450조의 특칙이고, 이득상환청구권에 관한 어음법 제79조$\binom{수}{63조}$는 부당이득에 관한 규정인 민법 제741조의 특칙이다. 또한 물권법적 규정인 선의취득에 관한 어음법 제16조 2항$\binom{수}{21조}$은 동산의 선의취득에 관한 일반규정인 민법 제249조~제251조에 대한 특칙이다. 또 단기시효에 관한 규정$\binom{어\ 70조,\ 71조;}{수\ 51조,\ 52조}$, 보증에 관한 규정$\binom{어\ 30조\ 이하;}{수\ 25조\ 이하}$ 등도 민법상의 일반규정에 대한 특칙이다. 그러므로 어음법과 수표법에 규정이 없는 부분 중 어음·수표채권에 관하여는 민법 채권법의 규정, 증권에 관하여는 민법 물권법의 규정이 각각 보충적으로 적용되어야 한다.

제 3 어음법·수표법의 특성

어음·수표제도는 재산권을 어음·수표라는 증권에 유체화하여 그의 변제를 확실하게 하는 동시에, 그의 유통을 용이하게 하여 주는 수단이다. 따라서 어음법과 수표법의 기본적 이념은 「피지급성의 확보」와 「유통성의 조장」에 있는 것인데, 이 기본적 이념을 실현하기 위하여 어음법·수표법은 (i) 독립법적 성질, (ii) 강행법적 성질, (iii) 수단적 성질, (iv) 비윤리적·기술적 성질, (v) 성문화적 성질 및 (vi) 세계적 성질(통일성)을 갖는다.

제**3**장 어음법·수표법 총론

제1절 어음행위

제1 어음행위의 의의

1. 형식적 의의

어음행위의 형식적 의의는 「기명날인 또는 서명을 불가결의 요건으로 하는 요식의 증권적 법률행위」이다. 이것은 모든 어음행위에 공통적인 현상으로, 이러한 형식적 의의에 대하여는 이설(異說)이 거의 없다.

2. 실질적 의의

어음행위의 실질적 의의에 대하여는, (i) 어음행위의 요소인 의사표시의 실질적 목적에 의하여 또는 어음행위의 결과로서 어음채무자가 어음채무를 부담하는 것이라고 하여 이를 긍정하는 견해와, (ii) 어음행위자의 제1차적인 의사표시의 내용이 상이한 점에서 이를 부정하는 견해가 있다(이에 관한 상세는 정찬형, 「상법강의(하)(제24판)」, 61~62면 참조).

생각건대 어음행위는 각각 다른 의사표시의 목적을 갖고 있으므로(예컨대, 약속어음의 발행은 지급약속이나, 환어음의 발행은 지급위탁이고, 배서는 어음상의 권리의 양도임), 모든 어음행위를 그 내용의 면에서 실질적으로 고찰하여 통일적인 개념구성을 시도하는 것은 불가능할 뿐만 아니라 불필요하다. 더욱이 모든 어음행위의 실질적 목적을 채무부담으로 보는 것도 타당하지 않다. 따라서 어음행위의 실질적 의의를 부정하는 견해에 찬성한다.

제2 어음행위의 종류

약속어음에 있어서 어음행위에는 발행·배서·보증·(참가인수)가 있고, 환어음에 있어서 어음행위에는 발행·배서·보증·인수·참가인수가 있으며, 수표에 있어서 수표행위에는 발행·배서·보증·지급보증이 있다. 즉 환어음·약속어음·수표어음에 공통적인 어음행위는 발행·배서·보증이고, 환어음에만 있는 어음행위에는 인수·(참가인수)가 있고, 수표에만 있는 수표행위에는 지급보증이 있다.

위와 같은 어음행위 중에서 발행은 기본어음을 창조하는 행위이므로 「기본적 어음행위」라고 하고, 그 밖의 어음행위는 기본어음 위에 하는 어음행위이기 때문에 「부속적 어음행위」라고 한다. 기본적 어음행위가 요건의 흠결(형식적 하자)로 무효가 되면 그 위에 한 부속적 어음행위도 전부 무효가 되지만, 기본적 어음행위가 실질적 하자(어음행위자의 제한능력·무권한 등)로 무효가 되더라도 그 위에 한 부속적 어음행위는 무효가 되지 않는다(어음행위독립의 원칙).

제3 어음행위의 성립(유효)요건

어음행위는 위에서 본 바와 같이 요식의 증권적 법률행위이므로 어음행위가 유효하게 성립하고 효력을 발생하기 위하여는 증권의 유효한 「작성행위」와, 작성된 증권의 유효한 「교부행위」가 있어야 한다. 증권의 유효한 「작성행위」가 성립하기 위하여는 어음행위자가 증권에 법정의 사항을 기재하고 기명날인 또는 서명하여야 하며(형식적 요건), 어음행위자에게 유효한 법률행위를 할 수 있는 요건이 갖추어져야 한다(실질적 요건). 이와 같이 작성된 증권의 유효한 「교부행위」가 있어야 하는 점에 대하여는 어음이론의 문제로서 여러 가지 학설이 나뉘어 있는데, 어느 설을 취하느냐에 따라 그 결론이 달라진다.

이하에서는 어음행위의 형식적 요건과 실질적 요건을 먼저 살펴보고, 다음으로 어음이론에 대하여 고찰하겠다.

1. 어음행위의 형식적 요건

(1) 법정사항의 기재(요식의 서면행위)

어음행위는 요식행위이므로 각 어음행위에는 어음법에 고유한 방식이 규정되어 있다. 또한 어음행위는 서면행위이므로 각 어음행위는 어음상(다만 배서나 보증은 보전〈補箋〉이나 등본에도 가능함)에 하여야 한다. 이들 각 어음행위에 고유한 방식을 규정한 법조문을 소개하면 다음과 같다.

발행: 어음법 제 1 조(환어음), 어음법 제75조(약속어음), 수표법 제 1 조(수표)

배서: 어음법 제13조(환어음), 어음법 제77조 1 항 1 호(약속어음), 수표법 제16조(수표)

보증: 어음법 제31조(환어음), 어음법 제77조 3 항(약속어음), 수표법 제26조(수표)

인수: 어음법 제25조(환어음)

참가인수: 어음법 제57조(환어음)

지급보증: 수표법 제53조 2 항(수표)

(2) 기명날인 또는 서명

모든 어음행위의 형식적 요건으로서 공통된 최소한의 요건은 어음행위자의 기명날인 또는 서명이다. 어음행위의 공통적인 요건인 기명날인에서 「기명」이라 함은 어음행위자의 명칭을 타이프라이터·인쇄·고무인 등으로 기재하는 것을 말하고, 「날인」은 어음행위자의 의사에 의하여 그의 인장(인장의 종류를 불문함)을 찍는 것을 말한다. 또는 「서명」이라 함은 어음행위자의 자필의 성명서명을 의미한다.

기명날인 또는 서명과 관련된 문제는 많이 발생하는데 이에 관한 국내의 학설·판례를 정리하면 다음과 같다. 어음행위자의 기명날인에서 「기명」은 반드시 그 본명과 일치하여야 하는 것은 아니고(대판 1969. 7. 22, 69 다 742), 상호·아호·통칭·예명 등 무엇이든지 거래자 사이에 자기를 표시하는 명칭이면 무방하다(통설). 회사가 어음을 발행한 후에 상호를 변경한 경우에도 동일한 법인으로 인정되는 한 어음발행인으로서 책임을 진다(대판 1970. 11. 24, 70 다 2205). 기명이 없고 날인만이 있는 어음행위는 무효라고 보아야 할 것이다(대판 1962. 1. 31, 4294 민상 200; 동 1999. 10. 8, 99 다 30367). 그러나 이 때에 날인이 정당하게 된 경우에는 어음행위자는 상대방 또는 어음소지인으로 하여금 그 명칭의 기재를 대행시킬 의사로써 한 것으로 추정할 수 있으므로, 어음의 정당한 소지인은 기명을 보충할 수 있다고 본다. 기명무인(拇印) 또는 기명지장(指章)의 어음행위가 유효한가에 대하여,

우리나라의 학설 중에는 이를 긍정하는 소수설도 있으나, 이를 부정하는 다수설이 타당하다고 본다($^{동지: 대판 1956. 4.}_{26, 4288 민상 424}$). 기명의 명의와 날인의 명의가 일치하여야 하는가에 대하여, 우리나라의 학설 중에는 거래상 동일성이 인정되는 것을 전제로 하여 불일 치를 긍정하는 견해가 있으나, 어음행위자의 의사에 기하여 기명 및 날인이 되면 충분하므로 거래상 동일성이 인정되는 여부에 불문하고 불일치를 긍정하여야 한다 고 본다($^{동지: 대판 1978. 2.}_{28, 77 다 2489}$). 그런데 이 때에 기명의 명의와 날인의 명의가 상이하므로 누가 어음행위자인지가 문제될 수 있는데, 기명의 명의자를 어음행위자로 보아야 할 것이다.

어음행위는 1인에 의하여 행하여지는 것이 보통이지만, 수 인이 함께하는 경 우도 종종 있다. 수 인이 어음행위를 하는 경우에 배서($^{어 13조 1 항, 77조 1 항}_{1호: 수 16조 1 항}$)와 보증 ($^{어 31조 1 항, 77조}_{3항: 수 26조 1 항}$)은 보충지(補箋)에도 할 수 있으나, 그 밖의 어음행위는 어음면상 하여 야 한다고 본다. 따라서 수 인 중 일부는 발행인란에 기명날인 또는 서명을 하고 나 머지는 보충지(補箋)에 기명날인 또는 서명을 한 경우에는 모두 공동발행인으로 볼 수는 없다고 본다. 따라서 보충지(補箋)에 한 기명날인자 또는 서명자는 발행인으로 서의 책임은 없고, 발행인을 위한 보증인으로서의 책임만을 부담할 수 있다고 본다. 어음의 발행인란에 수 인의 기명날인 또는 서명이 있으나 기명날인자 또는 서명자 의 자격표시가 없는 경우에는 이를 모두 공동발행인으로 보아야 하고, 이러한 공동 발행인은 어음상 권리자에 대하여 합동책임을 부담한다(통설)($^{어 47조, 77조 1 항}_{4호: 수 43조}$). 따라서 이 때에 어음상 권리자는 공동발행인 전원을 상대로 하여서만 그 어음상의 채무이 행을 청구할 수 있는 것이 아니고, 그 중 한 사람에게 그 전부의 지급을 청구할 수 도 있다($^{동지: 대판 1970. 8.}_{31, 70 다 1360}$).

≫ 사례연습 ≪

[사 례]

Y가 어음행위를 함에 있어서 다음과 같이 기명날인을 한 경우, 이는 유효인가?

(1) 기명무인(拇印) 또는 기명지장(指章)으로 한 경우

(2) Y명의의 기명을 하고 X명의의 날인을 한 경우

* 이 사례는 정찬형, 「상법사례연습(제 4 판)」, 사례 92에 기초한 것이므로, 이에 관한 상세는 同書를 참고하기 바람.

[해 답]

(1) 기명무인(拇印) 또는 기명지장(指章)의 어음행위가 유효한가에 대하여, 우리나라의 학설은 이를 부정하는 다수설과 이를 긍정하는 소수설로 나뉘어 있다. (i) 다수설은 그 이유를 "무인(拇印)은 육안으로 식별할 수 없고 특수한 기구와 특별한 기능에 의하지 않고는 이를 식별할 수 없으므로, 간이·신속한 처리가 강하게 요구되는 어음거래에서의 행위자의 확지, 행위의 식별의 방법으로서는 부적당하므로 그 효력을 인정하기 어렵다"고 하여 기명무인(拇印)으로써 한 어음행위의 효력을 부정하고 있다. (ii) 그러나 소수설은 그 이유를 "기명이 자필인 경우에는 자필서명이므로 무인(拇印)의 효력을 따질 것 없이 기명날인으로서 유효하고, 타필인 경우에는 무인(拇印)만큼 확실한 것이 없으므로 역시 유효하다"고 하여 기명날인으로써 한 어음행위의 효력을 긍정하고 있다.

우리나라의 판례는 다수설과 같이 「무인(拇印) 기타 지장(指章)은 그 진부(眞否)를 육안으로 식별할 수 없고 특수한 기구와 특별한 기능에 의하지 않고는 식별할 수 없으므로 거래상의 유통을 목적으로 하는 어음에 있어서의 기명날인에는 지장(指章)을 포함하지 않는다고 해석함이 타당하며, 따라서 기명과 지장(指章)으로 한 어음행위는 무효이다」고 판시하여, 기명무인(拇印) 또는 기명지장(指章)의 어음행위를 무효라고 한다(대판 1962. 11. 1, 62 다 604. 동지: 대판 1956. 4. 26,/4288 민상 424 〈기명무인을 무효라고 판시함〉).

생각건대 무인(拇印)이나 지장(指章)은 어음행위자의 명칭을 표시하는 인영의 압날이라 볼 수 없어 어음요건상의 날인으로 볼 수 없을 뿐만 아니라, 또한 동일성의 식별이 육안으로 곤란하므로 유통을 목적으로 하는 어음거래에는 적당하지 않다고 본다. 그러므로 본문의 경우 Y가 어음행위를 함에 있어서 기명무인(拇印) 또는 기명지장(指章)으로 한 것은 기명날인으로서의 효력이 없으므로 그러한 어음행위는 무효라고 할 것이다.

(2) 이 문제는 기명의 명의와 날인의 명의가 일치하여야 하는가의 문제인데, 이에 대하여 우리나라의 학설은 불일치를 긍정하는 데에는 이설(異說)이 없으나, 이에는 다시 거래상 동일성이 인정되는 것을 전제로 하여 불일치를 긍정하는 견해와 거래상 동일성이 인정되는지 여부에 불문하고 불일치를 긍정하는 견해로 나뉘어 있다. 즉 (i) 거래상 동일성이 인정되는 것을 전제로 불일치를 긍정하는 견해는 "인장은 기명자의 명의와 합치할 필요는 없고 기명자의 동일성이 거래상 감별될 수 있는 정도의 것이면 된다"고 하거나, "행위자 자신의 인장으로 사용되는 것이기만 하면 어음면에 표시된 명칭과 관련성이 없어도 상관 없다. 이를테면 행위자의 본명을 기재하고 인장은 행위자의 아호를 나타내는 것이라도 거래상 동일성이 인정될 수 있기만 하면 무방하다"고 설명한다. (ii) 그러나 거래상 동일성이 인정되는 여부에 불문하고 불일치를 긍정하는

견해는 "인장의 명의가 기명자의 명의와 합치되어야 하는 것도 아니다. 그것은 누구의 날인이 있든 날인이라는 요건은 구비된 것이고, 또 타인의 명칭을 자기를 표시하는 명칭으로 사용하는 것도 적법하기 때문이다"고 설명한다.

이에 대하여 우리 대법원은 기명의 명의는 「황택임」이고 인장의 명의는 「서상길」로 기명날인되어 발행된 약속어음은 유효라고 하여, 거래상 동일성이 인정되는 여부에 불문하고 불일치를 긍정하는 입장에서 판시하고 있다(대판 1978. 2. 28, 77 다 2489).

생각건대 어음행위자가 날인의 의사로써 날인한 이상 그 명의가 기명의 명의와 다르다거나 또는 거래상 동일성이 인정되지 않는다고 하여 그 어음행위가 무효라고 할 이유는 없다고 본다. 따라서 거래상 동일성이 인정되는지 여부에 불문하고 불일치를 긍정하는 학설과 판례에 찬성한다. 그러므로 이 문제에서 X명의의 날인이 거래상 Y 명의로 인정되는지 여부에 불문하고 어음행위자의 의사에 기하여 압날된 경우에는 유효한 어음행위라고 보아야 할 것이다. 다만 이 때에 어음행위자의 의사에 기한 날인인지 여부가 문제되는 경우에는 어음거래의 유통의 보호와 어음소지인의 보호의 면에서 볼 때, 유효한 기명날인으로 추정하고 이를 부정하기 위하여는 어음행위자가 자기의 의사에 기하지 않고 날인되었음을 입증하여야 한다고 본다. 또한 이 때에 기명의 명의와 날인의 명의가 상이하므로 누가 어음행위자인지가 문제되는데, 기명의 명의자를 어음행위자로 보아야 할 것이다.

2. 어음행위의 실질적 요건

어음행위의 실질적 요건에 대하여는 어음법이 규정하고 있지 않으므로 민법의 법률행위에 관한 일반적인 규정이 적용되나, 다만 어음행위의 특성에서 어떤 경우에는 수정적용되는 경우가 있다. 따라서 어음행위의 실질적 요건(유효요건)도 민법상 법률행위의 실질적 요건(유효요건)과 같이, (i) 어음행위의 당사자가 능력을 갖고 있어야 하고, (ii) 어음행위의 목적이 가능하고, 적법하며, 사회적 타당성을 갖고, 확정할 수 있어야 하며, (iii) 어음행위의 의사표시에 있어서 의사와 표시가 일치하고, 의사표시에 하자가 없어야 한다.

그런데 어음행위는 일정한 금액을 무조건 지급할 것을 목적으로 하는 법률행위이고 또 원인관계로부터 분리되어 유효하게 존재하므로(무인성·추상적), 위 (ii)는 어음행위에서 문제될 것이 없다. 즉 어음행위는 목적이 불가능하거나 확정할 수 없는 것이 있을 수 없다. 또한 어음행위는 수단적으로 행하여지고 무색적(無色的) 성질(중성적 성질)이 있으므로 그 자체가 사회적 타당성이 없거나 강행법규에 반하는 경우는 없고 원인행위가 이에 해당될 수 있는데, 원인행위가 사회적 타당성이 없는 경우에는 이를 인적 항변사유로 보고(통설·판례), 원인행위가 강행법규에 위반하는 경우에는 판례는 강행법규의 내용에 따라 이를 물적 항변사유로 보기도 하고 또는 인적 항변사유로 보기도 한다(이에 관한 상세는 어음항변에서 설명한다). 따라서 이하에서는 위 (i)의 어음능력과 (ii)의 의사표시의 흠결 또는 하자에 대해서만 설명한다.

(1) 어음능력

1) 어음권리능력   어음권리능력자에는 민법상 권리능력자와 같이 자연인과 법인이 있다. 자연인의 어음권리능력에는 특별히 문제될 것이 없으나, 법인의 어음권리능력에 대하여는 민법 제34조와 관련하여 논의되고 있다. 회사의 권리능력이 정관에서 정한 목적에 의하여 제한을 받는지 여부(즉 민법 제34조가 회사에도 적용되는지 여부)에 대하여는 제한설(적용긍정설)과 무제한설(적용부정설)이 있는데, 어음권리능력은 무제한설에서는 말할 나위가 없고 제한설에서도 인정되고 있다. 회사 이외의 법인의 어음권리능력도 정관에서 정한 목적에 의하여 제한을 받지 않는다고 본다. 권리능력이 없는 사단이나 재단이 어음권리능력을 갖는지 여부에 대하여는 이를 부정하는 것이 다수설이나, 이러한 사단이나 재단도 제한적 범위 내에서 권리능력이 인정되고 있는 점($^{민소\ 52조;}_{부등\ 30조}$)에서 볼 때 이를 긍정하는 것이 타당하다고 본다. 법인격이 없는 조합은 그 자체가 어음권리능력이 없고 조합원 전원이 권리의무의 주체가 된다(통설). 그러나 조합의 어음행위는 조합원 전원이 기명날인 또는 서명을 하지 않고 대표조합원이 그 대표자격을 표시하여 기명날인 또는 서명을 하는 것이 실무상의 관례이며 또한 우리나라 대법원 판례의 입장이기도 하다($^{대판\ 1970.\ 8.\ 31,}_{70\ 다\ 1360}$).

2) 어음행위능력   어음행위능력에 대하여도 어음법이 특별히 규정한 바가 없으므로 민법의 일반원칙이 적용되는데, 다만 일정한 경우에는 어음행위의 특성으로 인하여 수정적용된다. 즉 (i) 민법에서는 미성년자가 권리만을 얻거나 의무만을 면하는 행위는 법정대리인의 동의 없이도 할 수 있는데($^{민\ 5조\ 1항}_{단서}$), 어음행위에서는 미성년자가 어음행위를 함으로써 권리만을 얻거나 의무만을 면하는 경우는 있을 수 없으므로 민법 제 5 조 1 항 단서는 어음행위에는 적용될 수 없고 어음행위에는 언제나 법정대리인의 동의가 있어야 한다고 본다. (ii) 또한 민법에서는 미성년자가 법정대리인의 동의 없이 법률행위를 한 경우에 그 법률행위의 취소의 상대방은 직접상대방에 한하는데($^{민}_{142조}$), 어음행위는 행위자의 직접상대방뿐만 아니라 그 후에 어음을 취득한 사람과의 관계를 예견하는 것이므로(복수계약설) 취소의 상대방은 직접상대방뿐만 아니라 현재의 어음소지인(중간당사자를 포함)을 포함한다고 보아야 할

것이다(통설). 미성년자의 어음행위의 추인의 상대방도 취소의 상대방과 동일하게 보아야 할 것이다.

(2) 의사표시의 흠결 또는 하자

어음행위도 법률행위이므로 민법 제107조 이하의 의사표시에 관한 규정이 원칙적으로 적용되어 어음행위가 완전히 유효하기 위하여는 어음행위자의 의사와 표시가 일치하고 하자가 없어야 한다. 따라서 어음행위에서 위와 같은 의사표시의 흠결이나 하자가 있는 경우에는 그러한 어음행위는 무효가 되거나 취소될 수 있다.

그러나 (i) 위와 같은 의사표시의 흠결이나 하자는 어음행위 자체에 존재하여야 그러한 어음행위의 무효를 주장하거나 취소할 수 있다. 만일 어음행위 자체에는 의사표시의 흠결이나 하자가 존재하지 않고 그의 원인행위에만 존재하는 경우에는 그러한 어음행위의 무효를 주장하거나 취소할 수는 없고, 인적항변사유가 될 뿐이다($^{어}_{17조}$).

(ii) 또한 어음행위 자체의 의사표시에 흠결이나 하자가 있어 동 어음행위가 무효 또는 취소되더라도 이를 선의의 제 3 자에게 대항하지 못하는데, 이 때 「선의」의 의미는 어음법 제10조 단서와 동법 제16조 2 항 단서와의 균형상 '악의 또는 중과실 없는' 의미로 해석하여야 할 것으로 본다.

[어음행위의 의사표시에 흠결 또는 하자가 있는 경우에 관한 판례]

　"어음행위에 착오·사기·강박 등 의사표시에 하자가 있다는 항변은 어음행위의 상대방에 대한 인적 항변에 불과한 것이므로 어음채무자는 소지인이 채무자를 해할 것을 알고 어음을 취득한 경우가 아닌 한 소지인이 중대한 과실로 그러한 사실을 몰랐다고 하더라도 종전 소지인에 대한 인적 항변으로써 대항할 수 없다($^{대판\ 1997.\ 5.\ 16,}_{96\ 다\ 49513}$)."

　"어음행위에 민법 제108조가 적용됨을 전제로, 실제로 어음상의 권리를 취득하게 할 의사는 없이 단지 채권자들에 의한 채권의 추심이나 강제집행을 피하기 위한 약속어음 발행행위는 통정허위표시로서 무효이다($^{대판\ 2005.\ 4.\ 15,}_{2004\ 다\ 70024}$)."

(iii) 이 때 취소의 상대방은 미성년자의 어음행위의 경우와 같이 직접상대방뿐만 아니라 현재의 어음소지인(중간당사자를 포함)을 포함한다고 본다.

[어음행위의 취소의 상대방은 현재의 어음소지인을 포함한다고 본 판례]

　"어음행위 자체에 착오나 하자가 있어 동 어음행위를 취소하는 의사표시는 선의의 제 3 자에게 대항할 수 없으므로 어음소지인이 제 3 자로서 선의인 경우에는 취소의 효과를 주장할 수 없다($\frac{대판\ 1997.\ 5.\ 16,}{96\ 다\ 49513}$)."

(iv) 어음행위를 강박에 의해서 한 경우는 민법 제110조에 의하여 언제나 취소할 수 있는 어음행위라고 볼 것이 아니라, 다음과 같이 경우를 나누어서 고찰하여야 할 것이다.

ⓐ 어음행위자가 예컨대 흉기에 의하여 위협을 받아 행동의 자유를 완전히 빼앗긴 경우와 같이 강박의 정도가 극심한 경우에는(절대적 강박), 강박에 의한 어음행위가 아니고 어음행위 자체가 없는 것으로 보아 이는 무효가 되고 누구에 대하여도 그 무효를 주장할 수 있다고 본다(물적 항변사유).

[절대적 강박을 인정한 판례]

"의사표시자로 하여금 의사결정을 스스로 할 수 있는 여지를 완전히 박탈한 상태에서 의사표시가 이루어져 단지 법률행위의 외형만이 있는 경우는 무효가 된다($\frac{대판\ 1998.\ 2.\ 27,}{97\ 다\ 38152}$)."

ⓑ 어음행위자가 보통의 강박에 의하여 어음행위를 할 것을 요청받고 공포심을 갖게 되어 그 공포심으로 말미암아 어음행위를 한 경우에는, 민법 제110조의 강박에 의한 의사표시로 상대방에 대하여 그 어음행위를 취소할 수 있다고 본다(인적 항변사유).

ⓒ 어음행위자가 강박자의 단순한 협박에 못이겨 요청도 하지 않은 어음행위를 한 경우나(강박과 어음행위와의 인과관계의 결여) 위법하지 않은 강박에 의하여 어음행위를 한 경우는(강박행위의 위법성 결여), 유효한 어음행위로 어음행위자는 그러한 어음행위를 취소할 수 없다고 본다(항변사유가 아님).

3. 어음의 교부(어음이론)

(1) 어음이론에 관한 제(諸)학설

어음이론에 관한 학설을 크게 나누어 보면, 어음채무는 기명날인자 또는 서명자와 상대방간의 계약에 의하여 성립한다는 교부계약설(계약설)과, 기명날인자 또는 서명자의 일방적인 기명날인 또는 서명만으로 성립한다는 창조설(단독행위설)이 있고, 이의 중간에 위치하는 절충설(권리외관설·발행설) 등이 있다.

1) **교부계약설**(계약설) 이 설에 의하면 어음채무도 일반채무와 같이 당사자 간의 계약에 의하여 성립하는데, 이 계약은 어음의 수수가 따르는 요식행위로서 어음이 상대방에 교부되어 도달하는 외에 상대방의 수령능력과 승낙의 의사표시를 요하는 교부계약에 의하여 성립한다고 한다. 즉, 어음채무는 어음의 작성과 교부계약에 의하여 성립한다고 한다.

교부계약설은 어음행위자와 직접당사자 사이의 어음관계를 설명하는 데에는 용이하지만, 간접당사자(그 후 어음취득자) 사이의 어음관계를 설명하지 못하는 결점이 있다.

2) **창조설**(단독행위설) 이 설에 의하면 어음채무는 어음행위자가 불특정다수인에 대하여 채무부담의 의사표시를 하는 것만으로 성립하는 단독행위라고 한다. 즉, 어음채무는 어음의 작성에 의하여 성립한다고 한다.

이러한 창조설은 어음채권자의 설명이 곤란하다는 결점을 갖고 있다. 따라서 창조설의 이러한 결점을 보완하기 위하여 일본에서는 창조설을 수정하는 수정창조설(2단계설)이 있는데, 이 설에서는 어음행위를 다음과 같이 설명하고 있다. 즉, 어음행위는 어음의 작성과 교부라는 2단계의 행위로 이루어지는데, 제1단계의 어음의 작성은 기명날인자 또는 서명자의 단독행위(무인행위)로 성립하고, 제2단계의 어음의 교부는 기명날인자 또는 서명자와 상대방간의 계약(유인행위)에 의하여 성립하는데, 어음채무는 어음의 작성에 의하여 성립한다고 한다. 따라서 이 설에서는 교부흠결의 경우에 어음취득자는 이미 발생한 어음상의 권리를 예외적으로 선의취득할 수가 있다고 한다.

3) **절 충 설** 앞에서 본 바와 같이 교부계약설과 창조설은 모두 결점을 갖고 있으므로 이러한 결점을 보완하기 위하여 독일에서는 권리외관설이 발생하였고 일본에서는 발행설이 발생하였는데, 권리외관설은 교부계약설의 결점을 보완하고 발행설은 창조설의 결점을 보완하고 있다.

㈎ **권리외관설** 이 설에 의하면 어음채무는 원칙적으로 교부계약에 의하여 발생하지만(교부계약설), 어음을 선의로 취득한 제3자에 대한 관계에서는 기명날인자 또는 서명자는 어음의 작성에 의하여 어음채무를 부담하는 것과 같은 외관을 야기하고 제3자는 이를 신뢰하였으므로 어음작성자는 이에 따른 어음채무를 부담해야 한다는 것이다.

㈏ **발 행 설** 발행설에 의하면 어음채무는 어음의 작성과 기명날인자 또는 서명자의 의사에 기한 어음의 점유이전행위라는 단독행위에 의하여 성립한다고 한다.

(2) 우리나라의 학설 및 판례

1) 학 설   우리나라의 학설 중에는 순수한 발행설 또는 권리외관설도 있으나, 대부분의 경우는 발행설 또는 교부계약설을 원칙으로 하고 예외적으로 권리외관설을 보충하여 설명하고 있다(이에 관한 상세는 정찬형, 「상법강의(하)(제24판)」, 77~78면 참조).

생각건대 어음행위자와 상대방간은 어음 자체만으로 볼 때 일반적으로 일방은 의무만을 부담하고 다른 일방은 권리만을 취득하는 관계로서 민법상 당사자가 동시에 권리를 취득하고 의무를 부담하는 계약관계는 아니라고 생각된다. 따라서 권리만을 취득하는 상대방에게 어음의 수령능력이 있고 또 수령의 의사표시가 있어야만 비로소 어음채무가 성립한다는 교부계약설에는 찬성할 수 없다. 만일 교부계약설에 의하면 수령능력이 없는 자는 어음상의 권리를 단독으로 취득할 수 없게 되는데, 이것은 제한능력자에 관한 민법의 일반원칙(민법 5조 1항, 단서, 10조)에도 반하게 된다. 또 어음채권자가 정하여지지 않은 상태에서 어음의 작성만으로 어음채무가 성립한다는 창조설에도 찬성할 수 없다. 따라서 어음채무는 어음행위자가 어음을 작성하여 이를 상대방에게 교부하기만 하면 상대방의 수령능력이나 수령의 의사표시를 불문하고 성립한다는 발행설이 원칙적으로 가장 타당하다고 생각한다. 그러나 교부흠결의 경우에 선의의 제3자를 보호하기 위하여 권리외관설에 의하여 보충되어야 한다고 생각한다. 따라서 권리외관설에 의하여 보충된 발행설을 취한다.

2) 판 례   어음이론에 관하여 우리나라의 판례는 발행설과 권리외관설에 의하여 다음과 같이 판시하고 있다.

[발행설에 의한 판례]

"약속어음의 발행이란 그 작성자가 어음요건을 갖추어 유통시킬 의사로 그 어음에 자기의 이름을 서명날인하여 상대방에게 교부하는 단독행위이다 (대판 1989. 10. 24, 88 다카 24776)."

[권리외관설에 의한 판례]

"어음을 유통시킬 의사로 어음상에 발행인으로 기명날인하여 외관을 갖춘 어음을 작성한 자는 그 어음이 도난·분실 등으로 그의 의사에 의하지 아니하고 유통되었다고 하더라도 그 소지인이 악의 내지 중과실에 의하여 그 어음을 취득하였음을 주장·입증하지 아니하는 한 발행인으로서의 어음상의 채무를 부담한다$\left(\begin{smallmatrix} \text{대판 1999. 11.} \\ \text{26, 99 다 34307} \end{smallmatrix}\right)$. "

≫ 사례연습 ≪

[사 례]

Y는 자기의 거래처인 A에게 물품대금을 지급하기 위하여 약속어음을 작성하여(수취인란에 A를 기재함) 기명날인 또는 서명을 한 후 내일 A에게 교부하고자 캐비닛에 보관하였다. 그런데 그 날 저녁에 B가 이 약속어음을 절취하여 그 정을 모르는 X에게 자기는 A라고 칭하면서 배서양도하고 어음할인을 받았다. 이 때 Y는 X에게 어음상의 책임을 부담하는가?

* 이 사례는 정찬형, 「상법사례연습(제 4 판)」, 사례 96에 기초한 것이므로, 이에 관한 상세는 同書를 참고하기 바람.

[해 답]

어음이론에서 교부계약설(계약설)에 의하면 Y와 A 사이에는 교부계약이 없으므로 Y의 어음행위(발행)는 성립하지 않게 된다. 따라서 Y는 X의 선의·악의에 불문하고 언제나 어음상의 책임을 부담하지 않는다. 그러나 이와 반대로 창조설(엄격히는 순정창조설)(단독행위설)에 의하면 Y의 어음행위는 어음의 작성에 의하여 성립하므로 Y는 X의 선의·악의를 불문하고 언제나 어음상의 책임을 부담한다. 절충설 중 발행설에 의한 경우에는 Y는 자기의 의사에 기하여 본문 어음의 점유를 (A 또는 타인에게) 이전한 것이 아니므로 Y의 어음행위는 성립하지 않게 되어 교부계약설에서와 같이 Y는 언제나 X에 대하여 어음상의 책임을 부담하지 않는다. 그러나 절충설 중 권리외관설에 의하면 Y는 원칙적으로 누구에 대하여도 어음상의 책임을 부담하지 않지만(교부계약설), 본문의 경우와 같이 Y가 어음의 작성에 대한 귀책사유가 있고 X가 선의인 경우에는 예외적으로 X에 대하여 어음상의 책임을 부담한다.

사견으로 권리외관설에 의하여 보충된 발행설에 의하여 Y는 선의인 X에 대하여 어음상의 책임을 부담해야 한다고 본다. 이는 또한 우리나라의 통설·판례의 입장이다.

제 4 어음행위의 특성

어음행위도 법률행위의 일종이나, 어음의 피지급성과 유통성을 확보하기 위한 요청상 어음행위는 민법의 법률행위에 관한 일반원칙과는 다른 다음과 같은 몇 가지의 특성이 있다.

1. 무인성(추상성)

(1) 의   의

어음행위는 매매·금전소비대차 등과 같은 원인관계의 수단으로 행하여지는 것이 일반적이지만, 어음행위는 이러한 원인관계(자금관계)의 부존재·무효·취소 등에 의하여 영향을 받지 않는다(어음관계와 실질관계의 분리). 어음행위의 이러한 특성을 무인성(無因性)·추상성이라고 하거나, 또는 무색적 성질·중성적 성질이라고도 한다. 그러나 어음행위의 직접당사자 사이에는 원인관계의 부존재·무효·취소 등을 인적 항변으로 주장하여 어음금의 지급을 거절할 수 있다(어음관계와 실질관계의 견련).

(2) 근   거

어음행위의 무인성의 실정법상 근거는 각종 어음행위의 무조건성($\binom{발행의 경우는 어}{1조 2호, 75조}$ $\binom{2호; 수 1조 2호, 인수의 경우는 어 26조 1항, 배서의}{경우는 어 12조 1항, 77조 1항 1호; 수 15조 1항}$)과 이득상환청구권($\binom{어 79조;}{수 63조}$)에 관한 규정에서 나타난다. 이러한 어음행위의 무인성은 어음수수의 직접당사자 사이에는 인적 항변이 허용되므로 어음채권을 행사할 때에 입증책임을 전환하는 기능밖에 없으나, 제 3 자와의 관계에서는 인적 항변이 절단되므로($\binom{어 17조 본문, 77조 1항}{1호; 수 23조 본문}$) 어음의 피지급성을 확보하여 어음거래의 유통성을 증진시키는 기능을 하고 있다. 이러한 점에서 어음채무는 사법상의 일반채무보다 더 엄격하게 된다(어음엄정).

(3) 인적 항변과의 관계

어음행위의 특성의 하나인 무인성은 어음법 제17조($\frac{수}{22조}$)의 인적 항변과 관련되는데, 이의 이해를 돕기 위하여 다음의 사례를 통하여 구체적으로 알아본다.

1) Y가 X로부터 물건을 구입하고 약속어음을 발행하여 교부하였는데 그 후 물건에 하자가 있어 매매계약을 해제하고 구입한 물건을 반품하였음에도 불구하고, X가 위 약속어음을 Y에게 반환하지 않고 어음행위의 무인성을 근거로 약속어음금을 지급청구한 경우는 Y는 어음금을 지급할 책임이 있는가? 이 때 X는 어음행위의 무인성에서 어음상의 권리를 취득하고 동 어음이 발행된 원인관계를 입증하지 않더라도 어음금을 지급청구할 수는 있으나(어음관계와 원인관계의 분리, 어음행위의 무인성은 직접당사자간에서 입증책임의 전환기능), Y는 원인관계에서 매매계약이 해제되었음을 항변할 수 있으므로 어음채무의 지급을 거절할 수 있다(어음관계와 원인관계의 견련, 인적 항변의 허용).

2) 위 1)의 경우에 X가 동 어음을 차입금의 변제조로 Z에게 배서양도하고 Z

는 Y·X간의 매매계약이 해제되었음을 모른 경우에, Z는 Y에게 어음금을 지급청구할 수 있는가? Z는 어음행위의 무인성에서 당연히 Y에게 어음금을 지급청구할 수 있고, 이 때 Y는 X에 대한 인적 항변사유로써 Z에게 대항할 수 없으므로($_{17조\ 본문}^{어\ 77조\ 1항\ 1호}$)(인적 항변의 절단) Y는 Z에게 어음금을 지급하여야 한다.

3) 위 1)의 경우에 X는 Z에게 자기의 채무를 담보할 목적으로 동 어음을 배서 양도하였는데, X가 원인채무를 Z에게 이행하였음에도 불구하고 Z는 동 어음을 X에게 반환하지 않고 Y에게 어음금을 지급청구할 수 있는가? Z는 어음행위의 무인성에서 X와 Z간의 원인채권이 소멸하였어도 어음채권을 갖고 있으나, 이 때 Z가 Y에게 다시 어음금을 지급청구하는 것은 권리남용이 된다. Y는 자기의 항변사유도 없고, 또 X가 Z에 대하여 주장할 수 있는 항변(후자의 항변)을 원용할 수도 없으므로, 권리남용의 법리에 의하여 지급을 거절할 수밖에 없다(이에 관하여는 후술하는 어음항변에서 상술함).

2. 요 식 성

(1) 어음행위는 요식의 증권적 법률행위이다. 모든 어음행위는 어음법이 각각의 어음행위에 대하여 규정한 법정의 형식을 갖추어야 한다(이미 설명한 어음행위의 성립요건 중 형식적 요건에 관한 부분의 설명 참조). 이러한 법정의 형식을 갖추지 않으면 어음행위로서 효력이 없다. 이러한 의미에서 어음행위는 정형성을 갖고, 사적 자치의 원칙이 배제된다.

(2) 어음행위는 서면(증권)상에 하여야 하는데, 이와 같이 서면(증권)상에 행하여지는 어음행위에 의하여 비로소 어음상의 권리가 발생하는 점에서 어음행위는 설권성(設權性)을 갖는다. 어음행위의 이러한 설권성은 무인성을 전제로 하는 어음행위의 속성이다. 위와 같은 어음행위의 요식성은 어음의 유통성을 확보하기 위해서뿐만 아니라, 어음취득자를 보호하기 위하여 법이 정책적으로 인정한 것이다.

3. 문 언 성

어음행위의 내용은 어음상의 기재에 의해서만 정하여지고 어음 외의 실질관계에 의하여 영향을 받지 않는다. 어음행위의 문언성은 일단 어음상에 표시된 의사표시의 내용에 관한 것으로서 그것이 당사자의 진의와 일치하지 않는 경우에도 표시된 문언에 따라 당사자에게 어음채무를 부담시키는 것이나, 어음행위의 무인성은 어음행위를 실질관계와 분리하여 실질관계의 부존재·무효·취소 등의 경우에도 어

음행위자에게 어음채무를 부담시키는 것이다. 어음은 어음행위의 문언성과 무인성
이 결합되어 강력한 유통성을 갖게 된다.

4. 협 동 성

(1) 모든 어음행위는 일정한 금액의 지급과 유통성의 확보라는 공동목적을 가지
고 있다. 어음행위는 이러한 목적을 위한 행위로서 수단성과 협동성이라는 특성을 갖
고 있다. 어음행위의 이러한 협동성에서 어음채무자의 합동책임이나 어음단체와 같은
개념이 생긴다. 즉, 어음법 제47조 1 항은 「환어음의 발행·인수·배서 또는 보증을 한
자는 소지인에 대하여 합동하여 책임을 진다」고 규정하고(언 77조 1 항 4 호에 의하여), 수표
법 제43조 1 항은 「수표상의 각 채무자는 소지인에 대하여 합동하여 책임을 진다」
고 규정하여, 어음채무자의 합동책임을 규정하고 있다.

(2) 어음행위의 이러한 협동성에서 각 당사자의 자격의 겸병이 인정된다. 어음법
은 발행인과 지급인의 자격겸병(언 3조 2항) 및 발행인과 수취인의 자격겸병(언 3조 1항)
을 명문으로 인정하고 있으며, 통설은 수취인과 지급인의 자격겸병을 인정하고 있
다. 따라서 당사자의 자격겸병으로 인하여 채권자와 채무자가 동일인에게 속하는
경우에도 민법의 일반원칙인 혼동의 법리가 적용되지 않는다.

5. 독 립 성

(1) 의 의

사법상의 일반원칙에 의하면 선행행위가 무효이면 후속행위도 무효가 되나,
어음행위에서는 선행하는 어음행위가 형식의 흠결 이외에 실질적 무효임에도 불구
하고 후속하는 어음행위는 이에 영향을 받지 않고 독립적으로 그 효력이 발생하는
데, 이를 「어음행위독립의 원칙」이라고 한다. 이 원칙은 실질적·내용적으로 어음채
무부담의 면에서의 독립성에 관한 것이기 때문에 「어음채무독립의 원칙」 또는 「어
음채무부담독립의 원칙」이라고도 불리운다. 어음행위독립의 원칙이 있음으로 인하
여 어음취득자는 자기의 취득행위 이전에 행하여진 어음행위의 실질적 유효·무효
를 조사하지 않고도 안심하고 어음을 취득할 수 있어, 어음의 유통성이 확보되고
어음신용이 중대되는 것이다.

(2) 근 거

1) 실정법적 근거 대표적인 규정은 어음법 제 7 조(언 77조 2항:)이고, 보증에

대하여는 피담보채무와의 관계에서 어음법 제32조 2 항($^{어\ 77조\ 3\ 항;}_{수\ 27조\ 2\ 항}$)이 별도로 규정하고 있다. 변조의 효력을 규정한 어음법 제69조($^{어\ 77조\ 1\ 항\ 7\ 호}_{수\ 50조}$)도 어음채무범위의 면에서 어음행위독립의 원칙을 규정한 것이라고 볼 수 있다.

　2) 이론적 근거　　어음행위독립의 원칙의 이론적 근거에 대하여 우리나라에서는 크게 당연법칙설(소수설)과 예외법칙설(다수설)로 나뉘어 있다. 어음행위도 법률행위이므로 이에는 일반사법상의 원칙이 적용될 것이나, 이의 예외로서 정책적으로 어음행위독립의 원칙을 규정하여 어음거래의 안전과 유통을 보호하고 있다고 보아야 할 것이므로 예외법칙설이 타당하다고 본다.

　(3) **적용범위**

　어음행위독립의 원칙은 선행하는 어음행위의 실질적 무효 등에 따라 후속하는 어음행위가 영향을 받지 않는다는 것이므로, 선행하는 어음행위가 없거나(발행), 형식적 하자로 인하여 무효이거나(형식적 하자), 또는 어음채무가 소멸한 경우(어음채무의 소멸)에는 어음행위독립의 원칙이 적용될 여지가 없다.

　그러나 여러 개의 어음행위 중에서 어떠한 어음행위(예컨대, 인수)가 다른 어음행위(예컨대, 배서)의 전제가 되어 있지 않을 때에는 처음부터 어음행위독립의 원칙의 적용범위 밖의 일이고(그러나 발행과 인수 사이에는 어음행위독립의 원칙이 적용된다), 그 어음행위(인수)가 형식적 또는 실질적 무효라도 다른 어음행위(배서)에 영향을 미치지 않는다(어음행위독립의 원칙이 적용되는 경우와 적용되지 않는 경우에 관한 상세는 정찬형, 「상법강의(하)(제24판)」, 83~86면 참조).

　따라서 발행의 선행행위가 있는 환어음의 인수($^{어\ 28조}_{1항}$) 및 수표의 지급보증($^{수\ 55조}_{1항}$)에는 어음행위독립의 원칙이 적용된다고 본다. 또한 피참가인(상환〈소구〉의무자)의 어음행위(환어음의 경우는 발행·배서, 약속어음의 경우는 배서)를 선행행위로 하는 환어음과 약속어음에서의 참가인수($^{어\ 58조}_{1항}$), 피보증인의 어음행위를 선행행위로 하는 환어음·약속어음·수표에서의 어음(수표)보증($^{어\ 32조,\ 77조\ 3\ 항;}_{수\ 27조\ 1\ 항}$) 및 직전의 배서 또는 발행을 선행행위로 하는 환어음·약속어음·수표에서의 배서($^{어\ 15조,\ 77조\ 1\ 항}_{1호;\ 수\ 18조}$)에 대하여는 어음행위독립의 원칙이 적용된다(어음행위독립의 원칙이 인수 및 배서에 인정되는 상세한 이유에 대하여는 정찬형, 「상법강의(하)(제24판)」, 84~86면 참조).

[배서에 어음행위독립의 원칙을 인정한 판례]

"어음의 최종소지인은 그 어음의 최초의 발행행위가 위조되었다고 하더라도 어음행위독립의 원칙상 그 뒤에 유효하게 배서한 배서인에 대하여는 소구권을 행사할 수 있다($\binom{대판\ 1977.\ 12.}{13,\ 77\ 다\ 1753}$).”

(4) 악의취득자에 대한 적용여부

어음행위독립의 원칙은 선행하는 어음행위의 무효를 「어음행위자」가 알고 있는 경우(악의)에도 적용되는가. 또한 「어음취득자」가 이를 알고 있는 경우(악의)에도 적용되는가.

1) 어음행위자가 악의인 경우　　어음행위는 실질적으로 볼 때 어음상의 기재를 내용으로 하는 독립적인 채무부담행위인 면이 있으므로, 형식상 완전한 어음에 기명날인 또는 서명한 자는 선행하는 어음행위의 실질적 무효를 알고 있더라도 자기의 독립적인 어음채무부담의 의사표시인 기명날인 또는 서명에 의하여 어음상의 책임을 부담한다(통설).

2) 어음취득자가 악의인 경우　　어음취득자가 악의인 경우에 어음행위독립의 원칙이 적용되는가에 대하여 우리나라에서는 어음행위독립의 원칙은 선의취득자의 보호뿐만 아니라 한 걸음 더 나아가 어음행위의 확실성을 보장하여 어음의 신용을 높이기 위한 제도라는 점(예외법칙설에서) 또는 어음행위는 각각의 어음상의 기재를 자기의 의사표시의 내용으로 하는 법률행위이므로 어음행위자는 그 문언에 따라서 책임을 부담하고 타인의 행위의 유효·무효에 의하여 영향을 받지 않는 점(당연법칙설에서) 등에서 어음취득자가 선행행위의 무효에 대하여 악의인 경우에도 이 원칙이 적용된다고 보는 긍정설(통설)과, 어음행위독립의 원칙은 어음의 반환의무를 지는 악의의 어음취득자에게는 적용되지 않는다고 보는 부정설(소수설)로 나뉘어 있다.

생각건대 어음행위독립의 원칙은 선행하는 어음행위의 실질적 무효에도 불구하고 형식상 완전한 어음에 한 어음행위에 대하여 독립적인 어음채무를 부담시키는 점에서 책임부담의 면이므로, 권리귀속의 면인 선의취득과는 명백히 구별된다. 따라서 어음취득자의 선의·악의에 의하여 또는 선의취득여부에 의하여 어음행위자의 채무부담여부가 좌우될 수는 없다. 즉, 어음행위독립의 원칙은 어음취득자의 선의의 효과로서 인정되는 것은 결코 아니다. 그러므로 어음행위독립의 원칙은 어음취득자가 악의인 경우에도 적용된다고 보는 긍정설이 타당하다고 본다.

위와 같은 어음행위독립의 원칙을 정확하게 이해하기 위하여 다음의 사례를 통하여 살펴보자. A가 약속어음을 발행하여 미성년자인 수취인 B에게 교부하

고, B는 C에게 배서양도하였다. 그런데 그 후 B는 법정대리인의 동의 없이 배
서하였다는 이유로 동 배서를 취소하였다. 이 때 C는 동 어음을 이러한 사정을
알고 있는 D에게 배서양도하였고, D는 다시 동 어음을 이러한 사정을 모르는
E에게 배서양도하였다. 이 때 B, C, D는 E에게 어음채무를 부담하는가.

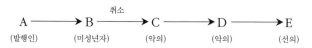

(C는 어음행위독립의 원칙과 결합하여 배서 당시에 채무를 부담함)

① B는 배서의 취소에 의하여 어음채무를 부담하지 않는데, 제한능력의 항
변은 물적 항변사유이므로 B는 누구에 대하여도 어음채무를 부담하지 않는다.
따라서 E가 선의인 경우에도 어음채무를 부담하지 않는다.

② C는 B의 배서가 취소된 후 동 어음을 D에게 배서양도하였으므로 C는 무
권리자로서 배서양도한 것이 된다. 따라서 C의 배서에는 권리이전적 효력은 있
을 수 없다(만일 C가 어음취득시에 선의·무중과실이면 선의취득에 관하여 제
2 설을 취하는 견해에 의하면 C는 어음상의 권리를 선의취득하므로 C의 배서
에는 권리이전적 효력이 있다). 그러나 C의 배서에는 담보적 효력과 자격수여
적 효력은 있다. C의 배서의 담보적 효력은 어음행위독립의 원칙과 결합하여
형식상 완전한 어음에 C가 배서할 당시에 발생하며, 또한 B의 배서가 취소된
사정에 대하여 C 및 D가 악의인 경우에도 발생한다(통설). C의 배서의 자격수
여적 효력은 선의취득과 결합되는데 E가 어음을 선의취득할 수 있는 기초를 제
공한다. 여기에서 주의할 것은 악의인 D가 어음을 소지하고 있는 동안은 C의
배서에 자격수여적 효력이 없는 것 같으나, C의 배서에는 여전히 자격수여적
효력이 있고 다만 D의 악의로 인하여 D는 동 어음을 선의취득하지 못하는 것
이다. 이 때 D는 그의 악의로 인하여 선의취득을 하지 못하여 무권리자이기 때
문에 C에 대하여뿐만 아니라 누구에 대하여도 어음상의 권리를 주장하지 못한
다. 즉, D가 C에게 어음상의 권리를 행사하지 못하는 것은 D의 무권리에 기인
하는 것이지, C가 D의 악의로 인하여 어음채무를 부담하지 않기 때문은 결코
아니다. C는 배서할 당시부터 여전히 어음채무를 부담한다.

위의 사례에서 피상적이고 결과적으로만 보면 악의인 D는 C에게 어음상의
권리를 행사할 수 없고 선의인 E는 C에게 어음상의 권리를 행사할 수 있으므
로, 어음행위독립의 원칙이 악의의 어음취득자에 대하여는 적용되지 않는다는
부정설이 타당한 것처럼 생각될 수도 있다. 그러나 이러한 결과는 위에서 본 바
와 같이 C의 어음채무부담(배서의 담보적 효력)이 D의 악의로 인하여 발생하

지 않고 있다가 E의 선의로 인하여 발생하는 것으로는 도저히 볼 수 없고, C의 어음채무부담은 C가 배서할 당시부터 발생하고 D 또는 E의 주관적 요소(선의·악의)에 의한 선의취득여부에 의하여 그의 권리행사 가부가 결정되는 것이다. 또한 만일 부정설과 같이 해석하면 C가 D에게 배서한 이후에는 어음상의 책임이 없다가 D가 E에게 배서양도하여 E가 선의로 취득하는 순간에 그 책임이 발생한다고 보아야 하는데, 이는 어음행위를 한 자의 책임이 (자기의 의사에 기하지도 않고 법률상 규정이 없음에도 불구하고) 타인의 주관적 요소에 의하여 좌우되는 것인데, 이것은 법률행위(의사표시)의 일반적 해석원칙상 도저히 인정될 수 없는 점에서도 부정설은 타당하지 않다고 본다.

　③ D도 어음행위독립의 원칙에 의하여 당연히 E에게 어음채무를 부담한다.

제 5 어음행위의 해석

어음행위도 법률행위이므로 법률행위의 해석에 관한 일반원칙이 원칙적으로 적용되나, 어음행위는 요식의 증권적 법률행위로서 일반적인 법률행위와는 다른 특성이 있으므로 어음행위의 해석에 있어서는 일반적인 법률행위와는 다른 해석원칙이 있는데, 이의 중요한 것은 다음과 같다.

1. 어음외관해석의 원칙(어음객관해석의 원칙)

어음외관해석의 원칙이란, 어음행위는 어음상의 기재에 따라 형식적으로 그 효력이 발생하므로 어음채무의 내용은 어음상의 기재에 의해서만 객관적으로 해석하지 않으면 안 된다는 원칙이다($^{대판\ 2000.\ 12.\ 8,}_{2000\ 다\ 33737}$). 이러한 어음외관해석의 원칙은 어음엄정의 원칙의 하나의 내용으로 이에 의하여 어음의 유통성이 보장된다.

2. 어음유효해석의 원칙

어음유효해석의 원칙은, 어음을 무효라고 해석하는 것보다는 신의성실의 원칙에 따라 유효로 해석하여야 한다는 원칙이다. 우리나라의 통설·판례는 달력에 존재하지 않는 날, 예컨대 2월 30일 또는 11월 31일을 어음의 발행일 또는 만기로 기재한 경우에는 어음유효해석의 원칙에 따라 이를 유효로 해석하여 2월말 또는 11월말로 해석하고 있다($^{대판\ 1981.\ 7.\ 28,}_{80\ 다\ 1295}$).

제 2 절 어음행위의 대리(대표)

제 1 서   설

어음행위는 재산법적 법률행위이므로 대리에 친한 법률행위로서 실제에 있어서 대리인에 의하여 매우 많이 행하여지고 있다. 그런데 어음법상 대리에 관한 규정은 무권대리인의 책임에 관한 1개의 규정($^{어 8조;}_{2항; 수 11조}^{77조}$)만이 있을 뿐이므로, 대리에 관한 그 밖의 사항은 민법 또는 상법의 대리에 관한 일반원칙에 의하여 해결된다. 그러나 어음행위는 문언성으로 인한 특색이 있기 때문에 민법 또는 상법의 대리에 관한 규정이 어음행위에 적용되는 경우에도 그대로 적용되지 않고, 그 문언성으로 인하여 약간의 수정을 받는다.

어음행위의 대리에는 형식적 요건(본인의 표시, 대리관계의 표시, 대리인의 기명날인 또는 서명)과 실질적 요건(대리권의 존재)이 있으므로 이하에서는 이러한 순서에 따라 설명하고, 마지막으로 무권대리에 관하여 설명한다.

법인의 어음행위는 법인 스스로가 할 수는 없고 법인의 대표기관인 자연인이 하게 되고 그 법률효과는 법인에게 귀속되는 관계상, 자연인의 대리인의 어음행위와 아주 유사하다. 그런데 민법에서는 대리의 개념을 대표의 개념과 일응 구별하고 있다. 즉, (i) 법인의 대표기관은 법인과 서로 대립하는 지위에 서는 것이 아니고, (ii) 대표기관의 행위는 법률이론상 그대로 법인의 행위로 간주되며, (iii) 법인의 대표는 사실행위나 불법행위에 관하여도 성립하는 점에서, 대표는 대리와 구별된다고 한다. 그러나 대표도 그 본질은 대리와 다른 바가 없고 또 대표에 관하여도 대리에 관한 규정이 준용되고 있으므로($^{민 59조}_{2항}$), 어음행위의 대리에 관한 설명은 법인의 대표에 관한 설명에도 (그에 관한 특별규정이 없는 한) 그대로 해당된다고 하겠다. 따라서 이하에서도 법인의 대표에 관한 설명을 대리에 관한 설명에서 함께 다룬다. 이렇게 보면 어음행위의 대리에 관한 설명은 동시에 법인의 어음행위의 성립요건에 관한 설명이 된다.

대리인 또는 피용자가 직접 본인의 기명날인 또는 서명을 하는 대행은 그 형식에 있어서 대리와 구별되나, 그 행위의 효과가 본인에게 귀속되는 점에서 대리와 유사하다. 대행자가 수권범위 내에서 어음행위를 대행한 경우에는 전적으로 본인자신의 어음행위로 인정되어 문제될 것이 없으나, 대행자가 수권범위 외의 어음행위를 대행한 경우(이 때에는 무권대행으로 위조가 됨)로서 본인에게 어음상의 책임을 지우기 위하여는 민법 또는 상법상 표현대리에 관한 규정을 유추적용할 수밖에 없다. 어음행위의 대행에 대해서는 어음의 위조(무권대행)와 중복되지 않는 범위 내에서 관계되는 곳에서 함께 설명한다.

제 2 형식적 요건

어음행위의 대리로서 효력을 발생하기 위한 형식적 요건은 (i) 본인의 표시(Y), (ii) 대리관계의 표시(대리인) 및 (iii) 대리인의 기명날인 또는 서명(A $\boxed{\text{A의 인}}$)이라는 3 요소이다. 따라서 이하에서는 이러한 순서로 설명한다.

법인의 대표기관의 어음행위의 형식적 요건도 대리의 경우와 같이 (i) 본인의 표시(Y주식회사), (ii) 대표관계의 표시(대표이사) 및 (iii) 대표자의 기명날인 또는 서명(A $\boxed{\text{A의 인}}$)이다.

대행의 경우에는 (i) 본인의 기명날인 또는 서명(Y $\boxed{\text{Y의 인}}$)만이 있고, (ii) 대행관계의 표시 및 (iii) 대행자의 기명날인 또는 서명은 없다.

1. 본인의 표시(현명주의)

(1) 어음행위를 대리(대표)할 때에는 반드시 본인을 명시하여야 한다. 만일 대리인(대표자)이 본인을 명시하지 않고 어음행위를 한 경우에는 본인에게는 그 행위의 효과가 귀속되지 않고, 대리인(대표자) 자신만이 어음행위자로서 책임을 진다($_{본문}^{민 115조}$). 따라서 어음행위에 있어서는 현명주의(顯名主義)가 아주 엄격하게 유지되고 있다고 볼 수 있다.

[본인의 표시가 없는 어음행위의 대리(대표)에 관한 판례]
"약속어음의 발행인 명의가 단순히 A로만 되어 있고, 동인이 Y회사를 위하여 발행하였다는 뜻이 표시되어 있지 않은 이상, 비록 그 명하(名下)에 날인된 인영이 Y회사의 대표이사 직인이라 할지라도 그 어음을 동인이 Y회사를 대표하여 발행한 것이라고 볼 수 없다($_{27,\ 78\ 다\ 2477}^{대판 1979.\ 3.}$)."

(2) 이 때 상대방이 대리인으로서 한 것임을 알았거나 알 수 있었을 경우에도 본인에게 그 행위의 효력이 귀속하지 않는가. 이 때에 민법상의 법률행위에 있어서

는 예외적으로 그 행위의 효력이 본인에게 귀속한다($^{민}_{단서}$^{115조}). 그러나 어음행위에는 그 문언성으로 인하여 민법 제115조 단서가 적용되지 않는다. 따라서 상대방이 대리인으로서 한 것임을 알았거나 알 수 있었을 경우에도 본인은 어음상의 책임을 부담하지 않는다. 그러나 민법 제115조 단서는 대리인과 상대방 사이의 원인관계에서는 적용되므로 대리인은 그러한 상대방에 대하여 이를 인적 항변($^{어}_{1호;}$ $^{17조,}_{수}$ $^{77조}_{22조}$ ^{1} ^{항})으로 주장하여 그 책임을 면할 수 있다. 이 때에 대리인으로부터 이러한 인적 항변을 가지고 대항받은 상대방은 민법 제115조 단서를 근거로 하여 본인에게 어음상의 책임을 물을 수는 없다. 결국 이 때에 상대방은 본인 및 대리인의 누구에 대하여도 어음상의 권리를 행사할수 없는 결과가 된다. 그러나 상대방은 본인이 회사(또는 법인)인 경우에는 회사의 불법행위의 법리($^{상}_{민}$ $^{389조}_{35조,}$ $^{3}_{756조;}$ ^{항,} $^{210조;}$)에 의하여 회사에 대하여 어음금액에 상당하는 금액을 손해배상으로 청구할 수는 있다($^{대판}_{89}$ $^{1990.}_{다카}$ $^{3.}_{555}$ $^{23;}_{외}$).

(3) 상법 제48조에 의하면 상행위의 대리인은 본인을 위한 것임을 표시하지 아니하여도 그 행위의 효과는 본인에게 귀속한다(비현명주의의 원칙). 이러한 상법 제48조도 어음행위에는 그 문언성으로 인하여 적용되지 않는다. 따라서 영업상의 대리권을 가진 지배인이 영업주의 영업을 위하여 어음행위를 하면서 영업주를 표시하지 않은 경우에는, 그 행위의 효과는 영업주에게 귀속하지 않고 지배인만이 어음상의 책임을 부담한다. 이 때 상대방이 영업주를 위한 것임을 모른 경우(과실로 알지 못한 경우, 즉 알 수 있었을 경우를 포함)에는 지배인에 대해서만 어음상의 책임을 물을 수 있고(상행위의 대리의 경우에는 상대방은 영업주 및 대리인에 대하여 이행을 청구할 수 있음—$^{상}_{단서}$^{48조}), 상대방이 영업주를 위한 것임을 알았을 경우에는 지배인은 이를 인적 항변으로 주장할 수 있으므로 결국 상대방은 영업주 및 지배인의 누구에 대하여도 어음상의 권리를 행사할 수 없게 된다(상행위의 대리의 경우에는 상대방은 영업주에 대하여만 이행을 청구할 수 있음—$^{상}_{본문}$^{48조}).

2. 대리(대표)관계의 표시

(1) 대리(대표)관계의 표시는 본인을 위한 어음행위로 인식될 수 있을 정도의 기재가 있으면 된다. 따라서 대리 또는 대표라는 것을 직접 표시하는 문자 이외에, 지배인·지점장·후견인 등의 표시도 대리관계의 표시로서 충분하다.

우리나라의 대법원판례에 의하면 「Y주식회사 A 대표이사 A의 인」과 같이 대표자격의 표시가 A의 날인 안에 들어있는 경우는 유효한 대표자격의 표시로서 Y회

사는 어음상의 책임이 있다고 하였다($\frac{대판 1969. 9.}{23, 69 다 930}$). 그러나 「Y주식회사 A A의 인」과
같이 대표(대리)자격의 표시가 전혀 없는 경우에는, 유효한 대표(대리)행위로서 볼
수 없다고 하여 Y회사의 어음상의 책임을 부정한 판례와($\frac{대판 1959. 8. 27,}{4291 민상 287}$), 어음 외의
사실판단에 의하여 A의 대표(대리)자격을 인정하여 Y회사의 어음상의 책임을 인정
한 판례($\frac{대판 1979. 3.}{13, 79 다 15}$)로 나뉘어 있다. 그러나 어음 외의 사실판단에 의하여 유효한 대
표(대리)행위라고 본 판례는 어음의 문언증권성 또는 어음외관해석의 원칙에 비추어
타당하지 않다고 본다.

(2) Y주식회사의 대표이사인 A가 「Y주식회사 대표이사 A A의 인」의 형식으
로 어음행위를 한 경우에는 대표기관의 어음행위로서 Y회사가 어음상의 책임을 부
담하지만($\frac{상 389조 1 항,}{209조}$), Y주식회사의 이사인 B가 「Y주식회사 이사 B B의 인」의 형식
으로 어음행위를 한 경우에는 대리인의 어음행위로서 Y회사가 어음상의 책임을 부담
한다($\frac{민 114조}{1 항}$) (이 법리는 지배인 등과 같은 상업사용인의 어음행위에도 동일함)($\frac{대판 1974. 6.}{25, 73 다 1412}$).

(3) Y 재단법인의 이사(이사장) A가 「Y 재단법인 이사(이사장) A A의 인」의
형식으로 어음행위를 한 경우에는 대표기관의 어음행위로서 Y 재단법인이 어음상의
책임을 부담하지만($\frac{민 59조}{1 항}$), Y 재단법인의 간사 B가 「Y 재단법인 간사 B B의 인」의
형식으로 어음행위를 한 경우에는 대리인의 어음행위로서 Y 재단법인이 어음상의
책임을 부담한다($\frac{민 114조}{1 항}$) ($\frac{대판 1968. 5. 28,}{68 다 480}$). 그러나 Y 재단법인 소속의 X학교의 학교장
인 C가 「X학교 학교장 C C의 인」의 형식으로 어음행위를 한 경우에는, Y재단법
인 및 대표(대리)관계의 표시가 전혀 없으므로 C의 어음행위가 Y재단법인에 귀속될
여지가 없고 또 학교는 교육을 위한 시설에 불과하고 학교 자체는 권리의무의 귀속
의 주체가 될 수 없으므로 C의 어음행위가 X학교에 귀속될 여지도 없어서 결국 C
개인의 어음행위가 된다($\frac{대판 1971. 2. 23,}{70 다 2981}$).

3. 대리인(대표자)의 기명날인 또는 서명

(1) 대리인(대표자)이 자기의 기명날인 또는 서명을 하여야 하는 점에서, 대리인
이 자기의 기명날인 또는 서명을 하지 않고 직접 본인의 기명날인 또는 서명을 하
는 대행과 구별된다. 법인의 경우에는 그 성질상 법인 스스로가 어음행위를 할 수
는 없고 법인의 대표기관(대리인)인 자연인이 어음행위를 하여야 하므로, 법인의 어
음행위에는 대표기관(대리인)인 자연인의 기명날인 또는 서명이 반드시 존재해야 한다.
따라서 「Y 주식회사 Y 주식회사의 인」 또는 「Y 주식회사 대표이사 사장의 인」과
같이 대표기관(대리인)인 자연인의 기명날인 또는 서명이 전혀 없이 법인의 명칭을

기재하고 법인인만을 찍은 어음행위는 무효이다(통설)(동지: 대판 1964. 10. 1, 63 다 1168;). 또한 법인의 어음행위의 대행도 법인 자체의 대행은 있을 수 없고, 법인의 대표기관 등의 대행만이 있을 수 있다.

(2) 법인의 어음행위는 대표기관이 직접(예컨대, 「Y주식회사 대표이사 A [A의 인]」) 하는 것이 원칙인데, 대리인(이사·지점장·과장 등)이 대표기관의 명의로 대행하는 경우도 많다. 또한 대표기관의 날인도 사인(예컨대, [A의 인])이 아니라, 직인(예컨대, [대표이사의 인] 또는 [Y 주식회사 대표이사의 인])으로 하는 경우가 많다. 대행의 경우는 어음행위의 대표(대리)의 형식적 요건과 관련하여서는 전혀 문제될 것이 없고 대행권의 유무만이 문제가 되고, 직인으로써 날인하는 경우는 자연인의 기명날인에서와 같이 기명의 명의와 날인의 명의가 일치하는지 여부의 문제가 있을 수 있는데 이를 인정하여야 할 것으로 본다.

제 3 실질적 요건

어음행위가 대리행위로서 유효하게 성립하기 위하여는 위에서 본 형식적 요건의 구비 이외에도, 대리인은 실질적으로 대리권을 갖고 있어야 한다(대리권의 존재). 또한 대리인이 대리권을 갖고 있는 경우에도 일정한 경우에는 본인의 이익을 위하여 그 행위에 대하여 대리권이 제한되는 경우가 있다(대리권의 제한). 이하에서는 이러한 두 가지 점에 대하여 살펴본다.

1. 대리권의 존재

어음행위에 관하여 대리권이 존재하는지 여부는 대리권 일반에 관한 법리에 따른다. 즉, 어음행위의 대리권도 본인의 대리권수여행위(수권행위)에 의하여 발생하는 「임의대리권」과, 법률의 규정·법원의 선임 또는 지정권자의 지정행위에 의하여 발생하는 「법정대리권」이 있다. 그러나 회사의 대표사원(대표이사)이나 지배인 등은 어음행위에 관한 개별적인 수권행위가 없어도 그 법률상 지위(선임행위)에 의하여 당연히 어음행위를 포함하는 포괄정형적인 대리권(대표권)을 가지며, 이에 대한 제한은 선의의 제 3 자에게 대항하지 못한다(상 209조, 269조, 389조 3 항;).

2. 대리권의 제한

대리권을 갖고 있는 자라도 대리인이 본인과 법률행위를 하거나(자기계약) 또는 동일한 법률행위에 관하여 당사자 쌍방을 대리하는 경우에는(쌍방대리), 본인의 이익을 위하여 본인의 허락이 없으면 할 수 없도록 민법은 규정하고 있다($^{민}_{124조}$). 또한 위의 민법과 같은 정신으로 회사의 이익을 보호하기 위하여 회사의 업무집행사원 (이사)은 회사의 허락이 없으면 자기 또는 제 3 자의 계산으로 회사와 거래(자기거래)를 할 수 없도록 상법은 규정하고 있다($^{상\ 199조,\ 269조,}_{398조,\ 564조\ 3\ 항}$). 따라서 여기에서 문제되는 것은 민법 제124조 또는 상법 제398조($^{상\ 199조,\ 269조,\ 564조\ 3\ 항}_{을\ 포함하며,\ 이와\ 같다}$)의 규정이 어음행위에도 적용되는지 여부, 동 규정이 어음행위에도 적용된다고 보는 경우에는 적용되는 거래의 범위 및 동 규정에 위반한 행위의 효력 등이다. 이에 관하여 차례로 간단히 살펴본다.

(1) **민법 제124조 또는 상법 제398조가 어음행위에 적용되는지 여부**

민법 제124조 또는 상법 제398조가 어음행위에 적용되는지 여부에 대하여 학설은, (i) 어음행위와 같이 수단성을 가지는 무색의 행위 자체는 이익의 충돌을 일으킬 염려가 없으므로 어음행위는 민법 제124조 단서에 해당하거나 또는 상법 제398조의 적용 외에 있다고 하는 부정설(소수설)과, (ii) 어음행위자는 어음행위에 의하여 원인채무와는 별도로 어음채무를 부담하게 되고 또 어음수수의 직접당사간에는 원인관계와 어음관계가 상호 영향을 미치고 있으므로 어음행위는 순수하게 수단적 성질만을 갖는다고 볼 수 없는 점 등에서 당연히 본인과 이익충돌이 생기게 되므로 민법 제124조 또는 상법 제398조가 어음행위에도 적용된다고 하는 긍정설(통설)로 나뉘어 있다. 생각건대 이 때에는 본인의 이익을 보호할 필요가 있으므로, 어음행위에도 민법 제124조 또는 상법 제398조가 적용된다고 보는 긍정설이 타당하다고 본다.

긍정설에 의하는 경우에도 어음행위 자체에 관하여 언제나 본인의 승인을 별도로 받아야 하는 것은 아니고, 일반적으로는 원인행위에 대하여 본인의 승인이 있으면 어음행위에 대하여도 승인이 있은 것으로 추정할 수 있다. 그러나 융통어음을 발행(배서)하는 것과 같이 원인행위가 문제되지 않는 경우에는 어음행위 자체에 대하여 본인의 승인을 받아야 할 것이다.

[긍정설에 의한 판례]

"… 본건 약속어음의 발행에 관하여는 상법 제398조에 의하여 Y회사의 이사회의 승인이 있어야 할 터이므로 원심은 이 점을 심사 판단하였어야 할 것임에도 불구하고…, (이를 하지 않고) 본건 약속어음 발행행위는 유효한 것으로 판단한 것은 잘못이다(대판 1966. 9. 6, 66 다 1146; 동 1978. 3.)." 28, 78 다 4; 동 1978. 11. 14, 78 다 513).

(2) 민법 제124조 또는 상법 제398조가 적용되는 거래의 범위

1) 민법 제124조의 법문에 의하면 직접거래로서 하는 자기계약과 쌍방대리에 대하여만 규정하고 있고, 상법 제398조의 법문에 의하면 직접거래로서 하는 자기계약에 대하여만 규정하고 있다. 그러나 상법 제398조의 해석에 있어서 「쌍방대리」가 포함됨은 물론, 민법 제124조 또는 상법 제398조의 각각의 해석에 있어서 형식은 본인(회사)과 제 3 자간의 거래이나 실질적으로는 본인(회사)과 대리인(이사)간에 이해충돌을 생기게 할 염려가 있는 거래인 「간접거래」를 포함한다(통설)(동지: 대판 1965. 6. 22, 65 다 734 외).

2) 민법 제124조 또는 상법 제398조의 법문에 의하면 「법인(회사)과 대리인(이사)간의 모든 거래」가 이에 해당하는 것같이 생각되나, 형식상 본인(회사)과 대리인(이사)간의 모든 거래가 이에 해당하는 것이 아니라 그 실질에 의하여 「본인(회사)과 대리인(이사)간의 이해충돌을 생기게 할 염려가 있는 모든 재산상의 행위」가 이에 해당한다(통설)(동지: 대판 1962. 3. 13, 62 라 1).

(3) 민법 제124조 또는 상법 제398조 위반의 효력

1) 어음행위가 민법 제124조 또는 상법 제398조에 포함된다고 보고 동조위반의 어음행위가 있은 경우에는 그 효력이 어떠한가의 문제가 있다. 이는 본인(회사)의 이익보호와 거래안전을 어떻게 조화할 것인가의 문제인데, 어음은 유통증권인 성질상 특히 선의의 제 3 자의 보호가 문제되므로 민법 제124조 또는 상법 제398조 위반의 어음행위의 효력에 대하여는 이 점이 고려되어야 할 것이다. 상법 제398조 위반의 효력에 대하여 우리나라의 학설은 크게 무효설·유효설 및 상대적 무효설로 나뉘어 있는데, 상대적 무효설이 가장 타당하다고 본다(동지: 대판 1973. 10. 31, 73 다 954 외). 또한 이러한 설명은 민법 제124조의 위반의 효력에 대하여도 동일하게 설명될 수 있다고 본다.

2) 그런데 이 때 민법 제124조 또는 상법 제398조 위반의 효력에 관한 여러 학설과 어음항변과의 관계를 보면 다음과 같다. 즉, (i) 무효설에 의하면 어음행위자는 자기의 어음행위가 민법 제124조 또는 상법 제398조에 위반되어 무효임을 누구에 대하여도 주장할 수 있으므로 물적 항변사유와 같게 된다. (ii) 유효설에 의하면 민법 제124조 또는 상법 제398조에 위반된 어음행위는 언제나 유효이므로 어음행위는 민법 제124조 또는 상법 제398조의 행위에 포함되지 않는다는 부정설과 결과적으로 같게 된다. (iii) 상대적 무효설에 의하면 선의인 제 3 자에게는 대항할 수 없으나 악의인 제 3 자에게는 대항할 수 있으므로, 민법 제124조 또는 상법 제398조

위반을 인적 항변사유로 보는 것과 같게 된다.

제 4 무권대리

　어음행위의 무권대리에도 표현대리와 협의의 무권대리가 있다. 따라서 이하에
서도 표현대리와 협의의 무권대리의 순서로 설명하고, 마지막으로 어음법에 특별히
규정하고 있는 월권대리에 대하여 설명한다.

1. 표현대리

(1) 어음행위의 표현대리에 관한 규정

　어음행위의 표현대리에 관하여는 어음법에서 무권대리인(표현대리인 및 협의의
무권대리인)의 책임에 관하여 1개의 조문만 규정하고 있다(어 8조, 77조 2항;
수 11조). 따라서 어
음행위의 표현대리에 관하여는 어음법에 규정이 없는 사항에 대하여 민법과 상법의
표현대리에 관한 규정이 적용 또는 유추적용되는데, 이러한 민·상법상의 규정들이
어음행위에 적용 또는 유추적용되는 경우에는 증권적 행위의 특수성으로 인하여 때
로는 수정적용되기도 한다.

(2) 어음행위의 표현대리의 성립

　어음행위의 표현대리가 언제 성립하는가에 대하여는 어음법에 특별한 규정이
없기 때문에, 민법 및 상법의 표현대리에 관한 규정에 의하여 결정된다.

　1) 민법상 표현대리에 관한 규정에 의하여 어음행위의 표현대리가 성립하는
경우는, (i) 본인이 제 3 자에 대하여 타인에게 어음행위의 대리권을 수여하였음을
표시하였으나 사실은 타인에게 어음행위의 대리권을 수여하지 않은 경우(민 125조), (ii)
대리인이 대리권의 범위를 넘어 어음행위를 대리한 경우(민 126조), (iii) 대리인이 대리
권소멸 후에 어음행위를 대리한 경우(민 129조) 등이다. 이 때에 표현대리인과 거래를
하는 제 3 자(상대방)가 민법의 경우는 「선의·무과실」이거나(민 125조 단서,
129조 단서) 또는 「대리권
이 있다고 믿을 만한 정당한 사유」가 있어야 하는데(민 126조), 어음의 경우는 「선의·
무중과실」이어야 한다고 본다.

　또한 이의 판단기준이 되는 제 3 자는 표현대리인의 직접의 상대방이냐 또는
그 후의 어음취득자도 포함하느냐가 문제된다. 이 경우 민법에서는 항상 직접의 상
대방만을 기준으로 하나, 어음은 유통증권이기 때문에 민법과는 달리 표현대리인의
직접의 상대방뿐만 아니라 그 후의 어음취득자를 포함한다고 본다(통설). 따라서 이

점은 제한능력자의 어음행위의 취소 또는 추인의 상대방과 같다고 본다. 이렇게 보면 이 점은 표현대리에 관한 민법의 규정이 어음행위에 수정적용되는 것이다.

　　그런데 이에 대하여 우리나라의 대법원판례는 과거에는 제 3 자에 「그 후의 어음취득자」를 포함하는 것으로 판시한 것도 있었으나(대판 1962. 7. 12, 62 다 255;), 그 후에는 제 3 자는 「직접의 상대방」만을 의미한다고 판시하고 있다(대판 1986. 9. 9, 84 다카 2310; 동 1991. 6. 11, 91 다 3994; 동 1994. 5. 27, 93 다 21521; 동 1997. 11. 28, 96 다 21751; 동 1999. 1. 29, 98 다 27470; 동 2002. 12. 10, 2001 다 58443).

　　2) 상법상 표현대리에 관한 규정에 의하여 어음행위의 표현대리가 성립하는 대표적인 경우는, (i) 지배권이 없는 자가 「본점 또는 지점의 본부장·지점장·그 밖에 지배인으로 인정될 만한 명칭」을 가지고 어음행위를 하는 표현지배인(상 14조 1 항)의 경우이다. 그러나 이러한 표현지배인의 규정은 재판상의 어음행위에는 적용되지 않는다(상 14조 1 항). 이 때 표현지배인의 어음행위에 의하여 본인이 어음상의 책임을 지기 위하여는 표현지배인과 어음행위를 하는 상대방은 「선의·무중과실」이어야 한다. 또한 이러한 상대방은 표현지배인의 직접의 상대방에 한하지 않고 「그 후의 어음취득자」를 포함하는데, 이 점은 민법상 표현대리에 관한 규정이 적용되는 경우와 다르다. (ii) 상법상 명문의 규정은 없으나 표현지배인의 규정을 부분적 포괄대리권을 가진 상업사용인에 유추적용하는 경우에는, 이러한 표현과장 등의 어음행위에도 표현대리의 법리가 적용될 수 있을 것이다. (iii) 표현대표이사에 관하여는 상법 제 395조에서 별도의 규정을 두고 있다. 즉, 대표권이 없으면서 사장·부사장·전무·상무 기타의 회사를 대표할 권한이 있는 것으로 인정될 만한 명칭을 사용하여 어음행위를 한 이사의 행위에 대하여는 동 규정에 의하여 본인(회사)의 어음상의 책임이 인정된다. 이 때 표현대표이사와 어음행위를 한 상대방의 주관적 요건(선의·무중과실) 및 범위(그 후의 어음취득자를 포함)는 표현지배인의 경우와 같다. (iv) 직접적인 표현대리에 관한 규정은 아니나 표현대리와 같은 정신으로 입법이 된 규정으로는, 지배권(대표권) 또는 부분적 포괄대리권의 불가제한성(또는 획일성)(상 11조 3 항, 15조 2 항, 209조 2 항, 269조, 389조 3 항, 567조)에 위반한 어음행위 또는 고의·과실로 인하여 부실등기된 자(상 39조)의 어음행위에 대하여 본인은 선의의 제 3 자에게 대항하지 못하도록 한 규정들이 있다. 동 규정들에 있어서 상대방의 주관적 요건(선의·무중과실) 및 범위(그 후의 어음취득자를 포함)는 표현지배인의 경우와 같다.

[부실등기된 자의 어음행위에 대하여 본인의 책임을 인정한 판례]
"회사를 양도한 대표이사가 사임등기를 마칠 때까지 대표이사직에 있음을

기화로 대표이사 개인명의로 발행한 수표에 담보목적으로 양도회사 명의로
배서하여 양도한 경우, 이는 대표이사에게 사실상 대표권이 없었다 하여도
이는 대표권에 관한 내부적 제한에 불과하여 어음소지인에게 대항할 수 없다
($^{대판\ 1993.\ 4.\ 9,}_{92\ 다\ 46172}$)."

[표현대표이사와 어음행위를 한 상대방의 범위는 직접상대방뿐만 아니라 그 후의 어음취득자를 포함한다고 본 판례]

"회사를 대표할 권한이 없는 표현대표이사가 다른 대표이사의 명칭을 사용하
여 어음행위를 한 경우, 회사가 책임을 지는 선의의 제 3 자의 범위에는 표현대
표이사로부터 직접 어음을 취득한 상대방뿐만 아니라 그로부터 어음을 다시 배
서양도받은 제 3 취득자도 포함된다($^{대판\ 2003.\ 9.\ 26,}_{2002\ 다\ 65073}$)."

(3) 어음행위의 표현대리의 효과

위에서 본 바와 같이 민·상법의 규정에 의하여 표현대리(대표)가 성립하면, 그
효과로서 당사자의 책임은 다음과 같다.

1) 본인은 민·상법의 규정에 의하여 당연히 어음상의 책임을 진다. 이로 인하
여 표현대리인과 거래하는 상대방의 신뢰이익은 보호된다. 이 때 본인은 표현대리
행위에 의하여 전적인 책임을 져야 하는 것이고, 상대방에게 과실이 있다고 하더라
도 과실상계를 할 수 없다($^{동지:\ 대판\ 1994.\ 12.}_{22,\ 94\ 다\ 24985}$). 이로 인하여 본인은 표현대리인에 대하
여 기초적 내부관계에 있어서의 의무위반 또는 불법행위를 이유로 손해배상을 청구
할 수 있다.

2) 표현대리인은 무권대리인으로서 어음법 제 8 조 1 문($^{어\ 77조\ 2항;}_{수\ 11조}$)에 의하여 어
음상의 책임을 진다. 그러나 민법에서는 이러한 경우 표현대리에 의하여 본인의 책
임이 확정되면 상대방의 보호는 충분하므로 다시 표현대리인에 대하여 책임을 물을
수 없다(즉, 이 때에 민법 제135조가 적용되지 않는다)(통설). 따라서 이 점에서 어음행위
의 표현대리의 효과가 민법상의 그것은 구별되고 있다. 그러므로 어음행위의 표현
대리가 성립하는 경우에는 본인과 표현대리인의 어음상의 책임이 병존하는데, 이
때에 어음소지인은 어음상의 권리를 어떻게 행사할 수 있는가에 대하여 학설은 나
뉘어 있다. 즉, 어음소지인은 본인 또는 표현대리인의 어느 일방에 대하여만 책임을
추궁할 수 있다는 택일설(통설)과, 어음소지인은 양자에 대하여 동시에 중첩적으로
책임을 추궁할 수 있다는 중첩설(소수설)로 나뉘어 있는데, 어음소지인은 자력이 있
는 어느 일방에 대하여 책임을 추궁하여 변제를 받으면 어음소지인의 보호에 충분

하므로 택일설이 타당하다고 본다.

2. 협의의 무권대리

(1) 어음행위의 협의의 무권대리에 관한 규정

어음행위의 협의의 무권대리에 관하여는 어음법 제8조(수 $\frac{77조 2항}{11조}$) 및 민법 제 135조가 적용되는데, 다만 민법 제135조는 어음법 제8조에 저촉하는 한 적용되지 않는다. 또한 민법 제135조가 어음법 제8조에 저촉되지 않아 적용되는 경우에도 어음행위는 증권적 법률행위라는 특수성으로 인하여 그대로 적용되지 않고 수정적용되는데, 이에 관하여는 후술한다.

(2) 어음행위의 협의의 무권대리의 성립

어음행위의 협의의 무권대리가 성립하기 위하여는 다음의 요건이 필요하다.

1) 본인은 협의의 무권대리인에게 대리권을 수여하지도 않고 또 표현대리가 성립하지도 않으며(이 점은 협의의 무권대리인의 개념에서 당연함), 또 추인을 하지 않아야 한다.

협의의 무권대리가 성립하기 위하여는 대리권이 흠결되어야 하는데, 이러한 대리권의 흠결에 대하여 누가 증명책임을 부담할 것인가가 문제된다. 이에 대하여 우리나라의 학설은 (i) 원고(협의의 무권대리의 상대방 또는 어음소지인)가 추인거절의 사실을 증명해야 한다고 보는 견해(어음소지인입증설)(다수설)와, 피고(협의의 무권대리인)가 대리권의 존재 또는 추인에 대하여 증명해야 한다고 보는 견해(무권대리인입증설)(소수설)로 나뉘어 있다. 생각건대 어음소지인이 먼저 본인에게 어음금의 지급을 청구하면 본인은 대리권의 흠결(및 추인거절)을 들어 어음금의 지급을 거절할 것이고, 이 때에 어음소지인이 협의의 무권대리인에게 어음금의 지급을 청구하면 협의의 무권대리인은 대리권의 존재 또는 추인의 사실을 증명하지 못하면 어음법 제8조에 의하여 당연히 어음상의 책임을 부담해야 한다고 본다. 따라서 협의의 무권대리인이 증명책임을 부담한다는 견해(소수설)에 찬성한다. 대리권의 흠결에 대한 증명책임을 어음소지인에게 부담시키는 견해는 어음의 유통성 및 피지급성의 확보라는 어음의 이념에서 볼 때도 문제가 있다고 본다.

협의의 무권대리인의 어음행위에 대하여 본인이 추인할 수 있는가에 대하여 어음법에는 규정이 없으나, 민법 제135조 1항이 적용되어 본인은 당연히 이를 추인할 수 있다고 본다(異說 없음)($\frac{동지: 대판 1994. 8.}{12, 94 다 14186}$). 이 때 「추인의 상대방」은 어음이 유통증권인 성질상 협의의 무권대리인의 어음행위의 직접의 상대방뿐만 아니라, 현재의 어음소지인을 포함한다고 본다.

본인이 협의의 무권대리인의 어음행위를 추인하면 본인은 어음상의 책임을 부담하게 되는데, 이 때 「협의의 무권대리인의 어음상의 책임과의 관계」는 어떠한가의 문제가 있다. 이에 대하여 우리나라의 학설은 (i) 협의의 무권대리인의 어음상의 책임은 어음법 제 8 조에 의하여 어음행위시에 일단 발생하는데 본인이 추인하게 되면 그 효력은 어음행위시까지 소급하므로($\substack{\text{민}\\133조}$) 협의의 무권대리인의 어음상의 책임은 추인을 해제조건으로 소멸한다고 보는 견해(해제조건설)와, (ii) 어음법 제 8 조는 어음소지인의 신뢰이익을 보호하는 규정인 만큼 협의의 무권대리인의 책임은 어음소지인의 신뢰가 배반당하였을 때인 추인이 거절되었을 때부터(즉, 추인거절을 정지조건으로) 발생한다고 보는 견해(정지조건설)가 있다. 생각건대 협의의 무권대리인이 추인거절시부터 어음상의 책임을 부담한다고 하면 본인이 추인을 거절한 경우에 어음행위시부터 추인거절시까지는 어음상의 책임을 부담하는 자가 없게 되거나 또는 대리권을 수여한 일도 없고 또 표현책임을 질 귀책사유도 없는 본인(협의의 무권대리인의 본인)에게 어음상의 책임을 부담시키는 것이 되어 부당하므로, 협의의 무권대리인은 어음행위시부터 어음법 제 8 조에 의하여 어음상의 책임을 부담한다고 보아야 할 것이다. 다만 본인이 추인을 한 경우에는 상대방의 신뢰이익은 충분히 보호되고 또 추인의 효력은 원칙적으로 소급하므로($\substack{\text{민}\\\text{본문}}$133조) 협의의 무권대리인의 책임은 원칙적으로 어음행위시에 소급하여 소멸한다고 본다. 이렇게 볼 때 협의의 무권대리인이 어음상의 책임을 부담하기 위한 요건으로 본인의 추인이 없어야 한다는 의미는 협의의 무권대리인의 책임발생의 시기를 의미하는 것이 아니라, 협의의 무권대리인이 종국적으로 어음상의 책임을 부담하는 요건을 의미한다고 볼 수 있다(해제조건설에 찬성).

2) 협의의 무권대리인은 대리인으로서 기명날인 또는 서명을 하고 또 어음행위의 성립(유효)요건을 갖추어야 한다.

협의의 무권대리인이 대리인으로서 기명날인 또는 서명(대리방식)을 하지 않고 권한 없이 본인의 기명날인 또는 서명을 대행한 경우에는(대행방식), 협의의 무권대리가 성립하지 않는다. 또한 그러한 무권대행자(위조자)는 그의 기명날인 또는 서명이 어음상에 나타나지도 않으므로 그에게 바로 어음법 제 8 조를 적용하여 책임을 부담시킬 수도 없다.

유권대리의 경우에는 대리인이 어음상의 책임을 부담하지 않으므로 대리인은

행위능력자임을 요하지 아니하나($_{117조}^{민}$), 무권대리의 경우에는 무권대리인이 어음상
의 책임을 부담하므로($_{2항;\,수\,11조}^{어\,8조,\,77조}$) 무권대리인은 행위능력자임을 요한다($_{후단}^{민\,135조\,2항}$).
이 밖에 무권대리인의 어음행위는 일반적인 어음행위의 성립(유효)요건을 갖추어야
한다. 즉, 어음행위의 형식적 요건(필요적 기재사항의 기재) 및 실질적 요건(의사의 흠
결 및 의사표시의 하자가 없을 것 등) 등을 갖추어야 한다.

  3) 상대방 또는 어음소지인은 선의이어야 한다.

  협의의 무권대리인이 어음상의 책임을 부담하기 위한 이러한 요건은 협의의
무권대리인과 그의 상대방 사이의 어음관계에서 발생하는 것이 아니라, 원인관계
또는 인적 항변과의 관계에서 발생한다. 즉, 어음관계에서 협의의 무권대리인은 어
음법 제8조 1문에 의하여 상대방이 협의의 무권대리인에게 대리권이 없음을 알았
거나 또는 알 수 있었을 경우에도 일단 어음상의 책임을 부담한다(어음관계에서 민
135조 2항 전단은 적용배제됨). 그러나 협의의 무권대리인은 이를 원인관계에서는 항
변할 수 있으므로, 결국 협의의 무권대리인이 직접의 상대방에 대하여 어음상의 책
임을 부담하기 위하여는 상대방의 「선의·무과실」을 요건으로 한다(원인관계에서 민
135조 2항 전단은 적용됨).

  또한 상대방으로부터 어음을 취득한 그 후의 어음소지인에 대한 협의의 무권
대리인과의 관계는 그 어음소지인이 협의의 무권대리인의 직접의 상대방에 대한 원
인관계에 기한 항변을 알고 어음을 취득하면(따라서 협의의 무권대리인을 해함을 알고
어음을 취득한 것이 되면) 협의의 무권대리인은 어음상의 책임을 부담하지 않으므로
($_{단서}^{어\,17조}$), 이 때에 협의의 무권대리인이 그러한 어음소지인에 대하여 어음상의 책임
을 부담하기 위하여는 어음소지인이 「채무자를 해할 것을 알지 못하고」 어음을 취
득할 것을 요건으로 한다. 따라서 이러한 주관적 요건은 직접의 상대방 또는 그 후
의 어음취득자에 따라 각각 상이하다고 볼 수 있다.

  (3) 어음행위의 협의의 무권대리의 효과

  어음행위의 협의의 무권대리가 성립하면 다음과 같은 효과가 발생한다.

  1) 협의의 무권대리인은 어음소지인에 대하여 언제나 어음상의 책임을 부담한
다($_{2항;\,수\,11조\,1문}^{어\,8조\,1문,\,77조}$). 민법상 협의의 무권대리가 성립하는 경우에는 상대방의 선택에 좇
아 계약을 이행하든가 또는 손해배상의 책임이 있으나($_{1항}^{민\,135조}$), 어음행위에서 협의
의 무권대리가 성립하는 경우에는 어음법 제8조의 특칙에 의하여 상대방의 선택을
기다리지 않고 당연히 협의의 무권대리인은 어음상의 책임(계약의 이행)을 부담한다.
이 점은 어음행위의 협의의 무권대리의 효과가 민법상의 그것과 첫째로 구별되는

점이다.

협의의 무권대리인이 어음소지인에 대하여 부담하는 어음상의 책임의 내용은 대리권이 있었더라면 본인이 부담하게 될 어음상의 책임의 내용과 같다. 따라서 협의의 무권대리인은 본인이 어음상의 책임을 부담하였더라면 주장할 수 있었을 항변사유로써 어음소지인에 대하여 대항할 수 있다. 그러나 본인이 어음관계 및 이의 원인관계 이외의 사유로 갖고 있는 항변사유로써는 어음소지인에게 대항할 수 없다.

어음소지인이 이러한 협의의 무권대리인에 대한 권리를 보전하기 위해서는 원래 협의의 무권대리인에 대하여 시효중단의 절차 또는 상환청구의 통지 등의 절차를 밟아야 하겠으나, 현실적으로 어음소지인은 본인에게 이러한 절차를 취하는 경우가 많을 것이므로, 이렇게 한 경우에도 어음소지인은 협의의 무권대리인에게 권리를 보전하기 위한 절차를 다한 것으로 해석하여야 할 것이다.

2) 협의의 무권대리인이 어음소지인에 대하여 어음채무를 이행한 때에는 본인과 동일한 권리를 갖는다($^{어 8 조 2 문, 77조}_{2항; 수 11조 2 문}$). 민법상 협의의 무권대리인이 채무를 이행한 경우에는 권리취득이 문제가 되지 않으나($^{민 135조}_{1 항 참조}$), 어음행위의 협의의 무권대리인이 어음채무를 이행한 경우에는 어음법 제 8 조의 특칙에 의하여 본인의 전자에 대한 어음상의 권리를 취득한다. 이 점은 어음행위의 협의의 무권대리의 효과가 민법상의 그것과 둘째로 구별되는 점이다.

이 때 협의의 무권대리인이 취득하는 권리는 「본인의 전자에 대한 어음상의 권리」이지, 본인에 대한 권리는 결코 아니다. 협의의 무권대리인이 어음채무를 이행한 경우에 본인에 대하여 취득하는 권리는 민법 제481조의 변제자의 법정대위의 법리에 의한다. 협의의 무권대리인이 어음채무를 이행함으로 인하여 취득하는 권리는 본인의 전자에 대한 어음상의 권리이므로, 본인의 전자가 없는 경우(본인이 환어음의 인수인 또는 약속어음의 발행인인 경우)에는 그러한 협의의 무권대리인이 어음법 제 8 조 2 문에 의하여 권리를 취득할 여지가 없다. 또 환어음의 단순한 지급인이나 수표의 지급인의 협의의 무권대리인이 어음금 또는 수표금을 지급한 경우에는 본인이 어음(수표)금을 지급할 채무를 부담하는 자도 아니고 또 그러한 협의의 무권대리인이 어음(수표)상에 기명날인 또는 서명을 한 것도 아니므로, 어음법 제 8 조($^{수}_{11조}$)가 적용되지 않아 그러한 협의의 무권대리인은 어떠한 권리도 취득하지 못한다. 보증에 있어서 협의의 무권대리가 성립하는 경우에는 협의의 무권대리인은 어음법 제 8 조 2 문 및 제32조 3 항에 의하여 피보증인 및 그 자의 어음채무자에 대하여 어음상의 권리를 취득한다.

협의의 무권대리인이 본인의 전자에 대하여 어음상의 권리를 취득하여 이를 행사하는 경우에, 그러한 어음채무자는 본인에게 대항할 수 있었던 항변사유로써 협의의 무권대리인에게 대항할 수 있음은 물론이다.

3) 본인은 협의의 무권대리인에 대하여 어떠한 권리를 갖는가.

협의의 무권대리인이 약속어음을 발행하거나 환어음을 인수하고 어음채무를 이행한 경우와 같이 본인은 전혀 어음상의 권리를 취득하거나 또는 손해를 입지 않은 경우에는, 본인은 협의의 무권대리인에 대하여 어음반환을 청구하거나 또는 손해배상을 청구할 수 없다.

그러나 협의의 무권대리인이 배서를 한 경우와 같이 본인이 어음상의 권리를 취득했던 경우에는 사정이 다르다. (i) 대리권의 흠결이 선의취득에 의하여 치유될 수 없다고 보는 견해(제 1 설)에 의하면 본인은 협의의 무권대리인의 선의의 상대방에 대하여 어음반환을 청구할 수 있고, 이렇게 어음반환을 받으면 본인은 전에 가졌던 자기의 어음상의 권리가 회복되어 전자에 대하여 어음상의 권리를 행사할 수 있다. (ii) 대리권의 흠결이 선의취득에 의하여 치유될 수 있다고 보는 견해(제 2 설)에 의하면 본인은 협의의 무권대리인의 선의의 상대방에 대하여 어음반환을 청구할 수 없고, 협의의 무권대리인에 대하여 불법행위에 기한 손해배상청구권($_{750조}^{민}$)만을 갖는다. 또한 본인은 협의의 무권대리인의 상대방이 동 어음을 선의취득한 반사적 효과로서 어음상의 권리를 상실한다.

3. 월권대리

(1) 대리권이 있는 대리인이 그 대리권의 범위를 초월하여 어음행위를 한 경우에(예컨대, 100만원까지 어음행위를 하도록 수권받은 대리인이 150만원의 어음행위를 한 경우), 본인 및 월권대리인의 책임범위가 어떠한가가 문제된다. 이는 대리인에게 대리권이 전혀 없는 경우와 구별된다. 이에 대하여 어음법 제 8 조 3 문($_{수\ 11조\ 3문}^{어\ 77조\ 2항}$)은 「권한을 초과한 대리인에 관하여도 같다」고 규정하고 있으나, 월권대리인의 책임범위가 전액(위의 예에서 150만원)에 대하여 미치는가 또는 무권대리의 규정이 월권한 부분에 대해서만 적용되어 월권한 금액(위의 예에서 50만원)에 대하여만 미치는가의 문제가 있다. 또한 이와 함께 본인의 책임범위는 어떠한가의 문제도 있다. 이에 대하여는 어음법상 규정이 없기 때문에 해석에 의할 수밖에 없다. 이에 대하여 본인은 책임을 부담하지 않고 월권대리인만이 전액(위의 예에서 150만원)에 대하여 책임을 진다는 본인무책임설과, 본인은 수권범위 내(위의 예에서 100만원)에서만 책임을 지

고 월권대리인은 월권한 금액(위의 예에서 50만원)에 대해서만 책임을 진다는 책임분담설($\frac{중국어음법 5조}{2문 후단}$)도 있으나, 본인은 수권범위 내(위의 예에서 100만원)에서만 책임을 부담하고 월권대리인은 전액(위의 예에서 150만원)에 대하여 책임을 부담한다고 본다(책임병행설)(통설)($\frac{동지: 대판 2001. 2. 23.}{2000 다 45303·45310}$).

(2) 위에서 본 바와 같이 월권대리의 경우 본인이 수권범위 내(위의 예에서 100만원)에서만 책임을 지는 것은 민법·상법상의 표현대리가 성립하지 않는 경우(예컨대, 월권대리인의 상대방의 악의 등으로 인한 경우 등)에만 그러한 것이고, 민법·상법상의 표현대리가 성립하는 경우에는 본인은 당연히 전액(위의 예에서 150만원)에 대하여 책임을 진다. 즉, 월권대리인이 법인의 이사($\frac{민}{60조}$)·지배인($\frac{상}{3항}$11조)·부분적 포괄대리권을 가진 상업사용인($\frac{상}{2항}$15조)·회사대표자($\frac{상 209조 2항, 269조,}{389조 2항, 567조}$)·선장($\frac{상}{751조}$) 등인 경우에는 해당규정에 의하여 본인은 어음금 전액에 대하여 책임을 지게 되고, 또한 민법 제126조에 의하여 월권대리인의 상대방이 그 권한이 있다고 믿을 만한 정당한 사유가 있는 경우에는 본인은 어음금 전액에 대하여 책임을 지게 된다.

민법·상법상의 표현대리가 성립하는 경우 월권대리인(표현대리인)은 앞에서 본바와 같이 어음법 제 8 조 1 문에 의하여 어음금 전액에 대하여 어음상의 책임을 부담한다. 따라서 어음소지인은 본인 또는 월권대리인(표현대리인) 중 자력이 있는 어느 일방에 대하여 책임을 추궁할 수 있는데(택일설), 보통은 본인에 대하여 책임을 추궁하게 될 것이다.

≫ 사례연습 ≪

[사 례]

Y가 그의 대리인인 A에게 3,000만원의 범위 내에서만 약속어음을 발행하도록 수권하였는데, A가 Y를 대리하여 8,000만원의 약속어음을 이러한 사정을 알고 있는 B에게 발행하고 자금을 차입하였으며, B는 이 어음을 가지고 이러한 사정을 모르고 있는 X로부터 8,000만원의 물건을 사고 X에게 이 어음을 배서양도하였다. 이 때 Y·A·B는 X에게 어떠한 어음상의 책임을 부담하는가?

* 이 사례는 정찬형, 「상법사례연습(제 4 판)」, 사례 97에 기초한 것이므로, 이에 관한 상세는 同書를 참고하기 바람.

[해 답]

1. Y의 X에 대한 어음상의 책임

Y가 표현책임을 부담하기 위하여는 제 3 자가 선의이어야 하는데, 이의 판단기준이 되는 제 3 자는 표현대리인의 직접의 상대방이냐 또는 그 후의 어음취득자도 포함하느냐에 대하여 문제가 있다. 본문의 경우 제 3 자의 선의의 요건을 직접상대방인 B를 기준으로 하면 B는 악의이므로 표현대리가 성립하지 않으나, X를 기준으로 하면 X는 선의이므로 표현대리가 성립한다. 생각건대 표현대리가 성립하기 위한 선의의 기준이 되는 제 3 자는 민법에서는 항상 직접의 상대방만을 기준으로 하나, 어음은 유통증권이기 때문에 민법과는 달리 표현대리인의 직접의 상대방뿐만 아니라 그 후의 어음취득자를 포함한다고 본다(통설). 그러나 이에 대하여 우리 대법원은 B만을 기준으로 하여 표현대리의 성립여부를 결정하여야 한다고 판시하고 있다(대판 1994. 5. 27, 93 다 21521; 동 1991. 6.)(11, 91 다 3994; 동 1986. 9. 9, 84 다카 2310). 따라서 본문의 경우 통설에 의하면 Y는 X에 대하여 8,000만원의 어음상의 책임을 지나, 대법원판례에 의하면 Y는 X에 대하여 3,000만원의 어음상의 책임만을 진다.

2. A의 X에 대한 어음상의 책임

A는 어음법 제 8 조 1 문 및 제77조 2 항에 의하여 X에 대하여 8,000만원의 어음상의 책임을 진다. 이 때 A가 B로부터 8,000만원을 차입하여 전부 자기를 위하여 썼으면 Y에 대하여 아무런 권리가 없으나, Y를 위하여 썼으면 변제자의 법정대위($\frac{민}{481조}$)에 의하여 Y에 대하여 그 채무의 이행을 청구할 수 있다.

또한 Y가 표현대리에 법리에 의하여 8,000만원의 어음상의 책임을 지고 A도 위에서 본 바와 같이 8,000만원의 어음상의 책임을 지면, X는 Y와 A에 대하여 동시에 중첩적으로 책임을 추궁할 수 있다는 견해(중첩설)도 있으나(소수설), X는 Y 또는 A의 어느 일방에 대하여만 책임을 추궁할 수 있다고 본다(택일설)(통설).

이 때 Y에게 표현대리가 성립하면 A의 대리행위를 유권대리의 일종으로 보아 A는 어음상의 책임을 부담하지 않는 것으로 해석하는 견해도 있으나, 이는 어음법 제 8 조 1 문 및 제77조 2 항 등에서 보아 타당하지 않다고 본다.

3. B의 X에 대한 어음상의 책임

B는 무담보배서를 하지 않는 한 언제나 X에 대하여 어음행위독립의 원칙에 의하여 (즉, Y가 표현책임을 부담하든 부담하지 않든 상관 없이) 8,000만원의 소구의무를 부담한다($\frac{어 15조 1 항,}{77조 1 항 1 호}$). 이는 B가 A의 어음발행이 대리권의 범위를 초과하였음을 알았든 몰랐든 상관 없이 동일하며, 또한 X가 이를 알았든 몰랐든 상관 없이 동일하다. 왜냐하면 어음행위독립의 원칙은 어음상의 기재를 내용으로 하는 독립적인 채무부담이므로 형식상 완전한 어음에 기명날인 또는 서명을 한 자는 선행하는 어음행위의 실질적 무효에 대하여 그가 이 사실을 알고 있는지 여부 또는 그 후의 어음취득자가 이

사실을 알고 있는지 여부에 불문하고 적용되기 때문이다.

참고로 B는 X에 대하여 매매대금의 지급조로 이 약속어음을 배서양도한 것이므로 당사자간의 특별한 의사표시가 없으면 '지급을 담보하기 위하여' 또는 '지급을 위하여' 어음을 양도한 것으로 당사자의 의사를 추정할 수 있으므로, 이 때에는 원인채무도 존속하여 B는 이러한 원인채무도 부담한다.

제5 어음행위의 대행

타인명의에 의한 어음행위에는 대리방식에 의한 경우와 대행방식에 의한 경우가 있는데, 양자는 그 방식(형식)에서 구별된다. 즉, B가 「A 대리인 B B의 인」의 형식으로 어음행위를 한 경우는 대리방식이고, B가 「A A의 인」의 형식으로 어음행위를 한 경우는 대행방식으로, 양자는 그 방식(형식)에서 뚜렷이 구별된다. 대행방식에 의한 어음행위에서도 B가 A를 표시하기 위하여 「A A의 인」의 형식으로 어음행위를 한 경우는 기명날인의 대행이고, B가 자기를 표시하기 위하여 「A A의 인」의 형식으로 어음행위를 한 경우는 A의 명의대여가 된다. 기명날인의 대행과 명의대여는 그 형식에서는 같으나, 실질에서 구별되고 있다. 이하에서는 이해의 편의를 위하여 이 양자를 구별하여 설명하겠다.

또한 1995년 개정어음(수표)법에서는 기명날인 또는 서명으로써 어음행위가 가능하므로 적법한 대행으로서 기명날인의 대행뿐만 아니라 서명대행도 가능한 것으로 생각될 수 있으나, 원래 서명은 앞에서 본 바와 같이 자필서명이고 또 기명날인의 대행을 인정하고 있는 이상 동일성의 확인도 어려운 서명대행을 인정할 필요와 실익이 없다는 점에서 적법한 대행으로서 서명대행은 인정하지 않는 것이 타당하다고 본다(그러나 위법한 대행〈위조〉으로서 서명대행은 물론 존재하게 된다). 따라서 이하에서의 대행은 기명날인에 관하여만 설명하겠는데, 무권대행의 경우에는 이 기명날인에 서명이 포함되는 것으로 보아야 할 것이다.

1. 기명날인의 대행

(1) 기명날인의 대행의 법적 성질

1) 타인을 표시하기 위하여 타인의 기명날인을 대행하는 경우, 그 법적 성질이

무엇인가가 문제된다. 이는 기명날인의 법적 성질을 무엇으로 보느냐에 따라 다르다. 기명날인의 법적 성질에 대하여 이를 「법률행위」라고 보는 견해도 있으나, 기명날인 그 자체만에 의하여는 일정한 법률효과가 발생한다고 볼 수 없으므로 기명날인의 법적 성질은 「사실행위」라고 보아야 할 것이다. 기명날인의 법적 성질을 법률행위라고 보면 기명날인의 대행을 대리로써 설명할 수도 있으나, 위와 같이 기명날인의 법적 성질을 사실행위라고 보면 기명날인의 대행을 대리로써 설명할 수 없게 된다. 왜냐하면 사실행위에는 대리가 인정되지 않기 때문이다(異說 없음).

2) 따라서 기명날인의 대행에 대하여 우리나라의 통설은 대리가 아니라 일종의 표시기관에 의한 「본인 자신의 기명날인」이라고 한다. 그러나 대행에 대하여는 어음법 및 민법·상법상의 규정이 없으므로, 이에 관하여는 학설·판례의 해석에 의할 수밖에 없다. 따라서 유권대행의 어음행위인 경우에는 본인 자신의 어음행위로서 본인에게 어음상의 책임을 부담시키고, 무권대행(위조)의 어음행위이나 본인에게 귀책사유가 있는 경우에는 민법·상법상의 표현대리에 관한 규정을 유추적용하여 본인에게 어음상의 책임을 부담시킨다(통설·판례).

(2) 기명날인의 대행의 두 종류

기명날인의 대행에는 다음과 같이 두 종류가 있다.

1) 고유의 대행   고유의 대행은 대행자에게 전혀 기본적인 대리(대행)권이 없는 경우로서, 대행자는 단순히 본인의 표시기관 내지 수족(手足)으로 본인의 기명날인을 기계적으로 대행하는 경우이다(예컨대, 기본적인 대리〈대행〉권이 전혀 없는 경리직원이 대표이사의 지시에 따라서 어음행위를 대행하는 경우). 이러한 대행자는 민법에서 「표시기관으로서의 사자(使者)」에 해당한다. 이러한 고유의 대행은 대리와는 그 형식에 있어서뿐만 아니라, 효과의사를 본인이 결정하는 점에서도 구별된다.

2) 대리적 대행   대리적 대행은 대행자가 본인으로부터 일정한 범위의 기본적인 대리(대행)권을 수여받고, 그 범위 내에서 개개의 어음행위에서는 스스로 결정하여 본인의 기명날인을 대행하는 경우이다(예컨대, 회사의 경리과장·경리부장·경리담당 상무이사 등이 수권범위 내에서 대표이사의 명의로 어음행위를 하는 경우). 대리적 대행의 경우는 효과의사를 대행자가 스스로 결정하는 점에서 고유의 대행과 구별되고 대리와 유사하나, 그 형식에 있어서 역시 대리와 구별된다.

(3) 기명날인의 대행의 요건

1) 형식적 요건   대리와는 달리 대행기관의 표시 및 대행자의 기명날인(또는 서명)이 없고, 직접 본인의 기명날인이 있으면 된다. 법인의 경우에는 자연인과는 달리

법인 스스로 법률행위를 할 수 없고 대표기관인 자연인이 제 3 자와 법률행위를 하여야 하므로, 자연인이 법인 자체의 기명날인을 하는 것(예컨대, Y주식회사 $\boxed{\text{Y 주식회사의 인}}$) 은 대행도 아니고 그러한 기명날인은무효가 된다($\frac{\text{동지: 대판 1964. 10.}}{\text{31, 63 다 1168}}$). 따라서 법인의 기명날인의 대행은 대표기관 이외의 자(예컨대, B)가 대표기관(예컨대, A)의 기명날인을 대행하는 경우(예컨대, Y주식회사 대표이사 A $\boxed{\text{A의 인}}$)가 대표적인 예이다.

2) 실질적 요건　　대행자가 본인의 기명날인을 대행할 수 있기 위해서는 대행권이 있어야 한다. 즉, 고유의 대행의 경우는 그러한 행위를 하도록 지시받아야 하고, 대리적 대행의 경우는 수권범위 내의 행위이어야 한다(유권대행). 대행자가 지시받지 않은 행위를 본인명의로 하거나(고유의 대행의 경우), 수권범위 외의 행위를 본인명의로 하는 경우(대리적 대행의 경우)는 위조가 된다(무권대행). 일반적으로 대리권이 있다고 하여 반드시 대행권이 있다고 볼 수는 없으나, 대리적 대행의 경우 일정한 범위의 기본적인 대리권을 수여받은 자는 특별한 사정이 없는 한 그 범위 내에서 대행권도 수여받은 것으로 볼 수 있다.

(4) 기명날인의 대행의 효과

1) 유권대행의 경우　　대행자가 지시받은 어음행위에 대하여 본인의 기명날인을 대행하거나(고유의 대행의 경우) 또는 수권범위 내의 어음행위에 대하여 본인의 기명날인을 대행한 경우(대리적 대행의 경우)에는 이것은 본인 자신의 어음행위가 되어 본인이 당연히 어음상의 책임을 부담한다.

2) 무권대행의 경우　　대행자가 지시받지 않은 어음행위에 대하여 본인의 기명날인을 대행하거나(고유의 대행의 경우) 또는 수권범위 외의 어음행위에 대하여 본인의 기명날인을 대행한 경우(대리적 대행의 경우)에는 이것은 위조가 되어 본인은 피위조자로서 어음상의 책임을 부담하는지 여부가 문제된다(이에 관하여는 어음의 위조의 효과에서 상세히 설명함). 이 때 본인은 원칙적으로 어음상의 책임을 부담하지 않는데, 무권대행자에 대하여 위조의 기회를 준 경우에는 예외적으로 사용자배상책임의 법리($\frac{\text{민}}{\text{756조}}$)에 의하여(고유의 대행의 경우) 또는 표현대리에 관한 규정을 유추적용하여(대리적 대행의 경우) 본인(피위조자)의 책임을 인정한다.

2. 명의대여에 의한 어음행위

B가 자기를 표시하기 위하여 A명의로 어음행위를 한 경우에는 명의대여자인 A의 어음상의 책임과 명의차용자인 B의 어음상의 책임이 어떠한가가 문제된다.

(1) 명의대여자(A)의 어음상의 책임

1) A가 B에게 자기의 명의를 사용하여 영업할 것을 허락하고 B가 그 영업에 관하여 A의 명의로 어음행위를 하는 경우에는, A는 상법 제24조에 의하여 당연히 어음상의 책임을 부담한다.

2) A가 B에게 영업할 것을 허락한 것이 아니라 단지 어음행위를 하는 때에 자기의 명의사용을 허락하고 B가 A명의로 어음행위를 하는 경우에는, A는 무엇에 근거하여 어음상의 책임을 부담하게 되는가의 문제가 있다. 이에 대하여는 (i) 상법 제24조를 적용하여 A의 어음상의 책임을 인정하여야 한다는 견해, (ii) 상법 제24조를 유추적용하여 표시에 의한 금반언칙에서 A의 어음상의 책임을 인정하여야 한다는 견해, (iii) 어음법 독자의 권리외관이론에서 A의 어음상의 책임을 인정하여야 한다는 견해, (iv) 민법의 표현대리 또는 표현대리일반에 의하여 A의 어음상의 책임을 인정하여야 한다는 견해, (v) B의 어음행위는 광의의 기관에 의한 A 자신의 어음행위로서 A는 어음상의 책임을 져야 한다는 견해 등으로 나뉘어 있다. 생각건대 상법 제24조를 유추적용하여 A의 어음상의 책임을 인정하는 것이 가장 타당하다고 보므로, (ii)의 견해에 찬성한다.

3) 위 1) 및 2)의 경우에 명의대여자인 A가 어음상의 책임을 지기 위하여는 B와 거래한 제3자가 A를 어음행위자로 오인하여야 하는데, 이러한 제3자의 범위는 표현대리에 있어서의 제3자와 같이 B와 거래한 직접의 상대방뿐만 아니라 그 후의 어음취득자를 포함한다고 본다.

(2) 명의차용자(B)의 어음상의 책임

명의차용자(B)의 어음상의 책임에 대하여는, (i) B가 A의 명칭을 자기를 표시하는 명칭으로서 거래상 관용하고 있는 때에 비로소 B는 어음상의 책임을 부담한다는 견해, (ii) B는 자기를 표시하기 위하여 A의 명칭을 사용한 이상 단지 그 때에만 사용한 경우에도 어음행위자로서 당연히 어음상의 책임을 진다는 견해, (iii) 어음행위의 본질상 B의 어음행위는 성립할 수 없다는 견해 등으로 나뉘어 있다. 생각건대 B가 자기를 표시하기 위한 의사로써 A명의로 어음행위를 한 이상 B가 어음상의 책임을 부담하는 것은 당연하고, 그것이 어음행위의 본질(문언증권성)에 반한다고 볼 수는 없으며, 또 그러한 명의사용이 거래상 관용하고 있는지 여부에 불문한다고 본다. 따라서 (ii)의 견해에 찬성한다.

B가 상대방에 대하여 어음상의 책임을 부담하고 또 A가 상법 제24조의 유추적용에 의하여 어음상의 책임을 부담하는 경우에는, A와 B는 상대방에 대하여 합

동책임을 부담한다고 본다.

제 3 절 어음의 위조와 변조

제 1 어음의 위조

1. 위조의 의의

어음의 위조란 「권한 없는 자가 타인의 기명날인 또는 서명을 위작(僞作)하여 마치 그 타인이 어음행위를 한 것과 같은 외관을 만드는 것」이라고 정의할 수 있다. 위조가 되는 것은 행위자가 타인의 기명날인을 「타인을 표시하기 위하여」 권한 없이 허위로 나타내는 경우이고, 행위자가 「자기를 표시하기 위하여」 사용하는 경우(타인의 허락을 받았든 또는 받지 않았든 불문하고)에는 그 자신의 기명날인 또는 서명이 되기 때문에 위조가 아니다.

위조의 대상은 제한이 없으므로 발행·배서·보증·인수·참가인수·지급보증 등의 모든 어음행위에 위조가 가능하다(통설). 타인의 기명날인 또는 서명을 권한 없이 변경한 경우(예컨대, 갑의 기명날인 또는 서명을 을이 권한 없이 병으로 변경한 경우)에는, 진정한 기명날인자 또는 서명자(위의 예에서 갑)에 대하여는 변조가 되고 새로운 기명날인자 또는 서명자(위의 예에서 병)에 대하여는 위조가 된다고 보아야 한다(위조·변조설)(다수설).

위조는 기명날인 또는 서명에 관한 허위이고, 변조는 보통 기명날인 또는 서명 이외의 어음의 의사표시의 내용에 관한 허위라는 점(통설)에서 양자는 구별된다. 따라서 위조는 어음행위의 주체를 속이는 것이고 변조는 어음행위의 내용을 속이는 것이며, 위조는 어음채무의 성립에 관한 허위이고 변조는 어음채무의 내용에 관한 허위이다. 또한 위조와 무권대리는 앞에서 본 바와 같이 권한 없이 한다는 점에서는 공통되나, 그 형식(방식)에 있어서 뚜렷이 구별된다.

2. 위조의 효과

(1) 피위조자의 책임

1) 원 칙 피위조자는 스스로 어음행위를 한 것도 아니고 또 타인(위조자)

에게 대행권한을 부여한 것도 아니기 때문에, 원칙적으로 누구에 대하여도 어음상의 책임을 지지 아니한다. 즉, 위조의 항변은 물적 항변(절대적 항변)이다(통설).

[위조의 물적 항변을 인정한 판례]

"약속어음을 다른 사람이 위조하여 발행한 경우에 피위조자는 그 어음을 선의로 양수한 제3자에 대하여도 발행인으로서의 의무를 부담하지 않는다 $\binom{대판\ 1965.\ 10.}{19,\ 65\ 다\ 1726}$."

"배서위조가 있는 약속어음에서 배서인(피위조자— 저자 주)이 위조사실을 알지 못하고 진정하게 이루어진 것으로 오인하여 어음소지인에게 어음금을 지급한 경우에는, 배서인은 어음소지인에 대하여 부당이득반환청구권이 있다 $\binom{대판\ 1992.\ 7.\ 28,}{92\ 다\ 18535}$."

2) 예 외　　피위조자는 예외적으로 다음과 같은 경우에는 어음상의 책임을 부담한다.

㈎ 추인에 의한 책임　　무권대리의 추인에 대하여는 민법에 규정이 있으나 $\binom{민\ 130조,}{133조}$, 어음위조의 추인에 대하여는 어음법 및 민법·상법의 어디에도 규정이 없기 때문에 학설은 부정설(소수설)과 긍정설(다수설)로 나뉘어 있다. 생각건대 추인을 한 피위조자로 하여금 어음상의 책임을 지게 하는 것은 그의 의사에 맞는 점 및 민법상 무권대리의 추인의 규정($\binom{민\ 130조,}{133조}$)을 위조에도 유추적용할 수 있는 점 등에서 볼 때, 어음위조의 추인을 인정하는 긍정설이 타당하다고 본다.

이와 같이 피위조자의 추인을 인정하면 피위조자의 추인에 의하여 위조된 어음행위는 원칙적으로 그 행위시까지 소급하여 효력이 생긴다($\binom{민}{133조}$)($\binom{동지:\ 대판\ 2017.}{6.\ 8,\ 2017\ 다\ 3499}$). 또한 이러한 추인은 명시적으로도 묵시적으로도 할 수 있다고 본다.

[피위조자의 추인을 간접적으로 긍정한 판례]

"무권대리행위에 대한 추인은 무권대리행위로 인한 효과를 자기에게 귀속시키려는 의사표시이니만큼 무권대리행위에 대한 추인이 있었다고 하려면 그러한 의사가 표시되었다고 볼 만한 사유가 있어야 하고, 무권대리행위가 범죄가 되는 경우에 대하여 그 사실을 알고도 장기간 형사고소를 하지 아니하였다 하더라도 그 사실만으로 묵시적인 추인이 있었다고 할 수는 없는바, 권한 없이 기명날인을 대행하는 방식에 의하여 약속어음을 위조한 경우에 피위조자가 이를 묵시적으로 추인하였다고 인정하려면 추인의 의사가 표시되었다고 볼 만한 사유가 있어야 한다(대판 1998. 2. 10, 97 다 31113. 동지: 대판 2017. 6. 8, 2017 다 3499)."

(내) **피위조자의 귀책사유에 의한 책임**　피위조자의 귀책사유에 의한 책임에는 그 근거에 따라 다음과 같이 표현책임, 사용자배상책임, 신의성실의 책임 및 법정추인에 의한 책임 등이 있다. 이 중 우리나라의 판례는 대부분 표현책임이나 사용자배상책임에 근거하여 판시하고 있다.

① **표현책임**　피위조자가 위조자에 대하여 위조의 기회를 준 경우의 하나로, 위조자와 피위조자간에 특수한 관계가 있어(예컨대, 회사의 경리담당 상무이사 또는 경리과장 등이 회사의 대표이사 명의로 어음을 위조한 경우) 위조자와 거래한 제 3 자(이 경우 제 3 자는 앞의 표현대리에서 본 바와 같이 위조자와 거래한 직접의 상대방뿐만 아니라 그 후의 어음취득자를 포함함―통설)가 위조자에게 그러한 어음행위를 할 권한이 있다고 믿고 또 피위조자에게 제 3 자로 하여금 그러한 신뢰를 하게끔 한 것에 대하여 책임이 있다고 인정되는 경우에는, 민법·상법의 표현대리(대표)에 관한 규정(민 125조, 126조, 129조; 상 14조, 395조 등)을 어음의 위조(무권대행)에도 유추적용하여 피위조자의 어음상의 책임을 인정하는 것이 타당하다고 본다(통설).

[표현책임에 근거하여 피위조자의 책임을 인정한 판례]

"Y주식회사의 경리담당 상무이사인 B가 수권범위 외의 어음행위를 대표이사 A의 명의로 한 경우(대리적 대행으로서 무권대행의 경우― 저자 주)에, Y회사는 B에게 위조의 기회를 준 경우이므로 표현책임의 법리에 의하여 피위조자인 Y회사는 어음상의 책임을 부담한다(대판 1968. 7. 16, 68 다 334·335)."

"Y주식회사의 경리과장인 C가 수권범위 외의 어음행위를 대표이사 A의 인장을 도용하여 한 경우(대리적 대행에서 무권대행의 경우― 저자 주)에, 어음소지인인 원고가 본건 약속어음을 취득할 당시 경리과장인 C에게 어음작성의 권한이 없었음을 알았거나 알 수 있었을 특단의 사유가 없는 이상 본인인 Y회사는 어음상의 책임을 면할 수 없다(민법 제126조를 유추적용함― 저자 주)(대판 1971. 5. 24, 71 다 471)."

② **사용자배상책임**　피위조자가 위조자에 대하여 위조의 기회를 준 다른 경우로, 위조자가 피위조자의 피용자이고 또 어음의 위조가 사무집행과 관련하여 이루어진 것이면, 피위조자는 민법 제756조에 의한 사용자로서 위조자(피용자)의 불법행위로 인한 손해배상책임을 부담하여야 한다고 본다(통설).

[사용자배상책임에 근거하여 피위조자의 책임을 인정한 판례]

"Y주식회사의 경리사원인 D는 Y회사와 동 회사의 대표이사인 A 개인의 명판 및 동 회사의 대표이사의 직인과 A 개인의 인장을 보관하면서 A의 지시에 따라 Y회사의 명의나 A 개인의 명의로 어음행위를 대행하여 오던 중, D는 E와 공모하여 A명의로 약속어음을 위조발행하여 E에게 교부하고 E가 동 어음을 X로부터 할인받아 X가 A에 대하여 사용자배상책임을 물은 경우에, X는 위 D의 사용자인 A에 대하여 민법 제756조 1 항의 규정에 의한 손해배상청구권을 취득한다고 할 것이며, 위 어음의 수취인인 E가 이 사건 약속어음의 위조발행을 공모하였거나 또는 위조사실을 알고서 이를 교부받았다 하여도 그와 같은 사실은 X의 이 사건 A에 대한 손해배상청구권의 취득에 아무런 영향이 없다(대판 1982. 10.) ."
(26, 81 다 509)

"위조어음을 미지의 자에게 할인하여 주고 그 어음을 취득하는 자가 지급담당은행에 조회하여 어음번호 등을 확인하지 않거나 피위조자와 지급담당은행간의 거래여부 및 신용상태 등을 확인조회하지 않음으로 인하여 위조어음인 것을 사전에 발견하지 못한 것은 과실이 있다 할 것이나 중과실에 해당한다고 볼 수 없어 피위조자는 사용자배상책임을 면할 수 없다(대판 1988. 11. 22.) ."
(86 다카 510)

위조자가 경리직원 등인 경우와 같이 그 명칭에 의하여 외관상 어음행위의 대리권이 있는 것으로 인정될 여지가 전혀 없는 자가 위조한 경우에는, 기본적인 대리권(대행권)이 없으므로 표현대리(대표)에 관한 규정을 유추적용하여 피위조자의 어음상의 책임을 인정할 수 없고, 민법 제756조의 사용자배상책임의 법리에 의하여 피위조자의 책임을 인정할 수밖에 없다. 다만 이 때 피용자와 거래하는 어음소지인이 피용자의 행위가 사용자의 사무집행행위에 해당하지 않음을 알았거나 중대한 과실로 인하여 알지 못한 경우에는 사용자배상책임을 물을 수 없다(동지: 대판 1999. 1. 26, 98 다 39930;)(동 2002. 12. 10, 2001 다 58443 외).

이 때의 피위조자의 책임은 「어음상의 책임」이 아니라 일종의 「불법행위책임」이나, 어음소지인(원고)의 손해액이 어음금액의 상당액이면 동일한 결과가 된다고 본다. 다만 어음할인의 경우 어음소지인의 손해액은 「할인금액」이다(동지: 대판〈전원합의체판결〉)(1992. 6. 23, 91 다 43848; 동 2003. 1. 10, 2001 다 37071 외). 또한 이 때의 피위조자의 책임은 어디까지나 「불법행위책임」의 일종이므로 어음소지인에게 과실이 있을 때에는 과실상계가 허용되고(민 763조, 396조)(그러나 표현책임의 경우에는 어음소지인에게 과실이 있는 경우에도 과실상계가 허용되지 않는다— 대판 1996. 7. 12, 95 다 49554), 배서위조의 경우에는 어음소지인이 소구요건을 갖추지 못하여 피위조자(배서명의인)인 사용자에 대하여 소구권을 상실한 경우에도 이러한 사용자배상책임을 물을 수 있다.

**[배서위조의 경우에 어음소지인이 피위조자에 대하여 상환청구(소구)권을
상실한 경우에도 사용자배상책임을 물을 수 있다고 본 판례]**

"피용자가 어음의 배서를 위조하여 어음할인을 받은 경우, 어음소지인은 할
인금을 지급하는 즉시 그 어음액면금이 아닌 그 지급한 할인금 상당의 손해를
입었다고 할 것이므로 그 후 어음소지인이 현실적으로 지급제시를 하여 지급거
절을 당하였는지 여부가 어음배서의 위조로 인한 손해배상책임을 묻기 위하여
필요한 요건이라고 할 수 없고, 또 어음소지인이 적법한 지급제시기간 내에 지
급제시를 하지 아니하여 소구권보전절차를 밟지 않았다 하더라도 이는 어음소
지인이 이미 발생한 위조자의 사용자에 대한 불법행위책임을 묻는 것에 장애가
되는 사유라고 할 수 없다(대판〈전원합의체판결〉 1994. 11. 8, 93 다 21514)."

**[위조어음의 취득자는 그 어음을 취득한 때에 불법행위에
기한 손해배상청구권을 취득한다고 본 판례]**

"배서위조의 어음취득자는 특별한 사정이 없는 한 그 위조된 배서를 믿고 할
인금을 지급하는 즉시 그 지급한 할인금 상당액의 손해를 입었다고 볼 수 있어,
그 어음을 취득한 때에 이미 불법행위에 기한 손해배상청구권이 성립한다고 볼
수 있다(대판 1994. 11. 22, 94 다 20709)."

**[위조어음의 취득자의 피위조자에 대한 사용자배상책임의
청구권의 소멸시효기간의 기산점에 관한 판례]**

"피위조자가 위조어음의 취득자에 대하여 민법 제756조에 의한 사용자배상
책임을 부담하는 경우에 그 청구권의 소멸시효기간의 기산점은 피위조자에 대
한 어음금청구사건의 판결이 확정된 때로부터 진행하는 것이 아니라, 피위조자
에게 사용자배상책임이 있다고 주장한 때(이 때 원고는 그 손해 및 가해자를
알았다고 볼 수 있으므로— 저자 주)로부터 진행한다(대판 1992. 6. 12, 91 다 40146)."

③ **신의성실의 책임**　피위조자의 위조의 항변이 신의성실의 원칙(민2조)에 반하는
경우에는 피위조자는 어음상의 책임을 져야 한다고 한다. 예컨대, 종래에 자주 어음
소지인이 취득하였던 동일한 위조자에 의한 위조어음을 피위조자가 이행함으로써
계속적인 위조행위를 가능하게 한 경우에는, 피위조자는 신의성실의 원칙에 의하여
위조의 항변을 주장하지 못하고 어음상의 책임을 져야 한다는 것이다.

④ **법정추인에 의한 책임**   피위조자는 원칙적으로 어음금을 지급할 의무가 없는데, 위조인 줄 알면서(악의) 지급한 경우에는 위조의 법정추인이 되어($^{민}_{145조}$) 그 지급이 유효하게 된다. 따라서 이 때에는 피위조자가 마치 어음상의 책임을 부담하게 된 것과 동일한 결과가 된다. 이것은 피위조자의 추인을 인정하는 긍정설에서는 균형을 이루는 해석이라고 볼 수 있다.

[피위조자가 위조인 줄 모르고(선의) 지급한 경우에는 원칙적으로
지급한 금액의 반환을 청구할 수 있다고 본 판례]

"배서위조가 있는 약속어음에서 피위조자인 배서인이 위조사실을 알지 못하고 진정하게 이루어진 것으로 오인하여 어음소지인에게 어음금을 지급한 경우에는, 피위조자는 어음소지인에 대하여 부당이득반환청구권이 있다($^{대판\ 1992.\ 7.\ 28,}_{92\ 다\ 18535}$). "

(2) 위조자의 책임

1) 어음상의 책임   위조자가 민법·형법상의 책임을 지는 외에 어음상의 책임을 지는지 여부에 대하여는 어음의 문언증권성과 관련하여 부정설(다수설)과 긍정설(소수설)로 나뉘어 있다.

생각건대 위조자의 책임을 인정한다고 해서 어음거래의 안전을 해하거나 또는 누구의 이익을 해하는 것도 아니고 오히려 선의자보호에 충실한 것이 되므로, 위조자의 어음상의 책임을 인정하는 긍정설이 타당하다고 본다. 그 근거에 대하여는 무권대리와 무권대행은 그 형식에서는 차이가 있을지언정 그 근본구조는 동일하다고 볼 수 있으므로, 어음법 제8조를 유추적용하여야 한다고 본다.

2) 민법·형법상의 책임   위조자는 위조어음의 소지인에 대하여 민법상 불법행위에 의한 손해배상책임을 부담한다($^{민}_{750조}$). 또한 위조자는 형법상유가증권위조죄의 처벌을 받게 된다($^{형}_{214조}$).

(3) 위조어음 위에 기명날인 또는 서명한 자의 책임

위조어음 위에 기명날인 또는 서명한 자의 책임에 대하여는 우리 어음법상 명문규정을 두고 있다. 즉 어음법 제7조($^{어\ 77조\ 2항;}_{수\ 10조}$)에서 「어음에 … 위조의 기명날인 또는 서명 … 으로 인하여 어음의 기명날인자 또는 서명자나 그 본인(피위조자— 저자 주)에게 의무를 부담하게 할 수 없는 기명날인 또는 서명이 있는 경우에도 다른 기명날인자 또는 서명자의 채무는 그 효력에 영향을 받지 아니한다」고 규정하고 있다. 이를 어음행위독립의 원칙(어음채무독립의 원칙)이라고 하고, 이 원칙에 의하여

위조어음 위에 기명날인 또는 서명한 자는 어음소지인에게 어음채무를 부담한다.

[위조어음 위에 기명날인 또는 서명한 자의 책임에 관한 판례]

　　"어음의 최종소지인은 그 어음의 최초의 발행행위가 위조되었다 하더라도 어음행위독립의 원칙상 그 뒤에 유효하게 배서한 배서인에 대하여는 소구권을 행사할 수 있다(대판 1977. 12.
13, 77 다 1753)."

⑷ 위조어음의 지급인의 책임

　　피위조자와 지급인(지급담당자)간의 계약(자금관계 또는 준자금관계)으로 피위조자의 계산으로 지급인이 지급을 하는 경우에, 지급인이 위조어음을 지급한 경우에 지급인은 피위조자에 대하여 어떠한 책임을 부담하는가의 문제가 있다. 앞에서 본 피위조자·위조자 및 위조어음 위에 기명날인 또는 서명한 자의 책임이 어음소지인에 대한 책임임에 반하여, 위조어음을 지급한 지급인의 책임은 피위조자에 대한 책임이다.

　　지급인이 위조어음을 지급한 경우에 그의 면책유무를 결정하는 근거법원(法源)에 대하여 어음법 제40조 3 항(어 77조 1항;
3 호; 수 35조)에 근거하는 것으로 생각될 수도 있으나, 어음법 제40조 3 항을 적용하기 위해서는 진정한 어음의 소지인이 무권리자임을 전제로 하는 것이라고 볼 수 있기 때문에 (발행위조의 경우에는 부진정한 어음의) 어음상의 권리자인 위조어음의 소지인에게 한 지급에 대하여는 어음법 제40조 3 항을 근거로 하여 지급인의 면책유무를 결정할 수는 없고 보통 이에 관한 특별법규·면책약관 또는 상관습 등에 근거하여 지급인의 면책유무를 결정하여야 할 것으로 본다(동지: 대판 1971. 3.
9, 70 다 2895). 그런데 이러한 면책약관 등이 존재하지 않는 경우에는 민법 제470조(채권의 준점유자에 대한 변제)에 근거하여 지급인의 면책유무를 결정할 수밖에 없다고 보며, 또 그렇게 해석하는 것이 상법 제 1 조 및 민법 제105조·제106조에도 부응하는 해석이라고 본다.

　　지급인이 면책약관 등에 의하여 면책이 되기 위하여는 어느 정도의 주의로써 지급을 하여야 하는가에 관한 주의의 정도의 문제가 있다. 이에 관하여 보통 면책약관 등에는 「… 신고된 인장과 보통의 주의로써 …」 등으로 표현하고 있는데, 이 때 '보통의 주의'라는 의미는 경과실도 없어야 하는 것을 의미하고(동지: 대판 1975. 3.
2, 74 다 53), 조사의무의 범위는 '신고된 인장'에 한하지 않고 어음금액 등을 포함한다(동지: 대판 1969. 10.
14, 69 다 1237). 결국 지급인은 면책약관 등의 어떠한 표현에도 불문하고 선의·무과실의 지급이어야 면책이 되고, 지급인이 선의·무과실의 지급을 하여 면책약관 등에 의하여 면책이 되면 지급인은 피위조자(발행인)와의 관계에서는 종국적으로 손실부담을 하지 않는 것이다. 그러나 이 때 피위조자가 어음소지인에 대하여 종국적 책임을 부담하는 것은 결코 아니므로, 피위조자의 손실부담으로 어음금을 지급한 경우에는 피위조자는 부당이득의 법리에 의하여 어음소지인에 대하여 지급한 어음금의 반환청구권이 있다($\substack{\text{동지: 대판 1992. 7.} \\ \text{28, 92 다 18535}}$).

3. 위조의 증명책임

위조의 증명책임이 어음소지인(원고)에게 있느냐 또는 피위조자(피고)에게 있느냐에 대하여, 우리 어음법상 규정은 없고 견해는 피위조자(피고)에게 증명책임이 있다는 견해(소수설)와 어음소지인(원고)에게 증명책임이 있다는 견해(다수설)로 나뉘어 있다.

우리나라의 과거의 대법원판례($\substack{\text{대판 1987. 7. 7.} \\ \text{86 다카 2154}}$)는 배서가 위조된 약속어음에 대하여, 「약속어음의 배서가 형식적으로 연속되어 있으면 그 소지인은 정당한 권리자로 추정되고($\substack{\text{어 16조 1 항,} \\ \text{77조 1 항 1 호}}$) 배서가 위조된 경우에도 이를 주장하는 사람(피위조자— 저자 주)이 그 위조사실 및 소지인이 선의취득을 하지 아니한 사실을 입증하여야 한다($\substack{\text{대판 1974. 9. 24,} \\ \text{74 다 902 참조}}$)」고 하여, 피위조자(피고)에게 증명책임이 있는 것으로 판시하였다. 그러나 그 후 대법원판례는 전원합의체판결로써 종래의 판례를 변경하여, 「어음에 어음채무자로 기재되어 있는 사람이 자신의 기명날인 또는 서명이 위조된 것이라고 주장하는 경우에는 그 사람에 대해 어음채무의 이행을 청구하는 어음소지인이 그 기명날인 또는 서명이 진정한 것임을 증명하지 않으면 안 된다」고 하여, 어음소지인(원고)에게 증명책임이 있는 것으로 판시하였다($\substack{\text{대판 1993. 8. 24,} \\ \text{93 다 4151}}$).

생각건대 피위조자가 어음소지인에 대하여 자기의 기명날인 또는 서명이 위조되었다고 주장하는 것은 어음소지인의 주장에 대한 부인일 뿐이고 증명책임과 구별되는 것이고 또 아무런 귀책사유가 없는 피위조자를 보호할 필요가 있으므로, 어음소지인(원고)이 위조의 증명책임을 부담한다는 견해에 찬성한다.

≫ **사례연습** ≪

[사 례]

Y회사의 경리담당 상무이사 B가 권한 없이 동 회사의 대표이사인 A명의로써 약속어음을 발행하여 C에게 교부하고 C는 동 어음을 X에게 배서양도한 경우, Y·B·C의 X에 대한 어음상의 책임은 어떠한가?

* 이 사례는 정찬형, 「상법사례연습(제 4 판)」, 사례 98에 기초한 것이므로, 이에 관한 상세는 同書를 참고하기 바람.

[해 답]

1. 피위조자(Y)의 어음상의 책임

이 때 피위조자(B는 A명의를 권한 없이 대행하였으므로 피위조자는 A라고 생각할 수 있을지 모르나, 개인인 A명의를 대행한 것이 아니고 대표이사인 A명의를 대행하였으며 대표이사 A의 행위는 바로 Y 주식회사의 행위가 되므로 피위조자는 Y 주식회사이다)인 Y회사는 원칙적으로 누구에 대해서도 위조의 항변을 주장할 수 있으나(물적 항변), 예외적으로 Y회사가 상무이사 B에게 경리업무에 관한 대리권을 수여하고 그 업무범위 내에서 대표이사 A명의로 어음행위를 할 권한을 부여한 경우에는 Y회사가 B에게 위조의 기회를 준 경우에 해당하여 표현책임의 법리에 의하여 피위조자인 Y회사의 어음상의 책임을 인정하여 선의의 제 3 자인 X를 보호하는 것이 통설·판례이며 또한 타당하다고 생각한다. 그런데 이 때 Y회사는 무엇에 근거하여 표현책임을 부담하느냐에 대하여 학설과 판례는 민법 제126조에 근거하는 견해와 상법 제395조에 근거하는 견해로 나뉘어 있는데, 본문과 같은 경우에 민법 제126조를 유추적용하여 Y회사의 표현책임을 인정하는 것이 타당하다고 생각한다. 왜냐하면 상무이사가 자기명의로 행위를 한 경우의 거래의 상대방의 신뢰는 「상무이사가 회사를 대리(대표)하여 그러한 행위를 할 수 있다는 점」이고, 대표이사명의로 행위를 한 경우의 거래의 상대방의 신뢰는 「상무이사가 대표이사를 대행하여 그러한 행위를 할 수 있는 점」이라는 점에서 양자는 상대방의 신뢰의 대상이 다른데, 이와 같이 상대방의 신뢰의 대상이 다른 경우에까지 상법 제395조를 동일하게 적용한다는 것은 타당하지 않기 때문이다.

2. 위조자(B)의 어음상의 책임

위조자가 민법상 불법행위에 기한 손해배상책임($_{750조}^{민}$) 및 형법상 유가증권위조죄의 책임($_{214조}^{형}$)을 부담하는 것은 당연하나, 어음상의 책임에 대하여는 어음의 문언증권성과 관련하여 그 책임을 인정할 수 있는지 여부에 대하여 학설은 부정설과 긍정설로 나뉜다. 생각건대 위조자의 책임을 인정한다고 해서 어음거래의 안전을 해하거나 또는 누구의 이익을 해하는 것도 아니고 오히려 선의자보호에 충실한 것이 되므로 위조자의 책임을 인정하는 것이 타당하다고 생각한다. 그 근거에 대하여는 무권대리와 무권대행은 그 형식에는 차이가 있었을지언정 그 근본구조는 동일하다고 볼 수 있으므로 어음법 제8조를 유추적용하여야 한다고 본다.

위조자의 어음상의 책임을 긍정하는 입장에서 볼 때, 본문의 경우 위조자인 B는 X에 대하여 어음상의 책임을 부담한다. 이 때 위조자가 그 책임을 이행하고 어음을 환수한 경우에는 위조자에게 무권대리인의 경우와 같이 어음상의 권리를 취득시켜야 할 것이다(어 8조 2 문의 유추적용).

3. 위조어음 위에 기명날인 또는 서명한 자(C)의 책임

C의 책임은 위조어음 위에 기명날인 또는 서명한 자의 책임의 문제로서 이에 대하여는 우리 어음법상 명문규정을 두고 있다(어 7조; 77조 2항; 수 10조). 이를 어음행위독립의 원칙(어음채무독립의 원칙)이라고 하는데, 이 원칙에 의하여 위조어음 위에 기명날인 또는 서명한 C는 X에게 소구의무를 부담한다. 이 때 C는 위조에 대한 그의 선의·악의를 불문하고 또한 X의 선의·악의에 불문하고 어음행위독립의 원칙에 의하여 어음상의 책임(소구의무)을 부담한다고 본다. 그러나 이러한 어음행위독립의 원칙은 채무부담의 면이므로 이로 인하여 어음소지인인 X가 어음상의 권리를 취득하는지 여부는 별도의 문제이다.

제2 어음의 변조

1. 변조의 의의

어음의 변조란 「권한 없는 자가 원칙적으로 완성된 어음에 대하여 그 내용을 변경하는 것」이라고 정의할 수 있다. 어음행위자가 자기가 한 어음의 기재내용을 변경하는 것은 변경으로 변조가 되지 않는다. 그러나 이미 어음상에 다른 권리 또는 의무를 가진 자가 있는 경우에는 이러한 자의 동의를 받지 않고 한 자기의 기재내용을 변경하는 것은 변조가 된다.

[변조가 아니라고 본 판례]

"약속어음의 발행인이 그 어음에 수취인으로 기재되어 있는 문언을 발행인 및 배서인 등 어음행위자들의 당초의 어음행위의 목적에 부합되게 정정한 것은, 단순히 착오로 기재된 것을 정정한 것에 불과하므로 어음의 변조에 해당되지 않는다($^{대판\ 1993.\ 7.\ 13,}_{93\ 다\ 753}$)."

"A가 수취인란을 공란으로 하여 어음을 Y주식회사 대표이사 B에게 발행·교부하였고 Y회사가 X에게 그 어음을 배서양도한 경우, X가 수취인을 'B'라고 보충하였다가 'Y주식회사 대표이사 B'라고 정정한 것은 단순히 착오로 기재된 것을 정정한 것에 불과하고 어음을 변조한 경우에 해당한다고 볼 수 없다($^{대판\ 1995.\ 5.\ 9,}_{94\ 다\ 40659}$)."

[변조라고 본 판례]

"약속어음에 이미 어음보증인이 있는 경우 발행인이 그 보증인의 동의를 받지 않고 수취인을 변경한 것은 변조가 된다($^{대판\ 1981.\ 11.\ 24,}_{80\ 다\ 2345}$)."

"약속어음에 배서인이 있는 경우 그 배서인의 동의를 받지 않고 발행인이 어음의 기재문언을 변경한 것은 변조가 된다($^{대판\ 1987.\ 3.\ 24,}_{86\ 다카\ 37}$)."

변조의 대상은 어음행위의 필요적 기재사항 및 임의적(유익적) 기재사항이다(통설). 변조는 백지어음의 보충권의 남용(부당보충)과 다음과 같은 점에서 구별된다. 즉 (i) 변조의 대상은 어음상의 「모든 기재사항」이나, 보충권의 남용의 대상은 「백지부분」에 한정되고, (ii) 변조는 「물적 항변사유」이나, 보충권의 남용은 「인적 항변사유」라는 점에서 양자는 구별된다.

2. 변조의 효과

(1) 변조 전에 기명날인 또는 서명한 자의 책임

1) 원 칙   변조 전의 어음에 기명날인 또는 서명을 한 자가 「원문언」에 따라 어음상의 책임을 지는 것은 법문상 명백하다($^{어\ 69조,\ 77조\ 1항}_{7호;\ 수\ 50조}$). 즉, 변조 전의 기명날인자 또는 서명자는 변조 전의 원문언을 자기의 의사의 내용으로 하여 어음행위를 하였고 또 이렇게 하여 일단 유효하게 성립한 권리는 증권을 떠나서도 존재할 수 있는 것이므로, 원문언이 변조 후의 문언보다 무겁거나 또는 변조의 결과 어음이 훼멸된 경우에도 원문언에 따라 어음상의 책임을 부담한다. 따라서 변조 전의 기명날인자 또는 서명자가 이와 같이 변조 후의 문언에 따라 책임을 지지 않고 변조 전의 문언(원문언)에 따라 책임을 진다는 항변은 「물적 항변(절대적 항변)사유」로서 누구에 대하여도 대항할 수 있다.

[변조 전의 어음행위자의 책임에 관한 판례]

"약속어음의 문언에 변조가 있은 경우 변조 전에 기명날인 또는 서명한 자는 그 변조에 동의하지 않은 이상 변조 후의 문언에 따른 책임을 지지는 아니한다고 하더라도, 변조 전의 원문언에 따른 책임은 지게 된다(대판 1996. 2. 23, 95 다 49936)."

"만기가 변조된 경우 어음소지인이 변조 전의 원문언에 따른 지급제시기간 내에 지급제시를 하지 않은 경우 변조 전의 배서인에 대하여 소구권을 행사할 수 없다(대판 1996. 2. 23, 95 다 49936)."

2) 예 외   변조 전의 기명날인자 또는 서명자는 예외적으로 다음과 같은 경우에는 「변조 후의 문언」에 따라 어음상의 책임을 부담한다.

변조 전의 기명날인자 또는 서명자가 어음면의 기재변경에 대하여 사전에 「동의」하거나 사후에 「추인」한 경우에는 당연히 변조 후의 문언에 따라 어음상의 책임을 부담한다.

변조 전의 기명날인자 또는 서명자에게 변조에 대하여 「귀책사유」(표현대리책임·민법 제756조의 사용자배상책임·신의성실의 책임 및 법정추인에 의한 책임을 포함함)가 있는 때에는 변조 전의 기명날인자 또는 서명자는 변조 후의 문언에 따라 그 책임을 진다. 예컨대 변조 전의 기명날인자 또는 서명자가 변조되기 쉽게 어음을 작성하거나(₩과 금액의 사이를 띄운 경우 등) 또는 변조되어도 그 흔적이 남아 있지 않게 어음금액 등을 기재한 경우(연필로 기재한 경우 등)에는 변조 전의 기명날인자 또는 서명자에게 변조에 대한 귀책사유가 있다고 볼 수 있다.

(2) 변조자의 책임

1) 어음상의 책임   어음소지인이 변조하고 기명날인 또는 서명을 한 경우에는 이러한 변조자는 변조 후의 어음에 기명날인 또는 서명을 한 자이므로 언제나 변조 후의 어음문언에 따라 어음상의 책임을 져야 한다고 본다(통설).

어음소지인이 변조만 하고 기명날인 또는 서명을 하지 않은 경우에는 이러한 변조자의 어음상의 책임은 위조자의 어음상의 책임과 같다. 즉, 이러한 변조자는 어음의 문언증권성에서 어음상의 아무런 책임을 지지 않는다는 견해(다수설)와, 어음법 제8조(어 77조 2항, 수 11조)를 유추적용하거나 무권대리에 관한 규정(민 135조)을 준용하여 이러한 변조자에게 변조된 문언에 따른 어음상의 책임을 인정하는 견해(소수설)로 나뉘어 있다. 생각건대 어음소지인을 보호하고 어음변조를 예방한다는 점에서 볼 때, 또한 변조자의 어음상의 책임을 인정하는 것이 어음의 유통을 보호하고자 하는 본래의 어음의 문언증권성에 반하지 않는 점에서 볼 때, 변조자의 어음상의 책임을 인정하는 것이 타당하다고 본다.

변조자가 변조에 의하여 변조된 내용의 권리를 취득할 수 없는 것은 물론이나, 그가 어음소지인인 경우에는 변조 전의 문언에 따른 어음상의 권리를 상실하지 않으므로 변조 전의 기명날인자 또는 서명자는 이러한 변조자에 대하여 당연히 어음상의 책임을 부담한다. 또한 기명날인 또는 서명을 하지 않은 변조자도 어음상의 책임을 부담하는 것으로 해석하면, 이러한 자가 어음상의 의무를 이행하고 어음을 환수한 경우에는 어음상의 권리를 취득시킴이 당연하다고 하겠다($\substack{어 8조 2문 \\ 유추해석}$).

2) 민법·형법상의 책임   변조자는 변조로 인하여 제3자에게 손해를 발생시킨 경우에는 민법 제750조에 의하여 불법행위에 기한 손해배상책임을 진다. 또한 변조자가 행사할 목적으로 어음을 변조한 경우에는 형법 제214조에 의한 「유가증권변조죄」의 책임을 지기도 하고, 어음을 변조하여 재물의 교부를 받거나 재산상의 이익을 취득한 경우에는 형법 제347조에 의한 「사기죄」의 책임을 지기도 한다.

(3) **변조 후에 기명날인 또는 서명한 자의 책임**

변조 후의 어음에 기명날인 또는 서명한 자는 「변조 후의 문언」에 따라서 어음상의 책임을 지는 것은 법문상 명백하다($\substack{어 69조, 77조 1항 \\ 7호; 수 50조}$).

(4) **변조어음의 지급인의 책임**

변조 전의 기명날인자 또는 서명자와 지급인(지급담당자)간의 계약(자금관계 또는 준자금관계)으로 변조 전의 기명날인자 또는 서명자의 계산으로 지급인이 변조어음을 지급한 경우에, 지급인은 변조 전의 기명날인자 또는 서명자에게 어떠한 책임을 부담하는가의 문제가 있다. 이에 대하여도 위조어음의 지급인의 경우와 같이 어음법 제40조 3항($\substack{어 77조 1항 \\ 3호; 수 35조}$)에 근거하는 것이 아니라, 특별법규·면책약관 또는 상관습(특별법규·면책약관 또는 상관습이 없으면 민법 제470조)에 근거하여 지급인에게 고의·과실이 없으면 지급인은 면책된다. 이 때 지급인에게 과실이 있으면 변조 전의 기명날인자 또는 서명자는 지급인에 대하여 변조로 인하여 (초과)지급된 부분에 대하여 손해배상청구권을 갖는데, 한편 변조 후의 금액을 지급받은 자에 대하여도 부당이득반환청구권을 갖는다(변조의 항변은 물적 항변으로 어음소지인은 변조 전의 기명날인자 또는 서명자의 손실로 지급받을 수 없기 때문이다)($\substack{동지: 대판 1992. 4. \\ 28, 92 다 4802}$).

3. 변조의 증명책임

변조의 증명책임에 대하여 어음법에 규정이 없으므로 해석에 의할 수밖에 없다. 이에 대하여 통설은 변조사실이 어음면상 명백한지 여부에 따라 증명책임을 부담하는 자를 구별하여 설명하나(즉, 변조의 사실이 어음면상 명백하면 어음소지인이 증명책임을 부담하나, 변조의 사실이 어음면상 명백하지 않으면 변조의 사실을 주장하는 자〈어음채무자〉가 증명책임을 부담한다고 설명함), 소수설은 언제나 어음소지인에게 증명책임이 있다고 설명한다. 생각건대 어음의 변조는 위조에 유사한 것이라기보다는 오히려 유효한 기명날인 또는 서명을 이용한 사기에 유사하여 위조와 구별되는 점, 변조가 아주 교묘하여 외관상 전혀 나타나지 않는 경우에는 이를 믿고 취득한 어음소지인을 보호할 필요가 있는 점 등에서 볼 때, 통설이 타당하다고 본다.

　　우리 대법원판례는 변조사실이 어음면상 명백한 경우에 「변조의 사실을 주장하는 자(어음채무자)」가 증명책임을 부담한다고 판시한 것도 있고(대판 1985. 11. 12,
85 다카 131), 「어음소지인」이 증명책임을 부담한다고 판시한 것도 있어(대판 1987. 3.
24, 86 다카 37), 어느 입장인지 명백하지 않다. 또한 변조사실이 어음면상 명백하지 않은 경우에는 「변조의 사실을 주장하는 자(어음채무자)」가 증명책임을 부담한다고 판시하고 있어(대판 1990. 2. 9,
89 다카 14165), 이 점에서는 통설의 입장과 일치하고 있다.

≫ 사례연습 ≪

[사 례]

　　Y는 A에게 약속어음을 발행·교부함에 있어 어음금액란이 있는 오른쪽 밑에 조그마한 글씨로 금액을 볼펜으로 「₩600,000」을 기재하고, 동 금액을 한도로 금액란을 A가 보충하도록 하였다. 그런데 그 후 A가 금액란에 「체크라이터」로 「₩2,600,000」으로 기재하고 Y가 볼펜으로 기재한 금액의 「₩」과 「600,000」의 중간에 「2」를 추가하여 X에게 배서양도하였다. 이 때 X가 Y에게 ₩2,600,000의 어음금을 지급청구한 경우에 Y는 지급책임이 있는가?

　＊ 이 사례는 정찬형, 「상법사례연습(제 4 판)」, 사례 99에 기초한 것이므로, 이에 관한 상세는 同書를 참고하기 바람.

[해 답]

　　본문에 있어서는 Y가 어음금액란이 있는 오른쪽 밑에 조그마한 글씨로 금액을 볼펜으로 기재한 것이 어음금액으로 인정될 수 있는지 여부가 문제된다. 만일 그것이 어음금액으로 인정될 수 없다면 동 어음은 백지어음이 되어 어음금액에 관한 보충권의 부당보충의 문제가 될 것이고, 어음금액으로 인정될 수 있다면 어음금액의 변조의 문제가 될 것이다. 이에 대하여 학설과 판례는 부당보충으로 보는 견해(서울북부지방법원판결 1994. 8. 4, 94)와 변조로 보는 견해(독 47, BGH 95)로 나뉘어 있다.

생각건대 본문과 같은 금액의 기재를 어음금액으로 볼 수 없다고 본다. 물론 어음금액의 기재방법에는 제한이 없으나, 어음금액란은 공란이고 어음면상 「메모」 형식으로 조그마한 금액의 기재가 어음면상 있다고 하여 이를 일반적으로 거래에서 가장 중하게 여기는 어음금액으로 하여 동 어음이 거래될 수 있을까. 일반적으로 거래의 통념으로는 인정할 수 없다고 본다. 따라서 본문과 같이 어음금액으로 볼 수 없는 기재사항의 변경은 변조로 볼 수 없고, 백지어음의 보충권의 부당보충으로 해석하는 것이 타당하다고 본다. 이렇게 해석하면 어음법 제10조(어 77조 2항)에 의하여 X가 보충권의 부당보충에 대하여 악의 또는 중과실이 아닌 한 Y는 X에게 2,600,000원의 어음금을 지급할 책임이 있다고 본다.

본문의 경우를 변조로 보는 견해에서도 Y에게 변조에 대한 귀책사유를 인정하면, 위의 부당보충으로 보는 견해와 결과에서는 동일하게 볼 수도 있다. 그러나 아무리 변조하기 쉽게 어음을 발행하였거나 또한 그러한 어음에 기명날인 또는 서명하였다고 하여 그러한 자를 백지어음의 발행자나 또는 백지어음에 기명날인 또는 서명한 자와 동일시하는 것은 아무래도 논리의 비약일 뿐만 아니라, 또한 변조자는 전혀 권한이 없음에 반하여 백지어음을 부당보충한 자는 그에게 보충권의 범위 내에서는 보충할 권한이 있는 자이고 또 변조는 물적 항변사유임에 반하여 백지어음의 부당보충은 인적 항변사유라는 점에서도 양자는 전혀 성격을 달리하므로, 변조와 부당보충을 동일 또는 유사하게 볼 수는 없다고 생각한다.

제 4 절 백지어음

제 1 의   의

백지어음이라 함은, 「어음행위자가 후일 어음소지인으로 하여금 어음요건의 전부 또는 일부를 보충시킬 의사로써 고의로 이를 기재하지 않고 어음이 될 서면에 기명날인 또는 서명하여 어음행위를 한 미완성의 어음」을 말한다.

백지어음은 「어음요건」(절대적 기재사항)을 백지로 한 것이고, 어음요건 이외의 유익적 기재사항을 백지로 한 어음을 준백지어음이라 하는데 이에는 백지어음에 관한 규정을 준용해야 한다(통설). 백지어음에서 「백지로 한 부분」은 어음행위자의 기명날인 또는 서명 이외의 어떠한 사항도 무방하다(통설). 백지어음은 「고의」로 백지로 하여야 한다는 점에서 미완성어음이다. 따라서 과실로 불완전하게 작성된 완성된 불완전어음과 구별된다.

제 2 요   건

백지어음이 되기 위하여 다음의 요건이 필요하다.

1. 백지어음행위자의 기명날인 또는 서명의 존재

백지어음행위자의 기명날인 또는 서명이 존재하여야 한다. 백지어음은 어음행위의 종류에 따라 백지발행·백지인수·백지배서·백지보증 등이 있는 경우에 성립하며, 백지배서 등이 있는 백지어음은 발행의 기명날인 또는 서명에 선행하여 존재한다(통설).

2. 어음요건의 전부 또는 일부의 흠결

백지어음이 되기 위하여는 어음요건의 전부 또는 일부가 기재되지 않아야 한다. 어음요건의 전부란 기명날인 또는 서명을 제외한 어음요건의 전부를 의미하고, 어음요건의 일부란 어떠한 어음요건이라도 상관 없다.

그런데 이 때 만기의 기재가 없는 경우에는 어음법 제 2 조 1 호($^{\text{어}}_{1\text{호}}^{76조}$)와 관련하여 볼 때, 만기백지의 백지어음으로 볼 것인가, 또는 일람출급어음으로 볼 것인가가 문제된다. 이에 대하여는 백지어음으로 추정하는 것이 타당하다고 본다($^{\text{동지: 대판 1976. 3.}}_{9, 75 \text{ 다 } 984}$). 이 때 동 어음이 백지어음으로 추정된다고 하더라도 어음행위자가 보충권수여의 의사가 없었음을 입증하거나 또는 어음취득자가 보충을 하지 않고 지급제시하면 동 어음은 그 때에 비로소 어음법 제 2 조 1 호의 보충규정에 의하여 일람출급어음으로 간주되는 것이다.

3. 백지보충권의 존재

백지보충권이 존재하여야 한다. 백지어음에는 백지보충권이 존재한다는 점에서 이것이 없는 무효인 불완전어음과 구별된다.

그런데 백지보충권의 존재를 결정하는 표준에 대하여는 종래부터 백지어음행위자와 그 상대방간의 보충권수여의 합의의 존재유무에 의하여 보충권의 유무가 결정된다고 하는 주관설, 외관상(예컨대, 어음용지) 백지어음행위자의 보충을 예정하여 기명날인 또는 서명한 것으로 볼 수 있으면 바로 백지어음으로 본다는 객관설, 원칙적으로 주관설에 의하고 예외적으로 객관설에 의하여 백지어음으로 보는 절충설로 나뉘어져 있다. 우리나라의 통설에 의하면 백지보충권의 유무는 원칙적으로 기명날인자 또는 서명자의 보충권수여의 의사에 의하는데, 예외적으로 기명날인자 또는 서명자의 보충권수여의 의사가 없는 경우에도 백지어음으로 인정될 수 있는 경우에는 선의취득자와의 관계에서 기명날인자 또는 서명자는 불완전어음이라는 항변을 제출할 수 없다고 한다. 그런데 우리나라의 판례 및 소수설에 의하면 (상대방의 선의·악의에 불문하고— 저자 주) 어음요건이 기재되지 않은 어음은 일단 백지어음으로 추정된다고 한다. 이 견해에 의하면 기명날인자 또는 서명자가 보충권 수여사실이 없음을 입증하면 상대방이 선의이더라도 면책되고, 이를 입증하지 못하면 동 어음상의 책임을 부담해야 한다(따라서 백지약속어음의 경우 불완전어음으로서 무효라는 점에 관한 입증책임은 발행인에게 있다고 판시한 것으로는 대판 2001. 4. 24, 2001 다 6718).

생각건대 백지어음에서 보충권수여사실에 대한 입증책임은 백지어음행위자가 부담한다고 볼 수 있는데(동지: 대판 2001. 4. 24, 2001 다 6718.), 이로 인하여 어음요건이 기재되지 않은 어음이 백지어음으로 추정된다고 하더라도 기명날인자 또는 서명자가 보충권 수여사실이 없음을 입증하면 면책된다고 본다. 따라서 판례 및 소수설이 타당하다고 본다. 통설의 경우는 백지어음행위자가 보충권 수여사실이 없음을 입증하여도 선의취득자에 대하여는 백지어음행위자로서 책임을 부담하여야 한다는 의미인데, 이는 무효어음을 백지어음으로 인정하여 기명날인자 또는 서명자에게 책임을 부담시키는 것으로 백지어음을 인정하는 취지에 반하고 또 기명날인자 또는 서명자에게 가혹하여 부당하다고 생각한다.

4. 백지어음의 교부

「백지어음의 교부」를 백지어음의 요건으로 보는 견해가 있는데, 그와 같이 볼 필요는 없다고 본다. 왜냐하면 이는 완성어음의 경우와 같은 것으로 백지어음에만 존재하는 요건으로 볼 수 없을 뿐만 아니라, (후술하는 바와 같이) 백지보충권의 발생시기에 관하여 어음외계약설에 의하면 백지보충권은 어음 외의 계약에 의하여 수여되는 것이므로 백지어음의 교부는 백지보충권을 수여하지도 않으므로, 백지어음의 요건으로서 무의미하기 때문이다.

제3 성 질

백지어음의 성질에 대하여는, (i) 어음의 일종으로 보는 견해(소수설)와 (ii) 어음이 아닌 특수한 유가증권으로 보는 견해(통설)가 있는데, 백지어음은 어음상의 권리를 표창하는 것이 아니므로 어음이 아닌 특수한 유가증권의 일종이라고 보는 통설이 타당하다고 본다.

제4 백지보충권

1. 보충권의 발생

백지보충권이 언제 발생하느냐에 대하여 백지어음행위자가 기명날인 또는 서명을 한 때에 발생한다는 백지어음행위설(소수설)과, 어음행위자와 그 상대방 사이에 일반사법상의 계약에 의하여 상대방에게 보충권을 수여한 때에 발생한다는 어음외계약설(통설)이 대립하고 있다.

생각건대 백지어음행위설은 백지어음이 보충권을 표창한다는 점과 보충권의 이전이 어음에 의하여 이전된다는 설명에는 훌륭하나, 사실행위인 기명날인 또는 서명에 의하여 보충권이 발생한다는 점과 백지어음행위자가 기명날인 또는 서명 후 교부 전에 보충권을 갖는다는 점에 문제가 있다. 한편 어음외계약설은 어음행위자의 의사에 맞는 설명으로는 훌륭하나, 이 보충권이 언제 백지어음에 표창되고 또 어떻게 해서 표창하게 되는가를 충분히 설명하지 못하는 점에 문제가 있다. 두 설이 모두 일장일단(一長一短)이 있으나, 통설인 어음외계약설에 찬성한다.

2. 보충권의 성질

보충권은 미완성어음을 완성어음으로 하고, 그 위에 한 어음행위의 효력을 발생시키는 권리로 형성권이다(통설)(이러한 통설에 대한 異見의 소개로는 정찬형, 「상법강의(하)(제24판)」, 145면 참조).

3. 보충권의 내용

보충권의 내용에 대하여 어음외계약설에 의하면 「보충권의 내용은 그 계약에 의하여 한정된 구체적인 권리」로서, 어음법 제10조는 어음거래의 안전을 보호하기 위하여 그러한 제한의 합의는 악의 또는 중과실이 없는 제 3 자에게 대항할 수 없도록 규정한 것이다.

4. 보충권의 존속

백지보충권은 백지어음행위자의 사망·제한능력·대리권의 흠결 등에 의하여 영향을 받지 않고 존속한다(통설). 또한 백지보충권을 일단 부여한 이상 백지어음을 회수하지 않고 보충권만을 철회하거나 제한할 수 없다.

5. 보충권의 남용(부당보충)

백지어음이 부당보충된 경우에 이러한 어음을 부당보충된 사실에 대하여 악의 또는 중과실이 없이 취득한 자는 어음법 제10조($^{어\ 77조\ 2항;}_{수\ 13조}$)에 의하여 보충된 내용대로 권리를 취득하고, 백지어음행위자는 어음소지인에게 부당보충의 항변을 주장하지 못한다.

그런데 보충 전의 백지어음을 본래의 보충권의 범위보다 넓은 보충권이 있는 줄 믿고 취득한 자가 스스로 보충하여 어음상의 권리를 행사한 경우에도, 백지어음행위자는 어음법 제10조($^{어\ 77조\ 2항;}_{수\ 13조}$)에 의하여 부당보충의 항변을 주장할 수 없는가에 대하여는 문제가 있다. 이에 대하여 학설은 이 때에도 어음법 제10조($^{어\ 77조\ 2항;}_{수\ 13조}$)가 적용(엄격히는 유추적용)된다는 적용설과 이의 적용을 부정하는 부정설로 나뉘어 있고, 판례는 다음에서 보는 바와 같이 기본적으로 적용설의 입장이나 결과에서는 부정설과 동일하다.

[백지어음행위자의 부당보충의 항변을 인정한 판례]

"어음금액이 백지인 어음을 취득하면서 보충권한을 부여받은 자의 지시에 의하여 어음금액란을 보충한 경우에, 보충권의 내용에 관하여 어음의 기명날인자에게 직접 조회하지 않았다면 특별한 사정이 없는 한 취득자에게 중대한 과실이 있다($^{대판\ 1978.\ 3.\ 14,\ 77\ 다\ 2020.\ 동지:}_{대판\ 1995.\ 8.\ 22,\ 95\ 다\ 10945}$). "

생각건대 「보충된 어음」(비록 백지어음행위자의 의사에 반하여 보충되었다 하더라도)을 보충된 내용 그대로 믿고 형식상 완전한 어음을 취득한 자와, 「보충되지 않은 백지어음」을 (보충권의 범위에 대하여 어음 자체에 나타나지도 않는데, 이에 관하여 양도인의 말만 믿고) 본래의 보충권의 범위보다 넓은 보충권이 있는 줄 믿고 취득한 자는 구별되어야 할 것으로 생각한다. 유통성을 확보할 가치가 있는 어음은 어디까지나 형식이 완비된 어음이고 그러한 정신에서 입법화된 것이 어음법 제10조라고 생각된다. 이러한 점에서 볼 때, 부정설이 타당하다고 생각한다.

6. 보충권의 행사기간

(1) 만기 이외의 사항이 백지인 경우

1) 어음의 경우 주채무자에 대한 관계에서는 어음채무는 만기로부터 3년의 시효로 소멸하므로 보충권은 이 시효기간 내에 행사하여야 한다. 그러나 상환(소구)의무자에 대한 관계에서는 (지급 또는 인수)제시기간 내에 완전한 어음을 제시하여야 하므로 이 기간 내에 보충권을 행사하여야 한다.

2) 수표의 경우 수표에는 만기가 없으므로 발행일 이외의 사항이 백지인 경우가 이에 해당한다. 수표의 지급제시에는 완전한 수표를 제시하여야 하므로 수표의 발행일 이외의 사항이 백지인 경우에는 「지급제시기간 내」($\frac{수}{29조}$)에 보충권을 행사하여야 한다.

(2) 만기가 백지인 경우

1) 어음의 경우 이에 대하여 학설은 보충권 자체의 소멸시효와 관련하여 설명하고 그 시효기간에 대하여는, (i) 20년설(보충권은 형성권으로서 소유권도 채권도 아닌 재산권이므로 이의 시효기간과 동일하게 본 것임)($\frac{민}{2항}$162조), (ii) 10년설(보충권은 형성권이기는 하나 특정인에 대한 권리로서 채권과 동일시할 수 있으므로 민사채권의 시효기간과 동일하게 봄)($\frac{민}{1항}$162조), (iii) 5년설(이는 일본에서 주장되고 있는 견해로, 백지보충권의 부여는 「어음에 관한 행위」($\frac{日商}{조4호}$501)이거나 이에 준하는 상행위이므로 상사시효와 같이 본 것임)($\frac{日商}{522조}$)($\frac{우리}{64조}$상법), (iii) 10년 또는 5년설(보충권수여계약의 기초가 되는 원인관계상의 채권이 민사채권인가 상사채권인가에 따라 그 시효기간인 10년 또는 5년이라고 함), (iv) 3년설(보충권의 행사에 의하여 발생하는 어음상의 권리와 같이 시효기간을 정함)($\frac{어 70조 1항}{77조 1항 8호}$), (v) 1년설(일람출급어음의 제시기간에 준하여 보충권의 소멸시효기간을 정함)($\frac{어 34조 1항}{77조 1항 2호}$)로 나뉘어 있다.

생각건대 보충권의 법적 성질을 형성권으로 본다면, 형성권에는 소멸시효를 인정할 수 없으므로 위의 학설이 보충권의 행사기간을 시효기간과 관련하여 설명하고 있는 것은 근본적으로 잘못된 것으로 생각된다. 따라서 보충권 자체의 소멸시효기간을 문제삼는 것은 의미가 없고 보충권의 행사기간만이 문제가 되는데, 이 행사기간은 어음의 주채무자에 대한 관계에서 만기 이외의 사항이 백지인 경우에 보충권의 행사기간이 3년인 점과 관련하여 볼 때 3년으로 보는 것이 타당하다고 본다. 그런데 이 때 3년의 기산점을 발행일로 볼 수는 없고(왜냐하면 만기가 도래하지 않은 것을 도래한 것과 같게 취급할 수 없기 때문임), (당사자간에 별도의 합의가 없으면) 일람출 급어음의 경우 지급제시가 있으면 만기가 되고 이 지급제시기간은 원칙적으로 발행일로부터 1년인 점과 관련하여 볼 때($^{어 34조,}_{1항 2호}$ ^{77조}) 「발행일로부터 1년이 되는 시점」으로 해석하여야 할 것으로 본다. 따라서 만기백지의 어음의 경우는 (기산일에 관하여 당사자간에 별도의 합의가 없으면) 발행일로부터 4년 내에 만기를 보충하여야 할 것으로 생각한다.

[만기가 백지인 약속어음의 보충권의 행사기간은 3년이라고 본 판례]

"만기를 백지로 한 약속어음을 발행한 경우, 그 보충권의 소멸시효는 다른 특별한 사정이 없는 한 그 어음발행의 원인관계에 비추어 어음상의 권리를 행사하는 것이 법률적으로 가능하게 된 때부터 진행하고, 백지약속어음의 보충권 행사에 의하여 생기는 채권은 어음금채권이며 어음법 제77조 1 항 8 호, 제70조 1 항, 제78조 1 항에 의하면 약속어음의 발행인에 대한 어음금채권은 만기의 날로부터 3년간 행사하지 않으면 소멸시효가 완성되는 점 등을 고려하면, 만기를 백지로 하여 발행된 약속어음의 백지보충권의 소멸시효기간은 백지보충권을 행사할 수 있는 때로부터 3년으로 봄이 상당하고, 당사자 사이에 백지를 보충할 수 있는 시기에 관하여 명시적 또는 묵시적 합의가 있는 경우에는 그 합의된 시기부터 백지보충권의 소멸시효가 진행된다고 할 것이다($^{대판 2003. 5. 30,}_{2003 다 16214}$)."

[만기가 백지인 약속어음의 보충권의 행사기간의 기산점에 관한 판례]

"A주식회사가 1980. 10경부터 X로부터 물품을 구입하여 왔는데, 그 물품대금 채무의 지급을 담보하기 위하여 1981. 9. 5경 지급기일·어음금액·수취인·발행일·발행지·지급지 등을 모두 백지로 한 약속어음을 X에게 발행하면서 A주식회사의 대표이사인 Y가 담보목적으로 제 1 배서인란에 배서하였는데, A주식회사와 X 사이의 위 물품거래는 1994. 10. 8에 종료되어 X는 같은 해 11. 1 위 어음의 발행일을 1993. 2. 26로, 발행지 및 지급지를 서울시로, 수취인을 X로, 금액을 위 거래종료시의 물품대금잔액인 금 179,772,016원으로, 지급기일을 1994. 11. 1로 각 보충하여 A주식회사에게 적법하게 지급제시하였으나 지급거절된 경우, 이 어음의 보충권의 소멸시효는 다른 특별한 사정이 없는 한 그 물품거래가 종료하여 어음상의 권리를 행사하는 것이 법률적으로 가능하게 된 때부터 진행한다고 할 것이므로 위 보충권의 행사는 적법하고 따라서 Y는 X에게 위 어음금액만큼 소구의무를 부담한다(대판 1997. 5. 28.). "
                                        96 다 25050

2) 수표의 경우   수표의 경우는 만기가 없으므로 발행일이 백지인 경우가
이에 해당한다. 수표의 발행일이 백지인 경우는 수표상의 권리(소구권)의 소멸시효
기간과 같이 6월 내에 보충권을 행사하여야 한다고 본다(수 51조 1 항). 이 때 기산점에
                                              참조
대하여는 (당사자간에 별도의 합의가 없으면) 수표면상 기준이 되는 일자가 없으므로,
수표상의 권리를 행사하는 자가 실제로 발행한 날을 입증하여 지급제시기간의 종료
일을 기산점으로 할 수밖에 없다고 본다.

[발행일을 백지로 한 수표의 보충권의 행사기간과 기산점에 관한 판례]

"Y가 발행일을 백지로 하여 당좌수표를 발행하여 1992년 6월경 A에게 교부하
고, A는 동 백지수표를 1992년 10월경 B에게 교부하였으며, B는 동 백지수표를
1992년 12월경 X에게 부동산매매대금의 지급조로 교부하였으나 X가 1997년 1월
7일에 발행일을 보충하여 Y에게 수표금을 청구한 것은 X가 보충권을 행사할 수
있는 시기인 1992년 12월경부터 6개월이 경과한 보충권의 행사이므로 Y는 X에
대하여 소구의무를 부담하지 않는다(대판 2001. 10. 23, 99 다 64018.)."
                                동지: 대판 2002. 1. 11, 2001 도 206

7. 백지보충의 효과

백지어음의 소지인이 그가 갖고 있는 보충권을 적법하게 행사하여 백지를 보
충한 때에는 보통의 어음과 완전히 동일한 어음이 되어, 동 어음은 어음상의 권리
를 표창하게 되고 백지어음행위자는 보충된 문언에 따라 그 책임을 부담하게 된다.
그런데 보충의 효력이 언제부터 발생하느냐에 대한 시기에 대하여는 학설이
대립되어 있다. 즉 백지어음행위시까지 소급하여 효력이 발생한다는 소급설(소수설)
과, 보충시부터 장래에 향하여만 효력이 발생한다는 불소급설(통설)이 있는데, 불소
급설이 타당하다고 생각한다. 따라서 백지어음행위의 효력은 민법 제147조의 준용
을 받아 보충이라는 법정조건이 성취한 때로부터 장래에 향하여 효력이 발생한다.
그런데 백지어음이 보충시부터 완전한 어음으로서의 효력이 발생한다고 하더
라도, 백지어음상에 한 어음행위의 성립시기는 그 행위시이지 보충시가 아니다. 따
라서 백지어음행위자의 권리능력, 행위능력 및 대리권의 유무 등은 당해 백지어음
행위시를 표준으로 하여 결정된다.

[기한후배서인지 여부를 어음행위(배서)의 성립시를 기준으로 한 판례]

"만기가 1966. 1. 20인 백지어음에서 실제로 배서가 1966. 1. 10에 이루어지고 백지보충이 1966. 8. 24에 된 경우에는, 어음행위의 성립시기는 그 어음행위 자체의 성립시기로 결정하여야 하므로 기한전배서이다(대판〈전원합의체판결〉 1971. 8. 31, 68 다 1176)."

제 5 백지어음의 양도

1. 근 거

백지어음의 보충 전에도 보통의 어음의 양도방법에 따라 양도될 수 있다는 점에 대하여는 이설(異說)이 없으나, 그 근거에 대하여는 백지어음의 법적 성질을 어떻게 보느냐에 따라서 다음과 같이 달리 설명되고 있다. 즉 (i) 백지어음을 어음의 일종으로 보는 견해에서는 백지어음에 어음의 유통에 관한 규정이 당연히 적용되므로 백지어음은 보통의 어음의 양도방법에 따라 양도될 수 있다고 설명하는데, (ii)백지어음을 어음이 아니라고 보는 견해에서는 백지어음은 어음이 아니므로 당연히 어음의 양도방법에 의하여 양도될 수는 없고 상관습법에 의하여 완성어음의 경우와 동일한 방법에 의하여 또 이것과 동일한 효력을 갖고 유통된다고 설명한다.

생각건대 백지어음을 어음이 아니라고 보는 입장에서 (ii)의 설명이 타당하다고 본다.

2. 양도방법

완성어음의 양도방법과 같다. 따라서 수취인 또는 피배서인의 기재가 있는 백지어음은 배서에 의하여(어 13조 1호; 수 16조 77조 1 항), 수취인 또는 피배서인의 기재가 없는 백지어음은 교부 또는 배서에 의하여 양도될 수 있다(어 14조 2 항, 77조 1 항 1호; 수 17조 2 항).

[수취인 백지인 어음의 양도방법에 관한 판례]

"수취인이 백지인 채로 발행된 어음은 인도(교부 — 저자 주)에 의하여 어음법적으로 유효하게 양도될 수 있다(대판 1994. 11. 18, 94 다 23098)."

3. 선의취득

백지어음에 대하여 어음법적 양도방법이 인정되는 당연한 귀결로서 백지어음도 선의취득된다는 점에 대하여는 이견(異見)이 없다. 이 때 백지어음을 선의취득한 자는 그 어음과 함께 백지보충권을 취득한다(동지: 수원지판 1991. 3.)
18, 90 가단 27067

4. 항변의 절단

백지어음에 대하여 어음법적 양도방법이 인정되는 결과, 백지어음을 선의로(채무자를 해할 것을 알지 못하고) 취득한 자에 대하여 인적 항변의 절단에 의한 보호(어 17조, 77조 1항) 를 인정하여야 한다(통설).
1호; 수 22조

[백지어음의 양도에 인적 항변의 절단을 인정한 판례]

"수취인이 백지인 채로 발행된 어음은 인도에 의하여 어음법적으로 유효하게 양도될 수 있고 동 어음이 인도에 의하여 양도된 경우 어음법 제17조가 적용되는 것이므로, 어음이 전전양도된 후 그 어음을 인도받은 최종소지인이 수취인으로서 자기를 보충하였다고 하더라도 그 소지인이 발행인을 해할 것을 알고 취득한 경우가 아니면, 어음문면상의 기재와는 관계 없이 발행인으로부터 원인관계상의 항변 등 인적 항변의 대항을 받지 아니한다(대판 1994. 11. 18,)."
94 다 23098

5. 제권판결

백지어음에도 보통의 어음의 양도방법을 인정하는 이상 백지어음에도 공시최고에 의한 제권판결을 인정하여야 한다(통설). 그러나 공시최고에 의한 제권판결을 받아도 그 판결문에 백지보충을 할 수 없으므로 동 판결문에 의하여 지급제시를 할 수는 없다. 따라서 백지어음에 의한 제권판결은 단지 상실된 백지어음의 취득자의 권리행사를 방해하거나, 또는 제권판결문에 원고의 보충의 의사를 명기한 서면을 첨부받아 어음금의 지급청구를 할 수 있거나 또는 상법 제360조의 경우와 같이 백지어음을 재발행받아 이에 보충하여 어음상의 권리를 행사할 수 있다.

[백지어음의 제권판결에 관한 판례]

"발행일·지급지·수취인의 각 난을 백지로 하여 발행된 이 사건 약속어음에 대한 제권판결을 받은 X로서는 발행인인 Y에 대하여 위 백지부분에 대하여 어음 외의 의사표시에 의하여 보충권을 행사하고 그 어음금의 지급을 구할 수 있다고 본 원심의 판단은 정당하고, 거기에 상고이유의 주장과 같은 법리오해의 위법이 있다고 할 수 없다(대판 1998. 9. 4,)."
97 다 57573

제 6 백지어음에 의한 권리행사

1. 일반적 효력

(1) 백지어음은 유통상에서는 상관습법에 의하여 어음법적 양도방법에 의하여 양도되지만, 그 밖의 점에 있어서는 어음이 아니므로 어음과 같이 취급될 수 없다. 따라서 백지어음에 의하여 주채무자에 대한 어음상의 권리를 행사할 수도 없고, 또 상환(소구)채무자에 대한 상환청구권(소구권)을 보전하는 효력도 없다(통설).

또한 백지어음소지인이 어음금청구소송의 사실심 변론종결일까지 백지부분을 보충하지 않아 패소판결을 받고 그 판결이 확정된 경우, 그 판결이 확정된 후에 위 백지부분을 보충하여 완성한 어음에 기하여 전소의 피고를 상대로 다시 동일한 어음금을 청구할 수는 없다(대판 2008. 11. 27,／2008 다 59230).

[백지어음에 의한 권리행사를 부정한 판례]

"이 사건 약속어음은 필요적 기재사항의 하나인 발행일이 기재되지 아니한 채 발행되었고 그 법정의 지급제시기간까지도 백지로 되어 있는 발행일이 보충 기재되지 아니하였다가 이 사건 제 1 심판결 선고 후 비로소 보충기재되었으므로 어음소지인은 배서인에 대하여 소구권을 상실한다(대판 1993. 11.／23, 93 다 27765)."

(2) 백지어음의 소지인이 백지를 보충한 후 어음상의 권리를 행사하면 물론 적법한 어음상의 권리의 행사인데, 이 때에 백지어음의 정당소지인은 백지보충권이 있다고 보아야 할 것이다.

[어음의 정당소지인에게 백지보충권을 인정한 판례]

"백지어음에 있어서 백지보충권은 어음에 부수하여 전전하는 것이므로 어음을 정당하게 취득한 자는 그에 관한 보충권도 동시에 취득하는 것으로 해할 것이다(대판 1960. 7. 21,／4293 민상 113)."

(3) 발행지(및 발행인의 명칭에 부기한 地)의 기재 없는 어음이 백지어음으로 추정된다고 하더라도 이의 보충 없이 한 지급제시가 유효한지 여부가 문제된다. 이러한 어음이 당사자간에 국내에서 발행된 것이 명백한 경우에는, 발행지가 준거법을 정하는 데 있어서 일응 추정력을 가지는 데 불과하다는 기능면에서 볼 때, 동 어음에

기한 어음상의 권리행사 및 지급제시의 효력을 부인할 것이 아니라, 동 어음을 유효어음으로 보아 이의 효력을 긍정하는 것이 타당하다고 본다.

[어음면상 발행지의 기재가 없으나 어음면의 기재 자체로 보아
국내어음으로 인정되는 경우, 그 어음은 유효하다고 본 판례]

"어음에 있어서 발행지의 기재는 발행지와 지급지가 국토를 달리 하거나 세력(歲曆)을 달리하는 어음 기타 국제어음에 있어서는 어음행위의 중요한 해석기준이 되는 것이지만 국내에서 발행되고 지급되는 이른바 국내어음에 있어서는 별다른 의미를 갖지 못하고, 또한 일반의 어음거래에 있어서 발행지가 기재되지 아니한 국내어음도 어음요건을 갖춘 완전한 어음과 마찬가지로 당사자간에 발행·양도 등의 유통이 널리 이루어지고 있으며, 어음교환소와 은행 등을 통한 결제과정에서도 발행지의 기재가 없다는 이유로 지급거절됨이 없이 발행지가 기재된 어음과 마찬가지로 취급되고 있음은 관행에 이른 정도인 점에 비추어 볼 때, 발행지의 기재가 없는 어음의 유통에 관여한 당사자들은 완전한 어음에 의한 것과 같은 유효한 어음행위를 하려고 하였던 것으로 봄이 상당하므로, 어음면의 기재 자체로 보아 국내어음으로 인정되는 경우에 있어서는 그 어음면상 발행지의 기재가 없는 경우라고 할지라도 이를 무효의 어음으로 볼 수는 없다(대판〈전원합의체판결〉 1998. 4. 23, 95 다 36466. 동지: 대판〈전원합의체판결〉 1999. 8. 19, 99 다 23383〈수표에 관하여 동지로 판시함〉)."

2. 시효중단과의 관계

시효중단사유에는, (i) 청구, (ii) 압류 또는 가압류·가처분, (iii) 승인($\frac{민}{168조}$), (iii) 재소구권의 소송고지로 인한 시효중단($\frac{어 80조}{수 64조}$)이 있는데, 백지어음에서 문제가 되는 것은 청구와 승인이다. 만일 백지어음으로써 하는 청구와 승인에 대하여 시효중단의 효력을 인정한다면, 이것은 어음상 권리의 시효중단을 위한 청구와 승인에는 어음의 제시가 불필요하다는 것과 같게 된다. 왜냐하면 백지어음은 완성어음이 아니므로 이에 의한 제시는 제시의 효력이 없기 때문이다.

이에 대하여 우리나라의 통설은 시효중단을 위한 청구(재판상의 청구이든 재판외의 청구이든 불문하고)나 승인에는 어음을 제시할 필요가 없다고 본다(따라서 백지어음에 의한 청구나 승인에도 시효중단의 효력이 발생한다). 우리나라의 대법원판례도 백지어음에 의한 어음금의 청구에 어음상의 권리에 관한 시효중단의 효력을 인정하고 있다(대판〈전원합의체판결〉 2010. 5. 20, 2009 다 48312). 생각건대 통설·판례에 찬성한다. 따라서 백지어음에 의한 청구나 승인에도 시효중단의 효력이 있다.

≫ 사례연습 ≪

[사 례]

Y가 백지어음(약속어음)을 발행하여 A에게 교부하고 A는 동 어음을 X에게 배서양도하여 X가 아래와 같이 백지부분을 보충한 후 Y에게 어음금을 청구한 경우, Y는 어음상의 책임을 부담하는가?

(1) 지급기일을 발행일자 후 5년이 경과한 날에 기재한 경우

(2) 보충권의 범위를 초과한 어음금액을 Y에게 조회하지 않고 기재한 경우

(3) 수취인이 백지이고 만기가 1996. 1. 20인 어음을 A가 1996. 1. 10에 X에게 배서양도하여 X가 1996. 8. 24에 수취인을 보충하여 지급청구한 경우 (단, Y와 A간의 원인관계가 1996. 1. 9 에 이미 소멸되었음)

* 이 사례는 정찬형, 「상법사례연습(제 4 판)」, 사례 100에 기초한 것이므로, 이에 관한 상세는 同書를 참고하기 바람.

[해 답]

(1) 약속어음에서 만기(지급기일)가 백지인 경우 이를 언제까지 보충할 수 있느냐가 이 문제에서 해결하여야 할 사항이다.

이에 대하여 학설은 앞에서 본 바와 같이 보충권 자체의 소멸시효기간으로 설명하고, 그 시효기간에 대하여는 (i) 20년으로 보는 견해(민 162조 2항), (ii) 10년으로 보는 견해(민 162조 1항), (iii) 5년으로 보는 견해(상 64조), (iv) 보충권수여계약의 기초가 되는 원인관계상의 채권이 민사채권인가 또는 상사채권인가에 따라 그 보충권의 소멸시효기간을 10년 또는 5년으로 보는 견해(민 162조 1항, 상 64조), (v) 3년으로 보는 견해(어 70조 1항, 77조 1항 8호), (vi) 1년으로 보는 견해(어 34조 1항, 77조 1항 2호) 등으로 나뉘어 있다. 생각건대 보충권의 법적 성질을 형성권으로 본다면 형성권에는 소멸시효를 인정할 수 없으므로, 백지보충권의 행사기간을 소멸시효기간으로 표현하는 것이나 또한 민법·상법상의 채권의 소멸시효기간에 준하여 백지보충권의 행사기간을 설명하는 것은 타당하지 않다고 본다. 따라서 백지보충권의 행사기간은 어음의 주채무자에 대한 관계에서 만기 이외의 사항이 백지인 경우에 백지보충권의 행사기간이 3년인 점과 관련하여 볼 때, 3년으로 보는 것이 가장 타당하다고 본다. 그리고 이 때 3년의 기산점은 (당사자간에 이에 관한 별도의 합의가 없으면) 일람출급어음이 지급제시가 되면 만기가 되고 이 지급제시기간은 원칙적으로 발행일로부터 1년인 점과 관련하여 볼 때(어 34조 1항 3호, 77조) 「발행일로부터 1년이 되는 시점」으로 하여야 할 것으로 본다. 이와 같이 해석하면 만기(지급기일)가 백지인 어음의 만기의 보충권의 행사기간은 발행일로부터 4년간이라고 볼 수 있다.

백지어음에서 백지보충권의 행사기간을 위와 같이 발행일로부터 4년간으로 해석하면, 본문의 경우 X는 보충권의 행사기간이 경과한 발행일자 후 5년이 경과한 날에 만기를 보충하였으므로 이는 적법한 백지보충권의 행사가 되지 못하여 X는 Y에 대하여 어음상의 권리를 행사할 수 없다. 본문의 경우 보충권의 행사기간에 대하여 5년설·10년 또는 5년설(이는 원인채권이 상사채권인 경우)·3년설 및 1년설의 경우에는 위의 결론과 동일한데, 20년설 또는 10년설에 의하면 X의 만기의 보충권행사는 적법하여 X는 그 만기로부터 3년간($\frac{어 70조 1항,}{77조 1항 1호}$) Y에 대하여 어음상의 권리를 행사할 수 있다. 그러나 이는 우연히 만기가 백지인 경우 이 어음소지인의 어음상의 권리의 행사기간이 만기가 있는 어음소지인의 그것과 비교하여 너무나 장기간인 점, 어음상의 권리의 소멸시효기간을 단기로 규정한 입법취지에도 반하는 점 등에 비추어 볼 때 타당하지 않다고 본다.

(2) 이는 어음금액에 대한 보충권의 남용에 관한 것인데, 보충권의 행사를 A가 아닌 어음소지인인 X가 보충한 경우에도 어음법 제10조($\frac{어 77조}{2항}$)가 적용(유추적용)되는지 여부에 관한 것이다.

보충 전의 백지어음을 본래의 보충권의 범위보다 넓은 보충권이 있는 것으로 믿고 취득한 자가 스스로 보충하여 어음상의 권리를 행사한 경우에도 백지어음행위자에게 어음법 제10조($\frac{어 77조}{2항}$)가 적용될 수 있는가에 대하여는 앞에서 본 바와 같이, (i) 적용설(우리나라의 통설)과 (ii) 부정설이 있는데, 유통성을 확보할 가치가 있는 어음은 어디까지나 형식이 완비된 어음이고 또 그러한 정신에서 입법화된 것이 어음법 제10조라는 점에서 볼 때 부정설이 타당하다고 본다.

본문의 경우 부정설에 의하면 이에 어음법 제10조($\frac{어 77조}{2항}$)가 적용되지 않으므로 X가 A로부터 수여받은 보충권의 범위에 관하여 아무리 선의이고 중대한 과실이 없는 경우라고 하여도 Y는 X에 대하여 그가 A에게 보충권을 수여한 범위 내에서만 어음상의 책임을 진다. 그러나 적용설에 의하면 Y는 X의 악의 또는 중과실을 입증하지 못하는 한 X가 보충권의 범위를 초과하여 보충한 어음금액에 대하여 어음상의 책임을 지게 되는데, 이는 어음법 제10조($\frac{어 77조}{2항}$)의 입법취지를 벗어난 해석이라고 본다.

또한 본문의 경우 우리 대법원판례에 의하면 X가 보충권의 범위에 관하여 Y에게 조회하지 않은 것은 어음법 제10조($\frac{어 77조}{2항}$) 단서에 해당하여 Y는 X에 대하여 그가 A에게 수여한 보충권의 범위 내에서만 어음상의 책임을 지게 될 것이다. 이러한 해석은 그 결과에서는 부정설과 동일하다.

(3) 이는 백지보충의 효력이 언제부터 발생하느냐와 관련하여 A가 한 배서가 기한전 배서인가 또는 기한후 배서인가에 관한 것이다. 만일 A가 한 배서가 기한후 배서이면 기한후 배서의 효력과 관련하여 Y는 A에 대항할 수 있는 사유로써 X에게 대항

할 수 있게 된다.

백지보충의 효력의 발생시기에 대하여는 (i) 백지어음행위시까지 소급하여 그 효력이 발생한다는 소급설(소수설)과 (ii) 백지보충시부터 장래에 향하여만 그 효력이 발생한다는 불소급설(다수설)이 있는데, 백지어음은 「기대권」(정지조건부의 어음상의 권리)과 「보충권」을 표창하는 유가증권이므로 민법 제147조가 준용되어 보충이라는 법정조건이 성취한 때로부터 장래에 향하여만 그 효력이 발생한다고 보아야 할 것이므로 불소급설이 타당하다고 본다.

따라서 백지어음에 한 배서의 효력도 백지보충시부터 발생하는데, 기한후 배서인지 여부의 판단을 배서의 성립시기를 기준으로 할 것인가 또는 배서의 효력발생시를 기준으로 할 것인가가 문제된다. 이는 백지어음행위자의 권리능력·행위능력 및 대리권의 유무 등의 경우와 같이 배서의 성립시를 기준으로 하여야 한다고 본다 (동지: 대판〈전원합의체판결〉 1971. 8. 31, 68 다 1176).

본문의 경우 만기가 1996. 1. 20인 어음에서 기한후 배서인지 여부를 배서의 성립시기인 1996. 1. 10를 기준으로 하면 A의 X에 대한 배서는 기한전 배서가 된다. 따라서 Y와 A간의 원인관계가 1996. 1. 9 에 이미 소멸되었어도 X가 Y를 해할 것을 알고 이 어음을 취득하지 않는 한 Y는 X에 대하여 이의 항변을 주장하지 못하여 (어 17조, 77조 1항 1호) Y는 X에 대하여 어음상의 책임을 부담한다.

그러나 기한후 배서인지 여부를 배서의 효력발생시인 1996. 8. 24을 기준으로 하면 A의 X에 대한 배서는 기한후 배서가 되고, 기한후 배서인 경우에는 지명채권양도의 효력만이 있으므로(어 20조 1항 단서, 77조 1항 1호) Y는 A에 대항할 수 있는 사유로써 X에 대항할 수 있기 때문에 Y는 X에 대하여 어음상의 책임을 부담하지 않는다.

제 5 절 어음의 실질관계

제 1 총   설

어음이 수수되는 경우에는 그 배후에 어떠한 실질적 이유 내지 목적이 있다. 이와 같은 어음관계의 이면(裏面)에 있는 관계를 어음의 실질관계(기본관계)라 하고, 이의 법적 성질 및 법적 취급은 어음법의 문제가 아니라 일반사법의 문제이다.

어음의 실질관계에는 원인관계(대가관계)(어음수수의 직접 당사자간), 자금관계(보상관계)(발행인·지급인간), 어음예약(어음관계의 준비단계)이 있는데, 이곳에서는 이에 대하여 차례로 설명한다.

제 2 원인관계

1. 의 의

어음수수의 원인이 되는 법률관계를 원인관계라 한다. 원인관계에는 매매, 증여, 채무의 추심위임, 보증, 채무의 담보, 채무의 변제, 어음개서, 어음할인, 신용제공 등이 있다. 원인관계에는 보통 대가가 수수되는 점에서 원인관계를 대가관계(출연관계)라고도 한다. 그러나 타인에게 호의로써 어음을 발행·배서하는 융통어음의 경우에는 예외적으로 대가관계가 없는 경우이고, 어음할인의 경우는 원인관계가 어음 자체(엄격히는 어음상의 권리 자체)의 매매를 목적으로 하여 이루어지는 것이므로 이 경우에는 어음관계의 성립에 의하여 바로 원인관계상의 목적을 달성할 수 있으므로 하자담보의 문제는 별론으로 하고 어음관계를 원인관계와 관련하여 특별히 문제삼을 것이 없다.

2. 어음관계와 원인관계의 분리(어음관계의 추상성)

어음의 유효·무효 또는 어음상의 권리의 발생 유무는 원인관계의 존부나 유효·무효에 의하여 영향을 받지 않는다(어 1 조, 12조 1 항, 26조 1 항; 77조 1 항; 수 1 조, 15조 1 항).

3. 어음관계와 원인관계의 견련

(1) 원인관계가 어음관계에 미치는 영향

다음의 사항은 원인관계를 어음관계에 반영하여 어음법이 규정하고 있는 것이다.

1) 인적 항변의 허용(어 17조, 77조 1 항 1 호; 수 22조) 예컨대 원인채무가 소멸한 경우 어음채무자는 채권자(어음소지인)에게 이의 항변을 주장할 수 있다.

[인적 항변을 허용한 판례]

"상사채무인 약속어음의 원인채무가 5년의 상사시효기간이 지나서 시효소멸하였다면, 원인채무의 지급확보를 위하여 발행된 약속어음의 발행인은 위 사유를 들어 약속어음의 수취인에 대하여 약속어음금의 지급을 거절할 수 있다(대판 1993. 11. 9, 93 다 16390)."

2) 상환청구(소구)권의 인정($\substack{\text{어 43조 이하, 77조 1 항} \\ \text{4 호; 수 39조 이하}}$)　　　이는 원인관계에 의한 담보책임이 어음법에 규정된 것이다.

3) 이득상환청구권의 인정($\substack{\text{어 79조;} \\ \text{수 63조}}$)　　　이는 어음의 원인관계(대가관계)를 고려하여 이로부터 발생하는 실질상의 불공평을 제거하기 위하여 어음소지인에게 인정된 권리이다.

(2) 어음관계가 원인관계에 미치는 영향

이에는 원인관계에서의 기존채무의 지급과 관련하여 어음이 수수되는 경우에 동 어음 수수가 기존채무에 어떠한 영향을 미치는가의 문제와, 원인관계에서의 의사표시가 명백하지 않은 경우에 어음관계의 의사표시로써 원인관계의 의사표시로 인정할 수 있는지 여부의 문제가 된다.

1) 당사자 사이에 원인관계에서 기존채무가 있고 그 지급과 관련하여 어음이 수수되는 경우가 일반적인데, 이에는 다음과 같은 세 가지 유형이 있다.

⑺ **기존채무의「지급을 위하여」**(지급의 방법으로서) **어음이 수수되는 경우**　일반적으로 채무자가 기존채무에 관하여 당좌수표(또는 인수되지 않은 환어음)를 발행·교부하는 경우에 당사자의 다른 의사가 없으면 당사자의 의사는 그 채무의 지급을 위한 것이라고 추정한다. 그런데 이 경우에 우리 대법원판례는 기존채무의「지급을 위하여」(지급의 방법으로서) 수수된 것으로 추정한다는 판례($\substack{\text{대판 1976. 11. 23, 76 다 1391; 동 2003. 5. 30,} \\ \text{2003 다 13512 〈수표를 교부하는 경우〉 외}}$)와, 기존채무의 「지급을 담보(확보)하기 위하여」 수수된 것으로 추정한다는 판례($\substack{\text{대판 1997. 4. 25,} \\ \text{97 다 6636 외}}$)로 나뉘어 있다.

이 때에는 기존채무와 어음채무가 병존하고, 행사의 순서는 당사자의 의사가 명백하지 않으면 원칙적으로 어음상의 권리를 먼저 행사하여야 한다(통설)($\substack{\text{동지: 대판 2001. 2.} \\ \text{13, 2000 다 5961}}$).

⑴ **기존채무의「지급을 담보하기 위하여」**(지급을 확보하기 위하여) **어음이 수수되는 경우**　① 일반적으로 채무자가 기존채무에 관하여 약속어음을 발행한 경우에 당사자의 다른 의사가 없으면 당사자의 의사는 기존채무의 지급확보를 위하여 발행한 것으로 추정한다. 그런데 우리 대법원판례는 이 경우에「지급을 위하여」수수된 것으로 추정한다는 판례($\substack{\text{대판 1969. 2. 4, 68 다 567; 동} \\ \text{2022. 5. 13, 2018 다 224781 외}}$)와,「지급을 담보하기 위하여」수수된 것으로 추정한다는 판례($\substack{\text{대판 1990. 5. 22,} \\ \text{89 다카 13322}}$)로 나뉘어 있다. 그러나 당사자의 의사에 의하여「지급에 갈음하여 수수된 것으로 본 판례」($\substack{\text{대판 2010. 12. 23,} \\ \text{2010 다 44019}}$)도 있고, 또한 채무자가 기존채무의 이행에 관하여 제 3 자가 발행한 약속어음을 배서양도하는 경우에는「지급을 위하여」수수된 것이므로 추정하는 판례($\substack{\text{대판 1995. 10.} \\ \text{13, 93 다 12213}}$)도 있다.

이 때에는 기존채무와 어음채무가 병존하고, 행사의 순서는 채권자가 임의로 하나를 선택하여 행사할 수 있다(통설).

② 위에서 본 바와 같이 「지급을 담보하기 위하여」 어음이 수수된 경우에는 채권자가 어음채권 또는 원인채권 중 어느 하나를 선택하여 행사할 수 있는데, 어느 채권을 먼저 행사하느냐에 따라 다른 채권에 미치는 영향과 그 행사요건이 달라진다. 예컨대 Y가 약속어음을 발행하여 A에게 교부하고 A가 동 어음의 만기를 변제기일로 하여 X로부터 금전을 차입하고 동 어음을 차입금의 「지급을 담보하기 위하여」 X에게 교부한 경우에, X는 어음채권과 원인채권(대금채권)을 함께 가지고 있고 어느 채권을 먼저 행사하느냐는 X의 선택에 달려 있는데, 어느 채권을 먼저 행사하느냐에 따라 다른 채권에 미치는 영향과 그 행사요건은 다음과 같이 다르다.

(i) X가 어음채권을 먼저 행사하는 경우에는 원인채권에 아무런 영향 없이 어음상의 권리를 행사할 수 있다(이 경우에는 동 어음이 '지급을 위하여' 교부된 경우와 완전히 동일하다). 즉, X는 변제기(만기)에 원인채권(대금채권)을 행사하지 않고 Y에 대하여 어음금지급청구권을 행사할 수 있는데, 이 때 Y가 지급거절하면 A에 대하여 상환청구(소구)권을 행사할 수 있다. 이 경우에 X가 Y 또는 A로부터 어음채무를 이행받으면 원인채권도 소멸한다.

[어음채무를 이행하면 원인채무도 소멸한다고 본 판례]

"어음소지인에 대한 어음금의 지급이 원인채권에 대한 압류의 효력이 발생한 후에 이루어졌다 하더라도 그 어음을 발행하거나 배서양도한 어음채무자는 그 어음금의 지급에 의하여 원인채권이 소멸하였다는 것을 압류채권자에게 대항할 수 있다(대판 1994. 3. 25, 94 다 2374. 동지: 대판 2022. 5. 13, 2018 다 224781)."

그런데 Y 및 A로부터 어음채무를 이행받지 못하면 X는 A에 대하여 원인채권이 존속하는 한 원인채권을 행사할 수 있다.

위의 예에서 만일 Y가 X로부터 금전을 차입하고 이의 지급을 확보하기 위하여 Y가 X에게 약속어음을 발행하였는데 X가 Y에게 어음상의 권리를 먼저 행사하였으나 지급거절된 경우에는 X의 Y에 대한 어음채권뿐만 아니라 원인채권도 시효중단된다(동지: 대판 2002. 2. 26, 2000 다 25484; 통 2010. 5. 13, 2010 다 6345). 그러나 이와 반대로 원인채권을 행사한 것만으로는 어음채권의 소멸시효를 중단시키지 못한다(동지: 대판 1999. 6. 11, 99 다 16378).

한편 X의 어음채권이 상환청구(소구)권보전절차의 흠결 또는 소멸시효로 인하여 소멸한 때에는, X는 원인채권을 행사할 수도 있으나 X에게 어음채권이 소멸한

후에 발생하는 이득상환청구권이 발생하는지 여부가 문제된다. 이에 대하여 X의 이득상환청구권을 부정하는 견해도 있으나($\binom{\text{대판 1959. 9. 10,}}{\text{4291 민상 717 외}}$), X는 원인채권을 행사할 수도 있고 이득상환청구권을 행사할 수도 있다고 본다(다수설).

(ii) X가 어음채권이 있음에도 불구하고 원인채권을 먼저 행사하는 경우에는 채무자인 A를 이중지급의 위험으로부터 보호하기 위하여 X는 A에 대한 원인채권을 어음과 상환하여서만 행사할 수 있다(동시이행항변권설)(통설).

[약속어음이 기존채무의 지급확보를 위하여 발행된 경우, 채무자는
어음과 상환하여서만 원인채무를 이행할 수 있으므로 채권자가 어음을
타인에게 양도한 경우 원인채권을 행사할 수 없다고 본 판례]

"약속어음이 기존채무의 지급확보를 위하여 또는 그 담보로 발행된 경우에 있어서는 가령 어음금의 지급이 없더라도 채권자가 그 어음을 유상 또는 무상으로 타인에게 배서양도한 경우에는 특별한 사정이 없는 한 기존채무의 채권자는 채무자에 대하여 기존채무의 지급을 청구할 수 없다고 해석함이 타당하다($\binom{\text{대판 1962. 4. 12,}}{\text{4294 민상 1190}}$)."

이 때 채무자인 A가 어음과 상환하지 않고 원인채무의 이행을 거절할 수 있는 점은 채권자인 X로부터 원인채권을 양수한 자(B)에 대한 관계에서도 동일하다($\binom{\text{동지: 대판 1996. 3.}}{\text{22, 96 다 1153}}$).

그런데 이 때 X가 A에게 어음을 반환하지 않으면 원인채권을 행사할 수 없다는 뜻은, 동 어음의 배서양도에 의하여 원인채권이 소멸하는 것이 아니라, 그 어음이 지급될 때까지는 원인채권이 존속하되 채무자에게 이중지급의 위험이 있기 때문에 채무자가 이행을 거절할 수 있다는 뜻이다($\binom{\text{동지: 대판 1960. 10. 31, 4291 민상}}{\text{390; 동 1976. 4. 13, 75 다 649}}$). 따라서 만일 X가 Z에게 배서양도한 이 어음이 시효소멸되었다면, A가 동 어음에 의하여 이중지급의 위험이 없으므로 (Z에게 원인채무를 이행하고 동 어음을 다시 배서양도를 받아 소지하고 있는) X는 동 어음을 A에게 반환하지 않고도 A에게 원인채권을 행사할 수 있다($\binom{\text{동지: 대판 1974. 12. 24, 74 다 1296;}}{\text{동 2010. 7. 29, 2009 다 69692}}$). 따라서 X가 (동 어음을 반환하지 않고) A에게 원인채권을 행사할 수 있는 경우는 X가 Z에게 원인채무를 이행한 경우에만 가능하다. 그러나 X가 Z에 대한 원인채무를 이행할 필요가 없으면서(예컨대, X가 Z에게 대가를 받고 동 어음을 양도한 경우〈어음할인의 경우〉 등) 배서인으로서 상환의무도 면한 경우에는 A에 대한 원인채권도 소멸한다($\binom{\text{동지: 대판 2002. 12.}}{\text{24, 2001 다 3917}}$).

한편 Z는 동 어음이 시효소멸된 경우에 X에게 원인채권을 행사할 수도 있으나 발행인인 Y에게 이득상환청구권을 행사할 수도 있다(다수설에 의하면 이와 같이 해석되나, 판례에 의하면 Z에게는 이득상환청구권이 발생하지 않으므로 Z는 X에게 원인채권만을 행사할 수 있다).

㈐ **기존채무의 「지급에 갈음하여」(지급 자체로서) 어음이 수수되는 경우** 일반적으로 채무자가 기존채무에 관하여 은행의 자기앞수표나 은행의 지급보증이 있는 당좌수표와 같이 지급이 확실한 수표를 교부하는 경우에 당사자의 다른 의사가 없으면 당사자의 의사는 지급에 갈음한 것(또는 채무의 본지에 따른 변제의 제공)이라고 본다.

[은행발행의 수표의 제공은 「지급에 갈음하여」 제공한 것으로 본 판례]
  "신용 있는 은행발행의 수표제공은 일반거래상 현금의 제공과 동일하게 볼 것이므로, 이를 채무의 본지에 따른 현실제공으로 해석할 것이다($\frac{대판 1960. 5. 19,}{4292 \ 민상 \ 784}$)."

이 때에는 기존채무는 소멸하고 어음채무만이 존재하는데, 기존채무의 소멸원인에 대하여는 (i) 경개(更改)설, (ii) 대물변제설, (iii) 당사자의 의사에 따라서 경개(更改)인가 대물변제인가가 결정된다는 설이 있다. 생각건대 대물변제설이 가장 타당하다고 본다(통설). 왜냐하면 경개(更改)로 해석하면 구채무(원인채무)가 존재하지 않는 경우에 신채무(어음채무)도 존재하지 않게 되어 어음의 무인성에 반하기 때문이다.

이와 같이 원인채무의 「지급에 갈음하여」 어음이 수수된 경우에 원인채무는 대물변제의 법리에 의하여 소멸하게 되어($\frac{민}{466조}$), 채권자는 원인채권을 행사할 수 없고 어음채권만을 행사할 수 있다. 이 때 어음채권이 상환청구(소구)권보전절차의 흠결 또는 소멸시효로 소멸한 때에는 채권자는 원인채권을 행사할 수 없고 이득상환청구권만을 행사할 수 있을 뿐이다.

원인채무의 「지급에 갈음하여」 어음이 수수된 경우에는 어음의 수수와 동시에 원인채무가 소멸하므로, 원인채권을 위하여 존재한 담보권·보증 등은 특약이 없는 한 그 효력을 잃는다고 보아야 할 것이다.

2) 어음관계에 의하여 원인관계의 채무 등이 인정되는 경우가 있다. 예를 들면 소비대차상의 채무를 담보하기 위하여 차용증서에 갈음하여 발행된 약속어음에 배서한 자에게 원인채무에 대하여 민법상 보증책임을 부담시킨다든지, 또는 대금채무의 변제기가 이 채무를 위하여 발행된 대부어음의 만기로 추정된다는 것 등이 이에

해당한다.

(가) 전자의 경우는 예컨대 A가 X로부터 금전을 차입하면서 수취인 백지의 약속어음을 발행하여 X에게 교부하였는데 X는 A가 신용이 없으니 신용있는 Y로부터 보증목적의 배서를 받아 올 것을 요청하여 Y는 X에게 자기는 A의 대여금채무를 보증할 의사로써 배서하는 것임을 나타내고 동 어음에 배서한 경우 등이다. 이 경우에는 Y가 X에 대하여 「A의 대여금채무를 보증할 의사로써 배서하는 것」임을 명백히 나타낸 경우이므로, Y의 그러한 의사를 존중하여 Y에게 어음상 배서인으로서의 책임 외에 민법상 보증인으로서의 책임도 부담시키는 것이다. 우리 대법원판례도 이러한 취지로 다음과 같이 판시하고 있다.

[배서인이 민사상의 채무까지 보증하겠다는 뜻으로 배서한
경우 민사상 보증채무도 부담한다고 본 판례]

"A가 발행한 약속어음에 배서한 Y는 배서행위로 인한 어음법상의 채무만을 부담하는 것이 원칙이고, 다만 채권자(X)에 대하여 자기가 약속어음 발행의 원인이 된 민사상의 채무까지 보증하겠다는 뜻으로 배서를 한 경우에 한하여 발행인(A)의 채권자(X)에 대한 민사상 채무에 관하여 보증책임을 부담한다 할 것이다 $\left(\substack{대판 1984. 2. 14,\\81 다카 979}\right)$."

그런데 Y가 X에게 그러한 보증의사를 표시하지 않고, 단순히 동 어음이 「금융목적으로 발행된 사정」만을 알고서 담보의 의미로 배서한 경우에도 Y에게 민법상 보증책임을 부담시킬 수 있을까. 이에 대하여 우리나라의 판례는 Y의 보증책임을 긍정하는 판례($\substack{대판 1965. 9. 28,\\65 다 1268 외}$)와 Y의 보증책임을 부정하는 판례($\substack{대판 1997. 12. 9,\\97 다 37005 외}$)로 나뉘어 있다. 생각건대 민법상 보증채무는 보증인(위 예의 경우 Y)과 채권자(위 예의 경우 X)간의 보증계약에 의하여 성립하고, 이러한 보증계약은 청약과 승낙에 의하여 성립하는데, 「금융목적으로 발행된 사정」만을 알면서 담보의 의미로 배서한 자의 의사를 위와 같은 민법상 보증계약의 당사자의 의사로 볼 수는 없을 것으로 생각된다. 또 비록 그렇게 본다면 이는 배서인(Y)의 의사를 너무 의제하여 배서인에게 너무 가혹한 책임을 지우는 것으로 생각된다. 따라서 그러한 어음상의 배서인(Y)(또는 발행인)이 채권자(X)에게 원인채무에 대하여도 민법상 보증책임을 부담한다는 뜻의 명백한 의사표시가 있는 등의 특별한 사정이 있는 경우에 한하여 배서인(Y)(또는 발행인)에게 민법상 보증책임을 지워야 할 것이다($\substack{동지: 대판 1998. 12. 8, 98 다 39923; 동 2002. 4. 12, 2001 다 55598;\\동 2007. 9. 7, 2006 다 17928; 동 2009. 10. 29, 2009 다 44884}$).

(내) 후자의 경우는 예컨대 채권자가 채무자에게 금원을 대여하고 채무자로부터 어음을 배서교부받은 경우에 다른 반증이 없는 한 채권자는 배서일자에 채무자에게 위 금원을 대여한 것으로 보거나($\frac{대판\ 1992.\ 6.}{23,\ 92\ 다\ 886}$), 채권자가 기존채무의 지급을 위하여 그 채무의 변제기보다 후의 일자가 만기로 된 어음의 교부를 받은 때에는 묵시적으로 기존채무의 지급을 유예하는 의사가 있었다고 보아 기존채무의 변제기는 어음에 기재된 만기일로 변경되는 경우($\frac{대판\ 1999.\ 8.\ 24,}{99\ 다\ 24508}$) 등이다.

≫ 사례연습 ≪

[사 례]

Y가 A의 자금융통을 목적으로 A에게 약속어음을 발행하고 A는 이 어음을 X에게 배서양도하고 어음할인을 받은 경우, X는 Y 및 A에게 어떠한 권리를 행사할 수 있는가?

* 이 사례는 정찬형, 「상법사례연습(제 4 판)」, 사례 101에 기초한 것이므로, 이에 관한 상세는 同書를 참고하기 바람.

[해 답]

1. X의 Y에 대한 권리

Y가 A에게 자금융통을 위하여 이 약속어음을 발행한 것은 융통어음을 발행한 것인데, 이 경우 Y가 어음소지인인 X에 대하여 어음채무를 부담하는 것은 말할 나위가 없는데, 민법상 보증채무도 부담하는지에 대하여는 견해가 나뉘어 있다. 이하에서 이의 각각에 대하여 살펴본다.

(1) Y의 X에 대한 어음채무

Y는 융통어음의 발행인으로서 피융통자인 A에 대하여는 어음채무를 부담하지 않지만, 그 이외의 모든 어음소지인에 대하여 어음채무를 부담한다. Y는 피융통자(A) 이외의 어음소지인이 융통어음임을 알고 있었는지 여부 또는 기한후 배서인지 여부와 상관 없이 그에 대하여 어음채무를 부담한다. 즉 융통어음의 발행인인 Y는 융통어음의 항변을 피융통자인 A에 대하여만 주장할 수 있고 그 이외의 어음소지인에 대하여는 그가 악의이거나 또는 기한후 배서에 의하여 어음을 취득한 경우에도 주장할 수 없다(따라서 융통어음의 항변은 일반적인 어음항변의 어디에도 속하지 않는 항변이라고 볼 수 있다). 우리 대법원도 이와 동지(同旨)로 판시하고 있다($\frac{대판\ 1968.\ 8.\ 31,\ 65\ 다\ 1217;}{동\ 1979.\ 10.\ 30,\ 79\ 다\ 479}$).

(2) Y의 X에 대한 보증채무

Y가 A의 자금융통을 위하여 어음을 발행한 의사에는 Y가 어음소지인에 대하여 A의 채무를 보증할 의사로써 한 것임이 포함되어 있다고 볼 수 있을 것인지 여부가 문제된다. 이는 어음관계가 원인관계에 미치는 영향으로, 어음관계의 의사표시에 의하여 원인관계의 채무부담을 인정할 수 있는지 여부에 관한 것이다. 이 경우 Y가 X에 대하여 A의 X에 대한 (원인)채무를 보증할 의사로써 어음을 발행(또는 배서)하는 것임을 명백히 나타낸 경우에는, Y의 그러한 의사를 존중하여 Y에게 어음발행인으로서의 책임 외에 민법상 보증인으로서의 책임도 부담시켜야 할 것이다. 그런데 Y가 X에게 보증의사를 표시하지 않고 단순히 동 어음이 금융 목적으로 발행된 사정만을 알고서 담보의 의미로 어음을 발행(또는 배서)한 경우에는, Y에게 민법상 보증채무를 부담시킬 수 있다는 견해($\frac{대판\ 1998.\ 3.\ 13,}{97\ 다\ 52493\ 외}$)와 Y에게 민법상 보증채무를 부담시킬 수 없다는 견해($\frac{대판\ 1997.\ 12.\ 9,}{97\ 다\ 37005\ 외}$)로 나뉘어 있다.

생각건대 민법상 보증채무는 보증인(본문의 경우 Y)과 채권자(본문의 경우 X)간의 보증계약에 의하여 성립하고 이러한 보증계약은 청약과 승낙에 의하여 성립하는데, 본문에서와 같이 「금융목적으로 배서하는 사정」만을 알면서 담보의 의미로 발행한 자의 의사를 위와 같은 민법상 보증계약의 당사자의 의사로 볼 수는 없을 것으로 생각된다. 또 설사 그렇게 본다면 이는 발행인(Y)의 의사를 너무 의제하여 발행인에게 너무 가혹한 책임을 지우는 것으로 생각된다. 따라서 그러한 어음상의 발행인(Y)이 채권자(X)에게 원인채무에 대하여도 보증책임을 부담한다는 뜻의 명백한 의사표시가 있는 등의 특별한 사정이 있는 경우에 한하여 발행인(Y)에게 민법상 보증채무를 지워야 할 것이다. 이렇게 보면 본문의 경우 Y는 X에 대하여 민법상 보증채무는 부담하지 않는다고 본다.

우리 대법원판례 중에는 이와 동지(同旨)로 "A가 발행한 약속어음이 사채시장에서 쉽게 할인될 수 있도록 하기 위하여 Y가 동 어음에 배서한 것은 배서인으로서의 어음상의 채무를 부담함에 의하여 동 어음에 신용을 부여하려는 것에 불과하고, 위 동 어음이 차용증서에 갈음하여 발행된 것으로 알고 민사상 원인채무를 보증하는 의미로 배서한 것으로는 볼 수 없으므로 Y는 동 어음의 소지인인 X에 대하여 민법상 보증채무를 부담하지 않는다"고 판시한 것이 있다($\frac{대판\ 1992.\ 12.\ 22,}{92\ 다\ 17457}$).

(3) X의 Y에 대한 권리

위에서 본 바와 같이 Y가 어음소지인에 대하여 민법상 보증채무를 부담하지 않는 것으로 해석하면 X는 Y에 대하여 어음상의 권리만을 행사할 수 있다. X는 Y에 대하여 이러한 어음상의 권리를 만기로부터 3년까지 행사할 수 있는데($\frac{어\ 70조\ 1항,}{77조\ 1항\ 8호}$), X가 이러한 융통어음임을 알고 있었고 또 기한후 배서에 의하여 이 어음을 양수한 경우에도 X는 Y에 대하여 어음상의 권리를 행사할 수 있다. 다만 X가 만기로부터 3년을 경과하여 어음상의 권리가 시효소멸한 경우에는 X는 Y에 대하여 이득상환청구권($\frac{어}{79조}$)을 행사할 수 없다. 왜냐하면 Y는 원인관계에서 이득을 한 것이 없기 때문이다. 이 때에는 A가 원인관계에서 이득하고 있기 때문에 A가 이득상환의무자가 된다.

2. X의 A에 대한 권리

A가 이 어음을 X에게 배서양도하고 어음할인을 받은 경우에 A가 X에 대하여 배서인으로서 소구의무를 부담하는 것은 말할 나위가 없고, A가 X에 대하여 원인채무를 부담하는지 여부는 어음할인의 법적 성질을 어떻게 볼 것인가에 따라 다르다. 따라서 이하에서는 A의 어음채무와 원인채무에 대하여 나누어서 살펴보겠다.

(1) A의 X에 대한 어음채무

위에서 본 바와 같이 A는 이 약속어음상에 배서한 자이므로 배서인으로서 X에 대하여 소구의무를 부담한다. 이 때 X가 A에게 소구권을 행사하기 위하여는 Y에게 적법한 지급제시기간 내에 지급제시를 하는 등 소구권보전절차를 모두 이행할 것이 전제된다. 그런데 X가 소구권보전절차를 이행하지 않아 A에 대하여 소구권을 상실하고 또 Y에 대한 어음상의 권리도 시효소멸하면(판례에 의하면 이에 X의 A에 대한 원인채권도 소멸할 것을 추가요건으로 하여) 위에서 본 바와 같이 X는 A에 대하여 이득상환청구권을 행사할 수 있다($\frac{어}{79조}$).

(2) A의 X에 대한 원인채무

A가 X에 대하여 원인채무를 부담하는지 여부는 위에서 본 바와 같이 어음할인의 법적 성질을 어떻게 볼 것인가에 따라 다르다. 어음할인의 법적 성질에 대하여는 매매설·소비대차설·병존설(혼합설) 및 무명계약설 등이 있는데, 이 중에서 가장 중요한 것은 매매설과 소비대차설이므로 이하에서는 이에 관해서만 살펴본다.

1) 매매설에서는 어음할인은 어음의 주채무자로부터 만기에 어음금을 지급받는 것이 목적이므로 소비대차가 아니라 어음의 매매라고 한다. 이러한 매매설은 그 근거를 당사자의 의사에서 구하는데 할인의뢰인의 기본적인 의사는 자기가 소지하고 있는 어음을 양도하여 할인대금을 받으면 일반적으로 법률관계가 끝난 것으로 알고 있으며, 또 어음을 일종의 상품으로 보고 어음금액으로부터 만기까지의 이자 및 기타 비용을 공제한 금액을 동 어음의 현재의 가치에 해당하는 매매대가에 상당하는 것으로 본다(통설). 우리 대법원판례도 이와 동지(同旨)로 판시하고 있다($\frac{대판 1984. 11. 15,}{84 다카 1227}$).

생각건대 A와 X간의 특약으로 어음할인을 소비대차로 약정하거나 또는 묵시적인 소비대차로 해석될 수 있거나 소비대차로 취급하는 상관습이 존재하는 경우 외에는, 어음할인의 법적 성질을 매매로 보는 통설·판례에 찬성한다. 이와 같이 어음할인의 법적 성질을 매매로 보면 본문의 경우 A는 X에 대하여 원인채무를 부담하지 않는다.

2) 소비대차설에서는 어음할인은 어음의 매매라기보다는 소비대차계약이라 고 한 다. 이러한 소비대차설은 그 근거를 어음할인을 주로 담당하는 은행실무에서 구하고, 또 은행실무가에 의하여 많이 주장되고 있다. 어음할인의 법적 성질을 소비대차로 보 게 되면, 본문의 경우 A는 X에 대하여 원인채무를 부담하게 된다.

(3) X의 A에 대한 권리

위에서 본 바와 같이 어음할인의 법적 성질을 매매로 보면 X는 A에 대하여 원인채 권은 없고, 어음상의 권리(소구권)만을 행사할 수 있다. 또한 이러한 어음상의 권리 가 모두 절차의 흠결이나 시효로 소멸하면(A에 대한 어음상의 권리가 소구권보전절 차의 흠결로 인하여 소멸하고, Y에 대한 어음상의 권리가 소멸시효기간의 경과로 소 멸하면)(이득상환청구권의 발생요건에 원인채권까지 소멸하여야 한다는 판례에 의하 더라도 어음할인의 법적 성질에 대하여 매매설에 의하면 X는 A에 대하여 원인채권이 없으므로 이러한 원인채권까지 소멸하여야 하는 추가요건은 의미가 없게 됨) 위에서 본 바와 같이 X는 A에 대하여 이득상환청구권($\frac{어}{79조}$)을 행사할 수 있다.

제 3 자금관계

1. 의 의

자금관계란 환어음의 지급인이 인수 또는 지급을 하거나, 수표의 지급인이 지 급을 하는 원인이 되는 법률관계이다. 이러한 자금관계는 환어음과 수표의 지급인 과 발행인 사이에 존재하는 실질관계로서, 약속어음에는 이러한 자금관계가 없다. 또한 환어음과 수표라도 지급인과 발행인이 동일인인 자기앞환어음(수표)에서는 ($\frac{어 3조 2항}{수 6조 3항}$) 자금관계가 존재할 여지가 없다. 위탁어음(수표)의 자금관계는 지급인과 제 3 자(위탁자) 사이에 발생한다.

자금관계는 발행인이 미리 그 자금을 지급인에게 공급하여 두는 경우가 보통 이지만, 지급인이 지급한 뒤에 발행인에 대하여 보상을 구하는 경우가 있는데 이 경우를 특히 보상관계라고 한다. 그 밖에 자금관계는 자금의 수수 없이 기존채무의 변제를 위하여 또는 신용계약 등에 기하여 존재하는 수도 있으므로, 자금관계를 항 상 위임이라고 볼 수는 없고 사무관리·채권의 추심 등 여러 가지 형태가 있다.

이하에서는 환어음의 자금관계와 수표의 자금관계를 나누어서 간단히 살펴본다.

2. 환어음의 자금관계

(1) 어음관계와 자금관계의 분리(어음관계의 추상성)

어음관계는 자금관계의 유무나 내용에 의하여 아무런 영향을 받지 않는다.

(2) 어음관계와 자금관계의 견련

어음관계의 직접 당사자간의 (자금관계에 관한) 인적 항변의 허용($\text{어}_{17조}$), 발행인이 인수인에 대하여 갖는 지급청구권($\text{어}_{단서}^{28조\ 2항}$), 이득상환청구권($\text{어}_{79조}$) 등은 자금관계를 어음관계에 반영한 것이다.

3. 수표의 자금관계

위의 환어음의 자금관계는 수표의 자금관계에도 공통하나(발행인이 인수인에 대하여 갖는 지급청구권은 제외됨), 수표의 자금관계가 환어음의 그것과 구별되는 점으로는 다음과 같은 것이 있다.

수표의 자금관계는 수표법 제3조에서 명문으로 규정하고 있다. 따라서 수표의 발행인은 수표를 제시한 때에 처분할 수 있는 자금이 있는 은행을 지급인으로 하고 이 지급인(은행)과 당좌계정거래계약을 체결해야 하는데, 이는 (i) 당좌예금계약 또는 당좌차(대)월계약, (ii) 수표계약, (iii) 상호계산계약으로 되어 있다.

그러나 이러한 수표의 자금관계에서도 수표관계와 자금관계는 분리되어 자금관계에 위반하여 발행된 수표도 완전히 유효하나($\text{수}_{단서}^{3조}$), 다만 발행인이 과태료의 제재를 받게 될 뿐이다($\text{수}_{67조}$).

[수표계약에 위반하여 발행한 수표도 유효한 수표라고 본 판례]

"가계수표 용지에 부동문자로 인쇄되어 있는 '100만원 이하' 등의 문언은 지급은행이 사전에 발행인과의 사이에 체결한 수표계약에 근거하여 기재한 것으로서 이는 단지 수표계약의 일부 내용을 제3자가 알 수 있도록 수표 문면에 기재한 것에 지나지 아니한 것이고, 한편 수표법 제3조 단서에 의하면 수표자금에 관한 수표계약에 위반하여 수표를 발행한 경우에도 수표로서의 효력에는 영향을 미치지 아니하므로 발행한도액을 초과하여 발행한 가계수표도 수표로서의 효력에는 아무런 영향이 없다($\text{대판 1998. 2. 13,}_{97\ \text{다}\ 48319}$)."

제4 어음예약

1. 의 의

원인관계와 어음관계의 중간에서 어음행위의 내용에 관하여(예컨대, 어음금액, 만기 등에 관하여) 어음관계의 발생의 준비로서 하게 되는 계약을 어음예약이라고 한다. 어음예약이 서면으로 될 때 이를 가(假)어음이라 한다.

2. 효 력

어음행위는 이 계약의 이행으로써 하게 되는데, 어음예약에서 정한 조건에 위반하여 발행된 어음도 완전히 유효하고, 이 위반은 당사자간의 인적 항변사유가 될 뿐이다.

제 4 장 어음법·수표법 각론

제 1 절 어음상의 권리의 의의

제 1 어음상의 권리의 개념

어음상의 권리라 함은「일정한 금액의 지급이라는 어음의 목적을 직접 달성하기 위하여 부여된 권리와 이에 갈음하는 권리」를 말한다. 이 때「어음의 목적을 직접 달성하기 위하여 부여된 권리」라 함은 환어음의 인수인 또는 약속어음의 발행인에 대한 어음금지급청구권을 의미한다($_{78조 1항}^{어 28조}$). 또한「어음의 목적을 직접 달성하기 위하여 부여된 권리에 갈음하는 권리」라 함은 배서인에 대한 상환청구권(소구권)($_{1호, 18조 1항}^{어 15조 1항, 77조 1항}$), 보증인에 대한 권리($_{3항; 수 27조 1항}^{어 32조 1항, 77조}$), 참가인수인에 대한 권리($_{1항}^{어 58조}$), 피보증인과 그 자의 어음채무자에 대한 보증인의 권리($_{3항, 27조 3항}^{어 32조 3항, 77조}$), 피참가인 및 그 자의 어음채무자에 대한 참가지급인의 권리($_{77조 1항 5호}^{어 63조 1항,}$) 등을 의미한다.

지급인이 지급보증을 하지 않은 수표(지급인이 인수를 하지 않은 환어음)의 경우에는 수표(환어음)상의 권리란 넓게 지급인으로부터 수표(환어음)금을 지급받을 수 있는「수표(환어음)금수령권한」과 지급인의 지급거절을 조건으로 하여 발행인 및 배서인 등에 대하여 갖는「상환청구권(소구권)」을 의미하는 것으로 볼 수도 있으나, 수표(환어음)금수령권한은 소구할 수 없기 때문에 그 자체만으로는 수표(환어음)상의 권리라고 볼 수 없으므로 이 경우 일반적으로 수표(환어음)상의 권리라 함은「상환청구권(소구권)」만을 의미한다(통설). 그러나 지급인이 지급보증(환어음의 경우는 인수)한 경우에는 수표(환어음)상의 권리란 지급보증인(인수인)에 대한「수표(환어음)금지급청구권」과 발행인 및 배서인 등에 대한「상환청구권(소구권)」을 의미한다.

제 2   어음상의 권리와 어음증권

어음은 완전유가증권으로서 어음상의 권리의 발생·이전·행사에는 원칙적으로 어음증권을 소지하여야 하므로 어음상의 권리와 어음증권은 밀접히 결합되어 있다. 이와 같은 점에서 어음증권에 대한 소유권을 취득하여야 어음상의 권리를 취득한다는 어음소유권설이 있다.

그러나 우리나라의 통설은 이와 같은 어음소유권설을 부인하고, 어음상의 권리의 취득에는 어음증권에 대한 소유권까지 취득할 필요는 없고 어음증권의 소지만이 필요하다고 한다. 이러한 통설이 타당하다고 본다.

제 3   어음상의 권리와 어음법상의 권리

「어음상의 권리」는 어음금의 지급을 직접적인 목적으로 하고 있는 권리임에 반하여, 「어음법상의 권리」는 어음금의 지급을 직접적인 목적으로 하지 않는 권리로서 어음관계의 원만한 진전을 위하여 보조적·부수적으로 어음법에서 인정된 권리인 점에서 양자는 구별된다. 이러한 「어음법상의 권리」로는 어음의 악의취득자에 대한 어음반환청구권($^{어\ 16조\ 2항,\ 77조}_{1항\ 1호;\ 수\ 21조}$), 상환청구(소구)통지를 게을리한 자에 대한 손해배상청구권($^{어\ 45조\ 6항,\ 77조\ 1항}_{4호;\ 수\ 41조\ 6항}$), 복본 또는 원본반환청구권($^{어\ 66조\ 1항,\ 68조}_{1항,\ 77조\ 1항\ 6호}$), 이득상환청구권($^{어\ 79조;}_{수\ 63조}$) 등이 있다.

이러한 어음법상의 권리는 어음행위에 의하여 발생하는 것이 아니라 「어음법」에 의하여 그 요건이 성립한 때에 발생하고, 그 권리의 이전은 어음의 양도방법(배서 또는 교부)에 의하는 것이 아니라 「지명채권의 양도방법」에 의하며, 그 권리의 행사에도 「증권의 소지」를 요하지 않는다. 따라서 이러한 점에서도 어음법상의 권리는 어음상의 권리와 뚜렷이 구별된다.

제 4   어음상의 권리와 어음상의 의무

어음상의 권리는 「권리자」(어음소지인)를 기준으로 본 개념인데, 이의 다른 면인 「의무자」를 기준으로 본 개념으로 어음상의 의무(어음채무)가 있다.

따라서 어음상의 의무도 어음상의 권리와 같이 인수된 환어음이나 약속어음의 경우에는 환어음의 인수인 또는 약속어음의 발행인의 「어음금지급의무(주채무)」와 환어음의 발행인·배서인 또는 약속어음의 배서인 등의 「상환(소구)의무(종채무)」가 있다. 지급보증이 없는 수표나 인수 안 된 환어음의 경우의 어음상의 의무는 발행인 및 배서인 등의 「상환(소구)의무」뿐이다.

제5 어음상의 권리의 변동

어음상의 권리는 발생·이전·행사·소멸이라는 4단계로 변동하는데, 이 중 발생과 이전(소지인출급식수표는 제외)에는 어음행위를 요한다. 어음상의 권리의 발생을 가져오는 대표적인 어음행위는 발행이지만, 그 외에 보증·인수(환어음의 경우)·지급보증(수표의 경우) 등의 어음행위도 어음상의 권리의 발생을 가져온다. 어음상의 권리의 이전을 가져오는 대표적인 어음행위는 배서이다. 백지식배서가 있는 어음 또는 소지인출급식수표의 양도방법의 하나인 「단순한 교부」도 어음상의 권리의 이전을 가져오나, 단순한 교부에는 기명날인 또는 서명이 없으므로 어음행위가 아니다.

제2절 어음상의 권리의 발생

제1 어음의 발행

1. 발행의 의의

어음의 발행이란 「어음이라는 유가증권을 작성하여 이를 수취인에게 교부하는 것」을 말하는 것으로서, 기본적 어음행위이다. 어음이라는 유가증권을 「작성」한다는 것은 필요적 기재사항을 기재하고 발행인이 기명날인 또는 서명하는 것을 말한다(요식증권성). 이렇게 작성된 어음이 그 자체만으로 어음상의 권리가 발생하는지 여부에 대하여는 어음이론에 있어서 어느 견해를 취하느냐에 따라 그 결과가 달라지겠으나, 일반적인 견해(권리외관설에 의하여 보충된 교부계약설 또는 발행설)에 의하면 어음의 작성만으로는 아직 어음상의 권리가 발생하지 않고 작성된 어음을 수취인에게 「교부」하여야 비로소 어음상의 권리가 발생한다고 본다. 따라서 이렇게 보면 발행이라는 개념에는 당연히 수취인에게 (작성된 어음을) 「교부」하는 것까지를 포함한다.

2. 발행의 법적 성질

(1) 환 어 음

환어음의 발행은 발행인이 지급인에 대하여 지급인의 명의와 발행인의 계산으로 어음금액을 지급할 수 있는 권한을 수여하고, 동시에 수취인에 대하여는 수취인 자신의 명의와 발행인의 계산으로 어음금액을 수령할 수 있는 권한을 수여하는(즉, 이중수권을 하는) 의사표시라고 볼 수 있다(지급지시설)(이에 관한 상세는 정찬형, 「상법강의(하)(제24판)」, 210~211면 참조).

(2) 약속어음

약속어음에는 발행인이 일정한 금액을 지급할 뜻의 무조건의 약속이 있어야 하므로($\frac{어75조}{2호}$), 약속어음의 발행의 법적 성질은 발행인이 어음의 만기에 (수취인 또는 정당한 어음소지인에게) 어음금액의 지급의무를 부담하는 지급약속의 의사표시라고 볼 수 있다.

(3) 수 표

수표도 환어음의 경우와 같이 발행인이 지급인에게 일정한 금액을 지급할 뜻의 무조건의 위탁을 하여야 하므로($\frac{수1조}{2호}$), 수표의 발행의 법적 성질은 환어음의 그것과 같다.

3. 발행의 효력

(1) 환 어 음

1) 본질적 효력(의사표시상의 효력)   환어음의 발행의 법적 성질을 위와 같이 보면 환어음의 발행의 본질적 효력은 수취인이 자기의 명의와 발행인의 계산으로 어음금액을 수령할 수 있는 권한을 취득하고, 또 지급인이 자기의 명의와 발행인의 계산으로 지급할 수 있는 권한을 취득하는 것이다. 이때 지급인은 자기가 지급인이 되어 어음이 발행되었다는 이유로 당연히 지급의무를 부담하는 것이 아니고, 지급인은 인수한 경우에 한하여 지급할 의무를 부담한다.

2) 부수적 효력(법률상의 효력)   발행인은 어음을 발행함으로 말미암아 그 어음의 인수와 지급을 담보하게 되는데, 인수 또는 지급이 없는 때에는 스스로 지급할 의무를 부담한다($\frac{어9조}{1항}$). 이 의무 가운데 인수담보책임은 어음상에 면책문구를 기재하여 면할 수 있으나($\frac{어9조}{2항 1문}$), 지급의 무담보는 어떠한 경우에도 허용되지 아니

하므로 어음상에 이러한 기재를 하여도 그 기재는 하지 아니한 것으로 본다($^{어\ 9조}_{2항\ 2문}$).

발행인은 위와 같은 담보책임 외에도 복본교부의무($^{어}_{64조}$)와 이득상환의무($^{어}_{79조}$)를 부담한다. 또한 발행인은 지급인이 지급할 때까지는 언제든지 어음 외의 의사표시로 그 지급위탁을 취소(철회)할 수 있는 권한을 갖는다.

(2) 약속어음

1) 본질적 효력(의사표시상의 효력)   약속어음의 발행인은 어음금액을 지급약속한 자이므로 수취인(또는 어음의 정당한 소지인)에 대하여 주채무(제 1 차적인 채무)를 부담한다. 약속어음의 발행인의 이러한 주채무는 의사표시상의 효력이고 본질적인 효력이기도 하다. 약속어음의 발행인이 부담하는 이러한 주채무는 환어음의 인수인이 부담하는 채무와 같이($^{어\ 78조}_{1항}$) 만기로부터 3년의 시효기간($^{어\ 70조\ 1항,}_{77조\ 1항\ 8호}$)까지는 지급채무를 부담하는 절대적인 채무이고 최종적인 채무이다. 약속어음의 발행인이 부담하는 이러한 주채무는 의사표시상의 효력이므로, 발행인이 어음면상 「지급무담보의 문언」을 기재하면 이것은 발행의 본질적 효력을 다시 부정하는 것이 되어 어음발행의 효력이 없게 된다(유해적 기재사항).

2) 부수적 효력(법률상의 효력)   환어음의 발행인과 같이 어음상의 의무가 소멸한 후에 발생하는 「이득상환의무」를 부담한다($^{어}_{79조}$).

(3) 수 표

수표발행의 효력은 환어음의 그것과 대체로 같다. 다만 환어음과는 몇 가지 다른 점이 있는데, 이는 다음과 같다.

1) 주채무의 부존재   약속어음의 경우에는 발행인이 언제나 주채무를 부담하고($^{어\ 78조}_{1항}$), 환어음의 경우에는 지급인이 인수를 함으로써 주채무를 부담하나($^{어\ 28조}_{1항}$), 수표의 경우에는 발행인이 지급약속을 한 것도 아니고 또 지급인의 인수제도도 없으므로($^{수}_{4조}$) 주채무는 영원히 존재하지 않는다.

2) 지급위탁취소(지급지시철회)의 제한   환어음의 경우에는 발행인은 지급인에 대하여 언제든지 자금관계에서 지급위탁(지급지시)을 취소(철회)할 수 있으나, 수표의 경우에는 수표의 지급을 확보하고 수표소지인의 이익을 보호하기 위하여 수표법은 수표의 지급위탁의 취소는 지급제시기간 경과 후에만 그 효력이 생기는 것으로 규정하고 있다($^{수\ 32조}_{1항}$).

또한 수표의 경우에는 원인관계상 수표를 발행한 발행인의 결제의사를 존중하여 수표법은 발행인의 지급위탁의 취소가 없는 한 지급제시기간 경과 후에도 발행인의 계산으로 지급할 수 있도록 규정하고 있다($\frac{수}{2항}^{32조}$).

3) 발행의 제한   환어음의 발행에는 제한이 없으나, 수표는 지급증권으로서 그 지급의 확실을 기하기 위하여 수표법에 의하여 그 발행을 제한하고 있다. 즉, 수표는 제시한 때에 발행인이 처분할 수 있는 자금이 있는 은행을 지급인으로 하고(수표자금), 발행인이 그 자금을 수표에 의하여 처분할 수 있는 명시 또는 묵시의 계약(수표계약)에 따라서만 이를 발행할 수 있다($\frac{수}{3조}$). 이러한 수표자금에 관한 계약(당좌예금계약 또는 당좌차월계약)·수표계약 및 상호계산계약은 보통 당좌거래계약에 의하여 동시에 체결된다.

그러나 이러한 수표발행의 제한은 수표발행(수표관계)을 실질관계(자금관계)에 관련시켜 수표의 무인증권성에 반하는 결과를 초래하고 있다. 따라서 수표법은 이러한 제한규정에 위반하여 발행된 수표도 수표로서의 효력에는 아무런 영향이 없다고 명문으로 규정하고 있다($\frac{수}{단서}^{3조}$). 그러나 위의 제한규정에 위반하여 수표를 발행한 자는 수표법에 의하여 과태료의 처벌을 받고($\frac{수}{67조}$), 또 일정한 경우 부정수표단속법에 의하여 부정수표를 발행한 자로서 형사처벌을 받는다($\frac{동별}{2조}$).

4. 어음의 기재사항

(1) 총 설

1) 어음관계는 발행에 의하여 작성되는 어음(기본어음)을 기초로 발전하여 가는 것인데, 기본어음의 내용은 발행시의 어음의 기재사항에 의하여 정하여진다. 어음은 고도의 유통증권으로서 엄격한 요식증권이다. 따라서 발행시에 반드시 기재하여야 어음으로서 성립하는 사항이 있는데, 이를 「필요적 기재사항(어음요건)」이라고 한다. 어음의 기재사항에는 이러한 어음요건 외에도 어음에 기재함으로써 이에 상응하는 어음상의 효력이 발생하는 「유익적 기재사항」, 어음에 기재하여도 아무런 어음상의 효력이 발생하지 않는 「무익적 기재사항」, 어음에 기재하면 어음 자체를 무효로 하는 「유해적 기재사항」이 있다.

이하에서는 어음의 각 기재사항을 고찰하겠는데, 이해의 편의를 위하여 각각에 대하여 환어음·약속어음·수표로 나누어 설명한다.

2) 이러한 각 기재사항에 대한 개별적인 설명에 들어가기 전에 기재의 일반적인 사항에 대하여 살펴보면 다음과 같다.

어음법은 증권의 재료에 관하여 아무런 제한을 두고 있지 않기 때문에, 지편(紙片)뿐만 아니라 양피이든 포피이든 또는 고가의 그림의 이면(裏面)이든 상관 없다. 실제거래에 있어서는 편의상 부동문자로 인쇄된 어음용지가 이용되고 있다. 기재의 재료는 잉크·볼펜·묵·연필 기타 어떠한 것이라도 상관 없고, 기재는 객관적 진실과 일치할 필요는 없고 형식적으로 존재하면 족하다. 또한 기본어음에는 인지세법상 수입인지를 첨부하고 발행인이 소인(消印)하여야 한다. 그러나 인지를 첨부하지 않아도 인지세법상 일정한 처벌원인은 되지만, 어음의 효력에는 영향이 없다(제네바 인지세법 조약 1 조 참조).

(2) 필요적 기재사항

어음의 필요적 기재사항(어음요건)에 대하여는 어음법에서 명문의 규정을 두고 있다(어 1 조, 수 1 조, 75조;). 만일 어음요건 중 어느 것을 기재하지 아니한 증권은 원칙적으로 어음으로서의 효력이 없다(어 2 조 1 문; 수 2 조 1 문, 76조). 그러나 어음법은 어음의 유통보호를 위하여 어음요건 중 일부(만기·지급지·발행지)의 기재가 없는 것에 대하여는 예외적으로 구제규정을 두어 어음이 무효가 되는 것을 방지하고 있다(어 2 조 2 문 단서·1 호·2 호·3 호, 76조 2 문 단서·1 호·2 호·3 호; 수 2 조 2 문 단서·1 호·2 호·3 호). 또한 어음요건의 일부가 기재되지 아니한 경우에는 백지어음으로 인정될 수도 있다(이에 관하여는 백지어음에서 상술함). 따라서 어음은 어음요건 중 일부가 기재되지 아니한 경우에 구제규정에 의하여 보충되지도 않고 또 백지어음으로 인정될 수도 없는 경우에는 무효가 되는 것이다. 이와 같이 기본적 어음행위인 발행이 형식적 하자로 인하여 무효가 된 경우에는, 그 뒤에 하는 부속적 어음행위(배서·인수·보증 등)도 전부 무효가 된다. 즉, 어음행위독립의 원칙이 이 경우에는 적용되지 아니한다.

어음요건이 기재되었는지 여부는 어음관계자에게 중대한 영향이 있으므로 무엇을 기준으로 하여 어음요건이 기재되었는지를 판단할 것인가가 문제된다. 이에 대하여는 발행시의 어음 자체의 기재만으로 판단하여야 하고, 어음증권 외의 사정이나 당사자의 의사를 고려하여서는 안 된다고 본다(형식적 어음엄정의 원칙). 그러나 어음발행인이 의식적으로 어음요건의 일부를 기재하지 않고 뒤에 어음소지인이 어음금을 청구할 때 어음요건이 기재되지 않았음을 주장하거나 또는 어음발행인이 아주 경미한 어음요건이 기재되지 않았음을 어음채무를 회피하는 구실로 주장하는 경우에는 신의칙 또는 금반언칙에 의하여 인정하지 않아야 할 것이다.

이하에서는 환어음·약속어음 및 수표의 어음요건에 대하여 개별적으로 살펴본다.

1) 환 어 음

⑺ **어음문구** 어음에는 「증권의 본문 중에 그 증권을 작성할 때 사용하는 국

어로 환어음임을 표시하는 글자」를 기재하여야 한다($^{\text{어}}_{\text{1호}}$). 즉, 「환어음임을 표시하는 글자」가 환어음문구인데, 이를 어음상에 기재하도록 한 이유는 그 증권이 환어음임을 명백하게 나타내어 어음행위자 및 어음취득자에게 그 증권이 환어음임을 자각시키고자 하는 것이다. 환어음문구는 「환어음」이라고 하는 것이 보통이나, 「환어음증권」 또는 「환어음증서」 등의 기재도 무방하다. 그러나 단순히 「어음」·「어음증권」·「어음증서」 등의 기재는 환어음문구로 볼 수 없다.

이러한 어음문구는 「증권의 작성에 사용하는 국어」로 기재하여야 하는 데, 증권의 작성에 사용하는 용어에는 제한이 없으므로 증권이 한국어로 작성된 경우에는 환어음문구도 한국어로 기재하여야 하나, 증권이 외국어로 작성된 경우에는 환어음문구도 그 외국어로 기재하여야 한다. 만일 한 개의 어음이 수 개의 국어로 혼용하여 작성된 경우에는 환어음문언의 핵심인 「지급위탁문구」에 사용된 국어로 환어음문구를 기재하여야 한다.

환어음문구의 기재장소는 어음법 제 1 조 1 호가 명백히 규정하고 있는 바와 같이 「증권의 본문 중」이어야 한다. 이 때 「증권의 본문」이란 환어음문언의 핵심인 지급위탁문구를 의미한다. 보통 환어음문구는 표제와 본문 중의 두 곳에 기재되는데, 표제에만 기재되고 본문 중에 기재되지 않으면 어음요건을 흠결한 것이 되나, 표제에 환어음문구가 없어도 본문 중에 기재되어 있으면 어음요건을 흠결한 것이라 할 수 없다.

㈐ **일정금액의 무조건의 지급위탁**   환어음에는 「조건 없이 일정한 금액을 지급할 것을 위탁하는 뜻」을 기재하여야 한다($^{\text{어}}_{\text{2호}}$). 이를 어음금액과 지급위탁으로 나누어서 설명하겠다.

① **어음금액**   환어음은 금전채권을 표창하는 유가증권이므로 금전 이외에 물건의 지급을 목적으로 하는 환어음(물품어음 또는 물건어음)은 무효이다.

[물품어음을 무효라고 본 판례]
"백미 24가마니를 지급한다는 약속어음은 법률상 무효이다($^{\text{대판 1964. 8. 31.,}}_{\text{63 다 969}}$)."

표시될 금전은 강제통용력 있는 법화(法貨)에 한하지 아니하고 거래상 화폐의 역할을 하는 것으로 충분하다. 또 유통하는 화폐형태를 갖지 않고 단순히 거래에서 인정되는 가치척도에 불과한 이른바 계산통화(예컨대, IMF 협정에 의한 SDR 등)도 무방하다. 또 외국화폐라도 무방한데($^{\text{어}}_{\text{1항}}$41조), 발행국과 지급국에서 명칭은 같으나 가치가 다른 통화(同名異價를 가진 통화)로써 환어음의 금액을 정한 경우에는 지급지의 통화로 정한 것으로 추정한다($\frac{어}{4항}$41조). 또 금액에 관하여는 특별한 제한규정이 없으므로 최고와 최저에 한계가 없다.

어음금액은 일정하여야 한다. 따라서 「100만원 또는 200만원」이라고 하는 것과 같은 선택적 기재, 「미화 200달러 상당의 한화」라고 하는 것과 같은 부동적 기재, 또는 「100만원 이상 혹은 이하」라고 하는 것과 같이 최저액 또는 최고액의 기재만을 하는 것은 부적법하다. 또한 어음금액은 원칙적으로 단일하여야 하므로 원금과 이자를 따로따로 분리하여 기재할 수 없다. 따라서 어음상에 이자를 기재하면 기재하지 않은 것으로 본다($\frac{어 5조}{1항 2문}$). 그러나 일람출급 또는 일람후정기출급의 환어음의 경우에는 미리 이자액을 예측할 수 없으므로 예외적으로 어음에 이자가 생길 뜻의 약정을 기재할 수 있는데($\frac{어 5조}{1항 1문}$), 이 때에는 반드시 이율을 어음에 기재하여야 한다($\frac{어 5조}{2항}$).

어음금액은 어음의 어느 부분에라도 기재할 수 있고 또 문자로 표시하든 숫자로 표시하든 상관이 없는데, 그 양자로써 어음금액을 중복기재하는 일이 많다. 이러한 경우 그 금액이 일치하지 아니할 때에는 문자와 숫자와의 사이에서는 문자에 의하고, 문자와 문자 또는 숫자와 숫자와의 사이에 있어서는 그 최소금액에 의한다($\frac{어}{6조}$).

② 지급위탁   환어음에는 보통 「위의 금액을 이 환어음과 상환하여 갑 또는 그 지시인에게 지급하여 주십시오」라고 기재되어 있는데, 이러한 기재가 지급위탁문구이고 환어음의 핵심이 되는 문구이다. 이러한 지급위탁은 어음법에서 명문으로 규정하고 있는 바와 같이 「조건 없이(무조건)」 기재되어야 한다. 따라서 「구입상품에 하자가 없는 경우에 지급함」과 같이 지급에 조건을 붙이거나, 또는 「귀하가 보관중인 갑회사의 예금 중에서 지급하기로 함」과 같이 지급자금을 한정하거나, 또는 「만원권으로 지급함」과 같이 지급방법을 한정하는 경우에는 어음이 무효가 된다. 이와 같이 지급위탁을 조건 없이(무조건) 하도록 규정한 것은 어음관계를 간명하게 하여 어음의 유통성을 높이기 위한 것이다.

[어음상에 지급조건을 기재하여 무효어음으로 본 판례]

"약속어음의 이면(裏面)에 '갑어음 발행중 현금지불되었을 때 즉시 47,000,000원을 지불함'이라고 기재된 것은 원인관계의 기재나 지급의 우선적 약속으로 볼 수 없고 어음금의 지급을 제한하는 조건이다($\frac{대판 1994. 6. 14,}{94 다 6598}$)."

이와 같은 조건을 어음 자체에 기재한 경우에는 당연히 어음이 무효가 되는데, 어음의 부전(附箋)에 조건을 기재한 경우에는 어떠한가. 이에 대하여 우리나라의 판례는 부전(附箋)을 어음면의 연장으로 보아 이러한 어음도 무효라고 보고 있으나($^{대판\ 1971.\ 4.}_{20,\ 71\ 다\ 418}$), 우리 어음법상 부전(附箋)에 할 수 있는 어음행위는 배서($^{어\ 13조\ 1항,\ 77조\ 1항}_{1호;\ 수\ 16조\ 1항}$)·보증($^{어\ 31조\ 1항,\ 77조}_{3항;\ 수\ 26조\ 1항}$)과 같이 어음법상 명문의 규정이 있어야 그 효력이 발생하는데 발행에는 이러한 규정이 없을 뿐만 아니라 또 기본어음은 확실하고 명백하여야 하기 때문에, 부전(附箋)에 한 발행행위 및 이와 동시할 수 있는 지급조건의 기재는 어음자체를 무효로 하는 것이 아니라 그 부전에 기재한 것만이 무효라고 본다.

⑷ 지급인의 명칭

① 의 의　환어음은 지급위탁증권이므로 환어음에는 발행인 이외에 지급인의 명칭을 기재하여야 한다($^{어\ 1조}_{3호}$). 지급인은 「어음금액을 지급할 자」이다. 이러한 지급인이 기재되지 않으면 어음소지인은 누구한테 인수 또는 지급을 받을 것인가가 확정되지 않으므로, 환어음(및 수표)에서는 약속어음과는 달리 지급인의 기재가 반드시 필요하다.

② 표시방법　지급인의 명칭의 표시방법으로는 자연인은 성명 외에도 동일성을 인식할 수 있는 한 통칭·아호·예명·별명 등을 기재하여도 무방하고, 법인은 법인명만 기재하면 되고 반드시 대표자의 성명(및 대표관계) 또는 대리인의 성명(및 대리관계)을 표시할 필요가 없다(이는 수취인의 표시와 같고, 발행인·배서인 등과 같은 어음행위자의 표시와 구별됨). 법인격이 없는 사단이나 조합도 지급인의 명칭으로 기재될 수 있다고 본다.

지급인은 실재인이 아니어도 무방하다. 따라서 허무인을 지급인으로 기재한 경우에도 그 환어음은 무효가 아닌데(지하실어음), 그러한 어음의 소지인은 지급인으로부터 인수 또는 지급을 받을 수 없으므로 발행인이나 배서인에게 상환청구(소구)권을 행사할 수밖에 없다.

③ 복수적 기재　환어음의 지급인의 복수적 기재가 가능한가. (ⅰ) 지급인의 선택적 기재(갑 또는 을)는 선택 전에 지급인이 확정되지 아니하여 어음관계의 단순성을 해하므로 인정되지 아니한다고 본다(통설). (ⅱ) 지급인의 순차적 기재(제 1 지급인 갑, 제 2 지급인 을)는 제 1 지급인만을 지급인으로 하고 제 2 지급인은 예비지급인으로 하는 취지라고 해석할 수 있으므로 인정된다고 본다(통설). (ⅲ) 지급인의 중첩적 기재(갑 및 을)는 발행인이 모든 지급인에게 합동하여 지급할 권한을 부여한 것이라고 볼 수 있으므로 인정된다고 본다(통설). 이 때에는 지급인 전원이 지급을 거절하

여야 지급거절로 인한 상환청구(소구)를 할 수 있으나, 인수거절로 인한 만기 전의 상환청구(소구)는 지급인 중의 1인만이 인수를 거절하여도 가능하다고 해석한다(통설). 그러나 이 경우에 수 인의 지급인이 인수한 경우에는 인수인은 각자 전부의 지급의무를 부담하는 합동책임($_{47조}^{어}$)을 부담한다. 따라서 이 때 수 인의 인수인 중 1인에 대한 지급제시는 다른 인수인에 대하여 효력이 생기지 않는다.

　그러나 어떠한 경우에도 수 인의 지급인이 지급을 분담하는 것과 같은 기재는 당연히 인정되지 아니한다.

　④ 당사자자격의 겸병　환어음에는 발행인·수취인·지급인의 3당사자가 있어야 하고 이러한 3당사자의 자격은 각각 별개의 인격자인 것이 보통이나, 어음법은 이러한 당사자자격의 두 개를 동일인이 겸병할 수 있는 것을 인정하고 있다. 즉 발행인자격과 수취인자격과의 겸병(자기지시환어음)($_{1항}^{어3조}$)과 발행인자격과 지급인자격과의 겸병(자기앞환어음)($_{2항}^{어3조}$)을 인정하고 있다. 당사자자격의 겸병을 인정하는 이유로는 어음관계의 당사자 사이에는 이해상반하는 관계가 없고 오히려 어음금액의 지급과 어음의 유통성확보라는 협동관계만이 존재하는 점, 어음법의 당사자자격은 순전히 형식적·추상적 관념에 불과하므로 기본어음에 발행인·지급인·수취인의 기재가 설사 동일인으로 기재되어도 기본어음의 형식으로서 위법이 아니고 그 어음은 형식상 유효하다는 점 등을 들 수 있다. 당사자자격의 겸병은 위와 같은 이유에서 이론상 인정될 수 있을 뿐만 아니라, 실제상 이를 인정할 필요도 있다.

　어음법에는 명문의 규정이 없으나 수취인자격과 지급인자격의 겸병 및 발행인·수취인·지급인의 3당사자자격의 겸병(단명어음)도 이론상 부정할 이유가 없고, 또 실제상으로도 이를 인정할 필요가 있다(통설).

　㈑ 만 기

　① 의 의　만기라고 함은 「어음금액이 지급될 날로 어음상에 기재된 날」이다. 만기는 만기일이라고도 하는데, 거래계에서는 일반적으로 지급기일이라고 한다. 만기는 「지급을 할 날」($_{44조 3항}^{어38조 1항}$) 또는 「지급하는 날」($_{1항}^{어41조}$)과는 다른 개념이다. 즉 만기와 「지급을 할 날」과는 보통 일치하지만 만기가 법정휴일일 때에는 이에 이은 제1의 거래일이 지급을 할 날이 되므로($_{1항}^{어72조}$) 이 경우에는 양자가 구별되고, 또 「지급하는 날」은 현실로 지급이 행하여진 날이므로 양자는 구별된다.

　만기는 단일하고 확정할 수 있는 날이어야 한다. 따라서 어음금액의 일부씩에 각별로 만기를 정하거나($_{2항}^{어33조}$) 또는 각 지급인에 대하여 각각 다른 만기를 정할 수 없고, 도래할지 않을지 불확실한 날 또는 언제 도래할지 불확실한 날을 만기로 정

할 수 없다. 또한 만기는 발행 당시에 확정할 수 있어야 하므로 「갑의 사망시」 등
과 같이 불확정기한으로 정한 만기의 기재는 무효이다.

만기는 어음금액이 지급될 날이므로 가능한 날이어야 한다. 따라서 만기는 세
력(歲曆)에 존재하는 날이어야 하는데, 세력(歲曆)에 없는 날(예컨대, 11월 31일 또는
2월 30일 등)을 만기로 기재한 경우에 그 효력이 어떻게 되는지가 문제된다. 이에 대
하여는 말일을 만기로 보아 이를 유효로 보는 견해(우리나라의 통설)($^{동지: 대판 1981.}_{7. 28, 80 다 1295}$)와
무효로 보는 견해로 나뉘어 있는데, 유효로 보는 견해가 타당하다고 본다. 또한 세
력(歲曆)에 있는 날을 만기로 기재하였으나 만기가 발행일 이전의 날로서 불능의 날
이 된 경우에는 그러한 만기는 유효한 만기가 될 수 없다(그러나 발행일과 만기일이
같은 것은 무방하다). 이에 대하여 우리나라의 판례는 만기가 무효일 뿐만 아니라 어
음 자체가 무효라고 판시하고 있다($^{대판 2000. 4. 25,}_{98 다 59682}$).

② 종 류   어음법은 일람출급·일람후정기출급·발행일자후정기출급 및 확정
일출급의 4종의 만기만을 인정하고($^{어 33조}_{1항}$), 그 외의 만기는 환어음을 무효로 한다고
규정하고 있다($^{어 33조}_{2항}$). 이러한 4종의 만기 중 일람출급과 일람후정기출급은 확정할
수 있는 만기이고, 발행일자후정기출급과 확정일출급은 확정된 만기이다. 이하에서
차례대로 설명한다.

㉠ 일람출급   지급을 위하여 제시가 있었던 날을 만기로 하는 어음을 일람출
급어음이라고 한다($^{어 33조 1항 1호,}_{34조 1항 1문}$). 보통 어음에 「일람(청구·제시) 즉시 지급하여 주십
시오」 등으로 표시된다. 일람출급어음의 경우에는 만기의 도래가 어음소지인의 지
급제시에 달려 있기 때문에 어음채무자를 부당하게 장기간 구속하는 일이 있다. 따
라서 이러한 일이 없도록 하기 위하여 어음법은 원칙적으로 발행일로부터 1년 내에
지급을 위하여 제시를 하여야 한다고 규정하고 있다($^{어 34조}_{1항 2문}$). 그러나 예외적으로 발
행인은 이 기간을 단축 또는 연장할 수 있고, 배서인은 이것을 단축할 수 있다
($^{어 34조}_{1항 3문}$). 이와 같이 발행인 또는 배서인이 제시기간을 어음상에 기재한 경우, 발행
인이 기재한 제시기간은 모든 어음당사자에 대하여 효력이 있으나($^{어 53조}_{1항 1호}$), 배서인
이 기재한 제시기간은 그 배서인에 한하여 이것을 원용할 수 있다($^{어 53조}_{3항}$).

또 어음법 제34조 제 2 항 1 문은 발행인은 일정한 기일 전에는 일람출급어음
의 지급을 받기 위한 제시를 금지할 수 있다고 규정하고 있으므로, 이것에 의하여
실제로는 확정일후일람출급($^{어 34조}_{1항}$)과 일정기간경과후일람출급($^{어 34조}_{2항}$)의 2종의 만기
가 된다. 일정기간경과후일람출급에 있어서는 그 기간의 말일로부터 제시기간이 시

작된다($^{어\ 34조}_{2항\ 2문}$). 세력(歲曆)을 달리하는 양지간(兩地間)에서 발행된 어음의 제시기간은 원칙적으로 발행일자를 지급지의 세력(歲曆)의 대응일로 환산하고 이에 의하여 제시기간을 계산한다($^{어\ 37조}_{2항·3항}$).

ⓛ **일람후정기출급** 인수를 위하여 제시하고 인수가 있는 경우에는 인수일자, 인수가 거절된 경우에는 거절증서의 작성일자로부터 일정한 기간을 경과한 날을 만기로 하는 어음을 일람후정기출급어음이라고 한다($^{어\ 33조\ 1항\ 2호}_{35조\ 1항}$). 이 경우에도 만기의 도래는 어음의 인수제시에 달려 있으므로 어음법은 발행한 날부터 1년의 인수제시기간을 규정하였다($^{어\ 23조}_{1항}$). 발행인은 이 기간을 단축 또는 연장할 수 있고, 배서인은 이 기간을 단축할 수 있다($^{어\ 23조}_{2항·3항}$). 위에서 본 바와 같이 일람후정기출급어음에서 만기를 정하는 일정기간의 기산일은 지급인의 인수여부에 따라 다르고, 또 지급인의 수의 단복(單複)에 따라 다르다. 따라서 이하에서는 이에 관하여 좀더 상세히 살펴본다.

(a) 지급인이 인수를 한 경우 첫째로 지급인이 인수하고 인수일을 기재한 경우에는 그 「인수한 날짜」를 기준으로 하고($^{어\ 35조\ 1항}_{전단}$), 둘째로 지급인이 인수하고 인수일을 기재하지 않았으나 거절증서작성면제가 아니어서 인수일자거절증서를 작성한 경우에는 그 「거절증서의 날짜」를 기준으로 하며($^{어\ 35조\ 1항}_{전단}$), 셋째로 지급인이 인수하고 인수일을 기재하지 않고 또한 거절증서도 작성되지 아니한 경우(거절증서작성면제인 경우 또는 거절증서작성면제가 아닌 경우로서 인수일자거절증서를 작성하지 아니한 경우)에는 인수제시기간의 말일에 인수한 것으로 보아 「인수제시기간의 말일」을 기준으로 하여($^{어\ 35조}_{2항}$), 각각 이에 일정기간을 계산하여 만기를 정한다.

(b) 지급인이 인수를 거절한 경우 첫째로 지급인이 인수를 거절하고 인수거절증서를 작성한 경우에는(거절증서작성면제가 아닌 경우) 그 「거절증서의 날짜」를 기준으로 하고($^{어\ 35조\ 1항}_{후단}$), 둘째로 지급인이 인수를 거절하고 또 인수거절증서를 작성하지 않은 경우에는(거절증서작성면제인 경우) 지급인에 대한 관계에서는 「인수제시기간의 말일」을 기준으로 하여($^{어\ 35조}_{2항}$), 각각 이에 일정기간을 계산하여 만기를 정한다. 인수가 거절된 경우에는 만기 전의 상환청구(소구)가 가능하므로 만기를 확정할 필요가 없을 것 같지만, 상환청구(소구)금액을 정하는 데 있어서 만기 이후의 이자를 산정해야 할 필요가 있는 점 등에서($^{어\ 48조\ 1항}_{2호·2항}$) 이 때에도 만기를 확정할 필요가 있다.

(c) 지급인이 수 인인 경우 첫째로 수 인의 지급인 중 1인이 인수한 경우에는 그 「인수한 날짜」를 기준으로 하여 만기를 계산하고, 둘째로 수 인의 지급인 중 1

인이 인수를 거절하면 「거절증서의 날짜(또는 인수제시기간의 말일)」를 기준으로 하여 만기를 계산하며, 셋째로 수 인의 지급인이 인수하고 인수의 날짜가 서로 상이한 경우에는 그 중 「빠른 인수의 날짜」를 기준으로 하여 만기를 계산한다.

ⓒ **발행일자후정기출급** 발행일자로부터 어음에 기재한 확정기간을 경과한 날을 만기로 하는 어음을 발행일자후정기출급어음이라고 한다($^{어\ 33조}_{1항\ 3호}$). 예컨대 발행일자로부터 3개월이라고 하는 것과 같은 만기가 그것이다. 이 때 기간의 계산에 관하여는 민법 제156조 이하의 규정이 적용되지만, 어음법은 많은 특칙을 두고 있다($^{어\ 73조,\ 36조,\ 37조}_{2항·4항\ 등}$).

ⓓ **확정일출급** 확정한 날을 만기로 하는 어음을 확정일출급어음이라고 한다($^{어\ 33조}_{1항\ 4호}$). 예컨대 2010년 10월 3일과 같이 연월일로써 표시하는 것이 보통이지만, 특정일을 정확하게 알 수 있는 한 2010년 개천절과 같은 기재도 적법하다. 또 만기의 표시로서 월 일만을 기재하고 연호를 기재하지 않았을 때라도 어음상의 다른 기재로부터 연을 확정할 수 있는 이상은 유효한 기재가 된다. 월초·월중·월말로 만기를 표시한 경우에는 그 달의 1일·15일 또는 말일을 말한다($^{어\ 36조}_{3항}$). 발행지와 세력(歲曆)을 달리하는 지에서 확정일에 지급할 환어음에 관하여는, 어음의 문구나 그 밖의 기재사항에 의하여 다른 의사를 알 수 없는 한, 만기일은 지급지의 세력(歲曆)에 따라 정한 것으로 본다($^{어\ 37조}_{1항·4항}$).

③ **보 충** 만기는 필요적 기재사항이므로 그 기재를 하지 아니한 때에는 어음은 원칙적으로 무효이다($^{어\ 2조}_{1항\ 본문}$). 그러나 어음법은 단순히 만기의 기재가 없는 경우에 관하여, 특히 구제규정을 두어 「만기가 적혀 있지 아니한 경우 일람출급의 환어음으로 본다」라고 규정하고 있다($^{어\ 2조}_{2호}$). 만기가 적혀 있지 아니한 경우라 함은 원래는 전연 만기의 기재가 없든가 또는 어떠한 기재가 있어도 거래의 통념상 만기의 기재로서는 전혀 무의미하여 만기의 기재가 없는 것과 동일시되는 경우라는 것이다. 그런데 만기의 기재가 있어도 부적법한 경우에는 구제될 수 있겠는가에 대하여, 이러한 부적법한 기재는 구제될 수 없다고 보는 견해가 지배적이나, 부적법한 기재도 구제될 수 있다고 본다.

만기의 기재를 하지 않은 어음과 만기를 백지로 발행한 백지어음과는 외관상 구별하기 어렵다. 이것은 원칙적으로 발행인이 백지보충권을 부여하였는가의 여부에 따라서 결정될 것이다. 만기(지급기일)가 공란인 어음을 일률적으로 위의 보충규정에 의하여 일람출급어음으로 볼 것이 아니라, 백지어음으로 추정하는 것이 타당하다고 본다(이에 관하여는 백지어음에서 설명하였음).

(바) 지 급 지

① **의 의** 지급지($^{어5조}_{1호}$)라 함은 「어음금액이 지급될 일정한 지역」을 말한다. 지급지는 인수 또는 지급을 위한 제시, 전자에 대한 상환청구(소구)권보전절차, 인수인의 채무이행 등의 지역이 되는 것으로 매우 중요하므로, 어음법은 이를 어음요건의 하나로 규정하고 있다.

지급지는 지급장소와 구별하여야 한다. 지급장소는 지급지 내에 있어서 지급이 행하여질 특정한 장소(지점)를 의미한다($^{어27조}_{2항}$). 그러나 지급지 외의 장소를 지급장소로 기재한 경우에는 동 지급장소의 기재는 무효가 되나, 지급장소는 어음요건이 아니므로 동 어음은 무효가 되는 것이 아니다.

[지급지 외의 장소를 지급장소로 기재한 어음의 효력에 관한 판례]

"지급지가 포항시인데 지급장소를 서울특별시에 있는 ○○은행으로 기재한 경우에 동 어음은 무효가 아니다($^{대판 1970. 7.)}_{24, 70 다 965}$)."

지급지는 단일하고 확정되어야 한다. 따라서 지급지의 중첩적 기재나 선택적 기재는 인정되지 않는다고 본다(통설). 왜냐하면 지급지의 중첩적 기재를 인정하면 어음소지인이 상환청구(소구)권보전절차를 이행하기 위하여는 단기의 제시기간 내에 각 지급지에서 전부 지급(인수)제시하여야 하는데 이는 어음소지인을 해하므로 인정될 수 없고, 또한 어음소지인이 선택권을 갖는 선택적 기재는 어음소지인을 해하는 것은 아니나 지급지의 어느 하나에 주소를 갖는 예비지급인을 기재한 어음관계자(발행인·배서인 또는 보증인)($^{어55조}_{1항}$)가 있는 경우에는 어음소지인이 다른 지급지를 선택하면 그러한 어음관계자의 이익을 해하게 되기 때문이다.

② **표시방법** 지급지·발행지 등의 「지(地)」라 함은 독립한 최소행정구역, 즉 특별시·광역시·시·군과 같은 것을 말하므로, 지급지로서는 원칙적으로 이것으로 인정될 수 있는 지역을 기재하면 된다. 그러나 최소독립행정구역이 아니라도 사회적으로 통용하는 일정한 지역을 표시하는 명칭을 기재하면 되는 것이다. 따라서 서울·청량리 등의 명칭을 기재하여도 지급지의 기재로서 유효하다. 그러나 지급지의 기재는 지급장소를 찾는 거소이므로, 이 취지를 무시하는 광범한 지역(예컨대, 영남·호남 등)의 기재는 어음을 무효로 할 것이다.

[지급지의 표시방법에 관한 판례]

"서울특별시의 경우는 「서울」이라고만 기재하면 되고 반드시 그 구(區)까지를 표시하여야 하는 것은 아니다(대판 1981. 12. 8, 80 다 863)."

③ 지급지를 기준으로 한 어음의 분류　지급지와 발행지가 동일한 어음을 「동지(同地)어음」이라 하고, 지급지와 발행지가 동일하지 않은 어음을 「이지(異地)어음 또는 원거리어음」이라 한다. 연혁적으로는 지급지와 발행지와의 사이에 격지성이 요구되고 있었으나, 어음법은 이것을 요건으로 하지 아니하므로 구별의 실익은 없다.

지급지와 지급인의 주소지가 동일한 어음을 「동지지급(同地支給)어음」이라고 하고, 양지(兩地)가 동일하지 아니한 어음을 「타지지급(他地支給)어음」이라 한다(동지어음과 동지지급어음 및 이지어음과 타지지급어음을 혼동하여서는 아니 된다). 타지지급어음인 경우에는 「발행인」이 지급지 내에 지급담당자(지급장소로서 보통은 은행)를 기재하는 것이 보통이고(따라서 지급인은 보통 지급지 내에 영업소 또는 거래은행을 갖고 있다), 발행인이 지급담당자를 기재하지 않은 경우에는 「지급인」이 인수를 할 때에 이를 기재할 수 있다(제 3 자방지급의 기재)(어 27조 1항 1문). 따라서 타지지급어음에서는 지급인에게 지급담당자를 기재할 기회를 줄 필요가 있으므로(발행인이 이를 기재하지 않은 경우) 어음법은 발행인이 인수제시를 금할 수 없도록 규정하고(어 22조 2항 단서), 만일 발행인 및 인수인이 지급지 내에 지급담당자를 기재하지 않은 경우에는 인수인은 지급지 내에서 직접 지급할 의무를 부담한 것으로 본다(어 27조 1항 2문). 또한 타지지급어음에서 발행인이 지급담당자를 기재하지 않고 또 어음소지인이 인수제시도 하지 않아 지급인이 지급담당자를 기재할 수도 없었던 경우에는, 지급인은 지급지 내에서 직접 지급할 수밖에 없다고 본다(어 27조 1항 2문 유추적용).

타지지급어음은 제 3 자방지급어음과 구별된다. 제 3 자방지급어음은 지급인의 주소에서가 아니라 제 3 자의 주소(지급담당자 또는 지급장소로서 보통은 은행임)에서 지급되는 어음을 말한다. 그런데 이러한 지급장소는 지급지 내이기만 하면, 지급인의 주소지에 있든 다른 지(地)에 있든 관계 없으므로(어 4조), 제 3 자방지급어음은 지급지와 지급인의 주소지가 같은 경우(동지지급어음)에도 있을 수 있고, 또 지급지와 지급인의 주소지가 다른 경우(타지지급어음)에도 있을 수 있다.

④ 보 충　지급지가 적혀 있지 아니한 경우 환어음은 무효가 되는 것이 아니라 구제규정이 있어, 「지급인의 명칭에 부기한 지」가 지급지를 보충한다(어 2조 3호). 「지급인의 명칭에 부기한 지」는 또한 지급인의 주소지로 간주되고 있다(어 2조 3호). 이 때

「지급지가 적혀 있지 아니한 경우」라 함은 지급지의 기재가 전혀 없거나 또는 어떠한 기재가 있어도 거래의 통념상 지급지의 기재로서 전혀 무의미한 경우뿐만 아니라, 지급지의 기재로서 부적법한 경우를 포함한다고 본다.

㈐ 수 취 인

① 의 의   수취인이라 함은 「어음에 지급받을 자로 기재된 자」이다. 어음법에는 「지급받을 자 또는 지급받을 자를 지시할 자의 명칭」이라고 규정하고 있다(어1조6호). 어음법이 수취인이라고 하지 않고 이와 같이 표현한 것은 수취인이 반드시 스스로 어음금액을 수령한다고 볼 수 없고, 타인을 지시하는 경우를 예상하였기 때문이다. 발행인이 「지급받을 자의 명칭」을 기재한 어음을 기명식어음이라고 하고, 「지급받을 자를 지시할 자의 명칭」을 기재한 어음을 지시식어음이라고 한다. 그런데 어음은 법률상 당연한 지시증권이므로(어11조1항), 기명식어음이라도 배서에 의하여 양도할 수 있다. 그러나 어음에는 기명식이건 또는 지시식이건 수취인을 반드시 기재하여야 하므로, 무기명식(소지인출급식)어음은 인정될 수 없다. 어음의 경우 선택무기명식(지명소지인출급식)어음이 인정될 수 있는지 여부에 대하여는, 이를 긍정하는 견해도 있으나, 이는 소지인출급식어음과 동일시할 수 있으므로(수5조2항 참조) 인정될 수 없다고 본다. 어음에 무기명식(소지인출급식)어음이 인정되지 않는다고 하더라도 발행인이 수취인의 자격을 겸한 자기지시어음을 발행하여 이에 백지식배서(어13조2항) 또는 소지인출급식배서(어12조3항)를 하면, 실질적으로 무기명식(소지인출급식)어음을 발행한 것과 동일한 효과를 거둘 수 있다.

② 표시방법   수취인의 명칭의 표시방법은 지급인의 명칭의 표시방법과 같다. 따라서 수취인이 자연인인 경우에는 성명 외에도 상호·통칭·아호·예명·별명·직명 등 무엇이든지 적어도 수취인을 특정할 수 있으면 충분하다(통설)(동지: 대판 1961. 11. 23, 4294 민상 65). 또한 수취인이 법인인 경우에는 법인명만 기재하면 되고 반드시 대표자의 성명(및 대표관계) 또는 대리인의 성명(및 대리관계)을 표시할 필요는 없다(이것은 지급인의 표시와 같고, 발행인·배서인 등과 같은 어음행위자의 표시와 구별됨)(동지: 대판 1978. 12. 13, 78 다 1567). 또한 법인격이 없는 사단이나 조합도 수취인으로 기재될 수 있는데, 이 때에는 그 구성원이 (준총유 또는 준합유적으로) 어음금액을 수령할 수 있는 권한을 갖는다(통설).

수취인도 지급인과 같이 실재인이 아니어도 무방하다고 본다. 이는 동 어음이 다시 제3자에게 양도된 경우에 그 의미가 크다고 볼 수 있다.

③ 복수적 기재   환어음의 수취인의 복수적 기재는 지급인의 경우와는 달리 넓게 인정되고 있다. 즉, 수취인은 중첩적 기재(갑 및 을)뿐만 아니라, 선택적 기재(갑

또는 을) 및 순차적 기재(제1 수취인 갑, 제2 수취인 을)도 모두 유효하다고 본다(통설). 왜냐하면 중첩적 기재인 경우에는 모든 수취인이 공동수취인이 되고, 선택적 기재 또는 순차적 기재인 경우에는 발행인으로부터 어음을 교부받은 수취인만이 어음상의 권리를 취득하므로 어음관계를 불명확하게 하지 않기 때문이다. 따라서 중첩적 기재의 경우에는 수취인으로 기재된 전원이 공동으로 어음상의 권리를 행사하여야 하므로 그 전원의 명의로 배서를 하여야 하나, 선택적 기재 또 순차적 기재의 경우에는 어음을 교부받은 어음소지인만이 어음상의 권리를 행사할 수 있으므로 그가 단독으로 배서할 수 있다.

(사) **발행일과 발행지**   어음법은 발행일과 발행지를 어음요건으로서 반드시 기재하도록 규정하고 있는데($\frac{어}{7호}^{1조}$), 이것은 어음의 발행이라는 어음행위의 의사표시가 언제·어디에서 있었다는 사실의 표시가 아니고, 어음행위자가 언제·어디에서 어음상의 효과를 발생시킬 것을 의욕하였는가라는 의사표시이다. 따라서 어음상에 기재된 발행일과 발행지는 사실상의 발행일과 발행지와 틀리는 경우에도 유효하나, 일단 사실상의 발행일과 발행지의 표시로 추정될 수 있을 것이다. 이하에서는 발행일과 발행지를 구별하여 설명한다.

① **발 행 일**

㉠ **의 의**   발행일이라 함은 「어음이 발행된 날로서 어음상에 기재된 일자」를 의미하고, 사실상 어음이 발행된 일자를 의미하는 것은 아니다. 발행일은 사실상 어음을 발행한 일자(예컨대, 2010년 2월 1일)보다 후의 일자(예컨대, 2010년 3월 1일)를 어음상에 기재할 수 있는데 이러한 어음을 「선일자어음」이라고 하고, 또는 이전의 일자(예컨대 2010년 1월 4일)를 어음상에 기재할 수 있는데 이러한 어음을 「후일자어음」이라고 한다.

발행일을 어음요건으로 규정한 것은 발행일자후정기출급어음에서 만기를 정하는 기준이 되고($\frac{어}{1항·2항}^{36조}$), 일람출급어음에 있어서 지급제시기간을 산정하는 기준이 되며($\frac{어}{1항 2문}^{34조}$), 일람후정기출급어음에서 인수제시기간을 산정하는 기준이 되기 때문이다($\frac{어}{1항}^{23조}$). 그러므로 확정일출급어음에 있어서는 발행일은 특별한 의미가 없으므로 이를 어음요건으로 할 필요가 없다는 견해도 있으나, 발행일은 발행인의 능력 및 대리권의 유무를 판단함에 있어서 기준이 되며 또 어음법상 명문으로 이를 어음요건으로 규정하고 있기 때문에 확정일출급어음에 있어서도 이를 어음요건으로 인정하는 의미가 있다고 본다.

㉡ **표시방법**   발행일의 표시방법은 만기의 경우와 같다. 따라서 발행일은 단일

(單一)의 날로서 확정일 또는 확정할 수 있는 날이어야 한다. 따라서 어음상에 수 개의 발행일을 기재하면 발행일의 단일·확정에 반하므로 그 어음은 무효가 된다고 본다(통설).

또한 발행일은 가능한 날이어야 하므로 세력(歲曆)에 있는 날이어야 한다. 따라서 세력(歲曆)에 없는 날을 발행일로 기재한 경우에는 원칙적으로 그러한 발행일 은 무효가 된다. 그러나 예컨대 2월 30일 또는 11월 31일 등과 같이 발행일을 기재 한 경우에는, 만기에서 설명한 바와 같이 이를 무효로 볼 것이 아니라 2월 말일 또 는 11월 말일을 발행일로 해석하여 유효로 보는 것이 타당하다고 본다(통설) (동지: 대판 1981. 7.) (28, 80 다 1295). 발행일이 세력(歲曆)에 있는 날이기는 하나 만기보다 뒤의 날인 경 우에는 그러한 발행일은 불능의 날로서 무효라고 본다(통설). 왜냐하면 이 때에는 어음소지인은 적법한 지급제시기간 내($^{어}_{1항}$38조)에 지급제시를 할 수 없어 상환청구(소 구)권을 보전할 수 없기 때문이다.

[수표의 발행일로서 유효로 본 판례]

"수표의 표면의 '자기앞수표'라는 표기 바로 옆에 고딕체로 '1989. 4. 15'라 고 선명하게 기재되어 있는 경우에는 어음과는 달리 수표상에는 발행일 이외에 다른 날짜가 기재될 수 없는 점에 비추어 위 일자를 발행일로 보아야 한다 (대판 1990. 12. 21,) (90 다카 28023)."

② 발 행 지

㉠ 의 의 발행지라 함은 「어음이 발행된 장소로서 어음상에 기재된 지(地)」 를 의미하는 것이지, 사실상 어음이 발행된 지(地)를 의미하는 것이 아니다.

발행지가 어음법에서 갖는 의의는 발행지와 지급지의 세력(歲曆)이 다른 경우 에 만기 및 지급제시기간은 이에 관한 다른 의사표시가 없으면 지급지의 세력(歲曆) 에 의한다는 점($^{어}_{37조}$) 및 발행국과 지급국에서 명칭은 같으나 가치가 다른 통화(同名 異價를 가진 통화)로써 어음금액을 정한 경우 지급지의 통화로 정한 것으로 추정한다 는 점($^{어}_{4항}$41조) 등에서만 의미가 있다. 또한 발행지는 국제사법에 의하여 어음행위의 방식을 정하는 법의 기준이 되고($^{국사}_{1항 본문}$53조), 환어음의 발행인의 어음채무의 효력을 정 하는 법의 기준이 되며($^{국사}_{2항·3항}$54조), 환어음의 발행인이 그 발행의 원인이 되는 채권을 취득하는 여부를 결정하는 법의 기준이 된다($^{국사}_{55조}$). 위와 같은 점에서 보면 발행지는 지급지와는 달리 어음이 국제적으로 유통되는 경우에 발행국을 결정하는 표준이 되고 있음을 알 수 있다. 그러나 국제사법상 준거법을 결정하는 표준은 어음상에 기재된 발행지가 아니라 실제로 발행행위를 한 지(地)를 의미하므로, 이러한 점에 있어서는 어음상에 기재된 발행지는 단지 추정의 효력만이 있을 뿐이다.

발행지의 의의가 위와 같다면 과연 발행지를 어음요건으로 할 필요가 있는지에 대하여(특히 어음이 국내에서만 유통되는 경우에) 의문이 제기되지 않을 수 없다. 발행지의 기능이 위에서 본 바와 같이 어음행위의 준거법을 추정하는 효력 밖에 없는 점, 비교법적으로 볼 때도 영미법계의 어음법에서도 발행지를 어음요건으로 규정하고 있지 않은 점 등에서 볼 때, 입법론으로서는 발행지를 어음요건에서 삭제하는 것이 타당하고, 해석론으로서는 발행지의 기재 없는 어음이라도 발행지가 어음행위의 준거법을 정하는 표준으로서 당사자에게 명백한 경우에는 유효한 어음이라고 해석하여야 할 것으로 본다. 우리 대법원도 앞에서(백지어음에 관한 설명) 본 바와 같이 1998. 4. 23에 전원합의체판결로써 종래의 판례를 변경하여 발행지가 기재되지 않은 어음이라도 그 어음이 국내어음임이 명백한 경우에는 유효한 어음이라고 판시하고 있다(대판〈전원합의체판결〉 1998. 4. 23, 95 다 36466. 수표에 관하여
동지의 판례로는 대판〈전원합의체판결〉 1999. 8. 19, 99 다 23383).

ⓛ **표시방법** 발행지의 기능이 위와 같으므로 발행지의 표시방법은 준거법의 단일·확정의 추정을 해하지 않는 한 어떠한 기재를 하여도 무방하다. 즉, 발행지의 표시는 최소독립행정구역일 필요는 없고(지급지의 표시방법과 구별), 적게는 호텔명이나 선박명의 기재로부터 넓게는 한국이라는 기재도 적법하다(통설). 또한 수 개의 발행지가 중첩적·선택적 또는 순차적으로 기재되어도 동일법역에 속하는 경우에는 준거법의 단일·확정의 추정을 해하는 것이 아니므로 유효하다.

ⓒ **보 충** 발행지가 적혀 있지 아니한 환어음은 무효가 되는 것이 아니라, 구제규정이 있어 「발행인의 명칭에 부기한 지」가 발행지를 보충한다(어2조
3호). 이 때에 「발행지가 적혀 있지 아니한 환어음」이라 함은 지급지의 기재가 없는 경우와 같이 환어음상에 발행지의 기재가 전혀 없거나 또는 어떠한 기재가 있어도 거래의 통념상 발행지의 기재로서 전혀 무의미한 경우뿐만 아니라, 발행지의 기재로서 부적법한 경우를 포함한다고 본다.

따라서 어음상에 발행지의 기재가 없어도 「발행인의 명칭에 부기한 지」의 기재만 있으면 발행지가 기재되지 않음으로 인하여 그 어음이 무효가되는 경우는 있을 수 없다. 문제는 어음상에 「발행지」의 기재가 없을 뿐만 아니라 「발행인의 명칭에 부기한 지」의 기재도 없는 경우에(그러나 그 어음이 한국에서 발행된 것이라는 점은 당사자간에 명백한 경우에), 발행지의 기재가 없음으로 그 어음을 무효로 하는 것이 발행지의 기능(준거법의 추정적 효력)과 관련하여 볼 때 과연 타당한가 하는 점이다. 이에 대하여 우리 대법원은 종래에는 발행지의 어음요건을 엄격히 해석하여 어음으로서의 효력이 없거나($_{89 \ 다카 \ 15540 \ 외}^{대판 \ 1990. \ 5. \ 25,}$) 또는 백지어음으로 추정된다 하더라도 발행지의 보충 없이 한 권리행사에 대하여는 권리행사 및 지급제시의 효력(권리보전절차의 효력)이 없다고 판시하였다($_{95 \ 다 \ 23071}^{대판 \ 1995. \ 9. \ 15,}$). 그러나 위에서 본 바와 같이 1998. 4. 23자 대법원 전원합의체판결은 이러한 종래의 판례를 변경하여 「어음면의 기재 자체로 보아 국내어음으로 인정되는 경우에 있어서는 발행지의 기재는 별다른 의미가 없는 것이고, 발행지의 기재가 없는 어음도 완전한 어음과 마찬가지로 유통·결제되고 있는 거래의 실정 등에 비추어, 그 어음면상 발행지의 기재가 없는 경우라고 할지라도 이를 무효의 어음으로 볼 수는 없다고 할 것이다」고 판시하였다($_{1998. \ 4. \ 23, \ 95 \ 다 \ 36466}^{대판 \langle전원합의체판결\rangle}$).

㈐ **발행인의 기명날인 또는 서명** 환어음의 발행에는 발행인의 기명날인 또는 서명이 있어야 하는데($_{8호}^{어1조}$), 이러한 기명날인 또는 서명은 모든 어음행위에 공통된 필수불가결의 요건이다. 그런데 모든 어음행위에 공통된 요건인 기명날인 또는 서명에 대하여는 총론에서 이미 상세히 설명하였으므로 이곳에서는 이에 관한 설명을 생략한다.

발행의 기명날인 또는 서명의 장소는 반드시 어음 자체에 하여야 하고, 보전(부전·보충지) 또는 등본에는 할 수 없다고 본다(통설).

2) 약속어음

㈎ 약속어음요건이 환어음요건과 구별되는 점으로, 환어음에는 있으나 약속어음에는 없는 것으로 「지급인의 명칭」이 있다. 이는 발행인 자신이 지급인을 겸하고 있는 약속어음의 성질에서 오는 당연한 결과이다. 또한 약속어음의 성질에서 오는 당연한 결과로서 어음문구가 「약속어음임을 표시하는 글자」이어야 하고($_{1호}^{어75조}$), 지급위탁이 아니라 「지급약속」으로 기재되어야 한다($_{2호}^{어75조}$).

㈏ 약속어음에서 지급인이 없다고 하여 지급지가 없는 것은 아니다. 「지급지」는 약속어음의 어음요건($_{4호}^{어75조}$)으로서 반드시 기재되어야 한다. 환어음에서는 지급지를 보충하는 지가 「지급인의 명칭에 부기한 지」인데($_{2호}^{어2조}$), 약속어음에서는 지급인이 없기 때문에 「발행지」가 지급지를 보충하며 또한 지급을 하는 발행인의 주소지로 간주된다($_{2호}^{어76조}$). 따라서 약속어음에서 「지급지」 및 「발행지」의 기재가 없는 때에도 「발행인의 명칭에 부기한 지」의 기재가 있는 경우에는, 그러한 「발행인의 명칭에 부기한 지」는 발행지를 보충하고($_{3호}^{어76조}$), 그 발행지는 다시 지급지를 보충하게 되어

($^{어\ 76조}_{2호}$) 동 어음은 유효한 어음이 된다.

그런데 이 때 「발행인의 명칭에 부기한 지」의 기재가 없고, 「지급장소」의 기재만이 있는 경우에는 어떠한가. 이에 대하여는 지급장소가 지급지를 보충한다고 보는 견해도 있으나($^{대판\ 2001.\ 11.\ 30,}_{2000\ 다\ 7387}$), 지급장소는 지급지를 보충할 수 없으므로 동 어음은 지급지의 기재가 없음으로 인하여 무효가 된다고 본다.

(다) 약속어음에는 인수제도가 없고 발행인(겸 지급인)이 발행시부터 인수한 것과 같으므로, 발행 후에 인수제시의 결과에 의하여 만기가 결정되는 일람후정기출급어음의 만기의 기산점에 대하여 환어음의 그것과 달리 규정하지 않을 수 없다. 따라서 일람후정기출급어음의 만기의 기산점이 환어음의 경우는 인수한 날짜 또는 거절증서의 날짜이나($^{어\ 35조}_{1항}$), 약속어음의 경우는 「발행인이 어음에 일람하였다는 내용을 적고 날짜를 부기하여 기명날인하거나 서명한 날」이다($^{어\ 78조}_{2항\ 2문}$). 이 때에 어음소지인은 발행인에 대하여 발행한 날부터 1년 내에 일람을 위하여 그 어음을 제시하여야 하고($^{어\ 78조}_{2항\ 1문}$), 발행인이 이 때 일람 사실과 날짜의 기재를 거절한 경우에는 거절증서로써 이를 증명하여야 한다($^{어\ 78조}_{2항\ 3문}$).

(라) 약속어음의 발행인은 환어음의 발행인과 지급인의 자격을 겸하고 있는 자(자기앞환어음)에 해당하므로, 약속어음에서 발행인과 수취인의 자격을 겸하는 자기지시약속어음은 환어음에서 발행인·지급인·수취인의 3당사자의 자격을 겸하는 환어음과 같은데, 이러한 자기지시약속어음이 인정될 수 있을 것인가의 문제가 있다. 이에 대하는 이를 부정하는 소수설도 있으나(소극설 또는 무효설), 3당사자의 자격을 겸하는 환어음이 인정되는 것과 같이 이를 긍정하는 통설(적극설 또는 유효설)이 타당하다고 생각한다.

3) 수 표

(개) 수표요건이 환어음요건과 구별되는 것으로, 환어음요건에는 있으나 수표요건에는 없는 것으로는 「만기」와 「수취인」의 기재이다. 수표는 어음과는 달리 신용증권이 아니고 지급증권인 성질상 만기가 없고 언제나 일람출급이며($^{수\ 28조}_{1항\ 1문}$), 수표의 일람출급성에 반하는 모든 문구는 적지 아니한 것으로 본다($^{수\ 28조}_{1항\ 2문}$)(무익적 기재사항). 또한 수표는 단기간 내에 결제되는 지급증권인 성질상 「수취인」의 기재가 수표요건이 아니어서 소지인출급식수표($^{수\ 5조}_{3호\ 1항}$), 무기명식수표($^{수\ 5조}_{3항}$) 또는 지명소지인출급식수표($^{수\ 5조}_{2항}$)가 인정된다. 그러나 기명식 또는 지시식의 수취인의 기재는 유효하다($^{수\ 5조}_{1호\ 1항}$)(유익적 기재사항).

그 밖의 수표요건은 환어음요건과 공통되는데, 수표임으로 인한 당연한 결과로서 어음문구 대신에 수표의 본문 중에서 「수표임을 표시하는 글자」(수표문구)를 기재하여야 한다($\frac{수}{1}$조).

(내) 수표에 수표요건으로서 「지급인의 명칭」을 기재하여야 하는 것은($\frac{수}{3}$조) 환어음의 경우와 같으나($\frac{어}{3}$조), 수표의 지급인은 수표를 제시한 때에 발행인이 처분할 수 있는 자금이 있는 「은행」으로 제한되어 있는 점($\frac{수}{본문}$조)은 환어음의 경우와 다르다.

(대) 수표에는 지급인이 있으므로 지급지의 기재가 없는 때에는 「지급인의 명칭에 부기한 지」가 지급지를 보충하는 점($\frac{수}{1}$조)은 환어음의 경우($\frac{어}{2}$조)와 같다. 만일 지급인의 명칭에 여러 개의 地를 부기한 경우에는 수표의 맨 앞에 적은 지가 지급지를 보충하고($\frac{수}{1}$조), 지급인의 명칭에 부기한 지나 그 밖의 다른 표시가 없는 경우에는 제 2 차로 발행지가 지급지를 보충하는 점($\frac{수}{2}$조)은 환어음의 경우와 구별된다. 수표의 지급인은 은행이므로 지급인의 명칭에 부기한 지가 실제로 거의 없으므로, 지급지의 기재가 없는 경우에는 발행지가 지급지를 보충하는 경우가 많다.

(3) 유익적 기재사항

어음의 유익적 기재사항이란 어음 자체의 효력을 좌우하는 어음요건은 아니나, 어음에 기재함으로써 이에 상응하는 어음상의 효력이 발생하는 기재사항을 말한다. 이러한 어음의 유익적 기재사항에는 먼저 어음법에 규정되어 있는 사항이 있다. 어음법에 규정되어 있지 않은 사항에 대하여도 유익적 기재사항을 인정할 것인가에 대하여는 긍정설과 부정설이 있는데, 긍정설이 타당하다고 본다.

[어음법에 규정되어 있지 않은 사항에 대하여도
유익적 기재사항을 인정한 판례]

"조건을 붙인 부단순(不單純)보증은 그 조건부 보증문언대로 보증인의 책임이 발생한다고 보는 것이 타당하다($\frac{대판 1986. 3. 11.,}{85 다카 1600}$)."

따라서 이렇게 보면 유익적 기재사항에는 어음법에 규정이 있는 사항과, 어음법에 규정이 없는 사항으로 분류될 수 있다. 이하에서는 환어음·약속어음 및 수표의 이러한 유익적 기재사항에 대하여 설명하겠다.

1) 환 어 음

(가) 어음법에 규정이 있는 사항

① 지급인의 명칭에 부기한 지($\frac{어}{2}$조)   지급지를 보충하고, 지급인의 주소지로

본다.

② 발행인의 명칭에 부기한 지($^{어\,2조}_{3호}$) 발행지를 보충한다.

③ 지급담당자 또는 지급장소(제 3 자방지급문언)($^{어\,4조}_{27조}$)

㉠ 의 의 환어음의 발행인 또는 지급인은 동 어음이 지급인의 영업소 또는 주소 이외에서 지급될 수 있도록 지급담당자 또는 지급장소를 기재할 수 있는데, 이를 제 3 자방지급문언이라고 하고, 이러한 어음을 제 3 자방지급어음 또는 타소지급어음이라고 한다. 「지급담당자」라 함은 지급인 또는 인수인에 갈음하여 지급사무만을 집행하는 자로서 이는 인적 관념이고, 「지급장소」라 함은 지급인 또는 인수인이 어음의 지급을 하여야 할 장소로서 이는 장소적 관념인데, 실제로 이 양자는 거의 구별되지 않고 합친 개념으로 사용되고 있다. 어음법에서도 이 양자를 엄격히 구별하지 않고 합친 개념으로 「제 3 자방」($^{어\,4조,\,22조\,2항,}_{27조\,1항}$) 또는 「지급장소」($^{어\,27조}_{2항}$) 등으로 표현하고 있다. 지급담당자 또는 지급장소는 보통 은행(또는 이와 동시되는 사람이나 시설)이다.

제 3 자방지급어음은 동지지급어음 및 타지지급어음의 어느 어음에서도 가능한 것으로서, 타지지급어음과 구별되는 점은 이미 설명하였다. 제 3 자방지급어음에 있어서는 원칙적으로 제 3 자(지급담당자로서 보통 은행)가 그 주소에서 지급하나, 지급인 자신이 제 3 자의 주소에서 직접 지급하여도 무방하다.

이러한 제 3 자방지급문언의 기재의 실익은 첫째로 어음의 지급을 용이하게 하고(특히 타지지급어음에 있어서), 둘째로 어음의 결제절차를 간편하게 하며(특히 환어음의 지급인이 자기의 채무자를 지급담당자로 기재한 경우), 셋째로 어음의 추심 또는 할인을 용이하게 한다(특히 지급인이 자기의 거래은행을 지급장소로 기재한 경우).

㉡ 기재권자 발행인 또는 지급인이다. 그러나 지급인은 동지지급어음의 경우와($^{어\,27조}_{2항}$) 타지지급어음의 경우에는 발행인이 아직 제 3 자방지급문언을 기재하지 않은 경우에 한하여($^{어\,27조}_{1항\,1문}$), 인수를 할 때에 제 3 자(지급장소)를 기재할 수 있다. 기재권자가 아닌 자가 제 3 자방지급문언을 기재한 경우에는 어음의 변조가 된다. 그러나 발행인 또는 지급인은 제 3 자방지급문언을 기재한 후에도 어음소지인과의 합의에 의하여 이를 변경할 수 있다고 본다.

㉢ 기재방법 보통은 「지급장소: 한국외환은행 종로지점」 또는 「지급장소: 서울특별시 종로구 이화동 27 김갑돌 댁(宅)」 등과 같이 특정한 장소와 특정한 제 3 자인 사람을 함께 표시한다. 이러한 지급장소는 지급지 내이어야 하나($^{동지:\,대판\,1970.\,7.}_{24,\,70\,다\,965}$),

지급인의 주소지에 있거나 다른 지(地)에 있음을 불문한다($\frac{어}{4조}$).

지급담당자(제3자)는 적어도 어음의 기재상 지급인과는 다른 사람이어야 하나, 실질상은 동일인이라도 무방하다.

ⓔ **기재의 효력**

ⓐ 지급담당자는 지급인에 갈음하여 어음금액을 지급하고 또 이를 거절할 수 있는 법률상의 지위를 갖기 때문에, 지급담당자가 지급을 하면 어음관계는 종국적으로 소멸되고, 지급담당자가 지급을 거절하면 그가 거절자로 되어 지급거절증서가 작성된다($\frac{거령 3조 1항}{1호~2호}$). 한편 어음소지인은 지급담당자에게 지급제시를 하여야 지급제시의 효력이 발생하고, 지급인에 대하여 어음을 제시하여도 지급제시의 효력이 발생하지 않아 전자에 대한 상환청구(소구)권을 행사할 수 없다.

보통 지급장소는 지급담당자를 포함하는데(예컨대, 지급장소가 「한국외환은행 종로지점」이면 한국외환은행이 지급담당자이고, 한국외환은행 종로지점이 순수한 지급장소가 된다), 지급장소가 인적 개념은 없고 순수한 장소적 개념만을 의미하면 그 장소에서 지급인 자신이 지급하는 뜻으로 보아 어음소지인은 그 장소에서 지급인에 대하여 지급제시를 하고 또 그 지급인에 대하여 지급거절증서를 작성하여야 한다.

ⓑ 지급담당자가 지급을 하여도 그는 어음상의 권리를 취득하지 못한다. 지급담당자가 지급한 후에 지급인에 대하여 어떠한 권리를 갖느냐의 문제는, 어음 외의 법률관계로서 준자금관계가 존재한다고 볼 수 있다.

지급인이 인수한 후에는 지급담당자는 어음소지인에 대하여 지급할 의무를 부담하나, 지급인이 인수하기 전에는 지급담당자는 지급인의 특별한 위탁이 없는 한 어음소지인에 대하여 지급할 의무를 부담하지 않는다. 따라서 지급인이 인수하기 전에 지급담당자가 지급한 경우에는, 지급인의 특별한 위탁이 없는 한 지급담당자는 지급인에 대하여 보상을 청구할 수 없고 발행인에 대하여 구상할 수밖에 없다.

[지급담당자는 어음소지인에 대하여 지급의무를 부담하지 않는다고 본 판례]

"지급장소를 은행으로 하여 발행한 이른바 은행도 약속어음에서 발행인이 지급장소로 기재한 거래은행은 어음소지인에 대하여 약속어음금의 지급의무 또는 그 약속어음금의 지급과 관련한 어떠한 주의의무를 진다고 할 수 없으므로, 그 은행이 어음발행인의 요청에 따라 (예금부족으로) 지급거절을 하였다고 하여 은행의 그와 같은 행위가 곧 불법행위를 구성한다고 보기는 어렵다($\frac{대판 1993. 8. 24.}{92 다 35424}$)."

⑭ **지급제시기간 경과 후의 제3자방 기재문언의 효력** 어음소지인은 지급제시 기간 경과 후에도 지급담당자에게 지급제시하여야 주채무자로부터 지급받을 수 있는지 의문이다. 생각건대 지급지 및 제3자방 지급문언은 지급제시기간 내에 어음이 지급제시될 것을 전제로 하여 규정된 것으로 볼 수 있으므로, 지급제시기간이 경과하면 지급지 및 제3자방 지급문언은 그 의미를 잃는다고 본다. 따라서 지급제시기간이 경과하면 어음소지인은 지급지의 내외(內外)를 불문하고 주채무자의 영업소 또는 주소에서 지급제시하여 지급받을 수 있다고 본다.

④ **이자문언**($^{어}_{5조}$) 어음법은 일람출급 또는 일람후정기출급의 어음에만 이자약정의 문언을 기재할 수 있도록 규정하고 있다($^{어\ 5조}_{1항\ 1문}$). 이 때에는 이율을 어음에 기재하여야 하고, 이율의 기재가 없으면 이자의 금액을 계산할 수 없기 때문에 이자약정의 문언을 기재하지 아니한 것으로 본다($^{어\ 5조}_{2항}$). 이러한 이자의 기산일은 특약이 없으면 어음을 발행한 날이다($^{어\ 5조}_{3항}$). 이자의 종기는 만기인데, 만기 이후에는 연 6퍼센트의 이율에 의한 법정이자($^{어\ 48조}_{1항\ 2호}$)가 약정이자에 갈음하여 발생한다.

확정일출급 또는 발행일자후정기출급의 어음에 있어서는 만기일을 발행한 날부터 확정할 수 있어 이자를 미리 계산하여 어음금액에 산입할 수 있으므로 이자문언을 기재할 필요가 없고, 또 기재하여도 어음상의 효력이 발생하지 아니한다 ($^{어\ 5조}_{1항\ 2문}$)(무익적 기재사항).

⑤ **인수무담보문언**($^{어\ 9조}_{2항\ 1문}$) 환어음의 발행인은 인수를 담보하지 아니한다는 내용을 어음에 기재할 수 있다.

⑥ **배서금지문언**($^{어\ 11조}_{2항}$) 환어음의 발행인은 배서금지(지시금지)의 문언을 기재할 수 있는데, 이러한 어음을 배서금지어음이라고 한다.

⑦ **인수제시의 명령 또는 금지문언**($^{어}_{22조}$) 환어음의 발행인(또는 배서인)은 인수를 위하여 어음을 제시하여야 할 내용을 기재할 수 있고(인수제시명령문언), 환어음의 발행인은 인수를 위한 어음의 제시를 금지한다는 내용을 어음에 기재할 수 있다(인수제시금지문언).

⑧ **인수제시기간의 단축 또는 연장의 기재**($^{어\ 23조}_{2항}$) 일람후정기출급어음의 인수제시기간은 원칙적으로 발행한 날부터 1년인데, 발행인은 이 기간을 단축 또는 연장하여 어음에 기재할 수 있다.

⑨ **지급제시기간의 단축 또는 연장의 기재**($^{어\ 34조}_{1항}$) 일람출급어음의 지급제시기간은 원칙적으로 발행일부터 1년인데, 발행인은 이 기간을 단축 또는 연장하여 어음에 기재할 수 있다(배서인은 그 기간을 단축만을 할 수 있다).

⑩ 일정기일 전의 지급제시금지문언($_{2항}^{어 34조}$)   일람출급어음의 발행인은 일정한 기일 전에는 그 어음의 지급을 받기 위한 제시를 금지한다는 내용을 기재할 수 있다.

⑪ 준거세력(歲曆)의 지정($_{4항}^{어 37조}$)   발행지와 지급지의 세력(歲曆)이 다른 경우에 발행인은 준거할 세력(歲曆)을 지정할 수 있다.

⑫ 외국통화 환산율의 지정($_{2항\ 단서}^{어 41조}$)   어음금액이 외국통화인 경우에 발행인은 어음에 외국통화의 환산율을 기재할 수 있다.

⑬ 외국통화 현실지급문언($_{3항}^{어 41조}$)   어음금액이 외국통화인 경우에 발행인은 어음에 특정의 통화로 지급할 뜻(외국통화 현실지급문언)을 기재할 수 있다.

⑭ 거절증서작성면제(무비용상환)문언($_{46조}^{어}$)   환어음의 발행인(배서인 또는 보증인)은 어음에 거절증서작성면제(무비용상환)문언을 기재하여 거절증서의 작성 없이 상환(소구)의무를 부담한다.

⑮ 역어음 발행금지문언($_{1항}^{어 52조}$)   상환(소구)의무자인 발행인은 역어음 발행금지문언을 어음에 기재하여 역어음에 의한 상환(소구)의무를 면한다.

⑯ 예비지급인의 지정($_{1항}^{어 55조}$)   환어음의 발행인(배서인 또는 보증인)은 어음에 예비지급인을 기재할 수 있다.

⑰ 복본번호의 기재($_{2항}^{어 64조}$)   환어음의 발행인이 환어음을 동일한 내용의 수 통으로 발행하는 경우에는 어음의 본문 중에 번호를 기재하여야 하는 데, 이를 기재하지 않으면 각각 독립한 환어음으로 간주된다.

⑱ 복본 불발행문언(단일어음문언)($_{3항}^{어 64조}$)   환어음의 발행인은 복본 불발행문언을 기재할 수 있는데, 이 경우에 어음소지인은 복본의 교부를 청구할 수 없다.

㈐ 어음법에 규정이 없는 사항   어음채권에 담보를 설정하였다는 기재, 어음보증인의 책임을 일정한 조건에 결부시키는 기재($_{1600;\ 동\ 1986.\ 3.\ 25,\ 84\ 다카\ 2438}^{동지:\ 대판\ 1986.\ 3.\ 11,\ 85\ 다카}$) 등은 어음법에는 규정이 없으나, 유익적 기재사항이라고 볼 수 있다.

2) 약속어음

㈎ 어음법에 규정이 있는 사항

① 발행인의 명칭에 부기한 지($_{3호}^{어 76조}$)

② 지급담당자 또는 지급장소(제 3 자방 지급문언)($_{4조,\ 27조}^{어 77조 2 항,}$)

③ 이자문언($_{2항,\ 5조}^{어 77조}$)

④ 배서금지문언($_{11조 2 항}^{어 77조 1 항 1 호,}$)

⑤ 지급제시기간의 단축 또는 연장의 기재($_{34조\ 1 항}^{어 77조 1 항 2 호,}$)

⑥ 일정기일 전의 지급제시 금지문언($^{어\,77조\,1항\,2호,}_{34조\,2항}$)

⑦ 준거세력(歲曆)의 지정($^{어\,77조\,1항\,2호,}_{37조\,4항}$)

⑧ 외국통화 환산율의 지정($^{어\,77조\,1항\,3호,}_{41조\,2항\,단서}$)

⑨ 외국통화 현실지급문언($^{어\,77조\,1항\,3호,}_{41조\,3항}$)

⑩ 예비지급인의 지정($^{어\,77조\,1항\,5호,}_{55조\,1항}$)

약속어음의 발행인이 「거절증서작성면제」의 문언을 기재할 수 있는가에 대하여($^{어\,77조\,1항,}_{4호,\,46조}$), 이의 기재를 유익적 기재사항으로 보는 견해도 있으나, 약속어음의 발행인은 주채무자이고 환어음의 발행인과 같은 소구의무자가 아니므로 「거절증서작성면제」의 문언을 기재할 수 없고 또 이를 기재하여도 그 효력이 발생하지 않는다고 본다(무익적 기재사항).

㈏ **어음법에 규정이 없는 사항**　　환어음의 경우와 같다.

3) 수　표

㈎ **수표법에 규정이 있는 사항**

① 지급인의 명칭에 부기한 지(地)($^{수\,2조}_{1호}$)　　지급지를 보충하는데, 이것이 여러 개인 경우 수표의 맨 앞에 적은 지가 지급지를 보충한다.

② 발행인의 명칭에 부기한 지(地)($^{수\,2조}_{3호}$)　　발행지를 보충한다.

③ 수취인의 기재($^{수}_{5조}$)　　수표에서는 수취인의 기재가 수표요건이 아니고 유익적 기재사항인 점에서 어음과 구별되고 있다. 따라서 수표에서는 기명식 또는 지시식의 수취인의 기재는 유익적 기재사항이므로($^{수\,5조}_{1항\,1호}$), 무기명식수표($^{수\,5조}_{3항}$)·소지인출급식수표($^{수\,5조}_{1항\,3호}$)·지명소지인출급식수표($^{수\,5조}_{2항}$)도 가능하다.

이것은 수표가 단기간 내에 결제되는 지급증권의 성질에서 인정되는 것이다.

④ 제 3 자방 지급문언의 기재($^{수}_{8조}$)　　수표에는 지급인의 주소지 내외(內外)를 불문하고 제 3 자방에서 지급할 것으로 기재할 수 있는데, 이 때 제 3 자는 은행이어야 한다.

⑤ 배서금지문언($^{수\,5조\,1항\,2호,}_{14조\,2항}$)

⑥ 외국통화 환산율의 지정($^{수\,36조}_{2항\,단서}$)

⑦ 외국통화 현실지급문언($^{수\,36조}_{3항}$)

⑧ 횡선의 표시($^{수\,37조}_{1항}$)　　수표의 도난 등에 대비하기 위하여 수표의 발행인(또는 소지인)은 수표상에 두 줄의 횡선을 그을 수 있다. 이것은 수표에만 있는 특유한 제도이다.

⑨ 거절증서작성면제(무비용상환)문언($^{수}_{1항}$ ^{42조})

⑩ 복본번호의 기재($^{수}_{48조}$)   수표의 발행인은 일정한 경우에 소지인출급식수표를 제외하고 수표를 동일한 내용의 여러 통의 복본으로 발행할 수 있는 데, 이 때에는 수표의 본문 중에 번호를 붙여야 한다.

(내) **수표법에 규정이 없는 사항**   환어음의 경우와 같다.

(4) **무익적 기재사항**

어음의 무익적 기재사항이란 어음에 기재하여도 그 기재의 효력이 발생하지 않는데, 어음 자체의 효력에는 영향이 없는 기재사항을 말한다. 이것도 어음법에 규정이 있는 사항과 어음법에 규정이 없는 사항으로 나누어진다. 이하에서는 이러한 무익적 기재사항을 환어음·약속어음 및 수표로 나누어 설명하겠다.

1) **환어음**

(개) **어음법에 규정이 있는 사항**

① 확정일출급 또는 발행일자후정기출급어음에서의 이자문언($^{어}_{1항}$ $^{5조}_{2문}$)   확정일출급 및 발행일자후정기출급어음에 있어서는 만기일을 미리 확정할 수 있어 이에 해당하는 이자가 어음금액에 가산되므로, 이러한 어음에서의 이자문언은 기재하지 아니한 것으로 본다.

② 일람출급 또는 일람후정기출급어음에 있어서의 이율의 기재 없는 이자문언($^{어}_{2항}$ ^{5조}) 일람출급 또는 일람후정기출급어음에 있어서의 이자문언의 기재는 유익적 기재사항이나, 이율의 기재가 없는 경우에는 이자를 계산할 수 없기 때문에 이러한 어음에서 이율의 기재가 없으면 이자문언은 기재하지 아니한 것으로 본다.

③ 위탁어음문언($^{어}_{3항}$ ^{3조})   환어음은 제3자의 계산으로 발행될 수 있는 데, 이것은 실질관계에서 인정되는 것이므로 발행인의 위탁어음문언은 어음상의 효력이 없다.

④ 발행인의 지급무담보문언($^{어}_{2항}$ $^{9조}_{2문}$)   환어음의 발행인이 어음에 기재한 지급을 담보하지 않는다는 뜻의 모든 문언은 기재하지 아니한 것으로 본다.

⑤ 지시문언($^{어}_{1항}$ ^{11조})   환어음은 법률상 당연한 지시증권이므로 지시문언의 기재 유무에 불문하고 배서에 의하여 양도할 수 있다.

⑥ 상환(相換)문언($^{어}_{1항}$ ^{39조})   환어음은 법률상 상환증권이므로 어음상에 상환문언이 없어도 어음채무자는 어음과 상환하여서만 어음금액을 지급할 수 있다.

(내) **어음법에 규정이 없는 사항**   어음개서의 특약, 관할법원의 합의, 지연손해금의 약정 등은 어음에 기재하여도 어음상의 효력이 생기지 않는다. 그러나 어음 외의 관계에서는 그 효력이 있다.

[연체이자의 약정에 관한 판례]

"어음금의 청구에서 어음채무자가 다투지 아니하면 연체이자의 약정에 따라 연체이자를 함께 청구할 수 있다(대판 1955. 4. 7, 4289 민상 312)."

2) 약속어음

(가) **어음법에 규정이 있는 사항**　발행인의 지급무담보문언을 제외하고, 환어음의 경우와 같다.

(나) **어음법에 규정이 없는 사항**　환어음의 경우와 같다.

3) 수　표

(가) **수표법에 규정이 있는 사항**

① 인수문언($\frac{수}{4조}$)　수표는 인수하지 못하므로, 수표에 기재한 인수문언은 기재하지 아니한 것으로 본다.

② 위탁수표문언($\frac{수 6조}{2항}$)　수표는 제 3 자의 계산으로 발행될 수 있는 데, 이것은 실질관계에서 인정되는 것이므로 발행인의 위탁수표문언은 수표상의 효력이 없다.

③ 이자문언($\frac{수}{7조}$)　수표는 신용증권이 아니고 지급증권인 성질상(어음과 구별되는 점), 수표에 기재한 이자의 약정은 기재하지 아니한 것으로 본다.

④ 발행인의 지급무담보문언($\frac{수 12조}{2문}$)　수표의 발행인이 수표에 기재한 지급을 담보하지 아니한다는 뜻의 모든 문언은 기재하지 아니한 것으로 본다. 이것은 환어음의 경우와 같고 약속어음의 경우와 구별되는 점이다.

⑤ 일람출급 이외의 만기의 표시($\frac{수 28조}{1항 2문}$)　수표는 지급증권인 성질상 언제나 일람출급이므로, 이에 위반되는 모든 문구는 적지 아니한 것으로 본다.

(나) **수표법에 규정이 없는 사항**　예비지급인의 기재, 관할법원의 합의, 지연손해금의 약정 등을 수표에 기재하여도 수표상의 효력이 발생하지 않는다.

(5) 유해적 기재사항

어음의 유해적 기재사항이란 이를 어음에 기재하면 그 기재의 효력이 발생하지 않을 뿐만 아니라, 어음 자체를 무효로 하는 기재사항을 말한다. 이러한 사항은 어음의 본질에 반하거나 어음요건을 파괴하는 사항인데, 이것도 어음법에 규정이 있는 사항과 어음법에 규정이 없는 사항으로 나누어진다. 이하에서는 이러한 유해적 기재사항을 환어음·약속어음 및 수표로 나누어 설명하겠다.

1) 환 어 음

(가) **어음법에 규정이 있는 사항**　어음법이 규정한 네 가지 이외의 만기를 기재

하거나, 분할출급의 만기를 기재하는 것은 어음 자체를 무효로 한다($\frac{\text{어}}{2\text{항}}$33조). 또한 지급인이 수 인인 경우에 각 지급인에 대하여 각각 상이한 만기를 정하는 경우에도 어음 자체를 무효로 한다.

(ᄔ) **어음법에 규정이 없는 사항**　어음채권을 원인관계에 결부시키는 기재, 어음금액의 지급에 대하여 조건을 붙이거나 지급방법을 한정하는 기재 등은 어음의 단순성을 파괴하여 어음의 본질에 반하므로 어음 자체를 무효로 한다(통설)($\frac{\text{동지: 대판 1971.}}{4.\ 20,\ 71\ \text{다}\ 418}$).

2) 약속어음

(ᄀ) **어음법에 규정이 있는 사항**　환어음의 경우와 같다.

(ᄔ) **어음법에 규정이 없는 사항**　환어음의 경우와 같은데, 약속어음의 발행인의 지급무담보문언의 기재가 추가된다. 환어음 및 수표의 발행인은 상환(소구)의무자이므로 동 발행인의 지급무담보문언의 기재는 무익적 기재사항이나, 약속어음의 발행인은 주채무자이므로 동 발행인의 지급무담보의 기재는 어음의 본질에 반하므로 어음 자체를 무효로 하는 유해적 기재사항으로 해석한다(통설).

3) 수　표

(ᄀ) **수표법에 규정이 있는 사항**　수표법에 규정되어 있는 유해적 기재사항은 없다.

(ᄔ) **수표법에 규정이 없는 사항**　환어음의 경우와 같다.

≫ 사례연습 ≪

[사 례]

Y는 X에게 약속어음을 발행함에 있어 다음과 같이 어음요건을 기재하지 않거나 잘못 기재하여 교부한 경우에 X는 Y에게 어음상의 권리를 행사할 수 있는가?

(1) 수취인의 기재를 하지 않은 경우

(2) 만기의 기재를 하지 않은 경우

(3) 「발행지」 및 「발행인의 명칭에 부기한 지」의 기재가 없는 경우

(4) 발행일이 1978. 2. 30로 기재되어 있는 경우

* 이 사례는 정찬형, 「상법사례연습(제4판)」, 사례 102에 기초한 것이므로, 이에 관한 상세는 同書를 참고하기 바람.

[해 답]

(1) 수취인의 기재가 없는 어음은 보충규정이 없어 어음요건을 결한 것이 되므로 「불완전어음(무효어음)」이 되느냐 또는 「미완성어음(백지어음)」으로 볼 수 있느냐가 본문의 문제점이 되겠다.

그런데 이와 같은 어음을 항상 무효어음으로 보면, 동 어음을 백지어음으로 하고자 하는 어음행위자의 의사에 반할 뿐만 아니라 동 어음을 백지어음으로 알고 취득한 어음취득자를 해하게 되므로, 동 어음을 일단 백지어음으로 추정하여 어음취득자를 보호해야 할 것이다. 따라서 동 어음상에 어음행위를 한 자는 보충권수여사실이 없음을 입증하여야 어음채무를 면할 것이다. 우리 대법원판례도 이와 동지(同旨)에서 판시하고 있다(대판 1966. 6. 11, 66 다 1646;
동 1965. 5. 25, 64 다 1647).

따라서 본문에서 X가 수취인을 보충한 후 Y에게 어음상의 권리를 행사하면, Y는 보충권수여사실이 없음을 입증하지 못하는 경우에는 어음상의 책임을 부담해야 할 것이다. 그런데 Y와 X 사이는 어음수수의 직접 당사자간이고 보충권수여는 어음 외의 사법상의 계약에 의하여 수수되는 것이므로 Y는 쉽게 X에게 보충권수여사실이 없음을 입증할 수 있을 것이나, Y가 정당하게 어음을 발행한 후 어음금의 지급을 면탈할 목적으로 무효어음임을 주장하는 것을 방지하기 위하여 정당하게 동 어음이 수수된 경우에는 Y가 X에게 명시적으로 보충권을 수여하지 않았더라도 묵시적으로 수여한 것으로 인정해야 할 경우가 많을 것이다.

(2) 만기의 기재가 없는 어음은 보충규정(어 2조 1 호)이 있어 불완전어음(무효어음)이 될 여지는 없고, 동 보충규정에 의하여 「일람출급어음」으로 볼 것이냐 또는 「백지어음」으로 볼 것이냐가 문제된다.

이에 대하여도 수취인의 기재가 없는 경우와 동일하게 백지어음으로 추정해야 할 것이다. 우리 대법원판례도 이와 동지(同旨)에서 판시하고 있다(대판 1976. 3. 9,
75 다 984).

따라서 본문에서 X가 만기를 보충하여 Y에게 어음상의 권리를 행사하면 Y는 어음상의 책임을 부담해야 할 것이다. 그런데 이 때 Y가 보충권수여사실이 없음을 입증하거나 또는 X가 만기를 보충하지 않고 어음상의 권리를 행사하면, Y는 어음상의 책임이 없음을 주장할 수는 없고 일람출급어음으로서의 어음상의 책임을 부담해야 할 것이다. 이 점이 수취인의 기재가 없는 어음의 경우와 구별되는 점이다.

(3) 발행인의 명칭란에도 지명(地名)이 없는 경우(예컨대, 발행인이 단순히 '천일슈퍼' 등으로 기재되어 있는 경우 등)로서 그 어음이 국내어음인 것이 명백한 경우에는 이러한 어음을 유효한 어음으로 볼 것인지가 문제된다. 이에 대하여 우리나라의 종래의 대법원판례는 "그러한 어음은 어음요건의 흠결로서 어음으로서의 효력이 없다"거나(대판 1990. 5. 25,
89 다카 15540) 또는 "백지어음으로 추정되어 유통상에서는 완전한 어음과 동일하게

취급된다 하더라도 발행지의 보충 없는 권리행사는 권리행사 및 지급제시의 효력이 없다"고 판시하였다($\substack{대판 1995. 9. 15, \\ 95 다 23071}$). 그러나 이러한 해석은 발행지의 기능이 어음행위의 준거법을 추정하는 효력밖에 없는 점, 비교법적으로 볼 때도 영미법계의 어음법에서는 발행지를 어음요건으로 규정하고 있지 않은데 이러한 점이 어음의 기술적·비윤리적인 성질과 관련하여 해석론상에서도 고려되어야 하는 점, 어음행위유효해석의 원칙 및 어음행위자의 당초의 의사에 맞는 해석을 하여야 한다는 점 등에서 볼 때는 문제가 있다. 따라서 발행지의 기재 없는 어음이 국내어음임이 명백한 경우에는 불필요하게 어음면상의 다른 기재에서 발행지를 의제하여 유효어음으로 해석할 것이 아니라, 처음부터 유효한 어음이라고 해석하여야 할 것이다.

우리 대법원에서도 이러한 점을 인식하여 1998. 4. 23자에는 대법원 전원합의체판결로써 종래의 판례를 변경하여, "어음면의 기재 자체로 보아 국내어음으로 인정되는 경우에 있어서는 발행지의 기재는 별다른 의미가 없는 것이고, 발행지의 기재가 없는 어음도 완전한 어음과 마찬가지로 유통·결제되고 있는 거래의 실정 등에 비추어, 그 어음면상 발행지의 기재가 없는 경우라고 할지라도 이를 무효의 어음으로 볼 수는 없다고 할 것이다"고 판시하였다($\substack{대판〈전원합의체판결〉\\ 1998. 4. 23, 95 다 36466}$).

따라서 본문의 경우 국내어음이 명백한 경우에는 X는 발행지를 보충하지 않고도 Y에 대하여 어음상의 권리를 행사할 수 있다. 그러나 국내어음이 명백하지 않은 경우에는 X는 발행지를 보충하여야 Y에 대하여 어음상의 권리를 행사할 수 있다.

(4) 어음상의 발행일이나 만기는 확정일이나 확정할 수 있는 날로서 달력에 존재하는 날을 기재하여야 하는데, 달력에 없는 날(예컨대, 11월 31일 또는 2월 30일 등)을 발행일이나 만기로 기재한 경우에 그 효력이 어떻게 되는지가 본문의 문제이다. 이에 대하여는 이를 유효로 보는 견해(우리나라의 통설)($\substack{동지: 대판 1981. \\ 7. 28, 80 다 1295}$)와 무효로 보는 견해(독일의 통설)($\substack{日大判 1931. \\ 5. 22}$)로 나뉘어 있다.

생각건대 유효로 보는 견해가 타당하다고 본다. 어음은 어음유효해석의 원칙에 따라 어음문언에 의하여 어음행위자의 의사를 알 수 있는 한 가능한 한 유효로 해석하는 것이 타당하다고 생각한다. 따라서 본문의 경우 어음의 발행일은 1978년 2월 말일이 되어 유효한 어음이고, X는 Y에게 어음상의 권리를 행사할 수 있다고 본다.

제2 인수와 지급보증

1. 인수(환어음에 특유한 제도)

(1) 의 의

인수란 「환어음의 지급인이 어음금액의 지급채무를 부담하는 어음행위」이다.

인수는 환어음에 특유한 제도로서 지급인은 인수에 의하여 약속어음의 발행인과 같이 주채무자가 된다. 따라서 인수에 의하여 주채무를 부담하는 것은 의사표시상의 효력이다.

인수의 법적 성질에 대하여는 단독행위설(통설)과 계약설(소수설)이 대립하고 있는데, 인수도 어음행위이므로 어음행위 일반에 관한 어음이론에 따라서 설명되어야 할 것으로 본다(이에 관한 상세는 정찬형, 「상법강의(하)(제24판)」, 254~255면 참조).

인수의 법적 성질을 어떻게 보든 어음법은 어음을 반환하기 전에는 인수의 의사표시(기명날인 또는 서명)를 철회할 수 있는 것으로 하고, 또 이 때에는 인수를 거절한 것으로 의제하여($^{어\ 29조}_{1항\ 1문}$) 어음의 지급인과 소지인의 이익을 보호하고 있다. 또한 어음소지인의 이익을 보호하기 위하여 어음상의 인수의 기재의 말소는 어음의 반환 전에 한 것으로 추정하고 있다($^{어\ 29조}_{1항\ 2문}$). 이와 같이 어음의 반환 전에 인수가 말소된 경우에도 지급인이 어음소지인 또는 그 어음에 기명날인 또는 서명한 자에게 서면으로 인수의 통지를 한 때에는 인수의 문언에 따라 어음상의 책임을 부담하여야 한다($^{어\ 29조}_{2항}$). 그러나 지급인이 환어음에 인수문언의 기재 및 기명날인 등을 하지 아니한 채 소지인 등에게 인수의 통지를 한 경우에는 이러한 책임을 지지 아니한다 ($^{대판\ 2008.\ 9.\ 11,}_{2007\ 다\ 74683}$).

(2) 인수제시

1) 의 의   인수제시란 「환어음을 지급인에게 제시하여 인수를 청구하는 행위」이다. 인수는 이론상 인수제시를 전제로 하지는 않으나, 보통 인수제시에 의하여 행하여진다.

2) 당 사 자   제시인은 「어음소지인」 또는 「어음의 단순한 점유자」이고($^{어\ 21조}_{전단}$), 피제시인은 언제나 「어음의 지급인」이다. 지급담당자는 피제시인이 될 수 없다(통설). 왜냐하면 지급담당자는 지급인에 갈음하여 지급사무만을 담당하는 자이기 때문이다.

3) 시 기   인수제시는 원칙적으로 어음의 「발행일부터 만기에 이르기까지」하여야 하는데($^{어}_{21조}$), 인수제시기간이 있는 때에는 그 기간 내에 하여야 한다($^{어}_{23조}$). 인수제시는 위와 같이 원칙적으로 만기의 전일까지 또는 인수제시기간 내에 하여야 하나, 예외적으로 「만기후(만기를 포함) 또는 인수제시기간 경과후」에도 어음소지인 및 상환(소구)의무자의 이익을 위하여 지급인은 시효기간 내에는 인수할 수 있다(통설).

4) 유예기간   인수제시에 대하여 환어음의 지급인은 첫 번째 제시일의 다

음 날에 두 번째 제시를 할 것을 청구할 수 있는데($\frac{\text{어}}{\text{1항}}\frac{24조}{\text{1문}}$), 이 하루의 기간을 유예기간(숙려기간 또는 고려기간)이라고 한다.

지급인이 첫 번째 인수제시일의 다음 날에 두 번째 제시를 할 것을 청구하면, 첫 번째 인수제시에 대하여는 인수거절이기는 하나 지급인의 두 번째 인수제시의 청구가 있기 때문에 두 번째 인수제시에 대하여도 인수거절이 있어야 어음소지인은 인수거절로 인한 만기 전의 상환청구(소구)권을 행사할 수 있다. 이 경우에 어음소지인은 첫 번째 인수제시에 대하여 인수거절증서를 작성하고, 지급인은 이것에 두 번째의 인수제시를 청구한 뜻을 기재한다($\frac{\text{어}}{\text{거령}}\frac{24조}{3조}\frac{1항}{2항}\frac{2문;}{}$). 지급인이 두 번째의 인수제시에 대하여 인수를 하면 동 어음은 인수된 어음이 되나, 지급인이 두 번째의 인수제시에 대하여 인수를 거절하면 어음소지인은 두 번째의 인수거절에 대하여 다시 거절증서를 작성하여야 만기 전의 상환청구(소구)권을 행사할 수 있다. 이 때에 만일 인수제시기간의 말일에 첫 번째의 인수제시가 있고 또 지급인이 그 다음 날에 두 번째의 인수제시를 할 것을 청구하면, 어음소지인은 인수제시기간의 말일의 다음 날에도 두 번째의 인수거절증서를 작성할 수 있다($\frac{\text{어}}{\text{2항}}\frac{44조}{2문}$).

5) 장 소   인수제시를 하여야 할 장소에 대하여 어음법은 「지급인에게 그 주소」라고 규정하고 있으나($\frac{\text{어}}{\text{21조}}$), 이는 지급인의 영업소·주소 또는 거소라고 해석되고 있다(통설). 이러한 인수제시의 장소는 지급인의 주소가 지급지 외에 있는 타지지급어음이나 또는 지급장소(또는 지급담당자)가 지급인의 주소가 아닌 장소로 기재되어 있는 제3자방 지급어음에서도 지급인의 영업소·주소 또는 거소이다.

6) 방 법   환어음을 인수제시함에는 지급인에게 어음원본 또는 복본 중의 하나를 현실로 제시하여야 한다. 따라서 어음의 등본으로써는 인수제시를 할 수 없다. 인수제시의 목적물인 환어음은 원칙적으로 기본어음으로서 완성된 환어음이다. 그러나 예외적으로 백지어음으로써도 인수제시를 할 수 있다고 본다.

7) 인수제시의 자유와 그 제한   인수제시를 할 것인가의 여부 및 언제 할 것인가는 원칙적으로 어음소지인의 자유인데($\frac{\text{어}}{\text{21조}}$), 이를 「인수제시의 자유」라고 한다. 그런데 이러한 인수제시의 자유에 대하여 크게 두 가지의 예외가 있는데, 하나는 반드시 인수제시를 하여야 하는 경우와, 다른 하나는 인수제시가 금지 또는 제한되는 경우이다.

㉮ 인수제시를 하여야 하는 경우   어음소지인이 반드시 인수제시를 하여야 하는 경우로는 발행인 또는 배서인이 인수제시를 하여야 할 뜻을 어음상에 기재한 경

우(인수제시명령의 경우)($^{어22조}_{1항·4항}$)에 이에 따라 인수제시를 하는 경우와, 일람후정기출급어음에서 만기를 정하기 위하여 인수제시를 하는 경우이다($^{어}_{23조}$).

① **인수제시명령의 경우** 환어음의 발행인은 기간을 정하거나 정하지 아니하고 인수를 위하여 어음을 제시하여야 할 뜻을 어음에 기재할 수 있고($^{어22조}_{1항}$), 배서인은 발행인이 인수제시금지를 기재한 경우를 제외하고 기간을 정하거나 정하지 아니하고 인수를 위하여 어음을 제시할 뜻을 어음에 기재할 수 있다($^{어22조}_{4항}$).

발행인의 인수제시명령에도 불구하고 어음소지인이 그에 따른 인수제시를 하지 않은 경우에는 어음소지인은 「모든 상환(소구)의무자」에 대하여 인수거절로 인한 상환청구(소구)권뿐만 아니라 지급거절로 인한 상환청구(소구)권을 잃는다($^{어53조}_{2항 본문}$). 그러나 발행인의 인수제시명령의 문언에 의하여 발행인이 인수담보채무만을 면하고자 하는 의사를 가지고 있었음을 알 수 있었을 때에는(예컨대, 「2010년 6월 30일까지 인수제시하여야 하고 그 이후에 인수제시를 한 것에 대하여는 인수의 책임을 지지 않음」과 같은 기재가 있는 때에는), 모든 상환(소구)의무자에 대하여 인수거절로 인한 상환청구(소구)권만을 잃을 뿐 지급거절로 인한 상환청구(소구)권을 잃지 않는다($^{어53조}_{2항 단서}$).

배서인의 인수제시명령에도 불구하고 어음소지인이 그에 따른 인수제시를 하지 않은 경우에는 어음소지인은 「그 배서인」에 대하여만 인수거절로 인한 상환청구(소구)권 및 지급거절로 인한 상환청구(소구)권을 잃는다($^{어53조}_{3항}$).

② **일람후정기출급어음의 경우** 일람후정기출급어음의 경우에는 만기를 확정하기 위하여 반드시 인수제시를 하여야 한다. 이 때의 인수제시기간은 원칙적으로 발행일부터 1년인데($^{어23조}_{1항}$), 발행인은 이 기간을 단축 또는 연장할 수 있고($^{어23조}_{2항}$), 배서인은 이 기간을 단축만을 할 수 있다($^{어23조}_{3항}$).

어음소지인이 법정의 인수제시기간 내(1년) 또는 발행인이 정한 인수제시기간 내에 인수제시를 하지 않으면 「모든 상환(소구)의무자」에 대하여 인수거절로 인한 상환청구(소구)권뿐만 아니라 지급거절로 인한 상환청구(소구)권을 잃는다($^{어53조 1항 1 호}_{2항 본문}$). 그러나 발행인의 인수제시기간의 기재의 문언에 의하여 발행인이 인수담보책임만을 면하고자 하는 의사를 가지고 있었음을 알 수 있었을 때에는, 모든 상환(소구)의무자에 대하여 인수거절로 인한 상환청구(소구)권만을 잃을 뿐 지급거절로 인한 상환청구(소구)권을 잃지 않는다($^{어53조}_{2항 단서}$).

배서인이 정한 인수제시기간 내에 인수제시를 하지 않은 경우에는 어음소지인은 「그 배서인」에 대하여만 인수거절로 인한 상환청구(소구)권 및 지급거절로 인한 상환청구(소구)권을 잃는다($_{3항}^{어}$ 53조).

　(바) **인수제시가 금지 또는 제한되는 경우**　　환어음의 인수제시는 원칙적으로 자유이나, 예외적으로 실제거래의 관행과 편의를 고려하여 어음법은 발행인에게 인수제시를 금지하거나 제한할 수 있음을 규정하고 있다. 즉, 환어음의 발행인은 일정한 경우(제3자방 지급어음·타지지급어음·일람후정기출급어음)를 제외하고는 인수제시를 절대적으로 금지하는 뜻을 어음에 기재할 수 있고($_{2항}^{어}$ 22조), 또는 일정한 기일 전에는 인수제시를 금지하는 뜻을 어음에 기재할 수 있다($_{3항}^{어}$ 22조). 환어음에서 인수제시를 금지 또는 제한할 수 있는 자는 「발행인」뿐이고, 배서인은 이를 할 수 없다(인수제시명령과 구별).

　① **인수제시의 절대적 금지**　　발행인은 원칙적으로 인수제시를 절대적으로 금지할 수도 있는데(이러한 어음을 「인수불능어음」이라고 한다), 이러한 어음은 모든 상환(소구)의무자가 인수를 담보하지 않은 것과 같게 되어(발행인이 인수무담보의 문언을 기재한 것과 구별됨) 발행인의 신용만으로 유통된다. 그러나 발행인은 예외적으로 제3자방 지급어음·타지지급어음 및 일람후정기출급어음의 경우에는 인수제시를 절대적으로 금지할 수 없다($_{단서}^{어}$ 22조 2항).

　② **인수제시의 제한**　　예컨대 「2010년 6월 30일까지 인수제시를 금함」, 「발행인이 지급인에게 지급자금을 공급할 때까지 인수제시를 금함」 등과 같은 기재는 인수제시를 절대적으로 금지한 것이 아니고, 제한한 것으로 볼 수 있다. 그러나 인수제시를 제한하는 기한(기간)이 만기의 전일까지 미치는 경우에는 앞에서 본 인수제시의 절대적 금지와 같다고 볼 수 있다. 인수제시를 제한하는 경우는 모든 어음에 대하여 제한 없이 인정된다($_{3항}^{어}$ 22조). 인수제시의 제한에 위반하여 한 인수제시의 효력에 대하여는 인수제시의 절대적 금지에 위반한 경우와 같다.

　(3) **인수의 방식**

　1) **필요적 기재사항(인수요건)**

　(가) **인수문언**　　인수는 지급인이 환어음에 「인수」 또는 그 밖에 이와 같은 뜻이 있는 글자를 기재하여야 하는데($_{1문 전단}^{어}$ 25조 1항), 이것이 인수문언이다. 이러한 인수문언은 반드시 기재되어야 하는 것은 아니고, 기재되지 않을 수도 있다. 따라서 인수문언을 표시하고 지급인이 이에 기명날인 또는 서명하는 방식에 의하여 하는 인수를 「정식인수」라고 하고($_{1항 1문}^{어}$ 25조), 인수문언이 없이 어음의 앞면에 지급인의 단순한 기명날인 또는 서명만으로써 하는 인수를 「약식인수」라고 한다($_{1항 2문}^{어}$ 25조).

　인수는 보충지(補箋)나 등본에 할 수는 없고, 반드시 어음 자체에 하여야 한다

($^{\text{어 25조}}_{\text{1항 1문}}$). 정식인수는 어음 자체에 하는 이상 앞면(表面)이나 뒷면(裏面)에 모두 할 수 있으나, 약식인수는 반드시 어음의 앞면에 하여야 한다($^{\text{어 25조}}_{\text{1항 2문}}$).

(내 **인수인의 기명날인 또는 서명**   인수에는 반드시 인수인(지급인)의 기명날인 또는 서명이 있어야 한다($^{\text{어 25조 1 항}}_{\text{2 문 후단}}$) ($^{\text{동지: 대판 2008. 9.}}_{\text{11, 2007 다 74683}}$). 인수는 지급인만이 할 수 있다 ($^{\text{어 25조 1 항}}_{\text{1 문 후단}}$).

2) 유익적 기재사항

(개 **인수일자**   인수일자는 인수요건이 아니므로 이를 기재하지 아니하여도 인수의 효력에는 영향이 없다. 그러나 일람후정기출급어음 또는 인수제시명령의 기재가 있는 어음의 경우에는 (어음소지인이 인수제시일자의 기재를 청구하지 않은 경우로서 인수한 경우에는 지급거절로 인한 상환청구〈소구〉권을 보전하기 위하여) 인수한 날짜를 기재하여야 한다($^{\text{어 25조}}_{\text{2항 1문}}$). 또한 일람후정기출급어음에서는 (지급인이 인수한 경우) 만기를 정하는 기준으로서 인수한 날짜를 기재하여야 한다($^{\text{어 35조}}_{\text{1항 전단}}$).

(내 **제 3 자방 지급의 기재**   타지지급어음(지급인의 주소지와 다른 지급지가 기재된 어음)의 경우에 발행인이 지급지 내에 지급장소(제 3 자)를 기재하지 아니한 때에는 지급인이 인수를 할 때에 이를 기재할 수 있는데($^{\text{어 27조}}_{\text{1항 1문}}$), 인수인이 이를 기재하지 아니한 때에는 인수인은 지급지에서 직접 지급할 의무를 부담한 것으로 본다 ($^{\text{어 27조}}_{\text{1항 2문}}$). 동지지급어음(지급인의 주소지와 같은 지급지가 기재된 어음)의 경우에도 지급인은 인수를 할 때에 지급지 내의 다른 지급장소를 기재할 수 있다($^{\text{어 27조}}_{\text{2항}}$). 만일 인수인이 다른 지급장소를 기재하지 않은 경우에는 인수인의 영업소·주소 또는 거소에서 지급하는 것이 된다.

(대 **일부인수**   어음금액의 일부를 제한하여 인수하는 일부인수는 유효하다 ($^{\text{어 26조}}_{\text{1항 단서}}$). 인수도 어음행위로서 원칙적으로 단순성이 요구되는데($^{\text{어 26조}}_{\text{1항 본문}}$), 이러한 일부인수는 단순성이 요구되는 인수에 있어서 예외적으로 인정되는「부단순(不單純)인수」라고 할 수 있다.

3) 무익적 기재사항   어음법에는 규정이 없으나, 지급인이 어음금액을 초과하여 인수한 때에는 부단순(不單純)인수가 아니고 어음금액의 한도에서 인수가 있는 것으로 볼 것이므로(통설), 어음금액의 초과부분에 대한 기재는 무익적 기재사항이 된다.

4) 유해적 기재사항

(개 **변경인수**   지급인이 어음문언을 변경하여 인수한 때에는(부단순〈不單純〉인수), 어음행위(인수)의 단순성을 해하게 되므로 그러한 인수는 효력을 발생하지 않고

인수거절이 있는 것으로 본다($^{어}_{2항}$$^{26조}_{본문}$). 따라서 어음소지인은 상환(소구)의무자에 대하여 인수거절로 인한 상환청구(소구)권을 행사할 수 있다($^{어}_{1호}$^{43조}).

발행과 같은 어음행위가 단순성에 반하여 무효가 되면 그러한 어음행위를 한 자는 어음채무를 부담하지 않으나, 인수의 경우는 이와 구별되어 부단순(不單純)인 수를 한 자도 어음채무를 부담한다. 즉, 인수인이 어음문언을 변경하여 인수한 경우에도 인수인은 변경된 어음문언에 따라 책임을 진다($^{어}_{2항}$$^{26조}_{단서}$). 따라서 부단순(不單純)인수가 있는 경우에는 어음소지인은 상환(소구)의무자에 대하여 인수거절로 인한 상환청구(소구)권을 행사할 수 있을 뿐만 아니라, 부단순(不單純)인수를 한 인수인에 대하여는 그 변경된 어음문언에 따른 어음상의 책임을 물을 수 있다.

(ᄊ) **조건부인수**　　예컨대 선하증권의 교부를 조건으로 어음금액을 지급하겠다는 것과 같은 조건부인수는, 인수의 무조건성($^{어}_{1항}$$^{26조}_{본문}$)에 반하므로 그러한 인수는 효력이 발생하지 않고 인수거절이 있는 것으로 본다(異說 없음). 따라서 이 경우에 어음소지인은 상환(소구)의무자에 대하여 인수거절로 인한 상환청구(소구)권을 행사할 수 있다($^{어}_{1호}$^{43조}). 이러한 조건부인수는 변경인수의 부단순(不單純)인수와 유사하므로, 인수인은 어음상에 기재된 조건에 따른 어음상의 책임을 부담한다고 본다($^{어 26조 2항}_{단서의 유추적용}$)(이에 관한 상세는 정찬형, 「상법강의(하)(제24판)」, 267~268면 참조).

(4) 인수의 효력

환어음의 지급인은 인수하기 전에는 어음소지인에 대하여 아무런 어음채무를 부담하지 않으나, 인수한 후에는 어음소지인에 대하여 어음상의 주채무자가 된다($^{어}_{1항}$^{28조}). 이러한 인수인의 주채무의 내용은 약속어음의 발행인의 그것과 같이, 제1차적·무조건·절대적·최종적인 의무이다(인수인의 이러한 각의무에 관한 상세는 정찬형, 「상법강의(하)(제24판)」, 268~269면 참조).

따라서 이러한 인수인이 지급할 금액은 지급제시기간 내에 지급하는 경우에는 어음금액과 이자액이지만, 지급제시기간 경과 후에 지급하는 경우에는 상환청구(소구)금액($^{어}_{49조,}$^{48조,})과 동일한 금액이다($^{어}_{2항 1문}$^{28조}).

(5) 인수거절의 효력

지급인이 인수를 할 것인가의 여부는 그의 자유이다. 그러나 지급인이 인수를 거절하면 어음소지인은 만기에 다시 지급인에게 지급제시할 필요 없이 자기의 전자(배서인 및 발행인)에 대하여 상환청구(소구)할 수 있는 권리를 갖는다($^{어}_{1호}$^{43조}). 이것이 인수거절로 인한 상환청구(소구) 또는 만기 전의 상환청구(소구)이다.

2. 지급보증(수표에 특유한 제도)

(1) 의 의

지급보증이란 「수표의 지급인이 지급제시기간 내에 수표가 제시된 때에 수표의 문언에 따라서 지급할 것을 약속하는 수표행위」이다. 이러한 지급보증은 수표에 특유한 제도로서 지급인이 지급보증에 의하여 지급채무를 부담하는 점에 있어서는 환어음의 인수와 유사하나, 그 밖의 많은 점에서 환어음의 인수와 구별된다(인수와 지급보증의 異同에 관한 상세는 정찬형, 「상법강의(하)(제24판)」, 274~275면 참조). 또한 수표의 지급보증은 수표보증과는 그 용어에서 유사하여 혼동하기 쉬운데, 그것과도 많은 점에서 구별되고 있다(이에 관한 상세는 정찬형, 「상법강의(하)(제24판)」, 269~270면 참조).

수표의 지급보증제도는 지급의 확실성을 보장하여 수표의 원활한 유통을 기하기 위하여 인정된 것이다. 그러나 우리나라의 수표실무에서는 실제로 이 제도가 이용되는 예는 거의 없고, 이에 대신하여 지급은행의 자기앞수표가 이용되고 있다. 따라서 수표법상의 지급보증에 관한 규정은 거의 사문화(死文化)되고 있다.

(2) 방 식

1) **지급보증요건** 지급보증은 수표의 앞면에, (i) '지급보증' 그 밖에 지급하겠다는 뜻을 적고(지급보증문언) (ii) 날짜를 부기하여, (iii) 지급인이 기명날인 또는 서명하여야 한다($\frac{수}{2항}$53조). 즉 지급보증이라는 수표행위의 필요적 기재사항(지급보증요건)은 지급보증문언·지급보증일자·지급보증인의 기명날인 또는 서명이다.

2) **조건부 또는 일부의 지급보증** 지급보증은 무조건이어야 하며($\frac{수}{1항}$54조), 지급보증에 의하여 수표의 기재사항에 가한 변경은 이를 기재하지 아니한 것으로 본다(무익적 기재사항)($\frac{수}{2항}$54조).

수표금액의 일부에 대한 지급보증에 대하여는 수표법에 규정이 없어, 이를 무효의 지급보증으로 볼 것인가 또는 전부에 대한 지급보증으로 볼 것인가의 문제가 있다. 이를 전부에 대한 지급보증으로 보면 지급보증인의 의사에 반하여 무거운 책임을 부담시키는 것이 되어 부당하므로, 지급보증의 효력이 없는 것으로 본다. 이렇게 보면 일부의 지급보증은 배서의 그것과 같으나(유해적 기재사항)($\frac{수}{2항}$15조), 수표보증($\frac{수}{1항}$25조)이나 어음인수($\frac{어}{1항}$26조 단서)의 그것과(유익적 기재사항) 구별된다.

3) **청구인·피청구인** 지급보증의 「청구인」에는 제한이 없는데(따라서 발행인·배서인·소지인 등이 지급보증을 청구할 수 있다), 「피청구인」은 지급인에 한한다

$\left(\substack{수\ 53조 \\ 1항}\right)$.

(3) 효 력

1) **지급보증인의 의무** 지급보증을 한 지급인은 지급제시기간 경과전에 수표가 제시된 경우에 한하여 수표소지인에게 수표금액의 지급의무를 부담한다$\left(\substack{수\ 55조 \\ 1항}\right)$.

지급보증인의 이러한 의무는 「제1차적 지급의무」를 부담하는 점에서 환어음의 인수인 또는 약속어음의 발행인의 의무와 유사하나, 타인의 부지급(不支給)을 조건으로 수표채무를 부담하는 배서인 또는 수표보증인의 의무와 구별된다. 또한 지급보증인의 의무는 수표소지인이 지급제시기간 내에 제시한 때에 한하여 지급채무를 부담하는 일종의 「조건부 지급의무」를 부담하는 점에서, 지급제시기간 내의 제시유무를 불문하고 시효기간 내에는 무조건의 지급의무를 부담하는 환어음의 인수인 또는 약속어음의 발행인의 지급의무와 구별된다. 따라서 지급보증인은 주채무자가 아니고 최종의 상환(소구)의무자와 같은 지위에 있다.

지급보증인에 대한 수표금지급청구권은 상환청구(소구)권과 유사하지만 제1차적인 지급청구권이라는 점에서 상환청구(소구)권은 아니므로, 수표법은 상환청구(소구)권에 관한 시효기간$\left(\substack{수\ 51조 \\ 1항}\right)$과는 별도로 지급보증인에 대한 수표금지급청구권의 시효기간을 규정하고 있다$\left(\substack{수 \\ 58조}\right)$. 즉, 지급보증인에 대한 수표금지급청구권의 시효기간은 지급제시기간 경과 후 1년이다(지급보증인의 의무에 관한 그 밖의 사항에 대한 상세는 정찬형, 「상법강의(하)(제24판)」, 272~274면 참조).

2) **다른 수표채무자의 의무** 지급인이 지급보증을 하여도 발행인 기타의 다른 수표채무자는 이러한 지급보증으로 인하여 그 책임을 면하지 못한다$\left(\substack{수 \\ 56조}\right)$. 따라서 지급보증인은 다른 수표채무자와 합동책임을 부담한다$\left(\substack{수 \\ 43조}\right)$.

제3절 어음상의 권리의 이전(배서)

제1 총 설

1. 어음상의 권리의 양도방법

어음상의 권리의 양도(이전)방법에는 「일반적인 권리의 양도방법」과 「어음에 특유한 양도방법」이 있다.

어음상의 권리는 「일반적인 권리의 양도방법」에 의하여 양도된다. 즉, 합병·
상속과 같은 포괄승계와 경매·전부명령과 같은 특정승계에 의하여 어음상의 권리
가 양도되는 점에 대하여는 아무런 이견(異見)이 없다. 그러나 어음상의 권리가 지
명채권양도방법에 의하여 양도될 수 있는지 여부에 대하여는 후술하는 바와 같이
견해가 나뉘어 있다.

어음상의 권리는 일반적으로 「어음에 특유한 양도방법」, 즉 배서 또는 교부에
의해서 양도된다. 다시 말하면 기명식 또는 지시식어음(수표)은 「배서」에 의해서 양
도되고, 소지인출급식수표는 단순한 「교부」만에 의해서 양도된다. 기명식어음(수표)
이라도 원칙적으로 배서에 의하여 양도될 수 있으나(어 11조 1항, 77조 1항), 예외적으로 어
음(수표)면상 배서(지시)금지의 문언이 있는 경우에는 배서에 의해서 양도될 수 없고
「지명채권양도방식」에 따라서만 양도될 수 있다(어 11조 2항, 77조 1항). 또한 기명식 또는
지시식어음(수표)이라도 수취인(배서인)으로부터 백지식배서(어 14조 2항 3호, 77조 1항) 또
는 소지인출급식배서(어 12조 3항, 77조)에 의하여 어음(수표)을 양수한 자는 단순한 「교
부」만에 의하여 어음(수표)을 양도할 수 있다.

2. 지명채권양도방법에 의한 어음의 양도

어음에 특유한 양도방법인 배서 또는 교부에 의하여 양도할 수 있는 어음을
채권의 일반적 양도방법인 지명채권양도방법에 의하여 양도할 수 있는지 여부에 대
하여, 학설은 긍정설(통설)과 부정설(소수설)로 나뉘어 있다. 생각건대 지명채권의
양도방법에 관한 민법의 규정(민 450조, 451조), 지시채권의 양도방법에 관한 민법의 규정
(민 508조), 무기명채권의 양도방법에 관한 민법의 규정(민 523조), 기명식 또는 지시식 어음
의 양도방법에 관한 어음법의 규정(어 11조 1항, 77조 1항) 등은 각각 성질이 다른 증권의
고유한 양도방법에 관한 강행규정으로, 이러한 증권은 해당 증권의 고유한 양도방
법에 따라서만 양도될 수 있다고 해석해야지 이를 무시하고 모두 지명채권양도방법
에 의하여 양도될 수 있다고 보면 각 증권에 따라 고유한 양도방법을 규정한 법의
취지가 상실된다고 본다. 따라서 부정설이 타당하다고 본다.

[어음의 수취인이 교부만에 의하여 어음을 양도한 경우, 어음상의 권리가
양도되지 않는다고 한(결과적으로 부정설과 동일한) 판례]
"수취인이 제1 배서인란에 날인 없이 서명만 하여(1995년 개정 어음법 이전
의 법을 적용함— 저자 주) 어음을 교부한 경우, 어음소지인이 실질적으로 어음

상의 권리를 양수한 것으로 인정한 원심은 단순한 어음의 교부만으로 어음상의 권리를 양도한 것으로 인정하였거나 혹은 어음채무자에 대한 대항요건이 갖추어졌는지 여부를 심리하지 아니한 채 지명채권 양도방식에 의한 양도가 이루어졌다고 인정한 잘못이 있다(대판 1996. 4. 26, 94 다 9764)."

"수취인란이 백지인 어음의 소지인이 수취인란을 보충하지 않고 그 어음을 배서하여 교부하였으나 배서란에 날인 없이 서명만 함으로써(1995년 개정 어음법 이전의 법을 적용함— 저자 주) 배서요건을 흠결한 경우에는 어음상의 권리가 적법하게 이전될 수 없다(대판 1996. 12. 20, 96 다 43393)."

"수취인이 기명식으로 되어 있는 어음은 단지 교부만으로 양도할 수 없다(대판 1997. 7. 22, 96 다 12757)."

3. 배서금지어음

(1) 의 의

1) 배서금지어음이란 「발행인이 기명식어음에 '지시금지'라는 글자 또는 이와 같은 뜻이 있는 문구(예컨대, 배서금지 등)를 기재한 어음」을 말한다(어 11조 2 항 전단, 77조 1 항 1호; 수 14조 2 항 전단). 배서금지어음을 지시금지어음 또는 금전(禁轉)어음이라고도 한다.

배서금지어음으로 하기 위하여는 발행인은 보통 어음상에 인쇄된 지시문언을 삭제하는 외에 어음상에 「배서금지」 또는 이와 같은 뜻이 있는 문구를 기재하여야 한다.

[배서금지어음을 부정한 판례]

"발행인이 어음의 표면에 '보관용'이라고 기재한 것만으로는 어음법 소정의 배서금지어음이라고 볼 수 없다(대판 1993. 11. 12, 93 다 39012)."

"약속어음의 이면(裏面)의 배서란 맨 끝부분에 '견질용'이라고 기재된 것만으로는 그 약속어음을 어음법 제11조 2 항 소정의 지시금지어음이라고 볼 수 없다(대판 1994. 10. 21, 94 다 9948)."

따라서 발행인이 지시문언만을 삭제하였다 하여 배서금지어음이 되는 것은 아니고, 이러한 어음은 기명식어음으로 당연한 지시증권성에 의하여 배서에 의하여 양도될 수 있다(어 11조 1 항, 77조 1 항 1호; 수 14조 1 항) (동지: 대판 1962. 12. 20, 62 다 668). 이 때 만일 발행인이 지시문언을 삭제하지 않고 배서금지의 문언을 기재하여 어음면상 지시문언과 배서금지문언이 병존하는 경우에는, 지시문언은 인쇄되어 있고 배서금지문언은 발행인이 스스로 기재한 경우라면 발행인의 의사는 배서금지어음을 발행할 의사로 보는 것이 타당하므로 이러한 어음은 배서금지어음이라고 본다.

배서금지의 문언은 발행인이 원인관계에 의하여 자기보호를 목적으로 특별히 기재하는 것인 만큼 제 3 자가 쉽게 식별할 수 있도록 어음면상 명확히 표시되어야 한다.

[배서금지의 문언을 부정한 판례]

"어음발행인이 어음용지의 중앙에 부동문자로 인쇄된 지시문구를 삭제함이 없이 동 약속어음 오른쪽 상단의 아라비아 숫자로 기재된 액면금액의 표시와 그 지시문구 사이에 그보다 작은 크기(세로 약 2 밀리미터, 가로 약 1 센티미터의 지극히 작은 크기)의 지시금지라고 새겨진 고무인을 위 숫자 및 지시문구의 문자와 중복되게 희미하게 압날함으로써 통상인이 어음거래를 함에 있어 보통 기울이는 정도의 주의로는 위 지시금지문언을 쉽게 알아보기 어려운 상태인 경우에는 배서금지어음이라는 점을 전달할 만한 기능을 갖지 못한다($^{대판 1990. 5. 22,}_{88 다카 27676}$)."

또한 배서금지의 문언은 반드시 어음면상 기재되어야 어음상의 효력이 발생하므로 발행인이 어음상에 이에 관한 기재를 하지 않고 수취인과 특약만을 한 경우에는, 동 어음은 여전히 지시증권으로서의 성질을 갖고 있으므로 그와 같은 특약이 있음을 알고서 동 어음을 배서양도받은 자도 어음상의 권리를 취득한다($^{동지: 대판 1965. 5.}_{18, 65 다 478}$).

2) 발행인이 어음에 배서금지의 문언을 기재하는 이유는 수취인에 대한 항변의 유보를 원하거나, 배서가 계속되어 상환금액이 증대되는 것을 방지하기 위해서이다. 이러한 이유로 실제로 배서금지어음은 담보어음에서 많이 이용된다.

3) 배서금지어음은 발행인이 배서금지의 문언을 어음에 기재하고 또 배서성이 박탈되는 점에서, 배서인이 배서금지의 문언을 어음에 기재하고 또 배서성이 박탈되지 않는 배서금지배서(금전〈禁轉〉배서)($^{어 15조 2항, 77조 1 항}_{1호; 수 18조 2항}$)와 구별된다.

환어음의 인수인이 배서금지의 문언을 기재한 경우에는 부단순(不單純)인수가 되어, 어음소지인에 대한 관계에서는 인수를 거절한 것이 되나 인수인은 그 문언에 따라 어음상의 책임을 진다($^{어 26조}_{2항}$). 따라서 인수 당시의 어음소지인은 상환(소구)의무자에 대하여 만기 전의 상환청구(소구)권을 행사하거나 또는 배서에 의하여 동 어음을 양도할 수 있는데, 어음소지인이 동 어음을 배서에 의하여 양도한 경우 인수인은 현재의 어음소지인에 대하여 어음상의 책임을 부담하나 인수 당시의 어음소지인에 대하여 가졌던 항변사유로써 현재의 어음소지인에 대항할 수 있다.

보증인이 배서금지문언을 기재한 경우에는(부단순〈不單純〉보증) 이를 무효로 보는 견해도 있으나, 인수인의 경우와 동일하게 어음보증인에 대한 관계에서는 유효로 보아야 할 것이다.

(2) 효 력

1) 배서금지어음은 「배서에 의한 양도성」이 박탈된다. 따라서 배서금지어음에도 양도배서 이외의 배서인 추심위임배서($^{어\ 18조,\ 77조\ 1항}_{1호;\ 수\ 23조}$)나 입질배서($^{어\ 19조,\ 77조}_{1항\ 1호}$) 등은 인정된다. 어음상의 권리가 양도되는 기한후배서($^{어\ 20조,\ 77조\ 1항}_{1호;\ 수\ 24조}$)가 인정되는지 여부에 대하여는, 이를 긍정하는 견해도 있으나, 이를 부정하여야 할 것으로 본다.

배서금지어음은 양도성 자체가 박탈되는 것이 아니고 배서에 의한 양도성만이 박탈된다. 따라서 배서금지어음은 지명채권양도방법에 의하여 양도될 수 있다($^{어\ 11조\ 2항\ 전단,\ 77조\ 1항}_{1호;\ 수\ 14조\ 2항\ 전단}$). 다만 배서금지어음도 유가증권(기명증권)이므로 어음상의 권리의 양도에는 지명채권양도의 대항요건($^{민}_{450조}$)을 구비하는 이외에, 증권을 인도(교부)하여야 한다(통설).

2) 배서금지어음의 (지명채권양도방법에 의한) 양도에는 「지명채권양도의 효력」만이 있다. 따라서 배서금지어음의 양수인은 인적 항변절단의 효력($^{어\ 17조,\ 77조\ 1항}_{1호;\ 수\ 22조}$)을 갖지 못하고, 자격수여적 효력($^{어\ 16조\ 1항,\ 77조}_{1항\ 1호;\ 수\ 19조}$)을 갖지 못하며, 선의취득($^{어\ 16조\ 2항,\ 77조}_{1항\ 1호;\ 수\ 21조}$)도 할 수 없다. 또한 양도인은 배서의 경우와 같이 담보책임($^{어\ 15조\ 1항,\ 77조\ 1항}_{1호;\ 수\ 18조\ 1항}$)을 부담하지도 않는다. 배서금지어음에 대하여 공시최고에 의한 제권판결이 인정되는지 여부에 대하여는 긍정설과 부정설로 나뉘어 있는데, 기명증권일반에 대하여 공시최고에 의한 제권판결을 부정하는 것과 같은 이유로 배서금지어음에 대하여도 이를 부정하는 부정설이 타당하다고 본다.

그러나 배서금지어음도 어음이기 때문에 환어음(수표)의 발행인은 상환(소구)의 무를 부담한다($^{어\ 9조\ 1항;}_{수\ 12조}$). 또 어음금의 지급에는 어음금액과 어음을 상환하여야 한다(상환증권성)($^{어\ 39조,\ 77조\ 1항}_{3호;\ 수\ 34조}$). 배서금지어음의 상환증권성으로 인하여 동 어음의 양도에서 대항요건($^{민}_{450조}$)을 갖추지 않아도 양도인 또는 제3자가 어음채무자로부터 어음금을 수령할 수 없기 때문에 양수인의 지위는 안전하다고 볼 수 있으며, 실무상은 양수인이 대항요건을 갖추는 것보다도 동 어음을 교부받아 계속 점유하는 것이 중요하다고 본다. 동 어음의 소지인이 어음상의 권리를 행사하기 위하여는 어음채무자의 영업소 또는 주소에서 어음을 제시하여야 한다(제시증권성 및 추심채무)

$\binom{\text{어 38조, 77조 1 항 3 호;}}{\text{수 29조, 31조}}$.

≫ 사례연습 ≪

[사 례]

Y는 A에게 약속어음을 발행함에 있어서 어음용지에 인쇄된 지시문구를 말소하지 않고 지시금지문구를 기재하였다. A는 동 어음을 X에게 다시 배서양도하였다. 이 때 Y는 X에게 어음상의 책임을 부담하는가?

* 이 사례는 정찬형, 「상법사례연습(제 4 판)」, 사례 103에 기초한 것이므로, 이에 관한 상세는 同書를 참고하기 바람.

[해 답]

본문에서 Y가 어음면상 인쇄된 지시문구인 「또는 귀하의 지시인에게」라는 문언(지시문언)을 말소하지 않고 배서금지문언을 기재하여 어음면상 지시문언과 배서금지문언이 병존하는 경우에 동 어음을 지시식 어음으로 볼 것인가, 또는 배서금지어음으로 볼 것인가의 문제가 있다.

이에 대하여는, (i) 어음상의 기재에 모순이 있으므로 어음 자체가 무효가 된다고 볼 수도 있고, (ii) 배서금지문언이 효력이 없어 지시식 어음이 된다고 볼 수도 있으며, (iii) 배서금지문언이 우선하여 배서금지어음이 된다고 볼 수도 있다.

생각건대 지시문언은 인쇄되어 있고 배서금지문언은 Y가 스스로 기재한 것이므로 Y의 의사는 배서금지어음을 발행할 의사로 보아 배서금지어음으로 보는 것이 타당하다고 본다.

따라서 본문의 약속어음은 배서금지어음이 되어 A는 동 어음을 배서만으로 X에게 양도할 수 없다. 즉 A는 동 어음을 지명채권양도방법에 의해서만 X에게 양도할 수 있는데($\binom{\text{어 11조 2 항,}}{\text{77조 1 항 1 호}}$), 이 때에 A는 민법 제450조에 의한 대항요건을 구비하는 외에, 이 어음을 X에게 인도(교부)하여야 한다. 그러므로 A가 위와 같은 적법한 양도방법에 의하여 본문의 어음을 양도하지 않은 이상 X는 어음상의 권리를 행사할 수 없으므로 Y는 X에게 어음상의 책임이 없다.

제2 배서의 의의

1. 배서의 개념

배서란 「어음의 유통을 조장하기 위하여 법이 특히 인정한 어음의 간편한 양도방법」이다. 이러한 배서는 앞에서 본 바와 같이 어음에 특유한 양도방법이며, 어음상의 권리의 이전의 효력요건이지 대항요건이 아니다.

이와 같은 배서에 의하여 어음을 양도할 수 있는 권리(배서권)는 어음상의 권리 자체가 갖는 힘이지 배서인으로부터 피배서인에게 (배서권이) 이전되어 갖는 힘이 아니므로, 어음상의 권리를 갖게 된 원인이 무엇이든(즉, 배서 이외의 방법에 의하여 어음을 취득하더라도) 어음상의 권리를 정당하게 취득한 자는 다시 배서할 수 있다고 보아야 할 것이다(통설).

2. 배서의 법적 성질

배서(양도배서)의 법적 성질에 대하여는 어음상의 권리의 양도를 목적으로 하는 어음행위라고 보는 채권양도설이 타당하다(통설). 이러한 채권양도설은 배서인의 합리적 의사가 어음상의 권리의 양도에 있다는 점과 일치하고 또 현행 어음법의 규정$\binom{\text{어 } 14\text{조 } 1\text{항, } 77\text{조 } 1\text{항}}{1\text{호; 수 } 17\text{조 } 1\text{항}}$과도 일치한다.

3. 어음과 수표의 배서의 차이

수표의 배서에 관한 규정은 어음의 배서에 관한 규정과 대체로 같으나, 다음과 같은 점은 수표의 배서가 어음의 배서와 차이가 나는 점이다.

(1) 어음은 수취인의 기재가 필요적 기재사항$\binom{\text{어 } 1\text{조 } 6\text{호}}{75\text{조 } 5\text{호}}$이므로 어음을 발행받은 수취인은 반드시 배서를 하여야 어음상의 권리를 양도할 수 있으나, 수표는 수취인의 기재가 유익적 기재사항$\binom{\text{수}}{5\text{조}}$이므로 소지인출급식수표(무기명식수표 또는 지명소지인출급식수표)가 가능하고 이러한 수표를 발행받은 수취인은 단순한 교부만으로 수표상의 권리를 양도할 수 있다. 그러나 어음의 경우에도 수취인으로부터 백지식배서$\binom{\text{어 } 13\text{조 } 2\text{항,}}{77\text{조 } 1\text{항 } 1\text{호}}$ 또는 소지인출급식배서$\binom{\text{어 } 12\text{조 } 3\text{항,}}{77\text{조 } 1\text{항 } 1\text{호}}$를 받은 자는 단순한 교부만으로 어음상의 권리를 양도할 수 있다$\binom{\text{어 } 14\text{조 } 2\text{항 } 3\text{호}}{77\text{조 } 1\text{항 } 1\text{호}}$.

(2) 어음에는 소지인출급식어음이 인정되지 않으나, 수표에는 소지인출급식수표가 인정되므로 소지인출급식수표에 한 배서의 효력이 문제된다. 소지인출급식수

표는 단순한 교부만에 의하여 수표상의 권리가 이전되므로, 소지인출급식수표에 한 배서에는 권리이전적 효력이 없다. 또 소지인출급식수표의 소지인은 단순한 소지만에 의하여 적법한 권리자로 추정되고 또 동 수표에 배서가 있다 하여 그 수표가 지시식수표로 변하는 것이 아니므로(수표 20조), 동 수표에 한 배서에는 자격수여적 효력이 없다. 소지인출급식수표에 한 배서에 전혀 아무런 효력을 인정하지 않는다면 그러한 배서의 기명날인 또는 서명을 믿고 수표를 취득한 자를 해하게 되고 또 동 수표에 배서의 기명날인 또는 서명을 한 자의 의사에도 반하게 되므로, 수표법은 소지인출급식수표에 한 배서에는 담보적 효력만을 인정하고 있다(수본문 20조).

(3) 어음의 경우에는 지급인(인수인)에 대하여도 배서할 수 있고(환배서) 이러한 자는 다시 제 3 자에게 배서할 수 있으나(어 11조 3 항, 77조 1 항 1 호), 수표의 경우에는 지급인에 대한 배서는 원칙적으로 영수증의 효력만이 있고(수본문 15조 5 항), 지급인이 제 3 자에 대하여 한 배서는 무효이다(수 15조 3 항). 수표에 지급인의 배서를 인정하면 지급인이 담보책임(소구의무)을 부담하게 되어 수표의 인수금지(수 4조)의 규정을 탈법하는 것이 되기 때문이다.

(4) 수표는 신용증권이 아니고 지급증권(금전의 대용물)이므로 어음의 경우(어 19조, 77조 1 항 1 호 참조)와 같은 입질배서가 인정되지 않는다.

(5) 수표에는 어음과는 달리 등본제도가 인정되지 않으므로 등본에 하는 배서는 인정되지 않는다(어 67조 3 항, 77조 1 항 6 호 참조).

(6) 수표는 어음과는 달리 만기가 없고 언제나 일람출급이므로 수표에 한 배서인은 지급담보책임을 부담하고(수 18조 1 항), 인수담보책임을 부담할 여지가 없다(어 15조 1 항 참조).

제 3 배서의 기재사항

1. 필요적 기재사항(배서요건)

배서에는 다음의 사항을 「어음」이나 이에 결합한 「보충지(補箋)」에 기재하여야 한다(어 13조 1 항, 77조 1 항 1 호; 수 16조 1 항). 배서는 어음의 뒷면(裏面)에 하는 것이 보통이나, 후술하는 간략백지식배서를 제외하고는 어음의 앞면에도 할 수 있다. 배서에는 그 횟수에 제한이 없기 때문에 어음 자체에 여백이 없을 때에는 이에 결합한(그 접목에 반드시 間印을 하여야 하는 것은 아님) 보충지(補箋)에 할 수 있다. 수표에는 등본제도가 없기 때문에 문제가 되지 않으나, 어음의 경우에는 원본과 동일한 방법과 효력으로 「등본」에도 배서할 수 있다($\substack{어 67조 3항, \\ 77조 1항 6호}$).

(1) 배서문언

배서인의 배서의사의 표시이며, 보통 배서란에 인쇄되어 있는데 어음상의 권리양도의 문언을 포함하고 있다. 즉, 보통 「앞면에 적은 금액을 ○○○에게 지급하여 주십시오」 등으로 기재되어 있다. 이러한 배서문언은 다음에서 보는 피배서인과 함께 기재되지 않을 수가 있는데, 이러한 배서를 간략백지식배서라고 한다.

(2) 피배서인

어음상의 권리를 배서에 의하여 양수하는 자이다. 이러한 피배서인은 기재되지 않을 수 있는데, 피배서인의 기재유무에 따라 기명식배서와 백지식배서로 구분된다. 또한 피배서인을 「소지인」 또는 「갑 또는 소지인」 등으로도 표시할 수 있는데, 이러한 배서를 각각 소지인출급식배서($\substack{어 12조 3항, 77조 1항 \\ 1호; 수 15조 4항}$) 또는 지명소지인출급식배서(선택무기명식배서)라고 한다.

백지식배서에는 다시 두 가지가 있는데, 첫째는 배서문언 및 배서인의 기명날인 또는 서명은 있으나 피배서인의 기재만이 없는 경우이고($\substack{어 13조 2항 1문 전단, 77조 1항 \\ 1호; 수 16조 2항 1문 전단}$), 둘째는 배서인의 기명날인 또는 서명만이 있고 배서문언 및 피배서인의 기재가 없는 경우이다(간략백지식배서)($\substack{어 13조 2항 1문 후단, 77조 1항 \\ 1호; 수 16조 2항 1문 후단}$). 간략백지식배서를 어음의 앞면에 하게 되면 기명날인 또는 서명만으로써 하는 어음보증($\substack{어 31조 3항 본문, 77조 3항; \\ 수 26조 3항 본문}$) 또는 인수($\substack{어 25조 \\ 1항 3문}$)와 혼동될 염려가 있기 때문에, 간략백지식배서는 반드시 어음의 뒷면(裏面)이나 보충지(補箋)에 하여야 한다($\substack{어 13조 2항 2문, 77조 1항 \\ 1호; 수 16조 2항 2문}$).

백지식배서에 의하여 어음상의 권리를 양수한 자는 백지를 보충하거나 또는 보충하지 않고 어음상의 권리를 행사할 수도 있고, 또 이를 제3자에게 (백지식으로 또는 기명식으로 배서하거나, 또는 배서를 하지 않고 단순히 교부만으로) 양도할 수도 있다($\substack{어 14조 2항, 77조 1항 \\ 1호; 수 17조 2항}$) ($\substack{동지: 대판 2006. 12. \\ 7, 2004 다 35397}$). 소지인출급식배서는 백지식배서와 동일한 효력이 있다($\substack{어 12조 3항, 77조 1항 \\ 1호; 수 15조 4항}$). 지명소지인출급식배서에 대하여 어음(수표)법에는 규정이 없으나, 수표법 제5조 2항과 같은 취지로 지명소지인출급식배서를 인정하고 그러한 배서는 소지인출급식배서와 동일한 효력을 갖는다고 본다(통설).

(3) 배서인의 기명날인 또는 서명

다른 모든 어음행위에서와 같이 배서인의 기명날인 또는 서명은 필수의 요건이며, 이의 기재가 없으면 배서는 무효가 된다.

2. 유익적 기재사항

(1) **무담보문언**($^{어\ 15조\ 1항,\ 77조\ 1항}_{1호;\ 수\ 18조\ 1항}$)

어음의 배서인은 인수무담보 또는(및) 지급무담보를 기재할 수 있고, 수표의 배서인은 지급무담보를 기재할 수 있다.

(2) **배서금지문언**($^{어\ 15조\ 2항,\ 77조\ 1항}_{1호;\ 수\ 18조\ 2항}$)

배서인은 다시 하는 배서를 금지할 수 있다.

(3) **추심위임문언**($^{어\ 18조\ 1항,\ 77조\ 1항}_{1호;\ 수\ 23조\ 1항}$)

배서인은 배서에 「추심하기 위하여」 등의 문언을 기재할 수 있는데, 이러한 배서를 (공연한) 추심위임배서라고 한다.

(4) **입질문언**($^{어\ 19조\ 1항,}_{77조\ 1항\ 1호}$)

어음의 배서인은 배서에 「입질하기 위하여」 등의 문언을 기재할 수 있는 데, 이러한 배서를 (공연한) 입질배서라고 한다.

(5) **배서일자**($^{어\ 20조\ 2항,\ 77조\ 1항}_{1호;\ 수\ 24조\ 2항}$)

배서일자는 배서의 필요적 기재사항이 아니고 유익적 기재사항이다. 따라서 배서일자의 기재가 없거나 발행일과의 관계에서 발행일보다 앞선 모순되는 일자를 기재한 경우에도 배서 자체의 효력에 영향을 미치는 것은 아니다($^{동지:\ 서울민사지판\ 1984.}_{1.\ 25,\ 83\ 나\ 1613\cdot1614}$). 날짜를 적지 아니한 배서는 기한전배서로 추정되고 있다($^{어\ 20조\ 2항,\ 77조\ 1항}_{1호;\ 수\ 24조\ 2항}$). 기한후배서인지 여부는 배서일자에 의하지 않고 실제로 배서 또는 교부한 날을 표준으로 하므로($^{동지:\ 대판\ 1968.\ 7.}_{23,\ 68\ 다\ 911}$), 배서일자가 기재되어 있다고 하더라도 기한후배서인지 여부를 결정하는 데는 추정의 효력밖에 없다.

(6) **인수제시요구문언**($^{어\ 22조}_{4항}$)

환어음의 각 배서인은 기간을 정하거나 정하지 않고 발행인이 인수제시를 금지하지 않는 이상 인수를 위하여 어음을 제시하여야 할 뜻을 기재할 수 있다.

(7) **인수제시기간 단축문언**($^{어\ 23조\ 3항,}_{78조\ 2항}$)

일람후정기출급의 환어음의 인수제시기간(약속어음의 경우는 일람을 위한 제시기간)은 원칙적으로 발행일로부터 1년간인데, 배서인은 이 기간을 단축할 수 있다. 이 때에는 그 배서인에 한하여 단축된 제시기간을 원용할 수 있다($^{어\ 53조\ 3항,}_{77조\ 1항\ 1호}$).

(8) **지급제시기간 단축문언**($^{어\ 34조\ 1항\ 3\ 문\ 후단,}_{77조\ 1항\ 2호}$)

일람출급어음은 발행일자로부터 1년 내에 지급제시를 하여야 하는데, 배서인은 이 기간을 단축할 수 있다. 이 때에는 그 배서인에 한하여 단축된 제시기간을 원용할 수 있다($\frac{\text{어 53조 3 항},}{\text{77조 1 항 4 호}}$).

(9) **배서인의 주소**($\frac{\text{어 45조 3 항}, 77조 1 항}{4 호; 수 41조 3 항}$)

배서인이 자기의 주소를 기재한 때에는 그 주소에 인수거절 또는 지급거절의 통지를 하면 되지만, 이를 기재하지 않거나 그 기재가 분명하지 아니한 경우에는 그 배서인의 직접의 전자에게 통지하면 된다.

(10) **거절증서작성면제문언**($\frac{\text{어 46조 1 항}, 77조 1 항}{4 호; 수 42조 1 항}$)

어음의 배서인은 인수거절증서 또는 지급거절증서의 작성을 면제할 수 있고, 수표의 배서인은 지급거절증서 또는 이와 동일한 효력이 있는 선언의 작성을 면제할 수 있다.

(11) **예비지급인의 기재**($\frac{\text{어 55조 1 항},}{\text{77조 1 항 5 호}}$)

어음의 배서인은 상환청구(소구)를 방지하기 위하여 참가인수 또는 참가지급을 할 예비지급인을 기재할 수 있다.

(12) **등본에만 배서하라는 문언**($\frac{\text{어 68조 3 항},}{\text{77조 1 항 6 호}}$)

등본작성 전의 원본에 최후의 배서를 한 자는 최후의 배서의 뒤에 「이후의 배서는 등본에 한 것만이 효력이 있다」는 문언 또는 이와 같은 뜻을 가진 문구를 기재할 수 있다.

3. 무익적 기재사항

배서 자체의 효력에는 영향이 없고 그 기재내용만이 어음상의 효력이 없는 기재로서, 이에는 배서에 붙인 조건(배서의 단순성)($\frac{\text{어 12조 1 항 2 문}, 77조 1 항}{1 호; 수 15조 1 항 2 문}$)·대가문언·지시문언 등이 있다.

4. 유해적 기재사항

배서 자체를 무효로 하는 기재로서, 이에는 일부배서가 있다($\frac{\text{어 12조 2 항}, 77조 1 항}{1 호; 수 15조 2 항}$).

제4 배서의 효력

1. 권리이전적 효력

(1) 의 의

배서의 권리이전적 효력이란 「배서(양도배서)에 의하여 어음상의 권리가 전부 피배서인에게 이전하는 효력」을 말한다($\substack{\text{어 }14조 1항, 77조 1항\\1호; 수 17조 1항}$). 이러한 배서의 권리이전
적 효력은 배서의 「본질적 효력」이며, 당사자간의 「의사표시상의 효력」이다. 이러
한 배서의 권리이전적 효력이 발생하기 위하여는 배서가 그 방식(형식)에 있어서 유
효하여야 하고, 또 배서인이 어음상의 권리자이어야 한다.

(2) 인적 항변의 절단

배서의 권리이전적 효력은 인적 항변의 절단과 관련되어 배서에 의하여 어음
을 양수하는 자는 강력한 보호를 받고 있다. 즉, 어음이 배서에 의하여 피배서인에
게 이전되면 어음채무자는 배서인에 대항할 수 있는 인적 항변사유로써 피배서인
(그가 어음채무자를 해할 것을 알고 어음을 취득한 경우가 아닌 한)에게 대항하지 못하므
로($\substack{\text{어 }17조, 77조 1항\\1호; 수 22조}$), 피배서인은 배서인이 가졌던 권리보다 더 큰 권리를 취득하게 된
다. 이를 배서의 권리강화적(또는 권리정화적) 이전력이라고 한다.

(3) 종된 권리의 이전

배서의 권리이전적 효력과 관련하여 어음상의 권리에 종된 권리(질권·저당권·
보증계약상의 권리 등)도 이전되는가의 문제가 있다. 이에 대하여 우리나라의 학설은
긍정설과 부정설로 나뉘어 있는데, 부정설이 타당하다고 본다. 왜냐하면 종된 권리
는 당사자간의 계약에 의한 권리이고 어음상의 권리에 화체된 것으로 볼 수 없으므
로, 배서에 의해서는 종된 권리가 이전되지 않는다고 보아야 하기 때문이다.

2. 담보적 효력

(1) 의 의

배서의 담보적 효력이란 「배서(양도배서)에 의하여 원칙적으로 배서인이 피배
서인 및 기타 자기의 후자 전원에 대하여 인수(어음에만 해당) 및 지급을 담보하는
효력」을 말한다($\substack{\text{어 }15조 1항, 77조 1항\\1호; 수 18조 1항}$). 이러한 배서의 담보적 효력은 배서의 「부차적 효
력」(종되는 효력)이며, 법이 어음의 유통을 보호하기 위하여 정책적으로 인정한 「법
정의 효력」이라고 본다(통설). 배서의 담보적 효력이 발생하기 위하여는 배서가 그
방식(형식)에 있어서 유효하여야 하고, 또 원칙적으로 배서의 권리이전적 효력이 발
생하여야 한다. 그러나 예외적으로 소지인출급식수표에 한 배서(수표상의 권리는 단순
한 교부에 의하여 이전됨)($\substack{\text{수}\\20조}$), 무권리자가 한 배서(이에 대하여 담보적 효력을 인정할 것
인지에 대하여는 견해가 나뉘나, 긍정하는 견해의 경우) 및 입질배서(이에 대하여 담보적 효
력을 인정할 것인지에 대하여는 견해가 나뉘나, 긍정하는 견해의 경우) 등의 경우에는 권리
이전적 효력을 전제로 하지 않는다.

(2) 독립된 어음채무의 부담

배서인은 피배서인 및 기타 자기의 후자에 대하여 선행하는 어음행위의 실질적 효력 및 배서의 원인관계의 효력과는 관계 없이, 배서 그 자체의 효력에 의하여 담보책임을 진다. 즉, 배서의 담보적 효력은 어음행위독립의 원칙($_{2항}^{어 7조}$; 수$_{10조}^{77조}$)과 관련되어, 선행하는 어음행위의 실질적 효력과는 무관하게 각 어음행위자(배서인)는 독립적으로 어음채무를 부담하는데, 그 내용으로 배서인은 인수와 지급을 담보한다.

(3) 배제·제한

1) 배서의 담보적 효력은 배서의 본질적 효력이 아니고 「부차적 효력」(종되는 효력)에 불과하며 또 배서인의 의사에 반하여서까지 강행성을 갖는 것이 아니므로, 배서인의 의사에 의하여 이를 배제할 수 있는데, 이를 「무담보배서」라고 한다. 환어음의 발행인은 인수담보책임만을 배제할 수 있음에 반하여($_{2항}^{어 9조}$), 환어음의 배서인은 인수담보책임 및 지급담보책임을 배제할 수 있다($_{1항}^{어 15조}$). 환어음의 배서인은 일부배서를 할 수는 없으나($_{2항}^{어 12조}$), 어음금액의 일부에 대한 무담보배서를 할 수는 있다고 본다($_{2문\ 참조}^{어 26조 1 항}$).

배서의 담보적 효력은 어음의 「유통기한 내」에 있어서만 인정되므로 기한후배서($_{1항 1 호; 수 24조 1 항}^{어 20조 1 항 단서, 77조}$)에는 담보적 효력이 인정되지 않고(통설), 또한 추심위임배서에는 그 성질상 담보적 효력이 발생할 여지가 없다.

2) 배서인은 다시 하는 배서만을 금지할 수 있는데(배서금지배서)($_{77조 1 항 1 호, \atop 수 18조}^{어 15조 2 항 1 문, \atop 2항 1 문}$), 이 경우에는 배서의 담보적 효력이 제한된다. 즉, 이 경우에 배서인은 자기의 직접의 피배서인에 대하여는 담보책임을 부담하지만, 그 피배서인의 후자에 대하여는 담보책임을 부담하지 않는다($_{1호; 수 18조 2 항 2 문}^{어 15조 2 항 2 문, 77조 1 항}$).

3. 자격수여적 효력

(1) 의   의

배서의 자격수여적 효력이란 「어음소지인이 배서의 연속에 의하여 그 권리(형식적 자격)를 증명한 때에는 적법한 어음상의 권리자로 추정되는 효력」을 말한다($_{1호; 수 19조}^{어 16조 1 항, 77조 1 항}$). 배서의 자격수여적 효력은 「부차적(종되는) 효력」이며, 또한 법이 어음의 간이·신속한 유통을 확보하기 위하여 정책적으로 인정한 「법정의 효력」이다(통설). 배서의 자격수여적 효력이 발생하기 위하여는 배서가 그 방식(형식)에 있어서 유효하여야 하고, 또 배서의 연속이 있을 것을 전제로 한다.

(2) 배서의 연속

1) 개 념

⑷ 배서의 연속이란 수취인(A)이 제 1 배서의 배서인(A)이 되고 제 1 배서의 피배서인(B)이 제 2 배서의 배서인(B)이 되는 것과 같이 현재의 소지인에 이르기까지 배서가 중단됨이 없이 연속되어 있는 것을 말한다. 배서의 연속에는 수취인이 제 1 배서의 배서인이 되는 것이므로, 자기지시어음($^{어}_{수}$ $^{3조 1항}_{6조 1항}$)의 경우에는 발행인이 제 1 배서의 배서인이 된다. 이와 같이 발행인이 수취인을 겸한 어음(약속어음의 경우는 단명어음)이 아닌 한, 발행인이 제 1 배서의 배서인으로서 기명날인 또는 서명을 하여도 이는 어음법상 아무런 의미가 없는 것이므로 배서의 연속에 있어서는 그 기재가 없는 것으로 볼 것이다($^{동지: 대판 1965.}_{9. 7, 65 다 1378}$).

⑷ 제 2 배서 이후의 배서에서는 직전의 배서의 피배서인이 직후의 배서의 배서인이 되어 차례로 연속되는데, 최후의 배서가 백지식인 때에는 어음소지인은 적법한 권리자로 추정된다($^{어 16조 1항 2문, 77조}_{1항 1호; 수 19조 2문}$).

2) 요 건   배서의 연속이 있기 위하여는 다음의 요건을 갖추어야 한다.

⑷ 각 배서는 그 형식(방식)에 있어서 유효하여야 한다. 그러나 실질에 있어서 유효하여야 할 필요는 없다. 따라서 배서가 방식에 흠결이 있어서 무효인 때에는 그 배서를 제외하고 배서의 연속 여부를 결정하여야 한다. 그러나 배서가 그 방식에 있어서 유효하여 연속되어 있는 한 그 실질에 있어서 무효·취소의 사유가 있는 경우에도 배서의 연속은 있게 되므로, 허무인의 배서($^{대판 1973. 6. 22,}_{72 다 2026}$)·위조의 배서($^{대판 1974. 9. 24,}_{74 다 902}$)·무권대리인의 배서·제한능력자의 배서·하자 있는 의사표시에 의한 배서·착오에 의한 배서 등이 있어도 배서의 연속에 있어서는 유효한 배서가 된다.

⑷ 각 배서에 있어서 수취인(또는 피배서인)과 배서인의 표시는 어음상의 기재에서 보아 순차적으로 동일성이 인정되어야 한다.

이 때 동일성이 있는지 여부를 결정하기 전에 먼저 배서의 순위가 결정되어야 하는데, 이에 대하여는 어음법에 특별한 규정이 없으므로 배서가 기재된 장소적 순서(우에서 좌, 위에서 아래 등)·배서일자·명칭적 연속 등을 기준으로 그 순서를 정할 수밖에 없다고 본다. 다만 백지식배서의 다음에 다른 배서가 있는 때에는 그 배서를 한 자는 백지식배서에 의하여 어음을 취득한 것으로 보게 되므로($^{어 16조 1항 4문, 77조}_{1항 1호; 수 19조 4문}$), 배서의 연속이 있게 된다.

수취인 또는 피배서인과 배서인의 표시가 어음상의 기재에서 동일성이 인정되어야 하는 점은, 이의 표시가 한 자도 틀리지 않고 똑같아야 한다는 의미는 아니고, 그 사이에 차이가 있다고 하더라도 주요한 점에서 틀리지 않으면 충분하다고 본다. 따라서 수취인 명의는 「주식회사 신라체인 남전희」인데 제 1 배서의 배서인의 명의는 「신라체인 점촌지점 남전희」라고 표시한 경우에 배서의 연속이 있고($^{서울민사지판 1984. 1.}_{25,\ 83\ 나\ 1613\cdot1614}$), 수취인 또는 피배서인이 「Y주식회사」인 경우에 그 직후의 배서의 배서인이 「Y주식회사 대표이사 A $\boxed{\text{A의 인}}$」 등으로 표시된 경우에는 동일성이 인정되어 배서의 연속이 있게 된다($^{대판 1995. 6. 9.}_{94\ 다\ 33156}$). 그러나 수취인 또는 피배서인이 「Y주식회사」인 경우에 그 직후의 배서의 배서인이 「Y주식회사 $\boxed{\text{Y주식회사의 인}}$」 등으로 표시된 경우에는 배서의 연속이 없게 된다($^{대판 1964. 10.}_{31,\ 63\ 다\ 1168}$). 회사의 본지점간의 배서는 동일한 인격자간의 배서이므로 실제로는 무효가 되나, 배서의 연속에서는 유효한 배서가 된다. 수취인이 「Y회사 이지점장」이라고 표시되어 있는데 제 1 배서의 배서인은 「이○○ 인」으로 표시된 경우에는, 법인과 자연인은 별개의 인격이므로 형식상 동일성이 없고 따라서 배서의 연속이 없다고 본다($^{반대:\ 대판 1995. 9.}_{15,\ 95\ 다\ 7024}$).

3) 효 과

(가) 배서의 연속의 효과는 어음소지인에게 자격수여적 효력을 갖게 하는 데, 이는 다시 자격수여적 효력의 내용과 연결된다. 즉, 배서가 연속한 어음소지인은 적법한 권리자로 추정되므로, 자기가 실질적 권리자라는 사실을 입증하지 않고도 어음상의 권리를 행사할 수 있고(권리추정력)($^{어 16조 1 항 1 문, 77조}_{1항 1 호; 수 19조 1 문}$), 양도인(배서인)이 무권리자 등인 경우에도 어음상의 권리를 선의취득할 수 있으며(선의취득)($^{어 16조 2 항, 77조}_{1항 1 호; 수 21조}$), 그러한 어음소지인에게 어음금을 지급한 자는 면책될 수 있다(선의지급)($^{어 40조 3 항, 77조}_{1항 3 호; 수 35조}$).

(나) 배서의 연속의 존부를 판단하는 시점은 그의 효력과 관련되어 판단되어야 한다. 즉, 어음소지인의 권리행사의 경우에는 「권리행사시」(소제기에 의한 권리행사에는 변론종결시), 선의취득의 경우에는 「어음취득시」, 선의지급의 경우에는 (만기의) 「어음금지급시」이다. 선의취득과 선의지급에 있어서 배서연속의 존부를 판정하는 시점에 관하여는 어음법상 명문의 규정이 있다.

4) 말소된 배서

(가) 배서의 말소는 특정인에게 양도하기 위하여 일단 배서의 기명날인 또는 서명을 하였다가 그 양도를 그만두고자 하는 경우, 오류 또는 착오로 인하여 배서의 기명날인 또는 서명을 한 경우, 도난·분실된 어음을 회수한 자가 불법하게 부가된 위조배서를 말소하고자 하는 경우, 상환의무를 이행한 배서인이 자기 이후의 배서를 말소하는 경우 등에 이용된다. 이러한 말소된 배서는 「배서의 연속에 관하여는」

배서의 기재가 없는 것으로 본다$\binom{\text{어 16조 1항 3문, 77조}}{\text{1항 1호; 수 19조 3문}}$.

배서의 연속(형식적 자격)에 관하여 효력이 있는 배서의 말소는 배서권이 있는 자에 의하든 없는 자에 의하든 불문하고, 고의로 하든 과실로 하든 불문하며, 거절증서 작성기간 경과전후를 불문하고, 말소의 방법에도 아무런 제한이 없다$\binom{\text{동지: 대판 1995. 2.}}{\text{24, 94 다 41973}}$. 다만 말소권이 없는 자에 의한 말소는 어음의 변조가 된다. 또 배서의 말소는 배서의 전부의 말소이든 일부의 말소이든 불문한다.

배서의 말소는 배서의 연속(형식적 자격)을 깨기도 하고 그것을 회복시켜 주기도 하지만, 배서의 자격수여적 효력에만 영향을 미칠 뿐, 배서의 권리이전적 효력이나 담보적 효력에는 아무런 영향을 미치지 않는다. 따라서 말소된 배서가 있는 어음소지인은 그 말소에 의하여 배서의 연속이 깨진 경우에는 자기가 실질적 권리자라는 것을 입증하여 어음상의 권리를 행사할 수 있으며, 자기의 배서가 제3자에 의하여 권한 없이 말소된 경우에도 그는 정당한 어음상의 권리자에 대하여 상환(소구)의무를 부담한다.

㈐ 배서란의 피배서인만이 말소된 경우에 배서의 전부말소로 볼 것인가(전부말소설) 또는 피배서인만의 말소로 볼 것인가(백지식배서설)의 문제가 있다. 이에 대하여 우리나라의 학설은 전부말소설과 백지식배서설로 나뉘어 있다.

생각건대 백지식배서설이 타당하다고 본다. 만일 피배서인을 말소할 권한이 있는 자에 의하여 피배서인이 말소된 경우에는 당연히 백지식배서로 보아야 할 것이다. 그런데 권한이 없는 자에 의한 피배서인의 말소를 어떻게 볼 것인가가 문제인데, 이러한 경우에도 어음외관에 의해서는 알 수 없는 사항이므로 권한이 있는 자에 의한 피배서인의 말소의 경우와 동일하게 보아야 할 것이다. 또한 피배서인의 말소·정정은 어음거래에서 흔히 있는 일이므로, 이를 백지식배서로 보는 것이 어음관계자의 이익을 위해서나 또는 어음행위유효해석의 원칙에서 볼 때에도 타당할 것으로 생각한다.

5) 배서의 불연속　배서가 A(수취인 겸 제1배서인) → B(제1피배서인 겸 제2배서인) → C(제2피배서인 겸 제3배서인) → D(제3피배서인)로 되어 A의 배서에서부터 C까지의 배서는 연속되어 있으나, D의 배서가 단절되고 그 후 E(제4배서인) → F(제4피배서인 겸 제5배서인) → G(제5피배서인)로 되어 현재의 어음소지인이 G인 경우에 배서의 권리이전적 효력·담보적 효력 및 자격수여적 효력이 각각 어떻게 작용하는가를 검토하여 보기로 한다.

㈎ 권리이전적 효력

① 위의 예에서 D와 E 사이의 배서의 연속이 단절되었다고 하여도 E가 상속이나 지명채권양도방법에 의하여 어음상의 권리를 취득하는 경우에는 어음상의 권리는 그 후 F 및 G에게 이전되는 것이다. 이 때에 F 및 G가 취득하는 어음상의 권리는 A로부터 이전되는 어음상의 권리의 승계취득이지 결코 선의취득에 의한 원시취득이 아니다. 즉, 배서의 권리이전적 효력은 배서의 자격수여적 효력을 전제로 하지 않는다. 따라서 어음상의 권리를 배서에 의하여 양수하지 않은 E도 배서에 의하여 어음상의 권리를 양도할 수 있으며, 이 때 E의 배서에는 당연히 권리이전적 효력이 발생하는 것이다. 다만 E는 배서에 의하여 어음상의 권리를 취득한 것이 아니므로 어음채무자는 D에 대하여 대항할 수 있는 인적 항변사유로써 E에게 대항할 수 있게 된다. 그러나 F 및 G는 다시 배서에 의하여 어음을 양수했으므로 어음채무자가 E에 대하여 대항할 수 있는 인적 항변은 F 및 G에 대하여는 절단된다고 본다.

② 위의 예에서 D가 어음을 분실 또는 도난당한 자이고 E가 이를 습득 또는 절취한 자로서 무권리자인 경우에는 E가 어음상의 권리를 취득할 수 없는 것은 말할 나위가 없고, 무권리자인 E로부터 동 어음을 배서양수한 F는 어음상의 권리를 승계취득할 수 없으며(즉, 권리이전적 효력이 없으며) 또한 E에게 형식적 자격이 없으므로 어음상의 권리를 선의취득할 수도 없다. 또한 무권리자인 F로부터 동 어음을 배서양수한 G도 어음상의 권리를 승계취득하거나 선의취득할 수 없다. 이와 같이 E, F, G는 모두 어음상의 권리를 취득하지 못하므로 인적 항변의 문제는 거론할 필요가 없게 된다.

㈏ 담보적 효력

① 위의 예에서 상속이나 지명채권양도방법에 의하여 어음상의 권리를 취득한 E(형식적 무권리자이나 실질적 권리자)가 배서에 의하여 어음상의 권리를 양도한 경우에는, 그 배서에는 담보적 효력이 발생하여 E는 어음소지인에 대하여 상환(소구)의무를 부담한다고 본다. F의 경우에도 같다. 왜냐하면 배서의 담보적 효력은 어음행위독립의 원칙과 관련하여 형식상 유효한 어음에 배서를 한 이상 독립적으로 발생하는 것이라고 보기 때문이다. 즉, 이 때에 E 및 F의 배서에는 배서의 권리이전적 효력 및 담보적 효력은 있으나, 자격수여적 효력은 없게 된다.

[배서의 연속이 없는 경우에도 배서의 담보적 효력을 인정한 판례]

"A가 수취인을 X로 하여 발행한 어음에 Y가 담보목적으로 제1 배서인란에 배서한 경우, X가 실질적 권리자임이 입증되고 Y의 배서가 배서로서의 유효요건을 구비하고 있는 이상 배서의 담보적 효력은 인정되어야 하고, 그 지급제시는 적법한 지급제시로서 배서인에 대하여 소구권을 행사할 수 있다($\frac{대판 1995. 9. 29.}{94 \; 다 \; 58377}$)."

② 위의 예에서 E가 습득자 또는 절취자로서 무권리자인 경우에는 F의 입장에서 보면 형식적 및 실질적 무권리자로부터 어음을 취득한 것이므로 앞에서 본 바와 같이 F는 아무런 어음상의 권리를 취득하지 못한다. G의 경우도 같다. 그런데 이 때 배서의 담보적 효력($\frac{어 \; 15조 \; 1항, \; 77조 \; 1항}{1호; \; 수 \; 18조 \; 1항}$)이 발생하는지 여부에 대하여는 견해가 나뉘어 있다. 즉, 이 때에 배서의 담보적 효력이 발생하지 않는다고 보는 견해와 발생한다고 보는 견해로 나뉘어 있는데, 어음행위독립의 원칙과 관련하여 볼 때 무권리자가 형식상 완전한 어음에 배서한 경우에도 그 배서에는 담보적 효력이 발생한다고 본다. 그런데 이 때 F 및 G는 무권리자로서 E·F에게 어음상의 권리를 행사할 수 없으므로, 이 경우에는 E·F의 배서에 대하여 담보적 효력이 있는지 여부를 논의할 실익이 없다.

그러나 만일 이 때에 E가 D의 배서를 위조하여 자기를 피배서인으로 하고 E가 다시 F에게 배서하여 E가 형식적 자격을 구비하였다면 F는 어음상의 권리를 선의취득(원시취득)할 수 있는데, 이와 같이 F가 어음상의 권리를 선의취득하였다면, F는 E에게 어음상의 권리자로서 상환청구(소구)권을 행사할 수 있으므로 이 경우에는 E의 배서(이 때의 배서는 양도배서의 형식임)에 담보적 효력을 인정하는 실익이 있게 된다.

㈐ **자격수여적 효력**   위의 예에서 A부터 C가 한 배서에는 배서의 연속이 있어 단절되기 직전의 최후의 피배서인인 D는 자격수여적 효력을 갖는다. 그런데 D의 배서가 없어 D에서 E에게 어음상의 권리가 이전된 사실이 어음상 나타나지 않아 배서의 연속이 단절되어 있는 경우에는, 단절된 이후의 어음소지인인 E·F 및 G는 형식적 자격이 없으므로 자격수여적 효력을 갖지 못한다.

① 위의 예에서 E가 D로부터 상속 또는 지명채권양도방법 등과 같은 민사적 권리승계방법에 의하여 어음상의 권리를 양수하고(즉, 실질적 권리자이고) 또 이것이 입증되면 단절된 배서는 가교(架橋)되어(또는 이어져) 배서의 연속이 있고 또 자격수여적 효력이 발생한다고 볼 수 있겠는가의 문제가 있다.

이에 대하여 우리나라의 학설은 대부분 「단절된 배서는 가교(架橋)되어 배서의 연속이 회복한다」는 등으로 설명하고 있으나, 이 경우 「단절된 배서가 가교된다」

는 등의 표현은 타당하지 않다고 본다. 왜냐하면 어음소지인 등이 단절된 배서에 대하여 실질적 권리승계사실을 입증한다고 하여 형식상 배서의 연속이 있거나 또는 이와 동일시할 수는 없기 때문이다. 즉, 단절된 배서가 있는 경우에는 어음소지인 등이 이에 대하여 실질적 권리승계사실을 입증한다고 하여 자격수여적 효력이 발생하지 않는다.

따라서 이러한 어음의 소지인(위의 예에서 E, F 및 G)에게는 권리추정력이 없어 자기가 실질적 권리자임을 입증하여야 어음상의 권리를 행사할 수 있으며(권리추정력의 부인)(동지: 대판 1995. 9.
15, 95 다 7024), 어음상의 권리를 선의취득할 수도 없고(선의취득의 부인)(예컨대, F가 무권리자인 경우 G는 어음상의 권리를 선의취득할 수 없다), 또 지급인은 선의지급에 따라 면책을 받을 수도 없다(선의지급의 부인)고 본다.

② 위의 예에서 E가 습득자 또는 절취자인 경우에는 위 ①의 경우와 같은 사정도 없으므로 E·F 및 G는 언제나 자격수여적 효력을 갖지 못한다.

(3) 배서의 자격수여적 효력의 내용

앞에서 본 바와 같이 배서의 자격수여적 효력은 배서의 연속을 전제로 하여 발생하는데, 배서의 자격수여적 효력을 전제로 하여 다음과 같은 세 가지의 효력이 발생한다. 이것은 또한 배서의 자격수여적 효력의 내용을 이루고 있다.

1) 권리추정력   어음의 소지인이 배서의 연속에 의하여 그 권리를 증명한 때에는 적법한 권리자로 추정된다(어 16조 1항 1문 77조
1항 1호; 수 19조 1문). 따라서 연속된 배서가 있는 어음소지인은 자기가 실질적 권리자라는 것을 입증하지 않아도 어음상의 권리를 행사할 수 있다. 그러나 이것은 어디까지나 추정이지 연속된 배서의 피배서인이 어음상의 권리자라고 확정하는 것은 아니므로, 어음채무자는 연속된 배서에 의하여 권리자로 추정받는 어음소지인이 실질적으로는 무권리자라는 사실을 입증하여 어음상의 책임을 면할 수 있다.

2) 선의취득   배서의 연속에 의하여 적법한 권리자로 추정을 받는 자(형식적 권리자)로부터 어음을 양수하는 자는 양도인이 실질적으로 무권리자라도 (이 사실을 알고 있거나 또는 중대한 과실로 인하여 모른 경우를 제외하고는) 어음상의 권리를 취득한다(어 16조 2항, 77조
1항 1호; 수 21조). 어음상의 권리의 선의취득은 이와 같이 배서의 자격수여적 효력을 전제로 하여 발생하는 효과이다.

3) 선의지급(면책력)   어음소지인의 입장에서 본 권리추정력의 효력이 어음채무자(지급인)의 입장에서 보면 선의지급 또는 지급인의 면책력의 형태로 나타난다. 즉, 만기에 지급하는 지급인은 배서가 연속된 어음의 소지인(형식적 권리자)에게

지급하면 그가 실질적으로 무권리자라도 (지급인은 그러한 어음소지인이 무권리자라는 사실을 알고 있고 또 용이하게 이를 입증할 수 있는 경우나 중대한 과실로 인하여 이를 간과한 경우를 제외하고는) 면책된다($^{어\ 40조\ 3항,\ 77조;}_{1항\ 3호;\ 수\ 35조}$).

≫ 사례연습 ≪

[사 례]

Y가 A에게 발행한 약속어음을 A가 B에게 배서양도하였는데 B는 이 어음을 소지하고 있던 중 다음과 같은 사정으로 배서양도할 수 없어서 이 어음을 점유하고 있던 C가 자기의 이름으로 D에게 배서양도하고 D는 다시 이 어음을 X에게 배서양도하였다. 이 때 X는 이 어음상의 권리를 취득하며, 또 이 어음의 배서인인 A·C 및 D에 대하여 각각 어음상의 권리를 행사할 수 있는가?

(1) B가 사망하여 그의 상속인인 C가 배서한 경우

(2) B가 이 어음을 분실하여 이 어음을 습득한 C가 배서한 경우

* 이 사례는 정찬형, 「상법사례연습(제 4 판)」, 사례 104에 기초한 것이므로, 이에 관한 상세는 同書를 참고하기 바람.

[해 답]

(1) 이 약속어음의 수취인인 A가 B에게 한 배서에는 권리이전적 효력·담보적 효력 및 자격수여적 효력이 있어, B는 어음상의 권리를 승계취득하여 Y에 대하여 어음금 지급청구권(A의 배서의 권리이전적 효력)과 A에 대하여 소구권(A의 배서의 담보적 효력)을 갖는다.

그런데 B가 사망하여 C가 B의 어음상의 권리를 상속한 경우 C는 상속에 의하여 어음상의 권리를 취득하였으므로 배서 이외의 원인으로 어음상의 권리를 취득한 어음상의 권리자이다. 이 때 C가 D에게 한 배서에는 권리이전적 효력이 있어 D는 어음상의 권리를 승계취득하고(따라서 배서의 권리이전적 효력은 배서의 자격수여적 효력을 전제로 하지 않음), 또한 C가 D에게 한 배서에는 담보적 효력이 발생하여 C는 어음소지인에 대하여 소구의무를 부담한다(따라서 배서의 담보적 효력은 어음행위독립의 원칙과 관련하여 형식상 유효한 어음에 배서를 한 이상 독립적으로 발생하는 것이지, 배서의 자격수여적 효력을 전제로 하지 않음)($^{동지:\ 대판\ 1995.\ 9.}_{29,\ 94\ 다\ 58377}$). 그러나 C가 D에게 한 배서에는 자격수여적 효력이 발생하지 않는다. 이 때 C가 상속에 의하여 어음상의 권리를 취득한 것을 입증하여도 단절된 배서가 이어져 배서의 연속이 회복

한다고 볼 수는 없고, 다만 어음소지인은 실질적 권리자임을 입증하여 어음상의 권리를 행사할 수 있을 뿐이다.

D가 X에게 한 배서에도 권리이전적 효력 및 담보적 효력은 있으나, 자격수여적 효력은 없다.

따라서 X는 배서의 권리이전적 효력에 의하여 어음상의 권리를 승계취득하고, A·C 및 D는 배서의 담보적 효력에 의하여 소구의무를 부담한다. 그런데 C 및 D가 X에게 한 배서에는 자격수여적 효력이 없어 X는 적법한 권리자로서 추정받지 못한다. 따라서 X는 형식적으로는 무권리자이나, 실질적으로는 권리자임을 입증하여 이 어음의 배서인 A·C 및 D에 대하여 어음상의 권리(소구권)를 행사할 수 있다.

(2) A가 B에게 한 배서에 권리이전적 효력, 담보적 효력 및 자격수여적 효력이 있음은 본문 (1)의 경우와 같다. 그런데 C는 이 어음을 습득한 자로서 무권리자이다. 따라서 무권리자인 C가 D에게 한 배서에 권리이전적 효력이 있을 수 없다. C가 D에게 한 배서에 담보적 효력이 발생하는지 여부에 대하여는 이를 부정하는 견해도 있으나, 어음행위독립의 원칙과 관련하여 볼 때 무권리자가 형식상 완전한 어음에 배서한 경우에도 그 배서에는 담보적 효력이 있다고 본다. C가 D에게 한 배서에는 자격수여적 효력이 없다.

위에서 본 바와 같이 D는 C로부터 어음상의 권리를 승계취득하지도 못하고(C의 배서에 권리이전적 효력이 없음) 또한 어음상의 권리를 선의취득하지도 못하므로(C의 배서에 자격수여적 효력이 없음) D는 어음상의 무권리자가 된다. 따라서 D가 X에게 한 배서에도 C가 D에게 한 배서와 같이 권리이전적 효력이 있을 수 없고 또한 자격수여적 효력도 없으므로 X는 어음상의 권리를 선의취득하지 못하기 때문에 어음상의 무권리자가 된다. 다만 D가 X에게 한 배서에는 담보적 효력은 있다.

따라서 X는 어음상의 권리를 승계취득하지도 못하고(C 및 D의 배서에 권리이전적 효력이 없으므로) 또한 어음상의 권리를 선의취득하지도 못하므로(C 및 D의 배서에 자격수여적 효력이 없으므로) X는 어음상의 무권리자가 된다. 따라서 X는 A·C 및 D에 대하여(그들이 비록 배서의 담보적 효력에 의하여 소구의무를 부담한다고 할지라도) 그의 무권리자인 사유로 인하여 아무런 어음상의 권리(소구권)를 행사할 수 없다.

이 문제에서 만일 C가 B의 명의로 자기에게 배서하고(B의 배서의 위조) 자기가 D에게 배서하였다면 C 및 D의 배서에는 자격수여적 효력이 있게 된다. 따라서 D가 선의이면(즉 D가 C의 무권리를 모른 경우) D는 어음상의 권리를 선의취득하고 X는 D의 어음상의 권리를 승계취득하여(즉 이 때 X의 선의·악의를 불문함) X는 어음상의 권리자가 되므로 A·C 및 D에 대하여 어음상의 권리(소구권)를 행사할 수 있다.

그러나 D가 악의이면 D는 어음상의 무권리자가 되므로 X가 선의인 경우에 한하여 X는 어음상의 권리를 선의취득하여 A·C 및 D에 대하여 어음상의 권리(소구권)를 행사할 수 있다. 이 때 X가 어음상의 권리를 취득하는 경우에도 B는 배서의 피위조자이므로 원칙적으로 어음채무(소구의무)를 부담하지 않고, 위조자 (C)와의 관계에서 귀책사유가 있으면 표현책임을 부담하거나 또한 위조자 (C)가 피용자이면 사용자로서 손해배상책임($_{756조}^{민}$)을 부담할 수 있을 뿐이다.

제 5 특수배서

특수배서에는 양도배서에 있어서의 특수배서와 양도 이외의 목적으로 하는 특수배서가 있는데, 전자에는 무담보배서($_{1호; 수 18조 1항}^{어 15조 1항, 77조 1항}$)·배서금지배서($_{1호; 수 18조 2항}^{어 15조 2항, 77조 1항}$)·환(역)배서($_{수 14조 3항, 15조 3항·5항}^{어 11조 3항, 77조 1항 1호;}$)·기한후배서($_{1호; 수 24조}^{어 20조, 77조 1항}$)가 있고, 후자에는 추심위임배서($_{1호; 수 23조}^{어 18조, 77조 1항}$)·입질배서($_{1항 1호}^{어 19조, 77조}$)가 있다. 이하에서 차례로 설명한다.

1. 무담보배서

(1) 의 의

무담보배서란 「배서인이 어음상에 담보책임(소구의무)을 부담하지 않는다는 뜻을 기재한 배서」를 말한다($_{1호; 수 18조 1항}^{어 15조 1항, 77조 1항}$).

배서인은 어음의 경우에는 인수담보책임과 지급담보책임을 부담하고($_{77조 1항 1호}^{어 15조 1항,}$) 수표의 경우에는 지급담보책임만을 부담하는데($_{1항}^{수 18조}$), 배서인은 이 두 책임의 전부 또는 일부에 대하여 「무담보」의 문언을 기재하여 담보책임을 면할 수 있고, 또 어음금액의 전부 또는 일부에 대하여 「무담보」의 문언을 기재하여 담보책임을 면할 수 있다(통설). 어음의 배서인이 단순히 「무담보」라고만 기재한 경우에는 인수와 지급의 모두에 대하여 무담보배서를 한 것으로 해석한다.

(2) 효 력

1) 무담보배서의 배서인은 자기의 직접의 피배서인에 대하여서뿐만 아니라 그 후자 전원에 대하여 자기가 기재한 무담보의 문언대로 담보책임을 부담하지 않는다. 자기의 직접의 피배서인에 대하여도 담보책임을 부담하지 않는 점에서 다음에서 보는 배서금지배서와 구별된다.

2) 무담보배서에서 담보책임을 부담하지 않는 자는 무담보문언을 기재한 배서인에 한한다.

무담보배서는 배서인이 담보책임을 부담하지 않는 점에서는 보통의 양도배서와 다르나, 그 이외의 점에서는 보통의 양도배서와 같다. 즉 무담보배서에는 배서의 담보적 효력은 없으나, 권리이전적 효력 및 자격수여적 효력은 있다. 따라서 권리이전적 효력과 관련되는 인적 항변의 절단의 효력도 있고, 자격수여적 효력과 관련되는 권리추정력·선의취득 및 선의지급도 인정된다.

3) 무담보배서는 어음의 지급이 불확실하다는 것을 공표하는 것이므로 실제로는 이 방법을 피하고 백지식배서를 받아 단순히 교부만에 의하여 양도하는 경우가 많으나, 할인기관이 매입한 C.P어음(기업어음)을 일반투자가에게 매출할 때에는 거의 예외 없이 무담보배서를 하여 양도하고 있다. 이렇게 할인기관이 무담보배서를 하여 일반투자가에게 C.P어음을 매출한 경우에는 할인기관은 특단의 사정이 없는 한 어음상 배서인으로서 담보책임(상환〈소구〉의무)이 없을 뿐만 아니라, 매매계약상의 채무불이행책임이나 하자담보책임까지 배제하기로 한 취지라고 보아야 할 것이며, 또 불법행위로 인한 손해배상책임도 없다(동지: 대판 1984. 11.
15, 84 다카 1227).

2. 배서금지배서

(1) 의 의

배서금지배서란 금전(禁轉)배서라고도 하는데, 「배서인이 배서를 할 때에 다시 하는 배서를 금지하는 뜻을 기재한 배서」를 말한다(어 15조 2항, 77조 1항
1호; 수 18조 2항). 배서인은 기명식배서를 하는 경우뿐만 아니라 백지식배서를 하는 경우에도 배서금지문언을 기재할 수 있다.

발행인이 배서금지문언을 기재하면 「배서금지어음」(어 11조 2항, 77조 1항
1호; 수 14조 2항)이 되어 동 어음은 배서에 의하여 양도될 수 없으나(기명증권), 배서인이 배서금지문언을 기재하면 「배서금지배서」가 되어 동 어음은 배서에 의하여 양도될 수 있고 다만 배서인의 담보책임만이 제한된다(지시증권).

(2) 효 력

1) 배서인이 배서금지배서를 하면, 배서인(금전〈禁轉〉배서인)은 자기의 직접의 피배서인(금전〈禁轉〉피배서인)에 대하여만 담보책임을 부담하고(이 점에서 자기의 직접의 피배서인에 대하여도 담보책임을 부담하지 않는 무담보배서와 구별됨) 그 후의 피배서인

에 대하여는 담보책임을 부담하지 않는다(어 15조 2항 2문, 77조 1 항 1호; 수 18조 2항 2문)(이에 관한 상세는 정찬형,「상법강의(하)(제24판)」, 303~304면 참조).

2) 배서금지배서에서도 담보책임이 제한되는 자는 배서금지문언을 기재한 배서인에 한한다.

배서금지배서는 배서인의 담보책임이 제한되는 점에서만 보통의 양도배서와 다를 뿐, 그 이외의 점에 있어서는 보통의 양도배서와 같다. 즉, 배서금지배서에는 배서의 담보적 효력만이 제한되고, 권리이전적 효력 및 자격수여적 효력은 있다. 따라서 (금전〈禁轉〉배서인 이외의) 어음채무자는 금전(禁轉)배서인에게 대항할 수 있는 인적 항변사유로써 금전(禁轉)피배서인에게 대항할 수 없고(권리이전적 효력과 관련됨), 금전(禁轉)피배서인은 권리추정력·선의취득·선의지급의 보호를 받는다(자격수여적 효력과 관련됨).

3) 금전(禁轉)피배서인 및 그 후자가 (금전〈禁轉〉배서인의 배서금지문언에 반하여) 하는 배서는 보통의 양도배서와 같다.

3. 환(역)배서

(1) 의 의

1) 환배서란 역배서라고도 하는데,「어음채무자(인수인·발행인·배서인·보증인·참가인수인)를 피배서인으로 하는 배서」를 말한다(어 11조 3항, 77조 1항 1호; 수 14조 3항, 15조 3항·5항). 그러므로 어음채무자가 아닌 인수하지 않은 지급인에 대한 배서는 환배서가 아니지만, 어음법은 편의상 이러한 배서를 환배서와 함께 규정하고 있다(어 11조 3항 2호).

2) 환배서에 의하여 어음채무자가 어음상의 권리를 취득하면, 어음상의 권리와 의무가 동일인에게 귀속하게 된다. 민법의 일반원칙에 의하면 이 때에는 혼동의 법리에 의하여 채권·채무가 소멸될 것이지만(민 507조), 어음법은 환배서를 명문으로 인정하고 또 환배서에 의한 피배서인은 다시 어음에 배서할 수 있음을 명백히 규정하여 민법상 혼동의 법리를 배제하고 있다. 이것은 어음의 유가증권으로서의 성질에서 당연한 것을 규정한 주의규정이라고 본다(통설). 즉, 어음소지인의 지위는 개성이 없는 형식적인 것이기 때문에 당사자자격의 겸병이 가능하고, 자기에 대한 유가증권도 하나의 객관적 재산으로서 취득할 수 있는 것은 유가증권의 성질에서 당연하기 때문이다.

3) 환배서에 의하여 어음을 취득한 배서인(또는 후자에게 상환〈소구〉의무를 이행한 배서인)이 전자에 대하여 갖는 (재)상환청구(소구)권은 배서인이 종전에 가지고 있

었던 어음상의 권리를 회복한 것이냐(권리회복설 또는 권리부활설) 또는 어음상의 권리를 재취득한 것이냐(권리재취득설)에 대하여 견해가 나뉘어 있다. 생각건대, (환)배서의 법적 성질을 채권양도라고 보는 점, 배서인이 재상환청구(재소구)할 수 있는 금액은 종전의 어음소지인으로서 갖는 금액이 아니라 별도로 법정되어 있는 점(어 49조, 77조 1항; 수 45조 4호) 등에서 볼 때, 어음상의 권리를 재취득한 것으로 보는 견해(권리재취득설)가 타당하다고 본다. 그러나 권리재취득설을 취하는 경우에도 인적 항변사유는 권리회복설과 같이 해석하는 것이 타당하다고 본다(동지: 대판 2002. 4. 26, 2000 다 42915.)(이에 관하여는 재상환청구〈재소구〉권의 법적 성질에 관한 설명 참조).

(2) 효 력

환배서도 배서이므로 배서의 일반적 효력이 있다. 즉, 배서의 권리이전적 효력, 담보적 효력 및 자격수여적 효력이 있다. 그러나 환배서에 의한 어음상의 권리자가 된 피배서인은 동시에 자기가 어음채무자인 관계상 어음상의 권리의 행사에 일정한 제한이 있게 된다. 이를 각 어음채무자의 지위에서 다음과 같이 개별적으로 살펴본다.

1) 주채무자

(가) 환어음의 인수인이나 약속어음의 발행인과 같이 어음의 주채무자가 환배서에 의하여 어음을 취득한 경우에는 자기가 주채무자인 성질상 누구에 대하여도 어음상의 권리를 행사할 수 없다. 즉, 자기 자신에 대하여도 어음상의 권리를 행사하지 못할 뿐만 아니라, 자기의 모든 전자(환배서를 기준)에 대하여도 상환청구(소구)권을 행사할 수 없다. 왜냐하면 이 때 주채무자가 자기의 전자에 대하여 상환청구(소구)권을 행사하면, 그 전자는 주채무자에 대하여 다시 상환청구(소구)금액 및 비용과 이자를 청구할 것이기 때문이다.

그러나 환어음의 인수인이 일부인수(어 26조 1항 단서)를 한 경우에는 인수하지 않은 잔액에 대하여는 자기의 전자(환배서를 기준)에 대하여 상환청구(소구)권을 행사할 수 있다. 그 밖에 인수인이 원인관계상의 사유 등으로 자기의 전자(환배서를 기준)에 대하여 어음상의 채무를 부담하지 않는 경우에도 그 전자에 대하여 상환청구(소구)권을 행사할 수 있다고 본다.

(나) 어음의 주채무자가 환배서에 의하여 어음을 취득한 경우에 누구에 대하여도 어음상의 권리를 행사할 수 없다고 하더라도 어음상의 권리가 소멸하는 것은 아니므로, 주채무자는 다시 동 어음을 제3자에게 배서양도할 수 있다. 이로 인하여 주채무자는 어음을 다시 발행하는 비용(인지세)과 수고를 덜 수 있고, 어음에 부착

된 신용(담보의무)을 이용할 수 있다. 이 때 주채무자로부터 그 어음을 배서양수한 제 3 자는 모든 전자에 대하여 아무런 제한이 없이 어음상의 권리를 행사할 수 있다.

그런데 환배서에 의하여 어음을 양수한 주채무자가 어음의 유통기간 후(지급거절증서 작성 후 또는 지급거절증서 작성기간 경과 후)에 동 어음을 제 3 자에게 배서양도한 경우에는 어떠한가. 이에 대하여 제 3 자는 어음상의 권리를 취득하지 못하거나 또는 만기 후 주채무자에 의하여 처분된 줄 모르고 어음을 취득한 제 3 자만이 어음상의 권리를 취득한다는 견해 등이 있으나(이에 관한 상세는 정찬형, 「상법강의(하)(제24판)」, 307면 참조), 이러한 견해들은 모두 타당하지 않다고 본다. 주채무자의 채무는 어음의 유통기간 후에도 소멸시효기간인 만기로부터 3년까지는 존속하므로(어 70조 1항, 77조 1항 8호) 어음상의 권리가 혼동의 법리에 의하여 소멸한다고 볼 수는 없고 유통기간 후에도 배서양도될 수 있는데, 다만 이 때에는 기한후배서의 효력만이 있다고 본다(어 20조 1항 단서, 77조 1항 1호).

2) 발행인(환어음 및 수표)

⑺ 환어음의 발행인이 환배서에 의하여 어음을 취득하면 인수인에 대하여만 어음상의 권리를 행사할 수 있고, 자기의 모든 전자(환배서를 기준)에 대하여는 그가 종국적인 상환(소구)의무자인 성질상 어음상의 권리를 행사할 수 없다. 그 이유는 (주채무자의 경우와 같이) 발행인이 자기의 전자(환배서를 기준)에 대하여 상환청구(소구)권을 행사하면 그 전자는 다시 발행인에 대하여 상환청구(소구)권을 행사할 수 있게 되어 무의미한 2중의 절차가 되기 때문이다. 따라서 발행인이 전자(환배서를 기준)에 대하여 어음상의 권리를 행사하면 그 전자는 이에 대하여 위의 사유로써 직접 항변을 주장할 수 있다고 본다. 그러나 발행인이 전자(환배서를 기준)에 대하여 어음채무를 부담하지 않으면(어음관계상 및 원인관계상) 물론 그 전자에 대하여 상환청구(소구)권을 행사할 수 있는 것은 주채무자의 경우와 같다. 또한 환어음의 발행인이 다시 동 어음을 제 3 자에게 배서양도한 경우에는 제 3 자는 아무런 제한 없이 모든 전자(환배서를 기준)에 대하여 모든 어음상의 권리를 행사할 수 있다.

⑷ 수표에는 주채무자가 없으므로 수표의 발행인이 환배서에 의하여 수표를 양수한 경우에는 (지급인이 지급보증을 하지 않는 한) 누구에 대하여도 수표상의 권리를 행사할 수 없다. 이 점에서 수표의 발행인이 환배서에 의하여 수표를 취득한 경우는 (지급인이 지급보증을 하지 않는 한) 어음의 주채무자가 환배서에 의하여 어음을 취득한 경우와 비슷한 지위에 있다.

3) 배 서 인

(가) 배서인이 환배서에 의하여 어음을 취득한 경우에는 인수인(환어음에 한함), 발행인 및 원칙적으로 자기의 전자(자기의 원래의 배서를 기준)에 대하여만 어음상의 권리를 행사할 수 있다. 그러나 배서인이 무담보배서 또는 배서금지배서를 한 경우에는 배서인은 그가 상환(소구)의무를 부담하지 않는 후자(배서인의 원래의 배서를 기준으로 하면 후자이나, 환배서를 기준으로 하면 전자)에 대하여는 어음상의 권리(상환청구〈소구〉권)를 행사할 수 있다. 또한 배서인이 원인관계상의 사유 등으로 자기의 후자(원래의 배서를 기준으로)에 대하여 어음채무를 부담하지 않는 경우에도 그에 대하여 상환청구(소구)권을 행사할 수 있음은 주채무자 및 발행인의 경우와 같다. 또한 이 배서인이 동 어음을 다시 제 3 자에게 배서양도한 경우에는 그 제 3 자는 아무런 제한 없이 모든 전자(환배서를 기준)에 대하여 어음상의 권리를 행사할 수 있음은 주채무자 및 발행인의 경우와 같다.

(나) 어음항변은 속인(屬人)적인 것이므로 어음채무자가 특정한 배서인에게 대항할 수 있는 인적 항변은 그 배서인이 다시 환배서에 의하여 어음을 취득한 경우에도 절단되지 않는다. 즉, A가 약속어음을 발행하여 수취인 B에게 교부하였는데 A의 어음발행의 원인관계가 취소된 경우에, 동 어음이 B로부터 C에게 배서양도되었다면 A의 B에 대한 인적 항변은 C에 대하여는 절단되나, B가 C로부터 다시 환배서에 의하여 동 어음을 취득한 경우에는 A는 B에 대하여 원인관계의 취소의 인적 항변을 주장할 수 있다.

4) 보증인 또는 참가인수인

보증인 또는 참가인수인이 환배서에 의하여 어음을 취득한 경우에는 각각 (피보증인 또는 피참가인이 환배서에 의하여 어음을 취득한 경우와 같이) 주채무자 및 피보증인 또는 피참가인의 전자에 대하여 어음상의 권리를 행사할 수 있다.

5) 인수를 하지 않은 지급인

(가) 인수를 하지 않은 환어음의 지급인은 어음채무자가 아니므로 이러한 지급인에 대한 배서는 환배서가 아니다. 따라서 그러한 지급인이 배서를 받아 어음을 취득한 경우에는 보통의 어음소지인과 같다. 즉, 그 지급인은 어음상의 권리를 직접 행사할 수도 있고 동 어음을 다시 제 3 자에게 배서양도할 수도 있는데, 자기의 전자에 대하여 상환청구(소구)권을 행사하기 위하여는 지급인인 자기에 대하여 지급거절증서를 작성시킬 수도 있다.

(나) 수표의 경우에는 수표의 지급증권성인 성질과 신용증권화를 방지하기 위하

여, 수표의 지급인에 대한 배서는 원칙적으로 영수증의 효력만이 있고($\frac{수}{5항}^{15조}$), 지급인의 배서는 무효로 하고 있다($\frac{수}{3항}^{15조}$). 이 점은 환어음의 경우와 구별되는 점이다.

4. 기한후배서

(1) 의 의

1) 개 념 기한후배서란 후배서라고도 하는데, 「어음의 경우에는 지급거절증서가 작성된 후에 한 배서 또는 지급거절증서 작성기간이 지난 후에 한 배서」를 말하고($\frac{어\ 20조\ 1항\ 단서,}{77조\ 1항\ 1호}$), 「수표의 경우에는 지급거절증서나 이와 동일한 효력이 있는 선언(지급인의 선언 또는 어음교환소의 선언)($\frac{수}{39조}$)이 작성된 후에 한 배서 또는 지급제시기간($\frac{수}{29조}$)이 지난 후에 한 배서」를 말한다($\frac{수}{24조}$). 따라서 어음의 경우에는(엄격히 말하면 확정일출급·발행일자후정기출급 또는 일람후정기출급의 어음의 경우에는) 기한후배서의 개념은 만기후배서의 개념과 구별된다. 즉, 만기후배서라도 지급거절증서 작성 전 또는 지급거절증서 작성기간 경과 전의 배서는 기한전배서가 된다. 어음법도 이러한 만기후배서는 만기 전의 배서와 동일한 효력이 있다고 명문으로 규정하고 있다($\frac{어\ 20조\ 1항\ 본문,}{77조\ 1항\ 1호}$).

2) 인정이유 어음은 유통기간 내(지급거절증서 작성 전 또는 지급거절증서 작성기간 경과 전)에 유통된 경우에만 강력한 유통성과 피지급성을 보호받는 것이므로, 어음에 지급거절증서가 작성되어 어음이 부도된 것이 객관적으로 명백히 나타나거나 또는 지급거절증서 작성기간의 경과로 어음의 유통기간이 경과한 후의 배서에 의하여 어음이 유통된 경우에는 유통기간 내의 배서에 대하여 인정한 효력을 그대로 인정할 수 없다. 어음채무자의 입장에서도 어음이 유통기간 내에 유통된 경우에 한하여 어음채무를 부담할 의사로써 어음행위를 하는 것이 보통이므로, 어음이 유통기간 후에 유통된 경우에까지 강력한 지급채무를 부담시킬 수는 없다. 따라서 어음법은 기한후배서에 대하여 특별히 규정하여 어음채무자를 보호하고 있다($\frac{어\ 20조\ 1항\ 단서,\ 77조}{1항\ 1호;\ 수\ 24조\ 1항}$).

3) 지급거절 또는 인수거절과 기한후배서

(가) 지급거절과 기한후배서 지급거절이 되었으나 지급거절증서 작성기간 경과 전에 한 배서는 기한후배서인지 여부가 문제된다.

① 지급거절증서 작성면제의 문언이 있어 지급거절증서가 작성되지 않은 경우에는 배서인이 지급거절의 사실과 이러한 지급거절 후에 배서한 사실을 입증하면 지급거절증서가 작성되지 않고(그러나 지급거절증서 작성기간 경과 전에) 한 배서라도 기한후배서라고 보아야 할 것이다.

② 지급거절증서 작성면제의 문언이 없음에도 불구하고 지급거절증서가 작성되지 않고 지급거절증서 작성기간 경과 전에 한 배서는 물론 기한후배서가 아니다. 그런데 이 때에 어음에 있어서 지급거절증서는 작성되지 않았으나 지급거절의 사실이 어음면상 명백하게 나타나 있는 경우(예컨대, 지급은행 또는 지급담당은행의 부도문언이 기재되거나 보전〈補箋〉에 첨부된 경우)에도 동일하게 볼 것인가에 대하여는, 적법한 지급거절증서가 작성되어 있지 않으므로 그 배서를 기한후배서로 볼 수 없다는 것이 통설·판례($^{대판 1987. 8. 25.}_{87 다카 152}$)이다. 그러나 지급(담당)은행의 부도선언은 지급거절증서와 같이 신뢰성이 있는 기재라고 볼 수 있으므로, 어음법 제20조 1항 단서의 「지급거절증서가 작성된 후에 한 배서」를 확대해석하여 그 후의 배서를 기한후배서에 준하여 보는 것이 타당하다고 본다(소수설).

(내) 인수거절과 기한후배서

① 인수거절증서($^{어 44조}_{2항}$)가 작성된 후에 한 배서에 대하여는 어음법에 아무런 규정이 없기 때문에 의문이나, 이러한 어음도 어음면상 상환청구(소구)권을 행사할 수 있는 어음이 명백하고 또 그 신용의 정도도 지급거절증서가 작성된 후에 한 배서와 다를 바 없으므로 역시 기한후배서로 보아야 할 것이다(통설). 그러나 이것은 만기 전에 상환청구(소구)권을 행사할 수 있는 경우로서 인수의 전부가 거절되어($^{어 43조}_{1호 전단}$) 인수거절증서가 작성된 경우만을 의미한다(인수거절증서 작성면제인 경우에는 배서인이 인수의 전부가 거절된 사실과 이러한 인수거절 후에 배서한 사실을 증명하면 동일하게 본다).

② 인수인 또는 지급인의 지급정지 또는 그 재산에 대한 강제집행이 주효(奏效)하지 않음으로 인하여 어음소지인이 만기 전에 상환청구(소구)할 수 있고($^{어 43조 2호,}_{77조 1항 4호}$) 또 어음소지인이 (만기 전에) 인수인 또는 지급인에게 지급제시하여 지급거절증서를 작성한 경우에도($^{어 44조 5항,}_{77조 1항 4호}$), 그 후에 한 배서는 인수거절증서 작성 후의 배서와 같이 기한후배서로 본다.

③ 인수인 또는 지급인(인수제시금지어음의 경우에는 발행인)의 파산의 경우에 파산결정서의 제시에 의하여 만기 전에 상환청구(소구)권을 행사할 수 있는 경우에는($^{어 43조 2호·3호,}_{44조 6항}$), 파산개시의 사실(파산결정서의 작성사실)이 어음면상 명료하지 않으므로 그 후의 배서를 기한후배서로 볼 수 없다고 본다.

4) 기한후배서와 배서일자

(개) 어음상에 배서일자의 기재가 없는 경우에는 기한전배서로 추정된다

$\left(\begin{smallmatrix} 어 & 20조 & 2항, & 77조 & 1항 \\ 1 & 호; & 수 & 24조 & 2항 \end{smallmatrix}\right)$.

㈔ 배서일자는 어음의 필요적 기재사항은 아니나 유익적 기재사항으로서 배서일자가 기재되면 그 날에 배서한 것으로 일응 추정되므로, 어음상에 기재된 배서일자는 기한후배서인지 여부를 결정하는 하나의 기준이 될 수 있다. 그러나 어음상에 기재된 배서일자가 실제로 배서를 한 날과 다른 경우에는, 실제로 배서 또는 교부한 날을 기준으로 기한후배서인지 여부가 결정된다$\left(\begin{smallmatrix} 동지: & 대판 & 1968. & 7. & 23, & 68 & 다 & 911; \\ 통 & 1994. & 2. & 8, & 93 & 다 & 54927 \end{smallmatrix}\right)$. 실제로 배서한 날은 배서인(어음채무자)이 입증하여야 한다(통설). 백지어음상에 한 배서는 백지보충시가 아니라 그 배서의 성립시에 의하여 기한후배서인지 여부가 결정된다$\left(\begin{smallmatrix} 동지: & 대판⟨전원합의체판결⟩ \\ 1971. & 8. & 31, & 68 & 다 & 1176 \end{smallmatrix}\right)$.

(2) 효 력

기한후배서도 양도배서의 일종이나, 다만 유통기간 후의 배서이므로 어음채무자를 보호하기 위하여 어음법은 「지명채권양도의 효력만이 있다」고 규정하고 있다$\left(\begin{smallmatrix} 어 & 20조 & 1항 & 단서, & 77조 \\ 1항 & 1호; & 수 & 24조 & 1항 \end{smallmatrix}\right)$. 이에 대하여 양도배서의 일반적 효력과 관련하여 살펴보면 다음과 같다.

1) 권리이전적 효력

㈎ 기한후배서에도 권리이전적 효력은 있다. 따라서 기한후배서만에 의하여 어음상의 권리가 이전되는 것이고, 어음상의 권리의 이전을 위하여 지명채권양도절차를 밟을 필요가 없다$\left(\begin{smallmatrix} 동지: & 대판 & 1997. & 11. \\ 14, & 97 & 다 & 38145 \end{smallmatrix}\right)$. 이 점이 배서금지어음$\left(\begin{smallmatrix} 어 & 11조 & 2항, & 77조 & 1항 \\ 1호; 수 & 14조 & 2항 \end{smallmatrix}\right)$은 배서만에 의하여 어음상의 권리가 이전하지 않는 점과 다르다.

㈔ 기한후배서에 권리이전적 효력이 있다고 하더라도, 이와 관련하여 발생하는 인적 항변의 절단$\left(\begin{smallmatrix} 어 & 17조, & 77조 & 1항 \\ 1호; & 수 & 22조 \end{smallmatrix}\right)$의 효력은 없다. 어음법 제20조 1항 단서의 「지명채권양도의 효력만이 있다」는 의미는 동법 제17조의 인적 항변의 절단의 효력을 배제하는 데 중요한 의의가 있는 것이다.

[기한후배서에는 인적 항변의 절단의 효력이 없다고 본 판례]

"피배서인이 어음의 지급거절증서 작성기간 경과 후에 피배서인의 명의로 된 배서인란의 기재를 말소하고 그 대신 수취인인 배서인 명의의 기명·날인을 받은 경우, 이는 기한후배서로서 지명채권 양도의 효력만이 있어 어음채무자는 피배서인에 대하여 배서인에 대한 모든 인적 항변으로써 대항할 수 있다$\left(\begin{smallmatrix} 대판 & 1997. & 7. & 22, \\ 96 & 다 & 12757 \end{smallmatrix}\right)$."

이 때 기한후배서에 의하여 절단되지 않는 인적 항변사유는 어음법 제17조에 해당하는 인적 항변사유만이고, 어음법 제17조에 해당하지 않는 인적 항변사유(교부흠결의 항변·의사의 흠결 또는 의사표시의 하자의 항변·보충권남용의 항변·민법 제124조 또는 상법 제398조 위반의 항변 등)는 포함되지 않는다. 따라서 기한후배서에 의하여 어음상의 권리를 취득한 피배서인은 어음법 제17조의 인적 항변이 절단되지 않기 때문에, 배서인이 가지고 있는 어음상의 권리만을 취득한다. 기한후배서에 인적 항변의 절단의 효력이 없어 어음채무자가 배서인에게 대항할 수 있는 인적 항변사유로써 피배서인에게 대항할 수 있다고 하더라도, 이것은 어음채무자가 기한후배서 당시까지 배서인에게 발생한 인적 항변사유로써 피배서인에게 대항할 수 있다는 뜻이지, 기한후배서 이후에 비로소 발생한 배서인에게 대항할 수 있는 인적 항변사유까지를 피배서인에게 대항할 수 있다는 뜻은 결코 아니다(동지: 대판 1994. 1.).

2) **담보적 효력**   기한후배서에는 어음의 유통보호를 위하여 어음의 유통기간 내에 인정되는 어음행위자의 엄격한 어음상의 책임을 인정할 필요가 없으므로, 기한후배서에는 담보적 효력이 없다. 일반적으로 지명채권의 양도인에게는 어음의 배서인에게 인정되는 담보책임(상환〈소구〉의무)(어 15조 1항, 77조 1항)이 없으므로, 기한후배서의 효력을 규정한 어음법 제20조 1항 단서의 「지명채권양도의 효력만이 있다」는 의미는 기한후배서에 담보적 효력이 없다는 의미도 포함되어 있다고 볼 수 있다.

그러나 기한후배서의 배서인이 어음 외의 관계에서 피배서인에게 담보책임을 부담하는 것은 완전히 별도의 문제이다.

3) **자격수여적 효력**

⑺ 기한후배서도 양도배서의 일종으로서 권리이전적 효력이 있는 점에서, 기한후배서에도 자격수여적 효력이 있다고 보는 것이 통설·판례(대판 1961. 7. 27.)이다.

⑴ 기한후배서에 자격수여적 효력이 인정되는 결과로서 배서가 연속되어 있는 어음의 피배서인은 권리추정력이 인정되어 실질적 권리를 입증하지 않고도 어음상의 권리를 행사할 수 있고(어 16조 1항, 77조), 또 선의지급도 인정되어 어음채무자는 기한후배서에 의하여 배서가 연속되어 있는 어음의 피배서인에게 어음금을 지급하면 면책되는 것이다(어 40조 3항, 77조). 다만 기한후배서에 자격수여적 효력이 인정된다고 하여도 선의취득은 인정되지 않는다(통설).

≫ 사례연습 ≪

[사 례]

Y는 A로부터 상품을 구입하고 지급기일이 1985. 3. 25(월)인 약속어음을 발행하여 교부하였다. 그런데 Y는 지급기일 전에 구입상품에 하자가 있어 이를 반품하고 매매계약을 해제하였다. 그런데 이 때 Y는 A로부터 자기가 발행한 약속어음을 찾아오는 것을 잊고 있었다. A는 이러한 점을 이용하여 1985. 3. 30(토)에 이러한 사정을 모르는 X에게 차입금의 변제조로 동 어음을 배서양도하였다.

(1) X가 Y에게 1985. 4. 2(화)에 어음금지급청구를 한 경우에 Y는 X에게 어음상의 책임을 부담하는가?

(2) 만일 Y가 A와의 매매계약을 1985. 4. 1(월)에 해제하고 X가 어음금지급청구를 1985. 4. 2(화)에 하였다면, Y의 X에 대한 어음상의 책임은 어떠한가?

* 이 사례는 정찬형, 「상법사례연습(제 4 판)」, 사례 105에 기초한 것이므로, 이에 관한 상세는 同書를 참고하기 바람.

[해 답]

(1) 본문은 기한후배서의 효력에 관한 문제로서 어음법은 단지 「지명채권양도의 효력만이 있다」고 규정하고 있는데($\frac{어\ 20조\ 1\ 항\ 단서}{77조\ 1\ 항\ 1\ 호}$), 이의 의미가 무엇이냐에 관한 문제이다.

기한후배서의 효력에 대하여는 이미 앞에서 본 바와 같지만, 본문과 관련하여서는 권리이전적 효력은 있으나 인적 항변의 절단의 효력이 없다는 점이다. 우리나라의 대법원판례도 이 점을 명백히 하여 판시하고 있다($\frac{대판\ 1962.\ 3.\ 15.}{4294\ 민상\ 1257}$).

따라서 기한후배서에 의하여 어음을 취득하는 자(X)는 기한후배서의 권리이전적 효력에 의하여 어음상의 권리를 취득하므로 배서인(A)이 발행인(Y)에게 채권양도의 통지를 하거나 또는 발행인(Y)이 승낙을 하지 않더라도 어음상 권리의 양수인으로서 발행인(Y)에게 대항할 수 있으나($\frac{동지:\ 대판\ 1963.\ 2.}{12,\ 63\ 다\ 739}$), 다만 Y는 A에게 대항할 수 있는 모든 항변사유로써 X에게 대항할 수 있다($\frac{동지:\ 대판\ 1963.\ 8.}{22,\ 63\ 다\ 831}$).

본문에서 Y와 A간의 매매계약이 본문 어음의 지급기일 전에 해제되었고 A는 X에게 기한후배서를 하였으므로, Y는 A에게 대항할 수 있는 인적 항변사유로써 X에게 대항할 수 있다. 따라서 Y는 X에게 어음상의 책임이 없다.

참고로 기한후배서에는 담보적 효력도 없으므로 X는 A에게 소구권을 행사할 수도 없다(이는 X가 지급제시기간 내에 지급제시를 하지 못하여 소구권행사의 요건을 갖추지 못하고 있는 점에서도 당연하다). 따라서 X는 A에게 동 어음을 반환하고 원인관계상의 차입금의 변제청구를 할 수밖에 없다.

(2) 기한후배서에 의하여 Y가 X에게 대항할 수 있는 항변사유는 기한후배서시까지 발생한 Y가 A에게 대항할 수 있는 항변사유뿐이며, 기한후배서 이후에 발생한 Y가 A에게 대항할 수 있는 항변사유로써는 Y는 X에게 대항할 수 없다. 따라서 본문에서 Y와 A간의 매매계약이 해제된 것은 기한후배서 이후에 발생한 항변사유이므로 Y는 동 항변사유로써 X에게 대항할 수 없다. 그러므로 이 경우에는 Y는 X에게 어음상의 책임을 부담한다. 그러나 Y는 A에 대하여는 매매계약의 해제를 인적 항변으로 주장할 수 있음은 물론이다. 우리나라의 대법원판례도 이와 동지(同旨)로 판시하고 있다 (대판 1982. 4. 13, 81 다카 353; 동 1994. 1. 25, 93 다 50543).

5. 추심위임배서

(1) 의 의

㈎ 추심위임배서란 대리배서·추심배서·권한배서 또는 위임배서라고도 하는데, 「배서인이 피배서인에게 어음상의 권리를 행사할 권한(대리권)을 부여할 목적으로 하는 배서」를 말한다(어 18조 1호, 77조 1항; 수 23조).

추심위임배서에는 배서란에 추심위임 등의 문언을 기재한 「공연한 추심위임배서」와, 추심위임 등의 문언을 기재하지 않아 형식은 양도배서이나 실질은 추심위임의 목적인 「숨은 추심위임배서」가 있다. 어음법에는 공연한 추심위임배서에 대하여만 규정하고 있는데, 단순히 추심위임배서라고 하면 이것을 말한다.

㈏ 공연한 추심위임배서는 배서에 「회수하기 위하여」, 「추심하기 위하여」, 「대리를 위하여」, 그 밖에 단순히 대리권수여를 표시하는 문언이 기재된 배서를 말한다(어 18조 1항 전단, 77조 1항; 수 23조 1항 전단). 공연한 추심위임배서에는 이와 같이 추심위임문언이 반드시 기재되어야 하므로 간략백지식 추심위임배서(어 13조 2항 1문 후단, 77조 1항; 수 16조 2항 1문 후단)는 불가능하다. 또한 공연한 추심위임배서에는 권리이전적 효력이 없으므로 배서금지어음(어 11조 2항, 77조 1항; 수 14조 2항)에도 공연한 추심위임배서가 가능하다(통설).

㈐ 숨은 추심위임배서란 추심위임의 목적으로 보통의 양도배서의 형식을 취하는 배서를 말한다. 실제로는 항변절단 등의 목적으로 공연한 추심위임배서보다도 이러한 숨은 추심위임배서가 훨씬 더 많이 이용되고 있다.

(2) 효 력

1) 공연한 추심위임배서의 효력

㉮ 권리이전적 효력   추심위임배서는 피배서인에게 어음상의 권리를 행사할 대리권만을 부여하는 데 그치므로 그 성질상 권리이전적 효력이 없다. 이 점이 보통의 양도배서와 근본적으로 구별되는 점이다. 또한 이 점에서 외부관계로서 피배서인과 배서인의 제 3 자에 대한 지위가 문제되고, 내부관계로서 배서인과 피배서인의 법률관계가 문제된다.

① 외부관계

㉠ 피배서인의 지위

(a) 추심위임배서의 피배서인은 어음상의 권리를 취득하지는 못하지만, 어음상의 권리를 행사할 대리권을 취득한다. 이에 대하여 어음법은 추심위임배서의 피배서인은 「어음으로부터 생기는 모든 권리」를 행사할 수 있다고 규정하고 있는데(어 18조 1항 본문 후단, 77조 1항 1호; 수 23조 1항 본문 후단), 이 때에 「어음으로부터 생기는 모든 권리」란 어음상의 권리(주채무자에 대한 어음금지급청구권·상환〈소구〉의무자에 대한 상환청구〈소구〉권 등)뿐만 아니라, 어음법상의 권리(백지보충권·복본교부청구권·이득상환청구권 등)를 포함한다(통설). 또한 피배서인이 행사할 수 있는 권리에는 이러한 어음상의 권리 및 어음법상의 권리에 관한 재판상의 행위를 포함한다(통설). 따라서 피배서인은 배서인의 소송대리인으로서 배서인의 명의로 소를 제기할 수 있다. 또한 피배서인이 어음을 분실·도난 등으로 상실한 경우에는, 피배서인은 배서인을 위하여 제권판결을 위한 공시최고를 신청할 수도 있다(민 493조).

(b) 추심위임배서에 권리이전적 효력이 없으므로 인적 항변의 절단의 효력도 없는 것은 당연하다. 따라서 어음채무자는 배서인에게 대항할 수 있는 모든 인적 항변사유로써 피배서인에게 대항할 수 있다(어 18조 2항, 77조 1항 1호; 수 23조 2항). 즉 어음채무자는 피배서인에 대한 인적 항변사유로써는 피배서인에게 대항할 수 없고, 배서인에 대한 인적 항변사유로써만 피배서인에게 대항할 수 있다(통설).

(c) 추심위임배서의 피배서인은 어음상의 권리자가 아니므로 양도배서를 할 수 없고 또 어음상의 권리에 관한 면제·화해·포기 등과 같은 권리의 처분행위를 하지 못하나(통설), 재추심위임배서를 할 수는 있다(어 18조 1항 단서, 77조 1항 1호; 수 23조 1항 단서). 따라서 추심위임배서의 피배서인이 추심위임문언을 기재하지 않고 양도배서의 형식으로 한 배서는 무효로 볼 것이 아니라, 재추심위임배서로 볼 수 있다(통설). 이렇게 추심위임배서의 피배서인이 재추심위임배서를 하는 경우에 이의 법적 성질은 복대리인의 선임

이라고 보아야 한다(통설). 이렇게 보면 추심위임배서의 피배서인은 재추심위임배서를 한 경우에도 대리권을 잃지 않는데 이 점에서 보면 민법상 복대리인의 선임의 경우와 같으나, 본인(배서인)의 허락 없이 피배서인은 어음법의 규정에 의하여 당연히 복대리인을 선임할 수 있는 점($^{어\ 28조\ 1항\ 단서,\ 77조\ 1항}_{1호;\ 수\ 23조\ 1항\ 단서}$)에서 민법($^{120}_{조}$)의 경우와 구별된다.

　ⓛ **배서인의 지위**　배서인은 추심위임배서를 하여도 어음상의 권리를 잃지 않으므로, 그가 어음을 회수한 경우에는 추심위임배서를 말소하지 않고도 어음상의 권리를 직접 행사할 수도 있고 또는 다시 제3자에게 양도배서를 할 수도 있다. 이때 배서인은 추심위임배서를 말소하지 않은 경우에도 형식적 자격이 인정되므로 어음상의 권리의 행사에 실질적 자격을 증명할 필요가 없다.

　② **내부관계**

　㉠ 추심위임배서의 배서인과 피배서인의 내부관계는 대리권수여의 기본 관계로서 이는 민법에 의하여 정하여진다. 이 관계는 또한 추심위임배서의 원인행위가 된다. 이 관계는 위임인 경우가 가장 많으나, 고용 또는 도급 등인 경우도 있다.

　ⓛ 민법상 대리권은 본인(수권자)의 사망에 의하여 소멸하나($^{민}_{1호}$127조), 어음의 경우에는 어음거래의 안전과 어음상 나타나지 않은 사정으로부터 어음채무자를 보호하기 위하여 어음법은 수권자인 배서인의 사망이나 제한능력은 추심위임배서에서 대리권의 소멸사유가 되지 않음을 명백하게 규정하고 있다($^{어\ 18조\ 3항,\ 77조\ 1항}_{1호;\ 수\ 23조\ 3항}$).

　또한 추심위임배서의 배서인이 내부관계에서 피배서인의 대리권을 철회 기타의 사유로 소멸시켜도 추심위임배서를 말소하지 않는 한 어음상의 효력은 발생하지 않는다.

　추심위임배서에서 피배서인의 대리권의 범위는 어음법에 의하여 정형성을 갖는 것이므로($^{어\ 18조\ 1항\ 본문\ 후단,\ 77조\ 1항}_{1호;\ 수\ 23조\ 1항\ 본문\ 후단}$), 내부관계에서 이러한 대리권에 제한을 가하여도 그것은 당사자간에서만 효력이 있을 뿐 어음상의 효력은 발생하지 않는다.

　㉱ **담보적 효력**　추심위임배서는 피배서인에게 어음상의 권리를 행사할 대리권만을 수여하는 것이고 어음상의 권리자는 여전히 배서인이므로, 그 성질상 배서인이 피배서인에 대하여 담보책임을 부담한다는 것은 있을 수 없다. 즉, 추심위임배서에는 담보적 효력이 없다.

　㉲ **자격수여적 효력**　추심위임배서에는 권리이전적 효력이 없어도 자격수여적 효력은 인정되어 권리추정력과 선의지급이 인정된다(통설). 즉, 추심위임배서의 피배서인이 배서가 연속되어 있는 어음에서 외관상 추심위임배서를 받고 있으면 (추

심)대리권인 형식적 자격이 인정되어 그가 실질적 자격을 입증하지 않고도 어음상의 권리를 행사할 수 있고(권리추정력)($\substack{어 16조 1항, 77조 \\ 1항 1호; 수 19조}$), 또 어음채무자가 그러한 피배서인에게 지급하면 그가 실제로 (추심)대리권을 갖지 않았다고 하더라도 사기 또는 중과실이 없는 한 면책된다(선의지급)($\substack{어 40조 3항, 77조 \\ 1항 3호; 수 35조}$). 추심위임배서의 피배서인에게 자격수여적 효력이 인정된다고 하더라도 이것은 권리행사의 면에서만 인정되는 것이고, 권리유통의 면인 선의취득은 인정될 수가 없다. 왜냐하면 추심위임배서에는 권리이전적 효력이 없고 이의 결과 피배서인은 독립된 경제적 이익을 갖지 못하므로 선의취득의 전제요건이 존재하지 않기 때문이다(통설).

2) **숨은 추심위임배서의 효력**   숨은 추심위임배서의 효력을 설명하기 위하여는 먼저 숨은 추심위임배서의 법적 성질이 검토되어야 한다. 왜냐하면 숨은 추심위임배서의 법적 성질을 어떻게 보느냐에 따라서 그 효력이 달라지기 때문이다. 숨은 추심위임배서에 대하여 과거에는 통정한 허위표시($\substack{민 \\ 108조}$)로서 어음채무자는 그 배서의 무효를 주장할 수 있다는 견해도 있었으나, 오늘날에는 이를 유효로 보는 데에는 이설(異說)이 없다. 다만 이를 유효로 보는 경우 그 법적 성질이 양도배서인지 또는 추심위임배서인지에 대하여 견해가 나뉘어 있다. 즉 우리나라의 통설은 이를 양도배서의 일종으로 보고 있는데(신탁양도설·신탁배서설), 이를 추심위임배서의 일종으로 보는 소수설도 있다(자격수여설·자격배서설 또는 권한수여설).

[숨은 추심위임배서를 양도배서의 일종으로 본 판례]
"어음법에 추심위임배서에는 소위 추심위임문언을 명기하라는 지(旨)가 규정되어 있을 뿐만 아니라 일반적으로 어음행위는 서면상의 요식행위임에도 불구하고 본건어음 중의 배서부에는 추심문언의 기재가 없으니 이를 추심위임배서라고 할 수 없다($\substack{대판 1960. 7. 28. \\ 4292 민상 987}$)."

생각건대 숨은 추심위임배서는 어음의 문언증권성에서 볼 때 양도배서의 일종으로 보아야 할 것이므로, 신탁양도설이 타당하다고 본다. 따라서 이하에서는 신탁양도설에 따른 숨은 추심위임배서의 효력만을 보기로 한다(자격수여설에 따른 숨은 추심위임배서의 효력은 앞에서 본 공연한 추심위임배서의 효력과 거의 같다).

⑺ **권리이전적 효력**
① 신탁양도설에 의하면 숨은 추심위임배서에 권리이전적 효력이 있다($\substack{동지: 대판 1997. 3. \\ 11, 95 다 52444}$). 이 때 인적 항변의 절단의 효력이 인정되는지 여부에 대하여는, 원

칙적으로 인적 항변의 절단의 효력이 인정되는데, 예외적으로 어음채무자가 숨은 추심위임배서임을 입증하면 인적 항변이 절단되지 않는다고 본다.

② 추심위임배서의 성격과 관련하여 어음채무자는 피배서인에게 대항할 수 있는 인적 항변사유로써 피배서인에게 대항할 수 있는지 여부가 문제된다. 신탁양도설에 의하면 권리이전적 효력이 있으므로 어음채무자는 당연히 피배서인에게 대항할 수 있다고 본다.

③ 배서의 권리이전적 효력과 관련하여 배서인 또는 피배서인이 파산한 경우에 그 효력이 어떻게 되는지의 문제가 있다. 신탁양도설에 의하면 어음상의 권리가 배서인으로부터 피배서인에게 이전되므로 배서인이 파산한 경우에는 어음상의 권리는 파산재단에 속하지 아니하고, 피배서인이 파산하면 어음상의 권리는 파산재단에 속하게 되어 배서인은 환취권($\frac{파}{407조}$)을 행사할 수 없다.

④ 숨은 추심위임배서에서 배서인이 추심위임을 해제한 경우에 이에 따른 배서인 또는 피배서인의 권리행사는 어떠한가의 문제가 있다. 신탁양도설의 입장에서 이 문제를 살펴보면 다음과 같다. (i) 배서인이 추심위임을 해제하고 어음을 회수한 경우에는 배서인은 다시 어음상의 권리를 취득하나, 배서인은 숨은 추심위임배서를 말소하거나 또는 피배서인으로부터 환배서를 받아야 형식적 자격을 취득하여 실질적 자격을 입증하지 않고도 어음상의 권리를 행사할 수 있다(공연한 추심위임배서의 경우와 구별되는 점). (ii) 그런데 배서인이 추심위임을 해제하였으나 어음을 회수하지 않고 있는 동안에는 배서인은 다시 어음상의 권리를 취득한다고 볼 수는 없고 어음상의 권리는 여전히 피배서인에게 있으므로, 피배서인이 어음상의 권리를 행사하는 경우에는 어음채무자는 피배서인의 청구에 응할 수밖에 없을 것 같다. 그러나 이러한 결론은 부당하므로 피배서인의 권리행사는 권리남용 또는 신의성실의 원칙($\frac{민}{2조}$)에 위반되거나, 또는 어음채무자가 추심위임이 해제된 것을 알면서 피배서인에게 지급하는 것은 배서인에 대하여 불법행위가 되어, 피배서인은 어음상의 권리를 행사할 수 없다고 보아야 할 것이다.

⑤ 숨은 추심위임배서의 피배서인이 다시 양도배서를 한 경우에 그 양수인의 권리취득여부가 배서의 권리이전적 효력과 관련하여 문제된다. 신탁양도설에 의하면 숨은 추심위임배서의 피배서인은 어음상의 권리자이므로, 양수인은 그의 선의·악의를 불문하고 어음상의 권리를 당연히 취득한다. 다만 어음채무자는 양수인이 이를 알고 양도배서를 받은 경우에 한하여 악의의 항변을 주장할 수 있다($\frac{어 17조 단서, 77조 1 항}{1호;\ 수 22조\ 단서}$). 따라서 이 때에는 어음채무자는 양도인에게 대항할 수 있는 인적 항변사유로써 양

수인에게 대항할 수 있다.

(내) **담보적 효력** 신탁양도설에 의하면 권리이전적 효력이 있으므로 배서인은 담보책임을 부담해야 하는 것으로 생각될지 모르나, 배서인과 피배서인간에는 추심위임의 약정이 있으므로 배서인은 피배서인에 대하여 담보책임을 부담하지 않는다. 그러나 숨은 추심위임배서의 피배서인이 제 3 자에게 양도배서를 한 경우에는 배서인은 그러한 양수인에 대하여는 담보책임을 부담해야 한다고 본다. 따라서 신탁양도설에 의하면 숨은 추심위임배서는 직접의 피배서인에 대하여는 담보적 효력이 없으나, 그 이후의 양도배서를 받은 피배서인에 대하여는 담보적 효력이 있다.

(대) **자격수여적 효력** 신탁양도설에 의하면 숨은 추심위임배서의 피배서인은 어음상의 권리를 취득할 뿐만 아니라, 형식적 자격도 취득하므로, 그에게 자격수여적 효력이 인정됨은 말할 나위가 없다. 따라서 피배서인은 자기가 실질적 권리자임을 입증하지 않고도 어음상의 권리를 행사할 수 있고(권리추정력), 어음채무자가 피배서인에게 지급하면 면책된다(선의지급). 숨은 추심위임배서의 피배서인은 독립된 경제적 이익이 없으므로 선의취득은 인정되지 않으나, 그 피배서인으로부터 양도배서를 받은 자는 어음상의 권리를 선의취득할 수 있다.

6. 입질배서

(1) 의 의

입질배서란 「배서인이 자기 또는 제 3 자의 채무를 담보하기 위하여 어음상의 권리에 질권을 설정할 목적으로 하는 배서」를 말한다($\frac{\text{어}19조}{1항 2호}, ^{77조}$). 입질배서는 어음에만 인정되고, 수표에는 인정되지 않는다. 입질배서도 추심위임배서와 같이 입질문언을 기재한 「공연한 입질배서」와, 입질문언을 기재하지 않고 양도배서의 형식을 취한 「숨은 입질배서」가 있다. 어음법은 공연한 입질배서에 대하여만 규정하고 있는데, 단순히 입질배서라고 하면 이것을 말한다. 숨은 입질배서는 당사자간에 보통 질권설정의 계약을 체결하고, 질권설정자가 질권자에게 양도배서의 형식에 의하여 어음을 양도한다. 따라서 숨은 입질배서나 어음의 양도담보는 모두 어음상의 권리가 양도의 형식에 의하여 담보로 제공되는 것이므로, 형식상은 숨은 입질배서는 양도담보의 하나의 형태라고 볼 수 있다.

(2) 효 력

1) 공연한 입질배서의 효력

(가) **권리이전적 효력** 입질배서는 어음상의 권리를 이전하는 것이 아니라 어음

상의 권리 위에 질권을 설정하는 것이므로, 그 성질상 권리이전적 효력은 없고 그 대신 질권설정의 효력이 있다. 이로 인하여 피배서인은 어음상의 권리를 취득하지는 못하나, 어음상의 권리 위에 질권을 취득한다. 이로 인하여 피배서인은 「어음으로부터 생기는 모든 권리」를 행사할 수 있다($\substack{어\ 19조\ 1항\ 본문\ 후단,\\77조\ 1항\ 1호}$). 이 때에 「어음으로부터 생기는 모든 권리를 행사할 수 있다」는 의미는 어음상의 권리(어음금지급청구권·소구권 등)의 행사를 위하여 재판상·재판외의 모든 행위를 할 수 있다는 의미이다. 입질배서는 「어음상의 권리」에 대하여만 질권을 설정하는 것이므로, 입질배서의 피배서인이 이득상환청구권(어음법상의 권리)을 행사할 수 있느냐에 대하여는, 당사자간에 특약이 없는 한 이를 부정하는 견해도 있으나, 입질배서의 피배서인의 권리가 실질적으로 어음상의 권리를 취득한 자와 같다고 볼 때 이를 긍정하는 것이 타당하다고 본다(추심위임배서의 피배서인과 구별되는 점은 입질배서의 피배서인은 이를 자신의 이익을 위하여 자기의 이름으로 행사하는 점이다).

입질배서에 의하여 어음상의 권리에 질권이 설정된 경우에 피배서인인 질권자가 그 권리를 실행함에는 민법 제353조(질권의 목적이 된 채권의 실행방법)가 적용되지 않는다고 본다(통설). 왜냐하면 어음상의 권리는 일반채권과는 달리 어음법에 규정된 바에 따라 간이하고 신속하게 결제(추심)되어야 하기 때문이다.

입질배서에는 권리이전적 효력이 없으나 동 배서에 의하여 피배서인은 질권을 취득하고 또한 이에 대하여 피배서인은 독립적인 경제적 이익을 갖고 있으므로, 입질배서에는 인적 항변의 절단의 효력이 있다. 그런데 인적 항변의 절단에 관한 어음법의 규정($\substack{어\ 17조,\ 77조}{1항\ 1호}$)은 양도배서에 적용되는 규정이므로, 어음법은 입질배서에 관한 조문에서 별도로 규정하고 있다($\substack{어\ 19조\ 2항,\\77조\ 1항\ 1호}$).

입질배서에는 권리이전적 효력이 없으므로 입질배서의 피배서인은 양도배서나 입질배서를 할 수 없고(통설), 다만 추심위임배서만을 할 수 있다($\substack{어\ 19조\ 1항\ 단서,\\77조\ 1항\ 1호}$).

(나) **담보적 효력**   입질배서에 담보적 효력이 있느냐에 대하여 학설은 긍정설(통설)과 부정설(소수설)로 나뉘어 있다.

생각건대 배서인의 입질배서에 의하여 피배서인(질권자)에게 지급책임을 부담하는 자는 배서인(질권설정자)이 아니라 배서인에 대하여 어음채무를 부담하고 있는 자(주채무자·그 전자인 상환〈소구〉의무자 등)이므로(이 점은 채권질의 경우와 같다), 피배서인이 배서인의 어음채무자로부터 어음금을 추심하지 못한 경우에 배서인에 대하여 어음채권을 행사하기 위하여는 입질배서에 담보적 효력을 인정하여야 할 것으로 본다. 따라서 긍정설이 타당하다고 본다.

㈐ **자격수여적 효력** 입질배서에는 권리이전적 효력이 없어도 자격수여적 효력은 인정되어 권리추정력과 선의지급이 인정된다(통설). 또한 입질배서의 피배서인은 추심위임배서의 피배서인과는 달리 독립된 경제적 이익을 갖고 있으므로, 어음상의 권리에 대한 질권을 선의취득할 수 있다(통설)(어 16조 2항, 77조 1항 1호).

2) 숨은 입질배서의 효력

㈎ **권리이전적 효력** 숨은 입질배서에는 권리이전적 효력이 있다(통설). 따라서 피배서인은 질권자로서가 아니라 어음상의 권리자로서 어음상의 권리를 행사할 수 있다. 어음채무자는 숨은 입질배서의 배서인에게 대항할 수 있는 인적 항변사유로써 피배서인에게 대항할 수 없는데(피배서인이 어음채무자를 해할 것을 알고 어음을 취득하지 않는 한), 이것은 배서의 권리이전적 효력과 관련하여 발생하는 인적 항변의 절단의 효력(어 17조 1항, 77조 1호)이지 입질배서에서 발생하는 인적 항변의 절단의 효력(어 19조 2항, 77조 1항 1호)이 아니다.

㈏ **담보적 효력** 숨은 입질배서에는 담보적 효력이 당연히 인정되어, 배서인은 피배서인 및 그 후자에 대하여 상환(소구)의무를 부담한다.

㈐ **자격수여적 효력** 숨은 입질배서에는 자격수여적 효력도 당연히 인정되어, 피배서인은 어음상의 권리자(질권자가 아님)로서의 권리추정력(어 16조 1항, 77조 1항 1호)과 선의지급(어 40조 3항, 77조 1항 3호)이 인정된다. 또한 피배서인은 선의취득(어 16조 2항, 77조 1항 1호)도 할 수 있는데, 이 때에 피배서인이 취득하는 권리는 숨은 입질배서를 양도담보로 보면 어음상의 권리라고 보겠으나, 이를 양도담보가 아니라고 보면 질권으로 보아야 할 것이다.

배서의 종류 \ 배서의 효력		권리이전적 효력	인적 항변 절단	담보적 효력	자격수여적 효력(권리추정력·선의지급)	선의취득
보통의 양도배서 (어 14조~17조, 77조 1항 1호; 수 17조~21조)		○	○	○	○	○
특수한 양도배서	무담보배서 (어 15조 1항, 77조 1항 1호; 수 18조 1항)	○	○	×	○	○
	배서금지배서 (어 15조 2항, 77조 1항 1호; 수 18조 2항)	○	○	△(피배서인 이후의 자에 대하여 담보책임을 부정함)	○	○
	환(역)배서 (어 11조 3항, 77조 1항 1호; 수 14조 3항, 15조 3항·5항)	○	○	△(어음소지인 이 자기의 어음채무자인	○	○

				경우 항변주장 가능)		
		기한후배서 (어 20조, 77조 1항 1호; 수 24조	○	×	×	○	△ (부정설 이통설)
특수 배서	추심 위임 배서	공연한 추심위임배서 (어 18조, 77조 1항 1호; 수 23조)	×(추심대 리권만 취득)	×	×	○	×
		숨은 추심위임배서 (규정 없음) ｜ 신탁 양도설	○	△(원칙적 으로 긍정함)	△(피배서인 이후의 자에 대하여는 부담)	○	○
		｜ 자격 수여설	×	×	×	○	×
	입질 배서 (수표 에는 없음)	공연한 입질배서 (어 19조, 77조 1항 1호)	×(질권만 취득)	○	△(긍정설이 통설임)	○	×
		숨은 입질배서 (규정 없음)	○	○	○	○	○

△는 제한적으로 인정되는 것이거나 또는 학설이 나뉘는 것임.

제6　단순한 교부

1. 총　설

수표는 어음과는 달리 수취인이 임의적 기재사항(유익적 기재사항)이므로 소지인출급식수표($\frac{수\,5조}{1항\,3호}$)·무기명식수표($\frac{수\,5조}{3항}$) 또는 지명소지인출급식수표($\frac{수\,5조}{2항}$)가 가능한데, 이러한 수표는 처음부터 「단순한 교부」만에 의하여 수표상의 권리가 양도된다. 이러한 수표의 양도방법에 대하여 수표법은 특별한 규정을 두고 있지 않으므로 민법의 무기명증권의 양도방법에 의한다($\frac{민}{523조}$).

어음은 수취인이 필요적 기재사항(어음요건)이므로($\frac{어\,1조\,6호}{75조\,5호}$) 소지인출급식어음 등이 존재할 수 없고, 수취인이 반드시 배서를 하여야 어음상의 권리가 양도된다. 그런데 어음에도 백지식배서가 인정되므로($\frac{어\,13조\,2항}{77조\,1항\,1호}$) 기명식 또는 지시식어음(수표)의 수취인(또는 그 후의 피배서인)이 백지식배서를 하여 최후의 배서가 백지식배서인 어음의 소지인은, 소지인출급식수표의 소지인과 같이 「단순한 교부」만에 의하여 어음상의 권리를 양도할 수 있다($^{어\ 14조\ 2항\ 3호,}_{77조\ 1항\ 1호}$).

따라서 이하에서는 소지인출급식수표(무기명식 또는 지명소지인출급식수표를 포함)의 양도방법인 「단순한 교부」를 배서의 효력과 비교하여 살펴보고, 최후의 배서가 백지식인 기명식 또는 지시식어음(수표)을 「단순한 교부」에 의하여 양도한 경우를 배서의 효력과 비교하여 살펴보겠다.

2. 소지인출급식수표의 단순한 교부의 효력

(1) 권리이전적 효력

소지인출급식수표의 소지인이 수표상의 권리를 양도할 의사로써 수표를 단순히 교부하면, 권리이전적 효력이 발생하고 또한 인적 항변의 절단의 효력($^{수\ 22조;\ 민}_{524조,\ 515조}$)도 있다. 그러나 기한후교부의 경우에는 인적 항변의 절단의 효력이 없다.

(2) 담보적 효력

소지인출급식수표의 소지인이 수표를 단순한 교부만에 의하여 수표상의 권리를 양도하는 경우에는, 양도인의 기명날인 또는 서명이 수표상에 없으므로 양도인은 담보책임을 부담할 여지가 없다. 따라서 소지인출급식수표의 단순한 교부에는 담보적 효력이 없다.

그러나 소지인출급식수표에 배서하여 수표를 교부한 자는 수표소지인에 대하여 담보책임을 진다($^{수\ 20조}_{본문}$). 이 때에 수표상의 권리가 이전되는 효력은 배서에 의하여 발생하는 것이 아니라 「단순한 교부」에 의하여 발생하는 것이므로, 소지인출급식수표에 한 배서는 권리이전적 효력은 없고 담보적 효력만이 발생한다고 볼 수 있다. 따라서 소지인출급식수표에 배서가 있다고 하여 동 수표가 지시식수표로 변하는 것이 아니므로($^{수\ 20조}_{단서}$), 동 수표를 배서에 의하여 양수한 자는 배서를 하지 않고 「단순한 교부」만을 하여 수표상의 권리를 양도할 수 있다.

(3) 자격수여적 효력

소지인출급식수표는 단순한 교부만으로 수표상의 권리가 이전되기 때문에 소지인출급식수표의 소지인은 수표의 「단순한 소지」만으로 (기명식 또는 지시식수표에서 배서의 연속이 있는 것과 같이) 형식적 자격을 갖게 되어 권리추정력($^{수\ 19조\ 1문}_{유추적용}$)과 선의지급($^{수\ 35조\ 및\ 어\ 40조\ 3항의}_{유추적용;\ 민\ 524조,\ 518조}$)이 인정된다. 또한 소지인출급식수표의 소지인은 단순한 소지만으로 자격수여적 효력을 인정받게 되는 결과, 그러한 소지인으로부터 선의·무중과실로 단순한 교부만에 의하여 수표를 양수한 자는 선의취득도 하게 된다($^{수}_{21조}$). 다만 기한후교부의 경우에는 수표상의 권리를 선의취득할 수 없다.

3. 최후의 배서가 백지식배서인 어음(수표)의 단순한 교부의 효력

(1) 권리이전적 효력

최후의 배서가 백지식배서인 어음(수표)의 소지인은 단순한 교부만으로 어음(수표)상의 권리를 이전할 수 있으므로($^{어 14조 2항 3호, 77조 1항}_{1호; 수 17조 2항 3호}$), 동 어음(수표)의 단순한 교부에는 권리이전적 효력이 있다. 그러나 동 어음(수표)의 소지인은 배서에 의하여도 어음(수표)상의 권리를 이전할 수 있는데($^{어 14조 2항 2호, 77조 1항}_{1호; 수 17조 2항 2호}$), 이 점은 소지인출급식수표가 언제나 단순한 교부만에 의하여 수표상의 권리가 이전되는 점과 구별된다.

최후의 배서가 백지식배서인 어음(수표)이 단순한 교부만에 의하여 권리이전적 효력이 인정되는 것과 관련하여 인적 항변의 절단의 효력도 있다($^{어 17조, 77조 1항}_{1호; 수 22조}$).

(2) 담보적 효력

최후의 배서가 백지식배서인 어음(수표)의 소지인이 단순한 교부만에 의하여 어음(수표)상의 권리를 양도하는 경우에는, 소지인출급식수표의 경우와 같이 어음(수표)상에 양도인의 기명날인 또는 서명이 없으므로 양도인은 담보책임을 부담할 여지가 없다. 따라서 이러한 어음(수표)의 단순한 교부에는 담보적 효력이 없다.

그러나 이러한 어음에 배서하여 양도한 자($^{어 14조 2항 2호, 77조 1항}_{1호; 수 17조 2항 2호}$)는 당연히 담보책임을 진다. 동 배서에는 담보적 효력뿐만 아니라 권리이전적 효력도 있는 점이, 소지인출급식수표에 한 배서에는 담보적 효력만이 있는 점과 구별된다.

(3) 자격수여적 효력

최후의 배서가 백지식배서인 어음(수표)의 소지인은 동 어음(수표)의 단순한 소지만으로 (기명식 또는 지시식어음에서 배서의 연속이 있는 것과 같이) 형식적 자격을 갖게 되어 권리추정력($^{어 16조 1항 2문, 77조}_{1항 1호; 수 19조 2문}$)과 선의지급($^{어 40조 3항, 77조 1항 3호;}_{수 35조의 유추적용}$)이 인정된다. 또한 최후의 배서가 백지식배서인 어음(수표)의 소지인은 단순한 소지만으로 자격수여적 효력을 인정받게 되므로 그러한 소지인으로부터 선의·무중과실로 단순한 교부만에 의하여 어음(수표)을 양수한 자는 선의취득도 하게 된다($^{어 16조 2항, 77조}_{1항 1호; 수 21조}$).

제7   선의취득

1. 의   의

어음의 선의취득이란 배서의 자격수여적 효력($^{어 16조 1항, 77조}_{1항 1호; 수 19조}$)의 결과로 인정되는 것으로서, 어음취득자가 배서의 연속 또는 이것과 동일시되는 형식(최후의 배서가 백지식인 경우와 소지인출급식수표의 경우에는 단순한 소지)에 의하여 「형식적 자격」을 갖고 또 악의 또는 중과실이 없는 경우에는 양도인이 무권리(또는 양도행위가 실질적 으로 무효)라 하더라도 어음상의 권리를 취득하는 것을 말한다(어 16조 2 항, 77조; 1 항 1 호; 수 21조).

어음의 선의취득은 연혁적으로 볼 때 동산의 선의취득(민 249조~ 251조)에서 기원하나, 다만 어음은 유통성을 본질로 하여 거래의 안전이 더욱 요청되므로 민법상 동산의 선의취득보다 더욱 그 요건을 완화하여 규정함으로써 어음의 선의취득이 동산의 선 의취득보다 훨씬 쉽게 되어 있다(어음의 선의취득과 동산의 선의취득의 차이점에 관한 상 세는 정찬형, 「상법강의(하)(제24판)」, 332~333면 참조).

2. 요 건

(1) 어음법적 양도방법에 의하여 어음을 취득하였을 것

어음법적 양도방법이란 배서금지어음을 제외한 모든 어음 및 배서금지수표를 제외한 기명식수표와 지시식수표에서는 배서, 백지식배서가 있는 어음(수표) 및 소 지인출급식수표에서는 교부에 의한 양도를 말한다(배서 또는 단순한 교부에 의하여 어 음의 점유를 이전하는 행위에는 현실의 인도 외에 간이인도 및 반환청구권의 양도를 포함하 나, 점유개정은 제외된다고 본다). 어음법적 양도방법이라도 기한후배서나 추심위임배 서에 의하여는 선의취득이 인정되지 않는다(통설).

(2) 어음취득자는 형식적 자격이 있을 것

어음의 선의취득은 배서의 자격수여적 효력의 결과로 인정되는 것이므로 어음 취득자가 형식적 자격을 가질 것을 요구하는 것은 당연하다. 어음취득자의 형식적 자격이란 배서에 의하여 양도되는 어음의 경우에는 「배서의 연속」, 교부만에 의하 여 양도되는 어음(최후의 배서가 백지식인 경우와 소지인출급식수표의 경우)의 경우에는 단순한 「소지」이다.

(3) 양도인은 무권리자이어야 하는가, 또는 양도행위의 하자도 포함되는가

이에 대하여 학설은 크게 양도인은 무권리자이어야 한다는 견해(즉, 양도인의 무권리만이 선의에 의하여 치유된다는 견해)(제 1 설)와, 양도인이 권리자라도 양도행위의 하자(대리권·처분권의 흠결, 제한능력, 의사의 흠결 또는 의사표시의 하자, 동일성의 흠결 등)가 있어도 선의취득이 될 수 있다는 견해(즉, 선의에 의하여 무권리뿐만 아니라 양도 행위의 하자도 치유된다는 견해)(제 2 설)로 나뉘어 있다(어음법 제16조 2 항과 관련한 제 1 설과 제 2 설의 이유에 관한 상세는 정찬형, 「상법강의(하)(제24판)」, 334~335면 참조).

[양도행위의 하자도 선의취득에 의하여 치유된다고 본(제 2 설에 의한) 판례]

　　"약속어음의 수취인인 회사의 총무부장이 대표이사의 명의로 배서를 위조한
경우, 어음의 선위취득으로 인하여 치유되는 하자의 범위, 즉 양도인의 범위는
양도인이 무권리자인 경우뿐만 아니라 대리권의 흠결이나 하자의 경우도 포함
되므로 선의취득이 인정된다(대판 1995. 2. 10,/94 다 55217)."

　　생각건대 제 2 설의 견해가 타당하다고 본다. 또 이렇게 해석하는 것이 「법의
발전」에 부응하는 해석이요, 「거래의 안전」 내지 「유통의 보호」가 극도로 요청되는
어음의 선의취득에 관한 올바른 해석이라고 생각한다. 제 2 설의 입장에서 양도행
위의 하자에 선의취득을 인정하여도 제한능력자·무권대리인의 본인 등은 어음을 상
실하는 결과 어음상의 권리를 가질 수는 없지만, 어음상의 책임을 부담하는 것은 아
니므로(물적 항변사유) 제한능력자 등의 보호규정이 전혀 무시된다고 볼 수도 없다.

　　⑷ 어음취득자에게 악의 및 중대한 과실이 없을 것

　　악의란 「흠결을 아는 것」인데, 흠결의 내용이 무엇이냐에 대하여는 제 1 설과
제 2 설에서 달리 설명된다. 즉 제 1 설에서는 「양도인의 무권리」이고, 제 2 설에서
는 「양도인의 무권리 또는 양도행위의 하자」를 의미한다. 중과실이란 「거래에서 필
요로 하는 아주 간단한 주의를 게을리함으로써 흠결을 간과하는 것」인데, 이러한
중과실은 「조사의무해태」와 관련하고 조사의무는 「의심할 만한 상황」과 관련한다.
특별히 의심스러운 상황에서는 어음취득자는 조사의무를 부담하고 이의 위반은 중
과실이 되어 선의취득이 배제되는데, 조사의무를 지나치게 부과하면 유통증권으로
서의 어음의 기능은 상실될 위험이 있다(어음·수표 취득자의 중과실을 인정하여 선의취
득을 부정한 판례와 중과실을 부정하여 선의취득을 인정한 판례의 소개로는 정찬형, 「상법강
의(하)(제24판)」, 336면 주 1 참조).

　　악의 또는 중과실의 대상은 어음취득자의 「직전의 양도인」만을 기준으로 하여
판단하고(통설), 어음취득자의 선의유무는 어음의 「취득시」를 기준으로 한다.

　　어음취득자의 악의 또는 중과실에 대한 입증책임은 선의취득을 부정하는 자에
게 있다고 본다(반대: 대판 1962. 3. 22,/4294 민상 1174).

　　⑸ 어음취득자는 독립된 경제적 이익을 가질 것

　　어음취득자가 어음취득에 관하여 독립된 경제적 이익을 갖지 않는 경우에는
보호할 가치가 없다. 따라서 피배서인이 단지 배서인의 대리권한밖에 없는 「추심위
임배서」는 피배서인이 독립의 경제적 이익을 갖지 못하므로 선의취득의 규정이 적

용되지 않는다.

3. 효 과

(1) 어음상의 권리의 취득

선의취득의 효과에 대하여 어음법 제16조 2 항은「어음을 반환할 의무가 없다」라고 규정하고 있는데, 이는 어음취득자가 어음상의 권리를 원시취득한다는 의미이다(우리나라의 통설). 그 결과 어음의 분실자 등은 어음상의 권리를 상실하게 된다.

(2) 인적 항변의 절단과의 관계

선의취득자의 권리는 어음법 제17조의 인적 항변의 절단에 관한 규정에 의하여 보충되기는 하나(동조의 요건을 충족하는 한), 양자는 별개의 요건을 구비하여야 하는 것으로 구별된다(통설). 따라서 항변의 부착을 알아도 양도인의 무권리(또는 양도행위의 하자)를 모르고 어음을 취득하는 자는 항변이 부착된 어음을 선의취득한다.

선의취득과 어음항변은 다음과 같은 점에서 차이가 있다. (i) 선의취득은「권리의 귀속」에 관한 문제로서 이에 의하여 희생되는 자는 진정한 권리자임에 반하여, 어음항변은「채무의 존재(범위)」에 관한 문제로서 이에 의하여 희생되는 자는 어음채무자이다. (ii) 선의취득이 되지 않는 주관적 요건은「악의 또는 중대한 과실」임에 반하여, 어음항변이 절단되지 않는 주관적 요건은「채무자를 해함을 아는 것」이다. 이는 선의취득에서는 자기에 대한「배서인 자신에 관하여 존재하는 사유」임에 반하여, 항변절단에서는 자기에 대한「배서인과 채무자와의 어음 외의 관계」로 인한 것이기 때문이다.

(3) 제권판결과의 관계

어음을 분실·도난당한 자가 공시최고절차를 거쳐 제권판결을 받은 경우에 어음의 선의취득자와 제권판결취득자 중 누가 실질적 권리자인지가 문제되는데, 이에 대하여 학설은 선의취득자 우선설과 제권판결취득자 우선설로 나뉘어 있다. 우리나라의 판례는 형식적으로는 선의취득자 우선설의 입장인 것 같은데(제권판결의 적극적 효력에서 형식적 자격의 회복) 실질적으로는 제권판결취득자 우선설의 입장에서 판시하고 있다(이에 관한 상세는 후술함)(대판 1965. 7. 27, 65 다 1002; 동 1979. 3. 13, 79 다 4 외).

≫ 사례연습 ≪

[사 례]

Y가 소지하고 있는 어음(수표)을 A가 절취하여 X에게 양도한 다음의 경우에 X는 동 어음(수표)을 선의취득할 수 있는가?

  (1) X(카메라 상인)는 A에게 주민등록증의 제시를 요구하였으나 A가 이를 제시하지 못하였는데, X는 A의 그 밖의 인적 사항을 확인하지 않고 은행발행의 자기앞수표를 교부받은 경우

  (2) X(보석상인)가 A로부터 은행발행의 자기앞수표를 양수하고 수표이면(裏面)에 적힌 전화번호(허위의 전화번호)에 전화 걸어 확인하지 않은 경우

  (3) X(상인)가 A로부터 은행발행의 자기앞수표를 양수하고 발행은행에 사고수표인지 여부를 조회하지 않은 경우

  (4) X(사채업자)는 백지배서된 약속어음을 A로부터 교부만에 의하여 취득하면서 동 어음의 최후배서인에게 조회하지 않은 경우

* 이 사례는 정찬형, 「상법사례연습(제 4 판)」, 사례 107에 기초한 것이므로, 이에 관한 상세는 同書를 참고하기 바람.

[해 답]

  (1) 본문과 같은 경우에 우리나라의 대법원판례는 X에게 중과실이 있다고 아래와 같이 판시하여 X의 선의취득을 부인하였다(대판 1981. 6. 23, 81 다 167. 동지: 대판 1990. 11. 13, 90 다카 23394).

  "본건 수표는 갑은행 이리지점에서 Y의 의뢰에 의하여 발행된 자기앞수표로서 Y가 소지중 도난당한 것이며, 서울 거주의 X가 이를 취득하게 된 것은 전북 남원에서 A라고 칭하는 사람으로부터 장거리 전화로 물품대금으로 은행의 자기앞수표로써 지급하여도 되겠는가, 자기 아니면 가족으로 보내겠다는 문의상담을 받은 후 위 A의 처라고 자칭하는 여인이 X의 점포에 내도하여 사진기재의 구입대금 212만원의 지급수단으로 본건 합계액면 금 220만원의 본건 수표를 교부하였는데, 그 당시 X는 그 여인의 주민등록증의 제시를 요구하였을 뿐 이에 응하지 아니하는 그 여인이나 위 A의 인적사항을 확인하지 아니하였음이 분명한바, 위와 같이 이미 은행발행의 수표로서 자칭 남원 거주의 면식 없는 사람과 서울에서 거래하면서 그 소지인의 인적 사항을 확인하지 아니하였음은 본건 수표의 취득에 있어 일반거래상의 중대한 과실이 있다고 할 것이다."

생각건대 은행발행의 자기앞수표의 취득에 있어서 미지의 자로부터 주민등록증 등에 의한 신분을 확인하지 않고 취득한 것이 중과실에 의한 수표취득이라고 한다면, 강력한 피지급성이 보장된다고 하는 은행발행의 자기앞수표조차도 우연히 있을지도 모르는 사고신고 때문에 아는 사람 사이나 유통되든가 아니면 신분증을 휴대하여야 양도할 수 있을 터인데, 과연 그것이 수표에 의한 지급이 보편화된 현대의 경제사회에서 바람직한 것인지, 또한 물건의 매도인에게는 소지인출급식수표에서도 수표의 양도인에게 신분증의 제시를 요구하여야 할 일반상거래상의 주의의무가 있는지, 그러하다면 소지인출급식수표는 수표의 소지만으로 정당한 권리자로 추정되는 자격수여적 효력이 있는데 이러한 자격수여적 효력이 거의 없어지는 것은 아닌지 의문이다. 따라서 수표양도인에게 무권리자임을 의심할 만한 특별한 사유가 없는 이상, 소지인출급식수표의 양수인이 수표양도인의 신분을 확인하지 않았다고 하여 단지 그 이유만으로 수표양수인에게 중대한 과실이 있다고 볼 수는 없다고 생각한다.

(2) 본문과 같은 경우에 우리나라의 대법원판례는 X에게 중과실이 있다고 아래와 같이 판시하여 X의 선의취득을 부인하였다(대판 1984. 11. 27, 84 다 466).

"당원은 1980. 2. 12 선고, 79 다 2108 판결에서 X가 그 물품판매대금으로 수표를 취득함에 있어 수표이면(裏面)에 적힌 전화번호에 전화를 걸어 확인하였더라면 그 수표가 절취품이라는 사실을 쉽게 알 수 있었을 것이므로 확인전화를 하지 아니한 것은 수표취득에 있어 중대한 과실이 있다고 단정한 원심의 판단은 정당하다고 판시한 바 있다.

원심은 위 A를 자칭하는 사람이 말한 전화번호에 확인전화를 하였더라면 이 사건 수표가 도난수표인지 여부 및 정당한 수표소지인 여부를 쉽게 알 수 있었는가의 사정에 관하여 심리한 흔적이 없는바, 이런 심리도 없이 위에서 본 바와 같이 전화번호가 진정한 것인지를 확인하지 않았다 하여 X에게 수표를 취득함에 있어 악의 또는 중대한 과실이 있었다고 볼 수 없다고 하였음은 위 당원의 판례에 상반되는 판단이라고 할 것이니, 이 점을 논란하는 소론은 이유 있어 원심판결은 유지될 수 없다고 할 것이다(동지: 대판 1980. 2. 12, 79 다 2108)."

생각건대 대법원이 위와 같이 판시하는 것은 본문 (1)에서도 본 바와 같이 수표의 본질인 유통기능을 크게 저해할 것이라는 점에서 볼 때 의문이 아닐 수 없다. 왜냐하면 위와 같은 대법원판결은 당해 사건에서 구체적 타당성에는 맞을는지 몰라도 그와 같은 판결은 모든 수표취득자에게 조사의무의 기준을 제공할 것이고, 이와 같은 기준에 따라서 조사받고 조사하여야 수표가 양도된다면 이것은 수표의 본질인 유통기능을 저해하는 데 미치는 영향은 매우 클 것이기 때문이다.

(3) 본문과 같은 경우에 우리나라의 하급심판례는 X가 은행의 업무시간이 지난 이후에 은행발행의 자기앞수표를 취득함으로써 X가 동 수표의 이면(裏面)에 발행 당시부터 기재된 발행은행의 전화번호에 조회하지 않은 것은 X가 동 전화번호로 문의전화를 할 수 없는 상황에서 취득한 것이므로 X에게는 중대한 과실이 없다고 판시하였거나(서울민사지판 1985. 5. 3, 84 나 2567·), X가 한꺼번에 취득한 발행은행이 각기 다른 여러 장의 수표 중 일부가 이상이 없다는 확인을 받았다면 다른 은행에 사고유무를 확인치 않았더라도 X는 수표취득에 중대한 과실이 없다고 판시하였으며(서울민사지판 1985. 5. 21, 85 나 67·), 100만원의 자기앞수표를 야간에 술값으로 받으면서 지급은행에 조회하지 않은 것에 대하여 중과실이 없다고 판시하였고(서울민사지판 1987. 3. 17, 86 나 392·), 자기앞수표를 받으면서 지급은행에 사고신고의 유무 등을 조회하지 않은 것에 대하여 중과실이 없다고 판시하였다(서울민사지판 1987. 1. 28, 86 나 1366·).

그러나 우리나라의 대법원판례는 상인이 자기앞수표를 취득하면서 지급은행에 사고신고의 유무를 조회하지 않은 것에 대하여 수표취득자에게 중과실을 인정하고 있다(대판 1990. 12. 21, 90 다카 28023·).

생각건대 은행발행의 자기앞수표의 유통성을 보호하기 위하여 수표의 양도인에게 특별히 의심할 만한 사유가 없는 이상, 동 수표의 발행은행에 사고수표 유무를 조회하지 않았다 하여 단지 그 이유만으로 수표취득에 중대한 과실이 있다고 볼 수는 없다고 본다. 만일 발행은행에 사고수표 유무를 조회하지 않은 것이 중과실이라면, 은행의 업무시간 이외의 수표취득은 중과실에 의한 수표취득으로 인정받기 쉬워 그러한 수표취득을 꺼려하게 될텐데, 이것은 수표의 유통보호에 중대한 위협이 아닐 수 없다.

(4) 본문과 같은 경우에 우리나라의 대법원판례 중에는 X에게 중과실이 없다고 아래와 같이 판시하여 X의 선의취득을 인정한 판례가 있다(대판 1985. 5. 28, 85 다카 192·).

"이 사건 어음과 같이 최후의 배서가 백지식으로 된 어음은 단순한 교부만으로 양도가 가능한 것이므로, X가 어음할인의 방법으로 이를 취득함에 있어서는 양도인의 실질적인 무권리성을 의심하게 할 만한 특별한 사정이 없는 이상, 위 어음문면상의 최후배서인에게 연락을 취하여 누구에게 양도하였는지를 알아보는 등 그 유통과정을 조사확인하지 아니하였다 하여 이를 가지고 그 어음취득에 있어서 중대한 과실이 있다고 할 수는 없다 할 것이고, 이는 X가 사채업자라 하여도 또한 같다고 할 것이며, 한편 원심이 앞서 인정한 사실만으로서는 X가 이 사건 어음을 취득할 당시 양도인의 실질적인 무권리성을 의심케 할 만한 사정이 있었다고 보기도 어렵다 할 것이다. 그러한 데도 원심이 이와 견해를 달리하여 그 판시와 같은 이유로 X에게 중대한 과실이 있다고 판단한 조처는 결국 심리를 다하지 아니하였거나 어음의 선의취득 내지는 어음취득에 있어서 중대한 과실에 관한 법리를 오해하여 판결결과에 영향을 미쳤다 할 것이므로 파기사유에 해당한다 할 것이다."

그러나 대법원판례 중에는 상호신용금고가 어음을 할인하여 주면서 양도인의 어음취득에 관한 원인관계를 확인하지 않은 것에 대하여 어음할인자에 대하여 중과실을 인정한 판례도 있고($\frac{대판\ 1988.\ 10.\ 25,}{86\ 다카\ 2026}$), 분실어음을 할인한 자가 동 어음의 습득자 겸 양도인의 말만을 믿고 더 이상의 추궁도 하지 않았으며 동 어음의 발행인 및 최후의 배서인 내지 지급은행에 확인·조회를 해보지 아니한 채 액면금 약 2억원을 할인하여 준 경우에 어음할인자에 대하여 중과실을 인정한 판례도 있다($\frac{대판\ 1995.\ 8.\ 22,}{95\ 다\ 19980}$).

생각건대 X의 선의취득을 인정하는 대법원판례에 찬성한다. 백지식 배서가 있는 어음은 교부만에 의하여 유통될 수 있으므로 동 어음의 취득자가 최후배서인에게 유통과정을 조회하지 않았다 하여 어음취득자에게 중과실이 있다고 볼 수는 없는 것이다.

제4절 어음상의 권리의 행사

제1 총 설

어음상의 권리의 행사는 지급제시에서 출발하여 지급인이 지급을 하면 종결되지만, 지급인이 지급거절을 하면(부도) 다시 상환청구(소구)권의 행사의 절차를 밟게 된다. 이를 단계별로 그 특색을 살펴보면 다음과 같다. (i) 지급제시는 어음의 특수성에 비추어 민법의 일반원칙을 변경하여 어음법에 특별히 규정한 것이다. (ii) 지급은 민법상의 변제이나, 어음의 특수성에 맞도록 민법의 일반원칙을 변경하여 어음법에 이에 관한 상세한 규정을 두고 있다. 이 중에서 특별히 문제되는 것은 어음의 피지급성과 유통보호를 위하여 지급인의 조사의무를 경감하고 있는 점이다. (iii) 상환청구(소구)는 민법상 하자담보책임과 같은 정신으로 입법화된 것인데, 어음법은 이 권리의 행사의 전제가 되는 상환청구(소구)권보전절차에 관하여 상세한 규정을 두고 있다. (iv) 어음법은 어음의 피지급성과 유통보호를 위하여 어음채무를 특히 엄격하게 규정하고 있는데, 이것을 어음엄정이라고 한다. 이러한 어음엄정은 형식적 어음엄정과 실질적 어음엄정으로 나누어지는데, 실질적 어음엄정과 관련하여 특히 어음항변의 절단이 문제된다(어음엄정에 관한 상세는 정찬형, 「상법강의(하)(제24판)」, 340~341면 참조).

따라서 이하에서는 어음상의 권리가 현실화되는 순서에 따라 지급제시, 지급, 소구 및 어음항변의 순으로 설명하겠다.

제 2 지급제시

1. 지급제시의 의의

지급제시란 「어음소지인이 지급을 청구하기 위하여, 지급인(환어음 및 수표)·인수인(약속어음의 경우는 발행인)·지급보증인(수표) 또는 지급담당자에게, 지급장소 또는 지급지에 있어서의 지급인의 영업소·주소 또는 거소에서(지급장소의 기재가 없는 경우), 완성어음 자체를 제시하는 것」을 말한다. 어음은 그 성질상 어음소지인(어음상의 권리자)이 항상 변동되기 때문에 어음소지인이 지급인 등에게 먼저 지급을 청구하여야 하고(추심채무), 또 자기가 권리자라는 것을 증명하는 수단으로 어음 자체를 제시하여야 한다(제시증권성). 따라서 지급제시는 지급의 전제요건이 되어 있고 또 지급과 불가분의 관계를 가지고 있다(지급제시와 인수제시가 구별되는 점에 관하여는 정찬형, 「상법강의(하)(제24판)」, 341~342면 참조).

이러한 지급제시는 크게 주채무자(환어음의 인수인 또는 약속어음의 발행인)에 대한 지급제시(어음금지급청구권을 행사하기 위한 지급제시)와 단순한 지급인(인수되지 않은 환어음의 지급인 또는 지급보증되지 않은 수표의 지급인)에 대한 지급제시(어음금수령권한을 행사하기 위한 지급제시)의 두 가지로 나누어지는데, 각각에 대하여는 후술하는 바와 같이 그 효력이 다르다.

2. 지급제시의 당사자

(1) 제 시 인

지급제시인은 원칙적으로 형식적 자격이 있는 어음소지인이고, 예외적으로 형식적 자격이 없는 어음소지인인 경우에는 그가 실질적 권리자임을 입증한 경우에 한하여 지급제시를 할 수 있다. 그러나 인수제시와는 달리 어음의 「단순한 점유자」는 지급제시를 할 수 없다(통설).

(2) 피제시인

지급제시의 상대방(피제시인)은 환어음의 경우는 지급인 또는 인수인, 약속어음의 경우는 발행인, 수표의 경우는 지급인 또는 지급보증인이다. 이들을 위한 지급담당자 또는 지급장소의 기재가 있는 경우에는 그 지급담당자 또는 지급장소에서 지급제시를 하여야 한다(제 3 자방 지급어음의 경우)($\frac{어\ 4\ 조,\ 27조,\ 77조}{2항;\ 수\ 8\ 조}$) ($\frac{동지:\ 대판\ 1988.\ 8.}{9,\ 86\ 다카\ 1858}$).

3. 지급제시기간

(1) 어음의 지급제시기간

1) 주채무자에 대한 지급제시기간　　환어음의 인수인 또는 약속어음의 발행인과 같은 주채무자에 대하여 어음소지인이 어음상의 권리를 행사하기 위한 지급제시기간은 「만기일부터 3년간」이다($\frac{어\ 70조\ 1항,}{77조\ 1항\ 8호}$).

2) 상환청구(소구)권보전을 위한 지급제시기간　　확정일출급어음·발행일자후정기출급어음·일람후정기출급어음의 경우에는, 「지급을 할 날 또는 그 날 이후의 2 거래일 내」이다($\frac{어\ 38조\ 1항,}{77조\ 1항\ 3호}$). 일람출급어음의 경우에는, 「발행일(발행인이 일정한 기일 전에 지급제시를 금한 경우에는 그 기일)부터 1년 내」이다($\frac{어\ 34조\ 1항·2항,}{77조\ 1항\ 2호}$). 발행인은 이 기간을 단축 또는 연장할 수 있고, 배서인은 이 기간을 단축할 수 있다($\frac{어\ 34조\ 1항\ 2\ 문,}{77조\ 1항\ 2호}$).

(2) 수표의 지급제시기간

수표의 지급제시기간은 지급보증인에 대하여 수표소지인이 수표상의 권리를 행사하기 위한 것이든($\frac{수\ 55조}{2항}$) 상환청구(소구)권보전을 위한 것이든 동일한데, 이는 다음과 같다($\frac{수\ 29조\ 1항·}{2항·3항}$). 즉 국내수표는 10일($\frac{수\ 29조}{1항}$), 외국수표는 동일주(同一州)가 20일이고, 다른 주(州)는 70일이다($\frac{수\ 29조\ 2항·}{3항}$). 수표의 지급제시기간은 어음과는 달리 당사자가 임의로 단축 또는 연장할 수 없다. 수표가 실제로 발행된 날이 수표에 기재된 발행일과 다른 경우에는, 수표에 기재된 발행일을 기준으로($\frac{수\ 29조}{4항}$) 지급제시기간을 계산한다($\frac{동지:\ 대판\ 1982.\ 4.\ 13,}{81\ 다\ 1000,\ 81\ 다카\ 552}$).

4. 지급제시의 장소 및 방법

(1) 지급제시의 장소

1) 어음에 지급장소(또는 지급담당자)의 기재가 있는 경우　　지급장소가 지급지 내의 장소로서 적법하게 기재된 경우에는 그 지급장소에서 지급제시를 하여야 하고, 지급장소가 지급지 외의 장소로 기재된 경우에는 지급지 내의 지급인의 영업소·주소 또는 거소에서 지급제시를 하여야 한다.

어음에 기재된 지급장소(그 지급장소가 지급지 내이든 지급지 외이든 불문함) 이외의 장소에서 지급제시를 할 것을 지급인과 어음소지인간에 합의한 경우에는 그 지급장소가 지급지 내의 장소이면 유효하다고 본다(이에 관한 상세는 정찬형, 「상법강의 (하)(제24판)」, 345~346면 참조).

2) **어음에 지급장소(또는 지급담당자)의 기재가 없는 경우**   어음에 지급장소의 기재가 없는 경우에는 지급지 내의 지급인의 영업소·주소 또는 거소에서 지급제시를 하여야 한다($\frac{민}{524조}\frac{516조,}{}$). 그러나 지급지 내에서 지급인의 영업소·주소 또는 거소를 발견할 수 없고 지급지 외에서 지급인의 영업소·주소 또는 거소를 발견한 때에는, 지급지 외의 지급인의 영업소 등에서 지급제시를 할 것이 아니라 지급지 내에서 지급거절증서를 작성하여야 한다.

3) **어음교환소에서의 지급제시**   어음법은 어음교환소에서의 제시는 지급제시로서 유효함을 명백히 규정하고 있다($\frac{어 38조 2항; 77조 1항}{3호; 수 31조 1항}$). 이러한 어음교환소에서의 지급제시는 어음교환소가 어음상에 지급장소(또는 지급담당자)로서 기재되지 않은 경우에도, 또 지급지 외에 있는 경우에도 언제나 유효하다. 이러한 어음교환소는 법무부장관이 지정한다($\frac{어 83조;}{수 69조}$).

제시금융기관이 전자정보처리시스템에 의하여 어음교환소에 지급제시하는 경우에는 제시금융기관이 어음의 기재사항을 정보처리시스템에 의하여 전자적 정보의 형태로 작성한 후 그 정보를 어음교환소의 정보처리시스템에 입력한 때에 어음교환소에서의 지급제시가 이루어진 것으로 본다($\frac{어 38조 3항·77조 1}{항 3호; 수 31조 2항}$) ($\frac{이는 2007. 5. 17. 법 8441호로 개정된}{어음법 및 동 일자 8440호로 개정된}$ 수표법에 의함. 이러한 개정법의 시행일자는 2007. 11. 18임).

(2) **지급제시의 방법**

지급제시를 함에는 완전한 어음으로써, 원칙적으로 상대방(피제시인)의 면전에서, 어음 자체를 제시하여야 한다. 지급인이 지급을 거절할 것이 명백한 경우에도 어음소지인은 이러한 방법으로 지급제시를 하여야 한다. 이를 좀더 상세히 살펴보면 다음과 같다.

1) 지급제시에는 「완전한 어음」으로써 하여야 하므로, 백지어음으로써 한 지급제시는 그 효력이 없다($\frac{동지: 대판 1971. 1. 26, 70 다 602;}{동 1986. 9. 9, 85 다카 2011 외}$).

그러나 발행지의 기재 없는 어음의 경우, 발행지는 그 기능에서 어음행위의 준거법을 추정하는 효력밖에 없는 점에서 볼 때 (국내에서 발행된 것이 확실하면) 발행지 및 발행인의 명칭에 부기한 지의 기재가 없는 어음을 유효로 본다면($\frac{대판〈전원합의체판결〉}{1998. 4. 23, 95 다 36466}$), 그러한 어음에 의한 지급제시도 유효로 볼 수 있다(이에 관하여는 백지어음에서 설명하였음).

2) 지급제시는 원칙적으로 「피제시인의 면전」에서 하여야 하는데, 다음과 같은 경우에는 예외적으로 피제시인의 면전에서 하지 않은 경우에도 지급제시가 있다고 볼 수 있다.

① 어음소지인이 지급제시기간 내에 지급장소 또는 지급인의 영업소·주소 또는 거소에 지급제시를 위하여 어음을 가지고 갔으나, 지급인이 부재하여 지급인의 면전에서 현실로 지급제시를 할 수 없었던 경우에는 지급제시가 있었다고 볼 수 있다.

② 지급지 내에 지급인의 영업소·주소 또는 거소가 없어서 지급제시를 할 수 없었던 경우에도, 적법한 지급제시가 있었던 것으로 본다.

③ 지급담당자가 어음소지인이 된 경우에는, 만기에 어음을 소지하고 있는 것 자체로 적법한 지급제시가 있은 것으로 된다.

3) 지급제시에는 원칙적으로 「어음 자체」로써 하여야 하므로, 등본 등에 의한 제시는 적법한 지급제시로서의 효력이 없다. 그러나 예외적으로 재판상의 청구에는 어음 자체로써 제시하지 않더라도 소장 또는 지급명령의 송달이 있은 때에 적법한 지급제시가 있은 것으로 본다(동지: 대판 1958. 12. 26, 4291 민상 38;).

또한 어음을 상실(분실·도난)한 경우에도 공시최고에 의한 제권판결을 취득하여 어음상의 권리를 행사할 수 있다(민소 492조~).

5. 지급제시의 효력

(1) 주채무자에 대한 지급제시의 효력

환어음의 인수인 또는 약속어음의 발행인과 같은 주채무자에 대한 지급제시기간은 「만기일부터 3년간」(시효기간)이므로(어 70조 1항, 77조 1항 8호), 이 기간 내에 지급제시를 하면 주채무자에 대한 어음금지급청구권을 보전할 수 있다(동지: 대판 1971. 7.). 만일 이 기간을 경과하면 주채무자에 대한 어음상의 권리는 시효소멸한다.

이 때 주채무자가 어음소지인에 대하여 지체책임을 지는 것은 어음의 제시중권성과 관련하여 볼 때 만기의 다음 날이 아니라 「지급제시일(재판상의 청구에는 소장〈訴狀〉 또는 지급명령의 송달일)의 다음 날」이다(상 65조; 민 517조) (동지: 대판 1964. 11. 24, 64 다 1026 외).

(2) 상환청구(소구)권보전을 위한 지급제시의 효력

어음소지인이 상환청구(소구)권을 보전하기 위하여는 「상환청구(소구)권보전을 위한 지급제시기간 내」(어 38조 1항, 34조 1항·2항, 77조 1항 2호~3호; 수 29조 1항·2항·3항)에 지급제시를 하여야 한다. 또한 이 기간 내에 적법한 지급제시가 있었다는 사실은 「지급거절증서」에 의하여 증명되지 않으면 안 된다($^{어\ 44조\ 1항,\ 77조}_{1항\ 4호;\ 수\ 39조}$). 다만 지급거절증서의 작성이 면제된 경우에는 그러하지 아니하다($^{어\ 46조\ 2항·3항·77조\ 1항}_{4호,\ 수\ 42조\ 2항·3항}$).

만일 이 기간 내에 지급제시를 하지 않으면 어음과 수표에 따라 다음과 같은 효력이 있다.

1) 어음의 경우는 (i) 어음소지인은 상환(소구)의무자에 대한 상환청구(소구)권을 상실하고($^{어\ 53조,\ 77조}_{1항\ 4호}$), (ii) 환어음에서 인수하지 않은 지급인은 발행인의 계산으로 지급할 수 없으며, (iii) 어음채무자는 어음소지인의 비용과 위험부담으로 어음금액을 공탁할 수 있다($^{어\ 42조,\ 77조}_{1항\ 3호}$).

2) 수표의 경우는 (i) 수표소지인은 상환(소구)의무자에 대한 상환청구(소구)권($^{수}_{39조}$) 및 지급보증인에 대한 권리를 상실하고($^{수\ 55조}_{1항}$), (ii) 수표의 지급인은 지급위탁의 취소가 없는 한 지급제시기간 경과 후에도 발행인의 계산으로 지급할 수 있으며($^{수\ 32조}_{2항}$)(또한 수표채무자에게는 수표금액을 공탁할 권리를 인정하지 않음)(환어음의 경우와 다른 점), (iii) 이득상환청구권이 해제조건부(또는 정지조건부)로 발생한다($^{어}_{63조}$)(어음의 경우와 다른 점).

6. 지급제시의 면제

(1) 지급제시가 있은 것과 동일한 효력이 인정되는 경우

(i) 재판상 어음금을 청구하는 경우, (ii) 인수거절증서를 작성한 경우($^{어\ 44조}_{4항}$), (iii) 어음의 경우 불가항력이 만기부터 30일이 지나도 계속되거나($^{어\ 54조\ 4항,}_{77조\ 1항\ 4호}$) 수표의 경우 수표소지인이 자기의 배서인에 대하여 불가항력을 통지한 날부터 불가항력이 15일이 지나도 계속되는 경우($^{수\ 47조}_{4항}$), (iv) 지급지 내에 지급인의 영업소·주소 또는 거소를 발견할 수 없거나 지급인을 발견할 수 없을 때에는, 지급제시를 요하지 않고 상환청구(소구)권을 행사할 수 있다(통설).

(2) 지급제시면제의 특약이 있는 경우

어음의 지급인·상환(소구)의무자 등과 어음소지인간에 지급제시면제의 특약을 하는 것은, 어음의 제시증권성($^{어\ 38조\ 1항,\ 77조}_{1항\ 3호;\ 수\ 29조}$) 및 상환증권성($^{어\ 39조\ 1항,\ 77조\ 1항}_{3호;\ 수\ 34조\ 1항}$)에 반하는 점에서 의문이 있기는 하나, 당사자간에서는 유효하다고 본다. 또한 지급인 등과 어음소지인간의 지급제시유예 내지 지급제시기간연장의 특약도 이와 동일하게 당사자간에서만 유효하다고 본다. 따라서 이러한 특약에 의하여 기한후배서를 한 자도 상환(소구)의무를 부담할 수 있다.

≫ 사례연습 ≪

[사 례]

A는 Y에게 상품대금의 지급조로 1998. 9. 1에 만기가 1998. 12. 31(목)이고 수취인을 기재하지 아니한 약속어음을 발행하였고, Y는 이 어음을 1998. 10. 1 에 X에게 배서양도하고 할인받았다. 이 때 X가 이 어음상에 수취인을 기재하지 않고 A에게 만기인 1998. 12. 31에 지급제시하였으나 어음요건의 흠결로 지급 거절되어 1999. 1. 6(수)에 수취인을 Y로 기재하여 다시 지급제시한 경우, X는 Y에 대하여 소구권을 행사할 수 있는가?

  * 이 사례는 정찬형, 「상법사례연습(제 4 판)」, 사례 109에 기초한 것이므로, 이에 관한 상세는 同書를 참고하기 바람.

[해 답]

이 문제에서 X가 소지하고 있는 「수취인」의 기재 없는 어음은 백지어음으로 추정 되어, A가 백지보충권의 부존재를 입증하지 못하는 한 백지어음으로 취급된다 (동지: 대판 1965. 5.) (25, 64 다 1647 외). X는 본문 백지어음의 정당한 소지인으로서 백지보충권을 취득하므 로, 본문 어음의 수취인란을 자기 또는 제 3 자 명의로 보충할 수 있다. X가 본문 어 음의 수취인란을 보충할 수 있음에도 불구하고 이를 보충하지 않고 한 지급제시는 적 법한 지급제시가 아니므로, 동 어음의 발행인인 A에게 지체책임을 지우는 지급청구 의 효력도 없고(동지: 대판 1970. 3. 10, 66 다 2184; 동 1971.) (1. 26, 70 다 602; 동 1964. 11. 24, 64 다 1026), 소구의무자인 Y에 대한 소구권보 전의 효력도 없다(동지: 대판 1986. 9.) (9, 85 다카 2011). 그런데 수취인란을 기재하지 않은 본문 약속어음에 의한 X의 어음발행인인 A에 대한 지급제시는 A의 어음채무의 시효중단의 효력은 있 다고 본다. 왜냐하면 시효중단의 효력을 발생시키는 청구에는 어음의 제시를 요하지 않는다고 보기 때문이다.

이 어음은 확정일출급어음으로 소구권보전을 위한 지급제시기간은 「지급을 할 날 또는 이에 이은 2 거래일 내」인 1998. 12. 31, 1999. 1. 2, 1999. 1. 4 이다(1. 1은 신정휴일인 공휴일이고 1. 3 은 일요일이므로 지급제시기간 내에 포함되지 않음). 그 런데 X는 이러한 지급제시기간 내에는 완전한 어음으로써 지급제시를 하지 않았으므 로(즉 수취인을 보충하지 않고 지급제시하였으므로) 소구권보전을 위한 적법한 지급 제시가 없어 Y에게 소구권을 행사할 수 없고, X가 1999. 1. 6(수)에 수취인을 기재 하여 지급제시한 것은 완전한 어음에 의한 지급제시이기는 하나 이미 소구권보전을 위한 지급제시기간의 경과로 인한 지급제시이므로 X는 Y에 대하여 소구권을 행사할 수 없다. 그러나 X가 1999. 1. 6(수)에 지급제시한 것은 주채무자인 A에 대한 지급제시의 효력은 있게 되어 A는 이러한 지급제시가 있은 다음 날부터 지체책임을 진다. 또한 앞에서 본 바와 같이 X가 이 어음상에 수취인을 기재하지 않고 만기인 1998. 12. 31에 A에게 지급제시한 것은 X의 A에 대한 어음채권의 시효중단의 효력이 있으나, 어음의 시효는 만기로부터 진행되는데 이러한 지급제시를 만기에 하였으므로 시효중단의 실효는 없다.

참고로 Y는 X로부터 어음할인을 받았는데 어음할인의 법적 성질을 매매로 보면 X는 Y에 대하여 원인채권을 행사할 수도 없다. 이 때 X는 이 어음의 만기로부터 3년간(2001. 12. 31까지) A에 대하여 어음상의 권리(주채무자에 대한 어음금지급청구권)를 행사할 수 있고, 이러한 어음상의 권리의 소멸시효기간이 경과하면 A에 대하여 이득상환청구권($\frac{어}{79조}$)을 행사할 수 있다(원인관계에서 이득을 본 자는 A이고, Y가 아님).

제3 지 급

1. 의 의

어음관계는 지급에 의하여 소멸되는데, 이러한 지급이라는 말은 협의와 광의로 사용되고 있다. 협의의 어음의 지급이란 「환어음의 지급인 또는 인수인, 약속어음의 발행인 및 수표의 지급인(및 이들을 위한 지급담당자)이 하는 지급」을 말한다. 단순히 지급이라고 하면 이러한 협의의 지급을 의미한다. 이러한 지급으로 인하여 어음관계는 완전히 소멸된다. 광의의 어음의 지급이란 위와 같은 협의의 지급 이외에 상환(소구)의무자의 지급(상환), 보증인의 지급, 상환(소구)의무자의 지급을 저지하기 위한 예비지급인·참가인수인 또는 제3자의 지급 등을 포함한다. 그러나 이러한 지급은 어음관계를 완전하게 소멸시키지는 못하고, 지급한 자의 구상을 위하여 어음관계가 잔존하게 된다.

2. 지급의 시기

(1) 어음의 경우

1) 만기 전의 지급　　어음은 만기에 이르기까지 강력한 유통력을 가지고 또 어음소지인은 만기까지 어음을 유통시키는 데에 대하여 이익을 가지고 있으므로, (환어음의 인수인 또는 약속어음의 발행인과 같은) 어음채무자(또는 지급인)는 만기 전에

는 원칙적으로 지급을 할 수 없고($_{77조\ 1항\ 3호}^{어\ 40조\ 2항,}$) 또한 어음소지인도 만기 전에는 그 지급을 받을 의무가 없다($_{77조\ 1항\ 3호}^{어\ 40조\ 1항,}$).

어음의 지급인은 물론 어음소지인의 동의가 있으면 만기 전에도 유효하게 지급할 수 있으나, 이 때에는 전적으로 지급인의 위험부담으로 지급하는 것이고 만기에 지급하는 지급인에 대한 보호가 인정되지 않는다($_{77조\ 1항\ 3호}^{어\ 40조\ 2항,}$). 그러나 만기 전의 지급이라도 만기 전의 상환청구(소구)가 인정되어 지급하는 경우($_{77조\ 1항\ 4호}^{어\ 43조\ 단서,}$)에는 만기에 있어서의 지급과 동일하다(통설).

2) 만기(지급제시기간 내)에 있어서의 지급　　어음금을 지급할 시기인 만기는 만기일(1일)만을 의미하는 것이 아니라, 앞에서 이미 설명한 「지급제시기간」을 의미한다. 따라서 지급제시기간 내에 지급제시를 하였음에도 불구하고 주채무자가 지급하지 않은 경우에는, 만기에 지급제시를 하였음에도 불구하고 지급하지 않은 경우와 같으므로 어음소지인은 어음채무자에게 만기 이후(만기 당일 포함)의 연 6퍼센트의 이율에 의한 지연이자를 청구할 수 있다($_{77조\ 1항\ 4호}^{어\ 48조\ 1항\ 2호,}$).

만기에 지급하는 지급인은 어음법에 의하여 선의지급에 대하여 특별한 보호를 받는다($_{77조\ 1항\ 3호}^{어\ 40조\ 3항,}$). 만기에 지급할 채무가 있는 어음채무자(환어음의 인수인 또는 약속어음의 발행인)는 어음소지인이 만기(지급제시기간 내)에 지급제시를 하지 않는 경우에는, 어음소지인의 비용과 위험부담으로 어음금액을 관할관서에 공탁하고 어음채무를 면할 수 있다($_{1항\ 3호}^{어\ 42조,\ 77조,}$).

3) 만기 후(지급제시기간 경과 후)의 지급　　환어음의 단순한 지급인이 만기 후에 지급하는 것은 발행인의 지급위탁의 취지와 다르므로, 지급인은 지급의 결과를 자금관계상 발행인의 계산으로 돌릴 수 없다. 따라서 환어음의 경우에 발행인은 만기 후에는 지급위탁을 철회(취소)할 필요가 없다(수표의 경우와 구별되는 점). 또한 환어음의 지급인이 만기 후에 지급하는 경우에는 만기에 지급하는 경우에 인정되는 선의지급에 따른 보호($_{77조\ 1항\ 3호}^{어\ 40조\ 3항,}$)도 받지 못한다.

그러나 어음의 주채무자는 만기 후에도 시효기간 내에는 어음금을 지급할 채무를 부담하는 것이므로, 만기 후의 지급의 경우에도 만기에 지급하는 경우와 같이 선의지급에 따른 보호를 받는다($_{77조\ 1항\ 3호}^{어\ 40조\ 3항,}$). 또한 환어음의 인수인은 지급의 결과를 자금관계상 발행인의 계산으로 돌릴 수 있다.

4) 지급의 유예(또는 연기)　　어음의 지급은 당사자의 의사 또는 법령의 규정에 의하여 유예되는 경우가 있다.

당사자간의 합의에 의하여 지급을 유예하는 경우는 구어음에 갈음하여 만기만을 변경(연기)한 신어음을 발행하는 경우(어음의 개서)와, 어음소지인과 특정한 어음 채무자(또는 지급인)간에 지급유예의 특약을 하는 경우 등이 있다. 어음소지인과 어음채무자간의 이러한 특약은 어음관계에는 아무런 영향을 미치지 않고, 당사자간에서만 어음 외에서 그 효력이 발생하여 인적 항변사유가 됨에 불과하다(통설).

법령의 규정에 의하여 지급을 유예하는 경우는 전쟁·지진·홍수·공황·기타 전국 또는 어느 지방에 사변이 발생하여 어음채무의 지급이 유예되는 경우인데, 우리 어음법은 이러한 경우에 소구권보전절차에 관하여 제시기간 및 거절증서작성기간이 연장됨을 규정하고 있다(어54조, 77조).

(2) 수표의 경우

1) **지급제시기간 내의 지급**   지급제시기간 내에 수표금을 지급하는 경우는 만기에 있어서 어음금을 지급하는 경우와 같다. 따라서 지급인은 선의지급에 따른 보호를 받고(수35조), 지급인은 지급의 결과를 발행인의 계산으로 돌릴 수 있다. 이 때 수표가 지급증권인 성질에서 발행인은 지급제시기간 내에는 지급위탁의 취소를 할 수 없도록 하였다(수32조1항)(환어음과 구별되는 점).

2) **지급제시기간 경과 후의 지급**   지급제시기간 경과 후에 수표금을 지급하는 경우는 만기 후에 어음금을 지급하는 경우와 같은데, 다음의 점에서 어음의 경우와 구별되고 있다. 즉 (i) 수표의 지급인은 지급제시기간이 지난 후에도 (지급위탁의 취소가 없는 한) 발행인의 계산으로 지급할 수 있다(수32조2항). 따라서 환어음의 경우와는 달리 발행인이 자금관계를 소멸시키기 위하여는 반드시 지급제시기간이 지난 후에 지급위탁을 취소(철회)하여야 한다. (ii) 수표에는 언제나 주채무자가 없으므로 지급제시기간이 지난 후에도 어음의 경우와 같이 지급채무를 부담하는 수표채무자란 있을 수 없다.

3) **지급의 유예(또는 연기)**   상환(소구)의무자와 수표소지인간에 지급제시기간의 연장의 특약을 할 수 있는데, 이것은 수표관계에는 영향이 없고 당사자간에서만 수표 외에서 인적 항변사유가 됨에 불과하다.

또한 수표법에 의하여 상환청구(소구)권보전절차에 관한 지급제시기간 및 지급거절증서작성기간이 연장되기도 한다(수47조).

3. 지급의 방법

(1) **지급의 목적물**

내국통화로써 어음금액을 지정한 경우에는 지급인의 선택에 따라서 각종의 통화(예컨대, 1,000원권, 10,000원권 등)로써 지급할 수 있고($_{1항\ 참조}^{민\ 377조}$), 외국통화로써 어음금액을 지정한 경우에는 내국통화로써 지급할 수 있는 것을 원칙으로 하나($_{수\ 36조\ 1항;\ 민\ 377조}^{어\ 41조\ 1항,\ 77조\ 1항\ 3\ 호;}$), 외국통화 현실지급문언이 있는 경우에는 기재된 통화로써 현실로 지급하여야 한다($_{3\ 호;\ 수\ 36조\ 3항}^{어\ 41조\ 3항,\ 77조\ 1항}$). 발행국과 지급국에 있어서 명칭은 같으나 가치가 다른(同名異價) 화폐가 있는 경우에 어음의 금액을 그 통화로써 정한 때에는, 지급지의 통화로 정한 것으로 추정한다($_{3\ 호;\ 수\ 36조\ 4항}^{어\ 41조\ 4항,\ 77조\ 1항}$).

(2) 일부지급

어음금액의 일부지급도 유효하고, 소지인은 이것을 거절하지 못한다($_{수\ 34조;}^{어\ 39조\ 2항,\ 77조\ 1항\ 3\ 호;}$ $_{2항}$). 일부지급이 있는 때에는 소지인은 잔액에 대하여 상환청구(소구)권을 행사할 수 있는데, 이를 위하여 소지인은 어음을 소지할 필요가 있으므로 일부지급을 하는 어음의 지급인은 어음소지인에 대하여 어음의 교부를 청구할 수 없고 다만 일부지급한 뜻을 어음에 기재하고 영수증을 교부할 것을 청구할 수 있을 뿐이다($_{3\ 호;\ 수\ 34조\ 3항}^{어\ 39조\ 3항,\ 77조\ 1항}$). 어음소지인이 일부지급의 수령을 거부하면 어음소지인은 그 부분에 대하여 상환청구(소구)권을 상실한다(통설).

(3) 상환증권성

1) 어음의 지급인은 지급을 할 때에 어음소지인에 대하여 그 어음에 영수를 증명하는 뜻을 적어서 교부할 것을 청구할 수 있다($_{3\ 호;\ 수\ 34조\ 1항}^{어\ 39조\ 1항,\ 77조\ 1항}$). 이것은 어음소지인이 어음에 영수문언을 기재할 것과 지급인은 어음과 상환으로만 지급할 수 있음을 의미한다. 이와 같은 영수문언의 기재와 상환성은 현실의 지급뿐만 아니라 상계·면제 등에 의하여 어음상의 권리가 소멸되는 경우에도 적용되고, 또한 강제집행에 의하여 지급하는 경우에도 적용된다($_{24,\ 80\ 다카\ 28405}^{동지:\ 대판\ 1991.\ 12.}$).

2) 영수문언은 단순한 지급증명에 불과하고 어음소지인이 지급인에 대하여 배서양도의 성질을 갖는 것은 아니다. 영수문언은 보통 최후의 배서에 연속하여 어음 또는 보충지에 기재되는데, 어음법에 이에 대한 특별한 방식은 규정되어 있지 않다.

3) 어음의 상환성은 어음소지인이 지급인에게 어음을 반환하게 하여 지급인이 이중지급의 위험을 피하게 하고, 또 환어음 또는 수표에서는 지급인이 발행인과의 자금관계상 어음 또는 수표를 교부할 필요가 있는 경우에 대비하기 위한 것이다. 만일 지급인이 어음과 상환하지 않고 어음금을 지급한 경우에는, 이는 당사자간의 인적 항변사유에 불과하고 어음상의 권리가 소멸하지 않으므로 이를 모르고 어음을 취득한 제 3 자에 대하여 지급인은 다시 지급을 하여야 한다(통설).

그러나 어음채무자가 어음을 점유하고 있는 경우에는 채권자는 어음의 소지

없이 어음상의 권리를 행사할 수 있다($^{대판 2001. 6. 1,}_{99 다 60948}$).

[약속어음과 상환하지 않고 어음금을 지급하여도 그 어음의
소지인에게 대항하지 못한다고 본 판례]

"약속어음 발행인이 본건 약속어음채무를 어음소지인이 아닌 제3자에게 변제하였다 하여도 약속어음과 교환하지 않고 변제한 것이라면 그 약속어음의 소지인에게 대항할 수 없음이 어음의 제시증권인 성질상 명백하다. 이와 같은 법리는 약속어음의 현재의 소지인이 만기 후에 배서양도를 받았다 하여 조금도 변동이 있을 수 없을 것이다($^{대판 1962. 7. 19, 62 다 181. 동지:}_{대판 1970. 10. 23, 70 다 2042 외}$)."

4. 지급인의 조사의무

(1) 서 언

1) 민법의 일반원칙에 의하면, 원래 채무는 진정한 권리자 또는 그 자로부터 권리행사의 권한을 부여받은 자에게 변제하여야 하고, 이 이외의 자에 대한 변제는 민법상 예외규정인 채권의 준점유자에 대한 변제($^{민}_{470조}$), 영수증소지자에 대한 변제($^{민}_{471조}$) 등이 아닌 한 채권자가 이익을 받은 한도에서만 그 효력이 있게 된다($^{민}_{472조}$). 그런데 이러한 민법의 일반원칙을 어음에도 그대로 적용한다면, 어음상의 지급인은 지급시마다 어음소지인이 진정한 권리자인지 여부를 조사하여 지급하여야 한다. 그런데 이렇게 되면 어음거래의 원활한 유통과 신속한 결제가 저해받게 되어 어음의 목적에 반하게 된다. 따라서 어음법은 이와 같이 지급인의 책임을 경감하는 별도의 규정을 두게 된 것이다. 즉, 어음법 제40조 3항은 민법상 예외규정($^{민 470조,}_{471조}$)보다도 더욱 지급인을 보호하는 방향으로 강화하여 규정하고 있다.

2) 지급인의 조사의무에 대하여, 어음법 제40조 3항($^{어 77조 1항 3 호에 의하여}_{약속어음에 준용}$)은 「만기에 지급하는 지급인(어음법 제38조 3항에 따른 지급제시의 경우에는 지급인 등의 위임이 있는 경우, 제시금융기관임〈$^{어}_{4항}$40조〉)은 사기 또는 중대한 과실이 없으면 그 책임을 면한다. 이 경우 지급인은 배서의 연속이 제대로 되어 있는지를 조사할 의무가 있으나 배서인의 기명날인 또는 서명을 조사할 의무는 없다」고 규정하고 있고, 수표법 제35조는 「배서로 양도할 수 있는 수표의 지급인(수표법 제31조 2항에 따른 지급제시의 경우에는 지급인의 위임이 있는 경우, 제시은행임〈$^{수}_{2항}$35조〉)은 배서의 연속이 제대로 되어 있는지를 조사할 의무가 있으나 배서인의 기명날인 또는 서명을 조사할 의무는 없다」고 규정하고 있다. 또한 민법상 지시채권의 채무자의 조사권리의무에 관한 민법

제518조($^{민\ 524조에\ 의하여}_{무기명채권에\ 준용}$)는 「채무자는 배서의 연속여부를 조사할 의무가 있으며 배서인의 서명 또는 날인의 진위나 소지인의 진위를 조사할 권리는 있으나 의무는 없다. 그러나 채무자가 변제하는 때에 소지인이 권리자 아님을 알았거나 중대한 과실로 알지 못한 때에는 그 변제는 무효로 한다」고 규정하고 있다. 이러한 어음법 제40조 3항을 수표법 제35조 및 민법 제518조와 비교하여 보면, 수표법 제35조에서는 「실질적 자격에 대한 지급인의 주의의 정도」($^{어\ 40조}_{3항\ 1문}$)에 대한 규정이 없고, 민법 제518조는 배서인의 서명 또는 날인 등의 진위에 대한 「조사권」을 인정하고 있으며 또한 지급인이 면책되지 않는 주관적 요소가 사기 또는 중과실이 아니라 「악의 또는 중과실」로 규정되어 있는 점이다.

(2) 형식적 자격의 조사(조사의무의 내용)

1) 조사의무의 내용은 소지인의 형식적 자격에 관한 사항인데, 이에 대하여 어음법 제40조 3항($^{수\ 77조\ 1항\ 3호;}_{수\ 35조}$)은 「배서의 연속이 제대로 되어 있는지」라고 규정하고 있다. 그런데 이 의무는 보통의 경우와 같이 절대적인 것으로 의무자가 불이행시에 제재를 받는 그러한 의무는 아니고, 지급인이 스스로 위험을 회피하기 위한 자위적이고 간접적인 의무라고 본다. 소지인출급식수표 또는 최후의 배서가 백지식배서인 어음(수표)의 소지인은 어음(수표)의 단순한 소지만으로 형식적 자격을 부여받는다. 따라서 이러한 어음(수표)의 경우에는 어음소지인의 형식적 자격보다도 오히려 위조·변조의 조사에 중점이 주어진다.

2) 지급인의 조사의무의 내용이 법문상으로는 「배서의 연속이 제대로 되어 있는지」뿐이나, 이외에 「자기의 기명날인 또는 서명의 진부(眞否)」 및 「어음(수표)의 방식의 적합여부」에 대하여도 지급인의 조사의무의 내용에 포함된다고 보는 것이 통설이다.

생각건대 「자기의 기명날인 또는 서명의 진부(眞否)」나 「어음의 방식의 적합여부」 등은 어음소지인의 형식적 자격에 관한 사항으로 볼 수 없어, 어음법 제40조 3항 2문의 형식적 자격의 조사의무의 내용으로 볼 수는 없고 어음법 제40조 3항 1문의 실질적 자격에 관한 사항으로 보아야 할 것이다. 따라서 어음요건의 흠결 등이 지급인에게 인식될 수 있음에도 불구하고 지급인이 지급한 경우에는, 지급인은 어음법 제40조 3항 2문의 (진정하게 발행된 어음의 형식적 자격에 관한) 조사의무 불이행에 의한 책임을 부담한다기보다는 어음법 제40조 3항 1문의 (부진정하게 발행된 어음의 실질적 자격에 관한) 중과실에 의한 책임을 부담한다고 보아야 할 것이다.

3) 배서가 형식적으로 연속하지 않은 어음소지인인 실질적 권리자는 어음상의

권리를 행사할 수 없는가. 이 때 그러한 어음소지인은 자기가 실질적 권리자임을 입증하여 어음상의 권리를 행사할 수 있는데, 이 때 지급인은 어음소지인이 실질적 권리를 증명하여도 자기의 위험부담하에서만 지급할 수 있다(통설). 따라서 배서가 연속하지 않은 어음을 소지인이 실질적 권리를 증명하여 지급인이 지급하는 경우에도, 지급인에게는 어음법 제40조 3항이 적용되지 않는다.

(3) 실질적 자격의 조사

1) 실질적 자격의 조사권 인정 여부   앞에서 본 바와 같이 어음법 제40조 3항은 민법 제518조와는 달리 어음소지인의 실질적 자격에 대한 지급인의 조사권에 대하여 규정하고 있지 않고, 이에 대하여 학설은 긍정설과 부정설로 나뉘어 있다.

생각건대, 지급인은 어음의 배서가 연속하는 경우에도 어음소지인의 실질적 자격에 관하여 「사기 또는 중과실」이 없어야 면책을 받게 되는데, 지급인이 이러한 「사기 또는 중과실」이 되지 않기 위하여는 필요한 경우에(예컨대, 어음소지인에게 무권리자라고 의심할 만한 사유가 있는 경우) 어음소지인의 실질적 자격에 관하여 필요한 사항을 조사하여야 할 것이고, 이러한 조사를 하지 않고 지급하면 지급인은 「중과실」에 의한 지급을 한 것이 되어 면책되지 못할 것이다. 그런데 이 때 지급인에게 조사권이 없다면 지급인은 무엇에 근거하여 어음소지인의 실질적 자격에 관하여 조사할 수 있겠는가. 따라서 조사권을 긍정하는 견해에 찬성한다($\binom{\text{민 518조의 적용}}{\text{또는 유추적용}}$). 그러나 이러한 지급인의 조사권은 자기의 위험하에서 주어진다고 보아야 할 것이므로, 조사기간중에 지급인은 원칙적으로 지체책임을 지지 않으나 소지인이 권리자이면 지급제시를 받은 때로부터 지체책임을 부담한다고 보아야 할 것이다.

2) 실질적 자격에 대한 지급인의 「사기 또는 중과실」

㈎ 지급인은 어음소지인의 실질적 자격에 관하여 조사할 의무는 없으나 조사할 권리는 있으므로, 어음소지인의 실질적 자격에 관하여 지급인에게 「사기 또는 중대한 과실」이 있으면 지급인은 면책되지 않는다. 우리 어음법 제40조 3항은 지급인이 면책되지 않는 주관적 요소로서 「사기 또는 중과실」이라고 규정하고 있는 점은, 어음법 제10조 및 제16조 2항이 「악의 또는 중과실」이라고 규정하고 있는 점 및 어음법 제17조가 「해할 것을 알고」라고 규정하고 있는 점과 구별되고 있다. 또한 민법 제518조가 「악의 또는 중과실」이라고 규정하고 있는 점과도 구별된다. 어음법 제40조 3항이 동법 제16조 2항과는 달리 「악의」 대신에 「사기」라고 규정한 이유는, 어음법 제16조 2항의 선의취득의 경우에는 그 어음을 취득하느냐 않느냐는 양수인의 자유이므로 양도인이 실질적 자격이 없다는 것을 알고 있는(악의) 경

우에는 그 자로부터 양수하지 않으면 되는 데 대하여, 어음법 제40조 3 항의 지급의 경우에는 지급인에게 형식적 자격자에 대한 지급이 강요되기 때문에 악의와 구별하여 사기라고 규정한 것이다.

어음법 제40조 3 항 1 문의 「사기 또는 중과실」의 개념에서 사기란 「어음소지인(제시자)에게 변제수령의 권한이 없음을 아는 것만으로는 부족하고, 소송법상 이러한 사실을 입증할 확실한 증거방법이 있는 데도 불구하고 지급하는 경우」이고, 중과실이란 「지급인이 보통의 조사를 하기만 하면 어음소지인이 무권리자이고 또 그 무권리자임을 입증할 수단을 확실히 획득하였을 터인데 이 조사를 하지 않았기 때문에 무권리자인 줄을 모르고 지급한 경우」이다(통설).

(나) 앞에서 본 바와 같이 수표법 제35조는 지급인의 수표소지인에 대한 형식적 자격의 조사의무에 대해서만 규정하고 있을 뿐, 지급인의 수표소지인에 대한 실질적 자격에 관한 「사기 또는 중과실」에 대하여는 규정하고 있지 않다. 즉, 어음법 제40조 3 항 1 문의 규정이 수표법 제35조에는 없다. 따라서 수표의 지급인이 면책을 받기 위하여는 어느 정도의 주의로써 지급하여야 하느냐에 대하여, 「악의 또는 중과실」이 없어야 한다는 견해($\frac{민}{518조}$)와 「사기 또는 중과실」이 없어야 한다는 견해(통설)($\frac{어 40조}{3항 1문}$)로 나뉘어 있다.

생각건대 어음법 제40조 3 항 1 문의 「지급인」의 범위에 어음채무자 아닌 지급인과 지급담당자를 포함하여 해석하는 이상(통설), 어음법 제40조 3 항 1 문과 같은 규정이 수표법 제35조에 없는 것은 입법상 과오이며, 해석상 당연히 동 규정을 유추적용하여야 한다고 본다(동지: 대판 2002. 2. 26, 2000 다 71494·71500 〈수표의 지급인인 은행에 대하여 수표소지인의 실질적 자격에 대한 조사의무를 인정하고 지급인이 이러한 주의 의무를 다하지 못 하였다고 판시함〉).

(4) 치유되는 하자의 범위

어음법 제40조 3 항에 의하여 지급인에게 사기 또는 중과실이 없어 지급인이 면책되는 경우에, 이에 의하여 치유되는 하자는 소지인의 「무권리」라는 하자만이냐 또는 「무권리 이외의 하자」(예컨대, 소지인의 수령능력의 흠결·대리권의 흠결·동일성의 흠결 등)도 치유되는가라는 문제가 있다. 이에 대하여 우리나라의 학설은 일반적으로 명확한 언급이 없고, 다만 어음소지인의 실질적 자격의 조사와 같이 어음소지인의 대리권의 흠결, 동일성의 흠결 등에 대하여도 지급인은 조사할 (권리)의무가 없다고만 설명하고 있다.

생각건대 이러한 사항에 대하여 지급인은 조사의무는 없다고 하더라도 조사권은 있으므로 이에 기하여 필요한 조사를 한 후에도 지급인에게 사기 또는 중과실이 없다면, 소지인에게 존재하였던 「무권리 이외의 하자」도 치유된다고 보는 것이 어음의 유통보호와 지급인의 보호를 위하여 타당하다고 생각한다.

(5) 적용범위

1) 인적 범위   어음법 제40조 3항 1문은 「만기에 지급하는 지급인은 … 그 책임을 면한다」고 규정하여, 규정의 문언상 어음채무를 부담하고 있는 지급인(환어음의 경우는 인수인, 약속어음의 경우는 발행인)에 한정되는 것 같으나, 단순한 지급인 및 지급담당자에게도 확장적용되어야 할 것이며(통설), 또한 상환의무자에게도 유추적용되어야 할 것이다.

2) 시적 범위

㈎ 어음법 제40조 3항 1문은 「만기」라고 규정하고 있으나, 이 의미는 만기일에 하는 지급을 뜻하는 것이 아니라 「지급제시기간 내」에 하는 지급을 뜻한다.

㈏ 만기 전의 지급은 어음법 제40조 2항이 규정하고 있는 바와 같이 「지급인의 위험부담으로만」 지급할 수 있으므로(임의지급) 어음법 제40조 3항이 적용되지 않음은 명백하다. 그러나 만기 전의 지급이라도 만기전 상환청구(소구)요건($^{어\ 43조\ 2문,}_{77조\ 1항\ 4호}$)이 갖추어진 경우에는 만기지급과 동일하게 보아야 할 것이다.

㈐ 만기 후의 지급, 즉 「지급제시기간 경과 후」의 지급이라도 어음채무자(환어음의 인수인, 약속어음의 발행인)의 지급은 만기지급과 동일하게 보아야 할 것이다. 그러나 어음채무자가 아닌 지급인(인수 안 된 환어음의 지급인)이 만기 후에 지급하는 것은 지급위탁의 취지에 반하므로 별도의 특약이 없는 한 만기지급과 동일하게 볼 수 없다. 만일 이 때 그러한 지급인이 만기 후에 지급하면 민법상 「제3자의 변제」($^{민}_{469조}$)로서의 효력만이 있을 뿐이다. 그러나 수표의 지급인은 지급제시기간 경과 후에도 (지급위탁의 취소가 없는 한) 발행인의 계산으로 지급할 수 있으므로($^{수\ 32조}_{2항}$), 지급제시기간 경과 후의 지급도 동 기간 경과 전의 지급과 동일하게 볼 수 있다.

3) 배서금지어음   배서금지어음이 양도되지 않아 수취인이 지급제시한 경우에 어음법 제40조 3항이 적용됨은 명백하다. 그러나 동 어음이 양도된 경우에 동 어음의 소지인에게 지급하는 지급인에게는 어음법 제40조 3항이 적용되지 않는다고 본다. 왜냐하면 동 어음의 소지인은 배서(또는 교부)에 의하여 어음을 양수한 자가 아니기 때문이다($^{어\ 11조\ 2항,\ 77조\ 1항}_{1호;\ 수\ 14조\ 2항}$).

(6) 위조·변조된 어음의 지급인의 책임

지급인이 위조·변조된 어음을 지급한 경우에도 어음법 제40조 3항 1문

(어 77조 1항 3호, 수표의 경우에도 어음법 40조 3항 1문이 유추적용됨)에 의하여 지급인이 면책되는지 여부가 문제되는데, 이에 관하여는 총론 중 어음의 위조·변조에 관한 부분에서 이미 설명하였으므로 이 곳에서는 결론만을 간단히 재론하기로 한다.

1) 위조·변조된 어음의 지급에도 어음법 제40조 3항 1문이 적용되는지 여부에 대하여 이를 긍정하는 견해도 있으나, 어음법 제40조 3항 1문은 어음 자체는 진정한데 동 어음의 무권리자 등에게 지급한 경우의 지급인의 면책에 관한 규정이므로 (발행위조의 경우에는 부진정한) 어음의 정당한 권리자에게 지급인이 지급한 경우에는 어음법 제40조 3항 1문이 적용되지 않는다고 본다.

2) 그러면 지급인이 위조·변조된 어음을 지급한 경우에는 무엇에 근거하여(근거법원〈法源〉) 어느 정도의 주의로써 지급하여야(주의의 정도) 지급인이 면책되는가가 문제이다. 이 때의 「면책」의 의미는 자금관계(또는 준자금관계)에서 지급인이 면책되는 것으로 보아야 할 것이다.

㈎ 지급인이 면책될 수 있는 법원(法源)으로는 제 1 차적으로 당사자간의 면책약관(만일 이에 관한 특별법규가 있으면 그러한 특별법규)에 의하고, 제 2 차적으로 이러한 면책약관이 없으면 상관습에 의한다(동지: 대판 1971. 3. 9, 70 다 2895). 그런데 이러한 면책약관도 없고 또한 상관습도 없는 경우(이는 특히 지급인 또는 지급담당자가 은행이 아닌 경우에 발생한다)에는 지급인은 무엇에 근거하여 면책될 수 있는가. 이 때에는 제 3 차적으로 민법 제470조(채권의 준점유자에 대한 변제)에 의하여야 한다고 보는데, 이렇게 해석하는 것이 상법 제 1 조(상법에 규정이 없으면 상관습법에 의하고, 상관습법이 없으면 민법의 규정에 의한다)에도 부응하는 해석이라고 본다.

㈏ 지급인의 주의의 정도는 위 각각의 면책약관·상관습·민법 제470조에 의하되, 일반적으로는 지급인에게 위조·변조된 어음이라는 점에 대하여 고의·과실이 없어야 한다고 본다(동지: 대판 1975. 3. 2, 74 다 53).

3) 지급인이 면책약관 등에 의하여 그 지급에 필요한 주의의무를 다하여 위조·변조된 어음을 지급한 경우에(즉, 고의·과실이 없는 경우에) 누가 손실부담을 하는가에 대하여는 지급인부담설과 발행인부담설로 견해가 나뉘어 있다.

생각건대 이 때 지급인은 발행인의 과실(귀책사유)의 유무에 불문하고 면책된다고 본다. 이 경우 발행인에게 과실이 있는 경우에는 면책약관 등을 거론하지 않더라도 발행인이 책임을 부담하는 것은 당연하므로 면책약관 등의 의미가 적으나, 발행인에게 과실이 없는 경우에는 동 면책약관 등에 의하여 지급인이 면책되므로 동 면책약관 등의 의미가 크다고 볼 수 있다. 이렇게 보면 결과적으로는 발행인부담설과 같으나 논리의 전개에서는 다르게 된다. 즉, 이 때 지급인이 면책되고 발행인이 그 손실을 부담하는 것은 면책약관 등이 적용되는 결과로서 당연한데, 다시 발행인부담설을 논의하는 것은 무의미한 것으로 본다. 이에 반하여 지급인부담설을 취하는 견해는 지급인은 면책약관 등에 의하여 이미 면책이 되었는데 다시 책임을 부담하는 결과가 되어 그 자체 모순이라고 본다.

이 때 발행인(피위조자 또는 변조 전에 기명날인 또는 서명한 자)이 책임을 부담한다는 의미는 자금관계(또는 준자금관계)에서 지급인에 대한 것이지 어음소지인에 대한 것이 아니므로, 이로 인하여 피위조자 또는 변조 전에 기명날인 또는 서명한 자가 어음상의 책임을 지는 결과가 되는 것은 결코 아니다. 따라서 이러한 발행인은 어음소지인에 대하여 부당이득의 법리에 의하여 지급받은 금액의 반환청구권이 있다(동지: 대판 1992. 7. 28, 92 다 18535). 또한 이 때 지급인·발행인 모두에게 과실이 있는 경우에는, 지급인이 원칙적으로 책임을 부담하고 발행인의 과실에 대하여는 과실상계(민 396조)하는 것으로 보아야 할 것이다.

≫ 사례연습 ≪

[사 례]

　X는 수표금액이 100만원이고 지급은행이 Y은행인 소지인출급식 당좌수표를 발행하여 상품대금의 지급조로 A에게 교부하였는데, 이 수표금액이 1,000만원으로 변조되어 유통되었다. 이 때 Y은행이 이 수표의 소지인인 P에 대하여 변조된 수표금액을 지급한 경우, X는 Y은행에 대하여 900만원을 반환청구할 수 있는가?

　* 이 사례는 정찬형,「상법사례연습(제 4 판)」, 사례 108에 기초한 것이므로, 이에 관한 상세는 同書를 참고하기 바람.

[해 답]

　X와 Y은행간에 면책약관이 있는 경우에는 그러한 면책약관에 근거하여 Y은행에 고의·과실이 없으면 Y은행은 변조된 수표금액인 1,000만원을 지급한 점에 대하여 X에게 책임이 없다고 본다. 따라서 이 경우 X는 Y에 대하여 900만원의 반환청구를 할 수 없다. 만일 X와 Y은행간에 위와 같은 면책약관이 없는 경우에도 수표발행인과 지급은행간에는 이러한 면책약관의 내용과 같은 상관습이 있다고 보아 면책약관이 있

는 경우와 동일하게 해석하여야 할 것이다(동지: 대판 1971. 3.)(9, 70 다 2895).

위와 같이 수표의 지급인인 Y은행에게 고의·과실이 없는 경우에도 변조수표의 지급에 따른 손실을 누가 부담해야 할 것인가에 대하여 지급인부담설과 발행인부담설이 있는데, 이러한 설은 모두 타당하지 않다고 본다. 왜냐하면 지급인부담설에 의하면 지급인이 면책약관 등에 의하여 이미 면책되었는데 다시 책임을 부담하는 결과가 되어 그 자체 모순이 되고, 발행인부담설은 지급인의 면책에 의하여 그 손실은 자연히 발행인이 부담하게 되는데 다시 발행인이 그 손실을 부담하는 것이라고 이중으로 설명할 필요가 없기 때문이다. 이 때 발행인에게 변조에 대하여 과실이 있는 경우에는(즉 발행인에게 변조에 대하여 귀책사유가 있는 경우에는) 면책약관 등을 거론하지 않더라도 발행인이 그 책임을 부담하는 것은 당연하므로 면책약관 등의 의미가 적으나, 발행인에게 과실이 없는 경우에는 동 면책약관 등에 의하여 지급인이 면책되는 결과 발행인이 그 책임을 부담하는 것이 되므로 동 면책약관 등의 의미가 크다고 볼 수 있다.

위와 같은 면책약관 등에 의하여 지급인이 면책되고 발행인이 그 책임을 부담한다고 하여, 그 변조수표의 소지인인 P가 1,000만원을 정당하게 취득할 수 있는 것은 아니다. 이 때 X와 P와의 관계는 수표변조의 효과로서 변조 전에 기명날인 또는 서명한 자와 수표소지인의 관계가 된다($\frac{수}{50조}$). 따라서 X가 수표의 변조에 대하여 귀책사유가 있으면 X는 변조 후의 수표금액에 대하여 지급책임을 지므로 P는 1,000만원을 정당하게 취득할 수 있으나, X에게 이러한 귀책사유가 없으면 X는 P에게 변조 전의 수표금액인 100만원에 대해서만 지급책임을 지므로 X는 P에게 900만원에 대하여는 부당이득의 법리에 의하여 반환청구를 할 수 있다(동지: 대판 1992. 7.)(28, 92 다 18535).

만일 Y은행에게 변조수표의 지급에 따른 과실이 있어 Y은행이 면책약관 등에 의하여 그 책임을 지는 경우에는 Y은행은 X에게 먼저 900만원을 지급하고, 이 금액을 P에 대하여 부당이득의 법리에 의하여 반환청구하여야 할 것이다. 또한 이 때 지급은행(Y)과 발행인(X) 모두에게 과실이 있는 경우에는, Y가 원칙적으로 책임을 부담하고 X의 과실에 대하여는 과실상계($\frac{민}{396조}$)를 하여야 할 것이다.

제4 상환청구(소구)

1. 상환청구(소구)의 의의

상환청구는 소구라고도 하는데, 「어음이 만기(수표의 경우는 지급제시기간 내)에 지급거절되었거나, 또는 만기 전에 인수거절(환어음에 한함) 또는 지급가능성이 현저하게 감소되었을 때에 어음소지인이 전자에 대하여 어음금액 기타 비용을 청구하는 것」을 말한다. 이러한 상환청구(소구)제도는 어음소지인의 이익을 보호하기 위하여 민법상 매도인의 하자담보책임과 같은 정신으로 실질관계를 어음관계에 반영하여 어음법에서 규정한 것이다(상환청구〈소구〉에 관한 입법주의에 대하여는 정찬형, 「상법강의(하)(제24판)」, 367~368면을 참조하고, 환어음·약속어음 및 수표의 상환청구〈소구〉의 차이점에 관하여는 同書, 396~397면 참조).

2. 상환청구(소구)의 당사자

(1) 상환청구(소구)권자

제1차적으로는 최후의 정당한 어음소지인이고($^{어\ 43조,\ 77조\ 1항}_{4호;\ 수\ 39조}$)($^{동지:\ 대판\ 1987.\ 5.}_{26,\ 86\ 다카\ 1559}$), 제2차적으로는 상환(소구)의무를 이행하고 어음을 환수하여 새로이 어음소지인이 된 자이다($^{어\ 47조\ 3항,\ 77조\ 1항}_{4호;\ 수\ 43조\ 3항,\ 45조}$).

(2) 상환(소구)의무자

환어음의 경우는 발행인·배서인 및 이들을 위한 보증인이고, 약속어음의경우는 배서인 및 이들을 위한 보증인이며, 수표의 경우는 환어음의 경우와 같이 발행인·배서인 및 이들을 위한 보증인이다. 이러한 각 상환(소구)의무자는 주채무자(환어음의 인수인 또는 약속어음의 발행인)와 함께 어음소지인에 대하여 합동하여 어음채무를 부담한다($^{어\ 47조\ 1항,\ 77조\ 1항}_{4호;\ 수\ 43조\ 1항}$).

3. 상환청구(소구)요건

(1) 어음의 상환청구(소구)요건

1) 만기 전의 상환청구(소구)요건

(가) 환 어 음

① 실질적 요건

㉠ 인수의 전부 또는 일부의 거절($^{어\ 43조}_{1호}$)   어음소지인이 만기 전에 「인수제시」를 하였으나, 지급인이 「인수의 전부 또는 일부를 거절」한 경우이다. 지급인의 인수거절은 적극적인 거절의 경우뿐만 아니라, 부단순(不單純)인수($^{어\ 26조}_{2항}$)·지급인이 소재불명 또는 부재의 경우·지급인이 사망하고 그 상속인이 불명한 경우·어음의 반환 전의 인수말소($^{어\ 29조}_{1항}$) 등을 포함한다. 예비지급인의 기재가 있는 경우에는 그의 참가인수거절도 있어야 한다($^{어\ 56조}_{2항}$). 또 지급인이 수 인인 경우에는 그 중 1인의 인수거절만으로도 상환청구(소구)원인이 된다(통설).

ⓒ **지급인의 인수 여부와 관계 없이 지급인의 파산**($^{어 43조}_{2호 전단}$), **인수제시 금지어음의 경우는 발행인의 파산**($^{어 43조}_{3호}$) 지급인 또는 인수인 등의 자력이 불확실하게 된 경우로서, 이 때의 파산은 어음발행 후의 것만을 의미하는 것이 아니라 어음발행의 전후를 불문하고, 파산절차가 종료되지 않은 것을 의미한다(통설). 이 때에도 예비지급인이 있는 경우에는 예비지급인의 참가인수거절까지 있어야 상환청구(소구)원인이 된다($^{어 56조}_{2항}$). 어음법에 명문의 규정은 없으나 채무자회생절차 등이 개시된 때에도($^{파}_{49조}$) 파산에 준하여 상환청구(소구)원인이 된다고 본다($^{獨어 44조}_{6항 참조}$)(통설).

ⓒ **지급인의 인수 여부와 관계 없이 지급인의 지급정지 또는 그 재산에 대한 강제집행 부주효**(不奏效)($^{어 43조}_{2호 후단}$) 이러한 경우도 만기에 지급될 것이 불확실하므로 만기 전의 상환청구(소구)원인으로 하였다. 이 경우에도 예비지급인이 있는 경우에는 그의 참가인수거절까지 있어야 상환청구(소구)원인이 된다($^{어 56조}_{2항}$).

② **형식적 요건** 인수의 전부 또는 일부의 거절이 소구원인인 경우에는, 어음소지인은 지급인이 인수거절한 사실을 공정증서인 「인수거절증서」에 의하여 증명하여야 한다($^{어 44조}_{1항}$). 지급인 또는 인수인의 파산(인수제시금지어음의 경우는 발행인의 파산)이 상환청구(소구)원인인 경우에는, 거절증서의 작성을 요하지 아니하고 「파산결정서」($^{파}_{310조}$)를 제출하면 된다($^{어 44조}_{6항}$). 또 채무자회생절차의 개시결정이 있는 경우에는 채무자회생절차개시결정서($^{파 49조}_{2항}$)를 제출하면 된다(통설). 지급인 또는 인수인의 지급정지·강제집행부주효(不奏效)가 상환청구(소구)원인인 경우에는, 만기 전임에도 불구하고 어음소지인은 (일단 지급제시를 한 후) 「지급거절증서」를 작성하여야 (만기 전의) 상환청구(소구)권을 행사할 수 있다($^{어 44조}_{5항}$).

(내) **약속어음** 어음법은 약속어음에 대하여는 지급거절로 인한 상환청구(소구)에 관한 환어음의 규정만을 준용하고 있으므로($^{어 77조}_{1항 4호}$), 「만기 전의 상환청구(소구)」가 약속어음에도 인정되는지 여부가 문제된다. (i) 약속어음에는 인수제도가 없으므로 인수거절로 인한 만기 전의 상환청구(소구)가 있을 수 없다는 것은 당연하다. (ii) 약속어음의 경우에도 만기 전에 발행인이 파산(채무자 회생절차를 포함함)한 경우에는, 만기에 지급이 거절될 것이 확실하므로 해석상 당연히 만기 전의 상환청구(소구)를 인정하여야 할 것이다(통설)($^{동지: 대판 1984. 7. 10,}_{84 다카 424·425}$). (iii) 약속어음의 경우에 만기 전에 발행인이 지급정지를 받거나, 발행인의 재산에 대한 강제집행이 주효(奏效)하지 아니하거나, 또는 발행인 명의의 다른 어음이 부도가 되는 등으로 인하여 발행인의 자력에 불확실한 사정이 있는 경우 등에는, 어음소지인이 그 발행인에게 지급제시를 하고 지급거절증서를 작성하면 이는 지급거절로 인한 상환청구(소구)가 되어 법

규상으로도 당연히 만기 전의 상환청구(소구)가 가능하다고 본다(어 77조 1항 4호)(통설).

[**약속어음의 경우에도 발행인의 지급정지 기타 그 자력을 불확실하게 하는 사유가 있는 때에는 만기 전의 상환청구(소구)가 가능하다고 본 판례**]

　　　"어음법은 약속어음의 경우에 만기에 있어서의 지급거절에 의한 소구만을 인정하고 환어음의 경우와 같은 만기 전 소구에 관한 규정을 두고 있지 않으나, 약속어음에 있어서도 발행인의 파산이나 지급정지 기타 그 자력을 불확실하게 하는 사유로 말미암아 만기에 지급거절이 될 것이 예상되는 경우에는 만기 전의 소구가 가능하다고 보아야 할 것이다. … 원심은 발행인 명의의 다른 약속어음들이 거래은행으로부터 모두 부도가 되자 원고는 본 건 어음을 지급기일 전인 1982. 5. 10경 지급장소에서 본 건 어음을 지급제시하였으나 지급거절이 된 사실을 인정하고 있다. 원심이 인정한 바와 같이 위 발행인 명의의 다른 약속어음이 모두 부도가 된 상황이라면 특별한 사정이 없는 한 이 사건 각 약속어음도 각 만기에 지급거절이 될 것이 예상된다고 하겠으므로 그 소지인인 원고는 만기 전이라고 할지라도 일단 지급제시를 한 후 배서인인 피고에게 소구권을 행사할 수 있다고 할 것이다(대판 1984. 7. 10, 84 다카 424·425. 동지: 대판 1993.) 12. 28, 93 다 35254; 동 2003. 3. 14, 2002 다 62555)."

2) 만기 후의 상환청구(소구)요건(환어음·약속어음)

　(가) **실질적 요건**　　어음소지인이 지급제시기간 내에 적법하게 「지급제시」를 하였으나, 환어음의 지급인(인수인)·약속어음의 발행인 또는 이들의 지급담당자가 「지급거절」을 하여야 한다(어 43조 1항 1문 77조 1항 4호). 예비지급인 또는 참가인수인 등이 존재하는 경우에는 그들의 전원에 대하여도 지급제시기간의 다음 날까지 지급제시를 하여야 하고 또한 이들의 참가지급거절까지 있어야 한다(어 60조 1항 77조 1항 5호).

　　　지급거절증서작성면제의 경우에도 지급제시는 면제되지 않는다(어 46조 2항 1문 77조 1항 4호). 그러나 인수거절증서를 작성한 경우(어 44조 1항) 또는 불가항력이 만기(일람출급 또는 일람후정기출급의 어음의 경우에는 어음소지인이 배서인에게 통지를 한 날)부터 30일을 넘어 계속하는 경우(어 54조 4항·5항 77조 1항 4호)에는 지급제시가 면제된다.

　　　어음소지인은 일부의 지급을 거절하지 못하므로(어 39조 2항 77조 1항 3호), 지급인 등이 일부지급을 하는 경우에는 그 잔액에 대하여만 지급거절로 인한 상환청구(소구)권을 행사할 수 있다. 수 인의 지급인 등이 있는 경우에는 그 전원이 지급거절을 하여야 어음소지인은 상환청구(소구)권을 행사할 수 있다(통설).

　(나) **형식적 요건**　　지급인 등의 지급거절의 사실은 공정증서인 「지급거절증서」에

의하여 증명되어야 한다($\frac{어 44조 1항}{77조 1항 4호}$). 지급거절증서의 작성기간은 확정일출급어음·발행일자후정기출급어음·일람후정기출급어음의 경우에는 「지급을 할 날 이후의 2 거래일 내」이고($\frac{어 44조 3항 1문}{77조 1항 4호}$), 일람출급어음의 경우에는 어음법 제34조에서 정하는 「지급제시기간 내」(원칙적으로 1년)이다($\frac{어 44조 3항 2문}{77조 1항 4호}$) ($\frac{어음법 44조 3항 2문은 어음법 34조에서 정하는}{지급제시기간 내로 규정하였어야 할 것으로 본다}$).

지급거절증서를 작성할 필요가 없는 경우는 (i) 동 증서의 작성이 면제된 경우($\frac{어 46조, 77조}{1항 4호}$), (ii) 인수거절증서를 작성한 경우($\frac{어 44조}{4항}$), (iii) 불가항력이 만기(또는 소지인이 배서인에게 통지한 날)부터 30일이 지나도 계속되는 경우이다($\frac{어 54조 4항·5항}{77조 1항 4호}$).

예비지급인·참가인수인 등이 존재하는 경우에는 지급제시기간의 다음 날까지 필요가 있는 경우에는 참가지급거절증서를 작성하여야 한다($\frac{어 60조 1항}{77조 1항 5호}$).

(2) 수표의 상환청구(소구)요건

1) **실질적 요건**   수표소지인이 지급제시기간 내에 적법한 「지급제시」를 하였으나, 지급인이 「지급거절」을 하여야 한다($\frac{수}{39조}$). 수표에 있어서는 지급거절만이 상환청구(소구)원인이 된다.

2) **형식적 요건**   지급거절의 증명방법으로 「지급거절증서」가 작성되어야 하는 점($\frac{수 39조}{1호}$)은 어음의 경우와 같다. 그러나 다음의 점에서는 어음과 구별되고 있다. 즉 (i) 지급거절의 증명방법이 지급거절증서 외에 「지급인(수표법 제31조 2항의 경우에는 지급인의 위임을 받은 제시은행)의 선언」 및 「어음교환소의 선언」이 추가되어 있는 점($\frac{수 39조}{2호·3호}$), (ii) 불가항력에 의하여 상환청구(소구)권보전절차(지급제시 및 지급거절증서작성)를 면제받은 경우는 그 불가항력이 수표소지인이 배서인에게 통지를 한 날부터 「15일」이 지나도 계속되는 경우라는 점($\frac{수 47조}{4항}$) 및 (iii) 지급거절증서의 작성기간은 원칙적으로 지급제시기간이나 예외적으로 제시기간의 말일에 제시한 경우에는 그 날 이후 「제 1 거래일」에 작성시킬 수 있는 점($\frac{수}{40조}$)은, 어음과 구별되는 점이다.

(3) 불가항력

1) **불가항력의 의의**   불가항력이라 함은 법문에는 「피할 수 없는 장애」로 규정하고 있는데, 이것은 불가피한 일반적 장애를 의미한다($\frac{어 54조 1항, 77조 1항}{4호; 수 47조 1항}$). 그러나 어음소지인 또는 그로부터 어음의 제시 또는 거절증서작성의 위임을 받은 사람에 관한 단순한 인적 사유(예컨대, 소지인의 급사〈急死〉·수임인의 급병〈急病〉 등)는 불가항력이 되지 아니한다($\frac{어 54조 6항, 77조 1항}{4호; 수 47조 5항}$). 또한 여기의 불가항력 중에는 일국(一國)의 법령에 의한 금제(禁制)를 포함한다($\frac{어 54조 1항, 77조 1항}{4호; 수 47조 1항}$).

2) 불가항력이 권리보전절차에 미치는 영향

㈎ 기간의 연장 또는 보전절차의 면제   불가항력이 존재한 때에는 원칙적으로 권리보전절차기간은 연장되어($^{어\ 54조\ 1항,\ 77조\ 1항}_{4호;\ 수\ 47조\ 1항}$), 소지인은 불가항력이 그친 뒤에 지체 없이 인수제시 또는 지급제시를 하고 필요하면 거절증서를 작성하여 상환청구(소구)를 할 수 있다($^{어\ 54조\ 3항,\ 77조\ 1항}_{4호;\ 수\ 47조\ 3항}$).

그러나 기간연장의 예외로서 불가항력이 만기부터 30일을 지나도 계속되는 경우에는 어음의 제시와 거절증서의 작성 없이 상환청구(소구)권을 행사할 수 있다($^{어\ 54조\ 4항;}_{77조\ 1항\ 4호}$). 수표의 경우에는 소지인이 자기의 배서인에게 불가항력을 통지한 날부터 불가항력이 15일이 지나도 계속되는 경우에는, 제시기간이 지나기 전에 그 통지를 한 경우에도 수표의 제시 또는 거절증서나 이와 동일한 효력이 있는 선언을 작성하지 아니하고 상환청구(소구)권을 행사할 수 있다($^{수\ 47조}_{4항}$).

㈏ 소지인의 통지의무   불가항력이 발생하면 어음소지인은 이 사실을 자기의 배서인에게 지체 없이 통지하고, 어음 또는 보충지에 이 통지를 하였다는 내용을 적고 날짜를 부기한 후 기명날인 또는 서명하여야 하며, 후자로부터 통지를 받은 사람은 또 다시 자기의 전자에게 이와 동일한 방법으로 통지하여야 한다($^{어\ 54조\ 2항,\ 77조\ 1항}_{4호;\ 수\ 47조\ 2항}$).

(4) 거절증서

1) 의 의   거절증서는 「어음상의 권리의 행사 및 보전에 필요한 행위를 한 것과 그 결과를 증명하는 증명증서로서, 공정증서이고 요식증서」이다. 어음법이 규정하고 있는 거절증서 중 가장 중요한 것은 인수거절증서(환어음에만 해당)와 지급거절증서인데($^{어\ 44조\ 1항,\ 77조\ 1항}_{4호;\ 수\ 39조\ 1호}$), 어음법은 거절증서를 작성함을 요한다고만 규정하고 그 밖의 점은 모두 거절증서령($^{1970.\ 4.\ 15,}_{대통령령\ 4919호}$)이 규정하는 바에 미루고 있다($^{어\ 84조;}_{수\ 70조}$).

2) 작성절차   거절증서의 작성절차는 거절증서령에 상세히 규정되어 있다($^{거령\ 2조\sim}_{4조,\ 8조}$).

3) 거절증서작성면제   상환(소구)의무자에게 거절증서작성을 면제할 수 있도록 하여 그에게 거절증서작성비용의 부담을 면하고 또 인수 또는 지급거절의 사실이 공표되는 것을 방지한다($^{어\ 46조,\ 77조\ 1항}_{4호;\ 수\ 42조}$).

면제의 방법은 면제권자가 (ⅰ) 「무비용상환」·「거절증서불필요」의 문자 또는 이와 같은 뜻을 가진 문구(거절증서작성면제의 의사표시)를 어음에 적고, (ⅱ) 기명날인 또는 서명하여야 한다($^{어\ 46조\ 1항,\ 77조\ 1항}_{4호;\ 수\ 42조\ 1항}$). 어음의 배서란에 「거절증서작성불필요」의 문언이 인쇄되어 있는 경우에는 배서의 기명날인 또는 서명만 있으면 이 기명날인 또는 서명은 거절증서작성면제의 기명날인 또는 서명도 겸한다(동지: 대판 1962. 6. 14, 62 다 171;
동 1959. 12. 22, 4291 민상 870).

환어음 또는 수표의 발행인이 거절증서작성면제의 문언을 기재한 경우에는 모든 상환(소구)의무자에 대하여 그 효력이 미치므로(동 어음은 거절증서작성금지어음이 된다), 어음소지인은 모든 경우에 거절증서를 작성할 필요가 없고 그가 임의로 거절증서를 작성한 때에는 그 비용은 소지인의 부담이 된다(어 46조 3 항 1 문 전단·2 문 전단, 77조 1 항
4 호; 수 42조 3 항 1 문 전단·2 문 전단). 그러나 배서인 또는 보증인이 거절증서작성면제의 문언을 기재한 경우에는 그 상환(소구)의무자에 대해서만 효력이 미치므로, 어음소지인은 다른 상환(소구)의무자에 대하여 상환청구(소구)권을 행사하기 위하여는 거절증서를 작성하여야 하는데 이러한 거절증서의 작성비용은 모든 상환(소구)의무자가 공동으로 부담한다(어 46조 3 항 1 문 후단·2 문 후단, 77조 1 항
4 호; 수 42조 3 항 1 문 후단·2 문 후단).

거절증서작성면제의 문언이 있더라도 어음소지인에 대하여 법정기간 내의 제시 및 상환청구(소구)통지의 의무까지 면제하는 것은 아니나(어 46조 2 항 1 문, 77조 1 항
4 호; 수 42조 2 항 1 문), 어음소지인이 법정기간 내에 적법한 제시 및 상환청구(소구)통지를 한 것을 추정하는 효력은 있다.

4. 상환청구(소구)의 통지

(1) 의 의

상환청구(소구)의 통지는 거절의 통지라고도 한다. 상환청구(소구)권의 행사는 소지인의 전자에게는 예기하지 아니하던 이상적 경과이므로, 상환청구(소구)권자는 전자에 대하여 상환청구(소구)원인의 발생을 통지하고 상환(소구)의무자는 이 통지에 의하여 상환의 준비를 할 필요와 또한 빨리 상환하여 상환금액의 증가를 방지할 필요가 있는데, 이러한 요청에 응하는 제도가 상환청구(소구)통지의 제도이다(상환청구〈소구〉통지의 입법례에 관하여는 정찬형, 「상법강의(하)(제24판)」, 383면 참조).

(2) 통지를 요하는 경우

인수거절(환어음에 한함) 또는 지급거절의 경우이다(어 45조 1 항 1 문, 77조 1 항
4 호; 수 41조 1 항 1 문). 또 어음법상 규정은 없어도 지급인이 지급정지되거나 강제집행이 주효(奏效)하지 아니한 경우에도, 소지인은 지급제시와 거절증서작성을 요하므로(어 44조 5 호
77조 1 항 4 호) 역시 통지를 요한다고 본다.

(3) 통지의 당사자

통지의무자는 「최후의 어음소지인」과 후자로부터 통지를 받은 「배서인」이다. 통지의무자는 자기의 전자(및 발행인)에 대하여 통지할 의무를 부담하는 이외에

($어 45조 1 항, 77조 1 항\atop 4 호; 수 41조 1 항$), 자기의 전자의 보증인이 있는 경우에는 그에게도 동시에 동일내용의 통지를 하여야 할 의무를 부담한다($어 45조 2 항, 77조 1 항\atop 4 호; 수 41조 2 항$).

통지받을 권리자(통지의 상대방)는 「상환(소구)의무자」이다.

(4) 통지기간

소지인은 「거절증서작성일 이후의 4 거래일 내」에 통지하여야 하고, 거절증서작성면제의 경우에는 「제시일 이후의 4 거래일 내」에 통지하여야 한다($어 45조 1 항 1 문, 77조 1 항\atop 4 호; 수 41조 1 항 1 문$).

배서인은 「통지를 받은 날 이후 2 거래일 내」에 통지하여야 한다($어 45조 1 항 2 문,\atop 77조 1 항 4 호;\atop 수 41조\atop 1 항 2 문$).

(5) 통지의 내용과 방법

어음소지인이 통지할 내용에 대하여 어음법은 아무런 규정을 두고 있지 않지만, 인수거절 또는 지급거절이 있었다는 사실을 알리는 정도의 내용이면 된다. 그러나 통지를 받은 각 배서인은 「후자인 통지자 전원의 명칭」과 「그 처소」를 표시하고, 자기가 받은 통지의 내용을 자기의 전자인 배서인에게 통지하여야 한다($어 45조 1 항 2 문, 77조 1 항\atop 4 호; 수 41조 1 항 2 문$).

통지의 방법에는 제한이 없으므로 어떠한 방법에 의하여도 할 수 있는 데, 구두 또는 서면에 의해서도 할 수 있고 단순히 어음의 반환에 의해서도 할 수 있다($어 45조 4 항, 77조 1 항\atop 4 호; 수 41조 4 항$).

(6) 통지해태의 효력

통지는 상환청구(소구)권행사의 요건이 아니므로 어음소지인 등이 적법한 기간 내에 통지를 하지 아니하였다고 하더라도 상환청구(소구)권을 잃지 아니한다($어 45조 6 항 본문, 77조 1 항\atop 4 호; 수 41조 6 항 본문$). 그러나 어음소지인 등이 통지를 하지 않음으로 인하여 상환(소구)의무자에게 손해가 생긴 때에는 어음소지인 등은 어음금액의 범위 내에서 상환(소구)의무자에게 그 손해를 배상할 책임이 있다($어 45조 6 항 단서, 77조 1 항\atop 4 호; 수 41조 6 항 단서$).

5. 상환청구(소구)금액

(1) 어음소지인의 상환청구(소구)금액

1) 만기 후의 상환청구(소구)금액   어음소지인의 만기 후의 상환청구(소구)금액은 (i) 지급되지 아니한 어음금액과 이자가 적혀 있는 경우 그 이자, (ii) 연 6퍼센트의 이율로 계산한 만기(수표의 경우는 제시일) 이후의 이자 및 거절증서의 작성비용(수표의 경우는 이와 동일한 효력이 있는 선언의 작성비용을 포함)·통지비용 및 그 밖

의 비용이다($_{77조 1항 4호}^{어 48조 1항,}$).

수표의 경우는 만기가 없기 때문에 만기 전의 상환청구(소구)금액이란 있을 수 없고, 언제나 (어음에서의) 만기 후의 상환청구(소구)금액만이 있다($_{44조}^{수}$).

2) 만기 전의 상환청구(소구)금액   확정일출급 또는 발행일자후정기출급어음에서는 만기까지의 이자가 어음금액에 포함되어 있으므로 지급받는 날로부터 만기까지의 이자를 할인에 의하여 어음금액에서 공제한다($_{77조 1항 4호}^{어 48조 2항 1문,}$). 일람출급 또는 일람후정기출급어음에서 이자부인 경우에는($_{77조 2항}^{어 5조 1항·2항,}$) 그 기재에 따라 (특정한 기산일을 기재하지 아니한 때에는) 어음발행 당일로부터 지급받는 날까지의 이자가 가산된다($_{77조 2항}^{어 5조 3항}$). 거절증서작성비용·통지비용과 그 밖의 비용은 만기 후의 상환청구(소구)의 경우와 같다.

(2) 재상환청구(재소구)금액

어음을 환수한 자가 그 전자에 대하여 재상환청구(재소구)할 수 있는 금액은 (i) 지급한 총금액, (ii) 위 금액에 대하여 연 6 퍼센트의 이율로 계산한 지급한 날 이후의 이자 및 지출한 비용이다($_{4호; 수 45조}^{어 49조, 77조 1항}$).

6. 상환청구(소구)의 방법

(1) 상환청구(소구)권자의 상환청구(소구)방법

상환청구(소구)권자는 상환(소구)의무자의 채무부담의 순서에 상관 없이 상환청구(소구)권을 행사할 수 있으며(순차적 상환청구〈소구〉 또는 도약적 상환청구〈소구〉)($_{4호; 수 43조 2항 전단}^{어 47조 2항 전단, 77조 1항}$), 또 특정한 상환(소구)의무자에게 청구하였다고 하여도 다른 자에 대한 상환청구(소구)권에 영향을 미치지 아니하므로 언제든지 다른 자에 대하여 다시 상환청구(소구)권을 행사할 수 있다(변경권)($_{항 4호; 수 43조 4항 1문}^{어 47조 4항 1문, 77조 1문}$). 따라서 이미 청구를 받은 자의 후자에 대하여도 다시 상환청구(소구)권을 행사할 수 있다($_{4호; 수 43조 4항 2문}^{어 47조 4항 2문, 77조 1항}$).

피청구자의 수에도 제한이 없으므로 상환(소구)의무자의 1인, 수 인 또는 전원에 대하여 동시에 청구할 수 있다($_{4호; 수 43조 2항 후단}^{어 47조 2항 후단, 77조 1항}$). 이러한 상환청구(소구)권의 행사를 소(訴)로써 주장함에는 1개의 소로 할 수도 있고, 별개의 소로 할 수도 있다.

또한 어음소지인 또는 상환(소구)의무를 이행한 배서인은 그 전자의 1인을 지급인으로 한 새로운 환어음(역어음)을 발행하여 상환청구(소구)할 수도 있다($_{1항 4호}^{어 52조, 77조}$). 약속어음의 소지인 등이 배서인 등에게 상환청구(소구)하는 경우에도 환어음인 역어음을 이용할 수 있다(역어음에 관한 상세는 정찬형, 「상법강의(하)(제24판)」, 389~391면 참조).

(2) 상환(소구)의무자의 이행방법

상환(소구)의무의 이행은 금전채무이행의 일반원칙과 같이 지급(변제)·상계·기타의 방법으로 할 수 있다. 그런데 일부상환은 일부지급($^{어\ 39조\ 2항,\ 77조\ 1항}_{3호;\ 수\ 34조\ 2항}$)과는 달리 상환청구(소구)권자가 이를 거절할 수 있다(통설). 일부지급이 있은 후에 그 잔액에 대하여 상환청구를 하는 것은 전부상환이지 일부상환이 아니다.

상환(소구)의무자는 지급과 상환하여 어음·거절증서(수표의 경우는 이와 동일한 효력이 있는 선언을 포함함) 및 영수를 증명하는 계산서의 교부를 청구할 수 있다($^{어\ 50조\ 1항,\ 77조\ 1항}_{4호;\ 수\ 46조\ 1항}$). 그러나 환어음에서 일부인수 후 인수되지 않은 잔액에 대하여 상환청구(소구)하는 경우에, 상환청구(소구)의무자는 어음의 교부를 청구할 수는 없으나 어음상에 그 지급한 뜻을 기재할 것과 영수증의 교부를 청구할 수 있고($^{어\ 51조}_{1문}$), 또 그가 재상환청구(재소구)를 할 수 있도록 어음의 증명등본과 거절증서의 교부를 청구할 수 있다($^{어\ 51조}_{2문}$). 어음소지인이 어음을 상실한 경우에는 공시최고에 의한 제권판결에 의하여 어음상의 권리를 행사할 수 있으므로($^{민}_{497조}$), 상환(소구)의무자는 어음이 없어도 상환(소구)의무를 이행할 수 있다.

상환(소구)의무자가 상환(소구)의무를 이행하고 어음을 환수한 경우에는 자기와 후자의 배서를 말소할 수 있는데($^{어\ 50조\ 2항,\ 77조\ 1항}_{4호;\ 수\ 46조\ 2항}$), 이렇게 함으로써 그는 자기의 의무가 소멸되었음을 어음상에 나타내고 다시 어음상의 권리자로서 형식적 자격을 취득하게 된다.

상환(소구)의무자는 상환(소구)의무가 발생한 이후에 스스로 자기의 채무를 이행하여 상환(소구)의무를 면할 수 있는 권리(상환권)가 인정되는데(통설), 상환(소구)의무자가 이러한 상환권을 행사하는 경우에는 어음소지인 등은 이를 거절할 수 없고, 이를 거절하게 되면 수령지체가 된다고 본다.

제5 재상환청구(재소구)

1. 의 의

재상환청구(재소구)라 함은 「어음소지인 또는 자기의 후자에 대하여 상환(소구)의무를 이행하고 어음을 환수한 자가 다시 자기의 전자에 대하여 상환청구(소구)하는 것」을 말한다.

2. 재상환청구(재소구)권의 법적 성질

상환(소구)의무를 이행하고 어음을 환수한 자가 취득하는 재상환청구(재소구)권의 법적 성질에 대하여, 다음과 같이 권리회복설과 권리재취득설로 나뉘어 있다.

(1) 권리회복설

이 설에 의하면 재상환청구(재소구)권자의 재상환청구(재소구)권은 자기가 배서이전에 가지고 있었던 어음상의 권리가 회복된 것이라고 한다. 따라서 이 설에서는 배서에 의하여 어음상의 권리가 절대적으로 상실되는 것이 아니라 어음의 환수를 해제조건으로 하여 이전되는 것이므로, 배서인이 어음을 환수하면 해제조건이 성취되어 당연히 어음상의 권리를 회복하는 것이라고 설명한다.

이 설에 의하면 재상환청구(재소구)권자는 자기의 전자로부터는 원래의 인적 항변사유로써 당연히 대항을 받게 되나, 후자의 인적 항변사유는 이전되지 않으므로 그의 선의·악의를 불문하고 대항받지 않는다.

(2) 권리재취득설

이 설에 의하면 재상환청구(재소구)권자의 재상환청구(재소구)권은 법률의 규정에 의한 어음상의 권리의 재취득이라고 한다. 따라서 이 설에서는 배서에 의하여 어음상의 권리가 확정적으로 피배서인에게 이전되는 것이므로, 배서인이 어음을 환수하면 법률의 규정에 의한 어음채권의 양수에 의하여 어음상의 권리를 재취득하는 것이라고 설명한다.

이 설에 의하면 재상환청구(재소구)권자는 자기의 전자로부터는 원래의 인적 항변사유로써 대항을 받지 않게 되고(자기의 후자가 선의인 경우), 후자의 인적 항변사유는 그가 악의이면 대항을 받는다고 해석할 수 있다. 그러나 이 설을 취하면서도 이에 대하여는 권리회복설과 같이 해석하는 견해가 있다. 즉, 전자와의 관계에서는 원래 인적 관계에 기한 사유를 내용으로 하고 있기 때문에 그 사유로써 대항받을 수 있고, 후자와의 관계에서는 어음을 환수하는 것이 상환(소구)의무의 이행에 의한 강제적 취득이므로 후자의 인적 항변사유는 승계되지 않는다고 한다.

생각건대 재상환청구(재소구)권의 법적 성질은 배서의 법적 성질과 관련되는데, 배서의 법적 성질을 채권양도라고 보는 한 권리재취득설이 타당하다고 본다. 권리재취득설에 의하는 경우에만 환어음의 인수 전에 어음을 양도한 발행인 또는 배서인이 상환(소구)의무를 이행한 경우에 인수인에 대하여 어음금지급청구권을 갖는다는 점, 재상환청구(재소구)권의 소멸시효는 상환(소구)의무자가 어음을 환수한 때로부터 진행하는 점($\substack{\text{어 70조 3 항, 77조 1 항} \\ \text{8 호; 수 51조 2 항}}$) 등을 모순 없이 설명할 수 있다. 그러나 권리재
취득설을 취하는 경우에도 인적 항변사유는 권리회복설과 같이 해석하는 것이 타당
하다고 본다.

3. 재상환청구(재소구)의 요건

(1) 실질적 요건

상환(소구)의무자가 상환청구(소구)권자에게 상환(소구)의무를 유효하게 이행하
여야 한다.

1) 상환(소구)의무자가 아닌 자(예컨대, 무담보배서인, 백지식배서에 의하여 어음을
양수한 자가 단순한 교부만에 의하여 어음을 양도한 경우 등)는 비록 그가 어음소지인에
대하여 상환청구(소구)에 응하였다고 하더라도 재상환청구(재소구)권을 취득하지 못
한다($\substack{\text{어 47조 3 항,} \\ \text{50조 참조}}$). 이와 관련한 다음과 같은 우리 대법원판례가 있다.

> [백지식 배서에 의하여 어음을 양수한 자가 단순한 교부만에 의하여
> 어음을 양도한 경우 그의 재상환청구(재소구)권에 관한 판례]
>
> "백지식 배서에 의하여 어음을 양수한 다음 단순히 교부에 의하여 이를 타인
> 에게 양도한 자가 소지인의 소구에 응하여 상환을 하고 어음을 환수한 경우, 그
> 전의 배서인에 대하여 당연히 재소구권을 취득하는 것이 아님은 원심이 판시한
> 바와 같다고 하더라도, 그 상환을 받은 소지인이 그 전의 배서인에 대하여 가지
> 는 소구권을 민법상의 지명채권 양도의 방법에 따라 취득하여 행사할 수 있는
> 것으로 보아야 하고, 다만 그 소구의무자는 이에 대하여 양도인에 대한 모든 인
> 적 항변으로 대항할 수 있을 뿐이라고 할 것이다($\substack{\text{대판 1998. 8. 21,} \\ \text{98 다 19448}}$)."

2) 소구의무자라도 소구권자에게 유효하게 소구의무를 이행하여야 하므로, 무
권리자 등에게 소구의무를 이행하고 어음을 환수하여도 재소구권을 취득하지 못한다.

> [재상환청구(재소구)권을 인정한 판례]
>
> "갑이 을에게 약속어음을 발행하고 을이 지급거절증서 작성의무를 면제하여
> 병에게 배서하고 병이 동 어음을 지급거절증서 작성의무를 면제하지 아니하고
> 정에게 배서양도하였는데, 병이 정의 거절증서 작성 없이 그 소구의무에 응하
> 였다 하더라도 (정은 무권리자가 아니므로— 저자 주) 병은 을에게 재소구권을
> 행사할 수 있다($\substack{\text{대판 1990. 10. 26,} \\ \text{90 다카 9435}}$)."

그러나 무권리자가 권리자로서 형식적 자격을 구비하고 있고 상환(소구)의무자가 악의 또는 중과실이 없이 상환(소구)의무를 이행한 경우에는, 상환(소구)의무자는 재상환청구(재소구)권을 취득한다고 본다.

(2) 형식적 요건

상환(소구)의무자는 유효한 어음·거절증서(수표의 경우는 이와 동일한 효력이 있는 선언을 포함) 및 영수를 증명하는 기재를 한 계산서를 상환청구(소구)권자로부터 교부받아 소지하고 있어야 한다($_{4호;\ 수\ 46조\ 1항}^{어\ 50조\ 1항,\ 77조\ 1항}$). 왜냐하면 상환(소구)의무자가 이러한 서류들을 자기의 전자에게 교부하여야 재상환청구(재소구)권을 행사할 수 있기 때문이다. 이 때 상환(소구)의무자(재상환청구〈재소구〉권자)는 배서가 연속한 어음의 최후의 소지인임을 요하지 않는다. 그러나 그는 자기와 후자의 배서를 말소하여 형식적 자격을 구비할 수도 있다($_{4호;\ 수\ 46조\ 2항}^{어\ 50조\ 2항,\ 77조\ 1항}$). 상환(소구)의무자가 이와 같이 자기와 후자의 배서를 말소하여 형식적 자격을 구비하지 않은 경우에도, 그가 어음 및 거절증서 등을 소지하고 있으면 재상환청구(재소구)권자로 추정을 받는다고 본다(통설).

4. 재상환청구(재소구)권의 행사

재상환청구(재소구)권자가 자기의 전자에 대하여 재상환청구(재소구)권을 행사하는 경우에도 보통의 상환청구(소구)권자가 상환청구(소구)권을 행사하는 경우와 같이 도약적 상환청구(소구) 및 변경권이 인정된다($_{4호;\ 수\ 43조\ 3항}^{어\ 47조\ 3항,\ 77조\ 1항}$).

5. 재상환청구(재소구)금액

이에 대하여는 이미 설명한 바와 같다. 즉, 지급한 총금액에 연 6 퍼센트의 이율로 계산한 지급한 날 이후의 이자를 가산하고, 지출한 비용이 있으면 이를 가산한다($_{4호;\ 수\ 45조}^{어\ 49조,\ 77조\ 1항}$).

≫ 사례연습 ≪

[사 례]

A는 B에게 1987. 6. 22에 어음금액이 980만원이고 만기가 1987. 10. 10이며 발행지 및 지급지는 서울이고 지급장소는 J은행인 약속어음 1 장을 발행하고, B는 같은 해 6. 23에 C에게, C는 6. 24에 Y에게, Y는 6. 25에 X에게 각각 지급

거절증서 작성을 면제하고 이를 배서양도하였는데, X는 6. 25에 Z에게 지급거절 증서작성을 면제하지 아니하고 이 어음을 배서양도하였다. 이 어음의 최후의 소지인인 Z는 만기에 동 어음을 A에게 지급제시하였으나 지급거절을 당하였다. 이 때 Z가 X에게 지급거절증서를 작성하지 아니하고 소구권을 행사하였음에도 불구하고 X가 Z에 대하여 어음금을 지급한 경우, X는 Y에 대하여 재소구권을 행사할 수 있는가?

* 이 사례는 정찬형, 「상법사례연습(제4판)」, 사례 110에 기초한 것이므로, 이에 관한 상세는 同書를 참고하기 바람.

[해 답]

1. 재소구권의 법적 성질과 관련하여

재소구권의 법적 성질에 대하여 권리재취득설에 의하면 본문의 경우 X는 Y에 대하여 재소구권을 취득할 수 없는 것으로 해석될 수 있는 여지도 있으나, X의 재소구권은 X의 의사에 기하여 Z의 어음상의 권리를 승계취득하는 것이 아니라 X의 어음채무(소구의무)의 이행과 관련하여 법률의 규정에 의하여 원인관계를 어음관계에 반영하여 강제취득되는 점 등에서 볼 때 권리재취득설에 의하고 또한 Z가 소구요건을 갖추지 못하였다고 하여 X가 Y에 대하여 재소구권을 취득하지 못한다고 단정할 수는 없다. 그러나 재소구권의 법적 성질에 대하여 권리회복설에 의하면 본문의 경우 X는 Z의 어음상의 권리(소구권)와는 무관하게 원래의 자기의 Y에 대한 어음상의 권리(소구권)를 회복하는 것이므로 X가 Y에 대하여 재소구권을 갖는 점을 보다 쉽게 설명할 수 있을 것이다.

재소구권의 법적 성질에 대하여 권리재취득설에 의하는 경우에도 인적 항변에 관하여는 권리회복설의 경우와 동일하게 해석하여야 할 것이므로, 이 점에서 X는 Y로부터는 원래의 인적 항변사유로써 당연히 대항을 받게 되나 Z의 인적 항변사유는 이전되지 않으므로 X의 선의·악의를 불문하고 Y로부터 이에 관한 대항을 받지 않는다. 따라서 본문의 경우 Y는 Z가 소구요건을 갖추지 못하고 있는 점에 관하여 X의 선의·악의를 불문하고 X에 대하여 대항할 수 없고 또한 Y는 원래 X에 대하여 지급거절증서 작성을 면제하고 배서하여 지급거절증서가 작성되지 않았음을 항변할 수 없으므로, X는 Y에 대하여 재소구권을 갖게 된다.

2. 재소구의 요건과 관련하여

본문의 경우 재소구의 실질적 요건과 관련하여 문제되는 것은 X가 「소구의무자가 아닌 자」인가 또한 Z가 「소구권자가 아닌 자」인가의 문제이다.

X는 무담보배서인이나 어음을 단순히 교부만에 의하여 양도한 자와 같이 처음부터

어음상의 소구의무를 부담하지 않는 자와는 구별된다. X는 Z에게 이 어음을 배서양도할 당시에 이미 소구의무를 부담하고($^{어\ 77조\ 1항}_{1호,\ 15조\ 1항}$) 그 후 Z가 지급거절증서를 작성하지 아니한 채 소구권을 행사하면 이를 거절할 수 있을 뿐이다. 그런데 지급거절증서를 작성시키는 것은 소구의무자를 위하여 지급거절의 사실을 명확하게 할 목적으로 인정된 점에서 보면, 본문에서 X는 지급거절증서의 작성을 사전에 면제할 수도 있고($^{어\ 77조\ 1항}_{4호,\ 46조}$), 또 사후에 포기할 수도 있다고 본다. 그렇다면 X는 무담보배서인 등과는 구별되어 (처음부터) 어음채무자가 아니라고 볼 수는 없다. 특히 Z가 지급거절증서 작성기간 내에 지급거절증서를 작성하지 않고 X에게 소구권을 행사한 경우에는 이 점이 명백하다.

본문에서 Z가 어음상의 무권리자가 아니라는 점은 명백하다.

그러므로 본문의 경우 소구의무자인 X가 소구권자인 Z에게 소구의무를 이행하였으므로, X는 재소구의 실질적 요건을 갖추고 있다고 볼 수 있다.

본문의 경우 재소구의 형식적 요건과 관련하여 X는 유효한 어음·거절증서 및 영수를 증명하는 기재를 한 계산서를 Z로부터 교부받아 소지하고 있어야 한다($^{어\ 77조\ 1항}_{4호,\ 50조\ 1항}$). 소구의무자에게 이러한 서류를 교부받도록 요구하는 것은 소구의무자가 이러한 서류들을 자기의 전자에게 교부하여 재소구권을 행사할 수 있도록 하기 위해서이다. 이와 같은 점에서 볼 때 본문에서 X가 Y에게 재소구권을 행사하기 위하여는 거절증서가 필요없기 때문에 X가 Z로부터 거절증서를 교부받지 않았다고 하여 X는 재소구권의 행사에 있어서 형식적 요건을 갖추지 못하였다고 볼 수는 없다.

3. 본문에 대한 해답

위에서 본 바와 같이 본문에서 X는 재소구권의 법적 성질과 관련하여 보거나 또한 재소구의 요건과 관련하여 볼 때, Y에 대하여 재소구권을 취득하고 또한 이를 행사할 수 있다고 본다.

X가 Y에 대하여 재소구권을 행사할 수 있는 점은 Y가 원인관계에서 X에 대하여 채무를 부담하고 이러한 원인관계를 어음관계에 반영하여 입법한 것이 (재)소구제도라는 점, 또 어음을 환수한 배서인은 자기와 후자의 배서를 말소할 수 있는데($^{어\ 77조\ 1항\ 4호,}_{50조\ 2항}$) 본문의 경우 Z로부터 어음을 환수한 X가 자기의 배서를 말소한 후 Y에게 소구권을 행사하는 경우 Y는 소구의무의 이행을 거절할 수 없는 점 등에서도 수긍될 수 있다.

본문에 대하여 우리나라의 대법원판례도 이와 동지(同旨)에서 판시하고 있다($^{대판\ 1990.\ 10.\ 26,}_{90\ 다카\ 9435}$).

제 6   어음항변

1. 어음항변의 의의

(1) 어음항변의 개념

어음항변이라 함은 「어음채무자가 어음소지인에 대하여 어음상의 권리의 행사를 거절하기 위하여 제출할 수 있는 모든 항변」을 말한다.

어음항변은 「어음채무자」가 제출하는 것으로서, 어음채무자가 아닌 환어음의 지급인·지급담당자, 수표의 지급은행이 소지인에게 형식적 자격 또는 실질적 자격이 없다는 이유로 또는 어음(수표)자금이 없다는 이유로 지급을 거절하는 것은 어음항변이 아니다.

어음항변은 원래 상대방에 청구권이 있다는 것을 전제로 하여 그 이행을 거절하는 (좁은 의미의) 항변($^{민}_{536조}{}^{437조;}$)을 의미하는데, 넓게는 상대방의 청구권 자체를 부정하는 (넓은 의미의) 항변을 포함하는 경우도 있다.

어음항변권은 형성권의 일종이다.

(2) 항변제한의 목적

민법상 채권양도의 일반원칙에 의하면 양수인은 양도인이 갖는 권리 이상을 취득하지 못하므로 채무자는 양도인에 대한 모든 항변사유로써 양수인에게 대항할 수 있다($^{민}_{2항}{}^{451조}$). 이러한 민법상의 일반원칙을 어음의 경우에도 그대로 적용한다면 어음의 양수인의 권리는 매우 불안정하게 되어 어음의 유통은 매우 침해받게 된다. 따라서 어음법은 어음에 특유한 간편한 양도방법인 배서(또는 교부)를 인정함과 동시에, 어음채무자의 양도인(배서인)에 대한 인적 항변을 제한하여 어음의 유통을 보호하고 피지급성을 확보하고 있다. 그러므로 어음법은 「어음에 의하여 청구를 받은 자는 발행인 또는 종전의 소지인에 대한 인적 관계로 인한 항변으로써 소지인에게 대항하지 못한다」고 규정하여($^{어 17조 본문; 77조 1 항}_{1호; 수 22조 본문}$), 인적 항변을 절단시키고 있다. 이와 같은 인적 항변의 절단은 배서의 권리이전적 효력과 결합하여 양수인(피배서인)이 양도인(배서인)의 권리 이상을 취득하게 하는데, 이것을 배서의 권리강화적(또는 권리정화적) 이전력이라고 한다. 또한 이러한 인적 항변의 절단은 이미 설명한 선의취득 및 선의지급과 함께 어음의 유통성과 피지급성을 강력히 보호하고 있다.

(3) 항변제한의 근거

위와 같이 어음법은 어음채무자가 양도인에 대하여 주장할 수 있는 인적 항변사유로써 양수인에 대하여 주장할 수 없도록 규정하고 있는데, 이러한 인적 항변의 제한의 근거가 무엇이냐에 대하여 학설은 나뉘어 있다. 즉, (i) 어음의 문언성 또는 무인성에서 그 근거를 구하는 견해, (ii) 어음에 표창된 권리외관을 믿고 거래한 자를 보호하기 위하여 법이 정책적으로 특히 인정한 제도라고 하여 권리외관이론에서 그 근거를 구하는 견해(통설), (iii) 어음상의 권리는 각 소지인이 독립하여 취득하는 것이므로 인적 항변은 승계될 여지가 없다고 하여 어음행위의 독립성에서 그 근거를 구하는 견해 등이 있다.

생각건대 민법의 일반원칙과 비교하여 볼 때 인적 항변의 제한에 관한 어음법의 규정은 권리외관의 법리에 근거하여 어음의 유통성을 보호하기 위하여 민법에 대한 예외로서 정책적으로 규정된 것이라고 볼 수 있다. 따라서 통설인 (ii)의 견해에 찬성한다.

2. 어음항변의 분류

(1) 서 언

어음항변의 분류에 대하여, 우리나라의 통설은 크게 물적 항변과 인적 항변으로 분류하고 있다. 그런데 이러한 우리나라의 통설을 비판하면서 이른바 신항변이론이라 하여 어음항변의 새로운 분류방법을 주장하는 견해가 있다(소수설). 이 소수설은, 융통어음의 항변, 교부흠결의 항변, 의사표시의 하자·흠결의 항변, 백지어음의 부당보충의 항변 등은 통설이 말하는 물적 항변과 인적 항변의 어느 것에도 속하지 않는 항변들로서 통설의 이분(二分)법은 이를 설명할 수 없다는 점에서 출발하여, 통설을 비판하면서 새로운 어음항변의 분류를 시도하고 있다(이러한 소수설 중에는 어음항변론은 오로지 어음법 제17조의 적용범위에 관한 논의로 제한되어야 한다는 견해도 있다).

생각건대 신항변이론인 새로운 분류방법은 항변절단 여부의 근거를 대지 못하면서 어떤 항변은 동일유형의 것인데도 상이한 분류기준을 적용하여 다수의 항변으로 분류하여, 불필요하게 문제를 복잡하게 하고 어음항변의 이해에 혼란만 가중시키는 점이 있다. 어음항변의 문제의 고찰에 있어서 무엇보다도 중요한 것은 이론구성의 상위가 아니라, 어떠한 항변이 모든 어음소지인에 대하여 대항할 수 있으며 또 어떠한 항변이 특정한 소지인에 대해서만 대항할 수 있는가를 확정하는 일이라고 본다. 따라서 「절단될 수 있는 항변」을 인적 항변으로 분류하고, 「절단될 수 없는 항변」을 물적 항변으로 분류할 수 있다고 본다(이러한 점에서는 통설의 이분법에 찬성함). 그러나 이 때의 인적 항변에는 어음법 제17조가 적용되는 인적 항변에 한하지 않고, 그 이외의 절단될 수 있는 항변(예컨대, 교부흠결의 항변, 의사표시의 하자·흠결의 항변, 백지어음의 부당보충의 항변 등)도 여기의 인적 항변에 포함된다고 본다(이러한 점에서는 통설에 반대함). 따라서 어음항변을 (통설과 같이) 물적 항변(절단불능의 항변)과 인적 항변(절단가능의 항변)으로 크게 분류하고, 물적 항변은 편의상 증권상의 항변과 비증권상의 항변으로 나누어 보며, 인적 항변은 어음법 제17조가 적용되는 인적 항변과 어음법 제17조가 적용되지 않는 인적 항변으로 나누어 보겠다. 이하에서는 위와 같은 항변의 분류에 따라 개별적인 항변사유에 대하여 살펴보겠다. 다만 융통어음의 항변은 특수한 면이 있으므로 별도로 설명하겠다.

(2) 물적 항변(절단불능의 항변 또는 절대적 항변)

1) 증권상의 항변(어음의 기재로부터 발생하는 항변) 증권의 기재에 의하여 알 수 있는 항변이며 증권상의 기재내용에 따른 항변이므로 내용상의 항변이라고도 한다. 이러한 항변은 어음면상 명백하게 나타나 있기 때문에 이를 물적 항변사유로 하더라도 어음의 유통을 해한다고 볼 수 없다. 이러한 증권상의 항변에 속하는 것으로는 다음과 같은 것이 있다.

　(개) 기본어음의 요건흠결의 항변(어 2조 1 문, 76조)(1 문; 수 2 조 1 문)

　(내) 소멸시효완성의 항변(어 70조, 77조 1)(항 8 호; 수 51조) (동지: 대판 1962. 10.)(11, 62 다 446   ).

　(대) 만기미도래의 항변

　(래) 배서불연속의 항변(어 16조 1 항, 77조)(1 항 1 호; 수 19조)

　(매) 어음면상 명백한 지급필 또는 일부지급의 항변(어 39조 1 항·3 항, 77조 1 항)(3 호; 수 34조 1 항·3 항   )

　(배) 무담보문언이 있다는 항변(어 9 조 2 항, 15조 1 항, 77조)(1 항 1 호; 수 18조 1 항   ) 등

2) 비증권상의 항변(어음행위의 효력에 관한 항변) 어음면에서는 알 수 없으나 어음채무자를 보호하기 위하여 인정된 항변이다. 인적 항변은 어음소지인을 보호하나 비증권상의 항변은 어음채무자를 보호하게 되어, 양자의 이익보호에 형평을 기하고 있다. 이러한 비증권상의 항변에 속하는 것으로는 다음과 같은 것이 있다.

　(캐) 의사무능력·제한능력의 항변 의사무능력자가 어음행위를 한 경우에는 누구에 대하여도 그의 어음행위가 무효이므로 어음채무를 부담하지 않음을 항변할 수 있고, 제한능력자가 어음행위를 한 경우에는 자기의 어음행위를 취소하여 어음채무를 부담하지 않음을 항변할 수 있다(민 5조 2항,)(10조, 13조).

　(내) 위조·변조의 항변(어 69조, 77조 1)(항 7 호; 수 50조) 피위조자·변조 전에 기명날인 또는 서명한 자는 원칙적으로 누구에 대하여도 위조·변조의 사실을 가지고 항변할 수 있다.

그러나 예외적으로 표현책임의 법리가 유추적용될 수 있는 경우나 민법 제756조의 사용자배상책임의 법리가 적용되는 경우에는 위조·변조의 항변을 주장할 수 없다 (통설·판례).

(대) **무권대리의 항변**($^{민}_{130조}$)   표현대리의 법리가 적용될 수 없는 협의의 무권대리의 경우에 추인하지 않은 본인은 누구에 대하여도 어음채무를 부담하지 않음을 항변할 수 있다.

(라) **제권판결의 항변**($^{민소}_{496조}$)   어음에 관하여 제권판결이 선고되면 제권판결의 소극적 효력에 의하여 제권판결된 어음은 제권판결시부터 장래에 향하여 무효가 된다 ($^{민소}_{496조}$). 따라서 제권판결 후에 어음을 취득하는 자는 어음상의 권리를 선의취득할 수도 없고, 어음채무자는 제권판결의 항변을 누구에게나 주장할 수 있다(통설·판례).

(마) **공탁의 항변**($^{어\ 42조,\ 77조}_{1항\ 3호}$)   어음채무자는 어음소지인이 지급제시기간 내에 어음의 지급제시를 하지 않는 때에는 어음소지인의 비용과 위험부담으로 어음금액을 공탁할 수 있으므로($^{어\ 42조,\ 77조}_{1항\ 3호}$), 이렇게 어음채무자가 어음금액을 공탁한 때에는 누구에 대하여도 이를 항변할 수 있다.

(바) **법령위반의 항변**   법령위반의 어음행위에 대하여 우리나라의 판례는 어떤 경우는 이를 물적 항변으로 판시하고, 어떤 경우는 이를 인적 항변으로 판시하고 있다. 이 때에 법령에 위반하는 것은 어음행위 자체가 아니라 그의 원인행위를 말하며, 또한 위반되는 법령의 규정은 효력규정임을 전제로 한다. 왜냐하면 동 법령이 단속규정이면 동 법령 위반의 원인행위의 사법상 효력이 유효하므로 어음행위자는 누구에 대하여도 어음행위의 무효를 주장할 수 없어 이는 어음항변과 무관하기 때문이다.

[단속규정은 어음항변과 무관하다고 본 판례]

"융통어음의 할인을 금하는 상호신용금고 업무운용준칙이나 상호신용금고의 대출 및 어음할인규정의 각 규정은 모두 단속규정이므로, 그 규정에 위반하였다고 하여 약속어음 취득의 사법상 효력까지 부인할 수 없다($^{대판\ 1995.\ 9.\ 15,}_{94\ 다\ 54856}$)."

따라서 법령의 규정이 효력규정으로서 동 법령 위반의 원인행위의 사법상 효력이 무효임을 전제로 하여, 이 무효를 직접 상대방에 대하여만 주장할 수 있으면 이는 인적 항변사유가 되는 것이요, 이 무효를 누구에 대하여도 주장할 수 있으면 이는 물적 항변사유가 되는 것이다.

　　우리 대법원이 법령위반의 항변을 물적 항변사유로서 판시한 것으로는 다음과 같은 것들이 있다. 즉 「농업협동조합법에 위반하여 특수농업협동조합이 중앙회 또는 군조합으로부터 자금을 차입하지 않고 개인으로부터 자금을 차입하고 이의 지급을 확보하기 위하여 약속어음을 발행한 경우」$\binom{\text{대판 1982. 6. 8,}}{\text{82 다 150}}$, 「조선수리조합령에 위반하여 도지사의 허가 없이 수표를 발행한 경우」$\binom{\text{대판 1962. 4. 18,}}{\text{4294 민상 1270}}$, 「토지개량사업법에 위반하여 토지개량조합이 토지개량조합협의회의 의결과 도지사의 승인 없이 수표를 발행한 경우」$\binom{\text{대판 1965. 7.}}{\text{20, 65 다 992}}$, 「상호신용금고법의 채무부담제한에 관한 규정$\binom{\text{동법}}{\text{17조}}$에 위반하여 채무보증을 위하여 어음에 배서한 경우」$\binom{\text{대판 1985. 11. 26,}}{\text{85 다카 122}}$, 「새마을금고법에 위반하여 새마을금고의 이사장이 비조합원으로부터 자기 개인 목적으로 사용할 자금 차입을 위하여 발행한 약속어음에 이사회의 결의 없이 배서한 경우」$\binom{\text{대판 1985. 2. 26,}}{\text{84 다카 527}}$ 등에는 이를 물적 항변으로 판시하고 있다.

　(3) 인적 항변(절단가능의 항변 또는 상대적 항변)

　1) 어음법 제17조에 해당하는 인적 항변

　㈎ 원인관계의 부존재·무효·취소 또는 해제의 항변$\binom{\text{동지: 대판 1984. 1. 24, 82 다카 1405; 동 1989. 10.}}{\text{24, 89 다카 1398; 동 2016. 1. 14, 2015 다 233951}}$

　㈏ 원인관계가 공서양속 기타 사회질서에 반하는 항변$\binom{\text{민 103조,}}{\text{104조}}\binom{\text{동지: 朝高判 1923.}}{\text{10. 2; 동 1940. 4. 2}}$

　㈐ 법령위반의 항변$\binom{\text{동지: 대판 1962. 9.}}{\text{20, 62 다 383}}$

　㈑ 어음과 상환하지 아니한 지급$\binom{\text{동지: 대판 2003. 1. 10, 2002 다 46508 〈어음〉}}{\text{금 지급에 관하여 인적 항변을 인정함}}$, 면제, 상계 등의 항변$\binom{\text{어 39조 1 항, 77조 1 항}}{\text{3 호; 수 34조 1 항}}$

　㈒ 어음금의 지급연기(개서)의 항변

　㈓ 대가 또는 할인금 미교부의 항변

　㈔ 어음 외의 특약의 항변$\binom{\text{동지: 대판 1987. 12. 22, 86 다카}}{\text{2769; 동 1992. 4. 24, 91 다 25444}}$

　㈕ 숨은 추심위임배서의 항변$\binom{\text{동지: 대판 1960. 8.}}{\text{18, 4292 민상 851}}$ 등

　2) 어음법 제17조에 해당하지 않는 인적 항변

　㈎ 교부흠결의 항변　　어음이론에 관하여 권리외관설에 의하여 보충된 발행설(통설) 또는 권리외관설에 의하면 어음행위자는 교부흠결의 항변(어음행위자의 의사에 기하지 않고 어음이 교부되었다는 항변)을 선의의 어음취득자에 대하여는 주장할 수 없고(왜냐하면 어음에 기명날인 또는 서명하여 외관을 야기한 점에 대하여 귀책사유가 있기 때문), 「악의 또는 중과실」로 인하여 어음을 취득한 자에 대하여만 주장할 수 있다. 이렇게 보면 어음취득자에게 「악의 또는 중과실」만 있으면 어음채무자를 「해할 의사」까지 없어도 교부흠결의 항변을 주장할 수 있으므로, 이것은 어음법 제17조에

해당하지 않는 인적 항변이다.

(내) **의사의 흠결 또는 의사표시의 하자의 항변**($^{민\ 107조\sim}_{110조}$)   민법상 의사표시의 흠결 (비진의표시·허위표시·착오) 또는 하자(사기·강박에 의한 의사표시)에 관한 규정은 어음 행위에도 적용되나(통설), 다만 이러한 민법의 규정은 어음행위에 그대로 적용된다 고는 볼 수 없고 어음의 유통보호와 관련하여 수정적용되어야 한다고 본다. 따라서 어음행위의 의사표시에 흠결이나 하자가 있는 경우에 이의 무효 또는 취소를 「선의 의 제3자에게 대항하지 못한다」는 의미는, 제3자에게 「악의 또는 과실」이 있는 경우에는 대항할 수 있다는 의미로 해석할 수는 없고, 어음법 제10조 단서 또는 제 16조 2항 단서와 같이 제3자에게 「악의 또는 중과실」이 있으면 대항할 수 있다는 의미로 해석하여야 할 것이다. 이렇게 보면 어음취득자에게 어음법 제17조에 따라 어음채무자를 「해할 의사」까지는 없어도 「악의 또는 중과실」만 있으면 어음채무자 는 이의 항변을 주장할 수 있으므로, 이는 어음법 제17조에 해당하지 않는 인적 항 변이다.

(다) **백지어음의 보충권남용의 항변**($^{어\ 10조,\ 77조}_{2항;\ 수\ 13조}$)   백지어음행위자는 보충권이 남용 되었다는 항변을 선의의 어음취득자에게 대하여는 주장할 수 없고, 「악의 또는 중 과실」로 인하여 어음을 취득한 자에 대하여만 주장할 수 있다($^{어\ 10조,\ 77조}_{2항;\ 수\ 13조}$). 이 때에도 백지어음행위자가 보충권남용의 항변을 주장하기 위하여는 어음취득자에게 어음채 무자를 「해할 의사」까지 있음을 요구하는 것이 아니므로, 이의 항변도 어음법 제17 조에 해당하지 않는 인적 항변이다.

(라) **민법 제124조, 상법 제398조**($^{상\ 199조,\ 269조,}_{287조의\ 11,\ 564조}$) **위반의 항변**   주식회사의 경우 이사는 이사회의 승인이 있는 때에 한하여 자기 또는 제3자의 계산으로 회사와 거 래를 할 수 있는데($^{상}_{398조}$), 이사가 원인관계에서 이사회의 승인 없이 이러한 거래를 하고 이와 관련하여 어음행위를 하였는데, 동 어음이 전전유통된 경우에 회사는 어 음소지인에 대하여 어떠한 항변을 주장할 수 있는가의 문제가 있다. 이에 대하여 상법 제398조를 효력규정으로 보고 동조 위반의 효력을 무효로 보는 무효설에 의하 면 물적 항변사유가 되고, 상법 제398조를 단속규정으로 보고 동조 위반의 효력을 유효로 보는 유효설에 의하면 누구에 대하여도 항변을 주장할 수 없으므로 어음항 변과 무관하며, 동 조 위반의 효력에 대하여 상대적 무효설(통설·판례)에 의하면 선 의의 어음소지인에 대하여는 항변을 주장할 수 없고 「악의 또는 중과실」의 어음소 지인에 대하여만 항변을 주장할 수 있으므로 어음법 제17조에 해당하지 않는 인적 항변이다.

(4) 융통어음의 항변

융통어음의 항변에 대하여 우리나라의 통설·판례($\frac{대판 1995. 9. 15,}{94 다 54856 외}$)는 어음법 제17조에 해당하는 인적 항변으로 보고, 융통어음이 제3자에게 양도된 경우에 제3자가 그러한 사정을 알았더라도 그것은 어음법 제17조의 「어음채무자를 해할 것을 알고」 취득한 것이라고 볼 수 없으므로 어음채무자는 지급을 거절할 수 없다고 설명하고 있다. 이에 대하여 소수설은 통설을 비판하면서 융통어음의 항변은 제3자에 대한 관계에서는 항변의 절단이 예정되어 있지 않으므로 「절단이 불필요한 항변」이라고 하거나 또는 융통어음의 항변은 호의합의라는 어음 외의 특약에 의하여 생기는 합의당사자의 인적 관계로 인한 항변이므로 어음법 제17조 본문에 의하여 절단되는 항변임에는 틀림이 없다고 하겠으나 다만 동조 단서가 적용되지 않는다는 점에서 「인적 항변이라고 할 수 없다」고 설명한다.

생각건대 어음취득자가 자기의 전자에 대하여 어음채무자가 주장할 수 있는 항변사유를 알고 있는 것은, 어음법 제17조 본문이 적용되지 않는 인적 항변의 부절단사유, 즉 어음법 제17조 단서에 해당하는 인적 항변의 부절단사유에 해당되는 것이다(즉, 어음채무자를 해할 것을 알고 어음을 취득한 것에 해당한다). 그런데 융통어음에 관해서는 어음취득자가 이러한 사실을 알고 있는 경우에도 어음채무자는 이를 항변할 수 없으므로, 융통어음의 항변은 당사자간에서만 주장할 수 있고 어떠한 경우에도 제3자에 대하여는 주장할 수 없는 항변이라는 점(즉 인적 항변이 절단되지 않는 사유로서 어음취득자의 악의 또는 채무자를 해하는 의사란 처음부터 존재할 수 없는 점)에서 볼 때, 이를 일반적인 어음항변의 하나의 유형으로 보지 않는 것이 타당하다고 본다. 즉, 어음채무자는 융통어음의 항변을 직접 상대방이 아닌 어음취득자에게는 그의 선의·악의를 불문하고 또 기한후배서인지 여부를 불문하고 언제나 주장할 수 없으므로(다시 말하면 언제나 절단되는 항변이므로), 일반적인 어음항변(물적 항변 또는 인적 항변)의 어디에도 속하지 않는다고 본다.

그러나 융통어음인 경우에도 이 융통어음을 취득한 제3자가 그 융통어음과 교환으로 교부된 담보어음이 지급거절되었다는 사정을 알고 있었거나($\frac{대판 1994. 5. 10,}{93 다 58721; 동}$ $\frac{1995. 1. 20,}{94 다 50489}$) 또는 그 융통어음이 재사용됨을 알고 있었다면($\frac{대판 2001. 12. 11,}{2000 다 38596}$), 그러한 제3자에 대하여는 어음법 제17조 단서에 의하여 악의의 항변을 주장할 수 있다고 본다.

어음채무자가 융통어음의 항변을 피융통자에게 주장하는 경우 이에 대한 증명책임은 어음채무자가 부담한다($\frac{동지: 대판 2001. 8.}{24, 2001 다 28176}$).

3. 악의의 항변

(1) 서 언

1) 악의의 항변은 인적 항변(절단될 수 있는 항변)에서만 존재하는데, 인적 항변은 위에서 본 바와 같이 「어음법 제17조가 적용되는 인적 항변」과 「어음법 제17조가 적용되지 않는 인적 항변」으로 분류되므로 각각에 대하여 악의의 항변이 존재한다. 즉, 어음법 제17조가 적용되는 인적 항변의 경우에는 동 조 단서에 규정된 바와 같이 어음소지인이 어음채무자를 「해할 것을 알고」 어음을 취득한 경우에 어음채무자는 악의의 항변을 주장할 수 있고, 어음법 제17조가 적용되지 않는 인적 항변의 경우에는 어음소지인이 어음채무자의 (양도인에 대한) 인적 항변사유에 대하여 「악의 또는 중과실」로 인하여 어음을 취득한 경우에 어음채무자는 악의의 항변을 주장할 수 있다.

이러한 악의의 항변은 어음채무자가 (어음소지인의) 전자에 대한 인적 항변사유로써 어음소지인에게 대항할 수 있다는 의미이므로, 어음소지인의 권리행사가 신의성실의 원칙에 반하거나 또는 권리남용이 되어 인정될 수 없다고 하는 것과 같은 일반악의의 항변과는 구별된다.

2) 어음법이 인적 항변의 절단을 인정한 이유는 위에서 이미 본 바와 같이 어음의 유통보호를 위하여 어음에 표창된 권리외관을 믿고 거래한 자를 정책적으로 보호하고자 하는 것이므로, 이러한 보호를 받을 가치가 있는 자는 선의의 어음취득자에 한한다. 따라서 이미 인적 항변사유가 존재함을 알면서 어음을 취득한 자는 그가 어음 고유의 유통방법에 의하여 어음을 취득한 경우에도 인적 항변의 절단의 이익을 줄 필요가 없으므로, 여기에 악의의 항변이 인정되는 이유가 있다.

인적 항변을 제한(절단)하는 근거를 권리외관의 법리에서 선의의 어음소지인을 보호하여 어음의 유통보호를 기하고자 법이 정책적으로 인정한 것이라고 보면(통설), 악의의 항변은 (어음소지인의) 전자에 대한 어음채무자의 어음항변이 어음소지인에 대하여도 그대로 승계되는 점에서 당연한 것(즉, 원칙으로의 복귀)이라고 볼 수 있다.

(2) 악의의 내용

1) 어음법 제17조가 적용되는 인적 항변의 경우

㈎ 인적 항변이 절단되지 않는 요건으로서의 어음소지인의 악의를 어떻게 규정할 것인가에 대하여 제네바 통일어음법회의에서는 공모설·단순인식설 및 해의

(害意)설의 세 가지의 입장이 있었는데, 제네바 통일어음법은 해의(害意)설에 따라 입법이 되었고, 우리 어음법도 이에 따른 것이다. 따라서 엄격하게 보면 악의의 항변이 아니라, 「해의의 항변」으로 부르는 것이 보다 더 정확할 것이다.

인적 항변이 절단되지 않는 요건으로서의 악의의 항변은 그 규정형식에서, 선의취득이 될 수 없는 어음취득자의 주관적 요건($^{어\ 16조\ 2항,\ 77조}_{1항\ 1호;\ 수\ 21조}$) 및 지급인(또는 어음채무자)이 면책될 수 없는 주관적 요건($^{어\ 40조\ 3항,\ 77조}_{1항\ 3호;\ 수\ 35조}$)과 구별된다.

㈏ 악의의 항변에 대하여 해의설에 따라 입법이 된 어음법 제17조 단서의 「채무자를 해할 것을 알고」의 의미가 무엇인가가 문제된다. 이에 대하여 우리나라의 통설은 해의(害意)를 악의(惡意)와 구별하여, 예컨대 상품의 매매에 있어서 매도인이 매수인으로부터 약속어음을 발행받아 동 어음을 제 3 자에게 배서양도하는 경우에 제 3 자(피배서인)가 매매 목적물인 상품에 하자가 있어 매수인(발행인)이 매도인(수취인 겸 배서인)에게 이의 항변을 주장할 수 있는 것을 알았지만(악의), 그러한 항변사유는 매도인과 매수인 사이에서 잘 해결된 줄로 믿고 배서를 받은 경우 등에는 「해의」가 존재하지 않는다고 한다. 또한 대법원판례도 「이른바 악의의 항변이라 함은 항변사유의 존재를 인식하는 것만으로는 부족하고 자기가 어음을 취득함으로써 항변이 절단되고 채무자가 손해를 입게 될 사정이 객관적으로 존재한다는 사실까지도 알아야 한다」고 판시하여($^{대판\ 1996.\ 5.\ 14,}_{96\ 다\ 3449\ 외\ ^*}$), 해의를 악의와 구별하고 있다.

생각건대 해의와 악의는 일반적으로 쉽게 구별될 수 없는 점에서 볼 때 어음소지인이 어음채무자의 (어음소지인의) 전자(양도인)에 대한 인적 항변의 존재를 알면서(악의) 어음을 취득한 경우에는, 특별한 사정이 없는 한 어음채무자를 해할 것을 알고(해의) 어음을 취득한 것으로 보아야 할 것이다($^{동지:\ 중국어음}_{법\ 13조}$).

그러나 어음소지인이 항변의 존재를 모르는 데 대하여 「중과실」이 있는 경우에는, 어음법 제17조 단서의 해의가 될 수 없다(통설)($^{동지:\ 대판\ 1996.\ 3.}_{22,\ 95\ 다\ 56033}$). 이 점이 다음에서 보는 어음법 제17조가 적용되지 않는 인적 항변의 경우의 악의의 항변에서 「악의」의 내용과 구별된다.

2) 어음법 제17조가 적용되지 않는 인적 항변의 경우   어음법 제17조가 적용되지 않는 인적 항변의 경우에는 그 인적 항변이 절단되기 위하여는 이미 앞에서 본 바와 같이 어음소지인에게 항변의 존재에 대하여 「악의 또는 중과실」이 없어야 한다. 따라서 어음소지인이 교부흠결·의사의 흠결 또는 하자·백지보충의 남용 등으로 인한 항변의 존재를 알고 있거나(악의) 또는 어음거래상 요구되는 주의를 현저하게 결하여(중과실) 항변의 존재를 알지 못한 경우에는 어음채무자는 악의의 항변

을 주장할 수 있다. 앞에서 본 바와 같이 여기에서의 악의와 어음법 제17조 단서에서의 해의는 크게 구별되지 않는다고 보면, 중과실이 포함된다는 점에서 양자는 근본적으로 구별된다.

(3) 악의의 존재시기

어음소지인의 항변사유의 존재에 대한 악의의 유무를 결정하는 시기는 어음의 「취득시」이다(통설). 따라서 어음소지인이 이미 발생한 항변사유에 대하여 어음취득시에는 몰랐으나(선의) 그 후에 안 경우에는(악의) 어음채무자는 그러한 어음소지인에 대하여 악의의 항변을 주장할 수 없다. 왜냐하면 이러한 경우에 악의의 항변을 인정하게 되면(즉, 항변의 절단을 인정하지 않게 되면) 어음소지인에게 너무 가혹하고 또 어음의 유통이 저해되기 때문이다. 또한 어음소지인이 어음취득시에는 존재하지 않았으나 어음취득 후에 발생한 항변사유에 대하여는, 어음취득시를 기준으로 볼 때 악의가 될 수 있는 여지가 전혀 없으므로 어음채무자는 이로써 악의의 항변을 주장할 수 없다.

어음의 취득시를 기준으로 어음소지인의 항변사유의 존재에 대한 악의의 유무를 결정한다고 하여 어음의 취득시에 항변사유가 이미 존재하고 있어야 한다는 의미는 아니다. 왜냐하면 이미 앞에서 본 바와 같이 어음소지인의 악의의 내용은, 어음취득시까지 이미 발생한 항변사유를 알고 있는 것만을 의미하는 것이 아니라, 어음상의 권리를 행사할 때까지 발생할 것이 예상되어 이 때에 어음채무자가 항변을 주장할 것을 인식하고 있는 것을 포함하기 때문이다. 따라서 항변사유는 어음의 취득시까지 존재해야 하는 것이 아니라, 만기 또는 어음상의 권리의 행사시까지 존재하면 된다(통설).

(4) 악의의 증명책임

어음소지인의 악의에 대한 입증책임은 어음채무자에게 있다(통설)(동지: 대판 1962. 9. 20, 62 다 383).

(5) 악의의 항변이 적용되지 않는 경우

1) 어음소지인이 자기의 전전자(前前者)에 대한 항변의 존재를 알고 어음을 취득하였으나 양도인인 자기의 전자가 그러한 항변의 존재를 모르고(선의) 어음을 취득한 경우에는, 어음소지인의 전자에 의하여 이미 인적 항변이 절단되고 또 어음소지인은 양도인의 그러한 권리를 승계취득하므로 어음소지인이 악의인 경우에도 어음채무자의 악의의 항변은 인정되지 않는다.

[양도인이 선의이면 양수인이 악의이어도 악의의 항변을 적용하지 않은 판례]

"어음상 배서인으로서 나타나고 있지는 않지만 현재의 어음소지인에게 어음을 양도한 자가 어음취득 당시 선의였기 때문에 그에게 대항할 수 없었던 사유에 대하여는 현재의 어음소지인이 비록 어음취득 당시 그 사유를 알고 있었다고 하여 그것으로써 현재의 어음소지인에게 대항할 수는 없고, 이는 현재의 어음소지인이 지급거절증서 작성 후 또는 지급거절증서 작성기간 경과 후에 어음을 양도받았다고 하여도 마찬가지이다(대판 1994. 5. 10, 93 다 58721. 동지: 대판 1990. 4. 25, 89 다카 20740; 동 1995. 1. 20, 94 다 50489; 동 2001. 4. 24, 2001 다 5272)."

그러나 어음소지인이 이미 어음채무자로부터 악의의 항변으로 대항을 받고 있는 경우에는, 그가 비록 선의의 어음취득자(양도인)로부터 환배서를 받았더라도 악의의 항변으로 대항을 받게 됨은 환배서의 성질에서 당연하다.

2) 비(非)어음법적 양도방법(예컨대, 상속·합병·경매 등)에 의하여 어음이 양도되는 경우에는 인적 항변의 절단이 인정되지 않으므로, 어음채무자는 언제나 어음소지인에 대하여 전자의 인적 항변을 주장할 수 있다. 따라서 이 때에는 어음소지인의 선의·악의를 불문하고 어음채무자에게 언제나 악의의 항변이 인정되거나 또는 물적 항변이 인정되는 것과 동일한 결과가 된다. 그러나 이는 어음항변과는 무관하고 민법의 일반원칙에 의한 결과이다.

3) 어음법적 유통방법에 의하여 어음이 유통된 경우에도 다음과 같이 어음항변과 무관한 경우가 있다.

㈎ 유통의 예정기간을 경과한 후의 배서인 기한후배서의 경우에는 지명채권양도의 효력만이 있기 때문에(어 20조 1 항 단서, 77조 1 항 1 호; 수 24조 1 항), 어음항변과 무관하다. 이 경우에는 인적 항변이 언제나 절단되지 않는 결과와 같다.

㈏ 융통어음이 어음법적 유통방법에 의하여 유통된 경우에도 어음채무자(융통의 목적으로 어음행위를 한 자)는 직접 상대방 이외의 자에 대하여는 그의 선의·악의를 불문하고 언제나 융통어음이라는 항변을 주장할 수 없으므로, 이것도 어음항변과 무관하다. 이 경우에는 인적 항변이 언제나 절단되는 결과와 같다.

㈐ 추심위임배서(공연한 추심위임배서 및 숨은 추심위임배서)의 경우에는 피배서인에게 고유한 경제적 이익이 없기 때문에 어음채무자는 추심위임배서의 피배서인에 대하여 그의 선의·악의를 불문하고 배서인에 대한 모든 항변사유로써 대항할 수 있으므로(어 18조 2 항, 77조 1 항 1 호; 수 23조 2 항), 이것도 어음항변과 무관하다. 이 경우에는 인적 항변이 언제나 절단되지 않는 결과와 같다.

4) 어음소지인이 무권리자라는 항변은 모든 어음채무자가 특정한 어음소지인에 대해서만 (항변의 존재에 관하여 그의 선의·악의를 불문하고) 주장할 수 있는 항변으로, 특정한 어음채무자가 모든 어음소지인에 대하여 (인적 항변의 경우에는 악의의 항변이 인정되는 범위에서) 주장할 수 있는 어음항변과는 구별된다. 그러나 어음항변은 넓은 의미에서 상대방의 청구권 자체를 부인하는 항변을 포함하므로, 이러한 점에서 보면 어음소지인의 무권리의 항변도 어음항변에 포함될 수 있다. 그러나 이러한 항변사유는 특정한 어음소지인에게만 존재하는 항변사유이고 다시 제 3 자에게 이전될 수 없는 항변사유이므로(그러나 권리취득의 면에서 제 3 자의 선의·악의에 따라 어음상의 권리의 선의취득여부가 결정되는 점은 별도의 문제임), 이 때에 악의의 항변은 존재하지 않는다고 본다. 제 3 자가 무권리자로부터 악의로 어음을 취득하는 경우에는 그가 선의취득을 하지 못하여(즉, 무권리자이므로) 어음채무자로부터 무권리의 항변의 대항을 받기 때문에 어음채무자로부터 어음금을 지급받지 못하는 것이지, 악의의 항변이 적용되기 때문에 어음채무자로부터 어음금을 지급받지 못하는 것은 아니다.

5) 대리인이 자기 또는 제 3 자의 이익을 위하여(즉, 대리권을 남용하여) 자기의 권한범위 내에서 어음행위를 한 경우(예컨대, 회사의 경리담당 상무이사가 그의 권한범위 내에서 약속어음을 발행하여 자기 개인의 차입금을 상환하기 위하여 대주〈貸主〉에게 교부하고, 그가 다시 제 3 자에게 배서양도한 경우)에, 어음소지인(제 3 자)이 대리권의 남용에 대하여 알고 있으면(악의이면) 본인은 이를 입증하여 제 3 자에 대하여 어음채무의 이행을 거절할 수 있는데, 이것은 (대주〈貸主〉가 악의인 것을 전제로 하여) 제 3 자인 어음소지인에게 악의의 항변이 적용되기 때문이라기보다는 그러한 어음소지인이 어음금의 지급을 청구하는 것은 권리남용 내지 신의칙에 반하기 때문이라고 보아야 할 것이다(권리남용설)($\binom{동지: 대판 1987. 10.}{13, 86 다카 1522}$). 이렇게 보면 위와 같은 대리권남용의 항변은 어음항변(인적 항변)에서 절단되지 않는 악의의 항변이 아니라, 민법상의 일반악의의 항변이라고 볼 수 있다.

4. 제 3 자의 항변

(1) 의 의

어음채무자가 자기의 직접의 상대방에 대한 (인적) 항변사유로써 상대방으로부터 어음을 취득한 어음소지인에 대하여도 항변을 주장할 수 있는가의 문제가 악의의 항변인데(어음상의 권리자를 중심으로 함), 이와는 반대로 어음항변의 당사자가 아닌 어음채무자가 다른 어음채무자의 항변사유로써 어음소지인에 대하여 항변을 주장할 수 있는가의 문제가 있는데 이것이 제3자의 항변이다. 제3자의 항변에 대하여 우리나라에서는 어음법에 규정이 없고, 이는 학설·판례에 맡겨져 있다. 제3자의 항변에는 「후자의 항변」과 「전자의 항변」이 있다. 예컨대 갑이 약속어음을 발행하여 을에게 교부하고 을이 동 어음을 병에게 배서양도하여 병이 현재의 어음소지인이 된 경우에, 갑이 갑을간의 인적 항변사유로써 병에게 대항할 수 있는 것을 「악의의 항변」이라고 하고, 갑이 을병간의 인적 항변사유로써 병에게 대항할 수 있는 것을 「후자의 항변」이라고 하며, 을이 갑병간의 인적 항변으로써 병에게 대항할 수 있는 것을 「전자의 항변」이라고 한다.

후자의 항변에 해당하는 경우는, 위의 예에서 (i) 을병간의 원인관계가 소멸하거나 부존재한 경우, (ii) 을병간의 원인관계가 불법하거나 위법한 경우, (iii) 을이 어음과 상환하지 않고 어음금을 지급·상계하거나 면제받은 경우 등이다.

전자의 항변에 해당하는 경우는, 위의 예에서 (i) 갑의 어음채무가 지급·소멸시효 등으로 소멸하거나 지급유예의 특약이 있는 경우에 을이 병에 대하여 이의 항변을 원용할 수 있는지 여부(상환〈소구〉의무자의 주채무자의 항변원용), (ii) 갑의 어음보증인(갑')이 갑의 어음채무의 소멸·부존재·무효·취소 등의 항변을 어음소지인(병)에게 원용할 수 있는지 여부(보증인의 피보증인의 항변원용) 등이다.

(2) 제3자의 항변의 인정근거

위와 같은 경우에 제3자의 항변을 인정할 것인지, 인정한다면 무엇에 근거하여 인정할 것인지의 문제가 있다.

어음채무자의 인적 항변은 각 어음행위자가 자기의 원인관계에 기하여 주장하는 것이므로 직접당사자간에서만 인적 항변으로써 대항할 수 있고, 타인의 인적 항변을 원용할 수는 없다. 그러나 어음소지인이 어음을 소지할 하등의 정당한 권한이 없어 어음상의 권리를 행사할 실질적 이유가 없음에도 불구하고 어음을 반환하지 않고 자기가 어음을 소지하고 있는 것을 기회로 자기의 형식적 권리를 이용하여 어음채무자에게 어음상의 권리를 행사하는 것은 권리남용에 해당되기 때문에 어음채무자는 (어음법 제17조 단서의 취지에 따라서) 어음소지인에게 어음금의 지급을 거절할 수 있다(권리남용론)(이에 관한 상세는 정찬형, 「상법강의(하)(제24판)」, 414~415면). 권리남용론에 의한 어음채무자의 항변은 어음항변은 아니고, 민법의 일반원칙에 의한 것이다.

(3) 후자의 항변

위와 같은 권리남용론에 의하여 위 예의 후자의 항변을 다시 정리하면 다음과 같다.

1) 을병간의 원인관계가 소멸하거나 부존재한 경우(위의 예 (i)의 경우)

병이 갑에게 어음상의 권리를 행사하는 것은 권리남용이 되어, 갑은 병에게 이의 항변을 주장하여 어음상의 책임을 부담하지 않는다.

2) 을병간의 원인관계가 위법 또는 불법한 경우(위의 예 (ii)의 경우)

을이 병에게 동 어음을 도박채무의 지급확보조로 배서양도하였는데 병이 갑에게 어음금지급을 청구하는 것은 을병간의 원인관계가 소멸된 후에 병이 어음금의 지급을 청구하는 경우(위의 예 (i)의 경우)보다도 오히려 적극적으로 불법목적을 실현하고자 하는 점에서 더욱 강력한 권리남용이 되기 때문에, 갑은 병에게 이의 항변을 주장하여 어음상의 책임을 부담하지 않는다. 다만 이 때에는 민법 제746조(불법원인급여)와 관련하여 을이 병에 대하여 어음을 반환청구할 수 있는지 여부가 문제된다. 이에 대하여 (i) 을의 병에 대한 어음의 양도를 민법 제746조의 「급여」로 보아 을의 병에 대한 어음반환청구를 인정할 수 없다는 견해도 있으나, (ii) 을의 병에 대한 어음의 양도는 사실상 종국적 이익을 귀속시키는 민법 제746조의 「급여」는 아니므로 을의 병에 대한 어음반환청구를 인정하여야 할 것으로 본다.

3) 을이 어음과 상환하지 않고 병에게 어음금을 지급·상계하거나 면제받은 경우 등(위의 예 (iii)의 경우)　병이 을에게 상환청구(소구)권을 행사하여 어음금을 지급받고 을이 어음을 환수하지 않아서 병이 동 어음을 소지하고 있는 것을 기회로 병이 다시 갑에 대하여 어음금을 지급청구하는 것은 명백히 권리남용이 되어 인정될 수 없다. 또한 이 때에 어음채무자(갑 또는 을)와 어음소지인(병) 사이에서는 어음금의 지급으로 인하여 어음관계가 종료되어 어음상의 권리·의무가 소멸되었으므로 갑은 병에 대하여 이의 항변(병은 어음상의 권리의 무권리자라는 항변으로서, 갑 자신의 항변)을 주장할 수도 있다고 본다.

(4) 전자의 항변

위와 같은 권리남용론에 의하여 위의 예의 전자의 항변을 다시 정리하면 다음과 같다.

1) 상환(소구)의무자(을)가 주채무자(갑)의 항변을 원용할 수 있는지 여부(위의 예 (i)의 경우)　병이 갑으로부터 어음금을 지급받고 을에 대하여 다시 상환청구(소구)권을 행사하는 경우에는, 을은 병에 대하여 권리남용의 법리에 의하여 항변할

수도 있으나, 어음금의 지급으로 인하여 어음상의 권리·의무가 소멸되었음을 항변 (병이 어음상의 권리의 무권리자라는 항변으로서, 을 자신의 항변)할 수도 있다고 본다. 그러나 어음의 상환증권성($^{어\ 39조\ 1항,\ 77조\ 1항}_{3호;\ 수\ 34조\ 1항}$)과 상환청구(소구)권을 행사하기 위하여는 상환청구(소구)요건을 구비하여야 하는 점($^{어\ 43조,\ 44조,\ 77조}_{1항\ 4호;\ 수\ 39조}$) 등에서 볼 때, 병이 갑으로부터 지급받고 을에 대하여 다시 상환청구(소구)권을 행사하는 경우란 거의 있을 수 없다.

2) 보증인(갑′)이 피보증인(갑)의 항변을 원용할 수 있는지 여부(위의 예 (ii)의 경우)   이에 대하여는 다음과 같은 두 가지의 경우가 있다.

㈎ 갑의 어음채무가 지급·상계·면제·소멸시효 등으로 인하여 소멸하였음에도 불구하고 병이 보증인인 갑′에게 어음상의 권리를 행사한 경우에는, 갑′는 권리남용의 법리에 의하여 항변을 주장할 수도 있으나, 보증채무의 부종성으로 인하여 갑′의 채무도 소멸하였으므로(통설) 자신의 항변으로써 자기의 어음채무가 소멸하였음을 항변할 수도 있다.

㈏ 갑을간의 원인관계가 무효·취소가 되고 병이 이러한 사실을 알고 어음을 취득한 경우에 갑은 병에 대하여 악의의 항변을 주장할 수 있는데, 갑′(보증인)는 이러한 갑의 항변을 원용할 수 있는지의 여부가 문제된다. 이것은 보증채무의 독립성($^{어\ 32조\ 2항,\ 77조}_{3항;\ 수\ 27조\ 2항}$)과 관련하여 문제되는데, 이 때에 병이 갑′에게 어음채무(보증채무)의 이행을 청구하는 것은 신의칙에 반하거나 또는 권리남용에 해당하는 것이 되어 갑′는 (어음보증채무를 부담하기는 하나〈어음보증의 독립성〉) 병에게 어음보증채무의 이행을 거절할 수 있다고 본다(그러나 갑이 원인관계상 갖고 있는 취소권·해제권·상계권 등을 갑이 스스로 행사하고 있지 않는 동안에 갑′가 이를 원용하여 행사하는 것은, 어음보증의 독립성에서 인정되지 않는다).

[약속어음의 발행인이 수취인에 대하여 원인채무가 없음에도
불구하고 수취인이 발행인의 어음보증인에 대하여 어음상의
권리를 행사하는 것은 권리남용이라고 본 판례]

"장래의 채무를 담보하기 위하여 발행된 어음에 발행인을 위하여 어음보증이 되어 있는 약속어음을 수취한 사람은 어음을 발행한 원인관계상의 채무가 존속하지 않기로 확정된 때에는 특별한 사정이 없는 한 그 때부터는 어음발행인에 대해서 뿐만 아니라 어음보증인에 대해서도 어음상의 권리를 행사할 실질적인 이유가 없어졌다 할 것이므로 어음이 자기 수중에 있음을 기화로 하여 어음보

증인으로부터 어음금을 받으려고 하는 것은 신의성실의 원칙에 비추어 부당한 것으로서 권리의 남용이라 할 것이고, 어음보증인은 수취인에 대하여 어음금의 지급을 거절할 수 있다고 할 것이니, 위 수취인으로부터 배서양도를 받은 어음소지인이 어음법 제17조 단서의 요건에 해당되는 때에는 어음보증인은 그러한 악의의 소지인에 대하여도 권리남용의 항변으로 대항할 수 있다(대판 1988. 8. 9.,
86 다카 1858).”

(5) 이중무권(二重無權)의 항변

갑을간의 원인관계 및 을병간의 원인관계가 모두 소멸되었음에도 불구하고 병이 갑에게 어음금지급청구를 한 경우에는 갑은 자신의 항변으로써 병에게 대항할 수 있는데, 이것을 이중무권의 항변이라고 한다(결과동지: 대판 2012. 11.
15, 2012 다 60015)(이에 관한 상세는 정찬형, 「상법강의(하)(제24판)」, 417~418면).

5. 항변의 제한과 선의취득과의 관계

이에 관하여는 이미 선의취득의 효과에서 설명한 바와 같다. 즉, 양자는 모두 어음소지인을 보호하여 어음의 유통을 강화하기 위한 제도인 점에서는 공통적이나, 우리나라의 입법 및 해석에서는 양자를 구별하고 있다. 따라서 어음항변이 부착된 어음을 선의취득할 수 있다고 한다(통설).

선의취득은 「권리의 귀속」에 관한 문제로서 이에 의하여 희생되는 자는 진정한 권리자이고 그 주관적 요건은 「악의 또는 중과실」이 없어야 하며 취득하는 권리는 「원시취득」이나, 항변의 제한은 「채무의 존재(범위)」에 관한 문제로서 이에 의하여 희생되는 자는 어음채무자이고 그 주관적 요건은 「채무자를 해할 것을 아는 것」(어음법 제17조가 적용되지 않는 인적 항변의 경우에는 악의 또는 중과실)이 없어야 하며 항변이 절단된 권리는 「승계취득」된다는 점 등에서 양자는 구별되고 있다.

≫ 사례연습 ≪

[사 례]

Y가 다음과 같이 약속어음을 발행하여 A에게 교부하고 A가 이러한 사정을 모르는 X에게 배서양도한 경우, Y는 X에게 어음금을 지급할 책임을 부담하는가?

(1) Y가 미성년자인 경우

(2) Y가 A로부터 강박에 의하여 어음을 발행한 경우

   (3) Y가 A에게 도박채무를 지급하기 위하여 어음을 발행한 경우

   (4) Y가 상호신용금고법(제17조)에 위반하여 어음을 발행한 경우

* 이 사례는 정찬형, 「상법사례연습(제 4 판)」, 사례 111에 기초한 것이므로, 이에 관한 상세는 同書를 참고하기 바람.

[해 답]

   (1) 미성년자가 법정대리인의 동의 없이 어음행위를 한 경우에 그 미성년자 또는 법정대리인은 그 어음행위를 취소할 수 있는데, 이 때 취소의 상대방은 직접상대방뿐만 아니라 현재의 어음소지인도 될 수 있다고 보아야 할 것이다.

   본문에서 Y가 그의 법정대리인의 동의를 얻지 않고 약속어음을 발행한 경우에는 Y 또는 그의 법정대리인이 어음발행을 취소할 수 없는 일정한 사유가 없는 한 Y의 제한능력을 이유로 그 어음발행을 A 또는 X에 대하여 취소할 수 있는데($^{민\ 5조\ 2항,}_{140조}$), 이 때에는 Y의 어음발행은 처음부터 효력이 없게 되어($^{민}_{141조}$), Y는 X에 대하여 (그가 선의이든 악의이든 불문하고) 언제나 그가 어음금을 지급할 책임이 없음을 항변할 수 있다(물적 항변사유). 이 때 Y의 어음발행이 취소로 인하여 무효가 된다고 하더라도 동 어음 자체가 무효가 되거나(어음은 형식적 하자에 의해서만 무효가 됨) 또는 동 어음 위에 한 다른 어음행위가 무효가 되는 것은 결코 아니다(어음행위독립의 원칙).

   만일 Y가 유아나 술에 만취한 자 등과 같이 어음의사무능력자인 경우에는 그의 어음발행은 언제나 무효라고 볼 수 있으므로, 이 때에는 Y는 본문과 같이 취소의 의사표시를 요하지 않고 언제나 어음상의 책임이 없음을 항변할 수 있다(물적 항변사유).

   (2) 본문은 어음행위 자체에 강박이 있는 경우로서, 이는 하자 있는 의사표시에 의한 어음행위가 된다. 이 때에는 강박의 정도에 따라 다음과 같이 세 가지의 경우로 나누어 생각할 수 있다.

   1) 첫째는 어음행위자인 Y가 A로부터 흉기에 의하여 위협을 받아 행동의 자유를 완전히 빼앗긴 경우와 같이 강박의 정도가 극심한 경우이다(절대적 강박). 이 때에는 Y의 어음발행 자체가 없는 것으로 보아야 할 것이다. 따라서 이러한 Y의 어음발행은 무효가 되어, Y는 그 무효를 누구에 대하여도 주장할 수 있다고 본다($^{동지:\ 대판\ 1974.\ 2.}_{26,\ 73\ 다\ 1143}$).

   2) 둘째는 어음행위자인 Y가 A로부터 보통의 강박에 의하여 어음발행할 것을 요청받고 A가 이로 인하여 공포심을 갖게 되고 그 공포심으로 인하여 어음을 발행한 경우이다. 이러한 어음발행의 의사표시는 하자 있는 의사표시로서 민법의 규정에 의하여 Y는 A에게 그의 어음발행을 취소할 수 있다($^{민\ 110조\ 1항,}_{140조}$). 따라서 Y가 그의 어음발행을 취소하면 그 어음발행은 처음부터 효력이 없게 되어($^{민}_{141조}$), Y는 그 어음에 대하여 어음상의 책임을 부담하지 않는다.

그런데 본문의 경우와 같이 이 어음이 선의의 X에게 양도된 경우에는 Y는 어음발행의 취소를 선의의 제3자인 X에게 대항하지 못한다($\frac{\text{민}}{3\text{항}}$110조). 이 때 민법 제110조를 어음행위에 적용하기 위하여는 어음행위의 성질상 수정적용하여야 하는 데, 이는 다음과 같다. (i) 민법 제110조 1항에 의하여 강박에 의한 어음행위를 취소하는 경우에「취소의 상대방」은 미성년자가 어음행위를 취소하는 경우와 같이 직접상대방뿐만 아니라 '현재의 어음소지인'(중간당사자를 포함)을 포함한다(통설). (ii) 민법 제110조 3항에 의하여 취소한 어음행위는 선의의 제3자에게 대항할 수 없는데, 이 때「선의」의 의미를 어떻게 해석할 것인가가 문제된다. 민법의 해석에 있어서는 제3자의 과실 유무를 불문한다고 보는 것이 다수의 견해이나, 어음행위에 있어서는 어음법 제10조 단서와 동법 제16조 2항 단서와의 균형상 선의의 의미를 '악의 또는 중과실이 없는'의 의미로 해석하여야 할 것으로 본다.

따라서 이렇게 해석하면 이는 어음법 제17조 단서(어음채무자를 해할 것을 알지 못하는)와는 구별되는 의미이고, 또한 어음법 제17조에 해당되지 않는 다른 유형의 인적 항변사유에 해당함을 알 수 있다.

만일 Y와 A의 본건 어음행위의 원인관계에서 Y가 A로부터의 이러한 강박에 의한 의사표시를 하여 Y가 동 원인관계상의 의사표시를 A에게 취소한 후 X가 동 어음을 A로부터 양수한 경우에는, 본문의 경우와는 달리 Y가 그의 원인관계상의 의사표시를 취소함에는 민법 제110조 3항이 그대로 적용되고, 또 그의 결과 Y가 X에게 어음채무의 이행을 거절할 수 있는 경우는 어음법 제17조 단서와 관련하여 X가 Y를 해할 것을 알고 어음을 취득한 경우에 한한다(이는 어음법 제17조에 해당하는 인적 항변사유로서, 이러한 경우는 악의의 항변에 해당하는 경우임).

3) 셋째는 어음행위자인 Y가 A의 단순한 위협에 의하여 요청도 하지 않은 어음발행을 한 경우나(강박과 어음발행과의 인과관계의 결여), 위법하지 않은 강박에 의하여 어음발행을 한 경우(강박행위의 위법성 결여)이다. 이 때에 Y의 어음발행은 완전히 유효한 것으로서 Y는 그의 어음발행을 A에 대하여도 취소할 수 없다. 따라서 이 경우 Y가 X에게 어음상의 책임을 부담하는 것은 말할 나위가 없다.

(3) 어음행위는 금전지급을 목적으로 하는 무인행위이고, 또 정형적 행위이므로 그 자체로서 민법 제103조의 반사회질서에 해당하는 행위가 된다고 볼 수는 없고, 그 원인행위가 반사회질서에 해당하는 행위가 된다고 본다. 이렇게 보면 본문과 같이 Y가 도박채무의 지급을 위하여 A에게 약속어음을 발행한 경우는 그 원인관계가 민법 제103조(반사회질서의 법률행위)에 해당하는 경우로서 Y는 원인관계상의 이러한 항변을 상대방(A)에 대해서만 주장할 수 있는가의 문제가 있다. 이에 대하여 반사회질서의 법률행위($\frac{\text{민}}{103\text{조}}$)나 폭리행위($\frac{\text{민}}{104\text{조}}$)가 어음행위 자체에까지 관련된 경우(예컨대, 어

음기승(騎乘)이나 현저하게 불공정한 행위와 일체가 되어 어음이 발행된 경우 등)에는 이를 물적 항변사유로 보아야 한다는 견해도 있으나(소수설), 어음행위 자체는 그 성질상 민법 제103조 또는 동법 제104조에 해당될 수 없고 그 원인관계만이 민법 제103조 또는 동법 제104조에 해당될 수 있다는 점에서 볼 때에는 이를 인적 항변사유가 된다고 보는 것이 타당하다고 생각한다(통설)(동지: 朝高判 1923. 10. 2;).

이와 같이 해석하는 경우 X가 본문 어음을 양수할 때에 Y가 A에게 도박채무의 지급을 위하여 동 어음이 발행되었다는 사정을 알고 있지 않는 한(및 이로 인하여 Y가 항변을 상실할 것을 알고있지 않는 한), Y는 X에게 어음금을 지급할 책임을 부담한다(어17조).

본문과 관련하여 만일 A가 Y에게 어음상의 권리를 행사하면 Y는 원인채무가 민법 제103조의 위반으로 무효임을 인적 항변으로 주장할 수 있다(어 17조 본문 참조). 또 만일 Y가 A에게 상품대금을 지급하기 위하여 발행한 어음을 A가 X에게 도박채무를 지급하기 위하여 배서양도하였는데, X가 Y에게 어음금의 지급을 청구한 경우에는, Y는 A의 X에 대한 인적 항변(후자의 항변)을 원용할 수는 없고(인적 항변의 개별성), 이 때 X가 Y에게 어음금을 청구하는 것은 권리의 남용이 된다는 점을 들어 Y는 X에게 어음금의 지급을 거절할 수 있다.

(4) 상호신용금고법 제17조 위반의 사법상 효력에 대하여는 대법원에서도 그 견해가 나뉘어 다수의견은 이를 효력법규로 보아 물적 항변사유로 보고 있으나, 소수의견은 이를 단속법규로 보고 있다. 소수의견과 같이 동법을 단속규정으로 보아 동법 위반에 대하여 사법상의 효력을 인정한다면, 이는 어음행위의 원인관계가 유효하므로 어음행위인 Y의 어음발행이 유효함은 말할 나위가 없다. 따라서 이 때에는 Y는 A 및 X에 대하여 어음상의 책임을 부담한다. 그런데 다수의견과 같이 동법을 효력규정으로 보아 동법 위반에 대하여 사법상의 효력을 부인하면, 이는 어음행위의 원인관계가 무효가 되고 어음행위 자체가 무효가 되는 것은 아니다. 다만 이 때 어음행위자(발행인)가 원인관계의 무효를 직접 상대방(A)에 대하여만 주장할 수 있는가, 또는 선의의 제3자(X)에게도 주장할 수 있는가에 따라 상호신용금고법 위반의 항변이 인적 항변사유인가 물적 항변사유인가의 문제가 있다. 생각건대 상호신용금고법 제17조를 효력법규라고 보아야 하는 점에 있어서 다수의견에 찬성한다. 다만 어음행위의 원인관계가 동 조 위반의 경우에 어음행위 자체가 무효로 될 수는 없고(어음행위의 무인성〈추상성〉에서 어음행위 자체가 상호신용금고법 제17조에 위반될 수는 없고 원인관계가 동법 동조에 위반될 수 있는데, 이는 민법 제103조 위반과 동일하게 볼 수 있다), 어음행위자인 Y는 이를 물적 항변으로서만 X에게 주장할 수 있다고 본다. 따라서 본문에서 Y는 X에게 어음상의 책임을 부담하지 않는다고 본다.

제 5 절 어음상의 권리의 소멸

제 1 총   설

1. 일반적 소멸원인

어음상의 권리는 민법상 일반채권의 소멸원인인 변제($^{민\ 460조\sim}_{486조}$)·공탁($^{민\ 487조\sim}_{491조}$)· 상계($^{민\ 492조\sim}_{499조}$)·경개(更改)($^{민\ 500조\sim}_{505조}$)·면제($^{민}_{506조}$)에 의하여 소멸된다. 다만 어음상의 권 리는 그 성질상 민법상 혼동($^{민}_{507조}$)에 의해서는 소멸되지 않는다(이에 관하여는 어음행 위의 특성에서 이미 설명함). 어음법은 지급($^{어\ 38조\sim41조,\ 77조\ 1\ 항}_{3\ 호;\ 수\ 28조\sim36조}$)(민법상 변제에 해당)에 관 하여는 상세히 규정하고 있고 또한 공탁($^{어\ 42조,\ 77조}_{1\ 항\ 3\ 호}$)에 관하여도 특별히 규정하고 있 으므로, 이렇게 어음법이 규정하고 있는 범위 내에서는 민법의 해당규정이 적용될 여지가 없다.

2. 어음에 특유한 소멸원인

어음에 특유한 어음상의 권리의 소멸원인으로는 (i) 상환청구(소구)권보전절차 의 흠결($^{어\ 53조,\ 77조\ 1\ 항}_{4\ 호;\ 수\ 39조}$), (ii) 어음소지인의 일부지급의 거절(어음소지인이 일부지급의 수 령을 거절하면 그 부분에 대하여 상환청구〈소구〉권이 소멸함)($^{어\ 39조\ 2\ 항,\ 77조\ 1\ 항}_{3\ 호;\ 수\ 34조}$), (iii) 어음소 지인의 거절할 수 있는 참가인수의 승낙(피참가인과 그 후자에 대하여 만기 전에 행사할 수 있는 상환청구〈소구〉권이 소멸함)($^{어\ 56조\ 3\ 항,}_{77조\ 1\ 항\ 5\ 호}$), (iv) 어음소지인의 참가지급의 거절(그 지급으로 인하여 의무를 면할 수 있었던 자에 대한 상환청구〈소구〉권이 소멸함)($^{어\ 61조,\ 77조}_{1\ 항\ 5\ 호}$), (v) 참가지급이 경합하는 경우 자기에게 우선하는 참가지급의 신고인이 있음을 알 면서 한 참가지급(자기에게 우선하는 참가지급이 있었다면 의무를 면할 수 있었던 자에 대 한 상환청구〈소구〉권이 소멸함)($^{어\ 63조\ 3\ 항,}_{77조\ 1\ 항\ 5\ 호}$), (vi) 소멸시효($^{어\ 70조,\ 77조\ 1\ 항}_{8\ 호;\ 수\ 51조}$) 등이 있다. 이 러한 어음에 특유한 소멸원인에 대하여는 각각 해당되는 곳에서 설명되고 있으므 로, 이곳에서는 어음의 소멸시효에 대해서만 설명한다.

제2 어음시효

1. 서 언

어음채무는 일반채무에 비하여 엄격하므로 이를 완화할 필요가 있고 또 어음 거래는 신속한 결제를 요하므로, 어음채무에 대하여는 특히 단기의 소멸시효가 인 정되어 있다. 즉, 어음채무의 소멸시효는 상사채무의 소멸시효($\frac{상}{64조}$) 보다 더 단기로 규정되어 있다($\frac{어 70조, 77조 1항 8 호;}{수 51조, 58조}$).

어음법은 어음시효에 관하여 시효기간($\frac{어 70조, 77조 1항}{8 호; 수 51조, 58조}$)·시효의 시기(始期)($\frac{어 70조,}{77조 1항}$ $\frac{8 호; 수 51조,}{58조}$) 및 시효의 중단($\frac{어 71조, 77조 1항 8 호.}{80조; 수 52조, 64조}$)에 대해서만 특칙을 두고 있을 뿐이므 로, 그 이외의 사항에 대하여는 민법의 시효에 관한 규정에 의한다.

2. 시효기간 및 시기(始期)

(1) 어음의 시효기간 및 시기(始期)

1) 어음소지인의 주채무자에 대한 청구권(3년)   환어음의 인수인 또는 약속 어음의 발행인에 대한 어음소지인의 어음상의 청구권은 「만기일」부터 「3년」이 경 과하면 소멸시효가 완성된다($\frac{어 70조 1항, 77조 1항}{8 호, 78조 1항}$). 주채무자의 보증인 및 무권대리인 등 에 대한 어음소지인의 어음상의 권리의 소멸시효도 같다. 시효기간의 산정에 있어 서 「만기일」(초일)은 산입되지 아니한다($\frac{어 73조, 77조 1항}{9호; 수 61조}$).

2) 어음소지인의 상환의무자에 대한 상환청구권(1년)   어음소지인의 상환의 무자에 대한 상환청구권은 「거절증서작성일자」 또는 「만기일」(거절증서작성면제의 경 우)로부터 「1년」이 경과하면 소멸시효가 완성한다($\frac{어 70조 2항,}{77조 1항 8호}$). 이것은 만기 전의 상 환청구(소구)이든 만기 후의 상환청구(소구)이든 같다($\frac{동지: 대판 2003. 3.}{14, 2002 다 62555}$). 또한 어음소지 인이 상환의무자의 보증인·참가인수인 및 무권대리인 등에 대하여 상환청구권을 행사하는 경우에도 같다.

3) 상환자의 그 전자에 대한 상환청구권(6개월)   상환자의 그 전자에 대한 청구권은 그가 어음을 「환수한 날」 또는 「제소된 날」로부터 「6개월」이 경과하면 소멸시효가 완성한다($\frac{어 70조 3항,}{77조 1항 8호}$). 상환자가 그 전자의 보증인·참가인수인 및 무권 대리인 등에 대하여 상환청구권을 행사하는 경우에도 같다. 참가인수인이 피참가인 및 그의 어음채무자에 대하여 청구권을 행사하는 경우에도 같다($\frac{어 63조 1항,}{77조 1항 5호}$).

(2) 수표의 시효기간 및 시기(始期)

1) 수표소지인의 지급보증인에 대한 청구권(1년)　　수표소지인의 지급보증인에 대한 청구권은 「지급제시기간 경과일」로부터 「1년」이 경과하면 소멸시효가 완성된다($^수_{58조}$). 이 시효는 수표소지인이 지급제시기간 내에 지급제시를 하고 거절증서 또는 이와 동일한 효력이 있는 선언의 작성을 전제로 한다.

2) 수표소지인의 상환의무자에 대한 상환청구권(6개월)　　수표소지인의 발행인·배서인·기타의 채무자(이들을 위한 보증인 등)와 같은 상환의무자에 대한 상환청구권(소구권)은 「지급제시기간 경과일」로부터 「6개월」이 경과하면 소멸시효가 완성한다($^수_{1항}$^{51조}). 수표소지인의 상환의무자에 대한 상환청구권의 이 시효도 수표소지인이 지급제시기간 내에 지급제시를 하고 거절증서 또는 이와 동일한 효력이 있는 선언의 작성을 전제로 한다($^수_{39조}$).

3) 상환자의 그 전자에 대한 상환청구권(6개월)　　상환자의 그 전자에 대한 상환청구권은 그가 수표를 「환수한 날」 또는 「제소된 날」로부터 「6개월」이 경과하면 소멸시효가 완성한다($^수_{2항}$^{51조}). 이는 시효기간과 그 시기에 있어서 어음의 경우와 같다.

3. 시효중단

(1) 중단사유

어음시효의 중단사유에 대하여 어음법은 소송고지로 인한 시효중단에 관하여만 규정하고 있을 뿐($^어_{수}$$^{80조}_{64조}$), 그 외에는 모두 민법의 규정에 의한다($^민_{이하}$^{168조}). 따라서 어음의 시효중단사유에는 (i) 청구($^민_{1호}$^{168조}), (ii) 압류 또는 가압류·가처분($^민_{2호}$^{168조}), (iii) 승인($^민_{3호}$^{168조}), (iv) 소송고지($^어_{수}$$^{80조}_{64조}$)가 있다. 이 중 소송고지로 인한 시효중단사유는 어음에 특유한 시효중단사유이므로, 이하에서는 소송고지로 인한 시효중단사유에 대하여만 간단히 살펴본다.

소송고지를 시효중단사유로 규정한 이유는, 배서인이 어음소지인으로부터 제소를 받아 그의 채무는 시효중단이 되었음에도 불구하고 그 전자에 대한 권리의 소멸시효는 진행하여 그가 아직 어음을 환수하지 못하여 자기의 전자에 대한 어음상의 권리를 행사할 수 없음에도 불구하고 소송절차의 진행중에 자기의 전자에 대한 권리의 소멸시효가 완성하는 것을 방지할 필요가 있기 때문이다. 배서인의 소송고지로 인하여 중단된 시효는 판결이 확정된 때로부터 다시 진행을 개시한다($^어_{수}$$^{80조\,2항}_{46조\,2항}$).

(2) 효력범위

시효중단의 효력범위는 그 중단사유가 생긴 자에 대해서만 효력이 생긴다 $\binom{\text{어 71조, 77조 1 항}}{\text{8 호; 수 52조}}$, 그 이유는 어음행위는 각각 독립하여 존재하기 때문이다.

4. 각 시효간의 관계

(1) 상환(소구)의무 등의 시효소멸이 주채무에 미치는 영향

각 어음채무자에 대한 시효는 각각 독립하여 효력을 발생하므로 상환(소구)의무자·보증인 등에 대한 권리가 먼저 시효소멸하여도 주채무자에 대한 권리에 영향을 미치지 않는다.

(2) 주채무의 시효소멸이 상환(소구)의무 등에 미치는 영향

주채무가 시효소멸한 경우에 상환(소구)의무 등도 소멸하는지 여부에 대하여, 어음채무의 독립성을 강조하여 이의 소멸을 부정하는 부정설(일본의 소수설)과 상환(소구)의무 등의 종속성(부종성)을 강조하고 상환청구(소구)권을 행사하기 위하여는 유효한 어음을 반환하여야 한다는 점 $\binom{\text{어 50조 1 항, 77조 1 항}}{\text{4 호; 수 46조 1 항}}$ 등에서 이의 소멸을 긍정하는 긍정설(통설)로 나뉘어 있다. 생각건대 부정설도 일리는 있으나, 상환(소구)의무를 인정한 원래의 취지에서 볼 때 긍정설이 타당하다고 본다. 주채무가 시효소멸된 경우에 주채무의 보증채무도 소멸하는 것은 부종성의 법리에서 당연하다.

제3 이득상환청구권

1. 의 의

(1) 인정이유

어음채무자의 책임의 엄격성(무인증권성 등으로 인한)을 완화하기 위하여 어음법은 어음상의 권리의 소멸원인으로 단기소멸시효와 상환청구(소구)권보전절차의 흠결을 규정하고 있다. 그 결과 어음채무자가 어음채무를 면하였음에도 불구하고 원인관계상의 대가나 어음자금을 계속 보유하게 되는 불공정한 일이 있다. 이에 어음법은 실질관계를 고려하여 어음채무자가 이익을 받은 한도에서 소지인에게 상환하게 하는 제도를 두었는데, 이것이 이득상환청구권이다. 이것은 어음법이 형식성을 중시한 데서 생기는 실질상의 불공평을 제거하기 위하여 어음소지인에게 인정된 권리로 어음법상의 권리이며, 독일법계 어음법에 특유한 제도이다.

(2) 개 념

이득상환청구권은 위에서 본 바와 같은 이유로 어음법과 수표법에서 각각 규정하고 있는데, 어음법 제79조는 「환어음 또는 약속어음에서 생긴 권리가 절차의 흠결로 인하여 소멸한 때나 그 소멸시효가 완성한 때라도 소지인은 발행인·인수인 또는 배서인에 대하여 그가 받은 이익의 한도 내에서 상환을 청구할 수 있다」고 규정하고 있고, 수표법 제63조는 「수표에서 생긴 권리가 절차의 흠결로 인하여 소멸한 때나 그 소멸시효가 완성한 때라도 소지인은 발행인·배서인 또는 지급보증을 한 지급인에 대하여 그가 받은 이익의 한도 내에서 상환을 청구할 수 있다」고 규정하고 있다.

따라서 환어음의 발행인이 원인관계에서 대가를 받고 어음을 발행하였는 데 아직 지급인(인수인)에게 자금을 공급하기 전에 어음소지인의 어음상의 권리가 절차의 흠결 또는 시효로 소멸한 경우, 약속어음 또는 수표의 발행인이 매매대금의 지급조로 약속어음 또는 수표를 발행하였는데 동 어음(수표)의 소지인이 절차의 흠결 또는 시효로 인하여 어음(수표)상의 권리를 상실한 경우 등에는, 각 어음(수표)소지인은 발행인에 대하여 이득상환청구권을 행사할 수 있다.

2. 법적 성질

이득상환청구권의 법적 성질에 대하여 여러 가지로 나뉘어 있는데, 이의 법적 성질을 무엇으로 보느냐에 따라 그 권리의 양도방법·행사방법·담보권의 이전·시효기간 등에서 차이가 있다. 이득상환청구권의 법적 성질을 어떻게 볼 것인가에 대하여는 크게 민법상의 권리와 관련하여 파악하려는 지명채권설과, 어음상의 권리와 관련하여 파악하려는 잔존물설로 나뉘어 있다.

(1) 지명채권설

이득상환청구권은 형평의 관념에서 법이 특히 인정한 특별한 청구권으로서 민법상 지명채권의 일종이라고 한다(통설).

[이득상환청구권의 법적 성질을 지명채권으로 본 판례]

"이득상환청구권은 법률의 직접규정에 의하여 수표의 효력이 소멸 당시의 소지인에게 부여된 지명채권에 속하므로 지명채권양도방법에 의하여 양도할 수 있다(대판 1972. 5. 9, 70 다 2994 외)."

생각건대 이득상환청구권은 어음상의 권리와 관련성을 갖고 있음은 사실이나, 어음행위와는 무관하게 발생하고 또 어음상의 권리가 소멸한 후에 발생하므로 어음상의 권리와 동질 또는 유사한 권리가 될 수 없다. 따라서 이득상환청구권을 어음상의 권리와 관련하여 파악하지 않고 민법상의 권리와 관련하여 지명채권으로 보아야 할 것인데, 지명채권이라고 하더라도 민법상 손해배상청구권이나 부당이득반환청구권이 아닌 (어음)법이 특별히 인정하는 지명채권이라고 본다.

(2) 잔존물설

이득상환청구권은 실질관계상 어음상의 권리와 연결되어 있고, 또 어음채무자가 실질관계상 취득한 이득이 아직도 남아 있다는 것을 전제로 하여 어음상의 권리의 소멸로 인한 실질관계상의 불균형을 시정하기 위하여 인정된 제도임을 감안한다면, 이것은 소멸한 어음상의 권리의 잔존물이라고 할 수 있으며 이러한 의미에서 특별한 청구권이라고 본다. 이 견해는 우리나라에서는 소수설이나, 독일에서는 통설이다.

또한 이득상환청구권을 어음상의 권리와 관련하여 파악하는 다른 견해로 변형물설이 있다. 이러한 변형물설에 의하면 이득상환청구권은 어음상의 권리와 비교하여 볼 때 모든 어음채무자에 대하여 청구할 수 있는 권리가 아니라 실질관계상 이익을 본 어음채무자에 대하여만 그 이득의 반환을 청구할 수 있게 되었다는 의미에서 어음상의 권리가 변형한 것이며, 어음상의 권리가 양적 또는 조건적으로 제한된 동질 내지 유사한 다른 권리로 변형하여 성립된 것이라고 한다. 그러나 이러한 변형물설은 잔존물설과 비교하여 볼 때 그 표현만 다르지 그 내용은 본질적으로 잔존물설과 동일 또는 유사하게 볼 수 있으므로, 변형물설을 넓은 의미의 잔존물설에 포함시키는 것이 간명하다고 본다.

3. 당 사 자

(1) 권 리 자

1) 이득상환청구권자는 「어음상의 권리가 절차의 흠결 또는 시효로 인하여 소멸할 당시의 정당한 어음소지인」이다. 이 때의 어음소지인은 어음상의 권리를 연속하는 배서에 의하여 취득하거나, 상속 등에 의하여 취득하거나, 배서인이 상환을 하고 어음을 환수하여 취득하는 자 등으로, 어음상의 권리가 소멸할 당시에 어음상의 권리를 행사할 수 있었던 자이다.

어음상의 권리의 소멸 당시에는 실질적인 어음상의 권리자가 그가 소지한 어음이 배서의 연속이 결여되어 형식적으로 어음상의 무권리자가 된 경우에는, 그러한 실질적 권리자는 자기가 실질적 권리자임을 입증하여 어음상의 권리를 행사할 수 있으므로(통설·판례) 이득상환청구권을 취득한다고 본다.

또한 기한후배서에 의하여 어음상의 권리를 양수한 자도 어음상의 권리의 소멸 당시 어음을 소지하고 있으면 물론 이득상환청구권자이다(통설).

입질배서($\frac{\text{어}19조}{1항1호}$,77조)의 피배서인은 어음상의 권리를 질권의 목적으로 취득하여 그에게 독립된 경제적 이익이 있으므로 이득상환청구권을 취득한다고 보고, 또한 숨은 추심위임배서의 피배서인은 신탁양도설에 의하면 어음상의 권리를 취득하므로 이득상환청구권을 취득한다고 본다.

그러나 백지어음의 소지인이 백지보충권의 행사기간까지 백지보충권을 행사하지 않은 경우에는 어음상의 권리를 취득하지 못하므로, 동 어음이 시효기간의 경과 또는 절차의 흠결이 있더라도 동 어음의 소지인은 이득상환청구권을 취득하지 못한다(통설).

[백지어음의 소지인은 이득상환청구권을 취득하지 못한다고 본 판례]

"어음상의 권리가 시효로 인하여 소멸하고 채무자가 이로 인하여 이득을 보고 있는 경우에도, 시효기간까지 소지인이 수취인으로서 보충권을 행사하고 있지 않을 때에는 그 소지인은 어음에서 생긴 권리의 소멸 당시 아직 어음상의 권리를 가지고 있지 않았다고 할 것이므로 이득상환청구권을 행사할 수 없다 $\binom{\text{대판 1962. 12.}}{\text{20, 62 다 680}}$."

2) 어음상의 권리가 소멸할 당시에 어음상의 권리를 행사할 수 없었던 자라도 이득상환청구권자로부터 동 권리를 양수한 자는 이득상환청구권을 행사할 수 있음은 물론이다. 이 때의 이득상환청구권의 양수는 상속·합병 등과 같은 포괄승계에 의하여 양수할 수도 있고, 이득상환청구권의 양도방법에 의하여 양수할 수도 있다. 이득상환청구권의 양도방법에 의한 양수는 동 권리의 법적 성질을 무엇으로 보느냐에 따라 다른데, 동 권리의 법적 성질을 지명채권으로 보면 지명채권의 양도방법에 따라서 양수하여야 하므로 채무자에 대한 대항요건(통지 또는 승낙)을 갖추어야 한다(통설·판례).

(2) 의 무 자

1) 이득상환의무자는 어음의 경우는 발행인·배서인 및 인수인(환어음에 한함)이

고, 수표의 경우는 발행인·배서인 및 지급보증인이다. 따라서 인수하지 않은 지급인이나 지급담당자가 이득상환의무자가 될 수 없음은 당연하다. 또한 이득상환의무자의 어음보증인이나 참가인수인도 현행 어음법·수표법의 해석으로는 이득상환의무자가 될 수 없다고 본다(통설).

2) 이득상환의무자는 보통 발행인(및 환어음의 경우는 인수인, 수표의 경우는 지급보증인)인데, 배서인이 이득상환의무자가 되는 경우는 보통의 양도배서에서는 발생하지 않고 형식적으로는 배서인이지만 실질적으로 발행인과 같은 지위에 있는 경우에 발생한다. 즉, 예컨대 어음의 발행인이 배서인의 어음채무를 보증하는 의미로 어음을 발행하고 동 어음의 수취인 겸 배서인이 동 어음을 제 3 자에게 배서하여 대가를 취득한 경우에는, 발행인은 이익을 얻지 못하고 배서인이 이익을 얻었으므로 이득상환의무자는 발행인이 아니라 배서인이다. 따라서 배서인이 보통의 양도배서에서 전자에게 지급한 대가와 배서에 의하여 후자로부터 받은 대가와의 차액은 이득상환청구권의 대상인 이득이 아니므로 그러한 배서인은 이득상환의무자가 아니다.

4. 발생요건

(1) 어음상의 권리가 유효하게 존재하고 있었을 것

어음소지인은 형식적으로나 실질적으로나 완전한 어음상의 권리를 취득하고 있었어야 한다. 따라서 불완전어음의 소지인이나, 미완성어음(백지어음)의 소지인은 이득상환청구권을 취득할 수 없다고 본다(통설)($^{동지: 대판 1962. 12.}_{20, 62 다 680}$).

(2) 어음상의 권리가 절차의 흠결 또는 시효로 인하여 소멸하였을 것

어음상의 권리가 「절차의 흠결」 또는 「시효」 이외의 사유(예컨대, 채무의 면제·지급 등)로 인하여 소멸한 경우에는 이득상환청구권이 생기지 않는다. 「절차의 흠결」로 인하여 어음상의 권리가 소멸하는 경우란 상환청구(소구)권을 보전하기 위한 실질적 요건 및 형식적 요건을 흠결한 경우를 의미한다. 따라서 주채무자에 대하여는 절차의 흠결로 인하여 이득상환청구권이 발생하는 경우는 없다. 「시효」로 인하여 어음상의 권리가 소멸하는 경우란 각 어음채무자에 대한 어음상의 권리의 시효기간($^{어 70조, 77조 1 항}_{8 호; 수 51조, 58조}$)이 경과함을 의미한다. 어음상의 권리가 절차의 흠결 또는 시효로 인하여 소멸함에는 어음소지인의 과실유무를 불문한다.

(3) 어음소지인은 다른 구제수단을 갖지 아니할 것

어음소지인은 다른 어음채무자에 대하여 어느 정도의 다른 구제수단을 갖지 않아야 하느냐에 대하여 다음과 같이 세 개의 견해가 있다. (i) 첫째는 어음소지인이 모든 어음채무자에 대한 관계에서 어음상의 권리가 소멸되었음은 물론, 타에 민법상의 구제수단까지 갖지 아니하는 경우에 한하여 이득상환청구권이 발생한다는 견해가 있다(대판 1959. 9. 10, 4291 민상 717; 동 1963. 5.)(15, 63 다 155; 동 1970. 3. 10, 69 다 1370 외). (ii) 둘째는 어음소지인이 모든 어음채무자에 대한 관계에서 어음상의 권리가 소멸되면, 타에 민법상의 구제수단을 갖고 있더라도 이득상환청구권이 발생한다는 견해가 있다. (iii) 셋째는 어음소지인이 이득상환청구를 하는 상대방에 대한 관계에서 어음상의 권리가 소멸하기만 하면, 타에 민법상의 구제수단을 갖고 있음은 물론 다른 어음채무자에 대한 관계에서 어음상의 권리가 존재하는 경우에도 이득상환청구권이 발생한다는 견해가 있다.

생각건대 첫째의 견해는 이득상환청구권이 어음상의 권리에 기초를 두고 있다는 점을 너무 소홀히 하고 있고 또 어음소지인(채권자)에게 너무 가혹하다는 점 등에서 타당하지 않으며, 셋째의 견해는 어음상의 권리가 소멸되기 전후에 있어서 어음소지인의 권리에 큰 차이가 없게 되어 (어음상의 권리가 소멸된 후에 비로소 발생하는 권리인) 이득상환청구권의 인정 취지에 어긋나고 또 어음소지인을 불필요하게 너무 과보호하는 점 등에서 타당하지 않다고 본다. 따라서 둘째의 견해가 가장 타당하다고 본다.

⑷ 어음채무자가 이득하였을 것

1) 어음채무자의 이득이란 어음채무자가 어음채무를 면한 것을 의미하는 것이 아니라, 실질관계에서 현실로 발생한 재산상의 이익을 의미한다. 이러한 이익은 적극적으로 대가 또는 자금을 취득한 경우뿐만 아니라, 소극적으로 기존채무를 면한 경우 등을 포함한다. 어음채무자의 이러한 이득은 민법상 부당이득과는 달리 이득이 현존할 필요는 없고, 어음채무자가 일단 이득을 한 이상 그 후에 다른 사정에 의하여 그 이득을 상실하여도 무방하다(통설).

[어음채무자의 이득 유무에 관한 판례]

"은행 발행의 자기앞수표의 경우에는 은행이 수표금액만큼 이득을 한 것으로 추정한다(대판 1961. 7. 31,)(4293 민상 841)."

"원인관계에 있는 채권의 지급을 위하여 약속어음을 발행한 경우에는, 그 약속어음이 전전유통되어 최후의 어음소지인이 시효기간의 경과 등으로 어음상의 권리를 상실한 경우라도, 발행인의 원인채무는 그대로 존속하는 것이므로, 발행인은 어음금액 상당의 이득을 얻고 있다고 할 수 없다(대판 1993. 7. 13,)(93 다 10897)."

2) 어음소지인의 손해는 요건이 아니다. 따라서 어음소지인은 어음의 취득에 있어서 대가를 제공하지 않았거나 또는 기타의 손해를 입지 않아도 무방하다.

5. 양 도

이득상환청구권의 양도에서는 동 권리의 법적 성질을 무엇으로 보느냐에 따라 다음과 같이 그 양도방법, 선의취득 및 담보이전 등이 달리 설명된다.

(1) 양도방법

1) **지명채권설(통설·판례)**　　이득상환청구권의 법적 성질을 지명채권으로 보는 견해에 의하면 동 권리의 양도방법도 「지명채권의 양도방법」에 의하여야 한다고 한다. 따라서 이득상환청구권을 양도한 경우에는 별도의 채권양도의 대항요건인 채무자에 대한 통지 또는 채무자의 승낙이 있어야 채무자 및 기타 제3자에게 대항할 수 있다고 한다($민_{450조}$)(통설). 또한 이 견해에서는 이득상환청구권의 양도에 증권의 교부를 요하지 않는다고 한다(불요설). 따라서 이 견해에 의하면 어음상의 권리가 소멸되고 이득상환청구권이 발생한 후에 증권상에 한 배서(또는 교부)는 어음상의 권리의 양도로서의 효력은 없으나 이득상환청구권의 양도의 합의가 있었던 것으로 인정할 수 있으므로, 당사자간에는 동 권리의 양도의 효력이 있으나 다만 채무자 기타 제3자에게 대항할 수 없을 뿐이라고 보아야 할 것이다.

2) **잔존물설(소수설)**　　이득상환청구권의 법적 성질을 잔존물로 보는 견해에 의하면 동 권리는 「어음(증권)의 교부」만으로 양도된다고 한다. 이 견해는 이득상환청구권의 양도(및 행사)에 증권의 교부(소지)를 반드시 요하는 것으로 보기 때문에, 어음이 이미 양도인의 수중을 떠난 경우에는 양도인에 대한 채무이행은 있을 수 없다고 한다.

(2) 선의취득

1) **지명채권설(통설·판례)**　　이득상환청구권의 법적 성질을 지명채권으로 보면, 지명채권은 선의취득이 될 수 없으므로 이득상환청구권의 선의취득은 있을 수 없다. 따라서 이득상환청구권의 양도인이 무권리자이면 양수인이 아무리 선의·무중과실이라 하더라도 이득상환청구권을 선의취득하지 못하여, 양수인은 채무자에 대하여 이득상환청구권을 행사하지 못한다($동지: 대판 1980._{5. 13, 80 다 537}$).

2) **잔존물설(소수설)**　　이득상환청구권의 법적 성질을 어음상의 권리의 잔존물로 보면, 어음상의 권리와 같이 이득상환청구권은 선의취득의 대상이 될 수 있을 것이다. 따라서 잔존물설에 의하면 이득상환청구권을 무권리자인 양도인으로부

터 선의·무중과실로 취득한 양수인은 이득상환청구권을 선의취득하여 동 권리를 행사할 수 있다고 볼 수 있을 것이다.

(3) 담보이전

1) **지명채권설(통설·판례)**　　이득상환청구권의 법적 성질을 지명채권으로 보면 어음상의 권리와 동 권리가 소멸된 후에 발생하는 이득상환청구권은 그 권리의 성질이 다르므로, 어음상의 권리를 위하여 존재하는 보증 또는 담보는 당사자간의 특약이 없는 한 이득상환청구권을 담보하지 않는다고 본다. 따라서 이득상환청구권을 양수한 자는 특약이 없는 한 어음상의 권리를 위하여 존재하는 보증인에 대한 권리 및 물상담보권을 취득하지 못한다.

2) **잔존물설(소수설)**　　이득상환청구권의 법적 성질을 어음상의 권리의 잔존물로 보면 어음상의 권리와 이득상환청구권은 그 권리의 성질이 같으므로, 어음상의 권리를 위하여 존재하는 보증 또는 담보는 당사자간의 특약이 없더라도 이득상환청구권을 담보한다고 볼 수 있다. 따라서 이득상환청구권을 양수한 자는 특약이 없더라도 어음상의 권리를 위하여 존재하는 보증인에 대한 권리 및 물상담보권을 취득하게 된다.

6. 행 사

(1) 증권의 소지문제

이득상환청구권의 행사에 증권의 소지를 요하는가에 대하여 불요설과 필요설로 나뉘어 있다. 이것은 이득상환청구권의 법적 성질을 무엇으로 보느냐에 관련되는데, 동 권리를 지명채권으로 보는 견해에서는 불요설의 입장에서 설명하고(통설), 동 권리를 어음상의 권리의 잔존물(또는 변형물)로 보는 견해에서는 필요설의 입장에서 설명한다(소수설). 지명채권설(즉, 불요설)에 의하면 어음상의 권리가 존속하는 동안 어음을 도난 등으로 인하여 상실한 자는 어음상의 권리가 절차의 흠결 또는 시효로 소멸하면 어음을 소지하고 있지 않아도(즉, 제권판결을 받지 않아도) 이득상환청구권을 취득하며 또 동 권리를 행사할 수 있다. 그러나 어음상의 권리의 선의취득자가 있는 경우에는 어음상실자는 이에 대응하여 어음상의 권리를 잃게 되므로 이득상환청구권도 취득하지 못한다.

(2) 채무의 이행지

이득상환청구권을 지명채권으로 보면 민법의 일반원칙에 따라서 채권자의 현주소 또는 현영업소에서 지급해야 하는 지참채무($\frac{\text{민}}{2\text{항}}$467조)로 생각할 수 있다. 그러나 이렇게 되면 이득상환의무자는 이득상환청구권자가 누구인지 알 수 없는 경우가 발생하고 또 어음상의 채무를 이행하는 경우보다 더 불리한 지위에 있기 때문에, 지명채권설에서도 이득상환채무는 추심채무($\frac{\text{민}}{516\text{조}}$)라고 하는 점에 대하여 학설은 일치하고 있다.

(3) 증명책임

이득상환청구권자(원고)는 동 권리의 발생요건의 전부를 충족하였고 또 이득상환의무자가 어떠한 한도로 이득하였는가를 증명하여야 한다(통설).

> **[이득상환청구권자가 증명책임을 부담한다고 본 판례]**
>
> "어음채무자에게 어음법 제79조 소정의 '받은 이익'이 있음과 그 한도에 관하여는 어음소지인인 이득상환청구권자가 이를 주장·입증하여야 한다(대판 1994. 2. 25, 93 다 50147)."

(4) 채무자의 항변

이득상환의무자는 이득상환청구권자로부터 이득상환의 청구를 받는 경우에 어음채무자로서 어음소지인에게 대항할 수 있었던 모든 항변사유로써 이득상환청구권자에게 대항할 수 있다(통설). 이는 이득상환청구권의 법적 성질에 대하여 잔존물설을 취하는 입장에서는 당연한 법리이나, 지명채권설을 취하는 입장에서도 이득상환의무자는 자기와 무관한 사유로 어음상의 권리가 소멸되었다는 이유로 종전보다 더 불리한 지위에 서야 하는 것이 아니므로 위와 같이 해석한다.

또한 이득상환청구권의 법적 성질을 지명채권으로 보면 동 권리가 양도되더라도 이득상환의무자의 이러한 항변은 절단되지 않으므로 모든 이득상환청구권자에게 대항할 수 있고, 또 이득상환의무자는 이득상환청구권자에게 어음상의 권리가 소멸된 증권과 상환으로만 지급하겠다는 항변을 제출할 수 없다.

7. 소 멸

(1) 일반적 소멸원인

이득상환청구권의 법적 성질을 지명채권으로 보면 민법상 일반채권의 소멸원인과 동일한 원인으로 소멸한다. 즉, 이득상환청구권은 변제(지급)($\frac{\text{민}}{460\text{조}}$), 대물변제($\frac{\text{민}}{466\text{조}}$), 공탁($\frac{\text{민}}{487\text{조}}$), 상계($\frac{\text{민}}{492\text{조}}$), 경개(更改)($\frac{\text{민}}{506\text{조}}$), 혼동($\frac{\text{민}}{507\text{조}}$) 등으로 인하여 소멸한다. 그러나 잔존물설에 의하면 변제(지급) 및 공탁에 민법상의 규정이 적용되지 않고 어음법상의 규정이 (유추)적용될 수 있는지 여부, 대물변제가 가능한지 여부, 혼동으로 인하여 이득상환청구권이 소멸될 수 있는지 여부 등에 대하여 의문이 남게 된다.

(2) 소멸시효

이득상환청구권의 법적 성질을 어떻게 보느냐에 따라 시효기간에 관하여 견해가 나뉘어 있고, 수표상의 권리를 어떻게 보느냐에 따라 수표의 이득상환청구권의 시효기간의 기산점(발생시기)이 달리 설명되고 있다.

1) 시효기간

㈎ **지명채권설(10년설)** 이득상환청구권의 법적 성질을 지명채권으로 보는 견해에서는 이득상환청구권의 시효기간은 민법상 일반채권의 시효기간($^{민}_{1항}162조$)과 같이 10년이라고 한다(통설)($^{동지: 대판 2016. 7. 27, 2016 다}_{203735; 朝高判 1927. 5. 13}$ 다).

이득상환청구권의 법적 성질을 지명채권으로 보면서 동 청구권의 소멸시효기간을 동 권리를 발생시킨 어음상의 권리의 원인채권의 시효기간과 같게 보는 견해가 있다. 즉 이 견해에 의하면 원인채권이 민사채권이면 이득상환청구권의 시효기간은 10년이고, 원인채권이 상사채권이면 이득상환청구권의 시효기간은 5년이라는 것이다.

㈏ **잔존물설(어음의 경우는 3년, 수표의 경우는 1년)** 이득상환청구권의 법적 성질을 어음상의 권리의 잔존물로 보는 견해에서는 어음에서 발생하는 이득상환청구권의 시효기간은 어음채권의 그것과 같이 3년이요, 수표에서 발생하는 이득상환청구권의 시효기간은 수표채권의 최장시효기간($^{수}_{58조}$)과 같이 1년이라고 한다.

2) 기 산 점 이득상환청구권의 시효기간의 기산점은 어음상의 권리가 (절차의 흠결 또는 시효로 인하여) 소멸한 때(즉, 이득상환청구권이 발생한 때)이다.

㈎ 어음의 경우는 절차의 흠결로 인하여 이득상환청구권이 발생한 때에는 「지급제시기간의 다음 날」이고, 시효로 인하여 이득상환청구권이 발생한 때에는 어음상의 권리의 「시효기간의 다음 날」이다. 따라서 어음의 경우 이러한 점은 비교적 명확하게 나타나므로 이에 관하여는 거의 문제가 되지 않는다.

㈏ 수표의 경우에는 수표상의 권리를 어떻게 보느냐에 따라 이득상환청구권의 발생시점이 달라진다. 즉, 해제조건설(통설·판례)에서는 「지급제시기간의 다음 날」에 발생하나, 정지조건설(소수설)에서는 「지급위탁을 취소한 날 또는 지급을 거절한 날의 다음 날」에 발생한다(이에 관하여는 뒤에서 상세히 설명함). 따라서 이득상환청구권의 시효기간의 기산점도 이 때이다.

[이득상환청구권의 발생시기에 대하여 해제조건설에 의한 판례]

"수표소지인이 제시기간 내에 제시를 하지 아니한 때에는 전자에 대한 소구
권을 상실하고 소지인은 이득상환청구를 할 수 있을 뿐이다(대판 1972. 5. 9,/70 다 2994)."

8. 수표의 이득상환청구권의 특징

수표에서 발생하는 이득상환청구권이 어음의 경우와 다른 특징은 이득상환청
구권의 발생시기와 은행발행의 자기앞수표의 이득상환청구권에 있다.

(1) 수표의 이득상환청구권의 발생시기

수표의 이득상환청구권은 「수표에서 생긴 권리」(수표상의 권리)가 소멸한 때에
발생하는데(수 63조), 수표상의 권리를 어떻게 보느냐에 따라 수표상의 권리의 소멸시효
가 달라지고 또한 수표의 이득상환청구권의 발생시기가 달라진다. 따라서 이하에서
는 수표상의 권리의 의의를 먼저 살펴본 후에, 수표의 이득상환청구권의 발생시기
에 대하여 설명하겠다.

1) 「수표상의 권리」의 의의   수표는 어음과는 달라 주채무자가 없고, 수표
에 지급보증인이 있는 경우에도 지급보증인은 어음의 주채무자와는 달리 지급제시
기간 내에 지급제시가 있었음을 조건으로 지급채무를 부담한다. 따라서 수표소지인
은 지급제시기간 내에는 상환청구(소구)권(지급보증인이 있는 때에는 지급보증인에 대한
지급청구권을 포함)만을 갖게 된다. 또한 수표소지인은 지급제시기간 경과 후에도 지
급위탁의 취소가 없는 때에는 지급인으로부터 지급받을 수 있는데(수표금수령권한),
이 권한이 수표상의 권리에 포함되는지 여부에 대하여는 긍정설(소수설)과 부정설
(통설)로 나뉘어 있다.

[수표금수령권한을 수표상의 권리에 포함시키지 않는 부정설에 의한 판례]

"이득상환청구권은 수표상의 권리의 실권 당시 수표소지인에게만 있는 것으
로서, 실권원인 중의 하나는 수표법 제29조의 규정에 의하여 10일 이내에 지급
을 위한 제시가 있어야 함에도 불구하고 그 제시가 없을 시는 동법 제63조 규
정의 소위 「절차의 흠결」에 해당되어 수표상의 권리는 소멸하고 이득상환청구
권만이 있게 된다(대판 1960. 6. 9,/4292 민상 758)."

생각건대 「수표금수령권한」은 지급하면 받는 권한뿐이고 소구(訴求)할 수 있
는 권리가 아니므로 「수표상의 권리」로 볼 수는 없다. 또 수표금수령권한은 제시기

간 후에만 발생하는 것이 아니라 제시기간 전에도 존재하는 것인데, 만일 동 권한
을 권리로 인정하면 제시기간 전에는 두 개의 수표상의 권리가 존재하게 되거나,
또는 두 개를 수표상의 권리의 한 개념에 포함시키면 제시기간 전후에 수표상의 권
리의 개념에 차이가 있게 되어 모순된다. 또 수표법 제63조는 수표상의 권리의 개
념에 수표금수령권한까지 포함시켜 그것이 소멸하는 경우까지를 예정하고 있다고
볼 수 없다. 따라서 수표상의 권리는 「상환청구(소구)권」(지급보증인이 있는 경우에는
지급보증인에 대한 지급청구권을 포함)만을 의미하는 것으로 보아야 할 것이다.

　　2) 수표의 이득상환청구권의 발생시기　　수표상의 권리를 상환청구(소구)권
뿐만 아니라 수표금수령권한도 포함시키는 견해(소수설)에 의하면, 수표법 제63조의
「수표에서 생긴 권리가 … 소멸한 때」란 수표의 지급제시기간이 경과함으로써 수
표상의 권리가 당연히 소멸하는 것이 아니라, 수표소지인의 지급제시에 대하여 「지
급거절」이 있거나 또는 제시기간이 지난 후에 발행인이 「지급위탁을 취소」한 때에
비로소 수표상의 권리가 소멸한다고 해석하고 이 때에 이득상환청구권이 발생한다
고 설명한다(정지조건설).

　　그러나 수표상의 권리를 상환청구(소구)권만으로 보는 견해(통설·판례)에 의하
면, 수표상의 권리는 지급제시기간이 경과하면 확정적으로 소멸하는 것이고 따라서
이득상환청구권의 발생요건으로서의 이득의 유무도 「지급제시기간 경과시」를 기준
으로 하여 그 때에 이득이 있으면 이득상환청구권이 발생하나, 그 후 지급위탁의
취소가 없었기 때문에 지급인에 의한 유효한 지급이 이루어진 때에는 발행인의 이
득은 그 때 소멸하여 일단 발생한 발행인의 이득상환의무도 소멸한다고 설명한다
(해제조건설).

　　생각건대 수표상의 권리를 「상환청구(소구)권」만으로 보는 점에서 해제조건설
에 찬성한다. 따라서 수표의 지급제시기간의 경과로 수표상의 권리(상환청구〈소구〉
권)는 확정적으로 소멸하고 이득상환청구권이 발생하는데, 이는 지급제시기간의 경
과 후 수표소지인이 수표법 제32조 2항에 의하여 수표금수령권한을 취득하는 것과
별개의 문제이다. 그러므로 수표소지인이 동 권한에 의하여 지급제시기간 경과 후
수표금을 지급받으면 수표채무자의 이득은 소멸하게 되어, 일단 발생한 이득상환청
구권은 소멸하게 된다. 또한 수표법 제24조 1항 후단의 기한후배서의 효력은 수표
금수령권한에만 그 효력이 있다고 보기 때문에, 이득상환청구권의 양도에 동 규정
을 근거로 삼을 수는 없다고 본다.

(2) 자기앞수표의 이득상환청구권

1) 증명책임의 전환   자기앞수표의 발행은행은 수표금액만큼 이득을 한 것으로 추정되고 있으므로($\frac{\text{동지: 대판 1961. 7.}}{\text{31, 4293 민상 841}}$), 자기앞수표의 소지인은 발행은행의 이득을 증명하지 않더라도 발행은행에 대하여 이득상환청구권을 행사할 수 있다.

2) 양도방법   우리나라의 대법원판례는 1976. 1. 13의 전원합의체판결에서 종래의 판례를 변경하여 다음과 같이 은행발행의 자기앞수표에서 발생하는 이득상환청구권은 수표의 양도방법에 의하여 양도될 수 있다고 판시하고 있다.

> [자기앞수표에서 발생하는 이득상환청구권의 양도방법에 관한 판례]
>
> "은행 기타 금융기관이 발행한 자기앞수표는 거래의 실정에 비추어 볼 때 수표소지인이 수표상의 보전절차를 취함이 없이 제시기간을 도과하여 수표상의 권리가 소멸된 수표를 양도하는 행위는, 수표금액의 지급수령권한과 아울러 특별한 사정이 없으면 수표상의 권리의 소멸로 인해서 소지인에게 발생한 이득상환청구권까지도 이를 양도하는 동시에 그에 수반해서 이득을 한 발행인인 은행에 대하여 소지인을 대신해서 그 양도에 관한 통지를 할 수 있는 권능을 부여하는 것이다($\frac{\text{대판 1976. 1. 13,}}{\text{70 다 2462}}$)."

따라서 이러한 대법원판례에 의하면 자기앞수표에서 발생한 이득상환청구권의 양도방법과 어음 및 자기앞수표 이외의 수표에서 발생한 이득상환청구권의 양도방법이 다르게 되어, 이득상환청구권의 양도방법이 이원화(二元化)되어 있다.

생각건대 우리나라의 대법원이 (은행발행의) 자기앞수표에 대하여 「지급인의 소지인에 대한 법률상 당연한 지급의무 없음에 관한 법리는 (은행발행의) 자기앞수표에도 동일하다」고 하면서($\frac{\text{대판 1959. 11. 26,}}{\text{4292 민상 359}}$), 이득상환청구권의 양도에 관해서는 일반수표와 은행발행의 자기앞수표를 구별하여 다루고 있는 것은 아무래도 논리의 일관성을 결여하고 있다고 본다. 또 은행발행의 자기앞수표에서 발생한 이득상환청구권의 양도는 수표상의 권리의 양도방법과 같다는(적어도 결과적으로는) 근거를 「거래의 실정」과 「당사자의 의사해석」에서 찾고 있는데 이러한 근거도 충분한 설득력이 없다는 점에서, 은행발행의 자기앞수표에 대하여 일반수표와 구별하여 그의 이득상환청구권의 양도방법에 차이를 두는 변경된 판례의 입장에는 찬성할 수 없다.

그런데 우리 대법원판례에서도 자기앞수표의 교부로 이득상환청구권을 양도하고 양도통지 권능을 부여하였다고 볼 수 있는 경우에도, 이를 제 3 자에게 대항하기 위하여는 확정일자 있는 증서에 의한 통지나 승낙($\frac{\text{민}}{\text{2항}}$ 450조)을 요한다고 한다($\frac{\text{대판 2023. 11. 30,}}{\text{2019 다 203286}}$).

≫ 사례연습 ≪

[사 례]

A는 1997. 6. 5에 B에게 차입금의 변제조로 1997. 6. 2에 Y은행에서 발행된 소지인출급식 자기앞수표를 교부하였다. B는 이 수표를 소지하고 있다가 분실하였는데 C가 이를 1997. 6. 12에 습득하여 같은 날 이러한 사정을 모르는 D에게 상품대금의 지급조로 교부하였고, D는 다시 1997. 6. 15에 이 수표를 X에게 공사대금의 지급조로 교부하였다. X가 1997. 6. 16에 Y은행에 이 수표를 지급제시하였으나, Y은행은 B로부터 사고신고가 제출되었다는 이유로 지급을 거절하였다. 이 때 X는 Y은행에 대하여 어떠한 권리를 행사할 수 있는가?

 * 이 사례는 정찬형, 「상법사례연습(제 4 판)」, 사례 113에 기초한 것이므로, 이에 관한 상세는 同書를 참고하기 바람.

[해 답]

이득상환청구권에 관한 각 설에 따라 본문에 대한 해답을 요약하여 보면 다음과 같다.

(1) 수표상의 권리에 수표금수령권한을 포함시키지 않고(부정설) 이의 결과 수표에서 발생한 이득상환청구권의 발생시기에 대하여 해제조건설에 의하면, 이득상환청구권은 수표상의 권리가 소멸될 당시의 정당한 수표상의 권리자(선의취득자)인 D가 취득하고 X가 Y에 대하여 이득상환청구권을 행사할 수 있는지 여부는 다음과 같다.

1) 이득상환청구권의 법적 성질에 대하여 지명채권설에 의하면 X가 이득상환청구권을 취득하는 것으로 해석할 수 있다고 하더라도(D가 X에게 수표를 교부한 것은 지명채권인 이득상환청구권의 양도의 합의가 있었던 것으로 인정할 수 있어 D와 X 사이에는 이득상환청구권의 양도의 효력이 있다고 볼 수 있음) X는 Y에 대하여 대항요건을 갖추지 않았으므로 이득상환청구권을 행사할 수 없다.

그러나 이 경우에도 대법원판례(대판 1976. 1. 13, 70 다 2462)에 의하면 X는 D로부터 이득상환청구권 및 통지권능을 부여받아 Y에게 수표의 제시에 의하여 대항요건인 통지를 한 것이 되므로 이득상환청구권을 행사할 수 있다.

2) 이득상환청구권의 법적 성질에 대하여 잔존물설에 의하면 X는 수표의 교부에 의하여 적법하게 이득상환청구권을 취득하므로 Y에 대하여 이득상환청구권을 행사할 수 있다.

(2) 수표상의 권리에 수표금수령권한을 포함시키고(긍정설) 이의 결과 수표에서 발생한 이득상환청구권의 발생시기에 대하여 정지조건설에 의하면, X는 Y에 대하여 수

표상의 권리(수표금수령권한)를 행사하고 Y가 수표금의 지급을 거절하면 이 때 이를
정지조건으로 하여 X에게 이득상환청구권이 발생하므로 X는 Y에게 이득상환청구권
을 행사할 수 있다.

제4 어음의 말소·훼손·상실

1. 어음의 말소

(1) 의 의

어음의 말소라 함은 「어음의 기명날인 또는 서명 및 기타의 기재사항을 도말
(塗抹)·삭제·첨부(貼付) 등의 방법에 의하여 제거하는 것」을 말한다.

(2) 효 력

1) 말소 전에 기명날인 또는 서명한 자의 어음상의 책임   말소에 의하여 어
음요건이 흠결된 경우에는 어음의 요식성과 관련하여 볼 때 말소 전에 기명날인 또
는 서명한 자도 어음상의 책임을 면하는 것 같으나, 어음의 요식성은 어음상의 권
리의 성립시에 필요한 것이지 그 존속을 위하여 반드시 필요한 것이 아니므로 일단
유효하게 성립한 어음채무자의 어음상의 책임은 어음의 말소에 의하여 소멸되지 않
는다고 본다(통설).

2) 말소 후에 기명날인 또는 서명한 자의 어음상의 책임   권한이 있는 자의
말소이든 권한이 없는 자의 말소이든 어음문언이 말소된 후의 어음에 기명날인 또
는 서명한 자는 말소 후의 어음문언에 따라 어음상의 책임을 부담한다. 어음법은
권한이 없는 자의 말소(변조)에 대하여만 규정하고 있는데($^{어\ 69조,\ 77조\ 1항}_{7호;\ 수\ 50조}$), 권한이 있
는 자의 말소(변경)의 경우에도 같다.

3) 말소한 자의 권리·의무   어음소지인(권리자)이 고의로 어음요건을 말소
한 경우에는 그것에 의하여 어음채무의 면제 또는 어음상의 권리의 포기가 있었다
고 볼 수 있으므로, 어음소지인의 어음상의 권리는 소멸한다고 볼 수 있다.

말소한 자가 어음상에 기명날인 또는 서명을 한 경우에는 말소 후의 어음문언
에 따라서 어음상의 책임을 부담한다. 말소한 자가 어음상에 기명날인 또는 서명을
하지 않은 경우에는 어음의 문언증권성과 관련하여 원칙적으로 어음상의 책임을 부
담하지 않는다. 그러나 권한 없이 어음문언을 말소하면서 어음상에 기명날인 또는

서명을 하지 않은 자(변조자)의 어음상의 책임에 대하여는 위조자의 어음상의 책임과 같이 긍정설(소수설)과 부정설(통설)로 나뉘어 있는데, 어음법 제8조를 유추적용하고 또 변조를 방지하기 위하여 어음상의 책임을 인정하는 긍정설이 타당하다고 본다.

(3) 배서의 말소

어음법은 배서의 말소에 대하여는 일정한 경우에 명문의 규정을 두고 있다($\binom{어\ 16조\ 1항·77조\ 1항\ 1호,\ 수\ 19조;\ 어}{50조\ 2항·77조\ 1항\ 4호,\ 수\ 46조\ 2항}$). 말소된 배서는 배서의 연속에 관하여는 이를 기재하지 아니한 것으로 본다($\binom{어\ 16조\ 1항\ 3문,\ 77조}{1항\ 1호;\ 수\ 19조\ 3문}$). 기명식배서에서 피배서인의 명칭만을 말소한 경우에 이의 효과에 대하여 전부말소설(다수설)도 있으나, 백지식배서설(소수설)이 타당하다고 본다. 어음을 환배서에 의하여 환수한 배서인은 자기와 후자의 배서를 말소할 권리를 갖고($\binom{어\ 50조\ 2항,\ 77조\ 1항}{4호;\ 수\ 46조\ 2항}$), 어음소지인이 어음에 환배서를 하여 어음상의 권리를 양도하는 대신에 종전에 배서인이었던 자의 배서와 그 후의 배서를 말소하여 그 자에게 단순히 어음을 교부함으로써 어음상의 권리를 양도하는 방법도 있다(통설).

2. 어음의 훼손

(1) 의 의

어음의 훼손이라 함은 절단·마멸 기타의 방법에 의하여 어음증권의 일부에 물리적 파손을 일으키는 것을 말한다.

(2) 효 력

어음의 훼손이 어음상의 기명날인자 또는 서명자에 대하여 미치는 영향은 어음의 말소의 경우와 같다.

3. 어음의 상실

(1) 의 의

어음의 상실이라 함은 절대적 상실(물리적 멸실), 상대적 상실(분실, 도난 등) 및 어음의 동일성을 해할 정도의 말소·훼손 등을 포함하는 개념이다. 어음은 권리를 표창하는 수단이지 권리 그 자체는 아니므로, 어음을 상실하더라도 권리 그 자체를 상실하는 것은 아니다. 그러나 어음상의 권리자는 어음을 상실함으로써 어음상의 권리를 행사할 수 없게 되는 동시에(제시증권성·상환증권성), 그 어음이 선의의 제3자에게 취득되어 어음상의 권리를 상실할 우려가 있게 된다. 그러므로 법은 이를 구제하는 수단으로서 공시최고에 의한 제권판결의 제도를 인정하고 있다(민소 475 조 이하).

(2) **공시최고절차**

1) **공시최고의 의의**　공시최고라 함은 「불특정 또는 행방불명된 상대방에 대하여 일정한 기간 내에 신고를 하지 않으면 실권한다고 경고를 하면서 그 권리의 신고를 최고하는 법원의 공고」를 말한다($\frac{민소}{495조}$).

2) **대　상**　도난·분실 또는 멸실된 증권($\frac{민}{521조}$), 상법에 무효로 할 수 있음을 규정한 증서($\frac{민소\ 492조\ 1항;}{상\ 360조}$), 또는 기타 법률상 공시최고를 허하는 다른 증서이다($\frac{민소\ 492조}{2항}$). 따라서 증권을 사취당한 경우($\frac{동지:\ 대판\ 1974.\ 4.\ 9,\ 73\ 다\ 1630;}{동\ 1991.\ 2.\ 26,\ 90\ 다\ 17620}$), 자기의 잘못으로 편취당한 경우($\frac{동지:\ 대판\ 1989.\ 6.\ 13,\ 88\ 다카\ 7962;}{동\ 2004.\ 11.\ 11,\ 2004\ 다\ 4645}$), 또는 횡령당한 경우에는($\frac{동지:\ 대판\ 2016.\ 10.}{27,\ 2016\ 다\ 235091}$) 공시최고의 대상이 되지 않는다.

3) **신청권자**　무기명증권 또는 배서로 이전할 수 있거나 약식배서가 있는 경우에는 「최종소지인」, 기타 증서에 관하여는 그 증서에 의하여 「권리를 주장할 수 있는 자」이다($\frac{민소}{493조}$). 약속어음의 발행인도 그 어음상의 채무를 면하기 위하여 어음의 도난·분실 등을 이유로 공시최고의 신청을 할 수 있다.

[**약속어음의 발행인도 공시최고의 신청권자가 될 수 있다고 본 판례**]
　　"약속어음에 관하여 제권판결이 선고되면 제권판결의 소극적 효력으로서 그 약속어음은 약속어음으로서의 효력을 상실하게 되어 약속어음의 정당한 소지인 이라고 할지라도 그 약속어음상의 권리를 행사할 수 없게 되는 것이므로, 일단 제권판결이 선고된 이상 약속어음상의 실질적 권리자라고 하더라도 제권판결 의 효력을 소멸시키기 위하여 제권판결에 대한 불복의 소를 제기하여 취소판 결을 받지 않는 한 그 약속어음상의 권리를 주장할 수 없다. 또한 이러한 점 은 약속어음의 발행인의 신청에 의하여 제권판결이 선고된 경우에도 동일하다 ($\frac{대판\ 1990.\ 4.\ 27,}{89\ 다카\ 16215}$)."

4) **신청장소**　증권에 표시된 이행지(지급지)의 지방법원이 전속관할이다 ($\frac{민소\ 476조\ 2항}{본문·3항}$).

5) **신청절차**　일정한 소명절차를 거쳐($\frac{민소}{494조}$) 공시최고의 신청을 하는 데, 이 신청에는 신청의 원인과 제권판결을 구하는 취지를 명시하여 서면으로 하여야 한다($\frac{민소\ 477조}{1항·2항}$).

6) **결　정**　공시최고법원은 「결정」으로 허부(許否)에 대한 재판을 하고

($_{1항}^{민소\ 478조}$), 허(許)한 때에는 신청인·신고최고 및 실권경고·공시최고기일을 표시하여($_{479조}^{민소}$) 3월 이상의 기간 동안($_{481조}^{민소}$) 대법원규칙이 정하는 바에 따라 공고하여야 한다($_{480조}^{민소}$).

(3) 제권판결

1) 절 차   법원은 소정의 절차를 밝은 후($_{486조}^{민소\ 483조\sim}$), 그 신청인의 제권판결의 신청이 이유 있다고 인정한 때에는 제권판결을 선고하고($_{1항}^{민소\ 487조}$), 그 요지를 대법원규칙이 정하는 바에 따라 공고할 수 있다($_{본문}^{민소\ 489조}$).

2) 효 력   (i) 소극적 효력으로 상실된 증권은 제권판결시부터 장래에 향하여 무효가 된다($_{496조}^{민소}$). 따라서 그 이후에는 증권의 정당한 소지인이라 할지라도 그 증권상의 권리를 행사할 수 없고, 또 선의취득을 할 수도 없다(따라서 제권판결은 물적 항변사유가 된다).

[제권판결의 소극적 효력에 관한 판례]

"제권판결의 효력은 공시최고신청인이 실질상의 권리자임을 확정하는 것은 아니나, 그의 소극적 효력으로서 약속어음으로서의 효력이 상실되는 것이므로 동 어음의 소지인은 무효로 된 어음을 유효한 어음이라고 주장하여 어음금청구를 할 수 없다($_{93\ 다\ 32934}^{대판\ 1993.\ 11.\ 9,}$)."

(ii) 적극적 효력으로 증권의 상실자는 증권채무자에 대하여 증권 없이도 권리를 주장할 수 있다($_{497조}^{민소}$). 여기에서 「권리를 주장할 수 있다」는 뜻은 증권의 실질적 권리자임을 창설하거나 확인하는 것이 아니라, 증권을 점유하고 있는 데 대하여 부여된 형식적 자격을 제권판결이 회복시켜 준다는 것이다.

[제권판결의 적극적 효력에 관한 판례]

"약속어음에 관한 제권판결의 효력은 그 판결 이후에 있어서 당해 어음을 무효로 하고 공시최고 신청인에게 어음을 소지함과 동일한 지위를 회복시키는 것에 그치는 것이고 공시최고 신청인이 실질상의 권리자임을 확정하는 것이 아니다. 따라서 취득자가 소지하고 있는 약속어음은 제권판결의 소극적 효과로서 약속어음으로서의 효력이 상실되는 것이므로 약속어음의 소지인은 무효로 된 어음을 유효한 어음이라고 주장하여 어음금을 청구할 수 없는 것이고 이러한 이치는 공시최고의 신청인이 발행인인 경우와 발행인이 아닌 소지인(어음상의 권리자)인 경우에 따라 구별되어 해석되어야 할 아무런 합리적인 근거가 없다.

또한 어음소지인이 공시최고 전에 선의취득하였더라도 달리 볼 것이 아니다 $\binom{\text{대판 1994. 10. 11,}}{\text{94 다 18614}}$."

"수표상실에 관한 제권판결의 효력은 그 판결 후에 있어 당해 수표를 무효로 하는 것이고 공시최고 신청시에 소급하여 무효로 하는 것이 아니고 또 신청인에게 수표를 소지함과 동일한 지위를 회복시키는 것에 그치고 그 신청인이 실질상의 권리자임을 확정하는 것도 아니다$\binom{\text{대판 1965. 7. 27,}}{\text{65 다 1002}}$."

3) **선의취득자와 제권판결취득자와의 권리우선관계**   제권판결 전에 어음상의 권리를 선의취득한 자는 공시최고신청인의 권리를 다투는 자로 당연히 공시최고 내용 및 실권경고에 따라 법원에 권리의 신고나 청구를 하여야 하는데$\binom{\text{민소 479조 2 항,}}{\text{2 호, 495조}}$, 이를 하지 않아서 공시최고신청인이 제권판결을 받게 되면 제권판결의 적극적 효력과 관련하여 누구의 권리가 우선하는가에 대하여 학설은 선의취득자우선설과 제권판결취득자우선설로 나뉘어 있다. 우리나라의 판례는 제권판결의 적극적 효력에 관한 해석(형식적 자격의 회복)에도 충실하면서, 결과적으로는 제권판결을 취득한 자를 우선하는 판결을 하고 있다$\binom{\text{대판 1965. 7. 27,}}{\text{65 다 1002 외}}$. 즉 선의취득자는 그가 권리의 신고를 하였음에도 불구하고 공시최고인이 제권판결을 받은 경우나$\binom{\text{민소 490조}}{\text{2 항 6 호}}$ 또는 공시최고인이 거짓 또는 부정한 방법으로 제권판결을 받은 경우$\binom{\text{민소 490조}}{\text{2 항 7 호}}$를 제외하고는 다른 특단의 사유가 없는 한$\binom{\text{민소 490조 2 항}}{\text{1 호~5 호·8 호}}$, 제권판결에 대한 불복소송의 제기사유에 해당되지 못하여 불복소송에 의한 제권판결의 취소는 불가능하게 되어 그 권리행사를 할 수 있는 길이 봉쇄되어 있다. 또한 선의취득자의 「권리의 신고」로 볼 수 있는 경우를 가능한 한 제한하여 판시함으로써 제권판결의 효력을 최대한 유지시키고 있다$\binom{\text{대판 1976. 6. 22, 75 다 1010;}}{\text{동 1967. 9. 26, 67 다 1731}}$.

생각건대 선의취득자가 공시최고의 사실을 알면서 권리의 신고를 하지 않은 경우에는 선의취득자에게 실질적 권리를 인정할 필요가 없다고 본다. 그러나 선의취득자가 과실로 그 사실을 알지 못한 경우에는 증권의 유통보호상 그에게 실질적 권리를 인정하여야 할 것으로 본다. 이 때 선의취득자의 공시최고에 대한 악의의 증명책임을 주장자(지급인 또는 증권상실자)에게 부담시키면 증권의 유통도 보호하면서, 선의취득제도를 남용하는 자도 규제될 것으로 생각한다.

4) **증권의 재발행**   어음을 상실하여 공시최고에 의한 제권판결을 받은 자가 어음의 발행인에 대하여 어음의 재발행을 청구할 수 있는가의 문제가 있다. 주권의 경우에는 이를 인정하는 명문규정이 상법에 있어 의문의 여지가 없으나$\binom{\text{상 360조}}{\text{2 항}}$,

어음의 경우에는 어디에도 이에 관한 규정이 없어 의문이다.

이에 대하여 재발행을 인정하여도 특별한 불합리가 없고 오히려 편리하다는 이유로 어음의 재발행을 긍정하는 견해도 있으나, 어음은 주권과는 달리 계속적인 권리관계를 표창하는 것이 아니고 금전의 지급이라는 1회적인 권리관계를 표창하는 것인데 일반적으로 제권판결에 의하여 어음상실자는 충분히 이러한 목적을 달성할 수 있고 또 실제상 재발행을 요청할 실익도 없으므로 원칙적으로 재발행을 부정하는 견해가 타당하다고 본다. 그러나 백지어음의 경우에는 백지를 보충하기 위하여 백지어음을 재발행받을 실익이 충분히 있으므로, 백지어음의 상실자는 예외적으로 백지어음의 재발행을 청구할 수 있다고 본다.

5) **백지어음과 제권판결**   백지어음에 관한 부분에서 이미 설명한 바와 같이 백지어음에 대하여도 공시최고에 의한 제권판결이 인정되는데(통설), 다만 제권판결의 효력과 관련하여 문제가 있다. 즉, 제권판결의 소극적 효력에 의하여 제권판결 후에 상실된 백지어음을 선의취득할 수 없는 점에 대하여는 의문의 여지가 없으나, 제권판결의 적극적 효력에 의하여 제권판결취득자가 어떻게 백지를 보충하여 권리주장을 할 수 있는가에 대하여는 문제가 있다. 이 때에 제권판결취득자는 제권판결문에 그의 보충의 의사를 명기한 서면을 첨부받아 어음상의 권리를 행사하든가, 또는 백지어음을 재발행받아 이에 보충하여 어음상의 권리를 행사할 수밖에 없다고 본다.

[백지어음의 제권판결취득자는 어음 외의 의사표시에 의하여
보충권을 행사할 수 있다고 본 판례]

"발행일·발행지·지급지·수취인의 각 난을 백지로 하여 발행된 이 사건 약속어음에 대한 제권판결을 받은 X로서는 발행인 Y에 대하여 위 백지부분에 대하여 어음 외의 의사표시에 의하여 보충권을 행사하고 그 어음금의 지급을 구할 수 있다고 본 원심의 판단은 정당하고, 거기에 상고이유의 주장과 같은 법리오해의 위법이 있다고 할 수 없다(대판 1998. 9. 4, 97 다 57573)."

≫ 사례연습 ≪

[사 례]

A는 B에 대한 차입금을 지급하기 위하여 Y은행으로부터 1986. 4. 1(화)에 소지인출급식 자기앞수표를 발행받아 소지하고 있던 중 1986. 4. 2(수)에 분실하였다. A는 같은 날 즉시 Y은행에 사고신고를 하고 다시 법원에 공시최고신청을 하였다. 한편 X는 1986. 4. 7(월)에 D에게 상품을 판매하고 동 수표를 선의·무과실로 취득하였다. X는 1986. 4. 8(화)에 Y은행에 동 수표의 지급청구를 하였던바, Y은행은 동 수표에 대하여는 이미 사고신고가 제출되었으며 또 공시최고절차가 진행중임을 X에게 고지하고 지급거절을 하였다. X는 동 수표가 공시최고절차 진행중임을 알고도 공시최고법원에 권리의 신고를 하지 않고 1986. 4. 9(수)에 수표금지급청구소송을 제기하였다. 동 소송이 진행중 A는 1986. 7. 10(목)에 공시최고법원으로부터 제권판결을 받은 경우, X는 동 소송에서 승소할 수 있는가?

* 이 사례는 정찬형, 「상법사례연습(제 4 판)」, 사례 114에 기초한 것이므로, 이에 관한 상세는 同書를 참고하기 바람.

[해 답]

(1) 본문의 경우 학설 중 선의취득자우선설에 의하면 X는 승소할 수 있을 것이고, 제권판결취득자우선설에 의하면 X는 패소하게 될 것이다.

(2) 본문의 경우 우리나라의 판례에 의하면 X가 공시최고법원에 권리의 신고를 하지 않아 A가 제권판결을 받고, 또 동 제권판결을 수표금청구소송의 진행중에 취득한 경우에는 A가 동 제권판결의 정본을 수표금청구소송이 진행중인 법원에 제출하면 제권판결의 소극적 효력에 의하여 본문 수표는 수표상의 권리를 상실하고 또 적법한 수표의 소지인임을 전제로 한 이득상환청구권도 발생할 수 없어 수표금청구소송 자체가 이유를 결하게 되어 X의 수표금청구소송은 기각될 것이다(대판 1967. 6. 13, 67 다 541·542; 동 1967. 9. 26, 67 다 1731). 따라서 이러한 대법원판례에 의하면 X는 먼저 제권판결불복의 소를 제기하여 제권판결을 취소시킨 후에 다시 자기의 실질적 권리에 근거하여 수표금청구소송을 제기할 수 있을 뿐이다.

그런데 만일 X가 공시최고법원에 권리의 신고를 하였음에도 불구하고 공시최고법원이 제권판결을 선고하였다면 이는 제권판결의 불복사유에 해당되어(민소 461조) X는 제권판결을 취소시킬 수 있을 것이나, 본문과 같이 X가 공시최고법원에 권리의 신고를 하지 않은 경우(이 때에 지급은행에 대한 지급제시나 수표금청구소송의 제기는 공시최고법원에 대한 권리의 신고나 청구로 볼 수 없다— 대판 1976. 6. 22,)에는 다른 특단의 사유가 없는 한(민소 461조) 제권판결의 불복의 소의 제기사유에 해당되지 못하여 동 제권판결은 취소될 수 없어 결과적으로 X는 본문 수표에 의한 권리행사의 길이 봉쇄되어 A가 수표금을 지급받게 된다.

(3) 본문의 경우 사견(私見)에 의하면, X는 본문 수표가 공시최고절차 진행중임을 알면서 권리의 신고를 고의로 하지 않고 그로 인하여 A는 제권판결을 취득하였으므로, A가 제권판결을 취득할 당시에 X는 수표상의 권리를 잃고 그 대신 A가 수표상의 권리를 회복하여 실질적 권리자가 된다고 볼 수 있다. 따라서 X는 수표상의 무권리자이므로 본문 소송에서 X는 승소할 수 없고, 대신 A가 자기의 실질적 권리에 기하여 본문 수표상의 권리를 행사할 수 있을 것이다. 다만 이 때 Y 또는 A는 X가 본문 수표에 대하여 공시최고절차가 진행중임을 알고 있다는 것을 입증하여야 하는데, 이는 X가 본문 수표를 Y에게 지급제시하고 Y가 동 수표의 지급을 거절하면서 동 수표에 대하여는 이미 공시최고절차가 진행중임을 X에게 주지시켰음을 입증하면 되므로 이의 입증은 어려운 문제가 아닐 것이다.

제 6 절 기타의 제도

제 1 어음보증

1. 의 의

어음보증이라 함은 「어음채무를 담보할 목적으로 하는 부속적 어음행위」이다. 이러한 어음보증은 인적 담보를 부가하는 것이고, 주채무의 존재를 전제하므로 「종된 채무」이다. 또한 어음보증은 그 형식에서 숨은 어음보증 또는 공동어음행위와 구별되고, 민법상 보증과도 구별된다(동지: 대판 1998. 6.
26, 98 다 2051 참조).

어음보증의 법적 성질에 대하여 단독행위설(통설·판례〈대판 2002. 12. 10,
2001 다 58443〉)과 계약설(소수설)로 나뉘어 있는데, 어음보증(어음인수의 경우도 동일함)도 어음행위이므로 어음행위의 효력발생시기(어음이론)에 대하여 권리외관설에 의하여 보충된 발행설(절충설)을 취하는 경우에는 이와 동일하게 해석하여야 한다고 본다.

수표보증은 어음보증과 대체로 같으나, 다만 「지급인」이 보증인이 될 수 없다는 점에서 어음보증과 구별된다(수 25조).

2. 당 사 자

(1) 어음보증인

어음보증인이 될 수 있는 자격에는 아무런 제한이 없다. 따라서 어음관계에 관여하지 않은 「제3자」는 물론이고, 이미 어음상에 기명날인 또는 서명을 하여 「어음채무자」가 된 자도 어음보증인이 될 수 있다($_{77조 3항;}^{어 30조 2항;}$). 그러나 수표의 경우에는 이미 앞에서 본 바와 같이 지급인은 수표보증인이 될 수 없다($_{2항}^{수 25조}$).

(2) 피보증인

피보증인이 될 수 있는 자는 「어음채무자」이다.

3. 방 식

(1) 기재사항

1) 정식보증　　어음보증인이 어음상에 (i) 보증 또는 이와 같은 뜻이 있는 문구(보증문언) 및 (ii) 피보증인을 표시하고, (iii) 기명날인 또는 서명을 한 경우를, 정식보증이라고 한다($_{3항; 수 26조 2항·4항 1문}^{어 31조 2항·4항 1문, 77조}$). 어음보증인은 이외에도 어음보증을 함에 있어서 거절증서작성면제($_{4호; 수 42조 1항}^{어 46조 1항, 77조 1항}$), 예비지급인($_{77조 1항 5호}^{어 55조 1항,}$) 등을 기재할 수 있다.

2) 약식보증　　어음보증인이 피보증인을 표시하지 않고 어음상에 「보증문언」만을 기재하고 「기명날인 또는 서명」하거나($_{3항; 수 26조 4항 2문}^{어 31조 4항 2문, 77조}$), 또는 보증문언도 기재하지 않고 단순히 「기명날인 또는 서명」만을 한 경우(간략약식보증)($_{3항; 수 26조 3항 1문}^{어 31조 3항 1문, 77조}$)를 약식보증이라고 한다.

약식보증 중에서 보증문언은 있으나 피보증인만의 기재가 없는 약식보증은 어음의 앞면 또는 뒷면의 어디에도 할 수 있는데, 보증문언도 기재하지 않고 단순히 어음보증인의 기명날인 또는 서명만을 하는 간략약식보증은 어음의 뒷면에만 할 수 있다($_{3항; 수 26조 3항 1문}^{어 31조 3항 1문, 77조}$). 다만 이 때에는 발행인을 피보증인으로 본다($_{3항; 수 26조 4항 2문}^{어 31조 4항 2문, 77조}$).

(2) 기재장소

어음보증은 어음 자체, 그 등본(어음의 경우에만 인정됨) 또는 보충지(補箋)에 하여야 한다($_{1항; 어 67조 3항, 77조 1항 6호}^{어 31조 1항, 77조 3항; 수 26조}$).

4. 시 기

어음채무가 존속하는 동안에는 언제든지 어음보증이 가능하다. 따라서 어음이 지급제시기간이 경과하였으나 소멸시효가 완성하기 전에는 상환(소구)의무자를 위한 어음보증은 불가능하나 주채무자를 위한 어음보증은 가능하다.

또한 어음보증은 원칙적으로 어음채무가 성립한 후에만 가능하나, 예외적으로 어음채무가 성립하기 전에도 가능하다고 본다.

5. 내 용

(1) 일부보증

어음보증은 피보증인의 어음채무의 전부에 대하여 하는 것이 원칙이나, 예외적으로 피보증인의 어음채무의 일부에 대하여도 가능하다($^{어\ 30조\ 1항,\ 77조}_{3항;\ 수\ 25조\ 1항}$). 이것은 인수의 경우와 같으나($^{어\ 26조\ 1항}_{단서}$), 배서의 경우와는 구별되는 점이다($^{어\ 12조\ 2항,\ 77조\ 1항}_{1호;\ 수\ 15조\ 2항}$).

(2) 조건부 어음보증

어음보증인이 어음보증을 하면서 어음면상 「우기(右記)금액의 지급을 지급기일까지 보증함」이라고 기재한 경우와 같이 조건부보증을 한 경우에, 그 조건 및 어음보증의 효력을 어떻게 볼 것인가에 대하여 학설은 유해적 기재사항설·무익적 기재사항설 및 유익적 기재사항설로 나뉘어 있다.

[조건부어음보증을 유효라고 본 판례]

"어음법상 보증의 경우에는 발행 및 배서의 경우와 같이 단순성을 요구하는 명문의 규정이 없을 뿐 아니라, 주된 채무를 전제로 하는 부수적 채무부담행위인 점에서 보증과 유사한 환어음의 인수에 조건을 붙인 경우에는 일단 인수거절로 보되 인수인으로 하여금 인수의 문언에 따라 책임을 지도록 함으로써 부단순(不單純)인수를 인정하고 있음에 비추어 볼 때, 어음보증에 대하여 환어음의 인수의 경우보다 더 엄격하게 단순성을 요구함은 균형을 잃은 해석이라고 하겠고 또 조건부보증을 유효로 본다고 하여 어음거래의 안전성이 저해되는 것도 아니므로, 조건을 붙인 부단순(不單純)보증은 그 조건부보증문언대로 보증인의 책임이 발생한다고 보는 것이 타당하다($^{대판\ 1986.\ 3.\ 11,}_{85\ 다카\ 1600}$)."

생각건대 보증은 인수와 같이 적어도 채무부담을 목적으로 하는 부속적 어음행위라는 점에서는 그 성격이 유사한데(물론 다른 점에서는 차이가 있으나), 부단순(不單純)인수($^{어\ 26조}_{2항}$)에서 인수인의 책임을 인정하고 있으므로 부단순(不單純)보증에서도 동 규정을 유추적용하여 부단순(不單純)보증인의 책임을 인정하여야 한다고 본다. 따라서 어음보증에 붙인 조건을 유익적 기재사항으로 보는 견해에 찬성한다(이에 관한 상세는 정찬형, 「상법강의(하)(제24판)」, 456~458면 참조).

≫ 사례연습 ≪

[사 례]

Y은행 중앙지점 대부계 대리인 B는 Z회사를 위하여 지급기일이 1983. 10. 20(목)인 Z회사 발행의 약속어음에 권한 없이 Y은행 중앙지점장 A명의로 보증하고, 「우기(右記)금액의 지급을 지급기일까지 보증함」이라고 기재하였다. Z회사는 동 어음을 수취인 C에게 교부하고, C는 X에게 배서양도하였다. X는 동 어음을 1983. 10. 26(수)에 Z회사에게 지급제시하였으나 지급거절되었다. X는 동 어음에 의하여 Y은행에 어음보증채무의 이행을 청구할 수 있는가?

* 이 사례는 정찬형, 「상법사례연습(제 4 판)」, 사례 115에 기초한 것이므로, 이에 관한 상세는 同書를 참고하기 바람.

[해 답]

본문에서 Y은행은 피위조자로서는 표현책임의 법리에 의하여 X에게 어음상의 책임을 부담하나, 조건부 어음보증이 유효하다는 유익적 기재사항설에 따르면 B가 「지급기일까지 보증함」이라고 기재한 문언은 조건(또는 제한)으로서 유효한데 X는 본건 어음을 지급기일까지 Y은행에 제시하지 않았으므로 Y은행은 X의 조건불이행으로 인하여 어음보증인으로서의 책임을 부담하지 않는다($\frac{동지: 대판 1986. 3.}{11, 85 다카 1600}$). 결국 Y은행은 X에게 어음상의 책임이 없다.

참고적으로 본문의 경우 조건부 어음보증에 대하여 유해적 기재사항설에 따르면 Y은행은 X에게 어음상의 책임을 부담하지 않을 것이나, 무익적 기재사항설에 따르면 Y은행은 X에게 어음상의 책임을 부담하게 될 것이다.

6. 효 력

(1) 어음보증인의 어음소지인에 대한 책임

어음보증인은 한편으로는 피보증인과 동일한 책임을 부담하지만(부종성)($\frac{어 32조}{1항, 77조}$ $\frac{3항; 수}{27조 1항}$), 다른 한편으로는 피보증인의 채무가 그 방식에 하자가 있는 경우 외에는 어떠한 사유로 인하여 무효가 된 때에도 그 책임을 부담한다(독립성)($\frac{어 32조 2항, 77조}{3항; 수 27조 2항}$). 어음보증인의 책임의 독립성은 민법상 보증인의 책임에는 없는 것으로서($\frac{민 433조~}{437조}$), 어음보증인의 책임은 이와 같은 어음보증채무의 부종성과 독립성을 어떻게 적절히 조화하여 해석하느냐에 달려 있다.

1) 부 종 성   어음보증인의 책임도 보증책임이므로 민법상 보증채무와 같

이 부종성과 수반성을 갖는다(통설). 따라서 피보증채무가 부존재하거나 지급·상계·면제·소멸시효 등으로 소멸한 때에는 어음보증채무도 부존재하거나 소멸하게 되고 (부종성), 피보증인에 대한 어음상의 권리가 이전하면 어음보증인에 대한 어음상의 권리도 원칙적으로 이전한다(수반성). 어음보증인의 책임이 부종성이 있는 결과 어음보증인의 책임의 성질과 범위도 원칙적으로 피보증인의 그것과 같다. 어음법은 이 점을 명백히 하여 「보증인은 보증된 자와 같은 책임을 진다」고 규정하고 있다 ($\frac{\text{어 32조 1항; 77조;}}{\text{3항; 수 27조 1항}}$). 어음보증인의 책임의 이러한 부종성의 결과 어음소지인이 피보증인에 대하여 소구권보전절차 또는 시효중단절차를 취하면 어음보증인에 대하여 다시 그러한 절차를 취하지 않더라도 어음보증인에 대한 어음소지인의 권리는 보전된다 (동지: 대판 1988. 8. 9, 86 다카 1858;) (동 1989. 10. 24, 88 다카 20774).

2) **독 립 성**　어음보증인은 담보된 채무(피보증채무)가 그 방식에 흠(하자)이 있는 경우 외에는 어떠한 사유로 무효가 되더라도 그 효력을 가진다($\frac{\text{어 32조 2항; 77조;}}{\text{3항; 수 27조 2항}}$). 즉, 피보증채무가 실질적으로 무효이어서 피보증인이 어음채무를 부담하지 않는 경우(예컨대, 의사무능력자의 기명날인 또는 서명, 위조의 기명날인 또는 서명 등)에도 어음보증은 유효하다는 것이다. 따라서 이것은 어음행위독립의 원칙이 어음보증에도 적용되는 점을 어음법이 분명히 규정하고 있는 것이다. 그러므로 어음보증인의 책임은 어음소지인과의 관계에서는 피보증인의 책임과는 별개로서, 어음보증인은 피보증인과 함께 어음소지인에 대하여 합동책임을 부담한다($\frac{\text{어 47조 1항; 77조 1항}}{\text{4호; 수 4조 1항}}$). 따라서 어음보증인은 민법상의 보증인과는 달리 어음소지인에 대하여 최고·검색의 항변($\frac{\text{민}}{\text{437조}}$)을 주장할 수 없고 어음금을 지급하여야 하며, 한편 어음소지인은 어음보증인과 피보증인의 1인 또는 전원에 대하여 어음금의 지급을 청구할 수 있다($\frac{\text{어 47조 2항; 77조 1항}}{\text{4호; 수 43조 2항}}$). 또한 동일한 어음채무에 관하여 수 인의 어음보증인이 있는 경우에도 민법상의 공동보증인과는 달리 보증인 상호간에 분별의 이익($\frac{\text{민}}{\text{439조}}$)이 없고, 각자는 어음금 전액에 대하여 합동책임을 부담한다($\frac{\text{어 47조 1항; 77조 1항}}{\text{4호; 수 43조 1항}}$).

3) **종 합**　어음보증인의 책임은 위에서 본 바와 같이 부종성과 독립성이 있어 이것은 상호 상충되는데, 이 양자를 어떻게 조화하여 해석할 것인가가 문제된다. 이의 이해를 위하여 다음의 예에서 구체적으로 살펴본다. 즉, A가 B로부터 상품을 구입하고 그 대금지급조로 약속어음을 발행하여 Y로부터 어음보증을 받아 B에게 교부하고 B는 다시 동 어음을 X에게 배서양도한 경우에, 어음보증인인 Y의 B 또는 X에 대한 어음상의 책임이 어떠한가를 살펴본다.

㈎ **Y의 B에 대한 어음상의 책임**　A가 피위조자 또는 의사무능력자(제한능력자

인 경우에는 자기의 어음행위를 취소한 후)로서 A가 어음보증 당시에 어음채무를 부담하지 않는 경우(A의 물적 항변사유) 또는 Y가 A를 위하여 어음보증을 한 후에 A·B간의 매매계약이 해제된 경우(A의 인적 항변사유)에 Y는 B에 대하여 어음보증채무를 이행하여야 하는가. 이 때 어음보증의 부종성을 강조하면 Y는 어음보증채무의 이행을 거절할 수 있는 것으로 생각되고, 독립성을 강조하면 Y는 어음보증채무를 이행하여야 하는 것으로 생각된다.

① A가 피위조자 등으로 인하여 어음채무를 부담하지 않는 경우에도(즉, 피보증채무가 실질적으로 부존재한 경우에도) Y의 어음보증채무는 유효하게 성립한다(어음보증의 독립성). Y가 어음보증을 한 후에 A·B간의 매매계약이 해제된 경우에는 어음보증의 독립성을 거론하지 않더라고 당연히 어음보증채무는 유효하게 성립한다. 이와 같이 어음보증채무가 유효하게 성립하는 것은 B가 악의인 경우에도 동일하다(어음행위독립의 원칙이 악의의 어음취득자에도 적용되는 점). 다만 이 때 B가 이러한 사실을 알고 있으면서(악의) 어음보증채무의 이행을 청구하는 것은 권리남용이 되기 때문에 Y는 어음보증채무의 이행을 거절할 수 있다고 본다.

② 그러나 앞에서 본 바와 같이 A의 B에 대한 어음채무가 지급·상계·면제·소멸시효 등으로 소멸한 경우에는 어음보증채무의 부종성에 의하여 Y의 어음보증채무도 소멸하므로 Y는 B에 대하여 어음보증채무가 없음을 항변할 수 있다(어음보증의 부종성). 그러나 A가 B에 대하여 매매계약을 해제할 수 있음에도 불구하고 해제하지 않고 있는 동안에는, Y는 B에 대하여 어음보증채무의 이행을 거절할 수 없다고 본다(어음보증의 독립성)($\binom{\text{민법상의 보증과의}}{\text{차이: 민 435조}}$).

(바) Y의 X에 대한 어음상의 책임

① A·B간의 매매계약이 해제된 후에 B가 X에게 배서양도한 경우에는(A의 인적 항변사유), X가 그러한 사실을 알고 어음을 양수한 경우 외에는 A는 X에 대하여 어음상의 책임을 부담한다($\binom{\text{어 77조 1항 1호}}{\text{17조 본문}}$). 따라서 어음보증인인 Y도 피보증인 A와 같이 X가 매매계약이 해제된 사실을 알고 어음을 양수한 경우 외에는 X에 대하여 당연히 어음상의 책임을 부담한다. 그러나 X가 이러한 사실을 알고 어음을 양수한 경우에는 Y의 어음보증채무는 성립하나(어음보증채무의 독립성과 어음행위독립의 원칙이 악의의 어음취득자에게도 적용되는 점에서), 이 때 X가 이러한 사실을 알고(악의) Y에게 어음보증채무의 이행을 청구하는 것은 권리남용에 해당되므로 Y는 X에 대하여 어음보증채무의 이행을 거절할 수 있다고 본다($\binom{\text{동지: 대판 1988. 8.}}{\text{9, 86 다카 1858}}$).

그러나 A·B간의 매매계약이 B가 어음을 X에게 양도한 후에 해제된 경우에는 X가 그 후에 이러한 사실을 알았다 하더라도 A는 X에 대하여 악의의 항변을 주장할 수 없으므로, Y도 언제나 X에 대하여 어음상의 책임을 부담한다고 본다(동지: 대판 1982. 4. 13, 81 다카 353).

② A의 어음발행이 위조의 어음행위이거나 또는 의사무능력자(제한능력자인 경우에는 자기의 어음행위를 취소한 후)의 어음행위로서 무효인 경우에는, A는 B에 대하여는 물론이고 X에 대하여도(X가 선의이든 또는 악의이든 불문하고) 자기의 어음행위가 무효임을 주장하여 어음채무를 부담하지 않는다(물적 항변사유 중 비증권상의 항변). 그런데 A의 어음보증인인 Y는 X에 대하여 어음보증채무를 부담하는가. 이 경우에도 Y의 X(및 B)에 대한 어음보증채무는 유효하게 성립하나(어음보증의 독립성), X가 피보증인(A)의 어음행위가 무효인 사정을 알면서(즉, 악의이면서) Y에 대하여 어음보증채무의 이행을 청구하는 것은 권리남용이 되어 Y는 X에게 어음보증채무의 이행을 거절할 수 있다고 본다.

그러나 기본어음의 요건흠결·피보증채무의 소멸시효완성·만기미도래·배서불연속·어음면상 명백한 지급필 등과 같이 어음상에 나타난 물적 항변사유(물적 항변사유 중 증권상의 항변)로 인하여 A의 피보증채무가 부존재(무효)한 경우에는 Y의 어음보증채무는 성립하지 않으므로(어음보증의 부종성)(어 32조 2 항 반대해석, 77조 3 항; 수 27조 2 항 반대해석) Y는 누구에 대하여도 어음보증채무의 이행을 거절할 수 있다.

어음보증인의 책임을 피보증인의 항변사유에 따라 도시(圖示)하면 아래와 같다.

항변사유 / 어음보증인과 어음소지인과의 관계	보증인과 피보증인의 직접상대방(악의)과의 관계 (Y·B간의 관계)	보증인과 피보증인의 직접 상대방 이외의 자 (악의)와의 관계 (Y·X간의 관계)
인적 항변사유 — 원인관계의 부존재, 무효, 취소	보증채무의 이행거절가능 (권리남용)	보증채무의 이행거절가능 (권리남용)
인적 항변사유 — 기타의 인적 항변(원인관계상 가지는 취소권·해제권·상계권 등)	보증채무의 이행거절불가 (독립성) (민 433조~435조와 비교)	보증채무의 이행거절불가 (독립성) (민 433조~435조와 비교)
물적 항변사유 — 증권상의 항변	보증채무의 불성립(모든 자에 대하여 이행거절가능)	보증채무의 불성립(모든 자에 대하여 이행거절가능)
물적 항변사유 — 비증권상의 항변	보증채무의 이행거절가능 (권리남용)	보증채무의 이행거절가능 (권리남용)

(2) 어음보증인의 구상권

어음보증인이 어음채무를 이행하면 자기의 보증채무도 소멸되지만, 이와 동시에 피보증채무도 소멸한다. 이 때 보증채무를 이행한 어음보증인은 피보증인 및 그의 전자인 어음채무자(주채무자를 포함)에 대하여 어음상의 권리를 취득하는데($\frac{어 32조 3항, 77조}{3항; 수 27조 3항}$), 이것이 어음법상 인정된 어음보증인의 구상권이다. 어음보증인이 이러한 어음법상의 구상권을 취득하는 것은 법률의 규정에 의하여 독립적·원시적으로 취득하는 것으로 본다(법정취득설)(통설).

어음보증인은 위와 같이 어음법상 인정된 구상권을 취득하는 외에, 어음 외의 실질관계에서 발생하는 민법상 보증인의 구상권($\frac{민 441조 \sim}{446조}$)도 취득한다(통설). 따라서 어음보증인은 어음법상의 구상권과 민법상의 구상권 중 어느 것을 선택하여 행사할 수 있다.

어음보증인이 어음금액의 일부에 대하여 보증하고 그 보증채무를 이행한 경우에는 그 이행한 부분에 한하여 피보증인 및 그의 전자에 대하여 구상권을 취득하고, 잔액에 대한 어음상의 권리는 여전히 어음소지인에게 귀속한다. 동일한 어음채무를 위하여 수 인이 공동의 어음보증을 한 경우에는 공동보증인은 합동책임을 부담하므로($\frac{어 47조 1항, 77조 1항}{4호; 수 43조 1항}$) 공동보증인 중의 1인이 보증채무를 이행한 때에는, 어음법상으로는 다른 공동보증인에 대한 구상권이 없고 민법의 일반원칙에 의하여 다른 공동보증인에 대한 구상권이 발생할 뿐이다($\frac{민 448조 2항}{425조}$).

≫ 사례연습 ≪

[사 례]

A는 B로부터 상품을 구입하고 그 대금조로 B를 수취인으로 기재한 배서금지의 약속어음을 작성하여 Y로부터 어음보증을 받은 후 B에게 교부하였다. B는 동 어음을 X에게 양도하면서 A에게 수취인란의 B의 기재를 X로 변경하여 줄 것을 요청하였고, A는 이를 승낙하여 동 어음의 수취인란의 B의 기재를 X로 변경하여 주었는데 이에 대하여 Y의 동의를 받지 않았다. 그런데 그 동안에 A가 B로부터 구입한 상품에 하자가 있어 A는 동 상품을 B에게 반환하고 매매계약을 해제하였다. 이 때 X는 A 및 Y에게 어음상의 권리를 행사할 수 있는가?(X의 Y에 대한 어음상의 권리는 Y가 수취인의 변경기재에 대하여 동의를 하지 않은 경우와 동

의를 한 경우를 나누어서 해답할 것)

* 이 사례는 정찬형, 「상법사례연습(제 4 판)」, 사례 116에 기초한 것이므로, 이에 관한 상세는 同書를 참고하기 바람.

[해 답]

1. A의 어음상의 책임

배서금지어음은 배서에 의한 양도만이 제한되는 것이므로 배서 이외의 양도방법인 지명채권양도방법에 의해서는 당연히 양도될 수 있는데, 어음법은 이를 명문으로 규정하고 있다($_{11조 2항 전단}^{어 77조 1항 1호}$). X는 B로부터 배서금지어음을 지명채권양도방식에 의하여 대항요건을 갖추어 취득하고 있으므로 어음상의 권리를 정당하게 취득한다. 그러나 X는 지명채권양도의 효력으로써만 어음상의 권리를 취득하므로 A는 B에 대한 모든 항변사유로써 X에게 대항할 수 있다. 그런데 A와 B 사이에는 원인관계상의 상품매매계약이 해제되어 A는 B에 대한 이러한 항변사유로써 X에게 대항할 수 있으므로, A는 X에 대하여 어음상의 책임을 지지 않는다.

2. Y의 어음상의 책임

(1) Y가 수취인의 변경기재에 대하여 동의를 하지 않은 경우

1) 어음행위자가 자기의 기재내용을 변경하는 것은 변경으로 변조가 되지 않으나, 자기의 기재내용이라고 하더라도 이미 동 어음상에 다른 권리 또는 의무를 부담하는 자가 있는 경우에는 이러한 자의 동의를 얻지 않고 한 변경은 동의를 받지 않은 자에 대해서는 변조가 된다($_{(1981. 11. 10, 80 다 2689; 동 1987. 3. 24, 86 다카 37; 동 1989. 10. 24, 88 다카 20774)}^{동지: 대판 1981. 11. 24, 80 다 2345; 동 1981. 10. 13, 81 다 726, 81 다카 90; 동}$). 따라서 동의를 하지 않은 어음상의 의무자는 변조 전의 문언에 따라서만 책임을 진다($_{7호, 69조}^{어 77조 1항}$).

2) 본문의 경우를 수취인 명의의 변경에서만 보면, A는 자기가 기재한 수취인 명의인 B를 X로 변경하였으나, 이미 동 어음상에 의무를 부담하고 있는 어음보증인인 Y가 있고 또 Y의 동의를 얻지 않았으므로 A의 수취인 명의의 변경은 Y에 대해서는 변조가 된다. 따라서 이러한 변조의 효과로서 Y는 변조 전의 문언에 따라서만 어음상의 책임을 지므로(즉 B 또는 B로부터 정당하게 어음을 양수한 자에 대해서만 책임을 지므로), Y는 X에 대해서는 어음보증인으로서 어음상의 책임을 지지 않는다. 그러나 본문의 경우는 순수한 수취인 명의의 변경이라기보다는 다음에서 보는 바와 같이 어음상의 권리가 B에서 X로 먼저 양도되고 이의 결과로서 수취인의 명의를 변경한 것이므로 Y에 대하여 변조가 된다고 보기는 어렵다고 본다.

(2) Y가 수취인의 변경기재에 대하여 동의를 한 경우

Y가 수취인의 변경기재에 대하여 동의를 한 경우에는 어음변조에 해당하지 않아

Y는 어음보증인으로서 A와 동일한 어음상의 책임을 진다($\frac{어 77조 3 항}{32조 1 항}$). 그런데 이 경우에 다음의 문제점과 관련하여 Y가 어음상의 책임을 부담하는지 여부를 살펴보겠다.

1) 어음보증인에 대한 대항요건

① 어음보증이 있는 배서금지어음을 지명채권양도방법에 의하여 양도하는 경우에 피보증인에 대하여만 대항요건을 갖추면 어음보증인에 대하여도 어음상의 권리를 행사할 수 있는가 또는 어음보증인에 대하여도 다시 대항요건을 갖추어야 그에 대하여 어음상의 권리를 행사할 수 있는가의 문제가 있다. 어음보증인의 책임도 보증책임이므로 민법상의 보증채무와 같이 부종성과 수반성을 갖는다(통설). 즉 피보증채무가 지급·상계·면제·소멸시효 등으로 소멸한 때에는 보증채무도 소멸하고(부종성), 피보증채무(어음채무)가 이전하면 어음보증인에 대한 채권도 원칙적으로 이전한다(수반성).

따라서 어음보증채무의 이러한 수반성에 의하여 배서금지어음의 양수인은 어음채무자(피보증인)에 대하여 대항요건을 갖추기만 하면 그 어음보증인에 대하여 다시 대항요건을 갖추지 않아도 어음보증인에 대한 권리를 취득한다고 본다($\frac{동지: 대판 1989. 10. 24, 88 다카}{20774; 동 1976. 4. 13, 75 다 1100}$).

② 본문의 경우 Y가 수취인의 변경기재에 대하여 동의를 하였으면 Y에 대하여도 대항요건을 갖춘 것이 되어 아무런 문제가 발생할 여지가 없으나, 설사 Y가 수취인의 변경기재에 대하여 동의를 하지 않은 경우에도 위에서 본 바와 같이 B가 X에게 어음상의 권리를 지명채권양도방법에 의하여 양도하면서 어음채무자(발행인)인 A의 승낙을 받아 대항요건을 갖추었으면 A의 어음보증인인 Y에 대하여 다시 통지 또는 승낙의 대항요건을 갖추지 않아도 보증채무의 수반성에 의하여 Y는 X에 대하여 어음보증인으로서의 책임을 진다고 볼 수 있다.

2) 어음보증인이 피보증인의 원인관계상의 항변을 원용할 수 있는지 여부

① 어음보증인은 피보증인이 어음소지인에 대하여 갖는 원인관계상의 항변을 원용할 수 있는지 여부가 문제된다. 어음보증은 앞에서 본 바와 같이 부종성(수반성을 포함)과 독립성이 있는데, 부종성을 강조하면 어음보증인은 피보증인의 원인관계상 항변을 원용할 수 있다고 보아야 할 것 같고, 독립성을 강조하면 어음보증인은 피보증인의 원인관계상의 항변을 원용할 수 없을 것 같다.

생각건대 어음보증인의 책임은 민법상 보증책임과는 달리 그 부종성이 약화되고 독립성이 강화되어 어음보증인은 피보증인과 함께 어음소지인에 대하여 합동책임을 부담하므로($\frac{어 77조 1 항 4 호,}{47조 1 항}$), 어음보증인은 어음소지인에 대하여 최고·검색의 항변($\frac{민}{437조}$)을 주장할 수 없고 어음금을 지급하여야 하며 한편 어음소지인은 어음보증인과 피보증인 1인 또는 전원에 대하여 어음금의 지급을 청구할 수 있다($\frac{어 77조 1 항}{4 호, 47조 2 항}$). 그런데 이러한 어음보증채무의 독립성은 어음소지인을 보호하기 위한 것으로 어음이 어음법적 양도방법(배서·교부)에 의하여 양도되는 경우에 적용되는 것이지 본문 어음의 경우와 같이 지명채권양도의 효력이 있는 양도에까지 적용된다고 볼 수는 없다. 또한 어음보증채무의 독립성은 어음채무의 성립에 관한 것으로서 이로 인하여 어음보증인이 언제나 어음소지인에 대하여 어음채무를 이행하여야 하는 것으로 볼 수는 없다. 즉 어음소지인이 피보증인은 어음채무를 부담하지 않는다는 사정을 알면서 어음을 취득하여 어음보증인에게 어음상의 권리를 행사하면 어음보증인은 어음보증의 독립성에서 어음채무의 성립은 인정하지만 그러한 어음소지인의 권리행사는 권리남용이 된다는 점을 주장하여 어음보증채무의 이행을 거절할 수 있는 것이다($^{동지:\ 대판\ 1988.\ 8.}_{9,\ 86\ 다카\ 1858}$).

② 본문의 경우 어음보증인인 Y는 어음보증채무가 유효하게 성립하는 점은 인정하지만 B가 Y에 대하여 어음보증채무의 이행을 청구하는 것은 권리남용이 됨을 주장하여 그 이행을 거절할 수 있고, 또한 이는 B로부터 어음상의 권리를 지명채권양도방식에 따라서 취득한 X에 대하여도(X의 선의·악의를 불문하고) 주장할 수 있다고 본다.

제 2 어음참가(어음에 특유한 제도)

1. 총 설

(1) 참가의 의의

참가라 함은 「상환청구(소구)를 저지하기 위하여 제 3 자가 어음관계에 가입하는 것」이다. 어음참가는 제 3 자가 어음관계에 가입하여 어음의 신용을 유지하는 점에서는 어음보증과 비슷하지만, 어음보증이 예방적인데 반하여 어음참가는 사후조치라는 점에서 양자는 서로 다르다.

이러한 참가제도는 수표에는 없고, 어음에 특유한 제도이다. 그런데 약속어음에 대하여 어음법은 참가지급에 관한 규정만을 준용하고($^{어\ 77조}_{1항\ 5호}$) 참가인수에 관한 규정을 준용하고 있지 않다. 따라서 약속어음에 관하여 참가인수를 인정할 것인가에 대하여 의문이 있다. 이에 대하여 약속어음에는 참가인수제도를 부정하는 부정설(소수설)도 있으나, 참가인수는 인수거절의 경우뿐만 아니라 소지인이 만기 전에 상환청구(소구)할 수 있는 모든 경우에 그것을 저지하기 위하여 할 수 있는 것이므로 약속어음에도 참가인수제도를 긍정하는 긍정설(통설)이 타당하다고 본다.

(2) 참가의 종류

참가에는 참가인수와 참가지급이 있다. 참가인수는 만기 전의 상환청구(소구)

를 저지하기 위하여 제3자가 참가하여 상환(소구)의무를 인수하는 경우이고, 참가지급은 만기 전이든 만기 후이든 불문하고 상환청구(소구)를 저지하여 제3자가 참가하여 지급하는 경우이다.

(3) 참가의 당사자

1) 참 가 인　　참가를 하는 자를 참가인이라고 하고, 참가의 종류에 따라 참가인수인과 참가지급인이 있다. 또 참가는 어음의 기재상 참가할 것이라고 예정된 자(예비지급인)가 하는 경우와, 그렇지 아니한 순수한 제3자(협의의 참가인)가 하는 경우가 있다.

2) 피참가인　　모든 상환(소구)의무자와 그 보증인은 피참가인이 될 수 있다 ($_{77조\,1항\,4호}^{어\,55조\,2항,}$).

(4) 참가의 통지

참가인은 피참가인에 대하여 참가일로부터 2거래일 내에 그 참가의 통지를 하여야 한다($_{77조\,1항\,5호}^{어\,55조\,4항\,1문,}$).

통지기간을 준수하지 아니한 경우에 과실로 인한 손해가 발생한 때에는 참가인은 어음금액의 한도 내에서 그 배상책임을 부담한다($_{77조\,1항\,5호}^{어\,55조\,4항\,2문,}$).

2. 참가인수

(1) 참가인수의 의의와 성질

참가인수라 함은 「만기 전의 상환청구(소구)를 저지하기 위하여 어음을 지급할 것을 약속하는 어음행위」를 말한다.

참가인수의 법적 성질에 관하여는 상환(소구)의무의 인수라고 해석하는 것이 타당하다(통설). 따라서 참가인수인의 채무는 인수인의 그것과 구별된다. 즉 참가인수인의 채무의 소멸시효기간은 인수인의 그것과 달라서 3년이 아니라 피참가인의 그것과 동일하고, 참가인수인은 이득상환의무자도 아니며($_{79조}^{어}$), 참가인수인의 파산은 상환청구(소구)원인($_{43조}^{어}$)이 되지 아니한다.

(2) 참가인수의 요건

참가인수는 만기 전에 상환청구(소구)권을 행사할 수 있는 모든 경우에 할 수 있다($_{1항}^{어\,56조}$). 따라서 인수제시금지어음($_{2항}^{어\,22조}$)에 관하여는 참가인수가 인정되지 아니한다($_{1항}^{어\,56조}$).

(3) 참가인수의 방식

참가인수는 어음 자체에 「참가인수문구」를 기재하고, 참가인수인이 「기명날인 또는 서명」하여야 하다($^{\text{어}}_{\text{1문}}$57조). 참가인수는 「피참가인」을 표시하여야 하는데($^{\text{어}}_{\text{2문}}$57조), 피참가인의 표시가 없어도 무효가 되는 것은 아니고 환어음의 경우는 발행인(약속어음의 경우는 제 1 배서인)을 위하여 참가인수한 것으로 본다($^{\text{어}}_{\text{3문}}$57조). 예비지급인의 참가인수는 그 지정자를 위하여 한 것이라고 보아야 한다.

참가인수는 그 성질상 인수와 같이 단순하여야 한다. 그러나 인수의 경우와는 달리 일부참가인수는 허용되지 않는다고 본다($^{\text{어}}_{\text{참조}}$59조 2항).

(4) 참가인수의 선택

어음소지인은 원칙적으로 참가인수를 거절할 수 있다($^{\text{어}}_{\text{3항 1문}}$56조). 그러나 지급지에 주소를 가지는 예비지급인의 기재가 있는 경우에는 이러한 예비지급인의 참가는 거절하지 못한다($^{\text{어}}_{\text{2항}}$56조).

피참가인을 달리 하는 협의의 참가인수인이 경합하는 경우에, 예컨대 어음소지인이 발행인을 위한 참가인수를 승낙한 때에는 그 후자를 위하는 참가인수를 승낙할 수 없다($^{\text{어}}_{\text{3항 2문}}$56조). 예비지급인의 참가인수와 예비지급인이 아닌 자(협의의 참가인)의 참가인수가 경합하는 경우에는, 어음소지인은 예비지급인의 참가인수를 선택하여야 한다고 본다.

(5) 참가인수의 효력

참가인수인은 어음소지인과 피참가인의 후자에 대하여 피참가인과 동일한 의무를 부담하고($^{\text{어}}_{\text{1항}}$58조), 어음소지인은 피참가인과 그 후자에 대하여 만기전의 상환청구(소구)권을 상실한다($^{\text{어}}_{\text{3항 2문}}$56조).

피참가인의 전자는 참가인수가 있어도 상환(소구)의무를 면할 수 없고, 피참가인도 만기 전에만 상환(소구)의무를 면하는 것이므로 참가인수인이 뒤에 참가지급을 하는 때에는 피참가인은 참가인수인에 대하여 상환을 하여야 한다. 따라서 피참가인과 그 전자는 참가인수에 불구하고 상환청구(소구)금액을 지급하고 어음을 환수할 수 있다($^{\text{어}}_{\text{2항}}$58조).

참가인수인과 피참가인간에는 참가인수로 인하여 직접 아무런 어음상의 관계가 발생하지 아니한다.

3. 참가지급

(1) 참가지급의 의의와 성질

참가지급이라 함은 「만기 전 또는 만기 후의 상환청구(소구)를 저지할 목적으로써 하는 지급」이다.

참가지급의 성질은 본래의 어음의 지급은 아니고, 상환청구(소구)권의 행사를 저지하기 위하여 하는 변제 또는 변제에 유사한 행위라고 볼 수 있다. 또한 참가지급은 어음상의 기명날인 또는 서명을 요하지 아니하므로 참가인수와 같은 어음행위가 아니다.

(2) 참가지급의 요건

참가지급은 만기 전 또는 만기 후에 상환청구(소구)권을 행사할 수 있는 모든 경우에 할 수 있다($_{77조\,1항\,5호}^{어\,59조\,1항,}$).

(3) 참가지급인과 참가지급의 경합

참가지급인이 될 수 있는 자는 참가인수인·예비지급인 또는 제3자이고, 환어음의 인수인(약속어음의 발행인)은 참가지급인이 될 수 없다($_{3항}^{어\,55조}$). 참가인수인 또는 예비지급인이 없는 경우에 순수한 제3자가 참가지급을 할 수 있는데, 만약 어음소지인이 이를 거절하면 그 어음소지인은 참가지급으로 인하여 의무를 면할 수 있었던 자에 대한 상환청구(소구)권을 잃는다($_{1항\,5호}^{어\,61조,\,77조}$).

상이한 피참가인을 위하여 수 인의 참가지급희망자가 있는 경우에는 참가지급희망자가 참가인수인 또는 예비지급인이든 또는 순수한 제3자이든 불문하고, 가장 다수의 의무를 면하게 하는 자가 우선한다($_{77조\,1항\,5호}^{어\,63조\,3항\,1문}$). 자기보다도 선순위에 있는 참가지급인이 있는 것을 알면서 자진하여 참가지급한 참가지급인은 선순위의 참가지급인이 참가지급을 하면 의무를 면할 수 있었던 자에 대한 상환청구(소구)권을 잃는다($_{77조\,1항\,5호}^{어\,63조\,3항\,2문,}$).

(4) 참가지급의 방식·금액 및 시기

참가지급은 이것을 영수한 어음소지인이 어음상에 영수를 증명하는 문구를 적고, 또 피참가인을 표시하는 방법으로 한다($_{77조\,1항\,5호}^{어\,62조\,1항\,전단,}$). 피참가인의 표시가 없는 참가지급은 가장 많은 사람을 면책시키기 위하여 환어음의 경우는 발행인(약속어음의 경우는 제1배서인)을 위하여 지급한 것으로 본다($_{77조\,1항\,5호}^{어\,62조\,1항\,후단,}$).

참가지급인은 피참가인이 지급할 전액을 지급하여야 한다($_{77조\,1항\,5호}^{어\,59조\,2항,}$).

참가인수인은 원칙적으로 지급거절증서를 작성시킬 수 있는 최종일의 다음 날까지 참가지급을 하여야 하고($_{77조\,1항\,5호}^{어\,59조\,3항,}$), 예비지급인 기타 제3자는 만기의 전후를 묻지 않고 참가지급을 할 수 있으나 지급거절증서를 작성시킬 수 있는 최종일의 다음 날까지는 하여야 한다($_{60조\,1항,}^{어\,59조\,3항,}$).

(5) 참가지급의 효력

참가지급으로 인하여 어음소지인의 어음상의 권리는 모든 어음채무자에 대한 관계에서 소멸한다. 한편 피참가인보다 후의 배서인은 상환(소구)의무를 면하나($^{어\ 63조\ 2항,}_{77조\ 1항\ 5호}$), 피참가인은 의무를 면하지 못하고 참가지급인에 대하여 의무를 부담한다($^{어\ 63조\ 1항\ 본문,}_{77조\ 1항\ 5호}$).

참가지급인은 피참가인과 그 전자와 인수인에 대하여 어음으로부터 생기는 권리를 취득한다($^{어\ 63조\ 1항\ 본문,}_{77조\ 1항\ 5호\ 본문}$). 그러나 다시 어음에 배서하지 못한다($^{어\ 63조\ 1항\ 단서,}_{77조\ 1항\ 5호}$).

제 3 복본과 등본

1. 복본(환어음·수표에 특유한 제도)

(1) 복본의 의의

복본이라 함은 「한 개의 어음상의 권리를 표창하는 여러 통의 증권」을 말하는데($^{어\ 64조\ 1항,}_{수\ 48조}$), 환어음 및 수표에만 있는 특유한 제도이다. 약속어음에는 복본제도가 인정되지 않는다(복본제도의 존재이유에 관하여는 정찬형, 「상법강의(하)(제24판)」, 474~475면 참조).

(2) 복본의 발행

1) 환어음의 경우   복본을 발행하는 자는 발행인이다. 복본의 각 통은 동일한 어음관계를 표창하는 것이므로 기재내용은 동일하여야 한다. 복본의 표시로서는 복본이라는 기재 또는 발행복본수의 기재를 요하지 아니하며, 다만 그 증권의 문언 중에 「번호」를 붙일 것을 요구하고 이것이 없는 때에는 각 통은 각각 별개의 환어음으로 본다($^{어\ 64조}_{2항}$).

어음소지인은 어느 때라도 자기 비용으로써 복본의 교부를 청구할 수 있다(복본교부청구권). 그러나 발행인이 한 통만으로 발행한다는 뜻을 어음에 기재한 경우를 제외한다($^{어\ 64조}_{3항\ 1문}$). 수취인이 아닌 어음소지인이 청구하는 경우에는 자기의 직접 배서인에 대하여 청구하고, 그 배서인은 자기의 배서인에 대하여 또 다시 절차를 밟아 순차적으로 발행인에 미친다($^{어\ 64조}_{3항\ 2문}$). 이와 같이 발행인이 원어음과 같이 복본작성의 청구를 받은 때에는 이것을 작성하여 수취인에게 교부하고, 수취인은 새로운 복본에 배서를 재기(再記)하여 이것을 자기의 피배서인에게 교부하며, 피배서인은 또 이것에 배서를 재기하여 이것을 청구자인 어음소지인에게 교부한다($^{어\ 64조}_{3항\ 3문}$).

2) 수표의 경우   수표의 경우에도 복본을 발행하는 자는 발행인이고, 각

복본에는 그 증권의 본문 중에 번호를 붙여야 하며, 이러한 번호가 없는 때에는 각 복본은 별개의 수표라고 보는 점($^{수 48조}_{2문}$)은 환어음의 경우와 같다. 그러나 수표의 복본발행의 요건은 원격성(遠隔性)이 있어야 하고, 복본은 기명식 또는 지시식수표에만 허용되고 소지인출급식수표에는 허용되지 아니한다($^{수 48조}_{1호~4호}$).

(3) 복본의 효력

복본의 한 통에 인수가 있으면 소지인은 나머지 복본에 의하여 또 다시 인수를 구할 수 없고, 한 통에 관하여 어음(수표)의 지급이 있으면 그 지급복본에 「이 복본의 지급으로 인하여 다른 복본은 무효로 된다」는 뜻의 이른바 「파훼(破毀)문구」의 기재 유무에 불구하고 다른 복본은 당연히 무효가 된다(복본일체의 원칙)($^{어 65조 1항 본문;}_{수 49조 1항}$).

이와 같이 환어음의 지급인은 복본의 한 통에 대하여만 인수하면 되고 두 통 이상에 인수하여서는 안 되는 것이지만, 만약 잘못하여 여러 통에 인수하여 그 각 통이 별개로 유통된 경우에는 2중 3중의 인수책임을 부담하여야 한다($^{어 65조}_{1항 단서}$).

또한 복본은 원래 합일적으로 동일인으로부터 동일인에게 유통되어야 하지만, 복본소지인이 고의 또는 과실로 각 통을 각각 다른 사람에게 배서양도한 때에는 그 배서인은 반환을 받지 아니한 각 통에 대하여 배서인으로서의 어음책임을 부담하여야 하고, 또 그 후에 이러한 복본에 배서한 사람은 그 배서한 복본에 대하여 각각 책임을 부담하게 된다($^{어 65조 2항;}_{수 49조 2항}$). 이 때에 「반환받지 아니한 각 통」이라 함은 배서인 자신이 반환받지 않은 것을 의미하는 것이 아니라, 지급인이 반환받지 않은 것을 의미한다.

(4) 인수를 위한 복본의 송부

인수하기 위하여 복본의 한 통을 격지에 송부하고(송부복본) 다른 한 통으로써 배서양도에 이용할 수 있는데(유통복본), 이 경우에는 유통복본에 송부복본의 소지인을 기재하여야 하고($^{어 66조}_{1항 1문}$), 이 기재가 있는 유통복본의 소지인은 송부복본의 소지인에 대하여 그 반환을 청구할 수 있으며, 송부복본의 소지인은 이 유통복본의 정당한 소지인에 대하여 그가 소지하는 복본을 교부하여야 한다($^{어 66조}_{1항 2문}$). 만약 송부복본의 소지인이 그 교부를 거절하는 때에는 유통복본의 소지인은 거절증서(복본반환거절증서)에 의하여 (i) 송부복본을 청구하여도 교부되지 아니하였다는 것과, (ii) 유통복본으로써 인수 또는 지급을 받을 수 없다는 것을 증명하여 상환청구(소구)권을 행사할 수 있다($^{어 66조}_{2항}$).

2. 등본(어음에 특유한 제도)

(1) 등본의 의의

등본이라 함은 「어음원본을 등사한 것」이다. 등본은 환어음뿐만 아니라 약속어음에도 존재하는 제도이나($^{어\ 67조\sim68조,}_{77조\ 1항\ 6호}$), 수표에는 없다(등본과 복본이 구별되는 점 및 등본의 존재이유에 대하여는 정찬형, 「상법강의(하)(제24판)」, 479면 참조).

(2) 등본의 발행

등본은 복본과 달라서 어음소지인이 임의로 작성할 수 있다($^{어\ 67조\ 1항,}_{77조\ 1항\ 6호}$). 등본에는 배서된 사항이나 그 밖에 원본에 적힌 모든 사항을 정확히 다시 적고, 끝부분임을 표시하는 기재를 하여야 한다($^{어\ 67조\ 2항,}_{77조\ 1항\ 6호}$). 또 등본에는 원본보유자를 표시하여야 하나($^{어\ 68조\ 1항\ 1문,}_{77조\ 1항\ 6호}$), 이것은 등본의 유효요건은 아니다.

(3) 등본의 효력

등본은 복본과 달라서 그 자체로는 어음이 아니므로, 이것에 의하여 인수 또는 지급을 청구하지 못한다. 어음상의 권리를 행사하는 데에는 반드시 원본을 제시하여야 한다.

그러나 등본에는 원본과 같은 방법에 의하여 또 같은 효력으로 배서 또는 보증을 할 수 있다($^{어\ 67조\ 3항,}_{77조\ 1항\ 6호}$). 그뿐만 아니라 등본작성 전에 한 최후의 배서의 뒤에 「이후의 배서는 등본에 한 것만이 효력이 있다」는 문구 또는 이와 같은 뜻의 문구(차단〈遮斷〉문언)를 원본에 기재한 때에는, 그 후에는 등본에만 배서를 할 수 있고 원본에 한 그 후의 배서는 무효가 된다($^{어\ 68조\ 3항,}_{77조\ 1항\ 7호}$).

(4) 원본반환청구권과 등본소지인의 상환청구(소구)권

등본에는 원본보유자를 기재하여야 하므로($^{어\ 68조}_{1항\ 1문}$), 예컨대 인수를 위하여 어음을 송부하고 원본보유자를 등본에 기재하여 등본을 배서양도한 경우에는 등본의 정당한 소지인은 원본보유자에 대하여 그 반환을 청구할 수 있다($^{어\ 68조\ 1항\ 2문,}_{77조\ 1항\ 6호}$). 원본보유자가 원본의 반환을 거절한 때에는 등본소지인은 거절증서(원본반환거절증서)에 의하여 원본이 교부되지 않았음을 증명하여, 등본에 배서 또는 보증을 한 자에 대하여 상환청구(소구)권을 행사할 수 있다($^{어\ 68조\ 2항,}_{77조\ 1항\ 6호}$).

등본에 원본보유자의 기재가 없는 경우에도 등본소지인은 정당한 어음상의 권리자이므로 그는 원본반환청구권을 갖는다고 보며, 이와 같이 해석하면 그는 원본보유자가 등본상에 기재된 경우와 같이 원본반환거절증서를 작성하여 상환청구(소구)권을 행사할 수 있다고 본다(통설)(어 $\frac{68조 \cdot 2 항}{유추적용}$)(이에 관한 상세는 정찬형, 「상법강의(하)(제24판)」, 481면 참조).

제 7 절 수표에 특유한 제도

제 1 특수한 수표

수표법상 인정된 특수한 수표로는 자기앞수표(수 $\frac{6조}{3항}$)·횡선수표(수 $\frac{37조~}{38조}$) 및 선일자수표(수 $\frac{28조}{2항}$) 등이 있는데, 자기앞수표에 대하여는 이미 앞에서 설명하였으므로 이곳에서는 횡선수표와 선일자수표에 대해서만 설명하겠다.

1. 횡선수표

(1) 의의와 존재이유

수표는 일람출급이고 또한 소지인출급식이 일반적이므로, 이것을 분실하거나 절취당한 경우에는 악의의 소지인이 지급을 받을 위험이 대단히 많다. 이러한 위험을 방지하고자 안출된 제도에는 영국에서 장기간 내려온 관습에 기원을 둔 횡선수표와 독일에서 창안된 계산수표가 있다. 이 중 횡선수표는 수표면에 2개의 평행선을 그은 수표로서, 이 점에서 이 명칭이 따르게 되었다.

(2) 종류와 방식

횡선수표는 앞에서 본 바와 같이 「수표의 앞면에 두 줄의 평행선을 그은 수표」인데(수 $\frac{37조}{2항}$), 이것에는 일반횡선수표와 특정횡선수표의 2종이 있다. 전자는 평행선 내에 아무런 지정을 하지 아니하거나 또는 「은행」 또는 이와 같은 뜻이 있는 문구를 적은 수표를 말하고, 후자는 두 줄의 횡선 내에 은행의 명칭을 적은 수표를 말한다.

수표에 횡선을 그을 수 있는 자는 발행인 또는 소지인이다(수 $\frac{37조}{1항 1문}$). 일반횡선수표를 특정횡선수표로 변경할 수 있고 또한 횡선 없는 수표를 일반 또는 특정횡선수표로 변경할 수 있으나, 반대로 특정횡선수표를 일반횡선수표 또는 횡선 없는 수표로 변경할 수 없고 또한 일반횡선수표를 횡선 없는 수표로 변경하지 못한다(수 $\frac{37조}{4항}$). 횡선의 말소 또는 특정횡선에 있어서 지정된 은행명의 말소는 말소를 하지 아니한 것으로 본다($\frac{수}{5항}$37조).

(3) 효 력

1) 지급제한의 효력   일반횡선수표의 지급인은 은행·지급인의 거래처에만 지급할 수 있다($\frac{수}{1항}$38조). 특정횡선수표의 지급인은 지정된 은행(피지정은행)에 대하여서만 지급할 수 있는데, 지급인이 피지정은행인 때에는 지급인은 자기의 거래처에 대하여서만 지급할 수 있다($\frac{수}{본문}$38조 2항). 그리고 피지정은행은 자기가 현실로 지급을 받는 외에, 추심위임배서를 하거나(지시식수표의 경우) 또는 수표의 뒷면에 추심위임의 기재를 하여(소지인출급식의 경우) 다른 은행을 시켜서 수표금액을 추심할 수 있다($\frac{수}{2항 단서}$38조).

여러 개의 특정횡선이 있는 경우에는 수표의 지급인은 원칙적으로 지급하지 못한다($\frac{수}{4항 본문}$38조). 그러나 예외적으로 어음교환소에 제시하여 추심하게 하기 위하여 제2의 특정횡선을 하는 것은 상관 없다($\frac{수}{4항 단서}$38조).

2) 취득제한의 효력   은행은 자기의 거래처 또는 다른 은행에서만 횡선수표를 취득할 수 있고, 이 이외의 자를 위하여 횡선수표의 추심을 하지 못한다($\frac{수}{3항}$38조).

3) 제한위반의 효력   위에서 본 지급제한에 위반하여 횡선수표를 지급한 지급인 및 취득제한에 위반하여 횡선수표를 취득한 은행은, 이로 인하여 생긴 손해에 대하여 수표금액의 한도 내에서 배상할 책임을 진다($\frac{수}{5항}$38조). 이 배상책임은 수표법상 특히 인정된 책임으로서 무과실책임이며, 민법상의 배상책임을 배제하는 것이 아니다.

**[횡선부분이 잘리워 나간 수표를 지급한 지급은행에
대하여 불법행위책임을 인정한 판례]**

"횡선을 그은 부분이 잘리워 나간 고액의 본건 수표의 제시를 받은 은행원은 마땅히 사고수표일지 모르므로 일단 지급을 유보하거나 제시인이 횡선수표의 지급절차를 밟게 하든가 제시인의 신분을 파악한 다음 수표금을 지급할 의무가 있는데, 이런 조치를 취하지 않고 수표금을 지급하여 손해를 끼친 경우 지급은행은 사용자로서 배상책임이 있다($\frac{대판 1977. 8. 23,}{77 다 344}$)."

(4) 횡선배제특약의 효력

횡선수표제도 및 이에 위반한 지급인의 손해배상책임 등은 모두 수표분실자

등의 이익을 보호하기 위한 것인데, 수표소지인이 이러한 이익을 포기하고 지급은
행과 일반횡선의 배제의 특약을 하면 유효하게 해석하여야 할 것이다. 이와 같이
당사자간에 수표법 제38조 5 항의 배제특약을 하면 지급은행은 횡선수표를 은행 또
는 거래처가 아닌 자에게 지급하고 이로 인하여 횡선을 그은 수표발행인 등에게 손
해가 발생하여도, 지급은행은 수표법 제38조 5 항에 의한 손해배상책임이 없다.

2. 선일자수표

(1) 의의와 필요성

선일자수표(연〈延〉수표)란 「발행일을 현실의 발행일보다 후일의 일로 하는 수
표」를 말한다. 이와 반대로 현실의 발행일보다 선일의 일이 기재된 수표를 후일자
수표라 한다.

이러한 선일자수표는 수표의 지급제시기간을 사실상 연장하고자 하는 경우,
발행 당시에는 자금이 없으나 수표에 기재한 발행일까지는 자금이 마련될 수 있어
수표상의 발행일까지의 기간 동안 단기신용을 얻고자 하는 경우, 자금은 있으나 지
급은행에 지급할 이자를 경감하고자 하는 경우(당좌대월의 경우) 등에 이용된다.

(2) 유 효 성

선일자수표는 수표의 형식적인 면(문언성과 추상성)에서 보면 유효하나, 실질적
인 면(일람출급성)에서 보면 무효가 될 것 같다. 수표의 발행일은 사실상 발행된 날
과 일치하지 않아도 무방하고, 또 수표는 그 실질적인 내용과는 관계 없이 수표상
의 기재에 의하여 형식적으로 그 효력이 결정되는 것이므로, 선일자수표가 유효임
은 당연하다. 이에 대하여 수표법 제28조 2 항은 선일자수표의 유효를 전제로 하여,
발행일 전의 제시도 유효한 제시로서 지급인은 이를 지급하도록 하여 수표의 일람
출급성을 관철하고 있다. 이 때에 지급인이 지급을 하면 지급인은 그 경제적 효과
를 발행인에게 돌릴 수 있고, 지급인이 지급을 거절하면 소지인은 전자에 대하여
상환청구(소구)할 수 있다($\frac{수}{39조}$).

(3) 법률관계

1) 지급인과 수표소지인간의 관계　　수표는 법률상 당연한 일람출급증권
($\frac{수}{1항}$28조)이므로 수표소지인이 선일자수표의 발행일 전에 지급제시하여도 그 지급제시
는 유효하고, 지급인은 발행인의 계산으로 그 제시한 날에 이를 지급하여야 한다
($\frac{수}{2항}$28조). 따라서 발행일 전이라도 지급인이 지급을 거절하면 수표소지인은 즉시 전

자에 대하여 상환청구(소구)권을 행사할 수 있다($\frac{수}{39조}$). 또한 발행일 전의 지급제시에 발행인의 예금부족 등으로 그 지급이 거절되었다면 발행인은 부정수표단속법($\frac{제2조}{2항}$)에 의하여 처벌받음은 물론, 수표법상 과태료의 처분을 받고($\frac{수}{67조}$), 어음교환소규약에 의하여 거래정지처분도 받게 된다.

2) **발행인과 수취인간의 관계**   수취인이 선일자수표의 발행에 발행인과 합의한 경우에, 수취인이 이러한 합의에 위반하여 동 수표를 발행일 전에 지급제시하거나 또는 동 수표를 제 3 자에게 양도하고 제 3 자가 발행일 전에 지급제시하여 부도가 되고 따라서 발행인이 이로 인하여 손해를 입은 경우에, 동 수표의 발행인은 수취인에 대하여 합의위반(채무불이행)을 이유로 손해배상을 청구할 수 있다고 본다 (통설).

(4) **발행일의 의미**

선일자수표는 수표법 제28조 2 항에 의하여 발행일 전에도 지급받을 수 있으므로, 선일자수표의 발행일은 아무런 의미가 없는 것이 아니냐는 의문이 있을 수 있다. 그러나 선일자수표는 그 발행일 이전에 지급제시가 허용된다는 점에 있어서는 발행일이 의미가 없으나, 지급제시기간의 기산점($\frac{수}{4항}^{29조}$)·시효의 기산점($\frac{수}{1항}^{51조}$)과 지급위탁취소기간의 기산점($\frac{수}{1항}^{32조}$)을 정하는 표준이 된다는 점에서는 의미가 있다.

[수표의 지급제시기간의 기산점은 수표에 기재된
발행일을 기준으로 한다고 본 판례]

"수표법 제29조 4 항의 규정은 수표가 실제로 발행된 날과 수표에 발행일로 기재된 날이 서로 다른 경우에 그 수표의 제시기간을 산정함에 있어서 수표에 기재된 발행일을 기준으로 한다는 원칙을 밝힌 것으로 기간의 계산은 위 수표법 제61조의 일반원칙적 규정에 따라 수표에 발행일로 기재된 날은 초일로 산입하지 아니하고 그 다음날부터 기산한다고 풀이할 것이다($\frac{대판}{다}$ 1982. 4. 13, 81 1000, 81 다카 552)."

[수표의 소구권의 소멸시효의 기산일에 관한 판례]

"수표의 소구권의 소멸시효는 수표상의 발행일로부터 계산하여 법정제시기간 10일이 지난 다음 날부터 진행한다($\frac{대판}{25, 63}$ 1963. 7. 다 305)."

제2 벌   칙

수표가 지급거절(부도)된 경우에 수표소지인이 수표법에 의하여 「상환청구(소구)권」을 행사할 수 있고($\substack{\text{수}\ 39조\\ \text{이하}}$), 또 수표발행인은 어음교환소규약에 의하여 「거래정지처분」을 받는 점($\substack{\text{서울어음교환소규}\\ \text{약}\ 78조\ 이하}$)은 어음의 경우와 같다. 그러나 수표는 어음과는 달리 현금의 대용물(지급증권)로서 수표의 부도시에는 국민경제에 미치는 영향이 매우 크므로 수표의 부도에 대하여는 수표법 및 부정수표단속법에서 벌칙규정을 두어 수표의 피지급성을 확보하고 있는데, 이는 어음의 경우와 다른 점이다. 수표법에 의한 벌칙은 은행과 수표계약(당좌거래계약)이 없이 수표를 발행하거나 또는 수표가 제시된 때에 처분할 수 있는 자금이 없는 때에는(즉, 수표법 제3조에 위반한 때에는) 수표발행인은 50만원 이하의 과태료의 처분을 받도록 하고 있다($\substack{\text{수}\ 67조;\ \text{벌금}\ 등\ 일\\ \text{시조치법}\ 4조\ 3항}$). 또한 수표발행인은 일정한 사유로 인한 수표의 부도의 경우에 부정수표단속법상 일정한 처벌도 받는다.

보　　험

제 **1** 장 서 론

제 1 절 보험제도

제 1 보험의 개념

1. 보험의 의의

보험이라 함은 「동질의 경제상의 위험에 놓여 있는 다수인이 하나의 단체(위험단체)를 구성하여, 미리 통계적 기초에 의하여 산출된 일정한 금액(보험료)을 내어 일정한 공동자금(기금)을 만들고, 현실적으로 우연한 사고(보험사고)를 입은 사람에게 이 공동자금에서 일정한 금액(보험금)을 지급하여 경제생활의 불안에 대비하는 제도」이다.

보험은 동질의 경제상의 위험을 전제로 하는 점에서 「저축」과 구별되고, 손해의 발생이나 경제적인 수요가 우연한 사고로 인하여 생긴 것이어야 하는 점에서 「상호부금·계(稧) 등」과 구별된다. 또 보험은 이러한 우연한 사고가 발생함으로 인하여 생긴 손해를 보상하여 주거나 또는 경제적인 수요를 충족시켜 주는 제도라는 점에서, 위험에 의한 손해의 발생을 미리 방지할 것을 목적으로 하는 「화재의 소방·해양사고 구조·도난예방 등」과도 구별된다.

보험은 동질의 경제상의 위험에 놓여 있는 다수인이 하나의 「위험단체」를 구성하여 이 단체가 위험을 분담하는 제도이므로, 이러한 보험단체성이 없는 「자가(自家)보험」·「도박이나 복권」 또는 「보증」과 구별된다. 그러나 같은 직장·직업 또는 지역에 속하는 사람들이 상호구제를 목적으로 하는 「공제조합」은 단체의 구성원

이 한정적이라는 점에서는 보험과 다른 점도 있으나, 위험단체를 구성하는 점에서
는 보험과 아주 유사하다. 따라서 2014년 3월 개정상법은 이러한 공제에 (그 성질에
반하지 아니하는 범위에서) 상법 보험편(제4편)을 준용한다는 명문규정을 두었다
($\frac{상}{664조}$).

[공제조합 등의 보험성을 인정한 판례]

    "상조비라는 명목으로 일정한 금액을 출연하고 사고가 발생한 때에는 상조부
의금 명목으로 일정한 금액을 지급하는 것을 목적으로 하는 상조사업은 보험사
업에 해당한다($\frac{대판 1989. 1. 31,}{87 도 2172}$)."
    "수산업협동조합법에 의하여 수산업협동조합중앙회가 회원을 위하여 행하
는 선원보통공제는 그 실체가 일종의 보험으로서 상호보험과 유사한 것이다
($\frac{대판 1998. 3. 13, 97 다 52622.}{동지: 대판 1999. 8. 24, 99 다 24508}$)."
    "중개업자와 한국공인중개사협회가 체결한 공제계약은 기본적으로 보험계약
으로서의 본질을 갖고 있다($\frac{대판 2014. 10. 27,}{2014 다 212926}$)."

보험단체 내부에는 일정한 기간 동안에 발생하는 사고의 개연율이 있어 이를
기초로 하여 '대수(大數)의 법칙'이 있고, 보험금과 보험료의 비율은 이 대수의 법칙
에 따라 통계학적인 기초에 입각하여 산정된다. 따라서 이러한 대수의 법칙에 의하
여 보험료수입과 보험금지급이 균형을 유지하여(급여·반대급여의 균형의 원칙) 보험사
업의 합리적인 경영을 가능하게 하는 것이다.

2. 보험의 기능과 폐해

(1) 보험의 기능

(i) 보험은 우연한 사고로 인한 경제적인 불안을 제거하여 주는 기능을 함으로
써, 안심하고 생활할 수 있도록 한다. (ii) 보험은 보험료의 수납으로 인하여 축적된
금융자본이 산업자본화하는 기능을 함으로써 국민경제발전에 크게 이바지한다. (iii)
보험은 신용수단으로서의 기능을 함으로써(예컨대, 보증보험·신용보험·저당보험 등),
경제활동을 원활하게 한다. (iv) 보험은 위험분산의 기능을 함으로써(예컨대, 재보험
등), 위험이 큰 대규모의 경제활동도 가능하게 한다.

(2) 보험의 폐해

보험은 위와 같이 중요한 기능을 수행하지만, 반면에 도덕적 위험을 유발하는
폐해도 있다. 즉 보험금을 받기 위하여 생명보험에서 피보험자를 살해하거나, 화재

보험에서 보험의 목적에 방화하는 것 등이 그것이다. 따라서 보험법은 이러한 폐해를 방지하기 위하여 여러 가지 제도($^{\text{상}}_{\text{651조}}$)를 두고 있다.

보험은 이러한 폐해도 있지만, 더 중요한 기능을 수행하므로, 보험의 발전은 그 나라의 문화의 척도가 되는 것이며 또한 오늘날의 경제생활은 이 보험을 떠나서는 생각할 수 없는 것이다.

제 2 보험의 종류

1. 공보험·사보험

공보험이란 「보통 국가나 기타의 공공단체가 공동경제적 목적으로(즉, 사회정책 또는 경제정책의 실현수단으로) 운영하는 보험」이고, 사보험이란 「보통 개인이나 사법인이 사경제적 목적으로 운영하는 보험」이다.

공보험에는 사회정책의 실현수단으로서 존재하는 「사회보험」(국민건강보험 등)과, 경제정책(산업정책)의 실현수단으로서 존재하는 「산업보험」(예금보험 등) 등이 있다.

공보험은 공영보험(우체국보험 등)과 구별된다. 공영보험은 국가 기타의 공공단체가 경영하는 보험이라는 점에서는 공보험적 성질을 가지고 있으나, 이의 보험관계의 본질은 사법상의 계약으로 강제보험이 아니며 또한 사회연대적 정신을 기반으로 하지 않는 점에서 공보험과 구별된다.

2. 영리보험·상호보험

영리보험이란 「보험자가 보험의 인수를 영업으로 하는 보험」이고($^{\text{상}}_{\text{46조}}$), 상호보험이란 「보험자가 그 구성원 상호의 이익을 위하여 하는 보험」이다($^{\text{보업 2조}}_{\text{7호 참조}}$).

상호보험에서는 보험계약자가 피보험자인 동시에 보험자인 단체의 구성원이므로, 이의 법률관계는 보험관계를 내용으로 하는 사단관계이다($^{\text{보업 2조 7호, 66조}}_{\text{1항 2호 참조}}$). 영리보험과 상호보험은 이와 같이 그 법적 형태에서는 매우 다르지만, 보험의 원리에서는 차이가 없다. 따라서 상법은 영리보험에 관한 규정을 (그 성질에 반하지 아니하는 범위에서) 상호보험에도 준용하고 있는 것이다($^{\text{상}}_{\text{664조}}$).

3. 재산(물건)보험·인보험

(광의의) 재산보험이란 「보험사고의 발생의 객체가 피보험자의 재산인 보험」을

말하고, 인보험이란 「보험사고의 발생의 객체가 사람의 생명·신체인 보험」을 말한다. (광의의) 재산보험에는 「물건보험(적극보험)」과 (협의의) 재산보험인 「책임보험(소극보험)」이 있고, 인보험에는 생명보험(생존보험, 사망보험, 양로보험)·상해보험 등이 있다.

4. 손해(부정액)보험·정액보험

손해보험이란 「보험사고의 발생시에 보험자가 지급할 보험금이 보험사고의 발생에 의하여 피보험자에게 생긴 실제의 손해액에 따라 결정되는 보험」을 말하고(따라서 이는 부정액〈不定額〉보험임), 정액보험이란 「보험사고가 발생한 때에 보험자가 지급할 보험금이 피보험자의 실손해의 유무나 그 액의 다소를 묻지 않고 보험계약에서 정한 일정한 금액인 보험」을 말한다. 재산보험(특히 물건보험)은 거의 대부분 손해(부정액)보험이나, 생명보험은 정액보험에 속한다.

5. 해상보험·육상보험·항공보험

해상보험이란 「해상사업에 관한 사고에 의하여 (선박이나 적하 등에 관하여) 생길 손해를 보상하는 보험」을 말하고($^{상\ 693조\sim}_{718조}$), 육상보험이란 「육상에서 발생하는 각종의 사고에 대비한 보험」을 말하며, 항공보험이란 「항공에 관한 사고에 의하여 (항공기·화물·여객 등에 관하여) 생길 손해를 보상하는 보험」을 말한다.

6. 원보험·재보험

원보험(원수〈元受〉보험)이란 「제 1의 보험자가 인수하는 보험」을 말하고, 재(再)보험이란 「제 1의 보험자가 입을 손해에 관하여 다시 제 2의 보험자가 보험을 인수하는 보험」을 말한다($^{상\ 661조.}_{726조}$).

원보험이 손해보험이든 인보험이든, 재보험은 언제나 손해보험(책임보험)이다.

7. 개별보험·집단보험(집합보험 및 단체보험)

개별보험이란 「개개의 물건 또는 사람을 보험의 목적으로 하는 보험」을 말하고, 집단보험이란 「복수의 물건 또는 사람을 집단적으로 보험의 목적으로 하는 보험」을 말한다.

이러한 집단보험 중 물건의 집합체에 관한 보험을 「집합보험」($^{상\ 686조.}_{687조}$)이라고

하고, 사람의 집합체에 관한 보험을 「단체보험」($\substack{상 735조 \\ 의 3}$)이라고 한다. 집합보험 중에서 어떤 특정한 집합된 물건을 보험의 목적으로 하는 보험을 「특정보험」이라고 하고($\substack{상 \\ 686조}$), 집합된 물건을 수시로 교체하는 것이 예정된 보험을 「총괄보험」이라고 한다($\substack{상 \\ 687조}$). 단체보험의 경우에는 피보험자인 사람의 교체가 언제나 예정되어 있다($\substack{상 735조의 \\ 3 1항}$).

8. 기업보험·가계보험

기업보험이란 「기업자가 그의 기업경제생활의 불안정에 대비하여 이용하는 보험」을 말하고(예컨대, 재보험·해상보험·수출보험 등), 가계보험이란 「일반인이 그 가계경제의 불안에 대비하여 이용하는 보험」을 말한다.

기업보험의 경우에는 보험계약자 등의 불이익변경금지의 원칙이 적용되지 않으나($\substack{상 663조 \\ 단서}$) ($\substack{동지: 대판 2005. 8. 25, 2004 다 18903; \\ 동 2006. 6. 30, 2005 다 21531}$), 가계보험의 경우에는 약자인 보험계약자 등의 이익보호를 위한 법적 배려가 요구되므로 보험계약자 등의 불이익변경금지의 원칙이 적용된다($\substack{상 663조 \\ 본문}$).

제 2 절 보험법의 개념

제 1 보험법의 의의

광의의 보험법이란 「보험관계를 규율하는 법규의 전체」를 말하는데, 이에는 보험공법과 보험사법이 있다. 보험사법에는 보험기업의 주체에 관한 법규(보험기업조직법)와 보험계약법(보험기업활동법)이 있는데, 전자에 관한 법규는 보험기업의 성격상 보험업법에 규정되어 있고 후자에 관한 법규는 주로 상법 제 4 편에 규정되어 있다. 이러한 보험계약법을 협의의 보험법이라고 한다.

실질적 의의의 보험계약법이란 「사보험(특히 영리의 목적으로 경영하는 영리보험)에서 보험자와 보험계약자 사이의 법률관계를 규율하는 법」을 말하나, 형식적 의의의 보험계약법이란 우리나라 「상법전 제 4 편」 보험에 관한 규정을 말한다.

제 2 보험법의 특성

보험의 인수는 기본적 상행위이므로($^{상\ 46조}_{17호}$), 보험계약법은 상법(특히 상행위법)의 일부에 속한다. 그러나 보험법은 그 대상으로 하는 보험제도 그 자체가 가지는 특색을 반영하고 있으므로 이는 상행위법의 다른 부문에 비하여 (i) 윤리성·선의성, (ii) 기술성, (iii) 단체성, (iv) 공공성·사회성, (v) 상대적 강행법성 등과 같은 특성을 지니고 있다(이에 관한 상세는 정찬형, 「상법강의(하)(제24판)」, 532~535면 참조).

제 3 절 보험법의 상법상의 지위

제 1 형식적 지위

우리 상법상 보험을 영업으로 하는 때에는 기본적 상행위가 되므로($^{상\ 46조}_{17호}$), 보험법은 형식적으로 보면 상행위법의 일종으로 볼 수 있다. 그런데 보험법은 위에서 본 바와 같이 많은 특성을 가지고 있고 또한 그 규정의 내용이 매우 방대하여, 상법전 제 2 편에서 규정하지 않고 편의상 상법전 제 4 편에서 규정하고 있다.

제 2 실질적 지위

보험법은 위에서 본 바와 같이 형식으로는 상행위법의 일종이나, 보험법의 특성에서 실질적으로는 상행위법과는 다른 특별한 지위를 갖고 있다. 즉 보험계약의 대부분은 위에서 본 바와 같이 공공성·사회성이 있는 특수한 성격 때문에 사적 자치의 원칙이 배제되고 그 계약의 체결이 제한되고 있으며($^{보업\ 3조,\ 209조}_{3항\ 1호\ 참조}$), 또한 보험의 단체적 성격으로 인하여 보험계약은 보험단체 전체의 이익을 고려하여야 하므로 보험법은 강행법규를 원칙으로 한다($^{상\ 663조}_{본문}$). 이러한 점에서 보험법은 형식적으로 상행위법이지만 실질적으로는 단순한 상행위법의 일부가 아니고 특수한 지위를 차지하고 있다고 볼 수 있다.

제 4 절 보험법의 법원(法源)

보험법의 법원(法源)으로는 제정법·관습법 등 여러 가지 형태가 존재하는데, 이하에서는 보험법의 법원 중 제정법과 보통보험약관에 관하여만 간단히 살펴보기로 한다.

제 1 제 정 법

(1) 보험법의 가장 중요한 법원이 되는 제정법은 상법 제 4 편 '보험'의 규정이다. 보험계약도 상행위이므로 상법 제 2 편 '상행위' 제 1 장 '총칙' 중의 상행위일반에 관한 여러 규정의 적용을 받는 것은 물론이다.

우리 상법전은 1962년 1월 20일 법률 제1000호로 제정·공포되어 1963년 1월 1일부터 시행되어 왔는데, 제 4 편 보험편은 제 5 편 해상편과 함께 제정 후 30여년만인 1991년 12월 31일 법률 제4470호로 대폭 개정되어 1993년 1월 1일부터 시행되고 있다(이하 '1991년 개정상법'이라 약칭한다). 이후 상법 제 4 편(보험)은 2014년 3월 11일 법률 제12397호로 개정되어 2015년 3월 12일부터 시행되고 있으며(이하 '2014년 3월 개정상법'이라 약칭한다), 또한 2017년 10월 31일 법률 제14969호로 개정되어 2018년 11월 1일(공포 후 1년이 경과한 날)부터 시행되고 있다(이하 '2017년 개정상법'이라 약칭한다).

(2) 보험법의 법원이 되는 제정법은 상법 외에도 보험업법(전문개정: 2003. 5. 29, 법 6891호, 개정: 2024. 2. 6, 법 20242호)·자동차손해배상 보장법(전문개정: 2008. 3. 28, 법 9065호, 개정: 2024. 2. 20, 법 20340호)·원자력손해배상법(제정: 1969. 1. 24, 법 2094호, 개정: 2021. 4. 20, 법 18143호)·무역보험법(제정: 1968. 12. 31, 법 2063호, 개정: 2020. 2. 4, 법 16957호)·산업재해보상보험법(전문개정: 2007. 12. 14, 법 8694호, 개정: 2023. 8. 8, 법 19612호)·국민건강보험법(전문개정: 2011. 12. 31, 법 11141호, 개정: 2024. 2. 20, 법 20324호) 등과 같은 많은 특별법이 있다. 이 중 보험업법은 보험계약과 관련된 규정(사법)(동법 83조 140조 등)과 보험감독에 관한 규정(공법)으로 되어 있는데, 전자만이 보험(계약)법의 법원이 된다고 보겠다.

제 2 보통보험약관

1. 의 의

보통보험약관이란 「보험자가 다수의 동질의 보험계약을 체결하기 위하여 미리

작성한 일반적·정형적·표준적인 계약조항으로, 보통거래약관의 일종」이다. 보험약
관에는 이러한 보통보험약관 외에 특별보통보험약관(부가약관) 및 특별보험약관이
있다(실무에서는 이 둘을 합하여 '특별보험약관'이라 함).

2. 존재이유

보통보험약관은 보통거래약관의 존재이유(성문법의 미비를 보완하는 점 및 성문법
의 불합리성을 교정하는 점) 외에 다음과 같은 존재이유가 있다. 즉 (i) 보험제도는 보
험단체(위험단체)를 전제로 하여 기술적으로 그 보험가입자의 위험을 종합평균화하
여 위험을 분산하는 제도이므로 보험가입자를 동일하게 취급하여야 하는 점에서 보
험자 측에서 보험계약의 체결시에 특히 정형화된 보통보험약관이 필요하게 되는 점
및 (ii) 보험제도는 공공성·사회성이 있어 사회적·경제적으로 약하고 보험에 관한
지식이 부족한 보험가입자를 보호할 필요가 있는 점에 그 존재이유가 있다.

3. 법적 성질(구속력의 근거)

보통보험약관은 위와 같은 존재이유가 있으므로 보통 보험약관의 당사자가 그
내용을 이해하고 그 약관에 따라 계약을 체결하겠다는 명시적인 의사를 가졌느냐
또는 갖지 않았느냐와는 무관하게, 그 약관의 내용이 합리적이고 또 당사자간에 반
대의 특약이 없는 한 그 약관은 당사자를 구속하는 것이다. 그런데 이와 같이 보통
보험약관이 당사자를 구속하는 근거(즉, 보통보험약관의 법적 성질)가 무엇이냐에 대하
여 학설은 크게 규범설과 의사설(또는 계약설)의 두 가지로 나뉘어 있고(이에 관한 상
세는 정찬형, 「상법강의(하)(제24판)」, 539~542면 참조), 대법원판례는 의사설로 일관하
여 판시하고 있다.

[보통보험약관의 법적 성질을 의사설로 본 판례]

"보통보험약관이 계약당사자에 대하여 구속력을 가지는 것은 그 자체가 법규
범 또는 법규범적 성질을 가진 약관이기 때문이 아니라 보험계약 당사자 사이
에서 계약내용에 포함시키기로 합의하였기 때문이라고 볼 것인바, 일반적으로
당사자 사이에서 보통보험약관을 계약내용에 포함시킨 보험계약(청약)서가 작
성된 경우에는 계약자가 그 보험약관의 내용을 알지 못하는 경우에도 그 약관
의 구속력을 배제할 수 없는 것이 원칙이다. 다만 당사자 사이에서 명시적으로
약관에 관하여 달리 약정하거나, 약관의 내용이 일반적으로 예상되는 방법으로
명시되어 있지 않다든가 또는 중요한 내용이어서 특히 보험업자의 설명을 요하

는 경우에는 위 약관의 구속력은 배제된다고 보아야 한 것이다. … 또한 위 자
동차보험 보통약관 제11조 2 항 4 호의 내용은 상법 제663조에 위반된다고 볼
수 없으며, 약관규제법 제 7 조 2 호에도 해당되지 아니하므로 이를 무효라고 할
수 없다(대판 1990. 4. 27, 89 다카 24070. 동지: 대판 1991. 9. 10, 91 다 20432; 동 1997. 7. 11, 95 다 56859; 동 1999. 7. 23, 98 다 31868; 동 2000. 4. 25, 99 다 68027; 동 2004. 11. 11, 2003 다 30807).”

생각건대 규범설에 의하든 의사설에 의하든 보통보험약관이 당사자를 구속하
는 점은 동일하므로 그 결과에 있어서 큰 차이는 없으나, 보통보험약관도 보통거래
약관과 같이 그 자체가 법규범이라고 볼 수는 없으므로 의사설에 의하는 것이 보다
더 타당하다고 본다(이에 관한 상세는 정찬형, 「상법강의(하)(제24판)」, 541~542면 참조).

4. 교부·설명의무

(1) 우리 상법은 「보험자는 보험계약을 체결할 때에 보험계약자에게 보험약관을
교부하고 그 약관의 중요한 내용을 설명하여야 한다」고 규정하고 있다(2014년 3월 개
정상법 이전에는 '명시의무'로 규정하였으나, 2014년 3월 개정상법에서 '설명의무'로 개정하였
다)(상 638조의 1항). 이 때 보험자가 설명하여야 할 의무가 있는 「약관의 중요한 내용」이란
'객관적으로 보아 보험계약자가 그러한 사실을 알았더라면 보험회사와 보험계약을
체결하지 아니하였으리라고 인정될 만한 사항'이다(동지: 대판 1994. 10. 25, 93 다 39942; 동 2004. 11. 25, 2004 다 28245). 따라
서 자동차종합보험계약을 체결함에 있어서 만 26세 이상만 운전가능하다는 운전자
의 한정연령의 특약은 보험계약의 효력에 관한 핵심적인 사항으로서 여기의 중요한
내용에 해당하고(대판 2003. 4. 25, 2003 다 12373), 상법의 일반조항(상 656조)과 다른 내용으로 보험자의 책
임개시시기를 정한 경우에는 이는 여기의 중요한 내용에 해당하며(대판 2005. 12. 9, 2004 다 26164·26171),
'보험계약을 체결한 후 피보험자가 직업 또는 직무를 변경하게 된 때에는 보험계약
자 또는 피보험자는 지체 없이 보험회사에 알려야 한다'는 내용의 약관 조항은 보
험약관의 명시·설명의무에 해당하고(대판 2014. 7. 24, 2013 다 217108), 상해보험의 특별약관상 '기왕장
해 감액규정'은 명시·설명의무에 해당한다(대판 2015. 3. 26, 2014 다 229917·229924). 또한 보험자는 보험계
약이 양도된 경우에 양수인에 대하여도 그와 같은 약관내용의 설명의무가 있고
(동지: 대판 1994. 10. 14, 94 다 17970), 영국 해상보험법상의 워런티(warranty)조항을 사용하여 해상보험계
약을 체결하는 경우 보험자는 보험계약자에게 워런티의 의미 및 효과에 대하여 설
명할 의무가 있다(대판 2010. 9. 9, 2009 다 105383).

[설명의무에 해당하는 '약관의 중요한 내용'이 아니라고 본 판례]

"약관면책조항의 배우자에 사실혼관계의 배우자가 포함된다는 점은 명시의무에 해당하는 '약관의 중요한 내용'에 해당하지 않는다(대판 1994. 10. 25, 93 다 39942)."

"가족운전자 한정운전 특별약관에 규정된 가족의 범위에 기명피보험자의 자녀와 사실혼관계에 있는 사람이 포함되는지 문제된 사안에서, 약관의 해석에 관한 법리 및 가족운전자 한정운전 특별약관은 가족의 범위에 관하여 기명피보험자의 배우자·자녀는 사실혼관계에 기초한 경우도 포함된다는 규정을 두고 있으나, 기명피보험자의 사위나 며느리는 사실혼관계에 기초한 경우가 포함되는지에 관하여 아무런 규정을 두고 있지 않은데 위 약관에 규정된 기명피보험자의 사위나 며느리는 기명피보험자의 자녀와 법률상 혼인관계에 있는 사람을 의미한다. 이 경우 보험자는 기명피보험자의 자녀가 사실혼관계에 있을 경우를 상정하여 그 자녀와 사실혼관계에 있는 사람은 기명피보험자의 사위나 며느리로서 가족의 범위에 포함되지 않는다고까지 위 약관을 명시·설명할 의무가 있다고 볼 수는 없다(대판 2014. 9. 4, 2013 다 66966)."

"「보험계약자 또는 피보험자가 손해의 통지 또는 보험금청구에 관한 서류에 고의로 사실과 다른 것을 기재하였거나 그 서류 또는 증거를 위조하거나 변조한 경우」를 보험금청구권의 상실사유로 정한 보험약관은 설명의무의 대상이 아니다(대판 2003. 5. 30, 2003 다 15556. 동지: 대판 2005. 10. 7, 2005 다 28808)."

"피보험자동차의 양도에 관한 통지의무를 규정한 보험약관은 보험자의 개별적인 명시·설명의무의 대상이 되지 않는다(대판 2007. 4. 27, 2006 다 87453)."

"금융기관종합보험계약에 적용되는 영국 로이드사의 영문약관은 보험업계에서 국제적으로 널리 통용되는 약관이고, 위 보험계약의 일반조건 제12조 (ii)호는 거래상 일반적이고 공통적인 것이어서 금융기관인 보험계약자가 별도의 설명 없이도 충분히 예상할 수 있었던 사항이므로, 보험자의 설명의무의 대상이 되지 않는다(대판 2008. 8. 21, 2007 다 57527)."

"상법 제652조 제 1 항의 내용을 되풀이하는 약관의 내용에 대하여는 보험자가 보험계약자에게 별도로 설명할 의무가 없다(대판 2011. 7. 28, 2011 다 23743·23750)."

"약관조항에 관한 명시·설명의무가 제대로 이행되었더라도 그러한 사정이 의무보험으로서 보험계약의 체결 여부에 영향을 미치지 아니하였다면 그러한 약관조항은 명시·설명의무의 대상이 되는 보험계약의 중요한 내용이라고 할 수 없다(대판 2016. 9. 23, 2016 다 221023)."

이러한 보험자의 보통보험약관의 교부·설명의무는 보험계약의 유상·쌍무계약적 성질에서 보거나, 보험약관이 보험자에 의하여 일방적으로 작성되는 점에서 보거나, 보험약관의 구속력의 근거를 위에서 본 바와 같이 당사자가 약관의 내용에 동의하였기 때문이라고 보는 점(의사설)에서 볼 때 그 타당성이 인정된다.

(2) 보험자가 이러한 약관의 교부·설명의무에 위반한 경우에, 상법은 「보험계약자는 보험계약이 성립한 날로부터 3 개월 이내에 그 계약을 취소할 수 있다」고 규정하고 있다($\frac{상}{2항}$ 638조의).

보험자가 이러한 약관의 교부·설명의무에 위반하였음에도 불구하고 보험계약자가 보험계약이 성립한 날로부터 3 개월 이내에 그 계약을 취소하지 않은 경우 그 약관의 효력은 어떠한가. 이에 대하여 규범설에서는 앞에서 본 바와 같이 그 약관의 내용도 보험계약자를 구속하게 된다고 보아 이를 규범설의 근거로 보고 있으나, 의사설의 입장에서 보험자는 이러한 약관의 내용을 보험계약의 내용으로 주장할 수 없다고 보아야 할 것이다($\frac{동지: 대판 1996. 4.}{12, 96 다 4893}$).

5. 규정내용

보통보험약관은 그 자체가 보험계약의 내용으로서 당사자를 구속하므로(의사설) 계약의 요소 및 이에 따라 생기는 당사자의 권리·의무를 규정하여야 한다.

보통보험약관에는 또한 보험증권에 대한 이의(異議)약관을 규정할 수 있다. 즉, 보험계약의 당사자는 보험증권의 교부가 있은 날로부터 일정한 기간(이 기간은 1월 이상이어야 함) 내에 한하여 보험증권의 내용의 정부(正否)에 관하여 이의를 할 수 있음을 약정할 수 있다($\frac{상}{641조}$).

6. 적용범위

보통보험약관은 보험계약의 당사자가 그 약관에 따르지 않겠다는 명백한 의사표시가 있는 경우에는 당연히 당사자에게 적용되지 않는다($\frac{동지: 대판 1989. 3.}{28, 88 다 4645}$). 보통보험약관과 특별보험약관이 저촉되는 경우에는 물론 특별보험약관이 우선한다.

개정된 보통보험약관은 원칙적으로 기존의 보험계약에 대하여 아무런 영향을 미치지 않는다($\frac{동지: 서울민사지판 1982. 12. 8, 82 가합}{5565; 동 1983. 2. 9, 82 가합 4418}$). 특히 일정한 보험기간 종료시마다 보험계약을 갱신(更新)하는 계속적 보험계약관계에 있어서 그 중간에 보통보험약관의 내용이 개정된 경우에는, 보험자가 개정된 약관내용을 보험계약자에게 알리지 않은 경우에는 새로운 보험계약에는 개정 전의 보험약관이 적용된다($\frac{동지: 대판 1985. 11. 26, 84 다카 2543;}{동 1986. 10. 14, 84 다카 122}$). 그러나 예외적으로 보험계약의 당사자가 기존의 보험계약에 대하여 개정된 보험약관을 적용하기로 합의하면 기존의 보험계약에 대하여도 개정된 보험약관이 적용되고,

금융위원회는 보험계약자·피보험자 또는 보험금을 취득할 자의 이익을 위하여 특히 필요하다고 인정하는 경우 보험약관의 변경을 명할 때에 기존의 보험계약에도 개정된 보험약관의 효력이 장래에 향하여 미치게 할 수 있다(보업 131조 3항).

7. 해 석

보통보험약관의 기본적인 해석원칙은 그의 구속력의 근거(법적 성질)를 어떻게 보느냐에 따라 달리 설명된다. 즉 약관의 기본적인 해석원칙은 의사설에 의하면 법률행위(당사자의 의사)의 해석원칙에 의하여야 하고, 규범설에 의하면 법규범의 해석원칙에 의하여야 한다고 설명한다. 그러나 보통보험약관의 구속력의 근거를 어떻게 보든 보험약관은 보통거래약관의 일종으로서 약관규제법의 적용을 받으므로, 동법에 의하여 (i) 개별약정우선의 원칙(약규 4 조; 민 2 조 1 항)(동지: 대판 1989. 3. 28, 88 다 4645), (ii) 신의성실의 원칙(약규 5 조 1 항 전단; 민 2 조 1 항), (iii) 객관적 해석의 원칙(약규 5 조 1 항 후단)(동지: 대판 1995. 5. 26, 94 다 36704; 동 2019. 10. 31, 2016 다 258063; 동 2023. 10. 12, 2020 다 232709·232716) 및 (iv) 불명확조항해석의 원칙(작성자불이익의 원칙 및 축소해석의 원칙)(약규 5 조 2 항)(동지: 대판 1994. 10. 25, 93 다 39942; 동 1998. 10. 23, 98 다 20752; 동 2007. 2. 22, 2006 다 72093; 동 2016. 10. 27, 2013 다 90891·90907; 동 2019. 1. 17, 2016 다 277200; 동 2019. 3. 14, 2018 다 260930; 동 2022. 3. 17, 2021 다 284462; 동 2023. 7. 13, 2021 다 283742; 동 2024. 1. 25, 2023 다 283913)이 적용된다(이에 관한 상세는 정찬형, 「상법강의(하)(제24판)」, 554~556면 참조).

8. 규 제

보통보험약관은 보험자에 의하여 일방적으로 작성되고 또한 이것은 당사자간의 계약의 내용이 되어 당사자를 구속하기 때문에, 이는 자칫하면 보험계약자 등의 이익을 희생시키기 쉽다. 보험은 특히 선의성(윤리성)과 공공성(사회성)이라는 특성을 갖고 있기 때문에, 당사자간의 계약내용을 이루는 보통보험약관은 많은 규제를 받지 않을 수 없다. 보통보험약관에 대한 규제로서 보통거래약관과 공통된 규제방법으로는 입법적 규제·행정적 규제·사법적 규제(대판 1991. 12. 24, 90 다카 23899 외)·공정거래위원회에 의한 규제 및 자율적 규제가 있다(이에 관한 상세는 정찬형, 「상법강의(하)(제24판)」, 559~561면 참조). 또한 상법 등에 의한 보통보험약관에 특유한 규제방법도 있다(상 663조 본문 외).

제2장 보험계약

제1절 보험계약의 개념

제1 보험계약의 의의

보험계약의 의의에 대하여는 보험제도의 성질과 관련하여 학설이 (i) 손해보상계약설(보험자가 보험계약자로부터 대가를 징수하고 보험사고에 의하여 생기는 손해를 보상할 것을 인수하는 계약) · (ii) 수요충족설(보험자가 보험계약자에게 보험사고로 인하여 발생한 경제적 수요의 충족을 목적으로 하거나〈객관적 수요충족〉 또는 장래의 경제적 수요의 충족을 목적으로 하는〈주관적 수요충족〉 유상계약) · (iii) 금액급여설(재산급여설)(보험자가 대가를 받고 계약상의 보험사고의 발생을 조건으로 일정한 금액〈재산〉을 지급할 것을 목적으로 하는 계약) · (iv) 기술설(보험자가 보험사고의 발생개연율에 따라 산출된 보험료에 대하여 보험계약자에게 보험금을 지급할 것을 약정하는 계약) · (v) 위험부담설(보험자가 위험부담의 의무를 지고 보험계약자가 보험료의 지급의무를 지는 채권법적 쌍무계약) · (vi) 이원설(보험자가 보험사고가 발생한 경우에 그 사고로 인하여 생긴 손해를 보상하거나 또는 약정한 금액을 지급할 것을 약정하는 유상의 독립계약) · (vii) 특수계약설(보험자가 대수의 법칙에 따른 위험률에 따라 보험계약자로부터 보험료를 받고 일정한 목적에 대하여 우연한 사고가 생긴 때에 보험금 기타의 급여를 할 것을 약정한 채권계약으로서 보험제도의 성질상 사법상의 전형계약과는 다른 특수한 계약) 및 (viii) 부정설(모든 종류의 보험계약에 대하여 공통적인 개념정의를 한다는 것은 매우 어렵다는 이유로 보험계약에 관한 개념정의를 부정하는 견해) 등으로 다양하게 나뉘어 있다(이에 관한 상세는 정찬형, 「상법강의(하)(제24판)」, 563~565면 참조).

우리 상법 제638조는 「보험계약은 당사자 일방이 약정한 보험료를 지급하고

재산 또는 생명이나 신체에 불확정한 사고가 발생할 경우에 상대방이 일정한 보험
금이나 그 밖의 급여를 지급할 것을 약정함으로써 효력이 생기는 것」이라고 규정하
여, 손해보험과 인보험에 관하여 통일적인 정의규정을 두고 있다(이러한 보험계약의
해석에 관하여는 대판 2008. 11. 13, 2007 다 19624 참조). 이러한 정의규정은 그 형식에
있어서는 일원적으로 규정되어 있으나, 보험의 목적을 재산 또는 생명이나 신체라
고 하여 손해보험(재산보험)과 인보험으로 나누어서 규정하고 있는 점에서 볼 때 그
실질에 있어서는 이원적으로 규정하고 있다고 볼 수 있다. 또한 보험금과 관련하여
'보험금이나 그 밖의 급여'라고 규정함으로써 금액급여설의 결함을 보충하고 있다
고 볼 수 있다. 상법의 이러한 보험계약에 관한 규정은 매우 추상적인 것으로서 이
것만으로 보험계약이 다른 유사한 계약과 명확히 구별되지 않는 면도 있으나, 보험
계약법의 적용범위 등을 정하기 위하여는 이러한 통일적인 정의규정이 그 의미가
있다고 본다.

제 2 보험계약의 특성

1. 낙성·불요식계약성

보험계약은 당사자 사이의 의사의 합치만으로 성립하고, 그 계약의 성립요건
으로서 특별한 요식행위를 요구하고 있지 아니하므로, 낙성·불요식의 계약이다
($\frac{상}{638조}$). 즉, 보험계약은 요물계약도 아니고 요식계약도 아니므로 보험료의 지급여부
와 무관하고 또 보험증권의 작성유무와 무관하여, 보험계약은 당사자 사이의 의사
의 합치만으로 성립한다.

[보험계약의 낙성·불요식계약성을 인정한 판례]

"보험계약은 당사자 사이의 의사합치에 의하여 성립하는 낙성계약으로서 별
도의 서면을 요하지 아니하므로 보험계약을 체결할 때 작성·교부되는 보험증
권이나 보험계약의 내용을 변경하는 경우에 작성·교부되는 배서증권은 하나의
증거증권에 불과한 것이어서, 보험계약의 성립 여부라든가 보험계약의 당사자,
보험계약의 내용 따위는 그 증거증권만이 아니라 계약체결 전후 경위, 보험료
의 부담자 등에 관한 약정, 그 증권을 교부받은 당사자 등을 종합하여 인정할
수 있다(대판 1996. 7. 30, 95 다 1019. 동지:). "
  대판 2003. 4. 25, 2002 다 64520).
"보험계약은 불요식의 낙성계약이므로, 계약내용이 반드시 보험약관의 규정

에 국한되는 것은 아니고 당사자가 특별히 보험약관과 다른 사항에 관하여 합의한 때에는 그 효력이 인정된다($^{대판\ 1997.\ 9.\ 5,}_{95\ 다\ 47398}$)."

2. 유상·쌍무계약성

보험계약은 보험자가 「보험금이나 그 밖의 급여」를 지급할 것을 약정하고 보험계약자가 「보험료」를 지급할 것을 약정하는 계약이므로($^{상}_{638조}$) 유상계약이고, 이러한 보험금액과 보험료는 서로 대가관계에 있는 채무이므로 쌍무계약이다.

보험계약에서 보험자의 채무는 보험사고의 발생을 조건으로 하고 있지만 보험계약의 성립과 함께 그 계약의 효력은 완전히 발생하고 있으므로, 조건부계약($^{민}_{참조}$ 147조)도 아니고 또 편무계약도 아니다.

3. 사행(射倖)계약성

보험계약은 보험자의 보험금지급책임이 우연한 사고(보험사고)의 발생에 달려 있으므로 사행계약에 속한다. 여기서 우연한 사고(보험사고)의 종류는 계약상 확정되어야 하지만, 그 보험사고의 발생은 불확정하여야 한다. 이 불확정성은 사고의 발생여부(화재)·발생시기(사망)·발생형태(상해·질병)의 어느 하나가 불확정하면 되고, 또 반드시 장래의 것이 아니더라도 좋고 당사자의 주관에서 불확정하면 된다($^{상\ 644조}_{단서\ 참조}$).

보험계약은 개별적으로 보면 사행계약이지만, 보험단체에서 보면 보험사고가 규칙적·반복적으로 발생하므로 사행계약이라고 볼 수 없는 면도 있다.

4. 선의계약성

보험계약은 사행계약성을 갖기 때문에 필연적으로 선의계약성을 갖는다. 상법은 이 점을 반영하여 구체적으로 규정하고 있다($^{상\ 651조,\ 652조,\ 653조,\ 659조,}_{669조\ 4항,\ 672조\ 3항,\ 680조\ 등}$).

또한 판례도 민법 제103조의 선량한 풍속 기타 사회질서에 반하는 보험계약은 무효라고 판시하고 있다($^{대판\ 2005.\ 7.\ 28,}_{2005\ 다\ 23858}$).

5. 상행위성

상법상 보험의 인수를 영업으로 하는 경우에는 기본적 상행위(영업적 상행위)의 일종이 되므로($^{상\ 46조}_{17호}$), 보험자는 당연상인($^{상}_{4조}$)이 된다. 이것은 영리보험자가 보험계약을 체결하는 것을 말하나, 보험계약은 그 특수성 때문에 일반상행위와는 달리 많은 제약을 받는다($\substack{상\ 663조\ 본문;\ 보업\ 3\ 조,\\4조,\ 209조\ 3\ 항\ 1\ 호}$).

상호보험계약은 영리보험자가 체결하는 것이 아니므로 상행위성이 없지만, 보험계약관계는 실질적으로 영리보험과 같으므로 그 성질에 반하지 않는 한 영리보험계약에 관한 상법의 규정이 준용된다($\substack{상\\664조}$).

6. 계속적 계약성

보험계약은 보험자가 일정한 기간(보험기간) 내에 보험사고가 발생한 경우에 보험금을 지급할 책임을 지는 것이므로, 그 기간 동안 계속하여 계약관계가 존재하므로 계속적 계약의 성질을 가진다.

보험계약은 계속적 계약의 성질을 갖기 때문에 보험계약자 등은 보험료를 모두 지급한 후에도 일정한 보험계약법상의 의무를 지며($\substack{상\ 652조\\등}$), 또한 보험계약을 해제할 수 있는 경우는 거의 없고 장래에 대하여만 효력이 있는 해지할 수 있는 경우가 원칙이다($\substack{상\ 649조\ 2\ 항,\\669조\ 1\ 항\ 등}$).

7. 독립계약성

보험계약은 민법상의 전형계약에 속하지 않는 무명계약으로서 독립계약성을 갖는다.

8. 부합계약성

보험계약은 그 성질상 다수의 보험계약자를 상대로 하여 대량적으로 체결되는 다수계약에 속하므로 그 계약의 정형화가 요구되어, 보험계약은 부합계약의 성질을 갖는다. 따라서 보험계약은 보통거래약관인 보통보험약관에 의하여 정형적으로 체결된다.

보험계약은 부합계약성을 가지므로 보험자는 보험계약 체결 당시 보험계약자에게 보험약관을 교부하고 그 약관의 중요한 내용을 설명하여야 하며($\substack{상\ 638조의\\3\ 1\ 항}$), 만일 보험자가 이러한 보험약관의 교부·설명의무를 다하지 아니한 때에는 보험계약자는 보험계약이 성립한 날부터 3개월 이내에 그 계약을 취소할 수 있다($\substack{상\ 638조의\\3\ 2\ 항}$).

제 2 절 보험계약의 요소

제 1 보험계약의 관계자

1. 보험계약의 직접의 당사자

(1) 보 험 자

보험자는 「보험계약의 직접의 당사자로서 보험사고가 발생한 경우에 보험금액을 지급할 의무를 지는 자」이다. 이러한 보험자는 보험사업의 사회성·공공성 등의 특성으로 인하여 보험업법에 의하여 일정한 자격을 가진 자로서 금융감독위원회로부터 보험사업의 허가를 얻은 자이어야 한다(보업 4조).

(2) 보험계약자

보험계약자는 「보험계약의 직접의 당사자로서 보험자의 상대방이 되어 보험계약을 체결하는 자」이다. 보험계약자의 자격에는 제한이 없고, 대리인이 계약을 체결할 수도 있다(상646조). 대리인에 의하여 보험계약을 체결한 경우에는 대리인이 안 사유는 그 본인이 안 것과 동일한 것으로 한다(상646조).

2. 보험계약의 직접의 당사자 이외의 자

(1) 피보험자

피보험자는 손해보험과 인보험에 따라 그 의미를 달리하고 있다. 즉 손해보험에서는 「피보험이익의 주체로서 손해의 보상을 받을 권리를 갖는 자」를 의미하고, 인보험에서는 「생명 또는 신체에 관하여 보험이 붙여진 자」를 의미한다.

(2) 보험수익자

보험수익자는 「인보험계약에 있어서 보험자로부터 보험금을 받을 자로 지정된 자」이다(상733조, 734조). 인보험에 있어서의 보험수익자는 손해보험에 있어서의 피보험자에 해당하는 개념으로 볼 수 있다.

3. 보험자의 보조자

(1) 보험대리상

보험대리상이란 「일정한 보험자를 위하여 상시 그 영업부류에 속하는 보험계약의 체결 등을 대리함을 영업으로 하는 자」이다($\frac{상}{2}\frac{87조,\ 646조의}{1항}$).

보험대리상에 관하여는 2014년 3월 개정상법에 의하여 최초로 상법 제 4 편(보험)에서 규정된 것인데, 이는 상법 제 2 편(상행위)에서의 대리상($\frac{상}{87조}$) 중 체약대리상에 대한 특칙이라고 볼 수 있고, 또한 보험업법상 보험대리점($\frac{보업}{10호}$ 2조)은 이에 해당한다고 볼 수 있다.

상법 제 4 편에서는 보험중개대리상($\frac{상}{87조}$)과 보험설계사에 대하여는 명문규정을 두고 있지 않으나 2014년 3월 개정상법 제646조의 2 제 3 항은 보험중개대리상과 보험설계사에 대하여 규정한 것으로 볼 수 있다. 동 개정상법 제646조의 2 제 1 항에는 보험체약대리상뿐만 아니라 보험중개대리상을 포함한다고 보는 견해도 있으나, 상법 제87조의 중개대리상의 권한과 동 개정상법 제646조의 2 제 1 항의 보험대리상의 권한을 비교하여 볼 때(또는 중개대리상의 개념에서 볼 때) 이에 대한 특칙규정이 없음에도 불구하고 동 개정상법 제646조의 2 제 1 항의 보험대리상에 보험중개대리상이 포함된다고 보는 것은 무리라고 본다. 또한 동 개정상법 제646조의 2 제 3 항은 보험설계사만을 의미하는 것으로 보는 견해도 있으나, 동 규정에 보험중개대리상을 포함시켜 해석하여도 아무런 문제가 없고 오히려 이와 같이 해석하는 것이 상법 제87조의 중개대리상과 조화하는 해석이라고 본다.

이러한 보험대리상은 (i) 보험계약자로부터 보험료를 수령할 수 있는 권한, (ii) 보험자가 작성한 보험증권을 보험계약자에게 교부할 수 있는 권한, (iii) 보험계약자로부터 청약·고지·통지·해지·취소 등 보험계약에 관한 의사표시를 수령할 수 있는 권한 및 (iv) 보험계약자에게 보험계약의 체결·변경·해지 등 보험계약에 관한 의사표시를 할 수 있는 권한을 갖는다($\frac{상}{2}\frac{646조의}{1항}$). 보험자는 보험대리상의 이러한 권한을 제한할 수 있는데, 다만 이러한 제한을 선의의 보험계약자에게 대항하지 못한다($\frac{상}{2}\frac{646조의}{2항}$). 이는 지배권 등의 불가제한성(획일성)($\frac{상}{3항}$ 11조)과 같은 취지라고 본다.

위와 같이 해석할 때 보험중개대리상은 (i) 보험자가 작성한 영수증을 보험계약자에게 교부하는 경우만 보험계약자 등으로부터 보험료를 수령할 수 있는 권한과, (ii) 보험자가 작성한 보험증권을 보험계약자 등에게 교부할 수 있는 권한을 갖는다($\frac{상}{2}\frac{646조의}{3항·4항}$).

이러한 점($\frac{상}{2}\frac{646조의}{1항~3항}$)은 피보험자나 보험수익자가 보험료를 지급하거나 보험계약에 관한 의사표시를 할 의무가 있는 경우에는 그 피보험자나 보험수익자에게도 적용된다($\frac{상}{2}\frac{646조의}{4항}$).

이러한 보험대리상은 상법상의 체약대리상의 일종으로서 일정한 보험자의 위탁을 받아(보험대리점위탁계약) 그 자를 위하여서만 상시 계속적으로 보조하는 자인 점에서 불특정 다수의 보험자를 위하여 보조하는 「보험중개인」과 다르고, 또한 보험자에게 고용되어 보조하는 것이 아니라 자기의 영업을 하는 독립된 상인인 점에서 보험자의 단순한 「상업사용인」과도 다르다.

이러한 보험대리상이 보험업법상 보험대리점의 자격을 갖기 위하여는 일정한 자격을 갖추어야 하고 보험협회에 등록하여야 한다(보업 2조 10 호, 87조, 194조 1 항; 보업시 30조 이하).

[보험대리상에게 보험료수령권을 인정한 판례]

"보험자의 대리인이 보험회사를 대리하여 보험계약을 체결하고 보험계약자로부터 제 1 회 보험료를 받으면서 2, 3회분 보험료에 해당하는 약속어음을 함께 교부받았다면, 위 대리인이 그 약속어음을 횡령했어도 그 변제수령의 효과는 보험자에 미친다(대판 1987. 12. 8, 87 다카 1793·1794)."

(2) 보험중개인

보험중개인이란 「보험자와 보험계약자 사이의 보험계약의 성립을 중개하는 것을 영업으로 하는 자」이다(상93조). 이러한 보험중개인이 보험업법상 보험중개사의 자격을 갖기 위하여는 일정한 자격을 갖추어야 하고 금융감독원에 등록하여야 한다(보업 2조 11호, 89조, 194조 2 항; 보업시 34조 이하).

이러한 보험중개인은 특정한 보험자만을 위하여 보조하는 자가 아니라는 점에서 「보험대리상」(또는 보험중개대리상)과 구별되고, 또한 독립된 상인인 점에서 보험자의 「상업사용인」과 구별된다.

(3) 보험설계사(모집인)

1) 보험설계사(모집인)란 「보험대리상이 아니면서 특정한 보험자를 위하여 계속적으로 보험계약의 체결을 중개하는 자」를 말한다(상 646조의 2 3항). 보험설계사(모집인)를 보험외판원이라고도 한다. 이러한 보험설계사(모집인)는 보험업법상 일정한 자격을 갖춘 자로서 보험협회에 등록하여야 한다(보업 2조 9 호, 84조, 194조 1 항; 보업시 27조 이하).

2) 보험설계사(모집인)는 보험자에게 고용된 피용자인 점에서, 독립된 상인인 「보험대리상」(또는 보험중개대리상)이나 「보험중개인」과 다르다. 보험자와 보험설계사(모집인) 사이의 내부관계는 고용계약 등에 의하여 정하여진다.

[보험설계사(모집인)와 보험자는 민법상 고용계약관계가 아니라고 본 판례]

　　"보험회사의 외무원은 직원에 대한 보수규정과는 별도의 규정과 기준에 따라 보수가 지급되며, 근무도 회사로부터 직접적이고 구체적인 지휘·감독을 받음이 없이 각자의 재량과 능력에 따라 업무를 처리하고 있으므로, 보험회사에 대하여 민법 제655조에 의한 고용관계에 있지 않다(대판 1990. 5. 22, 88 다카 28112. 동지: 대판 2000. 1. 28, 98 두 9219)."

　　3) 보험설계사(모집인)는 보험계약의 체결을 권유하고 중개하는 사실행위만을 하는 자이므로, 보험자를 대리하여 계약체결권 등을 행사할 권한이 없다. 또한 보험설계사(모집인)는 고지수령권도 갖지 못한다고 본다(동지: 대판 2006. 6. 30, 2006 다 19672·19689). 그러나 보험설계사는 보험중개대리상과 같이 (i) 보험자가 작성한 영수증을 보험계약자에게 교부하는 경우만 보험계약자 등으로부터 보험료를 수령할 수 있는 권한과, (ii) 보험자가 작성한 보험증권을 보험계약자 등에게 교부할 권한을 갖는다(상 646조의 2 3항·4항).

　　보험자는 보험설계사가 보험계약자를 모집함에 있어서 보험계약자에게 가한 손해를 배상할 책임이 있다(보업 102조 1항 본문). 보험자의 보험업법상 이러한 책임은 민법 제756조의 사용자배상책임에 대한 특칙이라고 볼 수 있다. 따라서 보험업법 제102조는 민법 제756조보다 우선 적용되어야 하는데, 보험자에게 보험업법 제102조를 적용함에 있어서도 보험계약자에게 과실이 있는 때에는 보험자의 손해배상책임 및 그 금액을 정함에 있어 마땅히 이를 참작하여야 한다.

[보험자에게 보험업법 제102조를 적용하여 손해배상책임을 인정한 판례]

　　"보험대리점의 사용인이 제 2 종 보통운전면허로 4.5 톤 화물트럭을 운전하여도 보험금을 지급받을 수 있다고 잘못 설명하여 보험계약자 겸 피보험자가 보험금을 지급받지 못한 경우, 보험자는 보험업법 제102조에 의하여 보험계약자 겸 피보험자에게 손해배상책임을 진다(대판 1997. 11. 14, 97 다 26425. 동지: 대판 2001. 11. 9, 2001 다 55499·55505〈타인의 사망을 보험사고로 하는 보험계약에서 타인인 피보험자의 서면 동의를 얻지 못한 경우〉; 동 2006. 4. 27, 2003 다 60259〈앞과 유사한 사안임〉; 동 2006. 11. 23, 2004 다 45356; 동 2007. 9. 6, 2007 다 30263; 동 2008. 8. 21, 2007 다 76696〈보험설계사에게 보험계약자 배려의무 위반의 잘못이 있다고 하더라도 손해발생과 인과 관계가 없으면 보험자는 책임이 없다고 함〉; 동 2014. 10. 27, 2012 다 22242〈보험회사 또는 보험모집종사자가 보험계약의 중요사항에 대한 설명의무를 위반한 경우〉)."

(4) 보 험 의

　　보험의(保險醫)란 「생명보험계약에 있어서 피보험자의 신체·건강상태 그 밖의 위험측정상의 중요한 사항에 대하여 조사하여 이를 보험자에게 제공하여 주는 의사」이다. 이러한 보험의는 진사의(診查醫)라고도 하는데, 인보험자의 보조자이다.

보험의는 상업사용인이나 보험대리상(체약대리상)은 아니나, 고지수령권이 있고 그의 고의 또는 중과실은 보험자의 그것과 같은 효력을 갖는 경우가 있다(통설).

제 2 보험의 목적

보험의 목적이란 「보험사고 발생의 객체가 되는 피보험자의 재화(손해보험의 경우) 또는 피보험자의 생명·신체(인보험의 경우)」이다. 이러한 보험의 목적은 「보험계약의 목적」과 구별되는데, 보험계약의 목적은 물건보험에 있어서의 피보험이익(보험사고가 발생하지 아니함으로써 피보험자가 갖는 경제적 이해관계)을 말한다($\frac{상}{668조}$).

제 3 보험사고

보험사고란 「보험자의 책임을 구체화시키는 우연한(불확정한) 사고」를 말한다. 보험은 사람의 경제생활을 위협하는 우연한 사고를 전제로 성립하는 것이므로, 보험사고는 보험계약의 필수불가결한 요소를 이루고 있다(위험이 없으면 보험도 없다)($\frac{상}{2호} \frac{666조}{참조}$).

이러한 보험사고의 내용은 보험의 종류에 따라 다르나, 일반적인 요건은 (i) 「우연한」 것이어야 하고, (ii) 발생이 「가능한」 것이어야 하며, (iii) 「일정한 보험의 목적에 대한 것으로서 그 범위는 특정」되어야 한다(이에 관한 상세는 정찬형, 「상법강의(하)(제24판)」, 584~587면 참조).

제 4 보험기간과 보험료기간

1. 보험기간

보험기간이란 「보험자의 책임이 시작되어 종료하는 기간, 즉 그 기간 내에 보험사고가 발생함으로써 보험자가 책임을 지게 되는 기간」을 말하는데, 이 기간을 책임기간(위험기간)이라고도 한다. 이러한 보험기간은 개념상 보험계약이 성립하여 존속하는 기간인 보험계약기간과 구별된다. 보험기간은 당사자 사이에 다른 약정이 없으면 최초의 보험료의 지급을 받은 때로부터 시작하는데($\frac{상}{656조}$), 상법에 의하여 보험기간이 정하여지는 경우도 있다($\frac{상\ 688조,\ 699조,}{700조}$).

보험기간은 보험계약을 체결한 뒤의 어느 시기에 개시하는 것이 보통이지만,

때로는 그 계약 전의 어느 시기를 보험기간의 시기로 하는 경우가 있는데(예컨대, 운송중의 물건에 대하여 해상적하 보험계약을 체결하면서 하물〈荷物〉의 선적시를 보험기간의 시기〈始期〉로 하는 경우 등), 이것을 소급보험이라고 한다. 상법은 소급보험에 관하여 명문의 규정을 두고 있는데(상643조), 이러한 소급보험은 보험자와 보험계약자 및 피보험자가 보험사고의 발생을 알지 못한 것을 전제로 한다(상644조 단서).

2. 보험료기간

보험료기간이란 「보험료를 산출하는 단위기간」을 말한다. 보험료기간은 보험사고의 발생률을 통계적으로 산출하여 그 위험률에 따라 정하여지는 기간으로 보험기간과 다른 개념인데, 양 기간은 일치하는 경우도 있으나(예컨대, 화재보험) 일치하지 않는 경우도 있다(예컨대, 운송보험의 경우는 보험기간이 보험료기간보다 짧고, 생명보험의 경우는 보험기간이 수 개의 보험료기간으로 나뉘어 있다).

보험료기간과 관련하여 보험료불가분의 원칙이 있는데, 보험료불가분의 원칙이란 「보험료기간 내의 위험을 불가분적인 것으로 보아 그 기간 내의 보험료도 불가분의 성질을 갖게 된다는 원칙」이다(스위스保 24조는 이것을 명문으로 규정하고 있음). 우리 상법은 이에 관하여 명문의 규정을 두고 있지는 않으나, 간접적으로 이러한 원칙을 반영한 규정이 있다(상669조 1항 단서 등).

제5 보험금액과 보험료

1. 보험금액

보험금액이라 함은 「보험사고가 발생하였을 때에 보험자가 피보험자(손해보험) 또는 보험수익자(인보험)에게 지급하여야 할 금액」을 말한다. 보험금액은 금전으로 지급하는 것이 원칙이지만, 예외적으로 현물급여(유리보험에서의 유리) 또는 그 밖의 급여(상해보험에서의 치료행위)로 할 수도 있다. 또한 보험금액은 일시에 지급되기도 하고, 분할하여(연금보험) 지급되기도 한다.

2. 보 험 료

보험료라 함은 「보험계약에서 보험자의 보험금지급채무에 대한 대가로서 보험계약자가 지급하는 금액(반대급여)」이다(상638조). 이러한 보험료는 대수(大數)의 법칙에 따라 보험단체 안에서 발생하는 보험사고의 발생률을 기초로 하여 산출되는데, 보험료총액과 보험금총액이 균형을 유지하도록 계산된다.

제 3 절   보험계약의 체결

제 1   보험계약의 성립

1. 보험계약의 청약

보험계약은 일정한 형식을 요구하지 않는 불요식·낙성계약이므로 보험계약의 청약은 구두이든 서면이든 상관이 없고, 전화에 의한 청약도 가능하다. 그러나 실제의 거래에서 보험청약자는 보험자나 그 대리인이 비치하고 있는 청약서에 일정한 사항을 기재하여 청약을 한다. 이러한 보험계약의 청약은 보험자가 승낙여부를 결정할 수 있는 기간 내에는 청약자가 임의로 철회할 수 없는 것으로 본다($\frac{민}{527조}$).

이러한 보험계약의 청약은 보험계약자의 대리인이 할 수도 있다($\frac{상}{참조}$ ^{646조})(동지: 대판 2001. 7.)(27, 2001 다 23973).

2. 보험계약의 승낙

보험계약은 청약에 대하여 보험자가 승낙의 통지를 발송한 때에 성립한다($\frac{민}{531조}$). 승낙의 방법에는 청약의 경우와 같이 제한이 없다. 다만 승낙기간 내(또는 상당기간 내)에 도달할 것을 조건으로 한다($\frac{민}{529조}$ ^{528조} ^{1항}). 그러나 영리보험의 경우 보험자는 상인이므로($\frac{상}{46조}$ ^{4조} $_{17호}$) 보험계약은 상사계약이 된다. 따라서 이 때에는 상사계약의 성립에 관한 상법의 규정이 적용되어, 대화자간에는 보험자가 즉시 승낙을 하여야 보험계약이 성립한다($\frac{상}{51조}$).

그런데 상법은 보험계약자를 보호하기 위하여 다음과 같은 규정을 두고 있다. 즉「보험자가 보험계약자로부터 보험료 상당액의 전부 또는 일부의 지급을 받고 보험계약의 청약을 받은 때에는 다른 약정이 없으면 30일 내에 그 상대방에 대하여 낙부(諾否)의 통지를 발송하여야 하고」($\frac{상}{1항 본문}$ ^{638조의} ^{2}),「이를 게을리한 때에는 승낙한 것으로 본다」($\frac{상}{2 2항}$ ^{638조의}). 다만「인보험계약의 피보험자가 신체검사를 받아야 하는 경우에는 그 기간을 신체검사를 받은 날로부터 기산한다」($\frac{상}{1항 단서}$ ^{638조의} ^{2}). 이 규정은 보험자가 보험계약자로부터 보험계약의 청약과 함께 「보험료 상당액의 전부 또는 일부를 지급받은 경우」에 한하여 적용되는 것이므로, 그 이외에는 적용되지 않는다. 이러한 보험자의 낙부통지의무는 임의규정이므로, 당사자가 약정을 통하여 이를 배제할 수 있다.

또한 상법은 「보험자가 보험계약자로부터 보험료 상당액의 전부 또는 일부를 받은 경우에는 그 청약을 승낙하기 전에 보험사고가 생긴 때에는 그 청약을 거절할 사유가 없는 한(인보험계약의 경우는 피보험자가 받아야 할 신체검사를 받지 아니한 경우를 제외하고) 보험계약상의 책임을 져야 한다」고 규정하여($\frac{상}{2}\frac{638조의}{3항}$), 승낙의제가 인정되기 전에(즉 승낙통지기간의 경과 전에) 보험사고가 발생했을 때 적격피보험체(適格被保險體)를 보호하고 있다($\frac{동지: 대판 2008. 11.}{27, 2008 다 40847}$).

제2 고지의무

1. 고지의무의 개념

(1) 의 의

고지의무란 「보험계약자 또는 피보험자가 보험계약의 체결 당시에 보험자에 대하여 중요한 사항을 고지하거나 또는 부실고지를 하지 아니할 의무」를 말한다($\frac{상}{본문}$651조). 보험계약이란 일정한 위험을 전제로 이루어지는 사행계약이므로 투기·도박 등으로 악용되지 않도록 하는 당사자의 선의성·윤리성을 요구하는 특성을 갖고 있으므로, 이를 반영하여 보험법에 규정한 것이 보험계약자 등의 고지의무에 관한 규정이다. 따라서 고지의무제도는 보험계약에서 인정되는 특유한 제도라고 볼 수 있다.

보험계약의 선의성의 반영으로 보험계약자 등은 고지의무 외에도 보험기간중의 위험변경·증가에 따른 통지의무($\frac{상}{652조}$) 및 보험사고발생을 안 때의 통지의무($\frac{상}{657조}$) 등을 부담하는데, 고지의무는 보험계약의 성립 전에 지는 의무이나 위의 통지의무는 보험계약의 성립 후에 지는 의무라는 점에서 구별된다.

(2) 법적 성질

고지의무의 위반효과로서 보험자는 보험계약자에 대하여 보험계약을 해지할 수 있을 뿐이지($\frac{상}{본문}$651조), 사법상 의무자가 그의 의무를 위반한 경우와 같이 보험자가 보험계약자 등에게 직접 그 이행을 강제하거나 또는 불이행으로 인한 손해배상을 청구할 수는 없다. 따라서 이러한 의무는 보험계약자 등이 자기의 불이익을 방지하기 위한 「자기의무」이고, 또한 보험계약의 효과로서 부담하는 의무가 아니고 단지 보험계약의 전제요건으로서 지는 「간접의무」이다(통설). 또한 고지의무는 보험계약에 의하여 부여되는 의무가 아니고, 보험계약의 밖에서 법률에 의하여 인정되는 「법정의무」이다.

(3) 인정근거(존재이유)

고지의무는 보통 보험계약의 다음과 같은 두 가지 특성에서 그 근거를 찾을 수 있다.

1) 선 의 성   보험계약은 우연한 사고를 전제로 하여 이루어지는 사행계약이므로 보험계약의 당사자에게는 선의성(윤리성)이 요구되는 특성을 갖고 있다. 이러한 보험계약의 특성에서 당사자는 그 우연성을 좌우하는 사실의 인식 및 행동에서 서로 상대방에 대하여 공정한 태도를 취할 것이 요청되며, 또한 상대방에 대하여 자기의 유리한 지위를 부당하게 이용하지 않을 것이 요청된다. 따라서 이러한 점에서 보험계약자 등에게 고지의무가 인정되는 근거가 있으며, 보험계약자 등이 이에 위반하면 민법상 신의칙($^{민}_{1항}{}^{2조}$)에 위반될 수도 있다. 이러한 근거에서 인정된 고지의무제도는 보험계약자 등에게 성실한 고지를 하게 하여 불량위험을 사전에 배제함으로써 도덕적 위험을 방지하는 기능을 가진다.

2) 기 술 성   보험계약은 보험단체를 기초로 하는 기술성의 특성을 갖고 있다. 따라서 보험단체 내에서는 동질의 위험을 전제로 하여 총보험료와 총보험금은 균형을 유지시키고 있다. 이를 위하여 보험단체에 위험을 달리하는 자가 들어오거나 또는 그러한 자가 다른 자와 동일한 조건으로 들어오는 것을 방지하는 것은 보험단체로서의 당연한 요청이다. 따라서 보험자는 보험기술상 요청되는 개별적인 보험에 대하여 정확하게 조사하여 평가하고 또한 그가 책임을 질 위험의 범위를 정하여야 한다. 보험자는 원래 이를 자기의 책임으로 조사하여야 할 것이지만, 보험자가 동질의 위험과 관련하여 모든 중요사항을 적극적으로 조사한다는 것은 사실상 곤란하고 또한 개별적인 보험계약자 측에 존재하는 위험의 개성을 무시할 수도 없다.

이로 인하여 법은 보험계약자 측에 이를 고지하도록 하는 고지의무제도를 두게 된 것이다. 이러한 근거에서 인정된 고지의무제도는 불량위험을 사전에 배제함으로써 위험의 종합평균화를 유지시키는 기능을 가진다. 그런데 이러한 고지의무는 보험계약자 측의 능동적인 의무에서 보험자의 질문에 기계적으로 대답하는 수동적인 의무로 변화하고 있다($^{상}_{2}{}^{651조의}_{참조}$).

2. 고지의무의 내용

(1) 당 사 자

1) **고지의무자**　　고지의무를 부담하는 자는 보험계약상 「보험계약자」와 「피보험자」이다(상 651조).

㈎ 보험계약자가 수 인이 있는 경우에는, 각 보험계약자가 고지의무를 부담한다. 보험계약이 대리인에 의하여 체결되는 경우에는 그 대리인도 고지의무를 부담하는데, 이 때에는 본인이 알고 있는 사실뿐만 아니라, 대리인이 알고 있는 사실도 고지하여야 한다(상 646조; 민 116조 1항).

㈏ 피보험자가 고지의무를 부담하는 경우에는, 손해보험과 인보험에 따라 피보험자의 개념이 다르므로 주의할 필요가 있다. 즉, 손해보험에서의 피보험자는 보험계약상 보험금청구권을 가지는 자이나, 인보험에서의 피보험자는 보험사고발생의 객체가 되는 자이다. 그러나 인보험에서 보험금청구권을 가지는 보험수익자는 고지의무자가 아니다. 또한 타인을 위한 손해보험계약에서 피보험자가 자기를 위하여 보험계약이 체결되었음을 알지 못한 경우에는, 피보험자가 고지의무를 부담한다고 할 수 없을 것이다(獨保 79조 2항 참조). 그러나 이 경우에는 보험계약자의 고지의무 위반이 있다고 볼 수 있다(상 639조 1항 단서 참조).

2) **고지의 상대방**　　고지의 상대방은 「보험자」와, 그를 위하여 고지수령권을 가지는 「대리인」이다.

㈎ 보험계약의 체약대리권이 있는 「보험대리점」은 물론 고지수령권을 갖는다. 또한 생명보험에서 피보험자의 신체검사를 하는 「보험의(保險醫)」(진사의〈診査醫〉)는 보험계약의 체약대리권을 갖지는 않으나, 고지수령권을 갖는다.

㈏ 그러나 보험계약의 체약대리권이 없는 「보험중개인」은 고지수령권을 갖지 않는다. 보험모집인이 고지수령권을 갖는지 여부에 대하여는 이를 긍정하는 견해도 있으나(소수설), 보험모집인은 보험계약의 체결을 중개하는 사실행위만을 하는 자이므로(보업 2조 9호) 보험중개인과 같이 고지수령권을 갖지 않는 것으로 보아야 할 것이다(통설).

[보험모집인의 고지수령권을 부정한 판례]

"보험가입청약서에 기왕 병력을 기재하지 아니하고 보험회사의 외무사원에게 이를 말한 것만으로는 보험회사에 대하여 고지하였다고 볼 수 없다(대판 1979. 10. 30, 79 다 1234)."

(2) 고지의 시기와 방법

고지의 시기는 「보험계약 당시」이다($\frac{상}{651조}$). 즉, 보험계약의 청약시가 아니라, 성립시이다. 따라서 보험계약의 청약 후 성립시까지 발생·변경된 사항이 있으면 이것도 고지하여야 한다($\frac{동지: 대판 2012. 8. 23.}{2010 다 78135·78142}$).

고지의 방법에는 법률상 특별한 제한이 없다. 따라서 서면으로 하든 구두로 하든, 또 명시적이든 묵시적이든 상관이 없다. 그런데 일반적으로 거래계에서는 보험계약청약서에 질문란을 두어 그에 기재하도록 하고 있다(고지의무의 수동화).

(3) 고지사항

1) 중요한 사항 고지의무자가 보험자에 대하여 고지할 사항은 「중요한 사항」이다($\frac{상}{651조}$). 이 때 「중요한 사항」이란 '보험자가 위험을 측정하여 보험계약의 체결여부 또는 보험료액의 여하를 결정하는 데 영향을 미치는 사실'을 말한다. 다시 말하면 '보험자가 그러한 사실을 알았더라면 보험계약을 체결하지 않았거나 또는 적어도 동일조건으로 계약을 체결하지 않을 것으로 객관적으로 인정되는 사실'을 말한다.

[고지사항인 '중요한 사항'의 의미에 관한 판례]

"상법 제651조에서 정한 '중요한 사항'이란 보험계약의 체결여부 또는 보험료나 특별한 면책조항의 부가와 같은 보험계약의 내용을 결정하기 위한 표준이 되는 사항으로서, 객관적으로 보험자가 그 사실을 안다면 그 계약을 체결하지 않든가 적어도 동일한 조건으로는 계약을 체결하지 않으리라고 생각되는 사항을 말하는데, 이는 보험의 기술에 비추어 객관적으로 관찰하여 판단되어야 한다(대판 1997. 9. 5, 95 다 25268. 동지: 대판 1999. 11. 26, 99 다 37474〈피보험자에 대한 최종 검사결과에 따른 의사의 암재발 가능성에 대한 고지사실은 중요한 사항으로 판시함〉; 동 2001. 2. 13, 99 다 13737; 동 2001. 11. 27, 99 다 33311; 동 2004. 6. 11, 2003 다 18494〈보험계약자가 상해보험계약을 체결하면서 보험자에게 다수의 다른 보험계약이 존재한다는 사실을 알리지 아니한 것은 고의 또는 중대한 과실로 인한 고지의무의 위반이 아니다〉; 동 2010. 10. 28, 2009 다 59688·59695〈서면으로 질문한 사항은 중요한 사항으로 추정된다고 판시함〉)."

구체적으로 어떠한 사실이 중요한 사항인가는 사실문제로서 보험의 종류에 따라 다르다. 즉, 손해보험에서는 「보험사고의 발생사실(화재보험에서 화재의 발생사실·자동차보험에서 사고경력 등)」 등이 중요한 사항이다. 생명보험에서는 「피보험자의 기왕증(旣往症)·현재증(現在症)」, 「피보험자의 부모의 생존여부」, 「피보험자의 나이」, 「피보험자의 신분·직업」 등이 중요한 사항이다.

2) 질 문 표 고지의무자는 전문가가 아닌 이상 무엇이 중요한 사항인지 여부를 판단하기 어렵기 때문에, 실제 거래계에선 보험자가 보험계약청약서에 미리

고지할 사항을 기재한 질문표를 이용하는 것이 보통이다. 따라서 우리 상법도 이러한 거래계의 현실을 반영하여 「보험자가 서면으로 질문한 사항은 중요한 사항으로 추정한다」는 규정을 두고 있다($^{상}_{의}$ 651조). 이러한 추정은 법률상 추정으로 보험계약자 측이 반대사실을 증명할 책임이 있다. 그러므로 보험계약자 등이 질문표에 기재한 질문사항에 사실과 다른 기재를 하였다면 특별한 사정이 없는 한 이는 고지의무위반이 된다($^{동지: 대판 1969. 2. 18, 68 다 2082; 동 1993. 4. 13, 92 다 52985; 동 1997. 3. 14, 96 다 53314;}_{동 2004. 6. 11, 2003 다 18494 〈상법 651조의 2의 서면에는 보험청약서도 포함된다〉}$).

3. 고지의무의 위반

(1) 요　건

고지의무자의 고의 또는 중대한 과실로(주관적 요건), 중요한 사항에 관하여 불고지 또는 부실고지를 하여야 한다(객관적 요건)($^{상}_{651조}$). 따라서 이하에서는 고지의무위반의 요건에 관하여 주관적 요건과 객관적 요건으로 나누어서 설명한다.

1) 주관적 요건　　고지의무자에게 고의 또는 중대한 과실이 있어야 한다($^{상해보험계약을 체결함에 있어서 다수의 다른 보험계약이 존재한다는 사실을 알리지 아니한 것만으로는 이러한 고의 또는}_{중과실로 보기 어렵다는 판례로는 대판 2004. 6. 11, 2003 다 18494. 동지: 대판 2011. 4. 14, 2009 다 103349·103356}$). 이 때 「고의」란 '해의(害意)가 아니고 중요한 사실을 알면서 고지하지 않은 것(불고지) 또는 허위인 줄 알면서 고지하는 것(부실고지)'을 말한다. 「중대한 과실」이란 '고지의무자가 거래상 필요로 하는 간단한 주의를 게을리하여(또는 현저한 부주의로 인하여) 불고지 또는 부실고지를 하는 것'을 말한다(예컨대, 질문표를 한 번도 읽어보지 않아 그 곳에 기재된 질문사항에 대하여 불고지한 경우 등이 이에 해당한다)($^{중과실을 인정한 판례:}_{대판 2012. 11. 29, 2010}$ 다 38663·38670, 중과실을 부정한 판례: 대판 2013. 6. 13, 2011 다 54631·54648). 그런데 이 때 고지사항인 중요한 사항을 중대한 과실로 인하여 알지 못한 경우(즉, 중대한 과실로 인하여 탐지의무에 위반한 경우)는 주관적 요건인 「중대한 과실」에 포함되지 않는다고 본다.

2) 객관적 요건　　중요한 사항에 대한 불고지 또는 부실고지가 있어야 한다. 이 때 「불고지」란 '중요한 사항인 줄 알면서 알리지 아니하는 것(즉, 중요한 사항에 대한 묵비)'을 말한다. 예컨대 질문표의 기재사항에 아무런 기재를 하지 아니한 경우에는 불고지가 된다. 「부실고지」란 '중요한 사항에 관하여 사실과 다르게 말하는 것(즉, 허위진술)'이다. 예컨대 질문표의 기재사항에 사실과 다른 기재를 한 경우에는 부실고지가 된다($^{동지: 대판 1969. 2. 18, 68 다 2082;}_{동 1992. 10. 23, 92 다 28259}$).

3) 증명책임　　고지의무위반의 요건이 성립한다는 사실은 이를 주장하여 보험계약을 해지하고자 하는 「보험자」가 증명하여야 한다(통설)($^{동지: 대판 1973. 12. 26, 73 다}_{823; 동 1979. 7. 24, 78 다 2416}$).

(2) 효 과

보험자는 고지의무위반의 요건이 성립하면 일정한 경우를 제외하고는 원칙적으로 보험계약을 해지할 수 있다($\frac{\text{상}}{\text{본문}}$651조).

1) 보험계약의 해지(원칙)

(가) 보험자는 보험사고의 발생 전후를 묻지 아니하고 일방적인 의사표시만에 의하여 보험계약을 해지할 수 있다($\frac{\text{상}}{655조}$). 따라서 보험자의 보험계약해지권은 형성권이다($\frac{\text{동지: 서울고판 1980.}}{\text{2. 22, 79 나 2937}}$). 이러한 보험자의 계약해지권은 보험자의 이익을 위하여 인정되는 것이므로 보험자는 모든 사정을 참작하여 그 권리의 행사 여부를 결정하여야 하는데, 그 해지권을 명시적 또는 묵시적으로 포기할 수도 있다. 다만 보험자의 해지권의 포기는 보험계약이 보험단체를 전제로 하는 다수계약인 점에서 보험단체의 이익과 관련하여 고려하여야 한다.

(나) 보험계약의 해지의 의사표시의 상대방은 「보험계약자」 또는 그의 「대리인(상속인)」이다. 따라서 피보험자나 보험수익자는 해지의 상대방이 아니다($\frac{\text{동지: 대판 1989. 2.}}{\text{14, 87 다카 2973;}}$ 동 2002. 11. 8, 2000 다 19281).

(다) 보험계약의 해지의 효력은 그 의사표시가 상대방에게 도달한 때에 발생하고($\frac{\text{민}}{111조}$543조 1항), 또 장래에 대하여만 생긴다. 따라서 보험자는 그 때까지의 보험료를 청구할 수 있다.

보험사고의 발생 후에도 보험자는 고지의무위반을 이유로 보험계약을 해지할 수 있는데, 이 때에 보험자가 이미 보험금을 지급한 때에는 이의 반환을 청구할 수 있고, 아직 보험금을 지급하지 아니한 때에는 이를 지급할 책임이 없다($\frac{\text{상}}{\text{본문}}$655조). 즉, 상법은 계약해지의 효력에 대하여 보험금의 지급에 관하여는 예외적으로 소급효를 인정하고 있다. 그러나 고지의무위반의 사실이 보험사고의 발생에 영향을 미치지 아니하였음이 보험계약자 또는 피보험자에 의하여 입증된 경우에는 보험자는 보험금을 지급하여야 한다($\frac{\text{상}}{\text{단서}}$655조). 다만 생명보험의 경우 고지의무위반으로 인하여 보험자가 보험계약을 해지하고 보험금의 지급책임이 면제된 때에도 보험자는 보험수익자를 위하여 적립한 금액(미경과보험료)을 보험계약자에게 반환하여야 한다($\frac{\text{상}}{\text{본문}}$736조 1항).

2) 해지의 제한(예외)
보험자는 다음의 경우에는 고지의무위반을 이유로 보험계약을 해지할 수 없다.

(가) 제척기간의 경과($\frac{\text{상}}{\text{본문}}$651조) 보험자가 고지의무위반의 사실을 안 날로부터 「1월」, 계약을 체결한 날로부터 「3년」을 경과하면 보험계약을 해지할 수 없다

(동지: 대판 1986. 11.) . 이러한 기간을 둔 이유는 법률관계를 조속히 확정하려는 데에 있 (25, 85 다카 2578) 으므로 이 기간은 제척기간이며, 이 기간이 경과한 후에는 보험자는 해지권을 행사 할 수 없으므로 「불가쟁기간」이라고 한다. 보험자가 고지의무위반의 사실을 안 날 로부터 1월이 경과하면 보험자는 그러한 위험을 선택한 것으로 인정할 수 있고, 보 험계약을 체결한 날로부터 3년을 경과하고 이 기간 내에 보험사고가 발생하지 않은 경우에는 고지의무위반이 있더라도 보험관계를 유지시키는 것이 객관적으로 타당하 기 때문에, 상법은 이러한 제척기간을 둔 것이다.

(나) **보험자의 악의·중과실**(상651조) 보험자가 보험계약 당시에 고지의무위반의 사실을 알았거나(악의) 중대한 과실(중과실)로 인하여 알지 못한 때에는 보험자는 보 험계약을 해지할 수 없다. 이것은 보험자의 자기과실에 의한 위험선택이라는 점에 서 그 해지권을 제한한 것이다. 이 때 보험자는 보험자 자신뿐만 아니라, 보험대리 점·보험의(保險醫) 등 고지수령권이 있는 자를 포함한다(동지: 대판 2001. 1.) . (5, 2000 다 40353)

보험자 측의 이러한 사정은 이를 주장하는 고지의무자가 증명하여야 한다.

(다) **보험자의 보험약관의 교부·설명의무위반**(상 638조의 3;) 보험자는 보험약관의 (약규 3 조) 교부·설명의무가 있는데(상 638조의 3 1항;), 이에 위반한 경우 보험계약자 등의 고지의 (약규 3 조 1항·2항) 무 위반을 이유로 보험계약을 해지할 수 없다.

[보험자가 보험계약의 명시·설명의무에 위반한 경우에는 고지의무 위반으로 인한 보험계약의 해지권이 제한된다고 본 판례]

"보험자가 보험계약의 중요한 내용에 대하여 명시·설명의무(상 638조의) 에 위 (3 참조) 반한 경우에는, 보험계약자나 그 대리인이 그 약관에 규정된 고지의무를 위반 하였다 하더라도(또 인과관계가 존재한다고 하더라도— 저자 주) 보험자는 이 를 이유로 보험계약을 해지할 수 없다(대판 1992. 3. 10, 91 다 31883;) ." (동 1995. 8. 11, 94 다 52492)

[보험자의 보험계약의 명시·설명의무에 해당하지 않는 것으로 본 판례]

"보험약관에 정하여진 사항이라고 하더라도 거래상 일반적이고 공통된 것이 어서 보험계약자가 별도의 설명 없이도 충분히 예상할 수 있었던 사항이거나 이미 법령에 의하여 정하여진 것을 되풀이하거나 부연하는 정도에 불과한 사항 은 보험자에게 명시·설명의무가 없다(대판 2004. 4. 27;) ." (2003 다 7302)

(라) **인과관계의 존부**(상655조) 고지의무를 위반한 사실과 보험사고 발생 사이에 (단서) 인과관계가 없으면 보험자는 보험계약을 해지할 수는 있으나, 그 보험사고에 대하

여는 보험금을 지급하여야 한다($\frac{상}{단서}^{655조}$). 다시 말하면 고지의무 위반과 보험사고 사이에 인과관계가 없는 경우에도 보험자는 보험계약을 해지할 수 있으므로 양자 사이의 인과관계 부존재는 보험자의 보험계약 해지의 제한사유가 될 수 없다. 이 점은 2014년 3월 개정상법이 제655조 단서를 「…그러하지 아니하다」에서 「보험금을 지급할 책임이 있다」고 명백히 규정함으로써 입법적으로 해결하였다.

참고로 2014년 3월 개정상법 이전에는 상법 제655조 단서가 「그러나 고지의무에 위반한 사실이 보험사고의 발생에 영향을 미치지 아니하였음이 증명된 때에는 그러하지 아니하다」고 규정하고 있었다. 그래서 상법 제655조 단서 '그러하지 아니하다'의 의미를 어떻게 해석할 것인가에 대하여, 보험계약을 해지할 수 없는 것으로 해석하여야 한다는 견해(보험계약해지부정설)(다수설)와, 보험계약을 해지할 수는 있되 다만 발생한 보험사고에 대한 보험금 지급책임만을 부담한다고 해석하여야 한다는 견해(보험계약해지긍정설)(소수설)로 나뉘어 있었다. 이에 대하여 저자는 상법 제655조는 보험계약의 해지 여부와는 무관하고 보험계약 해지의 효력인 보험금의 지급에 관한 것으로만 해석하여야 하고 고지의무위반으로 인한 보험계약 해지 여부의 문제는 상법 제651조에 의해서만 판단하여야 하는 점, 보험계약의 선의성 및 단체성에서 볼 때 고지의무를 위반한 불량보험계약자는 당연히 보험단체에서 배제되어야 하는 점 등에서 볼 때, 고지의무위반과 보험사고 사이에 인과관계가 없는 경우에도 보험계약의 해지를 긍정하여야 한다고 주장하였다(이에 관한 상세는 정찬형, "상법 제651조와 동 제655조 단서와의 관계," 「고시연구」, 2000. 4, 73~81면)($\frac{동지: 대판 2010. 7. 22, 2010 다 25353;}{서울고판 2000. 12. 19, 2000 나 35223}$).

[고지의무위반으로 인한 보험계약의 해지에
인과관계의 존재를 요한다고 본 판례]

"운전자가 한쪽 눈이 실명된 사실을 보험자에게 고지하지 않은 채 그의 일방과실에 의한 추돌사고가 발생한 경우에는 고지의무위반과 사고발생 사이에 인과관계가 있어 보험자는 보험계약을 해지할 수 있다($\frac{대판 1997. 10. 28,}{97 다 33089}$)."

"보험계약자는 고지의무에 위반한 사실이 있다 하더라도 그 사실이 보험사고의 발생에 영향을 끼치지 아니하였음을 입증함으로써 보험자의 계약해지를 방지할 수 있다($\frac{대판 1969. 2. 18,}{68 다 2082}$)."

"보험사고의 발생이 보험계약자가 불고지하였거나 부실고지한 사실에 의한 것이 아니라는 것이 증명된 때에는 상법 제655조 단서의 규정에 의하여 보험자는 위 부실고지를 이유로 보험계약을 해지할 수 없는 것이지만, 위와 같은 고지

의무 위반사실과 보험사고 발생과의 인과관계의 부존재의 점에 관한 입증책임
은 보험계약자에게 있다(대판 1994. 2. 25,). "
(93 다 52082)

[고지의무위반으로 인한 보험계약의 해지에 인과관계의
존재를 요하지 않는다고 본 판례]

"보험계약 청약서상의 질문표에 기재된 질문사항은 보험계약에서 중요한 사
항으로 추정되는 것이므로 Y(보험계약자 겸 주피보험자)가 위 보험계약 체결시
위 A(Y의 남편이며 종피보험자)가 지방간을 앓은 일이 없다는 취지의 기재를
한 것은 고지의무 위반이라 할 것이고 따라서 이를 이유로 X(보험자)가 Y와의
암보험계약을 해지한 것은 유효한 것이다(서울고판 2000. 12.). "
(19, 2000 나 35223)

"고지의무 위반과 보험사고 발생 사이에 인과관계가 없는 경우에도 보험자는
고지의무 위반을 이유로 보험계약을 해지할 수 있다. 따라서 고혈압 진단 및 투
약 사실에 관한 피보험자의 고지의무 위반과 백혈병 발병이라는 보험사고 사이
에 인과관계가 인정되지 않지만, 보험자는 고지의무 위반을 이유로 보험계약을
해지할 수 있다(대판 2010. 7. 22,). "
(2010 다 25353)

(3) 착오·사기와의 관계

상법상의 고지의무위반의 사실이 동시에 민법상 보험자의 착오(민109조)나 보험계
약자의 사기(민110조)에 해당하는 경우가 있다. 이 경우에 보험자는 상법 제651조에 의
하여 보험계약을 해지만을 할 수 있느냐 또는 민법 제109조 또는 제110조에 의하
여 보험계약을 취소할 수도 있느냐의 문제가 있다. 만일 상법만이 적용되어 보험계
약을 해지할 수 있다고 하면 그 보험계약은 원칙적으로 해지한 때로부터 장래에 대
하여만 무효가 되고 또한 보험자는 일정한 제척기간이 경과하면 해지할 수 없으나,
민법도 적용된다고 보면 보험자가 민법에 의하여 보험계약을 취소하면 그 계약은
처음부터 무효가 되고(민141조) 또한 보험자는 상법상 일정한 제척기간이 경과한 후에
도 보험계약을 취소하여 무효로 할 수 있다. 따라서 이러한 경우에 민법도 적용되
는지 여부는 보험자의 이해관계에 중대한 영향을 미친다. 이에 관하여는 상법이 적
용되는 한 민법의 착오 또는 사기에 관한 규정은 적용될 여지가 없다는 상법(단독)
적용설(민법적용배제설), 민법과 상법을 동시에 적용하는 민·상법적용설(중복적용설
또는 동시적용설) 및 보험자의 착오의 경우에는 민법의 적용을 배제하나 보험계약자
의 사기의 경우에는 상법 외에 민법의 사기에 의한 의사표시에 관한 규정(민110조)도
적용된다는 절충설(착오·사기구별설 또는 착오배제사기적용설)(통설)의 세 가지의 견해

가 있다.

생각건대 절충설이 가장 타당하다고 본다. 따라서 착오의 경우는 상법 제651조가 민법 제109조 1 항을 특수화하여 규정한 것으로 볼 수 있다. 즉 민법상 「법률행위의 내용의 중요부분의 착오」($^{민\,109조}_{1항\,본문}$)는 상법에서 「고지의무자가 보험계약상 중요한 사항을 불고지 또는 부실고지함으로 인하여 (보험자가 이에 관하여 착오에 빠진 경우)」($^{상\,651조}_{본문\,전단}$)로 규정하였다고 볼 수 있고, 그 착오가 표의자(보험자)의 중대한 과실로 인한 경우는 취소(해지)할 수 없도록 한 점은 민법과 상법이 동일하게 규정하였다고 볼 수 있다($^{상\,651조\,단서;\,민}_{109조\,1항\,단서}$). 따라서 상법 제651조가 적용되는 범위에서는 처음부터 민법 제109조 1 항은 적용될 여지가 없는 것이다. 그러므로 이 경우에는 민법의 적용여부를 처음부터 거론할 필요가 없다고 본다(그러나 이에 반하여 보증보험계약에서 민법 제109조 1 항을 적용한 판례로는 대판 2002. 7. 26, 2001 다 36450). 그런데 고지의무위반이 민법상 사기가 되고(고의에 의한 고지의무위반이 대부분 이에 해당할 것임) 이에 속아서 보험자가 보험계약을 체결한 경우에는, 그러한 보험계약을 보험자가 취소하여 처음부터 무효로 할 수 있도록 하여야 할 것이다. 따라서 이 경우에 보험자는 상법 제651조에 의하여 그 보험계약을 해지할 수도 있으나, 이것보다는 민법 제110조 1 항에 의하여 그 계약을 취소하여 처음부터 무효로 하는 경우가 많을 것이다. 실제로 이와 같은 사기에 의한 보험계약은 보통 약관에 의하여 무효사유로 규정하고 있으므로, 이러한 경우는 민법을 원용할 필요 없이 그 약관에 의하여 보험계약을 무효로 하고 있다. 이와 같이 사기에 의한 보험계약을 보험자가 취소하는 경우에도 보험자는 그 사실을 안 때까지의 보험료를 청구할 수 있으므로($^{상\,669조\,4항}_{단서\,참조}$), 이 점에서는 보험계약을 해지한 경우의 효과와 같다고 볼 수 있다.

[고지의무위반이 사기에 해당하는 경우 상법과
민법이 동시에 적용된다고 본 판례]

"보험계약자의 고지의무위반이 사기에 해당하는 경우에는 보험자는 상법의 규정에 의하여 그 계약을 해지할 수 있음은 물론, 민법의 일반원칙에 따라 그 보험계약을 취소할 수 있다($^{대판\,1991.\,12.\,27,\,91\,다\,1165;}_{동\,2017.\,4.\,7,\,2014\,다\,234827}$). "

제3 보험증권

1. 보험증권의 의의와 이의(異議)약관

보험증권이란 「보험계약의 성립과 그 내용을 증명하기 위하여 계약의 내용을 기재하고 보험자가 기명날인 또는 서명하여 보험계약자에게 교부하는 증권」이다. 이러한 보험증권은 보험계약에 관한 「증거증권」이고, 「면책증권」이며, 또한 「상환증권」이다.

보험증권은 증거증권으로서 사실상의 추정력을 가지는 데 불과하므로 진실한 보험계약이 보험증권의 기재내용과 다른 경우에는 보험계약자가 보험증권의 내용에 대하여 이의를 주장할 수 있다. 그러나 보험계약자의 그러한 주장을 무제한으로 인정하면 보험자를 해하게 되므로 상법 제641조는 이 양자의 이익을 조화하여 보호하기 위하여 「보험계약의 당사자는 보험증권의 교부가 있은 날로부터 1월을 내리지 않는 기간 내에 한하여 그 증권내용의 정부(正否)에 관하여 이의를 주장할 수 있음을 약정할 수 있다」고 규정하고 있다. 이것을 정한 약관을 「이의(異議)약관」이라고 하는데, 이는 명시적으로 정함이 있는 경우에만 그 효력이 있다.

2. 보험증권의 작성과 교부

보험자는 보험계약이 성립한 때에는 지체 없이 보험증권을 작성하여 보험계약자에게 교부하여야 한다($\frac{상\ 640조}{1항\ 본문}$). 그러나 보험계약자가 보험료의 전부 또는 최초의 보험료를 지급하지 아니한 때에는 보험자는 보험증권의 작성·교부의무가 없다($\frac{상\ 640조}{1항\ 단서}$). 이와 같이 보험증권의 발행을 의무화한 것은 보험증권을 발행하는 것이 보험계약의 당사자 쌍방에게 편리하기 때문이다. 기존의 보험계약을 연장하거나 변경한 경우에는, 보험자는 보험증권을 새로 작성하여 교부할 필요 없이 기존의 보험증권에 그 사실을 기재함으로써 보험증권의 교부에 갈음할 수 있다($\frac{상\ 640조}{2항}$).

(손해)보험증권에는 공통적으로 일정한 법정기재사항을 기재하고 보험자가 기명날인 또는 서명하여야 하는데($\frac{상}{666조}$), 각종의 보험증권에 관하여는 이외에 특별한 기재사항($\frac{상\ 685조,\ 690조,\ 695조,}{726조의\ 3,\ 728조}$)이 추가되어 있다.

증거증권성만을 갖는 보험증권을 멸실 또는 현저하게 훼손한 때에는 보험계약자는 자기의 비용부담으로 보험자에 대하여 증권의 재교부를 청구할 수 있다($\frac{상}{642조}$).

3. 보험증권의 유가증권성

보험증권은 보험계약의 성질상 유가증권성을 인정할 수 있는가, 또는 보험증권이 발행된 보험의 목적이 유통의 대상이 될 수 있는가에 따라 그의 유가증권성 여부가 결정될 수 있는가의 문제가 있다.

인보험증권은 그 성질상 유통과 관련하여 지시식 또는 무기명식의 보험증권으로 발행될 수도 없고, 비록 그러한 형식으로 발행되었다 하더라도 유가증권성을 인정할 수 없다(통설).

물건보험에서의 보험증권은 기명식에 한하지 않고 지시식 또는 무기명식으로 발행될 수 있는데($\frac{상}{참조}^{666조}$), 지시식 또는 무기명식으로 발행되었다고 하여 이러한 보험증권이 반드시 유가증권이라는 근거가 되지는 못한다. 따라서 이러한 지시식(무기명식을 포함) 보험증권이 유가증권인지 여부에 대하여는 (i) 보험증권의 유가증권성을 부정하는 부정설·(ii) 보험증권의 유가증권성을 전면적으로 긍정하는 긍정설 및 (iii) 유통증권과 부수하여 유통성이 인정되는 지시식 보험증권에만(또는 적하보험의 지시식 보험증권에만) 유가증권성을 인정하는 일부긍정설(절충설)로 학설이 나뉘어 있다(각 설에 관한 상세는 정찬형, 「상법강의(하)(제24판)」, 616~619면 참조).

생각건대 보험의 목적이 그 성질상 유통성이 있으며 또한 보험목적의 이전에 의하여 위험이 변동되지 않는 경우에는, 보험증권의 양도에 의하여 보험관계의 이전을 인정하여도 무방하다고 본다. 따라서 이렇게 보면 화물상환증, 선하증권, 창고증권 등과 같은 유통증권에 부수하여 그의 유통성이 인정되는 지시식 보험증권에는 유가증권성이 인정된다고 본다(위의 절충설에 찬성). 그러나 이와 같이 일정한 보험증권에 대하여 그의 유가증권성을 인정한다고 하더라도, 보험증권은 그 성질상 문언증권이나 무인증권이 아니므로 보험자는 보험계약에 기한 항변(고지의무위반, 보험료부지급〈不支給〉, 위험의 증가·변경 등에 기한 항변 등)으로써 그 소지인에게 대항할 수 있고, 또 보험증권상의 권리의 발생은 우연한 사고에 의하여 정하여지므로 보험증권은 가장 불완전한 의미에 있어서의 유가증권이라고 볼 수 있다.

제 4 절 보험계약의 효과

제 1 보험자의 의무

1. 보험증권교부의무

보험자는 보험계약이 성립한 때에는 지체 없이 보험증권을 작성하여 보험계약자에게 교부하여야 한다($\frac{\text{상}}{1\text{항}}$640조).

2. 보험금지급의무

(1) 보험금지급의무의 발생

보험자는 보험사고가 생긴 경우에 피보험자 또는 보험수익자에게 보험금을 지급할 의무를 진다($\frac{\text{상}}{638조}$). 이것은 보험자가 보험계약에 의하여 부담하는 가장 중요한 의무이다. 여기에서의 「보험금」이란 손해보험의 경우에는 '보험자가 보험계약에서 책임을 지기로 한 보험금액의 한도액에서 그 보험사고로 인하여 피보험자가 실제로 입은 재산상의 손해액'이고, 생명보험과 같은 정액보험의 경우에는 '보험계약에서 정한 보험금액'을 의미한다.

보험자는 피보험자 또는 보험수익자를 상대로 보험금 지급채무의 존부나 범위에 관하여 소극적 확인의 소를 제기할 수 있다($\frac{\text{대판}\langle전\rangle\ 2021.\ 6.\ 17,}{2018\ 다\ 257958\cdot257965}$).

보험자의 이러한 보험금지급의무의 발생요건은 다음과 같다.

1) 첫째로 「보험계약에서 정한 보험사고가 보험기간 내」에 발생하여야 한다. 이 때의 보험사고는 원칙적으로 보험계약이 성립한 후의 보험기간중에 발생한 경우를 의미하는데, 예외적으로 소급보험의 경우에는($\frac{\text{상}}{643조}$) 보험계약이 성립하기 전의 보험기간중에 발생한 경우를 포함한다.

2) 둘째로 보험계약자는 보험자에게 「보험료」를 지급하여야 한다. 왜냐하면 보험자의 책임은 당사자간에 다른 약정이 없으면 '최초의 보험료의 지급을 받은 때'로부터 개시하기 때문이다($\frac{\text{상}}{656조}$). 따라서 보험계약이 성립한 후에 보험사고가 발생한 경우에도 보험료의 지급 전이면 보험자는 보험금지급의무를 부담하지 않는다. 이 때 보험료의 지급은 원칙적으로 보험계약이 성립한 후의 경우를 의미하는데, 예외적으로 보험계약이 성립하기 전에 보험자가 보험료를 받은 경우도 의미한다($\frac{\text{상}\ 638조의}{2\ \ 3\text{항}}$).

보험계약자가 보험자에게 보험료를 지급하여야 보험자는 보험금지급의무를 부담하는 원칙에 대하여는 다음과 같은 예외가 있다. 즉, 보험자와 보험계약자간에 보험기간이 개시된 후에 보험료를 받기로 다른 약정을 한 경우(외상보험의 경우)($\frac{\text{상}}{\text{참조}}$656조)에는, 그 기간 안에 발생한 보험사고에 대하여는 보험자가 비록 보험료의 지급을 받지 아니하였다 하더라도 보험금지급의무를 부담한다.

3) 셋째로 후술하는 바와 같이 보험자에게는 「면책사유」가 없어야 한다.

(2) **면책사유**

보험자는 보험계약에서 정한 보험사고의 발생으로 보험금지급책임을 부담하고 또한 이 때 보험사고의 발생원인이 무엇이냐를 묻지 않는 것이 원칙이나, 다음의 경우에는 예외적으로 보험사고가 발생하더라도 보험자는 보험금을 지급할 책임이 없다. 보험자에게 이러한 면책사유가 있는 경우에는 보험자는 보험금청구권의 양도 또는 질권설정시의 승낙에 이의를 보류하지 않았더라도 그 양수인 또는 질권자에게 대항할 수 있다($\frac{\text{대판 2002. 3. 29,}}{\text{2000 다 13887}}$).

1) **보험사고가 보험계약자 또는 피보험자나 보험수익자의 고의나 중대한 과실로 인하여 생긴 때(인위적인 보험사고)**($\frac{\text{상}}{659\text{조}}$)　　보험사고가 보험계약자 등의 고의 또는 중대한 과실로 인하여 생긴 때(즉, 보험계약자 등의 인위적인 보험사고인 경우에는) 보험자는 보험금을 지급할 책임이 없다. 그러나 사망보험과 상해보험의 경우에는 보험사고가 보험계약자 또는 피보험자나 보험수익자의 중대한 과실로 인한 경우에도 보험자는 보험금지급책임을 면하지 못한다($\frac{\text{상 732조의}}{2, 739\text{조}}$).

(가) **인정이유**　　(i) 보험사고는 우연한 것이어야 하는데, 그것이 우연히 발생한 것이 아니고 보험계약자 등의 고의나 중대한 과실로 사고를 발생시킨 경우에는 보험사고의 우연성이 결여되고 따라서 보험사고성이 상실된 것이므로 보험자의 책임을 인정할 수 없다. (ii) 또한 보험계약자 등의 고의 또는 중대한 과실로 인한 사고까지 보험사고로 인정하여 보험자의 책임을 인정하는 것은 신의칙에 어긋날 뿐만 아니라 보험사기나 보험의 도박화(도덕적 위험의 발생)로 악용될 염려가 있어 이것을 방지하여야 할 보험정책적인 필요도 있다.

(나) **반대약정의 효력**　　보험계약의 당사자가 이러한 면책사유에 반하는 특약을 할 수 있는가는 그 특약의 내용이 신의성실 또는 공익에 반하느냐 않느냐에 따라 결정할 문제이다. 따라서 생명보험계약에서 보험기간 개시 후 일정기간(2년) 경과 후의 자살을 면책사유에서 제외하거나, 피보험자가 심신상실 등으로 자유로운 의사결정을 할 수 없는 상태에서(즉, 책임능력이 결여된 상태에서) 자신을 해친 경우를 면

책사유에서 제외하거나($^{2015.\ 12.\ 29.\ 현재\ 생명보험}_{표준약관\ 5조\ 1호\ 단서}$) 또는 보험계약자 등의 중과실을 면책사유로 하지 않는 특약을 하는 경우와 같이 보험계약자 등의 이익을 위하여 보험자의 책임을 확장하는 특약은 유효하다고 보겠으나($^{상\ 663조\ 본문}_{반대해석}$), 보험계약자 등의 악의(고의)로 인한 사고발생(자살의 경우는 보험기간 개시 후 2년 이내)의 경우에도 보험자는 보험금액을 지급해야 한다는 특약은 무효라고 보아야 할 것이다.

그러나 면책약관에서 피보험자의 정신질환을 별도의 독립된 면책사유로 규정하고 있으면 이는 약관의 규제에 관한 법률에 위반하지 않으므로, 피보험자인 정신분열증 환자가 목을 매어 사망한 경우 보험자는 이 면책약관에 의하여 면책된다($^{대판\ 2015.\ 6.\ 23,}_{2015\ 다\ 5378}$).

㈐ **고의·중과실의 의미**   이 때 「고의」라 함은 '보험사고발생을 인식하면서 감히 그 행위를 하는 것'을 말하는데(예컨대, 피보험자의 자살이나 자해행위·보험수익자에 의한 피보험자의 살해 등), 미필적 고의를 포함하고($^{동지:\ 대판\ 2000.\ 2.\ 11,\ 99\ 다\ 49064;}_{동\ 2001.\ 3.\ 9,\ 2000\ 다\ 67020}$), 이러한 행위를 하는 자(보험계약자·피보험자·보험수익자)에게 책임능력이 있어야 한다($^{동지:\ 대판\ 2001.\ 4.}_{24,\ 2001\ 다\ 10199}$). 따라서 부부싸움중 극도의 흥분되고 정신적 공황상태에서 피보험자가 베란다 밖으로 몸을 던져 사망한 경우는 이러한 '고의'에 해당하지 않고($^{대판\ 2006.\ 3.\ 10,}_{2005\ 다\ 49713}$), 피보험자가 정신질환 등으로 자유로운 의사결정을 할 수 없는 상태에서 사망의 결과를 발생케 한 경우는 피보험자의 '고의'에 해당하지 않는다($^{대판\ 2008.\ 8.\ 21,\ 2007\ 다\ 76696;\ 동\ 2011.\ 4.\ 28,}_{2009\ 다\ 97772;\ 동\ 2021.\ 2.\ 4,\ 2017\ 다\ 281367}$). 또한 보험사고의 발생에 기여한 복수의 원인이 존재하는 경우에는 피보험자 등의 고의행위가 보험사고 발생에 유일하거나 결정적인 것이어야 한다($^{대판\ 2004.\ 8.\ 20,}_{2003\ 다\ 26075}$).

「중대한 과실」이라 함은 '현저하게 주의을 다하지 아니하여 보험사고가 발생한 것'을 말한다(예컨대, 횡단보도 이외의 도로에서의 무단횡단·신호위반·음주운전 등).

고의 또는 중과실에 대한 증명책임은 면책을 주장하는 보험자에게 있다.

동일한 보험사고에 대하여 피보험자가 복수로 존재하는 경우에는 피보험이익도 피보험자마다 개별로 독립하여 존재하는 것이므로 원칙적으로 각각의 피보험자별로 면책조항의 적용여부를 결정한다($^{대판\ 2012.\ 12.\ 13,}_{2012\ 다\ 1177}$).

[중대한 과실에 관한 판례]

"중대한 과실이라 함은 통상인에게 요구되는 정도의 상당한 주의를 하지 않더라도 약간의 주의를 한다면 손쉽게 위법·유해한 결과를 예견할 수 있는 경우인 데도 불구하고, 만연히 이를 간과함과 같은 거의 고의에 가까운 현저한 주의를 결여한 상태를 말한다($^{대판\ 1991.\ 7.\ 21,}_{91\ 다\ 6351}$)."

"보험계약자인 자동차대여업자가 운전면허 없는 운전자에게 위조된 운전면허중의 복사본을 제시받고 자동차를 대여하는 것은 극히 이례적인 일이라 할 것이므로, 이의 확인을 태만히 한 것은 상법 제659조 1항의 중대한 과실에 속한다(대판 1994. 8. 26,
94 다 4073)."

"인화성 물건이 있는 가구가 있는 창고에 건물 내의 습기를 제거하기 위하여 석유난로를 피워놓은 후 이를 완전히 소화한 후 귀가하는 등의 조치를 취하지 아니함으로 인하여 화재가 발생한 것은 피보험자에게 중대한 과실이 있다(광주고판 1991. 4. 2,
90 나 5244·5251)."

㈜ **대표자책임이론**　보험사고의 발생에 고의 또는 중과실이 있는 자가 보험계약자나 피보험자 또는 보험수익자와 법률상 또는 경제상 특별한 관계에 있는 경우(예컨대, 그 가족·사용인·대리인 등)에 보험자의 책임을 인정할 것이냐 하는 문제가 발생한다. 이에 대하여는 보험계약자 등과 특수한 관계에 있는 일정한 제3자의 행위로 인한 보험사고에 대하여 보험자가 면책된다는 이른바 「대표자책임이론」이 독일에서 주장되고 있고, 우리나라의 보험약관에서도 이것을 받아들이고 있는 것이 있다. 우리나라에서는 대표자책임이론에 찬성하는 견해(면책설), 반대하는 견해(보상책임설) 및 보험약관에 이에 관한 규정이 있는 경우에만 이를 인정하자는 견해(절충설)로 나뉘어 있다.

생각건대 보험계약자 등과 특별한 관계에 있는 그 가족·사용인·대리인 등의 고의나 중대한 과실로 인하여 보험사고가 발생한 경우에도 보험계약자 등에게 고의 또는 중대한 과실이 없으면 보험자는 당연히 면책되는 것은 아니라고 해석하는 것이 타당하다고 본다(보상책임설).

[대표자책임이론에 반대하는(보상책임설) 판례]

"보험약관 중 '피보험자에게 보험금을 받도록 하기 위하여 피보험자와 세대를 같이하는 친족 또는 고용인이 고의로 사고를 일으킨 손해에 대해서는 보험자가 보상하지 아니한다'는 내용의 면책조항은 피보험자와 밀접한 생활관계를 가진 친족이나 고용인이 피보험자를 위하여 보험사고를 일으킨 때에는 피보험자가 이를 교사 또는 공모하거나 감독상 과실이 큰 경우가 허다하므로 일단 그 보험사고 발생에 피보험자의 고의 또는 중대한 과실이 개재된 것으로 추정하여 보험자를 면책하고자 하는 취지에 불과하다고 해석함이 타당하며, 이러한 규정을 추정규정으로 보는 이상 피보험자가 보험사고의 발생에 자신의 고의 또는 중대한 과실이 개재되지 아니하였음을 입증하여 위 추정을 번복할 때에는 위

면책조항의 적용은 당연히 억제된다(대판 1984. 1. 17, 83 다카 1940)."

"보험계약자나 피보험자 또는 이들의 법정대리인에게 단순히 고용된 자의 고의 또는 중대한 과실로 인한 손해는 상법 제659조 1 항에 해당되지 않는다(대판 1998. 4. 28, 97 다 11898)."

2) 보험사고가 전쟁 그 밖의 변란으로 인하여 생긴 때(상 660조)　　보험사고가 전쟁 그 밖의 변란으로 인하여 생긴 때에는 당사자간에 다른 약정이 없는 한 보험자는 보험금을 지급할 책임이 없다. 이 때 「전쟁」이라 함은 선전포고가 있느냐 없느냐를 묻지 않으며(따라서 전투훈련중에 사망한 경우도 이에 해당함), 「변란」이라 함은 내란·폭동·소요 등과 같이 통상의 경찰력으로써는 치안을 유지할 수 없는 상태로서 전쟁에 준하는 비상사태를 말한다. 이것을 면책사유로 규정한 것은 전쟁 등의 변란은 위험산정의 기초가 된 통상의 사고가 아니고, 또 통상의 보험료로써는 그 위험을 인수할 수 없기 때문이다. 그러나 보험자는 특약에 의하여 이러한 전쟁위험을 인수할 수 있는데, 이와 같이 전쟁위험을 인수하는 보험을 전쟁위험보험이라 한다.

[변란중의 '소요'에 관한 판례]

"전쟁에 준하는 변란중의 '소요'라 함은 폭동에는 이르지 아니하나 한 지방에서의 공공의 평화 내지 평온을 해할 정도로 다수의 군중이 집합하여 폭행·협박 또는 손괴 등 폭력을 행사하는 상태를 말한다(대판 1991. 11. 26, 91 다 18682)."

"대학생들의 폭력사태는 발생경위와 장소 및 당시에 있어서의 폭력행사의 정도 등에 비추어 그 지방의 평화 내지 평온을 해할 정도의 '소요 기타 이와 유사한 상태'라고 볼 수 없다(대판 1994. 11. 22, 93 다 55975)."

3) 면책약관의 정함이 있는 사유로 보험사고가 발생한 때　　각종 보통보험약관은 보험자의 면책사유를 규정하는 것이 보통이다. 이러한 약관의 조항을 면책약관이라 한다. 이러한 보험약관상의 면책사유는 상법 제663조 등 강행법규에 저촉되지 않는 한 유효하므로, 보험사고의 발생이 이러한 면책사유에서 정한 사유로 인한 경우에는 그 범위 안에서 보험자는 보험금지급책임을 면한다.

(3) 보험금의 지급방법과 지급시기

1) 지급방법　　보험자의 보험금의 지급방법은 금전으로 지급하는 것이 원칙이고, 당사자 사이에 특약이 있는 경우에는 현물(유리보험약관 1조 참조) 또는 기타의 급여(치료행위 등)로써 할 수 있다(상 638조 참조).

보험금의 지급장소에 관하여는 상법에 특별규정이 없으므로 민법의 일반원칙에 의하여 지참채무가 될 것이나($\frac{민}{2항}$467조), 보험약관 또는 거래의 관행에 의하여 추심채무로서 보험자의 영업소에서 지급된다.

2) 지급시기　　보험자는 보험금의 지급에 관하여 약정기간이 있는 경우에는 그 기간 내에, 약정기간이 없는 경우에는 보험사고 발생의 통지를 받은 후 지체 없이 보험자가 지급할 보험금액을 정하고 그것이 정하여진 날로부터 10일 내에 보험금액을 피보험자 또는 보험수익자에게 지급하여야 한다($\frac{상}{658조}$). 이것은 보험금지급채무를 신속히 이행하여 보험의 기능을 다하도록 한 것이지만, 보험금액을 정하는 시한에 대한 규정이 없어 손해조사기간을 고의로 지연시키는 경우에는 10일 내라는 지급시한이 무의미하게 될 우려는 있다.

(4) 소멸시효

보험자의 보험금지급의무는 3년이 경과하면 소멸시효가 완성하여 소멸한다($\frac{상}{662조}$). 이 시효기간의 기산점은 보험금지급시기가 정하여지는 경우에는($\frac{상}{658조}$) 그 기간이 경과한 다음 날이라고 본다(반대: 대판 2005. 12. 23, 2005 다 59383·59390〈보험약관 또는 상법 제658조에서 보험금 지급유예기간을 정하고 있더라도 보험금청구권의 소멸시효는 보험사고가 발생한 때부터 진행함〉). 그러나 보험금지급시기가 정하여지지 않는 경우로서 보험계약자 등이 보험사고 발생을 알고 이를 보험자에게 통지한 때에는 보험자가 그 통지를 받은 후 지급할 보험금액이 정하여지고 10일의 보험금지급유예기간이 경과한 다음 날이라고 보아야 할 것이고, 보험계약자 등이 보험사고 발생을 알고도 이를 보험자에게 통지를 하지 않은 경우에는 보험사고가 발생한 때이며, 보험금청구권자가 과실 없이 보험사고의 발생을 알 수 없었던 특별한 사정이 있는 경우(또한 보험사고가 발생한 것인지 여부가 객관적으로 분명하지 않은 경우)에는 그가 보험사고의 발생을 알았거나 알 수 있었던 때라고 보아야 할 것이다.

[보험금청구권의 소멸시효의 기산점에 관한 판례]

"보험금청구권의 소멸시효는 특별한 사정이 없는 한 원칙적으로 '보험사고가 발생한 때'로부터 진행된다고 해석하는 것이 상당하지만, 객관적으로 보아 보험사고가 발생한 사실을 확인할 수 없는 경우에는 보험금청구권자가 '보험사고의 발생을 알았거나 알 수 있었던 때'로부터 보험금청구권의 소멸시효가 진행한다(대판 1993. 7. 13, 92 다 39822. 동지: 대판 1997. 11. 11, 97 다 36521; 동 2001. 4. 27, 2000 다 31168; 동 2005. 12. 23, 2005 다 59383·59390; 동 2008. 11. 13, 2007 다 19624; 동 2009. 7. 9, 2009 다 14340; 동 2009. 11. 12,〉 " 2009 다 52359; 동 2021. 2. 4, 2017 다 281367)·

[보험회사의 소멸시효 항변이 권리남용에 해당하지 않는다고 본 판례]

"피보험자인 망인의 사망시부터 2년의 경과로 피고(보험수익자)의 원고(보험자)에 대한 이 사건 재해특약에 기한 재해사망보험금 청구권이 소멸시효의 완성으로 소멸하였고, 원고가 이 사건 재해특약에 기한 재해사망보험금 지급의무가 있음에도 그 지급을 거절하였다는 사정만으로는 원고의 소멸시효 항변이 권리남용에 해당한다고 보기 어렵다($\frac{대판}{다}$ $\frac{2016. 9. 30, 2016}{218713·218720}$)[이 판결에 대하여 반대하는 평석으로는 정찬형, "자살의 경우 재해특약에 의한 재해사망보험금 지급 여부," 「법과 기업연구」(서강대 법학연구소), 제 6 권 제 3 호(2016. 12), 210면.

[보험금청구권에 대한 압류의 시효중단사유의 종료시기]

"보험금청구권에 대하여 압류가 있는 경우, 피압류채권에 기본계약관계의 해지·실효 또는 소멸시효 완성 등으로 인하여 소멸하면 압류자체가 실효되어 그 때부터 시효가 새로이 진행한다($\frac{대판}{2016}$ $\frac{2017. 4. 28,}{다 239840}$)."

3. 보험료반환의무

(1) 보험료반환의무의 발생

보험자는 보험계약이 무효 또는 해지된 경우에 일정한 보험료의 반환의무를 진다.

1) 보험계약의 전부 또는 일부가 무효인 경우   보험계약의 전부 또는 일부가 무효인 경우에 보험계약자와 피보험자 또는 보험계약자와 보험수익자가 선의이며 중대한 과실이 없는 때에는 보험자는 보험료의 전부 또는 일부를 보험계약자에게 반환하여 줄 의무를 진다(예컨대, 도시계획 등으로 건물이 철거되어 보험계약이 무효가 된 경우 등이 이에 해당한다)($\frac{상}{648조}$). 보험자가 보험약관의 교부·설명의무에 위반하여 보험계약자가 보험계약을 취소하여($\frac{상}{3}$ $\frac{638조의}{2항}$) 그 보험계약이 무효가 된 때에도, 보험자는 보험계약자에게 그가 받은 보험료를 반환하여야 한다고 본다.

2) 보험사고 발생 전에 보험계약을 해지한 경우   보험계약자는 보험사고의 발생 전에는 언제든지 보험계약의 전부 또는 일부를 해지할 수 있는데(타인을 위한 보험계약에서는 그 타인의 동의를 얻거나 보험증권을 소지하고 있어야 보험계약을 해지할 수 있음), 이 경우에는 다른 약정이 없으면 보험자는 미경과보험료를 반환하여 줄 의무가 있다($\frac{상}{1항}$ $\frac{649조}{·3항}$). 이 때 「미경과보험료」라 함은 '보험계약이 해지될 때의 보험료기간 이후의 해당 기간의 보험료'를 말한다(그러나 각종 보험약관에서는 미경과기간에 대한 일할보험료를 정산하여 환급한다는 규정을 두고 있는 것이 보통인데, 이의 경우에는 '보험

료 불가분의 원칙'이 적용되지 않는다).

생명보험의 경우는 일정한 사유에 의하여 보험계약이 해지되거나 보험금의 지급책임이 면제된 때에는 보험자는 보험수익자를 위하여 적립한 보험료적립금을 보험계약자에게 반환하여야 할 의무를 부담한다($\frac{상}{736조}$).

(2) 소멸시효

이 보험료 또는 적립금의 반환의무도 3년의 소멸시효기간의 경과로 소멸한다($\frac{상}{662조}$). 보험료반환청구권의 소멸시효의 기산점은 '각 보험료를 납부한 때'이다($\frac{대판\ 2011.\ 3.\ 4,}{2010\ 다\ 92612}$).

4. 이익배당의무

보험자는 보험약관으로써 그 이익의 일부를 보험계약자에게 배당할 것을 정한 경우에는 그 약관에 따라 이익배당을 할 의무를 부담하고($\frac{동지:\ 대판\ 2005.\ 12.}{9,\ 2003\ 다\ 9742}$), 이 경우에는 그 지급을 위하여 준비금으로 적립하여야 한다.

제 2 보험계약자·피보험자·보험수익자의 의무

1. 보험료지급의무

보험계약은 앞에서 본 바와 같이 유상·쌍무계약이므로 보험자가 위험을 담보하는 대가로서 보험계약자는 계약 체결 후 지체 없이 보험료의 전부 또는 제 1 회 보험료를 지급하여야 한다($\frac{상\ 650조}{1항\ 전단}$). 이러한 보험료는 보험금에 대한 대가이며 또한 이의 지급은 보험자의 책임발생의 전제가 되는 것으로서, 보험료지급의무는 보험계약자의 의무 중에서 가장 기본적이고 중요하다고 보겠다.

(1) 지급의무자

보험료의 지급의무는 제 1 차적으로는 「보험계약자」가 부담하는데($\frac{상\ 650조}{1항\ 전단}$), 타인을 위한 보험의 경우 보험계약자가 파산선고를 받거나 보험료의 지급을 지체한 때에는 제 2 차적으로 타인인 「피보험자 또는 보험수익자」도 그가 그 권리를 포기하지 않는 한 보험료의 지급의무를 진다($\frac{상\ 639조}{3항\ 단서}$).

(2) 지급시기

보험계약자가 최초의 보험료를 납입하지 아니한 때에는 다른 약정이 없으면 보험자의 책임이 개시하지 않으므로($\frac{상}{656조}$), 보험계약자는 보험계약이 성립한 후 지체 없이 보험료의 전부 또는 제 1 회 보험료를 지급하여야 한다($\frac{\text{상}}{1\text{항 전단}}\frac{650\text{조}}{}$). 이 때 「보험료의 전부」란 보험료를 일시에 지급하는 경우이고, 「제 1 회 보험료」란 보험료를 분할하여 지급하는 경우인데 제 2 회 이후의 계속보험료는 약정한 납입기일에 지급하여야 한다($\frac{\text{상}}{2\text{항 참조}}\frac{650\text{조}}{}$).

[보험대리점의 보험료의 대납약정은 보험료의
지급과 동일한 효력이 있다고 본 판례]

"보험회사를 대리하여 보험료를 수령할 권한이 부여되어 있는 보험대리인이 보험계약자에 대하여 보험료의 대납약정을 하였다면, 그것으로 곧바로 보험계약자가 보험회사에 대하여 보험료를 지급한 것과 동일한 법적 효과가 발생하는 것이고, 실제로 보험대리점이 보험회사에 대납을 하여야만 그 효과가 발생하는 것은 아니다($\frac{\text{대판 1995. 5. 26,}}{94 \text{ 다 } 60615}$)."

(3) 보험료의 액

보험료액은 보험계약에게 정하여지는데, 당사자간의 합의 없이 어느 당사자가 일방적으로 이를 변경하지 못한다. 그러나 다음의 경우에는 어느 당사자의 일방만의 청구에 의하여(형성권) 보험료액의 증감의 효력이 생긴다.

1) 보험료감액청구권   보험계약의 당사자가 특별한 위험을 예기하여 보험료의 액을 정한 경우에 보험기간중 그 예기한 위험이 소멸한 때에는 보험계약자는 그 후에 보험료의 감액을 청구할 수 있고($\frac{\text{상}}{647\text{조}}$), 초과보험의 경우에도 보험계약자는 장래에 대하여 보험료의 감액을 청구할 수 있다($\frac{\text{상}}{1\text{항·3항}}\frac{669\text{조}}{}$).

2) 보험료증액청구권   보험자는 보험기간중에 사고발생의 위험이 현저하게 변경 또는 증가하거나(위험의 객관적 변경·증가)($\frac{\text{상}}{652\text{조}}$) 또는 보험계약자 등의 고의 또는 중과실로 인하여 사고발생의 위험이 현저하게 변경 또는 증가한 때에는(위험의 주관적 변경·증가)($\frac{\text{상}}{653\text{조}}$), 보험료의 증액을 청구할 수 있다.

(4) 지급방법

보험료의 지급방법에 관하여는 어디에서(지급장소) 무엇으로(금전 또는 어음·수표) 어떻게(일시지급 또는 분할지급) 지급할 것인가의 문제가 있는데, 이하에서 차례로 간단히 설명한다.

1) 지급장소   보험료의 지급장소에 관하여는 상법에 특별히 규정하고 있지 않으므로, 당사자간에 다른 약정이 없으면 민법의 일반원칙에 의한다. 따라서 원칙

적으로 보험자(채권자)의 영업소에 납부해야 하는 「지참채무」이다. 보험계약자가 보험료를 자기의 거래은행을 통하여 지로(Giro) 또는 온-라인(on-line)으로 납부하는 것은 이러한 지참채무에 의한 납입이라고 볼 수 있다. 그러나 보험자의 수금원이 보험계약자를 방문하여 보험료를 수금하는 일도 많은데, 이것은 예외적으로 당사자 간의 묵시적인 합의에 의한 추심채무가 된다고 볼 수 있다.

  2) 어음·수표에 의한 지급   보험료는 금전(현금)으로써 지급하는 것이 원칙이나, 예외적으로 어음이나 수표로써 지급하는 경우도 있다. 보험자는 '최초의 보험료를 지급받은 때'로부터 그 책임이 개시하므로($\frac{상}{656조}$), 이와 관련하여 보험자가 어음이나 수표로써 보험료를 지급받은 때에는 (보험자의 책임이 개시하는 의미로서) 보험료의 지급이 있다고 볼 수 있는지 여부가 문제된다.

  이에 대하여 우리나라의 학설은 대체로 보험자는 어음·수표의 결제 전의 보험사고에 대하여 보험금지급채무를 부담한다고 보고 있다. 그런데 이에 관한 이론구성에 대하여는 어음의 경우는 신용증권이라는 성질에서 지급기일까지 보험료의 지급을 유예한 것으로 보고(유예설 또는 정지조건부지급설) 수표의 경우는 지급증권이라는 성질에서 지급거절을 해제조건으로 하여 교부시에 대물변제가 있다고(해제조건부대물변제설 또는 해제조건부개시〈開始〉설) 보는 견해, 어음·수표에 대하여 모두 유예설을 취하는 견해 및 어음·수표에 관하여 모두 해제조건부 대물변제설을 취하는 견해로 나뉘어 있다.

  [선일자수표에서 수표의 결제 전(및 보험계약의 승낙 전)의
  보험사고에 대하여 보험자의 책임을 부정한 판례]
  "선일자수표는 그 발행자와 수취인 사이에 특별한 합의가 없더라도 일반적으로 수취인이 그 수표상의 발행일 이전에는 자기나 양수인이 지급을 위한 제시를 하지 않을 것이라는 약속이 이루어져 발행된 것이라고 의사해석함이 합리적이며, 따라서 대부분의 경우 당해 발행일자 이후의 제시기간 내에 제시함에 따라 결제되는 것으로 보아야 할 것이다($\frac{대판 1989. 11. 28,}{88 다카 33367}$)."

  생각건대 어음·수표에 관한 일반법리에 의하여 해석하는 것이 가장 타당하다고 본다. 따라서 은행발행의 자기앞수표나 은행이 지급보증한 당좌수표(가계수표)를 보험료의 지급으로 교부한 때에는 금전(현금)으로써 보험료를 지급한 경우와 동일하게 볼 수 있으나, 그 이외의 수표나 어음을 보험료의 지급으로 교부한 경우에는 당

사자의 다른 의사표시가 없는 한 보험계약자는 보험료의 지급을 위하여(또는 지급을 확보하기 위하여) 교부한 것으로 추정하여야 할 것이고 금전(현금)으로써 보험료를 지급한 경우와 동일하게 볼 수는 없다고 생각한다. 따라서 이 때에 보험자는 어음(수표)채권과 보험료채권을 함께 갖게 된다. 보험자가 보험료채권을 갖는 이상 보험자가 보험료를 지급받은 것으로 볼 수는 없고 또한 이 때에 보험자는 그러한 어음(수표)을 교부받은 때부터 책임을 부담하기로 특약하였다고도 볼 수 없다. 따라서 이 때에 보험자가 이러한 어음(수표)을 보험료로서 교부받은 때에는 결제를 정지조건부로 보험료로서 교부받은 것으로 보아야 할 것이다. 이의 결과 그러한 어음(수표)을 교부받은 후 결제 전에 보험사고가 발생한 경우에는 보험자는 원칙적으로 보험금지급책임이 없다고 본다(상 656조). 그러나 보험료의 지급으로 보험자가 어음을 받고 그 어음의 지급기일 이전에 보험계약자에게 보험기간이 명시된 보험증권을 교부한 경우에는 예외적으로 어음의 교부를 보험료지급에 갈음한다는(즉, 대물변제의) 묵시적인 합의가 있는 것으로 추정할 수 있거나 또는 보험료를 지급받기 전에 보험기간이 개시하는 것으로 특약한 것으로 볼 수 있으므로(상 656조), 보험자는 어음의 교부 후에 발생한 보험사고에 대하여 책임을 부담하여야 할 것으로 본다.

　이렇게 보면 수표에 관하여 해제조건부 대물변제설에 의하면서 선일자수표를 교부하거나 소급보험에서 수표를 교부하는 경우에 대하여 예외를 인정할 필요 없이 일관되게 설명할 수 있다. 이와 같이 보는 경우에 문제는 보험자가 보험료의 지급으로 당좌수표(가계수표)를 교부받은 경우에 언제 지급제시하느냐에 따라 보험자의 책임개시시기가 달라진다는 것이 보험계약자의 보호면에서 심히 부당하다는 점인데, 실제로 보험자가 보험료를 현금 또는 은행발행의 자기앞수표로 받지 않고 당좌수표(가계수표) 등으로 받는 것도 이례에 속할 뿐만 아니라, 보험자가 보험료로 당좌수표 등을 받은 경우에는 당사자간에 그 결제시에 입금된 것으로 처리한다고 약정하는 것이 보통이므로, 위와 같은 문제는 현실적으로 거의 발생할 여지가 없다고 본다.

　3) 신용카드에 의한 지급　　신용카드로 보험료를 납부하는 경우 보험료의 지급시기를 언제로 볼 것이냐에 대하여, 보험계약자가 실제로 신용카드대금을 신용카드회사에 결제한 시점이라고 보는 견해도 있으나, 특별한 사정이 없는 한 신용카드 거래승인(매출승인)을 받으면 가맹점인 보험자가 신용카드회사로부터 신용카드대금을 결제받는 데 문제가 없으므로 신용카드 거래승인을 받은 시점이라고 보아야 할 것이다.

　4) 분할지급　　보험료의 지급방법으로 전 보험기간에 대한 보험료를 일시에 내도록 하느냐(일시지급) 또는 분할하여 내도록 하느냐(분할지급)는 보험계약에 의하

여 정하여진다. 보험료는 보험료불가분의 원칙에 의하여 일시에 지급하도록 하는 것이 원칙이나, 보험계약자의 편의를 위하여 예외적으로 분할하여 지급하도록 당사자간에 합의하는 경우도 많다(상 650조 1 항·2 항 참조).

(5) 보험료지급해태의 효과

1) 보험료가 계약성립 후 2월 내에 지급되지 아니한 때에는 다른 약정이 없으면 보험계약은 자동해제되고(상 650조 1 항 후단), 계속보험료가 약정한 시기에 지급되지 아니한 때에는 보험자는 상당한 기간을 정하여 보험계약자에게 최고하고 그 기간 내에 지급되지 아니한 때에는 보험자는 계약을 해지할 수 있다(상 650조 2 항). 보험계약자가 제 1 회의 보험료를 지급하지 아니한 때에는 보험자의 책임이 개시되지 않으므로(상 656조) 보험계약이 자동해제되는 것은 큰 의미가 없으나, 제 2 회 이후의 계속보험료의 지급이 없는 때에는 보험자가 보험계약을 해지하지 않는 한 보험자는 보험사고가 있는 때에 책임을 지므로 이러한 보험계약의 해지권은 매우 중요한 의미를 갖는다. 특정한 타인을 위한 보험의 경우에 보험계약자가 보험료지급을 지체한 때에는 그 타인에게도 상당한 기간을 정하여 보험료의 지급을 최고한 후가 아니면, 보험자는 그 계약을 해제 또는 해지하지 못한다(상 650조 3 항). 즉, 이 경우에는 1 차로 보험계약자에게 최고하고 다시 2 차로 피보험자 또는 보험수익자인 제 3 자에게 최고한 후가 아니면, 보험자는 그 보험계약을 해제 또는 해지하지 못하게 하여 가능한 한 그 보험계약이 유지되도록 하고 있다(동지: 대판 2003. 2. 11, 2002 다 64782). 이 때 보험료지급해태는 그 귀책사유가 보험계약자 측에 있는 경우만을 의미하므로, 보험자 측의 귀책사유로 보험료가 지급되지 않은 경우는 이 때의 보험료지급해태가 되지 못한다(동지: 대판 1991. 7. 9, 91 다 12875; 동 1987. 12. 8, 87 다카 1793·1794).

2) 상법 제650조 2 항과 관련하여 보험자는 보험계약자에 대한 최고 및 해지의 번거로움을 피하기 위하여 보험약관에서 제 2 회 이후의 보험료는 그 납입기일부터 일정한 기간의 유예기간을 두고, 그 기간 내에 보험료를 지급하지 않으면 보험계약은 자동적으로 실효된다고 규정하고 있는 것이 보통인데, 이러한 약관을 「실효약관」이라 한다. 이러한 실효약관은 최고의 의사표시가 없고 또한 계약의 해지의 의사표시도 없음에도 불구하고 일정한 기간의 경과만으로 계약이 실효되는 것으로 정한 점에서, 상법 제650조에 저촉하는 것이 아니냐 하는 문제가 있다. 그러나 다수의 보험계약을 다루어야 하는 보험거래의 실정과 보험단체의 이익을 보호해야 한다는 점에서 볼 때, 그러한 실효약관의 효력을 인정하는 것이 타당하다고 본다.

우리나라의 판례는 이러한 실효약관의 효력에 대하여 종래에 유효로 보는 판례(대판 1977. 9. 13, 77 다 329; 동 1987. 6. 23, 86 다카 2995;)와 무효로 보는 판례(대판 1992. 11. 24,)로 나뉘 (동 1992. 11. 27, 92 다 16218; 동 1993. 7. 13, 92 다 46820)와 무효로 보는 판례(92 다 23629   )로 나뉘 어 있었는데, 그 후에는 아래와 같이 전원합의체판결로써 이를 유효로 보았던 판례 를 변경하여 무효로 판시하였다.

[실효약관을 무효로 본 판례]

"분납보험료가 소정의 시기에 납입되지 아니하였음을 이유로 상당기간 최고 하지 않고 막바로 보험계약이 해지되거나 실효됨을 규정하고 보험자의 보험금 지급책임을 면하도록 규정한 보험약관은 상법 규정에 위배되어 무효이다. 따라 서 이와 다른 견해를 취한 대판 1977. 9. 13, 77 다 329 및 1992. 11. 27, 92 다 16218은 이를 변경한다(대판〈전원합의체판결〉 1995. 11. 16, 94 다)." (56852. 동지: 대판 2002. 7. 26, 2000 다 25002).

3) 계속보험료의 연체로 인하여 보험계약이 해지된 경우에는 상법 제655조의 해석상 보험자는 계약해지시로부터 더 이상 보험금을 지급할 의무만을 면할 뿐, 계 속보험료의 연체가 없었던 기간에 발생한 보험사고에 대하여 이미 보험계약자가 취 득한 보험보호를 소급하여 사라지게 하는 것이 아니므로 보험자는 보험계약자에 대 하여 이미 지급한 보험금의 반환을 구할 수 없다(상 655조) (대판 2001. 4. 10,). (99 다 67413)

4) 상법 제650조 2항에 따라 제 2회 이후의 보험료(계속보험료)의 부지급(不支給)에 의하여 보험계약이 해지된 경우에도 해지환급금이 지급되지 아니한 경우에는 보험계약자는 일정한 기간(은혜기간) 내에 연체보험료에 약정이자를 붙여 보험자에 게 지급하고 그 계약의 부활을 청구할 수 있다(상 650조의). 이와 같은 보험계약의 부 (2 1문) 활은 생명보험과 같이 장기간 계속되는 보험계약에서 많이 이용될 수 있는데, 이는 해지된 보험계약을 부활하는 특수한 계약이다. 이러한 부활계약에도 새로운 보험계 약의 체결과 같이 청약과 승낙이 있어야 하고, 보험자가 30일 내에 낙부통지를 하 지 않으면 승낙한 것으로 의제된다(상 650조의). 해지환급금을 지급할 필요가 없는 경 (2 2문) 우에도 보험계약을 부활시킬 수 있다고 본다.

(6) 소멸시효

보험료지급채무의 소멸시효기간은 2년이다(상 662조). 기산점은 최초의 보험료는 (후단) (지급시기를 특별히 약정하지 않으면) 보험계약이 성립한 날이고, 제 2회 이후의 보험 료는 각 지급기일의 다음 날이라고 본다. 보험료채권의 지급확보를 위하여 수표를 받은 경우, 수표금에 대한 소송상의 청구는 보험료채권의 소멸시효중단의 효력이 있다(동지: 대판 1961. 11.). (9, 4293 민상 748)

≫ 사례연습 ≪

[사 례]

　X는 Y화재보험회사에 그의 건물에 대하여 자기를 피보험자로 한 화재보험에 가입하면서 보험료로 다음과 같이 어음·수표를 교부한 경우, X는 Y에 대하여 보험금을 청구할 수 있는가?

　(1) X는 Y에 대하여 보험료로 약속어음을 발행하였는데, 그 약속어음의 만기 (지급기일) 전에 보험사고가 발생한 경우

　(2) X는 Y의 보험모집인에게 보험계약의 청약과 함께 보험료 상당의 선일자 당좌수표를 발행하였는데, 그 수표의 발행일자 및 보험계약의 승낙 전에 보험사고가 발생한 경우

　* 이 사례는 정찬형, 「상법사례연습(제 4 판)」, 사례 121에 기초한 것이므로, 이에 관한 상세는 同書를 참고하기 바람.

[해 답]

　(1) X가 Y에 대하여 보험료로 약속어음을 발행하고 당사자간에 보험기간의 개시시기에 대하여 특별한 약정이 없었다면, 이 약속어음이 만기에 지급제시되어 결제되었을 때에 '최초의 보험료의 지급이 있는 때'에 해당되어 보험자의 보험금지급책임이 개시된다고 본다. 따라서 본문의 경우 이 약속어음의 만기(지급기일) 전에 보험사고가 발생하였다면 보험자는 원칙적으로 보험금의 지급책임이 없어, X는 Y에 대하여 보험금을 청구할 수 없다. 그러나 Y가 이 어음의 만기 전에 보험기간이 명시된 보험증권을 교부하고 보험사고가 보험증권에 기재된 보험기간 중에 발생한 경우에는 당사자간에 보험기간에 관하여 별도의 특약을 한 것으로 보아 보험자는 예외적으로 그에 따라 보험금지급책임을 부담하므로, 이 때에 X는 Y에 대하여 보험금을 청구할 수 있다.

　참고로 본문의 경우 Y가 이 약속어음의 만기까지 보험료의 지급을 유예한 것으로 보는 유예설(정지조건부 지급설) 또는 이 어음의 지급거절을 해제조건으로 하여 교부시에 대물변제가 있다고 보는 해제조건부 대물변제설에 의하면 Y가 이 어음의 만기 전에 보험기간이 명시된 보험증권을 교부하는 등 당사자간에 보험기간에 관하여 별도의 특약이 없는 경우에도 Y는 보험금지급책임을 부담하게 되므로, X는 Y에 대하여 원칙적으로 보험금을 청구할 수 있다.

　그러나 약속어음을 교부한 것을 해제조건부 대물변제로 보는 것은 어음의 실질관계(당사자 사이에 원인관계에서 기존채무가 있고 이 지급과 관련하여 어음이 수수되

는 경우)의 해석과 너무나 상반되어 타당하다고 할 수 없고, 또한 유예설은 보험자가 만기가 있는 약속어음을 교부받았다고 하여 만기 전에도 보험금을 지급하기로 특약한 것으로(즉 보험기간이 어음의 만기 전 교부시에 개시하는 것으로) 의제한 것과 동일하게 되는데 이것은 당사자의 의사의 해석에 있어서 무리라고 생각되어 타당하지 않다고 본다.

(2) 보험자가 보험계약상 보험금지급책임을 부담하는 것은 원칙적으로 보험계약이 청약과 승낙에 의하여 성립하고($\frac{민}{531조}$) 또 보험자가 최초의 보험료를 지급받은 때부터 개시한다($\frac{상}{656조}$). 그런데 어떤 경우에는 보험자가 보험계약이 성립하기 전에 먼저 보험료를 청약과 함께 지급받는 경우가 있고 이 때 보험계약자는 보험료의 지급에 의하여 보험계약이 성립한 것으로 믿는 경우가 많으므로 상법은 이러한 경우에 대하여 규정을 두고 있다. 즉 보험자가 보험계약자로부터 보험료 상당액의 전부 또는 일부의 지급을 받고 보험계약의 청약을 받은 때에는 다른 약정이 없으면 30일 내에 그 상대방에 대하여 낙부(諾否)의 통지를 발송하여야 하고($\frac{상}{1항}$ $\frac{638조의 2}{본문}$), 이를 게을리하면 승낙한 것으로 간주하고 있다($\frac{상}{2항}$ $\frac{638조의}{2항}$). 심지어 일정한 경우에는 보험계약이 성립하기 전에도 보험자의 책임이 개시하는 것으로 규정하고 있다. 즉 보험자가 보험계약자로부터 보험계약의 청약과 함께 보험료 상당액의 전부 또는 일부를 받은 경우에 그 청약을 승낙하기 전에 보험계약에서 정한 보험사고가 생긴 때에는 그 청약을 거절할 사유가 없는 한 보험자는 보험계약상의 책임을 진다($\frac{상}{2}$ $\frac{638조의}{3항 본문}$). 이와 같은 규정은 보험계약이 성립하기 전에도 적격피보험체(適格被保險體)를 보호하기 위한 규정이다.

본문의 경우 만일 X가 Y의 보험모집인에게 보험료로서 현금(금전)을 지급하고 또한 보험의 목적이 적격피보험체이면 Y는 X에 대하여 보험금을 지급할 책임을 부담한다($\frac{상}{3항}$ $\frac{638조의 2}{본문}$). 그러나 본문의 경우 X는 Y의 보험모집인에게 현금(금전)이 아니라 선일자 당좌수표를 보험료로서 교부하였는데, 이를 보험료 상당액을 지급한 것과 동일하게 볼 수 있을 것인가가 문제된다. 이를 수표의 결제시에 보험료 상당액이 지급된 것으로 보면 본문의 경우 Y가 이 선일자 수표의 발행일자 이전에 지급제시하여 지급을 받는 등 특단의 사유가 없는 한, 일반적으로는 발행일자 이전에 지급제시를 하지 않을 것이므로 발행일자 이전에는 보험료 상당액을 지급받은 것으로 볼 수 없을 것이다. 따라서 이 경우 적격피보험체를 보호하기 위한 규정($\frac{상}{의 2}$ $638조$)이 적용되지 않으므로, X는 Y에 대하여 보험금을 청구할 수 없다(동지: 대판 1989. 11. 28, 88 다카 33367).

그런데 본문의 경우 보험료로서 수표를 교부한 것에 대하여 해제조건부 대물변제설이나 유예설에 의하는 경우에는 Y는 보험료를 수령한 것이 되거나 또는 보험료의 수령 전에 보험자의 책임이 개시되는(즉 보험기간이 개시되는) 특약이 있는 것으로 보아 Y는 선일자수표의 발행일자(및 보험계약의 승낙) 전에 보험사고가 발생한 경우에도 보험금을 지급할 책임을 부담한다고 해석될 수 있는데, 이러한 해석은 선일자수 표가 이용되는 거래의 관행을 너무 도외시하고 또한 당사자의 합리적인 의사의 해석 으로 볼 수 없어 타당하지 않다고 본다.

2. 통지의무

(1) 위험변경·증가의 통지의무

1) 의의 및 목적 보험기간중에 보험계약자 또는 피보험자가 사고발생의 위험이 현저하게 변경(이는 '증가'를 의미하므로 무의미하다는 견해가 있음) 또는 증가된 사실(일시적이 아닌 객관적 위험변경·증가의 사실)을 안 때에는 지체 없이 보험자에게 통지하여야 한다($\frac{상}{1항}\frac{652조}{1문}$). 이 때 「위험」이라고 함은 '보험사고발생의 가능성'을 의미 하고, 「현저한 변경 또는 증가」란 '보험계약의 체결 당시에 그러한 사실이 존재하 였다면 보험자가 계약을 체결하지 않았거나 또는 적어도 동일한 조건으로 그 계약 을 체결하지 않았을 것으로 생각되는 정도의 위험의 변경 또는 증가'를 말한다 (동지: 대판 1997. 9. 5, 95 다 25268; 동 2003. 11. 13, 2001 다 49630; 동 2004. 6. 11, 2003 다 18494〈따라서 상해보험계약체결 후 다른 상해보험에 다수 가입하였다는 사정은 이에 해당하지 않는다〉; 동 2014. 7. 24, 2012 다 62318〈피보험자의 오토바이 운전 사실을 보험회사에 통지 하지 않은 것은 이에 해당한다〉). 변경 또는 증가의 원인은 객관적이어야 하므로 보험계약자 또는 피보험자의 행위로 인한 것이 아니어야 한다($\frac{상}{비교}$ 653조와)($\frac{반대: 대판 1998.}{11. 27, 98 다 32564}$).

이러한 상법의 규정은 보험의 목적을 스스로 지배하고 있는 보험계약자 또는 피보험자에게 보험기간중에 객관적으로 생긴 사고발생의 위험이 현저하게 변경 또 는 증가한 것에 대한 통지의무를 지움으로써, 보험자로 하여금 그 사실을 알아 그 에 대한 대책을 세울 수 있도록 하는 데 그 목적이 있다.

2) 법적 성질 이 의무의 법적 성질에 대하여 (i) 법률상의 진정한 의무라 고 보는 견해도 있으나, (ii) 이 의무는 보험계약자 등이 보험계약의 성립 후에 보험 기간중에 지는 의무로서 이를 게을리한 경우에 보험자는 계약해지를 할 수 있어 보 험계약자 등은 보험보호를 받을 수 없게 되는 점에서 고지의무와 같이 「간접의무 또는 자기의무」라고 본다.

3) 통지의 시기·방법 및 상대방 통지의 시기는 보험계약자 등이 그 사실을 안 때에 「지체 없이」 하여야 한다. 이 때 「지체 없이」는 '보험계약자 등의 책임 있는 사유로 늦춤이 없이'의 뜻이라고 볼 수 있고, 통지는 발송하기만 하면 된다고 본다.

통지의 방법에는 상법상 특별한 제한이 없으므로 서면 또는 구두로 하면 된다. 통지의 상대방은 고지의 상대방과 같이 보험자와 그를 위한 통지수령권이 있는 대리인이고, 통지수령권이 없는 보험중개인이나 보험모집인은 상대방이 될 수 없다(동지: 대판 2006. 6. 30,)
(2006 다 19672·19689).

　4) 통지의무이행의 효과　보험사고발생의 위험이 객관적으로 현저하게 변경 또는 증가한 경우로서 보험계약자 등이 지체 없이 통지하여 보험자가 이를 안 경우에는, 보험자는 그 통지를 받은 후 1월 내에 「보험료의 증액」을 청구하거나 또는 「계약을 해지」할 수 있다(사정변경의 법리)(상 652조). 이 때 보험자는 보통 보험료의 증액을 먼저 청구하고, 보험계약자가 이를 거절하면 보험계약을 해지할 것이다.

　5) 통지의무해태의 효과　보험계약자 또는 피보험자가 그 위험의 변경·증가의 사실을 알면서 지체 없이 보험자에게 통지하지 아니한 때에는, 보험자는 그 사실을 안 날로부터 1월 내에 한하여 「계약을 해지」할 수 있다(상 652조 1항 2문).

[통지의무해태의 효과에 관한 판례]

　"화재보험계약에서 보험계약자인 피고회사의 근로자들이 폐업신고에 항의하면서 위 화재보험의 목적인 공장건물을 상당기간 점거하여 외부인의 출입을 차단하고 농성하는 행위는 보험목적물 또는 이를 수용하는 건물에 대한 점유의 성질을 변경하거나 또는 그에 영향을 주어 보험료 등을 조정할 필요가 있게 하는 사정에 해당한다고 할 것이므로 보험계약자가 보험자에게 서면으로 고지하여 승낙을 받지 아니하면 위 보험계약은 효력을 상실한다(대판 1992. 7. 10,)
(92 다 13301)."

　"보험자가 「그 사실을 안 날」이란 '위험의 현저한 증가가 있는 사실을 안 때'가 아니라, '보험계약자 등이 이러한 통지의무를 이행하지 아니한 사실을 알게 된 날'이다(대판 2011. 7. 28,)
(2011 다 23743·23750)."

　"「보험계약자 또는 피보험자가 사고발생의 위험이 현저하게 변경 또는 증가된 사실을 안 때」란 특정한 상태의 변경이 있음을 아는 것만으로는 부족하고, 그 상태의 변경이 사고발생 위험의 현저한 변경·증가에 해당된다는 것까지 안 때를 의미한다(대판 2014. 7. 24,)
(2012 다 62318)."

　따라서 이에 의하여 보험계약을 해지하면 보험자는 향후 보험금액을 지급할 책임이 없고, 이미 지급한 보험금액은 반환청구할 수 있다(상 655조 본문)(이 후단은 해지의 효과의 예외가 된다고 볼 수 있다). 그러나 위험의 현저한 변경이나 증가된 사실이 보험사고의 발생에 영향을 미치지 아니하였음(즉, 인과관계가 없었음)이 증명된 때에는, 보험자는 보험금액의 지급의무를 부담한다(상 655조 단서). 이러한 인과관계가 부존재한다는 입증책임은 보험계약자 측에 있다(동지: 대판 1997. 9.)
(5, 95 다 25268).

(2) 보험사고 발생의 통지의무

1) 의의 및 목적　　　보험계약자 또는 피보험자나 보험수익자는 보험사고의 발생을 안 때에는 지체 없이 보험자에게 그 통지를 발송하여야 한다($\frac{상}{1항}$657조). 이 때 「통지의무자」에는 해석상 생명보험의 피보험자는 제외된다. 또한 「보험사고」는 보험계약에서 보험자가 책임을 지기로 한 사고만을 의미한다.

이것은 보험자로 하여금 보험사고의 원인을 조사하고, 특히 손해보험에 있어서는 손해의 종류·범위 등을 조사하고 이에 대한 손해방지 등의 적절한 조치를 할 수 있게 하기 위해서 보험계약자 등에게 부과시킨 의무이다.

2) 법적 성질　　　이 통지의무는 보험자에 대한 책임을 묻기 위한 전제조건인 동시에, 고지의무와는 달리 보험자에 대한 「진정한 의무」이다. 따라서 보험계약자 등이 보험사고의 발생을 알고 있으면서 이를 통지하지 않은 경우에는 보험자에 대하여 손해배상책임을 부담하나, 그 사실을 알지 못하여 통지하지 않은 경우에는 손해배상책임을 부담하지 않는다.

3) 통지의 시기와 방법　　　위험변경·증가의 통지의무의 경우와 같다.

4) 통지의무해태의 효과　　　보험계약자 등이 보험사고발생의 통지를 게을리한 경우에 보험자는 보험금지급채무를 면하지 않지만, 그 통지를 게을리함으로 인하여 손해가 증가된 때에는 그 증가된 손해를 보상할 책임이 없다($\frac{상}{2항}$657조). 또한 보험사고발생의 통지는 보험자의 보험금지급시기의 기준이 되므로($\frac{상}{후단}$658조 참조), 이 통지를 받을 때까지 보험자는 보험금지급채무에 대하여 지체책임을 지지 않는다.

3. 위험유지의무

(1) 의의 및 목적

보험계약자, 피보험자 또는 보험수익자는 보험자의 동의 없이 보험기간 중에 그의 고의 또는 중대한 과실로 인하여 보험사고발생의 위험을 현저하게 변경하거나 또는 증가시키지 않을 의무를 부담하는데($\frac{상}{전단}$653조), 이를 보험계약자 등의 위험유지의무라고 한다. 예컨대, 화재보험의 목적인 주택을 보험자의 동의 없이 공장 등으로 변경하지 않을 의무, 생명보험의 피보험자가 보험자의 동의 없이 다른 위험업종에 종사하지 않을 의무($\frac{동지: 대판 2003. 6.}{10, 2002 다 63312}$) 등을 말한다. 이 때의 「위험」은 보험계약자 등의 고의 또는 중과실로 인하여 발생한 것으로서 주관적 위험의 변경·증가를 의미한다($\frac{상}{비교}$652조와).

보험계약자 등에게 이러한 위험유지의무를 부과하는 것은, 보험계약이 우연한 사고에 대하여 보험자가 책임을 지기로 하는 사행계약인 성질상 보험계약자 등이 이러한 위험을 임의로 변경·증가시켜서는 안 된다는 점에서 당연히 요청된다고 볼 수 있다.

(2) 법적 성질

고지의무 또는 위험변경·증가의 통지의무와 같이 「간접의무 또는 자기의무」 이다.

(3) 위험유지의무해태의 효과

보험계약자 등이 이 의무를 위반한 때에는 보험자는 그 사실을 안 날로부터 1월 내에 「보험료의 증액」을 청구하거나 또는 「계약을 해지」할 수 있다($\frac{상}{후단}$ 653조). 보험자가 계약을 해지하는 경우는 이미 보험금액을 지급한 경우에도 할 수 있는데, 이 때에는 지급한 보험금액의 반환을 청구할 수 있다(해지의 효과의 예외)($\frac{상}{본문}$ 655조). 그러나 위험의 현저한 변경이나 증가된 사실과 보험사고의 발생간에 인과관계가 없는 경우에는 보험자는 보험금을 지급할 책임을 부담한다($\frac{상}{단서}$ 655조).

제 5 절 보험계약의 무효·변경·소멸·부활

제 1 보험계약의 무효

1. 보험사고발생 후의 보험계약

보험계약 당시에 보험사고가 이미 발생하였거나 또는 발생할 수 없는 것인 때에는 그 보험계약은 당연히 무효가 된다($\frac{상}{본문}$ 644조) ($\frac{동지: 대판 2010. 4.}{15, 2009 다 81623}$). 그러나 보험사고가 이미 발생한 사정 등을 보험계약의 당사자 쌍방과 피보험자가 알지 못한 경우에는 그 계약은 유효한 것이 된다($\frac{상}{단서}$ 644조).

2. 사기·반사회질서의 보험계약

보험계약자의 사기로 인한 초과보험($\frac{상}{4항 본문}$ 669조) 또는 중복보험($\frac{상}{3항}$ 672조)은 당연히 무효가 된다. 그러나 이 때 보험자는 그 사실을 안 때까지의 보험료를 청구할 수 있다($\frac{상 669조 4항 단서,}{672조 3항}$). 또한 보험계약이 민법 제103조에 위반한 경우에는 무효가 된다
$\left(\frac{대판 2005. 7. 28, 2005 다 23858; 동 2014. 4. 30, 2013 다 69170; 동 2015. 2. 12,}{2014 다 73237; 동 2017. 4. 7, 2014 다 234827; 동 2020. 10. 29, 2019 다 267020}\right)$.

보험사기행위의 조사·방지·처벌에 관한 사항을 규정하는 「보험사기방지 특별법」($\frac{\text{제정: 2016. 3. 29, 법 14123호.}}{\text{시행: 2016. 9. 30.}}$)이 제정되어 시행되고 있다.

3. 심신상실자 등을 피보험자로 한 사망보험

15세 미만자, 심신상실자 또는 심신박약자의 사망을 보험사고로 한 보험계약은 당연히 무효가 된다($\frac{\text{상}}{\text{732조}}$).

4. 보험계약이 취소된 경우

보험자가 보험약관의 교부·설명의무에 위반한 경우에는 「보험계약자」는 보험계약이 성립한 날부터 3월 이내에 그 계약을 취소할 수 있는데($\frac{\text{상 638조의}}{\text{3항 2항}}$), 이와 같이 보험계약이 취소된 경우에는 그 계약은 처음부터 무효가 된다($\frac{\text{민}}{\text{141조}}$). 이 경우에 보험자는 보험계약자로부터 받은 보험료를 전부 반환하여야 한다($\frac{\text{상}}{\text{648조}}$).

보험계약자 등의 고지의무위반이 민법상 사기가 되는 경우에는 이미 앞에서 본 바와 같이 「보험자」는 보험계약을 취소할 수 있으므로($\frac{\text{민 110조}}{\text{1항}}$), 이와 같이 보험계약이 취소된 경우에는 그 계약은 처음부터 무효가 된다($\frac{\text{민}}{\text{141조}}$). 다만 보험자는 그 사실을 안 때까지의 보험료를 반환할 필요가 없다고 본다($\frac{\text{상 669조 4항}}{\text{단서 유추해석}}$).

5. 기타의 경우

위 4.의 경우 이외에도 의사표시의 무효사유($\frac{\text{민 107조~}}{\text{108조}}$) 또는 취소사유($\frac{\text{민 109조~}}{\text{110조}}$)에 의하여 보험계약의 청약의 의사표시 등이 무효이거나 취소된 경우에는 보험계약이 무효가 된다.

[갑이 을명의를 모용하여 체결한 보험계약을 무효로 본 판례]

"갑이 을명의를 모용하여 보험회사와 보증보험계약을 체결하고 그 보험증권을 이용하여 금융기관으로부터 을명의로 차용한 금원을 상환하지 않아 보험회사가 보험금을 지급한 경우, 그 보험계약은 무효이므로 보험회사는 부당이득반환을 청구할 수 있다($\frac{\text{대판 1995. 10. 13,}}{\text{94 다 55385}}$). "

동지: 대판 2018. 4. 12, 2017 다 229536(착오에 의한 의사표시로 보험계약을 취소한 경우)

제2 보험계약의 변경

1. 위험의 감소

위험의 감소는 원칙적으로 보험관계에 영향을 미치지 않지만, 다만 당사자가 특히 특별한 위험(예컨대, 전쟁위험·폭발위험 등)을 예기하여 비싼 보험료를 정한 경우에는 보험기간중에 그 특별위험이 소멸하면 보험계약자는 장래에 향하여 보험료의 감액을 청구할 수 있다($\frac{\text{상}}{647\text{조}}$).

2. 위험의 변경·증가

보험계약자 또는 피보험자는 보험기간중에 위험이 현저하게 변경 또는 증가(객관적 위험의 변경·증가)된 사실을 안 때에는 지체 없이 보험자에게 통지하여야 하는데 보험자가 그 통지를 받은 때에는 1월 내에 (보험계약을 해지하거나) 보험료의 증액을 청구할 수 있고($\frac{\text{상}\ 652\text{조}\ 1\ \text{항}}{1\text{문}\cdot2\text{항}}$), 보험계약자·피보험자 또는 보험수익자의 고의 또는 중대한 과실로 위험이 현저하게 변경 또는 증가(주관적 위험의 변경·증가)한 때에는 보험자는 그 사실을 안 날로부터 1월 내에 (보험계약을 해지하거나) 보험료의 증액을 청구할 수 있다($\frac{\text{상}}{653\text{조}}$).

제3 보험계약의 소멸

1. 당연한 소멸사유

보험계약은 (i) 보험기간의 만료·(ii) 보험사고의 발생·(iii) 보험목적의 멸실(예컨대, 화재보험의 목적인 건물이 홍수로 멸실한 경우)·(iv) 보험료의 부지급(不支給)($\frac{\text{상}\ 650\text{조}}{1\text{항}}$) 및 (v) 보험자의 파산($\frac{\text{상}\ 654\text{조}}{2\text{항}}$) 등으로 당연히 소멸하게 된다(이에 관한 상세는 정찬형, 「상법강의(하)(제24판)」, 656~657면 참조).

2. 당사자의 계약해지

(1) 보험계약자에 의한 계약해지

보험계약자는 보험사고가 발생하기 전에는(보험사고의 발생으로 보험금액을 지급한 때에도 보험금액이 감액되지 아니하는 보험의 경우에는 보험사고의 발생 후에도) 언제든지 보험계약의 전부 또는 일부를 해지할 수 있고($\frac{\text{상}\ 649\text{조}\ 1\ \text{항}}{\text{본문},\ 649\text{조}\ 2\ \text{항}}$), 보험자가 파산선고를 받은 때에는 (3월이 경과하기 전에는) 그 계약을 해지할 수 있다($\frac{\text{상}}{1\text{항}}654조$). 이 경우 보험
계약자의 해약환급금청구권(미경과보험료의 반환청구권)에 대하여 추심명령을 얻은 채
권자도 채무자(보험계약자)의 보험계약을 해지할 수 있다($\frac{\text{대판 2009. 6. 23.}}{2007 \text{다} 26165}$).

(2) 보험자에 의한 계약해지

보험자는 보험계약자 등이 고지의무를 위반한 경우($\frac{\text{상}}{651조}$), 계속보험료를 약정
한 지급기일에 지급하지 아니한 경우($\frac{\text{상}}{2\text{항}}650조$), 보험기간중에 객관적 위험의 변경·증
가가 있거나(이는 보험계약자 등이 이를 알고서 적법하게 통지를 한 경우이거나 또는 통지를
게을리한 경우를 포함한다)($\frac{\text{상}}{1\text{항}\cdot2\text{항}}652조$) 또는 주관적 위험의 변경·증가가 있는 경우($\frac{\text{상}}{653조}$),
보험계약상의 해지사유에 해당하는 경우 등에는 보험계약을 해지할 수 있다.

제 4 보험계약의 부활

1. 의의 및 목적

보험계약의 부활이란「보험계약자가 제 2 회 이후의 계속보험료를 지급하지 아
니함으로 인하여 보험계약이 해지되었거나 (실효약관에 의하여) 실효되었음에도 해지
환급금이 지급되지 아니한 경우에, 보험계약자가 일정한 기간 내에 연체보험료에
약정이자를 붙여 보험자에게 지급하여 그 계약의 부활을 청구하고(부활계약의 청약)
보험자가 이를 승낙함으로써(부활계약의 승낙) 종전의 보험계약을 부활시키는 것」을
말한다($\frac{\text{상}}{2} \frac{650조의}{1문}$).

이러한 보험계약의 부활은 보험계약이 해지되거나 실효된 경우에 보험계약자
가 해지환급금을 받는 것이 손해이고 또 새로이 보험계약을 체결하면 보험료가 할
증되거나(생명보험에서 피보험자의 연령의 증가 등으로 인하여) 또는 보험계약의 체결 자
체가 불가능한 경우에 이용된다.

2. 법적 성질

부활계약의 법적 성질이 무엇이냐에 대하여는, 당사자간의 계약(청약과 승낙)에
의하여 해지 또는 실효 전의 보험계약을 다시 회복시키는 것을 내용으로 하는「특
수한 계약」으로 보아야 할 것이다(통설).

3. 요 건

보험계약을 부활하기 위하여는 (i) 보험료를 분할하여 지급하기로 하는 보험계약에서 보험계약자가 최초의 보험료를 지급하여 보험자의 책임이 개시되었으나 ($\overset{상}{656조}$) 제 2 회 이후의 계속보험료를 지급하지 않음으로 인하여 보험계약이 해지되었거나 실효되었어야 하고($\overset{상\ 650조의\ 2,}{650조\ 2항}$), (ii) 보험계약자가 이미 지급한 보험료 가운데 미경과보험료가 있거나 해지환급금을 반환하여야 하는 경우에는 보험자가 아직 이를 반환하지 않았어야 하며($\overset{상\ 650조}{의\ 2}$), (iii) 보험계약자의 (일정한 기간 내에 연체보험료에 약정이자를 붙여 보험자에 지급하면서 하는) 부활계약의 청약과 보험자의 승낙이 있어야 한다($\overset{상\ 650조의\ 2,}{638조의\ 2}$)(이에 관한 상세는 정찬형, 「상법강의(하)(제24판)」, 660면 참조).

4. 효 과

보험계약의 부활로 인하여 해지 또는 실효되기 전의 보험계약이 회복된다. 따라서 보험자의 책임은 부활계약의 승낙시부터 다시 개시된다. 그러나 보험자가 부활계약을 승낙하기 전에도 연체보험료와 약정이자를 지급받은 후 그 청약을 거절할 사유가 없는 경우에는 발생한 보험사고에 대하여 책임을 진다($\overset{상\ 650조의\ 2\ \ 2문,}{638조의\ 2\ 3항\ 본문}$).

제 6 절 타인을 위한 보험계약

제 1 타인을 위한 보험계약의 의의

타인을 위한 보험계약이란 「보험계약자가 특정 또는 불특정 타인의 이익을 위하여 자기명의로 체결한 보험계약」을 말한다($\overset{상\ 639조}{본문}$). 즉 「타인을 위한 보험계약」은 손해보험에 있어서는 '피보험자'가 타인인 경우이고, 인보험에 있어서는 '보험수익자'가 타인인 경우를 말한다. 타인을 위한 보험계약은 이러한 피보험자 또는 보험수익자를 특정하지 않고도 체결될 수 있다(불특정인을 위한 보험계약)($\overset{상\ 639조}{본문}$).

오늘날 타인을 위한 보험계약은 피보험자가 누구인지 명료하지 않을 때, 동종의 다수의 타인 소유의 물건을 보관하고 있는 운송주선인·운송인·창고업자 등이 그가 보관중인 물건에 관하여 그 물건의 소유자를 위하여 보험에 가입하는 경우 등에 많이 이용되고 있다.

타인을 위한 보험계약의 법적 성질에 대하여 「상법상의 특수한 보험계약」이라고 보는 견해도 있으나, 본질적으로 민법상 「제 3 자를 위한 계약」($\frac{민}{539조}$)의 일종이다(통설)(동지: 대판 1974. 12.10, 73 다 1591). 다만 민법상의 제 3 자를 위한 계약에서는 제 3 자가 수익의 의사표시를 함으로써 비로소 그 제 3 자의 권리가 발생하는데($\frac{민}{2항}$530조), 타인을 위한 보험계약에서는 제 3 자(피보험자 또는 보험수익자)가 수익의 의사표시를 하지 않더라도 당연히 보험계약상의 권리를 취득하는 점($\frac{상}{2항}$639조 본문)에서 차이가 있을 뿐이다.

제 2 타인을 위한 보험계약 체결의 요건

1. 타인을 위한다는 의사의 존재

타인을 위한 보험계약을 체결하려면 먼저 「타인을 위한다는 의사표시」가 있어야 한다. 이 때 「타인을 위한다는 것」은 '타인에게 보험상의 이익을 공여하기 위하여'라는 뜻이므로, '타인의 계산으로'라는 뜻이 아니다(이 점에서 보험계약자는 위탁매매인의 지위와 구별된다). 이 의사표시는 명시적이든 묵시적이든 상관이 없고, 또 피보험자나 보험수익자를 구체적으로 특정하지 않아도 무방하다($\frac{상}{1항}$639조 본문).

2. 타인의 위임여부

보험계약자는 타인(타인을 위한 손해보험계약에서 타인은 피보험이익을 가져야 한다 — 대판 1996. 6. 11, 99 다 489)의 위임을 받거나 또는 위임을 받지 아니하고 보험계약을 체결할 수 있으므로($\frac{상}{1항}$639조 본문), 타인의 위임은 이 보험계약 체결의 요건이 아니다. 그러나 손해보험계약의 경우에 그 타인의 위임이 없는 때에는 보험계약자는 이를 보험자에게 고지하여야 하고, 그 고지가 없는 때에는 타인이 그 보험계약이 체결되었다는 사실을 알지 못하였다는 사유로 보험자에게 대항하지 못한다($\frac{상}{1항}$639조 단서)(이에 관한 상세는 정찬형, 「상법강의(하)(제24판)」, 664~665면 참조).

제 3 타인을 위한 보험계약의 효과

1. 보험계약자의 지위

(1) 권 리

타인을 위한 보험계약의 성질상 보험계약자는 보험금액 기타의 급여청구권은 갖지 않으나, 보험계약자가 가지는 계약상의 그 밖의 권리, 예컨대 보험증권교부청구권($\frac{상}{640조}$) · 보험료감액청구권($\frac{상}{647조}$) · 보험료반환청구권($\frac{상}{648조}$) · 보험사고 발생 전의 보험계약해지권($\frac{상\ 649조}{1항\ 본문}$) 등은 일반적인 보험계약자와 동일하게 갖는다. 또 인보험의 경우에는 보험계약자는 보험수익자의 지정 · 변경권을 갖는다($\frac{상\ 733조}{1항}$).

(2) 의   무

보험계약자는 계약당사자로서 보험료지급의무가 있음은 물론이고($\frac{상\ 639조}{3항\ 본문}$), 그 밖에 각종의 통지의무($\frac{상\ 652조}{657조}$) · 위험유지의무($\frac{상}{653조}$) · 손해보험에 있어서의 손해방지의무($\frac{상}{680조}$) 등을 부담한다.

2. 피보험자 · 보험수익자의 지위

(1) 권   리

피보험자 또는 보험수익자는 타인을 위한 보험계약의 성질상 그 수익의 의사표시를 하지 아니하여도 당연히 그 계약상의 이익을 받으므로($\frac{상\ 639조}{2항\ 본문}$), 보험사고가 발생하면 직접 보험자에 대하여 보험금액 기타의 급여를 청구할 수 있다($\frac{동지:\ 대판\ 1981.\ 10.\ 6,\ 80\ 다\ 2699;}{동\ 1992.\ 11.\ 27,\ 92\ 다\ 20408}$).

(2) 의   무

피보험자 또는 보험수익자는 보험계약의 당사자가 아니므로 원칙적으로 보험료지급의무를 부담하지 않으나, 보험계약자가 파산선고를 받거나 보험료의 지급을 지체한 때에는 예외적으로 그 계약상의 권리를 포기하지 않는 한 보험료지급의무를 부담한다($\frac{상\ 639조}{3항\ 단서}$).

피보험자 또는 보험수익자는 이 외에도 상법의 규정에 의하여 각종의 통지의무($\frac{상\ 652조}{657조}$) · 위험유지의무($\frac{상}{653조}$) 등을 부담한다. 손해보험계약에서의 피보험자는 앞에서 본 바와 같이 타인을 위한 보험계약의 체결시에 보험계약의 체결사실을 알고 있는 경우에는 고지의무($\frac{상}{651조}$)를 부담한다.

제3장 손해보험

제1절 통 칙

제1관 손해보험계약의 의의

손해보험계약이라 함은 「당사자의 일방(보험자)이 우연한 일정한 사고(보험사고)에 의하여 생길 수 있는 피보험자의 재산상의 손해를 보상할 것을 약정하고, 상대방(보험계약자)이 이에 대하여 보험료를 지급할 것을 약정함으로써 효력이 생기는 보험계약」이다($\frac{상665조.}{638조}$).

1. 손해배상과의 차이

보험자의 손해보상의무는 그 의무의 내용이 손해의 보상에 있다는 의미에서 불법행위자나 채무불이행자가 부담하는 손해배상의무($\frac{민390조.}{750조}$)와 유사하다. 그러나 양자는 그 성질과 보상(배상)하는 손해의 범위에서 차이가 있다. 즉 (i) 불법행위자나 채무불이행자의 손해배상의무는 생긴 손해의 배상 그 자체를 본질적 내용으로 하는 의무인 데 대하여, 보험자의 손해보상의무는 보험제도의 본질적 목적인 위험부담의 실현방법으로서 하는 보험계약에 의한 금전지급의무이다. (ii) 불법행위자나 채무불이행자가 부담하는 손해배상액은 그의 행위와 상당인과관계가 있는 모든 손해이나($\frac{민393조.}{763조}$), 보험자가 부담하는 손해보상액은 보험금액의 한도에서 피보험자가 보험사고로 입은 재산상의 손해뿐이다.

2. 인보험계약과의 차이

(i) 인보험계약은 피보험자의 손해의 발생을 요소로 하지 않고 또한 원칙적으로 정액보험이나(생명보험의 경우에는 정액보험이나 상해보험 등의 경우에는 부정액보험도 많다), 손해보험계약은 반드시 피보험자의 손해의 발생을 요소로 하고 또한 부정액보험이다. (ii) 인보험계약에서는 일반적으로 피보험이익의 관념을 인정하지 않으나(통설)(이에 관하여는 정찬형, 「상법강의(하)(제24판)」, 669면, 841~844면 참조) 손해보험계약은 손해의 발생을 그 요소로 하므로 손해발생의 기초가 되는 이익인 피보험이익은 손해보험계약에서만의 요소가 되고 있다. (iii) 인보험계약 중에서 생명보험계약에서의 사람의 생사(生死)는 보험사고발생 그 자체에는 우연성이 없고 그 시기에만 우연성이 있으나, 손해보험계약에서는 보험사고 발생 그 자체에 우연성이 있다.

제 2 관 손해보험계약의 종류

상법에서 규정하고 있는 손해보험의 종류에는 화재보험($\frac{상 683조\sim}{687조}$)·운송보험($\frac{상 688조\sim}{692조}$)·해상보험($\frac{상 693조\sim}{718조}$)·책임보험($\frac{상 719조\sim}{726조}$) 및 자동차보험($\frac{상 726조의 2\sim}{726조의 4}$)이 있다. 상해보험($\frac{상 737조\sim}{739조}$)은 상법에서 인보험의 하나로 규정하고 있으나, 이는 손해보험의 성질도 갖고 있다.

손해보험은 상법에서 규정하고 있는 것 이외에도 각종의 손해보험의 상품이 실무에서 판매되고 있다(예컨대, 근로자재해보상보험·도난보험·동물보험·건설공사보험·보증보험·항공보험 등). 이러한 손해보험계약에 대하여는 개별적인 보험약관이 있으나, 보험계약법의 통칙규정과 손해보험계약법의 통칙규정이 적용된다.

제 3 관 손해보험계약의 요소

손해보험계약에만 존재하는 보험계약의 요소로서 피보험이익이 있으므로(통설), 이하에서는 손해보험계약의 요소로서 피보험이익만을 설명한 후, 이와 관련된 보험가액과 보험금액에 대하여 설명하겠다.

제 1 피보험이익

1. 피보험이익의 의의

손해보험계약이 유효하게 성립하기 위하여는 원칙적으로 보험의 목적에 대하여 보험사고의 발생유무에 의하여 피보험자가 갖는 경제적 손익(또는 손익관계)이 있어야 하는데, 이를 전제로 하여 보험사고가 발생하지 않음으로 인하여 피보험자가 갖는 경제적 이익(또는 경제적 이해관계)을 피보험이익이라고 한다. 손해보험은 이러한 피보험이익의 개념에 의하여 도박과 구별된다.

피보험이익의 개념을 어떻게 이론구성할 것인가에 대하여는 크게 피보험자가 보험의 목적에 대하여 갖는 경제상의 이익이라고 하는 이익설과, 피보험자가 보험의 목적에 대하여 갖는 경제적 이해관계 또는 피보험자와 보험의 목적과의 관계라고 하는 관계설이 있다. 사견으로 어느 설을 취하든 그 결과에 있어서 차이가 있는 것은 아니나, 책임보험에서의 피보험이익과 관련하여 볼 때는 이익설보다는 관계설이 더 적절하다고 본다. 따라서 관계설에 따라 피보험이익이란 「보험의 목적에 대하여 보험사고의 발생 여부에 관하여 피보험자가 가지는 경제상의 이해관계」라고 본다.

이러한 피보험이익을 상법에서는 「보험계약의 목적」($\frac{상\ 668조.}{669조}$)으로 규정하고 있다. 따라서 「보험계약의 목적」은 「보험의 목적」($\frac{상\ 666조\ 1\ 호,\ 675조,}{678조,\ 679조\ 등}$)과는 구별되는 개념이다.

2. 피보험이익의 지위

피보험이익이 손해보험계약의 요소로서 어떠한 지위를 갖고 있느냐에 대하여는 절대적 요소라고 보는 절대설과 보험의 도박화를 방지하기 위하여 정책적으로 인정되는 것으로 보는 상대설로 나뉘어 있는데, 상법 제644조 단서는 보험계약의 선의성에서 오는 극히 예외적인 경우로 보아야 할 것이므로 피보험이익을 손해보험계약의 절대적 요소로 보는 절대설이 타당하다고 본다.

3. 피보험이익의 요건

유효한 손해보험계약이 성립하고 존속하기 위하여는 피보험이익이 (i)「적법」하여야 하고(따라서 절도·도박 등에 의하여 얻을 이익은 피보험이익이 될 수 없으나, 교통범

척금 등과 같은 위법성이 경미한 질서법규 위반은 피보험이익이 될 수 있음), (ii)「금전으로 산정할 수 있는 이익」이어야 하며($\frac{상}{668조}$)(따라서 도덕적인 가치·종교적인 가치 또는 개인적인 특수가치 등은 피보험이익이 될 수 없으나, 피보험이익이 될 수 있는 경제적 이해관계는 법률상의 이해관계뿐만 아니라 사실상의 이해관계를 포함하고 또 소극적 이해관계 및 소극적 이익상실을 포함함), (iii) 계약성립 당시에 그 존재 및 소속이 객관적으로「확정되어 있거나, 또는 적어도 보험사고 발생시까지는 객관적으로 확정될 수 있는 것」이어야 한다(따라서 총괄보험 또는 희망이익보험도 가능함)($\frac{동지: 대판 1989.}{8. 8, 87 다카 929}$)(이에 관한 상세는 정찬형,「상법강의(하)(제24판)」, 672~673면 참조).

4. 피보험이익의 개념의 효용

손해보험에 있어서의 피보험이익의 개념은 (i) 보험자의 책임범위를 확정하고, (ii) 중복보험 및 초과보험의 폐단을 방지하며, (iii) 도박보험을 방지하고, (iv) 보험계약의 동일성을 구별하는 표준이 되는 점에서, 법률상 중요한 효용을 갖는다(이에 관한 상세는 정찬형,「상법강의(하)(제24판)」, 673~674면 참조).

제2 보험가액과 보험금액

1. 보험가액과 보험금액의 의의

(1) 보험가액

보험가액이란「피보험이익의 평가액」이다. 이러한 보험가액은 언제나 일정한 것이 아니고 경기의 변동에 따라 수시로 변동하는 피보험이익의 가액에 따라 변동한다.

우리 상법은 보험가액의 평가에 대하여 당사자간에 협정된 경우(기평가보험)와 협정되지 않은 경우(미평가보험)로 나누어 규정하고 있다. 즉 (i) 당사자간에 보험가액이 협정된 경우(기평가보험)에는 반드시 당사자간의 명시적인 합의에 의하여야 하고 또한 보험증권에 이를 기재하여야 하는데($\frac{대판 2002. 3. 26, 2001 다 6312;}{동 2003. 4. 25, 2002 다 64520}$), 이 협정보험가액은 일단 '사고발생시의 가액'을 정한 것으로 추정한다($\frac{상 670조}{본문}$). 그러나 협정보험가액이 사고발생시의 가액을 현저하게 초과할 때에는 사고발생시의 가액을 보험가액으로 하는데($\frac{상 670조}{단서}$), 이에 대한 증명책임은 보험자가 진다($\frac{대판 2002. 3. 26,}{2001 다 6312}$). (ii) 당사자간에 보험가액이 협정되지 않은 경우(미평가보험)에는 원칙적으로 '사고발생시의 가액'을 보험가액으로 한다($\frac{\text{상}}{671\text{조}}$). 그러나 이에 대하여 예외적으로 보험기간이 짧아 보험가액의 변동이 적은 보험이나 사고발생의 때와 장소를 확정하기가 어려운 보험에서 상법은 평가가 쉬운 일정한 때를 기준으로 하여 정한 보험가액을 전 보험기간의 보험가액으로 정하는데($\frac{\text{상 689조, 696조}\sim}{698\text{조 등}}$), 이를 「보험가액불변경주의」(법정보험가액)라고 한다. 보험계약시에 당사자간의 특약에 의하여 보험사고의 발생에 따른 손해를 신품가액에 의하여 보상하도록 하는 「신가(新價)보험」($\frac{\text{상 676조}}{1\text{항 단서}}$)의 경우도, 보험사고 발생시의 가액에 의하여 보험가액을 정하는 원칙($\frac{\text{상}}{671\text{조}}$)에 대한 예외가 된다고 볼 수 있다.

(2) 보험금액

보험금액이란 「보험계약에 의하여 약정된 보험자의 급여의무의 최대한도」이다. 손해보험에 있어서 보험자의 급여는 보험가액을 최대한으로 하고(법률상의 최고한도), 그 범위 안에서 다시 보험금액을 한도로 하여(계약상의 최고한도), 구체적인 손해액을 산출하여 결정된다. 따라서 보험금액은 보험가액의 한도 안에서 그 이하로 정하는 것은(일부보험) 자유이지만, 그 이상으로(초과보험) 정한 경우에는 특별한 제한을 받는다($\frac{\text{상}}{669\text{조}}$).

해상보험의 희망이익보험(적하의 도달에 의하여 얻을 이익)에 있어서 보험가액이 정하여지지 않은 경우(미평가보험의 경우)에는 보험금액을 보험가액으로 한 것으로 추정하고 있다($\frac{\text{상}}{698\text{조}}$).

2. 보험가액과 보험금액과의 관계

(1) 초과보험

1) 의 의 초과보험이란 「보험금액(단일한 보험자와 체결한 경우이든 수 인의 보험자와 체결한 경우이든 동일한 보험계약의 여러 개를 합한 보험금액을 포함함)이 보험가액을 현저하게 초과한 보험」을 말한다($\frac{\text{상 669조 1 항}}{\text{본문 전단}}$). 초과보험은 계약체결시부터 존재하는 경우와, 보험기간중 물가가 하락으로 인하여 보험가액이 현저하게 감소된 때에 발생하는 경우도 있다($\frac{\text{상 669조}}{3\text{항}}$). 또한 초과보험은 당사자의 의사와 무관하게 발생하는 단순한 초과보험과, 사기적 초과보험($\frac{\text{상 669조}}{4\text{항}}$)이 있다. 초과보험인지 여부는 원칙적으로 보험계약의 체결시의 보험가액을 기준으로 하나($\frac{\text{상 669조}}{2\text{항}}$), 예외적으로 보험기간중에 보험가액이 현저하게 감소된 때에는 그 때의 보험가액을 기준으로 한다($\frac{\text{상 669조}}{3\text{항}}$).

2) 효 력 보험계약자의 선의로 초과보험계약이 체결된 경우에는(단순한 초과보험) 보험자 또는 보험계약자는 보험료와 보험금액의 감액을 청구할 수 있다($\frac{\text{상 669조}}{1\text{항 본문}}$).

그러나 보험계약자의 사기로 인하여 초과보험계약이 체결된 경우에는(사기에 의한 초과보험) 그 보험계약은 전체가 무효가 된다($\frac{\text{상}}{4항}$ 669조 본문). 이 때 보험계약자는 보험자가 그 사실을 안 때까지의 보험료를 지급할 의무를 부담한다($\frac{\text{상}}{4항}$ 669조 단서). 이것은 보험계약의 선의성에서 악의의 보험계약자를 제재하려는 데 그 목적이 있는 것으로서, 사기에 의한 의사표시에 관한 민법의 일반원칙($\frac{\text{민}}{110조}$)에 대한 예외가 된다. 이 때 초과보험계약이라는 사유를 들어 보험계약의 무효를 주장하는 경우, 그 입증책임은 무효를 주장하는 보험자가 부담한다($\frac{\text{동지: 대판 1988. 12. 9, 86}}{\text{다카 2933·2934·2935}}$).

(2) 중복보험

1) 의 의　　　중복보험에는 광의의 중복보험과 협의의 중복보험이 있다. 광의의 중복보험이란 「동일한 보험의 목적에 관하여 피보험이익 및 보험사고가 동일하고, 피보험자와 보험기간을 공통으로 하는 보험계약을 체결함으로써 수 인의 보험자와의 수 개의 손해보험계약이 병존하는 경우」를 말하고, 협의의 중복보험이란 「광의의 중복보험 중에서 각 계약의 보험금액의 합계가 보험가액을 초과하는 중복보험」을 말한다($\frac{\text{동지: 대판 2005. 4.}}{\text{29, 2004 다 57687}}$). 협의의(고유의) 중복보험의 경우는 이를 전부 유효로 하면 결과적으로 초과보험을 제한하는 취지에 어긋나므로, 상법은 이에 대하여 제한하고 있다($\frac{\text{상}}{672조}$).

이러한 중복보험에는 보험계약의 체결시에 따라 동시(同時)중복보험과 이시(異時)중복보험이 있다.

[중복보험성을 부정한 판례]

"보험의 목적과 보험사고가 동일하지 않은 경우, 이는 중복보험이 아니다($\frac{\text{대판 1989. 11. 14,}}{\text{88 다카 29177}}$)."

"임가공업자가 소유자로부터 공급받은 원·부자재 및 이를 가공한 완제품에 대하여 동산종합보험계약을 체결하고 소유자가 동일한 목적물에 대하여 동산종합보험계약을 체결한 경우, 양 계약은 피보험이익이 다르므로 중복보험이 되지 않는다($\frac{\text{대판 1997. 9. 5,}}{\text{95 다 47398}}$)."

2) 효 력　　　(i) 보험계약자가 선의인 경우에는(단순한 중복보험) 중복보험계약이 동시에 체결된 경우이든 이시(異時)에 체결된 경우이든 묻지 않고 각 보험자는 각자의 보험금액의 한도에서 연대책임이 있으며(연대책임주의), 이 경우에 각 보험자는 각자의 보험금액의 비율에 따라 보상할 책임이 있다(비례보상주의)($\frac{\text{상}}{1항}$ 672조). 예컨대, 보험가액 1억원의 건물에 대하여 보험자 갑과의 보험계약에서 7,000만원,

보험자 을과의 보험계약에서 5,000만원을 각각 보험금액으로 한 중복보험계약을 체결하였다고 하면, 보험의 목적이 전부 멸실된 경우 각 보험자의 책임은 다음과 같다. 비례보상주의에 의하여 갑은 5,833만원($1억원 \times \frac{7,000만원}{7,000만원 + 5,000만원}$), 을은 4,167만원($1억원 \times \frac{5,000만원}{7,000만원 + 5,000만원}$)의 보상책임을 각각 부담한다. 그런데 이 때 갑 또는 을이 이러한 자기의 보상책임을 이행하지 않는 경우에는 연대책임주의($^{부진정연대책임—대판 2016.}_{12. 29, 2016 다 217178}$)에 의하여 갑은 7,000만원, 을은 5,000만원을 한도로 하여 보상책임을 부담한다. 그러나 이러한 상법의 규정은 강행규정은 아니므로 보험계약이나 약관에서 달리 정할 수 있다($^{동지: 대판 2002. 5. 17, 2000 다 30127;}_{동 2024. 2. 15, 2023 다 272883}$).

이러한 중복보험의 경우에 보험계약자는 각 보험자에 대하여 각 보험계약의 내용을 통지하여야 한다($^{상 672조}_{2항}$). 이러한 통지의무 위반에 대하여 상법은 규정하고 있지 않으나, 그 통지의무 위반이 상법 제652조 및 제653조의 통지의무의 대상이 되는 보험사고발생의 위험이 현저하게 변경 또는 증가된 때에는 보험자는 보험계약을 해지할 수 있거나 사기로 인한 보험계약이 되어 무효가 된다고 본다($^{동지: 대판 2003. 11.}_{13, 2001 다 49630}$). 또한 보험자의 1인에 대한 권리의 포기는 다른 보험자의 권리의무에 영향을 미치지 않는다($^{상}_{673조}$)(이에 관한 상세는 정찬형, 「상법강의(하)(제24판)」, 681~683면 참조).

(ii) 그러나 보험계약자가 악의(사기)인 경우에는(사기의 중복보험) 중복보험계약은 전부 무효가 되는데, 이 때 보험계약자는 각 보험자가 그 사실을 안 때까지의 보험료를 지급하여야 한다($^{상 672조 3 항,}_{669조 4 항}$).

(3) **일부보험**

1) 의 의   일부보험이란 「보험금액이 보험가액에 미달한 보험」을 말한다. 이에 반하여 보험금액이 보험가액과 동일한 보험을 전부보험이라고 한다. 이러한 일부보험은 보험계약자가 보험료를 절약하기 위하여 의식적으로 할 때도 있고(의식적 일부보험), 또 물가가 상승하여 자연적으로 생기는 경우도 있다(자연적 일부보험).

2) 효 력   일부보험의 경우에는 보험자는 원칙적으로 보험금액의 보험가액에 대한 비율에 따라 보상할 책임을 진다(비례부담〈책임〉의 원칙)($^{상 674조}_{본문}$). 그러나 예외적으로 당사자간의 특약으로써 보험금액의 범위 내에서 손해액 전액을 지급하는 것은 유효한데($^{상 674조}_{단서}$), 이러한 보험을 「제 1 차 위험보험」 또는 「실손보상계약」이라고 한다.

> ≫ 사례연습 ≪

[사 례]

보험가액이 6억원인 건물의 소유자인 X는 자기를 피보험자로 하여 보험자 Y 와 보험금액을 5억원으로 하여 화재보험계약을 체결한 후 이 건물에 화재가 발 생하여 절반이 소실된 경우, Y는 X에 대하여 얼마의 보험금을 지급하여야 하는 가? 만일 X가 그 후 동일한 건물에 대하여 보험자 Z와 보험금액을 3억원으로 하여 다시 화재보험계약을 체결한 후 이 건물에 화재가 발생하여 절반이 소실된 경우, Y와 Z는 각각 X에 대하여 얼마의 보험금을 지급하여야 하는가?

* 이 사례는 정찬형, 「상법사례연습(제4판)」, 사례 124에 기초한 것이므로, 이에 관한 상세는 同書를 참고하기 바람.

[해 답]

1. 일부보험에 관한 설문에 대하여

본문의 경우 보험가액이 6억원인 건물에 대하여 보험금액을 5억원으로 하여 화재 보험계약을 체결한 것이므로 일부보험에 해당한다. 이는 보험계약자가 계약체결시에 보험료를 절약하기 위하여 의식적으로 하는 의식적 일부보험이든 보험기간중 건물가 격의 상승 등으로 인한 자연적 일부보험이든 불문한다. 이 때 이 건물이 전부멸실(전 손)된 경우에는 Y는 X에 대하여 보험금액의 전액인 5억원을 지급하여야 하겠으나, 본문과 같이 절반이 소실된 경우에는 원칙적으로 보험금액의 보험가액에 대한 비율 에 따른 손해액 2억 5천만원(손해액 3억원×5억원/6억원)만 지급하면 된다(상674조 본문). 다만 X와 Y간에 보험금의 범위 내에서 손해액 전액을 지급할 것을 특약한 경우에는 (제1차 위험보험 또는 실손보상계약) 예외적으로 Y는 X에 대하여 손해액 전액인 3 억원을 지급하여야 한다(상674조 단서).

2. 중복보험에 관한 설문에 대하여

(1) 단순한 중복보험의 경우(X가 선의인 경우)

1) X가 선의인 경우에는 중복보험이 동시에 체결된 경우이든 이시(異時)에 체결된 경우이든(본문의 경우) 묻지 않고 각 보험자는 각자의 보험금액의 한도에서 연대책임 을 지는데, 이 때에 각 보험자는 각자의 보험금액의 비율에 따라 보상할 책임이 있다 (상672조 1항). 따라서 본문의 경우 X가 소유하는 건물이 전부멸실된 경우에는 비례보상주 의에 의하여 Y는 3억 7천 5백만원[6억원×5억원/(5억원+3억원)]의 보상책임이 있 고, Z는 2억 2천 5백만원[6억원×3억원/(5억원+3억원)]의 보상책임이 있다. 그런데 Y 또는 Z가 이러한 자기의 보상책임을 이행하지 않는 경우에는 연대책임주의에 의하

여 Y는 5억원, Z는 3억원을 한도로 하여 각각 보상책임을 부담한다.

그런데 본문의 경우와 같이 피보험의 건물이 절반 소실된 경우에는 실제의 손해액이 3억원이므로, 비례보상주의에 의하여 Y는 1억 8천 7백 5십만원[3억원×5억원/(5억원＋3억원)]의 보상책임이 있고, Z는 1억 1천 2백 5십만원[3억원×3억원/(5억원＋3억원)]의 보상책임이 있다. 그런데 각 보험자가 자기의 보상책임을 이행하지 않는 경우에는 연대책임주의에 의하여 Y는 2억 5천만원, Z는 1억 5천만원을 한도로 하여 보상책임을 부담한다.

2) 중복보험의 경우에 보험자의 1인에 대한 권리의 포기는 다른 보험자의 권리의무에 영향이 없다($\frac{상}{673조}$). 이것은 피보험자가 어느 한 보험자와 통모하여 다른 보험자를 해하는 것을 방지하기 위한 것이다. 따라서 본문의 경우 피보험자인 X가 Z에 대한 보험금청구권을 포기한 경우 Y는 X에 대하여 1억 8천 7백 5십만원의 보상책임만을 부담한다($\frac{민 419조}{참조}$). 그러나 Y가 피보험자인 X가 Z에 대하여 그의 권리를 포기한 것을 모른 경우에는 Y는 2억 5천만원의 한도에서 X에게 그 보상책임을 이행할 것인데, 이 경우에는 Y는 자기의 부담부분인 1억 8천 7백 5십만원과 2억 5천만원과의 차액인 6천 2백 5십만원에 대하여 Z에게 구상할 수 있고($\frac{민 425조}{참조}$) Z는 X에게 부당이득의 법리($\frac{민}{741조}$)에 의하여 다시 6천 2백 5십만원을 구상할 수 있을 것이다. 따라서 이 경우 X는 결국 Y로부터 그의 부담부분에 대하여만 보험금을 지급받은 결과가 된다.

3) 중복보험의 경우에 보험계약자는 각 보험자에 대하여 각 보험계약의 내용을 통지하여야 하는 의무를 부담하는데($\frac{상 672조}{2항}$), 보험계약자가 이러한 통지의무를 이행하지 않은 것이 고지의무 위반이 되는 경우에는 보험자가 계약 당시에 그 사실을 알았거나 중대한 과실로 인하여 알지 못하는 경우가 아닌 한 보험자는 그 사실을 안 날로부터 1월 내에, 계약을 체결한 날로부터 3년 내에 한하여 보험계약을 해지할 수 있다($\frac{상}{651조}$). 따라서 본문의 경우 X가 Z와 보험계약을 체결하면서 Y와 이미 보험계약이 체결된 사실을 고지하지 않고 또 이것이 고지의무 위반이 되면, Z는 이 보험계약을 해지하여 보험금의 지급의무를 면할 수 있을 것이다. 이 때 Y는 X에 대하여 2억 5천만원의 보험금을 지급할 의무를 부담한다.

(2) 사기의 중복보험의 경우(X가 악의〈사기〉인 경우)

본문의 경우 X와 Z와의 보험계약이 X의 사기로 인하여 체결된 경우에는 그 보험계약은 무효가 된다($\frac{상 672조 3항,}{669조 4항 본문}$). 따라서 이 경우 Z는 X에 대하여 보험금을 지급할 의무가 없고, Y는 X에 대하여 2억 5천만원의 보험금을 지급할 의무를 부담한다. 그런데 이 때 Z는 X에 대하여 보험금을 지급할 의무를 부담하지 않으나, 그 사실을 안 때까지의 보험료를 X에 대하여 청구할 수 있다($\frac{상 672조 3항,}{669조 4항 단서}$).

제 4 관 손해보험계약의 효과

제 1 보험자의 손해보상의무(보험금지급의무)

1. 요 건

보험자는 보험사고가 발생한 경우에 이로 인하여 생긴 피보험자의 재산상의 손해를 보상할 의무를 부담한다($\frac{상}{665조}$). 이와 같이 보험자는 보험사고의 발생이라는 조건이 성취되어야 그로 인하여 생긴 손해를 보상할 것을 약정하는 것이므로, 보험기간 내에 보험사고가 발생하지 않더라도 위험부담이라는 급여를 한 것이 된다(쌍무계약성). 따라서 이 경우에도 당사자간에 무사고반환의 특약이 없다면 보험자는 그가 취득한 보험료를 보험계약자에게 반환할 필요가 없다. 이 보험사고 발생 이전에 있어서의 보험자의 위험부담은 보험사고의 발생으로 인하여 구체화되어 일정한 손해액을 보상할 의무로 변하는데($\frac{상}{665조}$), 이 의무는 보험계약의 성질상 가장 주된 의무이다.

보험자가 이러한 보상의무를 부담하기 위하여는 (i) 보험계약에서 정한 보험사고(예컨대, 화재보험에 있어서의 화재)가 보험기간 내에 발생하여야 하고, (ii) 그러한 보험사고로 인하여 피보험자가 재산상의 손해를 입어야 하며, (iii) 보험사고와 손해와는 상당인과관계가 있어야 한다(통설)($\frac{동지: 대판 1990. 11. 30, 90 누 3690; 동 1989. 7. 25,}{88 누 10947; 동 1999. 10. 26, 99 다 37603·37610}$)(이에 관한 상세는 정찬형, 「상법강의(하)(제24판)」, 685~687면 참조).

2. 면책사유

손해보험자는 보험계약자 등의 고의나 중대한 과실로 인한 보험사고이거나($\frac{상}{659조}$) 보험사고가 전쟁 등인 경우에($\frac{상}{660조}$) 면책되는 경우 이외에, 손해보험(물건보험)에만 있는 특유한 법정면책사유에 의하여 면책되는 경우가 있다. 즉, 손해보험자는 「보험의 목적의 성질(과일 또는 생선의 부패 등), 하자(포장의 흠결로 인한 운송물의 파손 등) 또는 자연소모(기계의 자연소모 등)로 인한 손해」에 대하여 면책된다($\frac{상}{678조}$).

3. 손해의 보상(지급할 금액)

(1) 손해액의 산정

손해액은 원칙적으로 그 손해가 발생한 때와 곳의 보험가액에 의하여 산정된다($\frac{상}{1항} \frac{676조}{본문}$). 그러나 예외적으로 (i) 기평가보험의 경우에는 합의된 보험가액에 의하고($\frac{상}{670조}$), (ii) 보험가액 불변경주의가 인정되는 운송보험($\frac{상}{689조}$)·해상보험($\frac{상}{698조}^{696조~}$) 등의 경우에는 상법이 규정하고 있는 보험가액에 의하며, (iii) 당사자간의 특약에 의한 신가(新價)보험의 경우에는 신품가액에 의한다($\frac{상}{1항} \frac{676조}{단서}$).

보험자가 피보험자에게 보상할 금액을 정함에 있어 피보험자의 과실은 고려되지 않는다. 따라서 보험보상액에 대하여는 과실상계를 할 수 없는데, 이 점에서 보험의 보상책임은 채무불이행 또는 불법행위로 인한 배상책임과 구별된다($\frac{동지: 대판⟨전⟩ 2015.}{1. 22, 2014 다 46211}$).

이러한 손해액의 산정비용은 보험자가 부담한다($\frac{상}{2항}^{676조}$). 따라서 보험자는 이러한 손해액의 산정비용을 보험계약자 또는 피보험자를 대위하여 가해자를 상대로 그 비용 상당의 손해배상을 구할 수는 없다($\frac{대판 2013. 10. 24,}{2011 다 13838}$).

(2) 손해보상의 방법

손해보상의 방법에 대하여는 상법상 특별한 규정이 없으나, 원칙적으로 금전으로써 한다. 그러나 당사자간의 특약에 의하여 예외적으로 금전의 지급에 갈음하여 현물로써 보상할 수 있다($\frac{유리보험약관}{1조 참조}$).

(3) 손해보상의 범위

보험자의 손해보상의 범위는 원칙적으로 개별적인 보험계약에서 정한 「보험금액」의 범위 내에서 피보험자가 보험사고로 입은 「실손해액」이다. 그러나 이에 대한 예외로 보험자는 손해방지비용을 부담하고($\frac{상}{1항} \frac{680조}{단서}$), 보험료의 체납이 있을 때에는 그 지급기일이 도래하지 아니한 때라도 보상액에서 이를 공제할 수 있다($\frac{상}{677조}$)(전부보험·초과보험·일부보험의 각각에 대한 전손과 분손의 경우의 손해보상액에 대하여는 정찬형, 「상법강의(하)(제24판)」, 688~689면 참조).

4. 손해보상의무의 이행

(1) 보험금의 이행기

보험자의 손해보상의무의 이행기에 관하여는 당사자간에 약정기간이 있는 경우에는 그 기간 내에 지급하여야 하고, 약정기간이 없는 경우에는 보험사고의 발생통지를 받은 후 지체 없이 보험자가 지급할 보험금액을 정하고 그 정하여진 날로부터 10일 내이다($\frac{상}{658조}$).

(2) 손해보상의무의 시효시간

보험자의 손해보상의무는 3년의 단기시효로 소멸한다($\frac{상}{662조}$).

(3) 담보권자의 보험금청구권에 대한 물상대위

담보권자가 피보험자로 되어 있거나 또는 보험금청구권을 양수받은 경우에는 보험금청구권을 직접 행사할 수 있으므로 아무런 문제가 없다. 그러나 이 이외의 경우로서 담보물이 멸실·훼손되어 담보권설정자(피보험자)가 보험금청구권을 행사하는 경우에도 담보권자는 그 보험금청구권에 대하여 물상대위권($\frac{\text{민 342조,}}{\text{355조, 370조}}$)을 행사할 수 있다고 본다($\frac{\text{동지: 대판 2004. 12. 24, 2004 다}}{\text{52798; 동 2009. 11. 26, 2006 다 37106}}$)(이에 관한 상세는 정찬형, 「상법강의(하) (제24판)」, 690면 참조).

제2 보험계약자·피보험자의 손해방지·경감의무

1. 의 의

보험계약자와 피보험자는 보험사고가 발생한 때에 적극적으로 손해의 방지와 경감을 위하여 노력하여야 하는데($\frac{\text{상 680조}}{\text{1항 본문}}$), 이것이 보험계약자 등의 「손해방지의무」 이다.

보험계약자 등의 이러한 손해방지의무는 보험사고 발생 전의 위험변경증가의 통지의무($\frac{\text{상}}{\text{652조}}$)·위험유지의무($\frac{\text{상}}{\text{653조}}$) 등과 함께 보험사고의 우연성과 신의성실의 원칙, 나아가서는 손해방지에 노력하여야 할 공익상의 요청에 의하여 인정된 것이다.

2. 법적 성질

손해방지·경감의무는 계약당사자인 보험계약자뿐만 아니라 제3자인 피보험자도 부담하는 의무라는 점에서, 계약에 의한 의무가 아니고, 보험계약의 사행계약적 성질에 비추어 보험의 목적에 대한 관리자이며 보험계약상의 이익을 받는 보험계약자 또는 피보험자에게 형평의 견지에서 법이 특히 인정한 의무라고 본다.

그러나 이 의무에 위반한 때에는 그 의무가 정당하게 이행되었을 때 생긴 손해에 관하여서만 보험자가 손해보상의 책임을 진다는 의미에서, 고지의무($\frac{\text{상}}{\text{651조}}$) 등과 같은 간접의무와는 구별되는 의무라고 본다.

3. 손해방지·경감의무의 내용

(1) 의무의 발생시기

손해방지·경감의무는 보험사고의 발생을 전제로 하는 의무이므로, 보험계약자 등은 「보험사고가 발생한 때」로부터 이 의무를 진다.

(2) 의무의 범위

보험계약자 등의 손해방지·경감의무는 보험자가 보상하게 될 손해의 발생이나 확대를 방지하거나 손해를 경감할 목적으로 하는 행위에만 발생한다. 이러한 손해는 피보험이익에 대한 구체적인 침해의 결과로서 생기는 손해만을 의미한다 (대판 2018. 9. 13, 2015 다 209347).

이 때 보험계약자 등은 손해의 방지와 경감을 행위의 목적으로서 하면 되므로, 반드시 보험자를 위한 것임을 의식할 필요도 없고 또 그 효과가 반드시 나타나야 하는 것도 아니다.

(3) 손해방지행위의 정도

손해방지행위의 정도는 보험사고의 종류·상태와 사고발생 당시의 보험계약자 등의 상태를 참작하여 결정할 문제인데, 보험계약자 등이 신의칙에 따라 자신의 일을 처리하는 정도의 주의로써 하면 된다.

4. 의무해태의 효과

의무해태의 효과에 대하여 상법에는 규정이 없다. 그러나 보험계약자 또는 피보험자가 고의 또는 중대한 과실로 인하여 이 의무를 게을리한 경우에는, 이것과 상당인과관계가 있는 손해(즉, 그 의무를 성실히 이행하였다면 생기지 아니하였으리라고 기대되는 손해)에 대하여 보험자는 그 배상을 청구할 수 있거나 또는 지급할 손해보상액으로부터 이를 공제할 수 있다(통설)(대판 2016. 1. 14, 2015 다 6302).

5. 손해방지·경감비용의 부담

손해방지·경감비용(대판 2022. 3. 31, 2021 다 201085·201092)은 언제나 보험자가 전액 부담한다. 따라서 이 비용과 보상액이 보험금액을 초과한 경우라도 보험자가 이를 부담한다(상 680조 1항 단서). 왜냐하면 손해방지·경감비용은 보험자가 보험사고 발생으로 인하여 부담하게 될 보상책임의 범위를 줄이기 위하여 지출된 비용으로서 보험자의 이익을 위하여 필요한 비용이므로 보험자가 전액 부담함이 당연하고, 또 손해방지·경감의무를 보험계약자와 피보험자에게 부담시킨 것과 균형을 이루며, 또 손해방지를 장려하는 공익적 이유가 있기 때문이다.

상법 제680조 1 항의 손해방지(경감)비용은 상법 제720조 1 항의 (피보험자의) 방어비용과 구별된다(이에 관하여는 대판 2006. 6. 30, 2005 다 21531 참조).

또한 공동불법행위자 중 1인과 보험계약을 체결한 보험자가 피보험자에게 이러한 손해방지비용을 모두 상환한 경우에는 그 보험자는 다른 공동불법행위자의 보험자가 부담하여야 할 부분에 대하여 직접 구상권을 행사할 수 있다(대판 2007. 3. 15,/2004 다 64272).

[손해확대방지비용은 보험자가 부담한다고 본 판례]

"보험사고 발생시 피보험자의 법률상 책임 여부가 판명되지 아니한 상태에서 피보험자가 손해확대방지를 위한 긴급한 행위를 하였다면 이로 인하여 발생한 필요·유익한 비용도 손해확대방지를 위한 비용으로서 보험자가 부담하는 것으로 해석하여야 한다(대판 1994. 9. 9, 94 다 16663; 동 1993. 1. 12, 91 다 42777;/동 2002. 6. 28, 2002 다 22106; 동 2003. 6. 27, 2003 다 6958)."

이러한 손해방지·경감비용을 약관에서 보험자가 부담하지 않는 것으로 하거나 또는 제한하는 내용으로 규정하는 것은 상법 제663조에 의하여 무효라고 본다(편면적 강행규정)(통설).

제3 보험자의 대위

1. 총 설

(1) 보험자대위의 의의와 법적 성질

보험자대위라 함은 「보험자가 보험사고로 인한 손실을 피보험자에게 보상하여 준 때에 보험의 목적이나 제3자에 대하여 가지는 피보험자 또는 보험계약자의 권리를 법률상 당연히 취득하는 것」을 말한다(상 681조/682조). 이러한 보험자대위는 보험의 목적에 관한 것과 제3자에 관한 것의 두 가지 형태가 있다. 보험자대위는 원칙적으로 손해보험에 대해서만 인정되고 인보험에 대하여는 허용되지 않는다(상 729조 본문). 그러나 인보험 중 상해보험의 경우에는 예외적으로 당사자간에 특약이 있는 때에 한하여 피보험자의 권리를 해하지 아니하는 범위에서 제3자에 대한 보험자대위를 인정하고 있다(상 729조 단서).

이러한 보험자대위는 민법상의 손해배상자의 대위(민 399조)와 같은 성질의 것으로서, 이 권리는 법률의 규정에 의하여 당연히 발생하는 권리이다. 따라서 보험자는 보험의 목적에 대한 대위권을 물권변동에 관한 민법의 일반원칙(민 186조/188조)에 의하지 않고도 행사할 수 있고, 제3자에 대한 대위권도 민법의 대항요건(민 450조)을 밟지 않고도 행사할 수 있다.

(2) 보험자대위의 근거

손해보험은 피보험이익의 손실보상을 목적으로 하는 것이지 피보험자에게 이득을 주려는 것이 아니다. 따라서 피보험자로 하여금 이중의 이득을 얻지 못하도록 민법상 손해배상자의 대위($\frac{민}{399조}$)와 같은 정신으로 보험자대위를 인정한 것이다(이득방지설 또는 손해보상계약설)(통설)(이에 관한 상세는 정찬형, 「상법강의(하)(제24판)」, 696~697면 참조).

2. 보험의 목적에 대한 보험자대위(잔존물대위, 보험목적대위)

(1) 의 의

보험의 목적에 대한 보험자대위란 「보험의 목적의 전부가 멸실한 경우에 보험금액의 전액을 지급한 보험자가 피보험자의 보험의 목적에 관한 권리를 법률상 당연히 취득하는 제도」를 말한다($\frac{상681조}{본문}$).

보험의 목적에 대한 보험자대위는 이와 유사한 보험위부(委付)($\frac{상}{710조}$)와 다음과 같은 점에서 구별된다. (i) 보험자대위는 법률상 당연히 발생하는 권리이나, 보험위부는 피보험자의 특별한 의사표시에 의하여 발생하는 권리이다. (ii) 보험자대위에서 보험자는 그가 피보험자에게 지급한 이상으로 잔존물에 대한 권리를 취득할 수 없으나, 보험위부에서 보험자는 그가 피보험자에게 지급한 보험금액보다 위부목적물의 가액이 큰 경우에도 그 위부목적물을 소유할 수 있다.

(2) 요 건

보험의 목적에 대한 보험자대위가 성립하기 위하여는 (i) 첫째로 보험계약의 체결 당시에 보험의 목적이 가지는 경제적 가치가 전부 멸실되어야 하고(전손), (ii) 둘째로 보험자가 보험금액의 전부를 피보험자에게 지급하여야 한다. 이 둘째의 점은 제3자에 대한 보험자대위와 구별되는 점이다($\frac{상682조 1항}{단서 참조}$)(이에 관한 상세는 정찬형, 「상법강의(하)(제24판)」, 698~699면 참조).

(3) 효 과

위의 요건이 성립하면 피보험자의 보험목적에 대한 모든 권리(소유권에 한하지 않고 경제적 이익이 있는 모든 권리)가 보험금액 전액을 지급한 때부터 법률의 규정에 의하여 당연히(민법상 물권변동절차 등을 밟을 필요 없이) 보험자에게 이전된다.

일부보험의 경우는 보험자는 보험금액의 보험가액에 대한 비율에 따라 피보험자의 보험목적에 대한 권리를 취득한다($\frac{상681조}{단서}$). 따라서 이 경우에 보험자와 피보험자는 지분에 의하여 잔존물을 공유하게 된다.

보험자는 대위에 의하여 보험의 목적인 잔존물에 대하여 모든 권리를 취득하는데, 때에 따라서는 이로 인하여 잔존물에 부수하는 의무를 부담하는 경우가 있다 (예컨대, 선박보험에 의하여 보험자가 난파선에 대하여 대위권을 취득하는 경우 보험자는 이로 인하여 그 난파선을 제거할 의무를 부담하는 경우 등). 이러한 의무의 부담으로 인하여 보험자대위를 강요하면 이로 인하여 보험자가 오히려 불이익을 받을 경우에는, 보험자는 대위권을 포기할 수 있다고 본다(통설).

3. 제3자에 대한 보험자대위(청구권대위)

(1) 의   의

제3자에 대한 보험자대위란 「피보험자의 손해가 제3자의 행위로 인하여 발생한 경우에 보험금을 지급한 보험자가 그 지급한 금액의 한도에서 그 제3자에 대한 보험계약자 또는 피보험자의 권리를 법률상 당연히 취득하는 제도」를 말한다($\frac{상 682조}{1항 본문}$). 예컨대 피보험자의 보험의 목적이 제3자의 불법행위로 인하여 멸실된 경우에 보험자가 피보험자에게 보험금액을 지급하면, 보험자는 피보험자의 제3자에 대한 불법행위에 기한 손해배상청구권을 대위하게 된다.

보험자에게 이러한 대위권을 인정하는 것은 앞에서 본 바와 같이 피보험자가 이중의 이득을 취득하는 것을 방지하기 위하여 필요할 뿐만 아니라, 보험금의 지급으로 인하여 제3자가 불법행위에 기한 손해배상책임을 면하는 결과가 되는 것을 방지하기 위하여도 필요하다.

제3자에 대한 보험자대위는 보험금을 손익상계로 공제하지 않는 것을 전제로 한다($\frac{동지: 대판 1998.}{11. 24, 98 다 25061}$).

(2) 요   건

1) 제3자의 행위로 인한 보험사고의 발생   제3자에 대한 보험자대위가 성립하기 위하여는 첫째로 제3자의 행위로 인하여 보험사고가 발생하고 또한 이로 인하여 피보험자가 손해를 입어야 한다. 이 때 「제3자」와 제3자의 「행위」의 의미가 특히 문제되는데, 이는 다음과 같다.

㈎ 「제3자」는 보험계약자 및 피보험자 이외의 자를 말한다.

[제3자에 대한 보험자대위에서 「제3자」에 해당하지 않는다고 본 판례]
　　"보험계약의 해석상 보험사고를 일으킨 자가 피보험자에 해당할 경우에는 보험자대위를 행사할 수 없으므로, 자동차종합보험에 가입한 차주의 피용운전사

는 '피보험자를 위하여 자동차를 운전중인 자'로서 피보험자일 뿐 제 3 자가 아니다(대판 1991. 11. 26, 90 다 10063. 동지: 대판 1993. 6. 29, 93 다 1770).

"자동차종합보험 보통약관 제11조(2005. 1. 현재 자동차보험 표준약관 제10조)에 의하여 기명피보험자로부터 굴삭기를 운전기사와 함께 임차하여 사용 또는 관리중인 자는 피보험자에 해당하고, 상법 제682조에서 말하는 제 3 자가 아니어서 보험자는 이같은 자에 대하여 보험자대위권을 행사할 수 없다(대판 1995. 6. 9, 94 다 4813. 동지: 대판 1995. 11. 28, 95 다 31195)."

"기명피보험자의 승낙을 얻어 자동차를 사용 또는 관리중인 자는 상법 제682조에서 말하는 제 3 자가 아니다(대판 2001. 11. 27, 2001 다 44659)."

"보험계약자 또는 피보험자와 공동생활을 하는 가족 또는 사용인은 상법 제682조에서 말하는 제 3 자가 아니다(대판 2002. 9. 6, 2002 다 32547. 자동차손해배상보장법 의 적용에서 동지: 대판 2009. 8. 20, 2009 다 27452)."

[제 3 자에 대한 보험자대위에서 「제 3 자」에 해당한다고 본 판례]

"타인을 위한 손해보험계약은 타인의 이익을 위한 계약으로서 그 타인(피보험자)의 이익이 보험의 목적이 되는 것이지 여기에 당연히 보험계약자의 보험이익이 포함되거나 예정되어 있는 것이 아니라 할 것이므로, 피보험이익의 주체는 그 타인이 되는 것이고 보험계약자가 되는 것은 아닌 것이다. 그러므로 이러한 보험계약자는 비록 보험자와의 사이에서는 계약당사자이고 약정된 보험료를 지급할 의무자이지만 …〈중략〉… 보험자대위에 있어 보험계약자와 보험계약자 아닌 제 3 자를 구별하여 취급하여야 할 법률상 이유는 없는 것이라고 보아야 할 것이며, 타인을 위한 손해보험계약자가 당연히 제 3 자의 범주에서 제외되는 것은 아니라고 보아야 할 것이다(대판 1989. 4. 25, 87 다카 1669. 동지: 대판 1990. 2. 9, 89 다카 21965)."

"보험사고가 피보험자인 파견근로자의 행위로 인하여 발생한 경우, 또 다른 피보험자인 업무위탁자가 보험사고를 유발한 파견근로자의 사용인인 업무수탁자에 대하여 가지는 사용자책임에 기한 손해배상청구권 등에 대하여 보험자대위가 인정된다(대판 2010. 8. 26, 2010 다 32153)."

또한 「보험계약자나 피보험자와 생계를 같이 하는 가족」도 고의가 없는 한 제 3 자에 포함되지 않는다(상 682조 2항). 이는 종래의 통설·판례(대판 2009. 8. 20, 2009 다 27452 외)에서도 인정되었는데, 2014년 3월 개정상법은 이러한 점을 반영하여 명확하게 규정하였다.

이러한 제 3 자는 1인이든 수 인이든 무방하다. 보험자가 공동불법행위자 중 1인과의 보험계약에 따라 피해자에게 손해보상을 함으로써 공동불법행위자들이 공동면책되는 경우 다른 공동불법행위자들은 보험자에게 제 3 자가 되므로, 보험자는 다른 공동불법행위자들에게 구상권을 대위행사할 수 있다(동지: 대판 1989. 11. 28, 89 다카 9194; 동 1992. 12. 8, 92 다 23360; 동 1994.

10. 7, 94 다 11071; 동 1999.
6. 11, 99 다 3143 외). 또 손해를 발생시킨 제3자와 이로 인하여 피보험자에 대하여 채무를 부담하게 된 제3자가 동일인이 아니어도 무방하다(예컨대, 선장의 행위에 의하여 법률상 발생하는 공동해손의 분담청구권(상 833조 이하)에도 보험자대위가 인정된다).

(나) 제3자의 「행위」는 불법행위(방화 등)뿐만 아니라, 채무불이행에 의하여 손해배상의무를 부담하는 경우(임차인의 실화) 또는 적법행위(예컨대, 선장의 공동해손처분행위— 상 866조)도 포함된다(동지: 대판 1995. 11. 14, 94 다 33092).

2) 보험자의 보험금지급   제3자에 대한 보험자대위가 성립하기 위하여는 둘째로 보험자는 피보험자에게 보험금을 적법하게 지급하여야 한다.

[보험금지급을 부정한 판례]

"보험약관상 보험자가 면책되는 무면허 운전시에 생긴 사고에 대하여 보험회사가 보험금을 지급한 것은 보험약관을 위배하여 이루어진 적법하지 못한 보험금의 지급이므로 이로 인하여 보험자는 구상권을 대위행사할 수 없다(대판 1994. 4. 12, 94 다 200)."

[보험금지급을 긍정한 판례]

"의료보험의 경우에는 피보험자가 보험자 또는 보험자단체가 지정한 요양취급기관에 의하여 질병 또는 부상이 치유되기까지 요양케 하는 현물급여의 형태로 이루어지므로, 피보험자가 요양취급기관에서 치료를 받았을 때 현실적으로 보험급여가 이루어진 것이 된다. 따라서 의료보험조합(보험자)은 그 한도 내에서 상법 제682조에 의하여 제3자에 대한 구상권을 취득한다(대판 1994. 12. 9, 94 다 46046)."

"보험자가 면책약관에 대한 설명의무를 위반하여 면책약관을 계약의 내용으로 주장하지 못하고 보험금을 지급한 경우에는, 보험자는 보험자대위를 할 수 있다(대판 2014. 11. 27, 2012 다 14562)."

"동일한 건물에 대하여 임차인 화재보험과 소유자 화재보험이 중복보험으로 체결되고 임차인의 책임있는 사유로 임차건물에 화재가 발생하여 소유자 화재보험의 보험자가 소유자에게 건물에 대한 보험금을 지급하였다면 소유자 화재보험의 보험자는 임차인 화재보험의 보험자로부터 중복보험 분담금(상 672조 1항)을 지급받았다고 하더라도 임차인에 대하여 보험자대위권을 행사할 수 있다

(대판 2015. 1. 29, 2013 다 214529. 동지: 대판 2019. 11. 14, 2019 다 216589〈보험자는 보험목적물에 발생한 손해에 대하여 자신이 지급한 보험금의 한도내에서 제3자에 대한 보험자대위권을 취득함〉; 동 2020. 10. 15, 2018 다 213811 〈피보험자가 보험목적물에 관하여 보험금을 수령한 경우, 피보험자가 제3자에 대하여 손해배상을 청구할 때에는 보험목적물에 대한 손해와 보험목적물이 아닌 재산에 대한 손해를 나누어 그 손해액을 판단하여야 함〉; 동 2021. 1. 14, 2020 다 261776〈피보험자는 보험자로부터 수령한 보험금으로 전보되지 않고 남은 손해에 관하여 제3자를 상대로 그의 배상책임(다만 과실상계 등에 의하여 제한된 범위 내의 책임이다)을 이행할 것을 청구할 수 있는바, 전체 손해액에서 보험금으로 전보되지 않고 남은 손해액이 제3자의 손해배상책임액보다 많을 경우에는 제3자에 대하여 그의 손해배상책임액 전부를 이행할 것을 청구할 수 있고, 위 남은 손해액이 제3자의 손해배상책임액보다 적을 경우에는 그 남은 손해액의 배상을 청구할 수 있다. 후자의 경우 보험자는 제3자의 손해배상 책임액과 위 남은 손해액의 차액 상당액을 보험자대위에 따라 취득한다〉).

이 때 보험자는 피보험자에게 「보험금을 지급한 때」에 당연히 피보험자의 제 3 자에 대한 권리를 대위한다. 또한 보험자가 보험금의 일부를 지급한 경우에도 피보험자의 권리를 침해하지 아니하는 범위에서 그 권리를 대위한다($\frac{\text{상}}{\text{1항}}\frac{\text{682조}}{\text{단서}}$). 이 점은 보험금 전액을 지급하여야 대위가 인정되는 보험의 목적에 대한 보험자대위와 구별되는 점이다.

3) 보험계약자 또는 피보험자의 제 3 자에 대한 권리의 존재　　제 3 자에 대한 보험자대위가 성립하기 위하여는 셋째로 보험계약자 또는 피보험자가 제 3 자에 대하여 권리를 갖고 있어야 한다. 이 때 보통은 피보험자가 제 3 자에 대하여 갖고 있는 불법행위 또는 채무불이행으로 인한 손해배상청구권이 보험자대위의 대상이 된다($\frac{\text{동지: 대판 1988. 12.}}{\text{13, 87 다카 3166}}$). 따라서 제 3 자에 의하여 보험사고가 발생한 후에 보험자가 보험금을 지급하기 전에(즉, 대위권이 발생하기 전에) 피보험자 등이 제 3 자에 대한 권리를 행사하거나 처분한 경우에는 피보험자 등의 제 3 자에 대한 권리는 존재하지 않으므로 (이로 인하여 피보험자 등이 그의 손해를 전부 배상받은 경우에는 보험자는 보험금 지급채무도 없고) 보험자대위도 성립할 수 없다($\frac{\text{동지: 대판 1981. 7.}}{\text{7, 80 다 1643}}$). 피보험자 등의 제 3 자에 대한 권리가 시효소멸되었거나($\frac{\text{대판 1993. 6.}}{\text{29, 93 다 1770}}$), 피보험자 등이 제 3 자에 대한 권리를 미리 포기한 경우($\frac{\text{대판 2005. 9. 15,}}{\text{2005 다 10531}}$)에도 보험자는 이를 대위할 수 없다. 그러나 승낙피보험자로부터 구체적·개별적인 승낙을 받고 승낙피보험자를 위하여 자동차를 운전하였으나 그것이 기명피보험자의 의사에 명백히 반하는 경우에는, 운전자가 피보험자동차를 운전하던 중 일으킨 사고로 인한 손해에 대하여 보험금을 지급한 보험자는 상법 제682조에 따라 기명피보험자를 대위하여 운전자를 상대로 손해배상청구를 할 수 있다($\frac{\text{대판 2013. 9. 26,}}{\text{2012 다 116123}}$).

보험계약자가 제 3 자에 대하여 갖는 권리를 포함시킨 것은, 예컨대 타인의 물건의 보관자(예컨대, 창고업자 등)가 타인을 위하여 보험계약을 체결한 경우에 그 물건이 제 3 자의 행위에 의하여 멸실된 때에는 보관중인 보험계약자가 제 3 자에 대하여 손해배상청구권을 갖게 되는 것을 예상한 것이다.

피보험자 등의 제 3 자에 대한 이러한 권리는 피보험자 등이 직접 갖고 있든 또는 그들의 승계인이 갖고 있든 불문하고, 또한 보험사고로 직접 발생한 것이든 간접적으로 발생한 것이든 불문한다.

(3) 효　과

1) 피보험자 등의 제 3 자에 대한 권리의 이전　　위의 요건이 성립하면 피보험자 등의 제 3 자에 대한 권리는 법률의 규정에 의하여 당연히 보험자에게 이전된

다. 즉, 이러한 권리를 이전하기 위하여 당사자간의 별도의 의사표시나 대항요건은 불필요하다. 이 때 제 3 자는 권리자의 변동으로 불이익을 받을 이유가 없으므로 피보험자 등에 대한 모든 항변사유로써 보험자에게 대항할 수 있으며, 소멸시효기간도 합산된다(동지: 서울고판 1976. 2. 25, 75 나 1274).

이 때 보험자는「피보험자가 제 3 자에 대하여 행사할 수 있는 권리」의 한도에서만 대위권을 행사할 수 있고, 또한 자기가 지급한「보험금액」의 한도에서만 대위권을 행사할 수 있다. 제 3 자가 수 인이고 또한 불법행위로 인한 손해배상책임을 부담하는 경우에는 보험자대위에 의하여 피보험자 등의 권리를 취득한 보험자에 대하여도 연대책임을 부담하므로(민 760조), 보험자는 그 1인 또는 전원에 대하여 권리를 행사할 수 있다.

피보험자 등은 보험의 목적에 대한 보험자대위의 경우와 같이 보험금을 지급받은 후에는 보험자가 대위에 의하여 취득한 권리를 행사할 수 있도록 협조하여야 할 신의칙상의 의무를 부담하고, 이 의무를 이행하지 않으면 손해배상책임을 부담한다.

2) 피보험자 등이 제 3 자에 대한 권리를 처분한 경우의 효력   제 3 자에 의한 보험사고가 발생한 후 보험자가 보험금을 지급하기 전에(즉, 대위권이 발생하기 전에) 피보험자 등이 제 3 자에 대한 권리를 행사하거나 또는 처분한 경우에는, 앞에서 본 바와 같이 피보험자 등이 그의 손해를 전부 배상받으면 보험자에 대하여 보험금청구권을 행사할 수 없다(이중이득의 금지)(동지: 대판 1995. 9. 29, 95 다 23521;동 2000. 11. 10, 2000 다 29769).

그런데 피보험자 등이 보험자로부터 (그의 손해액 전부에 대한) 보험금을 지급받은 후에(즉, 대위권이 발생한 후에) 제 3 자에 대한 권리를 행사하거나 또는 처분한 경우에는, 피보험자 등은 보험자의 대위권을 침해한 것이 되어 부당이득반환 또는 불법행위에 기한 손해배상책임을 부담한다. 이 때 제 3 자는 무권리자에게 변제한 것이 되므로 원칙적으로 그 변제는 무효이나(민 472조), 예외적으로 제 3 자가 선의·무과실이면 채권의 준점유자에 대한 변제로서 유효가 될 수는 있다(민 470조). 또한 피보험자 등이 보험자로부터 (그의 손해액 전부에 대한) 보험금을 지급받은 후에 제 3 자에 대한 손해배상청구권을 포기하는 것은, 무권한자의 처분행위로서 이는 효력이 없고 제 3 자에 대한 보험자대위로 인한 보험자의 권리에는 아무런 영향이 없다(동지: 대판 1997. 11. 11, 97 다 37609).

이에 반하여 피보험자 등이 그의 손해액 일부에 대하여만 보험자로부터 보험금을 지급받으면, 그것이 보험금의 일부를 지급받은 경우이든(상 682조 1항 단서) 또는 일부보험이든(차액설) 불문하고, 피보험자 등은 보험자로부터 보험금을 지급받은 후에도 남은 손해액의 범위 내에서 제 3 자에 손해배상을 청구할 수 있고, 보험자는 제 3 자의 손해배상액과 위의 남은 손해액의 차액 상당액에 대하여만 보험자대위가 인정된다(대판〈전〉 2015. 1. 22, 2014 다 46211;
대판 2023. 4. 27, 2017 다 239014).

피보험자 등이 보험자의 면책사유에 해당하는 경우에 보험금을 지급받은 때에는 이를 보험자에 대하여 부당이득의 법리에 의하여 반환할 의무가 있으므로, 피보험자 등은 제 3 자에 대하여 불법행위에 기한 손해배상청구권을 갖는다. 따라서 이때 보험자는 제 3 자에 대하여 부당이득 또는 사무관리에 의하여 피보험자에게 지급한 보험금을 반환청구할 수 없다(동지: 대판 1995. 3.
3, 93 다 36332).

3) 보험금을 일부 지급한 경우의 효력　　앞에서 본 바와 같이 보험자가 피보험자 등에게 그 보험금액의 일부를 지급한 때에는 보험계약자 또는 피보험자의 권리를 해치지 않는 범위 내에서만 위의 보험자대위에 의한 권리를 행사할 수 있다(상 682조
1항 단서). 예컨대 보험가액 1,000만원의 물건에 대하여 전부보험계약을 체결했는데, 그 물건이 제 3 자의 불법행위에 의하여 전손된 경우 보험자가 보험금액의 일부인 600만원을 지급한 경우에는, 보험자는 600만원에 대해서만 대위하고 보험계약자(피보험자)는 제 3 자에 대하여 400만원에 대한 손해배상청구권을 보유하는 것이다. 이와 같이 상법은 보험금액의 일부를 지급한 경우 보험자대위를 제한하고 있으나, 피보험자가 보험금액의 전액을 지급받은 경우에도 아직 손해가 남아 있으면 역시 피보험자의 권리를 해하지 않는 범위 내에서만 보험자대위가 인정된다고 본다(통설).

4) 일부보험의 경우의 효력　　보험의 목적에 대한 보험자대위(상 681조
단서)와는 달리 상법은 제 3 자에 대한 보험자대위에서는 일부보험에 관하여 규정하고 있지 않다. 따라서 이에 관하여는 견해가 나뉘어 있다. 즉, (i) 보험자는 보험금액을 지급한 한도에서 대위한다는 견해(절대설, 보험자 우선설, 한도주의), (ii) 상법 제681조 단서를 유추하여 보험자는 보험금액의 보험가액에 대한 비율에 따라 대위한다는 견해(상대설, 청구액 비례설, 비례주의), (iii) 상법 제682조 1 항 단서의 취지에서 보험자는 피보험자의 권리를 해하지 아니하는 범위에서 대위한다는 견해(차액설, 피보험자 우선설, 손해액초과주의)(이에 관한 약관이 있음을 전제로 동지의 판례
로는 대판 2012. 8. 30, 2011 다 100312)가 있다.

생각건대 제 3 자에 대한 보험자대위를 보험목적에 대한 보험자대위와 동일시할 수는 없고 상법 제682조 1 항 단서의 취지에서 피보험자의 이익을 우선 고려하여야 한다는 점, 보험자대위란 원래 피보험자의 이중이득을 방지하기 위하여 인정된 점 등을 고려할 때, (iii)의 차액설이 타당하다고 본다. 그런데 피보험자에게 과실이 없고 또한 제 3 자에게 손해액 전부에 대하여 배상할 능력이 있다면, 위의 어느 견해에 의하여도 그 결과는 동일하다. 그런데 피보험자에게 과실이 있거나(따라서 제3자의 불법행위로 인한 손해배상책임의 범위에 과실상계가 인정되거나) 또는 제3자에게 배상할 능력이 부족한 경우에는 위의 어느 견해에 의하느냐에 따라 차이가 있다. 예컨대 보험가액 500만원의 물건에 대하여 A가 갑회사에 대하여 보험금액 300만원의 화재보험에 들었는데(일부보험) B의 과실로 그 물건이 전소하여 A는 갑으로부터 300만원의 보험금을 지급받았다고 하자. 이 때 A에 과실이 없고 또 B에게 전부의 배상능력이 있으면 위의 어느 견해에 의하든 갑은 300만원에 대하여 대위하고, A는 B에 대하여 200만원의 손해배상청구권을 보유한다. 그런데 이 때 A의 과실이 20%이거나 또는 B의 배상능력이 80%에 불과하여 B가 A에 대하여 400만원에 대하여만 배상할 수 있다고 하면 위의 어느 견해에 의하느냐에 따라 그 결론이 달라진다. 즉, 절대설에 의하면 갑은 300만원 전액에 대하여 대위하고 A는 100만원에 대하여만 손해배상청구권을 보유하고(A는 합계 400만원을 지급받음), 상대설에 의하면 갑은 240만원($400만원 \times \frac{300만원}{500만원}$)에 대하여 대위하고 A는 160만원($400만원 \times \frac{200만원}{500만원}$)에 대하여 손해배상청구권을 보유하고(A는 합계 460만원을 지급받음), 차액설에 의하면 갑은 200만원에 대하여만 대위하고 A는 200만원의 손해배상청구권을 보유하게 된다(A는 합계 500만원을 지급받음). 위에서 본 바와 같이 피보험자의 권리를 해하지 아니하는 범위에서 보험자대위권을 인정하는 차액설이 타당하다고 보는데, 이러한 차액설에 의하여 A는 B에 대하여 200만원의 손해배상청구권을 갖고(따라서 A는 보험금 300만원과 손해배상청구권 200만원에 의하여 손실액 전액을 보상받게 됨), 갑은 그 차액 200만원(400만원─200만원)에 대해서만 대위하게 된다(동지: 대판〈전〉 2015. 1. 22, 2014 다 46211; 대판 2016. 1. 28, 2015 다 236431; 동 2019. 11. 14, 2019 다 216589).

　5) 재보험자의 대위의 효력　　재보험의 경우에도 보험자대위가 인정되지만, 이 경우에는 보험자대위에 의한 권리의 귀속과 권리의 행사를 분리하는 관습이 있다. 즉, 재보험자는 원보험자에게 재보험금을 지급한 한도에서 피보험자 등이 제3자에 대하여 가지는 권리를 대위취득하지만, 제3자에 대한 권리의 행사는 원보험자가 자기의 이름으로 재보험자의 수탁자적 지위에서 한다(통설)(동지: 대판 2015. 6. 11, 2012 다 10386; 서울민사지판 1981. 12. 16, 80 가합 5524).

　6) 보험자대위에 의하여 취득하는 권리의 소멸시효　　보험자가 보험자대위에 의하여 취득하는 권리의 소멸시효의 기산점과 그 기간은 대위에 의하여 이전되는 권리 자체를 기준으로 판단하여야 한다. 그런데 보험자가 공동불법행위자 중의 일부에 대하여 갖는 구상권에 관한 보험자대위권은 법률에 시효기간을 따로 정한 바가 없으므로 일반원칙으로 돌아가 일반채권과 같이 그 시효기간은 10년이고, 그

기산점은 그 권리가 발생한 시점(즉, 보험자가 현실로 피해자에게 보험금을 지급한 때)이
다($^{동지: 대판 1994. 1.}_{11, 93 다 32958}$).

≫ 사례연습 ≪

[사 례]

　A는 자기가 소유하는 봉고트럭에 대하여 보험회사인 X와 보험기간을 1985.
1. 18부터 같은 해 7. 18까지로 하여 자동차종합보험(대인배상책임)계약을 체결
하였다. 그런데 A의 피용운전사인 Y는 위 봉고트럭을 운전하다가 1985. 3. 21
에 B를 치어 다치게 하여 A는 B에게 이에 따른 4,000만원의 손해배상책임을 부
담하게 되었다. 이 때 X가 A에게 2,000만원의 보험금을 지급한 경우, X는
1993. 10. 18 현재로 Y에 대하여 이에 대한 대위권을 행사할 수 있는가?(단, 자
동차종합보험약관에서는 대인배상책임을 A가 B에 대하여 부담하는 손해배상액
을 전부 지급하는 것으로 약정하고 있으며, A는 사고 당시 그 손해 및 가해자를
알고 있었음)

　* 이 사례는 정찬형, 「상법사례연습(제 4 판)」, 사례 125에 기초한 것이므로, 이에 관한 상세는
　　同書를 참고하기 바람.

[해 답]

　1. 피보험자인 A의 피용운전사인 Y가 제 3 자에 해당하는지 여부

　자동차보험 보통약관(2000. 4 현재)상 대인배상 Ⅱ(책임보험 초과손해)에서 피
험자라 함은 ① 기명피보험자, ② 기명피보험자와 같이 살거나 살림을 같이하는 친
족으로서 피보험자동차를 사용 또는 관리중인 자, ③ 기명피보험자의 승낙을 얻어 피
보험자동차를 사용 또는 관리중인 자, ④ 기명피보험자의 사용자, ⑤ 위 각 호의 피
보험자를 위하여 피보험자동차를 운전중인 자(운전보조자를 포함함)를 말한다
($^{동 약관}_{12조}$). 따라서 본문에서 피보험자인 A의 봉고트럭을 운전하는 피용운전사인 Y는
위 보험약관상 ⑤에 의하여 피보험자에 해당하므로 제 3 자에 대한 보험자대위($^{상}_{682조}$)
에서 제 3 자에 해당하지 않는다($^{동지: 대판 1993. 6.}_{29, 93 다 1770}$).

　2. 피보험자 등의 제 3 자에 대한 손해배상청구권이 소멸시효로 인하여 소멸한
　　경우에도 보험자대위가 인정되는지 여부

　제 3 자에 대한 보험자대위가 성립하기 위하여는 위에서 본 바와 같이 보험계약자
또는 피보험자가 제 3 자에 대하여 권리를 갖고 있어야 한다. 그런데 본문의 경우 A

(피보험자)의 피용운전자인 Y가 이 사건 피보험차량을 운전하다가 B를 치어 다치게
한 것은 1985. 3. 21이고 A는 사고 당시 그 손해 및 가해자를 알고 있었다. 따라서
Y의 이러한 불법행위로 인한 손해배상책임은 사고 당시(1985. 3. 21)부터 3년의 경
과로 소멸시효가 완성하였다고 본다($^{민}_{1항}$ ^{766조}). 그런데 A의 Y에 대한 이러한 손해배상
청구권(구상권)을 대위하여 X가 행사하는 날은 1993. 10. 18이므로 이 때에는 이미
A의 Y에 대한 권리는 시효소멸하였다. 따라서 이 점에서도 X는 A의 권리를 대위하
지 못한다($^{동지:\ 대판\ 1993.\ 6.}_{29,\ 93\ 다\ 1770}$).

   3. 보험자가 보험금을 일부지급한 경우에도 보험자는 제 3 자에 대한 대위권이
      인정되는지 여부

   보험자가 보험금을 일부지급한 경우에도 보험자는 제 3 자에 대한 대위권을 취득하
는 점에 대하여 상법은 명문으로 규정하고 있다. 다만 이 경우에 보험자는 보험계약
자 또는 피보험자의 권리를 해하지 않는 범위 내에서만 보험자대위에 의한 권리를 행
사할 수 있다($^{상}_{1항}$ $^{682조}_{단서}$). 본문의 경우 보험자인 X는 대인배상책임에서 피보험자인 A가
피해자인 B에 대하여 부담하는 손해배상액의 전부(4,000만원)를 지급하는 것으로 약
정하였는데 그 중 일부(2,000만원)에 대하여만 보험금을 지급한 것이므로, 이 때 X는
Y에 대하여 A(피보험자)의 권리를 해하지 않는 범위 내에서만 A의 권리를 대위할 수
있다. 그런데 위에서 본 바와 같이 X는 Y에 대하여 A의 권리를 대위할 수 없으므로,
이러한 점은 의미가 없다. 만일 X가 Y에 대하여 A의 권리를 대위할 수 있다고 하면
상법 제682조 단서의 의미는 X는 Y에 대하여 2,000만원에 대해서만 대위할 수 있고,
A는 Y에 대하여 2,000만원에 대한 손해배상청구권을 갖는다는 의미이다.

제 5 관 손해보험계약의 변경·소멸

   이 곳에서는 손해보험계약에 특유한 것으로서 피보험이익의 소멸과 보험목적
의 양도에 관하여만 설명하기로 한다.

제 1 피보험이익의 소멸

   보험계약 체결 당시 존재하게 될 것으로 예정한 피보험이익이 보험사고 이외
의 사유로 소멸한 경우(예컨대, 화재보험의 경우 보험목적이 홍수로 멸실되거나, 운송보험
의 경우 보험목적에 대한 운송계약이 취소된 경우, 책임보험의 경우 피보험자가 책임을 질 가

능성이 없게 된 경우 등)에는, 그 사실이 보험자의 책임이 개시되기 전에 생겼느냐 후에 생겼느냐를 묻지 않고 그 보험계약은 무효가 된다. 이 때 피보험이익의 소멸이란 절대적 소멸을 의미하고, 상대적 소멸(예컨대, 도난·분실 등)을 포함하지 않는다. 이와 같이 보험자의 책임개시 이전에 피보험이익의 소멸로 인하여 보험계약이 무효인 경우에는 보험계약자와 피보험자 또는 보험수익자가 선의이며 중대한 과실이 없는 때에는 보험자에 대하여 보험료의 전부 또는 일부의 반환을 청구할 수 있고 ($\frac{상}{648조}$), 보험자의 책임개시 이후에 피보험이익이 소멸한 경우에는 보험계약자는 미경과보험료기간에 대한 보험료의 반환을 청구할 수 있다.

제 2 보험목적의 양도

1. 보험목적의 양도의 의의 및 인정이유

보험목적의 양도란 「피보험자가 보험의 대상인 목적물을 개별적으로 타인에게 양도하는 것」인데, 이 때에 양수인은 보험계약상의 권리·의무를 승계한 것으로 추정한다($\frac{상 679조}{1항}$). 따라서 보험목적의 양도는 보험계약상의 권리의무가 포괄적으로 승계되는 상속이나 합병과 구별되고, 또한 피보험자가 보험사고의 발생으로 인하여 보험자에 대하여 가지는 손해보상(보험금지급)청구권을 타인에게 양도하는 경우(이 때에는 피보험자의 교체가 있는 것이 아님)와도 구별된다.

보험목적의 양수인이 양도인의 보험계약상의 권리의무에 관하여 선택할 수 있도록 하면서 다른 한편 보험자도 피보험자의 교체로 인한 불이익을 방지할 수 있도록 하면, 이러한 보험계약을 당연히 무효로 하지 않고 보험목적의 양수인에게 보험계약상의 이익을 승계시키는 것이 타당하며 또한 당사자의 의사에도 합치된다. 이러한 점으로 인하여 상법은 피보험자가 보험목적을 양도한 때에는 양수인(특정승계의 양수인)은 보험계약에 의하여 생긴 권리와 의무를 양수한 것으로 추정하는 규정을 두고 있다($\frac{임의규정 — 대판 1991.}{8. 9, 91 다 1158}$)($\frac{상 679조}{1항}$).

2. 권리·의무 승계추정의 요건

(1) 보험관계의 존재

보험목적의 양도 당시에 양도인과 보험자간에는 유효한 보험계약관계가 존재하여야 한다.

(2) 보험목적이 물건

보험목적은 특정되고 개별화된 물건이어야 한다. 그런데 상법은 이러한 물건 중에서도 선박의 양도에는 보험자의 동의를 받도록 규정하고($\frac{상}{의} 2^{703조}$) 자동차의 양도에는 보험자의 승낙을 받아야 보험계약상의 권리·의무를 승계할 수 있는 것으로 규정하고 있으므로($\frac{상}{의} 4^{726조}$), 이러한 선박 및 자동차에 관한 보험에는 상법 제679조가 적용(또는 준용)될 여지가 없다.

(3) 보험목적의 양도

보험목적은 물권적 양도방법에 의하여 양도되어야 한다.

3. 보험목적의 양도의 효과

(1) 당사자간의 효과

보험계약상의 권리와 의무가 양수인에게 이전된다. 양수인이 보험계약상의 권리를 취득한다는 의미는 양수인은 보통 보험금청구권을 갖는다는 뜻(즉, 피보험자의 지위를 취득한다는 뜻)이다. 양수인이 보험계약상의 의무를 취득한다는 의미는 양수인이 피보험자로서 부담하는 각종 의무($\frac{상}{657조,} \frac{652조, 653조,}{680조 등}$)를 진다는 뜻이다.

양도인의 권리와 의무가 양수인에게 이전되는 관계는 추정되는 것에 불과하므로 (법률상 추정)($\frac{상}{1항} \frac{679조}{후단}$), 당사자가 반대의 증명을 한 때에는 이전의 효력이 생기지 않는다. 따라서 이 경우에 그 보험계약은 피보험이익이 소멸되어 당연히 실효하게 된다.

[보험목적이 양도된 경우에도 보험계약관계가 이전되지 않는다고 본 판례]

"상법 제679조의 추정은 보험목적의 양수인에게 보험승계가 없다는 것이 증명된 경우에는 번복된다고 할 것인데, 보험목적의 양수인이 그 보험목적에 대한 제1차 보험계약과 피보험이익이 동일한 보험계약을 체결한 사안에서, 제1차 보험계약에 따른 보험금청구권에 질권이 설정되어 있어 보험사고가 발생할 경우에도 보험금이 그 질권자에게 귀속될 가능성이 많아 제1차 보험을 승계할 이익이 거의 없고, 또한 그 양수인이 그 보험목적에 관하여 손해의 전부를 지급받을 수 있는 필요충분한 보험계약을 체결한 경우, 양수인에게는 보험승계의 의사가 없었다고 봄이 상당하고, 따라서 제1차 보험은 양수인에게 승계되지 아니하였으므로 양수인이 체결한 보험이 중복보험에 해당하지 않는다 (대판 1996. 5. 28, 96 다 6988. 동지:) ."
(대판 1997. 11. 11, 97 다 35375)

(2) 보험자 및 기타 제 3 자에 대한 효과

보험목적의 양도가 있는 경우에 그의 양도인 또는 양수인은 보험자에 대하여 지체 없이 그 사실을 통지하여야 한다($\frac{상}{2항}679조$). 양도인 또는 양수인의 이러한 통지를 보험자 기타 제 3 자에 대한 대항요건으로 보는 견해(대항요건설)가 있으나, 대항요 건은 아니며 단순히 보험자의 보호를 위한 규정이라고 본다(비대항요건설)(이에 관한 상세는 정찬형, 「상법강의(하)(제24판)」, 719~722면 참조).

이와 같이 통지의무의 성질을 대항요건으로 보지 않으면, 양도인 또는 양수인 이 보험목적의 양도사실을 보험자에게 통지하지 않아도 양수인은 보험목적의 양수 사실을 증명하여 보험금청구권을 행사할 수 있다. 다만 보험자가 보험목적의 양도 사실을 모르고 보험금을 양도인에게 지급하여도 양수인은 이의를 제기할 수 없고, 이로 인하여 보험자가 손해를 입은 때에는 통지의무자는 이를 배상하여야 한다고 본다(이에 대한 보험약관의 해석에 관한 판례의 소개로는 정찬형, 「상법강의(하)(제24판)」, 721면 참조).

≫ 사례연습 ≪

[사 례]

A는 B를 위하여 (B의 위임을 받지 않고) B의 물건에 대하여 Y보험회사와 손해보험계약을 체결하고 보험료를 지급하였다. B는 자기의 물건에 대하여 보험계약이 체결된 사실을 모르고 그 물건을 X에게 양도하였는데, 그 물건이 보험사고로 인하여 멸실하였다. X는 그 후 이 사실을 안 경우 Y회사에 대하여 보험금을 청구할 수 있는가?

* 이 사례는 정찬형, 「상법사례연습(제 4 판)」, 사례 123에 기초한 것이므로, 이에 관한 상세는 同書를 참고하기 바람.

[해 답]

(1) A는 B를 위하여 타인을 위한 보험계약을 체결하였으므로($\frac{상}{1항 본문}639조$) B는 그 수익의 의사표시를 하지 아니한 경우에도 당연히 피보험자의 지위를 취득하고, 이러한 지위는 보험목적의 양도에 의하여 양수인인 X에게 이전된 것으로 추정되므로($\frac{상}{1항}679조$) X는 원칙적으로 Y회사에 대하여 보험금을 청구할 수 있다.

(2) 상법은 보험목적의 양도가 있으면 그의 양도인 또는 양수인이 보험자에 대하여

지체 없이 그 사실을 통지하도록 규정하고 있는데($^{상\ 679조}_{2항}$), 양도인 또는 양수인의 이러한 통지를 보험자 기타 제3자에 대한 대항요건으로 보는 견해(대항요건설)와 대항요건은 아니며 단순히 보험자의 보호를 위한 규정으로 보는 견해(비대항요건설)로 나뉘어 있는데, 보험계약상의 권리·의무승계의 효력은 양도인과 양수인의 당사자 사이에만 미치는 것이 아니라 보험자 기타 제3자에 대하여도 그 효력이 미친다고 보아야 실익이 있다는 점 등에서 볼 때 양도인 또는 양수인의 통지의무는 민법 제450조와 같은 대항요건으로는 볼 수 없다(비대항요건설에 찬성함). 이와 같이 보면 양수인은 보험목적의 양수를 보험자에게 통지하지 않았다 하더라도 보험약관에 다른 정함이 없는 한 보험목적의 양수사실을 입증하여 보험금을 청구할 수 있다. 다만 보험목적이 선박이거나($^{상\ 703조의}_{2\ \ 1호}$) 또는 자동차인경우에는($^{상\ 726조}_{의\ 4}$) 상법의 특별규정에 의하여 보험자의 동의 또는 승낙을 얻은 경우에 한하여 보험계약으로 인한 권리와 의무를 승계한다. 보험목적의 양도의 통지의무에 대하여 비대항요건설에 의하는 경우에도 보험자가 보험목적의 양도사실을 모르고 보험금을 양도인에게 지급하여도 양수인은 이의를 제기할 수 없고, 이로 인하여 보험자가 손해를 입은 때에는 통지의무자는 이를 배상하여야 한다.

따라서 본문의 경우 B 또는 X는 Y회사에 대하여 보험목적의 양도사실을 통지하지 않은 경우에도, (그 보험목적이 선박이나 자동차가 아닌 한) X는 보험목적의 양수사실을 입증하여 보험금을 지급청구할 수 있다.

(3) 그러나 A는 Y회사와 보험계약을 체결하면서 B의 위임이 없는 점에 대하여 Y에게 고지하지 않아 Y가 B에게 이를 알리지 않음으로 인하여 B가 피보험자로서 보험계약상 또는 상법상 각종 의무를 이행하지 않아 Y회사가 보험계약을 해지한 경우에는, Y회사는 B 또는 X에 대하여 보험금의 지급의무가 없으므로 X는 예외적으로 Y회사에 대하여 보험금을 청구할 수 없다($^{상\ 639조}_{1항\ 단서}$). 또한 위와 같은 사정이 없어 타인을 위한 보험계약이 존속하는 경우에도 B가 X에게 보험목적을 양도하면서 보험계약상의 권리를 X에게 양도하지 않았음을 입증하거나, B 또는 X가 보험목적의 양도사실을 Y회사에게 통지하지 않아 Y회사가 보험금을 B에게 지급하였거나, 또는 이 사건의 보험의 목적이 선박이나 자동차로서 Y회사의 동의 또는 승낙을 얻지 않고 B가 이를 X에게 양도한 경우 등에는, X는 예외적으로 Y회사에 대하여 보험금을 청구할 수 없다.

제 2 절 각 칙

제 1 관 화재보험계약

제 1 화재보험계약의 의의

화재보험계약이라 함은 「화재로 인하여 생길 손해를 보상하기로 하는 손해보험계약」이다($_{683조}^{상}$). 이와 같은 화재보험은 화재만을 보험사고로 하므로, 화재 이외에 각종의 위험을 보험사고로 하는 보험(예컨대, 가정생활보험 등)은 화재보험이 아니다.

제 2 화재보험계약의 요소

1. 보험사고

화재보험계약에서의 보험사고는 「화재」이다($_{683조}^{상}$). 화재가 무엇이냐에 대하여는 상법과 화재보험약관에서 특별히 규정하고 있지 않으므로 사회통념에 의하여 정할 수밖에 없다. 따라서 화재란 「사회통념상 화재라고 인정할 수 있는 성질과 규모를 가지고 보통의 용법에 의하지 아니하고 독립한 연소력을 가진 화력의 연소작용」이라고 볼 수 있다(통설). 화재보험 표준약관($^{개정: 2014. 12. 26, 이하}_{\cdot표준약관\,이라\,약칭함}$)에서는 이러한 화재에 '벼락'을 포함한다($_{1조}^{표준약관}$).

2. 보험의 목적

우리 상법은 화재보험의 목적에 대하여 화재보험증권에 기재할 사항으로 건물과 동산에 대하여만 규정하고 있으나($_{685조}^{상}$), 이에 한하지 않고 불에 탈 수 있는 유체물은 모두 화재보험의 목적이 될 수 있다고 본다. 건물과 동산(건물 이외의 경우)을 화재보험의 목적으로 한 경우 그 범위에 대하여는 화재보험약관에서 상세하게 규정하고 있다($_{4항\,참조}^{표준약관\,3\,조}$).

3. 피보험이익

화재보험의 목적에 대한 피보험이익은 피보험자가 누구이냐에 따라 다르다.

즉, 동일한 화재보험의 목적이라도 소유자로서의 피보험이익($^{대판\ 2011.\ 2.\ 24,}_{2009\ 다\ 43355}$), 임차인으로서의 피보험이익, 담보권자로서의 피보험이익($^{대판\ 1961.\ 10.\ 26,}_{60\ 민상\ 288}$)이 다른 것이다. 또한 창고업자 등이 보관중인 물건에 대하여 화재보험계약을 체결한 경우의 피보험이익은 그의 손해배상책임의 담보라는 소극적 이익이다.

제3 화재보험계약에 관한 특칙

1. 화재보험증권

화재보험증권에는 상법 제666조에 규정한 사항 이외에 (i) 건물을 보험의 목적으로 한 때에는 그 소재지, 구조와 용도(건물보험), (ii) 동산을 보험의 목적으로 한 때에는 그 존치한 장소의 상태와 용도(동산보험), (iii) 보험가액을 정한 때에는 그 가액을 기재하여야 한다($^{상}_{685조}$).

2. 보험자의 보상책임

화재로 인하여 생긴 손해에 대하여는 그 화재의 원인이 무엇인지를 묻지 아니하고 보험자는 보상책임을 진다(위험보편의 원칙)($^{상}_{683조}$) ($^{동지:\ 대판\ 2009.\ 12.\ 10,}_{2009\ 다\ 56603\cdot56610}$). 그러나 실무에서는 보통 법률 또는 약관($^{모범약관}_{4조}$)에 면책사유를 많이 규정하여 위험보편의 원칙을 제한하고 있다. 화재로 인하여 생긴 손해는 화재와 손해 사이에 상당인과관계가 있는 것이어야 한다($^{동지:\ 대판\ 2001.\ 6.\ 26,\ 99\ 다\ 27972;\ 동\ 2003.}_{4.\ 25,\ 2002\ 다\ 64520;\ 표준약관\ 4조\ 2호}$).

또한 화재의 소방 또는 손해의 감소에 필요한 조치로 인하여 보험의 목적에 생긴 손해에 대하여서도 보험자는 보상책임을 진다($^{상\ 684조,\ 표준약관}_{3조\ 2항}$). 상법의 이러한 규정은 보험계약자 등의 손해방지의무($^{상}_{680조}$)와도 균형을 이루고 있다. 그런데 상법 제684조의 소방비용 등은 보험계약자와 피보험자가 손해방지의무($^{상\ 680조}_{본문}$)의 이행에 의하여 발생한 손해뿐만 아니라, 소방서원 기타의 자의 행위에 의하여 발생한 손해를 포함한다.

3. 집합보험

집합보험이란 「경제적으로 독립한 다수의 집합물을 보험의 목적으로 한 손해보험」을 말한다. 이러한 집합보험에는 보험의 목적이 특정되어 있는 「특정보험」(예컨대, 운송중의 물건·가구 등)과, 보험의 목적의 전부 또는 일부가 특정되어 있지 않고 보험기간중에 교체될 것이 예정된 「총괄보험」(예컨대, 창고의 물건·점포의 상품 등)이 있는데, 이하에서는 각각에 대하여 설명하겠다.

(1) 특정보험

집합된 물건을 일괄하여 보험의 목적으로 한 때에는 피보험자의 가족과 사용인의 물건도 보험의 목적에 포함된 것으로 하고, 그 보험은 그 가족 또는 사용인을 위해서도 체결한 것으로 본다($_{686조}^{상}$). 따라서 이 경우 그 가족이나 사용인은 당연히 보험계약상의 이익을 받는다($_{참조}^{상\,639조}$).

(2) 총괄보험

집합된 물건을 일괄하여 보험의 목적으로 한 때, 그 목적에 속한 물건이 보험기간중에 수시로 교체된 경우에도 보험사고 발생시에 현존하는 물건은 보험의 목적에 포함된 것으로 한다($_{687조}^{상}$). 이 경우에는 그 집합물의 내용이 수시로 교체되어 특정되지 않아도 보험계약의 성립이 가능한 점에서, 단체구성원인 피보험자의 교체를 인정하는 단체보험과 유사한데, 이는 이른바 예정보험의 하나의 형태이다.

제 2 관 운송보험계약

제 1 운송보험계약의 의의

운송보험계약이란 「육상운송의 목적인 운송물에 관하여 운송인이 그 운송물을 수령한 때부터 수하인에게 인도할 때까지 생길 손해를 보상하기로 하는 손해보험계약」이다($_{688조}^{상}$). 현행 상법상 운송보험계약은 육상운송의 목적물에 대한 보험계약만을 의미한다.

제 2 운송보험계약의 요소

1. 보험의 목적

운송보험에 있어서의 보험의 목적은 「운송물」이다. 따라서 여객의 생명·신체나 운송에 이용되는 용구 자체(예컨대, 기차나 자동차)를 보험의 목적으로 한 때에는 운송보험이 아니다.

2. 보험사고

운송보험의 보험사고는 「육상운송중에 운송물에 생길 수 있는 모든 사고」이다
(위험보편의 원칙).

3. 피보험이익

운송보험의 피보험이익은 피보험자가 누구이냐에 따라 다양하게 존재한다. 즉,
「송하인이 운송물의 소유자로서 갖는 이익」, 「운송물(상품)의 도착으로 인하여 얻을
수 있는 이익(희망이익보험)」($상_{2항}^{689조}$), 「운송인이 운임에 대하여 갖는 이익」, 「운송인
이 송하인 또는 수하인에 대한 손해배상책임의 담보로서 갖는 이익(소극적 이익)」등
이 있다.

4. 보험가액

운송보험에 있어서의 보험가액은 당사자간에 이에 관한 「합의」가 있으면(기평
가보험) 그에 따르나($상_{670조}$), 당사자간에 보험가액에 대한 합의가 없으면(미평가보험)
「발송한 때와 곳에 있어서의 그 가액과 도착지까지의 운임 기타의 비용」을 보험가
액으로 한다(보험가액불변경주의)($상_{1항}^{689조}$).

운송물의 도착으로 인하여 얻을 이익(희망이익)은 그 자체로서 별도의 피보험이
익이 될 수 있기 때문에, 당사자간에 특약이 있는 경우에 한하여 이를 보험가액에
산입한다($상_{2항}^{689조}$).

5. 보험기간

운송보험기간은 당사자간에 다른 약정이 없으면 「운송인이 운송물을 수령한
때로부터 이것을 수하인에게 인도할 때까지」이다($상_{688조}$).

제 3 운송보험계약에 관한 특칙

1. 운송보험증권

운송보험증권에는 상법 제666조(손해보험증권의 기재사항)에 규정한 사항 이외에
(i) 운송의 노순(路順)과 방법, (ii) 운송인의 주소와 성명 또는 상호, (iii) 운송물의

수령과 인도의 장소, (iv) 운송기간을 정한 때에는 그 기간, (v) 보험가액을 정한 때에는 그 가액을 기재하여야 한다($_{690조}^{상}$).

2. 보험자의 보상책임

운송보험자는 다른 약정이 없으면 운송인이 운송물을 수령한 때로부터 수하인에게 인도할 때까지 생긴 모든 손해를 보상할 책임을 지는데($_{688조}^{상}$), 이 보상액은 손해가 발생한 때와 곳의 가액($_{1항\ 본문}^{상\ 676조}$)에 의하지 않고 앞에서 본 보험가액불변경주의($_{689조}^{상}$)에 의하여 산출한 보험가액을 기준으로 산출된다.

보험자는 일반면책사유($_{660조,\ 678조}^{상\ 659조\ 1항,}$)에 의하여 면책되는 것은 물론이나, 운송보험에 특유한 면책사유가 있다. 즉 보험사고가 송하인 또는 수하인의 고의 또는 중대한 과실로 인하여 발생한 때에는 이로 인한 손해를 보상할 책임이 없다($_{692조}^{상}$).

3. 운송의 중지·변경과 계약의 효력

운송보험계약은 다른 약정이 없으면 운송의 필요에 의하여 일시 운송을 중지하거나 운송의 노순(路順) 또는 방법을 변경한 경우에도 그 효력을 잃지 아니한다($_{691조}^{상}$). 따라서 (육상)운송보험에서의 이러한 점은 해상보험의 경우($_{참조}^{상\ 701조}$)와 구별되고 있다.

제 3 관 해상보험계약

제 1 해상보험계약의 의의와 성질

1. 해상보험계약의 의의

해상보험계약이란 「해상사업에 관한 사고로 인하여 생길 손해를 보상할 것을 목적으로 하는 손해보험계약」이다($_{693조}^{상}$).

2. 해상보험계약의 성질

(1) 해상보험은 주로 해운업자나 무역업자 등과 같은 기업이 이용하는 보험으로 「기업보험으로서의 성질」을 갖는다. 따라서 이러한 해상보험에서는 당사자간의 사적 자치의 원칙이 존중되므로 상법은 불필요한 후견적 태도를 버리고 있다

(상 663조)(동지: 대판 1996.
(단서 참조)(12. 20, 96 다 23818).

(2) 해상보험은 바다를 무대로 하여 국제적으로 활동하는 해운업자 또는 무역업자 등이 이용하는 보험이므로, 자연히 「국제적 성질」을 갖는다. 이의 반영으로 해상보험실무에서는 영국의 Lloyd's Form인 영국의 보험약관에 의하여 해상보험계약이 체결되는 것이 보통이다. 그런데 이 약관에는 「이 보험계약상의 모든 책임문제는 영국의 법과 관습에 따른다」는 준거법조항을 두고 있는데, 우리나라의 판례는 이러한 준거법조항의 효력을 유효한 것으로 인정하고 있다(대판 1977. 1. 11, 71 다 2116; 동 1991. 5. 14, 90 다카 25314; 동 1996. 3. 8, 95 다 28779; 동 1998. 5. 15, 96 다 27773; 동 2005. 11. 25, 2002 다 59528·59535). 따라서 해상보험에 관해서는 영국의 해상보험법이 사실상 중요한 법원(法源)의 하나가 되고 있다.

제 2 해상보험계약의 종류

(1) 피보험이익에 따라 선박보험(상 696조)(리스회사 소유의 선박을 리스이용자가 이용하는 경우, 리스이용자가 그 선박에 관하여 피보험이익이 있다— 대판 2010. 9. 9, 2009 다 105383)·적하보험(상 697조)·운임보험(상 706조 1호)·희망이익보험(상 698조)·선비(船費)보험 및 선주책임상호보험(선주상호보험조합법 1조~3조 참조) 등으로 분류된다(이에 관한 상세는 정찬형, 「상법강의(하)(제24판)」, 735~737면 참조).

(2) 보험기간에 따라 항해보험·기간보험(정시보험) 및 혼합보험으로 분류된다(이에 관한 상세는 정찬형, 「상법강의(하)(제24판)」, 737~738면 참조).

제 3 해상보험계약의 요소

1. 보험의 목적

해상보험계약에 있어서의 보험의 목적은 「해상사업에 관한 사고로 인하여 손해를 입게 될 모든 재산」이다. 이는 육상운송보험의 목적이 운송물에 한하는 것과 구별되고 있다(상 688조 참조). 따라서 해상보험계약에 있어서의 보험의 목적은 선박(상 696조)·적하(상 697조)·희망이익(상 698조)·운임(상 707조 1호)·선비(船費) 등이다.

2. 보험사고

해상보험의 보험사고는 「해상사업에 관한 사고」이다(포괄책임주의). 「해상사업에 관한 사고」라 함은 '해상사업에 고유한 사고(즉, 항해의 결과 또는 항해에 부수해서 생기는 모든 위험)뿐만 아니라, 해상사업에 부수하는 육상위험'도 포함한다.

해상보험은 원칙적으로 해상사업에 관한 모든 사고를 담보하는 것이나, 예외적으로 당사자간의 특약에 의하여 일정한 사고를 보험사고에서 제외할 수도 있고 또는 내수항행에 관한 사고나 육상에 있어서의 사고를 포함시켜 보험사고의 범위를 확대할 수도 있다(예컨대, 창고사이약관 등).

3. 보험기간

해상보험계약의 보험기간에 대하여 기간보험의 경우는 문제가 없으나, 항해보험의 경우는 보험기간의 개시와 종료에 대하여 문제가 있기 때문에 상법은 다음과 같이 특별규정을 두고 있다.

(1) 선박보험

원칙적으로 보험기간은 「하물(荷物) 또는 저하(底荷)의 선적에 착수한 때」에 개시하고($\frac{상}{1항}^{699조}$), 도착항에서 「하물 또는 저하를 양륙한 때」에 종료한다($\frac{상}{전단}^{700조}$). 예외적으로 보험기간은 하물 또는 저하의 선적에 착수한 후에 보험계약이 체결된 경우에는 「그 계약이 성립한 때」에 개시하고($\frac{상}{3항}^{699조}$), 양륙이 지연된 경우로서 그 양륙이 불가항력으로 인하여 지연된 경우가 아니면 「그 양륙이 보통 종료될 때」에 종료된다($\frac{상}{단서}^{700조}$).

(2) 적하보험

원칙적으로 보험기간은 「적하의 선적에 착수한 때」에 개시하고($\frac{상}{2항 본문}^{699조}$). 「양륙항 또는 도착지에서 하물을 인도한 때」에 종료한다($\frac{상}{후단}^{700조}$). 예외적으로 보험기간은 하물의 선적에 착수한 후에 보험계약이 체결된 경우에는 「그 계약이 성립한 때」에 개시하고($\frac{상}{3항}^{699조}$), 양륙이 지연된 경우로서 양륙이 불가항력으로 인하여 지연된 경우가 아니면 「그 양륙이 보통 종료될 때」에 종료된다($\frac{상}{단서}^{700조}$).

4. 보험가액

당사자간에 협정보험가액이 있는 경우(기평가보험)에는 원칙적으로 그 가액을 보험가액으로 한다($\frac{상}{670조}$).

그러나 당사자간에 협정보험가액에 관하여 정함이 없는 때(미평가보험)에는 사고발생시의 가액을 보험가액으로 하여야 할 것이지만($\frac{상}{참조}^{671조}$), 해상보험의 목적물은 항해에 따라 항상 그 장소가 이동되고 또 사고가 발생한 때와 장소에서 보험가액을 산정하는 것이 매우 곤란한 경우가 많으므로 우리 상법은 미리 보험가액의 평가방법을 법정함으로써 이러한 문제를 해결하고 있다(보험가액불변경주의). 즉 선박보험에서는 「보험자의 책임이 개시될 때」의 선박가액($_{1항}^{상696조}$)을 보험가액으로 하는데, 이 경우에는 선박의 속구·연료·양식 기타 항해에 필요한 모든 물건은 보험의 목적에 포함되므로($_{2항}^{상696조}$) 이러한 물건의 가액도 보험가액에 포함된다. 또한 적하보험에서는 「선적한 때와 곳」에 있어서의 그 적하의 가액 및 선적과 보험에 관한 비용을 보험가액으로 한다($_{697조}^{상}$). 상법은 적하의 보험가액에 대하여는 운송보험의 경우($_{689조}^{상}$)와는 달리 운임을 포함시키지 않고, 또 희망이익도 포함될 수 없는 것으로 규정하고 있다. 희망이익보험에서는 보험금액을 보험가액으로 한 것으로 추정하고 있다($_{698조}^{상}$).

제 4 해상보험계약의 특칙

1. 해상보험증권의 기재사항

해상보험증권에는 일반손해보험증권의 기재사항($_{666조}^{상}$) 이외에 (i) 선박보험에서는 선박의 명칭·국적과 종류 및 항해의 범위($_{1호}^{상695조}$), (ii) 적하보험에서는 선박의 명칭·국적과 종류, 선적항과 양륙항 및 출하지와 도착지를 정한 때에는 그 지명($_{2호}^{상695조}$), (iii) 보험가액을 정한 때에는 그 가액을 기재하여야 한다($_{3호}^{상695조}$).

2. 사정변경에 의한 보험관계의 변경·소멸

(1) 항해변경의 효과

선박이 계약체결시에 정하여진 발항항이 아닌 다른 항에서 출항한 때에는 보험자는 책임을 지지 아니하고($_{1항}^{상701조}$), 또한 선박이 계약체결시에 정하여진 도착항이 아닌 다른 항을 향하여 출항한 때에도 보험자는 책임을 지지 아니한다($_{2항}^{상701조}$). 그런데 보험자의 책임이 개시된 후에 도착항을 변경하였을 때에는 보험자는 변경 이후의 사고에 대하여만 책임을 지지 않는다($_{3항}^{상701조}$).

(2) 이로(離路)의 효과

선박이 정당한 사유 없이 보험계약 체결시 정하여진 항로에서 이탈하였을때에는 보험자는 그 때부터 책임을 지지 아니한다($_{2~1문}^{상701조의}$). 선박이 손해발생 전에 원항로로 복귀한 경우에도 보험자는 책임을 지지 아니한다($_{2~2문}^{상701조의}$).

(3) 발항 또는 항해의 지연의 효과

피보험자가 정당한 사유 없이 발항이나 항해를 지연시킨 때에는 실제 위험이 증가하였는지의 여부를 묻지 않고 위험이 현저하게 변경 또는 증가된 것으로 인정하여, 보험자는 발항 또는 항해를 지체한 이후의 사고에 관하여 책임을 지지 않는다($^{상}_{702조}$).

(4) 선박변경의 효과

적하보험의 경우에 보험계약자 또는 피보험자의 책임 있는 사유로 인하여 선박을 변경한 때에는, 보험자는 그 변경 이후의 사고에 대하여 책임을 지지 않는다($^{상}_{703조}$).

(5) 선박의 양도 등의 효과

선박보험의 경우에 보험자의 동의 없이 피보험자가 선박의 양도, 선급의 변경 또는 선박을 새로운 관리로 옮긴 때에는 보험계약은 종료한다($^{상}_{2}{}^{703조의}_{본문}$). 즉 선박의 양도(이는 소유권의 변경을 의미한다고 보는 판례로는 대판 2004. 11. 11, 2003 다 30879)에는 보험자의 동의가 있는 경우에만 보험계약이 이전되는 것이다($^{상}_{2}{}^{703조의}_{단서}$). 이 점은 손해보험법 통칙에서의 보험목적의 양도의 경우($^{상}_{1항}{}^{679조}$)와 구별된다.

제 5 해상보험자의 손해보상의무

1. 보험자가 부담하는 손해

해상보험자는 원칙적으로 보험사고와 상당인과관계에 있는 피보험이익에 관한 직접손해에 대하여만 보상할 책임을 부담하나, 예외적으로 상법은 다음과 같은 간접손해에 대하여도 보상할 책임을 부담시키고 있다.

(1) 공동해손으로 인한 손해의 보상

공동해손처분($^{상}_{865조}$)으로 인하여 피보험자가 공동해손분담의무를 부담하는 것은 목적물에 대하여 직접 입은 손해가 아니고 일종의 간접손해이므로 이러한 손해를 담보하기 위한 해상보험은 불가능하고, 다만 이러한 손해를 담보하기 위한 보험은 책임보험에 속한다. 따라서 선박 또는 적하 등에 대하여 보험에 가입한 경우에는 선박 또는 적하 그 자체의 손해에 관한 보험 이외에, 이러한 공동해손분담의무로 인한 손해에 관한 보험도 포함시킬 것인가가 문제된다. 따라서 상법은 이것을 선박 또는 적하 그 자체에 관한 피보험이익의 손해와 동일하게 취급하여, 이것에 관하여도 보험자의 보상책임을 인정하고 있다($^{상}_{본문}{}^{694조}$). 그런데 공동해손의 분담은 선박 또는 적하의 잔존가액(도착 또는 양륙한 때와 곳의 가액)을 한도로 하므로

($\frac{상\ 867조}{868조}$), 이 경우 공동해손분담가액이 보험가액을 초과할 때에는 그 초과액에 대한 분담액은 보상하지 아니한다($\frac{상\ 694조}{단서}$).

(2) 해난구조료의 보상

보험자는 피보험자가 보험사고로 인하여 발생하는 손해를 방지하기 위하여 지급할 구조료($\frac{상\ 882조~}{887조}$)를 보상할 책임이 있다($\frac{상\ 694조의}{2\ 본문}$). 그러나 보험의 목적물의 구조료분담가액이 보험가액을 초과할 때에는 그 초과액에 대한 분담액은 보상하지 않는다($\frac{상\ 694조의}{2\ 단서}$). 이러한 해난구조료는 손해방지비용($\frac{상\ 680조}{1항\ 단서}$)과는 다르나, 그 해난이 보험사고인 해상위험으로 인한 것인 때에는 공동해손분담액과 같은 성질의 것이므로 보험자가 이를 지급하도록 한 것이다.

(3) 특별비용의 보상

보험자는 보험의 목적의 안전이나 보존을 위하여 지급할 특별비용(예컨대, 선박보험의 경우 파손된 선박의 회항 또는 예인에 드는 비용 등)을 보험금액의 한도 내에서 보상할 책임이 있다($\frac{상\ 694조}{의\ 3}$). 이것은 손해방지비용($\frac{상\ 680조}{1항\ 단서}$)에 대한 특칙이라고 볼 수 있다.

2. 보상책임의 범위

(1) 법정보상책임의 범위

1) 전손(全損)의 경우　　선박·적하 등에 관한 피보험이익이 전부 멸실한 경우(즉, 「전손」의 경우)로서 전부보험의 경우에는 보험가액의 전액이 보험금액이며 손해액이므로 그것이 곧 보상액이다. 보험자의 보상액에는 이 외에도 손해산정비용($\frac{상\ 676조}{2항}$)·손해방지비용($\frac{상\ 680조}{1항\ 단서}$) 등이 포함된다. 또한 선박의 존부가 2월간 분명하지 아니한 때에는 그 선박의 행방이 불명한 것으로 하고, 이 경우에는 전손으로 추정하고 있다(추정전손주의)($\frac{상}{711조}$). 적하의 경우에도 선박과 함께 행방불명인 경우에는 전손으로 본다($\frac{동지:\ 대판\ 1991.\ 5.}{14,\ 90\ 다카\ 25314}$).

2) 분손(分損)의 경우　　(i) 선박의 일부가 훼손되어 훼손된 부분의 전부를 수선하였을 때에는 보험자는 수선에 따른 비용을 1회의 사고에 대하여 보험금액을 한도로 보상할 책임이 있고($\frac{상\ 707조의}{2\ 1항}$), 선박의 일부가 훼손되어 훼손된 부분의 일부를 수선하였을 때에는 보험자는 수선에 따른 비용과 수선하지 아니함으로 인하여 감가된 액을 보상할 책임이 있으며($\frac{상\ 707조의}{2\ 2항}$), 선박의 일부가 훼손되었으나 수선하지 아니한 경우에는 보험자는 그로 인하여 감가된 액을 보상할 책임이 있다($\frac{상\ 707조의}{2\ 3항}$). (ii) 적하가 훼손되어 양륙항에 도착한 때에는 보험자는 적하가 도착항에서 가지는

훼손된 상태의 가액과 훼손되지 않은 상태의 가액과의 비율로써 보험가액의 일부에 대한 손해를 보상할 책임이 있다($\frac{상}{708조}$)(예컨대, 적하가 도착항에서 훼손된 상태의 가격이 400만원이고 훼손되지 않은 상태의 가격이 1,000만원이면 감가율은 60%이고, 보험자는 전부보험이면 600만원을 보상하고 보험금액이 400만원인 일부보험이면 240만원을 보상한다).

3) 적하매각으로 인한 손해의 보상   항해의 도중에 불가항력에 의하여 보험의 목적인 적하를 매각한 때에는, 그 매각에 의하여 얻은 대가 중에서 운임 기타의 비용을 공제한 것과 보험가액의 차액을 보상하여야 한다($\frac{상}{1항}$709조)(예컨대, 보험가액이 1,000만원인 적하를 600만원에 매각하고 운임 기타 필요비용이 100만원인 경우, 보험자는 전부보험이면 1,000만원 − 〈600만원 − 100만원〉 = 500만원을 보상한다). 이 경우 매수인이 대금을 지급하지 아니한 때에는 보험자가 그 금액을 지급하여야 하고, 보험자가 그 금액을 지급한 때에는 피보험자의 매수인에 대한 권리를 취득한다(대위권의 인정)($\frac{상}{2항}$709조).

(2) 약정보상책임의 범위

해상사업에 관한 사고가 광범위하기 때문에 해상보험자의 입장에서는 보상책임의 범위를 명확히 한정하여 둘 필요가 있고, 또 보험계약자로서도 보험료를 절약하기 위하여 이것을 한정할 필요가 있기 때문에, 우리나라의 해상보험실무에서는 영국의 관행에 따라 보험약관에 보험자의 보상책임의 범위를 명확히 한정하는 것이 일반적이다. 즉 전손만의 담보약관(영국의 TLO〈total loss only〉약관 등)·분손담보약관(영국의 AR〈all risks〉·WA〈with average〉약관 등) 등이 이에 해당한다(이에 관한 상세는 정찬형, 「상법강의(하)(제24판)」, 747~748면 참조).

3. 보험자의 면책사유

(1) 법정면책사유

해상보험자는 보험법 통칙($\frac{상 659조}{660조}$) 및 손해보험법 통칙($\frac{상}{678조}$)의 규정에 의하여 면책됨은 물론, 다음과 같은 해상보험자에 특유한 면책사유에 의하여도 면책된다. 즉 해상보험자는 (i) 선박보험 또는 운임보험에서 감항능력주의의무해태로 인한 손해($\frac{상}{1호}$706조), (ii) 적하보험에서 용선자·송하인 또는 수하인의 고의 또는 중대한 과실로 인하여 생긴 손해($\frac{상}{2호}$706조) 및 (iii) 도선료·입항료·등대료·검역료 기타 선박 또는 적하에 관한 항해중의 통상비용($\frac{상}{3호}$706조)에 대하여 면책된다(이에 관한 상세는 정찬형, 「상법강의(하)(제24판)」, 748~750면 참조).

[감항능력주의의무해태로 인하여 해상보험자의 면책을 인정한 판례]

"어선보통공제약관에서 '공제의 목적인 어선이 발항 당시 통상의 해상위험을 사실상 감내할 수 있을 정도로 적합한 상태에 있을 것을 조건으로 공제계약의 청약을 승낙하여 보상책임을 부담합니다'의 의미는 감항능력(물적 및 인적 감항능력)을 갖추고 있는 상태를 뜻한다고 보는 것이 위 약관의 문언과 상법 제706조 1 항의 규정에 비추어 정당하다. 이 때에 보험사고가 그 조건의 결여 이후에 발생한 경우에는 보험자는 조건결여의 사실, 즉 발항 당시의 불감항사실만을 입증하면 그 조건결여와 손해발생(보험사고) 사이의 인과관계를 입증할 필요 없이 보험금 지급책임을 부담하지 않게 된다($\frac{대판}{93}\frac{1995.9.29,}{다 53078}$)."

(2) 약정면책사유

해상보험자는 위와 같은 법정면책사유 이외에도 약관의 규정에 의하여 면책되는 경우가 많다. 해상보험에 있어서 이러한 약정면책약관에는 불이익변경금지규정이 적용되지 않는다($\frac{상}{단서}$663조).

제6 보험위부

1. 의 의

보험위부(保險委付)란 「해상보험에서 전손(全損)이 아니라도 전손과 동일하게 보아야 할 경우 또는 전손이 있다고 추정되기는 하지만 그 증명이 곤란한 경우 등에 이것을 법률상 전손과 동일시하여 피보험자가 그 보험의 목적에 대한 모든 권리를 보험자에게 위부(委付)하고 보험자에 대하여 보험금의 전액을 청구할 수 있는 제도」를 말한다. 이러한 보험위부의 제도는 피보험이익의 전부 또는 일부의 멸실을 증명하지 않으면 손해의 보상을 받을 수 없다는 손해보험의 일반원칙에 대한 예외로서, 해상위험의 특수한 성질에서 인정된 것이다.

이러한 보험위부는 불요식의 법률행위이고, 보험자의 승낙을 요하지 않는 단독행위이며, 피보험자의 일방적 의사표시에 의하여 법적 효과가 발생하는 일종의 형성권이다(통설).

2. 보험위부의 원인

보험위부의 원인은 (i) 선박·적하가 회수불능인 때($\frac{상}{1호}$710조), (ii) 선박의 수선비용(이는 훼손된 선박을 원상으로 회복하는 데 소요되는 비용을 말하는데, 이에 필요한 제반비용을 포함한다— 대판 2001. 2. 23, 98 다 59309)이 과다할 때($\frac{\text{상}}{\text{2 호}}^{710조}$) (동지: 대판 2002. 6. 28, 2000 다 21062) 및 (iii) 적하의 수선비용이 과다할 때($\frac{\text{상}}{\text{3 호}}^{710조}$)이다(이에 관한 상세는 정찬형, 「상법강의(하)(제24판)」, 751~752면 참조).

3. 보험위부의 요건

보험위부의 실행에는 다음과 같은 요건이 필요하다.

(1) 피보험자가 위부를 하고자 할 때에는 위부를 할 수 있는 원인이 생긴 때로부터 상당한 기간 내에 보험자에게 통지를 발송하여야 한다($\frac{\text{상}}{\text{713조}}$). 위부의 원인은 이러한 통지시에 존재하면 충분하다고 본다.

(2) 위부는 무조건이어야 한다($\frac{\text{상}}{\text{1 항}}^{714조}$). 위부에 조건이나 기한을 붙이는 것을 허용하면 당사자간의 법률관계를 신속·간명하게 종료시키고자 하는 위부제도의 취지에 어긋나기 때문이다.

(3) 위부는 원칙적으로 보험의 목적의 전부에 대하여 하여야 한다($\frac{\text{상}}{\text{2 항 본문}}^{714조}$). 그러나 예외적으로 위부의 원인이 그 일부에 대하여 생긴 때에는 그 부분에 대하여서만 이를 할 수도 있고($\frac{\text{상}}{\text{2 항 단서}}^{714조}$), 보험가액의 일부를 보험에 붙인 일부보험의 경우에는 보험금액의 보험가액에 대한 비율에 따라서만 위부를 할 수 있다($\frac{\text{상}}{\text{3 항}}^{714조}$).

(4) 피보험자는 보험자에 대하여 그 보험의 목적에 관한 다른 보험계약과 그 부담에 속하는 채무의 유무와 그 종류 및 내용을 통지하여야 한다($\frac{\text{상}}{\text{1 항}}^{715조}$). 보험자는 이 통지를 받을 때까지 보험금액의 지급을 거절할 수 있고($\frac{\text{상}}{\text{2 항}}^{715조}$), 또 보험금액의 지급기간의 약정이 있는 때에는 그 기간은 보험자가 위의 통지를 받은 때로부터 기산한다($\frac{\text{상}}{\text{3 항}}^{715조}$).

4. 보험위부의 승인·불승인

보험자가 위부를 승인한 때에는 위부원인을 증명할 필요가 없으며, 또 보험자는 후일 그 위부에 대하여 다시 이의를 하지 못한다($\frac{\text{상}}{\text{716조}}$). 즉, 보험자의 승인 또는 불승인은 위부의 효력 자체에 관한 것이 아니고, 위부원인의 증명에 관한 것이다. 따라서 보험자가 위부를 승인하지 아니한 때에는 피보험자는 위부원인을 증명하여야 하고, 이를 증명하지 아니하면 보험금액의 지급을 청구하지 못한다($\frac{\text{상}}{\text{717조}}$).

5. 보험위부의 효과

(1) 보험자의 권리·의무

보험자는 위부로 인하여 피보험자가 보험의 목적에 대하여 갖고 있는 모든 권리를 취득한다($^{\text{상}}_{1항}$718조). 이 때 위부원인인 손해가 제 3 자의 행위에 의하여 생긴 경우에 피보험자가 제 3 자에 대하여 취득하는 권리(예컨대, 선박의 충돌로 인한 손해배상청구권 또는 공동해손분담청구권)도 여기의 모든 권리 중에 포함된다고 본다(적극설 또는 포함설)(이에 관한 상세는 정찬형, 「상법강의(하)(제24판)」, 756면 참조). 보험자의 이러한 권리취득은 피보험자의 위부의 의사표시가 보험자에게 도달한 때에 그 효력이 생긴다(형성권). 이는 보험자의 보험금의 지급여부와는 무관하다. 따라서 이러한 점에서 보험위부는 보험자대위($^{\text{상}}_{682조}$681조)와 구별된다.

보험자는 보험의 목적에 부수하는 의무를 부담한다(예컨대, 침몰된 선박을 위부하였을 때에는 보험자는 그 선박을 제거하여야 할 의무를 부담한다)($^{\text{선박의 입항 및 출항 등에}}_{\text{관한 법률 40조 참조}}$).

(2) 피보험자의 권리·의무

피보험자는 원칙적으로 보험금액의 전액을 청구할 수 있다($^{\text{상}}_{710조}$). 그러나 예외적으로 위부의 원인이 보험의 목적의 일부에 대하여 생긴 때에는 그 부분에 대한 보험금액만을 청구할 수 있다($^{\text{상}}_{2항 단서}$714조). 또한 일부보험의 경우에는 보험금액의 보험가액에 대한 비율에 따라서만 청구할 수 있다($^{\text{상}}_{3항}$714조).

피보험자는 보험금액의 수령여부를 묻지 않고 보험의 목적물에 관한 모든 서류를 보험자에게 교부하여야 하고($^{\text{상}}_{2항}$718조), 보험위부의 효과가 발생한 경우에도 손해방지의무($^{\text{상}}_{680조}$) 등을 여전히 부담한다.

제 7 예정보험

1. 의 의

예정보험계약이란 「보험계약의 체결시에 그 계약내용의 전부 또는 일부가 미확정인 보험계약」을 말한다. 우리 상법은 이러한 예정보험 중에서 선박미확정의 적하예정보험($^{\text{상}}_{704조}$)에 대하여만 규정하고 있다.

이러한 예정보험은 보험계약의 예약이 아니라, 독립된 보험계약이다.

예정보험에는 개별적 예정보험과 포괄적(계속적) 예정보험(일정기간에 적재된 화물에 대하여 일정한 조건 밑에 포괄적·계속적으로 체결하는 보험계약인데, 수출보험이 이에 해당한다)(포괄적 예정보험에 관하여는 대판 2000. 11. 14, 99 다 52336; 동 2002. 11. 8, 2000 다 19281 등 참조)이 있다.

2. 선박 미확정의 적하예정보험

선박 미확정의 적하예정보험이란 「적하보험계약에서 보험계약의 체결 당시에 하물을 적재할 선박이 미확정인 예정보험」을 말한다($\frac{상}{1항}\frac{704조}{전단}$). 이는 예정보험 중 개별적 예정보험에 속한다.

선박 미확정의 적하예정보험에서 보험계약자 또는 피보험자는 그 하물이 선적되었음을 안 때에는 지체 없이 보험자에게 선박의 명칭·국적과 하물의 종류·수량과 가액의 통지를 발송하여야 한다(선박확정의 통지의무)($\frac{상}{1항}\frac{704조}{후단}$). 만일 보험계약자 또는 피보험자가 이 통지를 게을리한 때에는 보험자는 그 사실을 안 날로부터 1월 내에 한하여 계약을 해지할 수 있다($\frac{상}{2항}\frac{704조}{}$).

[선박 미확정의 적하예정보험에 관한 판례]

"선박 미확정의 적하해상보험계약에 있어서 철선(鐵船)을 기준으로 한 보험요율에 의하여 보험료를 지급한 경우에 그 화물을 목선(木船)에 적재할 때에는, 선적 전에 보험자에게 통지하고 목선에 해당하는 추가보험료를 지급하여야만 그 보험계약이 유효하게 존속되는 것이다($\frac{대판 1966. 1.}{25, 64 다 53}$)."

제4관 책임보험계약

제1 총 설

1. 책임보험계약의 의의

책임보험계약이란 「피보험자가 보험기간중의 사고로 인하여 제3자에게 손해배상책임을 진 경우에 보험자가 이로 인한 손해를 보상할 것을 목적으로 하는 손해보험계약」이다($\frac{상}{719조}$). 이것은 피보험자가 보험사고로 인하여 직접 입은 재산상의 손해를 보상하는 것이 아니고, 제3자에게 손해배상책임을 짐으로써 입은 간접손해를 보상할 것을 목적으로 하는 점에서 일반손해보험과 다르다.

2. 책임보험계약의 성질

(1) 손해보험성

책임보험은 보험자가 피보험자의 제3자에 대한 배상책임으로 인한 손해를 보상하는 보험이므로, 손해보험에 속한다. 우리 상법이 책임보험을 손해보험의 한 절로 규정한 것은 바로 책임보험의 손해보험성을 반영한 것이라고 볼 수 있다.

(2) 재산보험성

책임보험은 특정한 물건에 대한 손해가 아니고 피보험자의 일반재산에 대하여 생기는 손해를 보상하는 보험이므로, 손해보험(물건보험과 협의의 재산보험) 중에서 (협의의) 재산보험이다.

(3) 소극보험성

책임보험은 손해보험(적극보험과 소극보험) 중에서 피보험자의 특정한 재산에 대하여 적극적(직접적)으로 발생하는 손해를 보상하는 보험이 아니고 피보험자가 제3자에 대한 배상책임을 이행함으로써 발생하는 소극적(간접적) 손해를 보상하는 보험이므로, 소극보험이다.

3. 책임보험의 발전과 기능

책임보험은 역사적으로 보면 자본주의경제의 발전과 더불어 산업재해가늘어남으로써 사용자의 책임이 무거워짐에 따라 발전한 보험으로서, 다른 보험에 비하여 비교적 늦게 발전한 보험이다. 그러나 책임보험은 불법행위법의 변천과 밀접한 연관을 갖는 것으로서, 최근 경이적으로 발전하고 있는 과학기술과 함께 발전하여 빠른 시일 안에 가장 중요한 보험분야의 하나가 되어 현대보험의 총아가 되고 있다.

이러한 책임보험은 피보험자에게는 제3자에 대한 배상책임을 보험자에게 이전시킴으로써 피보험자가 안정된 경제(기업)생활을 할 수 있게 하는 기능을 함과 동시에(피보험자의 보호기능), 피해자인 제3자에게는 손해배상액의 확보를 통하여 생활의 안정을 도모할 수 있게 하는 사회적 기능을 발휘하고 있다(피해자의 보호기능).

4. 책임보험의 종류

(1) 피보험자의 배상책임의 객체에 따라 대인배상책임보험과 대물배상책임보험이 있다.

(2) 피보험자에 따라 사업(영업)책임보험·직업인(전문인)책임보험 및 개인책임

보험이 있다.

(3) 보험가입의 강제성 여부에 따라 임의책임보험과 강제책임보험이 있다(책임보험의 종류에 관한 상세는 정찬형, 「상법강의(하)(제24판)」, 761면 참조).

제 2　책임보험계약의 요소

1. 보험의 목적

책임보험은 일반손해보험과는 달리 피보험자의 배상책임으로 인한 재산상의 손해를 보상할 것을 목적으로 하는 보험인 점에서, 보험의 목적은 피보험자의 특정 재산(적극재산)이 아니고 「피보험자가 제 3 자에 대하여 지는 배상책임(소극재산)」이고(책임설), 그 배상책임의 담보가 되는 것은 바로 피보험자의 모든 재산이다.

2. 피보험이익과 보험가액

(1) 피보험이익

책임보험에 있어서의 피보험이익은 「피보험자가 제 3 자에 대하여 재산적 급여를 하는 책임을 지는 사고가 발생하지 않음으로 인하여 갖는 경제적 이해관계」라고 할 수 있다. 따라서 책임보험에서도 피보험이익의 개념은 존재한다고 볼 수 있다.

(2) 보험가액

책임보험에서는 물건보험에 있어서와 같이 피보험이익을 미리 평가할 수 없으므로 보험가액은 원칙적으로 존재하지 않는다. 따라서 초과보험($\frac{상}{669조}$)·중복보험($\frac{상}{672조}$)·일부보험($\frac{상}{674조}$)의 관념은 없다. 다만 예외적으로 물건보관자의 책임보험($\frac{상}{725조}$)의 경우와 같이 보험자의 책임이 일정한 목적물에 생긴 손해로 제한되어 있어 보험가액을 측정할 수 있는 경우에는 초과보험·중복보험·일부보험이 인정될 수 있고, 수 개의 책임보험이 동시 또는 순차로 체결되어 보험금액의 총액이 피보험자의 제 3 자에 대한 손해배상액을 초과하는 경우에는 중복보험의 규정이 준용된다 $\left(\frac{상\ 725조}{의\ 2}\right)\left(\frac{동지:\ 대판\ 2005.\ 4.}{29,\ 2004\ 다\ 57687}\right)$.

3. 보험사고

책임보험에서 언제 보험사고가 발생하였다고 볼 것이냐에 대하여는 이론상 여러 설이 있는데, 이를 발생순서에 따라서 보면 다음과 같다. 즉, (i) 피보험자가 제

3 자에 대하여 책임을 질 사고의 발생 자체를 보험사고라고 보는 「사고발생설」, (ii) 피보험자가 제 3 자로부터 그 책임에 관하여 손해배상청구를 받은 것을 보험사고라고 보는 「배상청구설」($상\,722조\,참조$), (iii) 피보험자가 법률상의 배상책임을 지게 된 것을 보험사고라고 보는 「책임부담설」($상\,719조\,참조$), (iv) 피보험자가 제 3 자에 대하여 부담할 채무가 확정된 것을 보험사고로 보는 「채무확정설」($상\,723조\,1항\,참조$), (v) 피보험자가 제 3 자에 대한 손해배상의무를 이행한 것을 보험사고로 보는 「배상의무이행설」($상\,724조\,1항\,참조$) 등이 있다.

생각건대 책임보험에 있어서도 제 3 자가 피보험자에게 손해배상청구를 할 수 있는 사고(예컨대, 자동차보험에서 자동차사고)가 보험기간중 발생한 것을 보험사고로 보아야 할 것이다. 따라서 사고발생설이 가장 타당하다고 본다. 이렇게 보는 것이 피해자인 제 3 자에게 보험금의 직접청구권을 인정하는 점($상\,724조\,2항\,725조$)과 상법 제719 조의 보험기간중의 「사고」의 의미에도 합치한다고 생각한다(이에 관한 상세는 정찬형, 「상법강의(하)(제24판)」, 763~764면 참조).

4. 손해배상책임

(1) 손해배상책임의 발생원인

피보험자의 손해배상책임은 계약상 책임이든 법률상 책임이든 불문하고, 채무불이행에 기한 책임이든 불법행위에 기한 책임이든 불문한다. 또한 피보험자의 손해배상책임은 원칙적으로 민사책임에 한하는 것이나, 예외적으로 예컨대 자동차운전자의 운행과실로 인한 벌과금 등과 같은 형사책임으로 인한 손해를 포함시키는 경우도 있다($운전자보험\,보통약관\,1조\,2항\,2호\,참조$).

(2) 손해배상책임의 범위

책임보험에서 보험자가 지는 책임은 피보험자의 제 3 자에 대한 모든 배상책임을 담보하는 것이 아니고, 피보험자의 고의로 인한 손해에 대하여는 보험자는 원칙적으로 책임을 지지 않는다($상\,659조\,1항,\,자동차보험\,표준약관\,14조\,1.\,(1)\,본문\,등\,참조$). 그러나 책임보험에서 보험자는 피보험자가 고의인 경우에도 예외적으로 (피해자에게) 보상책임을 부담하는 경우가 있다($자동차보험\,표준약관\,14조\,1.\,(1)\,단서\,참조$).

(3) 제 3 자의 범위

책임보험에서는 그 성질상 피해자인 제 3 자가 존재한다. 이 때 「제 3 자」라 함은 피보험자 이외에 피해자를 말하는데, 피보험자의 동거가족은 제 3 자에 포함되지 않는다고 본다.

제3 책임보험계약의 효과

1. 보험자와 피보험자와의 관계

(1) 보험자의 손해보상의무

책임보험자는 피보험자가 보험기간중의 사고로 인하여 제3자에게 배상책임을 진 경우에 이를 보상할 책임을 진다($\frac{상}{719조}$). 이를 좀더 상세히 보면 다음과 같다.

1) 손해보상의 요건　　책임보험자가 손해보상책임을 지기 위하여는 (i) 보험 기간중에 손해사고(보험사고)가 발생하여(예컨대, 자동차보험의 경우 자동차사고의 발생 등) 제3자가 이로 인하여 인적·물적 손해를 입어야 하고($\frac{상\ 719조}{전단}$), (ii) 피보험자(가해 자)는 제3자(피해자)에 대하여 법률상 손해배상책임을 부담해야 하며($\frac{동지: 대판\ 1991.\ 9.}{24,\ 91\ 다\ 19906;\ 동}$ 2018. 12. 13, 2015 다 246186〈피보험자가 제3자에게 손해배상금을 지급하였거나 상법 또는 보험약관이 정하는 방법으로 피보험자의 제3자에 대한 채무가 확정되어야 한다〉), (iii) 보험자에게 면책사 유가 없어야 한다(이 때 면책사유에는 법정면책사유($\frac{상\ 659조\ 1\ 항,}{660조,\ 678조}$)이든 약정면책사유이든 불 문하나, 법정면책사유 중 피보험자 등의 귀책사유에 의한 경우($\frac{상\ 659조}{1항}$)는 앞에서 본 바와 같이 피보험자 등의 고의에 의한 경우만 해당한다). 동일한 사고로 피해자에 대하여 배상책임을 지는 피보험자가 복수로 존재하는 경우에는, 각 피보험자별로 손해배상책임 발생요 건이나 보험자 면책조항 적용 여부를 가려야 한다($\frac{대판\ 2012.\ 12.\ 13,}{2012\ 다\ 1177}$).

2) 손해보상의 범위　　책임보험자의 보상책임의 범위는 보통 당사자간에 약 정한 보험금액의 범위 내에서, 피보험자가 피해자(제3자)에게 지급한 손해배상액을 한도로 한다($\frac{동지: 대판\ 1988.\ 6.\ 14,\ 87\ 다카\ 2276;}{동\ 2002.\ 10.\ 8,\ 2002\ 다\ 39487·39494}$). 이 때 물건보험의 경우는 그 물건이나 매 사고에 따라 일정한 보험금액이 정하여지므로, 언제나 유한책임보험이다. 그러나 인보험의 경우는 피해자 1인이나 매 사고마다 일정한 보험금액이 정하여지는 유한 책임보험과, 그 사고와 상당인과관계 있는 피보험자의 모든 손해배상액을 보험자가 보상하는 무한책임보험이 있다.

위의 약정보상책임의 범위와는 별도로 상법은 일정한 경우에 보험자의 보상책 임을 규정하고 있다. 즉 (i) 피보험자가 제3자에 대하여 변제·승인·화해 또는 재 판으로 인하여 「확정된 채무」($\frac{상\ 723조}{1항·3항}$) ($\frac{동지: 대판\ 2000.\ 10.}{13,\ 2000\ 다\ 2542}$) 외에, 피보험자가 제3자의 청구를 방어하기 위하여 지출한 재판상 또는 재판 외의 「필요비용(방어비용)」을 부 담하도록 하고 있다($\frac{상\ 720조}{1항\ 전단}$) ($\frac{동지: 대판\ 2002.\ 6.}{28,\ 2002\ 다\ 22106}$). 이 필요비용은 일반 손해보험계약에 있 어서의 손해방지비용($\frac{상\ 680조}{1항\ 단서}$)과는 구별되는 것으로서, 피보험자는 보험자에 대하여 그 비용의 선급을 청구할 수 있다($^{상\,720조}_{1항\,후단}$). (ii) 또 피보험자가 담보의 제공 또는 공
탁으로써 재판의 비용을 면할 수 있는 경우에는, 보험자에 대하여 보험금액의 한도
내에서 그 담보의 제공 또는 공탁을 청구할 수 있다($^{상\,720조}_{2항}$). 그리고 이러한 필요비
용의 지출이나 담보의 제공 또는 공탁행위가 보험자의 지시에 의한 것인 때에는,
그 금액에 손해액을 가산한 금액이 보험금을 초과하는 때에도 보험자가 이를 부담
하여야 한다($^{상\,720조}_{3항}$). (iii) 또 사업(영업)책임보험의 경우에는 「피보험자의 대리인 또
는 그 사업감독자의 제3자에 대한 책임으로 인한 손해」도 보상하여야 한다($^{상}_{721조}$).

　　3) 손해보상의 상대방　　　책임보험자의 손해보상의 상대방은 「피보험자」
($^{상\,724조}_{1항}$) 또는 「피해자」($^{상\,724조\,2항}_{본문,\,725조}$)이다. 피해자를 손해보상의 상대방으로 규정한 것
은 책임보험의 피해자보호기능을 반영한 것이다.

　　4) 손해보상의 시기　　　보험자는 특별한 기간의 약정이 없으면, 피보험자의
「채무확정통지를 받은 날로부터 10일 내」에 보험금액을 지급하여야 한다($^{상\,723조}_{2항}$). 그
러나 보험자는 피보험자가 책임을 질 사고로 인하여 생긴 손해를 제3자에게 배상을
하기 전에는 보험금액의 전부 또는 일부를 피보험자에게 지급하지 못한다($^{상\,724조}_{1항}$).

　　5) 수 개의 책임보험　　　피보험자가 동일한 사고로 제3자에게 배상책임을
짐으로써 입은 손해를 보상하는 수 개의 책임보험계약이 동시 또는 순차로 체결된
경우에, 그 보험금액의 총액이 피보험자의 제3자에 대한 손해배상액을 초과하는
때에는 중복보험에 관한 규정이 준용된다($^{동지:\,대판\,2009.\,12.}_{24,\,2009\,다\,42819}$). 상법이 이와 같은 규정을
두게 된 것은 책임보험에서는 보험가액을 정할 수 없으므로 중복보험에 관한 규정
이 직접 적용되지 않는데, 이 경우에 책임보험이 악용될 우려가 있으므로 중복보험
에 관한 규정을 이에 준용하여 그 폐단을 방지하기 위해서이다.

　　(2) 피보험자의 의무

　　1) 보험자에 대한 통지의무　　　피보험자는 제3자에게 배상책임을 질 사고(손
해사고)가 발생한 것을 안 때에는 지체 없이 이에 관하여 보험자에게 통지를 발송하
여야 한다($^{상\,657조}_{1항}$). 그런데 피보험자는 이외에 책임보험의 특성에서 다음과 같은 배
상청구통지의무와 채무확정통지의무를 추가로 부담한다. 즉, 피보험자가 제3자로
부터 배상의 청구를 받은 때($^{상\,722조}_{1항}$)와 제3자에 대한 변제·승인·화해 또는 재판으
로 인하여 채무가 확정된 때에는 지체 없이 보험자에게 이에 관하여 통지를 발송하
여야 한다($^{상\,723조}_{1항}$).

　　피보험자가 배상청구통지의무를 게을리하여 손해가 증가된 경우 보험자는 그

증가된 손해를 보상할 책임이 없는데($\frac{동지: 대판 1994. 8.}{12, 94 다 2145}$), 다만 피보험자가 보험사고발생 통지($\frac{상\ 657조}{1항}$)를 발송한 경우에는 그러하지 아니하다($\frac{상\ 722조}{2항}$). 즉, 피보험자가 보험사고발생통지의무($\frac{상\ 657조}{1항}$)도 게을리하고 또한 배상청구통지의무($\frac{상\ 722조}{1항}$)도 게을리하여야 보험자는 그 증가된 손해를 보상할 책임이 없고, 두 개의 통지의무 중 하나만 이행하면 보험자는 그 증가된 손해를 보상할 책임이 있다. 이는 보험자가 개입하여 피보험자의 손해배상액을 줄일 수 있는 사유 등 특별한 사정이 있는 때에는(예컨대, 자동차보험 등에서), 보험자는 이로 인하여 증가된 손해를 부담하지 않도록 한 것이라고 볼 수 있다.

그런데 피보험자의 채무확정통지의무는 보험자의 보험금지급시기를 정하는 기준이 될 뿐이므로($\frac{상\ 723조}{2항}$), 이를 게을리한 경우에도 보험자의 손해보상의무에는 변함이 없다.

2) 보험자와의 협의의무　　피보험자가 손해사고로 인하여 제3자에게 손해를 배상하는 것은 결국 보험자의 부담으로 하는 것이므로, 피보험자는 제3자에 대한 변제·승인·화해 등으로 채무를 확정함에 있어서는 보험자와 사전에 협의하여야 한다고 본다(통설). 따라서 피보험자가 제3자의 청구에 대하여 일방적으로 변제 또는 승인함으로써 현저히 부당하게 보험자의 책임을 가중시킨 때에는(즉 피보험자가 고의 또는 중대한 과실로 협조의무를 이행하지 아니한 때에는) 보험자는 그에 대한 보상을 거절할 수 있다고 본다. 이에 관하여는 보통 약관에서 규정되고 있다. 상법은 이에 대하여 직접적으로 규정하고 있지는 않으나, 간접적으로 규정하고 있다. 즉, 피보험자가 보험자의 동의 없이 제3자에 대하여 변제·승인 또는 화해를 한 경우에는 보험자가 그 책임을 면하게 되는 합의가 있는 때에도, 그 행위가 현저하게 부당한 것이 아니면 보험자는 그 보상책임을 면하지 못한다($\frac{상\ 723조}{3항}$). 따라서 피보험자가 보험자와의 협의 없이(즉, 보험자의 동의 없이) 제3자에 대하여 변제 등을 한 경우에, 그 행위가 현저하게 부당한 때에는 보험자는 보상책임을 면하게 된다. 이러한 점에서 볼 때 피보험자의 이러한 협의의무는 고지의무($\frac{상}{651조}$) 등과 같이 간접의무라고 볼 수 있다.

[피보험자와 피해자가 합의로 손해배상액을 정한
경우 보험회사의 보상액에 관한 판례]

"확정판결에 의하지 아니하고 피보험자와 피해자 사이에 서면에 의한 합의로 손해배상액을 결정한 경우에는 보험회사는 위 보험약관에서 정한 보험금지급기준에 의하여 산출된 금액의 한도 내에서 보험금을 지급할 의무가 있다 ($\frac{\text{대판 1994. 4. 12, 93 다 11807. 동지:}}{\text{대판 1992. 11. 24, 92 다 28631}}$). "

2. 보험자와 제 3 자와의 관계

(1) 피보험자(가해자)와 보험자간에는 보험계약관계에 따른 법률문제가 있고, 피보험자(가해자)와 제 3 자(피해자)간에는 배상책임관계에 따른 법률문제가 있으나, 보험자와 제 3 자(피해자)간에는 아무런 법률문제가 없다. 즉, 책임보험계약은 피보험자를 위한 계약이므로, 이러한 책임보험계약으로 인하여 피해자인 제 3 자는 보험자에 대하여는 직접 어떠한 권리의무도 갖지 않는다. 그러나 책임보험은 피보험자가 제 3 자에 대하여 재산적 급여를 함으로써 입은 손해를 보상하는 것으로서 피보험자를 보호하는 기능뿐만 아니라 제 3 자(피해자)를 보호하는 기능을 갖고 있으므로, 이러한 한도 내에서 보험자는 제 3 자와의 관계를 맺게 된다. 따라서 보험자는 피보험자가 그 책임을 질 사고로 인하여 생긴 손해에 대하여 제 3 자가 그 배상을 받기 전에는 보험금액의 전부 또는 일부를 피보험자에게 지급하지 못하도록 하고 ($\frac{\text{상 724조}}{\text{1 항}}$) ($\frac{\text{동지: 대판 2007. 1.}}{\text{12, 2006 다 43330}}$), 또한 제 3 자는 피보험자가 책임을 질 사고로 인하여 생긴 손해에 대하여 보험금액의 한도 내에서 보험자에게 직접 보상을 청구할 수 있도록 하고 있다($\frac{\text{상 724조}}{\text{2 항 본문}}$). 이는 피해자를 보호하기 위한 법의 배려이다. 이 때 보험자는 상법 제724조 2 항에 의하여 제 3 자에게 직접 보험금(교통사고 피해자가 소송을 통하여 보험회사에 직접 손해배상을 청구하는 경우, 법원이 자동차 보험진료수가에 따라 진료비 손해액을 산정하지 않았더라도 제반사정을 참작하여 합리적인 범위로 치료비 손해액을 산정하였다면 상당인과관계 있는 손해라고 볼 수 있음—대판 2017. 8. 29, 2016 다 265511)을 지급함으로써 보험금의 2 중지급을 회피하는 방법을 선택할 수 있다($\frac{\text{동지: 대판 1995. 9. 26, 94 다 28093; 동 1995. 9.}}{\text{15, 94 다 17888; 동 1995. 9. 29, 95 다 24807}}$). 왜냐하면 상법 제724조 2 항에 의한 제 3 자의 보험자에 대한 직접청구권(보험금청구권)이 피보험자의 보험자에 대한 보험금청구권에 우선하기 때문이다($\frac{\text{동지: 대판 1995. 9.}}{\text{26, 94 다 28093}}$).

(2) 상법은 제 3 자는 피보험자가 책임을 질 사고로 입은 손해에 대하여 보험금액의 한도에서 보험자에게 직접 보상을 청구할 수 있도록 하고 있는데(직접청구권의 인정)($\frac{\text{상 724조}}{\text{2 항 본문}}$), 이것은 보험자에 대하여 보험관계상 아무런 권리가 없는 피해자를 보호하기 위하여 법이 특별히 인정한 권리이다($\frac{\text{동지: 대판 2023. 4.}}{\text{27, 2017 다 239014}}$).

이러한 제 3 자의 보험자에 대한 직접청구권의 법적 성질에 대하여는 손해배상청구권설·보험금청구권설 및 절충설(의무책임보험에서는 손해배상청구권설을 취하고, 임의책임보험에서는 보험금청구권설을 취함)로 나뉘어 있는데, 우리나라의 대법원판례는 대체로 손해배상청구권설의 입장에서 「피해자(제 3 자)의 보험자에 대한 직접청구권의 법적 성질은 보험금청구권이 아니라 보험자가 피보험자의 피해자에 대한 손해배상채무를 병존적으로 인수한 것이므로 피해자가 보험자에 대하여 가지는 손해배상청구권이다」고 판시하고 있다(대판 1994. 5. 27, 94 다 6819; 동 1995. 7. 25, 94 다 52911; 동 1999. 2. 12, 98 다 44956; 동 2010. 10. 28, 2010 다 53754; 동 〈전〉 2017. 5. 18, 2012 다 86895·86901; 동 2017. 10. 26, 2015 다 42599; 동 2019. 1. 17, 2018 다 245702; 동 2019. 4. 11, 2018 다 300708; 동 2019. 5. 30, 2016 다 205243 외). 생각건대 피해자와 보험자와의 관계에는 보험관계가 없으므로 이를 보험금청구권으로는 볼 수 없으므로, 손해배상청구권설이 타당하다고 본다.

이와 같이 제 3 자는 보험자에 대하여 직접청구권을 가지므로 제 3 자는 피보험자에 대한 손해배상청구권과 보험자에 대한 직접청구권을 갖고, 이 양자 중 어느것을 행사하느냐는 제 3 자의 자유이다. 만일 제 3 자가 피보험자에 대한 손해배상청구권을 먼저 행사하면 보험자에 대한 직접청구권을 잃고(이 때 피보험자가 이를 이행하고 보험금청구권을 행사할 수 있다— 상724조), 제 3 자가 보험자에 대하여 직접청구권을 행사하고 보험자가 제 3 자의 직접청구에 응하여 보험금을 지급하면 피보험자(가해자)는 제 3 자(피해자)에 대하여 손해배상책임을 면하게 된다(동지: 대판 1975. 7. 22, 75 다 153). 이 때 보험자에 대한 제 3 자의 직접청구권과 피보험자의 보험금청구권이 경합하는 경우에는 제 3 자의 직접청구권이 우선한다는 점은 위에서 본 바와 같다.

제 3 자가 상법 제724조 2 항에 의하여 보험자에 대하여 직접청구권을 행사하는 경우에 보험자는 피보험자가 그 사고에 관하여 제 3 자에게 대항할 수 있는 항변을 원용할 수 있다(상724조 2항 단서). 또한 보험자가 보험계약자나 피보험자에게 대항할 수 있는 항변도 제 3 자에게 주장할 수 있다고 본다. 왜냐하면 보험자와 직접 관계가 없는 제 3 자의 개입으로 보험자가 불리하게 되어서는 안 되기 때문이다. 그러나 보험자와 피보험자 사이에 피보험자의 보험자에 대한 보험금청구권이 부존재한다는 판결이 선고되고 또 그 판결이 확정되었다고 하여도 그 판결의 당사자가 아닌 피해자(제 3 자)에 대하여까지 판결의 효력이 미치는 것은 아니므로 피해자가 그 사유만으로 당연히 직접청구권을 행사하지 못하는 것은 아니다(동지: 대판 1995. 2. 10, 94 다 4424).

보험자가 제 3 자로부터 이와 같이 보험금청구를 받은 때에는 지체 없이 피보험자에게 이를 통지하여야 하고(상724조 3항), 통지를 받은 피보험자는 보험자의 요구가 있을 때에는 필요한 서류·증거의 제출, 증언 또는 증인의 출석에 협조하여야 한다(상724조 4항).

(3) 이러한 제 3 자의 보험자에 대한 직접청구권의 소멸시효기간은 제 3 자의 직접청구권의 법적 성질을 무엇으로 보느냐에 따라 다르다. 이를 보험금청구권으로 보면 보험금청구권의 소멸시효기간과 같이 3년으로 보아야 할 것이나, 손해배상청구권으로 보면 그 손해배상청구권의 시효기간(불법행위의 경우는 민법 제766조가 적용

되어 이를 안 날로부터 3년 또는 그 행위가 있은 날로부터 10년)($\frac{대판\ 2005.\ 10.\ 7.}{2003\ 다\ 6774}$)과 같이 보아야 할 것 같다. 생각건대 제3자(피해자)의 입장에서 보면 손해배상청구권의 시효기간과 같이 보아야 할 것 같고, 보험자의 입장에서 보면 보험금청구권의 시효기간과 같이 보아야 할 것 같은데, 보험자는 그와 직접 관계가 없는 제3자(피해자)의 직접청구권의 인정으로 인하여 더 불리해질 수는 없으므로 제3자의 직접청구권의 법적 성질을 손해배상청구권으로 본다고 하더라도 이의 시효기간은 보험금청구권의 시효기간과 같이 3년으로 보아야 할 것으로 본다($\frac{상\ 662조의\ 1}{유추적용}$) ($\frac{동지:\ 대판\ 1997.\ 11.}{11,\ 97\ 다\ 36521}$).

그 청구권의 시효기간의 기산점도 피보험자의 그것과 동일하게 해석하여야 할 것이다. 즉, 보험금지급시기가 정하여져 있는 경우에는($\frac{상}{658조}$) 그 기간이 경과한 다음 날이고, 보험금지급시기가 정하여지지 않은 경우에는 책임보험의 특성상 피보험자(가해자)의 배상책임이 확정된 때($\frac{상\ 723조}{1항\ 참조}$)라고 보아야 할 것이다. 다만 제3자가 보험자를 상대로 직접청구권을 소로써 제기한 경우에는 동 청구권의 시효기간의 기산점은 그 소의 확정판결이 있는 때로 보아야 할 것이다($\frac{동지:\ 대판\ 1993.\ 4.\ 13,\ 93\ 다\ 3622;}{동\ 2002.\ 9.\ 6,\ 2002\ 다\ 30206}$).

제3자가 보험자에 대하여 직접청구권을 행사한 경우에 보험자가 제3자와 손해배상금 등에 대하여 합의를 시도하였다면, 보험자는 그 때마다 이를 승인한 것이 되어 제3자의 직접청구권의 시효는 중단되고, 또한 이의 효과는 보험계약자에게도 미친다($\frac{동지:\ 대판\ 1993.\ 6.}{22,\ 93\ 다\ 18945}$).

제4　사업책임보험

1. 의　의

사업(영업)책임보험이란 「피보험자가 경영하는 사업(영업)과 관련하여 발생하는 사고로 제3자에게 배상책임을 지는 것을 보험의 목적으로 하는 책임보험」을 말한다($\frac{상\ 721조}{전단}$)($\frac{동지:\ 대판\ 2017.\ 8.}{29,\ 2017\ 다\ 227103}$).

2. 보험목적의 확대

사업책임보험의 경우는 「피보험자의 대리인 또는 그 사업감독자의 제3자에 대한 책임도 보험의 목적에 포함된 것으로 한다」고 규정하고 있다($\frac{상\ 721조}{후단}$). 이로 인하여 사업책임보험의 경우 보험자의 책임범위는 확대되는데, 이는 기업경영의 안전을 도모하고 당사자간의 분쟁을 사전에 해결하기 위한 것이다. 이러한 점에서 사업책임보험은 실질적으로 타인(대리인·감독자)을 위한 보험($\frac{상}{639조}$)의 기능을 한다고 볼 수 있다.

제 5 보관자의 책임보험

1. 의 의

보관자의 책임보험이란 「임차인 기타 타인의 물건을 보관하는 자가 그 물건의 멸실 등으로 지급할 손해배상책임을 담보하기 위하여 그 물건에 대하여 보험에 가입한 책임보험」을 말한다(상725조전단). 이러한 보관자의 책임보험은 보관자가 그 물건의 소유자인 타인을 위하여 보험계약을 체결하는 것이 아니고, 보관자 자신을 위하여 보험계약을 체결하는 것이므로(즉, 그 물건의 소유자를 피보험자로 하는 것이 아니고 보관자 자신을 피보험자로 하여 보험계약을 체결하는 것이므로), 타인을 위한 보험계약(상639조)이 아니다.

2. 소유자의 보험금 직접청구권

상법은 보관자의 책임보험에서 「그 물건의 소유자는 보험자에 대하여 직접 그 손해의 보상을 청구할 수 있다」고 규정하고 있다(상725조후단). 이로 인하여 그 물건의 소유자는 보험자에 대하여 보험금의 직접청구권을 행사할 수 있는데, 이는 소유자를 보호하기 위하여 인정된 규정이다.

1991년 개정상법에서는 모든 책임보험에서 제 3 자에게 보험금의 직접청구권을 인정하고 있으므로(상724조2항 본문), 소유자의 보험금의 직접청구권에 관한 규정은 다만 주의규정에 불과하다고 본다.

제 6 재보험계약

1. 재보험계약의 의의

재보험계약이란 「어떤 보험자가 그가 인수한 보험계약상의 책임의 전부 또는 일부를 담보하기 위하여 다른 보험자에게 다시 보험에 가입하는 보험계약」을 말한다(상661조1문).

이러한 재보험계약은 위험을 양적·질적 및 장소적으로 재분산하는 기능을 한다(이에 관한 상세는 정찬형, 「상법강의(하)(제24판)」, 783~784면 참조).

2. 재보험계약의 법적 성질

재보험계약의 법적 성질에 관하여, 우리나라에서는 재보험계약이 위험의 분산이라는 보험의 기능을 갖는 점에서 보험계약으로 보는 점(보험계약설)에서는 이설(異說)이 없다. 그러나 재보험계약을 보험계약으로 보는 경우에도 어떠한 보험계약으로 볼 것인가의 문제가 있는데, 재보험계약은 원보험과는 법률상 별개의 독립한 보험계약으로서($\frac{상}{후단}$661조) 책임보험의 일종이라고 본다(통설). 따라서 재보험은 원보험이 손해보험이든 인보험이든 관계 없이 책임보험의 성질을 갖는데($\frac{보업}{단서}$ 10조 참조), 우리 상법은 이러한 점을 반영하여 「책임보험에 관한 규정을 재보험계약에 준용한다」($\frac{상}{726조}$)고 규정하고 있다.

3. 재보험계약의 종류

(1) 재보험계약은 그 계약체결의 방법에 따라 원보험자가 인수한 개개의 위험에 대하여 개별적으로 재보험에 가입하는 「개별적 (특별)재보험」과, 원보험자가 일정한 기간 안에 인수한 모든 위험에 대하여 포괄적으로 재보험에 가입하는 「포괄적 (일반)재보험」이 있다.

(2) 재보험계약은 재보험자가 인수하는 원보험의 위험의 범위에 따라 「전부재보험」과 「일부재보험」이 있고, 일부재보험에는 원보험자의 자기 보유분을 정하는 방법에 따라 다시 「비례적 재보험」과 「비비례적 재보험」이 있다(이에 관한 상세는 정찬형, 「상법강의(하)(제24판)」, 785~786면 참조).

4. 재보험계약의 체결

원보험자는 그 보험계약이 손해보험이든 인보험이든 관계 없이 보험사고로 인하여 부담할 책임에 대하여 다른 보험자와 원칙적으로 자유롭게 재보험계약을 체결할 수 있다($\frac{상}{전단}$661조).

5. 재보험계약의 법률관계

(1) 재보험자와 원보험자간의 법률관계

이에 관하여는 「책임보험에 관한 규정이 그 성질에 반하지 아니하는 범위에서 준용된다」($\frac{상}{726조}$). 따라서 재보험자는 책임보험의 보험자로서 권리·의무를 갖고, 원보험자는 책임보험의 보험계약자(겸 피보험자)로서 권리·의무를 갖는다.

이 때 재보험자의 손해보상의무의 발생시기는 원보험계약상의 보험사고가 발생하여 그 피보험자에게 보험금지급의무를 부담한 때라고 본다(원보험자책임부담설)(통설). 재보험자가 원보험자에게 보험금을 지급한 때에는 재보험금의 한도에서 원보험자가 가지는 제 3 자에 대한 권리를 대위하는데($\frac{상}{682조}$), 이 때 재보험자는 이 대위권을 자신의 이름으로 행사하지 않고 원보험자가 재보험자의 수탁자로서 이를 자신의 이름으로 행사하여 회수한 금액을 재보험자에게 교부하는 상관습이 있다. 이에 관하여는 보험자대위에서 이미 설명하였다.

재보험계약은 원보험계약과 법률상 완전히 독립한 계약이므로, 재보험계약은 원보험계약의 효력에 아무런 영향을 미치지 아니한다($\frac{상}{2문}$661조).

(2) 재보험자와 원보험계약의 피보험자(보험수익자) 또는 보험계약자와의 법률관계

재보험자와 원보험계약의 피보험자와는 직접적인 법률관계는 없으나, 원보험계약의 피보험자(보험수익자)는 원보험자가 보험금을 지급하지 않으면 재보험자에게 보험금을 직접 청구할 수 있다($\frac{상}{2항 본문}$726조, 724조).

그러나 재보험자와 원보험계약의 보험계약자는 직접적인 법률관계가 없으므로, 재보험자는 원보험계약의 보험계약자에게 재보험료의 지급청구를 할 수 없다.

제 5 관 자동차보험계약

1. 자동차보험계약의 의의

자동차보험계약이란 「피보험자가 자동차를 소유·사용·관리하는 동안에 발생한 사고로 인하여 피보험자에게 생긴 손해를 보험자가 보상할 것을 약정하는 보험계약」이다($\frac{상}{의 2}$726조). 이것은 자동차사고로 인한 피보험자 자신이 직접 입은 피해를 보상하는 자기차량손해·자기신체사고 및 무보험자동차에 의한 상해와, 자동차사고로 인한 타인의 피해를 보상하는 대인배상Ⅰ·대인배상Ⅱ 및 대물배상 등의 6 가지 보장종목과 특별약관으로 구성되어 있다(2014. 6. 30. 개정 개인용 자동차보험 표준약관〈이하 '약관'으로 약칭함〉 2 조 1 항).

2. 자동차보험계약의 종류

자동차보험 표준약관(2014. 6. 30. 개정)상 자동차보험계약은 (i) 개인용자동차보

험·(ii) 업무용자동차보험·(iii) 영업용자동차보험·(iv) 이륜자동차보험 및 (v) 농기계보험으로 나뉜다.

3. 자동차보험계약의 보장과 보상내용

자동차보험계약은 보상하는 담보에 따라 다음과 같이 분류된다.

(1) 자기차량손해

이는 피보험자동차(그 자동차의 부속품과 부속기계장치를 포함함)를 소유·사용·관리하는 동안에 피보험자동차에 직접적으로 생긴 손해를 보험증권에 기재된 보험가입금액을 한도로 보상한다($^{약관}_{21조}$). 이 때 훼손의 경우에는 자손(自損)과 타손(他損)이 있는데, 자손의 경우는 피보험자의 과실로 인한 경우에 한하고, 타손인 경우에는 피해자(피보험자)의 보험자가 보상하고 가해자 또는 가해자의 보험자에게 구상할 수 있다.

(2) 자기신체사고

이는 피보험자가 피보험자동차를 소유·사용·관리하는 동안에 생긴 피보험자동차의 사고로 인하여 사상(死傷)한 때 그로 인한 손해를 보상한다(약관 12조, 2015. 6. 1. 개정 삼성화재 개인용 애니카 자동차보험 보통약관〈이하 '삼성약관'이라 약칭함〉 12조)(기명피보험자의 처가 운전하던 중 그의 딸이 사망한 경우, 자기신체보험의 보상범위라고 한 경우— 대판 2014. 6. 26, 2013 다 211223)(시동을 켠 상태로 운전석 지붕에 올라가 적재함에 방수비닐을 덮던 중 미끄러져 상해를 입은 경우, 자기신체보험의 보상범위라고 한 경우— 대판 2023. 2. 2, 2022 다 266522). 이는 인보험인 점에서 보험가액은 있을 수 없고 보험금액만이 있는데(이의 성질은 인보험의 일종이므로 면책약관상 '피보험자의 고의'도 보험사고 전체적으로 보아 고의로 평가되는 행위로 인한 것이어야 함— 대판 2017. 7. 18, 2016 다 216953), 이 보험금액은 사망보험금·부상보험금 및 후유장애보험금으로 나뉘어 매 사고마다 지급된다($^{삼성약관}_{15조}$)(동지: 대판 2023. 6. 15, 2021 다 206691).

(3) 무보험자동차에 의한 상해

이는 피보험자가 피보험자동차 이외의 무보험자동차에 의하여 사상(死傷)한 때 그로 인한 손해에 대하여 배상의무자가 있는 경우에 자동차보험약관에서 정한 바에 따라 보상한다($^{약관\ 17조,}_{삼성약관\ 17조}$). 이 보험계약도 자기신체사고담보의 경우와 같이 인보험의 일종이나, 보험사고가 피보험자동차가 아니라 피보험자동차 이외의 무보험자동차에 의하여 발생한 것이라는 점에서 구별된다. 이 때 보험자가 지급할 보험금(지급보험금)은 피보험자 1인당 보험증권에 기재된 보험금액을 한도로 하고, 비용 및 공제액은 보험약관에 상세하게 규정되어 있다($^{삼성약관}_{20조}$).

하나의 사고에 관하여 여러 개의 무보험자동차 특약보험계약이 체결되고 그 보험금의 총액이 피보험자가 입은 손해액을 초과하는 때에는 중복보험에 관한 규정($^{상\ 672조}_{1항}$)이 준용된다(동지: 대판 2006. 11. 10, 2005 다 35516; 동 2016. 12. 29, 2016 다 217178; 동 2023. 6. 1, 2019 다 237586; 동 2024. 2. 15, 2023 다 272883).

(4) 배상책임(대인배상Ⅰ·대인배상Ⅱ 및 대물배상)

가. 보상내용

피보험자가 피보험자동차를 소유·사용·관리하는 동안에 생긴 피보험자동차의 사고로 인하여 타인을 사상(死傷)하게 한 때(대인배상) 또는 타인의 재물을 멸실·훼손한 때(대물배상)에 법률상 손해배상책임을 짐으로써 입은 손해를 보상한다(약관 3조·6조,
삼성약관 3조·6조).

나. 보험금액

보험금액은 대인배상과 대물배상에 따라 다르고, 또 대인배상의 경우는 자동차손해배상보장법에 의한 강제책임보험(대인배상Ⅰ)과 자동차보험약관에 의한 임의책임보험(대인배상Ⅱ)에 따라 다르다. 즉, 대인배상에서의 보험금액은 먼저 강제책임보험(대인배상Ⅰ)에 의하여 정하여지고(이는 자동차손해배상보장법 시행령 제3조에 의하여 정하여진다), 이 보험금액을 초과하는 임의책임보험(대인배상Ⅱ)의 보험금액은 보험증권에 기재된 보험금액을 한도로 하는데 선택에 따라 유한 또는 무한이다. 그러나 대물배상은 원칙적으로 한 사고당 보험증권에 기재된 보험금액을 한도로 하므로 언제나 유한책임이다(삼성약관
10조 1항).

다. 보험자의 보상책임

1) 강제책임보험에 대하여는 자동차손해배상보장법 및 동법 시행령에서 정하여진다. 이러한 대인배상Ⅰ에서의 보상액은 자동차손해배상보장법 시행령 제3조에서 정한 액수를 한도로 한다.

2) 임의책임보험에서는 대인배상Ⅱ와 대물배상에 따라 보험자의 보상책임의 범위가 정하여진다. 즉, 대인배상Ⅱ의 경우 피해자 1인당 보험자가 보상할 금액은 보험약관의 보험금지급기준에 의하여 산출한 금액(또는 법원의 확정판결 등에 따라 피보험자가 배상하여야 할 금액)과 비용을 합한 액수에서 강제책임보험으로 지급되는 금액(피보험자가 대인배상Ⅰ에 가입되어 있는 경우) 또는 지급될 수 있는 금액(피보험자가 대인배상Ⅰ에 가입되어 있지 아니한 경우)을 공제한 액수로 하는데, 그 한도는 보험증권에 기재된 보험금액으로 한다(삼성약관
10조). 그런데 보통 보험증권상 대인배상Ⅱ에서는 보험금액이 기재되지 않고 무한으로 기재되고 있으므로, 보험자의 보상액은 피해자의 소득금액에 따라 피해자마다 다르게 지급된다.

대물배상의 경우 매 사고에 대하여 보험자가 보상할 금액은 보험약관의 보험금지급기준에 의하여 산출한 금액(또는 법원의 확정판결 등에 따라 피보험자가 배상하여야 할 금액)과 비용을 합한 액수에서 공제액(사고차량을 고칠 때에 부득이 엔진·변속기

(트랜스미션) 등 부분품을 새 부분품으로 교체한 경우 '그 교체된 기존부분품의 감가상각에 해당하는 금액')을 공제한 후의 금액으로 하는데, 그 보험금은 보험증권에 기재된 보험금액을 한도로 한다($\frac{약관}{10조}$).

피해자는 보험자에 대하여 직접 보험금을 청구할 수 있다($\frac{상\ 724조}{2\ 항}$) ($\frac{동지:\ 대판\ 1997.\ 6.}{10,\ 95\ 다\ 22740}$).

보험자는 피보험자가 복수인 경우에 그 중 한 사람이라도 손해배상책임을 지는 경우에는 그 피보험자의 손해를 보상하여야 한다($\frac{동지:\ 대판\ 1997.\ 3.}{14,\ 95\ 다\ 48728}$). 그런데 책임발생요건이나 면책약관의 적용여부 등은 피보험자마다 개별적으로 가려 그 보상책임의 유무를 결정하여야 한다($\frac{대판\ 2010.\ 12.\ 9,}{2010\ 다\ 70773}$).

라. 보험자의 면책사유

1) 강제책임보험의 경우 자동차손해배상 보장법은 「자기를 위하여 자동차를 운행하는 자는 그 운행으로 다른 사람을 사망하게 하거나 부상하게 한 경우에는 그 손해를 배상할 책임을 진다. 그러나 승객이 고의나 자살행위로 사망하거나 부상한 경우에는 그러하지 아니하다」고 규정하고($\frac{자배}{3조}$)($\frac{단서의\ 사실을\ 주장·증명하지\ 못하는\ 한\ 운전상의\ 과실\ 유무와\ 상관없이\ 승객의}{부상에\ 따른\ 손해배상책임을\ 진다는\ 판례로는\ 대판\ 2021.\ 11.\ 11,\ 2021\ 다\ 257705\ 참조}$), 자동차보험 표준약관은 보험자의 면책사유에 대하여 「보험계약자 또는 피보험자의 고의로 인한 손해」에 대하여만 규정하고 있다($\frac{약관\ 5조}{본문}$). 이 때에 피해자는 직접 보험자에 대하여 책임보험금의 한도 내에서 보험금을 청구할 수 있으므로($\frac{자배\ 9조\ 1항;}{약관\ 5조\ 단서}$), 보험자가 이에 응하여 보험금을 피해자에게 지급한 경우에는 보험자는 지급한 날부터 3년 이내에 고의로 사고를 일으킨 보험계약자나 피보험자에게 그 금액의 지급을 청구할 수 있도록 하고 있다($\frac{약관\ 5조}{단서}$).

2) 임의책임보험의 경우 보험자의 면책사유에 관하여 자동차보험 표준약관 및 개별 보험회사의 보험약관은 상세히 규정하고 있는데($\frac{약관\ 8조,}{삼성약관\ 8조}$), 그 사유는 다음과 같다 (이에 관한 대법원판례의 상세한 소개로는 정찬형, 「상법강의(하)(제24판)」, 809~823면 참조).

이러한 자동차보험 약관에서는 대인배상Ⅱ와 대물배상에 대하여, 양자에 공통한 면책사유와 각각에 특유한 면책사유를 규정하고 있는데($\frac{약관\ 8조,}{삼성약관\ 8조}$), 이는 다음과 같다.

⑺ **공통면책사유**($\frac{약관\ 8조\ 1항,}{삼성약관\ 8조\ 1항}$)

① 보험계약자 또는 피보험자의 고의로 인한 손해($\frac{약관\ 8조\ 1항\ 1호·2호,}{삼성약관\ 8조\ 1항\ 1호·2호}$)

사람이 자동차 보닛 위에 엎드려 매달리자 그를 차량에서 떨어지게 할 생각으로 승용차를 지그재그로 운전하다가 급히 좌회전하여 위 사람을 승용차에서 떨어뜨려 사망에 이르게 한 경우, 보험계약자 등의 고의에 의한 손해에 해당하지 않는다 ($\frac{대판\ 2010.\ 11.\ 11,\ 2010\ 다\ 62628.}{동지:\ 대판\ 2020.\ 7.\ 23,\ 2018\ 다\ 276799}$).

② 전쟁, 혁명, 내란, 사변, 폭동, 소요 또는 이와 유사한 사태로 인한 손해

$\left(\begin{smallmatrix}약관\ 8조\ 1항\ 3호,\\삼성약관\ 8조\ 1항\ 3호\end{smallmatrix}\right)$

③ 지진, 분화, 태풍, 홍수, 해일 등의 천재지변에 의한 손해$\left(\begin{smallmatrix}약관\ 8조\ 1항\ 4호,\\삼성약관\ 8조\ 1항\ 4호\end{smallmatrix}\right)$.

④ 핵연료물질의 직접 또는 간접적인 영향으로 인한 손해$\left(\begin{smallmatrix}약관\ 8조\ 1항\ 5호,\\삼성약관\ 8조\ 1항\ 5호\end{smallmatrix}\right)$

⑤ 영리를 목적으로 요금이나 대가를 받고 피보험자동차를 반복적으로 사용하거나 빌려준 때에 생긴 손해$\left(\begin{smallmatrix}약관\ 8조\ 1항\ 6호,\\삼성약관\ 8조\ 1항\ 6호\end{smallmatrix}\right)$

⑥ 피보험자가 손해배상에 관하여 제 3 자와의 사이에 다른 계약을 맺고 있을 때 그 계약으로 말미암아 늘어난 손해$\left(\begin{smallmatrix}약관\ 8조\ 1항\ 7호,\\삼성약관\ 8조\ 1항\ 7호\end{smallmatrix}\right)$

⑦ 피보험자 본인이 무면허운전을 하였거나 기명피보험자의 명시적·묵시적 승인하에서 피보험자동차의 운전자가 무면허운전을 하였을 때에 생긴 사고로 인한 손해$\left(\begin{smallmatrix}약관\ 8조\ 1항\ 8호,\\삼성약관\ 8조\ 1항\ 8호\end{smallmatrix}\right)$ 이 때의 '무면허운전'에 대하여 자동차보험 약관은 「도로교통법 또는 건설기계관리법의 운전(조종)면허에 관한 규정에 위반하는 무면허 또는 무자격운전을 말하며, 운전(조종)면허의 효력이 정지된 상황이거나 운전(조종)이 금지된 상황에서 운전(조종)하는 것을 포함한다」고 정의하고 있다$\left(\begin{smallmatrix}약관\ 1조\ 4호,\ 삼성약관\\11조\ 관련\ 별도\ 정의\end{smallmatrix}\right)$.

무면허운전에 의한 보험자의 면책과 관련하여 보험사고가 무면허운전과의 사이에 인과관계를 요하느냐에 대하여, 무면허운전의 면책사유를 보험계약에서 정한 보험사고의 범위에서 제외시킨 것으로 보는 「담보위험제외사유」로 해석하는 견해에서는 인과관계를 요하지 않는다고 하나, 보험사고의 원인과 관련하여 보험자의 책임을 면하는 사유로 보는 「책임면제사유」로 해석하는 견해에서는 인과관계를 요한다고 한다. 생각건대 무면허운전이 법규위반은 될지라도 이와 무관한 보험사고까지도 보험자를 면책시키는 것은 보험제도의 효용을 크게 해하는 것이 된다는 점에서 볼 때 이를 책임면제사유로 해석하는 견해가 타당하다고 본다. 이에 대하여 우리 대법원은 「보험계약자나 피보험자의 지배 또는 관리가능성이(이는 보험계약자나 〈기명〉피보험자의 명시적 또는 묵시적 승인이) 없는 무면허운전의 경우에까지 적용된다고 보는 경우에는 그 조항은 신의성실의 원칙에 반하여 공정을 잃은 조항으로서 약관규제법의 규정에 비추어 무효라고 볼 수밖에 없다」고 판시하여$\left(\begin{smallmatrix}대판\ 1991.\ 12.\ 24,\ 90\ 다카\ 23899.\ 동지:\\대판\ 2003.\ 11.\ 13,\ 2002\ 다\ 31391\ 외\end{smallmatrix}\right)$, 무면허운전의 경우 보험자가 무조건 면책되는 것이 아니라 그 무면허운전이 보험계약자나 피보험자의 지배 또는 관리가 가능한 경우에만 보험자가 면책되는 것으로 보고 있다.

참고로 우리 대법원은 이와 같은 자동차책임보험의 경우와는 달리 상해보험(인보험)의 경우에는 상법 제732조의 2와 관련하여 과실(중과실을 포함)로 평가되는 무면허운전에 대한 면책약관의 효력을 부인하고 있다$\left(\begin{smallmatrix}대판\ 1990.\ 5.\ 25,\\89\ 다카\ 17591\end{smallmatrix}\right)$.

⑧ 피보험자동차를 시험용·경기용 또는 경기를 위한 연습용으로 사용하던 중

생긴 손해(약관 8조 1항 9호, 삼성약관 8조 1항 9호)

⑨ 피보험자 본인이 음주운전이나 무면허운전을 하는 동안에 생긴 사고 또는 기명피보험자의 명시적·묵시적 승인하에서 피보험자동차의 운전자가 음주운전이나 무면허운전을 하는 동안에 생긴 사고로 인하여 보험회사가 대인배상Ⅰ·대인배상Ⅱ 또는 대물배상에서 보험금을 지급하는 경우에는, 피보험자는 보험자에 대하여 음주운전 사고부담금(2015. 4. 9.부터 자동차손해배상 보장법 시행규칙의 개정에 의하여 1 사고당 대인배상Ⅰ·Ⅱ의 경우는 300만원, 대물배상의 경우는 100만원) 또는 무면허운전사고부담금(2015. 4. 9.부터 자동차손해배상 보장법 시행규칙의 개정에 의하여 1 사고당 대인배상Ⅰ의 경우는 300만원, 대물배상의 경우는 100만원)을 납입하여야 하는데, 다만 피보험자가 경제적인 사유 등으로 동 사고부담금을 미납하였을 때 보험자가 피해자에게 동 사고부담금을 포함하여 손해배상액을 우선 지급하고 피보험자에게 동 사고부담금의 지급을 청구할 수 있다(약관 11조, 삼성약관 11조).

이는 음주운전 및 무면허운전을 제재할 목적으로 규정된 것인데, 일정한 금액 범위 내에서 피보험자의 부담으로 하고 나머지는 보험자가 보상책임을 지는 것으로 위 ①~⑧의 면책사유와는 구별된다. 이 때의 음주운전은 '도로교통법에서 정한 술에 취한 상태에서 운전(조종)하거나 음주측정에 불응하는 것'이고(약관 11조 9호), 무면허운전에 대하여는 앞에서 본 바와 같다.

(나) 대인배상Ⅱ에 있어서 특유한 면책사유(약관 8조 2항, 삼성약관 8조 2항)   다음의 자가 사상(死傷)한 경우에는 보험자는 면책된다.

① 피보험자 또는 그 부모, 배우자 및 자녀   동 약관은 이 때의 피보험자의 부모라 함은 '피보험자의 부모와 양부모'를 말하고, 피보험자의 배우자는 '법률상의 배우자 또는 사실혼관계에 있는 배우자'를 말하며, 피보험자의 자녀라 함은 '법률상의 혼인관계에서 출생한 자녀, 사실혼관계에서 출생한 자녀, 양자 또는 양녀'라고 정의하고 있다(약관 1조 15호). 그런데 가족운전자 한정운전 특별약관상 부모에는 모의 사실상 배우자(대판 2004. 1. 15, 2003 다 53404) 또는 부의 사실상 배우자(대판 2009. 1. 30, 2008 다 68944)는 포함되지 않는다.

② 배상책임이 있는 피보험자의 피용자로서 산업재해보상보험법에 의한 재해보상을 받을 수 있는 사람(그가 입은 손해가 동법에 의한 보상범위를 넘어서는 경우 그 초과손해를 보상함)

③ 피보험자동차가 피보험자의 사용자의 업무에 사용되는 경우 그 사용자의 업무에 종사중인 다른 피용자로서 산업재해보상보험법에 의한 재해보상을 받을 수 있는 사람(그가 입은 손해가 동법에 의한 보상범위를 넘는 경우 그 초과손해는 보상함).

(라) **대물배상에 있어서 특유한 면책사유**(약관 8 조 3 항, 삼성약관 8 조 3 항)

① 피보험자 또는 그 부모, 배우자나 자녀가 소유·사용·관리하는 재물에 생긴 손해

② 피보험자가 사용자의 업무에 종사하고 있을 때 피보험자의 사용자가 소유·사용·관리하는 재물에 생긴 손해

③ 피보험자동차에 싣고 있거나 운송중인 물품에 생긴 손해   이러한 손해에 대하여는 운송보험에 의하여 보상된다(상 688조).

④ 다른 사람의 서화, 골동품, 조각물 그 밖에 미술품과 탑승자와 통행인의 의류나 휴대품에 생긴 손해

⑤ 탑승자와 통행인의 분실 또는 도난으로 인한 소지품에 생긴 손해(그러나 훼손된 소지품에 한하여는 피해자 1인당 200만원의 한도 내에서 실제 손해를 보상함)

4. 자동차보험계약의 특칙

(1) 자동차보험증권의 기재사항

자동차보험증권에는 손해보험증권에 기재할 사항(상 666조) 외에 다음의 사항을 기재하여야 한다(상 726조의 3).

1) 자동차소유자와 그 밖의 보유자의 성명·생년월일 또는 상호   이 때 「보유자」라 함은 '자동차의 소유자 또는 자동차를 사용할 권리가 있는 자로서 자기를 위하여 자동차를 운행하는 자'를 말한다(자배 2 조 3호).

2) 피보험자동차의 등록번호, 차량번호, 차형연식과 기계장치   이러한 사항은 자동차검사증에 보통 기재된다.

3) 차량가액을 정한 때에는 그 가액   이 차량가액은 신차(新車)의 경우에는 그 신차 현금구입가격이 될 것이고, 중고차의 경우에는 중고차시장의 시세에 따라 결정될 것이다.

(2) 자동차의 양도

1) 피보험자가 보험기간중에 자동차를 양도한 때에는 양수인은 보험자의 승낙을 얻은 경우에 한하여 보험계약으로 인하여 생긴 권리와 의무를 승계할 수 있다(상 726조의 4 1항)(이에 대한 예외는 자동차손해배상보장법 22조 1 항이 규정하고 있다). 이것은 자동차보험의 보험료산출기준이 자동차 중심에서 운전자 내지 보유자(피보험자), 즉 사람 중심으로 옮겨가고 있으므로(연령·건강상태 등) 자동차의 양도로 보험계약관계도 함께 양수인에게 이전한다고 하면 불합리하기 때문에 두어진 규정으로서, 이 경

우에는 원칙적으로 보험관계는 승계되지 않고 보험자의 승낙이 있는 경우에만 보험관계의 승계가 가능하도록 한 것이다. 따라서 물건보험의 경우 보험목적이 양도된 때에는 양수인이 보험계약상의 권리와 의무를 승계한 것으로 추정하는 것($\text{상 679조}_\text{1항}$)과는 달리, 자동차보험의 경우는 보험자의 승낙이 있어야 양수인은 보험계약상의 권리와 의무를 승계하는 것으로 특칙을 둔 것이다. 그러므로 피보험자가 자동차를 양도하고 양수인이 보험자의 승낙을 받지 않고 그 자동차의 운행중 발생한 사고로 인한 손해에 대하여는 보험자는 보상책임을 지지 않는다($\text{약관 48조 1항,}_\text{삼성약관 48조 1항}$)($\text{동지: 대판 1992. 4.}_\text{10, 91 다 44803 외}$). 그러나 자동차의 양수인이 자동차등록명의를 변경받지 않고 있는 동안에 보험자의 승낙을 얻어 피보험자를 양도인으로 하였더라도 실질적인 피보험자는 양수인이므로 보험자는 양수인의 보험사고에 대하여 보상책임을 지고($\text{동지: 대판 1993. 4. 13, 92 다 6693;}_\text{동 1993. 2. 23, 92 다 24127}$), 양도인이 자동차등록명의만을 양수인으로 변경하고 실제로 자동차에 대한 운행지배를 하고 있는 도중에 발생한 사고에 대하여는 보험자는 보상책임을 진다($\text{동지: 대판 1993. 6.}_\text{29, 93 다 1480}$).

2) 자동차의 양도가 있을 때 이 사실을 보험자에게 알리고 승낙을 얻고자 할 때에 보험자측에서 이를 지연시키는 경우에는, 양도인과 양수인 사이에 이루어진 보험관계의 이전이 불확정인 채로 남게 되어 불안정하다. 따라서 보험자는 양수인으로부터 양수사실을 통지받은 때에는 지체 없이 승낙여부를 통지하여야 하고, 통지받은 날로부터 10일 내에 낙부(諾否)의 통지를 하지 않으면 승낙한 것으로 본다($\text{상 726조의 4 2항;}_\text{약관 48조 2항}$). 즉, 보험계약의 성립의 경우와 같이($\text{상 638조의}_\text{2 1항}$) 보험자의 낙부통지의무와 승낙의제를 인정한 것이다.

이 때 통지 또는 승낙의 방법에 대하여는 상법상 제한이 없으나, 보험약관에 의하면 서면 등에 의한 통지로써 승인청구를 요구하고 있다($\text{약관 48조}_\text{1항}$).

제 6 관 보증보험계약

1. 보증보험계약의 의의

보증보험계약이란 「채무자인 보험계약자가 채권자인 피보험자에게 계약상의 채무불이행 또는 법령상의 의무불이행으로 입힌 손해를 보험자가 보상할 것을 약정하는 보험계약」이다($\text{상 726조}_\text{의 5}$)($\text{동지: 대판 2021. 2.}_\text{25, 2020 다 248698}$). 보증보험은 그 성질상 보험성과 보증성의 양면이 있어($\text{대판 2000. 12. 8, 99 다 53483;}_\text{동 2018. 10. 25, 2014 다 232784}$) 상법상 손해보험에 관한 규정의 적용이 적절하지 않은 경우가 많은데, 종래에 이에 관한 규정이 상법에 없어 이에 관한 분쟁은 주로 판례에 맡겨졌다. 그런데 2014년 3월 개정상법은 이에 관한 권리의무관계를 명확히 하기 위하여 상법에 신설규정을 두었는데($^{\text{상 726조의 5~}}_{\text{726조의 7}}$), 이는 종래의 판례를 많이 반영하여 입법한 것이다.

이러한 보증보험을 보험업법은 손해보험상품의 하나로 규정하고 있다($^{\text{보업 2조}}_{\text{1. 나.}}$).

2. 보증보험계약의 보험성

보증보험계약의 보험성은 다음과 같이 네 가지 면에서 나타나는데, 그 성질상 상법의 일부규정의 적용이 배제된다.

(1) 손해보험성

보증보험에서 보험자는 피보험자(채권자)의 재산상의 손해를 보상할 책임이 있으므로($^{\text{상}}_{\text{665조}}$), 보증보험은 손해보험성을 갖는다. 2014년 3월 개정상법은 보증보험을 손해보험의 하나로 규정하면서($^{\text{상 726조의 5~}}_{\text{726조의 7}}$), 보증보험의 성질상 보증보험계약에 맞지 않는 상법(보험편)의 일부 규정을 보증보험계약에는 그 적용을 배제하고 있다($^{\text{상 726조}}_{\text{의 6}}$). 즉, 보증보험계약에서 피보험자(채권자)의 재산상의 손해는 그 성질상 보험계약자(채무자)의 고의·과실로 인한 손해라는 점(다시 말하면, 보험사고의 인위성) 및 보증보험계약에서 보험계약자의 사기·고의 또는 중대한 과실이 있는 경우에도 이에 대하여 피보험자에게 책임이 있는 사유가 없으면 피보험자를 보호할 필요가 있는 점 등에서, 보증보험계약에 대하여는 상법 제651조(고지의무 위반으로 인한 계약해지)·제652조(위험변경증가의 통지와 계약해지)·제653조(보험계약자 등의 고의·중과실로 인한 위험증가와 계약해지)·제659조 제 1 항(보험계약자의 고의·중과실로 인한 보험사고의 경우 보험자의 면책)($^{\text{동지: 대판 1997. 1. 24, 95 다 12613;}}_{\text{동 1998. 3. 10, 97 다 20403 외}}$)을 적용하지 아니한다($^{\text{상 726조의}}_{\text{6 2항}}$).

(2) 책임보험성

보증보험은 보험계약자의 배상책임을 보험자가 부담하는 점에서 손해보험 중에서도 책임보험성을 갖는다($^{\text{상 719조}}_{\text{참조}}$). 그러나 보증보험의 보험자는 보험계약자의 피보험자에 대한 배상책임을 보상하나, 책임보험의 보험자는 피보험자의 제 3 자에 대한 배상책임을 보상하는 점 등에서 양자는 구별된다. 이러한 점에서 2014년 3월 개정상법은 보증보험을 책임보험과는 별도로 규정하였다(상법 제 4 편 제 2 장 제 7 절).

(3) 타인을 위한 보험성

보증보험은 형식상 보험계약자와 피보험자가 언제나 분리되므로 타인을 위한 보험이다($^{\text{상}}_{\text{639조}}$). 그러나 보증보험의 성질상 보증보험계약에 맞지 않는 상법(보험편)상 타인을 위한 보험계약에 관한 규정의 일부(보험계약자가 예외적으로 보험금청구권을 갖는 경우)를 보증보험계약에는 그 적용을 배제하고 있다($^{상\ 726조의\ 6\ 1항,}_{639조\ 2항\ 단서}$).

3. 보증보험계약의 보증성

보증보험은 보험계약자(채무자)가 채무를 이행하지 않는 경우(또는 법령상 의무를 불이행하는 경우)에 보험자가 보상책임(담보책임)을 지는 점에서(즉, 채권담보적 기능을 하는 점에서) 민법상 보증과 같이 보증성을 갖는다($^{동지:\ 대판\ 2014.\ 9.\ 4,\ 2012\ 다\ 67559;}_{동\ 2022.\ 12.\ 15,\ 2019\ 다\ 269156}$). 이러한 점에서 2014년 3월 개정상법은 보증보험에 관한 규정을 신설하면서(상 제4편 제2장 제7절) 보증보험계약에 관하여는 그 성질에 반하지 아니하는 범위에서 보증채무에 관한 민법의 규정을 준용한다는 규정을 두고 있다($^{상}_{의\ 7}$ ^{726조}). 따라서 보증보험계약에서 보험금을 지급한 보험자는 보험계약자에 대하여 상법상 제3자에 대한 대위권($^{상}_{682조}$)을 행사할 수 없지만, 민법상 수탁보증인의 구상권($^{민}_{441조}$)을 행사할 수 있다($^{동지:\ 대판\ 2012.\ 2.\ 23,}_{2011\ 다\ 62144\ 외}$). 또한 우리 대법원판례는 보증보험계약에서 보험금을 지급한 보험자에 대하여 변제자 법정대위권($^{민}_{481조}$)도 인정하는데($^{대판\ 2014.\ 4.\ 30,}_{2013\ 다\ 80429·80436}$), 보험계약의 외부적인 관계인 피보험자(채권자)의 물상담보권 등까지 취득하도록 하는 변제자 법정대위권까지 인정할 필요가 있는지는 의문이다. 또한 우리 대법원판례에서는 보증보험자와 다른 보증인 사이에 공동보증인의 구상권($^{민}_{448조}$)을 인정할 것인가에 대하여, 과거에는 부정하다가($^{대판\ 2001.\ 2.\ 9,\ 2000\ 다\ 55089;}_{동\ 2001.\ 11.\ 9,\ 99\ 다\ 45628}$) 최근에는 긍정하였는데($^{대판(전)\ 2008.\ 6.}_{19,\ 2005\ 다\ 37154}$), 보증보험의 성질상 보험자와 (채무자인 보험계약자의) 다른 보증인은 구별되므로 공동보증인 사이의 구상권에 관한 민법 제448조가 당연히 준용된다고 볼 수는 없다고 본다.

제4장 인보험

제1절 총 설

제1 인보험계약의 의의

　　인보험계약이란 「보험자가 피보험자의 생명 또는 신체에 관하여 보험사고가 발생할 경우에 보험계약으로 정하는 바에 따라 보험금이나 그 밖의 급여를 지급할 것을 약정하고, 보험계약자가 이에 대하여 보험료를 지급할 것을 약정함으로써 효력이 생기는 보험계약」을 말한다($\frac{상}{727조} \frac{638조}{1항}$).

　　이러한 인보험의 경우 보험금은 당사자간의 약정에 따라 분할하여 지급할 수 있다($\frac{상}{2항} 727조$).

제2 인보험계약의 특성

1. 보험의 목적

　　인보험의 목적은 「사람(피보험자)의 생명 또는 신체」이나, 손해보험의 목적은 「피보험자의 물건 기타의 재산」이다.

2. 보험사고

　　인보험의 보험사고는 「사람(피보험자)의 생명·신체에 관한 사고」이나, 손해보험의 보험사고는 「피보험자의 물건 기타의 재산에 관한 사고」이다.

3. 보험금액

인보험에는 정액보험과 부정액보험이 있으나, 손해보험은 언제나 부정액보험이다. 인보험 중에서 생명보험은 원칙적으로 정액보험이나, 예외적으로 보험금액이 재산운용의 성과에 따라 변동하는 변액보험도 있다($^{보업}_{1항}{}^{108조}_{3호}$). 그러나 인보험 중에서 상해보험이나 질병보험 등은 부정액보험의 형식으로 체결되는 경우가 많다.

4. 피보험이익

인보험에 피보험이익의 관념을 인정할 수 있을 것인가에 대하여는 이를 부정하는 견해(통설)와 이를 긍정하는 견해(소수설)로 나뉘어 있는데, 인보험은 사람의 생명·신체에 관한 것이므로 이에 대한 금전적인 평가는 있을 수 없기 때문에 인보험에서는 피보험이익 및 보험가액이란 있을 수 없다고 본다.

제 3 인보험증권

인보험증권에는 상법 제666조(손해보험증권)에 규정한 기재사항 이외에, (i) 보험계약의 종류, (ii) 피보험자의 주소·성명 및 생년월일, (iii) 보험수익자를 정한 때에는 그 주소·성명 및 생년월일을 기재하여야 한다($^{상}_{728조}$). 보험계약자는 보험수익자를 보험계약체결 당시에 정하지 않고, 후에 정할 수도 있다($^{상}_{참조}{}^{733조}$).

제 4 보험자대위의 금지

인보험에 있어서는 보험의 목적의 멸실이란 있을 수 없으므로 보험의 목적에 대한 보험자대위는 있을 수 없다.

제 3 자에 대한 보험자대위도 원칙적으로 금지되나($^{상 729조}_{본문}$) (동지: 대판 2002. 3. 29, 2000 다 18752·18769; 동 2007. 4. 26, 2006 다 54781〈그러나 이는 피보험자 등이 보험자와의 다른 원인관계나 대가관계 등에 기하여 자신의 제 3 자에 대한 권리를 보험자에게 양도하는 것까지 금하는 것은 아니라고 함〉), 상해보험계약의 경우는 (손해보험의 성질을 갖는 경우에) 예외적으로 보험자와 보험계약자 사이에 다른 약정이 있는 때에 보험자는 피보험자의 이익을 해하지 아니하는 범위 안에서 그 권리를 대위하여 행사할 수 있다($^{상 729조}_{단서}$) (동지: 대판 2003. 11. 28, 2003 다 35215·35222; 동 2003. 12. 26, 2002 다 61958; 동 2004. 11. 25, 2004 다 28245; 동 2008. 6. 12, 2008 다 8430; 동 2022. 8. 31, 2018 다 212740). 상해보험계약에서 예외적으로 보험자의 제 3 자에 대한 대위가 인정되는 경우, 이는 법정대위는 아니고 당사자간의 약정(보험약관)에 의한 대위이다.

제 2 절 생명보험계약

제 1 생명보험계약의 의의

생명보험계약이란 「보험자는 피보험자의 사망·생존·사망과 생존에 관한 보험사고가 발생할 경우에 약정한 보험금을 지급하기로 하는 인보험계약」을 말한다 ($\frac{상}{730조}$).

이러한 생명보험계약은 「저축적 기능」과 「보장적 기능」을 수행한다.

제 2 생명보험계약의 종류

(1) 보험사고에 따라 (i) 사망보험·(ii) 생존보험(저축성보험) 및 (iii) 생사혼합보험이 있다.

(2) 피보험자의 수에 따라 (i) 단독(단생, 개인)보험·(ii) 연생(連生)보험 및 (iii) 단체보험이 있다.

(3) 보험금액의 지급방법에 따라 (i) 일시금지급보험과 (ii) 분할지급보험이 있다.

(4) 그 밖에 보험계약자에게 이익배당을 하는지 여부에 따라 이익배당부 보험과 무이익배당보험(무배당보험)이 있고, 피보험자의 표준체 여부에 따라 표준체보험과 표준하체보험이 있으며, 신체검사의 유무에 따라 진사(診査)보험과 무진사(無診査)보험이 있다(생명보험계약의 각각의 종류에 관한 상세는 정찬형, 「상법강의(하)(제24판)」, 848~853면 참조).

제 3 타인의 생명보험

1. 의 의

타인의 생명보험이라 함은 「보험계약자가 자기 이외의 제 3 자를 피보험자로 한 생명보험」을 말하는데, 이 경우 특히 자기 이외에 제 3 자의 사망을 보험사고로 한 생명보험을 협의의 타인의 생명보험이라고 한다.

타인의 생명보험(특히 타인의 사망을 보험사고로 하는 타인의 생명보험)을 무제한으로 인정하면 보험이 도박화할 우려가 있고 또 피보험자의 생명을 해할 위험이 있으므로, 이에 대한 어떤 제한이 필요하게 된다. 따라서 이에 대하여 우리 상법은 타인의 동의를 받도록 하였다($\frac{\text{상}731조}{1항}$). 그러나 15세 미만자·심신상실자 또는 심신박약자를 피보험자로 하는 경우에는 이들의 자유로운 의사에 기한 동의를 기대할 수 없고 또 이들의 법정대리인에 의한 대리동의를 인정하면 보험금의 취득을 위하여 이들이 희생될 위험성이 있으므로, 이러한 자들을 피보험자로 하는 사망보험계약은 원칙적으로 무효로 하고 있다($\frac{\text{상}732조}{본문}$). 이는 효력규정이다($\frac{\text{대판}\ 2013.\ 4.\ 26,}{2011\ \text{다}\ 9068}$). 다만 심신박약자가 보험계약을 체결하거나 단체보험($\frac{\text{상}735조}{의 3}$)의 피보험자가 될 때에 의사능력이 있는 경우에는 그러한 심신박약자를 피보험자로 하는 사망보험계약은 유효하다($\frac{\text{상}732조}{단서}$).

2. 피보험자(타인)의 동의

(1) 동의를 요하는 경우

우리 상법상 타인의 생명보험의 경우 피보험자(타인)의 동의를 얻어야 하는 경우는 다음과 같다. 즉, (i) 타인의 사망을 보험사고로 한 사망보험 또는 생사혼합보험의 보험계약을 체결하는 경우($\frac{\text{상}731조}{1항}$), (ii) 타인의 사망을 보험사고로 한 타인의 생명보험계약에서 그 보험계약으로 인하여 생긴 권리(보험금청구권)를 피보험자(타인)가 아닌 자에게 양도하는 경우($\frac{\text{상}731조}{2항}$) 및 (iii) 타인의 사망을 보험사고로 한 타인의 생명보험계약에서 보험기간중 보험계약자가 보험수익자를 지정·변경하는 경우($\frac{\text{상}\ 734조\ 2항,}{731조\ 1항}$)이다.

(2) 동의의 성질

타인의 사망을 보험사고로 한 타인의 생명보험계약에서 피보험자의 서면동의를 요하도록 하는 상법의 규정은, 당사자 사이의 특약으로도 배제할 수 없는 강행법적 성질을 가진다(통설)($\frac{\text{동지: 대판}\ 1989.\ 11.\ 28,\ 88\ \text{다카}\ 33367;\ \text{동}\ 1996.\ 11.\ 22,\ 96\ \text{다}\ 37084;}{\text{동}\ 2003.\ 7.\ 22,\ 2003\ \text{다}\ 24451;\ \text{동}\ 2010.\ 2.\ 11,\ 2009\ \text{다}\ 74007}$). 피보험자의 이러한 동의는 그 보험계약에 이의가 없다는 의사표시로서 준법률행위이다. 그러나 피보험자의 이러한 동의는 보험계약의 성립요건으로 볼 수는 없고, 효력요건으로 보아야 할 것이다(통설)($\frac{\text{반대: 대판}\ 1992.\ 11.\ 24,\ 91\ \text{다}\ 47109;\ \text{동}\ 1998.\ 11.\ 27,\ 98\ \text{다}\ 23690;}{\text{동}\ 2001.\ 11.\ 9,\ 2001\ \text{다}\ 55499\cdot55505;\ \text{동}\ 2010.\ 2.\ 11,\ 2009\ \text{다}\ 74007}$).

(3) 동의의 시기·방식

피보험자의 동의를 언제 얻어야 하고, 어떠한 방식으로 얻어야 하는가의 문제가 있다. 실제 거래계에서는 피보험자의 동의는 계약체결 전에 하는 것이 일반적이므로 상법은 「계약체결시」에 그 동의를 얻어야 하는 것으로 규정하고, 또 그 동의는 「서면」에 의하여 하여야 하는 것으로 규정하였다($\frac{\text{상}731조}{1항}$). 이러한 「서면」에는 전자서명법 제2조 제2호에 따른 전자서명이 있는 경우로서 대통령령으로 정하는 바에 따라 본인 확인 및 위조·변조 방지에 대한 신뢰성을 갖춘 전자문서를 포함한다(상 731조 1항,)(개정상법: 2020년 6월 9일, 법률 제17354호, 시행: 공포 후 6개월이 경과한 날⟨2020. 12. 10.⟩).

판례는 타인을 대리·대행하여 한 서면동의도 (구체적·개별적으로 그 권한을 수여받은 경우에는) 유효하다고 한다(대판 2006. 12. 21,/2006 다 69141).

그러나 피보험자의 이러한 동의의 법적 성질은 앞에서 본 바와 같이 보험계약의 효력요건이므로, 계약체결시에 이를 얻지 못하여도 보험계약은 상법 제638조의2 의 규정에 의하여 성립하고 다만 서면동의를 얻어야 그 효력이 발생한다고 본다. 그러나 판례는 피보험자가 서면으로 동의의 의사표시를 하여야 하는 시점은 보험계약 체결시까지이고 이 때까지 피보험자인 타인의 서면에 의한 동의를 얻지 아니하면 강행법규인 상법 제731조 제 1 항의 규정에 위배되어 그 보험계약은 무효라고 한다(대판 1996. 11. 22, 96 다 37084; 동 1998. 11. 27, 98 다 23690; 동 2001. 11. 9, 2001 다 55499·55505;/동 2006. 4. 27, 2003 다 60259; 동 2006. 9. 22, 2004 다 56677; 동 2015. 10. 15, 2014 다 204178).

또한 이러한 동의는 각 보험계약에 대하여 개별적으로 서면으로 하여야 하므로 포괄적인 동의 또는 묵시적이거나 추정적 동의는 이러한 동의로 볼 수 없다(동지: 대판 2006. 9. 22, 2004 다 56677;)(동 2015. 10. 15, 2014 다 204178).

(4) 동의의 철회

피보험자가 한번 한 동의는 보험계약의 성립 전에는 언제나 이를 철회할 수 있으나, 일단 서면으로 동의하여 보험계약의 효력이 생긴 때에는 피보험자는 원칙적으로 이를 임의로 철회할 수 없고 보험계약자와 보험수익자의 동의가 있어야 철회할 수 있다고 본다(통설). 그러나 피보험자가 서면동의를 할 때 기초로 한 사정에 중대한 변경이 있는 경우에는 보험계약자 또는 보험수익자의 동의나 승낙 여부에 관계 없이 피보험자는 그 동의를 철회할 수 있다고 본다(동지: 대판 2013. 11. 14,/2011 다 101520). 또한 동의 자체에 하자가 있는 때에는 의사표시의 일반원칙에 의하여(민 107조~/110조) 그 동의의 무효 또는 취소를 주장할 수 있음은 물론이다.

(5) 동의의 능력

15세미만자·심신상실자 또는 심신박약자는 원칙적으로 동의능력이 없으므로, 이러한 자의 동의에 의하여 그의 사망을 보험사고로 한 보험계약은 원칙적으로 무효가 된다(상 732조/본문)(동지: 대판 2013. 4./26, 2011 다 9068). 그러나 심신박약자가 (보험계약을 체결하거나) 단체보험(상 735조/의 3)의 피보험자가 될 때에 의사능력이 있는 경우에는 그러하지 아니하다(상 732조/단서). 또한 15세 이상의 미성년자는 원칙적으로 법정대리인의 동의를 얻어(민 5조 1항/본문) 이러한 동의를 할 수 있다.

제4 타인을 위한 생명보험

1. 의 의

타인을 위한 생명보험이란 「보험계약자가 자기 이외의 제3자를 보험수익자로 한 생명보험」을 말한다. 이러한 타인을 위한 생명보험은 보험법 통칙에서 이미 설명한 타인을 위한 보험($\frac{상}{639조}$)의 일종이다.

타인을 위한 생명보험계약에서 보험수익자를 지정하거나 변경할 수 있는 권리는 보험계약자에게 있는데($\frac{상}{1항}$733조), 보험계약자가 이렇게 보험수익자를 지정하거나 변경하면 그 보험수익자는 당연히 그 보험계약상의 권리(이익)를 취득하므로($\frac{상}{2항}$639조 본문) (이는 상속재산이 아니라, 보험수익자인 상속인의 고유재산임) 보험자에 대하여 직접 보험금청구권을 행사할 수 있다($\frac{동지: 대판 2004. 7. 9, 2003 다}{29463; 동 2020. 2. 6, 2017 다 215728}$). 따라서 보험수익자가 보험계약자(겸 피보험자)의 상속인이면 보험사고가 발생한 경우 그 상속인의 보험금청구권은 고유재산이지 상속재산이 아니다($\frac{대판 2001. 12. 28, 2000 다 31502; 동 2001. 12. 24,}{2001 다 65755; 동 2023. 6. 29, 2019 다 300934}$).

보험수익자는 보험사고발생의 통지의무($\frac{상}{1항}$657조) 등을 부담한다.

2. 보험계약자의 보험수익자의 지정·변경권

우리 상법상 보험계약자는 보험수익자를 지정·변경할 권리를 갖는데($\frac{상}{1항}$733조), 보험계약자는 이러한 지정·변경권을 보험기간 내에 또한 보험사고 발생 전에 행사하여야 한다($\frac{상}{4항 참조}$733조).

보험계약자의 보험수익자의 지정·변경권은 일종의 형성권이다. 이와 같이 보험수익자의 지정·변경권은 형성권이므로 보험계약자의 일방적인 의사표시만으로 그 효력이 발생하나($\frac{동지: 대판 2020. 2.}{27, 2019 다 204869}$), 이것을 보험자에게 '대항'하기 위하여는 보험자에게 통지를 하여야 한다($\frac{상}{1항}$734조). 보험계약자가 보험수익자를 지정하거나 변경하는 경우 타인의 생명보험(사망보험)에서 그 타인을 보험수익자로 하지 않은 때에는 그 타인의 서면동의를 얻어야 한다($\frac{상}{2항}$734조).

3. 지정·변경과 보험수익자의 지위

(1) 보험수익자를 지정하고 이의 변경을 유보하지 않은 경우

이 경우에는 지정된 보험수익자의 권리는 보험계약자와의 사이에서 확정되어 있지만, 지정된 보험수익자 등이 사망한 경우에 누가 보험수익자가 될 것인가가 문제된다. 이는 다음의 세 경우로 나누어 고찰할 수 있다.

1) **보험수익자가 사망한 경우**   보험수익자(동시에 피보험자가 아닌 경우에 한함)가 보험의 존속중에 사망한 때에는, 보험계약자는 다시 보험수익자를 「지정」할 수 있다($\frac{4}{3}$ $^{733조}_{1문}$). 이것은 보험계약자가 무상으로 보험금을 특정인에게 수여하고자 하는 개별적 의사를 존중한 것이다.

2) **보험계약자가 사망한 경우**   위 1)의 경우 보험계약자가 미처 보험수익자를 지정하지 못하고 사망한 때에는, 원칙적으로 「보험수익자의 상속인」을 보험수익자로 한다($\frac{4}{3}$ $^{733조}_{2문}$). 이 때 새로운 보험수익자가 되는 사망한 보험수익자의 상속인이 결정되는 시점은 보험계약자의 사망시라고 보는 견해도 있으나, 보험수익자의 사망시라고 본다. 그러나 예외적으로 보험계약에서 보험계약자의 승계인(예컨대, 법정상속인이나 유언으로 보험계약자의 지위를 승계받은 자 등 그 밖의 승계인)이 보험수익자를 지정하거나 변경하는 권리를 갖는 것으로 「특약」한 경우에는 그에 따른다 ($\frac{상}{단서}$ $^{733조 \; 2항}_{유추적용}$).

3) **피보험자가 사망한 경우**   위 1)의 경우 보험계약자가 보험수익자를 지정하기 전에(보험계약자가 보험수익자를 다시 지정하지 아니하고 사망한 경우를 포함) 피보험자가 사망한 경우(즉, 보험사고가 발생한 경우)에는 「보험수익자의 상속인」을 보험수익자로 한다($\frac{4}{4}$ $^{733조}_{항}$). 이 경우에 보험수익자의 상속인이 결정되는 시점은 피보험자의 사망시라고 보는 견해도 있으나, 보험수익자의 사망시라고 본다.

(2) 보험수익자의 지정·변경을 유보한 경우

보험계약자가 보험수익자의 지정·변경권을 유보하고 있는 경우에는($\frac{4}{1}$ $^{733조}_{항}$), 보험계약자는 언제든지 보험수익자를 지정·변경할 수 있으므로 보험수익자는 불확정하게 된다. 따라서 이 경우에 보험수익자는 다음과 같이 정하여진다.

1) **보험계약자가 사망한 경우**   원칙적으로 보험계약자가 그 지정권을 행사하지 아니하고 사망한 때에는 「피보험자」가 보험수익자가 되고, 보험계약자가 보험수익자를 지정한 후 변경권을 행사하지 아니하고 사망한 때에는 「그 보험수익자」의 권리가 확정된다($\frac{4}{2}$ $^{733조}_{항 \; 본문}$). 그러나 예외적으로 보험계약자의 승계인이 지정·변경권을 행사할 수 있다고 「특약」한 경우에는 그에 따른다($\frac{4}{2}$ $^{733조}_{항 \; 단서}$).

2) **피보험자가 사망한 경우**   보험계약자가 보험수익자의 지정·변경권을 행사하기 전에(보험계약자가 보험수익자를 지정하지 아니하고 사망한 경우를 포함) 피보험자가 사망한 경우(즉, 보험사고가 발생한 경우)에는 「피보험자의 상속인」을 보험수익자로 한다($\frac{4}{4}$ $^{733조}_{항}$).

제5 보험자의 의무

이하에서는 생명보험계약의 효과로서 보험자의 의무에 관하여 생명보험의 특유한 사항을 중심으로 간단히 살펴본다.

1. 보험금지급의무

생명보험계약에서는 손해보험계약의 경우와는 달리 보험가액의 관념이 없고 보험금만이 있으며, 보험기간중에 보험사고가 발생하면 이 보험금을 지급하는 정액보험이다. 보험금의 지급에 있어서도 양로보험과 같은 생사혼합보험에서는 보험기간중에 피보험자가 사망하면 사망보험금을 지급하고 보험기간중에 피보험자가 사망함이 없이 보험기간이 종료하면 만기보험금을 지급하는 경우가 있고, 보험금을 지급하는 방법도 일시금으로 지급하는 방법(일시금지급보험)과 분할하여 지급하는 방법(분할지급보험)($^{상\ 727조의}_{2항}$)이 있다.

사망을 보험사고로 한 보험계약에는 그 보험사고가 보험계약자 또는 피보험자나 보험수익자의 중대한 과실로 인하여 생긴 경우에도 보험자는 보험금액을 지급할 책임을 면하지 못한다($^{상\ 732조의}_{2\ 1항}$). 이는 상법 제659조 1항(보험계약자 등의 고의·중과실로 인한 보험자의 면책사유)에 대한 특칙이다. 따라서 상법상 사망보험의 경우 보험자는 보험계약자 또는 피보험자나 보험수익자의 고의로 인하여 보험사고가 생긴 경우에만 면책되는데, 다수의 생명보험계약이 체결되었고 그 보험료나 보험금이 다액이며 사고발생경위가 석연치 않은 교통사고로 피보험자가 사망하였다는 사정만으로 피보험자의 이러한 고의에 해당한다고 할 수 없다($^{대판\ 2001.\ 11.\ 27,}_{99\ 다\ 33311}$). 이 때 둘 이상의 보험수익자 중 고의로 피보험자를 사망하게 한 경우 보험자는 다른 보험수익자에 대한 보험금 지급책임을 면하지 못한다($^{상\ 732조의}_{2\ 2항}$)($^{동지:\ 대판(전)\ 1998.\ 4.\ 23,\ 97\ 다\ 19403;}_{동\ 2012.\ 12.\ 13,\ 2012\ 다\ 1177}$). 이 경우 보험자는 고의가 있는 보험수익자의 부담부분만큼 보상책임이 감액된다고 보아야 할 것인데($^{동지:\ 서울고판\ 1985.}_{11.\ 7,\ 85\ 나\ 1266}$), 보험수익자의 일부의 고의로 인하여 보험계약 자체가 무효로 되는 경우에는 이 규정이 적용될 여지가 없다($^{동지:\ 대판\ 2000.\ 2.}_{11,\ 99\ 다\ 49064}$). 또한 피보험자의 사망이나 상해를 보험사고로 하는 보험계약에서 보험사고 발생시의 상황에 있어 피보험자에게 안전띠 미착용 등 법령위반의 사유가 존재하는 경우를 보험자의 면책사유(안전띠 미착용 감액조항)로 약관에 정한 경우에도 그러한 법령위반행위가 보험사고의 발생원인으로서 고의에 의한 것이라고 평가될 정도에 이르지 아니하는 한 위

면책약관은 상법 제732조의 2, 제739조 및 제663조에 반하여 무효이다(대판 2014. 9. 4, 2012 다 204808).

일반적으로 약관에 의하여 보험자는 보험기간 개시일부터 2년(또는 일정기간)이 경과하면 피보험자의 고의로 인한 보험사고(예컨대, 자살)의 경우나 피보험자가 심신상실 등으로 자유로운 의사결정을 할 수 없는 상태에서 자산을 해친 경우에는 면책되지 않는 것으로 규정하고 있다(자살면책제한규정, 책임능력 결여로 인한 면책제한규정) (2015. 12. 29. 현재 생명보험 표준약관 5호 1호 단서 참조). 이러한 면책제한조항은 (기본약관에 있든, 재해사망특약에 있든) 당사자간의 약정에 의한 보험사고로 보험계약자 측에 유리하고 강행법규나 보험의 본질에 반하지 않은 약정이므로 유효하다고 본다(동지: 대판 2007. 9. 6, 2006 다 55005; 동 2016. 5. 12, 2015 다 243347; 동 2016. 10. 13, 2016 다 216731·216748; 서울중앙지판 2015. 11. 20, 2015 가합 505927 외). 다만 (상해보험에서) 피보험자의 정신질환을 면책약관상 별도의 면책사유의 하나로 규정하고 있으면, 이로 인한 자살에 대하여 보험자는 면책된다(대판 2015. 6. 23, 2015 다 5378).

2. 보험료적립금반환의무

보험사고발생 전의 보험계약자에 의한 보험계약의 임의해지(상649조), 보험료부지급(不支給)으로 인한 보험계약의 해제·해지(상650조), 고지의무위반으로 인한 보험계약의 해지(상651조), 위험의 변경·증가로 인한 보험계약의 해지(상652조·653조), 보험자의 파산으로 인한 보험계약의 해지(상654조) 및 보험자의 면책사유(상659조·660조)로 인하여 보험자가 보험금의 지급책임이 면제된 때에는, 보험자는 보험수익자를 위하여 적립한 금액을 보험계약자에게 지급하여야 한다(상736조본문). 보험자는 보험계약이 해지된 경우에는 원칙적으로 미경과보험료만을 반환하거나(상649조3항) 또는 보험료반환의무를 부담하지 않으나(상650조~655조), 생명보험계약은 장기보험계약으로서 저축기능을 아울러 갖고 있으므로 이에 대한 예외로 보험료적립금(책임준비금)을 반환하도록 한 것이다.

그러나 예외적으로 다른 약정이 없으면 보험사고의 발생이 보험계약자의 고의 또는 중대한 과실로 인하여 발생하여 보험자가 보험금지급책임을 면한 때에는(사망보험의 경우는 보험계약자 등의 고의에 의하여 보험금 지급책임을 면한 때에는— 상732조의2 참조), 보험자는 보험료적립금반환의무를 면한다(상736조단서).

이러한 보험자의 보험료적립금의 반환의무는 3년을 지나면 소멸시효가 완성한다(상662조).

3. 약관에 의한 의무

이 밖에 보험자는 약관에 의하여 보험증권대부(보험계약대출)의무(동지: 대판 2007. 9. 28, 2005 다 15598)·

배당의무($^{동지: 대판 2005. 12.}_{9, 2003 다 9742}$) 등을 부담한다.

제 3 절 상해보험계약

제 1 상해보험계약의 의의

상해보험계약이란 「보험자는 피보험자(보험자와 보험계약자의 개별 약정으로 태아를 피보험자로 할 수 있다 — $^{대판 2019. 3. 28.}_{2016 다 211224}$)의 신체의 상해에 관한 보험사고가 생길 경우에 보험금액 기타의 급여를 하기로 하는 인보험계약」을 말한다($^{상}_{737조}$). 여기에서 「기타의 급여」라 함은 치료 또는 의약품의 급여와 같은 현금 이외의 급여를 말한다.

제 2 상해보험계약의 특성

1. 인보험의 성질

상해보험계약은 보험의 객체가 「사람」이라는 점에서 인보험계약($^{상 727조}_{1항}$)에 속하고, 피보험자의 재산상의 손해를 보상할 것을 목적으로 하는 손해보험계약($^{상}_{665조}$)과 구별된다. 상해보험계약은 생명보험계약과 같이 인보험계약에 속하나, 상해보험계약은 「사람의 신체에 관한 상해」를 보험사고로 하나 생명보험계약은 「사람의 사망·생존·사망과 생존」을 보험사고로 하는 점에서 양자는 구별된다. 또한 상해보험계약에서는 사람의 신체에 관한 상해를 보험사고로 하는 점에서 사람의 신체에 관한 질병을 보험사고로 하는 질병보험($^{상 739조}_{의 2}$) 및 사람(국민)의 질병·부상에 대한 예방·진단·치료·재활·출산 또는 사망 등을 보험사고로 하는 국민건강보험($^{국민건강보험}_{법 1조}$) 등과도 구별된다.

2. 손해보험의 성질

상해보험계약에서는 피보험자의 보험사고로 인한 실질손해를 산정할 수 없으므로, 이러한 점에서는 손해보상성을 본질로 하는 손해보험의 성질은 없다(따라서 보험가액의 관념도 없고, 초과·중복·일부보험의 문제도 없다). 그런데 상해보험약관에서 규정하고 있는 보험금(사망보험금·후유장해보험금 및 의료비보험금) 중 사망보험금은 (순)정액보험의 성질을 갖고 후유장해보험금은 준정액보험의 성질을 가지나(하나의 보험계약에서 장해보험금과 사망보험금을 함께 규정하고 있는 경우, 원칙적으로 그 중 하나만을 지급받을 수 있을 뿐이다— 대판 2013. 5. 23., 2011 다 45736), 의료비보험금(예컨대, 치료비·입원비 등)은 손해보험의 성질을 갖는다(동 약관 13조~). 또한 상해보험계약에서의 보험사고는 그 발생시기는 물론 발생여부도 불확정한데, 이것은 생명보험계약에서의 보험사고는 발생시기만이 불확정한 점과 구별되고 오히려 손해보험계약의 그것과 유사하다고 볼 수 있다. 따라서 상해보험계약은 그 성질이 생명보험(정액보험)계약과 동일하다고는 볼 수 없고, 생명보험(정액보험)계약과 손해보험계약의 중간에 속한다고 볼 수 있다.

제3 상해보험계약에 있어서의 보험사고

상해보험계약의 요소 중에서 가장 중요하고 상해보험계약에만 특유한 것이 보험사고이다(상해보험계약의 요소 중 나머지는 보험계약의 요소 및 인보험계약의 요소를 참고하면 된다). 상해보험계약에서의 보험사고에 대하여 상법은 「피보험자의 신체의 상해」라고만 규정하고 있고(상 737조), 보통 상해보험계약의 보험약관에서 규정하고 있다 (대판 2015. 1. 29, 2014 다 73053 참고). 장기손해보험 표준약관(금융감독원 제정)은 「급격하고도 우연한 외래의 사고로 피보험자가 신체에 입은 상해」라고 규정하고 있다(동 약관 13조 1항)(이에 관한 상세는 정찬형, 「상법강의(하)(제24판)」, 876~881면 참조). 따라서 신체의 질병 등과 같은 내부적 원인에 기한 것은 이러한 상해가 아니다(대판 2001. 8. 21., 2001 다 27579). 그러나 외래의 사고와 피보험자의 질병 등이 공동원인이 된 경우에는 인과관계가 인정되면 이러한 상해가 되고(대판 2007. 10. 11., 2006 다 42610), 피보험자가 후복막강 종과를 제거하기 위한 개복수술과정에서 의료진의 과실로 인한 감염으로 폐렴이 발생하여 사망하였다면 이러한 상해가 될 수 있으며(대판 2010. 8. 19, 2008 다 78491·78507), 이 때 상해를 원인으로 한 사망(상해사망)은 보험사고에 포함된다. 이러한 사고의 우연성 및 인과관계에 대하여는 보험금청구자에게 그 증명책임이 있다(대판 2003. 11. 28, 2003 다 35215·35222; 동 2010. 9. 30., 2010 다 12241·12258; 동 2023. 4. 27, 2022 다 303216).

제4 상해보험계약에 관한 특칙

1. 상해보험증권

상해보험증권에는 상법 제666조(손해보험증권 기재사항) 및 제728조(인보험증권 기재사항)에 규정한 사항을 기재하여야 하는데, 다음과 같은 특칙이 있다. 즉 피보험자와 보험계약자가 동일인이 아닌 때(타인의 신체에 관한 보험)에는 인보험증권의 기재사항 중 피보험자의 주소와 성명($\frac{상}{2호}^{728조}$) 대신에 피보험자의 직무 또는 직위만을 기재할 수 있다($\frac{상}{73조}$).

2. 생명보험에 관한 규정의 준용

상해보험에 관하여는 상법 제732조의 규정(15세 미만자·심신상실자 또는 심신박약자를 피보험자로 하는 사망보험계약은 원칙적으로 무효로 함)을 제외하고, 생명보험에 관한 규정이 준용된다($\frac{상}{739조}$). 이것은 상법이 상해보험을 생명보험과 함께 인보험에 속하는 것으로 규정한 점을 반영하고 있다고 볼 수 있다.

그러나 앞에서 본 바와 같이 상해보험계약은 원칙적으로 단순한 정액보험이 아니고(따라서 생명보험과 구별됨) 손해보험의 성질을 갖는 경우도 있으므로($\frac{서울민사지판 1990. 10.}{31, 90 가단 15905 참조}$) 생명보험에 관한 규정의 준용만으로는 부족하고 입법론상 상해보험에 관한 보다 상세한 규정을 둘 필요가 있다고 본다.

제 4 절 질병보험계약

제 1 질병보험계약의 의의

질병보험계약이란 「보험자는 피보험자의 질병에 관한 보험사고가 발생할 경우에 보험금이나 그 밖의 급여를 지급하기로 하는 인보험계약」을 말한다($\frac{상}{의 2}^{739조}$). 2014년 3월 개정상법에서 질병보험에 관한 규정을 신설하였다. 여기에서 「질병」이라 함은 "상해 이외의 내부적 원인에 기하여 피보험자의 신체에 발생하는 사고로서 이의 결과 입원·수술 등의 치료를 요하는 것"이라고 볼 수 있다($\frac{동지: 대판 2015. 5.}{28, 2012 다 50087}$). 또한 「그 밖의 급여」란 "치료 또는 의약품의 급여 등과 같은 현금 이외의 급여"를 말한다.

제 2 생명보험 및 상해보험에 관한 규정의 준용

질병보험에 관하여는 그 성질에 반하지 아니하는 범위에서 생명보험 및 상해보험에 관한 규정을 준용한다($\frac{상}{의 3}^{739조}$). 이로 인하여 타인의 질병보험계약을 체결하거나 질병보험계약으로 인하여 생긴 권리를 피보험자가 아닌 자에게 양도하는 경우에는 상법 제731조에 따른 피보험자의 서면에 의한 동의를 얻어야 한다($\frac{\text{상 739조의}}{3, \text{ 731조}}$). 그러나 15세미만자 · 심신상실자 또는 심신박약자의 질병을 보험사고로 한 질병보험 계약은 유효하다($\frac{\text{상 739조의 3,}}{739\text{조, } 732\text{조}}$).

질병보험의 경우에도 상해보험과 같이 원칙적으로 제3자에 대한 보험자대위가 금지되지만, 예외적으로 당사자간에 다른 약정이 있으면 (손해보험의 성질을 갖는 질병보험에서) 피보험자의 권리를 해하지 아니하는 범위 안에서 보험자는 제3자에 대하여 대위권을 행사할 수 있다고 본다($\frac{\text{상}}{729\text{조}}$).

해 상

제1장 서 론

제1절 해상법의 의의 및 지위

제1 해상법의 의의

1. 실질적 의의의 해상법

실질적 의의의 해상법은 「해상기업에 특유한 사법적 규정」을 말한다. 이러한 실질적 의의의 해상법은 주로 상법전 제5편 「해상」(형식적 의의의 해상법)에 규정되어 있으나, 이외에도 많은 특별법(선박법·선박안전법·선원법 등) 등에도 이에 관련된 사항이 규정되어 있다(실질적 의의의 해상법에 관한 상세는 정찬형, 「상법강의(하)(제24판)」, 889~890면 참조).

2. 형식적 의의의 해상법

형식적 의의의 해상법은 우리나라의 현행 상법 제5편 「해상」을 말한다. 이러한 해상법은 해상기업조직과 해상기업금융(제1장 해상기업), 해상기업활동(제2장 운송과 용선) 및 해상기업위험(제3장 해상위험)의 순으로 규정되어 있으므로, 이하에서도 대체로 이러한 순서에 따라 설명한다.

제2 해상법의 지위

1. 해상법과 해법과의 관계

해법(광의의 해법)이란 「해상항행에 관한 특별법으로서, 해사(海事)에 관한 법규의 전체(해사공법 및 해사사법)」라고 할 수 있다. 이러한 광의의 해법에는 「해사공법」
과 「해사사법」(협의의 해법)이 있는데, 해사사법은 일반적으로 해상법이 그 중심을
이루고 있다. 이렇게 보면 해상법은 (광의의) 해법의 일부분으로 볼 수도 있다. 그러
나 해상법의 규율대상인 해상기업은 선박에 의한 해상항행을 필수불가결의 요소로
하고 있으므로, 해상기업은 또한 (광의의) 해법의 규율을 받지 않을 수 없다. 따라서
해상법과 해법을 엄격하게 구별하기는 곤란하고, 해상법을 해법으로 부르기도 한다.

2. 해상법과 상법과의 관계

해상법은 해상기업에 관한 법으로서 형식적으로 상법의 일편이 되어 있을 뿐
아니라, 실질적으로도 기업법인 상법의 일부분을 이루고 있다. 그러나 해상법은 상
법의 다른 부분에 대하여 특별법의 지위에 있다.

제 2 절   해상법의 법원(法源)

제 1   제 정 법

1. 상 법 전

상법전 제 5 편 「해상」은 형식적 의의의 해상법으로서 실질적 의의의 해상법의
대표적인 법원(法源)이다. 이러한 상법전 제 5 편 「해상」은 제 4 편 「보험」과 함께
제정(1962. 1. 20) 이후 1991년 12월 31일에 대폭 개정되었고(1993. 1. 1부터 시행),
또한 2007년 8월 3일에 다시 대폭 개정되었다(2008. 8. 4부터 시행).

2. 특별법령

해상법에 관한 특별법령은 대부분 행정법령에 속하는 것인데, 이는 다음과 같
다. 선박법(전문개정: 1982. 12. 31, 법 3641호,
개정: 2022. 6. 10, 법 18957호), 선박등기법(제정: 1963. 4. 18, 법 1331호,
개정: 2020. 2. 4, 법 16912호), 선박안전법
(전문개정: 2007. 1. 3, 법 8221호,
개정: 2022. 12. 27, 법 19134호), 선원법(전문개정: 2013. 8. 4, 법 11024호,
개정: 2024. 1. 23, 법 20127호), 선박직원법(전문 개정: 1983. 12.
31, 법 3715호, 개정:
2023. 7. 25,), 도선법(전문개정: 1986. 12. 31, 법 3908호,
개정: 2023. 12. 29, 법 19867호), 항만법(전문개정: 2009. 6. 9, 법 9773호,
개정: 2023. 10. 24, 법 19778호), 항만운송사
업법(제정: 1963. 9. 19, 법 1404호,
개정: 2023. 6. 20, 법 19501호), 선박의 입항 및 출항 등에 관한 법률(제정: 2015. 2. 3, 법 13186호,
개정: 2023. 7. 25, 법 19573호),
해양사고의 조사 및 심판에 관한 법률(전문개정: 1971. 1. 22, 법 2306호,
개정: 2023. 7. 25, 법 19573호), 수상에서의 수색·구조 등

에 관한 법률(전문개정: 2012. 2. 22, 법 11368호,)(개정: 2024. 1. 2, 법 19911호), **해운법**(전문개정: 2007. 4. 11, 법 8381호,)(개정: 2023. 10. 31, 법 19807호), **해양환경관리법**(제정: 2007. 1. 19, 법 8260호,)(개정: 2024. 1. 2, 법 19910호)(이 법 부칙 제 2 조에 의하여)('해양오염방지법'은 폐지됨), 선박소유자 등의 책임제한절차에 관한 법률(제정: 1991. 12. 31, 법 4471호,)(개정: 2009. 12. 29, 법 9833호) 및 **상법시행령**(제 3 조,)(제20조)(전문 개정: 2012. 4. 10, 대통령령 23720호,)(개정: 2023. 12. 19, 대통령령 33968호) 등이 있다.

3. 조 약

헌법 제 6 조 1 항은 「헌법에 의하여 체결·공포된 조약과 일반적으로 승인된 국제법규는 국내법과 같은 효력을 가진다」고 규정하고 있으므로, 해상기업에 관한 조약은 해상법의 법원(法源)이 된다. 해상법에 관한 통일조약은 그 수가 상당히 많으나, 우리나라가 가입한 조약은 많지 않고, 또한 중요한 조약은 상법 중 해상편에서 대폭 도입되어 국내법이 되었다.

제 2 상관습법

해상법에서는 상관습법이 현저하게 발달하였는데(예컨대, 하도지시서·적하수령서 등에 관한 상관습 등), 이는 해상법의 법원으로 민법에 우선하여 적용된다($^{상}_{1조}$).

제 3 운송약관

대표적인 해상기업활동인 해상운송에서는 보통 운송약관에 의하여 그 거래가 이루어진다. 이러한 운송약관은 보통거래약관의 일종이므로, 운송약관이 해상법의 법원(法源)인지 여부는 보통거래약관이 상법의 법원인지 여부의 문제가 된다. 약관에 대하여 법원성을 인정할 것인지 여부에 대하여는 크게 긍정설(자치법설·제도설)과 부정설(상관습법설·법률행위설)이 있는데, 약관 그 자체는 법규범이 될 수 없고 개별계약의 내용이 됨에 불과하므로 약관의 법원성을 부정한다.

제2장 해상기업조직

제1절 총 설

해상기업이란 바다를 무대로 하여 선박에 의하여 활동하는 기업을 말하는데, 해상기업의 중심이 되는 것은 해상운송기업이다. 이러한 의미의 해상기업의 조직은 물적 조직(선박)과 인적 조직(해상기업의 주체 및 해상기업의 보조자)으로 구성되어 있다. 따라서 이하에서는 해상기업조직의 법적 규제에 대하여 그 물적 조직과 인적 조직의 순으로 설명하고, 해상기업에 특유한 해상기업주체의 책임제한에 대하여 설명하겠다.

제2절 물적 조직(선박)

제1 선박의 의의

1. 해상법상의 선박의 의의

해상법에서 선박이라 함은 「상행위 기타 영리를 목적으로 항해에 사용하는 선박」을 말한다($\frac{상}{740조}$). 해상법상의 선박은 「상행위 기타 영리를 목적으로 하는 선박」이어야 하므로(영리선요건), 스포츠선·학술탐험선 등은 영리성이 없으므로 현행 해상법상의 선박이 아니다. 해상법상의 선박은 「항해에 사용하는 선박」이어야 하므로 (항해선요건), 영리선이라도 내수만을 항행하는 내수선은 해상법상의 선박이 아니다.

해상법상의 선박은 「사회통념상 선박」이라고 인정되는 것이어야 하므로(선박요건), 비행선(飛行船)·부표(浮標)·부선거(浮船渠)·해상호텔·인양불능의 침몰선 등은 해상법상의 선박이 아니다. 사회통념상 선박이라도 단정(短艇) 또는 주로 노(櫓) 또는 상앗대로 운전하는 선박(노도선)은 해상법상의 선박에서 제외된다($^{상 741조}_{2항}$).

2. 해상법의 적용범위

상법 제 5 편 해상에 관한 규정은 위의 해상법상의 선박에 대하여 적용될 뿐만 아니라, 상행위 기타 영리를 목적으로 하지 아니하더라도 항행용으로 사용되는 선박에 대하여도 준용된다($^{상 741조}_{1항 본문}$). 다만 국유 또는 공유의 선박에 대하여는 선박법 제29조 단서에도 불구하고 항해의 목적·성질 등을 고려하여 해상법을 준용하는 것이 적합하지 아니한 경우로서 대통령령이 정하는 경우에는 해상법이 준용되지 아니한다($^{상 741조}_{1항 단서}$).

제 2 선박의 성질

1. 합성물성

선박은 동체·갑판·추진기·기관 등의 각 부분이 유기적으로 결합된 합성물로서(단일물이 아님) 1개의 독립한 물건이다.

선박 자체와 구별할 것으로 그 속구(屬具)가 있는데, 이러한 속구는 민법상의 종물($^{민}_{100조}$)은 아니지만, 속구목록에 기재한 물건은 선박의 종물로 추정되므로($^{상}_{742조}$) 특약이 없는 한 선박의 처분에 따른다($^{민 100조}_{2항}$).

2. 부동산유사성

선박은 사법상 유체동산에 불과하지만, 그 가격이 고가이고 또 그 용적이 크다는 이유 등으로 법적으로 부동산과 유사하게 취급되는 경우가 많다. 즉, 일정한 규모(총톤수 20톤 이상의 기선〈機船〉과 범선〈帆船〉 및 총톤수 100톤 이상의 부선〈艀船〉 등) 이상의 선박에 대하여는 등기하도록 하고($^{선박 8조, 26조}_{선등 2조}$), 이러한 선박에 대하여는 부동산과 동일한 방법으로 강제집행을 할 수 있도록 하며($^{민집 172조}_{이하}$), 형법상 선박을 건조물과 같게 취급하고($^{형}_{31조}$), 국제법상 선박을 영토의 연장으로 보는 것 등은 이를 반영하고 있다고 볼 수 있다.

3. 인격자유사성

선박은 선명·국적·선적항·선급·톤수 등에 의하여 그 개성이 식별되므로, 사람과 비슷한 인격자유사성이 있다(이에 관한 상세는 정찬형, 「상법강의(하)(제24판)」, 905~908면 참조). 선박이 이와 같이 법률상 인격자유사성을 갖는 것이기는 하지만, 선박은 그 자체가 독립한 인격자(법인)가 될 수는 없고 인격자(자연인 또는 법인)에 소속된 재산에 불과하다.

제3 선박소유권의 득상(得喪)변경

1. 선박소유권의 득상

선박소유권의 득상원인은 일반동산의 경우와 대체로 같다. 다만 공법상 포획(국제법상)·몰수·수용(행정법상), 사법상 보험위부(保險委付)($\frac{상}{710조}$)·선박공유자의 지분매수 또는 경매청구($\frac{상 760조}{761조}$)·선장의 매각 또는 경매($\frac{상 752조, 753조}{754조}$) 등이 선박에 특유한 것이다. 또한 등기선박은 부동산 취급을 받으므로 선의취득($\frac{민}{249조}$)의 규정이 적용되지 않는다. 선박의 절대적 상실원인으로는 침몰·해철(해체) 등이 있다.

2. 선박소유권의 양도

(1) 양도요건

비등기선(총톤수 20톤 미만의 기선〈機船〉과 범선〈帆船〉 및 총톤수 100톤 미만의 부선〈艀船〉)의 양도는 민법의 동산물권변동의 일반원칙에 따라 인도에 의하여 그 양도의 효력이 발생한다($\frac{민}{188조}$)($\frac{동지: 대판 1966. 12.}{20, 66 다 1554}$).

그러나 등기선박의 소유권양도에 대하여 상법은 그 효력요건으로서 양도의 의사표시만을 요하고, 이전등기와 선박국적증서의 명의개서를 제3자에 대한 대항요건으로 규정하고 있다($\frac{상}{743조}$). 이것은 민법의 부동산물권변동에 관한 형식주의($\frac{민}{186조}$)에 대한 중대한 예외를 인정한 것이다.

(2) 양도효과

선박소유권 양도의 효과로서 선박소유권의 이전과 함께, 다른 의사표시가 없는 한 속구목록에 기재된 속구의 소유권도 이전한다($\frac{상 742조; 민}{100조 2항}$).

선박소유권 양도의 특수효과로서 양도선박이 항행중인 때에는, 특약이 없는 한 그 항해에서 생긴 손익은 양수인에게 귀속된다($\frac{상}{763조}$).

제 3 절　인적 조직

제 1 관　해상기업의 주체

상법은 단독으로 선박을 소유하는 자가 해상기업을 영위하는 것을 일반적인 것으로 보아 해상기업의 주체를 선박소유자 중심으로 규정하고 있으나($\frac{상}{}$ 769조)(협의의 선박소유자), 이 때의 선박소유자에는 선박공유자·선체용선자·정기용선자 등을 포함한다(광의의 선박소유자). 이하에서는 이들 각각에 대하여 차례로 설명한다.

제 1　선박소유자

이 때의 선박소유자는 위에서 본 바와 같이 협의의 선박소유자를 의미한다. 즉, 선박에 대하여 물권법상 소유권을 갖는 자로서, 그 소유선박을 상행위 기타 영리 목적으로 자기의 해상기업에 이용하는 자를 의미한다.

제 2　선박공유자

1. 의　의

선박공유자라 함은 「선박을 공유하고 이것을 공동의 해상기업에 이용하는 자」를 말한다.

선박공유의 법적 성질은 단순한 민법상 소유권 등의 공유관계($\frac{민}{이하}$ 262조)가 아니라, 공동기업형태의 하나이다. 선박공유자 상호간에 조합관계가 있는 경우에도 ($\frac{상}{참조}$ 759조) 이는 민법상의 조합과는 다른 것이고, 선박공유관계는 전체적으로 볼 때 인적 요소보다는 물적 요소가 농후하여($\frac{상}{759조,\ 761조}$ 756조 1 항,) 조합이나 인적회사보다는 물적회사에 가깝다고 볼 수 있다.

2. 내부관계

(1) 업무집행

선박공유에 있어서 공유선박의 이용 기타의 업무집행에 관한 사항은 각 공유
자의 지분의 가액에 따라 그 과반수로써 결정하는데($\frac{상 756조}{1항}$), 이는 물적 회사의 경우
($\frac{상 369조 1항,}{575조 본문}$)와 유사하다. 그러나 선박공유에 관한 계약을 변경하는 사항은 공유자
전원의 일치로 결정하여야 한다($\frac{상 756조}{2항}$).

공유선박의 업무집행은 원칙적으로 「선박관리인」이 실행하는데, 이러한 선박
관리인은 선박공유자 중에서 선임하는 경우에는 선박공유자의 지분의 과반수에 의
하여 선임되고($\frac{상 756조}{1항}$) 그 외의 자에서 선임하는 경우에는 전 선박공유자의 동의가
있어야 한다($\frac{상 764조}{1항 2문}$). 선박관리인은 업무집행에 관한 장부를 비치하고 그 선박의 이
용에 관한 모든 사항을 기재하여야 하며($\frac{상}{767조}$) 매 항해의 종료 후에는 항해의 경과
상황과 계산에 관한 서면을 작성하여 선박공유자에게 보고를 하고 그 승인을 얻어
야 한다($\frac{상}{768조}$).

(2) 재산조직

각 선박공유자는 그의 지분의 가격에 따라 선박 및 그 속구 등을 공유하고, 선
박의 이용에 관한 비용과 이용에 관하여 생긴 채무를 부담한다($\frac{상}{757조}$). 손익의 분배
는 매 항해의 종료 후에 있어서 선박공유자의 지분의 가격에 따라서 한다($\frac{상}{758조}$).

(3) 지분의 양도

각 선박공유자는 자기의 지분을 자유로이 양도할 수 있는데($\frac{상 759조}{본문}$), 이는 주식
회사에서의 주식양도의 경우($\frac{상 335조}{1항 본문}$)와 유사하다.

그러나 (i) 선박관리인인 공유자는 자유로이 그의 지분을 양도할 수 없고
($\frac{상 759조}{단서}$), (ii) 지분양도에 의하여 선박이 한국의 국적을 상실하게 될 때에는 타공유
자에게 지분매수권 또는 경매청구권이 인정된다($\frac{상}{760조}$).

(4) 지분매수청구권

선박공유자가 신 항해를 개시하거나 선박을 대수선할 것을 결의한 때에는 그
결의에 이의가 있는 공유자는 다른 공유자에 대하여 상당한 가액으로 자기의 지분
을 매수할 것을 청구할 수 있고($\frac{상 761조}{1항}$), 또한 선박공유자인 선장이 그의 의사에 반
하여 해임된 경우에는 다른 공유자에 대하여 상당한 가액으로 그 지분을 매수할 것
을 청구할 수 있다($\frac{상 762조}{1항}$).

3. 외부관계

(1) 선박관리인의 대표권

선박관리인은 선박의 이용에 관한 재판상·재판외의 모든 행위를 하는 데 대한 대표권을 갖는다($\frac{\text{상}765조}{1항}$). 선박관리인의 이러한 대표권에 대한 제한은 이로써 선의의 제 3 자에게 대항하지 못한다($\frac{\text{상}765조}{2항}$).

그러나 선박관리인은 (i) 선박을 양도·임대 또는 담보에 제공하는 일, (ii) 신항해를 개시하는 일, (iii) 선박을 보험에 붙이는 일, (iv) 선박을 대수선하는 일, 또는 (v) 차재(借財)하는 일 등은, 선박공유자의 서면에 의한 특별수권이 없는 한 이를 할 수 없다($\frac{\text{상}}{766조}$).

(2) 선박공유자의 책임

각 선박공유자는 앞에서 본 바와 같이 그의 지분의 가격에 따라 선박의 이용에 관한 비용과 이용에 관하여 생긴 채무를 부담하는데($\frac{\text{상}}{757조}$), 이 책임은 선박공유에 독특한 지분책임주의이다(이는 민법상 조합원의 균일분담주의($\frac{\text{민}}{712조}$)·다수 당사자의 상행위에 의한 채무인 연대책임주의($\frac{\text{상}57조}{1항}$)·주주의 간접유한책임주의($\frac{\text{상}}{331조}$)와 구별된다).

선박공유자의 이러한 책임에 대하여는 선박소유자와 같이 상법 제769조 이하의 규정에 의하여 그 책임제한을 주장할 수 있다.

4. 해산 및 청산

선박공유는 선박의 침몰·멸실·양도 또는 이용의 폐지 등과 같은 선박에 특유한 사유로써 해산된다. 해산의 경우에는 청산을 하게 되는데, 청산인은 원칙으로 선박관리인이 된다고 본다.

선박공유의 해산과 청산에 관하여는 상법에 규정이 없다. 따라서 이에 관하여는 민법상 조합에 관한 규정에 의하여야 할 것이나, 앞에서 본 바와 같이 선박공유는 물적 요소에 중점을 두고 있으므로 물적 회사에 관한 규정을 유추적용하여야 할 경우가 많을 것으로 본다.

제3 선체용선자

1. 의 의

선체용선자란 「선체용선계약상의 용선자」를 말하는데, 선체용선계약이란 「용선자의 관리·지배하에 선박을 운항할 목적으로 선박소유자가 용선자에게 선박을 제공할 것을 약정하고, 용선자가 이에 따른 용선료를 지급하기로 약정함으로써 그 효력이 생기는 계약」이다($\frac{상}{1항}$847조). 따라서 이러한 선체용선자는 해상기업의 주체가 된다.

이러한 선체용선계약에는 위와 같은 일반적인 형태 외에도 특수한 형태가 있는데, 선원부 선체용선계약($\frac{상}{2항}$847조)·국적취득조건부 선체용선계약($\frac{상}{2항 전단}$848조)·금융의 담보를 목적으로 채권자를 선박소유자로 하여 선체용선계약을 체결한 경우($\frac{상}{2항 후단}$848조) 등이 그것이다.

2. 내부관계(선박소유자에 대한 관계)

선체용선자와 선박소유자와의 관계는 민법상 임대차계약관계이므로 선체용선자는 임차한 선박을 사용·수익할 수 있고, 선박소유자는 용선료를 청구할 수 있다($\frac{민}{618조}$).

선체용선자의 선체용선등기청구권은 당사자간에 반대의 약정이 있는 경우에도 상법의 특칙에 의하여 당연히 인정된다($\frac{상}{1항}$849조)(부동산임차인의 임대차등기청구권과 구별됨— $\frac{민}{1항}$621조).

3. 외부관계(제3자에 대한 관계)

선체용선자는 선박의 이용에 관한 사항에 관하여 제3자에 대하여 선박소유자와 동일한 권리를 갖고 의무(또는 책임)를 진다($\frac{상}{1항}$850조). 따라서 선체용선자가 그 선박을 항해에 사용한 때에는 선체용선의 등기 유무를 묻지 아니하고 제3자에게 가한 손해배상책임은 선체용선자에게 있는데, 이 때 선체용선자는 채권자에 대하여 선박소유자와 같은 조건으로 책임제한을 주장할 수 있다($\frac{상 769조~771조, 774조}{1항 1호의 선박운항자}$).

선체용선을 등기한 때에는 그 때부터 제3자에 대하여 효력이 생기므로($\frac{상}{2항}$849조) 그 후 그 선박에 대하여 물권을 취득한 자에 대하여도 효력이 있다.

선박소유자와 제3자는 법률상 직접적인 관계를 갖는 것은 아니지만, 선박의 이용에 관하여 발생한 우선특권은 선박소유자에게도 그 효력이 있다($\frac{상}{2항}\frac{850조}{본문}$). 다만 우선특권자가 선박의 이용이 선체용선계약에 반함을 안 때에는 그러하지 아니하다 ($\frac{상}{2항}\frac{850조}{단서}$).

제4 정기용선자

1. 총 설

(1) 의 의

정기용선자란 「정기용선계약상의 용선자」를 말하는데, 정기용선계약이란 「선박소유자가 용선자에게 선원이 승무하고 항해장비를 갖춘 선박을 일정한 기간 동안 항해에 사용하게 할 것을 약정하고, 용선자가 이에 대하여 기간으로 정한 용선료를 지급할 것을 약정함으로써 그 효력이 생기는 계약」이다($\frac{상}{842조}$). 따라서 정기용선자는 「일정기간 선박소유자의 선원부선박의 사용권을 얻어 이것을 자기의 해상기업에 이용하는 자」라고 볼 수 있다($\frac{동지: 대판 2010. 4.}{29, 2009 다 99754}$).

정기용선계약에 따른 법률관계는 주로 국제적으로 통용되는 약관에 의하고 있으나, 1991년 개정상법에서는 정기용선계약이 이용되는 경우가 많음을 고려하여 이러한 약관과 실무내용을 감안한 최소한의 규정을 상법에 명문화하였다($\frac{상}{846조}\frac{842조\sim}{}$).

(2) 선체용선 및 항해용선과의 구별

정기용선계약은 「선체용선계약」과 다르다. 즉, 선체용선에서는 용선자가 선박을 점유하면서 선장의 선임·감독권 등을 갖고 해상기업을 영위하는 것인데, 정기용선에서는 선박의 점유가 용선자에게 인도되는 것이 아니라 점유는 여전히 선박소유자가 선장·해원 등을 통하여 간접점유를 하고 정기용선자는 그 선박의 자유사용권만을 갖는다($\frac{동지: 대판 2010. 4.}{29, 2009 다 99754}$). 그러나 선원부선체용선계약은 정기용선계약과 아주 유사하게 된다.

정기용선계약은 또한 「항해용선계약」과도 다르다. 즉, 항해용선에서는 선박소유자가 특정한 항해를 할 목적으로 용선자에게 선원이 승무하고 항해장비를 갖춘 선박의 전부 또는 일부를 물건의 운송에 제공하고 용선자가 이에 대하여 운임을 지급하는 것이므로($\frac{상}{1항}827조$) 선박소유자가 해상기업의 주체로서 항해 및 운송의 사항을 모두 관장하고 용선자는 다만 이에 대하여 운임을 지급하는 것인데, 정기용선자는 선박의 자유사용권을 얻어 스스로 해상기업의 주체로서 활동한다. 따라서 정기용선계약은 선체용선계약과 항해용선계약과의 중간에 속하는 것으로 볼 수 있다.

(3) 법적 성질

정기용선계약의 법적 성질에 대하여는 (i) 선박소유자 등이 운송물을 인수받아 자기의 관리·점유하에 운송을 실행하는 것이므로 운송계약의 일종이라고 보는 「운송계약설」, (ii) 선박임대차계약(선체용선계약)과 노무공급계약과의 혼합으로 보는 「혼합계약설」, (iii) 통상의 용선계약(운송계약)과는 달리 선박임대차계약(선체용선계약)에 근접하면서 근로공급계약을 수반하는 특수계약이라고 보는 「특수계약설」, (iv) 선박임대차계약(선체용선계약)과 유사한 계약으로 보는 「선박임대차(선체용선)유사계약설」 등이 있다. 생각건대 운송계약설이 타당하다고 본다. 그러나 정기용선계약에는 선체용선계약의 성질도 일부 있음을 부인할 수는 없다.

[정기용선계약의 법적 성질을 특수계약이라고 본 판례]

"··· 정기용선계약은 선박에 대한 점유권이 용선자에게 이전되는 것은 아니지만 선박임대차와 유사하게 용선자가 선박의 자유사용권을 취득하고 그에 선원의 노무공급계약적인 요소가 수반되는 내용으로서 해상기업활동에서 관행적으로 형성 발전된 특수한 계약관계라 할 것이고 이 경우 정기용선자는 그 대외적인 책임관계에 있어서 선박임차인에 관한 상법 제766조의 유추적용에 의하여 선박소유자와 동일한 책임을 지는 것이라 할 것이므로 정기용선자인 피고는 선장이 발행한 이 사건 선하증권상의 운송인으로서의 책임을 부담한다 할 것이다 (대판 1991. 2. 25, 91 다 14215. (동지: 대판 1999. 2. 5, 97 다 19090)."

2. 내부관계(선박소유자에 대한 관계)

정기용선자와 선박소유자와의 내부관계에 관한 법률관계는 상법의 규정에 의하고, 상법에 규정이 없으면 당사자간의 약관에 의하며, 이것도 없으면 해사관습에 의하고, 이것도 없으면 민법의 임대차에 관한 규정에 의한다. 이하에서는 상법의 규정을 중심으로 설명한다.

(1) 정기용선자의 권리

1) 선장지휘권($\frac{상}{843조}$)　　정기용선자는 약정한 범위 안의 선박의 사용을 위하여 선장을 지휘할 권리가 있다($\frac{상}{1항}$843조). 선장, 해원 기타의 선박사용인이 정기용선자의 정당한 지시에 위반하여 정기용선자에게 손해가 생긴 경우에는 선박소유자가 이를 배상할 책임이 있다($\frac{상}{2항}$843조). 지시의 부당성에 대한 입증책임은 선박소유자 등에게 있다.

2) **채권의 제척기간**($^{\text{상}}_{846\text{조}}$)　　정기용선계약에 관하여 발생한 정기용선자의 선박소유자에 대한 이러한 채권은 선박이 선박소유자에게 반환된 날로부터 2년 이내에 재판상 청구를 하지 않으면 소멸한다($^{\text{상}}_{1\text{항}}\,^{846\text{조}}_{1\text{문}}$). 그러나 이 기간은 당사자의 합의에 의하여 연장할 수 있다($^{\text{상}}_{1\text{항}}\,^{846\text{조}}_{2\text{문}}$). 이는 당사자간의 법률관계를 조속히 종결시키기 위하여 제척기간으로 하고, 그 연장합의를 허용한 것이다. 또한 이 기간은 선박소유자와 정기용선자의 약정에 의하여 단축할 수도 있는데, 이는 정기용선계약에 명시적으로 기재하여야 그 효력이 있다($^{\text{상}}_{2\text{항}}\,^{840\text{조}}$).

(2) **정기용선자의 의무**

1) **용선료지급의무**($^{\text{상}}_{\text{후단}}\,^{842\text{조}}$)　　정기용선자는 선박을 일정기간 항해에 사용한 대가로 선박소유자에게 약정한 용선료를 지급할 의무를 부담한다($^{\text{상}}_{\text{후단}}\,^{842\text{조}}$). 만일 정기용선자가 이러한 용선료를 약정한 기일에 지급하지 않는 경우에는 선박소유자에게 다음과 같은 권리가 인정되고 있다.

⑺ **계약해제·해지권**　　정기용선자가 용선료를 약정기일에 지급하지 아니하는 때에는 선박소유자는 계약을 해제 또는 해지할 수 있다($^{\text{상}}_{1\text{항}}\,^{845\text{조}}$).

정기용선자가 제 3 자와 운송계약을 체결하여 운송물을 선적한 후 선박의 항해 중에 선박소유자가 위와 같이 계약을 해제 또는 해지한 때에는 선박소유자는 적하이해관계인에 대하여 정기용선자와 동일한 운송의무가 있다($^{\text{상}}_{2\text{항}}\,^{845\text{조}}$). 적하이해관계인을 보호하기 위하여 선박소유자 등에게 이러한 의무를 부담시키고 있다.

선박소유자가 정기용선계약을 해제 또는 해지하고 운송의 계속을 적하이해관계인에게 서면으로 통지한 때에는, 선박소유자의 정기용선자에 대한 용선료·체당금 그 밖에 이와 유사한 정기용선계약상의 채권을 담보하기 위하여 정기용선자가 적하이해관계인에 대하여 갖는 용선료 또는 운임의 채권을 목적으로 질권을 설정한 것으로 본다($^{\text{상}}_{3\text{항}}\,^{845\text{조}}$). 선박소유자 등에게 운송의무를 부담시키는 대신에 정기용선자에 대한 채권을 확보시켜 주기 위한 것이다.

선박소유자가 정기용선계약을 해제 또는 해지하고 계속운송을 하는 경우에도, 선박소유자나 적하이해관계인은 위의 권리와는 별도로 정기용선자에 대하여 손해배상청구를 할 수 있다($^{\text{상}}_{4\text{항}}\,^{845\text{조}}$).

⑷ **운송물의 유치권·경매권**($^{\text{상}}_{844\text{조}}$)　　정기용선자가 선박소유자에게 용선료, 체당금 그 밖에 이와 유사한 정기용선계약상의 채무를 이행하지 아니하는 경우에는, 선박소유자는 그 금액의 지급과 상환하지 아니하면 운송물을 인도할 의무가 없다

(상 844조 1항 본문.
807조 2항). 즉, 운송물을 유치할 수 있다. 그러나 선박소유자는 정기용선자가 발행한 선하증권을 선의로 취득한 제3자에게 대항하지 못한다(상 844조
1항 단서).

선박소유자는 위 금액의 지급을 받기 위하여 법원의 허가를 얻어 운송물을 경매하여 우선변제를 받을 권리가 있다(상 844조 1항 본문.
804조 1항). 이 때 선박소유자는 선장이 수하인에게 그 운송물을 인도한 후에도, 운송물이 인도된 후 30일을 경과하였거나 제3자가 그 운송물의 점유를 취득한 경우를 제외하고는 법원의 허가를 얻어 그 운송물을 경매하여 우선변제를 받을 권리가 있다(상 844조 1항 본문.
808조 2항). 그러나 선박소유자는 정기용선자가 발행한 선하증권을 선의로 취득한 제3자가 있는 경우에는 이러한 경매권을 행사할 수 없다(상 844조
1항 단서).

선박소유자의 이러한 유치권과 경매권은 정기용선자가 운송물에 관하여 약정한 용선료 또는 운임의 범위를 넘어서 행사하지 못한다(상 844조
2항).

(ⅾ) **채권의 제척기간**(상
846조)   정기용선계약에 관하여 선박소유자가 정기용선자에 대하여 갖는 채권은 당사자간의 별도의 연장의 특약이 없는 한 선박이 선박소유자에게 반환된 날로부터 2년 이내에 재판상 청구를 하지 않으면 소멸한다(제척기간). 선박소유자와 정기용선자는 약정에 의하여 이 기간을 단축할 수 있는데, 이는 정기용선계약에 명시적으로 기재되어야 한다(상 846조 2항.
840조 2항).

2) **선박반환의무**   상법에는 명문의 규정이 없으나 정기용선계약의 성질상 정기용선자는 용선기간이 만료하면 용선기간이 개시한 때에 선박을 인수한 상태로 선박을 선박소유자에게 반환하여야 할 의무를 부담한다.

3. 외부관계(제3자에 대한 관계)

⑴ 정기용선자의 제3자에 대한 관계

정기용선자의 제3자에 대한 관계에 관하여는 상법이 규정하고 있지 않다. 정기용선계약의 법적 성질을 원칙적으로 운송계약으로 본다고 하더라도 정기용선자는 해상기업의 주체로서 활동하고 정기용선계약에는 선체용선계약의 성질도 있으므로, 선체용선자와 제3자에 대한 법률관계를 규정한 상법 제850조를 정기용선자에게 유추적용할 수 있다고 본다(통설)(동지: 대판 1992. 2. 25, 91 다 14215; 대결 2019. 7. 24,
2017 마 1442. 반대: 대판 2003. 8. 22, 2001 다 65977). 따라서 정기용선자는 선박의 이용에 관한 사항에는 제3자에 대하여 선박소유자와 동일한 권리의무가 있다(상 850조 1항
유추적용). 또한 이 때 정기용선자는 그의 채권자에 대하여 선박소유자와 동일하게 책임제한을 주장할 수 있다(상 769조-771조, 774조
1항 1호의 용선자).

(2) **선박소유자와 제 3 자와의 관계**

1) 앞에서 본 바와 같이 선박소유자가 일정한 경우에 적하이해관계인 등에 대하여 정기용선자와 동일한 운송의무를 부담하는 경우나($^{\text{상 845조}}_{\text{2항}}$) ($^{\text{동지: 대판 2010. 4.}}_{\text{29, 2009 다 99754}}$), 정기용선자가 적하이해관계인에 대하여 가지는 운임 등의 채권에 대하여 선박소유자의 정기용선자에 대한 채권을 위하여 질권이 설정된 것으로 의제하는 경우($^{\text{상 845조}}_{\text{3항}}$)에는, 선박소유자와 제 3 자(적하이해관계인)는 관계를 갖게 된다.

2) 정기용선자가 선박을 이용하는 중에 생긴 우선특권은 그 우선특권자가 그 이용이 정기용선계약에 반함을 알지 못한 경우에는 우선특권자를 보호하기 위하여 선박소유자에게도 그 효력이 미친다고 볼 수 있는데($^{\text{상 850조 2 항}}_{\text{유추적용}}$), 이 때에도 선박소유자와 제 3 자(우선특권자)는 관계를 갖게 된다.

제 2 관 해상기업의 보조자

제 1 총   설

해상기업의 보조자에는 크게 해상보조자와 육상보조자가 있는데, 「해상보조자」는 선박의 운항에 관한 보조자로서 선장과 해원 등의 선원·예선(曳船)업자·도선사·적하감독인 또는 검수인 등을 말하고, 「육상보조자」는 상사에 관한 보조자로서 지배인 기타 상업사용인·운송주선인·선박중개인 및 선박대리점 등을 말한다. 이 중 육상보조자에 대하여는 상법총칙과 상행위편에서 이미 설명하였으므로, 이 곳에서는 해상보조자에 대하여만 설명한다. 해상보조자 중에서도 상법은 선장에 대하여만 규정하고 있으므로, 이하에서는 이에 대하여만 설명한다. 선장 등의 선원에 관하여는 상법 이외에도 행정법적 및 노동법적 규정인 선원법이 있다. 선장 이외의 해상보조자는 개별적인 특별법에 의하여 규율된다(예컨대, 적하감독인 등에 관하여는 항만운송사업법이 있고, 도선사에 관하여는 도선법이 있다).

제 2 선   장

1. 의 의

광의의 선장이란 「특정선박의 항해지휘자」를 말하는데, 이러한 의미에서의 선장에는 선박소유자 또는 선박공유자로서 동시에 선장인 자(즉, 동시〈同時〉선장 또는 자선〈自船〉선장)를 포함한다. 협의의 선장이란 「선박소유자의 피용자로서 특정선박의 항해를 지휘하고, 또 그 대리인으로서 공법상·사법상의 법정권한을 가진 자」를 말한다. 상법에서 선장이라 함은 협의의 선장을 말한다.

선장의 법정권한은 그 대리권이 포괄정형성($\frac{상}{1항}$749조)이 있고 또 불가제한성($\frac{상}{751조}$)이 있는 점에서 지배인·(대표)이사·선박관리인의 그것과 같으나, (i) 특정선박의 항해지휘자로서 선박의 운항관리에 책임을 지고($\frac{선원}{2호}$3조), (ii) 선박권력을 갖고 있으며, (iii) 대리권의 범위가 항해단위로 정하여지는 점에서, 지배인·(대표)이사·선박관리인의 그것과 다르다.

2. 선임과 종임

선장은 선박소유자가 선임한다. 그런데 선장이 불가항력으로 인하여 그 직무를 집행하기가 불가능한 때에는, 법령에 다른 규정이 없으면 선장이 자기의 책임으로 대선장(代船長)을 선임할 수 있다($\frac{상}{748조}$). 선장의 선임계약의 법적 성질은 고용과 위임의 혼합계약인 경우가 많다.

선장의 선임계약의 법적 성질을 위와 같이 고용과 위임의 혼합계약으로 보면, 고용과 위임의 일반적 종료원인($\frac{민}{689조~690조}$658조~663조,)에 의하여 선장은 종임된다. 또한 선장은 선박소유자의 해임에 의하여도 종임되는데($\frac{상}{745조}$), 이 때 선박소유자가 정당한 사유 없이 선장을 해임한 경우에는 선장은 이로 인하여 생긴 손해의 배상청구를 할 수 있다($\frac{상}{746조}$). 선장이 항해중에 해임 또는 임기만료된 경우에도, 다른 선장이 그 업무를 처리할 수 있을 때 또는 그 선박이 선적항에 도착할 때까지 그 직무를 집행할 책임이 있다($\frac{상}{747조}$).

3. 공법상의 지위

선장은 선박소유자의 기업보조자에 그치는 것이 아니라, 특정선박의 항해지휘자로서 일반항해법상(특히 선원법상)의 여러 가지 권리의무를 갖는데, 이에 관하여는 선원법에 상세히 규정되어 있다(이에 관한 상세는 정찬형, 「상법강의(하)(제24판)」, 924~927면 참조).

4. 사법상의 지위

선장의 사법상의 지위는 보통 대리인의 지위인데, 선장의 이러한 대리인의 지위에는 선박소유자의 대리인으로서의 지위뿐만 아니라, 적하이해관계인·여객·구조료채무자 등의 대리인으로서의 지위 등이 있다.

(1) 선박소유자에 대한 관계

1) 내부관계 선장과 선주와의 내부관계는 선장의 선임계약(고용계약·위임계약 등)에 따라 원칙적으로 민법의 규정이 적용되는데, 해상법의 특수성 또는 선장의 지위의 특수성으로 인하여 이러한 민법의 규정은 상법·선원법 등에 의하여 많은 변경·보충을 받는다. 즉 선장은 상법의 규정에 의하여 (i) 선장이 대선장(代船長)을 선임한 경우에는 그 선임에 관하여 선박소유자에 대하여 책임을 지며($\frac{상}{748조}$), (ii) 선장은 항해에 관한 중요사항(충돌·해손·구조·선박수선)을 지체 없이 선박소유자에게 보고하고, 또 매 항해를 종료한 때는 지체 없이 그 항해에 관한 계산서를 선박소유자에게 제출하여 그 승인을 얻어야 하며, 선박소유자의 청구가 있을 때에는 언제든지 항해에 관한 사항과 계산의 보고를 하여야 한다($\frac{상}{755조}$). 또한 선장은 선원법에 의하여 선박소유자에 대한 급식청구권($\frac{동}{74조}$) 등을 갖는다.

2) 외부관계 선장은 선박소유자 등의 임의대리인이지만 선박소유자 등을 위하여 법률에서 정한 범위의 대리권을 갖는다(이 점은 지배인의 경우와 유사하다). 즉 선적항($\frac{이에 관하여는 대판 1991.}{12. 24, 91 다 30880 참조}$)에서 선장은 특히 위임을 받은 경우 외에는 해원의 고용과 해고를 할 권한만을 가진다($\frac{상 749조}{2항}$).

[선적항에서의 선장의 권한에 관한 판례]

"상법 제773조에 의하면 선박에 승무하는 해원의 고용은 선장의 고유의 대리권에 속하므로, 선장이 일등항해사와 승선계약을 체결하고 부산해운국의 공인을 받은 후 소속공사 총재의 정식발령이 있는 경우에는, 그 항해사의 입사는 선장에 의하여 고용된 때이며 원심이 판결한 것과 같이 총재 「선주」에 의하여 발령된 날이 아니다($\frac{대판 1968. 5. 28,}{67 다 2422}$)."

선적항 외에서는 선장은 그가 지휘하는 선박의 항해에 필요한 재판상·재판외의 모든 행위를 할 권한을 갖는다($\frac{상 749조}{1항}$). 이러한 대리권에 대한 제한은 선의의 제3자에게 대항하지 못한다(불가제한성)($\frac{상}{751조}$). 그러나 선장의 선적항 외에서의 이러한 광범위한 대리권은 예외적으로 선박소유자에게 부담을 주는 행위(신용행위)나 적하를 처분하는 행위(적하처분행위)에 대하여는 제한을 받기도 하고($\frac{상}{750조}$), 선적항 외에서 선박이 수선하기 불능한 때에는 해무관청의 인가를 얻어 이를 경매할 수 있어

(선박경매권 또는 긴급매각권)($\frac{상}{754조}$753조) 확장되기도 한다.

(2) 적하이해관계인에 대한 관계

선장은 원래 적하를 그 목적항까지 안전하게 운송하여야 할 임무를 갖고 적하이해관계인과는 아무런 법률관계가 없지만, 항해위험과 적하사고의 불측성으로 인하여 경우에 따라서는 항해중 적하에 대하여 임기응변의 처분을 할 필요가 있어 선장에게 적하이해관계인을 위한 적하처분권인 일종의 법정대리권을 인정하고 있다. 즉 선장은 항해중 항해위험 또는 적하사고로 인한 적하의 손실방지 또는 경감을 위하여 급박한 필요가 있는 경우에 적하를 처분할 수 있는데(적하처분권의 인정), 이 경우에는 적하이해관계인의 이익을 위하여 가장 적당한 방법으로 하여야 한다($\frac{상}{1항}$752조).

선장의 이러한 처분행위의 효과는 적하이해관계인에게 귀속하므로, 이로 인하여 적하이해관계인이 채무를 부담하는 경우에는 그 적하의 가액을 한도로 하여 책임을 진다($\frac{상}{2항}$752조 본문). 그러나 적하이해관계인에게 과실이 있는 경우에는 그 책임은 무한이다($\frac{상}{2항}$752조 단서).

(3) 여객에 대한 관계

선장은 여객이 사망한 때에는 그 여객의 법정대리인으로서 그 상속인에게 가장 이익이 되는 방법으로 사망자가 휴대한 수하물을 처분하여야 한다($\frac{상}{824조}$).

(4) 구조료채무자에 대한 관계

선장은 해난구조가 있는 경우에는 구조료채무자에 갈음하여 그 지급에 관한 재판상·재판외의 모든 행위를 할 권한이 있다($\frac{상}{1항}$894조). 따라서 선장은 그 구조료에 관한 소송에서 당사자가 될 수 있고, 그 확정판결은 구조료채무자에 대하여도 효력이 있다($\frac{상}{2항}$894조).

제 4 절 해상기업주체의 책임제한

제 1 총 설

앞에서 본 바와 같이 해상기업은 바다를 무대로 하여 활동하므로 해상기업의 해상위험(기업위험)은 특수하고, 이로 인하여 해상기업을 보호하고자 하는 별도의 이념이 발생하게 되었는데, 이러한 이념이 해상법에 반영된 대표적인 예가 공동해손과 선박소유자의 책임제한이론이다. 해상기업주체(선박소유자·선박공유자·선체용선자·정기용선자 등)가 해상기업을 영위함에 있어서 부담하는 채무에 대하여 그 책임을 어떻게 규제할 것인가는 과거부터 해상법에서 중요한 과제가 되어 왔다. 따라서 선박소유자의 책임제한에 대하여는 각국의 특수한 사정과 역사적인 배경에 따라 많은 입법주의가 있다(이에 관한 상세는 정찬형, 「상법강의(하)(제24판)」, 934~936면 참조). 이하에서는 선박소유자의 책임제한에 관한 우리 상법상의 규정내용을 설명하겠다.

제 2 우리 상법상 선주책임제한의 내용

1. 서 설

우리 상법이 규정하고 있는 선주유한책임제도에 관한 연혁을 보면, 의용(依用) 상법은 개정전 프랑스상법과 같이 위부주의(委付主義)에 의한 입법이었고($\frac{의용상}{법690조}$), 1962년 상법은 1924년의 통일조약을 수용하여 선가(船價)책임주의와 금액(金額)책임주의를 병용한 입법이었으나($\frac{1962년 상법}{746조, 747조}$), 1991년 개정상법은 1976년의 통일조약(우리나라는 이를 비준하지는 않음)을 수용하여 금액책임주의로 일원화한 입법을 하고 있으며($\frac{1991년 상법}{747조}$), 2007년 개정상법도 1991년 개정상법을 이어 받았으나 다만 여객의 사망에 대한 책임제한액을 상향조정하였다($\frac{상}{770조}$). 이하에서는 2007년 개정상법에 따른 선주유한책임의 내용을 설명하겠다.

2. 책임제한의 주체(책임제한권자 또는 책임제한채무자)

(1) 선박소유자 등($\frac{상 769조, 774조}{1항 1호}$)

책임제한을 주장할 수 있는 자는 선박소유자뿐만 아니라($\frac{상}{769조}$), 용선자·선박관리인 및 선박운항자이다($\frac{상 774조}{1항 1호}$). 이 때 만일 동일한 사고에서 발생한 선박소유자의 책임과 용선자·선박관리인 및 선박운항자의 책임이 경합하는 경우에는, 그 책임의 총액은 선박마다 법정책임한도액($\frac{상}{770조}$)을 초과하지 못한다($\frac{상 774조}{2항}$). 이하 차례로 간단히 검토한다.

1) 선박소유자　　이는 소유선박을 해상기업에 이용하는 해상기업주체(협의의 선박소유자 또는 이용선주)만을 의미한다($\frac{동지: 대판 1972. 6.}{13, 70 다 213}$). 또한 이 때 선박소유자가 상법의 규정($\frac{상}{770조}$)에 의하여 손해배상책임을 부담하는 경우에는 민법의 규정($\frac{민}{756조}$)은 적용되지 않는다($\frac{동지: 대판 1970. 9.}{29, 70 다 212}$).

2) 용 선 자　　이 때 용선자는 해상기업주체로서의 정기용선자($\frac{상}{842조}$) 뿐만

아니라, 재운송계약의 용선자(항해용선자 또는 정기용선자)($\frac{상}{809조}$)를 포함한다(자기명의로 재운송 등을 하는 자이므로 손해배상책임을 부담하기 때문이다).

3) 선박관리인   선박관리인은 해상기업주체는 아니지만 감독자로서 손해배상책임을 부담하는 경우($\frac{민}{2항}$ 756조)가 있기 때문에 책임제한권자에 포함시키고 있다.

4) 선박운항자   상법상 해상기업주체로서 선체용선자($\frac{상}{847조}$)뿐만 아니라, 이 외에 타인선박의 점유를 취득하여(사용임차·사무관리 등을 원인으로) 이것을 운항하는 주체인 선박운항의 수탁자·어선운항자 등도 이에 포함된다.

(2) 무한책임사원($\frac{상 774조}{1항 2호}$)

위 (1)의 자가 법인으로서 무한책임사원이 있는 경우(인적회사의 경우) 이러한 무한책임사원도 책임제한을 주장할 수 있다. 이 때 무한책임사원이 책임제한을 주장하기 위하여는 회사법상 무한책임사원이 회사채무에 대하여 책임을 부담하게 된 경우이다($\frac{상 212조,}{269조}$). 이 때 동일한 사고에서 발생한 무한책임사원과 그가 속한 법인의 책임의 총액은 선박마다 법정한도액($\frac{상}{770조}$)을 초과하지 못한다($\frac{상 774조}{2항}$).

(3) 선장·해원·도선사 기타 선박사용인 등($\frac{상 774조}{1항 3호}$)

자기의 행위로 인하여 선박소유자·용선자·선박관리인 및 선박운항자(이하 '선박소유자 등'이라 한다)에 대하여 책임을 생기게 한 선장·해원·도선사 그 밖의 선박소유자 등의 사용인 또는 대리인(이하 '선장 등'이라 한다)도 책임제한을 주장할 수 있다. 선장 등에 대하여도 이와 같이 책임제한을 주장할 수 있도록 한 이유는 피용자인 선장 등의 행위로 사용자인 선박소유자 등이 책임을 지고($\frac{민 756조 1항}{등에 의하여}$) 또 이 때 선장 등도 책임을 지는 경우에($\frac{민 750조, 756조 2항}{등에 의하여}$), 선박소유자 등은 책임제한을 주장할 수 있는데 그보다 자력(資力)이 약한 선장 등이 책임제한을 주장할 수 없다면 불합리하기 때문이다. 이 때 동일한 사고에서 발생한 선박소유자 등의 책임과 선장 등의 책임의 총액은 선박마다 법정한도액($\frac{상}{770조}$)을 초과하지 못한다($\frac{상 774조}{2항}$).

(4) 구조자($\frac{상}{775조}$)

구조자가 구조활동과 직접 관련하여 과실 등으로 제3자에게 손해를 입혀 손해배상책임을 부담하는 경우에, 이 책임에 대하여도 책임제한을 주장할 수 있다($\frac{상 775조}{1항}$).

구조활동은 (i) 구조선에 의하여 하는 경우, (ii) 피구조선에서 하는 경우 및 (iii) 선박에 의하지 아니하는 구조 등이 있는데, 이 때 (i)의 경우는 선박소유자 등의 책임제한을 주장할 수 있으므로($\frac{상 769조, 774조}{1항 1호}$), 구조자가 책임제한을 주장할 수 있도록 한 상법의 규정은 특히 (ii) 및 (iii)의 경우에 그 의미가 크다고 본다(상 775조).
그런데 (iii)의 경우는 선박과 무관한 데도 이러한 구조자까지 선주유한책임의 책임
제한주체에 포함시키는 것은 특수한 면이라고 볼 수 있다. 이 때 구조선에 의한 구
조자뿐만 아니라 구조선 이외의 구조자의 사용인 등(이행보조자나 피용자 등)도 책임
제한을 주장할 수 있다고 보아야 할 것이다(상 774조 1항).

(5) 책임보험자

책임소유자 등의 배상책임을 보험으로 인수한 책임보험자는 선박소유자 등이
주장할 수 있는 책임제한을 제 3 자(채권자)가 보험자에게 직접 보험금청구를 하는
경우에 주장할 수 있는가. 이에 대하여 우리 해상법상 명문규정은 없으나, 보험법상
제 3 자에게 보험자에 대한 직접청구권을 인정하고 있고(상 724조 2항 본문) 또 이 때 보험자는
피보험자가 그 사고에 관하여 가지는 항변으로써 제 3 자에게 대항할 수 있도록 규
정한 점(상 724조 2항 단서) 등에서 볼 때, 이러한 책임보험자도 책임제한을 주장할 수 있다고
보아야 할 것이다(동지: 대판 2009. 11. 26, 2009 다 58470). 이렇게 보면 이것도 선박과 무관한 자에 대하여
책임제한주체를 인정한 것으로서 특수한 면이라고 볼 수 있다.

3. 책임제한채권

(1) 책임제한채권의 범위

1) 원칙(제한채권)

(개) 일반책임제한채권 선박소유자 등(상 769조, 774조 1항 1호), 법인의 무한책임사원
(상 774조 1항 2호) 및 선장 등(상 774조 1항 3호)이 주장할 수 있는 책임제한채권은 다음과 같다.

① 선박에서 또는 선박의 운항에 직접 관련하여 발생한 사람의 사망·신체의 상해(인적
손해) 또는 그 선박 이외의 물건의 멸실 또는 훼손으로 인하여 생긴 손해(물적 손해)에 관한
채권(상 769조) 손해는 선박 내에서 발생하거나 또는 선박의 운항과 직접 관련하여
발생한 것이어야 하므로, 어로(漁撈)활동에 의한 손해나 침몰선에 의한 손해는 해당
되지 않는다.

인적 손해는 다시 여객(운송계약을 체결하고 그 선박에 탑승한 여객 또는 이에 준하
는 자)에 관한 인적 손해(사망·상해)와 여객 이외의 사람(예컨대, 전송하러 나온 사람 또
는 하역작업인이나 충돌상대선박의 여객·선원 등)에 관한 인적 손해(사망·상해)로 나뉘는
데, 각각에 대하여는 책임한도액과 기금(基金)설정을 달리한다(상 770조 1항 1호·2호, 3항, 4항 참조). 물적
손해의 경우에는 그 선박의 선체에 생긴 손해는 포함되지 않고, 그 선박상의 운송
물에 관한 멸실 또는 훼손으로 인한 손해와 충돌상대선박의 선체와 적하에 관하여

생긴 손해를 포함한다.

[선박충돌로 인한 손해배상채권도 책임제한채권에 포함된다고 본 판례]

"선박충돌로 인한 손해배상채권은 상법 제746조 제1호의 '그 선박의 운항에 직접 관련하여 발생한 그 선박 이외의 물건의 멸실 또는 훼손으로 인하여 생긴 손해에 관한 채권'에 해당하고, 그러한 채권은 불법행위를 원인으로 하는 것이라 하여도 '청구원인의 여하에 불구하고' 책임을 제한할 수 있는 것으로 규정하고 있는 같은 법 제746조 본문의 해석상 책임제한의 대상이 된다(대결 1995. 6. 5, 95 마 325. 동지:) ."
(대결 1998. 3. 25, 97 마 2758)

② 운송물, 여객 또는 수하물의 운송의 지연으로 인하여 생긴 손해에 관한 채권(상769조2호) 운송계약상의 채무불이행으로 인한 지연손해에 관한 채권이다. 여객의 사상(死傷)이나 운송물의 멸실·훼손으로 인한 손해에 대한 채권은 위 ①에 포함되므로, 이 곳에서는 이에 대하여만 규정한 것이다.

③ 위 ① 및 ② 이외에 선박의 운항에 직접 관련하여 발생한 계약상의 권리 외의 타인의 권리의 침해로 인하여 생긴 손해에 관한 채권(상769조3호) 「계약상의 권리 외의 타인의 권리의 침해로 인하여 생긴 손해」라 함은 '불법행위 또는 법률의 규정에 의한 경우'가 이에 해당한다(예컨대, 타선박 내의 매점의 영업권의 침해로 발생한 손해 또는 타인의 어업권의 침해로 인한 손해 등이 이에 해당한다).

④ 위 ① 내지 ③의 채권의 원인이 된 손해를 방지 또는 경감하기 위한 조치에 관한 채권 또는 그 조치의 결과로 인하여 생긴 손해에 관한 채권(상769조4호) 「손해방지경감조치에 따른 손해」란 선박에서 기름이 흘러나와 어장에 손해를 입힐 경우에 이를 방지하기 위하여 기름을 제거하거나 선박을 수선하는 데 드는 비용 등을 말하고, 「손해방지경감조치의 결과로 인하여 생긴 손해」란 위의 예에서 기름을 제거하거나 선박을 수선함에 따라 어장(漁場)이나 선박 또는 적하에 준 손해 등을 말한다.

그러나 당해 선박소유자 등이나 사용인이 스스로 조치한 때의 비용이나, 이들과의 계약에 따른 보수나 비용 등은 제외된다. 또 침몰, 난파 또는 유기된 선박 및 그 선박 내에 있는 물건의 인양, 제거, 파괴 또는 무해조치에 관한 채권도 제외된다(상773조4호).

(나) 구조자에 대한 책임제한채권 구조자에 대한 책임제한채권에 대하여 상법은 「구조자 또는 그 피용자의 구조활동과 직접 관련하여 발생한 사람의 사망, 신체

의 상해 또는 재산의 멸실이나 훼손, 또는 계약상 권리 이외의 타인의 권리의 침해로 인하여 생긴 손해에 관한 채권 및 그러한 손해를 방지 혹은 경감하기 위한 조치에 관한 채권 또는 그 조치의 결과로 인하여 생긴 손해에 관한 채권」이라고 규정하고 있는데($\frac{상}{1항}^{775조}$), 이의 해석에서는 다음의 두 가지 점을 주의하여야 할 것이다.

① 책임제한채권의 의의 이는 앞의 책임제한의 주체에서 설명한 바와 같이 구조자가 그의 구조활동과 직접 관련하여 과실 등으로 제3자에게 손해를 입혀 손해배상책임을 부담하는 경우에, 제3자가 구조자에 대하여 갖는 채권을 의미한다. 따라서 이는 해난구조자의 구조료채권($\frac{상}{882조}$)과 구별된다. 이러한 구조료채권은 책임제한채권이 아니다($\frac{상}{2호}^{773조}$).

② 책임제한채권의 범위 이에 대하여는 위에서 본 바와 같이 상법 제775조 제1항에서 규정하고 있는데, 이를 다시 분류하여 보면 다음과 같다. 구조자에 대한 책임제한채권은 (i) 구조자 또는 그 피용자의 구조활동과 직접 관련하여 발생한 사람의 사상(死傷) 또는 재산의 멸실·훼손으로 인하여 생긴 손해에 관한 채권, (ii) 구조활동과 직접 관련하여 발생한 계약상의 권리 이외의 타인의 권리의 침해로 인하여 생긴 손해에 관한 채권, (iii) 위 (i) 내지 (ii)의 손해를 방지 혹은 경감하기 위한 조치에 관한 채권 또는 그 조치의 결과로 인하여 생긴 손해에 관한 채권이다. 따라서 구조자에 대한 채권에는 운송물·여객 또는 수하물의 운송의 지연으로 생긴 손해에 관한 채권($\frac{상}{2호}^{769조}$) 및 여객의 사망 또는 신체의 상해로 인한 손해에 관한 채권($\frac{상}{1항 1호}^{770조}$)은 발생할 여지가 없다($\binom{따라서 상법 제775조에서는}{이를 명문으로 배제하고 있다}$).

(대) **책임보험자의 책임제한채권** 이 때 책임보험자가 주장할 수 있는 책임제한채권은 피보험자(책임제한채무자)의 그것과 같으므로($\frac{상}{2항 단서}^{724조}$), 위 (가) ① 내지 ④의 경우와 같다. 다만 이 경우 책임보험자는 책임제한채권자로부터 청구를 받은 때에는 지체 없이 피보험자(책임제한채무자)에게 이를 통지하여야 하고($\frac{상}{3항}^{724조}$), 이 때 피보험자(책임제한채무자)는 책임보험자의 요구가 있으면 책임제한절차의 개시에 필요한 서류나 증거의 제출·증언 또는 증인의 출석에 협조하여야 한다($\frac{상}{4항}^{724조}$).

2) 예외(비제한채권) 다음의 각 채권에 관하여는 책임제한을 주장할 수 없다.

(가) **책임제한을 주장하는 자(앞의 2.의 책임제한의 주체가 전부 이에 해당하는데, 이 중 책임보험자는 제외됨)의 고의에 의하여 또는 손해발생의 염려가 있음을 인식하면서 무모하게 한 작위 또는 부작위로 인하여 생긴 손해에 관한 채권**($\frac{상}{단서}^{769조}$)

① 이러한 책임에 대하여까지 유한책임을 인정하면 불합리하므로, 책임제한채권에서 이를 배제한 것이다. 이 때 「손해발생의 염려가 있음을 인식하면서 무모하

게」라는 의미에 대하여는 '중과실보다는 고의에 더 가까운 개념'이라고 하거나, 또는 '소극적(미필적) 고의'라고 하거나, 또는 '손해의 발생을 인식하고 한 행위뿐만 아니라 중대한 과실로 손해가 발생하지 않을 것으로 믿거나 혹은 중대한 과실로 손해발생가능성에 대한 인식이 미치지 못하고 행한 모든 행위'라고 하는 등 다양하게 설명되고 있다. 생각건대 1976년 통일조약은 「손해를 발생시킬 의도로써 또는 그러한 손해가 발생하리라는 것을 인식하면서 무모하게」라고 규정하고 있는데, 이러한 규정의 취지에서 보면 이를 중과실보다는 고의에 준하는 것으로 해석하여야 할 것으로 본다 (동지: 대판 2004. 7. 22, 2001 다 58269; 대결 2012. 4. 17, 2010 마 222〈손해발생의 개연성이 있다는 것을 알면서도 이를 무시하거나 손해가 발생하지 않을 수도 있다고 판단하였지만 판단 자체가 무모한 경우를 의미하므로, 단지 선박소유자 등의 과실이 무겁다는 정도만으로는 무모한 행위로 평가할 수 없다〉). 구체적으로 「손해발생의 염려가 있음을 인식하면서 무모하게 한 행위」의 예로는, 아주 노후화하여 또는 자격이 없는 선원의 승선 등으로 인하여 감항능력이 없는 선박을 항해에 사용하거나, 당해 선박으로는 태풍이 심한 야간에 출항하는 것이 위험하다는 것이 명백한 데도 감히 출항시키는 경우, 또는 선장이 충돌의 염려가 있다고 생각은 하였지만 자기의 조선(操船)기술로써 충분히 그것을 피할 수 있다고 판단하고 선박의 왕래가 아주 많은 좁은 수로를 전속력으로 항해하다가 충돌한 경우 등이다.

② 책임제한이 배제되는 이러한 주관적 요건은 각 책임제한의 주체별로 판단한다. 따라서 이러한 주관적 요건이 선박소유자에게는 없는데 선장 등에게는 있는 경우에는, 선박소유자는 책임제한을 주장할 수 있으나 선장 등은 이를 주장할 수 없다(동지: 대결 1995. 3. 24, 94 마 2431; 동 1995. 6. 5, 95 마 325; 동 2012. 4. 17, 2010 마 222).

③ 책임제한이 배제되는 이러한 주관적 요건은 채권자가 입증하여야 한다.

㈔ 선장·해원 기타의 사용인으로서 그 직무가 선박의 업무에 관련된 자 또는 그 상속인·피부양자 기타의 이해관계인의 선박소유자에 대한 채권(상 773조 1호) 이러한 자의 채권은 계약(고용계약 등)에 의한 것이든 불법행위에 의한 것이든 불문한다. 이것은 사회보장적 측면을 고려한 규정이다(동지: 대판 1971. 3. 30, 70 다 2294; 동 1987. 6. 23, 86 다카 2228).

㈕ 해난구조로 인한 구조료채권 및 공동해손의 분담에 관한 채권(상 773조 2호) 해난구조로 인한 구조료채권 및 공동해손의 분담에 관한 채권에 대하여는 각각 상법에서 책임한도를 정하는 별도의 규정을 두고 있으므로 이를 제한채권에서 제외한 것이다. 즉, 「해난구조로 인한 구조료채권」은 다른 약정이 없으면 구조된 목적물의 가격을 한도로 한다(상 884조 1항). 「공동해손의 분담에 관한 채권」은 공동의 위험을 면한 선박의 도달시 또는 적하의 인도시에 현존하는 선박이나 적하의 가액을 한도로 한

다($\frac{상}{868조}$). 또한 책임제한채권에서 이러한 채권을 배제한 이유는 구조료채권의 경우는 구조활동을 촉진시키고자 하는 점도 있고, 공동해손의 분담에 관한 채권의 경우는 선주에 관한 것만 제한하면 적하이해관계인에 관한 것과 균형이 맞지 않는 점도 있기 때문이다.

㈐ **유류오염손해에 관한 채권($\frac{상 773조}{3 호}$)**　　기름을 화물로서 적재하여 운송하는 선박(유조선)의 경우는 1969년에 성립하고 1992년에 개정된 「유류오염손해에 대한 민사책임에 관한 국제조약」(International Convention on Civil Liability for Oil Pollution Damage, CLC)과 1971년에 성립하고 1992년에 개정된 「유류에 의한 오염손해의 보상을 위한 국제기금의 설립에 관한 국제조약」(International Convention on the Establishment of an International Fund for Compensation for Oil Pollution Damage, IOPC)이 적용되어 선박소유자가 보호되고, 우리나라는 이러한 조약의 발효와 함께 특별법인 「유류오염손해배상 보장법」($\frac{전문개정: 2009. 5. 27, 법 9740호.}{개정: 2020. 2. 18, 법 17051호.}$)을 제정하여 선박소유자의 책임을 제한하고 있다. 따라서 이러한 유조선에 대하여는 상법에서 다시 책임제한을 할 필요가 없으므로 책임제한채권에서 이를 배제한 것이다.

㈑ **침몰·난파·좌초·유기 그 밖의 해난을 당한 선박 및 그 선박 안에 있거나 있었던 적하 기타의 물건의 인양·제거·파괴 또는 무해조치에 관한 채권($\frac{상 773조}{4 호}$)**　　선박의 항행을 방해할 우려가 있거나 항행에 위험을 미칠 우려가 있는 침몰물 등이 있는 경우에는 행정관청(지방해양수산청장)이 제거명령을 할 수 있고, 소유자를 알 수 없는 경우에는 소유자 또는 점유자의 비용부담으로 이를 제거할 수 있다($\frac{선박의 입항 및 출항 등에}{관한 법률 40조 참조}$). 이러한 점에서 이 규정은 외국선박이 국내해안에 침몰 등의 해상사고로 해상교통에 장애가 되어 이를 제거할 필요가 있을 때에 이 비용을 국내예산과 기술로 하는 경우에 대비하여 책임제한채권에서 제외한 것인데, 이것은 손해방지경감조치에 관한 채권이 제한채권으로 되어 있는 것($\frac{상 769조}{4 호}$)에 대한 예외로 둔 정책적 규정이다.

㈒ **원자력손해에 관한 채권($\frac{상 773조}{5 호}$)**　　원자력손해에 관하여는 「원자력 손해배상법」($\frac{제정: 1969. 1. 24, 법 2094호.}{개정: 2021. 4. 20, 법 18143호.}$)이라는 특별법에 의하여 별도로 규율되고 있으므로, 상법은 이를 책임제한채권에서 배제하고 있다.

(2) 책임제한채권의 발생원인 및 단위

1) 발생원인　　상법은 책임제한채권의 발생원인에 대하여 「청구원인의 여하에 불구하고」라고 규정하고 있으므로($\frac{상 769조}{본문}$), 채무불이행으로 인한 채권이든 불법행위로 인한 채권이든 불문하고 책임제한채권이 된다.

2) 단 위

⑺ 책임제한채권은 사고마다 또 선박마다 하게 된다(사고주의)($\frac{상\ 770조\ 2항,}{774조\ 2항}$). 즉, 동일한 사고에서 발생한 모든 채권에 대한 선박소유자 등의 책임제한의 총액은, 선박마다 상법 제770조의 규정에 의한 책임한도액을 초과하지 못한다. 구조자의 책임의 한도액도 사고마다 구조선단위로 정하여지나($\frac{상\ 775조}{3항\ 전단}$), 다만 구조활동을 선박에 의하지 않고 하거나 피구조선에서만 한 구조자에 관하여는 구조자단위로 정하여진다($\frac{상\ 775조}{3항\ 후단}$).

⑻ 동일한 선박의 동일한 사고에서 발생한 손해라도 책임한도액은 다시 책임제한채권의 내용에 따라 정하여진다. 즉, 책임제한채권은 (i)「여객의 사상(死傷)으로 인한 손해에 관한 채권」, (ii)「여객 이외의 사람의 사상(死傷)으로 인한 손해에 관한 채권」및 (iii) 양자를 제외한「기타의 손해(물적 손해 등)에 관한 채권」으로 3분되어, 각각 별도의 책임한도액이 정하여진다($\frac{상\ 770조}{3항\ 전단}$). 이 때 채권자는 각 책임한도액에 대하여 각 채권액의 비율로 경합한다($\frac{상\ 770조}{3항\ 후단}$).

4. 책임한도액

⑴ 일반책임제한채권의 경우

1) 일반책임제한채권의 경우 선주의 책임한도액은 위에서 본 바와 같이 여객의 사상(死傷)으로 인한 손해, 여객 이외의 사람의 사상(死傷)으로 인한 손해 및 기타의 손해로 3분하여 계산된다.

⑺ **여객의 사상(死傷)으로 인한 손해** 여객의 사망 또는 신체의 상해로 인한 손해에 관한 채권에 대한 책임의 한도액은, 그 선박의 선박검사증서에 기재된 여객의 정원(법정여객정원)에 175,000 계산단위(국제통화기금의 1 특별인출권에 상당하는 금액을 말한다. 이하 같다)를 곱하여 얻은 금액으로 한다($\frac{상\ 770조}{1항\ 1호}$). 이 때「여객」이라 함은 여객운송계약에 따라 운송되는 자 또는 운송인의 동의를 얻어 물건운송계약에 따라 운송되는 차량 또는 생동물을 호송하는 자를 말한다($\frac{1976년\ 조약\ 7조}{2항\ (a)·(b)}$). 여객의 정원을 기재하는「선박검사증서」는 해양수산부장관이 발급한다($\frac{선안}{9조}$).

⑻ **여객 이외의 사람의 사상(死傷)으로 인한 손해** 여객 이외의 사람의 사망 또는 신체의 상해로 인한 손해에 관한 책임한도액은 다음과 같이 선박의 총톤수에 따라 비례하여 증가하는 금액으로 정하여진다($\frac{상\ 770조}{1항\ 2호}$). 그러나 이 경우 선박의 톤수의 증가에 따라 한도액의 증가비율이 낮아지는 체감방식으로 하였는데, 이는 한도액이 거액이 되는 경우 사실상 책임제한을 부인하는 것과 동일한 결과가 되는 것을 피하

기 위해서이다. 이 때 「여객 이외의 사람」이란 여객을 제외한 모든 사람을 말하는데, 여객을 전송하기 위하여 나온 사람·하역작업인 등이 그 예이다. 또한 「선박의 톤수」는 국제항해에 종사하는 외항선(발항항이나 도착항이 외국에 있는 경우)의 경우는 선박법에서 규정하는 '국제총톤수'로 하고, 그 밖의 선박인 내항선(발항선 및 도착항이 모두 국내에 있는 경우)의 경우는 동법에서 규정하는 '총톤수'로 한다($\frac{상}{772조}$).

① 300톤 미만의 선박의 경우에는 일률적으로 167,000 계산단위에 상당하는 금액을 한도로 한다($\frac{상\ 770조\ 1항}{2호\ 단서}$). 이 경우에는 톤수의 증가에 따른 비례방식이 아니다.

② 500톤 이하의 선박의 경우에는 일률적으로 333,000 계산단위에 상당하는 금액을 한도로 한다($\frac{상\ 770조\ 1항}{2호\ 가}$). 이 경우에도 톤수의 증가에 따른 비례방식이 아니다.

③ 500톤을 초과하는 선박의 경우에는 위 ②의 금액에 500톤을 초과하여 3,000톤까지의 부분에 대하여는 매 톤당 500 계산단위, 3,000톤을 초과하여 30,000톤까지의 부분에 대하여는 매 톤당 333 계산단위, 30,000톤을 초과하여 70,000톤까지의 부분에 대하여는 매 톤당 250 계산단위 및 70,000톤을 초과한 부분에 대하여는 매톤당 167 계산단위를 각 곱하여 얻은 금액을 순차로 가산한 금액을 한도로 한다($\frac{상\ 770조\ 1항}{2호\ 나}$).

㈐ **기타의 손해**   여객 및 그 밖의 사람의 사상(死傷)으로 인한 손해에 관한 채권 이외의 채권에 관한 책임한도액은 다음과 같이 선박의 톤수에 따라 비례하여 증가하는 금액으로 한다($\frac{상\ 770조}{1항\ 3호}$). 이 경우에도 선박의 톤수의 증가에 따라 한도액의 증가비율이 낮아지는 체감방식으로 하였다. 그러나 그 금액은 여객 이외의 사람의 사상(死傷)으로 인한 손해의 경우보다 적게 하였다.

① 300톤 미만의 선박의 경우에는 일률적으로 83,000 계산단위에 상당하는 금액을 한도로 한다($\frac{상\ 770조\ 1항}{3호\ 단서}$).

② 500톤 이하의 선박의 경우에는 일률적으로 167,000 계산단위에 상당하는 금액을 한도로 한다($\frac{상\ 770조\ 1항}{3호\ 가}$).

③ 500톤을 초과하는 선박의 경우에는 위 ②의 금액에 500톤을 초과하여 30,000톤까지의 부분에 대하여는 매 톤당 167 계산단위, 30,000톤을 초과하여 70,000톤까지의 부분에 대하여는 매 톤당 125 계산단위 및 70,000톤을 초과한 부분에 대하여는 매톤당 83 계산단위를 각각 곱하여 얻은 금액을 순차로 가산한 금액을 한도로 한다($\frac{상\ 770조\ 1항}{3호\ 나}$).

['기타의 손해'에 대한 선주의 책임한도액에 관한 판례]

"예인선(A선)(99t)과 피예인선(B선)(1,195t)이 예선열을 이루어 운항하던 중 A선의 선장과 B선의 선원의 과실로 인하여 타선박(C선)과 충돌하여 C선에게 손해를 입힌 경우, A선이 B선을 임차하여 영리를 목적으로 항해에 사용하였다면 A선주의 책임한도액은 (A선과 B선을 단일한 선박으로 간주하지 않고) A선과 B선 두 선박에 대하여 각각 상법 제747조 제 1 항 제 3 호 본문 단서와 같은 호 (가)목, (나)목에 따라 산정한 금액을 합한 금액이 된다. 따라서 A선주의 책임한도액은 83,000계산단위(A선의 책임한도액)＋283,065계산단위(B선의 책임한도액)[167,000계산단위＋(1,195t−500t)×167계산단위]이다($^{대결\ 1998.\ 3.\ 25,}_{97\ 마\ 2758}$)."

2) 위의 책임한도액은 동일사고에서 선박마다 위와 같이 세 가지로 분류되어 정하여지고($^{상\ 770조}_{2항}$), 각 책임한도액에 대하여는 해당되는 각 채권액의 비율로 경합한다($^{상\ 770조}_{3항}$). 이 때 여객 이외의 사람의 사상(死傷)으로 인한 손해에 대한 책임한도액(위 1) (나)의 경우)이 그 채권의 변제에 부족한 때에는 기타의 손해에 대한 책임한도액(위 1) (다)의 경우)에서 그 잔액채권을 변제할 수 있는데, 기타의 손해에 관한 채권이 있는 경우에는 이 채권과 여객 이외의 사람의 사상(死傷)으로 인한 손해에 대한 잔액채권이 각 채권액의 비율로 경합한다($^{상\ 770조}_{4항}$). 또한 선박소유자 등 책임제한 채무자가 책임제한채권자에 대하여 동일사고로 인하여 생긴 손해에 관한 채권을 가지는 경우에는(예컨대, 쌍방과실로 인한 선박충돌의 경우에는), 그 채권액을 공제한 잔액에 한하여 책임제한을 받는다($^{상}_{771조}$). 즉, 책임제한 이전의 금액에 대하여 상계하도록 함으로써 책임제한채권자를 보호하고 있다.

(2) 구조자의 책임제한채권의 경우

1) 구조선에 의한 구조의 경우   이 경우는 앞에서 본 책임제한채권($^{상\ 775조}_{1항}$)에 따라 책임한도액이 정하여진다. 즉, 이 때 (i) 구조자 또는 그 피용자의 구조활동과 직접 관련하여 발생한 사람의 사상(死傷)으로 인하여 생긴 손해 및 (ii) 기타의 손해(재산의 멸실이나 훼손 또는 계약상 권리 이외의 타인의 권리의 침해로 인하여 생긴 손해 및 그러한 손해를 방지 혹은 경감하기 위한 조치에 관한 채권 또는 그 조치의 결과로 인하여 생긴 손해)로 구분되어, 각각 별도의 책임한도액이 정하여진다. 또한 구조자의 피용자가 구조활동을 함에 있어서 그의 과실로 위의 제 3 자가 손해를 입고 이에 대하여 구조자가 책임을 질 뿐만 아니라($^{민등\ 756조}$) 그 피용자도 책임을 지는 경우에($^{민등\ 750조}$) 이러한 피용자도 책임제한을 주장할 수 있다($^{상\ 775조\ 1항,}_{774조\ 1항\ 3호}$).

2) 구조선에 의하지 않은 구조의 경우

㈎ 구조선에 의하지 않은 구조의 경우란 피구조선에 의한 구조의 경우와 선박에 의하지 않은 구조의 경우(예컨대, 헬리콥터에 의한 구조, 잠수부에 의한 구조 등)를 의미하는데, 이 경우에는 1,500톤의 선박을 사용한 구조자로 본다($\frac{상}{2항}$775조). 이 때에도 책임제한채권의 내용에 따라 구분되어 개별적으로 책임한도액이 정하여지는데, 이는 다음과 같다.

① 사람의 사상(死傷)으로 인한 손해 1,500톤의 선박을 사용한 구조자로 보므로 333,000 계산단위(500톤)＋1,000톤×500 계산단위＝833,000 계산단위가 책임한도액이 된다($\frac{상}{2호}\frac{770조 1항}{나 참조}$). 그 밖의 사항은 전부 일반책임제한채권과 같다.

② 기타의 손해 1,500톤의 선박을 사용한 구조자로 보므로 167,000 계산단위(500톤)＋1,000톤×167 계산단위＝334,000 계산단위가 책임한도액이 된다($\frac{상}{3호}\frac{770조 1항}{나 참조}$). 그 밖의 사항은 전부 일반책임제한채권과 같다.

㈏ 이 때 구조활동이 구조선에 의한 경우와 구조선에 의하지 않은 경우가 경합하는 경우에는 무엇에 의하여 책임한도액을 정할 것인가가 문제된다. 이는 원칙적으로 실제에 있어 어느 쪽이 주도적으로 구조활동을 하였느냐에 따라 정하여야 할 것이나, 이러한 사정이 명확하지 않으면 예외적으로 구조선에 의한 구조로 보아 책임한도액을 정할 수밖에 없다고 본다.

(3) 책임보험자의 책임제한채권의 경우

피보험자의 책임한도액과 같으므로($\frac{상}{2항}\frac{724조}{단서}$), 피보험자가 누구이냐에 따라 위 (1) 또는 (2)의 경우와 같다.

5. 책임제한절차

책임제한절차에 관하여는 상법상 한 개의 실체법적 규정($\frac{상}{776조}$)과 절차법인 「선박소유자 등의 책임제한절차에 관한 법률」($\frac{제정: 1991. 12. 31, 법 4471호}{개정: 2009. 12. 29, 법 9833호}$)이 있다. 상법은 「책임제한절차개시의 신청·책임제한의 기금의 형성·공고·참가·배당 기타 필요한 사항은 따로 법률로 정한다」고 규정하고 있으므로($\frac{상}{2항}$776조), 이에 의하여 위의 절차법이 제정된 것이다. 책임제한사건에 관하여는 위의 절차법 외에도 민사소송법 및 민사집행법의 규정이 준용된다($\frac{제한절차}{4조}$). 책임제한절차는 대별하여 제한절차개시의 신청과 결정, 제한채권의 신고와 조사, 기금의 형성과 사용(배당)의 3 단계로 진행된다.

제3장 해상기업활동(해상운송)

제1절 총 설

제1 해상운송의 의의

2007년 개정상법 이전에는 해상운송이란 (항해)용선과 개품운송을 포함하는 것으로 규정하였으나($\substack{2007년 \ 개정전 \\ 상 \ 780조}$), 2007년 개정상법에서는 해상운송은 개품운송만을 의미하는 것으로 규정하고($\substack{상 \ 791조 \ 이하 \cdot \\ 817조 \ 이하}$) 항해용선에 대하여는 정기용선 및 선체용선과 같이 용선으로 별도로 규정하고 있다. 따라서 협의의 해상운송은 개품운송만을 의미하나, 광의의 해상운송은 항해용선을 포함한다고 볼 수 있다. 따라서 이하에서 단순히 해상운송이라고 표현한 것은 개품운송만을 의미하는 것으로 사용하고, 개품 운송과 항해용선을 포함하는 개념으로는 광의의 해상운송이라고 표현하겠다.

(광의의) 해상운송이라 함은 「해상에서 선박에 의하여 물건 또는 여객을 운송하는 것」을 말한다. (광의의) 해상운송은 이와 같이 그 운송의 수단이 선박이며 운송의 장소가 해상이라는 점에서 육상운송이나 공중운송과 구별되고, 육상운송과 비교하여 그 위험성·운송기간·운송방법·비용 등에서 많은 차이점이 있기 때문에 상법은 이를 육상운송과 구별하여 규정하고 있다(육상운송은 상법 제2편 상행위편에서 규정하고, 해상운송은 상법 제5편 해상편에서 규정하고 있다).

이하에서는 2007년 개정상법의 순서에 따라서 설명하겠다. 즉, 제2절에서는 해상물건운송계약(개품운송계약)에 대하여 설명하고, 제3절에서는 해상여객운송계약에 대하여 설명한 후, 제4절에서는 항해용선계약에 대하여 설명하고(정기용선과 선체용선에 대하여는 해상기업주체에서 이미 설명하였음), 제5절에서는 운송증서에 대하여 설명하겠다.

제 2 해상운송계약의 성질

(광의의) 해상운송계약은 육상운송계약과 같이 운송이라는 일의 완성을 목적으로 하는 계약이므로 민법상 「도급계약성」($\frac{민}{664조}$)을 갖고(통설)($\frac{동지: 대판 1983.}{4. 26, 82 누 92}$), 운송의 인수를 영업으로 함으로써 기본적 상행위성을 가지며($\frac{상}{13호}$ 46조), 약관에 의하여 체결되는 경우가 일반적이므로 부합계약성을 갖는다. 이러한 부합계약성은 개품운송계약에서는 일정한 제한을 받는다($\frac{상}{799조}$).

그 밖에 (광의의) 해상운송계약은 「낙성계약성」을 갖고(따라서 운송계약의 성립에서 운송물의 인도를 요하지 않는다), 「불요식계약성」을 가지며(따라서 운송계약의 성립에 선하증권이나 해상화물운송장의 작성을 요하지 않는다), 「유상·쌍무계약성」을 갖는다(따라서 민법의 매매에 관한 규정이 성질이 허용하는 한 적용된다).

제 3 해상운송법

해상법의 중심은 해상운송법인데, 해상운송법은 해상기업조직에 관한 법이 정적(靜的)인 법인데 반하여 '해상기업활동에 관한 법'으로서 동적(動的)인 법이다.

우리 상법(해상운송법)은 해상운송의 현실과 국제적 통일경향을 고려하여 국제해상운송에 관한 통일조약을 대폭 수용하여 규정하고 있다. 즉, 1991년 개정상법은 해상운송에 관한 규정에서 1924년의 Hague Rules를 충실히 수용하고, 1968년의 Hague-Visby Rules 및 1978년의 Hamburg Rules를 반영함으로써, 운송인의 손해배상책임 등에 관하여는 국제적 해운실무에 맞추어 규정하였다. 2007년 개정상법은 해상운송이 개품운송을 중심으로 이루어지고 있는 현실을 반영하여 제 2 장(운송과 용선)에서 개품운송에 대하여 먼저 규정한 후 용선에 대하여 규정하고 있다. 또한 2007년 개정상법에서는 해운실무를 반영하여 복합운송인의 책임에 대하여도 규정하고 있다.

제 2 절   해상물건운송계약(개품운송계약)

제 1 관   총   설

제 1   해상물건운송계약의 의의

해상물건운송계약이란 2007년 개정상법상 개품운송계약을 의미하는데, 개품운송계약이란 「운송인이 개개의 물건을 해상에서 선박으로 운송할 것을 인수하고, 송하인이 이에 대하여 운임을 지급하기로 약정함으로써 그 효력이 생기는 계약」이다 ($\frac{상}{791조}$).

제 2   해상물건운송계약의 종류

1. 개품운송계약

개품운송계약이란 위에서 본 바와 같이 「운송인이 개개의 물건을 해상에서 선박으로 운송할 것을 인수하고, 송하인이 이에 대하여 운임을 지급하기로 약정함으로써 그 효력이 생기는 해상운송계약」이다($\frac{상}{791조}$).

항해용선계약과 개품운송계약간에는 다음과 같은 경제상 뚜렷한 차이가 있다. 즉 (i) 항해용선계약은 불특정항로에서 임시적 필요에 의하여 이용되는 데 대하여, 개품운송계약은 특정항로에서 정기적으로 이용되는 것이 보통이다. (ii) 항해용선계약의 경우는 보통 선박 한 척에 대하여 운송인이 용선자와 단일의 계약을 체결하나, 개품운송계약의 경우는 보통 운송인이 다수의 송하인과 복수의 계약을 체결한다. (iii) 항해용선계약에서는 대등한 협상력을 바탕으로 그 계약내용이 각 계약마다 정하여지는 것이 보통인 데 대하여, 개품운송계약에서는 운송인이 작성한 보통거래약관에 의한 부합계약성을 갖는 것이 보통이고 또한 그 계약내용이 통일되어 있으므로 선하증권 소지인의 보호가 문제된다. (iv) 항해용선계약(또는 정기용선계약)에서는 재운송계약이 인정되는 데 대하여($\frac{상}{809조}$), 개품운송계약에서는 재운송계약이 인정되지 않는 점 등이다.

2. 재운송계약

용선계약에 있어서는 운송물이 누구의 것인가를 문제삼지 않으므로, 용선자(항해용선자 또는 정기용선자)는 선박소유자와의 계약에서 다른 약정이 없는 한 용선한 선복(船腹)에 자기의 화물을 싣지 않고 다시 제 3 자와 개품운송계약을 체결할 수 있는데, 이와 같이 「용선자가 자기의 명의로 제 3 자와 체결한 제 2 의 운송계약(개품운송계약)」을 재운송계약이라 한다($\frac{상}{809조}$). 이에 대하여 용선자(항해용선자 또는 정기용선자)가 선박소유자와 체결한 용선계약은 주운송계약이라고 볼 수 있다.

재운송계약에서 선박소유자와 재운송계약의 상대방인 송하인과는 원칙적으로 아무런 법률관계가 없으므로, 선박소유자는 재운송계약의 송하인이나 수하인 등에 대하여 직접 용선계약상의 운임(또는 용선료)을 청구할 수는 없다($\frac{동지:\ 대판\ 1998.\ 1.}{23,\ 97\ 다\ 31441}$). 그러나 이에 대한 예외로 용선자(항해용선자 또는 정기용선자)가 자기명의로 상대방과 운송계약을 체결한 경우에는, 그 운송계약의 이행이 선장의 직무에 속하는 범위 안에서 선박소유자도 재운송계약의 상대방인 송하인에 대하여 감항능력주의의무($\frac{상}{794조}$) 및 운송물에 관한 주의의무($\frac{상}{795조}$)를 부담한다($\frac{상}{809조}$).

3. 통(연락)운송계약

통(연락)운송계약은 「해상운송인이 자기 담당구간의 운송뿐만 아니라, 전운임을 받고 자기와 연락이 있는 다른 운송인(실제운송인)의 운송수단(선박·철도·항공기 등)에 의하여 목적지에 이르기까지의 전 운송을 인수하는 계약」을 말한다. 이는 복수운송인에 의한 연락운송인 점에서 상법상의 순차운송($\frac{상}{138조}$)과 비슷하고, 또한 복수의 운송수단에 의하여 운송하는 점에서 환적(換積)약관부 단순운송과 비슷하다. 그러나 통운송계약은 하나의 계약에 의하여 복수의 운송수단이 예정되어 있는 점에서, 순차운송이나 환적약관부 단순운송과는 구별된다.

4. 복합운송계약

복합운송계약이란 「통운송계약 중 해륙(海陸) 또는 해륙공(海陸空)운송과 같이 두 개 이상의 운송수단에 의하여 실행되는 운송을 내용으로 하는 운송계약」을 말한다($\frac{동지:\ 대판\ 2019.\ 7.}{10,\ 2019\ 다\ 213009}$)(참고로 화물유통촉진법은 복합운송주선업을 '타인의 수요에 응하여 자기의 명의와 계산으로 타인의 선박·항공기·철도차량 또는 자동차 등 두 가지 이상의 운송수단을 이용하여 화물의 운송을 주선하는 사업'이라고 정의하고 있다― $\frac{\text{동법 2조}}{\text{6호}}$). 이러한 복합운송이 단순통운송과 다른 점은 상이한 운송수단에 의한 운송이라는 점에 있다.

우리 상법은 2007년 개정상법에서 복합운송인의 책임에 관하여 입법을 하였다. 즉, 운송인이 인수한 운송에 해상 이외의 운송구간이 포함된 경우 운송인은 손해가 발생한 운송구간에 적용될 법에 따라 책임을 진다(복합운송에서 손해발생구간이 육상운송구간이 명백한 경우에는 육상운송에서 면책약관은 원칙적으로 유효이므로 복합운송증권에서 정한 9개월의 제소기간은 유효하다― $\frac{\text{대판 2009. 8. 20,}}{\text{2008 다 58978}}$)($\frac{\text{상 816조}}{\text{1항}}$). 이 때 어느 운송구간에서 손해가 발생하였는지 불분명한 경우(따라서 이 때에는 육상운송인의 책임소멸에 관한 상법 제146조 제 1 항이 적용되지 않는다― $\frac{\text{2009. 8. 20,}}{\text{2007 다 87016}}$) 및 손해의 발생이 성질상 특정한 지역으로 한정되지 아니하는 경우에는 운송인은 운송거리가 가장 긴 구간에 적용되는 법에 따라 책임을 지는데($\frac{\text{동지: 대판 2019. 7.}}{\text{10, 2019 다 213009}}$), 다만 운송거리가 같거나 가장 긴 구간을 정할 수 없는 경우에는 운임이 가장 비싼 구간에 적용되는 법에 따라 책임을 진다($\frac{\text{상 816조}}{\text{2항}}$).

5. 계속운송계약

계속운송계약이라 함은 「해상운송인이 송하인에 대하여 일정한 기간 일정한 운임률로써 일정한 종류의 적하의 불특정다수량을 수시로 또는 부분적으로 계속하여 운송할 것을 약정하고, 그 매 회의 적하의 수량·선적의 때와 장소·양륙항의 결정 등을 보통 송하인에게 유보하는 것을 내용으로 하는 운송계약」을 말한다. 이러한 운송계약은 주로 정기항해업자가 운송을 독점하여 경쟁을 배제하고, 송하인은 비교적 저율의 운임으로써 계속적으로 안정된 운송을 하기 위하여 이용된다.

6. 혼합선적계약

혼합선적계약이라 함은 「해상운송에서 서로 다른 송하인이 자기의 적하를 다른 동종의 운송물과 혼합 또는 융화하여 운송할 것을 승인하고 체결하는 물건운송계약」이다. 이를 산화적(散貨積)계약이라고도 하는데, 이는 곡물 또는 석유 등의 운송에서 많이 이용되고 있다.

제2관 해상물건운송계약의 성립

제1 계약의 당사자

해상물건운송계약의 기본당사자는 「해상물건운송인」과 「송하인」이고, 그 밖의 당사자에는 운송주선인·선적인 및 수하인이 있다.

[수출입매매계약에서의 조건에 따른 운송계약의 당사자에 관한 판례]
　"운임포함조건(C&F)으로 체결된 수출입매매계약에서는 매도인이 운송계약의 당사자(송하인)이고, 본선인도조건(F.O.B.)의 수출입매매계약에 있어서는 매수인이 운송계약의 당사자이다. 따라서 F.O.B.의 수출입매매계약에서 매도인이 운송인과 운송계약을 체결하는 것은 매도인이 매수인을 대리하는 것이다 $\left(\begin{smallmatrix}대판 1996. 2. 9,\\ 94 다 27144\end{smallmatrix}\right)$."

제2 계약의 체결

해상물건운송계약은 특별법령에 의한 제한이 없는 한 자유롭게 체결할 수 있다. 해상운송계약은 운송인이 스스로 체결하는 경우도 있으나, 운송인의 대리점 또는 선박중개인이 운송계약을 체결하는 경우도 많다.

해상물건운송계약은 앞에서 본 바와 같이 불요식·낙성계약이므로, 당사자간의 청약과 승낙의 합치로써 계약은 성립하고 특별한 서면이나 방식을 요하는 것이 아니다. 그런데 실무상은 선하증권(또는 해상화물운송장) 등의 증서방식으로 하게 되는 경우가 많은데, 이러한 선하증권(또는 해상화물운송장)이 계약의 성립요건이 되는 것은 아니다.

제3관 해상물건운송계약의 효력

제1 해상물건운송인의 의무

1. 선적에 관한 의무

(1) 선박제공의무

해상물건운송인은 운송계약에서 정한 선박을 선적지에서 송하인에게 제공하여야 한다. 운송계약에서 선박이 특정된 경우에는 운송인은 송하인의 동의가 있어야 선박을 변경할 수 있다고 본다. 그러나 이 경우에도 실무에서는 선하증권상에 대선(代船)약관 또는 환적(換積)약관을 규정하고 있으므로 거의 문제가 되지 않는다.

개품운송계약의 경우에는 운송인 측에서 선적하므로 송하인은 당사자 사이의 합의 또는 선적항의 관습에 의한 때와 곳에서 운송인에게 운송물을 제공하여야 한다($\frac{상}{1항}$792조). 송하인이 이러한 때와 곳에서 운송물을 운송인에게 제공하지 아니한 경우에는 송하인은 운송계약을 해제한 것으로 보고($\frac{상}{2항 1문}$792조), 선장은 즉시 발항할 수 있으며 송하인은 운임의 전액을 지급하여야 한다($\frac{상}{2항 2문}$792조).

이 때 송하인은 선적기간 내에 운송에 필요한 서류를 선장에게 교부하여야 한다($\frac{상}{793조}$).

(2) 운송물수령·적부(積付)의무

1) 수령의무　　운송인은 운송계약에 따라 인도된 운송물을 수령할 의무가 있다($\frac{상}{1항}$795조). 다만 위법선적물($\frac{상}{800조}$)이나 위험물($\frac{상}{801조}$) 등에 대하여서는 수령을 거절하거나 포기할 수 있다.

2) 적부(積付)의무　　운송인은 수령한 운송물을 적부(積付)할 의무를 부담하는데($\frac{상}{1항}$795조) ($\frac{동지: 대판 2003. 1.}{10, 2000 다 70064}$), 적부(積付)란 운송물을 배에 실어서 선창 내에 적당히 배치하는 것을 말한다. 운송인은 특약 또는 다른 관습이 없는 한 원칙적으로 갑판적(甲板積)을 하지 못한다. 그러나 운송인은 예외적으로 선하증권 기타 운송계약을 증명하는 문서의 표면에 갑판적으로 운송할 취지를 기재하여 갑판적으로 운송할 수 있는데, 이 경우에는 운송인의 책임을 감경할 수 있다($\frac{상}{2항}$799조).

(3) 선하증권교부의무

운송인은 송하인의 청구에 의하여 운송물의 수령 후 또는 선적 후 1통 또는 수통의 선하증권을 교부하여야 한다($\frac{상}{1항·2항}$852조). 선하증권에는 운송물의 수령 후 발행하는 「수령선하증권」($\frac{상}{1항}$852조)과 선적 후 발행하는 「선적선하증권」($\frac{상}{2항 전단}$852조)이 있는데, 선적선하증권은 수령선하증권에 '선적'의 뜻을 표시하여 발행할 수도 있다($\frac{상}{2항 후단}$852조).

선하증권을 작성·교부하는 자는 원칙적으로 「운송인」인데($\frac{상}{1항·2항}$852조), 운송인은 예외적으로 「선장 또는 기타의 대리인」에게 선하증권의 교부 또는 선적의 표시를 위임할 수 있다($\frac{상}{3항}$852조).

2. 항해에 관한 의무

(1) 감항능력주의의무

1) 의 의   감항능력주의의무란 「해상운송인이 송하인에 대하여 선적항을 발항할 당시 예정된 항해를 안전하게 완성할 수 있는 선박을 제공함에 있어서 자기 또는 선원 기타의 선박사용인이 상당한 주의를 다하여야 할 의무」를 말한다($^{\mathrm{상}}_{794조}$). 이 의무는 당사자간의 특약으로 감경 또는 면제할 수 없으므로($^{\mathrm{상}799조}_{1항}$) 강행규정이 라고 볼 수 있다. 또한 이 의무는 절대적 의무(무과실책임주의)가 아니고 상대적 의 무(과실책임주의)이다. 따라서 특정항해의 제반상황을 검토하여 보통의 신중한 운송 인이 발항 당시에 자기 선박이 갖추어야만 되겠다고 판단할 정도의 항해적합성이므 로, 선박의 특성·계약상의 예정된 항해·계절 등에 따라서 달라질 수 있다.

감항능력주의의무는 공법상으로는 선장에게도 부여되어 있다($^{\mathrm{선원}}_{7조}$).

2) 내 용   상법은 감항능력주의의무의 내용에 대하여 다음과 같이 규정하 고 있다($^{\mathrm{상}}_{794조}$). 즉 (i) 선박이 안전하게 항해를 할 수 있게 할 것(항해능력)($^{\mathrm{상}794조}_{1호}$), (ii) 필요한 선원의 승선, 선박의장(艤裝)과 필요품의 보급(운행능력)($^{\mathrm{상}794조}_{2호}$), (iii) 선 창, 냉장실 기타 운송물을 적재할 선박의 부분을 운송물의 수령, 운송과 보존을 위 하여 적합한 상태에 둘 것(감하능력)($^{\mathrm{상}794조}_{3호}$)으로 규정하고 있다. 이와 같은 감항능력 은 선박의 특정한 항해감당능력뿐만 아니라 운송물을 안전하게 운송할 수 있는 화 물창고능력을 포함한다.

[감항능력주의의무에 관한 판례]

"바다를 예정된 항로를 따라 항해하는 선박은 통상 예견할 수 있는 위험을 견딜 수 있을 만큼 견고한 선체를 유지하여야 하므로, 발항 당시 감항능력이 결 여된 선박을 해상운송에 제공한 선박소유자는 항해중 그 선박이 통상 예견할 수 있는 파랑(波浪)이나 해상부유물의 충격을 견디지 못하고 파열되어 침몰하 였다면, 선박소유자는 선박의 감항능력유지의무를 해태함으로써 운송물을 멸실 케 한 과실이 있다(항해능력에 관한 감항능력주의의무의 해태를 인정함— 저자 주)($^{\mathrm{대판}\ 1985.\ 5.\ 28,}_{84\ 다카\ 966}$)."

"선박이 안전하게 항해를 하는 데 필요한 자격을 갖춘 인원수의 선장과 선원 을 승선시켜야 할 의무는 감항능력주의의무에 포함된다($^{\mathrm{대판}\ 1989.\ 11.\ 24,}_{88\ 다카\ 16294}$)."

"약 2개월의 경험밖에 없는 항해사는 안전항해능력이 부족하여 그의 항해상 과실로 인한 사고에 대하여 선박소유자는 감항능력주의의무 위반으로 인한 손해배상책임을 면할 수 없다(운행능력에 관한 감항능력주의의무의 해태를 인정함— 저자 주)($\frac{대판\ 1975.\ 12.}{23,\ 75\ 다\ 83}$)."

"선원이 해기사면허가 없다 하더라도 사실상 특정항해를 안전하게 수행할 수 있는 우수한 능력을 갖춘 선원이 승선하였다면 이러한 경우까지 선박이 인적 감항능력을 결여하였다고 할 수는 없다($\frac{대판\ 1995.\ 8.\ 22,}{94\ 다\ 61113}$)."

"선박의 선창 밑에 설치된 유조탱크와 갑판 사이에 직립으로 부착하여 시설한 유류검량관에 생긴 틈과 구멍으로 새어나온 기름에 운송물이 오염되어 훼손된 경우에는, 운송인은 검량관의 노후여부를 조사하지 않았으므로 감항능력주의의무를 다하였다고 할 수 없다(감하능력에 관한 감항능력주의의무의 해태를 인정함— 저자 주)($\frac{대판\ 1976.\ 10.\ 29,}{76\ 다\ 1237}$)."

"화물창구 덮개의 노후 등 하자를 발견하여 안전성을 확보할 수 있었는데도 이를 다하지 아니함으로써 선박의 화물창구 덮개 일부가 파손되고 거기로 해수가 유입되어 운송물이 침수되는 사고가 발생하였다면 운송인은 감항능력주의의무를 위반한 것이다(감하능력에 관한 감항능력주의의무의 해태를 인정함— 저자 주)($\frac{대판\ 1998.\ 2.\ 10,}{96\ 다\ 45054}$)."

3) 주의시기   감항능력에 관하여 운송인이 주의를 하여야 할 시기는 선적항에서의 「발항 당시」인데($\frac{상}{794조}$), 이는 '선적개시시부터 발항시까지'를 의미한다. 따라서 운송인이 선적항에서 전 항해에 소요되는 연료를 전부 구입하지 못한 경우에는 후일의 부족분을 위하여 선적항을 출항하기 전에 사전수배나 예약 또는 구체적 계획을 수립해야 하는데, 이를 하지 않고 그대로 떠난 경우에는 감항능력주의의무위반이 된다.

4) 주의정도   우리 상법은 감항능력에 관한 주의의무에 대하여 단순히 「주의」라고만 규정하고 있는데($\frac{상}{794조}$), 이 경우의 주의는 「상당한 주의」를 의미하고, 무엇이 상당한 주의인가는 구체적인 경우에 따라 객관적으로 결정하여야 할 사실문제이다. 따라서 예컨대, 콘덴서튜브나 보일러 튜브가 과거에 고장이 많았다면 운송인은 그러한 부속품을 검사함에 있어서 보통의 주의나 평소의 테스트 방법만을 써서는 안 된다. 이러한 점에서 감항능력주의의무의 정도는 특정선박의 특정항해에 관하여 상대적으로 결정되는 문제라고 볼 수 있다.

운송인은 상당한 주의를 다하기 위하여 타인을 고용할 수 있는데, 이 때에는 그 대리인이나 사용인을 고용함에 있어서 상당한 주의를 다하였다고 하여(예컨대, 한국선급협회의 공인받은 자격자를 검사인으로 선정하였다는 사실만으로) 운송인이 감항능력에 관한 주의를 다하였다고 볼 수 없고, 운송인의 대리인 또는 사용인 자신도 상당한 주의를 다하여야 한다.

5) 증명책임　이에 대하여 상법은 「운송인」에게 무과실의 증명책임을 부담시키고 있다($_{794조}^{상}$). 운송인이 감항능력주의의무를 다하였다는 것을 스스로 증명한다는 것은 증거법상 무리일 수도 있으나, 비전문가인 피해자(주로 송하인·수하인 등)에게 운송인의 과실을 증명하도록 하는 것보다 전문가인 동시에 증명에 관한 정보를 많이 갖고 있는 운송인에게 자신의 무과실을 증명하도록 함이 형평에 맞기 때문이다.

6) 의무위반효과　운송인은 자기 또는 선원 기타의 선박사용인이 감항능력주의의무를 게을리하지 아니하였음을 증명하지 아니하면 운송물의 멸실, 훼손 또는 연착으로 인한 손해를 배상할 책임이 있다($_{794조}^{상}$). 이 의무 또는 책임을 경감 또는 면제하는 당사자간의 특약은 무효이고, 운송물에 관한 보험의 이익을 운송인에게 양도하는 약정 또는 이와 유사한 약정도 무효이다($_{1항}^{상 799조}$). 또한 이 의무는 항해과실의 면책 등을 향유할 수 있는 우선적(상위의) 의무로서 기능을 한다.

그러나 산 동물의 운송 및 선하증권 기타 운송계약을 증명하는 문서의 표면에 갑판적(甲板積)으로 운송할 취지를 기재하여 갑판적으로 운송할 것을 당사자간에 특약한 경우에는, 이 의무 또는 책임을 경감 또는 면제하는 당사자간의 특약은 유효하다($_{2항}^{상 799조}$).

운송인이 감항능력주의의무에 위반하여 손해를 발생시킨 경우로서 송하인이 운송인의 감항능력주의의무위반을 입증한 경우에는, 운송인은 일정한 면책사유에 해당하는 사고로 인하여 발생한 손해의 경우에도 이에 따른 면책을 주장할 수 없다($_{2항 \ 단서}^{상 \ 795조}$).

(2) 발항의무

해상운송인의 이러한 발항의무는 당사자간의 합의 또는 선적항에서의 관습에 의하는데($_{1항 \ 참조}^{상 792조}$), 정기개품운송의 경우 해상운송인은 보통 미리 공시된 발착시간표에 의한 발항의무를 부담한다.

(3) 직항의무

해상운송인은 발항하면 원칙적으로 예정항로에 따라 도착항(양륙항)까지 직항하여야 할 의무를 부담한다. 즉, 이로(離路)(deviation)를 하여서는 안 된다는 의무이다. 그러나 해상운송인은 예외적으로 해상에서의 인명이나 재산의 구조행위로 인한 이로(離路)나 기타 정당한 이유가 있는 이로(離路)는 할 수 있다($_{8호 \ 참조}^{상 796조 \ 2항}$).

(4) 운송물에 관한 의무

운송인은 운송을 인수한 자이므로 운송물의 수령시부터 인도시까지 선량한 관리자의 주의로써 이것을 「보관」하여야 할 의무를 부담한다($\frac{\text{동지: 대판 } 1978. 3.}{28, 77 \text{ 다 } 1401}$). 또한 운송인은 송하인 또는 선하증권소지인의 지시에 따라 「운송의 중지, 운송물의 반환, 기타의 처분」을 하여야 할 의무를 부담한다($\frac{\text{상} 815\text{조.}}{139\text{조}}$). 또한 운송인(선장)은 법령 또는 계약에 위반하여 선적한 운송물(즉, 위법선적물)을 언제든지 양륙할 수 있고, 그 운송물이 선박 또는 다른 운송물에 위해를 미칠 염려가 있는 때에는 이를 포기할 수 있으며($\frac{\text{상} 800\text{조}}{1\text{항}}$), 인화성·폭발성·기타의 위험성이 있는 운송물(위험운송물)은 그 운송인이 그 성질을 알고 선적한 경우에도 그 운송물이 선박이나 다른 운송물에 위해(危害)를 미칠 위험이 있는 때에는 운송인(선장)은 언제든지 이를 양륙·파괴 또는 무해조치를 할 수 있다($\frac{\text{상} 801\text{조}}{1\text{항}}$).

3. 양륙에 관한 의무

(1) 입항의무

해상운송인은 운송물의 양륙·인도를 위하여 운송계약상 정하여진 양륙항 또는 송하인이 지정하는 양륙항에 입항하여, 특약 또는 관습에 의하여 정하여지는 양륙장소에 정박하여야 할 의무를 부담한다.

운송인이 양륙항에 입항하여 양륙장소에 정박하게 되면 수하인에게 운송물의 도착을 통지하여야 한다($\frac{\text{상} 802\text{조}}{\text{참조}}$). 그러나 실제로는 선하증권이 발행되는 경우가 많고 이 때에 운송인은 선하증권소지인이 누구인지를 알 수 없으므로, 이러한 통지에 갈음하여 광고를 한다.

(2) 양륙의무

운송인은 개품운송계약에서 이러한 양륙의무를 부담한다($\frac{\text{상} 802\text{조}}{\text{참조}}$).

(3) 인도의무

해상운송인은 양륙항에서 운송물을 정당한 수하인에게 인도할 의무를 부담한다. 그런데 우리 상법은 해상운송인의 인도의무와 관련하여 수하인에 대하여도 일정한 의무를 부담시키고 있다. 따라서 이하에서는 해상운송인의 인도의무에 대하여 운송인의 의무와 수하인의 의무로 나누어서 설명하고, 운송인의 의무에 대하여는 선하증권이 발행된 경우와 선하증권이 발행되지 않은 경우로 나누어서 설명한다.

1) 운송인의 의무　　해상운송인은 운송물을 정당한 수하인에게 인도하여야 하는데, 이 때 정당한 수하인이 누구이냐는 선하증권이 발행된 경우와 선하증권이

발행되지 않은 경우에 따라 다르다.

(카) 선하증권이 발행된 경우   선하증권이 발행된 경우에는 선하증권의 정당한 소지인이 정당한 수하인이다($\frac{상}{132조}\,^{861조}$). 따라서 해상운송인은 선하증권의 정당한 소지인에게 운송물을 인도할 의무를 부담한다. 그런데 이 경우에는 선하증권의 유가증권성과 관련하여 운송물의 인도에 관하여 몇 가지 특수한 점이 있는데, 이는 다음과 같다.

① **상환증권성**   선하증권이 발행된 경우에는 운송물의 인도청구권은 이 증권에 표창되므로, 운송인은 이와 상환하여서만 운송물을 인도할 수 있다(상환증권성)($\frac{상}{129조}\,^{861조}$). 그러나 해상운송인이 선하증권 소지인의 인도지시 내지 승낙에 따라 운송물을 제3자에게 인도한 경우에는 그 제3자가 선하증권을 제시하지 않았다 하더라도 해상운송인이 그와 같은 인도지시 내지 승낙을 한 선하증권 소지인에 대하여 운송물인도의무 불이행이나 불법행위로 인한 손해배상책임을 지지 않는다($\frac{동지: 대판 1997.\,6.}{24,\,95\,다\,40953}$). 이 때 해상운송인은 원칙적으로 선하증권의 정당한 소지인에게 인도하여야 면책되지만, 예외적으로 형식상 정당한 소지인에게 운송물을 인도한 경우에도 운송인에게 악의 또는 중대한 과실이 없는 한 면책된다($\frac{상}{민}\,^{65조,}_{518조}$).

② **수 통의 선하증권이 발행된 경우**   수 통의 선하증권이 발행된 경우에는 2인 이상의 선하증권소지인이 각자 운송물의 인도를 청구하는 일이 있을 수 있는바, 상법은 이 경우에 양륙항에서 인도를 청구한 경우($\frac{상}{857조}$)와 양륙항 외에서 청구한 경우($\frac{상}{858조}$)에 따라 달리 규정하고 있다. 즉, (i) 양륙항에서는 운송인은 1통의 소지인의 인도청구에도 이에 응하여야 한다($\frac{상}{1항}\,^{857조}$). 이 경우에는 그 자가 정당한 권리자가 아닌 경우에도 운송인은 책임을 면한다. 따라서 다른 소지인의 선하증권은 실효된다($\frac{상}{2항}\,^{857조}$). 이와 같이 규정한 이유는 양륙항에서 운송물의 인도를 청구하는 자는 보통 정당한 소지인이며, 이 때 1통의 소지인에 대한 운송물의 인도를 부정하는 것은 수통의 선하증권의 발행을 인정한 취지가 무의미해지기 때문이다. 따라서 이 때 해상운송인은 다른 선하증권소지인이 있음을 알고 있는 경우에도 운송물의 인도를 거절하지 못한다. (ii) 그러나 양륙항 외에서 인도청구가 있는 경우에는 운송인은 선하증권의 각통의 반환을 받지 않으면 운송물을 인도할 의무가 없다($\frac{상}{858조}$).

③ **보증도(保證渡)·가도(假渡)**   선하증권이 발행된 경우에는 앞에서 본 바와 같이 운송인은 이것과 상환하지 않으면 운송물을 인도할 의무가 없다($\frac{상}{129조}\,^{861조}$). 그러나 실무에서는 운송인이 수하인(매수인) 등을 신뢰하여 그에게 선하증권과 상환하지 않고 운송물을 인도하거나(假渡 또는 空渡) 또는 은행(매수인의 거래은행) 또는 기타

제 3 자의 보증서를 받고 선하증권과 상환하지 않고 운송물을 인도하는(保證渡) 관습이 있다(동지: 대판 1974. 12. 10, 74 다 376). 그러나 운송인의 이러한 보증도 또는 가도(假渡)의 상관습이 있다 하여, 이것이 선하증권의 정당한 소지인에 대한 운송인의 책임을 면제하는 것은 결코 아니다(동지: 대판 1992. 2. 25, 91 다 30026; 동 1999. 4. 23, 98 다 13211 외). 따라서 이러한 보증도(保證渡) 또는 가도(假渡)에 의하여 수하인이 선하증권 없이 운송물을 수령하고 제 3 자가 수하인으로부터 그 운송물을 선의취득한 경우에는 운송인은 선하증권의 정당한 소지인에 대하여 상법상 채무불이행으로 인한 손해배상책임(동지: 대판 1990. 2. 13, 88 다카 23735; 동 2009. 5. 28, 2007 다 24008〈이 때 운송인이 배상하여야 할 손해액은 그 운송물의 멸실 당시의 가액 및 이에 대한 지연손해금 상당의 금액임〉) 및 민법상 불법행위로 인한 손해배상책임(동지: 대판 1991. 4. 26, 90 다카 8098; 동 2023. 8. 31, 2018 다 289825 외)을 지고, 경우에 따라서는 형법상 횡령죄 또는 배임죄를 지는 경우도 있을 수 있다. 또한 이러한 경우 운송물의 인도를 담당하는 보세장치장 설영자 등도 선하증권의 정당한 소지인에 대하여 불법행위로 인한 손해배상책임을 진다(대판 2000. 11. 14, 2000 다 30950; 동 2023. 12. 14, 2022 다 208649). 그러나 보세창고업자만의 불법행위에 대하여 운송인은 채무불이행책임이나 사용자배상책임을 지지 않는다(대판 2005. 1. 27, 2004 다 12394).

④ 하도지시서(荷渡指示書) 선하증권이 발행된 운송물에 대하여 다시 그 증권소지인 또는 운송인이 (운송물을 수 인에게 분할양도하기 위하여, 보증도·가도〈假渡〉를 하기 위하여, 또는 매도인을 비밀로 하기 위하여) 하도지시서(D/O: delivery order)를 발행하는 경우가 있다. 이것은 운송계약상의 운송물의 인도를 지시하는 증권인데, 운송물의 매도인인 「선하증권소지인」이 운송인 또는 양륙항에 있어서의 하역작업자에게 그의 운송물의 인도를 지시하여 발행하는 경우와, 「운송인」이 선장·부두경영자·하역업자 또는 창고업자에게 운송물의 인도를 지시하여 발행하는 경우가 있다.

이 때 운송물의 인도시점은 운송인 등의 하도지시서에 의하여 운송물이 하역업자의 보세장치장에서 출고된 때이다(대판 2000. 11. 14, 2000 다 30950).

이러한 하도지시서에 의한 운송물의 인도도 엄격하게 보면 선하증권의 상환증권성(상 861조, 129조,)의 예외라고 볼 수 있다. 그러나 운송인이 선하증권소지인이 발행한 하도지시서에 의하여 운송물을 인도한 경우에는 선하증권의 상환증권성에 반하는 인도라는 이유로 손해배상책임을 부담할 여지는 없다(동지: 대판 1997. 6. 24, 95 다 40953).

(바) 선하증권이 발행되지 않은 경우 선하증권이 발행되지 않은 경우에는 운송계약에서 지정된 수하인이 정당한 수하인이다. 따라서 해상운송인은 이러한 수하인에게 운송물을 인도할 의무를 부담한다(동지: 대판 1999. 7. 13, 99 다 8711; 동 2006. 4. 28, 2005 다 30184). 수하인은 운송계약의 기본당사자는 아니지만, 운송물이 도착지에 도착한 때에는 송하인과 동일한 권

리를 취득하고($\frac{상 815조,}{140조 1항}$), 수하인이 그 운송물의 인도를 청구한 때에는 수하인의 권리가 송하인의 권리보다 우선한다($\frac{상 815조,}{140조 2항}$)($\frac{동지: 대판 2003. 10.}{24, 2001 다 72296}$). 이러한 수하인의 지위에 관한 그 밖의 상세한 사항은 육상운송에서 설명한 바와 같다.

2) 수하인의 의무   상법은 운송인의 운송물인도의무와 관련하여 다음과 같이 수하인의 수령의무와 통지의무를 규정하고 있다.

㈎ **수하인의 수령의무**   개품운송계약의 경우에는 앞에서 본 바와 같이 해상운송인이 운송물의 양륙의무와 수하인에 대한 도착통지의무를 부담하는데, 이 때 운송물의 도착통지를 받은 수하인은 당사자간의 합의 또는 양륙항의 관습에 의한 때와 곳에서 지체 없이 운송물을 수령하여야 할 의무를 진다($\frac{상}{802조}$). 이것은 선적의 경우에 송하인이 운송물을 제공할 의무를 부담하는 것($\frac{상}{792조}$)에 대응되는 것이고, 또한 정기선에 의한 개품운송에 있어서는 운송인이 모든 화물을 양륙하는 총양(總揚)이 관습화되어 있는 실무에 따른 규정이다.

㈏ **수하인의 통지의무**   수하인이 운송물의 일부 멸실 또는 훼손을 발견한 때에는 수령 후 지체 없이 그 개요에 관하여 운송인에게 서면에 의한 통지를 발송하여야 한다($\frac{상 804조}{1항 본문}$). 그러나 그 멸실 또는 훼손이 즉시 발견할 수 없는 것인 때에는 수령한 날로부터 3일 내에 그 통지를 발송하여야 한다($\frac{상 804조}{1항 단서}$). 이 때 「수하인」은 선하증권이 발행된 경우에는 그의 정당소지인을 의미하므로, 보증도 또는 가도(假渡)에 의하여 운송물을 인도받은 자라도 그가 선하증권을 취득하지 못하면 그는 이 통지의무를 부담하지 않는다.

이 통지가 없는 경우에는 운송물의 멸실 또는 훼손 없이 수하인에게 인도된 것으로 추정된다($\frac{상 804조}{2항}$). 그러나 운송인 또는 그 사용인이 운송물이 멸실 또는 훼손되었음을 알고 있는(악의인) 경우에는, 수하인의 이러한 통지의무 및 멸실·훼손이 없다는 추정에 관한 위의 규정은 적용되지 않는다($\frac{상 804조}{3항}$). 따라서 통지 자체는 적극적인 효력이 생기지 않고, 이러한 추정력을 생기지 않게 하는 효력이 있을 뿐이다. 즉, 불통지에는 입증책임을 부담하는 불이익이 따르게 된다($\frac{동지: 대판 1988. 9.}{27, 87 다카 2131}$).

운송물의 멸실 또는 훼손이 발생하였거나 그 의심이 있는 경우에는, 운송인과 수하인은 서로 운송물의 검사를 위하여 필요한 편의를 제공하여야 한다(상호편의제공의무)($\frac{상 804조}{4항}$). 이상의 규정에 반하여 수하인에게 불리한 당사자간의 특약은 무효이다($\frac{상 804조}{5항}$)(상대적 강행법규성).

㈐ **수하인의 운임 등 지급의무**   수하인이 운송물을 수령하는 때에는 운송계약 또는 선하증권의 취지에 따라 운임·부수비용·체당금·운송물의 가액에 따른 공동

해손 또는 해난구조로 인한 부담액을 지급하여야 한다($\frac{상}{1항}$ ^{807조}).

(4) 공탁의무

1) 해상운송인(선장)은 수하인을 확실히 알 수 없거나 수하인이 운송물의 수령을 거부한 때에는, 이를 공탁하거나 세관 기타 관청의 허가를 받은 곳에 인도하고 지체 없이 용선자 또는 송하인 및 알고 있는 수하인에게 그 통지를 발송하여야 할 의무를 부담한다($\frac{상}{2항}$ ^{803조}). 이와 같이 해상운송인이 운송물을 공탁하거나 세관 기타 관청의 허가를 받은 곳에 인도한 때에는, 선하증권소지인 또는 수하인에게 운송물을 인도한 것으로 의제하고 있다($\frac{상}{3항}$ ^{803조}).

2) 수하인이 운송물의 수령을 게을리한 때에는 해상운송인(선장)은 이를 공탁하거나 세관 그 밖에 법령이 정한 관청의 허가를 받은 곳에 인도할 수 있는데, 이 경우에는 지체 없이 수하인에게 그 통지를 발송하여야 한다($\frac{상}{1항}$ ^{803조}). 해상운송인이 운송물을 공탁 등을 한 경우에는 수하인의 수령거부 등의 경우와 같이 선하증권소지인 또는 그 밖의 수하인에게 운송물을 인도한 것으로 의제하고 있다($\frac{상}{3항}$ ^{803조}).

3) 수 통의 선하증권이 발행된 경우 2인 이상의 선하증권소지인이 운송물의 인도를 청구한 때에는, 해상운송인(선장)은 지체 없이 운송물을 공탁하고 각 청구자에게 통지를 발송하여야 할 의무를 부담한다($\frac{상}{1항}$ ^{859조}).

제 2　해상물건운송인의 책임

1. 총　설

(1) 해상물건운송인의 책임에 관한 우리 상법의 규정은 1991년 개정상법 및 2007년 개정상법에서 이에 관한 국제적 통일조약에 따라 개정되었다. 즉, 이미 앞에서 설명한 바와 같이 1991년 개정상법은 1924년의 Hague Rules를 비교적 충실히 수용하고 1968년의 Hague-Visby Rules 및 1978년의 Hamburg Rules를 반영하여 규정하였으나 해상운송인의 책임한도액에 대하여는 Hague-Visby Rules에 충실하지 못하고 미국이 취하고 있는 500달러를 기준으로 500계산단위로 책임한도액을 정하였다($^{1991년\ 개정상법\ 789조}_{의\ 2\ 제1항\ 본문}$). 그런데 이는 오늘날 너무 저액이라는 지적이 있어 왔고 특히 중량에 따른 책임제한제도를 채택하지 않아 자동차·기계 등을 선적하는 화주에게 크게 불리하였다. 따라서 2007년 개정상법에서는 책임한도액을 상향함과 동시에(666.67계산단위) 중량에 따른 책임제한제도를 도입하였다(중량 1킬로그램당 2계

산단위).

(2) 해상물건운송인의 손해배상책임을 육상물건운송인의 그것과 비교하여 보면, 해상운송의 특수성에서 운송인을 더 보호하는 방향으로 규정되어 있다. 즉, 양자 모두 과실책임주의에 입각하여 책임을 부담시키고, 입증책임을 운송인 측에 부담시키고 있는 점은 동일하다. 그러나 해상물건운송인의 책임은 감항능력주의의무위반($\frac{\text{상}}{794\text{조}}$) 및 상사과실(상업과실)($\frac{\text{상}795\text{조}}{1\text{항}}$)이 있는 경우에만 발생하고 항해과실 및 선박화재가 있는 경우($\frac{\text{상}795\text{조}}{2\text{항}}$)에는 원칙적으로 발생하지 않는 점($\frac{\text{상}}{\text{비교}}135\text{조와}$), 손해배상액이 정액배상주의에서 다시 제한되어 있는 점($\frac{\text{상}797\text{조와}}{137\text{조의 비교}}$) 등에서 육상물건운송인의 책임보다 훨씬 경감되어 있다.

2. 책임발생원인

(1) 책임부담의 주체(책임주체)

1) 해상물건운송과 관련하여 발생한 손해에 대한 책임부담의 주체는 「해상물건운송인」이다($\frac{\text{상}794\text{조}, 795\text{조},}{796\text{조 2 항}}$). 따라서 해상물건운송을 하는 해상기업주체는 모두 책임주체가 된다. 즉, 선박소유자뿐만 아니라, 선체용선자 및 정기용선자가 책임주체가 된다(동지: 대판 2002. 5. 28, 2001 다 12621 〈예인선은 해상기업주체가 아니므로 예인선의 선장의 과실로 인한 사고에 대하여 그 예인선의 선주는 해상물건운송인의 손해배상책임이 없다〉). 재운송계약의 용선자(항해용선자)는 해상기업주체는 아니지만, 이러한 책임주체가 된다고 본다. 다만 재운송계약의 경우 용선자가 자기명의로 제 3 자와 운송계약을 체결한 경우에는, 그 계약의 이행이 선장의 직무에 속한 범위 안에서 선박소유자도 책임부담의 주체가 된다($\frac{\text{상}}{809\text{조}}$).

2) 상법은 해상물건운송인의 사용인 또는 대리인 등이 다른 법률상 원인($\frac{\text{민}}{\text{등}}750\text{조}$)에 의하여 적하이해관계인에 대하여 손해배상책임을 부담하는 경우에, 이러한 사용인 또는 대리인 등도 해상물건운송인이 주장할 수 있는 면책사유나 책임제한을 주장할 수 있음을 특별히 규정하고 있다($\frac{\text{상}798\text{조 2 항},}{3\text{항}·4\text{항}}$).

이러한 「사용인 또는 대리인 등」은 원칙적으로 고용계약 또는 위임계약 등에 따라 운송인의 지휘·감독을 받아 그 업무를 수행하는 자를 말하고, 그러한 지휘·감독에 관계 없이 스스로의 판단에 따라 자기 고유의 사업을 영위하는 독립적인 계약자는 포함되지 않는다($\frac{\text{대판 2004. 2. 13},}{2001 \text{ 다 75318}}$). 그러나 예외적으로 당사자간의 특약(히말라야 약관)이 있으면 이러한 독립적인 계약자($\frac{\text{대판 2007. 4. 27},}{2007 \text{ 다 4943}}$) 또는 운송인과 직접적인 계약관계가 없는 자($\frac{\text{대판 2016. 9. 28},}{2016 \text{ 다 213237}}$)도 운송인의 책임제한을 원용할 수 있다.

3) 책임보험자는 보험법의 규정에 의하여 피해자(적하이해관계인)가 보험자에게

보험금을 직접 청구하는 경우에는 피보험자(운송인)의 항변을 원용할 수 있으므로 ($\frac{상}{724조}$), 이러한 책임보험자도 운송인의 면책사유나 책임제한을 주장할 수 있다고 본다.

(2) 책임을 부담하는 경우

1) 해상물건운송인은 앞에서 본 바와 같이 감항능력에 관한 주의의무를 부담하는데($\frac{상}{794조}$), 이 의무에 위반하는 경우에는 운송인은 손해배상책임을 부담한다.

2) 해상물건운송인은 상사과실(상업상의 과실)이 있는 경우에는 손해배상책임을 부담한다. 즉 운송인은 자기 또는 선원 기타의 선박사용인이 운송물의 수령·선적·적부(積付)·운송·보관·양륙과 인도에 관하여(그러나 운송인은 여기에 열거된 모든 용역이 아니라, 인수된 용역에 관하여만— $\frac{대판\ 2010.\ 4.\ 15,}{2007\ 다\ 50649}$) 주의를 해태하지 아니하였음을 증명하지 아니하면, 운송물의 멸실·훼손 또는 연착으로 인한 손해를 배상할 책임이 있다($\frac{상\ 795조}{1항}$).

> **[상사과실을 인정하여 해상물건운송인의 책임을 인정한 판례]**
>
> "해상운송에 있어서 운송물의 선박적부(積付)시에 고박·고정장치를 시행하였으나 이를 튼튼히 하지 아니하였기 때문에 항해중 그 고박·고정장치가 풀어져서 운송물이 동요되어 파손되었다면 특단의 사정이 없는 한 불법행위(운송계약의 불이행도 동일함 — 저자 주)의 책임조건인 선박사용인의 과실을 인정할 수 있고, 불법행위(운송계약의 불이행도 동일함— 저자 주)로 인한 손해배상청구에 대하여 운송인이 불가항력에 의한 사고라는 이유로 그 불법행위책임(채무불이행책임도 동일함 — 저자 주)을 면하려면 그 풍랑이 선적 당시 예견불가능한 정도의 천재지변에 속하고 사전에 이로 인한 손해발생의 예방조치가 불가능하였음이 인정되어야 한다(운송물의 적부에 관하여 운송인의 주의의무의 해태를 인정함 — 저자 주)($\frac{대판\ 1983.\ 3.\ 22,}{82\ 다카\ 1533}$)."
>
> "그 자체 습기와 열이 있는 찹쌀을 열대지방에서 온대지방으로 운송하는 경우 운송인으로서는 운송도중이거나 정박중이거나를 불문하고 부패·변질되지 아니하도록 환기장치를 세심히 사용하거나 상당한 주의를 하여야 한다(운송물의 보관에 관하여 운송인의 주의의무의 해태를 인정함 — 저자 주)($\frac{대판\ 1978.\ 3.}{28,\ 77\ 다\ 1401}$)."
>
> "일반적으로 해상물건운송인의 책임의 시기와 종기는 운송계약 또는 선하증권에 기재된 운송약관에 의하여 정하여지는 것이나, 선하증권상에 물품인도장소가 컨테이너 야적장으로 명기되어 있는 본건과 같은 경우에 있어서 그 인도장소를 컨테이너 야적장으로 정한 것이 운송인 책임하에 위 인도장소까지 운반하여 여기에서 인도하기로 하는 특약의 취지로 된 것이라면, 특단의 사정이 없

는 한 운송인은 위 인도장소에서 수하인 또는 선하증권소지인에게 물품을 인도
함으로써 책임이 종료되는 것이고, 그 인도를 위하여 법령 또는 약정에 의한 상
당기간 운송물품을 인도장소에서 보관하는 일은 위 운송인의 책임 중에 포함된
다고 보아야 할 것이다(운송물의 인도에 관하여 운송인의 주의의무의 해태를
인정함 — 저자 주)($\frac{\text{대판 1981. 12. 22,}}{81 \text{ 다카 } 656}$). ”

(3) 책임을 부담하지 않는 경우

1) 해상물건운송인은 선장·해원·도선사 기타의 선박사용인의 항해 또는 선박
의 관리에 관한 과실(항해과실)로 인하여 생긴 운송물에 관한 손해에 대하여는 책임
을 지지 아니한다($\frac{\text{상 795조 2 항}}{1 \text{문 전단}}$). 이러한 항해과실에는 「항해에 관한 과실」과 「항해관
리에 관한 과실」이 있는데, 전자는 선박의 항해·조종·정박 등과 같은 순수한 항해
기술에 관한 것으로서($\frac{\text{동지: 서울지판 1998. 4.}}{9, 96 \text{ 가합 } 80830}$) 보통 선박안전법의 준수여부가 과실유무를
결정할 것이고, 후자는 안전한 항해를 위하여 직접 선박에 대하여 취하여지는 조치
라고 볼 수 있다.

그러나 이와 같은 선원 등의 항해과실에 대하여 운송인을 면책하는 상법 제
795조 2 항은 (운송인의 책임을 가중하는 점에서는 강행규정이 아니므로) 당사자간에 이
를 배제하는 특약을 한 경우에는 운송인은 손해배상책임을 부담한다($\frac{\text{동지: 대판 1971. 4.}}{30, 71 \text{ 다 } 70}$).
또한 해상물건운송인의 감항능력주의의무의 결여가 항해과실로 인한 사고와 인과관
계가 있으면 운송인은 항해과실로 인한 면책을 받지 못한다($\frac{\text{동지: 대판 1998. 12.}}{10, 96 \text{ 다 } 45054}$).

2) 해상물건운송인은 선장·해원·도선사 기타의 선박사용인의 과실로 인한 선
박에서의 화재로 인하여 생긴 운송물에 관한 손해에 대하여도 책임을 지지 아니한
다($\frac{\text{상 795조 2 항}}{1 \text{문 후단}}$). 이 때 선박에서의 화재란 육상이나 인접한 다른 선박 등 외부에서 발
화하여 당해 선박으로 옮겨 붙은 화재도 포함된다($\frac{\text{대판 2002. 12. 10,}}{2002 \text{ 다 } 39364}$). 이와 같이 선박화
재에 대하여 운송인을 면책하는 것은 해상물건운송인에게만 부여된 하나의 특전이다.

그러나 해상물건운송인 자신의 고의 또는 과실로 인한 화재의 경우에는 면책
되지 않는다($\frac{\text{상 795조}}{2 \text{항 단서}}$)($\frac{\text{동지: 대판 2002. 12.}}{10, 2002 \text{ 다 } 39364}$). 또한 해상물건운송인에게 감항능력주의의무의
결여가 있으면 면책되지 않는 점은 항해과실의 경우와 같다.

[해상물건운송인 자신의 과실로 인한 화재인지 여부에 관한 판례]

“원심은 본건 선박에서의 화재는 난방용 난로를 고정시키지 않고 피워놓은
견습선원이나 위 난로를 잘못하여 넘어뜨린 승객에게만 과실이 인정되고 선박

소유자인 피고회사 자신의 과실로는 볼 수 없다고 판시하였으나, 피고는 법령에 의하여 소방시설을 하게 되어 있고 또 선박에 곤로를 설치할 경우에는 이동하지 아니하도록 고정할 것을 소방시설로서 요구하고 있음에도 불구하고 본건 선박에 따로 고정시켜 놓은 난로 등이 있음에도 이를 이용하지 아니하고 따로 난방용 난로를 고정시키지 않고 피워놓은 것인지의 여부도 조사하지 아니하고 선박소유자인 피고의 과실이 아니라고 판시한 원심판단은 상법 제788조($\frac{2007년 개정상법}{제795조}$) 2항 단서에 규정된 선박소유자의 과실에 관한 법리를 오해하였다 할 것이다($\frac{대판 1973. 8. 31.}{73 다 977}$)."

3) 고가물인 경우 송하인이 해상물건운송인에게 운송을 위탁할 때에 이를 불고지한 경우에는, 그 고가물의 멸실·훼손 또는 연착으로 인한 손해에 대하여 운송인은 자기 또는 그 사용인이 악의인 경우를 제외하고는 면책된다($\frac{상 815조,\ 136조의}{반대해석}$). 또한 송하인이 해상물건운송인에게 운송물의 종류 또는 가액을 고의로 현저하게 부실고지한 때에는, 운송인은 자기 또는 그 사용인이 악의인 경우를 제외하고는 그 운송물의 손해에 대하여 책임을 면한다($\frac{상 797조}{3항 단서}$).

4) 해상물건운송인은 해상 기타 항행할 수 있는 수면에서의 위험 또는 사고·불가항력 등의 사실이 있었다는 것과 운송물에 관한 손해가 그 사실로 인하여 보통 생길 수 있는 것임을 증명할 때에는 이를 배상할 책임을 면한다($\frac{상 796조}{본문}$). 그러나 이러한 경우에도 적하이해관계인이 해상물건운송인에게 감항능력주의의무위반 또는 상사과실이 있었고 이로 인하여 손해가 생겼다는 점을 입증하면, 운송인은 그 책임을 면하지 못한다($\frac{상 796조}{단서}$). 따라서 이러한 경우에는 운송인의 입증책임을 적하이해관계인에게 전환시켜 운송인의 책임을 감경시키는 데 그 의미가 있다고 볼 수 있다.

3. 손해배상액

(1) 정액배상주의

해상물건운송인의 손해배상액에 대하여 상법은 육상물건운송인의 그것과 같이 정액배상주의의 특칙을 규정하였다($\frac{상 815조,}{137조}$). 즉, 운송물의 전부멸실 또는 연착의 경우의 손해배상액은 「인도할 날」의 도착지의 가격에 의하고($\frac{상 815조,}{137조 1항}$), 운송물의 일부멸실 또는 훼손의 경우의 손해배상액은 「인도한 날」의 도착지의 가격에 의한다($\frac{상 815조,}{137조 2항}$). 이러한 특칙은 운송인의 경과실(및 그의 선원 기타 선박사용인의 주의해태)로 인하여 손해가 발생한 경우에만 적용되고, 운송인의 고의나 중과실로 인하여 손해가 발생한 경우에는 적용되지 않는다($\frac{상\ 815조,}{137조\ 3항}$).

(2) 손해배상액의 제한(운송인의 개별적 책임제한)

해상물건운송인의 손해배상액에 대하여 상법은 통일조약을 참조하여 다음과 같이 다시 개별적으로 제한하고 있다. 즉, 해상물건운송인의 운송물의 「멸실·훼손 또는 연착」으로 인한 손해배상책임은 그 운송물의 매 포장당 또는 선적단위당 666.67 계산단위의 금액과 중량 1킬로그램당 2 계산단위의 금액 중 큰 금액을 한도로 이를 제한할 수 있다($\frac{상\ 797조}{1항\ 본문}$). 여기에서 운송물의 「포장 또는 선적단위의 수」는 (i) 컨테이너 기타 이와 유사한 운송용기가 운송물을 통합하기 위하여 사용되는 경우에 그러한 운송용기에 내장된 운송물의 포장 또는 선적단위의 수를 선하증권 기타 운송계약을 증명하는 문서에 기재한 때에는 그 각 포장 또는 선적단위를 하나의 포장 또는 선적단위로 보고($\frac{상\ 797조\ 2항}{1호\ 1문}$)(이 때 선하증권상에 대포장〈pallet〉과 소포장〈unit〉이 모두 기재된 경우에는 달리 특별한 사정이 없는 한 소포장을 기준으로 한다— $\frac{대판\ 2004.\ 7.\ 22,}{2002\ 다\ 44267}$), (ii) 위 (i)의 경우를 제외하고는 이러한 운송용기 내의 운송물 전부를 하나의 포장 또는 선적단위로 보며($\frac{상\ 797조\ 2항}{1호\ 2문}$), (iii) 운송인이 아닌 자가 공급한 운송용기 자체가 멸실 또는 훼손된 경우에는 그 용기를 별개의 포장 또는 선적단위로 본다($\frac{상\ 797조}{2항\ 2호}$). 또한 여기에서의 「계산단위」라 함은 국제통화기금의 특별인출권(SDR)에 상당하는 금액을 말하고($\frac{상\ 770조\ 1항\ 1호}{후단\ 참조}$), 이를 국내통화로 환산하는 시점은 사실심 변론종결시이다($\frac{대판\ 2001.\ 4.\ 27,}{99\ 다\ 71528}$).

(3) 손해배상액의 제한배제(개별적 책임제한의 배제)

다음의 경우에는 상법에 의하여 운송인의 손해배상액이 제한되지 않고, 민법의 일반원칙($\frac{민}{393조}$)에 의하여 손해배상액의 범위가 정하여진다.

1) 운송물의 멸실·훼손 또는 연착으로 인한 손해가 운송인 자신의 고의 또는 운송물의 멸실·훼손 또는 연착으로 인한 손해가 생길 염려가 있음을 인식하면서 무모하게 한 작위 또는 부작위로 인하여 생긴 때에는, 운송인은 이로 인하여 발생한 모든 손해를 배상하여야 한다($\frac{상\ 797조}{1항\ 단서}$). 이는 운송인 자신에게 고의 등이 있는 경우에 한하므로, 운송인 이외의 선원 기타의 선박사용인의 고의 등으로 인하여 발생한 손해에 대하여는 책임제한이 인정된다($\frac{동지:\ 대판\ 1996.\ 12.\ 6,\ 96\ 다\ 31611;}{동\ 2001.\ 4.\ 27,\ 99\ 다\ 71528}$). 운송인이 법인(회사)인 경우에는 이러한 고의 등의 유무를 결정하는 기준이 되는 자는 법인의 대표기관뿐만 아니라 대표기관에 갈음하여 사실상 법인(회사)의 의사결정 등 모든 권한을 행사하는 자(관리직 담당직원 등)를 포함한다($\frac{동지:\ 대판\ 2006.\ 10.}{26,\ 2004\ 다\ 27082}$).

2) 운송인의 운송에 관한 임무해태(채무불이행)로 인하여 「운송물의 멸실·훼손

또는 연착 이외의 원인으로 인하여 발생한 손해」에 대하여는, 민법의 일반원칙($\frac{민}{393조}$)에 의하여 운송인의 손해배상액의 범위가 정하여진다.

3) 송하인이 운송인에게 운송물을 인도할 때에 그 종류와 가액을 고지하고 선하증권 기타 운송계약을 증명하는 문서에 이를 기재한 경우에는, 당해 문서에 기재된 가액에 따라 배상하여야 하므로 책임제한이 인정되지 않는다($\frac{상\ 797조}{3항\ 본문}$).

4. 고가물에 대한 특칙

송하인이 고가물의 운송을 위탁할 때에는 그 종류와 가액을 명시한 경우에 한하여 운송인은 손해배상책임을 부담하고($\frac{상\ 815조,}{136조}$), 불고지한 경우에는 앞에서 본 바와 같이 운송인은 면책된다. 송하인이 고가물에 대하여 고의로 부실고지한 경우에는 앞에서 본 바와 같이 운송인 측에 악의가 없는 한 운송인은 면책된다($\frac{상\ 797조}{3항\ 단서}$).

5. 불법행위책임과의 관계

해상운송에 있어서 상법은 운송인의 면책사유나 책임제한에 관한 규정을 운송인의 불법행위책임에도 적용한다는 명문규정을 두고 있다($\frac{상\ 798조}{1항}$) ($\substack{선하증권상의\ 면책약관에 \\ 관한\ 결과동지:\ 대판\ 1983.}$ $\substack{3.\ 22,\ 82 \\ 다카\ 1533}$). 육상운송인의 채무불이행책임과 불법행위책임과의 관계에 대하여는 청구권경합설(통설·판례)과 법조경합설(소수설)이 대립하고 있는데, 해상물건운송인의 경우에는 결과적으로 법조경합설에 따른 입법을 한 것과 유사하게 되었다.

그러나 이 때 운송인 등에게 불법행위책임을 묻는 경우에 입증책임의 분배에 관한 상법 제795조 제1항은 적용되지 않으므로, 청구인이 운송인의 귀책사유를 입증하여야 한다($\substack{대판\ 2001.\ 7.\ 10, \\ 99\ 다\ 58327}$)($\substack{Hague-Visby\ Rules \\ 4조의\ 2\ 참조}$).

6. 선주유한책임과의 관계

운송인의 운송물에 관한 손해배상책임의 제한을 규정한 상법 제797조는 선박소유자 등의 유한책임을 규정한 상법 제769조부터 제774조까지 및 제776조의 적용에 영향을 미치지 아니한다($\frac{상\ 797조}{4항}$). 따라서 상법 제797조의 책임한도액은 운송물 하나 하나에 대한 것이고(개별적 책임제한), 운송인은 그 한도에서 부담할 채무액을 포함하여 그가 부담할 채무의 전체에 관하여 다시 선주유한책임규정에 의한 책임제한을 받는다(총체적 책임제한). 따라서 해상물건운송인은 2중으로 책임제한을 받게 된다.

7. 면책약관

(1) 원 칙

1) 해상물건운송인의 책임($\substack{상\ 794조\sim\\796조}$) 및 이의 제한($\substack{상\ 797조\\798조}$)에 관한 상법의 규정에 반하여 운송인의 의무 또는 책임을 경감 또는 면제하는 당사자 사이의 특약은 무효이다($\substack{상\ 799조\\1항\ 1문}$). 이와 관련하여 우리 대법원은 선하증권상의 배상액산정기준에 관한 약관이나 해상운송인의 책임결과의 일부를 감경하는 배상액제한약관은 원칙적으로 상법 제799조에 저촉되지 않는다고 판시하고 있다($\substack{대판\ 1975.\ 12.\ 30,\ 75\ 다\ 1349;\ 동\ 1987.\ 10.\ 13,\\83\ 다카\ 1046;\ 동\ 1995.\ 4.\ 25,\ 94\ 다\ 47919\ 외}$).

그러나 운송인의 책임을 확장 또는 가중하는 당사자간의 특약은 유효하다고 본다($\substack{동지:\ 대판\ 1971.\ 4.\ 30,\ 71\ 다\ 70;\\동\ 1973.\ 8.\ 21,\ 72\ 다\ 1520}$). 따라서 해상물건운송인의 책임 및 그의 제한에 관한 상법의 규정은 상대적 강행규정이라고 볼 수 있다.

2) 운송물에 관한 보험의 이익을 해상물건운송인에게 양도하는 약정 또는 이와 유사한 약정도 무효이다($\substack{상\ 799조\\1항\ 단서}$).

(2) 예 외

1) 살아 있는 동물의 운송의 경우에는 해상물건운송인의 책임을 상법상의 규정보다 경감 또는 면제하는 당사자간의 특약은 유효하다($\substack{상\ 799조\\2항\ 전단}$).

2) 선하증권 기타 운송계약을 증명하는 문서의 표면에 갑판적(甲板積)으로 운송할 취지를 기재하여 갑판적으로 운송하는 화물의 경우에는, 해상물건운송인의 책임을 상법상의 규정보다 경감 또는 면제하는 당사자간의 특약은 유효하다($\substack{상\ 799조\\2항\ 후단}$).

8. 순차해상물건운송인의 책임

수 인이 순차로 해상에서 운송할 경우에 각 운송인은 운송물의 멸실·훼손 또는 연착으로 인한 손해에 대하여 「연대책임」이 있고, 운송인 중 1인이 이러한 손해를 배상한 때에는 그 손해의 원인이 된 행위를 한 운송인에 대하여 구상권이 있다($\substack{상\ 815조,\ 138조\\1항·2항}$). 이 때 그 손해의 원인이 된 행위를 한 운송인을 알 수 없을 때에는 각 운송인은 그 운임의 비율로 손해를 분담하는데, 그 손해가 자기의 운송구간 내에서 발생하지 아니하였음을 증명한 때에는 손해분담의 책임이 없다($\substack{상\ 815조,\\138조\ 3항}$). 이 때 순차운송은 수 인의 운송인이 서로 운송상의 연락관계를 가지고 있을 경우 송하인이 최초의 운송인에게 운송을 위탁함으로써 다른 운송인을 동시에 이용할 수 있는 「협의의 순차운송」(공동운송)을 의미한다.

9. 책임의 소멸

(1) 단기제척기간

해상물건운송인의 송하인 또는 수하인에 대한 책임은 그 청구원인의 여하를 불구하고 운송인이 수하인에게 운송물을 인도한 날 또는 인도할 날로부터 1년 이내에 재판상 청구가 없으면 소멸하는데, 이 기간은 당사자의 합의에 의하여 연장할 수 있다($\frac{상\ 814조}{1항}$). 따라서 육상물건운송인의 책임의 소멸과는 달리 특별소멸사유($\frac{상}{146조}$)가 없고, 원칙적으로 1년의 제척기간으로 되어 있는데, 해상물건운송인은 제척기간 경과로 인한 권리소멸의 이익을 포기할 수 있다($\frac{대판\ 2022.\ 6.\ 9,}{2017\ 다\ 247848}$). 이러한 단기의 제척기간을 원용할 수 있는 자는 해상물건운송인 및 그의 사용인 또는 대리인 등인데($\frac{상\ 798조}{2항}$), 이 때의 운송인의 '사용인 또는 대리인'은 운송인의 지휘감독을 받아 그 업무를 수행하는 자를 말한다($\frac{대판\ 2004.\ 2.\ 13,}{2001\ 다\ 75318}$). 또한 법원은 이 제척기간의 준수여부에 관하여 직권으로 조사하여야 한다($\frac{대판\ 2007.\ 6.\ 28,\ 2007\ 다\ 16113;}{동\ 2019.\ 6.\ 13,\ 2019\ 다\ 205947}$).

이 때의 수하인은 선하증권이 발행된 경우 그 선하증권의 정당한 소지인을 포함하고, 운송인 또는 그의 사용인의 선의·악의는 이 제척기간에 영향을 미치지 못한다($\frac{동지:\ 대판\ 1997.\ 4.\ 11,\ 96\ 다\ 42246;\ 동\ 1999.\ 10.}{26,\ 99\ 다\ 41329;\ 동\ 2019.\ 6.\ 13,\ 2019\ 다\ 205947\ 외}$). 이 제척기간의 기산점은 상법에 명문규정이 있는 바와 같이 「운송물을 인도한 날(보세창고업자에게 인도하는 것만으로는 그 운송물이 정당한 수하인에게 인도된 것으로 볼 수 없다 — $\frac{대판\ 2019.\ 6.\ 13,}{2019\ 다\ 205947}$) 또는 인도할 날」이다. 이 때 「운송물을 인도할 날」이란 '통상 운송계약이 그 내용에 좇아 이행되었으면 인도가 행하여져야 했던 날'을 말한다($\frac{동지:\ 대판\ 1997.\ 11.\ 28,\ 97\ 다\ 28490;\ 동\ 2007.\ 4.\ 26,\ 2005\ 다\ 5058;\ 동\ 2019.\ 6.\ 13,}{2019\ 다\ 205947;\ 동\ 2019.\ 7.\ 10,\ 2019\ 다\ 213009;\ 동\ 2022.\ 12.\ 1,\ 2020\ 다\ 280685}$).

(2) 재운송 등에 대한 특칙

운송인이 인수한 운송을 다시 제3자에게 위탁한 경우(운송인이 재운송계약을 체결하거나, 계약운송인〈운송주선인〉과 실제운송인〈해상운송인〉이 있는 경우 등)에 송하인 또는 수하인이 위의 1년($\frac{또는\ 당사자의\ 합의에}{의하여\ 연장된\ 기간}$)의 단기제척기간 이내에 운송인과 배상합의를 하거나 운송인에게 재판상 청구를 하였다면, 그 합의 또는 청구가 있은 날로부터 3월이 경과하기 이전에는 그 제3자에 대한 운송인의 채권·채무는 1년($\frac{또는\ 당사자의\ 합의에}{의하여\ 연장된\ 기간}$)의 단기제척기간에도 불구하고 소멸하지 아니한다($\frac{상\ 814조}{2항\ 1문}$)($\frac{대판\ 2018.\ 12.\ 13,}{2018\ 다\ 244761}$). 따라서 예컨대 송하인 등이 1년의 제척기간 마지막 날에 운송인에게 청구를 한 경우, 운송인의 그 제3자에 대한 구상채권의 제척기간은 최장 3개월이 늘어나게 되어 운송인은 보호받을 수 있게 되었다.

또한 운송인과 제3자 사이의 합의로 1년의 제척기간을 연장한 경우에는 송하인 또는 수하인이 그 연장된 기간 이내에 운송인과 배상합의를 하거나 운송인에게 재판상 청구를 하였다면, 그 합의 또는 청구가 있은 날로부터 3월이 경과하기 이전에는 그 제 3 자에 대한 운송인의 채권·채무는 위 연장된 기간에도 불구하고 소멸하지 아니한다($\frac{상}{2항}\frac{814조}{2문}$).

위의 경우 운송인이 재판상 청구를 받은 경우 그로부터 3 개월 이내에 그 제 3 자에 대하여 소송고지를 하면 3 개월의 기간은 그 재판이 확정 그 밖의 종료된 때부터 기산한다($\frac{상}{3항}\frac{814조}{}$). 이는 운송인이 그 재판이 확정되거나 그 밖에 종료된 후에 그 제 3 자에 대한 구상채권을 행사할 수 있도록 하기 위하여 인정된 것이다.

≫ 사례연습 ≪

[사 례]

선박소유자 겸 해상물건운송인인 Y는 1,500톤의 선박을 가지고 국내에서 물건운송업을 영위하는데 X로부터 1,000개(포장)(중량은 300톤)의 물건을 운송인수하여 이를 운송하던 중 Y의 선원인 A의 운송상의 주의해태로 인하여 운송물이 전부멸실한 경우, Y의 X에 대한 책임은 어떠한가?(1 계산단위는 1,000원으로 계산함)

  * 이 사례는 정찬형, 「상법사례연습(제 4 판)」, 사례 129에 기초한 것이므로, 이에 관한 상세는 同書를 참고하기 바람.

[해 답]

1. Y의 해상물건운송인으로서의 손해배상책임

(1) 본문의 경우는 해상물건운송인인 Y의 선원인 A의 「운송상의 주의해태」가 있었으므로 Y에게 상사과실이 있었음이 틀림없다. 따라서 Y는 X에 대하여 운송계약불이행(채무불이행)으로 인한 손해배상책임을 부담하는 것이다. 참고로 이 때 Y의 선원인 A는 X에 대하여 불법행위($\frac{민}{750조}$)로 인한 손해배상책임을 부담할 수 있다.

(2) Y가 상사과실로 인하여 X에 대하여 손해배상책임을 부담하는 경우에, Y의 손해배상액은 어떠한가. 이에 대하여 우리 상법은 다음과 같이 두 단계로 그 손해배상액을 제한하고 있다.

1) 첫째는 정액배상주의에 의하여 그 책임을 제한하고 있다($\frac{상}{137조}\frac{815조}{}$). 따라서 이 점은 육상물건운송인의 그것과 같다. 이로 인하여 해상물건운송인은 운송물의 전부멸실 또는 연착의 경우에는 「인도할 날」의 도착지의 가격에 의하여 손해배상액이 산정되

고($\frac{상\ 815조}{137조\ 1항}$), 운송물의 일부멸실 또는 훼손의 경우에는 「인도한 날」의 도착지의 가격에 의하여 손해배상액이 산정된다($\frac{상\ 815조,}{137조\ 2항}$).

2) 둘째는 개별책임제한에 의하여 다시 그 책임을 제한하고 있다. 즉 해상물건운송인의 손해배상책임은 다시 당해 운송물의 매 포장당 또는 선적단위당 666.67계산단위의 금액과 중량 1kg당 2계산단위의 금액 중 큰 금액을 한도로 제한될 수 있다($\frac{상\ 797조}{1항\ 본문}$). 따라서 이에 의하면 Y의 책임한도액은 1,000 포장 또는 선적단위×666.67계산단위×1,000원=666,670,000원과, 300톤×1,000kg×2계산단위×1,000원=600,000,000원 중 큰 금액인 666,670,000원이다.

2. Y의 선박소유자로서의 손해배상책임

한편, 본문의 경우 X의 Y에 대한 운송물 멸실로 인한 손해배상청구권은 상법 제769조 1호의 「물적 손해에 관한 책임」에 해당하여 책임제한채권이 된다. 따라서 Y 자신의 고의 또는 손해발생의 염려가 있음을 인식하면서 무모하게 한 작위 또는 부작위로 인하여 생긴 손해가 아니면 Y는 X의 손해배상청구권에 대하여 선박소유자로서 책임제한(총체적 책임제한)을 주장할 수 있다.

본문의 경우 Y의 선박은 1,500톤이므로 이에 따라 Y의 기타 손해에 대한 책임한도액을 계산하면 다음과 같다($\frac{상\ 770조}{1항\ 3호}$). 167,000계산단위(500톤 이하의 선박의 책임한도액)+167계산단위×1,000톤(500톤 초과톤수)=334,000계산단위이다. 그런데 1계산단위는 국제통화기금의 1특별인출권에 상당하는 금액을 말하는데($\frac{상\ 770조\ 1항}{1호\ 후단}$), 1계산단위는 본문에서 1,000원으로 계산하도록 조건을 주었다. 따라서 Y의 선박소유자로서 운송물의 멸실에 따른 책임한도액(총체적 책임한도액)은 334,000계산단위×1,000원=334,000,000원이다.

3. Y의 X에 대한 책임

⑴ Y의 운송인으로서의 책임한도액은 본건 운송물의 인도할 날의 도착지의 가격이 666,670,000원을 초과하는 경우에는 개별책임제한에 의하여 원칙적으로 666,670,000원이나(개별적 책임한도액), 선박소유자로서의 책임한도액은 원칙적으로 334,000,000원이다. 따라서 이 경우 이론상 Y는 운송인으로서 책임제한을 주장하고 다시 선박소유자로서 책임제한을 주장할 수 있으나($\frac{상\ 797조}{4항}$), 실제로 Y는 운송인으로서 책임제한을 주장할 실익이 없으므로 이를 주장하지 않고 선박소유자로서 책임제한만을 주장할 것이다. 그러나 이 때 Y가 선박소유자로서 책임제한을 주장하고자 하면 반드시 「선박소유자 등의 책임제한절차에 관한 법률」($\frac{법\ 9833호,}{2009.\ 12.\ 29.}$)에 따라 채권자(X)로부터 책임한도액을 초과하는 청구금액을 명시한 서면에 의한 청구를 받은 날부터 1년 내에 법원에 책임제한절차개시의 신청을 하여야 한다($\frac{상\ 776조}{1항}$).

참고로 이 때 Y가 운송인의 책임제한을 주장하는 경우에는 이러한 절차가 필요 없고 일반 항변으로써 이를 주장할 수 있다.

그러나 운송물에 관한 손해(전부멸실)가 Y 자신의 고의 또는 손해발생의 염려가 있음을 인식하면서 무모하게 한 작위 또는 부작위로 인하여 생긴 경우에는 Y는 예외적으로 선박소유자로서의 책임제한을 주장할 수 없을 뿐만 아니라($\frac{상}{단서}$ 769조), 운송인으로서의 책임제한도 주장하지 못한다($\frac{상}{815조, 137조 3항}$ 797조 1항 단서,).

(2) Y가 선박소유자로서 책임제한을 주장하는 경우 그 책임은 언제 소멸하는가. 상법은 선박소유자 등의 책임제한(총체적 책임제한)에서 그 제한채권의 소멸사유에 대하여는 별도로 규정하고 있지 않다. 따라서 이 경우에는 총체적 책임을 구성하는 개별책임의 소멸사유에 의하여 각 책임은 개별적으로 소멸된다고 볼 수밖에 없다. 이렇게 보면 본문에서 Y가 선박소유자로서 책임제한을 주장하는 경우에도 Y의 책임은 운송인의 책임의 소멸사유에 의하여 소멸한다. 따라서 Y의 X에 대한 이 책임은 Y가 수하인에게 운송물을 「인도할 날」로부터 1년 내에 재판상 청구가 없으면 소멸하는데, 이 기간은 Y와 X의 합의에 의하여 연장할 수 있다($\frac{상}{1항}$ 814조).

(3) 본문에서 Y의 선원인 A에게 불법행위책임이 인정되고($\frac{민}{750조}$), X가 A에게 불법행위로 인한 손해배상책임을 묻는 경우에 A는 Y가 X에게 선박소유자로서 책임제한을 주장하는 경우이든 운송인으로서 책임제한을 주장하는 경우이든 불문하고 Y의 책임제한을 주장할 수 있다($\frac{상}{본문, 798조 2항 본문}$ 774조 1항 3호, 769조). 다만 A가 Y의 책임제한을 주장할 수 있기 위하여는 A에게 손해발생에 대한 고의 또는 손해발생의 염려가 있음을 인식하면서 무모하게 한 작위 또는 부작위가 없어야 한다($\frac{상}{단서, 798조 2항 단서}$ 774조 1항 3호, 769조). A가 X에게 Y의 책임제한을 주장하는 경우 A 및 Y가 주장하는 책임제한총액은 Y가 선박소유자의 책임제한을 주장하는 경우에는 334,000,000원을($\frac{상}{2항}$ 774조), Y가 운송인의 책임제한을 주장하는 경우에는 666,670,000원을($\frac{상}{3항}$ 798조) 초과하지 못한다.

제 3 해상물건운송인의 권리

1. 기본적 권리

(1) 운임청구권

1) 운송계약은 이미 앞에서 본 바와 같이 도급계약이므로 운임청구권은 원칙적으로 운송물이 목적지에 도착하여야(즉, 운송이라는 일의 완성이 있어야) 발생한다.

운임지급의무자는 운송계약의 상대방인 송하인인데, 운송물 수령 후에는 수하인도 의무자(부진정 연대채무자)가 되는 것은 육상운송의 경우와 같다($\frac{상}{1항}$ 807조) ($\frac{동지: 대판 1977.}{12. 26, 76 다 2914;}$ $\frac{동 1996. 2. 9,}{94 다 27144}$).

2) 그러나 운송인은 예외적으로 다음과 같은 경우에는 운송물이 목적지에 도착하지 않은 경우에도 운임청구권을 행사할 수 있다. 즉, (i) 운송물의 전부 또는 일부가 그 성질이나 하자 또는 용선자나 송하인의 과실로 인하여 멸실한 때에는 운송인은 운임의 전액을 청구할 수 있다(전액운임)($^{상}_{134조 2항}$). (ii) 선장이 항해계속비용 등을 지급하기 위하여 또는 선박과 적하의 공동위험을 면하기 위하여 운송물을 처분한 경우에는 운송인은 운임의 전액을 청구할 수 있다(전액운임)($^{상}_{813조}$). (iii) 항해중에 선박의 침몰 또는 멸실·수선불능·포획 등의 사유가 발생하여 운송을 계속하지 못한 경우에는, 운송인은 송하인에 대하여 운송물의 가액을 한도로 하여 운송의 비율에 따른 운임을 청구할 수 있다(비율운임)($^{상}_{2항}$^{810조}). (iv) 운송인은 운송계약이 해제 또는 해지된 경우에도 일정한 경우 전부운임 또는 비율운임을 청구할 수 있다($^{상 792조 2항,}_{811조 2항}$)(이에 대하여는 후술함).

3) 운임액은 계약 또는 관행에 의하지만, 상법은 해상운송의 기술적 성격을 고려하여 특히 다음과 같은 보충규정을 두고 있다($^{상}_{806조}$^{805조,}). 즉, (i) 운송물의 중량 또는 용적으로 운임을 정한 때에는 운송물을 「인도하는 때」의 중량 또는 용적에 의하여 운임액을 정한다($^{상}_{805조}$). (ii) 기간으로 운임을 정한 때에는 원칙적으로 운송물의 「선적을 개시한 날로부터 그 양륙을 종료한 날」까지의 기간에 의하여 운임액을 정한다($^{상}_{1항}$^{806조}).

(2) 부수비용청구권 등

해상물건운송인은 운송계약 또는 선하증권의 취지에 따라 부수비용(예컨대, 창고보관료, 운송물공탁비용, 검사비용, 관세 등)·체당금·운송물의 가액에 따른 공동해손 또는 해난구조로 인한 부담액을 송하인에게 청구할 수 있는데, 수하인이 운송물을 수령한 때에는 수하인에게도 이를 청구할 수 있다($^{상}_{1항}$^{807조}).

(3) 담 보 권

1) 해상물건운송인(선장)은 수하인이 운송물을 수령하는 때에 운임·부수비용·체당금·운송물의 가액에 따른 공동해손 또는 해난구조로 인한 부담액을 지급하지 않으면, 운송물을 인도하지 않고 이를 유치할 수 있는 권리(해상유치권)를 갖는다($^{상}_{2항}$^{807조}). 이 유치권은 피담보채권과 유치목적물(운송물)과의 견련관계를 요하며, 또한 유치목적물이 운송물로 제한되고 그 운송물은 채무자소유인지 여부를 불문하는 점에서, 민사유치권과 같고 일반상사유치권과 구별된다.

2) 또한 해상물건운송인은 운임·부수비용·체당금·운송물의 가액에 따른 공동해손 또는 해난구조로 인한 부담액을 지급받기 위하여, 법원의 허가를 얻어 운송

물을 경매하여 우선변제를 받을 권리가 있다($\frac{\text{상}}{1\text{항}}^{808\text{조}}$). 또한 해상물건운송인(선장)은 수하인에게 운송물을 인도한 후에도 그 운송물에 대하여 위의 경매권을 행사할 수 있는데, 다만 인도한 날로부터 30일을 경과하거나 또는 제 3 자가 그 운송물의 점유를 취득한 때에는 그러하지 아니하다($\frac{\text{상}}{2\text{항}}^{808\text{조}}$).

2. 부수적 권리

해상물건운송인은 운송과 관련하여 송하인에 대하여 다음과 같은 부수적 권리를 갖는다. 즉, 해상물건운송인은 운송물제공청구권($\frac{\text{상}}{1\text{항 참조}}^{792\text{조}}$), 송하인이 당사자간의 합의 또는 선적항의 관습에 의한 때와 곳에서 운송인에게 운송물을 제공하지 않은 때의 발항권($\frac{\text{상}}{2\text{항}}^{792\text{조}}$), 송하인에 대한 선적기간 내에 운송에 필요한 서류의 교부청구권($\frac{\text{상}}{793\text{조}}$), 위법선적물 또는 위험물에 대한 조치권($\frac{\text{상}}{801\text{조}}^{800\text{조}}$), 송하인이 운송물의 전부 또는 일부를 선적하고 운송계약을 해제 또는 해지한 경우 선적과 양륙비용의 청구권($\frac{\text{상}}{835\text{조}}$), 송하인에 대한 선하증권등본의 교부청구권($\frac{\text{상}}{856\text{조}}$) 등을 갖는다.

3. 채권의 제척기간

해상물건운송인의 송하인 또는 수하인에 대한 채권은 그 청구원인의 여하에 불구하고 운송인이 수하인에게 운송물을 인도한 날 또는 인도할 날로부터 1년 내에 재판상 청구가 없으면 소멸하는데, 이 기간은 당사자간의 합의에 의하여 연장할 수 있다($\frac{\text{상}}{1\text{항}}^{814\text{조}}$). 이 제척기간의 기산점은 상법에 명문규정이 있는 바와 같이 「운송물을 인도한 날 또는 인도할 날」이다.

운송인이 인수한 운송을 다시 제 3 자에게 위탁한 경우에 송하인 또는 수하인이 위의 제척기간 이내에 운송인과 배상합의를 하거나 운송인에게 재판상 청구를 하였다면, 그 합의 또는 청구가 있은 날로부터 3월이 경과하기 이전에는 그 제 3 자에 대한 운송인의 채권(구상채권 등)은 위의 기간에도 불구하고 소멸하지 아니한다($\frac{\text{상}}{2\text{항}}^{814\text{조}}$). 이 때 운송인이 송하인 등으로부터 재판상 청구를 받은 경우에는 그로부터 3 개월 이내에 그 제 3 자에 대하여 소송고지를 하면 3 개월의 기간은 그 재판이 확정 그 밖의 종료된 때부터 기산한다($\frac{\text{상}}{3\text{항}}^{814\text{조}}$).

제 4 관 해상물건운송계약의 종료

제 1 송하인의 임의해제(해지)

1. 발항 전의 임의해제(해지)

개품운송계약에서의 송하인은 다른 송하인 전원과 「공동으로 하는 경우」에 한하여, 단일항해의 경우에는 운임의 반액을 지급하고 발항 전에 계약을 해제하거나, 왕복항해의 경우에는 운임의 3분의 2를 지급하고 회항 전에 계약을 해지할 수 있다($\frac{상\ 833조}{1항}$).

다른 송하인 전원과 「공동으로 하는 경우가 아니면」 송하인은 발항 전에 계약을 해제 또는 해지한 때라도 운임의 전액을 지급하여야 한다($\frac{상\ 833조}{2항}$).

2. 발항 후의 임의해지

송하인은 발항 후에도 운송계약을 해지할 수 있다. 이 때 해지의 요건은 발항 전의 해지의 경우와 같으나, 이를 위한 법정위약금으로는 언제나 「운임의 전액」을 지급하여야 한다($\frac{상}{837조}$).

제 2 불가항력에 의한 임의해제(해지)

1. 발항 전의 임의해제

발항 전에 항해 또는 운송이 법령을 위반하게 되거나(예컨대, 항해금지, 해상봉쇄, 운송물의 수출입금지 등) 기타 불가항력(예컨대, 천재지변, 전쟁 등)으로 인하여 운송계약의 목적을 달할 수 없게 된 때에는, 각 당사자는 운송계약을 해제할 수 있다($\frac{상\ 811조}{1항}$). 이 경우에 송하인은 공적운임을 지급할 필요가 없다.

2. 발항 후의 임의해지

발항 후 운송중에 항해 또는 운송이 법령에 위반하거나 기타 불가항력으로 인하여 운송계약의 목적을 달할 수 없게 된 때에도, 각 당사자는 운송계약을 해지할 수 있다($\frac{상\ 811조}{2항\ 전단}$). 이 때 송하인은 운송의 비율에 따른 운임을 지급하여야 한다($\frac{상\ 811조}{2항\ 후단}$).

제 3 법정원인에 의한 당연종료

해상물건운송계약은 발항 전이든 발항 후이든 불문하고, (i) 선박이 침몰 또는 멸실한 때, (ii) 선박이 수선할 수 없게 된 때, (iii) 선박이 포획된 때, (iv) 운송물이 불가항력으로 인하여 멸실된 때에는 당연히 종료한다($\frac{상}{1항}$810조). 이 때 (i) 내지 (iii)의 사유가 항해 도중에 생긴 때에는 송하인은 운송의 비율에 따라 현존하는 운송물의 가액의 한도에서 운임을 지급하여야 하고($\frac{상}{2항}$810조), (iv)의 경우에는 송하인은 운임을 전혀 지급하지 않아도 무방하다($\frac{상}{134조 1항}$815조,).

제 3 절 해상여객운송계약

제 1 관 해상여객운송계약의 의의

해상여객운송계약이라 함은 「운송인이 특정한 여객을 출발지에서 도착지까지 해상에서 선박으로 운송할 것을 인수하고, 이에 대하여 상대방(여객)이 운임을 지급하기로 약정함으로써 그 효력이 생기는 계약」이다($\frac{상}{817조}$).

해상여객운송계약은 운송의 객체가 「사람」이고 이로 인하여 운송인의 「보관」에 들어갈 수 없는 점이 해상물건운송계약과 다를 뿐, 그 계약의 성질 등은 양자가 같다.

제 2 관 해상여객운송계약의 성립

제 1 계약의 당사자

해상여객운송계약의 기본당사자는 여객의 해상운송을 인수하는 「해상여객운송인」과, 이에 대하여 운임을 지급하는 「여객」이다.

제 2 계약의 체결

해상여객운송계약은 해상물건운송계약과 같이 도급계약으로서 불요식·낙성계약이다. 또한 원칙적으로 유상계약이지만, 예외적으로 무상계약(예컨대, 6세 미만의 소아 등)인 경우도 있다. 해상여객운송의 경우는 육상운송의 경우보다 여객의 개성이 중시되므로, 상법은 기명식 승선권을 타인에게 양도하지 못하도록 규정하고 있다($\underset{818조}{상}$).

해상여객운송계약의 체결방법도 개품운송의 경우와 같이 보통거래약관에 의하여 정형적으로 체결되고 또한 부합계약성을 갖는다. 따라서 상법은 면책약관의 제한에 관한 규정을 여객운송인에게도 준용하고 있는데($\underset{799조 1항}{상 826조 2항}$), 여객은 상인이 아닌 점에서 면책약관을 제한할 필요성이 더욱 크므로 상법의 규정에 반하여 여객운송인의 의무 또는 책임을 경감 또는 면제하는 면책약관은 무효이다.

제3관 해상여객운송계약의 효력

제1 해상여객운송인의 의무

해상여객운송인의 의무는 한편으로는 육상여객운송인의 그것과 같고 다른 한편으로는 해상물건운송인의 그것과 같으므로, 상법은 해상여객운송인의 의무에 관하여 이들 규정을 많이 준용하고 있다($\underset{826조}{상}$).

그러나 해상여객운송의 경우는 그 객체가 「사람」이고 또한 「선박」에 의한 장기간의 운송이라는 특색에서 다음과 같은 몇 가지의 특별규정을 두고 있다. 즉, 해상여객운송인은 여객에 대하여 승선의무·식사제공의무($\underset{1항}{상 819조}$)·선박수선중의 거처·식사제공의무($\underset{2항}{상 819조}$)·휴대수하물 무임운송의무($\underset{820조}{상}$)·사망한 여객의 휴대수하물처분의무($\underset{824조}{상}$) 및 상륙의무 등을 부담한다.

제2 해상여객운송인의 책임

1. 여객에 대한 책임

해상여객운송인의 여객 자신의 손해에 대한 손해배상책임은 육상여객운송인의 여객 자신의 손해에 대한 손해배상책임과 같다($\underset{1항, 148조}{상 826조}$). 다만 해상여객운송인은 감항능력주의의무도 부담하기 때문에 이에 위반하여 여객이 입은 손해에 대하여도 이를 배상할 책임을 부담하고($\underset{1항, 794조}{상 826조}$), 해상물건운송인의 책임에 관한 상법의 규정

($\substack{상 794조~\\798조}$)에 반하여 운송인의 책임을 경감 또는 면제하는 당사자간의 특약은 무효인 점($\substack{상 826조 1항·\\790조 1항}$)은 육상여객운송인의 그것과 다르다.

해상여객운송인(선박소유자 등)의 여객의 사상(死傷)으로 인한 책임제한은 총체적 책임제한의 이익만을 누릴 수 있다($\substack{상 770조\\1항 1호}$)(즉, 그 선박의 선박검사증서에 기재된 여객의 정원에 175,000 SDR을 곱하여 얻은 금액을 한도로 한다).

[해상여객운송인의 여객에 대한 책임을 부정한 판례]

"상법 제830조($\substack{2007년 개정상법\\제826조}$)에 의하여 준용되는 동법 제148조의 규정은 여객이 해상운송 도중 그 운송으로 인하여 손해를 입었고 또 그 손해가 운송인이나 그 사용인의 운송에 관한 주의의무의 범위에 속하는 사항으로 인하였을 경우에 한하여 운송인은 자기 또는 사용인이 운송에 관한 주의를 게을리하지 아니하였음을 증명하지 아니하는 한 이를 배상할 책임을 면할 수 없다는 것이지, 여객이 피해를 입기만 하면 그 원인을 묻지 않고 그 책임을 지우는 취지는 아니라 할 것이므로, 여객이 입은 손해라도 그것이 운송인 또는 그 사용인의 운송에 관한 주의의무의 범위에 속하지 아니하는 한 운송인은 그로 인한 손해를 배상할 책임이 없다. 따라서 운송인이 승선자의 수와 하선자의 수를 확인하지 아니하였다고 하여, 그것이 인명사고의 원인이 될 운송에 관한 주의의무의 범위에 속한다고 할 수 없다($\substack{대판 1987. 10. 28,\\87 다카 1191}$)."

2. 수하물에 대한 책임

(1) 탁송수하물에 대한 책임

탁송수하물의 손해에 대한 해상여객운송인의 손해배상책임은 해상물건운송인의 손해배상책임과 같다($\substack{상 826조 2항, 794조~801조, 804조,\\807조, 809조, 811조, 814조}$).

(2) 휴대수하물에 대한 책임

휴대수하물의 손해에 대한 해상여객운송인의 손해배상책임은 육상여객운송인의 손해배상책임과 같다($\substack{상 826조 3항·\\150조}$). 다만 해상여객운송인의 이 책임에 대하여는 해상물건운송인의 책임에 관한 일부규정이 준용된다($\substack{상 826조 3항, 797조 1항·4항,\\798조, 799조 1항, 809조, 814조}$).

제 3 해상여객운송인의 권리

(1) 운임청구권

해상여객운송인은 여객의 운송에 대한 보수로서 운임을 청구할 수 있다($\substack{상\\817조}$).

이러한 운임은 운임표에 의하여 정형화되어 있는 것이 보통이다.

(2) 발 항 권

해상여객운송인(선장)은 여객이 승선시기까지 승선하지 아니한 때에는 즉시 발항할 수 있고, 항해중도의 정박항에서도 같다($\frac{\text{상}821조}{1항}$). 이 경우에 여객은 운임의 전액을 지급하여야 한다($\frac{\text{상}821조}{2항}$).

(3) 채권의 소멸

1) 해상여객운송인의 여객에 대한 운임청구권의 행사기간 및 이에 관한 담보권에 대하여는 상법에 특별한 규정이 없다. 따라서 그 행사기간은 일반상사채권과 같이 5년간으로 이 기간 동안 행사하지 않으면 소멸시효가 완성한다고 보며($\frac{\text{상}64조}{\text{본문}}$), 이에 대한 담보권은 민법과 상법의 일반원칙에 의한다($\frac{\text{상}807조\ 2항}{\text{유추적용}}$).

2) 그런데 해상여객운송인의 수하물에 관하여 발생한 채권은 해상물건운송인의 채권과 같이 그 수하물을 인도한 날 또는 인도할 날로부터 원칙적으로 1년의 제척기간의 경과로 소멸한다($\frac{\text{상}826조\ 2항\cdot}{3항,\ 814조}$).

제 4 관　해상여객운송계약의 종료

해상여객운송계약은 운송의 완료에 의하여 정상적으로 종료하는 외에, 운송의 진행중에 비정상적으로 종료하는 경우도 있다. 운송의 진행중에 해상여객운송계약이 종료하는 원인에는 계약의 일반종료원인에 의하여 종료되는 외에, (i) 여객의 임의해제($\frac{\text{상}}{822조}$)·(ii) 불가항력에 의한 임의해제($\frac{\text{상}}{823조}$) 및 (iii) 법정원인에 의한 당연종료($\frac{\text{상}810조}{\text{유추적용}}$)가 있다.

제 4 절　항해용선계약

제 1 관　총　　설

제 1　항해용선계약의 의의

1) 2007년 개정상법은 제 2 장에서 운송과 용선에 대하여 규정하고 있는데, 운송에 대하여는 제 1 절 개품운송과 제 2 절 여객운송에 대하여 규정하고, 용선에 대

하여는 제 3 절 항해용선·제 4 절 정기용선 및 제 5 절 선체용선에 대하여 규정하고
있다. 그런데 선체용선과 정기용선에 대하여는 이 책 제 2 장 해상기업조직에 관한
부분 중 선체용선자와 정기용선자에서 이미 설명하였으므로, 이곳에서는 항해용선
에 대하여만 설명하겠다.

2) 항해용선계약이란「특정한 항해를 할 목적으로 선박소유자가 용선자에게
선원이 승무하고 항해장비를 갖춘 선박의 전부 또는 일부를 물건의 운송에 제공하
기로 약정하고, 용선자가 이에 대하여 운임을 지급하기로 약정함으로써 그 효력이
생기는 계약」이다($^{상}_{1항}$^{827조}). 따라서 항해용선계약은 선복용선계약(船腹傭船契約)이라
고 볼 수 있다.

3) 이러한 항해용선계약은 용선자가 선박의 점유를 취득하지 못하고 선박소유
자가 선장을 점유보조자로 하여 선박의 점유를 보유하고 있는 점에서 (정기용선계약
과 같으나) 선체용선계약과는 다르다.

또한 항해용선계약에서 용선자는 해상기업의 주체가 되지 못하고 항해의 지휘·
해상기업의 경영은 해상기업의 주체인 선박소유자가 하는 점에서, 항해용선계약은
용선자가 해상기업의 주체가 되는 정기용선계약과도 다르다. 즉, 선박소유자의 입
장에서 볼 때 항해용선계약에서 선박소유자는 물건운송을 약정하나, 정기용선계약
에서 선박소유자는 선박의 사용을 약정하는 점에서 항해용선계약과 정기용선계약은
구별된다.

제 2 항해용선계약의 종류

1. 전부용선계약과 일부용선계약

항해용선계약에는 운송에 제공하는 선복(船腹)이 선박의 전부이면 전부용선계
약이고, 일부이면 일부용선계약이다. 상법은 이 양자를 달리 취급하여 규정하고 있
는 경우가 있으나($^{상}_{833조}$^{832조}), 대체로 전부용선계약을 중심으로 규정하고 있다($^{상}_{831조\sim}$^{828조}).

2. 항해용선계약과 기간용선계약

용선계약의 존속이 특정한 항해에 한정되는 것을 항해용선계약이라고 하는데
($^{상}_{1항}$^{827조}), 우리 상법 제 2 장 제 3 절은 이에 대하여 규정하고 있다.

이에 반하여 용선계약의 존속이 일정기간에 한정되는 것을 기간용선계약이라

고 하는데, 이러한 기간용선은 거의 정기용선화되어($\frac{상}{842조}$) 순수한 기간용선계약은 거의 존재하지 않는다. 다만 2007년 개정상법에 의하여 선박소유자가 일정한 기간 동안 용선자에게 선박을 제공할 의무를 지지만 항해를 단위로 운임을 계산하여 지급하기로 약정한 경우에는 항해용선계약에 준하는 것으로 보아 그 성질에 반하지 아니하는 한 항해운송에 관한 제 2 장 제 3 절의 규정을 준용하는 것으로 하고 있다 ($\frac{상}{3항}$827조). 따라서 오늘날 이 양자의 구별은 크게 실익이 없다고 볼 수 있다.

3. 물건용선계약과 여객용선계약

항해용선계약에는 선박소유자가 운송에 제공하는 선복(船腹)을 용선자가 물건의 운송에 이용하는 경우에는 물건용선계약이고($\frac{상}{1항}$827조), 여객의 운송에 이용하는 경우에는 여객용선계약이다($\frac{상}{2항}$827조). 2007년 개정상법 제 2 장 제 3 절은 물건용선계약으로서 항해용선계약에 대하여 규정하고 있는데, 이러한 규정은 그 성질에 반하지 아니하는 한 여객운송을 목적으로 하는 항해용선계약에도 준용되므로($\frac{상}{2항}$827조), 양자는 법규정의 적용에 있어서 거의 차이가 없다고 볼 수 있다. 따라서 이하에서는 물건용선계약으로서 항해용선계약에 대하여만 설명하겠다.

제 2 관 항해용선계약의 성립

제 1 계약의 당사자

항해용선계약의 기본당사자는 「선박소유자」와 「용선자」이다.

「선박소유자」는 특정한 항해를 할 목적으로 용선자에게 선원이 승무하고 항해장비를 갖춘 선박의 전부 또는 일부를 물건의 운송에 제공하기로 약정한 자이고, 「용선자」는 이에 대하여 운임을 지급하기로 약정한 자이다($\frac{상}{1항}$827조).

제 2 계약의 체결

항해용선계약은 특별법령에 의한 제한이 없는 한 자유롭게 체결할 수 있다. 항해용선계약은 선박소유자가 스스로 체결하는 경우도 있으나, 선박소유자의 대리점 또는 선박중개인이 용선계약을 체결하는 경우도 있다.

항해용선계약은 불요식·낙성계약이므로, 당사자간의 청약과 승낙의 합치로써 계약은 성립하고 특별한 서면이나 방식을 요하는 것이 아니다. 그런데 실무상은 용선계약서 등의 증서방식으로 하게 되는 경우가 많은데, 이러한 용선계약서가 계약의 성립요건이 되는 것은 아니고 이는 단순히 증거증권에 불과하다.

제 3 관 항해용선계약의 효력

제 1 선박소유자의 의무

1. 선적에 관한 의무

(1) 선박제공의무

선박소유자는 용선계약에서 정한 선박을 선적지에서 용선자에게 제공하여야 한다. 선박의 특정은 항해용선계약에서 특히 문제되는데, 이 경우에도 실무에서는 용선계약상에 대선(代船)약관 또는 환적(換積)약관을 규정하고 있으므로 거의 문제가 되지 않는다.

(2) 선적준비완료통지의무

항해용선계약의 경우에는 용선자 측에서 선적하므로 선박소유자는 운송물을 선적함에 필요한 준비가 완료된 때에는 지체 없이 용선자(또는 선적인)에게 그 통지를 발송하여야 한다($\frac{상\ 829조\ 1항,}{830조}$). 이러한 통지를 받은 용선자(또는 선적인)는 선적기간 이내에 직접 선적할 수 있는데($\frac{상\ 830조}{참조}$), 용선자가 이 기간 내에 운송물을 선적하지 않으면 운송계약을 해제 또는 해지한 것으로 본다($\frac{상}{836조}$). 선박소유자의 이러한 선적준비완료의 통지는 선적기간의 기산점이 된다($\frac{상\ 829조}{2항}$).

(3) 정박(또는 待泊)의무

항해용선계약의 경우 선박소유자는 용선자가 운송물의 전부를 선적하는 데 필요한 기간만큼 선박을 정박시킬 의무가 있다. 이 때 선적하는 데 필요한 기간을 「선적기간」이라고 하는데, 이는 보통 당사자간의 약정에서 정하여지고 이러한 약정이 없으면 선적항의 관습에 의한다. 만일 용선자가 위와 같은 선적기간 내에 선적을 완료하지 않은 경우에는 기간경과 후 선장은 즉시 발항할 수도 있고($\frac{상\ 831조}{2항·3항}$), 선적의 완료를 위하여 선적기간 경과 후에도 정박할 수 있는데 이 경우에는 초과정박기간에 상당하는 정박료(체선료)를 청구할 수 있다($\frac{상\ 829조}{3항}$).

[정박료(체선료)에 대하여 과실상계가 인정되지 않는다는 판례]

"소위 정박료 또는 체선료는 체선기간중 선박소유자가 입는 선원료·식비·체선비용·선박이용을 방해받음으로 인하여 상실한 이익 등의 손실을 전보하기 위한 법정의 특별보수이므로, 선박소유자의 과실을 참작하여 약정한 정박료 또는 체선료를 감액하거나 과실상계를 할 수 없다($\frac{대판 1994. 6. 14, 93 다 58547;}{동 2005. 7. 28, 2003 다 12083}$)."

용선자가 선적기간 내에 운송물의 선적을 완료한 경우에는 선적기간 내에 운송에 필요한 서류를 선장에게 교부하여야 한다($\frac{상 841조 1 항;}{793조}$).

(4) 운송물수령·적부(積付)의무

1) 수령의무　　선박소유자는 용선계약에 따라 인도된 운송물을 수령할 의무가 있다($\frac{상 841조 1 항;}{795조 1 항}$). 다만 위법선적물($\frac{상 841조 1 항;}{800조}$)이나 위험물($\frac{상 841조 1 항;}{801조}$) 등에 대하여서는 수령을 거절하거나 포기할 수 있다.

2) 적부(積付)의무　　선박소유자는 수령한 운송물을 적부(積付)할 의무를 부담하는데($\frac{상 841조 1 항;}{795조 1 항}$) ($\frac{동지: 대판 2003. 1.}{10, 2000 다 70064}$), 적부(積付)란 운송물을 배에 실어서 선창 내에 적당히 배치하는 것을 말한다. 선박소유자는 특약 또는 다른 관습이 없는 한 원칙적으로 갑판적(甲板積)을 하지 못한다. 그러나 선박소유자는 예외적으로 용선계약을 증명하는 문서의 표면에 갑판적으로 운송할 취지를 기재하여 갑판적으로 운송할 수 있는데, 이 경우에는 선박소유자의 책임을 감경할 수 있다($\frac{상 839조 2 항;}{799조 2 항}$).

2. 항해에 관한 의무

(1) 감항능력주의의무

이에 대하여는 앞에서 본 개품운송계약의 경우와 같다($\frac{상 841조 1 항;}{794조}$).

(2) 발항의무

선박소유자는 원칙적으로 선적기간 내에 운송물의 전부가 선적된 경우에만 발항하여야 한다. 그러나 선박소유자는 다음의 경우에는 예외적으로 발항할 수 있다. 즉 (i) 용선자는 (선적기간 내에) 운송물의 전부를 선적하지 아니한 경우에도 선박소유자(선장)에게 발항을 청구할 수 있다($\frac{상 831조}{1 항}$). (ii) 선박소유자는 선적기간 경과 후에는 용선자가 운송물의 전부를 선적하지 아니한 경우에도 즉시 발항할 수 있다($\frac{상 831조}{2 항}$).

(3) 직항의무

선박소유자는 발항하면 원칙적으로 예정항로에 따라 도착항(양륙항)까지 직항하여야 할 의무, 즉 이로(離路)(deviation)를 하여서는 안 된다는 의무를 부담하는데 ($^{상\ 841조\ 1항,\ 796조}_{2항\ 8호\ 참조}$), 이는 개품운송계약에서 설명한 바와 같다.

(4) 운송물에 관한 의무

선박소유자는 운송물을 보관할 의무가 있고($^{상\ 841조\ 1항,}_{795조\ 1항}$), 위법운송물을 양륙 또는 포기할 수 있으며($^{상\ 841조\ 1항,}_{800조}$), 위험운송물을 양륙·파괴 또는 무해조치를 할 수 있는데($^{상\ 841조\ 1항,}_{801조}$), 이는 개품운송계약에서 설명한 바와 같다.

3. 양륙에 관한 의무

(1) 입항의무

선박소유자는 운송물의 양륙·인도를 위하여 용선계약상 정하여진 양륙항 또는 용선자가 지정하는 양륙항에 입항하여, 특약 또는 관습에 의하여 정하여지는 양륙 장소에 정박하여야 할 의무를 부담한다.

(2) 양륙준비완료통지의무

항해용선계약의 경우에는 운송물의 양륙준비완료 후 선박소유자(선장)는 지체 없이 수하인에게 그 통지를 발송하여야 한다($^{상\ 838조}_{1항}$). 이는 약정된 양륙기간의 기산 점이 된다($^{상\ 838조}_{2항}$).

(3) 정박(또는 待泊)의무

선박소유자는 용선자가 운송물의 전부를 양륙하는 데 필요한 기간만큼 선박을 정박시킬 의무가 있다. 이 때 양륙하는 데 필요한 기간을 「양륙기간」이라고 하는 데, 이러한 양륙기간은 보통 당사자간의 약정에서 정하여지고, 이러한 약정이 없으 면 양륙항의 관습에 의한다. 만일 용선자가 위의 양륙기간을 경과한 후 운송물을 양륙한 때에는 선박소유자는 초과정박기간에 상당하는 정박료(체선료)를 청구할 수 있다($^{상\ 838조}_{3항}$).

(4) 양륙의무

항해용선계약에서는 보통 용선자측에서 양륙하는데, 당사자간의 특약 등에 의 하여 선박소유자가 양륙의무를 부담하는 경우도 있다($^{상\ 841조\ 1항,}_{795조\ 1항\ 참조}$).

(5) 인도의무

1) 선박소유자는 양륙항에서 운송물을 정당한 수하인에게 인도할 의무를 부담 한다($^{상\ 841조\ 1항,}_{795조\ 1항\ 참조}$). 선박소유자의 이러한 인도의무의 이행으로 항해용선계약은 완전 히 종료하게 된다. 따라서 선박소유자의 이 의무는 최종의 의무가 된다. 항해용선계 약의 경우 인도는 원칙적으로 양륙과 동시에 이루어진다.

이 때 정당한 수하인이란 용선계약에서 지정한 수하인이다. 따라서 선박소유자는 이러한 수하인에게 운송물을 인도할 의무를 부담한다($\frac{\text{동지: 대판 1999. 7.}}{13,\ 99\ \text{다 } 8711}$). 수하인은 용선계약의 기본당사자는 아니지만, 운송물이 도착지에 도착한 때에는 용선자와 동일한 권리를 취득하고($\frac{\text{상 841조 1 항,}}{140\text{조 1 항}}$), 수하인이 그 운송물의 인도를 청구한 때에는 수하인의 권리가 용선자의 권리보다 우선한다($\frac{\text{상 841조 1 항,}}{140\text{조 2 항}}$) ($\frac{\text{동지: 대판 2003. 10.}}{24,\ 2001\ \text{다 } 72296}$). 이러한 수하인의 지위에 관한 그 밖의 상세한 사항은 육상운송에서 설명한 바와 같다.

수하인이 운송물의 일부 멸실 또는 훼손을 발견한 때에는 수령 후 지체 없이 그 개요에 관하여 운송인에게 서면에 의한 통지를 발송하여야 한다($\frac{\text{상 841조 1 항,}}{804\text{조 1 항 본문}}$). 그러나 그 멸실 또는 훼손이 즉시 발견할 수 없는 것인 때에는 수령한 날로부터 3일 내에 그 통지를 발송하여야 한다($\frac{\text{상 841조 1 항,}}{804\text{조 1 항 단서}}$).

이 통지가 없는 경우에는 운송물의 멸실 또는 훼손 없이 수하인에게 인도된 것으로 추정된다($\frac{\text{상 841조 1 항,}}{804\text{조 2 항}}$). 그러나 선박소유자 또는 그 사용인이 운송물이 멸실 또는 훼손되었음을 알고 있는(악의인) 경우에는, 수하인의 이러한 통지의무 및 멸실·훼손이 없다는 추정에 관한 위의 규정은 적용되지 않는다($\frac{\text{상 841조 1 항,}}{804\text{조 3 항}}$). 따라서 통지 자체는 적극적인 효력이 생기지 않고, 이러한 추정력을 생기지 않게 하는 효력이 있을 뿐이다. 즉, 불통지에는 입증책임을 부담하는 불이익이 따르게 된다($\frac{\text{동지: 대판 1988. 9.}}{27,\ 87\ \text{다카 } 2131}$).

운송물의 멸실 또는 훼손이 발생하였거나 그 의심이 있는 경우에는, 선박소유자와 수하인은 서로 운송물의 검사를 위하여 필요한 편의를 제공하여야 한다(상호편의제공의무)($\frac{\text{상 841조 1 항,}}{804\text{조 4 항}}$).

수하인이 운송물을 수령하는 때에는 용선계약에 따라 운임·부수비용·체당금·체선료, 운송물의 가액에 따른 공동해손 또는 해난구조로 인한 부담액을 지급하여야 한다($\frac{\text{상 841조 1 항,}}{807\text{조 1 항}}$).

2) 항해용선계약에서 선박소유자는 운송물을 수령한 후에 용선자의 청구가 있는 경우 선하증권을 발행하여야 하는데($\frac{\text{상 855조}}{1\text{항}}$), 이와 같이 선하증권을 발행한 선박소유자는 이 선하증권을 선의로 취득한 제3자에 대하여 (개품운송계약에서의) 운송인으로서의 권리와 의무가 있다($\frac{\text{상 855조}}{3\text{항 1 문}}$). 또한 이는 용선자의 청구에 따라 선박소유자가 제3자에게 선하증권을 발행한 경우에도 같다($\frac{\text{상 855조}}{3\text{항 2 문}}$). 따라서 이와 같이 항해용선계약에서 선박소유자가 선하증권을 발행한 경우에는 선박소유자는 이러한 선하증권의 정당한 소지인에게 운송물을 인도할 의무를 부담하는데, 이에 대하여는 개품운송계약에서 설명한 바와 같다.

(6) 공탁의무

1) 선박소유자(선장)는 수하인을 확실히 알 수 없거나 수하인이 운송물의 수령을 거부한 때에는, 이를 공탁하거나 세관 그 밖의 관청의 허가를 받은 곳에 인도하고 지체 없이 용선자 및 알고 있는 수하인에게 그 통지를 발송하여야 할 의무를 부담한다($_{803조\ 2항}^{상\ 841조\ 1항,}$). 이와 같이 선박소유자가 운송물을 공탁하거나 세관 기타 관청의 허가를 받은 곳에 인도한 때에는, 수하인에게 운송물을 인도한 것으로 의제하고 있다($_{803조\ 3항}^{상\ 841조\ 1항,}$).

2) 수하인이 운송물의 수령을 게을리한 때에는 선박소유자(선장)는 이를 공탁하거나 세관 그 밖에 법령이 정하는 관청의 허가를 받은 곳에 인도할 수 있는데, 이 경우에는 지체 없이 수하인에게 그 통지를 발송하여야 한다($_{803조\ 1항}^{상\ 841조\ 1항,}$). 선박소유자가 운송물을 공탁 등을 한 경우에는 수하인의 수령거부 등의 경우와 같이 수하인에게 운송물을 인도한 것으로 의제하고 있다($_{803조\ 3항}^{상\ 841조\ 1항,}$).

3) 항해용선계약의 경우에도 선박소유자는 선하증권을 발행할 수 있는데($_{855조}^{상}$), 이 때 선박소유자가 수 통의 선하증권을 발행한 경우 2인 이상의 선하증권 소지인이 운송물의 인도를 청구한 때에는, 선박소유자(선장)는 지체 없이 운송물을 공탁하고 각 청구자에게 통지를 발송하여야 할 의무를 부담하는데($_{1항}^{상\ 859조}$), 이 점은 개품운송계약에서 설명한 바와 같다.

제 2 선박소유자의 책임

1) 항해용선계약의 경우 선박소유자의 책임은 개품운송계약의 경우 운송인의 책임과 거의 같다($_{내지\ 797조,\ 798조\ 1항부터\ 3항까지}^{상\ 841조\ 1항,\ 136조,\ 137조,\ 794조}$).

2) 그러나 선박소유자의 책임경감금지에 대하여는 항해용선계약의 경우 별도로 규정하고 있다. 즉 항해용선계약에서 선박소유자는 감항능력주의의무($_{794조}^{상}$)에 반하여 항해용선의 절에서 정한 선박소유자의 의무 또는 책임을 경감 또는 면제하는 당사자 사이의 특약은 효력이 없는데($_{1항\ 1문}^{상\ 839조}$), 이러한 점은 운송물에 관한 보험의 이익을 선박소유자에게 양도하는 약정 또는 이와 유사한 약정을 한 경우에도 같다($_{1항\ 2문}^{상\ 839조}$). 감항능력주의의무에 관한 상법의 규정($_{794조}^{상}$)은 공익의 목적상 규정된 것으로 강행법규라고 볼 수 있으므로 항해용선계약이라 할지라도 이러한 규정에 반하는 특약을 할 수 없도록 한 것이다. 따라서 개품운송계약의 경우와는 달리 항해용선계약에서는 상법 제795조(운송물에 관한 주의의무)·제796조(운송인의 면책사유)·제797조

(운송인의 책임의 한도) 및 제798조(비계약적 청구에 대한 적용)의 규정에 반하여 선박소유자의 의무 또는 책임을 경감 또는 면제하는 당사자 사이의 특약도 효력이 있다($\frac{\text{상 839조 1항과}}{\text{799조 1항의 비교}}$). 따라서 항해용선계약에서는 사적 자치의 범위를 많이 확대하고 있다. 그러나 항해용선계약에서도 선박소유자가 선하증권을 발행한 경우에는 이 선하증권을 선의로 취득한 제3자에 대하여 선박소유자는 운송인으로서 권리와 의무가 있으므로($\frac{\text{상 855조}}{\text{3항}}$), 이 때에는 개품운송계약의 경우와 동일하게 상법 제794조 내지 제798조의 규정에 반하여 선박소유자의 의무 또는 책임을 경감 또는 면제하는 특약을 하지 못한다($\frac{\text{상 855조}}{\text{5항}}$).

그러나 산 동물의 운송 및 용선계약을 증명하는 문서의 표면에 갑판적으로 운송할 취지를 기재하여 갑판적으로 하는 운송에 대하여는 상법 제794조(감항능력주의 의무)에 반하여 항해용선에서 선박소유자의 의무 또는 책임을 경감 또는 면제하는 당사자 사이의 특약은 효력이 있다($\frac{\text{상 839조 2항,}}{\text{799조 2항}}$). 이 점은 개품운송계약의 경우와 동일하다.

3) 또한 선박소유자의 책임의 소멸에 대하여도 항해용선계약에서는 별도로 규정하고 있다. 즉, 선박소유자의 용선자 또는 수하인에 대한 채무는 그 청구원인의 여하에 불구하고 선박소유자가 (수하인에게) 운송물을 인도한 날 또는 인도할 날부터 2년 내에 재판상 청구가 없으면 소멸한다($\frac{\text{상 840조}}{\text{1항 1문}}$). 개품운송계약의 경우는 제척기간이 1년인데($\frac{\text{상 814조}}{\text{1항 본문}}$) 항해용선계약의 경우는 제척기간이 2년이라는 점에서 차이가 있다.

이러한 제척기간은 당사자간의 합의로 연장할 수도 있고($\frac{\text{상 840조}}{\text{1항 2문}}$), 단축할 수도 있는데, 단축하는 경우에는 당사자간의 합의를 용선계약에 명시적으로 기재하여야 그 효력이 있다($\frac{\text{상 840조}}{\text{2항}}$). 개품운송계약의 경우와는 달리 항해용선계약에서는 이 제척기간을 2년으로 연장하면서 당사자간의 합의로 (용선계약에 명시적으로 기재함으로써) 단축할 수 있도록 하고 있다.

4) 항해용선계약에는 그 성질상 개품운송계약에 관한 규정의 준용을 배제한 경우가 있다. 즉, 항해용선계약에서 선박소유자에게는 제798조 4항(실제운송인 또는 그 사용인이나 대리인에 대하여 손해배상청구가 제기된 경우에도 책임제한이 인정됨)이 준용되지 않는 점, 제804조 5항(수하인에게 불리한 당사자 사이의 특약은 효력이 없음)이 준용되지 않는 점, 제138조(순차운송인의 책임)가 준용되지 않는 점 등이다($\frac{\text{상 841조}}{\text{1항 참조}}$).

제 3　선박소유자의 권리

1. 기본적 권리

(1) 운임청구권

1) 항해용선계약은 이미 앞에서 본 바와 같이 도급계약이므로 선박소유자의 운임청구권은 원칙적으로 운송물이 목적지에 도착하여야(즉, 운송이라는 일의 완성이 있어야) 발생한다.

운임지급의무자는 항해용선계약의 상대방인 용선자인데, 운송물 수령 후에는 수하인도 의무자(부진정 연대채무자)가 되는 것은 육상운송의 경우와 같다($^{\text{상 807조}}_{\text{1항}}$) (동지: 대판 1977. 12. 26, 76 다 2914; 동 1996. 2. 9, 94 다 27144).

2) 그러나 선박소유자는 예외적으로 다음과 같은 경우에는 운송물이 목적지에 도착하지 않은 경우에도 운임청구권을 행사할 수 있다. 즉, (i) 운송물의 전부 또는 일부가 그 성질이나 하자 또는 용선자의 과실로 인하여 멸실한 때에는 선박소유자는 운임의 전액을 청구할 수 있다(전액운임)($^{\text{상 841조 1항,}}_{\text{134조 2항}}$). (ii) 선장이 항해계속비용 등을 지급하기 위하여 또는 선박과 적하의 공동위험을 면하기 위하여 운송물을 처분한 경우에는 선박소유자는 운임의 전액을 청구할 수 있다(전액운임)($^{\text{상 841조 1항,}}_{\text{813조}}$). (iii) 항해중에 선박의 침몰 또는 멸실·수선불능·포획 등의 사유가 발생하여 운송을 계속하지 못한 경우에는, 선박소유자는 용선자에 대하여 운송물의 가액을 한도로 하여 운송의 비율에 따른 운임을 청구할 수 있다(비율운임)($^{\text{상 841조 1항,}}_{\text{810조 2항}}$). (iv) 선박소유자는 항해용선계약이 해제 또는 해지된 경우에도 일정한 경우 전부운임 또는 비율운임을 청구할 수 있다($^{\text{상 832조, 833조 2항, 837조,}}_{\text{841조 1항, 811조 2항}}$)(이에 대하여는 후술함).

3) 운임액은 계약 또는 관행에 의하지만, 상법은 해상운송의 기술적 성격을 고려하여 특히 다음과 같은 보충규정을 두고 있다($^{\text{상 814조 1항, 805조,}}_{\text{806조, 841조 2항}}$). 즉, (i) 운송물의 중량 또는 용적으로 운임을 정한 때에는 운송물을 「인도하는 때」의 중량 또는 용적에 의하여 운임액을 정한다($^{\text{상 841조 1항,}}_{\text{805조}}$). (ii) 기간으로 운임을 정한 때에는 원칙적으로 운송물의 「선적을 개시한 날로부터 그 양륙을 종료한 날」까지의 기간에 의하여 운임액을 정한다($^{\text{상 841조 1항,}}_{\text{806조 1항}}$).

(2) 정박료(체선료)청구권

항해용선계약의 경우 약정한 선적기간 또는 양륙기간을 경과한 후 선적 또는 양륙을 한 때, 이 초과정박기간에 대하여 선박소유자는 정박료(체선료)(이는 손해배상청구권의 일종임)를 청구할 수 있다($\frac{상\ 829조\ 3항}{838조\ 3항}$). 수하인이 운송물을 수령한 때에는 수하인도 이러한 정박료를 지급하여야 할 의무를 부담한다($\frac{상\ 841조\ 1항}{807조\ 1항}$).

(3) 부수비용청구권 등

선박소유자는 용선계약의 취지에 따라 부수비용(예컨대, 창고보관료, 운송물공탁비용, 검사비용, 관세 등)·체당금·운송물의 가액에 따른 공동해손 또는 해난구조로 인한 부담액을 용선자에게 청구할 수 있는데, 수하인이 운송물을 수령한 때에는 수하인에게도 이를 청구할 수 있다($\frac{상\ 841조\ 1항}{807조\ 1항}$).

(4) 담 보 권

1) 선박소유자(선장)는 수하인이 운송물을 수령하는 때에 운임·부수비용·체당금·체선료·운송물의 가액에 따른 공동해손 또는 해난구조로 인한 부담액을 지급하지 않으면, 운송물을 인도하지 않고 이를 유치할 수 있는 권리(해상유치권)를 갖는다($\frac{상\ 841조\ 1항}{807조\ 2항}$). 이 유치권은 피담보채권과 유치목적물(운송물)과의 견련관계를 요하며, 또한 유치목적물이 운송물로 제한되고 그 운송물은 채무자소유인지 여부를 불문하는 점에서, 민사유치권($\frac{민}{302조}$)과 같고 일반상사유치권($\frac{상}{58조}$)과 구별된다.

2) 선박소유자는 운임·부수비용·체당금·체선료·운송물의 가액에 따른 공동해손 또는 해난구조로 인한 부담액을 지급받기 위하여, 법원의 허가를 얻어 운송물을 경매하여 우선변제를 받을 권리가 있다($\frac{상\ 841조\ 1항}{808조\ 1항}$). 또한 선박소유자(선장)는 수하인에게 운송물을 인도한 후에도 그 운송물에 대하여 위의 경매권을 행사할 수 있는데, 다만 인도한 날로부터 30일을 경과하거나 또는 제3자가 그 운송물의 점유를 취득한 때에는 그러하지 아니하다($\frac{상\ 841조\ 1항}{808조\ 2항}$).

2. 부수적 권리

선박소유자는 운송과 관련하여 용선자에 대하여 다음과 같은 부수적 권리를 갖는다. 즉, 선박소유자는 용선자에 대한 용선계약서의 교부청구권($\frac{상}{828조}$), 용선자에 대한 선적청구권($\frac{상\ 829조}{1항\ 참조}$), 선적기간 내에 선적이 완료되지 않은 때의 발항권($\frac{상\ 831조}{2항}$), 용선자에 대한 선적기간 내에 운송에 필요한 서류의 교부청구권($\frac{상\ 841조\ 1항}{793조}$), 위법선적물 또는 위험물에 대한 조치권($\frac{상\ 841조\ 1항}{800조,\ 801조}$), 용선자가 운송물의 전부 또는 일부를 선적하고 용선계약을 해제 또는 해지한 경우 선적과 양륙비용의 청구권($\frac{상}{835조}$), 용선자에 대한 선하증권등본의 교부청구권($\frac{상}{856조}$) 등을 갖는다.

3. 채권의 제척기간

선박소유자의 용선자 또는 수하인에 대한 채권은 그 청구원인의 여하에 불구하고 선박소유자가 (수하인에게) 운송물을 인도한 날 또는 인도할 날로부터 2년 내에 재판상 청구가 없으면 소멸하는데, 이 기간은 당사자간의 합의에 의하여 연장할 수 있다($\frac{\text{상}}{1\text{항}}$840조). 이 제척기간은 당사자간의 합의에 의하여 단축할 수 있는데, 이 경우에는 용선계약에 이러한 약정을 명시적으로 기재하여야 한다($\frac{\text{상}}{2\text{항}}$840조).

제 4 관   항해용선계약의 종료

제 1   용선자의 임의해제(해지)

1. 발항 전의 임의해제(해지)

(1) 전부용선계약의 경우

단일항해의 경우 발항 전에는 전부용선자는 「운임의 반액」(공적운임 또는 공운임)을 지급하고 계약을 해제할 수 있고($\frac{\text{상}}{1\text{항}}$832조), 왕복항해의 경우에는 「운임의 3분의 2」를 지급하고 계약을 해지할 수 있다($\frac{\text{상}}{2\text{항}\cdot3\text{항}}$832조).

(2) 일부용선계약의 경우

일부용선계약에서의 일부용선자 또는 송하인(선박소유자가 선하증권을 발행한 경우 이 선하증권을 선의로 취득한 제3자를 의미하는데, 이하 같다—$\frac{\text{상}}{4\text{항}}$855조)은 다른 용선자와 송하인 전원과 「공동으로 하는 경우」에 한하여, 전부용선자의 경우와 같이 단일항해의 경우에는 운임의 반액을 지급하고 발항 전에 계약을 해제하거나, 왕복항해의 경우에는 운임의 3분의 2를 지급하고 회항 전에 계약을 해지할 수 있다($\frac{\text{상}}{1\text{항}}$833조). 다른 용선자와 송하인 전원과 「공동으로 하는 경우가 아니면」 발항 전에 계약을 해제 또는 해지한 때라도 운임의 전액을 지급하여야 한다($\frac{\text{상}}{2\text{항}}$833조).

2. 발항 후의 임의해지

용선자 또는 송하인은 발항 후에도 용선계약을 해지할 수 있다. 이 때 해지의 요건은 발항 전의 해지의 경우와 같으나, 이를 위한 법정위약금으로는 언제나 「운임의 전액」 등을 지급하여야 한다($\frac{\text{상}}{837조}$).

제2 불가항력에 의한 임의해제(해지)

1. 발항 전의 임의해제

발항 전에 항해 또는 운송이 법령을 위반하게 되거나(예컨대, 항해금지, 해상봉쇄, 운송물의 수출입금지 등) 기타 불가항력(예컨대, 천재지변, 전쟁 등)으로 인하여 운송계약의 목적을 달할 수 없게 된 때에는, 각 당사자는 운송계약을 해제할 수 있다($^{상\ 841조\ 1항,}_{811조\ 1항}$). 이 경우에 용선자는 공적운임을 지급할 필요가 없다.

2. 발항 후의 임의해지

발항 후 운송중에 항해 또는 운송이 법령에 위반하거나 기타 불가항력으로 인하여 운송계약의 목적을 달할 수 없게 된 때에도, 각 당사자는 운송계약을 해지할 수 있다($^{상\ 841조\ 1항,}_{811조\ 2항\ 전단}$). 이 때 용선자는 운송의 비율에 따른 운임을 지급하여야 한다($^{상\ 841조\ 1항,}_{811조\ 2항\ 후단}$).

제3 법정원인에 의한 당연종료

항해용선계약은 발항 전이든 발항 후이든 불문하고, (i) 선박이 침몰 또는 멸실한 때, (ii) 선박이 수선할 수 없게 된 때, (iii) 선박이 포획된 때, (iv) 운송물이 불가항력으로 인하여 멸실된 때에는 당연히 종료한다($^{상\ 841조\ 1항,}_{810조\ 1항}$). 이 때 (i) 내지 (iii)의 사유가 항해 도중에 생긴 때에는 용선자는 운송의 비율에 따라 현존하는 운송물의 가액의 한도에서 운임을 지급하여야 하고($^{상\ 841조\ 1항,}_{810조\ 2항}$), (iv)의 경우에는 용선자는 운임을 전혀 지급하지 않아도 무방하다($^{상\ 841조\ 1항,}_{134조\ 1항}$).

제 5 절   해상운송증서

제 1 관 총   설

2007년 개정상법은 해상운송증서에 대하여 선하증권($^{상}_{862조\sim}$)과 해상화물운송장($^{상\ 863조\sim}_{864조}$)에 대하여 규정하고 있는데, 전자선하증권($^{상}_{862조}$) 및 전자해상화물운송장

($\frac{상\ 863조}{1항\ 2문}$)에 대하여도 규정하고 있다. 해상화물운송장은 선하증권 대신에 발행되는데 ($\frac{상\ 863조}{1항\ 1문}$), 양도성과 상환증권성이 없는 점에서 유가증권으로 볼 수는 없고 일종의 면책증권으로 볼 수 있다. 이하에서는 선하증권과 해상화물운송장에 대하여 차례로 설명하겠다.

제 2 관 선하증권

제 1 총   설

1. 의 의

선하증권이란 「해상물건운송계약에 있어 운송인이 운송물을 수령 또는 선적하였음을 증명하고, 목적지에서 운송물을 증권소지인에게 인도할 의무(증권소지인 측에서 보면 운송물인도청구권)를 표창하는 유가증권」이다.

이러한 선하증권은 운송물이 선적서류보다 먼저 도착함으로 인하여 많은 문제점을 제기하고 있는데, 이러한 문제점을 해결하기 위하여 해상화물운송장(Sea Waybill) 또는 전자선하증권 등이 입법되었다($\frac{상\ 862조\sim}{864조}$).

2. 성 질

선하증권은 위에서 본 바와 같이 운송물인도청구권을 표창하는 유가증권으로서, 화물상환증의 경우와 같이 다음과 같은 법률적 성질을 갖는다. 즉, 선하증권은 법률상 당연한 지시증권성($\frac{상\ 861조}{130조}$), 요식증권성($\frac{상}{853조}$), 상환증권성($\frac{상\ 861조}{129조}$)(Surrender B/L은 상환증권성이 없음— $\frac{대판\ 2016.\ 9.\ 28,\ 2016\ 다\ 213237;}{동\ 2019.\ 4.\ 11,\ 2016\ 다\ 276719}$), 문언증권성($\frac{상}{854조}$), 요인증권성($\frac{상}{852조}$), 인도증권성(물권적 효력)($\frac{상\ 861조}{133조}$), 처분증권성($\frac{상\ 861조}{132조}$) 등을 갖는다. 다만 이 곳에서 주의할 점은 선하증권의 문언증권성에 대하여 해상법은 화물상환증의 이에 관한 규정($\frac{상}{131조}$)을 준용하지 않고(1991년 개정상법 이전에는 이를 준용하였음), 통일조약에 따라($\frac{Hague\text{-}Visby}{Rules\ 13조\ 4항}$) 새로 규정한 점이다($\frac{상}{854조}$).

제 2 선하증권의 종류

(1) 선하증권의 발행시기가 운송물의 수령 후인가 또는 선적 후인가에 따라 수

령선하증권(received B/L)($\substack{상 852조 \\ 1항}$)과 선적선하증권(shipped B/L)($\substack{상 852조 \\ 2항}$)이 있다.

(2) 수하인의 표시방법에 따라 기명식 선하증권(straight B/L)·지시식 선하증권(order B/L) 및 무기명식(소지인출급식) 선하증권(bearer B/L)이 있다.

(3) 통운송계약에서 발행인에 따라 통선하증권(through B/L)과 중간선하증권(local B/L)이 있다.

(4) 선하증권상 운송물에 대한 사고유무의 기재에 따라 무유보(無留保)선하증권(clean B/L)과 사고(事故)선하증권(foul or dirty B/L)이 있다.

(5) 운송인이 보험계약체결의 편의를 위하여 보험자의 대리인으로서 보험계약을 체결하거나 또는 운송인이 일정한 손해(법령 또는 약관에 의하여 면책되는 손해)에 대하여 배상책임까지 부담하기로 특약한 「적(赤)선하증권」(red B/L)이 있다.

(6) 이 밖에 선하증권상의 약관의 전부 또는 일부에 갈음하여 증권 이외의 다른 서면 등에 근거하기로 하여 발행되는 「약식선하증권」(short form B/L), 2인 이상의 화주의 운송물을 통합하여 하나의 선하증권으로 발행되는 「통합선하증권」(groupage B/L), 환적조건이 기재된 「환적선하증권」(transshipment B/L) 등이 있다.

제3 선하증권의 발행

선하증권의 「발행청구권자」는 송하인($\substack{상 852조 \\ 1항·2항}$) 또는 (항해)용선자($\substack{상 \\ 855조}$)이고, 「발행자」는 해상운송인($\substack{상 \\ 852조}$) 또는 선박소유자($\substack{상 \\ 855조}$)이다. 해상운송인(항해용선계약의 경우 선박소유자를 포함한다. 이하 같다)은 선하증권을 1통 또는 수 통 발행할 수 있는데($\substack{상 852조 1항, \\ 855조 1항}$), 수 통을 발행하는 경우에는 그 수를 선하증권에 기재하여야 한다($\substack{상 853조 1항 \\ 10호, 855조 1항}$). 해상운송인은 이러한 선하증권을 직접 발행할 수도 있으나, 선장 또는 기타의 대리인에게 위임하여 발행하도록 할 수도 있다($\substack{상 852조 3항, \\ 855조 1항}$).

이러한 선하증권에는 일정한 법정기재사항을 기재하고 운송인이 기명날인 또는 서명을 하여야 한다(요식증권성)($\substack{상 853조 1항, \\ 855조 1항}$). 송하인(용선자)이 서면으로 통지한 운송물의 중량·용적·갯수 또는 기호가 운송인이 실제 수령한 운송물을 정확하게 표시하고 있지 아니하다고 의심할 만한 상당한 이유가 있는 때 또는 이를 확인할 적당한 방법이 없는 때에는 운송인(선박소유자)은 선하증권상에 그 기재를 생략할 수 있다($\substack{상 853조 2항, \\ 855조 1항}$). 그러나 선하증권상에 송하인(용선자)이 서면으로 통지한 운송물의 종류·중량 또는 용적·포장의 종별·갯수와 기호가 일단 기재된 경우에는 송하인(용선자)은 그 기재사항이 정확함을 운송인(선박소유자)에게 담보한 것으로 보기 때문에($\frac{상\ 853조\ 3항,}{855조\ 1항}$), 만일 실제 수령한 운송물과 선하증권의 기재가 상이하여 운송인 (선박소유자)이 선하증권의 선의취득자에게 손해배상책임을 지는 경우에는 송하인(선 박소유자)은 운송인(선박소유자)이 입은 모든 손해와 비용을 배상하여야 한다($\frac{상\ 854조}{2항\ 참조}$). 운송인(선박소유자)이 선하증권에 기재된 통지수령인에게 운송물에 관한 통지를 한 때에는 송하인(용선자) 및 선하증권소지인과 그 밖의 수하인에게 통지한 것으로 본 다($\frac{상\ 853조\ 4항,}{855조\ 1항}$).

제 4   선하증권의 양도

기명식($\frac{동지:\ 대판\ 2003.\ 1.\ 10,}{2000\ 다\ 70064}$) 또는 지시식 선하증권은 「배서」에 의하여 양도된다 ($\frac{상\ 861조,\ 130조\ 본문,}{65조;\ 민\ 508조}$). 그러나 기명식 선하증권으로서 증권상에 배서를 금지하는 뜻의 기재가 있는 경우에는 그러하지 아니하다($\frac{상\ 861조,}{130조\ 단서}$)($\frac{동지:\ 대판\ 2001.\ 3.}{27,\ 99\ 다\ 17890}$). 무기명식 또는 소지인출급식 선하증권은 단순한 「교부」만에 의하여 양도된다($\frac{상\ 65조,}{523조}$).

선하증권의 배서의 효력에는 권리이전적 효력($\frac{상\ 65조;\ 민}{508조,\ 523조}$)과 자격수여적 효력 ($\frac{상\ 65조;\ 민}{513조,\ 524조}$)은 있으나, 담보적 효력은 없다. 이 점은 화물상환증의 경우와 같다.

제 5   선하증권의 효력

1. 채권적 효력과 물권적 효력

선하증권이 채권적 효력과 물권적 효력을 갖는 점은 화물상환증의 경우와 같 다($\frac{동지:\ 대판\ 1998.\ 9.\ 4,\ 96\ 다\ 6240;\ 동\ 2003.\ 1.\ 10,}{2000\ 다\ 70064;\ 동\ 2010.\ 9.\ 30,\ 2010\ 다\ 41386}$). 다만 상법은 선하증권의 채권적 효력 중 문언 증권성에 대하여는 별도로 규정하고 있다. 즉, 선하증권이 법정기재사항($\frac{상\ 853조}{1항}$)을 기재하여 발행된 경우, 개품운송계약의 경우에는 운송인과 송하인 사이에 선하증권 에 기재된 대로 개품운송계약이 체결되고 운송물을 수령 또는 선적한 것으로 추정 하고($\frac{상\ 854조}{1항}$), 용선계약의 경우에는 선박소유자는 선하증권에 기재된 대로 운송물을 수령 또는 선적한 것으로 추정한다($\frac{상\ 855조}{2항}$)(이와 같이 선하증권에 기재되어 추정을 받는 운송물의 외관상태는 상당한 주의를 기울여 검사하면 발견할 수 있는 외관상의 하자에 대하여 만 적용되는 것이지, 상당한 주의를 기울이더라도 발견할 수 없는 운송물의 내부상태에 대하 여는 이러한 추정규정이 적용될 수 없다― $\frac{대판\ 2001.\ 2.\ 9,}{98\ 다\ 49074}$). 따라서 이 경우 운송인(선박소유 자)은 악의의 선하증권소지인에 대하여 운송물을 수령하지 않았거나 운송물이 다름을 입증하여 주장할 수 있다.

선하증권의 문언증권성에 관한 이러한 규정은 다음과 같은 점에서 화물상환증의 문언증권성에 관한 규정($_{131조}^{상}$)과 구별된다. (i) 운송인(선박소유자)은 선하증권을 선의로 취득한 소지인에 대하여 선하증권에 기재된 바에 따라 운송인(선박소유자)으로서 책임을 지므로($_{855조 3항}^{상 854조 2항,}$) 운임 등과 같은 사항뿐만 아니라 운송물의 내용($_{1항 2호}^{상 853조}$)을 포함한 모든 법정기재사항에 대하여 책임을 진다. 따라서 공권(空券) 또는 운송물이 상이한 경우에는 문언성을 중시하는 입장에서 입법적으로 해결하고 있다. (ii) 또한 화물상환증의 문언증권성의 효력이 미치는 증권소지인에 대하여 상법은 단지 「운송인과 소지인간」이라고만 규정하고 있으나($_{131조}^{상}$), 선하증권의 경우에는 「선하증권을 선의로 취득한 소지인」으로 명백하게 규정하고 있다($_{855조 3항}^{상 854조 2항}$)(그러나 화물상환증의 문언증권성도 선의의 증권소지인에 대하여만 그 효력이 미치는 것으로 해석되고 있으므로, 그 결과에서는 양자가 동일하다).

[선하증권의 채권적 효력에 관한 판례]

"원심은 이 사건 트럭운송물의 선적에 관하여 발행된 선하증권을 피고가 교부받아 소지인이 된 사실과 그 선하증권상에 기재된 운임에 관한 특약사실을 인정한 다음 상법 제131조·제820조($_{제861조}^{2007년 개정상법}$)의 규정에 의하여 그 선하증권상의 운임에 관한 특약의 기재는 그 소지인인 피고에 대하여도 효력이 미친다고 하였는바, 이는 선하증권에 관한 법률적용에도 법리를 오해한 불법이 없다(이는 1991년 개정상법 이전에 있어서의 선하증권의 문언증권성에 관한 판례임— 저자 주)($_{71 다 2500}^{대판 1972. 2. 22,}$)."

"선하증권은 운송계약에 기하여 작성되는 유인증권으로서, 운송물을 수령 또는 선적하지 아니하였는데도 발행된 선하증권은 원인과 요건을 구비하지 못하여 무효이다($_{동지: 대판 2008. 2. 14, 2006 다 47585}^{대판 2005. 3. 24, 2003 다 5535.}$)."

[선하증권의 물권적 효력에 관한 판례]

"은행이 수입물품에 양도담보를 설정하기 위하여 수입업자로부터 선하증권을 취득한 경우, 그 수입물품에 대한 동산 양도담보는 은행이 물품의 인도를 받은 것과 동일한 효력이 있는 선하증권을 취득한 날에 성립되고 제 3 자에게 대항하기 위하여 따로 확정일자에 의한 대항요건을 갖출 필요가 없다($_{97 다 19656}^{대판 1997. 7. 25,}$)."

2. 선하증권의 효력과 용선계약과의 관계

용선자가 자기의 화물을 운송하기 위하여 선박소유자와 (항해)용선자간에 용선계약이 체결된 경우에는 선하증권이 발행되어도 이는 선박소유자와 용선자간의 영수증에 불과하다. 그러나 용선자가 자기 물건을 운송하지 아니하고 제3자(송하인)의 물건을 운송하는 경우에는 용선계약과 용선자(재운송인)가 송하인에게 발행한 선하증권이 병존하게 되므로, 두 계약조건(즉, 용선계약과 재운송계약의 조건)이 틀리는데 따른 법률상 취급에 차이가 있어 문제가 발생한다. 따라서 이러한 경우에는 실무상 보통 용선계약 중에 우월(또는 至上)약관(paramount clause)(이는 용선계약과 선하증권의 문언을 일치시켜 동일한 법률효과를 얻을 목적으로 용선계약 중에 모든 용선계약조건과 선하증권조건은 통일조약에 따라야 한다는 취지의 약관을 집어넣는 것을 말한다)이나 책임중지(中止)약관(cesser clause)(이는 용선된 선복을 제3자〈송하인〉에게 양도한 용선자는 자신의 이익이 보장될 것을 전제로 거래에서 빠져 나오고자 하는 점에서 용선계약 중에 화물이 완전히 선적·운송되면 선박소유자는 운임을 담보하기 위하여 화물상에 유치권을 갖게 됨과 동시에 용선자의 책임은 종료된다는 취지의 약관을 말한다)의 규정을 둔다. 표준용선계약서도 일반적으로 통일조약을 용선계약에 명시적으로 편입하고 있다(이에 관하여는 대판 2003. 1. 10, 2000 다 70064 참조).

제6 전자선하증권

2007년 개정상법은 앞에서 본 바와 같이 선하증권의 전자화라는 실무계의 요청에 의하여 전자선하증권에 관한 규정을 새로 두게 되었는데($\frac{상}{862조}$), 상법에서는 이에 대하여 최소한의 규정만을 두었다.

1. 전자선하증권의 발행

운송인(선박소유자)은 운송물을 수령(선적)한 후 종이 선하증권을 발행하는 대신에 송하인(용선자)의 동의를 얻어 법무부장관이 지정하는 등록기관에 등록을 하는 방식으로 전자선하증권을 발행할 수 있다($\frac{상}{1항}\frac{862조}{1문}$). 전자선하증권의 등록기관의 지정요건, 발행 및 배서의 전자적인 방식, 운송물의 구체적인 수령절차 그 밖에 필요한 사항은 대통령령으로 정한다($\frac{상}{5항}\frac{862조}{}$).

이러한 전자선하증권에는 종이 선하증권의 기재사항($\frac{상}{1항}\frac{853조}{}$)인 정보가 포함되어야 하고, 운송인(선박소유자)이 전자서명을 하여 송신하고 송하인(용선자)이 이를 수신하여야 그 효력이 생긴다($\frac{상}{2항}$862조).

　이러한 전자선하증권은 상법상 종이 선하증권과 동일한 법적 효력을 갖는다($\frac{상}{862조}$).

2. 전자선하증권의 양도

　전자선하증권의 권리자는 배서의 뜻을 기재한 전자문서를 작성한 다음 전자선하증권을 첨부하여 지정된 등록기관을 통하여 상대방에게 송신하는 방식으로 그 권리를 양도할 수 있다($\frac{상}{3항}$862조).

　이러한 방식에 따라서 배서의 뜻을 기재한 전자문서를 상대방이 수신하면 이는 종이 선하증권을 배서하여 교부한 것과 동일한 효력이 있고, 또 이러한 방식에 의한 전자문서를 수신한 자는 종이 선하증권을 (배서에 의하여) 교부받은 소지인과 동일한 권리를 취득한다($\frac{상}{4항}$862조).

제3관 해상화물운송장

제1 총 설

1. 의 의

　해상화물운송장의 사용빈도가 점차 증대되고 있는 실무를 반영하여 2007년 개정상법은 해상화물운송장에 대하여 규정을 새로 두게 되었다($\frac{상}{864조~}$863조~).

　이러한 해상화물운송장(Sea Waybill)이란 「운송인(선박소유자)이 송하인(용선자)의 청구에 의하여 선하증권 대신에 발행하는 증서로서, 운송인(선박소유자)이 운송물을 수령 또는 선적하였음을 증명하고 동 증서에 기재된 수하인 또는 그 대리인에게 인도함으로써 그 책임을 면하는 증서」라고 볼 수 있다($\frac{상}{864조}$863조 참조).

2. 성 질

　해상화물운송장은 요인증권성($\frac{상}{1항}$863조)·요식증권성($\frac{상}{863조}$)·면책증권성($\frac{상}{2항}$864조)은 있으나, 선하증권과 같은 법률상 당연한 지시증권성($\frac{상}{130조}$861조)·상환증권성($\frac{상}{129조}$861조)·문언증권성($\frac{상}{854조}$)·인도증권성(물권적 효력)($\frac{상}{133조}$861조)·처분증권성($\frac{상}{132조}$861조)은 없다. 따라서 해상화물운송장은 선하증권과 같은 유가증권은 아니고, 면책증권이라고 볼 수 있다.

제 2 해상화물운송장의 발행

1. 발 행 자

해상화물운송장의 「발행청구권자」는 송하인(개품운송계약의 경우) 또는 용선자(용선계약의 경우)이고, 「발행자」는 운송인(개품운송계약의 경우) 또는 선박소유자(용선계약의 경우)이다($\frac{상\ 863조}{1항\ 1문}$). 운송인 또는 선박소유자는 이러한 해상화물운송장을 보통 서면으로 발행하는데, 당사자 사이의 합의에 따라 전자식으로도 발행할 수 있다($\frac{상\ 863조}{1항\ 2문}$).

2. 기재사항(형식)

(1) 해상화물운송장에는 해상화물운송장임을 표시하는 외에 선하증권의 기재사항($\frac{상\ 853조}{1항}$)을 전부 기재하고, 운송인(선박소유자)이 기명날인 또는 서명하여야 한다($\frac{상\ 863조}{2항}$).

(2) 송하인(용선자)이 서면으로 통지한 운송물의 중량·용적·갯수 또는 기호가 운송인(선박소유자)이 실제로 수령한 운송물을 정확하게 표시하고 있지 아니하다고 의심할 만한 상당한 이유가 있는 때 또는 이를 확인할 적당한 방법이 없는 때에는 운송인(선박소유자)은 해상화물운송장상에 그 기재를 생략할 수 있다($\frac{상\ 863조\ 3항,}{853조\ 2항}$).

(3) 운송인(선박소유자)이 해상화물운송장에 기재된 통지수령인에게 운송물에 관한 통지를 한 때에는 송하인(용선자) 및 해상화물운송장 소지인과 그 밖의 수하인에게 통지한 것으로 본다($\frac{상\ 863조\ 3항,}{853조\ 4항}$).

제 3 해상화물운송장의 효력

1. 추정적 효력

해상화물운송장이 법정기재사항($\frac{상\ 863조\ 2항,}{853조\ 1항}$)을 기재하여 발행된 경우 운송인(선박소유자)은 그 운송장에 기재된 대로 운송물을 수령 또는 선적한 것으로 추정한다($\frac{상\ 864조}{1항}$).

선하증권의 경우에는 이러한 추정력이 운송인과 송하인간 및 운송인과 악의의 선하증권소지인간에만 적용되고 선하증권을 선의로 취득한 소지인에 대하여는 적용되지 않으나($^{\text{상}}_{1항\cdot2항}$ ^{854조}), 해상화물운송장의 경우에는 이러한 추정력이 누구에 대하여도 적용된다고 본다. 따라서 해상화물운송장을 발행한 운송인(선박소유자)은 선의의 운송장 소지인에 대하여도 그가 운송물을 수령하지 않았거나 또는 수령한 운송물과 상위함을 증명하여 대항할 수 있다고 본다.

2. 면책적 효력

운송인(선박소유자)이 운송물을 해상화물운송장에 기재된 수하인 또는 그 대리인에게 인도한 때에는 그가 정당한 권리자가 아니라고 하더라도 운송인(선박소유자)에게 그를 정당한 권리자라고 믿을 만한 정당한 사유가 있는 때에는 운송인(선박소유자)은 그 책임을 면한다($^{\text{상}}_{2항}$ ^{864조}).

해상화물운송장의 이러한 면책적 효력에 의하여 운송장에 인도장소를 기재하지 아니한 때에는 운송인(선박소유자)은 그의 현영업소(또는 현주소)에서 운송물을 인도하여야 하고($^{\text{민}}_{517조}$ ^{526조}), 운송인(선박소유자)은 운송장의 소지인이 운송장을 제시하여 인도를 청구한 때부터 지체책임을 지며($^{\text{민}}_{517조}$ ^{526조}), 운송인(선박소유자)은 운송장의 소지인에 대하여 운송물을 인도한 때에는 운송장에 영수를 증명하는 기재를 할 것을 청구할 수 있고 운송물의 일부를 인도한 경우에는 운송인(선박소유자)의 청구가 있으면 운송장 소지인은 운송장에 그 뜻을 기재하여야 한다($^{\text{민}}_{520조}$ ^{526조}).

제4장 해상기업위험

제1절 총 설

해상기업활동을 하기 위하여는 반드시 해상항행을 하여야 하고, 이러한 해상항행에는 각종의 해상위험(자연적 위험 및 인위적 위험)이 필연적으로 발생하게 된다. 이와 같이 해상항행에 불가피하게 발생하는 각종의 해상위험에 대하여 이를 어떻게 극복하고 각 이해관계인의 경제적 손실을 어떻게 적정하게 조정할 것인가가 문제인데, 이에 대하여 상법은 공동해손·선박충돌·해난구조·해상보험에 관하여 특별규정을 두고 있다. 이 중에서 공동해손과 해난구조는 적극적으로 해상위험을 극복하는 제도이고, 선박충돌과 해상보험은 소극적으로 해상위험을 극복하는 제도이다. 해상보험에 관한 것은 이미 보험법에서 설명하였으므로, 이 곳에서는 공동해손·선박충돌 및 해난구조에 대하여만 설명하겠다.

제2절 공동해손

제1 총 설

1. 공동해손의 의의

해상항행에 의하여 선박 및 적하에 발생하는 모든 손해와 비용을 총칭하여 「해상손해」(해손)라고 한다. 이러한 해손에는 광의의 해손과 협의의 해손이 있다. 「광의의 해손」이란 '항해상 선박이나 적하에 보통 생긴 손해·비용(소해손 또는 통상해손)(선박의 자연소모·연료비·도선료·입항세 등)과 비상사고로 인하여 생긴 손해·비용 (협의의 해손 또는 비상해손)'을 말하고, 「협의의 해손」이란 '위의 광의의 해손에서 소 해손을 제외한 해손'을 말한다. 그런데 소해손은 해상운송인이 운임으로써 지급하 게 되므로 이에 대하여는 아무런 문제가 없다. 협의의 해손에는 다시 선박과 적하 의 공동의 위험을 면하기 위한 처분으로 생긴 손해와 비용을 수 인이 분담하는 공 동해손과, 그 손해를 이에 관여한 특정인만이 부담하는 단독해손이 있다. 상법은 공 동해손에 관하여는 제 3 장 제 1 절에서 특별히 규정하고 있으며, 단독해손 중 선박 충돌에 관하여는 제 3 장 제 2 절 선박충돌에서 특별히 규정하고 있다.

상법은 이러한 공동해손을 「선박과 적하의 공동위험을 면하기 위한 선장의 선 박 또는 적하에 대한 처분으로 인하여 생긴 손해 또는 비용」이라고 정의하고 있다 ($\frac{상}{865조}$).

2. 공동해손의 법적 성질

공동해손의 해상법상 법적 성질에 대하여 공동대리설(미국법)·부당이득설(프랑 스법) 및 사무관리설 등과 같이 민법상의 제도의 일종으로 설명하는 견해가 있으나, 우리나라에서는 일반적으로 공동해손을 「해상법상의 특수한 법률요건」이라고 설명 한다(통설).

3. 공동해손제도의 근거

공동해손제도의 근거에 대하여는 종래에 여러 학설이 있었으나, 오늘날은 보 통 특정 항해에서의 선박과 적하는 공동위험단체를 구성한다는 공동위험단체설에 의하여 설명되고 있다. 따라서 공동해손제도는 이러한 선박 및 적하의 공동의 위험 을 면하기 위하여 선박과 적하의 보관자인 선장이 공동의 이익을 위하여 선박 또는 적하를 자유롭게 처분할 수 있고, 이로 인하여 생긴 손해를 이 처분에 의하여 이익 을 얻는 선박 및 적하로 하여금 공평하게 분담시키고자 하는 것이다.

제 2 공동해손의 요건

1. 공동위험의 존재(위험요건)

선박과 적하의 공동위험을 면하기 위하여 한 것이어야 한다. 즉, (i) 「선박과 적하」의 공동위험을 면하기 위한 것이어야 하므로, 선박과 적하가 아닌 인명의 위험을 면하기 위한 선장의 처분으로 인하여 생긴 손해는 공동해손이 아니다. (ii) 또한 이 때의 위험은 「현실적으로 절박한」 것으로서 「객관적」으로 존재하여야 하나, 「발생원인」은 불문한다(이에 관한 상세는 정찬형, 「상법강의(하)(제24판)」, 1068~1069면 참조).

2. 자발적 처분(처분요건)

선박 또는 적하에 대한 선장의 고의·비상의 처분이어야 한다. 즉, (i) 처분의 목적물은 「선박 또는 적하」이어야 하고, (ii) 처분은 「선장」의 「고의」에 의한 「비상」의 처분이어야 한다. 이 때 선장의 처분행위에는 사실행위(투하·돛의 절단 등)뿐만 아니라, 법률행위(예선〈曳船〉계약의 체결 등)를 포함한다(이에 관한 상세는 정찬형, 「상법강의(하)(제24판)」, 1069~1070면 참조).

3. 손해 또는 비용의 발생(손해〈비용〉요건)

선장의 처분으로 인하여 손해 또는 비용이 발생하여야 한다. 즉, (i) 「손해 또는 비용」이 발생하여야 하고, (ii) 이러한 손해 또는 비용은 선장의 처분과 「상당인과관계」가 있는 것이어야 한다(희생주의에 의한 입법)($_{865조}^{상}$)(이에 관한 상세는 정찬형, 「상법강의(하)(제24판)」, 1070~1071면 참조).

4. 선박 또는 적하의 보존(잔존요건)($_{866조}^{상}$)

선장의 처분 후에 적어도 선박 또는 적하의 일부가 존재하여야 한다(처분과 보존 사이에 인과관계의 존재를 요하지 않는 잔존주의에 의한 입법)($_{866조}^{상}$). 따라서 선장의 처분으로 인하여 선박 또는 적하의 전부가 멸실되어 잔존물이 전혀 없는 경우에는, 공동해손분담의 문제는 있을 수 없게 된다(이에 관한 상세는 정찬형, 「상법강의(하)(제24판)」, 1071면 참조).

제 3 공동해손의 효과

1. 공동해손채권

(1) 채 권 자
공동해손에 있어서의 「채권자」는 선장의 처분으로 인하여 공동해손인 손해를 입거나 비용을 지출한 해상운송인(선박소유자·선체용선자·정기용선자 또는 재운송인 등) 또는 적하이해관계인(용선자·송하인 또는 수하인)이다. 이러한 공동해손의 채권자는 공동위험단체에서 이익을 본 다른 이해관계인에게 배상청구권을 갖는데, 이러한 청구권을 「공동해손분담청구권」이라 한다. 이러한 공동해손분담청구권에는 선박우선특권이 부여되고 있다($\frac{상}{3호}\frac{777조}{후단}\frac{1항}{}$).

(2) 채권액의 범위

공동해손채권액(공동해손분담청구권의 범위)은 원칙적으로 선장의 처분으로 인하여 생긴 선박 또는 적하에 대한 손해 또는 비용의 전액이다($\frac{상}{865조}$). 그러나 상법은 채권액의 범위를 명확하게 하기 위하여 예외적으로 (i) 속구목록에 기재하지 않은 「속구」, 선하증권 기타 적하의 가격을 정할 수 있는 서류 없이 선적한 「하물」, 또는 종류와 가액을 명시하지 아니한 화폐나 유가증권 기타의 「고가물」($\frac{상}{1항}\frac{872조}{후단}$) 및 (ii) 「갑판적(甲板積)하물」(관습상 허용되는 경우와 그 항해가 연안항행에 해당되는 경우를 제외함)($\frac{상}{2항}\frac{872조}{}$)은 채권액의 범위에서 제외하고 있다.

(3) 채권액(손해액)의 산정

손해액의 산정에서 비용은 그 금액이 명백하므로, 상법은 선박과 적하에 대한 손해의 산정에 대하여만 규정하고 있다. 즉, 원칙적으로 「선박」의 경우에는 '도달의 때와 곳의 가액'으로 하고, 「적하」의 경우에는 '양륙의 때와 곳의 가액'으로 한다($\frac{상}{본문}\frac{869조}{}$). 이 때 적하의 경우에는 그 손실로 인하여 지급을 면하게 된 모든 비용을 공제하여야 하나($\frac{상}{단서}\frac{869조}{}$), 공동해손에서 하주(荷主)는 전 운임을 지급하여야 하기 때문에($\frac{상}{2호}\frac{813조}{}$) 이 경우에 운임은 공제되지 않는다.

그러나 선하증권 기타 적하의 가격을 정할 수 있는 서류에 적하의 실가보다 저액을 기재한 경우에는 그 기재액을 공동해손의 채권액으로 하고($\frac{상}{1항}\frac{873조}{후단}$), 또한 적하의 가격에 영향을 미칠 사항에 관하여 허위의 기재를 한 경우에도 같다($\frac{상}{2항}\frac{873조}{}$).

(4) 채권의 소멸

공동해손으로 인하여 생긴 채권 및 공동위험의 책임 있는 자에 대한 구상권은 그 계산이 종료한 날로부터 1년 내에 재판상 청구가 없으면 소멸하는데(제척기간), 이 기간은 당사자의 합의에 의하여 연장할 수 있다($\frac{상}{875조}$).

2. 공동해손채무

(1) 채 무 자

공동해손에 있어서의 「채무자」는 선장의 처분으로 인하여 그 위험을 면한 해상운송인 또는 적하이해관계인이다.

(2) 채무액의 범위

공동해손채무액(공동해손분담청구권의 대상이 되는 잔존물의 범위)은 원칙적으로 그 위험을 면하여 잔존하게 된 선박 또는 적하의 가액과 운임의 반액이다($\frac{\text{상}}{866\text{조}}$). 운임을 반액으로 한 것은 정산의 편의를 위한 것이다.

그러나 상법은 공익상 또는 회사정책상의 이유로 예외적으로 선박에 비치한 무기·선원의 급료·선원과 여객의 식량과 의류는 그것이 보존된 경우에도 공동해손 채무액의 범위에서 제외하고 있다($\frac{\text{상}\ 871\text{조}}{\text{전단}}$).

(3) 채무액(분담액)의 산정

채무액은 원칙적으로 「선박」의 경우에는 '도달의 때와 곳의 가액'으로 하고, 「적하」의 경우에는 '양륙의 때와 곳의 가액'으로 한다(항해종료주의)($\frac{\text{상}\ 867\text{조}}{\text{본문}}$). 이 때 적하의 경우에는 그 가액 중에서 멸실로 인하여 지급을 면하게 된 운임(채권액의 산정에서는 공제되지 않는 점과 비교) 기타 비용을 공제하여야 한다($\frac{\text{상}\ 867\text{조}}{\text{단서}}$).

그러나 선하증권 기타 적하의 가격을 정할 수 있는 서류에 적하의 실가보다 고액을 기재한 경우에는 그 기재액을 공동해손의 채무액으로 하고($\frac{\text{상}\ 873\text{조}}{1\text{항 전단}}$), 또한 적하의 가격에 영향을 미칠 사항에 관하여 허위의 기재를 한 경우에도 같다($\frac{\text{상}\ 873\text{조}}{2\text{항}}$).

(4) 채무자(분담자)의 유한책임

공동해손을 분담할 책임이 있는 자(공동해손채무자)는 선박이 도달하거나 적하를 인도한 때에 「현존하는 가액」의 한도에서 그 책임을 진다($\frac{\text{상}}{867\text{조}}$).

3. 공동해손의 정산

(1) 분담의 비율

공동해손은 그 위험을 면한 선박 또는 적하의 가액 및 운임의 반액(공동해손채무액)과 공동해손의 액(공동해손채권액)과의 비율에 따라 각 이해관계인이 이를 분담한다($\frac{\text{상}}{866\text{조}}$). 즉, 잔존선박의 가액이 S, 잔존적하의 가액이 C, 운임이 F, 공동해손액이 L인 경우, 공동해손분담률 $K = \dfrac{L}{S + C + \dfrac{F}{2} + L}$ 이다. 따라서 선박소유자의 분담액은 $S \times K$ 이고, 운임채권자의 분담액은 $\dfrac{F}{2} \times K$ 이며, 적하이해관계인의 분담액은 $C \times K$ 이고, 공동해손채권자의 분담액은 $L \times K$ 이다.

(2) 정 산 자

공동해손의 정산은 다른 특약 또는 관습이 없으면 선장이 이를 담당하는데, 선장은 항해가 종료한 후 공동해손정산서를 작성하여야 한다($^{상\,755조}_{참조}$).

(3) 정 산 지

공동해손의 정산지는 특약이 없는 한 항행종료의 지(地), 즉, 선박과 적하가 분리하는 장소인 최후의 적하의 양륙항이다(통설)($^{상\,867조,}_{869조\,참조}$). 그러나 항해가 중단된 경우에는 그 곳이 정산지가 된다고 본다.

(4) 정산시기

정산은 늦어도 양륙항에서 운송물을 수하인에게 인도할 때까지는 종료하여야 할 것이나($^{상\,807조}_{참조}$), 실제에 있어서 공동해손의 정산에는 상당한 시일이 소요되므로 선장은 공동해손분담액의 지급과 상환하지 않고 일정한 공탁금을 지급하도록 하거나 또는 적하의 보험자의 보증서를 받고 운송물을 인도하는 것이 보통이다($^{상\,807조}_{2항\,참조}$).

4. 공동해손인 손해의 회복과 분담금반환의무

선박소유자·(항해)용선자·송하인 기타의 이해관계인(공동해손채무자)이 공동해손의 액을 분담한 후 선박·속구 또는 적하의 전부나 일부가 소유자(공동해손채권자)에게 복귀된 때에는, 그 소유자는 공동해손의 상금으로 받은 금액에서 구조료와 일부손실로 인한 손해액을 공제하고 그 잔액을 반환하여야 한다($^{상}_{874조}$).

제 3 절   선박충돌

제 1   선박충돌의 의의

선박충돌이란 「항해선 상호간 또는 항해선과 내수항행선간에 어떠한 수면에서 충돌하여 선박 또는 선박 내에 있는 물건이나 사람에 관하여 손해가 발생하는 것」을 말한다($^{상\,876조}_{1항}$). 이러한 선박충돌은 민법상 불법행위의 일종인데, 상법은 이것에 관하여 특별규정을 둔 것이다.

상법은 선박충돌에 관하여 선박충돌이 불가항력으로 인한 경우($^{상}_{877조}$), 일방의 과실로 인한 경우($^{상}_{878조}$), 쌍방의 과실로 인한 경우($^{상}_{879조}$), 도선사의 과실로 인한 경우($^{상}_{880조}$)에 관하여 규정하고 있다.

제2 선박충돌의 요건

1. 2척 이상의 선박의 충돌(충돌요건)

2척 이상의 선박의 충돌이 있어야 하는데, 이 때 「2척 이상의 선박」이란 '항해선 상호간 또는 항해선과 내수항행선간'을 말한다. 따라서 충돌선박의 일방은 적어도 항해선이어야 한다. 「충돌」이란 "2척 이상의 선박이 그 운용상 작위 또는 부작위로 선박 상호간에 다른 선박 또는 선박 내에 있는 사람 또는 물건에 손해를 생기게 하는 것을 말하며, 직접적인 접촉의 유무를 묻지 아니한다"($^{상\ 876조}_{2항}$)($^{동지:\ 대판\ 2010.\ 4.}_{29,\ 2009\ 다\ 99754}$). 충돌의 장소는 「어떠한 수면」이라도 무방하다($^{상\ 876조}_{1항}$)(이에 관한 상세는 정찬형, 「상법강의(하)(제24판)」, 1077~1078면 참조).

2. 손해의 발생(손해요건)

충돌로 인하여 「손해」가 발생하여야 한다. 이 때 손해와 충돌간에는 「상당인과관계」가 있어야 한다($^{동지:\ 대판\ 1972.}_{6.\ 13,\ 70\ 다\ 213}$).

제3 선박충돌의 효과(선박충돌과 손해배상관계)

1. 선박소유자간의 관계

(1) 불가항력으로 인한 충돌

어느 선박의 충돌이 불가항력으로 인하여 발생하거나, 충돌이 원인불명으로 인하여 발생한 때에는 피해자는 충돌로 인한 손해의 배상을 청구하지 못한다($^{상}_{877조}$).

(2) 일방과실로 인한 충돌

선박의 충돌이 일방의 선원의 과실로 인하여 발생한 때에는 일반원칙에 따라 과실이 있는 선박소유자가 상대방의 선박소유자에게 그가 입은 손해를 배상하여야 한다($^{상}_{878조}$). 이 때 선박의 일방의 과실은 그 선박의 선원의 과실에 의한 경우가 보통이나($^{상}_{878조}$), 그 선박의 도선사에 의한 과실도 이에 포함된다($^{상}_{880조}$). 과실 있는 선박소유자가 손해배상을 하는 경우에는 선주유한책임을 주장할 수 있고($^{상}_{769조}$), 과실 있는 선원 등에게는 구상권을 행사할 수 있다($^{민\ 774조}_{3항}$). 또한 선원 등이 손해배상을 하는 경우에도($^{민}_{750조}$) 선주유한책임을 주장할 수 있다($^{상\ 774조}_{1항\ 3호}$).

(3) 쌍방과실로 인한 충돌

쌍방선박의 선원에 과실이 있는 경우에는 각자의 과실의 경중(輕重)에 따라 손해배상의 책임을 분담하고($^{상\,879조}_{1항\,1문}$), 그의 경중을 판정할 수 없는 때에는 각 선박소유자가 균분하여 손해배상책임을 부담한다($^{상\,879조}_{1항\,2문}$). 이 때 선박충돌이 쌍방선박의 도선사의 과실에 의한 경우에도 같다($^{상}_{880조}$).

이 경우 과실 있는 각 선박소유자가 부담하는 책임의 성질이 무엇이냐에 대하여 교차책임설(각 선박소유자는 그가 분담할 손해에 비례하여 상호 불법행위를 원인으로 하여 각자 손해배상책임을 지는데, 이는 상호 상계할 수 있다고 보는 설)과 단일책임설(충돌이라는 불법행위를 하나로 보고, 따라서 그것에서 생기는 손해도 하나로 보아 과실이 큰 편인 선박소유자만이 하나의 손해배상책임을 진다는 설)이 있는데, 충돌이라는 사실은 1개이지만 이론상은 과실 있는 쌍방에 따로 따로 불법행위책임이 존재하므로 교차책임설이 타당하다고 본다(통설).

2. 제3자에 대한 관계

(1) 일방과실로 인한 충돌

선박충돌이 일방 선박의 과실로 인한 경우에는 과실이 없는 선박상의 적하·여객에 손해가 생긴 때에는 과실선의 선박소유자 등이 불법행위상의 손해배상책임을 부담하고($^{민}_{750조}$), 과실선의 적하·여객에 손해가 생긴 때에는 과실선의 선박소유자 등이 운송계약상의 채무불이행에 의한 손해배상책임($^{상\,794조,\,795조}_{1항,\,826조}$)을 부담한다($^{상}_{878조}$).

(2) 쌍방과실로 인한 충돌

1) 쌍방과실로 인하여 선박충돌이 있고 이로 인하여 제3자의 사상(死傷)이 있는 경우, 각 선박소유자는 연대하여 제3자에 대하여 손해배상책임을 진다($^{상\,879조}_{2항}$). 이 때 과실선박 쌍방의 내부관계에서는 과실의 경중(輕重)에 따르고, 이를 판정할 수 없을 때는 균분하여 부담한다($^{상\,879조}_{1항}$).

2) 제3자의 물적 손해에 대하여는 상법에 명문규정이 없다. 따라서 이에 상법 제879조 1항을 제3자의 물적 손해에도 적용할 수 있는지에 대하여 긍정설과 부정설로 나뉘어 있는데, 긍정설이 타당하다고 본다. 이렇게 보면 각 선박소유자는 과실의 경중에 따라 책임을 지고, 이를 판정할 수 없을 때에는 균분하여 부담한다($^{상\,879조}_{1항}$)($^{동지:\,대판\,1972.\,6.\,13,\,70\,다\,213;}_{동\,1975.\,6.\,24,\,75\,다\,356}$).

이 때 충돌선박의 일방(A선)이 피해를 입은 그의 적하소유자와 면책약관을 체결한 경우에 타방(B선)은 이를 원용할 수 있는지 여부가 문제되는데, 위에서 본 바와 같이 제 3 자의 물적 손해에 대하여 상법 제879조 1 항을 적용하는 긍정설에 의하면 문제가 발생하지 않으나, 부정설에 의하는 경우에는 B선주가 이를 원용할 수 없다고 하면 그가 전액을 지급하고 다시 A선주에게 그의 과실에 따른 부담부분을 구상하게 되면 A선주가 그의 적하소유자와 체결한 면책약관은 아무런 의미가 없으므로 B선주는 이를 원용할 수 있다고 보아야 할 것이다.

3. 선박충돌채권의 소멸

선박충돌로 인하여 생긴 손해배상청구권은 그 충돌이 있은 날로부터 2년 이내에 재판상 청구가 없으면 소멸하는데(제척기간), 이 기간은 당사자의 합의에 의하여 연장할 수 있다($\frac{\text{상}}{881조}$).

≫ 사례연습 ≪

[사 례]

　Y소유의 선박과 S소유의 선박이 쌍방과실로 인하여 충돌하고(Y와 S의 과실의 비율은 3 : 2임) Y소유의 선박은 발항 당시의 선가가 30억원인데 5억원의 피해를 입었고 S소유의 선박은 발항 당시의 선가가 20억원인데 5억원의 피해를 입은 경우, Y와 S간의 손해배상책임관계는 어떠한가?

* 이 사례는 정찬형, 「상법사례연습(제 4 판)」, 사례 130 「유사한 문제」 2.에 기초한 것임.

[해 답]

　Y와 S간의 손해배상책임관계에서 쌍방과실로 인한 선박충돌의 경우 과실 있는 각 선박소유자가 부담하는 책임의 성질에 대하여, (i) 각 선박소유자는 그가 분담할 손해에 비례하여 상호 불법행위를 원인으로 하여 각자 그 책임을 지는데 이는 상호 상계할 수 있다고 보는 교차책임설(통설)과, (ii) 충돌이라는 불법행위를 하나로 보고 과실이 큰 선박소유자만이 하나의 손해배상책임을 진다고 보는 단일책임설(소수설)이 있는데, 교차책임설이 타당하다고 본다. 따라서 본문의 경우 교차책임설에 의하면 Y는 5억원의 5분의 3을 자기의 선박의 손해에서 공제한 2억원의 청구권을 S에 대하여 갖고, S는 5억원의 5분의 2를 자기의 선박의 손해에서 공제한 3억원의 청구권을 Y에 대하여 갖기 때문에 이를 대등액으로 상계하면 S는 Y에 대하여 1억원의 손해배상청구권을 갖는다. 그러나 단일책임설에 의하면 전체의 손해가 10억원으로서 이의 5분

의 3인 6억원은 Y가 부담할 부분이고 이의 5분의 2인 4억원은 S가 부담할 부분으로
Y는 자기의 선박에 대한 손해인 5억원에서 1억원을 더 부담하고 S는 자기의 선박에
대한 손해보다 1억원을 덜 부담하므로 이 차액인 1억원은 Y가 S에게 배상하여야 한
다고 설명한다.

제 4 절 해난구조

제 1 총   설

1. 해난구조의 의의

해난구조에는 광의의 해난구조와 협의의 해난구조의 두 가지의 뜻이 있다.
「광의의 해난구조」라 함은 '해난을 당한 선박 또는 적하를 구조하는 모든 경우'를
의미한다. 따라서 광의의 해난구조에는 당사자간에 미리 구조에 관한 계약이 있는
경우(이를 '계약구조'라고 하고, 실무상 Lloyd's Open Form이라는 표준서식을 사용함)와
($\frac{상}{1항}$887조), 이에 관한 아무런 계약이 없이(즉, 의무 없이) 구조를 하는 경우가 있다
($\frac{상}{882조}$). 「협의의 해난구조」라 함은 '구조계약이 없이(즉, 의무 없이) 해난을 당한 선
박 또는 적하를 구조하는 경우'를 의미하는데, 상법이 규정하는 해난구조는 이러한
협의의 해난구조이다. 즉, 상법상 해난구조라 함은 「항해선 상호간 또는 항해선과
내수항행선간에 그 적하 그 밖의 물건이 어떠한 수면에서 위난을 당한 경우에 의무
없이 이를 구조하는 것」을 말한다($\frac{상}{882조}$)(해난에 관한 상세는 정찬형, 「상법강의(하)(제24
판)」, 1083면 참조). 그러나 당사자가 미리 구조계약을 하고 그 계약에 따라 구조가
이루어진 경우에도 그 성질에 반하지 아니하는 한 구조계약에서 정하지 아니한 사
항은 상법의 해난구조에 관한 규정이 적용된다($\frac{상}{1항}$887조).

2. 해난구조의 법적 성질

협의의 해난구조의 법적 성질에 대하여는 사무관리설·준계약설·부당이득설·
법적 행위설 등 여러 가지 학설이 있으나, 공동해손의 경우와 같이 「해상법상의 특
수한 법률요건」이라고 본다.

제 2 해난구조의 요건

1. 해난을 당하였어야 한다(해난요건)

「해난」이라 함은 '항해에 관한 위난으로서, 선박이 자력만으로써 극복할 수 없는 위험, 즉, 선박 또는 적하의 전부 또는 일부를 멸실 또는 훼손할 염려가 있는 경우'를 의미한다. 이러한 해난의 「발생원인」 및 「발생장소」에는 제한이 없다(이에 관한 상세는 정찬형, 「상법강의(하)(제24판)」, 1085~1086면 참조).

2. 선박 또는 그 적하 그 밖의 물건이 구조되었어야 한다(목적물요건)

구조의 목적물은 「선박 또는 그 적하 그 밖의 물건」이다. 따라서 인명만이 구조된 경우에는 해난구조라고 할 수 없다. 그러나 위의 재산구조와 함께 인명구조가 있은 경우에는 인명구조에 대한 보수를 청구할 수 있다($\frac{상}{2항}$888조)(이에 관한 상세는 정찬형, 「상법강의(하)(제24판)」, 1086면 참조).

3. 의무 없이 자의로 구조를 하였어야 한다(구조요건)

해난구조가 성립하기 위하여는 구조자가 「의무 없이」 구조활동을 하였어야 하는데($\frac{상}{882조}$), 이 때 「의무 없이」라 함은 '사법상의 의무 없이' 구조활동을 한 것을 의미한다. 따라서 조난선의 선원이 당해 선박 또는 적하를 구조하는 행위, 도선사가 인도하는 선박을 구조하는 행위, 또는 예선(曳船)이 피예선(被曳船)을 구조하는 행위 등은 원칙으로 해난구조가 아니다($\frac{상}{890조}$)(이에 관한 상세는 정찬형, 「상법강의(하)(제24판)」, 1087면 참조).

제 3 해난구조의 효과

1. 보수청구권

(1) 보수청구권의 발생

해난구조의 요건을 갖추면 구조자에게는 상당한 보수청구권이 발생한다($\frac{상}{882조}$). 이러한 보수청구권은 해난구조의 결과발생을 조건으로 하여 구조작업을 시작한 때에 발생한다고 본다. 인명구조의 경우에는 앞에서 본 바와 같이 재산구조와 경합하는 경우에 한하여 보수청구권을 갖는다($\frac{상}{2항}$888조).

(2) 보수청구권자

보수청구권을 갖는 자는 원칙적으로 해난구조에 종사한 모든 자이다($_{882조}^{상}$). 동일소유자에 속한 선박 상호간에 있어서도 구조에 종사한 자에 대하여 보수청구권이 인정된다($_{891조}^{상}$).

그러나 예외적으로 (i) 구조받은 선박에 종사하는 자, (ii) 고의 또는 과실로 인하여 해난을 야기한 자, (iii) 정당한 거부에 불구하고 구조를 강행한 자, (iv) 구조된 물건을 은닉하거나 정당한 이유 없이 처분한 자는 보수를 청구하지 못한다($_{892조}^{상}$).

(3) 보 수 액

1) 구조계약이 있는 경우에는 보수액에 대하여 당사자간에 미리 약정한 것이므로 그 약정에 의한다. 그러나 그 약정이 해난 당시에 성립하여 그 액이 현저하게 부당한 때에는 법원은 제반사정을 참작하여 그 액을 증감할 수 있다($_{2항}^{상 887조}$).

협의의 해난구조의 경우에는 보통 보수액에 대하여 당사자간에 미리 약정이 없을 것이므로, 이 때에는 먼저 그 액에 관하여 「당사자간의 합의」에 의하고 ($_{전단}^{상 883조}$), 그 액에 관하여 당사자간에 합의가 성립하지 아니한 때에는 다음으로 「법원」이 당사자의 청구에 의하여 구조된 선박 및 재산의 가액·위난의 정도·구조자의 노력과 비용·구조자나 그 장비가 조우했던 위험의 정도·구조의 효과·환경손해방지를 위한 노력·그 밖의 제반사정을 참작하여 그 액을 결정한다($_{후단}^{상 883조}$).

2) 보수액은 다른 약정이 없으면 구조된 목적물의 가액을 초과하지 못하고 ($_{1항}^{상 884조}$), 선순위의 우선특권이 있는 때에는 그 우선특권자의 채권액을 공제한 잔액을 초과하지 못한다($_{2항}^{상 884조}$).

2. 환경손해방지작업에 대한 특별보상청구권

(1) 특별보상청구권의 발생

2007년 개정상법은 1989년 국제해난구조협약 제14조의 특별보상제도를 수용하여 환경손해방지작업에 대한 특별보상에 대하여 규정하였다. 즉, 선박 또는 그 적하로 인하여 환경손해가 발생할 우려가 있는 경우에 손해의 경감 또는 방지의 효과를 수반하는 구조작업에 종사한 구조자는 구조의 성공여부 및 구조료액의 한도와 상관 없이 구조에 소요된 비용을 특별보상으로 청구할 수 있다($_{1항}^{상 885조}$).

환경오염의 위험이 있는 경우에 환경손해방지작업을 장려하기 위하여 구조의 성공여부에 상관 없이 구조에 소요된 비용을 특별보상으로 청구할 수 있도록 하는 노력주의(努力主義)에 의한 입법을 하고 있다. 또한 이러한 구조자는 구조의 보수액의 한도($\frac{상}{884조}$)와 상관 없이 구조에 소요된 비용을 특별보상으로 청구할 수 있다.

(2) 특별보상액

「구조에 소요된 비용」이란 구조작업에 실제로 지출한 합리적인 비용 및 사용된 장비와 인원에 대한 정당한 보수를 말한다($\frac{상}{2항}885조$).

구조자는 발생할 환경손해가 구조작업으로 인하여 실제로 감경 또는 방지된 때에는 보상의 증액을 청구할 수 있는데, 이 때 법원은 구조된 선박 및 재산의 가액·위난의 정도·구조자의 노력과 비용·구조자나 그 장비가 조우했던 위험의 정도·구조의 효과·환경손해방지를 위한 노력 그 밖의 제반사정을 참작하여 증액 여부 및 그 금액을 정하는데, 이 경우 증액된 금액은 위의 구조에 소요된 비용인 특별보상액의 배액을 초과할 수 있다($\frac{상}{3항}885조$).

이에 반하여 구조자의 고의 또는 과실로 인하여 손해의 감경 또는 방지에 지장을 가져온 경우 법원은 위의 구조에 소요된 비용인 특별보상액 및 이에 대한 증액을 감액하거나 부인할 수 있다($\frac{상}{4항}885조$).

(3) 보수청구권과 특별보상청구권이 경합하는 경우

하나의 구조작업을 시행한 구조자가 보수청구권도 갖고 또한 특별보상청구권도 갖는 경우에는 그 중 큰 금액을 구조료로 청구할 수 있다($\frac{상}{5항}885조$).

3. 구조료의 분배

(1) 공동구조의 경우

1) 수 척의 독립한 선박에 의하여 공동으로 구조를 한 공동구조의 경우 각 선박공동체간의 구조료(이 때의 구조료는 해난구조에 따른 보수〈상 882조~884조〉와 환경손해방지작업에 대한 특별보상〈상 885조〉을 포함하는 개념이다― $\frac{상}{참조}886조$) 분배의 비율에 관하여는 (ⅰ) 당사자간에 미리 한 「약정」이 있는 경우에는 그에 의하고, (ⅱ) 당사자간에 이러한 약정이 없는 경우에는 먼저 「당사자간의 합의」에 의하며, 다음으로 당사자간에 합의가 성립하지 않으면 「법원」이 당사자의 청구에 의하여 구조된 선박 및 재산의 가액·위난의 정도·구조자의 노력과 비용·구조자나 그 장비가 조우했던 위난의 정도·구조의 효과·환경손해방지를 위한 노력 그 밖의 제반사정을 참작하여 이를 정한다($\frac{상}{883조}888조 1항$). 이렇게 하여 정하여진 각 선박공동체가 가질 구조료는 다시 그 선박공동체 내에서의 분배비율($\frac{상}{889조}$)에 따라 분배된다.

2) 공동구조의 경우 선박 또는 적하와 동일한 해난에서 재산구조와 경합하여 인명구조에 종사한 자는, 선박 또는 적하의 구조의 결과를 전제로 하여 재산구조자

의 구조료와 독립된 구조료의 분배를 받을 수 있다($\frac{상}{2항}$ 888조).

(2) 선박 내에서의 구조료의 분배

선박 내에서의 구조료의 분배는 먼저 선박소유자에게 선박의 손해액과 구조에 요한 비용을 지급하고, 잔액을 절반하여 선장과 해원에게 지급하여야 한다($\frac{상}{1항}$ 889조). 이 때 해원에게 지급할 구조료의 분배는 선장이 각 선원의 노력, 그 효과와 사정을 참작하여 그 항해의 종료 전에 분배안을 작성하여 선원에게 고시하여야 한다($\frac{상}{2항}$ 889조).

4. 구조료의 지급

(1) 구조료 채무자

구조료 채무자는 구조된 선박의 소유자 그 밖에 구조된 재산의 권리자이다($\frac{상}{전단}$ 886조).

(2) 구조료 지급비율

위의 구조료 채무자는 그 구조된 선박 또는 재산의 가액에 비례하여 구조에 대한 보수를 지급하고 특별보상을 하는 등 구조료를 지급할 의무를 부담한다($\frac{상}{후단}$ 886조).

(3) 구조료 지급에 관한 선장의 권한

해난구조가 있는 경우에 피구조선의 선장은 구조료 채무자에 갈음하여 그 지급에 관한 재판상·재판외의 모든 행위를 할 권한이 있다($\frac{상}{1항}$ 894조). 구조료에 관한 소(訴)에 있어서 선장은 스스로 원고 또는 피고가 될 수 있고, 이 경우 그 소(訴)에 관하여 선고한 확정판결은 구조료 채무자에 대하여도 그 효력이 있다($\frac{상}{2항}$ 894조).

5. 구조료청구권의 담보

상법은 해난구조자의 구조료청구권을 담보하기 위하여 우선특권을 인정하고 있다($\frac{상}{전단,}$ 777조 1항 3호 893조 1항 본문). 또한 해난구조자는 그가 구조물을 점유하고 있는 동안에는 구조료청구권을 담보하기 위하여 구조물에 대하여 민사유치권을 행사할 수 있다($\frac{민}{320조}$).

6. 구조료청구권의 소멸

구조료청구권은 구조가 완료된 날로부터 2년 이내에 재판상 청구가 없으면 소멸하는데(제척기간), 이 기간은 당사자간의 합의에 의하여 연장할 수 있다($\frac{상}{895조}$).

제 5 장 해상기업금융

제 1 절 총   설

해상기업의 경영에는 선박의 건조·수선·운항 등에 많은 자금이 필요한 관계로 과거의 해상기업조직의 형태로는 「코멘다」·「선박공유」또는 「조합」 등을 채택하였고, 해상기업금융의 형태로는 대표적인 것으로 모험대차가 있었다. 모험대차는 선박 또는 적하를 담보로 하는 금전소비대차로서, 안전한 항해의 종료를 변제의 조건으로 하는 대신에 해상위험이 크므로 이율이 매우 높았다. 이 제도는 19세기까지 많이 이용되었으나, 그 후 해상보험의 발달·금융기관의 정립·해외대리점의 보급 등에 의하여 이 제도는 소멸하게 되고, 19세기 후반 이후 이에 갈음하는 해상기업금융의 형태로 발생한 것이 선박우선특권과 선박저당권이다. 따라서 이하에서는 현대의 해상기업금융의 대표적인 형태이며 법정담보물권인 선박우선특권과 약정담보물권인 선박저당권에 대하여 설명하겠다.

제 2 절 선박우선특권

제 1 선박우선특권의 의의

(1) 선박우선특권이란 「일정한 법정채권($^{상\,777조\,1항}_{1호-4호}$)을 가진 채권자가 선박·그 속구·그 채권이 생긴 항해의 운임 및 그 선박과 운임에 부수한 채권에 대하여 다른

채권자보다 우선하여 변제를 받을 수 있는 해상법상의 특수한 담보물권」이다($\frac{상}{777조}$).

(2) 이러한 선박우선특권의 법적 성질은 위에서 본 바와 같이 「해상법상의 특수한 담보물권」이다. 이 선박우선특권은 담보물권이고 또한 우선변제권이 있는 점에서는 민법상의 저당권과 같다. 따라서 선박우선특권에는 그 성질에 반하지 아니하는 한 민법의 저당권에 관한 규정이 준용된다($\frac{상\,777조}{2항\,2문}$). 그러나 선박우선특권은 법정담보물권이고 공시되지 않으며 피담보채권이 제한되고 또한 언제나 저당권(또는 질권)보다 선순위인 점에서($\frac{상}{788조}$), 약정담보물권이고 공시되며 피담보채권에 제한이 없고 또한 언제나 선박우선특권보다 후순위인 저당권과 구별된다.

제2 선박우선특권을 발생시키는 채권(피담보채권)

선박우선특권을 발생시키는 채권(피담보채권)은 상법에 의하여 다음과 같이 제한되어 있다.

1. 유익비채권($\frac{상\,777조}{1항\,1호}$)

채권자의 공동이익을 위한 소송비용, 항해에 관하여 선박에 과한 제세금, 도선료와 예선(曳船)료(정기용선계약에서 예선료 채권에 대하여 선박우선특권을 인정하고, 상법 제850조 제2항을 유추적용하여 선박소유자의 선박에 대한 경매청구권을 인정함—$\frac{대결\,2019.\,7.\,24,}{2017\,마\,1442}$), 최후입항 후의 선박과 그 속구의 보존비와 검사비 등이 이에 해당한다(2007년 개정상법은 "선박과 속구의 경매에 관한 비용"은 민사집행법 제53조에서 경매절차상 경낙대금에서 우선변제를 인정하는 채권이기 때문에 선박우선특권의 피담보채권으로 인정할 필요가 없다 하여 삭제하였다).

이러한 채권은 전형적인 선박채권자의 공동의 이익을 위한 채권이므로 피담보채권으로 한 것이다.

유익비채권에서 「최후입항 후의 선박보존비 등」을 피담보채권으로 한 것은 이러한 채권이 없으면 다른 채권자들도 선박 경매대금으로부터 변제를 받기가 불가능하게 될 것이기 때문이다. 따라서 여기에서의 「최후입항 후」라는 의미는 목적하는 항해가 종료되어 돌아온 항해뿐만 아니라 선박이 항해 도중에 경매 또는 양도처분으로 항해가 중지되어 경매되는 경우의 선박보존비용도 포함하므로 '항해를 폐지한 시기에 있어서 선박이 존재하는 항'도 포함한다($\frac{동지:\,대판\,1996.\,5.\,14,\,96\,다\,3609;}{대결\,1998.\,2.\,9,\,97\,마\,2525\cdot2526}$). 또한 「최후입항 후의 선박과 그 속구의 보존비용과 검사비」에는 '항해를 위한 선박의 속구

의 상태 및 기능을 유지하기 위한 선박의 수리공사비 및 검사비'등이 있다
(동지: 대판 1980. 3.
25, 78 다 2032). 그러나 연근해를 운행하는 유류운송선이 출항준비중에 발생한 화재
로 인한 수리를 마친 후 항해를 계속한 경우, 그 수리비는 선박의 상태 및 가치를
유지·보존하기 위한 비용일지라도 최후의 입항 후에 발생한 것이 아니므로 그「수
리비채권」은 여기의 피담보채권에 포함되지 않는다(동지: 대결 1998. 2. 9,
97 마 2525·2526).

2. 임금채권(상 777조
1항 2 호)

선원 기타의 선박사용인의 고용계약으로 인한 채권이 그것인데, 이러한 채권
은 선원 등을 보호하기 위한 사회정책적인 이유에서 선박우선특권의 피담보채권으
로 한 것이다. 이러한 채권은 또한 같은 목적에서 선주유한책임에서도 배제되고 있
다(상 773조
1호).

3. 위급채권(상 777조
1항 3 호)

선박의 구조에 대한 보수(구조료채권)와 공동해손의 분담에 대한 채권(공동해손
분담채권)이 이에 해당한다.

이러한 채권은 선주유한책임에서 배제된다(상 773조
2호). 또한 이 때의 해난구조료채
권은 광의의 해난구조료채권을 의미한다고 보기 때문에, 계약에 의한 해난구조료채
권을 포함한다.

4. 사고채권(상 777조
1항 4 호)

선박의 충돌 그 밖의 해양사고로 인한 손해(선박충돌로 인한 운송중인 화물의 손상
으로 인한 채권은 선박우선특권의 피담보채권에 포함됨), 항해시설·항만시설 및 항로에
대한 손해와 선원이나 여객의 생명·신체에 대한 손해의 배상채권이 그것이다. 이러
한 채권은 채무자를 보호하기 위하여 인정된 선주유한책임의 대상이 되는 채권이므
로(상 769조
이하 참조) 형평의 원칙상 다시 채권자를 보호하기 위하여 채권자에게 그 권리의 실
현에 우선특권을 인정한 것이다.

제 3 선박우선특권의 목적물

선박우선특권의 목적물에 대하여는 상법 제777조 내지 제780조가 다음과 같
이 규정하고 있다.

1. 선박과 그 속구

이 때 「선박과 그 속구」는 선박의 이용에 관하여 위의 피담보채권이 발생한 그 선박과 그 속구이다. 따라서 선박소유자가 소유하는 다른 선박은 이에 해당하지 않는다.

2. 운 임

이 때 「운임」은 위의 피담보채권이 생긴 항해의 운임을 말하는데($\frac{\text{상}}{1\text{항}}$777조), 이 운임은 지급을 받지 아니한 운임(미수운임)과 지급을 받은 운임(기수운임)으로서 선박소유자나 그 대리인이 소지한 금액에 한한다($\frac{\text{상}}{779\text{조}}$).

3. 부수채권

이 때 「부수채권」이란 그 선박과 운임에 부수한 채권을 말하는데($\frac{\text{상}}{1\text{항}}$777조), 이에는 다음과 같은 것이 있다($\frac{\text{상}}{778\text{조}}$), 즉, (i) 선박이 손실된 경우 또는 운임이 손실된 경우에 그것을 원인으로 하여 선박소유자가 제3자에 대하여 갖는 손해배상청구권(선박충돌로 인한 손해배상청구권 등— $\frac{\text{상 878조~}}{879\text{조}}$), (ii) 공동해손으로 인한 선박 또는 운임의 손실에 대하여 선박소유자가 갖는 보상청구권(공동해손분담청구권 등— $\frac{\text{상 865조}}{\text{이하}}$), (iii) 해난구조로 인하여 선박소유자가 갖는 보수청구권(해난구조로 인한 선박의 손해액과 구조비용의 청구권 등— $\frac{\text{상 889조}}{1\text{항 참조}}$)이 부수채권이다. 그러나 선박소유자가 수령할 보험금과 기타의 장려금이나 보조금은 부수채권이 아니다($\frac{\text{상}}{780\text{조}}$).

제4 선박우선특권의 순위

1. 선박우선특권 상호간의 순위($\frac{\text{상 782조~}}{784\text{조}}$)

일반 해법상의 일반원칙으로, 나중에 발생한 우선특권일수록 선순위이고, 불법행위로 생긴 채권이 계약으로 생긴 채권보다 선순위이며, 선원 등의 임금과 해난구조비용의 채권이 다른 채권보다 선순위이다. 우리 상법은 대체로 이러한 원칙에 따라 다음과 같이 규정하고 있다.

(1) 수 회의 항해에 관한 채권의 우선특권이 경합하는 때에는 뒤의 항해에서 생긴 채권의 선박우선특권이 앞의 항해에서 생긴 것에 우선한다($\frac{\text{상}}{1\text{항}}$783조). 동일 사고

로 생긴 채권은 동시에 발생한 것으로 보고($상_{2항 2문}^{782조}$), 고용관계로 인한 채권의 우선특권은 최후의 항해에 관한 다른 채권과 동일한 순위로 한다($상_{2항}^{783조}$).

(2) 동일 항해에서 생긴 채권의 우선특권이 경합하는 때에는 상법 제777조 1항 각호의 순서에 의한다($상_{1항}^{782조}$). 그러나 동조 동항 3 호의 채권(해난구조료채권 및 공동해손분담채권)의 우선특권이 경합하는 때에는 뒤에 생긴 채권이 우선한다($상_{2항 1문}^{782조}$).

(3) 동일순위의 우선특권이 경합하는 때에는 각 채권액의 비율에 따라 변제를 받는다($상_{784조}$).

2. 다른 채권 또는 담보물권과의 순위

(1) 선박우선특권은 다른 일반채권에 우선함은 물론, 선박저당권이나 선박질권에도 우선한다($상_{788조}$). 선박우선특권을 저당권이나 질권과 같은 담보물권에 우선시키는 것은 저당권이나 질권의 목적인 선박도 우선특권을 가진 채권에 의하여 그 가치를 보존할 수 있었다고 볼 수 있는 점과, 저당권이나 질권은 선박우선특권과는 달리 당사자가 임의로 설정할 수 있는 약정담보물권이므로 저당권이나 질권을 우선시켜서는 선박우선특권을 인정한 의미가 거의 없게 되는 점 때문이다. 그러나 선박우선특권은 근로기준법상의 임금우선특권에 우선하지 못한다($대판_{2004}^{2005. 10. 13,}$ 다 26799). 선박우선특권과 국세와의 관계에서는 선박우선특권이 질권과 저당권에 우선하는데($상_{872조}$) 일정한 경우 질권이나 저당권에 의하여 담보된 채권이 국세보다 우선하는 점($국세기본법 35조_{1항 3호}$)에서 볼 때, 선박우선특권이 국세보다 우선한다고 본다.

(2) 선박우선특권과 유치권이 경합하는 때에는 법률상은 유치권자에게는 우선변제권이 없으므로 선박우선특권이 유치권에 우선한다고 볼 수 있으나, 사실상은 유치권자가 자기의 채권의 변제를 받을 때까지 그 선박을 유치할 수 있으므로 유치권이 선박우선특권에 우선한다고 볼 수 있다.

제 5   선박우선특권의 효력

(1) 선박우선특권은 위의 여러 권리에 우선하여 그 목적물에 대한 경매권($민집 274조,_{269조}$) (동지: 대결 1976. 6. 24, 76 마 195; 대판 2008. 8. 21, 2008 다 26360 외)과 우선변제권이 있다($상_{2항 1문}^{777조}$).

(2) 선박우선특권은 추급권이 있으므로 그 선박소유권의 이전으로 인하여 영향을 받지 아니한다($상_{785조}$). 이 선박우선특권의 추급권은 그 선박이 등기선·비등기선인지의 구별 없이 인정되고, 선박양수인이 선의·무과실인 경우에도 언제나 대항할

수 있다.

제6 선박우선특권의 소멸

1. 단기제척기간에 의한 소멸

선박채권자의 우선특권은 그 채권이 생긴 날로부터 1년 이내에 실행하지 아니하면 소멸한다($\frac{상}{786조}$). 그러나 이 제척기간은 정기용선계약상의 채권($\frac{상}{846조}$)·운송인의 채권·채무($\frac{상}{814조}$)·공동해손채권($\frac{상}{875조}$)·선박충돌채권($\frac{상}{881조}$)·해난구조료채권($\frac{상}{895조}$)의 경우와는 달리, 당사자간의 합의에 의하여 이 기간을 연장할 수 없다.

상법이 이와 같이 선박우선특권에 대하여 1년의 단기제척기간을 둔 이유는 선박에 관하여는 항해를 할 때마다 다수의 우선특권이 발생하므로 그것이 누적됨으로 인하여 선박의 매매나 저당권의 설정 등에 지장을 주는 것을 방지하고, 또한 선박우선특권자로서도 항해시마다 뒤의 선박우선특권자가 우선하므로($\frac{상}{783조}$)이것을 오랫동안 존속시키더라도 실질상의 이익이 적기 때문이다.

2. 저당권소멸원인에 의한 소멸

선박우선특권에는 그 성질에 반하지 아니하는 한 민법의 저당권에 관한 규정이 준용되므로($\frac{상\ 777조}{2항\ 2문}$), 선박우선특권은 저당권의 소멸원인에 의해서도 소멸한다. 따라서 피담보채권이 소멸하면 이를 위한 선박우선특권도 소멸한다.

제7 건조중의 선박에 대한 선박우선특권

선박우선특권에 관한 상법의 규정은 건조중의 선박에도 준용된다($\frac{상}{790조}$). 건조중의 선박은 선박으로 완성하고 있지 않으므로 상법상 선박으로 취급될 수 없기 때문에, 건조중의 선박의 금융편의를 도모하기 위하여 이에 선박우선특권에 관한 규정을 준용하는 규정을 특별히 두고 있다.

제 3 절 선박저당권

제 1 선박저당권의 의의

선박저당권이라 함은 「등기선박을 목적으로 하여 계약에 의하여 설정되는 상법상 특수한 저당권」이다($상\frac{787조}{1항}$). 상법은 등기선박에 한하여 선박저당제도를 인정하고 있고, 선박저당권에 대하여는 부동산의 저당권에 관한 규정을 준용하고 있다($상\frac{787조}{3항}$). 비등기선은 동산질의 규정($민\frac{329조}{이하}$)에 의하여 질권을 설정할 수 있을 뿐이고, 이에 반하여 등기선은 질권의 목적이 될 수 없다($상_{789조}$).

제 2 선박저당권의 목적물

선박저당권의 목적물은 「등기할 수 있는 선박으로서 등기한 선박」에 한한다($상\frac{787조}{1항}$). 선박저당권은 그 속구에도 미친다($상\frac{787조}{2항}$). 선박공유에 있어서 공유지분은 선박관리인의 지분을 제외하고는 선박저당권의 목적물이 될 수 있다($상\frac{759조}{유추적용}$).

제 3 선박저당권의 순위

1. 선박저당권 상호간의 순위

선박저당권 상호간에서는 등기의 전후에 의한다($상 787조 3항;\atop민 370조, 333조$).

2. 다른 채권 또는 담보물권과의 순위

(1) 선박저당권은 선박우선특권보다 언제나 후순위이다($상_{788조}$)($동지: 대판 2014. 7.\atop24, 2013 다 34839$).

(2) 선박저당권은 법률상 유치권에 우선하나, 사실상은 유치권이 저당권에 우선한다.

제 4 선박저당권의 효력

선박저당권의 효력은 부동산저당권의 그것과 같다($상\frac{787조}{3항}$). 따라서 선박저당권자는 담보된 선박과 속구에 대하여 경매권($^{민}_{363조}$)과 우선변제권($^{민}_{356조}$)을 갖는다.

제 5 건조중의 선박에 대한 선박저당권

건조중의 선박에 대하여도 선박저당권의 설정이 인정된다($^{상}_{790조}$). 다만 이 경우에는 선박은 아직 미완성이므로 선박저당권의 등기는 특별등기부에 하게 되고, 선박소유권의 등기 없이 선박저당권의 등기만을 하게 된다($^{선박등기규칙}_{23조 이하}$).

제 4 절 선박에 대한 강제집행

제 1 선박에 대한 강제집행절차

선박에 대한 강제집행절차에 대하여는 민사집행법이 별도로 규정하고 있다($^{민집}_{186조}^{172조\sim}$). 이에 따라 등기할 수 있는 선박(총톤수 20톤 이상의 기선〈機船〉과 범선〈帆船〉 등— $^{상}_{선등}{}^{741조 2항;}_{2조}$)에 대한 강제집행은 사물의 성질에 의한 차이나 특별한 규정이 있는 경우를 제외하고는, 부동산의 강제집행에 관한 규정에 따라서 한다($^{민집}_{172조}$).

제 2 선박의 압류·가압류

(1) 선박에 대한 강제집행은 압류 당시의 정박항을 관할하는 지방법원을 집행법원으로 하고($^{민집}_{173조}$), 선박을 집행절차중 압류항에 정박하게 하여야 한다($^{민집 176조}_{1항}$). 선박에 대한 가압류도 가압류 당시의 정박항에 정박하게 하여야 한다($^{민집}_{295조}$).

(2) 선박의 압류 및 가압류는 총톤수 20톤 미만의 선박을 제외하고($^{상}_{2항}^{744조}$), 항해의 준비를 완료한 선박과 그 속구에 대하여는 항해를 종료할 때까지 원칙적으로 압류 또는 가압류를 하지 못한다($^{상}_{1항 본문}^{744조}$). 그러나 항해를 준비하기 위하여 생긴 채무에 대하여는 채권자가 그 선박 및 속구를 압류 또는 가압류할 수 있다($^{상}_{1항 단서}^{744조}$)(이에 관한 상세는 정찬형, 「상법강의(하)(제24판)」, 1106~1108면 참조).

항공운송

제**1**장 총 설

　우리나라의 항공운송산업의 규모는 세계 8 위권에 이르러 항공운송을 둘러싼 사법적 분쟁도 신속히 증가하고 있음에도 불구하고 항공운송에 관한 사법적 법률관계를 규율하는 법이 없어서 이에 관한 입법의 필요성이 절실하여, 정부는 상법 제 6 편에 항공운송편을 신설하는 상법 일부개정법률안을 2008년 12월 23일에 제정하여 같은 해 12월 31일 국회에 제출하였고, 국회는 이를 2011년 4월 29일 본회의에서 통과시켰으며, 정부는 이를 2011년 5월 23일 법률 제10969호로 공포하였다(이하 '2011년 5월 개정상법'으로 약칭함)(이 법은 공포 후 6 개월이 경과한 날〈2011. 11. 24〉부터 시행함).

　상법 제 6 편(항공운송)은 2014년 5월 20일 법률 제12591호로 개정되어(2014년 5월 20일부터 시행함) 국제협약에 맞추어 항공운송인의 책임한도액을 상향조정하였다(이하 '2014년 5월 개정상법'이라 약칭한다).

　상법 제 6 편 항공운송편은 제 1 장 통칙·제 2 장 운송·제 3 장 지상 제 3 자의 손해에 대한 책임의 3개의 장을 두고, 제 2 장은 다시 제 1 절 통칙·제 2 절 여객운송·제 3 절 물건운송·제 4 절 운송증서의 4개의 절을 두었다. 이하에서 이러한 순서에 따라 설명하겠다.

　2011년 5월 개정상법은 위의 몬트리올협약 등 국제조약을 대부분 그대로 수용하였고, 상법 내의 육상운송 및 해상운송 규정과의 일관성을 많이 유지하였으며, 항공안전법 등 이에 관한 다른 법령과 중복 또는 충돌되지 않도록 하였다.

항공운송법 제 1 장 통칙에서는 항공기의 의의·항공운송법의 적용범위·운송인 및 항공기 운항자의 책임감면에 대하여 규정하고 있는데, 이하에서 차례로 살펴본다.

제 1 절 항공운송법상 항공기의 의의 및 항공운송법의 적용범위

1. 항공운송법상 항공기의 의의

항공운송법에서 항공기라 함은 「상행위나 그 밖의 영리를 목적으로 운항에 사용하는 항공기」를 말한다($\frac{896조}{본문}$). 이를 좀 더 구체적으로 살펴보면 다음과 같다.

(1) 상행위나 그 밖의 영리를 목적으로 하는 항공기일 것

이 요건은 우리 상법이 상행위 기타 영리행위에 대하여 상법을 적용하도록 규정하고 있는 점($\frac{상 4조, 5조}{169조 등}$)과 해상편의 선박에 관한 정의 규정($\frac{상}{740조}$)과도 균형을 이루고 있다. 상행위를 목적으로 한 항공기는 주로 항공운송을 영위하는 항공기이다 ($\frac{상 46조}{13호}$). 상행위나 그 밖의 영리의 목적이라 함은 항공기의 운항에 의하여 항공기업을 영위하는 것을 말한다.

영리성이 없는 운항용 항공기에 대하여도 일정한 경우를 제외하고 다음에서 보는 바와 같이 상법 항공운송편이 준용되는데, 이는 선박의 경우와 유사하다 ($\frac{상 741조}{1항 참조}$).

(2) 운항에 사용하는 항공기일 것

운항이라 함은 「공중의 운항」을 말한다. 따라서 영리를 목적으로 하는 항공기라도 운항하고 있지 않은 항공기에 대하여는 상법 항공운송편이 적용되지 않는다.

(3) 사회통념상 항공기라고 인정되는 것일 것

상법은 상법을 적용하기 위한 항공기의 의의에 대하여만 규정하고 있을 뿐 구체적으로 항공기가 무엇이냐에 대하여는 규정하고 있지 않으므로, 구체적으로 항공기가 무엇이냐에 대하여는 사회통념에 따라 정하여질 수밖에 없다. 사회통념상 항공기(광의의 항공기)란 「공중을 운항하는 데 사용되는 구조물」이라고 볼 수 있다.

참고로 항공안전법이 적용되기 위한 항공안전법상의 항공기란 「비행기 · 헬리콥터 · 비행선 · 활공기 그 밖에 대통령령으로 정하는 것으로서 항공에 사용할 수 있는 기기(機器)」를 말한다($^{항공 \, 2조}_{1호}$).

(4) 대통령령으로 정하는 초경량 비행장치가 아닐 것

영리를 목적으로 하는 항공기라도, 기구류 · 행글라이더 등 초경량 비행장치에 의한 운송까지 상법 항공운송편을 적용하는 것은 입법취지에 맞지 않으므로, 이러한 초경량 비행장치에 대하여는 상법이 적용되는 항공기에서 배제하고 있다($^{상 \, 896조 \, 단서,}_{상시 \, 47조}$). 즉, 「항공기와 경량항공기 외에 비행할 수 있는 장치로서 국토교통부령으로 정하는 동력비행장치 · 행글라이더 · 패러글라이더 · 기구류 및 무인비행장치 등」($^{항공 \, 2조}_{28호}$)은 상법이 적용되는 항공기에서 배제된다($^{상시}_{47조}$).

2. 항공운송법의 적용범위

상법 제 6 편 항공운송에 관한 규정은 위의 항공운송법상의 항공기(상행위나 그 밖의 영리를 목적으로 운항에 사용하는 항공기)에 대하여 적용될 뿐만 아니라, 상행위나 그 밖의 영리를 목적으로 하지 아니하더라도 운항용으로 사용되는 항공기에 대하여도 준용된다($^{상 \, 897조}_{본문}$). 즉, 운항용 항공기에 대하여는 영리(유상)든 비영리(무상)든 불문하고 모든 항공기에 대하여 상법 제 6 편 항공운송편이 적용(준용)된다. 다만 국유 또는 공유의 항공기에 대하여는 운항의 목적 · 성질 등을 고려하여 상법 제 6 편 항공운송편을 준용하는 것이 적합하지 아니한 경우로서 대통령령으로 정하는 경우에는 그러하지 아니하다($^{상 \, 897조 \, 단서,}_{상시 \, 48조}$). 즉, (i) 군용 · 경찰용 · 세관용 항공기($^{상시 \, 48조}_{1호}$), (ii) 국가 · 지방자치단체 · 그 밖에 '공공기관의 운영에 관한 법률'에 따른 공공기관으로서 대통령령이 정하는 공공기관(이하 '국가기관 등'이라 한다)이 소유하거나 임차한 항공기로서 재난 · 재해 등으로 인한 수색 · 구조 등의 업무를 수행하기 위하여 사용되는 항공기($^{상시\ 48조\ 2호}_{항공\ 2조\ 4호}$), 또는 (iii) 그 밖에 영리행위에 사용되지 아니하는 항공기로서 비상용·인명구조용 항공기 등 사실상 공용(公用)으로 사용되는 항공기($^{상시\ 48조}_{3호}$)에는 상법 제6편이 적용되지 않는다.

따라서 상법 제6편 항공운송편은 영리목적의 항공기뿐만 아니라, 비영리목적의 항공기 및 국유 또는 공유의 항공기에도 (위에서 본 군용·경찰용·세관용 항공기 등을 제외하고는) 준용되어 항공운송법의 적용범위가 크게 확대되어 있다.

제2절 항공운송인 및 항공기 운항자의 책임감면

(1) 상법 제6편 항공운송편에서 정한 항공운송인이나 항공기 운항자가 손해배상책임과 관련하여 항공운송인이나 항공기 운항자가 손해배상청구권자의 과실 또는 그 밖의 불법한 작위나 부작위가 손해를 발생시켰거나 손해에 기여하였다는 것을 증명한 경우에는, 그 과실 또는 그 밖의 불법한 작위나 부작위가 손해를 발생시켰거나 손해에 기여한 정도에 따라 항공운송인이나 항공기 운항자의 책임을 감경하거나 면제할 수 있는데, 이는 항공기에 의한 여객운송중 여객의 사망 또는 신체의 상해로 인한 손해에 대하여는 여객 1명당 113,100 계산단위의 금액까지 항공운송인의 배상책임이 면제되거나 제한될 수 없는 경우(즉, 여객 1명당 113,100 계산단위의 금액까지 운송인이 배상책임을 지는 경우)($^{상}_{1항}$^{905조})에도 적용된다($^{상}_{898조}$).

(2) 위 규정에서 항공운송인이란 '여객운송인($^{상}_{904조}$) 및 물건운송인($^{상\ 913조,}_{914조}$)'을 의미하고, 항공기 운항자란 '지상 제3자에 대하여 손해배상책임을 지는 항공기 운항자($^{상}_{930조}$)'를 말한다.

항공운송법 제2장 운송에서는 제1절 통칙·제2절 여객운송·제3절 물건운송 및 제4절 운송증서에 대하여 규정하고 있는데, 이하에서 차례로 살펴보겠다.

제1절 통 칙

항공운송법 제2장 제1절 통칙에서는 비계약적 청구에 대한 적용 등($\frac{\text{상}}{899\text{조}}$)·실제운송인에 대한 청구($\frac{\text{상}}{900\text{조}}$)·순차운송($\frac{\text{상}}{901\text{조}}$)·운송인 책임의 소멸($\frac{\text{상}}{902\text{조}}$)·계약조항의 무효($\frac{\text{상}}{903\text{조}}$)에 대하여 규정하고 있는데, 이하에서 차례로 살펴보겠다.

1. 비계약적 청구에 대한 적용

항공운송법 통칙은 「항공운송법 제2장의 항공운송인의 책임에 관한 규정은 항공운송인의 불법행위로 인한 손해배상의 책임에도 적용한다」고 규정하여($\frac{\text{상 899조}}{1\text{항}}$), 항공운송인의 채무불이행책임과 불법행위책임과의 관계에 대하여 해상물건운송인의 경우($\frac{\text{상 798조}}{1\text{항}}$)와 같이 결과적으로 법조경합설에 따른 입법을 하였다. 따라서 항공운송법 제2장의 운송(여객운송 및 물건운송)에 관한 규정상 항공운송인의 면책사유나 책임제한에 관한 규정 등이 항공운송인의 불법행위책임에도 적용된다.

2. 항공운송인의 사용인 등에 대한 청구에 적용

(1) 항공운송법 통칙은 「여객·수하물 또는 운송물에 관한 손해배상청구가 운송인의 사용인이나 대리인에 대하여 제기된 경우에 그 손해가 그 사용인이나 대리

인의 직무집행에 관하여 생겼을 때에는 그 사용인이나 대리인은 운송인이 주장할 수 있는 항변과 책임제한을 원용할 수 있다」고 규정하여($\frac{\dot{8}\ 899조}{2항}$), 해상법상의 규정 ('히말라야 조항')($\frac{\dot{8}\ 798조}{2항\ 본문}$)과 동일한 취지로 규정하고 있다. 이러한 규정을 둔 이유는 항공운송인의 사용인이나 대리인이 민법상 불법행위($\frac{민}{750조}$) 등에 의하여 여객 등에 의하여 손해배상청구를 받는 경우에, 이러한 규정이 없다면 항공운송인의 사용인 또는 대리인이 항공운송인보다 더 큰 책임을 부담하는 불합리한 점이 발생하기 때문이다.

이 때의 「항공운송인의 사용인 또는 대리인」은 고용계약 또는 위임계약 등에 의하여 항공운송인의 지휘·감독을 받아 그 업무를 수행하는 자를 말하고, 그러한 지휘·감독에 관계 없이 스스로의 판단에 따라 자기 고유의 사업을 영위하는 독립적인 계약자는 포함되지 아니한다. 그러나 당사자간의 특약으로 이러한 독립적인 운송관련자라도 항공운송인의 책임제한을 원용할 수 있도록 할 수 있다.

또한 항공운송인의 사용인 등이 항공운송인의 항변을 원용할 수 있는 경우는 그 사용인 등의 「직무집행에 관하여 생긴 손해」에 한한다.

(2) 항공운송인의 사용인이나 대리인이 항공운송인의 항변과 책임제한을 원용할 수 있다고 하여도, 여객 또는 수하물의 손해(화물에 대한 손해는 배제됨)가 항공운송인의 사용인이나 대리인의 고의로 인하여 발생하였거나 또는 여객의 사망·상해·연착(수하물의 경우 멸실·훼손·연착)이 생길 염려가 있음을 인식하면서 무모하게 한 작위 또는 부작위로 인하여 발생하였을 때에는 그 사용인이나 대리인은 항공운송인이 주장할 수 있는 항변과 책임제한을 원용할 수 없다($\frac{\dot{8}\ 899조}{3항}$).

(3) 위 (1)에 의하여 항공운송인과 그 사용인이나 대리인의 여객·수하물 또는 운송물에 대한 책임제한금액의 총액은 각각의 항공운송인의 책임한도액(항공운송인의 여객의 사망 또는 신체의 상해로 인한 손해에 대한 책임한도액은 상 905조, 항공운송인의 여객의 연착으로 인한 손해에 대한 책임한도액은 상 907조, 항공운송인의 여객의 위탁수하물의 멸실·훼손·연착으로 인한 손해에 대한 책임한도액은 상 910조, 항공운송인의 물건운송에서 운송물의 멸실·훼손·연착으로 인한 손해에 대한 책임한도액은 상 915조)을 초과하지 못한다($\frac{\dot{8}\ 899조}{4항}$).

3. 실제운송인 및 그의 사용인 등에 대한 청구

(1) 항공운송계약을 체결한 운송인(계약운송인)의 위임을 받아 운송의 전부 또는 일부를 수행한 운송인(실제운송인)이 있을 경우, 순차운송에 해당하는 경우를 제외하

고는 실제운송인이 수행한 운송에 관하여 실제운송인에 대하여도 항공운송인의 책임에 관한 규정을 적용한다($상_{1항}^{900조}$). 또한 이 경우 여객·수하물 또는 운송물에 관한 손해배상청구가 실제운송인의 사용인이나 대리인에 대하여 제기된 경우에, 그 손해가 그 사용인이나 대리인의 직무집행에 관하여 생겼을 때에는 실제운송인의 사용인이나 대리인은 실제운송인이 주장할 수 있는 항변과 책임제한을 원용할 수 있다($상_{899조 2항}^{900조 3항,}$). 그러나 여객 또는 수하물의 손해(화물에 대한 손해는 배제됨)가 실제운송인의 사용인이나 대리인의 고의로 인하여 발생하였거나 또는 여객의 사망·상해·연착(수하물의 경우 멸실·훼손·연착)이 생길 염려가 있음을 인식하면서 무모하게 한 작위 또는 부작위로 인하여 발생하였을 때에는 실제운송인의 사용인이나 대리인은 실제운송인이 주장할 수 있는 항변과 책임제한을 원용할 수 없다($상_{899조 3항}^{900조 3항,}$).

(2) 실제운송인이 여객·수하물 또는 운송물에 대한 손해배상책임을 지는 경우 계약운송인과 실제운송인은 연대책임을 지고($상_{2항}^{900조}$), 실제운송인과 계약운송인의 여객·수하물 또는 운송물에 대한 책임제한금액의 총액은 각각의 항공운송인의 책임한도액($상_{910조 및 915조}^{905조, 907조,}$)을 초과하지 못한다($상_{899조 4항}^{900조 3항,}$).

(3) 항공운송의 장(제 6 편 제 2 장)에서 정한 항공운송인의 책임과 의무 외에 항공운송인이 책임과 의무를 부담하기로 하는 특약 또는 항공운송의 장에서 정한 항공운송인의 권리나 항변의 포기는, 실제운송인이 동의하지 아니하는 한 실제운송인에게 영향을 미치지 아니한다($상_{4항}^{900조}$). 항공운송인의 책임을 상법 제 6 편 제 2 장보다 가중하는 당사자간의 특약은 유효한데($상_{반대해석}^{903조}$)(상대적 강행법규성), 다만 이 경우 계약운송인의 특약이 당연히 실제운송인에게 미치는 것은 아니고 실제운송인이 동의를 한 경우에 한하여 그러한 계약운송인의 특약의 효력이 실제운송인에게 미친다($상_{4항}^{900조}$).

4. 순차운송

(1) 항공운송에서 순차운송의 의의

항공운송에서 순차운송이란 「동일 운송의 객체(여객·수하물 또는 운송물)에 대하여 둘 이상의 (항공)운송인이 순차로 운송을 하는 것」이라고 볼 수 있는데, 이에 대하여 상법은 여객·수하물 또는 운송물로 나누어 각 (항공)순차운송인의 책임과 구상권에 대하여 규정하고 있다($상_{901조}$).

육상화물운송에서와 같이 항공운송에서도 광의의 순차운송은 아래의 운송을 모두 포함하는 개념이나, 협의의 순차운송은 공동운송(연대운송)만을 의미하고 상법

제901조에서 의미하는 순차운송이란 협의의 순차운송만을 의미한다고 본다.

1) **부분운송**　이는 둘 이상의 운송인이 각자 독립하여 각 특정구간의 운송을 인수하는 것이다. 이 경우에는 각 운송구간마다 별개의 운송계약이 성립하므로, 상법 제901조 1 항의 「… 운송계약의 당사자로 본다」고 할 필요가 없는 점에서, 이는 상법 제901조의 순차운송이라고 볼 수 없다.

2) **하수운송**　이는 제 1 의 운송인(원수〈元受〉운송인)이 전 구간의 운송을 인수하고, 그 전부 또는 일부를 제 2 의 운송인(하수〈下受〉운송인)에게 운송시키는 것이다. 이 때 운송계약의 당사자는 제 1 의 운송인이고 제 2 의 운송인은 제 1 의 운송인의 이행보조자에 불과하므로, 제 2 의 운송인을 상법 제901조 1 항의 운송계약의 당사자로 볼 수 없는 점에서, 이는 상법 제901조의 순차운송이라고 볼 수 없다.

3) **동일운송**　이는 둘 이상의 운송인이 공동으로 전 구간의 운송을 인수하는 계약을 체결하고, 내부관계로서 각 운송인의 담당구간을 정하는 것이다. 이 경우 모든 운송인은 운송계약의 당사자이고 또한 상법상 당연히 연대책임을 부담하므로($\frac{상}{1항}^{57조}$), 상법 제901조 1 항 및 5 항이 적용될 여지가 없는 점에서, 이는 상법 제901조의 순차운송이라고 볼 수 없다.

4) **공동운송(연대운송)**　둘 이상의 운송인이 서로 운송상의 연결관계를 가지고 있을 때, 여객 또는 송하인은 최초의 운송을 위탁함으로써 다른 운송인을 동시에 이용할 수 있는 것이다. 즉, 여객 또는 송하인과 제 1 의 운송인간에 전 구간에 관한 운송계약이 체결되지만, 제 1 의 운송인은 자기의 운송구간만의 운송을 실행하고 나머지 구간에 대하여는 제 2 의 운송인 등과 자기의 명의와 여객 또는 송하인의 계산으로 운송계약을 체결함으로써, 제 2 의 운송인이 제 1 의 운송인의 운송구간을 제외한 나머지의 구간의 운송을 인수하는 등 둘 이상의 운송인이 법률상 하나의 운송관계에 순차적으로 참가하는 것을 말한다. 이러한 공동운송을 「협의의 순차운송」이라고 하는데, 상법 제901조에서의 항공운송에서 순차운송은 이러한 협의의 순차운송을 의미한다. 따라서 항공운송에서 (협의의) 순차운송의 경우에는 각 운송인의 운송구간에 관하여 그 운송인도 (여객 또는 송하인에 대한) 운송계약의 당사자로 간주한다($\frac{상}{1항}^{901조}$).

(2) **여객의 손해에 대한 순차운송인의 책임**

1) **여객의 사망·상해 또는 연착으로 인한 손해배상**　순차항공운송에서 여객의 사망·상해 또는 연착으로 인한 손해배상은 그 사실이 발생한 구간의 운송인에게만 청구할 수 있는데, 다만 최초 운송인이 명시적으로 전 구간에 대한 책임을

인수하기로 약정한 경우에는 최초 운송인과 그 사실이 발생한 구간의 운송인이 연대하여 그 손해를 배상할 책임이 있다($\frac{\text{상}\,901조}{2항}$). 육상 및 해상의 순차여객운송에 대하여는 규정이 없다. 이 때 최초의 운송인이 여객에 대하여 손해배상을 한 경우에는 사고가 발생한 구간의 운송인에 대하여 구상권을 행사할 수 있다($\frac{\text{상}\,901조}{6항}$).

이는 사고가 발생한 구간의 운송인도 운송계약의 당사자로 보기 때문에($\frac{\text{상}\,901조}{1항}$) 최초 운송인이 명시적으로 전 구간에 대한 책임을 인수한 경우에도 사고가 발생한 구간의 운송인에 대하여 책임을 지우고 두 운송인의 책임을 연대책임으로 규정한 것으로 생각된다($\frac{\text{상}\,901조}{2항\cdot5항}$). 그러나 최초의 운송인이 명시적으로 전 구간에 대한 책임을 인수하기로 약정한 경우에는 그러한 약정을 중시하여 여객은 최초의 운송인에 대하여만 손해배상을 청구할 수 있도록 하고, 최초의 운송인은 사고가 발생한 구간의 운송인에 대하여 구상권을 행사하도록 하는 것이, 여객에게도 편리하고 또한 몬트리올협약 제36조 2항의 취지에도 맞는다고 본다.

손해를 발생시킨 운송인이나 운송구간이 증명되지 않거나 각 운송인의 과실이 경합하는 경우에는 각 운송인은 연대하여 그 손해를 배상할 책임이 있다고 본다($\frac{\text{상}\,901조\,5항}{\text{유추적용}}$).

2) 여객의 수하물에 대한 손해배상　　순차항공운송에서 여객의 수하물의 멸실·훼손 또는 연착으로 인한 손해배상은 최초운송인·최종운송인 및 그 사실이 발생한 구간의 운송인에게 각각 청구할 수 있는데($\frac{\text{상}\,901조}{3항}$), 각 운송인은 연대하여 그 손해를 배상할 책임이 있다($\frac{\text{상}\,901조}{5항}$). 이 때 최초 운송인 또는 최종 운송인이 그 손해를 배상한 경우에는 수하물의 멸실·훼손 또는 연착이 발생한 구간의 운송인에 대하여 구상권을 가진다($\frac{\text{상}\,901조}{6항}$).

이는 순차항공운송에서 여객의 수하물이 어느 운송구간에서 사고가 발생하였는지 확인되지 않은 경우에, 여객은 최초의 운송인과 최종의 운송인에 대하여 손해배상을 청구할 수 있도록 함으로써 여객을 보호하고자 하는 규정이다.

순차육상운송에서는 이러한 경우 각 운송인은 여객에 대하여 연대하여 배상할 책임이 있고($\frac{\text{상}\,149조\,1항,}{138조\,1항}$), 순차해상운송에서는 이러한 경우에 대하여 규정이 없다.

(3) 물건운송에서 운송물의 손해에 대한 순차운송인의 책임

순차항공운송에서 운송물의 멸실·훼손 또는 연착으로 인한 손해배상은 송하인은 최초 운송인 및 그 사실이 발생한 구간의 운송인에게 각각 청구할 수 있고, 수하인이 운송물의 인도를 청구할 권리를 가지는 경우에는($\frac{\text{상}\,918조}{1항}$) 수하인은 최종 운송인 및 그 사실이 발생한 구간의 운송인에게 그 손해배상을 각각 청구할 수 있다

($\substack{\text{상}\ 901\text{조} \\ 4\text{항}}$). 이 경우 각 운송인은 연대하여 그 손해를 배상할 책임이 있고($\substack{\text{상}\ 901\text{조} \\ 5\text{항}}$), 최초 운송인 또는 최종 운송인이 손해를 배상한 경우에는 운송물의 멸실·훼손 또는 연착이 발생한 구간의 운송인에 대하여 구상권을 가진다($\substack{\text{상}\ 901\text{조} \\ 6\text{항}}$). 이는 어느 운송구간에서 사고가 발생하였는지 확인되지 않은 경우에도 송하인 또는 수하인으로 하여금 최초 운송인 또는 최종 운송인에 대하여 손해배상을 청구할 수 있도록 함으로써 화주측을 보호하고자 하는 규정이다.

5. 항공운송인의 책임의 소멸

항공운송인의 여객·송하인 또는 수하인에 대한 책임은 그 청구원인에 관계 없이 여객 또는 운송물이 도착지에 도착한 날, 항공기가 도착할 날 또는 운송이 중지된 날 가운데 가장 늦게 도래한 날부터 2년 이내에 재판상 청구가 없으면 소멸한다 (2년의 제척기간)($\substack{\text{상} \\ 902\text{조}}$).

6. 항공운송에 관한 규정의 상대적 강행법규성

상법의 항공운송에 관한 규정에 반하여 항공운송인의 책임을 감면하거나 책임한도액을 낮게 정하는 특약은 효력이 없다($\substack{\text{상} \\ 903\text{조}}$). 이는 항공운송에 관한 상법의 규정이 상대적 강행법규성임을 의미하고, 이 점은 보험계약에 관한 상법의 규정($\substack{\text{상}\ 663\text{조} \\ 1\text{문}}$) 및 해상물건운송인·해상여객운송인의 의무 또는 책임에 관한 상법의 규정($\substack{\text{상}\ 799\text{조}\ 1\text{항}\ 1 \\ \text{문},\ 826\text{조}\ 1\text{항}}$) 의 취지와 같다. 따라서 당사자간의 면책약관에 의하여 항공운송인의 책임을 상법의 규정보다 확장 또는 가중할 수는 있으나, 감면하거나 책임한도액을 낮게 정할수는 없다.

제 2 절   항공여객운송인의 책임

제 1 총   설

항공여객운송인의 손해배상책임은 크게 여객에 대한 책임과 수하물에 대한 책임으로 나뉘고, 여객에 대한 책임은 여객의 사망 또는 신체의 상해로 인한 손해와 여객의 연착으로 인한 손해로 나뉘며, 여객의 수하물에 대한 책임은 위탁(탁송)수하물에 대한 책임과 휴대수하물에 대한 책임으로 나뉜다.

상법은 위 각각에 대하여 책임발생원인·책임한도액·운송인의 면책 등에 대하여 규정하고 있는데, 이하에서 살펴보겠다.

제 2 여객에 대한 책임

1. 여객의 사망 또는 신체의 상해로 인한 손해에 대한 책임

(1) 책임발생원인

항공운송인은 여객의 사망 또는 신체의 상해(bodily injury)로 인한 손해에 관하여는 그 손해의 원인이 된 사고가 항공기상에서 또는 승강(乘降)을 위한 작업중에 발생한 경우에만 책임을 진다($\frac{상}{904조}$).

항공운송인의 여객에 대한 책임에 대하여는 위에서 본 바와 같이 「여객의 사망 또는 신체의 상해로 인한 손해」라고만 규정하고 있어 이 이외의 손해는 배제되고, 또한 이러한 손해에는 이 규정의 근거인 몬트리올협약 제17조의 해석상 정신적 손해를 배제하고 있는 점에서 육상운송인 등의 책임과 구별되고 있다. 또한 항공운송인의 「여객의 사망 또는 신체의 상해로 인한 손해」에 대한 책임에서는 손해의 원인이 된 사고가 「항공기상에서 또는 승강을 위한 작업중에 발생한 경우에만」 책임을 지는 것으로 제한하여 규정하고 있는 점도, 육상운송인 등의 책임과 구별되고 있다.

(2) 책임한도액

항공운송인은 여객 1명당 최저 책임한도액(113,100 계산단위) 범위 내에서는 무과실 책임이고, 이 최저한도액을 초과하는 부분에 대하여는 과실책임인데, 무과실의 증명책임을 항공운송인에게 부과하고 있다. 즉, 항공운송인의 「여객의 사망 또는 신체의 상해로 인한 손해」 중 여객 1명당 113,100 계산단위의 금액까지는 항공운송인의 배상책임을 면제하거나 제한할 수 없다($\frac{상}{1항}$^{905조}). 항공운송인은 이러한 손해 중 여객 1명당 113,100 계산단위의 금액을 초과하는 부분에 대하여는 (i) 그 손해가 항공운송인 또는 그 사용인이나 대리인의 과실 또는 그 밖의 불법한 작위나 부작위에 의하여 발생하지 아니하였다는 것, 또는 (ii) 그 손해가 오로지 제3자의 과실 또는 그 밖의 불법한 작위나 부작위에 의하여만 발생하였다는 것을 증명하면 배상책임을 지지 아니한다($\frac{상}{2항}$^{905조}).

(3) 선급금의 지급

항공운송인은 여객의 사망 또는 신체의 상해가 발생한 항공기사고의 경우에 손해배상청구권자가 청구하면 지체 없이 선급금(先給金)을 지급하여야 하는데($^{\text{상}\,906조}_{1항\,1문}$), 이와 같이 지급한 선급금은 항공운송인이 손해배상으로 지급하여야 할 금액에 충당할 수 있고($^{906조}_{2항}$), 항공운송인이 이와 같이 선급금을 지급한다고 하여 이것만으로 항공운송인이 책임이 있는 것으로 간주되지 않는다($^{\text{상}\,906조}_{1항\,2문}$). 이러한 선급금의 지급액, 지급절차 및 방법 등에 관하여는 대통령령으로 정한다($^{\text{상}\,906조\,3항,}_{상시\,49조}$).

이는 항공기사고로 인하여 여객들의 사망과 부상이 발생한 경우 시급을 요하는 유족들의 장례비용과 부상자들의 치료비 및 시급한 경제적 곤란을 해결하기 위하여, 일정한 금액을 선급할 수 있도록 하는 법적 근거를 마련한 것인데, 육상운송인 및 해상운송인의 책임에는 없고 항공운송인의 책임에만 있는 특유한 규정이다.

2. 여객의 연착에 대한 책임

(1) 책임발생원인

항공운송인은 여객의 연착으로 인한 손해에 대하여 책임을 지는데($^{\text{상}\,134조}_{2항}$)(상 907조 1항 본문), 항공운송인 자신과 그 사용인 및 대리인이 손해를 방지하기 위하여 합리적으로 요구되는 모든 조치를 하였다는 것 또는 그 조치를 하는 것이 불가능하였다는 것을 증명한 경우에는 그 책임을 면한다(상 907조 1항 단서). 항공운송인의 여객의 연착으로 인한 손해배상책임도 과실책임인데, 그 무과실의 증명책임은 항공운송인 측에 있다.

(2) 책임한도액

항공운송인이 여객의 연착에 대하여 책임을 지는 경우, 그 책임액은 원칙적으로 여객 1명당 4,694 계산단위의 금액을 한도로 하는데($^{\text{상}\,907조}_{2항\,본문}$), 다만 여객과의 운송계약상 그 출발지·도착지 및 중간 착륙지가 대한민국 영토 내에 있는 운송의 경우에는 여객 1명당 1,000 계산단위의 금액을 한도로 한다($^{\text{상}\,907조}_{2항\,단서}$).

여객의 연착에 대하여 항공운송인의 책임한도액이 적용되는 경우는 항공운송인에게 과실이 있는 경우에 한하고, 항공운송인 또는 그 사용인이나 대리인의 고의로 또는 연착이 생길 염려가 있음을 인식하면서 무모하게 한 작위 또는 부작위에 의하여 손해가 발생한 것이 증명된 경우에는 책임한도액이 적용되지 않고 여객에 발생한 모든 손해를 배상하여야 한다($^{\text{상}\,907조}_{3항}$).

제3 여객의 수하물에 대한 책임

1. 위탁(탁송)수하물에 대한 책임

(1) 책임발생원인

1) 위탁수하물의 멸실·훼손에 대한 책임

(가) 항공운송인은 위탁수하물의 멸실 또는 훼손으로 인한 손해에 대하여는 그 손해의 원인이 된 사실이 항공기상에서 또는 위탁수하물이 항공운송인의 관리하에 있는 기간중에 발생한 경우에만 책임을 지고($\stackrel{상}{1항}\stackrel{908조}{본문}$), 그 손해가 위탁수하물의 고유한 결함·특수한 성질 또는 숨은 하자로 인하여 발생한 경우에는 그 범위에서 책임을 지지 아니한다($\stackrel{상}{1항}\stackrel{908조}{단서}$). 이러한 항공운송인의 위탁수하물에 대한 책임은 과실책임이고, 무과실의 증명책임은 항공운송인측에 있다고 볼 수 있다. 항공운송인이 면책되는 「위탁수하물의 고유한 결함·특수한 성질 또는 숨은 하자로 인하여 발생한 손해」는 물건운송인의 경우($\stackrel{상}{1항}\stackrel{913조}{1호}$)와 같은데, 과일 또는 생선의 부패 등이 대표적인 예라고 볼 수 있다($\stackrel{상}{참조}\stackrel{678조}{}$).

(나) 여객이 위탁수하물의 일부 멸실 또는 훼손을 발견하였을 때에는 위탁수하물을 수령한 후 지체 없이 그 개요에 관하여 항공운송인에게 서면 또는 전자문서로 통지를 발송하여야 하는데, 다만 그 멸실 또는 훼손이 즉시 발견할 수 없는 것일 경우에는 위탁수하물을 수령한 날부터 7일 이내에 그 통지를 발송하여야 한다($\stackrel{상}{1항}\stackrel{911조}{}$). 여객의 이러한 통지가 없으면 위탁수하물이 멸실 또는 훼손 없이 여객에게 인도된 것으로 추정한다($\stackrel{상}{916조}\stackrel{911조 3항}{3항}$). 따라서 여객이 이러한 통지를 하지 않으면 여객은 항공운송인 또는 그 사용인이나 대리인이 악의인 경우를 제외하고 항공운송인에 대하여 제소할 수 없다($\stackrel{상}{916조}\stackrel{911조 3항}{5항}$). 따라서 여객이 이러한 통지를 하지 않으면 여객측에서 항공운송인 또는 그의 사용인 등의 악의를 증명하여야 위탁수하물의 일부 멸실 또는 훼손에 대하여 손해배상을 청구(제소)할 수 있다.

운송물에 멸실 또는 훼손이 발생하였거나 그러한 것으로 의심되는 경우에는 항공운송인과 여객은 서로 위탁수하물의 검사를 위하여 필요한 편의를 제공하여야 한다($\stackrel{상}{916조}\stackrel{911조 3항}{4항}$).

여객의 위탁수하물의 일부 멸실·훼손에 대하여 통지가 없는 경우 운송물의 멸실·훼손 없이 여객에게 인도된 것으로 추정한다는 규정($\stackrel{상}{916조}\stackrel{911조 3항}{3항}$), 항공운송인과 여객은 서로 운송물의 검사를 위하여 필요한 편의를 제공하여야 한다는 규정

($상\ 911조\ 3항,\atop916조\ 4항$) 및 항공운송인 등의 악의가 없는 경우 여객이 통지기간 내에 운송물의 일부 멸실·훼손에 대하여 이의를 제기하지 않으면 여객은 항공운송인에 대하여 제소할 수 없다는 규정($상\ 911조\ 3항,\atop916조\ 5항$)에 반하여 여객에게 불리한 당사자 사이의 특약은 효력이 없다($상\ 911조\ 3항,\atop916조\ 6항$).

2) 위탁수하물의 연착에 대한 책임

(개) 항공여객운송인은 위탁수하물의 연착으로 인한 손해에 대하여 책임을 지는데($상\ 909조\atop본문$), 다만 항공운송인이 자신과 그 사용인 및 대리인이 손해를 방지하기 위하여 합리적으로 요구되는 모든 조치를 하였다는 것 또는 그 조치를 하는 것이 불가능하였다는 것을 증명한 경우에는 그 책임을 면한다($상\ 909조\atop단서$). 즉, 항공여객운송인의 위탁수하물의 연착에 대한 책임은 과실책임인데, 무과실의 증명책임은 항공여객운송인측에 있다고 볼 수 있다.

(내) 위탁수하물이 연착된 경우 여객은 위탁수하물을 처분할 수 있는 날부터 21일 이내에 이의를 제기하여야 한다($상\ 911조\atop2항$). 여객이 이러한 기간 내에 이의를 제기하지 않으면 항공운송인 또는 그 사용인이나 대리인이 악의인 경우를 제외하고 여객은 항공운송인을 제소할 수 없는데($상\ 911조\ 3항,\atop916조\ 5항$), 이러한 규정에 반하여 여객에게 불리한 당사자 사이의 특약은 효력이 없다($상\ 911조\ 3항,\atop916조\ 6항$).

(2) 책임한도액

위탁수하물의 멸실·훼손 또는 연착으로 인한 항공운송인의 손해배상책임은 원칙적으로 여객 1명당 1,131 계산단위의 금액을 한도로 한다($상\ 910조\atop1항\ 본문$). 그러나 다음의 두 경우에는 이러한 원칙이 적용되지 않는다. 즉, (i) 여객이 항공운송인에게 위탁수하물을 인도할 때에 도착지에서 인도받을 때의 예정가액을 미리 신고한 경우에는 항공운송인은 신고가액이 위탁수하물을 도착지에서 인도할 때의 실제가액을 초과한다는 것을 증명하지 않는 한 신고가액을 한도로 책임을 지고($상\ 910조\atop1항\ 단서$), (ii) 항공운송인 또는 그 사용인이나 대리인의 고의로 수하물의 멸실·훼손 또는 연착이 생길 염려가 있음을 인식하면서 무모하게 한 작위 또는 부작위에 의하여 손해가 발생한 것이 증명된 경우에는, 위의 책임한도액이 적용되지 않고 발생한 손해의 전부를 배상하여야 한다($상\ 910조\atop2항$).

2. 휴대수하물에 대한 책임

(1) 책임발생원인

항공여객운송인은 휴대수하물에 대하여 다른 약정이 없으면 별도로 운임을 청구하지 못한다($^{상}_{912조}$). 항공여객운송인은 이러한 휴대수하물의 멸실 또는 훼손으로 인한 손해에 대하여는 그 손해가 자신 또는 그 사용인이나 대리인의 고의 또는 과실에 의하여 발생한 경우에만 책임을 진다($^{상\ 908조}_{2항}$).

항공여객운송인의 휴대수하물에 대한 책임은 여객측에서 항공여객운송인 또는 그 사용인의 과실을 증명한 경우에만 발생한다는 점에서, 항공여객운송인의 위탁수하물에 대한 책임이 항공여객운송인측에서 그의 무과실을 증명하지 못하면 발생한다는 점($^{상\ 908조\ 1항\ 단서,}_{909조\ 단서\ 참조}$)과 구별된다.

(2) 책임한도액

항공여객운송인의 휴대수하물에 대한 책임한도액이 여객 1명당 1,131 계산단위인 점은 위탁수하물의 경우와 같다($^{상\ 910조\ 1항\ 본문,}_{908조\ 2항}$). 그러나 항공여객운송인 또는 그 사용인이나 대리인의 고의로 또는 휴대수하물의 멸실·훼손 또는 연착이 생길 염려가 있음을 인식하면서 무모하게 한 작위 또는 부작위에 의하여 손해가 발생한 것이 증명된 경우에는 항공여객운송인은 발생한 모든 손해를 배상하여야 한다($^{상\ 910조\ 2항,}_{908조\ 2항}$).

제 3 절 항공물건운송인의 책임

제 1 총   설

항공물건운송인의 운송물에 관한 손해배상책임에 대하여 2011년 5월 개정상법은 몬트리올협약·육상물건운송인의 책임에 관한 상법의 규정·해상물건운송인의 책임에 관한 상법의 규정 및 항공물건운송의 실무상 관행 등을 참조하여 규정하였다.

항공물건운송인의 운송물에 관한 손해배상책임에 대하여는 크게 책임발생원인과 책임한도액을 규정하고, 이와 함께 송하인의 운송물처분청구권·수하인의 운송물인도청구권·운송인의 채권의 소멸시효기간 및 항공운송에 대한 육상물건운송과 해상물건운송에 관한 준용규정에 대하여 규정하고 있다.

항공물건운송인의 책임발생원인에 대하여는 운송물의 멸실·훼손에 대한 책임과 운송물의 연착에 대한 책임을 규정하고 있는데, 이는 이미 설명한 항공여객운송인의 위탁수하물에 대한 책임과 유사하다. 이하에서 차례대로 살펴보겠다.

제 2 책임발생원인

1. 운송물의 멸실·훼손에 대한 책임

(1) 항공물건운송인은 운송물의 멸실 또는 훼손으로 인한 손해에 대하여 그 손해가 항공운송중(항공물건운송인이 운송물을 관리하고 있는 기간을 포함한다)에 발생한 경우에만 책임을 진다($\frac{상}{1항}\frac{913조}{본문}$).

이 때 「항공운송중」에는 공항 외부에서 한 육상·해상 운송 또는 내륙 수로운송은 포함되지 아니하나, 다만 그러한 운송이 운송계약을 이행하면서 운송물의 적재(積載)·인도 또는 환적(換積)할 목적으로 이루어졌을 경우에는 항공운송중인 것으로 추정한다($\frac{상}{2항}913조$). 또한 항공물건운송인이 송하인과의 합의에 따라 항공운송하기로 예정된 운송의 전부 또는 일부를 송하인의 동의 없이 다른 운송수단에 의한 운송으로 대체하였을 경우에는 그 다른 운송수단에 의한 운송은 항공운송으로 본다($\frac{상}{2항}913조$).

(2) 항공물건운송인이, 운송물의 멸실 또는 훼손이 (i) 운송물의 고유한 결함·특수한 성질 또는 숨은 하자, (ii) 항공물건운송인 또는 그 사용인이나 대리인 외의 자가 수행한 운송물의 부적절한 포장 또는 불완전한 기호 표시, (iii) 전쟁·폭동·내란 또는 무력충돌, (iv) 운송물의 출입국·검역 또는 통관과 관련된 공공기관의 행위 또는 (v) 불가항력으로 인하여 발생하였음을 증명하였을 경우에만, 항공물건운송인은 그 책임을 면한다($\frac{상}{1항}\frac{913조}{단서}$). 항공물건운송인의 운송물의 멸실 또는 훼손으로 인한 손해배상책임은 몬트리올협약과 동일하게 무과실책임이다.

(3) 항공물건운송에서 수하인은 운송물의 일부 멸실 또는 훼손을 발견하면 운송물을 수령한 후 지체 없이 그 개요에 관하여 항공물건운송인에게 서면 또는 전자문서로 통지를 발송하여야 하는데, 다만 그 멸실 또는 훼손이 즉시 발견할 수 없는 것일 경우에는 수령일부터 14일 이내에 그 통지를 발송하여야 한다($\frac{상}{1항}916조$). 이러한 수하인의 통지가 없는 경우에는 운송물이 멸실 또는 훼손 없이 수하인에게 인도된 것으로 추정하고($\frac{상}{3항}916조$), 항공물건운송인 또는 그 사용인이나 대리인이 악의가 아닌 한 수하인은 항공물건운송인에 대하여 제소할 수 없다($\frac{상}{5항}916조$). 따라서 수하인이 이러한 통지를 하지 않으면 수하인측에서 항공물건운송인측의 악의를 증명하여야 운송물의 일부 멸실 또는 훼손에 대하여 손해배상을 청구(제소)할 수 있다. 운송물에 멸실 또는 훼손이 발생하였거나 그런 것으로 의심되는 경우에는 항공물건운송인

과 수하인은 서로 운송물의 검사를 위하여 필요한 편의를 제공하여야 한다($\frac{\text{상}}{4\text{항}}$916조). 위의 규정에 반하여 수하인에게 불리한 당사자 사이의 특약은 효력이 없다($\frac{\text{상}}{6\text{항}}$916조). 따라서 위의 규정은 상대적 강행법규이다.

2. 운송물의 연착에 대한 책임

(1) 항공물건운송인은 운송물의 연착으로 인한 손해에 대하여 책임을 지는데, 다만 항공물건운송인이 자신과 그 사용인 및 대리인이 손해를 방지하기 위하여 합리적으로 요구되는 모든 조치를 하였다는 것 또는 그 조치를 하는 것이 불가능하였다는 것을 증명한 경우에는 그 책임을 면한다($\frac{\text{상}}{914\text{조}}$). 항공물건운송인의 운송물의 연착으로 인한 책임은 몬트리올협약 제19조에 따라 과실추정주의 책임으로 규정하여, 항공물건운송인측에 무과실의 증명책임이 있다고 볼 수 있다.

(2) 수하인은 운송물이 연착된 경우 운송물을 처분할 수 있는 날부터 21일 이내에 이의를 제기하여야 하고($\frac{\text{상}}{2\text{항}}$916조), 수하인이 이 기간 내에 이의제기를 하지 않는 경우에는 항공물건운송인 또는 그 사용인이나 대리인이 악의인 경우를 제외하고 항공물건운송인에 대하여 제소할 수 없다($\frac{\text{상}}{5\text{항}}$916조).

제3 책임한도액

1. 원 칙

(1) 송하인과의 운송계약상 그 출발지·도착지 또는 중간착륙지가 대한민국 영토 외에 있는 운송(국제운송)의 경우에는, 운송물의 멸실·훼손 또는 연착으로 인한 항공물건운송인의 손해배상책임은 손해가 발생한 해당 운송물의 1 킬로그램(kg)당 19 계산단위(SDR)의 금액을 한도로 한다($\frac{\text{상}}{\text{본문}}$915조 $\frac{1\text{항}}{\text{전단}}$). 이는 채무자의 손해배상액을 규정한 민법 제393조에 대한 예외라고 볼 수 있다.

결합된 약관으로서 항공화물운송장에 기재된 운송인의 책임제한에 관한 계약조건은 적용범위를 제한하는 특별한 규정이 없는 한 육상운송구간을 포함한다 (대판 2014. 11. 27.,) (2012 다 14562)

(2) 위의 항공물건운송인의 책임한도를 결정할 때 고려하여야 할 「중량」은 해당 손해가 발생된 운송물의 중량을 말한다($\frac{\text{상}}{2\text{항}}$915조 본문). 그러나 운송물의 일부 또는 운송물에 포함된 물건의 멸실·훼손 또는 연착이 동일한 항공화물운송장(항공화물운송

장의 기재사항을 전산정보처리조직에 의하여 전자적 형태로 저장하거나 그 밖의 다른 방식으로 보존함으로써 항공화물운송장의 교부에 대체되는 경우를 포함함) 또는 화물수령증에 적힌 다른 운송물의 가치에 영향을 미칠 때에는 운송인의 책임한도를 결정할 때 그 다른 운송물의 중량도 고려하여야 한다($\frac{상}{2항}\frac{915조}{단서}$).

2. 예 외

(1) 국내운송의 경우

송하인과의 운송계약상 그 출발지·도착지 및 중간착륙지가 대한민국 영토 내에 있는 운송(국내운송)의 경우에는 (멸실·훼손 또는 연착으로 인한) 손해가 발생한 해당 운송물의 1킬로그램당 15 계산단위의 금액을 한도로 한다($\frac{상}{본문 후단}\frac{915조 1항}{}$). 순수한 국내항공운송의 경우 운송구간이 단거리인 국내운송의 특성 등을 감안하여 항공물건운송인의 책임한도액을 하향하였다.

(2) 예정가액을 미리 신고한 경우

송하인이 운송물을 항공물건운송인에게 인도할 때에 예정가액을 미리 신고한 경우에는, 운송인은 신고가액이 도착지에서 인도할 때의 실제가액을 초과한다는 것을 증명하지 아니하는 한 신고가액을 한도로 책임을 진다($\frac{상}{1항}\frac{915조}{단서}$).

제 4 절 항공물건운송인의 의무

제 1 총   설

상법(항공운송법)은 항공물건운송인의 의무에 대하여, 화물수령증의 교부의무($\frac{상}{923조}\frac{924조 2항}{3항}$)·운송물의 관리($\frac{상}{2항}\frac{913조 1항·}{단서·3항}$) 및 처분의무($\frac{상}{917조}$)·위험물 처분의무($\frac{상}{801조}\frac{920조·}{}$) 및 운송물 인도의무($\frac{상}{141조~143조}\frac{920조·}{}$) 등에 대하여 규정하고 있다.

이하 각각에 대하여 간단히 살펴본다.

제 2 화물수령증의 교부의무

(1) 항공물건운송에서 송하인은 운송인의 청구를 받아 일정한 사항을 적은 항

공화물운송장 3 부를 작성하여 운송인에게 교부하여야 하는데($^{상\,923조}_{1항}$), 이러한 항공
화물운송장 중 제 1 원본은 "운송인용"이라고 적고 송하인이 기명날인 또는 서명하
여야 하고, 제 2 원본에는 "수하인용"이라고 적고 송하인과 운송인이 기명날인 또는
서명하여야 하며, 제 3 원본에는 "송하인용"이라고 적고 운송인이 기명날인 또는 서
명하여야 한다($^{상\,923조}_{3항}$). 이 때 운송인은 송하인으로부터 운송물을 수령한 후 송하인
에게 항공화물운송장 제 3 원본을 교부하여야 할 의무를 부담하는데($^{상\,923조}_{5항}$), 운송인
은 항공화물운송장의 기재사항을 전산정보처리조직에 의하여 전자적 형태로 저장하
거나 그 밖의 다른 방식으로 보존함으로써 제 3 원본 항공화물운송장의 교부에 대체
할 수 있다($^{상\,924조}_{1항}$).

　(2) 이와 같이 운송인이 항공화물운송장의 기재사항을 전산정보처리조직에 의
하여 전자적 형태로 저장하는 등으로 제 3 원본 항공화물운송장의 교부에 대체하는
경우, 운송인은 송하인의 청구에 따라 송하인에게 항공화물운송장의 기재사항을 적
은 「화물수령증」을 교부하여야 한다($^{상\,924조}_{2항}$).

제 3　운송물의 관리 및 처분의무

(1) 운송물의 관리의무

　항공물건운송인은 운송물의 수령 후 「항공운송 중」(운송인이 운송물을 관리하고
있는 기간을 포함함) 운송물을 선량한 관리자의 주의로써 그 운송물을 관리하여야 한
다($^{상\,913조\,1항}_{본문\,참조}$). 이 때 항공물건운송인이 관리의무를 부담하는 「항공운송 중」이란 운
송인이 운송계약을 이행하면서 운송물의 적재·인도 또는 환적할 목적으로 이루어
졌을 경우에는 항공운송 중인 것으로 추정하고($^{상\,913조}_{2항\,단서}$), 운송인이 송하인과의 합의
에 따라 항공운송하기로 예정된 운송의 전부 또는 일부를 송하인의 동의 없이 다른
운송수단에 의한 운송으로 대체하였을 경우에는 그 다른 운송수단에 의한 운송은
항공운송으로 본다($^{상\,913조}_{3항}$).

(2) 운송물의 처분의무

　1) 송하인은 항공물건운송인에게 운송의 중지·운송물의 반환·그 밖의 처분을
청구(처분청구권)할 수 있는데, 이 때 운송인은 이에 따라야 한다($^{상\,917조}_{1항\,1문}$). 이 경우에
운송인은 운송계약에서 정한 바에 따라 운임·체당금과 처분으로 인한 비용의 지급
을 청구할 수 있다($^{상\,917조}_{1항\,2문}$).

　2) 송하인은 해상물건운송인 또는 다른 송하인의 권리를 침해하는 방법으로

이러한 처분청구권을 행사하여서는 아니 되며, 운송인이 송하인의 청구에 따르지 못할 경우에는 지체 없이 그 뜻을 송하인에게 통지하여야 한다($\frac{\text{상}}{\text{2항}}917조$).

3) 항공화물운송인이 송하인에게 교부한 항공화물운송장 또는 화물수령증을 확인하지 아니하고 송하인의 이러한 처분청구에 따른 경우, 운송인은 그로 인하여 항공화물운송장 또는 화물수령증의 소지인이 입은 손해를 배상할 책임을 진다 ($\frac{\text{상}}{\text{3항}}917조$). 이 때 운송인이 항공화물운송장 등의 소지인에게 손해를 배상하면 송하인에게 구상권을 행사할 수 있다고 본다($\frac{\text{몬트리올협약 }12조}{\text{3항 단서 참조}}$).

4) 운송물이 도착지에 도착한 때에는 수하인은 항공물건운송인에게 운송물의 인도를 청구할 수 있는데($\frac{\text{상}}{\text{1항 본문}}918조$), 수하인이 이와 같이 운송물의 인도를 청구할 권리를 취득하였을 때에는 송하인의 처분청구권은 소멸한다($\frac{\text{상}}{\text{4항 본문}}917조$). 그러나 수하인이 운송물의 수령을 거부하거나 수하인을 알 수 없을 경우에는 송하인의 처분청구권은 회복한다.

제4   위험물의 처분의무

인화성·폭발성·기타의 위험성이 있는 운송물(위험운송물)은 그 운송인이 그 성질을 알고 운송물을 항공기에 적재한 경우에도 그 운송물이 항공기나 다른 운송물에 위해를 미칠 위험이 있는 때에는 운송인은 언제든지 이를 양륙·파괴 또는 무해조치를 할 수 있다($\frac{\text{상}}{\text{801조 1항}}920조$). 항공물건운송인은 이 처분에 의하여 그 운송물에 발생한 손해에 대하여는 그 배상책임을 지지 아니한다($\frac{\text{상}}{\text{801조 2항}}920조$).

제5   운송물의 인도의무

(1) 항공물건운송인은 운송물이 도착지에 도착하면 다른 약정이 없는 한 지체 없이 수하인에게 통지하여야 하고($\frac{\text{상}}{\text{2항}}918조$), 이와 같이 운송물의 도착통지를 받은 수하인은 당사자 사이의 합의 또는 양륙항의 관습에 의한 때와 곳에서 지체 없이 운송물을 수령하여야 한다($\frac{\text{상}}{\text{802조}}920조$).

(2) 운송물이 도착지에 도착한 때에는 수하인은 운송인에게 운송물의 인도청구권을 행사할 수 있는데, 다만 송하인이 이미 운송물의 처분청구권을 행사한 경우에는 그러하지 아니하다($\frac{\text{상}}{\text{1항}}918조$). 운송물이 도착지에 도착하여 수하인이 이와 같이 운송물의 인도청구권을 취득하였을 때에는 송하인의 운송물 처분청구권은 소멸하는

데, 수하인이 운송물의 수령을 거부하거나 수하인을 알 수 없는 경우에는 송하인의 처분청구권이 부활한다($\frac{상}{4항}$ 917조).

(3) 항공물건운송인은 수하인을 알 수 없거나 수하인이 운송물의 수령을 거부하거나 수령할 수 없는 경우에는 운송물을 공탁할 수 있다($\frac{상}{1항, 143조 1항}$ 920조, 142조). 항공물건운송인이 수하인을 알 수 없는 경우에는 송하인에 대하여 상당한 기간을 정하여 운송물의 처분에 대한 지시를 최고하여도 그 기간 내에 지시를 하지 아니한 때에는 운송물을 경매할 수 있고($\frac{상}{142조 2항}$ 920조), 수하인이 운송물의 수령을 거부하거나 수령할 수 없는 경우에는 먼저 수하인에 대하여 상당한 기간을 정하여 운송물의 수령을 최고하였음에도 불구하고 수령하지 않고 또한 그 후 송하인에게 상당한 기간을 정하여 위와 같은 운송물에 대한 처분의 지시를 최고하여도 그 기간 내에 지시를 하지 아니한 때에는 운송물을 경매할 수 있다($\frac{상}{143조 2항}$ 920조). 항공물건운송인이 위와 같이 운송물을 공탁 또는 경매한 때에는 지체 없이 송하인에게 그 통지를 발송하여야 한다($\frac{상}{142조 3항}$ 920조).

제 5 절 항공물건운송인의 권리

제 1 총 설

상법(항공운송법)은 항공물건운송인의 권리에 대하여, 운송물을 제공받을 권리($\frac{상}{792조}$ 920조) · 운송에 필요한 서류를 교부받을 권리($\frac{상}{793조}$ 920조) · 운송물에 대한 유치권($\frac{상}{120조}$ 920조) 및 운임청구권($\frac{상}{134조}$ 920조) 등에 대하여 규정하고 있다.

이하 각각에 대하여 간단히 살펴본다.

제 2 운송물을 제공받을 권리(운송물인도청구권)

(1) 항공물건운송계약은 육상물건운송계약 및 해상물건운송계약과 같이 낙성계약이므로, 운송계약을 체결한 후 송하인은 운송인에게 당사자 사이의 합의 또는 출발지 공항의 관습에 의한 때와 곳에서 운송인에게 운송물을 제공하여야 할 의무가 있고, 항공물건운송인은 송하인에게 운송물을 인도하도록 청구할 수 있는 권리를

갖는다($\frac{상}{792조}\frac{920조}{1항}$). 상법이 이와 같이 항공물건운송인(및 해상물건운송인)에게 이러한 운송물인도청구권을 인정한 것은 항공물건운송계약(및 해상물건운송계약)이 낙성계약임을 전제로 한다.

(2) 위와 같은 항공물건운송인의 운송물인도청구에 대하여 송하인이 지체 없이 운송물을 인도하지 않으면 채권자지체의 책임을 져야 할 것이다($\frac{민}{403조}\frac{400조\sim}{538조}$).

제3 운송에 필요한 서류를 교부받을 권리(항공화물운송장 등의 교부청구권)

항공물건운송인은 송하인에 대하여 항공화물운송장($\frac{상}{925조}\frac{923조\sim}{}$)·운송물의 성질을 명시한 서류($\frac{상}{926조}$) 등 운송에 필요한 서류를 교부할 것을 청구할 수 있다($\frac{상}{793조}\frac{920조\sim}{}$). 이에 관하여는 후술하는 운송증서에 관한 부분에서 상세히 설명하겠다.

제4 운임 및 기타 비용청구권

1. 운임청구권

(1) 운임청구권의 발생시기

1) 항공물건운송인의 운임은 일의 완성에 대한 보수로서 보통 운송계약에서 정하여지는데, 운송계약에서 정하여지지 않은 경우에도 항공물건운송인은 상인이므로($\frac{상}{46조}\frac{4조}{13호}$) 당연히 상당한 운임(보수)청구권을 갖는다($\frac{상}{61조}$).

2) 항공물건운송계약은 도급계약이므로 운송인의 운임청구권의 발생시기는 원칙적으로 수급인의 보수청구권의 발생시기($\frac{민}{665조}$)와 같이, 수하인 등에게 「운송물을 인도한 때」(즉, 운송이라는 일을 완성한 때)이다(즉, 원칙적으로 후급(後給)). 그러나 예외적으로 당사자간의 특약에 의하여 운송인은 송하인으로부터 운임을 선급(先給)받을 수 있다.

(2) 운송물의 멸실과 운임청구권

1) 운송물의 전부 또는 일부가 「송하인의 책임 없는 사유」로 인하여 멸실하였을 때에는 항공물건운송인은 그 운임을 청구하지 못하고, 만일 항공물건운송인이 이미 운임의 전부 또는 일부를 받았으면 이를 반환하여야 한다($\frac{상}{134조}\frac{920조}{1항}$). 그러나 운송물이 훼손 또는 연착한 경우에는 운송이 완료된 것이므로, 항공물건운송인은 손해배상책임을 부담하는 점은 별론으로 하고 「운임청구권」을 갖는다.

운송물의 전부 또는 일부가 「송하인의 책임 없는 사유」로 인하여 멸실된 경우는, 다시 「항공물건운송인의 책임 없는 사유」로 인한 경우(즉, 불가항력에 의한 경우)와 「항공물건운송인의 책임 있는 사유」로 인한 경우가 있다.

(가) 「항공물건운송인의 책임 없는 사유」로 인한 경우(즉, 불가항력에 의한 경우)는 민법의 일반원칙($\frac{주의 민 537조}{채무자위험부담}$)에 의하여도 항공물건운송인은 운임청구권을 갖지 못하므로 상법 제920조에 의하여 준용되는 상법 제134조 1항은 다만 주의규정에 불과하다. 그런데 상법 제920조에 의하여 준용되는 상법 제134조 1항은 임의규정이므로 항공물건운송인은 특약에 의하여 운임청구권을 가질 수 있다고 본다.

(나) 「항공물건운송인의 책임 있는 사유」로 인하여 운송물이 멸실된 경우에 항공물건운송인이 운임청구권을 갖지 못하는 것은 당연하고, 오히려 항공물건운송인은 송하인에 대하여 운송물의 멸실로 인한 손해배상책임을 부담한다.

2) 운송물의 전부 또는 일부가 「그 성질(예컨대, 과일 또는 생선의 부패 등)이나 하자(예컨대, 포장의 흠결로 인한 운송물의 파손 등) 또는 송하인의 과실」로 인하여 멸실한 때에는 항공물건운송인은 운임의 전액을 청구할 수 있다($\frac{상 920조}{134조 2항}$). 이는 송하인의 귀책사유로 인한 것이므로 항공물건운송인에게 운임의 전액을 청구할 수 있도록 한 것이고, 또한 이는 민법 제538조 1항(채권자 귀책사유로 인한 이행불능)에 대한 보충적 의미를 갖는다.

2. 비용 등의 상환청구권

항공물건운송인은 운임 외에도 운송에 관한 비용과 체당금의 상환청구권을 갖는다($\frac{상 920조}{141조 참조}$). 이 때 「운송에 관한 비용」이란 운임으로 보상되지 않는 운송에 관한 비용(예컨대, 통관비용·창고보관료·보험료 등)을 말하고, 「체당금」이란 송하인 등을 위하여 항공물건운송인이 채무의 변제로서 지출한 것을 말한다($\frac{상 55조}{2항}$).

제 5 유 치 권

항공물건운송인에게는 민사유치권($\frac{민}{320조}$) 및 일반상사유치권($\frac{상}{58조}$) 이외에 특별상사유치권($\frac{상 920조}{120조}$)이 인정된다. 즉, 항공물건운송인은 운임 기타 송하인을 위하여 한 체당금 또는 선대금(先貸金)에 관해서만 그 운송물을 유치할 수 있다. 항공물건운송인에게 인정된 특별상사유치권은 이와 같이 피담보채권이 제한되어 있는데(이는 민사유치권과 유사하다), 이는 수하인을 보호하기 위한 것이다.

제6 항공물건운송인의 채권의 시효

항공물건운송인의 송하인 또는 수하인에 대한 채권(예컨대, 운임청구권 등)은 2년간 행사하지 아니하면 소멸시효가 완성한다($\frac{상}{919조}$).

제6절 불가항력에 의한 항공물건운송계약의 임의해제(해지)

제1 이륙 전의 임의해제

(1) 이륙 전에 항공기의 운항 또는 운송물의 운송이 법령을 위반하게 되거나(예컨대, 운항금지·운송물의 수출입금지 등) 그 밖의 불가항력(예컨대, 천재지변·전쟁 등)으로 인하여 항공물건운송계약의 목적을 달할 수 없게 된 때에는, 각 당사자는 운송계약을 해제할 수 있다($\frac{상\ 920조}{811조\ 1항}$). 이 경우 송하인은 공적(空積)운임을 지급할 필요가 없다.

(2) 불가항력으로 인하여 운송물이 멸실된 때 또는 불가항력의 사유(항공기의 운항 또는 운송물의 운송이 법령을 위반하게 되거나 그 밖의 불가항력으로 인하여 운송계약의 목적을 달할 수 없게 된 때)가 운송물의 일부에 대하여 생긴 때에는, 송하인은 항공물건운송인의 책임을 가중하지 않는 범위 안에서 다른 운송물을 항공기에 적재할 수 있다($\frac{상\ 920조}{812조\ 1항}$). 이 때 송하인은 지체 없이 운송물을 항공기에서 내리거나 또는 항공기에 적재하여야 하고, 이를 게을리한 때에는 운임의 전액을 지급하여야 한다($\frac{상\ 920조,}{812조\ 2항}$).

제2 항공기 이륙 후의 임의해지

항공기 이륙 후 운송중에 항공기의 운항 또는 운송물의 운송이 법령을 위반하게 되거나 그 밖의 불가항력으로 인하여 항공물건운송계약의 목적을 달할 수 없게 된 때에는, 각 당사자는 항공물건운송계약을 해지할 수 있다($\frac{상\ 920조,\ 811조}{2항\ 전단}$). 이 때 송하인은 운송의 비율에 따른 운임을 지급하여야 한다($\frac{상\ 920조,\ 811조}{2항\ 후단}$).

제 7 절 항공운송증서

제 1 총   설

2011년 5월 개정상법은 항공운송인의 항공운송증서에 대하여 통합하여 규정하고 있다($\frac{\text{상}}{921\text{조}\sim929\text{조}}$). 항공여객운송에서는 「여객항공권」과 「수하물표」에 관하여 규정하고 있고, 항공물건운송에서는 「항공화물운송장」·「화물수령증」 및 「운송물의 성질을 명시한 서류」에 관하여 규정하고 있다.

이하에서는 각 항공운송증서에 관하여 살펴보겠다.

제 2 여객항공권

1. 의   의

(1) 항공여객운송인이 여객운송을 인수하면 여객에게 일정한 사항을 적은 개인용 또는 단체용 「여객항공권」을 교부하여야 하는데($\frac{\text{상}}{1\text{항}}$921조), 이러한 여객항공권은 「운임의 선급(지급)을 증명하고 항공운송채권(항공운송청구권)을 표창하는 증서」라고 볼 수 있다.

(2) 이러한 여객항공권이 유가증권인가의 문제가 있다. 이에 대하여 여객항공권은 기명식으로 발행되고 이렇게 기명식으로 발행된 여객항공권은 양도할 수 없는 것으로 특약되어 있으므로 이러한 여객항공권은 유가증권이 아니고 증거증권 또는 면책증권으로서의 성질만 갖는다고 보는 견해도 있고, (기명식)승차권(승선권)이 획일적이고 신속하게 수행되어야 할 현대의 운송거래에서 필수불가결한 제도인 점에서 이를 유가증권으로 볼 수 있다고 한다면 여객항공권도 이와 동일하게 유가증권으로 볼 수 있는 여지도 있다. 그러나 2011년 5월 개정상법에 의하여 여객항공운송인이 여객항공권을 교부하지 않아도 여객항공운송계약 및 상법의 다른 규정의 적용에 영향을 미치지 않는 것으로 규정하고 있으므로($\frac{\text{상}}{927\text{조}}$) (기명식)여객항공권이 유가증권이라고 보기는 어렵게 되었다고 본다. 따라서 (기명식)여객항공권은 증거증권이다.

2. 기재사항

(1) 여객항공권에는 (i) 여객의 성명 또는 단체의 명칭, (ii) 출발지와 도착지, (iii) 출발일시, (iv) 운항할 항공편, (v) 발행지와 발행연월일 및 (vi) 항공여객운송인의 성명 또는 상호를 적어야 한다($\frac{\text{상}921\text{조}}{1\text{항}}$).

(2) 항공여객운송인은 위 (1)의 정보를 전산정보처리조직에 의하여 전자적 형태로 저장하거나 그 밖의 다른 방식으로 보존함으로써 여객항공권 교부를 갈음할 수 있는데, 이 경우 항공여객운송인은 여객이 청구하면 이러한 정보를 적은 서면을 교부하여야 한다($\frac{\text{상}921\text{조}}{2\text{항}}$). 이는 최근 전통적인 여객항공권에 대신하여 전자여객항공권이 사용되고 있는데, 이에 대한 근거규정을 둔 것이다.

3. 효 력

항공여객운송인이 상법 제921조에 위반하는 경우에도 운송계약의 효력 및 상법의 다른 규정의 적용에 영향을 미치지 않는다($\frac{\text{상}}{927\text{조}}$). 즉, 항공여객운송인이 여객항공권의 기재사항에 달리 기재하였거나 또는 여객항공권을 발행하지 않았다 하더라도 여객은 항공여객운송인에게 운송청구권을 갖고 항공여객운송인은 상법에 따라 책임제한을 주장할 수 있다.

제3 수하물표

(1) 항공여객운송인은 여객에게 개개의 위탁수하물마다 「수하물표」를 교부하여야 한다($\frac{\text{상}}{922\text{조}}$). 이는 위탁수하물에 대하여 항공여객운송인이 여객에게 수하물표를 발행하는 데 대한 근거규정이다. 위탁수하물이 수 개인 경우에는 항공여객운송인은 개개의 위탁수하물에 대하여 수하물표를 교부하여야 한다.

(2) 항공여객운송인이 여객에게 수하물표를 발행하지 않거나 또는 위탁수하물과 다른 내용의 수하물표를 교부하였다고 하여도 이는 위탁수하물에 대한 운송계약의 효력 및 상법의 다른 규정의 적용에 영향을 미치지 아니한다($\frac{\text{상}}{927\text{조}}$). 따라서 이 경우에도 여객은 실제의 위탁수하물에 따라서 운송물의 멸실·훼손 등에 따른 손해배상을 청구할 수 있다.

위와 같은 점으로 인하여 이러한 수하물표는 유가증권도 아니고 또한 면책증권도 아니며, 증거증권이라고 볼 수 있다.

제 4 항공화물운송장 등

1. 의 의

(1) 「항공화물운송장」의 의의

1) 항공물건운송에서 송하인은 항공물건운송인의 청구를 받아 일정한 사항을 적은 「항공화물운송장」을 3부 작성하여 항공물건운송인에게 교부하여야 하는데($\frac{상}{1항}^{923조}$), 이러한 항공화물운송장은 「운송에 관한 중요사항과 운송의 당사자 등 법정사항을 기재하고 송하인이 기명날인 또는 서명한 증서」라고 볼 수 있다. 항공물건운송에서의 이러한 항공화물운송장은 육상물건운송에서 화물명세서($\frac{상}{127조}^{126조\sim}$)에 해당되는 것이라고 볼 수 있다.

상법은 이러한 항공화물운송장과 후술하는 화물수령증 및 운송물의 성질을 명시한 서류를 포괄하여 「항공운송증서」라는 용어를 사용하고 있는데($\frac{상}{927조}$), 항공운송증서에는 여객항공권과 수하물표가 포함되므로(제 4 절 '운송증서' 참조) 이하에서는 이를 '항공화물운송장 등'으로 표현한다.

2) 송하인이 항공화물운송장을 발행하지 않거나 또는 운송물과 다른 내용의 항공화물운송장을 교부하였다고 하여도 이는 운송물에 대한 운송계약의 효력 및 상법의 다른 규정의 적용에 영향을 미치지 아니하므로($\frac{상}{927조}$), 항공화물운송장도 여객항공권 등과 같이 증거증권이라고 볼 수 있다.

(2) 「화물수령증」의 의의

1) 항공물건운송인은 항공화물운송장에 기재하여야 할 정보를 전산정보처리조직에 의하여 전자적 형태로 저장하거나 그 밖의 다른 방식으로 보존함으로써 항공화물운송장의 교부에 대체할 수 있는데, 이 경우 항공물건운송인은 송하인의 청구에 따라 송하인에게 항공화물운송장에 기재하여야 할 정보를 적은 「화물수령증」을 교부하여야 한다($\frac{상}{2항}^{924조}$). 따라서 이러한 화물수령증은 「항공화물운송장의 교부가 항공물건운송인의 전산정보처리조직에 저장·보존으로 대체되는 경우, 송하인의 청구에 따라 항공물건운송인이 운송물의 수령을 증명하기 위하여 항공물건운송인의 전산정보처리조직에 저장·보존된 항공화물운송장의 기재사항을 적은 문서」라고 볼 수 있다.

2) 항공물건운송인이 송하인에게 이러한 화물수령증을 교부하지 않거나 또는 운송물과 다른 내용의 화물수령증을 교부하였다고 하여도 이는 운송물에 대한 운송

계약의 효력 및 상법의 다른 규정의 적용에 영향을 미치지 아니하므로($\frac{상}{927조}$), 화물수령증도 항공화물운송장 등과 같이 증거증권이라고 볼 수 있다.

(3)「운송물의 성질을 명시한 서류」의 의의

1) 운송물의 성질을 명시한 서류란「세관·경찰 등 행정기관이나 그 밖의 공공기관의 절차를 이행하기 위하여 필요한 경우, 송하인이 항공물건운송인의 요청을 받아 항공물건운송인에게 교부하여야 하는 운송물의 성질을 명시한 서류」이다($\frac{상}{926조}$).

2) 송하인이 항공물건운송인에게 이러한 운송물의 성질을 명시한 서류를 교부하지 않거나 또는 운송물과 다른 내용의 서류를 교부하였다고 하여도 이는 운송물에 대한 운송계약의 효력 및 상법의 다른 규정의 적용에 영향을 미치지 아니하므로($\frac{상}{927조}$), 이러한 운송물의 성질을 명시한 서류도 항공화물운송장이나 화물수령증 등과 같이 증거증권이라고 볼 수 있다.

2. 작 성

(1) 기재사항

1) 항공화물운송장의 기재사항　　　항공화물운송장의 기재사항은 (i) 송하인의 성명 또는 상호, (ii) 수하인의 성명 또는 상호, (iii) 출발지와 도착지, (iv) 운송물의 종류·중량·포장의 종별 및 개수와 기호, (v) 출발일시, (vi) 운송할 항공편, (vii) 발행지와 발행연월일 및 (viii) 운송인의 성명 또는 상호이다($\frac{상\ 923조}{1항}$).

2) 화물수령증의 기재사항　　　항공화물운송장의 기재사항과 같다($\frac{상\ 924조}{2항}$).

3) 운송물의 성질을 명시한 서류의 기재사항　　　이에 관하여는 상법에 특별히 규정하고 있지는 않으나, 세관·경찰 등 행정기관이나 그 밖의 공공기관의 절차를 이행하기 위하여 필요한 사항을 기재하면 된다($\frac{상\ 926조}{1항}$).

(2) 작성자와 수령인

1) 항공화물운송장　　　송하인이 항공물건운송인의 청구를 받아 항공화물운송장 3부를 작성하여 항공물건운송인에게 교부하여야 한다($\frac{상\ 923조}{1항}$). 이 때 항공물건운송인이 송하인의 청구에 따라 항공화물운송장을 작성한 경우에는 송하인을 대신하여 작성한 것으로 추정한다($\frac{상\ 923조}{2항}$). 이러한 3부의 항공화물운송장 중 제1원본에는 "운송인용"이라고 적고 송하인이 기명날인 또는 서명하여야 하고, 제2원본에는 "수하인용"이라고 적고 송하인과 운송인이 기명날인 또는 서명하여야 하며, 제3원본에는 "송하인용"이라고 적고 운송인이 기명날인 또는 서명하여야 한다($\frac{상\ 923조}{3항}$).

이 때 서명은 인쇄 또는 그 밖의 적절한 방법으로 할 수 있다($\frac{4}{4}^{923조}_{항}$).

항공물건운송인은 송하인으로부터 운송물을 수령한 후에는 송하인에게 항공화물운송장 제 3 원본을 교부하여야 한다($\frac{5}{5}^{923조}_{항}$).

2) 화물수령증　항공물건운송인은 송하인의 청구에 따라 화물수령증을 작성하여 송하인에게 교부하여야 한다($\frac{2}{2}^{924조}_{항}$).

3) 운송물의 성질을 명시한 서류　송하인은 항공물건운송인의 요청을 받은 경우 운송물의 성질을 명시한 서류를 작성하여 항공물건운송인에게 교부하여야 한다($\frac{1}{1}^{926조}_{항}$).

(3) 작성형식

1) 항공화물운송장　송하인은 항공화물운송장을 서면으로 3 부 작성하여 항공물건운송인에게 교부할 수도 있으나($\frac{1}{1}^{923조}_{항}$), 항공물건운송인이 항공화물운송장의 기재사항에 관한 정보를 운송인의 전산정보처리조직에 의하여 전자적 형태로 저장하거나 그 밖의 다른 방식으로 보존함으로써 항공화물운송장의 교부에 대체할 수 있다($\frac{1}{1}^{924조}_{항}$).

2개 이상의 운송물이 있는 경우에는 항공물건운송인의 청구에 의하여 송하인은 각 운송물마다 항공화물운송장을 작성하여 운송인에게 교부할 수 있다($\frac{1}{1}^{925조}_{항}$).

2) 화물수령증　항공화물운송장의 교부가 항공화물운송장의 기재사항이 항공물건운송인의 전산정보처리조직 등에 저장·보존됨으로써 대체되는 경우에 한하여, 항공화물운송장의 기재사항에 관한 정보를 적은 화물수령증을 교부하여야 한다($\frac{2}{2}^{924조}_{항}$).

2개 이상의 운송물이 있는 경우에는 항공물건운송인은 송하인의 청구에 의하여 각 운송물마다 화물수령증을 작성하여 송하인에게 교부할 수 있다($\frac{2}{2}^{925조}_{항}$).

3) 운송물의 성질을 명시한 서류　상법상 특별한 제한이 없다($\frac{1}{1}^{926조}_{항 참조}$).

3. 효　력

(1) 항공화물운송장 등에 관한 규정 위반의 효과

항공물건운송인 또는 송하인이 항공화물운송장·화물수령증 또는 운송물의 성질에 관한 서류를 작성·교부하지 않거나, 또는 필요적 기재사항을 기재하지 않거나 또는 다르게 기재하는 등으로 인하여 상법을 위반하는 경우에도 이는 항공물건운송 계약의 효력 및 상법의 다른 규정의 적용에 영향을 미치지 아니한다($^{상}_{927조}$). 즉, 위에서 본 바와 같이 이러한 항공화물운송장 등은 증거증권에 불과하므로 그 증서에 관한 상법 위반이 운송계약 등에 영향이 없는 것으로 하고 있다.

(2) 항공화물운송장 등의 기재의 효력

1) 항공화물운송장 등이 위에서 본 바와 같이 증거증권이라고 하더라도, 항공화물운송장 또는 화물수령증이 교부된 경우 그 운송증서에 적힌 대로 운송계약이 체결된 것으로 추정한다($\frac{상}{1항}$929조). 또한 항공물건운송인은 항공화물운송장 또는 화물수령증에 적힌 운송물의 중량, 크기, 포장의 종별·개수·기호 및 외관상태대로 운송물을 수령한 것으로 추정한다($\frac{상}{2항}$929조). 그런데 운송물의 종류, 외관상태 외의 상태, 포장 내부의 수량 및 부피에 관한 항공화물운송장 또는 화물수령증의 기재내용은 송하인이 참여한 가운데 항공물건운송인이 그 기재내용의 정확함을 확인하고 그 사실을 항공화물운송장이나 화물수령증에 적은 경우에만 그 기재내용대로 운송물을 수령한 것으로 추정한다($\frac{상}{3항}$929조).

2) 항공화물운송장 등에 대하여는 위에서 본 바와 같이 세 가지 사항에 대하여 추정규정을 두고 있는데, (i) 항공화물운송장 또는 화물수령증이 교부된 경우에는 그 운송증서에 적힌 대로 운송계약이 체결된 것으로 추정하고, (ii) 운송물의 중량·크기 등 외관상태로 알 수 있는 사항은 그러한 외관상태대로 수령한 것으로 추정하며, (iii) 포장 내부의 수량 등 외관상태로 알 수 없는 사항은 항공물건운송인이 그 기재내용을 확인하고 그 사실을 항공운송증서에 적은 경우에만 그 기재내용대로 운송물을 수령한 것으로 추정하고 있다.

(3) 항공화물운송장 등의 기재사항에 관한 책임

1) 송하인의 책임　　송하인은 항공화물운송장에 적었거나 항공물건운송인에게 통지한 운송물의 명세 또는 운송물에 관한 진술이 정확하고 충분함을 운송인에게 담보한 것으로 본다($\frac{상}{1항}$928조).

송하인은 이러한 운송물의 명세 또는 운송물에 관한 진술이 정확하지 아니하거나 불충분하여 항공물건운송인이 손해를 입은 경우에는 항공물건운송인에게 배상할 책임이 있다($\frac{상}{2항}$928조). 송하인의 이러한 책임은 무과실책임으로 보고 있다.

2) 항공물건운송인의 책임　　항공물건운송인은 항공화물운송장의 기재사항에 관한 정보를 그의 전산정보처리조직에 의하여 전자적 형태로 저장하거나 그 밖의 다른 방식으로 보존하는 경우 그 저장 또는 보존되는 운송에 관한 기록이나 화물수령증에 적은 운송물의 명세 또는 운송물에 관한 진술이, 정확하지 아니하거나 불충분하여 송하인이 손해를 입은 때에는 송하인에게 배상할 책임이 있다($\frac{상}{3항 본문}$928조). 이는 송하인의 책임과의 형평상 운송인에게도 유사한 책임을 부담시킨 것인데, 이

때 운송인의 책임도 무과실책임이다.

그러나 송하인이 항공물건운송인에게 그 정확하고 충분함을 담보한 것으로 보는 경우에는, 항공물건운송인은 송하인에게 손해를 배상할 책임이 없다($\frac{\text{상}}{3\text{항}}\frac{928\text{조}}{\text{단서}}$). 또한 송하인이 항공물건운송인의 요청을 받아 항공물건운송인에게 「운송물의 성질을 명시한 서류」를 교부한 경우에, 항공물건운송인은 이러한 서류와 관련하여 어떠한 의무나 책임을 부담하지 아니한다($\frac{\text{상}}{2\text{항}}926\text{조}$).

제4장 지상 제3자의 손해에 대한 책임

제1절 총 설

항공기의 돌연한 추락 등으로 지상의 제3자가 사망하거나 상해를 입거나 또는 재산상의 손해를 입은 경우에, 항공기 운항자는 그의 과실유무를 묻지 않고 엄격한 책임을 지도록 하고(무과실 책임), 다만 그의 책임범위를 제한하고 있다. 따라서 항공기 운항자의 이러한 지상 제3자에 대한 손해배상책임은 불법책임의 일종이 아니라 상법이 인정한 법정책임이라고 볼 수 있다.

이하에서는 책임의 주체, 손해발생의 원인, 책임의 면책사유, 책임의 제한 및 책임의 소멸에 대하여 각각 살펴본다.

제2절 책임의 주체

(1) 비행중인 항공기 또는 항공기로부터 떨어진 사람이나 물건으로 인하여 사망하거나 상해 또는 재산상의 손해를 입은 지상(지하, 수면 또는 수중을 포함함)의 제3자에 대하여 손해배상책임을 지는 주체는 「항공기 운항자」이다(상 930조 1항).

(2) 이 때 「항공기 운항자」는 '사고 발생 당시 항공기를 사용하는 자'를 말하는데, 항공기의 운항을 지배하는 자(운항지배자)가 타인에게 항공기를 사용하게 한 경우에는 운항지배자를 항공기 운항자로 본다(상 930조 2항). 만일 운항지배자의 승낙 없이 항공기가 사용된 경우에는, 운항지배자는 이를 막기 위하여 상당한 주의를 하였음을 증명하지 못하는 한 승낙 없이 항공기를 사용한 자와 연대하여 책임을 진다

$\binom{상\,930조}{6항}$). 이 때 항공기 운항지배자의 승낙 없이 항공기를 사용하는 불법사용자는 재정능력이 충분하지 않고 또한 보험에도 가입하지 않았을 것이므로 제 3 자를 보호하기 위하여 항공기 운항지배자에게 연대책임을 지운 것이다.

상법 제 6 편 항공운송편을 적용할 때에 항공기 등록원부에 기재된 항공기 소유자는 항공기 운항자로 추정한다($\binom{상\,930조}{3항}$).

항공기 운항자를 확정하는 중심개념은 사고 당시 '항공기를 사용하는 자'와 '비행통제권(control of the navigation of the aircraft)을 갖는 자'로 볼 수 있는데, 상법 제930조 2 항 및 3 항은 이에 대하여 규정한 것이다.

제 3 절   손해발생의 원인

(1) 지상(지하, 수면 또는 수중을 포함함)의 제 3 자에게 손해가 발생한 원인은 항공기 운항자의 「비행중인 항공기 또는 항공기로부터 떨어진 사람이나 물건으로 인하여」 사망하거나 상해 또는 그의 재산상 손해를 입은 경우이다($\binom{상\,930조}{1항}$).

(2) 이 때 「비행중」이란 '이륙을 목적으로 항공기에 동력이 켜지는 때부터 착륙이 끝나는 때(착륙활주가 종료한 때)까지'를 포함한다($\binom{상\,930조}{4항}$). 따라서 이륙을 목적으로 활주를 시작하였으나 아직 이륙하지 못한 상태에서 지상의 사람이나 물건을 충격한 경우도 비행중에 해당하고, 비행선이 이륙을 목적으로 동력을 켰는데 아직 지상에서 떨어지지 않은 상태에서 지상의 사람이나 물건을 충격한 경우도 비행중에 해당한다고 본다.

(3) 2 대 이상의 항공기가 관여하여 지상의 제 3 자에게 손해를 발생시킨 경우에는 각 항공기 운항자는 연대하여 책임을 진다($\binom{상\,930조}{5항}$). 즉, 사고에 대한 책임의 비율을 불문하고 각 항공기 운항자는 자기의 책임제한의 범위 내에서 전체 손해에 대하여 책임을 지도록 하였다.

제 4 절   책임의 면책사유

(1) 항공기 운항자는 지상의 제 3 자의 사망·상해 또는 재산상의 손해의 발생이, (i) 전쟁·폭동·내란 또는 무력충돌의 직접적인 결과로 발생하였다는 것, (ii) 항

공기 운항자가 공권력에 의하여 항공기 사용권을 박탈당한 중에 발생하였다는 것, (ⅲ) 오로지 피해자 또는 피해자의 사용인이나 대리인의 과실 또는 그 밖의 불법한 작위나 부작위에 의하여서만 발생하였다는 것 또는 (ⅳ) 불가항력을 증명하면, 책임을 지지 아니한다($\frac{상}{931조}$). 이러한 경우에는 항공기 운항자는 엄격책임(무과실책임)을 지지 않고, 과실에 따른 과실책임만을 진다.

(2) 테러행위로 인한 경우에도 항공기 운항자가 면책되는지 여부에 대하여 국회 심의과정에서 논의되었는데, 항공안전 및 보안에 관한 법률 등에 의하면 항공사도 보안책임을 분담하고 있고 또한 테러행위의 개념도 불분명하며 또한 '테러위험협약'에서는 테러로 인한 피해에 대하여 항공사가 무과실책임을 부담하는 것으로 규정하고 있는 점 등을 고려하여, 면책사유로 규정하지 않았다. 따라서 테러행위로 인한 경우는 항공기 운항자가 엄격책임(무과실책임)을 부담한다.

제 5 절 책임의 제한

제 1 서 언

항공기 운항자의 지상의 제3자에 대한 책임에 대하여 엄격책임(무과실책임)으로 규정함에 따라 그의 책임범위를 제한하고, 그의 문언은 선주의 책임한도액($\frac{상}{770조}$)과 같은 형식으로 규정하고 있다.

이하에서는 항공기 운항자의 책임한도액 및 책임제한의 절차에 관하여 살펴보겠다.

제 2 책임한도액(유한책임)

항공기 운항자의 책임한도액은 항공기의 중량에 따른 총체적 책임한도액과 총체적 책임한도액 내에서 사망 또는 상해를 입은 사람 1명당(인적 손해에 대한) 개별적 책임한도액으로 나누어서 규정하고 있는데, 이하에서 차례로 나누어서 살펴보겠다. 또한 이와 함께 손해배상의 기준 및 책임한도액(유한책임)의 배제에 관하여 살펴보겠다.

1. 총체적 책임한도액

항공기 운항자의 지상의 제3자에 대한 책임은 하나의 항공기가 관련된 하나의 사고에 대하여 항공기의 이륙을 위하여 법으로 허용된 최대중량(이하 '최대중량'이라 함)에 따라 다음에서 정한 금액을 한도로 한다($\substack{상\\1항}$932조).

(1) 최대중량이 2,000킬로그램 이하의 항공기는 300,000 계산단위의 금액으로 한다.

(2) 최대중량이 2,000킬로그램을 초과하는 항공기의 경우 2,000킬로그램까지는 300,000 계산단위, 2,000킬로그램 초과 6,000킬로그램까지는 매 킬로그램당 175 계산단위, 6,000킬로그램 초과 30,000킬로그램까지는 매 킬로그램당 62.5 계산단위, 30,000킬로그램을 초과하는 부분에는 매 킬로그램당 65 계산단위를 각각 곱하여 얻은 금액을 순차로 더한 금액으로 한다.

이상 항공기 운항자의 총체적 책임한도액을 도시(圖示)하면 아래와 같다.

항공기 운항자의 총체적 책임한도액

최대중량(kg) \ 책임한도액(SDR)	책임한도액(SDR)
2,000kg 이하	300,000 SDR
2,000kg 초과~6,000kg	300,000 SDR + (T−2,000kg)×175 SDR
6,000kg 초과~30,000kg	1,000,000 SDR + (T−6,000kg)×62.5 SDR
30,000kg 초과	2,500,000 SDR + (T−30,000kg)×65 SDR

T=항공기의 이륙을 위하여 법으로 허용된 최대중량

2. 인적 손해에 대한 개별적 책임한도액

하나의 항공기가 관련된 하나의 사고로 인하여 사망 또는 상해가 발생한 경우 항공기 운항자의 지상의 제3자에 대한 책임은 총체적 책임한도액의 범위에서 사망하거나 상해를 입은 사람 1명당 125,000 계산단위의 금액을 한도로 한다($\substack{상\\2항}$932조). 따라서 인적 손해를 입은 사람이 많을수록 그러한 사람 1명당 배상액이 125,000 계산단위를 최고금액으로 하여 줄어들게 된다.

3. 손해배상의 기준

(1) 하나의 항공기가 관련된 하나의 사고로 인하여 여러 사람에게 생긴 손해의

합계가 총체적 책임한도액을 초과하는 경우에는, 각각의 손해는 총체적 책임한도액
에 대한 비율에 따라 배상한다($\overset{상}{3}\overset{932조}{항}$). 이는 총체적 책임한도액이 다수의 손해배상
채권을 만족시키지 못하는 경우 비율적으로 배상을 받도록 한 것이다.

(2) 하나의 항공기가 관련된 하나의 사고로 인하여 사망·상해 또는 재산상의
손해가 발생한 경우, 총체적 책임한도액에서 사망 또는 상해로 인한 손해를 먼저
배상하고 남은 금액이 있으면 재산상의 손해를 배상한다($\overset{상}{4}\overset{932조}{항}$). 이는 하나의 사고
로 인하여 인적 손해와 물적 손해가 함께 발생한 경우, 총체적 책임한도액에서 인
적 손해에 대하여 먼저 배상하고 나머지가 있는 경우에 물적 손해에 대하여 배상하
도록 한 것이다.

4. 책임한도액(유한책임)의 배제

다음의 경우에는 항공기 운항자의 책임한도액(유한책임)에 관한 규정이 적용되
지 않는다.

(1) 항공기 운항자 또는 그 사용인이나 대리인이 손해를 발생시킬 의도로 사고
를 발생시켜 지상의 제 3 자가 손해를 입은 경우에는 총체적 책임한도액 및 인적 손
해에 대한 개별적 책임한도액에 관한 규정이 적용되지 않는다($\overset{상}{1}\overset{933조}{항 1 문}$). 이 경우에 항
공기 운항자의 사용인이나 대리인의 행위로 인하여 사고가 발생한 경우에는 그가
권한범위 내에서 행위하고 있었다는 사실이 증명되어야 한다($\overset{상}{1}\overset{933조}{항 2 문}$). 따라서 이 경
우에는 항공기 운항자는 지상의 제 3 자에 대하여 그에게 발생한 손해를 전부 배상
하여야 한다. 항공기 운항자의 사용인이나 대리인이 항공기 운항자(운항지배자)의 승
낙 없이 항공기를 사용한 경우에는, 항공기 운항자(운항지배자)는 이를 막기 위하여
상당한 주의를 하였음을 증명하면 면책이 되나, 이를 증명하지 못하면 승낙 없이
항공기를 사용한 자와 연대하여 책임을 지는데 이 때에는 책임한도액(유한책임)의
규정이 적용된다($\overset{상}{6}\overset{930조}{항}$).

(2) 항공기를 사용할 권한을 가진 자의 동의 없이 불법으로 항공기를 탈취(奪
取)하여 사용하는 중 사고를 발생시켜 지상의 제 3 자에게 손해를 입힌 경우에는 책
임한도액(유한책임)에 관한 규정을 적용하지 아니한다($\overset{상}{2}\overset{933조}{항}$). 항공기의 운항지배자
의 승낙 없이 항공기를 사용한 자는 그의 사고로 지상의 제 3 자가 손해를 입은 경
우에는 책임한도액(유한책임)의 규정이 적용되나($\overset{상}{6}\overset{930조}{항}$), 본건과 같이 운항지배자의
동의 없이 불법으로 항공기를 탈취하여 사용한 자의 사고로 인한 지상의 제 3 자에
대한 손해배상책임은 무한이다. 따라서 항공기의 운항지배자의 동의가 없더라도 불

법이 아닌 경우(예컨대, 생명이 위급한 응급환자를 후송하기 위하여 항공기를 사용하는 경우
등)에는 책임한도액(유한책임)에 관한 규정이 적용된다.

제 3 책임제한의 절차

(1) 항공기 운항자의 지상 제 3 자의 손해에 대한 책임제한은 개별적 책임제한
이 아니라 (선주유한책임과 같이) 총체적 책임제한이므로 책임제한절차를 규정할 필
요가 있어, 상법은 이에 대하여 규정하고 있다. 즉, 상법 제 6 편(항공운송) 제 3 장
(지상 제 3 자의 손해에 대한 책임)의 규정에 따라 책임을 제한하려는 자(항공기 운항자)
는 채권자(지상의 제 3 자)로부터 책임한도액을 초과하는 청구금액을 명시한 서면에
의한 청구를 받은 날부터 1년 내에 법원에 책임제한절차 개시의 신청을 하여야 한
다($\frac{상}{1항}$935조). 이는 선주유한책임에서 책임제한절차 개시의 신청을 하는 경우($\frac{상}{1항}$776조)와
같다.

(2) 책임제한절차 개시의 신청, 책임제한 기금의 형성·공고·참가·배당, 그 밖
에 필요한 사항에 관하여는 성질에 반하지 아니하는 범위에서 「선박소유자 등의 책
임제한절차에 관한 법률」의 예에 의한다($\frac{상}{2항}$935조). 이 점도 선주유한책임에서 책임제
한절차의 경우($\frac{상}{2항}$776조)와 같다.

제 6 절 책임의 소멸

항공기 운항자의 지상 제 3 자에 대한 책임은 사고가 발생한 날부터 3년 이내
에 재판상 청구가 없으면 소멸한다($\frac{상}{934조}$). 지상 제 3 자의 항공기 운항자에 대한 청
구권이 법정인 권리인 점에서 시효기간 또는 제척기간을 특별히 규정할 필요가 있
는데, 상법은 간명하게 3년의 제척기간으로 규정하고 있다.

Ⅰ. 판례색인

Ⅱ. 사항색인

저자약력

서울대학교 법과대학(법학과) 졸업
서울대학교 대학원(법학석사)
법학박사(서울대학교)
미국 워싱턴대학교 Law School 및 듀크대학교 Law School에서 상법연구(Visiting Scholar)
독일 뮌스터대학교 법과대학에서 상법연구(Gastprofessor)
충북대학교 법학과 전임강사 및 국립경찰대학 법학과 조교수·부교수
사법시험위원·공인회계사시험위원, 대한상사중재원 중재인
법무부 법무자문위원회 위원
고려대학교 법과대학 및 법학전문대학원 교수(상법 및 금융법 담당)
현 고려대학교 법학전문대학원 명예교수

저　　서

어음·수표선의취득연구(박영사)
사례연구 어음·수표법(법문사)
어음법·수표법(공저)(서울대출판부)
EC 회사법(박영사)
주석어음·수표법(Ⅰ)(Ⅱ)(Ⅲ)(공저)(한국사법행정학회)
주석 상법(제 5 판)(회사 Ⅲ)(회사 Ⅴ)(회사 Ⅵ)(공저)(한국사법행정학회)
회사법강의(제 4 판)(박영사)
어음·수표법강의(제 7 판)(박영사)
상법판례평석(홍문사)
상법개론(제18판)(법영사)
객관식 상법(제 5 판)(법영사)
판례상법(상)·(하)(제 2 판)(박영사)
상법강의(상)(제27판)(박영사)
상법강의(하)(제24판)(박영사)
상법사례연습(제 4 판)(박영사)
영미어음·수표법(고려대출판부)
은행법강의(제 3 판)(공저)(박영사)
주석 금융법 Ⅰ(은행법)·Ⅱ(보험업법)·Ⅲ(자본시장법)(공저)(한국사법행정학회)
백산상사법논집 Ⅰ·Ⅱ(박영사)
로스쿨 　　법(공저)(박영사)
금융　　　공저)(제 2 판)(박영사)
로스쿨　　사법(제 2 판)(박영사)
로스쿨 어음·수표법(박영사)
로스쿨 상법총칙·상행위법(공저)(박영사)
주식회사의 집행임원제도(박영사)

제20판
상법강의요론

초판발행	2001년 3월 10일
제20판발행	2024년 8월 20일
지은이	정찬형
펴낸이	안종만·안상준
편 집	이승현
기획/마케팅	조성호
표지디자인	이수빈
제 작	고철민·김원표

펴낸곳   (주) **박영사**
서울특별시 금천구 가산디지털2로 53, 210호(가산동, 한라시그마밸리)
등록 1959. 3. 11. 제300-1959-1호(倫)

전 화	02)733-6771
f a x	02)736-4818
e-mail	pys@pybook.co.kr
homepage	www.pybook.co.kr
ISBN	979-11-303-4792-9 93360

정 가   72,000원